CHINA URBAN PROPERTY YEARBOOK 2020

2020年中国城市楼盘年鉴

乐居买房 编

本书旨在真实记录房地产行业发展状况，体现"中国建造"在国民居住环境提升中所作的努力，为政府和企业决策提供参考。同时，本书集纳主要城市海量房地产项目真实信息，是全面丰富的楼盘档案库和研究城市房地产行业发展的重要工具性文献。

与2019年版相比，本书增设"抗疫特别篇"，以"疫情下的楼市""物业防疫调查""武汉房地产概述"等视角，展现特殊背景下全国各级房地产市场的应对之道与发展之路。

图书在版编目（CIP）数据

2020年中国城市楼盘年鉴 / 乐居买房编. — 北京：机械工业出版社，2021.6
ISBN 978-7-111-68330-8

Ⅰ.①2… Ⅱ.①乐… Ⅲ.①房地产业—统计资料—中国—2020—年鉴 Ⅳ.①F209.233-54

中国版本图书馆CIP数据核字（2021）第091811号

机械工业出版社（北京市百万庄大街22号　邮政编码100037）
策划编辑：朱鹤楼　　　　责任编辑：朱鹤楼
责任校对：李伟　　　　　责任印制：孙炜
北京联兴盛业印刷股份有限公司

2021年6月第1版第1次印刷
210mm×285mm・54.25印张・2插页・1692千字
标准书号：ISBN 978-7-111-68330-8
定价：988.00元

电话服务　　　　　　　　　网络服务
客服电话：010-88361066　　机　工　官　网：www.cmpbook.com
　　　　　010-88379833　　机　工　官　博：weibo.com/cmp1952
　　　　　010-68326294　　金　书　网：www.golden-book.com
封底无防伪标均为盗版　　机工教育服务网：www.cmpedu.com

序言

变中求进

2020年，是不平常的一年。

这一年，突如其来的新冠肺炎疫情，使社会生产几陷停滞，人们的生活改变了原来的轨迹。房地产同样面临一次史无前例的大考。疫情，也使房地产发展中长期积累而没有被充分重视的问题凸显出来。一是企业抗风险的能力，二是住房的健康保障能力。

这一年，线上营销平台、房产电商新型销售模式初现；

这一年，千亿房企扩军至43家；

这一年，智慧家居发展更快；

这一年，居住生活需求升级；

这一年，尽管年初商品房销售一度出现负增长，但全年的商品房销售额最终超过17万亿元，创下历史新高，显现了住房需求的强劲势头。

特殊之年，铭刻行业记忆。在首次成功出版的基础上，《2020年中国城市楼盘年鉴》内容全面升级，增设"抗疫特别篇"回顾疫情下房地产市场的应对与发展；在"产品力篇"聚焦知名房企产品系列转型升级路径；在篇幅扩容的"城市地产篇"盘点十大区域最新动态，详述城市群规划方针为区域内房地产市场发展带来的变革。

《2020年中国城市楼盘年鉴》也实现量质齐升，收录的房地产项目数量增至近三万个，通过更多城市销售冠军楼盘的加入，让"中国典型楼盘"更具广泛性，让楼盘年鉴真正成为全面丰富的楼盘档案库，以及研究城市房地产行业发展的重要工具性文献。可以说，这是一幅中国城市新建住房楼盘的全景写照。

于这部年鉴中，我们可以去观测住房技术进步，以及房地产企业供给侧改革的实绩。

当然，我们也要从这一年发生的事情及其反思中谋划房地产的高质量发展。

2021年，房地产行业仍将会面临挑战，唯有不断变革才能行稳致远。希望楼盘年鉴继续做好行业的记录者，用更加细腻且深刻的笔触，书写房地产行业发展的生动篇章。

目录

序言　变中求进

行业综述篇 ·· 1
    2020 年中国房地产行业发展综述 ························· 3

抗疫特别篇 ·· 27
    疫情下的楼市：房地产行业的应对与复苏 ················· 29
    2020 年中国物业服务防疫满意度调查报告 ··············· 34
    2020 年武汉房地产市场总结 ··························· 40
    2020 年武汉房地产在售楼盘一览 ······················· 48
    2020 年武汉房地产典型项目 ··························· 57

城市地产篇 ·· 61
大湾区 ··· 63
    2020 年大湾区城市发展概述 ··························· 65
    广州 ··· 68
    深圳 ··· 91
    佛山 ··· 98
    东莞 ··· 116
    中山 ··· 128
    珠海 ··· 138
    江门 ··· 147
    惠州 ··· 158

注：青海省、新疆维吾尔自治区、西藏自治区、香港特别行政区、澳门特别行政区、台湾地区目前暂无数据信息监控，相关数据未在本书体现。"城市地产篇"中的区域划分，是乐居基于各省际、城市公司划分所设置。

长三角 ... 161

- 2020 年长三角城市发展概述 ... 163
- 上海 ... 166
- 杭州 ... 185
- 南京 ... 200
- 合肥 ... 213
- 苏州 ... 227
- 宁波 ... 237
- 无锡 ... 250
- 南通 ... 261
- 扬州 ... 267
- 徐州 ... 276
- 温州 ... 285

京津冀 ... 303

- 2020 年京津冀城市发展概述 ... 305
- 北京 ... 308
- 天津 ... 320
- 石家庄 ... 340
- 唐山 ... 352
- 秦皇岛 ... 366

东北区 ... 377

- 2020 年东北区城市发展概述 ... 379
- 沈阳 ... 382
- 长春 ... 402
- 哈尔滨 ... 421
- 大连 ... 433
- 鞍山 ... 453

山东 ... 457

- 2020 年山东省城市发展概述 ... 459
- 济南 ... 462
- 青岛 ... 474

烟台	492
威海	506
潍坊	515
东营	519

华中区 523
 2020 年华中区城市发展概述 525
 郑州 530
 长沙 548
 南昌 561
 洛阳 578
 安阳 587
 永州 590

西北区 595
 2020 年西北区城市发展概述 597
 西安 599
 太原 613
 呼和浩特 630
 兰州 640
 银川 646
 包头 653

西南区 659
 2020 年西南区城市发展概述 661
 成都 663
 重庆 690
 昆明 717
 南宁 728
 贵阳 736
 宜宾 748

福建 751
 2020 年福建省城市发展概述 753
 福州 755

| 厦门 | 769 |

海南 … 775

- 2020年海南省城市发展概述 … 777
- 海口 … 780
- 三亚 … 788

其他 … 795

- 黄冈 … 797
- 河源 … 798
- 韶关 … 800
- 嘉兴 … 803
- 宿迁 … 805
- 芜湖 … 806
- 廊坊 … 807
- 邯郸 … 808
- 吉林 … 809
- 开封 … 810
- 新乡 … 811
- 赣州 … 812
- 咸阳 … 814
- 宝鸡 … 815
- 晋中 … 816
- 玉溪 … 817
- 柳州 … 818

产品力篇 … 819

- 2020年中国房企产品力排行榜TOP100 … 821
- 读懂房企产品系 … 828

地方专家评委会名单 … 855

《2020年中国城市楼盘年鉴》编委会 … 857

行业综述篇

2020 年中国房地产行业发展综述

政策综述

2020 年，房地产政策层面前松后紧，中央继续坚持"房住不炒、因城施策"的政策主基调，落实城市主体责任，实现稳地价、稳房价、稳预期长期调控目标。2020 年上半年房地产信贷政策中性偏积极，央行三度降准释放长期资金约 1.75 万亿元，并两度下调 LPR（贷款市场报价利率）中枢，5 年期以上 LPR 累计降幅达 15 个基点。但 2020 年下半年央行设置"三道红线"分档设定房企有息负债的增速阈值，并压降融资类信托业务规模，倒逼房企去杠杆、降负债。基于稳财政、稳经济、稳就业的核心诉求，2020 年上半年多省市在土地出让环节为市场减压、企业纾困，并在房地产交易环节从供、需两端助力市场复苏。2020 年下半年伴随着市场过热，杭州、沈阳、西安和宁波等 19 城政策加码，主要涉及升级限购、升级限贷、升级限价、升级限售以及增加房地产交易税费等内容，其中深圳政策力度最严苛。

展望未来，"十四五"规划定调：房地产事关民生消费和投资发展，助力经济内循环。因此，政策基本面依然"稳"字当头，继续坚持"房住不炒、因城施策"的政策主基调，强化并落实稳地价、稳房价、稳预期的调控目标。热点城市一旦出现楼市和地市过热、房价和地价过快上涨的情况，紧缩调控措施必将尾随而至。聚焦政策内容，核心一二线以及强三线城市更可能升级限购，弱二线以及热点三四线城市更可能升级限售，限价政策理应进一步放开，限价盘预售价格建议逐步市场化；与之相对的是，房地产市场压力较大的城市有望从保市场主体出发为市场减压、企业纾困，土地供应要有供有限，适度降低土地出让价格，给予房企一定的利润空间。弱三四线城市仍需在需求层面予以刺激，购房补贴、税费减免或将更为直接有效。

在房企融资和居民房贷层面，未来房地产行业将转向稳杠杆乃至去杠杆，牢牢守住不发生系统性金融风险的底线。具体而言，"三道红线"将持续发力，房企整体融资环境依旧偏紧，房企去杠杆、降负债已是大势所趋。有关部门仍需稳杠杆，确保居民杠杆率和负债率不再继续上升。热点城市不排除升级限贷的可能性，房地产市场压力较大的城市或将适度放松限贷，但不会超出现有限贷政策框架范围。与此同时，强化购房资金监管，严禁首付贷、消费贷、经营贷等违规挪用于购房消费，重点取缔"零首付""首付分期"等市场乱象。

一、中央坚持房住不炒、因城施策，落实稳地价、稳房价、稳预期目标

中央继续坚持"房住不炒、因城施策"的政策主基调，强化落实城市主体责任，实现稳地价、稳房价、稳预期的长期调控目标，促进房地产市场平稳健康发展。

2020 年 2 月 21 日，央行召开 2020 年金融市场工作会议，要求保持房地产金融政策的连续性、一致性和稳定性，继续"因城施策"落实好房地产长效管理机制，促进市场平稳运行。

2020 年 3 月 27 日，中央政治局会议指出，要加大宏观政策调节和实施力度。积极的财政政策要更加积极有为，稳健的货币政策要更加灵活适度，适当提高财政赤字率，引导贷款市场利率下行，保持流动性合理充裕。

2020 年 4 月 17 日，中央政治局会议指出，积极的财政政策要更加积极有为，提高赤字率。稳健的货币政策要更加灵活适度，运用降准、降息、再贷款等手段，保持流动性合理充裕，引导贷款市场利率下行。并要坚持房子是用来住的、不是用来炒的定位，促进房地产市场平稳健康发展。

2020 年 5 月 22 日，两会政府工作报告定调：弱化经济增速目标，并未提出全年经济增速具体目标，而要稳住经济基本盘，集中精力抓好"六稳""六保"，尤其要守住"六保"底线。积极的财政政策要更加积极有为。2020年赤字率按3.6%以上安排，财政赤字规模比2019年增加1万亿元，同时发行1万亿元抗疫特别国债，并全部转给地方。稳健的货币政策要更加灵活适度。综合运用降准降息、再贷款等手段，引导广义货币供应量和社会融资规模增速明显高于2019年。坚持房子是用来住的、不是用来炒的定位，因城施策，促进房地产市场平稳健康发展。

2020年6月17日，国务院常务会议部署抓住合理让利这个关键，保市场主体，稳住经济基本盘，金融系统全年向各类企业合理让利1.5万亿元。综合运用降准、再贷款等工具，保持市场流动性合理充裕，2020年全年人民币贷款和社会融资新增规模均超过2019年。并按照有保有控要求，防止资金跑偏和"空转"，防范金融风险。

2020年7月24日，住房和城乡建设部（以下简称住建部）召开房地产工作座谈会，北京、上海、广州、深圳、南京、杭州、宁波、成都、长沙和沈阳10城参会，直指市场过热问题。会议提出，牢牢坚持房子是用来住的、不是用来炒的定位，坚持不将房地产作为短期刺激经济的手段，坚持稳地价、稳房价、稳预期，因城施策、一城一策，从各地实际出发，采取差异化调控措施，及时科学精准调控，确保房地产市场平稳健康发展。并要实施好房地产金融审慎管理制度，稳住存量、严控增量，防止资金违规流入房地产市场。

2020年7月30日，中央政治局会议部署下半年经济工作，财政政策要更加积极有为、注重实效，货币政策要更加灵活适度、精准导向，并要坚持房子是用来住的、不是用来炒的定位，促进房地产市场平稳健康发展。

2020年8月26日，住建部再次召开房地产工作会商会，沈阳、长春、成都、银川、唐山和常州6城参会，其中沈阳、成都已是两次参会。会议强调，毫不动摇房子是用来住的、不是用来炒的定位，坚持不将房地产作为短期刺激经济的手段，保持调控政策连续性、稳定性，确保房地产市场平稳健康发展。

2020年12月16—18日，中央经济工作会议召开，总结2020年、部署2021年经济工作。会议指出，2021年宏观政策要保持连续性、稳定性和可持续性。要继续实施积极的财政政策和稳健的货币政策，保持对经济恢复的必要支持力度，政策操作上要更加精准有效，不急转弯，把握好政策时效度。解决好大城市住房突出问题。要坚持房子是用来住的、不是用来炒的定位，因地制宜、多策并举，促进房地产市场平稳健康发展。

二、2020年上半年三度降准、两度下调LPR，下半年"三道红线"倒逼降负债

2020年8月20日，住建部、央行召开重点房企座谈会，对房企有息负债规模设置了"三道红线"：其一，剔除预收款后的资产负债率大于70%；其二，净负债率大于100%；其三，现金短债比小于1倍。

依据"三道红线"触线情况，12家试点房企将划分为红、橙、黄、绿四档，分档设定有息负债的增速阈值。倘若"三道红线"全部命中，有息负债规模便以2019年6月为上限，不得增加。踩中两条、一条以及一条未中，有息负债规模年增速分别设限为5%、10%和15%。

克而瑞统计显示，头部房企整体偿债能力稳健，六成以上房企处于绿档和黄档，但各房企之间严重分化，两成以上房企"三道红线"皆不达标。

2020年11月25日，多家信托公司收到来自监管部门的窗口指导，要求严格压降融资类信托业务规模。按照2020年年初规划，2020年全行业压降1万亿元具有影子银行特征的融资类信托业务，意味着房企融资将进一步收紧。

三、土地市场火热引爆2020年，下半年深圳、宁波等19城"四限"调控加码潮

新冠肺炎疫情后热点城市房地产市场持续转暖，限价盘频现"万人摇"。尤其2020年上半年疫情冲击地方经济，一二线城市优质地块集中供应，土地市场高单价、高溢价地块频出、甚至"面粉贵过面包"的情况在部分二三线城市再次出现，极大挑战"稳地价、稳房价、稳预期"的调控目标。受此影响，杭州、沈阳、西安和宁波等19城相继升级调控，重点涉及升级限购、升级限贷、升级限价、升级限售和增加房地产交易税费这5方面内容。其中，深圳政策力度最严苛，宁波更是两度政策加码。

其一，银川落地限购令，杭州、宁波、深圳、南京、东莞和无锡6城相继升级限购。具体而言，银川加入限购城市行列，非宁夏户籍居民家庭在银川市辖区限购一套商品住房。

南京、无锡、宁波和杭州限购政策"打补丁"，严堵政策监管漏洞。南京、无锡严禁假离婚骗取购房资格，任何一方在夫妻离异2年内购房，其拥有住房套数按离异前家庭总套数计算。宁波强化购房资格管控，父母投靠子女落户未满2年、非户籍离异单身未满2年，在无房的基础上，增设3年内在本市连续缴纳2年及以上个税或社保的硬性要求。杭州补充"无房家庭"认定标准，户籍在本市非限购范围内的家庭，在原有规定基础上，新增在限购范围连续缴满1年社保或个税的要求。

宁波、东莞和深圳升级限购，意在给房地产市场降温。宁波限购区域扩容，由原来的老三区扩大至市五区，镇海区、北仑区纳入限购范围。东莞首次将二手房纳入限购范围，并取消个税证明作为非户籍家庭购房资格的审核材料。深圳限购政策力度最严苛，户籍家庭、成年单身人士连续缴满3年个税或社保，方可购买商品住房，这在全国尚属首次。

其二，咸阳、长春和银川3城落地限贷，深圳、无锡、沈阳、常州、东莞、唐山、西安和宁波8城相继升级限贷。具体而言，咸阳、长春和银川落地限贷，二套房首付比例皆不低于40%，长春、咸阳首套房首付比例均上调至30%，但咸阳首次购买普通住房可享受首付25%的政策优惠，银川仍依照首套房最低首付20%的政策执行，以免误伤真正的刚需。

无锡、沈阳、常州、唐山、西安和宁波6城调升二套房首付比例。沈阳、唐山市中心区二套房首付提高到50%，无锡、常州市区（不含金坛区）二套贷款未结清首付调升至60%。西安分档提高二套房首付比例，首套90平方米以下、二套144平方米以下，首付最低40%；首套及二套都在144平方米以上，首付最高70%；贷款未结清首付不低于60%。深圳调升非普通住房首付比例，无房有贷家庭购买非普通住房首付不低于60%，二套非普通住房首付不低于80%。宁波认房又认贷，市六区已有1套住房且贷款已结清，再次购买住房，首付不低于40%；市六区已有1套住房且贷款未结清，再次购买住房，首付不低于60%。东莞下调公积金最高贷款额度，首套、二套公积金最高贷款额度分别调整至90万元和50万元。

其三，咸阳、沈阳、长春、唐山、银川、徐州、绍兴和衢州8城出台乃至升级限价政策。具体而言，唐山、银川和衢州建立房价、地价联动机制。唐山、银川在主城区实行"限房价、竞地价"的土地出让政策，房屋售价不得超出确定的销售价格；衢州住宅用地则采取"限房价+限地价+竞配建"的方式出让，报价达到最高限价，转而竞报配建公租房或自持住房面积。

长春、徐州和绍兴加强商品房销售价格备案管理。徐州备案价格一年内不得调整；长春首次申报预售许可不得高于同类地段商品住房价格，非首次申报不得高于首次申报价格；绍兴市区更是实行"双备案"制度，备案价格须经区联席会议审议通过后提交市联席会议审议确定，新开盘项目备案价格须考虑同区域竞品或"地价+成本"因素，加推项目不得高于首次备案价格。

咸阳严控房价年涨跌幅，2020年至2022年，咸阳主城区新房均价年涨跌幅不超过10%，各县市新房均价年涨跌幅控制在25%以内。沈阳重点聚焦项目层面，实时监测销售价格变动情况，对价格变化较大的项目，将及时采取约谈房企、限期改正乃至暂停网签等惩戒措施。

其四，银川、台州落地限售，杭州、东莞、常州和衢州4城升级限售。具体而言，银川、台州落地限售，银川市辖三区新房，自签订商品房买卖合同之日起满2年后方可转让；台州市区新购买的新房及二手房，自取得不动产权证书满3年后方可转让。

东莞、常州延长一二手房限售年限，由原先的2年分别提升至3年和4年。衢州扩大限售楼盘范围，对市场关注度高的热点地块，严令自网签备案之日起5年内不得转让。杭州规范高层次人才优先购房但限售，自网签备案之日起5年内不得上市交易。

其五，深圳、无锡、沈阳和成都4城增加房地产交易税，变相抑制住房买卖。具体而言，深圳、无锡市区、沈阳和成都皆缩短个人住房转让增值税免征年限，由原先的2年调整到5年，二手房交易税将明显提升。深圳普通住房认定标准进一步收紧，新增实际成交总价低于750万元这一限定条款，高价盘尤其是豪宅交易税费将大幅增加。

2020年19个城市政策加码

日期	城市	升级限购	升级限贷	升级限价	升级限售	增加税贷
7月2日	杭州	√			√	
7月6日	宁波	√				
7月15日	深圳	√	√			√
7月24日	南京		√			
7月25日	东莞	√			√	
8月6日	咸阳		√	√		
8月30日	无锡	√	√			√
9月6日	沈阳		√	√		
9月11日	常州		√		√	
9月13日	成都					√
9月23日	长春		√	√		
9月24日	东莞		√			
9月28日	唐山		√			
9月29日	银川	√	√		√	
10月9日	徐州		√			
10月10日	绍兴		√			
10月30日	衢州				√	
11月3日	台州				√	
11月30日	西安		√			
12月10日	宁波	√	√			

资料整理：CRIC

土地综述

为缓解新冠肺炎疫情对经济发展的负面影响，2020年第二季度大部分城市加大了优质土地供应力度，土地市场热度明显提升，土地价格随着优质用地的供应增加急剧上升；但到了2020年下半年，受"三道红线"政策的影响，融资渠道持续收紧，土地市场热度有所下滑，尤其到了第四季度，溢价率较二季度降幅明显，市场热度进一步下滑。展望2021年，房地产市场长效调控机制将继续发挥作用，预计土地市场整体热度会延续2020年年末低位运行的趋势。在"因城施策"政策指引下，或有部分城市放松调控，但整体房地产政策偏紧仍是大势所趋，特别是房地产金融监管环境预计将长期收紧。2021年企业拿地态度将会更加谨慎，房企将更加关注素质较好的地块，这些稀缺优质土地的竞争热度也会延续。

一、成交面积：2020年成交规模超2019年，一二线城市依旧是房企拿地的主战场

截至2020年12月中旬，全国300城土地市场成交建筑面积248646万平方米，较2019年同期上涨了4%。考虑到11月300城供应总量环比翻番，同比也有小幅上涨，预计2020年12月全月土地成交量较2019年同期将呈上涨趋势。就此来看，2020年土地市场总量也将超越2019年的水平，2020年全年成交规模同比增幅也将继续扩大。

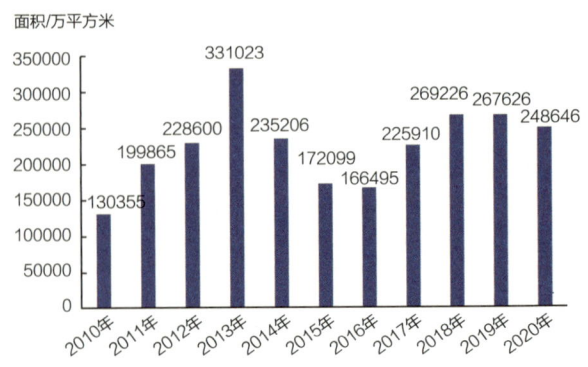

2010年至2020年全国300城市土地成交建筑面积走势

注：土地成交数据截至2020年12月15日。

数据来源：CRIC

二、成交金额：同比涨幅进一步扩大，上海反超杭州、跃居榜首

与土地成交规模走势变动一致，2020年成交金额较2019年同期也有明显上涨：截至2020年12月15日，全国土地成交金额累计已达65971亿元，同比增长了15%。从成交金额排名来看，地价较贵的东部城市仍然是上榜主力，特别是长三角区域，共有7个城市入榜，且这些城市的成交金额除苏州、杭州、温州小幅下跌外，其余城市均是同比大涨，尤其是南通，同比涨幅高达90%，涨幅在金额榜TOP20城市中居于首位。

2010年至2020年全国土地成交金额走势

注：2020年数据截至2020年12月15日。

数据来源：CRIC

1. 成交金额同比上涨16%，涨幅较2019年进一步扩大

截至2020年12月月中，全国300城经营性用地成交金额达62685亿元，同比增长15%，较2019年全年14%的涨幅进一步扩大。成交总金额增长速度增加，主要是因为2020年全年热点城市优质地块供应量明显增加和上半年房企融资环境较2019年下半年明显宽松所致。2020年年初受新冠肺炎疫情影响，房地产市场遭遇寒冬，为了提振市场信心，让市场重回正轨，整体资金环境变得相对宽松，同时多数城市在二、三季度加大了优质地块供应力度，如北京、上海均有核心区域的稀缺宅地供应。在优质地块助力之下，房企拿地积极性明显提升，成交地价和溢价率均有了明显的上涨，使得2020年全年成交金额增速有所上升。

2. 上海反超杭州、重回榜首，南通成交金额涨幅最大

具体到各城市来看。长期被杭州压制的上海重回榜首，截至2020年12月中旬，累计成交金额高达2697亿元，同比上涨了57%；排在金额榜第二位的则是2019年的榜首城市杭州，成交金额达2319亿元；而2019年排在第三位的武汉2020年排名下降了4位，居于金额榜第7位。门槛城市为2019年面积榜首城市郑州，成交建面的大幅下滑使得成交金额下降31%。

一线城市中，北京、上海、广州和深圳四个城市均有上榜，其中上海、广州、北京都排在TOP5内，三城成交金额同比均上涨；除上海成交金额涨幅超过50%外，广州也受供地节奏加快、成交建面激增的影响，成交金额增至2193亿元，同比增幅高达65%，排名跃升至第三位。此外，深圳成交金额同比涨幅也比较突出，高达82%，但由于基数相对较低，2020年成交金额排名相对靠后，仅排在第15位。

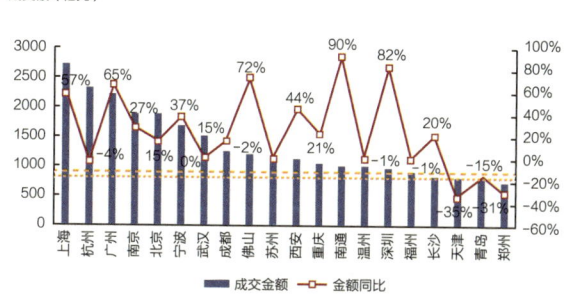

2010年全国重点监测城市土地成交金额TOP20榜单

注：2020年数据截至12月15日。

数据来源：CRIC

三、土地价格：优质土地大量入市拉动地价创新高，"三道红线"下年末溢价率降至低位

为遏制新冠肺炎疫情对房地产行业的负面影响，各地在2020年第二季度加大了优质用地供应量，在此助推之下，2020年全年地价明显上涨，并创下历史新高。不过，2020年下半年"三道红线"政策的出台使得房企融资渠道明显收紧，房企资金压力大增，拿地的积极性

也大幅降低，溢价率较二季度有了一定程度的下调，尤其是2020年第四季度，整体溢价率已经跌至12.9%，较第二季度下降了3.3个百分点，土地市场明显转冷。

1. 整体地价：地价再创历史新高，土地成交楼板价增至2653元/平方米

2020年土地价格延续2019年的价格上涨之势，全国300城土地成交楼板价迎来大幅上涨，增至2653元/平方米，同比上涨11%，再创历史新高。地价的明显上涨，主要是由于高价优质地块成交占比显著提升带动。2020年3月份以来，为了提振市场信心，吸引房企拿地，北京、宁波多个城市推出大量优质土地入市，同时大部分城市2020年上半年出让地块拿地门槛明显降低，在第三季度前房企融资环境也适度宽松，高价地成交比例明显上涨，整体地价也因此被推高。

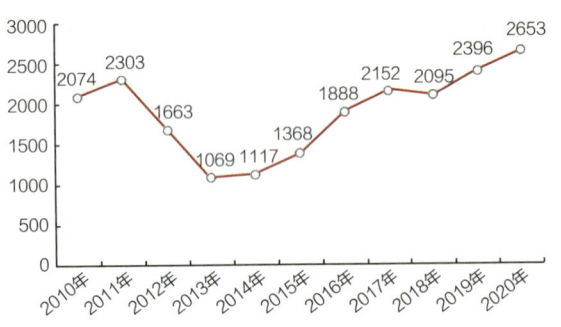

2010年至2020年全国300城土地成交楼板价走势

注：2020年数据截至12月15日。

数据来源：CRIC

2. 溢价率：2020年二、三季度溢价率维持高位，"三道红线"影响下四季度溢价率明显下滑

总体来看，不仅2020年整体地价较2019年有明显上涨，溢价率与2019年相比也有明显增加。成交溢价率由2019年的12.9%增至2020年的14.5%，同比增加了1.6个百分点。分季度来看，2020年溢价率经历了"先升后降"之势：在优质地块大量成交、各城市降低房企拿地门槛的影响下，溢价率在2020年第二季度

升至高位，而受第三季度后期"三道红线"政策出台的影响，房企融资渠道明显收紧，溢价率转而走低，第四季度也基本延续了第三季度的下降之势。截至2020年12月中旬，整体成交溢价率已降至12.6%。

截至2020年第四季度，各能级溢价率均已经跌破15%。其中，一线城市溢价率再度回归至10%以下，二线城市溢价率也在调整供应结构、改变拍地方式的影响下降至11.4%，三四线城市溢价率也降至14.5%，土地溢价率降至相对低位。

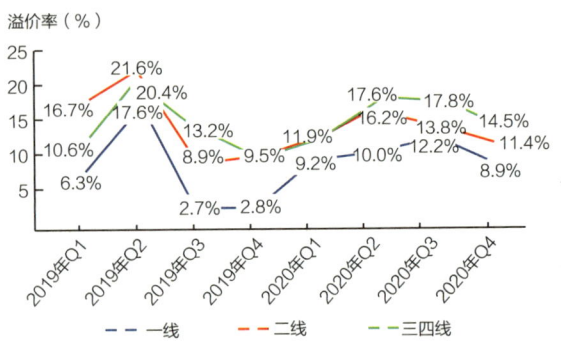

2019年至2020年一二和三四线土地成交溢价率季度趋势

注：2020年Q4数据范围为2020年10月1日—2020年12月15日。

数据来源：CRIC

市场综述

2020年楼市在新冠肺炎疫情影响下短暂受挫后快速复苏，全年行业销售规模再创新高。市场分化继续加剧，东部一枝独秀，中部、东北地区的部分二三线城市成交规模萎缩。房企融资收紧后，新开工、土地购置面积均"先升后降"，开发投资额增速收窄，在施工、竣工等建安投资下延续高位。预判2021年，克而瑞认为，"房住不炒"的主基调下稳定市场投资、销售预期仍是首要目标。一方面为改善需求商品房销售规模预计将保持高位，一二线核心城市市场走俏，部分弱三四线城市回调压力加大；另一方面，融资收紧使新开工与土地购置面积将继续保持低位，核心城市项目开工与热点土地争夺将是房企关

注重点，受此影响开发投资额增速预期将边际收窄，但整体规模仍将维持在较高水平。

一、东部地区支撑全国新房2020年全年销售规模再创新高，局部城市下行加剧市场分化

2020年全国商品房销售面积、金额在新冠肺炎疫情后体量逐月快速回升，增速则经历了先升后降的总体趋势。国家统计局数据显示：2020年前11个月，商品房销售面积、金额达150834万平方米和148969亿元，累计同比上涨1.3%和7.2%。

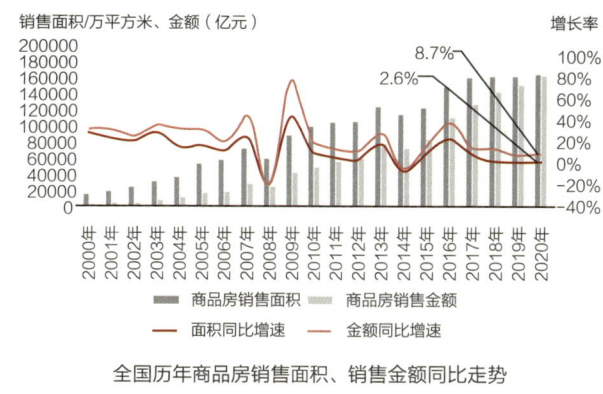

全国历年商品房销售面积、销售金额同比走势

数据来源：国家统计局

全国月度商品房销售面积、销售金额及其同比走势

数据来源：国家统计局

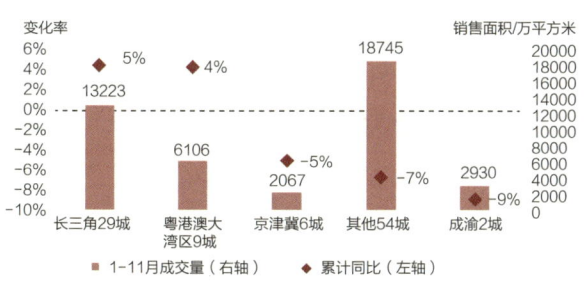

2020年全国100个不同区域城市1—11月成交量和累计同比变化情况

数据来源：CRIC中国房地产决策咨询系统

2020年全国商品房市场整体好于2019年同期，但受局部区域分化加剧、部分城市市场严重下行拖累，全年行业销售规模难有大幅增长。2020年全年销售面积、金额预计将达到17.6亿平方米、17.4万亿元，同比增长2.6%和8.7%。

二、开发投资额累计增速前增后稳，新开工、拿地收紧影响第四季度单月增速回落

国家统计局数据显示：2020年前11个月，全国房地产开发投资额129492亿元，同比增长6.8%。单月开发投资规模的收窄使得2020年全年累计规模增速出现"降速"，前11个月较前10个月涨幅仅提高0.4pts。

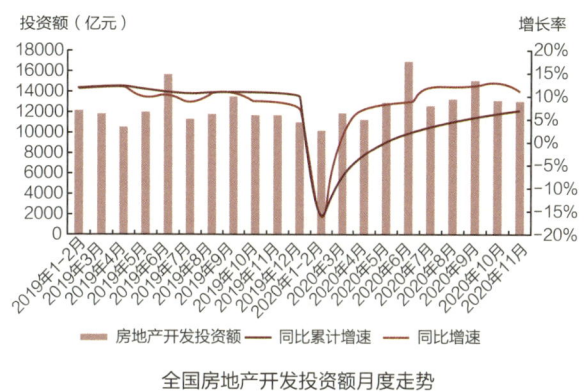

全国房地产开发投资额月度走势

数据来源：国家统计局

克而瑞认为，以房屋施工面积为代表的建安投资的支撑与新开工和土地购置的收紧起到了一定对冲作用，从而使得开发投资额增速得以由增转稳。对比近两年来看，2020年前11个月房屋施工面积累计达902425万平方米，已超过2018年与2019年年底规模，同比增长3.2%。由于竣工节点即将到来，2020年房屋施工面积维持在历史高点。由于近年商品房销售面积与竣工面积间存在较大差距，相关机构将持续提供建安投资以支

撑房地产开发投资规模。

2020年全国房地产开发投资额达到14万亿元,至近20年高点。但受新开工、拿地影响,增速回落至7%。

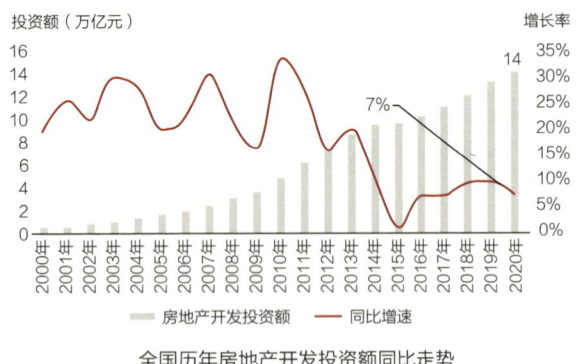

全国历年房地产开发投资额同比走势

数据来源：国家统计局

三、二季度新开工面积"先升"至历史新高,因融资收紧、销售遇冷而"后降"

2020年房企新开工面积主要呈现"先升后降"两部分变化趋势。在经过第一季度新冠肺炎疫情阻碍施工后,房企急于加快项目新开工进度,弥补疫情停滞期延后的施工计划,保障新房供应以延续疫情后成交火热行情。这一期间,全国多个城市下调了项目预售许可标准,也从侧面促进了第二季度房屋新开工面积激增。自2020年3月起至6月,房屋新开工面积逐月扬升,月开工规模均超过2019年月平均,至6月更是达到历年新高,环比大增28.7%,同比增8.9%。

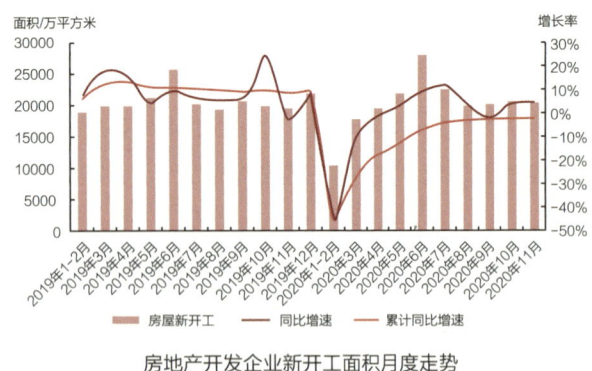

房地产开发企业新开工面积月度走势

数据来源：国家统计局

四、土地购置面积依旧负增长降5%,房企聚焦优质地块,地价上扬推动土拍价款增长超16%

从房企土地购置规模来看,2020年与2019年一致,仍是"拿地小年"。据国家统计局数据显示：2020年前11个月,房地产开发企业土地购置面积为20591万平方米,同比下降5.2%。在整体规模上仍处于历史较低位置。

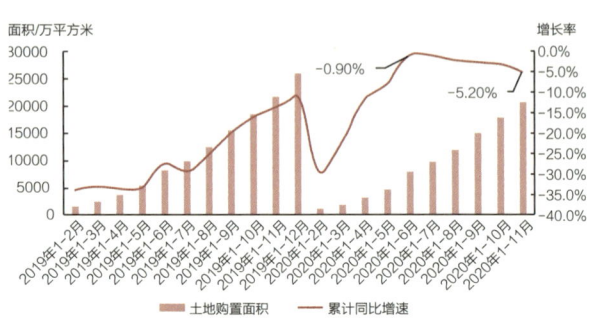

全国房地产开发企业土地购置面积增速

数据来源：国家统计局

五、2021年销售面积高位微降、金额继续上升,一二线改善释放,弱三四线回调压力加大

2020年整体商品房市场销售规模实现了正增长,一转2019年同比微跌的势态。这主要得益于新冠肺炎疫情后信贷资金宽松下的改善,及豪宅产品需求得以释放。但同时局部区域、能级市场的分化也愈发明显,可以看到,2020年下半年部分城市房价同环比回落与销售去化遇难,凸显热市下"冷场陪跑"本质。

克而瑞认为,2021年商品房销售面积高位微降、局部分化加剧的特征将延续。同时,房企在资金压力下对销售回款需求迫切,2021年将继续加大营销力度,2020年集中出现的"以价换量、渠道导客"等现象均会延续,全国商品房销售均价也将保持稳中微涨,商品房成交金额继续小幅上升。

六、融资收紧下房企拿地规模预期再收敛,联动新开工将继续保持低位

预判2021年,克而瑞认为土地购置面积增速仍会保持相对低位。在整体房地产行业融资环境没有出现大幅宽松信号的情况下，资金面趋紧也会迫使房企拿地态度日趋谨慎。此外，2020年下半年起，商品房销售表现不及预期也使得房企对后续拿地信心不足。叠加两方面因素，预计2021年房企拿地规模仍将维持低水平。

2021年土拍市场的结构分化也将更加明显，房企将更加热衷于核心热点地块。核心一二线城市因基本面良好，新房市场供需两旺，投资风险相对偏低，未来优质土地仍将出现高溢价、多轮次成交现象。而三四线城市投资风险逐步加大，资金不宽裕的房企将收敛低能级城市拓土计划，仅关注少量核心地段低风险土地。

基于以上因素，克而瑞判断，2021年新开工面积规模将维持低位，但相比于2020年有望正增长。主要由于2020年规模较低预计负增长，前值较低。

七、维持"竣工"大年判断，建安投资抵消新开工、拿地下降支撑开发投资保持高位

从2020年房地产开发规模与增速的变化来看，"三道红线"的融资收紧下新开工、拿地增速下降与施工、竣工带动的建安投资持续对冲。预判2021年，克而瑞认为房地产开发投资额在规模上仍将保持较高水平，增速则将逐渐由升转稳。

城市综述

2020年，全国百城商品住宅成交规模微增但创新高，月度变化呈现"先扬后落趋稳"的态势，或因需求集中释放，或因热点城市调控加码影响预期，成交增长动能明显转弱。不同能级城市行情相对独立，分化持续加剧：一线城市热度居高不下；二线稳中有降，尤其是武汉、重庆、西安、郑州、成都等中西部城市同比降幅显著；三四线城市成交表现远超市场预期。未来，"房住不炒"主基调不改变，因城施策以落实"三稳"调控目标，为防止地产成为金融风险最大的"灰犀牛"，企业降负债

和居民稳杠杆双管齐下。基于此，克而瑞认为，2021年整体成交规模将小幅回落，不同城市分化延续，一线和部分二线城市市场成交有望保持增势，回调压力主要集中在前期需求透支严重、基本面缺乏支撑的部分二线和三线城市。

一、市场综述：成交"先扬后落趋稳"且总量再创新高，一线占比上扬而三四线超预期

2020年楼市行情可谓"一波三折"，总体走势呈现出"先扬后落趋稳"态势：开局较难，年初恰逢新冠肺炎疫情，1—2月售楼处关闭，楼市供求基本"停摆"，3月以来随着国内新冠肺炎疫情得到阶段性控制，各地复工复产，楼市开始步入稳步恢复期，5月同比已然转正，6月达到年内新高，7—8月"淡季不淡"，不过"金九银十"略显逊色，整体成交增长动力转弱，趋于平稳。

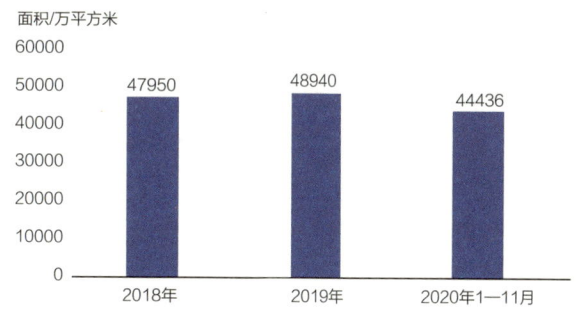

2018年至2020年全国百城新建商品住宅成交面积变化情况

数据来源：CRIC中国房地产决策咨询系统

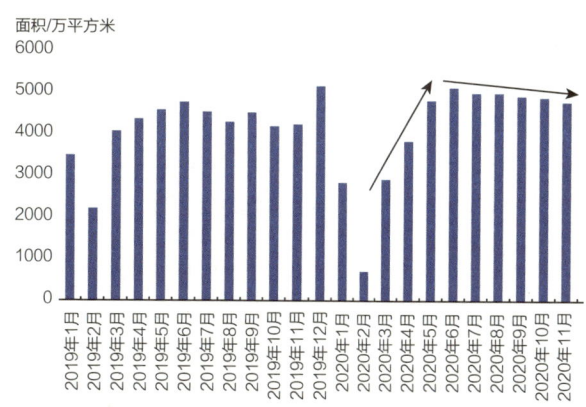

2019年至2020年全国百城新建商品住宅月度成交面积变化情况

数据来源：CRIC中国房地产决策咨询系统

究其原因，一方面二、三季度的集中放量使得新冠肺炎疫情累积的购房需求基本已消耗殆尽；另一方面热点城市调控的持续升级，围堵各类"炒房"漏洞也在引导居民购房预期转为理性。

总体来看，地方政府充分贯彻了"一城一策，因城施政"的主基调，调控政策有收有放，也使得不同能级城市行情相对独立，城市间分化也愈演愈烈。

一线城市韧性较强，收入渠道的多样使得居民购买力相对充裕，成交占比波动上行；二线城市则呈现出稳步回落态势，城市内部分化加剧，跌多涨少，以沈阳、武汉、苏州、西安为典型代表，跌幅均在20%及以上；而诸如厦门、兰州、合肥、杭州、济南等城成交热度较高，成交量累计同比尚保持可观的正增长；而广大三四线城市政策环境依然较为宽松，整体成交表现好于市场预期，基本持稳，不过据克而瑞实际调研情况来看，河南、山西的中部三四线城市已然出现了首付分期、降价折扣等营销手段齐上依旧难以拉动成交的情况。不得不说，随着棚改货币化安置的逐步收紧，加之新冠肺炎疫情的负面影响，三四线城市居民购买力受限已是不争的事实，未来市场的成交表现难言乐观。

各城市在2020年前11个月的成交表现也存在显著分化：一方面东南沿海城市诸如三明、衢州、韶关、连云港、厦门等累计成交同比涨幅均超50%，杭州、深圳等城市调控升级也难抑居民成交热情，累计同比涨幅均在20%左右；另一方面，内陆中部城市成交增速明显放缓，以重庆、武汉为例，虽然绝对量层面依旧是"成交大户"，但是增速明显放缓，武汉主要是受到新冠肺炎疫情影响，疫情后居民购房观望情绪浓重；重庆则源于前期需求透支严重，成交面临阶段性的瓶颈期，两城2020年1—11月累计成交同比跌幅均在20%左右。

2020年前11个月全国百城新建商品住宅成交累计同比增幅TOP10和降幅TOP10城市基本情况

（单位：万平方米）

（续）

能级	城市	2020年1—11月	累计同比	能级	城市	2020年1—11月	累计同比
三四线	三明	79	98%	三四线	北海	110	-55%
三四线	衢州	60	92%	三四线	防城港	136	-41%
三四线	韶关	323	82%	三四线	昆山	186	-36%
三四线	连云港	297	68%	三四线	三亚	58	-33%
二线	厦门	206	57%	三四线	河源	188	-31%
三四线	茂名	482	51%	三四线	常熟	119	-29%
三四线	东营	218	43%	三四线	铜陵	88	-28%
三四线	江门	121	42%	二线	沈阳	1134	-26%
三四线	建德	43	31%	三四线	常德	235	-26%
二线	兰州	823	28%	三四线	梧州	140	-25%
三四线	云浮	214	28%	三四线	淮南	198	-21%
三四线	东莞	665	26%	二线	武汉	1522	-21%
二线	合肥	762	22%	二线	苏州	753	-21%
三四线	安庆	111	22%	三四线	安溪	88	-20%
二线	杭州	1374	21%	三四线	珠海	300	-20%
一线	深圳	468	18%	二线	西安	927	-20%
三四线	漳州	96	18%	三四线	日照	100	-19%
三四线	温州	903	18%	二线	重庆	1667	-19%
三四线	丽水	250	18%	三四线	烟台	352	-18%
一线	上海	797	17%	二线	南宁	829	-18%

数据来源：CRIC中国房地产决策咨询系统

二、新增供应：同比微跌3%，一线放量，二线持平，三四线跌多涨少

全国100个重点城市2020年前11个月新增供应面积相较2018年同期下跌3%。分能级来看，一线城市整体供应上涨14%，广州、深圳放量显著；二线城市涨跌参半，总体与2019年持平，杭州、南京等热点城市供货量明显增加，而重庆、武汉等供应缩水；六成以上三四线城市供应缩量，整体供应同比下跌7%，北海、九江等同比腰斩，但东莞、绍兴等强三线城市供应同比仍增长超20%。

1. 总量：2020年供应规模与2019年基本持平，4—8月放量，9月冲高，10—11月回落

据CRIC统计，2020年1—11月，全国100个重点城市商品住宅新增供应面积47945万平方米，相较2019年同期下降3%。

从月度表现来看，2020年2月受新冠肺炎疫情影响，供应大幅缩量；4月疫情后项目集中入市，供应明显发力，同比由负转正；9月备战"金九银十"，单月供应高达7805万平方米，创下年内单月新高。进入第四季度，供应渐显乏力，10月供应显著缩量，同比下滑11%；11月进入年终业绩冲刺期，供应小幅回升，但规模仍明显不及2019年同期。

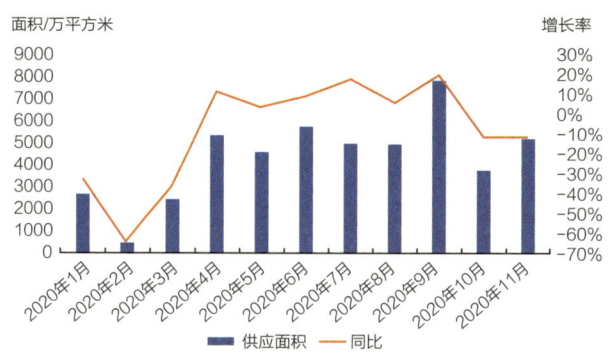

2020年1—11月全国100个典型城市新建商品住宅月度供应情况

数据来源：CRIC中国房地产决策咨询系统

2. 能级：一线供应累计同比增幅14%居首，六成三四线缩量致同比降7%

分能级来看，一线城市整体新增供应面积2962万平方米，同比上升14%。分城市来看，广州供应面积高达1135万平方米，同比大增44%，深圳供应明显改善，同比增长11%，北京供应规模微增2%，进入2020年第四季度，上海供应渐显乏力，2020年前11个月累计同比微跌7%。

二线城市整体供应面积23602万平方米，基本与2019年同期持平。具体来看，24个二线城市涨跌参半，热点城市如杭州、南京房企供货积极性偏高，供应同比分别增长21%和25%，郑州、苏州等供应规模同比增长超过两成，呼和浩特受低基数影响，同比增幅更是高达41%。但济南、重庆等供应明显不济，同比下跌20%，武汉、天津供应缩水，同比跌幅超过10%。

三四线城市整体供应面积21381万平方米，同比下跌7%。六成以上三四线城市供应缩量，北海、九江、铜陵等供应同比腰斩，珠海、岳阳、中山等降幅超三成。

与此同时，东莞、绍兴、温州供应仍有明显改善，同比增幅在20%左右。

2019年和2020年1—11月全国100个典型城市分能级新建商品住宅供应情况

（单位：万平方米）

能级	2020年1—11月	2019年1—11月	同比
一线	2962	2599	14%
二线	23602	23720	0%
三四线	21381	22917	-7%
总计	47945	49236	-3%

数据来源：CRIC中国房地产决策咨询系统

三、新房成交：同比微跌1%，累计同比增幅为9%(一线)>4%(三四线)>-6%(二线)

2020年前11个月，全国商品住宅月度成交面积呈现"先抑后扬再趋稳"态势，第一季度受新冠肺炎疫情影响，成交出现"V字"走势，4月以后成交持续攀升且同比增幅逐月扩大，但进入第三季度，受信贷资金收紧和热点城市调控加码影响，成交面积小幅下滑，同比涨幅趋于走稳。分能级来看，一线城市整体成交同比上升9%，除北京外，其他三城成交表现皆好于2019年同期；二线城市整体成交面积同比下滑6%，杭州、宁波等热点城市成交涨幅可观，但重庆、昆明、苏州等近六成城市成交不及2019年；三四线城市总成交面积同比上涨4%，72个城市涨跌参半，东莞、惠州、徐州成交涨幅居前，反观北海、防城港等成交明显乏力，同比大幅下滑。

1. 总量：2020年前11个月成交面积同比微降1%，呈现"先抑后扬再趋稳"态势

CRIC数据统计显示，全国100个典型城市2020年前11个月商品住宅成交面积合计44436万平方米，同比微降1%。

从月度走势来看，第一季度受新冠肺炎疫情影响，成交呈现"V字"走势。2020年4—6月，伴随着楼市迅速复苏，成交面积持续快速攀升，5月，成交同比实现转正。但进入第三季度，信贷资金收紧叠加多地调控加码，双因素共振下楼市有所降温，成交面积小幅下滑，同比增幅走稳，维持在10%上下。

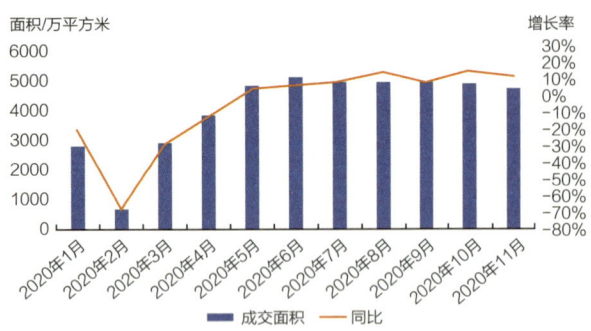

2020年1—11月全国100个典型城市新建商品住宅月度成交情况

数据来源：CRIC中国房地产决策咨询系统

2. 能级：一线三城同比正增长，二线稳中有降，三四线涨跌参半同比增4%

分能级来看，一线城市2020年前11个月商品住宅成交面积2865万平方米，同比上升9%。其中，深圳楼市持续高热，成交同比增幅最大，达18%，广州进入2020年下半年成交明显发力，累计同比增长8%。而北京成交表现不及2019年，同比下滑5%。

二线城市商品住宅成交面积共计21335万平方米，同比下滑6%。分城市来看，仅四成二线城市成交面积同比实现正增长，杭州、宁波等长三角城市市场整体向好，成交同比增幅居前。合肥、兰州、厦门成交表现不俗，同比增幅超20%，而重庆、苏州、昆明等楼市持续低迷，2020年前11个月成交同比降幅都在20%左右。

三四线城市共计成交面积20235万平方米，同比上升4%。五成以上三四线城市2020年前11个月成交高于2019年同期。惠州、徐州等热点城市同比涨幅都在10%以上，受深圳楼市高热辐射，东莞成交涨幅更是高达26%，玉林、阳江等由于低基数效应，成交同比翻番。反观北海、防城港等，成交同比跌幅超40%，芜湖、烟台等重点城市跌幅也接近20%。

2019年和2020年1—11月全国100个典型城市分能级新建商品住宅成交情况

（单位：万平方米）

能级	2020年1—11月	2019年1—11月	同比
一线	2865	2629	9%
二线	21335	22800	-6%
三四线	20235	19404	4%
总计	44436	44834	-1%

数据来源：CRIC中国房地产决策咨询系统

四、新房均价：近7成共75城房价持续上扬，东部、中部城市涨幅最大

2019年以来，在"因城施策"的方针下，全国整体房价增速收敛、趋于稳定。2020年各能级城市房价指数同比涨幅收窄、环比波动趋平，"遏制房价大涨大跌"已基本收效。具体来说一线城市明显趋稳，市场热点所在的二线城市则小有增长，部分高价城市涨势基本得到抑制；三四线城市分化持续，强市房价补涨的同时，一部分经济弱市房价失去支撑。

从CRIC监测的2020年前11个月113个重点城市新建商品住宅成交统计均价看，在房价上，高房价城市在限价政策的调控下，城市整体房价涨势已得到抑制。江浙沪及沿海热点城市依旧是房价高点，其中深圳以5.77万元/平方米居首，苏州、珠海、厦门、上海、三亚涨幅均超10%。不过值得一提的是，房价TOP10的头部城市深圳及北京房价均同比下跌2%。

在同比涨幅上，部分中西部二线城市及高能级城市群三四线强市房价出现补涨。对比2019年全年均价来看，涨幅最高的前十个城市房价增速均在14%以上。房价涨幅最大的城市除了苏州、珠海、绍兴等东南沿海城市之外，还包括兰州、宜宾等中西部内陆城市，在轮动效应的作用下，这一类城市房价出现了较明显的补涨行情。需要注意的是，这一类城市相比其同能级城市而言，房价仍处于健康水平，房价补涨并未使得城市房价过分虚高。

2020年1—11月113个典型城市商品住宅成交均价和价格涨幅TOP10

（单位：元/平方米）

均价排名	能级	城市	2020年前11个月成交均价	涨幅排名	能级	城市	同比	2020年前11个月成交均价
1	一线	深圳	57727	-2%	1	二线	苏州	19%	25892
2	一线	北京	38570	-2%	2	三四线	淮北	18%	8787
3	一线	上海	30704	13%	3	三四线	宜宾	18%	11582
4	三四线	三亚	29125	10%	4	二线	兰州	18%	8769
5	二线	厦门	26842	13%	5	三四线	金华	17%	16223
6	二线	杭州	27461	3%	6	三四线	珠海	16%	27080
7	三四线	珠海	23338	16%	7	三四线	淮安	15%	9136
8	二线	苏州	21779	19%	8	三四线	江阴	15%	12667
9	一线	广州	23188	9%	9	三四线	抚州	15%	11267
10	二线	南京	23740	4%	10	三四线	绍兴	14%	21226

数据来源：CRIC中国房地产决策咨询系统

加之土拍市场火热，带动房价增长，一线城市中上海和广州分别增长13%和9%。二线城市房价普遍上扬，除南昌、贵阳、呼和浩特、福州等城市房价同比下降外，多数二线城市房价同比均有不同幅度上升，苏州更是涨幅高达19%。这主要是由于二线城市购房者购买力充沛，叠加返乡置业的需求旺盛，二线城市成为多数房企在下行行情中的重仓地，二线城市不仅是市场重心而且是市场焦点，因此多数二线城市房价随市场热度而上升。三四线城市持续分化，新冠肺炎疫情冲击下弱市更弱。在81个三四线城市中，49城房价同比上涨，其中以建德、淮北为代表的17城房价涨幅超10%，存在一定补涨因素，其余32城房价则涨幅在10%以内，稳中有涨。而剩余32城房价相比2019年，则有不同幅度下跌，多数城市由于本身经济面不佳，叠加新冠肺炎疫情冲击使楼市一蹶不振，城市房价因而失去支撑。

五、新房库存：广义库存、狭义库存稳步上行，14城新房去化周期超2年

2020年整体的库存变化延续了波动上行趋势，第一季度供求停摆，高位持稳，第二、三季度缓步爬升，第四季度随着成交转缓，显著增加。截至2020年11月月末，CRIC监测的全国100个重点城市库存量达到了57155万平方米，较2019年年末上升了7%，不同城市涨跌参半，百城中有14个库存去化周期高于24个月，大部分为缺乏基本面支撑的三四线城市，库存风险浮出水面。

1. 狭义库存：波动上行至5.7万平方米，二线增幅达12%居首

从全国100个典型城市库存水平变化来看，基本延续波动上行趋势，第一季度受新冠肺炎疫情影响，供求基本"停摆"，狭义库存量维持在5.3万平方米持续波动，2020年4—8月随着各地复工复产，供应、成交持续恢复下，库存缓步爬升至5.6万平方米，"金九银十"期间行情转淡，因新冠肺炎疫情积累的购房需求消耗殆尽，加之热点城市加码政策持续发酵，整体成交增长动力减弱，导致库存显著增加，截至2020年11月月末已突破5.7万平方米。

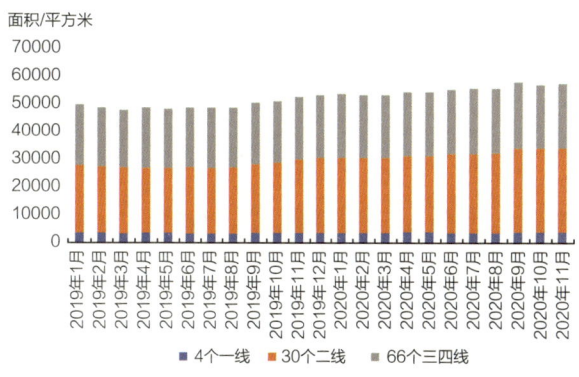

全国100个不同能级城市狭义库存月度变化情况

数据来源：CRIC中国房地产决策咨询系统

分能级来看，各能级城市库存相比2019年年末均有不同幅度的上涨，其中二线楼市整体库存相比2019年年末上升幅度最大，达到12%；一线和三四线城市因成交表现好于预期，整体库存较2019年年末仅小幅上涨了4%和2%，库存风险依旧可控。具体来看：

一线城市中，广州的涨幅最为显著，库存达到1245万平方米，达到了2019年以来的阶段性高点；其次为北京，自2020年下半年以来，整体库存便在1400万平方米高位波动，11月月末达1348万平方米，较2019年年底增长9%。值得关注的当属上海，得益于中高端购房需求的稳步释放，2020年以来库存量逐月波动下行，至11月月末降至678万平方米，较2019年年末降幅达14%，供不应求市场格局持续。

二线城市中，约 2/3 共 20 城库存有所上涨，多数城市涨幅在 35% 以内。武汉、南京的库存上升涨幅均在 40% 以上。武汉因新冠肺炎疫情的影响，2020 年第一季度楼市基本停摆，4 月以来虽然供求逐步恢复，但成交放量远不及供应，因而导致了库存的急速攀升。南京则是因 7 月"新九条"加码调控，使得 2020 年下半年成交基本进入"瓶颈期"，供应持续放量下，库存整体延续上行走势。此外，在 10 个库存下降的城市中，南昌、海口、宁波跌幅显著，以宁波为例，因短期内投机性购房需求增加，成交高热不退，库存降幅达到了 37%。

三四线城市相比 2019 年年末涨跌参半，不过不同城市间分化持续加剧：芜湖涨幅最大，较 2019 年年末近乎翻番，柳州、防城港、日照次之，涨幅也在 50% 以上。下跌城市以东南沿海三四线为主，典型代表为中山、衢州、淮北、泰州等城，跌幅均在 30% 以上。

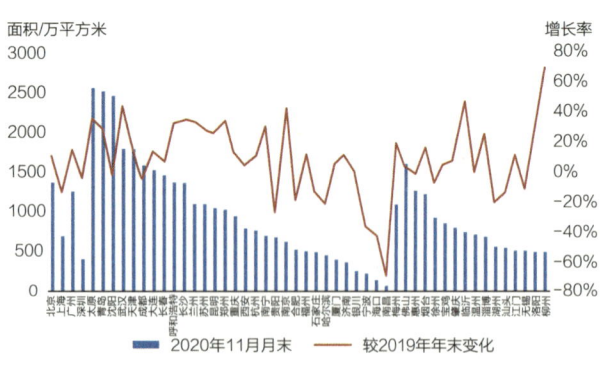

2020 年 11 月月末 50 个典型城市新建商品住宅狭义库存量及较 2019 年年末变化

数据来源：CRIC 中国房地产决策咨询系统

2. 消化周期：冲高－回落－趋稳，一线波动下行，三四线分化加剧

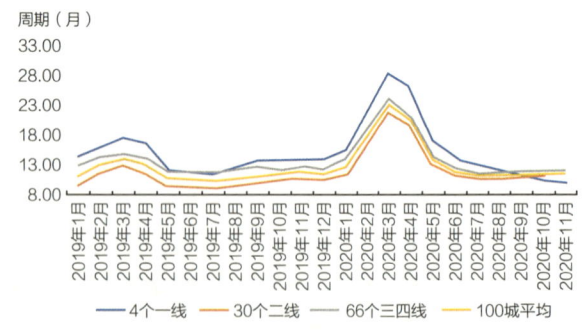

100 个不同能级城市狭义库存消化周期月度变化情况

数据来源：CRIC 中国房地产决策咨询系统

3. 广义库存：跳增至 36 亿平方米，重回高位，廊坊、郑州等中部城市库存承压

纵观 2020 年以来百城广义库存变化情况，1—8 月缓步上行，9 月因三四线城市新开工加快，致广义库存显著减少，10 月供应"腰斩"叠加土拍缩量，广义库存延续低位徘徊趋势，11 月月末回升至 362893 万平方米，较 2019 年年末稳步上扬 5%。

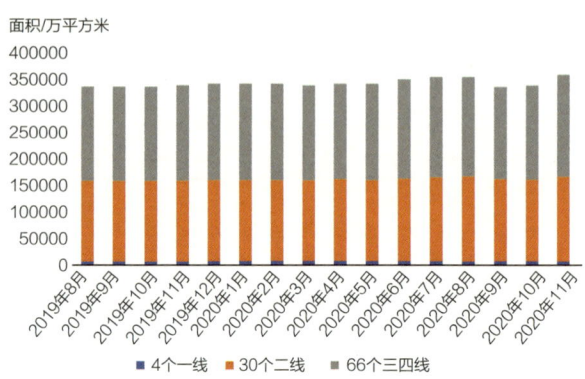

100 个不同能级城市广义库存月度变化情况

数据来源：CRIC 中国房地产决策咨询系统

分能级来看，除一线微降 2% 以外，各能级城市广义库存相比 2019 年年末均有不同幅度的上涨，不过涨幅基本在 5%~6%，库存风险并不算太大。具体来看：

一线城市中广州广义库存量最大，2020 年 11 月月末已达 5836 万平方米，且较 2019 年年末小幅微增 3%，而北京、上海、深圳广义库存较 2019 年年末均有不同程度的下降，其中上海、深圳跌幅较为显著，均在 10% 以上，主要得益于短期内资金驱动型购房需求集中释放，成交高热不退，带动整体广义库存稳步下行。

二三线城市中，贵阳、大连、沈阳、唐山、石家庄、沧州 11 月月末广义库存量遥遥领先，突破 1 亿平方米，株洲、烟台、南昌、蚌埠、太原、宝鸡、佛山次之，广义库存量也达到了 8000 万平方米以上。

相较于 2019 年年末，多数城市广义库存量变动不大，涨跌幅基本不超过 15%，不过不同城市分化持续加剧，以廊坊、郑州、洛阳、保定等为代表的中部城市广义库存量显著增加，涨幅超 35%，原因无外乎有以下两点：一是地方政府财政依赖度较高，2020 年加快供地导致未开工地数量增加；二是新冠肺炎疫情压缩居民收入使得整体行情转淡，以郑州为例，楼市基本"凉凉"，首付分期、降价打折现象屡见不鲜，也难挽回成交颓势。而重庆、南宁、成都、西安、合肥、晋江等城市广义库存量稳步回落，跌幅均超 20%，目前的库存风险基本可控。

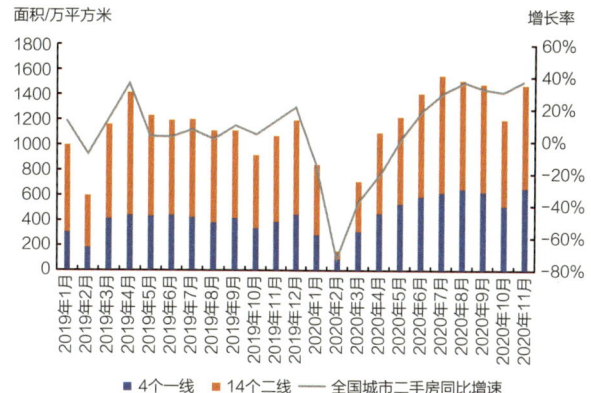

2019 年和 2020 年一二线城市二手房月度成交面积

注：一线城市包括北京、上海、广州、深圳；二线城市包括合肥、重庆、郑州、南京、杭州、青岛、成都、厦门、苏州、武汉、天津等。

数据来源：CRIC 中国房地产决策咨询系统

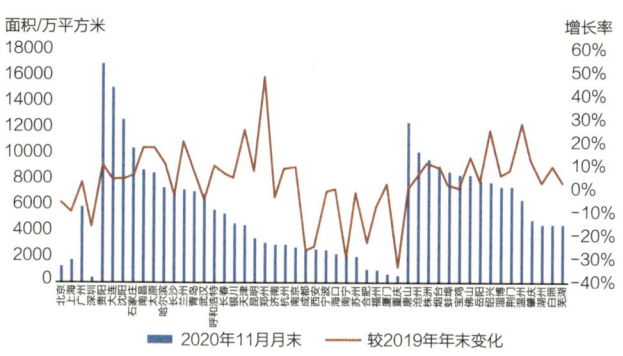

2020 年 11 月月末 50 个城市新建商品住宅存量及较 2019 年年末变化

数据来源：CRIC 中国房地产决策咨询系统

一线城市成交面积上扬显著，同比上涨达 28%，较 2019 年涨幅进一步扩大 9 个百分点。其中，上海最为亮眼，2020 年前 11 个月成交量达 2180 万平方米，同比上涨 24%。广州、深圳同比涨幅最为明显，分别达 47% 和 38%。北京也在成交体量和涨幅上均有不错表现。

二线城市受疫情拖累显著，整体同比由增转跌至 7%，各城表现分化加剧。2020 年前 11 个月整体成交 7389 万平方米，楼市回表体现具体分化。部分城市疫情后新房市场大热，"千人摇、万人摇"频出，推动市场向二手房倾斜，如合肥、南京、青岛等城二手房成交体量扩大显著；而部分城市如成都、苏州，在新冠肺炎疫情后新房市场需求显著放量，不断挤压二手房市场，致成交量大幅收缩，同比下降超四成。

六、二手住房：与新房走势类似，15 城成交先抑后扬趋稳，一线大涨 28%

据 CRIC 数据统计显示，2020 年年初受新冠肺炎疫情拖累，二手房整体市场急速探底，自 3 月起快速反弹，直至 7 月完成环比"五连升"至 2 年内新高，后体量保持稳中微降，年底楼市再度返热。15 个典型城市 2020 年前 11 个月二手房累计成交面积 12702 万平方米，较 2019 年同比上涨 5%。一二线城市成交同比表现分化，一线城市疫情后楼市热度持续升温，整体同比涨幅高达 28%，二线城市分化显著，总体成交同比下降 7%。

从趋势上看，15 个典型城市二手房全年整体表现先抑后扬。受新冠肺炎疫情冲击，2020 年第一季度市场一度停摆，2 月成交体量仅 159 万平方米，为近年来最低，且在 3 月快速回升，直至 7 月成交面积高达 1557 万平方米，破近年来高点。随后需求逐渐放缓但仍处高位，至第四季度月均成交在 1400 万平方米以上，较 2019 年同期涨幅超三成。

15 个典型城市 2020 年 1—11 月二手房累计成交情况

（单位：万平方米）

能级	城市	2020年1—11月	累计同比	能级	城市	2020年1—11月	累计同比
一线	北京	1337	17%	二线	杭州	828	12%
	上海	2180	24%		青岛	484	19%
	广州	996	47%		成都	432	-52%
	深圳	799	38%		厦门	314	3%
	合计	5312	28%		武汉	888	-6%
二线	合肥	496	29%		苏州	530	-42%
	重庆	1051	-16%		天津	1022	1%
	郑州	382	16%		合计	7390	-7%
	南京	963	36%	总计	12702	5%

数据来源：CRIC 中国房地产决策咨询系统

需求结构综述

2020年在新冠肺炎疫情后复苏中，全国住宅市场产品结构发生了一定变化。总体上，新房市场三居室改善产品仍是市场主力，变化在于：一方面，新冠肺炎疫情下居民收入预期下滑，小面积二房产品去化速度放缓；另一方面，新冠肺炎疫情后改善需求进阶，120~140平方米四房及以上产品显著上扬，尤其是豪宅市场显著转暖，上海、杭州、北京、深圳等供销两旺。随着购房消费观念不断升级，预计未来舒适型住宅需求比重将持续上升，但考虑到政策调控严格和房价上涨压力，各能级城市热销户型还将延续小型化趋势。

一、功能性三房、四房需求占比皆升，二房比重继续回落

2020年改善型需求持续释放，112个重点监测城市三房仍是成交主力，成交占比进一步提升至59.24%，较2019年净增长2.31个百分点；四房成交占比也是稳中有升，较2019年净增长0.85个百分点至20.2%，显示改善型住房需求依旧坚挺，且有较强购买力支撑。

与此同时，刚需市场整体低迷，二房去化速度明显放缓，成交占比降至16.36%，较2019年净减少2.33个百分点。说明刚需客群更易受新冠肺炎疫情的负面冲击，基于居民收入预期下滑，部分刚需客群暂缓置业，购房周期明显拉长。

112个重点监测城市普通住宅分户型成交套数占比

户型	4个一线城市		28个二线城市		80个三四线城市		112个样本城市	
	2020	2019	2020	2019	2020	2019	2020	2019
一房	3.65%	3.32%	2.55%	3.11%	2.47%	2.89%	2.57%	3.03%
二房	28.75%	33.04%	17.87%	20.45%	13.35%	14.66%	16.36%	18.69%
三房	53.42%	50.13%	58.68%	56.43%	60.48%	58.40%	59.24%	59.93%
四房	11.39%	10.05%	19.40%	18.31%	22.04%	21.84%	20.20%	19.35%
五房及以上	1.14%	0.79%	1.06%	1.09%	1.19%	1.54%	1.12%	1.26%
复式	1.65%	2.66%	0.44%	0.61%	0.47%	0.67%	0.52%	0.75%

数据来源：CRIC中国房地产决策咨询系统

二、一线80平方米以下小套型化，三四线100~140平方米改善进阶

2020年改善型需求进阶，100平方米以上的中大户型成交占比皆升，刚需下降，100平方米以下的小户型成交占比皆降。112个重点监测城市100平方米以上的户型成交占比66.8%，较2019年净增加1.35个百分点，其中120~140平方米户型暂以0.78个百分点涨幅居首。100平方米以下的户型成交占比33.2%，较2019年净减少1.35个百分点，其中80~90平方米户型暂以0.68个百分点跌幅居首。

112个重点监测城市普通住宅分面积段成交套数占比
（单位：平方米）

面积段	4个一线城市		28个二线城市		80个三四线城市		112个样本城市	
	2020	2019	2020	2019	2020	2019	2020	2019
70以下	4.74%	3.10%	3.18%	3.77%	2.81%	3.15%	3.10%	3.48%
70~80	7.94%	6.82%	3.17%	3.31%	2.33%	2.79%	3.05%	3.29%
80~90	23.81%	28.56%	12.38%	12.42%	9.09%	9.74%	11.52%	12.20%
90~100	19.32%	17.58%	16.39%	15.64%	14.11%	15.25%	15.54%	15.59%
100~120	18.41%	18.50%	27.47%	28.28%	30.24%	29.11%	28.22%	28.09%
120~140	13.64%	12.78%	21.29%	21.41%	27.14%	25.72%	23.48%	22.70%
140~160	4.49%	4.53%	8.80%	8.51%	8.75%	8.89%	8.56%	8.45%
160~180	2.21%	2.43%	3.17%	3.02%	2.25%	2.08%	2.72%	2.61%
180以上	5.43%	5.69%	4.15%	3.63%	3.26%	3.28%	3.82%	3.60%

数据来源：CRIC中国房地产决策咨询系统

三、100平方米以下功能三房占比上升，四房舒适化160平方米以上走俏

当前房地产市场主力购房需求早已过渡至三房、四房，其中100~120平方米三房、120~140平方米四房最受市场欢迎，成交占比都在40%以上。

2020年，112个重点监测城市三房户型整体延续小型化趋势，100平方米以下的三房成交占比明显回升，较2019年净增长0.81个百分点；100~160平方米的三房成交占比持续走低，较2019年净减少0.87个百分点。

112个重点监测城市三房产品各面积段成交套数占比
（单位：平方米）

面积段	4个一线城市		28个二线城市		80个三四线城市		112个样本城市	
	2020	2019	2020	2019	2020	2019	2020	2019
90以下	26.94%	26.09%	10.89%	9.94%	7.05%	7.67%	9.92%	9.75%
90~100	27.91%	25.69%	23.36%	20.66%	18.27%	19.86%	21.19%	20.56%
100~120	27.58%	27.18%	40.45%	43.02%	45.70%	44.43%	42.26%	42.84%
120~140	11.77%	13.95%	21.17%	22.02%	25.32%	24.53%	22.64%	22.74%
140~160	3.09%	4.05%	3.13%	3.48%	2.98%	2.88%	3.06%	3.24%
160~180	1.70%	1.89%	0.55%	0.53%	0.48%	0.45%	0.57%	0.56%
180以上	1.01%	1.15%	0.46%	0.35%	0.20%	0.17%	0.37%	0.31%

数据来源：CRIC中国房地产决策咨询系统

2020年，112城四房户型转向舒适化，160平方米以上的大户型更为畅销，成交占比较2019年净增长0.95个百分点，显示高端改善型需求异常坚挺，并有强劲购买力支撑。

112个重点监测城市四房产品各面积段成交套数占比
（单位：平方米）

面积段	4个一线城市		28个二线城市		80个三四线城市		112个样本城市	
	2020	2019	2020	2019	2020	2019	2020	2019
100以下	3.89%	1.58%	0.81%	0.82%	0.59%	0.52%	0.78%	0.68%
100~120	10.36%	12.93%	10.94%	10.44%	9.68%	10.50%	10.23%	10.54%
120~140	49.20%	42.66%	40.00%	40.86%	52.72%	52.25%	47.27%	46.97%
140~160	18.63%	18.48%	29.59%	30.61%	27.72%	28.74%	28.24%	29.28%
160~180	5.31%	7.97%	10.48%	10.68%	5.94%	5.19%	7.83%	7.68%
180以上	12.60%	16.38%	8.18%	6.59%	3.35%	2.80%	5.65%	4.84%

数据来源：CRIC中国房地产决策咨询系统

四、一二线叠加、三四线联排及独栋占比上升，200平方米左右为主流

2020年，叠加、联排这类经济型别墅仍受市场欢迎，成交占比稳中有升，独栋这类高档别墅市场占有率也小幅回升。112个重点监测城市联排别墅成交最为活跃，成交占比多达51.66%，较2019年净增长0.32个百分点。其次为叠加别墅，成交占比40.82%，较2019年净增长0.41个百分点。独栋别墅市场占有率也小幅回升，较2019年净增长0.1个百分点。双拼别墅市场占有率则有所回落，较2019年净减少0.82个百分点。

112个重点监测城市别墅分户型成交套数占比
（单位：平方米）

别墅	4个一线城市		28个二线城市		80个三四线城市		112个样本城市	
	2020	2019	2020	2019	2020	2019	2020	2019
联排	47.89%	52.20%	47.16%	47.14%	58.68%	57.51%	51.66%	51.34%
叠加	45.64%	41.41%	48.68%	47.47%	29.05%	29.21%	40.82%	40.41%
双拼	1.87%	1.93%	2.65%	3.06%	7.60%	9.83%	4.46%	5.28%
独栋	4.60%	4.46%	1.51%	2.32%	4.67%	3.45%	3.07%	2.97%

数据来源：CRIC中国房地产决策咨询系统

2020年，舒适型别墅走俏，160平方米以上的中大户型成交占比升至60.90%，较2019年净增长3.93个百分点。140平方米以下的小户型成交占比跌至21.73%，较2019年净减少3.95个百分点。

112个重点监测城市别墅分面积段成交套数占比
（单位：平方米）

别墅	4个一线城市		28个二线城市		80个三四线城市		112个样本城市	
	2020	2019	2020	2019	2020	2019	2020	2019
100以下	8.18%	7.90%	1.20%	2.39%	4.79%	3.72%	3.35%	3.48%
100~120	8.48%	11.93%	2.95%	5.30%	3.48%	3.55%	3.74%	5.33%
120~140	24.79%	23.40%	15.45%	18.46%	10.94%	12.95%	14.64%	16.87%
140~160	9.94%	9.83%	19.86%	20.61%	16.19%	15.10%	17.37%	17.35%
160~180	6.43%	7.60%	18.81%	15.17%	10.31%	11.76%	14.16%	13.05%
180~200	7.62%	5.30%	9.78%	8.52%	8.77%	9.06%	9.16%	8.40%
200~250	10.54%	12.24%	13.86%	12.38%	18.52%	18.25%	15.36%	14.62%
250~300	7.48%	7.78%	8.30%	7.88%	12.36%	12.46%	9.82%	9.63%
300以上	16.55%	14.01%	9.79%	9.29%	14.62%	13.13%	12.40%	11.27%

数据来源：CRIC中国房地产决策咨询系统

五、千万豪宅需求爆发但分化显著，杭州、武汉等异军突起

2020年，全国豪宅市场呈现两大特征：整体向好、城市分化。整体向好体现在豪宅成交增势明显，112城总价1000万元以上的豪宅成交套数同比增长26%，总价3000万元以上的顶级豪宅成交同比增长13%；单价5万元以上的豪宅成交套数同比增长25%，单价10万元以上的豪宅成交套数同比增长 20%。

2020 年前 11 个月城市总价 1000 万元以上豪宅成交套数 TOP20

（单位：套）

排名	城市	成交套数	同比	排名	城市	成交套数	同比
1	上海	10093	36%	11	青岛	431	106%
2	北京	4681	-16%	12	佛山	289	186%
3	深圳	2959	-3%	13	武汉	285	231%
4	杭州	2826	79%	14	天津	262	14%
5	厦门	1647	129%	15	成都	245	73%
6	广州	1224	21%	16	珠海	244	10%
7	南京	1151	141%	17	三亚	230	46%
8	苏州	695	15%	18	温州	214	-6%
9	东莞	494	42%	19	昆明	181	32%
10	宁波	462	83%	20	重庆	179	48%

数据来源：CRIC 中国房地产决策咨询系统

2020 年前 11 个月各城市总价 3000 万元以上豪宅成交套数 TOP10

（单位：套）

排名	城市	成交套数	同比
1	上海	1144	51%
2	北京	391	-35%
3	深圳	148	-8%
4	广州	87	7%
5	杭州	66	65%
6	南京	17	1.83%
7	青岛	12	-37%
8	福州	9	13%
9	珠海	8	-27%
10	宁波	7	17%

数据来源：CRIC 中国房地产决策咨询系统

2020 年前 11 个月各城市单价 5 万元/平方米以上豪宅成交套数 TOP20

（单位：套）

排名	城市	2020 年成交套数	同比	排名	城市	2020 年成交套数	同比
1	深圳	26011	51%	11	青岛	422	134%
2	上海	25284	14%	12	宁波	326	434%
3	北京	21933	20%	13	三亚	324	11%
4	广州	4786	-7%	14	东莞	138	138%

（续）

排名	城市	2020 年成交套数	同比	排名	城市	2020 年成交套数	同比
5	杭州	4744	31%	15	苏州	97	-70%
6	莆田	3879	-12%	16	温州	68	48%
7	厦门	2497	119%	17	佛山	60	—
8	珠海	921	156%	18	郑州	53	8%
9	天津	846	11%	19	福州	37	-55%
10	南京	841	381%	20	武汉	25	1150%

数据来源：CRIC 中国房地产决策咨询系统

六、二手住宅：二、三房是主力，140 平方米、四房以上大户型房源比重显著上升

综观 2020 年二手房成交情况，市场主力成交户型仍为二房和三房，大户型产品占比有所提升。据 CRIC 不完全统计，重点监测的北京、深圳、合肥、武汉和重庆 5 个样本城市二手房成交套数占比显示，二、三房合计成交占比接近 80%，但相较于 2019 年二房、三房成交比重分别回落约 1 个百分点和 3 个百分点。受新冠肺炎疫情影响，大户型产品需求凸显，四房以上户型比重上升显著，尤其是深圳、武汉、重庆 3 城四房产品成交占比较 2019 年均扩大 2 个百分点以上。

5 个重点监测城市二手住宅项目各户型成交套数占比

户型	北京		深圳		武汉	
	2020 年	2019 年	2020 年	2019 年	2020 年	2019 年
一房	18.41%	12.65%	15.77%	16.17%	9.86%	11.91%
二房	42.24%	31.29%	31.03%	34.55%	43.15%	48.59%
三房	37.69%	54.83%	34.65%	35.78%	38.62%	34.07%
四房	1.66%	1.19%	14.25%	10.29%	6.98%	4.62%
五房及以上	0.00%	0.04%	4.30%	3.21%	1.40%	0.81%

户型	重庆		合肥		5 个样本城市合计	
	2020 年	2019 年	2020 年	2019 年	2020 年	2019 年
一房	14.29%	14.30%	12.74%	9.15%	14.41%	13.21%
二房	39.88%	44.79%	35.59%	35.80%	38.83%	39.89%
三房	35.66%	33.89%	42.06%	45.15%	37.25%	40.49%
四房	8.88%	6.15%	8.42%	8.33%	7.90%	5.35%
五房及以上	1.29%	0.88%	1.19%	1.58%	1.61%	1.06%

数据来源：CRIC 中国房地产决策咨询系统

从成交面积段来看，小面积二手住宅需求依旧最为集中，但成交增长部分的面积趋大化开始显现。CRIC重点监测的10个样本城市二手住宅各面积段成交套数占比情况显示，90平方米以下面段产品为成交主力，合计成交占比达60.4%，特别是70~90平方米需求旺盛，主要是一大部分刚需客群被挤压至二手房市场，选择小面积、低总价的二手房源来满足基本居住需求。但相较2019年来看，70平方米以下产品成交占比却明显下降了4.6个百分点。反观一线城市北京、上海、深圳以及二线城市中重庆、南京、武汉等140平方米以上的大户型面积段产品2020年成交占比显著上升，其中北京、深圳、郑州占比已超过8%。

10个重点监测城市二手住宅各面积段成交套数占比

面积段		70以下	70~90	90~120	120~140	140~180	180以上
北京	2020年	38.47%	25.72%	20.13%	6.65%	5.20%	3.84%
	2019年	40.14%	25.43%	19.75%	6.16%	4.93%	3.59%
上海	2020年	41.32%	28.73%	20.65%	4.27%	2.92%	2.12%
	2019年	47.49%	32.50%	12.17%	3.84%	2.56%	1.45%
广州	2020年	12.41%	46.47%	33.37%	4.10%	2.26%	1.40%
	2019年	11.09%	39.11%	38.10%	5.78%	3.54%	2.37%
深圳	2020年	28.14%	33.80%	24.05%	5.64%	5.32%	3.05%
	2019年	36.39%	33.53%	19.09%	4.51%	4.22%	2.27%
杭州	2020年	27.84%	31.34%	19.38%	11.74%	7.25%	3.45%
	2019年	23.00%	23.00%	24.05%	14.79%	10.62%	4.55%
重庆	2020年	25.44%	32.96%	28.22%	6.53%	4.88%	1.98%
	2019年	28.88%	35.38%	25.93%	3.85%	3.72%	2.23%
郑州	2020年	24.14%	26.92%	30.17%	10.43%	5.93%	2.41%
	2019年	28.88%	24.76%	29.47%	8.74%	6.06%	2.09%
合肥	2020年	18.08%	25.50%	44.52%	7.44%	2.77%	1.72%
	2019年	15.62%	24.42%	42.27%	10.64%	4.70%	2.36%
南京	2020年	12.87%	48.47%	28.88%	5.60%	2.62%	1.55%
	2019年	34.11%	41.54%	17.62%	3.43%	2.14%	1.16%
武汉	2020年	11.35%	31.07%	42.02%	9.11%	4.76%	1.70%
	2019年	16.85%	40.10%	30.05%	7.79%	3.71%	1.50%
10个样本城市合计	2020年	37.36%	32.99%	26.72%	6.43%	4.15%	2.35%
	2019年	31.95%	32.84%	22.79%	6.01%	4.15%	2.25%

数据来源：CRIC中国房地产决策咨询系统

营销综述

2020年，政策层面趋严，"房住不炒"不放松，"三道红线"加强对房企债务的管控，叠加新冠肺炎疫情冲击，市场压力较大。2020年也是房企的营销大年，年初线下售楼处的关闭加速了线上售楼处、直播售房等线上营销方式的发展；新冠肺炎疫情逐渐消退之后，房企采取线上线下并举的双重举措，通过优惠券、特价房等方式让利消费者冲刺业绩。9月底"天猫好房"成立，线上营销更进一步，"好房双十一"引发行业内外共同关注。渠道营销则贯穿2020年全年，渐渐成为一些去化难的项目首选方式，为了应对这一局面，不少房企开始建立自有渠道。展望2021年，市场环境不容乐观，房企营销仍需持续发力，回款层面释放优惠的房企有望增多，线上化营销趋势将会加强。

一、整体折扣平稳，房企关注渠道营销

全年来看，2020年营销可以分为三个阶段。第一阶段：春节返乡置业突遇新冠肺炎疫情，线下售楼处关停，房企转战线上，搭建线上卖房平台。第二阶段：3月初线下售楼处逐步开放，房企线上线下双管齐下，直播卖房热度走高，房企营销逐渐达到高潮，6月年中房企业绩进入抢收期。第三阶段：第三季度伊始，房企营销节奏步入平稳期，渠道合作关注度较高，9月底"天猫好房"成立。

与此同时，房企对自主拓客越来越重视，搭建自销团队和整合中介门店等。以整体折扣来看，由于企业考虑到自身利润水平，以及项目销售持续性，让利幅度较为有限。除个别房企外，整体普遍在9折左右，主要还是通过特价房的方式让利。

1. 返乡置业戛然而止，房企转战线上售楼

2020年1月农历新年，各大房企开始打出返乡置业口号，尤其是一些三四线城市的项目，通过营销活动吸引返乡人员，如凭返乡车票等购房享优惠、新春大礼包、认购送家电等。1月下旬，由于受到新冠肺炎疫情影响，响应各地政策线下售楼处关停，房企转战线上售楼处，通过其自建网站、微信小程序等多种渠道搭建"线上售楼处"线上看房选房等。2月中旬，恒大率先推出"低定金锁定保障购房权益"+"推荐丰厚奖励"+"无理

由退房、降价补差价"等一系列的新线上销售新政，从集团层面发起，覆盖全国全部项目，开启线上销售新篇章，起到了很好的宣传作用。后续31家房企跟进此类模式，保障购房权益，以求促进线上营销的蓄客和转化能力。

折扣方面，线上销售新政中的"低定金锁定保障购房权益"部分折扣主要为定金转为房款后，额外给予固定金额或百分比优惠，多在1万~2万元或者9.9折左右。另外，恒大在2020年2月18日打出全国楼盘7.5折优惠，另有部分房企给为"抗疫"做出贡献的人员提供较高的折扣，如志愿者和社区工作人员、警察等为抗疫做出直接贡献的人员，购买金茂楼盘可享受底价的8.5折优惠。其他联动或者活动营销折扣多在9折以上。

2. 线上线下双管齐下，直播卖房成为年中热潮

2020年3月初，国内疫情逐渐好转，房企线下营销逐步恢复开放，部分开发商推出了"春季购房节"活动。另外，五一黄金周、母亲节等节日也有诸多"造节"营销。线上营销方面，以4月2日薇娅试水直播卖房为开端，明星网红直播卖房热度持续走高。6月年中作为业绩抢收期，房企借助"618"年中促销，京东、苏宁等第三方平台也试水直播及自营卖房等，第三方平台携手房企卖房成为主战场。

折扣方面，2020年3月至6月的营销折扣整体在9折左右，部分城市项目折扣达8折，且营销范围扩大，5月份后由集团整体推出的营销活动有所增加。此外，特价房折扣较高，如直播秒杀特价房最高可达到5折左右。

3. 渠道营销关注度高，房企利用第三方平台

房企传统营销例如广告投放等方式减少，但其对获取客户推动销售的态度却未曾改变。对房企来说，渠道分销往往以业绩为导向，效果更为直接。尤其是对难以去化的项目，渠道分销的效果更直接，企业倾向将营销广告费用转为渠道佣金。与此同时，渠道平台本身也在不断壮大，2020年9月16日"天猫好房"成立，鉴于其具有推广能力强、客源规模大的优势，天猫"好房双十一、百亿大补贴"参与房企超300家，覆盖楼盘超3000个，房源总数超80万套，双十一总裁/明星等直播场次达1910场；"双十二"期间，"乐居红人节"，327场直播累计观看量2521万人次，乐居、天猫好房、苏宁易购三大会场累计释放优惠21.36亿元。可见，广泛利用第三方平台也成为房企重要营销渠道。此外，房企开始自己搭建渠道，老带新等圈层营销也是常用手段，此外，不少房企开始自建渠道如打造拓客团队、整合中小型中介等。

2020年下半年，多数房企的营销折扣力度仍在9折以上。但为推动销售，部分房企直接给出较大折扣，如富力在8月17日与广汽集团跨界创新营销，打出购房、购车位和购车三重优惠，以8.17折统一折扣。恒大重回7字头，9月7日—10月8日全国619个楼盘全线7折。此外，房企区域联动"打包"特价房活动增多，如"十一"期间融创重庆区域联动，8天推出约248套特价房源，释放较大优惠。

二、让利促销：价格优惠直接有效，发放形式革新

从价格入手让利消费者，是房企最有效的营销手段。2020年房企采用比较多的方式主要有四种：一是发放优惠券抵扣房款，主要是在一些类似购房节、直播售房等营销活动中发放；二是在认筹、开盘等时间节点让利折扣；三是通过特价房的方式提供优惠；四是去化率优惠，主要是在项目清尾时提供折扣加速去化。不过2020年房企对优惠券的发放和特价房营销方式都做了革新。优惠券方面，主要通过直播间、网上旗舰店和线上售楼处等线上平台来发放；特价房往往会将区域或者全国特价房"打包"营销，另外也有特价房直播秒杀环节提高热度。

1. 房企线上发放优惠券，低价抵扣能有效吸引意向购房者

对消费者而言，商品房作为大宗交易，在电商场下直接买卖仍有所顾忌，所以房企通过发放优惠券的方式，既降低了交易门槛，又能以优惠的形式推进消费者购房流程。目前，优惠券的发放大都通过线上渠道实现，比如直播间、网上旗舰店和线上售楼处等，有以下几个好处。

首先，客户在下单低价优惠券时压力较小，部分优惠券价格低至 10 元以下，相比直接购房的金额往往不值一提。但其能撬动的价值却远高于此，通常以万元为单位，能让购房者感受到实在的优惠。

其次，意向购房者购券后便与项目产生了联系，往往能促成这部分人线下看房，拓宽了客源。

最后，电子优惠券易保存易核销，也能让房企了解蓄客情况和意向购房者信息，方便后续的营销动作。

从营销范围来看，由于电子优惠券能突破地理限制，多搭配全国性质的购房节活动，涉及范围较广。从 2020 年全年的折扣力度来看，房企优惠券能抵扣金额增多，折扣力度有所增大，但仍在 9 折之上。

2020 年部分房企优惠券情况

企业	地区	时间	活动内容
力高集团	全国	3/1—5/31	"春季购房节，保底轻松 GO"，3000 元抵 20000 元
碧桂园	全国	4/20—5/10	"5 爱 5 家直播购房节"海量放送 5.5 元抵 5.5 万元优惠券
中国恒大	全国	6/1—6/30	2000 元网上购房抵 20000 元
美的置业	全国	6/6—6/26	全国联动"666 购房节"，618 年中促销，1 元抢 6666 元优惠券
德信地产	全国	6/14—6/22	"6.18 知己生活节"，6.18 元抢万元优惠券
碧桂园	全国	9/19—10/15	"碧桂园金秋购房节"，9.9 元抢购房优惠券，最高可抵 10 万元
富力地产	华东区域	11/11	购买对应项目 11.11 元券，可抵扣各项目案场优惠

数据来源：CRIC 整理

2. 特价房打包区域联动，直播间秒杀提高热度

由于房企利润空间受挤压，从整体来看让利幅度有限，折扣动作主要体现在特价房活动，优惠幅度最高可达 5 折左右。往年的特价房营销主要是单个项目展开，2020 年则有所不同，房企通常会将区域内多个楼盘的特价房进行"打包"营销，形成几十套甚至上百套的规模，并且其中还囊括了一些不错的房源，相当于一种变相折扣。例如，金地在"五一"黄金周联动重庆 4 盘，推出了 51 套特惠房源，新城控股在"十一"期间展开山东区域 12 城 29 盘联动，共推出 101 套特价房。另外，在直播活动中安排特价房秒杀环节，也是 2020 年特价房营销的亮点，参与的房企有恒大、万科、金地等，旨在提高用户积极性和参与度。其中，万科地产的"半价海景房"——惠州双月湾项目在刘涛的直播间亮相，折扣高达 4.9 折。

2020 年部分房企特价房营销举措

营销方式	企业简称	地区	时间	活动内容
区域联动特价房	融创中国	海南	5/1—5/31	海南融创 5 盘联动，全岛共 40 套专属特惠房源
	金地集团	重庆	5/1—5/5	金地重庆 4 盘联动，共推出 51 套特惠房源
	龙湖集团	长沙	9/24—10/8	长沙龙湖的 4 个公寓项目联动，共拿出 99 套团购特价房
	新城控股	山东	10/1—10/8	山东区域 12 城 29 盘联动，一共推出 101 套特价房
	华润置地	沈阳	12/11—12/12	全城 9 大红盘，每盘 12 套惊喜房源
直播特价房	恒大中国	全国	4/24	直播特价房：38 套特价房，最高省 68 万元
	万科地产	惠州	5/15	直播特价房：惠州双月湾 1 套，原均价12200元/平方米；直播间秒杀5969元/平方米，总价471555元。约4.9折
	金地集团	郑州	9/23—10/8	直播专场特惠：10 套特价房秒杀
	新城控股	杭州	11/7	新城总经理直播团，3 套好房 5 折抢

数据来源：CRIC 整理

房企综述

2020 年，中国房地产市场整体销售表现受新冠肺炎疫情的影响较大，年内销售规模保持了较长时间的负增长。7 月以来，虽然百强房企累计业绩增速已经回正，但第四季度市场整体的下行压力犹存、去化承压。规模房企整体的目标完成情况不及 2018 年和 2019 年同期。截至 2020 年 11 月末，年内部分规模房企业绩增速较 2019 年放缓，企业经营压力加剧，预计 2021 年会有更多规模房企的增速放缓。而在"三道红线"下企业融资端将进一步收紧，高杠杆、高负债的运营模式无法持续。未来财务稳健、产品力出色、运营管控能力更强的房企将获得更多的发展机遇和市场竞争优势。

2020年受到外部"黑天鹅"以及行业政策波动影响，房企投资端可谓一波三折，整体呈现"抑—扬—抑"的走势。年初，新冠肺炎疫情影响之下土地投资进入"冷冻期"，供地减少、拿地意愿骤减。随着疫情得到控制，销售端迅速回暖，第二季度成为房企拿地"窗口期"，企业补货同时也在不断调结构、调节奏。但6月份之后，整体拿地力度有所放缓。8月末"三道红线"出台，再次对企业拿地态度产生负面影响。杠杆红利的消失，"促销售、抓回款、稳现金流"成为共识，导致房企整体投资意愿降低，且内部分化显著。红、橙两档位房企投资意愿、力度均大幅下滑，而部分黄、绿色档位房企投资则相对积极。

从全年表现来看，"强者恒强"的规模效应延续，30强房企占据百强新增土储货值的70%，其中TOP11-30强投资最为积极，拿地销售比高过其他梯队。城市选择上，延续了2019年以来回归二线的策略，尤其是部分核心城市优质地块，竞争相对激烈，三四线城市则主要集中在城市群中经济发展较优、需求充足、产业领先的城市。

一、7月累计增速转正，四季度企业去化承压

2020年，中国房地产市场整体销售表现受新冠肺炎疫情的影响较大。在疫情对房地产市场的冲击下，无论是全国商品房的销售面积、销售金额还是行业百强房企的业绩规模，年内都保持了较长时间的负增长。其中，2020年全国商品房累计销售面积的同比增速直至10月末才得以转正。

具体来看，2020年第一季度TOP100房企整体的累计操盘业绩规模同比下降20.1%，受疫情影响最为显著。第二季度，市场逐步恢复，百强房企的单月业绩同比在4月转正并稳步提升。2020年下半年以来，随着项目施工进度加快、企业供应增加，规模房企去化成效显著。TOP100房企第三季度的单月操盘业绩同比增速均维持在25%以上，并在8月达到年内30.7%的高位。

但从整体来看，虽然房企年内供货和销售节奏后移、下半年供应量显著提升，累计业绩增速也在7月实现转正，但2020年第四季度市场整体的下行压力犹存、去化率承压，截至11月末，百强房企的单月业绩同比增速自8月以来持续回落。

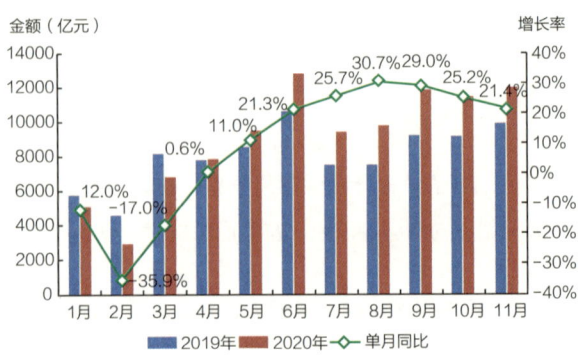

2019年和2020年1—11月百强房企单月销售操盘金额及同比变动

数据来源：CRIC

二、各梯队房企门槛增幅超10%，千亿房企继续扩容

2020年，百强房企各梯队销售金额入榜门槛同比提升，门槛增幅均在10%以上。其中，截至11月末，TOP10和TOP30房企销售操盘金额门槛分别达到2014亿元和928.3亿元，同比增幅达10.3%和12.6%。TOP50房企操盘金额门槛增幅最高，较2019年同期提升20.6%至562.5亿元，规模房企竞争优势凸显。另外，截至11月末，TOP100房企的销售操盘金额门槛达到189.9亿元，门槛增速为11.6%，较2019年同期也有明显提升。

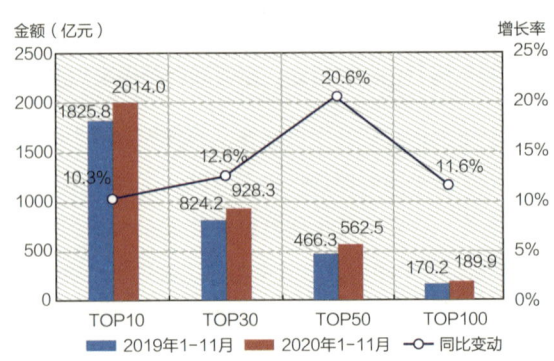

2019年和2020年前11个月百强房企销售操盘金额入榜门槛及同比变动

数据来源：CRIC

此外，截至2020年11月，全口径千亿元房企数量相比2019年同期已增加5家至32家。预计全年千亿元房企数量将在40家左右，规模为800亿~1000亿元的房企数将在12家左右，800亿元以上房企梯队继续扩容。

2017—2020年全口径各规模房企数量及变动情况

（单位：个）

规模	2017年	2018年	2019年	2020年
1000亿元以上	17	30	34	39~41
800亿~1000亿元	7	8	10	11~13
数量变动	2017年	2018年	2019年	2020年
1000亿元以上	+5	+13	+4	+5~7
800亿~1000亿元	+6	+1	+2	+1~3

数据来源：CRIC

三、规模房企整体目标完成情况不及往年同期

自2020年第二季度以来，有部分规模房企积极抓住销售窗口期、加速去化，在年内设定了业绩目标的企业中，截至11月末，已有超6成房企完成或接近完成2020全年目标。其中，如恒大、金茂、滨江、越秀、时代这5家房企都在11月提前达成了全年目标，业绩表现相对突出。

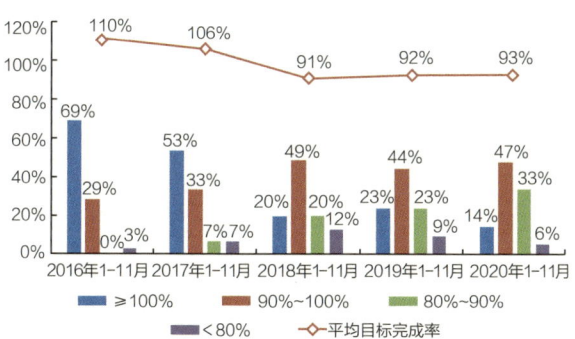

2016—2020年规模房企前11个月业绩目标完成情况

注：统计范围为部分提出全年业绩目标的房企。

数据来源：CRIC、企业公告

但同时，从整体来看，2020年规模房企的业绩目标完成情况不及2018年和2019年同期。截至11月月末，有近4成房企的目标完成率较低不足90%，占比达到近五年来同期最高，少数房企目标完成率不及80%。一方面，年内新冠肺炎疫情对企业2020年全年的推货和销售节奏影响较大。另一方面，第四季度市场下行压力犹存，规模房企单月业绩同比增速放缓，部分企业货值去化与目标完成承压。

四、近7万亿元货值被TOP30房企所获，投资集中度不断走高

截至2020年11月月末，新增货值百强门槛达到197.1亿元，同比上涨28%，新增土地价值、新增土地建面的百强门槛分别为72.2亿元和120.7万平方米，同比涨幅分别为42%和13%，虽然8月份出台"三道红线"政策后部分房企放缓投资力度，但鉴于第二季度以来的积极补仓，11月末新增土储百强门槛仍有较大的提升。从集中度来看，规模房企"强者恒强"的格局仍在延续，且集中度呈现不断走高的趋势。截至11月末，TOP30房企新增货值占百强72%，七成土地资源集中在三成房企手上。

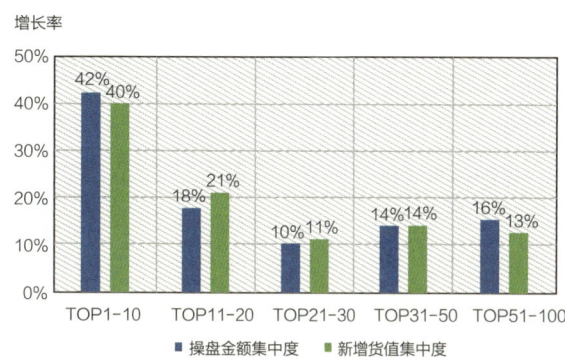

2020年销售TOP100各梯队新增货值集中度及销售集中度

备注：新增货值占百强集中度 = 各梯队新增货值之和 / 百强新增货值之和。

操盘金额占百强集中度 = 各梯队操盘金额之和 / 百强操盘金额之和。

数据来源：企业公告、CRIC，数据截至2020年11月末

从连续三年销售、新增货值集中度变化情况来看：TOP11-20房企的市场占比持续上升，提升业绩的需求最为明显，从新增土储和销售集中度的对比来看，该梯队房企销售集中度还有进一步上行的空间。值得注意的是，随着投资集中度不断走高，大型房企的规模效应将更加显著。

2018年至2020年销售TOP100各梯队新增货值
集中度及销售集中度

新增货值集中度	2020年	2019年	2018年
TOP1-10	40%	42%	51%
TOP11-20	21%	18%	14%
TOP21-30	11%	10%	11%
TOP31-50	14%	13%	11%
TOP51-100	14%	17%	13%
销售集中度	2020年	2019年	2018年
TOP1-10	42%	43%	42%
TOP11-20	18%	16%	15%
TOP21-30	10%	11%	12%
TOP31-50	14%	14%	15%
TOP51-100	16%	16%	16%

数据来源：企业公告、CRIC，数据截至2020年11月末

五、拿地节奏"一波三折"，2020年6月成全年投资转折点

截至2020年11月月末，百强房企拿地销售比达到0.37，较2019年年末上升0.03，低于2018年的0.38。主要是由于2020年第二季度以来房企积极补仓，以及部分企业在"三道红线"政策后仍保持较高投资积极性。但与前三季度0.4的拿地销售比相比，整体已有明显下降。可以看出，严苛的金融监管政策对企业投资产生显著抑制作用。分梯队来看，TOP10房企的拿地态度最为谨慎，拿地销售比仅有0.32，不仅低于行业平均值，在各梯队中也是最低。此外，TOP30以后的房企拿地同样较为谨慎，尤其TOP50-100房企的拿地销售比为0.33，较2019年年末有所下降，小型房企的生存环境不容乐观。反观TOP11-20、TOP21-30房企的拿地销售比分别达到0.46和0.44，与2019年相比有所提升，这部分房企仍有较强的扩张规模意图。

销售TOP100企业各梯队连续3年拿地销售比

拿地销售比	2020年	2019年	2018年	较2019年变化情况
TOP1-10	0.32	0.31	0.40	持平
TOP11-20	0.46	0.43	0.39	↑
TOP21-30	0.44	0.28	0.38	↑
TOP31-50	0.35	0.34	0.30	持平
TOP51-100	0.33	0.36	0.32	↓
百强平均	0.37	0.34	0.38	↑

数据来源：企业公告、CRIC，数据截至2020年11月末

从单月销售TOP50房企2020年1—11月的单月投资额来看，房企2020年内的投资节奏"一波三折"，整体可分为3个阶段，呈现"抑—扬—抑"的走势：

第一阶段为第一季度，土地市场冷冻期，房企投资意愿较低。受到2020年年初新冠肺炎疫情的影响，土地市场几乎停摆，房企尚未复工，因此整体投资都处于相对低位。值得注意的是，部分央企、国企如华润、首开、招商等积极拿地，拿地销售比高于1。另，浙系房企绿城、滨江、荣安也成为土地市场"黑马"，这一阶段房企单月投资额均不超过2000亿元。

第二阶段为4—8月份，其中第二季度为百强房企拿地"窗口期"，但6月之后整体投资力度放缓。随着市场逐渐复苏，企业为补充可售货值，在第二季度开始积极补仓，投资力度达到年内最高峰。此阶段中新城、金科、中骏、首创等企业的投资金额排名一度高于销售排名，为规模进阶夯实了基础。这一阶段TOP50房企的单月投资额均在3000亿元以上。但自6月份以来，房企投资力度逐步下滑，部分在第二季度持续补仓的房企减缓了投资的步伐。

第三阶段则是9月至年末，"三道红线"政策颁布之后，整体投资力度再下台阶。由于8月末"三道红线"政策出台，对房地产行业带来较大影响，不少房企受到未来融资受限等预期影响，将工作重心转移至销售端，投资的力度明显下降，恒大、绿地等企业投资力度下降尤为明显，这一阶段房企单月投资额稳定在2000亿~3000亿元水平。

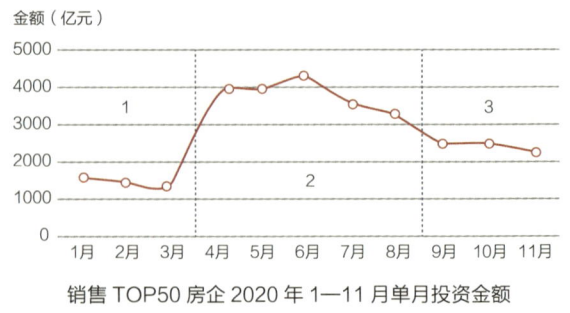

销售TOP50房企2020年1—11月单月投资金额

数据来源：企业公告、CRIC，数据截至2020年11月月末

抗疫特別篇

疫情下的楼市：房地产行业的应对与复苏

己亥岁尾，庚子之春，一场突如其来的新冠肺炎疫情横扫大江南北，川流不息的城市按下了暂停键。以售楼处关停为标志，房地产市场亦在短时间内受到波及，交易停摆、成交遇阻，返乡置业全面停滞，"小阳春"能否来临一度被划上问号……

特殊时刻，房地产行业展现出无与伦比的坚强与韧性：房企打响"销售保卫战"，多措并举服务购房者；线上售房亮点频出，"好房线上购"引领房产营销新趋势；实体售楼处有序复工，防疫、成交两手抓，两手都要硬……加之多地纾困政策的出台，房地产成为最先迎来回暖的行业之一。

实体售楼处关停
楼市迎来"冰封期"

2020 年 1 月下旬，本应是举国上下喜迎新春佳节的时刻，却被愈演愈烈的新冠肺炎疫情打乱了节奏。武汉封城，全国严守，"非必要不出行"让民众成为宅家一族。各行各业也迅速响应，针对行业特点出台相应举措。

1 月 25 日，南昌市住房保障和房产管理局宣布，根据省市关于做好当前新型冠状病毒防控工作相关要求，即日起全市所有商品房售楼部暂停营业，全市所有房地产中介机构门店暂停营业，恢复营业时间另行通知。

以南昌为起点，全国主要城市房地产管理部门纷纷出台同类要求。据乐居不完全统计，截至 1 月 27 日 24 时，已有超过 70 城发布相关政策。

按照惯例，每年春节的返乡置业潮，应是楼市全年首个成交小高峰。但在新冠肺炎疫情的影响下，2020 年 1—2 月的相关数据只能用惨淡来形容。

据国家统计局月度数据，2 月，70 个大中城市房地产市场价格涨幅稳中有落。在新房市场，武汉、石家庄和太原等 12 个城市受疫情影响，无任何成交，价格视为没有变动。武汉、石家庄和呼和浩特等 12 个城市二手房市场无任何成交。

整个 1—2 月份，全国商品房销售面积 8475 万平方米，同比下降 39.9%。其中，住宅销售面积下降 39.2%，办公楼销售面积下降 48.4%，商业营业用房销售面积下降 46.0%。商品房销售额 8203 亿元，下降 35.9%。其中，住宅销售额下降 34.7%，办公楼销售额下降 40.6%，商业营业用房销售额下降 46.0%。

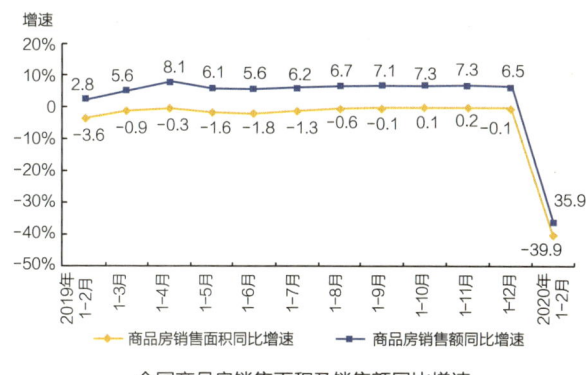

全国商品房销售面积及销售额同比增速

来源：国家统计局

具体到各区域，东部地区商品房销售面积 3537 万平方米，同比下降 34.9%；销售额 4792 亿元，下降 30.0%。中部地区商品房销售面积 2139 万平方米，下降 45.2%；销售额 1425 亿元，下降 46.4%。西部地区商品房销售面积 2565 万平方米，下降 41.3%；销售额 1778 亿元，下降 40.6%。东北地区商品房销售面积 234 万平方米，下降 41.0%；销售额 208 亿元，下降 32.1%。

而在房地产开发投资层面，同样出现"断崖式"下跌。统计局数据显示，2020 年的 1—2 月份，全国房地产开发投资 10115 亿元，同比下降 16.3%。其中，住宅投资 7318 亿元，下降 16.0%。

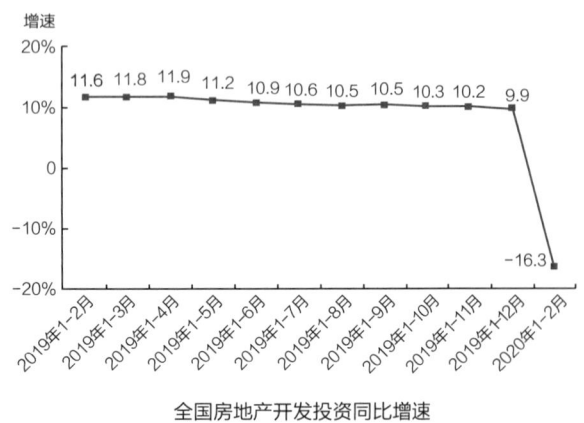

全国房地产开发投资同比增速

来源：国家统计局

土地市场和房企到位资金表现亦可反映市场的冷淡。1-2月份，房地产开发企业土地购置面积1092万平方米，同比下降29.3%；土地成交价款440亿元，下降36.2%。

1-2月份，房地产开发企业到位资金20210亿元，同比下降17.5%。其中，国内贷款4547亿元，下降8.6%；利用外资12亿元，下降77.2%；自筹资金6161亿元，下降15.4%；定金及预收款5603亿元，下降23.9%；个人按揭贷款3030亿元，下降12.4%。

与此同时，2月的房地产开发景气指数更是颇为罕见地下降至97.39。自2019年2月以来，这一指数从未低于100。

打响"销售保卫战"
房企多措并举拉动回款"进度条"

据乐居统计，自2020年1月下旬起，大部分开发商的成交情况较往年春节骤跌95%以上，超30家内地及香港上市的房地产企业发布未经审计的1月销售数据，半数房企销售同比出现下滑，其中不乏碧桂园、恒大、融创等龙头企业。

彼时，房地产行业普遍认为，新冠肺炎疫情对楼市影响仅是暂时性的，房地产需求只会延后，疫情过后多地楼市活力会逐步恢复。同时，1~2月原本即为传统淡季，全国销售和开工面积占全年的比重不会超过10%。

但是，面对销售、偿债和企业运营三重压力，房企的焦虑依旧可见一斑。线上营销、打折促销等手段成为企业"保节点促销售"、拉动回款进度条的两个"关键词"。

一、"线上售楼处""好房线上购"开辟线上购房新渠道

面对几近冰封的实体销售，线上营销成为房企博弈的主战场。1月26日，距南昌售楼处关停公告发布不满24小时，乐居即推出"线上售楼处"——集项目查询、优惠公示和咨询入口等模块于一体的线上房地产平台。

此举迅速获得开发企业的认可和欢迎。上线三天，就有427家品牌房企、5600多个楼盘开通了线上售楼处；运营一周，线上售楼处用户咨询量比春节前增长了三倍。

2月16日，乐居在线上售楼处成功运营的基础上，推出升级版活动"好房线上购"，旨在通过全媒体平台带动全网关注，运用领先可靠的智能交易平台，面向全国购房网友实现全民房产营销，让老百姓宅在家中即可坐享购房实惠和卖房收益。

根据活动公示信息，购房者只需缴纳一定金额的定金，就能享受低价购房福利，同时获得"自购优惠""被买补贴""未买退款"等权益，并可通过客户推荐，获取包括高额佣金在内的多重奖励。

触及痛点，需求兼顾，活动一经推出便引发热议，品牌房企纷至沓来，购房者关注与日俱增。据主办方统计，2月16日下午1时活动推出，到晚间10时，已有365个楼盘主动在线报名申请加入，加上已有的28家品牌房企、超636个项目与乐居达成战略签约，全国参与楼盘总数直逼1000个大关；到2月22日晚间，入驻项目总数接近2000个。

截至 2020 年 3 月 31 日，好房线上购平台入驻品牌开截发商达 112 家，入驻楼盘达 3050 个，在线销售员超过 18 万名。2020 年第一季度累计认筹用户达 15.48 万组，267 个项目通过平台完成开盘，完成在线定房签约 21227 套，在线成交房产 GMV 达 318 亿元。

二、"无理由退房"成房企营销新看点

为促进销售，从 2020 年 2 月上旬开始，众多品牌房企陆续出台优惠举措，涉及房款优惠、售后保障等方面。

在优惠力度方面，恒大堪称"一鸣惊人"。2020 年 2 月 17 日，恒大集团发布全国优惠通知，在 2 月 18 日至 2 月 29 日期间，恒大全国在售楼盘住宅（含公寓及写字楼），共 613 个楼盘，可享 75 折优惠。

随后，众多房企纷纷跟进，"8 字头""9 字头"折扣屡见不鲜，商办类产品享 10% 首付、线上认购折扣、定金优惠券等形式层出不穷。

与此同时，针对特殊时期线上看房、选房的新特点，多个品牌打出"无理由退房"口号。

2 月 9 日、10 日，融创上海、东南、北京区域先后宣布，对区域内指向项目开启"30 天内无理由退房"，时间持续至 3 月底，涉及全国 60 个城市；认购人必须具备房屋所在地的购房资格，在活动期间认购并支付房款，而无条件退房应在签署《商品房认购协议》之日起 30 日内书面提出。

另据乐居不完全统计，花样年、绿地、时代中国、美的置业、保利发展、旭辉等二十余家企业也采取了同类举措，无理由退房时限最短 7 天，最长 30 天。

有序复苏
楼市步稳蹄疾迎"晚春"

从 2020 年 2 月 10 日起，全国迎来大规模复工日，房地产行业也按下重启键，工地、售楼处等场所根据国家和地区要求，分批、循序、有条件地向常态化迈进。

同时，为促进房地产行业平稳有序复苏，从而更好发挥稳定器作用、为经济社会走出新冠肺炎疫情影响贡献更大力量，多地纷纷出台涉房政策，其中不乏放松特定区域落户和购房限制、取消某些类别产品的限购等颇为醒目的条款。

一、建筑工地复工严把"防疫关"

2020 年 2 月上旬临近尾声，多地建设工程陆续开工。不过，鉴于新冠肺炎疫情周期尚在延续，工地复工普遍需满足一定条件，并在多个环节严把防疫关。

据乐居买房不完全统计，2 月 10 日起，北京、河北、广西、云南、海南、南京等省市的建设工程陆续复工。由于建筑工地以外来人口为主、基数较大，且施工现场开放性强、流动性大，做好防控工作成为各地建设工程复工的重中之重，各类规定和举措层出不穷。

2 月 9 日，北京市住建委印发《关于进一步加强疫情防控保障建设工程安全有序复工的通知》，明确自 2 月 10 日起，全市房屋建筑与市政基础设施建设工程只有具备封闭集中管理条件方可以复工。不具备封闭式集中管理的工程项目不得复工或开工建设。

南京同期发布《南京市疫情期间建设工程复工指南》，明确疫情期间建设工程复工包括三个环节，即复工准备环节、复工审查环节、复工管理环节。其中，在复工准备环节，建设单位要牵头成立工地疫情防控小组，制定现场应急预案，配备足量口罩、消毒水、温度计及独立隔离间，要对各方人员全部逐一登记信息，对外地返宁人员加强排查梳理，现场劳务作业人员、管理人员均采取实名制管理。

湖南省住建厅则要求，将保障工程建设项目 2 月底前实现"一网通办""不见面审批"，助力项目落地开工。

二、售楼处有序开放预约占主流

2020年2月17日,沈阳率先发布《关于有序放开售楼部及房产中介经营场所对外营业限制的通知》,被认为是全国实体售楼处恢复的开端。到2月25日,距首个城市要求商品房售楼处及中介门店暂停营业已过去整整一个月。乐居对全国主要城市售楼处复工情况进行了调查。

结果显示,截至2月25日17时,接受调查的售楼处完全关闭或趋近完全关闭的城市有武汉、银川、西安、呼和浩特、兰州、哈尔滨。其中武汉、哈尔滨是因为新冠肺炎疫情,社区封闭的原因;银川则是住建局发过通知,售楼处复工时间暂缓至3月15日之后;而西安、呼和浩特、兰州则是因为"未接到许可开放的通知"。

除上述城市外,其他城市的售楼处均处于逐步开放状态,其中售楼处开放较多的城市,普遍已出台鼓励复工复产的通知。

以广东为例,2月17日省住建厅印发《关于全力支持企业复工复产的通知》。乐居调查显示,广州有八成售楼处已开放营业,其中超两成属完全开放。另外,湖南省和长沙市分别于近期发布了"复工令",包含多项援企稳岗措施。乐居调查显示,长沙市辖区101家售楼处基本已全部开放,仅极少数仍在关闭。

苏州、天津在复工通知发布前,仅有少数售楼处开门迎客。2月17日、21日,两城先后发布复工复产通知,售楼处随即有序开放:21日,苏州乐居对58家售楼处进行调查,其中54家已完全开放或有限开放,占比达93%;天津24日亦有近10个项目通过批准,开门纳客。

截至2月25日,受调查36个城市的4912个项目中,有超过3成的实体售楼处已经开放,余下近6成仍在关闭中。

开放初期,售楼处销售情况普遍不甚理想。调查中,杭州多家售楼处工作人员告诉乐居,开放初期客流只有往年同期的3成左右,签约量降低更为明显;太原售楼处工作人员则表示,目前客流仅有个位数,恐怕还需要较长的恢复周期。

而在成都,根据住建局规定,商品房销售现场开放,每天到访客户预约人数总量不超过80人。

不过,随着新冠肺炎疫情影响逐渐消退,售楼处开放、来客情况逐日好转。至3月底,除个别城市外,绝大多数城市售楼处运行普遍回到正轨。

三、涉房地产新政持续出台注入"强心剂"

据乐居不完全统计,2020年2月—3月,近70个城市发布了涉及房地产调控的相关政策,其中不乏放松特定区域落户和购房限制、取消某些类别产品的限购等颇为醒目的条款。稳定房价、稳定市场和市场预期,也稳定了购房者的情绪。

2月11日,杭州市规划和自然资源局印发《关于做好疫情防控保障服务企业稳定发展的通知》,对已经成交地块,《成交确认书》和《土地出让合同》的签订时间可顺延21天,若已经签订合同,经申请,出让金、开竣工时间经申请同样可以顺延。

3月初,天津发改委发布通知称,为服务京津冀协同发展,天津试点实施教育、落户等六大新措施。其中规定,对落户到天津滨海中关村科技园和宝坻京津中关村科技城的符合天津产业发展定位的北京转移来津项目,其职工符合相应条件的,可办理落户并按有关政策购房,但需满3年方可转让。

此外,苏州、常州等地也出台了楼市新政,涉及房地产项目预售条件调整、企业延缓缴纳土地出让金等方面。

而在国家层面，也有不少利好政策出台，为行业、企业应对疫情影响提供帮助。例如，2月20日，中国人民银行授权全国银行间同业拆借中心公布，最新贷款市场报价利率（LPR）为：1年期LPR为4.05%，5年期以上LPR为4.75%，较此前分别下降0.1%和0.05%。

易居研究院智库中心研究总监严跃进分析称，中长期贷款中，房地产贷款、包括房地产开发贷款和个人购房贷款的比重相对较大，LPR降低会使得后续房贷利率进一步下调，对于房企渡过特殊时期、以优惠利率来促进项目销售等，都具有积极的作用。

四、新房成交量迅速攀升楼市迎"晚春"

从2020年2月第4周开始，多地新房成交量环比呈现大涨趋势。加之全国复工复产进程加快，包括购房在内的社会需求逐渐释放，稳楼市政策持续出台，房地产行业逐渐出现"小阳春"趋势。

以部分典型城市为例。乐居统计数据显示，2月24日至29日，沈阳新房成交面积12.1万平方米，环比上升109%；珠海商品房网签共335套，环比上涨126%；大成都范围内共网签成交商品住宅305876.32平方米、环比上涨178.7%，成交房源2533套，环比上涨超过159%。

而来到3月，成交上涨城市数量、上涨幅度继续增加。据wind数据显示，环渤海区域新房成交套数同比降幅从2月的66%回升至3月首周的51%，长三角和珠三角恢复得相对较快，前者3月首周成交同比降幅从2月的65%回升至17%，珠三角降幅从63%回升至35%。

易居研究院2月下旬发布数据称，重点监测43城新房市场成交量已恢复至年初水平的6成。时隔一周有余，这一数据再度更新；到3月中旬，全国房地产市场新房成交已恢复至年初水平的七成。

从2月的"零成交"到"七成水平"，短短一个多月，反弹速度之快令人咋舌。有行业分析人士指出，放眼全国，3月楼市回暖反弹应该说是必然现象。随着新冠肺炎疫情有所缓解，售楼部陆续开放，2月被压抑的购房需求会重新释放，加上近期多重购房利好刺激，购房者加速入市，3月整体的成交量环比必然大幅上升。

国家统计局的数据趋势也印证了这一点。从其在2021年1月15日公布的房地产开发投资相关数据看，整个2020年，全国房地产开发投资增速和商品房销售面积及销售额增速这两大关键指标，均呈现"V型"格局，即在新冠肺炎疫情影响最严重的1—2月骤然下跌，从3月起出现明显抬头，随后一路平稳回升，直至2020年年末基本达到或接近2019年年末同期增速水平。

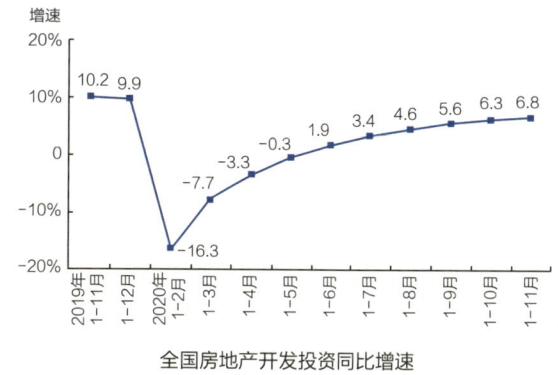

全国房地产开发投资同比增速

来源：国家统计局

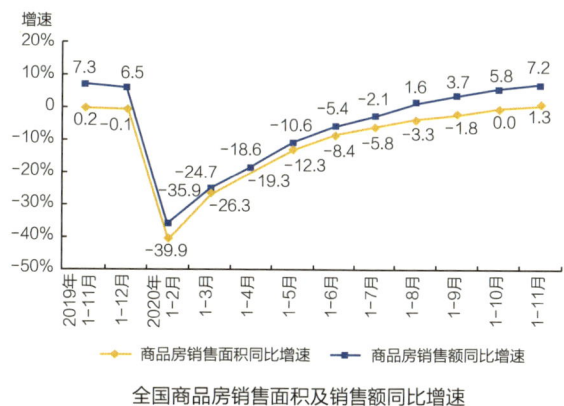

全国商品房销售面积及销售额同比增速

来源：国家统计局

2020年中国物业服务防疫满意度调查报告

2020年新冠肺炎疫情暴发带给物业人前所未有的挑战和压力。千万物业人站到守护社区的第一线。他们放弃休假，戴上口罩，开始每日消毒消杀，给进出小区的业主测温记录。

这是一场前所未有的考验。一方面，考验物业人能否在这影响最大、能涉及业主生命的关键时刻守护社区；另一方面，也考验业主能否发现和重视优质物业服务的价值，愿意选择付出更多成本获得更好的服务。

改革开放40年来，中国房地产业商品化和市场化发展20多年，物业管理行业也随之发展了20多年。但迄今为止，物业管理行业依然处于劳务密集型、人力成本偏高、物业收费偏低的发展阶段。作为城市服务行业的重要组成部分，物业管理行业是否能在此次疫情中获得新的发展机遇呢？

2020年5月18日，由中国物业管理协会指导，乐居财经和中物研协主办的《物业英雄》第二季正式启动。作为《物业英雄》第二季的重点内容之一，2020年中国物业服务满意度调查同步展开。投票通道开启后，小程序登录人数呈指数上升。

截至2020年6月30日，调查小程序累计登录人数超过200万，浏览量高达500万次，防疫满意度调查共收获超120万人的参与，投票率超60%。调查共覆盖物业公司907家，参与投票业主、租户等社区相关人员所在小区共覆盖28745个，收获业主留言4.2万条。

从调查结果看，新冠肺炎疫情之下物业服务满意度高涨。根据调查后台得分数据显示，在120万份有效问卷中，物业企业的平均满意度得分为95.03分，超九成业主对自家小区物业在防疫期间的表现评价为：非常满意。得分在85~99分的企业占到90%以上。各物业公司分数相差也较小，在截至2020年6月30日的物业企业"得分TOP100"排名中，分数主要集中在95~100分。

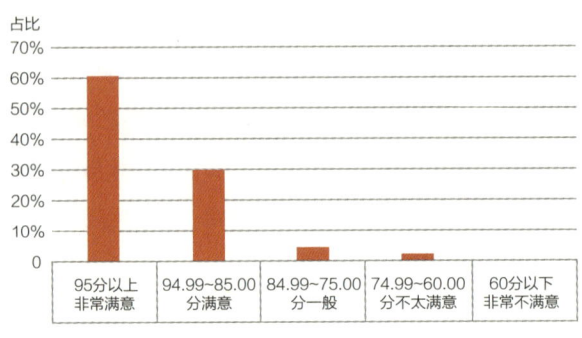

满意度评分区间值

一、调查方法及评分标准

本次调查以线上问卷评分形式面向全国物业服务企业的业主展开。2020年5月25日，"防疫满意度调查"正式启动"企业日"推广阶段，截至2020年6月30日，共持续37天。期间每一天，都以每日战报形式发布"得分TOP100"和"人气TOP100"两个榜单，汇总当天物企得分（未经加权）和参与调查人数的排名情况。

本次调查集中反映物业在防疫过程中的社区服务管理情况，主要包括：防疫宣达、防疫公共物品、消杀、垃圾处理、小区封闭、进出测温、车辆检查、安保巡查、保洁服务、外卖送取等，共计五大类项20道题。调查分值为5分制（5分为非常满意，4分为比较满意，3分为一般，2分为不太满意，1分为非常不满意），最终物业企业得分将以业主问卷分数（占70%）结合样本覆盖度分数（占30%）加权得出。

二、留言建议

1. 超2万条留言给予物业公司正面评价

在此次调查产生的超120万份问卷中，进行评论留言的达4.2万多条，超半数评论不约而同地对物业人在新冠肺炎疫情期间所做出的努力表示肯定，不少业主甚至点名道姓地表示感谢。上万条动人的留言与不胜枚举的点滴故事，是对物业人在疫情期间"战疫"工作的真实写照。

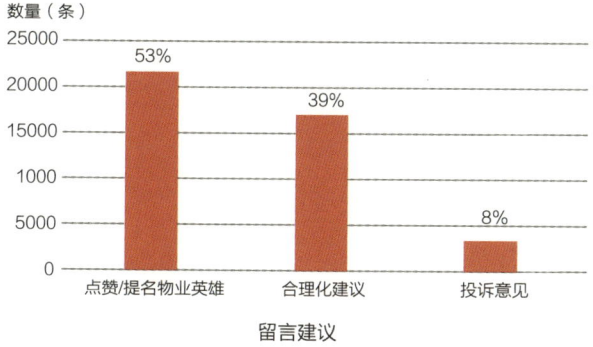

留言建议

通过这次新冠肺炎疫情，业主对物业人有了新的认知和改观，物业不再只是催收物业费的存在，他们平常所做的点滴工作正是这场防疫阻击战取得胜利的关键一环。更有很多不具名的物业人，舍小家为大家，不惧风险，恪尽职守，尽自己的一份微薄之力将病毒阻隔在小区最后一公里之外，为业主筑起一道坚固的安全防线，他们被业主称为"物业英雄"。

2. 在 8% 的投诉意见中，物业团队稳定性成投诉热点

在留言中，能明确关联住宅小区的投诉占比较大。投诉热点主要聚焦在以下 8 个方面：

（1）物业费与服务质量不成正比；

（2）物业团队稳定性较差；

（3）安保形同虚设；

（4）小区共有产权收益去向不明；

（5）绿化管理和虫害治理；

（6）垃圾分类；

（7）公共设施缺少维护；

（8）车辆停放无序及车位不足。

此外，还有消防通道被占用、消防设备不能使用、小区宠物管理较差、影响公共环境等问题，也是留言中反映较为集中的。

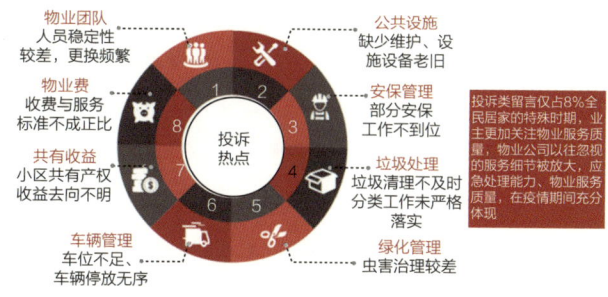

投诉热点

从投诉热点问题可以看出，目前物业服务质量还有不少提升空间，"全民居家"的特殊时期，业主更加关注物业服务质量，物业公司以往忽视的细节也被"放大"，应急处理能力、物业服务质量，在新冠肺炎疫情期间充分体现。希望本次调查中业主的投诉热点，能够给物业服务质量提升起到重要参考。

3. 合理化建议：增值服务和社区智能化最受关注

除表扬和批评外，留言中也有业主对物业提出了改善性建议，需求主要集中在增值服务、社区智能化两方面。

从便民服务到安养医疗，4 类增值服务提升业主幸福感。在新冠肺炎疫情期间，由于小区实行封闭式管理，不少居民都遇到了出门购物难、垃圾处理难和故障报修难等情况。物业主动补位，为业主提供的便民措施普遍获得良好反馈。

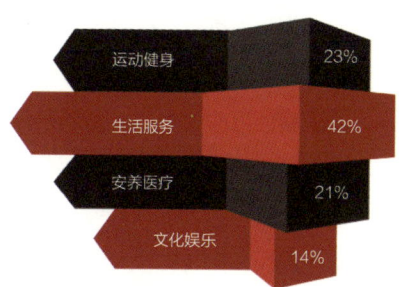

合理化建议 - 增值服务

大部分业主认为，物业提供更多的增值服务，可以增强体验感和幸福感，提及最多的服务项目主要集中在以下4个方面：

（1）生活服务："采购服务"或将持续成为业主所需。在新冠肺炎疫情期间，许多物业帮助业主采购生活用品、送菜上门。万厦物业、万象美物业、新力物业等物业业主建议，物业可以继续帮助业主采买蔬菜、副食品，帮助行动不便的老人购买生活必需品，提供上门送水果送蔬菜服务等。此外，万科物业业主也建议物业提供医疗用品采购服务，解决业主生活的多方面需求。

（2）运动保健：业主建议物业提供更多健身房、游泳池、社区健康等运动场馆服务。例如，开放游泳池、室内篮球场、室外篮球场、乒乓球台、老人活动中心、饭后消食场所等，不仅可以满足业主的运动保健需求，还可以丰富、充实社区生活。

（3）安养医疗：业主建议物业自建医疗场所、服务站，与医疗机构合作，线上线下同步向业主及员工科普医疗知识，解决业主就医需求，构建健康社区。在新冠肺炎疫情特殊时期，由于许多医院无法安排手术和住院，很多业主生病了无法正常就诊而导致焦虑，尤其是老年群体；还有很多患者，尤其老人担心医院交叉感染的高风险，不敢前往医院就医，容易造成有病不能及时得到治疗的情况，贻误治疗时机。因此，不少业主都提出建议，希望社区能自建医院，让慢性病、常见病不出社区就能得到治疗。

（4）文化娱乐：大量业主提议物业提供更多社区配套设施，开展更多社区娱乐活动。思安物业业主建议小区多增设一些儿童娱乐设施："配套设施可以更完善，活动区域多设置一些儿童娱乐设施。"此外，业主认为在完善娱乐设施配套的同时，举办一些娱乐活动可以丰富社区生活。还有业主提出"小区草坪要有音响播放音乐就好了"，社区可以在为居民创造安静、有序的生活环境的同时，播放轻松、不抗民的音乐，为社区制造温馨舒适的氛围。

"智慧社区"被推到了风口浪尖。在保障物业人员服务质量和稳定社区生活的基础上，社区智能化建设正在为物业行业带来更多的生存与发展空间。

近年来，国家相继出台了《智慧社区建设指南（试行）》《关于推进社区公共服务综合信息平台建设的指导意见》《智慧社（园）区建设评价指标体系研究》等政策文件，推动智慧社区建设不断走向深入。数据显示，我国智慧社区市场规模增长率保持在30%以上，2018年智慧社区市场规模达到了3920亿元，2020年突破5000亿元。

在新冠肺炎疫情期间，许多物业公司通过科技应用及创新服务赋能抗疫行动。龙湖智慧服务利用"慧眼"品质管理系统等智慧平台，实时监测各项目品质运营，确保防疫工作执行到位；利用社区管家App、小程序等智能化服务，为业主提供了咨询、缴费、蔬菜订购、线上问诊等服务。广东佛山美的领贤公馆利用监控，回溯某一个特定人员的行动轨迹，还能辨别小区里的行人是否佩戴口罩，发现未佩戴者即发出警报，后台人员联系保安前往处理。

在本次满意度调查的留言中，关于智慧社区建设的需求主要集中在以下三个方面：

（1）停车场智能化管理：作为社区的重要配套项目，停车场的管理一直是物业管理中普遍存在的难题。世贸服务业主建议用智能化管理来杜绝乱停车现象。停车库会对已经认证过的汽车进行无感通行，减少了在门口拥堵的风险；同时，停车场监控设备可以智能识别车位信息，高效管理小区车辆的停放，有效避免乱停乱占车位现象。此外，还有业主建议针对小区公共停车位，也启用扫码停车等智能化服务，减少扎堆停车造成的乱象。

（2）小区进出智能化管控：除停车场管控外，小区大门的进出管控也是社区智能化建设的一大关键点。有业主留言建议在小区大门，除保安人员严格值守外，还可配备智能化检测仪器协助把关，管控好进出社区人员的体温、身份，高质量保障业主的健康与安全。

此外，在新冠肺炎疫情期间，部分小区为严格把控小区人员进出，关闭了部分大门，牺牲了部分业主的出行便利。为解决这个问题，新东方物业业主建议物业使用智能化管理，方便业主使用其他门出入小区。业主期待未来小区大门有机器人 24 小时值班，监控设备不间断运转管控，并通过人脸识别等身份验证方式，让业主便捷进入社区……从留言中可以看出，业主希望物业能够建设智能化社区，为业主带来更高的安全保障和效率。

（3）社区 App、小程序：后疫情时代，业主希望社区 App 等产品可以继续发挥作用。万科物业业主建议社区开发社区智能管家小程序，及时发布相关动态信息与物业情况信息。此外，业主还希望能够通过 App，线上缴纳水电费、监测小区环境指标、查看快递；当遇到问题需要寻求物业帮助时，业主希望可以通过 App 联系物业，反馈问题等。

新冠肺炎疫情期间，一场社区疫情防控战让业主们更了解了物业的重要性，也使得疫情过后"放大"了物业服务需求。在后疫情时代，如何满足业主不同层次的需求，用创新与技术提升管理效率，将是物业企业价值升级的关键。

三、区域、城市维度调查结果

1. 东三省城市参与热度超过一线

截至"防疫满意度调查"活动结束，本次调查共覆盖 327 个城市，从投票人群分布来看，全国 80% 以上的城市均有覆盖，其中北京、上海、深圳、广州一线城市参与数占总数的 20%。

出人意料的是，东北三省的活动参与人数占总数的比例为 23%，略高于一线城市；其中沈阳、哈尔滨各占 13%、12%。据了解，沈阳市物业服务行业协会、哈尔滨物业服务行业协会官方微信均推出了本次防疫满意度调查的头条文章，各大小区业主可以通过线上线下方式参与投票。

2. 城市榜单

参与热度最高城市 TOP10

排名	城市	投票量
1	沈阳	103641
2	武汉	90138
3	南京	58797
4	合肥	53560
5	哈尔滨	51501
6	厦门	45269
7	长沙	41197
8	福州	40942
9	成都	37261
10	上海	29614

满意度得分最高城市 TOP10

排名	城市	平均分
1	福州	98.55
2	苏州	98.43
3	大连	98.31
4	广州	98.08
5	郑州	97.69
6	沈阳	97.67
7	宁波	97.49
8	武汉	97.32
9	哈尔滨	97.30
10	深圳	96.90

四、榜单发布

经过 43 天的调查，本次活动共收到约 120 万份有效问卷，获评物业公司超 900 家，共覆盖 327 个城市的 28745 个社区。在此基础上，乐居财经评选出《2020 中国物业服务防疫满意度企业 100 强》和《2020 中国物业服务防疫满意度社区 100 强》。

其中，《2020 中国物业服务防疫满意度企业 100 强》为业主对物业的实际评分数（占 70%）综合该物业企业的样本覆盖面（占 30%）加权得出；《2020 中国物业服务防疫满意度社区 100 强》是投票数量在 42 票（即社区投票人数均值：120 万总票数 /28745 个参与社区）以上的社区按实际得分的排名。

2020 年中国物业服务防疫满意度企业 100 强

排名	品牌 TOP100	得分
1	绿城服务	99.57
2	万科物业	99.54
3	龙光物业	99.53
4	彩生活	99.46
5	世茂服务	99.36
6	蓝光嘉宝服务	99.31
7	龙湖智慧服务	99.30
8	富力物业	99.24
9	中海物业	99.17
10	万象美物业	99.06
11	金地物业	98.83
12	中铁建物业	98.82
13	华发物业	98.81
14	佳兆业美好	98.79

(续)

排名	品牌TOP100	得分
15	旭辉永升服务	98.67
16	卓越物业	98.62
17	碧桂园服务	98.60
18	鑫苑服务	98.50
19	远洋服务	98.43
20	荣万家	98.37
21	金茂物业	98.26
22	开元国际物业	98.23
23	新城悦服务	98.21
24	弘阳服务	98.20
25	保利物业	98.08
26	正荣服务	98.07
27	雅生活服务	98.05
28	亿达服务集团	98.01
29	融创服务	97.87
30	中南服务	97.81
31	金碧物业	97.75
32	建业新生活	97.74
33	康桥悦生活	97.73
34	新力物业	97.71
35	郑州市永威物业	97.70
36	和信行物业	97.63
37	之平管理	97.62
38	兴业物联	97.59
39	圆方物业	97.56
40	阳光城物业	97.54
41	融侨物业	97.47
42	招商物业	97.40
43	长城物业	97.38
44	泛海物业	97.37
45	正美物业	97.35
46	银亿物业	97.31
47	润江物业服务	97.29
48	顺昌物业	97.25
49	嘉福物业集团	97.18
50	俊发物业	97.11
51	景阳物业	97.10
52	天鸿宝地	97.06
53	骏景湾物业	97.03
54	乐富强物业	96.92
55	安徽新亚物业	96.91
56	广州敏捷新生活	96.87
57	长房物业	96.84
58	扬州城建物业	96.84
59	东方物业	96.81
60	欣汇龙物业	96.79
61	晟邦物业	96.68
62	卓达物业	96.61
63	天孚物业	96.56
64	上坤物业	96.54
65	上海家趣	96.47
66	时代邻里	96.43
67	明德物业	96.42
68	禹洲物业	96.40
69	彰泰物业	96.37
70	喜洋洋物业	96.35
71	中骏世邦泰和	96.31
72	五矿物业	96.31

(续)

排名	品牌TOP100	得分
73	菱建物业	96.30
74	科瑞物业	96.24
75	石榴物业	96.23
76	路劲物业	96.18
77	中粮深圳物业	96.16
78	中天城投物业	96.15
79	中梁现代服务	96.10
80	兴隆物业	96.04
81	虹祥物业	96.03
82	华润物业科技	95.99
83	中维物业	95.98
84	无锡明泰物业	95.97
85	鸿坤物业	95.93
86	无锡中房物业	95.92
87	开元物业	95.90
88	绿建物业	95.89
89	宁波普罗物业	95.87
90	无锡金佳物业	95.86
91	万厦物业	95.86
92	金世纪物业	95.85
93	美的物业	95.84
94	南都物业	95.83
95	锦园物业	95.82
96	楷唯物业	95.81
97	鲁商物业	95.77
98	诚悦物业	95.77
99	亚太酒店物业	95.76
100	卓健物业	95.70

说明：
1. 得分经业主问卷分数(70%)结合样本覆盖度分数(30%)加权处理；
2. 统计时间截至2020年6月30日24时；
3. 最终解释权归乐居财经所有

2020年中国物业服务防疫满意度社区100强

排名	城市	小区	物业公司	得分
1	深圳	龙光玖钻	龙光物业	99.87
2	珠海	华发新城	华发物业	99.85
3	无锡	玉兰花园	绿城服务	99.85
4	北京	望京金茂府	金茂物业	99.81
5	沈阳	佳兆业中心	佳兆业美好	99.80
6	三亚	湖畔假日公园	万科物业	99.75
7	郑州	康桥金域上郡	康桥悦生活	99.71
8	杭州	美丽湾	新城悦物业	99.68
9	大连	远洋假日养生庄园	远洋服务	99.67
10	信阳	壹号城邦	建业新生活	99.54
11	湖州	仁皇燕澜府	弘阳服务	99.47
12	上海	城市广场	佳兆业美好	99.45
13	青岛	卓越西海岸	卓越物业	99.37
14	佛山	时代倾城	时代邻里	99.32
15	武汉	中铁建国际花园	中铁建物业	99.16
16	柳州	柳州万达	彩生活	99.15
17	海南	海口恒大文化旅游城	金碧物业	99.08
18	大连	兰溪谷	招商物业	99.07
19	郑州	金地格林小城	金地物业	99.03
20	昆明	金尚俊园	俊发物业	98.98
21	佛山	顺德碧桂园	碧桂园服务	98.87

抗疫特别篇

(续)

排名	城市	小区	物业公司	得分
22	徐州	雍景新城	旭辉永升服务	98.66
23	珠海	华发四季	华发物业	98.57
24	郑州	正商建正东方中心	兴业物联	98.48
25	大连	第五郡	亿达服务集团	98.42
26	郑州	永威五月花城	郑州市永威物业	98.38
27	厦门	世茂湖滨首府	世茂服务	98.29
28	中山	世纪新城	雅生活服务	98.18
29	广州	光大花园	中海物业	98.16
30	南京	仙林万达茂	万象美物业	98.11
31	海南	富力红树湾	富力物业	98.02
32	成都	鑫苑鑫都汇	鑫苑服务	98.01
33	厦门	湖里万达广场	开元国际物业	97.92
34	南昌	保利香槟	保利物业	97.91
35	沈阳	龙湖唐宁one	龙湖智慧服务	97.82
36	济南	锦绣澜湾	荣万家	97.81
37	上海	云栖麓	上坤物业	97.77
38	苏州	领秀金品花苑	天鸿宝地	97.75
39	哈尔滨	外滩首府	欣汇龙物业	97.74
40	石家庄	月珑湾	润江物业服务	97.74
41	沈阳	三盛颐景蓝湾	颐景园物业	97.67
42	郑州	郑州大学第一附属医院	圆方物业	97.63
43	沈阳	中海明珠	中海物业	97.62
44	沈阳	西城国际	中维物业	97.61
45	哈尔滨	汇锦庄园	卓健物业	97.60
46	无锡	悦水园	明泰物业	97.55
47	武汉	融侨城	融侨物业	97.54
48	南昌	新力帝泊湾	新力物业	97.49
49	赣州	嘉福尚江尊品	嘉福物业集团	96.99
50	武汉	天汇龙城	东方物业	96.96
51	合肥	地矿家园	安徽新亚物业	96.94
52	沈阳	依云首府	富禹全泰物业	96.81
53	贵州	虹祥大厦	虹祥物业	96.80
54	哈尔滨	澳洲风情园	景阳物业	96.76
55	江门	品峰	骏景湾物业	96.69
56	重庆	蓝光林肯公园	蓝光嘉宝服务	96.52
57	福州	凡尔赛宫	阳光城物业	96.49
58	宁波	美邸园	美的物业	96.46
59	合肥	春景花园	顺昌物业	96.34
60	天津	天大科技园	天孚物业	96.33
61	镇江	中南御锦城	中南服务	96.27
62	沈阳	五矿弘园	五矿物业	96.25
63	合肥	龙源丽景	喜洋洋物业	96.22
64	宁波	海曙科创大厦	亚太酒店物业	96.19
65	福州	正荣悦澜湾	正荣物业	96.17
66	贵州	中铁阅山湖	兴隆物业	96.16
67	深圳	荔海春城	之平管理	96.14
68	中山	锦绣海湾城	广州敏捷新生活	96.13
69	三亚	卓达东方巴哈马	卓达物业	96.10
70	桂林	花千树	彰泰物业	96.07
71	北京	林肯公园	晟邦物业	96.07

(续)

排名	城市	小区	物业公司	得分
72	昆明	希望汇	新希望服务	96.07
73	昆明	万景园	楷唯物业	96.03
74	上海	中企联合大厦	科瑞物业	96.02
75	哈尔滨	天玫澜湾墅	和信行物业	96.00
76	东营	明珠拉菲公馆	明德物业	95.99
77	哈尔滨	观复国际	菱建物业	95.98
78	无锡	国脉大厦	中房物业	95.95
79	合肥	御景城	乐富强物业	95.92
80	西安	旗远锦樾	诚悦物业	95.89
81	扬州	华鼎星城	恒通物业	95.88
82	苏州	嘉誉湾雅苑	禹洲物业	95.88
83	济南	鲁能公馆	鲁能物业	95.87
84	襄阳	宏泰越秀星汇城	越秀物业	95.85
85	深圳	中骏四季阳光	中骏世邦泰和	95.76
86	长沙	八方小区	长房物业	95.75
87	沈阳	泊岸华庭	绿建物业	95.72
88	哈尔滨	保利上城	保利物业	95.65
89	郑州	鑫苑新家	鑫苑服务	95.57
90	南京	华城名府	紫竹物业	95.49
91	湘潭	金侨中央花园	金世纪物业	95.48
92	北京	融泽嘉园	长城物业	95.40
93	唐山	君熙太和	德盈物业服务	95.37
94	扬州	香堤春晓	扬州城建物业	95.19
95	贵州	未来方舟	中天城投物业	95.15
96	三亚	龙溪悦墅	中粮深圳物业	95.14
97	上海	上海派	路劲物业	95.11
98	福州	名城珑域	上海家趣	95.07
99	大庆	银亿阳光城	银亿物业	95.07
100	廊坊	海棠园	石榴物业	95.03

说明：
1. 得分经业主问卷分数(70%)结合样本覆盖度分数(30%)加权处理；
2. 统计时间截至2020年6月30日24时；
3. 最终解释权归乐居财经所有

无论如何，一场疫情过后，每个业主心中都有一个对物业防疫满意的尺度。去细致考察每个社区业主的尺度，能让市场、行业和大众看懂一场疫情后，物业管理行业正在发生和已经发生的变化。

作为乐居财经的重点调查项目，"中国物业服务满意度调查"将于每年的第二季度持续展开。一直以来，物业服务行业的社会重视程度不足，物业服务收费偏低，许多工作不被业主理解。乐居希望通过每年一次的满意度调查，推动物业公司和业主双方的沟通和理解，这也是调查活动的核心目的之一。

2020年武汉房地产市场总结

城市综述

2020年的武汉，注定载入史册。从"风暴眼"到全国"风向标"，这一年武汉经历了种种。

2020年的武汉楼市同样经历了许多：成交暂停、售楼部关闭，全面停摆了70余天，最终划下完美句号。这一年，武汉没能再度蝉联全国楼市年度销量前三，但却收获了从未有过的单项殊荣：2020年的武汉楼市迎来单月成交数据新高、库存量新高，土地成交量再创新高，地王频出。

2020年的武汉走出了自己的节奏。

2021年，武汉"十四五"将开启新征程，在"现代化"视野中重塑"大武汉"地位。

让武汉不仅是中国的武汉，更是世界的武汉。

一、新房成交表现：销量强势反弹，以价换量成主旋律

1. 整体情况

据克而瑞武汉公布的数据，2020年，武汉房地产市场新建商品住宅成交1595万平方米，同比下降23.5%；供应2176万平方米，同比下降13.3%。2020年年末，武汉库存达1829万平方米，创历史新高，存量去化周期达10.8个月，含精装均价15637元/平方米，增长3.8%。

2018—2020年武汉楼市成绩单

指标	2018年	2019年	2020年	同比
供应量（万平方米）	2495	2510	2176	-13.30%
成交量（万平方米）	2185	2086	1595	-23.50%
供求比	1.14	1.2	1.36	—
库存（万平方米）	825	1247	1829	46.7%
去化周期（月）	4.6	7.2	10.8	50.0%
含精装均价（元/平方米）	14631	15062	15637	3.8%

武汉市住房保障和房屋管理局公布的全口径备案数据显示，2020年7月，武汉楼市回暖，商品房成交突破2万套，并回归往年月度销售水平，成交量最高的12月份，商品住房成交达27996套，创造武汉楼市自2016年4月以来的单月成交最高纪录。这主要是年底市场活跃度极高，再加上12月份武汉楼市供应量充足等因素造就。同时，库存量也达到历史峰值的1829万平方米。

去化周期持续上涨，由2019年的7.2个月上升至2020年年末的10.8个月。在市场库存压力攀升的情况下，价格竟然上涨了3.8%。截至2020年12月，武汉市广义库存共9074万平方米，去化周期约3.6年，足以支撑武汉未来3年的市场供应。

市场销量方面，2020年，武汉市在售项目量达431个，市场竞争激烈，同时需求端下滑。根据克而瑞武汉监测到的数据，2020年，武汉项目案场周度来访量均值由2019年的单盘131次下降至105次，成交/来访转化率由1：10下降至1：26，或许还将持续走低。

2020年，武汉开盘去化率下降至近5年来最低值，由2019年7月的平均七成左右的去化率下降至四成。

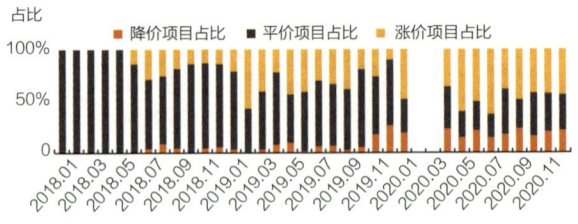

武汉近期住宅项目市场动态走势监控

根据克而瑞统计数据，2020年，武汉716次推盘中有372次存在折扣促销，这与2018年和2019年两年顶着备案价峰值销售的情况迥然相异。这其中，项目9~9.5折促销情况较多，最低折扣可至7折。折扣之外，送车位、送家电、送装修、抽奖等促销活动占比也在大

幅提升。武汉整体销售折扣率由 2019 年的 99% 下降至 93.5%。

据克而瑞数据，2020 年，武汉新增预售证备案均价 16811 元/平方米，100 平方米的房源总价约为 170 万/套。

据湖北统计局数据，2020 年，湖北全省城镇居民人均可支配收入为 36706 元，较 2019 年下降 2.4%，多因新冠肺炎疫情影响所致。

计算可得，2020 年，武汉城镇居民人均可支配收入约为 36706 元，由此，可以按照房价收入比＝单套总房款/家庭可支配收入（人均可支配收入乘以 4~5），估算出 2020 年武汉房价收入比约为 9.26。

2. 房企进驻

根据克而瑞公布的房企操盘销售榜数据，武汉 2020 年度销量前三的房企分别为融创集团、城建集团及万科集团。

从操盘角度统计房企年度销售金额，操盘数据反映了房企的营销操盘等能力，也在一定程度上体现了客户对品牌房企的认可。在土地市场不断成熟的今天，多房企联合开发已屡见不鲜，操盘房企往往是直接面对客户的主力。TOP20 房企近 300 亿元的销售额，既反映了武汉头部房企的营销实力，也见证了武汉楼市的活力。

武汉·2020 房企操盘销售榜

排名	企业简称	销售金额（亿元）
1	融创中国	273.20
2	武汉城建	235.98
3	万科地产	187.37
4	保利	175.93
5	华润置地	111.35
6	中建三局地产	106.34
7	绿地控股	96.21
8	招商蛇口	93.31
9	远洋集团	91.91
10	旭辉集团	90.07

（续）

排名	企业简称	销售金额（亿元）
11	金地集团	88.79
12	龙湖地产	87.07
13	碧桂园	67.70
14	华发股份	66.75
15	福星惠誉	62.08
16	电建地产	60.06
17	武汉城投	59.38
18	中国金茂	52.62

榜单中的第一融创中国、第二武汉城建也长期维持着武汉楼市热度。武地融创相关项目（武地融创御央首府、武地融创和平中心、武地融创水韵长洲等）以及武汉 2020 年第四季度重点项目——武汉甘露山文旅城等均为二者合作开发。实力房企的强强联合，预计将成为后续武汉市场主体的重要发展方向。

融创坐拥武汉"销售老大"的位置也并不意外。融创进入武汉 5 年时间，布局近 30 个项目，从 2019 年的新增货值榜及土地榜双料榜首已可窥见端倪。

融创在武汉三镇均有布局，2020 年更是"多地开花"，拥有武汉融创城、融创首创经开智慧生态城市、融创临江府、融创望江府、武地融创和平中心、武地融创御央首府及融创武汉 1890、融创玖玺台等多个热门楼盘。

其中，武汉融创城创造的疫后首开，12 次开盘 12 次售罄的好成绩短期内难被超越。2020 年全年"销冠"自不必说，融创武汉 1890 在 11 月份以 8.43 亿元的销售金额，登上 11 月份单盘销售榜首的位置。同样创造营销佳绩的还有融创望江府，以 17.5 亿元位于 8 月份单盘榜首。

二、二手房成交表现：强势复苏！武汉二手住房走出"上升曲线"

2020 年 7—9 月、11—12 月，武汉二手住房月度成交量均在万套以上。和很多人的预想不同，2020 年，武汉二手住房数据走出了自己的"上升曲线"。

2020年下半年，武汉二手住房月均成交10947套，而在2019年同期，这一数字仅为9769套。在全国主要的一二线城市中，目前二手住房月成交破万套的城市只有北京、上海、广州、南京和杭州。

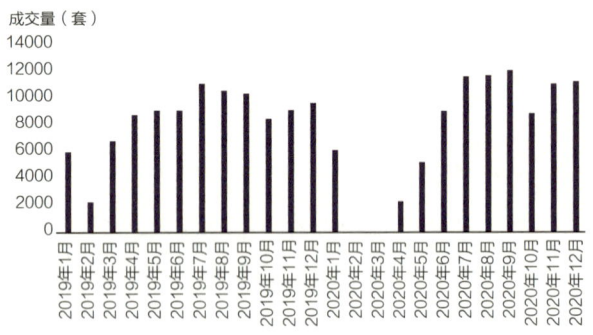

2019年和2020年武汉二手住房市场交易月度走势

其中，大部分城市已经进入存量房市场。而作为尚未进入存量房市场的武汉，二手住房成交数字的持续走强，足以证明市场需求的强劲。

2020年，武汉二手住房交易体现出明显的区域集中特征，其中三环以内的二手住房交易占到全市二手住房交易总量的63.5%，这和目前63.5%的新房交易在三环以外的新房市场形成鲜明互补，也让购房者有了更多选择。

行政区层面，江岸区、武昌区、洪山区和东湖高新区是目前武汉二手住房供求最为活跃的区域。

据武汉房地产经纪行业协会监测数据，2020年12月，武汉二手住房新增挂牌房源价格18486.28元/平方米，较2019年同期上升3.11%。

自2020年8月开始，武汉二手住房新增房源挂牌价格即出现持续环比稳中有升的特点，后湖、四新、白沙洲等刚需板块成为用户购房热点。

主要刚需板块典型监测小区二手房成交价格
（单位：元/平方米）

板块	楼盘	2019年成交均价	2020年成交均价	同比
后湖	同鑫花园	15254.91	15667.73	2.70%
	百步亭金桥汇	17348.59	18172.18	4.74%
	同安家园	17981.12	17017.35	-5.35%

（续）

板块	楼盘	2019年成交均价	2020年成交均价	同比
四新	绿地中央广场	16406.1	15630.2	-4.73%
	和昌都汇华府	15553.16	16537.11	6.33%
	金地澜菲溪岸	16865.18	17252.4	2.30%
白沙洲	万科金色城市	15842.15	16168.94	2.06%
	清能清江锦城	15201.52	16058.84	5.64%
	佳兆业金域天下	16956.31	17584.65	3.71%
	万象新城	13821.68	14262.66	3.19%

三、政策梳理：疫后经济提振复苏为主

2020年全年，武汉以疫后经济提振复苏为主，行业政策环境较宽松。

2020年上半年，为缓解疫情冲击，武汉市政府密集出台为企业纾困减负、复工复产的政策，同时土地端、限价端释放一定政策空间；2020年下半年，发布政策多为优化行业监管、公积金等补丁政策。

2020年武汉房地产出台政策

序号	时间	分类	核心内容	文件
1	2月7日	复工复产类	消费需求、企业扶持-公积金方面	《关于做好疫情防控期间住房公积金服务保障工作的通知》
2	4月22日	复工复产类	商改租赁住房	《关于允许商业和办公用房等存量用房改造为租赁住房的通知》
3	4月28日	复工复产类	政策扶持-延期交房、子女办理入学问题	《关于应对新冠肺炎疫情做好商品房交付有关工作的指导意见》
4	5月3日	流程手续优化	购房核查流程简化	武汉将全面推行购房核查"一码通"
5	5月6日	流程手续优化	存量房交易政策	《市住房保障房管局关于启用存量房自行交易（非中介代理）合同网签系统的通知》
6	5月7日	流程手续优化	二手房新政-自然人双方自行买卖二手房的，可自行申报网签	二手房交易新政；从5月10日起，自然人双方自行买卖二手房的，可自行申报网签
7	5月15日	流程手续优化	商品房买卖规范-装修装饰价款纳入合同	《武汉市商品房买卖合同》

（续）

序号	时间	分类	核心内容	文件
8	5月21日	流程手续优化	不动产登记新政 – "全程网办"	《关于优化不动产登记夫妻共有情况审查方式的通知》
9	6月18日	公积金	住房贷款商转公改革	《武汉个人住房商业贷款转公积金贷款实施细则》征求意见稿发布
10	6月24日	流程手续优化	市场规范 – 商品房网签备案工作规范	《市住房保障房管局关于进一步规范和加强新建商品房买卖合同网签备案工作的通知（征求意见稿）》
11	6月24日	复工复产类	政策扶持 – 供给端(土地)政策扶持	《加强土地资源要素保障支持加快恢复我市经济建设发展若干措施》
12	8月24日	监管规范	工地施工监管完善	《关于进一步加强全市建设工地文明施工管理的通知》
13	9月10日	监管规范	市场监管 – 销售规范	《市住房保障房管局关于规范新建商品房合同网签备案工作的通知》
14	9月25日	公积金	城市协作 – 公积金方面	《长江中游城市群住房公积金管理中心合作公约》
15	10月12日	复工复产类	市场监管 – 优化行政流程	《关于调整推动企业复工复产优化行政审批流程有关内容的通知》
16	10月22日	公积金	市场监管	《武汉住房公积金流动性风险管理暂行办法》
17	10月22日	监管规范	市场监管	《市城建局关于规范新建全装修商品住宅项目管理工作的通知》
18	11月3日	公积金	住房公积金 – 贷款新规	《武汉个人住房商业贷款转住房公积金贷款实施细则》
19	11月12日	公积金	住房公积金 – 管理	《灵活就业人员自愿缴存使用住房公积金管理办法》
20	11月19日	公积金	公积金信用评价管理	《武汉住房公积金信用评价管理办法》征求意见
21	11月25日	监管规范	市场监管	《市住房保障房管局关于进一步加强住房租赁行业监督管理的紧急通知》

重点政策解读

"四限"管控力度相对弱，边际放松明显：2020年度"四限"执行力度相对弱，分区限购、价格有一定空间，不限售；审批参照成本及去化结合具体项目差异化定价，其精装价格按照毛坯备案价实行分档指导价政策。

2020年武汉最新房地产调控政策

限购		限贷		限售	限价	限签
本市户籍	非本市户籍	首套房	二套房			
限购2套，商业不限购	限购1套，商业不限购（需提供两年社保证明）	本地居民：首付30%，外地户籍：首付最低30% 利率5.68%=Lpr（4.65%）+103基点	本地居民：首付最低50%（面积144m²以下）首付最低70%（面积144m²以上或容积率1.0以下）利率5.93%=Lpr（4.65%）+128基点	—	1.不接受政府指导价，不予发放预售许可证；2.实际售价不得高于申报备案价；3.【限价】全市全年整体涨幅5%；4.【装修限价】针对装修房出台全国首个"装修指导价"政策，自2020年5月25日起，实行毛坯+精装一体化备案价，【强行一刀切，影响房企溢价】	

分区限购：限购区域含江岸区、江汉区、硚口区、汉阳区、武昌区、青山区、洪山区以及武汉东湖新技术开发区（不含汉南）、东湖生态旅游风景区，以及东西湖区、江夏区、黄陂区盘龙城、汉口北长江新城起步区

审批价格标准：综合成本与去化为参照，全市年涨幅控制在一定范围内（5%），不同项目进行差异化调节。如，项目开盘销售3个月内去化不及50%，后续加推不允许涨价，前期低价地项目开盘售价不高于（一般低于）区域同期其他项目价格，涨幅控制在年5%以内

武汉房管局出台的装修指导价政策	
毛坯售价（元/平方米）	装修售价（元/平方米）
低于1万	不高于2000
1万~1.5万	不高于2500
1.5万~2万	不高于3000
2万~2.5万	不高于3500
3.5万~3万	不高于4000
3万以上	不高于5000

土地端、住宅端疫后从宽：土地端允许联合体拿地，同时对相关证件手续存在一定容缺办理空间；住宅端疫后为支持房地产复工复产，进一步提高预售监管资金使用率，降低开发企业财务成本，降低预售条件标准，比较契合当前房企快周转模式。

土地竞买方要求放宽：中华人民共和国境内外的法人、自然人和其他组织，除因拖欠土地成交价款等行为被纳入土地市场失信行为记录档案或国家法律法规另有规定外，均可申请参加竞买（摘录自土地挂牌文件）。

证件办理规则释放空间：在未付土地款情况下，不能办理相关证件；已缴纳50%及以上土地出让价款，可先与政府协商签订土地出让合同，凭土地出让合同（非土地使用权证）推进报规手续或凭借土地出让价款票据并出具承诺书后经自然资源和规划部门、住建部门批准，

容缺办理《建设用地规划许可证》《建设工程规划许可证》。

精装修进合同，降低置业门槛，刺激成交，稳定需求：2020年5月25日，《武汉市商品房买卖合同》开始实施，首次将精装修计入购房合同，直接利好购房者，降低置业成本，这一定程度上刺激购房需求释放，政府以合同约束精装修，也将会大大促进装修品质提升。

精装修纳入购房合同政策影响：

①以100平方米户型，15000元/平方米单价，2500元/平方米精装修为例估算：

		房款首付：45万	房款月供：7204元	
政策前	购房首付：57.5万	装修首付：12.5万	装修月供：1615元	合计月供：8819元
购房总款 175万				
政策后	购房首付：52.5万	月供：8405元	首付省5万	月供省415元

②以140平方米户型，22000元/平方米单价，3500元/平方米精装修为例估算：

		房款首付：92.4万	房款月供：17751元	
政策前	购房首付：117万	装修首付：24.5万	装修月供：3165元	合计月供：17916元
购房总款 357万				
政策后	购房首付：107万	月供：17152元	首付省9.8万	月供省764元

（数据说明：房贷拟定为30年期等额本金商业贷款，利率为4.9%；装修贷拟定为工商银行装修贷政策，8年期等额本金年利率3%）

人才落户政策再放宽，助力楼市房票增长：政府放宽落户门槛，增加购房需求基数。政策针对武汉在校大学生并附以购房优惠释放。据报媒公布，2020年武汉在校大学生约130万人，按照近3年大学生留汉平均约40%比例折算，相当于给尚未落户的42万常住人口及其家庭，直接送出了"房票"。

政策一：武汉大学生父母、配偶无条件随迁落户武汉。

政策二：落户购房即享受政策统一口径的3%以内优惠。

"控容"新规，塑造城市发展新格局：新规规定，武汉将降低土地出让容积率，土地供应量将进一步缩减。中心城区土地稀缺加之容积率降低，住宅产品价值将进一步凸显，一定程度上调节目前武汉楼市结构性风险。

容积率下调
主城区住宅容积率 2.0~3.0
新城区住宅容积率 1.6~2.5

主城区居住用地的建设强度控制指标

强度分区 控制指标	强度一区	强度二区	强度三区	强度四区	强度五区
基准容积率	2.7	2.5	2.3	2.1	1.5
最高容积率		3.0		2.5	2.0
建筑密度	D≤20%	D≤25%		D≤30%	D≤40%
建筑高度	H≤100m				

新（副）城、新市镇居住用地的建设强度控制指标

管控区域 控制指标	新（副）城	新市镇
最高容积率	2.5	1.6
建筑高度	H≤80m	H≤36m

①整体容积率降低，加之"十四五"整体土地供应量缩小，武汉住宅供应量将大幅缩减，一定程度上调整目前的市场结构性风险。

②中心城区土地稀缺，容积率降低，高端改善产品价值将进一步升级，武汉城市房价圈层将加速形成。

机构预估：武汉政策出台极为克制，保护投资环境意愿强。一城一策下，政策环境宽松，四限管控力度相对较弱，新冠肺炎疫情后政策进一步松绑，政策环境友好。实际上是从人口布局等角度出发，是科学供地、科学开发的导向。限价结构性放松，整体维持全年价格涨幅5%以内。

武汉《商品房买卖合同》新增条款，交房即可办证：

2020年12月29日，武汉住房保障和房屋管理局发布关于修订《武汉市商品房买卖合同》的通知，自2021年1月1日起，武汉市将对新取得预售许可证的商品房项目,实施新修订后的《武汉市商品房买卖合同(预售)》示范文本,其中专门增加了不动产登记的相关内容,并特别提到对符合"交房即可办证"范围的新建商品房项目启用。

实施"交房即可办证",购房者可以规避收房入住但无法办理不动产权证的风险,有效维护其权益。同时,将不动产测绘、权籍调查前置到竣工验收阶段,提前集中办理,还优化了企业办事环节,缩短了商品房项目开发建设周期。

四、土地供应:成交量不减反增,成交量及成交金额均创近五年新高

2020年,因新冠肺炎疫情及防汛等防控的大手笔支出,武汉市政府财政压力增大,供地意愿积极。中央政策扶持,利好城市发展,房企对武汉投资信心依旧。2020年全年,武汉土地供求与2019年基本持平,价格稳步上涨,成交量及成交金额均创近五年新高。

2015—2020年武汉市土地成交量及总金额

2015—2020年武汉市涉宅土地成交走势

注:本书中"建筑面积"简称为"建面"。

2020年全年,武汉土地供应节奏延迟,但总量不减。为刺激疫后市场,上半年政府供应多宗优质地块,平均楼面价明显高于下半年。为保证土地财政,2020年下半年开始,各区土地供应大幅放量。整体2020年全年成交总量与2019年基本持平。

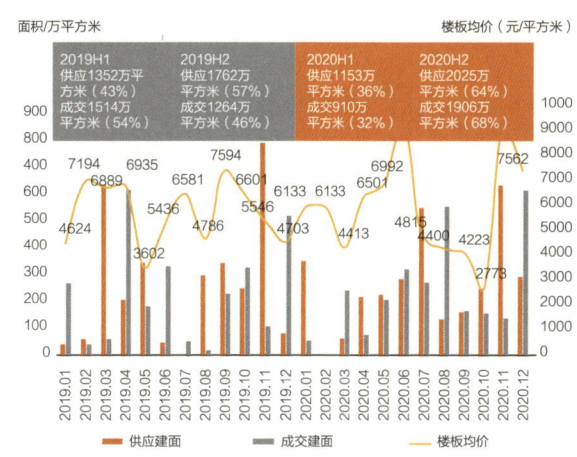

2019年和2020年武汉市涉宅土地成交走势

数据来源:CRIC数据库,2019年至2020年武汉市涉宅土地(数据不含2020年177-180号地板,其成交信息暂未公布)

土地成交呈持续外扩趋势。2020年全年,武汉成交结构重回三七格局,三环外成交占比达70%。其中一半成交量为外环以外区域,部分远郊板块供求压力将进一步加剧;中心城区呈现明显量少价高特征,二环内优质地块竞争激烈,整体溢价率较2019年上涨10个百分点。

武汉土地成交结构
(单位:万平方米、元/平方米)

年度		二环内	二三环间	三四环间	四外环间	外环以外
2019	成交建面	452	572	894	268	592
	成交均价	9828	6512	5990	3852	2749
	溢价率	3%	7%	25%	11%	10%
2020	成交建面	292	521	995	203	804
	成交均价	15021	8601	5832	3088	2522
	溢价率	13%	4%	12%	12%	10%

武汉2020年各片区"地王"

板块	宗地号	土地属性	商住比	成交楼板价（元/m²）	溢价率	项目/地块名称
蔡甸城关	P（2020）037号	住宅	/	6056	73%	蓝光雍锦香榭
仓埠	P（2020）063号	综合	0.08：0.92	3000	0	金科桃湖美镇地块
大关山	P（2020）133号	综合	0.3：0.7	14729	0	中建三局华科大地块
大桥新区	P（2020）144号	住宅	/	6667	11%	武汉名维安置业豹山村地块
丁字桥	P（2020）010号	综合	0.21：0.79	10439	0	龙湖天玺
沌口中心	P（2020）017号	住宅	/	7878	29%	德信阳光城·丽景公园
二七	P（2020）020号	综合	0.14：0.86	11800	0	江岸国资委二七路地块
二七滨江	P（2020）122号	住宅	/	30558	53%	华润二七滨江地块
光谷中心城	P（2020）048号	住宅	/	13515	93%	南山光谷中心城地块
光谷中心城	P（2020）073号	住宅	/	14370	105%	德商彰泰佳兆业翡丽天玺
光谷中心城	P（2020）136号	住宅	/	15778	87%	电建&上海兴泷&德商 神墩一路地块
汉江湾	P（2020）022号	综合	0.13：0.87	15633	1%	中铁建·招商·国著上宸
汉口北	P（2020）055号	住宅	/	7569	95%	武汉长安鑫盛投资地块
汉正街	P（2020）052号	综合	0.68：0.32	15954	0	金地利济北路地块
花山	P（2020）135号	住宅	/	12251	44%	中交花山地块1
花山	P（2020）140号	住宅	/	10555	26%	中交花山地块2
花山	P（2020）162号	住宅	/	12559	26%	中铁花山地块
花山	P（2020）163号	住宅	/	12634	27%	联投花山地块
黄家湖	P（2020）128号	住宅	/	6056	0	大华黄家湖地块
金融街	P（2020）150号	综合	0.23：0.77	21002	18%	华发航空路地块
金银湖	P（2019）214号	住宅	/	10686	53%	中交泓园
流芳	P（2020）124号	住宅	/	9608	12%	正荣流芳地块
龙阳大道	P（2020）059号	住宅	/	13006	87%	禹洲龙阳大道地块
南岸嘴	P（2020）013号	综合	0.37：0.63	14534	10%	中海南岸地块
南岸嘴	P（2020）014号	综合	0.25：0.75	14325	8%	中海南岸地块
盘龙城	P（2020）105号	住宅	/	6292	29%	九翼置业盘龙城地块
武昌滨江	P（2019）212号	综合	0.45：0.55	13963	0	龙湖武昌滨江地块
长丰	P（2020）175号	综合	0.11：0.89	9000	8%	万科华生公园大道

受新冠肺炎疫情影响，武汉大量土地供应集中于2020年下半年，新增地王量增加，其中，光谷中心城板块年内地王数量刷新纪录。土地"熔断"机制取消、核心区域优质地块释放、光谷东放开土地市场自由竞争，热门板块地王频出，武汉地价持续上行。

从房企新增货值来看，绿地集团、武汉城投集团、武汉城建集团拿下榜单前三。其中，武汉城建集团与融创集团合作项目较多，同样为融创集团再度进入年度榜单TOP20增色不少。

2017—2020年2500万平方米的土地成交量，造成目前武汉市场潜在供应量较大，存在较高的市场库存风险。持续大量的土地供应，将进一步加剧武汉市场供求关系失衡，不利于武汉楼市平稳健康运行。

2020年武汉房企新增货值排行榜

排名	企业简称	新增货值（亿元）
1	绿地	601.4
2	武汉城投	366.6
3	武汉城建集团	332.4
4	金茂	250.6
5	华发	241.5
6	龙湖	236.5
7	中海	234.7
8	招商	212.8
9	融创	180.3
10	清能	152.6
11	华润	132.3
12	卓越	124.3
13	东原	115.6
14	华侨城	111.0
15	绿城	109.2
16	新城	103.1
17	华夏幸福	99.5
18	中国铁建	90.6
19	金科	80.7
20	万科	63.8

2021年，武汉仍将处于调整期。遵循市场规律，准确判断形势，加快存量去化，控制土地出让节奏方为破局之道。

五、市场生态：武汉匹敌一线城市不是奢望

从2020年前三季度武汉GDP恢复的情况来看，武汉重回前十阵营，经济回归正常轨道，"十四五"经济前景可期。据克而瑞武汉公司总经理吴洋预计，武汉GDP将在2023年达到2万亿元，武汉匹敌一线城市不是奢望。

房企方面，2020年的武汉，虽有新冠肺炎疫情带来的经济低迷，地价却不降反升，以及三道红线下所带来的融资收紧，部分房企资金链承压不足。但武汉仍然是TOP20房企热衷进入的城市，除招拍挂外，更多房企选择合作、收并购等方式曲线进驻武汉。

除补仓自身储备之外，要证明武汉是一个货真价实年均成交量达2800亿元的市场，储备货值补仓势在必行。

与之矛盾的是，中期供地在减少，如何适时以合理的价格选择合适的板块进驻，也是房企需要思考的问题。

在武汉版"十四五"规划的大前提下，武汉将成为长江中游城市群"带头羊"，武汉一小时城市圈城市将享受第一波红利。

六、2021年展望：供需失衡，谨慎选择

2021年，武汉全市供求关系逐步失衡。大部分远郊城区进入严重的供大于求状态，部分区域情况不容乐观，无论是购房需求还是房企拿地都应谨慎选择。

湖北中原数据预测，2021年，武汉仍将处于调整期，加快存量去化、控制土地出让节奏方为破局之道。2020年5月是政策顶，2021年一季度前后是经济顶，后将回归潜在增长率。一线城市土地机会有限的背景下，房企加码二线城市已成为必然趋势。二线城市中，武汉土地价格相对合理，新房市场容量大，安全系数高，依然将是房企投资的优选城市。供应端入不敷出，武汉政府财政"回血"依赖路径不变，政府供地意愿积极。预计2021年武汉土地市场将继续供求两旺。

中原数据还对2021年武汉楼市政策进行了预估：第一，2021年，武汉落户政策还有进一步放宽空间；第二，降低二套房首付成数，激活城市改善需求。可能的政策方向为二套房首付成数统一为五成；第三，认房不认贷，为省内外客户在汉置业提供便利。

数据来源：克而瑞武汉、武房经协发展研究部、武汉政府官方网站

2020 年武汉房地产在售楼盘一览

江岸区

楼盘名称	价格	物业类型	主力户型
幸福湾	尚未公布	普通住宅	二居室 (75~88m²) 三居室 (95~112m²) 四居室 (157~158m²)
立城中心	约 15500 元/m²	写字楼	二居室 (86m²)
绿地汉口中心	约 11000 元/m²	公寓	二居室 (40~162m²) 三居室 (94~122m²)
盛景天地盛景国际	约 20000 元/m²	普通住宅	二居室 (79~95.82m²) 三居室 (103m²)
汉口派	约 20000 元/m²	普通住宅	一居室 (70m²) 二居室 (68.68~75.11m²) 三居室 (89.26m²)
二七星城	约 16800 元/m²	普通住宅	一居室 (60m²) 二居室 (93m²) 三居室 (150m²)
外滩柒号	尚未公布	公寓商住	二居室 (86m²) 三居室 (70~86m²)
绿城武汉黄浦湾	约 48175 元/m²	普通住宅	四居室 (196.41~219.6m²)
百步亭现代城	约 21000 元/m²	公寓	一居室 (56m²) 二居室 (62m²)
伟鹏万科·御玺滨江	约 41670 元/m²	普通住宅	三居室 (168~262m²)
仁恒公园世纪	约 23000 元/m²	普通住宅	三居室 (110~144m²) 四居室 (178m²)
美联中心	约 20000 元/m²	公寓	二居室 (48.87~55.18m²)
融创融汇广场	约 24000 元/m²	写字楼	尚未公布
中信泰富滨江金融城	约 41600 元/m²	普通住宅、公寓、商住	三居室 (95m²) 四居室 (193~197m²)
华宇旭辉星空	约 17000 元/m²	普通住宅、公寓	一居室 (29m²) 二居室 (140m²)
星河 2049	约 18200 元/m²	普通住宅	三居室 (99.71~142.61m²) 四居室 (171.84m²)
汉悦府坤璟	约 20640 元/m²	普通住宅	四居室 (165.58~192.53m²)
塔尖观邸	约 20000 元/m²	普通住宅、公寓、商业	公寓（80m²）
汉口幸福万象	约 17500 元/m²	公寓	二居室 (32~64m²)
华润万象城幸福里	约 41147 元/m²	普通住宅、写字楼、商业	四居室 (218~330m²)
星湖湾	约 22812 元/m²	普通住宅	二居室 (77m²) 三居室 (106~121m²)
百步亭和谐里	17000 元/m² 起	普通住宅	三居室 (95~158m²) 四居室 (213m²)
幸福时代大家	约 17200 元/m²	普通住宅	一居室 (69~79m²) 三居室 (121m²)
华发外滩荟	约 56332 元/m²	普通住宅	三居室 (199.44~206.43m²)
花样年·花好园	约 20640 元/m²	普通住宅、公寓	二居室 (87m²) 三居室 (128m²) 四居室 (145m²)
美联城·观	约 19625 元/m²	普通住宅、商铺	三居室 (86~115m²)
武地融创御央首府	约 21900 元/m²	普通住宅、商业	三居室 (88~125m²) 四居室 (167m²)
星悦城六期玺樾	约 20250 元/m²	普通住宅	二居室 (83m²) 三居室 (135m²)
统百中心	约 8200 元/m²	写字楼	尚未公布
华中国际广场 2 期	尚未公布	酒店、写字楼、购物中心、商住公寓	商铺（17~38m²）
世茂十里星河	约 13000 元/m²	普通住宅	三居室（98~115m²）
福星惠誉·星誉国际	约 26631 元/m²	普通住宅、公寓	二居室 (84.9m²) 三、四居室 (105~142.22m²)

江岸区

楼盘名称	价格	物业类型	主力户型
中海长江十里	约 42600 元/m²	普通住宅、公寓、商铺	三居室 (106~118m²)
清芷园·商铺	尚未公布	商铺	商铺 (30~225m²)
融创公园大观	尚未公布	普通住宅	尚未公布

江汉区

楼盘名称	价格	物业类型	主力户型
泛海国际兰海园	约 38000 元/m²	普通住宅	四居室 (306m²)
菱角湖壹号	约 21000 元/m²	普通住宅、公寓	二居室 (50~90m²)
CBD 楚世家	约 32000 元/m²	普通住宅、写字楼、酒店式公寓、综合体	三居室 (99.56~215.29m²)
顶琇国际城	约 21276 元/m²	普通住宅、商住	四居室 (72~129m²)
越秀国际金融汇	约 38000 元/m²	普通住宅	三居室 (100~155m²) 四居室 (193m²)
远洋心汉口 3 期	约 22365 元/m²	普通住宅	三居室 (109~129m²) 四居室 (143m²)
华发中城荟	约 23500 元/m²	普通住宅	三居室 (87~145m²) 四居室 (290m²)
泛海国际碧海园	约 37000 元/m²	普通住宅	一居室 (100m²) 四居室 (260m²)
汉口新界·5 號公館	约 28000 元/m²	普通住宅、公寓、写字楼、商铺	三居室 (89.7~132.51m²)
泛海国际荟海园	约 31000 元/m²	普通住宅	二至四居室 (100.88~179.12m²)
壹號天地	尚未公布	商铺	二居室 (86m²)
新港长江府	约 36500 元/m²	普通住宅	四居室 (322.69~351.07m²)
阳光城央座	尚未公布	普通住宅	三居室 (121.21~167.58m²)
西北湖壹号御玺湾	约 35000 元/m²	普通住宅、别墅、商铺	四、五居室 (205~318m²)
远洋万和四季	约 22365 元/m²	普通住宅	三居室 (102~143m²)
绿地汉正中心	尚未公布	公寓、商住	二居室 (168.34~178.08m²)
远洋心汉口 SOHO	约 15000 元/m²	综合体	二居室 (94.37m²)
新华壹号	尚未公布	普通住宅、公寓、综合体	二居室 (69.06m²) 三居室 (346m²) 四居室 (352m²)
君荟天地	约 21800 元/m²	普通住宅	三居室 (133m²) 四居室 (137m²)
葛洲坝龙湖江宸	约 20000 元/m²	公寓、写字楼	公寓 (43m²)
远洋汉口中心	约 16500 元/m²	公寓	公寓 (40~150m²)
中海万松九里	约 42000 元/m²	普通住宅、写字楼、商铺	五居室 (230m²)
武建中心	约 23000 元/m²	写字楼	尚未公布
华发中城荟	约 34283 元/m²	普通住宅、公寓、商业	三居室 (95~143m²)
中央首府			
越秀国际金融汇·国际金融中心	19998 元/m² 起	公寓、写字楼	二居室 (113~135m²) 四居室 (172m²)
融创玖玺臺	约 31042 元/m²	普通住宅、写字楼	三居室 (119~191m²)
庭瑞中心	约 33610 元/m²	普通住宅	二居室 (65~79m²) 三居室 (121m²) 四居室 (144m²)
泛海桂府	约 28000 元/m²	普通住宅、自住型商品房	三居室 (115~126m²) 四居室 (142m²)
长投航空路壹号	尚未公布	普通住宅、公寓、写字楼	三居室 (113~142m²)

硚口区

楼盘名称	价格	物业类型	主力户型
同馨花园雍豪府	约39000元/m²	普通住宅	三居室(133.13~138.64m²) 四居室(185m²)
招商江湾国际商铺	尚未公布	商铺	三居室(108m²) 四居室(148m²)
中建御景星城	约29000元/m²	普通住宅、综合体	二居室(86.5m²) 三居室(98.13~138.85m²)
千禧城	18488元/m²起	普通住宅、综合体	三居室(114.31~147.8m²)
美好名流汇二期	尚未公布	普通住宅	三居室(92~138m²)
兴华尚都国际	约24000元/m²	普通住宅	四居室(126~246.83m²) 五居室(249m²)
时代新世界	约26500元/m²	普通住宅、写字楼	四居室(132.05~233.7m²)
美好香域花境	约14570元/m²	普通住宅	二居室(75m²)
金地悦江时代	尚未公布	普通住宅	三居室(107~153m²) 四居室(205m²)
新华尚水湾	约24700元/m²	普通住宅	三居室(109.59~138.03m²)
龙湖东湖高新春江郦城	约16900元/m²	普通住宅、公寓、写字楼、商铺	一居室(38m²) 三居室(130m²) 四居室(143m²)
云尚武汉国际时尚中心	约23000元/m²	综合体	复式(63.57~126.55m²)
金地悦江时代G公寓	约14000元/m²	公寓	三居室(153m²) 四居室(166~205m²)
翡翠中心·润玺	约15767元/m²	普通住宅	三居室(99~161m²)
禧悦	尚未公布	普通住宅、公寓	二居室(52m²) 四居室(245m²)
华生城首府	约15000元/m²	公寓、综合体	二居室(43m²) 三居室(85m²)
武地·汉樾台	约17200元/m²	普通住宅	二居室(85m²) 三居室(130m²)
武地万科万维天地	约31500元/m²	普通住宅	三居室(119~143m²)
复星外滩中心	约45900元/m²	普通住宅、公寓、写字楼	四居室(175~194m²)
融创一江源	约30000元/m²	普通住宅	三居室(115~125m²) 四居室(143m²)
万科公园大道	约18500元/m²	普通住宅	三居室(92~102m²)
绿城华生桂语朝阳	约17800元/m²	普通住宅	三居室(98~110m²)
招商蛇口·国著上宸	尚未公布	普通住宅、公寓、商铺	尚未公布

汉阳区

楼盘名称	价格	物业类型	主力户型
招商公园1872	别墅41000元/m²起	普通住宅、别墅、商住	二居室(84.11~358m²) 三、四居室(84.11~358m²)
阳光城檀悦	约18000元/m²	普通住宅	二居室(46~104m²) 三居室(126m²) 四居室(167m²)
国博新城	约16500元/m²	普通住宅	三居室(110m²)
恒大御景湾	约8900元/m²	普通住宅、写字楼	一居室(58.26~147.26m²)
王家湾中央生活区	约14000元/m²	普通住宅	四居室(137.07m²)
广电兰亭盛荟	35万元/套起	普通住宅、别墅、酒店式公寓、综合体	三居室(88~136m²) 四居室(148m²)
新阳广场·青春赞	约15000元/m²	公寓	二居室(37.79~75.72m²)
凯德悦湖	尚未公布	普通住宅	二居室(85m²) 三居室(89.68~117.28m²) 四居室(136.63m²)
复地海上海	约16000元/m²	普通住宅	一、二居室(44~168m²)
中铁金桥公馆	约13000元/m²	普通住宅	三居室(103~107m²) 四居室(143m²)
万科新世纪翡翠滨江	约20000元/m²	普通住宅	二、三居室(90~143m²) 四居室(90~173m²)
纽宾凯汉CITY	约21500元/m²	普通住宅、公寓	三居室(112~148m²)

汉阳区

楼盘名称	价格	物业类型	主力户型
保利香颂	约18096元/m²	普通住宅、公寓、别墅、商住	三居室(72~138m²) 四居室(141m²) 别墅(175m²)
兴华御水澜湾	约32000元/m²	普通住宅、别墅	三居室(115.83~156.24m²) 四居室(197.4m²)
钰龙旭辉半岛	尚未公布	普通住宅	三居室(97~143m²) 四居室(170m²) 别墅(205m²)
汉水新城中法印象	约8300元/m²	普通住宅	二居室(70.52~85.51m²) 三居室(98.33~127.32m²)
保和墨水湾	16438元/m²起	普通住宅、别墅	三居室(88.1~126.28m²) 四居室(138.79m²)
恒大翡翠华庭|时代广场	尚未公布	普通住宅、公寓、写字楼、商铺	四居室(80.7~140.83m²)
中核时代广场	尚未公布	普通住宅	二居室(82.98~87.28m²) 三居室(121.28m²)
碧桂园晴川府	约20000元/m²	普通住宅、公寓	二居室(86~120m²) 三居室(135m²)
卧龙墨水湾边领驭	尚未公布	别墅	别墅(227.57~386.10m²)
当代万国城MOMΛ	约15800元/m²	普通住宅	三居室(91~119m²)
保利墨水湾湖境廷	约38000元/m²	别墅	别墅(367m²)
青年说	约18500元/m²	公寓、商铺	复式(33~54m²)
城投四新之光	约15000元/m²	普通住宅	三居室(118.77~126.66m²) 四居室(141.13m²)
越秀星悦湾畔	尚未公布	公寓	一、二居室(48~69m²)
万科金域国际	约22404元/m²	普通住宅、写字楼、商铺	三居室(118~140m²)
远洋东方境世界观	约25760元/m²	普通住宅、公寓、写字楼、商住	一居室(38.97~76.46m²) 二居室(99m²) 三居室(128m²)
招商樾望	尚未公布	普通住宅、别墅	商墅(335~846m²)
武汉龙湖春江彼岸	约22469元/m²	普通住宅、商铺	三居室(110~130m²) 四居室(173m²)
滨江金茂府	约25903元/m²	普通住宅	二、三居室(97~143m²) 四居室(143m²)
保利星河九洲	约15500元/m²	普通住宅	三居室(97~125m²) 四居室(140m²)
越秀汉星汇云锦	约25963元/m²	普通住宅	三居室(125~142m²)
恒韵府	约20401元/m²	综合体	三居室(102~149m²)
禹洲、商业广场朗廷元著	约18500元/m²	普通住宅、写字楼	三居室(106~130m²) 四居室(165m²)
四新中央生活区	约16500元/m²	普通住宅、商铺、商住	三居室(102.29~127.6m²) 跃层(46~109m²)
弘阳印月府	约18500元/m²	普通住宅	三居室(93~128m²) 四居室(156m²)
远洋东方境世界观蓝珀公馆	约19000元/m²	公寓	一居室(39.47~66.04m²) 二居室(77.43m²) 三居室(134m²)
保利庭瑞阅江台	约20000元/m²	普通住宅	三居室(96~165m²)
汉阳城二期云顶	约16800元/m²	普通住宅、公寓、商铺	一、三居室(49.34~59.49m²)
纽宾凯city+	约17000元/m²	公寓	公寓(54~160m²)
九州通健康城	约14800元/m²	公寓、写字楼	公寓(51~56m²)
远洋·归元MAX	60万元/套起	公寓	一居室(33m²)
电建地产·洺悦江湾	约18500元/m²	普通住宅	三居室(120~126m²) 四居室(140m²)
兰亭大境	约16250元/m²	普通住宅、公寓、写字楼、商业	三居室(108~131m²) 四居室(143m²)
江御	约23000元/m²	普通住宅	三居室(138m²) 四居室(192~245m²) 四居室(293m²)
绿城金地凤起听澜	约24765元/m²	普通住宅、别墅	三居室(129~142m²) 四居室(181m²)

汉阳区

楼盘名称	价格	物业类型	主力户型
招商·江山和樾	约19395元/m²	普通住宅	三居室 (120m²) 四居室 (143m²)
融创·武汉1890	约22000元/m²	普通住宅	三居室 (97~127m²) 四居室 (143m²)
新昕广场	尚未公布	普通住宅、公寓	尚未公布
保利·星宸	约15280元/m²	普通住宅	三居室 (95~125m²)
纽宾凯汉city总部壹号N+Hotel公寓	约17000元/m²	公寓	尚未公布
金地兰亭世家	约22893元/m²	别墅	三居室 (170~220m²) 四居室 (280m²) 别墅 (280m²)
中国中铁·金桥璟园	约20000元/m²	普通住宅、公寓、商铺	三居室 (82~119m²) 四居室 (127m²)
海伦堡海悦世界	尚未公布	普通住宅、公寓、写字楼综合体	复式 (69.8~70.15m²) 三居室 (130m²) 四居室 (143m²)
保利星河九洲星耀	约13520元/m²	普通住宅	三居室 (94~123m²) 四居室 (94~140m²)
世茂锦绣长江·天胤二期	约24500元/m²	普通住宅	三居室 (113~284m²) 四居室 (205~284m²)
汉CITY环山道	11500元/m²起	公寓	公寓 (32~56m²)
武地·汉阳印象	尚未公布	普通住宅	三居室 (101~143m²) 四居室 (143m²)
招商愉樾	约25259元/m²	普通住宅、商住	四居室 (135~144m²)
中铁建·御湖	约18700元/m²	普通住宅	三居室 (105~129m²)
武汉方岛金茂慧智科学城	约18945元/m²	普通住宅	三居室 (107~143m²) 四居室 (181m²)
海格公馆	约18507元/m²	普通住宅	三居室 (102~125m²) 四居室 (137~167m²)
蓝天湖岸	约23501元/m²	普通住宅	四居室 (179~185m²)
武汉恒大珺睿	尚未公布	公寓、写字楼、商业	尚未公布

武昌区

楼盘名称	价格	物业类型	主力户型
百瑞景中央生活区五期	约32500元/m²	普通住宅	二居室 (79.86~97m²) 四居室 (170m²) 别墅 (615m²)
湖北创投大厦	约25000元/m²	写字楼、商铺	尚未公布
君临国际	约30000元/m²	综合体	一居室 (20m²)
万达御湖壹号	约38000元/m²	普通住宅	四、五居室 (255m²)
融创中心武汉壹号院	约41200元/m²	普通住宅、写字楼、商住	一居室 (50m²) 四居室 (215m²)
联投中心	约34707元/m²	普通住宅	一居室 (100m²) 三居室 (169m²) 四居室 (213m²)
佳兆业广场天御	尚未公布	公寓	一居室 (52.69~53.6m²)
越秀星悦峯	约33000元/m²	公寓、商铺	二居室 (54.82~82.46m²)
汉街总部国际万达尊	约27000元/m²	写字楼	尚未公布
南湖九玺	约31500元/m²	普通住宅、别墅	二居室 (89m²) 三居室 (87~122m²)
华宇旭辉大厦	约24000元/m²	写字楼	写字楼 (108~1840m²)
绿地铂瑞公馆	尚未公布	酒店式公寓	二居室 (90~237m²)
保利·江锦1号	约27000元/m²	公寓、商住	三居室 (106~313m²) 四居室 (185~222m²) 五居室 (313m²)
融侨滨江城|星域	约22000元/m²	公寓、商业	一居室 (78.45~94.88m²) 二居室 (220.03m²)
融侨滨江城|天域|美域	约27500元/m²	普通住宅	三居室 (104~133m²) 四居室 (181m²)
江城之门	尚未公布	写字楼	尚未公布
沙湖九玺	约41600元/m²	普通住宅、写字楼	三居室 (127~202m²)
洪山公馆	尚未公布	普通住宅	二居室 (88.39~89.83m²) 三居室 (121.26m²)

武昌区

楼盘名称	价格	物业类型	主力户型
融创望江府	约22365元/m²	普通住宅、公寓、写字楼、商铺	三居室 (92~128m²)
博译上坤·云峯	约34618元/m²	普通住宅	三居室 (189m²) 四居室 (221m²)
梧桐花园	约16172元/m²	普通住宅、商铺	二居室 (74m²) 三居室 (117m²) 四居室 (148m²)
绿地海珀·滨江	约35473元/m²	普通住宅	四居室 (166~245m²)
地铁复兴城	尚未公布	普通住宅	尚未公布
金融街·融御滨江	约38500元/m²	普通住宅、公寓、商铺	二居室 (87~99m²) 三居室 (139~143m²)
福星惠誉月亮湾壹号	约30300元/m²	普通住宅	三居室 (127~134m²) 四居室 (236m²)
融台	尚未公布	商住	复式 (70~129m²)
龙湖·天玺	约34000元/m²	普通住宅	三居室 (125m²) 四居室 (143m²)
保利滨江中心	约26500元/m²	普通住宅	三居室 (111.67~128.48m²) 四居室 (142.18m²)
万达御湖汉印	约44528元/m²	普通住宅	四居室 (227~264m²) 三居室 (300~304m²)

青山区

楼盘名称	价格	物业类型	主力户型
联泰香域水岸	约14500元/m²	公寓	二居室 (93.76m²) 三居室 (124.7~137m²) 四居室 (159.24m²)
大华滨江天地三期铂金瑞府	尚未公布	普通住宅	二居室 (89~92.53m²) 三居室 (100~142m²) 四居室 (169m²)
中冶39大街	约24615元/m²	普通住宅	三居室 (129.32m²) 四居室 (167.08m²)
联泰滨江中心江寓	尚未公布	公寓	四居室 (68m²)
海伦国际	约11828元/m²	普通住宅、别墅	二居室 (72~86m²) 三、四居室 (72~171m²)
招商一江璟城	约21000元/m²	普通住宅、综合体	二居室 (78.18~80.39m²) 三居室 (136.15m²) 四居室 (183m²)
吾行里IEC国际智能中心	约14500元/m²	写字楼	二居室 (70m²)
御江壹品青山印	约21000元/m²	普通住宅、商住	三居室 (101~131m²) 四居室 (153m²)
方园	约19500元/m²	普通住宅	三居室 (108~127m²) 四居室 (142m²)
大华锦绣时代	约23000元/m²	普通住宅	三居室 (97~135m²) 四居室 (154m²)
奥园滨江国际	约20500元/m²	普通住宅、写字楼	三居室 (95~117m²)
御江壹品青山樽	约22656元/m²	普通住宅、商业	三居室 (109~141m²)
城投秀水青城	约13725元/m²	普通住宅	三居室 (90.14~142.22m²)
融创临江府	约20100元/m²	普通住宅、公寓、商铺	三居室 (95~125m²) 四居室 (136m²)
武地融创和平中心	约20100元/m²	普通住宅、写字楼、商铺	三居室 (102~125m²)
联泰外滩领馆	尚未公布	公寓	三居室 (49~62m²)

洪山区

楼盘名称	价格	物业类型	主力户型
南湖半岛	约27000元/m²	普通住宅	三居室 (159.92~241m²)
清江锦城	约16700元/m²	普通住宅、公寓、写字楼、商铺	三居室 (105~125m²) 四居室 (135m²)
福星惠誉东湖城	尚未公布	普通住宅	二居室 (52~88.89m²) 三居室 (135.42m²) 四居室 (144m²)
爱家名校华城	约12600元/m²	普通住宅	二居室 (79~83m²) 四居室 (154.97m²)
楚天都市沁园	约16191元/m²	普通住宅	三居室 (108~135m²)

洪山区

楼盘名称	价格	物业类型	主力户型
杨春湖畔	尚未公布	普通住宅	二居室 (78~78.71m²) 三居室 (126m²)
揽胜公园	约 22000 元/m²	普通住宅、写字楼、商铺	三居室 (93~115.5m²) 四居室 (164m²) 五居室 (252m²)
保利上城	尚未公布	普通住宅、写字楼、商铺	三居室 (84~126m²)
保利城 SOHO 中心	约 12500 元/m²	公寓、写字楼、商住	复式 (43~44.03m²)
东原乐见城	尚未公布	普通住宅	四居室 (125~128m²)
保利新武昌	约 14000 元/m²	普通住宅	三居室 (93~131m²)
鄂旅投书院世家	约 27000 元/m²	普通住宅、别墅	三居室 (87~204m²)
新城阅璟台	约 13525 元/m²	普通住宅	三居室 (94~134.5m²) 四居室 (142m²)
金科城（武汉）	约 19240 元/m²	普通住宅	一居室 (50m²) 三、四居室 (50~145.2m²)
首开&华侨城&金茂|东湖金茂府	约 26321 元/m²	普通住宅	三居室 (50~118m²) 四居室 (141m²)
保利大都会	约 27200 元/m²	普通住宅	四居室 (100.51~195m²)
华侨城原岸	尚未公布	普通住宅、别墅	四、五居室 (201~599m²)
创客广场	约 20000 元/m²	公寓	一居室 (31m²)
城投瀚城璞岸	约 24500 元/m²	普通住宅、别墅	三居室 (122m²) 四居室 (145~161m²)
美好长江首玺	约 14176 元/m²	普通住宅、商铺	三居室 (95~123m²)
亿德光谷先锋	约 15500 元/m²	公寓	公寓 (52~74m²)
新力城	13000 元/m² 起	普通住宅	三居室 (93.62~130.83m²) 四居室 (131.89m²)
旭辉华宇江悦府	约 14500 元/m²	普通住宅、商铺	三居室 (95~115m²) 四居室 (140m²)
正商金域世家	约 16696 元/m²	普通住宅	三居室 (108~127m²)
旭辉·江山境	约 14500 元/m²	普通住宅	三居室 (125m²) 四居室 (178m²)
金茂国际公寓	约 20000 元/m²	公寓、商住	公寓 (39~126m²)
金地·保利·褐石公馆	约 300 万元/套	普通住宅、别墅	叠拼 (138~146m²)
万科云城	约 19632 元/m²	普通住宅、公寓、写字楼	三居室 (118~127m²) 四居室 (141m²)
中建铂公馆	约 17255 元/m²	普通住宅	三居室 (102.15~140.42m²) 四居室 (162.05m²)
景瑞天赋滨江	约 15410 元/m²	普通住宅	三居室 (95~110m²) 四居室 (141m²)
中建福地星城	约 24777 元/m²	普通住宅	二居室 (81.59~97.51m²) 三居室 (138.62m²) 四居室 (161.61m²)
南益名悦华府	约 11800 元/m²	普通住宅	三居室 (95.48~110.24m²) 四居室 (129.98m²)
翰林尚苑	约 17788 元/m²	普通住宅	三居室 (102.79~125.12m²) 四居室 (165.26m²)
融创·珞瑜路 95 号	约 30525 元/m²	普通住宅	四居室 (142~175m²)
万科新都会	约 28740 元/m²	普通住宅	三居室 (91~133m²) 四居室 (140m²)
天下南湖湾	约 22500 元/m²	普通住宅、公寓	二居室 (39~51m²) 三居室 (50~118m²)
邻湖壹方	约 18000 元/m²	公寓	公寓 (50~85m²)
富强天惠园	约 14490 元/m²	普通住宅、酒店式公寓	三居室 (94~120m²)
朗诗熙华府	约 33517 元/m²	普通住宅	四居室 (140m²)
新力雅园	约 20500 元/m²	普通住宅	三居室 (96~121m²)
鄂旅投珞珈国际	尚未公布	公寓、别墅、写字楼、酒店式公寓、商铺	公寓 (52m²)

洪山区

楼盘名称	价格	物业类型	主力户型
碧桂园碧乐城	住宅约 27150 元/m²	普通住宅、公寓、酒店式公寓、综合体	三居室 (105m²) 四居室 (135m²)
万科保利理想城市	约 13000 元/m²	普通住宅、商铺	三居室 (90~115m²) 四居室 (126m²)
旭辉都会山	约 15654 元/m²	普通住宅、商铺	三居室 (98~118m²)
保利城六期爱尚里	约 24300 元/m²	普通住宅	三居室 (105~125m²)
中建壹品宏泰阅江府	约 16980 元/m²	普通住宅	三居室 (105~130m²) 四居室 (140m²)
万科城市之光	约 18600 元/m²	普通住宅	三居室 (117~129m²) 四居室 (142m²)
绿地大都会	约 12060 元/m²	普通住宅、商业	三居室 (85~100m²)
世茂云锦瑰海园	约 15700 元/m²	普通住宅	三居室 (105~115m²) 四居室 (125~135m²)
龙湖三千城	约 16800 元/m²	普通住宅、综合体	三居室 (109~126m²)
城投联投·江南岸	约 17000 元/m²	普通住宅、商铺	三居室 (103~129m²)
杨春湖畔·境寓	14215 元/m² 起	公寓	公寓 (45~78m²)
锦绣江城	约 16329 元/m²	普通住宅、公寓、商铺	三居室 (91.89~118.95m²)
华侨城·欢乐天际	约 22291 元/m²	普通住宅、商铺	三居室 (106~156m²) 四居室 (168m²)
龙湖·三千城|光曜	9666 元/m² 起	公寓、商铺	复式 (43~91m²)

东湖高新区

楼盘名称	价格	物业类型	主力户型
清江山水九程	约 26300 元/m²	普通住宅	四居室 (142~164m²)
联投花山郡	尚未公布	普通住宅、别墅	三居室 (79~168m²) 四、五居室 (79~360m²)
中国铁建梧桐苑阅立方	尚未公布	公寓、写字楼、商铺	二居室 (70~90m²)
国创光谷上城	尚未公布	普通住宅、别墅	二居室 (86m²) 四居室 (164m²)
北大资源莲湖锦城	约 11000 元/m²	普通住宅	二居室 (101~106m²) 三居室 (135m²)
国采光立方	约 30000 元/m²	普通住宅、别墅	三居室 (126m²)
光谷悦城	18650 元/m² 起	普通住宅	二居室 (70~108m²)
中建光谷之星	约 13500 元/m²	普通住宅、写字楼、酒店式公寓、商铺	一居室 (43~70m²) 二、三居室 (43~100m²)
中建大公馆	尚未公布	普通住宅	三居室 (92.58~138.95m²) 四居室 (168m²)
奥山光谷世纪城	约 16000 元/m²	公寓、酒店式公寓、商住	二居室 (115~120m²) 五居室 (221m²)
泛悦城（商业街）	约 42000 元/m²	商铺	二居室 (86m²) 三居室 (114~142m²) 四居室 (197m²)
泷悦华府	尚未公布	普通住宅、SOHO	尚未公布
光谷金融中心	约 17500 元/m²	写字楼、商铺	二居室 (86~107.52m²)
琨瑜府	约 23730 元/m²	普通住宅、写字楼、商铺	四居室 (148m²)
北辰·光谷里公寓	约 18500 元/m²	别墅写字楼酒店式公寓、商铺	一居室 (50.38~123.13m²) 二居室 (89m²)
光谷未来城	19500 元/m² 起	普通住宅、别墅、商铺	一居室 (70m²) 三、四居室 (70~159m²)
碧桂园生态城东境	约 15500 元/m²	普通住宅	三居室 (70~125m²) 四居室 (143m²)
绿地光谷中心城	约 13500 元/m²	普通住宅、写字楼、酒店式公寓、商铺	三居室 (102~118m²) 四居室 (130~173m²)
联投光谷瑞园	约 14332 元/m²	普通住宅	三、四居室 (102~190m²)

东湖高新区			
楼盘名称	价格	物业类型	主力户型
光谷澎湃城奥山府	约25000元/m²	普通住宅、别墅	四居室(190~225m²)
正荣紫阙台	约25000元/m²	普通住宅、商铺	三、四居室(123~167m²)
光谷创新天地	约21180元/m²	普通住宅	三居室(140m²) 四居室(240m²)
合景梧桐四季	约6300元/m²	普通住宅、别墅	三居室(98~109m²) 四居室(126m²)
光和创谷	约13000元/m²	公寓	二、三居室(70~98m²) 四居室(70~141m²)
国采公寓	约18000元/m²	公寓、商住	二居室(86~92m²) 三居室(103m²)
碧桂园云境	约27000元/m²	普通住宅、别墅、商铺	三居室(108~120m²) 四、五居室(108~172m²)
绿城·凤起乐鸣	约31000元/m²	普通住宅、别墅	四居室(142~220m²)
平安御苑	约19720元/m²	普通住宅	二居室(82m²) 三居室(93.6~113.08m²)
当代·铭山筑	尚未公布	别墅	五居室(97~125m²)
联投阅湖堂前	尚未公布	普通住宅	别墅(137.99~307.74m²)
龙湖光谷城丨御景	约12000元/m²	公寓、商业	三居室(109~125m²) 四居室(139m²)
武地建发·玺院	约20314元/m²	普通住宅、别墅	三居室(104~106m²) 四居室(129m²)
中粮光谷祥云	约28350元/m²	普通住宅、别墅	别墅(163~164m²)
碧桂园·云玺	住宅约18000元/m² 叠拼约27000元/m²	普通住宅、别墅	三居室(108~120m²) 四、五居室(108~170m²)
当代云谷	尚未公布	普通住宅、公寓	三居室(103~118m²)
中建星光城	约18070元/m²	普通住宅、商铺	三居室(97~125.69m²) 四居室(138.01m²)
新城璞樾门第	约18750元/m²	普通住宅、别墅	三居室(109~119m²) 四居室(158m²) 五居室(223m²)
湾郡北岸公馆	约18412元/m²	别墅	三居室(168m²) 四居室(191m²)
恺德中心	尚未公布	公寓	二、三居室(54.58~110m²)
碧桂园光谷十里春风	约28350元/m²	普通住宅	三居室(109~141.98m²) 四居室(151.72m²)
光谷学府	约26982元/m²	普通住宅、别墅、商铺	三居室(110.6~120.9m²) 别墅(149m²)
光谷崇文中心	约12500元/m²	公寓、商住	LOFT(39~63m²)
旭辉·千山凌云	约25840元/m²	普通住宅、商铺	三居室(118~125m²)
世界城创世界	约11328元/m²	公寓、综合体	LOFT(58~70m²)
武汉美桥富力广场	尚未公布	公寓、写字楼	二居室(66~88m²)
碧桂园生态城·浅月湾丨52墅	约23000元/m²	别墅	别墅(188.42~274.09m²)
纽宾凯·麓院	约15500元/m²	普通住宅	四居室(128~180m²)
交投华园	约16800元/m²	普通住宅、别墅	三居室(97~128m²)
力高雍华年	尚未公布	商铺、商业	一居室(43m²) 二、三居室(43~133m²)
美的·雅居乐云筑	约17092元/m²	普通住宅	三居室(89~115m²) 四居室(125m²)
北辰·光谷里	写字楼约16000元/m² 公寓约18500元/m²	写字楼、公寓	写字楼(120~1700m²) 公寓(50~123m²)
光谷正荣府	约20600元/m²	普通住宅、别墅	三居室(96~114m²)
华润中城昆仑御	约25000元/m²	普通住宅	三居室(106~122m²) 四居室(142m²)
中城光谷龙山湖	约19007元/m²	普通住宅、商铺	四居室(195~230m²)

东湖高新区			
楼盘名称	价格	物业类型	主力户型
民发盛特区	约20200元/m²	普通住宅	三居室(113~125m²) 四居室(138m²)
碧桂园·云玺丨星荟	约10000元/m²	公寓	LOFT(69~88m²)
新希望·锦粼九里	约17125元/m²	普通住宅、别墅	三居室(98~130m²)
世茂十里星河	尚未公布	普通住宅、写字楼、商铺	三居室(98~115m²)
中海光谷东麓	约14960元/m²	普通住宅、商铺	二居室(72m²) 三居室(105m²)
光谷南山府	约23499元/m²	普通住宅、别墅、商铺	三居室(108~128m²)
光谷龙城	尚未公布	综合体	LOFT(77~126m²)
绿地光谷星河绘	约18500元/m²	普通住宅	三居室(97~125m²) 四居室(143m²)
花山花锦	约29725元/m²	普通住宅、别墅、商铺	别墅(113~168m²)
长江存储国际社区	约10389元/m²	普通住宅	二居室(86m²) 三居室(119m²) 四居室(160m²)
观山逸墅	约24500元/m²	别墅	别墅(126~140m²)
世界城瑜樾东方	约29000元/m²	普通住宅、别墅、商铺	三居室(139~158m²)
联投云境	尚未公布	普通住宅	尚未公布
武汉大悦城	9999元/m²起	公寓、写字楼、商住	尚未公布

东西湖区			
楼盘名称	价格	物业类型	主力户型
华生地产金珠港湾	约13500元/m²	普通住宅、酒店式公寓	三居室(123~301m²)
万丰丰泽园	约11600元/m²	普通住宅	三居室(88~113.87m²)
天纵半岛蓝湾	约14000元/m²	普通住宅	二居室(84.83m²) 三居室(90.93~140.98m²)
地铁时代·常青城	约11000元/m²	普通住宅、商铺、综合体	二居室(67~84m²) 三居室(129m²)
美联德玛假日三期	约12500元/m²	普通住宅	三居室(97.38~107.82m²)
金湖听语	尚未公布	普通住宅、别墅	三居室(136m²) 四居室(161m²)
佳柏现代城	约12500元/m²	普通住宅、公寓	一居室(35.63~86m²)
金银湖1号院	尚未公布	普通住宅、别墅	二居室(90.25m²) 四居室(110.49~150.93m²)
文一云水湾	尚未公布	普通住宅	二、三居室(86~135m²) 四居室(86~140m²)
融创观澜府	约18000元/m²	普通住宅、别墅、商铺	二居室(86~191m²) 三、四居室(86~236m²)
卧龙东方郡	约17040元/m²	普通住宅	一居室(70m²) 三居室(181m²)
立方时空	约17000元/m²	普通住宅、商住	二居室(88.87~114.51m²)
中南熙悦	约15700元/m²	普通住宅	一居室(70m²) 三居室(137m²) 四居室(100m²)
庭瑞新汉口	约14500元/m²	普通住宅、商住	二居室(45.5~130.39m²)
白金壳子	约15600元/m²	公寓	一居室(45m²) 二居室(90m²)
美联奥林匹克花园五期	约17175元/m²	普通住宅	二居室(84.11m²) 三居室(98.78~125.87m²)
金地悦海湾	约14900元/m²	普通住宅、商铺	四居室(138~180m²)
梦想特区宏图里	尚未公布	普通住宅	三居室(115~135m²) 四居室(139~204m²)
电建地产·洛悦御府	约14000元/m²	普通住宅、公寓、商铺	三居室(97~131m²) 四居室(143m²)
碧桂园海昌克拉公馆	约15000元/m²	公寓、商铺	三居室(68~100m²)
合一星光天地	尚未公布	公寓、商住	三居室(76.94~121.84m²)

东西湖区

楼盘名称	价格	物业类型	主力户型
佳兆业悦府	约 13500 元 /m²	普通住宅	四居室 (129.1~134.74m²)
金地北辰阅风华	约 18600 元 /m²	普通住宅	三居室 (123m²) 四居室 (141m²)
中建壹品澜荟	约 13200 元 /m²	普通住宅、公寓、写字楼、综合体	四居室 (166.69~179.92m²)
天赐金龙城	约 11076 元 /m²	普通住宅	三居室 (110~133m²)
青青佳园	约 18158 元 /m²	普通住宅	三居室 (95~140m²)
金拓·银湖时代	约 14160 元 /m²	普通住宅	二居室 (69.68m²) 三居室 (95.95~119.26m²)
网安·合寓	约 8650 元 /m²	公寓、写字楼	三居室 (56~68m²)
花样年旭辉碧云天	13200 元 /m² 起	普通住宅	三居室 (87~128m²)
华发四季	约 13525 元 /m²	普通住宅	三居室 (90~131m²)
东原·阅境	约 15800 元 /m²	普通住宅	三居室 (95~108m²) 四居室 (125m²)
新城桃李郡	约 12800 元 /m²	普通住宅	三居室 (102~117m²) 四居室 (102~132m²)
奥山汉口澎湃城	约 14900 元 /m²	普通住宅、公寓	三居室 (98~127m²)
汉口道 6 号	尚未公布	普通住宅、公寓、综合体	三居室 (98~126m²)
江樾云著	约 15600 元 /m²	普通住宅	三居室 (86~108m²) 四居室 (117m²)
首开光明国风上观	约 12500 元 /m²	普通住宅、商铺	三居室 (96~118m²) 四居室 (128m²)
武地华发·时光	约 13500 元 /m²	普通住宅、商铺	四居室 (99~135m²)
地铁时代·云上城	约 14000 元 /m²	普通住宅	三居室 (83~129m²)
海伦堡汉江府	约 7900 元 /m²	普通住宅、别墅	二、三居室 (96~150m²)
江悦蘭园	约 12700 元 /m²	普通住宅	三居室 (97~134m²)
中国铁建江语城	约 12212 元 /m²	普通住宅	三居室 (97~122m²) 四居室 (132m²)
九坤·五环璟城	约 14981 元 /m²	普通住宅、商铺	三居室 (97~109m²)
富力西溪悦居	约 13500 元 /m²	普通住宅、公寓、商住	三居室 (86~120m²)
北辰金地漾时代	约 12000 元 /m²	普通住宅	三居室 (97.2~115.6m²) 四居室 (128.6m²)
欧亚达云栖	约 11300 元 /m²	公寓	二居室 (56.09~98.56m²)
武汉英赫当代城 MOM∧	约 9800 元 /m²	普通住宅、商铺	三、四居室 (97~127m²)
自贸环球公馆	约 8800 元 /m²	公寓	一、二居室 (42.1~62.47m²)
武汉当代境 MOM∧	约 12700 元 /m²	普通住宅、酒店式公寓	三居室 (92~118m²)
中梁·天玺壹号	约 13892 元 /m²	普通住宅、商铺	三居室 (98~118m²)
富兴·天澜	7888 元 /m² 起	公寓、别墅、商铺、综合体	大平层 (200m²)
武汉碧桂园公园里	约 14201 元 /m²	普通住宅	三居室 (97~120m²)
银湖中心	尚未公布	公寓	尚未公布
元舍	约 35000 元 /m²	商住、别墅	别墅 (197.96~282.67m²)
武汉二十四城	约 12500 元 /m²	普通住宅、综合体	二居室 (79m²) 三居室 (95~127m²) 四居室 (142m²)
东原印未来	约 13900 元 /m²	普通住宅	三、四居室 (97~127m²)
联发璞悦府	尚未公布	普通住宅	四居室 (118m²)
中交泓园	约 17300 元 /m²	普通住宅、商铺	三居室 (99~114m²)
航发·天虹城·云璟	约 8357 元 /m²	普通住宅、商铺	三居室 (84~112m²) 四居室 (129m²)
保利悦公馆	约 16600 元 /m²	普通住宅	二、三居室 (75~121m²)
保利翡丽公馆	约 17000 元 /m²	普通住宅	三居室 (103~132m²)

经济技术开发区

楼盘名称	价格	物业类型	主力户型
现代天外天小镇	约 15749 元 /m²	普通住宅、别墅	三居室 (95.79m²) 四居室 (147.43m²) 五居室 (170.83m²)
海伦小镇	150 万元 / 套起	普通住宅、别墅	二居室 (78~90m²) 三居室 (123.8m²)
碧桂园泰富城	尚未公布	公寓、商铺	一居室 (29m²) 二、三居室 (29~74m²)
港湾江城	约 13500 元 /m²	普通住宅、商住	四居室 (130m²)
鑫聚温莎半岛	780 万元 / 套起	别墅	别墅 (407.42~552.65m²)
武汉恒大世纪梦幻城	约 4180 元 /m²	普通住宅	二、三居室 (50~130m²)
武汉恒大国际旅游城	约 4188 元 /m²	普通住宅	二、三居室 (50~180m²)
庭瑞 U~ME	商铺约 28000 元 /m²	公寓、商住	二居室 (37.58~50.09m²)
金色港湾 MIMI 空间	约 15000 元 /m²	公寓	一居室 (22m²)
印江山	约 9000 元 /m²	普通住宅	三居室 (98.04~116.56m²) 四居室 (131.6m²)
碧桂园凰城悦山湖	约 8500 元 /m²	普通住宅、商铺	三居室 (103m²) 四居室 (143m²)
地铁盛观尚城	约 15500 元 /m²	普通住宅	二居室 (85m²) 三居室 (98~125m²) 四居室 (135~140m²)
越秀逸境	尚未公布	普通住宅	三居室 (109~128m²) 四居室 (162m²)
南益名士公馆	约 12500 元 /m²	普通住宅	三、四居室 (140.72~142.63m²)
洛悦芳华	约 15700 元 /m²	普通住宅	三、四居室 (106~165m²)
奥山经开澎湃城	约 8200 元 /m²	普通住宅、公寓、别墅	三居室 (95.02~118.23m²)
葛洲坝武汉紫郡蘭园	约 12500 元 /m²	普通住宅、公寓、商铺	三居室 (110~138m²)
万科翡翠玖玺别墅	尚未公布	别墅	三居室 (249m²)
嘉地珑墅	约 30000 元 /m²	别墅	别墅 (170~200m²)
武地电建汤湖观筑	约 13800 元 /m²	普通住宅	三居室 (112~136m²)
中建壹品澜庭	约 9319 元 /m²	普通住宅	三居室 (103~115m²)
华中中交城	尚未公布	公寓	尚未公布
武汉恒大时代新城	约 10200 元 /m²	普通住宅	三居室 (80.61~141.99m²)
武地电建·君樾府	约 9575 元 /m²	普通住宅	三居室 (113~127m²)
智慧长江青年城	住宅、约 8125 元 /m² 别墅约 18000 元 /m²	普通住宅、联排	二居室 (89m²) 三居室 (116m²) 别墅 (170~260m²)
美好长江院子	100 万元 / 套起	别墅	五居室 (127~142m²) 六居室 (212m²)
金色港湾·君临水岸	约 12600 元 /m²	普通住宅	四居室 (136.3~137.26m²)
华润置地公园里	约 8600 元 /m²	普通住宅	三居室 (87.92~104.79m²)
佳兆业滨江新城	约 13346 元 /m²	普通住宅、商铺	三居室 (92~115m²)
融创首创国际智慧生态城市	约 8900 元 /m²	普通住宅	二、三居室 (94~170m²)
北辰·经开优 +	约 9100 元 /m²	商住	二居室 (88~113m²)
香澜公馆	约 15000 元 /m²	普通住宅	三居室 (111~129m²) 四居室 (143m²)
中国城乡香樾洲	约 17300 元 /m²	普通住宅	三居室 (108~129m²) 四居室 (142~188m²)
德信阳光城·丽景公园	尚未公布	普通住宅	尚未公布
印湖云著	约 15345 元 /m²	普通住宅	三居室 (97.22~110.8m²) 四居室 (134.91m²)
车都春台里	约 8700 元 /m²	普通住宅	三居室 (99~133m²)

江夏区			
楼盘名称	价格	物业类型	主力户型
迦州橘郡	约11500元/m²	别墅	三居室 (118~126m²) 四居室 (139m²)
滨湖壹号	约12000元/m²	普通住宅、公寓	二居室 (89.32m²) 三居室 (121.02~133.76m²)
长投绿城蘭园	约12154元/m²	普通住宅、商铺	三居室 (92~116m²) 四居室 (133m²)
海伦广场	约24000元/m²	商住	复式 (46m²)
武汉雅居乐花园	约13848元/m²	普通住宅、商铺	三居室 (135m²) 四居室 (145m²) 别墅 (226m²)
中锐滨湖尚城	尚未公布	普通住宅	四居室 (86~142m²)
碧桂园天玺湾	约28000元/m²	普通住宅、别墅	四居室 (137~193m²) 别墅 (137~496m²)
光谷青年汇	约15500元/m²	综合体	一居室 (36.88~51.3m²)
招商东城华府	约16311元/m²	普通住宅	二居室 (86~142m²)
路劲时代城	尚未公布	普通住宅、酒店式公寓	三居室 (92~118m²) 四居室 (127m²)
新长江香樹国际城	约7242元/m²	普通住宅	二居室 (85m²) 三居室 (100~127m²) 四居室 (128m²)
五矿万境水岸	约12496元/m²	普通住宅、别墅	四居室 (125.91~165m²)
万科保利联投理想星光	约14100元/m²	普通住宅	三、四居室 (91~120m²)
武汉恒大科技旅游城	约10800元/m²	普通住宅、公寓、别墅	三居室 (76~135m²) 别墅 (259m²)
保利和光晨樾	约9655元/m²	普通住宅、别墅、商铺	三居室 (94.59~167.57m²)
鹏湖湾	约13000元/m²	别墅、写字楼	四居室 (127~174m²)
建发·金茂丨玺悦	约12496元/m²	普通住宅、别墅、自住型商品房、自持物业	三居室 (97~106m²) 四居室 (130m²)
江夏天地	约8650元/m²	公寓、商业	公寓 (37~121m²)
金融街金悦府	约16150元/m²	普通住宅、别墅	三居室 (108~137m²)
保利军运村	约16500元/m²	普通住宅	三居室 (98~135m²)
武地融创金麟壹号	约7000元/m²	普通住宅	四居室 (98.23~140.21m²)
中建·汤逊湖壹号别墅（凡尔赛）	约36000元/m²	别墅	四居室 (244.15~349m²)
武地融创锦上公馆	约9300元/m²	普通住宅、别墅	三居室 (102~125m²) 四居室 (143m²)
江夏府	尚未公布	普通住宅、商铺	三居室 (115~140m²)
阳光100凤凰街	约13310元/m²	普通住宅、别墅、商铺	三居室 (100.57m²) 四居室 (127.86m²)
武汉星光	约11000元/m²	公寓、商业	公寓 (42~53m²)
武汉融创城	约13000元/m²	普通住宅	三居室 (90~118m²)
欧亚达云庭	尚未公布	公寓、酒店式公寓、商住	二居室 (45.25~56.66m²)
红松·幸福里	约6500元/m²	公寓	公寓 (62~82m²)
经发龙湖·雲峰原著	约13311元/m²	普通住宅、别墅	别墅 (142~152m²) 三居室 (97~152m²)
美的·君兰半岛	约15182元/m²	普通住宅、商业	四居室 (127m²)
龙湖·紫都城	尚未公布	公寓、商业	复式 (45~75m²)
五矿万境水岸丨万境墅	约34650元/m²	别墅	别墅 (174~214m²)
金茂华发武汉国际社区	约13800元/m²	普通住宅、商铺	三居室 (99~120m²) 四居室 (129m²)
宝业德信宸光里	尚未公布	普通住宅、商铺	三居室 (90~107m²) 四居室 (128m²)
保利时光印象	约15833元/m²	普通住宅	三居室 (101m²)
创客嘉园	尚未公布	商住	一居室 (50m²)

新洲区			
楼盘名称	价格	物业类型	主力户型
振泰汪集豪庭	约5500元/m²	普通住宅	二居室 (86~117.42m²) 三居室 (86~146.24m²)
德雅国际城	约7289元/m²	普通住宅	三居室 (95.93~126.59m²) 四居室 (198m²) 五居室 (279m²)
绿城桃李春风	尚未公布	普通住宅	四居室 (129~190m²)
国瑞新港广场	约5700元/m²	普通住宅	三居室 (115.36~131.66m²)
孔雀城丨大悦城控股·问津兰亭二期	约6864元/m²	普通住宅	四居室 (137~170m²)
红星天铂	约21840元/m²	普通住宅、别墅、商铺	三居室 (96~122m²) 四居室 (140m²)
新力金沙湾	约9500元/m²	普通住宅	三居室 (95~118.15m²)
华发峰尚	约12960元/m²	普通住宅、公寓、商铺	三居室 (90~118m²) 四居室 (141m²)
北辰孔雀城航天府	约6540元/m²	普通住宅	三居室 (90~110m²) 四居室 (135m²)
新影华翔城	约7050元/m²	普通住宅	四居室 (125~135m²)
南德泊湖澜岸	约9500元/m²	普通住宅、公寓	三居室 (134.4~141.26m²)
华发阳逻金茂逸墅	约9696元/m²	普通住宅、酒店式公寓	三居室 (96~136m²)
洛悦华府	约7627元/m²	普通住宅	三居室 (84.05~129.29m²) 四居室 (84.05~139m²)
阳逻金茂悦	约8818元/m²	普通住宅、商铺	三居室 (116~131m²)
佳运环湖花园	约7338元/m²	普通住宅、商铺	三居室 (101~136m²) 四居室 (159m²)
华发中城中央公园	约9800元/m²	普通住宅、别墅、酒店式公寓	三居室 (96~118.24m²)
阳逻万达广场·御江	约10266元/m²	普通住宅、别墅、商铺	别墅 (140~170m²)
东原朗阅	约9800元/m²	普通住宅	三居室 (95~105m²) 四居室 (125m²)
中交香颂	约5631元/m²	普通住宅	三居室 (105~110m²)
华发未来城	约7327元/m²	普通住宅、别墅	三居室 (87~106m²) 别墅 (125m²)
湖景雅苑	约7000元/m²	普通住宅、别墅	三居室 (104.83~120.65m²)
上坤绿城三期	约6552元/m²	普通住宅	尚未公布
佳阳翠湖里	约8500元/m²	普通住宅	一居室 (41~62m²) 二居室 (75~93m²) 三居室 (118~121m²)
华星龙腾国际	约5800元/m²	普通住宅	三居室 (112~124m²) 四居室 (129~142m²)
百瑞景滨江生活区	约8075元/m²	普通住宅、商铺	三居室 (106~132m²)
学林·博雅天城	约6510元/m²	普通住宅	三居室 (98~124m²)
玉水金苑	约6700元/m²	普通住宅	四居室 (133~139m²)
曦地港CITYON	约7681元/m²	普通住宅、公寓	四居室 (85~137m²)
祥和喜盈门	约7941元/m²	普通住宅	三居室 (116~139m²)
碧桂园桃李东方	约8052元/m²	普通住宅	三居室 (109~117m²)
武汉诺德逸都	约8777元/m²	普通住宅、商业	三居室 (86~97m²) 四居室 (117m²)
宝业星毓府	约8291元/m²	普通住宅、公寓、商铺	三居室 (101~129m²)
孔雀城丨大悦城控股·问津兰亭	约7034元/m²	普通住宅	三居室 (86~125m²)
武地融创水韵长洲	约7120元/m²	普通住宅	三居室 (94~115m²) 四居室 (125m²)
学林御景雅苑	约6852元/m²	普通住宅	三居室 (98~124m²)
海林康桥官邸	约8055元/m²	普通住宅	三居室 (97~110m²)
佳阳大都府	约7800元/m²	普通住宅、商铺、商业	三居室 (91~117m²)
清能熙悦台	约8600元/m²	普通住宅、别墅	四居室 (88~130m²)

新洲区

楼盘名称	价格	物业类型	主力户型
华发中城中央荟	约8000元/m²	普通住宅、公寓、别墅、商铺	三居室(87~117m²)
佳兆业浣溪璞园	约9736元/m²	普通住宅、商铺	三居室(84~105m²) 四居室(115m²)
楚天都市蓝玉湾	约8424元/m²	普通住宅	三居室(105~125m²) 四居室(140m²)
城南华府·书香世家	约7450元/m²	普通住宅	三居室(95~121m²) 四居室(135m²)
金科·桃湖美镇	尚未公布	普通住宅、别墅	三居室(88~120m²)
城投东方领誉	约8380元/m²	普通住宅	三居室(106~116m²) 四居室(139m²)
美好公园壹号	尚未公布	普通住宅	三居室(90~115m²) 四居室(125m²)

黄陂区

楼盘名称	价格	物业类型	主力户型
鼎鑫摩卡小镇	约12710元/m²	普通住宅	二居室(86.63~121.62m²) 三居室(121.62m²)
F、天下	760万元/套起	别墅	别墅(245~265.88m²)
哥特帝景四期	约11499元/m²	普通住宅	一居室(68m²) 二居室(71~89.98m²) 别墅(123.49m²)
泰合四千院	约36363元/m²	别墅	别墅(1100m²)
汉口北卓尔生活城	尚未公布	普通住宅	二居室(80~90.33m²) 三居室(128m²)
联投汉口郡	尚未公布	普通住宅、商住	二居室(88.61~95.94m²) 三居室(97.71~118.20m²)
新纪元艺墅庄园	尚未公布	别墅	别墅(213m²)
盘龙理想城	约10003元/m²	普通住宅	二居室(86m²) 三居室(93~110m²)
天汇龙城	约10433元/m²	普通住宅	三居室(84~132m²)
东方城三期	约10500元/m²	普通住宅	二居室(85~91m²) 三居室(99~109m²)
汉北玺园	尚未公布	普通住宅、酒店式公寓	二居室(86m²)
万博玖珑湾	约11000元/m²	普通住宅、商铺	三居室(97.66~118.68m²)
尚璟瑞府	约12627元/m²	普通住宅	二居室(85.12~86.6m²) 三居室(102.92~118.66m²) 四居室(129.52~172.16m²)
兰江公园里	约11610元/m²	普通住宅、酒店式公寓	二居室(76.27~87.51m²) 三居室(97.84~131.24m²)
合融·清华源	约9130元/m²	普通住宅	三居室(97.35~100.92m²)
长江凯旋城	约11245元/m²	普通住宅	三居室(92~125m²)
空港中心	约9500元/m²	别墅、写字楼	二居室(86m²)
御湖园	约8500元/m²	普通住宅	三居室(92.78~127.9m²)
金阳南山里	约26250元/m²	普通住宅、公寓	三居室(89~125m²) 别墅(89~259.89m²)
保合太和	尚未公布	普通住宅	三居室(71~136m²)
汉口御江澜庭	约11000元/m²	普通住宅、商铺	二、三居室(81.8~114.72m²)
中南拂晓城	约11000元/m²	普通住宅、公寓、商住	二、三居室(55~113m²)
尚璟瑞府商铺	尚未公布	商铺	一居室(56m²)
全景外滩二期	约9600元/m²	普通住宅	一居室(70m²)
翰林公馆	约10500元/m²	普通住宅、商铺	三居室(98~121m²) 四居室(139m²)
北辰蔚蓝城市	约11677元/m²	普通住宅	一居室(50m²) 三居室(110m²)
山海观	约11700元/m²	普通住宅、别墅	三居室(98~123m²)
汉口左岸天地二期	约10000元/m²	普通住宅	三居室(93.58~124.13m²) 四居室(138.55m²)
天纵云湖湾	约11000元/m²	普通住宅	三居室(92.52~112.58m²)
南山十里星空	约12500元/m²	普通住宅	三居室(110m²) 四居室(129m²)
空港中心B座公寓	约9500元/m²	公寓、酒店式公寓、商住	尚未公布
空港中心D区商墅	约12188元/m²	别墅	尚未公布
五矿澜悦云玺	约12500元/m²	普通住宅、别墅	三居室(106.9~149.8m²) 四居室(106.9~195.2m²)
融侨方圆	约11464元/m²	普通住宅、商铺	三居室(88~110.25m²) 四居室(137m²)
德成红墅	尚未公布	别墅	别墅(153.89~220.13m²)
临空香廷	约11240元/m²	普通住宅	三居室(96~131m²) 四、五居室(96~168m²)
金辉优步湖畔	尚未公布	普通住宅	三居室(98.04~98.85m²) 四居室(107.76~125.30m²)
清能正荣府	约10708元/m²	普通住宅、别墅	三居室(108~160m²) 四居室(125.03~160m²)
中建壹品澜郡	约11400元/m²	普通住宅	三居室(88.76~110.59m²)
南德长江城	约12500元/m²	普通住宅	三居室(96.64~131.05m²) 四居室(143.06m²)
大华公园华府	约11000元/m²	普通住宅	三居室(86~113m²)
天熙楚世家	约7826元/m²	普通住宅	二、三居室(92.19~139.33m²)
长江青年城	约10000元/m²	普通住宅	一居室(47~58m²) 二、三居室(47~87m²)
金川·纯水岸	约12618元/m²	普通住宅	二居室(54m²) 三居室(81m²)
天纵·御府	约11000元/m²	普通住宅	三居室(92.85~119.59m²) 四居室(136.6m²)
前川中梁首府	约10536元/m²	普通住宅	三居室(93~112m²) 四居室(130m²)
南德国际城学府里	约11184元/m²	普通住宅	三居室(110~122m²)
中城新时代	约13200元/m²	普通住宅、公寓、别墅	三居室(99~118m²) 四居室(143m²)
华发越秀悦府	约13416元/m²	普通住宅	三居室(90~130m²)
武汉诺德逸园	约10459元/m²	普通住宅	三居室(97m²) 四居室(115m²)
百秀城	约9600元/m²	普通住宅、别墅	三、四居室(102.09~142.93m²)
天纵御景湾	约9739元/m²	普通住宅	三居室(92.81~103.39m²)
帝大·御璟城	约12664元/m²	普通住宅	三居室(95.47~113.04m²) 四居室(95.47~135.62m²)
交投合盛嘉园	约9650元/m²	普通住宅、商铺	三居室(108~139m²) 四居室(146m²)
万可后海	约12000元/m²	公寓、商铺、商住	二居室(43m²) 三居室(43~68m²)
汉北怡景园	约11240元/m²	普通住宅	三居室(99~119m²)
恒达盘龙湾梅苑	约10433元/m²	普通住宅	三居室(104~133m²)
天纵·时代城	约12580元/m²	普通住宅	三居室(95~130m²)
武建·龙樾上城	约11801元/m²	普通住宅、别墅	三居室(113.66~133.32m²) 四居室(113.66~148.16m²)
城投·大桥龙城	约10449元/m²	普通住宅	三、四居室(98.07~116.45m²)
盘龙·正荣府	约13000元/m²	普通住宅、公寓	三居室(97~115m²)
天纵·时代天樾	约12054元/m²	普通住宅	三居室(96~128m²)
城投丰山府	约10600元/m²	普通住宅、公寓、写字楼、商业	三居室(95.9~108.1m²) 四居室(95.9~132.13m²)
武汉孔雀城壹滨江	约8900元/m²	普通住宅	三居室(90m²)
联发云璟	约9996元/m²	普通住宅	三居室(86~107m²) 四居室(86~122m²)

黄陂区			
楼盘名称	价格	物业类型	主力户型
银禾广场	尚未公布	普通住宅、公寓、别墅	三居室 (95~116m²) 四居室 (95~126m²)
绿地天河国际会展城	尚未公布	普通住宅、公寓、别墅、写字楼、综合体	尚未公布
武汉甘露山文旅城	尚未公布	普通住宅、商住	尚未公布
明想青年汇	约 10400 元/m²	普通住宅	二居室 (85m²) 三居室 (99~130m²)

蔡甸区			
楼盘名称	价格	物业类型	主力户型
世茂龙湾	150 万元/套起	普通住宅、独栋合院	别墅 (92~145m²)
观湖园 2 期	尚未公布	别墅	二居室 (89m²) 三居室 (89~140m²)
中国健康谷	约 10737 元/m²	普通住宅、公寓、写字楼	二居室 (86~142.72m²) 三居室 (100.35~142.72m²) 四居室 (86~181.72m²)
依山龙郡	约 9300 元/m²	普通住宅	二居室 (87.41m²) 三居室 (108.29~123.57m²) 别墅 (119.64~128.06m²)
绿地美湖	约 20000 元/m²	普通住宅、别墅、商业	四居室 (135~197m²)
人民武汉国际汽车城	尚未公布	公寓、商铺	尚未公布
玉金山墅	188 万元/套起	别墅	五居室 (150m²)
中核·锦城	约 9040 元/m²	普通住宅	二居室 (76.97~90m²) 三居室 (133.59m²)
三和剑桥城	尚未公布	普通住宅	二居室 (79.74~82.20m²) 三居室 (99.81~118.44m²)
龙庭华府	尚未公布	综合体	三居室 (77~126m²) 四居室 (142m²)
三和名仕城	约 9500 元/m²	普通住宅	一居室 (100m²) 三居室 (104.5m²)
武汉院子	约 26000 元/m²	别墅	别墅 (88~183m²)
华中文谷知音盛棠	尚未公布	别墅	别墅 (190~1142m²)
金地中法仟佰汇	尚未公布	普通住宅、公寓、写字楼、商铺	三居室 (92~128m²) 四居室 (140m²)
碧桂园忆西湖	约 12000 元/m²	别墅	五居室 (217.8~217m²)
万龙中心	尚未公布	公寓、酒店式公寓	三居室 (45~90m²)
状元府	约 9339 元/m²	普通住宅、商铺	三居室 (95.26~124.16m²) 四居室 (149.07m²)
朗诗西海岸	约 11000 元/m²	普通住宅、商铺	三居室 (117~153m²)
中建锦绣双城	约 10808 元/m²	普通住宅	三居室 (106~169.43m²) 四居室 (138~159m²)
越秀翰悦府	约 9000 元/m²	普通住宅	三居室 (91~131m²) 四居室 (140m²)
力高雍湖湾	约 25000 元/m²	别墅	别墅 (95~195m²)
泰禾知音湖院子	约 15000 元/m²	普通住宅	别墅 (100~170m²)
奥山·首府	约 9977 元/m²	普通住宅、别墅	三居室 (115.33~141.03m²)
德信江南大院	约 10500 元/m²	普通住宅	三居室 (100.92~107.9m²) 四居室 (121.25m²)
光明府	约 9312 元/m²	普通住宅	三居室 (91~120m²)
正商书香华府	约 11165 元/m²	普通住宅、商铺	三居室 (88~130m²)
碧桂园学府壹号首座	约 6900 元/m²	酒店式公寓、商铺	一居室 (35.82~59.62m²)
金地中核格林栎林	约 10836 元/m²	普通住宅	三居室 (99~123m²)
景瑞·天赋半岛	约 24000 元/m²	别墅	别墅 (158~189m²)
越秀博悦府	约 9072 元/m²	普通住宅	三居室 (113~123m²)
交投逸景天宸	约 7112 元/m²	普通住宅、别墅	三居室 (105~125m²)

蔡甸区			
楼盘名称	价格	物业类型	主力户型
武汉荣盛华庭	约 9504 元/m²	普通住宅、商铺	三居室 (95~127m²) 四居室 (129m²)
中海尚璟	约 9850 元/m²	普通住宅	三居室 (97~115m²)
花博汇·桃李春风	约 33000 元/m²	别墅	四居室 (90~205m²)
中国铁建知语城	约 9426 元/m²	普通住宅	三居室 (107~130m²)
汉津阳光城	约 7987 元/m²	普通住宅	三居室 (100~122m²)
武地开恒瑞·欣园	约 8005 元/m²	普通住宅、商铺	三居室 (99~117m²)
金地朗悦	约 12000 元/m²	普通住宅、别墅	四居室 (95~143m²)
中粮祥云地铁小镇	约 11623 元/m²	普通住宅、别墅、商铺	三居室 (95~117m²)
中建中法之星	尚未公布	普通住宅、公寓、写字楼、商住	三居室 (92~129m²)
景瑞清能江南悦	约 10586 元/m²	普通住宅	三居室 (97m²)
融创山水拾间	约 20000 元/m²	别墅	复式 (95~175m²)
蓝光雍锦香榭	尚未公布	普通住宅	尚未公布
景瑞·江山悦	约 12700 元/m²	普通住宅	三居室 (92~105m²)
中国铁建知语 1901	尚未公布	普通住宅、写字楼、商铺	三居室 (105~115m²)
康桥朗城	尚未公布	普通住宅	三居室 (86~106m²)
南德缦和世纪	尚未公布	普通住宅	尚未公布

汉南区			
楼盘名称	价格	物业类型	主力户型
武汉绿地城	约 8800 元/m²	普通住宅、公寓、别墅、商住	四居室 (168m²)
新长江香榭澜溪	约 6800 元/m²	普通住宅、公寓	三居室 (105~108m²) 四居室 (128~138m²)
锦深汉南公馆	约 6400 元/m²	普通住宅	三居室 (99.88~131.31m²)
新城·庭瑞·君悦观澜	约 7500 元/m²	普通住宅、别墅、商铺	四居室 (96.42~128m²) 别墅 (207m²)
碧桂园凤凰湾	约 9500 元/m²	普通住宅、商铺	四居室 (130~140m²)
华发·中城峰景湾	约 8008 元/m²	普通住宅、商铺	三居室 (92.50~103.94m²) 四居室 (120.18m²)
航城丽都	约 6666 元/m²	普通住宅	二居室 (88.92m²) 三居室 (107.4~126.09m²) 四居室 (138.27~148.31m²)
武汉蓝光雍锦天府	约 9665 元/m²	普通住宅、商业	三居室 (93.55~127.19m²) 四居室 (137.07m²)
兰亭风华	约 7700 元/m²	普通住宅	三居室 (93~143m²)
铂悦中心	尚未公布	公寓、别墅	三居室 (47~76m²) 五居室 (123m²)
星悦湾	约 7100 元/m²	普通住宅	三居室 (108.65~119.79m²)
江景湾	约 6864 元/m²	普通住宅	三居室 (110~126m²) 四居室 (141m²)
华宇东原金科·渝樾大观	约 8050 元/m²	普通住宅、别墅	三居室 (90~105m²)
时代海伦堡印记	约 7200 元/m²	普通住宅	三居室 (100~111m²) 四居室 (121m²)
海伦堡金科集美水岸	尚未公布	普通住宅、别墅	尚未公布
华生国土郡城	约 6800 元/m²	普通住宅	二居室 (64~84m²) 三、四居室 (64~173m²)
依云水岸	约 8000 元/m²	普通住宅	三居室 (93~108m²)

2020年武汉房地产典型项目
世茂十里星河

武汉 | 世茂地产 | 武汉光谷 | 品质房企 | 地铁盘

项目地址：
湖北省武汉市洪山区左岭大道与吴家桥路交汇处东北

开发商：
武汉光谷芯动力地产开发有限公司

产品特征：
住宅

参考价格：
高层均价13000元/平方米

主力户型：
约98平方米三居、约115平方米三居

物业公司：
世茂天成

5公里生活配套：
未来三路地铁口、高新大道、左岭千亿大道、省妇幼保健院光谷分院、武汉市三医院未来城院区（规划中）

专家点评
赵守谅·华中科技大学建筑与城市规划学院副教授——世茂十里星河是光谷东左岭板块首发项目，占据光谷东黄金轴心，坐拥城市硬核资源，享区域内高科产业发展利好，更有世茂品质加持，是值得期待的理想社区。

项目测评

【市场口碑】
世茂深耕武汉15年，深知武汉城市发展重心。世茂锦绣长江已成为区域典型之作，世茂云锦瑰海园，三期首开约300套，仅1个月蓄客超2000人，逢开必罄，"好户型""品质社区""良心房企"等是购房者对世茂最多的评价。

【区域地段】
择址东湖高新区未来科技城板块，坐拥光谷持续东扩发展利好，区域内布局有未来科技城和光谷智能制造两大高精尖产业园区，聚集了诸如华星光电、天马微电子、长江存储、华为、新思科技等代表光电子产业的全国性头部高新企业。

【楼栋规划】
规划总占地面积约8.9万平方米，建面约36.8万平方米，其中住宅建面约16万平方米，商业建面约10.8万平方米。项目由10栋高层（含小高层）及一所幼儿园组成，绿化率约30%，总户数约1351户，停车位约1577个。

【主力户型】
建面约98平方米三居，三开间朝南，采光充足，户型方正，动静分区；U型明厨，三面可用，三段式明卫，干湿分离；无过道浪费，增加卧室空间。建面约115平方米三居，大面宽短进深，南北通透，尽享约6.5米宽阔绰大阳台。

【交通出行】
距离地铁11号线未来三路站约100米，区域内还规划有地铁29号线。此外，项目周围"城市主干大道+高速"配置，尽享武黄大道、高新大道、关豹高速、环城高速、左岭大道、发展大道，三纵三横立体交通。

【医疗配套】
区域内医疗资源丰富，有左岭街社区卫生服务中心、同济医院光谷分院（已开业）、省妇幼保健院光谷分院（建设中）、湖北中医院武东医院（建设中），同时还规划有武汉市三医院未来城院区（三甲）。

【教育资源】
世茂十里星河自带幼儿园，项目周边名校环伺，诸如华师一附中光谷分校、光谷第二十八小/二十九小、中国地质大学未来城校区、光谷外国语学校等。（本项目周边中小学及幼儿园入学政策以武汉市教育主管部门公布的信息为准）

【购物娱乐】
项目自带约10万平方米繁华商业街区，区域内华为、华星光电、天马微电子、长江存储、小米等大型高科技企业集聚，享未来科技城近300万平方米商业，周边还有五四湖、长岭山、九龙水库等生态资源。

【设计风格】
在现代简约风格基础上，外立面横向采用深灰色真石漆，纵向采用米白色真石漆，配以中空LOW-E玻璃和铁艺栏杆，贯彻"三段式"原则，在不失比例、材质肌理以及轮廓特征的同时，延续古典风格，使建筑更加挺拔明晰。

【园林景观】
在园林规划打造上，项目利用了各楼栋架空层，开辟功能互动区。首开A地块为纯居住区，架空层内设置有儿童活动空间、老人活动空间（锻炼区和棋牌室）、休闲交流空间及健身活动空间等。

武地·汉樾台

武汉　武汉城建　国匠台地　双园住区　二环主城

项目地址：
汉口主城二环西·古田四路与长安路交叉口西侧

开发商：
武汉城建集团

产品特征：
普通住宅

参考价格：
均价17200元/平方米

主力户型：
约85平方米两居、约130平方米三居

物业公司：
东方物业

5公里生活配套：
凯德西城、宜家、武广、轻轨1号线、二环线、华师附小、同济医院、协和医院

专家点评

张涛·武汉市房地产开发协会副秘书长——

武地·汉樾台以"汉"系TOP级献礼城市新中产，汉口二环主城双园宜居品质项目，在建筑设计、小区人文规划、户型段设计、物业管理上可圈可点，是值得业主信赖的好项目。

扫码观看楼盘详情

项目测评

【品牌描述】
武汉城建集团作为城市建设龙头房企，资产规模超2600亿元，位列房地产开发100强，业务领域遍及全国20多个省市及全球多个地区，深耕武汉数十载，筑写东湖绿道、武汉院子、光谷188国际社区等一系列品质巨作。

【市场口碑】
2020年9月，项目首推1号楼264套可售房源，受到市场热捧，劲销近3亿，于10月紧急加推补货，项目品质获得广大购房者的认可，"硚口红盘""高性价比""区域舒适典范"等标签成为购房者对楼盘最多的评价。

【区域地段】
武地·汉樾台项目位于汉口主城二环西侧，紧邻汉口黄金大道——解放大道，经长丰大道迅抵CBD中央商务区，经解放大道速达汉口核心商圈，宜家、凯德、南国西汇三大商圈环伺，尽享1、3号线双地铁交通优势，集萃汉口主城中心资源。

【楼栋规划】
小区建筑面积约23.5万平方米，建筑密度约23.62%，规划总户数1368户，包含4栋高层住宅，1栋超高层住宅，整体楼栋坐北朝南。其中1#楼34层，2梯4户；2#楼47层，3梯4户；3#楼34层，2梯4户；4#楼28~33层，2梯4户；5#楼28~33层，2梯4户。

【主力户型】
主力户型为建面约85平方米两房和130平方米三房。85平方米方正两房，动静分离，客厅、主次卧三开间朝南，采光面大，约20%公摊高得房率。130平方米改善三房，方正无浪费空间，南北通透双阳台，全明厨房，主卧带独立衣帽间和卫生间。

【园林景观】
项目内部打造近万平方米新中式景观园林，全楼栋覆盖景观风雨连廊，营造五重归家礼序：礼宾大门-迎宾楼-风雨连廊-户外会客厅-精装入户大堂，既提升业主居住舒适度，也使业主归家时充满仪式感。

【自建配套】
项目自带近三千平方米独立商业，满足小区业主生活所需；小区内设0~12岁儿童游乐区、环形健康慢跑道、下沉式休息区、架空泛会所等全龄生活空间。另外，项目K1地块自带幼儿园（待建）。

【教育资源】
项目K1地块自带幼儿园（待建），北侧有一处教育规划用地已确定为长丰小学，距离项目约500米内规划教育用地为六角亭小学，周边还有永红幼儿园、华师附小、韩家墩小学（北校区）、辛家地小学、武汉四中、武汉十一中等优质教育资源。

【购物娱乐】
汉口二环主城区，商业配套醇熟，凯德西城、南国西汇、宜家、武广多商圈环绕，附近有江城壹号、海尔国际广场、麦德龙、山姆会员店、中百、太平洋农贸市场等小型商业，日常购物应有尽有。

【设计风格】
汉口二环主城，外拥市政绿地公园，内揽近万平方米新中式景观园林，覆盖全楼栋风雨连廊，归家无惧风雨。整体设计运用了抬高的建筑方式，可规避梅雨季节小区淹水和内涝问题，在整体呈现上更显大气。

地铁时代·云上城

| 武汉 | 地铁地产 | 12年优教 | 四大公园 |

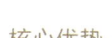

项目地址：
武汉轨道交通8号线金潭路站c出口

产品特征：
住宅

项目规划：
建筑面积约1090000平方米；容积率：3.33；
总户数：5860户

主力户型：
约117平方米三居、约128平方米三居

参考价格：
14000元/平方米

入选理由 赵守谅·华中科技大学建筑与城市规划学院副教授

地铁时代·云上城是武汉TOD2.0的代表作，百万方全能优配大盘，地铁入户，家门口12年优教、4公园环绕、自带一站式商业中心，地铁地产的匠心之作，值得一看。

核心优势：
地铁时代·云上城位于武汉轨道交通8号线金潭路站，可换乘1/2/3/4号线，快速通达武汉三镇。项目为涵盖居住、商业、教育、社区配套的109万平方米城市综合体，分为三期开发。项目近观府河、盘龙湖，生态资源丰富；涵盖文化活动中心、体育活动中心等全能生活配套；自建两所幼儿园及一所九年一贯制学校，实现家门口一站式教育；临近永旺梦乐城、武汉客厅、海昌极地海洋世界，配套成熟。

融创·武汉1890

| 武汉 | 融创 | 文创地标 | 先锋艺术 | 人文住区 |

项目地址：
武汉市汉阳区琴台大道特1号（张之洞博物馆旁）

产品特征：
住宅

项目规划：
占地面积：93126.13平方米；容积率：4.24；总户数：3060户

主力户型：
约117平方米三居、约143平方米四居

参考价格：
22000元/平方米

入选理由 张涛·武汉市房地产开发协会副秘书长

融创·武汉1890地处武汉二环核心，于汉阳铁厂原址上重塑城市精神，1890是有着城市焕新和区域城市功能提升的项目，提供的生活场景和生活方式代表武汉未来人居范本。

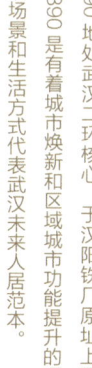

核心优势：
融创·武汉1890秉持着"文化赋能"的理念，雄踞二环内月湖桥旁，占位琴台中央艺术区要核，择立汉阳铁厂城市精神原址，携手全球前五设计团队Aedas，在保留历史风貌构筑基础之上，融合现代手笔，再造建筑面积约130万平方米TOD城市综合体，集居住、文化、商业等多种业态为一体，涵盖3060套住宅及建筑面积76万平方米航母级商业，未来将成为武汉独具特色的全新城市封面。项目签约引进武汉三初，多所优质学府林立周边，且近邻4/12号线双地铁，一桥之隔直抵同济、协和、武广商圈，拥揽月湖龟山、汉阳江滩等百万平方米生态大境，配套成熟。现新品加推建筑面积约108~143平方米宽域臻品。

城市地产篇

65	/	2020年大湾区城市发展概述		
68	/	**广州**	**138** / **珠海**
68	/	市场总结	138 / 市场总结
73	/	在售楼盘一览	142 / 在售楼盘一览
81	/	典型项目	145 / 典型项目
91	/	**深圳**	**147** / **江门**
91	/	市场总结	147 / 市场总结
94	/	在售楼盘一览	152 / 在售楼盘一览
96	/	典型项目	155 / 典型项目
98	/	**佛山**	**158** / **惠州**
98	/	市场总结	158 / 在售楼盘一览
102	/	在售楼盘一览	
109	/	典型项目	
116	/	**东莞**	
116	/	市场总结	
121	/	在售楼盘一览	
124	/	典型项目	
128	/	**中山**	
128	/	市场总结	
132	/	在售楼盘一览	
136	/	典型项目	

2020年大湾区城市发展概述

一、区域简介

粤港澳大湾区包括香港特别行政区、澳门特别行政区和广东省广州市、深圳市、珠海市、佛山市、惠州市、东莞市、中山市、江门市、肇庆市，总面积5.6万平方公里。2019年，粤港澳大湾区常住人口达到7265万人，GDP总量突破11万亿元。

粤港澳大湾区是我国开放程度最高、经济活力最强的区域之一，在国家发展大局中具有重要战略地位。推进粤港澳大湾区建设是习近平总书记亲自谋划、亲自部署、亲自推动的重大国家战略，是新时代推动形成我国全面开放新格局的新举措，是推动"一国两制"事业发展的新实践，对广东深化改革、扩大开放具有重要的里程碑意义。

二、国家战略

2017年7月1日，《深化粤港澳合作 推进大湾区建设框架协议》在香港签署，国家主席习近平出席签署仪式。2019年2月18日，中共中央、国务院印发《粤港澳大湾区发展规划纲要》。

按照规划纲要，粤港澳大湾区不仅要建成充满活力的世界级城市群、国际科技创新中心、"一带一路"建设的重要支撑、内地与港澳深度合作示范区，还要打造成宜居宜业宜游的优质生活圈，以香港、澳门、广州、深圳四大中心城市作为区域发展的核心引擎，成为高质量发展的典范。

三、区域方针

2019年7月5日，广东省推进粤港澳大湾区建设领导小组印发《广东省推进粤港澳大湾区建设三年行动计划（2018—2020年）》（简称《三年行动计划》），形成广东省推进大湾区建设的"施工图"和"任务书"。

《中共广东省委广东省人民政府关于贯彻落实＜粤港澳大湾区发展规划纲要＞的实施意见》包括重大意义和总体要求、重点工作任务、保障措施等三个部分，主要着眼长远发展，对标大湾区到2035年的建设目标，对未来十多年广东省要重点推进落实的大事要事进行谋划，突出战略性和协调性。

《三年行动计划》包括九个方面100条重点举措，主要着眼中期安排，把近中期看得比较准的、可以加快实施的重点工作进行分工部署，进一步量化阶段性目标。

在优化提升空间发展格局方面，包括以香港、澳门、广州、深圳四大中心城市作为区域发展的核心引擎引领大湾区建设，发挥香港－深圳、广州－佛山、澳门－珠海强强联合的带动作用等内容。

在建设国际科技创新中心方面，包括加快创建综合性国家科学中心，争取国家在大湾区布局国家实验室，推进广深港澳科技创新走廊建设，向港澳有序开放科研设施和仪器的相关措施等内容。

在构建现代化基础设施体系方面，包括配合国家编制实施粤港澳大湾区基础设施互联互通专项规划、城际（铁路）建设规划，研究谋划广中珠澳高铁项目等内容。

注：1. 除特别说明外，"城市地产篇"章节涉及房源户型面积的表述均指建筑面积。
2. 各城市典型项目排名不分先后。
3. 因市场价格变动，本书涉及典型项目的参考价格统一为2020年末数据，最新数据请以实际情况为准。
4. 以上三点适用于全部楼盘，后文不再一一标注。

在协同构建具有国际竞争力的现代产业体系方面，包括配合国家编制实施粤港澳大湾区构建现代产业体系专项规划，携手港澳建设国际金融枢纽等内容。

在推进生态文明建设方面，包括配合国家编制实施粤港澳大湾区生态环境保护专项规划，到 2020 年基本消除大湾区内地地级以上城市建成区黑臭水体等内容。

在加快形成全面开放新格局方面，包括推进营商环境法治化建设，推动扩大专业资格资质互认范围等内容。

在共建粤港澳合作发展平台方面，包括支持深圳前海、广州南沙、珠海横琴等重大合作平台建设，支持深港科技创新合作区建设等内容。

在保障措施方面，包括建立用地、用林、用海规模和指标统筹机制，对纳入大湾区战略部署的重大平台、重点项目用地需求予以优先保障等内容。

四、交通基建

2020 年 12 月 23 日，国家发改委发布了《关于推动都市圈市域（郊）铁路加快发展的意见》，其中明确提出，京津冀、长三角、粤港澳大湾区三大区域"十四五"期间计划新开工城际和市域（郊）铁路共 1 万公里左右。到 2025 年，基本形成城市群 1~2 小时出行圈和都市圈 1 小时通勤圈，轨道上的京津冀、长三角和粤港澳大湾区基本建成。

在基础设施方面，粤港澳互联互通不断强化。2020 年，南沙大桥顺利通车，深中通道建设有序推进，赣深高铁开始铺轨，项目建设进入冲刺阶段；广汕铁路建设取得突破性进展。广清城际、广州东环城际两条线路正式开通运营。两条铁路的开通有助于构建粤港澳大湾区轨道交通"一张网、一张票、一串城"运营格局，实现城际铁路公交化运营。12 月 28 日，广东潮汕环线、怀阳高速海陵岛大桥等 9 条高速公路集中通车。至此，2020 年粤港澳大湾区核心区高速公路密度达 8.2 公里／百平方公里，在世界各大城市群中排名前列，粤港澳大湾区内快速交通网络正在加快形成。

在铁路建设方面，截至 2025 年，大湾区铁路网络运营及在建里程将达到 4700 公里，全面覆盖大湾区中心城市、节点城市和广州、深圳等重点都市圈；到 2035 年，大湾区铁路网络运营及在建里程将达到 5700 公里，覆盖 100% 县级以上城市。

在机场布局方面，到 2025 年，广东全省通用机场体系将基本形成，通用机场布点达到 32 个，机场密度达到 1.8 个／万平方公里。到 2035 年，广东省通用机场体系将进一步完善，通用机场布点达到 57 个，机场密度达到 3.2 个／万平方公里，通用机场服务覆盖所有县级行政单元，机场密度和通用航空运营服务能力接近发达国家（地区）水平。

五、未来展望

根据《粤港澳大湾区发展规划纲要》，到 2022 年，粤港澳大湾区综合实力将显著增强，粤港澳合作更加深入广泛，区域内生发展动力进一步提升，发展活力充沛、创新能力突出、产业结构优化、要素流动顺畅、生态环境优美的国际一流湾区和世界级城市群框架基本形成。

到 2035 年，大湾区形成以创新为主要支撑的经济体系和发展模式，经济实力、科技实力大幅跃升，国际竞争力、影响力将进一步增强；大湾区内市场高水平互联互通基本实现，各类资源要素高效便捷流动；区域发展协调性显著增强，对周边地区的引领带动能力进一步提升；人民生活更加富裕；社会文明程度达到新高度，文化软实力显著增强，中华文化影响更加广泛深入，多元文化进一步交流融合；资源节约集约利用水平显著提高，生态环境得到有效保护，宜居宜业宜游的国际一流湾区全面建成。

面向未来，粤港澳三地仍将继续致力于促进各类要素高效便捷流动。有雄厚的多元化产业基础、强大的科技创新能力以及人才优势，预期未来大湾区工作机会增加对人口导入中长期有积极影响，为粤港澳大湾区成为世界级城市群及国际一流湾区提供了强有力的基础。同时，在中国现阶段面临经济发展模式转型的关键时期，粤港澳大湾区预计将再一次引领中国新一轮的改革开放大潮。

参考资料

1. 中共中央 国务院：《粤港澳大湾区发展规划纲要》
2. 广州市粤港澳大湾区（南沙）改革创新研究院：《中国粤港澳大湾区改革创新报告（2020）》蓝皮书
3. 中商产业研究院大数据库：《2019年粤港澳大湾区人口数据分析：广深增量大、港澳密度大》
4. 广东省委、省政府：《关于贯彻落实〈粤港澳大湾区发展规划纲要〉的实施意见》
5. 新华网：《广东出台推进粤港澳大湾区建设实施意见和三年行动计划》
6. 国家发展改革委：《关于推动都市圈市域（郊）铁路加快发展的意见》《关于粤港澳大湾区城际铁路建设规划的批复》
7. 广东省发展改革委：《广东省通用机场布局规划》
8. 央视新闻：广东9条高速公路28日集中通车 高速公路总里程超1万公里
9. 信息时报：《今年上半年湾区土地揽金2853亿元》(2020年)
10. 中国网：《中国发布丨国家发改委：南沙大桥已顺利通车 深中通道建设正有序推进》
11. 深圳商报：《深中通道管节沉放"加速度"》
12. 中国新闻网：《赣深高铁全线开始铺轨 项目建设进入冲刺阶段》
13. 惠州日报：《跨永石大道特大桥合龙！广汕铁路建设取得突破性进展》
14. 广州日报：《2020年11月30日广清城际和广州东环城际正式开通》

广州

市场总结

一、新房成交表现

1. 整体情况

尽管2020年开局整个市场一度陷入低迷,但广州楼市可谓"逆风翻盘",新房成交创下近4年来新高。据乐居监控阳光家缘数据显示,2020年广州一手住宅网签成交111534套,同比上升28.26%;成交面积1187万平方米,同比上升28.23%。

2020年广州新房成交数据

区域	网签套数	网签面积(m²)
全市	111534	11871631
增城	30169	3124547
南沙	22303	2337067
黄埔	17479	1801352
番禺	11126	1226098
花都	10529	1200028
荔湾	5217	593200
从化	4861	513411
白云	4447	477573
天河	3087	318313
海珠	1492	186039
越秀	824	94003

2. 年度走势

从整体来看,广州全年新房网签大致呈阶梯式增长。2020年1月份,得益于2019年年底南沙、黄埔、花都等区域陆续出台的人才购房政策,加上春节临近,多个大盘抢闸加推,刺激了1月成交,同时也为贯穿2020年全年的人才购房新政优化埋下伏笔。

2020年2月,受春节和新冠肺炎疫情的双重影响,楼市进入冰冻期,市场成交低迷,网签量达到全年最低,仅748套。小阳春也毫无意外的"缺席",3—5月,因积压的购房需求逐渐释放,市场逐渐回暖;五一之后,随着疫情逐步得到控制,加上不少开发商采取"加速推货+以价换量"模式,以弥补一季度损失,新房网签在6月份达到8952套,为上半年最高。

广州2020年新房网签统计情况

统计截至2020.12.25 数据来源:广州中原研究发展部

进入2020年下半年以后,广州楼市正式开启逆风翻盘之路,新房网签自7月份开始一路上扬。8月,南沙拍出广州历史上第二宗"摇号"地块,大大提振了市场信心;紧接着番禺、南沙相继推出人才购房政策,进一步刺激市场成交;国庆期间,大量新盘入市,买家的购房热情在年尾达到高潮。

3. 历史地位

据广州中原研究发展部统计,2010年至今,广州

2010年至2020年广州一手住宅网签对比

统计时间截至2020.12.25 数据来源:广州中原研究发展部

2020年新房成交量在11年中排名第二，仅次于楼市火热的2016年。

二、二手房成交表现

1. 整体情况

根据广州中原研究发展部监测，2020年，广州市二手市场成交宗数为131009宗（自助网签+中介促成网签），比2019年同期（107504宗）增长21.9%。

价格方面，2020年广州二手住宅网签均价为28815元/平方米，比去年上涨7.8%。分区域来看，各区网签均价除增城同比下跌6.5%外，其他区域均呈上涨态势。天河二手房均价52655元/平方米，上涨15.5%；越秀二手房均价45926元/平方米，上涨8.7%；海珠二手房均价39065元/平方米，上涨9%；荔湾二手房均价33170元/平方米，上涨6.9%；白云二手房均价30093元/平方米，上涨3.4%；花都二手房均价14783元/平方米，上涨3.2%；黄埔二手房均价30128元/平方米，上涨8.1%；番禺二手房均价26636元/平方米，上涨8.3%；增城二手房均价17043元/平方米，下跌6.5%。

从广州各个区域来看，2020年二手房涨幅因板块不同出现明显分化。比如，高端板块珠江新城、滨江东、东风东等，优质二手房源涨幅维持在10%以上；而传统大社区刚需型盘源价格则处于维稳状态，如番禺的祈福新村二手房报价较年初持平。这也证明，整个二手市场只是局部火热，对刚需而言选择面相对宽广。

2. 年度走势

从2020年月度成交情况看，广州二手楼市表现可以用"火热"二字来形容，成交"先抑后扬"。全年第一季度因受新冠肺炎疫情影响，市场成交在2月急剧下滑，月度成交仅1060套。3—4月复工复产后市场逐渐回温，到5月份之后，月度成交基本保持在万宗水平以上。其中，8月份成交更是攀升至近三年新高，达15272宗。12月，因广州人才政策利好，买家对后市信心更强，入市继续升温，成交再次突破15000套。

2020年广州二手住宅月度成交走势

数据来源：广州中介协会、广州中原研究发展部

3. 历史地位

据广州中原研究发展部数据统计，2015年，广州二手住宅成交量为105400套；2016年二手住宅成交量为168752套；2017年二手住宅成交量为161193套；2018年二手住宅成交量为126661套；2019年二手住宅成交量为107504套；2020年二手住宅成交量为131009套。

对比历年成交情况，广州二手房成交自2016年起连续3年回落，在2020年迎来明显回升，年度成交量与2018年相当，交投氛围更趋健康、活跃。

三、政策梳理

2020年广州楼市调控主要出台了三个政策。

2020年12月10日，为妥善处理住房租赁纠纷，保障租赁当事人的合法权益，广州市住房和城乡建设局印发《关于进一步加强住房租赁纠纷调处工作的通知》，要求各物业服务企业不得违规采取断水、断电、断气等措施驱赶与住房租赁企业签订租赁合同尚在存续期内的承租人。

影响：针对部分长租公寓如蛋壳公寓等，出台了因"爆雷""跑路"出现的租客房租及押金难退、房东驱赶租客等问题，此项政策在一定程度上保护了承租人的权益，同时也提出租赁纠纷应通过司法途径解决问题，有利于维护社会稳定。

2020年12月16日，广州发布《广州市差别化入户市外迁入管理办法（公开征求意见稿）》，将落户门槛大幅降低：只需满足大专或技校学历，社保满一年，年龄在28岁及以下，就能在广州白云区、黄埔区、花都区、番禺区、南沙区、从化区和增城区7个行政区实现落户。

影响：广州成为首个对大专生开放的一线城市，出台了堪称"史上最宽松"的一线城市落户政策。落户门槛进一步降低，人口流入势必也将带来大量购房需求，刺激居民住房消费。此举可以理解为政府释放积极信号，对提振市场具有一定作用。

2020年12月25日，广州发布《关于放宽"双一流"高校大学本科学历人才入户社保年限的通知》，提到"双一流"高校大学本科学历或者有研究生及以上学历，无须半年连续社保，只要有广州社保记录，就可以直接落户。

影响：人才引进方面，广州不断放出"大招"，目前广州已经连续5年户籍人口增量在40万以上，位居一线城市前列。此举将吸引更多人才流入广州，为城市经济社会发展注入强大的活力。另外，2020年8月，广州白云区、荔湾区、天河区、南沙区等相继发布了各自的《落实广州市人才绿卡审核事权实施办法》。

四、土地供应

1. 出让基本情况

据乐居统计广州公共资源交易中心数据显示，2020年广州共成交145宗商住、商业用地，比2019年同期增加57宗，揽金超2464亿元，比2019年上涨58.7%（2019年广州商住、商业用地共揽金1552.689亿元），达到近8年新高。总成交面积834万平方米，比2019年上涨66%（2019广州商住、商业用地总成交金额501.66万平方米）。

其中，住宅用地85宗，成交金额超2000亿元。商业商服用地成交60宗，总金额418.6亿元。

2020年广州土地出让情况

土地性质	出让面积（m²）	出让金额（万元）	出让宗数
宅地	5890203.78	20457220	85
商业	2450614.02	4186016	60
合计	8340817.8	24643236	145

2. 开发商拿地情况

2020年，老牌央企保利豪掷204亿元，狂揽7宗宅地（包括联合拿地），成为年度斩获宅地数量最多的房企。拿地金额方面，越秀地产大手笔花费207亿元斩获6宗宅地，是2020年全年拿地金额最高的房企。中建拿地势头同样猛烈，2020年有6宗宅地"入袋"（统计数据包括中建三局、中建五局、中建地产所拿地块）。

2020年房企拿地金额TOP20排行榜（只统计宅地）

排行	企业	拿地金额（万元）	拿地面积（m²）	宗数	拿地区域
1	越秀	2072221	575577	6	番禺、白云、南沙
2	保利发展	2042099	403400	7	白云、黄埔、荔湾、天河
3	中建	1063023	486700.93	6	花都、南沙、白云、增城
4	奥园	1062508	308427.1	4	增城、白云、番禺
5	时代中国	1020994	233956.63	3	黄埔、南沙
6	合景泰富	921757	350493.57	4	从化、增城、天河
7	佳兆业	758410	246416.49	3	南沙、增城
8	恒大集团	690645	280492.65	3	花都、增城
9	万科	630700	162496.89	1	增城
10	龙湖	581116	77370	1	番禺
11	中海	525309	56893.84	2	海珠、增城
12	广州城投	492618	59077.7	2	越秀、番禺
13	方圆	485930	160626	1	南沙
14	广州地铁	431711	76821	1	白云
15	深业置地	400500	66277	1	南沙
16	龙光	397536	83194	2	白云
17	港龙（中国）地产联合体	383000	196435.11	1	增城
18	旭辉	380480	53612	1	南沙
19	融创联合体	345443	72572	1	黄埔
20	敏捷集团	233000	108089.57	1	增城

3. 年度走势

受新冠肺炎疫情影响，广州土地市场经历1—2月的平淡期，尤其在2月，商住、商业地仅成交36.8亿元。3—4月，全国楼市迎来"小阳春"，广州推地节奏加快。

2020年5月18日，广州土地市场上演了一场"史诗级"土拍，32家房企参战，超240亿元落袋，广州土拍官网直接崩溃，土地市场呈现久违的热闹。7—8月，整个广州的卖地成绩平平，揽金不到200亿元。9月，土地市场再度回温，成交金额超308亿元，广州城投经过27轮激烈竞拍抢进南站板块。12月，广州更是狂卖21宗地揽金超355.5亿元，12月成为全年出让金额最高的月份，以火热的卖地潮结束全年广州土地市场。

五、热点板块

据克而瑞数据显示，2020年网签成交细分到各个板块来看，增城新塘板块仍是当之无愧的楼市C位，以12689套、131.7万平方米的网签成绩位居全市第一，成交量雄踞于各大板块前列。

知识城板块则以7640套、73.7万平方米的成绩位居第二，一力撑起黄埔区43.8%的成交；季军则是来自南沙的金洲板块，一手新房共计网签5472套，网签面积达60.2万平方米。

2020年广州十大热门板块

排序	板块	成交套数（套）	成交均价（元/m²）
1	新塘板块	12689	21152
2	知识城板块	7640	23800
3	金洲板块	5472	24520
4	石碁板块	4566	26247
5	朱村板块	4558	18419
6	科学城板块	4176	38255
7	石滩板块	4056	14915
8	明珠湾板块	3874	34233
9	山前大道板块	3778	21245
10	区政府板块	3474	22930

六、用户心理

2020年，广州楼市买房者的心态与2019年相比有很大变化。在2019年，不管是一手还是二手，买家观望情绪普遍浓厚，入市热情整体不高。尤其是二手市场，2019年年末不少板块小区出现降价现象，有房源挂牌一年多还没卖出去。当时中介直言，他们自己都在劝业主降价，否则难以售出。

然而在2020年，经历一季度的低谷后，市场需求被释放，买家入市积极性显著提高。新房全年网签破10万套，创下近4年新高，就是楼市火热的最好反映。

二手房方面，随着市场热度提高，不少小区涨幅明显。如黄埔大沙地板块的金碧世纪花园，2020年12月二手房均价44103元/平方米；而6月份该小区均价仅37013元/平方米。半年时间，小区二手房均价涨了7000元/平方米之多。

天河区的中海康城花园同样涨幅颇多，小区二手房均价从2020年6月的41954元/平方米涨至12月的46981元/平方米，半年时间上涨5000元/平方米左右。同时，由于楼市基本面向好的背景，看房者增多，业主对后市信心较强，反价层出不穷。中海康城一套面积76平方米的两居室，业主在2020年9月挂牌315万元，到11月涨价到330万元。

尽管从2020年二季度以来，广州楼市快速复苏，但各区域、各版块之间的市场热度却不尽相同，楼市分化在不断加剧，"冷热不均"现象十分明显。广州热门区域如黄埔、南沙市场成交相对活跃，价格亦有所上涨；部分区域价格则较为平稳，有的区域最近两年都未有明显涨幅，甚至房价稳中有落。

例如番禺丽江花园九如通津，某业主2019年年中挂牌一套80多平方米的两居室，总价270万元，有人还价250多万元没有卖出，到2019年年底时房价下跌，业主将房源下架。2020年年初再次挂出，但总价大幅下降，仅挂牌245万元，不久又降到238万元，看房者寥寥。

七、2021 年展望

2020 年年末，广州还在不断放宽落户政策，降低购房门槛，这个势头预计短时间内仍将保持。因此，乐居预计广州楼市在 2021 年上半年还是会处于上行态势，楼市政策总体趋于轻微放松，加上人才落户新政利好，春节后购买力可能会持续上升，一季度楼市"小阳春"可期。关于房价，仍处于小幅震荡、长期趋势性上扬周期中。

此外业内预计，2021 年供货量最大的区域为增城、南沙、黄埔，三区占据广州新房总供应量的 60%；2021 年新房成交将在 2020 年基础上，出现 10% 左右增幅。但如 2020 年一样，2021 年广州各个区域之间楼市分化将会更加明显。天河、黄埔等热点板块的热度依然会持续，外围区如增城，因政策、交通等利好透支严重，未来上涨空间不大。

2021 年，广州值得关注的区域有黄埔和南沙，黄埔如火如荼地推进旧改，加之金融城、科学城等重大规划，区域价值明显提升；南沙则作为产业新兴发展区域，同时也是粤港澳大湾区的几何核心，未来发展潜力可观。2021 年值得关注的全新楼盘有时代天境、时代香树里等。

数据来源：广州中原研究发展部、克而瑞

在售楼盘一览

天河区

楼盘名称	价格	物业类别	主力户型
帝景山庄	约100000元/m²	别墅	别墅（430~450m²）
江源半岛花园	80000~100000元/m²	普通住宅	二居室（72~80m²） 三居室（94~206m²）
尚东柏悦府	约160000元/m²	普通住宅	五居室（430m²） 五居室（740m²）
侨鑫·汇悦台	约190000元/m²	普通住宅	四居室（285~317m²） 五居室（437m²） 大平层（663~1505m²）
峻林	约117000元/m²	普通住宅	三居室（138~161m²） 四居室（206m²）
佳兆业壹号	约120000元/m²	普通住宅	三居室（113~159m²）
CFC汇金中心	50000~55000元/m²	写字楼	写字楼（140~500m²）
保利南方财经大厦	约45000元/m²	写字楼、商铺、综合体	尚未公布
珠江东境	约93000元/m²	普通住宅	三居室（235m²） 四居室（360m²）
天河星作	约52000元/m²	普通住宅	三居室（80m²） 四居室（124m²）
恒大珺睿	55000元/m²起	写字楼	商业（101m²）
华润天合	90万元/套起	商铺	一居室（37~39m²） 二居室（53~54m²）
汇金东翼	约45000元/m²	写字楼、商铺	商业（93~109m²）
信达金茂广场	约28000元/m²	商铺	一居室（46~52m²） 二居室（79~91m²）
珠江花城	50000~53000元/m²	普通住宅	二居室（76m²） 三居室（89m²） 四居室（119m²）
天健汇	28000~29000元/m²	商铺	商铺（36m²）
慧源山庄	53000~54000元/m²	普通住宅	一居室（66m²） 二居室（77~83m²） 三居室（103~128m²）
天河云商汇	33000~38000元/m²	写字楼	写字楼（32~58m²）
珠光·金融城壹号	100000~250000元/m²	写字楼、商铺	平层（135~240m²） 复式（38~75m²）
保利天汇	48000~60000元/m²	普通住宅、写字楼、商铺	二居室（78m²） 三居室（90~94m²） 四居室（104m²）
天麟府·臻林	约100000元/m²	普通住宅	三居室（123m²） 四居室（141~172m²）
阳光城·当代檀悦MOMΛ	尚未公布	普通住宅	尚未公布
金地天河峯睿	尚未公布	普通住宅	四居室（95m²） 五居室（115m²）
城投珠江天河壹品	尚未公布	普通住宅	三居室（70m²） 四居室（90m²）

越秀区

楼盘名称	价格	物业类别	主力户型
东山一品	约100000元/m²	普通住宅	三居室(109.85~125m²) 四居室（135~167m²）
汇德国际	22000~83000元/m²	写字楼、商铺	写字楼（51~131m²） 商铺（90~105m²）
麓湖轩	约54000元/m²	商铺	二居室（88~91m²） 四居室（111m²）
江畔雅苑	约70000元/m²	普通住宅	一居室（36m²） 二居室（78m²） 三居室（145m²）
粤泰荣廷府	尚未公布	普通住宅	三居室（97~120m²） 四居室（163m²）

越秀区

楼盘名称	价格	物业类别	主力户型
淘金半山豪庭	100000元/m²起	普通住宅	三居室（92~134m²） 四居室（145~191m²）
阳光城·江湾壹号	约32000元/m²	写字楼	一居室（49~90m²）
嘉兰轩	约53000元/m²	普通住宅	二居室（83~87m²） 三居室（125m²）
东山海德公馆	35000~50000元/m²	商铺	一居室（38m²）
粤海·拾桂府	尚未公布	普通住宅	二居室（109m²） 三居室（116~145m²） 四居室（165m²）
世茂天越	120000~150000元/m²	普通住宅	三居室（130~160m²） 四居室（206~213m²）
四季奕居	约90000元/m²	普通住宅	四居室（166~206m²）
实地广州紫薇公馆	约100000元/m²	普通住宅、别墅	一居室（60m²） 三居室（79m²） 别墅（1200~1719m²）

白云区

楼盘名称	价格	物业类别	主力户型
顺丰翠园	约43000元/m²	普通住宅	二居室（76m²） 三居室（109m²） 四居室（179m²）
新天·半山墅	3500~5000万元/套	别墅	别墅（280~440m²）
佳兆业天墅	约75000元/m²	普通住宅、商铺	五居室（240~260m²） 商铺（30~70m²）
君立国际公寓	115~250万元/套	商铺	一居室（41m²） 二居室（58m²）
越秀·星汇云城	40000~55000元/m²	普通住宅	三居室（83m²） 四居室（123m²）
敏捷·科创中心	约16000元/m²	商铺	商铺（124m²）
新世界云逸	约55000元/m²	普通住宅、综合体	三居室（77~120m²） 四居室（124~138m²）
首开龙湖·天奕	90000~130000元/m²	普通住宅	三居室（185m²） 四居室（245m²）
绿地云央	约28000元/m²	普通住宅	三居室（98~126m²） 四居室（138m²）
华远·雲和墅	1200~3000万元/套	别墅	别墅（160~230m²）
金地仰云	约50000元/m²	普通住宅	四居室（125~136m²）
广州城投保利金沙大都汇	26000~32000元/m²	商铺	商铺（74~86m²）
建发九龙仓·央玺	420万元/套起	普通住宅	三居室（98~99m²） 四居室（108~127m²）
天健云山府	约66000元/m²	普通住宅	三居室（75~101m²） 四居室（140m²）
朗云花园	37000~54000元/m²	普通住宅、别墅	四居室（93~117m²）
保利阅云台	50000~55000元/m²	普通住宅	三居室（79~97m²） 四居室（109~110m²）
伟腾云星	约40000元/m²	普通住宅	二居室（77~83m²） 三居室（103m²）
华润置地·广州润府	35000~36000元/m²	普通住宅	三居室（105m²） 四居室（133m²）
中铁诺德·阅泷	27600元/m²起	普通住宅、综合体	三居室（79~89m²） 四居室（98~129m²）
荣升·珑樾	47000~50000元/m²	普通住宅	二居室（64m²） 三居室（87m²） 四居室（119m²）
品实·云湖花城	约49000元/m²	普通住宅	三居室（70m²） 四居室（90m²）

白云区

楼盘名称	价格	物业类别	主力户型
珠光云山壹号	2000万元/套起	普通住宅、别墅	别墅（206~392m²） 四居室（215m²） 五居室（297m²）
花生大厦	12000~13000元/m²	写字楼、商铺	复式（48~66m²）
时代龙湖云来之城	约32000元/m²	普通住宅	三居室（105m²） 四居室（124m²）
龙湖招商·天钜	52000~60000元/m²	普通住宅	三居室（85m²） 四居室（101~125m²）
保利珑玥公馆	约28000元/m²	普通住宅	三居室（76~87m²） 四居室（99~102m²）
元邦明月翡翠	约45000元/m²	普通住宅	一居室（40m²） 二居室（58~64m²） 三居室（73~86m²）
万科·金域悦府	46000~53000元/m²	普通住宅	三居室（85~95m²） 四居室（115~140m²）
白云之窗	约70000元/m²	写字楼、商铺	二居室（119m²） 五居室（240~320m²）
龙光玖誉府	约28000元/m²	普通住宅	二居室（71m²） 三居室（81~89m²） 四居室（103~112m²）
广州佳兆业白云城市广场	尚未公布	普通住宅	三居室（79~88m²） 四居室（113m²） 五居室（123m²）
奥园云和公馆	尚未公布	普通住宅	尚未公布

海珠区

楼盘名称	价格	物业类别	主力户型
泊雅湾	约85000元/m²	普通住宅	三居室（98~196m²） 四居室（157~222m²）
珠江国际公馆	33000~35000元/m²	商铺	一居室（45m²） 二居室（80~90m²）
珠江佳滨苑	60000~80000元/m²	普通住宅、商铺	三居室（96m²） 四居室（143m²） 商铺（80~180m²）
广州富力壹号半岛	90000~120000元/m²	商铺	四居室（300~650m²）
绿地越秀海玥	36000~53000元/m²	普通住宅、商铺	二居室（75m²） 三居室（90~100m²） 四居室（118m²）
越秀·星汇海珠湾	30000~33000元/m²	普通住宅、商铺	二居室（76m²） 四居室（113m²） 商铺（66m²）
世茂天鹅湾	约100000元/m²	普通住宅	四居室（230~290m²）
侨建·HI CITY	42000~48000元/m²	商铺	三居室（63~94m²）
金融街·融御	约60000元/m²	普通住宅	四居室（102~135m²）
越秀·天悦江湾	70000~90000元/m²	普通住宅	三居室（135m²） 四居室（138m²）
华发江南府	约63000元/m²	普通住宅	四居室（127~143m²）
中冶·逸璟公馆	5000万元/套起	别墅	别墅（220~240m²）
广州恒大金碧花园	约54000元/m²	普通住宅	三居室（93~133m²）
紫星华府	约63000元/m²	普通住宅	一居室（46m²） 二居室（66~78m²） 三居室（87~104m²）
中冶·逸璟广场	130万元/套起	商铺	二居室（30~36m²） 三居室（33~39m²）
珠江壹号	47000元/m²起	商铺	二居室（49m²） 三居室（64m²） 五居室（95m²）
国美·智慧城	约50000元/m²	写字楼	写字楼（300~2300m²）
中海观澜府	60000~90000元/m²	普通住宅、商铺	三居室（90~100m²） 四居室（124~190m²）
广州之窗融慧大厦	尚未公布	写字楼	写字楼（390~2061m²）

荔湾区

楼盘名称	价格	物业类别	主力户型
西关海·云墅198	约80000元/m²	普通住宅	五居室（280~310m²）
远东御江豪庭	约37000元/m²	普通住宅、别墅	二居室（86~97m²） 三居室（106~120m²）
珠光·御景壹号	约100000元/m²	普通住宅	四居室（208m²） 五居室（480m²）
新世界·凯粤湾	43800元/m²起	普通住宅	二居室（70~80m²） 三居室（114m²） 四居室（138~143m²）
珠江鹅潭湾	约53000元/m²	普通住宅	三居室（153m²） 四居室（168m²） 五居室（280m²）
金融街·融穗华府	约52000元/m²	普通住宅	三居室（83~91m²） 四居室（108~120m²）
华发中央公园	约55000元/m²	普通住宅、别墅	四居室（168m²） 别墅（267~284m²）
悦江上品	46000~52000元/m²	普通住宅	三居室（110~120m²） 四居室（130m²） 五居室（209m²）
富凯星堤	约27000元/m²	写字楼、商铺	商铺（46~105m²）
中海花湾壹号	约53000元/m²	普通住宅、商铺	二居室（71~103m²） 三居室（124m²） 四居室（136m²）
保利西悦湾	约51000元/m²	普通住宅、写字楼、商铺	三居室（88~97m²） 四居室（108~111m²）
北大资源·博雅1898	约48000元/m²	普通住宅、写字楼	二居室（82m²） 三居室（113~129m²） 四居室（140m²）
珠江金茂府	约53000元/m²	普通住宅	四居室（168~171m²） 五居室（237~267m²）
荔湾新城·欣悦湾	约40000元/m²	普通住宅	二居室（68m²） 三居室（123m²）
振业天颂花园	42000元/m²起	普通住宅	二居室（58~65m²） 三居室（95m²） 四居室（139m²）
葛洲坝·广州紫郡府	47000~52000元/m²	普通住宅	三居室（103m²） 四居室（126~143m²） 五居室（185m²）
岭南V谷	约25000元/m²	写字楼、商业	商业（45~55m²） 写字楼（90~300m²）
鹅潭汇	25万元/套起	商铺	尚未公布
旭辉中国铁建保利花海湾	约40000元/m²	普通住宅	三居室（88~100m²） 四居室（125m²）
保利碧桂园·公园大道	约49000元/m²	普通住宅	二居室（85m²） 三居室（99~100m²） 四居室（140m²）
逸合中心	约34000元/m²	商铺	三居室（47~59m²）
凯德·双桥8号	约56000元/m²	普通住宅	二居室（84m²） 三居室（107m²） 四居室（138m²）
保利东郡	约52000元/m²	普通住宅	三居室（82~98m²） 四居室（132m²）
广州国际医药港·方舟公馆	尚未公布	商铺	商铺（30~76m²）
敏捷朗悦公馆	10000~13000元/m²	写字楼、商铺	商铺（31~68m²）
中海学仕里	约60000元/m²	普通住宅	二居室（58m²） 三居室（74m²） 四居室（89m²）
保利和光晨樾二期	约56000元/m²	普通住宅	三居室（82~91m²） 四居室（103~117m²）
天珺	80000~85000元/m²	普通住宅	四居室（123~143m²）
保利堂悦	60000~65000元/m²	普通住宅	四居室（140~178m²）
雅居乐天际715	尚未公布	普通住宅	三居室（62~80m²）

黄埔区

楼盘名称	价格	物业类别	主力户型
御湖名邸	873万元/套起	别墅	别墅（437m²）
华标峰湖御境	50000元/m²起	普通住宅	五居室（328~360m²） 七居室（530m²） 九居室（586m²）
时代天韵（广州）	约30000元/m²	普通住宅	二居室（81m²） 三居室（108m²） 四居室（130m²）
中鼎君和名城二期·名汇	约25000元/m²	商铺	一居室（49~62m²） 三居室（86m²）
萝岗奥园广场	约20000元/m²	写字楼、商铺	写字楼（70~700m²） 商铺（60~188m²）
合景天峻	约14000元/m²	商铺、综合体	商铺一居室（50m²） 商铺二居室（70m²）
珠江嘉园	约24000元/m²	普通住宅	二居室（78m²） 三居室（90m²） 四居室（137m²）
万科幸福誉	27000~30000元/m²	普通住宅	三居室（75~87m²）
中泰天境	约24000元/m²	普通住宅	三居室（90~102m²） 四居室（130m²）
广州国际港航中心一期	30000~40000元/m²	商铺、写字楼	二居室（60m²） 三居室（138m²）
实地·广州常春藤	约29800元/m²	普通住宅	三居室（98m²） 四居室（123m²） 五居室（138m²）
飞晟沁园	40000~60000元/m²	别墅	别墅（250~367m²）
万科城市之光	45000~49000元/m²	普通住宅	三居室（85~95m²） 四居室（125~140m²）
招鑫富荔广场	17000~20000元/m²	商铺	三居室（67m²） 四居室（89m²）
康大龍祥滙	约35000元/m²	别墅	别墅（112~144m²）
保利鱼珠港	33000~38000元/m²	写字楼	尚未公布
招商·雍景湾	200万元/套起	商铺	商铺（45m²）
龙湖首开·云峰原著	33000~37000元/m²	普通住宅、别墅	四居室（131~143m²）
广州龙湖·双珑原著	23500~26500元/m²	普通住宅、别墅	三居室（98m²） 四居室（126~140m²）
宝夏花园（二期）	约28500元/m²	普通住宅	三居室（100m²）
中冶·逸璟台	55000~60000元/m²	普通住宅	四居室（137~172m²）
佳兆业未来城	140万元/套起	综合体	二居室（55m²） 三居室（75~112m²）
海伦堡·海伦时光	约42000元/m²	普通住宅	二居室（71m²） 三居室（80~92m²）
科城山庄.峻森园	尚未公布	普通住宅	四居室（129~185m²）
绿地杉禾田晶舍	34500~36500元/m²	普通住宅、商铺	四居室（100~116m²）
大壮名城	约45000元/m²	普通住宅	三居室（93~104m²）
品秀星樾	约40000元/m²	普通住宅	三居室（113m²） 四居室（134m²）
碧桂园星悦台	14000元/m²起	商铺	一居室（32~52m²）
富力新城	29000~32000元/m²	普通住宅、商铺	二居室（72m²） 三居室（89~110m²） 四居室（120m²）
越秀万力·星悦峯	22000~23000元/m²	商业	复式（65m²）
保利拾光年	27000~29000元/m²	普通住宅、商铺	三居室（77~88m²） 四居室（99m²）
广州龙湖·揽境	32000~35000元/m²	普通住宅	三居室（99m²） 四居室（122m²）
时代印记（广州）	约24000元/m²	普通住宅	二居室（74m²） 三居室（88m²）

黄埔区

楼盘名称	价格	物业类别	主力户型
五矿壹云台	约33000元/m²	普通住宅	三居室（88m²） 四居室（133~165m²）
黄埔创新中心	尚未公布	写字楼、商铺	商铺（45m²）
V~city 万荟珑寓	尚未公布	商铺	二居室（28~35m²） 四居室（45m²）
水西敏捷广场	13000~15000元/m²	写字楼、商铺	商铺（30~62m²）
五矿招商鹭山府	50000~55000	普通住宅	三居室（99m²） 四居室（116m²）
富力南驰·富颐华庭	约50000元/m²	普通住宅	三居室（100~113m²） 四居室（120~140m²）
中泰天境·玖寓	尚未公布	商铺	一居室（36~56m²）
合生中央城	33000~37000元/m²	普通住宅	二居室（95~103m²） 三居室（131m²） 四居室（142m²）
星汇城	约25000元/m²	普通住宅	三居室（81m²） 四居室（104m²）
星樾·山畔	约40000元/m²	普通住宅	三居室（80m²） 四居室（110m²）
凯德中新里	25000~27000元/m²	普通住宅	二居室（78m²） 三居室（95m²）
归谷·LINK	25000~28000元/m²	商铺	一居室（46~55m²） 三居室（108m²） 四居室（115m²）
融创·翔龙廣府壹號	约43500元/m²	普通住宅	一居室（75~85m²） 二居室（95m²） 三居室（120m²）
时代天境（黄埔）	尚未公布	普通住宅	三居室（83m²） 四居室（108m²）
天健天玺	尚未公布	普通住宅、别墅	四居室（85~95m²） 五居室（118m²）
时代香树里（黄埔）	尚未公布	普通住宅	三居室（79m²） 四居室（108m²）

番禺区

楼盘名称	价格	物业类别	主力户型
金海岸花园	36000~53000元/m²	普通住宅、别墅	三居室（108m²）
昊龙花园	约30000元/m²	普通住宅	三居室（110m²） 四居室（200m²）
庄士映蝶蓝湾	约24000元/m²	普通住宅	三居室（104m²）
星河湾半岛	约100000元/m²	普通住宅	四居室（286~306m²） 五居室（359m²） 六居室（682m²）
广州亚运城	28000~32000元/m²	普通住宅	三居室（88m²） 四居室（67m²）
大学小筑	约75000元/m²	普通住宅、别墅	三居室（180m²） 四居室（270m²）
长隆珑翠	约42000元/m²	普通住宅	五居室（209~250m²）
凯德·山海连城	约25000元/m²	普通住宅、别墅	三居室（110m²） 四居室（125m²）
南天名苑	约90000元/m²	普通住宅、别墅	五居室（365m²）
敏捷·御峰国际	约14500元/m²	写字楼、商铺	写字楼（50~100m²）
番禺·星尚花园	约25000元/m²	普通住宅	三居室（116m²） 四居室（142m²）
招商金山谷意库	80万元/套	商铺	一居室（40m²）
敏捷动漫国际	约23000元/m²	写字楼、商铺	写字楼（53~101m²）
大夫山·尚东	35000~36000元/m²	普通住宅	二居室（88m²） 三居室（101m²） 四居室（110m²）
天颐华府	约78000元/m²	普通住宅	别墅（258~390m²）

番禺区			
楼盘名称	价格	物业类别	主力户型
信业悦都荟	28000~29000 元/m²	商铺	商铺（43~61m²）
中铁诺德中心	约38000元/m²	普通住宅、写字楼	写字楼（110~252m²）
新城市·星海墅	约35000元/m²	别墅	别墅（300~507m²）
金龙城	18000~23000 元/m²	商铺	一居室（39~49m²）二居室（46~68m²）三居室（69~88m²）
万科世博汇	22000~27000 元/m²	写字楼、商铺	一居室（28~36m²）二居室（36m²）
臻尚苑	38000~43000 元/m²	普通住宅	三居室（96~118m²）
雄峰城	20000~60000 元/m²	商铺	一居室（46m²）
祈福缤纷汇	约38000元/m²	普通住宅	一居室（41m²）四居室（170m²）
粤海广场	约40000元/m²	写字楼、商铺	商铺（55~116m²）写字楼（360~2000m²）
天睿	约26000元/m²	商铺	二居室（39m²）四居室（95m²）
中洲公馆	约20000元/m²	商铺	一居室（42m²）二居室（76m²）三居室（84m²）
锦绣一方	19000~26000 元/m²	普通住宅	三居室（96~115m²）
盛邦万汇城	尚未公布	商铺	尚未公布
金地壹阅府	约65000元/m²	普通住宅、写字楼	三居室（128~182m²）四居室（138~255m²）
碧桂园星荟	18000~19000 元/m²	商铺	三居室（38~76m²）四居室（53~63m²）
藏珑府	44000元/m²起	普通住宅、别墅	三居室（90~102m²）四居室（124~140m²）别墅（149~167m²）
珠江铂世湾	约50000元/m²	普通住宅	三居室（94m²）四居室（118m²）五居室（139m²）
五矿万樾台	1600万元/套起	别墅	别墅（161~216m²）
广地花园·观澜	约40000元/m²	普通住宅	二居室（80m²）三居室（93~117m²）
思科智慧城·12光年	44000~46000 元/m²	普通住宅	四居室（122~195m²）
品秀·星瀚	约38000元/m²	普通住宅	三居室（86m²）四居室（115m²）
中国铁建花语岭南	约47000元/m²	普通住宅、别墅	四居室（108~126m²）
龙光天瀛	约35000元/m²	普通住宅、别墅	三居室（70~89m²）四居室（112~117m²）别墅（159~176m²）
碧桂园长盛汇	尚未公布	商铺	一居室（33m²）二居室（66m²）
敏捷富瑞公馆	约15000元/m²	商铺	商铺（40~200m²）
大华·紫悦府	34000~47000 元/m²	普通住宅	三居室（97~99m²）四居室（110~120m²）
保利汉溪大都汇	28000元/m²起	写字楼	尚未公布
中海左岸澜庭	约30000元/m²	普通住宅	三居室（84~91m²）
电建地产·洛悦玉府	约33000元/m²	普通住宅、商铺	三居室（105m²）四居室（125m²）
朗信国际	19000~21000 元/m²	商铺	二居室（34~42m²）三居室（49~56m²）
璞悦台	25000元/m²起	普通住宅	三居室（102m²）四居室（128m²）
智联·汽车小镇	约28000元/m²	普通住宅	三居室（71m²）四居室（94m²）
保利悦公馆	40000~46000 元/m²	普通住宅、商铺	三居室（92~99m²）四居室（125m²）

番禺区			
楼盘名称	价格	物业类别	主力户型
恒大冠珺之光	21000~25000 元/m²	商铺	一居室（24~51m²）二居室（79m²）三居室（92m²）
越秀·和樾府	约55000元/m²	普通住宅	四居室（110m²）四居室（130m²）

南沙区			
楼盘名称	价格	物业类别	主力户型
南沙奥园	约8500元/m²	普通住宅、写字楼	三居室（198~455m²）
广州星河山海湾	约32000元/m²	普通住宅	三居室（87~110m²）四居室（128~148m²）
南沙珠江湾	约16000元/m²	综合体、商铺	一居室（35~47m²）二居室（82m²）
星河丹堤	28000~70000 元/m²	普通住宅、别墅	三居室（105m²）别墅（200~300m²）
敏捷·鹿港	14000~20000 元/m²	商铺	商铺（33~74m²）
中央郡	约19500元/m²	普通住宅	三居室（95~108m²）四居室（138m²）
南沙金茂湾	22000~38000 元/m²	普通住宅、写字楼、商铺	商铺（138~500m²）
阳光城·丽景半岛	31000~33000 元/m²	普通住宅	三居室（85m²）四居室（115m²）
南沙保利城	约19000元/m²	普通住宅	二居室（66~74m²）三居室（86~115m²）四居室（125~135m²）
珠江源昌花园	约20000元/m²	普通住宅、商铺	三居室（106m²）四居室（123m²）
南沙建滔广场	30000元/m²起	写字楼	二居室（88~140m²）三居室（128~225m²）
越秀·国际总部广场	30000~33000 元/m²	商铺	三居室（88m²）四居室（127m²）商铺（426~780m²）
广晟圣淘沙	约25000元/m²	普通住宅、商铺	三居室（87m²）
中国铁建环球中心	约15000元/m²	写字楼、商铺	商铺（38~49m²）
中交·蓝色海湾	33000~38000 元/m²	普通住宅、写字楼、综合体、商铺	二居室（96m²）三居室（129~180m²）四居室（250m²）
麒麟广场	约12000元/m²	写字楼、商铺、综合体	二居室（58m²）三居室（65m²）
华海山屿海	22000元/m²起	普通住宅	三居室（94~118m²）
中交·汇通中心	17000~23000 元/m²	写字楼、商铺	一居室（49~102m²）
南沙湾·御苑	30000~38000 元/m²	普通住宅、别墅	三居室（103m²）四居室（139m²）别墅（390~650m²）
敏捷·尚品国际	15000~18000 元/m²	商业写字楼、商铺	商业（62~95m²）商铺（78~140m²）
越秀滨海新城	约23000元/m²	普通住宅	二居室（74m²）四居室（118m²）
大宏锦绣	约26000元/m²	普通住宅	三居室（120~129m²）四居室（141m²）
南沙水岸广场	21000~22000 元/m²	写字楼、商铺	写字楼（100~304m²）
保利半岛	30000~35000 元/m²	普通住宅	三居室（100~154m²）四居室（127~135m²）
星河·湾区壹号	18500~19500 元/m²	商铺	二居室（39m²）四居室（61~67m²）
景业东湖洲豪园	约26000元/m²	普通住宅	四居室（116~121m²）
越秀·东坡	25000~29000 元/m²	普通住宅	三居室（87m²）四居室（107m²）五居室（140m²）

南沙区			
楼盘名称	价格	物业类别	主力户型
越秀·天城	32000~35000 元/m²	普通住宅	三居室（99m²） 四居室（127m²）
美的云筑	约20000元/m²	普通住宅	三居室（82~94m²） 四居室（115~127m²）
时代香海彼岸（南沙）	约30000元/m²	普通住宅	三居室（101m²） 四居室（130m²）
鸿成珠江玥	约23000元/m²	普通住宅、商铺	二居室（76~88m²） 三居室（98~99m²）
时代绿庭山语	约22000元/m²	普通住宅	二居室（83m²） 三居室（95m²）
中海熙园	约23000元/m²	普通住宅、别墅	三居室（88~100m²） 四居室（125m²） 别墅（131m²）
金科·博翠明珠	36000~37000元/m²	普通住宅	三居室（85~129m²） 四居室（127~143m²）
金科·集美御峰	24000~26000元/m²	普通住宅	三居室（82~95m²） 四居室（100~115m²）
时代维港（南沙）	约19000元/m²	商铺	商铺（58~74m²）
颐德湾尚	40000元/m²起	普通住宅	四居室（142m²） 五居室（188m²）
嘉霖聚和·尊悦台	约17000元/m²	普通住宅	三居室（83~96m²）
中国铁建海语熙岸	27000~28000元/m²	普通住宅、写字楼、综合体、商铺	三居室（90~105m²） 四居室（128~140m²）
越秀·明珠天悦江湾	约36000元/m²	普通住宅	三居室（93m²） 四居室（135m²）
领南｜星河·荣誉	约33000元/m²	普通住宅	三居室（95m²） 四居室（119m²）
灵山岛金茂湾	38000元/m²起	普通住宅	三居室（98m²） 四居室（120m²） 五居室（252m²）
瑞府	约55000元/m²	别墅	别墅（135~140m²）
合锦嘉泓·天宇广场	约24000元/m²	商铺	三居室（105m²） 四居室（119m²） 五居室（128~130m²）
星河·东悦湾	约34000元/m²	普通住宅	三居室（86m²） 四居室（109~141m²）
中交国际邮轮广场	尚未公布	普通住宅、写字楼、综合体	二居室（60~108m²） 三居室（101~129m²）
佳兆业·悦江府	35000~40000元/m²	普通住宅、别墅	四居室（95~125m²）
中国铁建海悦国际	约22000元/m²	普通住宅	三居室（81~95m²） 四居室（88~125m²）
绿城美的晓风印月	约37000元/m²	普通住宅	四居室（124m²） 四居室（143m²）
方圆·星宇月岛	26000~28000元/m²	普通住宅	三居室（88m²） 四居室（109m²）
广州恒大阳光半岛	24000~25000元/m²	普通住宅	二居室（72m²） 三居室（89~101m²）
美的华发·天珀	约37000元/m²	普通住宅、商铺	四居室（88~100m²） 四居室（122m²）
星河智荟	29500元/m²	普通住宅	三居室（98m²） 四居室（129m²）
保利南沙天汇	24000~28000元/m²	普通住宅	二居室（78m²） 三居室（90m²） 四居室（110~120m²）
南沙·十里方圆	约28000元/m²	普通住宅	三居室（79m²） 三居室（89m²） 四居室（99m²）
越秀国际金融中心	尚未公布	商铺	办公（302~511m²）
佳兆业·凤鸣山	22000元/m²起	普通住宅、别墅	三居室（87m²） 四居室（97~107m²）
时代天逸（广州）	尚未公布	普通住宅	三居室（83m²） 四居室（110m²）

南沙区			
楼盘名称	价格	物业类别	主力户型
华宇凤凰艺术岛	尚未公布	普通住宅	三居室（87~89m²） 四居室（102~120m²）
旭辉·金融岛壹号	尚未公布	普通住宅、商铺	三居室（95m²） 四居室（125m²）

增城区			
楼盘名称	价格	物业类别	主力户型
翡翠绿洲	约25000元/m²	普通住宅	三居室（87~101m²） 四居室（119m²）
碧桂园凤凰城	27000~28000元/m²	普通住宅、别墅、商铺	三居室（90~94m²） 四居室（113~120m²）
广园东东方名都	约25000元/m²	普通住宅	二居室（77m²） 三居室（84~105m²） 四居室（142m²）
合生湖山国际	约21000元/m²	普通住宅	二居室（68~77m²） 三居室（107~118m²）
合景誉山国际	约18500元/m²	普通住宅、别墅、商铺	三居室（79~97m²）
顺欣花园	约23000元/m²	普通住宅	三居室（82~90m²） 四居室（121~138m²）
荔城尚东	18000元/m²起	普通住宅、别墅	三居室（89m²） 别墅（408m²）
尚东·We家	21000~22000元/m²	普通住宅	二居室（86m²） 三居室（108m²）
锦绣天伦花园	尚未公布	普通住宅、商铺	一居室（44~55.31m²） 二居室（71~77m²） 三居室（86~113m²）
中森茗苑	约21000元/m²	普通住宅	二居室（67m²） 三居室（73~88m²）
广铝·荔富湖畔	19000~22000元/m²	普通住宅	三居室（104~110m²） 四居室（143~168m²）
敏捷绿湖首府	102万元/套起	普通住宅、商铺	三居室（85m²~115m²） 四居室（118m²~127m²）
金泽惠百氏	约23000元/m²	普通住宅	二居室（75m²） 三居室（105~120m²）
嘉御豪庭	约16000元/m²	商铺	三居室（83~105m²） 四居室（130m²）
仁安花园	约18000元/m²	普通住宅	三居室（83m²） 三居室（92m²）
侨建御溪谷二期	约25000元/m²	普通住宅、别墅、商铺	二居室（89~127m²） 四居室（285~368m²） 五居室（233~488m²）
恒展江山时代	约19000元/m²	普通住宅 商铺	一居室（40m²） 二居室（76m²） 三居室（115m²）
合盛·盈翠雅筑	15000~20000元/m²	别墅	别墅（146~250m²）
逸翠庄园	约20000元/m²	别墅	别墅（188~282m²）
创基丽江国际二期	约28000元/m²	普通住宅	三居室（110m²） 四居室（129m²）
金地香山湖	约15000元/m²	普通住宅、别墅	三居室（100m²） 四居室（118~170m²）
金时花园	15000元/m²起	普通住宅、别墅	二居室（84~88m²） 三居室（116~120m²） 四居室（139m²）
汇港威华国际	18000~19000元/m²	普通住宅	三居室（85~117m²）
敏捷·星悦国际	约10000元/m²	商铺	尚未公布
雅居乐三千院	270~1000万元/套	别墅	别墅（466~491m²）
源海仙村一号	13800~14500元/m²	普通住宅、别墅	三居室（114~130m²）
长风国际公寓	约13000元/m²	写字楼、商铺	一居室（28m²） 四居室（91m²）
凯达尔枢纽国际广场	约30000元/m²	写字楼、商铺	一居室（64m²） 二居室（108m²）
中海联·智汇城	36万元/套起	写字楼、商铺	一居室（34~46m²）

增城区			
楼盘名称	价格	物业类别	主力户型
山璟轩	约23000元/m²	普通住宅	三居室（85~87m²）
实地广州蔷薇花园	约18000元/m²	普通住宅	二居室（94m²） 三居室（117m²）
叠溪花园	约16500元/m²	普通住宅、别墅	三居室（87~105m²）
绿地珑玥府	13000~21000元/m²	普通住宅、商铺	三居室（98~127m²）
七喜公园里	约15000元/m²	普通住宅	三居室（113m²） 四居室（125m²） 五居室（135m²）
保利小楼大院	15000~16000元/m²	别墅	别墅（145~214m²）
碧桂园金叶子	33000~35000元/m²	别墅、商铺	一居室（47~58m²） 四居室（93m²） 七居室（273m²）
三江盛汇	约14000元/m²	普通住宅	三居室（120~130m²） 四居室（144m²）
水电广场	约21000元/m²	普通住宅、商铺	二居室（90m²） 三居室（130m²）
招商臻园	约27000元/m²	普通住宅	三居室（95m²） 四居室（117m²）
荔城一品山湖	约12500元/m²	普通住宅	二居室（87m²） 三居室（120~128m²）
碧桂园凤凰城云顶	27000~28000元/m²	普通住宅、商铺	三居室（90~94m²） 四居室（113~120m²）
中海联睿品	195万元/套起	普通住宅、商铺	四居室（90~96m²）
世茂泰禾广州院子	265万元/套起	别墅	别墅（124~130m²）
融信·天樾府	约22000元/m²	普通住宅	三居室（128m²） 四居室（143m²）
东江逸珑湾	约20000元/m²	普通住宅	三居室（90~129m²） 四居室（141m²）
碧桂园中心	约28000元/m²	普通住宅、写字楼、商铺	五居室（176m²） 六居室（328m²）
科慧花园	约22000元/m²	普通住宅、商铺	五居室（178~205m²）
创基天峰	22000~24000元/m²	普通住宅	三居室（89~117m²） 四居室（138m²）
品秀·星图	23000~25000元/m²	普通住宅	二居室（80m²） 四居室（134m²）
首创碧桂园悦山府	17000~18000元/m²	普通住宅	三居室（97m²） 四居室（109~114m²）
御湖山	22000~38000元/m²	普通住宅、别墅	三居室（95~120m²） 四居室（128~255m²）
合汇·璟园	35000~40000元/m²	别墅	别墅（183~247m²）
香江天赋	25000~29000元/m²	普通住宅	三居室（88m²） 四居室（103~116m²） 五居室（127m²）
金众江悦府	约16500元/m²	普通住宅	四居室（99~130m²） 五居室（135m²）
远洋招商保利东湾	约22000元/m²	普通住宅	三居室（96m²） 四居室（110m²）
香江健康山谷	尚未公布	别墅	别墅（420m²）
保利中海金地·大国璟	约22000元/m²	普通住宅	三居室（72~82m²） 四居室（96~124m²）
华润置地润悦	约19000元/m²	普通住宅	三居室（80~95m²） 四居室（114~124m²）
方圆云山诗意云玺	约15000元/m²	普通住宅	四居室（93m²） 四居室（103m²）
峰尚九里	约18000元/m²	普通住宅	三居室（85m²） 四居室（98m²）
中铁·诺德梓悦台	20000~24000元/m²	普通住宅	三居室（99~115m²） 四居室（128m²）
时代天汇	约16000元/m²	普通住宅	三居室（93m²） 四居室（112m²）
时代倾城（中新）	约22000元/m²	普通住宅	二居室（75m²） 三居室（88m²）

增城区			
楼盘名称	价格	物业类别	主力户型
万科金色里程	约16000元/m²	普通住宅	三居室（80~90m²）
保利天际	32000~36000元/m²	普通住宅、写字楼、商铺	三居室（125m²） 四居室（140m²）
丰盛101	约23000元/m²	普通住宅、写字楼、综合体	二居室（62m²） 三居室（88~91m²） 四居室（107m²）
得天和苑	约16500元/m²	普通住宅	三居室（89~102m²） 四居室（116~120m²）
中国铁建国际公馆	约20000元/m²	普通住宅	四居室（104~118m²）
凯德·凯荔花园	约20500元/m²	普通住宅	三居室（95m²） 四居室（125m²）
时代风华（增城）	约23500元/m²	普通住宅	三居室（86m²） 四居室（125m²）
广州增城万科城	约20000元/m²	普通住宅	三居室（79~100m²）
E~city 永荟珑寓	尚未公布	商铺	商铺（26~38m²）
珠江国际创业中心	尚未公布	商铺	尚未公布
华夏世嘉欢乐世界	尚未公布	商铺	商铺（30~100m²）
新力·海石洲悦	500万元/套起	普通住宅	三居室（143m²） 四居室（200m²）
兰亭香麓	尚未公布	普通住宅	三居室（88~110m²） 四居室（127m²）
亲爱里	17000~18000元/m²	普通住宅	三居室（78m²） 四居室（101m²）
合景臻湖誉园	24000元/m²起	普通住宅	四居室（123~143m²）
御溪世家	21000~23000元/m²	普通住宅	二居室（61m²） 三居室（74~84m²） 四居室（99m²）
东原·印江澜	约16500元/m²	普通住宅	三居室（95~105m²） 四居室（115~120m²）
珠江·花屿花城	约18000元/m²	普通住宅	三居室（89m²） 四居室（109m²）
港骏轩	约17500元/m²	普通住宅	二居室（71m²） 三居室（91~101m²）
时代名著	22000~23000元/m²	普通住宅	三居室（83m²） 四居室（106m²）
佳兆业悦峰	约19000元/m²	普通住宅	三居室（76~86m²） 四居室（96m²）
光大ONE+	19000~20000元/m²	普通住宅、写字楼、商业	三居室（98m²） 四居室（117m²）
新塘奥园城市天地	尚未公布	商业、写字楼、商铺	一居室（32~45m²） 三居室（57m²）
保利合锦领秀山	17000元/m²起	普通住宅、别墅、写字楼	二居室（100~115m²） 三居室（139m²） 别墅（157~166m²）
力迅·云筑	尚未公布	普通住宅	二居室（63~75m²）
中建鄂旅投·岭南悦府	约19000元/m²	普通住宅	三居室（79m²） 三居室（93m²）
新世界广汇尊府	尚未公布	普通住宅	四居室（92m²） 五居室（130m²）
大华东郡	约20000元/m²	普通住宅、商铺	三居室（78~88m²） 四居室（98m²）
华侨城·湖岸	尚未公布	普通住宅、商铺	三居室（79m²） 四居室（110m²）
华侨城·云尚	尚未公布	普通住宅	三居室（87m²） 四居室（118m²）
珠江星座	尚未公布	商铺	商铺（29~87m²）
敏捷东樾府	尚未公布	普通住宅	三居室（75m²~85m²） 四居室（95m²~105m²）
奥园中新誉府	约18500元/m²	普通住宅、商铺	三居室（76~88m²） 四居室（98m²）
碧桂园·星禧	尚未公布	普通住宅	尚未公布

从化区			
楼盘名称	价格	物业类别	主力户型
东方夏湾拿	约16500元/m²	普通住宅	五居室（271~283m²）
珠江壹城	15000~18000元/m²	普通住宅	三居室（83~89m²）四居室（126~200m²）五居室（264~398m²）
广州富力泉天下	约11000元/m²	普通住宅、商铺	三居室（97~119m²）四居室（124~225m²）七居室（410m²）
珠光流溪御景	1000万元/套起	普通住宅、别墅	别墅（618m²）三居室（94m²）三居室（146m²）四居室（167m²）
智杰雅筑花园	14000元/m²起	普通住宅	三居室（90~114m²）四居室（120m²）
珠光云岭湖	约10000元/m²	普通住宅、别墅	别墅（209~496m²）
名城御景绿洲	12000~15000元/m²	普通住宅	三居室（117~124m²）四居室（139m²）
珠光御景山水城	约13000元/m²	普通住宅	三居室（93m²）四居室（132m²）
宏诚海峰花园	约18000元/m²	普通住宅	三居室（90~117m²）四居室（136m²）
亿城泉说	25000~28000元/m²	别墅	别墅（503~875m²）
紫泉流溪湾	约20000元/m²	普通住宅、别墅	别墅（95~720m²）
宏润天睿	约10500元/m²	普通住宅	二居室（78m²）三居室（98~102m²）
碧桂园荔山雅筑	14000元/m²起	普通住宅	三居室（109~120m²）
景业荔都	约10500元/m²	普通住宅	三居室（95~112m²）四居室（135~137m²）
珠光山水御苑	约11000元/m²	普通住宅	三居室（102m²）四居室（141m²）
云星钱隆天誉	约16000元/m²	普通住宅、商铺	二居室（87m²）三居室（133m²）
保利桃花源	尚未公布	普通住宅、别墅、商铺	尚未公布
时代幸汇	17000~19000元/m²	普通住宅	三居室（98m²）四居室（115m²）
嘉东广场	约12000元/m²	普通住宅、商铺	二居室（82m²）三居室（127m²）
景业珑泉湾	700万元/套	别墅	别墅（269~294m²）
珠光山水诚品	约13000元/m²	普通住宅	三居室（94m²）四居室（139m²）
合家和府	15000元/m²起	普通住宅	三居室（90m²）四居室（124m²）
仟信广场	18000元/m²起	普通住宅、写字楼	三居室（104~117m²）四居室（150m²）
嘉骏幸福里	约16000元/m²	普通住宅	二居室（68m²）三居室（100~106m²）
保利时代	约15000元/m²	普通住宅、别墅	二居室（61m²）三居室（77~95m²）四居室（107m²）
安合花园	约9000元/m²	普通住宅	二居室（97m²）
招商金茂保利和府	17000~18000元/m²	普通住宅	三居室（68~89m²）四居室（98~105m²）
越秀·逸泉锦翠	约14000元/m²	普通住宅	三居室（70m²）四居室（93m²）
珠江壹城·禧悦花园	17000~19000元/m²	普通住宅	三居室（100m²）四居室（120m²）
时代印象（广州）	约19000元/m²	普通住宅	三居室（78m²）三居室（88m²）三居室（98m²）
合景·花蓬四季	尚未公布	普通住宅	二居室（66~82m²）三居室（90m²）
合景·朗悦公馆	尚未公布	普通住宅	叠墅（135~139m²）
雅居乐滨江雅苑	尚未公布	普通住宅	三居室（77~86m²）四居室（97m²）

花都区			
楼盘名称	价格	物业类别	主力户型
美林湖国际社区	8000~9000元/m²	普通住宅、别墅	二居室（74~88m²）三居室（94m²）四居室（116m²）
合和新城	22000~26000元/m²	普通住宅、别墅	二居室（76~86m²）
豪利花园	15000~21500元/m²	普通住宅	一居室（52m²）二居室（95m²）
雅宝新城	16800元/m²起	普通住宅	三居室（100~115m²）
元邦山清水秀	14000~15000元/m²	普通住宅、别墅	三居室（126m²）四居室（152m²）别墅（241~523m²）
颐和盛世	约13000元/m²	普通住宅、别墅	三居室（102m²）三居室（112m²）
新鸿基御华园	17000~18000元/m²	普通住宅	三居室（110m²）四居室（140m²）
花都颐和山庄	约13000元/m²	普通住宅、别墅	三居室（96m²）三居室（126m²）四居室（161m²）
祈福黄金海岸	13900元/m²起	别墅	别墅（143~632m²）
天马丽苑·悦璟湾	约23000元/m²	普通住宅	三居室（99m²）四居室（128m²）
自由人花园	约25000元/m²	普通住宅	二居室（74~110m²）三居室（101~142m²）四居室（218m²）
嘉汇城	约21000元/m²	普通住宅	三居室（95~113m²）
尚品雅居	约18000元/m²	普通住宅	三居室（101~115m²）四居室（131m²）
祈福万景峰	21000~22000元/m²	普通住宅	二居室（60~75m²）三居室（91~102m²）四居室（140m²）
远洋芙蓉墅	约26000元/m²	别墅	别墅（145~196m²）
班芙小镇	14000~16000元/m²	普通住宅	三居室（93m²）四居室（120m²）
卓雅名苑	约18500元/m²	普通住宅	三居室（102~105m²）
清水蓝湾	约15000元/m²	普通住宅	别墅（360~540m²）
碧桂园星港国际	12000~14000元/m²	写字楼、商铺	一居室（55m²）三居室（97m²）
广州融创文旅城	约26000元/m²	普通住宅	三居室（99m²）四居室（127m²）
路劲天隽峰	约26000元/m²	普通住宅	三居室（95~111m²）四居室（125~212m²）
东方文德森岛湖	18000~20000元/m²	普通住宅、别墅、商铺	三居室（90~120m²）四居室（120~140m²）
广州国际空港中心	约15000元/m²	商铺	商业（25~36m²）商铺（135~247m²）
金融街·花溪小镇	约13500元/m²	普通住宅	三居室（92~115m²）四居室（115~125m²）
南驰·都湖国际	28000~35000元/m²	普通住宅、商铺	三居室（111~138m²）四居室（139~190m²）五居室（245m²）
时代康桥	约11000元/m²	普通住宅	二居室（80m²）三居室（96m²）四居室（132m²）
新力荔红花园	约19000元/m²	普通住宅、别墅	三居室（96~116m²）
森悦华庭	约30000元/m²	普通住宅	三居室（108m²）四居室（297m²）
花悦台	13000~14000元/m²	普通住宅	二居室（67~88m²）三居室（93m²）
时代紫林	约19000元/m²	普通住宅	二居室（78m²）三居室（106m²）
广州富力环贸中心	约15000元/m²	写字楼	尚未公布
越秀·臻悦府	约28000元/m²	普通住宅	三居室（99m²）四居室（120m²）
里城樾公馆	21000~26000元/m²	普通住宅	四居室（97~124m²）

花都区			
楼盘名称	价格	物业类别	主力户型
名荟公馆	90万元/套	普通住宅	一居室（47m²） 二居室（53m²） 三居室（79m²）
保利国际金融中心	20000元/m²起	写字楼	尚未公布
奥园誉湖湾	约30000元/m²	普通住宅	三居室(105m²) 四居室（125~140m²）
阳光城兰园·翡澜花园	23000~28000元/m²	普通住宅	三居室（90~99m²） 四居室（114~122m²）
华润置地·路劲·金茂桐悦	380~420万元/套	普通住宅	三居室（100m²） 四居室（103~128m²） 五居室（142m²）
兰园凤翎台	约27000元/m²	普通住宅	三居室(86~94m²） 四居室（117m²）
朗逸雅居	10800元/m²起	普通住宅	二居室（77m²） 三居室（95~105m²）
时代云港	约14000元/m²	商铺	商铺（63m²）

花都区			
楼盘名称	价格	物业类别	主力户型
中建映花悦府	约21500元/m²	普通住宅	二居室(62m²) 三居室(90m²)
合景保利香樾四季花园	23800~24800元/m²	普通住宅	三居室（87~98m²）
嘉云汇	约25000元/m²	普通住宅	三居室（113~117m²）
保利·明玥晨光	约29000元/m²	普通住宅	三居室（89m²） 四居室（108~138m²）
广州恒大翡翠华庭	约16888元/m²	普通住宅	三居室（86~112m²） 四居室（123~135m²）
信达珺悦蓝庭	约13000元/m²	普通住宅	三居室（89m²） 四居室（113m²）
广州恒大悦府	约19888元/m²	普通住宅	三居室（87~107m²） 四居室（125m²）

典型项目

CFC 汇金中心

`广州` `世茂` `品牌地产` `交通便利` `城市地标`

项目地址：
广州市天河区黄埔大道中 656 号

开发商：
广州穗荣房地产开发有限公司

产品特征：
写字楼

参考价格：
50000 ~ 55000 元 / 平方米

主力户型：
约 140~500 平方米办公空间

物业公司：
待定

5 公里生活配套：
地铁 4 号线、地铁 5 号线

专家点评 陈嘉雯·乐居广深主编

高达 320 米的地标之作，坐落于广州金融城的 5G 智能写字楼，顺应时势，构建更加人性化的智能办公空间，匠心筑造十大细节设计，更加彰显企业格调。

扫码观看楼盘详情

项目测评

【战略意义】
世茂集团作为中国百强房企 Top10，截至 2020 年年末地产开发已布局 141 座核心发展城市，打造有 450 个品质项目，贡献近 30 座超 200 米城市作品，为城市迭代贡献新价值，同时打造有品质的生活场景，稳步提升产品力。

【区域地段】
CFC 汇金中心位处广州国际金融城起步区，以"一行三局"为龙头，强化金融城起步区的核心功能。目前金融城还有包括广东省产权交易中心、平安不动产、南粤银行、万联证券、新华人寿、广州太平在内的超 60 家世界 500 强企业总部汇聚。

【楼栋规划】
CFC 汇金中心是集超甲级写字楼、Mini mall、甲级写字楼、商服产品等多业态于一体的城市综合体，同时也是一座规划高度 320 米、共 69 层的 5G 智能化商务写字楼，项目占地面积约 27000 平方米，总建筑面积达 410000 平方米。

【主力户型】
CFC 汇金中心在售建筑面积约 140 ~ 500 平方米写字楼产品，产品最大的亮点是南向可 270 度望江景资源，且项目楼体主体结构采用的是核心筒钢结构，降低楼体结构对室内墙体布局的影响，空间灵活多变且自由组合能力较强。

【自建配套】
CFC 汇金中心自身配备有 3 层商业裙楼配套，以及大型商业综合体"汇金天地"，集齐美食购物、休闲娱乐等功能，日常吃喝玩乐购等需求均可满足，可为在此办公的企业精英们提供一站式消费服务体验。

【物业服务】
世茂服务是世茂集团旗下的综合物业管理及社区生活服务提供商，重点布局长三角、环渤海、海峡与中西部四大城市群。截至 2020 年 6 月底，进驻 100 余座城市，签约管理面积超 1.2 亿平方米，签约管理项目超 500 个，为近 240 万用户提供物业管理及社区生活服务。

【交通出行】
与 CFC 汇金中心项目直线距离约 150 米处便是地铁 5 号线科韵路站，未来项目周边还规划有地铁 21 号线、广州地铁 25 号线，搭乘地铁 5 号线只需 4 站即可到达广州珠江新城 CBD，通行交互十分便利。

【品牌描述】
世茂集团荣登 2020 年《财富》中国 500 强排行榜第 92 位，旗下拥有超 450 个项目，133 家酒店（含筹建），在全国打造了 61 个商业项目；同时，世茂打造有近 30 座超 200 米城市作品，代表作品有深圳世茂深港国际中心、上海世茂广场、杭州世茂智慧之门等。

【设计风格】
项目匠心筑造十大设计。在设计理念方面，采用与 632 米高的上海中心一样的无限循环概念，提供更多美观性。其次，项目在北面设置约 3000 平方米的入口广场形象展示区，通过"地面铺砖表现水纹，景观节点表现波浪及河流卵石"等形式，丰富景观体验。

【独有特色】
CFC 汇金中心是由世茂集团操刀的广州 5G 智能写字楼，总高度 320 米，从安全化、舒适化、智能化、服务化、健康化五大维度实施 64 项创新功能，多方位实现智能健康便捷办公。

广州融创文旅城

| 广州 | 融创 | 八大业态 | 华附公办 | 配套齐全 |

项目地址：
广州市花都区花城街道凤凰北路78号

开发商：
融创中国控股有限公司

产品特征：
普通住宅

参考价格：
约26000元/平方米

主力户型：
约99平方米三居、约127平方米四居

物业公司：
融创物业

5公里生活配套：
融创雪世界、融创水世界、融创体育世界、融创乐园、融创茂

专家点评

陈嘉雯·乐居广深主编

融创雪世界、融创水世界、融创体育世界、融创茂、酒店群、融创大剧院等百亿配套自成一体。高端的岭南风格住宅，户型品类繁多，较好覆盖刚需改善人群，引进华南师范大学附属花都学校，优质的教育资源加持，持续创造美好生活价值。

扫码观看楼盘详情

项目测评

【市场口碑】
广州融创文旅城，以融创雪世界、融创水世界、融创体育世界、融创乐园、融创茂、星级酒店群等全天候业态组成广州文旅新版图，2019年开业当天涌入30万客流，在为居民带来世界级休闲娱乐的同时，也为城市经济发展注入焕新活力。

【区域地段】
广州融创文旅城位于广州空港经济区内、花都CBD中轴之上。花都CBD中轴已引入多家世界知名企业，未来更汇集多个大型城市建筑，同时拥享广州北站、白云国际机场空铁联运红利。

【品牌描述】
融创一直积极参与中国最重要的城市群建设，聚焦北京、华北、上海、西南、东南、华中、华南7大区域的一二线城市。融创在全国布局的12座文旅城，不仅为人们提供了多元化的文旅消费场景及消费体验，更推动了城市全域旅游和经济发展。

【产品指数】
广州融创文旅城在售第20期融创翰粤府收官组团，主推建面约99~127平方米三至四居，户户朝南、大阳台南北通透、客餐厅一体等人性化设计，更享有公区泛大堂及3层地下车库（部分楼栋）等配置。

【园林景观】
广州融创文旅城打造了"二轴七园归心馆"景观，整体设计采用了岭南风格，符合当代生活的实用性和审美，同时为青、中、老、幼不同年龄段业主，配置约500平方米中央泳池、约700平方米儿童乐园、3大阳光草坪等全龄运动休闲配套。

【自建配套】
广州融创文旅城打造了380万平方米新型城市综合体。华南室内大型滑雪场——融创雪世界，华南首家大型室内恒温水乐园——融创水世界，拥有22项体育项目的融创体育世界、以岭南文化为主题的大型融创乐园，让欢乐陪伴孩子成长。

【交通出行】
广州融创文旅城家门口即是花城街站，引入广州东环城际及地铁18号线（规划中）。广州东环城际已正式开通，由花城街站可快速到达白云机场北站，交通出行十分便捷。

【教育资源】
楼盘引入了华南师范大学附属花都学校，该学校已于2019年9月1日开学，更有6大学府环绕，从幼儿园到中学，12年公办优质教育资源，一站式成长平台，给孩子一生更好的起步。

【购物娱乐】
项目拥有约10万平方米融创茂商业中心，吃喝玩乐购体验，汇集永辉超市、万达影院、喜茶等超200家知名品牌店、70余家特色餐饮店，更拥揽星级酒店群、融创大剧院（待开业）等休闲配套，以及中心湖景及浪漫音乐喷泉。

【销售指数】
广州融创文旅城由于产品的稀缺性以及高品质等因素，在2015年至2020年的6年时间里，都是花都区销售冠军。此外，2020年项目成交2965套，独占花都区31.54%成交量。据克而瑞《2020年广州商品房项目销售金额排行榜》统计，广州融创文旅城以77.83亿元稳居全市成交金额第二名。

美的华发·天珀

广州 | 美的 | 明珠湾 | 国际金融 | 综合体

项目地址：
广州市南沙区明珠湾灵山岛凤凰大桥西侧100米

开发商：
美的置业＆华发股份

产品特征：
洋房

参考价格：
均价37000元/平方米

主力户型：
86~100平方米三居、约122平方米四居、320~350平方米别墅

物业公司：
美的物业

5公里生活配套：
万达广场、南沙体育馆、明珠湾展览中心、中山大学附属第一医院、湾区实验学校、广州外国语学校

专家点评

董极·世联行集团首席顾问

美的华发·天珀位于广州南沙灵山岛，以智慧和科技为产品价值标签，享有商业、教育、地铁等成熟资源。项目主力三居干湿分离，"C"型厨房设计更加符合人性化要求；四居产品南北通透，入户花园功能灵活多样。

扫码观看楼盘详情

项目测评

【战略意义】
美的置业持续深耕广州，深耕南沙。项目所处的灵山岛尖，是明珠湾起步区重点开发和开发进度最快的区域，定位为金融服务中心。而美的置业定位为"智慧地产制造商"，致力于把更好的房地产产品带给南沙。

【市场口碑】
2020年9月，项目首期预售141套商品房，开盘当天逾千人抢购，成为灵山岛当月销冠项目，并于10、11月相继加推，当天去化率也均高达90%以上。"广深门户""灵山岛中轴C位""轻奢智宅"等标签成为购房者对楼盘最多的评价。

【区域地段】
项目地处南沙明珠湾岛心灵山岛上，CBD商务群与钻石水乡居住板块交汇处，南沙自贸区7大板块中心组团。明珠湾规划动静分离，拥揽双河交汇，集萃不可复制的生态资源。

【楼栋规划】
小区占地面积约3.8万平方米，规划总户数617户，包括3栋洋房和5栋商业别墅。洋房楼栋整体呈东西轴排布设计，共计523户，户户朝南；户型方正大开间设计，装修时尚精奢，更配有全屋智能家居。商业涵盖320~350平方米一线滨水商业、旗舰总部多层商墅、CEO总裁商业会所资产墅。

【主力户型】
320~350平方米湾区资本墅，系国际视野大尺度户型，配备360度环幕观景台，15米滨水奢阔空间。建面122平方米的四居智慧洋房，户型布局方正，南北对流四面宽设计，规划6.8米南向阳台。

【园林景观】
住宅地块35%的绿化率和2.08的低容积率，为小区园林规划提供了充足的空间。社区内水景和树木形成错落景观带，小区北侧独立配建社区公园，同时畅享灵山岛约7公里V型"超级堤"，囊括2.1万平方米儿童公园，悦海钟楼广场、渔人码头等共计31个景点。

【自建配套】
项目规划建设3.2万平方米商业区，涵盖多种生活场景，配备多业态自由随心空间，满足当下居住人群的高阶奢阔生活所需。更配套建设建面约3600平方米幼儿园，实现楼下接送小孩的一站式教育配套。

【物业服务】
美的物业成立于2000年，凭借优质规范的服务赢得了业主和社会的广泛认可，所服务的项目多次获得国家级、省级殊荣。获得中国物业管理协会评选的"2019住宅物业服务领先企业""2019公众物业服务领先企业"两个重要奖项。

【交通出行】
项目近邻18、22号线。18号线从广州东站始发到万顷沙，还预留18号线延长线可至中山、珠海；22号线定位为广州南站快线，沿线经过南沙区、番禺区和荔湾区。规划中的15号线为南沙环线，距离项目约500米，可一站换乘18/22/4号线。

【教育资源】
湾区实验学校为九年一贯制公办学校，与项目仅一路之隔；江灵路小学为南沙区教育局直接管理公办小学。建设中的广大附中（南沙）实验学校为广东省首批省一级学校。

新力·海石洲悦

| 广州 | 新力地产 | 联排别墅 | 大师定制 | 壹号作品 |

项目地址：
广州市增城区新塘镇陈家林路与宁埔大道交会处

开发商：
广州荣和房地产有限公司

产品特征：
别墅、洋房、商业

参考价格：
别墅 500 万元/套起

主力户型填写要求：
约 143 平方米三居，约 200 平方米四居

物业公司：
新力物业

5 公里生活配套：
万亩陈家林、沙村地铁站、未来汇生活广场

专家点评

陈嘉雯·乐居广深主编

新力·海石洲悦位于科学城 3.0 核心地段，是距离天河、黄埔最近的不限购区域。2020 年，项目以远超增城区别墅产品成交流速的亮眼表现，成为越来越多购房者青睐的优质选择。

扫码观看楼盘详情

项目测评

【战略意义】
新力·海石洲悦是新力控股的第二座"洲悦"产品，是品牌最高端产品系，也是新力进军大湾区的典型项目。

【区域地段】
新力·海石洲悦择址广州科学城 3.0 核心地段，毗邻万亩陈家林原生态景区，是距离天河、黄埔最近的不限购区域。广州位于粤港澳大湾区的 A 字形顶端节点，同时也位于广深科创走廊黄金动脉之上，占据十大核心战略平台战略位置。

【楼栋规划】
规划用地约 23.97 万平方米，总建筑面积约 41.99 万平方米，净容积率 1.14，总居住户数 1870 户。其中别墅 666 户，车位配比 1：2，高层 1204 户，共 10 栋。

【主力户型】
别墅整体建筑 T 型的独特设计除了带来外部空间的上佳体验外，也让室内的空间尺度同时得到进一步的提升，采光优势彰显无疑。

【自建配套】
新力·海石洲悦自带高端幼儿园和小学，还针对业主设立医疗服务站。2 亿矩制会所，聚合艺术分享、社交沙龙、定制私宴、运动健身、慈善公益、亲子互动六大模块于一体，目前与樊登读书会、高星高尔夫俱乐部、斯坦威钢琴等国际知名品牌合作。

【物业服务】
社区物业为新力物业集团有限公司，该公司拥有国家物业服务企业二级资质，是中国房企 50 强新力集团旗下物业服务公司，也是国内新锐的高端精细化物业管理服务提供商、江西首家荣获中国金钥匙"中国服务示范企业"称号的企业，并成为江西首家 BOMA 中国白金会员单位。

【交通出行】
广园、广深、107 国道三条主干道出发开车可便捷抵达天河中心。开创大道、源章大道两条南北主线，连接萝岗科学城及新塘中心。30 分钟直达广州 CBD 核心，是真正的城市优选居所。

【教育资源】
新力·海石洲悦自带高端幼儿园和小学，同时项目周边学校分布也较多，例如费德斯公学，是英国四大公学之一，世界 50 强名校录取率达到 92%；美国格兰纳山特许学校，在全美特许公立高中里排名第二，是 Uber 优步创始人的母校。

【品牌描述】
新力集团总部位于上海，是一家以房地产开发为主营，商管、物业、教育、社区便利、健康等产业多元发展的大型集团公司。新力 2010 年成立，2019 年即赴港上市，是第一家上市的赣系房企。

【销售数据】
新力·海石洲悦于 2020 年 12 月份推销首期 79 套别墅，一个月实现全部去化。从克而瑞 2020 年 1~11 月广州增城别墅项目的成交均价对比来看，新力·海石洲悦成交单价超区域 2 倍，而从同一周期内克而瑞增城别墅项目的月均成交套数看，新力·海石洲悦更是实现了超区域 10 倍的成交流速。

新世界广汇尊府

| 广州 | 新世界中国 | 广州东部 | 十轨交汇 | 都会融合 |

项目地址：
广州市增城区永宁街凤凰北横路1号

开发商：
新世界中国地产有限公司

产品特征：
普通住宅

参考价格：
尚未公布

主力户型：
约92平方米四居、约130平方米五居

物业公司：
锦日物业

5公里生活配套：
地铁13号线新塘站、高铁新塘南站、增城万达广场、永旺梦乐城

专家点评

陈嘉雯·乐居广深主编

从广州城市地标广州周大福金融中心、K11，再到珠江新城凯旋新世界，如今新世界中国在广州东打造出尊府系住宅，采用了国际前瞻的Co-Central都会中心融合体理念，更是值得期待。

扫码观看楼盘详情

项目测评

【战略意义】
新世界中国深耕大湾区，五子落址广州东部中心。新世界广汇尊府作为其中一子，亦是继广州豪宅项目凯旋新世界"广粤尊府"之后，再次打造的"尊府系"住宅产品。

【市场口碑】
作为广州东部中心2020年的全新盘，新世界广汇尊府受到购房者的青睐，项目刚一亮相就吸引珠江新城凯旋新世界等楼盘的大批高收入业主关注，开盘更是吸引大批外贸、金融等企业业主、世界500强企业高管、新世界老业主以及看好广州东部中心的买家入手。

【区域地段】
新世界广汇尊府位于广州东部交通枢纽中心片区，坐拥国家级TOD交通枢纽站。对标国际TOD，位居世界四大湾区之一的粤港澳大湾区，269公顷的广州东部交通枢纽中心片区，构建了三大主要功能区：区域总部经济区、会展服务区和交通枢纽区。

【主力户型】
广汇尊府首期推出叠墅产品，涵盖建筑面积92~130平方米空中叠墅。其中，92平方米设计中空客厅最高可达5.8米，还可以做成叠墅，即使92平方米，也能同时打造主卧、长辈房、儿童房、游戏房等，能容三代同堂，却又令三代之间分层；既密不可分，又各有自得空间。

【自建配套】
新世界广汇尊府和广汇新世界金融中心，引入国际前瞻的CO-Central都会中心融合体理念，规划有国际甲级写字楼、瑰丽酒店集团主题格调酒店、广粤天地沉浸式时尚街区。

【拿地详情】
2017年10月，新世界集团旗下的百宝投资有限公司以20.85亿元成功竞得广州增城永宁街长岗村一地块。地块位于广州市增城区永宁街，占地面积约35245平方米，计容建筑面积为250000平方米，为商业用地、商务用地及二类居住用地。

【交通出行】
广汇尊府距离"广州东部中心国际TOD"约500米。作为广州东TOD，这里规划有5地铁、3国铁、2城轨，共10轨交汇，未来将串联深圳、汕头、惠州、佛山、东莞等湾区重要城市。地铁方面，项目距地铁13号线新塘站约700米，实现不转站直达珠江新城。高铁三站可达广州东站，快速达天河北。

【品牌描述】
新世界中国投资板块遍及整个中国，包括东北、华北以及长三角、珠三角等地区。世界十大最高楼，新世界占两席（广州及天津周大福中心）。商业方面有K11、香港文化硅谷Victoria Dockside，人居建设也有耳熟能详的凯旋新世界、岭南新世界、东方新世界等。

【园林景观】
社区规划园林、架空层、会所和商业街区等丰富业态，打造创新的邻里空间、生活空间和娱乐购物空间。立体园林景观，将艺术嵌入自然，让精致的生活和体验享受渗透至生活的每一个细节。

【楼盘特色】
瑰丽旗下星级酒店、沉浸式时尚街区组成"Co-Play"，营造精英活力社交圈；精奢住宅和沉浸式时尚街区组成"Co-Live"，构建精英精奢生活社区。而共享办公空间组成"Co-Work"，打造年轻化的办公商务环境。通过人脸识别实现无接触乘坐电梯、停车、红外线测温、智慧安防、智慧节能等。

星河智荟

| 广州 | 星河集团 | 品牌地产 | 交通便利 | 江景住宅 |

项目地址：
广州市南沙区工业五路与大涌东路交叉路口往北约50米

开发商：
广州星利恒房地产开发有限公司

产品特征：
普通住宅

参考价格：
29500元/平方米

主力户型：
约98平方米三居、约129平方米四居

物业公司：
星河物业

5公里生活配套：
COCO Garden商业体（在建）、万达商业广场、今洲广场、灵山岛地下商业中心、广州市附属第一人民医院（南沙分院）、黄山鲁森林公园

专家点评 陈嘉雯·乐居广深主编

明珠湾区的地铁盘，创新打造成长型全龄社区，社区有五大儿童成长主题园林和教育主题商业购物中心，加上优质的产品户型设计，让业主省心、安心、放心。

扫码观看楼盘详情

项目测评

【区域地段】
星河智荟位于广州南沙区，且处于着重引进总部经济、金融商务、科技研发等高端产业的明珠湾起步区，与灵山岛和横沥岛隔江相望，地段位置得天独厚。项目周边生活配套亦日渐丰富，生活较为便利。

【楼栋规划】
星河智荟项目占地面积约36000平方米，建筑面积约180000平方米，规划总户数948户，容积率为3.0。项目包含6栋高层建筑，采用半围合结构设计，部分楼栋前后无遮挡；宽楼间距，南北对流，可直览中心园林景观。

【主力户型】
星河智荟主力户型之一为建面约129平方米四居室。餐厅大飘窗与阳台南北对流，单边无遮挡；约13米巨幕南向面宽，约6.8米南向阳台，通风采光好，直瞰滨海与园林景观；主卧带有独立衣帽间、卫生间，业主可拥有私享空间。

【园林景观】
星河智荟绿化率近35%，打造聚焦儿童成长的社区园林。项目以儿童教育为主题规划活动休闲空间，设有一个大型儿童乐园，还有夜光跑道、活动草坪以及利用架空层搭建到不同主题、不同年龄段的休闲空间。

【自建配套】
星河智荟自建有约1.8万平方米、以教育为主题的街区式商业中心体——COCO Garden，未来的招商对象主要以教育类商家、品牌超市、品牌电影院和各种娱乐活动场所为主，可一站式满足社区业主吃喝玩乐购等需求。

【交通出行】
星河智荟紧邻广州地铁4号线大涌地铁站，未来大涌板块还规划有3条地铁线（NS2、NS3、广州地铁22号线），形成四轨交汇。项目位于明珠湾双交通生活环之上，可快速到达国际金融岛、企业总部以及明珠湾科学园。

【教育资源】
星河智荟项目直线距离约5公里内有多所学校，包括南沙第一幼儿园、南沙实验小学、南沙第一中学和广州外国语学校附属学校、广州修仕倍励学校（规划中）等，教育资源较为丰富，为业主子女教育保驾护航。

【医疗配套】
星河智荟项目直线距离约3公里内有多所医院，包括广州市第一人民医院南沙分院、中山大学附属第一人民医院（在建中）、南沙妇女儿童医疗中心（在建中）、中山大学附属口腔医院（规划中），医疗配套服务较为完善。

【品牌描述】
星河控股集团历经32年发展，已在行业内赢得"城市运营引领者"的美誉，旗下有地产、金融、产业、商置、物业五大板块，布局23城，总资产超千亿元，拥有超6000人的团队。2012—2020年连续九年荣获"中国房地产百强企业""中国蓝筹地产"称号。

【楼盘特色】
星河智荟以"教育+社区+商业"的开发模式，打造湾区首个成长生活体，并配备儿童成长五大主题园林、教育主题的街区式购物中心以及全生命周期户型设计，定位成长型全龄智慧社区。

智联·汽车小镇

广州　广汽集团＆珠江实业集团＆越秀集团＆保利发展控股　品牌地产　国企匠造　户型方正

项目地址：
广州市番禺区金山大道东金枫路段

开发商：
广汽集团＆珠江实业集团＆越秀集团＆保利发展控股

产品特征：
普通住宅

参考价格：
均价 28000 元 / 平方米

主力户型：
约 71 平方米三居、约 94 平方米四居

物业公司：
智诚物业

5 公里生活配套：
南大干线、广大附中、狮子洋、莲花山风景区、商业街

专家点评　陈嘉雯·乐居广深主编

经过了 2020 年，大家对生命、生活及人生有了更多的感悟，对生活环境有了更高的要求，买房人也更加关心项目的生态。对该项目来说，狮子洋、莲花山等自然景观是难得的优势。

扫码观看楼盘详情

项目测评

【战略意义】

智联·汽车小镇择址颇具价值和发展潜力的番禺东。作为番禺区四大核心驱动力中重要两核的番禺汽车城、国际创新城均落户于此。在两大千亿项目的带动下，未来该区域将会是发展迅速、产城交融的热门板块。

【市场口碑】

智联·汽车小镇作为广汽集团、珠江实业集团、越秀集团、保利发展控股四大国企共同开发的 82 万平方米综合大盘，从区位、交通、园林、教育、商业等各方面都得到市场的广泛认可。据中原地产数据显示，2020 年智联·汽车小镇热销 2955 套房源，登顶广州新盘销冠。

【区域地段】

智联·汽车小镇项目出门便是南大干线，可直达万博、万达等番禺商务中心。3 公里范围内的莲花站未来将有 3 条城际铁路、两条地铁线经过，莲花港口可直达香港市中心和香港机场。同时，项目位居汽车文旅体验基地，依山傍水，近享莲花山景区、狮子洋等生态景观。

【楼栋规划】

智联·汽车小镇分为两个地块。地块一共建设 24 栋，其中 1~8 栋为市场化楼栋，产品面积为 95 和 125 平方米，9~24 栋为定向楼栋，产品面积为 74~84 平方米。地块二总共有 13 栋，其中 4、5、8、9 为市场化楼栋，产品面积为 71~94 平方米，其他为定向楼栋，产品面积为 75~85 平方米。

【主力户型】

建面约 71 平方米三居，户型上采用了"多一房"的设计，搭配实用 U 型厨房，更加贴合购房者的置业需求。建面约 94 平方米四居，是市面上稀缺的百平米以下四居户型，置业门槛相对较低，且日常生活所需都可满足。

【园林景观】

近 36% 的绿化率和 2.6 的容积率，为小区园林规划提供了充足的空间。项目园林设计理念将依托地块汽车产业园的特色背景，以"6 大美好时光"主题打造覆盖全龄层、全时段活动需求的现代主题生态社区，内配 23 万平方米园林景观，外享众多自然景点。

【自建配套】

社区内集住宅、商业街区、购物中心等于一体，囊括 2000 平方米肉菜市场、生活超市、400 米长的商业街、汽车儿童乐园、休闲水岸、环氧跑道、康乐活动区，带来完整的居住体验。

【交通出行】

智联·汽车小镇坐拥穗莞深城际琶洲支线（建设中）、广州地铁 8 号线东延段（规划中）；通过城轨莲花站（建设中），可实现 3 站到琶洲、4 站到广州南站；通过地铁 8 号线东延段（规划中），7 站可达万胜围站。

【品牌描述】

智联·汽车小镇由广汽集团、珠江实业集团、越秀集团、保利发展控股四大国企联手打造。全面贯彻产城融合的理念，敬献 82 万平方米综合大盘。其中，珠江实业集团和越秀集团更是"老牌"粤系房企，深耕广州数十年，打造了诸多热销项目和地标性建筑。

【销售数据】

得益于区域发展和自身配套，智联·汽车小镇在销售方面表现不俗。据克而瑞数据显示，2020 年智联·汽车小镇全年销售额突破 40 亿元，成交面积也稳居商品房榜单 TOP5，颇受市场认可，遥遥领先于番禺区其他新盘。

中建鄂旅投·岭南悦府

广州 | 中建三局 | 央企品牌 | 墅质社区 | 户户朝南

项目地址：
广州市增城区永宁街创盈路 379 号

开发商：
广州星旅房地产开发有限公司

产品特征：
普通住宅

参考价格：
约 19000 元 / 平方米

主力户型：
约 79 平方米三居、约 93 平方米三居

物业公司：
万科物业

5 公里生活配套：
新塘万达广场、广州合生汇、粤海天河城（建设中）、永旺梦乐城（建设中）

专家点评 陈嘉雯·乐居广深主编

广州有个持续发展的战略口号，叫"南拓北优，东进西联"。增城区作为广州市"东进"轴上的重要节点，近年来已成为热门置业区域，成交量也常年位居首位。中建三局选址于此，对助力大湾区城市经济发展也具有重要意义。

扫码观看楼盘详情

项目测评

【战略意义】
中建三局曾在广州匠心打造地标建筑"双子塔"，把城市天际线推向 500 米的全新高度，组成珠江新城 CBD 中轴风景线。此番，岭南悦府作为中建三局落子广州的纯地产开发项目，将以革新广州东人居品质的方式，助力大湾区城市经济发展。

【市场口碑】
2020 年 10 月，项目首期开盘，开盘当日去化率达 80% 以上。2020 年 11 月，在开盘不到一个月的情况下应市加推，当天去化率再次达到 80% 以上。"好户型""品质社区"等标签成为购房者对楼盘最多的评价。

【区域地段】
中建鄂旅投·岭南悦府位于增城区，是广州东进的"桥头堡"，占据穗莞深城际节点，承接大湾区发展红利。此外，项目还直接受到新塘 TOD 的利好辐射，未来将有更多总部经济和高新人才进入，为大城发展提速。

【楼栋规划】
中建鄂旅投·岭南悦府占地面积约 10 万平方米，规划总户数 3254 户，包含 15 栋高层和 10 栋叠墅，整体楼栋设计分为高层区及叠墅区，高层区楼栋采用围合式布局，享受 2.5 万平方米中央景观大花园，最大楼间距达百米，同时使用蝶形设计，户户朝南，无纯北户型。

【主力户型】
中建鄂旅投·岭南悦府主力户型为建面约 79 平方米、93 平方米三居。项目所打造的户型带南向观景阳台，看中心园林；入户花园可作为小型收纳间，也可与房间合并，变身家政间；餐厨客一体式设计布局合理；多一房百变空间，增加得房率的同时，也提高了舒适度。

【园林景观】
项目匠造内外双轴三公园结构。外部园林是由瑶河公园+体育公园组成的 L 型双公园（约 3.5 万平方米），内部园林是双轴大型的中央景观大花园（约 2.5 万平方米）。三公园总面积约 6 万平方米，超过 8 个国际标准足球场。

【自建配套】
中建鄂旅投·岭南悦府社区内自配 4200 平方米商业街，解决业主日常生活所需；小区西南侧配有一所 24 班幼儿园，让业主可在家门口口入学。另外，项目还有 2000 平方米社区卫生服务中心，为业主的健康保驾护航。

【物业服务】
社区物业为中国百强物业服务——万科物业。自 1990 年承接第一个物业项目以来，截至 2021 年年初，万科物业已服务于全国 94 个城市的 3672 个项目，为超 300 万家庭提供了优质物业服务。

【交通出行】
轨道交通方面，项目南面预留了地铁 23 号线永宁站（规划中），西面预留了增城开发区站接驳新白广城轨，未来可直接乘城轨到达白云机场。自驾方面，3 公里范围内花莞、增天、济广、广园四大快速路环绕，可直达新塘万达、凯达尔国际广场等商圈。

【品牌描述】
中建三局是"世界 500 强"第 18 位中国建筑集团公司旗下核心成员企业，先后承建、参建包括上海环球金融中心（492 米）、天津 117 大厦（597 米）、北京中国尊（528 米）在内的全国 20 个省、区、市第一高楼。

广州亚运城

| 广州 | 碧桂园＆世茂＆中海＆雅居乐 | 地铁大盘 | 观山瞰江 | 智能社区 |

项目地址：
广州市番禺区康体路与亚运南路交会处往西北约 100 米

产品特征：
住宅

项目规划：
占地面积：2730000 平方米；容积率：5.9

主力户型：
约 88 平方米三居、约 167 平方米四居

参考价格：
28000~32000 元 / 平方米

入选理由
2020 广州年度新房销售金额第一名

根据亿翰智库《2020 年 1-12 月中国典型房企项目销售金额 TOP100》数据统计，广州亚运城以销售金额 109.97 亿元位居全国第 3 名，广州第 1 名。

核心优势：
　　10 年间，从声动世界的亚运会举办地，到如今的大规模综合社区，亚运城以其观山瞰江的景观资源及卓越配套备受市场喜爱。项目规划三地铁（4/3/8）上盖，往北 3 站到大学城、6 站到琶洲、7 站到天河；往南 3 站庆盛高铁站，出行便利。亚运城内规划 19 所学府，目前已建成 16 所，其中 14 所已对外招生，有 4 所省级名校——广铁一中已开学。项目还拥有 6 万平方米亚运城广场，3 万平方米国际商业街的配套，业主在家门口即可享繁华生活圈。

珠江铂世湾

| 广州 | 珠江投资 | 地铁沿线 | 学府大盘 | 江岸生活 |

项目地址：
广州市番禺区华南新城高尔夫东侧

产品特征：
住宅

项目规划：
占地面积：331200 平方米；容积率：4.43

主力户型：
约 94 平方米三居、约 118 平方米四居、约 139 平方米五居

参考价格：
约 50000 元 / 平方米

入选理由
2020 广州年度新房销售金额第二名

根据克而瑞机构 2020 年中国房地产企业项目销售 TOP100 排行榜统计，珠江铂世湾以销售金额 73.2 亿元位居全国第 22 名，广州第 2 名。

核心优势：
　　珠江铂世湾近享万博繁华商圈，周边 5 公里聚集万达广场、天河城、海印又一城等大型商业综合体。项目邻近华南快速、新光快速等多条城市主干道，自驾出行便利，近地铁 7 号线员岗站，4 站直达珠江新城。目前，珠江铂世湾已成功引进公立华附番小铂世湾学校，社区还配套优质幼儿园，教育资源雄厚。项目主推建面约 94~139 平方米三至五居，户户带入户花园和主卧套间，户型方正，通风采光采景一流，约 110 米的楼距，让业主尽享开阔江、园、河涌三重美景。

南沙·十里方圆

广州 | 方圆 | 品牌地产 | 地铁沿线 | 人居大盘

项目地址：
广州市南沙区黄阁镇庐前山南路与黄阁大道交汇处

产品特征：
住宅

项目规划：
占地面积：860000 平方米；容积率：3.5；总户数：5600 户（首期）

主力户型：
约 79 平方米三居、约 89 平方米三居、约 99 平方米四居

参考价格：
约 28000 元 / 平方米

入选理由 | 陈嘉雯·乐居广深主编

南沙黄阁有悠久的居住历史，文化底蕴也十分浓厚。目前该板块内新盘并不少，像时代、保利、佳兆业等诸多房企都有项目在此。不过像方圆这种百万方级别的大盘，将传统特色与现代人居相结合，在这个区域是并不多见的。

核心优势：

南沙·十里方圆坐落于广州南沙区黄阁板块，是广莞深（广州、东莞、深圳）进入南沙首站。项目作为 156 万平方米的大型城市综合体，位居南沙政治，金融，科创三位一体中心，延续方圆集团——十里方圆系高端产品线，整体以"连山通水，耀古烁金"进行打造。项目依双山环绕而建，内部贯穿 1.8 公里水系步道；自建约 20 万平方米综合体，家门口享受成熟配套生活；文化体验上借鉴 800 年人文历史，打造南沙文化会客厅，打造湾区文化新名片；教育方面，将引进广东省名校教育——广铁一中一小。

南驰·都湖国际

广州 | 南驰 | 湖景住宅 | 生态宜居 | 丰富配套

项目地址：
广州市花都区新华路 96 号（花都湖旁）

产品特征：
住宅

项目规划：
占地面积：128884 平方米；容积率：2.8；总户数：1416 户

主力户型：
约 111~138 平方米三居、约 139~190 平方米四居、约 245 平方米五居

参考价格：
28000~35000 元 / 平方米

入选理由 | 陈嘉雯·乐居广深主编

都湖国际坐落花都湖沿线位置，享受南向一线湖景，在此地段不论配套还是生态环境，都具有明显优势，做到离尘不离城的湖居生活，同时产品类型丰富，三居至五居均有涵盖。

核心优势：

南驰·都湖国际位于广州市花都区滨水新城，周边分布成熟生活圈，有花都湖公园、地铁、高速干线环伺。项目位于一线南向瞰花都湖，社区内拥有 5.2 万平方米天鹅湖主题叠水园林，搭配社区外约 4300 亩花都湖的湖光水色，内外皆景。2020 年 10 月，南驰·都湖国际推出全新二期，产品涵盖 125~247 平方米三至五居御湖大宅，配以 118 米的花都城区新天际线，7.8 米双入户大堂，3.15 米阔朗层高，最长 11 米至宽阳台，以实力打造花都区人居力作，备受市场关注。

深圳
市场总结

一、新房成交表现

1. 整体情况

2020年深圳成交45384套新房住宅，其中90平方米以下的产品成交19295套，占全市总量的42.5%；90~144平方米改善型产品成交24577套，占总量的54.2%；144平方米以上的产品成交1512套，占总量的3.3%。

2020年全年来看，新房价格走势从迷茫到趋热。2020年4月16日，深圳市住建局和深圳市规资局联合发布《关于应对新冠肺炎疫情促进城市更新等相关工作的通知》，被认为是2020年深圳市楼市新政的"第一弹"。对此，广东省住房政策研究中心首席研究员李宇嘉博士认为政策是在疏导供给端，既有利于疫情后经济复苏也有利于控制房市火热的情绪。未料到，楼市最先热起来的是二手房。

大部分业内人士都认为随着疫后经济的复苏，楼市的成交会慢慢呈现涨势。实际情况与此相符，甚至犹有过之。从全年的结果来看，政府推动供应的决心和市场供应量的实际增加导致新房呈现一定的热度。

2. 年度走势

3月开始，深圳新房预售审批开始放量，到11月到达顶峰。11月整月网签量突破6000套。由于大部分网签均为政府限价项目，并无过高的涨幅现象。年度最高的新房均价为华润城润玺一期，价格区间为12.01~14.47万元/平方米。整体价格官方不允许输出，各大机构均无该项数据。

3. 历史地位

2017年深圳全年成交25820套，为近年来最低；而2020年深圳全年成交45384套，为近五年来最高点。

深圳历年成交套数（2015年至2020年）

二、二手房成交表现

1. 整体情况

根据深房中协统计到的二手房网签数据分析，2020年全年，深圳二手房网签（含自助）120295套，与2019年的数据相比高出17.3%。如剔除自助网签的部分，2020年网签量更是创下自2016年有统计数据以来的新高。

2020年二手房市场犹如经历了一场"过山车"，年初受疫情影响，2月份市场处于全年低位水平，但自3月份全面复工之后，市场迅速回暖，并自进入4月份后迅速呈现"亢奋"状态，直至7月份创下月度网签量的历史高点，达到了21317套。

但随着7月中旬新政的落地，市场迅速降温，网签量在8月份迅速回落近7成，随着市场对新政的逐步适应，进入11月份之后，二手房市场网签量开始逐步企稳，并且呈现持续反弹态势，甚至在年末12月份，还呈现出"翘尾"行情，12月份月度网签量突破了一万大关，在历史同期也属罕见。

2020年全年，合计成交95273套二手住宅，同比增加23.5%；成交面积8192935平方米，同比增加28.6%。

2. 年度走势

二手住宅成交情况基本与网签量走势一致。片区、小区二手房业主抱团涨价的现象屡见不鲜,从6月开始达到火热程度(破万套),7月中旬新政策出台,网签迅速回落,成交延迟到9月恢复到万套水平以下。除去春节假期的2月份,最后一个季度各月均为全年最低水平。

深圳二手住宅成交套数(1月至12月)

3. 历史地位

从2019年11月取消"豪宅税"开始,深圳二手住宅市场从疫情稳定后,开始恢复并走向火热,2020全年走出了一波"牛市"。接近2016年的水平,为近四年来最高水平。

深圳二手房成交套数统计(2015年至2020年)

三、政策梳理

2020年7月15日,深圳八部门联合发布《关于进一步促进我市房地产市场平稳健康发展的通知》,发布调整商品房住房限购年限、完善差别化住房信贷措施、发挥税收作用(个人转让增值税免征年限调整为5年)、细化普通住宅标准、对热点楼盘销售管理、推行抵押合同网签等"三价合一"措施。号称"深圳史上最严"的楼市新政正式出台,二手住宅网签几乎瞬间冷却,大批拥有"房票"的购房者一夜之间失去了购房资格,二手房市场的火热也戛然而止。

随着政策的适应度加强,深圳购房者金融杠杆的灵活运用程度不断提高,润玺等网红楼盘出现了"代持"的苗头。

四、土地供应

1. 出让基本情况

深圳2020年全年供应31宗住宅用地(含深汕),比2019年多出19宗;吸金800.72亿元,比2019年超出一倍多。

2020年全年,价格最高地块为沙井的综合性用地(居住、商业、服务业等),成交价为127.1亿元,占地436809.61平方米,建筑面积1310703平方米,由融创和华发联合体拿下,综合楼面单价为9697.09元/平方米。

核心地块为前海的两宗用地,分别由龙光、金地联合体拿下。2020年5月15日,龙光拿下的前海宅地以接近8.1万元/平方米的价格问鼎榜首;11月11日华润金地联合体拿下的前海宅地以近8万元/平方米的价格夺下第二名;而第三名是宝安西乡宅地,由万科获得,可售楼面价约4.85万元/平方米。

2. 开发商拿地情况

从2020年全年来看,人才安居集团及其区属公司拿地最多,全年31宗住宅用地里,有14宗被人才安居集团或其所属区级公司所拿。按照拿地数量来看,前三为人才安居集团、龙光、深铁置业;按照拿地面积来看,人才安居集团、融创华发、龙光为前三。

3. 未来预估

2020年是住宅供应最多的一年。相比2019年的12宗住宅用地,官方出让宅地的决心可谓坚决。涵盖多个人才住房项目，2021年将陆续推出超过30多个项目，加上2020年度预计却未开的项目，2021年保守估计将有128个盘入市。增加供应后，将有力吸纳购房需求，未来深圳房价涨势将得到缓解。延续今年的热度，深圳楼市未来的重点关注仍旧是前海的限价盘和光明沙井等西部楼盘。

五、热点板块

依网签率排名靠前的为华润玺云著、恒大城二期、嘉富新禧、龙华春江天玺、岗宏融湖居、勤诚达正大城、恒大锦苑、金地峰境瑞府、金融街华发融御华府。从市场表现来看，全年"日光"的盘有金融街一期、华强城、融湖居、华润城润玺一期、玺云著、天骄北庐、联投东方世家、电建洺悦府、领航城领秀等。

各区成交套数及面积

区域	套数	成交面积
龙岗	13976	1366361
光明	7599	732147
龙华	7290	708177
宝安	6192	660436
坪山	4069	390474
深汕	1818	173490
盐田	1574	155456
南山	1397	159664
罗湖	650	47971
大鹏	423	42273
福田	396	52185
全市	45384	4488634

成交量最大的区域是供应量最高的龙岗区，其次是新晋网红区域光明区，第三位为龙华区。从热度来看，光明、宝安沙井等区域维持了很高的去化率，而东部"价格洼地"龙岗则维持着较高的供应，成为2020年全年成交套数破万的唯一区域。

2020年龙岗区成交13976套新房住宅，同比增加51.0%；成交面积1366361平方米，同比增加58.9%。特发天鹅湖畔、仁恒公园世纪、京基御景半山、恒大锦苑、里城玺樾山等是龙岗区的主力成交楼盘。鸿荣源·壹成中心、中海汇德理、合正观澜汇、中森公园华府、华盛珑悦等是龙华区的成交主力，2020年龙华区成交7290套新房住宅，同比增加104.1%；成交面积708177平方米，同比增加109.0%。2020年光明区成交7599套新房住宅，同比增加41.6%；成交面积732147平方米，同比增加36.9%。勤诚达正大城、中海寰宇时代、金融街华发·融御华府、乐府花园、金地·峰境瑞府等是光明区的主力成交楼盘。

六、用户心理

2020年，深圳购房者多处于焦虑状态，这种焦虑可能还要延续到2021年。购房者从年中疯涨的二手房价开始，大部分区域都一二手房价格倒挂，所以不少购房者转战新房，但核心区域和网红区域的新盘房源并不好"抢"。

自"715新政"后，基于"卖一套少一套"（房票紧缺）的理由，卖方多处于惜售状态，包括部分开发商也"积极"捂盘。新政过去三个月，深圳二手房依旧出现了不少"涨价盘"：香蜜湖豪宅加价300万元仍能成交。

七、2021楼市展望

楼市限价时代，新房价格将持续保持稳定，因此打新者仍有机会。随着官方对新房供应的增加决心，成交量继续上扬将成既定事实。

2020年底，翘尾行情已经出现，二手房需要进一步加强管控，以防持续保持高位。个别区域价格稳中有升，东部依然是刚需上车最好的价格洼地区域。

2021年值得期待的12大新盘：1.海岸城；2.宝中都市茗荟；3.宏发新领域；4.榕江壹号院；5.前海龙光天境；6.前海天健；7.前海领玺二期；8.前海华润联合体；9.华润城润玺二期；10.深铁懿府；11.华侨城深圳湾新玺名苑；12.海德园。

最值得关注的区域依然是西部，涵盖前海、宝安中心区、沙井、光明等。南山、龙华、坂田也将有一定的新盘入市，备受关注。

来源：深圳市住建局房地产信息平台、深圳房地产信息网

在售楼盘一览

南山区

楼盘名称	价格	物业类型	主力户型
天健 T204-0142 地块	尚未公布	普通住宅	尚未公布
深铁懿府	尚未公布	普通住宅	尚未公布
半山港湾花园	尚未公布	普通住宅	尚未公布
深业世纪山谷	尚未公布	普通住宅、写字楼、商业	尚未公布
香山道公馆	尚未公布	普通住宅	二居室（111~113m²）三居室（104~110m²）四居室（143m²）
华润城润玺2期	尚未公布	普通住宅	尚未公布
卓越九珑	尚未公布	普通住宅	尚未公布
正东名苑	尚未公布	普通住宅、写字楼	尚未公布
中泰·印邸	尚未公布	普通住宅	尚未公布
前海珑庭	尚未公布	公寓、写字楼	尚未公布
前海天境花园	尚未公布	普通住宅	尚未公布
哈山悦海城	约96000元/m²	普通住宅、公寓、写字楼	三居室（160~180m²）一居室（91m²）两居室（196m²）
新世界临海揽山	尚未公布	普通住宅、公寓	三居室（115~118m²）四居室（119~230m²）
华侨城深圳湾新玺名苑	尚未公布	公寓、写字楼	尚未公布
恒大海湾华府	尚未公布	普通住宅	尚未公布
丹华公馆	尚未公布	普通住宅	尚未公布
汉园茗院	尚未公布	普通住宅	尚未公布
汇城茗院	尚未公布	普通住宅	四居室（112~196m²）
金众麒麟公馆	尚未公布	公寓	尚未公布
玖裕茗院	尚未公布	普通住宅	尚未公布

福田区

楼盘名称	价格	物业类型	主力户型
海德园	尚未公布	普通住宅	尚未公布
佳兆业航运红树湾	尚未公布	普通住宅	二居室（79m²）三居室（105~115m²）
加福华尔登府邸	尚未公布	普通住宅	尚未公布
恒大珺睿大厦	尚未公布	公寓	一居室（42~63m²）二居室（78m²）
湾尚庭玺家园	尚未公布	普通住宅	尚未公布
天健天骄北庐	约114000元/m²	普通住宅	尚未公布
上梅林雅苑	尚未公布	普通住宅	尚未公布
富通九曜公馆	尚未公布	普通住宅	尚未公布

罗湖区

楼盘名称	价格	物业类型	主力户型
兆邦基IBO	约80000元/m²	公寓、写字楼	尚未公布
翠园华府	尚未公布	普通住宅	尚未公布
独树阳光里	尚未公布	普通住宅、公寓、商业	尚未公布
青湖1号	尚未公布	普通住宅	尚未公布
益田御龙天地	尚未公布	普通住宅、公寓、商业	尚未公布
东海富汇豪庭	尚未公布	普通住宅	尚未公布
缙山府一二期	尚未公布	普通住宅	二居室（93m²）三居室（116m²）
帝豪金融大厦	尚未公布	公寓、写字楼、商业	尚未公布
城脉金融中心	尚未公布	公寓、写字楼	尚未公布
笋岗中心万象华府	尚未公布	普通住宅	尚未公布
深圳·恒大天玺公馆	约66500元/m²	公寓	一居室（20~29m²）二居室（52m²）

宝安区

楼盘名称	价格	物业类型	主力户型
盛意家园	尚未公布	普通住宅	一居室（47~51m²）二居室（82~87m²）三居室（121~154m²）
泰华梧桐聚落花园	尚未公布	普通住宅、商业	尚未公布
泰华海逸世家	尚未公布	普通住宅、商业	尚未公布
新锦安海纳公馆	尚未公布	普通住宅	四居室（300m²）五居室（350m²）
都市茗荟花园	尚未公布	普通住宅	二居室（61m²）
华丰前海湾	尚未公布	公寓	尚未公布
兴围华府	尚未公布	普通住宅	二居室（69m²）三居室（78~79m²）
泰福名苑	尚未公布	公寓	尚未公布
泰禾深圳院子	尚未公布	别墅	尚未公布
恒兴御景园	尚未公布	普通住宅	尚未公布
中熙玖玖颂阁	尚未公布	普通住宅	尚未公布
万丰海岸城	尚未公布	普通住宅	二居室（75~95m²）三居室（120m²）四居室（140m²）
汇智时代广场	尚未公布	写字楼、公寓	尚未公布
联投东方世家花园	约46000元/m²	普通住宅	尚未公布
满京华云著雅庭	尚未公布	普通住宅	尚未公布
新世界松风明月花园	约50000元/m²	普通住宅	二居室（73m²）三居室（89~114m²）四居室（126m²）
深业U中心	尚未公布	公寓	一居室（41~42m²）二居室（59~62m²）
盛合天宸家园	尚未公布	普通住宅	尚未公布
榕江壹号院	尚未公布	普通住宅	尚未公布
朗峻广场	尚未公布	写字楼、商业	尚未公布
京基智农山海上园四期	尚未公布	普通住宅	尚未公布
富士君荟	尚未公布	普通住宅	二居室（79m²）三居室（100~102m²）四居室（129~144m²）
越秀·和樾府	约96000~106000元/m²	普通住宅	二居室（110~115m²）
满京华云朗	尚未公布	普通住宅	三居室（82~87m²）
领航城领誉花园	尚未公布	普通住宅	四居室（156m²）
大悦城·天玺公馆	约63000元/m²	公寓	二居室（89m²）三居室（129m²）
宏发新领域	尚未公布	普通住宅、公寓、写字楼	尚未公布
万科大都会	尚未公布	普通住宅	三居室（120m²）四居室（144m²）
广兴源蓝湾	尚未公布	公寓、写字楼	尚未公布

光明区

楼盘名称	价格	物业类型	主力户型
深业信宏城	尚未公布	普通住宅	尚未公布
宏发万悦山	尚未公布	普通住宅	尚未公布
松茂御城	尚未公布	普通住宅	尚未公布
万科光年四季	尚未公布	普通住宅、公寓	三居室（80~100m²）四居室（115m²）
中海寰宇时代	尚未公布	别墅	尚未公布
金地峰境瑞府二期	尚未公布	普通住宅	尚未公布
勤诚达正大城	尚未公布	普通住宅	尚未公布

龙华区

楼盘名称	价格	物业类型	主力户型
龙胜尚府	尚未公布	普通住宅、商业	尚未公布
英泰工业中心城市更新	尚未公布	普通住宅、公寓、商业	尚未公布
港铁·荟港尊邸	尚未公布	普通住宅	尚未公布
锦顺名居	尚未公布	普通住宅、公寓	二居室（47~62m²）三、四居室（81~191m²）
鹏瑞颐璟	尚未公布	普通住宅	尚未公布
恒壹壹品	尚未公布	普通住宅、公寓	两居室（80~89m²）四居室（112~118m²）
莱蒙国际大厦	尚未公布	写字楼	尚未公布
万福花园	尚未公布	普通住宅	尚未公布
皇嘉珑府	尚未公布	普通住宅	尚未公布
尚誉红山里	尚未公布	普通住宅	二居室（72~99m²）
盛璟润府	尚未公布	普通住宅、公寓	尚未公布
富基云珑府	约30000元/m²	普通住宅	尚未公布

龙岗区

楼盘名称	价格	物业类型	主力户型
颐安都会中央五区	约56000元/m²	普通住宅	二居室（76~89m²）三居室（109m²）
华侨城荷棠里	尚未公布	普通住宅	尚未公布
信义君御山居	尚未公布	普通住宅	尚未公布
创信时代大厦	尚未公布	公寓	尚未公布
世茂深港国际中心	约52000元/m²	公寓	一居室（43m²）三居室（64m²）
启迪协信科技园	约31500元/m²	公寓、写字楼	一、二居室（34~60m²）写字楼（68~1600m²）
京基御景荟都	尚未公布	商业、写字楼、公寓	尚未公布
百合铂悦	尚未公布	普通住宅	尚未公布
佳兆业壹都汇大厦	尚未公布	普通住宅、办公	尚未公布
畔山铭苑	尚未公布	普通住宅	尚未公布
广豪时代公馆	尚未公布	普通住宅、公寓、商业	尚未公布
招商臻城花园	尚未公布	普通住宅	尚未公布
正大同堂	尚未公布	普通住宅	复式（150~340m²）
合正城市广场	尚未公布	商业	尚未公布
和昌拾里花都	尚未公布	普通住宅、公寓、商业	尚未公布
恒大向前村旧改	尚未公布	普通住宅	尚未公布
华策玺悦汇	尚未公布	公寓、写字楼、商业	尚未公布

龙岗区

楼盘名称	价格	物业类型	主力户型
麓园三期	尚未公布	别墅	尚未公布
远洋新干线二期	尚未公布	普通住宅、公寓	三居室（89m²）四居室（125~136m²）公寓（36~69m²）
保利勤诚达誉都	尚未公布	普通住宅	二居室（88~90m²）三居室（100m²）
融湖居四期	尚未公布	公寓	尚未公布
利德悦府	尚未公布	普通住宅	二居室（70m²）三居室（80~110m²）四居室（118m²）
嘉兴春天大厦	尚未公布	公寓、写字楼	尚未公布
阳光香格里家园	尚未公布	普通住宅	尚未公布
新霖荟邑花园	尚未公布	普通住宅	二居室（73m²）三居室（86~97m²）

坪山区

楼盘名称	价格	物业类型	主力户型
信达泰禾金尊府	尚未公布	普通住宅	三居室（89~95m²）四居室（115~141m²）
和城里	尚未公布	普通住宅	尚未公布
方直谷仓府二期	约36300元/m²	普通住宅	三居室（81~91m²）四居室（130m²）
中海万锦熙岸华庭	约42500元/m²	普通住宅	三居室（76~89m²）四居室（105m²）
正奇未来城	尚未公布	产业研发、宿舍	尚未公布
龙光玖誉湖雅筑	尚未公布	普通住宅	尚未公布
怡瑞达云秀府	尚未公布	普通住宅	尚未公布
万樾府三期	约42000元/m²	普通住宅	三居室（85~95m²）四居室（110~125m²）
君胜熙玥湾	尚未公布	普通住宅	尚未公布
花样年旭辉好时光	约42000元/m²	普通住宅、写字楼、商业	二居室（70m²）三居室（85~110m²）四居室（118m²）

盐田区

楼盘名称	价格	物业类型	主力户型
心海天誉府	尚未公布	普通住宅	尚未公布
半山悦海花园	约54000元/m²	写字楼、商业	二居室（89m²）四居室（142~180m²）
鹏瑞尚府	尚未公布	普通住宅	尚未公布

大鹏区

楼盘名称	价格	物业类型	主力户型
满京华云曦花园	尚未公布	普通住宅、写字楼、商业	尚未公布
佳兆业金沙湾	尚未公布	公寓	二居室（230m²）复式室（270m²）三居室（430m²）
诺德阅山海	尚未公布	普通住宅	尚未公布

深汕合作区

楼盘名称	价格	物业类型	主力户型
振业时代花园	约11000元/m²	普通住宅	二居室（77m²）三居室（79~90m²）四居室（115m²）
中珠新时代广场	尚未公布	普通住宅	尚未公布

典型项目

世茂深港国际中心

`深圳` `世茂` `时代大运` `城市封面` `综合体`

项目地址：
深圳市龙岗区大运片区如意路与龙飞大道交会处

产品特征：
公寓

项目规划：
占地面积：321900 平方米；容积率：4.17；总户数：3353 户

主力户型：
约 43 平方米一居、约 64 平方米两居

参考价格：
约 52000 元 / 平方米

入选理由 | 2020 年深圳公寓成交榜单（面积榜）第一名

根据深圳房谱网 & 新峰评估数据显示，2020 年世茂深港国际中心共成交 849 套，成交金额 37.27 亿元，成交均价 50835 元/平方米，成交面积共 7.33 万平方米，市场占有率 9.78%，荣获 2020 年深圳公寓成交榜单（面积榜）第一名。

扫码观看楼盘详情

核心优势：
深圳世茂深港国际中心总投资额约 500 亿元，拟建设成集深港国际会议展览中心、深港青年合作创业中心、深港国际演艺中心、国际化学校、超五星级酒店、智能办公、大型商业、公寓等于一体的综合开发运营项目，并建造高层建筑群。引入世界著名学府哈罗礼德学校、世茂高端公寓线产品"天誉系"以及国际级奢华酒店品牌等优质资源，并打造规划商业、博物馆、剧院等多重业态的"深圳露台"公建配套，将是未来的深圳新客厅，是城市居住、休闲、办公的优质场所。

启迪协信科技园

`深圳` `协信远创` `产业园` `大运新城` `山景公寓`

项目地址：
深圳市龙岗大运新城青春路与飞扬路交会处

产品特征：
公寓、写字楼

项目规划：
占地面积：19.27 万平方米；容积率：5.7；总户数：639 户

主力户型：
公寓 34~60 平方米一居、二居；写字楼 68~1600 平方米

参考价格：
公寓 34000 元 / 平方米、写字楼 31500 元 / 平方米

入选理由 | 温巧平·乐居深圳主编

深圳启迪协信科技园是深圳东进战略的园区启动项目，位于龙岗区大运新城片区，地理位置优越。户型设计优点明显，空间利用率较高，功能分区明确且实用，同时拥有较好的景观资源，能满足多样化居住需求。

扫码观看楼盘详情

核心优势：
启迪协信科技园，致力于打造南中国科技成果转移转化示范园，83 万平方米产城融合综合体，是深圳市投资推广国际化重点园区，目前已有 5 年丰富运营经验，入驻企业超 280 家。启迪协信科技园总占地约 19.27 万平方米，总建筑面积超 83 万平方米，总投资超 300 亿元（园区公司股东构成：启迪协信 65%、龙岗产服 35%）。园区共分四期开发建设，其中以产业研发办公为主，占比 70%，商务公寓占比 20%，商业占比 10%。启迪协信科技园是启迪协信集团在深圳的首个园区，定位为集团在珠三角板块的典型园区。自带 5.6 万平方米星光里商业街；项目 2 公里范围内分布有世茂深港国际约 31 万平方米商业配套，8 万平方米星河 COCOpark、深圳第二家山姆会员店。

深圳 · 恒大天玺公馆

`深圳` `恒大` `商住两用` `城市范本` `成熟片区`

项目地址：
深圳市罗湖区桂园路与红围街交会处（桂园小学东北侧）

产品特征：
公寓

项目规划：
占地面积：约 5277.04 平方米，容积率为 10.23，总户数：567 户

主力户型：
约 25~29 平方米一居、约 52 平方米两居

参考价格：
公寓 66500 元 / 平方米

入选理由 温巧平·乐居深圳主编

恒大天玺公馆，地处深南大道蔡屋围，总建筑面积约 5.4 万平方米，周边四大商圈、四个轨道交汇，一河五园环绕。公寓户型方正且南北通透，房间无多余转角，空间实用率较高。

核心优势：
　　本项目是恒大落子蔡屋围金融核心区的诚意之作，打造集居住、商务、商业于一体、符合罗湖区发展愿景的新型城市综合街区。项目位于蔡屋围金融商业核心区，主要发展金融、总部基地、高端商业、休闲旅游，定位为国际消费核心区。通过城市更新拓展万象城周边地区，集约开发建设蔡屋围金融核心和高端商业"密集发展区"，打造代表深圳形象、媲美国际一流的地标型城市建筑群和靓丽的城市景观，建设深圳的"曼哈顿"。

佛山

市场总结

一、新房成交表现

1. 整体情况

新房年度成交量：2020 年佛山新房成交 117061 套，同比新增 5210 套，成交面积达 1308.45 万平方米，同比微涨 4%。从五区成交来看，顺德、南海依然是成交"大头"，占据佛山全市 55%。其中顺德 2020 年全年成交达 33382 套，占比 28.5%；南海 2020 年全年成交 31027 套，占比 26.5%。

佛山 2020 全年新房手五区成交情况

区域	套数（套）	面积（万平方米）	同比变动
全市	117061	1308.45	4%
禅城区	16289	182.81	23%
南海区	31027	358.19	14%
顺德区	33382	372.11	6%
高明区	13101	143.83	-7%
三水区	23262	251.51	-12%

数据来源：佛山住建局 & 佛山市房产信息网

新房价格情况：2020 年，佛山住宅均价达 16707 元/平方米，同比 2019 年上涨 18%，呈现逐月上升趋势。其中南海区均价最高，突破 2 万元大关，高达 21467 元/平方米，五区套均面积集中在 110 平方米左右。

以单套总房款与家庭可支配收入之比为参考，佛山单套总房款约 200 万元，家庭可支配收入约 21.6 万元，房价收入比约等于 9.3。即家庭以现有收入 9.3 年可买一套房，在全国范围内数据层级适中。

2. 年度走势

佛山房地产市场整体呈现先抑后扬趋势，2020 年年初在新冠肺炎疫情影响之下，量价经历滑铁卢，4 月起在政府人才新政、房企降价促销等助攻下，市场复苏回归，月成交套数均维持在万套以上的水准，6 月迎来第一个高峰，成交面积突破 135 万平方米，"金九银十"再度发力出货，成交面积突破 141 万平方米，12 月达到了峰值，单月成交突破 1.3 万套，翘尾收官。

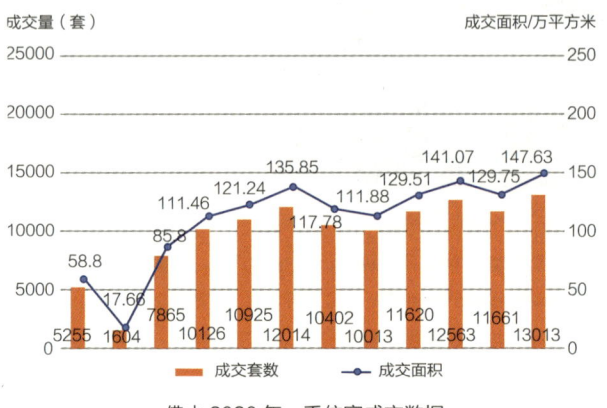

佛山 2020 年一手住宅成交数据

整理：佛山乐居　数据来源：佛山住建局 & 佛山市房产信息网

3. 历史地位

从过去 6 年的成交情况来看，2020 年佛山成绩并非最糟，虽远不及 2016 年的 1908.36 万平方米，但较谷底值（2017 年的 1210.27 万平方米）也略有提升，处于中游水平。

佛山近六年新房成交数据对比

整理：佛山乐居　数据：来源：佛山住建局 & 佛山市房产信息网

二、二手房成交表现

二手房方面，2020年，佛山共成交58015套，与新房保持相仿走势，超过了2019年的53619套，远不如2016年至2018年的高峰期。成交面积约663.59万平方米，同比2019年（595.24万平方米）涨了11%。

佛山2010—2020年二手房成交数据

从2020年历月成交数据可见，二手房摆脱了第一季度低谷之后，一路上扬，至9月达到峰值，10月有所回落，11月至12月份又有所回升。

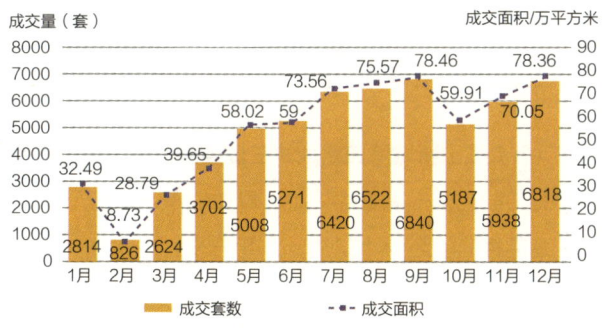

2020年1~12月佛山市房地产（二手）交易情况

从安居客的数据来看，佛山二手房均价保持在1.3万元/平方米左右，2020年年末呈现上涨趋势，千灯湖板块、三山新城板块交投较为活跃，而三水、高明等板块则供大于求，甚至亏本才能出手。

三、政策梳理

2020年3月18日，佛山再出人才新政，优粤佛山卡T卡申领对象进一步放开，拥有中专学历或大专学历或国家职业资格四级（中级工）证书或国家职业资格五级（初级工）证书的人才均可申领优粤佛山卡T卡。而持有优粤佛山卡（ABCT卡）的，可在限购区域内限购2套住宅。

2020年4月15日，佛山公积金中心发布《佛山市住房公积金管理中心关于调整我市住房公积金抵押贷款政策的通知》。文件明确，住房公积金缴存职工个人可申请两次贷款；首次贷款没有还清前，不得再次申请；不得向已有两次贷款使用记录的职工发放贷款。

2020年6月15日，佛山市人力资源和社会保障局发布了优粤佛山卡T卡申领服务工作操作指南（修订版），审核材料新增了社保或个人所得税证明，自此T卡申请需持以下文件：劳动合同（聘用合同）、社保/个税证明、中专/大专学历（资格证书）。

2020年，佛山购房入户政策全部取消，根据新修订的《佛山市新市民积分制度服务管理法》，将购房类人群纳入积分制统筹安排，明确不再执行原购房入户政策，改为缴纳社保连续满一年方可参加积分入户。

四、土地供应

1. 出让基本情况

2020年，佛山共成交商住地106宗，成交总面积超531万平方米，环比2019年上涨27.9%，成交总金额超1281.8亿元，环比2019年上涨71.9%。值得注意的是，对比前十年佛山卖地数据，2020年出让总金额为历史最高值，相较2017年的900亿元还多出了382亿元，这也是佛山卖地金额首次突破千亿元。

顺德区维持了连续3年的"拍地大户"纪录终于被打破。2020年，南海区以32宗地、204.8万平方米成交面积、556.2亿元成交金额的成绩全面反超顺德区，问鼎全年卖地大户榜首。而顺德区则以27宗地、150.3万平方米成交面积、375.5亿元成交金额位居第二，禅城区排在第三。

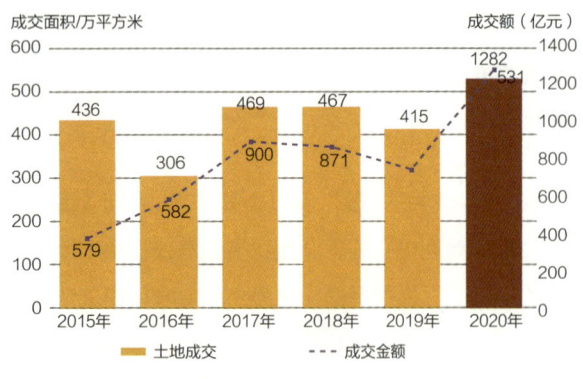

佛山历年来土地成交情况

2. 开发商拿地情况

2020年，保利集团拿地最为积极，再度卫冕佛山年度"双料"地主，以361.1万平方米的拿地面积、124.4亿元的拿地金额再创佳绩。时代集团、美的置业分别以88亿元、86亿元拿地金额紧随其后。

排序	房企	拿地数	拿地面积(m²)	拿地金额(万)
1	保利	4	364488.97	1244641
2	时代	3	298919.61	888451
3	美的置业	6	359684.75	861342
4	中交	2	301555.63	641575
5	恒大	2	235851.88	619993
6	新希望	2	169591.78	607626
7	龙光	4	169698.32	607378
8	金茂	2	182370.34	501858
9	万科	2	218082.77	466362
10	中海	1	99286.64	462500

品牌房企拿地情况（按拿地金额序）

2020年，佛山再度迎来13家新房企，分别是来自广州的海蓝、实地、信业、华以泰；来自惠州的方直；来自深圳的香缤、泰丰；来自湖北的清能；来自厦门的建发；来自北京的爱情置业；来自成都的德商；还有央企中建四局和广东粤海。

此外，据乐居不完全统计，拍地亮相频率最高分别是：保利（26次）、金地（22次）、招商蛇口（17次）、龙光（15次）、美的置业（14次）、越秀（12次）、碧桂园、时代、卓越（11次）、华发（10次）、中海（9次）等。

3. 未来预估

2020年可谓佛山城区靓地大爆发之年，先后诞生了多达36宗地价过万元的地块，主要集中于佛山中心城区和广佛交界地段，范围遍布奇槎、城南、桂城、里水、大沥等各大板块，其中重点项目如下：

（1）禅城湾华地块被广东粤海以超27亿元拿下，以成交楼面18464元/平方米问鼎年度单价TOP1，成功刷新禅城地价。

（2）2020年度热门地块保利平洲项目位于桂城街道夏平路北侧、东信北路西侧，经过56轮激烈角逐，成交总价达77.5亿元，成功跻身年度佛山总价第一。

（3）里水洲村5万平方米商住地被17家房企抢夺，最终广州新希望置业有限公司杀出重围，以总价23.6467亿元拿下，折合楼面价18252元/平方米，创里水单价新高。

（4）佛山千灯湖北延中轴线的"全球创客小镇"地块占地超22万平方米，被时代中国以总价65.05亿元收入囊中，成交楼面价约11503元/平方米，地块跻身佛山土地总价排行榜第四名。

（5）三山新城港口路地块三度挂牌出让，占地面积99286.64平方米，最终中海地产以总价46.25亿元斩获，扣配建后楼面价至少16269元/平方米。

五、热点板块

按板块成交来看，佛山2020年成交最好的区域是容桂板块，受碧桂园凤凰湾、颐安灏景湾项目拉动，容桂板块成交一枝独秀，成交套数达到8345套。另外，三水新城板块、大良板块均突破6000套，分获亚、季军。

从单盘成交来看，2020年佛山卖得最火的楼盘当属碧桂园凤凰湾，网签5913套、成交金额67.16亿元，连续三度蝉联佛山年度冠军。另外，保利天悦亦备受瞩目，房价突破 4 万元 / 平方米问鼎佛山，成交金额突破 62 亿元，成为当之无愧的 NO.2。

2020 年佛山个盘住宅备案金额 TOP20

排名	镇街 / 板块	楼盘名称	备案金额（亿元）	网签套数（套）	网签面积（万平方米）	备案均价（元 / 平方米）
1	容桂	碧桂园凤凰湾	67.16	5913	58.66	11449
2	桂城千灯湖	保利天悦	62.01	728	13.58	45665
3	桂城平洲	龙光天曜	33.13	1212	12.17	27223
4	南庄绿岛湖	阳光城佛山半岛	32.66	856	14.23	22958
5	桂城	保利和悦滨江	32.13	748	10.41	30879
6	大沥	怡翠尊堤	31.32	1249	12.53	24984
7	大沥黄岐	时代水岸	30.37	928	11.12	27309
8	石湾新城北	合景新鸿基泷景	30.35	1330	14.64	20729
9	桂城平洲	越秀星汇瀚府	27.49	863	10.06	27325
10	乐从佛山新城	保利天寰	27.38	1172	13.96	19612
11	桂城平洲	万科金域世家	25.91	1070	10.18	25466
12	大沥	时代天韵	24.14	734	8.49	28421
13	大良	华侨城天鹅堡	23.50	581	11.45	20526
14	桂城平洲	富丰君御	22.40	680	9.36	23930
15	桂城	万科金域蓝湾二期	21.37	879	8.60	24853
16	乐从佛山新城	龙光玖龙玺	21.30	719	8.74	24380
17	西南河口片区	恒大郦湖城	20.76	2349	24.49	8474
18	白坭	恒大山水龙盘	19.84	1702	22.19	8943
19	大沥	恒大悦府	19.10	787	8.68	22014
20	南庄绿岛湖	龙光玖龙臺	18.99	1016	10.43	18199

六、2021 年展望

展望 2021 年，佛山楼市预计量稳价升，禅桂中心区新盘迭出，多个高价地项目亮相，竞争激烈百花齐放，三山新城板块、陈村板块、佛山新城板块等板块持续看好。

据乐居不完全统计，2021 年佛山五区将迎来至少 86 盘入市。其中，28 盘地价过万元，多达 67 个项目为 2020 年新拿地，至少十大新盘将卖到 30000 元 / 平方米。其中最受关注的新盘包括星河云颂府、绿城桂语映月、佳兆业花样年广雅苑、中南春风南岸、粤海湾华项目、龙光玖悦台二期、新希望奥园金沙公馆、宝能云镜台、方直珑湖湾、颐安雍悦华府等。

数据来源：佛山乐居、佛山住建局、佛山市房产信息网

在售楼盘一览

楼盘名称	价格	物业类型	主力户型
禅城区			
龙光·玖龙臺	11000~17500元/m²	普通住宅、商业	三居室(95m²) 四居室(123m²)
招商岸芷汀兰	14500~16000元/m²	普通住宅	二居室(101~112m²)
金辉辉逸云庭	22000~29000元/m²	普通住宅、别墅	三居室(86~96m²) 四居室(115~142m²)
世茂弘阳绿岛湖公馆	均价18000元/m²	普通住宅	三居室(95m²) 四居室(140m²)
恒大滨江华府	17000~18000元/m²	普通住宅	三居室(85~111m²)
中建壹品佛山建投誉湖	均价17000元/m²	普通住宅	三居室(94m²) 四居室(122m²)
龙光天境	28000~29000元/m²	普通住宅、别墅	四居室(141~200m²) 复式室(158~179m²)
龙光天宸	23000~26000元/m²	普通住宅	三居室(94~103m²) 四居室(125m²)
中交白兰春晓	19000~22000元/m²	普通住宅	三居室(79~94m²) 四居室(109m²)
万科金域时光	16500~17500元/m²	普通住宅、公寓	一居室(32m²) 二居室(90m²)
阳光城半岛	1400万元/套	普通住宅、别墅	四居室(115m²) 五居室(138m²)
德信禹洲曦悦	13000元/m²	普通住宅	三居室(89m²) 四居室(97m²)
绿城桂语兰庭	25000~35000元/m²	普通住宅	三居室(100m²) 四居室(128~170m²)
龙光天阙	800万元/套	普通住宅、别墅	三居室(95.95~100m²) 四居室(116~120m²)
岭南天地怡廷	29000~30000元/m²	普通住宅	三居室(98~99m²) 四居室(133~153m²) 复式室(270m²)
龙光玖悦台	24000~27000元/m²	普通住宅、商业	三居室(89~98m²) 四居室(114~125m²)
鸿翔芮丽	18000元/m²	公寓	一居室(32m²) 二居室(46m²) 三居室(48m²)
保利同济府	27500~28500元/m²	普通住宅	三居室(88~94m²) 四居室(112m²)
卓越浅水湾	22000~23000元/m²	普通住宅、公寓	二居室(95m²) 四居室(118~119m²)
金茂绿岛湖	16000~18000元/m²	普通住宅、别墅、商住	三居室(98m²) 四居室(130~180m²) 五居室(252m²)
兆阳O立方	16000~17000元/m²	写字楼	二居室(50~54m²)
敏捷金谷国际	13000元/m²	普通住宅、写字楼、商业	三居室(88.69~99m²)
保利时代天珀	21000~22000元/m²	普通住宅	三居室(85~100m²) 四居室(118m²)
佳兆业悦峰	17000元/m²	普通住宅	四居室(125m²) 三居室(95m²)
保利中交大都汇	17500元/m²	普通住宅	二居室(85m²) 三居室(94~103m²) 四居室(128~132m²)
朝安金茂悦	23000~24000元/m²	普通住宅	三居室(99m²) 四居室(125~136m²)
普君新城华府Ⅱ	23000~26500元/m²	普通住宅	三居室(95~102m²) 四居室(125m²)
金地海逸悦江	12000元/m²起	普通住宅	三居室(82m²)
国瑞铂金公馆	15000元/m²	普通住宅	一居室(43~46m²) 二居室(69m²) 三居室(83~139m²)

楼盘名称	价格	物业类型	主力户型
禅城区			
建投绿地璀璨天城	15000元/m²	普通住宅、公寓、写字楼、商铺	一居室(30~43.54m²) 二居室(39~48m²)
雄盛王府广场	20000元/m²	普通住宅、公寓、写字楼	写字楼(39~300m²) 复式室(80~110m²)
合景新鸿基珑景	18000~23000元/m²	普通住宅、公寓、别墅、写字楼	一居室(38m²) 三居室(85~114m²) 四居室(128~171m²)
万科悦都荟	16000元/m²	商业	一居室(37m²)
东建世纪锦园	19000~21000元/m²	普通住宅	三居室(92~94m²) 四居室(101~110m²)
民旺云城国际公馆	9000~10000元/m²	公寓、酒店式公寓、商铺	二居室(32~33m²) 三居室(64m²)
美的时光	15000~16000元/m²	普通住宅	四居室(115m²) 三居室(90m²)
泷景汇景峰	19000~22000元/m²	商铺	一居室(38m²)
合景阳光城领峰	12000~15000元/m²	普通住宅、公寓	三居室(87~109m²)
龙湖越秀傲云	26000~27000元/m²	普通住宅	四居室(108~129m²)
玖悦	10000~13000元/m²	普通住宅	三居室(95~109m²) 四居室(125~129m²)
保利水木芳华	16500~17500元/m²	普通住宅	三居室(86~107m²)
越秀岭南隽庭壹公馆	16000~17000元/m²	公寓	复式室(32~76m²)
中粮珑湾祥云	24000~26000元/m²	普通住宅	三居室(96m²) 四居室(134m²)
滨江首府	20000元/m²	普通住宅、商铺	二居室(90m²) 三居室(123~124m²)
世茂望樾	18000~20000元/m²	普通住宅	四居室(110~125m²)
五矿崇文金城	600~800万元/套	普通住宅、别墅	三居室(75m²) 四居室(100~114m²)
国瑞升平	15000元/m²	商铺	一居室(26~140m²)
东基童梦天下	17000~18000元/m²	普通住宅、公寓	三居室(42.56~120m²) 四居室(138m²)
绿地未来城	11000~12000元/m²	普通住宅、公寓、商住	三居室(95~115m²) 跃层(41m²)
保利i立方	11000元/m²	普通住宅、公寓	一居室(41~55m²)
旭辉公元	11000~12000元/m²	普通住宅、公寓	二居室(41~62m²)
星河云颂府	尚未公布	普通住宅	三居室(95m²) 四居室(125m²)
碧桂园岭南盛世	25000元/m²	普通住宅、商铺	三居室(90~97m²) 三、四居室(90~303m²)
星禅宝丰府	尚未公布	普通住宅	二居室(73m²) 三居室(92~97m²) 四居室(117m²)
星星凯旋国际	尚未公布	公寓	二居室(85m²) 三居室(98~127m²)
天樾水岸	尚未公布	普通住宅	三居室(97m²) 四居室(116~180m²) 五居室(215m²)
海伦堡弘阳悦江一号	尚未公布	普通住宅、别墅	三居室(95m²) 四居室(109~120m²)
敏捷珑玥府	尚未公布	普通住宅	三居室(90~105m²) 四居室(128m²)
鸿业季华天地	16000元/m²	公寓	一居室(48m²) 二居室(50~72m²) 三居室(95m²)

禅城区

楼盘名称	价格	物业类型	主力户型
CC ONE 港威缤纷汇	尚未公布	公寓、写字楼、商业	二居室 (70m²) 三居室 (95m²)
华发四季	尚未公布	普通住宅	二居室 (95m²) 三居室 (126~140m²)

南海区

楼盘名称	价格	物业类型	主力户型
绿城桂语映月	尚未公布	普通住宅	尚未公布
阳光城翡丽滨江	尚未公布	普通住宅、别墅	尚未公布
金地龙湾壹号	尚未公布	普通住宅、商铺	尚未公布
新希望奥园金沙公馆	尚未公布	普通住宅	三居室 (95m²) 四居室 (115m²)
时代天韵	28000~31000 元/m²	普通住宅、公寓	三居室 (98m²) 四居室 (119~143m²)
广佛里智慧慢城	16000~18000 元/m²	普通住宅、写字楼、商业	二居室 (85~99m²) 三居室 (113~136m²)
首创禧瑞园著	23024~24624 元/m²	普通住宅	三居室 (85~99m²) 四居室 (124~146m²)
时代爱车小镇	24000~26000 元/m²	普通住宅、公寓、商铺	三居室 (88m²) 四居室 (109m²)
中海文锦国际	29000 元/m²	普通住宅	三居室 (84~96m²) 四居室 (113m²)
龙光玖里江湾	24700~28000 元/m²	普通住宅	二居室 (89m²) 三居室 (98~128m²)
保利南海之门	14000 元/m²	公寓、写字楼	三居室 (117m²) 四居室 (150m²)
万科天空之城	25000~34000 元/m²	普通住宅、公寓	三居室 (95m²) 四居室 (122~143m²)
保利华侨城云禧	28000~37000 元/m²	普通住宅	三居室 (84~97m²) 四居室 (115~129m²)
中交泷湾云城	25000~27000 元/m²	普通住宅	三居室 (99m²) 四居室 (129m²) 五居室 (139m²)
保利和悦滨江	24000~40000 元/m²	普通住宅	三居室 (91~112m²) 四居室 (139~142m²)
弘阳时光天樾	17000~18000 元/m²	普通住宅、别墅	三居室 (98m²) 四居室 (126m²)
招商悦府	10000~12000 元/m²	普通住宅、商业	三居室 (90m²) 四居室 (110m²)
招商金地时代天璞	22000~25000 元/m²	普通住宅、商铺	二居室 (92m²) 三居室 (113m²)
龙光天曜	28000~30000 元/m²	普通住宅、商铺	三居室 (91~98m²) 四居室 (106~112m²)
龙光玖御湖	14000~16000 元/m²	普通住宅	三居室 (100m²) 四居室 (122~150m²)
富力西江十号	9000~11000 元/m²	普通住宅	一居室 (44.48m²)
富力国际金融中心	13000 元/m² 起	公寓、写字楼、商铺	一居室 (110~246m²)
珠水豪庭	28000~35000 元/m²	普通住宅	二居室 (85~89m²) 三居室 (121~162m²) 四居室 (220~221m²)
碧桂园君临壹品	11000~12500 元/m²	普通住宅、商铺	三居室 (101m²) 四居室 (125~137m²)
金融街仙湖悦府	18000~20000 元/m²	普通住宅	别墅 (139~143m²)
佳兆业E立方	12500 元/m²	商业	一居室 (37~59m²)
光明花半里	15000~17000 元/m²	普通住宅	三居室 (85~122m²) 四居室 (142m²) 五居室 (160m²)
碧桂园翡翠湾	8600~9200 元/m²	普通住宅、商铺	三居室 (101~111m²) 四居室 (131m²)
奥园弘阳公园一号	16000~19000 元/m²	普通住宅	三居室 (96m²) 四居室 (122~165m²)
正荣新希望金洲府	27000~28500 元/m²	普通住宅	二居室 (83~93m²) 三居室 (111m²)

南海区

楼盘名称	价格	物业类型	主力户型
碧桂园云樾金沙	22000~23000 元/m²	普通住宅、写字楼	二居室 (87m²) 三居室 (108m²) 四居室 (123m²)
桂南星晴公馆	22000~25000 元/m²	普通住宅、商铺	二居室 (68m²) 三居室 (87~97m²) 四居室 (112m²)
富佳和院	18000~21000 元/m²	普通住宅	三居室 (82~96m²) 四居室 (120m²)
中骏雍景台	12500~13500 元/m²	普通住宅	三居室 (88~98m²) 四居室 (115~125m²)
上坤翰林湖壹号	13000~14000 元/m²	普通住宅	三居室 (89m²) 四居室 (118m²)
保利玥上	10000 元/m²	公寓、商铺	二居室 (75m²) 四居室 (135m²)
万科金域世家	25000~26000 元/m²	普通住宅	二居室 (90~92m²) 三居室 (122m²) 四居室 (121m²)
时代招商天禧	17000~19000 元/m²	普通住宅	四居室 (116~129m²) 三居室 (95m²)
保利天悦	45000~52000 元/m²	普通住宅、公寓、写字楼	四居室 (189~230m²)
弘阳博爱湖一号	25000~26000 元/m²	普通住宅、别墅	三居室 (97~162m²)
利嘉阁	23000 元/m²	普通住宅	三居室 (90~91m²)
美的玖峰广场	20000~23000 元/m²	普通住宅、商铺	三居室 (90~93m²) 四居室 (115~118m²)
越秀星汇瀚府	28000~30000 元/m²	普通住宅	四居室 (100~130m²)
新城璟城	15000~16000 元/m²	普通住宅	二居室 (95m²) 三居室 (110~130m²) 四居室 (149m²)
连城湾	19000~21000 元/m²	普通住宅	三居室 (89.72~91.54m²) 四居室 (129.27m²)
时代水岸	28000~32000 元/m²	普通住宅	三居室 (82~98m²) 四居室 (113m²)
怡翠尊堤	25000~27000 元/m²	普通住宅、公寓、写字楼、商铺	三居室 (85~110m²) 四居室 (126~149m²)
广佛新世界花园洋房	16900 元/m²	普通住宅	三居室 (102~121m²) 四居室 (138m²)
奥园上林一品	12500~14000 元/m²	商铺	三居室 (95~110m²) 四居室 (128m²)
保利紫山花园	24000 元/m²	别墅	五居室 (169m²) 四居室 (139~144m²) 别墅 (350m²)
和丰颖苑	11000~12000 元/m²	普通住宅	三居室 (91m²) 四居室 (151m²) 复式 (291m²)
翠湖绿洲花园	16500 元/m²	普通住宅	三居室 (87~187m²) 四居室 (140~196m²) 五居室 (206~230m²)
祈福南湾半岛	12000~13000 元/m²	普通住宅、别墅	二居室 (77~78m²) 三居室 (91~136m²) 四居室 (174~177m²)
深业旗山雅苑	20000~22000 元/m²	普通住宅	三居室 (84~85m²)
海逸文汇轩	13500 元/m²	普通住宅	三居室 (85~110m²) 四居室 (124m²)
天安中心	12000 元/m²	公寓	一居室 (45~72m²) 三居室 (72m²)
山语湖山湖华庭	16000~18000 元/m²	普通住宅	三居室 (93m²) 四居室 (124m²)
保利梦工场	尚未公布	公寓、商铺	一居室 (25m²) 二居室 (71m²)
南海国际会展中心	尚未公布	公寓、商铺	一居室 (40m²)
嘉云水岸花园	20000~22000 元/m²	普通住宅	三居室 (93~111m²) 四居室 (121~140m²)
时代天境	30000~33000 元/m²	普通住宅	一居室 (55m²) 二居室 (76m²) 三居室 (95m²)

南海区			
楼盘名称	价格	物业类型	主力户型
阅海	15000~17000 元/m²	普通住宅	三居室（90m²） 四居室（135~156m²）
奥园誉峯	12000~13000 元/m²	普通住宅	三居室（90~98m²） 四居室（118~128m²）
合生悦公馆	15500~17000 元/m²	普通住宅	三居室（95m²） 四居室（120m²）
保利天际	16000~18000 元/m²	写字楼	一居室（74~135m²）
万科金域蓝湾Ⅱ	24000 元/m²	普通住宅	三居室（93~96m²） 四居室（146m²）
雅居乐新地	15500~17000 元/m²	普通住宅	三居室（99m²） 四居室（120~147m²）
雅瑶绿洲星悦湾	20000~23000 元/m²	普通住宅、别墅	三居室（105~118m²） 四居室（123~181m²）
首创禧悦台	14500~16500 元/m²	普通住宅、商铺	三居室（95m²） 四居室（115m²）
国瑞华庭	11500~12500 元/m²	普通住宅、商铺	三居室（89~102m²） 四居室（120~130m²）
樵悦名居	10000~12500 元/m²	普通住宅、商铺	三居室（88m²）
万科尚都荟	16000 元/m²	普通住宅、商业	二居室（59m²） 三居室（95m²）
万科 A32	20000 元/m²	建筑综合体	复式室（30m²）
西关九里	11000 元/m²	商业	二居室（54m²）
德高信中央大道	24000 元/m²	公寓	二居室（60~90m²）
时代领峰	17000~18000 元/m²	普通住宅、别墅	三居室（95~114m²） 四居室（128~140m²）
广佛新世界凯璟湾别墅	20000 元/m² 起	别墅	五居室（350~465m²） 六居室（602m²）
力迅榕墅里	400~1100 万元/套	普通住宅、别墅	四居室（112~125m²） 六居室（143~169m²）
时代家	20000~21000 元/m²	普通住宅、商铺	三居室（82~95m²） 四居室（118~128m²）
万冠广场	17000~19000 元/m²	普通住宅、写字楼、商铺	三居室（87~89m²） 四居室（107~120m²）
美的翰湖苑	13000~14000 元/m²	普通住宅	三居室（88~89m²） 四居室（110~127m²）
千灯墅	47000 元/m²	别墅	六居室（282m²） 七居室（350m²）
宏宇天御江畔	19000~21000 元/m²	普通住宅	二居室（86~89m²） 三居室（126m²） 四居室（113m²）
当代万国府 MOMΛ	530~900 万元/套	普通住宅、别墅	四居室（158~164m²）
东建锦绣龙湾	11000~12000 元/m²	普通住宅	三居室（90~131m²） 四居室（138~230m²） 五居室（230m²）
悦珑湖	13000~14000 元/m²	普通住宅	三居室（90~130m²）
富丰君御	22000~25500 元/m²	普通住宅、商铺	二居室（78m²）
恒福天悦花园	15000~17000 元/m²	普通住宅、商铺	三居室（87~113m²） 四居室（133~141m²）
江山一品	11000~12000 元/m²	普通住宅、别墅、商铺	三居室（84~90m²） 四居室（132~142m²）
保利紫山	18000~20000 元/m²	普通住宅、别墅	三居室（70~96m²） 四居室（110~144m²）
海逸桃花源记	11000~12000 元/m²	普通住宅、公寓、商住	二居室（82m²） 三居室（89~130m²）
名汇浩湖湾	13000~14500 元/m²	普通住宅	二居室（41~72m²） 三居室（81~120m²） 四居室（124~143m²）
万科金色领域	18000 元/m²	商业	二居室（63m²） 一居室（31~64m²）
美的联诚智汇家	21500 元/m²	普通住宅、商铺	二居室（59~64m²） 三居室（80~93m²） 四居室（133m²）

南海区			
楼盘名称	价格	物业类型	主力户型
尚观嘉园	15000~16000 元/m²	普通住宅、自住型商品房	二居室（78~80m²） 三居室（83~122m²） 四居室（134~139m²）
美立方花园	17000~20000 元/m²	普通住宅	三居室（89~132m²） 四居室（142m²）
宏宇景裕豪园	30000~32000 元/m²	普通住宅	三居室（87m²） 四居室（122~124m²）
悦万城	22000 元/m²	普通住宅、商铺	一居室（40~67m²） 三居室（85~132m²） 四居室（189~216m²）
誉江华府	12000~13000 元/m²	普通住宅、别墅	别墅（790~1300m²）
天晟海琴湾	11000~13000 元/m²	别墅	三居室（145~148m²） 四居室（171~193m²） 五居室（259~370m²）
合生君景湾	23000~25000 元/m²	普通住宅	三居室（124~132m²） 五居室（174m²）
中恒海晖城	17000 元/m²	普通住宅	四居室（136~139m²）
创鸿水韵尚都	1200 万元/套	普通住宅、别墅、商业	别墅（300~380m²）
中海万锦世家	16000 元/m²	普通住宅	三居室（100~120m²）
佳兆业花样年广雅院	尚未公布	普通住宅	三居室（83m²） 四居室（113m²）
蓝光未来城	尚未公布	普通住宅	三居室（95m²） 四居室（118m²）
华侨城天鹅堡（金沙洲）	28000~31000 元/m²	普通住宅	三居室（87~95m²） 四居室（119~128m²）
维景蓝湾	尚未公布	普通住宅	三居室（120m²） 四居室（180m²）
上坤云栖公馆	尚未公布	普通住宅	三居室（80m²） 四居室（128m²）
港金大厦	9500 元/m²	写字楼	二居室（78~113m²）
澳门城	16000 元/m²	普通住宅	一居室（43~49m²） 二居室（67m²） 三居室（89m²）
山语湖	19000 元/m²	普通住宅	别墅（360~560m²）

顺德区			
楼盘名称	价格	物业类型	主力户型
中建顺控云熙悦城	尚未公布	普通住宅	三居室（79~95m²） 四居室（108~120m²）
上华智能智造产业园	尚未公布	公寓、商铺	尚未公布
实地紫藤公馆	尚未公布	普通住宅	三居室（98m²） 四居室（121~125m²）
世茂国风滨江	29000 元/m²	普通住宅	三居室（98m²） 四居室（108~128m²） 复式室（133m²）
顺德碧桂园 28 光年	22000 元/m²	普通住宅	二居室（99m²） 三居室（117~142m²） 五居室（215m²）
凯蓝锦伦华庭	17000~18000 元/m²	普通住宅	三居室（74~79.35m²）
金茂碧桂园正荣府	700~1200 万元/套	普通住宅、别墅	三居室（90~107m²） 四居室（120m²）
ICC 碧桂园三龙汇	约 25000 元/m²	普通住宅、商铺	三居室（95~141m²）
碧桂园水乡芳华	19~29 万元/套	公寓、商铺	一居室（19~62m²）
卓越碧桂园天悦湾	19800~22000 元/m²	普通住宅	二居室（75~94m²） 三居室（108m²）
新希望锦官半岛	23000 元/m²	普通住宅	三居室（105m²） 四居室（127~142m²）
鹏瑞皓玥湾	1600~3300 万元/套	普通住宅	五居室（280~350m²）
龙光玖龙玺	500~600 万元/套	普通住宅、公寓、商铺	二居室（104m²） 三居室（124~144m²） 四居室（167m²）
中国铁建凤语潮鸣	均价 23000 元/m²	普通住宅、别墅	复式室（110m²） 平层（140m²）

顺德区			
楼盘名称	价格	物业类型	主力户型
碧桂园凤凰湾望江府	12800 元/m²	普通住宅	四居室 (118~220m²) 五居室 (270m²)
招商曦岸	17000~19000 元/m²	普通住宅	三居室 (82~93m²) 四居室 (111m²)
金科铂悦都会	18000~19000 元/m²	普通住宅	二居室 (89.3m²) 三居室 (110.2m²)
里城晴樾中心	9500~12500 元/m²	公寓、商铺	二居室 (34m²) 三居室 (50m²)
龙光·玖云熙园	10000~15000 元/m²	普通住宅	复式室 (40~44m²)
怡翠晋盛	34500 元/m²	普通住宅、公寓、别墅、写字楼、商铺	一居室 (42~54m²) 三居室 (75m²) 四居室 (137~142m²)
顺德未来城	24500~27000 元/m²	普通住宅、公寓、商铺	三居室 (102~118m²) 四居室 (124~140m²)
顺德龙光玖龙府	14000~15000 元/m²	普通住宅	三居室 (95~98m²) 四居室 (112~123m²)
金科博翠天下	24000 元/m²	普通住宅、商铺	三居室 (115m²) 四居室 (131m²) 别墅 (135m²)
顺德恒大江湾	14000 元/m²	普通住宅	三居室 (94~110m²) 四居室 (122~132m²)
碧桂园凤凰湾	9800~13800 元/m²	普通住宅、酒店式公寓、商铺	一居室 (37m²) 二居室 (88~90m²) 三居室 (95m²) 四居室 (140m²)
融创滨江粤府	9500 元/m²	普通住宅	二居室 (95m²) 三居室 (104~106m²) 四居室 (116m²)
顺德自在城	11000~12000 元/m²	普通住宅	三居室 (92m²) 四居室 (113m²)
龙光天瀛	25000 元/m²	普通住宅	三居室 (99m²) 四居室 (119~148m²) 别墅 (323~369m²)
龙光玖龙郡	13500~15000 元/m²	普通住宅、商业	二居室 (40~42m²) 三居室 (60~102m²) 四居室 (110~117m²)
电建地产洺悦华府	17300~24500 元/m²	普通住宅	三居室 (123m²) 四居室 (140~143m²)
电建地产洺悦半岛	12000~13000 元/m²	普通住宅	二居室 (103~105m²) 四居室 (125~127m²)
华润置地悦里	17000~22000 元/m²	普通住宅	二居室 (88~95m²) 三居室 (113~144m²)
世博汇	9200~26000 元/m²	公寓、写字楼、商铺	一居室 (18~43m²)
藏珑华府	20000~23000 元/m²	普通住宅、公寓、商业	三居室 (82~106m²) 四居室 (110~127m²)
金海 M~CITY	19500~26000 元/m²	普通住宅、公寓、写字楼	一居室 (31m²) 二居室 (65~90m²) 三居室 (93~128m²)
绿城·顺德杨柳郡	22000~25000 元/m²	普通住宅、公寓	四居室 (115m²) 三居室 (85~99m²)
蓝光碧桂园锦泷湾	11000 元/m²	普通住宅、别墅、商铺、工业	二居室 (86~96m²) 三居室 (116~126m²)
时代印记	18000~21000 元/m²	普通住宅、商铺	三居室 (85~95m²) 四居室 (102~117m²)
保利时光印象	13000~14000 元/m²	普通住宅	二居室 (69~73m²) 三居室 (96m²)
保利龙光和光尘樾	19500~22000 元/m²	普通住宅、公寓、商业	三居室 (110m²) 四居室 (115~139m²)
金辉岭南云著	21000~23000 元/m²	普通住宅	三居室 (124~141m²)
华侨城天鹅堡	20000~23000 元/m²	普通住宅	三居室 (121m²) 四居室 (171~211m²)
涛汇明日鎏金湾	18000~25000 元/m²	普通住宅、别墅	三居室 (94m²) 四居室 (127m²)
鸿坤创智天地	13500 元/m²	商业	复式室 (45~74m²)

顺德区			
楼盘名称	价格	物业类型	主力户型
中交诚湾悦府	13500 元/m²	普通住宅	三居室 (88~90m²) 四居室 (100~113m²)
中国云麓公馆	15500~18000 元/m²	普通住宅	三居室 (120m²) 四居室 (130~189m²)
中交雅居乐剑桥郡	13800~14800 元/m²	普通住宅、商铺	三居室 (96~98m²) 四居室 (117~139m²)
华侨城欢乐海岸PLUS蓝岸公寓	16500~19000 元/m²	公寓	一居室 (50.33~55.49m²) 二居室 (93.24m²)
顺德汽车产业园	30000 元/m²	公寓、商铺	一居室 (48~56m²) 二居室 (66~103m²)
金辉优步大道	18100~19500 元/m²	普通住宅、商铺	三居室 (95~98m²) 四居室 (106~121m²)
力合阳光城云谷	13000 元/m²	商业	复式室 (28~66m²)
泰禾世茂院子	24000~26000 元/m²	普通住宅、公寓、别墅、商铺	一居室 (44m²) 三居室 (100~120m²) 四居室 (135m²)
美的花湾城	19000 元/m²	普通住宅	三居室 (84~115m²) 四居室 (121~146m²)
华侨城天鹅湖	1200~1400 万元/套	普通住宅、别墅	三居室 (113~120m²) 四居室 (137~201m²) 五居室 (243~289.6m²)
万科金域滨江	18000~19000 元/m²	普通住宅、写字楼、商业	三居室 (93~106m²) 四居室 (144m²)
金域天下	11500~12000 元/m²	普通住宅、别墅	三居室 (103~109m²) 四居室 (124~131m²) 别墅 (266~425m²)
华侨城蓝楹湾	22000 元/m²	商业	写字楼 (502~1988m²)
锦屏山壹号	13800 元/m²	普通住宅	三居室 (92m²) 四居室 (108m²)
唯美臻岸华府	16000~18500 元/m²	普通住宅、别墅	三居室 (119m²) 四居室 (134~171m²) 五居室 (181~234m²)
美的云悦江山	24000~25000 元/m²	普通住宅	四居室 (127m²)
广佛保利城	19000 元/m²	普通住宅	三居室 (77~84m²) 四居室 (103m²)
顺德恒大中央广场	9000~11000 元/m²	公寓、商业	复式 (43~146m²)
颐安滨悦名庭	11000~13500 元/m²	普通住宅	三居室 (89m²) 四居室 (111~121m²)
卓越万科朗润园	14600~15800 元/m²	普通住宅	二居室 (88~95m²) 三居室 (113~120m²)
顺德万科广场	38 万元/套	写字楼	一居室 (28~32m²)
中海悦林熙岸	27800 元/m²	普通住宅、商铺	三居室 (99~104m²) 四居室 (121~143m²)
美的置业万达广场	13500 元/m²	公寓、商铺	一居室 (35m²)
荣盛文博府	12800 元/m²	普通住宅、商铺	三居室 (106~129m²)
中国铁建领秀公馆	16000~17000 元/m²	普通住宅	二居室 (90~107m²) 三、四居室 (118m²)
保利天寰	18000~20500 元/m²	普通住宅	三居室 (102~128m²) 四居室 (132m²) 五居室 (142m²)
华一星豪湾	尚未公布	普通住宅	二居室 (95~112m²) 三居室 (109~125m²) 四居室 (149m²)
禹洲朗廷湾	11500~12500 元/m²	普通住宅	三居室 (89~97m²) 四居室 (114~125m²)
金地翠园	22900 元/m²	普通住宅	三居室 (91m²) 四居室 (109~124m²)
海骏达宫馆	15000~17000 元/m²	普通住宅	四居室 (245m²) 五居室 (481m²)
信达珑桂蓝庭	12000~12200 元/m²	普通住宅	三居室 (94~112m²)
龙悦江山	14000 元/m²	普通住宅	三居室 (88m²) 四居室 (117~128m²)
德江御府	12500 元/m²	普通住宅	三居室 (105~117m²) 四居室 (138~140m²)

顺德区			
楼盘名称	价格	物业类型	主力户型
旭辉雅居乐清樾	15200 元/m²	普通住宅	三居室 (89~98m²) 四居室 (118m²)
万科京都荟	13000~15000 元/m²	商业	一居室 (38~45m²)
路劲天隽汇	400万元/套	普通住宅、别墅	四居室 (275~354m²)
中海金玺公馆	18500~19500 元/m²	普通住宅	四居室 (118~135m²)
万科星都荟	14000 元/m²	商业	一居室 (30m²)
Poly The Face	12500 元/m²	公寓	二居室 (37m²)
顺德新能源汽车小镇	14000 元/m²	写字楼	一居室 (37~53m²)
万科金域学府	13000 元/m²	普通住宅	三居室 (80m²)
华侨城云邸	19000 元/m²	普通住宅	三居室 (91~115m²) 四居室 (108~154m²)
中海雍景熙岸	13000 元/m²	普通住宅、别墅	三居室 (125m²) 四居室 (142m²)
涛汇广场	14500 元/m²	别墅	二居室 (49m²) 复式室 (29~39m²)
碧桂园云空间（勒流）	33万元/套起	公寓、商住	二居室 (35~42m²) 四居室 (77m²)
雅居乐万象郡	12500~15000 元/m²	普通住宅、商铺	三居室 (95~96m²) 四居室 (109~131m²)
美的桂畔君兰	19500 元/m²	普通住宅	三居室 (89m²) 四居室 (110~126m²)
恒大苏宁广场	10000~12000 元/m²	公寓、酒店式公寓	一居室 (41~44m²)
恒福容悦园	14500~15000 元/m²	普通住宅	三居室 (90~97m²) 四居室 (116~116m²)
美的中交翰诚	15000 元/m²	普通住宅	四居室 (116~126m²) 三居室 (95m²)
乐明轩	13000 元/m²	普通住宅	三居室 (79~104m²)
金辉路劲江山云著	16000~19000 元/m²	普通住宅、商铺	三居室 (95~120m²) 四居室 (143m²)
万科翡翠江望	18000~19000 元/m²	普通住宅	三居室 (94m²) 四居室 (125m²)
中洲府	18500~21000 元/m²	普通住宅	三居室 (95m²) 四居室 (125m²) 五居室 (143m²)
颐安灏景湾	15000~16000 元/m²	普通住宅、商铺	三居室 (94~106m²) 四居室 (117~143m²)
利保米兰公馆	11000 元/m²	公寓	二居室 (39~51m²) 四居室 (62~73m²)
美的西江府	12500 元/m²	普通住宅、商铺	别墅 (173m²)
美的绿城凤起兰庭	24500~25500 元/m²	普通住宅、商住	四居室 (144m²) 五居室 (185m²)
合景天銮	23000~28000 元/m²	普通住宅	三居室 (85~96m²) 四居室 (188m²)
凯蓝滨江时光	15000~17000 元/m²	普通住宅、商铺	三居室 (85.12m²) 四居室 (81~91m²)
中惠璧珑湾	19000 元/m²	普通住宅、商铺	三居室 (92~110m²) 四居室 (138m²)
物联创智谷	8000~10000 元/m²	公寓、商铺	一居室 (41m²) 二居室 (77m²) 三居室 (92m²)
保利碧桂园悦公馆	18000~21000 元/m²	普通住宅	二居室 (88m²) 三居室 (97~127m²) 四居室 (139~166m²)
顺德荔园新天地	23000~24000 元/m²	普通住宅、商铺	三居室 (95~105m²) 四居室 (127m²)
顺德保利中央公园	16500 元/m²	普通住宅、商铺	二居室 (82m²) 三居室 (80~122m²) 四居室 (96~163m²)
星际半岛	14500~15500 元/m²	普通住宅、别墅	别墅 (393m²) 三居室 (107~119m²) 四居室 (151~155m²)
太平洋国际	23000 元/m²	普通住宅	二居室 (86m²) 三居室 (93m²)

顺德区			
楼盘名称	价格	物业类型	主力户型
佛奥湾	16000~17000 元/m²	普通住宅	五居室 (360m²) 六居室 (400m²)
深业城	19000~21000 元/m²	普通住宅、公寓	一居室 (37m²) 二居室 (91~105m²) 三居室 (112~254m²)
海骏达康格斯花园	14500 元/m²	普通住宅、别墅、商铺	三居室 (100~112m²)
博澳城	12500~13500 元/m²	普通住宅、别墅	三居室 (79m²) 四居室 (90m²)
中海万锦公馆	17500 元/m²	普通住宅	三居室 (100~132m²) 四居室 (143m²)
凯蓝滨江名门	17000~18000 元/m²	普通住宅、商铺	三居室 (73~97.78m²) 四居室 (112.2m²) 五居室 (102.89m²)
中南春风南岸	尚未公布	普通住宅	三居室 (70m²) 四居室 (115m²)
宝能云境台	35000~38000 元/m²	普通住宅	四居室 (280~350m²)
阳光城保利臻悦	尚未公布	普通住宅	尚未公布
圣淘湾美丽院子	尚未公布	普通住宅、别墅	三居室 (138m²)
美的花样年云璟	尚未公布	普通住宅	三居室 (73~95m²)
金科城	尚未公布	普通住宅	三居室 (88m²) 四居室 (108m²)
富港水岸云天	尚未公布	普通住宅、公寓	四居室 (118m²)
顺控华侨城云尚park	尚未公布	公寓、商铺	一居室 (77~110m²)
宏宇宏裕公馆	尚未公布	公寓	一居室 (33m²) 二居室 (50m²) 三居室 (64m²)
瑞兴创享中心	尚未公布	商业	跃层 (50~100m²)
瀚康华府	尚未公布	普通住宅	三居室 (85m²) 四居室 (120m²)
太平洋广场	尚未公布	商铺、商业	二居室 (86m²) 三居室 (93m²)

高明区			
楼盘名称	价格	物业类型	主力户型
金科卓越集美江湾	8200~9000 元/m²	普通住宅	三居室 (88m²) 四居室 (118m²)
金科集美天辰湾	6500~7300 元/m²	普通住宅	二居室 (89~100m²) 三居室 (117m²) 四居室 (122~130m²)
禹洲德信·云江府	7000 元/m²	普通住宅	三居室 (80~90m²) 四居室 (100m²)
阳光城丽景公馆	7500~8500 元/m²	普通住宅	三居室 (93m²) 四居室 (103~114m²)
恒大山湖郡	7400 元/m² 起	普通住宅、别墅	三居室 (90~219m²) 四居室 (331m²)
招商熙园	8500 元/m²	普通住宅	三居室 (96m²) 四居室 (117m²)
海伦堡菁华府	10500 元/m²	普通住宅、商铺	三居室 (126.99m²)
力高君熙府	8500~11000 元/m²	普通住宅	三居室 (95~106m²) 四居室 (116m²)
龙光金辉优步学府	7500 元/m²	普通住宅	三居室 (95m²)
恒大西江天悦	6800 元/m²	普通住宅、商铺	三居室 (96~114m²) 四居室 (124~135m²)
华福珑熹水岸	8300 元/m²	普通住宅	三居室 (97m²) 四居室 (115~125m²)
保利西山林语	7800 元/m²	普通住宅	三居室 (105m²) 四居室 (130m²)
敏捷三和府	7500 元/m²	普通住宅	三居室 (94~105m²) 四居室 (129m²)
翡翠西江	9500~11800 元/m²	普通住宅	三居室 (95m²) 四居室 (114~125m²)

高明区

楼盘名称	价格	物业类型	主力户型
高明中梁首府	7500~8500 元/m²	普通住宅	四居室 (129~137m²)
保利玥府	11500~12000 元/m²	普通住宅	三居室 (105m²) 四居室 (120~135m²)
富星半岛	9300 元/m²	普通住宅、别墅	三居室 (112.6~149m²) 四居室 (135~159m²)
美的海伦堡云湾府	10500~11000 元/m²	普通住宅	三居室 (95m²) 四居室 (121m²)
颐安天璟名庭	10500~12500 元/m²	普通住宅	三居室 (88m²) 四居室 (118m²)
美的观澜府	10000~14000 元/m²	普通住宅	四居室 (141m²)
高明·钧明城	9500~11500 元/m²	普通住宅、公寓、商铺	一居室 (24~92m²)
绿地熙江广场	10500~13500 元/m²	普通住宅、公寓、商铺	三居室 (95~117m²) 四居室 (133m²)
鑫苑城	8800~10800 元/m²	普通住宅	三居室 (90~120m²) 四居室 (121~140m²)
万科中骏金域西江	9500 元/m²	普通住宅	二居室 (91~93m²) 三居室 (126m²)
恒大滨江左岸	6300~7800 元/m²	普通住宅	三居室 (94~109m²) 四居室 (133m²)
中南滨江国际	7800~8300 元/m²	普通住宅	三居室 (90m²) 四居室 (128m²)
恒晖星河雅居	7000~8000 元/m²	普通住宅	二居室 (71m²) 三居室 (97~118m²)
美的城	8000~8300 元/m²	普通住宅	三居室 (116m²) 四居室 (134m²)
绿地拾野川	8000~9000 元/m²	普通住宅、别墅	二居室 (124m²) 三居室 (125~162m²)
美的明湖	10500~11500 元/m²	普通住宅、别墅、商铺	三居室 (105~117m²) 四居室 (132m²)
美的鹭湖森林度假区	18000~20000 元/m²	普通住宅、公寓、别墅	二居室 (77m²) 三居室 (92~115m²) 别墅 (130~263m²)
碧桂园联丰天汇湾	9700~12600 元/m²	普通住宅、商铺	三居室 (96~130m²) 四居室 (143m²)
江滨香格里	9500 元/m²	普通住宅、别墅、商铺	二居室 (87m²) 三居室 (88~108m²) 四居室 (130~140m²)
欧浦花城	5700~5800 元/m²	普通住宅、别墅、商铺	三居室 (93~128m²)
君御海城	9700~10800 元/m²	普通住宅、公寓	二居室 (46~72m²) 三居室 (113~143m²)
高明碧桂园花城荟	尚未公布	普通住宅	三居室 (94m²) 四居室 (141m²)
秀丽华庭	7800~8600 元/m²	普通住宅	三居室 (109m²) 四居室 (127m²)
联海星堤	尚未公布	普通住宅、商业	三居室 (101m²) 四居室 (129m²)
方直珑湖湾	尚未公布	普通住宅、政策房	三居室 (89m²) 四居室 (119m²)

三水区

楼盘名称	价格	物业类型	主力户型
明智雅苑	8500~9600 元/m²	普通住宅、别墅	三居室 (106~121m²) 四居室 (133~135m²)
金科集美山水	7000~8600 元/m²	普通住宅、别墅	三居室 (84~90m²) 四居室 (109~118m²)
保利时代	12000~13000 元/m²	普通住宅	三居室 (95~99m²) 四居室 (114~125m²)
捷和广场二期水漾坊	10000 元/m²	普通住宅	三居室 (73~87m²) 四居室 (119m²)
招商樾园	11000~12000 元/m²	普通住宅、商铺	三居室 (95~99m²) 四居室 (114~180m²)
旭辉城	11500 元/m²	普通住宅、商铺	二居室 (88~105m²) 三居室 (115~133m²)
金融街金悦郡	11000~12000 元/m²	普通住宅	三居室 (85~95m²) 四居室 (115m²)
恒大珺庭	11000~11500 元/m²	普通住宅	三居室 (93~125m²) 四居室 (146m²)
恒大山水龙盘	8000~8500 元/m²	普通住宅、别墅	三居室 (91~121m²) 四居室 (124~125m²) 五居室 (161m²)
鸿安花园	8480 元/m²	普通住宅、商铺	三居室 (94~117m²) 四居室 (123~140m²)
银河广场	9000 元/m²	普通住宅、公寓	二居室 (33~40m²)
融创半岛壹号	尚未公布	普通住宅	三居室 (85m²) 四居室 (99~118m²)
恒大悦珑台	10000~11000 元/m²	普通住宅	三居室 (94~101m²) 四居室 (121m²)
浅水湾	13000 元/m²	普通住宅	四居室 (120.89~186.3m²) 五居室 (219.35m²)
恒大云东海	8000~9000 元/m²	普通住宅、别墅	三居室 (86~127m²)
旭辉江山	12000~13500 元/m²	普通住宅、商住	三居室 (88~106m²) 四居室 (116m²)
新城招商誉府	10300~11500 元/m²	普通住宅	三居室 (90~125m²) 四居室 (125m²)
三水冠军城	10800~12500 元/m²	普通住宅	三居室 (83.73~121m²) 四居室 (117~119m²)
恒大郦湖城	8300~8600 元/m²	普通住宅、商铺	三居室 (85m²) 四居室 (121~125m²)
时代南湾	13500 元/m²	普通住宅	三居室 (83~113m²) 四居室 (118~139m²)
三水保利中央公园	10000~11500 元/m²	普通住宅	三居室 (88~128m²) 四居室 (124~143m²) 五居室 (136~167m²)
捷和广场	均价 10000 元/m²	普通住宅	三居室 (76m²)
保利御江南	15000~20000 元/m²	普通住宅、公寓、别墅	三居室 (98m²) 四居室 (85~120m²) 四居室 (123~130m²)
钧明汇	25000 元/m²	商铺	商铺 (37~120m²)
恒大雅苑	5000~7000 元/m²	普通住宅	三居室 (95~109m²) 四居室 (135m²)
谊泰豪苑	10500~11000 元/m²	普通住宅、商铺	三居室 (87~108m²) 四居室 (118~136m²)
禹洲朗悦	12000~13000 元/m²	普通住宅、商铺	二居室 (90~100m²) 三居室 (118m²)
常乐府	11500~12000 元/m²	普通住宅、商铺	三居室 (88~98m²) 四居室 (117m²)
南山十二院	33.8 万元/套起	公寓	一居室 (36~63m²) 二居室 (100m²)
颐安天朗名庭	10500~11000 元/m²	普通住宅	三居室 (88m²) 四居室 (119m²)
景秀南湾公馆	7800~8300 元/m²	普通住宅	四居室 (89~95m²)
创雄华府	11500~12000 元/m²	普通住宅	三居室 (101~116m²) 四居室 (128m²)
三水奥园尚居	6500~7000 元/m²	普通住宅	三居室 (96~110m²)
宏信优家	7000~8000 元/m²	公寓、商铺	一居室 (41~55m²) 二居室 (65m²)
北大资源颐和博雅	10500 元/m²	普通住宅	四居室 (112m²) 五居室 (141m²)
金融街金悦府	14000~16000 元/m²	普通住宅、商铺	三居室 (100m²) 四居室 (119m²) 五居室 (160m²)
美的峯境	8500~9000 元/m²	普通住宅、商铺	三居室 (95~106m²) 四居室 (125~128m²)
恒大御澜庭	6500~7000 元/m²	普通住宅	三居室 (96m²) 四居室 (133m²)
金地艺境天成	8000~9000 元/m²	普通住宅、商铺	二居室 (85~105m²) 三居室 (125~140m²)
万顺华府	8300 元/m²	普通住宅	三居室 (97~116m²)

三水区

楼盘名称	价格	物业类型	主力户型
万科魅力之城	8300~8600 元/m²	普通住宅、别墅	三居室（82~130m²）
三水坊	18000~35000 元/m²	商铺	一居室（50~120m²）
碧桂园奥斯汀	9500 元/m²	普通住宅、公寓、商铺	二居室(44m²) 三居室(88~96m²) 四居室(104m²)
观景豪园	11000~12000 元/m²	普通住宅	三居室(96~103m²) 四居室(114~127m²)
中昂翠屿湖	8000~8500 元/m²	普通住宅、别墅	三居室(91~92m²) 四居室(109~120m²)
通号天聚广场	9500 元/m²	普通住宅、公寓、写字楼	一居室(50m²) 二居室(84~85m²) 三居室(88~127m²)
瀚洋居	8500 元/m²	普通住宅	二居室(67.93m²) 三居室(64~122m²)
保利雲上	12000~22000 元/m²	别墅	别墅(120~180m²)
月亮湖颐景园	7800~8800 元/m²	普通住宅、别墅、商铺	三居室(95~98m²) 四居室(116m²)
盛凯尚城	9500~10000 元/m²	普通住宅、公寓、商铺	三居室（85~95m²） 四居室（108m²）

三水区

楼盘名称	价格	物业类型	主力户型
博雅滨江	9500 元/m² 起	普通住宅、商铺	三居室(96m²) 四居室(103~206m²)
碧桂园双子星城	8500~9500 元/m²	普通住宅、公寓、写字楼、商铺	一居室(30~40m²) 二居室(42m²) 三居室(52m²)
远洋天骄	11500 元/m²	普通住宅	三居室(90~93m²) 四居室(108m²)
华远海蓝城	11000~12500 元/m²	普通住宅、商铺	三居室(82~89m²) 四居室(113m²)
中南远洋·漫悦湾	12500 元/m²	普通住宅、商铺	三居室(89m²)
雍翠新城	10500 元/m²	普通住宅	二居室（70~75m²） 三居室（89~105m²）
丽日坚美森林湖	10000 元/m²	普通住宅、别墅	其他(52~90m²)
蓝城就岭南	尚未公布	商业	尚未公布
广银海云台	9800 元/m²	普通住宅	三居室(91~99m²) 四居室(113m²)
美的君兰庄园	尚未公布	普通住宅、公寓、别墅	尚未公布

典型项目

ICC 碧桂园三龙汇

`佛山` `碧桂园` `地铁沿线` `四轨交圈` `TOD 综合体`

项目地址：
佛山市顺德区屯教西路与陈村大道交叉口东 100 米

开发商：
佛山市顺德区碧顺房地产有限公司

产品特征：
普通住宅

参考价格：
约 25000 元 / 平方米

主力户型：
约 95 平方米三居、约 141 平方米三居

物业公司：
碧桂园物业

5 公里生活配套：
顺联广场、三龙汇万达广场、钊林公园、南方医科大学顺德医院附属陈村医院、广州地铁 7 号线陈村站（在建中）

专家点评 陈嘉雯 · 乐居广深主编

ICC 碧桂园三龙汇，是集商圈、地铁、TOD 城市综合体于一身的大盘。作为佛山盘，项目距离广州南站直线距离约 4 公里，无论是来往广佛还是大湾区都十分便利。此外，项目还引入万达商业，可以说解决了未来业主 80% 的吃住行所需。

扫码观看楼盘详情

项目测评

【区域地段】
ICC 碧桂园三龙汇择址顺德陈村，作为"三龙湾"东大门，聚集众多高新技术产业园，加之陈村与广州南站的直线距离仅约 4 公里，得天独厚的广佛交界区位优势，以及政府建设资源的倾斜令其坐上了高速发展的列车，吸引众多品牌房企相继进驻。

【楼栋规划】
ICC 碧桂园三龙汇整体规模约 60 万平方米，涵盖两栋公寓式酒店、8 栋住宅，以及底层商业、大型购物中心和幼儿园等。项目规划 8 栋住宅洋房，涵盖 95 平方米、141 平方米三居户型，户户朝南，均为电梯入户设计，产品全明格局。

【拿地详情】
2018 年 6 月 4 日，碧桂园击退美的、万科两家劲敌，最终以 40 亿元整竞得陈村 12.7 万平方米的 ICC 碧桂园三龙汇项目，折合楼面价 10217 元 / 平方米，溢价 385%，随后引入顺控铁投和香港 TOD 顾问咨询服务专家，三家共同打造。

【交通出行】
ICC 碧桂园三龙汇为广州 7 号线西延段（在建）、广佛环线（在建）双地铁上盖，同时有佛山 11 号线（在建）和佛山 2 号线（在建）。道路交通方面，坐拥海华大桥、番湾大桥（规划中）、海怡大桥（规划中）、横五路（部分通车）、白陈路形成的"三桥两干道"，均延伸至广州番禺、广州南站、万博 CBD。

【教育资源】
ICC 碧桂园三龙汇自身规划有 20 班幼儿园，两公里范围内有陈村镇中心小学、吴维泰纪念小学、青云小学、新圩小学、勒竹小学、陈村镇初级中学、青云中学等，教育资源丰富，书香浓郁。

【医疗配套】
在健康医疗方面，ICC 碧桂园三龙汇直线距离 2 公里内有南方医科大附属陈村医院，能满足业主日常看病需求，另有和祐国际医院在建中。

【品牌描述】
ICC 碧桂园三龙汇由世界 500 强碧桂园，顺德轨道建设者顺控铁投和世界 TOD 先行者香港地铁，三强联合打造，定位广佛城市 TOD 大盘，将带来"轨道 + 商圈 + 物业 + 产业"的全新开发模式。

【园林景观】
项目强调开放共享功能的"云端漫步"空间，借助下沉广场、地标广场、旗舰店广场，为市民提供慢行空间，为商业聚集人流。住宅园林则以现代度假风格为主题，打造大气的入口花园、宅间花园、东南亚度假风情泳池、儿童区的"云朵乐园"等。

【购物娱乐】
ICC 碧桂园三龙汇自带约 10 万平方米国际购物中心，由万达进驻运营，带来 6000 平方米高端品牌旗舰店规模、300 家高端国际品牌、10000 平方米主题商业街区规模。集购物、餐饮、休闲、娱乐、文化、科技、观光于一身，满足业主生活 80% 的需求。

【设计风格】
ICC 碧桂园三龙汇大楼底部采用玻璃幕墙结合双曲面造型，呈现出一条翻腾的龙尾造型，寓意"龙腾虎跃"。裙楼商业体呈流线型，衔接三座塔楼，二楼空中连廊连通公交枢纽、幼儿园和高端住宅，实现多维度的人流贯通，彷如蛟龙跃出水面激起的浪花。

捷和广场

佛山 | 捷和 | 三水新城 | 低密社区 | 品质大盘

项目地址：
佛山市三水区西南街道南丰大道23号

开发商：
佛山市捷和房地产发展有限公司

产品特征：
普通住宅

参考价格：
洋房均价10000元/平方米

主力户型：
约76平方米三居、约98平方米三居

物业公司：
中奥物业

5公里生活配套：
三水万达广场、百利达广场、三水广场、天聚广场、三水北站、云东海学校

专家点评 陈洁晶·乐居佛山站主编

捷和广场户型拥有高实用率，创新的空间布局实现户户观景，园林设计颇费心思，墅级2.0容积率、约80米宽楼距增添舒适度，为三水新城带来全新人居风尚。

项目测评

【战略意义】

捷和广场由香港捷和控股集团操刀，择址三水新城CBD板块，规划建设高层住宅、商业街区、幼儿园等。二期水漾坊延续一期豪宅标准，在规划、建造、选材等方面下足功夫，精心打造东南亚式度假园林。

【区域地段】

项目地处佛山市三水新城CBD，为三水未来政治、经济、文化中心，紧挨城市主干道南丰大道，离广佛肇城轨三水北站仅约800米，便捷通达广佛中心生活圈；周边建有三水万达广场、百利达广场、三水广场，配套成熟。

【楼栋规划】

建筑面积约38万平方米，容积率低至2.0，绿地率高达53.2%，共规划1052户，其中二期水漾坊为纯住宅规划的高层洋房，全高27~28层，层高3米，拉阔式环绕布局，楼距约80米，拥有开阔观景视野。

【园林景观】

项目以城市绿洲为主题进行规划，在园区内打造东南亚式度假园林，形成天然氧吧，充分保证园区通透性，社区容积率仅2.0，绿地率高至53.2%，大大提升居住价值，实现户户观景。

【物业服务】

物业由广东中奥物业管理有限公司进行管理，为业主提供线上有实惠、线下有管家的到家服务，开启"互联网+"社区生活方式，提供维修、绿化等传统的物业服务，也包括代业主交水电费、看管宠物等一些基础的人性化服务。

【教育资源】

项目周边有云东海学校、博文小学、华中师范大学附属中学等知名学校，同时近期拟新建一所三水新城小学（公办）。省级学校加上三水新城小学，打造一站式三水教育强区。

【交通出行】

项目距离广佛肇城轨三水北站仅800米，无缝对接佛山西站、广州南站，轻松接轨全国高铁网；未来更规划有佛山地铁12号线，规划途径南丰大道，邻近本项目，畅享广佛都市生活圈；项目南面有广三高速，自驾出行便利。

【主力户型】

捷和广场二期水漾坊主推建面约76~118平方米三、四居。户型整体方正，动静分区明确，且主次卧均带有飘窗。其中76平方米户型可做到三居、86平方米户型能拥有3.8米宽的阳台，98平方米为南北对流三居带主套户型。

【自建配套】

捷和广场二期水漾坊延续一期豪宅标准，在规划、建造、选材等方面下足功夫，在园区中打造休闲度假会所、室内泳池、豪华健身房、儿童活动区等，足不出户就能游泳、健身，享受健康生活。

【购物娱乐】

项目位于三水新城内，目前交通、商业、学校、医院等配套日渐完善，周边文化活动中心、三水荷花世界、云东海学校等大型重磅配套环抱，万达广场、百利达广场、三水广场近在身旁，可满足衣食住行所需。

世茂弘阳绿岛湖公馆

佛山 | 世茂 | 生态宜居 | 品牌地产 | 低密社区

项目地址：
佛山市禅城区绿岛湖弘德北路与横三路交界

开发商：
佛山市粤茂房地产开发有限公司

产品特征：
普通住宅

参考价格：
住宅均价 18000 元/平方米

主力户型：
约 95 平方米三居，约 105、140 平方米四居

物业公司：
世茂物业

5 公里生活配套：
绿岛湖、绿岛广场、永利达广场、佛山市实验中学附属学校、佛山市第二人民医院新院区

专家点评

陈洁晶·乐居佛山站主编

绿岛湖公馆由世茂地产和弘阳地产联手打造，沿袭中式合院特有的礼序门第，打造六重主题公园式社区，同时位处自然资源丰富的绿岛湖板块，户型设计巧妙实用，是禅城不可多得的低密社区。

项目测评

【品牌描述】

世茂弘阳绿岛湖公馆由世茂地产和弘阳地产联合开发。世茂借助 30 多年开发经验，先后在佛山推出世茂望樾、世茂国风滨江等住宅产品。弘阳为 2020 中国房地产企业 500 强第 47 位，先后在佛山落子弘阳时光天樾、弘阳博爱湖一號等项目。

【区域地段】

世茂弘阳绿岛湖公馆位于佛山禅西新城核心的绿岛湖板块。绿岛湖是南庄镇城市化发展的桥头堡，也是禅城区城市西拓的重要节点，正大力打造城市人文融合发展的产业高地，助力佛山高质量发展。

【楼栋规划】

项目占地约 5.1 万平方米，总建面约 20 万平方米，容积率 3.0。规划共 17 栋住宅，约 1400 户，南低北高排布，将六境乐园、四季花木组团分布其间。南边 1 至 5 栋为 14 层，6、7 栋 15 层，8、9 栋 18 层，10 栋至 17 栋为 29~34 层；6 至 9 栋为两梯两户，其余两梯四户。

【自建配套】

世茂绿岛湖弘阳公馆在园林规划上打造主题公园式社区，如满足儿童需求的泡泡王国、植物王国等主题活动空间，契合年轻人的 650 米跑道，全程为专业橡胶跑道，设有激励里程标识，针对长者也有邻里花园、茶艺会客等交流空间。

【物业服务】

社区由世茂服务进行管理，世茂服务是世茂集团旗下综合物业管理及社区生活服务提供商，拥有国家一级物业管理资质，并于 2020 年在香港上市，位列中国物业服务百强企业 TOP12。

【教育资源】

项目周边教育资源丰富，2 公里范围内覆盖 2 家幼儿园、4 家小学、3 家中学，包括檀悦规划超 4800 平方米双语幼儿园和保利翠雅幼儿园；项目东侧规划 9 年制省一级佛山市实验中学附属学校，北侧拟规划佛山二中新校区。

【交通出行】

项目周边交通配套便捷，片区内在建地铁 2 号线，规划地铁 4 号线、地铁 7 号线等轨道线路，而绿岛湖公馆离规划中的 4 号线绿岛湖北站地铁口仅 600 米。项目南面规划弘德北路，连通罗村，未来可快捷通达佛山西站。

【主力户型】

项目主推建面 95~140 平方米三四居，实用率高达 85%。户型整体方正、全南朝向，其中建面约 95 平方米户型能做到约 6 米宽的大阳台、建面约 105 平方米单位可以做到四居，建面约 140 平方米四居融合了多种户型优点。

【医疗配套】

项目毗邻佛山市第二医院绿岛湖新院区，新院区规划用地约 120 亩，计划按大型现代化三级甲等综合性医院标准建设，已经于 2020 年 8 月正式动工，预计在 2024 年竣工交付。另外，绿康医院（二甲）已在绿岛湖智荟开设门诊部。

【购物娱乐】

世茂弘阳绿岛湖公馆位于绿岛湖板块，毗邻绿岛湖湿地公园，周边已覆盖超 20 万平方米商业配套，在建或建有绿岛广场、玖钻广场、永利达广场等，此外通过季华路可通达禅城各商圈。

星星广场

`佛山` `星星` `百万大城` `智慧人居` `交通便利`

项目地址：
佛山市南海大道与季华路交会处往北约 100 米

开发商：
广东星城 & 广东星之海

产品特征：
公寓

参考价格：
14000 元 / 平方米

主力户型：
约 85 平方米两居，约 99、103 平方米三居

物业公司：
星誉物业

5 公里生活配套：
亚洲艺术公园、佛山市第一人民医院、鹏瑞利季华广场

专家点评
陈洁晶·乐居佛山站主编

作为城中央低密度大盘，星星项目占地百万平方米，占据了得天独厚的地理优势，所在区位配套齐全，自带大型商业及园林，配备全屋智能家居，打造禅桂中心高品质智慧人居。

扫码观看楼盘详情

项目测评

【战略意义】
广东星星集团以制冷起家，星星冷链商用冷冻市场占有率为国内前三。星星地产在佛山先后开发了星星华园国际、星星凯旋国际、星英半岛等高端社区，在广西、湖南、山东、河南等地均有投资大型建材家居产业园和商业运营项目。

【区域地段】
项目雄踞南海大道与季华路两大城市主轴，享禅桂两大商圈繁华配套，处佛山"金腰带"的季华路中央商务带，云集约 134 家高端企业总部、超 200 家金融机构、约 170 多家境内外企业总部，是为佛山"总部经济第一街"。

【楼栋规划】
小区占地约 33 万平方米，总建筑面积约百万平方米，共分六期开发，规划 30 栋高层洋房和 8 栋商业楼。其中在售服务型公寓，建筑面积约 85~127 平方米，三梯八户，可明火，户户通透，采光优。

【主力户型】
项目全新楼栋户型方正宜居，其中 B 户型建筑面积 99 平方米，三房两厅两卫，三个卧室与厨房分布在户型四角，实现独立空间，互不干扰。建筑面积 103 平方米三居为竖厅设计，动静分区明确，动区餐厅、客厅、阳台三厅相连。

【园林景观】
小区拥有 18 万平方米私家法式园林，560 米私家林荫路，双泳池、篮球场、网球场、儿童游乐中心、架空层设计休闲书吧等，并按照人居高标准，实现海绵社区设计与负离子微气候调节系统的有机结合。

【自身配套】
项目自带 30 万平方米商业体，其中楼下即 5 万平方米商业街区，囊括旗舰式商场及主题步行街，现已进驻的商家覆盖餐饮、金融、美容、少儿教育、运动健身等，社区内部配套包括泳池、欧式滨水风情商业街，是休闲娱乐的好去处。

【教育资源】
星星广场周边教育资源完善，3 公里范围内拥有 20 多所优质学校，包括华英学校、佛山市实验学校、培立实验学校、佛山 LEH 国际学校、IEC 幼儿园、童帅幼儿园等，可满足孩子从幼儿园到高中的教育需求。

【交通出行】
广佛 1 号线、3 号线、4 号线、6 号线等四地铁环绕，城区的黄金地段；地铁 3 号线镇安站 B/C 出口就在项目内，一站接驳广佛线，6 站到荔湾，10 站到广州南；且项目距离规划中的 4 号线和 6 号线仅约 500 米，步行可达。

【购物娱乐】
项目约 1 公里范围内拥有鹏瑞利季华广场、恒福 GOGOPARK、佛山环球港等商业综合体，3 公里范围内分布着桂城天河城、南海广场、南海印象汇、越秀星汇云锦、佛山万科广场等购物中心，超 21 个大型商超，享千亿配套。

【智慧生活】
配置豪宅标准双大堂设计，实现刷脸入户、智能召梯、一键布防等功能，更有全屋智能家居，包括智能面板（可控全屋家电、一键切换场景模式等）、感应亮灯、电动窗帘发动机等定制式智能化，创造美好智慧生活。

城市地产篇

中国铁建凤语潮鸣

佛山 | 中国铁建 | 大良新城 | 品牌地产 | 地铁沿线

项目地址：
佛山市顺德欢乐大道（大良顺峰山下欢乐海岸 plus 旁）

开发商：
佛山市顺德区顺昊房地产有限公司

产品特征：
普通住宅、别墅

参考价格：
洋房均价 23000 元 / 平方米

主力户型：
约 110 平方米复式、约 140 平方米平层

物业公司：
中铁建物业

5 公里生活配套：
欢乐海岸、顺峰山公园、同江医院、顺德华侨中学、顺德第一中学

专家点评 陈洁晶·乐居佛山站主编

中国铁建凤语潮鸣位处大良C位，生态景观、生活配套基本成熟，产品更是别出心裁，打造高端新中式豪宅，以岭南风格构建一轴三园四院，推出顺峰合院、复式叠院、空中平院等国风产品，为广佛客户带来了全新的居住选择。

扫码观看楼盘详情

项目测评

【品牌介绍】
中国铁建是国资委批准的 16 家以房地产为主业的央企之一，世界 500 强、央企、国匠都是它的标签。其凭借"国匠精工"的品质追求，目前已形成"语系""国际系"等完善产品系列，累计为超百万业主打造美好生活。

【战略意义】
中国铁建凤语潮鸣乃中国铁建落子顺德大良的首个项目、中铁房地产集团华南公司在佛山区域的首个高端"语系"产品，规划多栋高层住宅和联排别墅产品，打造大良新中式品质人居。

【区域地段】
中国铁建凤语潮鸣位处大良寻味小镇范围内，与华侨城欢乐海岸仅约 50 米之隔，周边汇聚有顺峰山、桂畔湖湿地公园、清晖园等景区，规划顺德塔、顺德文化传播中心等新晋地标，已建有大融城、大信新都汇等商业配套。

【楼栋规划】
项目占地约 5.3 万平方米，建筑面积约 23.3 万平方米，以岭南风格打造，规划有顺峰合院、复式叠院和空中平院，其中 3、5 座为大平层设计、6、7、8 座为复式设计。合院以凤、语、潮、鸣分四大板块打造，地上四层地下两层。

【园林景观】
项目以"岭南四大园林"清晖园为蓝本打造一轴三园四院，囊括石园、花园、水园；以"春夏秋冬"命名四大境境，打造了"三进门第"礼序；中轴贯通、坊巷纵横，雕花铜门、碧溪廊桥、松石相映，形成丰富的视觉层次。

【物业服务】
社区物业由中铁建物业进行管理，拥有国家一级物业服务资质，服务业主超过 30 万人。通过为客户提供高品质的服务内容、简捷的服务流程和规范的服务标准，实现多方共赢的整体效应。

【教育资源】
项目周边已建有顺峰小学、顺峰中学、顺德一中、玉成小学、京师励耘实验学校等学校，距离玉成小学（公办）不到 500 米，距离顺德第一中学（省一级）直线约 1 公里，涵盖了从小学到高中的一站式教育资源。

【交通出行】
项目毗邻建设中的佛山地铁 3 号线逢沙站点，其作为南北大动脉可通达禅城、南海、顺德三区，同时接驳 2 号线、广州 7 号线等线路，可随意换乘畅行广佛。此外，项目周边还有广珠西线高速、广州环城高速，自驾出行十分便利。

【自建配套】
中国铁建凤语潮鸣打造大良首个新中式下沉式会所，用心打造约 2000 平方米尊贵空间，涵盖室内恒温泳池、私人宴会厅、国学堂、儿童玩乐区、健身房等配套，为业主提供休闲娱乐场所。

【中式产品】
作为中国铁建华南首个高标准中式合院，凤语潮鸣除了"颜值"在线，产品也别有新意，主打建面约 500~700 平方米顺峰合院、建面约 110 平方米复式叠院、建面约 140 平方米空中平院，与大良片区竞品形成不同定位。

中建壹品佛山建投誉湖

佛山　中建三局　湖景美宅　低密社区　地铁沿线

项目地址：
佛山市禅城区科海路北侧、湖田路东侧

开发商：
佛山建投中建壹品置业有限公司

产品特征：
洋房

参考价格：
洋房均价 17000 元/平方米

主力户型：
约 94、104 平方米三居，122 平方米四居

物业公司：
江苏安邦物业服务

5 公里生活配套：
绿岛湖湿地公园、绿岛湖广场、永利达广场、南庄医院、佛山市国际外语学校

专家点评 陈洁晶·乐居佛山站主编

作为双口碑国企联手打造的低密度社区，誉湖项目部分建筑楼栋采用装配式工艺保证产品品质，精工简约的现代设计融合东方山水更显优雅大气，多飘窗大阳台户型格局实现 270°揽景，赋予居住者进阶式体验。

扫码观看楼盘详情

项目测评

【战略意义】
中建壹品佛山建投誉湖为佛山市装配式试点示范项目，采用完全工业 4.0 化的技术来建造建筑产品。房屋墙体、楼板的平整度以及门窗等细节精度具有明显优势，可规避传统工艺中出现的表面开裂、空鼓等问题。

【区域地段】
中建壹品佛山建投誉湖位处禅西新城的绿岛湖板块。禅西新城在佛山"强中心"战略中，被列为与祖庙、千灯湖和佛山新城齐名的四大中心之一，而绿岛湖则是禅西新城"桥头堡"，佛山未来 CLD（城市中央居住区）。

【楼栋规划】
小区占地 3.76 万平方米，建面约 12.37 万平方米，容积率 2.5，匠造约 2.6 万平方米中心园林，由 8 栋楼高 26 至 30 层的住宅楼组成，整体呈围合式布局。除了 2、3 座为 2 梯 3 户之外，余下皆为 2 梯 4 户设计，共计 826 户。

【主力户型】
项目主打 94~122 平方米精工美宅，多飘窗大阳台设计，其中 94 平方米竖厅设计，三开间全明格局，南向卧室均赠送全景飘窗。104 平方米三居自带入户花园，餐客厅与阳台同等面宽，约 4 米开间。122 平方米户型横厅设计，四开间朝南。

【园林景观】
项目打造建面约 2.6 万平方米园林景观，以"山水见清晖，草木落闲亭"为主题，采用大面积阳光草坪，移植加拿利海枣、朴树、凤凰木等多样植物种类，划分出环形跑道、儿童乐园、青年运动场等多个主题。

【教育资源】
项目周边汇聚省一级佛山九小西校区、市一级佛山外国语学校等学校，九年一贯制绿岛湖学校已被提上规划日程，计划年底动工建设。项目配建一所 12 班幼儿园，建面约 3400 平方米，是板块内目前唯一配建幼儿园的项目。

【交通出行】
中建壹品佛山建投誉湖靠近季华西路，可通过季华大桥向东快通往禅桂，与建设中的佛山地铁 2 号线绿岛湖站相距 700 米，预计 2021 年试运营。周边规划的地铁 4 号线处于待批状态，未来开通后可快速畅达广佛。

【品牌描述】
项目由中建三局、佛山建投联合开发。中建三局为世界 500 强中国建筑旗下排头兵，曾作为火神山、雷神山医院的承建方；而佛山建投是佛山市国资委直属的一级国有大型企业，深耕佛山 18 年，定位为城市建设平台。

【购物娱乐】
项目商业配套完善，周边绿岛广场、玖钻广场、永利达广场等商业环绕，经季华路可通达禅桂各大商圈。休闲娱乐方面，相当于 7 个千灯湖大小的绿岛湖湿地公园、王借岗森林公园、紫南文化广场分布在项目 2 公里范围内。

【一线湖景】
中建壹品佛山建投誉湖生态景观优越，近距离拥有约 1500 亩的天然湖泊，距离绿岛湖湿地公园仅约 300 米，为广佛 4A 级湖泊景点。高层可远眺 180°环幕千亩湖景，步行即可享受绿岛湖美景。

碧桂园凤凰湾

佛山 | 碧桂园 | 千亩大盘 | 德胜河畔 | 全龄配套

项目地址：
佛山市顺德容桂街道小黄圃外环路 45 号

产品特征：
住宅、商业

项目规划：
占地面积：1330000 平方米；容积率：4；总户数：30000 户

主力户型：
约 95 平方米三居、约 140 平方米四居

参考价格：
洋房均价 9800~13800 元/平方米

入选理由

根据广东粤湾数据研究院统计，碧桂园凤凰湾 2020 年网签 5913 套，成交金额 67.16 亿元，连续三度问鼎佛山年度冠军，放眼湾区亦是当之无愧的佼佼者。2020 佛山年度新房销售金额第一名

核心优势：

作为广佛交界不限购大盘，碧桂园凤凰湾临近德胜河一线江湾，规划超 2000 亩，总建面约 300 万平方米，预计常住人口超 10 万人，可谓"航母级"大盘。项目内部大手笔规划了五大城内配套，包括商业、交通、教育、休闲、体育，现商业街已进驻有广州域酒店、万田超市。周边多维交通路网环绕，共有三地铁两大桥两高速一城轨一港口，其中南顺大桥一桥通达南沙，顺德港一张船票通达香港。另外还有广东省实验学校、顺德清晖学校等各大名校亦环绕在侧。

龙光·玖龙臺

佛山 | 龙光集团 | 禅西新城 | 地铁上盖 | 成熟大盘

项目地址：
佛山市禅城区季华西路北侧

产品特征：
住宅、商业

项目规划：
占地面积：82000 平方米；容积率：6；总户数：7676 户

主力户型：
约 95 平方米三居、约 123 平方米四居

参考价格：
住宅均价 17500 元/平方米、商办均价 11000 元/平方米

入选理由 陈洁晶·乐居佛山主编

项目拥有佛山地铁 2 号线 TOD 大盘、189 米高的都市综合体、3.6 万平方米一站式购物中心、绿岛湖潜力板块、龙光经典户型等亮点。龙光玖龙臺凭借自身优越的素质，自面世以来便备受市场好评，2020 年成功揽金超 32 亿元，是禅城值得关注的品质大盘。

核心优势：

作为龙光集团在佛山首个商住综合体，龙光·玖龙臺择址佛山绿岛湖，占据黄金主动脉季华路，规划为 70 万平方米地铁都会综合体项目，商业卖场、住宅、商办等多种业态分布合理。住宅采用围合式布局，整体呈现坐北朝南设计，冬暖夏凉且采光好，部分楼距做到 85 米以保证业主私密性，园林总面积 24623 平方米，近 30% 的绿化率为小区提供充足休闲空间。板块内利好不断，规划建设有佛山外国语学校、佛山四中附属学校、佛山市第二人民医院新院址等教育生活配套。

东莞
市场总结

一、新房成交表现

1. 整体情况

新房年度成交量：2020 年东莞商品房签约金额高达 2055 亿元，同比大幅度增加 45%，创历史最高。2020 年东莞一手住宅网签量达 64660 套，同比上涨 34%。

2020 年东莞新建商品住宅供需价情况

时间	供应面积（万平方米）	供应套数（套）	签约面积（万平方米）	签约套数（套）	签约金额（亿元）	签约均价（元/平方米）
2017 年	691	61489	566.2	50604	935.4	16521
2018 年	503.7	44932	514.8	44889	921	17892
2019 年	445.3	39169	547.3	48367	1101.4	20125
2020 年	616.6	55321	741.7	64720	1796.9	24227
2020 年同比增长	38%	41%	36%	34%	63%	20%

数据来源：合富大数据

新房价格情况：2020 年东莞新房交均价为 24227 元/平方米，同比上涨 20%，上涨幅度加快。

从价格来看，涨幅最快的为"三位一体"所在片区主城区、滨海湾区和松湖片区，涨幅均超过 3 成。其中主城区房价涨幅最高，均价 35154 元/平方米，同比上涨 38%；相对而言，临深片区涨幅最低，仅涨 4%，均价 23298 元/平方米，供应较充足，以及前几年价值被透支导致该片区涨幅较低。

2020 年全年，东莞成交均价破 2 万元/平方米区域达 19 个，其中南城、东城、莞城、长安、大岭山、万江、6 个镇街成交均价超 3 万元/平方米。涨幅最高的前三名分别是莞城、大岭山、东城。

2020 年各区域住宅成交（按套数从大到小排名）

序号	区域	签约面积（万平方米）	签约套数（套）	签约均价（元/平方米）	房价同比	套数同比
1	麻涌镇	49.5	4930	19300	19%	138%
2	寮步镇	44.1	4144	28400	29%	67%
3	塘厦镇	44	3918	24300	9%	-7%
4	大岭山镇	44.4	3846	33000	48%	62%
5	常平镇	41.2	3761	19300	21%	152%
6	沙田镇	36.4	3229	22200	15%	-23%
7	虎门镇	33.1	2960	26900	31%	-13%
8	长安镇	28.9	2663	36800	27%	318%
9	茶山镇	29.5	2643	21600	24%	131%
10	黄江镇	25.2	2483	22900	19%	143%
11	东坑镇	23.7	2298	19300	20%	-7%
12	高埗镇	25.8	2193	20400	22%	-8%
13	横沥镇	24.4	2158	17500	15%	589%
14	石排镇	25	2120	17900	-5%	71%
15	中堂镇	21.3	2006	18200	8%	271%
16	清溪镇	23.5	1957	20600	25%	37%
18	樟木头	19.9	1827	19000	10%	96%
19	凤岗镇	19.3	1722	29400	-10%	6%
20	东城区	29.8	1603	35900	40%	-16%
21	石龙镇	15	1332	17800	13%	32%
22	万江区	13.3	1199	31000	38%	149%
23	道滘镇	17.2	1192	17400	1%	-3%
24	大朗镇	12.2	1134	28400	18%	-31%
25	南城区	14	1112	37500	36%	-19%
26	厚街镇	21.3	1107	28800	31%	-12%
27	莞城区	9.3	878	35100	49%	-13%
28	望牛墩	8.7	798	19200	24%	186%
29	桥头镇	9.7	716	15400	23%	-40%
30	企石镇	7.4	671	18600	4%	23%
31	谢岗镇	4.6	402	18200	-8%	658%
32	松山湖	1.9	71	25800	-3%	-57%
33	洪梅镇	0.8	48	15700	-1%	-89%

数据来源：合富大数据

2. 年度走势

2020年2月和3月，受新冠肺炎疫情影响，同时由于春节期间本身就是东莞楼市传统淡季，成交较惨淡。2020年4月，东莞实现了单月恢复到去年同期水平，自此每个月成交量持续放大，最终实现了全年成交量大幅增加。其中2020年6月至12月东莞持续了长达7个月的成交井喷，平均达82万平方米/月，2020年12月岁末冲刺，供需两旺达到年内高潮，供应量创历史第二高位，成交量达到自2016年10月限购以来最高峰。

3. 历史地位

2020年东莞新建商品住宅供应创过去3年最高，成交量创过去4年最高及历史第四高，房价创历史最高。2020年经历了东莞有史以来第三轮价格暴涨。前两轮分别为：第一轮2008年至2009年，第二轮2015年至2016年。

2020年东莞一手住宅网签情况

时间	套数（套）	面积（万平方米）	均价（元/平方米）
2020年1月	2531	29.1	22092
2020年2月	429	5.02	23276
2020年3月	2661	30.71	22724
2020年4月	3869	44.2	22439
2020年5月	4437	52.1	22918
2020年6月	7021	82.75	22034
2020年7月	6899	81.17	21950
2020年8月	7513	86.34	22576
2020年9月	6656	77.59	24454
2020年10月	6857	74.71	25892
2020年11月	6917	77.36	25400
2020年12月	8870	99.97	25541

数据来源：东莞市住房和城乡建设局（仅供参考，制图：东莞乐居）

二、二手房成交表现

1. 整体情况

2020年东莞二手住宅网签面积378.5万平方米，36079套，同比下降7%；均价约16642元/平方米，同比大幅上涨23%。

2. 年度走势

二手房成交形势"先扬后抑"，2020年1月至7月呈上升趋势，2020年7月25日东莞启动二手房限购后，成交量大幅下滑，但价格仍然保持高位。

随着春节假期结束和新冠肺炎疫情得到控制，2020年3月二手住宅恢复交投，楼市恢复迅速，地市火热推高房价预期，二手住宅成交持续上升。2020年7月东莞二手市场实行全面限购，且限售延长至3年，对二手市场冲击较大，2020年8月二手住宅网签量环比下滑54%，热点板块二手住宅市场交易惨淡，新政后下滑7成多。四季度二手房客户持续观望，接盘客减少，又受一手房供应放量的分流作用影响，成交量中低位平稳运行。二手房市场限购导致部分人群失去购房资格，一手住宅分流部分客户，但市场预期仍然乐观，业主放盘价仍然高企，全年二手房价整体上涨。

3. 历史地位

过去的五六年间，东莞的二手房成交都是比较平稳的，没有出现较大的波动，正常一年的成交量均在3万多套。

三、政策梳理

2020年东莞楼市调控由松至紧，疫情过后，东莞房地产强势复苏，为抑制市场过热和房价过快上涨，政府再度严抓房地产市场秩序，在限价、限售等方面有一些升级。

第一季度：政策放松。

2020年2月：出台公积金新政，贷款额度最高可上浮20%，最长年限统一为30年。

2020年3月："304限价"新房价格备案制度放松，但严禁双合同。适时优化住房限价限购政策，鼓励和规范二手房市场。

第二季度：政策从严。

2020年5月：住房公积金供收比规定比例从60%调整为50%，可贷款额度下调。

2020年6月：发文强调不得过度炒作备案价格，预售证后应在规定时间一次性公开全部推售房源。

第三季度：调控升级。

2020年7月2日：限房价、严禁捂盘，禁止内部转名。

具体政策概括如下：

一次性预售面积不得低于30000平方米；

同一幢（栋）住宅均价相差幅度不得超过20%；

申报均价不高于本项目上一期同类型商品住房申报均价的5%（含）；

精装修价格原则上不超过2000元/平方米；

取得预售证或现售证书后，要在10日内一次性公开全部房源；

商品住房实行购房实名制，认购后不得擅自更改购房者姓名。

2020年7月25日："725"限购政策出台，东莞升级楼市调控，二手房限购加3年限售。

具体政策概括如下：

非本市户籍居民家庭在本市购买第一套商品住房的（新建商品住房或二手商品住房，下同），须提供购房之日前2年内在本市逐月连续缴纳1年以上社会保险证明；

购买第二套商品住房的，须提供购房之日起前3年内在本市逐月连续缴纳2年以上社会保险证明。

非本市户籍居民家庭在本市行政区域内拥有2套及以上商品住房的，暂停向其销售商品住房。

自本通知施行之日起，个人所得税缴纳证明不再作为购房资格审核材料。为做好与原有政策的衔接，在本通知施行之日前已连续缴纳个税满一年或两年的非本市户籍居民家庭，仍可按原政策规定购买首套或第二套商品住房。

2020年8月：东莞全面放宽人才入户限制。

2020年9月：东莞公积金贷款收紧，最高可贷额度减少至90万元。

第四季度：行业整顿

2020年11月：明确规定禁止收取"茶水费"等除定金和购房款外的任何名目的费用。东莞市民公积金可贷额度将进一步降低。

四、土地供应

1. 出让基本情况

2020年东莞土地市场供应井喷式爆发，共计38宗商住地成功成交，15宗地块达到终次报价，21宗刷新区域地价纪录。出让建面达539万平方米，环比上涨77%，创近7年新高，成交金额603亿元，环比上涨74%。最终实际楼面地价为14119元/平方米（剔除配建），同比2019年上涨4%。

2. 开发商拿地情况

2020年，东莞成为大湾区投资热土，资金实力相对雄厚的大品牌房企占据市场绝对主导，今年外来房企占有率达95%，世茂、深圳前海、鸿荣源、中梁、国铁、宏发、祥源控股、深圳前海璟沃8家房企通过招拍挂首进东莞。

2020年土地供应放量情况下，佳兆业、保利、中海等多家土储不足的房企拿地表现尤为激进，甚至批多个"马甲"抢地，竞拍激烈，不断推高地价。

保利成"拿地王":保利在拿地建面和成交金额方面均成为 2020 年的"拿地王"。碧桂园夺得 4 宗地块,地块数量最多。

示,2020 年东莞本年度销售排行榜前十名分别是珠江万科城、龙光江南大境、松湖碧桂园、松湖碧桂园天钻、安联尚璟、城建御城花园、万科汉邦松湖半岛、新世纪颐龙湾、招商雍景湾、海逸豪庭(根据成交套数排序)。

其中,排行榜前三名分别是珠江万科城、龙光江南大境、松湖碧桂园。其中珠江万科城成交 1995 套,龙光江南大境成交 1583 套,松湖碧桂园成交 1338 套。

2020 年东莞各区域成交套数排行 TOP10

序号	区域	成交套数(套)	签约均价(元/平方米)
1	麻涌	4930	19300
2	寮步	4144	28400
3	塘厦	3918	24300
4	大岭山	3846	33000
5	常平	3761	19300
6	沙田	3229	22200
7	虎门	2960	26900
8	长安	2663	36800
9	茶山	1643	21600
10	黄江	2483	22900

数据来源:合富大数据

2020 年东莞商品住宅成交套数排行 TOP10

序号	楼盘名称	区域	成交套数
1	珠江万科城	麻涌	1995
2	龙光江南大境	长安	1583
3	松湖碧桂园	大岭山	1338
4	松湖碧桂园天钻	大岭山	1196
5	安联尚璟	高埗	1129
6	城建御城花园	塘厦	1109
7	万科汉邦松湖半岛	大岭山	1100
8	新世纪颐龙湾	高埗	1061
9	招商雍景湾	横沥	997
10	海逸豪庭	厚街	926

数据来源:东莞中原战略研究中心

3. 未来预估

联合拿地、开发增多,"强强联合"趋势明显:面对土拍激烈竞争、高地价等情况,同时为减少资金压力和开发风险,2020 年开发商联合拿地、联合开发的现象越来越多,未来,强强联合趋势将更为明显。

五、热点板块

随着供应放量,麻涌、大岭山、寮步成交火热,成交量均超 40 万平方米。据东莞中原战略研究中心数据显

2020 东莞拿地建面前十开发商

排名	开发商	建筑面积(万平方米)	宗数	布局区域
1	保利	121	3	凤岗、虎门、石排
2	碧桂园	51	4	横沥、麻涌、谢岗、长安
3	龙湖	44	1	茶山
4	佳兆业	38	3	厚街、麻涌、中堂
5	世茂	37	3	虎门、沙田、万江
6	恒大	35	1	企石
7	中海	29	3	大岭山、石碣、松山湖
8	深圳前海	27	2	塘厦
9	招商	21	1	谢岗
10	金地	19	2	常平、大岭山

数据来源:东莞市公共资源交易网、东莞中原战略研究中心

从区域划分来看,2020 年东莞全市成交区域分化仍然明显,成交量前 5 为麻涌、寮步、塘厦、大岭山、常平,占市场份额 32%。

2020 东莞拿地总金额前十开发商

排名	开发商	总成交金额(亿元)	宗数	布局区域
1	保利	92	3	凤岗、虎门、石排
2	世茂	57	4	虎门、沙田、万江
3	碧桂园	55	1	横沥、麻涌、谢岗、长安
4	中海	55	3	大岭山、石碣、松山湖
5	深圳前海	53	3	塘厦
6	鸿荣源	40	1	凤岗
7	佳兆业	39	3	厚街、麻涌、中堂
8	龙湖	32	2	茶山
9	恒大	30	1	企石
10	金地	21	2	常平、大岭山

数据来源:东莞市公共资源交易网、东莞中原战略研究中心

六、用户心理

在特殊的2020年，购房者的心理产生了哪些变化？市场环境又出现了哪些新趋势？

乐居通过采访和实地调查发现，2020年，东莞购房群体的心态变化极大。年初突如其来的新冠肺炎疫情让楼市速冻，一些购房者戴着口罩开始寻求"笋盘"，"慢慢挑"。可没想到的是疫情好转后东莞楼市迅速回暖，房价也急速攀高，二手房市场一个月涨几千元，一周一价的现象频现，购房者开始陷入恐慌，"今天不买，明天又涨了"，很多刚需客开始恐慌性购房。

一时间投资客也蜂拥进军东莞二手楼市场，不断炒高东莞房价。"7.25"新政的出台及时遏制了二手房市场热度，成交腰斩，并持续低迷，但挂牌价依旧高企。

同时新房市场出现了东莞有史以来的"打新"热，不断刷新的地价、供需矛盾以及局部区域一二手倒挂让"日光""秒罄"现象频频，卖方市场下，不少购房者感叹"一房难求"。火爆的2020年，东莞人肉眼可见的房价暴涨让有人恐慌上车，有人无奈转场，有人焦虑"再也买不起房"。

2021年，楼市放慢脚步，房价不再猛涨，这是目前东莞购房者最真实的渴望。期待东莞楼市健康、良性、有序发展。

七、2021年展望

政策：2021年，在稳房价的压力下，预计东莞楼市调控力度将继续升级。

土拍：预计2021年房企抢地热情依然高涨，地价居高难下，联合拿地、多家房企围标将成市场主流。为缓解供不应求矛盾或加大招拍挂土地供应量，并加快推进旧改项目入市。

楼市：受广深"双核"辐射驱动，东莞楼市发展空间将进一步扩大。受土地供应增大影响，预计2021年住宅供应持续放量；成交方面，上半年需求不足，下半年需求释放，预计全年成交先抑后扬；价格走势，预计将呈现持续上升态势，但涨幅同比有所收窄；品牌房企竞争或愈加激烈，龙头之争白热化，品牌跑量，部分房企或出现惜售现象。

数据来源：东莞市住房和城乡建设局、东莞市公共资源交易网（国土资源）、合富研究院、中原战略研究中心

在售楼盘一览

东城

楼盘名称	价格	物业类型	主力户型
民盈国贸中心	44000元/m²	普通住宅、写字楼	三居室（215m²）四居室（466m²）
东城碧桂园	16500元/m²	普通住宅、公寓	公寓（35~69m²）

南城

楼盘名称	价格	物业类型	主力户型
保利欢乐大都汇	17000元/m²	公寓	公寓（21~45m²）
碧桂园湾区国际	16000元/m²	写字楼	写字楼（110~2000m²）
寰宇汇金中心	22000元/m²	公寓、写字楼	写字楼（100~2200m²）
碧桂园中心	24000元/m²	公寓	公寓（43~56m²）
华润万象府	45000元/m²	普通住宅	四居室（125~143m²）
中证云庭	36000元/m²	普通住宅	三居室（89m²）四居室（112m²）
保利珑远国际广场	21000元/m²	写字楼、商铺	写字楼（50~1500m²）商铺（50~70m²）

万江

楼盘名称	价格	物业类型	主力户型
天健阅江来	34000元/m²	普通住宅	三居室（95~97m²）四居室（118m²）
保利·世茂·阳光城·阅云台	38000元/m²	普通住宅	三居室（98m²）四居室（125m²）
中海·十里溪境	33000元/m²	普通住宅	三居室（88~93m²）四居室（113m²）
金地风华	35000元/m²	别墅	别墅（143m²）
瀚柏青柠时代	18800元/m²	公寓	公寓（32~60m²）

莞城

楼盘名称	价格	物业类型	主力户型
丰华珑远翠珑湾	25000元/m²	公寓	公寓（62~65m²）
富盈东方华府3期·美誉	26000元/m²	公寓	公寓（51m²）

高埗

楼盘名称	价格	物业类型	主力户型
新世纪颐龙湾	24000元/m²	别墅	别墅（345m²）

虎门

楼盘名称	价格	物业类型	主力户型
龙光玖龙玺	18500元/m²	普通住宅、商铺、公寓	公寓（43m²）商铺（30~60m²）
琥珀公馆	24000元/m²	公寓	公寓（34~49m²）
冠科泊樾湾	20000元/m²	普通住宅、公寓	公寓（49~75m²）
华侨城云麓台（二期）	32000元/m²	普通住宅	三居室（89~94m²）四居室（120m²）
众筑滨海中央	34000元/m²	普通住宅	三居室（79~98m²）
融创云玥台	32000元/m²	普通住宅	三居室（95m²）四居室（119m²）
丰泰湾区风华世家	28000元/m²	普通住宅	三居室（90~93m²）
佳兆业天玺	33000元/m²	普通住宅	四居室（157~192m²）
世茂佳兆业·璀璨时代	33000元/m²	普通住宅	三、四居室（99~121m²）

厚街

楼盘名称	价格	物业类型	主力户型
海逸豪庭	39000元/m²	普通住宅、别墅	别墅（260~320m²）
佳兆业阳光城时代天韵	26500元/m²	普通住宅	三居室（87~100m²）四居室（125~147m²）
湖景壹号庄园二期	1800万元/套起	普通住宅	别墅（380~809m²）

常平

楼盘名称	价格	物业类型	主力户型
翔龙天地	26000元/m²	普通住宅	三居室（100m²）四居室（140m²）
金地名京	25000元/m²	普通住宅	三居室（94~115m²）
三盈·新壹城	22000元/m²	普通住宅	三居室（103m²）四居室（121m²）
紫汇壹号	22000元/m²	普通住宅	二居室（83.8m²）三居室（109~126m²）四居室（141m²）
星汇常一居	21000元/m²	普通住宅	三居室（92~105m²）
碧桂园旗山·玖珑湾	24500元/m²	普通住宅	三居室（98~101m²）四居室（126~143m²）
碧桂园铂悦府	18500元/m²	普通住宅	三居室（84~99m²）四居室（114m²）
曼诺商业广场	13000元/m²	公寓	公寓（61~63m²）
金地时代艺境	17000元/m²	普通住宅、别墅	四居室（124m²）别墅（173m²）
碧桂园玫瑰臻园	19500元/m²	普通住宅	四居室（118~144m²）别墅（133~199m²）
金田花园花域	14500元/m²	普通住宅	三居室（105~110m²）

长安

楼盘名称	价格	物业类型	主力户型
首铸御峰华庭	40000元/m²	普通住宅	三居室（97m²）四居室（118m²）
万科瑧山府	39000元/m²	普通住宅	三居室（121m²）四居室（140m²）
鼎峰悦境	31000元/m²	普通住宅	三居室（138m²）四居室（142m²）
莲湖山庄	40000元/m²	别墅	别墅（230~575m²）
龙光·江南大境	39000元/m²	住宅	三居室（100~161m²）

石碣

楼盘名称	价格	物业类型	主力户型
嘉宏锦时	15000元/m²	普通住宅	三居室（99m²）四居室（126m²）
碧桂园铂公馆	18500元/m²	普通住宅、公寓	公寓（40m²）
中洲里程花园	18000元/m²	普通住宅	三居室（107m²）四居室（119m²）
卓越弥敦道	17000元/m²	普通住宅、公寓	三居室（92m²）四居室（114m²）公寓（29~58m²）
美的招商东樾	27000元/m²	普通住宅	三居室（78~90m²）四居室（125m²）
腾龙名悦公馆	14000元/m²	普通住宅	公寓（89~107m²）
利丰中央华府	19500元/m²	普通住宅	三居室（100~101m²）四居室（115m²）
达鑫江滨新城君悦	28000元/m²	普通住宅、别墅	四居室（118~129m²）别墅（220~245m²）

石龙

楼盘名称	价格	物业类型	主力户型
嘉宏锦峯	15500元/m²	普通住宅、别墅	三居室（104m²）四居室（139m²）别墅（188~212m²）
汇星商业中心	14000元/m²	商铺、写字楼、公寓	公寓（31~60m²）商铺（20~600m²）
华讯大宅	18000元/m²	普通住宅	二居室（78m²）三居室（129~166m²）
新鸿基珑汇	22000元/m²	普通住宅	二居室（65m²）三居室（120m²）
东实旗云花园	20000元/m²	普通住宅	三居室（86~101m²）四居室（116m²）

凤岗			
楼盘名称	价格	物业类型	主力户型
嘉辉豪庭逸峯	32000 元/m²	普通住宅	三居室（90m²） 四居室（108m²）
凤岗四季花城	34000 元/m²	普通住宅	三居室（93m²） 四居室（118m²）
凤岗碧桂园	29000 元/m²	普通住宅	三居室（83~95m²） 四居室（113m²）
东江花园	30000 元/m²	普通住宅	二居室（72~78m²） 三居室（98m²）
嘉辉豪庭森镇	28000 元/m²	普通住宅	二居室（72m²） 三居室（93~99m²） 四居室（124m²）
锦龙湾畔三期	27000 元/m²	普通住宅	三居室（83~121m²） 四居室（134~140m²）

黄江			
楼盘名称	价格	物业类型	主力户型
和光尘樾	31000 元/m²	普通住宅	三居室（82~112m²）
富基云山湖镜	31000 元/m²	普通住宅	三居室（99m²） 四居室（122m²）
融创公园首府	23000 元/m²	公寓	公寓（38~54m²）
中泰峰境	28000 元/m²	普通住宅	三居室（87~106m²）

塘厦			
楼盘名称	价格	物业类型	主力户型
天悦中央广场	23000 元/m²	普通住宅	三居室（90m²） 四居室（138m²）
奥园观澜誉峰	29000 元/m²	普通住宅、别墅	三居室（90~112m²） 四居室（138m²） 别墅（220~226m²）
万科棠樾	43000 元/m²	普通住宅、别墅	别墅（120~350m²）
春晖国际城	29000 元/m²	普通住宅	三居室（100m²） 四居室（128m²）
星河时代	18000 元/m²	公寓	公寓（32~71m²）
卓越华堂时光	23000 元/m²	公寓	公寓（35m²）
华堂九里	26500 元/m²	公寓	公寓（35~60m²）
万象连城	35000 元/m²	普通住宅	三居室（96~101m²）

清溪			
楼盘名称	价格	物业类型	主力户型
华润·润溪山	33000 元/m²	普通住宅、别墅	别墅（140~167m²）
融创清溪壹号	22000 元/m²	公寓	公寓（40m²）
清溪金茂逸墅	20000 元/m²	普通住宅	四居室（128m²）
金色半山	23500 元/m²	普通住宅	三居室（96m²） 四居室（143m²）
南峰华桂园	17000 元/m²	普通住宅	三居室（98~117m²）
清溪国际公馆	18000 元/m²	普通住宅	三居室（94~124m²）

茶山			
楼盘名称	价格	物业类型	主力户型
恒兆纳帕溪谷	18500 元/m²	普通住宅	三居室（110~130m²）
金融街金悦府	26000 元/m²	普通住宅	三居室（91~103m²） 四居室（124m²） 五居室（143m²）
茶山碧桂园二期	20000 元/m²	普通住宅	三居室（103m²） 四居室（127m²）
嘉华嘉誉湾	25000 元/m²	普通住宅	三居室（98~108m²） 四居室（133m²）
德盛尚峰	16800 元/m²	普通住宅	三居室（110~128m²）
龙湖金地天曜城	25000 元/m²	普通住宅、商铺	三居室（89~99m²） 四居室（120~121m²）
富盈香茶郡2期	23000 元/m²	普通住宅	四居室（147~180m²）

石排			
楼盘名称	价格	物业类型	主力户型
旭辉江山墅	18000 元/m²	普通住宅	三居室（115m²） 四居室（125m²）
碧桂园映月台	26000 元/m²	普通住宅、别墅	别墅（142m²）
时代天境	19000 元/m²	普通住宅、商铺	四居室（126m²）
利丰中央公园	15500 元/m²	普通住宅、别墅	三居室（113~130m²） 别墅（304~470m²）
艺境松山湖	18000 元/m²	普通住宅	三居室（101~120m²）
石排世纪城国际公馆	15500 元/m²	普通住宅	三居室（108~121m²） 四居室（142m²）

企石			
楼盘名称	价格	物业类型	主力户型
华润公元九里	17800 元/m²	普通住宅、别墅	三居室（95m²） 四居室（125m²） 别墅（140~170m²）

桥头			
楼盘名称	价格	物业类型	主力户型
戛纳湾	9000 元/m²	普通住宅	四居室（148m²）
宏远帝庭山	15000 元/m²	普通住宅	三居室（70m²） 四居室（116~149m²）
莞民投·众筑悦璟台	18000 元/m²	普通住宅	三居室（96~98m²） 四居室（115m²）
峰景台	13500 元/m²	普通住宅	三居室（124~129m²） 四居室（142m²）

谢岗			
楼盘名称	价格	物业类型	主力户型
唐商翰林府	17700 元/m²	普通住宅	三居室（90m²） 四居室（137m²）
天麟八号公馆	16800 元/m²	普通住宅	三居室（96m²） 四居室（129m²）
星汇翠峰	26000 元/m²	普通住宅	别墅（162~173m²）

大朗			
楼盘名称	价格	物业类型	主力户型
天麟天瑞花园	27000 元/m²	普通住宅	三居室（97~101m²） 四居室（138m²）
碧桂园万象松湖	20000 元/m²	普通住宅、公寓	公寓（45~68m²）
阳光城·湖山悦	36000 元/m²	普通住宅	三居室（85~95m²） 四居室（115m²）
安华香蜜松湖	30000 元/m²	普通住宅	三居室（107~110m²）
碧桂园万象松湖	20000 元/m²	普通住宅、公寓	公寓（30~68m²）

寮步			
楼盘名称	价格	物业类型	主力户型
华侨城纯水岸	30000 元/m²	普通住宅	三居室（89~94m²） 四居室（126m²）
源悦	31500 元/m²	普通住宅	三居室（90~92m²） 四居室（115~130m²）
金地保利领峯	18500~31000 元/m²	普通住宅	三居室（98m²） 四居室（125m²）
万科金域东方	32000 元/m²	普通住宅	三居室（78~95m²） 四居室（120m²）
保利卓越中环广场	30583 元/m²	普通住宅	三居室（85~98m²） 四居室（116m²）
皇庭峰景壹号	26000 元/m²	普通住宅	三居室（90~99m²） 四居室（121m²）
光大松湖云台	27000 元/m²	普通住宅	三居室（98m²） 四居室（119m²）
珑远翠珑湾	31000 元/m²	普通住宅	三居室（96~120m²） 四居室（127~129m²）
鼎峰松湖雅境	32000 元/m²	普通住宅、商铺	三居室（108m²） 四居室（125m²）

寮步

楼盘名称	价格	物业类型	主力户型
家和时代花园	28000 元/m²	普通住宅	四居室（135~170m²）
中惠松湖城悦湖	25000 元/m²	普通住宅	三居室（84m²） 四居室（122m²）

东坑

楼盘名称	价格	物业类型	主力户型
保利松湖和府	22000 元/m²	普通住宅	三居室（98m²） 四居室（118~138m²）
和昌·拾里松湖	21000 元/m²	普通住宅、商铺	三居室（95m²） 四居室（125m²） 公寓（45~59m²）
金地卓越松湖悦湾	20000 元/m²	普通住宅、公寓	公寓（30~49m²）
万科金域广场	21000 元/m²	普通住宅、公寓	公寓（30~60m²）
松湖溪岸	16000 元/m²	普通住宅、别墅	三居室（88~106m²） 四居室（118m²） 别墅(267~318m²)

横沥

楼盘名称	价格	物业类型	主力户型
招商雍景湾	19000 元/m²	普通住宅、别墅	三居室（90m²） 四居室（115m²） 别墅（143m²）
罗马景苑逸景湾	18000 元/m²	普通住宅、别墅	别墅（230~302m²）
盛和雅颂花园	16000 元/m²	普通住宅	三居室（99~126m²） 四居室（130~153m²）
阳光粤港栖凤台	18500 元/m²	普通住宅	二居室（79m²） 三居室（100~102m²） 四居室（125~133m²）

道滘

楼盘名称	价格	物业类型	主力户型
时代香海彼岸	18500 元/m²	普通住宅	三居室（96~118m²） 四居室（129m²）

沙田

楼盘名称	价格	物业类型	主力户型
融创云玺湾	24500 元/m²	普通住宅	三居室（100m²）
海上明悦	25000 元/m²	普通住宅	三居室（94~101m²）
滨海明珠	23000 元/m²	普通住宅	三居室（98m²） 四居室（115m²）
御海蓝岸臻品	19000 元/m²	普通住宅、公寓	公寓（60m²）
香缤1号	20000 元/m²	普通住宅	三居室（95~106m²）
天琴湾	20000 元/m²	普通住宅	三居室（89~105m²） 四居室（127m²）
礼顿金御海湾	16000 元/m²	普通住宅	四居室（128~141m²）
碧桂园柏丽湾二期	25000 元/m²	普通住宅	三居室（87~100m²） 四居室（125~147m²）
佳兆业·碧海云天	25000 元/m²	普通住宅、别墅	三居室（110m²） 四居室（135m²） 别墅（185~289m²）

中堂

楼盘名称	价格	物业类型	主力户型
佳兆业时代芳华	21000 元/m²	普通住宅	三居室（100m²） 四居室（121~135m²）
卓越金茂浅水湾	19000 元/m²	普通住宅	三居室（88~95m²） 四居室（115m²）
华建·骏景园	16500 元/m²	普通住宅	三居室（75~116m²） 四居室（138m²）
首创禧瑞阅府	20000 元/m²	普通住宅	三居室（85~95m²） 四居室（115m²）

麻涌

楼盘名称	价格	物业类型	主力户型
碧桂园铜雀臺三期	21888 元/m²	普通住宅	三居室（86~107m²） 四居室（128m²）
景福花园	16200 元/m²	普通住宅	三居室（86~110m²） 四居室（131m²）
招商雍华府	18500 元/m²	普通住宅	三居室（90~143m²）
保利滨湖堂悦	22000 元/m²	普通住宅	三居室（120m²）
珠江万科城	21000 元/m²	洋房、商铺	三居室（77~95m²）
华阳湖1号	13000 元/m²	普通住宅、公寓	公寓（35~49m²）
富盈今朝	10000 元/m²	普通住宅、公寓	公寓（26~113m²）

大岭山

楼盘名称	价格	物业类型	主力户型
光大山湖城	26000 元/m²	普通住宅、别墅	别墅（186~289m²）
莲湖山庄	40000 元/m²	别墅	别墅（200~460m²）
松湖碧桂园三期	35000 元/m²	普通住宅	三居室（85m²） 四居室（125m²）
松湖碧桂园天钻	33000 元/m²	普通住宅	三居室（85~98m²） 四居室（115~125m²）

松山湖

楼盘名称	价格	物业类型	主力户型
3号别墅	40000 元/m²	别墅	别墅（530~680m²）
星城翠珑湾	26000 元/m²	普通住宅、公寓	公寓（75~115m²）
万科松湖半岛	38000 元/m²	普通住宅	三居室（75m²） 四居室（115~143m²）
松湖碧桂园三期	34500 元/m²	普通住宅	三、四居室(85~125m²)

樟木头

楼盘名称	价格	物业类型	主力户型
奥园城市天地	16000 元/m²	普通住宅、公寓	公寓（42~66m²）
北大资源·公馆1898	18000 元/m²	普通住宅、公寓	三居室（99~118m²） 公寓（51~62m²）
颐景湾畔	18000 元/m²	普通住宅	三居室（111m²） 四居室（128m²）
锦多宝吉祥龙	20000 元/m²	普通住宅	三居室（128m²） 四居室（135~143m²）
丰泰橡树溪谷	18000 元/m²	普通住宅	三居室（80~103m²） 四居室（142m²）
THE EMERALD 星岸	20000 元/m²	普通住宅	三居室（97m²） 四居室（119~137m²）
十畝芳华里	20000 元/m²	普通住宅	二居室（92m²） 三居室（117m²）
新城玺樾门第	22000 元/m²	普通住宅	三居室（102~105m²） 四居室（121~159m²）
樟城华轩	17000 元/m²	普通住宅	三居室（95~114m²）
金地湖岸风华公馆	19000 元/m²	普通住宅、别墅	别墅（140~154m²）
信鸿誉庭	22500 元/m²	普通住宅	三居室（97~110m²） 四居室（121m²）
汇景城市中心	11500 元/m²	公寓	公寓（37~59m²）

典型项目

金地保利领峯

东莞 | 金地保利 | 莞惠城际 | 交通便利 | 配套齐全

项目地址：
东莞市龙胜路与蟠龙路交会处南侧

开发商：
东莞市金航房地产开发有限公司

产品特征：
洋房、商办

参考价格：
洋房均价 31000 元/平方米、商办 18500 元/平方米起

主力户型：
98 平方米三居、约 125 平方米四居

物业公司：
保利物业

5 公里生活配套：
欧尚超市、万润广场、东莞市中医院、东莞市寮步医院、塘边综合市场、寮步上屯农贸市场

专家点评

陈骏良·东莞房地产协会秘书长

这是一个 TOD 项目，位于莞惠轻轨寮步站点旁，主推建面 35-60 平方米的商办产品，兼具区位、地段、交通优势，不缺人流量，大品牌开发商打造更让人放心。

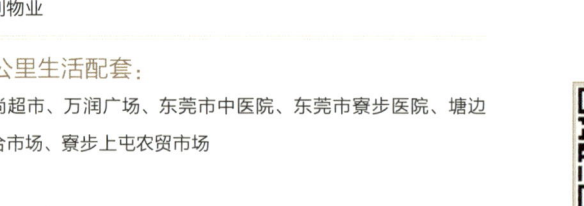
扫码观看楼盘详情

项目测评

【战略意义】
2003 年金地集团选择东莞作为战略发展城市，深耕东莞 18 载，深受广大市民追捧。目前，金地共开发或在开发 25 个品质社区，东莞业主超过 10 万；凭借更加严苛的打造标准，颇受高端改善型客户青睐。

【市场口碑】
项目于 2020 年 10 月 23 日首次开盘，推销的 100 套房源 30 秒即售罄。12 月 19 日，首批商办产品开盘，现场认购率超 80%，"好户型""好地段""品质社区"等标签成为购房者对楼盘最多的评价。

【区域地段】
项目位于松山湖大道与蟠龙路交汇处，城轨寮步站旁，集中心区位和优越交通于一体，是东莞真正的地理中心。9 公里松山湖大道经济带串联了东莞两大 CBD。项目享双 CBD 中轴核心 C 位及一线头排价值。

【楼栋规划】
小区占地面积约 4.9 万平方米，规划总套数 1128 套，包含 10 栋洋房和 6 栋商办，涵盖住宅、商办、街铺等多种业态。6 栋商办产品沿松山湖大道一字型排布，栋栋封面。楼栋之间无遮挡，空气流通性更好。

【主力户型】
金地保利领峯项目主力户型为 98 平方米三居和 125 平方米四居，约 125 平方米四居两厅两卫户型格局方正，客厅、餐厅、主卧三面朝南，自带大南向一体化瞰景阳台，通风采光效果达到墅级体验。

【园林景观】
社区内外双重园林景观以"空中景观长廊"串联公园各个板块，并巧妙利用长廊下方地形打造亲子儿童乐园、时光秋千、云朵乐园、时光长廊、阳光草坪等多个休闲场所。结合本项目三个地块分布，分别打造三大主题秘境园林。

【物业服务】
小区采用保利物业，是保利集团旗下子公司，国家一级资质物业。如今已发展成为品牌价值超过 90 亿元，企业综合实力位列全国前四的大型物业服务企业，线上"享家"+线下"管家"服务模式，通过专属 26°管家服务。

【教育资源】
教育环境完善，项目距离香市小学两公里、距离香市中学 1.5 公里，临近学校总数超过 13 所，为业主的孩子提供从幼儿园到大学的全龄一站式的教育。

【设计风格】
项目建筑外立面采用了米白色真石漆为主要材质，局部采用银灰色铝板，打造出简约挺拔、都市感十足的城市造型。外立面上还重点打造主题灯光亮化系统，进一步配合打造松山湖大道封面坐标。

【购物娱乐】
项目 3 公里范围内就有世界 500 强欧尚超市、万润广场、乐荟城等大型商圈。开车 10 公里左右可至达星河城、东城万达广场、汇一城、国贸等众多核心商圈。与建设中的华润万象汇距离约 5 公里。

珠江万科城

`东莞` `万科` `穗莞融城` `沿江大盘` `创新三房`

项目地址：
东莞市麻涌镇广麻大道 138 号

开发商：
东莞市万珩房地产开发有限公司

产品特征：
洋房、商铺

参考价格：
洋房均价 21000 元 / 平方米、商铺尚未公布

主力户型：
约 77 平方米三居、约 95 平方米三居

物业公司：
万科物业

5 公里生活配套：
地铁 R1 号线、佛莞城轨麻涌站、水乡医院、华阳湖湿地公园、中大创客坊商业街

专家点评

车德锐 · 东莞中原战略发展中心总经理

珠江万科城 2020 年成交套数及面积位居全东莞第一，是当之无愧的东莞市场年度红盘。项目定位鲜明，主打刚需市场，地铁优势、约 77 平方米创新三居、亲子友好型社区、临广等一系列优势精准面向需求。

扫码观看楼盘详情

项目测评

【战略意义】
2020 年，东莞万科再度落子麻涌，继万科珠江东岸后再一次开启在水乡片区的新篇章。珠江万科城为"万科城"系升级产品中的典型作品，约 77 平方米创新三居在市场上比较少见，广受好评。

【市场口碑】
珠江万科城是 R1 地铁大盛村站旁的楼盘。从水乡大道出发，约 18 公里可直达东莞南城 CBD，走沿江高速或京港澳高速，去广州珠江新城、深圳福田都畅通无阻。适合年轻人首套置业，无论是产品质量还是未来发展都值得考虑。

【区域地段】
项目位于水乡新城——东莞六大片区中唯一一个以"新城"命名的区域，是广深科技创新走廊上的重要节点，未来将打造成为东莞城市副中心。不仅是"穗莞融成第一站"，还坐拥双港口（新沙港、麻涌港），无缝承接双城发展红利。

【楼栋规划】
项目分三个地块开发，万科江湾花园为 1 至 6 号楼，万科江岸花园 1 至 7 号楼，滨江苑 1 至 3 号楼，共 16 栋住宅楼，总住宅户数 2700 套，其中约 75 平方米三房一卫户型 1800 套，约 95 平方米三房两卫户型 900 套，楼高层数从 26 到 34 层。

【主力户型】
约 77 平方米户型做到三室一卫。户型是经典的竖厅设计，明厨明卫，保证各个卧室的使用空间，不会让人产生拥挤感。270 度全景飘窗，通风与采光性良好，空间感十足。

【园林景观】
小区园林面积约 6.7 万平方米，绿化面积占比约 56%，将全区分为主轴中心绿地以及宅间活动绿化景观，公园涵盖了休闲足球场、多功能舞台廊架、艺树广场、休闲步道、趣味大地艺术地形、休闲阳光草坪。

【物业服务】
社区物业为万科物业。自 1990 年承接第一个物业项目以来，万科物业始终坚持"安心、参与、信任、共生"的核心价值观，社区提供的安保、园林景观维护、日常清洁、家电设备检修等服务都赢得了市场好口碑。

【交通出行】
毗邻地铁东莞 R1 线大盛村站（规划中），R1 线是东莞在建的唯一一条联通两个一线城市的地铁，向北一站接驳广州，向南接驳深圳地铁 6 号线。内无缝换乘经水乡大道延长线，约 20 公里即达南城 CBD。

【教育资源】
小区周边教育资源丰沛，项目 3 公里内有知名学府中山大学新华学院、大盛幼儿园、麻涌镇中心幼儿园、大盛小学、麻涌镇第一小学、麻涌镇第二小学、麻涌镇第三小学、麻涌一中环伺周围。

【购物娱乐】
项目周边约 1 公里范围内，有大利家生活超市、明丰百货、大盛市场等小型超市及农贸市场。约 5 公里范围内，集中了麻涌中大新华·创客坊、麻涌星河城市广场、广州黄埔领好广场等商业资源。

龙光·江南大境

东莞 | 龙光 | 滨海湾 | 销冠红盘 | 一桥临深

项目地址：
东莞市长安镇振安东路 178 号

产品特征：
住宅

项目规划：
占地面积约 7.3 万平方米；容积率 2.5；总户数 1674 户

主力户型：
洋房约 100 平方米三居、别墅约 161 平方米三居

参考价格：
洋房均价 39000 元 / 平方米、别墅均价 59000 元 / 平方米

入选理由

2020 年东莞销售金额排行榜第一名

根据克而瑞机构 2020 年统计数据显示，龙光江南大境的年销售金额为 60.8 亿元，位居 2020 年度房企销售排行榜全国 51 名，东莞市第 1 名。

扫码观看楼盘详情

核心优势：

项目创新结合了现代元素和中国传统文化，打造具有东方韵味的建筑。项目位处粤港澳大湾区核心中轴区，同时紧临滨海湾新区，拥有"三轨道三干道三高速"的核心交通枢纽，周边路网密集，交通便利，通达性高，一桥临深是滨海片区的交通战略要地。项目打造"洋房＋别墅"两种产品，包括 11 栋高层洋房（共 1553 套）和 121 套别墅，通过半围合式的设计布局，让整体的景观视野和采光通风远胜其他纯洋房布局。户型格局方正，采光通风条件好，三房两卫布局，餐客厅一体化，空间利用率高。每个房间均带赠送的飘窗，双阳台，主阳台开间 3.6 米，动静分区，宽敞舒适。项目周边配套应有尽有，周边分布万达广场、万科生活广场等热点商圈，振安小学、振安中学等教育资源。

松湖碧桂园三期

东莞 | 碧桂园 | 地铁大盘 | 名校在旁 | 醇熟配套

项目地址：
东莞市松山湖科苑路旁

产品特征：
住宅

项目规划：
占地面积：4.2 万平方米；容积率：3.5；总户数：1370 户

主力户型：
约 85~125 平方米三、四居

参考价格：
34500 元 / 平方米

入选理由

2020 东莞松山湖片区年度新房销售金额第一名

根据克而瑞机构 2020 年统计数据显示，松湖碧桂园三期年销售金额为 45.11 亿元，拿下东莞松山湖片区 2020 年度新房销售金额的第一名。

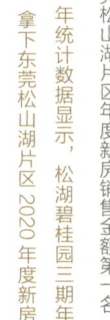

扫码观看楼盘详情

核心优势：

松湖碧桂园三期项目位于松山湖与大岭山交界处，出门达松山湖风景区。项目步行约 900 米可达东莞 R1 线大岭山站（在建中）、1.2 公里达松山湖站（在建中）。项目周边紧邻东莞名校东莞——东华学校，项目楼下有北京外国语大学附属维德幼儿园、小学，教育配套一流。2 公里内达松山湖大型商业综合体——佳纷天地，项目周边配套一应俱全。

龙湖金地天曜城

东莞 | 龙湖&金地　新一线　交通便利　TOD项目

项目地址：
东莞市茶山镇站前路龙湖金地天曜城营销中心

产品特征：
普通住宅、商铺

项目规划：
占地面积：约14万平方米；建筑面积：约60万平方米；总户数：约2173户

主力户型：
约89~121平方米三、四居

参考价格：
25000元/平方米

入选理由 | 吴晓燕·乐居东莞主编
作为龙湖首入东莞的第一个TOD综合项目，龙湖金地天曜城产品类型丰富，地段繁华热闹，周边商圈众多，交通、医疗、教育等配套优势明显。

核心优势：
龙湖金地天曜城位于东莞站TOD四轨枢纽上，集合教育、医疗、市政、生态等都会资源，约60万平方米天街TOD大盘，演绎璀璨"大城"生活；约10万平方米湾区首座天街，以大型商圈定位覆盖全城、辐射广深，兑现东莞前所未有的高端商业体验；建面约89~121平方米的TOD高尚住区，传承龙湖墅级品质和都会前沿建筑审美。

扫码观看楼盘详情

世茂佳兆业·璀璨时代

东莞 | 世茂佳兆业　低密住区　万达旁　园林景区

项目地址：
东莞市虎门镇龙眼路与龙眼七路交汇处

产品特征：
普通住宅

项目规划：
占地面积：60511.91平方米；容积率：2.5；总户数：1299户

主力户型：
约99~121平方米三居、四居

参考价格：
33000元/平方米

入选理由 | 吴晓燕·乐居东莞主编
由世茂和佳兆业联合开发的约15万平方米轻奢低密生活住区，以匠心品质为业主打造舒服、舒心、舒畅的虎门人居范本生活。

核心优势：
世茂佳兆业·璀璨时代由世茂和佳兆业联合开发，立足滨海湾，位于虎门高铁站、滨海湾站双TOD轴心，享受"一快速四轨道四高速"的多维立体交通路网，同时临近万达、天虹商圈，城市繁华触手可及。居住在世茂佳兆业·璀璨时代，如同在绿意庄园中自有一方天地，社区设有不同龄段的娱乐设施，满足老人、大人、儿童的休闲生活需求。家门口配建占地面积约6300平方米的幼儿园，约1:1.4的高车位比，还配备有童梦乐园、静谧康体、城市会客空间、夜航有氧跑道。

扫码观看楼盘详情

中山

市场总结

一、新房成交表现

1. 整体情况

据合富辉煌数据显示，2020年中山市住宅成交54554套，成交面积为592.85万平方米，同比套数下降14%，面积下降15%；2020年全市成交金额约为764.5亿元，同比2019年下降15%。另一方面，受粤港澳大湾区、深中通道等政策利好辐射，中山房屋成交均价一路上涨。

2020年年初，市场的预期普遍表现为稳中带涨。受疫情影响，2020年中山2月成交大跌，仅成交910套；3月后成交逐渐回温上涨，环比2月大涨352%；7月始，楼市随着市场复苏成交稳步上升。

据聚汇数据显示，2020年中山房价收入比为8.77。

2. 年度走势

据合富辉煌数据显示，2020年中山住宅新增38671套，同比下降13%；新增面积为410.98万平方米，同比下降14%；2020年住宅新增受疫情影响，为2014年以来最低。

2020年上半年住宅新增不过万套，下半年住宅新增急剧增长，达上半年的三倍，并在"金九"爆发性新增9195套。下半年新增项目多达108个，主要集中在西区和火炬区，临深热门区域翠亨新区新增占比全市25%，2020年全年新入市项目有27个，新楼盘不多，供应整体下滑。

2020年中山住宅备案价均价为13281元/平方米，同比2019年下降6%，2020年整体呈下跌态势。上涨区域仅大热区域翠亨新区和供不应求的小榄镇、横栏镇及东升镇；中山洋房备案价TOP10中，排名前三的项目为万科中天西湾汇、保利天汇及恒大悦珑湾，三个项目的共性是均位于马鞍岛上，受到深圳等外区投资客户的追捧。

2017年至2020年中山住宅新增及面积走势

3. 历史地位

2020年中山市住宅成交54554套，成交面积为592.85万平方米，同比套数下降14%，成交均价在13838元/平方米。在近5年中，2015年和2016年是中山楼市的特殊年份，因为深中通道的开建引起的购房狂潮使房价飙升。同时，2016年也是成交套数最高的一年。随后，中山在2017年迎来了中山首个"限购令"，在限购和限签的双重作用下，中山成交量大降。近几年来中山鲜有调控政策，因此整体趋势较为平稳。

2015年至2020年中山住宅成交套数及均价走势

二、二手房成交表现

1. 成交均价

乐有家研究中心数据显示，2020年二手住宅成交均价约11500元/平方米。从近5年中山二手住宅成交均价走势来看，2016年至2018年中山二手住宅成交均价大幅上涨，而近2年内中山二手住宅涨幅并不明显。对比近5年中山一手住宅成交均价情况，近2年中山楼市发展整体比较稳定。

2016年至2020年中山二手房均价走势

2. 套均面积 & 套均总价

从套均面积来看，2020年中山二手住宅套均成交面积保持在105平方米左右，虽有起伏但整体平稳。套均总价方面，除2019年套均总价出现微幅下跌外，近5年基本保持逐年上涨的趋势。2020年，中山二手住宅套均面积达到121万元/套，同比上涨6.14%。

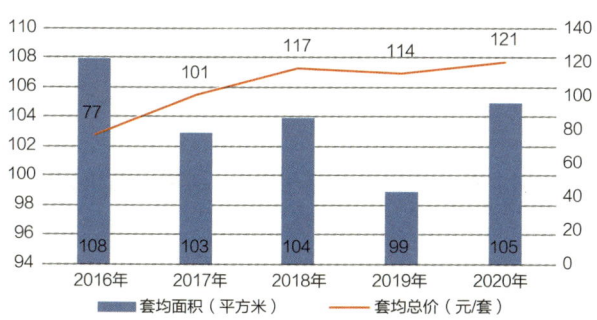

2016年至2020年中山二手住宅套均面积 & 套均总价

3. 楼盘热销榜 Top10

据乐有家研究中心数据显示，2020年中山二手住宅热销楼盘主要集中在中心组团及南部组团，包括火炬开发区、南区、西区等。其中，南区金水湾、西区雅居乐剑桥郡以及石岐区富元利和豪庭成为2020年中山二手最畅销楼盘。

2020年中山二手住宅热销榜 Top10

排名	区域	楼盘
1	南区	金水湾
2	西区	雅居乐剑桥郡
3	石岐区	富元利和豪庭
4	南朗镇	盈彩美地
5	南区	中澳滨河湾
6	东区	越秀星汇品峰
7	沙溪镇	华发四季
8	火炬开发区	凯茵又一城
9	石岐区	正德天水湖
10	火炬开发区	永怡聚豪园

两大组团的热销一方面是由于综合配套较为成熟，二手住宅项目较多，可选择余地大；另一方面是受石岐总部经济区利好影响，投资自住两相宜。

三、政策梳理

2020年4月17日，中山出台"人才24条"新政，发布《关于加强人才政策支持和服务保障的具体措施》（简称《措施》），共分七个部分。其中，对毕业5年内的全日制本科毕业生，在中山企业工作满1年且已落户中山的，每人一次性发放政府津贴1万元；放宽人才入户条件；第五层次以上高层次人才子女优先安排到市直属幼儿园、小学、初中就读；筹集5000套可拎包入住的人才安居房；设立"市政府奖学金"等。此外，《措施》还加大公积金个人住房贷款支持力度，对符合条件的人才在购买首套自住住房，申请住房公积金贷款时，提供贷款额度上浮优惠。

目前，已经实施公积金人才贷款优惠政策的城市较少，相比其他已出台人才贷款优惠政策的城市，中山高层次人才贷款额度上浮的幅度大，享受优惠政策的人才范围广，充分体现了中山"爱才""留才"的决心和力度。

2020年8月10日，中山发布最新售房购房通知，9月1日起实施。从9月1日起，房地产开发企业在递交购房资格审查时，须将购房人签订的《中山市购买新建商品房注意事项》一同提交至交易部门。如销售的商品房属于非住宅，房地产开发企业须在网签时将已签名确认的《中山市购买新建商品房注意事项》一并上传至交易系统。对新建商品房的销售起到了很好的规范作用。

2020年12月31日，中山住房交易全额个税征收标准降为2%。12月31日，国家税务总局中山市税务局发布了《国家税务总局中山市税务局关于个人所得税行业所得率和核定征收率有关问题的公告》。自2021年1月1日（税款所属期）起施行，中山住房交易全额个税征收标准由3%改为2%（核定方式），差额征收方式不变。因为二手房普遍价格比新房价格要低，在税费减少的利好下，或有不少刚需购房者将转向二手房市场。

四、土地供应

1. 基本情况

2020年中山的土拍，整体推地节奏加快，万元地频增，高价地涌现，房企参拍积极性高，商住地成交面积大涨，多个板块频频刷新区域最高楼面单价或土拍总价记录。

据统计，2020年中山全市共计推出商住地块16宗，共计138.9万平方米，同比2019年宗数下降6%，面积上升72%，出让楼面地价为7447元/平方米，同比上涨2%。2020年中山全市共计成交商住地块14宗，共计143.0万平方米，同比2019年宗数上升27%，面积上升262%；成交楼面地价8109元/平方米，同比上涨20%。另外2020年共中止12宗用地，流拍1宗用地。

2. 开发商拿地情况

在2020年招挂拍成交地块中，拿地的房企超14家，包括富元+香港旭日、保利、万科、粤海、招商、雅居乐、中南锦时、星河、恒大等房企。其中，中南锦时、星河首进中山，分别在西区和南头插上第一面旗；万科拿地3宗，分别是位于古镇的2宗及翠亨1宗，位列房企拿地榜第一名。

值得一提的是，在2020年土地市场中，南朗成为土拍供地"大户"，主要集中在翠亨新区马鞍岛，共推地10宗，占2020年土拍量数的一半。其中，配套用地及商住用地各占5宗，而所成交的商住用地皆以"高总价、低溢价"的特点霸屏中山土拍总价TOP10榜前五。

3. 未来预估

2020年的高价地都集中在翠亨新区马鞍岛上，多宗地块创新高，中山历年土拍多榜单刷新。

（1）雅居乐首进马鞍岛，以总价38.8亿元竞得位于翠亨新区地块，成为中山新晋总价地王。日前，雅居乐北塔综合体项目已备案，分别为总投资约10.4亿元的"雅深花园"、总投资约8.7亿元的"雅海花园"，拟建460米超高层地标；

（2）恒大以总价35.89亿元竞得翠亨新区起步区的154亩城镇住宅用地，溢价率达16%。近期开盘1131套房源全部售罄，火爆程度可想而知；

（3）招商以总价约36.6亿元、成交楼面地价11772元/平方米夺得翠亨超10万平方米地块，溢价率9%。11月底，项目已通过备案，总投资额约632149万元，拟建25幢建筑物，需配建2500平方米幼儿园；

（4）粤海以总价37.05亿元、960平方米竞配建夺得马鞍岛148亩地块，溢价27%，15000元/平方米的楼面地价不但捅破了区域地价天花板，也刷新了全市地价总价记录，一跃成为中山土拍总价第二名。

（5）万科以总价14.5亿元、480平方米竞配建成功拿下中山市南朗镇（翠亨新区起步区）西二围58亩住宅地，溢价率27%，成交楼面地价15000元/平方米，登顶中山楼面地价榜首。

就近年成交区域及单项目去化速度而言，南朗翠亨马鞍岛优势极其明显，各大龙头房企也是不惜重金抢滩马鞍岛。不难想象，未来随着片区的规划逐步落地及深中通道的开通，马鞍岛的价值将进一步凸显。

五、热点板块

热门区域

在2020年中山市各镇区住宅成交里，火炬开发区成交7094套排名第一，三乡镇成交5113套排名第二，南朗镇成交5039套位列第三；在2020年中山市各板块住宅成交里，南部板块连续三年排名第一，成交16674套，占比31%；主城区成交11982套，占比22%；泛城区成交11384套，占比21%。

在2020年全市住宅网签中，位于南朗的锦绣海湾城以2315套、261793平方米的网签面积位列第一，恒大双盘恒大御景、恒大御府分别网签1756套及1680套，位列第二、三位。锦绣海湾城主要以大盘、临深等特点吸引了众多外地客户的青睐，恒大在疫情期间率先推出无理由退房+最低价锁定政策，全国项目享75折优惠，因此两项目去化较为可观。

中山市全年住宅网签套数前10

区域	楼盘	网签套数	网签面积
南朗镇	锦绣海湾城	2315	261793
阜沙镇	恒大御景	1756	168540
黄圃镇	恒大御府	1680	161747
阜沙镇	中山融创城	1264	128991
民众镇	泰丰凤凰源	1139	109178
南朗镇	保利碧桂园领秀海	1104	117945
南区	碧桂园凤凰城	1074	137439
南头镇	中荟城	1055	102978
沙溪镇	华发四季	1016	110732
坦洲镇	锦绣国际花城	943	105373

六、2021年展望

2021年的中山楼市可谓精彩。我们继能看到老牌地产正统续作，名牌房企经典再现，更有知名房企赤峰首开。如2020年刷新东区楼面地价的保利天珺、南外环旁坐拥一定山景资源的佳兆业樾伴山、颐安在中山拿下的第四宗块地颐安御品公馆等；石岐区有时代中国与信和地产联合开发的信和悦景苑、也有乘着石岐总部经济区"东风"的颐安骊景公馆、更有带着顶级文旅地产IP的华侨城住宅项目，可谓群雄争霸，亮点十足。

展望2021年中山楼市，随着规划的逐步落地及城市基建的稳步推行，中山楼市整体或呈稳中有涨的局面。

数据来源：中山市住建局、国土局、合富辉煌、乐有家研究中心

在售楼盘一览

\<东区\>			
楼盘名称	价格	物业类型	主力户型
敏捷·紫岭天玺	洋房26000元/m² 别墅500万元/套起	洋房、别墅	二居室（121.01~128.16m²） 三居室（154.88~160.98m²）
展盈天钻	23000元/m²	商住	四居室（257~259m²） 五居室（414~425m²）
万科金域中央	20000~21000元/m²	普通住宅	四居室（135m²）
时代云来	26500元/m²	普通住宅、商铺	三居室（101~137m²） 四居室（152~177m²）
华鸿珑悦轩	30000~35000元/m²	普通住宅	三居室（129m²） 四居室（177~222m²）
天奕国际广场	21000元/m²	普通住宅、酒店式公寓、商铺、综合体	三居室（109~121m²）
利和·文华里	21000~25000元/m²	普通住宅	二居室（82~87m²） 三居室（114~136m²） 四居室（184m²）
盛湖轩	尚未公布	普通住宅	一居室（47m²）
紫马天赋	27000元/m²	公寓	一居室（66~76m²） 二居室（123m²） 三居室（124~157m²）
奕翠园	20000~22000	普通住宅	三居室（106~145m²） 四居室（136~174m²） 五居室（238m²）
远洋世家	24000~28000	普通住宅	三居室（119m²） 四居室（138~176m²）
天丰御品园	16800元/m²	普通住宅	二居室（79m²） 三居室（89~118m²）

\<石岐区\>			
楼盘名称	价格	物业类型	主力户型
华发广场	15000~16000元/m²	普通住宅	二居（79~110m²） 三居室（99m²）
永成·御景轩	11600~12500元/m²	商住	二居室（81~98m²） 三居室（121m²）
雅居乐江玥	15000~15500元/m²	普通住宅	三居室（89~108m²）
顺景壹号院	19000~23000元/m²	普通住宅	三居室（136m²） 四居室（147~195m²）
大信金座	17500元/m²	公寓、写字楼、综合体	一居室（55~59m²）
岐江壹号	18000元/m²	公寓、商住	开间（32~94m²）
美林春天	14000元/m²	普通住宅、别墅	二居室（82~103m²） 三居室（96~121m²） 四居室（288m²）
润达幸福汇	14000元/m²	普通住宅	二居室（78~119m²） 三居室（126m²） 四居室（139~169m²）
正德天水湖	15800元/m²	普通住宅、商铺	三居室（92~118m²） 四居室（121.45~127m²）
香滨水岸	15500元/m²	普通住宅、商铺	三居室（105~116m²）
华炬珑玥公馆	20000元/m²	普通住宅	二居室（40~54m²）
大信·金马公馆	12500元/m²	酒店式公寓	一居室（34m²）
完美金鹰广场	18000~20000元/m²	普通住宅、公寓、商住、综合体	二居室（46~90m²） 三居室（117~128m²） 四居室（145~188m²）
骏珑盛景豪园	13000~16000元/m²	普通住宅、公寓	二居室（84m²） 三居室（90~126m²）
星汇湾	20000元/m²	写字楼、商住	二居室（210m²） 四居室（293m²） 五居室（300m²）

\<石岐区\>			
楼盘名称	价格	物业类型	主力户型
中山富力中心	15000元/m²	写字楼	写字楼（150~320m²）
华发首府	19000~21000元/m²	普通住宅	三居室（99m²） 四居室（119m²）

\<西区\>			
楼盘名称	价格	物业类型	主力户型
雅居乐剑桥郡·剑桥汇	16300元/m²	普通住宅	三居室（89~115m²） 四居室（128m²）
时代小满	15000~16000元/m²	公寓	二居室（30m²） 三居室（48m²）
越秀天樾湾	17000元/m²	普通住宅	三居室（87m²） 四居室（93~106m²）
方直·彩虹公馆	13200元/m²	普通住宅、别墅	二居室（95m²） 三居室（119m²） 四居室（148m²）
美和馨苑	10700元/m²	普通住宅	三居室（94~109m²）
雅居乐·剑桥郡	16300元/m²	普通住宅、公寓、商住	三居室（89~121m²） 四居室（139~157m²）
时代美宸	13500~14000元/m²	普通住宅	三居室（86~98m²） 四居室（128m²）
中泰上境	16000元/m²	普通住宅、别墅	三居室（107~115m²） 四居室（135m²） 六居室（165m²）
合景招商映月台	18000元/m²	普通住宅	二居室（88~103m²） 三居室（115~123m²）
中山·棕榈彩虹	17000~18500元/m²	普通住宅	三居室（75~140m²）
海伦时光	13500元/m²	普通住宅、商铺	二居室（75.81m²） 三居室（92.86~114m²）
颐安熙园	15200元/m²	普通住宅、商铺	三居室（89~108m²） 四居室（119m²）
天誉·虹悦1925	15500元/m²	普通住宅、商铺	二居室（54.98m²） 三居室（79~104m²） 四居室（116~144m²）
心悦湾	12000元/m²	普通住宅、别墅、商铺	三居室（89~107m²） 四居室（127m²）
中庄翠庭	12500元/m²	普通住宅	二居室（78m²） 三居室（90~120m²）
博达外滩	18000~20000元/m²	普通住宅	三居室（114~150m²） 四居室（155m²）
花海湾	15500元/m²	普通住宅	二居室（80~81m²） 三居室（92~131.21m²） 四居室（142.34~192.73m²）
美林假日·金林苑	12500元/m²	普通住宅	一居室（75m²） 二居室（87~109m²） 三居室（133m²）
天明海怡湾	13000元/m²	普通住宅	二居室（79m²） 三居室（92~136m²） 四居室（166m²）
华盈四季蓝天	13000~13500元/m²	普通住宅、别墅	二居室（71m²） 三居室（87~113m²）
碧桂园·佳诚·领英卡仕Class	13500~14000元/m²	普通住宅、商铺	三居室（88~102m²）
骏珑汇景湾	15000~16000元/m²	商住	三居室（79~98m²） 四居室（103~106m²）
华润仁恒·公园四季	16500元/m²	普通住宅	二居室（88~120m²）

\<南区\>			
楼盘名称	价格	物业类型	主力户型
天基叠彩领峰	11300元/m²	普通住宅	二居室（70m²） 三居室（89~102m²）
世茂福晟香山天地	11800元/m²	普通住宅、别墅、商铺	三居室（98~117m²） 四居室（119~135m²）

南区

楼盘名称	价格	物业类型	主力户型
新力翡翠湾	10700 元/m²	普通住宅	三居室（89~116m²） 四居室（132m²）
珠光御景雅苑	14000 元/m²	普通住宅	三居室（87~119m²）
碧桂园柏坦尼雅	12800 元/m²	公寓、商铺	二居室（40m²）
碧桂园凤凰城	10288~33000 元/m²	普通住宅、别墅	三居室（94~119m²） 四居室（185m²） 别墅（165~222m²）
星光喜寓	13500~14000 元/m²	普通住宅、商铺	三居室（94~114m²） 四居室（132m²）
德商樾玺	22000~26000 元/m²	普通住宅	四居室（196~270m²） 六居室（540m²）
合生帝景城	12000 元/m²	普通住宅	三居室（95.60~121m²） 四居室（124~129.04m²）
正邦华颢豪庭	12000 元/m²	普通住宅、商住	三居室（101m²） 四居室（125m²）
中澳滨河湾	14000 元/m²	普通住宅	二居室（82~94m²） 三居室（101~139m²） 别墅（171m²）

五桂山

楼盘名称	价格	物业类型	主力户型
万科四季花城	11500~16000 元/m²	普通住宅	三居室（82~107m²） 四居室（106~144m²）
海伦堡·青云台	洋房 15000 元/m² 别墅 580 万元/套起	洋房、别墅	三居室（103m²） 四居室（165m²）
保利远洋领秀山	10500 元/m²	普通住宅、别墅	三居室（88~125.9m²） 四居室（141~170m²） 五居室（180m²）
和记黄埔泷珀花园	26700~29000 元/m²	别墅、商业	四居室（189.9~273.8m²） 五居室（328.32m²）
三合院	22000 元/m² 起	普通住宅、别墅	三居室（144~170m²） 五、六居室（151~183m²）

南朗镇

楼盘名称	价格	物业类型	主力户型
朗诗德洲·尚郡	16400 元/m²	普通住宅	三居室（105m²）
卓越·海畔山	15000~16000 元/m²	普通住宅、别墅	二居室（85~96.44m²） 三居室（119m²） 四居室（140.95m²）
恒大·悦珑湾	25000~27800 元/m²	普通住宅	二居室（74m²） 三居室（89~94m²） 四居室（104m²）
保利碧桂园领秀海	16000~17000 元/m²	普通住宅、商铺	二居室（82m²） 三居室（92~120m²） 四居室（138m²）
锦绣海湾城	16000 元/m²	普通住宅、别墅、商铺	二居室（91m²） 三居室（93~116m²） 四居室（126~143m²）
佳兆业·上品雅园	12500~13800 元/m²	普通住宅	三居室（89~106m²） 四居室（125m²）
锦绣海湾城领寓	13000~27000 元/m²	公寓、综合体	二居室（31~53m²） 三居室（65~74m²） 复式（35~77m²）
广银海棠湾	14000 元/m²	普通住宅	三居室（98~112m²） 四居室（125m²）
雪松君华·天汇	尚未公布	公寓	一居室（29m²） 二居室（37~51m²）
锦盛恒富祥	13500 元/m²	普通住宅、商铺	三居室（96~115m²）
保利天汇	28000 元/m²	普通住宅	四居室（95~105m²）

火炬区

楼盘名称	价格	物业类型	主力户型
万科中天西湾汇	32000 元/m²	普通住宅	三居室（77m²） 四居室（88m²）
江峰翠苑	尚未公布	普通住宅	二居室（84~121m²） 三居室（139m²） 四居室（154m²）
保利中山林语	11000~12000 元/m²	普通住宅、商铺	四居室（136m²）
海伦堡千江阅	18000 元/m²	普通住宅、别墅	三居室（90.22~135m²） 四居室（122.81~127.11m²）
金色年华	18800~22000 元/m²	普通住宅	二居室（85~100m²）
远洋新天地	19000~23000 元/m²	普通住宅、商铺	三居室（90~118m²）
华鸿璟悦轩	27000~30000 元/m²	普通住宅、别墅	四居室（153m²）
碧桂园黄金时代	15800 元/m²	普通住宅	三居室（119m²） 四居室（140m²）
碧桂园盛世名门	15500~16500 元/m²	普通住宅、商铺	四居室（119~139m²）
世茂福晟钱隆华府	15000~16000 元/m²	普通住宅	二居室（82.14m²） 三居室（93~113m²）
福晟钱隆湾畔	12000 元/m²	普通住宅	二居室（76~85m²） 三居室（89m²）
东方名都	16700~17000 元/m²	普通住宅、别墅	三居室（130~138m²） 四居室（172~284m²）
方直香山墅	22000~24000 元/m²	普通住宅	四居室（89m²）
澜溪泮岛	15500~16500 元/m²	普通住宅、商铺	三居室（102~112m²） 四居室（119~129m²）
裕龙君悦	尚未公布	普通住宅、商铺	二居室（74m²） 三居室（88~123m²） 四居室（134m²）
星耀广场	12800 元/m²	写字楼、商铺、商住	三、四居室（122~153m²）
美的悦府	14000~25000 元/m²	普通住宅	三居室（92~104m²） 四居室（110~120m²）
港航华庭	13500 元/m²	普通住宅、商铺	二居室（85m²） 三居室（90~122m²）
德宝怡高花园	16700~18000 元/m²	普通住宅、别墅	二居室（86~96m²） 三居室（104~135m²） 四居室（148~150m²）
泰立泰瑞居	14200 元/m²	普通住宅	三居室（108m²）
聚豪园	16000~18000 元/m²	普通住宅、别墅、写字楼	二居室（103m²） 三居室（149~156m²） 四居室（162~185m²）
鸿瑞壹品	22000 元/m²	普通住宅	三居室（110~117m²）
合强熹时代	17000 元/m²	普通住宅	二居室（85~95m²） 三居室（111~120m²）
万豪丽影公馆	尚未公布	公寓	二居室（32~47m²）
富逸城臻誉	19000~22000 元/m²	普通住宅	三居室（109.39~130m²） 四居室（124.58~125.92m²）
浩昌悦景湾	17000~18500 元/m²	普通住宅、商铺	二居室（85.85~103.76m²） 三居室（113.97~116.19m²） 四居室（121.79m²）
广联博爵	19000 元/m²	商住	二居室（87.05m²） 三居室（88~118m²）
深中国际装饰城	21000~35000 元/m²	公寓、商铺	二居室（46~50m²）
中铭新达城	13500 元/m²	普通住宅	三居室（90~98m²）
招商禹洲·云鼎府	20500~22000 元/m²	普通住宅	二居室（105~117m²）
君华硅谷	12000 元/m²	普通住宅、别墅	二居室（76~105m²） 三居室（124m²） 四居室（136m²）
岐江东岸	12000~13000 元/m²	普通住宅	三居室（90~116m²）

港口镇

楼盘名称	价格	物业类型	主力户型
中海世纪荟	17000~19000 元/m²	普通住宅、酒店式公寓	一居室（20~30m²） 二居室（40m²） 三居室（60~86m²）
碧桂园卓越协信·天际	12500~13500 元/m²	普通住宅	二居室（89m²） 三居室（113m²） 四居室（139m²）
敏捷领航公馆	14700 元/m²	公寓、别墅、商铺	二居室（47m²） 三居室（75m²）
保利国际广场	尚未公布	普通住宅、商铺	三居室（101.84~133.01m²） 四居室（146.15~172.56m²）
远南曦湾邸	13500~14000 元/m²	普通住宅	三居室（89~100m²） 四居室（115m²）
富元港景峰	15000~15500 元/m²	普通住宅、商铺	三居室（89.72~119.80m²）
枫逸国际	22500 元/m²	公寓、写字楼	二居室（46.74~47.09m²） 四居室（50~58m²）
上乘世纪公园	尚未公布	普通住宅、商住	一居室（61~80m²）
如愿居	11000~12000 元/m²	普通住宅	三居室（93.23~121.23m²）
海伦堡·玖悦府	5000 元/m²	洋房、商铺	三居室（89m²） 四居室（120m²）

小榄镇

楼盘名称	价格	物业类型	主力户型
龙光玖龙湾	13000 元/m²	普通住宅	三居室（97m²） 四居室（119~130m²）
龙湖·春江紫宸	16000 元/m²	普通住宅	三居室（99m²） 四居室（116~135m²）
华鸿槛悦轩	14000 元/m²	普通住宅、商铺	三居室（122~132m²） 四居室（144m²）
敏捷东樾府	11500~12500 元/m²	普通住宅	三居室（98~113m²）
龙山华府	15000~19000 元/m²	普通住宅	四居室（186~216m²） 五居室（270m²）

坦洲镇

楼盘名称	价格	物业类型	主力户型
敏捷·锦绣国际花城	13000 元/m²	普通住宅、别墅、自住型商品房	二居室（82~118m²） 三居室（106~111m²） 四居室（127~142m²）
蔚蓝四季	12500 元/m²	普通住宅	三、四居室（92~136m²）
尚都名苑	15000 元/m²	普通住宅	三居室（85~93m²） 四居室（110m²）
中澳春城	13000~16300 元/m²	普通住宅、商铺	二居室（68~91m²） 三居室（95~115m²） 四居室（136~163m²）
御城金湾	11000~11500 元/m²	普通住宅、公寓	三居室（115.62~136m²） 四居室（138.27~214m²）
祥圣富地	16000 元/m²	普通住宅	二居室（78.73m²） 三居室（90.83~103m²） 五居室（199.4m²）
海伦国际	12500~13500 元/m²	普通住宅	三居室（102~108m²） 四居室（123m²）

神湾镇

楼盘名称	价格	物业类型	主力户型
雅居乐星玥	7800 元/m²	普通住宅	二居室（77.4m²） 三居室（86~112m²） 四居室（125m²）
时代南湾北岸	9300~10600 元/m²	普通住宅、别墅、商铺	二居室（65~80m²） 三居室（91~95m²） 四居室（121~138m²）
龙光玖誉山	9000~10300 元/m²	普通住宅	二居室（73m²） 三居室（89~98m²） 四居室（108m²）
时代香海北岸	10500~11000 元/m²	普通住宅、商铺	三居室（86~116m²） 四居室（129~142m²）
远洋繁花里	8000~8500 元/m²	普通住宅、别墅	二居室（75~105m²） 三居室（139m²）
龙光天琅湾	1500万元/套起	别墅	独栋别墅（347~397m²）

沙溪镇

楼盘名称	价格	物业类型	主力户型
新力钰珑湾	9400 元/m²	普通住宅	三居室（88~108m²）
华发四季	9800 元/m²	普通住宅、商铺	二居室（77m²） 三居室（103~133m²） 四居室（133m²）
佳兆业·大都汇	11000~16000 元/m²	公寓、商业	二居室（39.5m²） 三居室（51m²） 四居室（70m²）
龙光玖龙山	10000~10500 元/m²	普通住宅	三居室（97m²） 四居室（112~122m²）
名豪花园	10900~11500 元/m²	普通住宅	二居室（84~92m²） 三居室（106~120.16m²）
世茂福晟钱隆御府	9500~11000 元/m²	普通住宅、商铺	二居室（85~100m²） 三居室（118m²） 四居室（139.99m²）

三乡镇

楼盘名称	价格	物业类型	主力户型
雅居乐·国宾道	13000 元/m²	普通住宅	二居室（90~93m²） 三居室（128~146m²）
雅居乐珑玥	13000~15000 元/m²	普通住宅、商铺	三居室（130m²） 四居室（143~178m²）
雅居乐锦城	11000~13000 元/m²	普通住宅、公寓	三居室（86~118m²） 四居室（129~133m²）
雅居乐万象郡	11000 元/m²	普通住宅	三、四居室（89~189m²）
华发观山水	8800~9300 元/m²	普通住宅、别墅	二居室（70m²） 三居室（98~108m²） 四居室（129m²）
畔山中心城	11000~13000 元/m²	普通住宅、别墅、商铺	二居室（88~91m²） 三居室（96~132m²） 四居室（119~139m²）
碧桂园天悦府	14500 元/m²	普通住宅	三居室（104m²） 四居室（140~180m²）
大翼御景豪庭	8800 元/m²	普通住宅	二居室（75m²） 三居室（90.2~104.88m²）
新城金樾岚庭	15500 元/m²	普通住宅	三居室（95~98m²）
海棠郡	9000~9500 元/m²	普通住宅	二居室（93m²） 三居室（115~129m²）
云山汇景豪园	12000 元/m²	普通住宅、商铺	三居室（87~105m²）
德瑞花园	10500 元/m²	普通住宅	二居室（78m²） 三居室（97m²）
爱琴半岛	10000 元/m²	普通住宅、商铺	二居室（76m²） 三居室（99~119m²）
优越温泉郡	12700 元/m²	普通住宅	二居室（84m²） 三居室（88m²）
奥园香山美景	9000~11500 元/m²	普通住宅	三居室（91~103m²）
钰海佳园	9500~12000 元/m²	普通住宅、商铺	二居室（76.32m²） 三居室（99.02~103.33m²） 四居室（120.31m²）
钰海绿洲	9800~10500 元/m²	普通住宅、商铺	二居室（78.51m²） 三居室（100.44~104.69m²） 四居室（121.24m²）
美好雅景臺	11500 元/m²	普通住宅、别墅	二居室（89~107m²） 三居室（117~139m²）
御山风景	17000 元/m²	公寓	二居室（43m²） 三居室（67m²）
大翼御龙轩	8800 元/m²	普通住宅	二居室（75m²） 三居室（89~105m²）
钰海美筑	10800 元/m²	普通住宅	二居室（79m²） 三居室（99~103m²） 四居室（107~120m²）
鼎威花园	13000 元/m²	商住	三居室（94~174m²）
慧丰上品	9300~9600 元/m²	普通住宅	三居室（86~88m²）
凯柏峰景	12500 元/m²	普通住宅、公寓	三居室（86~96m²） 四居室（134m²）

三角镇

楼盘名称	价格	物业类型	主力户型
雅居乐·民森·迪茵湖小镇悦蓉花园	11300~12800 元/m²	普通住宅、商铺	三居室（100m²）
融创月湾首府	9950 元/m²	普通住宅、商铺	三居室（96m²） 四居室（116m²）
三角大信新都公馆	9500 元/m²	公寓、写字楼、商业	一居室（52~68m²）

南头镇

楼盘名称	价格	物业类型	主力户型
瀚康首府	12500~13000 元/m²	普通住宅、公寓	二居室（86~98m²） 四居室（103~109m²）
中荟城	7800 元/m²	普通住宅	二居室（86~100m²） 三居室（118m²）
碧桂园·锦绣东方	8500~9500 元/m²	普通住宅、商铺	三居室（63~110m²） 四居室（142m²）
时光樾	7800 元/m²	普通住宅、商铺	三居室（86~97m²）
同樾里	9400 元/m²	普通住宅	三居室（90~108m²）
海雅缤纷城	12500 元/m²	普通住宅、公寓、写字楼	一居室（35~53m²） 二居室（54~84m²） 三居室（115m²）
御景名都	9500 元/m²	普通住宅	三居室（90~132m²）
长虹华悦府	尚未公布	普通住宅	三居室（75m²） 四居室（118m²）

民众镇

楼盘名称	价格	物业类型	主力户型
远洋山水	12000 元/m²	普通住宅	二居室（89~96m²） 三居室（105~118m²）
泰丰凤凰源	13000~13500 元/m²	普通住宅	二居室（78m²） 四居室（93~115m²）
信业尚悦湾	9800 元/m²	普通住宅	三居室（110m²） 四居室（131m²）
水韵名门	9800~10500 元/m²	普通住宅	三居室（102~105m²）

黄圃镇

楼盘名称	价格	物业类型	主力户型
中山恒大御府	9500~10000 元/m²	普通住宅、商铺	三居室（83~105m²） 四居室（120m²）
世茂凯隆城	11400 元/m²	普通住宅、公寓、商铺	一居室（35m²）
樱雪蓝悦湾 2 期	10500~11100 元/m²	普通住宅	三居室（128m²） 四居室（143~198m²）
荔园新天地	8000~8500 元/m²	普通住宅	二居室（75~94m²） 三居室（118m²）
蓝天金地	8800 元/m²	别墅	二居室（90m²） 三居室（109~127m²）

横栏镇

楼盘名称	价格	物业类型	主力户型
锦江尚苑·城熟里	9200 元/m²	普通住宅、共有产权房	三居室（100~119m²）
碧桂园·佳诚·城央首府	10500 元/m²	普通住宅	三居室（106m²） 四居室（119~140m²）
泰禾金尊府	12800 元/m²	普通住宅	三居室（92m²） 四居室（122~142m²）

古镇镇

楼盘名称	价格	物业类型	主力户型
龙光天禧	13000~14500 元/m²	普通住宅	二居室（88m²） 三居室（108m²） 四居室（127~157m²）
中山古镇雅居乐花园	13000~13800 元/m²	普通住宅	三居室（100~105m²） 四居室（127m²）
万科城	13000 元/m²	普通住宅、别墅	三居室（89~109m²） 四居室（119~139m²）
金丰公寓	11000~12000 元/m²	公寓、商住	一居室（48m²） 二居室（57~75m²）
幸福华庭	11500~12500 元/m²	普通住宅	一居室（48~52m²） 二居室（57~75m²） 三居室（136m²）

阜沙镇

楼盘名称	价格	物业类型	主力户型
恒大御景	9500 元/m²	普通住宅	三居室（85~108m²） 四居室（130m²）
中山·融创城	7900~9100 元/m²	普通住宅、商铺	二居室（89~98m²） 四居室（116m²）
盛迪嘉·光明1号	9100 元/m²	普通住宅、商铺	二居室（70~73m²） 三居室（86~116m²）
大信新都公馆	7600 元/m²	公寓、商住	一居室（33~42m²） 二居室（68~70m²）
华炬珑玥壹号	8000 元/m²	普通住宅、商铺	二居室（88~102m²）
世茂福晟钱隆悦府	7700~7800 元/m²	普通住宅	二居室（99~100m²） 三居室（115m²）

东升镇

楼盘名称	价格	物业类型	主力户型
佳兆业·香山熙园	10400~11000 元/m²	普通住宅	三居室（89~105m²） 四居室（125m²）
金乐上东城	尚未公布	普通住宅	三居室（86m²） 四居室（166m²）
龙光·玖誉府	10500~10800 元/m²	普通住宅	二居室（89m²） 三居室（98~118m²）
敏捷·贝斯小镇	8800~9700 元/m²	普通住宅	二居室（74m²） 三居室（110m²） 四居室（130m²）
雅居乐枫璟美地	11500~12000 元/m²	普通住宅	三居室（93~123m²）
尚誉名筑	尚未公布	普通住宅	三居室（87~107m²） 四居室（124m²）
君汇尚品	8900 元/m²	普通住宅、商铺	二居室（79m²） 三居室（102~114m²）
新力帝泊湾	10500~11300 元/m²	普通住宅	三居室（89~117m²）
阳光城·悦澜府	尚未公布	普通住宅	四居室（99~120m²） 五居室（139m²）

东凤镇

楼盘名称	价格	物业类型	主力户型
南洲·潮汇湾	8000~10500 元/m²	普通住宅	三居室（90~121m²） 四居室（120m²）
东尚峰景	9500 元/m²	商住	三居室（97~103m²） 四居室（120m²）
御景香江	10000~10500 元/m²	普通住宅	二居室（88~89m²） 三居室（90m²） 四居室（117~118m²）
逸湖半岛	9300 元/m²	普通住宅、别墅	三居室（90~122m²） 四居室（117~119m²）
佛奥阳光花园	10500~11500 元/m²	建筑综合体	三居室（99m²）
泰禾·香山院子	尚未公布	普通住宅、别墅	别墅（154~179m²）

大涌镇

楼盘名称	价格	物业类型	主力户型
碧桂园世纪城	10500~13000 元/m²	公寓	一居室（28~34m²） 二居室（41~61m²）

板芙镇

楼盘名称	价格	物业类型	主力户型
佳兆业香山御府	7600~8700 元/m²	普通住宅	三居室（89~110m²） 四居室（127m²）
融创溪湾首府	8900~9200 元/m²	普通住宅、商铺	三居室（96m²）
华立普罗旺斯庄园	尚未公布	普通住宅、别墅、商铺	别墅四居室（167~230m²）
纯水岸	9200~9500 元/m²	普通住宅	二居室（58~66m²） 三居室（89~103m²） 四居室（153m²）

典型项目

海伦堡·青云台

| 中山 | 海伦堡 | 交通便利 | 成熟配套 | 城山生活 |

项目地址：
中山市长命水长逸路与长命水龙井路交会处东南 150 米

开发商：
中山市海粤房地产有限公司

产品特征：
洋房、别墅

参考价格：
洋房毛坯 15000 元/平方米，别墅 580 万元/套起

主力户型：
103 平方米三居，165 平方米四居

5 公里生活配套：
远洋大信商圈、三溪文创小镇、中山市博览中心

专家点评 林妍·中山乐居楼盘主编

海伦堡·青云台是海伦堡在中山的第 12 个项目，是海伦堡 20 年开发经验的升级之作。项目将"城"与"山"的生活方式融合，小区内还规划有无边际泳池、景观会客厅、全龄活动区等，让业主拥有健康的居住生活。

项目测评

【区域地段】

海伦堡·青云台位于五桂山长逸路，紧邻五桂山自然生态保护区，环境宜人。项目临近中山东区核心 CBD，周边集行政、商务办公、休闲娱乐、购物于一体，依山傍城，属于中山高端豪宅板块。

【楼栋规划】

海伦堡·青云台占地面积约 6.4 万平方米，建筑面积约 22.4 万平方米，采用半包围式布局，有 83 套别墅和 9 栋高层，规划总户数 1418 户。项目容积率 2.5，绿化率 30%，是高层和别墅结合的鼎层墅区。

【主力户型】

项目主力三居建面 103 平方米，南北通透，动静分明，餐厨一体式设计共享家庭厨乐。主力四居建面 165 平方米，南北双阳台设计，约 7 米宽的南向宽景阳台与次卧打通相连，内外空间无缝联合，窗外园林山景尽收眼底。

【园林景观】

园区以"公园里的盛宴"为概念，以五桂山的"山"为设计灵感，提取山的形式与山的体验，打造一个生态化的四季园林。更有七大主题泛会所以及双向 400 米绿色跑道，艺术山水泳池，全龄段儿童游乐园，供居民健身休憩。

【交通出行】

中山重要交通干道南外环、博爱路、中山路、城桂公路交汇项目周边，沿南坦洲快线、南外环快速可接驳深中、深珠通道，便捷通达珠三角各城市。

【教育资源】

项目 1 公里范围内有中港英文学校中学部、广东医科大学中山校区；两公里范围内有中山市机关幼儿园、远洋小学、朗晴小学、中山市第一中学。同时周边 1 公里内规划 3 所幼儿园、18 班小学、30 班初中及 1 所九年一贯制学校。

【医疗配套】

项目周边配套三甲医院 3 所，其中距离博爱医院约 2 公里，驱车时间仅需 5 分钟。人民医院约 5 公里，10 分钟可抵达。项目 1 公里内还有两个社区诊所，周边规划 32.6 万平方米综合医院和儿童医院。

【品牌描述】

海伦堡创立于 1988 年，实行全国布局，区域深耕。海伦堡·青云台一经推出便备受关注，在亿翰智库举办的"2020 中国房地产超级产品力创新大会"上荣鹰"2020 中国房企建筑匠造标杆项目五强"等多项重磅大奖。

【购物娱乐】

项目周边有紫马岭公园、树木园、狮头山、文笔山旅游区等，五公里内涵盖远洋大信新都汇、利和广场、盛景尚峰、假日广场、星河 COCOcity 等大型商业中心，休闲购物及商业娱乐应有尽有。

【设计风格】

外墙采用米白色外墙装，配合灰色水晶玻璃。小区内鲜有的双入户大堂设计，采用高端石材配合非常有质感的铝合金打造而成，不仅居住舒适，还历久弥新，尽显典雅。

中山·棕榈彩虹

| 中山 | 丽新集团 | 十年大盘 | 配套完善 | 交通便利 |

项目地址：
中山市西区翠沙路 23 号

产品特征：
住宅

项目规划：
占地面积：约 236666 平方米；容积率：1.73；总户数：3092 户

主力户型：
约 75~140 平方米三居

参考价格：
17000~18500 元 / 平方米

入选理由　林妍·乐居中山楼盘主编

棕榈彩虹是丽新集团进驻中山大型综合项目，集艺墅、洋房、商业中心、会所于一体，配置纯港式高端物业。2020 年度销售金额约 16.1 亿元，深受本地购房者及外地客户的喜爱。项目户型多样，充分满足不同居者所需。

核心优势：

棕榈彩虹现主要在售最新一期——彩虹新苑，由 11 栋围合式建筑组成，打造中山少有的阔绰楼距，以高绿地率（约 40%）和低容积率，缔造低密舒适生活圈，大手笔建造多功能生态园林、"公园式"私家园林和"四大功能广场"。建筑面积涵盖 75~140 平方米多样化户型，更有毛坯和港式奢华装修产品。项目将以全优功能、创想百变的别样生活，满足家庭生活各式所需。

珠海
市场总结

一、新房成交表现

1. 整体情况

新房年度成交量：魔幻的 2020 年，在新冠肺炎疫情影响及"三道红线"重压下，珠海的新房网签量还是取得了不俗的成绩，网签成交套数超 5.4 万套，网签成交面积约 396 万平方米，尽管同比 2019 年都有所下滑，但整体成绩差强人意。

2020 年度珠海网签数据汇总览表

（单位：套）

月份	住宅	商业	办公	其他	小计
1	2192	76	492	410	3170
2	400	5	42	50	497
3	1946	106	327	436	2815
4	2160	104	339	303	2906
5	2557	149	312	438	3456
6	2945	115	437	697	4194
7	4045	117	436	672	5270
8	4087	136	706	802	5731
9	3642	136	678	681	5137
10	4259	111	552	1547	6469
11	4777	220	946	1053	6996
12	5429	232	1278	720	7659
合计	38439	1507	6545	7809	54300

从商品房的种类来看，住宅用房的网签套数最高，达 3.8 万套。具体来看，受疫情影响，2 月份网签量跌破 500 套，随着防疫形势的向好以及线上"云看房"的推广，3 月份之后逐步上升，12 月份达到 2020 年全年网签量高峰。

从 2020 年全年网签数据来看，香洲区和斗门区仍是大头，作为珠海行政与教育各方面配套最为齐全的区域，香洲区仍是购房者心中的"白月光"，斗门区域作为刚需客的心头好，关注度非常高，而高新区在 2020 年网签成交量突然翻倍，唐家北围大量新房源的入市给高新区输入了不少新鲜的血液。

新房价格情况：整体来看，珠海 2020 年全市新城成交均价约 2.52 万元 / 平方米，同比增长约 10%，说明尽管受到疫情的冲击，珠海的房价仍然呈现稳中有涨的态势，楼市行情趋好。

2020 年年初，突如其来的疫情打乱了市场，外向型的珠海楼市反应强烈，各大项目销售中心关停，成交非常惨淡，从 2 月份的网签成交数据来看，共计网签 497 套，其中住宅 400 套，商业 5 套，办公 42 套，其他 50 套，为 2020 年珠海全年数据最低值。

随着疫情逐渐得到控制，楼市慢慢复苏，成交量也一路攀升。直至 12 月，珠海月网签量达到最高峰。特别值得注意的是，下半年珠海土拍也扎堆出现，基本没有流拍现象，特别是中海以 104.76 亿元的总价拍得保十琴区域珠海国际会展中心旁的大型商住地块，引发业界广泛关注，不仅刺激了保十琴区域的楼市，也刺激了珠海楼市的全面向好。

根据中国房价行情网数据显示，2020 年珠海房价收入比约 12.1。

2. 年度走势

从 2020 年全年数据来看，珠海全年新增住宅供应面积约 392 万平方米，同比下降约 2.4%；网签成交面积约 396 万平方米，同比下降约 11.3%。尽管这两项指标同比 2019 年都有所下降，但从 2020 年全年来看，珠海房价仍整体趋稳，呈现出微涨态势。

值得关注的是，原本珠海是一个外向型市场，其客户群体大多来自北方和港澳地区，但受疫情的影响，外地客群进不来，珠海本地客群资源得到了最大程度的挖掘，比如金湾航空新城板块的几个热销项目，差不多有半数以上都被本地客户购买，这在以前根本无法想象。

2016—2020 年度珠海网签数据汇总览表

（单位：套）

年份	住宅	商业	办公	其他	合计
2016	56368	1436	2583	5922	66309
2017	10582	1398	4654	12198	28832
2018	17897	2073	7624	9982	37576
2019	42330	2952	5589	10346	61217
2020	38439	1507	6545	7809	54300

制图：珠海乐居 / 数据：珠海市商品预（售）专网

3. 历史地位

从近年来的网签数据可以看出，近 5 年珠海商品房于 2016 年达到顶峰，突破 6.6 万套，受限购政策影响，2017 年网签量呈现腰折。随后，在各种政策以及利好的加持下，2018 年后网签量逐年上升，2019 年突破 6 万套，2020 年虽受新冠肺炎疫情影响，但仍然取得了超 5.4 万套的好成绩。

二、政策梳理

近年来，珠海楼市一直备受关注，特别是珠海宜居的环境吸引了不少北方朋友和港澳地区人士前来置业，而珠海的限购政策也在 2020 年得到了一定的松绑：

其一，本市户籍家庭，珠海市内无房，可买三套房；有一套住房，可买两套房；有两套房，可买一套房；拥有三套房及以上的居民，暂停购买普通住房。

其二，非本市户籍家庭，全市范围内均可购买，限购一套；高层次人才，限购一套；港澳地区人士，珠海无房者除可在市区购买一套外，可在金湾斗门再买一套。

此外，珠海在引进人才和吸引人口落户方面也进一步发力，2020 年 11 月 25 日，珠海市人民政府办公室发布《关于进一步放宽我市人才引进及入户条件的通知》，进一步放宽人才引进范围及条件，其中大学生毕业五年内均可直接落户。

限购松绑和落户放宽双重利好对后疫情时代珠海楼市的进一步复苏有着非常积极的意义，期待 2021 年珠海市场交上一份可喜的成绩单。

三、土地供应

1. 出让基本情况

据珠海乐居统计，2020 年度珠海共计拍卖 21 块商住地，共揽金 379 亿元，拍地面积达 156.7 万平方米，而土拍成交最主要集中在下半年，区域扎堆土拍的现象非常明显。整体而言，2020 年的珠海土拍还算取得了一个不错的成绩。

2020 年珠海各区域商住地成交一览表
制表：珠海乐居

区域	卖地金额（亿元）	卖地面积（平方米）	卖地数量（块）
香洲区	30.88	86327.22	2
斗门区	28.23	208526.07	5
金湾区	68.9	366878.97	4
保十琴	183.01	483049.62	4
高新区	54.56	204635.84	4
高栏港	13.4	217636.46	2

从 2020 年全年土拍情况来看，唐家北围、保十琴区域、斗门湖心路、金湾航空新城等规划利好区域争夺激烈，溢价率居高不下，拍卖会现场常现"龙虎斗"局面。同时，相比 2019 年多宗商住地流拍，2020 年基本没有地块出现流拍现象，珠海楼市回暖进一步得到证实。

2. 开发商拿地情况

纵观 2020 年全年，珠海拿地面积最大的房企是澳门都市更新股份有限公司，以 53.5 亿元拿下横琴 19.4 万平方米地块，成为 2020 年珠海商住地储备量冠军，该地块比较特殊，计划为 3800 户澳门居民提供住房需求。

此外，中海竞得的位于珠海十字门国际会议中心旁边的商住地块，面积为 19.2 万平方米，这让中海成为 2020 年珠海商住地储备量第二，其 104.76 亿元的总价，更是历年来珠海商住地总价之最，也是新的总价地王，无疑是 2020 年最火的地块。

再者，万科以24.14亿元竞得的金湾滨海商务区的16.5万平方米地块，成为2020年珠海商住地储备量第三，也是2020年度珠海西区拍出的最大地块。

2020年珠海房企拿地面积排行榜（只统计宅地）

排行	房企	拿地面积（平方米）	拿地金额（亿元）	宗数	拿地区域
1	澳门都市更新	194415	53.5	1	横琴
2	中海	192250.4	104.76	1	保十琴
3	万科	165047	24.14	1	金湾
4	宝龙	159160.8	32.58	1	高新区
5	华发	145081	50.7	2	香洲、保十琴
6	广拓置业	135730.6	7.45	1	金湾
7	南光置业	108317	17.56	2	斗门、金湾
8	招商	85476	13.81	2	斗门
9	珠海汇华	81906	5.95	1	高栏港
10	粤海置地	66090.3	22.95	1	金湾
11	卓越	62757.7	11.23	1	金湾
12	海伦堡	40497	1.77	1	斗门
13	方直	47220	5.67	1	斗门
14	正方置业	22629.3	3.18	1	香洲
15	泰盈	15373.6	7.835	1	高新区
16	首开&龙湖	15286	6.94	1	高新区
17	大横琴	15001	1.75	1	横琴
18	天地源	14815.4	7.2	1	高新区

3. 未来预估

从热门土拍展望2021年楼市，2020年高楼面价地块的后续动作必定受到广泛关注，除了澳门都市更新股份有限公司所竞得的横琴商住地块有其特殊性外，其他三个地块备受关注：

（1）中海项目：以楼面价约23280元/平方米，总价约104.76亿元竞得十字门中央商务区19.2万平方米商住地块，溢价率约24.7%，周边房价在3.3万至3.8万/平方米。

（2）宝龙项目：珠海北站珠自然资储2020-24号地块，最终被宝龙地产以底价32.58亿元竞得，楼面价8376元/平方米，周边房价突破2.3万至2.6万元/平方米。

（3）万科项目：以总价24.14亿元拿下金湾滨海商务区地块，折合楼面地价9252元/平方米，溢价35%，周边房价突破2.5万/平方米。

综上，从成交楼面价来看，越是热门区域的地块，成交楼面价也就越高，诸如唐家北围、十字门区域、金湾航空新城、斗门湖心路一线都是珠海楼市的热门板块，未来潜力可期。

四、热点板块

据珠海乐居统计，2020年56个纯新盘入市，除新房供应量明显增加之外，珠海房地产市场上的产品结构也在新老楼盘的更替中发生了变化，100平方米以上的大户型越来越多，集中在香洲主城区、斗门区、保十琴、高新区等几大热门片区。

最值得注意的是，往年一向作为网签最大户的斗门区在2020年度被香洲区取代，说明在疫情之下，主城区因为良好的医疗、交通、生活和休闲配套等，已被越来越多的客户所看重，价格在一定程度上退而居其次了。

据珠海商品房（预）销售专网的数据来看，2020年珠海网签排名前十的楼盘共计网签9152套，其中华发水郡花园（华发又一城）以1180套占比前十的14.8%，成为名副其实的"销冠"楼盘；此外，龙光玖誉湾花园也取得了非常不错的成绩，网签984套，排名第二；西湖湿地国际花园（九洲保利天和）网签896套，排名第三。

2020年珠海楼盘TOP10网签排名

排名	项目名称	住宅用户（套数）	商业用房（套数）	办公（套数）	其他（套数）	总计
1	华发水郡花园	1180	0	0	176	1356
2	玖誉湾花园	984	13	0	0	997
3	西湖湿地国际花园	896	4	0	0	900
4	平沙九号广场	891	0	0	0	891
5	华发城建国际海岸花园	812	0	0	0	812

(续)

排名	项目名称	住宅用户（套数）	商业用房（套数）	办公（套数）	其他（套数）	总计
6	红树东岸花园	767	25	0	0	792
7	格力海岸S5地块	729	0	0	0	729
8	翠湖苑	713	0	0	0	713
9	华发广场	677	0	17	598	1292
10	华发依山郡花园	670	0	0	0	670

五、用户心理

受疫情的影响，珠海二手房的成交量趋冷，但一手房的成交情况还算不错。整体来看，珠海房价波动不大，一手房与二手房的差价也不是很明显，但开发商的各种促销活动，以及一手房首期可以分期付款二手房则不能的事实促进了一手房成交量的增加。

对于买方来说，买二手房时候，经常与一手房不同价格户型的房子进行比较，难以拿主意，需要长时间犹豫。从卖方的角度来说，受疫情的影响，资金急需周转，会低价急着转卖房子，有合适的买家就立即出售，不会滞留太久。

不过，整体来看，受新冠肺炎疫情影响，购房者更趋理性。珠海龙光某项目销售经理李女士提到，她在2020年里接待了很多客户，但明显感觉客户更"挑剔"了，不但关注户型和价格，对周边的配套，比如学校什么时候能招生、公园什么时候能开放、到医院的路程是多少等也更为关注。而且很多客户基本上要把整个片区的项目都走一遍，甚至实地探访很多次才决定出手……这些都表明客户心理在趋向理性成熟。

当然，也有珠海华发某项目的策划谭先生表示，自从2017年精准调控后，房价的涨幅得到了平稳的控制，按照这个趋势发展，在不受突发事件影响以及国家调控政策不发生实质性转向的情况下，房价基本趋于平稳，2021年的房价应该不会出现较大的波动。

在基层街道办上班的刘女生则认为，2021年珠海房价将稳中有升，尽管很多珠海户籍的家庭至少有一套房产，但是珠海的人口每年净流入大，特别是众多人才引进措施和入户门槛的降低，会让更多的人来珠海安家落户，这么一来，珠海房价想跌都难。

六、2021年展望

由于珠海市场的特殊性，2021年依然值得期待，特别是新冠肺炎疫情好转之后，外地客流涌入，港澳地区客户到来，再加上诸如洪鹤大桥、金琴快线、香海大桥、金海大桥等一大批交通设施的投入使用或即将投入使用让珠海东西部之间更加畅通，都将推动楼市进一步向好。

从区域来看，唐家北围片区依然值得关注，特别是深中通道、深珠通道进展加快，深珠示范合作区的规划建设前景也被看好。此外，保十琴区域和珠海西区的金湾航空新城板块、湖心路一线、平沙滨海新城板块等也将持续受到追捧。

再者，随着成交的攀升，热门区域的项目价格微调上涨是必然趋势。从珠海全市来看，2021年度最值得期待的项目有北站宝龙城、天恒湾景、清能领秀荟、都会四季、华德同裕璞樾，以及东桥、翠微、上冲等旧村改造项目等。

数据来源：珠海市商品房预（售）专网

在售楼盘一览

楼盘名称	价格	物业类型	主力户型
香洲区			
融德广场	尚未公布	商住	商铺（107~135㎡）
马鞍山一号公馆	约35000元/m²	普通住宅	二居室（63m²） 三居室（89~90m²）
一方云顶	尚未公布	写字楼、商铺	一居室（36~48m²）
世茂港珠澳口岸城	36000~46000元/m²	公寓、商住	二居室（78~107m²） 三居室（168m²） 四居室（216m²）
建发·央璟	约40000元/m²	普通住宅	三居室（95m²） 四居室（125~143m²）
再生时代大厦	23000~28000元/m²	公寓、写字楼	LOFT（35~68m²） 写字楼（156~270m²）
富力新天地	尚未公布	普通住宅、写字楼、酒店式公寓、综合体、商铺	商办（40~62m²）
臻园	约33000元/m²	普通住宅	五居室（275~325m²）
奥园天悦广场	约24000元/m²	商住	商铺（40~56m²）
双瑞藏珑湾	约38000元/m²	普通住宅	二居室（80m²） 三居室（95~115m²） 四居室（125~140m²）
香麓湾	约43000元/m²	酒店式公寓	三居室（238m²）
卓凡中心	约28000元/m²	写字楼	平层（73m²） LOFT（55~117m²）
岭秀城壹号	约35000元/m²	普通住宅	一居室（46m²） 二居室（74~76m²） 三居室（107m²）
绿景喜悦荟商务中心	约31000元/m²	普通住宅	三居室（95~110m²） 四居室（122m²） 五居室（142m²）
美盈时代公馆	约40000元/m²	公寓	商铺（23~92m²）
碧桂园·华发滨海天际	约26000元/m²	普通住宅	三居室（92~103m²）
碧桂园·华发香洲府	约25800元/m²	普通住宅	四居室（110m²）
利腾·金力湾	约38000元/m²	普通住宅	三居室（88~115m²）
锦绣四季花园	约28000元/m²	普通住宅	二居室（64m²）
国维中央广场	约38000元/m²	普通住宅、商住	二居室（75~76m²） 三居室（87m²） 四居室（134~139m²）
诚丰圣诺大厦	22000~25000元/m²	商铺	LOFT（53~80m²）
中保I立方	约30000元/m²	公寓、写字楼	一居室（35~53m²）
春暖花开花园	约34000元/m²	普通住宅	三居室（89~117m²） 四居室（136m²）
优特绿城·桂语香山	约26000元/m²	普通住宅、写字楼、综合体	一居室（48~49m²） 三居室（115m²） 四居室（142~171m²）
龙光·玖龙汇	约25000元/m²	公寓、写字楼	一居室（37~42m²）
江山赋	36000~42000元/m²	普通住宅	五居室（275~325m²）
乐而居花园	26000~27000元/m²	普通住宅	三居室（113m²） 四居室（140m²）
百家达国际广场	约25000元/m²	商住	一居室（47~74m²）
悦澜山	约37000元/m²	普通住宅	三居室（128~145m²）
恒荣城市溪谷	约35000元/m²	普通住宅	四居室（151~154m²）
华发山庄	约44000元/m²	别墅	别墅（610~840m²）
中国中铁·诺德国际	约43000元/m²	普通住宅	三居室（106~128m²） 四居室（138~149m²）
香洲区			
五洲花城三期	约42000元/m²	普通住宅	三居室（123m²） 四居室（139m²）
格力海岸	约35000元/m²	普通住宅	二居室（78~83m²） 五居室（169m²）
中海环宇城	约37000元/m²	综合体	二居室（81m²） 三居室（127m²）
天地源·上唐府	约27500元/m²	普通住宅	三居室（88m²） 四居室（122m²）
华发琴澳新城	约33000~36000元/m²	普通住宅	二居室（75~91m²） 三居室（100m²）
路福·星光上	尚未公布	普通住宅、商铺	二居室（79~91m²） 三居室（105~130m²） 四居室（133m²）
龙光·玖云著	23000~27000元/m²	商住、商铺	商铺（38~155m²）
保十琴			
华发琴澳新城汇景台	尚未公布	公寓	一居室（50~75m²）
华发琴澳新城四季峰景	约32000元/m²	普通住宅	二居室（79~122m²） 三居室（136~142m²）
中交汇通·横琴广场	约40000元/m²	综合体	二居室（88m²） 写字楼（272~2200m²） 商铺（762~2528m²）
港珠澳供应链总部大厦	32000~100000元/m²	写字楼、商铺	写字楼（61~67m²） 商铺（30~70m²）
信德口岸商务中心	约50000元/m²	普通住宅	一居室（44~75m²） 二居室（88~125m²）
横琴国际金融中心	约50000元/m²	写字楼、商铺	商铺（55~103m²）
东西汇文艺客厅	31000~40000元/m²	写字楼、综合体	酒店式办公（32~108m²）
横琴财富中心	约42000元/m²	公寓、写字楼、建筑综合体	写字楼（47~58m²）
碧桂园·臻湾国际	约25500元/m²	普通住宅	一居室（40~67m²）
方达成大厦	35000~50000元/m²	商住	一居室（39~64m²）
珠海攀越创业园行政公馆	约15700元/m²	公寓	酒店式公寓（48~60m²）
华发琴澳新城 四季半岛	约35000元/m²	普通住宅	二居室（75~103m²） 三居室（110~115m²） 四居室（140m²）
碧桂园·澳邻PARK	约38000元/m²	公寓	一居室（27~39m²）
中冶逸璟公馆	约56000元/m²	普通住宅	四居室（125~171m²）
港珠澳ISC首座	约30000元/m²	公寓、商住	一居室（35~70m²）
金汇国际广场	38000~42000元/m²	商住	一居室（48~102m²）
富力优派广场	约17000元/m²	商住	一居室（95~172m²）
横琴万象世界	约35000元/m²	写字楼	写字楼（30~55m²）
三一·南方总部大厦	约43000元/m²	公寓、写字楼	一居室（55~90m²）
龙光玖龙玺	约52000元/m²	普通住宅	三居室（99~105m²） 四居室（140~150m²）
横琴·湾区1号	约40000元/m²	写字楼、商铺	一居室（20~98m²）
泰禾澳门湾	约22000元/m²	商铺	四居室（106~109m²）
时代保利中环广场	约26000元/m²	普通住宅	三居室（110m²）
奥园观山海商务广场	约16000元/m²	写字楼	写字楼（152m²）

保十琴			
楼盘名称	价格	物业类型	主力户型
灏怡天揽	38000~42000元/m²	商铺	商铺(30m²)
华发国际海岸	约36000元/m²	普通住宅	三居室(96~132m²)
钜星汇商业广场	约36000元/m²	公寓、商铺	商办(57~120m²) 商铺(25~45m²)
华发悦府	约44000元/m²	普通住宅	三居室(88~120m²) 四居室(142m²)
横琴金贸坐标	约42000元/m²	写字楼、商住	写字楼(140~410m²) 商铺(188~706m²)
富力中心	约33000元/m²	写字楼、商铺	商铺(95~285m²)
珠江国际金融中心	约58000元/m²	综合体	四居室(215m²) 商办(55~103m²)
保利国际广场	约30000元/m²	写字楼	写字楼(64~325m²)
横琴紫檀文化中心	约39000元/m²	普通住宅、综合体	一居室(45m²) 二居室(80~85m²)
中国铁建大厦	约36000元/m²	写字楼、酒店式公寓	一居室(57m²) 写字楼(108m²)
横琴华发广场	约50000元/m²	普通住宅、写字楼、商铺	三居室(87m²) 四居室(128~145m²)
k2·荔枝湾	约50000元/m²	普通住宅	二居室(69m²) 三居室(77~84m²) 四居室(108m²)
中葡商贸广场	约39800元/m²	写字楼、商铺	写字楼(35~268m²)
华发琴澳新城 四季广场	约33000元/m²	普通住宅	一居室(42m²) 二居室(71m²)
仁和横琴国际中医药创新中心	尚未公布	综合体	写字楼(63~88m²)
中海南航·湾区国际	约50万元/套	综合体、商铺	商铺(27~37m²)
永同昌时代广场	约33000元/m²	写字楼	写字楼(55~62m²)
横琴金融传媒中心	尚未公布	写字楼、酒店式公寓	写字楼(220~2000m²)

高新区			
楼盘名称	价格	物业类型	主力户型
清能岭秀荟	尚未公布	普通住宅	二居室(71m²) 三居室(86~98m²) 四居室(121m²)
凯旋盛景	约26000元/m²	别墅	三居室(110~130m²)
华润置地公元九里	尚未公布	普通住宅	三居室(95m²) 四居室(105m²)
天地源·上唐府	约27500元/m²	普通住宅	三居室(88m²) 四居室(122m²)
华发云谷	尚未公布	普通住宅	两居室(63~67m²) 三居室(78~113m²)
恒大云锦	约22000元/m²	普通住宅	三居室(87~101m²) 四居室(128m²) 六居室(174m²)
蓝湾智岛	约21000元/m²	写字楼	写字楼(55~74m²)
珠海高新宝龙城	约25000元/m²	普通住宅、综合体	三居室(98~108m²) 四居室(121m²)
中海星筑	约23500元/m²	普通住宅	三居室(97m²) 四居室(121m²)
万科第五园	约26000元/m²	普通住宅	三居室(88m²) 四居室(98m²)
惠景和园	22000~23000元/m²	普通住宅	二居室(79m²) 三居室(115m²)
大德世贸广场	约21000元/m²	写字楼、酒店式公寓	一居室(38~74m²)
雅居乐国际花园	约24000元/m²	普通住宅	三居室(85~100m²) 四居室(116~137m²)
首开龙湖·天钜	约25000元/m²	普通住宅	三居室(78~95m²) 四居室(115m²)

高新区			
楼盘名称	价格	物业类型	主力户型
万科翡翠中央	约26000元/m²	普通住宅	三居室(95m²) 四居室(109m²)
招商雍华府	约26500元/m²	普通住宅	三居室(103~113m²) 四居室(125m²)
华发绿洋湾	约35000元/m²	普通住宅	一居室(64m²) 三居室(161~191m²)
卓越·唐家墅	约1300万元/套	别墅	三居室(212~377m²)
万科红树东岸	约27000元/m²	公寓	三居室(90~105m²) 四居室(111~151m²)
九洲绿城·翠湖香山	约33000元/m²	别墅	三居室(122~136m²) 四居室(152~166m²)
仁恒滨海半岛花园	约33000元/m²	普通住宅	三居室(95~129m²) 四居室(144~160m²) 五居室(232~247m²)
仁恒滨海中心	约65000元/m²	综合体	四居室(309~434m²)
颐璟名庭	尚未公布	普通住宅	二居室(75~96m²) 三居室(115m²)
惠景慧园	尚未公布	普通住宅	一居室(49m²) 二居室(80~99m²)

金湾区			
楼盘名称	价格	物业类型	主力户型
融创云水观棠	约26000元/m²	普通住宅	二居室(80~90m²) 三居室(105m²) 四居室(129m²)
德泰华庭	约22700元/m²	普通住宅	二居室(77m²) 三居室(91~106m²) 四居室(121~123m²)
中国铁建国际城	25000~26000元/m²	普通住宅	二居室(72~80m²) 三居室(96m²) 四居室(129m²)
奥园·天悦湾	约23000元/m²	普通住宅	三居室(88~98m²) 四居室(108m²)
万科海上城市	约27000元/m²	普通住宅	二居室(65m²) 三居室(79~90m²) 四居室(108m²)
天誉·珠海湾	约12000元/m²	普通住宅	三居室(81~95m²) 四居室(113m²)
龙光·玖誉湾	约26000元/m²	普通住宅	三、四居室(90~124m²)
奥园阳光一号	17000~19000元/m²	普通住宅	二居室(67~68m²) 三居室(79~91m²)
恒隆御雅园	约21000元/m²	普通住宅	一居室(48m²)
碧桂园·华发 海湾壹号	约25000元/m²	普通住宅	三居室(88~96m²) 四居室(126m²)
佳兆业悦峰	约25000元/m²	普通住宅、商铺	商铺(39~88m²)
龙湖龙光首开·湖城大境	约26000元/m²	普通住宅	一居室(40m²) 二居室(73~97m²) 三居室(130~140m²)
碧桂园·珑悦	约19000元/m²	普通住宅	三居室(92~105m²)
华发国际商务中心·天玺	约24000元/m²	普通住宅、公寓、写字楼、商铺	一居室(45~70m²)
珠海星河传奇花园	约18000元/m²	普通住宅、商铺	三居室(106~114m²) 四居室(118~143m²)
崇峰壹号院	约35000元/m²	普通住宅、政策房	三居室(172~345m²)
九洲保利天和	约25000元/m²	普通住宅、别墅	三居室(98~154m²) 别墅(330m²)
平沙九号广场	约11700元/m²	普通住宅	一居室(35m²) 二居室(69m²) 三居室(89~112m²)
京华假日湾	约11000元/m²	普通住宅、公寓、商铺	二居室(86m²) 三居室(109~130m²) 四居室(140~180m²)
海玥湾	约30000元/m²	普通住宅、别墅、商业街商铺	三居室(98~116m²)

金湾区			
楼盘名称	价格	物业类型	主力户型
时代润园	尚未公布	普通住宅	三居室(103~107m²) 四居室(127~137m²)
中海十里观澜	约30500元/m²	普通住宅	三居室(87~129m²) 四居室(136m²)
金湾宝龙城	约21000元/m²	普通住宅、综合体	三居室(95~108m²)
天樾峰公馆	约17000元/m²	普通住宅	三居室(85~100m²)
畔山御海	约14000元/m²	普通住宅、商铺	三居室(99~112m²) 四居室(138~173m²)
中航花园	约24000元/m²	普通住宅、公寓、商铺、自住型商品房	三居室(89~93m²)

斗门区			
楼盘名称	价格	物业类型	主力户型
珠海恒大滨江左岸	约18500元/m²	普通住宅	二居室(73~87m²) 三居室(90~105m²)
湖心·金茂悦	约9500元/m²	普通住宅	三居室(80m²) 四居室(125m²)
新力湾花园	约12500元/m²	普通住宅	三居室(90~110m²)
融创云水观璟	16000~17000元/m²	普通住宅	二居室(89~95m²) 三居室(115~128m²)
奥园金坭湾	约13500元/m²	普通住宅	两居室(86~88m²) 四居室(107~120m²)
时代水岸	14000~15000元/m²	普通住宅	三居室(97~147m²) 四居室(169m²)
时代倾城·天宸	约16800元/m²	普通住宅	三居室(99m²) 四居室(118~128m²)
格力·双子星	尚未公布	普通住宅	二居室(65m²) 三居室(99~100m²)
珠海富元广场	约17000元/m²	商住	一居室(45m²)
建发悦玺	约18000元/m²	普通住宅	三居室(85~97m²)
奥园丽景花园	约17300元/m²	普通住宅	三居室(86m²) 四居室(100~114m²)
中国铁建湖心公馆	约23000元/m²	普通住宅	四居室(104~105m²) 五居室(121~128m²)
龙光·玖龙山	12800~13300元/m²	普通住宅、公寓	三居室(88~96m²) 四居室(109m²)
世荣尚观花园	约18800元/m²	普通住宅	二居室(78m²) 三居室(105~115m²) 四居室(119~143m²)
保利茉莉公馆	约15500元/m²	普通住宅	三居室(80~98m²) 四居室(108~125m²)
誉诚花园	约16000元/m²	普通住宅	三居室(84~93m²) 四居室(109m²)
金逸豪苑	约10000元/m²	普通住宅	二居室(73~98m²)
时代都荟大境	16500~18500元/m²	普通住宅、公寓、别墅	一居室(43m²) 二居室(68~91m²) 四居室(192m²)
建发玺园	约20000元/m²	普通住宅、公寓	三居室(87~89m²) 四居室(109~120m²)
华发又一城	约14000元/m²	普通住宅	二居室(73~76m²) 三居室(98m²) 四居室(118~136m²)
时代天韵	约14500元/m²	普通住宅	二居室(71m²) 三居室(90~100m²) 四居室(121m²)

斗门区			
楼盘名称	价格	物业类型	主力户型
晓江川雅园	约15500元/m²	普通住宅、商铺	二居室(96m²) 三居室(101~157m²)
广银大都会	约11000元/m²	普通住宅	二居室(85~97m²) 三居室(119m²)
招商·依云华府	约15500元/m²	普通住宅	三居室(91~115m²)
汇景嘉园	约17500元/m²	普通住宅	二居室(77m²) 三居室(99~108m²)
海伦堡·香海里	约15000元/m²	普通住宅、公寓	二居室(92~98m²) 三居室(126m²)
世荣翠湖苑二期	约14500元/m²	普通住宅、商铺	三居室(105~116m²) 四居室(129~143m²)
华发依山郡	约11000元/m²	普通住宅	三居室(96~128m²)
恒裕江山汇花园	约19000元/m²	普通住宅	三居室(89~95m²) 四居室(110~126m²)
华发峰尚	约13800元/m²	普通住宅	二居室(87~103m²) 三居室(90~132m²)
金地·格林泊乐	约14000元/m²	普通住宅、别墅	二居室(78~93m²) 三居室(111~142m²)
世荣作品壹号	约15800元/m²	普通住宅	三居室(88~125m²) 四居室(141~172m²)
恒基五洲家园	约24000元/m²	普通住宅、别墅	二居室(92m²) 四居室(118m²)
家和城	约19500元/m²	普通住宅、别墅	三居室(98~116m²) 四居室(119~127m²)
德昌盛景	约17500元/m²	普通住宅	二居室(75m²) 三居室(91~106m²)
誉峰	约16000元/m²	普通住宅	三居室(96m²) 四居室(130m²)
华德同裕·璞樾	尚未公布	普通住宅、商业	三居室(88~90m²) 四居室(115~170m²)
诚丰荔园	约11000元/m²	普通住宅、商铺	二居室(75m²) 三居室(90~98m²) 四居室(105m²)
珠海旭生文化广场	尚未公布	普通住宅	尚未公布

高栏港			
楼盘名称	价格	物业类型	主力户型
方圆·月岛首府	约12500元/m²	普通住宅	三居室(99~104m²) 四居室(128~142m²)
佳兆业·金域都荟	约11500元/m²	普通住宅	二居室(75m²) 三居室(83~90m²)
平沙上院	约15500元/m²	普通住宅	二居室(58~77m²) 三居室(97~140m²)
奥园海泉华庭	约10500元/m²	普通住宅	二居室(96~98m²) 三居室(119m²)
海泉湾时光序	约12000元/m²	普通住宅、别墅	一居室(65~66m²) 二居室(85m²) 三居室(125m²)
华府国际花园二期	12600~13600元/m²	普通住宅	一居室(33~46m²) 二居室(78m²)
碧桂园保利·海悦天境	约12900元/m²	普通住宅	三居室(81~108m²) 四居室(123m²)
保利碧桂园海棠花园	约12000元/m²	普通住宅	三居室(94~95m²) 四居室(122m²)

典型项目

湖心·金茂悦

`珠海` `金茂` `交通便利` `名校环绕` `公园大城`

项目地址：
珠海市斗门区白藤七路

开发商：
珠海拓茂房地产开发有限公司

产品特征：
普通住宅

参考价格：
精装修均价 19500 元/平方米

主力户型：
约 80 平方米三居、约 125 平方米四居

物业公司：
金茂物业

5 公里生活配套：
豫园商城（在建）、家和城购物中心、幸福河湿地公园、白藤山生态修复湿地、体育中心（规划中）

专家点评

唐铁军·珠海市房地产职业经理人俱乐部主席

湖心金茂悦将学校建在社区里，孩子上学家长放心。同时，金茂悦地处公园核心区，周边各种配套齐全，再加上湖心新城的地段优势，周边政府配套完善，未来投资潜力被看好。

扫码观看楼盘详情

项目测评

【品牌描述】
中国金茂是"世界百强央企巨子"中化集团公司旗下房地产和酒店板块的平台企业。中国金茂已成功进驻 51 座核心城市，兴建 50 余"府"，70 余"悦"，以巨大优势成为高端品质住宅中的典型作品。

【战略意义】
中国金茂首进珠海西部，开启在湖心新城的第一次正式"试水"。打造城市运营项目 58 万平方米旗舰大城湖心·金茂悦，将优质的产品呈现给珠海，旨在把湖心·金茂悦项目打造成为金茂在珠海树立品牌形象、建立良好口碑的典型之作。

【市场口碑】
项目 2020 年 7 月示范区开放当日到访客户即破千组，当周接待客户三千余组。2020 年 9 月，项目首开 5 秒去化率 100%，并创下 3 开 3 罄的销售佳绩，成为珠海当之无愧的红盘。

【区域地段】
项目择址西部湖心新城，主城区、金湾区、斗门区三区连接轴心，具备良好的地理优势和交通路网，目前更是成为珠海城市发展的首站，被规划为珠海新中心区，政府重点发展的纯住宅高端片区。同时，西部生态新城发展定位为粤港澳合作的高端要素聚集区，将引领未来城市发展。

【交通出行】
项目紧靠西区的黄金中轴线——湖心路，是西部城区通往主城区的必经之道。向北出发通过香海大桥（预计 2021 年通车）即可通达主城区，向南出发通过洪鹤大桥接驳港珠澳大桥，可通往港澳；距离珠海机场仅 23 公里，半小时即可畅达。

【公园景观】
项目自建 8.5 万平方米市民公园，汇聚阳光草坪、星光剧场、星际探险儿童乐园、星际球场、观花慢跑道、时空幽谷等 6 大主题，塑造全年龄段健康生活乐园。此外，项目北面有约 32 公顷幸福河湿地公园(建设中)。

【教育资源】
项目内配 12 班幼儿园、24 班小学及 30 班中学，意向引入全国前三的华中附属名校；引进先进的教学理念与教育资源，重点打造片区 12 年全年龄段优质公立学校，为金茂小业主的成长提供更大助力。

【购物娱乐】
项目自带 5 万平方米商业与 1.5 万平方米邻里中心的综合体，足不出户即可满足衣食住行等需求；意向签约 9 大品牌，成为珠海首个"住宅未售，招商先行"项目。北边规划建设 4 万平方米豫园商城，1 公里范围内有 4 万平方米家和城购物广场。

【主力户型】
湖心·金茂悦作为中国金茂献礼珠海的重要作品，开创珠海大盘体验之先河。项目在售 A 地块，产品涵盖 80~125 平方米精装三四居户型，能够饱览社区景观园林，户户朝东南。

【物业服务】
社区物业为中国金茂自持，国家一级资质物业管理企业，定制"金茂＋全场景物业服务标准"。在 2020 年克而瑞发布的 TOP100 物业管理服务公司排行榜中，取得第 10 名的佳绩，被中国金茂服务的广大业主所认可。

天地源·上唐府

珠海 | 天地源 | 北围红盘 | 文化地产 | 纯板式楼

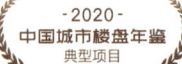

项目地址：
珠海市唐家北围珠海北站东北侧 200 米

开发商：
珠海天地源置业有限公司

产品特征：
高层、小高层

参考价格：
均价约 27500 元 / 平方米

主力户型：
约 88 平方米三居、约 122 平方米四居

物业公司：
天地源物业

5 公里生活配套：
深珠（规划中）深中（在建）双通道、珠海北站 TOD、情侣北路（在建）、滨海商业中心

专家点评

李炳亮·珠海左岸控股集团董事长、知名媒体人——

天地源·上唐府位处唐家北围，为珠海近年来最为活跃的区域之一，随着深中、深珠通道的规划建设，其桥头堡位置已经凸显，置业前景被看好。此外，天地源在文化地产领域颇有成就，希望这个项目能给珠海市场带来新气象。

扫码观看楼盘详情

项目测评

【战略意义】

天地源根植于西安，拓展全国，形成了全国 6 大经济圈、15 个城市协同发展的战略布局，粤港澳大湾区是其中重要一环。天地源·上唐府项目是天地源深耕粤港澳大湾区的又一力作。

【区域地段】

天地源把握湾区发展战略良机，雄踞科创海岸北围片区中央热土，华为、格力、金山等 1582 个高新企业入驻，国际机器人产业园（ABB）等十大高新产业园汇聚，有"深珠合作示范区"加持，承接深圳外溢资源。

【楼栋规划】

项目总占地面积约 16619.92 平方米，总建筑面积约 66479.68 平方米，包含 4 栋板式住宅，其中 1 栋住宅楼 31 层，2 栋住宅楼 30 层，3 栋、4 栋住宅楼为 17 层。住宅规划总户数 393 户，宽阔楼间距，提高每个户型的采光度和私密性。

【园林景观】

小区绿化率达 25% 以上，规划有阳光草坪、雕塑水景、鲜氧会客厅、滨海休闲连廊、建设绿道、童真天地等社区休闲设施，园林空间延伸家的幸福。项目绿地公园环绕（规划中），尽享鲜氧舒居。

【物业服务】

社区物业为天地源物业，拥有国家一级物业管理资质，打造全方位服务，在社区安全、智能服务、车辆管控等方面，为业主提供管家式物业托管与悉心的生活礼遇。

【市场口碑】

上市国企天地源布局全国，以国匠精神，打造滨海宜居生活范本——上唐府。首次开盘卖出近 9 成，创销售佳绩。"纯板式楼""通透健康""专梯入户""湾区好资产"等标签，成为购房者对楼盘最多的评价。

【交通出行】

占位珠海北 TOD 枢纽，涵盖两桥，深珠通道（规划中）和深中通道（规划中），深珠铁路一站直达深圳前海。两条快线（金琴快线和兴业快线）快捷畅行南北。三条城轨[广州 18 号城际（规划中）、深珠城际（规划中）和广珠城际]，打造湾区便捷生活圈。

【主力户型】

建面 88 至 122 平方米板式美宅，片区少有的板式结构，南北通透、全明户型，约 6 米阔尺阳台，尽揽滨海风情。奢华专梯入户，享受直达家门的归家体验。高赠送高利用率，提供更多实用空间。

【优质配套】

项目配备约 4200 平方米商业街，吃喝玩乐下楼即享，满足未来居住人群的精致生活需求。周边两公里范围内有礼和小学、礼和中学（在建），幼儿园至高中优质教育资源环伺，助力孩子成长。

【购物娱乐】

项目规划有滨海商业中心、滨海风情街，周边五公里内有宝龙商业（规划中）、大德世贸广场（在建）等 TOD 繁华商圈，公园、酒店等资源一应俱全，满足购物休闲所需。

江门
市场总结

一、新房成交表现

1. 整体情况

新房年度成交量：据江门住建局官方数据显示，2020年1月至12月江门全市卖房共61044套，同比上涨13.1%；成交面积约673.83万平方米，同比上涨13.3%；住宅成交均价为8184元/平方米，同比上涨1.5%。

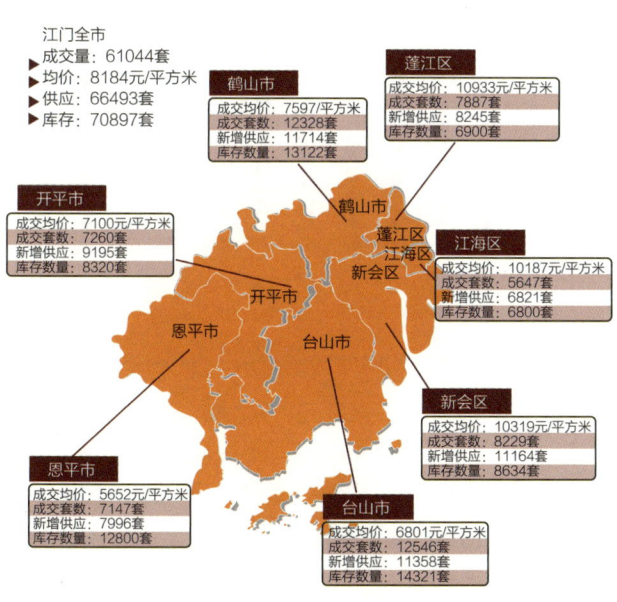

2020年1月至12月江门楼市数据

数据来源：江门住建局　制表：江门乐居

新房价格情况：2020年1月至12月，江门全年房价总体呈稳定状态，全市新房成交均价为8184元/平方米，同比上涨1.5%。

从走势图可见，全市新房成交均价在2月跌至"低谷"后上扬，12月为全年"高峰"。

各区房价，2020年依旧以蓬江区均价最高，为10933元/平方米；而最低的为恩平市，均价5652元/平方米。从价格涨幅来看，2020年新会区价格涨幅最大，为10.80%。

2020年江门各区一手住宅成交均价

（单位：元/平方米）

	蓬江区	江海区	新会区	鹤山市	台山市	开平市	恩平市
1月均价（元/m²）	11061	10416	9932	7543	6806	7256	5499
2月均价（元/m²）	11520	10192	10966	7321	6865	7390	5396
3月均价（元/m²）	10762	10217	9605	7218	6760	6917	5481
4月均价（元/m²）	10802	10210	10207	7454	6797	7114	5549
5月均价（元/m²）	10955	10221	9625	7599	6705	6821	5552
6月均价（元/m²）	10662	10339	9708	7986	6759	7205	5744
7月均价（元/m²）	10748	9740	9961	7563	6872	7272	5795
8月均价（元/m²）	10951	10369	10922	7722	6849	7331	5683
9月均价（元/m²）	10839	10380	10480	7913	6779	7038	5783
10月均价（元/m²）	11113	9900	10269	7394	6826	7072	5692
11月均价（元/m²）	11010	10412	11062	7525	6708	6877	5617
12月均价（元/m²）	11192	10141	11276	7663	6442	7058	5544
全年均价（元/m²）	10933	10187	10319	7597	6801	7100	5652
同比去年	-2.5%	-1.06%	10.80%	-3.20%	-4.10%	-0.60%	-4.1%

根据中国南方人才市场发布的《2020年至2021年广东地区薪酬趋势》的数据计算，2020年江门房价收入比约为2.83。

2. 年度走势

2020年年初，突如其来的疫情打乱了市场，连同江门在内的多个城市售楼处暂停营业，房地产行业遭遇大半个月的灰暗时刻，2月江门新房仅成交1126套，为全年成交量最低的月份。

2020年1月至12月江门全市新房成交情况

经过近两个月的"艰难前行",楼市逐步回暖,不少楼盘人气逐渐上涨,3月至4月成交量明显增加,迎来"红5月",同比2019年同期上涨22%。

随后,房企迫于营销压力,尝试各种新型营销手段,踊跃在线上直播卖房,此外优惠促销不断,以特价房、一口价吸引购房者,冲刺"金九银十"。

数据就是最好的证明,"银十"新房卖破7000套,同比2019年同期上涨45%。这一年,江门楼市虽"饱经风霜",但最终仍交上了满意的答卷,全市卖房超6.1万套再创高峰。

3. 历史地位

据近3年(2018年至2020年)数据显示,2020年全市成交套数、成交面积均创下近3年高峰,成交均价"坚挺",稳定在8字头。

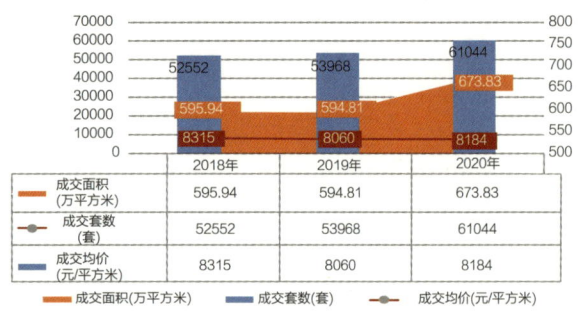

近3年江门成交数据对比

二、二手房成交表现

1. 整体情况

根据江门市住房和城乡建设局数据显示,2020年1月至12月二手房(库量房)成交面积为343.74万平方米,住宅成交面积为259.29万平方米,住宅成交套数为24860套。

截至2020年12月31日,江门二手房住宅成交24860套,其中1月成交1598套,2月成交495套,3月成交1685套,4月成交2222套,5月成交2176套,6月成交2534套,7月成交2651套,8月成交2365套,9月成交2595套,10月成交1815套,11月成交2322套,12月成交2615套。

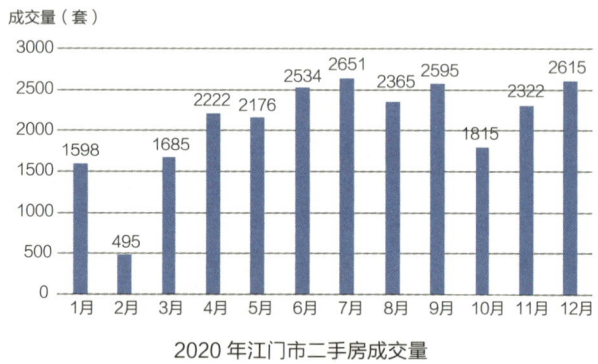

2020年江门市二手房成交量

根据江门房协网网签数据显示,江门市区二手房交易均价约为5700至7600元/平方米。

据经纪人介绍,2020年市区一二手房价倒挂现象加剧,二手市场交易量有微幅下滑。目前,市区电梯房普遍售价每平方米一万元左右,步梯房每平方米五千元左右。

因为地段、配套等原因,市区内中心地段二手房比个别新房价格贵,北环路两侧学区房房价高达1.4至1.6万元/平方米,远超新房价格。

2. 年度走势

二手市场同样受到春节及新冠肺炎疫情的影响,2月成交情况不太理想,是全年成交"低谷",随后波动上涨,至7月达到全年高位,成交2651套。7月过后,在12月出现成交"次高峰",成交2615套。

3. 历史地位

2020年，江门二手房住宅成交24860套，环比去年下跌13.5%，二手房的成交量持续三连跌。

近三年江门二手房成交量

三、政策梳理

政策方面，2020年的江门房地产政策仍然以"稳"为主，对购房者影响较大的有支持各地人才来江门购买首套房，以及支持职工购买自住住房、提高公积金个人住房贷款最高额度等举措。

2020年3月6日，江门市出台《关于促进房地产市场平稳健康发展的若干措施》，用15条"真金白银"的具体举措统筹做好疫情防控和复工复产工作，缓解疫情对房地产行业的冲击，助力房地产行业回归市场常态。

主要举措有：实施"预申请"提升企业拿地意愿、土地出让金可分期缴纳； 房企可延期缴纳基础设施配套费；适时调整个人公积金贷款额度；支持各地人才来江门购买首套房；完善楼盘周边教育医疗等公共配套等。

此外，江门支持职工购买自住住房，自2020年3月16日起，江门市提高公积金个人住房贷款最高额度。调整后，首套房一个职工最高可申请30万元，两个职工或以上最高可申请60万元；第二套房一个职工最高可申请25万元，两个职工或以上最高可申请50万元。

四、土地供应

1. 出让基本情况

据不完全统计，2020年，江门全市商住用地共卖出54块，其中蓬江区14块，江海区6块，新会区11块，鹤山市6块，台山市8块，开平市7块，恩平市2块。

2020年度江门土地成交详细表

区域	土地成交块数	土地成交总面积（万平方米）	土地成交总价（亿元）
蓬江区	14	76.53	81.8
江海区	6	27.36	31.64
新会区	11	40.69	52.05
鹤山市	6	24.12	11.18
台山市	8	23.33	11.58
开平市	7	15.94	6.63
恩平市	2	0.71	0.1
总计	54	208.7	195

土地成交总面积208.7万平方米，其中蓬江区76.53万平方米，江海区27.36万平方米，新会区40.69万平方米，鹤山市24.12万平方米，台山市23.33万平方米，开平市15.94万平方米，恩平市0.71万平方米。

土地成交总金额195亿元，其中蓬江区81.8亿元，江海区31.64亿元，新会区52.05亿元，鹤山市11.18亿元，台山市11.58亿元，开平市6.63亿元，恩平市0.1亿元。

2. 开发商拿地情况

纵观2020年，房企"大鳄"纷纷抢驻江门，新晋房企超十家之多，包括有中铁建、南光、力高、嘉宏、中南、远洋、嘉福、钧明等。

2020年贵价地TOP5分布在滨江新区、枢纽新城、江海片区。

其中，2020年"最贵的地"为蓬江08号地，地块位于蓬江区甘化片区，由粤海竞得，成交总价约16.84亿元。

2020年"楼面价最高"的地块为新会34号地，折合楼面价7698元/平方米。值得一提的是，江门楼面价超7000元/平方米的地块共2幅，楼面价超6000元/平方从各区最高成交楼面价来看，2020年新会最高成交楼面价为7698元/平方米，蓬江区最高成交楼面价6422元/平方米，江海区最高成交楼面价4500元/平方米。

3. 未来预估

2021年重点关注楼盘以2020年高楼面价地块为主，主要有以下5块：

（1）新会枢纽新城的JCR2020-186（新会34）号地，建设用地面积45937平方米（约68.9亩），由佳兆业竞得，成交总价约79172.7642万元加200平方米住宅建面及3个小车位，总价溢价率12%，楼面价7698元/平方米。地块周边有省内第四大轨道交通枢纽——枢纽新城江门站（已通车）发展利好，周边房价高达2万元/平方米。

（2）新会会城的JCR2020-20（新会07）号地（项目名：敏捷云锦），建设用地面积25320平方米（约38亩），经过17家房企"厮杀"，最终由敏捷竞得，成交总价为43639.02万元加200平方米住宅建面及3个小车位，折合楼面价7276元/平方米，溢价率28%。土地周边房价约1.28万至1.37万元/平方米。

（3）位于新会枢纽新城的JCR2020-13（新会05）号地（项目名：中梁兰园阅璟台），建设用地面积29911平方米（约44.87亩），由中梁竞得，成交总价5.16亿元加200平方米住宅建面及3个小车位，折合楼面价6972元/平方米，周边房价高达2万元/平方米。

（4）位于新会枢纽新城的JCR2020-123（新会26）号地（项目名：海伦堡玖悦澜湾），建设用地面积为48052平方米（约72亩），最终海伦堡竞得，总价约78434万元，楼面价6529元/平方米，溢价率14.95%。地块竞争十分激烈，限时竞价持续了约2小时，竞拍超50轮！

（5）位于蓬江滨江新区的JCR2020-40（蓬江04）号地，建设用地面积约32543.4平方米(约49亩)，由骏景湾竞得，成交总价52257万元，楼面价6422元/平方米，溢价率17%，周边房价约1.15万至1.35万元/平方米。

综上，2020年江门热门土地集中在蓬江滨江新区、新会枢纽新城、新会会城三大片区，且地段越好的地块，成交楼面价越高。

五、热点板块

根据广东粤湾数据研究数据，2020年全年江门三区新房网签排行榜前十名分别为新会保利西海岸、印象海伦湾、新会方圆云山诗意、中梁旭辉壹号院、方圆月岛首府、博富名苑、万科金域国际、华发四季、碧桂园凤凰城、越秀滨江华悦（根据成交套数排序）。

江门三区住宅龙虎榜

排名	项目所在区域	楼盘名称	网签套数（套）	网签面积（平方米）
1	新会	新会保利西海岸	1152	142594
2	江海	印象海伦湾	1041	116151
3	新会	新会方圆云山诗意	845	91443
4	蓬江	中梁旭辉壹号院	585	68706
5	新会	方圆月岛首府	584	63696
6	新会	博富名苑	565	62282
7	蓬江	万科金域国际	558	60816
8	江海	华发四季	517	54852
9	新会	碧桂园凤凰城	484	61790
10	蓬江	越秀滨江华悦	453	50164

备注：以上价格均为网签备案均价，部分楼盘为带装修发售，具体售价按楼盘现场公布为准，排名仅供参考，不作投资依据。

来源：广东粤湾数据研究

2020年全市住宅销售套数前10位项目占总体市场套数份额的32%，成交较好的楼盘多集中在新会今古洲片区。

其中，排行榜前三名分别是新会保利西海岸网签1152套，网签面积约14.3万平方米，备案均价为9922元/平方米；印象海伦湾网签1041套，网签面积约11.6万平方米，备案均价11008元/平方米；新会方圆云山诗意，网签845套，网签面积约9.14万平方米，备案均价10351元/平方米。

从区域划分来看，蓬江区成交较好的楼盘有中梁旭辉壹号院、万科金域国际、越秀滨江华悦；江海区成交较好的楼盘有印象海伦湾、华发四季、明泰城；新会区成交较好的楼盘有保利西海岸、方圆云山诗意、方圆月岛首府。

从区域上看，2020年成交套数最多的区域为台山市，全年成交12546套；其次为鹤山市，全年成交12328套；新会区全年成交8229套；蓬江区全年成交7887套；开平市全年成交7260套；恩平市全年成交7147套；江海区全年成交5647套。

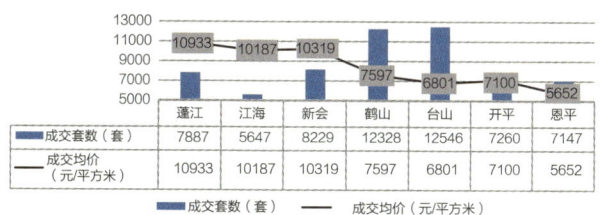

2020年江门各区新房成交情况

六、用户心理

在特殊的2020年，购房者的心理产生了哪些变化？市场环境又出现了哪些新趋势？

乐居通过采访和调查发现，2020年，因市场货量多，购房者买房更加理性，观望的心态更强烈，考虑对比地段、户型和价格等因素，相对以往多。

目前，市场上80至120平方米的货量居多，客户群体分散，除非个盘有独特优势，如价格优势、景观资源优势等，否则成交量不如2019年；市场超120平方米的大面积户型选择较少，成交相对可观。

2020年一直在买房路上的李小姐表示，比较心仪的楼盘价格稳中有升，而稍有欠缺的产品则打折优惠不断。

她深深感受到，好产品的价格会比较稳定，她觉得明年不会有太大幅度的上涨，未来一年可以用心挑房子，买房心理预期价位在8000至9000元/平方米，在此价格段的产品会重点关注。

媒体工作者周先生表示，2021年楼市或将延续2020年的走势，预计总体仍以稳为主，部分房企产品缺乏竞争力，或受回款压力而降价走量，购房者可理性买房。

而地产经纪人周小姐认为，在大湾区协同发展下，或将有更多人才置业江门，预计房价会有所上涨。过去的2020年因为受到新冠肺炎疫情的影响，整个楼市趋于平稳，价格无明显上涨，房价比过去一年稍微便宜，是买房"捡漏"的好时机。

地产从业人士潘先生表示，在各大区域中，新会枢纽新城的区位定位更为明确、配套不断升级、区域购买力强，也是众多品牌开发商非常看好的区域，因此未来看好枢纽新城的发展。

七、2021年展望

2020年，疫情影响下的江门房地产市场整体趋于平稳，楼市成交分化明显，地处优质地段、有独特优势的项目成交量领跑江门，成交价格居高不下，未来或将继续上涨。非优质地段、无优势特点的项目成交量无明显增长，成交价格涨幅空间也不大。

预计2021年市场仍以"稳"字当头，房价或将稳中有升。值得期待的区域主要还是集中在枢纽新城、今古洲片区、府西片区、滨江新城。

备受关注的高价地块主要集中在枢纽新城，为JCR2020-186（新会34）号地（由佳兆业竞得）、JCR2020-123（新会26）号地（项目名：海伦堡玖悦澜湾）、JCR2020-13（新会05）号地（项目名：中梁兰园阅璟台）。

数据来源：江门住建局、广东粤湾数据研究、中国南方人才市场

在售楼盘一览

蓬江区			
楼盘名称	价格	物业类型	主力户型
碧桂园中海珑悦府	11000 元/m²	普通住宅	三居室 (109~122m²)
锦富汇景湾	12000 元/m²	普通住宅	三居室 (86~125m²) 四居室 (143~188m²)
益丞富隆居	9500 元/m²	普通住宅	三居室 (98~127m²)
美的雅居乐公园天璟	9500 元/m²	普通住宅	三居室 (96~116m²)
碧桂园滨江天际	13000 元/m²	普通住宅	三居室 (119~142m²)
美的卓越公园天誉	11000 元/m²	普通住宅、商铺	三居室 (96m²)
中梁旭辉壹号院	9000 元/m²	普通住宅	四居室 (157~165m²)
联发悦澜山	9500 元/m²	普通住宅	三居室 (93m²)
怡福东华名岸	13000 元/m²	普通住宅	三居室 (98~117m²)
骏景湾领峰	12000 元/m²	普通住宅	三居室 (91~99m²)
越秀滨江盛悦	9500 元/m²	普通住宅、别墅	三居室 (86~92m²)
华强国际公馆	11500 元/m²	普通住宅	四居室 (106~126m²)
保利和悦华锦	12000 元/m²	普通住宅	三居室 (98m²)
越秀天悦文华	9500 元/m²	普通住宅	三居室 (95~106m²)
万象华府	10800 元/m²	普通住宅	三居室 (95~96m²)
保利中心	14000 元/m²	普通住宅	三居室 (146m²) 四居室 (147m²)
荔园泮海蓝湾	11800 元/m²	普通住宅	三居室 (89~101m²)
帕佳图六里	11600 元/m²	普通住宅	三居室 (80~100m²)
盈俊轩	11000 元/m²	普通住宅、公寓	三居室 (95~99m²) 四居室 (112m²)
越秀滨江华悦	12000 元/m²	普通住宅	三居室 (95~98m²) 四居室 (107~128m²)
越秀滨江品悦	10500 元/m²	普通住宅	三居室 (96~107m²)
龙光龙湖双龙天著	9500 元/m²	普通住宅	三居室 (96~98m²) 四居室 (109~118m²)
金地名悦	10800/m²	普通住宅	三居室 (90m²)
合生云山帝景	9000 元/m²	普通住宅	三居室 (92~98m²) 四居室 (120m²)
万科金域国际	13000 元/m²	普通住宅	三居室 (95m²) 四居室 (120~143m²)
华发峰景湾	13000 元/m²	普通住宅	三居室 (89m²) 四居室 (108m²)
保利云上西棠	8800 元/m²	普通住宅	三居室 (90~100m²)
美的樾山府	11500 元/m²	普通住宅	三居室 (95m²) 四居室 (125~143m²)
保利天汇	13000 元/m²	普通住宅	三居室 (95m²) 四居室 (125m²)
滨州和院	12000 元/m²	普通住宅	三居室 (95~114m²)
华以泰龙湾汇峰	9000 元/m²	普通住宅	三居室 (89~115m²)
博学名苑	14000 元/m²	普通住宅、公寓	三居室 (89~96m²) 四居室 (112m²)
粤海壹桂府	11500 元/m²	普通住宅	三居室 (90~96m²) 四居室 (108~126m²)
御宝江南	尚未公布	普通住宅	尚未公布
海悦尚珩	12000 元/m²	普通住宅	三居室 (98m²) 四居室 (110~143m²)
碧桂园滨江天元	13000 元/m²	普通住宅	三居室 (93m²) 四居室 (113m²)
美的远洋云著	尚未公布	普通住宅	四居室 (105m²) 五居室 (128~143m²)
骏景湾文悦府	尚未公布	普通住宅	三居室 (90~105m²)
中国铁建江门总部基地	尚未公布	普通住宅、公寓	尚未公布
粤海城	尚未公布	普通住宅、公寓	尚未公布
蓬江玉圭园	尚未公布	普通住宅	三居室 (88~98m²)

江海区			
楼盘名称	价格	物业类型	主力户型
天鹅湾	10500 元/m²	普通住宅	二居室 (84m²) 三居室 (100~116m²)
朗晴新天地	9800 元/m²	普通住宅	三居室 (99~110m²)
明泰城	11200 元/m²	普通住宅、公寓	二居室 (76m²) 三居室 (88~106m²)
文华天郡	8300 元/m²	普通住宅	二居室 (86m²) 三居室 (92~102m²)
江海怡景湾	12000 元/m²	普通住宅	三居室 (89~107m²)
龙溪新城	10800 元/m²	普通住宅	三居室 (100~104m²)
格林春天豪庭	8900 元/m²	普通住宅	三居室 (93~114m²)
珑山居	8500 元/m²	普通住宅	二居室 (100~110m²)
江悦城公园里	9800 元/m²	普通住宅	二居室 (90~105m²) 三居室 (115m²)
江门二沙岛	14000 元/m²	普通住宅	三居室 (100~126m²)
联合高峰汇	10300 元/m²	普通住宅	三居室 (88~106m²)
江门东汇城	10500 元/m²	普通住宅	三居室 (91~116m²)
合景叠翠峰	11000 元/m²	普通住宅	三居室 (83~93m²)
名门壹号	11200 元/m²	普通住宅	三居室 (89~110m²) 四居室 (118~127m²)
帕佳图双子星广场	12000 元/m²	普通住宅	三居室 (95~99m²) 四居室 (126~129m²)
星湖湾	9500 元/m²	普通住宅	三居室 (97m²) 四居室 (124m²)
印象海伦湾	11500 元/m²	普通住宅	三居室 (87m²) 四居室 (123m²)
华发四季	11500 元/m²	普通住宅	三居室 (77~93m²)
合景领峰	12000 元/m²	普通住宅	三居室 (89~103m²)
融信大发弘阳国樾府	10200 元/m²	普通住宅	二居室 (85~95m²)
嘉华新都汇	14500 元/m²	普通住宅	四居室 (127m²)
君豪国际	10000 元/m²	普通住宅	三居室 (93~97m²)
江海万达广场	9500 元/m²	公寓	公寓 (31~42m²)
融信中骏学院府	10500 元/m²	普通住宅	三居室 (85~95m²)
江门时代倾城	12500 元/m²	普通住宅	三居室 (99~118m²) 四居室 (129m²)
怡福新方盛天睿	12000 元/m²	普通住宅	三居室 (93~106m²)
力嘉嘉宏君逸府	尚未公布	普通住宅	三居室 (79~89m²)
江海保利大都汇	10000 元/m²	普通住宅	三居室 (80~95m²)
朗基香醍湾	尚未公布	普通住宅	尚未公布

新会区			
楼盘名称	价格	物业类型	主力户型
圭峰花园	12000 元/m²	普通住宅、别墅	三居室 (82~112m²)
城市名庭	11000 元/m²	普通住宅	三居室 (82~99m²)
汇侨新城	9000 元/m²	普通住宅、别墅	三居室 (100m²)
奥园古兜温泉小镇	10500 元/m²	别墅	二居室 (67~76m²)
富力南湖壹品	8000 元/m²	普通住宅	二居室 (33~56m²)
珑城半山	12500 元/m²	普通住宅	三居室 (90~112m²)
名爵华府	5000 元/m²	普通住宅	三居室 (98~108m²)
保利·西海岸	9500 元/m²	普通住宅	三居室 (95~143m²)
新会玉圭园	14000 元/m²	普通住宅、别墅	三居室 (93~103m²) 四居室 (124m²)
碧桂园凤凰城	6000 元/m²	普通住宅	三居室 (111~120m²)
金碧丽江傲城花园	8000 元/m²	普通住宅	二居室 (96m²) 三居室 (100~130m²)
金泽公馆	6600 元/m²	公寓、别墅	公寓 (43~92m²)

新会区

楼盘名称	价格	物业类型	主力户型
新熙花园	13500 元/m²	普通住宅	三居室 (86~93m²)
缤纷汇广场	5000 元/m²	普通住宅	三居室 (83~93m²) 四居室 (115m²)
保利玥府	7000 元/m²	普通住宅	三居室 (97~128m²)
御凯名都	14000 元/m²	普通住宅	三居室 (96~113m²)
新会方圆云山诗意	9100 元/m²	普通住宅	四居室 (106~117m²)
碧水轩	10500 元/m²	普通住宅	三居室 (91~97m²)
御锦世家花园	13000 元/m²	普通住宅	三居室 (95~106m²)
美的未来中心海棠公馆	13800 元/m²	普通住宅	三居室 (99m²) 四居室 (128m²)
雅居乐美的雍逸庭	13700 元/m²	普通住宅	三居室 (95~105m²)
博富名苑	14000 元/m²	普通住宅	三居室 (88~103m²)
海悦天铸	20000 元/m²	普通住宅	四居室 (123~160m²)
骏景湾领誉	14000 元/m²	普通住宅	三居室 (95~107m²)
保利西海岸半岛	16000 元/m²	普通住宅	三居室 (150m²)
嘉骏花园	13500 元/m²	普通住宅	三居室 (97m²)
世茂碧海银湖	25000 元/m²	别墅	别墅 (105~170m²)
华悦阳光里	6500 元/m²	普通住宅	三居室 (100~113m²)
雅景臻悦	10688 元/m²	普通住宅	三居室 (102~116m²) 四居室 (129m²)
大华博富御潭江	11200 元/m²	普通住宅	三居室 (96~98m²)
云星钱隆世家苑	6600 元/m²	普通住宅	三居室 (96m²)
大悦城新悦锦云	13000 元/m²	普通住宅	三居室 (103~116m²)
中梁兰园阅环台	尚未公布	普通住宅	三居室 (98~102m²)
敏捷云锦	尚未公布	普通住宅	三居室 (101m²)
华侨城云顶	13500 元/m²	普通住宅、别墅	四居室 (140m²)
新城博富领会国际	12000 元/m²	普通住宅	三居室 (92~105m²)
今古洲花园	尚未公布	普通住宅、别墅	别墅 (270~532m²)
中南春风里	尚未公布	普通住宅	三居室 (96m²)

鹤山市

楼盘名称	价格	物业类型	主力户型
时代春树里（一期）	7500 元/m²	普通住宅	三居室 (98~119m²)
时代春树里（二期）	7000 元/m²	普通住宅	二居室 (72m²) 三居室 (87~96m²)
鹤山坚美园	6900 元/m²	普通住宅	三居室 (111~142m²)
国瑞山湖海庄园	4999 元/m²	普通住宅	三居室 (89~103m²)
鹤山新华城	7500 元/m²	普通住宅	五居室 (139m²)
帕佳图尚城雅苑	6388 元/m²	普通住宅	三居室 (86~113m²)
奥园峻廷湾	7300 元/m²	普通住宅、别墅	三居室 (94~103m²)
鹤山越秀星汇名庭	7000 元/m²	普通住宅、别墅	三居室 (89~110m²)
碧桂园活力城	6600 元/m²	普通住宅	三居室 (89~114m²)
融创御府	5200 元/m²	普通住宅	三居室 (85~105m²)
绿地公园城	7500 元/m²	普通住宅	四居室 (127m²)
奥园汇源新都	7200 元/m²	普通住宅	三居室 (97~109m²) 四居室 (122m²)
清华苑君汇	6500 元/m²	普通住宅	三居室 (87~97m²) 四居室 (108~120m²)
时代雁山湖	7800 元/m²	普通住宅	三居室 (83~95m²)
松鹤国际新城	7600 元/m²	普通住宅	三居室 (110~117m²)
祥和学府	6300 元/m²	普通住宅	三居室 (84~110m²)
方圆旭辉天赋	9000 元/m²	普通住宅	三居室 (90~103m²) 四居室 (125~132m²)
碧桂园城市之光	7500 元/m²	普通住宅	三居室 (102~119m²)
富力尚悦居	4899 元/m²	普通住宅	三居室 (95~115m²)

鹤山市

楼盘名称	价格	物业类型	主力户型
骏景湾星悦	8300 元/m²	普通住宅	三居室 (106~107m²) 四居室 (126~131m²)
方圆云山诗意	7500 元/m²	普通住宅	三居室 (108~127m²)
鹤山时代倾城	7700 元/m²	普通住宅	三居室 (82~115m²)
星海嘉园	6800 元/m²	普通住宅	三居室 (88~115m²)
时代天韵	7000 元/m²	普通住宅	三居室 (96~101m²) 四居室 (115~129m²)
碧桂园黄金时代	7300 元/m²	普通住宅	三居室 (106~140m²)
蓝绿双城江门玉兰花园	6200 元/m²	普通住宅	三居室 (87~88m²)
华侨城古劳水乡纯水岸	9300 元/m²	普通住宅、别墅	一居室 (47m²) 二居室 (86m²)
鸿升春风里	尚未公布	普通住宅	三居室 (85~89m²)

台山市

楼盘名称	价格	物业类型	主力户型
台山恒大名都	5600 元/m²	普通住宅	三居室 (113~125m²)
台山骏景湾豪庭	7500 元/m²	普通住宅	三居室 (104~115m²) 四居室 (120~143m²)
碧桂园盛世花园	7300 元/m²	普通住宅	三居室 (106~118m²)
沃华中环广场	5600 元/m²	普通住宅	四居室 (143~154m²)
台山碧桂园	9600 元/m²	普通住宅、别墅	三居室 (97m²) 四居室 (120m²)
龙湾路九号	9100 元/m²	普通住宅	二居室 (107~118m²) 三居室 (138m²)
台山颐和温泉城	8500 元/m²	普通住宅、别墅	三居室 (73~110m²)
敏捷悦府	6400 元/m²	普通住宅	四居室 (127~143m²)
保利中央公馆	7500 元/m²	普通住宅	二居室 (96m²) 三居室 (125m²)
骏景湾悦峰	7600 元/m²	普通住宅	三居室 (101~126m²)
台山雅居乐花园	7100 元/m²	普通住宅	三居室 (108~118m²)
台山万达广场	6900 元/m²	普通住宅	三居室 (97~121m²) 四居室 (127~131m²)
台山雅居乐御宾府	7000 元/m²	普通住宅	二居室 (100~116m²) 三居室 (132m²)
奥园禧悦台	7300 元/m²	普通住宅	三居室 (116m²) 四居室 (137m²)
益通枫情尚城	6000 元/m²	普通住宅	二居室 (83~129m²)
台山恒大翡翠华庭	5900 元/m²	普通住宅	二居室 (86m²) 三居室 (110~136m²)
世茂御泉十里	7500 元/m²	普通住宅	三居室 (74~142m²)
御海莲花	6200 元/m²	普通住宅	二居室 (75m²) 三居室 (117m²)
台山雅居乐星徽	7000 元/m²	普通住宅	二居室 (100~116m²) 三居室 (132m²)

开平市

楼盘名称	价格	物业类型	主力户型
裕邦新外滩	7600 元/m²	普通住宅	三居室 (121~131m²)
江门恒大悦珑湾	7200 元/m²	普通住宅	三居室 (105~123m²) 四居室 (132m²)
开平融创潭江首府	6500 元/m²	普通住宅、别墅	三居室 (110m²) 四居室 (143m²)
侨福黄金海岸	8000 元/m²	普通住宅	三居室 (99~128m²)

恩平市

楼盘名称	价格	物业类型	主力户型
奥园锦江国际新城	6200 元/m²	普通住宅、别墅	三居室 (99~128m²)
恩平恒大泉都	5800 元/m²	普通住宅、别墅	一居室 (51m²) 二居室 (86m²) 别墅 (244~251m²)

恩平市			
楼盘名称	价格	物业类型	主力户型
恩平泉林黄金小镇	8000元/m²	普通住宅、别墅	一居室 (39~59m²) 二居室 (76~82m²)
敏捷翡翠华府	4600元/m²	普通住宅	三居室 (95~122m²) 四居室 (141m²)
阳光城丽景湾	4888元/m²	普通住宅、别墅	三居室 (119m²) 四居室 (141m²)
幸福御城	6200元/m²	普通住宅	二居室 (70m²) 三居室 (94~120m²)
凯旋花园	5400元/m²	普通住宅	三居室 (100m²)
海伦堡温泉谷	6200元/m²	普通住宅	一居室 (40~47m²) 二居室 (73~90m²)
荔园悦享花醍	5700元/m²	普通住宅	三居室 (96m²) 四居室 (112~120m²)
融创玖榕台	4500元/m²	普通住宅	二居室 (75m²) 三居室 (86~99m²)
富汇卓悦一品	4500元/m²	普通住宅	二居室 (86~95m²) 三居室 (99~100m²)

恩平市			
楼盘名称	价格	物业类型	主力户型
佳源吾乡	6300元/m²	普通住宅	一居室 (46~56m²) 二居室 (76~87m²)
国瑞温泉城	4800元/m²	普通住宅	二居室 (78m²) 三居室 (110m²)
融创望江府	6600元/m²	普通住宅	三居室 (105m²) 四居室 (125~135m²)
碧桂园世纪城	5600元/m²	普通住宅	三居室 (95~120m²)
富山雅苑	4800元/m²	普通住宅	三居室 (103~125m²)
繁星小镇	4100元/m²	普通住宅	二居室 (69m²) 三居 (97~100m²)
汇银东成银湾	6200元/m²	普通住宅	四居室 (103~115m²)
荔园罗拉小镇	6500元/m²	普通住宅、公寓	一居室 (39~61m²) 二居室 (70~71m²)

典型项目

印象海伦湾

| 江门 | 海伦堡 | 外海片区 | 江畔大盘 | 品质人居 |

项目地址：
江门市江海区江门外海大桥南侧

开发商：
海伦堡地产

产品特征：
普通住宅

参考价格：
均价 11500 元/平方米（带装修）

主力户型：
约 87 平方米三居、约 123 平方米四居

物业公司：
海伦堡物业

5 公里生活配套：
益华购物百货、华艺广场商业体、龙溪新城商业城、江门游艇会、外滩公园

专家点评 — 黄洁莹·乐居江门主编

印象海伦湾作为外海片区的成熟江景大盘，具有得天独厚的西江自然景观资源、西江外滩公园人文景观资源，小区居住氛围浓郁，配套设施齐全，是西江边的品质生活居所。

扫码观看楼盘详情

项目测评

【战略意义】
海伦堡地产 21 载砥砺布局全国 33 余城 122 个项目，从 2009 年进驻江门至今，已深耕江门超 12 载。海伦堡地产融合城市底蕴与匠心建筑，倾力打造优质生活典范。其打造的"健康+"体系产品，重新定义健康智慧的美好生活，在当地广受好评。

【市场口碑】
项目从 2012 年开售至今，进入外海区域 8 年有余，成为外海片区的代表作，已累计拥有超 5000 户业主。项目以高品质人居社区礼献客户，并深受客户认可。

【区域地段】
项目位于江门外海桥南，毗邻西江，临江排布，得水而兴。位处西江外滩板块，是政府重点打造的外滩片区。而江门占据珠西重要枢纽的桥头堡位置，上接广佛都市圈，下接珠海、澳门，左靠江门城区，隔江相望就是"灯都"——中山古镇。

【楼栋规划】
印象海伦湾规划总用地约 11.2 万平方米，总建筑面积 35.4 万平方米。项目规划分三四期开发，四期共 5 幢高层洋房、叠墅产品，建筑南低北高，充分保证每一户的通风采光。三期共 7 幢高层洋房、联排别墅，通过合理的高低搭配，发挥北向看江的资源。

【园林景观】
项目高标准打造园区，集"趣、和、韵、林"于一体，以万平方米尺度，营造五重园林、坡地、林木、缓坡、花园，并以巧妙的手法，融合欧式园林的自然风情、法式园林的尊贵大气。

【自建配套】
项目自建商业街配套，还打造了业界首创的"健康+"体系，包括轻运动区、健身跑道、游泳池、七巧 GAME、宠物乐园、阳光草坪、景观会客厅、架空层泛会所八个健康系统，让每个家庭成员都各有所乐。

【交通出行】
项目拥有"水陆两路"多维度立体交通路网，总概为"一桥、一快速、一码头、两铁路、六高速"的交通结构。项目联通五邑路，港澳码头距离千米之内。

【购物娱乐】
项目毗邻 2.5 万平方米商业综合体，周边银行、超市、农贸市场等一应俱全，还有江门游艇会，吃喝玩乐购一应俱全。一桥之隔的中山古镇还有集餐饮娱乐购物于一体的益华购物百货和华艺广场商业体。

【销售数据】
据江门房协网数据显示，在市场压力巨大的 2020 年，项目实现区域网签"十连冠"的傲人佳绩，在 7 月更是以 148 套的网签量夺得江门城区网签第一名，全年实现 13.58 亿元的销售佳绩。

【楼盘特色】
作为 70 万平方米江畔艺墅大盘，项目占据多重区位优势，得享西江区域发展利好，八年铸就气势恢宏的大盘体量，是个成熟宜居社区。三、四期户型全新升级，营造高品质的舒适空间。

江门 · 时代倾城

江门 | 时代 | 市中心 | 万达旁 | 双景贤旁

项目地址：
江门市江海区江门一中旁

产品特征：
住宅

项目规划：
占地面积：42142.2 平方米；容积率 2.8；总户数 868 户

主力户型：
约 99~118 平方米三居、约 129 平方米四居

参考价格：
约 12500 元 / 平方米

入选理由 黄洁莹 · 乐居江门主编

江门 · 时代倾城坐落府西小区，商业配套、教育环境均具有优势，中环广场、江海广场等繁华商圈环绕，还享受一站式的教育配套。此外，产品类型丰富，二居至四居均有涵盖，刚需和改善均可选择。

扫码观看楼盘详情

核心优势：

江门 · 时代倾城择址市政府重点规划发展的江海府西板块，集中了优质的教育配套、完善的交通路网、齐全的商业配套，拥有不可复制的优势资源。项目周边的繁华商圈有中环广场和江海广场，除此之外，周边还有（江海）万达广场在建，预计 2021 年 6 月开业；明泰城商业体、嘉华商业体、一汇广场等大型的商业综合体也正在建设中。项目靠近江门东站，方便到达广州、珠海等珠三角城市，交通出行便捷。项目整体采用围合式布局规划，超 140 米的楼间距，更好提高采光通风效果，无遮挡俯瞰中心园林景观。室内设计特别邀请德国 IF 国际设计大奖室内奖项获得者，华人设计师谷腾先生亲自操刀，将简约设计与实用智慧充分融合，在设计中展现人、自然与空间的关系。

恩平恒大泉都

`恩平` `恒大地产` `生态大盘` `度假大城` `配套齐全`

项目地址：
江门恩平市良西镇恒大泉都良西圩泉都大道1号

开发商：
恒大地产集团恩平有限公司

产品特征：
洋房、别墅

参考价格：
洋房均价5800元/平方米、别墅均价9200元/平方米

主力户型：
约51平方米一居、约86平方米两居

物业公司：
金碧物业

5公里生活配套：
良西镇镇中心、良西市场、恩平市花海欢乐世界、自建风情商业街、八国风情酒吧

专家点评 黄洁莹·乐居江门主编

恒大泉都位于中国温泉之乡——恩平，拥有天然的温泉地热资源，环境优美。项目打造集观光、休闲、运动、会议、居住等多功能于一体的生态综合体，拥有山景、园景、湖景等景观环绕，生态环境优美，舒适宜居。

扫码观看楼盘详情

项目测评

【战略意义】
2012年，恒大成功落子江门恩平，选址恩平地热国家地质公园，开发恩平恒大泉都项目。这是恒大集团首次开发的旅度、养生项目。立足旅游资源"心脏"地带，辐射湾区，走向国际，是恒大泉都择址恩平的原因。

【区域地段】
恩平位于中国侨乡江门。江门定位为粤西枢纽门户城市，是粤西经济的新增长点。而恩平坐拥七大温泉度假区、七大自然保护区，是江门旅游度假资源非常丰富的区域。

【物业服务】
项目社区物业为金碧物业有限公司，该公司隶属于恒大地产集团，拥有分支机构逾100家，在管物业项目逾230个。项目物业管理费为别墅2.8元/月/平方米，高层1.6元/月/平方米，服务被广大业主所认可。

【园林景观】
拥有97万平方米生态景观园林，采用草坪、灌木和高贵品种树木构建多层次立体化布局方式，打造"谷、艺、湖、果、林、泉、香、池"八大风情景观。社区内享约50%绿化率，外享天然森林覆盖。

【自建配套】
项目自建风情商业街、美食街、八国风情酒吧等商业区配套，1.6万平方米五国温泉小镇已在营业中。小镇涵盖世界五大特色温泉文化，还有恒大会议中心、运动中心、建筑面积超2.4万平方米的恒大酒店等配套。

【交通出行】
经省道369直接连接沈海高速、西部沿海高速、中江高速、中开高速等高速，通过深茂高铁到达珠三角群，交通出行便利。从江门汽车站出发，经沈海高速到项目售楼处约103公里。

【教育资源】
项目共规划一所18班小学及四所6班幼儿园。其中贝尔中英双语幼儿园已进驻，预计2021年开园。周边教育资源含良西中心小学、良西中学、松柏根中学等。

【医疗配套】
恩平市人民医院正式签约，二甲社区医疗24小时全天候守护，专业团队为6000户业主及每年超10万人次游客的健康保驾护航，预计今年开业。正式运营后将不定期举行社区义诊服务，全力创造健康度假生活。

【品牌描述】
恒大集团是以民生地产为基础，文化旅游、健康养生为两翼，新能源汽车为龙头的世界500强企业集团。目前，恒大总资产为2.1万亿元，年销售规模超6000亿元，累计纳税超2300亿元、慈善捐款超146亿元，员工14万人。

【项目优势】
配套1.6万平方米五国温泉小镇，涵盖世界五大特色温泉文化，是异域风情温泉小镇，也是国内第一个以五国温泉特色为主题的旅游小镇。泉水引自西南侧天然泉眼，水质为弱碱性小苏打水，对促进血液循环、美容、风湿都有独特疗效。

惠州
在售楼盘一览

惠城区

楼盘名称	价格	物业类型	主力户型
鑫洲·湖心岛1号	17640元/m²	普通住宅	三居室（98~117m²） 四居室（138~148m²）
奥园领寓二期	11000元/m²	公寓	一居室（30~45m²） 二居室（55m²） 三居室（85m²）
佳兆业中心	40000元/m²	商业	尚未公布
中洲理想仓	约9500元/m²	商业	一居室（38m²） 二居室（58m²）
中洲天御花园	约7500元/m²	普通住宅	一居室（42m²） 二居室（69~93m²） 三居室（88~127m²）
中洲·华昕府	尚未公布	普通住宅、商业	二居室（97m²） 三居室（109m²） 四居室（143~169m²）
华润置地惠州万象天汇	约18840元/m²	普通住宅	三居室（95m²） 四居室（125m²）
海伦堡·东江悦	约9500元/m²	普通住宅	二居室（72m²） 三居室（96~109m²）
保利和悦华锦	约11000元/m²	普通住宅、别墅、商业	三居室（98~110m²） 四居室（125~138m²）
保利天汇	约15800元/m²	普通住宅	二居室（87~101m²） 三居室（125m²）
城南春天	约11600元/m²	普通住宅	二居室（84~86m²） 三居室（100~118m²）
惠州富力丽港中心	尚未公布	普通住宅	尚未公布
龙湖雅居乐·春江紫宸	约11900元/m²	普通住宅	三居室（95m²） 四居室（116~137m²）
碧桂园十里江南	约10500元/m²	普通住宅	三居室（109m²） 四居室（126~154m²） 五居室（210m²）
碧桂园凤翔花园	约12000元/m²	普通住宅	三居室（95m²） 四居室（120~140m²）
万科中天宏远魅力之城	约13000元/m²	普通住宅	三居室（86~97m²） 四居室（121m²）
文鼎华府	约11000元/m²	商业	二居室（92m²） 三居室（102~116m²） 四居室（119m²）
金悦华府	约13800元/m²	普通住宅	三居室（93~94m²） 四居室（117~130m²）
碧桂园珑悦花园	约12000元/m²	普通住宅	二居室（98m²） 三居室（115~128m²）
中洲华昕府	15300元/m²	普通住宅	二居室（97m²） 三居室（109m²） 四居室（143~169m²）
蓝光铂汇公馆	18000元/m²	普通住宅	二居室（98m²） 三居室（117~128m²） 四居室（141~240m²）
海伦堡玖悦府	15000元/m²	普通住宅	三居室（94~123m²） 四居室（152m²）
保利鹿江来	14000元/m²	普通住宅	二居室（96m²） 三居室（118m²） 四居室（135m²）
金地招商中交未来理想	13249元/m²	普通住宅	二居室（92m²） 三居室（116~130m²）
龙湖·春江天境	9800元/m²	普通住宅	三居室（88~119m²） 四居室（119m²）
佳兆业力高云峰	9300元/m²	普通住宅、商业	二居室（90m²） 三居室（110m²）
海伦堡·海伦逸居	13000元/m²	普通住宅	三居室（96m²） 四居室（119m²）
碧桂园日昇昌领峰花园	14721元/m²	普通住宅	三居室（99m²） 四居室（115~148m²）
星河传奇	11600元/m²	普通住宅	二居室（89~105m²） 三居室（125m²） 四居室（140m²）

惠城区

楼盘名称	价格	物业类型	主力户型
佳兆业时光道	13180元/m²	普通住宅	二居室（78~95m²） 三居室（116m²）
中洲天御云悦府云睿府	16177元/m²	普通住宅	一居室（42m²） 二居室（69~88m²） 三居室（114~127m²）
财信半岛华庭	15916元/m²	普通住宅	二居室（75m²） 三居室（98~112m²） 四居室（128~150m²）

大亚湾区

楼盘名称	价格	物业类型	主力户型
龙光玖龙府	13700元/m²	普通住宅	尚未公布
碧桂园十里银滩·梵高的海3期	8888元/m²	普通住宅	二居室（89~102m²） 三居室（120m²） 四居室（134m²）
天润嘉园	15000元/m²	普通住宅、商业	一居室（47~58m²） 二居室（73~121m²） 三居室（138m²）
华策坪山国壹号	16500元/m²	普通住宅	二居室（92m²） 三居室（108~125m²）
海伦堡·海伦璟园	14000元/m²	普通住宅	三居室（100~108m²） 四居室（123m²）
泓泰花园	16000元/m²	普通住宅、商业	二居室（91m²） 三居室（114~123m²）
奥园隆基绿洲花园	14000元/m²	普通住宅	二居室（89~99m²） 三居室（116m²）
伟业·美悦湾	约11500元/m²	普通住宅	一居室（68~69m²） 二居室（92m²） 三居室（105~106m²）
新力蓝湾	尚未公布	普通住宅	三居室（90~109m²）
海伦堡·创智家园	约12700元/m²	普通住宅	一居室（63~68m²）
海伦堡·响水河畔	约13200元/m²	普通住宅	二居室（82~97m²） 三居室（106m²）
碧桂园·星钻	约16000元/m²	普通住宅	三居室（96~113m²） 四居室（127m²）
富康·锦绣壹号	约23000元/m²	普通住宅	三居室（85~97m²） 四居室（110~143m²）
碧桂园星悦	约14000元/m²	普通住宅	三居室（95~108m²）
中瑞怡润华府	尚未公布	普通住宅	二居室（88~96m²） 四居室（103m²）
碧桂园·城央印象	16500元/m²	普通住宅	二居室（90m²） 三居室（105~114m²） 四居室（119m²）
雅晟轩	13656元/m²	普通住宅	三居室（84~92m²） 四居室（110m²）
翡翠山	18512元/m²	普通住宅、商业	二居室（82m²） 三居室（96~120m²） 四居室（126~143m²）
华策·坪山河壹号	16500元/m²	普通住宅	二居室（92m²） 三居室（108~125m²）
晶地里程	16000元/m²	普通住宅	二居室（90~96m²） 三居室（106~113m²）

惠阳区

楼盘名称	价格	物业类型	主力户型
长通熙园	15000元/m²	普通住宅	三居室（96~106m²） 四居室（129m²）
碧桂园太东·蜜柚	7800元/m²	普通住宅	三居室（94~106m²） 四居室（114~192m²）
碧桂园天誉	13200元/m²	普通住宅	三居室（114~117m²）
新力睿园	15000元/m²	普通住宅	三居室（93~118m²）
后浪悦府	18000元/m²	普通住宅	一居室（47~58m²） 二居室（73~121m²） 三居室（138m²）
新力君悦湾花园	9300元/m²	普通住宅、公寓	三居室（89~118m²）
实地惠州常春藤	8500元/m²	普通住宅	三居室（112m²） 四居室（126~144m²）
实地惠州木槿雅著	9000元/m²	普通住宅	三居室（92m²） 四居室（125~144m²）
中洲公园城	约11000元/m²	普通住宅、商业	二居室（85~125m²） 三居室（108~137m²）
新力珑湾	约9100元/m²	普通住宅	二居室（55~63m²） 三居室（89~108m²）
惠州恒大御湖郡	约11000元/m²	普通住宅	三居室（86~96m²）

惠阳区

楼盘名称	价格	物业类型	主力户型
恒德玺悦	14200 元/m²	普通住宅、商业	二居室（76~89m²） 三居室（91~105m²）
碧桂园骏鑫公馆	15000 元/m²	普通住宅	三居室（90m²） 四居室（140m²）
东部万科城	12500 元/m²	普通住宅、公寓	三居室（75~95m²） 四居室（115m²）
牧云左岸	18000 元/m²	普通住宅	二居室（75~89m²） 三居室（97~116m²）
融创玖樾台	11500 元/m²	普通住宅	三居室（86~108m²）
太东万科四季花城	尚未公布	普通住宅	三居室（75~95m²） 四居室（115m²）
天著春秋	尚未公布	普通住宅	尚未公布

仲恺区

楼盘名称	价格	物业类型	主力户型
世茂福晟钱隆华府	11000 元/m²	普通住宅	三居室（100~114m²）
碧桂园潼湖科技小镇科学城	11000 元/m²	普通住宅、公寓、别墅	一居室（75m²） 二居室（95m²） 三居室（117m²）
宏益公园里	10500 元/m²	普通住宅	三居室（96~129m²）
鸿润腾韵花园	约 11600 元/m²	普通住宅	二居室（73~97m²） 三居室（115~116m²）
天健盈丰壹号院	约 9750 元/m²	商业	二居室（76~95m²） 三居室（99~118m²）
鑫月广场·天钻	约 12500 元/m²	普通住宅、公寓、商铺	二居室（98m²） 四居室（122~141m²）
海伦堡·海伦名骏	约 9800 元/m²	普通住宅	二居室（95m²） 三居室（106~120m²）
壹城峰荟	约 12000 元/m²	普通住宅	二居室（90~98m²） 三居室（116~126m²） 五居室（144m²）
碧桂园中洲云麓花园	约 11500 元/m²	普通住宅、公寓	三居室（85~95m²） 四居室（115~142m²）
碧桂园潼湖科技小镇	约 11000 元/m²	普通住宅	一居室（75m²） 二居室（94~95m²） 三居室（107~117m²）
碧桂园潼湖科技小镇·创新小镇	约 11800 元/m²	普通住宅	二居室（94m²） 三居室（113m²） 四居室（133m²）
碧桂园潼湖科技小镇凤鸣湾	11000 元/m²	普通住宅、公寓	一居室（75m²） 二居室（95m²） 三居室（117m²）
保利锦城	约 10800 元/m²	普通住宅、别墅	二居室（76m²） 三居室（98m²） 四居室（124m²）
雅居乐都汇雅郡	约 14700 元/m²	普通住宅、公寓	二居室（72m²） 三居室（85~95m²）
海伦堡海伦源筑	6250 元/m²	公寓、商业	尚未公布
龙光玖云台	10050 元/m²	普通住宅	二居室（81~89m²） 三居室（109m²）
惠州实地蔷薇国际	尚未公布	普通住宅	尚未公布
海伦悦山居	8300 元/m²	普通住宅	三居室（84~109m²） 四居室（126m²）
骏宏花园	9900 元/m²	普通住宅	二居室（86~98m²） 三居室（110~125m²）
雅居乐铂琅峯	12500 元/m²	普通住宅、公寓、商业	一居室（35~48m²） 二居室（72m²） 三居室（85~95m²）

惠东县

楼盘名称	价格	物业类型	主力户型
海伦堡·弘诚厚园	7200 元/m²	普通住宅、别墅	三居室（99~128m²） 四居室（130~194m²）
云顶海岸	17800 元/m²	普通住宅	一居室（55~64m²） 二居室（80m²）
嘉旺城	8500 元/m²	普通住宅	一居室（36~60m²） 三居室（124~166m²） 四居室（139m²）
山湖海·海泊湾	8200 元/m²	普通住宅	一居室（47m²） 二居室（73m²）
合生海角1号	约 9500 元/m²	普通住宅	一居室（80m²） 二居室（81m²） 三居室（111m²）
世茂望锦	约 6800 元/m²	普通住宅、商业	二居室（90m²） 三居室（108m²） 四居室（120~140m²）

惠东县

楼盘名称	价格	物业类型	主力户型
保利悦公馆	尚未公布	普通住宅	三居室（79~89m²） 四居室（109m²）
惠州恒大华府	约 7200 元/m²	普通住宅	三居室（96~109m²） 四居室（137~170m²）
东山海岸度假园	约 22000 元/m²	公寓	一居室（49~96m²）
宏昌山海传奇	14500 元/m²	普通住宅	一居室（45~61m²） 二居室（65m²）
九铭屿海2期	12500 元/m²	公寓、别墅	一居室（34~40m²） 二居室（82m²）
融创云水湾	11500 元/m²	普通住宅	一居室（52m²） 二居室（92m²）
碧桂园十里银滩·维港半岛	12400 元/m²	别墅	二居室（89~102m²） 三居室（110~120m²） 四居室（130~134m²）

博罗县

楼盘名称	价格	物业类型	主力户型
康顺金碧湾花园	10000 元/m²	普通住宅	三居室（99~135m²） 四居室（148m²）
榕城华庭富康居	8000 元/m²	普通住宅、商业	二居室（95m²） 三居室（117~127m²） 四居室（156m²）
美的旭辉天地	12000 元/m²	普通住宅、公寓、商业	二居室（98m²） 三居室（118m²）
奥园誉博府	8600 元/m²	普通住宅	二居室（98m²） 三居室（118~143m²）
合生·御山花园	8600 元/m²	普通住宅	二居室（94m²） 三居室（115m²） 四居室（131m²）
中洲·半岛城邦	约 11456 元/m²	普通住宅	一居室（59m²） 二居室（71~125m²） 三居室（127m²）
佳兆业东江熙园	约 7800 元/m²	普通住宅	三居室（75~99m²） 四居室（118m²）
罗浮山·十里方圆	约 12260 元/m²	普通住宅	一居室（54~72m²） 二居室（97m²） 三居室（143m²）
碧桂园滨江府	约 9000 元/m²	普通住宅	二居室（108m²） 三居室（116~142m²） 五居室（280m²）
合生御山花园	约 8600 元/m²	普通住宅	三居室（94m²） 四居室（115~131m²）
高新云锦台	8000 元/m²	普通住宅	三居室（90~100m²） 四居室（118m²）
金科蓝山府	8300 元/m²	普通住宅	二居室（98m²） 三居室（117~125m²）
金科·颐景园	9000 元/m²	普通住宅	二居室（95~107m²） 三居室（115m²）
碧桂园幸福里	6400 元/m²	普通住宅、别墅	三居室（112m²） 四居室（129m²）
美的·力高·佳兆业云筑	尚未公布	普通住宅	二居室（92~96m²） 三居室（117m²）
佳兆业·龙溪璞园	7800 元/m²	普通住宅	二居室（90~97m²） 三居室（118m²）
君悦华庭	8500 元/m²	普通住宅	二居室（72m²） 三居室（97~108m²） 四居室（132m²）
保利云山堂悦	9200 元/m²	普通住宅	三居室（100~109m²） 四居室（132~142m²）
碧桂园御珑府	约 6500 元/m²	普通住宅	三居室（120m²） 四居室（122m²）

龙门县

楼盘名称	价格	物业类型	主力户型
佳兆业汤泉驿	8500 元/m²	别墅、公寓	一居室（45m²） 二居室（70~77m²） 三居室（128~130m²）
富力南昆山温泉养生谷	约 7000 元/m²	公寓、别墅、商业	一居室（51~69m²） 二居室（100m²） 三居室（230m²）
家和十里水湾	8154 元/m²	公寓	一居室（51~65m²）

长三角

163 / 2020年长三角城市发展概述

166 / 上海
166 / 市场总结
170 / 在售楼盘一览
174 / 典型项目

185 / 杭州
185 / 市场总结
191 / 在售楼盘一览
198 / 典型项目

200 / 南京
200 / 市场总结
205 / 在售楼盘一览
212 / 典型项目

213 / 合肥
213 / 市场总结
218 / 在售楼盘一览
222 / 典型项目

227 / 苏州
227 / 市场总结
231 / 在售楼盘一览
234 / 典型项目

237 / 宁波
237 / 市场总结
242 / 在售楼盘一览
246 / 典型项目

250 / 无锡
250 / 市场总结
254 / 在售楼盘一览
257 / 典型项目

261 / 南通
261 / 市场总结
264 / 在售楼盘一览
266 / 典型项目

267 / 扬州
267 / 市场总结
273 / 在售楼盘一览

276 / 徐州
276 / 市场总结
280 / 在售楼盘一览
282 / 典型项目

285 / 温州
285 / 市场总结
289 / 在售楼盘一览
296 / 典型项目

2020年长三角城市发展概述

一、区域简介

长江三角洲地区,简称长三角,包括上海市、江苏省、浙江省、安徽省,共41个城市。

2020年的数据显示,长三角地区人口2.27亿人,区域面积35.8万平方千米。2020年上半年,长三角地区生产总值约11.07万亿元;常住人口城镇化率超过60%,以不到4%的国土面积,创造出中国近1/4的经济总量,1/3的进出口总额。2019年,长三角区域铁路网密度达到325公里/万平方公里,是全国平均水平的2.2倍。

长三角地区是中国经济发展最活跃、开放程度最高、创新能力最强的区域之一,在国家现代化建设大局和全方位开放格局中具有举足轻重的战略地位。推动长三角一体化发展,增强长三角地区创新能力和竞争能力,提高经济集聚度、区域连接性和政策协同效率,对引领全国高质量发展、建设现代化经济体系意义重大。

二、国家战略

2018年11月5日,习近平总书记在首届中国国际进口博览会上宣布,支持长江三角洲区域一体化发展并上升为国家战略。2019年12月1日,中共中央、国务院印发了《长江三角洲区域一体化发展规划纲要》。

按照规划纲要,推进长三角一体化发展,有利于提升长三角在世界经济格局中的能级和水平,引领我国参与全球合作和竞争;有利于深入实施区域协调发展战略,探索区域一体化发展的制度体系和路径模式,引领长江经济带发展,为全国区域一体化发展提供示范;有利于充分发挥区域内各地区的比较优势,提升长三角地区整体综合实力,在全面建设社会主义现代化国家新征程中走在全国前列。

三、区域方针

2019年12月1日,国务院印发《长三角区域一体化发展规划纲要》,规划纲要首先明确了"长江三角洲区域一体化发展"的规划范围,强调了上海强心脏的龙头引领作用,苏浙皖协同发展,共建南京、杭州、合肥、苏锡常、宁波都市圈,推动交通联结,产业升级。

规划中提出,提升上海服务功能。面向全球、面向未来,提升上海城市能级和核心竞争力,引领长三角一体化发展。围绕国际经济、金融、贸易、航运和科技创新"五个中心"建设,形成有影响力的上海服务、上海制造、上海购物、上海文化"四大品牌",推动上海品牌和管理模式全面输出,为长三角高质量发展和参与国际竞争提供服务。

同时,推进都市圈协调联动。加强都市圈间合作互动,高水平打造长三角世界级城市群。推动上海与近沪区域及苏锡常都市圈联动发展,构建上海大都市圈。加强南京都市圈与合肥都市圈协同发展,打造东中部区域协调发展的典范。推动杭州都市圈与宁波都市圈的紧密对接和分工合作,实现杭绍甬一体化。建设宁杭生态经济带,强化南京都市圈与杭州都市圈协调联动。

2020年6月5日,长三角地区主要领导座谈会在浙江湖州举行,会议审定了长三角一体化发展2020年度工作计划和重点合作事项清单,着重就落实"六稳""六保"、践行"两山"理念、深化应急协同、加强产业链、供应链协同等进行了深入讨论,研究部署了当前和今后一段时期共同推进的重大事项。

产业方面,长三角将集中优势资源,共同优化和稳定产业链、供应链。共同打造世界级产业集群和标志性产业链,研究编制《数字长三角建设方案》,推进长三角工业互联网一体化发展示范区等国家级平台建设,加快构建长三角科技创新共同体。

城建方面，长三角要共同加强现代化基础设施建设。协同推进交通基础设施互联互通，加快打造"轨道上的长三角"和世界级港口群、机场群；加强重大能源项目合作；协同推进新型基础设施建设，拓展"城市大脑"应用。

公共服务方面，长三角要共同强化公共服务便利共享。整体谋划、系统重塑、全面提升长三角一体化公共卫生体系，深化大学大院大所合作。提升区域社会治理统筹协调能力，推行矛盾纠纷化解"最多跑一地"。

此外，长三角地区将推动生态城市建设工作，长三角城市要共同放大长三角生态绿色一体化发展示范区引领效应。编制实施一体化示范区和先行启动区国土空间规划，谋划推进淀山湖世界级湖区、创新总部基地等标志性工程建设，推动一体化制度创新。深入推进省际毗邻区域协同发展，深化沪浙洋山区域开发合作，在"一岭六县"省际毗邻区域共建长三角产业合作区。

四、交通基建

目前，长三角已经形成了以高速铁路、高速公路和长江黄金水道为主的多向联通对外运输大通道和城际综合交通网络。截至2020年12月31日，长三角基建投资已连续5年超过800亿元，2020年先后两次追加投资，总金额超过900亿元。

高铁方面，商合杭高铁（商丘至合肥至杭州）合肥至湖州段、衢宁铁路（衢州至宁德）、连镇高铁淮安至丹徒段、合安高铁、盐通高铁等多条线路均已开通，2020年长三角投产新线里程超过1000公里，刷新去年创下的874.8公里的纪录。一个个城市和一条条铁路线逐渐串联，编织出一张大网，勾勒出一个轨道上的长三角。

机场方面，目前长三角一市三省现状运输机场数量为23座。具体来看，分布情况为上海2座，江苏9座，浙江7座，安徽5座。规划运输机场方面，共计有9座，分布情况为江苏1座，浙江2座，安徽6座。

根据《长江三角洲地区交通运输更高质量一体化发展规划》（以下简称《长三角规划》），到2025年，以一体化发展为重点，加快构建长三角地区现代化综合交通运输体系，形成与国土空间开发、产业布局优化、人口要素流动、生态环境保护良性互动的发展格局，以上海为龙头的国际门户枢纽影响力辐射全球，以智能绿色为导向的交通科技创新水平领先世界，运输规则、标准规范、一体化机制引领国际。

《长三角规划》目标包括：一体化交通基础设施网络总体形成，基本建成"轨道上的长三角"，铁路密度达到507公里/万平方公里，高速公路密度达到500公里/万平方公里，世界级机场群和港口群全球竞争能力显著增强。

《长三角规划》还提出，围绕上海大都市圈和南京、杭州、合肥、苏锡常、宁波都市圈，以城际铁路和市域（郊）铁路、城市轨道交通、城市快速路等为骨干，打造都市圈1小时通勤圈。

五、未来展望

根据《长江三角洲区域一体化发展规划纲要》，到2025年，长三角一体化发展取得实质性进展。跨界区域、城市乡村等区域板块一体化发展达到较高水平，在科创产业、基础设施、生态环境、公共服务等领域基本实现一体化发展，全面建立一体化发展的体制机制。

到2035年，长三角一体化发展达到较高水平。现代化经济体系基本建成，城乡区域差距明显缩小，公共服务水平趋于均衡，基础设施互联互通全面实现，人民基本生活保障水平大体相当，一体化发展体制机制更加完善，整体达到全国领先水平，成为最具影响力和带动力的强劲活跃增长极。

长三角经济发展活跃、开放程度高、创新能力强、产业发展成熟、人口吸引力强，在长三角一体化进程下，长三角地区将形成更强大的合力，真正实现产业协同化，预计区域经济规模将在全国经济版图中继续保持重要地位。

参考资料

1. 中国政府网：中共中央国务院印发《长三角洲区域一体化发展规划纲要》
2. 长三角生态绿色一体化发展示范区执委会：《长图来了！带你读懂长三角一体化示范区建设成果》
3. 长三角战研中心：《2020年长三角楼市年报》
4. 国家发展和改革委员会：《以省际跨界地区融合为衔接 精准推动长三角一体化发展》
5. 国务院国有资产监督管理委员会：《长三角一体化的新使命》
6. 中安在线：《轨道上的长三角如何谋篇布局？》
7. 海天工程咨询：《新增基建大项目至少100个！〈发改委发布长江三角洲地区交通运输更高质量一体化发展规划〉》
8. 上海社会科学院应用经济研究所：《长三角交通运输总体运行情况》
9. 中共中央、国务院：《长三角生态绿色一体化发展示范区总体方案》
10. 杭州市住房保障和房产管理局：《关于进一步明确商品住房公证摇号公开销售有关要求的通知》
11. 杭州市房地产平稳健康发展领导小组办公室：《关于进一步促进房地产市场平稳健康发展的通知》
12. 浙江新闻：《杭州市重磅推出"战疫引才"八大举措》
13. 无锡市人民政府办公室：《2020市政府办公室关于进一步促进我市房地产市场平稳健康发展的通知》
14. 无锡市公安局：《市政府关于印发无锡市户籍准入登记规定的通知》
15. 合肥市人民政府办公室：《市人民政府办公室关于支持高校毕业生来肥就业创业的意见》
16. 合肥市住房保障和房产管理局：《关于非住宅改建为租赁住房工作的通知》《关于进一步规范房地产企业市场行为的通知》
17. 上海市人民政府：《上海市土地交易市场管理办法》
18. 上海市房地产交易中心：《关于进一步规范存量房房源核验及信息发布工作的通知》
19. 上海市人力资源社会保障局：《2020年非上海生源应届普通高校毕业生进沪就业申请本市户籍评分办法》
20. 南京市人民政府：《关于支持促进高校毕业生在宁就业创业十项措施》
21. 南京市住房保障和房产局：《关于促进我市房地产市场平稳健康发展的通知》
22. 苏州市人民政府办公室：《关于进一步推动非户籍人口在城市落户的实施意见》
23. 苏州市住房和城乡建设局：《市住房城乡建设局关于规范全市新建成品住房建设销售管理的通知》
24. 南通市人民政府办公室：《市政府办公室关于印发南通市市区人才优先购买普通商品住房实施办法的通知》

上海

市场总结

一、新房成交表现

1. 整体情况

整个2020年，从成交数据来看，上海新房成交套数在3月开始复苏，直到6月达到年内峰值，随后经过半年调整，在年底的12月再次上升，逼近6月成交水平。全年成交约8.1万套，比2019年增加28%，成交均价5.53万元/平方米，上涨3%。

新房价格情况：根据上海链家数据，2020年，上海全市累计成交金额为5348亿元，同比增长33%，成交套数81361套，同比增长28%，套均总价657万元/套。

而根据上海人社局公布数据，2019年上海人均可支配收入为69442元。按照一个家庭4~5人计算，上海新房房价收入比为18.9~23.6。

2. 年度走势

2020年初，受疫情影响，上海楼市经历了约两个月的"冷冻期"，预期普遍不乐观。然而，通过一系列及时有效的举措，社会经济全面复苏，上海作为核心一线城市，楼市也迅速回暖。最终，2020年上海楼市呈现出V形反转的走势，年度交易增长超出预期。

3. 历史地位

中原地产数据显示，在过去5年里（2016—2020年），上海新房成交量最高的一年是2016年，当年新房成交面积约为1389.5万平方米，最低的一年是2017年，当年新房成交面积约为640.1万平方米。在刚刚过去的2020年，上海新房成交面积为931.9万平方米。整体来看，上海新房近5年的成交量呈现出2017年骤降，随后一路攀升的态势。

2016—2020年上海新房供求走势

二、二手房成交表现

1. 整体情况

数据显示，2020年上海二手房总计成交高达30.1万套，成交金额超过1万亿元，同比增长30%。与此同时，上海二手房价格水涨船高。2020年，上海以43000元/平方米位列全国二手房成交均价第二。当前，上海二手房价格跟去年同期相比上涨6%~10%，部分优质房源涨幅可能要超过10%。详细来看，经过去年的一大波消化，2020年四季度以来，上海二手房市场房东待价而沽甚至跳价的个案开始增多，尤其是优质房源比较抢手。

2. 年度走势

中原地产数据显示，2020年1月和2月，上海二手房市场受疫情影响陷入封冻，随着一系列有效举措落实，3月市场开始强烈反弹，5月以来，上海二手房的月成交套数都高于2.5万套，12月成交更是接近4万套。

3. 历史地位

纵观近5年的情况，上海二手房年度成交套数从2016年的38.6万套，骤降至2017年的14.8万套，随后呈现一路回升态势，2018年成交16.4万套，2019年成交23.7万套，2020年达到了30.1万套，愈发接近2016年成交水平。

三、政策梳理

2020年上海楼市政策主要涉及三方面内容。一是针对拿地房企出台土地出让新规，二是出台人才落户新政，三是针对存量房挂牌出台新规范。

2020年初，中海涉嫌围标虹口区嘉兴路宅地事件后，2020年5月，上海市人民政府关于印发《上海市土地交易市场管理办法》的通知正式发布，2020年5月1日起施行。乐居对比了本次通知与2008年版，发现本次通知新增了两项内容：

1. 依法限制或禁止失信主体以直接或间接方式参与本市建设用地使用权交易活动，强化对市场主体的监管，推进土地交易市场信用体系建设，构建公平诚信的市场环境。

划重点：限制或禁止、直接或间接拿地。

2. 中介服务单位及其工作人员在土地交易过程中，有违反有关法律、法规及业务管理规则、保密协议等规定行为的，市或者区规划和自然资源局或市土地交易事务中心应当依据相关服务约定，予以处理；造成损失的，依法追偿；构成犯罪的，依法追究刑事责任。

划重点：什么是中介服务单位？就是为土地交易市场提供有关专业服务的，包括银行、公证处、评标专家、主持人、咨询机构及相关行业组织等。

在人才引进落户方面，上海也有重大政策调整。2020年9月23日，《2020年非上海生源应届普通高校毕业生进沪就业申请本市户籍评分办法》正式发布。这意味着上海高校本科毕业生落户范围扩大。

办法明确提出，将之前"以北京大学、清华大学为试点，探索建立对本科阶段为国内高水平大学的应届毕业生，符合基本申报条件可直接落户"的政策，范围扩大至在沪世界一流大学建设高校。而在沪"世界一流大学建设高校"包括上海交通大学、复旦大学、同济大学、华东师范大学，因此四校应届本科毕业生符合基本申报条件即可直接落户。

最后是二手房挂牌交易新规。上海颁布存量房挂牌新规，违规操作者将纳入诚信记录。2020年11月16日，上海市房地产交易中心下发了《关于进一步规范存量房房源核验及信息发布工作的通知》，及《上海市存量房房源核验及信息发布操作规范（试行）》（以下简称《试行规范》）。《试行规范》要求房产中介在挂牌存量房前先备案并提交房源核验。对于发布虚假房源、房价等违规行为的中介，将进行惩处。《试行规范》将于2020年12月15日起实施。

具体来看，《试行规范》中明确，房源核验是指房地产权利人在委托房地产经纪机构出售存量房前，由受托经纪机构登录存量房交易合同网上备案系统并提交房源核验申请，上海市房地产交易中心依据不动产登记系统与备案系统共享信息，进行房源信息校验的过程。

四、土地供应

1. 出让基本情况

根据上海乐居统计，2020年全年，上海成交含商品住宅类地块共计88幅，总成交金额2038.5735亿元，不管是数量还是质量，均远超2019年水平。

2020年全年，上海经营性地块出让总价最高的10幅中，与商品住宅性质相关地块占7成。

2020年初，徐汇区黄浦江南延伸段WS3单元综合地块就打响了上海土地招拍挂市场第一枪。这幅总价高达310.5亿元地块一举超过董家渡地块，也超过了招商蛇口和华侨城联合体拍得深圳新会展中心地块，成功刷新境内土地总价纪录。地块地上地下总建筑面积达到179.7万平方米，堪称"巨无霸"级地块。这幅总价地王诞生，也定下了2020年上海含商品住宅类地块招拍挂市场总基调——优质地块供应大年。

从榜单中看，除闵行颛桥地块、松江中山街道与浦东唐镇地块位置稍偏之外，其余地块均在中环以内。

根据上海乐居统计，2020年上海传统市区内成交商品住宅用地共计12幅，同比2019年增长一倍。其中静安区3幅、杨浦区3幅、虹口区2幅、普陀区2幅、徐汇区1幅、浦东前滩地区1幅。

2. 开发商拿地情况

2020年，超过50家房地产企业在上海拿下商品住宅类土地。他们或联合其他房企，或单独争夺。从总体来看，能够在上海拿下质量较高、数量较多商品住宅地块的房企依然是排名靠前、有实力的行业龙头企业。

从2020年房企在上海拿地金额榜单前十名情况来看，万达、保利、金地、招商蛇口等这些传统豪强依然榜上有名。除去2020年初香港置地联合体拿下徐家汇310.5亿元超大规模综合地块之外，2020年拿下上海宅地花钱第二多的企业是金地集团；招商蛇口2020年在上海也花了大力气布局，2020年他们共斥资约104亿元拿下市中心多幅重要宅地；华发年内拿下静安天目社区商住办综合地块、闵行颛桥宅地、浦东康桥宅地，共耗资约100亿元。融信、万科、保利、大名城等企业也有着非常亮眼的表现。

3. 未来预估

从2020年高单价宅地拿地房企情况来看，很多中等规模房企也勇于开拓进军上海。如北京金隅集团拿下年度"单价地王"时就击败了招商、九龙仓、仁恒、华发等众多知名房企，刷新了业界对它的认知。而另一家房企龙光地产更是愈挫愈勇，最终成功拿下杨浦区定海社区D5-1地块。

另一方面，房企联合拿地也成为一种新趋势。在单价地块前十名中，房企通过强强联合拿下地块的就有4幅。其中不乏招商、保利、融信、旭辉等传统龙头房企的身影。

五、热点板块

2021年上海楼市成交预计会与2020年持平，或者略有下降，价格继续维持稳中有升的态势。以下热门板块可持续关注。

1. 前滩

前滩，这两个字就代表了热度，2020年26次千人摇号中，前滩就占了3次。即使没有千人摇号那般轰动，如三湘印象名邸等前滩项目也基本"日光"，认筹率更是一浪高过一浪，那么2021年，前滩还是否将续书写楼市"神话"呢？

晶鸿名邸和东方惠雅为两个相邻的项目，目前都尚在建设中，未来东方惠雅将推出建筑面积约76平方米、79平方米两房两厅一卫、94平方米、99平方米三房两厅两卫户型，而晶鸿名邸的主力户型为建筑面积约94平方米、99平方米、125平方米三房两厅两卫以及155平方米四房两厅三卫户型。

除了这两个项目将入市以外，前滩格力 32-01 地块也一直受到了广大购房者的关注，其位于前滩九宫格地块，目前该地块具体信息尚未公布，它是否也将在 2021 年入市我们一起拭目以待。

2. 大虹桥

大虹桥将有 9 个项目入市，包括像上海蟠龙天地、招商虹桥公馆二期等在 2020 年大火了一把的项目将要加推，除此之外还有虹桥悦澜、金地虹悦湾、中环境秋月 3 个纯新盘入市，目前金地虹悦湾已开启认筹，据悉，320 套房源已引来超 520 组认筹，可见 2021 年的大虹桥一如既往火热。

上海蟠龙天地作为 2020 年入市引起 3715 组购房者摇号的"大哥级"项目，有望将在 2021 年 5 月加推约 700 套建筑面积约 95~125 平方米三至四房房源，不知道这一次是否还能取得像一期那样的好成绩。

2020 年大虹桥火了的可不止蟠龙天地一个项目，招商虹桥公馆二期也取得了近 400% 认筹率的傲人成绩，而目前招商虹桥公馆二期的二批房源已经开启验资，二批房源户型建筑面积约 80~126 平方米。

六、用户心理

2020 年是不平凡的一年。疫情刚发生的时候，售楼处全部关停，市场极度悲观，不管是新房还是二手房，买卖双方都停下了脚步。居家办公成为常态，没有人会在这个时期出门看房。

随着我国强有力的管控措施，疫情得到控制。二季度后随着复工复市复产，上海楼市发挥了韧性十足的特点，各项指标持续回暖。购房者开始逐步踏出家门看房。

售楼员李先生表示，因为疫情，大部分人对房屋的空间需求增多，对房屋品质要求提升，尤其是好的物业管理尤为突出。因此，改善客群多半置换手中住房，去买新房，尤其是品牌房企的产品关注度在提升，同时重新回归市区的意愿也在提升。

当下市场分化明显。郊区认筹比不过市区。热点项目千人摇号，冷的项目认筹率不过 20%。千人摇号频现，新房价格上涨，很多购房者怕 2021 年价格继续上涨，没机会买了。购房者明显出现了焦虑状态，不再观望，积极入市。

火热的不仅仅是新房市场，二手房市场也在持续升温。

在二手房市场，2020 年初还有 3%~5% 的还价余地，3 月份后刚需房普遍在 1%，改善在 3% 左右，但是现在卖房议价空间收窄，大部分房东价格坚挺，心态比较好。挂牌成交速度也加快，一些成熟居住区，总价 300 万元左右的刚需房源 1 个月左右可以成交，个别优质房源从挂牌到成交仅 3 周。

4 月份开始，各行各业复苏的信号非常明显，二手房市场先于新房市场回暖，给买家入市带来信心提振，随后市场价格随着成交量稳步向上，此时买涨不买跌的心态开始显现。到了下半年，楼市全面上行，房价上涨后市场有焦虑和躁动，催促买家入市。

2020 年 2 季度以后，不管是经济还是各行业基本恢复到正轨，大家信心回升，推动市场向好的信心。加上上海旧改推进积极，最近黄浦、虹口多个地块推进旧改，有新的消费力产生。本身就有消费意愿和计划的购房者看见价格出现上涨趋势，更会抓紧时间积极入市。

七、2021 年展望

不管是地产行业小编还是开发商普通员工，甚至身边与地产行业无关的朋友，都持续看好 2021 年上海楼市发展。2020 年房地产销售曲线 V 形反转，特别是到年末显现出的火热，坚定了大家对上海楼市的信心。2020 年，国家层面出台了很多政策，特别是"三条红线"以金融手段促使行业更加健康、更加富有活力、更加规范，对整个房地产行业产生了较大影响，标志着行业新的开始。

数据来源：中原地产、上海链家。

在售楼盘一览

宝山区

楼盘名称	价格	物业类型	主力户型
四季都会	叠墅 52000 元/m² 合院 57000~58000 元/m²	别墅	叠墅 (130~140m²) 合院 (153m²)
和欣国际花园	56000 元/m²	普通住宅	三居室 (102~164m²)
大华公园城市	59600 元/m²	普通住宅	三居室 (99m²) 四居室 (138m²)
中集金地美兰城	44800 元/m²	普通住宅	三居室 (89~98m²)
大华锦绣四季	41000~50000 元/m²	普通住宅	三居室 (99~135m²)
宝林枫景苑	55000 元/m²	普通住宅	二居室 (59~80m²) 三居室 (92m²)
上港星江湾	72000 元/m²	普通住宅	二居室 (92m²) 三居室 (113m²)
四季都会晓风来	46000 元/m²	普通住宅、别墅	别墅 (130~140m²) 合院 (153m²)
中建阅澜山	36000 元/m²	普通住宅	三居室 (81~98m²)
上实·海上菁英	47500 元/m²	普通住宅	二居室 (86m²) 三居室 (98m²)
大华朗香公园里	57000 元/m²	普通住宅	三居室 (99m²) 四居室 (129m²)
卓越华润玲珑悦府	住宅 40000 元/m² 别墅 45000~48000 元/m²	普通住宅、别墅	三居室 (90m²) 四居室 (112~125m²)
大华公园荟	46000 元/m²	普通住宅	二居室 (82m²) 三居室 (99m²)
经纬至臻豪庭	57200 元/m²	普通住宅	三居室 (139~172m²)
瑞虹新城天悦群庭	1078000 元/m²	普通住宅	三居室 (130~180m²) 四居室 (270m²)

崇明区

楼盘名称	价格	物业类型	主力户型
东亚威尼斯公馆	28000 元/m²	普通住宅	一居室 (54~57m²) 二居室 (85~104m²) 三居室 (116m²)
亚通水岸景苑	38000 元/m²	别墅	别墅 (260~360m²)
十里江湾	住宅 29000 元/m² 别墅 36500 元/m²	普通住宅、别墅	三居室 (90m²) 四居室 (127m²) 别墅 (146~150m²)
东滩云墅	35818 元/m²	别墅	别墅 (90~140m²)
中信泰富仁恒海和院	住宅 28800 元/m² 别墅 32000~36000 元/m²	普通住宅、别墅	三居室 (75~90m²) 别墅 (90~180m²)
东滩花园	35600 元/m²	别墅	别墅 (138~149m²)
光明墅	别墅 31000 元/m²	别墅	别墅 (90~120m²)

奉贤区

楼盘名称	价格	物业类型	主力户型
绿城上海诚园	20834 元/m²	普通住宅	两居室 (75~88m²) 三居室 (106~136m²)
保利玲玥公馆	21000 元/m²	普通住宅	三居室 (81~89m²) 四居室 (114m²)
中国铁建香樹国际	高层 36500 元/m² 叠墅 49800 元/m²	普通住宅、别墅	三居室 (89m²) 别墅 (110~156m²)
光明九胤	高层 36800 元/m² 叠墅 43500 元/m²	普通住宅、别墅	二居室 (87~92m²) 别墅 (106~132m²)
酩悦都会	高层 33651 元/m² 叠墅 37000 元/m²	普通住宅、别墅	二居室 (70m²) 三居室 (80~90m²) 别墅 (125~135m²)
东原璞阅	高层 242 万元/套 叠墅 450 万元/套	普通住宅	三居室 (90m²) 别墅 (123~149m²)

奉贤区

楼盘名称	价格	物业类型	主力户型
凤鸣海尚	38000 元/m²	别墅	别墅 (125~140m²)
龙湖春江天玺	住宅 30588 元/m² 别墅 37873 元/m²	普通住宅、别墅	三居室 (85~93m²) 别墅 (117~130m²)
龙湖春江天越	34000 元/m²	普通住宅、别墅	三居室 (94m²) 三居室 (124m²) 别墅 (117~152m²)
象屿滨江悦府	34000 元/m²	普通住宅、别墅	二居室 (69m²) (86~96m²) 别墅 (81~123m²)
南桥金茂悦	住宅 36000 元/m² 别墅 46000 元/m²	普通住宅、别墅	二居室 (75m²) 三居室 (85~99m²) 别墅 (121~139m²)
银河丽湾	37000 元/m²	普通住宅	三居室 (172m²) 四居室 (205m²)
阳光城青溪水岸	29000 元/m²	普通住宅	二居室 (70m²) 三居室 (90m²)
禹洲天境璞悦	33800~35500 元/m²	普通住宅	二居室 (75m²) 三居室 (89~92m²)
金海壹品	38000 元/m²	普通住宅	三居室 (85~99m²) 四居室 (112~131m²)
龙湖天曜	290 万元/套	普通住宅	三居室 (90~100m²) 四居室 (130m²)
天和尚海庭前	49000 元/m²	别墅	别墅 (132m²)

虹口区

楼盘名称	价格	物业类型	主力户型
外滩豪景苑	109600 元/m²	普通住宅	二居室 (108~156m²) 三居室 (186m²)

黄浦区

楼盘名称	价格	物业类型	主力户型
绿地外滩中心	138000 元/m²	普通住宅	二居室 (100m²) 五居室 (290m²)
复地雅园	126000 元/m²	普通住宅	二居室 (89~96m²) 三居室 (139m²) 四居室 (167m²)
翠湖五集	139539~220087 元/m²	普通住宅	四居室 (318~358m²)
廿八尊	137000 元/m²	普通住宅	三居室 (207~235m²) 四居室 (297m²)
露香园	145000~210000 元/m²	别墅	别墅 (212~330m²)
中海建国里	143000 元/m²	普通住宅	三居室 (139m²) 四居室 (167~220m²)

嘉定区

楼盘名称	价格	物业类型	主力户型
保利云上	53900 元/m²	普通住宅	三居室 (83~126m²)
万科西郊都会	37000 元/m²	普通住宅、别墅	二居室 (81m²)
嘉宝新力梦之晴华庭	35000 元/m²	普通住宅	二居室 (80m²) 三居室 (99~100m²)
湖畔天下	47000 元/m²	别墅	联排别墅 (197~227m²)
金隅金成府	34000 元/m²	普通住宅	三居室 (91~99m²) 四居室 (123m²)
莫里斯花源	住宅 35000~37000 元/m² 别墅 46500 元/m²	普通住宅、别墅	三居室 (93m²) 别墅 (133m²)
云栖麓	41000~42000 元/m²	普通住宅	二居室 (76m²) 三居室 (89m²) 四居室 (108m²)

嘉定区

楼盘名称	价格	物业类型	主力户型
安亭新镇莱茵半岛	叠墅 39948 元/m² 合院 46150 元/m²	别墅	别墅 (123~151m²)
路劲·海尚湾	高层 28700 元/m² 起	普通住宅	二居室 (82m²) 三居室 (89m²、114m²)
盘古园府	42000 元/m²	普通住宅	二居室 (81~84m²) 三居室 (105~121m²)
旭辉公元	36000 元/m²	普通住宅	二居室 (69m²) 三居室 (89m²)
佳兆业城市广场	住宅 32000~33000 元/m² 叠墅 37000~43000 元/m²	普通住宅、别墅	三居室 (98m²) 别墅 (140~151m²)
保利云上澄光	56050 元/m²	普通住宅	三居室 (85~125m²)
融侨星誉	36500 元/m²	普通住宅	三居室 (81~98m²)

金山区

楼盘名称	价格	物业类型	主力户型
新未来樾湖	26000 元/m²	普通住宅	三居室 (82~88m²)
新华御湖上园	19000 元/m²	普通住宅	一居室 (67m²) 三居室 (86~108m²)
华发招商依云四季	21000 元/m²	普通住宅	二居室 (78m²) 三居室 (90m²) 四居室 (125m²)
铂翠廷	住宅 27500~28000 元/m² 别墅 34000~35000 元/m²	普通住宅、别墅	三居室 (95m²) 四居室 (124m²) 别墅 (125~135m²)
金玥湾	高层 30345 元/m² 别墅 35000 元/m²	普通住宅、别墅	三居室 (88~99m²) 别墅 (138~154m²)
豫园澜庭	20000 元/m²	普通住宅	二居室 (78m²) 三居室 (98~112m²)
龙信御澜天樾	21883 元/m²	普通住宅	三居室 (75~126m²) 四居室 (138m²)
中冶墅境	住宅 20000 元/m² 别墅 24000 元/m²	普通住宅、别墅	二居室 (85m²) 三居室 (101~122m²) 别墅 (220m²)
碧桂园凤凰城	24000 元/m²	普通住宅	三居室 (95m²) 四居室 (133m²)
光明金山府	27000 元/m²	普通住宅	二居室 (90m²) 三居室 (99~116m²)

静安区

楼盘名称	价格	物业类型	主力户型
静安府东区	86000 元/m²	普通住宅	四居室 (147m²)
铭德传奇漪景庭	107000 元/m²	普通住宅	二居室 (99~111m²)
静安府西区	86000~87000 元/m²	普通住宅	三居室 (95~115m²) 四居室 (135m²)
中兴路壹号	130000 元/m²	普通住宅	一居室 (50m²) 二居室 (100m²) 四居室 (200m²)
静安天御	125800 元/m²	普通住宅	二居室 (82~85m²) 三居室 (145~204m²) 四居室 (229~244m²)
静安映	91200 元/m²	普通住宅	三居室 (97~130m²)
苏河湾中心润府	128000 元/m²	普通住宅	二居室 (87~89m²) 三居室 (91~96m²) 四居室 (184m²)
仁恒静安世纪	92000 元/m²	普通住宅	三居室 (106~126m²) 四居室 (145m²)

闵行区

楼盘名称	价格	物业类型	主力户型
金科新弘古北天御	住宅 89436 元/m² 叠墅 113000 元/m²	普通住宅	三居室 (98m²) 四居室 (142m²) 别墅 (134~143m²)

闵行区

楼盘名称	价格	物业类型	主力户型
万科青藤公园	48758 元/m²	普通住宅、别墅	四居室 (133m²) 别墅 (115~133m²) 合院 (143m²)
城开云外	64800 元/m²	别墅	别墅 (130~180m²)
西郊庄园·马德里洋房	74900 元/m²	普通住宅	四居室 (255~265m²)
古北金鹰府	78500 元/m²	别墅	别墅 (245m²)
玖玺	住宅 390 万~430 万元/套 别墅 600 万~1000 万元/套	普通住宅、别墅	三居室 (95m²) 别墅 (127~154m²)
东苑古北尚公馆	81980 元/m²	普通住宅	三居室 (138~150m²) 四居室 (170~188m²)
旭辉江山都会	40400 元/m²	普通住宅	三居室 (90~100m²) 四居室 (125m²)
香港置地虹庐湾	高层 62803 元/m² 别墅 69731 元/m²	普通住宅、别墅	三居室 (90m²) 别墅 (135~138m²)
保利锦上	高层 61386 元/m² 别墅 68800 元/m²	普通住宅、别墅	二居室 (77~90m²) 三居室 (91~101m²) 别墅 (126~145m²)
上海星河湾	78280 元/m²	普通住宅	三居室 (175m²) 五居室 (226m²)
紫晶南园	49000 元/m²	普通住宅	二居室 (90m²) 三居室 (110~120m²)
桂鸿院	平层 65000 元/m² 院墅 97996 元/m²	别墅	四居室 (194m²) 别墅 (318~382m²)
虹庐湾	63000 元/m²	普通住宅	三居室 (99m²) 叠墅 (127~138m²)
新城千禧公园	40400 元/m²	普通住宅	三居室 (90~98m²) 四居室 (123m²)
兰香湖壹号	77251 元/m²	普通住宅	四居室 (230m²) 五居室 (270m²)
首创禧瑞荟	66095 元/m²	普通住宅	两居室 (72m²) 三居室 (95~113m²)
东苑新天地公寓	71000 元/m²	普通住宅	一居室 (57m²) 两居室 (65~78m²)
古北中央公园	108800 元/m²	普通住宅	三居室 (123~139m²) 四居室 (161~168m²)

浦东新区

楼盘名称	价格	物业类型	主力户型
万科金域澜湾鹭语墅	35000 元/m²	别墅	别墅 (90~135m²)
森兰壹公馆	57600 元/m²	普通住宅	两居室 (87m²) 三居室 (127m²)
江南院	42000 元/m²	别墅	别墅 (120~170m²)
碧云壹零	31874 元/m²	别墅	别墅 (320~330m²)
亲水湾风华	63000 元/m²	普通住宅	一居室 (54m²) 三居室 (93m²)
滨江凯旋门	138000 元/m²	普通住宅、别墅	两居室 (136~145m²) 三居室 (189~245m²)
东方惠礼	92000 元/m²	普通住宅	一居室 (46~70m²) 三居室 (113~114m²)
碧云尊邸	111983 元/m²	普通住宅、别墅	四居室 (185~230m²) 别墅 (310~530m²)
公元 2040	高层 45800 元/m² 叠墅 55000 元/m²	普通住宅	三居室 (87~99m²) 四居室 (117m²) 别墅 (103~136m²)
保利首创颂	69500 元/m²	别墅	别墅 (86~144m²)
绿宝锦庭	62000 元/m²	普通住宅	三居室 (118m²) 四居室 (166m²)
滴水湖馨苑悦湾	28500 元/m²	普通住宅	一居室 (45m²) 二居室 (80m²)
海玥瑄邸	33950 元/m²	普通住宅、别墅	二居室 (81~82m²) 三居室 (91~127m²) 别墅 (148~160m²)
阳光城愉景公馆	61763 元/m²	普通住宅	三居室 (115m²) 四居室 (142m²)
尼德兰花园	53000 元/m²	普通住宅	二居室 (88m²) 三居室 (121~140m²)

浦东新区

楼盘名称	价格	物业类型	主力户型
世茂云图	57334 元 /m²	普通住宅	三居室 (87~119) 四居室 (140m²)
三湘印象名邸	121800 元 /m²	普通住宅	二居室 (89.7m²) 四居室 (212.5m²)
东源名都	56000 元 /m²	普通住宅	三居室 (118~139m²)
锦绣御澜	59800 元 /m²	普通住宅	三居室 (88~128m²)
尚海郦景	90000~97000 元 /m²	普通住宅	二居室 (82m²) 三居室 (113m²) 四居室 (160m²)
森兰星河湾	79500 元 /m²	住普通住	四居室 (156~184m²) 五居室 (239m²)
浦发东悦城	42000 元 /m²	普通住宅	二居室 (95m²) 三居室 (96~130m²) 四居室 (180m²)
湖滨天地	31022 元 /m²	普通住宅	一居室 (62m²) 三居室 (88~126m²)
格力浦江海德	112800 元 /m²	普通住宅	二居室 (77~99m²) 三居室 (174~180m²)
阳明花园	54000 元 /m²	普通住宅	二居室 (104m²) 三居室 (120~128m²) 四居室 (138m²)
锦绣观澜	64000 元 /m²	普通住宅	二居室 (77~85m²) 三居室 (97~131m²)
君御公馆	34000 元 /m²	普通住宅	三居室 (89~112m²) 四居室 (125m²)
浦发壹滨江	105000 元 /m²	普通住宅	三居室 (150m²) 四居室 (185m²)
大华斐勒公园	102600 元 /m²	普通住宅、别墅	四居室 (180m²) 别墅 (150m²)
浦发仁恒珊瑚世纪	64500 元 /m²	普通住宅	两居室 (89m²) 三居室 (100m²) 四居室 (157m²)
仁恒锦绣世纪	66000 元 /m²	普通住宅	三居室 (90~115m²) 四居室 (138~150m²)
金融家	49000 元 /m²	普通住宅	两居室 (88~95m²) 三居室 (115~125m²)
浦发檀府	61000~62000 元 /m²	普通住宅	三居室 (103~114m²)
浦开仁恒金桥世纪	70277 元 /m²	普通住宅	三居室 (100~124m²) 四居室 (150m²)
中建朗阅府	72000 元 /m²	别墅	别墅 (170~190m²)
圣宇豪庭	68000 元 /m²	普通住宅	三居室 (137m²) 四居室 (308m²)
绿地东上海	62000 元 /m²	普通住宅	三居室 (80~110m²) 四居室 (136~137m²) 五居室 (161~165m²)
尚峰名邸	112800 元 /m²	普通住宅	一居室 (47m²) 三居室 (146~190m²)

普陀区

楼盘名称	价格	物业类型	主力户型
锦绣里	105000 元 /m²	普通住宅	二居室 (103m²) 三居室 (134~168m²)
高尚领域	90000 元 /m²	普通住宅	二居室 (85m²) 三居室 (100m²) 四居室 (160m²)
中海汇德里	102000 元 /m²	普通住宅	三居室 (83~99m²) 四居室 (130m²)
宝华城市之星	90000~100000 元 /m²	普通住宅	二居室 (107m²) 三居室 (143~149m²)
中海臻如府	94000~95500 元 /m²	普通住宅	二居室 (77m²) 三居室 (95~99m²) 四居室 (135~160m²)
西康路 989	111800 元 /m²	普通住宅	三居室 (125m²) 四居室 (180~208m²)
长风瑞仕璟庭	89990 元 /m²	普通住宅	二居室 (85m²) 三居室 (115~156m²) 四居室 (178m²)
新湖明珠城	105000 元 /m²	普通住宅	二居室 (94m²) 三居室 (135~186m²)

青浦区

楼盘名称	价格	物业类型	主力户型
首创禧悦风华	42800 元 /m²	普通住宅	二居室 (60m²) 四居室 (120m²)
万科天空之城	58600 元 /m²	普通住宅	三居室 (110~135m²) 四居室 (160m²)
海玥虹桥金茂悦	44500 元 /m²	普通住宅	二居室 (75m²) 三居室 (85~99m²) 四居室 (144m²)
金臣颐墅	75000~95000 元 /m²	别墅	别墅 (120~260m²)
虹桥御墅	2600 万 ~4500 万 元 / 套	别墅	别墅 (287~460m²)
映虹桥	48000~55000 元 /m²	普通住宅、别墅	三居室 (96m²) 四居室 (123m²) 别墅 (138m²)
新华联奥莱悦府	55000 元 /m²	别墅	别墅 (125~175m²)
葛洲坝玉兰花园	41000 元 /m²	普通住宅、别墅	三居室 (112~130m²) 四居室 (170~179m²) 别墅 (190~220m²)
璟云里	43000 元 /m²	普通住宅	二居室 (76m²) 三居室 (91~93m²) 别墅 (128~173m²)
御澜博翠	46900 元 /m²	普通住宅	三居室 (88~127m²)
中核锦悦府	60200 元 /m²	普通住宅	二居室 (92m²) 三居室 (100~102m²) 四居室 (147m²)
虹桥金茂悦	450 万元 / 套起	普通住宅	三居室 (99m²) 四居室 (144m²)
首创禧悦繁花里	43459 元 /m²	普通住宅	二居室 (60m²) 三居室 (80~85m²)
中建锦绣溪庭	34800 元 /m²	普通住宅	二居室 (80m²) 三居室 (90~110m²) 四居室 (125m²)
上海蟠龙天地	61500 元 /m²	普通住宅	三居室 (95m²) 四居室 (125m²)
中柏湖滨壹号	43280 元 /m²	普通住宅、别墅	三居室 (89m²) 别墅 (100~120m²)
中骏御景台	43100 元 /m²	别墅	别墅 (150m²)
招商·虹桥公馆二期	60100 元 /m²	普通住宅	二居室 (80~83m²)
宝业活力天地	43100 元 /m²	普通住宅	二居室 (80m²) 三居室 (90~97m²)

松江区

楼盘名称	价格	物业类型	主力户型
同济晶萃	44508 元 /m²	普通住宅	二居室 (76m²) 三居室 (106m²)
贝尚湾	48000 元 /m²	普通住宅	两居室 (99m²) 三居室 (104~108m²) 四居室 (137~145m²)
光明云庐	住宅 40530 元 /m² 别墅 45000~48000 元 /m²	普通住宅、别墅	三居室 (89m²) 别墅 (115~135m²)
佘山东紫园	3000 万 ~8000 万 元 / 套	别墅	别墅 (554~1090m²)
国贸天悦	40000 元 /m²	普通住宅	一居室 (54m²) 二居室 (84~93m²)
佘山御庭	1600 万 ~3500 万 元 / 套	别墅	别墅 (217~375m²)
上尚缘	小高层 43000 元 /m² 洋房 47500 元 /m²	普通住宅	三居室 (128~163m²) 四居室 (183m²)
佘山玺樾	57000 元 /m²	别墅	别墅 (90~175m²)
国贸凤凰原	44000 元 /m²	普通住宅	三居室 (87~99m²) 四居室 (127m²)
光明雲庐	洋房 40000 元 /m² 别墅 47000 元 /m²	普通住宅、别墅	二居室 (89m²) 别墅 (115~135m²)
海伦堡兰园	41000 元 /m²	普通住宅	四居室 (183~200m²) 五居室 (230m²) 六居室 (307m²)

松江区			
楼盘名称	价格	物业类型	主力户型
合生广富汇	约55700元/m²	别墅	别墅（260m²）
复地九月	45500元/m²	普通住宅	二居室(81~86m²) 三居室(97~120m²) 四居室(141~163m²)
泗水和鸣	46200元/m²	普通住宅	三居室(88~98m²)
合景天悦赋	住宅53560元/m² 别墅64272元/m²	普通住宅、别墅	三居室(100m²) 别墅(139~140m²)
华发象屿星光华府	高层47100元/m² 叠墅55000元/m²	普通住宅、别墅	三居室(99m²) 别墅(124~139m²)
中海九峯里	洋房36736元/m² 联排52057元/m²	普通住宅、别墅	二居室(70~85m²) 联排(90~106m²)
国贸佘山原墅	叠墅48000元/m² 联排55730元/m²	别墅	别墅(82~105m²) 联排(135~160m²)
9号公馆	46254元/m²	普通住宅	二居室(79~98m²) 三居室(115m²)

徐汇区			
楼盘名称	价格	物业类型	主力户型
徐汇梧桐公馆	78720元/m²	普通住宅	三居室(118~140m²)
天悦	99800元/m²	普通住宅	三居室(100m²) 四居室(160m²)
恒盛尚海湾	125000元/m²	普通住宅	一居室(62m²) 二居室(120~122m²) 三居室(128m²)

徐汇区			
楼盘名称	价格	物业类型	主力户型
乌南公馆	100000~200000元/m²	普通住宅	二居室(115~168m²)
汇成南街里	79000元/m²	普通住宅	三居室(101~125m²) 四居室(148~173m²)
尚汇豪庭	105000元/m²	普通住宅	三居室(150m²) 四居室(180m²)
鑫耀中城	103300元/m²	普通住宅	三居室(99~118m²) 四居室(156~160m²)
融创徐汇滨江壹号	115000元/m²	普通住宅	三居室(130~178m²) 四居室(235m²)

杨浦区			
楼盘名称	价格	物业类型	主力户型
世纪江湾	130000元/m²	普通住宅	二居室(89~91m²)
保利天汇	109900元/m²	普通住宅	三居室(100m²) 四居室(157~162m²)

长宁区			
楼盘名称	价格	物业类型	主力户型
中海长宁第	84000元/m²	普通住宅	二居室(75m²) 三居室(93m²) 四居室(115m²)

典型项目

保利天汇

| 上海 | 保利发展 | 多轨交会 | 高端住宅 | 品牌房企 |

项目地址：
上海市杨浦区辽源西路 169 弄

开发商：
保利发展控股集团股份有限公司

产品特征：
高层

参考价格：
高层均价约 109900 元／平方米

主力户型：
约 100 平方米三居，约 157、162 平方米四居

物业公司：
保利物业

5 公里生活配套：
地铁 4 号、8 号、10 号、12 号线，五角场商圈、鞍山控江商圈、和平公园、上海市第一人民医院

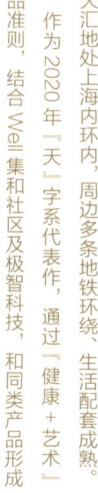

专家点评

保利天汇地处上海内环内，周边多条地铁环绕，生活配套成熟。同时，作为 2020 年"天"字系代表作，通过「健康＋艺术」的产品准则，结合 Well 集和社区及极智科技，和同类产品形成差异化，对于高端改善客群展现出较强的吸引力。

扫码观看楼盘详情

项目测评

【战略意义】

2020 年，上海保利重回上海市心滨江，一次性启动 6 个市中心项目，为城市多元化升级提供澎湃能量。保利天汇作为上海仅有的两座"天"字系产品之一，是其规划中重要的一级。在焕新沪上豪宅顶层范式同时在当地也广受好评。

【区域地段】

保利天汇地处申城内环内，位于北外滩板块，是上海"黄金三角"的最后一块拼图。凭借与外滩、陆家嘴的相互辐射联动，新一轮的城市更新将在此处展开，1600 余家金融机构、4700 余家航运名企已兑现，5G 基站覆盖密度全市领先。

【主力户型】

项目主力户型为 162 平方米四居室。设计整体方正，南北通透，内部空间利用率极高。3 开间朝南、南北一字双厅的设计保证室内采光。近 27 平方米主卧享有步入式衣帽间，南向宽景阳台与次卧打通互连，进一步提高了居住舒适度。

【园林景观】

项目通过水镜拉开景观的序幕，形成三重水景迎宾、南入口仪式轴线、林下花园、宠物欢享、运动健身等七大主题。社区内绿植形成错落景观带，在功能上层层相映，满足现业主生活、精神、情感等舒适幸福生活的全方位需求。

【物业服务】

社区物业为保利物业。保利物业努力营造人文社区的生活味、人情味以及文化味，实行一站式服务和首接责任制、零打扰服务。每栋楼都有管家团队，以一对一模式为业主解决日常所需，不断为业主改善居住环境。

【交通出行】

项目周边享地铁 4 号、8 号、10 号、12 号、18（在建）号线，4 站达虹口足球场、5 站抵五角场商圈、7 站就到陆家嘴。再加上内环高架、中环高架，以及新建路隧道、外滩隧道等多条主干道，一张立体式交通网络瞬间铺开，轻松通达全城。

【品牌描述】

保利集团作为大型中央企业，连续 5 年荣登《财富》世界 500 强。而保利集团控股的保利发展，已在 100 余城市布局超过 900 个项目，总资产过 10000 亿元，2020 年更是在上海一次性启动 6 个市中心项目，为老城多元化升级提供动力。

【购物娱乐】

项目 500 米内就有海上海弘基休闲广场、宝地广场等多家商场，1 公里内瑞虹天地区域级商圈已成熟运营，该商业体量涵盖了购物、餐饮、休闲等各类功能。约 25 个标准足球场大小的和平公园更是为业主绿色休闲提供选择。

【设计风格】

项目外立面采用浅香槟、浅灰和咖啡色铝板，搭配浅色石材，同时镶嵌大面积玻璃，增强室内采光且兼具美观。同时，大量使用竖型线条、网形格子和斜切坡面等元素，是在建筑在视觉上打造出横向平移的流淌感。

【楼盘特色】

保利天汇打造了保利"天"字系首个 WELL 集和社区，其中 Well Space 健康高效空间注重洁净家政、Well Support 健康便捷服务主打物业升级，还有 Well Smart 健康安全科技保障归家的安全畅行体验。

光明墅

上海 光明　生态宜居　品牌地产　低密社区

项目地址：
上海市东滩陈家镇雪雁路66弄

开发商：
上海光明明昱置业有限公司

产品特征：
别墅

参考价格：
均价约31000元/平方米

主力户型：
约90平方米三居、约120平方米三居

物业公司：
旺都物业

5公里生活配套：
东滩思南路幼儿园、东滩湿地公园、名岛生活广场、上海实验学校（东滩校区）、喜来登酒店

专家点评

项目由知名房企光明地产匠心打造，择址崇明东滩别墅区，享受优质的生态环境。容积率低至1.01的纯别墅社区，再加上紧邻名校及崇明线，在改善置业者中有着较高人气。

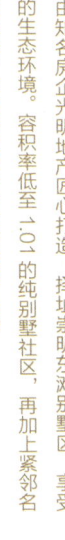

扫码观看楼盘详情

项目测评

【战略意义】

光明在崇明深耕60多年，为崇明的建设呕心沥血。从垦荒拓殖的八大农场，到如今花博会建设、光明小镇及光明田缘的打造，不仅支撑着上海这个特大型城市主副食品供应的底板，也积极参与崇明的各项城市建设。

【区域地段】

项目位于崇明实验生态区，从市级幼儿园、实验学校、再到高中和大学，一站式教育社区得天独厚。崇明轨道交通在2019年年底举行了动工仪式，未来必定拉动大量住房需求，为子女选择一个良好的教育氛围是买房的重要因素。

【楼栋规划】

小区占地面积约7.2万平方米，规划总户数为681户，共39幢叠墅产品，车位818个，配比达到了1:1.2。项目容积率仅1.01，绿化率35%，为居者打造了低密度、高舒适度的纯墅区生活。

【主力户型】

90~120平方米全装户型，其中有大面宽户型设计，整体布局颇为方正，动静分离，餐厨客一体式。其中，下叠户型配备大尺度地下室，增加了空间功能性，充裕采光让空间阳光十足，在增加便利的同时，提高居室的舒适度。

【园林景观】

35%的绿化率和1.01的容积率，为小区园林规划提供了充足的空间。社区内高低灌木形成错落景观带，更有十大网红打卡景点以及夜光塑胶跑道，供居民健身休憩。精致的休闲区及水景、长廊，是光明对环境品质和细节的追求。

【物业服务】

旺都物业是光明地产旗下的优质物业公司，全国百强物业服务企业之一，注重提升业主居住品质。背靠光明食品集团，与光明体系各食品、生活类子公司无缝对接，可以为业主提供实惠、新鲜食品和便利的生活服务。

【交通出行】

项目距离崇明线陈家镇站步行距离约2公里，崇明线连接着崇明岛、长兴岛和上海中心城区，途经浦东金桥开发区、外高桥产业基地等，乘坐崇明线无缝换乘地铁9号、12号线，4站就可直达金桥，未来公共交通出行十分方便。

【购物娱乐】

商业配套方面，项目周边2公里范围内包含名岛生活广场、农工商超市、上海华联超市，另外周边还有金茂凯悦、喜来登等五星级酒店，满足日常生活中的购物及娱乐所需。

【品牌描述】

光明地产以房地产综合开发经营为主业，集房产、设计、施工于一体，同时是中国房地产开发企业百强、光明食品集团旗下支柱企业、上海市五星级诚信创建企业，累计开发各类住宅、商业办公面积5000多万平方米。

【销售数据】

光明墅在2020年10月开盘推出房源共计381套，开盘当天转筹率高达80%，并在10月荣登同区域别墅成交面积销售冠军（数据来源：上海瑞数系统），11月与12月销售情况均在区域内名列前茅。

光明雲庐

上海 | 光明 | 低密别墅 | 中式园林 | 品牌地产

项目地址：
上海市陆家圈路63弄

开发商：
上海汇旭置业有限公司

产品特征：
洋房、别墅

参考价格：
洋房均价约40000元/平方米、别墅均价约47000元/平方米

主力户型：
约89平方米三居、约115平方米三居

物业公司：
光明物业

5公里生活配套：
G60科创云廊（拉斐尔云廊），地铁12号线有望向西延伸（规划中），商业方面有莘庄商圈、同乐生活广场

专家点评

光明雲庐坐落于洞泾，享受G60科创云廊红利辐射，吸引高精尖人才的能力可圈可点。1.2容积率的低密住区，糅合了大量中式元素的景观，再加上国企品牌背书，未来或开通的地铁12号线，使得项目更具长久的竞争力。

扫码观看楼盘详情

项目测评

【区域地段】
项目择址洞泾，受到G60科创云廊辐射，承载长三角一体化国家战略，规划"一廊九区"。左侧临近国家级首个人工智能特色产业基地——洞泾人工智能板块，右侧靠近港松江科技城，高精尖产业不断吸引人才，区域发展潜力可观。

【楼栋规划】
项目由17幢叠墅、9幢洋房组成，叠墅均为4层建筑，不夹杂着中叠户型，保证业主居住私密性；洋房更是只有7~8层，配合大楼间距，一楼不用担心采光，顶楼推窗也能看到良好的社区景致，一梯两户，便捷从容。

【主力户型】
项目主力户型89平方米三居，采用了3开间朝南的设计，餐客连厅南北通透，主卧为套房设计、全卧室带飘窗，得房率较高。而下叠边套户型，更是三面都有庭院花园的设计，一层南向客厅直通户外，采光通风更佳。

【园林景观】
光明雲庐社区低容积率约1.2，为小区园林规划提供了充足的空间。社区内打造"两轴，五重境"独具韵味的水系园林景观；运用了各种草树木灌搭配，景观层次丰富的同时打造出不同年龄段的社交场合，保证景观与人的互动性。

【交通出行】
项目临近莘砖公路直通G15高速出入口，连通G60沪昆高速、G50沪渝高速、嘉闵高架，可畅达徐家汇、虹桥枢纽、莘庄、七宝、松江新城等繁华腹地；地铁方面，距离9号线洞泾站约6公里，还有12号线西延伸段规划中。

【购物娱乐】
项目周边有明中广场、同乐生活广场等商业配套，还有松江广场、五龙商业广场满足更高层次的消费需求。其中松江万达作为集购物、餐饮、娱乐于一体的大型城市综合体，已有万达影城、永辉超市等大量知名店铺入驻。

【医疗配套】
在医疗配套上，光明雲庐依靠洞泾社区卫生服务中心、上海第一人民医院松江分院、上海市闵行中心医院、松江区妇幼保健医院等，可以保证业主的健康护理需求。

【品牌描述】
光明地产经过32年发展，项目足迹遍及全国，拥有全局性建设视野。作为区域内实力国企，光明地产秉承"筑亮新生活"的理念，坚持为购房者营造人性化和高品质相结合的环境，致力于以央企品质打造高品质的社区。

【设计风格】
光明雲庐社区建筑为新亚洲风格建筑。以叠墅为例，造型上采用大窗的设计与深褐色的铝板相结合，一虚一实形成互补，外挑的阳台及露台与墙面形成错落，整个外立面看上去凹凸有致。

【楼盘特色】
园林景观上因地制宜，融合了当地"戏""曲""水"三种元素。大门正对着的景墙，极具中式魅力，宅间也设有景石；部分楼栋中间做了中式韵味的坊门，就连巷道也用植物统一化，有竹桃巷、茉莉巷、紫樱巷等。

海玥瑄邸

| 上海 | 上海建工 | 品牌房企 | 生态宜居 | 品质房源 |

项目地址：
上海市浦东新区人民西路 1967 号

开发商：
上海三凌科技创业有限公司

产品特征：
高层、洋房

参考价格：
均价约 33950 元 / 平方米

主力户型：
约 92 平方米三居

物业公司：
振兴物业

5 公里生活配套：
地铁 16 号线野生动物园站、野生动物园、欧尚超市、禹州商业广场、南汇桃花村

专家点评

海玥瑄邸地处浦东腹地惠南板块，这里将成为上海未来投资洼地。项目续销成绩可观，不仅仅是因为客户对上海建工房产实力的认可，对项目区位、配套、发展的看好，更是因为项目的产品力在一定程度上为客户所信赖。

扫码观看楼盘详情

项目测评

【战略意义】
海玥瑄邸是上海建工房产旗下首席高端人居品牌"海玥"在上海的首个住宅项目，可以称得上是上海建工房产精耕上海的代表作，海玥瑄邸也通过自身产品传递了海玥的品牌理念："赋予建筑生命，赋予居者荣耀"。

【市场口碑】
作为世界 500 强企业建造的高品质住宅，海玥瑄邸在施工质量、产品质量的保障上投入大量的心血与精力。在建造规划过程中，建筑的选材用料和装修的精装品牌上也格外下功夫，获得了用户赞誉、行业认可的"放心房"口碑。

【区域地段】
海玥瑄邸地处惠南板块，与地铁 16 号线野生动物园地铁站直线距离仅约 1.5 公里。毗邻 2300 亩野生动物园，生态资源优越，区域内与世界零售巨头 Costco、欧尚超市、惠南华润万家、禹洲商业广场等优质商业配套环绕。

【楼栋规划】
小区占地面积约 13 万平方米，总建面积约 31 万平方米，规划总户数 1788 户，规划有高层住宅、花园洋房、联排别墅、叠加别墅四类产品，南低北高错落布局。项目近景观河道，社区利用这一优势充分打造了更加宜居的小区环境。

【主力户型】
海玥瑄邸目前在售主力户型为建面约 92 平方米全装高层，整体布局合理，南北通透采光优越，精装品牌上更是汇集高仪、柏丽、科勒、西门子、斯米克、新晃等国际高端品牌，创造舒适放松的心动空间。

【园林景观】
园林设计保持了海派风情的特色，运用了近 30 种不同的树木花草，以不同的品种、形状、颜色、用途配置出一年四季丰富的色彩，大量乔木、花卉、草皮层层叠叠地，镶嵌在建筑群中，以景观特色轴线为中心打造步行系统。

【物业服务】
振兴物业管理有限公司是一家国有企业。通过 20 多年的市场搏击，坚持秉承"振新就是服务"的精神，用真情、真心、真诚的服务传递温暖，是拥有管理面积达 200 多万平方米的国家一级资质的物业服务企业。

【品牌描述】
海玥瑄邸由"世界 500 强"上海建工集团旗下房地产公司开发。作为一家世界 500 强企业，上海建工一直勇当行业先行者和排头兵，每年参与上海约 70% 重大工程项目建设。在房产开发上，上海建工的项目也早已遍布各地。

【设计风格】
项目特色圆弧阳台、大转角飘窗、柔和简约错落的立面线条，每个细节上都体现了新海派建筑的空间特色，每一处都浓缩着上海的历史、文化与底蕴，也呈现了上海建工不断创新、追求卓越的企业精神。

【销售数据】
海玥瑄邸全年认购约 900 套，目前已推盘三期，依然保持着火热的势头，这其中离不开项目本身优质的产品力，也离不开项目开发商上海建工的优质口碑以及其不忘初心的服务精神。

合生广富汇

上海 | 合生创展 | 低密墅区 | 生态宜居 | 全系套房

项目地址：
上海市松江区银泽路3188弄

开发商：
上海合生锦廷房地产开发有限公司

产品特征：
别墅

参考价格：
均价约55700元/平方米

主力户型：
约260平方米联排别墅

物业公司：
缦合物业

5公里生活配套：
松江新城、正广富林、佘山、龙翔幼儿园、万达广场、万科印象城

专家点评

合生广富汇是一个近广富林文化公园的低密社区，同时也是一个规划以联排别墅为主的住宅项目，占地面积约9.5万平方米。在当今"限墅令"的情形下，项目仅0.8的容积率实属难见，在很大程度上为住户带来了舒适的居住环境。

扫码观看楼盘详情

项目测评

【战略意义】
合生与松江早在10多年前便结下了不解之缘。松江绿化率高、自然资源丰富，佘山东紫园、合生广富汇别墅等项目落地于此，为住户营造了相当舒适的生活环境。

【区域地段】
合生广富汇毗邻广富林文化公园、佘山国家森林公园、上海辰山植物园、月湖雕塑公园四大国家级4A级景区，"一山三园"的上佳区位，给住户带来了丰富的生态资源，提供了休闲人文于一体的舒适墅居生活。

【楼栋规划】
合生广富汇规划以别墅为主，由38栋联排、7栋多层洋房组成，其中联排以四联和六联为主，整个项目规划有214套联排别墅，栋距约25米，景观视野开阔。从园林到建筑全为实景交付，所见即所得。

【主力户型】
项目主推约260平方米联排别墅，户型设计全围墙遮挡，确保入户私密性。打造约7.3米面宽、6.6米挑高的宽厅，尊崇前院、阳光中庭、私家庭院、秘境花园四大庭院。全套房均配备衣帽间、盥洗室、阳台，为住户提供优质生活配套。

【园林景观】
合生广富汇采用"宫廷四进式"的理念，"四进"分别为牌楼、龙庭、太湖石林及影壁。中轴线设计主要是形成以家庭院落为中心、街坊邻里为干线、社区地域为平面的社会网络系统。

【物业服务】
合生广富汇引入缦合物业。缦合物业由安缦创始人Adrian Zecha与合生创展集团联手打造，带来钥匙托管、园艺咨询与服务、立面维护等八大高端服务，为圈层住户提供精心服务。

【交通出行】
项目周边分布三横三纵路网，可与城市连接。与此同时，项目临近G60科创走廊，是直通长三角重要城市的前沿居所。地铁9号线、有轨电车T5等公共交通，实现工作与生活的自由切换，更显弥足珍贵。

【教育资源】
项目近邻龙翔幼儿园和华东政法大学附属中学，以及松江大学城内的上海外国语大学、东华大学、华东政法大学、上海对外经贸大学、上海工程技术大学、上海视觉艺术学院六所高校，有助孩子开阔视野，体验浓厚学术氛围。

【品牌描述】
合生创展自1992年进军房地产主业、1998年在香港联交所主板上市以来，已经形成以广州、北京、上海为核心的三大根据地，发展为住宅、商业、酒店、旅游度假和物业管理等泛地产事业的大型综合性企业集团。

【购物娱乐】
坐享松江新城广富林板块核心区位，与4A级景区"广富林文化公园"仅一路之隔。松江万达广场、地中海开元广场、万科印象城（预计2021年开业）三大高端商业中心环绕，还享有高尔夫球场、马术俱乐部、世茂洲际酒店等配套。

路劲·海尚湾

上海 | 路劲地产 | 湿地公园 | 别墅洋房 | 生态低密

效果图

项目地址：
上海市嘉定区百安公路 2699 弄

开发商：
上海隽鑫置业有限公司

产品特征：
洋房

参考价格：
均价 28700 元 / 平方米起

主力户型：
约 89 平方米三居、约 114 平方米三居

物业公司：
路劲物业

5 公里生活配套：
嘉定 55 路、嘉北郊野公园、外冈腊梅园、万达广场、外冈老街、外冈小学、外岗中学、东方肝胆医院、安亭医院

专家点评

路劲·海尚湾择址嘉定安亭，毗邻嘉北郊野公园，享外冈镇规划红利，未来将打造成一个高舒适度、生态低密的度假墅区，环境优势不言而喻，自住价值高。现安亭板块入口导入量大，住房需求持续攀升，该项目会是一个优选。

扫码观看楼盘详情

项目测评

【区域地段】
项目位于上海西北翼，从 2007 年起借助其良好的生态，以及政府核心规划眷顾，迅速崛起并逐渐发展成为上海城市外拓的核心，难得的生态环伺住区，完全满足了城市人群对自然生活的渴望与需求。

【楼栋规划】
项目总占地约 4.6 万平方米，总建面约 9.9 万平方米，计容住宅面积约 6.7 万平方米。联排 16 栋、联排拼洋房 3 栋、洋房 7 套，联排南北间距不小于 7.9 米，洋房南北向间距不小于 22 米，高层南北间距不小于 30 米，尽享阳光清风。

【主力户型】
主打建筑面积约 89 平方米湿地旁水岸电梯洋房，精装房两卫设计，三开间朝南，南北通透，阔绰明亮客厅，宽畅双阳台布局，景观视野开阔；主卧套房格局，独立卫浴，享私密空间，精致墅区生活一键开启。

【园林景观】
路劲·海尚湾绿化率达 35%。项目挑选四季树种，春天樱花、夏天紫薇花、秋天枫叶、冬天梅花，四季各色花卉，一季一景，足不出户即可享四季风光。别墅产品双面邻水，推窗即可见优雅水景，景观设计颇见功力。

【物业服务】
上海路劲物业服务有限公司，为物业二级资质单位。路劲物业目前在管项目共 11 个，管理面积约为 174.72 万平方米，服务业主超万户，该物业为路劲地产直属物业公司，后期物业服务保障性较强。

【交通出行】
项目拥有便捷的交通配套。经由项目周边的 G1501 转至沪宁高速可到达虹桥枢纽、中山公园、徐家汇；转沪嘉公路可到达杨浦、人民广场、外滩；乘坐家门口的嘉定 53 路和嘉定 55 路可至地铁 11 号线上海赛车场站、嘉定新城站和安亭站。

【周边配套】
项目享受万达嘉亭荟以及外冈老街两大商圈辐射利好，区域内拥有东方肝胆医院、瑞金北院等多所三甲医院。此外，项目紧邻嘉北郊野公园生态体系，享一方天然氧吧，大幅提高居住舒适度。

【设计风格】
采用简约现代风格，立面上水平线条的处理统一而不失丰富，配以少量竖向构件穿插，使建筑立面达到构图上的均衡，体现出现代城市中的人文主义气息，营造一个特具风情的"生态、健康、阳光、知性、浪漫"的风景社区。

【拿地详情】
2019 年 12 月 4 日，路劲地产以 8.34 亿元拿下嘉定区外冈镇 16-03 地块，地块东至银龙路，南至庙泾，西至小横沥河，北至恒涛路。出让面积为 46329.8 平方米，容积率 1.5，成交楼板价约 12000/ 平方米，溢价率为 0。

【品牌描述】
路劲地产香港上市公司，在中国房地产业协会、中国房地产测评中心的统计中，位列 2020 年 3 月外资房地产开发企业 10 强。路劲在"用心筑造品质生活"的理念指引下，不断创造出设计先进、施工精良的产品，成为区域标志性项目。

上海星河湾

`上海` `星河湾` `品质豪宅` `高端社区` `配套醇熟`

项目地址：
上海市闵行区都会路 3899 弄

开发商：
上海金色紫都房地产有限公司

产品特征：
高层

参考价格：
均价约 78280 元 / 平方米

主力户型：
约 175 平方米三居、约 226 平方米五居

物业公司：
星河湾物业

5 公里生活配套：
地铁 15 号线、虹梅南路高架、仲盛世界商城、TODTOWN、凯德龙之梦、百盛购物中心

专家点评

与一般住宅相比，豪宅胜在保值，胜在品质。上海星河湾作为当代城市的高端住宅，一直以品质著称。项目三期作为集团以 4.0 品质标准打造的迭代升级作品，更是为星河湾住户打造了不可复制的圈层生活。

扫码观看楼盘详情

项目测评

【市场口碑】

上海星河湾一期、二期已全部售罄且圆满交付，业主满意度达到近 100%。项目以约 70 万平方米大体量社区，辐射上海及长三角塔尖人群。如今，上海星河湾仍旧依托老业主带新及业主再购规模，演变成内向型发展的塔尖圈层闭环。

【区域地段】

上海星河湾傲立于上海西南门户——闵行颛桥。随着城市建设推进，"莘庄城市副中心—大虹桥品质生活区—国际闵行"的概念正在逐步确立，项目坐拥莘庄商圈，邻近旗忠别墅区，既林立于都市繁华，又可畅享自然景观资源。

【主力户型】

175 平方米三居户型整体格局为十字中轴规制，三开间朝南，户型采光相对充足。整个户型南北通透，通风性强，客餐厅一体，使用方便。而且，三个卧室均带飘窗设计，无论是美感还是舒适度，在市面上都是较为难能可贵的产品。

【园林景观】

社区内部将 3 万平方米土地让渡于自然，设计湖岸长度达 1 公里的景观湖域。沿湖北侧，以带状岛链或点状岛屿的地块分割方式，将建筑楼体以"品"字形进行分布，实现优越的日照条件和瞰景视野，楼间距达 135 米。

【自建配套】

上海星河湾自带成熟社区配套。项目自身还配有星河湾酒店与会所、星河湾精品商业街：包含进口超市、奈尔堡家庭中心、餐饮、健身会所，为住户的休闲和娱乐提供一站式服务。

【交通出行】

项目距离即将通车的地铁 15 号线曙建路站约 800 米，届时将形成 1 号、5 号和 15 号线环绕格局，区域价值仍将继续升温；S4、G60 汇聚，依托虹梅南路高架、嘉闵高架快速通达至大虹桥腹地。

【教育资源】

上海星河湾涵盖了自幼儿园到高中的国际教育资源，其中包括星河湾双语国际学校、蒙特梭利幼儿园、田园高级中学等，满足全龄段孩子就学问题。

【品牌描述】

2020 年 11 月 27 日，克而瑞研究中心揭晓"2020 年上海房企产品力 TOP10"榜单，并发布"2020 年上海十大高端作品"及"2020 年上海十大品质作品"等榜单。星河湾集团荣获上海房企产品力榜单第三名，上海星河湾荣膺 2020 年度上海十大高端作品。

【购物娱乐】

一站式优渥商圈配套是项目一大优势。纵览整个莘庄商圈，从颛桥万达到龙盛广场、龙之梦、仲盛世界商城等，六大商业综合体分布在上海星河湾周边；而虹桥则承载着整座城市的对外辐射功能，产业、人才、商业聚集。

【设计风格】

上海星河湾三期作为集团以 4.0 品质标准打造的迭代升级作品，代表性的建筑特色依然是塔楼，或圆塔或方塔或尖顶错落有致的屋顶、凹凸有致的八角房、东方黄石材立面，样样深入人心，成为其独特的建筑风格标签。

上实·海上菁英

| 上海 | 上实品牌地产 | 双轨覆盖 | 顾村公园 |

项目地址：
上海市宝山区联杨路与沪联路交会处

开发商：
上海实瑞房地产有限公司、上海宝绘房地产有限公司

产品特征：
高层

参考价格：
一期均价 47500 元/平方米

主力户型：
约 86 平方米三居、约 98 平方米三居

物业公司：
上实物业

5 公里生活配套：
地铁 7 号线刘行站、地铁 15 号线顾村公园站、顾村公园、龙湖宝山天街、华山医院（北院）、民办华二宝山实验学校、宝山世界外国语学校

专家点评

上实·海上菁英位于宝山顾村板块，比邻地铁 7 号线、15 号线。项目周边已拥有完备的商业、学校、医疗设施配套，生活便利性较好。随着顾村大型居住社区的升级，该项目周边配套将更成熟，为居住者带来便利。

扫码观看楼盘评情

项目测评

【区域地段】
上实·海上菁英位于上海 2035 规划主城区之一的宝山顾村板块，近地铁 7 号线。随着未来周边工业区升级、就业服务能级的提升、顾村大型居住区的建成，当地将成为配套完备的大型居住社区，带来更多就业机会并吸引大量人才入住。

【主力户型】
项目主推约 86~98 平方米装修交付的小户型房源。两个户型均三开间朝南，各卧室均设计了飘窗，采光效果好。另外，这些户型还均符合动静分离、干湿分离、客厅一体化等九大人居空间设计原则，为居住者带来更好居住体验。

【园林景观】
项目一期社区景观绿化用地总计约 1.8 万平方米，设计采用了法式园林的风格。围绕法式中央景观轴，打造 8 个组团景观，含模纹花坛、阳光草坪、童乐天地、冥想空间、口袋花园等区域，满足各年龄层住户需求。

【物业服务】
上实·海上菁英由上实物业管理（上海）有限公司提供物业服务。作为 2018 年荣获物业服务百强的企业，该企业曾服务于奔驰文化中心、上海博物馆、豫园和华为上海研发中心，管业面积逾 900 万平方米，拥有较好的口碑。

【交通出行】
项目周边双轨环绕，近上海地铁 7 号线刘行站、15 号线顾村公园站。出行方面，乘坐 7 号线前往静安寺、人民广场、徐家汇、龙华等地，乘坐 15 号线前往长风公园、上海西站、上海南站等地均有不错的便利性，通达性较好。

【销售数据】
据案场统计，2020 年 12 月 10 日上实·海上菁英首开吸引千名客户到场选房，成交金额达到约 8.8 亿元，项目整体热度颇高。

【医疗配套】
就医方面，目前主要依靠三甲医院华山医院（北院），距项目距离约 2.5 公里。长远来看，待未来周边高端特色医院、社区卫生中心建成后，这些设施将与华山医院互补，推动当地医疗配套全面升级。

【品牌描述】
上海实业（集团）有限公司归属上海市政府，旗下上实发展主要负责地产开发及运营业务，曾打造上海海上海、上海海上公元等品质住宅作品与北外滩上实中心、青岛啤酒城等城市配套作品，是一家开发、运作经验丰富的房企。

【购物娱乐】
上实·海上菁英周边商业丰富，距离综合商业体龙湖宝山天街约 1 公里，正大乐城约 2 公里，能满足居住者一站式购物、娱乐的需求。此外，项目靠近总占地约 430 公顷的顾村公园，居住者可就近享受绿色户外空间。

【设计风格】
该项目采用了现代法式建筑的外观，以细节呈立体凹面形，法式建筑格调与经典的园林景观结合，凸显建筑美感，以法式孟莎屋顶、对称等元素还原法式味道，提升建筑观感。

禹洲天境璞悦

`上海` `禹洲` `东方美谷` `配套完备` `全龄社区`

项目地址：
上海市奉贤区大叶公路与金建路交会处西150米

开发商：
上海禹舜翔房地产开发有限公司

产品特征：
洋房、高层

参考价格：
洋房均价35500元/平方米、高层均价33800元/平方米

主力户型：
约75平方米两居，约89、92平方米三居

物业公司：
禹洲物业

5公里生活配套：
金汇商业广场、龙湖天街（在建）、禹洲商业广场（待建）

专家点评

禹洲天境璞悦位于奉贤金汇，地处自贸区临港新片区西侧区域，项目占地约2.99万平方米，是一个周边商业、学校、医疗配套丰富且仍有升值空间的住宅项目。其主推约75平方米户型采光效果较好，是当地不错的上车盘。

项目测评

【战略意义】
禹洲天境璞悦是禹洲地产打造的又一力作，也是其布局奉贤的第六子。凭借中国地产30强的实力及17年深耕上海的经验，禹洲将在奉贤打造一个集住宅、商圈、酒店等元素于一体的80万平方米"生活城"，呈现禹洲理念中的生活城。

【区域地段】
项目位于奉贤区金汇板块，自贸区临港新片区的西侧位置，距东方美谷约3.5公里。当地享自贸区落户政策利好，未来或导入的20万高素质商务人口将带来楼市热度；"一江一河"规划将为南侧带来沿岸景观，优化生态环境。

【楼栋规划】
社区总占地约2.99万平方米，建筑面积约9.7万平方米，共可容纳788户入住。据了解，项目共有4栋18层高层、4栋7~8层洋房组成，从南至北分3排布局，呈南低北高、西低东高形态，为行列式布局的方式。

【主力户型】
禹洲天境璞悦主力户型为约75平方米的两室两厅一卫高层户型。该户型有格局方正、动线合理、双厅相连，空间宽敞等优势。约92平方米三室两厅两卫装修交付的洋房户型，则具备私密性好、南北通透、主卧套间、宽阳台等优势。

【园林景观】
社区绿化率约35%，容积率约2.2，融入摩登上海气质全力打造了约10万平方米全龄生活居住区。此外，社区还享有小禹儿航海乐园、四季跑道、宠物乐园等八大主题景观活动区，为居住者带来便利的生活环境。

【物业服务】
禹洲天境璞悦的物业由禹洲集团自持，按酒店服务管理标准提供相关服务，品质高于一般住宅区项目。目前，以类似标准服务居住者的物业服务面积约2000万平方米，提供类似服务的物业公司较稀少。

【交通出行】
项目距离BRT金汇站约1.8公里，乘坐奉贤42路或金汇1线3站即可到达站点。乘坐BRT两站可直达地铁8号线沈杜公路（BRT）站，公交出行便利。通过接驳8号线，该项目前往前滩、老西门、人民广场等地均方便，出行便利性较好。

【医疗配套】
社区周边目前已拥有奉贤中心医院、奉贤中医医院等知名医疗配套环伺，能为居住者看病带来便利，提供健康生活保障。长远来看，其周边还将陆续有国妇婴南院、奉贤区牙防所及皮防所、金汇卫生院建成，提升当地医疗实力。

【购物娱乐】
禹洲天境璞悦周边商业配套丰富，目前有商业综合体浦江万达广场环伺，带来购物的便利。未来随着周边商业配套的逐步建成，还将有龙湖天街、禹洲商业广场为业主提供购物、娱乐一体化新选择。

【设计风格】
项目采用了现代建筑风格，通过传统对称与三段式的比例，使外观的形态凸显端庄大气的质感。建筑顶部则参考豫园、城隍庙进行了改良，另外还通过真石漆外墙、白石材门头、灰色浅米色搭配等元素增强观感。

招商·虹桥公馆二期

上海 | 招商蛇口 | 国际虹桥 | 配套完善 | 临近地铁

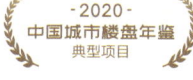
2020 中国城市楼盘年鉴 典型项目

项目地址：
上海市崧泽大道与泾居路交会处

开发商：
招商局蛇口工业区控股股份有限公司

产品特征：
高层、小高层

参考价格：
均价约 60100 元 / 平方米

主力户型：
约 80、约 83 平方米二居，约 103 平方米三居

物业公司：
招商局物业

5 公里生活配套：
地铁 17 号线、青浦万科城市广场、虹桥天地、龙湖虹桥天街、万科中心

专家点评

招商·虹桥公馆地处青浦徐泾，受大虹桥主城区辐射，近年来区域置业价值高。项目作为招商蛇口"公馆系"新产品，有着不俗的产品力，推出的户型面积全面，既照顾刚需置业群体，同时也为改善型客群提供选择。

扫码观看楼盘详情

项目测评

【战略意义】
招商·虹桥公馆二期是招商蛇口布局大虹桥板块的第四个项目，是公馆系 3.0 作品，更是"公馆系"升级产品。从社区规划到内部配置都有全面提升，力图在虹桥住区为购房者提供全新的置业选择。

【市场口碑】
2020 年 12 月，招商·虹桥公馆二期项目首期推出 356 套，认筹 1423 组，认筹率约 400%，创板块新高。项目开盘当日清盘，"出行便捷""户型优质""酒店式会所""品质景观"等标签都成为购房者的评价，受到众多购房客户青睐。

【区域地段】
招商·虹桥公馆二期位于大虹桥区域的徐盈路板块。项目周边规划有 7 所中小学，还有 10 万平方米商业（在建）计划将于 2022 年开业，周边众多品牌开发商，如仁恒、万科、远洋等纷纷入场，未来预计会打造成宜居国际板块。

【主力户型】
项目主力户型之一为建面 103 平方米的三居室。该户型设计方正大气，客厅及双卧三开间朝南，餐厅和厨房模块化设计实用便捷，大面积阳台空间提升居住品质感。带装修交付还配置有中央空调、新风、地暖系统及家庭智控系统等设备。

【园林景观】
社区拥有近 35% 的绿化率和 2.09 的容积率，有足够空间打磨园林规划。社区南地块以横贯社区东西约 1000 平方米的社交草坪为特色，北地块以约 600 平方米中央叠水为点睛，营造森林水屿双主题景观主题，呈现完整的日常度假园林场景。

【物业服务】
社区物业为招商局物业，是招商局集团旗下唯一一家从事物业管理与服务的企业，隶属于招商局蛇口工业区控股股份有限公司，拥有国家一级物业管理企业资质。招商局物业在管理项目现已超过 600 个，在管面积超过 8500 万平方米。

【交通出行】
项目距离地铁 17 号线徐盈路站的直线距离约 400 米。搭乘地铁三站可到虹桥火车站、四站可到虹桥机场，并且可实现与 2 号线及 10 号线的换乘。同时，项目近邻崧泽高架、嘉闵高架、北翟路高架等，驱车可到达市区各大商办枢纽。

【教育资源】
招商·虹桥公馆二期周边规划有 7 宗学校用地，涵盖从幼儿园到高中的教育体系。板块内还有徐泾幼儿园、徐泾小学、宋庆龄幼儿园、上海青浦世界外国语学校等教育资源，其中上海青浦世界外国语学校在上海拥有较高知名度。

【购物娱乐】
项目周边有近 10 万平方米万科天空之城商业体（规划 2021 年运营），未来将有餐饮、商购、零售等多种业态入住；搭乘地铁两站可抵达国家会展中心，三站抵达虹桥天地、龙湖虹桥天街、合生新天地等众多中高端商业中心。

【楼盘特色】
招商·虹桥公馆二期配备酒店式会所，打造集健身、SPA、便利店于一体的会所生活，包含恒温泳池、家庭会客厅、健身房、瑜伽室等功能区域，另外还配有私宴厅。

中集金地美兰城

| 上海 | 中集产城 | 金地商置 | 临近地铁 | 综合体 |

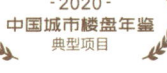

项目地址：
上海市宝山区年喜路19弄

产品特征：
高层

项目规划：
规划总户数1201户，包含22栋高层；楼高14~18层，一梯三户、一梯两户

主力户型：
约89平方米三居、约98平方米三居

参考价格：
均价44800元/平方米

入选理由

根据克而瑞机构2020年统计数据显示，中集金地美兰城年度成交面积10.67万平方米，拿下2020年度上海楼盘新房销售面积第一名。

2020年度上海楼盘新房销售面积第一名

扫码观看楼盘详情

核心优势：

中集金地美兰城为总建面约70万平方米的TOD综合体，包含20万平方米准甲级写字楼、12万平方米大型购物中心以及12万平方米品质住宅，为项目业主提供一站式生活服务，营造浓郁生活氛围。项目位于罗店，享有北上海生物医药产业园发展规划红利，板块发展前景可观，具有一定升值潜力。距离地铁7号线美兰湖站仅约200米，连接各大商圈，通达上海各地。美兰湖、美兰西湖（规划中）、体育公园（规划中）三大公园环绕，出门便可享受优美生态风景，提供休闲娱乐、运动健身理想场所。

映虹桥

| 上海 | 融创 | 低密墅区 | 大虹桥 | 品质住 |

项目地址：
上海市青浦区业煌路99弄

产品特征：
洋房、别墅

项目规划：
项目规划近11万平方米；容积率1.3；地块限高24米的洋房别墅社区，最高不过8层，可售套数1010套

主力户型：
96平方米三居、123平方米四居、138平方米下叠

参考价格：
均价约48000~55000元/平方米

入选理由

钟静·乐居上海楼盘主编

映虹桥位于赵巷，同时享受大虹桥和市西软件园规划红利。赵巷作为传统墅区，整个板块限高24米，低密宜居，同时，项目本身设计倾向舒适度优先，对于中高端改善客户来说，由三大品牌房企联合开发的映虹桥是个优秀选择。

扫码观看楼盘详情

核心优势：

映虹桥由中国金茂、南昌市政地产和融创中国联合打造。赵巷汇聚市西产业园、漕河泾赵巷绿洲、百联奥特莱斯、安藤忠雄童心地标"元祖梦世界"、山姆会员店等，西映佘山天然氧吧，北映虹桥商务领地。项目为虹桥国际精英家庭专业定制的现代产品，打造的以Glocal（全球在地化）、Allage（社区共有化）、Edutainment（育乐一体化）、Staycation（居家度假化）为理念的多元复合国际生活新提案。用地面积近11万平方米，容积率1.3，三面环水低密叠加和洋房产品。

杭州
市场总结

一、新房成交表现

1. 整体情况

新房年度成交量：据克而瑞浙江区域数据统计，截至 2020 年 12 月 31 日，杭州全市（包含临安、富阳）商品房成交 152867 套，成交建筑面积 16229790 平方米；2020 年杭州商品住宅成交 117454 套，成交建筑面积 13676878 平方米。据统计，杭州商品住宅成交量已连续六年突破 10 万套。

2020 年杭州楼市成交情况

城区	商品房 套数（套）	商品房 面积（m²）	商品住宅 套数（套）	商品住宅 面积（m²）
上城区	650	109816	625	102217
下城区	1457	123081	651	74017
西湖区	9829	627802	1452	210415
拱墅区	6702	739137	4375	572343
滨江区	2966	362755	1348	234524
江干区	13158	1477731	8676	1107731
余杭区	38013	4144404	31284	3641786
萧山区	27984	3222914	25441	2950313
富阳区	16647	1693849	13198	1485424
临安区	26431	2807843	24563	2644003
钱塘新区	9030	920458	5841	654105
合计	152867	16229790	117454	13676878

新房价格情况：2020 年 1~12 月，杭州房价无下跌情况出现，成交均价受市场影响波动明显（数据来自克而瑞浙江区域）：

（1）受到春节假期和疫情的双重影响，1 月、2 月杭州领证项目大幅度减少，成交均价无明显变化，1 月杭州成交均价环比上涨 0.06%，2 月环比下降 2.74%。

（2）复工后，热门楼盘集中加推，刺激产生短暂的楼市小阳春，3 月环比上涨 23.10%，4 月环比降低 20.74%，5 月环比降低 5.15%。

（3）超级红盘的集中入市，再次刺激楼市，6 月环比上涨 4.38%。

（4）受到楼市调控政策的影响，楼盘领证速度大幅度放缓，7 月环比降低 0.42%，8 月环比降低 0.74%，9 月环比降低 1.54%。

（5）楼市调控政策持续，改善项目有序回归市场，10 月环比上涨 0.09%，11 月环比上涨 0.43%，12 月环比降低 0.37%。

杭州目前新房成交均价为 28446 元 / 平方米，环比 2019 年的 27695 元 / 平方米，房价一年上涨幅度约 751 元 / 平方米，为近五年甚至十年来峰值。

据克而瑞数据，2020 年杭州共成交 117454 套商品住宅，成交总额为 3915.85 亿元，套均总价约 333.39 万元，成交均价 28631 元 / 平方米。

2020 年杭州商品住宅成交

月份	套数（套）	面积（m²）
1 月	6323	752931
2 月	1414	163007
3 月	7237	944876
4 月	10563	1268654
5 月	12200	1424988
6 月	15873	1864935
7 月	11508	1375549
8 月	11553	1313174
9 月	9928	1120824
10 月	10184	1129294
11 月	9922	1113393
12 月	10749	1205253
合计	117454	13676878

据杭州市统计局数据，2020 年前三季度城镇常住居民人均可支配收入为 54754 元。

计算可得，2020年城镇居民人均可支配收入约为73005元，由此，我们可以按照房价收入比=单套总房款/家庭可支配收入（人均可支配收入乘以4~5），尝试估算下2020年杭州房价收入比，约为9.13~11.42。

2. 年度走势

据统计，2020年1月1日至2020年12月31日，杭州市11个区共推盘970次，共计房源套数139208套，总登记家庭数达671299户，共摇号525次。

杭州2020年1~6月摇号信息

时间	1月	2月	3月	4月	5月	6月
楼盘数量	35	6	69	80	124	111
总房源量（套）	4397	686	6999	9719	16006	15608
总登记人数	16356	4349	64299	69890	159665	77865
人才无房家庭	—	—	—	121	738	247
无房家庭	4580	879	16388	17180	41165	19767
平均整体中签率	15.13%	3.72%	7.73%	9.34%	6.78%	12.67%
无需摇号楼盘数量	19	4	29	33	51	51
流摇楼盘比例	54.29%	66.67%	45.03%	41.25%	41.13%	45.95%

杭州2020年7~12月摇号信息

时间	7月	8月	9月	10月	11月	12月
楼盘数量	79	82	96	50	99	139
总房源量（套）	12309	12778	18242	6637	13620	22207
总登记人数	52876	29794	71741	16544	42017	65903
人才无房家庭	292	79	1417	60	106	367
无房家庭	14790	8035	28724	4130	11477	19853
平均整体中签率	13.17%	23.76%	20.18%	22.19%	18.57%	21.44%
无须摇号楼盘数量	41	47	34	28	44	64
流摇楼盘比例	51.90%	57.32%	35.42%	56.00%	44.44%	46.04%

2020年杭州拿证月份分布情况起伏较大：1~2月由于春节假期和疫情等因素的影响，杭州楼市较为冷清，1月推盘仅35次，2月仅6次，且2月份网签因疫情暂停，成交几乎创下近两年新低。

随着疫情得到控制，被抑制的需求释放，复工后市场迅速回暖，3月份杭州市区拿证楼盘达69个，共6999套房源入市。且由于高价项目集中补签，4~6月新房住宅供应量价齐升。

7月受新政及供应结构性收紧影响，开始降温，9月下旬管控开闸集中放量，市场逐步回暖，年底房企冲量但限签严格，呈现供应冲高但成交低位行情。

3. 历史地位

根据对过去5年（2015—2019年）的商品房成交统计，2016年杭州市区商品房成交最高，共计成交212704套，建筑面积为21898485平方米；2015年杭州市商品房成交最低，共计成交130874套，建筑面积为13715889平方米。

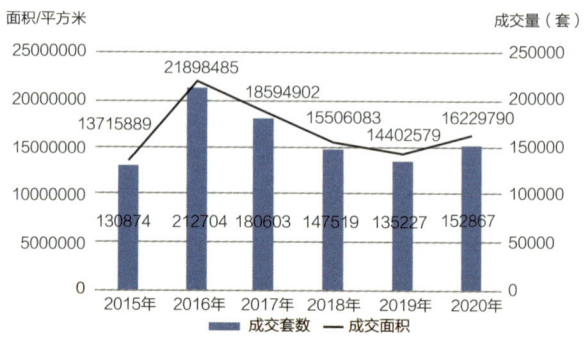

2015—2020年杭州商品房成交情况

商品住宅成交方面，2016年杭州成交量最高，共计成交住宅157297套，建筑面积为17902995平方米；2015年杭州成交量最低，共计成交108086套，建筑面积为12045209平方米。

二、二手房成交表现

1. 整体情况

据我爱我家数据统计，2020年杭州市区（不含临安）

共成交约 10.2 万套二手房。和 2019 年的 8.1 万套相比，成交量上涨约 25%。

近 8 年以来，杭州二手房成交量最高的年份为 2017 年，约 11.8 万套；其次是 2016 年，约 11.3 万套；2020 年的 10.2 万套，排名第三。

2. 年度走势

2020 年初受春节假期和疫情影响，杭州二手房市场短暂遇冷，2 月成交量几乎创下历史新低，但疫情后市场迅速升温，4 月到 8 月连续 5 个月成交量破万，在下半年几轮新政下，新房摇号难度增加，屡摇不中的购房者被分流到二手房市场，加上不少热门新房入市、外来人口不断流入，导致杭州楼市持续升温，11 月二手房成交量再度破万。

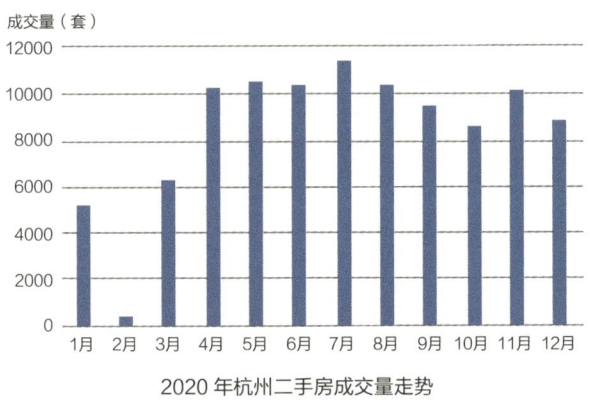

2020 年杭州二手房成交量走势

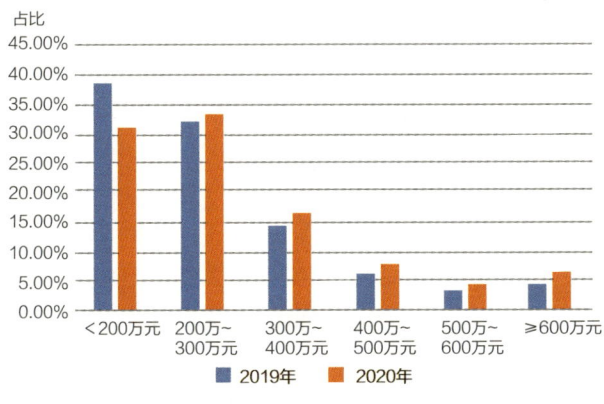

2020 年杭州二手房房源价格区间

数据显示，2020 年杭州二手房低总价区间房源成交比例不断下降，置业门槛进一步提升。2020 年，300 万元以下的房源占比，由 2019 年的 70.8% 下降至 63.9%，300 万元以上价格段房源在 2020 年成交比例明显增长。

从置年龄来看，购房群体年轻化趋势愈发明显。2020 年 90 后置业客户的购房比例达 30.84%，环比上升 2.16%，其中 95 后购房人群占比 7.56%，比例增幅达 1.9%。

供应方面，2020 年 6 月底，杭州二手房挂牌量首次突破 12 万套；至 12 月底，挂牌量净增 7000 余套，约为 12.7 万套。2021 年，杭州预计 70 多个新盘将交付，届时会有相当数量的投资房源被投放到二手房市场，挂牌量预计还会进一步增加。

三、政策梳理

2020 年，杭州共颁布四大政策涉及楼市，分别为：

（1）2020 年 2 月，杭州市推出"战疫引才、杭向未来"八大举措，其中包括，对全球本科以上所有应届大学生，在发放本科 1 万元、硕士 3 万元、博士 5 万元一次性生活补助的基础上，再给予每年 1 万元租房补贴，最多可享受 6 年；提高高层次人才购房补贴，给予 A 类顶尖人才"一人一议"最高 800 万元购房补贴；B、C、D 类人才分别给予 200 万元、150 万元、100 万元购房补贴等；以及抗疫人才重点招引、对境内外高层次人才实施专项奖励等高含金量的政策举措。

（2）2020 年 2 月 24 日，杭州市委办公厅印发《关于服务保障"抓防控促发展"落实"人才生态 37 条"的补充意见》，其中提到"支持高层次人才优先购房"：A 类人才在杭购买首套住房免摇号；B、C、D、E 类及其他符合人才，在杭购买首套住房可按不高于 20% 的比例优先供应。该政策已于 4 月 1 日正式实施。

影响：从房地产角度而言，争夺人才，实际上也是在争夺市场购买力。近几年，杭州人才引进落户政策一直保持宽松态势，2020 年对人才的各项补贴、购房政策倾斜，加之 2019 年学历落户放宽要求，为杭州在"人才争夺战"中赢得机遇。1~10 月，杭州市新引进

35岁以下大学生达30.9万人，相比2019年全年增长45.84%。4月以来，高层次人才的认定数量激增，截至2020年8月，累计认定A类至E类高层次人才2.2万人。人才购房优先政策出台前（2015年4月至2020年3月），杭州智慧人才平台上累计公示的高层次人才不过1.1万余人。人才的流入，能推动城市创新，提升城市商业活力，带动消费，进而提升城市整体购房需求和置业购买力，利好楼市。

（3）2020年7月2日，杭州出台《关于进一步明确商品住房公证摇号公开销售有关要求的通知》，明确：①人才优先摇号房源，自网签之日起，5年内不得上市交易；②本市非限购区域户籍家庭摇号买房，需在限购区连续缴纳一年社保或个人所得税；③均价35000元/平方米以下，新房无房户倾斜比例不低于50%；④一户家庭同时只能参与一次摇号登记。

（4）2020年9月4日，杭州发布《关于进一步促进房地产市场平稳健康发展的通知》，要求：①在杭州市购买新房，在办理不动产证时才能缴纳契税；②父母投靠落户，须满3年才能作为独立家庭在限购区买房；③30周岁以上未婚单身且在限购区无房、离异单身满3年且无房记录满3年，可认定为无房家庭；④热门楼盘，向无房家庭倾斜80%，无房家庭购买该类房源，自网签日起，限售5年。

影响：杭州两次楼市调控，意在遏制投资、支持自住，受政策倾斜的无房户和自住家庭，摇中新房的机会增加；由于热门楼盘将有房户拒之门外，中签率提升，加之多数红盘未开闸，万人摇暂别市场。新政下，即使没有红盘托市，新房市场热度仍不断升温，普通新房中签率屡创新低。尤其是改善家庭，改善新房选择趋少，中签率持续走低，摇号难度增加，一些新房屡摇不中的购房者，转向二手房市场，导致二手房市场升温。

四、土地供应

1. 基本出让情况

2020年，连续三年蝉联土地出让金榜首的杭州，让出头把交椅。据乐居统计，杭州市区（含三县市）全年共成交289宗地块，总成交面积973.19万平方米，总成交金额达2611.2亿元，仅次于上海。

虽较2019年的2744.1亿元有所下跌，但主要是因为2020年11月末，土地市场提早收官。从历史成交来看，这一成绩仅次于2019年，依然处在高位。

近六年杭州土地（含三县市）出让情况

和前两年一样，萧山区依旧是杭州的卖地大户。2020年全年出让42宗经营性用地，总成交面积209.58万平方米，成交总额达646.62亿元。

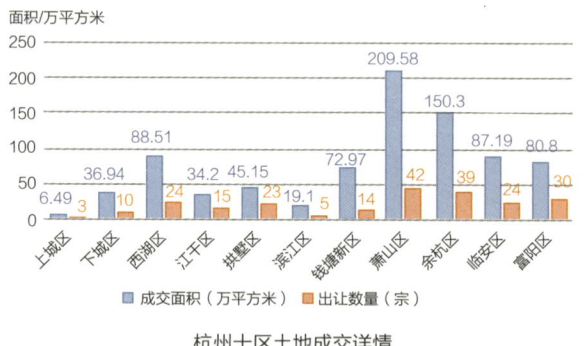

杭州十区土地成交详情

2020年，杭州土地市场的热度几乎贯穿全年，在统计的140宗涉宅地（不含租赁）中，34宗拍至自持，为近三年最多。自持比例最高的达22%，为金地戴村项目，其次是中国三迪大江东临江项目，自持比例为20%。

9宗涉宅地楼面价破30000元/平方米，比2019年多3宗，其中4宗均由滨江竞得，单价最高的滨江江河汇地块，楼面价42607元/平方米（自持比例为11%）。

限价方面，自"双限"以来，大江东、勾庄、青山湖、临安、未来科技城等 13 个板块限价上涨，但整体来看，限价并未放松，超 50 个板块限价保持稳定。

2020 年，杭州市区成功出让的涉宅地块，可建面积约 1355 万平方米，按当前套均 110 平方米算，可供应房源约 12.13 万套，供需基本保持平稳。

2. 开发商拿地情况

2020 年，本土房企迎来大年，拿下杭州近半数涉宅地。

拿地金额最高的滨江集团共斥资 404.62 亿元揽下 12 宗杭州涉宅地，其中不乏文晖"三芒星"、钱江世纪城等重磅地块。绿城则以 226.1 亿元成为拿地金额榜榜眼，储备 9 宗地，包括亚运村运动员村一号项目。

2020 年杭州共有 2 宗地块总价破百亿元，分别是绿城运动员村一号地块和滨江文晖"三芒星"地块。值得一提的是，沉浮十年的滨康综合体项目在 2020 年重新挂牌出让，由龙湖以总价 71.89 亿元竞得。

拿地金额前十名房企

房企	拿地金额（亿元）	拿地数量（块）	拿地面积（万平方米）
滨江	404.62	12	58.34
绿城	226.1	9	46.84
融创	106.56	6	31.67
龙湖	71.89	1	10.81
万科	65.78	2	12.79
融信	64.99	3	11.1
祥生	62.07	3	17.7
大家	58.52	4	10.84
中天	56.97	4	22.17
德信	54.99	6	16.84

注：联合拿地按照平均比例分配

成交总价前十名地块

序号	出让时间	地块编号	用途	成交总价（万元）	楼面价（元/平方米）	竞得单位	容积率
1	2020/10/10	萧政储出[2020]40 号	住宅	1084140	28500	绿城	2.9

（续）

序号	出让时间	地块编号	用途	成交总价（万元）	楼面价（元/平方米）	竞得单位	容积率
2	2020/7/31	杭政储出[2020]48 号	住宅	1073834	35971	滨江	2.8
3	2020/5/26	杭政储出[2020]33 号	商住	718892	19955	龙湖	3.3
4	2020/6/16	杭政储出[2020]35 号	商住	618564	29058	滨江	4.9
5	2020/4/28	杭政储出[2020]17 号	商住	564153	42607（自持 11%）	滨江	3.0
6	2020/10/10	萧政储出[2020]42 号	商住	530000	11715	华润	3.3
7	2020/6/29	杭钱塘储出[2020]6 号	商住	501939	9441	融创	2.8
8	2020/5/11	萧政储出[2020]19 号	住宅	497034	17388（自持 3%）	滨江	2.7
9	2020/1/17	余政储出[2019]66 号	住宅	490154	22843	中梁	2.2
10	2020/1/17	杭钱塘储出[2019]11 号	商住	411386	17768	坤和、融创、开元	2.8

尽管土地市场竞争激烈，敏捷、新力、花样年、中国三迪、合能、上海大华集团六家外来房企，仍积极布局杭州，拿地意愿强烈，敏捷、三迪、合能，都是以自持的代价才赢得"入场券"。

3. 未来预估

2021 年，杭州不少板块和楼盘值得关注，如亚运村的绿城桂冠东方、华润亚奥城、万科日耀之城，文晖的滨江保利和品，江河汇的滨江绿城·江河鸣翠，奥体的滨江观品，申花的滨江融创·滨融府，文教的建发书香印翠、中冶锦绣公馆，三墩的建发金辉紫璋台、融信天澜里、古墩彩虹轩，蒋村的现房项目葛洲坝龙湖中国府，大江东的融创云帆未来社区，以及望江新城的 K11 等。

五、用户心理

2020 年，受疫情影响，部分刚需购房者反而更加坚定了在杭州买房的信念。改善购房者则经历了从观望到积极入手的心态转变，部分购房者本以为疫情会压缩购房需求，打算疫情后暂时观望，不曾想市场热度迅速恢复，又转向积极看房、摇号之路。

和往年相比，购房者最大的变化是，不再单纯执着于房价倒挂楼盘，也开始看重区域和项目的成长性。闲林、大江东、宁围等非热门板块新房中签率持续走低。"新政后，突然就失去了红盘购买资格，等再去看非热点楼盘时，发现这些楼盘中签率也降低了，如果再摇不中，就打算去淘一淘二手房"。据乐居调查，这样的例子并不在少数。

二手房方面，据多家中介门店反映，3月和4月不少卖家曾因疫情一度焦虑降价，疫情后伴随市场热度和门店来访量持续走高，惜售、调高挂牌价常有发生。

受"竞地价、限房价"政策影响，2020年房企开发和推盘节奏明显加快，以开发时间换利润空间。如2019年12月底开盘的滨江·御虹府，6个月实现清盘，2020年5月4日开盘的融信大发弘阳·沁澜，从首开到售罄只用了48天。

六、2021年展望

在"房住不炒"的政策主基调下，稳地价、稳房价、稳预期仍然是杭州楼市调控主旋律，政策放松的概率极低，"限购、限价、限贷、限摇"等政策在2021年大概率不会退出，如果市场过热，不排除调控加码的可能。

近年来杭州人口流入一直在持续增加，为楼市带来稳定的需求量，2021年，杭州楼市成交或将延续2020的上涨行情。限价下，新房价格上涨幅度将被严格限定在5%之内，房价基本平稳，不会大起大落。在房价倒挂红利吸引下，部分热门楼盘还会掀起抢购浪潮，为降低市场热度，红盘"撞车"现象仍将存在。

随着新房的交付，杭州二手房挂牌量会继续增加。成交方面，预计分化还会持续，产品和配套等更加优质的次新房、学区房，在未来很长一段时间内，都会受到欢迎，价格下跌可能性极小，部分产品有短板、配套无明显优势的小区，将继续滞涨。

数据来源：克而瑞浙江区域、我爱我家、浙江省土地使用权网上交易系统、杭州乐居统计。

在售楼盘一览

上城区

楼盘名称	价格	物业类型	主力户型
滨江定福阁	尚未公布	普通住宅、别墅	尚未公布
钱投新宸商务中心	尚未公布	写字楼	尚未公布
象牙海岸	尚未公布	普通住宅	二居室 (372m²)
御园	尚未公布	别墅	四居室 (329~412m²)
融创滨江·杭源御潮府	69800~95700 元/m²	普通住宅	三居室 (123m²) 四居室 (140~164m²) 五居室 (190m²)

下城区

楼盘名称	价格	物业类型	主力户型
九龙仓天御	尚未公布	普通住宅	尚未公布
滨江保利·和品	约 51700 元/m²	普通住宅	尚未公布
和平德信中心	尚未公布	写字楼、商铺、商业	尚未公布
荣安·春熙上和湾	约 47000 元/m²	普通住宅	三居室 (99m²) 四居室 (117m²)
春月锦庐	46500~56900 元/m²	普通住宅	三居室 (110~114m²) 四居室 (129~139m²)
凤起潮鸣	约 76800 元/m²	普通住宅、写字楼	一居室 (48~55m²)
春来枫华	约 47000 元/m²	普通住宅	三居室 (98~114m²) 四居室 (129~139m²)
春和云境	约 33000 元/m²	普通住宅、商业	三居室 (95m²) 四居室 (125~140m²)
滨江·春语蓝庭	约 33000 元/m²	普通住宅	三居室 (98~105m²) 四居室 (119~139m²)
香栖天第	约 45000 元/m²	普通住宅	三居室 (99~105m²) 四居室 (128m²)
阳光城檀映里	约 47000 元/m²	普通住宅、写字楼、商铺、商业	三居室 (115m²) 四居室 (130m²)
中冶·锦绣华府	47813~57691 元/m²	普通住宅、商业	四居室 (129~169m²)
赞成武林里	约 31000 元/m²	公寓	二居室 (37~43m²)
杭州新天地	约 34000 元/m²	酒店式公寓、综合体	二居室 (55m²) 三居室 (130m²)
杭州新天地铭座	约 29000 元/m²	普通住宅、酒店式公寓	二居室 (55m²) 三居室 (130m²)

西湖区

楼盘名称	价格	物业类型	主力户型
中冶锦绣公馆	尚未公布	普通住宅、酒店式公寓、商铺	四居室 (139~179m²) 跃层 (118~155m²)
建发·书香印翠	约 58000 元/m²	普通住宅	尚未公布
翠苑荟	尚未公布	公寓、商铺	尚未公布
建发金辉·紫璋台	尚未公布	普通住宅	尚未公布
云起中心	尚未公布	写字楼、酒店式公寓、商业	写字楼 (322~560m²)
华海园三期·迪晟晟座	约 45000 元/m²	公寓	一居室 (38~39m²) 二居室 (43m²)
葛洲坝龙湖中国府	尚未公布	普通住宅	尚未公布
群升万国天地	约 28500 元/m²	写字楼、酒店式公寓、商业	二、四居室 (43m²)
古墩彩虹轩	约 28100 元/m²	普通住宅	尚未公布
西投滨江·云栖名筑	尚未公布	酒店式公寓	四、五居室 (300m²)
招商融信天澜里	约 28100 元/m²	普通住宅	尚未公布

西湖区

楼盘名称	价格	物业类型	主力户型
绿城茗春苑	约 37100 元/m²	普通住宅	三居室 (115m²) 四居室 (125~170m²)
康迪新座之江印	尚未公布	酒店式公寓	尚未公布
镜象西湖	尚未公布	酒店式公寓、商业	二居室 (45~50m²)
龙湖紫金上城	35000~40000 元/m²	公寓	三居室 (38~45m²)
蓝城·陶然里	35000~40000 元/m²	公寓	一居室 (47m²) 二居室 (58~73m²) 三居室 (99m²)
中海·黄龙云起｜三里庐	约 53645 元/m²	普通住宅、商业	四居室 (139m²)
仁恒祥生珊瑚世纪雅园	36684~55573 元/m²	普通住宅	三居室 (105~110m²) 四居室 (125~145m²)
杭州世茂泰禾中央广场	约 40000 元/m²	公寓、酒店式公寓	一居室 (38m²) 三居室 (55m²)
西湖壹号	约 45000 元/m²	普通住宅	一居室 (66m²) 二居室 (88~108m²) 四居室 (193m²)
杭房揽翠	约 45000 元/m²	酒店式公寓	四居室 (75m²)
西溪新城市	45000~60000 元/m²	公寓、写字楼	写字楼 (33~46m²)
钱塘 ONE	25000~32000 元/m²	公寓、写字楼、酒店式公寓	一居室 (22m²) 二居室 (28~75m²) 三居室 (99m²)
融信杭州公馆	约 65000 元/m²	普通住宅	一居室 (58m²) 三居室 (89~162m²)
永恒·艺术之家·乐隐	21000~22000 元/m²	酒店式公寓	一居室 (53m²) 二居室 (66~106m²)
中融蓝城 Co.C 理想城	约 19800 元/m²	酒店式公寓	一居室 (29~39m²) 二居室 (46m²)
西投绿城云谷春风	约 33000 元/m²	酒店式公寓	一居室 (35m²) 二居室 (48m²)
黄龙悦府	约 28000 元/m²	酒店式公寓、商铺	二居室 (45m²)
坤生栖悦	约 32000 元/m²	酒店式公寓	二居室 (27~34m²)
景顺铂悦城	约 33000 元/m²	酒店式公寓	二居室 (36~49m²)
华策中心	25000~32000 元/m²	综合体	一居室 (51m²) 三居室 (81m²)
西投绿城春树云筑	约 33000 元/m²	酒店式公寓	一居室 (33~35m²)
中梁云都汇	约 24600 元/m²	普通住宅、公寓	一居室 (34m²) 二居室 (40~43m²)
星光荟	约 30000 元/m²	公寓、商铺	三居室 (52m²)
禹洲滨天地	约 25000 元/m²	公寓	一居室 (39~47m²) 二居室 (58~63m²)

滨江区

楼盘名称	价格	物业类型	主力户型
世茂栖棠誉湾	尚未公布	普通住宅	四居室 (139m²)
时代滨江丹枫四季	尚未公布	普通住宅	四居室 (165m²)
滨江·星翠澜庭	约 45000 元/m²	普通住宅	尚未公布
保利天汇	尚未公布	普通住宅	尚未公布
时代滨江悦	约 42000 元/m²	普通住宅	四居室 (128~139m²)
中海国际中心	尚未公布	写字楼、商铺、商业	写字楼 (2200m²)
滨江兴耀浦乐项目	尚未公布	尚未公布	尚未公布
绿城卓越傲旋城	31000~45000 元/m²	普通住宅、写字楼、商业	二居室 (130~160m²) 三居室 (220~430m²)
信达中心｜杭州壹号院	约 48100 元/m²	普通住宅、写字楼、商业	五居室 (221~267m²)

滨江区			
楼盘名称	价格	物业类型	主力户型
滨江·御滨府	约49005元/m²	普通住宅	三居室(101~105m²) 四居室(115~139m²)
星耀中心	约42000元/m²	酒店式公寓、商业	二居室(54~60m²)
海威天地	约40000元/m²	公寓	二居室(45~50m²)

拱墅区			
楼盘名称	价格	物业类型	主力户型
荣安春月杭宁府	约45000元/m²	普通住宅	三居室(97~99m²) 四居室(119~122m²)
远洋建华·宸章新邸	约40000元/m²	普通住宅	三居室(113~127m²)
融信天阳·云澜天第府	约38000元/m²	普通住宅	三居室(106m²) 四居室(128~136m²)
首开天青里	尚未公布	普通住宅	尚未公布
资辉壹方汇	约40000元/m²	写字楼、酒店式公寓、商业	写字楼(33m²)
中梁申花百悦公馆	39000~40000元/m²	公寓、写字楼	一居室(36m²)
星创晶晖里	约36000元/m²	普通住宅	尚未公布
合能杭玥府	约34000元/m²	普通住宅	尚未公布
滨融府	约54000元/m²	普通住宅、商业	四居室(139~168m²)
拱墅宝龙广场	尚未公布	写字楼、商业	尚未公布
星创·晶悦府	约36000元/m²	普通住宅	三居室(100~105m²) 四居室(115~138m²)
融创金成·杭源里	48000~52019元/m²	普通住宅	三居室(108m²) 四居室(138~210m²) 五居室(225m²)
金科碧桂园博翠府	约30700元/m²	普通住宅	三居室(122m²) 四居室(122~139m²)
禹洲宋都·望林府	40028~47325元/m²	普通住宅	四居室(128m²) 五居室(170m²)
大家湛景天承美筑	约36000元/m²	普通住宅	三居室(98~108m²) 四居室(128m²)
香港置地·上河公元	37359~40400元/m²	普通住宅	三居室(93~107m²) 四居室(126m²)
九龙仓华发天荟	54264~61867元/m²	普通住宅	三居室(119m²) 四居室(139~173m²)
绿城青亭	约28000元/m²	写字楼、商业	写字楼(41m²)
中城汇 MIDTOWN	33000~35000元/m²	普通住宅、商铺	商铺(35m²)
融创运河印	约24000元/m²	写字楼	二居室(53m²) 三居室(61~73m²) 四居室(103m²)
半山林畔	约54000元/m²	商业	别墅(350~420m²)
大运桥西府	约42684元/m²	普通住宅	三居室(99m²) 四居室(130~139m²)
运河万科中心	约27888元/m²	写字楼、商铺	商铺(37~42m²)
锦上桃源	31000~33000元/m²	公寓、酒店式公寓、商业	二居室(41m²)
中国铁建国际汇	25000~33000元/m²	商铺	商铺(40m²)
赞成星谷	约28800元/m²	酒店式公寓	一居室(42~64m²) 二居室(64m²)
汉港武林汇	30000~38000元/m²	写字楼、酒店式公寓、商铺	一居室(50m²) 二居室(45~50m²) 四居室(75m²)
复地壹中心	约26000元/m²	综合体	一居室(45m²)
杭州中粮大悦城	约35000元/m²	酒店式公寓、商业	一居室(55m²)
荣安招商祥宸府	36000~41951元/m²	普通住宅	三居室(100m²) 四居室(130~178m²) 跃层(131~170m²)

江干区			
楼盘名称	价格	物业类型	主力户型
德信钱塘云庄	尚未公布	普通住宅	四居室(127m²) 五居室(139m²)
ONE53	约68888元/m²	公寓	三居室(244~388m²) 四居室(418m²)
滨江绿城·江河鸣翠	约68500元/m²	普通住宅、写字楼	尚未公布
合生创展名邸	尚未公布	普通住宅	三居室(89~105m²) 四居室(128~139m²)
北辰·聆潮府	尚未公布	普通住宅	尚未公布
佳兆业印月	约46500元/m²	普通住宅	尚未公布
杭房城发润如园	尚未公布	普通住宅	三居室(103~114m²)
百郦玲珑府	尚未公布	普通住宅	三居室(95m²) 四居室(115~130m²)
环翼城	约40000元/m²	写字楼、酒店式公寓	二居室(42~67m²)
金科博翠碧蓝湾	约47300元/m²	普通住宅	三居室(110m²) 四居室(138~195m²)
中旅·归锦府	约46500元/m²	普通住宅	三居室(97~100m²)
花语天境府	约46746元/m²	普通住宅、别墅	四居室(149m²)
滨江龙湖东潮府	约54900元/m²	普通住宅、别墅	三居室(97m²) 四居室(119~130m²) 别墅(165~220m²)
绿城合景·春来晓园	约50097元/m²	普通住宅	三居室(98~118m²) 四居室(128~160m²)
龙湖葛洲坝景粼天著	46500~47500元/m²	普通住宅	四居室(124m²) 五居室(200m²)
凤起钱潮	72000~73000元/m²	普通住宅	四居室(170m²)
世茂钱塘天誉	55900~89000元/m²	普通住宅	三居室(118m²) 四居室(139m²) 别墅(160~185m²)
金隅·森临澜府	约40800元/m²	普通住宅	三居室(99~112m²) 四居室(123~139m²)
中南棠玥湾	40400~48700元/m²	普通住宅	三居室(117m²) 四居室(125~164m²)
信达东莱府	约46500元/m²	普通住宅	三居室(89m²) 四居室(132m²)
世茂天玑	约40000元/m²	普通住宅	一居室(58m²) 二居室(74~99m²) 三居室(117~135m²)
德信中心	约46500元/m²	普通住宅、写字楼、商业	四居室(133~151m²)
中南·春溪集	约33000元/m²	普通住宅	三居室(89~95m²) 四居室(118m²)
越秀前滩名邸	约38500元/m²	普通住宅	四居室(133~150m²)
启迪协信杭州科技城泊晶	约28000元/m²	公寓、写字楼	写字楼(48m²)
华侨城芳菲与城	约31135元/m²	普通住宅	三居室(97~129m²) 四居室(130~157m²)
龙湖金地商置都会公馆	约37500元/m²	普通住宅、公寓、酒店式公寓	一居室(36~55m²)
卓越明熙府	约28000元/m²	普通住宅	二居室(89m²) 四居室(120~140m²)
三花国际	约42000元/m²	综合体	二居室(54m²)
宋都阳光国际	约40000元/m²	普通住宅、公寓	四居室(239~321m²)
花样年·对越天	约42400元/m²	普通住宅	三居室(89m²) 四居室(115m²)
合景泰富·揽月臻翠府	约40800元/m²	普通住宅	三居室(105m²) 四居室(118~139m²)
九天泽一国际	约33000元/m²	公寓、商住	一居室(47m²)
悦风华	约46500元/m²	普通住宅、写字楼、商业	三居室(97m²) 四居室(125m²)

江干区

楼盘名称	价格	物业类型	主力户型
普大福地	约21682元/m²	写字楼、酒店式公寓、商铺	二居室(45~55m²)
华家池印公馆	约40000元/m²	商业	二居室(60m²) 三居室(100m²) 四居室(130m²)
万象上东	约32800元/m²	普通住宅	三居室(83~87m²) 二居室(135m²) 四居室(150m²)
中豪湘和国际	约25000元/m²	公寓	一居室(36m²) 二居室(98m²)
广宇东港空间	约38000元/m²	公寓、商铺	二居室(48m²) 三居室(65m²) 四居室(113m²)
汇铂金座	约40000元/m²	商住、商业	一居室(34m²) 二居室(44~47m²) 三居室(66m²)
龙湖大家九龙仓璟宸府	约43000元/m²	普通住宅、别墅	四居室(139~166m²)
三湘印象森林海尚	约45800元/m²	普通住宅	二居室(89~97m²) 三居室(107~139m²)
东渡酷悦	约45000元/m²	商铺	商铺(51m²)
金隅中铁诺德都会森林	约67000元/m²	普通住宅	三居室(124m²) 四居室(143~164m²)
华润置地中央车站广场	约35000元/m²	公寓	一居室(35m²)

钱塘新区

楼盘名称	价格	物业类型	主力户型
融创云帆未来社区	约19300元/m²	普通住宅、写字楼、酒店式公寓	尚未公布
绿城春风金沙	约37500元/m²	普通住宅	三居室(106m²) 四居室(127~165m²)
杭州融创城	约29300元/m²	普通住宅、写字楼、商业	三居室(98~110m²)
广宇·锦上文澜	约30000元/m²	普通住宅	三居室(89m²)
祥生湛景·江山云樾府	约26200元/m²	普通住宅	三居室(88~98m²) 四居室(118~128m²)
阳光城兴耀·花漾里	约19000元/m²	普通住宅、公寓、商业	三居室(96m²) 四居室(116m²)
春天滨江·阳光名城	尚未公布	普通住宅	尚未公布
吾角商业中心	23000~25000元/m²	写字楼、商业	一居室(34~52m²)
佳源驭远玖墅	约31000元/m²	普通住宅	别墅(186~207m²)
上海大华潮悦前城	约18000元/m²	普通住宅	三居室(89~99m²) 四居室(117m²)
德信大江壹号	约13500元/m²	普通住宅	二居室(48~53m²)
金隅江平观澜商业中心	约15000元/m²	酒店式公寓	一居室(48m²)
杭房悦东方	14500~25200元/m²	普通	三居室(118m²) 四居室(138m²) 六居室(197~252m²)
滨江春盛大江名筑	约14000元/m²	普通	四居室(143m²) 五居室(178m²)
三迪枫丹雅居	约14600元/m²	普通	三居室(96~110m²)
HCC中天纪	约18000元/m²	写字楼	五居室(340m²)
江东锦苑	约17000元/m²	普通住宅	尚未公布
春意江南名邸	尚未公布	普通住宅	二居室(70m²) 三居室(120m²)

萧山区

楼盘名称	价格	物业类型	主力户型
顺发美颂城	约33500元/m²	普通住宅	三居室(98~99m²) 四居室(119m²)
滨江·观品	约47000元/m²	普通住宅	尚未公布
高运尚悦府	尚未公布	普通住宅	尚未公布
禹洲蜀山项目	尚未公布	普通住宅	尚未公布
樾珑台	尚未公布	别墅	尚未公布
滨江盛元湘湖里	尚未公布	普通住宅	尚未公布
青漫里	尚未公布	普通住宅	尚未公布
保利和者时光印象府	约25000元/m²	普通住宅	三居室(85~105m²)
招商博奥花宸里	约32500元/m²	普通住宅	三居室(100m²) 四居室(130m²)
同进·韵动城	尚未公布	酒店式公寓	二居室(50~56m²)
华润亚奥城	尚未公布	普通住宅	尚未公布
绿城桂冠东方	尚未公布	普通住宅	尚未公布
万科日耀之城	尚未公布	普通住宅	尚未公布
科尔·博亚时代中心	尚未公布	写字楼	尚未公布
保利欣品华庭	约27000元/m²	普通住宅	三居室(96~125m²) 四居室(116m²)
桂语听澜轩	约50200元/m²	普通住宅	三居室(103m²) 四居室(130~139m²)
世宸名府	约29700元/m²	普通住宅、公寓、商铺	三居室(89~110m²) 四居室(137m²)
融创森与海之城	约14000元/m²	普通住宅	三居室和四居室(97~121m²) 五居室和六居室(142~470m²)
融创江南壹号院	约28800元/m²	普通住宅、别墅、商业	三居室(107~108m²) 五居室(233m²)
融望之城	约25600元/m²	普通住宅	三居室(99~115m²) 四居室(125m²)
泰悦银座	约13600元/m²	普通住宅、商业	三居室(96m²) 四居室(126m²)
东原德信九章赋	约28300元/m²	普通住宅	三居室(98m²) 四居室(124~138m²)
宸宇府	约25600元/m²	普通住宅	三居室(102m²) 四居室(132m²)
和雅轩	33700~34200元/m²	普通住宅	三居室(96m²) 四居室(127~147m²) 五居室(177m²)
德信空港城	约23000元/m²	公寓、写字楼、商业	二居室(40m²)
中铁诺德雅逸府	24000~28000元/m²	普通住宅	三居室(87m²) 四居室(127~138m²)
大家坤和·美筑	约33500元/m²	普通住宅	三居室(96~109m²)
地铁万科彩虹天空之城	约25600元/m²	普通住宅、商业	三居室(99~109m²) 四居室(128m²)
新希望华发锦粼云荟	32500~34000元/m²	普通住宅	三居室(97~99m²) 四居室(123~125m²)
德信金科·泊岸江宸轩	约21400元/m²	普通住宅	三居室(89~107m²)
朝闻花城	约29800元/m²	普通住宅	三居室(89~99m²) 四居室(108~118m²)
荷源府	30000~36900元/m²	普通住宅	三居室(89m²) 四居室(119~123m²)
三盛大家·汝悦美境府	约33500元/m²	普通住宅	三居室(98~108m²)
融创潮印	约27204元/m²	商业	商业(34~46m²)
旭辉珺和府	约14600元/m²	普通住宅、商铺	三居室(89~107m²) 四居室(120m²)
滨江旭辉·滨旭府	约25600元/m²	普通住宅	三居室(89~99m²)
滨江·嘉品美寓	约47000元/m²	普通住宅	三居室(120m²) 四居室(139m²)
万科·樟宜翠湾	约29800元/m²	普通住宅	三居室(96m²)
保利潮起云上府	约37500元/m²	普通住宅	三居室(97~121m²)
龙湖·湘湖原著	约50600元/m²	普通住宅	三居室(89~105m²) 四居室(124~146m²) 五居室(169~185m²)

萧山区			
楼盘名称	价格	物业类型	主力户型
龙湖融信·天琅府	约31742元/m²	普通住宅	三居室(98m²) 四居室(125m²) 跃层(173m²)
融信展望	约37500元/m²	普通住宅、商铺	三居室(105m²)
滨江君品名邸	约47000元/m²	普通住宅	三居室(103m²) 四居室(122~139m²) 五居室(172m²)
融创港印中心	22000~35000元/m²	商铺、商住	商铺(40m²)
德信时代公馆	约26200元/m²	普通住宅	别墅(160m²)
奥克斯金宸玖和府	约29700元/m²	普通住宅	三居室(96m²) 四居室(115~139m²) 六居室(165m²)
新希望滨江锦粼府	约27900元/m²	普通住宅	三居室(89m²) 四居室(114m²)
保亿湖风雅园	约50600元/m²	普通住宅	五居室(138~168m²)
绿城九龙仓桂语朝阳	约44234元/m²	普通住宅	三居室(97~114m²) 四居室(133~138m²)
保亿绿城奥邸国际	约45000元/m²	普通住宅、写字楼、综合体	四居室(186~216m²)
京港国际	约33000元/m²	公寓	三居室(188m²) 四居室(239m²)
潮闻天下	约13500元/m²	普通住宅、公寓、别墅	三居室(85~115m²) 四居室(132m²) 别墅(180~280m²)
嘉裕天城二期	约19500元/m²	普通住宅、公寓	四居室(177.49m²)
金地·滨与城	约16100元/m²	普通住宅	三居室(89~95m²)
观雲钱塘城	约50721元/m²	酒店式公寓	尚未公布
中天云望	约46847元/m²	普通住宅	三居室(100m²) 四居室(130m²)
众安嘉润公馆	约42500元/m²	公寓	五居室(291~293m²) 六居室(331m²)
糖朝	约35000元/m²	公寓	二居室(38~62m²)
融信空港澜天	约22900元/m²	普通住宅	三居室(102~116m²)
杭州恒大国玺悦龙府	约38500元/m²	普通住宅、商铺	四居室(172~205m²)
公元帝景	约21550元/m²	普通住宅	五居室(437~471m²) 六居室(482m²)
德信C公馆	约27500元/m²	酒店式公寓	二居室(42m²)
融创云潮府	约33000元/m²	普通住宅、写字楼、商业	二居室(35m²)
万象世界中心	尚未公布	写字楼	尚未公布
德信市心府	约26000元/m²	酒店式公寓	二居室(42m²)
山水时代	约39000元/m²	公寓、写字楼	二居室(60m²) 复式(134~218m²)
风荷锦庭	约23400元/m²	普通住宅	三居室(94~108m²) 四居室(125m²)
开元广场铂雅公馆	约23000元/m²	商住	一居室(59m²) 二居室(55~97m²)
旭辉东原国滨府	约34000元/m²	普通住宅、公寓	二居室(53~60m²)
奥体万科中心	约30000元/m²	写字楼、商业	尚未公布
星南站	约28000元/m²	普通住宅	二居室(40m²)
新城璟隽名邸	31000~32000元/m²	普通住宅、商铺、商住	三居室(89m²) 四居室(129m²)
前宸府	21000~21400元/m²	普通住宅	三居室(89~121m²) 四居室(139m²)
绿城雄凯国际	约37500元/m²	酒店式公寓	二居室(40~58m²)
御湖公馆	约22000元/m²	普通住宅、公寓	二居室(86m²) 四居室(131m²)
保利澄品	47500~56000元/m²	普通住宅	三、四、五居室(99~198m²)

萧山区			
楼盘名称	价格	物业类型	主力户型
大江东宝龙广场	约15000元/m²	普通住宅、商铺、综合体	三居室(98~107m²) 四居室(111~139m²)
碧桂园深蓝国际中心	36000~40000元/m²	商业、写字楼、酒店式公寓	二居室(85m²) 三居室(115m²) 五居室(273m²)
景瑞晴海	约33500元/m²	普通住宅、商业	三居室(98m²)
华景川樾滨府	约13156元/m²	普通住宅	三居室(89m²)
滨江博语华庭	约34000元/m²	普通住宅	三居室(99~102m²) 四居室(121~137m²)
东原阳光城印江滨	约32000元/m²	普通住宅	三居室(89~106m²)
碧桂园越溪府	约25000元/m²	普通住宅	四居室(162m²)
印奥湾	约27800元/m²	普通住宅、商铺	四居室(300m²)
佳源湘湖印象	约32063元/m²	普通住宅	四居室(89~139m²) 五居室(153~166m²)
滨江华成大江之星	尚未公布	普通住宅	三居室(86~89m²)

余杭区			
楼盘名称	价格	物业类型	主力户型
时代天境	尚未公布	普通住宅	三居室(98m²) 四居室(128m²)
首创禧瑞江南	约31900元/m²	普通住宅	三居室(93~95m²) 四居室(115~116m²)
中建学成府	21000~42000元/m²	普通住宅	三居室(100~110m²)
星创城｜映月璟园	约29000元/m²	普通住宅、写字楼、商业	三居室(100~113m²) 四居室(131m²)
伟业·熙境府	约19800元/m²	普通住宅	三居室(89~110m²) 四居室(120m²)
西房万科·良语久园	尚未公布	普通住宅	三居室(93m²) 四居室(115~122m²) 别墅(155~177m²)
理想臻品	约30000元/m²	普通住宅	三居室(100m²) 四居室(134~165m²) 五居室(215m²)
众安·溪园	约53200元/m²	普通住宅	四居室(137~189m²)
中梁·沐宸院	约34500元/m²	普通住宅	三居室(98~108m²) 四居室(119~139m²)
合景泰富·寰汇	约20000元/m²	酒店式公寓、商铺	一居室(44~147m²)
金成·汀云上府	约36100元/m²	普通住宅	尚未公布
西房良语安缦	约28500元/m²	普通住宅	尚未公布
华城茶语华邸	尚未公布	普通住宅、商业	尚未公布
新力启云府	约24000元/m²	普通住宅	三居室(95m²) 四居室(109~130m²)
绿城交投晓月澄庐	约52150元/m²	普通住宅	尚未公布
上坤华景川云栖宸园	约22000元/m²	普通住宅	三居室(89m²) 四居室(107m²)
杭州富力中心	约34500元/m²	普通住宅、写字楼、酒店式公寓	二居室(41~61m²) 三、四居室(118~160m²)
绿城桃源小镇	约53488元/m²	普通住宅、别墅	二居室(85~125m²) 三居室(145m²)
众安西溪未来里	约22800元/m²	普通住宅	三居室(83~126m²) 别墅(153~157m²)
地铁万科天空之城	约37645元/m²	普通住宅、写字楼	三居室(93~117m²) 四居室(135~168m²) 别墅(163~190m²)
众安绿城南湖明月	约48400元/m²	普通住宅	三居室(89m²) 四居室(112~130m²)
万科大溪谷	约20681元/m²	普通住宅	三居室(90~108m²) 四居室(125~139m²) 别墅(161~164m²)

楼盘名称	价格	物业类型	主力户型
余杭区			
招商雍澜府	20000~20500 元/m²	普通住宅	三居室(95m²) 四居室(110~128m²)
中交理想时代芳华	约47200元/m²	普通住宅	三居室(110m²) 四居室(89~118m²)
华元北城芳满庭	约17000元/m²	普通住宅	三居室(89~108m²) 四居室(125m²)
绿地合景招商·天樾四季	约23100元/m²	普通住宅、商铺	三居室(95m²) 四居室(110m²)
北大资源颐和江南	约46900元/m²	普通住宅	三居室(90~112m²) 四居室(125~136m²)
敏捷源著天樾府	约30000元/m²	普通住宅	三居室(89~95m²) 四居室(107~119m²)
德信银城·观湖之宸	约30000元/m²	普通住宅	三居室(96m²)
祥生湛景·星合映	约23000元/m²	普通住宅	三居室(89~99m²)
新希望·锦畔云汀	约20800元/m²	普通住宅	三居室(98~105m²) 四居室(120m²)
曲江新鸥鹏杭州第三城	20799~21200元/m²	普通住宅、写字楼、商业	三居室(89~121m²) 四居室(138m²)
天都城上塘源著	21000~22000元/m²	普通住宅	三居室(89m²) 四居室(140m²)
中天汀洲印月	约20800元/m²	普通住宅	三居室(99~107m²) 四居室(127m²)
融创·融耀之城	约24000元/m²	普通住宅	三居室(89~105m²)
新希望美的长粼府	30000~33000元/m²	普通住宅	三居室(85~104m²) 四居室(122m²)
新湖·金色池塘	约20000元/m²	普通住宅	三居室(138m²)
随塘	约33000元/m²	普通住宅	三居室(105m²) 四居室(125~128m²) 五居室(155m²)
四季都会	约20800元/m²	普通住宅	三居室(89m²) 四居室(125m²)
绿都鉴未来	24300~26800元/m²	普通住宅	三居室(89m²) 四居室(107m²)
绿城和庐	约55200元/m²	普通住宅	三居室(99m²)
融创金成江南府	约24500元/m²	普通住宅	三居室(89m²) 四居室(124~147m²)
新湖·香格里拉	约22988元/m²	别墅	三居室(150m²) 五居室(171~237m²)
新城英冠·香悦和鸣	约28500元/m²	普通住宅	三居室(89~105m²) 四居室(120m²)
路劲银城·澜仕里	约23000元/m²	普通住宅	三居室(89~98m²) 四居室(123~139m²)
景瑞路劲·海逸翠廷	约23000元/m²	普通住宅	三居室(89~98m²) 四居室(125m²)
万科前宸	约30500元/m²	普通住宅	三居室(99~113m²) 四居室(128~139m²)
大华西溪风情观止	约33171元/m²	普通住宅	四居室(120~135m²)
华元·星万里	约16800元/m²	普通住宅	三居室(95m²)
阳光城保亿翡丽云邸	约31900元/m²	普通住宅	三居室(89~106m²) 四居室(121~139m²)
天润西麓府	15600~26000元/m²	普通住宅、别墅	三居室(115m²) 四居室(125m²)
中梁御府	约28500元/m²	普通住宅	三居室(89m²)
星创新里程中心	28000~29000元/m²	公寓、商铺	二居室(37~39m²)
蓝城鼎胜蔚蓝中心	约32000元/m²	商住	二居室(53~56m²)
地铁万科杭行道	22000~36000元/m²	写字楼、商业	一居室(26~28m²) 二居室(35m²)
联发藏珑大境	约45000元/m²	普通住宅、别墅	五居室(152~204m²)
城西宝龙广场	尚未公布	公寓、写字楼	二居室(48m²)
理想·世纪金座	23000~26000元/m²	公寓、自持物业	一居室(49m²) 二居室(63~72m²)
国开东方凤凰台	约48600元/m²	普通住宅	五居室(148m²) 六居室(178m²)

楼盘名称	价格	物业类型	主力户型
余杭区			
郡西云台	约57962元/m²	普通住宅	四居室(200~337m²)
中粮梦栖祥云	40000~40600元/m²	普通住宅	三居室(89~103m²) 四居室(115~142m²)
宋都时间名座	约20000元/m²	酒店式公寓、商铺	二居室(39~53m²)
悦青蓝	约19000元/m²	普通住宅	二居室(87~89m²) 三居室(135m²)
绿城莲园	约40000元/m²	普通住宅	别墅(257m²)
中旅·时光里	约30000元/m²	普通住宅	三居室(89~99m²)
湖印宸山	尚未公布	普通住宅	尚未公布
绿地众安宸瀚里	约23000元/m²	普通住宅	三居室(98m²) 四居室(124m²)
杭语清澄	约23000元/m²	普通住宅	三居室(99m²) 四居室(119m²)
闲湖城玉屏蓝湾	12000~13000元/m²	普通住宅	三居室(91~96m²) 四居室(119~139m²)
富阳区			
融创云辰富源里	约27000元/m²	普通住宅	尚未公布
招商德信·云望之宸	约25000元/m²	普通住宅	尚未公布
中交保利江语云城	约16300元/m²	普通住宅	三居室(89~109m²)
澳海百合·云泽赋	约12000元/m²	普通住宅	二居室(80m²) 四居室(126m²)
祥生·云湖城	约21409元/m²	普通住宅	三居室(93~98m²) 四居室(119m²)
万达同心湾	21916~22558元/m²	普通住宅、商业	三居室(89~118m²) 四居室(105~130m²)
新界2020	约20800元/m²	普通住宅、商铺	三居室(95m²) 四居室(125m²)
泰禾世茂大城小院	约17908元/m²	普通住宅、商业	四居室(142~145m²)
金茂万科新都会	约21000元/m²	普通住宅	三居室(95~115m²) 四居室(135m²)
宋都如意春江	约17200元/m²	别墅	别墅(130m²)
绿城富春玫瑰园	约23000元/m²	别墅	五居室(190m²)
众安顺源府	约20500元/m²	普通住宅	三居室(89~95m²) 四居室(120m²)
澳海·云樾赋	约11300元/m²	普通住宅	二居室(80m²) 三居室(103m²)
云望璞园	约19500元/m²	普通住宅	三居室(95~98m²) 四居室(123m²)
碧桂园万科悦望名邸	21600~30000元/m²	普通住宅	三居室(95m²) 四居室(122m²)
德信网新银湖科技园	13500~21000元/m²	写字楼、酒店式公寓	二居室(42m²)
祥生·银湖新语	21000~22000元/m²	普通住宅、商铺	三居室(89~110m²) 四居室(117~128m²)
绿城云栖桃花源	约39800元/m²	普通住宅	别墅(185~210m²)
万科玖望	约19800元/m²	别墅、自持物业	三居室(89m²) 四居室(139m²)
九龙仓雍景山	约30400元/m²	公寓、别墅、酒店式公寓	三居室(103~141m²) 五居室(186~190m²)
阳光城西郊半岛	约21100元/m²	普通住宅	三居室(97m²)
万科公望	约50200元/m²	别墅	别墅(205~317m²)
阳光城上林湖	约25500元/m²	普通住宅、别墅	三居室(140m²)
富春金茂星外滩	29800~30795元/m²	普通住宅、写字楼、商业	三居室(110m²) 四居室(133~144m²)
祥生宸光悦	约22326元/m²	普通住宅	三居室(98m²) 四居室(118m²)
中庆润泽院	约16800元/m²	普通住宅	三居室(97m²) 四居室(115m²)
云上金铭府	约22000元/m²	普通住宅	三居室(97~105m²)

富阳区			
楼盘名称	价格	物业类型	主力户型
碧桂园铂玺湾	约 21948 元/m²	普通住宅	三居室 (89~98m²) 四居室 (119m²)
金汇之城	约 19500 元/m²	酒店式公寓	二居室 (48m²)
贤辰府	约 12500 元/m²	普通住宅	三居室 (115m²) 四居室 (128~131m²)
中国中铁溪畔云璟府	约 21300 元/m²	普通住宅	三居室 (88~98m²)
城北公馆	约 18500 元/m²	酒店式公寓	一居室 (48m²)
阳光城檀瑞府	约 22000 元/m²	普通住宅	三居室 (96m²) 四居室 (115m²)
绿地潮悦江山城	约 27000 元/m²	普通住宅、商业	二居室 (81m²) 三居室 (97~115m²) 四居室 (135~144m²)
杭州城南万达金街	尚未公布	酒店式公寓	尚未公布
大家金钰府	约 19800 元/m²	普通住宅	三居室 (93~95m²) 四居室 (119m²)
云水山居	15600~24500 元/m²	别墅	三居室 (146m²) 四居室 (156m²)
杭房·首望澜翠府	尚未公布	普通住宅	三居室 (112m²) 四居室 (136m²)

临安区			
楼盘名称	价格	物业类型	主力户型
朗诗玲珑樾	尚未公布	别墅	尚未公布
星著柏悦府	约 26300 元/m²	普通住宅	尚未公布
东投·悦荣府	尚未公布	普通住宅	二居室 (77m²) 三居室 (89~110m²) 四居室 (125m²)
玲珑天城·玖墅	尚未公布	普通住宅	别墅 (165m²)
银城青山桂语	约 21000 元/m²	普通住宅	二居室 (79m²) 三居室 (89m²) 四居室 (127m²)
佳源锦晟里	21300~21900 元/m²	普通住宅	二居室 (59m²) 三居室 (80~89m²)
越秀星悦城	约 23155 元/m²	普通住宅	三居室 (96~97m²) 四居室 (125~128m²)
宝龙旭辉城	约 16000 元/m²	普通住宅、公寓	一居室 (63m²)
中天珺府	约 23371 元/m²	普通住宅	一居室 (50m²) 二居室 (69m²) 三居室 (89~95m²)
竹悦山水轩	14938~22888 元/m²	普通住宅	二居室 (59m²) 三居室 (78~89m²)
银城青山湖畔	约 33000 元/m²	普通住宅	三居室 (89~105m²) 四居室 (125~139m²)
青山湖玫瑰园	27847~39248 元/m²	别墅	四居室 (210~225m²) 五居室 (266m²)
保亿阳光城丽光城	约 23129 元/m²	普通住宅	三居室 (86~99m²) 四居室 (105~108m²)
世茂国风大境	约 38573 元/m²	普通住宅、别墅	别墅 (117~211m²)
大华春山椿树	约 21359 元/m²	普通住宅	三居室 (102m²) 四居室 (128~168m²)
临安雨润星雨华府	约 20864 元/m²	普通住宅、别墅	二居室 (89~117m²) 三居室 (135m²)
悦映城	约 18961 元/m²	普通住宅、别墅	三居室 (89~115m²) 四居室 (115m²)
滨江湖光山社	约 36000 元/m²	普通住宅	三居室 (97~99m²) 四居室 (120m²)
地上北樾府	约 20754 元/m²	普通住宅	二居室 (68~73m²)
宝龙融信·新荣世邸	约 17500 元/m²	普通住宅	三居室 (89~97m²) 四居室 (120m²)
绿地柏澜晶舍	约 23066 元/m²	普通住宅、商铺	三居室 (89~105m²) 四居室 (108m²)
万科西望	约 20000 元/m²	普通住宅	三居室 (102m²) 四居室 (128m²) 别墅 (185m²)
碧桂园玖晟府	约 16800 元/m²	普通住宅、商业	三居室 (90m²) 四居室 (115~140m²)

临安区			
楼盘名称	价格	物业类型	主力户型
国能悦玺台	约 17536 元/m²	普通住宅	三居室 (88~89m²) 四居室 (111~139m²)
杭州·临安宝龙广场	约 17000 元/m²	普通住宅、综合体	三居室 (89~130m²)
旭辉东原吴越府	约 18000 元/m²	普通住宅	四居室 (129m²)
滨湖天地	约 18235 元/m²	普通住宅、商铺	一居室 (61~67m²) 三居室 (81~94m²) 四居室 (116~167m²)
杭州桃李春风·如院	约 31800 元/m²	普通住宅、别墅	二居室 (68~85m²) 三居室 (95~122m²) 四居室 (143m²)
溪雅香舍	约 10107 元/m²	普通住宅、酒店式公寓	二居室 (75m²) 三居室 (95m²) 四居室 (125~139m²)
地上长麓府	约 18550 元/m²	普通住宅	一居室 (77m²) 二居室 (78~99m²)
凤凰府邸	9800~21800 元/m²	普通住宅	四居室 (152m²) 五居室 (212m²)
融信·锦云澜天里	约 18811 元/m²	普通住宅	三居室 (80~115m²)
中天溪风雅韵	10334~15400 元/m²	普通住宅	三居室 (100m²) 四居室 (125m²)
融旺水岸华府	约 11000 元/m²	普通住宅	三居室 (98~118m²) 四居室 (120~137m²)
中天雅境	约 20166 元/m²	普通住宅	三居室 (89m²)
临栖云府	约 18300 元/m²	普通住宅、别墅	三居室 (96m²) 四居室 (118m²)
国开东方锦贤府	约 20180 元/m²	普通住宅	二居室 (75~78m²) 三居室 (89m²) 四居室 (115m²)
西径晓风	24277~29958 元/m²	普通住宅、别墅	三居室 (89~138m²) 四居室 (109~163m²) 五居室 (196m²)
柳溪湾	约 9732 元/m²	普通住宅	一居室 (38~61m²) 二居室 (64~84m²) 三居室 (120m²)
印象苕溪城	约 19228 元/m²	普通住宅	三居室 (101m²) 四居室 (104~141m²)
绿城天语山居	15500 元/m²	普通住宅	三居室 (101m²) 四居室 (130~139m²)
天目观山月	约 12500 元/m²	普通住宅	一居室 (44~50m²) 二居室 (73m²)
通策状元府	约 23000 元/m²	普通住宅、商业	四居室 (212~246m²)
碧桂园中梁凤鸣公馆	约 19049 元/m²	普通住宅	四居室 (118~122m²)
美好锦玺	约 17600 元/m²	普通住宅	三居室 (97~104m²)
保亿麓语湖苑	约 19031 元/m²	普通住宅	三居室 (85~96m²) 四居室 (117~127m²)
宋都如意溪湖	17000~18000 元/m²	普通住宅	三居室 (89~117m²) 四居室 (130m²)
融创金成璞樾大观	约 22000 元/m²	普通住宅、公寓	三居室 (95~98m²) 四居室 (126~128m²)
中天万科启宸	约 21566 元/m²	普通住宅	三居室 (97~100m²)
蓝城春风燕语	23777~25642 元/m²	普通住宅、别墅	四居室 (148~173m²)
越秀湖山悦	17000~19000 元/m²	普通住宅	三居室 (115m²) 四居室 (128~165m²)
中骏柏景湾	约 19000 元/m²	普通住宅	三居室 (89~128m²)
苕溪壹号	约 22000 元/m²	普通住宅	四居室 (115m²) 五居室 (143m²)
成龙宫山邸	约 17800 元/m²	普通住宅	六居室 (342~374m²)
地上南樾府	约 18791 元/m²	普通住宅	二居室 (68~73m²)
荣上·青云府	约 11700 元/m²	普通住宅	一居室 (41m²) 二居室 (73m²)
桃李湖滨	27027~33053 元/m²	普通住宅	四居室 (127m²)
越秀·陌上花开	约 20556 元/m²	普通住宅	三居室 (89m²)
蓝城恒伟·江南山庄	17919~19440 元/m²	普通住宅	三居室 (89m²) 四居室 (118m²)
佳源优樾	约 17000 元/m²	普通住宅	三居室 (89m²) 四居室 (132m²)

淳安县			
楼盘名称	价格	物业类型	主力户型
绿城千岛湖柳岸晓风	13700~20000 元/m²	普通住宅	三居室 (89~109m²) 四居室 (129m²) 别墅 (133~143m²)
滨江千岛湖·城市之星	尚未公布	普通住宅	三居室 (98m²) 四居室 (108~118m²)
富力湖滨悦居	13481~20000 元/m²	普通住宅、商铺	二居室 (60m²) 三居室 (80~89m²)
千岛湖新天地文渊狮城	约 20000 元/m²	普通住宅	三居室 (165m²) 四居室 (235m²) 五居室 (247m²)
招商近湖花苑	约 12500 元/m²	普通住宅	三居室 (89~118m²) 四居室 (127~139m²)

建德市			
楼盘名称	价格	物业类型	主力户型
严州誉境	约 18000 元/m²	普通住宅	三居室 (96~107m²) 四居室 (122m²)
中梁新安里	尚未公布	普通住宅、商业	尚未公布
德信中南·江上云起院	14000~22000 元/m²	普通住宅	三居室 (89m²) 四居室 (125m²) 别墅 (150~165m²)
富力御江山	9000~10000 元/m²	普通住宅、商业	二居室 (77m²) 三居室 (88~108m²) 四居室 (127~137m²)
建德恒大御泉四季	7500~9800 元/m²	普通住宅、别墅、商铺	二居室 (77~80m²) 三居室 (108~120m²) 四居室 (117~136m²)
建德碧桂园望江臺	约 12500 元/m²	普通住宅	三居室 (98m²) 四居室 (117~132m²)

建德市			
楼盘名称	价格	物业类型	主力户型
建德恒大林溪郡	11000~13500 元/m²	普通住宅、别墅	三居室 (115.12~122.64m²) 四居室 (141.86m²)
万固观澜府	15000~16000 元/m²	普通住宅	三居室 (98~130m²) 四居室 (130m²)

桐庐县			
楼盘名称	价格	物业类型	主力户型
宋都如意云庐	约 18900 元/m²	普通住宅	三居室 (105m²)
力雅广场	约 17500 元/m²	公寓、酒店式公寓	一居室 (46m²)
华鸿中南壹号院	18000~18500 元/m²	普通住宅	四居室 (129m²)
桐庐恒大观澜府	约 16200 元/m²	普通住宅	三居室 (103~125m²)
珑首玲珑	约 12500 元/m²	写字楼、酒店式公寓	二居室 (37m²) 三居室 (38~43m²)
桐庐碧桂园十里春风	约 19500 元/m²	普通住宅	三居室 (109m²) 四居室 (123~139m²)
奥城望	约 16000 元/m²	普通住宅、公寓	三居室 (90~120m²) 四居室 (125~180m²)
云山九里	约 26800 元/m²	普通住宅、别墅	三居室 (111m²) 四居室 (170~172m²) 五居室 (200m²)

典型项目

德信中心

`杭州` `德信地产` `火车东站` `地铁上盖` `业态丰富`

项目地址：
杭州市江干区明月桥路与和兴路交会处

开发商：
杭州德信产业发展有限公司

产品特征：
高层、商业

参考价格：
高层均价 46500 元/平方米、商业价格尚未公布

主力户型：
约 133 平方米四居、约 151 平方米四居

5 公里生活配套：
地铁 1 号和 4 号线、杭州之翼、环翼城、华润万象汇、三花国际、东站西子国际、港龙城、白石会展中心（规划）、白石公园（规划）、火车东站、机场快速路（在建）

专家点评

德信在东站枢纽旁打造的 TOD 复合型标杆作品，中式商业街、高级灰外立面等设计，融合现代审美与杭州城市文化特质，项目业态丰富，集地铁、住宅、商业、产业于一体，是参与并推动城市发展的重要"桥头堡"。

——刘晨光·易居克而瑞企业战略部总经理、浙江区域总经理

扫码观看楼盘详情

项目测评

【战略意义】
作为杭州（彭埠）枢纽商务区建设的首个开工项目，德信中心计划投资约 34.6 亿元，建设用地约 68.7 亩，总建筑面积约 21.6 万平方米，预计于 2023 年底前建成并投入使用。项目商业部分是"一带一路"精品商业街区项目，是江干区委牵头的重点项目。

【市场口碑】
2020 年 12 月，项目首期推出 1、2、7、8 号楼，合计 229 套可售房源，截至线上报名结束共计 810 组客户报名，中签率为 28%，开盘当日所有房源全部售罄，去化率 100%。

【区域地段】
德信中心毗邻杭州东站，择址城东新城核心区域，同时接壤武林商圈和钱江新城，并与其组成杭城发展的"黄金三角"。在钱江新城 2.0 蓝图规划中，首次提出了"二城三区"概念，城东新城被纳入钱江新城版图，未来前景可期。

【主力户型】
德信中心主力户型为建面 151 平方米四居，整体户型呈现扁平式设计，户型面宽进深达到约 1.5:1。主卧、次卧、餐客厅四开间，整体约 15 米朝南面宽。约 7.7 米超大南向双阳台连接约 41 平方米餐客厅空间，拥有更宽的中心景观视野，采光与通风良好。

【园林景观】
德信中心住宅组团绿化率约 30%，由 AECOM 担纲景观设计。项目以社区主入口过渡花园，赋予社区静谧之感，同时打造归家仪式、冥想水花园、儿童活动、会客社交等功能空间。

【自建配套】
德信中心约 3 万平方米特色商业街将以全球特色商品及艺术生活体验为主题，容纳创意、休闲、艺术文化等特色业态，打造成集商业商务、休闲娱乐、居住餐饮一体的综合性国际商业街区。

【交通出行】
德信中心位于城东新城核心区域，南临德信集团总部。与杭州东站直线距离约 400 米，与地铁 1 号和 4 号线彭埠站 B 口直线距离约 50 米，出行高效便捷。

【教育资源】
小区周边教育资源丰富：距离笕桥花园幼儿园约 600 米，距离浙江师范大学附属杭州笕文实验学校约 1.2 千米，距离杭州高级中学教育集团夏衍中学约 1.7 千米。

【购物娱乐】
德信中心位于城东新城核心，项目周边约 500 米内，享拥约百万平方米的商业配套：华润万象汇、杭州之翼、三花国际、东站西子国际、港龙城等。

【设计风格】
德信中心住宅组团运用现代极简手法，以高级灰为设计风格，采用 LOW-E 玻璃，搭配浅灰色玻璃及铝板等材质，并通过大块面玻璃和金属线条勾勒，建筑立面的竖线条干净利落，横向线条依次截分，予人简约、明快的观感。

绿城春风金沙

| 杭州 | 绿城 | 一线湖景 | 生活典范 | 绿城创新 |

项目地址：
杭州钱塘新区海达南路与天城东路交叉口

产品特征：
高层、商铺

项目规划：
占地面积：61284 平方米；容积率：2.8；总户数：1290 户

主力户型：
约 106 平方米三居、约 127~165 平方米四居

参考价格：
均价约 37500 元 / 平方米

专家点评 张凯莉·乐居杭州副主编

绿城春风金沙这种对产品规划理念近乎偏执的追求，对居住本质和生活方式的营造，造就了绿城精品住宅的品牌价值。

核心优势：

绿城春风金沙地处杭州东部一线金沙湖，是城市"智造极"的核心门户，周边聚集了龙湖天街、大剧院、金沙湖公园、希尔顿嘉悦里酒店、会展中心等城市优质资源。项目联袂境内外大师团队，以"城市资源社区化"的理念营造社区；以"一湖一街一院一园"为规划理念，打造约 16 万平方米社区和约 4000 平方米湖滨商街；约 2 万平方米中央花园，融入了洄游前庭、荷花泳池、植物图书馆、抽屉式泛会所等迭新要素；在生活服务创新上，追求"无界、成长、守护、共享"的理念，打造全周期式的社区生活方式。

杭州富力中心

| 杭州 | 富力 | 板块核心 | 地铁上盖 | 综合体 |

项目地址：
杭州余杭区文一西路与苍南路交会口南侧

产品特征：
住宅、商业、写字楼

项目规划：
占地面积约 107516 平方米；建筑面积约 74 万平方米；容积率 4.5；总户数：1922 户

主力户型：
约 118~160 平方米住宅

参考价格：
住宅均价约 34500 元 / 平方米

入选理由 张凯莉·乐居杭州副主编

项目是依托地铁枢纽站 TOD 模式，打造的未来科技城核心的典范综合体。项目筑造近 300 米超高层建筑，将重塑文一西路天际线，展呈国际都会风采。

核心优势：

杭州富力中心位于未来科技城核心，是集住宅、商业、酒店、写字楼为一体的典型综合体项目。项目为客户打造国际化的活力区域和支撑美好生活的品质空间，将中央公园景观引入项目内，以更加开放的姿态，实现区域融合共生。依托地铁枢纽站 TOD 模式，便捷的地上、地下交通网，无缝接驳 CBD 核心区。项目将引入国际品牌超奢五星级酒店，满足商旅精英人士的需求；酒店所在的近 300 米超高层建筑，将重塑文一西路天际线，展呈国际都会风采；高端写字楼、一站式购物、云端奢雅大宅等丰富业态，进一步提升区域的宜居环境与生活品质，为人们提供更丰盛的都会生活体验。

南京
市场总结

一、新房成交表现

1. 整体情况

2020年南京新房总成交超9.3万套,较2019年上涨3.3%;新房成交面积为1056万平方米,较2019年上涨7.8%;新房整体房价为25786元/平方米,较2019年上涨4.1%。

从2020年整体成交数据来看,受春节假期和之后的疫情影响,2020年2月新房成交降到冰点,之后出现大幅回升,2020年3~4月楼市可谓热闹纷呈,在银四接近尾声的时候,南京新房更是迎来开盘潮。金九银十新房市场也是铆足力气,由于2020年9月底南京楼市"疯狂上新",2020年十一小长假期间,南京新房认购量几乎和"楼市火爆期"2015年十一期间新房认购量持平,2020年12月是历年南京楼市推盘爆发期,新盘、老盘纷纷出货,在春节前掀起一波翘尾行情。

构预测,2021年房价同比涨5%,长三角涨幅靠前。

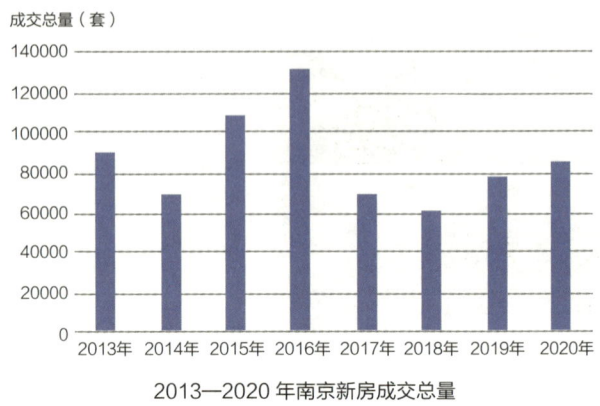

2013—2020年南京新房成交总量

2020年各月新房成交走势图

再环顾近年来南京楼市的成交数据,2016年达到了明显的高峰值,全年共成交131292套房源。2017年,南京楼市开始严格实行各项调控政策,整个楼市的成交数据呈断崖式下跌。随后,南京楼市在政策调控中平稳发展,2019年成交77823套,数据触底反弹。

2020年即便受疫情影响,开局不利,楼市还是迎头赶上,成交量创四年来新高,对于2021年楼市,有机

2. 年度走势

2020年南京新房整体房价为25786元/平方米,较2019年上涨4.1%。拆分来看,2020年2月和12月新房房价涨到28000元/平方米左右,和该时段内高价项目集中上传数据相关。

从供应量看,2020年下半年每月新房供应量基本都破万套,全年只有2020年5月和7月出现供不应求场面,进入金九银十,开发商集中放量,供求比成功破2。进入2020年12月,认购套数集中上传,尤其是河西、南部新城等高价项目频频上市,南京新房房价整体拔高。

3. 历史地位

2016—2020年,南京新房成交套数最高的为2015年,近15万套;最低的是2018年,为7.5万套;2020年为9.3万套。

二、二手房成交表现

1. 整体情况

2020年南京二手房成交超12万套,2020年6月

和9月为价格高峰期,受到疫情影响,一季度价格变化明显,二季度开始反弹,下半年房价基本稳定。

2. 年度走势

2020年南京二手房价格走势

3. 历史地位

2016年南京二手房成交共计14.5万套,2017年为9.4万套,2018年为7.8万套,2019年为11万套,2020年为12万套。从历史数据中可得出,2020年南京二手房市场行情较好。

三、政策梳理

2020年,南京出台的楼市相关政策有:

(1)夫妻离异的,任何一方自离异之日起2年内购买商品住房的,其拥有住房套数按离异前家庭总套数计算。

影响:限制了部分假离婚炒房客的购买资格,但是同时伤害了部分真离婚刚需,但是目前这个政策执行不严,是否离婚满2年不能直接调取民政局档案,纯靠买房人填写保证书。

(2)商品住宅项目向本市户籍无房家庭提供每批次不低于30%比例的房源。

影响:每批商品房均有部分房源提供给无房户,增加了无房户的中签比例。

(3)推行全装修和升级装修模式,全装修房装修标准不高于2000元/平方米,可单独配置装修包,自愿购买。

影响:装修标准虚高的问题将被解决,但是全装修交付标准只有基础配置,堪比清水样板间,同时精装包的标准不受管控。另外,南京现在有的楼盘只通知选择精装包的买房人参与选房,其余买房人无从获知开盘时间、地点,为了能够买到房,买房人只能被逼选择装修包。

(4)严格执行"限房价、竞地价"出让模式,地块出让时就限定未来房子毛坯售价,竞拍模式上,竞价达到最高限价时仍有竞价的,不再竞争人才房面积,改为通过现场摇号方式确定竞得人。

影响:未来开发商拿地不需要配建人才房移交政府,成本相对降低,不会把附加成本转移到买房人身上,开发商拿地以后纯靠运气。土储不够的房企未来可能会加大联合开发的力度。

四、土地供应

1. 出让基本情况

2020年南京成功出让217幅经营性用地(含高淳区、溧水区),揽金2056.52亿元。其中,涉宅地块137幅(含租赁用地),11个子板块地价被刷新。

2020年6月,伴随南京挂出的8幅地块(2020年宁出第07号出让公告),南京土拍出现新规则,这批地块均设定毛坯房销售限价,成为南京限房价、竞地价的首批地块。2020年全年成功出让75幅双限地块,分布在南京各大板块,截至目前,南京各板块的限价格局已呈现。

土地摇号新政后,共出让67幅涉宅地块,18幅需要摇号,其热度可见一斑。土地价格方面,2020年共诞生26幅楼面价格20000元/平方米以上地块。单价最贵的是高力河西中G02地块,楼面价42398元/平方米。总价最贵的是华发城中G05地块,总价69.1亿元。

2020年南部新城大校场板块首次出让2幅机场跑道地块,分别被华夏幸福和金地商置竞得,未来建设地铁上盖物业,含商业、办公、住宅、公寓、购物中心等多种业态,这两幅地块的出让也意味着大校场发展提速。

2. 开发商拿地情况

2020年拿地金额前三为:宝龙103.22亿元,万科81.6亿元,华夏幸福70.6亿元。2020年拿地面积前三为:宝龙50万平方米,华侨城26万平方米,天安投资22万平方米;2020年拿地宗数前三为:宝龙7幅,金地6幅,天安投资和南京地铁均4幅。

据统计,2020年南京房企拿地最多的是宝龙,共拿下7幅地块,拿地总额超100亿元,也是2020年唯一一个在南京拿地金额超百亿元的房企。其中2幅板桥的地块和旭辉联合拿下,目前2幅地块共同开发,案名定为凤汇壹品居,最快2021年1月开盘,另外4幅地块分别位于江北核心区、六合、新玄武、麒麟和尧化门板块。

而在此之前,宝龙在南京已经布局5子,分别是:高淳宝龙广场、鼓楼宝龙天地、峯汇中心、江宁金茂悦、红山宝龙艺悦酒店。加上2020年新得的六大项目,宝龙在南京的布局已全面开花,足以看出宝龙深耕南京的决心。

2020年万科分别在河西南和燕子矶拿下2幅重磅宅地,其中河西南项目打造的是万科翡翠系产品,2020年已经过2次开盘,屡开屡罄。燕子矶项目为万科光年系产品在南京的首次落地。值得一提的是,2020年伟星在方山拿下1幅宅地,由万科操盘,打造的也是光年系产品——万科四季光年。

3. 未来预估

2020年土地供应异常凶猛,预计有108个新盘集中上市。据不完全统计,2021年南京主城一共76大纯新盘有望入市,包括8个现房销售项目(2016年下半年至2018年上半年,南京施行"现房销售"政策,即在土地竞价达到最高限价的90%时,该地块所建商品住房必须现房销售)中的3个是2016年时的板块高价地,分别位于江北高新、江宁东山和河西,5个是2017年的板块高价地,分别位于六合、迈皋桥、燕子矶、禄口、河西。

另外,江北新区下半年频繁挂地,未来新房将集中供应,打破患寡不患均的现象,新房供应量提升加上核心区8成首付的要求,未来核心区热度会相对降低,可以提高中签率,给刚需和人才让路。

五、热点板块

1. 热点项目

项目方面,2020年金额前三为:融信世纪东方、中海城南公馆、苏宁檀悦。2020年面积前三为:融信世纪东方、招商雍宁府、中海城南公馆。2020年套数前三为:融信世纪东方、中海城南公馆、都会四季。

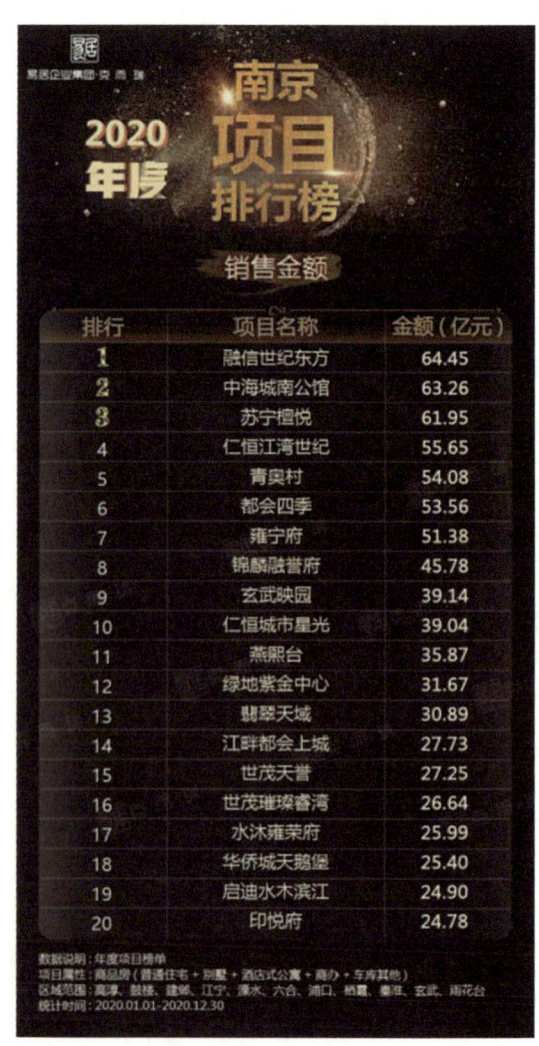

三，与主城其他板块拉开不少距离。

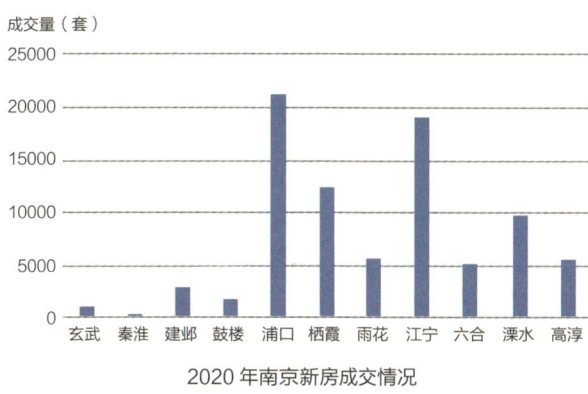

2020年南京新房成交情况

其中江宁板块开盘次数为130次排名第一，江北板块开盘次数为129次排名第二，高淳排名第三。排名最靠后的三个板块分别是仙林、城中和河西。

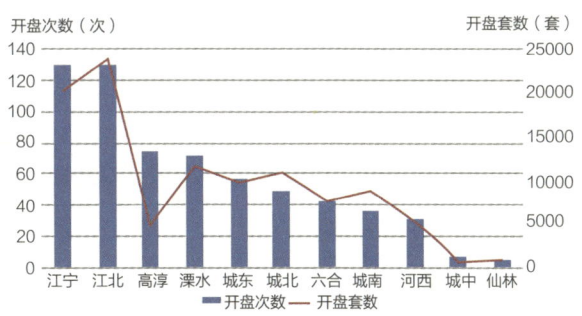

2020年各大板块开盘情况一览

另一方面，从整体楼市的供应面积、成交面积、成交均价情况来看，不同板块分化情况也十分明显。

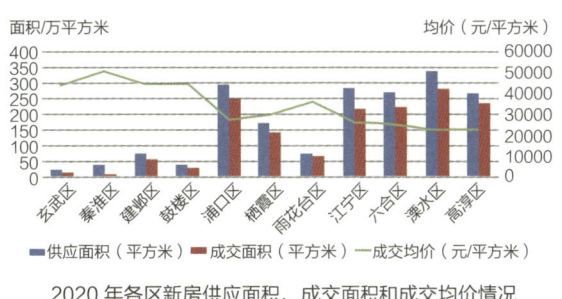

2020年各区新房供应面积、成交面积和成交均价情况

融信世纪东方是名副其实的三料冠军，融信世纪东方是仙林湖首个现房销售项目，2019年4月首开，到2020年5月收官，共经历5次开盘，五开五罄，开盘现场一度火爆。仙林湖新房稀缺，加上限价影响，融信世纪东方的价格比周边二手房低了5000元/平方米左右，可以说买房人纷至沓来。

榜单中另外一个值得提的楼盘就是中海城南公馆，项目位于铁心桥板块，周边主要以老城配套为主，项目2019年2月首开，2020年6月收官，以35000~40000元/平方米的价格成为区域破限价第一盘，尽管没有价格倒挂的利好，但是项目以自身过硬的产品力和中海品牌实力，着实获得不少良好口碑。

2. 热门板块成交量前三：浦口、江宁、栖霞

从各板块成交数据来看，两江依然是主力军，成交套数纷纷破万。其中浦口共计21149套成交房源位居第一，江宁以19103套成交房源位居第二，栖霞跃升到第

江宁一直是楼市的供货大户，2020年多个板块都有新房上市，九龙湖片区自年初"新城玖珑湖"突发上市之后终于在下半年迎来了两大纯新盘，价格在

35000~38000 元/平方米。随后东山科技住宅海玥华府以均价 32000 元/平方米上市，江宁核心区迈入改善时代，板块新房吸引了不少购买力较强的地缘客。低调许久的江宁滨江在 2020 年迎来上市量大爆发，禄口也呈现 10 余盘在售之势，两大刚需板块去库存都面临一定的压力。另外，方山大学城多盘陆续上新，由原来的刚需向刚改过渡，不过去化不尽如人意，尤其楼盘众多的方山南部，房价呈上涨趋势，周边各项配套有待加强，预计整体去化周期比较长。

2020 年，南京江北核心区多盘上新，尤其下半年，供应节奏比较快，整体中签率相较于上半年高出一些，不过依然呈供不应求之势，即使新房接连迈入"8 成首付"门槛，也没能阻挡买房人的热情，新房即开即售罄，江北自贸区去年异军突起，另外受五桥通车利好影响，该板块新房预计还将迎来一波小高潮。

六、用户心理

在特殊的 2020 年，购房者的心理产生了哪些变化？市场环境又出现了哪些新趋势？

乐居通过采访和实地调查发现，2020 年购房者的心态基本较为平稳，虽然一季度受到疫情影响，购买需求受到抑制，但是二季度开始，随着供应量的上升，楼市热度迅速起来。

如南部新城、河西、江北核心区等热门板块，往年最长时间达到半年才有 1 个楼盘上市，而 2020 年这几个热门板块新房上市速度很快，有的甚至每个月都有开盘节点，买房人表示有资金实力的基本都去摇这几个板块。随着板块的聚焦，其余板块新房和二手房相对去化较慢。但是很少出现降价卖的房东，大多都是观望状态。

另外，2020 年江北五桥通车，以后五桥去河西只要十分钟，五桥板块的楼盘到访量和成交量明显提高，有的楼盘直接封盘等今年涨价再卖，附近的二手房也是抱团涨价，但是实际为高房价买单的刚需比较少。

七、2021 年展望

受到三道红线的压力，2021 年楼盘上市速度会加快，预计新盘上市量会高于 2020 年，新房房价稳中有升，成交量也会在今年基础上有所上涨。2021 年主要的关注点还是在南部新城、河西和江北核心区，尤其是江北核心区，2021 年有 9 个新盘集中上市。除了核心区之外，关注度比较高的项目像阳光城百家湖地块、繁星荣院、万科燕子矶光年系项目、江心洲璞境等项目均备受期待。

数据来源：南京网上房地产、江苏克而瑞、金刚石数据机构。

在售楼盘一览

秦淮区

楼盘名称	价格	物业类型	主力户型
金地大成雅境	尚未公布	普通住宅、商业	尚未公布
钟山峰景	尚未公布	普通住宅、商业	四居室(118~143m²) 五居室(170m²)
首建中心	尚未公布	写字楼、商铺	尚未公布
紫合国际广场	尚未公布	写字楼、酒店式公寓、商铺	尚未公布
中冶锦绣珑湾	约52000元/m²	普通住宅	三居室(151m²) 四居室(133~215m²)
南京云上	约47500元/m²	普通住宅、商业	四居室(120~160m²)
汉中公馆	36000~40000元/m²	公寓、商住	一居室(42~60m²)
金鼎湾状元府	55162~58095元/m²	别墅	四居室(186~321m²)
越城天地中心	2300万元/套起	普通住宅、写字楼、商住、综合体	别墅(414~535m²)
金鼎湾如院	约42000元/m²	普通住宅	二居室(89m²) 三居室(127m²) 四居室(180~195m²)
雅居乐长乐渡	1360万元/套起	别墅	别墅(560m²)
泰禾南京院子	3703万~4063万元/套	别墅、商铺	五居室(460m²)
诚通龙蟠汇	约35500元/m²	公寓、写字楼、商铺	一居室(43m²) 二居室(82~88m²)

玄武区

楼盘名称	价格	物业类型	主力户型
南京玄武宝龙城	尚未公布	普通住宅	三居室(109m²) 四居室(139m²)
和昌魔法森林	尚未公布	普通住宅、商铺	尚未公布
金陵玖园	约52997元/m²	普通住宅、商业	多层住宅(140m²)
龙湖紫金原著	约49499元/m²	普通住宅	六居室(339m²)
星河国际	约43333元/m²	普通住宅	三居室(115m²) 四居室(143~180m²)
钟山颐府	33000元/m²起	普通住宅、别墅	二居室(83m²) 三居室(125m²) 四居室(174m²)
苏宁钟山朝阳府	约36000元/m²	普通住宅、别墅	三居室(146m²) 四居室(188m²)
美林墅	约26500元/m²	别墅	五居室(562m²)
钟山国际高尔夫	6800万元/套起	别墅	四居室(531.15~628.87m²)

鼓楼区

楼盘名称	价格	物业类型	主力户型
葛洲坝鼓悦兰园	约41600元/m²	普通住宅	四居室(129~131m²)
绿地紫金中心	约45360元/m²	普通住宅、公寓、商铺	一居室(43.11~67m²) 二居室(86.16~131m²) 三居室(155~158m²)
中冶盛世滨江	约38854元/m²	普通住宅、酒店式公寓	三居室(176~202m²) 五居室(380m²)
江望润府	约40709元/m²	普通住宅	四居室(130~143m²)
中海桃源铂公馆	16000~18000元/m²	写字楼	写字楼(40~60m²)
世茂璀璨滨江	约37515元/m²	普通住宅、商业	三居室(132~150m²)
深业滨江上城	约38780元/m²	普通住宅、写字楼、酒店式公寓、商铺	三居室(132~141m²) 四居室(167~172m²)

鼓楼区

楼盘名称	价格	物业类型	主力户型
南京苏宁檀悦	约50000元/m²	写字楼、酒店式公寓	三、四居室(159~239m²)
玄武湖金茂广场御景华府	约60000元/m²	普通住宅、写字楼、商铺	五居室(549m²)
金轮峰华	50000~65000元/m²	公寓、商铺	一居室(38~60m²)
龙湖紫都城	约16500元/m²	写字楼、酒店式公寓、商业	一居室(75m²)
南京越洋国际商务中心	约22000元/m²	写字楼	一居室(50m²)
花样年喜年中心	约20000元/m²	公寓、写字楼、商铺	一居室(55m²)

雨花台区

楼盘名称	价格	物业类型	主力户型
宝能翡丽河滨	尚未公布	普通住宅	三居室(93~132m²)
明阅府	尚未公布	普通住宅、商业	四居室(140~170m²)
凤汇壹品居宸园	约21862元/m²	普通住宅、商业	三居室(89m²)
凤汇壹品居璟园	尚未公布	普通住宅、商业	尚未公布
金基望樾府	尚未公布	普通住宅	四居室(143~168m²)
电建洺悦华府	约29400元/m²	普通住宅、商业	三居室(89~113m²)
金陵华夏中心文渊府	约44800元/m²	普通住宅、商业	四居室(121~173m²)
都会澜岸	约30839元/m²	普通住宅	二居室(78m²)
仁恒城市星光	44159~44878元/m²	普通住宅	三居室(100~110m²) 四居室(126~165m²)
世茂璀璨睿湾	约30839元/m²	普通住宅	三居室(95~119m²) 四居室(138m²)
南京雨花吾悦广场	约12000元/m²	酒店式公寓、商铺	一居室(62m²)
中海城南公馆(商铺)	168万元/套起	写字楼、商业	一居室(83m²) 二居室(96~118m²) 三居室(131m²)
建发紫悦广场	40000~50000元/m²	公寓、写字楼、商铺	一居室(37~43m²)
华著兰庭	46471~49456元/m²	普通住宅	三居室(100~143m²) 四居室(125~143m²)
宋都柏悦府	约26780元/m²	普通住宅、公寓、商住	三居室(92~127m²) 四居室(126~127m²)
富力星光里	约18000元/m²	公寓、商铺	一居室(37m²)
绿城云栖玫瑰园	约35000元/m²	普通住宅、别墅	三居室(108~128m²) 四居室(137~175m²)
南京城际空间站	约20000元/m²	公寓、写字楼、商铺、商住	一居室(55~65m²)
石林云城	约26075元/m²	普通住宅、别墅、商铺	三居室(89~129m²) 四居室(143m²) 跃层(128~168m²)
彰泰观南府	约34080元/m²	普通住宅	三居室(96m²) 四居室(128m²)
中海雨花中心	约13500元/m²	写字楼	一居室(108m²)
德轩置业中心	约30000元/m²	写字楼、商业	写字楼(42m²)
天合广场	约30000元/m²	写字楼	写字楼(118~1800m²) 商铺(53~72m²)
云树公馆	约33000元/m²	公寓、写字楼、商铺	一居室(35m²) 三居室(70m²)
星叶欢乐城	约25500元/m²	普通住宅、商业	三居室(90~130m²)
云澜尚府	约44780元/m²	普通住宅	四居室(168~228m²)

栖霞区			
楼盘名称	价格	物业类型	主力户型
宝能滨江府	尚未公布	酒店式公寓、商住	三居室 (93~140m²)
苏宁世茂璀璨云著	约 28700 元/m²	普通住宅	三居室 (87~115m²)
半山云邸	尚未公布	普通住宅	四居室 (121~123m²)
佳兆业燕然居	约 34100 元/m²	普通住宅	三居室 (120m²) 四居室 (140~170m²)
南京仙林智谷	尚未公布	写字楼	二居室 (199~216m²)
仙林苏宁广场	尚未公布	写字楼、商铺	尚未公布
东南仙林青年汇	尚未公布	商住	尚未公布
瑜憬尚府	尚未公布	普通住宅	尚未公布
万科燕语光年	尚未公布	普通住宅	三居室 (89~118m²) 四居室 (130m²)
迈上品院	尚未公布	普通住宅	尚未公布
紫金悦峯	尚未公布	普通住宅	尚未公布
华侨城翡翠天域	约 25131 元/m²	普通住宅、商铺	三居室 (90~115m²) 四居室 (130~138m²)
江悦润府	约 28280 元/m²	普通住宅	二居室 (76m²) 三居室 (89~105m²)
紫樾府	27433~27973 元/m²	普通住宅	二居室 (75m²) 三居室 (89~110m²)
燕熙台	约 31900 元/m²	普通住宅	三居室 (95~107m²) 四居室 (128~143m²)
中骏东原璟阅	约 17750 元/m²	普通住宅、商铺	三居室 (95~105m²) 四居室 (125m²)
锦麟融誉府	约 34908 元/m²	普通住宅、商铺	三居室 (96~109m²) 四居室 (129~143m²)
华发华润置地万象天地	23000~26000 元/m²	酒店式公寓	一居室 (37m²) 二居室 (46m²)
融信世纪东方	约 23188~35888 元/m²	普通住宅	三居室 (88~133m²) 四居室 (143m²)
融信青澜	约 27889 元/m²	普通住宅、商业	三居室 (89m²)
栖霞鲁能公馆	约 32000 元/m²	普通住宅	三居室 (89~129m²) 四居室 (143m²)
蓝光雍锦逸境府	约 27200 元/m²	普通住宅、商铺	三居室 (84~103m²)
弘阳栖尧美著	约 27571 元/m²	普通住宅	二居室 (75m²) 三居室 (89~105m²)
山语隽府	约 26400 元/m²	普通住宅	三居室 (89m²) 四居室 (119~133m²)
水沐雍荣府	约 32000 元/m²	普通住宅	三居室 (89~112m²) 四居室 (137m²)
恒大云玺华庭	29807~31433 元/m²	普通住宅	二居室 (79~82m²) 三居室 (137m²)
滨江孔雀城	约 18394 元/m²	普通住宅	三居室 (88~105m²)
正荣悦东府	约 20034 元/m²	普通住宅	二居室 (79m²) 三居室 (89m²) 四居室 (98~118m²)
荣盛花语馨城	约 17750 元/m²	普通住宅	二居室 (75m²) 三居室 (85~95m²) 四居室 (118m²)
绿地万科云都会	约 38000 元/m²	公寓、写字楼、商铺	一居室 (30m²)
创源龙樾	约 15500 元/m²	普通住宅	二居室 (85~88m²) 三居室 (103~119m²) 四居室 (139~141m²)
南京万达茂	14800 元/m² 起	普通住宅、公寓、写字楼、商铺	二居室 (100m²) 三居室 (111m²) 四居室 (140m²)
招商 1872 i-park 公寓	约 23000 元/m²	普通住宅、商业	一居室 (48~58m²)
峯汇中心	70~80 万元/套	商业	一居室 (35~42m²)
金科博翠花园	约 33696 元/m²	普通住宅	三居室 (95~115m²)
仁恒公园世纪	约 38900 元/m²	普通住宅	二居室 (103~130m²) 三居室 (152~157m²)

栖霞区			
楼盘名称	价格	物业类型	主力户型
翠屏水晶广场	16000~19000 元/m²	公寓、写字楼	一居室 (33m²)
金浦御龙湾	约 26799 元/m²	普通住宅、商铺	二居室 (87~109m²) 三居室 (139m²)
苏宁名都花园	约 17500 元/m²	普通住宅、公寓	一居室 (42.71m²)
大地伊丽雅特湾	约 27000 元/m²	普通住宅	二居室 (78m²) 三居室 (104~121m²)
万象天地四季	34815~36224 元/m²	普通住宅	三居室 (125m²) 四居室 (140~143m²)
复地御钟山	约 40000 元/m²	普通住宅	三居室 (185m²) 四居室 (235m²)

建邺区			
楼盘名称	价格	物业类型	主力户型
颐和源璟	尚未公布	普通住宅	三居室 (115~125m²) 四居室 (143~188m²)
璞境	尚未公布	普通住宅	四居室 (143~166m²)
海玥万物	尚未公布	普通住宅	五居室 (240m²)
胜科国际水务中心	尚未公布	写字楼	尚未公布
正太中心	尚未公布	写字楼	尚未公布
南京环球贸易广场	尚未公布	写字楼、商铺	尚未公布
葛洲坝五矿金陵府	尚未公布	普通住宅、别墅、酒店式公寓、商铺	尚未公布
颐和铂湾	尚未公布	普通住宅	三居室 (116m²) 四居室 (133~168m²)
正荣中心	约 34000 元/m²	酒店式公寓、商铺	一居室 (40m²) 二居室 (44~45m²) 三居室 (75m²)
龙湖时代上城	100 万元/套起	公寓、商铺	一居室 (37~63m²)
河西汇峯中心	28000~32000 元/m²	公寓、写字楼、商业	二居室 (55m²)
滨江ONE	约 55156 元/m²	普通住宅	五居室 (384m²)
万科翡翠滨江	约 55495 元/m²	普通住宅	四居室 (143~230m²) 六居室 (380m²)
荣盛江天瓴筑	约 47800 元/m²	普通住宅	四居室 (246~301m²) 五居室 (278~366m²) 六居室 (385~532m²)
南京世茂天誉	约 49200 元/m²	普通住宅、公寓、商住	一居室 (83m²) 三居室 (210m²)
河西金茂府	约 52000 元/m²	普通住宅	三居室 (140~180m²)
葛洲坝南京中国府	约 64000 元/m²	普通住宅	四居室 (190~290m²)
江湾时代花园	约 47869 元/m²	普通住宅	四居室 (143~183m²)
金地中心菁华	约 30000 元/m²	公寓、商铺、商住	一居室 (33~56m²)
华润置地鱼嘴润府	约 39799 元/m²	普通住宅	三居室 (100~120m²) 四居室 (143~166m²)
南京青奥村	约 38001 元/m²	公寓	二居室 (93~95m²) 三居室 (151~156m²) 四居室 (216m²)
建邺吾悦广场	约 29800 元/m²	酒店式公寓、商住	一居室 (44m²) 二居室 (55~61m²)
仁恒江湾世纪	40863~55425 元/m²	普通住宅、综合体	三居室 (129~179m²)
升龙汇金中心	28000~32000 元/m²	公寓、写字楼	一居室 (45~54m²) 二居室 (90~91m²)
金奥缤润汇平层	约 28000 元/m²	公寓、酒店式公寓	一居室 (70m²) 二居室 (49~115m²)
升龙桃花园著	约 38499 元/m²	别墅、综合体	三居室 (149~290m²)
涟城	约 22000 元/m²	普通住宅、别墅、写字楼、酒店式公寓	写字楼 (350m²)

建邺区			
楼盘名称	价格	物业类型	主力户型
涵碧楼	约40000元/m²	公寓	一居室(130m²)
德基世贸壹号	约36600元/m²	公寓、写字楼	一居室(75~107m²) 二居室(143~151m²)
紫辉时代广场	约42500元/m²	普通住宅、写字楼、酒店式公寓	三居室(113~132m²)
厦门建发珺和府	约49500元/m²	普通住宅	四居室(120~180m²)
碧瑶花园	尚未公布	普通住宅	二居室(88.32~109m²)

江宁区			
楼盘名称	价格	物业类型	主力户型
伟星万科四季光年	尚未公布	普通住宅、商住、商业	尚未公布
中海方山印	尚未公布	普通住宅	三居室(105~107m²) 四居室(127~141m²)
新城云漾滨江	尚未公布	普通住宅	二居室(75m²) 三居室(85~100m²) 四居室(125m²)
麒麟宝龙广场	尚未公布	公寓、写字楼、商业	尚未公布
雅居乐雅郡兰庭	尚未公布	普通住宅	二居室(76m²) 三居室(89~105m²)
山和宸园	约27195元/m²	普通住宅	三居室(89~105m²) 四居室(139m²)
红豆香江华府	尚未公布	普通住宅	尚未公布
上元府	尚未公布	普通住宅	尚未公布
中北三盛汝悦铭著	约19800元/m²	普通住宅	三居室(89~100m²) 四居室(119m²)
和昌绿地新悦湾	约19102元/m²	普通住宅	二居室(84m²) 四居室(110m²)
景枫城市山谷	尚未公布	别墅	尚未公布
泰禾青龙湖项目	尚未公布	别墅	尚未公布
远洋万和方山望	尚未公布	普通住宅	三居室(89~108m²)
德信星宸	尚未公布	普通住宅	三居室(89~107m²)
凤溪苑	尚未公布	普通住宅	尚未公布
紫星荣院	尚未公布	普通住宅	尚未公布
南京未来网络小镇	尚未公布	写字楼	尚未公布
汇鸿百家湖项目地块	尚未公布	普通住宅	尚未公布
银城汤山项目	尚未公布	别墅	尚未公布
利源浅水湾	尚未公布	别墅	尚未公布
保利伴湖院	21863~28464元/m²	普通住宅	三居室(88~105m²) 四居室(120~125m²)
江宁金茂悦	约25600元/m²	普通住宅	三居室(89~132m²) 四居室(142m²)
华发紫麒府	约31098元/m²	普通住宅	三居室(115m²) 四居室(135m²)
江宁孔雀城紫樾澜庭	约18500元/m²	普通住宅	三居室(87~105m²)
汤山温泉康养小镇	约24500元/m²	普通住宅、商业	二居室(91~99m²) 三居室(158~218m²) 四居室(265m²)
深业青麓上居	约26278元/m²	普通住宅	三居室(88~106m²) 四居室(118m²)
美的建发润锦园	约30493元/m²	普通住宅、商铺	三居室(90~113m²) 四居室(140m²)
中海云麓公馆	约19500元/m²	普通住宅	二居室(80m²) 三居室(95m²) 四居室(118m²)
鲁能硅谷公馆	约22000元/m²	普通住宅	三居室(89~128m²)
新保弘领东苑	约30195元/m²	普通住宅、商铺	三居室(89~110m²) 四居室(128~144m²)
荣盛隽峰雅苑	约22969元/m²	普通住宅	三居室(115~156m²) 四居室(130m²)
五矿澜悦溪山	约30645元/m²	普通住宅	三居室(96~107m²) 四居室(127m²)

江宁区			
楼盘名称	价格	物业类型	主力户型
中南上悦花苑	约26277元/m²	普通住宅	二居室(87~99m²) 三居室(115m²)
联发云启	约23540元/m²	普通住宅	三居室(98~125m²)
深业青珑上府	约29862元/m²	普通住宅	三居室(98~127m²)
中锐星棠府	约17000元/m²	普通住宅	三居室(88m²) 四居室(105~115m²)
融信秦尚栖庭	约33740元/m²	普通住宅	三居室(103m²) 四居室(122~137m²)
龙湖水晶郦城	约19845元/m²	普通住宅、公寓	三居室(83~103m²) 四居室(125m²)
碧桂园若水雅苑	约20685元/m²	普通住宅	三居室(109m²) 四居室(125m²)
璟悦名邸	约26723元/m²	普通住宅、写字楼、商业	二居室(77m²) 三居室(94~122m²)
中骏融信雍景台(承露园)	约20100元/m²	普通住宅、酒店式公寓、商住	三居室(100m²)
绿地理想城	约23000元/m²	普通住宅、公寓、酒店式公寓、商铺	二居室(38~83m²) 三居室(89~122m²)
银城旭辉上淮铂悦府	470万元/套	普通住宅	别墅(126~231m²)
葛洲坝融创紫郡府	约31500元/m²	普通住宅、别墅	别墅(213~308m²)
蓝光睿创新筑	约28097元/m²	普通住宅	三居室(99~109m²) 四居室(129m²)
都会学府	约26278元/m²	普通住宅	三居室(98~105m²) 四居室(129m²)
奥园金基天著尚居	约19803元/m²	普通住宅、商业	三居室(85m²) 四居室(99~118m²)
紫京云筑	约38200元/m²	普通住宅、商住	三居室(120m²) 四居室(140~170m²)
远洋山水	约18904元/m²	普通住宅、酒店式公寓	三居室(93~108m²) 四居室(135~148m²)
城市星徽名苑	约31943元/m²	普通住宅、写字楼、商业	三居室(89~116m²) 四居室(124~165m²)
东亚共享大厦	约19900元/m²	酒店式公寓	一居室(63m²)
正荣润岚府	约29494元/m²	普通住宅	四居室(122~142m²)
樾山林语	约32450元/m²	普通住宅	三居室(123m²) 四居室(133~142m²)
武夷绿洲商业广场	约23685元/m²	酒店式公寓	二居室(105m²)
佳兆业弘阳云溪璟园	约20496元/m²	普通住宅	三居室(85~105m²) 四居室(122m²)
招商正荣东望府	约17000元/m²	普通住宅、公寓、自住型商品房	一居室(35m²)
悦禧苑	约35799元/m²	普通住宅、别墅、商铺	四居室(140~240m²)
海玥华府	约32780元/m²	普通住宅、商铺、商住	三居室(98~117m²) 四居室(135~143m²)
中海龙湾U-LIVE公寓	约28600元/m²	公寓、写字楼、商业	一居室(30~39m²)
保利金地湖光晨樾	约24376元/m²	普通住宅、别墅、商铺	三居室(90m²) 四居室(105~115m²) 别墅(115~190m²)
琉金街区	13000~16000元/m²	商业	二居室(40~70m²)
融创玖溪桃花源	约28500元/m²	别墅	四居室(254.94~264.19m²) 五居室(277.05m²) 别墅(532m²)
汤山玉兰公馆	约21399元/m²	普通住宅	三居室(90~125m²)
融信铂岸中心	约20000元/m²	写字楼	写字楼(34~56m²)
梁台煦府	11062~16986元/m²	普通住宅、别墅	二居室(87.62m²) 三居室(96.98~106.97m²)
联发翡翠方山	约31018元/m²	普通住宅、别墅	四居室(141m²) 五居室(156~241m²)

江宁区

楼盘名称	价格	物业类型	主力户型
熙悦	约30195元/m²	普通住宅	三居室(89~130m²)
星叶枫庭	约27970元/m²	普通住宅、商铺	三居室(89~117m²)
碧桂园湖光山色	27542~41443元/m²	别墅	别墅(283m²)
龙湖春江郦城	约29498元/m²	普通住宅、别墅、酒店式公寓	三居室(115m²)
翠屏滟紫台	约35000元/m²	普通住宅、别墅	三居室(185~231m²) 四居室(265m²) 五居室(293m²)
麒麟山庄	约16000元/m²	普通住宅、别墅、自住型商品房	一居室(69m²) 二居室(104m²) 三居室(123m²)
融汇时代中心	约28900元/m²	写字楼、商铺	商铺(44~52m²)
淳东花园	约17892元/m²	普通住宅	二居室(88.57~93.8m²) 三居室(105.95m²)
德信烟岚云庄	25860元/m²	普通住宅	三居室(228~236m²)
金长城国际大厦	约29000元/m²	写字楼、酒店式公寓	二居室(60m²)
中骏合景柏景湾	约20400元/m²	普通住宅	三居室(85~108m²)
上东逸境	约24000元/m²	普通住宅	二居室(75m²) 三居室(89~102m²)
三巽如意郡	约20500元/m²	普通住宅	三居室(78m²) 四居室(90~108m²)
金轮双子星	26000~28000元/m²	酒店式公寓、商铺	商铺(52m²)
中建烟岚府	约22910元/m²	普通住宅	三居室(170~220m²)
富力十号往来	780万元/套起	别墅、商住	四居室(377m²) 五居室(378~406m²) 六居室(427m²)
21世纪太阳城银座	约29500元/m²	普通住宅	二居室(99.5~111.28m²) 三居室(137.92m²)
碧桂园泊云间	约32000元/m²	普通住宅	三居室(125m²)
Mix悦享家	约21000元/m²	酒店式公寓	一居室(51m²)
朗诗玲珑郡	约25599元/m²	普通住宅	三居室(88~124m²)
东城金茂悦Ⅱ期	约25520元/m²	普通住宅、商铺	三居室(89~119m²)
汤山颐和府	约22370元/m²	普通住宅	二居室(89m²) 三居室(117~127m²)
武夷凌云公馆	约26280元/m²	普通住宅、公寓、写字楼	一居室(63~65m²)
元枫国际	约16000元/m²	写字楼	写字楼(110~137m²)
绿地缤纷荟	约31432元/m²	公寓、商铺	商铺(29~143m²)
温尚科技中心	约14000元/m²	写字楼、商铺	写字楼(66~212m²) 商铺(58~82m²)
恒大林溪郡	18477~21572元/m²	普通住宅	三居室(113~132m²)
山与墅	24709~26809元/m²	别墅	别墅(260~440m²)
峰拓时代广场	39994~40961元/m²	商铺	商铺(62m²~150m²)
红豆香江华庭	约19468元/m²	普通住宅、商铺	三居室(79~85m²) 四居室(110m²)
绿城深蓝	约29308元/m²	普通住宅	三居室(97~136m²) 四居室(139~173m²)
蓝天慧融花园	约20693元/m²	普通住宅	二居室(78m²) 三居室(90m²) 四居室(109~110m²)
美的雍翠园	约13500元/m²	普通住宅	三居室(89m²)
融侨观澜	25259~26526元/m²	普通住宅	二居室(80~98m²) 三居室(122~135m²)
蓝天星港	约17700元/m²	普通住宅	三居室(83~87m²)

江宁区

楼盘名称	价格	物业类型	主力户型
绿城南京桃花源	约34050元/m²	别墅	别墅(320~580m²)
万宇汽车博览中心	约16000元/m²	商铺	商铺(36~120m²)
恒建金陵美域	约13562元/m²	普通住宅	二居室(89m²) 三居室(91~106m²)
富力十号郦墅	约14000元/m²	别墅、商住	四居室(377m²) 五居室(378~406m²) 六居室(427m²)
富力水街坊	15000~17000元/m²	公寓、商铺	三居室(46~92m²)
南京九间堂	2700万元/套起	别墅	别墅(877m²)
牧龙原墅	1100万元/套起	别墅	别墅(557m²)
瑞景叶泊蓝山	700万元/套起	别墅	别墅(310~392m²)
瑞翠翠湖山	720万元/套起	公寓、别墅	别墅(370~470m²)
中粮悦天地	约20000元/m²	写字楼、酒店式公寓、商业	一居室(35~38m²)
中南棉花塘	约21000元/m²	商铺	商铺(40~230m²)
汤城东郡广场	16000~18000元/m²	公寓、酒店式公寓、商住	一居室(40m²)
鸿信云深处	1500万元/套起	别墅	别墅(550m²)
金轮星际中心	约28060元/m²	商住	一居室(30m²)

浦口区

楼盘名称	价格	物业类型	主力户型
三松仁里	尚未公布	公寓、写字楼、酒店式公寓、商铺	二居室(48~65m²)
绿地金茂国际金融中心	尚未公布	写字楼、商铺	尚未公布
琥珀壹号	尚未公布	酒店式公寓	二居室(88m²)
融创桃花源	尚未公布	普通住宅、别墅	三居室(340~410m²)
通宇林景博园	尚未公布	普通住宅、别墅	尚未公布
南京紫光芯云中心	尚未公布	综合体	尚未公布
北外滩水城滨江雅园	约21500元/m²	普通住宅	二居室(88m²) 三居室(115~127m²)
水沐云筑	约21700元/m²	普通住宅	三居室(89~115m²)
江畔都会上城	约31307元/m²	普通住宅、公寓、商业	三居室(89~129m²) 四居室(140m²)
锦绣樾江府	约27200元/m²	普通住宅、商住、商业	三居室(112m²) 四居室(128m²)
融侨誉江	约31925元/m²	普通住宅	三居室(89~108m²) 四居室(125m²)
金隅紫京叠院	约30199元/m²	普通住宅	三居室(100~125m²) 四居室(130~170m²) 别墅(251~256m²)
正荣润棠府	30125~30323元/m²	普通住宅	三居室(89~105m²)
中交锦度	约28400元/m²	普通住宅、商业	二居室(79m²) 三居室(89~125m²) 四居室(140m²)
花语熙岸府	约41600元/m²	普通住宅	三居室(97~117m²) 四居室(138~140m²)
都会诚品	约27966元/m²	普通住宅	三居室(89~105m²)
望江悦府	约30080元/m²	普通住宅	二居室(76m²) 三居室(89~115m²)
龙湖春江悦茗	约28000元/m²	普通住宅	三居室(89~118m²)
江畔月明府	约30586元/m²	普通住宅、商业	三居室(89~109m²) 四居室(116m²)
雅居乐汇港城	约27494元/m²	普通住宅、综合体	三居室(91~122m²) 四居室(142~199m²)
中海原山	约29500元/m²	普通住宅	四居室(122~124m²)
江山大境	约27096元/m²	普通住宅、别墅	三居室(85~119m²) 四居室(128m²) 跃层(140~321m²)

浦口区			
楼盘名称	价格	物业类型	主力户型
融侨观邸	约25500元/m²	普通住宅、别墅	三居室 (88~142m²)
世茂璀璨江山	约26700元/m²	普通住宅	三居室 (95~125m²) 四居室 (143m²)
启迪水木滨江	31134~32187元/m²	酒店式公寓、综合体	三居室 (98~130m²) 四居室 (140m²)
招商雍宁府	约29367元/m²	普通住宅	三居室 (99~121m²)
滨江嘉品	约30000元/m²	普通住宅	三居室 (89~108m²) 四居室 (125m²)
宝隆时代广场	约15500元/m²	写字楼、商铺	三居室 (53~62m²)
金象朗诗红树林	约28915元/m²	普通住宅、商铺	二居室 (78m²) 三居室 (89~120m²) 四居室 (129~143m²)
花样年花好园	约28179元/m²	普通住宅	三居室 (89~116m²)
时光泊月	约18989元/m²	普通住宅	三居室 (87~119m²)
大华锦绣和樾	约31628元/m²	普通住宅	三居室 (89~109m²) 四居室 (128m²)
西江瑞府	约27200元/m²	普通住宅	二居室 (75m²) 三居室 (89~114m²)
栖樾府	约34157元/m²	普通住宅	三居室 (96~104m²) 四居室 (116~134m²)
佳源玖棠府	约30300元/m²	公寓、写字楼、商住、商业	三居室 (89~113m²) 四居室 (132m²)
金地风华国际	约30500元/m²	普通住宅	三居室 (97~126m²)
德盈龙华国际广场	约30693元/m²	普通住宅、综合体	一居室 (37m²) 二居室 (63m²) 三居室 (98~123m²)
扬子江金茂悦	约31800元/m²	普通住宅	一居室 (34~54m²)
仁恒凤凰山居	约26000元/m²	别墅	四居室 (306~340m²)
通宇林语山墅	28000~39141元/m²	别墅	别墅 (412.93~532.79m²)
印悦府	约23985元/m²	普通住宅、商铺	三居室 (89~137m²)
银城颐居悦见山	27639~30939元/m²	普通住宅、别墅	二居室 (89m²) 三居室 (115~140m²)
中建国熙公馆	约29250元/m²	普通住宅、商铺	三居室 (89~110m²) 四居室 (125m²)
弘阳燕澜七缙	约26128元/m²	普通住宅、公寓	四居室 (125~249m²)
北京城建西华龙樾	约22429元/m²	普通住宅	二居室 (100~126m²) 三居室 (146~160m²) 四居室 (230m²)
恒大溪山公馆	约29468元/m²	普通住宅、别墅	别墅 (113~238m²)
颐居江山荟	约27980元/m²	普通住宅	三居室 (81.44~89.9m²) 四居室 (119.87~140.37m²)
三金鑫宁府	约25598元/m²	普通住宅	三居室 (103m²) 四居室 (127m²) 五居室 (150m²)
正源尚峰尚水	17150~25000元/m²	别墅	二居室 (185m²)
雅居乐滨江国际	约23000元/m²	普通住宅	六居室 (502~680m²)
万江共和新城	约22908元/m²	普通住宅	二居室 (86~103m²) 三居室 (122~143m²)
扬子江金茂悦·领寓A5	约20000元/m²	公寓	一居室 (34m²)
润辰府	约32592元/m²	普通住宅	四居室 (99~130m²)
弘阳尚上悦苑	约29250元/m²	普通住宅、商业	三居室 (88~101m²)
路易庄园	35900~39800元/m²	别墅	别墅 (309~355m²)
江畔国际	约25129元/m²	普通住宅	一居室 (47m²) 二居室 (74m²)
悦江府	约29100元/m²	普通住宅、商铺	二居室 (75m²) 三居室 (95~110m²)

浦口区			
楼盘名称	价格	物业类型	主力户型
明发银河城	约15000元/m²	写字楼	写字楼 (60m²)
中建熙元府	约27000元/m²	普通住宅、商业	三居室 (95~115m²) 四居室 (128~142m²)
林景象山墅院	28000~39000元/m²	别墅	别墅 (424~724m²)
恒通国际	约11900元/m²	别墅、写字楼	四居室 (146.98m²) 三居室 (122.98m²) 二居室 (99.01m²)
通宇林景尊园	约27300元/m²	普通住宅	二居室 (88.64~93.63m²) 三居室 (105.09~119.21m²)
星悦城	12000~13000元/m²	写字楼	一居室 (35m²) 二居室 (45m²)
金地保利风华府	约26700元/m²	普通住宅、别墅	二居室 (90~95m²) 三居室 (120m²)
明发阅山居	约29000元/m²	普通住宅	三居室 (98m²) 四居室 (137~206m²)
明发国际商业中心	约16500元/m²	写字楼、酒店式公寓、商铺、商住	二居室 (47~62m²)
保利云禧	约28120元/m²	普通住宅	二居室 (88m²) 三居室 (89~127m²)
通宇林景蘭园	约28118元/m²	普通住宅	三居室 (89~123m²)
通宇林景紫园	约28119元/m²	普通住宅、商铺	三居室 (90~125m²)
星智汇商务花园	约12188元/m²	写字楼	写字楼 (550m²)
明发香山花园	约26075元/m²	普通住宅	三居室 (87~128m²) 四居室 (138m²)
明发财富大厦	13500~17500元/m²	酒店式公寓、商住	一居室 (38.09~69m²)
扬子科创总部基地	约12000元/m²	写字楼、酒店式公寓、商铺、商住	写字楼 (300m²)
东方万汇城	约17000元/m²	公寓、写字楼、综合体	一居室 (34m²) 二居室 (52~53m²)
江岸景城	约15000元/m²	普通住宅、商铺	二居室 (79~82m²) 三居室 (97~110m²)
帝景观云	约34800元/m²	普通住宅、别墅、商铺	别墅 (300~380m²)
珍珠泉9号	300万元/套起	别墅	别墅 (313.8~425.55m²)
佛手湖森林庄园	尚未公布	别墅	尚未公布
江畔都会上城	约21000~31307元/m²	住宅、公寓、商业	三居室 (108m²) 四居室 (140m²) 公寓 (35m²)
北江锦城	约28000元/m²	普通住宅	二居室 (90~101m²)
山水云房	约23000元/m²	普通住宅、别墅	三居室 (112~122m²)
山河水花园	500万元/套起	别墅	别墅 (529.4m²)
云江印月花园	约32100元/m²	普通住宅	三居室 (103m²) 三居室 (123m²)
金基九月森林	34308~40510元/m²	别墅	四居室 (330m²)

六合区			
楼盘名称	价格	物业类型	主力户型
和棠瑞府	约17500元/m²	普通住宅	二居室 (79.61m²) 三居室 (88.7~103.9m²)
景瑞熙棠里	20000~140000元/m²	普通住宅、商铺、商业	商铺 (30~80m²)
蓝湖庭	17653~17923元/m²	普通住宅、商铺	三居室 (98~111m²) 四居室 (120~133m²)
龙池映	约20359元/m²	普通住宅	三居室 (96~112m²)
卓越蔚蓝星宸苑	约17500元/m²	普通住宅、商业	三居室 (86~89m²)
南京恒大养生谷	14017~14300元/m²	普通住宅	二居室 (83m²) 三居室 (100~146m²) 四居室 (139m²)

六合区			
楼盘名称	价格	物业类型	主力户型
荣盛鹭岛荣府	约12069元/m²	普通住宅	二居室(76m²) 三居室(95~118m²)
上棠颐和府	约18108元/m²	普通住宅	三居室(88~120m²) 四居室(120m²)
远洋棠悦山水	约13600元/m²	普通住宅	三居室(90m²) 四居室(144~228m²)
云梦尚品	约12513元/m²	普通住宅	三居室(125m²) 四居室(128~143m²)
荣鼎幸福城	约12680元/m²	普通住宅	二居室(83~110m²) 三居室(102m²)
泉悦春风居	19549~34253元/m²	别墅	别墅(123~218m²)
揽湾玖筑	约15900元/m²	普通住宅	二居室(72m²) 三居室(86~107m²)
保利观棠和府	约18590元/m²	普通住宅	三居室(89~101m²)
荣盛莱湖书苑	约17116元/m²	普通住宅	二居室(75m²) 三居室(89~95m²)
茉里	约10850元/m²	普通住宅	三居室(90~108m²)
荣盛昱龙府	约17842元/m²	普通住宅	三居室(99~125m²) 四居室(139~147m²)
荣耀府	约9499元/m²	普通住宅	三居室(90~119m²)
中海棠城公馆	17845~19012元/m²	普通住宅	四居室(114~119m²)
保利荣盛合悦	约16446元/m²	普通住宅、别墅	三居室(88~132m²) 四居室(270m²)
嘉恒有山	12500~15800元/m²	普通住宅	三居室(89.19~142m²)
郦湖美墅	约15963元/m²	别墅	四居室(181~238m²) 五居室(247~270m²) 六居室(422~535m²)
东骏悦府	约1200元/m²	普通住宅、公寓、商铺	一居室(53~54m²) 二居室(79~86m²)
六合万达广场	约15000元/m²	公寓、商铺	三居室(99~105m²)
君悦花园	约12600元/m²	普通住宅、商铺	二居室(89m²) 三居室(116~144m²)
金牛湖半岛	570万元/套起	公寓、别墅	一居室(60~72m²) 二居室(109m²)
石林中心城	约13800元/m²	普通住宅	二居室(54~65m²) 三居室(118~126m²) 四居室(158~170m²)
龙海骏景	约15800元/m²	普通住宅、商铺	二居室(91.67m²) 三居室(116.8~141.9m²)
福基凤滨嘉园二期	约17000元/m²	普通住宅	二居室(89m²) 三居室(95m²)
亚泰兰语苑	约12800元/m²	普通住宅、商业	三居室(87~99m²) 四居室(140m²)

高淳区			
楼盘名称	价格	物业类型	主力户型
梧桐公馆	尚未公布	普通住宅	尚未公布
恒泰悦熙台	尚未公布	普通住宅	尚未公布
三巽和悦风华	约10800元/m²	普通住宅	三居室(120m²) 四居室(138m²)
高淳经开区地块	尚未公布	尚未公布	尚未公布
金浦高淳G03地块	尚未公布	尚未公布	尚未公布
华宸院	约14488元/m²	普通住宅	三居室(98~120m²) 四居室(140~165m²)
固城湖金茂逸墅	约12269元/m²	普通住宅、商铺	三居室(90~98m²) 四居室(128~138m²)
三巽和悦澜庭	约12619元/m²	普通住宅	二居室(100~110m²) 四居室(125~130m²)
三巽和悦江南	约10630元/m²	普通住宅	三居室(120m²) 四居室(138m²)
高淳孔雀城湖畔澜庭	约12296元/m²	普通住宅	三居室(113~220m²) 四居室(134~260m²)
睦水香邻	约12000元/m²	普通住宅	三居室(100~125m²) 四居室(140m²)

高淳区			
楼盘名称	价格	物业类型	主力户型
高淳雅园	约16959元/m²	普通住宅	二居室(80m²) 三居室(91~122m²) 四居室(140~165m²)
平澜府	约12749元/m²	普通住宅、别墅	三居室(115~216m²) 四居室(136~250m²)
高淳宝龙广场	约11600元/m²	普通住宅、写字楼、商铺	四居室(143m²)
中交荣域家园	约11256元/m²	普通住宅、商铺、商业	二居室(96m²) 三居室(120m²) 四居室(139~145m²)
融创中南御园	约11000元/m²	普通住宅	三居室(125~207m²)
海尔产城创双湖壹号公馆	11980~16630元/m²	普通住宅、别墅	三居室(130m²) 四居室(132~320m²)
高淳雅居乐花园	约7500元/m²	普通住宅、商铺	三居室(90~136m²)
海伦堡璟和府	约11099元/m²	别墅	三居室(110m²) 四居室(125m²)
东骏名府	约8634元/m²	普通住宅	二居室(86~90m²)
海伦堡璟文府	约11000元/m²	普通住宅	三居室(110~125m²)
美临香逸	约11720元/m²	普通住宅	三居室(109m²) 四居室(135~141m²)
金轮水映华庭	约11960元/m²	普通住宅	三居室(88~112m²)
卓越浅水湾	约11088元/m²	普通住宅、别墅	三居室(95m²) 四居室(120m²)
紫晶美域	约8443元/m²	普通住宅	二居室(84m²) 三居室(96~118m²) 四居室(128m²)
东方公馆	约8268元/m²	普通住宅	二居室(85m²) 三居室(110~130m²)
五洲万家广场	约8981元/m²	普通住宅	三居室(95~115m²)
垾领城市街区	约6527元/m²	普通住宅	二居室(74~87m²) 三居室(95~120m²)
双湖星城	约7603元/m²	普通住宅	三居室(122m²)
双富嘉园	约7997元/m²	别墅	五居室(258m²)

溧水区			
楼盘名称	价格	物业类型	主力户型
雅居乐星汇天际	尚未公布	普通住宅	尚未公布
空港新都孔雀城月鹭府	约12600元/m²	普通住宅	三居室(99~108m²) 四居室(121m²)
中交锦合	约15710元/m²	普通住宅	三居室(96~127m²) 四居室(143~162m²)
创维文汇苑	约9094元/m²	普通住宅	三居室(89~111m²) 四居室(128~150m²)
熹樾	约16180元/m²	普通住宅	三居室(105~140m²) 四居室(143~165m²)
卓越景枫蔚蓝郡	约11857元/m²	普通住宅、写字楼、商业	三居室(89~107m²) 四居室(142m²)
弘阳金辉时光悦府	约11630元/m²	普通住宅	二居室(90~117m²)
碧桂园S1秦淮世家	约25000元/m²	别墅、商业	四居室(126~146m²) 五居室(265m²)
德信建发玖熙府	约18856元/m²	普通住宅	三居室(108m²) 四居室(128~143m²) 别墅(165~185m²)
荟领未来	约13506元/m²	普通住宅	三居室(89~102m²) 四居室(119m²)
万科未来城	约12938元/m²	普通住宅	二居室(75m²) 三居室(89~105m²)
佳兆业悦峰府	约15400元/m²	普通住宅	三居室(95~140m²) 四居室(125~140m²)
金轮翠雍华庭	约11033元/m²	普通住宅、商铺	二居室(77m²) 三居室(91~110m²) 四居室(134m²)
建发央誉	约15884元/m²	普通住宅、商铺	三居室(90~105m²) 四居室(160m²)

溧水区			
楼盘名称	价格	物业类型	主力户型
金都华府	约8848元/m²	普通住宅	二居室(88m²) 三居室(100~111.3m²) 四居室(114~129.8m²)
爱涛天禧明庭	约13061元/m²	普通住宅	三居室(118~125m²) 四居室(136m²)
喜之郎丽湖湾	约9486元/m²	普通住宅	二居室(82m²) 三居室(101~127m²) 四居室(142m²)
中城花园塞纳名邸	约8900元/m²	普通住宅	二居室(65.79~98m²) 三居室(101.18~125m²)
恒大悦龙台	约15800元/m²	普通住宅	三居室(90~121m²) 四居室(141m²)
银城孔雀城天荟	约13200元/m²	普通住宅	三居室(89~105m²) 四居室(130m²)
昕悦尚宸	约15338元/m²	普通住宅	三居室(95~115m²)
望景名府	8962~14368元/m²	普通住宅、别墅	三居室(109~126m²) 四居室(136~186m²) 五居室(225m²)
禹洲中粮都会09	约11820元/m²	普通住宅	三居室(105~120m²) 四居室(140m²)
颐居朗诗紫熙府	约15382元/m²	普通住宅	二居室(83m²) 三居室(103~105m²) 四居室(129m²)
北大资源颐和翡翠府	约15600元/m²	普通住宅、别墅	三居室(145m²) 五居室(170~270m²)

溧水区			
楼盘名称	价格	物业类型	主力户型
三金中粮祥云	约15625元/m²	普通住宅	三居室(95~120m²) 四居室(142m²)
万景佳苑	约8980元/m²	普通住宅、商铺	二居室(93~94m²) 三居室(107~113m²)
福晟庭院	12680~12800元/m²	别墅	三居室(302m²) 五居室(330m²)
东屏湖9号	约7480元/m²	别墅	四居室(290~320m²) 五居室(540m²)
藏珑谷山庄	约9030元/m²	公寓、别墅	二居室(141.54m²) 五居室(270.32m²) 六居室(318.28m²)
汇泽中心	约13500元/m²	公寓	一居室(40.74m²)
金东城世家	约10628元/m²	普通住宅、商铺	二居室(82~111m²)
橡树城	约11800元/m²	普通住宅	二居室(80~89m²) 三居室(95~143m²)
宏进锦绣家园	约9136元/m²	普通住宅	三居室(83.99~106.96m²) 四居室(189.22m²) 复式(188.24m²)
卧龙湖风情小镇	约16380元/m²	公寓、别墅	别墅(142~301m²)
和凤镇凤凰园	约6800元/m²	普通住宅	三居室(88m²) 四居室(121~124m²) 五居室(131m²)
琴韵华庭	8984~9345元/m²	普通住宅	二居室(90~119m²) 三居室(119m²)

典型项目

复地御钟山

`南京` `复地` `紫金山旁` `生态宜居` `法式建筑`

项目地址：
南京市栖霞区环陵路101号

开发商：
南京复地东郡置业有限公司

产品特征：
洋房

参考价格：
洋房均价约40000元/平方米

主力户型：
约185平方米三居、约235平方米四居

物业公司：
高地物业

5公里生活配套：
紫金山庄、索菲特钟山高尔夫豪华酒店、钟山高尔夫球场、招商花园城，中垠城市广场（在建）、佳源广场

专家点评

张春捷·易居企业集团 乐居南京分公司主编

把钟山山脉引入园区，建筑设计比较独特，交通出行便捷，商圈配套成熟。小区配备了5000平方米的钟山艺术生活馆，含健身房、室内外双泳池等，符合生态宜居的生活理念。真正的法式豪宅产品，值得买房人入手。

扫码观看楼盘详情

项目测评

【战略意义】
复地产发集团是中国大型房地产开发企业，自1992年开始房地产开发和管理业务，开发领域遍及住宅、商办综合体、产业地产等多元化业态。御钟山作为复地最高端的"御"字系作品，择址南京紫金山核心住区，将紫金山千年文化融入项目开发之中，为金陵家族打造一个百年传承的精神栖息地。

【区域地段】
位于紫金山东麓，项目距地铁2号线马群站约100米，通过马群枢纽上绕城公路，直达南京南站、河西乃至禄口机场，交通出行便捷，商圈丰富。

【楼栋规划】
项目占地面积近21万平方米，总建筑面积约33万平方米。容积率约1.45，绿化率约37%，是城东紫金山核心住区少有的低密度法式平墅项目。项目一、二期已交付，三期拟建14栋6~7层低密度多层住宅。

【主力户型】
项目主力户型为建筑面积约185平方米三居，法式洋房。整体布局阔绰方正，动静分区；5.8米开间，三开间朝南；主卧双窗设计，采光良；餐客一体式，互借空间，动线合理。

【园林景观】
近35%的绿化率和1.4的容积率，为小区园林规划提供了充足的空间。社区内高低灌木形成错落景观带。更有约1万平方米景观园林以及长约800米塑胶跑道，供居民健身休憩。

【自建配套】
项目后期自建配套约5万平方米商业，满足当下居住人群的精致生活需求。更有2000平方米的幼儿园配建，资方为美国知名教育品牌凯斯，可普及0~6岁适龄儿童，教育优质。

【物业服务】
上海高地物业管理有限公司（简称高地物业），是复星蜂巢控股旗下专注于从事物业综合服务的全资子公司，拥有国家物业一级资质。社区采用多重安防系统和24小时门岗服务，另有金牌管家式服务，业主满意度较高。

【教育资源】
小区周边两公里内教育资源丰沛，包括15班制的纯美式幼儿园——凯斯国际、太阳城小学，南京市第一中学马群分校等。所属的仙林板块内还有南京大学、南京师范大学、南京邮电大学等13所著名高校。

【购物娱乐】
全长4.28公里的环陵路上有紫金山庄、索菲特钟山高尔夫豪华酒店、3671亩的钟山高尔夫球场等；东门是10万平方米招商花园城综合商业体；项目自身规划了约5万平方米生活综合体，配套成熟完善。

【设计风格】
项目采用法式建筑风格，石材干挂凸显庄重与美感，整体楼座造型挺拔庄严，更具特色与品质；既保证园林的浪漫景观，又保证了建筑的安全性和耐久性。

合肥
市场总结

一、新房成交表现

1. 整体情况

新房年度成交量：截至 2020 年 12 月 31 日，2020 年合肥市区（不含四县一市）商品房成交 68216 套，成交建筑面积 8246368 平方米，成交均价 19665 元/平方米，总成交金额 1621.65 亿元。

2020 年合肥市区新房成交数据

区域	成交面积（平方米）	成交套数（套）	成交均价（元/平方米）	成交金额（亿元）
庐阳区	897182	7328	20449	183.46
包河区	1420664	12201	21012	298.50
蜀山区	643968	5180	19882	128.04
新站区	1151409	10600	14486	166.79
政务区	97294	495	27154	26.42
高新区	858246	6628	19241	165.14
滨湖区	2043568	15521	23117	472.42
经开区	485169	4274	17356	84.21
瑶海区	648868	5989	14898	96.67
汇总	8246368	68216	19665	1621.65

2. 年度走势

2020 年合肥房价呈现阶段性变化，上半年围绕"疫情"，下半年则围绕"供地"。

2020 年上半年，受到疫情影响，开盘暂停，土拍暂缓，线下售楼部转战线上售楼部，成交量略有下降，各月均价起起伏伏，6 个月中，有 4 个月均价维持在 18000 元/平方米。

2020 年下半年，疫情影响渐行渐远，由于 2020 年 1 月 1 日实施新修正的《土地管理法》，各区域 2020 年居住地供应较少，土地市场呈现卖方市场，"瞬间到达竞自持阶段"成为优质居住地的惯例。

土地市场的繁荣反映到楼市上，带起合肥九区三县的买房热。滨湖、高新、蜀山高层陆续告急，小高层、洋房登上主战场，房价逐渐上升。

2020 年 6 月，合肥市区均价 19385 元/平方米，开启撞线"20000 元/平方米"大关，最终在 8 月份首次超过 20000 元/平方米，并连续保持 5 个月。

受疫情影响，2 月合肥宗地出货量和成交量都达到 2020 年度最低点，随着疫情缓和，房地产行业开始慢慢复苏。土拍对楼市的影响，在成交上也有所表现，会带动成交数据和房价上涨。

3. 历史地位

2015 年至今，合肥新房房价一路高歌猛进。与 2019 年相比，合肥 2020 年房价上涨 1714 元/平方米。

从 2015 年均价 8559 元/平方米，房价即将触碰 10000 元/平方米；到 2020 年均价 19665 元/平方米，房价即将触碰 20000 元/平方米；合肥仅用了 6 年，房价足足涨了 2.3 倍。

住宅成交方面，2015 年合肥住宅成交量最高，共计成交住宅 85345 套，成交金额 763.82 亿元；2017 年合肥住宅成交量最低，共计成交住宅 19540 套，成交金额 319.05 亿元；成交金额最高的是 2020 年，总揽金 1621.65 亿元。

总结其原因，2015 年、2016 年合肥楼市火爆，成交价格和数量节节攀升；限购政策的颁布，导致 2017 年全年成交量下滑。但随着限购 1 年期满，大量新合肥人获得购房资格，楼市回暖，开启平稳状态。

二、二手房成交表现

1. 整体情况

二手房方面，2020 年全年成交保持稳中有升的态势。2020 年（不含 12 月），合肥市区二手房共成交 48542 套，成交均价为 17322 元/平方米，其中滨湖区成交 10923

套二手房，位列榜首。

区域	成交量（套）	均价（元/平方米）
庐阳区	8712	12912
包河区	5364	17042
蜀山区	3273	20188
新站区	1921	17159
政务区	2344	26088
高新区	1681	11621
滨湖区	10923	17933
经开区	6258	16109
瑶海区	8066	16848

价格方面，2020年11月，合肥二手房挂牌均价为17135元/平方米，较2020年1月16234元/平方米，上涨约901元/平方米。2020年二手房价格整体保持稳步上涨的态势，并且在2020年末，出现翘尾现象。

合肥二手房价格走势

资料来源：均价数据来自链家网成交系统统计

2. 年度走势

截至2020年12月末，合肥市二手房挂牌量已经达到71361套，远超2019年同期水平；二手房带看量从一季度的低谷重回往年热度，月度带看在40000人（次）左右。

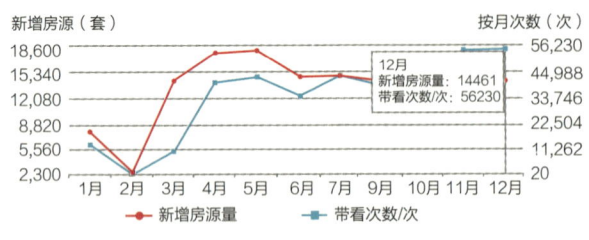

合肥二手房供需走势

资料来源：供需数据来自链家网成交系统

成交方面，2020年一季度合肥二手房实际成交数量虽少，但因为受到春节假期和疫情影响，2019年末积压下来的二手房过户，在复工复产初期集中爆发，出现"房管局排长队"的现象。

价格方面，据国家统计数据，合肥二手房已经实现九连涨。除2月特殊情况持平外，2020年其余月份基本保持上涨，其中11月环比涨幅最高，达到0.7%。

合肥房价涨幅一览

月份	新房价格环比涨幅	新房价格同比涨幅	二手房价格环比涨幅	二手房价格同比涨幅
2020年1月	0.40%	3.70%	0.30%	3.10%
2020年2月	持平	2.90%	持平	3.10%
2020年3月	0.10%	2.30%	0.20%	3.10%
2020年4月	-0.50%	1.30%	0.50%	3.00%
2020年5月	-0.10%	1.10%	0.40%	3.30%
2020年6月	0.70%	1.40%	0.20%	3.20%
2020年7月	0.40%	1.10%	0.30%	2.50%
2020年8月	0.30%	0.60%	0.50%	2.60%
2020年9月	0.60%	1.40%	0.40%	3.00%
2020年10月	0.50%	2.20%	0.50%	3.50%
2020年11月	0.60%	3.10%	0.70%	4.40%

根据相关数据可以看出，新房的热度对二手房具有较强的影响。随着2020年末合肥新房成交上升，二手房市场成交价格在慢慢上涨，也出现翘尾现象。

3. 历史地位

无论是成交面积，还是成交均价，2020年合肥二手房均超过往年同期数据。从成交量来看，近5年二手房成交套数节节攀升，从2016年的10003套，暴涨到2020年的48542套。

成交价格方面，2016—2019年成交均价变化不大，基本保持15500元/平方米左右，但是到了2020年，上涨近1800元/平方米，二手房市场迎来高光时刻。

三、政策梳理

2020年第四季度，合肥楼市热门区域新房销售空前火爆,"号头费""千人抢房""哄抬房价"等现象层出不穷,合肥适时收紧限购政策执行端,有效稳定楼市。

新房限购方面,合肥两大限购政策被严格执行——"补社保"购房将被严查,此外利用"假离婚"的方式享受更低的首付要求和贷款利率,也得到限制。

合肥市区户口在市区购房指南(2021年1月5日)

限购政策	贷款类型	有无房产	有无贷款	贷款是否结清	首付成数
新房:限购2套 二手房:不限购	商贷	市区无房	无贷款	/	3成
			有1笔贷款记录	已结清	4成
				未结清	5成
			2笔及以上贷款记录	已结清	6成
				1笔未结清	停贷
				2次及以上未结清	
		有1套房	无贷款	/	4成
			有1笔贷款记录	已结清	4成
				未结清	5成
			2笔及以上贷款记录	已结清	6成
				1笔未结清	停贷
				2次及以上未结清	
		2套及以上			限购
	公积金贷款	只要符合限购政策,首次申请使用公积金贷款执行基准利率不上浮。 3套房停贷			

非合肥市区户口在市区购房指南

限购政策	贷款类型	有无房产	有无贷款	贷款是否结清	首付成数
非合肥市区户口包括四县一市和外地人;买房需连续缴纳1年社保或个税满1年,限购1套。	商贷	名下无房	无贷款	/	3成
		名下1套房(非市区)	有1笔贷款记录	已结清	4成
				未结清	5成
			2笔及以上贷款记录	已结清	6成
				1笔未结清	停贷
				2次及以上未结清	
		名下1套房(市区)			限购
		名下2套房(非市区)	有1笔贷款记录	已结清	4成
				未结清	5成
			2笔及以上贷款记录	已结清	6成
				1笔未结清	停贷
				2次及以上未结清	
		名下2套房(含市区)			限购

合肥四县一市购房指南(适合所有人)

限购政策	贷款类型	有无房产	有无贷款	贷款是否结清	首付成数
不限购	商贷	名下无房	无贷款		2.5成
		非本市有房	无贷款		2.5成
		有1套房		已结清	2.5成
				未结清	3.5成
		有2套房及以上	2笔及以上贷款记录	已结清	2.5成
				1笔未结清	3.5成
				2次及以上未结清	停贷

(续)

限购政策	贷款类型	有无房产	有无贷款	贷款是否结清	首付成数

备注:
(1) 2021年1月5日起,夫妻离异不满2年,仍按原家庭房查;
(2) 2020年12月24日起,对非本市户籍追溯补缴1年个税或社保证明的不予认可,仍需2年内在本市区逐月连续缴纳1年以上个人所得税或社会保险证明限购1套;
(3) 本市集体户口、满一年不限购,未满一年,两年内逐月缴纳1年社保或个税,可以购买1套;
(4) 退役军人:退伍户口落在合肥市,限购1套(需落户);
(5) 应届两年内毕业的大专及以上学历:在本市工作,社保缴纳满1个月,限购1套;或在本市创业,凭营业执照,限购1套(需落户);
(6) 国家许可的3级以上技工:在本市工作社保缴纳满一个月,限购1套(需落户);
(7) 研究生及以上学历或40岁以下本科学历:在本市工作,社保满一个月,限购1套(需落户);
(8) 港澳台及外籍人士:工作满一年或居住满一年,限购1套。

公积金贷款方面,合肥市住房公积金管理中心发布了《关于完善我市住房公积金贷款政策的通知》,2020年9月7日起正式执行。核心内容包含贷款额度与职工还款能力和缴存余额双挂钩,婚姻状况的变化不影响公积金贷款次数的认定,贷款最长年限调整至30年。

影响:合肥公积金贷款新政的执行,贷款额度和最长年限较之前有所提升,但综合考量因素增多,使得多数买房人实际贷款额度较之前不升反降,部分离婚买房人将失去公积金贷款机会。

人才落户方面,合肥2020年10月联合八城市集中发布人才新政,从国内外顶尖人才,到产业急需人才引进等多项政策,涉及生活、工作的方方面面,疏解人才的后顾之忧。12月2日,合肥发布《支持高校毕业生来肥就业创业的意见》,包含买房租房都有补贴。面试补贴最高1000元,就业补贴最高1000元,见习补贴每人每月2000元等多重福利。

影响:人才政策的出台,减轻了城市新青年的生活负担,有利于吸引更多人才建设合肥。

商品房交付方面,合肥市住房保障和房产管理局2020年12月发布《关于加强新建商品房交付工作的通知》(征求意见稿),进一步规范新建商品房交付行为。商品房交付过程中,合肥将全面推行"9631"制度,明确商品房买卖合同约定交付日期前9个月、前6个月、前3个月、前1个月,房地产开发企业分别需要履行的职责。商品房交付监管上,全面推行"三个必查"制度,包括加强商品房销售现场检查、商品房交付过程检查、投诉问题现场核查。

影响:新建商品房交付方面的规范化,将提高小区交付品质，进一步降低合肥新房"维权"和房地产信访矛盾，增强合肥人买房的信心。

四、土地供应

1. 出让基本情况

据乐居数据中心统计，2020年1~12月合肥成功出让101宗地，总出让面积8020.5682亩，总成交金额5590298.586万元。

合肥2020年1~12月各区土地成交详情

区域	数量（宗）	总面积（亩）	总成交金额（万元）	平均地价（万元/亩）
滨湖区	7	652.4348	517514.87	793.2055
高新区	11	639.2197	453680.8877	709.74172
蜀山区	9	605.47	429510.55	709.3837
包河区	7	534.4904	705482.0202	1319.9152
政务区	0	0	0	—
瑶海区	5	264.0752	185175.952	701.22432
经开区	8	787.98	563982.83	715.73242
新站区	6	991.6349	566621.7643	571.4016
庐阳区	6	375.2423	298089.75	794.39272
长丰县	9	639.253	423799.2558	662.96014
肥西县	10	799.0279	660533.356	826.6712
肥东县	9	701.23	416824.114	594.41854
巢湖市	10	679.15	244263.433	359.66051
庐江县	4	351.36	124819.803	355.24762
合计	101	8020.5682	5590298.586	696.99533

2020年合肥土市"数量上"不足，平均地价不降反"涨"。值得注意的是，自2019年8月合肥土拍新政换锚，由"达到最高限价转摇号"到"达到最高限价转竞自持"，平均地价的计算中并未包含竞自持面积的成本，故而，2020年合肥土市实际平均地价远比数字呈现要高。

2. 开发商拿地情况

2020年合肥房企拿地金额前三名分别为龙湖、招商、阳光城；拿地面积前三名则为招商、龙湖、碧桂园。

2020年合肥房企拿地金额前三名

序号	房企	拿地金额（万元）	拿地面积（亩）
1	龙湖	442284.52	573.12
2	招商	373180.55	684.83
3	阳光城	296121.96	172.84

2020年合肥房企拿地面积前三名

序号	房企	拿地金额（万元）	拿地面积（亩）
1	招商	373180.55	684.83
2	龙湖	442284.52	573.12
3	碧桂园	162804.02	338.752

这意味着，除去已于2020年开盘的阳光城檀悦，2021年龙湖、招商可推售货量最多，将成为市场供应主力军。

3. 未来预估

2020年，由于疫情和新《土地管理法》执行的影响，原定2020年上市的居住地进度缓慢，导致滨湖、高新、蜀山等热门区域相继出现"高层一房难求"的现象。

2021年即将入市的纯新盘可重点关注，尤其是龙湖高新CBD地块、融创滨湖湾、蜀山小庙三宗居住地等。

从目前了解到的消息，2021年市区居住地供应并不多，热门区域高层紧缺的现状短期内很难解决。预计2021年合肥买房人分为两大类，一部分买房人将提高购房价格预期，对超20000元/平方米房价承受度提高；另一部分买房人将拓展房源区位选择，转向关注蜀山运河新城。

五、热点板块

据克而瑞数据显示，2020年全年合肥新房成交金额前十名的项目分别是保利和光尘樾、国贸天成、绿城招商诚园、禹洲绿城蘭园、融创滨湖印、中海九樾、翡翠天际、建发雍龙府、时代领峯、旭辉恒基铂悦天汇，榜单项目多集中在滨湖、包河热点区域，且多为主流房企开发。

合肥市区2020年新房成交金额前十名

项目	区域	成交面积（万平方米）	成交套数（套）	成交均价（元/平方米）	成交金额（亿元）
保利和光尘樾	滨湖区	20.58	1739	23217	47.78
国贸天成	庐阳区	16.94	1286	24070	40.78
绿城招商诚园	滨湖区	15.37	1280	13466	36.06
禹洲绿城蘭园	滨湖区	13.63	1012	24970	34.04
融创滨湖印	滨湖区	12.98	896	25815	33.5
中海九樾	滨湖区	14.2	1172	22973	32.62

（续）

项目	区域	成交面积（万平方米）	成交套数（套）	成交均价（元/平方米）	成交金额（亿元）
翡翠天际	包河区	13.03	1006	22011	28.69
建发雍龙府	包河区	9.82	669	26109	25.65
时代领峯	包河区	11.25	1068	22002	24.74
旭辉恒基铂悦天汇	滨湖区	10.16	667	24211	24.59

值得一提的是，排名前十项目的门槛为成交面积10.16万平方米、成交金额24.59亿元，尤其是保利和光尘樾和国贸天成的成交金额均超过40亿元。

六、用户心理

在特殊的2020年，买房人的心理产生了哪些变化？市场环境又出现了哪些新趋势？

乐居通过采访和实地调查发现，与2019年相比，2020年合肥人犹豫的时间极少，基本上疫情影响刚刚消退，便加入"抢房"大军。合肥买房人迅速从观望中走出，购房更加主动，新房、二手房全面出击。尤其是第四季度，置业顾问和中介纷纷感慨供不应求。

禹洲绿城蘭园置业顾问接受采访时称，2020年买房人的心理和2019年相比变化明显，从原先的观望，变得更加主动，购房意愿也更加迫切。以他的一位客户为例，2019年看禹洲绿城蘭园的房子，一直观望没有下手，结果疫情过后，开发商开始打折抢客，他认为房价还能跌，结果年底市场回暖，项目各种优惠取消了，最终以高首付比拿下。

贝壳经纪人则认为，2020年的买房人更加积极，滨湖全款抢房即是最好例证。同样，一部分购房者也十分焦虑和迷茫，一边全款抢房，一边打折也难以卖出。买房人很茫然，不知道该把资产投入何处。

中墅地产经纪人称，合肥2020年二手房房东心理像过山车一样。2020年，经过第一季度的冰封后，合肥二手房挂牌量激增，不少房东选择打折卖房。然而随着时间推移，市场恢复正常后，房东又逐步傲娇起来，尤其滨湖地区，一天三改挂牌价，最可怕的一天提价100万元都发生了。

受到疫情影响，2020年合肥楼市波动起伏明显，买房人心理也随之变化，尤其是供地缩减，滨湖、包河高价地出现，大量买房人从观望走向参与，这也形成了"千人抢房""半夜开盘"的现象。

2020年，圈外买房人的意见比较统一，对合肥未来房价基本都是看涨的。

七、2021年展望

2020年合肥市场两极分化持续，滨湖高新等区域供应量较低，市场"高烧不退"，新站瑶海等合肥东北部区域新盘上市集中，板块竞争压力较大，去化较弱。对于2021年的合肥楼市，可以预测的是：

（1）合肥市场稳中有涨，局部板块或将持续过热。比如滨湖高新，如果土地供应延续2020年的现状，2021年这两个区域热度还会持续走高，一房难求的现状短期不会改变。

（2）合肥楼市政策仍趋紧。2020年，外地人在合肥补社保买房行不通，并且离婚未满2年仍按原家庭房查，也表明了合肥的楼市"态度"，房住不炒的前提不会变，不排除对于部分楼市过热现象会在政策端持续收紧。

（3）滨湖省府、高新蜀西湖将成为置业热点。2020年，滨湖省府的热度占据了整年的楼市头条，随着省府供应的回落，以及区域配套的逐步成熟，板块价值迎来爆发；高新蜀西湖最后一宗涉宅地龙湖高新CBD项目从拿地到规划曝光，关注度较高，未开先火。可以预测的是，这两个板块在2021年将仍然成为买房人的重点关注区域。

（4）2021年，可以关注下滨湖佳兆业地块、龙湖高新CBD地块、包河滨投龙川路地块、包河融创滨湖湾、庐阳祥生庐州雲境及万兴林里间等热盘。值得注意的是，这些楼盘入市价格大概率超20000元/平方米，刚需入手压力较大，改善群体可以多加关注。

数据来源：克而瑞合肥、链家、国家统计局、安徽楼市观察、克而瑞。

在售楼盘一览

政务区			
楼盘名称	价格	物业类型	主力户型
融创信达政务壹号·时光印	公寓约15000~20000元/m²	公寓	公寓（50~70m²）

滨湖区			
楼盘名称	价格	物业类型	主力户型
中海九樾	小高层约21500元/m²；洋房约24000元/m²	普通住宅	四居室(140~165m²)
昆仑御	高层、小高层22500元/m²；洋房约24000元/m²	普通住宅	二居室(110m²)；三居室(105~137m²)；四居室(154m²)
保利和光尘樾	高层约25000元/m²；洋房约24000元/m²	普通住宅	三居室(100~129m²)；四居室(141m²)
融创滨湖印	洋房约29000元/m²	普通住宅	三居室(115~129m²)；四居室(149m²)；五居室(169m²)
葛洲坝合肥中国府	洋房约35000元/m²	普通住宅	四居室(145m²)；五居室(185m²)
滨湖荣盛华府	高层约21652元/m²	普通住宅	三居室(102~122m²)；四居室(147m²)
锦绣首玺	小高层约23641元/m²	普通住宅	二居室(99m²)；三居室(120m²)；四居室(140m²)
文一塘溪津门	洋房约27210元/m²	别墅、写字楼、商铺	三居室(127~133m²)；四居室(170m²)
禹洲绿城蘭园	洋房约28699元/m²	普通住宅	三居室(110~112m²)；四居室(135~155m²)
绿城招商诚园	洋房约23759元/m²	普通住宅	三居室(102~124m²)
阳光城·檀悦	高层约23415元/m²；洋房约25701元/m²	普通住宅	三居室(108m²)；四居室(125~165m²)

庐阳区			
楼盘名称	价格	物业类型	主力户型
祥生·庐州雲境	尚未公布	普通住宅	四居室(126~145m²)
万兴林里间	尚未公布	普通住宅	三居室(95~106m²)；四居室(118m²)
金地格林传奇	高层约19637元/m²；小高层约22199元/m²	普通住宅	三居室(100~112m²)
学林雅苑	高层约19630元/m²	普通住宅	三居室(90~95m²)
合景映月湾	小高层约21199元/m²	普通住宅	三居室(94~121m²)
江山庐州印	洋房约18010元/m²	普通住宅	三居室(96~107m²)
碧桂园时代倾城	小高层约15013元/m²	普通住宅	三居室(96~104m²)；四居室(130~148m²)
信达庐阳府	洋房约17100元/m²	普通住宅、商铺	三居室(88~109m²)；四居室(123~125m²)
融创长江壹号	高层约22000元/m²	普通住宅	三居室(100m²)；四居室(140m²)
阅庐春晓	小高层约17741元/m²	普通住宅	三居室(89~98m²)

经开区			
楼盘名称	价格	物业类型	主力户型
中海上东区	小高层约21000元/m²；洋房约23248元/m²	普通住宅	三居室(102~122m²)；四居室(128m²)
公园万象	洋房约22248元/m²	普通住宅	三居室(94~110m²)；四居室(117~126m²)
华侨城空港国际小镇	高层约9066元/m²；洋房约11000元/m²	普通住宅	三居室(138m²)

包河区			
楼盘名称	价格	物业类型	主力户型
琥珀晴川里	洋房约21749元/m²	普通住宅	二居室(136m²)
置地瑞玺	洋房约21749元/m²	普通住宅	三居室(150m²)
融创滨湖湾	尚未公布	普通住宅	尚未公布
招商东望府	尚未公布	普通住宅、商业	尚未公布
华宇信达锦绣蘭庭	小高层约21660元/m²	普通住宅	三居室(102m²)
兴港和昌云庭	小高层约21749元/m²	普通住宅	三居室(97~138m²)
中铁五号院	洋房约20897元/m²	普通住宅	三居室(96m²)
奥园龙川玖著	小高层约21748元/m²；洋房约21749元/m²	普通住宅	三居室(96~127m²)
金隅大成郡	洋房约25821元/m²	普通住宅	二居室(95m²)
雍荣府	高层约21660元/m²；洋房约21619元/m²	普通住宅	三居室(98~115m²)；四居室(128m²)
龙湖景粼玖序	洋房约21000元/m²	普通住宅、商业	三居室(105~140m²)；四居室(147m²)
信达华宇锦绣龙川	洋房约20789元/m²	普通住宅、商业	二居室(99m²)；三居室(117~123m²)
高速时代首府	小高层约22220元/m²	普通住宅	三居室(90m²)
时代领峯	洋房约21619元/m²	普通住宅	三居室(95~110m²)
翡翠天际	洋房约20998元/m²	普通住宅	三居室(147~328m²)
乐富强悦融湾	洋房约20997元/m²	普通住宅	三居室(97~120m²)；四居室(128m²)
金隅金成府	高层约19777元/m²	普通住宅	三居室(98m²)

蜀山区			
楼盘名称	价格	物业类型	主力户型
龙湖文德璟宸天著	尚未公布	普通住宅	尚未公布
龙湖丽丰西宸原著	洋房约19499元/m²	普通住宅、别墅	三居室(105~300m²)；四居室(122m²)；别墅(266~300m²)
佳源花海印象	尚未公布	普通住宅	三居室(105m²)
大富鸿学府	高层约30817元/m²	普通住宅	三居室(100m²)；四居室(120~132m²)
金大地悦澜公馆	高层约19088元/m²	普通住宅、公寓、写字楼	二居室(83m²)；三居室(113m²)
拓基蘭宫墅	别墅20832元/m²	别墅	别墅（328m²）
保利堂悦	洋房约21799元/m²	普通住宅	四居室(140m²)

蜀山区

楼盘名称	价格	物业类型	主力户型
龙湖天境	小高层约 18447 元 /m² 洋房约 19498 元 /m²	普通住宅	三居室 (100m²) 四居室 (120~132m²)
徽创君泊	洋房约 18944 元 /m²	普通住宅	三居室 (96~126m²)
中海世家	别墅约 20999 元 /m²	别墅	四居室 (125~143m²)
丽丰璞羽山	洋房约 19499 元 /m² 别墅 20990 元 /m²	普通住宅	三居室 (104m²) 四居室 (119m²)
奥园城央壹品	公寓约 18999 元 /m²	普通住宅	一居室 (45~58m²) 二居室 (77~83m²)
京冠悦荣府	高层约 12416 元 /m²	普通住宅	三居室 (91m²)
云栖麓	尚未公布	普通住宅	三居室 (89m²)

高新区

楼盘名称	价格	物业类型	主力户型
万兴·湖山间	洋房约 23200	普通住宅	三居室 (107~120m²) 四居室 (135m²)
万科高第	洋房约 23601 元 /m²	普通住宅	三居室 (100m²) 四居室 (128~145m²)
保利柏林之春	高层约 17498	普通住宅	二居室 (94~104.2m²) 三居室 (102.1~282m²)
皖新朗诗麓院	高层约 18804	普通住宅	四居室 (132m²)
北雁湖金茂湾	约 24006 元 /m²	普通住宅	三居室 (127m²)
乐富强悦湖熙岸	洋房约 18037	普通住宅	三居室 (108m²) 四居室 (125~132m²)
世茂国风	洋房约 19198 元 /m²	普通住宅、别墅	二居室 (119m²) 三居室 (138m²) 四居室 (191~280m²)
金鹏麓山院	洋房约 19498 元 /m²	普通住宅	三居室 (89~123m²)
北雁湖玥园	洋房约 19007 元 /m²	普通住宅	三居室 (102~145m²)
乐富强文宸悦府	小高层约 17199	普通住宅	三居室 (88~115m²)
知庐	小高层约 21699 元 /m² 洋房约 24199 元 /m²	普通住宅	三居室 (107~143m²)
高速·蜀西湖畔	高层约 17000 元 /m²	普通住宅	三居室 (136m²) 四居室 (144~160m²)

瑶海区

楼盘名称	价格	物业类型	主力户型
保利海上明悦	高层约 16000 元 /m² 跃层约 17999 元 /m²	普通住宅	三居室 (102m²) 四居室 (108~123m²)
伟星玖玺台	尚未公布	普通住宅	尚未公布
龙湖天璞	高层约 18755 元 /m² 洋房 20857 元 /m²	普通住宅	三居室 (102~120m²) 四居室 (119m²)
佳源新安印象	高层约 15654 元 /m²	普通住宅	三居室 (90~104m²) 四居室 (111~118m²)
四季春晓	高层约 14499 元 /m²	普通住宅	三居室 (88~105m²)
金大地天元府	高层约 16666 元 /m²	普通住宅	三居室（125.46~135.21m²） 四居室（137.17m²)
新力东园	高层约 14000 元 /m² 洋房约 14500 元 /m²	普通住宅	三居室 (90~105m²)
龙湖瑶海天街	公寓约 11000 元 /m²	公寓、商铺	一居室 (30~50m²)
禹洲郎溪上里	高层约 15349 元 /m²	普通住宅、商铺	二居室 (77m²) 三居室 (89~122m²)
高速静安春晖里	小高层约 13128 元 /m²	普通住宅、公寓	三居室 (99~130m²) 四居室 (138~146m²) 五居室 (267m²)
安建翰林天筑	小高层约 13198 元 /m²	普通住宅	一居室 (45~96m²) 二居室 (90~126m²)
美好时代	洋房约 13939 元 /m²	普通住宅	三居室 (95m²)
大发旭辉阳光城公园天著	洋房约 14850 元 /m²	普通住宅	三居室 (95m²)
禹洲珑玥湾	高层约 15742 元 /m²	普通住宅	三居室 (105~119m²) 四居室 (128m²)
城建琥珀东华府	洋房约 16896 元 /m²	普通住宅	三居室 (102~127m²) 四居室 (134m²)
和悦风华	高层约 13196 元 /m² 洋房约 14063 元 /m²	普通住宅	四居室 (108m²)
信达溪岸观邸	洋房约 14999 元 /m²	普通住宅、别墅	三居室 (128m²) 四居室 (137m²)
文一锦门云栖新语	小高层约 13399 元 /m²	普通住宅	三居室 (88~95m²) 四居室 (108m²)

新站区

楼盘名称	价格	物业类型	主力户型
海伦堡玖悦府	尚未公布	普通住宅	三居室 (102m²)
力高大发君御天下	高层约 12997 元 /m²	普通住宅	三居室 (88~98m²)
悦湖新著	高层约 14306 元 /m²	普通住宅	三居室 (87~100m²)
中海熙岸	小高层约 15736 元 /m² 洋房约 15999 元 /m²	普通住宅	三居室 (105m²)
乐富强悦澜湾	小高层约 12999 元 /m²	普通住宅	三居室 (90~104m²)
绿都少荃府	小高层约 14270 元 /m²	普通住宅	三居室 (96m²) 四居室 (114~123m²) 五居室 (130m²)
保利罗兰香谷	高层约 14798 元 /m²	普通住宅	三居室 (92~98m²) 四居室 (134m²)
正荣悦都荟	小高层约 14630 元 /m²	普通住宅	三居室 (91m²) 四居室 (102~120m²)
招商公园 1872	洋房约 14925 元 /m²	普通住宅	三居室 (97~142m²)
龙湖春江紫宸	小高层约 12999 元 /m² 洋房约 13998 元 /m²	普通住宅、商业	三居室 (89m²) 四居室 (107~119m²)
新力弘阳湖语时光	小高层约 14996 元 /m²	普通住宅	三居室 (93~103m²)
美的金科郡	小高层约 14415 元 /m²	普通住宅	三居室 (95~112m²) 四居室 (122m²)
中建开元御湖公馆	小高层约 13897 元 /m²	普通住宅、写字楼、商铺	三居室 (95~115m²) 四居室 (130m²)
银城旭辉樾溪臺	洋房约 13728 元 /m²	普通住宅	三居室 (89~112m²)
万橡府	洋房约 13997 元 /m²	普通住宅	三居室 (103m²) 四居室 (123m²)
皖投万科天下艺境	小高层约 14500 元 /m²	普通住宅、政策房	四居室 (106~122m²)
高速中央公园	小高层约 15363 元 /m²	普通住宅	三居室 (126~136m²) 四居室 (142m²)
旭辉公园府	洋房约 14473 元 /m²	普通住宅	四居室 (97~135m²)
绿地柏仕公馆	洋房约 13964 元 /m²	普通住宅、别墅、写字楼、商铺	一居室 (43~89m²) 二居室 (97~120m²)
禹洲中央城	小高层约 15363 元 /m²	普通住宅、商铺	二居室 (78m²) 三居室 (88~133m²) 四居室 (145m²)

新站区

楼盘名称	价格	物业类型	主力户型
学林春晓	小高层约 14796 元/m²	普通住宅	三居室 (92~110m²)
合肥雅郡	小高层约 14499 元/m²	普通住宅	三居室 (90~110m²)
皖投新悦里	高层约 12995 元/m²	普通住宅、写字楼、商铺	三居室 (85~92m²)

肥西县

楼盘名称	价格	物业类型	主力户型
通和天誉	小高层 15398 元/m²	普通住宅	三居室 (99~118m²) 四居室 (126~136m²)
美好云谷路壹号	高层约 14352 元/m²	普通住宅、公寓	三居室 (89~106m²) 四居室 (117m²)
祥生雲境	小高层约 15779 元/m²	普通住宅	三居室 (111m²) 四居室 (127m²)
徽创佳兆业未来城	小高层约 15499 元/m²	普通住宅	三居室 (89~98m²) 四居室 (107m²)
旭辉滨湖江来	小高层约 15649 元/m²	普通住宅	二居室 (92~93m²) 三居室 (103~109m²)
禹洲林海天城	洋房约 9668 元/m²	普通住宅	三居室 (89m²)
光明府	高层约 14798 元/m²	普通住宅	二居室 (100m²)
高速时代御府	小高层约 15754 元/m²	普通住宅	二居室 (103~123m²) 四居室 (133~153m²)
美好紫蓬山壹号	合院约 14514 元/m²	别墅	别墅 (158m²)
栢悦湾	洋房约 16237 元/m²	普通住宅、商铺	二居室 (95m²) 三居室 (103~127m²) 四居室 (149m²)
旭辉翡翠江来	小高层约 15149 元/m² 洋房约 16479 元/m²	普通住宅、商业	三居室 (95m²) 四居室 (110~113m²)
皖投国滨世家	小高层约 15499 元/m²	普通住宅	三居室 (101~113m²) 四居室 (118~119m²)
金辉中梁优步学府	小高层约 14562 元/m²	普通住宅	三居室 (92~118m²)
祥源花世界	高层约 12884 元/m²	普通住宅	二居室 (107m²) 三居室 (91~134m²) 四居室 (306m²)
合肥城建琥珀御宾府	洋房约 16061 元/m²	普通住宅、别墅	四居室 (138.29m²) 别墅 (127.18~189.7m²) 跃层 (121.09~135.3m²)
翡翠正荣府	小高层约 15500 元/m²	普通住宅	三居室 (92~101m²) 四居室 (113m²)
华地翡翠公园	洋房约 11599 元/m²	普通住宅	三居室 (93~107m²) 四居室 (112m²)
正荣旭辉政务未来	高层约 14698 元/m²	普通住宅	二居室 (76m²) 三居室 (87~89m²)

肥东县

楼盘名称	价格	物业类型	主力户型
合肥孔雀城	高层约 11695 元/m²	普通住宅	三居室 (90~115m²)
斌锋当代府MOMΛ	高层约 12687 元/m²	普通住宅	三居室 (89~99m²) 四居室 (114m²)
禹洲九颂嘉誉东方	约 12398 元/m²	普通住宅、商业	三居室 (87~97m²)
亿达东城国际	尚未公布	普通住宅	尚未公布
龙湖文德春江天越	尚未公布	普通住宅	四居室 (139m²)
金科集美天辰	小高层约 13000 元/m²	普通住宅	三居室 (89~97m²)
春风景里	小高层约 12399 元/m²	普通住宅	三居室 (89~101m²)
信达碧桂园	小高层约 12036 元/m²	普通住宅	三居室 (118m²)
力高君逸府	小高层约 12950 元/m² 洋房约 13750 元/m²	普通住宅	三居室 (93~115m²)
尚泽琪瑞沁园	洋房约 12599/m² 高层约 11900 元/m²	普通住宅	三居室 (97m²)
奥园意禾·东璟里	高层约 9500 元/m² 洋房约 10200 元/m²	普通住宅	三居室 (99~115m²)
东城金茂悦	小高层约 12399 元/m²	普通住宅	二居室 (89~101m²) 三居室 (99m²) 四居室 (113m²)
吾悦华府锦赋	高层约 12950 元/m²	普通住宅	三居室 (115m²)
远洋万和云锦	高层约 12697 元/m²	普通住宅	二居室 (88~110m²)
尚泽琪瑞东郡	高层约 11334 元/m²	普通住宅	三居室 (89~105m²)
荣盛书香府邸	洋房约 13799 元/m²	普通住宅	三居室 (90~108m²) 四居室 (109~120m²)
美好上院	高层约 12850 元/m²	普通住宅	二居室 (93~99m²) 三居室 (104m²)
万科文一未来之光	洋房约 17059 元/m²	普通住宅	三居室 (88~97m²) 四居室 (109~138m²)
紫玥台	小高层约 12849 元/m²	普通住宅	三居室 (90~102m²)
远洋庐玥风景	洋房约 12600 元/m²	普通住宅	三居室 (89~105m²)
金科中梁都荟大观	小高层约 12500 元/m²	普通住宅	三居室 (91m²) 四居室 (102m²)
力高天悦府	小高层约 10450 元/m²	普通住宅	三居室 (92~112m²)
华盛大运城东嶺	高层约 11700 元/m²	普通住宅	三居室 (89m²)
新城云樾观棠	高层约 11500 元/m²	普通住宅	三居室 (90~118m²)
华盛和睦府	高层约 11500 元/m²	普通住宅	三居室 (98~120m²)
金辉优步大道	小高层约 12600 元/m² 洋房约 13800 元/m²	普通住宅	三居室 (88~99m²)
琥珀东澜赋	高层约 12504 元/m²	普通住宅	二居室 (120m²)

长丰县

楼盘名称	价格	物业类型	主力户型
信泰锦华雅居	尚未公布	普通住宅	三居室 (102m²)
城改公园首府	小高层约 8780 元/m² 洋房约 9419 元/m²	普通住宅	三居室 (101~113m²) 四居室 (125~127m²) 五居室 (141m²)
旭辉中梁时代江来	尚未公布	普通住宅	尚未公布
中南宸悦	尚未公布	普通住宅	尚未公布
林泉雅舍	尚未公布	普通住宅	三居室 (95m²)
世茂云锦	小高层约 14800 元/m²	普通住宅、商业	三居室 (92~100m²) 四居室 (114m²)
世茂雅庭	小高层约 7195 元/m² 洋房约 7595 元/m²	普通住宅	三居室 (108m²)
华宇中梁北麓雅院	小高层约 11400 元/m²	普通住宅	三居室 (85~96m²)
十里晴川	小高层约 12800 元/m²	普通住宅	三居室 (79~107m²)
文一锦门桃李	小高层约 13379 元/m²	普通住宅	三居室 (108m²)

长丰县			
楼盘名称	价格	物业类型	主力户型
孔雀城时代北宸	小高层约7705元/m² 洋房约8280元/m²	普通住宅、商铺	三居室(88~95m²) 四居室(108~165m²) 五居室(140~190m²)
北城正荣府	小高层约12600元/m²	普通住宅	三居室(83.67~119.95m²)
恒泰阿奎利亚悦璟府	高层约10500元/m²	普通住宅、别墅、商铺	三居室(89~108m²) 四居室(119~123m²)
都荟上城	小高层约13736元/m²	普通住宅	三居室(95~117m²)
保利时代	小高层约14600元/m²	普通住宅	三居室(95~109m²)
鹭山湖	别墅约12500元/m²	普通住宅、别墅	别墅(448~755m²)
金大地禧悦公馆	小高层约13999元/m²	普通住宅、公寓、商业	三居室(89~103m²)
新城悦隽九里	小高层约11693元/m²	普通住宅	三居室(88~125m²)
融侨天越	小高层约14400元/m²	普通住宅	三居室(88m²)
万科公园大道	高层约14948元/m²	普通住宅	二居室(96~118m²)
万科苏高新中央公园	小高层约15300元/m²	普通住宅	三居室(103~124m²) 四居室(139~173m²)
中梁华地辰阳府	小高层约12999元/m²	普通住宅	三居室(89~100m²)
文一锦门繁华里	小高层7199元/m²	普通住宅	二居室(98m²)
金地自在城	小高层约14151元/m² 洋房约14500元/m²	普通住宅	三居室(89~99m²) 四居室(110~119m²)
奥园誉峯	高层约7069元/m²	普通住宅	三居室(88.83~110.84m²) 四居室(119.71~122.25m²)
中国铁建悦湖国际	高层约11700元/m²	普通住宅	三居室(96m²) 四居室(113~130m²)

长丰县			
楼盘名称	价格	物业类型	主力户型
华地森林语	洋房约12726元/m²	普通住宅	四居室(91m²)
华地学府公园	预计11000元/m²		二居室(92m²)
中梁力高云湖印	小高层约13870元/m²	普通住宅、商住	三居室(87~103m²) 四居室(116~120m²)

庐江县			
楼盘名称	价格	物业类型	主力户型
保利溪湖林语	洋房约8921元/m²	普通住宅	三居室(95~105m²) 四居室(115~130m²)
华盛江山御府	高层约7398元/m² 洋房约8800元/m²	普通住宅	三居室(104~117m²)
庐江恒大悦龙台	高层约9800元/m²	普通住宅	三居室(112~137m²) 四居室(142m²)
保利和府	尚未公布	普通住宅	三居室(105~135m²)
新力弘阳湖畔樾山	高层约8200元/m²	普通住宅	三居室(100~120m²) 四居室(146m²)

巢湖市			
楼盘名称	价格	物业类型	主力户型
蓝光芙蓉香颂	高层约9893元/m²	普通住宅、商铺	三居室(108~131m²)
加侨中梁湖山一品	洋房约11715元/m²	普通住宅	三居室(97m²)
华侨城半汤温泉小镇	别墅约15132元/m²	商住	三居室(102~160m²) 四居室(163m²) 别墅(117~233m²)
巢湖新华龙府	别墅约15868元/m² 洋房约10644元/m²	普通住宅、别墅、商业	三居室(110~135m²) 别墅(150m²)
巢湖新华学府	小高层约10900元/m²	普通住宅、商业	三居室(96~118m²)

典型项目

高速·蜀西湖畔

合肥 | 高速地产 | 国企品质 | 蜀西湖畔 | 地铁沿线

项目地址：
合肥市高新区长宁大道与云飞路交叉口向西 150 米

开发商：
安徽省高速蜀西房地产开发有限公司

产品特征：
高层、洋房

参考价格：
高层均价约 17000 元/平方米，洋房均价约 20000 元/平方米

主力户型：
约 144、160 平方米四居，约 136 平方米三居

物业公司：
高速物业

5 公里生活配套：
银泰城、砂之船奥特莱斯、创新实验小学、中加国际学校、合肥七中

专家点评 郭红兵·安徽省清源房地产研究院院长

高速·蜀西湖畔位于合肥市发展势头最好的区域——高新区核心板块，区位优势明显。产品规划设计大气，外立面特色鲜明，社区景观层次丰富功能突出，产品既有可适应改善性需求的洋房，也有部分符合刚性需求的高层，是中高端置业的可靠选则。

扫码观看楼盘详情

项目测评

【战略意义】
高速地产 2018 年再入高新区，始终秉持"好房子，国企造"和"新时代，住好房，美好生活尽在高速地产"的开发理念，持续为广大业主打造有温度的"乐生活"社区，深耕高新。

【市场口碑】
2018 年 11 月 3 日项目首开，仅用了 8 个月的时间，便迎来了收官时刻。一路走来，高新楼市记录着高速·蜀西湖畔从面世、开盘到售罄的每一刻，不断跃升的热销数字也验证了项目强大的市场号召力和产品吸引力。

【区域地段】
蜀西湖片区打造成合肥的城市副中心，高新区的中央商务区，即商务商业核心、科技展示核心、总部经济核心和人才服务核心。片区内三条地铁线贯穿，给板块的发展带来强大的驱动力。

【楼栋规划】
项目总占地 66 亩，总建面 12 万平方米，规划总户数 687 户，包含 6 栋高层、13 栋洋房。项目采用"南低北高"布局，是中高端置业的可靠选项。

【主力户型】
高速·蜀西湖畔主力户型为建筑面积约 136 平方米三居洋房，整体户型方正，南北通透，大开间短进深的设计，空间利用率高，南北双阳台，空气流通性强；主卧带独立卫生间以及衣帽间，可增强卧室的私密性。

【园林景观】
项目容积率 2.0、建筑密度 18%、绿地率 40%，为小区园林规划提供了充足的空间。内部景观层次分明，建筑与建筑之间设计有组团景观带和多重景观体系；儿童娱乐设施、老人健身设施齐全，满足全年龄段的健康体验。

【品牌描述】
安徽省具有较高品牌影响力的省属国有房企，拥有国家房地产开发企业和国家物业管理的双一级资质。2013 年获得合肥最具影响力品牌房企，2018 年获得央企国企房地产优秀品牌等荣誉。开发面积超 1000 万平方米，为近 10 万户家庭带来人居住宅新体验。

【物业服务】
社区物业为高速物业，24 小时管家式服务，秉承高速乐生活服务体系，集乐居高速、乐享生活、乐邻社区三大板块，以面面俱到的贴心呵护，定制更多美好生活体验。

【设计风格】
项目采用美式褐石学院派建筑风格。建筑外立面采用褐石石材与红砖相结合，主色调为砖红色，1~2 层采用的是干挂石材，高层上部采用砖红色真石漆，洋房上部采用柔性面砖，安全性高、透气性好，有效抵挡风雨侵蚀不变色。

【拿地详情】
2018 年 12 月 6 日，高速地产夺得高新区 KP4-2 地块居住用地，成交单价 1350 万元/亩，楼面价 10124.95 元/平方米，总价 89140.50 万元，溢价率 108%。2020 年 7 月项目售罄。

美好云谷路壹号

| 合肥 | 美好置业 | 潜力板块 | 全装全配 | 拎包入住 |

项目地址：
合肥市肥西县金寨南路与云谷路交会东200米

开发商：
合肥美好置业有限责任公司

产品特征：
住宅、公寓

参考价格：
住宅均价14000元/平方米

主力户型：
约95平方米三居、约117平方米四居

物业公司：
美好物业

5公里生活配套：
地铁3号线（延长线）、永辉超市、上派镇幼儿园、肥光小学、肥西实验中学、派河公园、古埂公园、丽景湖公园、安徽医科大学临床医学院附属肥西医院、肥西县人民医院

专家点评
汪远·安徽省房地产研究会秘书长

美好云谷路壹号位于合肥西南板块，精装修装配式建筑，纯拎包入住，性价比相对较高。从首开到加推，项目持续热销，市场关注度较高。

扫码观看楼盘详情

项目测评

【战略意义】
以"让更多人快速住上好看、好用、便宜的房子"为使命，美好云谷路壹号作为合肥首个装配式A类示范项目，以更高效节能的装配式建筑、超越市场的全装修作品标准打造了装配式建筑的又一典范。

【市场口碑】
2020年12月18日，美好云谷路壹号首开引发抢房热潮，之后又紧急加推，前后共计推出306套房源，均被抢购，创下8天狂揽4.3亿元的佳绩。众多客户与业内人士达成了"合肥买房看美好"的共识，也证明了市场对美好云谷路壹号的认可。

【区域地段】
美好云谷路壹号位于政务区南核心地段，北临政务区，东连滨湖，沿袭合肥西南发展脉络，坐享板块高速发展红利。周边金寨路、方兴大道两大主干道纵横，紧邻地铁3号线云谷路站，便捷路网通达全城。

【楼栋规划】
小区占地面积17655平方米，规划总户数450户，包含3栋高层和两栋小高层，整体楼栋设计朝南，通过建筑间的布置方式，形成完整的中心景观花园，保证楼栋景观朝向，同时强调居住布局的整体理念，注重邻里关系建立。

【主力户型】
美好云谷路壹号主力户型为建面95平方米三居室及建面117平方米四居室，整体布局方正，空间阔绰，尤其是客厅、主卧、次卧三开间朝南的全明设计，南北通透，采光充沛；其主卧连接大飘窗，室内观景平台，延展室内空间。

【园林景观】
美好云谷路壹号不是园林点缀建筑，而是建筑在园林里，精心打造可游、可赏、可玩的多功能园林。中心花园、漫步林、萌宠乐园、儿童乐园、室外文体场等景观组团自然连接，入眼皆盛景，舒缓着繁忙的都市节奏，为业主增添生活逸趣。

【自建配套】
人性化设计绿色健康、运动生态居所，落实健康生活倡导，以有氧慢跑道、动感健身场、羽毛球场、中央大草坪等社区配置，满足一家人的健康休闲所需。项目自带3.4万平方米商业配套，满足基本生活需求。

【物业服务】
美好幸福物业服务有限公司成立于1995年，属于全国第一批物业服务企业、一级资质物业管理企业。作为专业的物业服务机构，美好物业一直秉承"服务幸福生活"的服务理念，在市场赢得了较好的口碑。

【交通出行】
项目周边有金寨路、方兴大道两大城市主干道纵横交错，金寨路纵贯蜀山、经开区、政务区、肥西、方兴大道，东连滨湖，北至机场，从容出行；临近地铁3号线延长线云谷路站（建设中），日常出行方便快捷。

【教育资源】
美好云谷路壹号项目周边教育资源丰富，有玉兰滨河幼儿园、上派镇幼儿园，以及菁菁小学、肥光小学、肥西实验中学等众多优质学校，打造全龄化优质教育资源，解决业主子女上学困扰。

万兴·湖山间

`合肥` `万兴地产` `配套醇熟` `装修入住` `低密社区`

项目地址：
合肥市高新区科学大道与合欢路交叉口

开发商：
安徽万兴投资集团

产品特征：
小高层、洋房

参考价格：
小高层均价21700元/平方米、洋房均价23200元/平方米

主力户型：
约119平方米四居、约135平方米四居

物业公司：
亲和家物业

5公里生活配套：
天鹅湖公园、大蜀山森林公园、天鹅湖万达、华邦银泰城、保利MALL、匡河风景带、合肥天鹅湖大剧院、市政务中心、省立医院

专家点评｜汪远·安徽省房地产研究会秘书长

万兴·湖山间是万兴合肥首子，以「6Young-LIFE」生活美学体系为内核，打造湖山之间的亲密人居。与政务区一路之隔，地理位置优越，周边配套醇熟，每逢推售，均受到市场热捧。

项目测评

【战略意义】

2020年，安徽万兴投资集团落子合肥，开启在省会城市的第一次正式"试水"。作为首次进入省会城市的本土开发商，其所开发的万兴·湖山间项目以品质树品牌，在品质上荣获"绿建三星"标识认证，成为合肥市区的典型作品之一，在当地广受好评。

【市场口碑】

万兴·湖山间获得"绿色建筑三星设计标识认证"，"绿建三星"是中国当前绿色建筑领域最全面、最权威的认证体系。"绿色住宅""健康住区""品质社区"等标签是购房者对万兴·湖山间最多的评价。

【区域地段】

万兴·湖山间位于合肥市高新区科学大道与合欢路交会处，地处高新区与政务区交会处，西瞰大蜀山森林公园、东望天鹅湖公园，匡河风景带在侧。享受合肥优质的商圈、办公、交通、公园、政务、医疗、娱乐休闲等配套。

【楼栋规划】

项目建筑面积92000平方米，容积率2.0，绿化率40%。规划建设4栋洋房和3栋小高层，规划总户数347户。整体楼栋设计由南向北依次递进，其中洋房楼高8层，小高层楼高17至18层。项目配置局部架空层，享受真正的低密社区。

【主力户型】

万兴·湖山间主力户型为建面135平方米四居创享洋房，整体布局颇为方正。其中四叶草格局，餐客厅一体式设计；约8平方米的南向外延宽景阳台与次卧打通相连，在增加得房率的同时，提高居室的舒适度。

【园林景观】

项目近40%的绿化率和2.0的容积率，为小区园林规划提供了充足的空间。社区规划"一环一轴一街四境"，银杏等高低灌木形成错落景观带。更有五重归家园林景观以及长约400米橡胶跑道，供居民健身休憩。

【教育资源】

万兴·湖山间代建配套36班小学及18班幼儿园，小学教育为高新区桂花园集团化办学，项目一路之隔规划有42班中学，满足一站式全龄段教育。此外，周边有合肥市兴园学校、合肥八中等多个学校，人文教育资源集中。

【交通出行】

项目毗邻地铁2号、3号、4号(在建)、6号线(待建)，多条线路纵横交错，可随时通达全城。1公里范围内公交站有白水塘站、合科路口站、红ול路口站；156路、518路、158路路、651路、652路等多路公交经过，公共出行便捷。

【设计风格】

项目采用现代简约建筑风格，选取真石漆+石材立面。楼底部采用石材干挂凸显庄重与美感，中间段使用真石漆外墙漆，整体楼座造型雅致高端，保证立面历久弥新，更具特色与品质，同时也保证了建筑的安全性和耐久性。

【销售数据】

万兴·湖山间项目2020年6月中旬对外推售，截至11月底，住宅共推售347套房源，认购房源数329套；仅5个月时间，全案住宅去化率高达95%以上，创造了合肥市场颇为不俗的销售佳绩。

新滨湖恒大文化旅游城

`合肥` `恒大文旅` `文旅大盘` `全能配套` `恒大童世界`

项目地址：
六安市舒城县北二环路与胜利大道交会处

开发商：
六安恒睿旅游开发有限公司

产品特征：
高层、公寓

参考价格：
均价 7000 元/平方米

主力户型：
约 70 平方米两居、约 90 平方米三居

物业公司：
恒大物业集团

5 公里生活配套：
三河古镇、恒大童世界、十大航母级配套、地铁 1 号线、恒大高速互通立交

专家点评
汪远 · 安徽省房地产研究会秘书长

新滨湖恒大文化旅游城地处合肥南，三河古镇旁，属于新滨湖板块，坐拥得天独厚的自然生态资源和丰富的旅游资源，承接滨湖乃至合肥城市发展外溢红利。项目从新品亮相到开盘热销，每一个动作都备受市场关注。

扫码观看楼盘详情

项目测评

【战略意义】
2019 年，恒大旅游集团首次进驻安徽，作为恒大文旅在安徽的旗舰作品，作为华东文旅的先行者，新滨湖恒大文化旅游城旨在打造具有国际影响力的文旅典型作品。汇聚丰富的航母级文旅配套，坐拥恒大童世界等知名IP，建成后将成为文化旅游胜地。

【市场口碑】
2019 年 12 月 7 日展示区开放，2020 年 1 月 18 日开盘，来访超 10 万组，日常加推去化率均高达 90% 以上，2020 年项目累计销售额超 40 亿元。在克而瑞发布的"2020 年中国房地产企业项目销售TOP100 排行榜"中，项目以 55.4 万平方米的销售面积居全国第 12 位，华东区域第 1 位。

【区域地段】
新滨湖恒大文化旅游城位于合肥南新滨湖板块，是合肥经济圈的重要组成部分，半小时可达合肥都市圈。项目通过沪汉蓉高铁、规划合西高铁、规划京九高铁等铁路，以及京台高速、沪蓉高速等，亦可便捷辐射省内外主要城市。

【自建配套】
项目规划童话大街、浪漫婚礼庄园、现代博物馆群、文化娱乐中心、欧式城堡酒店、国际会议中心、国际会展中心等十大航母级配套，打造集游乐、文化、休闲、商业、旅居于一体的综合型人文旅游度假胜地。

【物业服务】
恒大物业集团，拥有国家一级管理资质，不断升级"精品物业管理标准"，提供社会化、专业化、市场化服务，致力打造中国最具居住价值、人文价值的幸福社区。其 24 小时全天候管家服务，广受业主认可。

【交通出行】
作为合肥向南门户，项目周边交通线路发达，徽州大道南延（在建）直达合肥、地铁 1 号线南延线将连通南北，交通便捷；京台高速、合安九高铁（在建）等，使项目所在地一跃成为长三角城市群重要交通节点。

【教育资源】
项目规划多所小学、初中，已引进安师大附属中小学等知名教育资源，构建幼、小、中一体化教育体系和名师团队，全龄教育配套。

【园林景观】
社区内有多种珍稀植被，六重园林多层次景观，大围合式中心园林，融合生态大城建筑理念，打造集娱乐休闲、运动服务、科普健身、观光揽胜于一体的绿色生态欧陆园林，构建绿色宜养居所。

【主力户型】
新滨湖恒大文化旅游城主力户型为建面 90～110 平方米三居，整体布局较为方正。三开间朝南设计，采光性强；动静分明，动区餐厅、客厅与静区主卧、次卧、卫生间互不干扰，形成鲜明的分区界限，居住舒适度高。

【购物娱乐】
新滨湖恒大文化旅游城拥有十大航母级配套、欧式城堡酒店、会议中心、会展中心；由九座教堂组成的婚礼庄园、风情商业街、万国美食街；另有星空影城、欢唱世界、运动中心、健康中心等，结合现代设计理念，构建运动休闲健康新领地。

祥生·庐州雲境

| 合肥 | 祥生 | 雲境系2.0 | 公园洋房 | 低密藏品 |

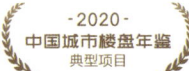

项目地址：
合肥市庐阳区北二环路与四里渠西里交会处西南侧

产品特征：
住宅、洋房

项目规划：
占地面积：97953平方米；容积率：1.20；总户数：506户

主力户型：
约126平方米四居、约145平方米四居

参考价格：
待定

入选理由 | 白杨·易居企业集团安徽公司顾问事业部总经理、顾问研究中心负责人

祥生·庐州雲境位于四里河板块，属于主城区资源稀缺型物业。作为高端产品『雲境系』的2.0系列，打造高品质纯粹低密社区。得天独厚的自然资源，再加上成熟的周边配套，未开先火成为它的代言词。

核心优势：

祥生·庐州雲境是祥生地产高端序列产品，全国第5座雲境系作品，位于四里河板块中央。项目周边有华润万象汇、万科广场、新天地、宜家（在建）、苏宁广场（在建）等4大商圈；代建36班制中学、15班幼儿园等12年全龄教育链；一河双湖三公园，直享庐州主城优质城市资源。项目规划为低密改善型产品，约1.2容积率，约40%绿化率，双园规制享静谧生活。建面约115平方米12~13层瞰园高层和建面约126~145平方米8层亲地洋房，南北通透；全维臻装，人性化细节处理，打造高品质人居生活。

阳光城·檀悦

| 合肥 | 阳光城 | 省府板块 | 高端改善 | 低密洋房 |

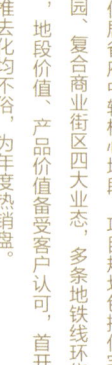

项目地址：
合肥市滨湖新区包河大道与福州路交会处

产品特征：
住宅

项目规划：
占地面积：115229平方米；容积率：2.05；总户数：1444户

主力户型：
约108平方米三居、约142平方米四居

参考价格：
23415~28999元/平方米

入选理由 | 周开拓·克而瑞安徽区域总经理

阳光城·檀悦位居省府中轴核心地段，项目规划包括住宅、写字楼、幼儿园、复合商业街区四大业态，多条地铁线环绕，配套优势突出，地段价值、产品价值备受客户认可，首开即售罄，多次加推去化均不俗，为年度热销盘。

核心优势：

阳光城·檀悦位于合肥市滨湖新区包河大道与福州路交会处。区域内拥有"四纵四横"交通体系，依托地铁1号线、地铁5号线（在建中）、7号线（规划中）、S1号线（规划中）四大轨道交通网络，包河大道、紫云路、锦绣大道等城市多维交通路网，畅达全域；项目拥有得天独厚的自然优势，省府中轴公园（在建中）、紫云山公园（在建中）、中央公园（在建中）、滨湖湿地公园、方兴湖公园、塘西河公园六大城市公园环绕，兼具繁华与自然。

苏州
市场总结

一、新房成交表现

1. 整体情况

新房年度成交量：2020年苏州市区新房（住宅）共计销售总额1942亿元，成交面积约835万平方米，成交套数66866套，成交面积同比增加6%，成交套数同比减少0.31%。6月是苏州市区销售最好的月份，售出8122套房，成交总金额约289亿元。

新房价格情况：2020年全年，苏州市区共计销售总额1942亿元，成交均价26339元/平方米，成交均价同比上涨22%。

2. 年度走势

2020年是苏州楼市回归理性的一年，土地成交溢价率基本控制在了15%以内，千人摇号的场面有所减少，二手房价涨幅也长期居于冰山指数排行榜末尾。但是楼市分化加剧也是其最明显的特征之一，园区奥体、新区狮山一房难求，房企争相入驻；浒关、元和等板块销售疲软，频频启动分销。在稳增长的前提下，苏州落户放松力度空前，使得苏州人口流入激增，这也相当于为苏州楼市注入了更多新鲜血液。预测2021年的苏州楼市稳中有升。

3. 历年表现

从苏州近6年的新房（住宅）成交面积和套数来看，2015年最高，达到了约949万平方米、84788套，2016年开始下降，2018年达到最低，2019年又开始回升。2020年新房（住宅）成交均价为历年最高，26339元/平方米，相比2015年增长了约116%。

苏州近6年新房（住宅）成交数据

年份	成交面积（m²）	成交套数（套）	成交均价（元/m²）
2015	9491783	84788	12192
2016	9311782	79853	16633

（续）

年份	成交面积（m²）	成交套数（套）	成交均价（元/m²）
2017	6548582	57089	18306
2018	6311306	53371	19767
2019	7874084	67073	21567
2020	8350000	66866	26339

以上数据来源于克而瑞苏州机构

二、二手房成交表现

1. 整体情况

贝壳苏州机构提供的数据显示，2020年苏州（市区+昆山）二手房成交25277套，成交面积230.56万平方米，成交均价24049.13元/平方米。从各月的成交量来看，2月降至冰点，仅成交51套；12月成交量最高，达到3036套。全年成交套均面积约91平方米，平均总价约220万元。

2020年苏州各月二手成交情况

月份	成交量（套）	成交总面积（m²）	成交均价（元/m²）
2020—01	1009	91268.07	24677.77
2020—02	51	4442.3	25482.88
2020—03	1587	131569.88	23359.39
2020—04	2347	204230.42	24166.11
2020—05	2420	221119.61	24054.49
2020—06	2257	211571.25	24029.58
2020—07	2347	218788.09	23821.65
2020—08	2625	241218.72	23415.12
2020—09	2345	217223.51	23941.94
2020—10	2602	237817.75	23900.01
2020—11	2651	243571.71	24122.27
2020—12	3036	282759.42	24932.23

数据统计含苏州市区和昆山，来源于贝壳找房苏州机构

2. 年度走势

从价格走势来看，2020年全年波动较大，2月成交均价最高，3月降至最低，10月之后又有所回升，与2019年同期相比，价格有所回落。从链家官网一年的挂牌均价来看，自2020年2月开始苏州二手房挂牌均价一路下跌，整体均价下调约2300元/平方米。

2020年苏州二手房成交价格走势

3. 成交情况

某中介门店高级经纪人表示，受疫情影响2020年前6月带看和成交都很少，9月份市场开始好转，带看量和成交量明显提升，但是相比2019年整体成交量还是少了将近一半；成交周期变长后部分急于出手的房东进行了调价，部分星海学区房成交总价相比2019年同期降了上百万。

2020年全年各房源的成交周期普遍较长，不少房源的成交周期超过了100天，不少中介透露，持观望态度的客户增多。

三、政策梳理

2020年是苏州落户全面放松的一年。

2020年3月19日，苏州市政府发布了《市政府关于调整人才落户相关政策的通知》，通知指出，本科学历可以直接落户，无需社保（年龄不超过45周岁）；大专学历6个月社保就可以落户（年龄不超过35周岁）；适用于苏州各大行政区域。这条政策的颁布让陷入疫情阴霾的楼市看到了一丝曙光。

苏州各区也积极响应政府号召，新建商品房试点人才优购，为人才提供购房补贴等。仅姑苏区就先后出台了《青春无忧人才计划》和《体育人才计划》。

2020年12月22日，苏州市人民政府又颁布了《市政府办公室关于进一步推动非户籍人口在城市落户的实施意见》，意见重点包括：租房可落户，长三角社保居住年限互认。这使得苏州抢人大战再度升级。

2019年苏州开始限制新建商品房备案均价后，不少专家和媒体预测苏州或在2020年迎来维权潮。果不其然，2020年交付项目因质量问题被投诉的数量激增。

2020年10月9日，苏州市住房和城乡建设局发布了《市住房和城乡建设局关于规范全市新建成品住房建设销售管理的通知》，通知规定：装修综合单价不宜低于土地出让楼面单价5%~10%，且不低于1000元/平方米；成品住房领取预售前应按不同户型设置交付标准样板房，样板房要真实反映户型、结构、装修标准和施工质量；样板房应保留至该户型成品住房取得交付使用通知书三个月后方可撤除，并留存影像资料备查；成品住房交付标准不得低于样板房和合同约定的标准。

装修房新政出台后，不少楼盘开始拆除样板间或剔除样板间内的软装，力争让业主"所见即所得"。这个政策对于把控房屋质量、保障业主权益起到了积极的作用。

四、土地供应

1. 出让基本情况

2020年苏州市区（不含吴江）住宅用地供应计划为6200亩，同比2019年增加200亩。截至2020年12月31日，苏州市区共计成功出让74宗涉宅用地，总出让面积3984823.47平方米，总出让金额1108.41亿元。

出让面积、成交金额同比 2019 年分别减少 17.4%、6.1%。2020 年苏州涉宅土地市场总体表现量价齐跌，这主要与 2020 年政策性住宅用地供应量占比达到 30% 有关。

从苏州 6 大区的涉宅用地成交情况来看，出让地块数量、面积和金额均最高的为吴中区；出让面积和成交总金额均最高的板块为新区科技城；出让面积和成交总金额最高的地块为高铁新城京东智谷地块，出让面积超 17 万平方米，总成交金额 42.76 亿元，由京东、平安、中南合作开发。

2. 开发商拿地情况

拿地面积前三的房企分别为苏高新、绿地香港和碧桂园，苏高新不仅是 2020 年的地王，其全口径销售额也居苏州市区第一，成交金额达到了 321.84 亿元。

3. 未来预估

从 2020 年 3—12 月的土地成交情况来看，无一流拍，且绝大多数地块溢价成交，超半数地块进入一次性报价区间，甚至有多宗热门地块竞价超 100 轮。这与苏州 2 月 19 日出台的"新土地 6 条"有较大关联。

苏州"新土地 6 条"重点内容包括：住宅（商住）地块不统一要求设置竣工预售许可调整价；超过市场指导价的，不统一要求项目工程结构封项后申请预售许可；进入一次报价的，不统一要求工程竣工验收后申请预售许可；根据复工情况调整交地、开竣工等履约要求；疫情期间延长土地出让金缴纳时限。

新政后，苏州房地产业内人士在接受乐居财经的采访时，普遍认为这是对房企和市场的一大利好，将激活市场，使市场加速回暖。如今来看，这一政策确实增强了开发商拿地的信心。

根据苏州市区各板块土地供应量排名来看，2021 年可重点关注如下几大板块：新区科技城、吴江运东、吴中城南、相城高铁新城、园区胜浦、姑苏区平江新城。

五、热点板块

从 2020 年苏州市区楼盘成交金额 TOP10 来看，一半在新区，其中 4 个位于狮山板块。销售金额冠军上瑞阁称得上 2020 年苏州市区的超级红盘，一期开盘，905 套房，1758 人参与摇号，中签率 51%；二期开盘，361 套房，摇出 865 个有效号码，中签率 41%，可以说一次比一次难买。上瑞阁备受青睐，一方面在于价格倒挂明显且本身品质不错，另一方面在于其临近苏州高新区狮山实验小学（竹园校区）和苏州高新区第一初级中学等优质教育资源。

在成交套数榜单中，有 3 个楼盘都位于太湖度假区，这主要得益于其低总价的优势，毕竟苏州单价 1 字头的价格洼地越来越少，加上轨交 5 号线的开建，增加了购房者的预期。

2020 年苏州市区项目（含吴江）成交 TOP10

排名	金额榜		面积榜		套数榜	
	项目名称	成交金额（亿元）	项目名称	成交面积（万平方米）	项目名称	成交套数（套）
1	上瑞阁	59.40	龙湖大境天成	22.30	龙湖大境天成	1838
2	铂湾澜庭	56.65	龙湖首开湖西星辰	19.06	龙湖首开湖西星辰	1712
3	龙湖首开湖西星辰	56.50	上瑞阁	18.59	上瑞阁	1457
4	海和云庭	52.71	铂湾澜庭	14.52	翡翠公园	1059
5	龙湖大境天成	41.32	海和云庭	13.20	铂湾澜庭	1031
6	花语江南	38.60	建发悦江南	12.97	蔚蓝四季花园	974
7	建发悦江南	33.58	科技城金茂府	10.45	建发悦江南	882
8	滨河四季云庭	32.96	蔚蓝四季花园	10.21	海和云庭	830
9	山水樾澜庭	32.76	融悦湾花园	10.15	阳光城檀苑	822
10	科技城金茂府	32.25	花语江南	10.08	碧桂园伴山澜湾雅苑	795

数据说明：
1. 项目属性：商品住宅数据
2. 区域属性：苏州市区（含吴江）
3. 时间范围：2020 年
4. 数据来源：合同签约数据，已剔除回迁房、退房数据等纵观 2020 年全年苏州新房市场，新区狮山板块是热度最高、楼盘销量最佳的区域，园区奥体板块紧随其后，目前这两个区域的热盘几乎都已清盘。2021 年，由苏高新和仁恒合作开发的狮山村项目、由旭辉和新希望合作开发的园区奥体项目无疑会是关注度最高的两个项目。

六、用户心理

受疫情和落户持续放松等多方面的影响，苏州乐居近期采访了苏州各区域的置业顾问、中介及购房者，发现购房者的心态发生了一些变化。受新房限价及新盘陆续入市等影响，购房者更倾向于购买新房，在选择新房时也不再局限于某个区域，会在全市范围内进行比较，热门板块的限价盘都想去碰碰运气。姜昊（化名）此前参加了上瑞阁两次摇号、建屋天著一次摇号，都没有摇中，但他还打算 2021 年再去旭辉奥体项目试试运气。他直言，这种热盘有机会都想试试运气，反正现在有些闲置资金，万一中了以后肯定赚。

一名资深中介透露，苏州市区新房（住宅）库存突破 7 万套，对二手房市场造成了不少冲击，二手房价格整体回调了约 10%~20%，对于降价幅度较大且地段相对好的房子，还是有购房者愿意接手；由于二手房成交周期变长，着急置换的房东明显变得焦虑。

整体来看，2020 年苏州购房者观望情绪较 2019 年更浓。

七、2021 年展望

2021 年 1 月 5 日，苏州 1 号挂地公告出炉，含 4 宗涉宅用地。虽然都位于刚需区域，但都设置了市场指导价，这说明政府稳地价的决心不会动摇。土地市场能否延续 2019 年的热度，2021 年的第一场土拍结果显得至关重要。

苏州新房库存目前接近 14 万套，其中住宅破 7 万套，2021 年势必要加速去库存，成交量较 2019 年或有增加。据统计，苏州市区 1 月近 20 个楼盘将开盘，8 成为纯新盘。

2020 年苏州新房成交均价 26339 元 / 平方米，同比上涨了 22%，随着 2021 年更多改善型楼盘的入市，成交均价有望再次拉升；2020 年前 9 月苏州二手房涨幅均处于冰山指数排行榜的全国倒数，但从 10 月开始排名出现了缓慢上升，这说明苏州的二手房市场在慢慢回暖，成交均价也有望小幅回升，鉴于苏州二手房挂牌量接近 10 万套，2021 年去化难度依旧非常大。

经调查得知，旭辉和新希望合作开发的园区奥体项目、苏高新和仁恒合作开发的狮山村项目堪称 2021 年关注度最高的两个楼盘，而因太湖科学城再次走红的科技城或许会成为 2021 年大热的板块。

数据来源：克而瑞、贝壳找房

在售楼盘一览

园区

楼盘名称	价格	物业类型	主力户型
辉映时代花园	约30900元/m²	普通住宅	三居室(89m²)
悦云庭	约34235元/m²	普通住宅	三居室(110m²) 四居室(133m²)
新城嘉樾时代花园	约30900元/m²	普通住宅	三居室(89~108m²) 四居室(120m²)
中铁建花语江南	约38499元/m²	普通住宅	三居室(160m²) 四居室(175~185m²)
东方星座	约36500元/m²	酒店式公寓、商铺	商铺(45~50m²)
东方之门	住宅3200元/套起	普通住宅、写字楼、酒店式公寓、商铺	四居室(254m²) 五居室(309m²) 六居室(383m²)
朗诗和风熙华雅苑	约32500元/m²	普通住宅	三居室(89~109m²) 四居室(139~164m²)
新希望锦麟芳华	约32500元/m²	普通住宅	三居室(90~110m²) 四居室(140m²)
仁恒海和云庭	约39208元/m²	普通住宅	三居室(142m²) 四居室(162~372m²) 五居室(423~508m²)
中海上园湾	510万~1099万元/套	普通住宅	四居室(143~165m²)
上东区PRO	约39927元/m²	普通住宅	三居室(120m²) 四居室(150m²)

姑苏区

楼盘名称	价格	物业类型	主力户型
云起平江	约31960元/m²	普通住宅	三居室(98~112m²) 四居室(127m²)
山棠春晓别墅	尚未公布	别墅	尚未公布
耦前别墅	尚未公布	别墅	尚未公布
燕回平门里	尚未公布	别墅	尚未公布
知丘别墅	1500万元/套起	别墅	尚未公布
抱拙别墅	尚未公布	别墅	尚未公布
东原印长江	尚未公布	普通住宅	尚未公布
印象平江花园	尚未公布	普通住宅	三居室(99~117m²) 四居室(134m²)
海月平江	32000~33000元/m²	普通住宅	三居室(95~110m²)
星河平江新著	约31000元/m²	普通住宅	三居室(103m²) 四居室(130~143m²)
绿都蘇和雅集	580万元/套起	别墅	三居室(144m²) 别墅(160m²)
永威姑菁府	36000~38000元/m²	普通住宅	二居室(95m²) 三居室(120~135m²)
阳光城平江天地商业中心	公寓16818元/m²起	公寓、写字楼、商铺	一居室(23m²) 三居室(53m²)
泰禾华发姑苏院子	别墅1000万~1200万元/套	普通住宅、别墅	三居室(130m²) 四居室(154~265m²)
绿景公馆1898	325万元/套起	普通住宅	三居室(97m²) 四居室(127~143m²)
栖霞栖园(清塘街99号)	约38000元/m²	普通住宅	三居室(105m²) 四居室(118~134m²)
天房留风园	1322万~2300万元/套	别墅	尚未公布
华发公馆	约35000元/m²	别墅	三居室(102~126m²) 四居室(205m²)
春风印月	2700万元/套起	别墅	别墅(225m²)
浅棠平江花园	约32380元/m²	普通住宅	三居室(108~143m²) 四居室(186m²)

姑苏区

楼盘名称	价格	物业类型	主力户型
银城原溪	957万元/套起	别墅	三居室(195m²) 四居室(225~290m²)
华发公园首府	650万~940万元/套	普通住宅	四居室(132~138m²)
海胥澜庭	约36136元/m²	普通住宅	四居室(168m²)
中骏天荟	约32000元/m²	普通住宅	三居室(100~116m²)

相城区

楼盘名称	价格	物业类型	主力户型
当代著家MOMΛ	约26000元/m²	普通住宅	三居室(110~144m²) 四居室(170m²)
中锐禹洲星辰四季	约23704元/m²	普通住宅	三居室(102~116m²) 四居室(125m²)
仁恒溪云雅园	尚未公布	普通住宅	三居室(140~193m²)
东原月印万川	约18045元/m²	普通住宅	三居室(105~112m²) 四居室(118m²)
金相天地	尚未公布	普通住宅	尚未公布
悦茏雅苑	约31000元/m²	普通住宅	三居室(233m²)
荷岸晓风花园	约25000元/m²	普通住宅	三居室(99~119m²) 四居室(136~273m²)
美的云筑	约27488元/m²	普通住宅	三居室(96~118m²) 四居室(128~140m²)
MOC芯城汇~芯光里音乐街	商铺约16000元/m²	酒店式公寓、商铺	商铺(36~63m²)
雅居乐新乐府	约29398元/m²	普通住宅	四居室(130m²)
保利天樾人家	普通住宅约20335元/m²	普通住宅、别墅	三居室(110~122m²)
四季和鸣雅园	约28000元/m²	普通住宅	三居室(106~142m²) 四居室(168m²)
苏州紫珺兰园	27000~29000元/m²	普通住宅	三居室(96~124m²) 四居室(143m²)
海玥名都	约28180元/m²	普通住宅	三居室(118m²)
苏州恒大悦珑湾	普通住宅18451~23451元/m²	普通住宅、商铺	三居室(102.89m²) 四居室(138.89m²)
苏州恒大珺睿庭	22000~24000元/m²	普通住宅	三居室(113.64m²) 四居室(136.13~137.97m²)
九龙仓翠樾庭	约26683元/m²	普通住宅	三居室(140m²)
水韵花都	23000~26000元/m²	普通住宅	二居室(85m²) 三居室(124m²) 四居室(139m²)
湖西上辰	约21328元/m²	普通住宅	三居室(100m²) 四居室(120m²) 五居室(165m²)
路劲璞玉澜岸	约23238元/m²	普通住宅	三居室(106m²) 四居室(120~132m²)
上坤云栖时光	约28000元/m²	普通住宅	三居室(105m²) 四居室(118m²)
越秀相悦四季雅苑	15437~20915元/m²	普通住宅	三居室(106m²)
花语天境	约29289元/m²	普通住宅	三居室(105~129m²) 四居室(146~149m²)
湖畔春晓花园	约20000元/m²	普通住宅	三居室(101~116m²)
映溪四季	169万~207万元/套	普通住宅	三居室(101m²) 四居室(120m²)
凤起和鸣雅苑(别名:园玺)	约28100元/m²	普通住宅	三居室(105m²) 四居室(127~143m²)
美的正荣·春栖和庭	约21500元/m²	普通住宅	三居室(107m²) 四居室(127~147m²)
宽泰铂园	21999元/m²起	普通住宅	三居室(106~143m²) 四居室(127m²)

相城区			
楼盘名称	价格	物业类型	主力户型
天房美瑜	普通住宅约 28500 元/m²	普通住宅、别墅	三居室 (116.3~128.08m²)
东原阅境	约 24000 元/m²	普通住宅	三居室 (95m²) 四居室 (120m²)
九龙仓天曦	普通住宅约 18500 元/m²	普通住宅、别墅	四居室 (180~200m²)
MOC 芯城汇 澜庭 IN	23500 元/m² 起	普通住宅	三居室 (102~115m²)
金科浅棠水岸	约 18600 元/m²	普通住宅	三居室 (101~106m²) 四居室 (116m²)
融信天澄	约 28844 元/m²	普通住宅	三居室 (100~114m²) 四居室 (135m²)
望熙雅苑（推广名：中环西熙里）	约 17600 元/m²	普通住宅	三居室 (94~115m²)
九龙仓逅湾雅苑	25500 元/m² 起	普通住宅、别墅	四居室 (137~143m²)
国展和昌芳草庭	约 16541 元/m²	普通住宅	三居室 (83~125m²) 四居室 (130~260m²)
和恒鹤云雅苑	146 万元/套起	普通住宅	三居室 (101m²) 四居室 (123m²)
禹洲嘉誉风华	150 万元/套起	普通住宅	三居室 (98m²) 四居室 (117m²)
朗诗蔚蓝广场	公寓约 18000 元/m²	写字楼、酒店式公寓、商铺	三居室 (116~121m²)
锦上和风华苑	约 27469 元/m²	普通住宅	三居室 (105m²) 四居室 (130~165m²)
鲁能泰山9号	约 20000 元/m²	别墅	四居室 (260m²)
当代万国墅 MOMΛ	别墅 337 万~345 万元/套	普通住宅、别墅	四居室 (110m²)

高新区			
楼盘名称	价格	物业类型	主力户型
前山澜庭	约 27900 元/m²	普通住宅	三居室 (110~125m²)
南山观枫四季花园	约 35980 元/m²	普通住宅	三居室 (128m²) 四居室 (146~157m²)
滨河四季云庭	约 38500 元/m²	普通住宅	三居室 (96~128m²) 四居室 (140m²)
运河时代花园	约 38000 元/m²	普通住宅	三居室 (165~195m²) 四居室 (203m²)
首开棠前如苑	约 23000 元/m²	普通住宅	三居室 (99~107m²) 四居室 (127m²)
中南春风南岸	约 25500 元/m²	普通住宅	三居室 (99m²) 四居室 (116~133m²)
熙境云庭	约 28065 元/m²	普通住宅	三居室 (100~124m²) 四居室 (133~137m²)
洛克公园	约 23500 元/m²	普通住宅	三居室 (99~115m²)
璞玥风华	28000~34000 元/m²	普通住宅	四居室 (143~170m²)
弘阳上熙名苑	24000~27000 元/m²	普通住宅	四居室 (115~120m²) 复式 (95m²)
苏高新禹洲山云庭	约 23338 元/m²	普通住宅	四居室 (126~210m²)
山樾云庭	约 25500 元/m²	普通住宅	四居室 (125m²)
九龙仓邂湾澜庭	约 39260 元/m²	普通住宅	四居室 (143m²) 五居室 (174~207m²)
星河胥江新著雅苑	约 32000 元/m²	普通住宅	四居室 (125m²)
金地翡翠星辰花园	200 万元/套起	普通住宅	三居室 (93~104m²)
春和景明雅园	约 39000 元/m²	普通住宅	三居室 (135m²) 四居室 (168m²)
大象山舍	300 万元/套起	普通住宅、别墅	别墅 (145~280m²)
科技城金茂府（备案名：合著花园）	普通住宅约 32800 元/m²	普通住宅、别墅	别墅 (125~228m²)
滨江东原印江澜	21000~27250 元/m²	普通住宅	三居室 (100~125m²)
云熹花园	约 27000 元/m²	普通住宅	三居室 (96~116m²) 四居室 (136m²)

高新区			
楼盘名称	价格	物业类型	主力户型
悠步四季	约 21000 元/m²	普通住宅	三居室 (89m²) 四居室 (106m²)
新澎湃国际社区	约 20000 元/m²	普通住宅	三居室 (92~116m²) 四居室 (125m²)
苏州金融小镇·云谷商墅	约 25000 元/m²	别墅	别墅 (220~350m²)
运河与岸	约 26000 元/m²	普通住宅	三居室 (100~110m²) 四居室 (126m²)
首开金茂熙悦	约 24000 元/m²	普通住宅	三居室 (89~105m²) 四居室 (127m²)
自在春晓	约 23900 元/m²	普通住宅	三居室 (106m²) 四居室 (116m²)
锦绣澜山峰誉庭	约 20500 元/m²	普通住宅	二居室 (83m²) 三居室 (131m²)
运河铂湾澜庭	约 39000 元/m²	普通住宅	三居室 (104~107m²) 四居室 (143~220m²)
浅悦静庭	普通住宅约 28500 元/m²	普通住宅、酒店式公寓	三居室 (97~129m²) 四居室 (142m²)
上瑞阁	约 31961.9 元/m²	普通住宅	三居室 (107~128m²) 四居室 (146~186m²)

吴江区			
楼盘名称	价格	物业类型	主力户型
信创上坤望湖四季	约 13594 元/m²	普通住宅	三居室 (79~86m²) 四居室 (118m²)
盛泽红星天铂	尚未公布	普通住宅	三居室 (143m²)
琥珀半岛	约 25792 元/m²	普通住宅、别墅	四居室 (130~147m²)
朗诗飞鸟集	尚未公布	酒店式公寓	一居室 (31m²) 二居室 (45~66m²)
城投熙和湾华庭	尚未公布	普通住宅	尚未公布
联发颂业雅庭	17666 元/m² 起	普通住宅	三居室 (98~115m²) 四居室 (120m²)
当代 MOMΛ 大湖上品	13500~19000 元/m²	普通住宅、别墅	四居室 (115m²)
中交九雅花园	约 20623 元/m²	普通住宅、酒店式公寓	三居室 (89~102m²) 四居室 (117m²)
中旅运河名著	18000~21000 元/m²	普通住宅	三居室 (102~128m²) 四居室 (139~148m²)
新希望锦麟府	约 19500 元/m²	普通住宅、别墅	四居室 (122~142m²) 别墅 (170m²)
新城十里锦绣	9500~11000 元/m²	普通住宅	三居室 (95~109m²) 四居室 (129m²)
绿地太湖朗峯	约 23500 元/m²	普通住宅、酒店式公寓、商铺	三居室 (112~114m²) 四居室 (147m²)
中旅名门府	约 29500 元/m²	普通住宅	三居室 (118~122m²) 四居室 (136~143m²) 五居室 (178m²)
光明光樾华庭	18000~19000 元/m²	普通住宅	三居室 (90~125m²)
新城吾悦邻里广场	约 14000 元/m²	商铺	尚未公布
苏州湾藏璟	约 24666 元/m²	普通住宅	三居室 (99~120m²)
樾丽云庭	约 25394 元/m²	普通住宅、商住	三居室 (102~117m²) 四居室 (138m²)
世茂苏河鹭鸣	约 26963 元/m²	普通住宅	四居室 (135m²)
湖湾天地	20970~23363 元/m²	普通住宅	四居室 (140m²)
德信望澜庭	约 16538 元/m²	普通住宅	三居室 (100~119m²) 四居室 (139m²)
荣熙华庭	约 20000 元/m²	普通住宅	三居室 (100~117m²)
建发悦江南	382 万~615 万元/套	普通住宅、别墅	四居室 (138m²) 别墅 (158~268m²)
中建河风印月	约 20245 元/m²	普通住宅	三居室 (83~88m²) 四居室 (118m²)
枫荟雅苑（原推广名：枫和九里）	约 26114 元/m²	普通住宅	三居室 (113m²) 四居室 (126~142m²)

吴江区

楼盘名称	价格	物业类型	主力户型
盛泽颐和公馆	约 19348 元 /m²	普通住宅、别墅	别墅 (181~234m²)
绿地潮映江南	约 18597 元 /m²	普通住宅	二居室 (86~110m²)
达西庄园	约 13370 元 /m²	普通住宅	四居室 (138~142m²)
国风云樾花园	18000~20000 元 /m²	普通住宅	三居室 (85~95m²)
豪门府邸	9500~10500 元 /m²	普通住宅	四居室 (166~188m²)
观澜天境花园	约 17600 元 /m²	普通住宅、别墅	三居室 (95~125m²)
万和悦花园	9500 元 /m² 起	普通住宅	四居室 (125m²)
中骏云景台	12000~13000 元 /m²	普通住宅	三居室 (100~112m²) 四居室 (128m²)
望月湾雅舍	约 13000 元 /m²	普通住宅	三居室 (112m²) 四居室 (127~145m²)
新城九鲤江南	349 万元 / 套起	别墅	四居室 (187m²) 五居室 (453m²)
龙光玖誉湾花园	18000~20500 元 /m²	普通住宅	三居室 (89~96m²) 四居室 (113m²)
上湖名著	180 万元 / 套起	普通住宅	三居室 (105m²) 四居室 (115m²)
苏州湾壹号	约 27200 元 /m²	普通住宅	三居室 (220m²) 四居室 (242m²)
中交和风春岸	约 26044 元 /m²	普通住宅	三居室 (119~140m²) 四居室 (148~172m²)
湖悦天境花园	约 26000 元 /m²	普通住宅、别墅	三居室 (95m²) 别墅 (125~150m²)
绿地云景	27000~35000 元 /m²	公寓、写字楼	二居室 (177~262m²)
观湖春天	约 17300 元 /m²	普通住宅	三居室 (98~121m²) 四居室 (130m²)
佳兆业湖心溪岸	约 17500 元 /m²	普通住宅	三居室 (119~140m²)
禹洲雍禧雅苑	17194~19610 元 /m²	普通住宅	别墅 (106~230m²)
苏州绿地中心	约 11000 元 /m² 起	写字楼	写字楼 (200m²)
旭辉吴门里	约 21203 元 /m²	普通住宅	三居室 (86~100m²) 四居室 (122m²)
都会理想花园	约 19011 元 /m²	普通住宅	三居室 (85~96m²)
湖西映月	18000~30664 元 /m²	普通住宅	三居室 (97~125m²)

吴中区

楼盘名称	价格	物业类型	主力户型
华地青樾庭	约 21550 元 /m²	普通住宅	三居室 (98m²) 四居室 (117~128m²)
星河时代新著	尚未公布	普通住宅	三居室 (105m²)
越秀云萃悦庭	18672~24959 元 /m²	普通住宅	三居室 (93m²) 四居室 (109m²)
雁归来院	尚未公布	普通住宅	二居室 (60~80m²)
湖山观云庭	尚未公布	普通住宅	三居室 (95~106m²)
四季和风雅居	尚未公布	普通住宅	三居室 (92~110m²) 四居室 (138m²)
新希望滨江锦麟壹品	尚未公布	普通住宅	尚未公布
境雅四季花苑	尚未公布	普通住宅	三居室 (98m²) 四居室 (120~130m²)
天鹅港华庭	约 28500 元 /m²	普通住宅	五居室 (203m²)
荣盛甫上花园	约 24500 元 /m²	普通住宅	四居室 (120m²)
碧桂园伴山澜湾雅苑	143 万元 / 套起	普通住宅	三居室 (83m²)
佳兆业和光雅院	约 27000 元 /m²	普通住宅、别墅	三居室 (117m²) 四居室 (137m²) 别墅 (146~273m²)
绿城招商柳岸晓风	约 30922 元 /m²	普通住宅	三居室 (112m²) 四居室 (165m²)
阳光城檀悦	约 27500 元 /m²	普通住宅	三居室 (95m²) 四居室 (115m²)

吴中区

楼盘名称	价格	物业类型	主力户型
旭辉都会上品花园	约 26000 元 /m²	普通住宅	三居室 (95~113m²)
融悦湾花园	约 30788 元 /m²	普通住宅	四居室 (148~208m²) 五居室 (212m²)
龙湖首开湖西星辰	29000~31000 元 /m²	普通住宅	三居室 (89~122m²) 四居室 (138m²)
新力云语铂园	180 万 ~351 万元 / 套	普通住宅	三居室 (89~104m²) 四居室 (123m²)
云栖隐山 (备案名：云栖依岸)	约 30000 元 /m²	普通住宅	三居室 (100m²) 四居室 (120m²)
龙湖大境天成	约 18840 元 /m²	普通住宅	三居室 (90~103m²) 四居室 (120~135m²)
国瑞熙墅	345 万元 / 套起	普通住宅、别墅	三居室 (118~130m²) 四居室 (145m²)
蔚蓝四季花园	约 17000 元 /m²	普通住宅	四居室 (190~235m²)
绿城明月滨河	约 27500 元 /m²	普通住宅	三居室 (103m²) 四居室 (130m²)
阅湖山	145 万元 / 套起	普通住宅	三居室 (83~96m²)
湖东未来	约 22693 元 /m²	普通住宅	三居室 (95~105m²)
悦四季华庭	约 22215 元 /m²	普通住宅	三居室 (93~109m²) 四居室 (120m²)
上城时光	约 24000 元 /m²	普通住宅	三居室 (105m²)
江月时光	约 26200 元 /m²	普通住宅	三居室 (95~108m²) 四居室 (128m²)
华润置地悦景湾	约 28393 元 /m²	普通住宅	三居室 (102m²) 四居室 (127m²)
中海寰湖时代	约 17000 元 /m²	普通住宅	三居室 (85~96m²) 四居室 (120m²)
和岸花园	约 15300 元 /m²	普通住宅	三居室 (89m²) 四居室 (107m²)
建发春江泊月	13000~20500 元 /m²	普通住宅	四居室 (128~141m²)
观澜逸品	约 31000 元 /m²	普通住宅	三居室 (102~136m²) 四居室 (126~165m²)
临澜墅	14240 元 /m² 起	普通住宅、别墅	别墅 (201~218m²)
绿城明月江南	约 18052 元 /m²	普通住宅	三居室 (94~106m²)
望湖玫瑰园	175 万元 / 套起	普通住宅	三居室 (92~130m²)
龙湖泱望	约 31000 元 /m²	普通住宅、综合体	四居室 (145~150m²)
路劲用澄时光花园	约 23000 元 /m²	普通住宅	三居室 (89~104m²) 四居室 (126m²)
江南沄著	340 万元 / 套起	普通住宅	四居室 (118m²) 五居室 (144~165m²)
鲁能地产 吴蠡雅苑	27000~29000 元 /m²	普通住宅	四居室 (126~128m²)
建屋吴郡半岛	22350~24550 元 /m²	普通住宅	三居室 (89~122m²)
姑苏金茂悦（地名：嘉茂悦花园）	约 26500 元 /m²	普通住宅	三居室 (97~110m²) 四居室 (134m²)
观澜府	约 19819 元 /m²	普通住宅	三居室 (112m²) 五居室 (143m²)
奥园观云悦苑	16500~17000 元 /m²	普通住宅	三居室 (90m²) 四居室 (112~136m²)
旭辉公元系萃庭	16888 元 /m² 起	普通住宅	三居室 (93~106m²)
燕风华	约 29427 元 /m²	普通住宅	四居室 (145m²)
印江南花园	约 22400 元 /m²	普通住宅	三居室 (90~115m²) 四居室 (140m²)
中铁诺德国礼	约 31500 元 /m²	普通住宅	三居室 (127m²) 四居室 (147m²)
太湖御王府	2000 万元 / 套起	别墅	四居室 (300m²)
旭辉公元系弘庭	约 20500 元 /m²	普通住宅	三居室 (94~130m²) 四居室 (165m²)
中铁诺德姑苏上府	约 30832 元 /m²	普通住宅	三居室 (117~138m²) 四居室 (145m²)

典型项目

路劲璞玉澜岸

`苏州` `路劲地产` `自配会所` `交通便利` `全龄社区`

2020 中国城市楼盘年鉴 典型项目

项目地址：
苏州市相城区黄埭高新区春光路与康阳路交会处往南约150米

开发商：
苏州隽康房地产开发有限公司

产品特征：
普通住宅

参考价格：
约23238元/平方米

主力户型：
约106平方米三居、约132平方米四居

物业公司：
路劲物业

5公里生活配套：
黄埭中学、春申湖公园、三岛公园、供销合作购物中心、新百润购物广场

专家点评

倪峻·苏州房地产协会秘书长

路劲璞玉澜岸无论在选址，还是在产品雕琢上都有一定的典型性。项目打造露天泳池、童龄空间、平安好医生智能设施，这些设计既满足了人们日常需求，也赋予了生活更多温度。

扫码观看楼盘详情

项目测评

【楼栋规划】

路劲璞玉澜岸社区总建筑面积约为23万平方米，共规划有24栋住宅，总户数为1373户，包含9栋8~11层洋房和15栋14~18层小高层，从南到北由低到高依次分布。洋房为1梯2户设计，小高层为2梯4户设计，楼间距为42米，保证每一户的采光。

【主力户型】

路劲璞玉澜岸主力户型为建筑面积106平方米的三室两厅两卫户型，主卧配有卫生间和飘窗，私密性好，方便日常使用；宽景横厅设计，入户大气，空间感较好；同时客厅联通了宽景阳台，采光充足，也为周末朋友小聚提供了空间。

【园林景观】

社区内绿化率达37%，通过散植、丛植、孤植、混植等不同的配置，创造不同的空间序列和特色鲜明的植物景观。另外，社区内还打造了约15000平方米的中轴景观和约2000平方米专属儿童乐园。

【自建配套】

路劲璞玉澜岸是区域内少有的配建私人会所的项目。会所内涵盖了"全景式专业健身空间""西西弗＆喜马拉雅有声阅读空间""社区四点半学堂"和"深蓝星空泳池"4大空间，为业主的健康生活和邻里交流提供平台。

【物业服务】

项目物业为路劲物业，沿用金钥匙物业服务标准，每一户均配备私属管家，提供24小时的管家式服务。除了常规的社区管理之外，社区还会不定时地举办可以增进邻里互动、交流的业主活动，让物业服务更具有温度。

【交通出行】

路劲璞玉澜岸交通便利，往北500米是主干道太东路，自驾1公里即可上中环北线，同时项目距离京沪高速和苏绍高速的交会枢纽约2公里，仅需10分钟车程，可快速通达苏城。据了解，地铁7号线延伸线距离项目仅300米，步行5分钟即可到达。

【教育资源】

路劲璞玉澜岸1公里范围内有一所省级四星级高中、一所初中、两所小学、两所幼儿园，不仅保障孩子上下学安全，也为孩子提供了一站式的教育配套。其中，黄埭中学是江苏省四星级重点高中，教学质量较好。

【拿地详情】

2019年7月10日，相城区黄埭镇的苏地2019-WG-24号地块开拍，经过4分钟，该地块被路劲拿下，成交总价17.33亿元，成交楼面价10933元/平方米，溢价率18%。如今规划的楼幢已在有条不紊的建设之中，会所和示范区现已对外开放，首批房源已入市。

【品牌描述】

截至2020年年末，路劲已在全国15个城市开发了50多个楼盘，其中又以中高端楼盘打造作为主要方向。自2003年进入苏州以来，已持续开发14个楼盘，超600万平方米，服务3万多户业主，打造了在苏州拥有较高知名度的改善盘璞玥风华等。

【购物娱乐】

路劲璞玉澜岸享众多商业配套加持。往南500米为供销合作购物中心和新百润购物广场，开车3.7公里即可到达中翔商业广场，距离高铁新城圆融广场、吾悦广场、相城天虹、新区永旺梦乐城、宜家约12公里，生活便利程度较高。

新城九鲤江南

苏州 | **新城控股** | 田园别墅 | 低容积率 | 装修现房

项目地址：
苏州市吴江区同里崇本路 820 号

开发商：
新城控股吴江恒力地产有限公司

产品特征：
别墅

参考价格：
别墅 349 万元 / 套起

主力户型：
约 187 平方米四居、约 453 平方米五居

物业公司：
新城悦服务

5 公里生活配套：
5A 级景区同里古镇、退思园、同里湖、九里湖生态公园、苏同黎快速路、规划 S3 号线、同里实验小学

专家点评

杨建国·苏州房地产行业协会副会长

新城九鲤江南项目在内外生活打造上都比较用心，内部比较有生活情调和居住氛围，外部建筑、景观与田园风情做到了很好的结合，能充分满足大家的田园情结。

扫码观看楼盘详情

项目测评

【市场口碑】

新城九鲤江南开放 3 天，验资就已经破亿元；自 2020 年 10 月开盘，截至 2020 年 12 月，据案场数据，项目去化率达 95% 以上。无论购房者还是业内人士，对该项目的评价都比较高，"难得一见的产品""好户型"等成为项目热销标签。

【楼栋规划】

项目整体规划了 14 栋田园风别墅，规划总户数仅 82 户，所有楼幢围湖而建。叠墅层高 4 层，一梯一户，独立入户。楼幢分布十分开阔，楼间距较大，能充分保证每个居室的私密性和采光度。

【主力户型】

新城九鲤江南上叠为建面约 187 平方米四室户型。整体布局方正，空间开阔。阳光房设计，形成双通道的同时给空间带来更多流动感。约 7.6 米大横厅，多个室外阳光露台，增加得房率的同时，也提高了居住舒适度。

【园林景观】

0.93 容积率，为小区园林规划提供充足空间。内部打造了约 1400 平方米中央湖景，所有楼幢围湖而建，湖边绿植错落有致，四季分明。外部，绿地公园、田地菜园等景观不仅能与周边村庄形成缓冲作用，也给业主提供了休闲好去处。

【自建配套】

项目以"让城市别墅有点田"为主要设计理念，整体规划为"宅+田"模式，涵盖自持田园示范区、田园互动体验区、一户一田租赁区三大田园板块，分别为九鲤农场、九鲤时光、九鲤归田等，打造出一个自带约 33 亩田园的别墅区。

【物业服务】

社区物业为新城悦服务，是专业从事物业管理与服务的综合性服务企业，2020 年位列中国物业服务百强企业第 11 位。项目物业服务采用橙管家服务和新橙社 APP，可以实现 30 分钟内积极响应，24 小时入户监控等服务，受到业主好评。

【交通出行】

项目近邻主城，交通出行方式多样。项目距离苏同黎快速路约 2 公里，该道路开通后，可加快苏州南中环的闭合，快速通达苏州全域。此外还有规划中的 S3 号线，开通后将直接连通上海 17 号线和苏州 4 号线，出行更方便。

【品牌描述】

新城控股，2020 年中国房地产企业销售权益金额榜 TOP10 房企（数据来自：克而瑞地产研究），目前已形成以长三角为核心，面向全国的战略布局。截至目前，苏州新城目前的开发项目累计逾 50 个，打造了 MOC 芯城汇等典型楼盘。

【购物娱乐】

新城九鲤江南距离 5A 级景区同里古镇步行仅约 600 米，坐享古镇商街、同里湖大饭店等丰富配套，业主在这里可以享受入则宁静，出则繁华的日常生活。除此之外，项目近邻主城，去往园区、吴江太湖新城等商圈也比较方便。

【田园别墅】

项目择址江南名古镇旁，在选址上眼光很独到。此外，项目打造的"田园别墅"，容积率低至 0.93，且为装修现房交付别墅，这一产品类型在苏州市场上难得一见，与众不同的别墅住宅，为购房者提供了另一种居住模式。

苏高新禹洲山云庭

苏州 | 苏高新禹洲 | 交通便利 | 花园洋房 | 生态宜居

项目地址：
苏州市高新区华山路与龙池路交会处

产品特征：
住宅

项目规划：
占地面积：587490.9平方米；容积率：1.01&1.3；总户数：5164户

主力户型：
约126平方米四居、约190平方米四居、约210平方米四居

参考价格：
23338元/平方米

入选理由 | 周云·苏州科技大学房地产研究所所长

苏高新禹洲山云庭有两大卖点，一是区位优势，二是居住细节。周边有国家级森林公园花山，还有省级景区高景山等数十座山峰，自然资源优越。另外，山云庭户型通透，一层一个户型结构，能够满足用户多样化的需求。

扫码观看楼盘详情

核心优势：

苏高新禹洲山云庭位于苏州市高新区华山路与龙池路交会处，项目毗邻苏州新区国家4A级白马涧龙池风景区，四周被国家森林公园围绕，"山云之间"名副其实。结合周边景观优势，项目共打造了63栋住宅，由洋房和叠加别墅组成，均为大面宽、大横厅和全景阳台设计，户型方正，动静分区清晰，南北通透，装修交付，而且均为现房销售，所见即所得。虽然身处景区，但项目周边交通便利，附近有有轨电车1号线、苏绍高速、中环西线、华山路、龙池路等交通干道，此外，何山路西延工程即将竣工，该道路是连接新区中心和西部的重要通道。

新希望锦麟芳华

苏州 | 新希望 | 工业园区 | 交通便利 | 置业优选

项目地址：
苏州市工业园区东兴路99号

产品特征：
住宅

项目规划：
占地面积：56614平方米；容积率：2.2；总户数：1174户；包含18栋17~32层高层住宅

主力户型：
约90平方米三居、约140平方米四居、约110平方米三居

参考价格：
约32500元/平方米

入选理由 | 祝会祥·乐居苏州主编

新希望锦麟芳华择址苏州工业园区新湖西板块，近距湖西核心商圈，商业配套成熟；多重立体交通，出行方便。新希望在苏州打造了多个锦麟系项目，该项目位于园区，价格相对便宜，是购房者置业园区比较好的选择。

扫码观看楼盘详情

核心优势：

新希望锦麟芳华是新希望首进园区封面之作，项目整体规划为18栋17~32层的高层住宅产品。布局上采用对称围合式布局，构筑场景化住区，有着约80米楼间距，充分保证采光通风和景观视野；主力户型为建面约90~140平方米三四室改善户型，动静分区，南北通透，五大件装修交付；内部打造约4.8万平方米全龄公园景观以及16大全龄会所；项目近距湖西核心商圈，以及双湖广场，生活配套丰富；东环、南环、独墅湖大道等立体交通环伺，此外周边还有轨交3、7号线，公共交通配套完善。

宁波
市场总结

一、新房成交表现

1. 整体情况

新房年度成交量：据克而瑞数据，2020 年宁波大市区商品房成交 250453 套，成交建筑面积 19420701 平方米。其中，商品住宅成交 136165 套，成交建筑面积 15830269 平方米。（以上数据均包含市六区和慈溪、余姚、宁海、象山）。

2020 年宁波大市区商品住宅成交表

区域	成交面积（㎡）	成交套数（套）	成交均价（元/㎡）
奉化	2381356	22522	14995
北仑	1188168	10392	20456
象山	613742	5095	13304
江北	984616	8385	26389
镇海	594329	5340	18119
余姚	2180879	18829	13403
鄞州	1853326	14386	33074
慈溪	4304274	36691	13320
宁海	867137	7956	12998
海曙	862443	6569	33415
总计	15830269	136165	18501

新房价格情况：

据国家统计局发布数据显示：2020 年 1—11 月份，宁波市新建商品住宅销售价格环比累计上涨 4.5%，同比平均上涨 6.0%。

2020 年 1—11 月份，宁波房价仅 2 月环比下跌，其他月份无下跌情况出现。1月，宁波新房环比上涨 0.6%，2月环比下跌 0.2%，3月环比上涨 0.3%，4月零涨幅，5月环比上涨 1.4%，6月环比上涨 0.8%，7月环比上涨 0.4%，8月环比上涨 0.7%，9月环比上涨 0.3%，10月环比上涨 0.1%，11月零涨幅。

2020 年，受疫情影响，宁波市房地产市场先抑后扬，二季度房价涨速偏快。为促进房地产市场平稳健康发展，宁波于 7 月份出台多项房地产调控新政。随着政策效应的逐步显现，近期房地产市场热度有所下降，但房价总体仍位于上涨区间。

2020 年宁波大市区商品住宅月成交表

月份	供应面积（㎡）	成交面积（㎡）	成交套数（套）	成交均价（元/㎡）
2020 年 1 月	253314	1209281	10057	17833
2020 年 2 月	47857	53210	450	15198
2020 年 3 月	718972	774184	6396	17188
2020 年 4 月	1286744	861554	7297	17306
2020 年 5 月	1613883	2234098	19186	17621
2020 年 6 月	2279704	1389363	12247	18216
2020 年 7 月	1655335	2296806	19580	18295
2020 年 8 月	993795	1659708	14387	20122
2020 年 9 月	1340725	1529553	13204	19774
2020 年 10 月	1113181	1386672	11911	18850
2020 年 11 月	1331876	1331577	11855	17828
2020 年 12 月	2703282	1104262	9595	**19990**
汇总	15338667	15830269	136165	**18501**

2020 年，宁波楼盘销售冷热不均。一方面，为坚决贯彻"房住不炒"，宁波市商品房备案价格审核持续从严，部分区域存在较为明显的"一二手"价格倒挂现象，个别商品房项目"一房难求"。另一方面，随着新政出台，家庭住房情况核查和限购圈范围扩大，市场需求受到抑制，多个地理位置相对一般的高总价项目去化趋缓。

根据中国房价行情网数据显示，2020 年宁波房价收入比为：245 万元（宁波房价均价 2.45 万元 ×100 平方米）/宁波人均可支配收入约 5.7 万元（2019 年数据）×4= 约 10.7。据克而瑞数据，2020 年宁波市六区（江北、北仑、镇海、鄞州、海曙和奉化）商品住宅成交均价 23763 元/平方米。

2. 年度走势

2020 年上半年，为助力市场快速复苏，宁波政府出台放宽商品房预售许可申领条件等各项鼓励政策，市场新盘数量快速增加，住宅库存显著回升。但随着 7 月调控新政出台,部分鼓励政策不再适用,市场供给显著回落,宁波房地产市场的活跃度较前期明显下降。

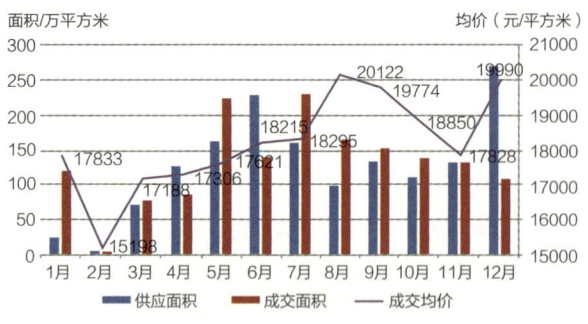

2020年宁波大市区商品住宅月成交走势

从月成交均价走势看,除2月份受疫情影响成交量价均断崖式下跌外,自3月份起住宅成交面积呈现快速回升态势。3—7月份,宁波新建商品住宅环比指数小幅震荡上涨,由于政策窗口期效应,在8月达到全年峰值。

进入2020年下半年,层层加码的调控新政使市场预期悄然转变,客户观望氛围加重。同时,由于政府限价趋严,低开项目增多,且伴随着2019年四季度开始施行的"限房价、竞地价"项目的逐步入市,个别项目的限价低于当前周边在售项目,进一步抑平了宁波新房市场价格,市场预期回稳。

3. 历年表现

据克而瑞数据显示,2020年宁波大市区商品房成交250453套,成交建筑面积19420701平方米。其中,商品住宅成交136165套,成交建筑面积15830269平方米(以上数据均包含市六区和慈溪、余姚、宁海、象山)。

根据对过去6年(2015—2020年)的新房成交数据统计,宁波大市区商品房市场自2015年起,稳步攀升。而2020年以全年大市成交250453套和成交均价17403元/平方米,创量价历史新高。

二、二手房成交表现

1. 整体情况

据宁波市房产市场管理中心发布的数据显示,2020年宁波市五区二手房住宅成交68413套。

据国家统计局发布的数据显示,2020年1—11月份,宁波市二手住宅销售价格环比累计上涨8.0%,同比平均上涨8.1%。

2. 年度走势

2020年宁波二手房市场走势与新房市场基本保持一致。2月后,市场快速复苏,量价同步快速上扬。7月后,随着调控效应逐步显现,宁波二手房市场观望气氛浓厚,成交量逐渐回落,房价涨幅放缓。

据市房管中心数据显示,2020年宁波市五区二手房住宅成交68413套。

宁波(市五区)2020年二手房成交量

从走势看,除2月份受疫情影响成交量断崖式下跌外,自3月份起二手房成交套数积呈现快速回升态势,

2015—2020年宁波大市区商品房市场成交数据

于7月达到全年的峰值。

2020年上半年，宁波二手住宅销售价格环比指数呈"V"型走势。具体来看，由1月份的100.7回落至2月份的99.6，随着疫情得到有效控制，3—6月份快速回升至101.2。下半年，受调控新政影响，房价环比指数一路走低，截至11月份回落至100.4。

3. 历年表现

根据对过去6年（2015—2020年）市房管中心数据统计，宁波市五区二手房市场自2016年起，成交量相对稳定，没有出现较大波动。2019年，宁波市五区共计成交71393套，创历史新高。2020年，宁波二手房市场整体表现平稳，成交量较2019年有所回落，但仍处高位。

宁波（市五区）年度二手房成交走势套数

三、政策梳理

2020年，宁波新政频出，降温过热市场，进一步规范市场。

一方面，"加码"房地产市场调控，政策全面收紧。购房者层面：限购区域扩大、市五区查房、无房户优先；首付门槛提高、二套房首付4-6成，购房成本明显增大。房企层面：每批次商品房预售由年初的至少领证量3万间隔2个月，在二季度变更为领证量5万间隔3个月，间隔时长拉长，推盘速度强制放缓；全装修新规施行，基本装修标准定为1500~2000元/平方米，完善监督制度。

另一方面，土拍继续双限，全域限价、新房倒挂、稳房价的同时助燃市场热度；落户条件进一步放开，主要涉及放开放宽居住就业落户、投资创业落户、人才落户条件和便利长三角地区人员落户等4个方面，进一步降低了新宁波人的买房门槛，助推购房需求上升，对房价起到一定的支撑作用。

四、土地供应

1. 出让基本情况

2020年宁波市六区土地成交表

区域	成交总价（亿元）	成交面积（万平方米）	成交宗数（宗）
北仑	124.72	50.30	13
奉化	191.03	120.78	18
海曙	154.05	29.52	7
江北	202.34	75.01	15
鄞州	448.90	115.16	22
镇海	69.62	25.94	4
总计	1190.65	416.71	79

据乐居宁波统计，2020年宁波市六区共计成交79宗住宅和商住用地，总出让面积约416.71万平方米，总成交金额约1190.65亿元。其中鄞州区（含高新区、东部新城、东钱湖板块）在2020年全年成交了22宗涉宅地块，稳居全市第一。

从成交面积看，奉化区全年涉宅地块成交面积约120.78万平方米，位列全市第一；鄞州区本年度地块成交面积共计约115.16万平方米，屈居第二。从成交金额来看，鄞州区以约448.90亿元再度问鼎宁波市六区土地成交总价TOP1；江北以约202.34亿元排名第二。

2. 开发商拿地情况

纵观2020年，荣安捍卫了本土房企的威望，占据了拿地金额、宗数、面积三个榜单的第一。此外，绿城拿地势头猛进，滨江强势发力，万科保持自己的节奏，宝龙继续加码宁波市场。融创＆武地、龙湖、江山万里＆雅戈尔，数量虽少但质量惊人。

3. 未来预估

2021年宁波重点关注楼盘以2020年高价地块为主，主要有以下4块：

（1）2020年宁波市六区成交地块中楼面地价最高达32520元/平方米，为绿城竞得的鄞州区JD07-05-08（明楼地段）地块。此宗地块毛坯高层均价不高于37000元/平方米，小高层均价不高于39500元/平方米，以上各产品类型的最高销售单价不超过其毛坯销售均价的1.1倍。

（2）江山万里&雅戈尔拿下的东部新城核心区以东片区C3-1#地块，实际地价约32917元/平方米。此宗地块毛坯均价不高于41000元/平方米，最高单价不高于47150元/平方米。

（3）2020年宁波市六区成交地块中，东钱湖史诗级地块以出让面积18.721万平方米登顶榜单。

（4）2020年宁波市六区成交地块中，成交金额最高的一块地是海曙气象路地段地块，总成交金额达42.78亿元，被龙湖拿下。

五、热点板块

据克而瑞数据显示，宁波市六区商品住宅本年度销售排行榜前十板块分别是北仑城区、松岙镇、江口、春晓、骆驼、慈城、小港、锦屏、岳林、西坞（根据成交建筑面积排序）。

2020年各板块成交情况

排行	板块	成交面积（m²）	成交套数（套）	成交均价（元/m²）
1	北仑城区	517056	4379	25408
2	松岙镇	420335	4479	11027
3	江口	417420	4174	18341
4	春晓	360922	2992	14661
5	骆驼	338039	3133	20219
6	慈城	322609	2789	18747
7	小港	309992	3019	18956
8	锦屏	303163	2720	15171
9	岳林	285156	2427	16431
10	西坞	274763	2539	16725

2020年，宁波市六区商品房成交量最大的区域是奉化，共计成交面积约238万平方米/22522套；鄞州和北仑分别以成交面积约185万平方米/14386套和面积约119万平方米/10392套，位居二、三位。

2020年市六区成交情况

排行	板块	成交面积（m²）	成交套数（套）	成交均价（元/m²）
1	奉化	2381356	22522	14995
2	鄞州	1853326	14368	33074
3	北仑	1188168	10392	20456
4	江北	984616	8385	26389
5	海曙	862443	6569	33415
6	镇海	594329	5340	18119
汇总		7864237	67594	23763

六、用户心理

在特殊的2020年，购房者的心理产生了哪些变化？市场环境又出现了哪些新趋势？

乐居通过采访和实地调查发现，2020年，疫情和新政对投资客影响较大，宁波购房群体的心态整体表现较为积极。

2020年以来，宁波市中心优质地块出让多，土地市场持续高热，最高楼面价已突破3万元大关。虽然随着7月新政的施行，三季度土地市场的整体溢价率较前期有明显下降，但优质地块仍然竞争激烈，土地成交价格处于高位，引发局部市场升温。此外，随着2019年成交的高价地块逐步入市，宁波新房均价不断提升，不少购房者出于"买涨不买跌"的心理，加快购房入市节奏。

无房观望的受访者中，问及对2021年宁波房价走势的预期，少数市民认为保持稳定，绝大多数人看涨。多数受访者表示，宁波轨道交通网络的进一步建设、宁波经济发展是导致房价进一步上涨的原因。

随着调控新政的正式落地，三季度房地产市场的活跃度较前期下降，市场观望气氛渐浓。据调研的多家售楼处、中介反映，下半年客户来访量和成交量持续走低，销售速度较预期放缓。业内普遍认为，总体而言，未来宁波房价将以平稳为主。

此外，据北辰地产万达店戴显有反映，二手房方面，2020年宁波购房者心态确实有变化。以他的一位客户为例。客户自己开店，原本有购房打算，但因疫情觉得生意会有影响，就打击了购房的信心，最后表示先缓一段时间。

租金方面变化同样明显。戴显有介绍，很多2019年租金五千多元的房子，现在降到了三四千元。

宁波广发租房的业务员赵锦熙介绍，受2020年疫情影响，空租、断租房源增加，房东在租金价格方面确实做了让步。比如两室到三室的房源，月租金普遍下调了两百到五百元之间。

七、2021年展望

2021年，政策方面大概率将继续延续2020年的口径，宁波市场将维持在较平稳的状态。

由于近两年宁波市出让地块多位于中心城区，价格较高，开发商考虑成本及利润多选择做中大户型产品，小户型住宅的市场供给处于低位。新房市场的小户型稀缺促使许多刚需购房者分流至二手房市场。

2021年，宁波主城区总价200万元以下的低总价刚需房源大概率依旧一房难求。90平方米及以下的中小户型二手房需求坚挺，价格持续上涨；而大户型近期销售周期明显加长，价格进入"横盘期"。

此外，因限售、限价政策，一二手房价倒挂依旧，保障更多刚需客户顺利上车。同时，因2—3年内新房无法换手变现，且价格上涨空间有限，投资客可能选择静观。

板块方面，宁南新城、滨江新城、姚江新城、镇海新城以及甬江东岸等依旧是值得关注的热点板块。

数据来源：克而瑞、国家统计局、乐居宁波、中国房价行情网、宁波市房产市场管理中心

在售楼盘一览

鄞州区

楼盘名称	价格	物业类型	主力户型
奥克斯·天一晓著	约45400元/m²	普通住宅	四居室(200m²) 五居室(260m²)
漫乐荟	21000~22000元/m²	商铺	商铺(50m²)
富豪·摩方商业中心	20000~24000元/m²	公寓、商铺	二居室(49m²)
万科东潮之滨	约32000元/m²	普通住宅	三居室(94~116m²) 四居室(115~146m²)
荣安江枫晓月	约23000元/m²	普通住宅、公寓	一居室(57~62m²)
中海学仕里	尚未公布	普通住宅	一居室(38~46m²)
熙汐LOFT	68万元/套起	商铺	一居室(44~73m²)
世茂·璀璨万境	33000~35000元/m²	普通住宅	三居室(99~116m²) 四居室(132~139m²)
涌潮印	约34000元/m²	普通住宅	三居室(95m²) 四居室(118~150m²)
芳菲郡	约31500元/m²	普通住宅	三居室(98~115m²)
金隅大成郡三期	30000~34000元/m²	普通住宅	三居室(132m²) 四居室(143~158m²)
金隅大成郡二期	450万元/套起	普通住宅	三居室(95~120m²) 四居室(132~134m²)
保利湖光印	约40400元/m²	普通住宅	三居室(119m²) 四居室(128~139m²) 五居室(175m²)
中交阳光城春风景里	约48300元/m²	普通住宅、别墅	四居室(132~166m²)
泛迪中心	约39000元/m²	普通住宅、公寓	三居室(130m²) 四居室(137m²)
合能枫丹江宁	26000~28000元/m²	普通住宅	四居室(122~139m²)
紫荆汇	28000~36000元/m²	公寓	四居室(240~280m²)
宁波帝宝 The River ONE	约50000元/m²	公寓	三居室(330m²) 四居室(410m²) 五居室(740m²)
东都广场	20000~60000元/m²	写字楼、商铺	写字楼(25~200m²)
融创东投-悦之湾	约25000元/m²	商铺	写字楼(40~345m²)
恒厚新东城阳光	约27000元/m²	普通住宅	三居室(95~115m²)
滨江商业广场二期写字楼	约12500元/m²	写字楼	写字楼(207~248m²)
美的合景美云合府	约32000元/m²	普通住宅	三居室(96~97m²) 四居室(127~138m²)
宁波财富中心	16000~60000元/m²	商铺	商铺(48~680m²)
宁波悦邻中心	30000元/m²起	商铺	商铺(30~50m²)
东篱	约26000元/m²	普通住宅	三居室(130~135m²) 五居室(179m²)
银泰大厦	16000~18000元/m²	写字楼	写字楼(120~380m²)
江东城市奥特莱斯	12000元/m²起	写字楼、商铺	写字楼(80~400m²)
华信君庭	11999元/m²起	写字楼、商铺	四居室(207.46~220.7m²) 五居室(210.12~283.44m²)
锦港府	约40000元/m²	普通住宅	四居室(175m²)
德信新希望·宸芯里	约33000元/m²	普通住宅	三居室(99m²) 四居室(129m²)
茶亭·自由之滨	500万~900万元/套	商铺	商铺(163~293m²)
龙湖·天曜Ⅱ期	尚未公布	商铺	商铺(20~200m²)

高新区

楼盘名称	价格	物业类型	主力户型
金隅大成郡	约35000元/m²	普通住宅	三居室(120m²) 四居室(133~143m²)
高新宝龙广场·珑寓	15000~18000元/m²	公寓	一居室(45~60m²)
宁波高新宝龙广场	16000~17000元/m²	公寓、写字楼	四居室(142m²)
印创广场	16000元/m²起	普通住宅	四居室(303m²)
天韵商业广场	约17500元/m²	公寓	二居室(42~47m²)
东环财富广场	约9000元/m²	写字楼	写字楼(349~1128m²)
东钰银座	约16800元/m²	公寓、写字楼	写字楼(38~41m²)

海曙区

楼盘名称	价格	物业类型	主力户型
海语天下	33000~37000元/m²	普通住宅	四居室(130~190m²)
恒一城市中心	70万~100万元/套	商铺	一居室(33~120m²)
印天一	15000~27000元/m²	公寓、写字楼	一居室(41~127m²)
泛亚中心遇界	尚未公布	公寓	一居室(37m²)
中海·新芝源境	约39000元/m²	普通住宅	三居室(133m²) 四居室(155~226m²)
潮悦南塘	约35000元/m²	普通住宅	三居室(96~110m²) 四居室(133~139m²)
万科海潮映月	约34000元/m²	普通住宅	三居室(87~110m²) 四居室(125~130m²)
禹洲海西明月府	约24000元/m²	普通住宅	三居室(89~108m²) 四居室(116m²)
宝龙雅戈尔江汇城	约31828元/m²	普通住宅	三居室(93~113m²)
星荟park	15000~16000元/m²	普通住宅、公寓、商住	三居室(90m²) 四居室(110m²)
保利天悦(三期)	尚未公布	普通住宅	三居室(96m²) 四居室(139m²)
海曙金茂府	约36000元/m²	普通住宅	三居室(115m²) 四居室(131~180m²)
香榭水岸	约23500元/m²	普通住宅	三居室(95~107m²)
恒厚阳光一品	约22000元/m²	酒店式公寓	二居室(50~60m²)
宁波公馆	约27000元/m²	公寓、写字楼	五居室(213~265m²) 六居室(305m²)
悦玺道	尚未公布	普通住宅	三居室(94~111m²) 四居室(134m²)
国骅悦青山	约17700元/m²	别墅	四居室(138~220m²)
维科新芝望府	尚未公布	普通住宅	三居室(115~123m²) 四居室(137~139m²)
绿城春熙潮鸣	约41500元/m²	普通住宅	四居室(135~185m²) 五居室(249m²)

江北区

楼盘名称	价格	物业类型	主力户型
路劲新天地	约21000元/m²	商铺	一居室(49~59m²)
姚江一品	20000~62000元/m²	写字楼、酒店式公寓、商铺	四居室(235~406m²)
宝龙天地	13000~14000元/m²	公寓	一居室(41m²)
中旅宁宸院	400万元/套起	普通住宅、别墅	三居室(89m²) 四居室(108~159m²)
中国铁建·花语江湾	尚未公布	普通住宅、别墅	四居室(178~235m²) 五居室(243m²)
中海·逸江源境	约43500元/m²	普通住宅	三居室(109~123m²) 四居室(170m²)

江北区			
楼盘名称	价格	物业类型	主力户型
星湖湾	约38600元/m²	普通住宅	四居室（185m²）
保亿·和宁府	约29000元/m²	普通住宅	三居室（96~103m²） 四居室（113~139m²）
中梁湖栖云庐	30000~36000元/m²	普通住宅、别墅	三居室（109m²） 四居室（125m²）
世纪滨江	尚未公布	普通住宅	三居室（101m²） 四居室（124m²）
湖山一品	约17000元/m²	写字楼	三居室（111m²） 四居室（128~152m²）
朗诗清澄	16000~20000元/m²	酒店式公寓	二居室（51~58m²）
蓝绿双城·春风云筑	约23000元/m²	公寓	一居室（35~40m²）
金隅大成时代	约16600元/m²	别墅、酒店式公寓、商铺	一居室（37~55m²）
星健兰庭	80万~120万元/套	普通住宅、政策房	一居室（50~70m²）
汇豪国际	22000~25000元/m²	公寓	一居室（65~96m²） 二居室（147~157m²）
富力御章府	约17500元/m²	普通住宅、别墅	三居室（91~101m²） 四居室（138~142m²）
中国铁建·青秀澜湾	约30000元/m²	普通住宅	三居室（122~137m²）
新希望映辰府	约21000元/m²	普通住宅	四居室（121m²）
海尔产城创翡翠东方	34000~40000元/m²	普通住宅	三居室（118m²） 四居室（128~165m²）
万科槐树路256号	尚未公布	普通住宅	三居室（130m²） 四居室（160~200m²）
湛蓝云镜	约26000元/m²	普通住宅、别墅	三居室（95~96m²） 四居室（120~143m²）
滨江·滨涛府	尚未公布	普通住宅	三居室（99~109m²） 四居室（129m²）

镇海区			
楼盘名称	价格	物业类型	主力户型
万科海上都会（住宅备案名：海映星洲小区北区、海映星洲小区南区）	约20881元/m²	普通住宅	三居室（98~110m²） 四居室（118~142m²）
宁波恒大山水城	约15000元/m²	普通住宅	二居室（82~85m²） 三居室（88~142m²） 四居室（236.87m²）
上城印象	约13000元/m²	普通住宅	三居室（91.62~125.44m²） 四居室（140.23m²）
崇文花园	约24200元/m²	普通住宅	三居室（110m²） 四居室（120~139m²）

北仑区			
楼盘名称	价格	物业类型	主力户型
万年卡美丽亚	约14000元/m²	普通住宅、别墅	三居室（106~176m²）
美的蝴蝶海	9500~11000元/m²	普通住宅、别墅	三居室（103m²） 四居室（123m²）
龙湖景瑞星海彼岸	15000~16000元/m²	普通住宅、别墅	三居室（104~125m²） 四居室（139m²）
阳光城众安·顺源里	22000~25000元/m²	普通住宅	三居室（98m²） 四居室（120m²）
华夏如院	23000~27000元/m²	普通住宅	三居室（95~108m²） 四居室（120~130m²）
国贸·梧桐原	24000~25000元/m²	普通住宅	三居室（99~109m²） 四居室（120m²）
北仑新凯旋	20000~24000元/m²	普通住宅	三居室（95m²） 四居室（119~139m²）
春江明月	约23500元/m²	普通住宅	三居室（129~169m²）
海湾金茂悦	11500~13000元/m²	普通住宅	三居室（105~115m²） 四居室（125~139m²）
九峰壹号源墅	20000元/m²起	别墅	四居室（202~302m²）
碧桂园御江东郡	约20000元/m²	普通住宅	三居室（106m²） 四居室（120m²）

北仑区			
楼盘名称	价格	物业类型	主力户型
乐江名庭	约16500元/m²	普通住宅	二居室（80~81m²） 三居室（105~127m²）
德信山语云庄	约23000元/m²	普通住宅、别墅	四居室（122m²） 五居室（190m²）
礼悦东湾	尚未公布	普通住宅	二居室（75m²） 三居室（89~98m²） 四居室（115~118m²）

奉化区			
楼盘名称	价格	物业类型	主力户型
宁波恒大御海天下	约10500元/m²	普通住宅	二居室（87m²） 三居室（117m²） 四居室（138m²）
宝龙TOD奉甬新城	约17000元/m²	普通住宅、公寓、商铺	三居室（92~97m²）
恒大溪上桃花源	约12000元/m²	普通住宅	三居室（103~144m²）
大爱书院小镇	约12000元/m²	普通住宅、别墅	三居室（92~144m²） 四居室（130~138m²）
奉化万达广场	15000~25000元/m²	公寓、写字楼、商铺	二居室（60m²）
世茂云玺庐	约10000元/m²	普通住宅、别墅	三居室（100m²） 四居室（118m²） 五居室（175~220m²）
栖凤水岸	约8500元/m²	普通住宅、别墅	三居室（100~131m²） 四居室（140~216m²） 六居室（297m²）
海风四季	8000~9000元/m²	普通住宅、别墅	二居室（70~95m²） 三居室（97~144m²）
荣安·林语春风	约19350元/m²	普通住宅	三居室（89~93m²）
保利·翡翠城市丨和光城樾	约13200元/m²	普通住宅	三居室（95~110m²） 四居室（120m²）
滕上花开	约13400元/m²	普通住宅	三居室（93~112m²） 四居室（122~135m²）
珠江中央城三期	约16500元/m²	普通住宅、商铺	三居室（98~127m²）
湾里院子	约8500元/m²	普通住宅、公寓、别墅	三居室（115~160m²）
桃李一品	270万元/套起	别墅	三居室（120~128m²） 四居室（147~152m²） 五居室（187~191m²）
宝龙TOD奉甬新城·珑寓	约10500元/m²	公寓	一居室（42m²）
武岭悦府	10000~20000元/m²	普通住宅、别墅	三居室（90~132m²） 四居室（147m²）
欢乐滨海	13000~20000元/m²	普通住宅	二居室（80~112m²）
世茂泉溪江	740万元/套起	别墅	五居室（260m²）
恒威·鸣凤府	约17800元/m²	普通住宅	二居室（74~78m²） 三居室（88~107m²） 四居室（125m²）
松洋里三期	约15000元/m²	普通住宅	一居室（35m²） 二居室（51~73m²） 三居室（98m²）
蓝光·月映华章	尚未公布	普通住宅	三居室（89~102m²）
溪山华庭	尚未公布	普通住宅、公寓、别墅	三居室（95~97m²） 四居室（153~189m²）
大家上宸	约15600元/m²	普通住宅	三居室（99~109m²） 四居室（128m²）
凤璘府	约17500元/m²	普通住宅	四居室（130m²）

余姚市			
楼盘名称	价格	物业类型	主力户型
金地·华璟庭	尚未公布	普通住宅	三居室（103~115m²） 四居室（129m²）
锦山府（三期）	17500~18000元/m²	普通住宅	三居室（87~116m²）
恒大河悦府	11000~13000元/m²	普通住宅	三居室（127~130m²） 四居室（135~174m²）

余姚市

楼盘名称	价格	物业类型	主力户型
云成大境府	约12000元/m²	普通住宅	二居室（71m²） 三居室（88~112m²） 四居室（126m²）
红星江月府	约12100元/m²	普通住宅	三居室（89~122m²） 四居室（139m²）
绿城·凤鸣云庐	约27000元/m²	普通住宅、别墅	四居室（143~175m²）
万基河姆景苑	约9500元/m²	普通住宅	三居室（93~117m²） 四居室（121~126m²）
恒威·国宾半岛	约12000元/m²	普通住宅	三居室（89~91m²） 四居室（110~142m²）
绿地悦山府	约16000元/m²	普通住宅、别墅	三居室（90~103m²）
新隆·明岚雅院	185万元/套起	普通住宅、别墅	二居室（80m²） 三居室（120~190m²）
华景川·溪上云庐	约10000元/m²	普通住宅	三居室（95m²） 四居室（128~178m²）
万悦府	约9500元/m²	普通住宅、商铺	三居室（82~96m²） 四居室（117m²）
碧桂园·都荟名邸	约8500元/m²	普通住宅	二居室（75m²） 三居室
恒威·悦宾湾	8500~9500元/m²	普通住宅	二居室（75m²） 三居室（88~91m²） 四居室（110~142m²）
余姚漫悦湾	约9800元/m²	普通住宅、别墅、商铺	三居室（88~128m²）
海伦堡千樾府	约9000元/m²	普通住宅、别墅、商铺	三居室（95~115m²） 四居室（125m²） 五居室（181.73m²）
阳明温泉小镇（阳明山居）	约17800元/m²	别墅	三居室（158~176m²）
中南菩悦春山听湖院	150万元/套起	别墅	一居室（81m²） 三居室（98~135m²）
大唐·华景川·辰悦世家	9300~11000/m²	普通住宅	三居室（89~104m²）
中南·春风江南院	尚未公布	普通住宅、别墅	三居室（89~105m²）
耀悦云庭	约11000元/m²	普通住宅	三居室（82~92m²）

象山县

楼盘名称	价格	物业类型	主力户型
红星·紫御半岛	约9400元/m²	普通住宅、别墅	二居室（75~78m²） 三居室（81~105m²）
荣安·涌清府	约14000元/m²	普通住宅、别墅	三居室（89~116m²） 四居室（129~136m²）
荣安·侯潮府	约10000元/m²	普通住宅	三居室（89~119m²） 四居室（127~131m²）
象山金地风华大境	约13000元/m²	普通住宅	三居室（95~110m²） 四居室（120~130m²）
碧桂园·港城印象	约11500元/m²	普通住宅	三居室（95m²） 四居室（117m²）
绿城·雲栖里	340万~700万元/套	别墅	二居室（90m²） 三居室（130m²） 四居室（150~180m²）
绿城桂语江南	约13500元/m²	普通住宅	三居室（99~110m²） 四居室（129~139m²）
象山昆玉府	约12000元/m²	普通住宅	三居室（110~131m²） 四居室（139m²）
绿城·白沙湾度假康养公寓	13000~14000元/m²	公寓	一居室（49~69m²） 二居室（100m²）
中传首府	9000~9500元/m²	普通住宅	二居室（101~104m²） 三居室（135m²） 四居室（191m²）
斯卡兰	450万~650万元/套	别墅	三居室（138~245m²）
南方新都	约9500元/m²	普通住宅	三居室（89~126m²） 四居室（130~140m²）
东城官邸	约9800元/m²	酒店式公寓、商铺	二居室（77~86m²） 三居室（88~128m²）
盛世昌明	5000~6000元/m²	公寓	一居室（50m²）

象山县

楼盘名称	价格	物业类型	主力户型
耀辰公馆	约5900元/m²	商铺	二居室（90m²） 三居室（120m²） 四居室（205m²）
恒大御海湾（备案名：海上华府）	约9500元/m²	普通住宅	一居室（45m²）
碧桂园天麓府	约6718元/m²	普通住宅	三居室（93~115m²） 四居室（137m²）
碧桂园·碧玺湾小区	约8000元/m²	普通住宅	二居室（95~107m²） 三居室（120m²） 四居室（146~190m²）
碧桂园·碧海湾小区	约9000元/m²	普通住宅	二居室（70m²）
海伦堡·象东府	约7500元/m²	普通住宅、别墅	二居室（95~107m²） 三居室（120m²） 四居室（146~190m²）
V7十里澜山（十里春风）	8800~10000元/m²	别墅	四居室（150m²）
象山中央公馆	约6000元/m²	普通住宅、商铺	三居室（89~110m²）
浩创·丹樾府	尚未公布	普通住宅	三居室（89~105m²） 四居室（115~125m²）
宝龙东望	尚未公布	普通住宅	三居室（93~103m²） 四居室（122m²）

慈溪市

楼盘名称	价格	物业类型	主力户型
融创慈澜府	约23000元/m²	普通住宅	四居室（143~183m²） 五居室（237m²）
锦尚府	约13200元/m²	普通住宅、别墅、商铺	四居室（128~186m²） 五居室（200~206m²）
香湖丹堤3期	约10000元/m²	普通住宅、别墅	三居室（102~210m²） 四居室（130~250m²）
恒威育才国际社区	约9500元/m²	普通住宅、商铺	二居室（75m²） 三居室（89m²） 四居室（109~139m²）
蓝光&碧桂园·悦未来	约18000元/m²	普通住宅	三居室（115m²） 四居室（130~143m²）
卓越·湖樾云著花苑	约18000元/m²	普通住宅	四居室（185~226m²）
珑玥府	约11000元/m²	普通住宅、别墅	三居室（112m²） 四居室（142~156m²） 五居室（170~180m²）
碧桂园·梧桐府	约9400元/m²	普通住宅	三居室（115m²） 四居室（140~180m²）
慈溪吾悦广场（二期）	约13500元/m²	普通住宅、商铺	三居室（110~142m²） 四居室（132~183m²）
光大·湖畔1号	260万元/套起	别墅	六居室（377~517m²）
正大蓝城·春风蓝湾	约12000元/m²	普通住宅	三居室（89~134m²） 四居室（148~163m²）
鹿湖花苑	9500~10000元/m²	普通住宅	三居室（99~117m²） 四居室（123~139m²）
众安·慈溪新城市	9000~14000元/m²	商铺	商铺（83~160m²）
融创江滨之城	约15000元/m²	普通住宅、商铺	三居室（143~156m²） 四居室（168~240m²）
蓝城·慈溪慈月园	11000~13000元/m²	普通住宅	三居室（110m²） 四居室（140m²）
南阁·锦绣海樾府	约9000元/m²	普通住宅	三居室（92~112m²） 四居室（121~140m²）
吾悦首府	15000~16000元/m²	普通住宅	四居室（143~160m²）
青樾府	约10000元/m²	普通住宅、商铺	四居室（120~143m²）
东原·芳满庭	约12500元/m²	普通住宅	三居室（83~98m²） 四居室（128m²）
天安盛世臻境花苑	13000~14000元/m²	普通住宅	三居室（83~111m²） 四居室（126m²）
白金湾	约9000元/m²	普通住宅、别墅	三居室（133m²） 四居室（205m²）
御山府	约9300元/m²	普通住宅	三居室（132.9~153.7m²） 四居室（179.9m²） 六居室（232~285.2m²）

慈溪市			
楼盘名称	价格	物业类型	主力户型
逸湾小筑	约9500元/m²	普通住宅	三居室(88~120m²) 四居室(119~139m²)
金辉新力·江樾潮启小区	约15500元/m²	普通住宅	四居室(142~184m²)
红星·檀府	20500~21000元/m²	普通住宅	四居室(130~189m²)

宁海县			
楼盘名称	价格	物业类型	主力户型
宁海桃源里	600万~1500万元/套	普通住宅、别墅	三居室(189m²) 五居室(223~328m²)
海湖府二期	约17000元/m²	普通住宅	二居室(69m²) 三居室(89~116m²) 四居室(139~166m²)
中昂·滨海新天地广场	约7000元/m²	普通住宅、别墅、写字楼	三居室(99~115m²) 四居室(125~135m²)
悦隽明湖府	16000~19000元/m²	普通住宅	四居室(138m²)
宁海燕山温泉度假村	约25000元/m²	商铺	一居室(72m²) 二居室(93m²)
西子国际	约23000元/m²	公寓、写字楼、商铺	写字楼(100~120m²)

杭州湾新区			
楼盘名称	价格	物业类型	主力户型
锦绣东方·国风小镇	约13000元/m²	普通住宅	三居室(89~108m²) 四居室(118m²)
蓝光雍锦湾	17000~20000元/m²	普通住宅	三居室(88~95m²)
海泉湾	约13500元/m²	普通住宅	二居室(79~80m²) 三居室(100~115m²) 四居室(128~132m²)

杭州湾新区			
楼盘名称	价格	物业类型	主力户型
融创·杭州湾壹号	约14000元/m²	普通住宅、公寓、别墅	一居室(44m²) 三居室(117m²)
杭州湾世纪城	约13700元/m²	普通住宅、公寓、商铺	二居室(84~104m²) 三居室(107~194.8m²) 四居室(212.91m²)
绿地尚湾	约13200元/m²	普通住宅	二居室(71m²) 三居室(90~106m²)
中南绿地·云堤	约13000元/m²	普通住宅、别墅、商铺	三居室(89~100m²)
中南滨海壹号	13000~14000元/m²	普通住宅、别墅	三居室(213~226m²)
祥源·漫城	约13500元/m²	普通住宅、酒店式公寓、商铺	三居室(86~98m²)
碧桂园海上传奇	约13000元/m²	普通住宅、公寓、别墅	二居室(67~79m²) 三居室(99m²) 四居室(129~143m²)
海悦湾花苑	230万~250万元/套	普通住宅、别墅	四居室(120m²)
合生杭州湾国际新城	约12000~13500元/m²	洋房、高层	三居室(95~125m²)
碧桂园·湾上前璟	约12200元/m²	普通住宅	三居室(85~98m²)
世外旭辉城(备案名:世外城)	约13500元/m²	普通住宅	三居室(85~95m²) 四居室(123m²)
绿地海湾	约13700元/m²	普通住宅	三居室(85~115m²)
绿雅原乡	约11000元/m²	普通住宅、别墅	二居室(70m²) 三居室(90~130m²) 四居室(142m²)

典型项目

碧桂园御江东郡

| 宁波 | 碧桂园 | 一线临江 | 地铁沿线 | 品牌房企 |

项目地址：
宁波市北仑区季景路与黄山路交叉口东北侧

开发商：
宁波港桂房地产开发有限公司

产品特征：
普通住宅

参考价格：
均价 20000 元 / 平方米

主力户型：
约 106 平方米三居、约 120 平方米四居

物业公司：
碧桂园物业

5 公里生活配套：
2 号线红联站（在建）、小浃江学校、万科商业广场、李惠利医院北仑分院

专家点评 陈嘉雯·乐居广深主编

地处滨江新城，项目地理位置独特，一线临江而建。项目西大东小，地形南低北高，因地制宜，设计出错落有致的排布方式，并融入新亚洲主义的现代园林风格。整个项目可观园景、江景、山景，且具备居住的私密性。

扫码观看楼盘详情

项目测评

【市场口碑】
2020 年 3 月，碧桂园御江东郡首期开盘大捷，获得购房者热捧，后数次加推，去化率均在 95% 以上，2020 年 9 个月总去化金额超过 30 亿元。"好户型""品质社区"等标签成为购房者对楼盘最多的评价。

【区域地段】
碧桂园御江东郡地处小港滨江新城。滨江新城以小港街道为核心，处于"北仑西拓、宁波东进"的交会点。项目一公里内即是宁波的母亲河——甬江，江对面青山滴翠；背靠戚家山和竺山公园，以及招宝山公园。

【楼栋规划】
碧桂园御江东郡占地面积约 80866 平方米，总建面约 220000 平方米，容积率约 2.0，总共 1665 户，由 17 栋小高层和 11 栋中高层组成，主力产品为小高层和中高层洋房。

【主力户型】
碧桂园御江东郡建面约 120 平方米四房，四个卧室采用经典的"四叶草"布局，保障了每个房间的私密感。南向主卧套房约 22 平方米，配备独立卫浴间、落地柜和观景大飘窗。约 6.9 米的南向双联阳台，南北通透对流。

【园林景观】
30% 的绿化率和 2.0 的容积率，为小区园林规划提供了充足的空间。社区内配备个性化口袋公园，打造成满足不同人群性质的多主题公园社区。此外，还有儿童戏水池、儿童游乐场、球场、健康跑道等活动区域、供居民健身休憩。

【物业服务】
碧桂园物业，2020 中国物业服务百强企业第一名、中国上市物业服务企业综合实力第一名。主推"三心"服务——细心、贴心、用心，全天候 24 小时，为业主营造更加舒心的品质生活。

【交通出行】
碧桂园御江东郡距离在建地铁 2 号线红联站约 1.1 公里，与地铁 6 号线（规划）距离约 800 米。三纵东环路、宁波绕城高速、泰山西路可直达宁波市中心，路程约 14 公里；项目距离小港高速收费站约 8 公里，距离丁家山高速收费站约 12 公里，出行便利。

【教育资源】
与项目仅一路之隔的小浃江学校，设计规模 42 个班级，建筑面积 33000 平方米，总投资 3.2 亿元，扩建后总规模预计达到 60 班。两公里范围内还有小港中心学校、小港实验小学等，具体学区划分以交付后教育主管部门的公告为准。

【品牌描述】
碧桂园集团是中国地产前三甲的房企，福布斯全球上市公司 500 强，2020 年排名 111 位，财富世界 500 强位列第 147 名。截至 2020 年年底，碧桂园已为超过 1200 个城镇带来现代化的城市面貌，有超过 450 万户业主选择在碧桂园安居乐业。

【销售数据】
据浩腾研展部《宁波市年度房地产市场盘点分析》数据显示，2020 年，碧桂园御江东郡以 1610 套、成交金额 30.2 亿元的成绩，占据市五区成交套数排行榜头部。

德信新希望·宸芯里

`宁波` `德信地产` `双轨环绕` `学府环绕` `商圈遍布`

项目地址：
宁波市鄞州区中河街道四明路与凤起路交叉口

开发商：
德信地产（宁波）有限公司 & 新希望地产

产品特征：
普通住宅

参考价格：
住宅均价 33000 元 / 平方米

主力户型：
约 99 平方米三居、约 129 平方米四居

物业公司：
新希望物业

5 公里生活配套：
东遇艺术里街区（在建）、印象城、万象汇、宝龙广场、鄞州万达、巴丽新地商业广场、培罗成广场、创新 128 广场、院士公园、鄞州公园、地铁 4 号线、5 号线（在建）

专家点评
许军娜 · 乐居宁波主编

位于宁波主城区中河板块的宸芯里，在 2020 年年末开盘潮中无悬念"日光"，众多没摇中号的购房者已开始静候暂定 2021 年年初的二批次加推。可以说是当之无愧的 2020 宁波年度人气热盘。

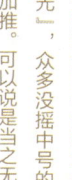

扫码观看楼盘详情

项目测评

【区域地段】
宸芯里位于鄞州区中河街道，市区一环限购圈内。中河板块是宁波比较成熟的片区之一，是南部新城和东部新城两大发展中心的辐射共振地带，区位优势凸显，集繁华的商业圈、便利的交通线、一步到位的教育资源于一体。

【楼栋规划】
宸芯里占地面积约 44238 平方米，建筑面积约 140957.38 平方米，规划总户数 844 户，以洋房、高层为组合方式，规划了 11 栋建面 99~138 平方米的低密洋房，和 3 栋建面 112~139 平方米阔景高层。

【主力户型】
宸芯里主力户型为 130 平方米，四叶草格局，4+1 房大尺度空间，配备独立储藏间；多功能空间，入户玄关，实用与美观兼具。主卧套房尺度阔绰，配备瞰景飘窗，跑道式阳台视野开阔明亮，居住舒适度很高。

【园林景观】
约 30% 的绿化率，以"知己之心"为纽带，打造出爱享家、聚心环、童梦国、酷能站、颐养园、萌宠荟、缤纷谷、in 花园等体系，将传统的园林景观创新成全家庭、全龄化的生活梦想场景，绿意满满。

【交通出行】
宸芯里周边交通便捷，分布有四明东路、贸城东路、沧海路、鄞县大道等多条城市主干道，且距 4 号线嵩江东路站仅约 350 米，距 5 号线高教园区站（在建）仅约 500 米（直线距离）。高教园区站还是 4/5 号线换乘站，快速通达全市。

【教育资源】
一站式全龄学校环伺，包括中河实验小学、华泰小学、董山小学、鄞州实验中学等，还自配建面约 4000 平方米幼儿园，更毗邻中河初级中学（在建）。南侧还有南高教园区，宁波诺丁汉大学、万里学院等高等学府林立，学术氛围浓厚。

【医疗配套】
宸芯里附近有鄞州二院、宋诏桥医院、李惠利医院、鄞州中医院、浙江大学明州医院等多所知名医院，医疗配置完善，为业主的身心健康保驾护航。

【购物娱乐】
宸芯里周边商圈遍布，东侧 300 米有即将营业的东遇艺术里商业街区，1.5 公里范围内有巴丽新地商业广场，2 公里左右有宝龙广场、印象城，5 公里范围内有明州里、联盛、万达广场等多个商业综合体，购物休闲触手可及。

【拿地详情】
2020 年 5 月 19 日，鄞州区 YZ06-14-e3 地块（中河地段）竞拍，地块出让面积 44238 平方米，容积率 1.0-2.3，计容面积约 10.2 万平方米，起拍价 15200 元 / 平方米。经过 257 轮竞拍，最终由德信以总价 22.53 亿元竞得，成交楼面价 22140 元 / 平方米，溢价率 45.7%。

【品牌描述】
德信地产坚持"立足浙江，深耕长三角，布局全国中心城市"，追求杭派精工品质，不断创新。至 2020 年，德信地产已连续 7 年获得中国房地产百强企业荣誉称号，并从 2014 年的第 78 位跃居至第 56 位。

凤璘府

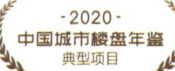

宁波　中南置地　对望江景　名校环伺　繁华商圈

项目地址：
宁波市奉化斗门路与中园路交会处，行政服务中心北面

开发商：
中南置地 ＆ 宋都集团 ＆ 花样年集团

产品特征：
普通住宅

参考价格：
住宅均价约 17500 元 / 平方米

主力户型：
约 130 平方米四居

物业公司：
宋都物业

5 公里生活配套：
奉化江、奉化行政服务中心、龙津实验学校、奉化岳林小学、奉化中园幼儿园、奉化万达广场、奉化银泰城

专家点评　许军娜·乐居宁波主编

凤璘府位于奉化主城成熟地段，近奉化万达商圈及奉化行政服务中心，集中南、宋都、花样年三大品牌开发商，为奉化热盘，多次称霸宁波楼市话题榜。

项目测评

【区域地段】
尊踞宁波南部中心城区发展源点——奉化主城，择址主城中心稀贵之地，对望宁波臻稀江景资源——奉化江，集聚商业、教育、交通、公园、医疗等核心城市资源，兼得城市繁华与江景生态。

【楼栋规划】
凤璘府占地面积43290 平方米，建筑面积约 157317.71 平方米，规划总户数为 962 户，由多栋 12 至 13 层、17 至 18 层小高层组成，规划户型 99~130 平方米。

【主力户型】
凤璘府主推 130 平方米户型，奢适四房设计，约 270°环幕采光；客餐双厅一体，连通约 6.2 米宽阳台，对望奉化江；双阳台设计，功能分区合理，方正主卧套间，连通私属观景阳台，改善生活，一步到位。

【园林景观】
凤璘府从奉化人文历史中汲取灵感，打造精致生活的丰盛园区：约 600 米健康跑步环道，"森之谷"葱郁植物天地，"梦之庭"全龄化健身乐园，"星之所"星之廊，Z 剧场，满目皆绿意，处处遍风景。

【交通出行】
项目坐享多维交通路网，紧邻地铁 3 号线，还有 5 条快速路：东环路（建设中）、西环路（建设中）、四明路（建设中）、甬临线（建设中）、新岭路（规划中），以及 2 条高速环线：甬金高速、沈海高速，可快速通达全城。

【教育资源】
凤璘府坐拥全龄教育资源，龙津实验学校、奉化岳林小学、奉化中园幼儿园、第三实验幼儿园优质教育环绕，氤氲人文书香，孩子家门口的成长乐园。

【医疗配套】
凤璘府距离奉化中医院仅 1.7 公里左右，距奉化区人民医院 2.4 公里左右，另外还有奉化口腔医院、奉化妇幼保健院、奉化中西结合医院等多个优质医疗机构环伺周边，时刻呵护业主家人健康。

【购物娱乐】
凤璘府坐享奉化一站式生活奢配，奉化万达广场、岳林文化广场、奉化银泰城、金钟广场、冠城国际商业中心、太平鸟购物中心等 6 大商业广场环伺周边，繁华生活触手可及。

【物业服务】
宋都物业，国家一级物业管理资质企业，多次荣获中国物业服务百强企业称号。宋都物业提倡"全心、贴心、开心、安心、暖心"的"五心服务"，时刻关注业主的居住感受，为业主打造"品质社区、幸福社区、智慧社区"。

【品牌描述】
中南置地倡导"美好就现在"的企业理念，聚焦长三角、珠三角以及内地人口密集型的核心城市，成功进驻上海、北京、深圳、南京、苏州等 100 城，荣获"2020 年中国房企综合实力 TOP200 第 15 名"。

合生杭州湾国际新城

宁波　合生创展　前湾新区　配套齐全　低密社区

项目地址：
宁波市杭州湾新区中兴一路1433号

开发商：
宁波合生锦城房地产有限公司

产品特征：
洋房、高层

参考价格：
高层均价12000元/平方米、洋房均价13500元/平方米

主力户型：
约95平方米三居、约125平方米三居

物业公司：
康景物业

5公里生活配套：
凯悦酒店、世纪金源购物中心、杭州湾医院、海韵小学、世纪城实验小学、科瑞斯曼幼儿园、方特东方神画、杭州湾海皮岛景区、李宁体育公园

专家点评——

合生杭州湾国际新城地理位置优越，坐落在宁波杭州湾新区金源大道与滨海七路交会处，周边配套设施也十分完善。依托宁波杭州湾跨海大桥、杭甬高速，杭州湾新区将构建起高铁、高速路快速交通网，宜居宜业。

扫码观看楼盘详情

项目测评

【战略意义】
合生创展于2010年正式落子杭州湾新区。作为区域较早一批开发的地产企业，对企业的布局充满前瞻性，于发展桥头堡前湾之上，打造"合生杭州湾国际新城"。

【市场口碑】
合生杭州湾国际新城自2013年开售至今，在客户中形成了良好的口碑，产品多期加推，去化快速，多番取得骄人业绩，更凭借出色的产品力及一贯而成的品牌影响力，赢得客户的认可与赞誉。

【区域地段】
项目择址杭州湾新区，为区域中心地带。作为国家经济技术开发区、国家产城融合示范区，杭州湾新区秉承"标志性、战略性改革开放大平台"战略部署，计划投资1.5万亿元，打造成堪比世界三大湾区的"大湾区"经济体。

【主力户型】
项目的合院产品整体布局合理方正，首层私享阔景庭院，内部不仅餐厨客一体式设计，更打造卧居套房，并通连阳光露台，保证良好的日照、通风、大尺度采光，增加得房率的同时，提高居室的舒适度。

【园林景观】
项目打造约1.25低容积率，绿化率高达约30%。多重高低灌木形成错落有致的园林景观，四季分明，移步异景，让业主尽享低密度、纯鲜氧的美好宜居生活。

【自建配套】
项目内部打造两大自筑创新型商业综合体，包括大型购物中心合生新天地、集海派商业与湾区文化之精粹的合颂坊；规划5所幼儿园和1家公办海韵小学，普适1~6岁适龄儿童；引进紧邻项目的国际五星级凯悦酒店。

【交通出行】
项目盘踞城市中轴——滨海二路，横向贯通杭州湾新区；毗邻杭州湾跨海大桥，享受四大国际空港、两大东方大港，以及新区通航机场、杭州湾跨海二通道，更有沪嘉甬跨海铁路在建中，多轨联动与周边杭州湾城市群互通互联。

【教育资源】
项目倾力打造的海韵小学现已开学授课，下楼即可上学。周边更有宁波科学中学、宁波财经学校、杭州湾中职学校、科瑞斯曼幼儿园、世纪城实验小学等不同阶段的优质教育资源，缔造全龄段优质教育资源链。

【购物娱乐】
项目周边形成一站式玩乐休闲体验：临靠宁波方特东方神画，享受刺激的游乐世界；亦有现代化商业综合体——世纪金源购物中心，内含沃美影城、居然之家、苏宁电器、永辉超市等大型品牌商家，带来繁华和便捷。

【设计风格】
项目深研新中式建筑的精妙，以简洁的墙角和角线、简约的装饰质感，将东方哲思与当代审美融会贯通，集萃经典院墅营造诣精华，营造优雅大气的生活场景，筑造当代合院生活美学风尚。

无锡

市场总结

一、新房成交表现

1. 整体情况

新房年度成交量：2020年无锡商品住宅成交48640套，成交面积达595.09万平方米，同比下滑12.85%。

新房价格情况：2020年无锡商品住宅成交均价19841元/平方米，同比上涨10.97%，创历史新高。

2020年1—12月无锡商品住宅成交均价趋势一览

2. 年度走势

2020年注定是个难忘之年，年初在疫情影响之下，2月无锡楼市成交陷入冰封。下半年，830新政出台，无锡楼市调控收紧，随后市场成交大幅下滑。

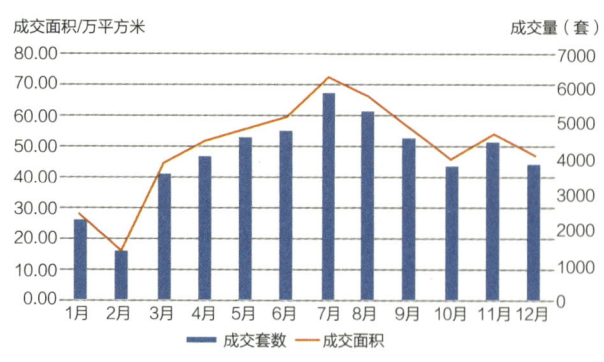

2020年1—12月无锡商品住宅成交趋势一览

从2020全年成交走势来看，无锡2月为无锡成交低谷，3月迅速回暖，并在7月达到成交高峰，单月成交面积达72.24万平方米，在9月成交有所下滑，年末11—12月总体趋稳。

3. 历史地位

受疫情、调控等种种因素影响，2020年无锡商品住宅供应45505套，供应面积达538.56万平方米，成交面积达595.09万平方米，无锡楼市供应量、成交量为三年来最低。

2015—2020年无锡商品住宅成交一览

年度	供应面积（万平方米）	供应套数（套）	成交面积（万平方米）	成交套数（套）	成交均价（元/平方米）	成交金额（亿元）
2015	477.91	42219	626.87	51888	7930	497.10
2016	423.61	38185	918.17	76176	8923	819.31
2017	526.28	45082	449.87	35819	11945	537.38
2018	750.89	62987	779.72	64896	15234	1187.84
2019	627.98	50635	682.80	56028	17879	1220.82
2020	538.56	45505	595.09	48640	19841	1180.73

二、二手房成交表现

1. 整体情况

据诸葛找房数据显示，2020年无锡全年二手房成交63600套，截至12月，二手房市场均价为18441元/平方米。

2. 年度走势

据诸葛找房无锡数据显示，2020无锡二手房交易量走势如下：年初受疫情影响，1—2月二手房成交量较低，尤其是2月仅成交280套。3月随着楼市复工，成交量逐步回升，4—8月无锡二手房成交量持续保持高位，尤其是8月，由于830新政出台小道消息影响，二手房集中成交较多。而 8 月之后由于新政规定个人住房转让增值税征免年限由 2 年调整到 5 年，二手房成交量有所下滑。

价格方面，2020 年无锡二手房均价持续上涨，12 月份无锡市二手住宅市场均价为 18441 元 / 平方米，环比 11 月份上涨 1.30%。

3. 历史地位

数据显示，从 2015—2019 年的 5 年间，无锡二手房市场容量不断扩大，在 2017 年达到高峰，二手房成交面积达 723.78 万平方米，其中二手住宅成交面积达 637.59 万平方米。

2015—2019 年无锡二手房成交一览

年度	二手房成交面积（万平方米）	二手住宅成交面积（万平方米）
2015	324.26	287.24
2016	673.90	578.74
2017	723.78	637.59
2018	534.44	458.11
2019	628.30	556.84

三、政策梳理

2020 年，无锡重磅政策频出。2020 年 2 月 12 日晚，无锡率先出台十七条新政，支持房地产企业、建筑施工企业积极应对疫情给企业生产经营造成的困难。新政内容翔实，从纳税、银行信贷、监管资金、预售申请、土地出让、复工、房产交易、减租、工程进度、疫情损失等多个领域进行全方位保障。在之后出台的 830 新政中，无锡宣布停止执行疫情期间商品房预售许可及资金监管方面的纾困政策。

2020 年 2 月 12 日，无锡市住建局对外发布了《关于进一步加强我市新建成品住房建设管理的通知》（简称《通知》），成品房监管新政出台。《通知》重点内容包括：成品住房土建工程和装修工程同步设计审图监管，装修用材不得模糊性表述，样板间自业主收房起六个月后方可撤除，未按约定完成成品住房建设的不予竣工验收等要求。

2020 年 8 月 22 日，无锡发布《无锡市市区共有产权保障房管理暂行办法》，共有产权房新政出台。今后，买不起商品房的市民可购买共有产权房，即由政府和市民各出 50% 的资金买下来的房子。其产权份额按照保障对象和政府各占 50% 的比例确定。同时经济适用住房将退出历史舞台。

2020 年 8 月 30 日，无锡正式发布《关于进一步促进我市房地产市场平稳健康发展的通知》，即日起正式施行，着力实现"稳地价、稳房价、稳预期"的目标，努力推动房地产市场平稳健康发展。

《关于进一步促进我市房地产市场平稳，健康发展的通知》重点提出，市区（不含棚户区改造重点地区）个人住房转让增值税征免年限由 2 年调整到 5 年，夫妻离异后 2 年内购买商品住房的，其拥有住房套数按离异前家庭在本市市区范围内拥有住房套数计算，对已拥有一套住房且相应购房贷款未结清的居民家庭，再次申请商业性个人住房贷款购买商品住房的，最低首付比例调整为不低于 60%。

2020 年 12 月 15 日，无锡公布了落户新政，《无锡市户籍准入登记规定》于 2020 年 12 月 8 日起正式印发实施，新政全面取消落户限制，并明确相关户籍准入年限实行城市群之间积累互认，将吸引更多人才来锡就业安家。

四、土地供应

1. 出让基本情况

2020 年，无锡土拍共计出让 49 宗宅地，成交总价 733.73 亿元，环比 2019 年增长 59.93%；成交总面积 328.67 万平方米，环比 2019 年增长 38.89%；平均楼面价 11459 元 / 平方米，环比 2019 年增长 9.54%。

从各项数据来看，2020 年的无锡土地市场各项数据无疑创下了历史新高。

出让面积方面,新吴区以 87.57 万平方米成功夺冠;成交总价方面,新吴区以 194.83 亿元位居各区之首;最值得关注的无疑是地价方面,经开区以 16186 元 / 平方米的平均楼面价,远超其他区域。

2. 开发商拿地情况

2020 年拿地最多的房企是建发,拿地数量达到 3 宗,分别为新吴区 XDG-2019-60 号地块、新吴区 XDG-2020-39 号地块、惠山区 XDG-2020-60 号地块,拿地总面积约 29.31 万平方米。

据统计,2020 年无锡共有 8 家房企通过招拍挂形式首入无锡,分别是正荣、德商、禹洲、卓越、华晟、彰泰、祥瑞、丰树。

3. 未来预估

2020 年无锡土拍市场与往年不同,无论是土地出让的成交量,还是房企参与土拍的热度,较往年相比较高。

尤其是滨湖区河埒口板块,在 6 月的土拍中,郁巷地块(三盛督府天承),楼面价 19542 元 / 平方米,刷新无锡土拍历史记录。

而经开区板块 2020 年出让涉宅地块虽然仅有 3 宗,但平均楼面价 16186 元 / 平方米依然居于各区之首,不愧是无锡公认的楼市价值高地。

此外,梁溪主城区 2020 年的土拍成绩也相当亮眼,山北板块实现地价"连跳";锡东新城板块 2020 年吸引包括彰泰、金辉等多家房企进驻,热度同样颇高。

综上,根据无锡土地市场的情况来看,经开区、滨湖区河埒口板块、梁溪主城区以及锡东新城都将是 2021 年的市场热门。

五、热点板块

2020 年融创大塘御园以 34.16 亿元、16.26 万平方米的成绩摘得金额 & 面积双榜首位,也是 2020 年无锡唯一一个销售金额突破 30 亿元的项目。万科翡翠之光凭借 29.44 亿元荣登金额榜亚军位置,中海寰宇天下以 28.04 亿元的成绩位列榜三,并且中海寰宇天下以 0.4 万平方米微弱劣势屈居销售面积亚军之位。面积榜单季军则归属无锡融创文化旅游城,销售面积为 13.32 万平方米。

2020 年无锡商品住宅项目成交 TOP10

排名	面积榜		金额榜	
	项目名称	成交面积(万平方米)	项目名称	成交金额(亿元)
1	融创大塘御园	16.26	融创大塘御园	34.16
2	中海寰宇天下	15.86	万科翡翠之光	29.44
3	无锡融创文化旅游城	13.32	中海寰宇天下	28.04
4	恒大翡翠公园	11.65	无锡融创文化旅游城	27.24
5	华侨城运河湾	11.59	公元九里	26.66
6	公元九里	11.55	融创壹号院	26.49
7	融创西羲里	11.53	和玺	25.00
8	建发玖里湾	9.98	华侨城运河湾	24.19
9	万科翡翠之光	9.94	蠡湖金茂府	23.61
10	梁溪本源	9.93	绿城凤起和鸣	23.40

纵观榜单项目,面积榜上融创大塘御园、华侨城运河湾、公元九里、梁溪本源均属于梁溪区,区域上榜项目最多。而金额榜上,万科翡翠之光、融创壹号院、和玺、绿城凤起和鸣均属于经开区,梁溪区同时也有 3 盘入榜。

综上,2020 年热点较高的依旧是经开区与梁溪区两大区域,尤其是融创、万科等头部品牌房企优势更为明显。

六、用户心理

在特殊的 2020 年,购房者的心理产生了哪些变化?市场环境又出现了哪些新趋势?

据无锡华发首府孟梦介绍,2020 年 3 月、4 月、11 月、12 月这四个月买房的客户比较多,就 2020 年已认购的业主来说,成交周期还是比较快的。而且受疫情影响,现在部分客户会更倾向于大户型,对物业要求也比较高。

但另一位恒泰悦璟府的置业顾问聂士岭说,他之前在新吴区的时候,由于地段相对偏向改善型,购房群体对房价这个因素的敏感度不是太强烈,主要还是以考虑周边配套和小区环境为主，而现在所在的东北塘板块刚需群体相对集中，只考虑价格的客户普遍存在，价格稍微高一点就犹豫不决。再加上新政影响，在他看来，2020年犹豫不决的客户多了很多，很多客户自己没资格在限购区域购房，不限购区域又感觉位置不太理想，犹豫不决，很多客户看了一年甚至更久还是在纠结。

可见，不同群体对不同板块的心态也是不同的。改善型群体会更加注重居住的舒适度、小区配套的便捷度等因素，而刚需客户则更加注重房价因素，尤其是对发展态势不明朗的板块，比较犹豫纠结。

二手房方面，由于房价上涨，以往首付三五十万元还能挑一挑的客户现在面临着只能购买安置房、老新村的尴尬局面。"看上的买不起，买得起的看不上"，我爱我家中介岳朝阳说，现在成交周期比前两年长。不过，学区房的成交周期没怎么受影响。

而且由于830新政将个人住房转让增值税免征年限由2年调整到5年，一些准备卖房但不满5年的业主倾向于观望，一些着急卖的业主则准备跟买家协商税费的分摊问题。

七、2021年展望

2021年2月，已确定2场土地拍卖。其中2月1日是开年以来第一场土拍，锡山区东港镇1宗"双限"地块，惊喜不大。而2月4日经开区、锡东新城、滨湖蠡湖新城板块各有1宗宅地出让，较为值得期待。

2020年无锡商品住宅成交均价19841元/平方米，同比上涨10.97%。随着以三盛督府天承为首的高价地块项目逐步入市，以及旧有楼盘的逐步去化完毕，相信2021年无锡成交均价有望再次拉升。

此外，作为目前无锡楼面价最高的项目，三盛督府天承也吸引了全城的关注。板块方面，锡东新城2020年规划建设屡有突破，以无锡学院为首的一批城建新成果将为板块发展带来更多热度。

数据来源：克而瑞无锡机构、无锡产监处、诸葛找房

在售楼盘一览

\br\b滨湖区			
楼盘名称	价格	物业类型	主力户型
安兰诺雅	尚未公布	普通住宅	二居室 (145m²) 三居室 (170m²) 四居室 (185m²)
三盛督府天承	尚未公布	普通住宅、别墅	尚未公布
熙悦滨湖湾	15500~17000 元/m²	普通住宅	三居室 (89~142m²)
旭辉铂悦溪上	尚未公布	别墅	别墅 (133~220m²)
景瑞北桥中巷地块	尚未公布	普通住宅	尚未公布
新力朗诗熙华府	24000~28000 元/m²	别墅	三居室 (121m²) 四居室 (133~146m²) 别墅 (150~183m²)
蠡湖金茂府	30000~47000 元/m²	普通住宅、别墅	三居室 (113m²) 四居室 (151~173m²)
新力翡翠湾	13000~15500 元/m²	普通住宅	三居室 (89~115m²)
太湖金茂逸墅	20000~23000 元/m²	普通住宅	三居室 (109m²) 四居室 (129m²)
无锡融创文化旅游城	11000~13000 元/m²	普通住宅、公寓、酒店式公寓、商铺、	一居室 (40~66m²) 二居室 (98m²) 三居室 (120.73m²)
俊发SOHO俊园	约12500元/m²	写字楼、商铺	复式 (31~48m²)
无锡康桥府	27000元/m²起 别墅520万元/套起	普通住宅、别墅	二居室 (75m²) 三居室 (115~168m²) 四居室 (147~245m²)
宸风云庐	32000~35000 元/m²	普通住宅	三居室 (116m²) 四居室 (138~172m²)
金领蠡洲台	33000~38000 元/m²	普通住宅	三居室 (115m²) 四居室 (142m²)
世茂璀璨蠡湖湾	26000~30000 元/m²	普通住宅	三居室 (115~128m²) 四居室 (138~143m²)
信义山水嘉庭	28000~35000 元/m²	普通住宅	三居室 (116m²)
蠡湖瑞仕花园	约23000元/m²	普通住宅	三居室 (209m²) 四居室 (247m²)
蠡湖国际小镇	约20000元/m²	普通住宅、别墅、写字楼	二居室 (76m²) 三居室 (89~114m²)
路劲蠡湖庄园	1750万~2050万元/套	别墅	六居室 (810m²)
华君湖湾花园	15000~17000 元/m²	普通住宅、别墅	三居室 (107~143m²)
太湖如院	约27000元/m²	别墅	三居室 (113m²) 四居室 (125~139m²) 别墅 (255~280m²)
金科蠡湖	尚未公布	普通住宅	尚未公布
云栖墅	460万~550万元/套	别墅	别墅 (163~275m²)
绿城无锡桃花源	尚未公布	别墅	别墅 (240~522m²)

经开区			
楼盘名称	价格	物业类型	主力户型
无锡·融创壹号院	560万元/套起	叠墅	四居室 (227~241m²)
宝能城	14000~20000	普通住宅、写字楼、商铺	一居室 (74m²) 二居室 (74~122m²) 三居室 (114~138m²)
旭辉铂宸府	27000~28000 元/m²	普通住宅、别墅	三居室 (99m²) 四居室 (143m²)
玖珑悦	31000~37000 元/m²	普通住宅	三居室 (115m²)
中锐星樾	35000~44000 元/m²	普通住宅、别墅	三居室 (168m²) 四居室 (128~141m²) 复式 (168m²)

经开区			
楼盘名称	价格	物业类型	主力户型
万科翡翠之光	30000~32000 元/m²	普通住宅	三居室 (98~110m²) 四居室 (131m²)
和玺	约36000元/m²	普通住宅	二居室 (86m²) 四居室 (127~321m²) 别墅 (147~315m²)
愉樾天成	约29000元/m²	普通住宅	三居室 (110~135m²) 四居室 (153m²)
朗诗新郡	尚未公布	普通住宅	三居室 (103~127m²) 四居室 (144~165m²)
观山名筑	尚未公布	普通住宅、别墅、商铺	三居室 (150m²) 四居室 (162m²)

梁溪区			
楼盘名称	价格	物业类型	主力户型
山河万物	约31000元/m²	普通住宅、商铺	三居室 (95~122m²) 四居室 (143m²)
山河万象	尚未公布	普通住宅	二居室 (75m²) 三居室 (89~105m²)
德商江南玺	尚未公布	别墅	尚未公布
蓝城南门小团月庐	尚未公布	别墅	尚未公布
美好铂翠	尚未公布	普通住宅	三居室 (96~100m²) 四居室 (122m²)
恒大珺睿府	尚未公布	普通住宅	尚未公布
富力山	20000~30000 元/m²	普通住宅	三居室 (100m²) 四居室 (135~185m²) 别墅 (166m²)
无锡·华发首府	约23500元/m²,别墅650万元/套起	普通住宅、别墅	三居室 (101m²) 五居室 (232m²)
富力运河十号	20000~27000	普通住宅、商铺	三居室 (125m²) 四居室 (145m²)
华侨城运河湾	20500~23000	普通住宅、商铺	三居室 (108~129m²) 四居室 (145m²)
世茂璀璨时光	约19000元/m²	普通住宅、商铺	三居室 (97~140m²) 四居室 (166m²) 五居室 (253m²)
恒大悦珑湾	19500~22000	普通住宅、商铺	三居室 (94m²) 四居室 (129.51~148.79m²) 复式 (188.25~211.63m²)
中梁中奥溪润堂	24000~26000	普通住宅	三居室 (113m²) 四居室 (121m²)
阳光城印月文澜	约25000元/m²	普通住宅	三居室 (98~139m²)
融创运河映	约26300元/m²	普通住宅	二居室 (89m²) 三居室 (108m²) 四居室 (143m²)
彩晹香江	约25000元/m²	普通住宅、别墅、酒店式公寓、商铺	一居室 (51~53m²) 三居室 (140~141m²)
东岭锡上	约32000元/m²	写字楼、商铺	一居室 (69~94m²) 二居室 (129m²)
绿地西水东	17000~27000 元/m²	普通住宅、商铺	三居室 (148m²)
无锡圆融广场	19500~24000 元/m²	普通住宅、商铺	三居室 (96~139m²) 四居室 (138m²)
锦熙府	18000~20000 元/m²	普通住宅	三居室 (111~114m²)
保华旺苑	19000~20000 元/m²	普通住宅、公寓、商铺	一居室 (48~82.35m²) 二居室 (82~96.52m²) 三居室 (128.7~148.12m²)
绿地西水晶舍	约22000元/m²	普通住宅	三居室 (108~118m²) 四居室 (138m²)

梁溪区

楼盘名称	价格	物业类型	主力户型
融创·大塘御园	21000~25800元/m²	普通住宅、洋房	三居室(89~108m²) 四居室(125~129m²)
融侨悦府	420万~450万元/套	普通住宅	四居室(128~153m²) 五居室(148~157m²)
小天鹅望山院墅	约16600元/m²	普通住宅、别墅	别墅(267~305m²)
梁溪本源	约19500元/m²	普通住宅、商铺	二居室(79~80m²) 三居室(88~132m²) 四居室(135m²)
绿地西水东隽荟	约25800元/m²	普通住宅	三居室(149m²)
保利达江湾城	尚未公布	普通住宅	五居室(344.61m²)

惠山区

楼盘名称	价格	物业类型	主力户型
万科青藤公园	尚未公布	普通住宅	尚未公布
建发金玥湾	尚未公布	普通住宅	尚未公布
万科臻境	23000~23500元/m²	普通住宅	三居室(89~113m²) 四居室(134m²)
华广置业洛社新城14号地块	尚未公布	普通住宅	尚未公布
华晟弘阳阳山镇地块	尚未公布	普通住宅	尚未公布
红星天铂	15000~15800元/m²	普通住宅	四居室(130m²)
碧桂园都荟	20000~22000元/m²	普通住宅	三居室(100~116m²) 四居室(128m²)
建溪朗诗御萃里	约17500元/m²	普通住宅、别墅	二居室(88m²) 三居室(138~150m²)
实地无锡常春藤	15500~16000元/m²	普通住宅	三居室(97~112m²) 四居室(125~135m²)
正荣美的云樾	22000~23000元/m²	普通住宅	三居室(89~117m²)
时光玖境	14000元/m²起	普通住宅	三居室(95~115m²)
招商雍荣府	约18900元/m²	普通住宅、别墅	三居室(98~236m²)
茂瑞府	13000~15000元/m²	普通住宅	三居室(107m²) 四居室(128~143m²)
太平洋城中城·天一公馆	8000~12000元/m²	公寓、写字楼、商铺	一居室(48m²) 二居室(63m²)

锡山区

楼盘名称	价格	物业类型	主力户型
锡山圆融广场	尚未公布	普通住宅	尚未公布
彰泰春岸雅筑	尚未公布	普通住宅	三居室(89~125m²)
金辉天奕铭著	约26500元/m²	普通住宅	三居室(98~103m²) 四居室(125~127m²)
恒泰悦熙台	22000~24000元/m²	普通住宅	三居室(93~110m²)
龙湖华亨天玺	尚未公布	普通住宅	尚未公布
百廊华庭	尚未公布	普通住宅	三居室(88~102m²)
绿城诚园	23000~30000元/m²	普通住宅	三居室(99~125m²) 四居室(142m²)
玖里映月	24000~25000元/m²	普通住宅	三居室(89~115m²) 四居室(125m²)
恒泰悦璟府	14500~15000元/m²	普通住宅	二居室(73~89m²) 三居室(117~126m²)
海尔产城创翡翠文华	约23800元/m²	普通住宅、写字楼、酒店式公寓、综合体、商铺	三居室(107~127m²) 四居室(145~169m²)
恒大观澜府	17000~19000元/m²	普通住宅、酒店式公寓	三居室(100~117m²)
美的中骏雍景湾	约13500元/m²	普通住宅	三居室(100~115m²) 四居室(130m²)
碧桂园金茂悦山	约12800元/m²	普通住宅、商铺、商铺	三居室(122m²)
龙湖铂金岛	10000~40000元/m²	普通住宅、商铺	尚未公布

锡山区

楼盘名称	价格	物业类型	主力户型
无锡旭辉城	16500~17500元/m²	普通住宅	三居室(96~128m²)
铂悦名邸	约15000元/m²	普通住宅、商铺	三居室(105~128m²)
新城天一府	22000~23000元/m²	普通住宅、商铺	三居室(89~105m²) 四居室(130m²)
玺悦珑庭	约22000元/m²	普通住宅	三居室(95~116m²) 四居室(130m²) 别墅(143m²)
中洲花溪樾	14697~16000元/m²	普通住宅、别墅	四居室(148m²) 六居室(168m²)
红豆运河府	约18000元/m²	普通住宅	三居室(121m²) 四居室(175~185m²) 五居室(255m²)
南山公园大道	16500~18800元/m²	普通住宅	三居室(93~115m²) 四居室(127m²)
九里仓九山树	20000~23000元/m²	公寓、商铺	复式(43m²)
三盛星悦城	12500~14500元/m²	公寓、商铺	一居室(31m²) 二居室(31~45m²) 三居室(45~62m²)
中奥城际NASA	12000~13000元/m²	酒店式公寓、商铺	二居室(38~48m²)
东城中央府	16000~18500元/m²	普通住宅	二居室(97.72~130.91m²) 三居室(142.88~160.71m²) 四居室(183.39m²)
建发玖里湾	470万元/套起	普通住宅、别墅	三居室(89~130m²) 别墅(135~265m²)
绿地乐和城	约10500元/m²	普通住宅、别墅、写字楼、商铺	一居室(45~73m²)

新吴区

楼盘名称	价格	物业类型	主力户型
建发上院	尚未公布	普通住宅、别墅	尚未公布
上城壹号	21000~22000元/m²	普通住宅	三居室(89~106m²) 四居室(118m²)
公园里	尚未公布	普通住宅	尚未公布
中奥滨河境	尚未公布	普通住宅	尚未公布
银城春晓观棠	约21000元/m²	普通住宅	二居室(89m²) 三居室(105m²) 四居室(120m²)
万科梅里上城	约25700元/m²	普通住宅	三居室(89~114m²) 四居室(117~140m²)
融创弘阳长江映	350万~500万元/套	普通住宅、别墅	二居室(89m²) 三居室(109m²) 四居室(132~135m²)
璞悦·滨湖望	24000~26000元/m²	洋房、普通住宅	四居室(125~143m²)
太湖雍华府	19500~21500元/m²	普通住宅、商铺	三居室(113m²)
无锡中海寰宇天下	19000~19500元/m²	普通住宅、商铺	三居室(89~139m²) 四居室(120~150m²)
融创玫瑰公馆	约22000元/m²	普通住宅	三居室(96~115m²) 四居室(134m²)
建发泊月湾	19000元/m²起	普通住宅	三居室(89~110m²) 四居室(120~130m²)
宝龙TOD未来新城	18000~19000元/m²	普通住宅、商铺	三居室(85~116m²) 四居室(124m²)
金融街金悦府	16000~17000元/m²	普通住宅	三居室(89m²) 四居室(111~145m²)
华润置地公元汇	约23500元/m²	普通住宅、商铺	四居室(116~133m²)
栖霞天樾府	16500~18500元/m²	普通住宅	二居室(81~84m²) 三居室(91.5~100m²) 四居室(122m²)
协信城立方	14000元/m²起	公寓	一居室(38.17m²) 二居室(56.73m²)

新吴区

楼盘名称	价格	物业类型	主力户型
华润公元九里	22000~27000元/m²	普通住宅、别墅	二居室(145m²)
奥体紫兰园	15500~17000元/m²	普通住宅	二居室(93~104m²) 三居室(132m²) 四居室(177~220m²)
佛奥天佑城	11000~12000元/m²	写字楼、商铺	一居室(25~29m²) 二居室(26~46m²) 三居室(46~83m²)
国信世家臻园	约15000元/m²	普通住宅	三居室(89~112m²) 四居室(130m²)
康桥悦蓉园	16500~17000元/m²	普通住宅	三居室(89~115m²)
中梁芯都会	约20500元/m²	普通住宅、商铺	三居室(95~110m²) 四居室(130m²)
金融街融府	18200~22000元/m²	普通住宅	三居室(99~153m²) 四居室(140m²)
金融街劲时光鸿著	16000~17000元/m²	普通住宅	三居室(109m²) 四居室(122m²)
新世界天悦	9000~11000元/m²	商铺	一居室(35~62.35m²) 二居室(83~84m²) 三居室(120~124.19m²)
金科中心	22000~23000元/m²	普通住宅	三居室(105~128m²) 四居室(143~144m²)

江阴市

楼盘名称	价格	物业类型	主力户型
江阴星河湾	尚未公布	普通住宅	尚未公布
星河国际·二期国荟	约16000元/m²	普通住宅、公寓、商铺	三居室(103~136m²) 四居室(143m²)
品尊名邸	约8600元/m²	普通住宅	二居室(95m²) 三居室(105~134m²)
蓝光中央铭邸	约12000元/m²	普通住宅	三居室(107~133m²)
中奥天悦湾	约8500元/m²	普通住宅	二居室(106~110m²) 三居室(120m²)
中奥光年	约13000元/m²	普通住宅	二居室(89m²) 三居室(106~109m²)
弘阳通银棠樾锦园	8500~9650元/m²	普通住宅	三居室(99~125m²)
江阴碧桂园翡翠湾	15000~16000元/m²	普通住宅	三居室(98~136m²)
中南樾府	450万元/套起	普通住宅、别墅	别墅(156m²)

江阴市

楼盘名称	价格	物业类型	主力户型
江阴恒大悦府	约11000元/m²	普通住宅	四居室(139.93~146.8m²)
绿地敔山天地	约18800元/m²	普通住宅、商铺	三居室(108~127m²) 四居室(147m²)
红豆香江华府	约11500元/m²	普通住宅、别墅	三居室(113~127m²) 四居室(137~140m²) 别墅(200~313m²)
旭辉公元	20000~24000元/m²	普通住宅	三居室(185m²)
旭辉澄江府	18500~19800元/m²	普通住宅	三居室(124m²) 四居室(140~170m²)
旭辉运河公元	16500~19000元/m²	普通住宅、商铺	三居室(115~143m²)
保华敔山湾	约20000元/m²	普通住宅、商铺	三居室(122~125m²) 四居室(141~185m²) 别墅(358.04~413.3m²)
天奕云著	11000~12000元/m²	普通住宅、公寓	三居室(98~112m²)
长和新天地广场	约8500元/m²	普通住宅、商铺	二居室(96m²) 三居室(118~142m²)
弘阳昕悦府	9000~9500元/m²	普通住宅	三居室(96~118m²) 四居室(129m²)
财富国际广场	约8500元/m²	酒店式公寓	一居室(55m²)
恒天东方广场	约9000元/m²	写字楼、商铺	一居室(68m²) 二居室(78m²)
银城长江赋	11000~12500元/m²	普通住宅	三居室(95~115m²) 四居室(126~143m²)
江阴蓝光雍锦源	9000~9500元/m²	普通住宅	四居室(138m²) 五居室(173m²) 别墅(193m²)
锦艺天章	18000~20000元/m²	普通住宅	四居室(182m²)
蓝城桃李春风	尚未公布	普通住宅	三居室(97~128m²) 四居室(138m²)
万科时代都会	15000~20000元/m²	普通住宅	三居室(125~130m²) 四居室(143~165m²)
华晟学府壹号	约11000元/m²	普通住宅	三居室(102~116m²) 四居室(133m²)
江阴天安数码城	约6500元/m²	普通住宅、公寓、别墅、写字楼	二居室(86.44~88.38m²) 三居室(133.58~149.59m²)

典型项目

璞悦·滨湖望

无锡　大发德商　万达在侧　名校环伺　交通便利

项目地址：
无锡市新吴区净慧东道与清晏路交会路口向西100米

开发商：
无锡凯旸置业有限公司

产品特征：
洋房、普通住宅

参考价格：
洋房均价26000元/平方米、高层均价24000元/平方米

主力户型：
约125平方米四居、约143平方米四居

物业公司：
华广物业

5公里生活配套：
地铁4号线（延伸线规划中）、万达商业广场、慧海湾湿地公园、大桥实验学校、波士顿国际学校、锡师人附小新校区、海力士医院（在建）

专家点评

沈洵 无锡房地产业协会副会长兼秘书长

璞悦·滨湖望位于太科园板块，不仅具有产业、教育、医疗等区位优势，更是在产品升级迭代上花了很大功夫。打造高窗墙比的公建化立面，铝板立面配合真石漆使建筑更具品质感。户型南北通透，卧室、客厅充分享受南向日照。

扫码观看楼盘详情

项目测评

【战略意义】
2019年，上海大发确定落子无锡，作为在无锡的第一个项目，大发地产与德商集团联袂打造高端产品璞悦系"璞悦·滨湖望"，共创人居理想新典范。项目在无锡市场取得较高评价，为深耕无锡打下坚实的基础。

【区域地段】
项目地处太湖新城太科园板块，是国家十三五规划的重点区域，在这个板块实施"产业强区、创新转型"战略，板块的产业基础更为明显，在无锡产业转型中占据着举足轻重的重要地位。

【楼栋规划】
小区占地面积约5.2万平方米，规划总户数1008户，包含7栋洋房和5栋高层，整体楼栋设计南低北高。其中洋房楼高9+1层，一梯两户；高层楼高27层，两梯四户。

【设计风格】
项目采用公建化立面的风格，一、二层局部为石材。灰、银两色的铝板建材作为铝板线条装饰，建筑未来感与设计感的兼容并蓄。转角的铝材包边与倒角，成为建筑整体审美的多变元素构成。顶部使用大面积玻璃材料，呈现平滑光洁的立面展现。

【品牌描述】
大发地产获业界普遍认可，先后荣膺由中国房协、易居研究院颁发的"2020中国房地产上市公司综合实力70强"、亿翰智库颁发的"2020中国上市房企风险控制能力十强"、乐居财经颁发的"2020年中国最具成长性上市房企"等多类奖项。

【交通出行】
项目北侧地铁4号线的延伸段规划已正式出炉，线路经过梁溪区、太湖新城（市政府）、锡山区等，与各地铁线路皆有换乘，为住户出行带来便利。园区还将规划建设两条城市快速路、六条城市主干道和两条轻轨线，以及一条湖底隧道，多条干道纵横交织。

【教育资源】
项目邻近无锡市大桥实验学校、波士顿国际学校（二期在建）、海力士国际学校、锡师附小新校区、无锡外国语幼儿园、太科园实验幼儿园（在建）、东南大学无锡分校等众多名校，周边有文化宫、少年宫等文教配套。

【医疗配套】
韩国SK集团、SK海力士与法国IRCAD高岑医疗联合打造三甲高端医院海力士医院落户高新区，预计2021年投入运营。无锡人民医院新安分院距离项目约2公里左右，无锡新四院已在太湖新城建成一个拥有三级甲等资质的新医院，车程在8公里之内。

【购物娱乐】
海岸城商业体距项目约6公里，万象城商业体、太湖新城文旅主题游乐场、新区宝龙城市广场与项目相距约10公里，风情商街、华庄商业广场、新安感知农贸市场、铂尔曼5星级标准国际酒店环伺。北侧就是无锡已经开业的第三座万达广场，与项目仅一路之隔。

【主力户型】
建面约125平方米四居户型，三开间朝南，双明卫边窗设计，动静分离，南北通透，是首改或二改的不二选择。建面约143平方米四居洋房，大横厅设计，大观景阳台，确保了采光及通透性，宽厅的设计更是提供了一种不一样的生活尺度。

无锡·华发首府

| 无锡 | 华发地产 | 交通便利 | 名校周边 | 配套成熟 |

项目地址：
无锡市梁溪区南湖大道与金石路交会处

开发商：
无锡华郡房地产开发有限公司

产品特征：
普通住宅、别墅

参考价格：
普通住宅约23500元/平方米、别墅总价650万元/套起

主力户型：
约101平方米三居、约232平方米五居

物业公司：
华发物业

5公里生活配套：
茂业天地、金城湾公园、地铁1号线人民医院站、万象城

专家点评

杭卫·无锡房地产业协会副会长、经济学博士&管理哲学博士——国匠品质，绿色社区，健康人居，江苏首座LEED ND金级认证住宅，同时靠近主城和太湖新城。户型业态丰富，含院墅、叠墅、小高层、高层、商业，多开间朝南，打造全优生活，设计和产品在无锡市场上都拥有很强竞争力。

项目测评

【战略意义】

2018年，华发首进无锡，以提高无锡人居水平为目标，续写华发上海滩的佳绩。择址梁溪主城，带来在无锡的第一个华发最高端产品系——府系作品，面向改善客群，品质高端，成为华发布局全国的重要一步，同时也为无锡主城人居带来全新选择。

【市场口碑】

2020年6月至9月，华发首府合院产品四开四罄，在日后的多期开售中，去化率也均高达95%以上。"好户型""品质社区"等标签成为购房者对楼盘最多的评价。

【区域地段】

华发首府循着品质人居的脉动，占位南长主城与太湖新城融汇之处，地处蠡湖生活圈。板块发展历史久远，同时也是集萃了商业、自然、人文、教育等多维度丰富资源的未来城市潜力腹地。

【主力户型】

华发首府网红户型为建面101平方米三居高层，整体布局颇为方正。其中南向双卧室呈双耳形态分布客厅两侧。约7平方米的南向双宽景阳台与次卧打通相连，在增加得房率的同时，提高居室的舒适度。

【园林景观】

华发首府联袂"亚洲景观教父"——泛亚国际，以39年的东南亚造景经验营造出独具异域风格的东南亚风情园林；以中轴线为中心，自然为骨架，景亭、樱花树阵、特色花坛形成步移景异的多观感游园体验。景观别致，置身当中犹如度假。

【自建配套】

无锡华发首府自带圈层会所、缤纷商业，打造都会精英休闲、交流的公共活动空间，以及全龄段休闲空间。同时配置双幼儿园，给孩子优质的学龄前教育。

【物业服务】

华发物业是中国较早拥有国家一级资质的物业管理公司，在中指院2020中国物业服务百强企业评选中，取得第26名的佳绩。三十余年高端物业管理经验，连续十六年担当珠澳拱北口岸的保卫工作，为业主带来更加舒心、安全的生活体验。

【教育资源】

小区周边教育资源丰沛，距离无锡市芦庄实验小学约600米、无锡市扬名中心小学约500米、无锡市东绛第二实验学校约900米、无锡市金星中学约1.2公里。扬名中心小学为全国知名教育机构，教学质量受到无锡广大市民的高度认可。

【品牌描述】

珠海华发集团有限公司组建于1980年，与珠海经济特区同龄，是珠海最大的综合型国有企业集团和全国知名的领先企业，从2016年起，连续四年跻身中国企业联合会、中国企业家协会发布的中国企业500强名单，2019年位列第330名。

【金级认证】

2020年7月，无锡华发首府荣获LEED v4社区发展类（LEED ND）金级认证，成为江苏省首个LEED v4社区发展类金级认证项目，也是无锡首个获奖住宅项目，再次为健康住宅的进阶品质正名。LEED认证是我国批准发布的第一个国际性绿色建筑认证系统，有"建筑界奥斯卡"之称。

无锡·融创壹号院

`无锡` `苏南融创` `经开核心` `三面环水` `低密住区`

项目地址：
无锡市经开区（太湖新城）吴都路与万顺道交界处

开发商：
融创&南昌市政联合开发

产品特征：
叠墅

参考价格：
叠墅 560 万元 / 套起

主力户型：
约 227 平方米四居、约 241 平方米四居

物业公司：
融创物业

5 公里生活配套：
地铁 1 号线、地铁 4 号线（建设中）；雪浪公园、蠡湖湿地公园、金匮公园、尚贤河湿地公园、长广溪国家湿地公园等；星光广场、海岸城、万象城

专家点评

杭卫·无锡房地产业协会副会长、经济学博士&管理哲学博士——

无锡新形象，经开核心地，精装小高层，叠墅低密度高端社区。地铁到家、纵横发达。名校左右、学府气息。江大附院、健康保障。周边五大公园环伺，紧靠雪浪山与蠡湖，生态环境宜居，是城市中少有的舒适美宅。

扫码观看楼盘详情

项目测评

【战略意义】
2019 年 4 月，融创以 18022 元 / 平方米的楼面地价，竞得太湖新城四院北侧地块，宣告融创将带着大手笔巨作重回太湖新城。"壹号院"是融创最高端的产品系，再加上城市稀缺宅地的身份，让无锡·融创壹号院从亮相开始就备受各界瞩目。

【市场口碑】
2019 年 11 月，项目惊艳首开，约 500 组客户到场，所推房源几乎清盘，当天热销 9 亿。"核心地段""品质豪宅""配套齐全"等标签成为购房者对楼盘最多的评价。

【区域地段】
项目位于经开区核心，作为无锡目前配套最为醇熟的板块，是整个无锡规划最明确、规格最高的区域。经开区的交通、教育、医疗、产业等各项配置也都属于无锡塔尖部分。

【主力户型】
建面约 241 平方米四居，户型全明设计，南北通透，每户都配备双阳台，楼上楼下都带独立阳台，空间感更强。前面无遮挡，可定制化空间布局，高得房率，悦享约 5.3 米南向大阳台，约 80 平方米花园，实现城市核心的院子梦。

【园林景观】
在园林设计打造上，选择以标志性的现代艺术风格，将园林有机地融合在一起。在园林配套的打造上，配置豪华度假酒店的花园泳池、0~12 岁全龄儿童天地、户外活动场地、大尺度阳光草坪、超 300 米环形塑胶慢跑道、艺术雕塑、休闲廊架等。

【交通出行】
项目北侧吴都路、观山路和高浪路贯穿整个太湖新城；西侧蠡湖大道、东侧五湖大道是连接无锡新老城区的大动脉。距离苏南硕放机场直线距离约 14.5 公里，距离地铁 1 号线江南大学站仅约 400 米，地铁 4 号线吴都路站（在建）也在约 2 公里范围内。

【教育资源】
距离无锡唯一 211 重点高校江南大学约 600 米、太湖高级中学约 1.2 公里、融成实验小学约 1.5 公里、金桥双语实验学校约 1.8 公里、外国语学校约 4.5 公里。2020 年经开教育局正式成立，未来教育资源将更加丰富。

【设计风格】
邀请李嘉诚御用设计师梁景华先生主笔空间设计，LANDAU 朗国国际设计执行董事叶翀岭先生执笔园林打造。以大面积晶钻幕墙设计，弱化墙体的存在，大幅提升采光和景观视野，给人一种优雅现代的感觉。

【销售数据】
项目首开，以热销 9 亿元的成绩，沸腾无锡；实现多次溢价，3 个月涨幅超 6000 元 / 平方米。项目入市 400 多天就几乎实现清盘，去化速度较快。

【舒适居住】
270° 滨水环幕作品，小区配备约 5.2 万平方米园林，拥有无锡融创首个下沉式庭院，以及约 1500 平方米城市会客厅，双泳池；下叠带私家花园，上叠带星空露台，打造舒适居住感，实现属于自己的庭院生活。

融创·大塘御园

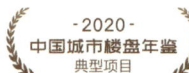

| 无锡 | 融创 | 梁溪主城 | 公园学府 | 法式大宅 |

项目地址：
无锡市梁溪区凤宾路与北滨路交叉口西100米

产品特征：
普通住宅、洋房

项目规划：
占地面积：11.5万平方米；容积率：2.3；总户数：2462户

主力户型：
89~108平方米三居、125~129平方米四居

参考价格：
高层约21000~22500元/平方米，洋房约23500~25800元/平方米

入选理由

根据克而瑞机构2020年统计数据显示，融创·大塘御园的年销售金额为34.16亿元，拿下无锡2020年度项目销量榜单（金额榜）的第一名。

2020年无锡项目销量榜单（金额榜）第一名

扫码观看楼盘详情

核心优势：
回归无锡繁华源地，择址主城梁溪，以融创法式开山系列——御园系，匠造美好人居作品。由蠡湖香樟园鲁班奖原班团队打造，坐拥生态公园、2条地铁线、优质学府、三级市心商圈构建全优主城配套。9大精湛工艺体系，90余项精装细节，是御园中难得的整盘精装作品。

无锡康桥府

| 无锡 | 康桥 | 城心院墅 | 平层大境 | 稀缺低密 |

项目地址：
无锡市滨湖区梁溪路与青祁路交会处东南侧

产品特征：
普通住宅、别墅

占地面积：
约40000平方米；容积率：约2.5；总户数：690户

主力户型：
约168平方米三居；约156~245平方米四居

参考价格：
住宅27500元/平方米起；别墅520万元/套起

入选理由

无锡河埒口为数不多的低密高端盘，康桥府地理位置优越，与滨湖万达一路之隔，北望惠山，东有大运河，享城市中心丰富的交通、商业、医疗、学校等配套资源。稀缺叠墅以及人气颇高的大平层产品，给予别墅式的居住体验。

王伟·无锡乐居主编

扫码观看楼盘详情

核心优势：
康桥集团首进无锡高端典范之作，位踞滨湖区河埒口核心位置，拥城市中心、滨湖万达双商圈，北靠惠山，南近梁溪河，紧邻地铁2/4（建设中）号线。社区内5R景观，规划一环两轴三园四重院，融合江南意韵特色，打造墅景东方四重院。市场少见上下六开间，繁华城心中的世外桃源；GALAXY168平层大境，革新约45平方米无廊柱厅堂，双套房设计。

南通
市场总结

一、新房成交表现

1. 整体情况

新房年度成交量及走势：2020年南通市区商品房住宅供应264.12万平方米，同比2019年供应290.63万平方米下降约9.12%，降幅速度放缓。商品房住宅成交290.77万平方米，同比去年成交323.07万平方米下降约10%。2020年全年1—12月份，商品房主城供应峰值出现在11月份，供应面积39.63万平方米；成交面积峰值为5月份，成交面积47.56万平方米。5月份之前处于供不应求的状态，6月份以后市场逐步回升，供应量与成交量均有所上涨。

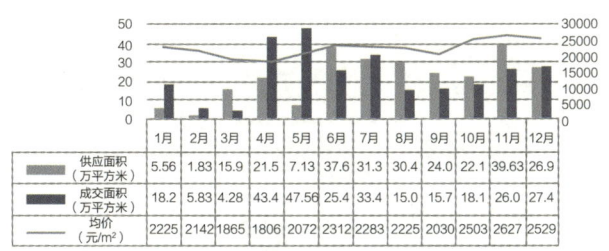

2020年1—12月份南通商品房供求与价格走势

新房价格情况：新东、能达及中创，价格涨幅最大，同比上涨超30%，新城处于价格高位，仍保持小幅上涨。纵观2014—2020年，南通住宅成交价格不断攀高，从2014年的7984元/平方米到2020年的22128元/平方米，增长177.15%。

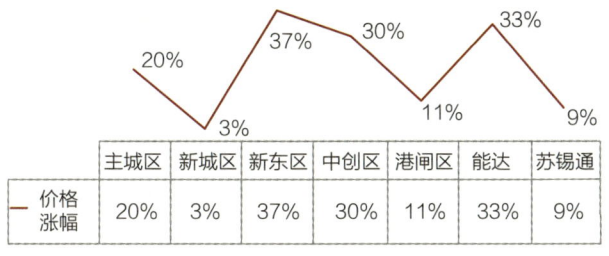

2019—2020年南通各板块价格涨幅

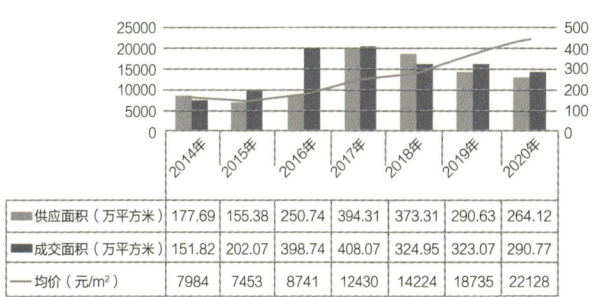

2014—2020年度南通商品住宅供求与价格走势

2. 历史地位

根据对过去6年（2014—2019年）的商品房住宅供求统计，2017年南通市区商品房供应、成交面积均为峰值，供应面积394.31万平方米、成交面积408.07万平方米；2015年南通市区商品房住宅供应面积最低，供应155.38万平方米；2014年南通商品房住宅成交面积最低，成交151.82万平方米。

二、政策梳理

（1）2020年3月，南通开始实行地价+房价"双限"政策，简单来说，就是在事先确定地价的情况下，再设定一个房屋备案均价。首次报价不得低于起挂价，每个竞买人仅有一次报价机会，且不得超过一个加价幅度。报价一经确认后，不得变更或者撤销。

（2）2020年11月，南通市住房公积金网站发布《关于调整住房公积金贷款成套住房情况认定的意见通金管〔2020〕61号》，规定严格贷款审核，不得向购买第三套及以上住房的缴存职工家庭发放住房公积金贷款；不得向缴存职工家庭发放3次及以上住房公积金贷款等重要内容。

（3）2020年12月，南通发布人才新政，顶尖人才落户最高可获 5000 万元资助。诺贝尔奖获得者、院士等海内外顶尖人才落户，在关键技术研发、新兴产业发展领域起到引领性作用的，可最高获得 5000 万元资助。高层次人才落户崇川创新、创业，"紫琅英才"计划可分别给予最高 200 万元和 500 万元资助。

其中，最重要的一则为 2020 年 3 月的"双限"政策，南通是继苏州、南京、无锡之后又一实行"双限"政策的城市，这对房地产市场长期稳定运行将起到积极作用。当然对于日后高价拿地的开发商也做"限高"规范，一味地突破房价天花板已经成为历史。房价公开透明，日后购房者将可准确地预判房价，选择合适的机会置业。

三、土地供应

截至 2020 年 12 月 28 日，南通 2020 年全市共出让 342 宗土地（除工业用地），成交 337 宗地块，成交总面积 1309.64 万平方米，成交总额 1278.59 亿元。

其中，城镇住宅用地共成交 222 宗，4 月和 8 月成交住宅地相对较少，均不到 10 宗；10 月又是一个爆发期，成交住宅地 32 宗。2 月、3 月、10 月、12 月这四个月的成交面积不少，但成交金额普遍不高，每平方米单价不足万元，与之形成鲜明对比的 11 月，成交总面积 116.17 万平方米，成交总额 209.73 亿元，每平方米单价超 1.8 万元。

纵观整个南通土拍市场，2020 年共计成交 37 宗万元地，这些地块有部分已经面世，甚至也有经历多次加推的项目。地价的上涨无疑让房价再攀高峰，地价、房价"双限"政策成了贯彻"房住不炒"方针的有效策略。

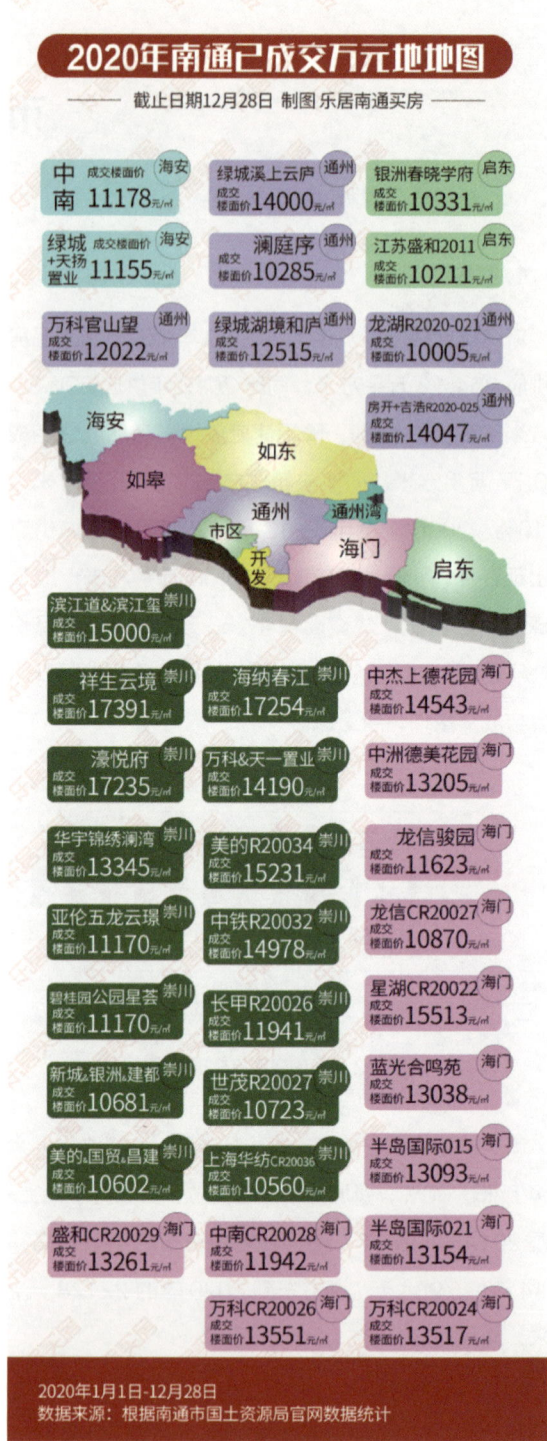

四、热点板块

2020 年南通市区销售排行榜前十名分别是和风雅

颂、恒大林溪郡、时光漫城、卓越府、万科方圆、融创时代中心、海纳春江、华润悦府、金鹰世界、绿城桂语江南。（根据成交套数排序）。

其中，排行榜前三名和风雅颂成交 1402 套、恒大林溪郡成交 994 套、时光漫城成交 978 套。

从区域划分来看，崇川区成交较好的楼盘有万科方圆、融创时代中心、海纳春江、华润悦府；开发区成交较好的楼盘有和风雅颂、时光漫城、卓越府；苏通园区成交较好的楼盘有恒大林溪郡。

20 年南通成交套数排行前 10 楼盘

排名	推广名	行政区	成交套数（套）
1	和风雅颂	开发区	1402
2	恒大林溪郡	苏通园区	994
3	时光漫城	开发区	978
4	卓越府	开发区	944
5	万科方圆	崇川区	629
6	融创时代中心	崇川区	621
7	海纳春江	崇川区	610
8	华润悦府	崇川区	587
9	金鹰世界	崇川区	577
10	绿城桂语江南	崇川区	511

整体来看，2020 年崇川区（含原崇川、港闸区）为成交主力区域，占比近 9 成。上榜楼盘多为老盘加推，以去库存为主。

五、用户心理

在特殊的 2020 年，购房者的心理产生了哪些变化？市场环境又出现了哪些新趋势？

乐居通过采访和实地调查发现，2020 年，南通购房群体观望情绪渐浓，不看好后期增长。南通陈女士，从事房地产行业工作六七年，在她看来，南通的购房者买房都比较理性，特别是在 2020 年观望情绪明显。以她自己为例，作为改善住房型客户，2019 年开始参与楼盘摇号，即使不中标也不会心慌。特别是在 2020 年颁布"双限"政策后，更是坦然淡定，周边房价不可能超越双限价格。

南通江女士从事房产媒体行业 4 年，近期研究南通二手房市场发现，整个南通共有 2622 个二手房挂牌小区，挂牌房源量约 58345 套。在一众挂牌二手房中，90 天成交 30 套以上的都能算得上优秀，大部分小区 10 天成交 1 套，90 天 0 成交的小区不在少数。

客观地说，大部分人已经不认为房产投资是最优选择。目前，南通虽然发展势头猛，房价上涨幅度大。但这就意味着，买房成本也在加大，以前 30 万元就能撬动一套房，现在可能需要 50 万元~100 万元；其次持有的成本还很高，每个月高额的贷款甚至高于工资收入；另外，在交易过程中的税也很高，变现的周期较长。

无房观望的受访者中，部分认为房价大幅上涨的可能性不大，总体走势趋稳。也有个别人认为，受疫情影响，房价可能出现下跌。

六、2021 年展望

南通作为长三角一体化的核心城市，上海的"北大门"，在城市发展全面加速的过程中，各个区域都会迎来一波利好。中创、滨江、高铁新城、川姜、海门等区域，众多开发商都在不断下沉业务板块，房产市场持续火热。但随着政府调控的不断升级，2021 年南通房地产市场势必逐渐趋于理性。

数据来源：南通国土资源局、数联天下、南通房产信息网

在售楼盘一览

崇川区

楼盘名称	价格	物业类型	主力户型
华宇锦绣澜湾	24670 元/m²	普通住宅	三居室（109m²） 四居室（128m²）
五龙云璟	尚未公布	普通住宅	三居室（108~123m²） 四居室（130m²）
滨江玺滨江道	32000 元/m²	普通住宅	三居室（99~127m²） 四居室（142m²）
万科方圆	尚未公布	普通住宅	三居室（130m²） 四居室（156~180m²）
濠悦府	29500 元/m²	普通住宅	三居室（95~123m²） 四居室（137m²）
海纳春江	尚未公布	普通住宅	三居室（96~128m²）
中海翠湖溪岸	27300 元/m²	普通住宅	三居室（125m²） 四居室（142m²）
融创时代中心	28000 元/m²	普通住宅、商铺	三居室（92~116m²）
祥生·云境	30980 元/m²	高层	三居室（116~132m²） 四居室（143m²）
南通悦府	30848 元/m²	普通住宅	三居室（108m²） 四居室（125~137m²）
融信澜宸	尚未公布	普通住宅、别墅	三居室（120m²）
南通中心	尚未公布	公寓	三居室（163m²）
碧桂园·公园星荟	21600 元/m²	普通住宅	三居室（100~131m²）
崇川金茂府	39500 元/m²	普通住宅	三居室（119m²） 四居室（140~156m²）
远创湖悦云境	21110 元/m²	普通住宅	三居室（95~101m²）
金鹰世界	尚未公布	普通住宅	三居室（118~158m²）
崇川星光域·星光天地	8000 元/m²	公寓	一居室（46~65m²）

开发区

楼盘名称	价格	物业类型	主力户型
和风雅颂	20900 元/m²	普通住宅	三居室（120~131m²） 四居室（140~234m²）
时光漫城	15800 元/m²	普通住宅	三居室（110m²） 四居室（120~135m²）
卓越府	23000 元/m²	普通住宅	四居室（125~145m²）
碧桂园·云峯中心	8500 元/m² 起	写字楼	二居室（70m²）
远创宸樾	21800 元/m²	普通住宅	三居室（95~98m²）
都会星宸	尚未公布	普通住宅	三居室（95~115m²） 四居室（140m²）
世茂云锦	18000 元/m²	普通住宅、别墅	尚未公布
九溪源著	22603 元/m²	普通住宅	三居室（120m²） 四居室（140m²）
恒大翡翠华庭	尚未公布	普通住宅	尚未公布

通州区

楼盘名称	价格	物业类型	主力户型
澜庭序	19000 元/m²	普通住宅、别墅、商铺	三居室（110~129m²）
万科·海上明月	13358 元/m²	普通住宅	二居室（80m²） 三居室（95~108m²）
绿城·湖境和庐	20000 元/m²	普通住宅、别墅	三居室（100m²） 三居室（120m²）
卓越华耀时代	尚未公布	普通住宅	三居室（103~117m²）
南山·美锦	16500 元/m²	普通住宅	三居室（95~105m²） 四居室（125m²）
绿地·江海图	14709 元/m²	普通住宅、商铺	三居室（87~98m²）
世纪之光	尚未公布	普通住宅、商铺	三居室（80~109m²）

通州区

楼盘名称	价格	物业类型	主力户型
春溪集	17800 元/m²	普通住宅	三居室（89~108m²） 四居室（124m²）
中南世纪云辰	尚未公布	普通住宅	三居室（89~107m²） 四居室（125m²）
东时区	尚未公布	普通住宅	三居室（80~96m²）
时光峯汇	16600 元/m²	普通住宅	三居室（95~106m²）
阳光城大唐·文澜府	18080 元/m²	普通住宅	三居室（95m²） 四居室（105~125m²）
碧桂园·世纪滨江	11513 元/m²	普通住宅	三居室（95~120m²）
卓越华宸世纪	14500 元/m²	普通住宅、商铺	三居室（96~101m²）
橙园	12000 元/m²	普通住宅	三居室（90~105m²） 四居室（122m²）
万科·时代之光	16610 元/m²	普通住宅	三居室（90~93m²） 三居室（100m²）
碧桂园·桃李江山	17000 元/m²	普通住宅	二居室（80m²） 三居室（100m²） 四居室（122m²）
世茂·江海天成	9000 元/m²	普通住宅、别墅、商铺	尚未公布
万科·官山望	尚未公布	洋房	尚未公布
神辉上麟府	16798 元/m²	普通住宅、洋房、联排	尚未公布
湖山源著	24000 元/m²	普通住宅	四居室（150~170m²）
春晓熙岸	16348 元/m²	普通住宅	二居室（94m²） 三居室（98~110m²）
美豪澜庭	9300 元/m²	普通住宅	三居室（100~128m²）
绿城溪上雲庐	尚未公布	别墅	四居室（178~229m²）
晨鸣·观海华苑	尚未公布	普通住宅、别墅	二居室（95m²） 三居室（132~138m²）
地纬·金樽花园	10200 元/m²	普通住宅、别墅	二居室（75m²） 三居室（101~117m²）

海门区

楼盘名称	价格	物业类型	主力户型
首开紫宸江湾	12600	高层	尚未公布
万科·半岛国际	尚未公布	普通住宅	三居室（140m²） 四居室（178m²） 四居室（230m²）
招商·海门国际	16761 元/m²	普通住宅	三居室（89m²） 三居室（106m²） 三居室（125m²）
合鸣苑	尚未公布	普通住宅	尚未公布
泊翠澜境花园	20239 元/m²	普通住宅	尚未公布
中南·湖光映月	16800 元/m²	普通住宅、别墅	三居室（102~125m²）
海门沁园	20500 元/m²	普通住宅	三居室（99~130m²）
龙信·骏园	21610 元/m²	普通住宅	三居室（99~125m²）
海门麓园	20758 元/m²	普通住宅	三居室（96~135m²）
海门绿地长滩	尚未公布	普通住宅、别墅	三居室（133m²） 四居室（150m²）
北宸壹号馨园	16313 元/m²	普通住宅	尚未公布
海门阅湖	尚未公布	普通住宅	三居室（105~115m²）
中南印象	尚未公布	普通住宅	三居室（95~105m²） 四居室（125m²）
水岸观澜苑	22000 元/m²	普通住宅	三居室（139m²） 四居室（165m²）
上德花园	尚未公布	普通住宅、别墅	尚未公布

海门区			
楼盘名称	价格	物业类型	主力户型
富江春居	26000元/m²	普通住宅、别墅	尚未公布
璟园	尚未公布	普通住宅	尚未公布

启东市			
楼盘名称	价格	物业类型	主力户型
融创·江语海	68万元/套	普通住宅	二居室（81~90m²）三居室（106m²）
启东绿地国际健康城	10800元/m²	普通住宅	尚未公布
碧桂园大名府	15500元/m²	普通住宅、别墅、商铺	三居室（117~120m²）
阳光城西欧·文澜府	17750元/m²	普通住宅	二居室（80m²）三居室（98~105m²）
新湖·海上明珠	9880元/m²	普通住宅	二居室（76~93m²）三居室（106m²）
绿地奥莱缤纷广场	13200元/m²	普通住宅、商铺	三居室（100~115m²）四居室（137m²）
启运上城	8400元/m²	普通住宅	三居室（107~120m²）
碧桂园未来星荟	尚未公布	普通住宅	二居室（88m²）三居室（108m²）
通海一号	尚未公布	公寓	一居室（42m²）

如皋市			
楼盘名称	价格	物业类型	主力户型
天安·逸品花园	9500~10000元/m²	普通住宅	三居室（95~110m²）四居室（128m²）
紫云花苑	14500元/m²	普通住宅	三居室（98~125m²）
颐和禧园	13000元/m²	普通住宅	三居室（102~124m²）四居室（140m²）
如皋上悦城	9800元/m²	普通住宅	三居室（115m²）四居室（139m²）
绿地·中山铂邸	9800元/m²	普通住宅、别墅、商铺	一居室（31m²）三居室（89~113m²）四居室（127~137m²）
万科·东昇和院	尚未公布	别墅	三居室（102m²）四居室（131~160m²）
云境雅苑	尚未公布	普通住宅	三居室（115m²）四居室（143~168m²）
港城长江府	8700元/m²	普通住宅、别墅、商铺	三居室（94~122m²）

如皋市			
楼盘名称	价格	物业类型	主力户型
滨江曙光之星	14500元/m²	普通住宅	三居室（146m²）四居室（148~158m²）
如意华府	11500元/m²	普通住宅、别墅	二居室（100m²）三居室（124~131m²）
如皋·星雨华府	12000元/m²	普通住宅	三居室（104~122m²）

海安市			
楼盘名称	价格	物业类型	主力户型
海安万达广场	14500元/m²	普通住宅、商铺	三居室（112m²）四居室（140~142m²）
碧桂园·海棠别院	13000元/m²	普通住宅、别墅	三居室（100~126m²）四居室（139m²）
金科·世茂 星澜都会	11500元/m²	普通住宅、洋房	三居室（107m²）四居室（127m²）
克拉双城	10000元/m²	普通住宅、洋房	三居室（121~131m²）
悦上湖	8200元/m²	普通住宅、洋房	三居室（106m²）四居室（124~125m²）

如东县			
楼盘名称	价格	物业类型	主力户型
蓝城·南通桃李春风	270万元/套起	合院	三居室（140~165m²）
绿城·明月江南	13841元/m²	普通住宅	三居室（116m²）四居室（130m²）
复地·上河印巷	12000元/m²	普通住宅、商铺	三居室（98~124m²）四居室（135m²）
如东晨园	13000元/m²	普通住宅	三居室（100~126m²）四居室（139m²）
荣润麒麟府	11500元/m²	普通住宅、洋房	三居室（102~115m²）
如东熙悦	14000元/m²	普通住宅	三居室（95m²）四居室（132~136m²）
三盛荣润璞悦观邸	13335元/m²	普通住宅、叠拼	三居室（99~109m²）
晨园壹号街区	25000元/m²	商铺	尚未公布
如东中梁首府壹号	13000元/m²	普通住宅	三居室（95~120m²）

典型项目

祥生·云境

`南通` `祥生地产` `濠河主城` `诚心C位` `双限红盘`

项目地址：
南通市崇川区工农路江纬路交叉口

开发商：
南通市祥琪房地产开发有限公司

产品特征：
高层

参考价格：
住宅均价 30980 元/平方米

主力户型：
116~132 平方米三居、143 平方米四居

5公里生活配套：
文峰城市广场、圆融－金鹰购物中心、印象城、中南城购物中心、香港音符南通国际幼儿园、南通市启秀小学、南通市第一初级中学、南通市第三人民医院、南通大学附属医院、南通市妇幼保健院

专家点评
张凤·乐居南通主编

祥生·云境占位南通主城区「黄金」区位，尽享成熟片区的各类醇熟配套，业主生活便利度高。项目绿地率高达42%，营造丰富景观带，中央阳光草坪备受喜爱。主推116~143平方米三房四房户型，精准匹配各类家庭所需，其出众产品力广为购房群体所称道。

扫码观看楼盘详情

项目测评

【战略意义】
濠河蜿蜒绵长，烟波浩渺，素有"江城翡翠项链"之称，见证了千年的历史与文明。2020年，祥生首进南通便落子此处，带来全新升级的祥生·云境系产品线，以云境产品丰盛、健康、自由、快乐的四大幸福基因，描绘幸福生活场景。

【市场口碑】
2020年11月16日，祥生·云境首开当日劲销约10.8亿元、去化超7成、千人排队抢房；首开当周返场客户超500组，向南通楼市诠释了何谓"现象级"红盘热度。

【区域地段】
曲水环绕的南通主城区，不仅是城市中心范畴的标志，更是一个时代的印记。项目坐拥底蕴深厚的崇川主城，濠河黄金生活圈，尽享成熟片区一线繁华。在南通人眼里，濠河即为南通市中心，文峰更是"中心的中心"。

【楼栋规划】
整个小区用地面积约47814平方米，总建筑面积约177330平方米，规划9栋高层（21-26层），共计876套，地下车位约1500个（包含人防与非人防）。容积率2.48，绿地率约42.01%。人车分流，提高管理效率，增强安全性。

【主力户型】
建筑面积约116~143平方米户型，三房、四房满足不同家庭需求。其中约143平方米4室2厅2卫设置三开间朝南，卧室皆有飘窗；南向约13.7米大面宽，约7.1米宽横厅外延观景阳台，尽享阳光宠爱。

【园林景观】
整体规划约2万平方米绿地面积，绿地率约42%，高出政府规划2个百分点，贯穿整个社区的两轴景观带、一环约450米康氧跑道、覆盖全龄活动的六园空间，约4000平方米社区中央景观区，多功能交互、快乐自由的园林画卷在此展开。

【自建配套】
汲取纽约中央公园设计灵感，在社区中心设计出约500平方米中央阳光草坪。社区内还规划约450米健康环跑道，"象"主题儿童乐园，把繁华生活纳入健康生态圈中。更为政府代建约4000平方米卫生服务中心及2000平方米养老服务中心。

【物业服务】
祥生物业成立于2000年12月，在中国物业行业第三方研究报告中，凭借稳步提升的企业实力，先后荣获"2020中国物业服务百强企业第39位""中国物业行业品牌价值50强""中国社区服务商30强"等殊荣。

【交通出行】
踞守工农路主动脉，通启路连接洪江路高架，便捷通达全城；地铁1号线（在建）贯穿东西，另有沪苏通铁路、上海第三机场（规划中）……快速缩短与一线城市之间的时间成本，实现与世界自由畅联。

【品牌描述】
2020年，祥生地产凭借综合实力，荣获"中国房地产500强TOP27"。30余载历程，足迹遍布全国50余座城。2020年11月18日，祥生集团旗下的祥生控股集团(02599.HK)正式在香港联交所主板上市。

扬州
市场总结

一、新房成交表现

1. 整体情况

新房年度成交量：截至2020年12月25日，2020年扬州市区商品房成交24001套，成交建筑面积2913011平方米，2020年扬州商品住宅成交21759套，成交建筑面积2640786平方米。（每月统计周期为当月1日—25日，以上数据均包含江都区。）

2020年扬州楼市成交情况

区域	商品房成交套数（套）	商品房成交面积（平方米）	商品住宅成交套数（套）	商品住宅成交面积（平方米）
东区	6450	758060	5787	683480
南区	1328	149642	1212	140212
南区	6125	774868	5205	663134
北区	4495	526496	4317	499109
老城区	87	12889	86	12824
江都区	5516	691056	5152	642027
合计	24001	2913011	21759	2640786

新房价格情况：2020年1—11月份，扬州房价无下跌情况出现。根据国家统计局的数据：1月，扬州新房价格环比上涨0.4%，2月零涨幅，3月环比上涨0.4%，4月环比上涨0.5%，5月环比上涨0.6%，6月环比上涨0.7%，7月环比上涨0.9%，8月环比上涨0.9%，9月环比上涨0.4%，10月环比上涨0.9%，11月环比上涨0.1%。扬州目前房价均价在14747元/平方米，同比上涨4.82%，房价一年上涨幅度约700元/平方米。（尽量选取2020全年数据，下同。）

2020年年初，突如其来的疫情打乱了市场，楼市方面受影响很大。售楼处关门，买卖双方都宅在家里，导致楼市十分冷清。最终，疫情对楼市的影响也表现在成交上，2月商品住宅仅成交59套，面积仅7599万平方米。

2020年扬州商品住宅成交情况

月份	套数（套）	面积（平方米）
1月	1578	193268
2月	59	7599
3月	1439	176864
4月	1393	168356
5月	1268	158804
6月	1884	234884
7月	2444	290391
8月	2387	291840
9月	2332	285768
10月	2187	266157
11月	2132	254911
12月	2656	311944
合计	21759	2640786

2020年年初，市场普遍认为2020年是楼市抄底的好时机。疫情过后，楼市一定会反弹，而事实也证明了如此：随着3月份复工复产，楼市开始进入自我修复阶段，成交量开始上涨。2020年7月扬州一场大型土拍，其中GZ210地块取消限价，将楼市推向一个小高潮，房价飙升，成交量上涨。2020年11月26日的土拍，扬州全面取消限价，楼市沸腾，优质板块的房价直逼2万/平方米，扬州房价再上新台阶。

根据中国房价行情网数据显示，2020年扬州房价收入比约为8.9。

2. 年度走势

根据年度领取销售许可证情况，2020年，扬州市区公示涉宅（预）销售许可证215个，涉及楼盘数55个，共计房源套数25808户，建筑面积3207496.97平方米。其中由于春节和疫情等因素影响，2020年拿证月份分布情况起伏较大：2月份，扬州市区无销许公示；3月份扬州市区拿证楼盘仅5个，共6张销许，468套房源入市，建筑面积59088.24平方米，出量较少。

2020年扬州市区拿证月份分布

7月，扬州市区拿证数量上涨，共计25个楼盘领取28张销许，出量房源3128套，建筑面积437393.16平方米。

9月，扬州楼盘市场迎来一个爆点。拿证楼盘数达31个，销许49张，5306套房源入市，建筑面积628681.53平方米，是"金九"的一个重要体现。

2020年1—11月份，扬州房价无下跌情况出现。除2月扬州房价零涨幅外，其余都是上涨状态。其中，10月扬州房价涨幅0.9%，位列全国第一。

受疫情影响，2月份出货量和成交量都出现了年度最低点，随着疫情褪去，楼市开始慢慢复苏。土拍对楼市的影响在成交上也有所表现，土拍过后，会带动成交和房价上涨。

3. 历史成交

截至2020年12月25日，2020年扬州市区商品房成交24001套，成交建筑面积2913011平方米，2020年扬州商品住宅成交21759套，成交建筑面积2640786平方米。

根据对过去7年（2014—2020年）的新房成交统计，2018年扬州市区商品房成交最高，共计成交35827套，建筑面积为4190007平方米，2014年扬州商品房成交最低，共计成交17680套，建筑面积为2003378平方米。

住宅成交方面，2018年扬州住宅成交量最高，共计成交住宅32074套，建筑面积3819175平方米，2014年扬州住宅成交量最低，共计成交住宅14638套，建筑面积1657088平方米。

二、二手房成交表现

1. 整体情况

截至2020年12月24日，扬州二手房住宅成交12510套，其中1月成交694套，2月因为受春节及疫情的影响成交4套，3月成交887套，4月成交1404套，5月成交1280套，6月成交1249套，7月成交1275套，8月成交1231套，9月成交1358套，10月成交1037套，11月成交1137套，12月成交954套。

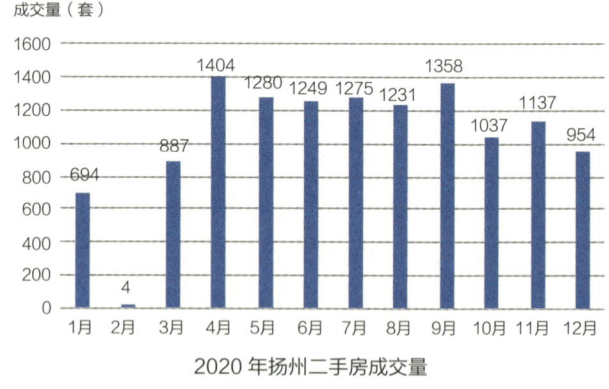

2020年扬州二手房成交量

2020年扬州市区二手房均价约1.5万/平方米，二手房的房价也是在持续稳定上涨中，除2月略有下跌外，其余月份均上涨。

2. 年度走势

2020年二手房的价格变化与新房价格变化差不多，

近7年扬州住宅成交情况

都在上涨，增速略缓。二手房的定价受主观因素影响较大：不着急出手的业主，往往会等价格合适才会成交。

根据相关数据可以看出，二手房成交量在 4 月份最高，最主要的原因是学区。购买学区房须提供 2—3 个月的水电证明，方可在 7 月份顺利报名，所以 4 月份的成交量最高。当然，价格的涨幅也是影响二手房成交的主要因素。

一手楼盘的价格比二手房价格更透明一些。部分二手房房源价格与同区域内新房相差不大，消费者一番权衡，很可能会弃旧买新，因此在年底开发商放量较多的情况下，二手房交易量有所下降。

此外，由于临近年尾，市场中一些抱有观望心态的业主，会打算农历新年后再出手。现在的卖家市场形成了两种主流，着急用钱或者有"卖一买一"打算的业主价格很好谈，给出的议价空间也不错。而一些不急售的业主给出的议价空间不大。

年底业主们表现出的高要价或者惜售情绪，是二手房行情出现阶段性下调的主要原因。业主暂缓出售，其实是期待年后能卖出个好价钱。按照经验，每年 1、2 月是全年中业主报价相对较低的阶段，而 3、4 月则又是房价走高的常规时机。

3. 历史成交

房地产一直是全社会关注的焦点。在"房住不炒"的主基调下，2020 年扬州楼市的表现相对"淡定"，目前总体保持在平稳状态。

从成交行情来看，虽然年初受到疫情影响严重，但恢复正常生产后，二手住宅交易表现出了良好势头，年中虽偶有下跌，不过成交量与 2019 年同期相比仍占优势。商品住宅购买力还是以本地居民为主，所以二手住宅交易乃至整个房地产市场都不会出现成交大幅上涨或者下跌的局面，如果没有刺激性较强的政策影响，扬州楼市的稳定格局未来短时间内不会有明显变化。

过去的五六年间，扬州的二手房成交都是比较平稳的，没有出现较大的波动，正常一年的成交量均在 1 万多套。

三、政策梳理

作为三线城市的扬州，基本不会出台限购等政策。2020 年对楼市影响较大的政策就是土拍取消限价。

2017 年扬州出台了土拍最高楼面价限价 8950 元 / 平方米，直至 2020 年 6 月，扬州挂牌了 20 幅地块，其中位于老城区的 GZ210 地块取消限价，最终成交楼面价 14250 元 / 平方米，成为扬州目前的地王。

2020 年 10 月 26 日，扬州挂牌了 32 幅地块，全部取消限价，其中 4 幅优质地块楼面价破万元 / 平方米。

在土拍限价阶段，1.6 万元 / 平方米均价的项目即被定义为高房价项目，自限价取消，扬州的优质板块如西区、西区新城、广陵新城、2020 年的黑马板块东南新城，"涨"声一片，优质项目单价直逼 2 万元 / 平方米。正是土拍取消限价，把扬州房价拉高了一个台阶。

四、土地供应

1. 出让基本情况

2020 年度扬州土地成交详情表

	土地成交块数	土地成交总面积（万平方米）	土地成交总价（亿元）
扬州市区	82	387.52	343.4
江都区	24	136.83	97.27
仪征市	53	212.24	73.49
高邮市	58	102.71	45.87
宝应县	18	53.89	19.53
总计	235	893.19	579.56

2020 年，扬州经营性用地共卖出 235 块，其中扬州市区 82 块，江都区 24 块，仪征市 53 块，高邮市 58 块，宝应县 18 块。

扬州成交总面积893.19万平方米,其中扬州市区387.52万平方米,江都区136.83万平方米,仪征市212.24万平方米,高邮市102.71万平方米,宝应县53.89万平方米。

扬州成交总金额579.56亿元,其中扬州市区343.4亿元,江都区97.27亿元,仪征市73.49亿元,高邮市45.87亿元,宝应县19.53亿元。

在扬州,除了市区,其他区域土地市场成交情况关注度较低。

2020年扬州市区,楼面价超8000元/平方米的地块共16幅,楼面价超1万元/平方米的地块共6幅,其中GZ210地块楼面价最高,为14250元/平方米。

2017年11月29日,扬州出台土地限价政策,最高成交楼面价8950元/平方米,直到2020年7月24日,GZ210地块拍卖时,首次取消限价,由于GZ210地块位于老城区核心区域,最终以楼面价14250元/平方米成交,并且也是目前扬州的地王。7月24日后,部分地块限价12000元/平方米。

11月26日,扬州的一场大型土拍中32块地全部取消限价,这也意味着扬州房价正式进入2万元/平方米时代。

2. 开发商拿地情况

纵观2020年,扬州市区拿地最多的房企是恒大,共拿地9块,多用于文旅或新能源汽车等,且地块位置较偏远。其次是扬州易盛德产业发展有限公司,共拿地8块,易盛德主要股东是扬州市人民政府,拿地主要用于人才公寓或产业配套等。另外,扬州九龙湾置业有限公司拿地7块,位列第三,九龙湾置业主要股东是扬州经济技术开发区管委会,主要在开发区拿地用于建设安置房或社区商业等。

3. 未来预估

2021年重点关注楼盘以2020年高楼面价地块为主,主要有以下6块:

(1)老城区东区大润发旁的GZ210地块,成交楼面价最高,达14250元/平方米,是扬州目前的地王。该地块起始单价10880元/平方米,起始楼面价6800元/平方米,经过306轮报价,最终被南京颐峰置业有限公司摘得,成交单价22800元/平方米,溢价率109%。周边房价突破2万元/平方米。

(2)老城区的GZ215地块,成交楼面价12007.1元/平方米。该地块正式拍卖时,历时26秒,达最高限价,最终被金地摇获,溢价率82.6%。周边房价突破2万元/平方米。

(3)西区新城的GZ230地块,成交楼面价11505.6元/平方米。该地块经过284轮拍卖,被恒通集团、景宇置业、彩程置业联合摘得,溢价率43.8%。周边房价突破1.7万元/平方米。

(4)东南新城的GZ222地块,成交楼面价11016.7元/平方米。该地块经过384轮拍卖,最终被卓越摘得,卓越也是首进扬州的房企。该地块溢价率86.4%,周边房价突破1.7万元/平方米。

(5)南区GZ235地块,成交楼面价10828.6元/平方米。该地块经过291轮拍卖,最终被九龙湾摘得,溢价率45.4%。周边房价约1.5万元/平方米。

(6)蒋王街道的GZ231地块,成交楼面价10025元/平方米。该地块经过334轮拍卖,最终被中信泰富摘得,溢价率43.2%。周边房价突破1.8万元/平方米。

综上,从成交楼面价来看,扬州楼市可谓全面开花:地段越好的地块,成交楼面价越高;老城区、城北吾悦广场区域、西区新城、东南新城、蒋王街道等是扬州楼市的热门板块。

五、热点板块

扬州房地产信息网显示,截至2020年12月28日,扬州市区本年度销售排行榜前十名分别是华侨城·侨城里、绿地健康城、恒大观澜府、中海上东区、万达·西区CLASS、万科·时代之光、运河上宸、绿地·也今东南、碧桂园·陵江府和中海华樾（根据成交建筑面积排序）。

其中，排行榜前三名分别是华侨城·侨城里、绿地健康城和恒大观澜府。其中华侨城·侨城里成交1492套，成交面积156801平方米；绿地健康城成交908套，成交建筑面积114350平方米；恒大观澜府成交1013套，成交建筑面积110457平方米。

从区域划分来看，东区成交较好的楼盘有恒大观澜府、绿地·也今东南、碧桂园·陵江府；西区成交较好的楼盘有绿地健康城、万达·西区CLASS、中海华樾；南区成交较好的楼盘有万科·时代之光；北区成交较好的楼盘有华侨城·侨城里、中海上东区、运河上宸。

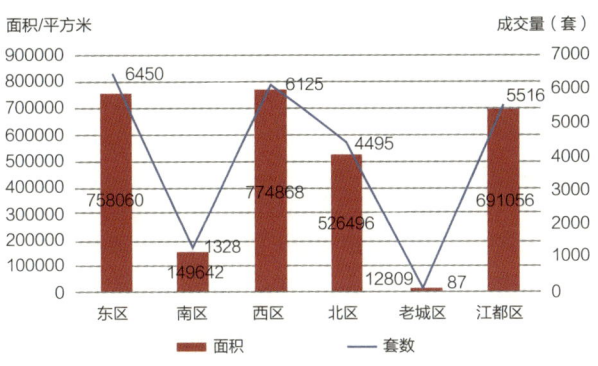

2020年扬州商品房成交区域分布

2020年度销售排行榜

项目名称	成交套数（套）	成交面积（平方米）	区位
华侨城·侨城里	1492	156801	北区
绿地健康城	908	114350	西区
恒大观澜府	1013	110457	东区
中海上东区	927	106883	北区
万达·西区CLASS	830	105891	西区
万科时代之光	1066	102873	南区
运河上宸	876	99354	北区
绿地·也今东南	780	99222	东区
碧桂园·陵江府	833	87198	东区
中海华樾	626	80124	西区

整体来看，以上楼盘多为老盘加推，主要是以去库存为主。

2020年，扬州商品房成交量最大的区域是东区，共计成交6450套，建筑面积758060平方米；成交量较小的区域是老城区，共计成交87套，建筑面积12809平方米。

六、用户心理

在特殊的2020年，购房者的心理产生了哪些变化？市场环境又出现了哪些新趋势？

乐居通过采访和实地调查发现，2020年，扬州购房群体的心态基本较为平稳。扬州万科四季都会的销售顾问洪定凯从事新房销售已有两年，在他看来，扬州买房者比较理性，观望者居多。以他的一位客户为例，2016年就开始看房子，当时西区新城的房价在8000-9000元/平方米左右，客户认为房价会降，一直观望没有购买；2020年前后来售楼处七八次，始终因为价格原因未能成交。2020年年末，西区新城的房价已经涨到20000元/平方米左右，价格的上涨也增加了首付的成本，导致该客户仍然犹豫不决。

据扬州盛乾房产二手房经纪人杨波华介绍，2020年，扬州二手房市场较往年略有波动，买卖双方心态都趋于理性，价格合适即可成交。但是，受到疫情的影响，很多卖家通过出售房屋来周转公司资金，降价卖房的现象频繁出现。卖房者降低价格，买家会择机抄底，促使成交量上涨。

此外，扬州2020年新房供给骤增的情况尤为突出，对二手房来说也是压力。很多房主在观望，买家也在观望对比。杨波华的一个客户前前后后看房已经快一年，但也始终在观望，等到价格合适才会考虑入手。

无房观望的受访者中，部分认为房价大幅上涨的可能性不大，总体趋势是小幅上涨。也有个别人认为，受疫情影响，房价可能出现下跌。

七、2021年展望

2020年，经过两场大型土拍之后，扬州多个区域地价被刷新，地价影响房价。根据2020年地价的走势来看，预计2021年，房地产投资趋于谨慎，市场趋于平稳，扬州房价或将稳中有升。

同时，扬州楼市的分化程度也将加深，主要体现在区域之间，西区、西区新城、东南新城、老城区这些优质区域成交量和成交价格或将呈上涨趋势。非核心区域，成交量和成交价格的涨幅空间不大。

值得期待的区域主要还是集中在西区新城，西区蒋王板块、老城区、东北区域竹西板块和东南新城板块。

其中，西区新城恒通GZ230地块、西区蒋王板块的中信泰富GZ231地块、老城区东区大润发旁的GZ210地块、老城区的金地GZ215地块、东南新城的卓越GZ222地块等将备受期待。

数据来源：克而瑞、中国房价行情网、扬州房地产信息网

在售楼盘一览

楼盘名称	价格	物业类型	主力户型
中信泰富锦辰	15780 元/m² 起	普通住宅	三居室 (110m²) 四居室 (127~167m²)
蓝湾臻园	约 15500 元/m²	普通住宅	三居室 (92~107m²) 四居室 (117~132m²)
奥园湖滨名都	约 16800 元/m²	普通住宅	三居室 (114~134m²) 四居室 (151~193m²)
颐和公馆	约 18700 元/m²	普通住宅	三居室 (102~124m²) 四居室 (135m²)
世茂恒通璀璨星辰	约 13973 元/m²	普通住宅、别墅	三居室 (95~105m²) 四居室 (120m²)
万科四季都会	约 18000 元/m²	普通住宅	三居室 (96~117m²) 四居室 (127~143m²)
书香一品	16000 元/m² 起	普通住宅、商铺	三居室 (91~124m²) 四居室 (132m²)
华侨城·万科·侨城里	11500 元/m² 起	普通住宅	三居室 (97~118m²)
绿地·健康城	17000~19800 元/m² 起	普通住宅	三居室 (98~121m²) 四居室 (130~165m²)
中海华樾	18000 元/m²	普通住宅	三居室 (111~125m²) 四居室 (128~143m²)
海信·鸿扬世家	11888 元/m² 起	普通住宅、商铺	三居室 (98~117m²) 四居室 (136m²)
新能源云潮望	约 19000 元/m²	普通住宅、商铺	二居室 (78m²) 三居室 (95~115m²) 四居室 (135m²)
光明铂悦华府	约 16000 元/m²	商铺	一居室 (339.92~372.31m²)
美的禹洲·大河	约 20400 元/m²	普通住宅、商铺	三居室 (105~130m²) 四居室 (144m²)
月城锦墅	尚未公布	别墅	四居室 (195m²) 五居室 (272m²)
华建天运府	16880 元/m²	普通住宅	三居室 (105~133m²) 四居室 (143~175m²)
中书华邸	11788 元/m² 起	普通住宅、商铺	三居室 (90~120m²) 四居室 (140m²)
京华艺树院	约 18530 元/m²	普通住宅	三居室 (119~149m²) 四居室 (153~237m²)
兴地一观园	约 14158 元/m²	普通住宅	三居室 (109~128m²) 四居室 (142m²)
中海上东区	约 14000 元/m²	普通住宅	三居室 (103~123m²) 四居室 (133~144m²)
启迪融悦	13888 元/m² 起	普通住宅、商铺	三居室 (103~117m²) 四居室 (129~167m²)
万达·西区 CLASS	约 17400 元/m²	普通住宅、公寓、酒店式公寓、商铺	三居室 (103m²) 四居室 (117~167m²)
招商新城运河上宸	约 15000 元/m²	普通住宅	三居室 (97~122m²) 四居室 (141m²)
凤凰水岸花苑	约 24600 元/m²	普通住宅	三居室 (120~164m²) 四居室 (161~230.09m²)
蓝湾华府	约 16000 元/m²	普通住宅	四居室 (139m²)
恒通碧水蓝湾	约 15000 元/m²	普通住宅	四居室 (163~190m²) 五居室 (292m²)
石榴·瘦西湖院子	约 17000 元/m²	普通住宅、别墅	一居室 (50~83m²)
Bingo 缤格汇	11000 元/m² 起	公寓、写字楼、商铺、综合体	一居室 (50~60m²)
奥园观湖尚居	16888 元/m² 起	普通住宅、商铺	三居室 (193~196m²)
昌建广场	约 11000 元/m²	普通住宅、写字楼、酒店式公寓、商铺	一居室 (34~44m²) 二居室 (69~82m²) 三居室 (109~140m²)
光明朗悦华府	约 12780 元/m²	普通住宅	复式 (58.72~134m²)
中信泰富锦园	约 23060 元/m²	普通住宅、别墅	三居室 (92~142m²) 四居室 (187~220m²) 五居室 (285m²)
扬州天下花园	约 31800 元/m²	普通住宅、别墅	四居室 (202~218m²) 五居室 (220~224m²)
景汇华府	17200 元/m² 起	普通住宅	二居室 (101m²) 三居室 (110~129m²) 四居室 (137m²)
恒通·北湖蓝湾	约 12720 元/m²	普通住宅	三居室 (96~115m²) 四居室 (125m²)
蜀冈金地	约 13500 元/m²	普通住宅	二居室 (82~85m²) 三居室 (100m²) 四居室 (107~144m²)
万科时代之光	9800 元/m² 起	普通住宅	三居室 (93~104m²)
COCO 唐寓	约 13000 元/m²	公寓、写字楼	一居室 (46m²) 二居室 (53~60m²)
佳源玖珑湾	15600 元/m² 起	普通住宅、商铺	三居室 (126m²) 四居室 (139~168m²)
美的禹洲国宾府	16900 元/m²	普通住宅	三居室 (108~135m²) 四居室 (138~160m²)
天山国宾壹号	约 10500 元/m²	普通住宅、商铺	三居室 (110~122m²) 四居室 (131~146m²)
扬州壹号院	12000 元/m² 起	普通住宅	四居室 (150~170m²)
瘦西湖花园	约 16500 元/m²	普通住宅、商铺	四居室 (127~143m²) 五居室 (188m²)
万科运河湾	12000 元/m²	普通住宅、别墅	三居室 (127m²) 四居室 (143~250m²)
恒大悦珑湾	约 10500 元/m²	普通住宅、别墅	三居室 (116~140m²) 四居室 (184~352m²)
雅居乐富春山居	16000 元/m²	普通住宅	三居室 (100~128m²) 四居室 (160m²)
禹洲扬子嘉誉风华	7040 元/m² 起	普通住宅、公寓、商铺	三居室 (88m²) 四居室 (121m²)
五彩世界生活广场	约 36000 元/m²	公寓、商铺、综合体	尚未公布
暖山	约 13000 元/m²	普通住宅、别墅、自住型商品房	三居室 (124m²) 四居室 (234m²) 五居室 (377m²)
新城时代商业广场	约 25000 元/m²	公寓、商铺	尚未公布
星耀天地	约 9387 元/m²	公寓、写字楼、商铺、综合体	一居室 (50m²)
边城香樹里 8 号	约 18600 元/m²	普通住宅、公寓、别墅、酒店式公寓、商铺	四居室 (160.32~183.52m²)
星地雅苑	14988 元/m² 起	普通住宅、公寓、写字楼、商铺	二居室 (94m²) 三居室 (103~135m²)
九龙湾树人园	8987 元/m² 起	普通住宅	二居室 (70~72m²) 三居室 (99~125m²)
星河蓝湾	约 12470 元/m²	普通住宅、酒店式公寓、商铺	三居室 (113~123m²) 四居室 (133m²)
高力国际公寓	约 8500 元/m²	公寓、商铺	一居室 (38~52m²)
佳源西峰玖墅	约 28000 元/m²	普通住宅、别墅	四居室 (405m²)
芳甸	618 万元/套起	别墅	别墅 (530~564m²)
宝龙金轮广场	约 8250 元/m²	公寓、写字楼、商铺、自住型商品房	三居室 (94~118m²)
佳源西城印象	尚未公布	普通住宅	三居室 (98~111m²) 四居室 (126~142m²)

邗江区			
楼盘名称	价格	物业类型	主力户型
瘦西湖壹号院	约 25000 元 /m²	普通住宅、别墅	三居室 (145m²) 四居室 (150~160m²)
华建正茂府	15800 元 /m² 起	普通住宅、商铺	三居室 (95~118m²) 四居室 (129~145m²) 五居室 (175m²)
晶龙宸龙学府	尚未公布	普通住宅、别墅	四居室 (143m²)
国兴西江樾	尚未公布	普通住宅	三居室（115m²） 四居室 (125~135m²)
玖龙湖医养健康城	尚未公布	公寓、写字楼	一居室 (66m²) 二居室 (85~100m²) 三居室 (128m²)
扬建铭悦府	约 18800 元 /m²	普通住宅	三居室 (107m²) 四居室 (130m²)
绿地·唐樾府	尚未公布	普通住宅	三居室 (100m²) 四居室 (125~150m²)
开宸园	尚未公布	普通住宅、商铺	尚未公布
KII 城际首站	60 万元 / 套起	公寓、商铺	一居室 (48~107m²)
扬州红星天铂	尚未公布	普通住宅、商铺	尚未公布
金辉栖湖云庭	尚未公布	普通住宅	三居室 (95~141m²) 四居室 (110~169m²)
拾光樾	约 12850 元 /m²	普通住宅	三居室 (88~106m²)
九龙湾·开泰园	尚未公布	普通住宅	尚未公布

广陵区			
楼盘名称	价格	物业类型	主力户型
远洋大河宸章	15836 元 /m² 起	普通住宅	三居室 (109m²) 四居室 (125m²)
恒大观澜府	约 14200 元 /m²	普通住宅	三居室 (126~128m²) 四居室（139m²）
扬州印	约 19984 元 /m²	普通住宅、商铺	三居室 (100~115m²) 四居室 (130~155m²)
龙湖春江天玺	约 15800 元 /m²	普通住宅	三居室 (98~120m²) 四居室 (129~143m²)
恒大翡翠华庭	约 8950 元 /m²	普通住宅、公寓	一居室 (46~90m²)
绿地香港·也今东南	约 19629 元 /m²	普通住宅	三居室 (113~133m²) 四居室 (149~170m²)
天瑞府	约 16800 元 /m²	普通住宅	三居室 (138~149m²)
德辉天玺湾	约 12800 元 /m²	普通住宅	二居室 (93m²) 三居室 (118m²)
恒大云锦华庭	约 13900 元 /m²	普通住宅	二居室 (85m²) 三居室 (94~133m²)
高力·时涧	约 16000 元 /m²	普通住宅	三居室 (142m²) 四居室 (162m²)
中海左岸	约 16670 元 /m²	普通住宅	三居室 (100~120m²) 四居室 (134~143m²)
金湾 1 号	约 24217 元 /m²	普通住宅	四居室 (168~172m²) 五居室 (213m²)
碧桂园陵江府	15888 元 /m² 起	普通住宅、商铺	三居室 (95~118m²) 四居室 (126m²)
智慧生活城	约 8800 元 /m²	公寓、商铺	一居室（45~48m²） 二居室（65m²）
中海十里丹堤	约 13000 元 /m²	普通住宅	三居室 (98m²) 四居室 (113~133m²)
宏云东悦府	10250 元 /m² 起	普通住宅	三居室 (105~150m²)
运河一品	21000 元 /m²	普通住宅、别墅	三居室 (187m²) 四居室 (208~256m²)
郡宸府	16066 元 /m²	普通住宅	三居室 (113m²) 四居室 (134~184m²)
时润蓝湾	14300 元 /m²	普通住宅	三居室 (110~131m²) 四居室 (143m²)
城建九境融园	约 18119 元 /m²	普通住宅、商铺	三居室 (95~115m²) 四居室 (130m²)
万科时代风华	14500 元 /m² 起	普通住宅	三居室 (110~128m²) 四居室 (143~176m²)

广陵区			
楼盘名称	价格	物业类型	主力户型
新力·璞园	约 15660 元 /m²	普通住宅、商铺	三居室 (106~131m²) 四居室 (120m²)
运河宝龙观邸	约 16500 元 /m²	普通住宅、商铺	三居室 (96~118m²) 四居室 (117~137m²)
扬州奥园京杭湾	尚未公布	普通住宅、公寓、商铺	三居室 (108~128m²) 四居室 (142m²)
中信泰富锦棠	约 21140 元 /m²	普通住宅	三居室 (95~115m²) 四居室 (130m²)
蓝湾学府	约 25650 元 /m²	普通住宅	一居室 (65m²) 二居室 (80~91m²) 三居室 (108m²)
华建天月府	尚未公布	普通住宅	三居室 (122~137m²) 四居室 (173m²)
远洋·广陵宸章	尚未公布	普通住宅	三居室 (90~105m²) 四居室 (125m²)
中南 GZ221 地块	尚未公布	普通住宅	尚未公布

江都区			
楼盘名称	价格	物业类型	主力户型
长河东岸	尚未公布	普通住宅	三居室 (97~124m²) 四居室 (135~144m²)
佳源世纪宸章	尚未公布	普通住宅	二居室 (64m²) 三居室 (87~118m²) 四居室 (128~140m²)
中集禹洲·江山赋	约 14500 元 /m²	普通住宅	三居室 (102m²) 四居室 (122m²)
雅居乐江城雅郡	约 13700 元 /m²	普通住宅	二居室（78m²） 三居室 (90~115m²) 四居室 (125m²)
恒大御湖郡	约 7500 元 /m²	普通住宅、商铺	三居室 (96~131m²) 四居室 (136~176m²)
广陵·华江·润泽源	尚未公布	普通住宅、别墅	三居室 (133m²) 四居室 (145m²) 六居室 (390m²)
中央公园	尚未公布	普通住宅	三居室 (120m²) 四居室 (140m²)
宝雅新天地	约 10000 元 /m²	普通住宅、别墅、商铺	尚未公布
金麟府	约 13000 元 /m²	普通住宅、公寓、商铺	三居室 (105~115m²) 四居室（139m²）
金辉优步大道	约 12000 元 /m²	普通住宅	三居室 (95m²) 四居室 (118~132m²)
中海金玺	尚未公布	普通住宅、商铺	四居室 (145~159m²)
江淮府	约 16570 元 /m²	普通住宅	四居室 (155~244m²)
金奥文昌公馆	约 14580 元 /m²	普通住宅	二居室 (91m²) 三居室 (122~139m²) 四居室 (143m²)
东方上城	尚未公布	普通住宅	三居室 (115m²) 四居室 (125m²)
中集江广中心	尚未公布	普通住宅	尚未公布
中远桃源墅	尚未公布	普通住宅、别墅	四居室 (145~206m²)
金御文昌	尚未公布	普通住宅	二居室 (88m²) 三居室 (130m²) 四居室 (150m²)

仪征市			
楼盘名称	价格	物业类型	主力户型
中体玖趣园	尚未公布	别墅	尚未公布
豪第坊扬州院子	388 万元 / 套起	别墅	六居室 (281m²) 七居室 (350m²)
海伦堡海悦国际	约 10781 元 /m²	普通住宅、公寓、综合体、自持物业	三居室 (95~110m²) 四居室 (125m²)
恒大桃源天境	8500 元 /m² 起	普通住宅	二居室 (80m²) 三居室 (101~129m²) 四居室 (165m²)

仪征市			
楼盘名称	价格	物业类型	主力户型
扬州玥珑湖旅游度假区	约13000元/m²	别墅	二居室(90m²) 三居室(120~160m²) 四居室(190m²)
叠翠园	尚未公布	普通住宅、别墅	三居室(106~134m²) 五居室(225m²) 六居室(226~388m²)
玖龙天街	15000元/m²起	综合体、商铺	尚未公布
龙泊湾玉园	8188元/m²起	普通住宅、别墅	三居室(93~121m²)
悦珑湾	约10600元/m²	普通住宅	三居室(99~131m²)
绿地城际空间站	约9800元/m²	普通住宅	三居室(98~116m²)
悦江湾	8500元/m²起	普通住宅、写字楼、商铺	三居室(97~117m²) 四居室(125~135m²)
园博村桃李春风	400万元/套起	普通住宅、别墅	尚未公布
龙湖美墅	约7200元/m²	别墅	二居室(79.2m²) 三居室(112.38m²) 四居室(129.07m²)
江扬天乐湖	约11000元/m²	普通住宅	一居室(49m²) 二居室(66~72m²)
凌飞·优诗美地	约9000元/m²	普通住宅、别墅、商铺	二居室(87.58m²) 三居室(98.11~119.22m²) 四居室(138.91~159.08m²)
宝能城市广场	约10000元/m²	普通住宅、公寓、酒店式公寓、商铺、综合体	三居室(99~126m²) 四居室(134m²)

仪征市			
楼盘名称	价格	物业类型	主力户型
扬子蓝城·陶然郡	尚未公布	普通住宅、商铺	尚未公布

高邮市			
楼盘名称	价格	物业类型	主力户型
金奥金帆一品	约9260元/m²	写字楼、酒店式公寓、商铺	三居室(165m²) 四居室(176~220m²)
绿地超级城市	约7500元/m²	普通住宅、商铺	三居室(100~132m²) 四居室(138m²)
合景领峰	约7800元/m²	普通住宅、别墅、商铺	三居室(95~106m²) 四居室(135~143m²)
绿地万和城	约6500元/m²	商铺	三居室(112~133m²) 四居室(139m²)
万科美的翡翠云台	6666元/m²起	普通住宅、商铺	三居室(100~123m²) 四居室(140~141m²)
龙信家园	约8800元/m²	普通住宅、商铺	三居室(110~128m²) 四居室(143~192m²)

宝应市			
楼盘名称	价格	物业类型	主力户型
通银天泽府	尚未公布	普通住宅	三居室(98~125m²) 四居室(135m²) 五居室(178m²)
宝应吾悦广场	尚未公布	普通住宅、综合体	尚未公布
宝应嘉年华城市花园	尚未公布	普通住宅	尚未公布

徐州

市场总结

一、新房成交表现

1. 整体情况

新房年度成交量：据徐州市房地产信息网显示，2020年徐州（不含贾汪区）共获预售证199张，56709套房源领销许，较2019年减少4.07%；其中住宅房源50456套，商服房源6253套。从2020年1月到12月，徐州新房（含贾汪区）的成交总体趋势较稳，期间受疫情影响有一定的波动。

可以明显看出，在疫情过后成交量开始逐步上升，在2020年最后一个月达到了全年的高峰。曾经有过一份统计，疫情之中，仅20%的人对居家环境感到很满意，而对于居家环境不满意的人群中，有56%的人认为换房才能改善现状，也即改善人群在购房的人群中占比较重。徐州在2020年推出的房源类型较多为改善型，这也是2020年徐州新房成交上升的原因之一。

新房价格情况：2020年1—10月份，徐州房价无下跌情况出现。2020年11月份，徐州连涨57个月后，新建商品房价格首次出现下降。根据国家统计局的数据：2020年1月，徐州新房环比上涨0.8%，2020年2月徐州新房环比上涨0.8%，2020年3月环比上涨0.6%，2020年4月环比上涨1.0%，2020年5月环比上涨0.9%，2020年6月环比上涨1.1%，2020年7月环比上涨1.6%，2020年8月环比上涨0.8%，2020年9月环比上涨1.4%，2020年10月环比上涨0.7%，2020年11月环比下降-0.1%。根据中国房价行情网数据，徐州市区2020年新房均价预计在13363元/平方米左右，同比上涨10.4%，房价一年上涨幅度约1389元/平方米。

2. 年度走势

据国家统计局数据，截至2020年10月份，徐州房价已连涨57个月，市区（不含贾汪区）整体均价为13941元/平方米，2020年9月30日，徐州发布房地产新政，新政发布后，徐州房价在连涨近57个月之后，房价涨幅首次出现回落。

2020年徐州市区（不含贾汪区）1—12月房价

时间（月）	平均房价（元/平方米）
2020—01	12751
2020—02	12597
2020—03	13000
2020—04	13033
2020—05	13618
2020—06	13556
2020—07	13482
2020—08	13393
2020—09	13569
2020—10	13685
2020—11	13709
2020—12	13941
2021—01	13894

在2020年年初，受疫情影响，徐州商品房成交量锐减，随着疫情逐步被控制，复工复产之后，市场热度有所回升；在进入金3月之后，徐州商品房成交量开始缓慢攀升；进入6月份，众多房企冲刺半年度任务，加之复工之后，项目工程进度达到要求，6月份房源供应达到爆发期，6月份徐州商品房成交套数达9127套。随后直至11月，徐州市场进入平稳期，到了12月份，各大房企为完成年度任务，房源供应、成交齐升，12月份，徐州商品房成交达到全年顶点，达到了11901套。

2020年徐州市1—12月商品房成交套数（含贾汪区）

2020年/月份	1月	2月	3月	4月	5月	6月	7月	8月	9月	10月	11月	12月
成交套数（套）	3767	875	4304	4735	5126	9127	7666	7042	7326	5744	8559	11901

3. 历史成交

在过去的5年里，徐州房价一路猛涨，截至2020年11月，徐州房价已连涨57个月，随着房价上涨，徐州房地产市场商品房销售额也是倍增。2015年徐州房地产市场进入低迷状态，就连被戏称为"宇宙中心"的徐州东区，房价也仅为 6000 元 / 平方米左右，当年徐州市区商品房销售额仅为 250 亿元，随后，进入 2016 年，徐州房地产市场慢慢发力，到 2016 年下半年，东区领涨，不到一年时间，东区房价翻番，目前均价已涨至 1.65 万元 / 平方米左右。

2016 年徐州商品房销售额为 370 亿元，随后逐年递增，2017 年达到 515 亿元，2018 年为 560 亿元，2019 年猛增至 711 亿元，到 2020 年总销售额达到 810 亿元，较 2015 年相比，上涨了 224%。

二、政策梳理

2020 年 9 月 30 日，徐州市住房和城乡建设局发布了《关于进一步促进市区房地产市场平稳健康发展的通知》。

价格备案制度：建筑面积 10 万平方米以下的，实行一次性价格备案；高于 10 万平方米的，可以分期备案。备案价格一年内不得调整。（原政策：建筑面积 4 万平方米以下，实行一次性价格备案；采取商品房价格备案制度，备案后价格三个月内不得涨价。）

装修行为及价格：推行基础装修 + 升级装修模式；房地产商提供升级装修方案供购房人选择，不得强制购房人选择升级装修；升级装修标准、价格由双方在商品房合同签订后另行约定。

限制交易政策（不变）：市区户籍居民家庭拥有一套住房的，商品住房（包括新建商品房和二手房）自权属登记之日起未满 2 年或新建商品房买卖合同网备时间未满 5 年的，不得上市交易。市区户籍居民家庭拥有二套住房及以上、非市区户籍居民家庭拥有一套住房及以上的，权属登记未满 3 年或新建商品房买卖合同网备时间未满 6 年的，不得上市交易。

1. 政策核心

从此次徐州的政策内容看，实际上属于各类常规性的调控。政策第五条明确，继续坚持商品住房限制交易政策。这一条内容实际上不属于新的内容。根据 2018 年 6 月徐州《关于完善市区房地产市场平稳健康发展意见的通知》，当时已经落实了限售政策。若是对比政策条款，可以发现其实没有变动。所以此次政策属于重申性质。不过即便是重申，也继续释放了政策收紧的信号，使得限售政策的效应进一步放大。

2. 政策意义

徐州此次政策的出台，进一步说明对于房价和预期稳定的导向。实际上对于徐州来说，在新政公布之前，其最近一期新建商品住宅价格指数同比涨幅为全国第四，属于房价过热的城市，所以政策出台符合预期。徐州此类政策，有助于进一步稳定住房交易和市场预期。

三、土地供应

1. 出让基本情况

2020 年，徐州全市全年土地成交（仅计住宅用途，不含贾汪区）57 宗，合计成交金额约 314.7557 亿元。其中，有 17 宗地块楼面价超 7000 元 / 平方米，2020-15 号原华东机械厂 D 地块以楼面价 16906 元 / 平方米，成为 2020 年的地王。

就供地数量占比能看出，城东经开区作为 2020 年徐州楼市的热门区域，土地供应与区域热度相辅相成。全年的土拍中，供地的数量增加，在成交楼面价上也呈上升趋势，还记得，在 2019 年年报中，徐州地价过万元的还只是零星几块，2020 年则越来越多，这也意味着房价还会稳步上涨。

华润的半山悦景、碧桂园的云樾外滩、儒辰的璞樾御龙湖……楼面价均在 11000 元 / 平方米以上，几宗地块均位于城区位置，地段佳、配套完善，相信在入市之后，所建项目房价不再是逼近两万元，而是两万元起步的节奏。

2. 开发商拿地情况

2020 年市本级：

万科 2020 年于徐州市本级土地市场通过招拍挂，共计摘得 4 宗宅地

中南 2020 年于徐州市本级土地市场通过招拍挂，共计摘得 3 宗宅地

德信 2020 年于徐州市本级土地市场通过招拍挂，共计摘得 3 宗宅地

铜山区：

2020 年，徐州市铜山区宅地供应量较少，正荣、中梁、金林置业、招商等大房企通过招拍挂，均落一子于铜山区

贾汪区：

大华地产 2020 年于徐州贾汪区土地市场通过招拍挂，共计摘得 7 宗宅地

绿地地产 2020 年于徐州贾汪区土地市场通过招拍挂，共计摘得 3 宗宅地

汇景地产、融创、弘阳、中钰等知名房企均落下一子于贾汪

3. 未来预估

2020 年以来，无论是市区还是铜山、贾汪，住宅地块的成交地价都相对较高，且多以改善型为主，根据"面粉价决定面包价"的原理，未来上市的新盘，房价应该都会再提升一个档次。

四、热点板块

根据金刚石数据，2020 年徐州市区（不含贾汪区）单盘销售排行榜中，销售额第一的为云龙区绿地国博城项目；云龙区弘阳大都会项目位列第二，铜山区中骏汇景城在单盘榜单中排名第三。

榜单排名首位的为政务核心板块大热项目——绿地国博城，其 2020 年备案总金额达到惊人的 40.95 亿元，也是 2020 年唯一一家备案额超 40 亿元的项目。坐落于政务核心板块，享受优质配套资源，更惹得购房者趋之若鹜。

排名第二位的则是同区域的项目——弘阳大都会，其全年备案总金额为 28.38 亿元，和第一名绿地国博城享同样配套资源。

位列第三位的则是大学路板块一大热门项目——中骏汇景城，总备案金额为 26.13 亿元。项目位于城市新兴板块，紧邻两个地铁线，交通发达，且规划前景较好，价格相对区域内其他项目较为合适。

五、用户心理

2020 年，徐州购房者趋于冷静，部分楼盘由此前的卖方市场转为买方市场，但少数性价比较高的项目仍是火热，比如东区保利水利水沐堂悦、百悦城等项目，由于处于东区热点板块，加之受到政府严格限价，每次开盘所推房源均售罄，甚至推出全款客户优先政策。

而二手房市场仍是处于有价无市状态，乐居君一朋友，此前在东区和平上东购买了一套 90 平方米的二室房源，目前想要出售，总价挂到了 156 万元，然而却无人问津，且该房源周边目前在售的改善型项目政府备案价仅为 1.61 万元 / 平方米，当然这也只是个别现象。如果该房源属于优质学区房，则应另当别论。

据徐州乐居了解，地产相关从业者认为 2021 年徐州房地产市场，还是会以稳为主，不会大涨也不会大跌，目前徐州房价整体价格趋于上涨，整体大环境将保持平稳，稳中有升。

六、2021 年展望

在 2019 年的丁祖昱评楼市发布会上，徐州被列为未来十年最看好的 50 个城市之一。2020 年，徐州再度上榜，虽然属于短期观望城市，但中长期看好，位列 32 个中长期看好的城市之一。

但是由于徐州新政影响，2021年徐州楼市将进入横盘期，新房价格保持平稳，根据调控政策，新房备案价格一年内不得调整。部分热门楼盘后期可能减少折扣，变相涨价；而部分难卖楼盘可能加大优惠力度，变相降价。但这都不影响徐州房价的总体平稳。且对于徐州这个需要人口流入的城市来说，2020年930新政出台后，将会继续执行该政策，短期内不会中断且不会加码！

2020年徐州地价纪录一度被刷新，最高楼面价达到16906元/平方米，很多板块地价翻倍上涨。而在2021年，地王纪录可能将继续刷新！因为，根据计划，市中心、新城区、东区还有多个黄金地块挂牌。比如：市中心云龙湖北的第二毛纺厂地块、韩山B地块、淮海路旁的太阳宾馆地块；新城区大龙湖北岸地块、一中西南侧地块。另外，中央活力区2021年即将启动，大郭庄地块或将挂牌，也将拍出高地价。

2021年继续看好东区、新城区。城市向东仍是主旋律，热度不减。虽然北区发展很快，启动了龟山苏宁广场、大风歌城等重点项目，西北片区更是设立了淮海国际港务区，但短期内无法形成高端产业集中、精英人群聚集等效应。东区、南区、新城区目前的优势，不是一两年形成的，而是十几年、几十年以来形成的。

而潘安湖板块亦是2020年徐州楼市的黑马。2021年，随着多所学校、潘安湖医院、上海交大科教融合区落地开工，再加上最大的利好——轻轨S1号线2021年可能获批启动，2021年潘安湖板块将全面崛起。

来源：徐州市住房和城乡建设局

在售楼盘一览

云龙区			
楼盘名称	价格	物业类型	主力户型
绿地淮海国博城	约 17200 元 /m²	普通住宅	三居室 (108~126m²) 四居室 (135~193m²)
百悦城	约 17900 元 /m²	普通住宅、写字楼	三居室 (119~143m²)
保利水利·水沐堂悦	16965~18210 元 /m²	多层、小高层	三居室 (104m²) 四居室 (142m²)
华润置地半山悦景	尚未公布	普通住宅	三居室 (110m²) 四居室 (140~160m²)
时代艺境	约 17000 元 /m²	普通住宅	三居室 (104~123m²) 四居室 (139~160m²)
弘阳·大都会	约 17500 元 /m²	普通住宅	三居室 (104~118m²) 四居室 (139m²)
红星·云龙金茂悦	约 19100 元 /m²	普通住宅	三居室 (113~125m²) 四居室 (143~175m²)
招商·徐州中心	约 18700 元 /m²	普通住宅	三居室 (100~140m²) 四居室 (180m²)
富春山居	约 21000 元 /m²	普通住宅、商铺	三居室 (134m²) 四居室 (134~170m²)
林安(徐州)智慧产业小镇	7500~8000 元 /m²	公寓	一居室 (45m²)
佳泰雅园	约 15829 元 /m²	普通住宅	三居室 (116~136m²)
珑郡上院	约 18299 元 /m²	普通住宅、商铺	三居室 (99~123m²)
碧桂园·云樾外滩	尚未公布	普通住宅	三居室 (115~133m²) 四居室 (140~197m²)

鼓楼区			
楼盘名称	价格	物业类型	主力户型
九章赋	约 15900 元 /m²	普通住宅	三居室 (110~125m²) 四居室 (133m²)
水悦芯城	尚未公布	普通住宅	三居室 (105~130m²) 四居室 (140m²)
金科·博翠府	约 15000 元 /m²	普通住宅	三居室 (112~126m²) 四居室 (144m²)
世茂·璀璨江山	尚未公布	普通住宅	三居室 (100~118m²) 四居室 (130m²)
苏宁世茂璀璨云著	尚未公布	普通住宅	尚未公布
鼓楼映樾	约 17800 元 /m²	普通住宅	三居室 (116m²) 四居室 (121~145m²)
佳和锦园	尚未公布	公寓	一居室 (60~80m²) 二居室 (106m²)
全球购生活广场	约 15000 元 /m²	公寓	二居室 (63m²)
春风南岸	约 16978 元 /m²	普通住宅	三居室 (108~121m²) 四居室 (141m²)
万科熙望	约 12899 元 /m²	普通住宅	三居室 (110~123m²) 四居室 (140m²)
天辰	约 22350 元 /m²	普通住宅	三居室 (121m²) 四居室 (141~161m²)
万科·中山都会	约 13600 元 /m²	普通住宅	三居室 (92~128m²) 四居室 (121~123m²)
新城·云境	约 18000 元 /m²	普通住宅	三居室 (116~135m²)
绿城·诚园	约 19300 元 /m²	普通住宅	三居室 (110~139m²)
中南·水利·中山府	约 12441 元 /m²	普通住宅	三居室 (102~119m²) 四居室 (129m²)
中环赞城	约 21000 元 /m²	公寓	一居室 (42m²)
德信·未来之翼	约 12900 元 /m²	普通住宅	三居室 (95~116m²) 四居室 (142m²)
和平公馆	尚未公布	普通住宅	尚未公布
未来之宸	尚未公布	普通住宅	三居室 (103~121m²)
中南恒通和平府	约 13176 元 /m²	普通住宅	三居室 (104~117m²) 四居室 (125m²)

经开区			
楼盘名称	价格	物业类型	主力户型
华润置地公元九里	约 12800 元 /m²	普通住宅	三居室 (90~135m²)
汇川府	尚未公布	普通住宅、办公、商铺	三居室 (98~121m²) 四居室 (124~142m²)
合景珑樾东方	约 13000 元 /m²	普通住宅	三居室 (98~115m²)
上东时代	约 10095 元 /m²	普通住宅、商铺	三居室 (95~108m²)
金辉·信步兰庭	约 15000 元 /m²	普通住宅	三居室 (97~109m²) 四居室 (127m²)
弘阳璞樾门第	约 20899 元 /m²	普通住宅	三居室 (125m²) 四居室 (135m²)
通银旭辉和平云璟	尚未公布	普通住宅	尚未公布
华美·东山悦	尚未公布	普通住宅	三居室 (98~118m²)

泉山区			
楼盘名称	价格	物业类型	主力户型
美的工润·云澜天境	尚未公布	普通住宅	三居室 (107~130m²) 四居室 (143m²)
中国中铁陆港城	约 13300 元 /m²	普通住宅、写字楼	三居室 (98~118m²) 四居室 (138m²)
中海·淮海世家	约 13507 元 /m²	普通住宅、商铺	三居室 (110~124m²) 四居室 (136m²)
美的金科云筑	约 18877 元 /m²	普通住宅	三居室 (115~135m²) 四居室 (170m²)
天誉·鱼先生的城	约 9200 元 /m²	普通住宅、商铺	三居室 (93~100m²) 四居室 (110m²)
保利和府	约 19400 元 /m²	普通住宅	三居室 (104m²) 四居室 (120~132m²)
都会星宸	约 13800 元 /m²	普通住宅、商铺	三居室 (100~120m²)
海玥南山	约 16800 元 /m²	普通住宅、别墅	三居室 (137m²) 四居室 (190~301m²) 五居室 (370m²)
云龙湖金茂府	约 27300 元 /m²	普通住宅	三居室 (134m²) 四居室 (152~172m²)
华润置地崑崙御	约 15600 元 /m²	普通住宅	三居室 (98~115m²) 四居室 (135m²)
中海·铂悦府	约 16500 元 /m²	普通住宅	三居室 (122m²) 四居室 (133~148m²)

铜山区			
楼盘名称	价格	物业类型	主力户型
山河珑胤	尚未公布	普通住宅	尚未公布
幸福汇邻湾	尚未公布	普通住宅	三居室 (102~130m²)
招商万科山水间	约 15200 元 /m²	普通住宅	三居室 (113~130m²) 四居室 (141m²)
三盛·中城	约 16500 元 /m²	普通住宅	三居室 (99m²) 四居室 (129~177m²)
美的·天誉	约 13000 元 /m²	高层、小高层	三居室 (98~125m²)
中骏·汇景城	约 11200 元 /m²	普通住宅	三居室 (97~117m²)
金地·格林世界	约 11000 元 /m²	普通住宅、写字楼、商铺	三居室 (97~110m²) 四居室 (125m²)
云龙湖正荣府	约 20799 元 /m²	普通住宅	四居室 (135m²)
浅山·风华	约 14853 元 /m²	普通住宅	三居室 (118m²) 四居室 (131~143m²) 五居室 (178m²)
龙湖·天玺	约 19700 元 /m²	商铺	三居室 (115~135m²)
华美悦澜湾	约 10388 元 /m²	普通住宅	三居室 (98~125m²)
千禧城	约 9700 元 /m²	普通住宅、商铺	三居室 (98~128m²)

铜山区			
楼盘名称	价格	物业类型	主力户型
娇山府	约 12600 元 /m²	普通住宅	三居室 (107~125m²) 四居室 (135~160m²)
银城·青雲府	约 13187 元 /m²	普通住宅	三居室 (93~115m²) 四居室 (123~130m²)
奥园玖珑天境	约 8200 元 /m²	普通住宅、公寓	两居室 (84~86m²) 三居室 (104~137m²)
颐居·隐山观湖	约 10013 元 /m²	普通住宅	三居室 (96~135m²) 四居室 (135~157m²)
港利上城国际	约 10288 元 /m²	普通住宅	二居室 (76~78m²) 三居室 (92~126m²)
华建溪棠	约 7599 元 /m²	普通住宅、商铺	三居室 (110m²) 四居室 (125m²)
春秋九里府	约 7800 元 /m²	普通住宅	三居室 (98~129m²) 四居室 (140~145m²)
盛业和园	约 7500 元 /m²	普通住宅	三居室 (105~123m²)
梧桐公馆	约 12600 元 /m²	普通住宅	三居室 (107m²) 四居室 (129m²) 五居室 (142m²)
楚河·金茂府	约 22000 元 /m²	普通住宅、别墅	三居室 (127~149m²) 四居室 (145~225m²)
云龙湖·峰荟	约 16500 元 /m²	普通住宅、别墅	四居室 (125~176m²) 五居室 (180m²)

贾汪区			
楼盘名称	价格	物业类型	主力户型
荣华之光	约 6500 元 /m²	普通住宅	三居室 (116~120.97m²)
恒大潘安湖生态小镇	约 7888 元 /m²	普通住宅	三居室 (124~129m²) 四居室 (150~151m²)
弘阳·公园大道	约 7770 元 /m²	普通住宅	三居室 (96~130m²)
大华·潘安湖首府	约 8600 元 /m²	普通住宅	三居室 (103m²) 四居室 (128~165m²)
中钰·月亮湖壹號	约 5899 元 /m²	普通住宅	两居室 (90m²) 三居室 (111~122m²)
绿地运河小镇	6500~7000 元 /m²	普通住宅、商铺	三居室 (95~125m²)
东部美的城	约 7148 元 /m²	普通住宅	三居室 (115~119m²) 四居室 (128~142m²)
融创·潮启东郡	约 7914 元 /m²	普通住宅	三居室 (106~118m²) 四居室 (128m²)
蓝光云锦里	约 5000 元 /m²	普通住宅	三居室 (112~143m²)
蓝光·锦澜府	约 5000 元 /m²	普通住宅	三居室 (117.58~130.58m²) 四居室 (148.77m²)
禹洲鹭湖朗廷	约 14960 元 /m²	普通住宅	五居室 (152m²)
弘阳凤鸣府	约 11000 元 /m²	普通住宅、别墅	三居室 (105~135m²) 四居室 (136m²)
中钰翡翠天境	约 8288 元 /m²	普通住宅	二居室 (77m²) 三居室 (100~103m²)

典型项目

保利水利·水沐堂悦

徐州　保利地产　中式洋房　配套醇熟　交通便利

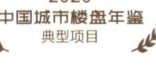
2020 中国城市楼盘年鉴 典型项目

项目地址：
徐州市云龙区徐海路医科大学北门正对面往东100米

开发商：
徐州晟东置业有限公司

产品特征：
多层、小高层

参考价格：
小高层均价16965元/平方米、多层均价18210元/平方米

主力户型：
约104平方米三居、约142平方米四居

物业公司：
保利物业

5公里生活配套：
地铁1号线、万达商业广场、环球港、宜家、五山公园、金龙湖、黄山医院、九七医院、和平妇产医院

专家点评

季有国·克而瑞苏北区域总经理——水沐堂悦位于云龙区城东板块，属徐州最热门板块之一，客户区域认可度较好。小区内部由洋房、多层、高层业态构成，整体居住舒适度较高。项目在品牌及房价多重优势之下，客群基础较强，项目去化保持高位。

扫码观看楼盘详情

项目测评

【战略意义】
2019年，保利发展带着其高端"悦"系产品落子徐州，作为该城市引进的优质系列产品，不仅为城市带来了人居生活的升级，更是提升了城市面貌。

【市场口碑】
2020年11月，项目首期预售374套商品房，仅一个月，蓄客超1000人。开盘当日，所推房源1分钟内即告罄，去化率100%。而在一个月后，二批次544套房源一经推出，即刻售光。"好户型""品质社区"等标签成为购房者对楼盘最多的评价。

【区域地段】
水沐堂悦择址徐州东拓发展中轴，城东核心、云龙万达北，属于全市热点住宅板块。项目周边商业配套醇熟，居住氛围浓郁，商业、教育、医疗、景观等资源一应俱全，邻近地铁1号线、4号线（规划中）。

【楼栋规划】
社区建设面积约31万平方米，规划总户数1614户，整体楼栋设计由南向北依次递进。其中洋房楼高5层，一梯一户，高层楼高18层，一梯一户。最大近80米的楼间距提高每个居室的采光度和私密性。

【主力户型】
水沐堂悦主力户型为建面104平方米三居国风华宅，整体布局颇为方正。餐厨客一体式设计。南向外延宽景阳台与次卧打通相连，在增加得房率的同时，提高居室的舒适度。

【园林景观】
近30%的绿化率和约1.8的容积率，为社区园林规划提供了充足的空间。社区以三轴五庭八院打造淮楚风仪的院落文化，形成错落景观带。更有八重院落景观以及康体跑道，供居民健身休憩；遍布社区的绿植，使小区四季分明。

【自建配套】
项目自建12班优质幼儿园以及Mini-Mall，涵盖了总部办公大楼、邻里中心以及社区商业街等娱乐活动场所，满足当下居住人群的精致生活需求。

【物业服务】
保利物业为中国物业企业前三强（来源：中指研究院2020年中国物业服务百强企业评选）。截至2020年6月，保利物业已进入172个城市，在管面积超过3.17亿平方米。

【交通出行】
楼盘周边交通线路发达，双地铁环伺（1号线已开通、4号线规划中），4站地铁直达徐州东站，轻松畅行全国；城东大道快速路即将建成，全程无红绿灯，轻松通达城市各大商圈。

【教育资源】
项目周边教育资源丰沛，徐州医科大学、徐州市解放路小学、云兴小学、店子小学等学府林立，承载文脉书香。

美的·天誉

| 徐州 | 美的置业 | 发展主轴 | 交通便利 | 醇熟配套 |

项目地址：
徐州市铜山区铜山街道大学路88号

开发商：
徐州美彰房地产开发有限公司

产品特征：
高层、小高层

参考价格：
高层均价约13000元/平方米、小高层均价约13100元/平方米

主力户型：
约98平方米三居、约125平方米三居

物业公司：
美的物业

5公里生活配套：
自建约40万平方米商业体、大丰壹方城、怡和广场、云龙湖、凤凰山、龙腰山、佛手山公园、中国矿业大学、江苏师大、南京师大附小

专家点评

季有国·克而瑞苏北区域总经理

美的·天誉择址大学路，商业、景观、医疗、教育等配套条件较为优越。自带产业园及商业，户型面积以95～140平方米为主，可满足不同客户置业需求，在品牌和产品、配套等优势加持下，项目每次开盘均保持不俗的成绩。

扫码观看楼盘详情

项目测评

【战略意义】
作为美的置业在大学路板块布局的首子，其打造的美的·天誉项目亦是美的置业深耕徐州10年之后的迭代之作，并通过政企合作，助力大学路板块打造国际生活示范区。

【市场口碑】
美的·天誉每次开盘均取得不俗的销售佳绩，根据徐州市房管局网签数据，美的天誉项目2020年全年揽金27亿元，区域市场占有率始终位居前列。"现象级红盘""品质社区""高端改善"等标签成为购房者对楼盘的最多评价。

【区域地段】
美的·天誉位于大学路板块核心区域，规划地铁4号线、6号线双轨交会处，周边大学路快速路、珠江路等多条城市主干道环绕。

【楼栋规划】
社区总建筑面积约100万平方米，规划总户数3396户，包含37栋高层/小高层（18～27层），6+1开放式布局，最大还原公共空间，聚合住宅、公园、广场、商业、办公等，打造城市中轴上的国际都会中心。

【主力户型】
美的·天誉主力户型为建面约125平方米三室两厅两卫，阔绰厅堂，双阳台；主卧套房设计，装修交付并配置智能门锁、智能网关平台、一键紧急按钮、主动式新风系统等。

【园林景观】
项目规划建设约700平方米樱花大道、约14000平方米樱悦家公园、约1万平方米"樱花堂"幼儿园、樱花广场、探索花园、樱乐园、夜樱跑道、展馆式体验入口、儿童乐园、宅间花园等。

【物业服务】
美的物业在管物业面积达6800万平方米。在中物研协、上海易居房地产研究院中国房地产测评中心举办的2020物业服务企业综合实力测评中，荣获"2020住宅物业服务领先企业"和"2020智慧物业服务领先企业"等奖项。

【交通出行】
项目于地铁4、6号线（规划中）之上，驾车驶出小区便是大学路快速路，距离三环南路快速路约5公里左右。截至2020年，大学路快速化改造工程已进行可行性研究招标公告，未来出行将更快一步。

【教育资源】
教育是城市建设优先发展的重大战略。项目近邻中国矿业大学徐海学院、中国矿业大学、江苏师范大学、南京师大附小、爱登堡国际学校、科技谷小学等，是徐州重点文教重地。

【医疗配套】
美的·天誉毗邻徐州市第一人民医院、铜山妇幼保健院、铜山中心医院，徐州市第一人民医院为三级甲等医院，位于项目1公里生活圈内，先进医疗资源配套可为业主健康生活保驾护航。

千禧城

徐州 | 金林置业 | 地铁房 | 产城融合 | 商业中心

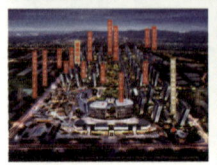

项目地址：
徐州市铜山区闽江路与银山路交会处路口东南侧

产品特征：
住宅、商业

项目规划：
占地面积：约55.9万平方米；容积率：住宅：2.4；总户数：约12000户

主力户型：
约96~128平方米三居

参考价格：
住宅9700元/平方米

入选理由

2020年度徐州市单项目成交套数冠军——根据徐州市房地产信息网2020年统计数据显示，千禧城的年成交套数为2252套，拿下徐州市2020年度成交套数第一名。

扫码观看楼盘详情

核心优势：

徐州千禧城位于徐州铜山高新区核心板块，在建地铁3号线（高新区南站）上盖，是金林置业在徐州打造的首个百万产城综合大盘，汇聚商业中心、居住中心、产业中心、交通中心、颐养中心五大中心为一体。千禧城自带约15万平方米大型综合商业配套，涵盖环保科技产业园区、地铁上盖大型购物中心、沉浸式文艺商业体验街区、甲级写字楼、时尚公寓以及洲际酒店旗下HOLIDAYINN酒店等复合业态，大手笔规划业主私享的百亩中央公园，旨在打造以商业为核、居住为本、商务为翼、产业为体的360度典型生活体大盘。

温州
市场总结

一、新房成交表现

1. 整体情况

2020年商品住宅成交量与2019年同期成交量基本持平。2020年1-12月，温州全市住宅供应面积958万平方米，成交面积862万平方米，同比上升0.2%；成交价格18669元/平方米，同比上涨8.8%。各县市市场表现冷热不均，鹿城、龙湾、瑞安、乐清位列前四位，市场表现强劲。

住宅价升量稳，疫情后市场先扬后抑。2020年，温州主城区住宅供应面积468万平方米，2019年全年为389万平方米；成交面积370万平方米，2019年全年为371万平方米，同比2019年基本持平；成交价格22844元/平方米，同比上涨13%。

2. 年度走势

截至2020年12月31日，温州市全年度成交数据显示，随着疫情逐渐消退，楼市逐渐回暖。2月全市成交套数跌至冰点，3月复工后，楼市开始逐渐回暖，成交量开始强势上涨，至6月达到高峰。6月全市住宅成交达9491套，成交面积约113.83万平方米，成交均价达19878.9元/平方米，6月成为本年度成交面积、成交金额、成交套数峰顶。金九银十也表现不俗，但相较于6月有小幅度下降。

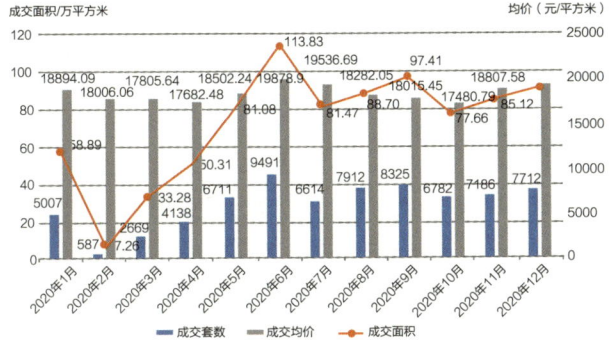

2020年温州市住宅月度成交数据

3. 历史成交

过去几年中，温州市区住宅市场供销呈增长趋势，2020年虽遭遇疫情的影响，市场受到影响，但后期蓄力发力，仍是近几年来的一个高点。2020年全年温州市区成交供应面积达到958万平方米，成交面积为866.21万平方米，成交均价约18690.97元/平方米。2015年温州市成交套数31021套，成交面积386.09万平方米，成交均价约15461.16元/平方米；2016年成交套数50766套，成交面积642.36万平方米，均价为15691.57元/平方米；2017年成交套数为48673套，成交面积635.51万平方米，成交均价约16075.76元/平方米；2018年成交套数为56266套，成交面积为719.58万平方米，均价为15978.44元/平方米；2019年成交套数69010套，成交面积856.10万平方米，成交均价约17186.24元/平方米；2020年成交套数73134套，成交面积866.21万平方米，成交均价约18690.97元/平方米。

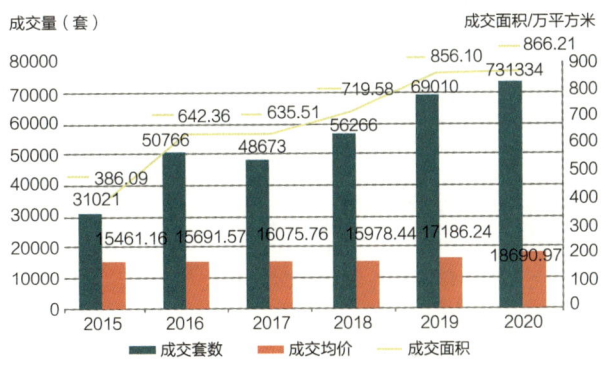

2015—2020年温州市成交数据

根据对过去6年（2015—2020年）的住宅成交统计，2020年温州市区住宅成交最高，共计成交73134套，成交面积为866.21万平方米，2015年温州住宅成交最低，共计成交31021套，成交面积为386.09万平方米。

二、政策梳理

2020年，温州市政府围绕着"住房不炒"的基本政策，根据本地的市场情况，着力实施了人才保障、旧改等政策，推行了"房票制""预售新政"等调控政策。

人才保障的展开对温州房地产市场来说短期内影响较小，一可以去库存，二可以引进人才。若能得以长期执行，对楼市来说释放了新的购房需求，有利好作用。因此温州市政府一方面加大政策福利吸引人才，一方面保房价，增加成交量，促进经济发展。

"房票制"推行后，开发商将取代政府，成为安置房建设的主体。城市住房品质得以提升，能更好地推进"大拆大整""大建大美"。"房票制"拉动了安置地块的商品房去化，有利于加速推动项目建设。

三、土地供应

1. 出让基本情况

2020年温州全市宅地成交150宗，已成交建筑面积1313万平方米，总金额1008.47亿元，土地出让量创历年新高；溢价表现呈现高位波动，与2019年对比，高溢价的月份变多，全市土地出让量超过2019年。

从2020年各区域成交建面来看，鹿城区、洞头区、平阳县居前，分别成交221万平方米、143万平方米、135万平方米；从成交溢价率来看，泰顺县、龙港市、苍南县、经开区最为火爆。

而2020年温州主城区宅地共成交了48宗，成交建筑面积662万平方米，土地出让量创历年新高；出让占地面积同比增加49%，超百亩大型地块增多，自带配建要求（商业、商务或人才住房）。

温州主城区土拍热度较高，2020年溢价率达17%，2019年溢价率为20%；2020年大部分土拍参与房企数量达6~10家，溢价率上限提升至50%，部分地块溢价率突破40%；9月份溢价率下调至30%封顶。

（1）4月为年度出让土地量/成交金额最多的月份

4月，温州共计成功出让24宗地块，出让建筑面积达231.61万平方米；同时，4月也是成交金额最高月份，高达226.74亿元。

（2）鹿城为年度出让土地量、成交金额最多区域

鹿城区为成交金额、成交建筑面积双第一。共19宗土地出让，成交面积约221.27万平方米，成交金额约275.19亿元。

2. 开发商拿地情况

纵观2020年，温州品牌房企拿地金额前三名分别是德信、中铁建、雅戈尔，拿地金额分别为75.5亿元、55.3亿元、48.6亿元。拿地总数最多的房企前三名分别是中梁、金茂、华鸿，拿地数量分别是9宗、6宗、5宗。拿地建面最多的前三名企业分别是金茂、中梁、德信，拿地建面分别为72.6万平方米、67.6万平方米、60.9万平方米。

3. 未来预估

2020年，温州土地出让量达到高峰，三、四季度市场已进入持销阶段，开盘即清盘情况逐渐减少。主城区库存和去化周期持续上涨，截至2020年12月底，温州主城区商品住宅库存为295万平方米，需10个月消化完毕；整体库存合计710万平方米，需23个月消化完毕。而各区去化周期较长，鹿城区去化周期29.5个月、龙湾区去化周期12.7个月、瓯海区去化周期24个月、经开区去化周期18.5个月、洞头区去化周期31个月。供应量的释放导致部分板块库存压力大，去化周期长。

四、热点板块

2020年度温州楼市全市成交面积榜位列前三的是：德信新希望·江屿云庄18.79万平方米、融信中能·海月清风15.48万平方米、瑞安·金茂悦14.67万平方米。

2020年度温州楼市全市成交套数榜位列前三的是：

绿城·氡泉小镇 2240 套、德信新希望·江屿云庄 1368 套、瑞安·金茂悦 1339 套。

2020 年度温州楼市全市成交金额排名第一的是德信新希望·江屿云庄，成交 48.6 亿元。

2020 年成交套数 TOP10

区域	推广名	成交套数	成交面积（万平方米）	成交均价（元）	成交总金额（元）
泰顺县	绿城·氡泉小镇	2240	14.18	9364.12	1327989027
永嘉县	德信新希望·江屿云庄	1368	18.79	25863.23	4860430492
瑞安市	瑞安·金茂悦	1339	14.67	11537.98	1693095641
平阳县	融创·翡翠海岸城	1242	11.59	8840.79	1025025658
龙湾区	新城世茂·澜悦府	1202	14.65	26465.22	3878653847
瓯江口产业集聚区	世茂·璀璨瓯江	1201	13.38	12932.65	1730101624
瓯江口产业集聚区	美的旭辉城	1116	11.23	13279.3	1490789562
乐清市	融信中能·海月清风	1086	15.48	21828.95	3379609850
龙港市	恒大·逸合城	1086	11.11	14154.97	1572561040
龙湾区	宝龙广场	994	10.53	11421.22	1203046826

从区域来讲，2020 年成交量最大的区域是鹿城区，成交面积 119.29 万平方米；而从溢价率来看，泰顺县、龙港市、苍南县、经开区最为火爆。

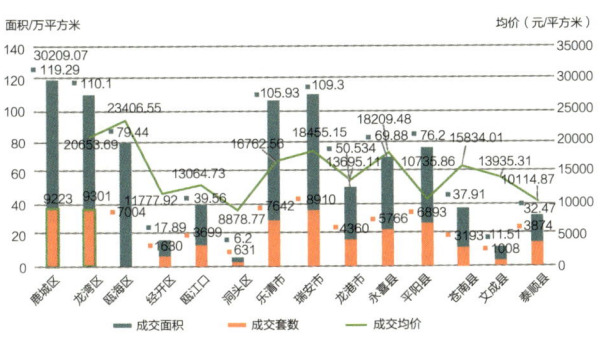

2020 年温州市区域成交数据

五、用户心理

据实地采访和调查发现，在 2020 年，温州楼市仍旧火热，但购房主体开始以年轻人为主。购房者大多较为理性，偏重性价比和地段。市中心和高性价比的房子仍旧是大家抢购的重点。大多数购房者都属于刚需和改善需求，但仍有不少投资型的购房者。

随着温州不断推荐"大建大美""大拆大改"，在这种情况下，一部分有购买力的群体在观望。在疫情的冲击下，短期内部分购房者放缓了改善居住的脚步。而在疫情缓解后一段时间，温州购房者开始加速购房。但一部分的购房者对房价也更加敏感。

而预购房群体则多表示，温州各区新盘不断，体量如此之大，后期房价势必还有起伏，因此并不着急。一是怕疫情不稳定，影响后期的资金投入；二是大体量的新房有足够的选择余地。

变幻莫测的 2020 年，温州楼市也是风云变幻。但温州购房人的心态整体表现为四个字，"平稳、理性"。大多数购房者表示，温州 2021 年的楼市将稳健发展，价格不会出现大涨大跌。

六、2021 年展望

2021 年市场政策环境预判：

宏观政策："房住不炒"基调不变，三条红线引导房企财务降杠杆将是主旋律，房企融资增速或将下降。

地方政策：继续保持"明紧暗松"的现状，限购限售政策出台可能性极低，"一口价"及限价限签将会长久实施。

2021 年，温州市区成交量在 400 万平方米左右，鹿城区和瓯海区大部分板块库存压力大，而龙湾区东部的库存压力相对较小。

2020 年的温州楼市，由疫情下的冷清开场为始，以供销两旺结束。转眼来到 2021 年，但无论是从过去两年地市的"天量供应",还是部分板块愈积愈多的存量房源来看,这一年也注定不会轻松。

近来,优质学区、交通配套、商业综合体等利好越来越多,一方面促进了整座城市生活水平、现代化面貌的长足进步,另一方面也助推当地楼盘快速去化,可谓一举多得。

激烈的市场竞争,也反过来推动开发商积极地打造优质产品,并针对温州购房者的喜好对户型、园林等进行改良。

2021年将同样是挑战和机遇共存的一年,期待温州和温州楼市能在新的一年取得更好的成绩。

数据来源:朗兆地产指数研究院

在售楼盘一览

楼盘名称	价格	物业类型	主力户型
冬日·东方润园	一期：约18937元/m^2	普通住宅、商铺	三居室（116.76~131.72m^2）四居室（149.35m^2）
融创德信·江山云起	尚未公布	普通住宅	二居室（81m^2）三居室（100~125m^2）四居室（135~143m^2）
龙湖坤和·天境	一期：约25806元/m^2 二期：约26831元/m^2 三期：约22573元/m^2	普通住宅	三居室（92~111m^2）四居室（122m^2）
保利·天悦	一期：约36500元/m^2 二期：约36516元/m^2 三期：约37000元/m^2	普通住宅	三居室（89m^2）
华润置地·九悦	一期：约38775元/m^2	普通住宅	三居室（143m^2）四居室（180m^2）五居室（265m^2）
保利·大国璟	洋房：约28000元/m^2 普通住宅：约26000元/m^2	洋房、普通住宅	三居室（89m^2）四居室（143m^2）
旭辉世茂招商·鹿宸印	一期：约31445元/m^2 二期：约30576元/m^2 三期：约37005元/m^2	普通住宅	三居室（102~115m^2）四居室（129~139m^2）
华润置地金悦澜湾	一期：约26145元/m^2 二期：约26770元/m^2	普通住宅	二居室（93~108m^2）
华宇·麓城荟	一期：约21000元/m^2	普通住宅	三居室（79~89m^2）
万科·翡翠天地	一期：约38616元/m^2 二期：约38085元/m^2 三期：约37553元/m^2	普通住宅	三居室（151~195m^2）四居室（160~263m^2）
众安·顺源里	一期：约28167元/m^2	普通住宅	三居室（85~95m^2）四居室（125m^2）
金钟·云中墅	一期：约16448元/m^2	普通住宅	三居室（105m^2）四居室（126~139m^2）
金地商置·瓯江峯汇	一期：约33500元/m^2 二期：约33515元/m^2 三期：约34317元/m^2	普通住宅	四居室（139m^2）
华鸿·府东御峯	一期：约30342元/m^2 二期：约38276元/m^2	普通住宅、商铺	三居室（105m^2）四居室（128~143m^2）
绿城·桂语江南	一期：约27167元/m^2 二期：约27580元/m^2 三期：约25162元/m^2	普通住宅	三居室（105m^2）四居室（128~180m^2）
祥生弘阳·江滨ONE	一期：约31578元/m^2	普通住宅、商铺	三居室（98~105m^2）四居室（128m^2）
凯迪·融创丨新鹿园	一期：约25208元/m^2 二期：约25474元/m^2 三期：约24210元/m^2	普通住宅	四居室（139~155m^2）
万科·古翠隐秀	一期：约31650元/m^2 二期：约36903元/m^2	普通住宅	三居室（89~123m^2）四居室（143m^2）
万科·翡翠心湖	一期：约31632元/m^2	普通住宅	三居室（105m^2）四居室（126~139m^2）
新希望·玉锦麟	一期：约27678元/m^2 二期：约29867元/m^2 三期：约15000元/m^2	普通住宅	三居室（98~128m^2）四居室（139m^2）
多弗绿城·江心明月	洋房：约29650元/平方米 别墅：约50701元/平方米	洋房、别墅	四居室（166m^2）六居室（216m^2）
碧桂园·滨江壹号	一期：约39362元/m^2 二期：约39042元/m^2 三期：约36707元/m^2	普通住宅	三居室（97~142m^2）四居室（165m^2）
时代·滨江上品	一期：约38884元/m^2 二期：约42367元/m^2 三期：约45203元/m^2	普通住宅	三居室（139m^2）四居室（165~260m^2）
凯迪·融创丨观澜湾	一期：约33192元/m^2	普通住宅	三居室（113m^2）四居室（130~138m^2）
鹿城万象府	一期：约32555元/m^2 二期：约34783元/m^2	普通住宅、商铺	二居室（76m^2）三居室（89~125m^2）
绿城·凤起玉鸣	一期：约38930元/m^2 二期：约38932元/m^2 三期：约38930元/m^2	普通住宅	三居室（151~195m^2）四居室（263m^2）
鹿岛万象天地	一期：约21572元/m^2 二期：约21753元/m^2 三期：约22105元/m^2	普通住宅、商铺	三居室（85~95m^2）四居室（125m^2）
阳光100阿尔勒	一期：约9766元/m^2 二期：约10147元/m^2	商铺、综合体	三居室（89~144m^2）四居室（194m^2）
碧桂园·鹿城之光	一期：约19711元/m^2 二期：约19850元/m^2	普通住宅	四居室（130~143m^2）
宝龙&雅戈尔未来城·壹号	一期：约28500元/m^2	普通住宅	二居室（75m^2）三居室（105m^2）
阳光城招商·檀境	一期：约39000元/m^2 二期：约39000元/m^2	普通住宅	三居室（95~108m^2）四居室（128~139m^2）
鹿城金茂府	一期：约39558元/m^2 二期：约36400元/m^2	普通住宅	二居室（89~99m^2）三居室（125m^2）
中梁·鹿城中心	一期：约30623元/m^2	普通住宅	三居室（89~105m^2）四居室（127m^2）
滨江中梁·鹿城壹号	一期：约38930元/m^2 二期：约38932元/m^2 三期：约38930元/m^2	普通住宅、写字楼、商铺	三居室（108~117m^2）四居室（129m^2）

鹿城区			
楼盘名称	价格	物业类型	主力户型
滨江·万家花城	一期：约17110元/m² 二期：约15289元/m² 三期：约14892元/m²	普通住宅、别墅	三居室(95~113m²)
阳光100温州中心	一期：约21000元/m²	普通住宅、酒店式公寓	三居室(89~112m²) 四居室(133m²)
新希望·天麓	一期：约36270元/m² 二期：约37150元/m² 三期：约32774元/m²	普通住宅	三居室(89m²) 四居室(119~129m²)
九山·金茂府	一期：约35000元/m² 二期：约38586元/m²	普通住宅、商铺	三居室(97~105m²) 四居室(127~139m²)
新希望·学院十一峯	一期：约30218元/m² 二期：约30128元/m² 三期：约29757元/m²	普通住宅、商铺	四居室(128~139m²)
中国铁建·未来视界	一期：约34050元/m²	普通住宅	三居室(120m²) 四居室(121~139m²)

瓯海区			
楼盘名称	价格	物业类型	主力户型
华鸿华宇·未来之星	尚未公布	普通住宅	三居室(98~108m²) 四居室(129m²)
首开中庚·香開萬里	一期：约27800元/m² 二期：约30106元/m²	普通住宅	三居室(102m²) 四居室(127m²)
龙湖·龙誉城	一期：约24505元/m² 二期：约23755元/m² 三期：约24506元/m²	普通住宅	三居室(102m²) 四居室(125~139m²)
龙湖·天鉅	一期：约26574~28724元/m² 二期：约25796~28722元/m²	普通住宅	三居室(118~143m²)
世茂·璀璨澜庭	一期：约22497元/m² 二期：约24308元/m²	普通住宅	二居室(89~106m²) 三居室(139m²)
万科·世纪之光	一期：约20036元/m² 二期：约20248元/m² 三期：约20249元/m²	普通住宅	三居室(105m²) 四居室(120~170m²)
祥生·公园道	一期：约24020元/m²	普通住宅	三居室(134~170m²)
远洋·泊云庭	一期：约24003元/m²	普通住宅、商铺	四居室(146~179m²)
龙湖·天曜城	一期：约25276元/m² 二期：约25478元/m²	普通住宅	三居室(112~125m²) 四居室(134~139m²)
时代·瓯海壹品	一期：约28385元/m² 二期：约28191元/m²	普通住宅	四居室(169~173m²) 五居室(188~260m²)
弘阳上坤·西湖四季	一期：约25499元/m² 二期：约25498元/m² 三期：约25499元/m²	普通住宅	三居室(106m²)
君悦339	一期：约26500元/m²	普通住宅	三居室(118m²) 四居室(138m²)

瓯海区			
楼盘名称	价格	物业类型	主力户型
凯迪·融创丨瓯玥名邸	一期：约21111元/m² 二期：约21666元/m² 三期：约20954元/m²	普通住宅	三居室(143~174m²) 四居室(195m²)
华侨城·欢乐天地	一期：约23080元/m² 二期：约23134元/m² 三期：约22925元/m²	普通住宅、商铺	三居室(127~168m²)
德信大发·麓湖湾	一期：约24680元/m²	普通住宅	三居室(102~115m²) 四居室(128~139m²)
大发融信金科·熙悦里	一期：约24946元/m² 二期：约24946元/m²	普通住宅、商铺	三居室(98~115m²) 四居室(129m²)
华鲁·璞丽湾	一期：约25531元/m²	普通住宅	三居室(100~118m²) 四居室(129~135m²)
中南瓯海印象北府	一期：约25372元/m² 二期：约25478元/m² 三期：约25371元/m²	普通住宅	三居室(118m²) 四居室(138~143m²)
蓝光广城·未来天辰	一期：约27300元/m²	普通住宅	四居室(130~182m²)
龙湖·天曜城	约25479元/m²	普通住宅	三居室(97~105m²) 四居室(127m²)

龙湾区			
楼盘名称	价格	物业类型	主力户型
旭辉·悦珑府	一期：约22190元/m² 二期：约21741元/m²	普通住宅、商铺	三居室(105~133m²) 四居室(129~139m²) 跃层(192~201m²)
外滩尚品	一期：约23507元/m² 二期：约23891元/m²	普通住宅	四居室(129~139m²)
融信中梁·荣望	一期：约19244元/m² 二期：约19473元/m² 三期：约17791元/m²	普通住宅	三居室(95~115m²)
大家天阳·榕华福邸	一期：约19888元/m² 二期：约19923元/m² 三期：约20106元/m²	普通住宅	三居室(139~157m²) 四居室(180~249m²)
外滩·江月湾	一期：约26823元/m² 二期：约27914元/m² 三期：约28418元/m²	普通住宅	三居室(89~102m²) 四居室(130m²)
温州吾悦广场·澜悦府	一期：约27659元/m² 二期：约28210元/m² 三期：约28510元/m²	普通住宅	三居室(100~118m²)
多弗绿城·翠湖里	一期：约33979元/m² 二期：约33936元/m² 三期：约33021元/m²	普通住宅	三居室(103~108m²) 四居室(125~140m²)
TOD国际新城·天空之城	一期：约18495元/m² 二期：约18492元/m² 三期：约18723元/m²	普通住宅、商铺	三居室(115m²) 四居室(140m²) 别墅(152m²)

龙湾区			
楼盘名称	价格	物业类型	主力户型
招商德信·博悦湾	一期：约26413元/m² 二期：约25945元/m² 三期：约25995元/m²	普通住宅	三居室 (98~108m²) 四居室 (120~160m²) 五居室 (181~233m²)
TOD国际新城·未来之光	一期：约19354元/m² 二期：约18936元/m² 三期：约18749元/m²	普通住宅	三居室 (93~118m²) 四居室 (131~143m²) 跃层 (158~194m²)
绿城留香园	一期：约27989元/m² 二期：约28804元/m²	普通住宅	三居室 (113m²) 四居室 (124~168m²)
温州吾悦广场·璟悦府	一期：约26383元/m² 二期：约27826元/m² 三期：约29010元/m²	普通住宅、商铺、综合体	跃层 (105~140m²)
卓越维港·名苑	一期：约19131元/m²	普通住宅	四居室 (128~176m²)
银城·玖珑天著	一期：约23913元/m²	普通住宅	三居室 (99~111m²) 四居室 (129~139m²)
温州未来之城	一期：约27403元/m²	普通住宅	三居室 (110m²) 四居室 (128~139m²)
德信·东宸里	一期：约19349元/m² 二期：约18541元/m² 三期：约16755元/m²	普通住宅	三居室 (115m²) 四居室 (129~142m²)
TOD国际新城温州之翼	一期：约13192元/m² 二期：约12125元/m² 三期：约12072元/m²	普通住宅	一居室 (43~48m²) 二居室 (66~89m²)
多弗·奥林匹克花园	一期：约19065元/m² 二期：约19247元/m² 三期：约19893元/m²	普通住宅	三居室 (104m²) 四居室 (122~134m²)
中梁旭辉·国宾府	一期：约24327元/m² 二期：约24437元/m² 三期：约24736元/m²	普通住宅	三居室 (89~139m²)
华鸿阳光城·翡丽公园	一期：约15616元/m² 二期：约15260元/m²	普通住宅	三居室 (105~126m²)
祥生·睿城	一期：约17610元/m² 二期：约16730元/m² 三期：约17533元/m²	普通住宅、商铺	三居室 (89m²) 四居室 (127m²)
祥生·中央尚品	一期：约22616元/m² 二期：约20312元/m² 三期：约20758元/m²	普通住宅	四居室 (148~149m²) 五居室 (230~286m²)
远洋·世纪宸章	一期：约23200元/m² 二期：约23632元/m² 三期：约23941元/m²	普通住宅	三居室 (105~116m²) 四居室 (125m²)
蓝光城建·未来辰悦	尚未公布	普通住宅	二居室 (89m²) 三居室 (108~129m²) 四居室 (139m²)
温州富力城	约12000元/m²	普通住宅	三居室 (104m²) 四居室 (148m²)

经开区			
楼盘名称	价格	物业类型	主力户型
温州宝龙广场	一期：约10903~11107元/m² 二期：约11454~11952元/m² 三期：约11649~11780元/m²	普通住宅、商铺	三居室 (98~160m²)
温州富力城	一期：约11045~23080元/m² 二期：约11074元/m²	普通住宅、写字楼	三居室 (98~113m²) 四居室 (157~189m²)
东亚·怡和嘉苑	一期：约10449元/m² 二期：约11077元/m²	普通住宅	三居室 (89~99m²) 四居室 (105~116m²)
德信东望里	一期：约13148元/m² 二期：约13228元/m²	普通住宅、自住型商品房	三居室 (89m²) 四居室 (127m²)
红星天铂	一期：约12330元/m² 二期：约12339元/m²	普通住宅、综合体	三居室 (93m²) 四居室 (112m²)
碧桂园·未来城	约13920元/m²	普通住宅	二居室 (89~125m²)

洞头区			
楼盘名称	价格	物业类型	主力户型
泛华·星屿海	尚未公布	普通住宅	三居室 (112~129m²) 四居室 (134~143m²)
国鸿·东海湾	二期：约6928~7405元/m²	酒店式公寓、商铺	二居室 (69m²) 三居室 (89~119m²)
金海岸·曼墅	一期：约27821元/m²	酒店式公寓	三居室 (89~110m²) 四居室 (126m²)
海悦城·璟园	约11844元/m²	商铺	二居室 (73m²) 三居室 (89~105m²) 四居室 (121~128m²)
海悦城·钰园	一期：约12000元/m² 二期：约10927元/m² 三期：约11350元/m²	普通住宅	三居室 (89m²)
置信·洞头新天地	尚未公布	酒店式公寓、商铺	三居室 (106m²)
国鸿·星海湾	尚未公布	普通住宅	二居室 (97m²)

永嘉县			
楼盘名称	价格	物业类型	主力户型
中建·御府	一期：约14400元/m²	普通住宅	三居室 (102m²) 四居室 (124m²)
中梁·天宸	一期：约13400元/m²	普通住宅	三居室 (125m²) 四居室 (136m²)
华鸿·状元府	一期：约13500元/m² 二期：约16800元/m²	普通住宅	三居室 (132~143m²)
德信新希望·江屿云庄	一期：约24600元/m² 二期：约28800元/m² 三期：约27300元/m²	普通住宅	三居室 (108m²) 四居室 (129~166m²)
中楠府	一期：约19500元/m² 二期：约19700元/m²	普通住宅	三居室 (89~118m²)
永临壹号	一期：约23080元/m² 二期：约23134元/m² 三期：约23007元/m²	普通住宅	三居室 (109m²) 四居室 (130~165m²)
楠盛·国宾府	一期：约16300元/m²	普通住宅	三居室 (101~168m²)

永嘉县			
楼盘名称	价格	物业类型	主力户型
国鸿大发·清水湾	一期：约15488元/m² 二期：约16000元/m² 三期：约14404元/m²	普通住宅	二居室（70m²） 三居室（89~105m²） 四居室（125m²）
宏地祝城学府壹号	一期：约16100元/m²	普通住宅	二居室（74m²） 三居室（101~102m²） 四居室（111~131m²）
德信望宸里	一期：约16000元/m²	普通住宅	三居室（108~125m²） 四居室（139~225m²）
华鸿蓝城·春风楠溪	一期：约19557元/m² 二期：约14300元/m² 三期：约34000元/m²	别墅	三居室（133m²）
国鸿中心	一期：约29904元/m² 二期：约30871元/m²	普通住宅	三居室（89~109m²） 四居室（127m²）

瑞安市			
楼盘名称	价格	物业类型	主力户型
金地·江山风华	一期：约19988元/m²	普通住宅、商铺	三居室（117~119m²） 四居室（132m²）
中交中梁·塘河上品	一期：约17619元/m² 二期：约17619元/m²	普通住宅	三居室（89m²） 四居室（115m²）
瑞安新力·琥珀园	一期：约17400元/m² 二期：约17395元/m²	普通住宅	四居室（137m²）
万科·星汇里	一期：约22587元/m² 二期：约22001~32878元/m² 三期：约20778~32817元/m²	普通住宅	三居室（98~112m²） 四居室（126m²）
弘润·瑞安中心	一期：约17688元/m²	普通住宅、商铺	三居室（120m²） 四居室（124~138m²）
中南·紫云集	一期：约20380元/m²	普通住宅	三居室（105m²） 四居室（126m²）
时代·瑞府	一期：约11579元/m²	普通住宅	四居室（114m²）
华鸿大发新希望·江境1265	一期：约21980~30062元/m² 二期：约21793~29130元/m²	普通住宅	二居室（89~91m²）
恒大·悦澜湾	一期：约20380元/m²	普通住宅、商铺	三居室（88~109m²）
华鸿·江南印象	一期：约14999元/m² 二期：约14923元/m²	普通住宅	三居室（118~138m²） 四居室（139m²）
阳光城·翡丽瑞府	一期：约18998元/m² 二期：约18998元/m²	普通住宅	二居室（75m²） 三居室（89~115m²）
世茂·璀璨世家	一期：约20998~29980元/m²	普通住宅	一居室（52m²） 二居室（82~86m²）
金地金城广场	一期：约21000元/m² 二期：约21000元/m²	普通住宅、商铺	二居室（89m²） 三居室（106~139m²） 四居室（122~156m²）
瑞安蓝光雍锦湾	一期：约20380元/m²	普通住宅	三居室（118~119m²） 四居室（129~141m²）
德信诚园	一期：约19908元/m²	普通住宅	三居室（115m²） 四居室（143~160m²）
中梁德信峯荟	一期：约20380元/m² 二期：约20380元/m²	普通住宅	三居室（112m²） 四居室（128~137m²）

瑞安市			
楼盘名称	价格	物业类型	主力户型
瑞安生态科学城	一期：约11700元/m² 二期：约11700元/m² 三期：约11700元/m²	普通住宅、商铺	三居室（133~153m²） 四居室（174~200m²）
华鸿大发·瑞祥壹号	一期：约24200~35000元/m² 二期：约24200~35000元/m²	普通住宅	二居室（89m²） 三居室（118~130m²）
瑞安·荣安府	一期：约20380元/m² 二期：约20380元/m² 三期：约20380元/m²	普通住宅、别墅	别墅（120m²）
置信弘润·海上传奇	一期：约7634元/m² 二期：约8566元/m² 三期：约7634~12611元/m²	普通住宅	二居室（50m²） 三居室（318m²）
新希望华鸿中梁·瑞祥天樾	一期：约22431元/m² 二期：约22429元/m² 三期：约22092~34843元/m²	普通住宅	三居室（95m²）
恒大悦府	一期：约18999元/m² 二期：约20999元/m² 三期：约18999元/m²	普通住宅	三居室（97~101m²） 四居室（128~138m²）
大诚·锦里	一期：约15685元/m²	普通住宅	三居室（109m²） 四居室（119~171m²） 五居室（162m²）
蓝光城建·雍锦熙园	尚未公布	普通住宅	三居室（99m²） 四居室（131m²）
绿城·桂语榕庭	尚未公布	普通住宅	三居室（95m²） 四居室（126m²）

平阳县			
楼盘名称	价格	物业类型	主力户型
中南·玖峰花苑	一期：约10216元/m² 二期：约9566元/m²	普通住宅	三居室（89~93m²） 四居室（113~123m²）
鳌江中央悦府	一期：约15847元/m² 二期：约14703元/m² 三期：约16888元/m²	普通住宅	三居室（116m²） 四居室（128m²）
宏地首府	一期：约9020元/m² 二期：约9061元/m²	普通住宅	三居室（105m²） 四居室（124m²）
碧桂园·沁悦里	一期：约9364元/m² 二期：约9552元/m²	普通住宅	三居室（72~98m²）
新鸿·大隐湾	一期：约23080元/m² 二期：约23134元/m² 三期：约22946元/m²	普通住宅、别墅	三居室（95m²） 四居室（124~139m²）
国鸿·翡丽云邸	一期：约10597元/m²	普通住宅	三居室（108m²） 四居室（126~165m²）
东方世贸中心	一期：约7992元/m²	普通住宅、公寓	三居室（89~103m²） 四居室（118~129m²）
大诚锦悦府	一期：约12650元/m² 二期：约12938元/m² 三期：约13433元/m²	普通住宅	三居室（90~102m²）

平阳县			
楼盘名称	价格	物业类型	主力户型
新湖·四季果岭	一期：约13208元/m² 二期：约12824元/m² 三期：约13162元/m²	普通住宅	四居室 (119~128m²)
中南·漫悦湾	一期：约9787元/m² 二期：约10049元/m²	普通住宅	四居室 (110~143m²)
江南名邸	一期：约8553元/m²	普通住宅	三居室 (105m²)
融创·翡翠海岸城	一期：约9451元/m² 二期：约9273元/m² 三期：约9443元/m²	普通住宅、商铺	三居室 (104m²) 四居室 (129~167m²)
鳌江悦府	一期：约14498元/m² 二期：约15959元/m² 三期：约14814元/m²	普通住宅	三居室 (123~128m²) 四居室 (143~168m²)
滨海丽景湾	一期：约5699元/m² 二期：约6606元/m²	普通住宅	二居室 (89m²) 三居室 (120~124m²) 四居室 (137~140m²)
平阳宝龙世家	一期：约8111元/m²	普通住宅	三居室 (104m²) 四居室 (129m²)
华董·凤湖壹号院	一期：约14599元/m² 二期：约15308元/m² 三期：约11177元/m²	别墅	三居室 (90m²) 四居室 (117~149m²)
石榴·玉兰湾	一期：约9544元/m² 二期：约9909元/m² 三期：约12127元/m²	普通住宅	三居室 (95m²) 四居室 (148m²)
中梁九合名邸	一期：约12123元/m² 二期：约12194元/m² 三期：约23016元/m²	普通住宅	二居室 (95m²) 三居室 (129m²)
华董·鳌江首府	一期：约10413元/m² 二期：约15353元/m² 三期：约18250元/m²	普通住宅	三居室 (102m²) 四居室 (122~143m²)
中嘉尚品花园	一期：约9309元/m²	普通住宅	三居室 (115m²) 四居室 (134m²)
新宏地·九锦风华	一期：约13062元/m² 二期：约12170元/m²	普通住宅	三居室 (100m²) 四居室 (118m²)
广瑞江南公馆	一期：约9960元/m² 二期：约10118元/m²	普通住宅	三居室 (119m²) 四居室 (129~155m²)
滨江大院	一期：约23080元/m² 二期：约23134元/m² 三期：约23016元/m²	普通住宅、别墅	四居室 (139~157m²)
绿城·留香园	一期：约14200元/m²	普通住宅	三居室 (95m²) 四居室 (125m²)

苍南县			
楼盘名称	价格	物业类型	主力户型
华鸿大家御湖上品	一期：约19388元/m² 二期：约20498元/m² 三期：约21497元/m²	普通住宅	三居室 (98~114m²) 四居室 (129m²)

苍南县			
楼盘名称	价格	物业类型	主力户型
马站·海悦府	一期：约7931元/m² 二期：约7931元/m² 三期：约8200元/m²	普通住宅	三居室 (97~109m²) 四居室 (116~142m²)
阳光水岸	一期：约16801元/m²	普通住宅	三居室 (100~132m²) 四居室 (135~144m²)
高力·铂金湾	一期：约9890元/m² 二期：约9911元/m²	普通住宅	四居室 (142m²)
瀚泓·盛世名门家园	一期：约11047元/m² 二期：约11461元/m²	普通住宅	三居室 (120~128m²) 四居室 (135~170m²)
国鸿·柏悦府	一期：约19353元/m² 二期：约20200元/m² 三期：约18971元/m²	普通住宅	三居室 (106~120m²) 四居室 (133~143m²)
新鸿中梁·国宾府	一期：约14312元/m² 二期：约14002元/m² 三期：约15897元/m²	普通住宅	四居室 (136m²)
佳源·两岸新天地	一期：约15440元/m² 二期：约15600元/m² 三期：约15891元/m²	公寓、写字楼	四居室 (165m²)
新天和家园	一期：约12681元/m² 二期：约12799元/m² 三期：约13316元/m²	普通住宅	四居室 (136~147m²)
荣安旭辉东宸府	一期：约18873元/m²	普通住宅、商铺	三居室 (99m²) 四居室 (113~143m²)
东润金地嘉园	一期：约8294元/m² 二期：约8352元/m²	普通住宅	四居室 (139~195m²) 五居室 (273m²)
合景·天玺	一期：约22750元/m² 二期：约21667元/m² 三期：约22445元/m²	普通住宅	三居室 (96~146m²) 四居室 (148m²)
中梁荣安·都会森林	一期：约16912元/m² 二期：约15353元/m² 三期：约15250元/m²	普通住宅	三居室 (109~120m²) 四居室 (119~139m²)
天阳·世新铭邸	一期：约14828元/m² 二期：约15148元/m² 三期：约15128元/m²	普通住宅	三居室 (98~110m²) 四居室 (130m²)
苍南金麟府	一期：约17745元/m² 二期：约17360元/m² 三期：约18449元/m²	普通住宅、商铺	三居室 (98~115m²) 四居室 (132m²)
苍南中梁壹号院	一期：约20808元/m² 二期：约23134元/m² 三期：约24025元/m²	普通住宅	三居室 (133~169m²)
中梁华董首府壹号	一期：约7717元/m² 二期：约7811元/m² 三期：约7438元/m²	普通住宅	三居室 (130m²) 四居室 (143m²)

文成县			
楼盘名称	价格	物业类型	主力户型
宏地安澜云邸	公寓：约10888元/m² 酒店：约15321元/m²	普通住宅、公寓、商铺	三居室 (89~115m²) 四居室 (126~139m²)
碧桂园文澜豪庭	一期：约15996元/m² 二期：约16099元/m² 三期：约16099元/m²	普通住宅	三居室 (138~139m²) 四居室 (172~235m²)
神力嘉南美地	一期：约11264元/m² 二期：约12546元/m²	普通住宅	三居室 (97~106m²) 四居室 (118~131m²)
文成净水湾度假小镇	尚未公布	公寓、别墅	三居室 (89m²) 四居室 (139m²)
华董文成壹号院	尚未公布	普通住宅	二居室 (95~99m²) 三居室 (99~125m²)

泰顺县			
楼盘名称	价格	物业类型	主力户型
国鸿·都会中心	一期：约11099元/m² 二期：约11124元/m² 三期：约11808元/m²	普通住宅	四居室 (118m²) 五居室 (143m²) 跃层 (210m²)
绿城·氡泉小镇	一期：约9789~9819元/m² 二期：约9169~10490元/m²	普通住宅	三居室 (96~98m²) 四居室 (108~118m²)
桃园壹号院	一期：约4999元/m²	普通住宅	三居室 (98m²) 四居室 (121~138m²)
泗溪国宾府	一期：约6444元/m² 二期：约6308元/m²	普通住宅	三居室 (98~113m²) 四居室 (138m²)
华鸿中梁·国樾府	一期：约9910元/m² 二期：约10274元/m² 三期：约10363元/m²	普通住宅	三居室 (99~119m²) 四居室 (129m²)

乐清市			
楼盘名称	价格	物业类型	主力户型
恒大·都汇华庭	尚未公布	普通住宅、商铺	三居室 (99~136m²) 四居室 (143m²)
世茂滨江·乐虹湾	一期：约17661元/m² 二期：约19585元/m²	普通住宅	三居室 (105m²) 四居室 (133~151m²)
世茂·东潮云筑	一期：约22234元/m² 二期：约23768元/m² 三期：约22392元/m²	普通住宅	三居室 (98~123m²) 四居室 (138~170m²)
中梁·星悦名筑	一期：约13900元/m²	普通住宅	二居室 (60m²) 三居室 (73m²) 四居室 (133m²)
宏地新力云澜庭	一期：约18315元/m² 二期：约18323元/m²	普通住宅	一居室 (53m²)
中能天际东方	公寓式酒店：约19600元/m² 商业：约19000元/m²	普通住宅	三居室 (108~117m²) 四居室 (132~142m²)
瑞鑫·瑞锦园	一期：约12300元/m² 二期：约12400元/m²	普通住宅	四居室 (146~208m²) 六居室 (210~321m²)
中梁融信·柏悦湾	一期：约19000元/m² 二期：约21689元/m²	普通住宅	四居室 (143~300m²)

乐清市			
楼盘名称	价格	物业类型	主力户型
融信中能海月清风	一期：约18372元/m² 二期：约18900元/m² 三期：约18900元/m²	普通住宅	三居室 (115m²) 四居室 (185m²)
中梁·璟园	一期：约20667元/m²	普通住宅	四居室 (129~189m²)
嘉华香湖郡	一期：约12000元/m² 二期：约14000元/m²	普通住宅	三居室 (104~119m²) 四居室 (129~139m²)
富力中央公园	一期：约22946元/m² 二期：约24420元/m² 三期：约22325元/m²	普通住宅	三居室 (98~123m²) 四居室 (139m²)
嘉华·金麟府	一期：约19000元/m² 二期：约15000元/m²	普通住宅、商铺	四居室 (128~134m²)
中能·环球外滩	一期：约21038元/m² 二期：约20700元/m² 三期：约21027元/m²	商铺	二居室 (97~101m²) 三居室 (108~119m²)
华都天虹墅	一期：约19600元/m² 二期：约18968元/m²	普通住宅	跃层 (153~164m²)
观澜苑	一期：约14300元/m² 二期：约14000元/m² 三期：约15000元/m²	普通住宅、商铺	三居室 (88m²) 四居室 (122m²)
铠达国际城	一期：约11262元/m²	普通住宅、酒店式公寓、综合体	四居室 (122~128m²)
乐清·雍华园	一期：约11470元/m² 二期：约12424元/m²	普通住宅	四居室 (133~139m²)
柳市中梁·首府	一期：约13000元/m² 二期：约12900元/m² 三期：约12887元/m²	普通住宅、商铺	三居室 (103~116m²) 四居室 (124~135m²)
乐清正大城	一期：约27502元/m² 二期：约13805元/m² 三期：约16328元/m²	别墅、酒店式公寓、商铺、综合体	五居室 (241~285m²)

龙港市			
楼盘名称	价格	物业类型	主力户型
金銮·御珑景园	一期：约15555元/m² 二期：约17000元/m²	普通住宅	二居室 (99m²) 三居室 (140m²)
中南·春风里	一期：约16412元/m²	普通住宅	二居室 (82m²)
大家天阳雲天美筑	一期：约16373元/m² 二期：约16391元/m²	普通住宅	三居室 (97~113m²) 四居室 (123m²)
国鸿锦悦府西苑	一期：约16797元/m² 二期：约16859元/m² 三期：约16699元/m²	普通住宅	三居室 (120~128m²) 四居室 (200~216m²)

龙港市			
楼盘名称	价格	物业类型	主力户型
新鸿未来城	一期：约13399元/m² 二期：约13887元/m² 三期：约13824元/m²	普通住宅	三居室(93~113m²) 四居室(159~174m²)
龙都悦澜湾	一期：约13968元/m²	普通住宅	四居室(158~169m²)
国鸿锦悦府	一期：约14830元/m² 二期：约15287元/m² 三期：约14612元/m²	普通住宅	二居室(73m²) 三居室(100m²)
龙港君悦嘉里	一期：约15777元/m²	普通住宅	三居室(112m²) 四居室(128~137m²)
恒大逸合城	一期：约12800元/m² 二期：约14396元/m² 三期：约14950元/m²	普通住宅、商铺	三居室(103~123m²) 四居室(135~143m²)
新鸿中心广场	一期：约13729元/m² 二期：约14084元/m² 三期：约14124元/m²	普通住宅、商铺	三居室(99m²) 四居室(125~139m²)

瓯江口			
楼盘名称	价格	物业类型	主力户型
美的·旭辉城	一期：约12950元/m² 二期：约13100元/m² 三期：约13500元/m²	普通住宅	三居室(112m²) 四居室(143m²)
世茂·璀璨瓯江	一期：约13368元/m² 二期：约13631元/m² 三期：约13100元/m²	普通住宅	三居室(95~108m²) 四居室(128~139m²)
新城·瓯江湾	一期：约13367元/m² 二期：约13631元/m² 三期：约13100元/m²	普通住宅	三居室(89~99m²) 四居室(125m²)
瓯江国际新城	一期：约16175元/m² 二期：约11755元/m² 三期：约11763元/m²	普通住宅	四居室(130m²) 五居室(139m²)
德亨·瓯江口新时代广场	一期：约16688元/m²	公寓、商铺	三居室(179~195m²)
瓯江口·九珑湖	一期：约14154元/m² 二期：约13615元/m² 三期：约12578元/m²	普通住宅、别墅	三居室(117~142m²)
旭辉瓯江城	一期：约12400元/m²	普通住宅	一居室(95~138m²)

典型项目
宝龙 & 雅戈尔未来城·壹号

| 温州 | 宝龙&雅戈尔 | 未来社区 | 交通便利 | 配套齐全 |

项目地址：
温州市鹿城区广化桥路与过境路交叉口（原黄龙商贸城）

开发商：
温州千未置业有限公司

产品特征：
普通住宅

参考价格：
均价 28500 元/平方米

主力户型：
约 75 平方米两居、约 105 平方米三居

物业公司：
浙江大管家

5 公里生活配套：
集新未来社区九大场景复合型配套、5050 购物中心、景山公园、黄龙山公园、翠微山公园、TOD 中心、温州市中心医院、温州市实验中学教育集团集新校区（在建）

专家点评

叶维坚·温州房地产估价师与经济人协会会长——

未来城·壹号，将商业、教育等多重优渥资源聚合。自面市至今，凭借实力长红市场。如此红盘的背后，除了被看好的片区未来发展和醇熟配套外，更有备受客户推崇的人居产品。

扫码观看楼盘详情

项目测评

【战略意义】
未来城·壹号作为集新未来社区首部作品，探寻居者的本质需求，以千亩未来社区为生活蓝本，构建多元化未来生活场景。

【市场口碑】
2020 年 10 月，项目示范区正式亮相，开放当天千人齐涌，奠定了未来城·壹号温州人气红盘的地位，购房者对其期待值颇高，以至于首开当日便达到 22 亿元的成交金额，在温州当月的商品住宅成交排行中名列前茅。

【区域地段】
项目位于温州市鹿城区黄龙板块，属于温州老城区范围，是主城中西部融合发展、城市形态与自然景观交融的关键区域。项目交通区位优势明显，对外交通联系便捷，毗邻多条城市干道，与城市交通枢纽联系紧密。

【园林景观】
园林设计以五大中心庭院为核心，同时将休闲草坪、观景平台等融为一体，同时还设置了多组团的宅间庭院，艺术客厅、邻里花园等满足全龄段功能需求。个性定制四季主题场景，让生态、绿意环环相扣。

【教育资源】
优质双语幼儿园规划，配套小学+中学九年一贯制实验集新校区（在建）。投资近 10 亿元，规划 30 班小学、42 班中学，配置 400 米标准跑道和可容纳约 2000 人的体育馆。

【医疗配套】
项目周边有温州市中心医院（温州市肿瘤医院），是一所集医疗、教学、科研、预防、保健、康复为一体的三级甲等综合医院。社区与三甲医院联动建立全生命周期健康电子档案系统，尊享品质医养体系，让健康更近一步。

【品牌描述】
宝龙地产连续十五年获得"中国房地产百强企业"、连续九年获"中国商业地产公司品牌价值 TOP10"（来源：房地产 TOP10 研究组）。雅戈尔多次荣获中国房地产行业综合性最高大奖"广厦奖""钱江杯"等荣誉。

【设计风格】
以铝板+石材的组合，打造未来城市天际线的质感和永恒之美。整体立面呈现出笔直的线条、挺拔的外形和巍峨高耸的气势。同时，以未来建筑的创新角度，将阳光、自然、绿色与建筑体共生，与周围自然景观融为一体。

【销售数据】
2020 年 12 月 9 日未来城·壹号首批开盘，推出 1522 套房源，首开认购逾 22 亿元，热销至今收获了超 700 位业主，以红盘实力续写佳绩，登榜温州市场前列。

【独有特色】
借鉴新加坡模式，让建筑与自然植被相结合，打造空中花园、垂直绿化，以全新的建筑审美描绘，重构时代空间秩序。创造城市客厅、童趣乐园、健身空间 3 大社交 Club，营建国际住区的精神交流空间。

城市地产篇

保利·大国璟

| 温州 | 央企保利 | 百亩红盘 | 交通便利 | 毗邻南塘 |

项目地址：
温州市鹿城区德政东路59号

开发商：
温州和悦置业有限公司

产品特征：
洋房、普通住宅

参考价格：
洋房均价28000元/平方米、普通住宅均价26000元/平方米

主力户型：
约89、106平方米三居，约143平方米四居

物业公司：
保利物业

5公里生活配套：
南塘商圈、S1轻轨、BRT8号线、龙汇广场、梦多多小镇、温州中医院

2020 中国城市楼盘年鉴 典型项目

专家点评

潘安平：温大房地产研究所所长——

温州保利·大国璟项目所有楼幢从基座到顶部均采用「全石材干挂+局部铝板」设计，立面呈现效果高端大气。在园林建造上，营造了闲意自然之趣。

扫码观看楼盘详情

项目测评

【战略意义】
保利发展控股开发的住宅有三大系列，分别是"尊居""善居"和"康居"。其中"尊居"又分为"天悦""天汇"和"大国璟"。"大国璟"是该系列中的年轻系列，采用以东方文化和现代生活理念相结合的新型住宅理念。

【区域地段】
保利·大国璟项目位于鹿城南板块，是鹿城区政府、瓯海区政府、温州市政府三大中心交会点，是整个温州的格局几何中心，被定位为"会昌河畔环境优美、配套完善的高品质新型社区"，贯穿鹿城核心商圈。

【楼栋规划】
小区总占地面积约百亩，由10幢国风系洋房和8幢高层组成。整个项目南低北高，错落有致，户户看景。户型建筑面积约89~143平方米，项目总计建面约23万平方米，属于鹿城核心区环境优美的规模大盘。

【主力户型】
保利·大国璟主力户型为建面106平方米三居智慧洋房，整体布局颇为方正。其中南北向双卧室呈双耳形态分布客厅两侧，餐厨客一体式设计。约6.7平方米的南向外延宽景阳台与次卧打通相连，在增加得房率的同时，提高居住舒适度。

【园林景观】
近30%的绿化率和3.3的容积率，以"雁山云影"为灵感，结合设计需求，将"云起、云卷、云舒、云开、云合"等"云"的变化特征融入总体规划设计的不同功能板块中，既体现功能，又表现文脉，将温州记忆在景观表现中活化。

【自建配套】
项目自身有沿街底商，周边有大型菜市场（规划中），以满足社区生活需求为主；约5000平方米的滨江公园（在建）为社区业主提供一个闲适自由的活动场所。配套12班幼儿园，给孩子们提供完备的幼儿教育条件。

【物业服务】
保利物业，国家物业管理一级资质，2020年物业上市公司十强TOP3，2020中国房地产及物业上市公司"创新能力领先企业"。产业覆盖全国逾100个城市，以亲情和院筑万家祥和，复兴城市人居文明。

【购物娱乐】
项目周边有多个商业综合体，如置信广场、南塘新天地等，另有梦多多小镇、龙汇广场等商业广场，餐饮、购物、休闲娱乐等业态应有尽有，可以满足业主生活所需。

【设计风格】
设计风格汲取中西方建筑优点，加以现代工艺及材料的提炼和升华，形成了新亚洲式的建筑风格。整个建筑物外立面主要采用了石材干挂和铝板以及玻璃棉，呈现出端正简洁、线性对称的宽阔大气感。

【销售数据】
2020年4月，保利·大国璟首开即去化8成。5月二期加推，五一假期三天喜迎进千名客户，开盘当天劲销破百套，热销超3亿元。8月三期开售，热度依旧，开盘当天即去化100套，销售金额接近3亿元。11月四期开盘当天，再次揽金逾2亿元。

华宇·麓城荟

温州　华宇地产　园林社区　配套醇熟　交通便利

项目地址：
温州市鹿城区牛山北路 S1 线德政站旁

开发商：
温州瑞泓房地产开发有限公司

产品特征：
普通住宅

参考价格：
住宅均价 21000 元 / 平方米

主力户型：
约 79 平方米三居、约 89 平方米三居

物业公司：
华宇物业集团

5 公里生活配套：
约 1 万平方米商业街区、牛山国际城市综合体、温州全球商品贸易港、南塘新天地、银泰百货、梦多多小镇、大西洋银泰城、万象城

专家点评

薛朝晖·温州房地产政策研究中心副主任、教授——

该项目将所有产品面积控制在 90 平方米以内，同时提高户型的舒适度和功能性，控制总价承受能力。在契税降低利好加持下，低门槛入驻鹿城区，赋予新温州人全新的生活方式。

扫码观看楼盘详情

项目测评

【区域地段】
项目位处鹿城南片区较繁华的地带，也是鹿城向南发展的前沿，所有配套设施一应俱全，享有得天独厚的地段、交通、商业、休闲、教育和居住资源。片区正处于蝶变焕新之时，将迎来板块价值增长的爆发点。

【楼栋规划】
小区总占地面积约 24058 平方米，总建筑面积约 111097 平方米，由四栋高层和一栋公寓组成，层数为 33 至 34 层。地上总建约 79807 平方米，其中住宅约 4.6 万平方米，商业及公寓约 3.3 万平方米。

【主力户型】
建面约 79 平方米三室两厅一卫，建面约 89 平方米三室两厅两卫，三开间朝南，全明户型。三朝南设计户型方正，客餐厅一体，功能空间互借。主卧套房式设计，能放 1.8 米大床和两个床头柜，享私密与舒适。

【物业服务】
华宇物业集团与英国第一太平戴维斯建立股权合作，将提供国际化优质的 5C 钻石服务（涵盖物业管理、社区增值服务、业主资产管理、智慧社区运营）。以国际物业标准为 65 万业主提供人文、科技、绿色、普惠的华宇幸福生活。

【自建配套】
项目自带约 1 万平方米商业，东侧规划大型商业设施，园区打造"森系"全龄景观空间，约 500 平方米亲子陪伴式乐园。同时还有森林图书馆、儿童乐园、运动趴、林间吧台、林间休息平台，约 2300 平方米屋顶花园，约 1000 平方米阳光草坪。

【交通出行】
周边有"一轨二横三纵"的交通网，瓯海大道、六虹桥路、翠微大道、牛山北路、温瑞大道等干道畅达全城；温州 S1 轻轨在侧，向东 2 站可到达动车南站，向西 9 站可到达龙湾国际机场，市内外出行便利。

【教育资源】
周边教育资源丰富，包括南汇小学（预计扩建为蒲鞋市小学分校）、温州市二十一中、温州市三中、英墩堡幼儿园、瓯海区外国语学校（小学分校）等，书香浓郁。

【医疗配套】
项目周边有三级甲等医院温州市中医院（六虹桥分院）、温州市人民医院娄桥分院。后者是一家集医疗、教学、科研、康复、预防保健于一体的三级甲等综合性医院。此外还有温州医科大学附属第二医院。

【品牌描述】
华宇集团是一家以地产、金融、优家、建设为一体的全球多元化运营集团，具有国家一级房地产集团资质、一级建筑施工资质、一级物业服务资质。截至 2020 年年末，华宇集团累计开发楼盘 228 个，在售项目 81 个。

【购物娱乐】
项目自建集合休闲、娱乐、购物、社交等功能的近万平方米缤纷商业，周边有牛山国际城市综合体，5 公里范围内享南塘新天地、大西洋银泰城、万象城等商圈资源，吃喝玩乐购一应俱全，满足基本的消费需求。

城市地产篇

君悦339

温州 | 城泰投资 | 城市地标 | 临近区府 | 亚运周期

项目地址：
温州市瓯海区瓯海大道989号

开发商：
温州城泰投资发展有限公司

产品特征：
普通住宅

参考价格：
均价26500元/平方米

主力户型：
约118平方米三居，约138、143平方米四居

物业公司：
绿城物业

5公里生活配套：
区府行政配套中心、瓯海外国语学校、大西洋银泰城、亚运公园

专家点评

叶维坚·温州市房地产估价师与经纪人协会会长——项目于瓯海中心区打造复合式城市标志性建筑，在高约339米的君康中心内将建设温州首个六星级酒店、云端会所、直升机停机坪、天际泳池等配套，成为温州城市优质资产。

项目测评

【战略意义】
"君康中心"是君康人寿首入温州打造的瓯海第一高楼，也是温州瓯海区全新地标建筑，以主峰339米的高度，围绕健康、教育、科创、文化、金融等产业集群打造商业金融中心，重塑城市形象。

【市场口碑】
君悦339在2019年10月27日一期开盘，2020年1月18日二期开盘，创下两开两罄佳绩。"城市天际线楼盘""六星奢宅""温州新地标"等标签成为购房者对项目最多的评价。

【区域地段】
君悦339位于瓯海中心区。市民广场、亚运公园、图书馆、博物馆、市政配套一应俱全；瓯海外国语学校、温州市第三人民医院、大西洋银泰城配套齐全。教育、医疗、商业配套一样不落，区域价值显著。

【楼栋规划】
项目占地约45亩，总建筑面积约13万平方米，其中住宅建筑91037.53平方米，商业1911.32平方米。由4栋高层住宅和两处商业用房组成，住宅楼层42至44层，规划户数704户，近百米的楼间距提高每个居室的采光度和私密性。

【主力户型】
君悦339主力户型为建面约118平方米三居、约138平方米四居、约143平方米四居。户型整体布局颇为方正，餐客一体式设计，外接轩敞观景阳台，南北通透。三面朝南，整体采光良好，居住舒适。

【园林景观】
整体采用动静分区的造林手法。小区南侧为配合2022年亚运会，为业主们打造了一个"奥林匹克运动花园"，建设覆盖全龄段开放式花园，整体以"运动"为主题，包含了羽毛球场、健身跑道、攀爬区等诸多活动功能。

【自建配套】
项目自建"温州君康中心"，该项目总投资60亿元，建筑高度339米，包括地上77层和地下3层，将建设一座涵盖健康、商务、金融、酒店、商业等产业集群的超高层商业大厦。

【物业服务】
项目聘请绿城物业为物管公司，该物业公司具有国家一级资质，是一家以物业服务为根基，以服务平台为介质，以智慧科技为手段的大型综合服务企业，2016年在香港交易所挂牌上市，优质的物业服务被广大业主所认可。

【设计风格】
为了贴合温州的人文景观习惯，在建筑风格上，贯彻"造型硬朗、线条简洁、色彩分明、体形纯净"的理念，让建筑设计更加精致，富有现代感。

【购物娱乐】
项目两公里范围内，仁汇大厦吸引了市总商会、市服装协会等438家企业入驻；大西洋银泰城集购物、休闲、娱乐、餐饮、文化于一体。项目自持商业、酒店，拥有六星级酒店、5A旗舰办公、云端会所、直升机停机坪等配套。

龙湖·天曜城

温州 | 龙晖地产 | 园林华宅 | 综合业态 | 配套齐全

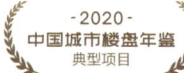

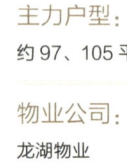

项目地址：
温州市瓯海区瓯海大道与龙霞路交叉口往西

开发商：
温州龙晖房地产开发有限公司

产品特征：
普通住宅

参考价格：
均价25479元/平方米

主力户型：
约97、105平方米三居，约127平方米四居

物业公司：
龙湖物业

5公里生活配套：
万象城、南塘新天地、梧田老街（规划中）、地铁M1线（规划中）、瓯海实验小学、温州市第二外国语学校、三垟湿地公园、温州医科大学附属第一医院

专家点评

潘安平·温州大学房地产研究所所长

龙湖·天曜城，用多业态综合体赋能品质住宅，打造「一站式」未来生活人居理念。天曜城将龙湖原创的江南山水园林融入设计，诠释了「出则繁华、入则静谧」的都市山水梦，演绎了人景交融的人居图景。

扫码观看楼盘详情

项目测评

【战略意义】
从2018年龙湖地产进入温州，到龙湖·天曜城作为首入温州的综合体华宅，两年时间布局五个项目，总计100万平方米的体量，开启温州大城时代。这一次，龙湖地产以城市中央综合体雄姿，再铸全新人居经典。

【区域地段】
龙湖·天曜城择址瓯海主城区，位于政府重大先导项目朝霞商务区规划内，市政规划项目聚集。坐落在瓯海大道与温瑞大道"黄金十字轴"，占据"温瑞同城化"鹿城南拓"桥头堡"位置，未来繁华可期。

【楼栋规划】
本项目住宅北区共2栋25层和11栋26层高层住宅建筑，以及1、2层的裙房；住宅南区共3栋26层高层住宅建筑，1层裙房。计容建筑面积19万平方米，户数1584户，容积率3.30，综合绿地率30%，建筑密度25.21%，采光通透且绿意盎然。

【主力户型】
主力户型的建筑面积约为105平方米三房两厅两卫，10米宽南向三开间，约6.8米双开间阳台，尽享阳光；主卧套房设计，配有衣帽间、观景飘窗、独立卫浴，私享大家格调。礼仪双区采用活动、起居区动静分离形式，悦享品质生活。

【园林景观】
项目规划约6万平方米龙湖原创江南山水园林，从"富春山居图"汲取灵感，设计"一园三境九景"，让归家如同穿越花园般的旅行。用龙湖"五维园林"手法，将全龄段功能空间融入景观设计，打造有温度、有互动感的园林社区。

【自建配套】
项目规划有约120米高写字楼、约1万平方米BLOCK商业街、星级酒店（规划暂定）、约2000平方米大型果蔬精品超市等多业态，构筑"一站式"国际化综合体生活。

【物业服务】
龙湖智慧服务深耕23年，借助科技与互联网等技术手段，实现了高效自主运作的科技创新。截至2019年12月，龙湖智慧服务已在118座城市开展了规范化的物业服务工作，服务超过330万户业主。

【交通出行】
毗邻瓯海大道，规划有地铁M1线大堡底路站。靠近轻轨S1线惠民站、龙霞路站，方便到达温州火车南站、温州机场等交通枢纽及周边县市。周边公交系统发达，出行便利。

【医疗配套】
项目周边有温州医科大学附属第一医院，是浙江省首批通过三甲医院评审的四家综合性医院之一。2019年，该医院位列中国医院科技影响力排行榜（综合）第78位，共有23个学科入围全国学科科技影响力百强。

【设计风格】
项目采用欧美标准全玻璃幕墙，铸就美学人居，设计上汲取"全球解构主义大师"扎哈·哈迪德设计美学灵感，对标纽约曼哈顿街区切尔西公寓，以平整的立面风格打造更富现代感的时代传承之作。

温州富力城

温州 | 富力地产 | 装修现房 | 轻轨大盘 | 商住复合

项目地址：
温州市龙湾区滨海经济技术开发区滨海二道与十二路交叉口

开发商：
温州极富房地产开发有限公司

产品特征：
普通住宅、商业

参考价格：
住宅均价 12000 元/平方米、商业均价 22000 元/平方米

主力户型：
约 104 平方米三居、约 148 平方米四居

物业公司：
天力物业

5 公里生活配套：
置信商业广场、利玛广场、轻轨 S2 线天河站（规划中）、自带约 10 万平方米商业综合体、约 2000 平方米菜市场

专家点评 薛朝晖·温州房地产政策研究中心副主任、教授

温州富力城择址滨海核心地段，以其独特的综合体产品力、纯正的富力城系旗舰大盘、承续全国 24 座富力城基因，匠心打造温州标志性综合体，为城市注入美好力量，成就理想人居生活。

项目测评

【市场口碑】
项目住宅计有 2174 套商品房，2018 年 4 月首次开盘以来，已有超过 2000 位业主选择温州富力城。2020 年 11 月完成项目一期交付，客户对项目的交付品质赞不绝口。"好户型""品质社区"等标签成为购房者对该楼盘最多的评价。

【区域地段】
项目位于滨海新区地段，2017 年温州城市发展规划已经明确了未来整体城市向东发展。依托龙湾国际机场等交通枢纽的建设，未来将会发展成为整个温州东部的繁华地段，同时还规划并实施了众多交通工程，重金吸引教育资源落地。

【楼栋规划】
温州富力城项目占地面积约 13.23 万平方米，建筑面积约 35 万平方米，总户数 2174 户，楼栋数 21 栋。一期和二期主要为住宅，三期为商业用地。商业综合体总建筑面积约 10 万平方米。

【主力户型】
温州富力城项目主力户型为建面约 104 平方米三居、约 148 平方米四居。项目含装修交付，户型方正、动静分区、布局合理、明厨明卫，而且还有南向的大阳台，面向景观园林，风景优美。

【园林景观】
整体为新亚洲建筑风格，外立面线条优美具有现代感，同时采用多彩真石漆，看起来大方简洁，在很大程度上提高项目整体的品质感。项目主入口位于东侧和南侧，整体景观打造以"一轴，一心，六组团"为主题。

【自建配套】
自建约 10 万平方米商业综合体，有 4500 平方米超市，可以满足家庭的购物需求。影院建筑面积约 3500 平方米，预计引入高端品牌英皇电影。宴会厅的设计参考五星级标准，约 2000 平方米建筑面积打造出约 4000 平方米的规模。

【物业服务】
温州富力城项目的物业公司为天力物业，是一级资质物业，以"六心"为服务理念。通过持续的社群运维、社区共建，以优质的服务建立起与业主之间的信赖关系，成为相互关心互相热爱的"家人"，共同感受美好生活。

【交通出行】
温州富力城项目交通线路发达。城市轻轨 S2 线（在建），从乐清到瑞安，串联起了整个温州经济繁荣的东部产业带。其中天河站（规划中）距离项目直线距离仅 600 米。项目东侧正在建设甬台温高速复线以及扩建成功的龙湾机场。

【教育资源】
与温州富力城项目仅一路之隔就是绣山中学及规划中的星海实验小学。绣山中学于 2018 年 9 月开始投入使用，师资力量雄厚。除此之外，项目周边还有滨海二幼、金海一小、籀园小学、金海中学，实现全龄化教育配套。

【品牌描述】
温州富力城项目由富力地产打造。富力地产在 1994 年成立，立足广州市场，稳健发展；2005 年，富力地产于香港联交所上市，成为首家被纳入恒生中国企业指数的内地房企；2019 年，富力地产销售业绩 1300 亿元，温州富力城项目是全国第二十五座富力城。

京津冀

305 / 2020年京津冀城市发展概述

308 / 北京
308 / 市场总结
312 / 在售楼盘一览
313 / 典型项目

320 / 天津
320 / 市场总结
324 / 在售楼盘一览
332 / 典型项目

340 / 石家庄
340 / 市场总结
344 / 在售楼盘一览
349 / 典型项目

352 / 唐山
352 / 市场总结
357 / 在售楼盘一览
359 / 典型项目

366 / 秦皇岛
366 / 市场总结
370 / 在售楼盘一览
372 / 典型项目

2020年京津冀城市发展概述

一、区域简介

京津冀地区位于环渤海经济圈的中心位置，是我国连接西北、东北和华北的重要节点地带，是我国北方连接"海洋经济"和"大陆经济"的枢纽地区。京津冀地区包括北京、天津以及河北省的石家庄、唐山、秦皇岛、承德、廊坊、邯郸、邢台、沧州、保定、张家口、衡水等城市。总人口约为1.1亿，占国土总人口的8.1%，土地面积为21.7万平方公里，占国土总面积的2%左右。

京津冀地区地形总体从西北向东部和东南部渤海方向下降。北面是张北高原，西面是太行山脉，东临渤海，南达黄河。东面和东南面是平原地带和沿海地区，北面和西面主要为山地和高原地形，占整个地区面积的60%，分布有太行山地、燕山山地、张北高原。

二、国家战略

1995年，贺成全提出京津冀旅游业发展一体化的思路。

1996年，韩清林提出京津冀区域经济一体化概念。

1997年，张连和等提出坚持新思维新战略，推进京津冀经济一体化，之后学界逐渐关注京津冀一体化的研究。

2004年2月，国家发展和改革委员会在廊坊召集京、津、冀部分城市区域经济发展战略研讨会，达成了"廊坊共识"，提出了"京津冀一体化"的发展框架，并启动了京津冀区域发展总体规划。

2008年，京津冀发改委区域工作联席会议召开。

2014年2月26日，习近平总书记在专题听取京津冀协同发展工作汇报时明确提出，"实现京津冀协同发展是一个重大国家战略"，并着重强调了京津冀协同发展的重大意义、系统阐述了推进思路和全面部署了重点任务，由此，京津冀协同发展纳入国家区域发展战略布局。

2015年2月10日，习近平总书记在审议研究京津冀协同发展规划纲要时强调，"疏解北京非首都功能、推进京津冀协同发展，是一个巨大的系统工程"，并提出了探索经济密集地区优化开发的模式、形成新增长极的要求。

2015年4月30日，中央审议通过《京津冀协同发展规划纲要》，京津冀协同发展战略正式形成。《京津冀协同发展规划纲要》明确了京津冀区域的整体功能定位与北京、天津、河北各自的功能定位与发展目标，对京津冀协同发展的空间布局全面优化，对北京非首都功能疏解与协同发展的领域进行了重点部署。京津冀协同发展迈进系统实施、全面推进的新时期。

2016年2月，《"十三五"时期京津冀国民经济和社会发展规划》印发实施，规划明确了未来五年京津冀协同发展的目标，提出了9大发展任务。

2017年4月1日，中共中央、国务院决定设立河北雄安新区，建设北京非首都功能集中承载地。

2017年10月，习近平总书记在党的十九大报告中指出"以疏解北京非首都功能为'牛鼻子'推动京津冀协同发展，高起点规划、高标准建设雄安新区"，党的十九大站在新的历史方位，为深入推进京津冀协同发展吹响了新的时代号角。

三、区域方针

2015年03月23日，中央财经领导小组第九次会议审议研究了《京津冀协同发展规划纲要》。中共中央政治局于2015年4月30日召开会议，审议通过《京津冀协同发展规划纲要》。纲要指出，推动京津冀协同发展是一个重大国家战略，核心是有序疏解北京非首都功能，要在京津冀交通一体化、生态环境保护、产业升级转移等重点领域率先取得突破。

京津冀三省市定位分别为：北京市是"全国政治中心、文化中心、国际交往中心、科技创新中心"；天津市是"全国先进制造研发基地、北方国际航运核心区、金融创新运营示范区、改革开放先行区"；河北省是"全国现代商贸物流重要基地、产业转型升级试验区、新型城镇化与城乡统筹示范区、京津冀生态环境支撑区"。

京津冀协同发展的目标是：到2017年，有序疏解北京非首都功能取得明显进展，在符合协同发展目标且现实急需、具备条件、取得共识的交通一体化、生态环境保护、产业升级转移等重点领域率先取得突破，深化改革、创新驱动、试点示范有序推进，协同发展取得显著成效。

到2020年，北京市常住人口控制在2300万人以内，北京"大城市病"等突出问题得到缓解；区域一体化交通网络基本形成，生态环境质量得到有效改善，产业联动发展取得重大进展。公共服务共建共享取得积极成效，协同发展机制有效运转，区域内发展差距趋于缩小，初步形成京津冀协同发展、互利共赢新局面。

到2030年，首都核心功能更加优化，京津冀区域一体化格局基本形成，区域经济结构更加合理，生态环境质量总体良好，公共服务水平趋于均衡，成为具有较强国际竞争力和影响力的重要区域，在引领和支撑全国经济社会发展中发挥更大作用。

京津冀确定了"功能互补、区域联动、轴向集聚、节点支撑"的布局思路，明确了以"一核、双城、三轴、四区、多节点"为骨架，推动有序疏解北京非首都功能，构建以重要城市为支点，以战略性功能区平台为载体，以交通干线、生态廊道为纽带的网络型空间格局。

"一核"指北京。把有序疏解非首都功能、优化提升首都核心功能、解决北京"大城市病"问题作为京津冀协同发展的首要任务。

"双城"是指北京、天津，这是京津冀协同发展的主要引擎，要进一步强化京津联动，全方位拓展合作广度和深度，加快实现同城化发展，共同发挥高端引领和辐射带动作用。

"三轴"指的是京津、京保石、京唐秦三个产业发展带和城镇聚集轴，这是支撑京津冀协同发展的主体框架。

"四区"分别是中部核心功能区、东部滨海发展区、南部功能拓展区和西北部生态涵养区，每个功能区都有明确的空间范围和发展重点。

"多节点"包括石家庄、唐山、保定、邯郸等区域性中心城市和张家口、承德、廊坊、秦皇岛、沧州、邢台、衡水等节点城市，重点是提高其城市综合承载能力和服务能力，有序推动产业和人口聚集。

在交通一体化方面，构建以轨道交通为骨干的多节点、网格状、全覆盖的交通网络。重点是建设高效密集轨道交通网，完善便捷通畅公路交通网，打通国家高速公路"断头路"，全面消除跨区域国省干线"瓶颈路段"，加快构建现代化的津冀港口群，打造国际一流的航空枢纽，加快北京新机场建设，大力发展公交优先的城市交通，提升交通智能化管理水平，提升区域一体化运输服务水平，发展安全绿色可持续交通。

在生态环境保护方面，打破行政区域限制，推动能源生产和消费革命，促进绿色循环低碳发展，加强生态环境保护和治理，扩大区域生态空间。重点是联防联控环境污染，建立一体化的环境准入和退出机制，加强环境污染治理，实施清洁水行动，大力发展循环经济，推进生态保护与建设，谋划建设一批环首都国家公园和森林公园，积极应对气候变化。

在推动产业升级转移方面，加快产业转型升级，打造立足区域、服务全国、辐射全球的优势产业集聚区。

重点是明确产业定位和方向，加快产业转型升级，推动产业转移对接，加强三省市产业发展规划衔接，制定京津冀产业指导目录，加快津冀承接平台建设，加强京津冀产业协作等。

四、交通基建

2020年12月23日，国家发改委发布了《关于推动都市圈市域（郊）铁路加快发展的意见》，其中明确提出，京津冀、长三角、粤港澳大湾区三大区域"十四五"期间计划新开工城际和市域（郊）铁路共1万公里左右。到2025年，基本形成城市群1至2小时出行圈和都市圈1小时通勤圈，轨道上的京津冀、长三角和粤港澳大湾区基本建成。

铁路方面，京张高铁、京雄城际北京段开通运营，加上前期开行的市郊列车，轨道上的京津冀初步形成。

公路方面，京礼高速北京段完工，京津冀三地区域间高速公路断头路全部打通，环首都"半小时通勤圈"逐步扩大，京津保1小时交通圈顺利实现。

机场方面，北京大兴国际机场于2020年9月25日正式通航，北京进入航空"双枢纽"时代。

五、未来展望

根据《京津冀协同发展规划纲要》，到2030年，首都核心功能更加优化，京津冀区域一体化格局基本形成，区域经济结构更加合理，生态环境质量总体良好，公共服务水平趋于均衡，成为具有较强国际竞争力和影响力的重要区域，在引领和支撑全国经济社会发展中发挥更大作用。

参考资料

1. 经济研究导刊杂志：京津冀区域经济一体化发展问题及对策研究
2. 城市杂志：推进京津冀交通一体化建设的策略研究
3. 河北经贸大学学报："十四五"期间京津冀协同发展的重点任务初探
4. 区域经济评论杂志：京津冀协同发展战略的演化与改革方向
5. 首都经济贸易大学出版社：《京津冀协同发展的基础与路径》
6. 北方经济杂志：京津冀协同发展：进展、问题与建议
7. 人民日报：千年大计、国家大事——以习近平同志为核心的党中央决策河北雄安新区规划建设纪实、习近平在听取京津冀协同发展专题汇报时强调优势互补互利共赢扎实推进努力实现京津冀一体化发展
8. 南开学报：京津冀协同发展：挑战与困境
9. 理论与现代化杂志：略论京津冀旅游业发展一体化的思路
10. 环渤海经济瞭望杂志：坚持新思维新战略推进京津冀经济一体化

北京
市场总结

一、新房成交表现

1. 整体情况

2020年，北京新房成交60660套，累计成交金额约3398.4亿元，成交金额创近6年新高。成交均价为48193元/平方米，较2019年每平方米上涨374元，是2015年以来的次高值。

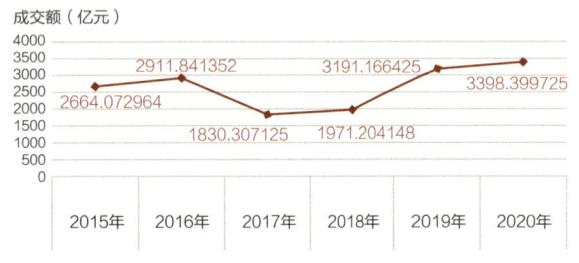

2015—2020年北京新房成交金额走势图

2020年春节后，北京售楼处全面关停，市场异常低迷。彼时业内专家、营销负责人等对北京市场预期相对悲观。不过2020下半年，北京楼市全面复苏，从多个项目开盘表现及相关购房用户态度预测，会是低开高走的局面。2020年的年度数据也一一证实。

2. 年度走势

2020年2月，受疫情影响，北京售楼处全面关停，网签数据也陷入低谷，仅成交1034套。3月初，售楼处开始陆续复工，但成交情况也不甚理想。4月，疫情好转，大量预售证获批，供应量激增至7729套，成交也恢复至3000多套。

2020年北京新房供需数据表

月份	供应套数	成交套数	成交均价（元/平方米）
1月	3565	2900	51673
2月	258	1034	50587
3月	1743	1771	52111
4月	7729	3176	50259
5月	7489	4352	50662
6月	9792	4457	50438
7月	2504	5203	49667
8月	4185	6117	49820
9月	8495	7761	46017
10月	2803	5849	46577
11月	7810	8328	45215
12月	13519	9712	46635

（续）

此后新房成交量一路攀升，9月达到第一个峰值，月成交7791套。10月市场表现平平。不过11月绿城奥海明月、颐和金茂府等项目开始网签，月度数据再攀高峰达8328套，12月翘尾行情如期而至，成交数达到9712套，为全年画上圆满句号。

成交价格上，2020年全年北京楼价稳中有降，调控效果显著。以成交均价最低的11月来看，虽然有以颐和金茂府、香山壹号院为代表的单价超10万元/平方米的项目进行了网签，但也有不少共有产权房赶着年底"抢收"，加上进行网签的限竞房市场存量依然很多，房价横盘并不意外。

3. 历史地位

过去6年里，北京新房成交情况最好的年份是2015年，年成交82394套。最低的是北京调控最严格的2017年，年成交仅28107套。2020年共成交60660套，是限竞房开始供应后的4年中成交最好的一年，仅次于2015年。

二、二手房成交表现

1. 整体情况

2020年北京二手住宅网签达168849套，与2019

年的 145021 套相比，增加 23828 套，提升 16.4%，创近 4 年新高。

2020 年北京二手住宅各月网签走势图

2010—2020 年北京二手住宅各年份量走势图

据麦田检测数据显示，从 2020 年全年来看，目前北京楼盘挂牌价格和 2020 年年初相比，上涨了 3.3%，成交价格和 2020 年年初相比，上涨了约 10%。挂牌价和成交价涨幅差异较大，从一定程度上可以看出，北京区域成交热度呈现分化特点，中高端市场交易活跃度更高。

2. 年度走势

2020 年全年，北京二手房市场先抑后扬，年底呈现明显翘尾行情。分月份来看，受春节假期及突发新冠肺炎疫情影响，2020 年前 4 个月北京二手住宅月均网签量约为 8300 套。之后，2020 年 5 月至 2020 年年底，市场需求量持续释放，近 8 个月北京二手住宅月均网签量超过 16600 套，是 2020 年前 4 个月月均网签量的 2 倍。2020 年 12 月，北京二手住宅网签量达 20944 套，创下 2016 年以来同期最高值，同时也是北京自 2017 年实施"3.17"政策以来的单月最高值。

3. 历史地位

2020 年北京二手房网签数据创近四年新高，在 2010—2020 年的 11 年中，位居第 4，仅次于 2010 年、2015 年、2016 年三年。

三、政策梳理

2020 年，北京市政府针对房地产市场暂无重大政策调整。不过西城学区迎来多校划片，限竞房 70/90 政策略有调整。或给市场以平稳预期，买房人心态平和，有利于开发商在产品方面改进，建设高质量住宅。

土地方面，2020 年北京土地供应以纯商品房为主，3 宗市场预期较高的土地调整竞价方式为达到最高价格后竞政府自持份额等细节政策，对房地产市场也产生了一定影响。但总体来看，政府坚持房住不炒、供需平衡、控制房价快速上涨等态度仍然十分坚决。

四、土地供应

1. 出让基本情况

2020 年，北京共成交经营用地 58 宗，成交金额超 1912 亿元，比 2019 年增长 240 亿元。其中住宅用地 48 宗，仅比 2019 年减少 1 宗。共计土地出让金 1737.5494 亿元，较 2019 年上涨约 17%。累计规划建筑面积约 600 万平方米，住宅平均溢价率 18.78%，比 2019 年高了一倍，市场信心明显增强。

更重要的是：2020 年，北京平均住宅楼面价为 28822 元 / 平方米，较 2019 年上涨 24%！

总价最高地块：2020 年 8 月 3 日，经过 66 轮比拼，中海以 79 亿元夺下亦庄开发区河西区 X46R1、X46R2 "不限价"宅地，溢价率 23.44%，折合楼面价约 39211 元 / 平方米。该宗地起拍价 64 亿元，建筑控规 201473.8 平方米，暂定名中海京叁號院，预计售价或超 7 万元 / 平方米。

最核心地块：2020 年 5 月 9 日，合生以 72.2 亿元斩获丰台分钟寺 L-24、L-26 地块；2020 年 5 月 19 日，合生又分别以 42 亿元、65.4 亿元摘得 L-39、L-41 地块，总投资 179.6 亿元。该宗地距离三环 1.2 公里，自驾 7.5 公里或搭乘地铁 5 站可到国贸，是 2020 年成交位置最好的地块。三宗地被合生竞得后，引入合作方金茂、世茂，将分别打造合生·缦云、东叁金茂府、世茂北京天誉，主打 120~248 平方米的改善性豪宅。目前，东叁金茂府已开盘，最低拟售均价约 10.6 万元 / 平方米。

限价情况：限竞房 2020 年共成交 8 宗，土地出让金额 313.3244 亿元。最高限每平方米均价 7.1 万元，为朝阳东坝 611 地块，由首开、金地、旭辉以 35.0244 亿元、4% 自持成交，楼面价 47008 元 / 平方米。整体来看，优质地块限价略有上涨，如昌平区七里渠地块限价 57500 元 / 平方米，较此前成交的相邻地块价格上涨约 3000 元 / 平方米。

2. 开发商拿地情况

从数量来看，首开仍然是北京最大的"地主"，2020 年共拿地 9 宗，不过多为联合拿地，这也是首开一贯的风格。

中海 2020 年共拍地 5 宗，位居第 2。与首开不同，中海是"独行侠"，除与首开联合斩获朝阳区金盏地块外，其余 4 宗地均为独立竞得，并且中海寰宇视界、中海天钻、中海首开拾光里、中海京叁號院 4 个项目已进入营销节点，动作迅猛。

2020 年，拿地数额第 3 位的房企是北京住总集团，参与拿地 4 宗。与首开一样，都是联合拿地。

3. 未来预估

2021 年，北京市石景山区、朝阳区、海淀区等多个区域的改善性新盘都值得关注。此外大兴区、顺义区、房山区为刚需产品聚集地，适合上车。

五、热点板块

2020 年北京成交量最大的区域是大兴区，全年共成交 10038 套，供应大户毋庸置疑。

成交金额最多的是朝阳区，总成交金额约 504 亿元。比较有趣的是，过去 6 年中，2015 年、2016 年的成交冠军都是朝阳区，而 2017—2019 年则是昌平区及丰台区。

此外，供应方面，通州区以 14168 套居于首位，大兴区次之，海淀区在 2020 年也迎来"开闸"，以 8421 套的成绩跃居第 3。

2020 年北京新房成交金额榜

区域	供应套数	成交面积	成交套数	成交均价	成交金额（亿元）	供求比
朝阳区	3537	808532	5476	62363	504.23	0.47
大兴区	10255	1058088	10038	43707	462.46	1.00
昌平区	6689	975947	8309	46254	451.42	0.79
丰台区	6916	594404	4643	61463	365.34	1.38
通州区	14168	742803	7538	45453	337.63	1.88
海淀区	8421	461699	3272	69837	322.44	2.14
顺义区	5871	717508	5904	39307	282.03	1.11
石景山区	2653	471389	4737	58243	274.55	0.65
房山区	3571	334916	3333	33012	110.56	1.02
门头沟区	1672	229792	1940	45849	105.36	1.26
密云区	3979	204978	1739	24393	50.00	2.31
怀柔区	1940	147855	1407	28891	42.72	1.55
平谷区	0	167567	1183	21476	35.99	0.00
延庆区	218	102308	998	25268	25.85	0.21
东城区	0	25078	62	85575	21.46	0.00
西城区	0	8795	81	72490	6.38	0.00

2020 年，萬橡悦府、中海寰宇时代、西山锦绣府、华樾北京、中铁·诺德春风和院登顶北京成交金额榜前 5 名，并且全部为限竞房，前十名当中，除上东郡为共有产权房外，其余均为限竞房。

2020年北京新房成交金额榜

排名	项目名称	区域	成交金额（亿元）	成交套数	成交均价（元/平方米）
1	萬橡悦府	昌平区	97.08	2059	51710
2	中海寰宇时代	大兴区	85.69	2102	52773
3	西山锦绣府	海淀区	75.17	1271	58626
4	华樾北京	朝阳区	59.76	798	74460
5	中铁·诺德春风和院	丰台区	58.44	910	67494
6	上东郡	朝阳区	54.60	1485	42999
7	禧悦学府	石景山区	53.27	913	61203
8	未来金茂府	昌平区	47.39	696	52907
9	长安云锦	石景山区	47.17	1202	47992
10	绿城·奥海明月	昌平区	43.24	925	58366

六、2021年展望

2021年，北京新房市场成交量或与2020年持平；价格上，大概率呈现稳中微涨的态势。亦庄中海京叁號院、远洋石景山刘娘府、海淀树村、朝阳金盏，以及大兴黄村限价5.5万元/平方米（预申请，未成交）等新项目都值得期待。

数据来源：克而瑞北京、乐居二手房、北京麦田。

在售楼盘一览

朝阳区

楼盘名称	价格	物业类型	主力户型
华瀚大厦	尚未公布	商业	写字楼（1300~3400m²）
华樾国际	约69422元/m²	普通住宅	三居室（89m²）四居室（126m²）
中海首开拾光里	1000万元/套起	别墅	四居室（150~160m²）

海淀区

楼盘名称	价格	物业类型	主力户型
颐和金茂府	约111998元/m²	普通住宅	四居室（188~256m²）
融创·香山壹号院	2000万元/套起	普通住宅	三居室（165m²）四居室（179m²）
山屿·西山著	约53000元/m²	限竞房	别墅（225m²）
京投发展·岚山	尚未公布	普通住宅	两居室（89m²）三居室（123m²）
颐和金茂府	约111998元/m²	普通住宅	四居室（195~256m²）

昌平区

楼盘名称	价格	物业类型	主力户型
萬橡悦府	约54000元/m²	限竞房	二、四居室（73~137m²）
翡翠公园	570万元/套起	普通住宅、别墅	三居室（118m²）四居室（140m²）
奥森ONE	约58858元/m²	普通住宅	三居室（75~89m²）
金隅上城郡	800万元/套起	别墅	别墅（214~253m²）
金辰府	约47000元/m²	限竞房	三居室（89m²）四居室（143m²）
绿城·奥海明月	约58858元/m²	普通住宅	三居室（115~130m²）
珠江·天樾书院	1100万元/套起	别墅	别墅（270~310m²）

丰台区

楼盘名称	价格	物业类型	主力户型
首钢金璟阳光	约38000元/m²	共有产权房	二居室（86~88m²）
中建·国望府	2000万元/套起	普通住宅	别墅（521~691m²）
中海甲叁號院	100000~120000元/m²	普通住宅	三居室（150m²）四居室（180~200m²）
合生·金茂东叁金茂府	尚未公布	普通住宅	三居室（120m²）四居室（145~200m²）
珠光御景西园	约38600元/m²	普通住宅	三居室（117~137m²）四居室（158m²）

房山区

楼盘名称	价格	物业类型	主力户型
熙湖悦著	285万元/套起	限竞房	二居室（73m²）三居室（83m²）
天恒京西悦府	约38000元/m²	普通住宅、别墅	三居室（96~120m²）四居室（135m²）

石景山区

楼盘名称	价格	物业类型	主力户型
中海首钢·天玺	约74000元/m²	普通住宅	三居室（122m²）四居室（147m²）
长安九里	约70000元/m²	普通住宅	二~四居室（85~150m²）
长安和玺	约75000元/m²	普通住宅	四居室（168m²）
中海·天钻	76000元/m²起	普通住宅	四居室（130m²）

石景山区

楼盘名称	价格	物业类型	主力户型
中海首钢长安云尚	320万元/套起	普通住宅	一居室（54m²）三居室（78~115m²）
中海首钢·天玺	尚未公布	普通住宅	三居室（122m²）四居室（147m²）

顺义区

楼盘名称	价格	物业类型	主力户型
首创河著	1200万元/套起	别墅	五居室（246m²）
金茂·北京国际社区	190万元/套起	限竞房	一居室（50m²）二居室（70m²）三居室（89m²）
金隅上城庄园	2300万元/套起	别墅	别墅（428m²）

通州区

楼盘名称	价格	物业类型	主力户型
新光大中心	398万元/套起	综合体	一居室（98~115m²）二居室（149~179m²）
珠江阙	约72000元/m²	普通住宅	四居室（328~357m²）
绿城·明月听蘭	尚未公布	普通住宅	三居室（96~138m²）
亦庄金悦郡	约36000元/m²	普通住宅	二居室（72m²）三居室（87m²）四居室（118m²）

密云区

楼盘名称	价格	物业类型	主力户型
阳光城·溪山悦	159万元/套起	普通住宅	二居室（80~82m²）
国祥府	约27000元/m²	普通住宅	三居室（89m²）四居室（127m²）
北京恒大上河院	约25500元/m²	普通住宅	三居室（103m²）

平谷区

楼盘名称	价格	物业类型	主力户型
和棠瑞著	500万元/套起	普通住宅、别墅、限竞房	别墅（300~350m²）

大兴区

楼盘名称	价格	物业类型	主力户型
融创亦庄壹号	338万元/套起	限竞房	二居室（74m²）三居室（89~103m²）四居室（129m²）
融创·公园壹号	262万元/套起	普通住宅	二居室（73.5m²）三居室（89.5~99m²）四居室（133m²）
新城熙红印	约64400元/m²	普通住宅	三居室（89~105m²）
和悦春风	约35000元/m²	限竞房	二居室（76m²）三居室（82~89m²）四居室（107m²）
金隅学府	约52695元/m²	限竞房	二居室（82m²）三居室（89m²）四居室（139m²）
招商·臻珑府	约47000元/m²	限竞房	三居室（89m²）
保利绿城和锦诚园	680万元/套起	普通住宅	四居室（143~171m²）
住总兴创·如遇	约29000元/m²	普通住宅	二居室（77.1~78.1m²）三居室（89.8m²）

典型项目

华瀚大厦

北京 | 华瀚投资 | 中央商务区 | 交通便利 | 品牌房企

项目地址：
北京市朝阳区东四环与广渠快速路交会处东北角

开发商：
华瀚投资集团有限公司

产品特征：
写字楼

参考价格：
65000 元 / 平方米

主力户型：
330 平方米办公空间

物业公司：
森茂物业

5 公里生活配套：
地铁 7 号线南楼梓庄站、地铁 14 号线、欢乐谷主题公园、窑洼湖公园、北京工业大学奥林匹克体育馆、燕莎奥莱、合生汇

专家点评 齐琳·北京商报总编辑助理

华瀚大厦地处北京黄金商务带，近十万平方米企业商务主场，优化空间既能满足市场小客户办公需求，也能满足中大型企业办公面积升级需求。同时提供购物、餐饮娱乐、休闲社交等多元配套，令生活化的写字楼成为流行趋势。

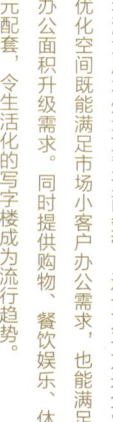

扫码观看楼盘详情

项目测评

【战略意义】
纵观纽约、东京等国际化城市，CBD 写字楼的尊贵价格恒久如一。时至今日，华瀚大厦承袭这份尊崇与荣耀，以臻贵价值，领衔城市商办价值制高点。

【区域地段】
项目位于东四环黄金商务带与京哈高速（G1）起点交会位置，处在北京副中心及东北主要城市进京咽喉要道，地铁 7 号线在侧，到达 CBD 核心区只需 3.5 公里，环享商务资源，地理位置优越。

【楼栋规划】
项目占地面积约 16250 平方米，栋楼总数 3 栋；A 座 26 层，B 座 16 层，C 座 3 层。A 座标准层面积约为 2063 平方米，大堂层高 8.4 米，标准层净高 2.8 米。B 座标准层面积约为 1590 平方米，大堂层高 8.18 米，标准层净高 2.8 米。A 座 227 套，B 座 129 套。

【品牌描述】
华瀚投资集团是国家一级资质房地产开发企业，根植首都，布局全国，以"为城市创造价值"为使命，站在区域运营的战略高度运筹帷幄，形成"全国品牌联动"战略宏图，持续聚焦北京、长春、威海等地，以精品住居开发理念推动城市人居进程。

【主力户型】
100~2000 平方米商务空间，可自由分割组合，满足各类企业个性化的办公需求，为时代企业的快速成长不断赋能。在城市化发展进程中，镌刻下深刻的价值注脚。

【园林景观】
近 30.7% 的绿化率，项目俯瞰 100 万平方米北京欢乐谷主题公园，近临 24 万平方米城市绿带公园与 36 万平方米窑洼湖公园，270 度自然围合，私享公园景观资源。

【设计风格】
华瀚大厦盛邀加拿大 B+H 国际建筑师事务所大师操刀，将国际审美理念与功能相融合，打造钻石造型设计；以国际化视野缔造"内外兼修"的新型生态办公环境。

【自建配套】
项目内拥有 5000 平方米专属商业配套，内设 3000 平方米高端精品中餐厅，规划有五星级多功能商务厅、2000 平方米高端健身会所、800 平方米白领员工餐厅等。

【交通出行】
项目交通线路发达，三轨五横四纵交通主动脉，距 7 号线南楼梓庄站 800 米，步行 8 分钟；紧邻地铁 14 号线、规划中的 28 号线。

【教育资源】
项目周边教育资源丰富，北京工业大学、陈经纶学校、黄冈中学、蓝天东方幼儿园等教育配套林立。

首创河著

`北京` `首创置业` `高端现墅` `定制装修` `优质物业`

项目地址：
北京市顺义区京承高速 11 出口东 900 米路北

开发商：
北京联创盛业房地产开发有限公司

产品特征：
别墅

参考价格：
1200 万元 / 套起

主力户型：
246 平方米五居

物业公司：
万科物业

5 公里生活配套：
京承高速 11 出口、京沈高铁、15 年一站式教育用地（已开学）、首创 24H 商业街

专家点评

张剑 · 中国网地产出品人

首创河著择址望京北，依燕山腰贯温榆河，三公园环绕、独院联排别墅、现房交付、11.5 米大面宽、270 度全采光，更是「禧瑞系」进阶之作。实景现房的呈现，不仅令高净值人群圆梦，也节省了宝贵的时间成本。

扫码观看楼盘详情

项目测评

【战略意义】

2013 年，首创置业与政府合力开发、规划 200 万平方米项目，在板桥核心区投资近 200 亿元，构建 15 年一站式教育用地，引入医疗、商业等全方位配套，打造 5 公里步行生活半径。截至 2020 年年末，北京在售纯墅区联排商品房仅 6 个，望京以北地区唯有首创河著。

【区域地段】

赵全营镇是国家级重点镇，顺义区确定的 4 个重点镇之一，政策利好性可谓是一大优势。靠近未来科学城，已吸引 24 家央企进驻及众多科技人才、科研专家到来，未来规划约"10 万"高精人才聚集。

【楼栋规划】

首创河著总建筑面积 96000 平方米，规划总户数 147 户，容积率为 0.62。项目主要为独院产品，项目共计规划 30 栋楼，147 套房源，其中 6 号楼为叠拼，共计 12 套，其余均为独院产品。

【园林景观】

首创河著以中魂西技的手法打造"六进制园林礼序"，外立面采用柱式体系和经典三段式结构，营造墅居氛围；以卢浮宫古典柱式和三段式为构图，突出轴线，强调对称，精研比例，划分层次，打造出建筑的秩序感与美感。

【物业服务】

全面导入万科物业，承奉精诚至善定制服务；布局中国 65 座城市，服务 1800 个高端项目，管理逾 3.56 亿平方米物业。为业主提供尊享生活服务，同时更享受万科物业经营溢价。

【市场口碑】

25 年间，首创在北京陆续开发了天禧、缘溪堂、阳光上东、和平大道等高端项目，以天禧系、禧瑞系为主的高端产品线积淀。首创河著项目属于首创禧瑞系，是继首创禧瑞墅、禧瑞山等禧瑞系产品之后又一高端力作。

【交通出行】

项目位于京承高速 11 出口，便利可抵达望京商圈；地铁 17 号线（规划）、京沈高铁，多维立体交通，五纵四横社区道理，便捷归家之旅。

【主力户型】

首创河著主力户型为 246~286 平方米的联排现墅，独门独院，270 度三面采光，地上空间占比超过市场平均值的 1.5 倍。93 平方米单层面积，居住舒适性优越，首层无自建遮挡，180 度庭院视野，7 米南向面宽。

【自建配套】

在教育、商业等方面力争为业主提供便利，15 年一站式教育用地，建设已经落地开学。另有首创 24H 商业街，成功引入麦当劳、品牌便利店等入驻，令业主日常生活更加便捷。

【购物娱乐】

项目周边便利可达鲁能美丽汇、沃尔玛山姆会员店、祥云小镇、欧陆广场等大型商超。同时，首创也在区域内打造了自身的商业配套，可供日常生活消费。

首钢金璟阳光

| 北京 | 首钢 | 总价较低 | 共有产权 | 品牌地产 |

项目地址：
北京市丰台区首钢二通产业园东区

开发商：
北京首钢二通建设投资有限公司

产品特征：
普通住宅

参考价格：
住宅均价 38000 元/平方米

主力户型：
88 平方米两居

物业公司：
金地物业

5 公里生活配套：
华熙购物中心、五棵松体育馆、石景山万达广场、FAN MA 京荟广场、永辉广场、翠微百货、台湾街

专家点评
唐亮 · 乐居环京公司总经理

共有产权住房门槛低、性价比高，本身就很受欢迎，遇到如首钢金璟阳光这种具备区位、位置优势的项目，更应该优先考虑购买。城六区、西四环、首付 70 万元，这个价格、这个位置，非常值得入手。

项目测评

【战略意义】
首钢地产立足北京、进军外埠、滚动发展。在北京地区先期合作开发商品房项目后，又在北京地区独立开发了北京市首批"两限房"项目，开启了首钢地产政策性住房建设的新篇章。

【市场口碑】
四环外多是高端商品房，首钢金璟阳光38000元/平方米的单价、五环内的地理位置实属稀缺。金璟阳光作为共有产权房项目，并未因为是保障房体系内的商品房而降低标准，品质可比肩商品房。

【区域地段】
北京土地的稀缺性越发突出，五环内住宅用地供应越来越少，政府的土地供应大多集中在五环与六环之间甚至六环外，在未来，四环内也基本没有住宅用地，所以首钢金璟阳光更是显得弥足珍贵，为四环周边再添稀缺珍品。

【楼栋规划】
本项目共 10 栋楼，总套数 2044 套。其中，一居室 7 套，建筑面积约 62 平方米；二居室 1957 套，建筑面积 86~89 平方米；三居室 80 套，建筑面积约 89 平方米。

【主力户型】
A 户型是约 88 平方米的两室两厅一卫，南北通透舒适两室，方正户型设计，南向主卧配观景阳台，优化采光通风；卫生间干湿分离，享洁净健康，L 形厨房规制，便利每日烹饪操作。

【园林景观】
项目在社区园林打造方面力求营造远山近园的意境，给居住者以"人在林中，林在山中，山在人中"的高雅享受。本小区地势平坦，结合构筑小品、园路和植被营造宜居的休闲空间。

【自建配套】
项目北区打造了以儿童及老人活动为主的休闲活动空间，南区则营造成全龄化社区，使人漫步在环形道、隐蔽于宅间的休闲空间。另外南区设置了篮球场及便民菜市场和便利店，还包括健身馆、咖啡馆、图书馆等公共空间作为交流场所。

【物业服务】
金地物业至今已服务项目近 4000 个，服务客户 500 万人，拥有众多优秀住宅及商业项目管理经验，为高层、别墅、高级公寓、花园洋房、写字楼、商业综合体、产业园区等众多业态输出优质的物业服务。

【交通出行】
项目拥有三横、三纵、三轨的立体交通网络。三横为莲石东路、梅市口路、京港澳高速。项目距离北京西站仅 7 公里，距北京南站仅 12 公里。

【教育资源】
项目南区规划有一处托幼用地，预计有 9 个班级。南侧还规划有一处小学用地，预计 2021 年底竣工。项目周边还有北京丰台路中学、北京丰台二中、北京丰台区实验学校、北京十二中附属小学、北京市大成学校、长安新城小学等。

新光大中心

北京 | 光大安石 | 配套完善 | 交通便利 | 品牌地产

项目地址： 北京市通州区滨惠北一街北侧

开发商： 北京华恒兴业房地产开发有限公司

产品特征： 商业、公寓

参考价格： 公寓均价49000元/平方米

主力户型： 约98平方米一居、约115平方米一居

物业公司： 光控第一太平

5公里生活配套： 10万平方米大融城ArtPark、潞河医院、国泰百货、运河文化公园、地铁6号线、万达商业广场

扫码观看楼盘详情

专家点评

方明 · 易居企业集团克而瑞福州区域公司总经理——

新光大中心占据运河CBD五河交会处，TOD一体式交通规划，75万平方米综合体包含40万平方米写字楼，16万平方米高端商务公寓、10万平方米艺术商业及安美术馆，是目前副中心商务中心区体量较大、综合配套强大的旗舰商务综合体亦是副中心地标项目。

项目测评

【战略意义】 由光大控股打造的新北京人文商务地标——新光大中心，地处北京城市副中心商务中心区、五河交会处，是北京第一个采用TOD模式的项目，拥有庞大的三维立体交通体系。

【市场口碑】 项目2016年销售至今，已实现近两千套房源成交，每期开盘均告售罄，受到了市场客户的喜爱。目前在售的ArtPark9作为高品质、楼内配套全、艺术感及设计感较强的产品，亦受到了众多追求生活品质的客户关注。

【区域地段】 新光大中心择址运河CBD区域。运河商务区作为北京城市副中心三大功能节点之一，是北京城市副中心商务功能的主要承载地和拉开城市框架的核心起步区。这里聚焦商务服务和科技创新主导功能，打造起北京财富管理中心和高精尖产业集群。

【楼栋规划】 新光大中心由七座超高建筑组成，项目总占地11万平方米，总规模75万平方米。综合体分别为四栋精装公寓，其中楼高41层、7梯10户的全精装高品质商务公寓ArtPark 9正在销售中；同时项目还配置了10万平方米的自持体验式商业中心。

【主力户型】 新光大中心主力户型为建筑面积98平方米一居和115平方米一居。户型特点：入户门玄关私密性强；全景落地大窗，多重景观一览无余、尽收眼底；卫生间干湿分离，实用性强；客厅与餐厅、居住，一体空间，开阔共享；酒店式私有空间，现代、奢华的心灵归属地。

【园林景观】 项目秉持可持续的绿色发展理念，独有景观大道、仪式化景观节点，并点缀有多处精美景观小品。商业顶部设计为空中花园，实现了人与建筑、自然环境及城市的和谐共生。

【自建配套】 新光大中心大融城ARTPARK商业，迄今已有星巴克、巴黎贝甜、妍颜、INSTYLE HAIR SALON等品牌商家入驻。项目全力打造新光大中心10万平方米体验式水岸商业，营建新光大中心全新商务模式。

【物业服务】 项目物业为光控第一太平物业，商业项目管理经验丰富。物业服务包含：物业管理区域内共用部位、共用设备及共有景观的维修、养护、运行和管理；负责公共区域清洁卫生服务；负责协助维护公共秩序和协助做好安全防范工作。

【交通出行】 新光大中心为地铁6号线通州北关站上盖项目，可在北关换乘站（在建中）与地铁18号线（规划中）、22号线（规划中）衔接。6号线地铁通州北关站C出口已开通，实现无缝接驳，加之3个换乘大厅、4个环隧出入口，全面确保了居者通行顺畅。

【教育资源】 项目周边教育资源完善，新光大中心附近小学包含北京小学、史家胡同小学、后南仓小学、运河小学、贡院小学。中学有潞河中学、首师大附中、运河中学、人民大学东校区等，众多名校云集于项目周边。

中海首钢·天玺

`北京` `中海地产` `冬奥板块` `品牌地产` `品质社区`

项目地址：
北京市石景山区古城南街及莲石路交叉口北 500 米

开发商：
中海地产 & 首钢地产

产品特征：
高层

参考价格：
均价 74000 元/平方米

主力户型：
约 122 平方米三居、约 147 平方米四居

物业公司：
中海物业

5 公里生活配套：
中海国际广场（在建中）、京西商务中心、朝阳医院京西分院、京源学校

专家点评

许大鹏，深圳市易品集设计顾问有限公司首席建筑师

天玺项目坐落于古城板块，毗邻永定河，周边城市公园集群。270 度的观景云台，流动飘逸的曲线，晶莹剔透的全景大堂，把阳光和美景最大化地引入到了室内，既传承延续自然宜居之美，又融合轻奢简约的细节，无一处不体现匠心，无一处不彰显艺术品位。

扫码观看楼盘详情

项目测评

【战略意义】
该项目是中海在北京开发的第二座"天"字系豪宅作品，集中海 41 年豪宅修为，定位"中海空间 4.0 时代压轴之作"，推出 122 平方米和 147 平方米两种三、四居产品，约 12.6 米 L 形采光面、八窗全明、科技智能，可谓是中海在长安街发力十二年"压箱底儿"的大作。

【区域地段】
项目区位优势明显，长安街、园博园、永定河、大西山、冬奥园将其包围在中央。项目所处的石景山首钢片区，是城六区乃至全北京少有的先规划、后开发的纯新片区。

【楼栋规划】
小区占地面积约 3.3 万平方米，建筑面积约 6.8 万平方米，容积率 2.80，绿化率 30%，规划总户数 339 户，楼栋均为高层住宅，分别为 15 至 18 层，楼栋数为 6 栋，均为两梯两户设计，尊享独立电梯前厅。

【主力户型】
中海首钢·天玺主力户型有两种，122 平方米三居与 147 平方米四居。其中，建筑面积 122 平方米的舒适三居，八窗全明，布局方正。147 平方米左右的四居，拥有 270 度采光观景的大边厅，采用南北通透三卫、三套房设计，是空间设计感十足的纯改善产品。

【园林景观】
社区的景观结构是"两环、三庭、五园"的整体结构，在园林设计中打造了 360 平方米迎宾水面、320 平方米的密林花岛、670 平方米的阳光草坪等。在这可以观山、赏水、休憩、读书、交友，真正做到艺术和功能的叠加和交融。

【物业服务】
社区物业为中海物业自持。中海物业凭借 30 余年的沉淀和全国各地中海高端住宅服务经验，已然成为中国物业翘楚。在 2020 年的疫情中，中海物业硬核防控，实时测温、定时消杀、检查车辆、最大程度维护社区安全，确保业主生活不受影响。

【交通出行】
项目南侧紧邻莲石路，开车约 500 米可上莲石路。项目北侧距离长安街 1.5 公里。此外，周边的轨道交通也十分便利，北侧 500 米为建设中的 M11 号线，1.5 公里为地铁 1 号线，去西单、国贸等商业中心都非常便利。

【教育资源】
项目西北侧规划有公立幼儿园和一万平方米教育用地，还有京源学校、石景山实验中学、古城中学等教育资源环绕，业主在家门口就可以完成各年龄段的精英教育。

【购物娱乐】
项目与京西商务中心商圈、苹果园-中海科技金融城商圈、万达商圈、五棵松商圈、西侧长安天街商圈等快速衔接。北京城市西大门将作为"首都文化娱乐休闲区"，满足日常生活中购物、餐饮、娱乐的各类生活休闲需求。

【设计风格】
项目采用现代主义的设计风格，建筑色调以玫瑰棕与银灰色为主，凸显国际化与潮流感。建筑整体以曲代直，以流线造型勾勒建筑立面，打造出高档次的品质社区。

中建·国望府

`北京` `中建地产` `宫制合院` `城市墅区` `山水胜境`

项目地址：
北京市丰台区北宫路与园博大道交叉口南行300米路东

开发商：
北京中长合源置业有限公司

产品特征：
别墅

参考价格：
叠拼2000万元/套起

主力户型：
约691平方米四居、约521平方米四居

物业公司：
绿城服务

5公里生活配套：
地铁14号线张郭庄站、园博园、北宫国家森林公园、永定河休闲森林公园、两横四纵一轨道路网等

专家点评

陈志·北京房地产业协会秘书长——

项目位于西五环外，西山之对，永定河畔，园博园旁，自然环境优越，以低容积率构筑纯粹墅区。在建筑上沿袭了紫禁城的规制，创新打造宫制合院。私家庭院设计，独立入户玄关，南向大面宽、起居层、休憩层、娱乐层等多重生活动线，保证居住的私密性和均好性。

扫码观看楼盘详情

项目测评

【战略意义】
中建·国望府，是中国建筑旗下中建二局全资子公司——北京中建地产在北京打造的首个高端城市别墅项目，代表了品牌的形象资产，更是带动区域人居价值提升的高端作品。

【区域地段】
中建·国望府所在板块，定位生态旅游区，属于丰台区发展规划要地，位于生态融合发展带与永定河文化带之间，近邻丰台科技园西区；与卢沟桥国家文化公园区一河之隔，实现生态与文化的多重辐射。

【楼栋规划】
中建·国望府整个地块西低东高，自西向东依次分布明星合院、主力合院、叠拼。以(商品房)0.8容积率，缔造纯粹墅区，仅呈92席，包括43套主力合院，5套明星合院，44套叠拼。

【主力户型】
520平方米主力合院，独门独院规制，全套房设计，私家电梯，主客分离，主仆动线分离。250～310平方米叠拼，7.1米宽厅，10.6米大面宽，大玻璃窗采光设计，纯南向主卧套房，保证居住舒适度。

【园林景观】
具有序列感的御街、正门、前庭、自然山水主题的南北花园以及府道巷道串联，提取西山三山五园的文化意境打造国望八景：京西故道、国望燕门、知松园居、西山夕照、清漪缦廊、玉泉鱼戏、玉华丹枫、采香云径。

【交通出行】
两横四纵一轨道路网，距地铁14号线张郭庄站约两公里，快速链接金融街、丽泽、丰台科技园等区域。丽泽商务区规划建设第二机场城市航站楼，未来乘地铁14号线可以直接到达。

【物业服务】
社区物业为绿城服务，从居家生活、健康管理、文化教育以及衣食住行等方面出发，提供名医入园、长者"1+7"、长者康养、陪诊看护、鹰眼共享、社区App、智能化访客管理等服务。

【品牌描述】
中国建筑，位居2020年《财富》世界500强第18位。在我国投资建设了90%以上的300米以上摩天大楼、3/4重点机场、3/4卫星发射基地、1/3城市综合管廊、1/2核电站。可以说，每25个中国人中就有一人使用中国建筑建造的房子。

【购物娱乐】
5公里范围内有金瑞天霖购物中心，10公里内可达石景万达商圈以及八一射击场、万龙八易滑雪场、南宫温泉水世界、汉旗马术俱乐部、银泰鸿业高尔夫俱乐部、京辉高尔夫俱乐部等娱乐配套。

【设计风格】
中建·国望府采用新中式建筑风格，精选莱姆石为石材立面，质地坚实，安全性高、耐腐蚀、环保性好，屋檐、外墙选用深咖色铝单板，整体楼座稳重大气，呈现典雅端庄的气势与美感。

萬橡悦府

北京 | 华润置地 | 首开地产 | 北京建工 | 地铁上筑

项目地址：
北京市昌平区七小路与朱辛庄路交叉路口往西约 300 米

产品特征：
住宅

项目规划：
占地面积：37000 平方米；容积率 2.4；总户数：994 户

主力户型：
73~137 平方米两居、四居

参考价格：
54000 元 / 平方米

入选理由
2020 年北京住宅项目销量榜单第一名

2020 年北京住宅新增供应 54178 套，成交 49187 套，萬橡悦府项目以销售额 96.9 亿元获得住宅市场销售冠军。

核心优势：
萬橡悦府是华润置地联合首开地产、北京建工在北京建设的超百亿元大盘，重点打造集人居生活、商务办公为一体的地产旗舰项目，也是首个双子座地产，能为客户提供居住功能完善的住宅产品。项目北侧约 300 米是地铁朱辛庄站，8 号线与昌平线换乘站。项目东至七燕路，西至七里渠中路，北至朱辛庄中路，南至北清路。项目整体设计为新古典主义风格，通过对材质的精细化严格把控，让外观历久弥新，挺拔厚重，比例骏美。

长安九里

北京 | 电建&华润 | 六大商圈 | 精工大宅 | 交通便利

项目地址：
北京市石景山区长安街西沿向南 400 米

产品特征：
住宅

项目规划：
占地面积：约 64377.39 平方米；容积率：2.8；总户数：931 户

主力户型：
85~150 平方米两居至四居

参考价格：
70000 元 / 平方米

入选理由
2020 年北京纯商品住宅项目销量榜单第一名

据地产营销人统计，2020 年北京纯商品住宅新增供应 22370 套，成交 18504 套，长安九里项目以销售额 41.24 亿元获得纯商品住宅市场销售冠军。

核心优势：
长安九里是由华润置地和电建地产联袂打造的都市级人居力作，位于石景山区具有发展潜力的都市功能核心区。周边分布1号线、M11号线、18号线三条地铁，处在石景山都市功能核心区板块，周边六大商圈环伺，为生活带来繁华奢适体验。长安九里基于对现代家居生活的观察，科学定制生活场景，12栋大都会风格现代建筑，呈现优雅尊贵立面的同时，在规划层面上全方位实现人车分流，在社区主入口到单元入户口动线设置林荫回家路，营造温暖归家的尊崇礼遇。建面约85~150平方米精工生态大宅，科学化动静分区，拥有胜过市面上同面积段产品的空间体验感；在提升空间利用率的同时，也保证了生活空间的舒适度。

天津
市场总结

一、新房成交表现

1. 整体情况

新房年度成交量：2020年，天津新建商品住宅成交建筑面积为1283万平方米，楼市在2月受疫情影响导致断档，较去年下降9%；成交金额为2106.5亿元，较去年下降5%。全年新建商品住宅月均成交建筑面积约117万平方米（剔除市场空白的2月份）。2019年全年新建商品住宅月均成交建筑面积约118万平方米，相比于2019年，天津市场容量稳定。2020年12月，天津商品住宅成交量达到157万平方米，刷新了近两年市场最高值。

新房价格情况：天津新建商品住宅2020年成交均价为16419元/平方米，由于成交结构的调整，成交均价达到了历史最高值，甚至在2020年12月，新建商品住宅成交均价达到17470元/平方米。市区新盘入市/老盘加推带动供应上涨，成交趋势普遍向好，以价换量明显，除和平区外价格均有下降；环城整体供求较为稳定，供应总量略有上涨，成交总量维持稳定，均价微涨东丽新增供应多，成交向好；西青价格坚挺，需求仍在；北辰供销价均下降；津南价格敏感度高。

2. 年度走势

在成交区域方面，天津四大片区中，环城四区和远郊五区为主力成交区域，商品住宅成交占比达71%。备受关注的市内六区，其中河东区成交量最大，为33万平方米；环城四区中津南区成交144万平方米；武清区成交较为突出，达到148万平方米，居全市首位；滨海新区主力板块塘沽和中新生态城成交量较大，分别为77万平方米和75万平方米。

2020年天津楼市整体上受年初因疫情而复工延迟的影响，一季度供求保持在相对低位，2月天津楼市断档。3月天津楼市迎来复工复产，传统的市场"小阳春"硬生生推迟至5月、6月，迎来了全年的成交高峰。从7月到11月，天津楼市一直处于平稳状态，量价走势走成了一条直线，商品住宅成交量每月维持在120万平方米。12月天津楼市迎来了全年第二个峰值，商品住宅成交量达到157万平方米。年末翘尾行情如期而至，楼市完美收官。

二、二手房成交表现

2020上半年，二手房成交因疫情原因在2月降至冰点，后期市场逐步回暖，但市场表现一般。新房以价换量、中介渠道点位调整等因素让大部分门店放弃了传统的二手房业务。

二手房成交在经历了第一季度的疫情影响之后，二季度至四季度整体回暖，下半年趋于平稳状态。2020年二手房成交总面积1016.92万平方米，较去年下降8%。总成交金额1347亿元，较去年下降10%。成交均价方面，天津全市二手房成交均价13246元/平方米，较去年下降2%。二手房挂盘房源量与客户带看量有所下降。

从相关媒体报道来看，天津从2019年至2020年连续两年二手房成交相比之前两年处于低迷状态，这也是阻碍新房成交的一个最大障碍。市民手里的二手房无法及时变现直接影响了改善型需求的新房置业。

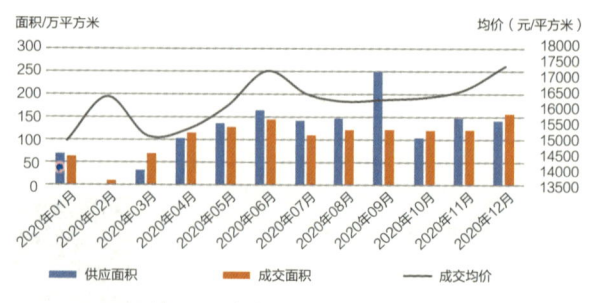

天津2020年商品住宅供求价逐月走势

新房与二手房成交面积逐月对比

三、政策梳理

截止到 2020 年 12 月，天津目前执行的限购政策是 2017 年 3 月 31 日出台的《关于进一步深化我市房地产市场调控工作的实施意见》的相关政策。

目前天津市场的限购条件：有天津户口，或者三年内有连续两年的社保，满足这样的条件的公民才可以买房，不满足的话就没有购房资格，该限购条件对整个天津市在售住宅均有效。

对购房者限购的数量：除滨海新区以外的地方，购房者在其他天津各区域最多购买两套，在滨海新区可以买第三套，也就是严格意义上的滨海新区不限购（数量）；没有天津户籍但是满足购房条件（纳税或者社保）的购房者，最多可以买一套房，有户口的购房者最多可以买两套（滨海新区除外）；对于家庭而言，单身及离异的购房者最多买一套房，每个家庭最多可以买两套。

另外，2020 年 3 月，天津市发改委网站发布《市发展改革委关于印发天津市支持重点平台服务京津冀协同发展的政策措施（试行）的通知》（以下简称《通知》）。《通知》对落户到天津滨海新区中关村科技园和宝坻京津中关村科技城的符合天津产业发展定位的北京转移来津项目制定六项措施，在备受关注的落户、购房方面均有最新规定，该《通知》自 2 月 28 日起施行。

在落户方面，《通知》规定，符合天津产业发展定位的北京转移来津项目，其职工符合"海河英才"行动计划落户条件的，直接办理落户；在企业就职满 1 年及以上的其他全日制本科及以上学历职工，并在津缴纳社会保险的，不受年龄限制，可在津落户；项目落地即可申报战略性新兴产业领军企业，被认定后按照"企业提名单、政府接单办"办理落户；30 周岁及以下的中高职毕业职工，可在津落户。

在购房条件方面，《通知》规定，符合天津产业发展定位的北京转移来津项目，其在职职工户籍迁入本市的，按照本市户籍居民政策购房；其在职职工户籍暂未迁入本市且家庭在津无住房的，按照外地户籍居民购房套数政策执行，项目转移至本市后，职工即可购房，但所购住房须在取得不动产权证满 3 年后方可上市转让。

四、土地供应

2020 年，对于天津土地市场也是不平凡的一年，据乐居不完全统计，全年全市住宅用地共计出让 113 宗，较 2019 年减少近 36.5%。其中出让土地总面积近 778 万平方米，成交总金额超 917 亿元。从整体数据上看 2020 年的天津土地市场呈现整体回落的态势，这与 2019 年出现的土地市场成交高峰不无关系。

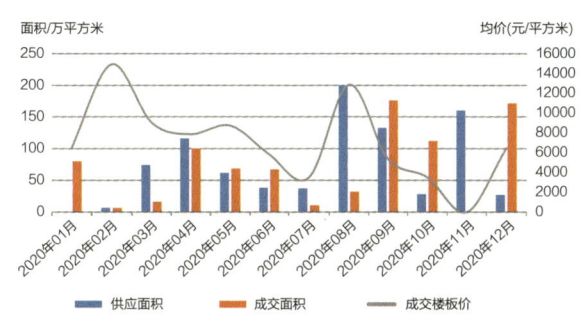

天津 2020 年经营性用地供求价逐月走势

值得一提的是，在 2020 年全年成交的这 113 宗宅地中，底价成交占比达 74%（84 宗），溢价成交占比 25%（29 宗），其中有 2 宗溢价 30%~40%，其余地块溢价 0.1%~20%。

从区域成交来看，2020 年滨海区域宅地成交 60 宗，成交量占比过半；总成交金额约 378 亿元；成交土地面积 427 万平方米，占比约 54%。市区土地依然稀缺。

五、热点板块

2020年，天津商品住房成交仍集中在100万~250万元，随着落户政策放宽，刺激人口落户，抬升了低总价项目的成交量。全年成交热门地区多集中在环城以及远郊地区重点发展板块，对总价以及发展规划、轨道交通配套以及教育资源等因素影响非常敏感。

而受疫情影响，刚需盘价格混战，优惠下限持续拉低，对于户型功能以及空间布局合理性等因素成为单盘高性价比的制胜因素。纵观全年新入市项目，大多推出了100平方米以下三室户型，小户型产品成为2020年热销之选。

市内六区——中海城市广场钻石湾位于河东区，以28.1亿元、7.5万平方米成为市区金额榜和面积榜的双料冠军。

环城四区——未来城位于北辰区，以35.9亿元、18.4万平方米成为环城金额榜和面积榜的双料冠军。

远郊五区——中建壹方九里位于武清区，以20.7亿元，登顶远郊商品住宅成交金额榜榜首；天津富力新城位于静海区，以19.8万平方米，登顶远郊商品住宅成交面积榜榜首。

滨海新区——万科滨海大都会位于滨海新区开发区，以21.2亿元、9.7万平方米成为滨海金额榜和面积榜的双料冠军。

六、用户心理

在2020年，购房者的心理产生了哪些变化？市场环境又出现了哪些新趋势？

乐居走访南开区一家大型中介门店，一位市民刚刚降价10万元出售了一套南开区迎水道的老房子。她说自己一直在为腿脚不好的父母找寻市区低楼层住宅，中介人员通知她，在河西区宾水道附近有一套户型和朝向都不错的老小区房源近期挂牌，全家人到现场后发现房子是小区里难得挂牌的"楼王"。尽管报价高于同小区其他住宅，但对方也急于卖旧房买新房，主动降价10万元。于是，这位市民赶紧签订了合同，同时抓紧降价出售手里的旧房筹措房款。这位市民表示，低卖低买才能快点成交，毕竟时间也是成本，不想再继续等待。

此外，天津有关人才引进和落户的政策贯穿2019年，并且延续到2020年。"海河英才"计划是2018年5月出台的，截至2020年11月，天津累计引进人才33.6万人，平均年龄32岁，本科以上学历超过70%，战略性新兴产业人才占比25%。

2020年，天津放宽滨海和宝坻两个中关村科技园的落户、购房限制，鼓励职工来津工作落户、合理购房。从而进一步升级完善"海河英才"行动计划。虽然不能轻言人才政策对楼市会造成巨大的利好但城市人口的增长对住房需求的拉动是客观存在的。

七、2021年展望

2021年，房住不炒，因城施策、多策并举依然是常态。天津房地产市场将会继续保持稳定，房价如果没有针对性新政策刺激，很难出现大涨大跌的态势。同时，"三道红线"将会对房企的未来产生一定影响，以价换量、快速回笼资金将成为未来一段时间的主要营销手段。土地供给，政府倾向于优质区域的优质地块，而房企受大环境的影响拿地也将更加谨慎，供求矛盾仍旧持续。预计到2021年，区域冷热不均、宅地底价成交等现象将持续。

"海河英才"计划人才红利的持续释放，助力天津房地产市场增量需求，刚需依旧是市场的主力军。同时，随着近几年调控的不断深化，抑制了部分天津地缘改善客群，高端改善市场趋于理性，人们对住宅的需求也逐渐多样化，购房者不再简单追求面积大小，而功能性和舒适性成为未来更高层次的居住要求。就目前的高端市场而言，面积在140平方米以下产品的需求量占据了市区高端住宅市场的半壁江山，而市场需求量同样是置业者需要参考的指标之一，与它最直接的关联就是未来的增值空间。

此外，受2020年土地成交缩量影响，2021年新上市楼盘预期较少，全年主要以去化库存为主。房企仍将重视存货快速推销，降低负债水平。基于现有的供需关系，天津楼市价格仍将保持平稳走势或呈现低涨幅。同时，2021年值得期待的区域主要还是集中在市区，其中包括中海地产以总价47亿元购得天津河西区解放南路的津西解放（挂）2019-126号、津西解放（挂）2019-127号捆绑商住地块。龙湖以20.75亿元总价购入位于天津市区的梅江道南侧津西青梅（挂）2020-019号、津西青梅（挂）2020-020号商住捆绑地块。上实城开以总价26.6亿元、竞得河东区天津工业大学津东成（挂）2019-138号宅地等将备受关注。

数据来源：易居克而瑞天津机构、保利投顾研究院华北分院。

在售楼盘一览

和平区			
楼盘名称	价格	物业类型	主力户型
和平翰林公馆	约 60000 元/m²	住宅	一居室 (46m²) 二居室 (77~143m²) 三居室 (144~185m²)
天成和平里	约 66000 元/m²	住宅	二居室 (89m²) 三居室 (120m²)
天津四季汇	约 88000 元/m²	公寓	一居室 (150m²) 三居室 (275~360m²)
招商津湾天玺	约 40000 元/m²	住宅	二居室 (144~174m²) 三居室 (199~344m²) 四居室 (339m²)
融创星河和平印	约 52000 元/m²	公寓	一居室 (57~93m²) 二居室 (94~133m²)

南开区			
楼盘名称	价格	物业类型	主力户型
迎顺府	尚未公布	住宅 综合体	二居室 (93m²) 三居室 (128m²)
保利云禧	约 41500 元/m²	住宅	二居室 (88m²) 三居室 (103m²)
南开 1911	约 46000 元/m²	住宅、商业	三居室 (101~149m²)
金地阅千峯	约 64000 元/m²	住宅	三居室 (176m²)
南开宸院	约 39000 元/m²	住宅	二居室 (86m²) 三居室 (103~130m²)
正荣紫阙	约 59000 元/m²	住宅	四居室 (196m²)
融创 181	约 45000 元/m²	住宅、	二居室 (137m²) 三居室 (173m²)
天房崇德园三期	约 57700 元/m²	住宅	二居室 (110~137m²) 三居室 (158m²) 四居室 (185m²)
南开府	约 46000 元/m²	住宅	二居室 (84~136m²) 三居室 (120~170m²) 四居室 (171~184m²)
中交海河公馆	256 万元/套起	公寓	一居室 (52m²) 二居室 (79m²) 三居室 (97~128m²)
阳光 100 喜马拉雅（天津）	约 37000 元/m²	公寓	二居室 (94~136m²)
鼎福汇	约 39000 元/m²	住宅	一居室 (61~72.3m²) 复式室 (109.81m²)
万科新都会	15000 元/m² 起	公寓	公寓 (330~340m²)
阳光 100 天塔喜马拉雅	约 50000 元/m²	住宅、公寓	一居室 (54~83m²)
天房天拖三期	约 50000 元/m²	住宅	二居室 (101m²) 三居室 (127m²)
奕聪花园	约 23000 元/m²	公寓、别墅	一居室 (94~99m²)

河西区			
楼盘名称	价格	物业类型	主力户型
平安泰达金融中心·骏悦	约 50000 元/m²	商住	一居室 (91m²) 二居室 (136m²)
中海左岸澜庭	约 40000 元/m²	住宅	二居室 (82m²) 三居室 (89~120m²)
宾西路 5 号	约 49000 元/m²	住宅	三居室 (145~185m²) 四居室 (225m²)
绿城天津诚园	约 43000 元/m²	住宅	三居室 (89~143m²)
御江臺	40000~45000 元/m²	住宅	三居室 (99~117m²) 四居室 (138m²)
北大资源阅城	约 28000 元/m²	住宅、公寓	二居室 (82m²) 三居室 (98~120m²)
天津瑞府	约 37000 元/m²	住宅	三居室 (104m²) 四居室 (142~169m²)
海景文苑	约 30000 元/m²	住宅	二居室 (80~120m²)
格调绮园	约 42000 元/m²	住宅、公寓	二居室 (78~92m²) 三居室 (102m²) 四居室 (157~160m²)
天津湾海景芯苑	约 28000 元/m²	住宅、公寓	二居室 (75~82m²)

河西区			
楼盘名称	价格	物业类型	主力户型
恋上生活	约 35000 元/m²	公寓	一居室 (56~88m²) 二居室 (91~98m²) 三居室 (136~154m²)
北大资源阅公馆	约 28000 元/m²	公寓	一居室 (50~55m²) 二居室 (77m²)
中冶盛世国际广场	约 23000~26000 元/m²	住宅、公寓	三居室 (67~83m²)
仁恒公园世纪	约 42000 元/m²	住宅	二居室 (96~115m²) 三居室 (127~144m²) 四居室 (179~246m²)
天地源熙樾台	25000~44000 元/m²	住宅	一居室 (50~61m²) 二居室 (111m²) 三居室 (120.31~132m²)
天房麗山	约 42000 元/m²	住宅	三居室 (147.76m²)
中海天空之镜	尚未公布	住宅	四居室 (169~208m²)
华宇御熹臺	约 40000 元/m²	住宅	三居室 (89~105m²)
天房六合国际	尚未公布	住宅、公寓、别墅、综合体	二居室 (101m²) 四居室 (136~137m²)

河东区			
楼盘名称	价格	物业类型	主力户型
雍鑫雍祥园	约 31000 元/m²	住宅	二居室 (84~94m²) 三居室 (111~122m²)
中海城市广场钻石湾	约 48000 元/m²	住宅	二居室 (85m²) 三居室 (110~170m²)
农垦含章雅著	33000 元/m² 起	住宅	三居室 (95~135m²)
格调榴园	约 27000 元/m²	住宅	三居室 (90~151m²)
路劲太阳城心邸	约 28500 元/m²	住宅	二居室 (85~87m²) 三居室 (98~124m²)
凯旋门	约 24000 元/m²	住宅	二居室 (80~86m²) 三居室 (100~130m²)
中储正荣栋境	约 30000 元/m²	住宅	三居室 (125m²) 四居室 (148m²)
万欣城	约 35000 元/m²	住宅	三居室 (97~140m²)
大华清水湾	约 34500 元/m²	住宅	三居室 (90~120m²)
天津恒大帝景	38000~42000 元/m²	住宅	三居室 (140m²) 四居室 (170m²) 五居室 (275m²)
海河金茂府	约 55000 元/m²	住宅	三居室 (155~212m²) 四居室 (203m²)

河北区			
楼盘名称	价格	物业类型	主力户型
中国铁建西派国印禧阙	约 34000 元/m²	住宅	三居室 (105~130m²)
城投北宁公元	约 29300 元/m²	住宅	二居室 (88m²) 三居室 (106m²)
天房中山路	约 33000 元/m²	住宅	二居室 (89~95m²) 三居室 (105~139m²)
蓝光雍锦府	约 34000 元/m²	住宅、商业	二居室 (80m²) 三居室 (94m²) 四居室 (130m²)
中国铁建花语津郡	约 32700 元/m²	住宅	二居室 (88m²) 三居室 (99~125m²)
首创天阅海河	约 43000 元/m²	住宅、公寓	二居室 (104m²) 三居室 (129m²) 四居室 (141~224m²)
天津中冶德贤华府	约 36000 元/m²	住宅	三居室 (109~157m²)
首创大河公馆	约 26000 元/m²	公寓	一居室 (67~77m²)
财富绿道丹庭	29000~30000 元/m²	住宅、综合体	二居室 (84~93m²) 三居室 (125m²)
天房天泰	约 29000 元/m²	住宅、公寓	二居室 (98~99m²) 三居室 (125m²) 四居室 (140~142m²)

河北区			
楼盘名称	价格	物业类型	主力户型
天津诺德中心	约39000元/m²	住宅、综合体	三居室(92~146m²)
紫樾宸府	约23000元/m²	住宅	二居室(96~123m²) 三居室(138m²)
和融广场悦湾河畔	约28500元/m²	公寓	一居室(61~66m²) 二居室(86~92m²) 三居室(118~120m²)
中国铁建公馆189	约17000元/m²	公寓	一居室(53~82m²) 二居室(101m²)
旺海海河源筑	约42000元/m²	公寓	一居室(66~124m²) 二居室(132~152m²)
中国铁建国际城	约31000元/m²	住宅、别墅	三居室(132~136m²)
富海公馆	约30000元/m²	公寓	二居室(43~123m²) 三居室(134m²)
旺海公府	约48000元/m²	住宅	二居室(84m²) 三居室(97~192m²) 四居室(228~300m²)
天房御河桃源	尚未公布	住宅	尚未公布

红桥区			
楼盘名称	价格	物业类型	主力户型
红桥九和府	约25000元/m²	住宅	二居室(89m²) 三居室(93~120m²)
公元大观	约28000元/m²	住宅	四居室(166m²) 三居室(100~138m²)
万达水西台	约40000元/m²	住宅	三居室(90~135m²)
惠灵顿国际社区海上花苑二期	约46000元/m²	住宅	二居室(112m²) 三居室(152~178m²) 四居室(221m²)
泰达城河与海	约29000元/m²	住宅	三居室(142~168m²) 四居室(187m²)
融创上河印	约23000元/m²	商住	尚未公布
朝阳领御	约32000元/m²	住宅	二居室(94m²) 三居室(110~135m²)
首创禧瑞府	尚未公布	住宅	二居室(79~83m²) 三居室(89~109m²)
荣盛碧桂园云鼎	约35000元/m²	住宅	二居室(83m²) 三居室(103~125m²)

东丽区			
楼盘名称	价格	物业类型	主力户型
中建新丽壹号	22000元/m²起	住宅	三居室(82~100m²) 四居室(115m²)
实地天津蔷薇国际	约13500元/m²	住宅	三居室(100~110m²) 四居室(128m²)
中建玖棠府	约13000元/m²	住宅	三居室(95~115m²)
金隅金玉府	尚未公布	住宅	二居室(92~99m²) 三居室(105m²)
金融街听湖小镇洋房	约12500元/m²	住宅	二居室(76~82m²) 三居室(88m²) 四居室(135~136m²)
中建锦绣丽城	约20500元/m²	住宅	三居室(95~120m²)
茂悦城	约13500元/m²	住宅、别墅	三居室(99m²) 四居室(138~167m²)
金融街碧桂园熙湖壹	13000元/m²起	住宅、别墅	四居室(214m²)
鲲栖府	约15000元/m²	住宅	四居室(145m²)
上东金茂府	约31000元/m²	住宅	三居室(105~148m²)
新城悦隽公元	11500元/m²起	住宅	三居室(94~127m²)
万科东郡	约22500元/m²	住宅	二居室(79~80m²) 三居室(98~115m²)
天安象屿智慧城珑公馆	约9750元/m²	商业	一居室(44~68m²)
万科天地	约10900元/m²	商住	一居室(36~79m²) 复式(53m²)
北大资源阆府	约28000元/m²	住宅、别墅	二居室(83m²) 三居室(91m²)

东丽区			
楼盘名称	价格	物业类型	主力户型
万科民和巷	约22000元/m²	住宅	二居室(80m²) 三居室(118~127m²)
天津华侨城纯水岸锦里	约13500元/m²	住宅、别墅	二居室(83~88m²) 三居室(123~136m²)
金融街听湖小镇联排	约15500元/m²	别墅	别墅(131~236m²)
上东金茂智慧科学城	约24000元/m²	住宅	二居室(82m²) 三居室(98m²)
中交雅郡城东春晓	16800元/m²起	住宅	二居室(85m²) 三居室(95~110m²)
天安象屿智慧城	11000~13000元/m²	住宅	二居室(80m²) 三居室(88~120m²)
上东金茂悦	约27000元/m²	住宅	二居室(83m²) 三居室(99m²)
融创融园	约26000元/m²	住宅	三居室(93~136m²) 四居室(141~167m²)
蘭栖墅	约20000元/m²	别墅	尚未公布
融创城	约27000元/m²	住宅	二居室(84~86m²) 三居室(95~133m²) 四居室(142~172m²)
建邦时代汇	55万元/套起	综合体	二居室(56m²)
金泰丽湾	14700元/m²起	住宅	二居室(90~103m²) 三居室(133~145m²) 四居室(157m²)
天津华侨城天鹅堡观筑	约11500元/m²	住宅、别墅	二居室(78.6~140.34m²) 三居室(100~160m²) 别墅(160~376m²)
新业御园	约23000元/m²	住宅	二居室(85~100m²) 三居室(112~130m²) 四居室(182m²)
澜悦	约23000元/m²	住宅	三居室(91~128m²)
中建玖樾府	180万元/套起	住宅	三居室(85~108m²)
金隅悦城	约23000元/m²	住宅、别墅	二居室(95~118m²) 三居室(145m²)
天房锦园	约15000元/m²	别墅	别墅(205m²)
三源英华郡	约11000元/m²	住宅、别墅	二居室(89~92m²) 三居室(119m²) 别墅(160~307m²)
印象荟	约9000元/m²	商业	别墅(304~766m²)

津南区			
楼盘名称	价格	物业类型	主力户型
恒大悦府	约20800元/m²	住宅	二居室(85m²) 三居室(98~141m²) 四居室(145~159m²)
和泓葛沽湾首府	约12500元/m²	住宅	二居室(70~75m²) 三居室(88~140m²)
融信津南府	约10500元/m²	住宅、别墅	三居室(102~125m²) 别墅(145~165m²)
阳光城未来悦	约17500元/m²	住宅	三居室(89~110m²)
美的云熙府	约22000元/m²	住宅	三居室(95~143m²)
禹洲雅和府	尚未公布	住宅、别墅	尚未公布
爱情花园里	约11000元/m²	住宅	三居室(89~117.8m²)
中海南开郡	约22000元/m²	住宅、别墅	二居室(84~115m²) 三居室(89~126m²) 别墅(115~126m²)
锦绣大家	约20000元/m²	住宅、综合体	三居室(88~110m²) 四居室(127m²)
阳光城文澜府	约22000元/m²	住宅	二居室(80m²) 三居室(88~105m²)
新城和兴府	约13500元/m²	住宅	二居室(105~110m²) 三居室(120~130m²)
中海国际公园城	约9300元/m²	住宅	二居室(84~85m²) 三居室(89~112m²) 四居室(128~138m²)
景瑞翰邻	约21500元/m²	住宅	三居室(95~110m²)

津南区

楼盘名称	价格	物业类型	主力户型
融创星耀五洲	9000~18000元/m²	住宅、别墅	二居室(82~87m²) 三居室(95~125m²) 四居室(360m²)
富力又一城	11000~16000元/m²	住宅、别墅	二居室(83~91m²) 三居室(148m²)
海玥名邸	约13500元/m²	住宅	二居室(85m²) 三居室(98~118m²)
首创禧悦翠庭	约19500元/m²	住宅	二居室(79~83m²) 三居室(89~109m²)
路劲赞成	约21000元/m²	住宅	二居室(86m²) 三居室(90~116m²)
华远景瑞海蓝城	约14000元/m²	住宅	二居室(86~88m²) 三居室(92~97m²)
津海云著	350万~450万元/套	住宅、别墅	别墅(168m²)
龙湖紫宸	约17500元/m²	住宅	三居室(125m²)
蓝光芙蓉公馆	约9800元/m²	住宅	三居室(90m²) 四居室(119~143m²)
大唐盛世	8500元/m²起	住宅	二居室(80.94~105m²) 三居室(114.86m²) 四居室(138m²)
雅居乐御宾府	23000元/m²起	住宅	三居室(90~110m²)
中海湖与墅	约15000元/m²	住宅、别墅	别墅(136~166m²)
津门熙湖	8500~11500元/m²	住宅	三居室(120~130m²)
沽上江南	约15200元/m²	住宅	二居室(83m²) 三居室(106m²)
首创悦山郡	约23000元/m²	住宅	三居室(97~133m²)
四季春晓	约16000元/m²	住宅	二居室(78m²) 三居室(88m²)
财信河西府	约34000元/m²	住宅	三居室(105~140m²)
龙湖天璞	约18500元/m²	住宅	二居室(77m²) 三居室(89~120m²)
京基岭墅	650万~670万元/套	住宅、别墅	五居室(240~275m²)
鲁能泰山7号	约22500元/m²	住宅	三居室(95~125m²)
象博豪庭	约26000元/m²	住宅	二居室(87~97m²) 三居室(133m²)
嘉泰翰林学府	约8858元/m²	住宅	二居室(77~79m²) 三居室(89~143m²)
天津悦府	约16000元/m²	住宅	二居室(82m²) 三居室(90~108m²)
首创禧悦汇公寓	约10000元/m²	综合体	一居室(76m²)
公园里	约11000元/m²	住宅	三居室(90~150m²)
天地源叠翠院	约9500元/m²	住宅、别墅	二居室(88m²) 三居室(104~118m²)
南园	约11000元/m²	住宅、别墅	二居室(85m²) 三居室(104~128m²) 别墅(150m²)
仁恒海和院	约23000元/m²	住宅	三居室(101~148m²) 四居室(186m²)
雅居乐御宾府雅玥	19000~21500元/m²	住宅	三居室(95~120m²)
天山龍玺	约8500元/m²	住宅、别墅	三居室(89~179m²) 四居室(191m²)
天悦风华	18000~20000元/m²	住宅、商业	三居室(93~105m²)
中国铁建花语天著	19500元/m²起	住宅	二居室(75m²) 三居室(87~118m²)

西青区

楼盘名称	价格	物业类型	主力户型
保利和光尘樾	约19500元/m²	住宅、综合体	二居室(76~80m²) 三居室(87~127m²)
爱情缤纷里	约18500元/m²	住宅	二居室(74~84m²) 三居室(101m²) 四居室(115~116m²)
格调松间	约26000元/m²	住宅	二居室(97~109m²) 三居室(112~144m²) 四居室(152~156m²)
津门正荣府	约21000元/m²	住宅	二居室(80m²) 三居室(95~105m²) 四居室(125m²)
卓越云门	约21500元/m²	住宅	三居室(110m²) 四居室(130m²)
万科西华府	约25500元/m²	住宅	三居室(125~150m²)
融侨阳光城皓玥	约19000元/m²	住宅、别墅	四居室(118m²)
融侨方圆	约21000元/m²	住宅	三居室(90~137m²) 四居室(143m²)
万科紫台	24000元/m²起	住宅	二居室(86~89m²) 三居室(101~126m²)
格调平园	约33000元/m²	住宅	三居室(100~116m²) 三居室(121~143m²)
格调初晴	900万/套起	住宅、别墅	别墅(211m²)
招商公园1872	约19000元/m²	住宅、别墅	二居室(87m²) 三居室(97~118m²)
华侨城碧桂园天境	约19000元/m²	住宅	三居室(118m²) 四居室(140m²)
梅江壹号院	39000~45000元/m²	住宅	三居室(140~224m²)
联发锦里	约24000元/m²	住宅	三居室(95~110m²) 四居室(130m²)
中骏宸景湾	约18000元/m²	住宅	二居室(80m²) 三居室(90m²)
翡翠嘉和	约23000元/m²	住宅	二居室(89m²) 三居室(109~125m²)
中交樾公馆	约19000元/m²	住宅、别墅	二居室(86m²) 三居室(120~122m²)
中骏正荣悦景湾	尚未公布	住宅	二居室(80m²) 三居室(95~105m²)
美的旭辉翰悦府	约20500元/m²	住宅	三居室(90m²)
龙湖春江悦茗	约20000元/m²	住宅	二居室(85m²) 三居室(95~105m²)
中北祥云	约21000元/m²	住宅	三居室(100~133m²) 四居室(137m²)
龙湖首创禧瑞郦城	约26500元/m²	住宅	三居室(118m²) 四居室(141m²)
万科翡翠大道	约22000元/m²	住宅	三居室(89m²) 三居室(109~150m²)
天房领世郡	25000元/m²起	住宅、别墅	二居室(103m²) 三居室(121~134m²) 别墅(221~226m²)
国兴融泰城	约21500元/m²	住宅	二居室(89m²) 三居室(92~120m²) 四居室(143m²)
天安珑园	约13500元/m²	住宅、别墅	二居室(90~99m²) 三居室(110m²) 四居室(124~150m²)
社会山西苑	约19000元/m²	住宅	二居室(90~92m²) 三居室(96~99m²)
中骏雍景府	380万元/套起	住宅	二居室(89~99m²) 四居室(110m²) 别墅(133~143m²)
保利拾光年	约22500元/m²	住宅	二居室(76m²) 三居室(86~99m²)
融侨观澜	约32000元/m²	住宅	二居室(81m²) 三居室(115~137m²) 四居室(150m²)
金融街西青金悦府	约19000元/m²	住宅	二居室(81m²) 三居室(97m²)
蓝光雍锦半岛	约11500元/m²	住宅	三居室(100m²) 四居室(115m²)
富力津门湖	约34000元/m²	住宅、别墅	四居室(187m²)
美墅金岛	6000万/套起	住宅	尚未公布
万科西庐	约20000元/m²	住宅	三居室(93~125m²)
金地艺墅家·酩悦	尚未公布	住宅、别墅	三居室(100~140m²) 别墅(165m²)

北辰区			
楼盘名称	价格	物业类型	主力户型
金辉中环云著	约 18800 元 /m²	住宅	三居室 (97~133m²)
万科运河文化村	约 15000 元 /m²	住宅	二居室 (78~86m²) 三居室 (94~120m²)
泽信公园御府	14800 元 /m² 起	住宅	二居室 (75m²) 三居室 (88~106m²)
盛耀悦公馆	约 12900 元 /m²	住宅	三居室 (95m²)
融创运河宸院	约 13700 元 /m²	住宅	三居室 (108~127m²)
融创津宸壹号	15000~17000 元 /m²	住宅	二居室 (88m²) 三居室 (105~129m²)
中储城邦	20000~23500 元 /m²	住宅、别墅	二居室 (90~110m²) 三居室 (127m²) 四居室 (140~151m²)
新城悦隽风华	11000~12000 元 /m²	住宅	二居室 (78m²) 三居室 (95m²)
运河文化城~189	23000~26000 元 /m²	住宅	二居室 (84~87m²) 三居室 (97~134m²)
绿地新里栖湖公馆	约 12000 元 /m²	住宅	三居室 (95~115m²)
雍祥府	19000~24000 元 /m²	住宅	二居室 (89m²) 三居室 (96~145m²)
运河文化城~188	25000~28500 元 /m²	住宅	三居室 (122m²)
未来城	约 19000 元 /m²	住宅	二居室 (82m²) 三居室 (103m²)
新城樾风华	15000~17000 元 /m²	住宅	二居室 (82~88m²) 三居室 (92~124m²) 四居室 (137~150m²)
碧桂园中心	约 16500 元 /m²	住宅	二居室 (82m²) 三居室 (104m²) 四居室 (115m²)
北宸正荣府	约 18500 元 /m²	住宅	三居室 (108m²)
绿地新里北苑	约 20000 元 /m²	住宅	二居室 (80m²) 三居室 (95~105m²) 四居室 (125m²)
碧桂园中骏天寰	约 17500 元 /m²	住宅	二居室 (84.62m²) 三居室 (98.47~116.2m²)
路劲隽澜湾	16000~19500 元 /m²	住宅	二居室 (85~89m²) 三居室 (93m²) 四居室 (138m²)
天房寰悦府	约 21000 元 /m²	住宅	二居室 (83~92m²) 三居室 (100~134m²)
中梁津门首府	11500~12500 元 /m²	住宅	二居室 (77m²) 三居室 (87~116m²)
融创璟园	18000~18500 元 /m²	住宅	二居室 (88m²) 三居室 (104~127m²)
星河国际	约 20000 元 /m²	住宅	三居室 (115m²) 四居室 (130m²)
融创臻园	约 19000 元 /m²	住宅	三居室 (101~122m²) 四居室 (144~282m²)
金侨上街	12000~15000 元 /m²	商业	一居室 (44~62m²) 二居室 (79~109m²)
天津正荣府	约 21000 元 /m²	住宅	三居室 (105~125m²) 四居室 (150m²)
金侨宸公馆	18400~26000 元 /m²	住宅、综合体	二居室 (85m²) 三居室 (100~128m²) 五居室 (215m²)
阳光城文澜公馆	约 19500 元 /m²	住宅	三居室 (85~116m²)
大华锦绣华城	约 16500 元 /m²	住宅	二居室 (83m²) 三居室 (93~106m²)
绿地新里澜湾	约 22800 元 /m²	住宅	三居室 (93~115m²)
金侨瑞公馆	约 11000 元 /m²	住宅	二居室 (75m²) 三居室 (85~95m²)
阳光城翡丽公园	约 11000 元 /m²	住宅、别墅	三居室 (95~119m²) 别墅 (125~135m²)
林溪小镇	约 17000 元 /m²	别墅	别墅 (180m²)
荣诚园	约 12680 元 /m²	住宅	二居室 (75~82m²)
成宁府	约 21500 元 /m²	住宅	三居室 (97~131m²)

北辰区			
楼盘名称	价格	物业类型	主力户型
昆仑御	约 24000 元 /m²	住宅	二居室 (81m²) 三居室 (105~130m²)
融创御园	20000~25000 元 /m²	住宅	三居室 (97~133m²) 四居室 (155m²)
融创御景宸院	约 20000~23000 元 /m²	住宅	二居室 (85m²) 三居室 (95~106m²)
樾风华·珑悦	尚未公布	住宅	三居室 (89m²)

武清区			
楼盘名称	价格	物业类型	主力户型
金融街金悦府	约 16800 元 /m²	住宅、别墅	三居室 (89~118m²)
花样年锦上花	约 12980 元 /m²	住宅	三居室 (83~97m²)
碧桂园云湖	约 13500 元 /m²	住宅	二居室 (88m²) 三居室 (108m²)
碧桂园云河 park	6400~9000 元 /m²	公寓	一居室 (35~65m²) 二居室 (49m²)
奥园誉雍府	约 16500 元 /m²	住宅	二居室 (88m²) 三居室 (105~122m²)
金科博翠湾	16500~22000 元 /m²	住宅	三居室 (104~114m²)
雍鑫金科集美雍阳	约 18700 元 /m²	住宅	二居室 (85~87m²) 三居室 (95~147m²)
龙湖春江郦城	约 22000 元 /m²	住宅	三居室 (112m²) 四居室 (147m²)
隽悦府	约 19000 元 /m²	住宅	二居室 (85m²)
世茂国风雅颂	16800~25000 元 /m²	住宅	二居室 (89m²) 三居室 (110~150m²) 四居室 (195~225m²)
恒大翡翠湾	12500 元 /m² 起	住宅	二居室 (83m²) 三居室 (101~126m²) 四居室 (143m²)
御湖庄园	14000~16500	住宅、别墅	三居室 (200~202m²) 四居室 (260m²) 五居室 (271~309m²)
东鼎心屿湖	约 12500 元 /m²	住宅、别墅	二居室 (80~85m²) 三居室 (99m²) 别墅 (198~237m²)
天地源熙湖畔	12500~14000 元 /m²	住宅	三居室 (89~132m²)
新城悦隽央著	16800~19000	住宅	二居室 (87m²) 三居室 (94~125m²) 四居室 (140m²)
香雍玖和	15500 元 /m² 起	住宅	二居室 (88m²) 三居室 (101~127m²) 四居室 (146m²)
众美南湖湾	约 13500 元 /m²	住宅	三居室 (93~113m²)
新城梧桐公馆	约 14500 元 /m²	住宅	四居室 (128m²)
新华联悦澜湾	18500 元 /m² 起	住宅	三居室 (90~103m²) 四居室 (123~145m²)
花样年家天下别墅	约 16000 元 /m²	住宅、别墅	二居室 (80~83m²) 三居室 (94~114m²) 别墅 (200m²)
碧桂园听湖	12500~21500 元 /m²	住宅、别墅	三居室 (118m²) 别墅 (178~254m²)
碧桂园云河上院	约 9500 元 /m²	住宅	二居室 (88m²) 三居室 (109m²)
鑫苑汤泉世家	12000 元 /m² 起	住宅、别墅	别墅 (140~205m²)
经纬城市绿洲武清二期	约 13800 元 /m²	住宅、别墅	一居室 (60~72m²) 二居室 (82~192.3m²)
碧桂园大都汇	7700~22000 元 /m²	综合体	一居室 (51m²)
富兴领寓	约 10500 元 /m²	公寓	二居室 (40m²)
广贤公馆	约 17000 元 /m²	商业	四居室 (295~332m²) 五居室 (453~556m²)
碧桂园莫奈的湖	约 9500 元 /m²	住宅	二居室 (81~87m²) 三居室 (108m²) 四居室 (123~187m²)
中建壹方九里	约 17000 元 /m²	住宅	二居室 (80~85m²) 三居室 (96~128m²) 四居室 (143m²)

武清区

楼盘名称	价格	物业类型	主力户型
恒大山水城	13500~16000 元/m²	住宅、别墅	二居室 (84~96m²) 三居室 (99m²) 四居室 (135~248m²)
新城湖畔风华	约 13600 元/m²	住宅	二居室 (84m²) 三居室 (94~96m²)
京能雍清丽苑	16500~19300 元/m²	住宅	二居室 (82~89m²) 三居室 (98~116m²) 四居室 (129~147m²)
运河半岛	约 13000 元/m²	住宅	三居室 (125m²)
北新玉龙湾	12700~14300 元/m²	住宅、别墅	二居室 (89m²) 三居室 (105~125m²) 四居室 (135~277.37m²)
萬城聚豪	约 15700 元/m²	住宅、别墅	二居室 (87~91m²)
和骏新家园	约 9500 元/m²	住宅	一居室 (66.95m²) 二居室 (94.24m²)
首创新北京半岛禧悦晴朗	12000~20000 元/m²	住宅、别墅	别墅 (195~544m²)
新城玺樾熙棠	约 21500 元/m²	住宅	二居室 (87m²) 三居室 (92~141m²)
首城南湖璟院	约 13600 元/m²	住宅	二居室 (91~106m²) 三居室 (107~130m²) 四居室 (137~145m²)
梧桐大道	11900~13200 元/m²	住宅	二居室 (90~110m²) 三居室 (125m²)
亿博棠樾府	10500~17800 元/m²	住宅	一居室 (63m²) 二居室 (76~109m²) 三居室 (128m²)
和泰园	约 8000 元/m²	住宅、公寓	一居室 (67m²) 二居室 (93~104m²) 三居室 (125~160m²)
富兴玺园	12000~13000 元/m²	住宅	三居室 (110~115m²) 四居室 (136m²)
荔城世纪	16500~18500 元/m²	住宅	二居室 (81~101m²) 三居室 (107~130m²) 四居室 (139~143m²)
御河雍阳公馆	约 16000 元/m²	住宅	二居室 (92~96m²) 三居室 (130~133m²)
通泰香滨城	约 18700 元/m²	住宅	二居室 (88m²) 三居室 (133m²) 四居室 (143m²)
亿博香墅里	13000~15000 元/m²	住宅、别墅	三居室 (145~161m²) 别墅 (165.62~461m²)
绿洲湾 8 号	约 15000 元/m²	别墅	四居室 (366~367m²)
翡翠半岛	9500~10500 元/m²	住宅	二居室 (88m²)
亚泰雍阳府	约 16500 元/m²	住宅	二居室 (90m²) 三居室 (110~140m²)
泉上文华	约 20500 元/m²	住宅	三居室 (113~130m²) 四居室 (150m²)
锦云悦府	尚未公布	住宅	尚未公布
首城珑玺禾院	尚未公布	住宅	二居室 (118m²) 三居室 (125~165m²)
京能雍清丽苑二期	约 18500 元/m²	住宅	二居室 (76m²) 三居室 (95~118m²) 四居室 (132~165m²)

静海区

楼盘名称	价格	物业类型	主力户型
碧桂园丽泽府	约 14300 元/m²	住宅、别墅	二居室 (85m²) 别墅 (146m²)
海熙府	约 11000 元/m²	住宅、别墅	三居室 (128~148m²) 四居室 (143m²) 五居室 (190m²)
荣盛锦绣学府	约 17500 元/m²	住宅	二居室 (80m²) 三居室 (90~120m²) 四居室 (128m²)
鸿坤理想城	约 7300 元/m²	住宅、别墅	二居室 (82m²) 三居室 (90~107m²)
中骏云景台	约 12000 元/m²	住宅	四居室 (123m²)

静海区

楼盘名称	价格	物业类型	主力户型
天津富力新城	约 7800 元/m²	住宅、别墅	二居室 (84~94m²) 三居室 (96~148m²) 别墅 (180m²)
金地长湖湾	99 万元/套起	住宅、别墅	二居室 (100~110m²) 三居室 (121~130m²) 四居室 (140m²)
春曦书院	约 17000 元/m²	住宅	二居室 (89~91m²) 三居室 (112~140m²)
筑境	16000~19000 元/m²	住宅	二居室 (103m²) 三居室 (127~150m²)
世茂福晟公元乐府	约 8300 元/m²	住宅	二居室 (85m²) 三居室 (112m²)
六和茗著	约 12500 元/m²	住宅	三居室 (95~110m²)
新湖美丽洲	9900~10900 元/m²	住宅、别墅	二居室 (87m²) 三居室 (97~146m²) 四居室 (213m²)
奥体公元 101	9800 元/m² 起	住宅	一居室 (75m²) 二居室 (88~90m²) 三居室 (113~131m²)
愉景城	约 13500 元/m²	住宅	三居室 (92~103m²) 四居室 (115m²)
招商果岭	约 7200 元/m²	住宅、别墅	三居室 (135m²)
天津恒大凤凰庄园	约 5888 元/m²	住宅	二居室 (83m²) 三居室 (111~131m²)
绿城天津桃李春风	约 11500 元/m²	住宅	二居室 (89m²) 三居室 (103m²) 四居室 (137~155m²)
中昂安纳西小镇	约 11900 元/m²	住宅	三居室 (105~120m²)
天房光合谷泊雅苑	约 12500 元/m²	住宅、别墅	二居室 (84m²) 三居室 (137m²)
融创伍杆岛	15000 元/m² 起	别墅	别墅 (194m²)
天房泊玺苑	约 12500 元/m²	住宅	二居室 (93~94m²) 三居室 (119m²) 四居室 (128m²)
绿城春熙云峰	约 22500 元/m²	住宅	三居室 (143m²) 四居室 (160~195m²)
宝能南泊 ONE	约 12500 元/m²	住宅、综合体	三居室 (90~110m²) 四居室 (125m²)
基業世琾	约 14500 元/m²	住宅	二居室 (83~95m²) 三居室 (114~140m²)
融信西海岸	约 6800 元/m²	住宅、别墅	二居室 (89~90m²) 三居室 (91~131m²)
绿地海域香颂	约 12000 元/m²	住宅、别墅	别墅 (150~190m²)
天津星河领御	约 12500 元/m²	住宅	二居室 (88~115m²) 四居室 (135m²)
平墅华府	约 14000 元/m²	住宅	一居室 (56m²) 二居室 (100m²)
林奇郡中心城	约 7600 元/m²	住宅、别墅	二居室 (90m²) 三居室 (125m²)
金科天湖	13000~16000 元/m²	住宅、别墅	二居室 (75m²) 三居室 (110~142m²)
绿城春熙明月	约 16500 元/m²	住宅	三居室 (93~128m²) 四居室 (143m²)
静海万达广场	尚未公布	住宅	三居室 (90~120m²) 四居室 (135m²)
香醒名邸·兰园	约 15000 元/m²	住宅、别墅	别墅 (197~252m²)

蓟州区

楼盘名称	价格	物业类型	主力户型
实地天津木槿都荟	尚未公布	住宅	尚未公布
蓟州宸院	约 11000 元/m²	住宅、商业	三居室 (99~134m²)
格调石溪	约 15000 元/m² 叠拼约 18000 元/m²	住宅、别墅	三居室 (130m²) 四居室 (160~180m²)
正荣正园	12000~12500 元/m²	住宅	三居室 (105~140m²)
观澜雅苑	约 13000 元/m²	住宅	三居室 (89~134m²) 四居室 (150~177m²)
鸿坤山语	约 13500 元/m²	住宅、别墅	三居室 (120.08m²) 四居室 (139.6~169m²)

蓟州区			
楼盘名称	价格	物业类型	主力户型
蓝湾庄园	13500 元/m² 起	住宅	二居室 (88~89m²) 三居室 (107~142m²)
实地天津常春藤	约 11000 元/m²	住宅	三居室 (92~115m²)
伊甸园生态教育国际生活示范区	约 8800 元/m²	住宅	三居室 (98~102m²)
蓟州万达广场	约 11200 元/m²	住宅、综合体	二居室 (80m²) 三居室 (85~120m²)
瑞景花苑	约 11500 元/m²	住宅	二居室 (86~97m²) 三居室 (116~120m²)
观山海	10500 元/m² 起	住宅	三居室 (90~132m²)
天住君山府	约 14500 元/m²	住宅、别墅	三居室 (95m²) 四居室 (125~144m²)
乾返院	约 13000 元/m²	住宅、别墅	别墅 (467~735m²)
保利和园	约 12000 元/m²	住宅	三居室 (86~104m²)
品悦江南	约 14000 元/m²	住宅	三居室 (90~131m²) 四居室 (145m²)
万科云山	约 14800 元/m²	住宅	三居室 (125~150m²)
联发熙园	约 15500 元/m²	住宅、别墅	四居室 (130~149m²)
碧桂园玖玺台	11000 元/m² 起	住宅	三居室 (95m²) 四居室 (110m²)
嘉华帕醍欧	约 14000 元/m²	住宅、别墅	别墅 (280~450m²)

宝坻区			
楼盘名称	价格	物业类型	主力户型
安居和颂名邸	约 13500 元/m²	住宅	二居室 (92m²) 三居室 (138m²)
雅居乐津侨国际小镇	11500~13200 元/m²	住宅	二居室 (83m²) 三居室 (99~115m²) 四居室 (129~141m²)
中关村新世界	约 12500 元/m²	住宅	二居室 (80m²) 三居室 (85~105m²)
万科宝坻城市之光	约 12500 元/m²	住宅	二居室 (85m²) 三居室 (95~115m²)
首钢柒里风华	约 8500 元/m²	住宅、别墅	二居室 (53m²) 三居室 (78m²)
远洋万和四季	约 10500 元/m²	住宅	二居室 (79~86m²) 三居室 (89~137m²)
星河传奇	11500~13000 元/m²	住宅、别墅	二居室 (86m²) 三居室 (96~110m²) 四居室 (124~144m²)
香江健康小镇	约 8600 元/m²	住宅、	一居室 (38~51m²) 二居室 (61~95m²) 三居室 (98~133m²)
天宝福苑	11500~12500 元/m²	住宅	二居室 (88~90m²) 三居室 (106~130m²)
金地新城大境	230 万元/套起	住宅、公寓、别墅	二居室 (83m²) 三居室 (94m²) 别墅 (115~140m²)
融创御河宸院	约 12000 元/m²	住宅	二居室 (89m²) 三居室 (100~130m²)
金厦龙第公府	13000~14200 元/m²	住宅	三居室 (110m²)
金科碧桂园富力渠阳府	8200 元/m² 起	住宅、别墅	三居室 (110~111m²) 别墅 (150~181m²)
实地海棠雅著	约 9000 元/m²	住宅	一居室 (60m²) 二居室 (75~76m²) 三居室 (85~105m²)
嘉华玺悦峰	约 13500 元/m²	住宅	二居室 (88~95m²) 三居室 (99~124m²)
中国铁建花语印象	约 14500 元/m²	住宅	三居室 (104~144m²)
中交美庐	约 14000 元/m²	住宅、别墅	三居室 (141m²)
远大城	约 8500 元/m²	住宅、综合体	一居室 (60m²) 二居室 (76~95m²) 三居室 (120m²)
理想之城	约 10500 元/m²	住宅	二居室 (78m²) 三居室 (89~110m²)
红星城市广场	12000~12500 元/m²	住宅、商业	二居室 (75m²) 三居室 (85~114m²)

宝坻区			
楼盘名称	价格	物业类型	主力户型
碧桂园铂誉府	约 12500 元/m²	住宅	二居室 (82m²) 三居室 (95~120m²) 四居室 (142m²)
金辉城中央云著	约 13500 元/m²	住宅	二居室 (83m²) 三居室 (95~125m²) 四居室 (141m²)
龙亭苑	约 8800 元/m²	住宅	二居室 (89~93m²) 三居室 (115m²)
珠江京津一品	约 7800 元/m²	住宅	二居室 (67~77m²) 三居室 (89~112m²)
中交香颂	约 13500 元/m²	住宅	三居室 (90~123m²) 四居室 (143m²)
鸿坤原乡小镇	约 7500 元/m²	住宅、别墅	三居室 (92.77m²) 别墅 (402m²)
阳光城剑桥郡	约 13500 元/m²	住宅	二居室 (86~90m²) 四居室 (130m²)
新城悦隽首府	约 13500 元/m²	住宅	二居室 (85m²) 三居室 (96~126m²) 四居室 (140~180m²)
恒大花溪小镇	约 7700 元/m²	住宅	二居室 (96m²) 三居室 (99m²)
南城时光	13500 元/m² 起	住宅	二居室 (93m²) 三居室 (110~143m²)

宁河区			
楼盘名称	价格	物业类型	主力户型
蓝光雍锦湾	约 9000 元/m²	住宅	三居室 (105~114m²)
万科麒麟小镇	约 9000 元/m²	住宅、商住	二居室 (82m²) 三居室 (90~115m²)
保利天汇	11000~13000 元/m²	住宅、综合体	三居室 (95~140m²) 四居室 (142m²)
当代公园阅 MOMΛ	约 9500 元/m²	住宅	二居室 (86m²) 三居室 (97m²)
新城悦隽公馆	约 9000 元/m²	住宅	二居室 (85m²) 三居室 (106~125m²)
东昊骏璟学府	约 10000 元/m²	住宅	二居室 (84~93m²) 三居室 (101~129m²)
恒大御景半岛	约 9000 元/m²	住宅	二居室 (91~92m²)
朝阳花园	约 11000 元/m²	住宅	二居室 (96m²) 三居室 (129~164m²)
旭辉新城光明路 8 号	约 12350 元/m²	住宅	二居室 (87m²) 三居室 (110~125m²)
滨江国际	约 12000 元/m²	住宅	二居室 (85~91m²) 三居室 (108~166m²)
碧桂园金誉府	9500~12000 元/m²	住宅	二居室 (85m²) 三居室 (103~120m²)

滨海新区			
楼盘名称	价格	物业类型	主力户型
碧桂园力高理想海	约 9000 元/m²	住宅	二居室 (85m²) 三居室 (119m²) 四居室 (143m²)
泰禾津海院子	15300~16300 元/m²	住宅、别墅	三居室 (119m²) 四居室 (140m²) 别墅 (175m²)
旭辉·滨海江来	尚未公布	住宅	尚未公布
红星天铂湾	约 16500 元/m²	住宅	三居室 (98~147m²)
恒盛官港湖上	约 8200 元/m²	住宅	三居室 (91~122m²) 四居室 (139m²)
新城旭辉悦隽都会	约 11500 元/m²	住宅	三居室 (88m²) 三居室 (92~100m²)
贻成学府壹号	约 16200 元/m²	住宅	三居室 (88~142m²)
云山墅	16000 元/m² 起	别墅、商住	别墅 (368~410m²)
天房美岸英郡	11500~18500 元/m²	住宅、别墅	二居室 (92m²) 三居室 (103~127m²) 别墅 (156~182m²)
中海津门大院	约 25000 元/m²	住宅、别墅	三居室 (100~120m²)
樾塘	约 10300 元/m²	住宅	二居室 (89m²) 三居室 (118m²)

滨海新区

楼盘名称	价格	物业类型	主力户型
复地壹号湾	约 21000~23500 元/m²	住宅	二居室 (86m²) 三居室 (120m²) 四居室 (138m²)
中核智慧城	约 12000 元/m²	住宅	二居室 (80m²) 三居室 (95~118m²)
远洋简宫	20000~28000 元/m²	住宅	三居室 (100m²) 四居室 (140~180m²)
金科集美天城	约 8000 元/m²	住宅	二居室 (81~123m²)
碧桂园华厦阅海	约 9500 元/m²	住宅、别墅	三居室 (108m²) 四居室 (140m²) 别墅 (180~199m²)
华远栖塘	约 13000 元/m²	住宅	二居室 (88m²) 三居室 (113~127m²)
中福朗诗翠微澜阁	约 13500 元/m²	住宅、别墅	二居室 (105m²) 四居室 (155m²) 五居室 (247m²)
朗诗中福翡翠澜湾	约 14300 元/m²	住宅、别墅	别墅 (149m²)
中加生态示范区	18000~27000 元/m²	住宅、别墅	别墅 (146~222m²)
世茂国风锦唐	约 22600 元/m²	别墅	别墅 (145~155m²)
华纳豪园	约 36000 元/m²	住宅	三居室 (209~216m²)
海晶院境	约 9300 元/m²	住宅	二居室 (89m²) 三居室 (110m²),
世茂起雲湾	9500 元/m² 起	住宅、别墅	三居室 (95~144m²) 别墅 (200m²)
金辉优步湖畔	约 10500 元/m²	住宅	二居室 (79m²) 三居室 (98~135m²) 四居室 (165m²)
宝德时代蓝湾	约 9000 元/m²	住宅	三居室 (125~130m²)
MIG 金融大厦	约 11000 元/m²	公寓	一居室 (59~85m²) 二居室 (92~98m²)
百郦学府	约 12500 元/m²	住宅	二居室 (106.85m²) 三居室 (129.96m²)
龙湖双珑原著	约 21800 元/m²	住宅、别墅	三居室 (118m²) 四居室 (144m²)
春风海上	约 12500 元/m²	住宅	一居室 (56m²) 二居室 (66~84m²) 三居室 (95~118m²)
中梁石榴滨海湾	20000~21000 元/m²	住宅	二居室 (80m²) 三居室 (90~116m²)
天保意境雅居	19300 元/m² 起	住宅	二居室 (92m²) 三居室 (98~137m²)
贻成学府世家	约 17700 元/m²	住宅	二居室 (89m²) 三居室 (115~126m²) 四居室 (153m²)
新城长风雅著	约 22000 元/m²	住宅	二居室 (85m²) 三居室 (98~115m²)
融创观澜壹號	16500 元/m² 起	住宅	二居室 (81m²) 三居室 (99~127m²)
中建環秀	约 13500 元/m²	住宅、别墅	三居室 (89~98m²) 别墅 (119~125m²)
和溪园	约 16600 元/m²	住宅	二居室 (83m²) 三居室 (97~121m²)
珊瑚海广场	约 32000 元/m²	综合体	尚未公布
宜禾溪岸	约 18500 元/m²	住宅	二居室 (100m²) 三居室 (125~130m²) 四居室 (140~147m²)
雅居乐滨河雅郡	约 13500 元/m²	住宅	三居室 (89~107m²) 四居室 (125~137m²)
滨海天和城	约 15800 元/m²	住宅	二居室 (80~94m²) 三居室 (116m²)
天成华境	约 21000 元/m²	住宅	二居室 (89m²) 三居室 (112~168m²) 四居室 (190m²)
恒大悦湖公馆	约 10600 元/m²	住宅	二居室 (87~93m²) 三居室 (136m²)
璟和苑	约 17500 元/m²	别墅	别墅 (275~320m²)
合景领峰	约 17000 元/m²	住宅	三居室 (90~117m²)

滨海新区

楼盘名称	价格	物业类型	主力户型
碧桂园天樾	16000 元/m² 起	住宅	二居室 (81m²) 三居室 (98~122m²) 四居室 (138m²)
建投紫云东	约 24000 元/m²	住宅	二居室 (89m²) 三居室 (115~167m²) 四居室 (190~200m²)
旭辉公元大道	约 14500 元/m²	住宅	三居室 (110~125m²)
景瑞旭辉塘沽湾陆号	约 14500 元/m²	住宅	三居室 (90~130m²),
天地源熙樾湾	约 11000 元/m²	住宅	三居室 (101~115m²)
鑫隆苑	约 10000 元/m²	住宅	二居室 (77m²) 三居室 (88~122m²)
天津滨海吾悦广场	约 13000 元/m²	住宅	二居室 (85m²) 三居室 (93~108m²) 四居室 (119m²)
宸和园	约 16200 元/m²	住宅	二居室 (88m²) 三居室 (115~134m²)
贝肯山	约 24500 元/m²	住宅、别墅	二居室 (114m²) 三居室 (148~168m²)
南益名悦湾	23000~27000 元/m²	住宅	三居室 (138~150m²) 四居室 (200m²)
中核海润府	约 11500 元/m²	住宅、别墅	二居室 (100m²) 三居室 (126~158m²)
凤栖梧桐	约 16800 元/m²	住宅	二居室 (90~95m²) 三居室 (100~119m²)
万科观澜	约 14000 元/m²	住宅	二居室 (88m²) 三居室 (95~105m²)
滨海红星天铂	200 万元/套起	住宅、别墅	三居室 (98~140m²) 别墅 (160~182m²)
龙湖九里晴川	约 18500 元/m²	住宅、别墅	三居室 (103~147m²) 四居室 (167m²) 别墅 (174~214m²)
远洋天著春秋	约 30000 元/m²	住宅、别墅	四居室 (259~306m²)
佳源观城	约 17500 元/m²	住宅	二居室 (89~97m²) 三居室 (118~140m²)
金地臻悦	约 29000 元/m²	住宅	三居室 (125~140m²)
天津和昌府	约 9500 元/m²	住宅	三居室 (91~111m²)
金科中海金海湾·海上时代	约 17000 元/m²	住宅	一居室 (66m²) 二居室 (82m²) 三居室 (96~101m²)
碧桂园领港府	约 11500 元/m²	住宅	三居室 (95~115m²) 四居室 (138m²)
天保天成铂悦	约 30000 元/m²	住宅、别墅	四居室 (178.64~242.45m²)
沽北壹號	5100~6500 元/m²	住宅	三居室 (100~130m²)
万科滨海大都会	约 24000 元/m²	住宅	二居室 (88m²) 三居室 (112~155m²)
联发静湖壹号	约 19500 元/m² 上叠 235 万元/套	住宅、别墅	三居室 (125m²) 别墅 (143m²)
新城樾府	约 20800 元/m²	住宅、别墅	三居室 (108m²) 四居室 (141~153m²)
华远棠悦	约 8400 元/m²	住宅	二居室 (88m²) 三居室 (125m²)
中建城	约 11000 元/m²	住宅	二居室 (85~88m²) 三居室 (89~142m²)
远洋琨庭	约 28000 元/m²	住宅	三居室 (145m²)
合景誉峰	约 19500 元/m²	住宅	三居室 (96~135m²) 四居室 (153m²)
季景峰阁	约 15000 元/m²	住宅	二居室 (82m²) 三居室 (92~112m²)
官港溪谷林苑	约 7900 元/m²	住宅、别墅	三居室 (126~142m²) 别墅 (236m²)
宜禾慧水苑	350 万元/套起	别墅	别墅 (153~183m²)
格调林泉	约 27000 元/m²	住宅	二居室 (87~109m²) 三居室 (145m²)
吉宝澜岸铭苑	约 20000 元/m²	别墅	别墅 (150~307m²)

滨海新区			
楼盘名称	价格	物业类型	主力户型
绅湖公馆	约9000元/m²	住宅、别墅	一居室(55m²) 二居室(84~100m²) 三居室(125m²)
力高阳光海岸	约10500元/m²	住宅、别墅	二居室(88m²) 三居室(120~136m²)
瞰海轩	约12500元/m²	住宅	二居室(91~92m²)
中建锦苑	9500元/m²起	住宅	一居室(45m²) 二居室(90m²)
泰丰七号	约29000元/m²	住宅	二居室(126m²) 三居室(139~160m²) 四居室(192~265m²)
华发景瑞悦天地	约12500元/m²	住宅	二居室(78m²) 三居室(90m²)
华发未来荟	约13875元/m²	住宅	二居室(77~78m²) 三居室(89~118m²)
建投璟园	约16000元/m²	住宅、别墅	别墅(394~461m²)
中交上东湾	约9500元/m²	住宅	一居室(61~66m²) 二居室(89~95m²) 三居室(119~133m²)
友谊华府	约9700元/m²	住宅	二居室(83~128m²) 三居室(107~132m²)
东风路十五栋	约9600元/m²	住宅、别墅	二居室(85m²) 三居室(111~120m²) 别墅(213m²)
皓景湾	12500元/m²起	住宅	二居室(80m²) 三居室(90m²)
月湾花园	约8800元/m²	住宅	一居室(62~63m²) 二居室(82~94m²)
美墅林	18600元/m²起	别墅	别墅(360m²)
南益名悦华庭	15000~18000元/m²	住宅	二居室(84m²) 三居室(98~128m²) 四居室(148m²)
碧桂园拾光海	9322~9745元/m²	住宅	二居室(89m²) 三居室(105~119m²)
贻成林湖郡	约14700元/m²	住宅	三居室(117~185m²)
景瑞塘沽湾壹号	约14500元/m²	住宅	三居室(90~127m²)
碧桂园峰境	6200~8500元/m²	住宅	三居室(102~125m²) 四居室(140m²)
中骏四季风华	约6200元/m²	住宅	二居室(77m²) 三居室(97~102m²)
格林府邸	约35000元/m²	住宅	二居室(105m²) 三居室(132m²) 四居室(210m²)

滨海新区			
楼盘名称	价格	物业类型	主力户型
红星紫御半岛	约10000元/m²	住宅	一居室(50m²) 二居室(57~72m²) 三居室(98m²)
熙科柏悦山	6300~6500元/m²	住宅	二居室(89m²) 三居室(134m²)
新城港东府	约12500元/m²	住宅	三居室(101~140m²)
保利东郡	约9800元/m²	住宅	三居室(90~128m²)
京能海语城	约11000元/m²	住宅	二居室(87~94m²) 三居室(97~134m²)
阅海名筑	约14500元/m²	住宅	二居室(73~106m²) 三居室(113~146m²) 四居室(150m²)
海泰渤龙湾	约11000元/m²	住宅、别墅	三居室(190~195m²)
听海蓝珊	约15500元/m²	住宅、综合体	二居室(103~117m²) 三居室(137~153m²)
吉宝沁风御庭	约21000元/m²	住宅	别墅(311~539m²)
贻海观澜	约17000元/m²	住宅、别墅	别墅(355m²)
艾维诺森林	450万元/套起	别墅	别墅(379m²)
金地悦城大境	约20200元/m²	住宅	三居室(100~140m²)
中建海纳府	约19980元/m²	住宅、别墅	三居室(100~120m²)
金海云城	约13200元/m²	住宅	二居室(80m²) 三居室(90m²)
宝德云湾	约12000元/m²	住宅	二居室(86m²) 三居室(93~122m²)
双威悦馨苑	约15200元/m²	住宅	一居室(67m²) 二居室(86~118m²) 三居室(173m²)
经纬城市绿洲滨海	约10200元/m²	住宅	二居室(93~120m²) 三居室(143~144m²)
恒大中央公园	尚未公布	住宅	二居室(76m²) 三居室(95~131m²) 四居室(144m²)
金融街滨海融御	尚未公布	住宅	尚未公布
格调菁园	约20000元/m²	住宅	三居室(118~145m²) 四居室(186m²)
金隅云筑	尚未公布	住宅	四居室(185m²)
首创樾香郡	尚未公布	住宅、别墅	尚未公布
滨旅景熙	约11400元/m²	住宅	三居室(93~122m²)
远洋万和府	尚未公布	住宅	尚未公布

典型项目

和平翰林公馆

| 天津 | 现代集团 | 成熟配套 | 地铁交汇 | 教育资源 |

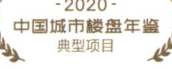

项目地址：
天津市和平区滨江道与南京路交叉口

开发商：
天津现代集团有限公司

产品特征：
住宅型公寓

参考价格：
均价 60000 元 / 平方米

主力户型：
约 92 平方米两居、约 185 平方米三居

物业公司：
高力国际

5 公里生活配套：
地铁 1 号线、地铁 3 号线、国金中心写字楼、四季酒店、天津市实验小学、伊势丹、国金购物中心、和平中心公园

专家点评 赵毅·乐居天津主编

和平翰林公馆位于和平区南京路与滨江道交叉口，是天津城市核心位置的品质楼盘。周边拥有全市优质的教育资源及交通、医疗、商业等配套资源，在业内早已闻名遐迩，其项目未来的价值空间也得以保值和提升。

项目测评

【战略意义】
作为天津国际金融中心城市综合体的一部分，和平翰林公馆双塔、环内第一高写字楼国金中心和天津第一家四季酒店，共同描绘了天津市中心的优美天际线；交通、商业、医疗、商务等城市一线优越资源的汇聚，将书写天津人居史上的新篇章。

【区域地段】
和平翰林公馆傲立于天津市和平区南京路与滨江道"金十字"交会处，是天津传统的商业聚集区，如今的南京路更是天津重要的文化和经济中心，同时也是天津市的休闲娱乐与潮流汇聚地，持续见证并引领着天津市的经济发展。

【楼栋规划】
和平翰林公馆建筑面积约 13 万平方米，包含两栋高层塔楼，其中一栋 60 层，一栋 46 层，总计约 1493 户。项目整体由 SOM 和 WATG 等国际一流公司规划设计，保证了居住舒适度与景观开面。

【自建配套】
项目位于总建筑面积超 86 万平方米的 MIFC 天津国金中心，综合体内包含环内第一高写字楼、充满摩登现代感的大型购物目的地国金中心，天津第一家四季酒店，中国内地第三家四季品牌公寓四季汇及充满活力的文化休闲地圣约瑟广场等。

【交通出行】
天津主要地铁 1 号线、3 号线无缝交会，综合体更是坐拥市内多条重要公交线路；城市主干道环绕于和平翰林公馆 200 米内，能快速通达天津滨海国际机场及火车站，高铁直达津京冀经济圈、青岛、大连、沈阳以及其他华北、东北主要城市。

【教育资源】
环拥区域优质教育资源，从基础教育到高等教育，一批重点学府分布于项目 1 公里内，包括天津市实验小学、耀华中学、天津一中，其中天津市实验小学更是全市排名第一小学。

【医疗配套】
两公里内知名医院林立，天津医科大学总医院、天津市眼科医院、天津市口腔医院等，汇集市内先进医疗资源及优势科研实力，为无忧健康生活提供安心保障。

【品牌描述】
天津现代集团有限公司是以商业地产开发为主线，集综合房地产开发运营、物流与国际贸易、科技实业制造三大板块为一体的集团化民营企业。公司诞生于 1995 年，注册资本 5 亿元，现拥有 10 多家全资和控股企业。

【设计风格】
和平翰林公馆的室内设计由知名华人室内设计师李玮珉操刀精心雕琢，在空间中更加注重情感的融入，注意细节的表现和运用，呈现出精致与实用的平衡感，以细腻考量打造品质生活居所，彰显生活真谛。

【销售业绩】
和平翰林公馆于 2020 年 5 月划定新学区后达到成交爆点，单月成交 275 套，成交金额达 11 亿元，并于 7 月、8 月、9 月登上榜单，连续三个月蝉联市内六区销售成交金额桂冠；全年销售金额 24.2 亿元，排名第三。

天津四季汇

`天津` `现代集团` `四季酒店` `国金中心` `地铁交汇`

项目地址：
天津市和平区南京路108号

开发商：
天津现代集团有限公司

产品特征：
酒店公寓

参考价格：
均价88000元/平方米

主力户型：
约150平方米一居，约275、360平方米三居

物业公司：
四季酒店

5公里生活配套：
地铁1号线、3号线交会点、MIFC国金中心、伊势丹、和平中心公园

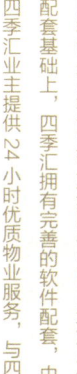

专家点评 赵毅·乐居天津主编

四季汇是四季酒店管理集团在中国内地第三个酒店品牌公寓，在硬件配套基础上，四季汇拥有完善的软件配套，由加拿大四季酒店集团为四季汇业主提供24小时优质物业服务，与四季酒店服务同步。

扫码观看楼盘详情

项目测评

【战略意义】
天津四季汇为天津第一家，内地第三家四季酒店品牌公寓，如今更凭借其他区域难以逾越的优质城市资源，成为天津体现国际大都市气息的一条崭新风景线，臻藏城市的耀眼记忆。

【区域地段】
四季汇傲立于天津市和平区南京路与滨江道"金十字"交会处，是天津市传统的商业聚集区，百年来商旅繁盛。如今的南京路是天津无可置疑的金融中心，持续见证并引领着天津市的经济发展。

【楼栋规划】
天津四季汇位于天津四季酒店大楼28至48层，总建筑面积近3万平方米，共有143席150~650平方米公寓单元。规划总建筑面积86万平方米，是集超大型国际购物中心、豪华五星级酒店、精装学府公馆、甲级写字楼于一体的城市商业综合体。

【主力户型】
约360平方米三居，约280平方米三居，约194平方米两居，约150平方米一居。仅有的143席珍稀公寓单元，面积横跨150~650平方米，户型从一房到五房不一而足，多样化的产品阵列满足塔尖人群的个性化需求。

【自建配套】
项目位于总建筑面积超86万平方米的MIFC天津国金中心，综合体内包含环内第一高写字楼，国际高端定位的大型购物目的地国金中心，天津第一家四季酒店，以及充满活力的文化休闲地圣约瑟广场等。

【交通出行】
天津主要地铁1号线、3号线无缝交会，城市主干道环绕于四季汇1公里内。项目20公里内接驳天津滨海国际机场，5公里内可达天津站，高铁便利直达津京冀经济圈、青岛、大连、沈阳以及其他华北、东北主要城市。

【品牌描述】
四季酒店是一家国际性奢华连锁酒店集团，被Travel + Leisure杂志及Zagat指南评为世界最佳酒店集团之一，其遍布全球主要城市核心地段的公寓产品得到高端成功人士的广泛青睐。

【购物娱乐】
下楼即达一站式高端购物体验的国金中心，集高端零售、潮流精品、精致餐饮、儿童娱乐及提供全体验的影院于一体，以丰富的业态、科学的业态组合、合理的布局规划，为消费者打造丰富多彩的购物氛围。

【设计风格】
全球超高层建筑设计泰斗公司——美国SOM规划整体建筑的设计概念，新加坡WATG团队完成建筑立面深化方案设计，法国设计公司PYR完成四季汇室内空间设计，将臻于细节的居享体验诠释得淋漓尽致。

【独有特色】
天津四季酒店四楼和九楼为天津四季汇业主的专享会所，涵盖瑜伽会所、桑拿中心、特色餐厅、葡萄酒Bar、私人雪茄Bar、私人宴会厅，业主可安然享受静谧时光。彬彬有礼、训练有素的专业管理团队，随时呈现"待人如己，宾至如归"的礼遇。

格调石溪

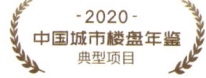

`天津` `泰达建设` `高端住宅` `山体景观` `自然生态`

项目地址：
天津市蓟州区文昌街道燕山东大街与果园路交口

开发商：
天津元庆投资有限公司

产品特征：
洋房、叠拼

参考价格：
洋房均价 15000 元/平方米、叠拼均价 18000 元/平方米

主力户型：
约 130 平方米三居，约 160、180 平方米四居

物业公司：
泰达物业

5 公里生活配套：
圣光万豪酒店、天津亿豪山水郡国际温泉度假酒店、上宝塔商贸中心、世纪联华超市、鼓楼广场

专家点评

赵毅·乐居天津主编

格调石溪项目位于蓟州城东山前板块，整个项目依山而建，地块西北侧三面山体环抱，四时山景如画。东南侧地势开阔，视野较好。为业主呈现诗意山居生活。

扫码观看楼盘详情

项目测评

【市场口碑】
2020 年 8 月 30 日，位于天津蓟州府君山旁的格调石溪花园在千呼万唤中首开，并一口气推出 54 套洋房、大平层和叠拼产品。这座依山而建的项目再次以"格调式热销"完成开盘首秀，"好户型""好项目"等标签已获市场认可。

【区域地段】
格调石溪位于天津市蓟州区燕山东大街北侧果园路西侧。属于城东山前板块，项目地块西北侧三面山体环抱，与城区中心距离适中，可以说是近拥繁华城市配套，坐享优质自然生态环境。

【楼栋规划】
项目总占地约 12.4 万平方米，地上建筑面积约 9.1 万平方米，实际容积率小于 0.8，绿地率 50%。项目定位为蓟州区域首屈一指的品质项目，产品形式为洋房（5~6 层）及叠拼（3~4 层），面积区间为 120~200 平方米，总户数约 520 户。

【主力户型】
格调石溪主力户型为建筑面积 160 平方米的四居大平层，17.5 米的阔达尺度带来舒适的人居享受，南向三卧室搭配飘窗、阳台，与阳光一同书写惬意。主卧套房与私家电梯设计为业主带来优质的居住享受。

【园林景观】
格调石溪园林整体采用了四间、三园、六庭、八景的空间造景手法。项目"依山而建"，让家真正融于自然，而不是把山推平再建。遥遥望去，所有建筑错落有致，形成原生态的山地优美天际线。

【自建配套】
格调石溪自建配套涵盖幼儿园、托老所、便民超市等多种形式，可满足社区居民的日常需求。项目配套幼儿园总面积达 2800 平方米，后期交房后将移交政府管理。

【交通出行】
项目南侧紧邻燕山东大街，驱车快速通达蓟州一中和鼓楼文化广场，燕山东大街衔接北环路、东环路，充分解决了上下班高峰期的拥堵问题，同时连接速路网、长途客运站及高铁站。

【品牌描述】
格调是天津泰达建设集团开发的精品住宅品牌，格调系列深耕天津 18 年，在当地颇负盛名，自 2003 年起已呈现了 9 个精品楼盘，坚持"诚信、创新、精品"三项基本原则，多次获得国宅典范大奖、詹天佑住宅小区金奖等奖项。

【设计风格】
项目建筑外立面采用仿木挂板、质感涂料、铝格栅、金属构件等创新运用多种材质元素，使石溪跳出赖特风格的简单模仿，形成独树一帜的建筑形象；排水管材质为深灰色方形铝板，延年更好，造型与建筑更加融合。

【楼盘特色】
格调石溪项目为格调品牌的第一个山体项目，项目依山而建，四时风景如画，独特的山体景观结合格调的园林营造手法，使得格调石溪一经入市便已成为蓟州区域重点项目。

海玥名邸

天津 | 上海建工 | 国展区域 | 小高社区 | 海派园林

项目地址：
天津市津南区津沽公路与双荣道交叉口东南约 50 米

开发商：
天津津玥房地产开发有限责任公司

产品特征：
小高层

参考价格：
均价 13500 元 / 平方米

主力户型：
约 85 平方米两居，约 98、118 平方米三居

物业公司：
上海振新物业管理有限公司

5 公里生活配套：
新华城市广场、月坛商厦、新城吾悦广场、永旺梦乐城等

专家点评 赵毅·乐居天津主编

海玥名邸为上海建工集团进驻天津的首个项目，项目总规划建筑面积约 21 万平方米，融入中国古典建筑理念，容积率仅为 2；产品为 85-118 平方米观景小高层。海玥品牌秉承上海建工房产铭匠精神，以高品质住宅产品，打造出惊艳的典型人居。

扫码观看楼盘详情

项目测评

【战略意义】
海玥名邸作为上海建工房产布局天津的开山作，凭借原创户型设计、国匠精工品质、海派质感园林，将绿色、科技、智能、宜居相结合。首开至今，以作品成就热销，为天津人民带来更好的生活居住理念，迭代人居新标准。

【市场口碑】
自面市以来，海玥名邸备受好评，获得"2020 城市典型样本项目""2020 年度榜样楼盘"等奖项，更获得广大购房者的认可。在不降价、不减配的情况下，取得不俗的销售业绩，成为津南板块热销红盘。

【区域地段】
海玥名邸位于津南咸水沽区域，周边配套完善，距离天津国展中心 3 公里有余。待国家会展中心正式投用后，将带动多个产业链进驻，并吸附大量的商、住、旅、居客群。作为津南最为成熟的板块之一，将借助国家会展中心建设驶上快车道。

【楼栋规划】
海玥名邸整体规划为纯正小高层社区，最高层为 18 层；一梯两户、两梯三户的配比，充分保障了社区整体的低密居住感受。整体南低北高的设计风格，楼座布局更合理，形成丰富的城市天际线。

【主力户型】
海玥名邸主力户型为建面 98 平方米的"2+1"三室户型，不仅户型方正好用，三开间全朝南，而且增加 X 空间，让户型更加灵活实用。U 型厨房、入户玄关、实测约 78% 的窗墙面宽比，凭借原创户型设计成就人居典范。

【园林景观】
海玥名邸绿化面积约 3 万平方米，绿地率高达 40%，打造城市内的天然氧吧。社区双环双轴园林规划，中央景观区草坪、花卉、灌木、低矮乔木、高大乔木，景观高达八重布景，树种采用全冠移植，七大主题园林满足全龄人群所需。

【自建配套】
项目规划了地上 4.1 万平方米的商业综合体——海玥风情街，采用"3+1"双核心自养循环商业体系进行规划；满足新时代各项需求，打造津南区域首个融合商业、商业街、酒店于一体的国展配套级区域商业综合体。

【物业服务】
作为海玥名邸的物业服务商，上海振新物业管理有限公司是上海建工旗下上海建工房产有限公司的全资子公司；凭借 6 重安防系统及 8 大服务体系，助力全维管家式服务，让安全、便捷的品质生活从入住开始。

【交通出行】
项目紧邻天津大道，可快速通达市区，距地铁 1 号线咸水沽北站仅有 1.5 公里、距 8 号线（2023 年完成）3.7 公里。2022 年将开通地铁 6 号线延长线，与项目相距 3.7 公里，一站式衔接市区及滨海新区，同时还有 10 余条公交线路可供选择。

【品牌描述】
世界 500 强上海建工是一家有着 60 多年历史的国有企业集团，打造了东方明珠、金茂大厦、上海中心，广州小蛮腰塔、国家大剧院、迪士尼乐园等无数地标项目。上海建工房产旗下海玥品牌获得"2020 中国房地产系列项目品牌价值 TOP10"。

联发锦里

| 天津 | 联发集团 | 毗邻华苑 | 地铁沿线 | 低密洋房 |

项目地址：
天津市宾水西道地铁3号线大学城站东北侧

开发商：
天津联达房地产开发有限公司

产品特征：
洋房

参考价格：
洋房均价24000元/平方米

主力户型：
约95平方米三居、130平方米四居

物业公司：
联发物业

5公里生活配套：
地铁3号线、华苑生活区、奥体商业区、大学城生活区

专家点评
赵毅 · 乐居天津主编

联发锦里位于西青区宾水西道延长线，毗邻华苑生活区。现代新亚洲风格，全洋房社区，楼间距舒适，居住感宜人。社区内打造自由维度的森林智慧花园。通过流动空间与自由平面的艺术手法，演绎自然写意的生活场景。

扫码观看楼盘详情

项目测评

【市场口碑】
2020年，项目荣获天津西青区普通住宅销售总套数和销售总面积年度双料冠军，成交数据表现出市场客户对项目的认可。95平方米户型去化率更是高达99%以上。"好户型""品质社区"等标签成为购房者对楼盘最多的评价。

【区域地段】
联发锦里择址华苑西宾水道延长线之上，1公里到达繁华城区，10分钟生活圈涵盖日常所需，近邻奥体、水上、华苑、体院北四大商圈，集城市万千配套资源于一身，满足了人们追求便利生活的向往。

【楼栋规划】
联发锦里占地面积约8万平方米，规划总户数1214户。以新亚洲风格为建筑蓝本，整体规划为7~11层纯洋房低密社区；一梯两户设计，居住密度低、私密性好，生活体验感佳。

【主力户型】
联发锦里主力户型为建筑面积95~130平方米三居/四居逸境洋房，整体空间灵活多变，满足业主对功能和尺度的所有需求；在同面积段产品中以大面宽尺度著称。精筑"有间"格局，在"多一室"空间里尽情做回自己，开启更多可能。

【园林景观】
现代美学风格与多维度智慧打造，近45%绿化率和1.6容积率，让私境花园真正呼吸。礼序园林、五重归家体验、"一环两轴四庭四花园"的规划格局，造就三季有花、四季有景，移步异景的园林体验。

【物业服务】
联发物业是中国物业服务50强公司。日渐完善的管理规划、不断升级的品质服务、持续焕新的品牌体系，使其赢得广泛认可和权威肯定。构建融合了智慧、健康、人文三大主题以及关照体系的"3Q+"生活体系，满足不同家庭核心居住需求。

【交通出行】
联发锦里距地铁3号线大学城站口仅约300米，快速接轨，无缝畅行全市。踞守城市双主轴，宾水西道和迎水道，紧邻区域发展主干道；快速路、外环高速等路网加持，出行更从容。

【教育资源】
联发锦里坐拥文脉圈层，板块周边没有传统行政村落，人文素质较高。一线对望大学城，工业大学、师范大学、理工大学三足鼎立，备受学术氛围影响，用更高人文素养标榜改善生活。

【医疗配套】
联发锦里周边医疗机构环绕，家人健康有保证。10至20分钟驱车可达一中心医院（三级甲等）、肿瘤医院（三级甲等）、环湖医院（三级甲等）等。高度聚合的医疗资源，让居民在家门口即可享受贴心保障。

【品牌描述】
联发集团是世界500强企业建发集团旗下核心企业，连续14年跻身中国房地产百强企业榜，30余载综合开发和运营经验，深耕华夏七大城市群，布局22座城市。深耕天津10年，立足滨海稳扎稳打，开疆布局至西青、蓟州、生态城。

联发静湖壹号

`天津` `联发集团` `生态城` `高端低密` `湖景住区`

项目地址：
天津市滨海新区中新天津生态城中生大道与静湖南路交叉口

开发商：
联发集团天津联和房地产开发有限公司

产品特征：
洋房、叠拼

参考价格：
洋房 19500 元 / 平方米、上叠 235 万元 / 套

主力户型：
洋房约 125 平方米三居、叠拼约 143 平方米四居

物业公司：
联发物业

5 公里生活配套：
熊猫小镇、方特欢乐世界、第二社区中心、星光汇、宜禾汇、天和新乐汇、东方文化广场、故道河公园、静湖公园、惠风溪、天津医科大学中新生态城医院、华夏未来小学

专家点评
赵毅·乐居天津主编

联发静湖壹号位于中新生态城核心位置，项目整体规划依托原生自然景观资源，以低密度、高绿化、智能科技社区为主要特点。整体建筑设计是新中式风格，立面造型以新亚洲中式风格为基础，结合现代建筑简洁大气的形式语言，呈现简约经典的品质。

扫码观看楼盘详情

项目测评

【战略意义】
联发从厦门起家，沿着海岸线、湖岸线打造了一系列作品级的项目，可以说对"水"情有独钟。联发始终坚持"创造品质生活，服务城市发展"的初心，以匠心打磨作品，以真心服务客户，见证城市发展。

【市场口碑】
2020 年，项目在逆市中实现认购销额超 10 亿元，签约额 8.5 亿元，排名天津中新生态城销售榜第 2 位。"品质典型""生态城精装标准""合理叠拼户型"等标签成为购房者和同行对项目最多的评价。

【区域地段】
联发静湖壹号择址中新生态城生态岛一类居住用地之上，蓟运河、故道河和静湖三面环绕，整体容积率 1.1，限高 25 米，千亩静湖、百年故道尽在其中；以高端低密人居板块的独特价值，成为享誉滨海的新晋富人区。

【楼栋规划】
联发静湖壹号总建筑面积 19.8 万平方米，绿化率 40%，容积率 1.1，整体主要由 6~7 层的洋房和 4 层叠拼新中式风格建筑组成。社区天际线北高南低，结合周边环境依照风水学排布，"背山面水"满足日照最佳状态。

【主力户型】
联发静湖壹号主力户型为 143 平方米叠拼产品。该产品地上四层，一、二层为下叠，三、四层为上叠。两种户型设计功能划分齐全，首层均为生活起居区，二层均为主人休息区，上叠带电梯独立入户，互不干扰。

【物业服务】
联发天津项目目前均配备自持联发物业。1994 年成立以来，服务全国 24 城，项目 173 个，客户 40 余万人，服务面积 4100 万平方米，连续 11 年荣膺中国物业服务百强企业，获评"中国物业服务企业品牌价值 50 强""中国物业服务社会责任感企业"等殊荣。

【教育资源】
生态城是滨海新区教育配套最完善的区域之一，现投入使用的幼儿园有 6 所，均为双英语教学，这是其他区域无法比拟的。小学有滨海小外一部、二部、三部，华夏未来，中学及高中则是南开中学及滨海小外中学部，另有更多学校在规划建设中。

【医疗配套】
生态城已建有天津医科大学附属医院，与泰达医院及塘沽第五中心医院同为三甲医院，2016 年已正式投入使用。

【品牌描述】
联发集团成立于 1983 年，是受命于厦门特区建设而成立的，现已布局全国七大区域、24 座城市，拥有房地产开发一级资质。

【购物娱乐】
小区东侧紧邻滨河公园和故道河，设有沿湖木栈道；供游玩的场所还有方特欢乐世界、亿利精灵乐园、中新友好图书馆、国家海洋博物馆、水魔方游乐园、航母主题公园、妈祖庙等，可便捷享受生活。

融创御景宸院

天津 | 融创 | 地铁沿线 | 成熟住区 | 环内精装

项目地址：
天津市北辰区光荣道与辰盛路交叉口西行

开发商：
天津融创淇元置业有限公司

产品特征：
洋房、小高层

参考价格：
洋房均价 23000 元 / 平方米、小高层均价 20000 元 / 平米

主力户型：
约 85 平方米两居、约 95~106 平方米三居

物业公司：
融创物业

5 公里生活配套：
快速路、地铁 1 号线，瑞景小学、瑞景中学、天津商业大学、天津城建管理技术学院等教育资源。项目两公里范围内涵盖大型菜市场、华润万家超市、银行、影院等生活配套，第二儿童医院、天津医科大学传染病医院等

专家点评

赵毅 · 乐居天津主编

项目位于天津瑞景核心居住区，紧邻快速路、外环线等城市主要交通线路，距离地铁 1 号线直线距离约 1.5 公里。天津市第二儿童医院等权威医疗机构环伺，商业金融服务设施齐全，是红桥北辰交界区域发展较早的成熟居住区。

扫码观看楼盘详情

项目测评

【战略意义】

融创御景宸院项目为 2020 年融创天津首个新入市项目，是融创在天津北辰区第 8 个项目，承载着融创在北辰区的品牌延续。项目采用融创北方新中式产品系——宸院系，为天津城市核心居住区带来又一品质人居力作。

【市场口碑】

2020 年 8 月，项目首期预售 100 套商品房，首期蓄客超 1500 组，首开去化率超 80%。在日后的多期开售中，去化率也均高达 90% 以上。"高品质精装户型""品质社区"等标签成为购房者对楼盘最多的评价。

【区域地段】

融创御景宸院项目位于天津北辰区光荣道沿线，外环以内板块属于天津瑞景核心居住区，光荣道北侧，紧邻快速路、外环线等城市主要交通线路，距离地铁 1 号线直线距离 1.5 公里，各项生活配套醇熟。

【楼栋规划】

项目规划总建筑面积 6.5 万平方米，其中住宅用地建筑面积 5.2 万平方米，商业用地建筑面积 1.3 万平方米，幼儿园建筑面积 2943 平方米。住宅容积率 2.0，5 栋洋房、5 栋小高层，属于融创成熟北方新中式产品系——宸院系。

【主力户型】

融创御景宸院全系精装产品，主力户型为住宅，约 86 平方米中户两室，户型方正，北侧设置连廊达到南北通透的效果；洋房 105 平方米三室，户型方正餐厨相连，大面宽，在保证得房率的同时，有力提升了居住舒适度。

【园林景观】

园区内打造近万平方米十字景观轴，分为纵横两轴十园，形成多层次、有礼序的园区生活感受。园区内景观植物多达 60 余种，约 30 余种灌木地被，形成春有百花秋有月，夏有凉风冬有雪的精致。

【物业服务】

融创物业为一级物业管理资质。成立以来，坚持以服务客户为核心，持续创造美好生活。十五载砥砺，不断创新、突破，着力于同每一位客户共建有生命力的社区，致力于打造中国领先的全业态物业服务品牌。

【交通出行】

项目周边路网发达，南侧光荣道往东可直达中心城区，距离天津两大环线——快速路直线距离约 1.7 公里、外环线直线距离约 1 公里。项目周边多条公交线路环伺，距地铁 1 号线佳园里站约 1 公里，距天津西站约 9.7 公里。

【医疗配套】

距离第二儿童医院、天津医科大学代谢病医院等权威医疗机构约 2 公里。其中天津市第二儿童医院有近百位知名专家坐诊，专治各种儿童疑难杂症，每年都有数十万的家庭慕名而来。

【品牌描述】

融创天津连续 10 年获得天津楼市销售冠军，开发 40 余个精品项目，服务业主超过 22 万人。公司以"至臻，致远"为品牌理念，致力于通过高品质、多元的产品与服务，整合高端居住、文旅文娱、商业配套等资源，为中国家庭提供美好生活的完整解决方案。（数据来源：克而瑞）

城市地产篇

未来城

| 天津 | 远洋 | 地铁上盖 | 优教资源 | 公园绿肺 |

项目地址：
天津市北辰区津围路与敬老院大街交叉口南约 100 米

产品特征：
洋房、小高层、高层

项目规划：
占地面积：160 万平方米；建筑面积：328 万平方米；容积率 1.83

主力户型：
约 82 平方米两居、约 103 平方米三居

参考价格：
约 19000 元 / 平方米

入选理由：2020 年天津年度新房销售金额第一名。根据克而瑞机构 2020 年统计数据，未来城以 35.9 亿元蝉联全市销售金额榜第一名。

扫码观看楼盘详情

核心优势：

未来城，雄踞于天津北部新区新中环之上，不仅将得利于京津冀一体化政策，更是未来连接京津、津滨的交通要道。300 万平方米的城市体量，占地面积容纳超 10 万人。项目东至外环线，南至宜白路，西至三千路，北至普吉河道。高度发达的交通配套和内部商业、生态、教育配比，成为优先享受京津冀一体化发展红利的项目。未来城作为北部新城的门户，向内较传统城市中心具备距离优势，向外担当天津北部会客厅的名片效应，具备了大规模的土地开发储备。目前，未来城第五期都会公园，82~103 平方米时代生活主场销售中，以品质生活开启未来时代。

复地壹号湾

| 天津 | 复地 | 三轨交通 | 海河湾景 | 公园住区 |

项目地址：
天津市滨海新区新金融大道与金河道交叉口东北角

产品特征：
高层

项目规划：
占地面积：18000 平方米；容积率：3.7；总户数：654 户

主力户型：
约 86 平方米两居、约 120 平方米三居、约 138 平方米四居

参考价格：
约 21000~23500 元 / 平方米

入选理由：作为滨海新区于家堡首发住宅项目，滨城规划发展绝对核心位置，纯正 TOD 项目，享"一高铁+三地铁"交通红利；海河稀缺景观资源，一线河景尽收眼底，周边配套丰盛，打造国际级湾景生活住区。

赵毅·乐居天津主编

扫码观看楼盘详情

核心优势：

复地壹号湾，焕新滨海人居，匠筑时代范本。承袭上海优雅的海派内涵，同步国际都会的精致气质，茉莉亚音乐、洲际酒店、亚投行国际级配套环伺。坐拥"一高铁+三地铁"城市 TOD 交通范本，社区地下无缝接驳，步行约 200 米即达，畅享京津冀一小时生活圈。位居海河头排，纳藏一线河景资源，宽敞瞰景视野，将一座城市尽收眼中；内享新加坡 JTL 团队操刀设计约 1.8 万平方米绿地公园，勾勒 9 大景观节点，沉浸式全龄活动场景，演绎社区空间之美，植入 Glocal+ 健康体系，智造 360 度生态公园住区。

339

石家庄
市场总结

一、新房成交表现

1. 整体情况

新房年度成交量：2020年全年商品住宅累计成交487万平方米，成交金额725亿元，两项数据均创2016年以来新高，反观公寓市场，则与住宅市场表现截然相反，整体市场表现较弱，成交规模萎缩四成，仅有的少数项目维持市场热度。

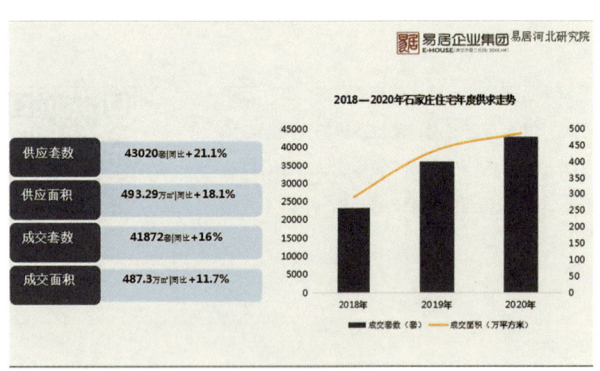

新房年度成交情况

新房价格情况：根据国家统计局的数据：2020年1—9月份，石家庄房价无下跌情况出现。10月、12月出现小幅下降。1月、2月，石家庄新房价格环比持平，零涨幅；新房价格3月环比上涨0.2%，4月环比上涨0.6%，5月环比上涨0.2%，6月环比上涨0.1%，8月环比上涨0.1%，9月环比上涨0.6%，10月环比下降0.4%，11月环比上涨0.4%。石家庄目前房价均价在14869元/平方米，由于低开入市、打折促销等一系列促销手段贯穿全年，价格仍处于波动态势。

2020年，对于多数房企而言，都是艰难的一年，而石家庄房地产市场也在跌宕起伏中砥砺前行。市场一季度受疫情影响，成交量受挫，随着疫情被有效控制以及售楼处的陆续开放，市场二季度快速回暖，成交量稳步上扬，房企在下半年积极推新供货充裕，供应端和成交端同时发力，支撑成交规模快速转正，全年商品房成交规模稳步上扬。

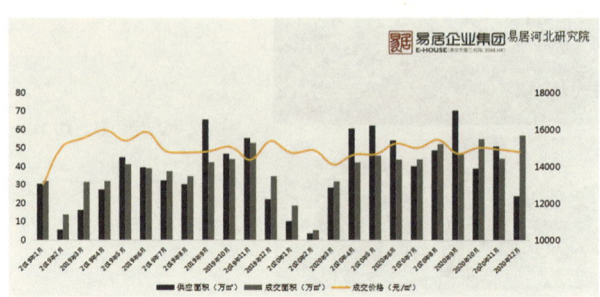

2019年1月—2020年12月石家庄住宅月度量价走势

2. 年度走势

根据年度获取预售证情况，2020年，石家庄入市项目增加，获证数量也在不断增长，石家庄全年共发放524张商品房预售证，其中主城区发放预售证265张，高新区发放预售证49张，鹿泉区发放预售证119张，栾城区发放预售证25张，正定县和正定新区发放预售证66张。

2020年主城四大区各项目均发力，共拿预售证数量达265张，其中长安区113张，裕华区54张，桥西区52张，新华区46张。长安区作为石家庄主城区中楼市氛围最火热的区域，在2020年有众多房企项目落子，万科、中冶、中海、龙湖、金地、润江、旭辉等众多品牌房企均有进展，不仅是住宅项目，商业写字楼、公寓等项目也马不停蹄地向前推进。

3. 房企占有

从房企的市场占有率来看，融创、万科牢牢占据龙头地位，保利位居第三，本土房企中，润江表现出色。销售额排名靠前的楼盘包括融创中心、万科紫台、融创时代中心等项目。

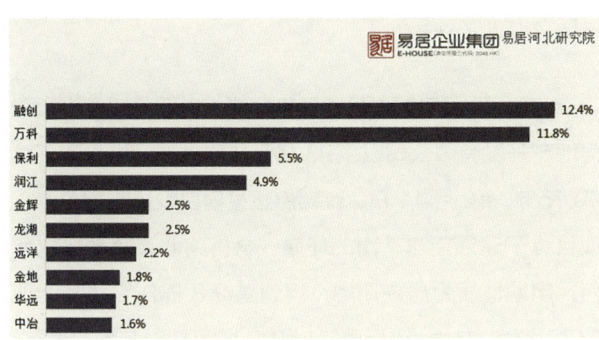

2020年石家庄房企市场占有率TOP10

二、二手房成交表现

整体情况

据易居河北研究院数据统计，石家庄2020年二手住宅成交26682套，较去年下降2.4%，成交价格13754元/平方米，较去年下降5%。

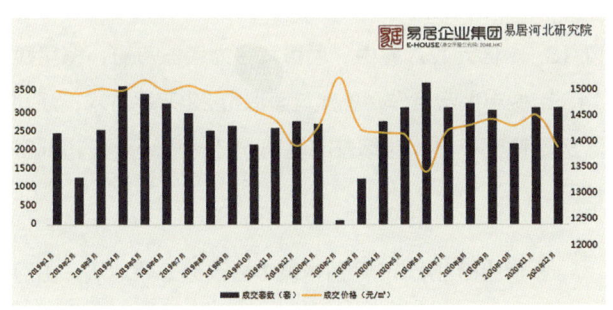

2019年1月—2020年12月石家庄二手住宅月度量价走势

2020年上半年，石家庄二手房成交量3月份起市，呈现稳步上扬态势，此外受新房市场项目集中入市以及"以价换量"影响，二手房价格出现波动。

三、政策梳理

随着"一城一策"、因城施策等调控长效机制的不断完善，石家庄楼市在2020年稳健成长，"烂尾楼"整治建设工作也在这一年取得了相应的实质性进展，2020年对楼市影响较大的政策就是住房公积金异地个人住房贷款业务的重启。

2020年12月15日，河北省全面开展了住房公积金异地个人住房贷款业务。这也是在2019年4月1日石家庄暂停发放住房公积金异地贷款后，再次重启，也为大家返乡置业带来了便利条件。

此外，石家庄住建局2020年发布了《石家庄市新建商品房预售资金监管办法》，对预售资金进行严格监管，能够有效防止房企和项目开发行为出现风险，避免了项目烂尾现象。

回顾2020年，石家庄整体楼市呈蓬勃发展状态，展望2021年，石家庄房地产市场仍将呈现平稳运行态势。

四、土地供应

1. 出让基本情况

2020年石家庄市共挂牌土地159宗（不含工业用地、仓储用地），总面积达5337279.572平方米，约合8006.22亩。与2019年相比挂牌总数下降了9.6%，挂牌总面积下降11.3%。

成交方面，2020年共有127宗总计4179809.5平方米土地被成功出让，较2019年下降22.3%，出让总金额约为390.84亿元，与2019年相比下降了25.6%，总成交土地面积约合6269.71亩。可以看出，在疫情之下，尽管下半年土地挂牌节奏加快，但全年的各项数据相较于2019年，仍出现了大幅下跌。此外，相较于2019年，2020年石家庄停流拍地块明显增多。

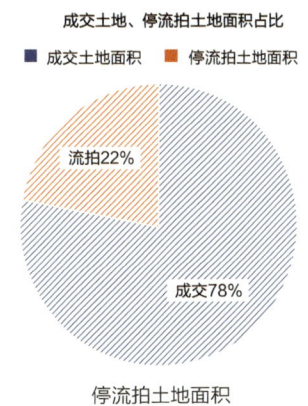

成交土地、停流拍土地面积占比

从城区来看，长安区仍是土地供应大户，稳坐头把交椅，供应土地数量26宗，成交21宗，成交面积

111.976万平方米,约合1679.63亩,成交面积占挂牌总面积16%。鹿泉区2020年成交土地数量最多,共成交22宗,面积为78.777万平方米,约合1181.65亩,成交面积占比14%;另外,排在第三位的则是正定(正定新区)。

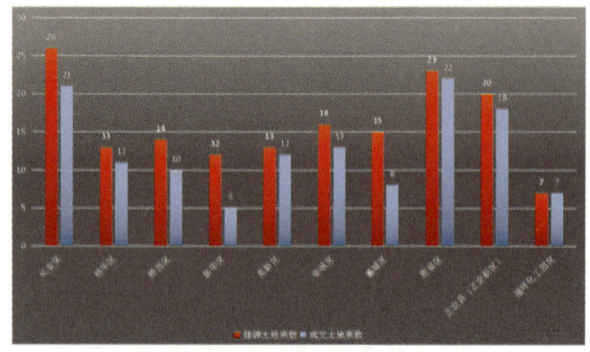

各区成交宗数与挂牌宗数对比

从拿地房企来看,融创、万科、龙湖拿地金额、土储面积均位居全市前三。

拿地房企排名

2. 开发商拿地情况

2020年是房企收获颇丰的一年,不仅有绿城中国、东原地产、新城控股、蓝光发展、中国金茂、三盛地产等品牌房企的进驻,还有多个解遗项目的挂牌出让,比如枫林水岸、莱茵春天、明瀚花香城、国仕山二期、摩卡小镇、筑源1836等项目。

3. 未来预估

2021年重点关注楼盘以2020年土拍大热地块为主,主要有以下7块:

(1)[2020]074号东三教地块,由石家庄蓝光和骏房地产开发有限公司以7.93亿元成功竞得,溢价率高达99.75%。12月11日,雍锦府建设项目设计方案公示,项目位于建通街东、南二环南、仓裕路北、蔬菜研究所西,用地性质为居住用地,规划建设8栋住宅楼及1所24班小学。其中,1号楼、4号楼、6号楼为装配式建筑,7号楼为回迁住宅楼。

(2)[2020]094号市职教中心旧址地块,由石家庄中海房地产开发有限公司以17.71亿元竞得,亩单价为2148.75万元/亩,此地块共有13家房企报名。分别为龙湖、金辉、金地、保利、中海、招商、万科、鲁能、美的、华润、华发、中冶以及卓越。

(3)[2020]063号天同地块,经过历经4小时606轮激烈竞拍,由石家庄天同房地产开发有限公司以18.11亿元收入囊中。项目案名为荣盛首府,将呈建113亩城市恢宏巨作,总建筑面积约22万平方米,规划洋房、住宅产品,对标豪宅基因,打造稀缺全景超低密住区。

(4)[2020]045号留村城中村改造三期地块,由河北领拓房地产开发有限公司以24.03亿元收入囊中,据"企查查"查询,河北龙湖京佰房地产开发有限公司持有该公司60%的股权。

(5)[2020]104号地块,由石家庄隆玺房地产开发有限公司以5.01亿元成功斩获,据"企查查"官网了解到,石家庄隆玺房地产开发有限公司的大股东为隆基泰和置业有限公司。此次为隆基泰和落子石家庄市的首个住宅项目,产品系为紫樾系,项目案名为紫樾芳华项目,拟建造11栋住宅楼。其中,3号楼、8号楼、9号楼、10号楼、11号楼住宅楼为装配式建筑,1号楼住宅楼内含有保障房。

(6)[2020]095号原河冶科技旧厂地块,位于河北大明实业公司西、石家庄钢铁有限责任公司东、金山街(规划路)两侧、跃进路北,该地块由河北龙湖京佰房地产开发有限公司以12.21亿元成功斩获。最吸引人的，应该是该地块周边的商业配套，该地块距离长安万达广场大约600米距离，东胜广场、建华百货也都在2公里范围内，15分钟的车程也可抵达北国商城、勒泰中心及裕华万达。

（7）[2020]062号地块，经过149轮激烈竞价，由河北保伦房地产开发有限公司以7.82亿元成功收入囊中，为中国金茂落地石家庄的首个项目，项目位于十里铺街东、绵河道以南。规划建设11栋住宅楼，1所12班幼儿园、1所18班小学及商业配套。其中7号楼、8号楼、10号楼、12号楼、13号楼均为装配式建筑，保障房位于12号楼住宅楼内。

综上，2020年虽然遭受疫情影响，土地挂牌数量与往年相比有所下降，但石家庄楼市热度也在不断上升，尤其是主城区，更多的品牌房企项目落地，2021年到了拼内功的时代。真正的"好房子"才会被青睐。

五、热点板块

根据易居河北研究院信息显示，从商品房住宅区域走势来看，供应和成交均居首位的为长安区，成交规模达到了120万平方米，为市场容量最高。

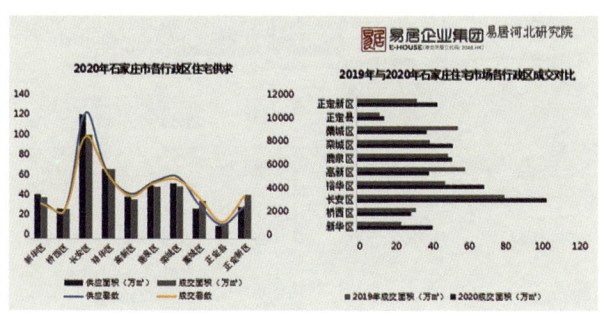

热点板块走势

六、用户心理

在特殊的2020年，购房者的心理产生了哪些变化？市场环境又出现了哪些新趋势？

乐居通过采访和实地调查发现，2020年，石家庄购房群体的心态基本较为平稳。一名新房销售员表示，现在市场上项目分化比较明显，2020年最大的感受是主城区核心地段的改善型需求产品受到了市场的青睐，三室甚至四室的改善项目一度成为主流。另外一个特点是，品牌加持越来越被市场认可，市场成交项目中，品牌房企项目占据绝对比重。

二手房中介公司的一名店员认为，客户对于石家庄现阶段房价已经接受了，这是较前几年的一个明显变化。至于房主的心态，目前市面上多数的房东认为房价不会再有明显的涨幅，大多会选择先持有1年至2年，待市场有所回温后再进行出售。当然也有一部分着急用于资金周转的房主，自然是价格合适就早日出售。

无房观望的受访者中，大部分人认为房价大幅上涨的可能性不大，小部分人期待疫情过后房价能够小幅下降，以便可以慢慢选择心仪的房子。

七、2021年展望

2020年，经过主城区多场大型土地拍卖之后，多个区域热度重启，地价影响房价。根据2020年地价的走势来看，预计2021年，房地产投资趋于谨慎，市场趋于平稳。

同时，2021年房产市场总体应该是稳中有进，到了拼内功的时期。随着越来越多品牌房企的进入，产品不断分化，真正的"好房子"才会被青睐。

值得期待的区域主要还是集中在东北二环区域，和平路沿线、东南板块和正定新区。其中，[2020]074号东三教地块、[2020]094号市职教中心旧址地块、[2020]063号天同地块、[2020]045号留村城中村改造三期地块、[2020]062号地块等备受期待。

数据来源：易居河北研究院

在售楼盘一览

长安区

楼盘名称	价格	物业类型	主力户型
国赫天玺	约14000元/m²	普通住宅	二居室(89m²) 三居室(110~136m²)
中海云锦	约25000元/m²	普通住宅	三居室(131~145m²)
旭辉公元	约17500元/m²	普通住宅	二居室(85m²) 三居室(97~122m²) 四居室(143m²)
万科紫郡	约25000元/m²	普通住宅	三居室(145~175m²) 四居室(175m²)
翡翠书院小区	约19000元/m²	普通住宅	二居室(86m²) 三居室(109~140m²) 四居室(165m²)
远洋晟庭	约20042元/m²	普通住宅、公寓	三居室(127~150m²) 四居室(170~190m²)
恒大御景半岛	6600元/m²起	普通住宅、公寓、别墅、商铺	二居室(85~85.06m²) 三居室(100.77~146m²) 四居室(153~240m²)
长安润江壹号	约17999元/m²	普通住宅	二居室(93m²) 三居室(131~138m²)
高远森霖城	约14800元/m²	普通住宅	二居室(90.09m²) 三居室(112.96~125.55m²) 四居室(157.9m²)
真实桃园里	约18980元/m²	普通住宅	二居室(99m²) 三居室(139m²)
奥园城央云庭	约16500元/m²	普通住宅	二居室(88.21~88.23m²) 三居室(103.11~139.89m²)
半岛名邸二期	约16900元/m²	普通住宅	二居室(65.47m²) 三居室(107.99~136.86m²)
荣盛华府	约13500元/m²	普通住宅、公寓、写字楼、商铺	三居室(170~205m²) 五居室(220m²)
旭辉长安府	约14500元/m²	普通住宅	二居室(80m²) 三居室(100m²)
融创都会中心	约18000元/m²	普通住宅	二居室(89m²) 三居室(108~126m²) 四居室(150~177m²)
唐宫原著名邸	约18000元/m²	普通住宅	三居室(143.26~163.65m²) 四居室(211.57m²)
国赫天著	约20000元/m²	普通住宅、公寓	二居室(95.33m²) 三居室(131.67~151.07m²) 四居室(188m²)
保利国际广场	约10500元/m²	写字楼	尚未公布
新锐中心	9000~13500元/m²	公寓	一居室(64.1~88.85m²) 二居室(71.24~88.85m²)
和平阳光苑	尚未公布	普通住宅	三居室(96.76~138.61m²)
龙溪城	约13800元/m²	普通住宅	二居室(87.54m²) 三居室(114.86~117.47m²)
天洲视界城	约14500元/m²	普通住宅	二居室(85.48~94.65m²) 三居室(117.7~163.26m²)
瀚唐	约22000元/m²	普通住宅	二居室(94m²) 三居室(137m²) 四居室(200m²)
天鸿世家	约12000元/m²	普通住宅	二居室(90m²) 三居室(110m²)
瑞城广场	约13000元/m²	公寓、写字楼	一居室(43.65~84.15m²)
荣盛中心	约13000元/m²	公寓、写字楼	一居室(30~48m²) 二居室(75~91m²) 三居室(100m²)
铂宫后海	约16000元/m²	普通住宅	二居室(91m²) 三居室(125~180m²)
天海容天下	15000元/m²起	普通住宅	二居室(86.5m²) 三居室(103.23~137.1m²)
勒泰中心	约24000元/m²	公寓、写字楼、酒店式公寓	二居室(270m²) 三居室(363.69m²)

长安区

楼盘名称	价格	物业类型	主力户型
北城国际	17500元/m²起	普通住宅	三居室(123~165m²) 四居室(235~240m²)
保利大都汇	12000元/m²起	公寓	一居室(50m²) 二居室(80~90m²) 三居室(102m²)
远洋风景长安	约14500元/m²	普通住宅、商铺	二居室(85m²) 三居室(95~115m²)
远洋晟公馆	约13500元/m²	公寓	一居室(34.1~59.37m²)
亨伦观唐名邸	约13800元/m²	普通住宅	二居室(88m²) 三居室(106~139m²)
紫晶悦和中心	约14800元/m²	普通住宅、公寓、写字楼、商铺	一居室(48.31m²) 二居室(92.4~94.57m²) 三居室(121.5~129.59m²)
长安万达广场	约15500元/m²	公寓	尚未公布
天海博雅盛世	约15000元/m²	普通住宅、商铺	四居室(170m²)
华庭广场	尚未公布	写字楼	二居室(84.5~126.48m²) 三居室(126.48m²)
奥冠奥北公元	16980元/m²起	普通住宅、公寓	三居室(133~165.26m²) 五居室(260m²)
东原启城	13500元/m²	普通住宅	二居室(85m²) 三居室(96~120m²) 四居室(140m²)
中房元泰广场	约15000元/m²	写字楼	尚未公布
润江·云璟	约19999元/m²	普通住宅	三居室(109~130m²)
蔚来一英里	约9000元/m²	公寓	跃层(56.3~75.8m²)
安联生态城	约14000元/m²	普通住宅	三居室(99~138.95m²)
国仕花语	17000元/m²起	普通住宅、写字楼	三居室(117~123m²)
东胜时间山	约22500元/m²	普通住宅	尚未公布
瑞祥华府	约18000元/m²	普通住宅、自住型商品房	二居室(92.49m²) 三居室(107.3~141m²)

裕华区

楼盘名称	价格	物业类型	主力户型
保利和光尘樾	约18500元/m²	普通住宅	三居室(135m²) 四居室(156~189m²)
荣盛锦绣书院	约18000元/m²	普通住宅	三居室(104.5~132.13m²)
金地玺悦府	约22000元/m²	普通住宅	三居室(120~132m²) 四居室(138~143m²)
融创中心	约15800元/m²	普通住宅	三居室(107~180.39m²) 四居室(151m²)
东南智汇城	约19000元/m²	普通住宅、写字楼、商铺	二居室(97.48m²) 三居室(122.95~156.6m²) 四居室(144m²)
中房卓越府	约22000元/m²	普通住宅、写字楼、商业	三居室(118.43~141.50m²)
盛邦大都会	约17500元/m²	普通住宅、综合体	三居室(139m²)
旭辉中睿府	约13500元/m²	公寓、商铺	一居室(42m²)
嘉实万科紫台	约20500元/m²	普通住宅	二居室(89m²) 三居室(105~168m²)
新鼎华府	约16000元/m²	普通住宅、综合体	二居室(99.13m²) 三居室(139.56m²) 四居室(173.54m²)
晶彩中心小时代	约10800元/m²	公寓、写字楼、商铺	一居室(36.58~82.1m²) 二居室(91.45m²)
融创中心·学府	15500元/m²起	普通住宅	三居室(117~138m²)
东华国樾府	15500元/m²起	普通住宅	三居室(111.22~113.99m²)

裕华区			
楼盘名称	价格	物业类型	主力户型
璀璨裕华园	约19000元/m²	普通住宅、公寓	二居室(88.06~87.07m²) 三居室(115.64~135.93m²)
众美定制广场	约8500元/m²	公寓、写字楼、酒店式公寓、商铺、商住、综合体	一居室(34~57m²)
帝王国际	约35000元/m²	普通住宅、公寓、写字楼、别墅	二居室(99.98m²) 四居室(182.3m²) 别墅(239.36m²)
中冶盛世国际广场	12500元/m²起	普通住宅、公寓、写字楼、商铺	一居室(44.64m²) 二居室(68.2~105.99m²)
鸿昇广场	约14500元/m²	写字楼	尚未公布
ICC环球智汇中心	约15000元/m²	写字楼	尚未公布
睿鼎国际中心	7299元/m²起	公寓、别墅、酒店式公寓	尚未公布
高远时光城	约7300元/m²	公寓	一居室(59m²) 二居室(76~123m²)
鸿昇燕园	约22000元/m²	普通住宅	二居室(87m²) 三居室(107.85m²) 四居室(161m²)
河北国际商会广场	19000元/m²起	普通住宅、综合体	二居室(85~135m²) 四居室(170m²)
维多利亚时代	约23200元/m²	普通住宅	二居室(83m²) 三居室(154~186m²) 四居室(194m²)
福地裕锦园	尚未公布	普通住宅	尚未公布
润江云玺	约14600元/m²	普通住宅	二居室(85m²) 三居室(109~138m²)
中电·世纪公元	尚未公布	公寓	一居室(39.78~69.39m²) 二居室(104.25m²)
融创财富壹号	约18000元/m²	普通住宅、公寓	尚未公布
国仕山	约19800元/m²	普通住宅	二居室(119m²) 三居室(126~178m²) 四居室(245m²)
石家庄蘭园	约16500元/m²	普通住宅	三居室(103.27m²) 四居室(134.5m²)
盛邦九号院	尚未公布	普通住宅	二居室(103.12m²) 三居室(148.87~164.86m²)
绿城桂语江南	约21000元/m²	普通住宅	三居室(145m²)

新华区			
楼盘名称	价格	物业类型	主力户型
保利云上	约22000元/m²	普通住宅	尚未公布
禹洲嘉誉山	约18500元/m²	普通住宅	尚未公布
嘉实万科公园都会	约20500元/m²	普通住宅	三居室(128~140m²) 四居室(178~181m²)
中冶德贤华府	18500元/m²起	普通住宅、酒店式公寓、商铺	三居室(128~161m²) 四居室(165~191m²)
润江新华壹号院	约21500元/m²	普通住宅	三居室(109~139m²)
尚宾城	约25000元/m²	普通住宅、公寓、商铺	二居室(89.32~96.5m²) 三居室(137.82~139.25m²)
荣盛御府	900万~1300万/套	普通住宅、别墅	四居室(186m²) 别墅(373~435m²)
绿城诚园	约15000元/m²	普通住宅	三居室(118~145m²) 四居室(147~186m²) 跃层(215~273m²)
林荫大院	约20000元/m²	普通住宅、商铺	一居室(43m²) 二居室(60~97m²)
枫悦园	约9000元/m²	公寓	一居室(39.46~51.3m²) 二居室(76.64~80.07m²) 三居室(120.45m²)
和西苑	约20000元/m²	普通住宅	二居室(96.46~116.75m²) 三居室(114.36~132.91m²) 四居室(150.29~152.69m²)
熙悦园	约17500元/m²	普通住宅	二居室(86m²) 三居室(94~134m²) 四居室(143m²)

新华区			
楼盘名称	价格	物业类型	主力户型
百岛绿城	约17000元/m²	普通住宅	二居室(91.02~106.05m²) 三居室(138.16m²)
汇君城	约17000元/m²	普通住宅	二居室(92.64~101.26m²) 三居室(120.84m²) 四居室(147.18~270.07m²)
假日风景	约25000元/m²	普通住宅	二居室(100m²) 三居室(136~148.5m²) 四居室(162.4m²)
乾园燕熙台	约18000元/m²	普通住宅	二居室(91.30~98.83m²) 三居室(122.86m²)
弘石湾	约21000元/m²	普通住宅	二居室(87.52~90.15m²) 三居室(110.94~124.87m²)
恒大中心	约19000元/m²	写字楼	尚未公布
融创时代中心	约23000元/m²	普通住宅、公寓、写字楼、商铺	三居室(105~127m²) 四居室(147m²)
新合作城市广场领誉	约14000元/m²	写字楼	尚未公布
祥云岸芷汀兰	约20000元/m²	普通住宅	二居室(79.82~154m²) 三居室(109.65~154m²)
天河悦城	约17000元/m²	普通住宅	二居室(90.42~100.2m²) 三居室(137.76m²)
新华贸MALL	约25000元/m²	商铺	尚未公布
尚宾城欢乐颂	约16000元/m²	公寓	一居室(42~66m²)
西美花盛	15000元/m²起	普通住宅	三居室(138m²) 四居室(181m²)
石家庄阳光里	约16000元/m²	普通住宅	二居室(88.5~93m²) 三居室(123.5m²)
林荫商务广场	尚未公布	商铺	一居室(35~50m²)

桥西区			
楼盘名称	价格	物业类型	主力户型
金地阅峯	约17900元/m²	普通住宅	三居室(95~125m²)
利航棠樾府	尚未公布	普通住宅	三居室(174m²) 四居室(265m²)
富力中心	16000~22000元/m²	写字楼、商铺	写字楼(67~1770m²)
润德万科翡翠公园	约19800元/m²	普通住宅	二居室(94m²) 三居室(116m²) 四居室(178m²)
恒大中央广场	约18000元/m²	公寓、写字楼、商铺	一居室(45~55m²) 二居室(95~97m²) 三居室(122m²)
绿地新里城西斯莱公馆	约14500元/m²	普通住宅	三居室(102.48~142.13m²)
众里景园	约24500元/m²	普通住宅	三居室(130.15~161.64m²)
盛世御城	约17000元/m²	普通住宅	二居室(64~101m²) 三居室(130m²) 四居室(212.98~214.76m²)
阿尔卡迪亚荣盛城	6888元/m²起	普通住宅、商铺	三居室(130.25~141.66m²) 四居室(160.67~201.26m²) 五居室(221.19m²)
利航观棠	约23000元/m²	普通住宅	三居室(148m²) 四居室(181m²)
富贵城	14500元/m²起	普通住宅、商铺	三居室(118~119m²)
绿地中山公馆	尚未公布	普通住宅、公寓、写字楼、商铺	二居室(90.55m²) 三居室(122.71~135.85m²)
旭辉铂宸府	约24500元/m²	普通住宅	三居室(126m²) 四居室(156m²)
安联天颂	约24000元/m²	普通住宅、公寓	二居室(91.61m²) 三居室(123.54~188.68m²)
中交财富中心	约19500元/m²	写字楼	尚未公布
龙湖天璞	约18500元/m²	普通住宅	二居室(88m²)
安联Aone中心	约12500元/m²	普通住宅、公寓	一居室(52.43~67.36m²)
安元嘉里熙园	约21000元/m²	普通住宅	尚未公布

桥西区

楼盘名称	价格	物业类型	主力户型
隆基泰和财富中心	约 13000 元 /m²	商铺、商住、商业	二居室 (52m²)
翰林国际	约 17000 元 /m²	普通住宅	三居室 (112.45~165.92m²) 四居室 (192.38m²)
翡翠公馆	约 13000 元 /m²	公寓	一居室 (30.79m²) 二居室 (47.89m²) 三居室 (70.98m²)
中山广场寓墅 45	约 18500 元 /m²	公寓	尚未公布
绿地中山里	约 25000 元 /m²	商铺	尚未公布
未来时间	约 30000 元 /m²	公寓、写字楼、商铺	一居室 (42.56~52.42m²)
润兴公馆	约 13000 元 /m²	公寓	一居室 (48.20~78.18m²)
华润中心	约 18000 元 /m²	公寓、写字楼、商业	尚未公布
东胜紫御公园广场	约 10000 元 /m²	公寓、写字楼、商铺、综合体	一居室 (46.66~52.62m²)
鑫界王府	约 20000 元 /m²	普通住宅、别墅	四居室 (263.69~271.31m²)
华普城	约 13000 元 /m²	普通住宅、商铺	二居室 (77~105.62m²) 三居室 (138.82m²)
燕港美域	15000 元 /m² 起	普通住宅、商铺	三居室 (136.02~138.35m²) 四居室 (160.86m²)
幸福城	13900 元 /m² 起	普通住宅、公寓	二居室 (95.8m²) 三居室 (113.33~127.01m²)

栾城区

楼盘名称	价格	物业类型	主力户型
同福城	约 11500 元 /m²	普通住宅	二居室 (87.78m²) 三居室 (108.8~110.77m²)
融创栾州壹号	约 8990 元 /m²	普通住宅	三居室 (89~139m²)
万科未来城	约 10000 元 /m²	普通住宅	二居室 (88m²) 三居室 (110~126m²)
永威枫林上院	约 9600 元 /m²	普通住宅	三居室 (83~118m²)
当代府 MOMΛ	约 14500 元 /m²	普通住宅	三居室 (104~115m²)
石家庄融创城Ⅱ	约 9300 元 /m²	普通住宅	二居室 (88.35~88.49m²) 三居室 (98.74~128.81m²)
南华城	约 8500 元 /m²	普通住宅	尚未公布
天河明郡	约 9850 元 /m²	普通住宅	尚未公布
万源雅筑	约 11400 元 /m²	普通住宅	二居室 (87.33m²) 三居室 (134.05m²)
栾城天山熙湖	10000 元 /m² 起	普通住宅	二居室 (86m²) 三居室 (87~128m²) 四居室 (145~149m²)
福美六号院	约 10000 元 /m²	普通住宅	三居室 (90.55~147.91m²)
林荫春天	约 9600 元 /m²	普通住宅	二居室 (74~85m²) 三居室 (102~115m²) 四居室 (134m²)
盛紫中央公园	约 13500 元 /m²	普通住宅	二居室 (95.38m²) 三居室 (103.37~135.7m²)
碧桂园云樾风华	约 9900 元 /m²	普通住宅	尚未公布
春熙雅园	约 11000 元 /m²	普通住宅	尚未公布
盛佳锦绣家园	约 9700 元 /m²	普通住宅、公寓、商铺	二居室 (92.72m²) 三居室 (127m²)
栾城 林荫学舍	约 6500 元 /m²	写字楼、商住	尚未公布

鹿泉区

楼盘名称	价格	物业类型	主力户型
吾寓优品	约 7200 元 /m²	公寓	一居室 (29.83~39.67m²) 二居室 (43.98~59.64m²)
宝晟蓝庭	尚未公布	普通住宅	二居室 (83.87m²) 三居室 (127.4~194.52m²) 四居室 (177.49m²)
保利城	约 11900 元 /m²	普通住宅	二居室 (86m²) 三居室 (105~135m²)

鹿泉区

楼盘名称	价格	物业类型	主力户型
万合名著	12500 元 /m² 起	普通住宅	三居室 (131.91~142.08m²) 四居室 (171.7m²)
新兴城 新兴花语原乡	约 11000 元 /m²	普通住宅	三居室 (104m²)
碧桂园桃园里	12000 元 /m² 起	普通住宅	三居室 (120m²) 四居室 (170m²)
让山	13300 元 /m² 起	普通住宅	三居室 (129.16~129.37m²)
科瀛智创谷	11000 元 /m² 起	写字楼、商业	尚未公布
保利西悦春天	13000 元 /m² 起	普通住宅	二居室 (85m²) 三居室 (106~136m²) 四居室 (147m²)
碧桂园星荟	11000 元 /m² 起	普通住宅	三居室 (124m²)
福临名邸	约 12000 元 /m²	普通住宅	二居室 (91.05m²) 三居室 (111.29~144.56m²)
启航小镇	约 9500 元 /m²	公寓、商业	尚未公布
磊阳湖畔	12000 元 /m² 起	普通住宅	三居室 (100.5~138.35m²)
泰丰翠屏山水	12000 元 /m² 起	普通住宅	二居室 (114.5m²)
陆之玖隆	7999 元 /m² 起	公寓	二居室 (74.45~77.05m²)
大尚华府	约 13000 元 /m²	普通住宅	二居室 (94.29m²) 三居室 (112.14~127.04m²)
金悦府	约 16500 元 /m²	普通住宅	三居室 (132~144m²) 四居室 (171.8~179m²)
厚德雅园	约 11800 元 /m²	普通住宅	二居室 (85.53m²) 三居室 (117.44~123.72m²) 四居室 (145.98m²)
金辉优步悦山	约 12300 元 /m²	普通住宅、公寓、写字楼、商业	二居室 (85m²) 三居室 (101~103m²) 四居室 (119~125m²)
力高悦麓兰庭	约 13000 元 /m²	普通住宅	三居室 (98~115m²)
龙湖九里晴川	198 万元 /套起	普通住宅	三居室 (131m²) 四居室 (144m²)
朗诗未来街区	约 9500 元 /m²	普通住宅	二居室 (85m²) 三居室 (117~127m²)
水润华府	约 11000 元 /m²	普通住宅	尚未公布
绿城西山桃花源	400 万元 /套起	普通住宅	尚未公布
花样年南湖琅樾	约 10500 元 /m²	公寓	三居室 (56.9~83.82m²)
金悦花园	7000 元 /m² 起	公寓	尚未公布
恩泰卓越学府	约 7200 元 /m²	公寓	尚未公布
茂润海棠苑	约 13000 元 /m²	普通住宅	尚未公布
中央锦城锦街	约 12800 元 /m²	普通住宅、公寓、商铺	尚未公布
龙湖天宸原著	约 11000 元 /m²	普通住宅	三居室 (98~129m²)
帝华鸿府	12800 元 /m² 起	普通住宅	二居室 (89.48~96.84m²) 三居室 (123.17~137.43m²)
厚德中央锦城	约 12800 元 /m²	普通住宅	一居室 (46.48m²) 二居室 (93.3m²) 三居室 (116.85m²)
蓝郡绿都	约 11500 元 /m²	普通住宅	二居室 (85.06~87.37m²) 三居室 (96.3~117.76m²) 四居室 (131.66m²)
云杉溪谷	12000 元 /m² 起	普通住宅、公寓、写字楼、商业	三居室 (97.81~127.45m²)
城南尚府	10500 元 /m² 起	普通住宅	三居室 (98.52~116.77m²) 四居室 (124.84m²)
福美健康城·公园郡	约 12500 元 /m²	普通住宅、商铺	二居室 (88.57~106.72m²) 三居室 (132.74~147.57m²)
大者	13600 元 /m² 起	普通住宅、别墅	三居室 (151m²) 五居室 (449.3m²) 别墅 (600m²)
秀水名邸	约 12500 元 /m²	普通住宅	四居室 (89.23~249.58m²)
帝华御锦苑	约 10500 元 /m²	普通住宅	二居室 (90.12~102.28m²) 三居室 (126.23m²)
海兰嘉园	8380 元 /m² 起	普通住宅	二居室 (79~95m²) 三居室 (103~160.89m²)

藁城区

楼盘名称	价格	物业类型	主力户型
金地格林郡	约 13300 元/m²	普通住宅	三居室 (89~110m²)
保利时光印象	约 13500 元/m²	普通住宅	二居室 (88m²) 三居室 (98~117m²) 四居室 (125m²)
万科新都会	约 14500 元/m²	普通住宅	三居室 (89~135m²)
华远 海蓝和光	11500 元/m² 起	普通住宅	三居室 (112~130m²)
荣威紫郡	约 10500 元/m²	普通住宅	二居室 (90~203m²) 三居室 (128~133m²) 四居室 (150~203m²)
藁城天山熙湖	约 12000 元/m²	普通住宅	三居室 (143~144m²)
藁城润江翡丽华府	约 16500 元/m²	普通住宅	三居室 (127.93~138.11m²)
东城国际	约 9600 元/m²	普通住宅	三居室 (100.75~149m²) 四居室 (116.74m²)
时尚汇商业街	约 22000 元/m²	商铺	尚未公布
万德华府	约 9900 元/m²	普通住宅	尚未公布
东创悦城	约 8500 元/m²	普通住宅	二居室 (84.13m²) 三居室 (111.43~120.97m²)
赫蓝山	约 7100 元/m²	公寓	三居室 (87.57~115.88m²)
大有容府	约 13000 元/m²	普通住宅	三居室 (121.2~146.8m²)
万德世家	约 13500 元/m²	普通住宅	二居室 (109.9m²) 三居室 (142.32~252.72m²) 四居室 (162.62~271.14m²)
仕嘉华府	约 10000 元/m²	普通住宅	三居室 (107~137m²)
紫御澜湾	尚未公布	普通住宅	二居室 (85.91~148m²) 三居室 (92~148m²)
天润福庭	尚未公布	普通住宅	三居室 (79.03~98.08m²)
旺洋商业广场	尚未公布	商铺	尚未公布
藁开 康德郡	约 9950 元/m²	普通住宅	二居室 (92.83m²) 三居室 (107.9~133m²)

高新区

楼盘名称	价格	物业类型	主力户型
华远昆仑赋	约 16000 元/m²	普通住宅	二居室 (88~132m²) 三居室 (100~132m²)
融创臻园壹号	约 13800 元/m²	普通住宅	三居室 (126~153m²)
同祥四季	约 14000 元/m²	普通住宅	二居室 (91m²) 三居室 (110m²)
高远旭东城	10000 元/m² 起	普通住宅	三居室 (88.67~113.88m²)
想象国际	约 18500 元/m²	普通住宅、写字楼、商铺	三居室 (98.6~171.02m²) 四居室 (193.09m²)
正基九宸	约 16000 元/m²	普通住宅	二居室 (93.85m²) 三居室 (120.56~192.08m²)
润都荣园	约 14000 元/m²	普通住宅	三居室 (139m²)
天山银河广场	约 11000 元/m²	公寓、写字楼、商铺	一居室 (28.38~144.58m²)
润都锦园	约 15500 元/m²	普通住宅、公寓、写字楼、商铺	二居室 (87.64m²) 三居室 (112.69~133.54m²)
东创铂悦府	约 14000 元/m²	普通住宅	三居室 (124.6~162.83m²)
中山尚郡	约 9500 元/m²	公寓、写字楼	一居室 (46.21m²) 二居室 (46.21~89.51m²)
金盛悦府	约 15800 元/m²	普通住宅	一居室 (61.4m²) 二居室 (89.05m²) 三居室 (98.3m²)
富力城市广场	约 6000 元/m²	商住	一居室 (67m²) 二居室 (102m²)
润江壹号公馆	约 9500 元/m²	普通住宅	二居室 (95.15m²) 三居室 (125.15~137.53m²)
玖筑翰府	约 12700 元/m²	普通住宅	一居室 (55~56m²) 二居室 (74~93m²) 三居室 (105~119m²)
世界壹号	约 23000 元/m²	普通住宅	三居室 (182~210m²) 四居室 (210m²)
星际未来城	约 13500 元/m²	写字楼	尚未公布

高新区

楼盘名称	价格	物业类型	主力户型
天山世界之门	约 12500 元/m²	写字楼、商铺	一居室 (41.38m²) 二居室 (62~72.36m²) 三居室 (73.07m²)
长江道壹號	约 9800 元/m²	写字楼	尚未公布
润都御园	约 13700 元/m²	普通住宅、商铺	二居室 (74.85m²) 三居室 (89.96~104.01m²)
雅都园	约 12050 元/m²	普通住宅	二居室 (90.98~100.16m²) 三居室 (125.94m²)
磊阳天府	约 8500 元/m²	普通住宅、商铺	一居室 (51~74m²) 二居室 (74~105m²) 三居室 (139m²)
红馆商务广场	约 9100 元/m²	写字楼	尚未公布
燕港御灏府	约 17000 元/m²	普通住宅	三居室 (128.74~192.17m²) 五居室 (397.58m²)
雍雅锦江	约 16000 元/m²	普通住宅、商住	二居室 (87.41~93.77m²) 三居室 (115.39~117.56m²)
兰溪璟园	尚未公布	普通住宅	二居室 (80m²) 三居室 (113m²)

正定新区

楼盘名称	价格	物业类型	主力户型
万科正定文化村	约 14000 元/m²	普通住宅	二居室 (89m²) 三居室 (161m²)
金科集美郡	约 12500 元/m²	普通住宅	三居室 (129~137m²) 四居室 (139m²)
润江府	约 12800 元/m²	普通住宅	三居室 (170~184m²) 五居室 (283m²)
中国铁建花语城	约 12800 元/m²	普通住宅	二居室 (83m²) 三居室 (100~110m²)
金地风华大境	约 13500 元/m²	普通住宅	三居室 (129m²) 四居室 (89~143m²)
远洋安联万和学府	约 13000 元/m²	普通住宅	三居室 (80~140m²)
荣鼎嘉之汇	约 12500 元/m²	公寓、写字楼、酒店式公寓、商铺	尚未公布
金辉中央云著	265 万元/套起	普通住宅、别墅	四居室 (266m²)
天山国府壹號	约 15000 元/m²	普通住宅	四居室 (188~234m²)
正顺府	约 12300 元/m²	普通住宅	三居室 (110~135m²)
石家庄宝能中心	约 11000 元/m²	公寓、写字楼	一居室 (50.82~68.07m²) 二居室 (84.83m²)
雅居乐御宾府	尚未公布	普通住宅	三居室 (115m²) 四居室 (123~140m²)
中海熙岸	约 12500 元/m²	普通住宅	二居室 (80m²) 三居室 (97~125m²)
天山壹方中心	约 13500 元/m²	普通住宅、写字楼	二居室 (48.99~62.62m²)
碧水源时光汇	约 8600 元/m²	公寓、酒店式公寓、商铺	一居室 (62m²) 二居室 (85m²) 三居室 (108m²)
华润置地万橡府	约 13000 元/m²	普通住宅	二居室 (85m²) 三居室 (100~125m²) 四居室 (140m²)
天功颂园	约 13000 元/m²	普通住宅	二居室 (90m²) 三居室 (158m²) 四居室 (180m²)
国宅澜悦府	尚未公布	普通住宅	尚未公布

正定县

楼盘名称	价格	物业类型	主力户型
润江正定壹號院	约 11000 元/m²	普通住宅	二居室 (84.92m²) 三居室 (102.56~121.16m²)
金辉开元府	500 万~800 万元/套	普通住宅、别墅	四居室 (393.39~398.55m²)
天山翡丽公馆	约 11500 元/m²	普通住宅	二居室 (93.01~100.38m²) 三居室 (136.81m²)

正定县			
楼盘名称	价格	物业类型	主力户型
绿城御河上院	约 23000 元 /m²	普通住宅	三居室 (142.84m²) 四居室 (172~260m²) 五居室 (423m²)
金辉优步学府	约 12000 元 /m²	普通住宅	尚未公布
常山荣盛华府	约 11500 元 /m²	普通住宅	二居室 (86.73~95.55m²) 三居室 (118.6~135.5m²)
金辉优步星辰	约 12000 元 /m²	普通住宅	二居室 (77m²) 三居室 (89m²) 四居室 (115m²)
佳兆业悦峰	约 11200 元 /m²	普通住宅	二居室 (87m²) 三居室 (103~128m²)

其他区域			
楼盘名称	价格	物业类型	主力户型
石家庄孔雀城	约 6500 元 /m²	普通住宅	二居室 (85m²) 三居室 (95~125m²)
荣盛中山华府	约 8300 元 /m²	普通住宅	尚未公布

其他区域			
楼盘名称	价格	物业类型	主力户型
福美观山	尚未公布	别墅	别墅 (260m²)
金域华府	尚未公布	普通住宅	三居室 (104.32~130m²)
富力西柏水镇	4188 元 /m² 起	普通住宅、别墅	二居室 (82~206m²) 三居室 (92~206m²) 四居室 (136~206m²)
石家庄恒大国际文化城	4988 元 /m² 起	普通住宅、公寓、别墅	三居室 (79~130m²) 别墅 (97~110m²)
绿地海域鹿泉	约 6539 元 /m²	普通住宅、别墅	二居室 (66~83m²) 三居室 (92m²)
石家庄恒大时代新城	5880 元 /m² 起	普通住宅	二居室 (84.22~86.52m²) 三居室 (110.21m²)
石家庄碧桂园凤凰城	约 8400 元 /m²	普通住宅、商铺	三居室 (110~135m²)
九福熙悦府	约 7200 元 /m²	普通住宅	三居室 (105~134m²)
中国铁建·花语城	约 12800~13800 元 /m²	普通住宅	三居室 (93~117m²)

典型项目

天鸿世家

石家庄 | 天鸿地产 | 全龄户型 | 交通便利 | 醇熟配套

项目地址：
石家庄市长安区赵陵辅路街道红星街与颐宏路交会处东北角

开发商：
河北德融房地产开发有限公司

产品特征：
小高层、高层

参考价格：
均价 12000 元 / 平方米

主力户型：
约 90 平方米两居、约 110 平方米三居

物业公司：
安悦物业

5 公里生活配套：
地铁 2 号线铁道大学站、解放大街、市政公园、明珠公园、柏林公园、北国商超

专家点评

纪珊珊·石家庄市房地产业协会秘书长

天鸿世家项目作为天鸿地产布局石家庄的扛鼎之作，以二环边、立体九境园林、全龄宜居户型和醇熟生活配套，为广大购房者提供了主城区内性价比较高的品质居所。

扫码观看楼盘详情

项目测评

【区域地段】
项目位于石家庄市主城区二环沿线的黄金地段。伴随石家庄正式确定的"一河两岸三组团"的城市规划，该区域势必发展为省会全新城市中心。

【楼栋规划】
天鸿世家一期占地约 62 亩，规划 8 栋住宅，总建筑面积 18.8 万平方米，共 1270 户。户型涵盖 50~140 平方米一居至四居，满足全龄化居住需求。全系臻品采用连廊式全通透设计，七重入户仪式，双层挑高精装大堂。

【园林景观】
采用"世家九图"设计理念，匠筑立体九境园林，将中国传统景观中的厅、壁、苑、园、廊、阁、坞、院、涧融入其中，塑造园林"生境""意境""画境"三境合一。东侧规划为万方市政公园，以四时鲜氧构筑生态宜居之所。

【物业服务】
天鸿世家项目引进墅级物管体系，为居者提供管家式物业服务，倾力打造健康社区系统、智能安防系统、智能家居系统、智慧社区系统、绿色建筑系统五大科技系统，构建智慧人居体系，全方位贴心守护每位业主。

【交通出行】
项目紧邻北二环和解放大街，临近规划中的地铁 2 号线（铁道大学站），建成通车后业主出门即可享受地铁带来的通达与便捷。另有 2 环 2 路、23 路、85 路、96 路、118 路、192 路等多条公交线路。

【教育资源】
项目周边教育资源丰富，近享自规划幼儿园、石岗二校、石家庄市第 42 中学、石家庄铁道大学等全龄化教育学府。从幼儿园到中学、大学，让孩子成长的每一步都有坚实后盾。

【医疗配套】
项目周边分布有中国人民解放军第 260 医院、河北省胸科医院、明瀚医院等医疗配套，就医方便，家与医院的距离让业主从容放心。

【品牌描述】
天鸿集团成立于 2005 年，注册资金 1 亿元，拥有河北省建设厅批准的房地产一级开发资质。天鸿集团始终专注于建造宜居住所，树立了良好的品牌形象，本着"为幸福而为"的企业理念，匠心雕琢更好的建筑作品。

【购物娱乐】
项目南侧约 500 米为北国超市（已签约），可满足业主一应生活所需，同时近享北国益庄购物中心、北国超市天河店等商业配套，购物、娱乐、休闲资源应有尽有。

【设计风格】
项目整体采用新中式建筑风格，以经典浓郁的传统文化为根基，打造具有明显东方文化烙印的宅邸。中式印章的运用，凸显空间的美感和层次感，展现出中式建筑的文化传承之美。

中国铁建·花语城

石家庄 | 中铁建 | 品牌地产 | 地铁沿线 | 河景美宅

项目地址：
石家庄市正定自贸区新城大道与恒阳路交口东行400米路南（恒阳路18号）

开发商：
河北兴铁房地产开发有限公司

产品特征：
高层、洋房

参考价格：
高层均价12800元/平方米、洋房13800元/平方米

主力户型：
约93平方米三居、约117平方米三居

5公里生活配套：
滹沱河生态景区、中心湖公园、园博园公园、周汉河景观休闲带、青少年活动中心、奥体中心、市规划馆、科技馆、图书馆、会展中心、商务中心、安悦酒店、地铁1号线

专家点评

中国铁建地产携高端"语系"佳作礼献石家庄，依托滹沱河景观资源，打造亲水智慧生态住区，为广大业主提供充满人文关怀的服务，不断满足人们对理想生活的追求，营造更美好的人居环境。

——李永源·石家庄市房地产业协会党支部书记

项目测评

【战略意义】
中国铁建地产携"语系"产品，首次落子石家庄正定自贸区。以"低密花语"为人居生活样本坚持品牌主张，以臻稀的地段和完善的配套，赋予生活更多想象和可能，为居者提供更智能、更便捷、更舒适的居住环境。

【市场口碑】
2020年8月，项目首期预售272套商品房，开盘当日所推房源全部告罄，去化率100%。在日后的多次开盘中，去化率也均高达80%以上。"好位置""品质社区"等标签成为购房者对楼盘最多的评价。

【区域地段】
位于自贸区的中国铁建·花语城，择址恒阳路、河北大道、新城大道，两横一纵城市主干路网交会处，同时紧邻地铁1号线会展中心站，业主出行交通十分便捷。在自贸区的影响下，土地价值和发展潜力将再度得到提升。

【楼栋规划】
项目总占地约300亩，一期共9栋15~18层小高层、7栋11层洋房，构建高低成组、错落有致的规划排布，提高光照与通风效率。中心楼座楼间距超60米，带来低密空间尺度的舒适享受。

【主力户型】
中国铁建·花语城主力户型为建筑面积93平方米三居臻品洋房，格局方正，南北通透，承载生活美好理想。观景阳台，享受美景自然风光，餐厨客一体式设计。南向主卧套房带来充足的阳光，配合独立卫浴，空间尽展尺度之美。

【园林景观】
近36%的绿化率和2.0的容积率，为小区园林规划提供了充足的空间。花语城以创新的规划设计，以厅、园、院、环、轴的立体景观规划理念，匠呈四时有景、四季有境的静雅之境。

【自建配套】
项目构筑商业、文教、医疗、托幼、餐饮等多维度社区配套，规划1.1万平方米一站式邻里商街，自配双语幼儿园，成就优秀成熟的社区生活圈，满足居者生活需求。

【物业服务】
中铁建物业管理有限公司，始终践行"情系业主，从心开始"的服务理念，提供如家人般的贴心呵护，用心为居者提供高品质服务，让生活以美好形式体现，礼遇每一位中国铁建家人。

【交通出行】
项目位于恒阳路、河北大道、新城大道，两横一纵城市主干路网交会，串联正定自贸区与正定古城；距离地铁1号线会展中心站仅约400米，途经新百商圈、万达商圈，快速高效连接城市美好。

【销售数据】
中国铁建·花语城一期于2020年9月首次入市，在9月至11月的三个月内，四次开盘四次售罄，在正定新区区域内去化周期最短、去化套数最多，同时单盘成交额位居石家庄2020年项目成交金额排行榜第24位。

润江云璟

石家庄 | 润江 | 中山路 | 地铁口 | 万达旁

项目地址：
石家庄市长安区中山路谈固东街交口东行 200 米路北

产品特征：
住宅

项目规划：
占地面积：16503.29 平方米；容积率：2.30；总户数：308 户

主力户型：
约 109 平方米三居

参考价格：
19500~23000 元 / 平方米

核心优势：
润江云璟项目占地 31 亩，总建面 5 万余平方米，规划总户数 308 户，包含两栋洋房和两栋住宅。社区规划 308 户低密度美宅，园林设计理念汲取于曼哈顿公园生活理念，精筑七大社区园林，构建全龄交互社区。立面设计源自世界先锋美学，采用大比例玻璃幕墙布局，利用玻璃的反射来捕捉散射光线，高透明度让光影透过建筑直达室内，视野全部向外打开，对中山路的繁华景象一览无余。

入选理由 陈霞·《燕赵晚报》房产家居部主编

润江云璟，临近中山路，紧邻 1 号线，位于城市核心地段。一公里内，长安万达、北国益中等商圈环绕；教育配套有谈固小学、第二十二中学近在周边。石家庄市市四院临近项目。

扫码观看楼盘详情

唐山

市场总结

一、新房成交表现

新房年度成交量：由于受政府成交数据不公开的影响，目前仅持有丰润、路北、丰南、路南、古冶、开平、高新7个区域2020年1—11月成交数据。7个区域11个月来共计成交32613套，成交面积3748618平方米，成交均价10643元/平方米，成交金额共计3989654.88万元。

新房价格情况：2020年全年，唐山房价无下跌情况出现。根据国家统计局的数据：唐山新房房价，1月环比上涨1.2%，2月环比上涨0.2%，3月环比上涨0.9%，4月环比上涨1.8%，5月环比上涨1.2%，6月环比上涨1.5%，7月环比上涨1.4%，8月环比上涨1.3%，9月环比上涨0.6%，10月零增长，11月环比上涨0.3%，12月环比上涨0.3%。2020年唐山中心区住宅成交均价约15800元/平方米。

2020年年初，市场受疫情影响，导致售楼处关闭，房企转战线上直播销售，但成交情况并不理想。3月复工以来，唐山房地产市场得到了快速复苏，国家统计局公布的房价数据显示，唐山2020年的前11个月新建商品住宅价格近10月出现环比持平，其他月份均呈现环比增长走势。二手房市场价格则是11个月来同环比每月均为双增长。

根据中国房价行情网数据显示，唐山房价2020年收入比为158万元（唐山房价均价1.58万元/平方米×100平方米）/14.4万元（唐山人均可支配收入约3.6万元×4）=约10.9。

二、2020年预售情况

根据2020年唐山楼市预售证取得情况总体来看，自3月复工以来，唐山楼市表现积极，多个全新楼盘入市，调动购房者置业积极性，促进了市场成交热度。这一年唐山楼盘共获证523张，获批预售总面积相比2019年涨幅约25.3%，获批预售套数相比2019年涨幅约28.92%。

据乐居监控的唐山住房和城乡建设局数据显示：2020年唐山市共取得预售面积9441194.12平方米，相比2019年7534649.82平方米增长25.3%，预售套数94580套，相比2019年73360套环比涨幅达28.9%。

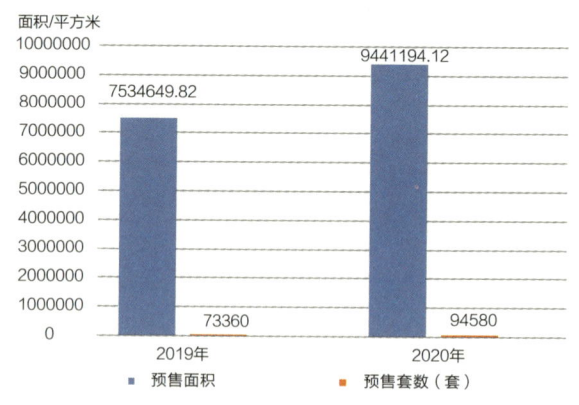

唐山市预售面积与预售套数对比

前三月受疫情影响，唐山楼市获批预售项目较少，4月开始回升，6月迎来小高潮，获批预售面积为1283292.19平方米，套数为12254套，9月获批预售剧增，领跑全年，以1832523.42平方米获得全年获批预售最高的月份，恒大学庭、熙湖九里二期、万科翡翠观唐等项目抓住了2020年的尾巴拿到了房源预售许可证。

从预售数据来看，曹妃甸区以1171094.31平方米预售面积居各区首位，丰南区、路南区紧追其后，分别为1071963.23平方米、984056.29平方米，同时曹妃甸区以11542套房源获预售套数榜首，丰南区、丰润区次之，分别为10311套、9887套。

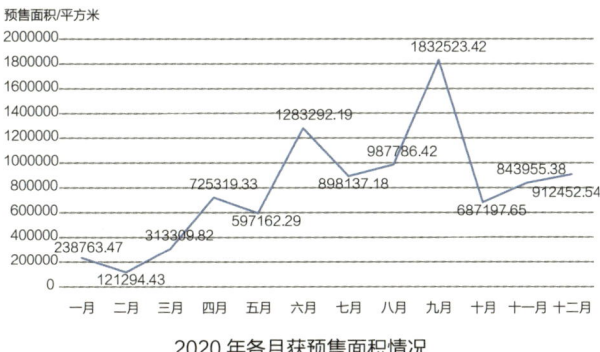

2020年各月获预售面积情况

2020 年 1—12 月各区域获批预售情况

区域	获批预售面积（平方米）	获批预售套数（套）
曹妃甸	1171094.31	11542
丰南	1071963.23	10311
路南	984056.29	8890
路北	940995.99	7751
丰润	817595.43	9887
遵化	802670.51	7646
高新	726994.91	7038
迁西	373986.64	3039
迁安	365238.42	3114
开平	329124.71	5035
古冶	327061.74	4146
玉田	323445.12	4125
乐亭	262642.84	1937
滦南	234636.56	2555
汉沽	234510.95	2597
滦州	215416.34	1871
海港	193416.35	2515
南堡	66343.78	581
合计	9441194.12	94580

三、政策梳理

2020 年，唐山市出台了"唐八条"，公积金政策方面多重政策也相继出台，以迎合不同时期的市场需求。

受疫情影响，在 2020 年 1 月 25 日唐山市全面启动突发公共卫生事件一级应急响应后，2020 年 6 月 30 日前住房公积金贷款不能正常还款的，不作逾期处理，不作为逾期记录报送征信部门，已报送的记录予以调整。唐山市住房公积金管理中心对不作逾期处理的借款人建立台账，严格把关，注明不作逾期处理的原因。

贷款额度上浮 20% 政策，2020 年 9 月 1 日起执行。职工使用住房公积金贷款购买二星级及以上绿色建筑标准的新建被动式超低能耗自住住宅的，贷款额度上浮 20%，但还款能力不超过借款人（及配偶）月收入的 60%。二星级及以上绿色建筑且为被动式超低能耗自住住宅的认定标准以施工图设计文件审查机构出具的审查合格书为依据。

"唐八条"出台：2020 年 9 月 28 日，唐山市人民政府官网公布了《唐山市人民政府办公室关于加强房地产市场调控工作的通知》。通知主要内容有，加大加快商品住宅用地供应、实行"限房价、竞地价"的土地出让政策、坚决有效防止房地产开发企业捂盘惜售、依法严厉打击投机炒房行为、加大住房保障力度、进一步加强金融监管、进一步完善差别化住房信贷政策、树立正确的舆论导向。

公积金可以异地贷款政策于 2020 年 12 月 5 日起执行。职工在就业地缴存住房公积金、在户籍所在地购买自住住房的，可持就业地住房公积金管理中心出具的缴存证明，向户籍所在地住房公积金管理中心申请办理住房公积金个人住房贷款。申请异地贷款的职工与申请本地贷款的职工享有同等权益。

2020 年 12 月 15 日起，唐山公积金可以异地贷款。精简提取要件提升网上办理率，商业银行贷款再次提取取消购房合同、借款合同，七家商业银行取消还款明细实现网上提取，封存提取取消离职证明实现网上提取，如有未结清公积金贷款，可以办理还贷兑付租房提取继续延续年度累计政策。

多重红利政策 2021 年 1 月 1 日起执行，精简提取要件提升网上办理率，商业银行贷款再次提取取消购房合同、借款合同，七家商业银行取消还款明细实现网上提取，封存提取取消离职证明实现网上提取，有未结清公积金贷款可以办理还贷兑付租房提取继续延续年度累计政策。

四、土地供应

1. 整体情况

2020年3月复工以来，唐山房地产市场表现积极，刚需改善客群热情入市加之高品质物业的纷纷登场，给市场带来了不小的成交热度。这份热情同样表现在土地市场，这一年的唐山城镇住宅用地市场成交金额涨幅达55.98%，商业用地市场成交金额涨幅达22.85%。房企积极囤地抢占唐山热门区域，表现出了对唐山房地产市场发展的信心与期待。

出让市场：住宅用地出让量涨6.67%。

据乐居监控的中国土地网数据显示：2020年唐山土地出让共计31442254.681平方米，相比2019年跌幅达22.61%，竞买保证金达2082545.0745万元。

2020年1-12月唐山招拍挂出让情况

土地用途	土地数量	土地面积（平方米）	竞买保证金（万元）
城镇住宅用地	171	6210115.761	1599248.615
其他商服用地	31	979985.62	53837.6986
商务金融用地	13	145618.69	13072
零售商业	28	329249.62	23727
工业用地	379	21914879.16	326394.7709
仓储用地	12	1021996.25	18991.29
餐饮用地	1	6048.4	1324
旅馆用地	7	107615.03	15050
采矿用地	6	74891.88	520
批发市场用地	1	56617.4	3703
港口码头用地	1	4736.27	302
公用设施用地	16	136664.48	5504.7
公路用地	6	5927.54	102
交通服务场站用地	3	45185.25	621
教育用地	6	161173.67	6505
社会福利用地	4	87927.8	4776
铁路用地	2	11908.34	200
文化设施用地	5	141713.52	8666
合计	692	31442254.681	2082545.0745

其中住宅用地出让量达6210115.761平方米，相比2019年涨幅6.67%。竞买保证金达1599248.615万元，相比2019年涨幅55.79%。商业用地出让量达1454853.93平方米，涨幅33.00%。工业工地出让量居首，高达379块，共计21914879.16平方米。

成交市场：揽金约425.50亿元，涨31.78%。

据乐居监控的中国土地网数据显示：2020年唐山土地成交共计2756.821134公顷，成交金额达4255021.369万元（约为425.50亿元），相比2019年涨幅约为31.78%。

2020年1-12月唐山招拍挂成交情况

土地用途	土地数量	土地面积（公顷）	成交价（万元）
城镇住宅用地	150	587.381048	3468887.513
其他商服用地	31	92.413621	180099.9544
商务金融用地	13	18.809668	31581.4521
零售商业	25	31.580079	33961.3309
工业用地	309	1852.518069	403656.7805
仓储用地	13	98.755793	30184.88767
餐饮用地	1	0.60484	1324.5996
旅馆用地	6	9.594775	33962.0411
采矿用地	6	7.489188	2078.29
风景名胜设施用地	1	0.3567	115.5708
港口码头用地	1	0.473627	302
公用设施用地	14	23.363408	9560.09193
公路用地	4	0.349625	120.75
交通服务场站用地	3	4.518525	1237.8431
教育用地	2	3.359706	3713.4817
社会福利用地	4	8.867152	12034.9017
铁路用地	2	1.190834	401.86
文化设施用地	6	15.194476	41798.0208
合计	591	2756.821134	4255021.369

其中城镇住宅用地成交587.381048公顷，成交金额为3468887.513万元，相比2019年成交金额涨幅达55.98%。商业用地市场成交金额相比2019年涨幅达22.85%。工业用地成交规模居首，成交面积达1852.518069公顷，成交金额为403656.7805万元。

住宅用地成交价逐年走高：

纵向分析2018—2020年三年住宅用地成交情况：

成交金额呈现逐年递增的态势，成交宗地量和面积则呈现高走回落的态势。2018—2020年，住宅用地每公顷成交价从约0.27亿元到0.36亿元，再到0.59亿元，价格涨了2倍多。

2018—2020唐山住宅用地成交情况

路北区成交金额夺冠，曹妃甸成交面积位居第1。

从成交数据分析，路北区以约129.6亿元的成交额居各区首位，路南区、丰润区次之。而曹妃甸区则以约473.6公顷位居成交面积各区之首，海港区、丰南区紧随其后。

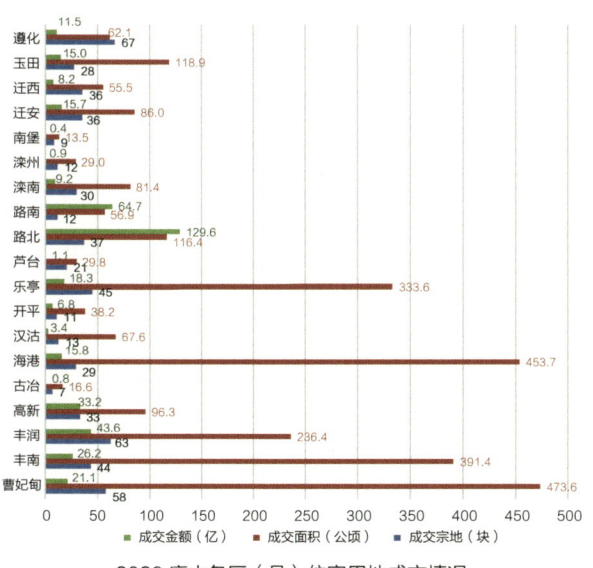

2020唐山各区（县）住宅用地成交情况

市中心三区2020年土地拍卖情况：

2020年市中心路北、路南、高新三区以拍卖形势成交的土地共计45宗，其中路北区以32宗居首，成交面积达80.095675公顷，成交金额约为127.81亿元。其他区域情况如下：

唐山市中心三区土地成交情况

区域	成交土地（宗）	成交面积（公顷）	成交金额（亿元）
路北	32	80.095675	127.8142016
路南	12	56.850967	64.66062453
高新	1	6.236192	4.18573208

此45宗土地中，城镇住宅用地32宗，商业用地8宗，工业用地1宗，教育用地1宗，旅馆用地2宗，社会福利用地1宗。

拿地总金额最大的房企为万科，共计出资约449888.6753万元，深耕唐山市路北区域。

三区住宅用地拿地金额TOP3

排行	受让单位	成交价（万元）	土地面积（公顷）
1	万科	449888.6753	21.857005
2	中海宏洋地产集团有限公司	439320.7452	23.020008
3	隆基泰和	227580.7479	8.213728

拿地面积最多的房企仍为万科，共计拿地34.753255公顷。继续深耕唐山站西片区。

三区住宅用地拿地面积TOP3

排行	受让单位	土地面积（公顷）	成交价（万元）
1	万科	34.753255	289074.0128
2	中海宏洋地产集团有限公司	21.857005	439320.7452
3	金隅冀东	14.565882	215821.0418

其中成交楼面价最高的房企为唐山日晟房地产开发有限公司（即隆基泰和集团旗下公司），以16000元/平方米拿下凤凰新城热门区域学院路西侧、长虹道南侧地块。

三区住宅用地楼面地价成交额TOP3

排行	受让单位	成交楼面地价（元/平方米）	土地面积（公顷）	地块位置
1	唐山日晟房地产开发有限公司	16000	21.857005	学院路西侧、长虹道南侧
2	荣盛地产、唐山合创房地产开发有限公司	14010	23.020008	青龙河东侧、朝阳道南侧、长虹道北侧

（续）

排行	受让单位	成交楼面地价（元/平方米）	土地面积（公顷）	地块位置
3	中海宏洋地产集团有限公司	12390	8.213728	南新西道南侧、卫国南路西侧、学院南路东侧、城南道北侧

2. 房企入驻

2020年年初，唐山市高新区A02-5-02地块被"龙湖+融城科技"企业联合体以3356元/平方米的楼面地价拿下，龙湖强势登陆唐山，这一消息足以振奋唐山房地产市场。

2020年5月，中海地产进驻唐山，以楼面价12390元/平方米成功拿下南新西道南侧、卫国南路西侧、学院南路东侧、城南道北侧南心西里区域地块。

2020年下半年，唐山最值得关注的区域的唐山站西，万科共计拿地34.753255公顷，为全年拿地面积最多房企，将深耕唐山站西，将实现大纵深战略，一点点实施楼盘连接计划。唐山作为京津冀城市群的重要节点城市，随着京唐城际铁路的规划落实，唐山将融入"半小时经济圈"，万科深耕站西片区，无论从交通规划以及资源配套，都能为唐山人居带来更多的惊喜体验。

五、2021年展望

2021年，凤凰新城区域仍然是热门区域，价格仍然领跑唐山市中心房价。此区域内云玺首府、恒泰唐城云镜、凤城翡翠湖、中海九樾值得期待。

数据来源：国家统计局、唐山市住房和城乡建设局、中国土地市场网

在售楼盘一览

路北区			
楼盘名称	价格	物业类型	主力户型
新天地鹭港	约22500元/m²	住宅	五居室(205m²)
唐城·壹零壹	约29000~30000元/m²	普通住宅、别墅	三居室(160~185m²)
恒大学庭	约15000元/m²	普通住宅、写字楼、商铺	三居室(122m²)
富力盛悦府	约9000元/m²	普通住宅、商铺	一居室(37~48m²) 二居室(63m²)
水山兰园	约20000元/m²	住宅	三居室(136~146m²)
凤凰大都汇	约8400元/m²	普通住宅、商铺	一居室(44m²)
新城澜樾府	14500元/m²	住宅	三居室(132~145m²)
经典温哥华	尚未公布	住宅	三居室(143m²)
唐山富力十号	约14000元/m²	公寓、商业	一居室(70m²) 三居室(140~143m²)
中海九樾	尚未公布	住宅	尚未公布
金隅冀东金玉府	约14000元/m²	住宅	二居室(91m²) 三居室(108~124m²) 四居室(138m²)
禹洲·凤凰府	约30000元/m²	住宅	三居室(108~173m²) 四居室(206m²)
中海外·唐府壹号院	尚未公布	住宅	尚未公布
荣盛碧桂园玖玺台	19000~21000元/m²	普通住宅、商业	三居室(140m²) 四居室(170m²)
凤凰玺	约17000元/m²	住宅	三居室(122~140m²)
万科·大都会	尚未公布	普通住宅、公寓	尚未公布
金域缇香二期	21000~22000元/m²	住宅	三居室(110~126m²)
天鸿绿城·桂语江南	约18000~23000元/m²	住宅	三居室(126~145m²)
水山金域蓝湾	14500~17000元/m²	住宅	二居室(90m²) 三居室(110~140m²) 四居室(160m²)
凤城·国贸中心	约14000元/m²	公寓	四居室(120m²)
国茂府	14500~21000元/m²	住宅	三居室(105~128m²) 四居室(140m²)
紫樾宸府	约18000~22000元/m²	住宅	三居室(131m²) 四居室(151m²)
恒泰·唐城云境	尚未公布	普通住宅、商铺、商业	三居室(123~140m²)
树袋熊总部大厦	尚未公布	公寓、写字楼、商铺、商住	一居室(46m²)
云玺首府	尚未公布	住宅	尚未公布
荣盛熙堂尚院·名筑	28000元/m²	住宅	三居室(168m²) 四居室(198m²)
熙湖九里二期	约14000元/m²	住宅	二居室(95m²) 三居室(120~140m²)

路南区			
楼盘名称	价格	物业类型	主力户型
水岸名都	10000~12000元/m²	住宅	二居室(95m²)
万科翡翠观唐	16000~18000元/m²	住宅	三居室(119~138m²)
南湖中央广场	约17000元/m²	普通住宅、酒店式公寓	二居室(87m²) 三居室(103~132m²) 四居室(144m²)
瑞宫·天屿湾	21000~23000元/m²	住宅	三居室(130~185m²) 四居室(224m²)
新城瑞府	10800~12800元/m²	住宅	三居室(100~125m²)

路南区			
楼盘名称	价格	物业类型	主力户型
融创·湖岸壹号	约9000元/m²	住宅	三居室(95~125m²)
红堡天熙	14500~16000元/m²	住宅	三居室(99~119m²)
碧桂园凤凰星宸	9500元/m²	住宅	三居室(98~134m²) 四居室(150m²)
碧桂园玖中堂	约18500元/m²	住宅	三居室(112~135m²)
融创·壹品南湖	约21500元/m²	住宅	三居室(110~136m²) 四居室(143~206m²)
中海枫丹公馆	尚未公布	住宅	四居室(180~220m²)

高新技术产业园区			
楼盘名称	价格	物业类型	主力户型
万科翡翠蓝山	约14500元/m²	住宅	一居室(53m²)
中国铁建·唐颂国际	约14000元/m²	住宅	三居室(101~140m²) 四居室(146m²)
融创·唐庭壹号	16000~17000元/m²	住宅	四居室(162~177m²)
凤城·凯旋公馆	12500~14500元/m²	普通住宅、公寓、商铺	三居室(95~112m²) 三居室(112m²)
京唐·城际嘉园	约7800元/m²	住宅	二居室(74~90m²) 三居室(120m²)
龙湖·天境	约13500元/m²	住宅	三居室(89~131m²) 四居室(143m²)
万科未来城二期	约12300元/m²	住宅	二居室(85m²) 三居室(105~128m²)
智慧小镇	尚未公布	住宅	尚未公布
三盛·璞悦风华	尚未公布	住宅	二居室(71~75m²) 三居室(101~114m²)

丰南区			
楼盘名称	价格	物业类型	主力户型
禹洲嘉誉瀞湖	7800~11000元/m²	住宅	三居室(98~118m²) 四居室(129~136m²)
唐山碧桂园天悦湾	约11000元/m²	住宅	三居室(122m²) 四居室(143m²)
君熙太和	约18000元/m²	普通住宅、别墅	四居室(170~240m²)
万科新都会	10500元/m²	住宅	二居室(85m²) 三居室(106~128m²)
万科君望	约13000元/m²	住宅	三居室(106~143m²) 四居室(155m²)
唐山鸿坤理想城	7900~9500元/m²	住宅	二居室(79m²) 三居室(87~120m²) 四居室(132m²)
宝升昌·悦郡府	9600~12000元/m²	住宅	三居室(114~116m²)
安联江山樾	约7000元/m²	住宅	三居室(104~132m²)
安恒锦沐学府	7300~8800元/m²	住宅	二居室(85m²) 三居室(98~125m²)
禹洲·樾湖	尚未公布	住宅	尚未公布
金地御峯	尚未公布	住宅	尚未公布
东华滨湖壹号院	尚未公布	普通住宅	三居室(128m²) 四居室(145m²)

丰润区			
楼盘名称	价格	物业类型	主力户型
缇香郡	8500~9000元/m²	住宅	三居室(132m²) 四居室(142m²)
溧阳新都	约7800元/m²	住宅	一居室(65m²) 二居室(79~100m²) 三居室(101~140m²)

丰润区			
楼盘名称	价格	物业类型	主力户型
中建城	约 7500 元 /m²	普通住宅、商铺	三居室（129m²）
丰润万科金域华府	约 8500 元 /m²	住宅	四居室 (190m²)
碧桂园凤凰城	约 7000 元 /m²	住宅	三居室 (102~105m²) 四居室 (140m²)
中建府	约 7600 元 /m²	住宅	三居室 (96~143m²)
象屿正丰润唐悦府	约 8300 元 /m²	普通住宅、商铺	三居室 (91~125m²) 四居室 (141m²)
唐山碧桂园珑悦东方	约 7300 元 /m²	住宅	二居室 (89m²) 三居室 (110~128m²)
万润府	约 1200 元 /m²	住宅	尚未公布
万润壹号	9600~9700 元 /m²	住宅	尚未公布
万润首府	约 8400 元 /m²	住宅	二居室 (93m²) 三居室 (125~143m²)
浭阳泰和府	约 11500 元 /m²	住宅	四居室 (157~185m²)
中冶·尚和府	约 8900~9500 元 /m²	住宅	三居室 (99~123m²)
丰润·万科城	尚未公布	住宅	三居室 (125~143m²)
正通天境	尚未公布	住宅	尚未公布
海棠府	尚未公布	住宅	三居室 (95~119m²)

开平区			
楼盘名称	价格	物业类型	主力户型
水山樾城	9000~10000 元 /m²	普通住宅、商铺	二居室 (90m²) 三居室 (125~140m²)
花海国际	尚未公布	住宅	三居室 (88~125m²) 四居室 (145~175m²)

古冶区			
楼盘名称	价格	物业类型	主力户型
财富中心	约 4800 元 /m²	公寓	一居室（48m²） 三居室（85m²）
坤景园	约 6000 元 /m²	住宅	二居室 (74~103m²)

曹妃甸新区			
楼盘名称	价格	物业类型	主力户型
恒大御海天下	约 5800 元 /m²	住宅	三居室 (135m²)
中国铁建海语昕居	约 5600 元 /m²	住宅	尚未公布
曹妃甸富力城	约 6400 元 /m²	普通住宅、商业	三居室 (102~133m²) 四居室 (142m²)
合生·观唐帝景	6800~7600 元 /m²	普通住宅、公寓、商业	二居室 (85m²) 三居室 (102~127m²)

曹妃甸新区			
楼盘名称	价格	物业类型	主力户型
金隅·大成郡	6700~7000 元 /m²	住宅	二居室 (81~92m²) 三居室（104~121m²）
和泓·瀚文府	7000~7500 元 /m²	住宅	三居室 (89~115m²)
均和宸玥府	约 6500 元 /m²	住宅	尚未公布
唐山恒大·养生谷	约 5880 元 /m²	住宅	二居室 (89~92m²) 三居室 (110m²)
雅居乐·棠海雅郡	尚未公布	住宅	尚未公布

海港开发区			
楼盘名称	价格	物业类型	主力户型
金洋澜湾	约 6000 元 /m²	住宅	二居室（64~92m²） 三居室 (100m²)
中南拉唯那	约 8100 元 /m²	普通住宅、公寓、别墅	一居室（46m²） 二居室（63~80m²） 三居室 (100~118m²)

遵化市			
楼盘名称	价格	物业类型	主力户型
碧桂园恋乡小镇	约 6000 元 /m²	普通住宅、别墅	二居室 (84m²) 三居室 (98m²)
碧桂园·雍华府	7500~7600 元 /m²	住宅	三居室 (114~132m²)
遵化恒大悦府	约 5880 元 /m²	普通住宅、公寓、商铺	二居室 (97m²) 三居室 (103~136m²)
金融街·古泉小镇	45 万~400 万元 /套	别墅、酒店式公寓	一居室（35~66m²） 二居室（80m²）

芦台经济开发区			
楼盘名称	价格	物业类型	主力户型
芦台富力城	约 6300 元 /m²	住宅	二居室 (72~81m²) 三居室 (91~150m²)

玉田县			
楼盘名称	价格	物业类型	主力户型
恒大桃花源	约 5600 元 /m²	普通住宅、商业	二居室 (56~67m²) 三居室（81~98m²）

迁西县			
楼盘名称	价格	物业类型	主力户型
碧桂园天玺湾	5300~5500 元 /m²	住宅	尚未公布

典型项目

碧桂园凤凰星宸

`唐山` `碧桂园` `省开发区` `改善住房` `上市物业`

项目地址：
唐山市路南区纬八路与文化南北街交会处东侧

开发商：
唐山碧悦房地产开发有限公司

产品特征：
普通住宅、商业

参考价格：
普通住宅均价约 9500 元 / 平方米

主力户型：
约 101 平方米三居、约 134 平方米三居

物业公司：
碧桂园服务

5 公里生活配套：
唐百商圈、万达商圈、南湖景区、临复兴路及唐港高速口、规建学校、唐山工人医院

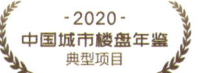

专家点评
王慧 · 乐居唐山主编

碧桂园此次入席唐山城南满载诚意。除优选生态环境、书香文脉，社区规划、产品甄选也颇为用心。追求细节或奢华，或是功能性优佳的户型见过不少，但面对碧桂园凤凰星宸这样的宜居户型，依然被惊艳到。

扫码观看楼盘详情

项目测评

【战略意义】
碧桂园深耕唐山 4 载，共 18 个项目落地，与"城"共长，碧桂园公园壹号、荣盛碧桂园玖玺台等十余个项目皆收获了非常不错的口碑。此次进驻唐山城南，碧桂园凝聚 20 余载匠心修为，重磅作品首映唐城，可谓集万千瞩目于一身。

【市场口碑】
2020 年 12 月 5 日盛大开盘，首次推销 156 套商品房，当天去化率 100%。2020 年 12 月 9 日和 10 日，应需连续加推两次，均实现了高去化率。"好产品""好服务""好未来"等标签深入人心，成为购房者对楼盘最多的评价。

【区域地段】
碧桂园凤凰星宸择址城南经济开发区主轴，与规建教育用地一路相邻，书香近享。约 1 公里半径内有规划中的城南欢乐城和南湖高尔夫俱乐部。经复兴路畅达市区，约 5 公里距离悦享唐百、万达商圈，唐山工人医院等购物生活配套。

【楼栋规划】
项目占地面积约 9.8 万平方米，规划总户数 1976 户，错落排布 29 栋 7 至 27 层住宅，配备一梯两户，二梯四户，三梯六户。采用日照分析工具 Ecotect Analysis，严密测算楼距，力求保证住户光照与对流，让住户享受健康生活。

【主力户型】
碧桂园凤凰星宸主力户型为建筑面积 101 平方米阔景三居，空间开发超乎想象力。双卧双飘窗三面朝阳，采光面约达 9.3 米，南北通透；观景阳台联通客厅，厨房 U 形设计，卫浴干湿分离，功能性与舒适度在这个户型上得到了平衡。

【园林景观】
项目绿化率近 35%，社区景观以两轴、一环、多组团为布局模式，打造立体园林，规建约 3.4 万平方米绿化面积、约 5000 平方米阳光草坪、约 600 米环形跑道等，打造全家人的健康社区。

【物业服务】
社区物业为碧桂园服务，公司在 2018 年香港上市，至今服务近 377 万户业主。在亿翰智库发布的 2020 年中国社区服务商 TOP100 物业管理服务公司排行榜中，碧桂园服务排名第一，被广大业主所认可。2.5 元 / 平方米 / 月的物业费，堪称质优价廉。

【交通出行】
楼盘周边交通线路发达。近邻主干道复兴路，西侧及南侧新建双向六车道，快速接驳市区，无交通拥堵之烦恼，同时紧邻唐港、唐山南高速出入口，可直达开平、古冶、乐亭、曹妃甸等地。

【教育资源】
项目西侧为规建九年制教育用地，该用地建成学校后将完善城南经济开发区的教育布局，优化区域教育品质。另外，社区内部配套约 3800 平方米九班制幼儿园，加之西侧教育资源加持，可谓书香浓郁、文脉近享。

【品牌描述】
碧桂园集团成立于 1992 年，2007 年香港上市，自 2018 年连续 4 年入选《财富》世界 500 强企业，2020 年排名升至第 147 位。20 余年间，已布局 1200 余城，匠筑超 2000 个高品质项目，至今有超过 450 万户业主选择在碧桂园安居乐业。

2020年中国城市楼盘年鉴

东华滨湖壹号院

`唐山` `东华置业` `惠丰湖畔` `高端产品` `科技住宅`

项目地址：
唐山市丰南区友谊大街与运河西路交叉口西侧约200米

开发商：
唐山市华骏房地产开发有限公司 & 河北东华置业集团有限公司

产品特征：
洋房、高层

参考价格：
尚未公布

主力户型：
128平方米三居、145平方米四居

物业公司：
龙湖智慧服务

5公里生活配套：
唐山劳动技师学院、丰南区第一幼儿园、丰南区实验小学、丰南一中划定新校址、丰南区医院、妇幼保健医院、丰南区中医院、佳兆业商场、韩国城、丰南区第二批发市场

专家点评 王慧·乐居唐山主编

东华滨湖壹号院，择址惠丰湖畔，是东华地产壹号系高端产品。位于丰南新城区核心区域，周边配套齐全，有五星级酒店、佳兆业商场、丰南图书馆、运河景区等，交通路网发达，便利通勤新老城区，致力于打造丰南城区封面作品。

扫码观看楼盘详情

项目测评

【战略意义】
东华置业集团成立于2006年，是一家"以产业服务为先导、以教育服务为配套、以医康养服务为特色、以住宅地产为支柱"的城市综合运营商。2020年，东华置业集团来到丰南，携"壹号系"打造丰南城区高端精品著作。

【区域地段】
项目择址惠丰湖畔，隶属丰南新城区。随着城市西扩，市政建设不断加速，各项利好政策逐步兑现，赋予未来更多想象。项目周边路网发达、交通便利，商业配套齐全，距离丰南新一中新址1公里，近邻丰南区政府、法院等。

【楼栋规划】
小区占地面积约7.5万平方米，规划总户数827户，包含5栋叠拼产品、12栋洋房、9栋高层住宅。整体楼栋设计南低北高。其中，叠拼面积约187平方米、楼高6层，洋房产品面积约145平方米、楼高7层，高层产品面积约128/140平方米、楼高17层。

【主力户型】
滨湖壹号院主力户型为建筑面积约145平方米四居宽幕洋房。客厅、主卧、次卧三面朝南设计，约13米向阳尺度、270度园林景观映入眼帘；约6.3米通透宽厅，尽情沐浴每一寸阳光。独立电梯入户，家政间便利入门。

【园林景观】
项目绿化率约35%，容积率1.7，将惠丰湖优美环境微缩至园区内景观，打造属于自己的滨湖生态生活社区。项目设有六重归家礼序，全龄主题乐园、篮球场及三轴一带三园，分别是入口轴线、中央景观带、叠拼休闲花园、洋房休闲花园、高层宅间花园。

【自建配套】
项目设置十大邻里系统，包含游泳馆、禅意会所、社区托老所、多功能健身房、特色服务社区门诊、社区食堂、一站式生鲜超市、四点半学堂、休闲书吧水吧、独立儿童娱乐区。

【物业服务】
龙湖智慧服务，在118城开展专业物业服务工作，服务超过334万户业主，致力于成为值得客户信赖的城市综合服务提供商。东华滨湖壹号院携手龙湖智慧服务，共同帮助业主打造美好生活。

【交通出行】
项目四周道路成熟，交通便利。东临运河西路，距离新丰南区医院2.7公里，周边0.5公里内公交路线有90路、91路、94路。

【教育资源】
项目周边2公里内教育资源充沛，有唐山劳动技师学院、丰南区第一幼儿园、丰南区实验小学等。不仅如此，丰南一中已在新区划定新校址，可满足业主孩子在不同阶段的教育需求。

【医疗配套】
小区周边医疗配套服务较为完善。距丰南区医院、妇幼保健医院3公里，距丰南区中医院3.4公里，专家坐诊能满足业主日常看病需求，家与医院的距离让业主从容放心。

君熙太和

| 唐山 | 君熙地产 | 双湖豪宅 | 京唐城际 | 高端社群 |

项目地址：
唐山市丰南区友谊大街与运河东路交叉口

开发商：
唐山君熙房地产开发有限公司

产品特征：
大平层

参考价格：
均价 18000 元/平方米

主力户型：
约 200 平方米四居

物业公司：
德盈物业

5 公里生活配套：
丰南政务八大局、国丰维景酒店、佳兆业佳纷广场、唐津运河景区、惠丰湖、人民公园

专家点评 王慧·乐居唐山主编

君熙太和最大的两个亮点，在于它的地段与产品。其一为政务、生态、商业、人文核心叠加出优质的城心恒产；其二为平层住所、城心墅院产品，满足高净值家庭"一生之宅"所需，可以说是高端改善的户型设计典范。

扫码观看楼盘详情

项目测评

【战略意义】

君熙太和是集结澳大利亚柏涛、美国豪张思、香港梁景华等世界顶级豪宅团队，打造出的比肩一线城市的豪宅作品，也是唐山较早为业主引入私家会所概念、打造塔尖社群的层峰居住区。

【区域地段】

君熙太和位于丰南政务核心，国丰维景五星酒店、丰南大剧院、二级甲等医院等城市级精粹配套环伺。目前，丰南与站西片区共同打造新唐山活力门户，是唐山新十年向南、向西的红利风口。

【主力户型】

君熙太和创新唐山高端豪宅品类，200 平方米起平层住宅 ＆ 下跃墅院，以约 6.2 米湖景大窗、近 100 平方米餐客通厅、近 60 平方米度假主卧等设计，将别墅的尺度感"移植"到扁平化的大平层空间中。

【园林景观】

项目聘请美国 HZS 团队，打造独特的双园林景观。其中，东区以世界花园为主题，西区以东方禅意为理念延伸，超过 100 种花木，确保园内四季有景，更让生活优雅精致。

【自建配套】

君熙太和自建 5500 平方米会所，为业主构建高端圈层平台，通过跨界整合多方资源，为业主链接丰富、优雅、深度的生活方式。截至 2020 年年底，君熙太和会所已为业主呈现超过 100 场高端社群活动。

【物业服务】

通过国际 QES 三大管理体系认证，24 小时智能安保、专业植被养护、每日社区清洁维护、个性定制服务尊崇业主。2020 年新冠肺炎疫情期间，君熙太和物业更是第一时间启动应急预案，为业主免费发放防疫物资。

【交通出行】

承丰南主城一体化大势，依托周边主干道，项目与唐山市中心无缝相接，沿二环路即可抵达预计 2022 年开通的京唐城际高铁站，让业主无论城区、城际出行，都能畅享便捷。

【购物娱乐】

项目距佳兆业佳纷广场仅一街之隔，一步近享城心繁华。佳纷广场总商业面积逾 12 万平方米，已有大玩家 17-play、金逸国际影城、肯德基、屈臣氏、星巴克、周大福等国际知名品牌入驻。

【设计风格】

澳大利亚柏涛担当规划与建筑设计，南北向纵深贯穿的礼仪轴线，以中轴统领社区规划格局。重园造境的低密墅区，层层递进的东方礼序空间，呈现游园入画的大宅排场。

【独有特色】

一线双湖。君熙太和左邻国家级 4A 级唐津运河景区惠丰湖，右接人民公园带状水系，占据华北罕有一线双湖景观与私家湖岸地利，是生态新唐山的高端宜居代表项目。

碧桂园玖中堂

`唐山` `碧桂园` `南湖生态` `临近九中` `书香湖境`

项目地址：
唐山市路南区学院南路与艺文道交叉口（唐山市第九中学东侧）

开发商：
唐山碧荣房地产开发有限公司

产品特征：
住宅

参考价格：
18500 元/平方米

主力户型：
约 112 平方米三居、约 135 平方米三居

物业公司：
碧桂园服务

5 公里生活配套：
南湖购物广场、万达广场、南湖国际会展中心、唐山宴、大剧院、市规划展览馆

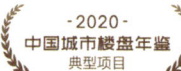

专家点评 王慧·乐居唐山主编

碧桂园玖中堂项目位于唐山市第九中学东侧，书香藏大境，一宅定南湖，择址南湖板块商圈内，近享唐百、万达、火车站三大商圈高品质生活配套，悦享南湖生态景观区，是城市宜居范本。

项目测评

【战略意义】
碧桂园玖中堂位于学院南路西侧，南临艺文道，北至新岳道，在唐山市第九中学东侧。是世界 500 强碧桂园在唐山市南湖生态区板块打造的一个低密宜居纯改善性住宅项目。

【区域地段】
项目坐落于学院南路之上，紧邻南湖公园和唐山市第九中学。南湖板块寸土寸金，项目近享三大商圈的繁华配套、重点中学的书香氛围及天然优美的生态景观。

【楼栋规划】
项目总占地约 19 亩，总建筑面积 3.3 万平方米，容积率 2.0，绿地率 35%，总共打造 4 栋洋房和住宅。1、2、3、4 号楼分别总高 8、11、15、18 层，整体楼栋的排布为南低北高布局，"前有照、后有靠"。

【主力户型】
碧桂园玖中堂主力户型为建面约 135 平方米三室两厅两卫，户型方正实用，南北通透。南向宽约 7.8 米瞰景阳台，U 形厨房设计，可完成"洗、切、煮"整个操作流线。南向主卧自带独立干湿分区的卫生间。

【园林景观】
景观设计延续建筑的简洁雅致，致力于给业主一个绿色宜居的舒适生活社区。园林景观设计灵感来源于唐山的皮影文化，汲取唐山皮影的隐约，含蓄内涵美，进行空间营造。

【物业服务】
碧桂园服务是 2020 中国物业服务百强企业第一名，2020 中国上市物业服务企业综合实力第一名。碧桂园服务秉持"急业主所急，想业主所想""一切以业主为中心"的服务理念，专注于为广大业主温馨舒适的家园保驾护航。

【交通出行】
项目东侧及西侧分别为市政主干路学院路与大里路，周边交通路网通达，附近有 79 路、10 路、游 3 路、6 路等公交线路，可以到达唐山站及唐百商圈。

【教育资源】
项目紧邻唐山市第九中学，是隶属于路南区人民政府的公办初级中学，区直市级名校，学校设施一流，师资雄厚。2 公里范围内有燕京小学、唐山二中等众多名校。

【医疗配套】
项目距 255 医院、协和医院约 2.6 公里，距妇幼保健院、南湖医院约 4 公里，完善的医疗配套为您和您家人的健康保驾护航。

【购物娱乐】
项目享受南湖购物广场、振华诚城购物中心、爱琴海购物、唐山百货、万达广场等。周边云集南湖国际会展中心、唐山宴、图书馆等城市人文市政配套。同时享受南湖区域高端休闲资源。

新城·澜樾府

| 唐山 | 新城控股 | 高端人居 | 品质洋房 | 礼序园林 |

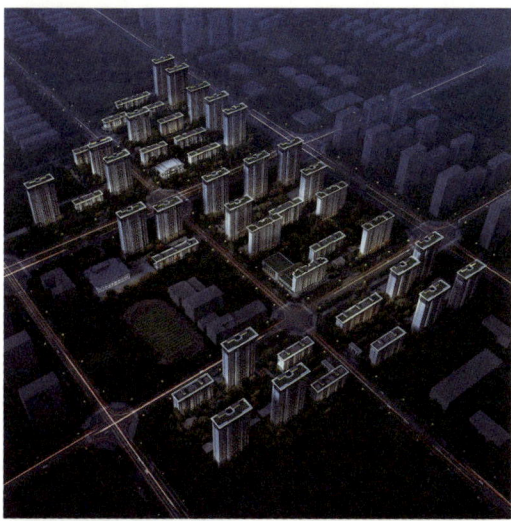

项目地址：
唐山市路北区唐胥路（原西电路）与谊园道交会处西侧

开发商：
唐山郡成房地产开发有限公司

产品特征：
高层、洋房

参考价格：
高层均价 14500 元 / 平方米

主力户型：
约 132 平方米三居、约 145 平方米三居

物业公司：
新城悦物业

5 公里生活配套：
锦绣天地购物广场、唐百南湖购物广场、南湖金地购物广场、勒泰城购物中心、新会展中心、唐山图书馆、中国建设银行、中国银行、博苑春天幼儿园

专家点评 王慧·乐居唐山主编

新城·澜樾府结合在地文化，融入市场对东方风格的审美需求，涵盖「建筑、安防、健康、便捷、科技」等全维度人居需求，匠心恒筑，将新中式的美学人居作品演绎到了全新高度。

扫码观看楼盘详情

项目测评

【战略意义】

2018 年，新城控股集团以京津冀全局眼光布局唐山，倾筑约 54 万平方米新中式大宅——新城·澜樾府。澜樾府的面世将改变唐山地产格局，并改变市场对好房子的认知。结合新城控股"Think 芯"技术在产品上的应用，其也将成为新城北方的示范项目。

【市场口碑】

新城·澜樾府自入市以来，2018 年销售总额达 7.5 亿元，2019 年销售总额飞速增长至 25 亿元。2020 年项目一期交付，全年销售总额达 20.2 亿元。"品质大盘""优质户型"的标签已经成为业主对楼盘最多的评价。

【区域地段】

项目占据火车站地块，北连凤凰新城片区、南连南湖生态城片区和丰南区、东连主城区、西连韩城镇，处于城市几大主要片区的交会处，区位优势明显。除占据大交通核心外，项目东南为大南湖生态区，是唐山难得的天然氧吧。

【楼栋规划】

项目总计占地面积约 15.6 万平方米，总建筑面积约 54 万平方米，规划总户数 3128 户，共计 44 栋住宅，包含 13 栋洋房、26 栋高层住宅和 5 栋小高层住宅，整体楼栋设计由南向北依次递进。

【主力户型】

新城·澜樾府主力户型为建筑面积约 132 平方米三居全明户型，南北通透，整体布局颇为方正，其中南向双卧室配置飘窗，呈双耳形态分布客厅两侧，南向主卧内设独立全明卫生间。客厅畅连瞰景阳台，会客、生活自在随心。

【园林景观】

新城·澜樾府以"四进庭院、五进门第"的格局，将项目一期园林景观打造成诗情画意山水园；采用自然式植物组团，并充分考虑全龄家庭成员生活所需，设置儿童天地等不同功能分区，搭配迥异植被，营造多彩园林体感。

【物业服务】

社区物业为新城自有物业品牌——"新城悦物业"，属国家一级主板上市物业，进驻全国 122 座城市，签约项目逾 630 个，服务业主超过 350 万位，在中国物业百强榜排名第 11 位（来源：中指物业研究，2020 年），被广大业主所认可。

【交通出行】

项目占据大交通核心，与唐山火车站直线距离约 2000 米。京唐城际预计于 2021 年通车（来源：北京晚报，2020 年），将实现 38 分钟切换京津。周边有三横三纵成熟的交通网络，8 公里可到达唐山南湖高速口。项目距 33 路公交车站步行仅约 150 米。

【品牌描述】

新城控股是涉足住宅地产和商业地产的综合性地产集团，于 2015 年在 A 股上市。经过 28 年的发展，先后布局 129 城，匠筑 600 余精品，跻身中国地产 8 强（来源：中房网，2020 年）。

【设计风格】

项目整体采用新中式建筑风格，汲取中国传统建筑之神韵精髓，将国际先进设计理念与东方文化结合，把地域文化精华融入现代的设计中，打造集聚大家之气的"贵雅东方"。整体建筑稳重大气，给人以华贵优雅的视觉观感。

禹洲·凤凰府

`唐山` `禹洲集团` `人居典范` `城市核心` `花园社区`

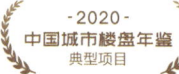

项目地址：
唐山市路北区裕华道与光明路交叉口中建七局项目部

开发商：
禹洲集团

产品特征：
高层、洋房

参考价格：
30000元/平方米

主力户型：
约173平方米三居、约206平方米四居

物业公司：
禹洲物业

5公里生活配套：
吾悦广场、唐山市中心医院、远洋城、爱琴海购物公园

专家点评 王慧·乐居唐山主编

禹洲·凤凰府是禹洲集团TOP级"雍禧"系产品，恪守"择城央地脉、占稀缺资源、承文化礼序、筑奢级产品、粹极致圈层"5重高标准，将优质化视野和经验带给唐山，其甄稀程度不言而喻，市场价值持续走高。

项目测评

【区域地段】
项目地处路北区核心规划区——凤凰新城。路北区整体区域定位为服务环京津、服务环渤海地区发展的"两中心两基地"。凤凰新城则是城市核心地段，唐山市规划"四大主体功能区"之一。

【楼栋规划】
禹洲·凤凰府建筑面积约21万平方米，地上16万、地下5万平方米，包含7栋25层瞰景高层住宅、8栋11层观景洋房、7栋5~7层花园洋房，总户数1167户，地下车位1208个。产品规划以大平层豪宅为设计理念，满足全龄化功能需求。

【主力户型】
项目主力户型为建筑面积约173平方米阔景洋房，布局全明通透，入户玄关仪式尽显；约14米向三面宽，IMAX级巨幕视野；约7米景宽厅，南向观景阳台。双套房设计，独立阳光餐厅，卫生间干湿分离布局，时刻清新相伴。

【园林景观】
项目整体容积率2.5，绿化率超35%，其中洋房组团容积率仅为1.0。社区以避暑山庄72景的意境打造古意园林，以山水、礼序、雅集、精奢四大造园技艺打造一环、两苑、四园、十景的景观布局。

【物业服务】
社区物业为禹洲集团自持物业——禹洲物业，已成立23年，中国物业服务百强企业，具备国家一级物业资质，团队均具备良好的服务意识和责任心。物业服务总面积逾2000万平方米，签约项目超百余个，服务水平受到业主赞誉。

【教育资源】
项目3公里内学府云集，坐拥唐山省重点学校——唐山一中，为河北省首批重点中学，华北理工大学、唐山学院、唐山师范学院等众多高等学府也择址于此，为区域注入了良好的人文氛围，形成了区域特有的文化底蕴。

【医疗配套】
项目3公里范围医疗资源众多，解决业主的就医问题，如唐山市第二医院、华北理工大学附属医院、唐山市工人医院、唐山华夏中西医结合医院、燕京医院、唐山京都中医医院等。

【品牌描述】
禹洲集团26载沉淀与积累，荣获中国房地产30强（来源：亿翰智库）荣誉。目前已进驻30个城市，业务覆盖长三角、粤港澳大湾区、环渤海、海西、华中和西南6大城市群，总土储价值超3000亿元，为超过20万业主提供舒适的家园。

【购物娱乐】
3公里范围内商业配套丰富，爱琴海、远洋城、大润发以及吾悦广场等大型购物中心环绕自然景观优越，与市政公园——总占地面积605.4亩的人民公园仅一墙之隔；鲜氧充沛，碧波荡漾，满足人们日常生活需求。

【设计风格】
项目以北高南低，新亚洲、新中式的建筑理念，体现凤凰府古韵气质，建筑特色为米黄色真石漆立面，首层至二层配干挂石材。整体楼座造型挺拔庄严，更具特色与品质，同时也保证了建筑的安全性和耐久性。

中冶·尚和府

| 唐山 | 中冶 | 央企品质 | 智慧华宅 | 龙湖物业 |

项目地址：
唐山市丰润区唐丰路与宝塔路交会处

产品特征：
住宅

项目规划：
占地面积：70000 平方米；容积率：2.0；总户数：1183 户，规划 20 栋 8~18 层洋房及小高层住宅，分三期地块进行开发

主力户型：
约 99 平方米三居，约 123 平方米三居

参考价格：
8900~9500 元/平方米

入选理由　王慧·乐居唐山主编

中冶·尚和府，实力央企打造，项目位于新老双城交界核心区，雄踞城市中轴，坐拥区域交通、教育、医疗、商业、公园多项配套，揽万象风貌。

核心优势：

项目紧邻光华道，连通曹雪芹大街、建设北路、祥云道等丰润区主干道。坐拥唐山北站、丰润汽车站等交通枢纽，通达八方。三府五园十二巷园林景观，融入智能科技元素，打造东方全龄乐活社区。北方购物、万达广场（建设中）等商业配套，畅享时尚繁华。配建约 2215 平方米社区幼儿园，与丰润三馆等教育资源相呼应，智启未来。签约龙湖物业，秉承善待您一生的服务理念。通透户型，全明设计，采光通风俱佳，动静分区合理，更能满足高品质居住需求。

唐城·壹零壹

| 唐山 | 恒荣地产 | 凤凰新城 | 城市核心 | 花园社区 |

项目地址：
唐山市路北区大里北路与长虹西道交会处东北侧

产品特征：
住宅

项目规划：
占地面积：约 308000 平方米；容积率：2.38；总户数：4800 户

主力户型：
约 160 平方米三居、约 185 平方米三居

参考价格：
29000~30000 元/平方米

入选理由　王慧·乐居唐山主编

唐城·壹零壹位于凤凰新城核心地段，拥有近三十万方生态园林水系，尊享国际化高端配套、精英教育资源。作为唐山市首席智慧安防社区，配备社区警务站，并由河北省十佳物管——唐城物业，为居者提供五星级管家式服务。

核心优势：

唐城·壹零壹位于凤凰新城核心区域，交通便利、生活配套齐全，地段价值无可复制。唐城·壹零壹三期，是十年匠心沉淀下的进阶之作，在享受社区固有的环境、服务、配套等方面的优势之外，更对产品进行了迭代升级。联合香港贝尔高林设计团队，倾力营造极具艺术美学气息的园林水景；匠心打造 6 大生活系统、101 项家居暖心细节，并甄选国际顶尖品牌，呈现雅奢装修美宅。同时，唐城·壹零壹三期更特别邀请到中国·台湾著名建筑设计大师——程绍正韬先生，匠作领创时代的全套房作品——深林·极舍。建筑面积约 185~190 平方米极·舍，一方奢阔餐客厅，三间独立套房，充分尊重每一位家庭成员的生活习惯。南北双公园的环境优势，更为居者带来极目自然的舒适享受。

365

秦皇岛

市场总结

一、新房成交表现

1. 整体情况

新房年度成交量：秦皇岛 2020 年共计新房成交约 18206 套，成交建筑面积约 185.75 万平方米，供应量为 282.8 平方米，成交均价为 12732 元/平方米，秦皇岛 2020 年新房成交总价约为 236.49 亿元。

新房价格情况：2020 年 1—12 月份，秦皇岛 2 月与 10 月房价环比下跌，其他月份呈现上涨趋势。根据国家统计局的数据：1 月和 12 月，秦皇岛新房价格环比零涨幅，2 月下跌 0.3%，3 月环比上涨 0.4%，4 月环比上涨 0.7%，5 月环比上涨 0.9%，6 月环比上涨 0.8%，7 月环比上涨 0.1%，8 月环比上涨 0.5%，9 月环比上涨 0.4%，10 月环比下跌 0.3%，11 月环比上涨 0.2%。

2020 年年初，突如其来的疫情打乱了市场，对楼市方面的影响也非常明显。售楼处关门，买卖双方都待在家里，导致楼市十分冷清。最终，疫情对楼市的影响也表现在成交上，2 月成交量价最低，4 月市场开始慢慢回升，7 月成交量达到全年的顶峰。整体来看，2020 年新房整体房价还是稳中微涨。

2020 年年初，市场的预期普遍表现为 2020 年是楼市抄底的好时期。疫情过后，楼市一定会反弹，而事实也证明了如此：随着 3 月份复工复产，楼市开始进入自我修复阶段，成交量开始上涨。

2020 年，秦皇岛共有 101 个楼盘（住宅、海景、商业）在售，整体均价约为 13016 元/平方米，12 个楼盘待售预计 2021 年入市。已经在售的楼盘中共有 69 个住宅，住宅均价约为 11360 元/平方米，共有 29 个海景房在售价格为 15968 元/平方米，目前全市共有 4 个商业楼盘在售，均价约为 20925 元/平方米。

据抽样调查，2020 年 1-9 月秦皇岛城乡居民人均可支配收入约 29341 元。另据非官方统计数据，秦皇岛 2020 年套成交总价约 117 万元/套，据此估算，秦皇岛 2020 年的房价收入比约为 9.97。

2. 年度走势

根据年度领取销许（销售许可证）情况，秦皇岛 2020 年新房共计放量 236.6776 万平方米，发布预售证 89 张，住宅 18806 套，度假、商业、旅馆 4149 套，共计 22955 套获发销许。因疫情的影响前三月并没有大的放量，主要放量聚集在 4 月、6 月、7 月、10 月和 11 月这五个月。

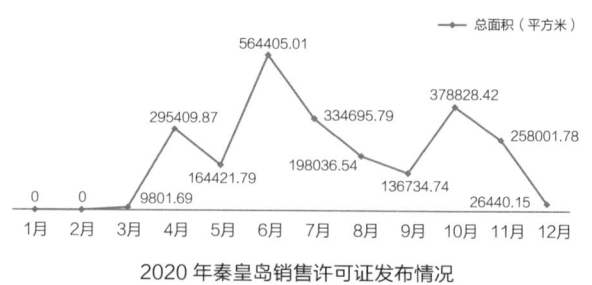

2020 年秦皇岛销售许可证发布情况

4 月，秦皇岛拿证楼盘数上涨，共计 13 个楼盘领取 18 张销许，出量房源 2768 套，建筑面积为 295409.9 平方米。

6 月，秦皇岛楼盘市场迎来一个爆点。拿证楼盘数达 14 个，5825 套房源入市，建筑面积为 564405 平方米。

受疫情影响，2 月楼市出货量和成交量位于年度最低点，随着疫情褪去，楼市开始慢慢复苏。土拍（土地拍卖）对楼市的影响，在成交上也有所表现，土拍过后，会带动成交量和房价上涨。

3. 历史地位

2020 年，秦皇岛商品房成交 18206 套，成交建筑面积为 1857500 平方米，根据对过去 7 年（2014—2020 年）的新房成交量统计，秦皇岛楼市新房成交高点为 2015 年，约为 22741 套，建筑面积为 2373500 平方米。最低在 2018 年，成交量在 13855 套，建筑面积为 1450400 平方米。

二、政策梳理

秦皇岛 2020 年对楼市采取了宽严相济的政策，一方面重申将继续加强房地产市场调控，一方面从户籍政策和公积金贷款政策入手，适当宽松市场需求，合理引导市场正向健康运转。

2020 年 5 月 18 日，秦皇岛市人民政府办公室发布《关于进一步深化户籍制度改革的意见》，明确可根据本人意愿申请落户我市城镇，实现城镇落户"零门槛"。增加了人才绿卡、户口迁移相关政策，同时完善居住证制度，逐步缩小居住证与户籍附着福利的差距。在疫情的冲击之下，该政策可视为年内楼市最大利好消息，通过引导人口流入，保障了城市发展的生机和活力，新"秦皇岛人"的到来也为房地产市场带来更多可能。

2020 年，秦皇岛调整了多项公积金贷款政策，整体偏向宽松利好，自 3 月 25 日起，住房公积金贷款业务实行网上申请；自 7 月 1 日起，秦皇岛个人可自愿缴存使用公积金；自 8 月 3 日起，秦皇岛开展公积金和商业组合贷款业务；自 9 月 1 日起，公积金贷款年限计算调整为出生年份为准；自 12 月 15 日起，秦皇岛开放异地公积金贷款业务。根据市场反馈来看，上述政策的落地释放了一些刚需和刚改人群的置业需求。

秦皇岛限购政策从 2017 年 5 月 15 日起执行至今，2020 年 10 月 16 日，关于重申《秦皇岛市人民政府关于进一步加强房地产市场调控的通知》的通知发布，明确秦皇岛将严格执行房地产市场调控政策、严格审核购房人资格、加大房地产市场监管力度。纵观 2020 年的秦皇岛楼市，整体呈现了稳中微涨的态势，预计这种态势也将持续下去。

三、土地供应

1. 出让基本情况

2020 年，秦皇岛共计出让 123 幅土地，约 600.7206 万平方米规划面积成交，楼面价均值为 2119.33 元 / 平方米。住宅价格最高地块为 6 月份成交 6.056 亿元，楼面价为 5750 元。商业零售用地因面积较小，楼面价最后高达 20373 元。2020 年秦皇岛土拍主要区域为海港区的市民中心区、北部、西部，以及北戴河新区、抚宁区和青龙县，秦皇岛暂无土地限价。

2. 开发商拿地情况

纵观 2020 年，市民中心板块备受关注，不到一年的时间，8 宗地块拍出 600 万元 / 亩以上的高价，成为秦皇岛土地市场中最贵的版块。5 月商业"地王"被拍出，位于市民中心 01-01 号商业地块，621.59 万每亩的价格被本地房企摘牌。6 月市民中心 4 宗住宅土地拍卖，碧桂园拿下其中 3 宗土地，楼面价分别为 6000 元、5750 元和 6250 元，另一宗被兴桐地产摘牌，楼面价达 6150 元。12 月博维地产联合建兴地产摘牌市民中心版块又一宗住宅土地，位于"地王"的北侧，楼面价 4805 元，土地单价也在 600 万元每亩以上。

除了市民中心，拿地较多的板块还有北戴河新区，秦皇岛立顺源投资管理有限公司的葡萄岛项目旅馆用地，通过协议转让 47.31072 公顷，价格为 12.82 亿元。县区楼盘，秦皇岛信发房地产开发有限公司的紫金湾项目多次拿地，是抚宁区代表性楼盘。河北建投隽惠房地产开发有限公司在秦皇岛首次拿地，6.59 亿元拿下北戴河新区地块。其次较多的为海港区杜庄片区兴桐鑫城项目。

3. 未来预估

未来新市民中心将会有大批新房入市，一定程度影响本城市房价走势，产品类偏向于改善人群，面对客群更多为本地客户。火车站片区也将有新盘入市，价格相对低些。县区以及北戴河新区也将会是之后的新房供应点，更多文旅康养楼盘面对外地客群。

2021年重点关注楼盘以2020年高楼面价地块为主，主要有以下5块：

（1）海港区新市民中心片区宗地编号4416.00-514.25/44150.50-513.75/4416.00-514.00-1。

该地块被秦皇岛碧绣房地产开发有限公司已楼面价分别6000元、5750元和6250元摘得，宗地面积共计124135.7平方米。周边房价突破13000元/平方米。

（2）海港区新市民中心片区宗地编号4416.00-514.00-2地块，成交楼面价高达6150元/平方米，位于海港区规划翠岛大街以北、规划二路以东国有土地使用权，宗地面积为40680.62平方米，被秦皇岛兴桐房地产开发有限公司收入囊中。周边房价突破13000元/平方米。

（3）海港区新市民中心片区宗地编号4416.00-514.25地块，成交楼面价4805元/平方米，位于海港区规划翠岛大街以北、规划一路以西、规划支路以南国有土地使用权，宗地面积为40353.45平方米，被秦皇岛市博维兴业房地产开发有限公司和秦皇岛建兴房地产开发有限公司已楼面价4805元收入囊中。周边房价突破13000元/平方米。

（4）开发区宗地编号k2020-17地块，位于开发区怒江道以南、恒山路以西国有土地使用权，宗地面积为16807.75平方米，被秦皇岛佳骏房地产开发有限公司已楼面价4659元收入囊中摘得，周边房源售价在13000元/平方米左右。

（5）北戴河新区南戴河片区3幅地块17.3公顷，被河北建投隽惠房地产开发有限公司分别以楼面价2110元/平方米、2610元/平方米、2160元/平方米摘得，周边房价约12000元/平方米。

综上，从成交楼面价来看，秦皇岛楼市可谓全面开花：地段越好的地块，成交楼面价越高；开发区、北戴河新区、海港区北部、海港区新市民中心是秦皇岛楼市的热门板块。

四、热点板块

从销售情况来看，碧桂园、秦皇岛万达广场、皓月城、兴龙地产、恒大悦府、皓顺琨御等企业在2020年楼盘销售较好。交易最多的区域要属海港区北部板块，累计成交约5000多套，面积约为51万平方米，成交额52亿元，成交均价9131元/平方米，更多的客群倾向于刚需购房者。

秦皇岛中心板块7月销售数据较为突出，达到全年最高值。2月因受疫情影响，成交量价最低。9月万达以学区房造势开盘，带动区域成交量，拉低区域成交量，其余月份成交量价相对平稳。

汤河板块片区4月销售数据突出，主要为在水一方B区加推，拉动月度销量，其次为7月，德贤华府二期开盘，销售数据仅次于4月。

2020年5月、9月，开发商推货抢占西部板块市场，表现突出的有皓顺琨御、兴龙紫云府、恒大悦府以及远洋海璟宸章项目。

五、用户心理

乐居通过采访和实地调查发现，目前秦皇岛的置业者有两种比较典型的心态，一类认为房价即将大降，理由是卖了这么多地，房子这么多，哪有那么多人买啊？房价必然会降，观望态度明显。另一类认为楼市预期是稳中向涨，这类人群往往对相关政策十分关注，曾经享受过房产增值的红利，未来的楼市表现虽然不会像从前那么疯狂，但仍是比较优质的投资选择，心理投资收益周期大多在3~5年。

根据反馈，在置业选择上，小户型学区房、三居及以上的改善房热度较高，二手房成交量有所下降。

2020年，疫情对各行各业的影响不言自明，对楼市的影响也并不例外，从销售端口来看，无论是上游的开发商，还是下游的置业顾问，都度过了艰难的一年。销售形式开始向线上扩展，置业顾问化身带货主播已经成为日常。

由于秦皇岛楼市有较大比重的旅居度假类产品，疫情对其造成了较大冲击。根据置业顾问反馈，2020年秦皇岛市区类楼盘本地置业占比可以达到70%~80%左右，北戴河类楼盘本地置业占比约在50%左右，较往年外地置业者的比例均有所下降。值得关注的是，本地置业者中区县人口向城市区转移占据较大比重。

六、2021年展望

2020年，经过11月和12月大型土拍之后，秦皇岛多个区域地价被刷新，地价影响房价。根据2020年地价的走势来看，预计2021年，房地产投资趋于谨慎，市场趋于平稳，秦皇岛房价或将稳中有升。

预计2021年楼市还是需要去库存，房价会有所回落。地产开发商觉得房价会稳中上涨，供给量也会有所增加。当然，更多的购房者还是希望房价降一些，在购房的道路上坎坷少一些，希望能在2021年可以买到自己心仪的好房子。

首先，2021年成交量会比2020年稍高，2021年新房价格会稳中上涨，二手房价格会有所回落。对于市中心片区以及北部的项目在2021年还会新增房源，既有改善盘又有刚需房，这两个区域满足了秦皇岛市民的购房需求。北戴河新区也将是2021年房源供给点之一，更多面对的是外来客源。对于秦皇岛地产商，在2021年既会相互抱团也会打价格战。

数据来源：中国土地市场网、国家统计局、秦皇岛市住房保障和房产管理局政务网、秦皇岛市公共资源交易网、秦皇岛市住房公积金网站、天悦地产机构平台。

在售楼盘一览

海港区			
楼盘名称	价格	物业类型	主力户型
世纪城	公寓约 9500 元 /m²	普通住宅、公寓、商业	商业（53~79m²）
远洋·海璟宸章	约 13500 元 /m²	普通住宅	三居室（96~125m²）
汤河铭筑·领誉	约 12000 元 /m²	写字楼、商业	写字楼（43~54m²）
碧桂园汤河福郡	约 7800 元 /m²	普通住宅	二居室(86m²) 三居室(105~123m²)
一方南岭国际·四街区	住宅约 10900 元 /m²	普通住宅、商业	三居室(84~130m²)
博辉万象城	约 15800 元 /m²	普通住宅	二居室(101~114m²) 三居室(127~141m²)
秦皇岛万达广场	住宅约 13000 元 /m²、公寓约 12000 元 /m²	普通住宅、公寓	二居室(90m²) 三居室(124m²)
岸上澜湾	约 11500 元 /m²	普通住宅	二居室(86m²) 三居室(121m²)
金港玉湾	住宅约 15000 元 /m²	普通住宅、商业	二居室(68~100m²) 三居室(132m²)
皓顺·琨御	约 14600 元 /m²	普通住宅	二居室(83~91m²) 三居室(99~151m²) 四居室(178~179m²)
秦皇岛恒大悦府	约 12500 元 /m²	普通住宅	三居室(106~126m²)
海碧台	约 23000 元 /m²	普通住宅	二居室(198m²) 三居室(215m²)
金梦海湾柒号香堤澜庭	约 20000 元 /m²	普通住宅	一居室(52~72m²) 二居室(99~112m²)
博维·美墅	住宅约 14700 元 /m²	普通住宅、别墅	三居室(129~136m²)
金梦海湾 1 号	约 20000 元 /m²	普通住宅	一居室(53m²) 二居室(114~117m²) 三居室(167~179m²)
九号别墅	别墅约 16000 元 /m²	普通住宅、别墅	别墅(190~249m²)
东亚·紫云府	住宅约 12300 元 /m²	普通住宅、商铺	三居室(106~136m²)
兴桐鑫城	住宅约 7500 元 /m²	普通住宅、别墅	三居室(85~124m²)
兴龙九里桃源	约 9500 元 /m²	普通住宅	二居室(86m²) 三居室(100~126m²)
兴龙香玺海	住宅约 19000 元 /m²	普通住宅、公寓、商铺	四居室(230~320m²)
珊瑚海	约 13000 元 /m²	普通住宅	三居室(109m²)
秦皇山水天城	约 7200 元 /m²	普通住宅	二居室(84m²) 三居室(110~127m²)
世纪港湾	约 35000 元 /m²	商铺	商铺（20~40m²）
在水一方 B 区	约 16000 元 /m²	普通住宅	三居室(130m²)
蓝图·挚爱嘉园	约 6500 元 /m²	普通住宅	三居室(102~109m²)
金梦海湾 8 号	公寓约 16000 元 /m²	普通住宅、酒店式公寓	一居室(50~72m²)
秦皇皓月城	10500~18000 元 /m²	普通住宅	二居室(90m²) 三居室(110m²)
紫金嘉府	约 10000 元 /m²	普通住宅	二居室(89~101m²) 三居室(109~118m²)
星光大道	约 13500 元 /m²	普通住宅	三居室(130m²)
海悦湾	约 8100 元 /m²	普通住宅	三居室(89~112m²)
茂业中心	写字楼约 14000 元 /m²	公寓、写字楼、综合体	写字楼（145~228m²）

海港区			
楼盘名称	价格	物业类型	主力户型
博维·中央公园	商铺约 28000 元 /m²	普通住宅、商铺	商铺(167~264m²)
汤河庭院	别墅约 550 万元 / 套	普通住宅、别墅	别墅(280~305m²)
星光山水	尚未公布	普通住宅	二居室(76~100m²)
碧桂园翡翠公园	尚未公布	普通住宅	三居室(107~139m²)
中冶玉带湾（七期）	尚未公布	普通住宅、商铺	尚未公布
兴龙紫云府	约 12500 元 /m²	普通住宅	二居室(84m²) 三居室(97~129m²)

开发区			
楼盘名称	价格	物业类型	主力户型
中冶德贤华府	约 15000 元 /m²	普通住宅	三居室(100~162m²) 四居室(190m²)
万通春江花月园	约 12500 元 /m²	普通住宅	二居室(91~92m²) 三居室(96~122m²)
天成熙墅	626~5000 万元 / 套	别墅	别墅(335~1164m²)
路能达国际汽车文化创意产业园	公寓约 8200 元 /m²	公寓、商铺、综合体	公寓（61~125m²）
金明国际财富中心	写字楼约 12000 元 /m²	写字楼、商铺	写字楼（70~1150m²）
曦城花语	住宅约 15000 元 /m²	普通住宅、别墅	三居室(106~136m²) 四居室(170m²)
中冶德贤公馆	约 17000 元 /m²	普通住宅	三居室(150m²) 四居室(138m²)
鑫悦广场	尚未公布	商铺	尚未公布
泰盛戴河源	尚未公布	普通住宅、别墅	尚未公布
公园里	约 11500 元 /m²	普通住宅	三居室(95~149m²)
侨商大厦	尚未公布	写字楼	写字楼（155~1139m²）
星光御府	尚未公布	普通住宅	三居室(109~142m²)

北戴河区			
楼盘名称	价格	物业类型	主力户型
海天铭筑	约 11650 元 /m²	普通住宅	三居室(98~143m²)
秦皇岛富力公元山	叠院约 33200 元 /m²	叠院、公寓	叠院（60~120m²）
海滨胜境	住宅约 11000 元 /m²	普通住宅、别墅	三居室(92~140m²) 四居室(141m²) 五居室(181m²)
金龙·和玺	约 11600 元 /m²	普通住宅	二居室(74m²) 三居室(88m²)
碧桂园御府	约 14000 元 /m²	普通住宅	三居室(128m²) 五居室(229m²)
香邑澜湾	住宅约 10500 元 /m²	普通住宅、别墅	二居室(74~78m²) 三居室(133m²)
碧桂园博维·玫瑰庄园	约 13600 元 /m²	普通住宅	二居室(85m²) 三居室(105~125m²) 四居室(150m²)
太和小镇	约 6388 元 /m²	普通住宅	二居室(80m²) 三居室(100m²)
万科·米哈斯小镇	住宅约 11000 元 /m²	普通住宅、公寓、别墅	一居室(54m²) 二居室(72m²)
华都驿郡	约 8000 元 /m²	普通住宅	二居室(64~99m²) 三居室(110m²)
碧海景园	约 11000 元 /m²	酒店式公寓	一居室(30~60m²)
富力和园	住宅约 11000 元 /m²	普通住宅、别墅	二居室(104m²) 四居室(134m²)
保利海公园	住宅约 9400 元 /m²	普通住宅、商铺	二居室(80~90m²)
碧桂园星屿海	尚未公布	普通住宅、别墅	尚未公布

北戴河区			
楼盘名称	价格	物业类型	主力户型
北戴河蔚蓝海岸	住宅约 16000 元 /m² 合院约 30000 元 /m²	普通住宅、叠拼、合院	二居室 (87m²) 四居室 (127~149m²)
北戴河新区孔雀城	洋房约 8500 元 /m²、别墅约 135000 元 /m²	普通住宅、别墅	二居室 (约 88m²) 三居室 (约 127m²)
荣盛·戴河首岭	约 28000 元 /m²	别院	三居室 (112~165m²)
荣盛·健康谷	住宅约 17000 元 /m² 别院约 29000 元 /m²	普通住宅、别院	二居室 (65~69m²) 三居室 (124m²)
荣盛·汤泉首岭	约 18000 元 /m²	合院	二居室 (85~99m²)
荣盛·一杯澜	合院约 30000 元 /m²	普通住宅、合院	一居室 (57m²) 二居室 (70~91m²)
威尼斯水城	别墅约 17000 元 /m²	公寓、别墅	二居室 (85m²) 三居室 (94~146m²) 四居室 (175m²)
万科·拾光海湾	约 12000 元 /m²	公寓	二居室 (80~115m²) 三居室 (120m²)
博辉·戴河龙湾	约 8500 元 /m²	普通住宅	一居室 (55m²) 二居室 (93m²) 三居室 (99m²)
博辉戴河国际	约 9600 元 /m²	酒店式公寓	一居室 (40~56m²)
东亚·云溪潮畔	住宅约 7500 元 /m²	普通住宅、公寓	一居室 (48m²) 二居室 (80m²) 三居室 (90~130m²)
阿那亚 Aranya	住宅约 26000 元 /m²	普通住宅、公寓、别墅	二居室 (98m²) 三居室 (112~125m²)
好莱坞魔法城	公寓约 14000 元 /m²	酒店式公寓、综合体	一居室 (46~62m²) 二居室 (71m²)
恒搏网球小镇	公寓约 11000 元 /m²	普通住宅、公寓	一居室 (35m²)
保利和堂	合院约 27500 元 /m²	公寓、合院	合院 (115~169m²)
保利观潮	约 13000 元 /m²	公寓	一居室 (52~81m²)
金洋戴河湾	约 9300 元 /m²	普通住宅	二居室 (79~97m²)
龙华园	约 15000 元 /m²	公寓	一居室 (54~72m²)
孔雀庭院	约 15500 元 /m²	普通住宅	二居室 (70~130m²)
紫澜香郡	约 8000 元 /m²	公寓	一居室 (40~78m²)
滨海湾	约 10000 元 /m²	公寓	一居室 (43~80m²)
临海听涛	约 10000 元 /m²	公寓	一居室 (40~50m²)
非常海	约 12000 元 /m²	公寓	一居室 (53~73m²)
夏都海岸	约 10000 元 /m²	公寓	一居室 (30~60m²)
戴河蓝湾	尚未公布	普通住宅	二居室 (83~97m²) 三居室 (110~133m²)

山海关区			
楼盘名称	价格	物业类型	主力户型
富力金禧	约 10200 元 /m²	普通住宅	二居室 (76m²) 三居室 (99m²) 四居室 (130m²)
金洋石河湾	约 10000 元 /m²	普通住宅	三居室 (104~127m²) 四居室 (136~184m²) 五居室 (186~244m²)
山海壹号	约 9700 元 /m²	普通住宅	二居室 (80~93m²)
佳龙·白鹭岛	住宅约 9500 元 /m²	普通住宅、商业	二居室 (99~134m²)
山海景湾	约 9080 元 /m²	普通住宅、商铺	二居室 (83~97m²)
山海雅居	约 10000 元 /m²	普通住宅	三居室 (114~138m²)

抚宁区			
楼盘名称	价格	物业类型	主力户型
紫金湾·荣御	住宅约 7500 元 /m²	普通住宅、商铺	二居室 (87~95m²) 三居室 (110~135m²) 四居室 (161m²)
唐韵·雲起墅	住宅约 9500 元 /m² 别墅约 15000 元 /m²	普通住宅、别墅	三居室 (92~129m²)
那畔·雲起墅	住宅约 8500 元 /m² 别墅 490 万 ~650 万元 / 套	普通住宅、别墅	二居室 (88m²) 三居室 (110~138m²) 别墅 (152~551m²)
明星·朗樾	约 7200 元 /m²	普通住宅	二居室 (98m²) 三居室 (109~135m²)
壹号公馆	公寓约 8100 元 /m²	公寓、商铺	三居室 (63~73m²)

昌黎县			
楼盘名称	价格	物业类型	主力户型
燕阳·和雅园	约 8200 元 /m²	普通住宅	二居室 (88m²) 三居室 (98~125m²) 四居室 (135~139m²)
昌黎孔雀城	约 6500 元 /m²	普通住宅	三居室 (95~115m²)
上风上水·领地	住宅约 8200 元 /m²	普通住宅、商业	三居室 (107~130m²)
香槟小镇	约 6500 元 /m²	普通住宅	二居室 (103m²) 三居室 (105~137m²)
澜郡华府·名门	住宅约 7000 元 /m²	普通住宅、商铺	二居室 (84~87m²) 三居室 (114m²)
东亚香誉	尚未公布	商铺	尚未公布

青龙县			
楼盘名称	价格	物业类型	主力户型
兴龙凤凰城	约 4800 元 /m²	普通住宅	三居室 (103~120m²)
泰丰首府	约 5100 元 /m²	普通住宅	三居室 (110m²)

卢龙县			
楼盘名称	价格	物业类型	主力户型
壮业未来城	公寓约 6200 元 /m²	普通住宅、公寓	一居室（40~90m²）
宏屹国际城	约 5600 元 /m²	普通住宅	三居室 (110m²)

典型项目

北戴河新区孔雀城

`秦皇岛` `华夏幸福` `新区核心` `颐养度假` `海居生活`

项目地址：
秦皇岛市北戴河新区昌黎县 364 省道西 50 米

开发商：
秦皇岛京御房地产开发有限公司

产品特征：
普通住宅、别墅

参考价格：
洋房均价约 8500 元/平方米、联排别墅均价约 13500 元/平方米

主力户型：
约 88 平方米两居、约 127 平方米三居

物业公司：
幸福基业物业

5 公里生活配套：
生命健康产业园、阿尔卡迪亚温泉酒店、沙雕大世界、奥特莱斯（在建）、昌黎东站高铁站（在建）、广济医院（在建）

专家点评 郭楠·乐居秦皇岛主编

依托城市发展整体规划，拥享大健康产业优质配套，沿河、海建设滨水城市公园，结合步行半径建设社区公园，打造注重自然生态的大型综合社区。项目距海直线距离约 2 公里，舒适人居尺度，亲海邻河而居，以建筑打动人心。

扫码观看楼盘详情

项目测评

【战略意义】

北戴河新区孔雀城是孔雀城品牌 17 载宜居城市探索的大成之作，作为孔雀城首个海居产品，规划 70 年产权"公园海"和 40 年产权"森屿海"海居度假系列产品，以其精工匠造的产品细节广受好评。

【区域地段】

项目毗邻"中国最美八大海岸"之一的黄金海岸。其所属区域为北戴河生命健康产业创新示范区，根据总体发展规划，到 2030 年，该示范区内生命健康产业增加值将达到 1000 亿元，形成生命健康产业集群。

【楼栋规划】

北戴河新区孔雀城·公园海分为三期开发，共占地 514 亩，规划总户数 1268 户，产品包含 3 层星海系列别墅、6 层阔尺瞰海洋房、11 层通透朗阔小高层；整体空间设计均为南北通透，生活动线科学考究，提高生活舒适宜居性。

【自建配套】

北戴河新区孔雀城自建业主食堂、业主图书馆、室内儿童游乐园、室外儿童乐园、沿街商业街等繁盛生活配套；斥巨资打造社区观鸟景观平台及健身运动跑道，能够满足居住者一站式精致生活所需。

【物业服务】

幸福基业物业是国家一级资质物业管理企业，中国物业管理协会常务理事单位。从在建过程中的质量把控，到交付后的物业管家，为业主提供全周期服务。同时积极举办一千件小事、小孔雀夏令营等大型社区运维活动。

【交通出行】

项目所处的北戴河新区周边交通发达，区域内部坐拥城际交通要道、北戴河机场，以及 2 条铁路、4 条高速公路、3 条国道级公路，无论是往返京津冀，还是接驳东北和华北，都可通过立体的多维交通网络便捷到达。

【医疗配套】

项目周边目前规划在建的有：北戴河国际肿瘤医院、北医三院北戴河国际医院、281 医院等 6 家大型医院；全省首家中外合资医疗机构德国潘纳茜诊疗中心以及柏昌生物、中邦精准医学中心等高端项目已经入驻。

【品牌描述】

孔雀城品牌创立于 2003 年，倡导活力、健康、安心三大产品理念，构筑四大服务体系。从华北、东北、华东到华中，目前孔雀城已在全国布局了 50 余座具备"美好生活体系"的孔雀城宜居住区。

【设计风格】

项目外立面采用新亚洲建筑风格，把亚洲元素植入现代建筑语系，将传统意境和现代风格对称运用。交流性景观园林，匹配建筑单位朝向，分布错落有致，在照顾每栋业主出行的同时，更加注重生活舒适性。

【旅居地产】

北戴河新区孔雀城地理位置优越，毗邻北戴河新区政府，紧邻东沙湖公园，直线距海约 2 公里，亲海不近海，享海不受潮，产品类型丰富，拥享 70 年大产权，无论是日常自住，抑或是度假旅居，皆可自由选择。

秦皇岛恒大悦府

| 秦皇岛 | 恒大集团 | 新市府旁 | 邻双公园 | 湖景美宅 |

项目地址：
秦皇岛市海港区西港镇南岭东路与山东堡路交会处

开发商：
秦皇岛恒盈房地产开发有限公司

产品特征：
普通住宅

参考价格：
均价约 12500 元 / 平方米

主力户型：
约 106 平方米三居、约 126 平方米三居

物业公司：
恒大金碧物业

5 公里生活配套：
约 2700 平方米铂金会所、环湖欧式风情商业街、半岛商业广场、茂业商业综合体

专家点评
郭楠·乐居秦皇岛主编

秦皇岛恒大悦府位于"城市向西"规划下的新兴板块——新市民中心片区，是主城区与北戴河旅游区之间的重要衔接纽带。项目打造以欧陆园林为主体的绿色社区，施工上秉承41道标准工序，精选建筑材料品牌，构建品质生活细节。

扫码观看楼盘详情

项目测评

【区域地段】
从城市规划上来看，秦皇岛是按照港口向东、工业向北、城市核心向西、高新技术落户开发区的理念来打造的。随着市政府新址于2016年落成，秦皇岛恒大悦府所在的港城西部板块将逐步发展为新的政务文化中心。

【主力户型】
秦皇岛恒大悦府主力户型为建面约126平方米三居阅海高层，户型较为方正，布局规整合理，空间动静分离。室内南北通透，明厨明卫，有助空气流转；瞰景阳台，视野开阔，延展舒适生活。

【园林景观】
社区内拥有约8万平方米欧陆园林、近3000平方米内湖水景。以高大乔木、景观小乔、灌木、花灌木、花卉、草坪，形成点线面相结合的公共绿化脉络，喷泉、叠水等山水景观错落有序，打造出具有层次感的立体式园林。

【物业服务】
恒大金碧物业，国家一级物业资质。1分钟接到业主报备，5分钟赶到业主家，30分钟内解决问题，提供24小时全天候无忧的生活保障。以高端化、人性化的服务理念，为业主量身定制个性化"满意加惊喜"的服务。

【交通出行】
楼盘周边交通线路发达，京沈高速、102国道、105国道贯穿全境，乘坐高铁可直达天津、北京，快速衔接京津冀。南侧临近河北大街、西外环、滨海大道、横断山路等多条交通主干道，畅达秦皇岛全城区域，出行便捷。

【教育资源】
楼盘周边5公里生活圈内各阶段教育资源丰沛，市新一中、十四中、规划中的十六中、燕山大学、东北大学（分校）、东北石油大学、中国足球学校等十余所学府环绕左右，社区内还规划建设有双语幼儿园等。

【医疗配套】
楼盘周边10公里生活圈内优质医疗资源集聚，秦皇岛市中医医院、第一医院、妇幼保健院等三甲类医院设备先进，医疗器械完备，其打造的现代化、便捷化医疗，将为港城人民的健康保驾护航。

【品牌描述】
恒大集团是集民生地产、新能源汽车、数字科技及文旅康养为一体的世界500强企业集团。恒大地产在中国280多个城市拥有1300多个项目，开创行业"全精装修交楼""无理由退房"先河，打造高品质居住产品。

【购物娱乐】
项目周边大型商超林立，多元业态汇聚，有约600米的商业步行街、约5.7万平方米的环湖欧式风情商业街和约14万平方米的半岛商业广场、茂业商业综合体等。

【设计风格】
秦皇岛恒大悦府采用围合式建筑排列布局，人性化人车分流设计。整体建筑风格为欧陆新古典主义，住宅产品外立面采用柔和典雅的真石漆，加之单元入户门廊高档石材装饰，整体色彩古典精致，线条简约流畅。

秦皇岛万达广场

秦皇岛 | 万达集团 | 新商业圈 | 黄金地段 | 多元业态

项目地址：
秦皇岛市海港区北环路街道玉峰南里社区燕山大街22号

开发商：
秦皇岛富晟置业有限公司

产品特征：
普通住宅、公寓

参考价格：
普通住宅均价约13000元/平方米、
公寓均价约12000元/平方米

主力户型：
住宅约90平方米两居、约124平方米三居

物业公司：
北京绿城物业

5公里生活配套：
万达商业广场、世纪港湾购物广场、环岛公园

专家点评

秦皇岛万达广场是包含购物中心、英伦金街、华府住宅、SOHO公寓、幼儿园等多元业态的大型商业综合体项目，集纳餐饮美食、休闲娱乐、康体早教等多重功能，在原百姓市场地块上开辟出了港城新商圈的美妙蓝图。

张宏伟·秦皇岛市房地产开发协会

项目测评

【战略意义】
万达广场是中国知名商业地产品牌，2017年首次进驻秦皇岛，是港城为数不多的城市综合体项目。自2019年万达广场开业以来，已为秦皇岛新增2000余个就业岗位，创造税收数千万元。

【市场口碑】
2018年11月，秦皇岛万达广场住宅产品——万晟华府项目首期开盘，当日去化率高达90%。"大品牌""好户型""品质社区"等标签成为购房者对楼盘的最多评价。

【区域地段】
秦皇岛万达广场位于主城区醇熟优质地段，毗邻丰富的休闲、医疗和教育资源，周边有76个住宅小区、机关单位，辐射约20万常驻客群；多维立体交通网络，快速通达全城，客流、物流集聚于此，区域价值显著。

【楼栋规划】
秦皇岛万达广场占地面积约9.3万平方米，总建筑面积约56.5万平方米，规划建设13栋高层住宅，总户数1432户。其中1-9号楼为31层，两梯两户；10-13号楼为32层，一梯两户。另有商铺400余间，公寓835套。

【主力户型】
主力户型包括建筑面积约87~155平方米两居、三居、四居。力求将奢阔面宽、一体化大尺度餐客厅、南北双阳台、室室风情飘窗等"健康居所"的设计理念贯彻始终。

【园林景观】
社区内规划约6000平方米海德公园绿地，匠筑凉亭草坪、坡道花街、喷泉广场，配套多维儿童成长空间，丰富成人健身设施。高19米的空中花园内打造新古典主义风格园林，形成景观与住宅的和谐共融。

【自建配套】
社区内规划10万平方米的万达广场购物中心，醇熟商业配套；英伦风情商业街多连廊多出入口，与大商业实现互通互补，提供情景式购物体验；近2000平方米的配套幼儿园，设施齐全，全龄护航。

【物业服务】
北京绿城物业为中国服务业500强企业，是一家以物业服务为根基、以生活服务与产业服务为两翼，以智慧科技为引擎的数字化、平台化、生态型的现代服务企业。截至2020年6月30日，其业务已覆盖全国163个城市。

【交通出行】
秦皇岛万达广场位于城市主干道燕山大街与西港路交汇处，周边交通线路发达，密集网路贯穿秦皇岛全市，多条公交便捷出行，距G1京哈高速约3.91公里，距秦皇岛枢纽站约3公里，驾车可快速直达。

【品牌描述】
万达集团创立于1988年，连续多年进入中国企业500强、中国制造业企业500强、中国民营企业100强等。经过30年的发展，成为以现代服务业为主的大型跨国企业集团。截至2020年年底，全国已开业368座万达广场。

在水一方 B 区

秦皇岛 | 五兴地产 | 被动房屋 | 临河看海 | 优质学区

项目地址：
秦皇岛市海港区滨河路（汤河公园西北侧约 150 米）

产品特征：
住宅

项目规划：
共 25 栋高层及小高层产品，其中 8 栋为被动式住宅；建筑面积：50 余万平方米；容积率：2.994

主力户型：
约 130 平方米三居

参考价格：
约 16000 元 / 平方米

入选理由 | 王子成·河北省房协理事

在水一方周边配套完善，居民子女不出社区即能完成九年义务教育，小区物业采用智能化管理，为业主生活保驾护航。项目为全国首个被动房屋示范项目，可实现恒温、恒湿、足氧、过滤粉尘霉菌、隔绝噪声，绿色节能降耗，行业先进典范。

扫码观看楼盘详情

核心优势：

　　在水一方 B 区总建筑面积 50 余万平方米，采用简洁沉稳的新中式建筑风格，40~170 平方米的户型精致多样。绿化美化移步易景，曲径通幽，错落有致。一条贯穿的水轴延伸至社区东西两侧，丰富的社区绿化营造四季更替的环境景致。小区周边设有儿童乐园、幼儿园、小学、重点中学、老年大学、居民活动中心等教育文化配套。养老中心、社区医院、周边商业等生活配套为居民提供有力保障。项目通过太阳能建筑一体化、车库光导照明、配电室加装节电器、节控电梯、声光控延时公共照明、屋顶门窗保温隔热等技术，实现节能降耗，先后获得住房和城乡建设部"绿色建筑和低能耗建筑十佳设计项目"、中国房地产业协会"广厦奖"等荣誉。

379	/	2020年东北区城市发展概述		

沈阳 （382）

- 382 / 市场总结
- 386 / 在售楼盘一览
- 391 / 典型项目

长春 （402）

- 402 / 市场总结
- 409 / 在售楼盘一览
- 413 / 典型项目

哈尔滨 （421）

- 421 / 市场总结
- 425 / 在售楼盘一览
- 428 / 典型项目

大连 （433）

- 433 / 市场总结
- 437 / 在售楼盘一览
- 440 / 典型项目

鞍山 （453）

- 453 / 市场总结
- 455 / 在售楼盘一览
- 456 / 典型项目

东北区

2020年东北区城市发展概述

一、区域简介

中国东北地区，狭义上指由辽宁、吉林、黑龙江等三省构成的区域，广义上则包括辽宁、吉林、黑龙江及内蒙古东部地区。

东北地区经济起步较早，为新中国的发展壮大做出过历史性的巨大贡献，强有力地支援了全国的经济建设。以工业为例，东北地区在20世纪30年代建成完整的工业体系，成为东北亚最先进的工业基地。东北地区一度占有中国98%的重工业，主要有沈大工业带、长吉工业带、哈大齐工业带三个工业带，形成了**辽中南城市群**、**哈长城市群**两大城市群。主要工业城市有**沈阳市、大连市、鞍山市、本溪市、抚顺市、吉林市、长春市、哈尔滨市**等市。

二、国家战略

东北地区是我国重要的工业和农业基地，维护国家国防安全、粮食安全、生态安全、能源安全、产业安全的战略地位十分重要，关乎国家发展大局。新时代东北振兴，是全面振兴、全方位振兴，要从统筹推进"五位一体"总体布局、协调推进"四个全面"战略布局的角度去把握，瞄准方向，保持定力，扬长避短，发挥优势，一以贯之，久久为功，撸起袖子加油干，重塑环境、重振雄风，形成对国家重大战略的坚强支撑。

三、区域方针

新时代东北振兴

提出过程：2012年3月，国务院批复了《东北振兴"十二五"规划》。2016年"两会"期间，习近平总书记在黑龙江代表团参加审议时指出，振兴东北要扬长避短、扬长克短、扬长补短，向经济建设这个中心聚焦发力，打好发展组合拳，奋力走出全面振兴新路子。2018年9月，习近平总书记在深入推进东北振兴座谈会上强调，"新时代东北振兴，是全面振兴、全方位振兴"。

基本内涵：新时代东北振兴的阶段性目标是：第一阶段，到2020年，在重点领域和关键环节改革上取得重大成果，转变经济发展方式和结构性改革取得重大进展，经济保持中高速增长；产业迈向中高端水平，自主创新和科研成果转化能力大幅提升，经济发展质量和效益明显提高；新型工业化、信息化、城镇化、农业现代化协调发展新格局基本形成；人民生活水平和质量普遍提高，资源枯竭、产业衰退地区转型发展取得显著成效，与全国同步实现全面建成小康社会目标。第二阶段，再用10年左右时间，东北地区实现全面振兴，走进全国现代化建设前列，成为全国重要的经济支撑带，具有国际竞争力的先进装备制造业基地和重大技术装备战略基地，国家新型原材料基地、现代农业生产基地和重要技术创新与研发基地。

意义作用：新时代东北振兴，是推进经济结构战略性调整、提高我国产业国际竞争力的战略举措，是促进区域协调发展、打造新经济支撑带的重大任务，是优化调整国有资产布局、更好发挥国有经济主导作用的客观要求，是完善我国对外开放战略布局的重要部署，是维护国家粮食安全、打造北方生态安全屏障的有力保障。

实践要求：推动新时代东北振兴，一是要以优化营商环境为基础，全面深化改革。要在谋划地区改革发展思路、解决突出矛盾问题、激发基层改革创新活力等方面下功夫。二是要以培育壮大新动能为重点，激发创新驱动内生动力。依靠创新把实体经济做实、做强、做优，积极扶持新兴产业加快发展，尽快形成多点支撑、多业并举、多元发展的产业发展格局。三是要科学统筹精准施策，构建协调发展新格局。培育发展现代化都市圈，加强重点区域和重点领域合作，形成东北地区协同开放合力。四是要更好支持生态建设和粮食生产，巩固提升绿色发展优势。充分利用东北地区的独特资源和优势，推进寒地冰雪经济加快发展。五是要深度融入共建"一带一路"，建设开放合作高地。加快落实辽宁自由贸易试验区重点任务，完善重点边境口岸基础设施，发展优势产业群，实现多边合作、多方共赢。六是要更加关注补齐民生领域短板，让人民群众共享东北振兴成果。确保养老金按时足额发放，确保按时完成脱贫任务，完善社会救助体系，保障好城乡生活困难人员基本生活。七是要坚持和加强党的全面领导。加强东北地区党的政治建设，全面净化党内政治生态，营造风清气正、昂扬向上的社会氛围。

四、交通基建

在城市规划方面，印发《哈长一体化发展示范区实施方案》，打造以哈尔滨、长春为核心的北方绿色食品产业基地。中韩（长春）国际合作示范区的建立为共建"一带一路"、推动东北全面振兴全方位振兴注入新动能。2020年12月7日下发《辽宁省人民政府关于借鉴推广中国（辽宁）自由贸易试验区第四批改革创新经验的通知》在全省借鉴推广的46项制度创新经验，分别由沈阳片区提供15项、大连片区16项、营口片区15项，涉及政府职能转变、贸易便利化、金融创新、国资国企改革、扩大开放等领域。大连大窑湾综合保税区的获批建设对东北老工业基地振兴和东北亚国际航运中心建设都将带来新的重大发展机遇。沈抚示范区人民文化公园（一期）建成后将成为联系沈阳、抚顺两市的纽带。

在交通方面，中欧班列与长春国际陆港相继开通的大连港、营口港、天津港三大方向的海铁联班列形成了陆海互补的外贸国际通道体系。京沈高铁正式开通运营后北京至沈阳运行时间将缩短至2.5小时，形成东北地区又一进出关高铁通道。沈阳至白河高速铁路建成后，将会成为东北地区南北向快速铁路通道中的辅助通道，是东北地区东部客运主通道。2020年9月15日吉林省两段高速公路——松原至通榆高速公路和双辽至嫩江高速公路通车试运营，进一步贯通了省内高速公路的路网通道，增强了对外通达性，或可吸纳省内外阜人口进入城市置业。2020年9月16日沈白高铁项目全线初步设计已获批复，沈白高速铁路预计于2024年全线通车，这条高铁的到来将带动东北地区的观光和经济发展。

机场布局方面，龙嘉机场三期改扩建为打造我国向北开放的重要窗口和东北亚地区合作中心枢纽做出积极贡献。在"十四五"期间，沈阳、大连、哈尔滨、长春将陆续扩建成双跑道机场，中小机场改扩建步伐加快，东北地区民航将迎来新一轮重要发展机遇期。

五、未来展望

2020年是"十三五"规划的收官之年，根据《东北振兴"十三五"规划》，到2020年，东北地区体制机制改革创新和经济发展方式转变取得重大进展，发展的平衡性、协调性、可持续性明显提高，与全国同步实现全面建成小康社会宏伟目标。

根据《中共中央关于制定国民经济和社会发展第十四个五年规划和二〇三五年远景目标的建议》（以下简称《建议》），到二〇三五年，全国要基本实现社会主义现代化远景目标，到本世纪中叶把我国建成富强、民主、文明、和谐、美丽的社会主义现代化强国。

《建议》中指出，"十四五"时期要优化国土空间布局，推进区域协调发展和新型城镇化。坚持实施区域重大战略、区域协调发展战略、主体功能区战略，健全区域协调发展体制机制，推动西部大开发形成新格局，推动东北振兴取得新突破，促进中部地区加快崛起，鼓励东部地区加快推进现代化。健全区域战略统筹、市场一体化发展、区域合作互助、区际利益补偿等机制，更好促进发达地区和欠发达地区、东中西部和东北地区共同发展。

面向未来，东北区域将继续准确把握战略机遇期内涵的深刻变化，按照党中央、国务院振兴东北地区等老工业基地的决策部署，充分利用各种有利条件，大力培育经济发展新动能、拓展新空间、厚植新优势，努力开创振兴发展新局面。坚持推动东北经济脱困向好，早日实现东北振兴，与全国同步全面建成小康社会。

参考资料：

1. 黑龙江日报：《从国家发展大局高度深刻认识东北振兴的重大意义》
2. 《新时代党员干部学习关键词（2020版）》，党建读物出版社2020年2月出版
3. 中共中央、国务院：《东北地区与东部地区部分省市对口合作工作方案》《国务院关于深入推进实施新一轮东北振兴战略加快推动东北地区经济企稳向好若干重要举措的意见》（国发〔2016〕62号）
4. 国家发展改革委：《东北振兴"十三五"规划》
5. 新华社：《中共中央关于制定国民经济和社会发展第十四个五年规划和二〇三五年远景目标的建议》

沈阳
市场总结

城市综述：前"疫情"后"严政"，2020年沈阳新房市场成交呈"先扬后抑"的态势，自2020年2月17日起有序放开售楼处及房产中介机构对外营业限制，沈阳的新房市场成交量稳步提升，并在4—8月呈现一波高潮，而9月"沈八条"政策发布后，新房市场成交迅速"转冷"，全年成交量下行至5年来的最低点；而经历多次延期及停止交易后坎坷开局的土地市场，2020年成交面积与金额再创新高，三环外成交比重再提升至66%；截至年底，四环内区域新房均价集体破万元；人才政策吸引人才落户，释放购房需求，2020年本外地购房客户各占半，25~35岁客户占45%。

一、新房成交表现：5年来首度供大于求 新政后成交腰斩

据沈阳中原研究部数据显示，2020年，沈阳全市商品住宅新增供应1402万平方米，同比下降6.2%；成交1186万平方米，同比下降26.4%。"沈八条"政策出台后，9月沈阳新房销量"腰斩"（实际下降约30%）。

从供应端可见，2020年沈阳新房"供大于求"态势明显，其中，7月集中放量，一直持续至9月份。据沈阳中原研究部数据显示，截至2020年11月底，沈阳住宅供应量与2019年同期基本持平，销售量同比大幅下降24%，在政策惯性之下，市场疲态已现，预计会延续至2021年6月。

由此可见，无论是疫情下的艰难开局，还是及"沈八条"调控政策，与成交面积创下历史新高的2019年相比，2020年沈阳新房市场，即使供销也曾有过短暂的爆发，但是市场的主基调更多是沉淀与趋稳。

从近5年沈阳新房成交趋势来看，2020年沈阳新房市场首次出现供大于求的状态，且成交量下行至5年来的低位。

据新峰地产大数据统计，2020年沈阳新建商品住宅平均单套总房款约127万元。

据沈阳市统计局数据，2020年前三季度全市城镇居民人均可支配收入35067元，同比增长0.3%，实现转正。

计算可得，2020年全年沈阳城镇居民人均可支配收入约为46756元，由此，我们可以按照房价收入比 = 单套总房款/家庭可支配收入（人均可支配收入乘以4），尝试估算2020年沈阳房价收入比，约为6.8。在全国排名依然相对靠后。

二、二手房成交表现：以中小面积为主

据沈阳中原研究部数据统计，2020年沈阳二手房成交面积902万平方米，成交均价11760元/平方米，与新房价格基本持平，成交套均面积80平方米，目前沈阳二手房成交主要以中小面积为主。

在成交一路走高，直至2019年创新高之后，沈阳二手房成交面积在2020年降至千万平方米以下的低点，与新房成交面积走势相吻合。

三、政策梳理："人才落户"与"房地产严控"

1. 疫情下保障房地产市场平稳健康发展

2020年一季度，受疫情影响，房地产市场状态一度进入"冰封期"。各地售楼处、房产中介机构停摆，施工推迟大约1.5-2个月。多省市相继推出了各类涉房支持政策缓解开发商资金压力，比如暂缓土地出让金、暂缓贷款偿付等。沈阳也是其中之一。

2020年2月17日，沈阳市房产局发布关于联合印发《沈阳市应对新型冠状病毒肺炎疫情保障房地产市场平稳健康发展政策措施》的通知（沈房发[2020]5号）。

通过推进项目有序开复工、保障土地供应完善管理服务、积极促进商品房入市和销售、稳妥释放商品房预售监管资金、做好住房公积金缴存及使用工作、稳妥实施税费支持政策、全面做好水电气等要素保障、进一步提高行政审批效率，8项政策措施保障房地产市场平稳健康发展。

2. 全面取消人才落户限制

2020年4月2日，沈阳市公安局发布《关于全面取消人才落户限制进一步放开落户政策的补充意见》，对在沈购房并取得合法房屋手续的（含普通住宅、商业网点、公寓、写字间等）、取得国家认可的初级以上职业资格证书、技能等级证书的人员等7类人进一步放开落户政策。

3. 人才政策升级

2020年7月29日，沈阳人社部门等四部门出台《高校毕业生和高新技术人才首次购房补贴实施细则》，扩大享受购房补贴人群范围，取消了高校毕业生必须是沈阳户籍这一限制条件，增加2017年（含）后入学的非全日制普通高校硕士、博士毕业生（不含机关事业单位全额拨款在编人员）。具体补贴标准：博士生6万元、硕士毕业生3万元、本科毕业生和技师1万元。

4. "沈八条"来袭

2020年9月6日，沈阳9部门联合发布了《关于进一步促进我市房地产市场平稳健康发展的通知》，通知提出了将严格住房用地出让溢价率管控，房地产开发企业竞配建、竞自持部分不计入商品住房开发建设成本，严格整治未许先售行为，实时监测商品住房销售价格运行情况，严格执行个人购买首套商品住房首付比例不低于30%的规定，第二套商品住房首付比例提高到50%，首付款须一次性支付，禁止分期支付和"首付贷"，将个人住房转让增值税免征年限由2年调整到5年等多项措施。

5. 人才公寓使用办法出台

2020年11月23日，沈阳市下发的人才公寓建设筹集相关文件提出将建设人才公寓，租金按不高于市场租金的80%收取。

2020年一系列政策实施后，一方面吸引人才落户，释放购房需求。根据沈阳市公安局月报统计数据显示，截至2020年11月末，沈阳市户籍人口为761.7万人，同比增长0.8%。另外，据沈阳市中原研究部统计，2020年沈阳本地买房客户占比51%，外地客户占比49%，其中外地客户中有52%来自于吉林及黑龙江，客户购房年龄以25~35岁为主，2020年25~35岁客户占比下降，而25岁以下及36~40岁客户占比同比呈上升趋势。

另一方面，在"抢人大战"进行的同时，"沈八条"严格把控市场，保证房地产市场平稳健康发展。沈八条新政实施后，对沈阳土地市场的规范、销售价格严格控制，让沈阳房地产价格涨势过快局面得到控制，购房者买房节奏也相对放慢，更加理性，房地产市场趋于平稳发展。而2020年市场的各项数据也证明，"沈八条"政策房地产市场的调控取得了明显成效。

四、土地供应：再创新高！2020年沈阳卖地超584亿元

曾一路高歌的沈阳土地市场，2020年经历一再延期及停止交易后坎坷开局。

据乐居统计，2020年，沈阳土地市场通过招拍挂成交经营性用地82宗，总成交面积超630万平方米，总成交金额超584亿元，平均成交单价4709元/平方米，其中居住用地成交均价5090元/平方米。

与出让数量和面积创历年新高的2019年相比，2020年沈阳土地市场依然走出一条上涨曲线——总成交面积同比上涨14%，平均成交单价同比上涨6.3%，居住用地成交均价同比上涨2.4%。

从环线成交结构来看，2020年沈阳土地成交仍集中在三环外，共计54宗地块，占比全市成交量约66%，相比2019年比重再次提升。2021年，沈阳三环外仍将是新房的供求主力区域，并将集中在沈北、于洪、经开三个区域。

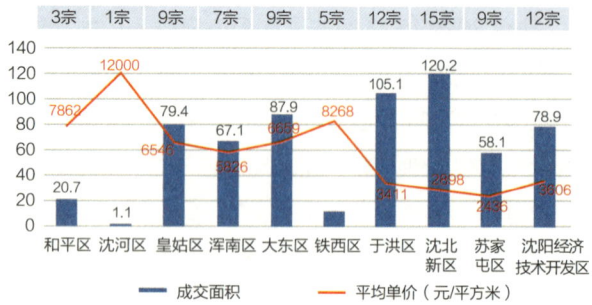

2020年沈阳经营性用地区域成交及价格

在2020年沈阳招拍挂市场上，华润置地在拿地数量、拿地金额、拿地面积三个维度均占据榜首位置，金地、龙湖也入围房企拿地数量与面积的前列。而中海虽仅拿地3宗，但由于领事馆东、凌云街等地块均为高总价热点地块，总拿地金额也跻身第二位。

在成交的82宗地块中，仅18宗地块不设置最高限价，限价地块占比超78%。其中，领事馆东地块吸引7家实力房企参与，最终以成交单价13000元/平方米、总价28.2亿元，成为全年成交单价、总价的"双料"地王。

总体来看，2020年2—7月房企参与拿地的参与度较高，对于城市中心区域的热点地块，一直保持着高昂的拿地热情。与此同时，经历了8月的调整期，9月"沈八条"政策出台后，沈阳土地市场溢价率走低，且9月起以起始价成交的非热点地块占比近六成，土拍市场也整体回归平静。

五、热点板块：沈北新区成交上位 四环内均价集体破万

在新房市场区域成交结构方面，2020年沈北新区新建商品住宅销量成功"上位"，浑南区降幅最大；沈河区成交均价大幅增长，超越和平区。据沈阳中原研究部统计，2020年沈北新区供应土地435万平方米，居首位，和平区土地供应增幅最大，约76%；沈北新区成交约329万平方米，首次排名第一，浑南区成交降幅最大，约41%，成交约247万平方米；七区价格过万元，沈河区以19850元/平方米排名首位，沈北新区以8655元/平方米排名末尾。

在环线成交方面，随着土地越来越稀缺，二三环之间新房成交量快速萎缩，超60%的成交集中在三至四环之间，且成交比例持续放大；截至2020年年底，四环内区域均价集体破万元。

板块成交方面，2020年道义板块成交305万平方米呈独大之势，经开区、全运板块次之，分别成交82万平方米、80万平方米；道义板块以268亿元成交金额排名首位，板块整体均价仅8787元/平方米，板块价值洼地效应明显，全运板块以129亿元次之，均价16131元/平方米，整体表现量价双优。

住宅面积成交前十名门槛为14万平方米，沈北新区项目最多，共有5个，均集中在道义板块，恒大时代新城以销售26.4万平方米，2733套居首。成交金额前十名门槛为16.5亿元，浑南区最多，占4个，金地樾檀山以33.3亿元成交金额排名首位。

六、用户心理：理性、挑剔、观望

2020年，楼市买卖者的心态开始逐渐发生转变。一方面受开年停工影响，部分意向购房者收入不稳定，对楼市普遍持消极态度，置业也更加谨慎理性。一部分中介人员变身"街头歌手"，吸引客户对房源的关注，并称"行业竞争太激烈，没点才艺都卖不出去房子"。

而"沈八条"政策实施后，沈阳二套房首付比例提高至50%，个人住房转让增值税免征年限"2改5"的具体执行节点也一度成为楼市买卖者关注的焦点。在政策执行后，不少二手房买卖因税费增加，买卖双方就"税费由谁承担"展开拉锯战，僵持之下，不少交易计划不得不暂时搁置，打击了二手房市场交易客户的预期。

某业内编辑接受乐居采访时表示，楼市大涨大跌的时代早已过去，原以为2021年沈阳房价会稳中有涨，但现在疫情反复对经济影响较大，对2021年楼市信心不足，主要任务是去库存，多以刚需为主。另外，2021年房企生存更为紧张，"马太效应"将进一步凸显。

沈阳艾格房产经纪有限公司创始人潘昌雨则认为，2021年，沈阳房价依旧会上涨，主要原因就是市场上品质住宅越来越多，品质的背后就是物有所值和高价格。另外，沈阳新房限购，二手房政策宽松，随着板块头部新房房价越来越高，很多购房者将会难以企及。地段稀缺、新房高价格将会挤压二手房放量出货。

房价方面，某开发商工作人员表示，开年房价环比或将有所上升，长期看处于平稳趋势；如果没有大的利好政策，成交面积还是趋于平稳；2020年的土地供应多位于三环外，刚需和刚改为主力购房群体；房企拿地还是要看疫情影响及房企的战略计划。

七、2021年展望：短期内疲态持续 价格涨幅或缩减

2020年沈阳土地市场成交面积创新高，预计2021年新房市场的供应量会进一步增加，品牌房企的新项目占比也将达7成以上。但是市场疲态或将持续至上半年，年中及下半年多个新盘将集中入市，或将在一定程度上带动成交量上涨。2021年新房价格也将趋向稳定，涨幅在政策调控下预计也将进一步缩减。

值得关注的是，三环外依然将是土地供应与新房供应的主力区域，尤其北部及西部项目较多，首府新区、造化、满融、黎明板块也将成为几大潜力热点板块。

在产品方面，房企与购房者重视住宅品质的同时，也将更倾向于服务与配套的完善，如学校的配建、社区商业配套、生活方式的革新等。

众多待上市项目中，万科东第、中海领馆壹号、中海汇德理、碧桂园云顶、恒大帝景作为2021年的高端项目代表，其产品理念将再掀起沈阳楼市的品质思考，也迎合着市场正在持续释放的改善需求，值得关注。

数据来源：沈阳中原研究部、新峰地产大数据、中国房价行情网、沈阳市统计局。

在售楼盘一览

浑南区			
楼盘名称	价格	物业类型	主力户型
富力国际别墅	9000 元/m²	别墅	三居室 (395.07m²) 五居室 (499~797.99m²)
星河湾	22000 元/m²	普通住宅	四居室 (215m²) 五居室 (258m²)
融创盛京宸院	16500 元/m²	普通住宅、公寓、商铺	三居室 (115~125m²) 四居室 (142m²)
中海·润山府	20000 元/m²	普通住宅、商铺	三居室 (134~158m²) 四居室 (165m²)
保利·紫荆公馆	9000 元/m²	公寓、综合体、商铺	三居室 (123~130m²)
沈阳恒大御湖郡	11500 元/m²	普通住宅、写字楼、商铺	尚未公布
沈阳恒大四季上东	17000 元/m²	普通住宅	三居室 (127~165m²)
沈阳恒大中央广场	12000 元/m²	普通住宅	二居室 (87.57~91.5m²) 三居室 (111.33~132.25m²) 四居室 (160.14m²)
保利·白沙林语	8000 元/m²	普通住宅	三居室 (97~123m²)
沈阳恒大珺睿府	13500~15500 元/m²	普通住宅、自住型商品房、商铺、自持物业	三居室 (111~139m²)
沈阳恒大盛京世家	8500 元/m²	普通住宅、别墅、商铺	三居室 (126.81~128.27m²)
万科翡翠臻园	15500 元/m²	普通住宅	三居室 (100~115m²) 四居室 (140m²)
中旅·万科城	12500 元/m²	洋房	二居室 (79~85m²) 三居室 (96~150m²)
万科翡翠四季	13500 元/m²	普通住宅	三居室 (99~119m²) 四居室 (129~145m²)
万锦香樟树·云墅	28000 元/m²	普通住宅、别墅	二居室 (97.14~105.22m²) 三居室 (109.61~125.54m²) 四居室 (139.17~142.35m²)
信达万科城	15600 元/m²	普通住宅	三居室 (125m²) 四居室 (140m²)
府城名著	10500 元/m²	普通住宅	三居室 (100~147m²) 四居室 (145~207m²)
融创昆仑江山府	17000 元/m²	普通住宅	三居室 (102~135m²)
世茂国风盛京	8800 元/m²	普通住宅、别墅	别墅 (160~199m²) 二居室 (80m²) 三居室 (90m²)
绿城·和园	18500 元/m²	普通住宅	二居室 (90m²) 三居室 (110m²) 四居室 (125~143m²)
美地·泰和府	15500 元/m²	普通住宅	二居室 (130m²) 三居室 (140m²)
龙湖·听蓝时光	11900 元/m²	普通住宅	三居室 (123m²) 四居室 (140m²)
龙湖云峰原著	20000 元/m²	普通住宅	三居室 (125m²) 四居室 (145~173m²)
首创·禧瑞长河	17000 元/m²	别墅	别墅 (143~184m²)
沈阳龙湖·舜山府	14000 元/m²	普通住宅	三居室 (130m²) 四居室 (142~148m²) 别墅 (165~190m²)
龙湖·双珑原著	12500 元/m²	普通住宅	三居室 (129m²)
新希望·锦麟河院	17000 元/m²	别铺	四居室 (137~192m²) 五居室 (223m²)
华润置地|悦玺	13500 元/m²	商铺	一居室 (49~50m²) 四居室 (113m²)
华发全运首府	10000 元/m²		二居室 (72m²) 三居室 (88~96m²)
沈阳龙湖·天璞	14000 元/m²	普通住宅、别墅	四居室 (143m²)
沈河府	17000 元/m²	普通住宅	三居室 (169~214m²) 四居室 (204~322m²) 五居室 (293~322m²)
积水裕沁·听月轩	17000 元/m²	普通住宅、别墅	别墅 (110.5~121.5m²) 三居室 (138.85~253.47m²)
万锦红树湾	11500 元/m²	普通住宅	二居室 (80~125.97m²)
金地艺境	18000 元/m²	普通住宅、商铺	二居室 (86~89m²)
浦江御景湾·三组团	17000 元/m²	普通住宅	二居室 (90m²) 三居室 (99~154m²)
汇置山湖	18000 元/m²	别墅	三居室 (92~109m²) 四居室 (129m²) 五居室 (150m²)
荣盛华府	12500 元/m²	普通住宅	四居室 (140m²)
绿城·沈阳全运村	17000~18000 元/m²	普通住宅、别墅	三居室 (130m²) 四居室 (144~175m²) 六居室 (206m²)
浦江苑御品	12500 元/m²	普通住宅	三居室 (158.18m²)
方迪山庄	50000 元/m²	别墅	四居室 (295m²) 五居室 (402m²)
万科翡翠别墅·有山	170 万元/套	别墅	三居室 (115~230m²)
绿城·映月	13000 元/m²	酒店式公寓	一居室 (51~90m²)
保利·山语墅	尚未公布	普通住宅、别墅、自持物业	别墅 (140~147m²)
天惠国际公寓	9000~12000 元/m²	公寓	一居室 (38~58m²) 二居室 (75m²)
富禹·依云澜汇	13500 元/m²	普通住宅、商铺	二居室 (89m²) 三居室 (106~119m²) 四居室 (146m²)
金辉江山云著	11500 元/m²	普通住宅、别墅	三居室 (115~236m²) 四居室 (328~361m²)
金地檀山	14000 元/m²	普通住宅、别墅、商铺	三居室 (120~136m²) 四居室 (148m²)
招商局大厦	12000 元/m²	公寓、写字楼	一居室 (28~58m²)
亿博隆河谷	15000 元/m²	普通住宅、别墅	二居室 (79.45~84.12m²) 三居室 (99.33~131.26m²) 四居室 (142.86m²)
月星城央华墅	13500 元/m²	普通住宅、写字楼、酒店式公寓、商铺	一居室 (44m²) 二居室 (67.69~87.49m²) 三居室 (120m²)
中海半山华府	16000~20000 元/m²	普通住宅	三居室 (128~135m²) 四居室 (149~155m²)
保利·和光尘樾	15500 元/m²	普通住宅	三居室 (94~125m²) 四居室 (135~160m²)
荣盛锦绣观邸	9700 元/m²	普通住宅	三居室 (113.74m²)
沈阳环球港湾	尚未公布	普通住宅	二居室 (92m²) 三居室 (110~128m²)
华润置地|昭华里	尚未公布	普通住宅、商铺	三居室 (113~133m²) 四居室 (145~165m²)
万科翡翠观澜	尚未公布	普通住宅、商铺	三居室 (125~170m²) 四居室 (170m²)
融创东环御潮府	尚未公布	普通住宅	四居室 (125~141m²)
万象·宸光	10000 元/m²	公寓	一居室 (48~110m²) 二居室 (121~161m²) 三居室 (195m²)
天惠尚居	尚未公布	公寓、商铺	一居室 (49~75m²)
颐盛御山府	尚未公布	普通住宅	三居室 (123m²) 四居室 (133~142m²)

沈北新区			
楼盘名称	价格	物业类型	主力户型
沈阳恒大时代新城	8500~9500 元/m²	普通住宅、商铺	二居室 (82~92m²) 三居室 (97~138m²)
中瑞府	7400~9200 元/m²	高层、洋房	二居室 (84m²) 三居室 (96m²)
太湖·龙府世家	9700 元/m²	普通住宅	二居室 (79m²) 三居室 (94~107m²)
首开·国风尚城	7200~9200 元/m²	洋房、高层	二居室 (85m²) 三居室 (95~115m²)
沈阳富力星月湾	5500 元/m²	别墅	四居室 (128~397.92m²) 五居室 (434.95m²)
融创观澜壹号	12000 元/m²	普通住宅	二居室 (86m²) 三居室 (106~128m²) 四居室 (141m²)
富力盛悦府	7500 元/m²	普通住宅	一居室 (56m²) 二居室 (81m²) 三居室 (83~139m²)
富力院士廷	6900 元/m²	普通住宅、别墅、自住型商品房	三居室 (105m²) 四居室 (129m²)
中海·望京府	12500 元/m²	普通住宅、商铺	二居室 (87m²) 三居室 (105~138m²)
沈阳恒大·绿茵小镇	7288 元/m²	普通住宅	二居室 (89~90m²) 三居室 (107~130m²)
沈阳雅居乐花园	8500 元/m²	普通住宅	三居室 (103~114m²) 四居室 (127~146m²)
首开·如院	9500 元/m²	普通住宅	二居室 (88m²) 三居室 (110~125m²) 四居室 (134m²)
万达盛京 ONE	11000 元/m²	普通住宅、商铺	二居室 (85m²) 三居室 (95~115m²) 四居室 (125m²)
沈阳恒大·国际温泉小镇	6555 元/m²	普通住宅、商铺	一居室 (59m²) 二居室 (78~80m²) 三居室 (86~113m²)
沈北吾悦广场	8600 元/m²	普通住宅、商铺	二居室 (79~109m²)
沈阳恒大汇鑫山庄	9800 元/m²	别墅	四居室 (284.01~285.12m²) 别墅 (183.62~397.32m²)
汇置尚都	10000 元/m²	普通住宅、别墅	二居室 (82m²) 三居室 (92~164m²) 四居室 (133~197m²)
首开·国风润城	6300 元/m²	普通住宅	二居室 (86m²) 三居室 (99~113m²)
万科北宸之光	14000~15000 元/m²	普通住宅	二居室 (81m²) 三居室 (96~123m²)
中金·时代启城	9500~12000 元/m²	高层、洋房	二居室 (80m²) 三居室 (120m²)
龙湖·原府丨揽境	7500 元/m²	普通住宅	二居室 (90m²) 三居室 (98~127m²)
华宇中金河御雅院	8700 元/m²	普通住宅、别墅、商铺	二居室 (87~129m²)
沈北时代广场	8700 元/m²	公寓	一居室 (42.07~60.6m²)
中粮锦云天城	9000 元/m²	普通住宅	二居室 (79m²) 三居室 (96m²)
荣盛坤湖郦舍	8000 元/m²	普通住宅、商铺	二居室 (80.07m²) 三居室 (99.97m²)
越秀岬湖郡	10000 元/m²	普通住宅	四居室 (221.86m²) 五居室 (222.78m²) 六居室 (279.64~454.47m²)
亚泰城	7000 元/m²	普通住宅	一居室 (45.38~56.1m²) 二居室 (59.17~89.03m²)
龙湖·滟澜山丨尘林间	150 万元/套	别墅	别墅 (132~149m²)
碧桂园·莫奈小镇	8500 元/m²	普通住宅、别墅	四居室 (130m²) 五居室 (371m²) 六居室 (424m²)
汇置·尚郡	8000 元/m²	普通住宅	二居室 (85~94m²) 三居室 (131m²)
汇置尚岛	11500 元/m²	普通住宅、别墅、自住型商品房	二居室 (89m²) 三居室 (101~129m²) 四居室 (145~150m²)
中国铁建·御水澜湾	6500 元/m²	普通住宅	三居室 (88~108m²) 四居室 (121m²)

沈北新区			
楼盘名称	价格	物业类型	主力户型
荣盛香缇澜山	8500 元/m²	普通住宅、别墅、商铺	二居室 (63.43~101.02m²) 三居室 (110.86m²) 四居室 (245.52m²)
步阳江南甲第	8500~9400 元/m²	普通住宅、公寓	一居室 (55m²) 二居室 (68~90m²) 三居室 (139m²)
富友雅士居	6700 元/m²	普通住宅	三居室 (102.52~104.75m²) 四居室 (127.94~176.35m²)
阳光城恒联·文澜湾	尚未公布	普通住宅	尚未公布

沈河区			
楼盘名称	价格	物业类型	主力户型
美的·君兰江山	23000 元/m²	普通住宅	二居室 (125m²) 三居室 (180m²) 四居室 (280m²)
富力·国金中心	14500~20000 元/m²	公寓、写字楼	一居室 (80m²) 三居室 (159m²)
越秀星汇云锦	26000 元/m²	普通住宅、商铺	四居室 (182~243m²)
宝能 GFC	36000 元/m²	综合体	四居室 (228~281m²)
万科·大都会	尚未公布	普通住宅	三居室 (140~170m²)
保利天汇	16500 元/m²	普通住宅	三居室 (95~128m²) 四居室 (140~160m²)
金地·艺华年	13500 元/m²	普通住宅	二居室 (85m²) 三居室 (105~132m²) 四居室 (141~157m²)
龙湖·天奕	38000 元/m²	普通住宅	三居室 (170m²) 四居室 (220m²)
五矿·新里	9500 元/m²	公寓	一居室 (37~74m²)
旭辉铂宸府	20000 元/m²	普通住宅	三居室 (118~148m²) 四居室 (168m²)
金地峯汇	26000 元/m²	普通住宅、别墅	三居室 (140m²) 四居室 (168~220m²)
金地·宸颂	18000 元/m²	普通住宅、商铺	四居室 (183~232m²)
中房上东花墅 7.3 期洋房	14500 元/m²	普通住宅	三居室 (117~138m²) 四居室 (143m²)
旭辉宸寓	12000 元/m²	公寓、酒店式公寓	尚未公布
银基观澜庭	33000 元/m²	普通住宅、别墅	别墅 (265~302m²)
五矿·沈河金城	15800 元/m²	普通住宅、酒店式公寓	二居室 (90m²) 三居室 (105~115m²) 四居室 (125m²)
万科东第	尚未公布	普通住宅、公寓、商铺	三居室 (115m²) 四居室 (133m²)
华润置地·润馨汇	尚未公布	综合体	尚未公布
仁恒·公园世纪	尚未公布	普通住宅	尚未公布

皇姑区			
楼盘名称	价格	物业类型	主力户型
美的瀚悦府	12000~17000 元/m²	普通住宅	二居室 (88m²) 三居室 (105~125m²)
美的瀚堂	12500~14500 元/m²	普通住宅、别墅	三居室 (102~122m²) 四居室 (137m²)
万科首府未来城	13000~15000 元/m²	小高层、商业	三居室 (100~120m²)
华润置地·新凯旋	13500 元/m²	普通住宅	二居室 (89m²) 三居室 (120m²)
美的·万山嘉墅	22000 元/m²	别墅	别墅 (171m²)
融创·方林徽府	20000 元/m²	普通住宅、公寓	三居室 (107~115m²) 四居室 (138m²)
华润置地·紫云府·悦里	13500 元/m²	公寓	二居室 (88m²) 三居室 (131m²)
金科·集美天城	12000 元/m²	普通住宅、商铺	三居室 (94~112m²)
郡源·悦城	11500 元/m²	普通住宅、公寓	二居室 (88.33~89.84m²)

皇姑区

楼盘名称	价格	物业类型	主力户型
大都会·公元	13000 元/m²	商铺	一居室 (64m²) 二居室 (82m²)
华润置地·翡翠城·熙府	10500 元/m²	普通住宅	三居室 (122m²) 四居室 (132~152m²)
金昌好房	16000 元/m²	普通住宅	一居室 (41.14~87.95m²) 二居室 103.33~142.53m²)
岐山书苑	26000 元/m²	普通住宅	一居室 (23~33m²) 二居室 (35m²)
荣盛颐和名郡	11000 元/m²	普通住宅、商铺	二居室 (82m²) 三居室 (103m²)
艾格尔·丽晶公馆	12000 元/m²	普通住宅	一居室 (47~54m²) 二居室 (67.45~90.62m²)
华润置地|荣华府	16000~17000 元/m²	普通住宅	三居室 (107~125m²) 四居室 (142~160m²)
融创金地·御璟壹号	尚未公布	普通住宅	尚未公布
龙湖·锦璘原著	13500 元/m²	普通住宅	二居室 (86m²) 三居室 (102~130m²)

和平区

楼盘名称	价格	物业类型	主力户型
方大·长白一品	23000 元/m²	普通住宅、商铺、自持物业	四居室 (168m²)
华润置地·瑞府	28000 元/m²	普通住宅	三居室 (163m²) 四居室 (201~222m²)
万科翡翠滨江	19000~22000 元/m²	普通住宅	三居室 (123~142m²) 四居室 (148~160m²)
沈阳恒大世界城	19500 元/m²	综合体	一居室 (42~52.84m²) 二居室 (62~108.51m²) 三居室 (131~136.19m²)
沈阳恒大天鹅湾	19500~22000 元/m²	高层、别墅	四居室 (105~160m²)
中海和平之门 Ghouse	23000 元/m²	商铺	二居室 (90m²) 三居室 (108~152m²) 四居室 (178m²)
保利茉莉公馆	12000 元/m²	普通住宅、商铺	一居室 (50~58m²) 二居室 (67~81m²) 三居室 (85~107m²)
恒大半岛天境	16888 元/m²	普通住宅、别墅	二居室 (88m²) 三居室 (120~136m²) 四居室 (175~186m²)
九洲御玺	17000 元/m²	普通住宅	四居室 (105~173m²) 五居室 (141~166m²) 六居室 (141m²)
九洲御峯	24000 元/m²	普通住宅	一居室 (35.56m²) 二居室 (55.06m²)
阳光城·和平 101	24000 元/m²	普通住宅、商铺	三居室 (140~180m²) 四居室 (210m²)
华润置地·万象云玺	15500 元/m²	商铺	尚未公布
和泓长白府	14000 元/m²	公寓、商铺	三居室 (109~140m²)
新世界·卓铸	38000 元/m²	普通住宅	四居室 (192~295m²) 五居室 (336m²)
和平上河城	12500 元/m²	普通住宅、商铺	一居室 (44.28~57.42m²) 二居室 (63.7~70.66m²)
积水住宅裕沁府	25000 元/m²	普通住宅	三居室 (134.50m²)
新世界名汇	14500 元/m²	公寓	二居室 (104m²)
碧桂园御品	15900 元/m²	普通住宅	二居室 (85~89m²) 三居室 (105m²)
碧桂园御玺	18500 元/m²	普通住宅	二居室 (87m²) 三居室 (107m²)
中梁华宇学府壹号	18000 元/m²	普通住宅	二居室 (86~105m²) 三居室 (120m²) 四居室 (128m²)
新世界丰盛商务大厦	10500 元/m²	写字楼	尚未公布
华发中东和平首府	20000 元/m²	普通住宅、商铺	尚未公布

于洪区

楼盘名称	价格	物业类型	主力户型
富禹天玺	9200~11000 元/m²	洋房、高层	三居室 (99m²) 四居室 (125m²)
阳光城·翡丽云邸	12500 元/m²	普通住宅、公寓、商铺	二居室 (86m²) 三居室 (100~120m²)
学府美的城	10500 元/m²	普通住宅	尚未公布
美的盛堂	12500~16000 元/m²	普通住宅、别墅	三居室 (105~130m²) 四居室 (140m²)
沈阳恒大西江天悦	8500~8700 元/m²	普通住宅	二居室 (90m²) 三居室 (116~130m²) 四居室 (143m²)
恒大绿洲	5500 元/m²	商铺	二居室 (80~84m²) 三居室 (129m²) 四居室 (138~150m²)
中海城·和颂	11500 元/m²	普通住宅、商铺	二居室 (70m²) 三居室 (75~106m²) 三居室 (151m²)
万科四季花城·大家	16000 元/m²	普通住宅、商铺、自持物业	三居室 (90~120m²)
诺德阅香湖	18000 元/m²	普通住宅、别墅、商铺	别墅 (151~186m²) 三居室 (111~128m²) 四居室 (148m²)
沈阳恒大盛京珺庭	7800 元/m²	普通住宅	二居室 (88m²) 三居室 (104~125m²)
美的城	10500 元/m²	普通住宅	二居室 (77~93m²) 三居室 (96~138m²)
招商·雍景湾	350~450 万元/套	普通住宅、商铺	三居室 (109~172m²)
沈阳恒大悦龙台	8600 元/m²	普通住宅、商铺	二居室 (89.94~91.31m²) 三居室 (115.65~130.71m²)
民安·海逸康城	11000 元/m²	普通住宅、自持型商品房	二居室 (65~98m²)
美的浑河御墅	370 万元/套	普通住宅	尚未公布
碧桂园大城印象	9800 元/m²	普通住宅、自持物业	二居室 (87m²) 三居室 (99~109m²)
碧桂园银河城	13000 元/m²	普通住宅、别墅、商铺	三居室 (78~117.76m²) 四居室 (150~231.76m²)
保利·和光屿湖	17000 元/m²	普通住宅	三居室 (92~122m²) 四居室 (142~159m²)
金科星空之城	6500~7500 元/m²	普通住宅	二居室 (80m²) 三居室 (95m²)
汇置尚樾	11000 元/m²	普通住宅	二居室 (86m²) 三居室 (117~138m²)
龙湖·九里颐和	14000 元/m²	普通住宅、商铺	三居室 (98~118m²) 四居室 (143m²)
保利海德公园	12500 元/m²	普通住宅、商铺	二居室 (85m²) 三居室 (93~117m²) 四居室 (128~150m²)
富禹·依云温泉小镇	5500 元/m²	普通住宅、别墅	二居室 (97.99m²) 三居室 (106.12~109.21m²) 四居室 (188.19m²)
富禹·金科繁梦里	8800 元/m²	普通住宅	二居室 (80m²) 三居室 (95m²)
永同昌·西江月	7299 元/m²	普通住宅	二居室 (85~105m²) 三居室 (102~145m²)
绿地新里罗斯福公馆	10000 元/m²	普通住宅	二居室 (85m²) 三居室 (97~116m²)
旭辉璟宸府	14000 元/m²	普通住宅、商铺	三居室 (95~135m²)
中港城·永安嘉苑	6300 元/m²	普通住宅	二居室 (82.53~87.58m²) 三居室 (107.83~131.19m²) 四居室 (142.47m²)
玉祥明居	12000 元/m²	普通住宅	一居室 (90m²)
宏发英里	6500 元/m²	普通住宅	三居室 (100.67m²)
融公馆	19000~23000 元/m²	普通住宅、别墅	四居室 (190m²) 五居室 (249m²)
富禹·依云蓝湾	9000 元/m²	普通住宅、商铺	三居室 (118~123m²)
碧桂园天汇	尚未公布	普通住宅	二居室 (85m²) 三居室 (95~105m²)

于洪区			
楼盘名称	价格	物业类型	主力户型
世茂云图	8500 元/m²	普通住宅	尚未公布
金地·阅风华	尚未公布	普通住宅	尚未公布

大东区			
楼盘名称	价格	物业类型	主力户型
保利中粮·堂悦	13500 元/m²	普通住宅	三居室 (94m²)
美的·东堂	14500 元/m²	普通住宅、别墅	三居室 (102~122m²)
中南·上悦城	13000 元/m²	普通住宅、商铺	二居室 (71~99m²) 三居室 (103m²)
中梁·金科·玖禧	12000 元/m²	普通住宅、商铺、自住型商品房	二居室 (85m²) 三居室 (100~119m²)
金科新希望·集美东方	11800~14800 元/m²	普通住宅	二居室 (81m²) 三居室 (94~121m²)
旭辉·東宸府	13000~14000 元/m²	普通住宅	二居室 (82m²) 三居室 (102~137m²)
中粮花熙祥云	13500 元/m²	普通住宅	三居室 (98~164m²) 四居室 (167m²)
金地悦城大境	11500 元/m²	普通住宅、商铺	二居室 (115m²) 三居室 (140m²) 四居室 (150m²)
龙之梦畅园	11000 元/m²	普通住宅	二居室 (83.78m²)
新希望金科·锦官天宸	11000~12000 元/m²	普通住宅、商铺	二居室 (83m²) 三居室 (105~129m²)
沈阳富力尚悦居	9500 元/m²	普通住宅、商铺、自持物业	二居室 (72m²)
龙湖中铁建·云璟	15500 元/m²	普通住宅	二居室 (88m²) 三居室 (101~130m²) 四居室 (155m²)

铁西区			
楼盘名称	价格	物业类型	主力户型
富景·学府新城	6500 元/m²	普通住宅	二居室 (71.96~77.68m²) 三居室 (85.94m²)
融创西城宸阅	8500 元/m²	普通住宅	二居室 (75~85m²) 三居室 (95~110m²)
保利·云禧	14000~16500 元/m²	普通住宅、商铺	三居室 (105~130m²) 四居室 (135~150m²)
沈阳恒大林溪郡	7800 元/m²	普通住宅、自持物业	一居室 (60m²) 二居室 (83~90m²) 三居室 (107~122m²)
招商·曦城	11000 元/m²	普通住宅、公寓	二居室 (82m²) 三居室 (95~131m²) 别墅 (125~132m²)
雅居乐·华宇·雅华香颂	10000 元/m²	普通住宅、商铺、自住型商品房	二居室 (83~85m²) 三居室 (88~99m²) 四居室 (118m²)
万科中德国际社区	11500 元/m²	普通住宅、商铺	三居室 (97~117m²) 四居室 (137~165m²)
阳光城·未来悦	14000 元/m²	普通住宅	二居室 (87m²) 三居室 (89~127.43m²) 别墅 (128~139m²)
万科翡翠新都会	14500 元/m²	普通住宅、公寓	三居室 (125~128m²) 四居室 (142m²)
中南旭辉·和樾	12500 元/m²	普通住宅、别墅	三居室 (95m²) 四居室 (128m²)
万科圣丰翡翠之光	19000 元/m²	普通住宅、商铺	三居室 (118~140m²)
富禹·盛京学府	14400~15000 元/m²	普通住宅	三居室 (104m²)
中南·玖熙墅	235 万元/套	普通住宅	四居室 (130m²) 五居室 (147~160m²)
旭辉·雍禾府（盛京墅）	450 万元/套	普通住宅、别墅	四居室 (135~260m²)
万象首府	8200 元/m²	普通住宅	二居室 (72.43~96.19m²) 三居室 (118.69m²)
万科西宸之光	12500 元/m²	普通住宅	三居室 (95~123m²)
阳光城·翡丽公园	11500 元/m²	普通住宅、商铺	二居室 (77~88m²) 三居室 (103m²)

铁西区			
楼盘名称	价格	物业类型	主力户型
华润置地·琨瑜府	20500 元/m²	普通住宅	三居室 (110~153m²) 四居室 (143~170m²)
华润置地·二十四城	13000 元/m²	普通住宅	二居室 (84~118m²) 三居室 (135m²) 四居室 (167m²)
沈阳中南熙悦	11000 元/m²	商铺	尚未公布
宏亚·圣诺园	10000 元/m²	普通住宅、别墅	二居室 (54.33~87.61m²) 三居室 (104.57m²)
沈阳恒大御珑湾	7500 元/m²	普通住宅	尚未公布
龙湖·椿山	17000 元/m²	普通住宅	二居室 (129~113m²) 三居室 (140~150m²)
阳光城·翡丽府	11500 元/m²	普通住宅、公寓、商铺	三居室 (93~95m²) 别墅 (115~132m²)
首创·禧悦大境	22000 元/m²	普通住宅、商铺	三居室 (126~142m²)
中瑞·峰尚公馆	尚未公布	普通住宅	尚未公布
宝时跃墅	13000 元/m²	公寓、商铺	跃层 (41~55m²)
首创禧悦大观	18000 元/m²	普通住宅	三居室 (126~142m²)
荣盛和悦名邸	6500 元/m²	普通住宅、商铺	二居室 (81m²) 三居室 (100~122m²) 四居室 (143m²)
沈阳集美尚景	9800 元/m²	普通住宅	三居室 (99~113m²) 四居室 (124m²)
华润置地·萬象府	14000 元/m²	普通住宅	二居室 (92m²) 三居室 (126m²) 四居室 (178m²)
中恒广场	12000 元/m²	公寓、写字楼、商铺	一居室 (55~64m²)
中南·紫云集	10000 元/m²	普通住宅、商铺	三居室 (121~139m²)
万丽御府	12000 元/m²	普通住宅	三居室 (94~142m²) 四居室 (143m²)
亿茂风华印	18500 元/m²	普通住宅	三居室 (92~115m²)
阳光城招商·时代悦	尚未公布	洋房、普通住宅	二居室（85m²） 三居室（121m²）

苏家屯区			
楼盘名称	价格	物业类型	主力户型
沈阳恒大文化旅游城	8000 元/m²	普通住宅、商铺	一居室 (54.72m²) 二居室 (79.65~94.23m²) 三居室 (84.84~128.18m²)
澳海·云杉赋	6500~8500 元/m²	普通住宅	二居室 (90m²) 三居室 (95~118m²)
孔雀城新京学府	11000 元/m²	普通住宅、别墅	二居室 (83~100m²) 三居室 (188m²) 四居室 (218m²)
泰盈十里锦城	6800 元/m²	普通住宅、别墅	二居室 (85.8m²) 三居室 (116.4m²)
华润置地·公元九里	11000 元/m²	普通住宅	二居室 (87m²) 三居室 (98~127m²) 四居室 (145m²)
万科·明日之光	10500 元/m²	普通住宅	二居室 (83~111m²) 三居室 (146m²)
艾尔·满融公馆	7300 元/m²	普通住宅	二居室 (68m²)
会展壹号	9000 元/m²	普通住宅、自住型商品房	二居室 (59~67m²)
青建明清册	8000 元/m²	别墅	四居室 (228m²)
华府丹郡	8500 元/m²	普通住宅	一居室 (43~51m²) 二居室 (124m²)
碧桂园·九英里	6500 元/m²	普通住宅	二居室 (86m²) 三居室 (114m²)
中粮隆悦祥云	14000 元/m²	普通住宅	二居室 (85~93m²) 三居室 (106~138m²) 四居室 (150m²)
沈阳奥园	6500 元/m²	普通住宅、公寓、别墅、商铺	二居室 (85m²) 三居室 (104.76m²)

苏家屯区			
楼盘名称	价格	物业类型	主力户型
满融首府	8500 元 /m²	普通住宅、商铺	一居室 (59m²) 二居室 (66~80m²) 三居室 (91~98m²)
碧桂园·星樾时代	7200~9600 元 /m²	洋房、小高层、高层	三居室 (105~129m²)
华润置地·静安府	13500 元 /m²	普通住宅	二居室 (88m²) 三居室 (108~132m²) 四居室 (149m²)
澳海·南樾府	10500 元 /m²	普通住宅	二居室 (88m²) 三居室 (106~123m²)

沈抚示范区			
楼盘名称	价格	物业类型	主力户型
沈抚恒大·养生谷	6900 元 /m²	普通住宅、公寓、别墅、商铺	二居室 (93~94m²) 三居室 (138m²)
一方·上河府	12500 元 /m²	普通住宅、别墅	三居室 (103~120m²) 四居室 (143m²)
沈抚恒大生态文化城	尚未公布	普通住宅	二居室 (84~125m²) 三居室 (129m²) 四居室 (147m²)

沈抚示范区			
楼盘名称	价格	物业类型	主力户型
澳海·白沙岛	8800 元 /m²	别墅、洋房	二居室 (约 105m²) 三居室 (约 127m²)
沈抚中南·熙悦	6200 元 /m²	普通住宅、商铺	二居室 (75m²) 三居室 (85~105m²) 四居室 (120m²)
白沙岛金融生态小镇	8000 元 /m²	普通住宅、公寓、别墅、写字楼	二居室 (86m²) 三居室 (99~119m²) 四居室 (139m²)
中金·公元启城	7600~9500 元 /m²	高层、洋房	二居室 (84m²) 三居室 (100m²)
阳光城·翡丽左岸	7100 元 /m²	普通住宅	三居室 (77m²) 四居室 (107m²)
融创·东环|海逸长洲	7000 元 /m²	普通住宅	二居室 (101m²) 二居室 (110m²) 三居室 (131m²)
汇置城	尚未公布	普通住宅	尚未公布
圣丰御景湾	8500 元 /m²	普通住宅	二居室 (75m²) 三居室 (99~120m²) 四居室 (146m²)

典型项目

澳海·白沙岛

沈阳 | 白沙岛 | 沈抚之心 | 全维配套 | 生态大盘

项目地址： 沈阳市浑南区玄菟路与金枫街交会处

开发商： 辽宁白沙岛实业发展有限公司

产品特征： 别墅、洋房

参考价格： 洋房均价8800元/平方米、别墅16000元/平方米

主力户型： 约105平方米三居、约127平方米三居

物业公司： 长城物业

5公里生活配套： 鸟岛、白沙岛生态公园、有轨电车5号线、规划地铁9号线东延线、棋盘山赛特奥莱

专家点评　田天　辽宁省房地产行业协会副会长兼秘书长

澳海·白沙岛创新宽景户型，将全新商业业态与自然生态景观相结合，将城市的商业繁华与一湖碧水清波自然融合；国际高标准规划引入了高端服务业态，正在创造沈阳全新价值洼地，未来浑南城市中心。

扫码观看楼盘详情

项目测评

【战略意义】 白沙岛金融生态小镇位于沈抚示范区白沙岛核心位置，投资总额约150亿元。作为沈抚示范区的重点项目，将打造以4A级景区为基底、金融产业为引擎、幸福产业为配套的"东北亚新金融示范区"。

【市场口碑】 自2019年7月小镇的住宅板块——澳海·白沙岛首开至今，已累计达成超25亿元的销售总额，为2000余组家庭实现安居理想。历经一年多的时间，各期产品多次加推并售罄，已建立红动沈抚的大盘形象。

【区域地段】 自2020年中央正式批复同意设立沈抚改革创新示范区，新区已上升到国家级改革创新示范区的高度。而项目位于示范区的先锋板块——白沙岛内，坐拥浑河、鸟岛等生态资源优势，备受市场瞩目。

【楼栋规划】 项目占地面积约5.2万平方米，绿化率约35%，容积率约1.40，规划总户数692户，规划楼栋19栋，一梯两户，以5/7层洋房和8/9/11层小高层产品为主，打造低密、舒适的生态居所。

【主力户型】 项目主力户型为建面约127平方米三居宽景洋房。约5.8米宽巨幕客厅，南向三面宽空间格局，轩敞设计尽展家主气概。套房式主卧规制，独立衣帽间、卫生间，全功能空间挥洒自如。富于情调的空间设计，为生活增添格调。

【园林景观】 以自然生态与社区温度为思考方向，侧重于未来和共享的交互，让艺术与自然无界相容。通过自然共生、场域再造、生活重构，串联纯林空间中的生活情境动线，营造沉浸式森林体验社区。

【自建配套】 项目以"幸福产业"为配套，打造全生命周期服务，融合文化、旅游、健康、养老、体育、教育等要素于日常生活。立足大健康产业资源优势，打造智慧康养之所；依托白沙湖水系，以网红建筑群拉动特色滨湖商业。

【物业服务】 项目签约的长城物业集团，是中国首批国家一级资质物业服务企业，享"双奥"物管美誉，连续12年荣获"中国物业行业市场化领先企业"，在2019年物业百强企业名单中名列第5名（数据来源于中国指数研究院）。

【交通出行】 项目周边交通路网发达，现有公交386路、有轨电车5号线可抵达项目；规划地铁9号线东延线，占据"白沙河大桥站"与"伯官大街站"两个站点（规划），出行轻松便捷。

【教育资源】 项目周边教育资源丰沛，临近浑南三中、浑南三中附小、东北育才学校、桃源私立高中、七中（在建）、文艺二校（在建）等，并规划自建九年一贯制重点学校，塑造浓郁书香门第文化氛围，以优渥学府资源启蒙孩童成长。

碧桂园·星樾时代

沈阳 | 碧桂园 | 浑河南岸 | 中央大街 | 学府洋房

项目地址：
沈阳市苏家屯区金钱松西路与瑰香北街交叉路口往西北约200米

开发商：
沈阳碧成房地产开发有限公司

产品特征：
洋房、小高层、高层

参考价格：
洋房9600元/平方米、小高层8400元/平方米、高层7200元/平方米

主力户型：
约105平方米三居、约129平方米三居

物业公司：
碧桂园物业

5公里生活配套：
苏宁易购、大润发、浑河西峡谷、沈水幸福公园、沈水见学公园、细河U谷公园、英伦公园

专家点评

田天·辽宁省房地产行业协会副会长兼秘书长——

国家品牌房企，服务沈阳发展，迈向城市西部，引入城市资源。户型实用贴心，价格不用高攀，是为该地区居民量身建设的全新宜居阳光生活住区，带动当地居住水平的提升。

扫码观看楼盘详情

项目测评

【战略意义】
碧桂园位列2020年《财富》世界500强企业中全球房企第一名，中国500强房地产行业第一名。28年品牌筑城，以客户体验及时代人居升级需求为初心，走访海量客户样本，历经多维研判，重金研发全新"星系"产品，将城市资源与产品特质有机相融，打造前所未有的当代优居。

【区域地段】
项目位于浑河西段，在一河两岸的城市发展规划中，属沈水板块国家级产业新城融合示范区，处于苏家屯、铁西经开区及于洪新城板块三区交会的核心位置，同时紧邻三环，前往市区交通便利。

【楼栋规划】
小区占地面积约6万平方米，规划总户数1060户，包含5栋洋房、4栋小高层和5栋高层。其中洋房楼高7层，一梯一户。高层楼高28层，一梯两户。近百米的楼间距提高每个居室的采光度和私密性。

【主力户型】
碧桂园·星樾时代匠心打造建筑面积约129平方米宽景洋房，一梯一户，双玄关设计，归家即享受仪式感；6.6米高的大开敞空间，为生活带来了更多想象空间。约13.2米大面宽，以通风采光俱佳的尺度，成就一方自在天地。

【园林景观】
碧桂园·星樾时代项目容积率不高于2.0，规划以小高层及洋房为主。大面积的园林空间将成为居住的"天然氧吧"，同时园区也将设置健康环形跑道、儿童游乐天地、会客厅、休闲广场等，打造"微度假"的归家生活场景。

【物业服务】
社区物业为碧桂园自持，在2020年中指研究院发布的中国物业服务百强排行榜中位列第一名，被广大业主所认可，其2~2.5元/平方米每月的物业费堪称质优价廉。

【交通出行】
楼盘周边交通线路发达。2020年6月中央大街跨浑河桥正式开通，从项目开车直达铁西、于洪，出门即是v115、v118公交车站，同时未来规划建设地铁14、15号线，畅享便捷交通。

【教育资源】
项目于2020年10月27日签约双学区，沈水板块翘首以待的学校资源稳稳落地。减少上学的时间成本、守护孩子安全，并为区域新增了可观的入学名额；在基础教育资源强力提升的同时，提高板块人居价值。

【购物娱乐】
以住宅为中心、享受6公里范围的品质商圈，苏宁小镇、杉杉奥莱在建，集金融+科技+文创+商业等多重产业链组合；出门即享项目自建星光天街，周边还有永辉超市、迪卡侬、大润发超市、苏宁广场等多个商超聚集。

【独有特色】
碧桂园·星樾时代作为碧桂园2020年首个星系作品，北邻浑河绿化生态带，南接沈水产业新城，项目具有全新星系、科技社区、双学府、公园环绕、宽景洋房、全明户型、中央大街旁、浑河南、宜居之境等特色。

富禹天玺

沈阳 | 富禹 | 怒江北街 | 低密洋房 | 品质社区

项目地址：
沈阳市于洪区怒江北街与正良四路交会处西行 200 米处

开发商：
沈阳万鹏房地产开发有限公司

产品特征：
洋房、高层

参考价格：
洋房 11000 元/平方米、高层均价 9200 元/平方米

主力户型：
约 99 平方米三居、约 125 平方米四居

物业公司：
富禹万鹏物业

5 公里生活配套：
道义商圈、自建双校、蒲河生态景观带、盛京医院雍森医院、地铁 2 号线航空航天大学站、规划地铁 8 号线、182 路及 121 路等公交线路

专家点评 兰玉婷·乐居沈阳主编

富禹地产 2020 年继续「北上」深耕，在沈阳北部打造更懂沈阳人居住需求的好房子，针对北部改善人群推出宽景高层、低密洋房，并自建双学府，约 2.5 万平方米体育公园等高品质生活配套，提升了沈阳北部的住房品质。

扫码观看楼盘详情

项目测评

【战略意义】
富禹地产深耕沈城 16 载，2020 年再启新程，以信心进驻、以匠心唤醒怒江北街。富禹天玺的面世，标志着富禹地产全面升级进入 2.0 时代，凭借过硬的产品和本土企业扎实的服务，为盛京繁华万象贡献城市建造者的匠心和坚守。

【市场口碑】
自 2020 年 10 月富禹天玺开盘至今，已为众多家庭实现安居理想。主力户型产品供不应求，加推即售罄，用实力演绎北部热盘形象。

【区域地段】
随着沈阳版图的不断扩张，越来越多人对城市北部心生向往，怒江北街无疑是沈阳北部目前炙手可热的板块。矗立怒江北街、正良四路交汇处的富禹天玺如同区域的"天选之子"，雄踞板块核心，进取繁华，退享通达。

【楼栋规划】
共规划 53 栋楼宇，2320 户。其中规划小高层 20 栋，洋房 24 栋，配套公建 9 栋，项目低密布局，最高楼层仅 18 层。整体楼栋南北格局分布，南低北高，采光、通风、环境、视野俱佳，缔造真正的宽景视野与舒畅生活。

【主力户型】
项目主力户型为建面约 99 平方米三居两卫宽景高层。户型方正，功能分区合理，大面积赠送，采光通风良好。套房式主卧规制，独立衣帽间、卫生间，全功能空间挥洒自如。

【园林景观】
项目全园立体景观呈现，拥有五重景观体系，以生态高绿量打造绿色生态健康的居住环境、四季宜人的植物景观。园区植物选择多种乔木、亚乔木、灌木、果树、地被和花卉，结合微地形、小品等，营造优美舒适的园林氛围。

【自建配套】
项目自身打造 2.5 万平方米体育公园，相当于近三个足球场大小，涵盖足球场、网球场、室内篮球馆、环形跑道、戏水乐园等，可以为业主及家人提供茶余饭后休闲散步运动的场所，打造健康的运动生活。

【物业服务】
项目物业为富禹地产自持物业，始终坚持全心全意为业主服务的宗旨，为业主提供专属贴心的服务。富禹物业把服务做到尽善尽美，让业主居住在园区内既能享受舒适、温馨的居住环境，又能体会专属、贴心的物业服务。

【交通出行】
近享地铁 8 号线（规划中）、9 号线延长线（规划中）、地铁 2 号线（已运营）。同时周边拥有 182 路、121 路、191 路支等 3 条公交线路，北向直达沈北路，南向车行约 3 公里即直达三环。多维立体交通路网，使出行更加方便。

【教育资源】
富禹地产斥巨资打造片区内优质的教育资源，自建双名校（小学及初中）以及 12 班制的幼儿园，一站式教育服务为业主省去了接送孩子上学的烦恼。

首开·国风尚城

沈阳　首开地产　千亿国企　低密大盘　景观住区

项目地址：
沈阳市沈北新区蒲田路 22 号

开发商：
沈阳首开京泰置业有限公司

产品特征：
洋房、高层

参考价格：
洋房均价 9200 元 / 平方米、高层均价 7200 元 / 平方米

主力户型：
约 85 平方米两居，约 95、115 平方米三居

物业公司：
首开物业

5 公里生活配套：
地铁 2 号线北延线、规划地铁 12 号线、方特欢乐世界、尚柏奥莱、吾悦广场、盛京医院沈北院区、积家购物中心、华润万家超市、福瑞佳商场、雨田实验学校、沈北大学城

专家点评　于岳雅·新峰地产＆房谱沈阳公司副总经理

首开·国风尚城，占据环蒲板块价值潜力地段，项目容积率2.0，以洋房为主，打造区域内低密宜居住区。园林景观设计以蒲河为灵感，形成一轴三环两组团的景观布局，为业主营造移步异景，自然环抱的惬意生活。

项目测评

【战略意义】
首开地产进入沈北多年，凭借 40 年开发经验，在环蒲板块打造低密度居住社区，与首开·国风润城、首开·如院三盘联动，实现沈北新区正良、道义、虎石台三大核心居住区的布局，以品质彰显首开地产品牌实力。

【市场口碑】
2020 年 8 月外展正式开放，周均咨询量超 5000。10 月 25 日首次开盘，2 小时 225 席售罄，10 月 31 日加推去化率高达 90%；岁尾淡市期间，项目多次补货新品，每每罄尽。凭借国企声望、匠心品质与阔境户型赢得置业者的尊重与认可。

【区域地段】
项目处于沈北新区环蒲板块，交通有地铁 2 号线北延线与多条公交，商业有正良、吾悦、奥莱三大商圈，教育有南京一校沈北分校、南昌中学沈北校区及多项学区规划，医疗有盛京医院沈北院区，已是成熟且优质的置业区域。

【楼栋规划】
项目整体规划洋房及高层 48 栋，共 3124 户，其中高层 16 栋，洋房 32 栋。另外更规划了 6 层纯正洋房产品，楼栋错落排布、视野通达，均为一梯两户，上下从容通达。

【主力户型】
高层主力户型建筑面积约 85 平方米两室，格局方正、空间通透；95 平方米三室，南向三面宽，方正通透，动静分区，主卧舒朗，卫生间干湿分离，将户型功能性发挥到更高层次。洋房主力户型约 115 平方米，南向近 11 米开间，充分吸纳冬日暖阳兼得开阔视野，主卧套房私密。

【园林景观】
园区整体打造了"一轴三环两组团"的景观布局，总绿化面积高达 12.5 万平方米；园区内创造更具功能性的综合娱乐区、休闲放松区、运动康体区、室外会客区，"水之欢悦""蒲草柔语""林之秘境"，以自然元素营造公园式居住环境。

【自建配套】
项目自建约 13000 平方米环形商业街，在园区外部环形分布各式店面，距业主居所平均直线距离仅 200 米左右，全业态立体化构建尚城业主配套服务圈，满足日常生活所需。项目于东南角自建 3800 平方米高标准幼儿园。

【交通出行】
项目坐享双地铁配套，12 号线方特东站及 2 号线蒲田路站近在咫尺；157 路、236 路等多条公交可达城市核心，其中 157 路可达中街及五爱市场，236 路可达北行及沈阳北站，更有 191 路、192 路可直达正良及沈阳师范大学；项目毗邻七星大街、道义大街，北侧四环快速路，自驾畅通无阻。

【品牌描述】
首开集团，千亿上市国企，立足北京，40 载布局全国 33 城。参与故宫修缮、双奥场馆建设，勇担城市"复兴官"。位列 2020 年《财富》杂志"中国企业 500 强"，中国房地产开发企业 100 强。

【购物娱乐】
项目商业配套日趋完善，尚柏奥莱、迪卡侬运动专业超市近在咫尺；14 万平方米吾悦广场预计年内开业，万达广场快速建设中，麦德龙超市即将进驻；5 公里生活半径之内，积家购物中心、福瑞佳商场、华润万家超市、华强商业广场等大型商业集聚。

万科首府未来城

沈阳 | 万科地产 | 双学校旁 | 交通便利 | 综合住区

项目地址：
沈阳市皇姑区鸭绿江北街 77 号

开发商：
沈阳万科宸南置业有限公司

产品特征：
小高层、商业

参考价格：
小高层均价 15000 元/平方米、商业 13000~15000 元/平方米

主力户型：
约 100 平方米三居、约 120 平方米三居

物业公司：
万科物业

5 公里生活配套：
自建商业、C6 未来坊、科创商街、地铁六号线（建设中）、宁山路小学（暂定名，建设中）、43 中学未来校区（建设中）

扫码观看楼盘详情

专家点评 于岳雅·新峰地产＆房谱沈阳公司副总经理

万科首府未来城，以「智慧云·生态圈·共同城」为愿景，打造万科全新未来系旗舰作品。整体规划为两轴、四中心、六组团，依托TOD模式，发力科创、商业、教育三大领域，通过场景升级，构建住产商协调共生的智慧生活特区。

项目测评

【战略意义】
万科首府未来城作为沈阳首个产城融合示范项目，站位城市发展高度，建设约 70 万平方米综合住区，以 9 年优质学校、科创产业、地铁交通、头部商业打造五大中心；落位北部区域首个未来系产品，打造"皇姑新中心，沈阳 TBD"。

【市场口碑】
2020 年 6 月，项目加推 11 栋住宅，共计 864 套，当月去化 697 套，单月热销 11 亿元，去化率 80%。践行"好产品""好服务"的客户价值主张，广受业主好评。

【区域地段】
万科首府未来城择址首府新区板块。首府新区是皇姑区八大功能区之一，发展潜力较大。地处二环与三环之间，是大东、沈河、沈北新区等多个区域和板块的连接节点，区位优势明显；不仅是皇姑区重点发展的区域，也是沈阳重点发展的中心城区。

【楼栋规划】
小区占地面积约 33 万平方米，容积率 2.1；包含 71 栋小高层，整体分六期开发。高层 16 层/18 层，一梯两户。项目精装修交付，为业主节省装修成本。

【主力户型】
万科首府未来城主力户型为建面约 100 平方米经典小三室，布局方正。门口设置玄关，保证整体私密性；双南卧设计，尽享充足阳光，提高居室的舒适度；卫生间干湿分离设计，提高使用便捷性。

【自建配套】
自建商业引入麦当劳、24 小时便利店等商业规划；自建 C6 未来坊，科创商街中引入华为、海尔、喜马拉雅、大疆等 9 大科技企业，打造沈阳首个科创商街。学校方面，签约宁山路小学、43 中学未来校区双重点学校。

【交通出行】
临近地铁六号线西窑站（在建中），整体贯穿中街、三好街、南塔、长白四大商圈；281、113、398 路公交车可到达铁西、大东、沈河等区域。项目由鸭绿江街向南可快速接驳二环及南北快速干道，到达城市各个区域。

【教育资源】
项目当前规划学区为宁山路小学和 43 中学未来校区。宁山路小学区级以上骨干教师 122 人，没有一个外聘教师，很好保证了师资的纯正和优质；43 中学在全市五区的排名中名列前茅，师资力量雄厚。

【拿地详情】
项目土地于 2019 年 1 月 30 日年获取，占地面积 33 万平方米，计容建面 70 万平方米，容积率 2.1。项目楼面价格 3950 元/平方米。项目将以"智慧云·生态圈·共同城"为基石与愿景，引入阿里云、微软及海尔三大产业 IP，带动区域产业升级。

【销售数据】
万科首府未来城项目在 2020 年以销售备案金额 32.20 亿元荣登沈阳市普通住宅成交榜榜首。沈阳万科不负业主厚爱，扎根于首府新区沈阳核心发展区域，基于五大中心，不断探索着未来人居理想蓝图。

阳光城招商·时代悦

沈阳 | 阳光城&招商 | 铁西主城 | 公园地产 | 低密园区

项目地址：
沈阳市铁西区肇工街与未来悦北向规划路交会处

开发商：
沈阳光勋恒荣房地产开发有限公司 & 阳光城集团 & 招商蛇口

产品特征：
洋房、普通住宅

参考价格：
尚未公布

主力户型：
约85平方米两居、约121平方米三居

物业公司：
招商局物业

5公里生活配套：
劳动公园、森林公园、仙女湖公园、铁西广场、沈辽路万达、于洪广场

专家点评
兰玉婷·乐居沈阳主编

阳光城招商·时代悦是阳光城在铁西打造的第三个悦系产品，传承昔日荣耀之地工人村的人文精神，在主城区的成熟生活配套之上，焕新城市建筑风貌，也为铁西主城区带来高品质住宅的优质选择。

扫码观看楼盘详情

项目测评

【战略意义】
阳光城招商·时代悦作为阳光城在铁西第三个悦系产品，延续未来悦红盘之势，继续打造铁西精工产品。作为沈阳市老工业基地、重点发展老城区之一，时代悦所在的工人村是见证了共和国腾飞的重要板块。

【区域地段】
阳光城招商·时代悦隶属于建大南的工人村板块，被称为中央生活居住区，宜居属性较高。阳光城首个进驻后，金地、首创、龙湖、亿茂等知名房企，以高出阳光城1000~3000元/平方米的楼面价陆续获取土地，板块价值短期内迅猛飞升。

【楼栋规划】
阳光城招商·时代悦占地面积约2.76万平方米，规划总户数440户，包含两栋洋房、3栋高层和1栋小高层，整体楼栋设计由西向东依次递进。其中洋房楼高8层，一梯两户；高层楼高20/27层，一梯两户；小高层20层，一梯两户。

【主力户型】
阳光城招商·时代悦主力户型为建筑面积121平方米三居改善户型，整体布局颇为方正。其中南向双卧室呈双耳形态分布客厅两侧，餐厨客一体式设计。约14平方米不计入产权面积，在增加得房率的同时，提高居室的舒适度。

【物业服务】
阳光城招商·时代悦社区物业为招商蛇口自持物业公司，是香港招商局集团旗下，以招商局地产为母体的上市公司成员企业，拥有国家一级物业管理企业资质。

【交通出行】
阳光城招商·时代悦临建设大路、沈辽路、保工街、重工二环路，顺达全城。1公里范围内有26条公交线路，出入便捷；2公里范围内启工作站、沈辽路双地铁站覆盖。

【教育资源】
阳光城招商·时代悦周边规划教育用地一宗，同时板块内还有53中学、36中学、清乐围棋中学、工人村二小、启工三校等教育资源，其中清乐围棋中学在区域内拥有一定口碑和知名度。

【医疗配套】
阳光城招商·时代悦地处铁西主场区，项目周边医疗配套完善，包括沈阳市第九人民医院、沈阳市第五人民医院、沈阳医学院附属医院等。

【拿地详情】
2020年7月，阳光城集团以4.38亿元竞得铁西区功勋北（南）居住用地，楼面价8340元/平方米，地块占地2.76万平方米，容积率1.9；目前项目整体已经规划完成，包括洋房和小高层，预计2021年4月入市。

【品牌描述】
阳光城集团是2020年《财富》世界500强企业，阳光控股公司旗下房地产企业在全国100城匠心筑就300个精品项目。招商蛇口是百年央企招商局集团旗下城市综合开发运营板块的旗舰企业，布局超110个城市，精品铸就近500个项目。

中金·公元启城

沈阳 | 中金地产 | 品质住宅 | 低密洋房 | 和平名校

项目地址：
抚顺市望花区沈抚新城滨河路

开发商：
辽宁东旭置业有限公司

产品特征：
高层、洋房

参考价格：
高层均价 7600 元 / 平方米、洋房 9500 元 / 平方米

主力户型：
84 平方米两居、100 平方米三居

物业公司：
中金物业

5 公里生活配套：
生命之环、金风湾大湖公园、有轨电车 5 号线、沈阳地铁 9 号线延长线、爱琴海购物公园、红星美凯龙、麦当劳、自建 3 万平方米大型商铺

专家点评 于岳雅·新峰地产 & 房谱沈阳公司副总经理

中金·公元启城，是本土实力房企嘉城集团在辽沈的又一力作，项目位于沈抚改革创新示范区核心板块内，规划东方禅意园林景观，为生活配套日渐完善、区域价值日益凸显的沈抚改革创新示范区再添一座新中式品质住区。

扫码观看楼盘详情

项目测评

【战略意义】
以品质树立市场口碑，以服务奠定市场信誉，以诚信营造社会效益。嘉城集团先后走进沈阳、沈抚新区、本溪、大连、重庆等地，以造城之势布局全国，通过空间规划进行城市优化配置，彰显品牌城市资源整合运营力。

【市场口碑】
从 2020 年 9 月中金·公元启城开盘，到 2020 年年末，项目累计销售额达到 10 亿元，成为沈抚示范区家喻户晓的销售红盘。主力户型产品供不应求，开盘当月销售额达 6 亿元，售楼处到访过万人。

【区域地段】
沈抚新区成为创新示范区后，人口积量已达到 40 万人。未来沈抚新区将打造为 15 分钟车程内的生活、工作、娱乐、养老便利圈。

【楼栋规划】
中金·公元启城整体分为三个地块，属于"城"系产品，共规划 32 栋住宅，3392 户。其中樾府总规划 23 栋（13 栋洋房 +10 栋高层），悦湖总规划 4 栋高层，悦河总规划 4 栋高层。

【主力户型】
项目主力户型为约 84 平方米大两居观景高层及 100 平方米亲湖洋房，整体户型方正，功能分区合理，大面积赠送，采光通风良好，南向三面宽让业主充分享受宽景向阳生活。套房式主卧规制，独立衣帽间、卫生间，全功能空间使用更为便捷。

【园林景观】
项目斥巨资打造既有东方园林的华贵，又有现代文化艺术典雅的大型中式花园园区。园区以皇家五进规制为主景观轴，配以自然的精品绿植，尽显古典皇家园林大美之处。

【自建配套】
自建 3.2 万平方米大型商业综合体，打造集社区商业、轻装饰、教育、餐饮于一体的核心商业新区。同时紧邻沈抚大道的樾府组团商业，规划运营婚宴一体化主题商街，很好地完善了沈抚示范区的商业体系。

【物业服务】
中金地产旗下的"中金物业"为园区业主服务，以双优服务理念，为业主贴心护航。同时采纳凯莱酒店星级服务标准，定制管家级服务礼遇。

【交通出行】
有轨电车 5 号线中金·公元启城站距离本案不到 50 米，公交巴士线路多达 6 条。规划中的沈阳地铁 9 号线也会延至沈抚示范区，未来还将开通沈抚高铁。四通八达的立体式交通网络及多元化交通工具，整体构建沈抚示范区半小时生活圈。

【教育资源】
项目拥有优质的名校教育资源，重点引进的南京一校和南昌中学是项目直接对口的重点学校，也是目前在沈抚新区教育配套中重量级的双名校。未来项目更会自主建设中科院公立幼儿园，为园区业主提供全程无忧教学体系。

中金·时代启城

沈阳 | 中金地产 | 沈北核心 | 政商中轴 | 学府大宅

项目地址：
沈阳市沈北七星大街与蒲新路交叉路口往东南约150米

开发商：
辽宁中金地产开发有限公司

产品特征：
高层、洋房

参考价格：
高层均价9500元/平方米、洋房12000元/平方米

主力户型：
约80平方米两居、约120平方米三居

物业公司：
中金物业

5公里生活配套：
多条公交线路、地铁12号线（远期规划）、沈北万达广场、尚栢奥莱、盛京医院沈北分院、千禧城市公园、沈北政务服务中心、双五星公立幼儿园、沈阳七中、朝阳一校

专家点评 于岳雅·新峰地产&房谱沈阳公司副总经理

中金·时代启城，2020年沈阳热点楼盘，大体量、百万级大盘，产品线丰富，生活配套齐全，整体打造全龄化高端宜居社区。项目配套七中、朝阳一校双优学府，为产品力加分不少。

扫码观看楼盘详情

项目测评

【市场口碑】
中金·时代启城荣登沈城年度商品房销售套数榜首（数据来源：房谱地产大数据中心），做到了"每到访8组客户，就有1组成为中金业主"，体现了中金地产高效的整合运营能力以及客户对大盘成长性的认可。

【区域地段】
项目所在位置由北部浦新路、南部沈北路、西部七星大街、东部孝汉东二街围合，居于沈北中心，是政府大力发展的核心区域，享有完善的综合配套设施；不仅是未来发展潜力的黄金中心，更是居住的卓越位置。

【楼栋规划】
项目在售二期总占地118224平方米，总建筑面积322516平方米，有10栋21~27层高层、21栋5~6层奢居洋房。可售住宅共规划1964户，户型面积区间为82~120平方米，产品线完备。

【园林景观】
享有35%绿化率、1.8容积率，运用一环、四巷、五进、多节点造园手法，以1200米长健康运动环，结合"春华""夏荷""秋影""冬青"四大主题巷道景观，再现五重尊荣归家礼序；以志士求学之路、九大景观节点承载人文精神。

【物业服务】
自持中金物业，为全体业主服务，提供管家式的贴心关怀。12小时保洁，24小时保安，360度无死角的摄像头离线式巡更系统、楼宇访问对讲系统、访客智能识别系统，保障安全与私密，让业主拥有更好的生活环境。

【交通出行】
享多维立体交通网络，邻近多条公交路线，3公里到达辽宁大学地铁站、地铁11号线蒲河路站（规划中）；通达沈北路、孝信街、七星大街，无缝连接丹阜、沈康、京哈高速，路网发达，8公里可达沈阳新北站。

【教育资源】
针对3~16岁学龄儿童，引进省政府机关幼儿园、朝阳一校、沈阳七中等一流公立名校，提供12年一站式教育资源配套。公立办校以教材权威、收费合理、师资力量强大三大特点，为小业主提供完善优质的学习条件。

【医疗配套】
步行3公里即达盛京医院沈北分院，是集医疗、教育、科研、预防、保健、康复，六位一体的综合性三甲医院；同时，自建大型三级中医医院——辽宁中医悦禾医院，为业主提供健康服务，保障家人健康。

【购物娱乐】
坐拥七星大街、道义、蒲河、虎石台、皇姑首府新区五大商圈，沈北万达广场距离本项目仅有1.5公里，尽享各大品牌大型商业。项目内部自建6万平方米的商业街区——嘻街和七星里，一站式繁华配套，满足生活所需。

【设计风格】
新中式风格建筑，审美与技艺相融合。30~95米楼间距，保证通风采光。浅米色外立面、耐酸耐腐涂料、深棕色真石漆及石材，美观耐用；框架减力墙，安全抗震；外挂保温防燃苯板，三玻两空塑钢窗，保温隔热抗噪，性能卓越。

中瑞府

沈阳 | 中瑞鼎峰 | 瑞典精工 | 蒲河岸畔 | 红砖洋房

项目地址：
沈阳市沈北新区孝汉北街7号

开发商：
沈阳鼎峰瑞置房地产开发有限公司

产品特征：
高层、洋房

参考价格：
高层均价7400元/平方米、洋房均价9200元/平方米

主力户型：
约84平方米两居、约96平方米三居

物业公司：
沈阳万科物业

5公里生活配套：
地铁2号线、尚柏奥莱、雨田实验中学、盛京医院沈北分院、方特欢乐世界

专家点评

于岳雅·新峰地产&房谱沈阳公司副总经理

中瑞府，项目整体规划高层、小高层、多层洋房等产品，东侧、西南侧沿街商业，北侧设置步入式小区大堂。同时沿街商业将小区内部花园与城市道路隔离开，有效规避噪声干扰，有效实现动静分离。

扫码观看楼盘详情

项目测评

【战略意义】
2015年中瑞鼎峰进驻沈阳，5年时间先后开发3个项目，引进瑞典低碳环保理念。中瑞府是中瑞鼎峰在沈阳打造的第3个项目，位于沈北新区，是继北欧云著、峰尚公馆后，深耕沈阳的又一升级力作。

【区域地段】
沈北新区拥有强大的可持续发展动力，这里拥有高端制造业、手机制造业及光电信息产业、食品加工及生物产业三大产业集群，吸附大量人口来此就业、置业。产业发展将带动区域人居的进一步发展。

【楼栋规划】
项目整体规划12栋高层住宅、2栋小高层、21栋多层洋房，以及东侧、西南侧沿街商业，共计28.90万平方米；项目北侧设置步入式小区大堂。地上地下双入户大堂设计，提升了业主的安全感和幸福感。

【主力户型】
高层约96平方米户型，三室两厅一卫，优点是三个南向面宽，属于南北通透的经典三室户型设计；双向南阳台设计，附加值更高。

【园林景观】
不少于35%的绿化率和2.0的容积率，为小区园林规划提供了充足空间。社区配备专业园林栽培养护团队，使社区从开放伊始就保持郁郁葱葱的舒适园林景观。

【自建配套】
规划商业总面积14155平方米（含1000平方米菜市场），西南侧设置纯人行商业街，东侧为沿街商业，打造一站式商业服务社区。在园区西南角规划设置幼儿园，此外还有居家养老用房、社区医疗、社区公共用房等配套服务功能。

【物业服务】
社区物业为沈阳万科物业。沈阳万科物业致力于让更多用户体验物业服务之美好，围绕业主不动产保值增值提供全生命周期服务。

【交通出行】
项目处于"三横三纵"的交通网络之中（三横：四环、蒲河路、三环，三纵：陵园北街、七星大街、道义北大街）。项目向南步行可到达蒲河路（连接道义大街和七星大街），开车沿陵园北街向南6公里车程可到达沈阳绕城高速。

【教育资源】
小区周边教育资源丰沛，已陆续引进了沈阳七中、朝阳一校等名校分校的优质教育资源，同时另有雨田实验中学等私立名校，大大优化了区域教育资源布局。学府文脉涵养区域，也为区域的发展与优化提供了动力。

【医疗配套】
盛京医院沈北分院距离项目约4公里，是集医疗、科研、教学、预防、保健、康复和急救于一体的综合性现代化大学附属医院，2016年投入使用，也是沈北唯一一家三甲医院、东北较大的康复中心。

中旅·万科城

| 沈阳 | 万科 | 地铁沿线 | 大盘配套 | 品质洋房 |

项目地址：
沈阳市浑南区双园路36号赛特奥莱旁

产品特征：
洋房

项目规划：
占地面积：101.8万平方米；容积率：1.04；目前开发7186户

主力户型：
约79~85平方米二居、约96~150平方米三居

参考价格：
期房12500元/平方米

入选理由

2020年度沈阳洋房销售面积、金额、套数三项第一名。

根据新峰地产大数据2020年统计数据显示，中旅·万科城年销售面积为15.16万平方米，销售金额为17.72亿元，销售套数1548套，均为沈阳2020年度洋房销售面积、金额、套数三项第一名。

核心优势：

中旅·万科城，棋盘山百万平方米梦想大城，紧邻地铁1号线（在建）中水街站、伯官大街站，临近赛特奥莱、沈阳市中科实验学校。园区内小镇中心更配置有亲子游乐、便民超市、特色餐饮等丰富业态。在售产品为建筑面积约79~150平方米万科装修洋房，多种面积段户型，涵盖全家庭居住所需。依托棋盘山天然高低起伏的地貌，中旅·万科城沿着原生台地逐级上抬。大面积的水景搭配定制级雕塑、法式宫殿的穹顶观景亭。层层台地之上，洋房建筑高低错落。创新户型格局，将空间价值大面积延展，为居者提供更多理想生活方式。

沈阳恒大时代新城

| 沈阳 | 恒大 | 交通便利 | 学府环伺 | 智慧社区 |

项目地址：
沈阳市沈北新区蒲田路与地坤湖街交叉路口东南侧

物业类型：
普通住宅、商铺

项目规划：
占地面积：47000平方米；容积率：2.0；总户数：4618户

主力户型：
约82~92平方米二居、约97~138平方米三居

参考价格：
高层均价8500元/平方米、洋房9500元/平方米

入选理由

2020年沈阳年度新房销售面积、套数第一名。

根据新峰地产大数据2020年统计数据显示，项目年销售面积为26.42万平方米；根据瑞达思RDAS云数据2020年统计数据显示，项目年销售套数为2604套，斩获沈阳2020年度新房销售面积、套数第一名。

核心优势：

沈阳恒大时代新城为恒大旅游集团倾力打造，项目是东北典型的高端新中式产品，地处沈阳市沈北核心腹地，立体交通多维出行。蒲河岸境，天然跑道，享受富氧人生。项目承袭古典园林精髓，匠筑新中式双湖园林景观，精筑十二处古韵盛景，打造一线临湖景观；自建3100平方米全功能会所，内含私家会客厅、恒温游泳池、桌球馆、乒乓球室等18个功能厅，丰盈生活韵味；地坤湖、天乾湖、人杰湖、和平公园、地坤湖公园、七星公园，打造"湖居生态社区"。项目近邻方特欢乐世界，可享受缤纷趣味乐园。

富力·国金中心

| 沈阳 | 富力 | 交通便利 | 智能奢装 | 0环豪宅 |

项目地址：
沈阳市沈河区友好街7号（惠工广场旁）

产品特征：
公寓、写字楼

项目规划：
建筑用地面积29250.1平方米；容积率：10；总户数：公寓部分766户、写字间464户

主力户型：
约80平方米一居、约159平方米三居

参考价格：
公寓17000~20000元/平方米、写字间14500元/平方米

入选理由 兰玉婷·乐居沈阳主编

富力·国金中心是富力集团辽宁公司的一项力作。项目占据沈阳北站CBD的优势区位，立足城市优势资源之上，轨道交通系统完善、七大商圈环抱、金融名企群聚，在高端住宅重新回归城市中心的当下，成为财智阶层的优质选择。

核心优势：
沈阳富力·国金中心落于沈河区CBD商务核心区，是集公寓、写字楼、商业于一体的高端商务综合体，紧邻东北核心交通枢纽沈阳北站，毗邻客运总站，未来沈阳金融商贸开发区将形成以北京为核心的2.5小时经济圈，引领东北经济快速发展。项目周围汇集多所金融机构、行政机构、医院、学校，享有城市商业、生活、交通等成熟配套。

星河湾

| 沈阳 | 星河湾 | 匠心品质 | 精工大宅 | 水韵园林 |

项目地址：
沈阳市浑南区智慧大街与白塔河二路交叉口东南200米

物业类型：
普通住宅

项目规划：
占地面积：40692.43平方米；容积率：3.6；总户数：600户（在售三期）

主力户型：
约215平方米四居、约258平方米五居

参考价格：
22000元/平方米

入选理由 兰玉婷·乐居沈阳主编

精益求精地研磨产品的沈阳星河湾，打造超越想象的千平方米住宅，刷新沈阳大面积豪装产品的相关标准。2020年沈阳星河湾全新三期产品面世，以设计、功能、空间等多维度的突破和创新，赢得高净值人群的青睐。

核心优势：
沈阳星河湾地处浑南区，毗邻新市府，拥享不可复制的中央公园。随着二环南移和机场地铁公交线路的不断完善，星河湾交通出行更加方便快捷；周边四馆四厦，文教政商云集，坐拥高端居住区，生活配套完备；以大平层产品打造沈阳舒适生活空间，1018平方米盛世大观横空出世；星河湾将正统的江南园林带到沈阳，打造至美水系园林，以高水系覆盖率在北方营造罕见的南国风情；创造性打造"星盟"，带来品质人居全新生活方式。

长春
市场总结

一、新房成交表现

1. 整体情况

新房年度成交量：2020年长春市区商品住宅成交75851套，商品住宅成交面积863万元/平方米。

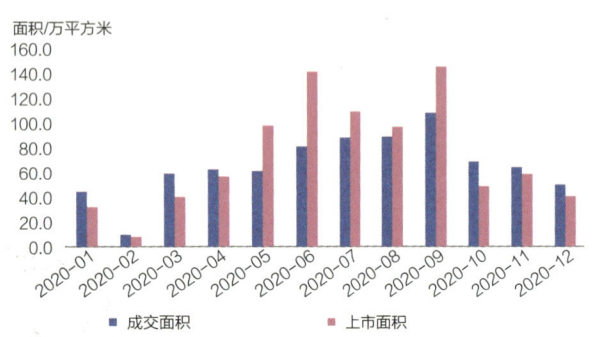

2020年1—12月长春市商品住宅月度销售走势

2020年全年，长春市商品住宅市场走势大致呈钟形曲线状，年初1—2月新冠疫情暴发导致供销骤降，3—5月防控加强后逐步恢复，6—9月供销达到年度高峰，10月后至年底有所回落。受疫情影响，2020年整体供销较往年有所下滑，全年商品住宅供应909万平方米，较2019年同期下降8%，住宅销量863万平方米，同比下降16%。

新房价格情况：根据国家统计局的数据，1月长春新房价格零涨幅，2月环比下降0.1%，3月环比上涨0.4%，4月环比上涨0.5%，5月环比上涨0.4%，6月环比上涨0.7%，7月环比上涨0.93%，8月环比上涨0.6%，9月环比上涨0.3%，10月环比下降0.1%，11月环比下降0.3%，12月环比上涨0.3%。

2020年，长春商品住宅成交均价为10253元/平方米，同比上涨0.5%。

新房去化情况：2020年全年，长春开盘去化明显回落，整体开盘去化率仅为37%，对比2019年降低25%；究其原因，一方面，北湖、净月、经开、绿园等区域新项目扎堆入市，各项目抢销意愿明显，且各项目客户分流严重，蓄客效果不佳，另外一方面，多数项目前期释放价格较高，客户认可度较低，观望心态加剧。

2020年，长春商品住宅供求比为1.05:1；市场表现供大于求；供应面积同比缩减8%，成交面积同比缩减16%。

截至2020年12月末，长春商品住宅累计库存925万平方米，较2019年年末上升9%；按月均去化85万

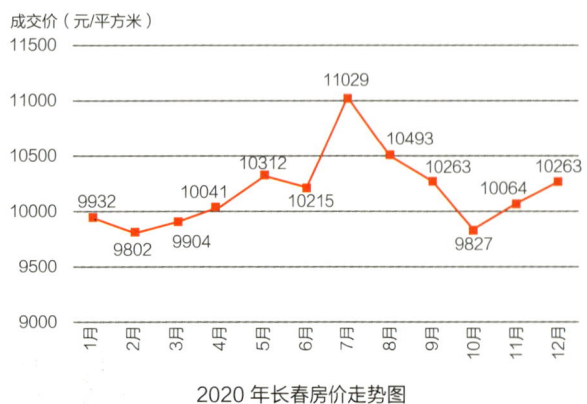

2020年长春房价走势图

2016—2020年长春市年度商品住宅供求关系

平方米计，存销比10.9；全年新增供应大于需求，库存上升，需求稳定去化周期上升，整体市场处于健康状态。

近两年长春市月度商品住宅供求关系

2. 年度走势

2020年，长春市区公示预售售许可证401张，共计商品住宅84863户，住宅建筑面积8927243.59平方米。其中受春节和疫情等因素影响，2020年拿证月份分布情况起伏较大：2月份，长春市区仅3项目取得预售证，536套房源入市，住宅建筑面积58429.22平方米，出量较少。

2020年6-7月，预售迎来大幅上涨，共计发放预售许可证108张，2万多套房源入市，商品住宅建筑面积2538678.78平方米，是疫情得到控制后，长春市场逐步恢复的一个重要体现。

2020年9月，长春市场迎来"金九"。共发放预售许可证60张，预售商品住宅13553套，预售建筑面积1430592平方米。

3. 历史地位

长春楼市周期性并不明显，近6年量价齐升达到高位，年成交面积900万~1000万平方米（2015年之前均保持在700万~800万平方米的水平）。

如果长春的经济、人口、房价保持平稳，预判后期850万~950万平方米的常态，大涨或大跌的可能性不大。

总结：2020年二级市场受疫情黑天鹅及限贷政策影响，整体市场呈现"库存上升，量降价稳"态势，同时下半年市场"高额渠道佣金、超长首付分期、精装降毛坯、特价房"等促销手段频出，对成交略有促动作用。具体表现在——长春市商品住宅剩余库存925万平方米，去化周期为10.9个月；商品住宅供应面积909万平方米；年度供求比1.05∶1，2020年全年成交863万平方米，同比降低16%；商品住宅成交均价10253元/平方米，价格企稳；2020年全年开盘去化率明显回落，整体开盘去化率仅为37%，对比2019年降低25%。

二、二手房成交表现

2020年12月，长春二手房均价为9569元/平方米，环比下跌0.01%，同比2019年同期下跌0.22%。

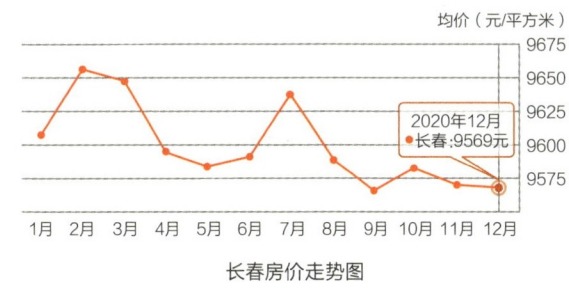

长春房价走势图

从2020年6月份到2020年12月底，长春楼市11个区域内，二手房挂牌价上涨的只有一个区，二手房挂牌价下跌的有四个区，二手房挂牌价维持不变的有六个区。从这点来看，2020年长春楼市二手房情况似乎表现得不是很好，整体上处于持续小幅度下跌的趋势。

2021年，长春房价有可能还会保持小幅下降的趋势，长春楼市现在还有一些拆迁计划在进行中，因此房价不会有太大波动。

三、政策梳理

2020年中央层面，《中共中央关于制定国民经济和社会发展第十四个五年规划和二〇三五年远景目标的建议》正式发布，定调"房住不炒"仍为十四五期间楼市调控主基调。

疫情期间，长春市采取宽松楼市政策，2020年9月，则又加强楼市管控。长春市作为二线省会城市，房价处于较低水平，城市化发展＋品牌开发商涌入＋优质地块稀缺……诸多因素造成房价上升，但在国家"房住不炒""因城施策"的楼市政策大背景下，长春市政府也从宽松的楼市政策逐渐趋紧，"长七条"的出台是楼市趋严的第一棒。

2020年1月21日，长春市公积金管理中心下发通知，自2月起首次贷款的，为借款人和共同借款人住房公积金个人账户余额之和的20倍；第2次贷款的，为借款人和共同借款人住房公积金个人账户余额之和的10倍；取消公积金贷款首付款提取、非住房类民生提取政策；允许职工提取用于支付既有住宅加装电梯的费用。

2020年4月3日，长春市房管局及市监局联合下发文件，要求开发商及中介一次性公开全部准售房源价格，明码标价商品房；在销售商品房或提供服务前须有价格承诺；开发商、经纪机构销售人员应佩戴表明身份的标识等。

2020年4月13日，长春市住房保障和房屋管理局（以下简称"长春市房管局"）提出16条意见，提升房屋网签备案服务效能。

2020年4月30日，长春市政府发布十一条土地优惠政策，包括土地资源向"四大板块"倾斜，城区范围内土地储备项目实施征拆包干并予以进度奖励，调整各城区、开发区土地出让收入留用方式等。

2020年5月11日，长春市房管局发布通知，禁止集中营销，以开盘摇号抽奖等人员聚集方式进行销售。

2020年5月13日，长春市房管局发布通知，长春市未登记房屋确权专项整治工作领导小组办公室对未在《商品房买卖合同》约定期限内为房屋买受人办理房屋产权登记的房地产开发企业下发督办单，涉及长春市281家楼盘。

2020年6月15日，长春省直住房公积金管理分中心发布2020年度住房公积金缴存基数上限调整通知。

2020年6月28日，长春市房管局发布《关于延续房地产开发企业支持政策的通知》，执行至2020年12月31日。7月6日，长春市住房公积金管理中心发布《关于将疫情期间阶段性支持政策到期时间延期3个月的通知》。

2020年7月20日，长春市住房公积金管理中心发布通知，公积金二次贷款买房利率上浮。7月21日，长春市房管局发布通知，长春三环内二手房销售将不受购买时间限制。

2020年8月5日，长春市房管局发布通知，毕业生长春买房补贴2万元，多家房企额外送优惠。

2020年8月14日，市政府明确将12个项目列入2020年"交房即办证"试点范围，9月16日出台了《关于开展房地产项目"交房即办证"试点工作的实施办法（暂行）》。

2020年9月23日，长春市房管局发布"长七条"，升级调控政策：一、加强住房用地供应管理；二、完善商品住房用地供应方式；三、加快发展住房租赁市场；四、继续实施商品住房价格指导；五、调整商品住房信贷政策；六、进一步规范房地产市场秩序；七、加强舆论引导，营造良好的市场舆论氛围，共同促进房地产市场平稳健康发展。

新政规定，购买首套商品住房贷款最低首付比例不得低于30%，购买二套商品住房最低首付比例不得低于40%。不予发放第三套及以上商品住房贷款。

2020年10月10日，长春市房管局发布了全面推进新建房地产项目"交房即办证"试点工作的总结。随着9月30日万科、良品、新星宇的3个项目"交房即办证"现场仪式的顺利举办，标志着长春市"交房即办证"试点工作取得阶段性成果。为有效解决群众热切关注的房屋确权这一重大民生问题，三年多来长春市委市政府领导小组先后召开了24次联合审批会，审议通过了3400

万平方米房屋确权，约谈督办了1300万平方米房屋确权。

2020年10月15日起，在长春市及所辖县（市）、区购买新建商品房，首次申请住房公积金个人住房贷款的，首付款比例不得低于购房款总额的30%。

2020年12月16日，长春市房管局发布通知，加强住房租赁企业备案和住房租赁合同网签备案管理。

四、土地供应

1. 出让基本情况

据统计，2020年长春共成交2547万平方米土地，位列全国第一，并且成为唯一成交面积超过2500万平的城市，共收入683亿元，位列全国第20。同时，长春土地成交楼面价全面上涨，2020年成交商住地块楼面价均价为3898元/平方米，而2019年商住地块楼面价均价约3103元/平方米，2021年较2019年同期上涨26%。

2020年全市供应端持续放量，以1294万平方米刷新近年供地记录；成交端成交1120万平方米，同比上升63%；2020年全年楼面地价增幅为22%，其中达4000元/平方米以上的优质地块占比约25%，对整体均价拉升作用明显。[其中非棚改居住用地楼面价3547元/平方米（含租赁用地），商服用地楼面价2320元/平方米；棚改用地楼面价3727元/平方米；2020年棚改用地成交量占比总成交17%。]

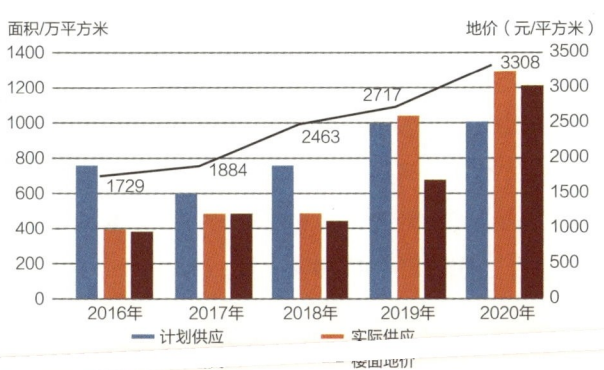

2016—2020年长春市经营性及棚改用地供求价情况

数据来源：长春市国土资源局

2020年长春市住宅土地市场供应管理加强，供地比例提高，整体走势良好。长春市全年共成交宅地189宗，规划建面2135.66万平方米，较2019年同期上涨37%；其中7月宅地成交达全年成交峰值，共成交32宗，规划建筑面积316.5万平方米，环比上涨4.8%，同比上涨50%；2020年年底拿地数量略有下滑，12月成交宅地2宗，规划建筑面积为23.9万平方米，环比下降67%，同比下降93.5%。

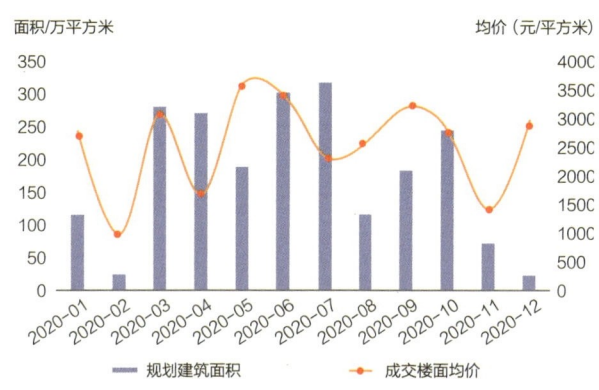

2020年1-12月长春市住宅用地月度成交情况

2. 各城区土地成交情况：净月区、高新区成交面积超百万平方米

2020年，长春成交土地集中在城市外围，环内则以棚改地居多，整体成交地块占地面积以5万~10万平方米居多，楼面地价多集中在3000-4000元/平方米。除传统的净月区外，二道区、莲花山等区域成为土地出让新热点，城市外扩趋势明显。

从各区域土地成交情况来看，净月区与高新区土地成交面积超百万平方米，可以看出长春正在向南加速扩城。成交金额方面，高新区、净月区、绿园区居区域前三位。成交的商住用地中，最高楼面价达9212元/平方米，该地块为绿园区棚改项目。其他商住用地，最高楼面价在净月区伟峰地块，成交楼面价为7214元/平方米，另外，绿园区东——商住用地楼面价达7016元/平方米。2020年长春全市成交商住地块楼面价均价为3898元/平方米，较2019年同期上涨26%。

各区域 2020 年商住土地成交情况

区域	成交土地面积（m²）	成交金额（万元）
朝阳区	199376	100772.332
二道区	785244	387749.222
高新区	1854025	1656038.663
经开区	532890	243648.98
净月区	3017911	3180103.151
宽城区	637338	375481.94
莲花山区	796529	215714.76
绿园区	681511	602852.68
南关区	226447	192194.463
汽贸区	544018	259357.108
北湖区	271507	216661.787

3. 开发商拿地情况

从房企拿地来看，万达深耕净月区，建设百万级大型综合体项目；龙湖、融创等房企亦扎堆净月区，助力新兴板块快速崛起；城市泛南部板块如高新区、南关区等区域仍为重点板块；龙湖积极拓宽发展版图，立足南城进行城市深耕。

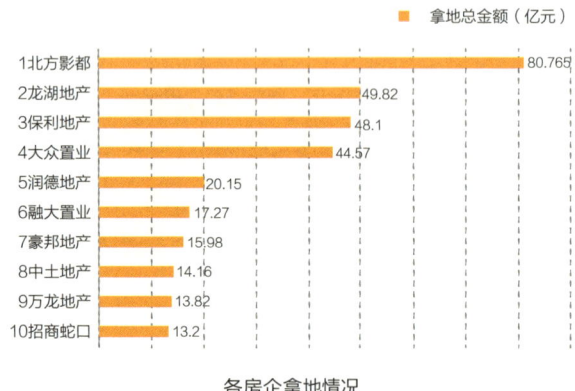

各房企拿地情况

4. 成交楼面价情况

2020 年，长春土地起拍价再次提升，楼面价排行前十名起拍价均破 5000 元 / 平方米，楼面成交价均破 6000 元 / 平方米，且泛南部板块楼面价普遍较高，宽城区、绿园区等区域出现高价地。

2020 年年底，长春市住宅用地成交楼面价波动较大，12 月均价 2944.9 元 / 平方米，环比上涨 106.6%，同比上涨 45.2%。全年住宅用地整体成交楼面均价为 2732.2 元 / 平方米，同比上涨 14.7%，平均溢价率为 5.3%，较 2019 年同期上涨 2.5 个百分点。

2020 年长春市住宅用地成交总价最高地块诞生在净月区，土地位置为净月开发区，东至新城大街、西至生态东街、南至水系、北至天泽大路，总用地面积 189726 平方米，规划建筑面积 379452 平方米，容积率在 1.8~2 之间，规划用途为城镇住宅用地。本地块经过 66 轮竞价，最终为长春嘉承房地产开发有限公司（融创）竞得，成交总价 22.08 亿元，楼面价 5819 元 / 平方米，溢价率 23.08%，在建项目名为融创东方宸院。

据乐居观察，2021 年净月西将是长春楼市最热的板块，龙湖、融创、招商蛇口、保利、华润、万龙、融大以及再往南的万达、万科等多家房企的 10 余个楼盘可供购房者选择。

五、热点板块

资源型区域，如朝阳区、南关区、净月区及高新区等区域，聚集了较多改善客户，整体成交均价基本高于全市均价，除朝阳区外，需求均处于城市高位；汽开区、二道区、经开北区、经开区及宽城区等市场表现为刚需为主，价格略低于全市均价，但具备较大上扬空间；在城市外拓的过程中，城市外围的双阳区、莲花山区等区域受到房企和购房者关注，量价仍有很大的上升幅度。

2020 年，南关区、朝阳区、高新区的用户购房需求强劲。市中心不再是购房者最优选择，购房者更期望在南城置业。随着地铁 2 号线东延线的开工，东城购房意向提升，二道区、经开区更受关注。

城市对一个板块投入的资源多少，就决定了这个板块的潜力。2021 年，长春有两种板块可以选择。一是房价被低估的板块，如北湖和净月西区，长春在这两个区域投入的公共资源是目前其他新兴板块没法比的，但由于楼盘多，打成了红海，房价一直在低位。二是成熟的主城区板块，2021年主城区有不少新盘将上市，例如站北板块、长春公园板块、东方广场板块、蔚山路和卫星路板块，这些区域地铁轻轨已经通车，周边配套成熟，只要开发商没有透支房价上涨空间，都是可以入手的好地段。

2020年，融创洋浦壹号项目累计实现总销售金额约27.79亿元，累计实现总销售面积约33.84万平方米，环比增幅分别约为15.2%和1.38%，面对疫情对行业带来的负面影响，仍然实现逆势上行。与同期周边活跃在售住宅相比，项目性价比优势凸显，助力市场销量持续攀升。截至2020年12月31日，融创洋浦壹号在东方广场板块商品住宅产品市占率高达约49.87%。

六、用户心理

现在的购房者首先更多考虑住房的舒适性，其次再考虑能否升值。2020年，长春开始进入改善时代，110~130平方米的产品将更受欢迎。可以预期，未来面积更大、功能更好的改善户型将取代90平方米以下的刚需户型，成为市场主力。小户型功能不强的二手房就更难被市场接受，毕竟现在新房价格也不贵，产品还强。二手房户型改造就成了必然，二手房装修业务从而得到机会。2021年，入门级改善产品将成为长春新房市场焦点，且供应量大，楼盘也多，购房者会有足够的选择空间。

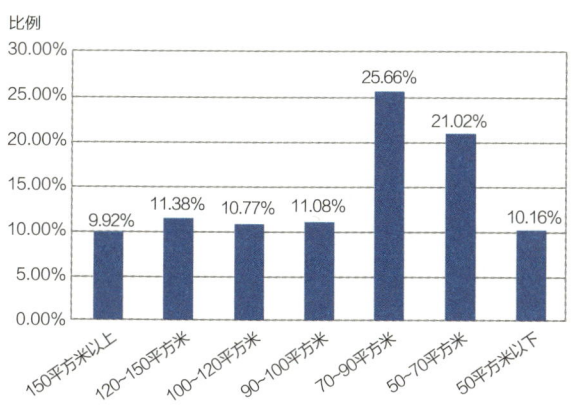

- 70~90平方米的紧凑两房或小三室最受购房者关注
- 120~150平方米户型更符合改善型购房者的面积偏好

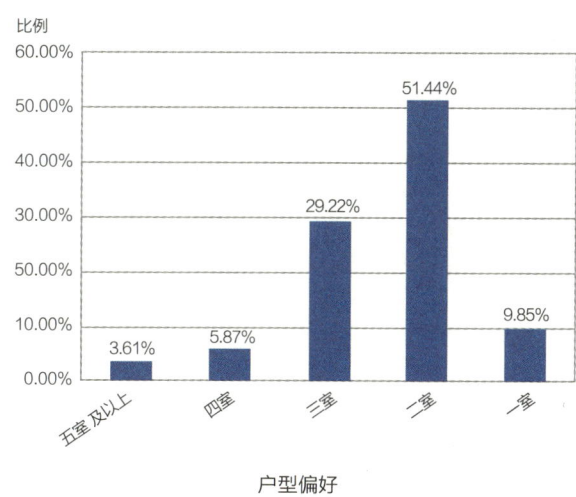

- 两室户型搜索占比达51.44%，为购房面积偏好的主流

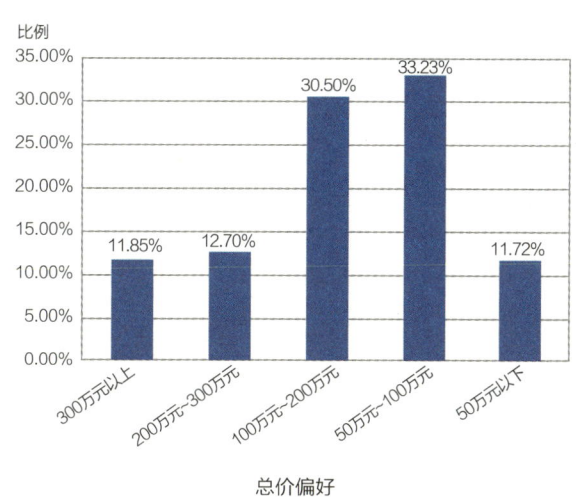

- 总价方面，价格偏好分化较大，大部分购房者更偏向50万~100万元的楼盘

七、2021年展望

政策方面：整体政策趋严，租赁市场政策亟待完善

受疫情影响，2020年开年政策少许放松，随着市场好转，政策逐渐收紧。在2020年低迷的市场环境中，

长春市出台政策宽严并济。"十四五"开局第一年,政策方面将继续坚持"房住不炒",更多的规划陆续出台,为地产行业的规范发展提供沃土和契机。预测2021年地产行业将延续"严中有宽""紧里有驰"的政策。

土地方面：量价上涨，城市升级

2021年放量不变，但幅度可能缩减，南北同步发展，住宅用地量依然上涨，转化可售体量增大，保守估计2021年供应放量幅度缩减。预计2021年棚改旧改比重较大，内环土地起拍价高企。产业集聚外围、热点板块将进一步升级优化区域格局，城市建设重心向四大板块偏移。

预计2021年土地放量将得到维持，库存土地对市场发展有促进作用，新增土地将为未来城市进步提供坚实的台阶。预计2021年将会有大宗（超百万平方米）土地上市，届时随着大宗土地持续开发，对区域发展和打造区域化经济各有利好。健康的土地市场是地产发展的基础，未来几年的土地储备量将会培养更好的区域规模化发展。

住宅方面：市场扩容期全市整体存量超3000万平方米；莲花山区、绿园区、二道区、净月区等为高容量区域

商品住宅市场供需方面，2020年全市已拿地整体存量3292万平方米，已拿地未取证存量2534万平方米，预计2021年供应面积在1000万~1300万平方米之间，主力供应区域将集中在净月区、北湖区、绿园区及宽城区等；在保持年度850万~950万平方米的成交下，预计2021年商品住宅市场供大于求；供求比在1.2~1.4之间。

商品住宅累计存量方面，受土地市场放量的影响，加之需求市场相对平稳，预计新增供求比在1.2~1.4：1之间，从而导致2021年库存上升，库存去化周期在13~15个月之间，市场仍处于可控且健康的范围内。

商品住宅价格走势方面，受地价上涨影响，房企利润空间将被压缩，但目前政府限价松动，限签从严，价格旨在维稳，预判全年成交均价涨幅在1%~3%左右。

数据来源：中原地产、克而瑞数据机构

在售楼盘一览

北湖科技开发区

楼盘名称	价格	物业类型	主力户型
奥体玉园	约9600元/m²	普通住宅	二居室(80~90m²) 三居室(106~132m²) 四居室(170m²)
新星宇之悦	约8300元/m²	普通住宅	三居室(105m²) 四居室(135m²)
澳海澜郡	约7900元/m²	普通住宅、别墅	三居室(88~115m²) 四居室(129m²)
中海盛世城	约11000元/m²	普通住宅	二居室(80~95m²) 三居室(99~156m²)
中海龙玺	约10300元/m²	普通住宅、别墅	三居室(108~147m²)
中海尚学府	约10200元/m²	普通住宅、商铺	二居室(88m²) 三居室(108~125m²)
中国铁建西派唐颂	约14300元/m²	普通住宅、别墅、商铺	三居室(105~140m²) 四居室(141~160m²)
华润置地公元九里	8000元/m²起	普通住宅	二居室(89m²) 三居室(99~128m²)
万科溪望	约12500元/m²	普通住宅	二居室(80m²) 三居室(95m²)
龙翔国际观邸	约8000元/m²	普通住宅	二居室(77~95m²) 三居室(118~131m²)
新星宇诗书世家	约10000元/m²	普通住宅	二居室(89m²) 三居室(105~115m²) 四居室(135m²)
招商学府1872	约12000元/m²	普通住宅	一居室(80m²) 二居室(97~115m²) 三居室(125m²)
万科金域蓝湾	约12500元/m²	普通住宅	三居室(105~143m²)
万科溪望荟	约11800元/m²	普通住宅	二居室(85m²) 三居室(105~120m²)
碧桂园时代之光	约9500元/m²	普通住宅、商铺	二居室(79m²) 三居室(87~139m²)
龙腾英才时代	约9200元/m²	普通住宅	二居室(71~83m²) 三居室(93~115m²)
晰晰悦府	尚未公布	普通住宅	二居室(89m²) 三居室(135m²)
卓扬北湖湾	约9500元/m²	普通住宅	二居室(94~97m²) 三居室(108~130m²)

朝阳区

楼盘名称	价格	物业类型	主力户型
万科柏翠园	约17000元/m²	普通住宅	三居室(160m²) 四居室(200~240m²) 五居室(380m²)
国信南湖别墅	780万元/套起	别墅	六居室(294m²) 七居室(348m²) 八居室(350~419m²)
中东红街	约12500元/m²	公寓、写字楼、商铺、综合体	一居室(30~35m²) 二居室(50m²)
东安开运公馆	约9000元/m²	普通住宅、公寓、酒店式公寓、商铺	一居室(37~43m²) 二居室(57m²)
万科柏翠阅湖	约17000元/m²	普通住宅、商铺	三居室(137m²)
吴中尚玲珑	约17000元/m²	普通住宅	三居室(116~118m²) 四居室(142~165m²)
宝能中心	约20000元/m²	公寓、写字楼	一居室(108m²)

二道区

楼盘名称	价格	物业类型	主力户型
垠禄新界	约14000元/m²	普通住宅、公寓	一居室(33m²) 三居室(196m²) 四居室(220~273m²)
红大汇诚	约10300元/m²	普通住宅、商铺	二居室(97~102m²) 三居室(129m²)
龙腾香格里	约10000元/m²	普通住宅	二居室(80~90m²) 三居室(99~138m²)
德辉首府	约8900元/m²	普通住宅、商铺	二居室(70~89m²) 三居室(104~132m²) 四居室(146~154m²)
青阳华府	约9000元/m²	普通住宅	二居室(88m²) 三居室(115~130m²)
中邑华章	约10500元/m²	普通住宅	一居室(54.79m²) 三居室(125~140m²)
天禄金典名城	约9000元/m²	普通住宅	一居室(60m²) 二居室(82~95m²) 三居室(113~148m²)
远创城市广场	约7300元/m²	普通住宅、公寓、写字楼	二居室(88m²)

高新区

楼盘名称	价格	物业类型	主力户型
金越逸墅蓝湾	约12000元/m²	普通住宅	二居室(99~117m²) 三居室(127m²) 四居室(143~163m²)
天茂湖峯璟小镇	约12000元/m²	普通住宅、别墅	三居室(121~131m²) 四居室(143~168m²)
恒大名都	约8200元/m²	普通住宅、商铺	三居室(125~142m²) 四居室(184~194m²)
御翠湾	约12000元/m²	普通住宅、别墅	四居室(275m²)
南郡瀚府	约11500元/m²	普通住宅	二居室(65~92m²) 三居室(115~129m²)
吴中桃花源	约16500元/m²	普通住宅	三居室(99~125m²) 四居室(140~160m²)
信达万科翡翠学院	约16000元/m²	普通住宅、别墅	三居室(126m²) 四居室(142m²)
益田翠堤悦府	约11000元/m²	普通住宅	二居室(95m²) 三居室(145m²)
阳光硅谷	约12000元/m²	公寓、商铺	一居室(29~51m²) 二居室(60m²)
融创御湖宸院	约15000元/m²	普通住宅、别墅、商铺	四居室(148~409m²)
新星宇和悦三期书香门第	约11000元/m²	普通住宅、商铺	一居室(42~79m²) 二居室(102~107m²) 三居室(157~164m²)
居然世界里	约12899元/m²	普通住宅	二居室(88~96m²) 三居室(110~136m²) 四居室(152~162m²)
嘉惠燕京府	约13500元/m²	普通住宅	二居室(90m²) 三居室(128~142m²)
华润置地长安里	约11500元/m²	普通住宅	二居室(90m²) 三居室(105~130m²) 四居室(135~148m²)
金地风华雅筑	9450元/m²起	普通住宅	三居室(127~275m²) 四居室(316m²)
吴中姑苏院	约13800元/m²	普通住宅	三居室(108~142m²) 四居室(162m²)
高新君园	约11000元/m²	普通住宅	一居室(49m²) 二居室(79m²) 三居室(109~129m²)
新星宇樾府	约12000元/m²	普通住宅	三居室(140m²)
垠禄倚澜观邸	约14000元/m²	普通住宅、公寓、商铺	一居室(40.2m²) 三居室(145~230m²)
中海橡树园	约14000元/m²	普通住宅	三居室(89~143m²)
天安华府	约14520元/m²	普通住宅	三居室(131~160m²) 四居室(172~362m²)
国泰Rio Mall	约11500元/m²	商铺	一居室(39~43m²)

高新区

楼盘名称	价格	物业类型	主力户型
益田假日天地	约 6688 元/m²	公寓	一居室（38~53m²）
龙湖中铁建云璟	约 14000 元/m²	普通住宅	三居室（117m²） 四居室（132~352m²）
阳光美湖天地 新都	尚未公布	普通住宅	二居室（92.08m²） 三居室（113~135m²） 四居室（138~144m²）

经开区

楼盘名称	价格	物业类型	主力户型
六合一方	约 8800 元/m²	普通住宅	二居室（66~92m²） 三居室（103~115m²）
恒大帝景	约 9000 元/m²	普通住宅	三居室（133m²）
中国铁建西派府	约 11000 元/m²	普通住宅、商铺	三居室（140~154m²）
融创·洋浦壹號	约 8500~9500 元/m²	住宅	二居室（85m²） 三居室（110m²）
嘉惠九里	约 12500 元/m²	普通住宅、商铺	二居室（88~96m²） 三居室（108~130m²）
嘉惠美院	约 12500 元/m²	普通住宅	三居室（127~148m²）
融汇中央广场	约 12000 元/m²	普通住宅、公寓、写字楼、商铺	一居室（40~79m²） 三居室（115~135m²） 四居室（149m²）
碧桂园星钻	约 8300 元/m²	普通住宅	二居室（85m²） 三居室（99~115m²）
良品柏宏筑福里	约 9000 元/m²	普通住宅	二居室（89~90m²） 三居室（99~132m²） 四居室（189m²）
中海锦城	约 13300 元/m²	普通住宅	二居室（88m²） 三居室（99~134m²）
保利时光印象	12500 元/m² 起	普通住宅	二居室（86m²） 三居室（89~127m²） 四居室（138m²）
力旺荣禧	约 8500 元/m²	普通住宅、商铺	二居室（89m²） 三居室（107~120m²）
大众金融CBD LOFT	尚未公布	公寓	一居室（33m²） 二居室（70m²）
大众置业总部基地金融CBD	尚未公布	商铺	尚未公布
和润广场	约 13000 元/m²	普通住宅、公寓、商铺、综合体	二居室（89m²） 三居室（112m²）

净月区

楼盘名称	价格	物业类型	主力户型
国信净月别墅	约 15500 元/m²	普通住宅、别墅	三居室（143m²） 四居室（155m²） 五居室（362m²）
万科惠斯勒小镇	约 12000 元/m²	普通住宅、别墅、商铺	二居室（95m²） 三居室（130~160m²） 四居室（230m²）
晟鑫康诗丹郡	11000 元/m² 起	普通住宅、别墅、商铺	二居室（115~118m²） 三居室（125~158m²） 四居室（163m²）
明宇金融广场	约 13500 元/m²	公寓、写字楼、商铺	写字楼（18~40m²）
国信南山	约 9500 元/m²	普通住宅、别墅	一居室（53m²） 二居室（77~105m²） 三居室（112~170m²）
亚泰华府	590 万元/套起	普通住宅、别墅、商铺	三居室（76m²） 六居室（410~490m²）
亚泰山语湖	约 12500 元/m²	普通住宅、别墅	三居室（137~175m²） 五居室（355m²）
大众置业春江明月	约 11000 元/m²	普通住宅	三居室（133~156m²） 四居室（169~300m²）
华润置地万象府	约 13000 元/m²	普通住宅	三居室（108~133m²） 四居室（149m²）
睿德上品	约 12000 元/m²	普通住宅	二居室（88m²） 三居室（103~128m²）
万科月潭湾	约 12000 元/m²	普通住宅、商铺	三居室（141m²） 四居室（168m²）

净月区

楼盘名称	价格	物业类型	主力户型
国信净月府	约 14700 元/m²	普通住宅	三居室（113~136m²） 四居室（150m²） 五居室（212m²）
金盛九里新城	约 8500 元/m²	普通住宅	二居室（90m²） 三居室（112~160m²）
保利净月和府	约 10500 元/m²	普通住宅、别墅、商铺	三居室（108~139m²）
华盛净月壹号	约 13000 元/m²	普通住宅	三居室（143m²） 四居室（164~317m²）
中海阅麓山	约 13500 元/m²	普通住宅、别墅	三居室（118~148m²） 四居室（168m²）
华盛置地崑崙御	约 11000 元/m²	普通住宅	三居室（104~128m²）
国信南山翰林府	约 9300 元/m²	普通住宅	二居室（90m²） 三居室（120m²） 四居室（136~168m²）
保利和光尘樾	约 11800 元/m²	普通住宅	二居室（90m²） 三居室（118~140m²）
红星观棠源筑	约 8600 元/m²	普通住宅	一居室（50m²） 二居室（75m²） 三居室（115m²）
华西御园	约 14500 元/m²	普通住宅	三居室（128~165m²） 四居室（203m²）
长春院子	约 15000 元/m²	别墅	六居室（350~370m²）
魔力PARK	约 13000 元/m²	普通住宅、公寓	一居室（20~50m²）
龙腾静月里	约 14000 元/m²	普通住宅	三居室（137~144m²） 四居室（166~350m²）
大众置业净月江山樾	约 11500 元/m²	普通住宅	二居室（92m²） 三居室（115~177m²） 四居室（249m²）
伟峰东域	7700 元/m² 起	普通住宅、公寓、别墅	二居室（100m²） 三居室（157m²） 四居室（231m²）
恒丰时代	约 8500 元/m²	写字楼	一居室（39m²）
万达长春国际影都	约 9800 元/m²	普通住宅、商铺	二居室（85m²） 三居室（95~125m²）
万科翠湖春晓	约 10500 元/m²	普通住宅	二居室（90m²） 三居室（125~140m²） 四居室（185m²）
国泰云麓	约 15000 元/m²	别墅	三居室（187m²）
青怡坊云琅	约 8600 元/m²	写字楼、商铺	一居室（36m²） 二居室（70m²）
天泽教育城	约 8000 元/m²	公寓、商铺	一居室（64m²）
保利天汇	约 12800~14200 元/m²	住宅	二居室（90m²） 三居室（160m²）
万龙净月上院	约 11500 元/m²	普通住宅	二居室（87~89m²） 三居室（100~108m²） 四居室（128~129m²）
保利拾光年	13000~15000 元/m²	普通住宅	二居室（87m²） 三居室（100~121m²）
融创大河宸院	尚未公布	普通住宅	二居室（86m²） 三居室（106~140m²）
融创东方宸院	尚未公布	普通住宅	尚未公布
龙湖舜山府	尚未公布	普通住宅	三居室（107~131m²） 四居室（165m²）

宽城区

楼盘名称	价格	物业类型	主力户型
华大城	约 8700 元/m²	普通住宅	一居室（55m²） 二居室（65~87m²） 三居室（105~108m²）
雨润星雨华府	约 6500 元/m²	普通住宅	二居室（87~90m²） 三居室（106m²）
华源公园1号	约 8500 元/m²	普通住宅	二居室（64~88m²） 三居室（100~111m²）
恒大江湾	约 8800 元/m²	普通住宅、商铺	三居室（132~136m²） 四居室（150~153m²）
新大赛维利亚小镇	约 4500 元/m²	普通住宅	二居室（81~88m²） 三居室（107m²）

宽城区

楼盘名称	价格	物业类型	主力户型
万龙银河城北区	约7800元/m²	普通住宅	一居室（63m²） 二居室（84m²） 三居室（101m²）
中东港	约8000元/m²	商铺、综合体、商铺	一居室（28~57m²） 二居室（68m²）
万星北城上院	约8500元/m²	普通住宅、别墅	二居室（97~104m²） 三居室（109~150m²） 四居室（158m²）
万盛珑玺	约8600元/m²	普通住宅	二居室（79~85m²） 三居室（89~128m²）
京誉府	约8500元/m²	普通住宅	二居室（78~88m²） 三居室（96~112m²） 四居室（125m²）
书香蓝郡	约5200元/m²	普通住宅	二居室（82~87m²） 三居室（102~127m²）
新星宇摩登公园	约10300元/m²	普通住宅	一居室（57m²） 二居室（87~91m²） 三居室（106~127m²）
力旺新大麓	约7200元/m²	普通住宅、商铺	二居室（63.53~88m²） 三居室（99~106m²） 四居室（130m²）
力旺中车城	约7500元/m²	普通住宅	二居室（60~83m²） 三居室（99m²） 四居室（121~130m²）
天泽凯旋华府	约8500元/m²	普通住宅	二居室（80~90m²） 三居室（105~125m²）
尚德华樾	约4500元/m²	普通住宅	二居室（77~97m²）
大众置业北城御园	约7800元/m²	普通住宅	二居室（77~85m²） 三居室（95m²）
熙旺中心	约9000元/m²	酒店式公寓	公寓（31~87m²）
学府桃源里	约5300元/m²	普通住宅	二居室（85.86m²） 三居室（107~123m²） 四居室（130.84m²）
长春恒大新安生态小镇	约5800元/m²	普通住宅	一居室（57m²） 二居室（91~94m²） 三居室（101~125m²）
新龙枫丹九里	约12000元/m²	普通住宅	二居室（88~104m²） 三居室（117~133m²）
桃花源著江南	约4800元/m²	普通住宅	二居室（85m²） 三居室（115m²） 四居室（167~216m²）
长春恒大国际新都	约5800~7500元/m²	住宅、洋房	二居室（85m²） 三居室（112m²）

莲花山生态旅游度假区

楼盘名称	价格	物业类型	主力户型
恒大御水庄园	约7500元/m²	普通住宅、别墅	三居室（110~225m²）
睿德锦绣山河	约8900元/m²	普通住宅	三居室（88~143m²）
澳海富春山居	约7200元/m²	普通住宅、别墅	二居室（85m²） 三居室（108~180m²）
力旺孔雀林	约9000元/m²	普通住宅、别墅、商铺	二居室（83m²） 三居室（119~248m²）
力旺林溪湖	约9500元/m²	普通住宅	二居室（83m²） 三居室（93~105m²） 四居室（130m²）
世茂莲花山小镇	约10500元/m²	普通住宅、别墅、综合体、商铺	二居室（127m²） 三居室（160~270m²）
长春金鹰世界	约8500元/m²	普通住宅、别墅	三居室（119m²） 四居室（132~149m²）
中天东君府	约7050元/m²	普通住宅	三居室（96m²） 四居室（126m²）

绿园区

楼盘名称	价格	物业类型	主力户型
青怡坊昆兰	约6200元/m²	公寓、写字楼、商铺	一居室（33~66m²）
香港城	约8600元/m²	普通住宅、公寓、商铺	一居室（39~42m²） 二居室（75~86m²） 三居室（96~124m²）
远创紫樾台	约13000元/m²	普通住宅	二居室（90~95m²） 三居室（103~130m²）
大众置业湖滨公园壹号	约11000元/m²	普通住宅、商铺	二居室（82~86m²） 三居室（106~135m²）
保利云上	约14500元/m²	普通住宅	三居室（105~120m²）四居室（140m²）
新星宇金麟府	约9500元/m²	普通住宅	二居室（88m²） 三居室（125m²）
润德华城	约10000元/m²	普通住宅	二居室（85m²） 三居室（102~130m²）
万龙建阳府	约12500元/m²	普通住宅	一居室（40.7m²） 二居室（77~90m²） 三居室（114~118m²）
中海云麓公馆	尚未公布	普通住宅	三居室（89~135m²）

南关区

楼盘名称	价格	物业类型	主力户型
钜城国际中心	约9000元/m²	公寓、写字楼、商铺	一居室（43m²） 四居室（357m²） 五居室（406m²）
长春绿地中心	约8200元/m²	写字楼、商铺	写字楼（45~500m²）
龙首壹号院	约17000元/m²	普通住宅	三居室（170m²） 四居室（180~230m²）
保利溪湖林语	约12000元/m²	普通住宅、别墅	三居室（109~127m²） 四居室（133~157m²）
碧桂园云鼎	约14000元/m²	别墅	四居室（280~356m²） 五居室（410m²）
万科翡翠滨江	约13500元/m²	普通住宅	二居室（88m²） 三居室（107m²）
万科新都会	约8000元/m²	普通住宅	一居室（35m²） 二居室（50m²）
云湖府邸	约13000元/m²	普通住宅	三居室（115m²） 四居室（135~143m²）
大众置业理想城市	约9300元/m²	普通住宅、别墅	二居室（92m²） 三居室（99~175m²）
长春远大购物广场	约13200元/m²	普通住宅、商铺	二居室（61~82m²） 三居室（100~115m²）
新星宇广场南熙府	约12900元/m²	普通住宅	二居室（89~98m²） 三居室（120m²）
宝裕悦兰湾兰锦	约10500元/m²	普通住宅	三居室（99~110m²） 四居室（125~160m²）
保利天誉	约14500元/m²	普通住宅	三居室（152~168m²）
鸿泰城市广场	约9800元/m²	公寓、写字楼、商铺、综合体	一居室（31m²） 二居室（52m²） 四居室（68m²）
大众国金中心LOFT	7473元/m²起	公寓	二居室（70m²）
华润中心	约26000元/m²	普通住宅、写字楼、综合体	三居室（170~240m²） 四居室（260m²）
润德锦城	约12500元/m²	普通住宅	二居室（79~93m²） 三居室（108~127m²）
中顺南苑	约13500元/m²	普通住宅	三居室（100m²） 三居室（118~130m²）
中顺碧水园	约16000元/m²	普通住宅	二居室（99~108m²） 三居室（128~146m²）
兰溪学府	约9500元/m²	普通住宅	二居室（88m²） 三居室（115~119m²）
金地江山风华	约12800元/m²	普通住宅、公寓、商铺	二居室（85m²） 三居室（86~137m²） 四居室（165~353m²）
南溪虹著	约12600元/m²	普通住宅	二居室（97~100m²） 三居室（118~175m²） 四居室（195m²）
诺睿德国际商务广场	约7000元/m²	写字楼、综合体、商铺	一居室（45m²）

南关区			
楼盘名称	价格	物业类型	主力户型
金地名著	约 12500 元 /m²	普通住宅、商铺	二居室 (85m²) 三居室 (98~129m²)
龙湖天宸原著	约 14500 元 /m²	普通住宅	三居室 (105~165m²) 五居室 (335m²)
绿地澜溪府	约 13500 元 /m²	普通住宅	二居室 (80~98m²) 三居室 (111~136m²) 四居室 (140m²)
新星宇揽悦	约 12500 元 /m²	普通住宅	二居室 (89m²) 三居室 (106~125m²) 四居室 (138m²)
豪邦·锦上	12500~13500 元 /m²	小高层、洋房	二居室（88m²） 三居室 (125m²)

汽贸区			
楼盘名称	价格	物业类型	主力户型
中铁城	约 9500 元 /m²	普通住宅	二居室 (89m²) 三居室 (113~203m²)
车城万达广场 Y + 公寓	约 7500 元 /m²	普通住宅、公寓、写字楼、商铺、综合体	一居室 (33~86m²)
恒大首府	约 9500 元 /m²	普通住宅	二居室 (90~101m²) 三居室 (115~139m²)
地铁万科西宸之光	约 12000 元 /m²	普通住宅	二居室 (85~88m²) 三居室 (98~125m²)

汽贸区			
楼盘名称	价格	物业类型	主力户型
保利熙悦	约 9600 元 /m²	普通住宅	二居室（88m²） 三居室（105m²）
旭辉理想城	约 9500 元 /m²	普通住宅、商铺	二居室（86m²） 三居室 (106~126m²)
保利中央广场	约 8000 元 /m²	公寓、商住	一居室 (45.5~59m²)
中铁逸境	约 11500 元 /m²	普通住宅	二居室 (89m²) 三居室 (102~113m²)

双阳区			
楼盘名称	价格	物业类型	主力户型
碧桂园江山名筑	约 6300 元 /m²	普通住宅	二居室 (88m²) 三居室 (105~140m²)
万晟和府	约 5500 元 /m²	普通住宅	二居室 (77~93m²) 三居室 (106~122m²)
新星宇之滨江首府	约 6500 元 /m²	自持物业	二居室 (83~103m²) 三居室 (175m²)

九台区			
楼盘名称	价格	物业类型	主力户型
万晟新阳光	3916 元 /m² 起	普通住宅	二居室 (62~87m²) 三居室 (115m²)
复地卡伦湖生态城	约 6500 元 /m²	普通住宅	二居室 (89m²) 三居室 (110~142m²) 四居室 (154m²)

典型项目

国泰云麓

长春 | 国泰地产 | 生态核心 | 净月潭旁 | 森林墅居

项目地址：
长春市净月区净月大街与森杨路交叉口东行100米

开发商：
吉林亨泰房地产开发有限公司

产品特征：
别墅

参考价格：
均价15000元/平方米

主力户型：
约187平方米三居

物业公司：
嘉德物业

5公里生活配套：
净月潭森林公园、东北虎园、长影世纪城、长春农博园、长春赛特奥莱、迅驰广场、轻轨3号线

专家点评

徐强·长春日报社高级记者、教授、资深媒体人——开窗直面净月潭，项目精心打造的山居院落，是真正的低密高端产品。所有标准层层高均为3.25米，地下一层层高达到3.3米。依山居特点，充分利用单体排布优势，使得园区每一户均能够在大寒日实现4小时以上日照时间。

扫码观看楼盘详情

项目测评

【战略意义】
国泰云麓是国泰控股旗下首个高端住宅项目。项目以其城市山居和高森林资源占有率成为长春城市中心资源型墅居的典型代表。国泰云麓重金投入，不吝成本，为长春购房者打造具有品质的山水墅居产品。

【市场口碑】
项目一期面市以来，深受长春高净值客群的追捧。"净月潭旁""森林墅居""山居别墅""户型设计""家族传承"等标签成为购房者对项目最多的评价。

【区域地段】
国泰云麓择址净月生态核心区，三面环山，紧邻净月潭森林公园，连接净月开发区和主城区的城市交通主干路——净月大街、聚业大街。周边健康、娱乐、饮食、人文、购物等生活配套齐全。

【楼栋规划】
项目一期占地面积约14000平方米，建筑面积约18173.51平方米，容积率0.69，绿地率35.6%，规划为8栋3至5层的平墅、叠墅、双拼。二期地块占地面积约13398平方米，容积率小于1.1，绿地率32%，也将规划为墅级山居产品。三期计划2021年开发建设。

【主力户型】
国泰云麓主力户型为187平方米三居山居平墅，整体布局颇为方正，其中南向双卧室呈双耳形态分布客厅两侧，餐厨客一体式设计。约7.2平方米的南向外延宽景阳台与次卧打通相连，在增加得房率的同时，提高居室的舒适度。

【园林景观】
园区依托坡地先天特点，南北地势高差约21米，每户窗景皆不同，四季常见森林绿意盎然，是项目独特的景观优势。另有多个娱乐休憩空间，增强邻里交流。园区规划两处水景幕墙，第一道水景幕墙入园即入眼帘；第二道水景幕墙通过休憩廊架透过画框造景，别有意境。

【物业服务】
国泰云麓由嘉惠地产旗下自主品牌嘉德物业提供物业服务，按一级物业服务标准执行：管家式服务、七级维修养护管理、零干扰清洁等。通过"邻里嘉"综合性服务平台，更贴心、更便捷地为客户做好最后一公里服务。

【交通出行】
项目周边交通便捷，距离轻轨3号线净月潭正门约800米、距轻轨3号线农博园站约980米。周边还有多条公交线路，距102路、160路森杨路站约870米，距335路聚业大街站约690米，步行约10分钟皆可到达。

【品牌描述】
国泰控股以"战略聚焦、开放合作"为管理模式，以"三年精品、五年品牌、十年发展"为战略目标，开发了国泰云麓、国泰Rio Mall、国泰云禧、国泰中心四个项目。2021年国泰控股将七盘联动，为城市迭代贡献力量。

【森林墅居】
项目三面环山，采用干挂石材建筑立面，大尺度的开间设计，匹配德国旭格提升推拉门，实现大窗景视野的同时也保证了冬季室内温度。此外采用德国柯梅令品牌88型材四玻塑钢窗以及美国基仕伯防水系统等，内外兼修的匠心品质，可予家族世代传承。

豪邦·锦上

| 长春 | 豪邦地产 | 双轨交会 | 品牌装修 | 品质居所 |

项目地址：
长春市南关区临河街与福祉大路交会处

开发商：
长春市龙格房地产开发有限公司

产品特征：
小高层、洋房

参考价格：
小高层均价 12500 元/平方米、洋房均价 13500 元/平方米

主力户型：
约 88 平方米两居、125 平方米三居

物业公司：
万科物业

5 公里生活配套：
净月·中东港、麦德龙、迪卡侬、地铁六号线、轻轨四号线、南溪湿地公园

专家点评

徐强—长春日报社高级记者、教授、资深媒体人—豪邦地产深耕长春 20 余载，赢得春城口碑赞誉，2020 年首进南城，推出品质升级之作——豪邦·锦上，不仅硬件进行了升级和迭代，在户型设计上也做了非常多的升级，户型覆盖两居、三居，收纳细节可圈可点，性价比较高。

项目测评

【战略意义】
豪邦集团作为老牌本土房企，开发多个项目均颇有口碑。2020 年，豪邦集团进入南城的第一个项目，打造区域品质升级产品——豪邦·锦上，奠定了长春市场品质豪邦的标签形象。

【市场口碑】
2020 年，在严峻的市场环境下，豪邦·锦上以每月销售 2.6 亿元的去化速度成为区域热盘。其优质的资源配套与出众的品牌精装，吸引了南城客群炙热目光，"好物业""品质楼盘"等标签成为购房者对楼盘的评价。

【区域地段】
豪邦·锦上择址南临河街板块，距轻轨四号线南延线、在建地铁六号线约 100 米；东侧分布着净月中东港、青怡坊综合体等商业配套，南侧规划教育用地，西接伊通河生态景观带，北与临河街成熟城区衔接。

【主力户型】
豪邦·锦上主力户型为建面 88～125 平方米带装修小高层产品，整体布局方正，配备独立玄关及家政间，节省屋内空间，方便实用；空间分布采用 LDK（客餐厨）一体化设计，户型动线流畅，宽敞通透。

【园林景观】
CDG 国际设计机构为豪邦·锦上构筑了园林大尺度景观。项目为大都会风格，园林景观为双主轴设计。两条景观中轴十字交叉，两边多个主题花园串联其中。园区内规划了多个儿童体验区，适合全龄段儿童玩耍。

【物业服务】
豪邦·锦上联袂万科物业，为锦上业主提供社区服务。万科物业暖心提供全新物业管理解决方案，提供智慧归家礼序，悉心打造 24 小时全天候贴心服务，未来业主居住也会更加舒心。

【交通出行】
豪邦·锦上距建设中的地铁六号线与轻轨四号线延长线约 100 米，地铁六号线西起双丰站，东至长影世纪城。轻轨四号线延长线由天工路站向南临河街铺设，轨道交通站点在 200 米范围内，出行便捷，畅快出行。

【品牌描述】
长春豪邦房地产成立于 1999 年，专注地产二十载，开发超百万平方米。在长春市外事办公室发布的"长春市百强民营企业"中，豪邦荣获"吉林省名企名店"，并连续两年荣登中国房地产业协会发布的"中国地产五百强企业"。

【购物娱乐】
豪邦·锦上周边商业配套齐全。东侧距净月·中东港不足 1 公里，距麦德龙（净月商场）1.5 公里、距迪卡侬 1.1 公里，众多商业综合体环伺在侧，可满足业主生活购物需求。

【品牌装修】
豪邦·锦上装修材料的供货企业均为各自领域龙头品牌。在装修品牌上，豪邦·锦上选取梵蒂斯装甲入户门、德意电器、摩恩卫浴、雅嘉柜体、格莱美壁布、宏陶瓷砖、雷士照明等国内外知名品牌。

万科·星光城

长春 | 万科地产 | 影都板块 | 综合住区 | 品牌房企

项目地址：
长春市南关区生态大街9242号

开发商：
长春北方影都房地产开发有限公司

产品特征：
普通住宅

参考价格：
高层均价11000元/平方米

物业公司：
万科物业

主力户型：
约83平方米两居、约105平方米三居

5公里生活配套：
万达茂、麦德龙超市、环球贸易中心、慧泽学校、华蕴学校、净月潭、伊通河、新立城水库、净月中央公园、省三馆、长春市电视台

专家点评

孙志国·吉林省房地产业协会秘书长

万科星光城紧邻影都板块核心位置，建筑面积达到约68.6万平方米的大体量，以"光影双街""星光四馆"为横纵两轴贯穿其中。项目户型采用LDK一体化设计，并通过多类社区生活场景、邻里互联空间等，给人们带来别样的居住体验。

扫码观看楼盘详情

项目测评

【市场口碑】
2020年8月22日，项目首期预售1639套商品房，仅两个月蓄客超2500人。开盘当日去化777套，实现销售9.1亿元。开盘后热度持续上涨，月均销售金额突破亿元。"好户型""品质社区"等标签成为购房者对楼盘最多的评价。

【区域地段】
万科星光城择址于长春影都板块，涵盖了影视文旅全产业链的项目，是全球独创的第二代影视产业区。以影视产业为核心，兼有旅游、体育、商业、会议、教育等功能，是配置先进、内容丰富的影视产业区之一。

【楼栋规划】
项目整体占地约30.7万平方米，综合容积率约2.23，建筑面积约68.6万平方米，其中住宅面积约65.3万平方米，商业面积约为2.1万平方米。项目一期占地面积约14.6万平方米，建筑面积约30万平方米。规划17栋层高20、21、24、25、28层的高层产品，共2638户。

【主力户型】
万科星光城主力户型为建面约105平方米智慧三居，整体布局颇为方正。其中南向双卧室呈双耳形态分布客厅两侧，并且均赠送飘窗；餐厨客一体式设计，储物间与独立玄关组合；贯通式封闭观景阳台，提高居室的舒适度。

【园林景观】
近35%的绿化率和2.23的容积率，为小区园林规划提供了充足的空间。项目精心打造了独有的园林景观，宅间采用自由组团五重种植方式，形成360度鲜氧环绕的环境友好型社区。

【自建配套】
项目规划打造建筑面积约3000平方米的星光博物馆、约860平方米的星光艺术馆、约600平方米的动力星球童玩馆、约1000平方米的篮球运动馆、约440平方米的星光影院、约300平方米的麗舍超市和星光巢"漫威手办店"，以此迭新社区构造。

【物业服务】
万科物业2009—2019连续十年蝉联由中指研究院和中国房地产TOP10研究组发布的"中国物业服务百强企业排行榜"综合实力第一名；结合前沿科技实现智能安防布控，通过人脸识别等智能终端进入社区，同时开发"住这儿"App，可实现在线缴物业费、水电费。

【交通出行】
以"城市主轴+双快速路"搭建立体交通网，与主城及南延板块链接。项目占据双城市主轴，距生态大街及净月快速路约1公里，距南临河街约250米。双快速路通车后，到达中心城区主要商圈耗时最短。

【教育资源】
项目周边教育资源丰厚，距东师华蕴学校直线距离约2公里，还规划有中东师慧泽学校。项目将引进幼儿园，结合周边的教育资源，形成全龄全优的幼小初高教育体系，贴合孩子的成长轨迹。此外，板块将引进影视相关院校。

【品牌描述】
万科企业股份有限公司成立于1984年，经过三十余年的发展，已成为国内领先的城乡建设与生活服务商，公司业务聚焦全国三大经济圈及中西部重点城市。2018年，公司将自身定位进一步迭代升级为"城乡建设与生活服务商"。

万科·向日葵小镇

长春　万科　千亩花田　综合住区　品牌房企

项目地址：
长春市范家屯镇硅谷副街与科技五路交会处

开发商：
公主岭市青怡坊万科&万泰房地产开发有限公司

产品特征：
普通住宅、洋房

参考价格：
均价约7800元/平方米

主力户型：
85平方米两居、101平方米三居

物业公司：
万科物业

5公里生活配套：
商业综合体（规划中）

专家点评　孙志国·吉林省房地产业协会秘书长

万科·向日葵小镇作为"长公一体化"战略下的重要产城融合项目，择址范家屯镇硅谷副街科技五路交汇处，采用现代简约的建筑风格，是长春万科首个全龄段运动主题示范区，足球、篮球、儿童娱乐、老人康体等场地一应俱全。

项目测评

【战略意义】
万科作为一家具有前瞻性的品牌房企，面对长春公主岭一体化、国际汽车城协同发展，打造长春都市圈核心区逐渐向南发展的新格局。万科·向日葵小镇择址范家屯，打造宜居生活功能区，为城市的发展增添新的动能。

【市场口碑】
据长春房地产报数据，万科·向日葵小镇荣获长春2020年上半年销售套数和销售金额双料冠军。截至目前，已赢得3000多组家庭的认可，"丰盛配套""理想住区""品质生活"等标签成为购房者对项目的最多评价。

【区域地段】
万科·向日葵小镇地处范家屯镇硅谷副街与科技五路交会处。范家屯正处于长公一体化先导区，依托硅谷大街沿线，以汽车产业为动力，引入千万级产业项目，构建南部重点发展主动脉，是双城一体化的重要枢纽。

【楼栋规划】
万科·向日葵小镇项目整体占地面积约92万平方米，总建面165.6万平方米，其中住宅建面约151.7万平方米，小镇一期的绿化率为35.1%，规划产品有洋房、小高层、高层等。

【园林景观】
35.1%的绿化率和1.8的容积率，为小区园林规划提供了充足的空间。除此之外，项目牵手欧洲青怡坊花卉产业打造花卉小镇、花海营地等园林景观。

【自建配套】
项目自建配套有向日葵公园、小镇四季花房、花海营地、中央运动公园，以及"兴盛园"小镇食堂、"麗舍"精品超市、"阅书房"市图书馆分馆、青怡坊四季花房、迪卡侬运动体验中心、东北虎篮球社区运动中心等。

【物业服务】
万科物业2009—2019年连续十年蝉联由中指研究院和中国房地产TOP10研究组主办的"中国物业服务百强企业排行榜"第一名。未来将通过"HAPPY家庭节"等线下节日、"V盟"等线上平台，为业主提供互动、高效、便捷、时尚的生活体验。

【交通出行】
万科·向日葵小镇紧邻硅谷大街等城市干道，硅谷大街延长线即将完成修建。未来伴随着长春外围辐射型公交干线M507路、M325路、地铁5号线规划落地，将形成多维交通路网。

【品牌描述】
万科，创始于1984年，已成为国内领先的城乡建设与生活服务商，布局全国超90座城市。入长20年来，成功开发30余座品质住区，致力于以精工品质，为人民带来更美好的服务与生活。

【购物娱乐】
万科·向日葵小镇项目北侧规划商业用地，未来将由青怡坊重点打造10万平方米大型商业购物中心，形成完善的生活配套体系，满足业主的各项生活需求。

宝能中心

长春　宝能　城市中心　华装公寓　城市云眼

项目地址：
长春市朝阳区解放大路 115 号

开发商：
长春市宝新房地产开发有限公司

产品特征：
公寓、写字楼

参考价格：
均价 20000 元 / 平方米

主力户型：
108 平方米一居

物业公司：
吉祥物业

5 公里生活配套：
重庆路万达、活力城、红旗街万达、这有山、桂林路步行街、吉林大学第一医院、吉林大学第二医院、长春市中心医院、吉林大学北校区、地铁 1、2 号线、长春儿童公园、牡丹园

专家点评

孙志国·吉林省房地产业协会秘书长——

长春宝能中心双子塔内配备高端的硬件设施，致力于打造领先的商务办公和金融服务中心，将打造成长春市的城市及文化双名片，对于长春市的城市升级、经济发展具有重要意义，将进一步提升长春市区域性中心城市的地位。

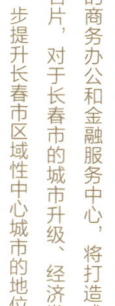

扫码观看楼盘详情

项目测评

【战略意义】
　　29 载砥砺前行，宝能地产以城市综合运营商的身份首入长春，打造宝能中心 V-house 天际华装公寓，八大装修体系质造臻品，六大定制空间呈现，全系装修交付标准，全面提升长春城市中心资产价值标的。

【区域地段】
　　宝能中心项目占位长春城市 CBD 核心，处于人民大街与解放大路交汇的黄金地段。周围交通、购物、商务、文教、医疗、休闲、公园全维度覆盖。

【主力户型】
　　宝能中心建面 108 平方米天际华装公寓，3.6 米层高，户户全优布局，兼顾视觉观赏性与居住舒适性。108 平方米全能华装户型配备了套房主卧、步入式衣帽间、开放式厨房。

【自建配套】
　　宝能中心为城市精英打造城市咖啡实验室、空中健身会所、城市天际会客厅、城市艺术会馆、云端休闲酒吧、云端多功能会议厅六大定制空间，全面升级交付标准。

【物业服务】
　　宝能中心特聘国家一级资质物业——吉祥服务集团担任管家，引入金钥匙管家组织认证标准，提供定制化、专业化的酒店式物管服务。24 小时悉心守护，为业主提供房屋清洁、衣物清洗、宠物托管、日常用品配送等全方位服务。

【交通出行】
　　宝能中心占据人民大街和解放大路两大城市一级主干道，28 条公交线路纵横交织；1、2 号地铁线中转站出口距项目仅 200 米，迅捷接驳城市各处，便捷出行。

【品牌描述】
　　定位为"中国领先的城市综合运营商"，宝能历经 29 载砥砺，现已成功布局全国 30 多个重点城市，构筑逾 60 座城市作品，其中包括沈阳宝能 GFC、宝能郑州中心等城市典型项目。

【设计风格】
　　携手杜康生团队、刘伟婷设计师有限公司、上上国际（香港）设计有限公司大师团队联合打造宝能中心，建筑外观呈现出独特的"云眼"设计，楼内打造入户精装大堂与艺术停车室大堂。

【园林景观】
　　宝能中心项目景观方案以"雪花"为核心设计元素，打造超 3000 平方米现代景观园林。在现代化都市风格的建筑群中，营造属于自身的多维度私享园林空间。项目北侧无缝衔接牡丹园，丰富的景观层次颇具观赏性。

【文脉底蕴】
　　宝能中心地处长春人文荟萃的文教门户，项目地块原为吉林大学始源地，文化底蕴深厚，周边一公里范围内更有吉大附中、吉大附小、解放大路小学等。

2020年中国城市楼盘年鉴

万达长春国际影都

`长春` `万达` `国际影都` `百万大盘` `生态住区`

项目地址：
长春市净月区生态大街与丙四十七路交叉口南角

开发商：
长春北方影都影视文化产业投资有限公司

产品特征：
普通住宅、商铺

参考价格：
毛坯住宅均价 9800 元 / 平方米

主力户型：
约 85 平方米两居，95、125 平方米三居

物业公司：
万科物业

5 公里生活配套：
万达 MALL、滑雪乐园、雨林乐园、体育乐园、IMAX 国际影城、温泉酒店群、轻轨 4 号线延长线（在建中）、环球购物广场、麦德龙、迪卡侬、王府井奥特莱斯购物中心

专家点评

徐强·长春日报社高级记者、教授、资深媒体人——

长春国际影都由若干文化商业轴连接，东西两侧被城市绿带和伊通河绿化带包围，西侧紧邻伊通河自然生态景观带，东侧毗邻未来的影视基地和文旅综合体。占位长春市「四大板块」中最大的影视板块，入市以来就是城市热点。

扫码观看楼盘详情

项目测评

【战略意义】
万达长春国际影都项目位于高质量发展"四大板块"中最大的影视板块，是影视板块的起步区与核心区，打造了以影视带动城市经济转型的产业集群，是长春打造的未来城市名片。

【市场口碑】
2020 年 8 月 22 日，万达长春国际影都星光半岛盛大开盘，在楼市普遍平稳的大背景下，万达长春国际影都却逆势上扬。据克而瑞长春数据显示，项目 9 月连续三周取得成交面积、金额双料冠军。

【楼栋规划】
万达长春国际影都项目首开区占地面积约 13.37 万平方米，建筑面积约 36.20 万平方米，绿化率 35%，规划 16 栋星光瞰景高层产品。

【主力户型】
万达长春国际影都建面约 125 平方米横厅三房户型，利用大面宽优势，实现户型内功能空间全采光。5.4 米客厅开间，北侧采光餐厅，完全契合了南北通透、景观共享的生活需要，同时也实现了厨房使用期间南北空气对流的效果。

【园林景观】
园林景观风格以现代风格为主，结合影视板块规划，设计电影主题。整个园区强调生态、运动、智慧三大主题，设计"五进景观体系"，在业主的归家动线上设计一步一景及互动参与式景观，以满足不同人群需求。

【教育资源】
东师华蕴（直线距离约 700 米）、东师慧泽（直线距离约 2.6 公里）双名校环伺，地块内规划有教育用地，计划引入吉林省内排名前三的九年一贯制名校签约落位；规划打造高校影视文创联盟产业园，为影视板块的建设、发展提供更多人才支持。

【拿地详情】
2020 年 3 月，万达集团以 90.9 亿元摘得净月开发区 16 宗地，用地面积合计 214.8 万平方米，当中商住类用地 12 宗，用地面积总计 112.2 万平方米；商业用地 4 宗，用地面积总计约 102.6 万平方米。

【品牌描述】
万达集团创立于 1988 年，经过 30 余年发展，已成为以现代服务业为主的大型跨国企业集团。万达集团是中国较早涉足城市旧区改造和跨区域开发的房地产企业，已在全国开发建设数百个万达广场、万达酒店、万达城、万达茂和住宅项目。

【设计风格】
万达长春国际影都首开区建筑风格以现代典雅风格为主，建筑主色调为米白色及棕灰色，强调现代感。局部应用暖灰色的跳色，使之更加活泼，拥有活力。丰富的建筑色彩层次，与周边建筑色彩环境相融合。

【独有特色】
万达长春国际影都依托影视板块产业资源优势，享受产城融合、板块扩张的价值高地利好，配套万达 MALL 商业配套，三所名校教育资源近在咫尺，轻轨 4 号线、地铁 6 号线双轨交通环绕，将重新定义长春未来城市新中心。

融创·洋浦壹號

长春 | 融创 | 品质大盘 | 醇熟大盘 | 便捷交通

项目地址：
长春市经开区洋浦大街与大连路交叉口北行 400 米

产品特征：
住宅

项目规划：
占地面积约 33 万平方米，建筑面积约 114 万平方米，由 13 栋 18 层小高层、21 栋 30 层~33 层高层组成

主力户型：
约 85 平方米两居、约 110 平方米三居

参考价格：
精装 9500 元/平方米、毛坯 8500 元/平方米

入选理由： 2020 年度长春新房销售/面积/金额第一名。据克尔瑞数据显示，2020 年长春融创·洋浦壹號项目销售金额 28.52 亿元，销售面积 34.31 万平方米，销售套数 3684 套，平均每天卖出 10 套。截止到 2020 年 12 月 31 日，洋浦壹號在东方广场板块商品住宅产品市占率高达约 49.87%。

核心优势：

融创·洋浦壹號项目位于经开区核心区域，洋浦大街与大连路交叉口北行 400 米，占位东方广场核心板块。与地铁 2 号线东方广场站直线距离约 1.5 公里，周边十余条公交线路通达，依托吉林大路快速路可以实现与全城路网的互通，自由出行。区域分布有写字楼、海关、学校、医院、长春国际会展中心、体育场及花园式居民小区等，生产、生活服务设施齐全。同时，项目自持约 4.1 万平方米集中商业，约 3.5 万平方米社区商业，配备两所面积均约 2000 平方米以上大型幼儿园。项目约 5300 平方米阳光草坪错落点缀，营造出开阔舒适的园区空间。精心规划"归家生活、活力生活、自然生活"三大景观体系，十大功能模块，为居住者创造一系列充满温暖和互动性的景观空间。

长春院子

长春 | 大众置业 | 净月生态 | 精工匠造 | 雅致体验

项目地址：
长春市净月区净月大街与天泽大路交会处

产品特征：
别墅

项目规划：
项目规划 14 栋高层和两栋叠墅，共 110 户，叠墅为 6 层，院墅为 3 层

主力户型：
约 350~370 平方米六居

参考价格：
别墅 15000 元/平方米起

入选理由： 康晶·乐居东北区域长春公司总经理——大众置业长春院子在结构上处处追求收放对比，层层递进，空间时而开敞、时而封闭，确保户户之间有着相对独立的空间。深墙围合而成的院落给居住者带来充分的安全感，更有利于维护家庭的私密与稳定。

核心优势：

大众置业长春院子占地约 10.7 万平方米，总建筑面积约 9.2 万平方米，0.85 的低容积率，整体采用的是亚洲新中式建筑风格。项目规划总户数 110 户，主力户型为建面 370 平方米的六居产品，该户型由地下双层+地上双层共同构成，赠送南北三边院落及负二层大尺度活动空间、宽阔三车位。园区整体布局以"一轴、两市、四坊、十巷"为规划，更有利于维护家庭的私密与稳定。交通方面，净月区域内交通路网呈现"四纵三横"的规划格局，方便日后的出行。教育方面，项目周边高等学府林立，人文气息浓郁。另外，项目所在区域内商业配套丰富，在项目区、别墅区与别院区间设有 2.3 万平方米的自营商业体，目前该地块为综合市场，后期规划为大型商超。

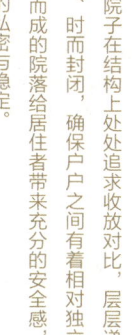

保利天汇

长春 | 保利地产 | 净月正位 | 精装样板 | 轨交便利

项目地址：
长春市净月区生态东街与天普路交叉口

产品特征：
住宅

项目规划：
占地面积约 12.59 万平方米，建筑面积 39.08 万平方米，容积率为 2.49，内部绿化率 39.1%，规划 16 栋高层，共 2848 户

主力户型：
90 平方米两居，160 平方米三居

参考价格：
高层 12800~14200 元/平方米

入选理由｜康晶·乐居东北区域长春公司总经理｜
保利天汇位于净月核心位置，三大板块交接处，周边交通发达，配套齐全。2020 年 10 月底项目首期开盘，推出 234 套，90 平方米两居精装高层，整体去化率 60%。项目建筑面积布局颇为方正，购房者对项目品质及精装标准较为认可。

扫码观看楼盘详情

核心优势：

保利天汇作为保利天字系尊居系产品代表，是净月区高端品质的住宅产品。规划 2848 户，包含 16 栋 25~27 层高层，整体楼栋设计由南向北依次递进。依托净月湖林之境，打造六维园林景观及多功能全龄活动区六大主题景区。项目周边交通线路发达，临近天普路、天泽大路和生态大街三条净月核心道路，距地铁 6 号线新城大街站约 900 米，步行约 8 分钟即可到达。周边学府林立，中小学幼儿园俱全。所在区域还拥有丰富的娱乐休闲配套：亚泰国际俱乐部、省三馆、长影世纪城、喜来登酒店、净月潭高尔夫球场、净月潭高山滑雪场以及东北虎园等高品质的自然、人文休闲配套一应俱全。

长春恒大国际新都

长春 | 恒大地产 | 魅力中韩 | 春明湖畔 | 品质装修

项目地址：
长春市金丰大街与锦绣西路交叉路口往东北约 100 米

物业类型：
住宅、洋房

项目规划：
项目分三期开发，综合容积率 1.82。首期规划有 25/26 高层、6/7/8 层洋房产品

主力户型：
约 85 平方米两居、约 112 平方米三居

参考价格：
高层均价 5800 元/平方米、洋房均价 7500 元/平方米

入选理由｜康晶·乐居东北区域长春公司总经理｜
恒大国际新都，雄踞中韩（长春）国际合作示范区核心地段，项目规划结合地块特征，形成围合型住宅小区。首期绿化率达 30% 以上，综合容积率是 1.82，项目整体打造六重绿化体系、七大主题绿植概念，营造多维度生态园林系统。

扫码观看楼盘详情

核心优势：

项目择址中韩（长春）国际合作示范区，一期以儿童游乐、亲子互动为核心，规划了儿童世界、幼儿园、会所、商业街、景观湖等配套，满足业主生活所需；二期以文化博览为中心，意向规划文化配套；三期以国际商务为核心，意向规划国际商务集群。物业是隶属恒大集团的恒大物业，其最具特色的服务当属"24 小时贴心管家服务"，即"1530"特色尊崇服务：客服中心 1 分钟登记下单，5 分钟到达现场，30 分钟展开维修，24 小时全天守候，解决业主需求。周边教育资源丰沛，项目首期规划有四个社区幼儿园，东北师范大学、长春理工大学、长春大学等高等院校也已与中韩国际合作示范区签约完毕。

哈尔滨
市场总结

一、新房成交表现

1. 整体情况

新房年度成交量：根据哈尔滨中原研究中心提供数据显示，截至 2020 年 12 月 31 日，2020 年哈尔滨市区商品房总成交建筑面积 519.43 万平方米，松北区广受市场关注，为新建商品房供求之首。

表 2020年哈尔滨各区商品房（住宅）1~12月成交总面积（m²）

月份	道里区	道外区	南岗区	平房区	松北区	香坊区
2020年1月	/	/	/	/	/	/
2020年2月	/	/	/	/	/	/
2020年3月	4.82万	1.53万	2.02万	1.74万	12.18万	7.52万
2020年4月	9.16万	1.63万	3.98万	1.24万	12.27万	9.96万
2020年5月	115420.9	26454.2	63935.8	13254	151574.7	109181.7
2020年6月	99155.66	58747.39	57966.77	15005.61	190185.15	101712.52
2020年7月	93898.92	54300.16	70794.15	20149.56	297416.1	94882.14
2020年8月	94111.08	57189.17	80214.4	19986.76	235698.12	98944.09
2020年9月	99611.35	39936.55	110335.79	19461.13	318631.31	131846.9
2020年10月	90579.22	27545.88	90963.94	22268.16	254424.93	85150.07
2020年11月	82657.3	28577.59	67543.85	22310.08	226199.26	121940.44
2020年12月	49058.68	55674.18	65408.43	8075.32	140598.8	134814.41

数据来源：哈尔滨中原研究中心

新房价格情况：根据乐居哈尔滨楼盘库后台数据统计，与 2019 年房价数据相比，2020 年 1-12 月，哈尔滨主城区房价 4 区下降，3 区上涨，其中降幅最高的区域为道里区，下降 851 元/平方米；涨幅最高的为道外区，上涨 1453 元/平方米。

根据乐居哈尔滨楼盘库后台数据分析得知，2020 年，道里区仍然是房价最高的区域，均价 14873 元/平方米；南岗区房价紧随其后，均价 13849 元/平方米；松北区房价位列第三，均价 11472 元/平方米。现今哈尔滨房价未过万区域仅剩利民开发区与平房区。

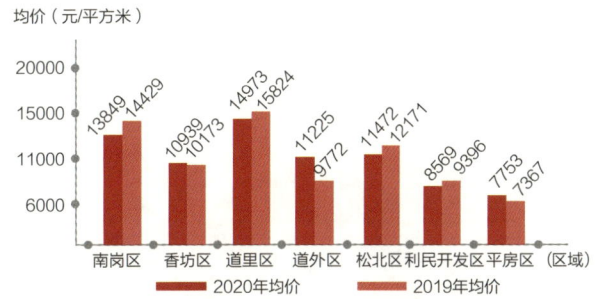

2019—2020 年哈尔滨主城区房价变化情况

2020 年新冠疫情暴发期间，成交量及成交总额触底；上半年哈尔滨商品房市场呈现供大于求态势，均价微涨，商品房供应量大幅上涨，共供应 483.26 万平方米，同比上涨 150.79%；成交量大幅下降，共成交 193.64 万平方米，同比下降 43.11%；下半年疫情得到有效控制，市场热度逐渐恢复，房企集中推盘、以价换量，成交量价逐步回暖，但哈尔滨仅有极小部分主城区出现"供小于求"的情况。

根据根据哈尔滨中原研究中心数据及 2019 年哈尔滨市国民经济和社会发展统计公报中得知，2020 年哈尔滨房价收入比 = 哈尔滨热销价格段 100 万~120 万元（取值 110 万元）/（2019 年哈尔滨城镇居民家庭年人均可支配收入 40007 元 *4）：1100000/160028=6.87（注：公式中乘以 4 是指 4 人）。

2. 开盘加推走势

2020 年，哈尔滨受两次疫情反复影响，回暖进程被迫延后，在疫情二次缓解后，冰城各开发商在 5 月下旬集中发力，冲刺上半年业绩，6 月份成交量首次高于 2019 年同期，于 8 月达到 2020 年加推峰值，共开盘加推 13 次。

根据开盘加推次数分析，2020 年哈尔滨楼市共计开盘加推约 48 次，松北区项目开盘加推次数最多，占比 35.42%。

根据2020年乐居哈尔滨楼盘库后台数据统计，2020年哈尔滨入市新盘共计42盘，各区均有新盘涌现，其中松北区数量最多占10盘，道里区紧随其后占9盘，香坊区位列第三占7盘。

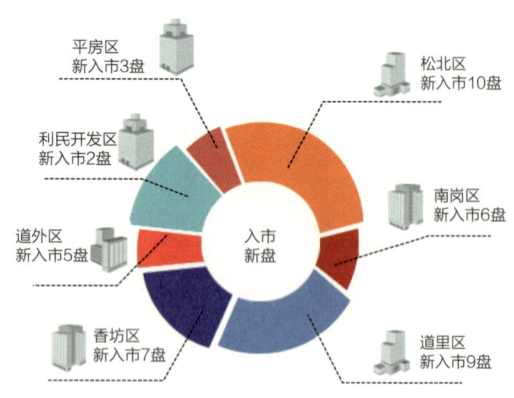

2020年哈尔滨各区入市新盘情况

2020年，哈尔滨楼市在疫情期间呈整体下行态势，许多购房者预期收入降低，消费趋向于保守。但随着疫情逐渐稳定，哈尔滨市场重新恢复活力，开盘加推节奏逐渐加快，楼盘促销活动推陈出新，各大房企"以价换量"，2020年全年整体市场成交额基本与2019年整体持平。

二、政策梳理

2020年，哈尔滨政府有效落实房地产长效管理机制，不将房地产作为短期刺激经济的手段，保障了房地产市场总体稳定。

其中，为支持房地产和建筑企业在做好疫情防控的前提下，积极应对疫情给企业生产经营造成的困难，哈尔滨市出台多条具体扶持措施，确保全市房地产业和建筑业平稳健康发展。

其中关于楼市政策简要内容如下：

（1）2021年12月31日之前，纳入商品房预售资金监管的项目，只留存3%监管资金用于庭院的后续配套工程建设，其余资金开发企业可以随时申请。

影响：缓解房地产开发商在资金监管方面的压力，推进项目开工建设。

（2）2021年9月30日之前取得预售许可的房地产开发项目，且符合公积金个人贷款项目签约其他有关规定的，可以受理项目签约。

影响：改变公积金个人贷款项目签约以往的限制，能够帮助房地产开发商留住公积金贷款客户，促进销售成交。

（3）2020年11月19日起至2020年12月31日，支持并鼓励开发企业对销售的住宅房屋、居住型公寓等新建商品房进一步让利给购房群众。

影响：鼓励支持开发商让利、降价，从开发商角度来说，有机会促进销售成交；但另一方面，加速降价也会造成"市场恐慌"，加重购房者的观望情绪。

（4）2020年11月19日起至2020年12月31日期间备案的商品房买卖合同，开发企业可在联机备案系统中行使合同签订、解除自主权，每套房屋买卖合同解除次数限定为一次。

影响：从开发商角度来说，允许每套房屋买卖合同解除一次，利于开发商在销售过程中提高成交率；另一方面，给买方提供购房保障。

（5）对新建商品房销售下行压力较大的区及县（市），积极引导和鼓励企业根据市场情况，采取打折促销、团购等方式让利销售新建商品房。

哈尔滨多条扶持政策的出台，无不展示着政府支持房地产业和建筑业平稳健康发展的决心和信心。

三、土地供应

1. 出让基本情况

2020年，哈尔滨经营性用地共出让104宗，其中道里区5宗，道外区7宗，南岗区10宗，平房区4宗，香坊区14宗，松北区63宗，阿城区1宗。

出让面积方面，2020年哈尔滨市总出让建筑面积共计1358.23万平方米，其中道里区21万平方米，道外区119万平方米，南岗区106.73万平方米，平房区87.55万平方米，香坊区352.42万平方米，松北区665.56万平方米，阿城区5.97万平方米。

2020年 出让情况统计

辖区	宗地数	总出让面积（万平方米）	总建筑面积（万平方米）
道里区	5	6.18	21
道外区	7	54.23	119
南岗区	10	51.67	106.73
平房区	4	70.11	87.55
香坊区	14	128.61	352.42
松北区	63	365.53	665.56
阿城区	1	4.34	5.97
总计	104	680.67	1358.23

经营性用地方面，2020年哈尔滨土地市场共成交104宗，其中道里区3宗，道外区6宗，南岗区12宗，平房区5宗，香坊区8宗，松北区68宗，阿城区2宗。

成交建筑面积方面，2020年哈尔滨市总成交建筑面积1297.48万平方米，其中道里区10.12万平方米，道外区82.11万平方米，南岗区138.05万平方米，平房区88.73万平方米，香坊区245.18万平方米，松北区685.28万平方米，阿城区48万平方米。

成交金额方面，2020年哈尔滨成交总金额330.41亿元，其中道里区4.57亿元，道外区22.81亿元，南岗区76.8亿元，平房区18.67亿元，香坊区60.81亿元，松北区143.14亿元，阿城区3.61亿元。

在土地成交方面，松北区的表现尤为亮眼，2020年全年，松北区累计供应经营性土地63宗，总占地面积365.53万平方米；共成交经营性土地68宗，总占地面积372.62万平方米，成交总价达143.14亿元，成交宗地数量占全年哈尔滨总成交宗地数量的65.38%。

2020年 成交情况统计

辖区	宗地数	成交总价（亿）	总占地面积（万平方米）	总建筑面积（万平方米）
道里区	3	4.57	3.3	10.12
道外区	6	22.81	17.67	82.11
南岗区	12	76.8	64.42	138.05
平房区	5	18.67	71.14	88.73
香坊区	8	60.81	89.56	245.18
松北区	68	143.14	372.62	685.28
阿城区	2	3.61	26.91	48
总计	104	330.41	663.31	1297.48

2020年哈尔滨六大主城区，楼面价超6000元/平方米的地块共8幅，其中NO.2020HT033地块楼面价最高，中海地产以16.99亿元摘得该地块，成交楼面价为9508元/平方米。

2. 开发商拿地情况

纵观2020年的哈尔滨"土拍大战"，实力老牌央企与势力正猛的品牌房企更胜一筹，几乎包揽了整个哈尔滨土地市场。

拿地金额方面，中海地产大手笔花费42.14亿元斩获4宗宅地，成为哈尔滨2020年全年拿地金额最高的房企；深哈产业园拿地势头同样猛烈，2020年共将13宗地块收入囊中[统计数据包括深圳（哈尔滨）产业园投资开发有限公司、哈尔滨深哈产业园产城投资开发有限公司所拿地块]；恒大集团则以8宗地块、102.07万平方米的超高供应面积，揽获"2020年成交面积最大房企"称号。

3. 未来预估

回顾2020年哈尔滨土地市场，哈尔滨城市整体向北、向东发展，松北区正好处于区域价值快速堆积期，土地储备充足，地块多为重点产业合作形式，区域发展后续力量强劲，故而整体土地供应以松北区为主，松北区大批量土地入市，拉动整体市场热度。

其次，棚改项目加紧脚步，土地市场以香坊、道外等区域为辅，大量棚改项目用地入市并成交，推动城市高质量发展，加速城市开发建设。

但受疫情影响，哈尔滨土地市场也经历3月和5月的平淡期。这两个月份，哈尔滨土地成交市场冷到冰点，当月均仅成交1宗土地。但随着疫情逐渐稳定，哈尔滨土地市场重新恢复活力，推地节奏逐渐加快。

整体来看，土地成交价虽有惊喜，但并未产生特别大的波动，市场平稳、健康发展。

四、热点板块

从区域划分来看，截至2020年12月30日，根据黑龙江公共资源交易网土地数据可以看出，哈尔滨市土地供应与成交均集中在松北区，松北区成交宗地数量占2020年全年哈尔滨总成交宗地数量的65.38%；根据开盘加推次数分析，2020年哈尔滨共计开盘加推约48次，松北区项目开盘加推次数最多，也从侧面反映出松北区在2020年的置业热度依然高涨。

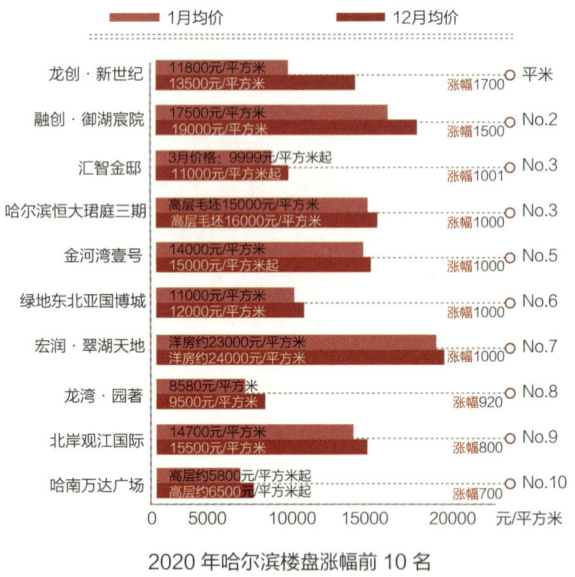

2020年哈尔滨楼盘涨幅前10名

从项目房价涨幅来看，哈尔滨涨幅前10的楼盘主要集中在道里区、松北区，前十名分别是龙创·新世纪、融创·御湖宸院、汇智金邸、哈尔滨恒大珺庭三期、金河湾壹号、绿地东北亚国博城、宏润·翠湖天地、龙湾·园著、北岸观江国际、哈南万达广场（根据涨幅价格大小排序），其中房价涨幅最高的楼盘为龙创·新世纪，较2020年1月上涨1700元/平方米。

五、2021年展望

2021年哈尔滨的楼市走向将会如何？乐居采访了多位房地产相关人士，聆听他们的声音。

某业内编辑认为，2020年哈尔滨的入市新盘较多，尤其是下半年，疫情得到有效控制，很多大品牌开发商加速竞得土地，加之线上、线下同步营销，2021年楼市房源供应将会比较充足，购房者可选余地比较大。随着中央政策对东北地区的扶持，哈尔滨新区势力不断崛起，区域房价将会持续小幅上涨，区域带动整体，预计2021年哈尔滨新房房价将恢复上涨。

开发商员工认为，市场层面，哈尔滨政府会继续加大松北、香坊、道外区的土地供应，2020年成交的土地会相继入市，整个市场依然由品牌房企来主导价格走向，整体价格预期稳中有升；市场将呈将出品牌房企主导的局面，强者恒强。中小开发商将面临资金紧张的局面，部分中小开发商仍会存在以价换量的局面，房地产企业面临洗牌。

哈尔滨某市民认为，2020年受疫情影响，很多开发商推出优惠活动，降价促销。而且因为哈尔滨市的房地产供应已经饱和了，应该不会再涨，感觉2021房价可能会下降。

未来的哈尔滨市场在"房住不炒"长效机制方案影响下，四大价格监管体系会加速形成，品牌开发商项目陆续入市，哈尔滨楼市势必百花齐放，延续房地产市场平稳运行的市场局面。

数据来源：哈尔滨中原研究中心、易居数据中心

在售楼盘一览

道里区

楼盘名称	价格	物业类型	主力户型
富力江湾新城	约28000元/m²	普通住宅	三居室(215~221m²) 四居室(247~435m²)
招商贝肯山（招商·云玺）	约15188元/m²	普通住宅、别墅、商铺	二居室(91m²) 三居室(120~197m²)
汇龙·澜湾九里	约12700元/m²	普通住宅、商铺	二居室(91~103m²) 三居室(138m²)
枫丹郡	约14500元/m²	普通住宅、商铺	高层(71~141m²) 洋房(94~173m²)
万科·滨江大都会	约13000元/m²	公寓、酒店式公寓	一居室(42~53m²)
恒大悦府	约13500元/m²	普通住宅	一居室(65m²) 二居室(65~154m²)
华润置地·崑崙御	约13000~15000元/m²	普通住宅	二居室(98m²) 三居室118~134m²) 四居室(135m²)
和悦府	约13500元/m²	普通住宅	三居室(150~182m²)
保利天悦一期（保利天禧）	约12800元/m²	普通住宅、商铺	二居室(89m²) 三居室(104~123m²) 四居室(126~137m²)
凯利汽车欢乐广场	约9800元/m²	普通住宅、酒店式公寓、商铺、综合体	二居室(76.2m²) 三居室(100.41~124.59m²) 四居室(135.32m²)
西雅图水岸	约15000元/m²	普通住宅、商铺	二居室(84.31~92.79m²) 三居室(109.38~123.52m²)
中海·天誉	约17000元/m²	普通住宅	三居室(136~156m²)
中海时代名邸	约12500元/m²	普通住宅	二居室(89~116m²) 三居室(144m²)
曼哈顿酒店式公寓	约14000元/m²	公寓	一居室(40.5~87m²)
华润置地·崑崙御Ⅱ期	约13000元/m²	普通住宅	三居室(108~128m²)
桐楠格·万科公园大道	约16500元/m²	普通住宅	二居室(88m²) 三居室(104~125m²)
融创·御湖宸院	约19000元/m²	住宅	三居室(151m²) 四居室(160m²) 五居室(202~209m²)
金地·名悦	约13200元/m²	普通住宅、商铺	一居室(88~90m²) 三居室(115~125m²) 四居室(135m²)
龙玺壹号	约23000元/m²	普通住宅	三居室(241.33m²)
融创星美御	约16000元/m²	普通住宅	二居室(85~89m²) 三居室(113~140m²)
江城国际	约17000元/m²	公寓、酒店式公寓	一居室(71m²) 二居室(123~126m²)
恒祥荣府	尚未公布	普通住宅	二居室(101.44~138.97m²) 四居室(185.5m²)
璞悦湾	约13000元/m²	普通住宅	三居室(124.46~124.75m²)
里普利广场	约11000元/m²	公寓、写字楼、综合体	二居室(144.53m²)
汇智金邸	约11000元/m²	公寓、写字楼	一居室(42~130m²)
宏润·翠湖天地	约18000元/m²	普通住宅、别墅、商铺、综合体	别墅(236.11~293.45m²)
绿地中央广场Ⅱ期·黑龙江空港经济商务中心	尚未公布	公寓、别墅、写字楼、商铺	尚未公布
富力中心	约23000元/m²	写字楼	写字楼(2000~2400m²)
外滩1898	约9300元/m²	公寓、写字楼、商铺	一居室(31.78~35.92m²)

道里区

楼盘名称	价格	物业类型	主力户型
银泰城·悦坊	约15000元/m²	普通住宅、综合体	一居室(30~80m²)
香港中心	尚未公布	公寓、写字楼、商铺	尚未公布
群力湿地MOHO	约18000元/m²	写字楼、综合体	一居室(167.34~189.20m²)
宏图兴业	约50万元/套	公寓、商铺	一居室(35~88m²)
汇智东方悦	约13900元/m²	住宅	二居室90m² 三居室(121~143m²)

南岗区

楼盘名称	价格	物业类型	主力户型
鲁商松江新城	约12000元/m²	普通住宅、公寓、写字楼、商铺	高层(66~130m²)
爱达·盛锦	约14700元/m²	普通住宅、商铺	一居室(68.97m²) 二居室(79.16m²) 三居室(130.69~132.84m²)
爱达·壹号	约17500元/m²	住宅、LOFT	二居室(115m²) 三居室(139m²)
哈西骏赫城	约10000元/m²	普通住宅、别墅	一居室(35~58.67m²) 二居室(51~95.31m²) 三居室(128.01m²)
汇智中心	约14700元/m²	公寓、商铺、综合体	二居室(49~118.88m²)
中海·文昌府	约18000元/m²	普通住宅	二居室(89~90m²) 三居室(103~139m²)
鲁商·悦未来	约11000元/m²	普通住宅、商铺	三居室(95.02m²) 二居室(87.41m²)
鲁商凤凰城	约12500元/m²	普通住宅、综合体	二居室(82.57~87.87m²) 三居室(97.92~135.72m²)
哈尔滨恒大珺庭三期	约16000元/m²	普通住宅	二居室(83~94m²) 三居室(145.24m²) 四居室(150.89m²)
鲁商·铂悦公馆	约10000元/m²	公寓	一居室(36m²) 二居室(50m²)
爱达·晶品	约14700元/m²	普通住宅、商铺	一居室(71.07m²) 二居室(79.13~117.66m²)
华润置地·置地公馆	约15200元/m²	公寓、商铺	一居室(39m²) 二居室(45m²)
爱达·尊御	约15000元/m²	普通住宅、酒店式公寓、商铺	一居室(68.85m²) 二居室(115.19m²)
万辰·星公馆	约13000元/m²	普通住宅	一居室(52~53m²)
金地峯范	约16500元/m²	普通住宅	二居室(89m²)
状元府	约17000元/m²	普通住宅	一居室(51.99~103.27m²) 二居室(62~100.05m²)
金地·风华雅筑	约13300元/m²	普通住宅	二居室(85~93m²) 三居室(104~126m²)
龙创·新世纪	约13500元/m²	公寓、写字楼、商铺	一居室(40.31~58.24m²)
汇龙·巴黎第九区	约11288元/m²	普通住宅	二居室(88~98m²) 三居室(108~118m²) 四居室(128m²)
凯盛源广场	约15800元/m²	普通住宅、公寓、写字楼、商铺	公寓(45~66m²) LOFT(59m²)

香坊区

楼盘名称	价格	物业类型	主力户型
哈尔滨恒大中央广场	约9100元/m²	普通住宅	二居室(86.96m²) 三居室(135m²)
融创·蘭园	约11000元/m²	普通住宅	二居室(89~135m²) 三居室(109~135m²)

香坊区			
楼盘名称	价格	物业类型	主力户型
万科智慧未来城	约9500元/m²	普通住宅、公寓	二居室（88m²） 三居室（108~128m²）
东鸿·艺境	约9500元/m²	普通住宅、商铺、综合体	一居室（49.93~57.62m²） 二居室（59.63~101.88m²） 三居室（109.98~137.99m²）
新松·未来ONE	约8600元/m²	普通住宅	二居室（86~92m²） 三居室（102m²）
新松·璟荟祥府	约10000元/m²	普通住宅、商铺	二居室（88m²） 三居室（105~126m²） 四居室（137m²）
万科金域悦府	约12800元/m²	普通住宅	二居室（88m²） 三居室（96~128m²）
新松·樾尚	约7500元/m²	普通住宅	一居室（59m²） 二居室（92~96m²） 三居室（112m²）
金源蓝城	约8188元/m²	普通住宅、写字楼、商铺	二居室（67.9~103.9m²） 三居室（126.82m²）
金瑞林城瑞园	约11500元/m²	普通住宅	一居室（68m²） 二居室（83~90m²）
华润置地照云府	约12500元/m²	普通住宅、商铺	二居室（97m²） 三居室（115~130m²）
汇龙·拾光里	约12000元/m²	商铺	商铺（58~280m²）
融创公园壹号	约9000元/m²	普通住宅	一居室 45m² 二居室（60~75m²） 三居室 105m²
四季印像|悦荟街区	约19999元/m²	商铺	商铺（200m²）
哈尔滨恒大时代广场	约10000元/m²	普通住宅、公寓、商铺、综合体	二居室（85m²） 三居室（105~138m²）
上和树	约17000元/m²	普通住宅	三居室（127~250.4m²）
恒隆华府	约9500元/m²	普通住宅	二居室（59.39~78.85m²）
新松·茂樾山	约8000元/m²	普通住宅、公寓、写字楼、商铺	一居室（55m²） 二居室（77~182m²）
汇智五洲城	约8500元/m²	写字楼、商铺、综合体	二居室（92m²） 三居室（54~62m²）
华润置地·紫云府Ⅱ	约16000元/m²	普通住宅、商铺	三居室（115~130m²） 四居室（136m²）
会展城上城·星御	约8000元/m²	普通住宅、酒店式公寓、商铺、综合体	一居室（63m²） 二居室（99.02m²） 三居室（136.33m²）
融创城·领域	约11000元/m²	普通住宅、商铺	二居室（89m²） 三居室（109m²）
新松玺樾府	约13800元/m²	高层、商铺	二居室（95m²） 三居室（123m²）
鸿利·天下大观	约18000元/m²	商铺	商铺（100m²、283m²）
香湾青城	约12500元/m²	普通住宅	二居室（76~198m²） 三居室（112~146m²）

松北区			
楼盘名称	价格	物业类型	主力户型
华润置地悦府	约15500元/m²	普通住宅	二居室（99m²） 三居室（115m²）
天成·溪树庭院	约10500元/m²	普通住宅	三居室（129m²）
汇智悦景湾	约8000元/m²	普通住宅	二居室（86~87m²） 三居室（139m²）
绿地东北亚国博城	约11000元/m²	普通住宅、自住型商品房	二居室（87m²） 三居室（120m²） 四居室（140m²）
麦硕·禮城	尚未公布	普通住宅	三居室（130m²）
磐石·金江悦	约14000元/m²	普通住宅、别墅、商铺	三居室（143.34~167.1m²） 四居室（212.56m²）
汇智环球金贸城	约11500元/m²	普通住宅、公寓、酒店式公寓	二居室（92m²） 三居室（110~147m²）
保利观澜3	约13000元/m²	普通住宅	二居室（89.82~93.18m²） 三居室（111.61~132.56m²）

松北区			
楼盘名称	价格	物业类型	主力户型
北岸观江国际	约15500元/m²	普通住宅	一居室（90.79m²） 二居室（118.05~124.48m²） 三居室（140.71~171.03m²）
恒健橘子郡	约1200万元/套	别墅	七居室（368m²）
观澜居	约15000元/m²	普通住宅	三居室（142.75~146m²） 四居室（189~201m²）
中盟首府	约11000元/m²	普通住宅、别墅	二居室（86m²） 三居室（120~131m²） 四居室（164m²）
华润置地·萬象府	约16000元/m²	普通住宅	三居室（110~125m²） 四居室（136m²）
松浦观江国际	约13200元/m²	普通住宅、别墅	二居室（67.19~102.27m²） 三居室（86.25~118.24m²） 四居室（124.24m²）
金色江湾	约13000元/m²	普通住宅	一居室（48.67m²） 二居室（96.99m²） 三居室（117.94~135.27m²）
天玖澜湾墅	尚未公布	普通住宅、别墅	二居室（90~124m²） 三居室（146m²） 四居室（180m²）
墅公馆	约280万元/套	普通住宅、别墅	一居室（32~54m²） 二居室（91m²） 三居室（131m²）
哈尔滨融创文旅城	约9999元/m²	普通住宅、别墅、酒店式公寓、商铺	二居室（88~135m²）
龙江恒大·养生谷	尚未公布	普通住宅、公寓	二居室（80~98m²） 三居室（117~160m²）
龙江恒大文化旅游城	尚未公布	普通住宅、商铺	二居室（80~98m²） 三居室（117~160m²）
华美太古广场	约15400元/m²	商铺	商铺（40.5~1621.5m²）
南益松江春晓	约13000元/m²	普通住宅	二居室（121.5m²） 三居室（117~121.5m²）
碧桂园·华美天樾	约10000元/m²	普通住宅、自持物业	三居室（120~125m²） 四居室（140m²）
深哈·万科城	约11000~13500元/m²	住宅	二居室（88m²） 三居室（125~135m²）
玫瑰湾·智园	约11500元/m²	普通住宅	一居室（67.17~79.34m²） 二居室（89.99~125m²） 三居室（133.56~166.79m²）
恒泰·悦璟府	约8000元/m²	普通住宅	二居室（90m²） 三居室（101m²）
恒大世纪梦幻城	尚未公布	普通住宅	二居室（88~97m²） 三居室（99~110m²）
江御府	约19000元/m²	普通住宅、商铺	三居室（126~139m²） 四居室（157m²）
坤腾·理想城	约10500元/m²	公寓	一居室（63.67~71.6m²）
汇宏金融港	约14000元/m²	商铺	一居室（52m²） 三居室（52~110m²）
华夏幸福|深哈中心·松江序	约10800元/m²	普通住宅、别墅	高层（88~120m²） 洋房（125~136m²）
大正臻园	约14300元/m²	普通住宅	二居室（99.03m²） 三居室（141.65~141.99m²）
哈尔滨宝能城	约11200元/m²	普通住宅	二居室（83~96m²） 三居室（137m²） 四居室（172m²）
华润置地静安府	约13000元/m²	普通住宅	二居室（95m²） 三居室（115m²）
珍宝岛·健康城	约10500元/m²	普通住宅、公寓	二居室（80m²） 三居室（102~123m²）
鑫丰云筑	约13000元/m²	普通住宅	二居室（88.7~116.67m²） 三居室（130.89~143.96m²） 四居室（155.19m²）
恒祥御景	约16000元/m²	别墅	别墅（370~399m²）
金河湾壹号	约15000元/m²	公寓	五居室（326m²）
融创·冰雪影都	约7000~8600元/m²	住宅	三居室（89~130m²）

松北区			
楼盘名称	价格	物业类型	主力户型
富力城三期	约 13000 元 /m²	普通住宅、别墅、商铺	一居室 (68m²) 二居室 (89~122m²) 三居室 (163m²)
融创·建荣松江宸院	约 388 万元 / 套	普通住宅	四居室 (162.52~251.39m²) 五居室 (191.08~240.9m²)

利民区			
楼盘名称	价格	物业类型	主力户型
汇智悦墅湾	约 8500 元 /m²	普通住宅、公寓、商铺、综合体	二居室 (96m²) 三居室 (113~140m²)
西湖·松江印月	约 7800 元 /m²	普通住宅	二居室 (89~143m²) 三居室 (113~143m²)
地恒托斯卡纳	约 8400 元 /m²	普通住宅、公寓	一居室 (53.68m²) 二居室 (92.24~102.19m²) 三居室 (121.9m²)
顺迈欣郡三期	约 8900 元 /m²	普通住宅、商铺	一居室 (57.84~58.53m²) 二居室 (71.32~105.47m²) 三居室 (115~135.98m²)
华居水木天成	约 9500~11000 元 /m²	住宅	二居室 (80~160m²)
龙湾·园著	约 8800 元 /m²	普通住宅、自住型商品房	二居室 (100m²) 三居室 (120.79~147m²)
国翠园	约 20500 元 /m²	别墅	别墅 (210~240m²)
大都会新天地五期	约 9000 元 /m²	普通住宅	二居室 (75.88m²)
滨才·凤栖湖	约 55 万元 / 套	普通住宅、别墅	二居室 (89~114m²) 三居室 (142~165m²)
汇宏时代广场	约 9600 元 /m²	普通住宅、公寓、商铺	三居室 (54~63.48m²)
公元天下	约 7500 元 /m²	普通住宅、酒店式公寓	二居室 (81.19~94.88m²) 三居室 (145.27m²)
visa 生活汇	约 8000 元 /m²	公寓、写字楼、酒店式公寓、商铺	一居室 (36~85m²)
君豪新城	约 5688 元 /m²	普通住宅、公寓、别墅、商铺	二居室 (86~112m²) 别墅 (376.4~894.8m²)

道外区			
楼盘名称	价格	物业类型	主力户型
福汇东方·叁号院	尚未公布	普通住宅	二居室 (97~110m²) 三居室 (136m²)

道外区			
楼盘名称	价格	物业类型	主力户型
华南城紫荆名都	约 6850 元 /m²	普通住宅	二居室 (89m²) 三居室 (110m²)
中海观澜庭	约 10800 元 /m²	普通住宅、商铺	二居室 (89m²) 三居室 (109~123m²)
御湖壹号	约 7500 元 /m²	普通住宅	三居室 (100~120m²)
汇龙·玖和琚	约 10800 元 /m²	普通住宅、公寓、商铺	二居室 (86~103m²) 三居室 (131m²)
铭龙产业园	约 4200 元 /m²	商铺	商铺 (259.49~722.44m²)
宝宇·旭辉天邑珑湾	约 20000 元 /m²	普通住宅	一居室 (69~76m²) 二居室 (92~122m²) 三居室 (149~249m²)
锦绣东润御景	约 7000 元 /m²	普通住宅	二居室 (85.2~88.31m²)
哈尔滨华南城	约 6850 元 /m²	商铺	二居室 (80m²) 三居室 (270m²)
汇龙·花溪半岛	约 8588 元 /m²	住宅	二居室 (78~127m²)

平房区			
楼盘名称	价格	物业类型	主力户型
招商·学府 1872	约 10000 元 /m²	普通住宅	二居室 (89m²) 三居室 (130m²)
国际花都	约 6600 元 /m²	普通住宅、别墅	一居室 (49.91m²) 二居室 (59.8~93m²) 三居室 (98.7~110m²)
保利明玥时光（保利时光里）	约 7200 元 /m²	普通住宅、商铺	二居室 (91m²) 三居室 (110m²) 四居室 (128m²)
绿地·香堤九里	约 6700 元 /m²	普通住宅、公寓	二居室 (75.85~88.75m²) 三居室 (95.88~105m²) 四居室 (115m²)
凯盛源·玖郡	约 10068 元 /m²	别墅	二居室 (93.66~120.47m²) 三居室 (117.86~163.3m²) 五居室 (206.13m²)
哈南万达广场	约 6500 元 /m²	普通住宅、别墅、综合体	二居室 (88m²) 三居室 (125m²)
碧桂园·欧洲城丨拉菲小镇	约 7200 元 /m²	普通住宅、别墅	二居室 (89m²) 三居室 (100~140m²)

双城区			
楼盘名称	价格	物业类型	主力户型
中粮·锦云世家	约 7000 元 /m²	普通住宅、商铺	二居室 (99m²) 三居室 (115~168m²)

典型项目

爱达·壹号

`哈尔滨` `爱达` `哈西新区` `交通便利` `配套丰富`

项目地址：
哈尔滨市哈西大街与复旦路交叉口

开发商：
哈尔滨子鸿房地产置业有限公司

产品特征：
住宅、LOFT

参考价格：
住宅均价 17500 元/平方米

主力户型：
约 115 平方米两居、约 139 平方米三居

物业公司：
诚泽物业

5 公里生活配套：
宜家家居、西城红场、万达广场、金爵万象；哈尔滨西站、地铁 3 号线、地铁 1 号线；医大二院、九六二医院；继红小学、花园小学、六十九中学、松雷中学

专家点评

桑洪·黑龙江省房地产商会会长

爱达·壹号地处哈西新区，位置优越，周边设施完善，紧邻地铁站，交通出行便利，项目正对宜家家居，周边商圈配套齐全，项目主推改善户型及社区品质园林，致力于为业主提供优质服务。

扫码观看楼盘详情

项目测评

【区域地段】
爱达·壹号择址哈西新区核心，与宜家家居一街之隔，紧邻地铁 3 号线哈西大街站，与西城红场直线距离 1 公里，与万达广场直线距离 1.5 公里，周边交通、商业、教育、医疗等生活配套丰富。

【楼栋规划】
爱达·壹号总建筑面积约 58.8 万平方米，包含 22 栋住宅及 1 栋 LOFT。社区园林因地制宜，采用阶梯式的园林设计，总绿化面积 9 万平方米，楼座间距可达百米。

【主力户型】
爱达·壹号主力户型为建面 139 平方米的高奢三房，整体布局南北方正，三个卧室各自独立，厨房配套阳台、客厅配套阳台，大大增加了生活储物空间与空间的多变性，4.5 米大开间客厅增加疏阔的居住感受，提高居住舒适度。

【园林景观】
爱达·壹号 A 区将其独特的阶梯式地形设计为三块独立花园景观，与 B 区园林一并以四个欧洲城市命名，分别为：莱比锡、维琴察、梦雅典、维也纳。总绿化面积 9 万平方米，是哈西名副其实的"公园社区"。

【交通出行】
爱达·壹号紧邻地铁 3 号线哈西大街站，可与地铁 1 号线实现互通互联，并串联起哈尔滨西站、哈西公路客运站等重要的城市门户交通枢纽，此外爱达·壹号沿哈西新区一类城市干道哈西大街而建，自驾出行十分便捷。

【教育资源】
爱达·壹号依据学区划分的有关要求，被划入继红小学哈西第三校区。继红小学为我市知名小学，在继红小学哈西第三校区新校舍未建成投入使用前，由继红小学哈西绥化路校区接收爱达·壹号小区已进户居民子女入学。

【医疗配套】
爱达·壹号周边分布三所三甲医院，其中与医大二院的直线距离约 1.3 公里，与九六二医院的直线距离约 3 公里，与黑龙江省农垦总局总医院的直线距离约 3.2 公里。医大二院、九六二医院、农垦总局医院均为我市知名医院。

【购物娱乐】
爱达·壹号地处哈西核心腹地，与宜家家居一街之隔，周边分布西城红场、万达广场、金爵万象、月星家居、居然之家五大商圈，将吃喝玩乐购全部囊括其中，全面满足生活所需。

【设计风格】
爱达·壹号采用更具有现代化特色的 Art Deco 风格，选取适合北方寒冷干燥天气的石材。楼体底部采用石材干挂凸显庄重与美感，整体楼座造型挺拔庄严，更具特色与品质，同时也保证了建筑的安全性和耐久性。

【内部规划】
爱达·壹号 A 区为坡地社区，整个社区内部由北向南依然从高到低，利用天然坡地，打造坡地园林景观、坡地叠水景观，为市区内罕有；社区内部近百米楼间距保障业主隐私，户户赠送品牌空气净化器、直饮水机、指纹密码锁。

新松·未来 ONE

`哈尔滨` `新松` `全屋装修` `智慧社区` `会展东区`

项目地址：
哈尔滨市香坊区香福路 227 号

开发商：
哈尔滨松樾房地产开发有限公司

产品特征：
普通住宅

参考价格：
8600 元/平方米起

主力户型：
86~92 平方米两居、约 102 平方米三居

物业公司：
美家时代

5 公里生活配套：
会展中心、红博世纪广场，公交 40 路、69 路、268 路（新松茂樾山站），69 路、53 路、353 路（北大荒生态园站），新松社区医院

专家点评
苏连文·黑龙江省房地产业协会会长

新松·未来 ONE，雄踞哈尔滨香坊区长江路片区，是新松企业集团深耕哈尔滨的智慧升级力作，全装修 5G 智慧现代化社区，打造 6 大智能体系，以科技、智能、人性化的产品理念，缔造未来生活新方向。

项目测评

【战略意义】
新松企业集团深耕冰城九年，五大项目联动，新松·未来 ONE 项目在 5G 技术和物联网广泛应用的大背景下，针对市场对于智能住宅产品的需求，制作更加系统、明确的智能科技体系。

【市场口碑】
新松企业集团全新力作，哈尔滨首席全装修 5G 智慧社区，2020 年 5 月入市，引爆冰城；8 月 1 日开盘，共计推出 404 套房源，劲销 3.2 亿元，去化率 80% 以上；全屋装修、5G 智慧社区、新松品质大盘、醇熟的生活配套，获得业主认可。

【区域地段】
新松·未来 ONE，位于哈尔滨市香坊区长江路和香福路交会处向南 800 米路东。香坊区位于主城东南部，是政府"北跃、南拓、中兴、强县"战略的组成部分，本项目位于香坊哈东新区，这里更是政府扶持的重点区域。

【主力户型】
新松·未来 ONE，主力户型为建面 86~102 平方米两居及三居，精致户型，格局方正，动静分明。全明设计南北卧室通透，清风穿行，厨房与客厅相连，方便就餐，从容进出。客厅超大开间 3.7 米，在增加得房率的同时，提高居室的舒适度。

【园林景观】
新松·未来 ONE，小区设计有未来之境、摩卡客厅、冥想空间、摩尔庄园、轻氧健身房、阳光球场、幼儿亲子乐园、颐养花园、萌宠乐园等 9 大公园主题景观，营造全龄共享的惬意空间。

【交通出行】
公交线路有 40 路、69 路、268 路（新松茂樾山站）等，69 路、53 路、353 路（北大荒生态园站）等，距离项目约 1 公里，步行 10 分钟即可到达；距离在建地铁 2 号线（气象台站）约 3 公里。

【教育资源】
农垦子弟学校、国际双语幼儿园、金融学院、德强学校等知名学校云集；项目紧邻规划教育用地，未来将引入九年一贯制学校，孩子出门就可以上学。

【医疗配套】
邻近政府规划医疗用地，在长江路与黄家崴子路交会处，规划建设哈尔滨市第四医院；新松企业集团自建新松茂樾山医院，为您和家人的健康保驾护航。

【品牌描述】
新松企业集团成立于 2000 年，业务涵盖投资开发、研发设计、物管运营、文化旅游、健康医养五大板块，先后在北京、上海、哈尔滨等 17 座城市布局，累计完成策划、研发、设计开发项目 1800 余万平方米。

【项目优势】
项目打造 5G 智慧社区，户型南北通透，配备飘窗，一梯两户设计。主题园林铸就健康生活，物业贴心服务，守护业主日常。全屋装修，拎包入住，更加便利。项目邻近会展商圈，商业配套齐全。

新松玺樾府

哈尔滨 | 新松 | 五园环绕 | 交通便利 | 全屋装修

项目地址：
哈尔滨市三合路与规划科研路交叉口

开发商：
新松企业集团

产品特征：
高层、商业

参考价格：
高层均价13800元/平方米，商业价格尚未公布

主力户型：
约95平方米两居、约123平方米三居

物业公司：
美家时代

5公里生活配套：
乐松购物广场、凯旋购物中心、千盛购物广场、医大二院、哈尔滨市五院、肿瘤医院、香坊区人民医院、松江学校

专家点评

苏连文·黑龙江省房地产业协会会长

新松玺樾府以公园府宅著称，超2000亩城市桃源天赋滋养，约72万平方米公园群落环绕，打造全装修高品质住宅社区，从规划、户型、装修等方面进行全面升级，遵循舒适、多样性的设计原则，使得功能划分更加明确。

扫码观看楼盘详情

项目测评

【市场口碑】
新松玺樾府是集新松20年开发经验的府系豪宅项目。2020年9月，项目营销中心开放，认筹伊始便引发巨大关注。新松玺樾府凭借高于区域市场标准的精装产品，打造全面升级的高档生活区。

【楼栋规划】
社区占地面积约2.3万平方米，规划4栋高层住宅，总户数514户，1号楼、2号楼30层，3号楼28层，4号楼16层，均为一梯两户板式高层，同时还规划16栋商墅。

【主力户型】
新松玺樾府主力户型为建面约95平方米二居以及约123平方米三居，整体布局方正，南北通透，餐厨客一体式设计，提高居室的舒适度。其中，三居产品拥有玄关设计，满足业主居家私密需求，待客会友更方便。

【园林景观】
营造三重园林体系——黑龙江省森林植物园、两公顷滨河景观长廊、自身中式园林景观，森林植物园有超136公顷城市森林，与项目直线距离约50米。未来将建直通植物园的人行天桥，业主两分钟漫步即达森林植物园。

【自建配套】
项目有新松企业集团投资自建的两公顷滨河景观长廊，包含滨水公园以及滨河生态系统，通过社区西侧行人入口可以直通滨河景观长廊。另外，项目拥有商业、商墅等综合类业态，以及社区服务型豪华底商。

【物业服务】
五星级物业服务，将高水平的物业服务理念融入生活中；设有专属服务经理，1对1为每一位业主提供细致入微的关怀与照顾。

【交通出行】
新松玺樾府项目周边1公里内有地铁3号线旭升街站以及30路、39路、67路、108路、202路、205路、251路、252路等公交线路，直通哈市各区核心商圈。

【医疗配套】
项目周边医疗机构众多，包括医大二院、肿瘤医院、哈尔滨市五院、香坊区人民医院等。其中医大二院是大型综合性三级甲等医院，肿瘤医院是黑龙江省唯一集肿瘤预防、医疗、教学、科研于一体的三级甲等医院。

【购物娱乐】
项目距离家得乐超市一公里，可以满足业主日常生活消费需求。项目周边五公里内还有乐松购物广场、凯旋购物中心、千盛购物广场等休闲购物场所。

【战略意义】
新松玺樾府项目是新松企业集团进驻哈尔滨9年来首次推出的高端项目，它提高了当地的住宅水平，增强了购房群体对健康住宅的理解。

融创·冰雪影都

| 哈尔滨 | 融创 | 松北新区 | 文旅配套 | 47中学 |

项目地址：
哈尔滨市呼兰区富江路（波塞冬北侧约50米）

产品特征：
住宅

项目规划：
占地面积：112万平方米；容积率：1.58；洋房5~7层，小高层13~17层，一梯两户

主力户型：
89~130平方米两居、三居

参考价格：
小高层均价7000元/平方米、洋房均价8600元/平方米

入选理由 姜安娜·乐居哈尔滨主编

融创·冰雪影都雄踞松北新区避暑城板块。规划两所大型幼儿园，47中学九年一贯制重点学区，自建融创茂，一站式休闲体验。约200万平方米湿地公园，举步畅享美景。影视主题商业街一览松江繁华，影视产业链打造国际知名度。

核心优势：
融创·冰雪影都位于哈尔滨松北新区松花江避暑城板块，总投资约百亿元，总占地面积约112万平方米，建筑面积约200万平方米，坐享城市难得的自然资源，中心环抱约200万平方米原生湿地公园，享约2.5公里宽幕江域，是哈尔滨难得的滨江项目。别墅级低密空间，打造低密住区，生活更舒适。项目现已签约哈尔滨第47中学，未来还规划两所大型幼儿园，引入更多优质基础教育资源。同时项目还将配备完善的生活配套，融创茂、三大特色商业街、星级酒店、湿地公园等巨型业态覆盖，全面提升业主生活品质。

深哈·万科城

| 哈尔滨 | 万科 | 5G社区 | 装修美宅 | 万科物业 |

项目地址：
哈尔滨市世茂大道与智谷四街交会处南行约535米

产品特征：
住宅

项目规划：
占地面积：33万平方米；容积率：2.15；总户数：1508户

主力户型：
88平方米两居、125平方米三居、135平方米三居

参考价格：
高层11000元/平方米、洋房13500元/平方米

入选理由 姜安娜·乐居哈尔滨主编

深哈·万科城作为创新产城融合形式项目，处于环西板块深哈产业园首期启动区核心位置，未来发展潜能巨大，产品为多户型精装交付，同时项目周边拥有商业、生态及规划教育配套，优势明显。

核心优势：
深哈·万科城地处哈尔滨新区环西板块，位于深哈产业园首期启动区核心位置，创新产城融合形式，构建深哈合作指定住区。作为万科首进松北的时代著作，项目整合三大城市公园、五个社区主题公园、六个园区口袋公园，多维一体规划景观及绿地系统，打造多功能低密社区；承接高品质业态进驻，新兴产业集群吸纳高新技术人才汇聚，结合项目周边规划优质教育用地，高知学识积淀深厚人文。项目以万科健康住宅标准，打造5G智能家居，配备万科物业守候日常。

华居 水木天成

`哈尔滨` `华居` `国家新区` `国风雅宅` `醇熟配套`

项目地址：
哈尔滨新区杉杉路（杉杉奥特莱斯旁，哈师大东侧）

产品特征：
住宅

项目规划：
占地面积：约26万平方米；容积率：2.5；总户数：6291户

主力户型：
约80~160平方米二居、三居

参考价格：
期房9500元/平方米、现房11000元/平方米

入选理由 姜安娜·乐居哈尔滨主编

华居水木天成作为新中式国风雅宅项目，从建筑设计上注重生活氛围的塑造，追求简洁、舒适、品质为先，讲求建筑的宜人尺度，关注建筑细节的品质感，以构筑和谐的人居社区。

扫码观看楼盘详情

核心优势：

华居水木天成是由华居置业倾力打造的新中式国风雅宅项目，项目位于哈尔滨大学城杉杉路哈师大东侧，隶属哈尔滨自贸新区核心位置，总建约76万平方米，产品包括小高层、超高层和洋房，满足各种置业需求。项目距离地铁2号线约2公里，距杉杉奥特莱斯商圈约700米，哈师大与项目仅一墙之隔。哈尔滨新区第三小学已经接纳本项目适龄儿童就学，配套的哈师大附属九年制学校已经完成选址。项目北侧规划30万平方米市政公园，树龄高、种类繁多，为水木天成带来宜居的生态环境。

汇龙·花溪半岛

`哈尔滨` `汇龙` `潜力地区` `交通便利` `百米楼距`

项目地址：
哈尔滨市道外区水源路与水泥路交会处

产品特征：
住宅

项目规划：
占地面积：40555平方米；容积率：2.8；总户数：1254户

主力户型：
约78~127平方米两居、三居

参考价格：
8588元/平方米起

入选理由 姜安娜·乐居哈尔滨主编

汇龙·花溪半岛承袭汇龙精工品质，8栋高层，户型南北通透，大开间短进深，户户观景，错落有致，给业主提供更高的舒适度。超百米楼间距，将园林的美景尽收眼底，静雅园林间设置室外休闲泳池等奢享空间。

扫码观看楼盘详情

核心优势：

汇龙·花溪半岛，择址哈尔滨道外新一地区，这一具有发展潜力的冰城沿江经济带，是哈尔滨政府着力规划的全资源、全配套型宜居新区。紧邻道外老城区，百盛、秋林、会展商圈环伺，步行可达地铁1号线（哈尔滨东站），距松江湿地旅游通道约1.5公里，车程仅需约3分钟。汇龙·花溪半岛以大中庭下沉庭院为核心，打造一轴一心一环的空间格局，并配置室外休闲泳池、会客厅、BBQ、阳光草坪、老人活动等全龄休闲活动场地，同时配备人脸识别、人脸梯控、高空抛物摄像机等智慧社区系统；匠心规划超百米楼间距，向阳而居；打造建筑面积约78~127平方米两居、三居，南北通透，采光充盈。

大连
市场总结

一、新房成交表现

1. 整体情况

数据显示，2020年大连七区新建商品住宅累计供应541万平方米，同比下降5.42%；全年累计成交546万平方米，同比下降12.78%；全年成交均价为15294元/平方米，同比上涨4.01%。其中，普宅销量下降幅度较大，普宅及别墅售价走势稳定，平稳上升，公寓价格反弹，商业地产价格波动较大，商品住宅基本供求比小于1，商业供大于求。

七区商品住宅成交金额总计836亿元，同比下降9%，销售集中度高，单独项目影响板块成交均价。具体来看，总价前15板块共计销售645亿元，占全市77%，东港（改善、投资）、体育新城（刚需、改善）、小窑湾（刚需、刚改、小投资）板块表现突出。

从供销价月度走势来看，一季度受疫情影响，供、销、量、价均处于全年低点，2020年4月起，疫情平稳后市场迎来恢复期，为加速市场恢复，预售条件放松，房企积极取证，多节点集中供应，成交情况及价格也趋于平稳。

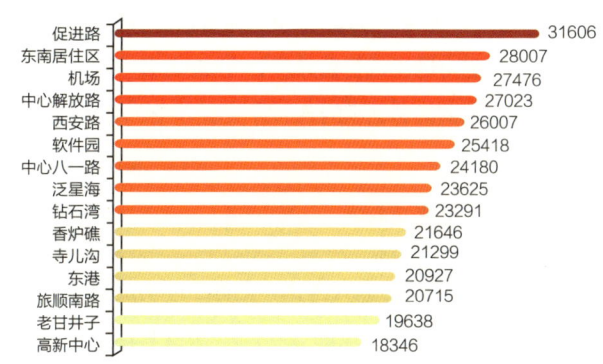

2020年销售均价前15板块排行（元/平方米）

就去化周期而言，2020年大连七区新建商品住宅存量为1019万平方米，同比下降0.49%；去化周期为22个月，同比拉长10%。其中，2020年6月、9月存量相对最高，均为1019万平方米；2020年9月、10月去化周期相对最长，均为23个月。各业态中，普宅市场状态健康，商业产品去化难度大。

产品方面，大连新峰顾问&房谱网数据显示，全市销售主力为130万元以下的产品，金普新区销售量大，拉低了全市的总价段指标。总价150万~200万元产品为销售次主力，主要集中在体育新城板块。

全年，150万~200万元产品销售87万平方米，占全市16%；50万~80万元产品销售78万平方米，占全市14%；100万~130万元产品销售76万平方米，占全市14%，80万~100万元产品则与100万~130万元产品不相上下。

2. 房企销售情况

受疫情影响，部分房企资金压力巨大，部分在连房企并未完成年初既定目标。2020年上半年集中线上营销，6月份之后集体发力，拿地更加谨慎、联合开发等成共同特点。

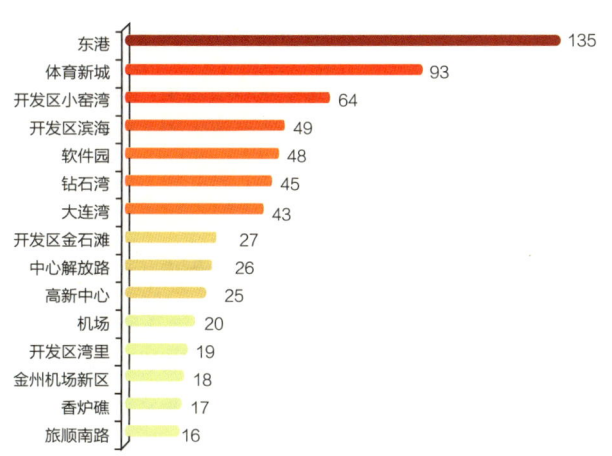

2020年销售额前15板块排行（亿元）

从操盘口径来看，万科位居"销售额、销售面积、销售套数"三榜首位。前十房企销售额总计 469 亿元，同比下降 13%，占全市销售总金额的 54%，占比微降 2 个百分点；前十房企销售面积总计 281 万平方米，同比下降 15%，占全市销售总面积的 51%，占比微降 1 个百分点；前十房企销售套数总计 27973 套，同比下降 15%，占全市销售总面积的 52%，占比与 2019 年持平。

二、二手房成交表现

数据显示，2020 年大连市内四区二手房成交量总计约 380 万平方米，同比增加 3.83%。成交套均面积均有所增大，但未超过 90 平方米的上限，西岗区和沙河口区在逐步向存量房市场转换，客户多为面积改善型和居住环境改善型，即卖小买大，购入客户以刚需为主。

从房贷利率方面看，大连上榜"2020 年二手房主流房贷利率最低的十大城市"，二套房房贷利率为 5.25%，首套房房贷利率略高于最新 5 年期 LPR。相比之下，长三角和成渝城市群二手房主流房贷利率相对较高，其中包括强二线城市，如成都、合肥、武汉，也有安庆、开封、南充等三四线城市。

放款周期方面，绍兴放款周期最短，从贷款合同签署到银行放款平均只需 10 天，大连位居第六位，放款周期约为 23 天。相比之下，惠州、东莞、武汉、合肥、哈尔滨等放款周期均在两个月以上。

此外，从全款比例最低的 10 城看，全款比例范围为 10.3%-18%，其中大连以 17.1% 的全款比例位居榜单第六位。相比之下，温州、福州、绵阳、长春、上海、天津、厦门、北京等八城全款比例较高，均超 30%。

三、政策梳理

2020 年，大连坚持落实国家房住不炒、因城施策整体方针，楼市政策维持稳定，未出台新的限制政策，也未有放松迹象，延续中心城区的限购、限价政策，同时通过保障性住房、人才吸引政策、短期的预售条件放松等，实现大连房地产市场的平稳发展。

1. 大连人才吸引政策

2020 年 5 月：六个放开，四个取消，四个调整，四个新增，一个放宽

大连施行落户新规——公寓可落户，最大限度地降低了落户门槛，终于登上了全国各地早已开始的"抢人大战"末班车。落户政策的红利属于中长期利好，近期而言，公寓落户是对房地产市场的短期利好。

2020 年 7 月：金普新区对急需人才实行先落户后就业政策

普通高校毕业生、职称专业技术人才、国家职业资格证书人才，均施行先落户后就业政策；取消新市区综合积分落户政策，改为以合法稳定住所和合法稳定就业为基本条件的政策性审批。自己有房子、有工作单位并且缴纳社会保险就可以落户，不要求社保时限；没有房子的，有工作单位并且缴纳社会保险满一年，也可以落户在单位注册地派出所集体户里；投靠类也放宽了条件。夫妻投靠，随迁子女放宽至未婚子女；子女投靠父母，子女年龄放宽到 40 周岁以下，已婚子女的配偶和子女也可随迁；老人投靠子女取消了居住证手续。

2020 年 8 月：新机场商务区吸引人才，给予购房优惠、租房优惠

对全日制本科人才给予 200 元 / 平方米优惠；对硕士、副高工、具有国家一级执业注册资格人才、世界排名前 100 的名校本科毕业生、省优秀毕业生给予 400 元 / 平方米（非全日制硕士 300 元 / 平方米）优惠；对博士、教授级高工、省市万人计划人才给予 700 元 / 平方米（非全日制博士 600 元 / 平方米）优惠；对博士后、二级教授、长江学者、省部级科技二等奖获得者给予 1000 元 / 平方米优惠；对市劳模、省劳模、国家级劳模等突出贡献劳动者在新机场商务区内购房，可分别给予 400/700/1000 元 / 平方米优惠。租房优惠：引进人才如有居住需求，须在商务区为其申请办理人才安家补贴、

租房补贴同时，与商务区签订人才公寓租住协议，享受优惠租房价格，租赁期限一般为 1 年以上。

2. 大连共有产权房管理办法

2020 年，大连正式发布《大连市人民政府办公室关于印发大连市共有产权住房建设管理暂行办法的通知》，自 2020 年 7 月 15 日起施行，有效期 2 年。

首批推出的 326 套共有产权住房位于沙河口区绿清街绿清南园小区，地处绿波新生桥附近、中海英伦观邸旁，周边具有多条公交线路，有知行中小学双学区，周边配套有市中心医院、甘井子万达广场等。

对于房地产市场而言，新政策有利于市场死库存的去化，降低了刚需门槛，吸引毕业大学生；对于房企而言，共有产权房会增加拿地成本、拿地难度、资金费用，还可能增加税收负担。

四、土地供应

2020 年，大连全市累计供应经营性用地 89 宗，占地面积约 535 万平方米，拟建建筑面积约 700 万平方米。其中，累计成交 83 宗，占地面积约 508 万平方米，建筑面积约 656 万平方米，楼面地价约 4800 元/平方米。主城区优质地块频出，新城区供应主导，年度供销量均有上涨，成交率高达 94%。

从全市月度态势来看，2020 年第一季度受疫情蔓延影响，全市仅有零星地块成交，进入二季度土地成交量逐月上涨，五、六月份迎来第一个土拍小高峰，德泰集中拿得 17 宗地块；而后在九、十月份，土拍市场进入第二个成交高峰。

楼面地价受成交区域影响明显，2020 年 2 月份仅成交中山区一宗土地，达到月度楼面地价之最；之后成交土地中金州、旅顺口两区占比提升，价格均在 6000 元/平方米以下；9 月份中山、甘井子、高新区三区多宗土地成交再次拉高均价。

从区域结构方面看，金普新区从 2018 年起，成交占比逐年大幅上涨，2020 年占比将近 45%，打破甘井子区主导地位，其中金石滩板块为绝对主力，德泰及大白鲸等公司均在该板块大量集中拿地；其次为金州北部区域、开发区小窑湾及开发区中心板块，吸引金科、金地、阳光城、龙湖等品牌房企进驻。

相比之下，除西岗区外，甘井子区成交量降幅最大，供应量下降且单宗地体量同比偏小；中山区成交量暴增，东港板块以商业用地为主导。沙河口、高新区两区楼面地价引领全市，高新中心及西安路板块为价格高地；中山、甘井子两区位于第二梯队；金州、旅顺口两区楼面地价均低于 3000 元/平方米。

整体而言，2020 年以来，品牌开发商多聚焦主城区优质地块或其他区域热点地块，而本地开发商更多关注新城区发展潜力较大地块，2020 年金州、旅顺口两区供应占比提升，为本地开发商提供更多拿地机会，促使本地开发商拿地占比提升。

五、热点板块

从区域供销结构可以看出，2020 年金普新区堪称全市新的增长极，主城区及旅顺口区则呈供销齐降态势。大连新峰顾问&房谱网分析表示，目前金普新区规划发展潜力巨大，土地成本较低，品牌开发商进入导致区域新兴板块火热。相比之下，旅顺口区在经历集中供应之后，市场容量上限明显，价格突破无力，虽近三年供应保持较好，但销售乏力，逐步回落。中心城区中，中山区势头渐弱，普宅产品较少，公寓产品受限，西岗区和沙河口区受一级市场限制，供销规模较小。

从板块供销结构层面讲，一方面，一级政府的学区配套落地、自贸区规划等利好，将开发区推向了大连房地产市场的"前台"；另一方面，随着这几年供地增加，钻石湾动力恢复，重新回到大众视野，品牌联合开发成为板块的新模式，价格直逼东港板块。相比之下，东港板块虽受产品限制，销售有所回落，但作为全大连市的价值高地，2020 年表现依然可圈可点。另有体育新城板

金水区			
楼盘名称	价格	物业类型	主力户型
鸿园	约24000元/m²	别墅	二居室(139m²) 三居室(160~205m²)
金林双玺	约19000元/m²	普通住宅	三居室(127~133m²) 四居室(147m²)
金誉府	约21000元/m²	普通住宅	一居室(56.26m²) 二居室(86.74~95m²) 三居室(98~132m²)
康桥铂舍	约11000元/m²	公寓	一居室(36~65m²)
康桥东麓园	住宅约20000元/m² 洋房约26000元/m²	普通住宅	三居室(129~136m²) 四居室(142m²)
康桥香麓湾	21000~25000元/m²	普通住宅	四居室(142~182m²)
绿地云都会	约9700元/m²	公寓、商铺	一居室(33~52m²)
美盛北龙台	约23000元/m²	普通住宅	三居室(130~143m²)
美盛教育港湾	约18500元/m²	普通住宅、商业、公寓	二居室(75m²) 三居室(89~140m²)
名门翠园	约16500元/m²	普通住宅	三居室(106.81~130.62m²) 四居室(154.12~176.8m²)
名门天境	约12500元/m²	公寓	一居室(38~106m²) 三居室(126m²)
明天香槟花园	约15500元/m²	普通住宅	二居室(79.34~89.03m²) 三居室(110.89~122m²)
清华城	约17500元/m²	普通住宅、公寓	公寓(45~96m²)
清韵颐景苑	约18600元/m²	普通住宅	一居室(56.56m²) 三居室(79.11~119.17m²) 四居室(137.69~231.61m²)
泉舜上城	约18500元/m²	普通住宅	二居室(68.52~78.76m²) 三居室(90.33~129.28m²)
融创金林金水府	住宅约19000元/m² 公寓约13500元/m²	普通住宅、商业、公寓	三居室(113~150m²) 四居室(152~218m²)
融创蘭园	住宅约21000元/m² 洋房约28000元/m²	普通住宅	二居室(85m²) 三居室(110~144m²) 四居室(150m²)
融创中原大观	约18000元/m²	普通住宅、公寓、商铺	二居室(85m²) 三居室(107~133m²) 四居室(142~150m²)
泰山誉景	约16500元/m²	普通住宅、公寓	二居室(79m²) 三居室(84~119m²)
腾威城	约16000元/m²	普通住宅、写字楼、商业	二居室(86.14~93.50m²) 三居室(116.56~138.48m²) 四居室(154.51~154.70m²)
万科美景世玠	约34000元/m²	普通住宅	三居室(127~128m²) 四居室(140~200m²) 五居室(249~276m²)
万科世曦	约18000元/m²	普通住宅	三居室(89~117m²) 四居室(142m²)
鑫苑金水观城	约20500元/m²	普通住宅	三居室(115~138m²) 四居室(148~188m²)
银基C5	LOFT约13500元/m² SOHO约11500元/m²	公寓	公寓(43~110m²)
远洋荣寓	约11500元/m²	公寓	跃层(40.28~43.39m²)
郑东龙湖一号	约35000元/m²	普通住宅	三、四居室(130~255m²) 五居室(278~318m²)
郑州雅颂居	约30000元/m²	普通住宅	三居室(154m²) 四居室(226m²)
中州府	约17000元/m²	普通住宅	二居室(101.01m²) 三居室(116~134m²) 四居室(144m²)

经开区			
楼盘名称	价格	物业类型	主力户型
保利金茂时光悦	10800~11000元/m²	普通住宅	二居室(70m²) 三居室(89~110m²) 四居室(128m²)
保利天汇	约20000元/m²	普通住宅	三居室(98~141m²)
碧桂园翡翠湾	约10000元/m²	普通住宅、别墅	三居室(136m²) 五居室(269~273m²) 别墅(390m²)
碧桂园峯景	9500~10800元/m²	普通住宅	三居室(98~126m²) 四居室(143m²)
滨河春晓	16700~17700元/m²	普通住宅	三居室(89~115m²) 四居室(128m²)
东熙汇	约12000元/m²	公寓	二居室(34.98~44.3m²) 三居室(47.8m²)
华发峰景湾	16000~17000元/m²	普通住宅	三居室(89~112m²)
华润置地凯旋门	约18000元/m²	普通住宅	三居室(89~123m²) 四居室(143m²)
金地滨河风华	约17000元/m²	普通住宅	三居室(97.57~198m²)
金地名悦	约10000元/m²	普通住宅	三居室(89~140m²)
金辉滨河云著	约16000元/m²	普通住宅、别墅	三居室(96~169m²)
金沙湖高尔夫观邸	约13500元/m²	别墅	二居室(77.2~97m²) 三居室(120~159m²)
九龙新城	约11000元/m²	普通住宅、别墅	二居室(90m²) 三居室(132.39m²) 四居室(142.67m²)
电建泷悦华庭	16500~17100元/m²	普通住宅、商业	三居室(95~129m²) 四居室(143m²)
路劲正荣悦东园	尚未公布	普通住宅	二居室(78m²) 三居室(88~105m²)
绿城明月滨河	约18500元/m²	普通住宅	三居室(103~128m²) 四居室(142m²)
绿都东澜岸	约10000元/m²	普通住宅	三居室(89~125m²) 四居室(140m²)
美景芳华	13500~16500元/m²	公寓	复式(45~50m²)
美麟国际公馆	约7000元/m²	公寓	一居室(47~59m²) 二居室(78m²)
青风公园	16300~20000元/m²	普通住宅	三居室(98~118m²) 四居室(129~159m²)
融侨雅筑	16500~23000元/m²	普通住宅	三居室(88~113m²) 四居室(133~141m²)
拓丰祥和居	约16000元/m²	普通住宅	二居室(89.18~90.68m²) 三居室(120.6~144.57m²) 四居室(186.46m²)
万科溪望	约9500元/m²	普通住宅	三居室(95~123m²) 四居室(143m²)
信保春风十里	约15500元/m²	普通住宅	三居室(90~113m²) 四居室(130m²)
星联橡棠	约10500元/m²	普通住宅	二居室(75m²) 三居室(89~98m²) 四居室(125m²)
亚新海棠公馆	23000~27000元/m²	普通住宅	三居室(140m²) 四居室(160~200m²)
正商滨河铭筑	约11500元/m²	公寓、商铺	一居室(37~39m²)
正商汇航佳苑	约13700元/m²	普通住宅	三居室(91~130m²)
正商汇航铭筑	约10000元/m²	公寓、商铺、商业	二居室(42m²)
中海如园	15300~16300元/m²	综合体	三居室(87~124m²) 四居室(127~141m²)
中建澜溪苑	约10500元/m²	普通住宅	三居室(79~107m²) 四居室(118m²)

郑东新区			
楼盘名称	价格	物业类型	主力户型
宝能莲湖一品	约18000元/m²	普通住宅	二居室(95m²) 三居室(129m²) 四居室(161~232m²)

在售楼盘一览

中山区

楼盘名称	价格	物业类型	主力户型
恒大四季上东	约 28000 元/m²	普通住宅	三居室 (126m²) 四居室 (180m²)
保利·天禧	约 13500 元/m² 起	住宅、公寓	公寓 (35~68m²) 别墅 (290~1000m²)
中国铁建国滨苑	21500~25500 元/m²	普通住宅、公寓	三居室 (132m²)
中海海港城三期天誉	约 18500 元/m²	公寓	二居室 (81~92m²)
碧桂园·东港国际	19500~20500 元/m²	公寓、写字楼	二居室 (86m²) 三居室 (129m²)
凯丹公馆	约 20000 元/m²	公寓	二居室 (83~115m²) 三居室 (180m²)
恒大时代睾汇	约 16000 元/m²	公寓、酒店式公寓	二居室 (155~159m²)
恒大城市之光	约 15600 元/m²	公寓	二居室 (93~95m²) 三居室 (102~144m²)
金地保利·御中南	约 28000 元/m²	普通住宅、别墅	三居室 (150~170m²) 别墅 (208~221m²)
中信丰悦城	约 25000 元/m²	普通住宅	二居室 (100~115m²) 三居室 (150~175.47m²)
碧桂园桃源	约 25500 元/m²	普通住宅、政策房	二居室 (87m²) 三居室 (106~139m²)
中海·东港	约 47500 元/m²	普通住宅	三居室 (158~162m²)
臻园	约 29000 元/m²	普通住宅、公寓	三居室 (99m²) 四居室 (150~230m²)
亿达·青云天下	26000~29000 元/m²	普通住宅	二居室 (82.27m²) 三居室 (132.79~142.93m²) 四居室 (176.4m²)
大连恒大四季上东迦南公馆	约 15500 元/m²	公寓	一居室 (39~61.61m²) 二居室 (78.34~81m²)
万科天地	约 17000 元/m²	公寓	二居室 (82~100m²)
新星洲际公馆	15000~16000 元/m²	普通住宅、公寓	二居室 (122~162m²)
万科中山五号	约 22000 元/m²	公寓	一居室 (41~48m²) 二居室 (66~71m²)
中海星钻	85万~95万元/套	公寓	二居室 (41~42m²)
万科·誉澜道	约 27500 元/m²	普通住宅	二居室 (90m²) 三居室 (116~130m²)
首开·铂郡	约 24800 元/m²	普通住宅	三居室 (146m²) 四居室 (196m²)
维多利亚公馆	25000 元/m² 起	普通住宅	二居室 (148m²)
绿城九龙仓大连桃源里	24000~45000 元/m²	普通住宅	二居室 (88~89m²) 三居室 (99~159m²) 四居室 (219~250m²)
中海海港城二期睾汇	约 20000 元/m²	公寓、商铺、综合体	二居室 (86~109m²) 三居室 (133~235m²)
恒大明秀庄园	约 32000 元/m²	普通住宅	四居室 (148.5~180.57m²)
秀月麒麟·万花府	500万元/套起	普通住宅	三居室 (96~128m²) 四居室 (150~165m²)
海韵华府	约 22000 元/m²	普通住宅	三居室 (144m²) 四居室 (180~225m²)
港湾隽景	约 18000 元/m²	普通住宅、公寓、商铺	二居室 (85.88~107.12m²) 三居室 (165.84m²)
琥珀湾	约 35656 元/m²	普通住宅、别墅	四居室 (265~430m²)
绿地·达沃斯公馆	14300 元/m² 起	商铺、综合体	三居室 (230~256m²) 四居室 (267~290m²)
碧桂园·望海中心	尚未公布	公寓、商铺	四居室 (160m²)

西岗区

楼盘名称	价格	物业类型	主力户型
大连融创壹号院	约 13800~27500 元/m²	普通住宅、公寓	三居室 (155m²) 四居室 (199m²)
保利熙悦	约 21000 元/m²	普通住宅、别墅	二居室 (88m²) 三居室 (105~139m²) 四居室 (140~157m²)
林泉雅舍	约 45000 元/m²	普通住宅	四居室 (220m²) 六居室 (360m²)
悦泰福里	32000~35000 元/m²	普通住宅	三居室 (119.52~137.88m²)

沙河口区

楼盘名称	价格	物业类型	主力户型
旭辉家墅	300万元/套起	别墅	三居室 (165m²)
万科翡翠书院	约 23000 元/m²	普通住宅、商铺	三居室 (95m²)
星海长岛	约 21000 元/m²	普通住宅、写字楼、商铺	三居室 (140~214m²)
万科大都会星海	20000 元/m² 起	公寓	三居室 (133m²)
御园	约 19000 元/m²	普通住宅	一居室 (40.8m²) 二居室 (61.84~83.82m²) 三居室 (95.8~131.98m²)
宝泰旗舰坊	80万元/套起	商铺	尚未公布
国运壹号	约 15500 元/m²	公寓	一居室 (37~57m²) 二居室 (73m²)
摩登公园	约 17800 元/m²	普通住宅	三居室 (83~131.98m²)
福佳国宅	约 21500 元/m²	普通住宅	二居室 (80m²) 三居室 (133m²)
大连蘭园	33000 元/m² 起	普通住宅	四居室 (135m²)

甘井子区

楼盘名称	价格	物业类型	主力户型
富春山居	约 16000 元/m²	普通住宅	二居室 (71.47~87.47m²) 三居室 (93.1~104.6m²)
保利·和府	10300 元/m² 起 别墅 260万元/套	住宅、别墅	二居室 (88m²) 三居室 (111m²)
中国铁建·海语城	约 23500 元/m²	普通住宅、商铺	三居室 (125m²)
万科·金地和风明月	24800 元/m² 起	普通住宅	三居室 (110m²) 四居室 (130m²)
恒大港湾	约 13000 元/m²	普通住宅、商铺	二居室 (84.02~86.99m²) 三居室 (97.32~116.01m²)
华润·二十四城	约 16000 元/m²	普通住宅	四居室 (153~166m²)
远洋保利悦和山海	23000 元/m² 起	普通住宅、公寓、别墅	二居室 (79m²) 三居室 (98~120m²)
万达·体育新城	17500~19000 元/m²	高层、洋房	三居室 (93m²、103m²)
中海万锦公馆	约 18500 元/m²	普通住宅、商铺	一居室 (41m²) 二居室 (83m²) 三居室 (92~114m²)
华润置地大连湾	16000~18000 元/m²	普通住宅、公寓	二居室 (76m²) 三居室 (98~116m²) 四居室 (129m²)
观贤别墅	600万元/套起	别墅	别墅 (125m²、155m²)
万科新都会	约 12000 元/m²	普通住宅、商铺	一居室 (30m²) 二居室 (40~60m²) 三居室 (94~95m²)
金地保利招商星光照澜	约 25000 元/m²	普通住宅	二居室 (80~83m²) 三居室 (98m²) 四居室 (108m²)
远洋钻石湾时代海	约 16500 元/m²	公寓	二居室 (55m²)
中海阅麓山	约 35000 元/m²	普通住宅、别墅	二居室 (80m²) 三居室 (95~150m²)
绿城·大连诚园	18000~21000 元/m²	普通住宅	三居室 (98~115m²)

甘井子区			
楼盘名称	价格	物业类型	主力户型
大华公园世家	17000 元/m² 起	普通住宅	二居室 (77~82m²) 三居室 (85~109m²)
辽渔·宇圣明苑	约 12300 元/m²	普通住宅、商铺	二居室 (89.49~97.68m²) 三居室 (128.09~134.49m²)
远洋·钻石湾	约 16500 元/m²	公寓、商铺	商铺 (55m²)
天下粮仓·璞樾里	约 20000 元/m²	普通住宅	三居室 (102~123m²)
广泽中心	15000~18000 元/m²	公寓	二居室 (57m²)
中海公园上城	18500 元/m²	普通住宅	三居室 (95~125m²)
新希望·锦麟玖玺	30000 元/m² 起	普通住宅、别墅	三居室 (105~134m²)
中海牧云山	约 16000 元/m²	普通住宅	二居室 (80~95m²) 三居室 (119m²)
万科翡翠四季	约 13000 元/m²	普通住宅、商铺	二居室 (75m²)
西府御棠	约 20000 元/m²	普通住宅	三居室 (96~140m²)
亿达春田·石榴街	23000~33000 元/m²	商铺	一居室 (50~450m²)
招商公园 1872	17000~21000 元/m²	普通住宅	三居室 (92~115m²)
万科·翡翠都会	17000~19500 元/m²	普通住宅	三居室 (96~105m²)
招商海德公园	约 15000 元/m²	普通住宅	二居室 (70~80m²)
万科大家	约 27000 元/m²	普通住宅	三居室 (120~124m²)
万科八栋墅	379 万元/套起	普通住宅、别墅	别墅 (162~324m²)
福佳新城	约 14000 元/m²	普通住宅、别墅、写字楼	二居室 (76~103.71m²)
保利西山林语	约 27000 元/m²	普通住宅、别墅	二居室 (84m²)
金地湾和府	尚未公布	普通住宅	尚未公布

高新区			
楼盘名称	价格	物业类型	主力户型
龙湖·舜山府	约 18000 元/m²	普通住宅	三居室 (111~144m²)
龙湖 阳光城·雲峰原著	15000~16000 元/m²	普通住宅、别墅	复式室 (81~104m²)
亿达河口湾	14500~19000 元/m²	普通住宅	一居室 (29.93~47.6m²)
恒大云玺	约 18500 元/m²	普通住宅、别墅、商铺	三居室 (93~163.8m²)
大华云璟	约 23000 元/m²	普通住宅	四居室 (142~169m²)
蓝城凤起朝鸣	550 万元/套起	别墅	四居室 (150~200m²)
中海云麓公馆	23000~31000 元/m²	普通住宅	三居室 (107~142m²)
万科翡翠春晓	约 13800 元/m²	普通住宅	三居室 (90~110m²)
万科滨海大都会	约 23500 元/m²	普通住宅、公寓	二居室 (83~90m²) 三居室 (102~103m²)
南海壹号	15000~17000 元/m²	综合体	二居室 (79.22~88m²) 三居室 (100~159m²)
大华诺斐墅	32787~42264 元/m²	别墅	别墅 (202~234m²)
广贤梁园	20000 元/m² 起	普通住宅	二居室 (84~97m²)
南海中心	尚未公布	写字楼	一居室 (53~114m²)

金普新区			
楼盘名称	价格	物业类型	主力户型
和山·步云谷	尚未公布	普通住宅、商铺	三居室 (96~125m²)
维特奥·幸福港湾	约 9600 元/m²	普通住宅	二居室 (78~84m²) 三居室 (89~114m²)
信元·尚府	约 16000 元/m²	别墅	别墅 (160~300m²)
佳兆业山海湾	约 15000 元/m²	别墅	别墅 (197~270m²)
御栖湖	320 万元/套起	别墅	四居室 (150m²) 五居室 (180m²) 六居室 (240m²)

金普新区			
楼盘名称	价格	物业类型	主力户型
融创海逸长洲	15000 元/m² 起	普通住宅、商铺	二居室 (89~91m²) 三居室 (109~144m²) 四居室 (151~171m²)
佳兆业悦璟	约 10800 元/m²	普通住宅	三居室 (120m²)
保利·堂悦	约 9400 元/m²	洋房	二居室 (79m²) 三居室 (87m²)
佳兆业壹号	9300~10500 元/m²	普通住宅	二居室 (75~85m²) 三居室 (95~110m²)
中梁观澜壹号院	约 9400 元/m²	普通住宅	二居室 (76~78m²) 三居室 (89~108m²)
金科金弘基·集美郡	9800~11000 元/m²	小高层、洋房	三居室 (89~110m²)
大连金石滩鲁能胜地	9000~12000 元/m²	普通住宅、别墅	二居室 (90.25~154.76m²)
万科未来之光	约 10000 元/m²	普通住宅	二居室 (85~87m²) 三居室 (95~145m²)
富力东堤湾畔	约 9500 元/m²	普通住宅、别墅、商铺	二居室 (82~91m²) 三居室 (101m²) 四居室 (124~130m²)
世茂御龙海湾	约 13000 元/m²	别墅	别墅 (72.98~251m²)
万科翡翠之光	约 9700 元/m²	普通住宅	二居室 (83m²) 三居室 (96~107m²) 四居室 (125m²)
鸿玮澜山三期尊岳	约 18000 元/m²	普通住宅	三居室 (143~172m²)
佳兆业·水岸兰亭	约 8600 元/m²	普通住宅	二居室 (82~100m²)
绿城·湖畔和庐	约 9400 元/m² 别墅 248 万元/套起	洋房、别墅	三居室 (87m²) 五居室 (138m²)
大连金科金弘基春暖花开	约 11500 元/m²	普通住宅、别墅	三居室 (89~105m²)
旭辉·江山樾	约 10500 元/m²	普通住宅	三居室 (99~115m²)
光伸·玺樾	约 9000 元/m²	普通住宅、别墅	三居室 (89~121m²) 四居室 (124~127m²)
华润置地海上东方	约 9500 元/m²	普通住宅、别墅	三居室 (93~113m²)
恒大雅苑	约 11000 元/m²	普通住宅	二居室 (76.76~85.56m²)
一方五合院	170 万元/套起	普通住宅、别墅	二居室 (84~88m²) 三居室 (101~112m²)
碧桂园御州府	10000~11000 元/m²	普通住宅、商铺	三居室 (99~135m²)
恒大公园大道	9700 元/m² 起	普通住宅	一居室 (78m²)
大连开发区万达广场	约 7500 元/m²	综合体	一居室 (36.37~97.55m²)
大连海湾城	约 12500 元/m²	普通住宅	二居室 (81.12~110.92m²)
阳光城未来悦	13000~14500 元/m²	普通住宅	三居室 (135m²)
憬园河畔三期 上河雲珠	约 7900 元/m²	普通住宅	三居室 (72~156m²)
龙湖金寓天钜	约 10600 元/m²	普通住宅	三居室 (94~108m²)
碧桂园御州府渤海郡	约 10000 元/m²	普通住宅	三居室 (101~113m²)
远洋晨曦里	7600~12000 元/m²	普通住宅	三居室 (89~104m²)
保利金地·湖光山语	约 9500 元/m²	普通住宅、公寓、别墅	二居室 (69~75m²) 三居室 (87~109m²) 四居室 (117~133m²)
金湾十里海	约 11500 元/m²	普通住宅	三居室 (120~164m²)
招商雍景湾	120 万元/套起	普通住宅	别墅 (110~136m²)
天誉湾	约 13700 元/m²	普通住宅	三居室 (100~131m²)
伴山澜湾	约 11000 元/m²	普通住宅	二居室 (76~83m²) 三居室 (91~97m²)
金州福佳新天地·购物广场	约 8800 元/m²	普通住宅、商铺、综合体	一居室 (48~65m²) 三居室 (87m²) 三居室 (131~143m²)
旭辉公元	约 11500 元/m²	普通住宅	二居室 (82m²) 三居室 (98m²)
鲁能美丽汇	约 30000 元/m²	商铺	尚未公布
东北·中交城	尚未公布	综合体	尚未公布
万科山望	约 9800 元/m²	普通住宅、商铺	三居室 (90~105m²)

城市地产篇

旅顺口区			
楼盘名称	价格	物业类型	主力户型
华发山庄	170万元/套起	普通住宅、别墅	二居室(95~126m²)
亿达云山墅	330万元/套起	别墅	别墅(195~238m²)
远洋山麓春秋	180万~350万元/套	别墅	别墅(99~154m²)
亿达第一郡壹號第	约10500元/m²	普通住宅	二居室(85~87m²) 三居室(95~116m²)
中铁春风十里	5800元/m²起	普通住宅、别墅、商铺	二居室(79m²) 三居室(87.9~114.8m²)
亿达云山府	约9000元/m²	普通住宅	三居室(96~109m²)
碧桂园凤栖台	约10500元/m²	普通住宅	三居室(96~101m²)
华润置地·幸福里	约10000元/m²	普通住宅	三居室(99~115m²)
中梁御首府	约8700元/m²	普通住宅	三居室(95~105m²)
招商海德学府	约10500元/m²	普通住宅	二居室(78m²) 三居室(113m²) 四居室(125m²)
金科金弘基百年润怡·集美东方	约8300元/m²	普通住宅、别墅	三居室(95~125m²)

旅顺口区			
楼盘名称	价格	物业类型	主力户型
亿达城建·橘郡印象	约8200元/m²	普通住宅	二居室(69m²) 三居室(126m²)
中车花溪镇二期	5100元/m²起	普通住宅	二居室(46~95m²)
普兰店			
楼盘名称	价格	物业类型	主力户型
卓越佳园	约4980元/m²	普通住宅	二居室(80~85m²)
万科莫亚小镇	约6500元/m²	普通住宅、公寓、别墅、商铺	三居室(73~128m²)
中央悦府	约6000元/m²	普通住宅	三居室(97~131m²)
华润置地公元九里	5300~7300元/m²	普通住宅	三居室(98~127m²)
金悦湾	约5800元/m²	普通住宅、别墅	二居室(75~80m²) 三居室(95~114m²)
瓦房店			
楼盘名称	价格	物业类型	主力户型
碧桂园上璟云著	约7480元/m²	普通住宅	三居室(115~143m²)

典型项目

保利·和府

大连　保利发展　山海合院　海居洋房　低密墅区

项目地址：
大连市甘井子区夏家河子海滨浴场西行三公里

开发商：
大连锦烨发展有限公司

产品特征：
别墅、住宅

参考价格：
别墅约 260 万元 / 套、住宅 10300 元 / 平方米起

主力户型：
约 88 平方米两居、约 111 平方米三居

物业公司：
保利物业

5 公里生活配套：
地铁 4 号线（在建）、医大医院张前路分院、夏家河子海滨浴场

专家点评　邢宝君·乐居大连主编

保利·和府沿海而筑，在可观海的同时又巧妙地避免了海风和潮气袭扰，还能享受主城资源配套红利，是适于改善生活品质的山海居所。

扫码观看楼盘详情

项目测评

【战略意义】

保利发展深耕大连 11 载，实现 11 年 16 盘全域布局，保利·和府项目作为保利"和"字系列高端系列，首次进驻大连，作为保利发展 2020 年一号作品，倾注了保利发展大量心血，以新中式文化构筑当代人居范本。

【交通出行】

项目北临鹤大高速，快速连接沈大、丹大等多条高速。借助夏泊路可快速驶入虹城路，实现与西部大通道、西北路等路网的对接；规划中的道路能够直接连通高新园区。在建地铁 4 号线能直达钻石湾，未来所在区域还规划有地铁 6 号线。

【区域地段】

位于生态科技创新城、体育新城、新机场空港商务区三大发展板块交会处，距离海边直线距离不足 1 公里，地处大连甘井子区最后一片未开发的海岸净土——夏家河子，依山而建，面朝大海，尽显山海相依的原乡风貌。

【拿地详情】

项目于 2017 年 7 月获得，楼面价 2505 元 / 平方米。分为 B1（二期）、B2（一期）两个地块开发。北侧临土革路（红线宽度 30 米）、西侧临河周路辅路（红线宽度 30 米）、东侧临规划路（红线宽度 30 米）、南侧临规划路（红线宽度 20 米），两地块间为规划路（红线宽度 20 米）。

【楼栋规划】

占地 13.43 万平方米，建面 24 万平方米，规划 B1/B2 两个地块，容积率为 1.88 和 1.74，B2 地块规划 2 栋多层、16 栋小高层，还有 21 栋新式合院产品，B1 地块规划 4 栋高层、12 栋小高层及 4 栋多层，秩序井然，低密舒适。

【品牌描述】

保利地产品牌隶属于保利发展控股旗下。在 28 年的发展间覆盖海内外 100 余城。从 2009 年至今，连续 11 年荣膺中国房地产行业领导公司品牌（来源：中指研究院），在《福布斯》2020 全球企业 2000 强榜单中，保利发展控股集团位居榜单第 172 位，排名跃升 73 位。

【园林景观】

保利·和府的园区景观充分利用自身优势进行设计，营造"先森林，后有房"的意境，构筑令人遐想的林中栖居环境。同时，也融合多元化的丰富功能组团，完善居所的各种配套设施。

【购物娱乐】

在商业配套上，区域内商业配套繁多，轻松实现日常采买、休闲娱乐、购物餐饮等生活需求。项目自身配备有商业街，项目 2.8 公里内配备有保利罗兰 A5 地块商业综合体，周边更有乐都汇、甘井子万达广场等城市级商业配套。

【物业服务】

保利物业于 1996 年成立。公司拥有逾 270 家附属公司及分公司，业务遍及北京、上海、广州等 148 个大中城市，在管面积 2.6 亿平方米，并于 2019 年成功上市。项目自持保利物业，为业主生活保驾护航。

【销售数据】

项目一期住宅共计 639 套房源，于 2020 年 6 月底正式开盘销售，仅仅用时 4 个月便实现全盘售罄，取得了令人瞩目的销售成绩。

保利·堂悦

| 大连 | 保利发展 | 金渤海岸 | 空港核心 | 瞰海洋房 |

项目地址：
大连市金州区东方一号路

开发商：
大连保睿房地产开发有限公司

产品特征：
洋房

参考价格：
洋房均价 9400 元 / 平方米

主力户型：
约 79 平方米两居、约 87 平方米三居

物业公司：
保利物业

5 公里生活配套：
金州安盛商圈、金州火车站、渤海大道、金州第一人民医院、金州中医院、海滨浴场

专家点评

邢宝君·乐居大连主编

保利·堂悦项目在产品规划上，采用了全周期户型设计理念，并严格遵循品质内控及产品交付验收标准，充分诠释了「和者筑善」的人居理念。

项目测评

【战略意义】

央企保利，继保利金香槟项目之后，在金州打造的全新力作，择址金州湾新机场商务核心区，以一席悦系精品——堂悦，打造空港商务区新中式纯洋房低密住区，凭借渤海大道、瞰海洋房、全龄配套等优势，让整体居住舒适度更高。

【区域地段】

保利·堂悦占位金州湾，坐拥新机场商务区，将规划成新大连中心、新机场核心，将发展集商业、金融、酒店、居住、空港产业、文化娱乐、旅游休闲等功能于一体的生态型国际商务区。伴随渤海大道开通，高效连接主城繁华。

【楼栋规划】

保利·堂悦二期总占地面积 6.9 万平方米，建筑面积 11.6 万平方米，容积率 1.36，绿地率 40%，由 23 栋 5~11 层洋房组成，共 989 户。项目南北两侧规划有 3700 余平方米的商业配套，可以充分满足业主日常生活所需。

【主力户型】

保利·堂悦主力户型为 87 平方米精致三居，整体布局方正，南向三开间，能够保证日常充足采光；约 4 米大客厅开间，打造全家共享休闲空间。该户型为区域内罕有 90 平方米以下三居，高性价比，尽享美好生活。

【园林景观】

项目建筑风格为新中式风格，横向纵向线条明显，干净简洁；而景观设计与建筑风格相统一，将传统意境与现代风格对称应用，关注现代生活的舒适性。最终打造出了堂悦"一轴""五境"承启中式院落礼韵的园林景观。

【交通出行】

项目西侧渤海大道正在建设，东侧经国防路可到达沈海高速金州出入口；约 1.5 公里即可进入金州主城核心区，项目门前即是 104 公交终点站，轻松抵达主城商圈。

【教育资源】

保利·堂悦所在区域内涵盖了金州众多优质教育资源，2 公里范围内包含龙王庙小学、金州区实验小学、101 中学、109 中学等多所名校；项目南侧规划有教育用地，未来将建设为学校，护航孩子美好未来。

【医疗配套】

项目 2 公里内涵盖三座大型医院：金州第一人民医院、金州中医院、金州妇幼保健医院，便利优质的医疗配套能够省时省力，大大提高就医效率，为居民的身体健康保驾护航。

【品牌描述】

保利发展作为央企行业排头兵，以城市运营商姿态，助力大连发展。自 2010 年进驻以来，秉承"和者筑善"品牌理念，及"美好生活同行者"品牌愿景，以惊人速度，开启 11 年 18 盘全域布局的发展模式，为滨城百姓带来理想之居。

【购物娱乐】

项目周边万余平方米商业社区，现经营配套有：超市、药店、各类餐饮、洗浴、幼儿园、生鲜超市等，出门即可尽享。同时距金州安盛商圈约 2 公里，涵盖万达影城、新玛特超市、安盛购物广场等，满足全家庭生活休闲所需。

保利·天禧

| 大连 | 保利发展 | 城市中心 | 东港首岸 | 全盛东港 |

项目地址:
大连市中山区东港商务区达沃斯会议中心东行3公里

开发商:
保利发展

产品特征:
别墅、公寓

参考价格:
公寓 13500 元/平方米起

主力户型:
35~68 平方米公寓、290~1000 平方米别墅

物业公司:
保利物业

5公里生活配套:
地铁2号线东海站、凯丹广场、保利剧院、达沃斯会议中心、康莱德酒店、希尔顿酒店、东港音乐喷泉广场、威尼斯水城、滨海木栈道、十八盘景区

专家点评 邢宝君·乐居大连主编

保利·天禧项目占大连城市发展龙头地段之优势,既享可贵的人文生活及完善配套,交通,更紧握全新CBD的发展价值,一度成为市场焦点楼盘。

扫码观看楼盘详情

项目测评

【战略意义】
2015年保利发展进驻大连东港商务区,开启在大连中心城区品牌占位,也是东港区域内单盘体量最大项目,作为保利体系内"天"字系高端产品,在当地市场广受好评。

【区域地段】
保利·天禧择址的东港商务区是政府重点规划区域,紧邻大连地铁2号线东海站,借助区域发展政策利好,交通及配套的双向利好及旅游景点资源属性加持,多个五星酒店、大型企业单位、商业配套已经进驻。

【楼栋规划】
项目占地34.34万平方米,总建面120万平方米,共计分为6个地块,包含别墅、住宅、公寓、商铺、办公全业态集和,别墅高端产品、住宅刚需改善产品、公寓商业投资产品满足多客户群体置业要求。

【主力户型】
目前主力产品290~320平方米联排别墅、360~1000平方米独栋别墅,享受独立别墅区、城市中心及一线海景资源;35~68平方米精装公寓,享受政府特批民水民电学区政策,紧邻地铁2号线。

【物业服务】
保利物业,致力于发展全业态管理,业务遍及全国148个大中城市,在管面积2.6亿平方米。保利物业围绕物业管理、资产管理、公共服务等领域,全方位践行"人文社区·价值生活"的品牌理念,成为万家灯火背后的骨干力量。

【交通出行】
区域两条主干路为双向8车道和6车道。项目北侧港浦路连接人民路、中山路,可到大连核心商圈、大连北站、周水子国际机场。在建海底隧道将连接大连港和钻石湾北岸;地块与地铁2号线东海站相通。

【教育资源】
东港商务区共计规划三块小学用地、两块中学用地。目前东港第一小学、第三小学已投入使用,同时抽调中山区顶尖教师团队。项目02地块内东港第三小学已开学,并且在区域规划重点小学,未来可以享受到优质的中小学配套资源。

【品牌描述】
保利发展,是国务院国有资产监督管理委员会管理的大型中央企业。覆盖海内外100余城,连续七年荣膺中国房地产行业领导公司品牌,截至2020年5月15日,美国《福布斯》杂志官网发布《福布斯》2020全球企业2000强榜单,保利发展控股集团位居榜单第172位。

【购物娱乐】
保利·天禧立足大连东港商务区,区域内两个五星级酒店——希尔顿酒店、康莱德酒店,项目坐拥占地40万平方米。东方水城是大连打造的滨海旅游度假区,涵盖滨海木栈道、东港音乐喷泉广场、达沃斯会议中心、凯丹广场及游轮码头多个高端娱乐场所。

【销售数据】
保利·天禧于2015年7月首开,项目6大地块已售罄3个地块,且均已交房;目前在售四期住宅产品已全部售罄,剩余以商业用房为主导,项目整体已去化近80%;是大连明星项目,近三年总销售额均超30亿元。

碧桂园·东港国际

| 大连 | 碧桂园 | 湾区正席 | 瞰景高层 | 精智舒居 |

2020 中国城市楼盘年鉴 典型项目

项目地址：
大连市中山区东港商务区港隆路与港东二街交会处

开发商：
大连港龙地产有限公司

产品特征：
公寓、写字楼

参考价格：
公寓均价 19500~20500 元/平方米、写字楼均价 19000 元/平方米

主力户型：
约 86 平方米两居、约 129 平方米三居

物业公司：
碧桂园服务

5 公里生活配套：
近凯丹商场、东方水城、十里木栈道、音乐喷泉、国际会议中心、海之韵广场、东港大型医院（待建）、生鲜超市、洲际酒店（在建）

专家点评 邢宝君·乐居大连主编

碧桂园·东港国际项目择址大连全新 CBD——东港商务区，可享受头排海岸居住体验。港交所上市公司碧桂园服务提供物业服务，为业主敬献高品质生活，以品牌筑作之功重新定义了高级定制生活空间。

扫码观看楼盘详情

项目测评

【品牌描述】
碧桂园成立于 1992 年，2007 年在香港联交所主板上市。作为世界 500 强，中国地产前三强，碧桂园倾注二十余年建筑智慧，对业主的居住需求进行了反复研究。品牌是实力的保障，相信品牌，更多的是相信品质。

【战略意义】
碧桂园集团在大连区域深耕八年，布局四城。已经倾力打造十余个具有代表性的项目。2019 年倾力打造的东港第二子——碧桂园·东港国际，在产品的维度上进一步提升品质，开启东港新篇章。

【市场口碑】
作为碧桂园大连区域在东港板块重点打造的项目，肩负着树立品牌形象的重要责任与使命。秉承好地块要重点打造的初心和匠心，东港国际以优质的户型和骄人的成绩在东港公寓市场上获得了广泛关注和认可。

【区域地段】
东港商务区作为大连政府倾力打造的新型商务区，坐拥大连东海岸，涵盖了港口服务、金融商务、休闲娱乐等完整城市配套。东港国际项目位于湾区正席，享区域发展红利，拥海景资源。

【主力户型】
Ⅰ期、Ⅱ期规划建筑面积约 86~132 平方米住宅式公寓，户型方正，南北通透。Ⅲ期云璟规划建筑面积约 189 平方米高定空间，室内无柱，可随心而设，自由分割，尽享东港头排海景。

【交通出行】
项目周边路网通达。距地铁 2 号线东港站约 200 米，且能够快速连接疏港路、中山路、中南路三大主城交通要道。约 1 公里可抵达邮轮港口，约 3 公里直通大连火车站及青泥洼商圈，还有规划中的海底隧道及跨海大桥。交通便利，出行无忧。

【教育资源】
享区域内优质配套，包括 OTO 国际幼儿园，东港一小、二小、三小、四小以及东港中学等全方位教育资源。能够满足新兴家庭全成长周期的教育需求。尤其项目Ⅱ期正位于东港二小旁，孩子上学再也不用担心迟到。

【购物娱乐】
项目位于东港商务区生活圈正席位置，凯丹商场满足购物所需；闲暇之余可以陪伴家人沿木栈道散步，感受东方水城不一样的风景；可以在海之韵广场、音乐喷泉游玩，抑或到国际会议中心聆听美妙的音乐会。

【园林景观】
绿化率达 30%，秉承独具特色的景观风格，为业主打造绿色、生态的人居环境。项目景观多维立体，包含水系、廊亭、景墙、休闲跑道等高端住区园林亮点。三季有彩，四季可观，实现"虽由人作，宛自天开"的效果。

【物业服务】
碧桂园服务，2020 年中国物业服务百强企业第一名（来源：中指研究院）；全国约 5 万人的服务团队为近 377 万户业主提供专业细致的社区服务；全时安保、24 小时贴心呵护；秉持"急业主所急，想业主所想"的服务理念，为您提供无微不至的关怀。

大连融创壹号院

大连 | 融创地产 | 主城核心 | 一线瞰海 | 国际湾区

项目地址：
大连市西岗区疏港路与菜市街交叉路口往西北约100米

开发商：
大连达连房地产开发有限公司

产品特征：
普通住宅、公寓

参考价格：
住宅均价27500元/平方米、公寓起价13800元/平方米

主力户型：
约155平方米三居、约199平方米四居

物业公司：
融创物业

5公里生活配套：
城市级行政中心，东港商务区、人民路商圈、青泥洼商圈、香炉礁四大城市级商圈，"一快+一道+地铁+多公交"立体交通

专家点评

柳毓·大连新闻传媒集团《大连晚报大楼市》主编

从北京到上海，从重庆到郑州，从西安到天津，都能看到融创壹号院的身影。作为东北首个壹号院项目，大连融创壹号院立足于城市核心资源、西岗稀缺地块，必将成为经典之作。

项目测评

【战略意义】
不是每一座城市都可以拥有壹号院，壹号院必择址于全球具备发展空间的都会城市。大连是国家五个计划单列市之一，且依山傍海，适于居住。融创看中了大连的发展潜力、大连的宜居环境，才将全球第26座、东北首座壹号院落位于此。

【区域地段】
溯源城市精神，择址大连建设规划"钻石海湾"的点睛之笔——西岗核心湾区，同时也是城市的起始之地。"北向坐揽浩瀚海景，南向对望都市天际"，原生非填海土地，70年瞰海居住权，"一面繁华，三面海"的生活感受，实属难得。

【楼栋规划】
由6栋云端高层以及10栋低密别墅组成。整个社区的绿植与海湾相互结合，呈现出不同的私密私有国际化生活感受。凭借择地的天然优势，匠心独运地打造了上佳的近距离观海居住体验，楼栋与海的最近距离约25米，凭窗而立，仿若居于海上头等舱。

【主力户型】
约199平方米四室两厅两卫体验馆。整体北向瞰海客厅开间为5.5米，面积近60平方米，餐客一体化将空间设计得更加开阔，豪宅品质的横厅设计，让空间具备更多的互动性。

【园林景观】
整体景观，以"观云海、居天地、品滋味、游于艺"的城市级规划视野打造艺术性与文化性兼备的气质园林，规划近6个花园的广场以及约1000多米的滨海栈道，让园区能够实现私享海滨又富有城市配套资源的感受。

【自建配套】
项目南侧规划约2.5万平方米的外向型商业集群，在园区9号楼南部规划约3500平方米会所。一整条的时尚街区以及一座幼儿园。以此力求将湾区生活、城市生活以及社区生活进行融合，为业主提供想到即拥有的生活方式，对标国际化居住理念。

【品牌描述】
融创在克而瑞2020年中国房地产企业销售榜中位列第四，始终坚持与具备发展潜力的城市群共同成长。融创在全国7大区域、120余座城市，打造了641个高端精品项目，产生了强大的市场影响力和品牌竞争力，赢得客户高度认可。

【购物娱乐】
CLD中央生活区，对标伦敦新金融城，3公里内有大连繁华的青泥洼商圈、高端品牌汇聚的人民路商圈。东侧东港商务区，汇集众多五星级酒店、会议中心、滨海旅游区，西侧是拥有山姆会员店、麦德龙等大型商超的香炉礁商圈。

【设计风格】
大连融创壹号院，以国际湾区综合体为规划标准，将大连城市生态、肌理与成熟配套相结合，融合云端住宅、低密别墅、风尚精品亲海情景街区以及多功能会所配置于一体，成为大连独树一帜的城市人居风尚。

【独有特色】
融创的ONE家族拥有9大专属定制体系，为城市峰层人士及其家人定制有品位的美好生活体验，把具有同样生活追求的客户聚在一起，全方位满足塔尖阶层美好生活的想象。

观贤别墅

大连 | 万科 | 城市别墅 | 低密合院 | 区域核心

项目地址：
大连市甘井子区圣林街 12 号 万科观贤国风文化馆

开发商：
大连万腾置业有限公司

产品特征：
别墅

参考价格：
别墅均价 600 万元 / 套起

主力户型：
约 125 平方米别墅、约 155 平方米别墅

物业公司：
万科物业

5 公里生活配套：
地铁 2 号线虹锦路站、大连国际机场、机场迎宾大道、西部大通道、华林公交枢纽站、万达广场、东市商街、乐都汇、甘区政府、明珠公园、锦华小学、甘井子图书馆

专家点评

邢宝君·乐居大连主编

观贤别墅拥有交通、商圈、自然、教育等多维配套。项目主推约 125 和 155 平方米的合院别墅，以五层空间为业主提供了更多美好生活想象空间的可能，而且其户户独立的特性，加持万科物业的保驾护航，也保证了更好的私密感、舒适感和安全感。

扫码观看楼盘详情

项目测评

【战略意义】
1993 年万科入连以来，一直坚持"让城市更美好"的理念。2018 年，观贤别墅领衔万科集团四大高端产品系再耕大连，致力于全面提升大连人居标准。作为万科集团落子大连的新中式合院，观贤别墅广受好评，亦是大连万科门面之作。

【区域地段】
观贤别墅落位机场板块，即大连城市门户与西部商圈的重点区域。在城市战略的指引下，借助机场新兴商务区的发展，未来城市资源、经济、财富将会高度集中，这里是名副其实的主城区位。

【主力户型】
建筑面积约 125~155 平方米合院别墅主力产品采用 L 型建筑布局，并通过南偏西约 15°的设计，使得冬暖而夏凉；双首层空间的设置，一层与地下一层都能享受到阳光；五层空间层层独立而又层次丰富，每个房间都设置成独立套房。

【园林景观】
项目的园林景观部分对标一线城市的住宅园区景观设计。整个园区内部共有约 20 种珍贵乔灌木与国槐、紫叶李、海棠等名贵绿植。1.07 容积率与万科原创风光定位系统为园区打造生态化景观布局，满足"3+1"人群的生活需求。

【物业服务】
观贤别墅与金钥匙国际携手合作，为业主提供高端服务。业主可享受万科物业睿服务 3.0 升级服务内容及六重定制化安防服务：全方位护航、丰富识别技术、访客双向确认、园区精确定位、科技物理防护、车牌智能识别。

【交通出行】
观贤别墅占位城市交通动脉，八方通达，出行无忧：临近地铁 2 号线虹锦路站、华林公交枢纽站；经由西部大通道可直达星海、和平广场商圈以及高新园区；经由南松路、疏港路直达西岗、中山等区域。

【品牌描述】
万科成立于 1984 年，历经 36 载发展与沉淀，与时俱进、不断创新，逐步确立了住宅行业的领先地位，并以绝对的品牌影响力与完善的配套服务，成为全球近四百万家庭的一致选择。

【购物娱乐】
观贤别墅坐拥醇熟商圈，涵盖万达广场、东市商街等丰盈生活社群商业，万科·新街坊与观前街，繁华日趋醇熟；辅以三大开放公园、石门山景区、明珠公园、西郊国家森林公园自然配套，娱乐放松怡然自得。

【设计风格】
回溯传统居住形态，结合生活美学与建筑哲学，观贤别墅以新中式风格打造"街、坊、巷"交错组成的盛景生活。每一户合院别墅均采用框架剪力墙结构、干挂石材的施工工艺、改性沥青防水卷材（屋顶），建筑品质由此可见。

【居住人群】
本区域处在改善周期，吸引了南航的金领员工、高新区 IT 产业高管、工作在星海的金融企业主等人群进入此区域。

绿城·大连诚园

大连　绿城　体育新城　地铁旁　泳池住区

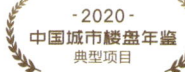

项目地址：
大连市西北路与川岭路交会处东行600米左转

开发商：
绿城中国控股有限公司

产品特征：
高层、洋房

参考价格：
高层均价18000元/平方米、洋房均价21000元/平方米

主力户型：
高层约98平方米三居、洋房约115平方米三居

物业公司：
绿城物业

5公里生活配套：
大连北站、地铁2号线延伸线、新机场、大连体育中心、卫生中心、华南商圈、体育场商圈

专家点评 邢宝君·乐居大连主编

绿城一直被业界誉为"精品物业营造专家",开发建设方面的精品意识在诚园项目同样得以体现,整体规划、造园手法、选料用材、建筑围合布局等均具有业内外参考价值。

扫码观看楼盘详情

项目测评

【区域地段】
项目择址大连体育新城板块,位于城市北进战略核心区位,四大市政配套落建。借助2023亚洲杯举办地的申报,周边建设步伐正持续加快,未来随着区域配套完善,价格还将得到进一步攀升。

【楼栋规划】
项目总占地8.3万平方米,总建筑面积23.7万平方米,综合容积率2.1,共规划有25栋楼,包含8栋高层、16栋洋房及一所幼儿园。整体规划遵循绿城经典布局形式,最大楼间距达70~80米,营造舒适的居住氛围与私密生活。

【主力户型】
主力户型为建面115平三居洋房,纯正的南北通透全明户型,南向双阳台设计,配以南向横向面,面宽近11米,窗户面宽达8米,采光度高。双卧套间的设计,更是增加了空间的利用率和仪式感,尽显品质生活。

【园林景观】
项目绿化面积高达6.7万平方米,4万多平方米绿地规划,打造"三轴两环多花园"景观。其中九境花园规划有"康体空间""睦邻空间""适老空间""童玩空间"等主题景观,满足社区老中青三代的休闲需求。

【自建配套】
项目自身规划有高品质公立幼儿园,并于一期主景观轴线自建无边露天泳池,分为成人、儿童两个泳区。同时规划约4400平方米临街商业,充分考虑到了业主的生活便利性。成熟期短,入住即可在家门口满足日常所需。

【物业服务】
绿城物业具有国家一级资质,连续11年蝉联"中国物业服务百强满意度领先企业"第一名。从生活服务配套体系、房屋全生命周期服务体系、业主全生命周期服务体系三个维度,为项目住户提供品质生活与优质服务。

【交通出行】
楼盘位于体育新城板块核心位置,距离地铁2号线体育中心站约600米,无缝衔接各交通路网,畅享便捷交通体验。周边三横三纵的立体交通,在建新山东路及规划公交枢纽站,可畅达全城,给出行更多可能。

【医疗配套】
项目西侧建有22万平方米医疗中心,由大连妇产医院、大连儿童医院、大连新华医院、大连疾控中心和人口计划生育中心组成。不论是日常问诊、孕妇产检或是年度体检,大型医疗综合体都将随时守护家人身体健康。

【设计风格】
建筑立面设计为绿城二代高层的典型特质:横线条配以大玻璃窗,暖灰色真石漆体现现代建筑的简洁时尚,保证品质感,外立面设计与选材有利后期房屋保值增值。

【独有特色】
绿城以"园区生活服务体系"为基础,构建全新生活服务2.0体系——5G"心"服务,围绕家人生命周期,为孩童、长者、青年搭建社群平台,提供四点半学堂、U-YOUNG系列活动、红叶行动等不同服务。

绿城·湖畔和庐

| 大连 | 绿城 | 湖山侧畔 | 墅级洋房 | 中式院墅 |

项目地址：
大连市开发区湾里寨子沟湾里街

开发商：
大连宝融房地产开发有限公司

产品特征：
洋房、别墅

参考价格：
洋房均价 9400 元 / 平方米、别墅 248 万元 / 套起

主力户型：
约 87 平方米三居、约 138 平方米五居

物业公司：
绿城物业

5 公里生活配套：
湾里街街接主干道铁山路、淮河路、金湾商城、澳东世纪广场、万达广场、盛京医院、大连医科大学附属三院、开发区湾里小学、开发区十中

专家点评 邢宝君·乐居大连主编

大连绿城·湖畔和庐项目资源环境优越，低密宜居，采用中式建筑元素，可算得上收藏价值高于居住价值的固定资产。

扫码观看楼盘详情

项目测评

【区域地段】
绿城·湖畔和庐位于金普新区发展的前沿之地，接壤大连北进战略核心区域——小窑湾国际商务区，临近集电子信息、装备制造、港口贸易、生物制药等为一体的开发区千亿级产业园。

【楼栋规划】
项目占地 18 万平方米，规划近 1600 户。洋房建筑 4~7 层设计，一梯两户，从容归家。别墅产品分为新中式联排与中式合院，联排设计采用了简约理念，充分考虑现代生活所需；合院产品为纯粹中式建筑，细节更为雅致。

【主力户型】
约 138 平方米联排坐北朝南，一层独门独院，二层宽敞阳台，顶层观景露台，形成三重院落体验，实际可得约 380 平方米使用面积。洋房为 87 平方米三居，近 6 米横向宽厅，首层附约 6 米进深花园，营造敞阔自如的居住体验。

【园林景观】
项目整体背靠大黑山风景区，拥享约 420 万平方米原生山林与约 10 万平方米城市内湖，自然资源丰沃。园区整体绿化率约 40%，洋房约 1.05 低容积率，别墅约 0.6 容积率，在山水宜居板块内，打造低密舒朗的宽境人居。

【自建配套】
项目自建湖景商街，计划引入餐饮、康养、民宿等便民商业和儿童空间、长者空间等多种功能性业态，满足业主不同生活所需。商铺规划多种户型，建筑面积约 9~82 平方米，可灵活适用各类经营所需。

【物业服务】
社区物业为绿城服务集团，中国物业百强企业研究报告连续 11 年业主满意度第一名（数据来源：中指研究院），为业主提供全龄段、全周期的贴心服务，定期举办各种业主活动，共建美好生活。

【教育资源】
目前板块内已拥有两所小学、两所中学，含省示范高中——开发区 10 中。区域内新增春蕾小学（规划中），并预计引进大连知名学府，满足教育所需。

【品牌描述】
绿城中国控股有限公司，是中国领先的优质房产品开发及生活综合服务供应商，以优质的产品品质和服务品质引领行业。历经 26 年的发展，绿城中国已进驻全国 30 个省份（自治区及直辖市），营造 800 余个美好家园。

【购物娱乐】
沿湾里街南行 4 公里即可到达以金湾商城、澳东世纪广场为核心的湾里生活商圈，是汇集休闲娱乐、购物、餐饮等为一体的商业聚集区。十公里范围内包含安盛、麦凯乐、万达广场、沃尔玛、大商等高端商业集群。

【纯粹中式】
绿城品质的中式别墅，设计上还原古典建筑细节，形态典雅；工艺上采用古法，精益求精。在自然山湖之间，江南风格的纯粹中式院墅，既符合东方审美，更是一种对中国文化的传承。

金科金弘基·集美郡

`大连` `金科地产` `数字湖畔` `墅境湖居` `品质大盘`

2020 中国城市楼盘年鉴 典型项目

项目地址：
大连市金州区数字三路双 D 港数字湖北侧约 50 米

开发商：
大连弘坤实业有限公司

产品特征：
小高层、洋房

参考价格：
小高层 9800 元 / 平方米、洋房 11000 元 / 平方米

主力户型：
约 89 平方米三居、约 110 平方米三居

物业公司：
金科服务

5 公里生活配套：
地铁 3 号线、金湾商城、澳东世纪商城、数字湖公园

专家点评

金科金弘基·集美郡择址自贸区滨湖板块，秉承「集大家之美，集万物之美」的集美主张，将东方意境、时尚格调、全龄舒享、精工空间相融，是内外皆景的湖畔花园住区。

徐梦鸿·大连市绿色建筑行业协会常务副会长

扫码观看楼盘详情

项目测评

【战略意义】
金科金弘基·集美郡，是金科进驻大连的开篇之作，以品质红盘持续火热。2020 年 12 月，对 800 余组客户进行首期交付，实景大境呈现，如期兑现温暖湖居。品质历经市场的验证，已收获业主与业内的高度好评。

【区域地段】
金科前瞻土地价值，择址小窑湾国际商务区滨湖居住区。临数字湖公园，打造 4000 家庭温暖湖居。临近小窑湾配套生活区与政策先导区，既方便现在的生活，又占据未来发展红利，是开发区不可多得的宜居区域。

【主力户型】
建面约 110 平方米墅境洋房，低密舒居。选用 1.3 米宽子母门，可单开可双开，便捷度高。南北通透，约 6 米大开间，约 6 米层高，朗阔宽厅连接观景阳台。卫室附窗，干湿分离。设置主卧套房，赠送飘窗，方便客户后期使用。

【自建配套】
自有约 6600 平方米湖畔社区商业，业态丰富，便捷一站式购物，轻松满足生活所需。另有按照辽宁省五星级幼儿园配置打造的公立普惠性质幼儿园，至高性价比。配备专业师资，实力护航幼儿未来的启蒙成长。

【物业服务】
金科服务物业全方位呵护业主的健康安全，采取全时在线，报事报修 15 分钟快速响应，社区门口设置 1.3 米儿童安全防线、60 岁独居老人专配安全联络员，为业主打造有温度的社区服务。

【交通出行】
"3+1" 成熟公共交通路网（803 路、805 路、806 路、地铁 3 号线），多元出行，方便快捷。同时，小窑湾区域周边有高速公路、辽河东路、黄海东路等快速路，多线可选，畅达全城。

【品牌描述】
金科集团，20 余年 23 省 570 多个项目，悉心守护 160 余万户家庭。金科入驻大连仅 3 年时间，深耕城市版图，接连布局，如今已形成五盘鼎立之势，成绩傲人。品牌实力，深得人心。

【购物娱乐】
自享社区商业——乐享荟，成熟社区商业，适合多种社区业态，满足 4000 家庭的日常生活。周边毗邻金湾商城、澳东世纪商城、万达商圈、安盛商圈等醇熟商圈，纵享丰富的生活配套。

【销售数据】
2020 年 1~12 月，金科金弘基·集美郡位居大连市销售套数亚军（数据来源于：数联天下）。项目数次开启夜卖场，现场人声鼎沸，实力印证红盘。

【独有特色】
集美郡择址 20 万平方米数字湖畔，临湖而居，纵享天然鲜氧、健康颐养。毗邻数字湖公园，纵享四季湖景的同时，开启湖畔的多元生活，全力打造现象级的生态品质住居。

万达·体育新城

| 大连 | 万达投资集团 | 青训视野 | 运动园林 | 全龄教育 |

项目地址：
大连市甘井子区体育中心北侧（岭西路与西北路交会处）

开发商：
大连万达体育文化旅游开发有限公司

产品特征：
高层、洋房

参考价格：
高层均价约 17500 元 / 平方米、洋房均价约 19000 元 / 平方米

主力户型：
约 93 平方米三居、约 103 平方米三居

物业公司：
大连万象美

5 公里生活配套：
大连北站、地铁 2 号线、万盛购物广场、体育公园

专家点评 邢宝君·乐居大连主编

万达体育新城项目秉承"一环、一带、三庭院、多空间"的设计理念，汲取足球精神灵感，打造了更符合大健康时代与城市属性的健康园居。

扫码观看楼盘详情

项目测评

【市场口碑】
2019 年 9 月，项目开盘 2 小时实现千组抢房，刷新大连开盘的销售速度。2020 年线上获千万人关注，相继获得"安居客——2020 年度品牌价值楼盘""乐居——2020 年度大连最具人气楼盘""网易房产大连——2020 年度人气热销楼盘"等诸多媒体奖项，口碑与实力齐飞。

【区域地段】
大连城市发展以"西拓北进"为重要发展战略，将构建多中心市域总体空间格局。项目位处体育新城，是城市向北发展的桥头堡，擎动区域经济发展。体育新城以体育文化和奥体经济续写体育新城板块发展的绚丽篇章，助力大连腾飞。

【楼栋规划】
项目位于体育中心北侧，总占地面积 39.74 万平方米。住宅分三期开发，一期已基本售罄，二期规划 7 栋精装高层及 4 栋冠军洋房产品，三期目前还未推出。项目部分楼栋可鸟瞰国际青训基地、大连体育中心等璀璨景观，具无遮挡视野体验。

【主力户型】
万达·体育新城主力户型为建筑面积约 82~126 平方米精装高层和建面约 130 平方米奢装洋房，其中 93 平方米三室两厅一卫及 103 平方米三室两厅两卫户型，全明格局，户型方正，采光充足，南向通风，宽阔视野聚集全城目光。

【园林景观】
项目约 40% 的绿化率和 2.97 的容积率，打造三大运动主题设计：荧光跑道、亲子乐园、阳光草坪。活动空间兼顾会客、休闲、运动健身三大功能，打造出千余平方米、更符合大健康时代与城市属性的体育文化主题园林。

【自建配套】
项目打造了以城市命名的足球星光大道，将和大连足球青训基地、大连足球历史博物馆一起，共同成为大连足球文化旅游打卡胜地；传承精神，交流技艺，培训新人，与上海、广州等地展开足球文化融合共建。

【教育资源】
项目配有约 6000 平方米 18 个班制的幼儿园，紧邻政府规划的小学、中学，打造 12 年一贯制的高品质教育体系，一线中轴划定国际体育教育核心。联动国际青训基地，实现文体教育相结合，助力孩子的足球梦想起航。

【医疗配套】
区域内打造约 22 万平方米的医疗综合体，凝聚大连前沿医疗资源，总投资约 13 亿元，大连市妇产医院、大连市儿童医院等全龄段专业医院覆盖，24 小时守护全家人的健康生活。同时引进国内、国际的先进医疗设备，提高城市医疗水准。

【购物娱乐】
项目规划打造国际体育商街，商铺已提前 18 个月售罄，大连足球星光大道、食尚空间、品质生活街、文慧街四大主题，集娱乐休闲旅游消费为一体，实现生活理想。社区对面有青训基地的 5000 平方米商业配套，国际生活秀场抢先实现。

【销售数据】
2020 年 9 月，万达体育新城新推二期地块，首推房源畅销全城，今年共新增近 3000 多位业主。蝉联甘井子区 1~12 月成交套数、面积、金额的 TOP1，荣膺项目销量、媒体热度、成交户型三冠王，是大连当之无愧的红盘。（数据来源：城市房地产决策支持系统）

阳光城·未来悦

`大连` `阳光城` `CBD` `公园私邸` `宽厅洋房`

项目地址：
大连市金州区哈尔滨路20号正东方向80米（金马路北行300米）

开发商：
大连光盛恒荣房地产开发有限公司

产品特征：
洋房、高层

参考价格：
洋房均价14500元/平方米、高层均价13000元/平方米

主力户型：
约135平方米三居

物业公司：
阳光城物业

5公里生活配套：
炮台山公园、安盛商圈、万达广场、青松小学、开发区六中、三甲医院"大医一院三部"、快轨3号线

专家点评

邢宝君·乐居大连主编

悦系产品不仅在阳光城产品系中位居标杆，在全国品质住宅中也属上乘之列。项目所在的金马路为开发区发展的起始与主轴，优质生活资源丰富，为置业者提供了别墅级栖居的可能和背景。

项目测评

【区域地段】

阳光城·未来悦择址开发区繁华之源金马路板块，为传统CBD区域，周边醇熟历久，配套完备。所邻炮台山公园，为城内难得的城市绿肺，生态宜居，可谓繁华谧境。阳光城·未来悦为主城区少有的70年产权项目。

【楼栋规划】

项目为金马路板块难得一见的洋房住区，整体占地约1.58万平方米，总建筑面积约4.1万平方米，规划4栋纯质洋房和1栋观景高层，洋房为1梯2户。围合式社区设计，私密性强，园区人车分流，安全有序，地势整体抬高约3.8~6米，视野开阔。

【主力户型】

建筑面积约135平方米洋房，坐拥约6.2米宽厅，兑现别墅级栖居才有的配置。套房式主卧，私密舒适，大三房设计，满足三代同堂、二孩的家庭需求。户型方正全明，高阔通透。装修自拓空间可创意打造，提高得房率，性价比高。

【园林景观】

外拥炮台山公园，生态健康，日常休闲好去处；内享精致园林，约35%绿地率。园区内设入园水景、室外会客厅、儿童松果乐园等，打造全龄、全时、全享的沉浸式体验，惊艳中不失与自然的互动。

【物业服务】

阳光城物业，国家一级资质物业，"中国物业服务百强企业"；高效沟通机制，五重安保防线，真正能管敢管，为业主提供有温度的守护。

【交通出行】

10余条公交线路交会，出行便利。近守振兴路、振连路两大主轴，提速交通。快轨3号线可直达香炉礁、大连火车站等地，通勤快人一步。在建的海底隧道，预计2024年通车，未来可直达中山。兑现多维立体交通路网。

【教育资源】

项目临近两所学校：青松小学，获得多项省、市级示范校称号，师资涵盖国家省市区优秀骨干教师；开发区六中，被评为大连开发区教育系统先进单位，"九五"期间获辽宁省教育科研先进单位。

【医疗配套】

大连医科大学附属第一医院三部（三级甲等医院）护航在侧，到达医院更方便，应对突发情况更从容，家有老人、孩子更放心。全院医资力量强大，集合众多知名医学专家。

【商业配套】

阳光城·未来悦，家门口即是安盛商圈，购物、餐饮、娱乐、休闲全覆盖。近享麦凯乐、沃尔玛、万达广场等各级丰沛商业，下楼即是项目社区商业，日常生活所需妥帖满足，更添便捷。

【房企品牌】

阳光城地产，世界500强旗下核心企业，现已布局全国100余座城市，臻造300余座匠心筑作，有口皆碑。深耕辽宁厚土，敬献十余个作品，皆为一城当红楼盘。未来悦为阳光城高品质悦系产品系的代表性作品，品质卓然。

中国铁建·国滨苑

大连 | 中国铁建 | 东港现房 | 地铁上盖 | 品质改善

项目地址：
大连市中山东港商务区长江东路 190 号

开发商：
大连创富房地产开发有限公司

产品特征：
住宅式公寓、普通住宅

参考价格：
公寓均价 21500 元/平方米、住宅均价 25500 元/平方米

主力户型：
约 132 平方米三居

物业公司：
北京国贸

5 公里生活配套：
凯丹购物中心、地铁 2 号线、威尼斯东方水城、音乐喷泉广场

专家点评

杜辉，辽宁省委省政府咨询委员、博导——

中国铁建·国滨苑定位东港稀缺地段，户型大小契合大众需求，视野开阔，物业服务周到，社区、学校、商服配套逐步完善，是东港社区适于居住的产品。价位依然具有上升空间，与周边产品相比具有适居性优势。

扫码观看楼盘评情

项目测评

【市场口碑】

中国铁建·国滨苑，在区域内拥有较高的美誉度。经典改善户型，全明通透空间，为业主的居住健康环境周全考虑；建筑通体干挂石材 +LOW-E 双层玻璃 + 品质全装交付，现房实景展现，品质有口皆碑。

【区域地段】

国滨苑择址东港商务区，位于大连中山区人民路 CBD 延伸线，由大连市政府重点打造，集商务、金融、总部办公、文娱、旅游、居住为一体，吸引了全国诸多知名开发商进驻，已然成为大连崭新的城市名片。

【主力户型】

秉持以人为本和健康人居的理念，国滨苑匠心打造建筑面积约 132 平方米的奢阔三居。270°三面采光，全明空间；南北通透设计，每日呼吸新鲜空气；约 4.2 米开间宽厅，气度雍容；独立书房空间，满足宅家办公需求。

【园林景观】

中国铁建·国滨苑，匠心打造约 40000 平方米中央景观园林，名贵树种，全冠移植，三重园景，大美呈现，层层净化，释放新鲜空气，归家一路风景，入住即享。最大楼距约百米，无遮挡视野，满园风光尽收眼底。

【交通出行】

中国铁建·国滨苑，地铁上盖物业，步行约 20 米，即是地铁 2 号线（东海站），高效出行，便捷从容。一站连接凯丹购物中心、人民路、青泥洼桥等，与大连火车站、西安路商圈等城市热点板块无缝接驳。

【教育资源】

中国铁建·国滨苑，周边学府环绕，文脉书香，书声琅琅。社区内建有约 2000 平方米公立幼儿园，东港第一小学、第三小学及东港中学，一路之隔，给孩子们更好的成长环境，充分满足孩子们的学习需求。

【品牌描述】

中国铁建深耕大连 30 余载，先后筑造大连地铁、会展中心、星海湾大桥等大连人家喻户晓的知名建筑。从大连城市名片到东港人居典范，中国铁建始终以坚实的建筑品质著称大连，展现央企国匠实力。

【购物娱乐】

中国铁建·国滨苑位居东港商务区 CLD，凯丹购物中心，吃喝玩乐购，轻松近享；音乐喷泉广场、威尼斯东方水城、滨海木栈道……城市配套云集，无论经济、旅游、居住、休闲，都占据着大连城市资源的重要一席。

【设计风格】

中国铁建·国滨苑无论是从整体规划、建筑研磨，还是建材选择上，都力求践行精益求精。联袂蒂森克虏伯、德力西、日立、A.O. 史密斯等国内外知名家居品牌，搭配"新中式"的时尚人居风格，成就改善人居典范。

【独有特色】

中国铁建·国滨苑，多年来屹立东港，凭借的正是现房实景的品质力。外到建筑立面、万平方米园林、百米楼距，内到豪华电梯、装修细节、阳光户型，实景一目了然，现房即买即住，更加安心、放心、舒心。

中海·东港

大连 | 中海地产 | 东港核心 | 世界天幕 | 星境洋房

2020 中国城市楼盘年鉴 典型项目

项目地址：
大连市东港商务区港东二街与港盛路交汇处（东港二小南侧）

开发商：
大连鼎泰港隆房地产有限公司

产品特征：
普通住宅

参考价格：
住宅均价 47500 元/平方米

主力户型：
约 158 平方米三居、约 162 平方米三居

物业公司：
中海物业

5 公里生活配套：
地铁 2 号线、东港一小、东港二小、东港第一中学、嘉汇中学、大连港医院、友谊医院、中山医院、凯丹广场、人民路商圈、二七商圈、音乐喷泉广场、威尼斯水城、海之韵公园

专家点评 邢宝君·乐居大连主编

中海·东港，在资源优越的地段，研发具有行业领先优势的人居品质，并以此为基础提炼出自身独特的高端住宅产品竞争力。

扫码观看楼盘详情

项目测评

【战略意义】
项目整盘定位为"界定大连，是大连中海 2020 进驻东港的豪宅作品"。在东港最后一块 70 年非填海住宅用地上，中海·东港是划界中海以往项目的分水岭作品，也是划界大连以往豪宅的里程碑项目，未来将引领大连人居新时代。

【区域地段】
项目落址烫金 7 平方千米东港商务区核心。东港商务区承接"钻石海湾"规划利好，逐渐晋级为东港重磅配套入驻地。这里是大连的"封面"，也是城市发展风向标所在。特别是大连湾海底隧道建设，更让板块进入全新发展期。

【主力户型】
小区主力户型为建筑面积约 140~170 平方米星境洋房、奢景高层。整体采用全生命周期设计理念，大三居通透格局，约 6.6 米大面宽，MAX 超维复合双厅设计，多重功能，满足家庭成员不同成长阶段的专属生活所需。

【园林景观】
小区规划了近 2000 平方米核心景观，容积率约 2.52。引入东南亚园林风格，融合宝格丽酒店规划理念。星钻之引、星际乐园、星海之庭、星罗棋布四重归礼，星辉、星座、星系、星辰四大花园仪序，营造舒适的场景体验。

【物业服务】
社区物业为中海物业，服务超过了 100 家世界 500 强客户，收获了 6 万多名大连业主的赞誉与好评。国宾礼遇服务，为中海·东港业主提供优质的物业保障。

【交通出行】
小区周边交通路网四通八达，地铁 2 号线、人民路、长江东路、中山路、疏港路等交通纵横便捷。海运港口、陆路贯通，连同未来跨海大桥等，搭建"海陆空"全维交通生态，密织全域快速便捷的出行体系。

【教育资源】
小区周边教育资源丰沛，东港第一小学、东港第二小学、东港中学、嘉汇高中等名校林立。半小时生活圈，国内知名学府浸润，全龄完整教学体系，为成才每一刻保驾护航。其中东港二小与项目仅一路之隔。

【拿地详情】
2020 年 5 月 29 日，历经 2 个多小时、7 家品牌房企、171 轮激烈竞拍之后，大连中海成功摘下最后一块 70 年非填海住宅用地，楼面可售地价高达 18703 元/平方米。

【品牌描述】
中海地产，隶属世界 500 强中国建筑集团。42 年，布局全球 88 座城市。作为豪宅专家，中海地产 17 次荣获"中国房地产行业领导公司品牌"，品牌价值达 1216 亿元人民币，蝉联行业第一。（数据来源：《中国经营报》）

【楼盘特色】
作为东港商务区最后一部 70 年非填海项目，中海·东港仅规划了 6 栋 364 席，其中星境洋房 180 席，奢景高层 184 席。全部为纯粹的三房产品，采用选配式豪宅标准，一线品牌精装修，只为少数人定制。

鞍山
市场总结

一、新房成交表现

1. 整体情况

2020年1—12月，鞍山市商品住宅市场新增供应面积总计147.47万平方米，同比下降2.6%；销售面积总计158.44万平方米，同比增加1.4%；销售额总计98.74亿元，同比增加8.7%；销售均价约为6499元/平方米，同比上涨7.2%。

其中，铁东区、立山区新增供应量较高，分别为59.97万平方米、56.59万平方米；铁东区、铁西区销售面积较高，分别为53.37万平方米、42.10万平方米；铁东区、高新区销售额较高，分别为36.44亿元、24.57亿元；高新区、铁东区销售均价较高，分别为6851元/平方米、6827元/平方米。

从产品业态分类看，2020年1~12月，鞍山普通住宅新增供应面积总计139.96万平方米，同比下降6.9%；销售面积总计151.12万平方米，同比增加9.6%；销售额总计90.45亿元，同比增加17.53%；销售均价约为5985元/平方米，同比上涨7.22%。

别墅类产品新增供应面积总计4.37万平方米，同比增加197.28%；销售面积总计5.26万平方米，同比增加15.60%；销售额总计5.66亿元，同比增加38.39%；销售均价约为10759元/平方米，同比上涨19.74%。

公寓类产品新增供应面积挂零，销售面积总计0.04万平方米，同比增加33.33%；销售额总计0.03亿元，同比增加33.33%；销售均价约为7206元/平方米，同比上涨32.66%。

写字楼新增供应面积挂零，销售面积总计0.2万平方米，同比增加81.82%；销售额总计0.22亿元，同比增加214.29%；销售均价约为11278元/平方米，同比上涨70.85%。

商业产品新增供应面积总计3.14万平方米，突破了2019年的零供应面积的局面；销售面积总计1.82万平方米，同比下降27.28%；销售额总计2.38亿元，同比增加7.69%；销售均价约为13108元/平方米，同比上涨49.52%。

商品住宅成交面积TOP20的房企累计成交12124套，成交面积总计128.20万平方米，约占全市成交总面积的72.8%；销售额总计82.47亿元，约占全市总销售额的72.05%；销售均价约为6433元/平方米，略低于全市平均水平。其中，万科、富力、东亚分居商品住宅成交面积TOP20榜单的前三甲。

2. 历史地位

纵观全国房地产市场，鞍山甚至整个东北地区仅为大市场下的小缩影，风险既有，机遇共存。换言之，鞍山房地产市场属于犹存机会型城市。

鞍山市商品房从2002年开始起步销售，到2005年商品房销售企业数迅速发展到40家，但2006年商品房开盘企业数骤减至7家；同年，鞍山市生产总值也出现近年来的首次下滑。

自2015年起，鞍山市的房价开始大幅上涨，进入2018年后，整体房价趋于平稳，部分地区小幅回调。自2018年10月起，鞍山房产库存开始回升，慢慢转变为买方市场，购房者的议价空间明显变大，市场整体呈现购房刚需有限的特点，直接导致2019年上半年鞍山房价跌大于涨的局面。而受2020年疫情等因素影响，鞍山商品住宅市场新增供应面积虽同比微降，但销售面积和销售均价却不降反增，购房者对于产品的功能性及品质感愈发关注。

二、土地市场

数据显示，2020年1~12月，鞍山共计成交15宗土地，总占地面积37.54万平方米，总建筑面积82.50万平方米，土地总成交额12.70亿元；其中居住、商住用地成交9宗，总占地面积33.86万平方米，总建筑面积80.58万平方米，总成交金额9.84亿元；商业用地成交6宗，总占地面积3.68万平方米，总建筑面积1.92万平方米，总成交金额2.86亿元，平均楼面价14900元/平方米。

数据来源：新峰顾问、房谱网

在售楼盘一览

铁东区			
楼盘名称	价格	物业类型	主力户型
鞍山富力城	洋房 8100 元 /m² 高层 6000 元 /m²	普通住宅	三居室 (109m²) 四居室 (143m²)
新世界朗怡居	约 7000 元 /m²	普通住宅	二居室 (145m²)
新世界朗悦居	约 5200 元 /m²	普通住宅	三居室 (120m²)
东山艺境	尚未公布	普通住宅	尚未公布
华润幸福里	约 6000 元 /m²	普通住宅	二居室（90m²）
万科金域华府	约 6500 元 /m²	普通住宅	三居室 (120m²)
爱家华府	约 6000 元 /m²	普通住宅	三居室（140m²）
鞍山红星国际广场	约 5200 元 /m²	普通住宅	二居室（85m²） 三居室（120m²）
鞍山上海城	约 4500 元 /m²	普通住宅	一居室（52m²）
爱家皇家花园	约 5500 元 /m²	普通住宅	二居室（90m²）
东景美林	约 8200 元 /m²	普通住宅	三居室 (180m²)
公园 1953	5000~14000 元 /m²	普通住宅、别墅	三居室 (120m²) 四居室 (260m²)
万科城市之光	约 5500 元 /m²	普通住宅	三居室 (115m²)
嘉信茂林府	约 6700 元 /m²	普通住宅	三居室 (125m²)
巴黎花园	约 6000 元 /m²	普通住宅	二居室（119m²）

高新区			
楼盘名称	价格	物业类型	主力户型
高新万科城	5600~6500 元 /m²	普通住宅	三居室 (100m²)
瑞城御园 3 期	约 6500 元 /m²	普通住宅	三居室 (130m²)
中建俊公馆	约 6500 元 /m²	普通住宅	二居室（90m²）
海诺首付	约 6500 元 /m²	普通住宅	三居室 (110m²)
佳兆业君汇上品	约 6000 元 /m²	普通住宅	三居室 (110m²)
澜湾香墅	尚未公布	别墅	四居室（200m²）
美林东盛园	约 6700 元 /m²	普通住宅	三居室 (120m²)
百年世家	约 6000 元 /m²	普通住宅	二居室（95m²）
皇冠壹品	约 6000 元 /m²	普通住宅	二居室（91~108m²） 三居室（111~311m²）

高新区			
楼盘名称	价格	物业类型	主力户型
鞍山恒大名都	约 5800 元 /m²	普通住宅	二居室 (90m²)
颐和城	约 5200 元 /m²	普通住宅	二居室 (63~102m²) 三居室 (110m²)
中冶玉峦湾	约 5500 元 /m²	普通住宅	二居室 (95.43~102.94m²)

铁西区			
楼盘名称	价格	物业类型	主力户型
宏发石榴	约 4000 元 /m²	普通住宅	二居室（85m²）
富甲天下	尚未公布	普通住宅	二居室（95m²）
鞍山置地新城	约 3600 元 /m²	普通住宅	二居室（90m²）
宝居朗庭国际	约 4000 元 /m²	普通住宅	二居室（80~82m²）
万科金色家园	约 5800 元 /m²	普通住宅	二居室（90m²）

立山区			
楼盘名称	价格	物业类型	主力户型
都市御府	约 5200 元 /m²	普通住宅	二居室（85m²）
佳兆业水岸悦府	约 4500 元 /m²	普通住宅	三居室 (110m²)
紫云东方之珠	约 7000 元 /m²	普通住宅	三居室 (123m²)
鞍山凤凰城	约 4600 元 /m²	普通住宅	二居室（85m²）
唐盛家和天下	约 4800 元 /m²	普通住宅	二居室（84~91m²）
立山华府	约 4500 元 /m²	普通住宅	二居室（77~111m²） 三居室（95m²）
鞍山恒大绿洲	约 5000 元 /m²	普通住宅	一居室 (34.72~44.86m²) 二居室 (56.94~69.71m²)
御景湾	约 3000 元 /m²	普通住宅	三居室 (88m²)
恒威滨江国际	约 4600 元 /m²	普通住宅	一居室 (38.10m²) 二居室 (59m²) 三居室 (132m²)

千山区			
楼盘名称	价格	物业类型	主力户型
中骏汤泉香墅	约 5700 元 /m²	别墅	四居室（200m²）

典型项目

鞍山富力城

鞍山 | 富力地产 | 区域核心 | 居住典范 | 优质教育

项目地址：
鞍山市铁东湖南万和街与万华街交叉口东南150米

开发商：
鞍山恒营房地产有限公司

产品特征：
洋房、高层

参考价格：
洋房均价8100元/平方米、高层均价6000元/平方米

主力户型：
约109平方米三居、约143平方米四居

物业公司：
富力物业集团

5公里生活配套：
鞍山实验中小学、东山风景区、华润万家超市、yoyo公园、湖南公园、鞍山市中医院

专家点评

贺华·大连市房地产业协会秘书长

富力地产的建造经验足以为鞍山富力城的项目品质背书。富力地产秉承着缜密的商业思维和独特的战略布局，多年来致力于选择区域内优质地块，打造"城中之城"，将推动区域市场的热度提升。

扫码观看楼盘详情

项目测评

【市场口碑】
富力集团于2017年进驻鞍山，2018年斥巨资在铁东区湖南板块打造百万平方米的人文品质大盘富力城，无论是园林质量、物业服务还是社区配套等方面，都可代表鞍山楼盘的较高品质。

【区域地段】
湖南板块是鞍山城市人居优选区域。21世纪初期，其优越的地理位置和自然环境，迎合高端人群"进享繁华，退守宁静"的生活理念，使其逐渐被定位为鞍山富人区。随着多年的高端居住沉淀，片区已成为鞍山市品质住宅区典范，拥有较为突出的景观和配套优势。

【园林景观】
鞍山富力城项目作为富力集团的旗舰产品，整个设计团队秉承着创建非凡、至善共生的理念，为鞍山市人民打造专属府院园林。以新中式园林风格的设计为骨骼、我国传统禅意思想为灵魂，用兼收并蓄的方式呈现出新中式府院园林景观。

【物业服务】
富力物业为"国家一级资质物业"，管理范围辐射全球30余座大中型城市。公司的规模化发展在全国行业内名列前茅，造就六大侍服系统，全面提升私人居住的奢华体验。

【交通出行】
项目占据四通八达的交通路网。莘营隧道可以直接与高新区相连，湖南街直通二一九公园和市中心，公共交通有216路、401路、25路、43路等诸多路线。距离站前商圈仅有6千米，距离千山风景区也仅有16千米。

【教育资源】
项目有新建的幼儿园和九年一贯制重点小学、重点中学，倾力打造鞍山市书香教育区域；自有12年一贯制学校，从幼儿园至中学的教育体系，让业主的孩子上学无忧。

【购物娱乐】
一期商业总面积约13000平方米，以辐射性社区商业配套服务为主，以提高业主生活便利性为目标。将引进品牌商业运营商，打造鞍山富力城专属的高端、齐全的生活配套，营造便利、惬意的生活环境。

【设计风格】
新中式建筑是一种潮流走向。建筑沿袭我国传统建筑精粹，注重对现代生活价值的精雕细刻。引入中式府院的生活理念：一进富贵门，二进园林，三进门庭，形成前庭后院式空间；以"三进式"园林景致，呈现鞍山市府院风光。

【销售数据】
纵观鞍山市单项目全年的销售额，鞍山富力城独占鳌头，以单盘销售额7.6亿元、成交套数930套、成交面积10.86万平方米成为2020年鞍山楼市商品房销量榜冠军。

【独有特色】
富力城三期位于整个百万平方米大城的"掌心"，占地共计13万平方米，建筑面积20万平方米，容积率仅为1.46，绿化率高达31.2%。无论是地理位置、产品规划还是景观设计，三期都是对往期产品的一次重要升级。

459 / 2020 年山东省城市发展概述

462 / **济南**
462 / 市场总结
466 / 在售楼盘一览
470 / 典型项目

474 / **青岛**
474 / 市场总结
477 / 在售楼盘一览
484 / 典型项目

492 / **烟台**
492 / 市场总结
496 / 在售楼盘一览
499 / 典型项目

506 / **威海**
506 / 市场总结
511 / 在售楼盘一览
512 / 典型项目

515 / **潍坊**
515 / 在售楼盘一览
518 / 典型项目

519 / **东营**
519 / 在售楼盘一览
521 / 典型项目

山东

2020年山东省城市发展概述

一、区域简介

山东省位于我国东部沿海、黄河下游地区，陆域面积15.58万平方千米，海洋面积15.96万平方千米，辖16个地级市，分别是济南市、青岛市、烟台市、威海市、淄博市、枣庄市、东营市、潍坊市、济宁市、泰安市、日照市、滨州市、德州市、聊城市、临沂市、菏泽市。截至2019年年末，山东常住人口过亿人，达到1.007亿人，位居全国第二，GDP（国内生产总值）71067.50亿元，排名全国第三。

山东省是我国经济发达的省份之一，"活力、魅力、潜力、美丽、文明、开放"是它的关键词。如今的山东，是一个创新引领、动能强劲的活力新山东，是一个城乡融合、乡村振兴的魅力新山东，是一个陆海统筹、向海发展的潜力新山东，是一个绿水青山、生态宜居的美丽新山东，是一个底蕴深厚、传承创新的文明新山东，是一个包容并蓄、拥抱世界的开放新山东。

二、国家战略

2018年1月3日，国务院正式批复《山东新旧动能转换综合试验区建设总体方案》，同意设立山东新旧动能转换综合试验区。该方案是党的十九大后获批的首个区域性国家发展战略，也是我国第一个以新旧动能转换为主题的区域发展战略。

山东新旧动能转换综合试验区位于山东省全境，包括济南、青岛、烟台三大核心城市，以及13个设区市的国家和省级经济技术开发区、高新技术产业开发区及海关特殊监管区域，形成"三核引领、多点突破、融合互动"的新旧动能转换总体布局。

2019年8月26日，《国务院关于印发6个新设自由贸易试验区总体方案的通知》发布，中国（山东）自由贸易试验区正式设立。2019年8月30日，中国（山东）自由贸易试验区揭牌。2019年8月31日，中国（山东）自由贸易试验区济南片区正式启动建设，青岛片区、烟台片区也分别挂牌，一批重点项目集中开工。

三、区域方针

国家"十三五"规划明确提出，要加快城市群建设发展，优化提升东部地区城市群，建设京津冀、长三角、珠三角世界级城市群，提升山东半岛、海峡西岸城市群的开放竞争水平。"山东半岛城市群"这一概念，最早出现在21世纪初。2007年，山东首次发布《山东半岛城市群总体规划(2006-2020年)》，包括青岛、济南、淄博、东营、烟台、潍坊、威海和日照在内的8个城市，成为山东半岛城市群建设的首批参与者。在这短短的十年间，山东半岛城市群取得了快速发展。城市群内部联系不断增强，外部互动日益增多。

2020年1月7日，山东省住房和城乡建设厅召开的全省住房城乡建设工作会议指出，2021年山东要坚持以人的城镇化为核心，以城市群为主体形态，以城乡融合发展为导向，加大新型城镇化和城乡融合发展推进力度，全省常住人口城镇化率达到62%以上。同时，出台《山东省新型城镇化与城乡融合发展规划(2021-2035年)》《山东半岛城市群发展规划(2016-2030年)》，加快农业转移人口市民化，大力推进以县城为重要载体的城镇化建设，构建大中小城市和小城镇协调发展新格局。积极创建城乡融合发展试验区，形成可复制、可推广的山东经验。

同时，健全区域协调发展机制，加快推进省会、胶东、鲁南三大经济圈住房城乡建设的一体化发展，全面提升山东半岛城市群的综合竞争力，支持济南建设国家中心城市、青岛建设全球海洋中心城市，推动资源要素优先向中心城市布局。

四、交通基建

2020年，是山东省交通建设的丰收之年。省会济南有五条高速陆续通车，为打造省会都市圈提供了强劲动力。山东省高速公路通车里程达到7473千米。"一纵两横"环鲁高速铁路网，6小时可环游齐鲁八市，2025年年底将实现"市市通高铁"。济青轨道交通加速成网，还有7个城市正进行轨道交通建设规划编制工作。

2020年10月，中共山东省委、山东省人民政府印发《山东省贯彻〈交通强国建设纲要〉实施意见》（鲁发〔2020〕12号），以下简称《意见》，是指导山东交通运输未来30年创新发展的纲领性文件。

《意见》明确了一个总目标和两个具体发展目标。一个总目标：建成人民满意、保障有力、全国领先的交通强省，为交通强国建设做出山东贡献。两个具体发展目标：构建基础设施"三网"，即便捷高效的快速网、四通八达的干线网、覆盖广泛的基础网；打造交通运输客货"两网"，即"123"客运通达网：省会、胶东、鲁南三大经济圈内实现1小时通达、省内各地实现2小时通达、与全国主要城市实现3小时通达；"123"物流网：省内1天送达、国内2天送达、国际主要城市3天送达。

《意见》确定了重点任务，主要是建设"六大体系"：

一是建设互联互通、面向国内外的综合立体交通网络体系。到2030年，全省高速公路通车里程突破9000公里，形成"九纵五横一环七射"网络布局；全省高铁运营里程达到5700公里以上，覆盖县域范围达到100%、基本形成"四横六纵"现代化高铁网络；民用运输机场达到16个；沿海港口万吨级以上泊位达到360个。到2030年，铁路运营总里程突破10000公里，公路通车总里程超过30万公里。提高城乡交通的保障能力，优先发展城市公共交通，建设公交都市示范城市，有序推进城市轨道交通建设，深入推进"四好农村路"建设。到2030年，轨道交通营运里程达到1200公里，中心城区公交站点500米覆盖率达到100%。

二是建设便捷高效、先进共享的运输服务体系。到2030年，综合货运枢纽50个以上，农村物流覆盖率100%；增加智能化、定制化、共享化客运供给，推进网约车、共享汽车等客运服务新模式的规范发展；深化交通运输与旅游高效融合。加快交通运输装备技术的升级，积极推进先进交通装备设施的研发应用。

三是建设创新协同、融合开放的智慧交通体系。到2030年，智慧高速公路占比达到50%以上，建成10个以上智慧码头。构建智慧交通服务系统，拓宽北斗卫星定位系统在交通方面的应用，建成支撑全省的智慧高速大数据应用平台。

四是建设节能环保、生态集约的绿色交通体系。推进可持续发展，建立完善绿色循环低碳交通运输体系，创建公路绿色服务区、绿色铁路站、生态航道等。

五是建设可靠完善、反应快速的交通运输安全生产体系。提升本质安全水平，完善交通运输安全管理、技术标准体系，持续加大安全防控投入，推进科技支撑体系建设。

六是建设综合统一、协调高效的行业治理体系。

五、未来展望

《中共山东省委关于制定山东省国民经济和社会发展第十四个五年规划和二〇三五年远景目标的建议》，对山东未来5年，以及未来15年的发展勾勒出蓝图，提出了山东"十四五"时期经济社会发展主要目标，提出在科教强省、文化强省、健康强省、现代农业强省、先进制造业强省、海洋强省、数字强省、新能源新材料强省、交通强省建设上实现重大突破。

《中共山东省委关于制定山东省国民经济和社会发展第十四个五年规划和二〇三五年远景目标的建议》，深入分析进入新发展阶段、贯彻新发展理念、构建新发展格局的新形势新任务，聚焦"如何走在前列""什么是强省"，从9个方面描绘了2035年基本建成新时代现代化强省的远景目标，提出"十四五"时期在综合实力等7个方面走在前列的发展目标；聚焦"强什么"，提出在科教强省建设等9个强省建设上实现重大突破；聚焦"怎么强"，提出12个方面重点任务。

这"9个强省突破"，是"十四五"时期山东深入贯彻习近平总书记重要指示要求、实现"走在前列、全面开创"的具体抓手，也是推动高质量发展、加快强省建设的鲜明标志。可以说，科教强省、文化强省、健康强省、现代农业强省、先进制造业强省、海洋强省、数字强省、新能源新材料强省、交通强省建设，一个个强省目标就是一个个美好愿景，回答了"什么是强省"的问题，让新时代现代化强省建设内涵更加丰富和具体。

山东产业基础雄厚，市场潜力巨大，创新资源不断聚集，改革红利加速释放，广大党员干部群众奋发向上、求变求强，干事创业热情高涨，完全有底气、有能力、有信心在新发展阶段实现更大作为。山东省发展仍处在转型升级的紧要关口，新旧动能转换任务依然艰巨，科技创新支撑高质量发展能力不足，资源环境约束趋紧，重点领域关键环节改革需要持续深化，城乡区域发展仍不平衡，民生领域存在短板，社会治理还有弱项。

站在"两个一百年"奋斗目标的历史交会点上，山东开启了新时代现代化强省建设新征程。承接过去，把握今天，展望未来，创造了无数辉煌的山东，一定能成为科教强省、文化强省、健康强省、现代农业强省、先进制造业强省、海洋强省、数字强省、新能源新材料强省、交通强省，迎来更加灿烂的明天。

参考资料

1. 中国指数研究院:《2020年山东房地产企业销售业绩排行榜》
2. 亿翰智库:《重磅｜2020年1-12月山东省典型房企销售业绩TOP20【第17期】》
3. 齐鲁网:《外交部山东全球推介活动在京举行》
4. 山东画报:《山东半岛城市群发展规划(2016-2030年)》解读
5. 经济导报:《山东：2021年棚户区改造新开工12.3万套 常住人口城镇化率达到62%》
6. 齐鲁壹点:《"山东的路"重回第一方阵，2025年我省高铁通车里程将翻番》
7. 山东省交通厅:《山东省贯彻<交通强国建设纲要>实施意见》解读
8. 大众日报:《九个强省突破！山东这个重磅会议确定的这些目标有何深意？》

济南

市场总结

一、新房成交表现

1. 整体情况

2020年年初的新冠肺炎疫情给楼市带来了不小的冲击。从商品房网签量看，济南新建商品房销售15.32万套，面积1579.60万平方米、同比增长4.11%，均价为11753.78元/平方米、同比下降1.25%。其中，住宅销售8.85万套，面积1112.11万平方米、同比增长10.31%，均价为12889.56元/平方米、同比下降1.41%。

自2020年3月以来，济南市房地产业复工复产效果明显，市场销量较往年大幅增长，住宅日均成交量保持在280套左右，超过了2017~2019年日平均成交200套的水平。销量大幅增长的主要原因是企业通过积极的降价策略，推动复工复产，回笼资金。

2. 年度走势

2020年，市场在一季度经历停摆和断档，在政府复工复产政策支持及企业积极自救的努力下，从2020年3月开始成交量逐步复苏，5月达到2020年全年成交量的最高点，6月市场已基本恢复至2019年的同期水平。自5月开始，随着项目施工进度的加快、企业供应增加及需求的稳步释放，成交量也保持相对稳定。据了解，12月由于住建局更换新版网签合同，签约滞后，成交量大幅减少。从整体来看，2020年市场在供应和销售周期压缩的情况下，仍实现了逆势增长。

根据年度开盘情况，2020年，济南98个项目有251次开盘，共放出约27887套房源，其中有30个新项目。相较于2019年，2020年的开盘量减少1%，开盘套数减少13%（2月没有开盘数据）。

2019-2020年济南商品房网签量走势图

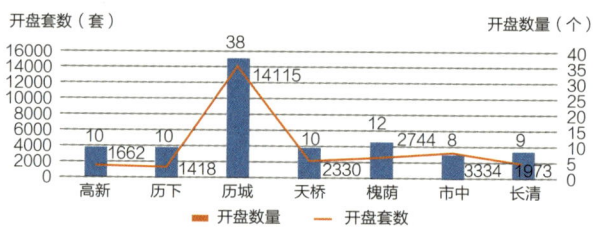

2020年济南区域开盘数量和开盘套数

2020年济南住宅价格指数环比小幅波动，截至2020年11月底，环比累计下降1%，预计2020年全年波动应该保持-1%左右，整体保持平稳。2020年11月环比下降0.3%，同比下降1.7%。

3. 历史地位

由于2020年全社会推动复工复产，2020年的住宅成交规模超过预期。从网签数据来看，2020年济南商品房网签总量为153189套。在过去5年中，济南商品房网签总量最高为2016年223528套，最低为2018年133077套。

二、二手房成交表现

1. 整体情况

二手房交易量逐步回升，市场回暖趋势明显。二手房交易6.04万套、成交面积463.92万平方米，同比增长6.31%，均价为9680.57元/平方米，同比增长0.33%。其中二手住宅交易4.19万套、成交面积392.56万平方米，同比增长10.45%，均价为10292.40元/平方米，同比增长0.81%。

2. 年度走势

2020年前三季度，济南二手房成交量起伏较大。一季度成交量明显偏低，二季度大量购房需求释放，成交量倍增，环比增长163.91%，三季度回归正常交易量，保持整体成交量平稳发展。

三、政策梳理

2020年1月6日，济南市住房和城乡建设局发布《济南市人才购房补贴申请发放实施细则（试行）》（以下简称"细则"），自2020年1月1日起实施，试行2年。本细则结合"人才新政30条""双创19条"等相关规定制定，对于符合购房条件的全日制博士、硕士研究生家庭在济南购买首套住房的，可分别享受15万元、10万元的一次性购房安居补贴。此次激励购房政策的发布，足以看出济南对于人才留守的重视程度。此举在一定程度上增加了购房需求，但是在国家的宏观调控之下，未来房价会越来越稳定，同时，人才的引进为城市发展注入了新鲜血液和无限潜能。

2020年3月3日，山东省政府发布《中共山东省委山东省人民政府贯彻＜中共中央、国务院关于建立健全城乡融合发展体制机制和政策体系的意见＞加快推进城乡融合发展的实施意见》，提出加快推动已在城镇就业的农业转移人口落户，济南、青岛中心城区尽快放开落户限制；2020年5月28日，济南市委市政府召开新闻发布会，发布《全面放开落户限制实施细则》（以下简称《实施细则》），于6月1日正式实施，主要提供了六大落户途径。放宽人才落户之后，对房产市场来说或许是一个积极的信号，对于限购下的刚需族来说能够获得购买房屋的资格。2020年受新冠肺炎疫情影响，很多房企都会选择降价促销，此时比价有助于提高市场的成交活跃度；但是从长远的角度来看，受目前市场调控的高压影响，降低落户门槛、放松人才限购条件，对房地产市场的影响还是比较有限的。

四、土地供应

1. 出让基本情况

回顾2020年济南土地市场，溢价、流拍、底价成交并存，可谓一波三折。2020年上半年受新冠肺炎疫情影响供地量偏少，从第三季度开始土地市场逐渐回暖，第四季度供地量爆发，溢价成交更是层出不穷。纵观全年，土地市场呈现稳步升温的态势。

2020年，济南市供应住宅、商务金融、商服用地共计166宗，总面积5772231平方米，折合约8658亩，其中居住地块（含商住混合）106宗，共计约6103亩（统计范围含济南主城各区、长清、先行区、原莱芜地区，不含章丘、济阳，含终止、流拍土地）。

2020年，济南市共成交住宅、商务金融、商服用地161宗（其中3宗地为2019年年底供应土地），总面积5854819.5平方米，折合约8782亩，成交总金额约5584024万元，流拍土地21宗（不含章丘）。其中，居住地块（含商住混合）104宗，共计约6322亩，成交总金额约4809659万元；商业金融地块（不含商住混合）57宗，面积约2460亩，成交总金额约774365万元。

从区域成交情况来看：历城区贡献59宗超3809亩土地，居住用地达2554亩，成为本年度供地主力区域；天桥区土地成交面积排名第二，约706亩。

在吸金能力方面，历城区吸金超255亿元，中海、远洋、万科、绿地、龙湖、绿城、平安、碧桂园等房企均在此摘地，未来众多知名房地产项目将在此集中亮相。

2020年的成交土地中，楼面价TOP8地价均在11000元/平方米以上，市中区郎茂山原山东长城房地产综合开发总公司地块高居榜首，经16轮竞价后以竞配建政府储备性安置房1810平方米、41130万元的价格被中电建摘得,溢价率约5.2%。高楼面价集中在郎茂山片区、盛福片区、长岭山片区等。

从2020年6月开始,在底价成交的常态下,多宗土地进入多轮甚至百轮竞价,土地溢价率不断上升,3宗土地进入竞配建政府储备性安置房环节,同时也伴随多宗地块的出让终止和流拍。纵观2020年济南土地市场,可谓流拍和溢价"冰火两重天"。

2. 开发商拿地情况

在2020年的济南土地市场上,万科拿地量最多,土地储备量超926亩,居于2020年拿地榜首;远洋土地储备量(含和浪潮联合拿地)超818亩,排名第二;平安、城投联合斥资超48亿元在雪山片区拿地超510亩;绿地、龙湖也储备了不少土地。

2020年济南拿地房企TOP20

拿地企业	拿地面积(m²)	接地亩数(亩)	拿地成本(万元)	住宅用地(宗)	商业及其它用地(宗)	区域	片区	最高楼面价(元/m²)
万科	617659	926.5	716646	12	5	天桥、历城	药山、雪山、毛巾厂	9000.5
远洋+浪潮	286231	429.3	254980	2	4	历城	唐冶	6300.1
远洋	259350	389.0	387840	6	2	天桥、历城、槐荫	边庄、雪山、王舍人、北湖、经十一路	12062.1
平安+城投	340582	510.9	485908	4	4	历城	雪山	6778.0
绿地	327581	491.4	197736	7	2	历城、先行区	孙村、崔寨	6492.5
龙湖	248198	372.3	338106.01	6	3	高新、历城	贤文、彩石、王舍人	9931.7
中建	215631	323.4	296787.5	2	1	槐荫	医学国际中心	6500.0
历城控股	195440	293.2	147517	4	1	历城	郭店	8333.3
中海	161553	242.3	250969	5	1	槐荫、天桥、历城	二药、东沙、华山	11943.4
济南文旅+山东中润	150303	225.5	53550	3	1	历城	两河	2197.7
济南四建	144528	216.8	144528	1	0	历城	遥墙	6250.0
南益	130172	1195.3	91263.589	1	0	长清	大学园	3505.0
中交	125273	187.9	170364	4	0	市中	南北康	5530.0

(续)

拿地企业	拿地面积(m²)	接地亩数(亩)	拿地成本(万元)	住宅用地(宗)	商业及其它用地(宗)	区域	片区	最高楼面价(元/m²)
银丰	118445	177.7	278154.15	3	0	历下、长清	长岭山、盛福、文昌街道	14400.1
城投	104765	157.1	80916	1	2	历城	雪山	6493.8
鲁商	99527	149.3	130081	3	0	市中	南北康	5520.0
仁恒+济高控股+浪潮	95163	142.7	193000	2	1	高新	贤文	9929.9
市中控股	93222	139.8	107269	1	2	市中	白马山	6300.0
招商蛇口	86899	130.3	123541	1	2	历下	盛福	8214.3
金科	85936	128.9	111630	2	1	天桥	诚通纺织厂	6597.2

五、热点板块

在2020年济南房地产企业销售榜上,融创、中海、万科依旧是前三甲,年度项目销售排行榜前十名分别是万达文旅城、中海华山珑城、中新国际城、华润公元九里、恒大绿洲、中新锦绣天地、万象新天、力高·未来城、凤凰首府和绿城玉兰花园(根据成交销售面积排序)。

排行榜前三名分别是万达文旅城、中海华山珑城和中新国际城(根据成交销售面积排序)。其中万达文旅城成交4598套,成交面积58.87万/平方米;中海华山珑城成交4738套,成交面积53.43万/平方米;中新国际城成交1731套,成交面积23.1万/平方米。

从区域划分来看,历城区依旧是供应成交的主力军。历城区成交较好的楼盘有万达文旅城、中海华山珑城、中新国际城、中新锦绣天地;位居第二的是市中区,成交较好的楼盘有华润公元九里、万科山望。

2020年度项目销售排行榜

项目名称	成交套数(套)	成交面积(万平方米)	区域
万达文旅城	4598	58.87	历城
中海华山珑城	4738	53.43	历城
中新国际城	1731	23.1	历城

（续）

项目名称	成交套数（套）	成交面积（万平方米）	区域
华润公元九里	1816	22.07	市中
恒大绿洲	1465	19.2	长清
中新锦锈天地	1514	17.99	历城
万象新天	1474	16.15	历城
力高·未来城	1382	15.55	济阳
凤凰首府	1193	14.7	历城
绿城玉兰花园	764	12.13	高新

从整体来看，以上楼盘多为老盘加推，主要是以去库存为主。

2020年，济南商品房成交量最大的区域是历城区，共计成交62677套，建筑面积4952801.71平方米；成交量较小的区域是天桥区，共计成交8788套，建筑面积654222.81平方米。

2020年济南商品房成交区域分布

六、用户心理

在2020年，购房者的心理产生了哪些变化？市场环境又出现了哪些新趋势？

乐居通过实地调查发现，在受到2019年下半年市场下行和2020年新冠肺炎疫情防控双重影响下，济南房地产市场仍然保持平稳健康发展态势，呈现出"量增价稳"的特点，住宅销售规模大幅增长，价格保持了平稳。而济南购房群体的心态较为平稳，购房者对于一些品质大盘还是有很大程度的关注，开盘加推率也比较高，不仅对刚需盘的需求增加，对于改善盘的需求也在逐渐增加。

据济南市房地产业协会秘书长李刚分析，济南整体的楼市环境又出现了一些新的趋势和变化：1）住宅市场呈现"量增价稳"的回暖状态；2）高品质住宅受新冠肺炎疫情影响小，如绿色建筑、健康建筑、超低能耗建筑等高品质建筑的销售受新冠肺炎疫情影响较小，价格保持相对稳定；3) 市场以刚需和改善盘为主，从全市住宅成交面积来看，100~144平方米是市场的成交主力，两者合计占比74%；4）区域划分明显，以CBD为代表的核心区域，目前在售项目均处于尾盘清房阶段，价格保持相对稳定，以新东站片区为代表的城郊区域，楼盘供应数量充足，价格竞争激烈；5）二手房交易量逐步回升；6）住宅价格指数环比小幅波动，预计全年波动保持 –1% 左右，整体保持平稳。

从整体来看，济南楼市环境在新的一年里将持续平稳发展，稳中向好。

七、2021年展望

由于2020年全社会推动复工复产，2020年的住宅成交规模超过预期。通过重点企业调研，综合考虑市场供应及库存情况，预计2021年房地产市场仍将保持"量价齐稳"的状态，住宅成交面积保持在1000万平方米左右，住宅价格不会出现大起大落。

新盘供应一直与土地出让紧密挂钩，从2020年土地市场成交情况来看，历城区土地成交量遥遥领先，约59宗超3809亩土地，居住用地达2554亩，主要集中在雪山、唐冶等区域，这也意味着2021年更多房地产项目将在这里集中亮相。

二手房市场回暖将带动住宅市场继续回暖。二手房低迷将影响部分以旧换新的改善型需求购房者的购买能力。2020年二手房交易量逐步回升，将对新建住房市场销售带动作用明显，对改善型购房需求将产生一定的刺激作用，整体房地产市场将继续保持回暖状态。

数据来源：济南市房地产业协会、济南克而瑞、济南住宅与房地产信息网

在售楼盘一览

历城区

楼盘名称	价格	物业类型	主力户型
中海华山	约 11800~13000 元/m²	普通住宅、公寓、别墅、商铺	三居室 (95~125m²)
济南新城悦隽风华	约 11500 元/m²	普通住宅	三居室 (102~131m²)
济南恒大城	6400 元/m² 起	普通住宅、公寓	一居室 (48m²) 二居室 (55~62m²) 三居室 (120~140m²)
中铁城	约 12000 元/m²	普通住宅、别墅	三居室 (129m²) 四居室 (140~160m²) 别墅 (227~560m²)
济南融创文旅城	约 13000 元/m²	普通住宅	三居室 (110~145m²)
济高·梧桐郡	约 18500 元/m²	普通住宅	三居室 (113m²)
鲁商凤凰广场	约 8500 元/m²	商铺	一居室 (31.61~53.95m²) 二居室 (60.33m²)
中新国际城	12700~12800 元/m²	普通住宅、综合体	三居室 (95~125m²)
万科翡翠山语公馆	约 15000 元/m²	普通住宅、别墅	三居室 (108~130m²)
鲁能泰山 7 号	约 12200 元/m²	普通住宅	三居室 (96~128m²) 四居室 (140m²)
中新·锦绣天地	约 12000 元/m²	普通住宅	三居室 (112~130m²) 四居室 (145~160m²)
翡丽公馆	约 14500 元/m²	普通住宅	三居室 (109m²) 四居室 (143m²)
东 8 区·企业公园	8900 元/m² 起	公寓、别墅、写字楼	尚未公布
碧桂园 CLD 凤凰首府	约 13700 元/m²	普通住宅、别墅	四居室 (140m²)
天鸿万象东方	约 11400 元/m²	普通住宅	四居室 (149m²)
玖唐府	约 14250 元/m²	普通住宅	三居室 (96~117m²) 四居室 (160m²)
海信天辰九号	9666 元/m² 起	商住	一居室 (36.37~38.9m²)
旭辉银盛泰·星瀚城	约 13000 元/m²	普通住宅	三居室 (95~110m²) 四居室 (125~144m²)
龙湖景粼原著	约 290 万元/套	普通住宅、别墅	复式 (179m²)
万科正荣·天宸	14200 元/m² 起	普通住宅	四居室 (125m²)
济南魅力之城	14200~14500 元/m²	普通住宅	二居室 (88m²) 三居室 (97~110m²) 四居室 (130~145m²)
荣盛华府	9099 元/m² 起	普通住宅	三居室 (98~125m²)
绿城·梦想小镇	约 8000 元/m²	商住	三居室 (110m²)
龙湖·九里晴川	380 万元/套起	别墅	别墅 (169m²)
公园学府	13000 元/m² 起	普通住宅	三居室 (109~169m²)
金地越秀·凤鸣艺境	300 万元/套起	普通住宅、别墅	三居室 (160m²) 四居室 (210m²)
和润尚东企业公馆	约 8200 元/m²	公寓、写字楼	一居室 (40.23m²)
雪山·金茂逸墅	约 14500 元/m²	普通住宅、别墅	三居室 (112~166m²)
正荣悦棠府	约 11500 元/m²	普通住宅、公寓、商铺	三居室 (96~124m²)
中海·云著	约 15500 元/m²	普通住宅、商铺	三居室 (100~135m²) 四居室 (149m²)
中海·凯旋门	约 12200 元/m²	普通住宅	三居室 (95~125m²)
保利·和唐悦色	13900~15000 元/m²	普通住宅、别墅	尚未公布
碧桂园时代公馆	约 12000 元/m²	普通住宅	三居室 (107~126m²) 四居室 (129.56~145m²)
远洋·天著春秋	17000 元/m² 起	普通住宅、别墅	三居室 (118m²) 四居室 (133~143m²) 别墅 (320m²)
海潮汇	约 6900 元/m²	公寓、写字楼、商铺	一居室 (35~50m²)

历城区

楼盘名称	价格	物业类型	主力户型
唐冶院士谷	15000 元/m² 起	公寓、别墅、写字楼	一居室 (35m²) 二居室 (65m²)
中海·珑湾	约 14000 元/m²	普通住宅	三居室 (98m²)
锦悦府	约 13600 元/m²	普通住宅	三居室 (127m²) 四居室 (143m²)
璟樾	11700 元/m² 起	普通住宅、商铺	三居室 (100~128m²)
济南电建洺悦府	约 18300 元/m²	普通住宅	三居室 (110~115m²) 四居室 (130m²)
高铁城	约 14300 元/m²	普通住宅、公寓、写字楼	三居室 (94~119m²) 四居室 (146~177m²)
融寓	尚未公布	公寓、商住	尚未公布
世茂时代先声	约 8000 元/m²	公寓、酒店式公寓	一居室 (38m²) 二居室 (51~66m²) 三居室 (67m²)
融创东山府	约 17100 元/m²	普通住宅	尚未公布
中海·锦城	约 13000 元/m²	普通住宅、商铺	尚未公布
山钢·鸿悦华府	约 16500 元/m²	普通住宅、商铺、商住	三居室 (113m²) 四居室 (144m²)
旅游路金茂府	约 19000 元/m²	普通住宅	三居室 (106~125m²) 四居室 (138~230m²)
金科·集美天悦	约 20500 元/m²	普通住宅、商业	三居室 (122m²) 四居室 (143m²)
鑫都紫宸府	尚未公布	普通住宅	尚未公布
绿城明月风荷	尚未公布	普通住宅、商铺	尚未公布
中国铁建花语拾光	约 10100 元/m²	普通住宅	尚未公布
龙湖·龙誉城	约 12500 元/m²	普通住宅	三居室 (97~129m²)
中建蔚蓝之城	约 13000 元/m²	普通住宅、商铺、综合体	三居室 (98~129m²) 四居室 (138m²)
中粮·祥云	11800~13000 元/m²	普通住宅	三居室 (100~110m²) 四居室 (133m²)
绿地御山台	约 16200 元/m²	公寓、商铺、商业	尚未公布
鲁商东悦府	约 9000 元/m²	公寓、商住	尚未公布
龙湖汉峪光年	约 13500 元/m²	公寓、写字楼	一居室 (33~50m²)
中海九樾府	15000~15500 元/m²	普通住宅	尚未公布
中国铁建·梧桐苑	尚未公布	普通住宅	三居室 (119~136m²)
城投绿城·深蓝时光	尚未公布	写字楼、商铺、商住	尚未公布
天鸿·万象中心	尚未公布	公寓、写字楼、酒店式公寓、商铺、商住	一居室 (34~38m²)
龙山·希思庄园	11200 元/m² 起	普通住宅、别墅	别墅 (282~468m²)
加州·东部世界城	约 10000 元/m²	普通住宅、别墅、写字楼、商铺	三居室 (90~107m²) 四居室 (131~136m²)
四建美林丽景	尚未公布	普通住宅、商铺	三居室 (101~165m²) 四居室 (136~165m²)
济南融创文旅城	14500~16500 元/m²	普通住宅	三居室 (110~145m²)

历下区

楼盘名称	价格	物业类型	主力户型
绿城蘭园	约 25500 元/m²	普通住宅	三居室 (115~128m²) 四居室 (141~186m²)
仁恒奥体公园世纪	25000~27500 元/m²	普通住宅	四居室 (148~168m²)
银丰玖玺城	约 24000 元/m²	普通住宅	三居室 (130m²)

历下区

楼盘名称	价格	物业类型	主力户型
济南恒大龙奥御苑	23000 元/m² 起	普通住宅	三居室 (123~140m²) 四居室 (154~210m²)
招商·公园 1872	约 28000 元/m²	普通住宅	三居室 (135~150m²) 四居室 (179~195m²)
绿地 IFC 中央公馆	约 22500 元/m²	普通住宅、公寓、酒店式公寓、商铺、商住、综合体	二居室 (80.00m²) 三居室 (105.00~125.00m²) 四居室 (140.00~160.00m²)
仁恒公园世纪	30000 元/m² 起	普通住宅	二居室 (90~96m²) 三居室 (117~135m²) 四居室 (151~180m²)
奥体·金茂府	约 26000 元/m²	普通住宅	三居室 (144~168m²) 四居室 (188~230m²)
黄金·山水郡	约 28000 元/m²	普通住宅、商铺	三居室 (116m²)
万科华艺金域华府	21000 元/m² 起	普通住宅、商铺	二居室 (80m²) 三居室 (95m²)
中建·国熙台	约 32000 元/m²	普通住宅	二居室 (85m²) 三居室 (105~150m²)
旭辉银盛泰·金域蓝山	16000 元/m² 起	普通住宅	三居室 (99~117m²)
和昌水发·新悦广场	约 10800 元/m²	公寓、写字楼、商铺	一室 (28.00~30m²)
翡翠大观	19500 元/m² 起	普通住宅、商铺	二居室 (92.26m²) 三居室 (127.35~139.27m²) 四居室 (158.95~199.11m²)
万科大都会	30000 元/m²	普通住宅	三居室 (207m²)
华润置地广场	约 10000 元/m²	普通住宅、公寓、写字楼、商铺	尚未公布
万科翡翠公园	24000 元/m² 起	普通住宅	三居室 (132~177m²)
龙湖·天璞	约 28990 元/m²	普通住宅	三居室 (113~127m²) 四居室 (146m²)
路劲雅居乐璟园	约 20000 元/m²	普通住宅	三居室 (97m²) 四居室 (130~170m²)
华润置地昆仑御	约 23200 元/m²	普通住宅	三居室 (129m²) 四居室 (144~166m²)
路劲中和广场	约 20000 元/m²	公寓、商业	一居室 (40~47m²) 二居室 (96m²)
复星国际中心	约 32000 元/m²	普通住宅、公寓、写字楼	一居室 (34~50m²) 三居室 (125m²) 四居室 (145~203m²)
中信泰富·济南尊	28000 元/m² 起	普通住宅	三居室 (103~133m²) 四居室 (151~176m²)
海尔地产天玺	约 21500 元/m²	普通住宅	三居室 (158m²) 四居室 (186m²)
铂悦·凤犀台	24000 元/m²	普通住宅	三居室 (156~160m²) 四居室 (185~226m²)
建邦财富中心	约 18500 元/m²	写字楼、商铺、综合体	二居室 (92m²)
历山永祥里	约 22000 元/m²	普通住宅	二居室 (90~97m²) 三居室 (116~133m²) 四居室 (160m²)
济南阳光城·檀悦	尚未公布	普通住宅	四居室 (125~165m²)
绿地华隆金座	约 13000 元/m²	公寓	一居室 (31~64m²)
绿地·山大静园	约 22000 元/m²	普通住宅、商铺	三居室 (132.15~146.39m²) 四居室 (164.93~179.28m²)
济南金地·华著	约 21500 元/m²	普通住宅	三居室 (127m²) 四居室 (143~166m²)
中建孚悦中心	约 15200 元/m²	写字楼、酒店式公寓、商铺、综合体	一居室 (35~54m²)
海信·君和	约 21500 元/m²	普通住宅	二居室 (114m²) 三居室 (142m²) 四居室 (168m²)
绿地海珀·云庭	尚未公布	普通住宅	三居室 (145m²) 四居室 (208m²)
绿地·明湖城	尚未公布	公寓、写字楼、商住	一居室 (40~45m²)

高新区

楼盘名称	价格	物业类型	主力户型
中铁·逸都国际	约 21000 元/m²	普通住宅	三居室 (137~150m²) 四居室 (144~170m²)
高新绿城·玉兰花园	约 23000 元/m²	普通住宅	三居室 (95~141m²) 四居室 (140~190m²)
华皓英伦联邦	约 20000 元/m²	普通住宅	二居室 (92m²) 三居室 (120~140m²) 四居室 (169m²)
海信·贤文中心	约 15500 元/m²	公寓、写字楼	一居室 (40~59m²)
中铁·银座尚筑	约 11000 元/m²	公寓	一居室 (43m²)
汉峪海风海德堡	约 20000 元/m²	普通住宅	四居室 (168m²)
金色东方博翠	约 24000 元/m²	普通住宅	三居室 (122~143m²) 四居室 (142~170m²)
银丰科技公园	约 17000 元/m²	公寓、别墅、写字楼	一居室 (36.74~84.67m²)
保利和光山语	约 25000 元/m²	普通住宅	三居室 (143m²)
碧桂园凤凰中心	约 16000 元/m²	写字楼	写字楼 (100~1700m²)
泰禾济南院子	约 34000 元/m²	别墅	四居室 (230m²)
万科如园	320 万~400 万元/套	别墅	别墅 (202~263m²)
中铁·逸都阅山	约 21000 元/m²	普通住宅	三居室 (137~150m²) 四居室 (166m²)
万科溪望	尚未公布	普通住宅、公寓	尚未公布
劝学里	12000~13500 元/m²	普通住宅	三居室 (105~129m²) 四居室 (145m²)
龙湖春江彼岸	约 11000 元/m²	普通住宅	三居室 (100~133m²)
海信彩虹谷	约 12000 元/m²	普通住宅、自住型商品房	三居室 (98~130m²) 四居室 (148m²)
金茂墅	280 万元/套起	普通住宅、别墅	三居室 (140m²) 四居室 (146m²)
龙湖舜山府	约 28000 元/m²	普通住宅	四居室 (240m²)
中海云麓公馆	9599 元/m² 起	普通住宅	三居室 (115m²) 四居室 (155m²) 五居室 (240~260m²)
银丰国际生物城	尚未公布	写字楼	尚未公布
中垠御苑	约 16000 元/m²	普通住宅	三居室 (99~138m²) 四居室 (166m²)
绿地华彤苑	约 23000 元/m²	普通住宅	三居室 (113~140m²) 四居室 (140m²)
中垠广场	约 11000 元/m²	公寓、写字楼、商住、综合体	一居室 (38.5~56.8m²) 二居室 (51.6~77.8m²)
云泉中心	约 12000 元/m²	公寓、写字楼	一居室 (36~46m²)
海信翰墨府	约 16000 元/m²	普通住宅	三居室 (95~115m²) 四居室 (135m²)
烯谷国际中心	9700 元/m² 起	普通住宅	尚未公布
碧桂园翡翠雅郡	约 9999 元/m²	普通住宅、商铺	尚未公布
金科·琼华九璋	约 36000 元/m²	普通住宅、别墅	别墅 (240~346m²)
珑悦府	约 24500 元/m²	普通住宅、别墅	三居室 (130~138m²) 四居室 (150~200m²) 别墅 (200m²)

槐荫区

楼盘名称	价格	物业类型	主力户型
中建·锦绣首府	14200~15500 元/m² 起	普通住宅、别墅	三居室 (100~120m²) 四居室 (135~165m²) 别墅 (175~200m²)
金科城	约 13200 元/m²	普通住宅	二居室 (96m²) 三居室 (107~134m²)
海那商旅度假城	约 8500 元/m²	公寓、商住	二居室 (89m²) 三居室 (91~140m²) 四居室 (151~164m²)
保利天禧	约 25000 元/m²	普通住宅	三居室 (126~143m²) 四居室 (172m²)
蓝石大溪地	约 15000 元/m²	普通住宅、别墅	四居室 (168~196m²) 跃层 (278m²)
恒大翡翠华庭	约 6000 元/m²	普通住宅、公寓	三居室 (102~146m²)

槐荫区

楼盘名称	价格	物业类型	主力户型
济南恒大财富中心	约7500元/m²	写字楼	一居室(47.94~67.25m²)
财富壹号	约15500元/m²	普通住宅、公寓、商铺	二居室(79~85m²) 三居室(108~138m²)
恒大金碧新城四期观澜国际	约8000元/m²	公寓、商住	一居室(49m²)
中建·锦绣广场	约10000元/m²	普通住宅、写字楼、商铺	尚未公布
杨柳春风	680万元~1200万元/套	普通住宅、公寓、别墅、写字楼	三居室(118~320m²) 四居室(128~390m²) 五居室(212m²)
璀璨悦府	约13500元/m²	普通住宅	三居室(103~119m²) 四居室(142m²)
地平西棠甲第·甲第时代	约15300元/m²	普通住宅、商铺	三居室(107~136m²) 四居室(143~168m²)
保利熙悦	约16500元/m²	普通住宅	尚未公布
财富时代广场	约10000元/m²	公寓、写字楼	一居室(46.56~66.88m²)
旭辉银盛泰·瑞锦台	约19500元/m²	普通住宅	三居室(105~130m²)
保利中科创新广场	9000~11000元/m²	公寓、写字楼、商铺	一居室(36~38m²)
水发和山	尚未公布	普通住宅、别墅	三居室(127~184m²) 四居室(230m²)
济水柏然公馆	尚未公布	公寓、商住	尚未公布
慢城金街	约12500元/m²	公寓	尚未公布
万和府	23500~24000元/m²	普通住宅	三居室(110~140m²) 四居室(175m²)
远大购物广场	7600~8000元/m²	公寓、商业	一居室(33~62m²)
融策中心	10000元/m²起	写字楼、酒店式公寓	尚未公布
地平西棠观樾	尚未公布	普通住宅	尚未公布
城投静悦府	约22000元/m²	普通住宅	三居室(126~144m²) 四居室(176~187m²)
绿城诚园	约21000元/m²	普通住宅	三居室(125m²) 四居室(134m²)

市中区

楼盘名称	价格	物业类型	主力户型
济南鲁能领秀城	25000~28000元/m²	普通住宅	三居室(145m²) 四居室(165m²)
华润置地公元九里	约19140元/m²	普通住宅	三居室(95~130m²) 四居室(140~159m²)
中海玖岭南山	约25300元/m²	普通住宅、商铺	三居室(95~137m²) 四居室(173m²)
济南鲁能领秀城	25000~28000元/m²	普通住宅、别墅	三居室(86~155m²) 四居室(175m²) 别墅(191.95~499.15m²)
万科山望	20000元/m²起	普通住宅	三居室(125m²) 四居室(145m²)
鲁能漫山香墅·麓府	25500~28000元/m²	别墅	四居室(175~279m²)
绿地新里城	19000元/m²起	普通住宅	三居室(90~110m²) 四居室(125~140m²)
融汇城	约10200元/m²	普通住宅、公寓、商铺、综合体	二居室(86.52m²) 三居室(89.45~111.48m²)
蓝光·雍锦半岛	约36000元/m²	别墅	别墅(281~552m²)
绿地国际城	约15000元/m²	普通住宅	四居室(133m²)
恒大睿城	6500元/m²起	普通住宅、公寓	三居室(114m²)
旭辉银盛泰·博观山悦	约19500元/m²起	普通住宅	三居室(130m²) 四居室(130~177m²)
鲁能领秀e中心	约15500元/m²	写字楼	写字楼(65~95m²)
融汇城·锦绣里	约9999元/m²	普通住宅	三居室(100~125m²) 四居室(143m²)
济南中南·樾府	480万元/套起	普通住宅	四居室(147~167m²)
鲁能美丽汇	约10000元/m²	公寓、写字楼、商铺	一居室(30~60m²) 二居室(83m²)

市中区

楼盘名称	价格	物业类型	主力户型
融汇爱都·紫麟台	约13199元/m²	普通住宅、别墅	三居室(98m²) 别墅(271~281m²)
绿地·海珀天润	14000元/m²起	商住	一居室(52~71m²)
骏茂府	尚未公布	公寓、商业	三居室(100~110m²) 四居室(135m²)
融汇广场	约25000元/m²	公寓、写字楼、商铺、商住	尚未公布
蓝石缘溪堂	尚未公布	普通住宅	尚未公布

天桥区

楼盘名称	价格	物业类型	主力户型
恒大滨河左岸	约12300元/m²	普通住宅、公寓	三居室(130m²) 四居室(154m²)
万科金色悦城新著	约13500元/m²	普通住宅	三居室(95~105m²) 四居室(125m²)
海尔产城创云世界	约16000元/m²	普通住宅、公寓、商住	三居室(113~143m²)
海信九麓府	约11000元/m²	普通住宅	二居室(92m²) 三居室(95.6~121.66m²) 四居室(142.1m²)
锦绣华府	约18700元/m²	普通住宅、商铺	四居室(150m²)
海信云创中心	约6300元/m²	公寓、写字楼	一居室(35~45m²)
海信璞院	尚未公布	普通住宅	尚未公布
世茂天悦	约12500元/m²	公寓、商铺、商住、综合体	一居室(36m²)
君逸府	约14500元/m²	普通住宅	三居室(110~125m²) 四居室(143m²)
金地·湖城风华	尚未公布	普通住宅	三居室(97~125m²)
中梁云山和院	约16000元/m²	普通住宅	三居室(101~127m²)
远洋·湖印都会	尚未公布	普通住宅、公寓、商铺	三居室(105~125m²)
绿地新里璞园	约13800元/m²	普通住宅	尚未公布
万科北宸之光	约14500元/m²	普通住宅	三居室(101~113m²) 四居室(125~145m²)
时代未来科技城	尚未公布	别墅、写字楼、商铺	尚未公布

章丘区

楼盘名称	价格	物业类型	主力户型
三盛璞悦府	约10000元/m²	普通住宅、别墅	四居室(155~185m²)
中国中铁·诺德名城	9500元/m²起	普通住宅	一~四居室(49~165m²)
碧桂园莱蒙湖	约7800元/m²	普通住宅、别墅	三~五居室(125~502m²)
章丘鲁能公馆	8800~9200元/m²	普通住宅、商铺	三居室(100~143m²)
中骏·柏景湾	约7500元/m²	普通住宅、别墅	四居室(130~180m²)
蓝海领航	8600元/m²起	普通住宅、商住	四居室(155~166m²)
中麓府	约10800元/m²	普通住宅、商铺	三居室(144m²)
玖珑府	约9300元/m²	普通住宅	三居室(110m²) 四居室(188m²) 五居室(260m²)
黄金生态城	约11000元/m²	普通住宅	三居室(119~149m²) 四居室(90m²)
众美书香华府	约7000元/m²	普通住宅	三居室(99~127m²) 四居室(168m²)
融创清照府	约11000元/m²	普通住宅、别墅	尚未公布
世茂山钢国风源墅	尚未公布	普通住宅、别墅	三居室(130m²) 四居室(141~258m²)

章丘区			
楼盘名称	价格	物业类型	主力户型
泰悦盛景	约9400元/m²	普通住宅、别墅	四居室 (375m²)
海信泮山	约9100元/m²	普通住宅	三居室 (109~129m²) 四居室 (42m²)
三盛璞悦湾	约9500元/m²	普通住宅	三居室 (128m²)
济南恒大悦珑台	尚未公布	普通住宅、别墅	四居室 (151m²)
江山一品	约9400元/m²	普通住宅	三居室 (143m²) 四居室 (164m²)
中铁·诺德生态城	约7120元/m²	普通住宅、别墅	二居室 (85m²) 三居室 (125m²) 四居室 (130m²)
华侨城纯水岸	尚未公布	普通住宅	二居室 (85m²) 三居室 (98~143m²)
龙山东苑	约6200元/m²	普通住宅	二～四居室 (82.93~128.75m²)
中铁·锦悦名筑	尚未公布	普通住宅	二居室 (85m²) 三居室 (98~120m²) 四居室 (145m²)
济南宝能城	尚未公布	普通住宅、公寓、写字楼、商铺	三居室 (110~130m²) 四居室 (140m²)
房德科创·材料科学城	尚未公布	建筑综合体	尚未公布
海伦堡玖悦府	尚未公布	普通住宅、公寓、别墅、写字楼	三居室 (98~130m²) 四居室 (141m²)
碧桂园凤凰源著	约8850元/m²	普通住宅	三、四居室 (105~140m²)

长清区			
楼盘名称	价格	物业类型	主力户型
建邦·原香溪谷	约10000元/m²	普通住宅、别墅	三、四居室 (120~422m²) 别墅 (190~422m²)
恒大绿洲	约7898元/m²	普通住宅	二居室 (90.15m²) 三居室 (138.91m²)
长清世茂广场	约9500元/m²	普通住宅	三、四居室 (102~140m²)
中建长清湖	约8400元/m²	普通住宅、别墅、商住	二居室 (88m²) 三居室 (102~144m²) 四居室 (139.94~166m²)
山东高速绿城蘭园	约10000元/m²	普通住宅	三居室 (99.55~108.06m²)
济水别苑	约11500元/m²	普通住宅	三居室 (111~129m²) 四居室 (149m²)
天风云墅	约11500元/m²	普通住宅、商铺	三～五居室 (170~280m²)
济南阳光城丽景公馆	7400元/m²起	普通住宅	三居室 (97~125m²) 四居室 (143m²)
庞大城	约7500元/m²	公寓、别墅、写字楼、商铺	二～三居室 (90~120m²)
招商雍和府	约10800元/m²	普通住宅、别墅	三～五居室 (130~290m²)
雅居乐锦城	8600元/m²起	普通住宅	三居室 (102~125m²) 四居室 (146m²)
中骏雍景府	约8800元/m²	普通住宅	三居室 (100~113m²) 四居室 (132m²)
山语	尚未公布	普通住宅、别墅	尚未公布
济高观山悦	约11000元/m²	普通住宅	三居室 (110~190m²)
碧桂园·青城	9500元/m²起	普通住宅	三居室 (102~121m²) 四居室 (146m²)
大华鸿郡	约7300元/m²	普通住宅	三居室 (100~120m²) 四居室 (136m²)
保利盛景臻	约8200元/m²	普通住宅	三居室 (110m²) 四居室 (131m²)
创新谷晶格广场	约6500元/m²	写字楼	尚未公布
紫薇阁山庄	约11500元/m²	普通住宅	尚未公布

长清区			
楼盘名称	价格	物业类型	主力户型
水发·信息小镇玉皇台	尚未公布	普通住宅	尚未公布
碧桂园山湖城	约9400元/m²	普通住宅	三居室 (97~142m²) 四居室 (230m²)
南益·名悦常清	9500~10500元/m²	普通住宅	三～五居室 (102~216m²)

济阳区			
楼盘名称	价格	物业类型	主力户型
万科时代之光	6300元/m²起	普通住宅	三居室 (95~130m²)
绿地国际博览城	约9200元/m²	普通住宅	三居室 (98~122m²) 四居室 (135m²)
银丰世纪公园	尚未公布	普通住宅	三居室 (118m²) 四居室 (140~175m²)
四建金海福苑	约7600元/m²	普通住宅、写字楼、商铺	三居室 (105~135m²)
济南世茂摩天城	7500元/m²起	普通住宅、别墅、商铺、综合体	三居室 (100~150m²)
融创·澄波府邸	7000元/m²起	普通住宅、商铺	三居室 (115~130m²)
力高未来城	6634元/m²起	普通住宅、公寓	三居室 (95~120m²) 四居室 (140m²)
祥生西江樾	7500元/m²起	普通住宅	三居室 (126m²)
绿城·荷畔春风	8500元/m²起	普通住宅	四居室 (148m²)

莱芜区			
楼盘名称	价格	物业类型	主力户型
恒大金碧天下	5399元/m²起	综合体	二居室 (254m²)
莱芜鲁中首府	约6800元/m²	普通住宅	尚未公布
莱芜恒大名都	尚未公布	普通住宅	尚未公布
中洋·悦澜府	尚未公布	普通住宅	尚未公布

商河县			
楼盘名称	价格	物业类型	主力户型
红星天铂	约6700元/m²	普通住宅、公寓、商铺、商住	三居室 (110m²) 四居室 (125~140m²)
银丰玺悦	尚未公布	普通住宅、商铺	三居室 (107~123m²) 四居室 (142m²)
长青·艺墅	约6400元/m²	普通住宅、别墅	四居室 (150~170m²)
碧桂园·公园上城	约7800元/m²	普通住宅	三居室 (131m²) 四居室 (149~196m²)
商河·绿城百合花园	5500元/m²起	普通住宅	三居室 (128~132m²) 四居室 (144~180m²)
碧桂园·梧桐书院	尚未公布	普通住宅	三居室 (116~125m²) 四居室 (140m²)

平阴县			
楼盘名称	价格	物业类型	主力户型
碧桂园·云玺台	8500元/m²起	普通住宅、共有产权房	三居室 (125m²) 四居室 (140m²) 五居室 (215m²)

齐河县			
楼盘名称	价格	物业类型	主力户型
中骏雍景湾	约7400元/m²	普通住宅	三居室 (100~127m²) 四居室 (135m²)
保利城	约7200元/m²	普通住宅、公寓、别墅	三居室 (127m²)
力高雍泉府	5888元/m²起	普通住宅、别墅	四居室 (137m²)

典型项目

中海华山

`济南` `中海` `山湖大盘` `城市地标` `醇熟配套`

项目地址：
济南市将军路辅路东50米

开发商：
中海地产

产品特征：
普通住宅、洋房

参考价格：
普通住宅11800元/平方米起、洋房13000元/平方米起

主力户型：
约95平方米三居、约125平方米三居

物业公司：
中海物业

5公里生活配套：
华山、华山湖、南北卧牛山、洪楼商圈、华山环宇城（在建）、16所学校、便捷交通网

专家点评

井坤·山东省房地产业协会秘书长——

华山项目连接济南主城区与未来黄河新区，是城市北跨战略的桥头堡，也是中海地产斥资600亿元打造的我国北方生态大盘，项目内部的各项配套设施也非常完善。

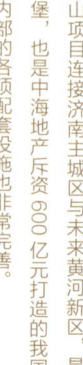

扫码观看楼盘详情

项目测评

【战略意义】
济南中海华山项目是济南市的棚改旧改项目，是山东省新旧动能转换先行区的重要组成部分。2014年，济南中海地产入驻华山，以强大的城市运营能力打造华山新城，大大推动了济南北跨进程，激发城市新区的经济活力。

【区域地段】
济南华山项目位于华山片区，是连接济阳、济北新城、航空城等北部片区与中心城区的重要纽带，片区建设是实施济南"携河发展""北跨"的重要举措，是实现济南从"大明湖时代"向"黄河时代"历史性跨越的桥头堡。

【市场口碑】
济南中海华山项目2014年首次开盘，首开3小时即销售5000余套房，单日销售金额达40亿元，打破济南纪录。据克而瑞数据统计，截至2020年，济南中海华山项目已连续4年单盘销售额超过百亿元，受到泉城居民的支持与认可。

【项目规划】
中海华山项目总用地面积约1460万平方米，总规划建筑面积约1000万平方米，项目东西跨度约7000米，南北跨度约3000米，产品涵盖别墅、洋房、公寓等多种复合型物业形态。

【项目景观】
华山项目中心为约670万平方米的城市湿地公园——华山历史文化公园。公园中的建筑园林景观，从规划设计到施工建设由国内顶尖的园林专家杭州园林操刀，将江南、江北的自然之美与历史文化山水融为一体。

【自建配套】
济南中海华山项目教育配套丰富，截至2020年年末，已有华山小学、华山二小、华山三小、济南外国语等十余所学校建成并投入使用。华山环宇城项目也在火热建设中，建成后将为片区注入新的活力。

【物业服务】
社区物业为中海自持物业。业务分布于我国114座主要城市，签约物业项目866个，服务面积超过1.59亿平方米，服务超过100家世界500强客户。据《中国房地产报》报道，2020年中海物业获"2020中国物业服务企业品牌价值百强榜NO.1"。

【交通出行】
华山项目以TOD(以公共交通为导向的发展模式)为核心，打造新城市主义绿色立体交通。以"三横三纵一环"交通体系形成环形和放射状路网，其中二环东路纵贯济南市主城区南北，和济南绕城高速公路、北园高架快速路、经十东路快速路相交，畅达全城。

【品牌描述】
中海地产1979年创立于我国香港，历经41年的发展，业务遍布我国港澳地区及内地80余座城市及美国、新加坡等多个国家、地区，连续17年获中国蓝筹地产企业和中国房地产行业领导品牌称号，2020年企业品牌价值达1216亿元人民币，稳居房地产行业第一。

【购物娱乐】
华山项目规划配建约130万平方米商业，由四大特色商业街与三大综合购物中心构成七大商业板块，能够全方位满足业主的日常生活、娱乐、商务办公等一站式生活需求。紧邻洪楼、泉城商圈，享全方位便捷配套资源。

中建·锦绣首府

济南 | 中建东孚 | 教育大盘 | 交通便利 | 低密宜居

项目地址：
济南市槐荫区青岛路与顺安路交会处西南角

开发商：
济南仁孚置业有限公司

产品特征：
高层、小高层

参考价格：
高层均价 14200 元/平方米、小高层 15500 元/平方米

主力户型：
约 117 平方米三居、约 135 平方米四居、约 175~200 平方米别墅

物业公司：
上海中建东孚物业

5 公里生活配套：
山东省实验中学西校（小学、初中），济南医学中心实验中学，地铁 1、4、6 号线，济南三馆，济南西客站，印象济南，宜家家居，麦德龙，济南国际医学科学中心

专家点评

孙莉·山东省建设发展研究院住房研究所副所长

作为济南西部的品质教育大盘，地理位置优越，周边覆盖学校、商业、医院等各项基础设施。项目绿化覆盖面广，内部配套设施齐全，更好地满足了住户在学习生活和休闲娱乐上的需求，是人居环境和绿化环境双保障的品质社区。

扫码观看楼盘详情

项目测评

【战略意义】
中建东孚扎根济南拓土青岛，仅在济南就有约 2.1 万户业主，传承中建精工品质，12 年深耕匠筑齐鲁人居，打造美好品质家园。

【市场口碑】
2018 年 8 月项目首期预售 100 多套商品房，仅一个月就蓄客超 200 人，去化率 100%。"好户型""品质社区""教育大盘"等成为购房者对楼盘最多的评价。

【区域地段】
根据济南城市规划中"一主一副，五大次中心"的城市发展框架，济南西客站作为城市次中心，未来将打造为"山东新门户，泉城新商埠，城市新中心"。

【楼栋规划】
小区占地面积约 70 万平方米，规划 82 栋楼，总户数 3965 户。A1 地块包含 21 栋小高层和 4 栋高层，A2 地块包含 5 栋小高层、10 栋洋房、22 栋别墅。A3 地块包含 7 栋小高层，A4 地块包含 6 栋小高层、7 栋洋房。

【园林景观】
近 35% 的绿化率和 1.1 的容积率，为小区园林规划提供了充足的空间。配备 2 个公园，东侧是约 1.7 万平方米的时光花园，西侧是约 3.7 万平方米的运动公园，有篮球场、乒乓球场、24 小时夜光跑道，供居民健身休憩。

【自建配套】
项目自建达 8.7 万平方米的教育用地，签约山东省实验中学西校（小学、初中），济南医学中心实验中学已就位。幼儿园、小学、初中、高中均在项目内，同时还配建了约 5.4 万平方米的三大主题公园。

【物业服务】
上海中建东孚物业为中建自持，中建八局是四商一体，从前期拿地开发到开工建设，再到物业一站式负责，物业获得国家一级资质。A1 地块 2.36 元/平方米/月、A2 地块 2.7 元/平方米/月、别墅 3.9 元/平方米/月的物业费，堪称质优价廉。

【交通出行】
项目周边交通资源丰富，尊享高铁、地铁、高速路、高架、城市主干道、BRT 六重交通出行方式。地铁 1 号线已开通，地铁 4 号线、6 号线已规划。项目距济南西客站直线距离约 500 米，无论是省内外出行还是市内出行，都非常方便。

【医疗配套】
现有省立医院、西院市立五院、齐鲁儿童医院满足医疗需求。项目西侧为济南国际医学科学中心，是集医学教育、医学服务、科学研究、医药产业、康复养老五大板块为一体的高端医学项目。

【品牌描述】
中建·锦绣首府由上海中建东孚投资有限公司投资开发，是中建八局的全资子公司，代表着我国房建领域的高水平，是我国具有实力的投资商之一，主要投资方向为房地产开发、城镇综合建设等领域，由其承建的项目享誉全球。

济南融创文旅城

济南 | 融创地产 | 文旅大城 | 经十路 | 十大业态

项目地址：
济南市经十路与凤鸣路交会处西 450 米路南

产品特征：
高层

项目规划：
占地面积：约 6 万平方米；容积率：2.9，总户数：1128 户

主力户型：
约 110~145 平方米三居

参考价格：
14500~16500 元/平方米

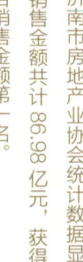

入选理由：2020 年济南商品住宅项目销售金额第一名

据 2020 年济南市房地产业协会统计数据显示，济南融创文旅城项目年销售金额共计 86.98 亿元，获得 2020 年度济南商品住宅项目销售金额第一名。

核心优势：

济南融创文旅城位于济南市历城区，作为济南市（2016 年）重点招商引资项目，也是济南市（2018 年）重点项目，其总投资近 630 亿元，其中持有物业建筑面积 106 万平方米，文化旅游投资 260 亿元，规划了融创茂、融创乐园、水世界、海世界、体育世界、济南融创国际体育中心、会议中心、度假酒店群等十大业态，是集旅游休闲、购物消费、文化娱乐、体育健身为一体的大型综合体。同时，项目坐拥三大城市主干道、两大快速路，实现了真正的高快一体交通网络。主力户型为建筑面积 110~145 平方米的三居，格局方正、南北通透、动静分区、大面宽设计，让空间更加舒适惬意。

济南鲁能领秀城

济南 | 中国绿发 | 伴山学府 | 品牌地产 | 低密洋房

项目地址：
济南市市中区舜耕路与二环南路交叉口

产品特征：
普通住宅

项目规划：
占地面积：23.6 万平方米；容积率：1.4；总户数：2096 户

主力户型：
约 145 平方米三居、约 165 平方米四居

参考价格：
住宅均价 25000~28000 元/平方米

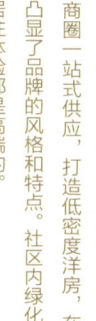

入选理由：李景体·《济南时报》总经理

作为品牌房企，一直致力于打造生态休闲社区，位置优越，周边学校、商圈一站式供应，打造低密度洋房，在地段和产品品质上也凸显了品牌的风格和特点。社区内绿化覆盖面广，居住环境和居住体验都是高端的。

核心优势：

鲁能领秀城"雲麓－岳麓－宸麓"择址舜耕南首，济南南部生态涵养区，泉子山、鳌子山、望花楼山三山环抱，得森林公园"绿肺"滋养，享 71 万平方米领秀城商业配套，更得全龄 17 个学府拱卫，二环南快速路、英雄山立交、舜耕路三大城市动脉通达。鲁能装配式智慧精工住宅，伴山双学府住区，毛坯或带装修，涵盖约 112~249 平方米全改善系伴山洋房户型。

仁恒奥体公园世纪

济南　仁恒　醇熟配套　交通便利　资源丰沃

项目地址：
济南市奥体中路与天辰路交会处东行 500 米路北

产品特征：
普通住宅

项目规划：
占地面积：63634 平方米；容积率：2.2；总户数：876 户

主力户型：
约 148~168 平方米四居

参考价格：
住宅均价 25000~27500 元 / 平方米

核心优势：

项目位于奥体片区、CBD 国际金融城、国家级高新科技区三大区域交会之地，附近交通路网完善。商业配套醇熟完善，近享万达、雨滴、美莲、丁豪、银座等五大商圈。1.5 公里之内，两大三甲医院为居住者保驾护航。项目南侧约 300 米为 23 万平方米的舜华山森林公园，是目前高新区唯一集休闲、健身、植物观赏为一体的综合性森林公园。项目东侧为 27 班制的仁恒代建学校，同时毗邻山大附中奥体中路学校，教育资源环伺。

入选理由 ——赵一·乐居济南主编

作为品牌房企，仁恒一直致力于打造高端舒适住宅。项目周边覆盖学校、商圈、休闲娱乐等各项基础设施。作为热销新盘，项目在户型设计上更贴合购房者对于改善盘的需求，精准定位购房群体，实现品质与口碑的双重保障。

扫码观看楼盘详情

青岛

市场总结

一、新房成交表现

1. 整体情况

新房年度成交量：据锐理数据统计，截至2020年12月31日，2020年全年青岛市共网签新建商品房（不含保障性住房）141915套，同比微涨0.4%；销售面积16583598.41平方米，同比上涨1.21%；销售总金额24555064.09万元，同比涨幅4.13%。其中，新建商品住宅成交122453套，销售面积14686634.62平方米，销售总金额21709958.38万元，与2019年相比均有不同的上涨，涨幅分别为5.71%、5.03%、8.83%。

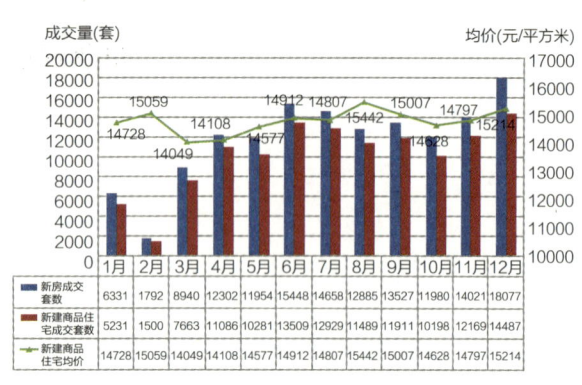

2020年1月~12月青岛市新建商品房成交情况

2. 年度走势

从青岛新房市场2020年整体成交行情来看，年初受新冠肺炎疫情的影响，一季度新房成交量处于"低谷期"，3~4月开始缓慢回升，6月达到半年成交最高点，7月热度持续，但成交量有缓慢下降趋势。"金9银10"并未出现往年的盛况，相反年末青岛新房市场出现了明显的"小幅翘尾"现象，12月成交量更是创下年度新高，2020年楼市完美收官。

通过全年数据可以看出，6月、7月、11月和12月4个月份是2020年青岛新建商品房销售量最高的月份，成交量均超过14000套。

2020年青岛新建商品住宅成交均价最高点出现在8月，成交价格为15442元/平方米；成交均价最低点则出现在3月，成交价格为14049元/平方米。

3. 历史地位

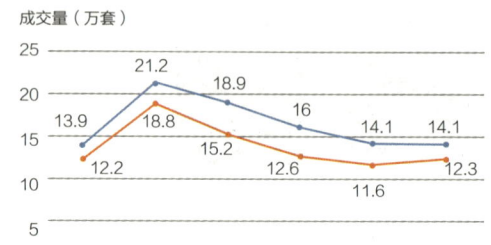

青岛近6年新建商品房成交套数走势图

通过青岛近6年新建商品房（简称新房）成交套数走势图可以看出，2020年青岛的新房成交量与2019年基本持平，成交套数为14.1万套。

纵观青岛新房市场，2015年新房成交量最低，成交套数为13.9万套，2016年成交达到顶峰，成交套数为21.2万套，之后开始缓慢下降。

二、二手房成交表现

1. 整体情况

2020年青岛二手房挂牌均价在整体比较平稳中回落，2020年12月青岛二手房挂牌价稳定至21847元/平方米。

据青岛网上房地产不完全统计，2020年青岛二手房市场全年共签约63125套，同比2019年（55244套）上涨约14.27%，其中2020年12月网签达6188套。

2. 年度走势

2020年2月楼市受新冠肺炎疫情影响，网签量不过千套；自3月起逐渐回暖；自5月起，月网签同比均为上涨趋势。2020年7月为全年网签量峰值，网签突破7000套，12月次之，共网签6188套。2020年青岛二手房市场最终以全年网签突破6万套收官。

3. 历史地位

青岛近6年二手房成交套数走势图

通过青岛近6年二手房成交套数走势图可以看出，2020年青岛的二手房成交量较2019年有所上涨，成交套数为6.3万套。具体来看，2016年二手房成交量最高，成交套数为7.2万套，2018年成交量跌到最低，成交套数为5.4万套，之后两年又开始缓慢上涨。

三、政策梳理

回顾2020年，全国楼市调控政策频出，超过20个省市连续出台涉及房地产或专门针对房地产市场的政策。作为国家战略城市的青岛，楼市政策也出台不少，共涉及20余次相关政策调整，顺应了环境的大趋势。从这些政策中也能感受到青岛楼市传递出调控不放松的信号。

落户政策：2020年2月22日，青岛"先落户后就业"政策放宽到毕业学年在校大学生；2020年3月3日，山东发文推进城乡融合，放开青岛中心城区落户限制；2020年5月，山东全面放开高校毕业生落户限制；2020年12月14日，青岛发布落户新政意见稿，大幅放宽城区和全面放开县域落户；2020年12月31日山东部署新一轮户籍管理制度改革，全面放开城镇落户限制，畅通城乡户口双向流动渠道。

城阳共有产权政策：2020年3月，城阳开始实施共有产权房政策；2020年4月，城阳共有产权房政策升级，5~7类人才在上马棘洪滩可"零首付"购房；2020年6月，城阳共有产权房政策再升级，5~7类人才在城阳区购房也可"零首付"；2020年7月，城阳共有产权房政策收紧，"零首付"取消，客户首付需要缴纳21%，加上政府30%首付，共缴纳首付51%方可办理；2020年9月10日，青岛城阳共有产权房政策再次升级，扩大人才认定范围，延长回购年限。

人才新政：2020年5月，青岛鼓励驻青央企配建人才住房解决职工住房问题；2020年6月，青岛出台人才新政，最高500万元安家费；2020年9月11日，《李沧区人才安居购房补贴发放实施细则》（征求意见稿）起草，最高可享受160万元；2020年10月青岛"人才住房"申请条件放宽。

这些政策对于吸引更多高校毕业生来青工作、生活，优化人才就业创业环境具有极为重要的意义，在一定程度上也缓解了新房市场的供需矛盾。

四、土地供应

1. 出让基本情况

2020年全市供应土地2819万平方米，同比下降12%；成交土地2649万平方米，同比下降9%；成交土地平均楼面地价3056元/平方米，同比下降8%。

中海19.35亿元竞得四方区1宗商住用地，建筑面积18.69万平方米，为2020年"单幅成交总价最高"地块。

青岛海诺投资发展有限公司以总价0.70亿元获取市南新湛三路1宗住宅用地，以17000元/平方米的成交楼面地价成为2020年青岛住宅"楼面地价最高"地块。

山东玮星投资有限公司以2.52亿元获取原胶南市1宗住宅用地，以15.64%的溢价率成为2020年青岛"最高溢价率地块"。

2. 开发商拿地情况

2020 年开发商拿地 TOP3

开发商	土地建面（万平方米）	成交总价（亿元）
龙湖集团	148	39
融创中国	112	24
和达集团	93	28

2020 年拿地最多的开发商 TOP3 分别为龙湖、融创、和达。其中龙湖、融创两家开发商获取土地各超 100 万平方米，龙湖拿地 148 万平方米，融创拿地 112 万平方米，排名第三的和达拿地 93 万平方米。

3. 未来预估

2020 年全市土地市场活跃区域主要为原胶南市、即墨区和胶州市，其中原胶南多板块齐发力，中央活力区、灵山湾板块土地供需市场火热。

从各区域平均楼面地价来看，各区域价格同比波动较大；主城区中原市北区及崂山区价格下降，其他区域均上涨，市南区成交的 2 宗地块助力市南区位居 2020 年全市楼面地价首位；崂山区整体成交楼面价 9363 元 / 平方米，位居第二位。

西城区及近郊区土地市场供销量大，地价同比下降明显，北城区价格小幅上升，远郊区域土地平均楼面地价有所上升，但仍处于低位。

预计未来青岛西海岸、即墨、城阳等近郊区还将有不少板块的新地上市，新房市场或将持续扩容，但随着大量土地上市，这些区域新房市场的去化压力也将进一步加重。

五、热点板块

从 2020 年青岛全年新房成交情况来看热点板块，西海岸位居区域成交首位，其次为城阳区、胶州市、即墨区。具体来看，黄岛区"一枝独秀"，以压倒性优势夺得了 2020 年青岛楼市的销售冠军，全年新房共成交 46281 套，占全市 2020 年新房总成交量的 33%；城阳区在共有产权房政策的加持下，2020 年的表现也堪称"黑马"，全年共成交新房 30960 套，稳居亚军；胶州市位居青岛新房成交第三名，全年新房成交 18644 套，占全市新房总成交量的 13%。

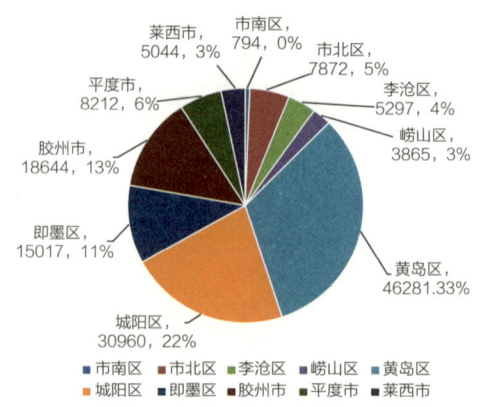

2020 年全年青岛各市区新房成交量比例图

六、用户心理

2020 年供需旺盛，价格增幅放缓，购房者趋于理性。据一位房地产经纪人讲述，很多购房者在购房时会对心仪区域周边的楼盘考量一番，"货比三家"之后再做决定，有较强经济能力的购房者会优先选择主城区的房子。

一位想买二手房的购房者从 2020 年 5 月开始看房，最开始看好的几个小区的房主都表示不议价，到 2020 年 9 月以后，此人关注的几套二手房价格均有不同程度的下跌，但是因为二手房报价变化频繁，波动幅度有些大，所以此人迟迟没有出手。

七、2021 年展望

在新冠肺炎疫情的影响下，2020 年房地产行业经历短暂低迷后，迅速回温。青岛严格遵循"房住不炒"的政策，楼市平稳前行。虽"金 3 银 4""金 9 银 10"的传统楼市销售旺季并未出现销售高峰，但 2020 年 11 月、12 月出现明显"翘尾"行情。

从成交区域来看，黄岛区全年都保持成交量的领跑态势，在新房供应量充足的情况下，将持续吸引购房者的目光，引领整个青岛楼市。从长远来看，2021 年青岛房地产市场很大程度上将继续保持市场整体平稳、房价涨幅继续收窄的发展势头。

数据来源：青岛锐理新媒体、青岛网上房地产

在售楼盘一览

市南区			
楼盘名称	价格	物业类型	主力户型
深蓝中心	约85000元/m²	综合体	三居室(260m²)
鲁商·蓝岸公馆	约23000元/m²	公寓、写字楼	一居室(31~68m²)
莱阳路8号	约70000元/m²	公寓、商住	二居室(70m²) 别墅(440m²)
禧竹雅园	约39000元/m²	普通住宅	三居室(103~143.68m²)
海逸天成	约75000元/m²	普通住宅、公寓	一居室(80.88~84.77m²) 二居室(117.18~143.42m²)

市北区			
楼盘名称	价格	物业类型	主力户型
保利大国璟	31000~32000元/m²	普通住宅	三居室(128~140m²)
保利天汇	约35000元/m²	普通住宅、写字楼、商铺	三居室(175m²)
远洋万和城	约34000元/m²	普通住宅、公寓、写字楼	三居室(137m²) 四居室(167m²)
海信湖岛世家二期	约23000元/m²	普通住宅	二居室(89m²) 三居室(110~128m²)
和达·君玥	约30000元/m²	普通住宅、写字楼、商铺	一居室(60m²) 三居室(116~136m²) 四居室(158m²)
泰山华府	约28000元/m²	商住	一居室(61.81~64m²) 二居室(85~94m²) 三居室(108~139m²)
大都汇	约20000元/m²	普通住宅	三居室(110m²)
保利天珺	约33000元/m²	普通住宅	三居室(100~143m²)
远洋时代中心	约34000元/m²	公寓	一居室(55m²)
招商碧桂园·依云四季	约26000元/m²	普通住宅、商业	三居室(118m²)
青城辰章	约29000元/m²	普通住宅、商铺	三居室(106~109m²)
青特星城	约27500元/m²	普通住宅、公寓、商业	三居室(113~142m²)
桃李芳菲	约31000元/m²	普通住宅	三居室(101m²) 四居室(135~141m²)
青建·悦海澜山	约14000元/m²	公寓、商铺	一居室(32~39m²) 二居室(48~101m²)
城投悦动湾	约20000元/m²	普通住宅	三居室(109~136m²)
碧桂园云著	约11000元/m²	普通住宅、商住	三居室(109~118m²) 四居室(155m²)
海尔产城创世纪观邸	约19000元/m²	普通住宅、写字楼	三居室(142~152m²)
海尔产城创兰庭公寓	约14000元/m²	公寓	一居室(45m²)
海尔产城创云街	约14000元/m²	公寓、写字楼、商铺	一居室(33~62m²)
SCC青岛科技创新园	约18000元/m²	公寓、写字楼	写字楼(30~80m²)
金地蓝泰·观海听澜	380万元/套起	商业、写字楼	写字楼(180~350m²)
龙湖新壹城	约21000元/m²	写字楼、商业	一居室(39m²)
七色堇	约28500元/m²	普通住宅、写字楼	三居室(116~148m²) 四居室(152~160m²)
明翠雅居	约31000元/m²	普通住宅	一居室(72m²) 二居室(77m²) 三居室(108~160m²)
碧桂园云境	约26000元/m²	普通住宅、商业	三居室(115m²)
大悦城JOYPARK·悦+	约22000元/m²	公寓	复式(53~61m²)
金隅·和寓	约18000元/m²	公寓、商铺、商住	一居室(24m²) 二居室(73m²)
同安路九号	约40000元/m²	公寓、别墅、商铺	别墅(175~215m²)

市北区			
楼盘名称	价格	物业类型	主力户型
CBD首府	120万元/套起	公寓	二居室(50m²)
新都朗悦	约36000元/m²	普通住宅、写字楼、商铺	三居室(122~130m²)
金地·宸悦	约34000元/m²	普通住宅、公寓、商铺	三居室(115~129m²) 四居室(143~180m²)
保利时代	尚未公布	普通住宅、公寓、商铺	尚未公布
华能郡府	27000~29000元/m²	普通住宅、公寓、商业	三居室(93~120m²) 四居室(139m²)
中国铁建中心	尚未公布	普通住宅、公寓、写字楼、酒店式公寓、商铺	一居室(62m²) 三居室(89~127m²)
第一城	尚未公布	公寓、酒店式公寓	一居室(42m²) 二居室(50m²)

崂山区			
楼盘名称	价格	物业类型	主力户型
佳源华府	约48000元/m²	普通住宅	三居室(151m²)
鲁商·蓝岸丽舍	约45500元/m² 别墅2000万元/套起	普通住宅、公寓、别墅	四居室(163~270m²) 五居室(303m²)
海尔产城创奥园·翡翠云城	约31000元/m²	普通住宅、公寓、写字楼、商铺	三居室(143m²)
银丰玖玺城	约62000元/m²	普通住宅	三居室(181m²) 四居室(224m²)
华润城	约16000元/m²	公寓、写字楼、商铺	一居室(36m²) 三居室(99~125m²)
远洋万和公馆	约37000元/m²	普通住宅	三居室(119~150m²)
华新园东宸府	约35000元/m²	普通住宅	三居室(109~119m²) 四居室(143m²)
东部新天地	约19000元/m²	写字楼、商铺、商住	一居室(35m²) 复式(35~54m²)
紫樾尚府	约33888元/m²	普通住宅	三居室(122~130m²)
大云谷·崂山金茂府	约38000元/m²	普通住宅、写字楼	三居室(119m²) 四居室(143~228m²)
崂山壹号院	约47000元/m²	普通住宅	三居室(128~164m²) 四居室(170~186m²)
海信国际中心	约35000元/m²	普通住宅、公寓	一居室(67~98m²) 二居室(125~135m²)
青岛印象·品	约41000元/m²	普通住宅	三居室(105~132m²) 四居室(147m²)
海信君澜	约75000元/m²	普通住宅	三居室(175m²) 四居室(210~270m²)
海尔产城创云玺	约22000元/m²	普通住宅	三居室(148~155m²)
海尔产城创波尔多小镇	约36000元/m²	别墅	四居室(125~280m²) 五居室(365m²)
中联依山伴城	约25000元/m²	普通住宅	二居室(86m²) 三居室(90~107m²) 四居室(126m²)
青岛依云小镇	约35000元/m²	普通住宅、别墅	一居室(69m²) 二居室(77m²)
海尔产城创东方悦府	约47000元/m²	普通住宅	三居室(128~164m²) 四居室(170~186m²)
海信北涧山居	约29800元/m²	普通住宅、别墅	三居室(130m²) 四居室(155~200m²)
静山悦园	约50000元/m²	普通住宅	三居室(150m²) 四居室(170~200m²)
优山美墅	约800万元/套	普通住宅、别墅	别墅(439m²)
青建·金尊府	尚未公布	普通住宅	四居室(198~227m²)

李沧区			
楼盘名称	价格	物业类型	主力户型
青岛印象湾	约19500元/m²	普通住宅	二居室(75m²) 三居室(105~144m²)
青岛印象·滟	约18000元/m²	普通住宅	三居室(95~105m²) 四居室(127m²)
信联天地	27000~30000元/m²	普通住宅、公寓、写字楼、商业	三居室(111~166m²) 四居室(186m²)
越秀天悦海湾	约25000元/m²	普通住宅、写字楼、商业	写字楼(56~143m²) 三居室(105~128m²) 四居室(143m²)
绿城·汀岚	约24000元/m²	普通住宅	四居室(140~190m²)
绿城·云栖	约34000元/m²	普通住宅	三居室(140m²) 四居室(160~180m²)
佳源双子星城	约19500元/m²	普通住宅	三居室(89~115m²) 四居室(126m²)
龙湖春江天境	约27000元/m²	普通住宅	三居室(99~119m²)
融创都会中心	约18000元/m²	普通住宅、别墅	三居室(115~139m²) 四居室(162~200m²)
河岸首府	约24500元/m²	普通住宅	二居室(78~110m²) 三、四居室(144m²)
中南世纪城六期林樾	约21500元/m²	普通住宅	三居室(106~125m²) 四居室(130~140m²)
广润熙悦	约24000元/m²	普通住宅	三居室(100~131.7m²) 四居室(148m²)
首创·禧悦天海	约23000元/m²	普通住宅	二居室(80m²) 三居室(95~115m²)
海信东山府	约23999元/m²	普通住宅	三居室(119~141m²)

黄岛区			
楼盘名称	价格	物业类型	主力户型
蓝光雍锦半岛	约21000元/m²	普通住宅、公寓、商业	三居室(105~115m²) 四居室(130m²)
青岛海洋活力区丨融创中心·融耀	约12500元/m²	普通住宅、公寓、写字楼、商业	二居室(89~91m²) 三居室(110~139m²) 四居室(162m²)
鑫苑·御龙湾	约18500元/m²	普通住宅	三居室(108m²) 四居室(150~182m²) 复式(108~304m²)
中铁青岛世界博览城	约12000元/m²	普通住宅、公寓、别墅	二居室(40~95m²) 三居室(40~125m²)
和昌海云曦岸	约13000元/m²	普通住宅、公寓	二居室(37~47.34m²) 三居室(143.3m²) 四居室(73m²)
中南环球春风南岸	约11000元/m²	普通住宅	三居室(93~125m²)
实地·青岛蔷薇国际	约14000元/m²	普通住宅	三居室(109~119m²) 四居室(137~142m²)
西海岸·创新科技城	约9500元/m²	普通住宅	三居室(89~115m²)
金科平澜府	约12000元/m²	普通住宅、公寓	三居室(105~118m²) 四居室(142m²)
绿地·青岛城际空间站	约9000元/m²	普通住宅	三居室(95m²)
金地·自在城	约8000元/m²	普通住宅	三居室(100~101m²) 四居室(120m²)
国际海洋智区·云府	约9500元/m²	公寓、商住、商业	三居室(113m²)
绿地·凤栖澜玥	约26000元/m²	普通住宅	三居室(131~218m²)
合创琨庭七号院	约7000元/m²	普通住宅、公寓	一居室(51~103m²) 二居室(106~120m²)
海信积米湾	约30000元/m²	普通住宅、别墅	三居室(127~185m²) 四居室(163m²)
东方时尚中心	约12000元/m²	公寓	一居室(46~48m²)
万科新都会	约17500元/m²	普通住宅	三居室(98~118m²) 四居室(140m²)
融创·阿朵小镇	约13500元/m²	普通住宅、商业	二居室(88~116m²) 三居室(172m²) 四居室(200~210m²)
珠山秀谷御墅	约11000元/m²	普通住宅、公寓	三居室(105~135m²)
海岸万科城	10000~12500元/m²	普通住宅、商铺	三居室(85~118m²)

黄岛区			
楼盘名称	价格	物业类型	主力户型
世茂香奈公馆	约20000元/m²	普通住宅	三居室(118~129m²) 四居室(142~144m²)
万科青岛小镇	约20000元/m²	普通住宅、别墅	别墅(132~399m²)
灵山湾龙玺	约17000元/m²	别墅	三居室(112m²) 四居室(142~188m²) 别墅(188.5~222m²)
灵山湾壹号	约19000元/m²	普通住宅、别墅	三居室(108~128m²) 四居室(140~143m²)
金沙乐府	约23500元/m²	普通住宅、别墅、商铺	三居室(115~136m²)
天一镜台山	约12000元/m²	普通住宅	四居室(142m²)
隆和城大溪谷	约15000元/m²	别墅、商铺	二居室(74~82m²)
东方影都·海寓	约13000元/m²	公寓	一居室(43~74m²)
卓越屿海	85万元/套起	酒店式公寓、商铺、商业	二居室(85~168m²)
海尔产城创衡山学府	约16000元/m²	普通住宅	三居室(93m²) 四居室(143m²)
和达可园	约10500元/m²	普通住宅	二居室(102~107m²)
龙湖亿联·春江天玺	约13000元/m²	普通住宅	三居室(102m²) 四居室(142m²)
樾金沙	约20000元/m²	普通住宅、商铺	二居室(93m²) 三居室(109~123m²) 四居室(140m²)
文定江山	约16500元/m²	普通住宅	三居室(113.39~132.52m²)
金能·珠山壹号	约11000元/m²	普通住宅、别墅	三居室(116~140m²) 四居室(157~177m²) 五居室(347m²)
旭辉银盛泰·星韵城	约8900元/m²	普通住宅	三居室(93~118m²)
佳源海玥府	约21000元/m²	普通住宅	四居室(156~166m²)
万科金域蓝湾	约16500元/m²	普通住宅	三居室(98~118m²)
宸悦府	约11500元/m²	普通住宅	三居室(108~128m²)
金地·格林美景	约11000元/m²	普通住宅	三居室(108~128m²) 四居室(140m²)
东方小镇·点星谷	约30000元/m²	写字楼	二居室(96m²) 三居室(147m²)
保利源诚·领秀海	约13370元/m²	普通住宅	三居室(105~120m²)
西海瑞苑	约16300元/m²	普通住宅	二居室(80.61~86.53m²)
城发长江瑞城	约22000元/m²	普通住宅	三居室(111.9~142.2m²) 四居室(163.7~242.6m²)
铂悦·灵犀湾	约19000元/m²	普通住宅	三居室(142m²)
融发碧桂园珠山郡	约14300元/m²	别墅	三居室(95m²) 四居室(115~140m²)
龙湖光年	约12000元/m²	普通住宅	三居室(89~119m²)
康大·江山樾	约17500元/m²	普通住宅	三居室(118m²) 四居室(140m²)
信达·金地蓝庭	约15300元/m²	普通住宅	四居室(114~135.5m²)
海信·灵山湾	约17000元/m²	普通住宅、公寓、写字楼、酒店式公寓、商业	二居室(89m²) 三居室(106~141m²)
金地金泽·九里风华	约20000元/m²	别墅	三居室(118m²) 四居室(143m²) 五居室(225m²)
青岛恒大水晶广场	约14000元/m²	写字楼、商铺	一居室(71m²) 三居室(107~160m²) 四居室(189m²)
海信花街小镇	约13600元/m²	普通住宅	二居室(103m²) 三居室(116~125m²)
中建锦绣城	约18000元/m²	普通住宅	三居室(110m²)
海尔产城创悦湖兰庭	约15300元/m²	普通住宅、商住	二居室(85m²) 三居室(142~142.8m²) 四居室(162~182.2m²)
融创·维多利亚湾	约9588元/m²	普通住宅、商铺	三居室(130~155m²)
青岛东方影都	约19500元/m²	普通住宅、商铺	一居室(40~68m²) 二居室(76~123m²) 三居室(125~155m²)

城市地产篇

黄岛区

楼盘名称	价格	物业类型	主力户型
世茂悦海	约23000元/m²	写字楼、酒店式公寓、商铺	一居室（60m²）
逸景湾·尚品	约26000元/m²	普通住宅、综合体	一居室（68.23~71.24m²） 二居室（91.69m²） 三居室（152.92~196.01m²）
金沙滩壹号	约25000元/m²	普通住宅、商铺	四居室（142~369m²） 五居室（520m²）
海上嘉年华·海洋之心	约25000元/m²	普通住宅、公寓、别墅	别墅（220m²）
融创·影都学府	约15500~17500元/m²	普通住宅、别墅	三居室（112~132m²）
海信花街小镇·维拉	约15000元/m²	普通住宅	二居室（89m²） 三居室（118~135m²） 四居室（142m²）
依山颐墅	约17500元/m²	别墅	四居室（175m²） 七居室（300m²）
中信琅琊郡	约7000元/m²	普通住宅	三居室（89~150m²） 四居室（155m²）
融创·影都壹號Ⅱ	300万元/套起	普通住宅、别墅	三居室（130~149m²）
禹洲弘阳天赋雲海	约17500元/m²	普通住宅	三居室（108~119m²）
和达·海映山	约15000元/m²	普通住宅、别墅	四居室（126m²）
红星国际广场	约13500元/m²	公寓、商铺	一居室（42m²）
中德生态园·中德商圈	尚未公布	商铺、商业	尚未公布
灵珑湾	约20000元/m²	普通住宅	三居室（165m²） 四居室（169~196m²）
越秀和悦府	约12000元/m²	普通住宅	三居室（95~119m²）
泉源山庄	约11500元/m²	普通住宅	二居室（95.66m²） 三居室（111.81~127.56m²）
中和金岸	约36000元/m²	普通住宅	尚未公布
雲海臻府	约7400元/m²	普通住宅	三居室（92~115m²） 四居室（128m²）
西发融信缦山兰庭	约13500元/m²	普通住宅	三居室（115~205m²） 四居室（165~255m²）
青岛佳诺华国际医养健康小镇	约9000元/m²	普通住宅、公寓、别墅	三居室（97~117m²） 四居室（125m²）
保利源诚·领秀山	约11500元/m²	普通住宅	三居室（98~135m²） 四居室（160m²）
瑞源·名嘉康城	约15500元/m²	普通住宅	三居室（103~119m²） 四居室（140m²）
瑞源·名嘉国际	约20000元/m²	公寓、商住	二居室（56~77m²）
未来星城	约15000元/m²	公寓、别墅、写字楼、商业	三居室（110~130m²）
金地康养智慧谷	约8200元/m²	普通住宅	二居室（77m²） 三居室（89m²） 四居室（108m²）
公元·景樾公馆	约10000元/m²	普通住宅	三居室（115~120m²） 四居室（145m²）
融合嘉园	约14500元/m²	普通住宅	三居室（110~132m²） 四居室（142~163m²）
山水嘉苑	约16000元/m²	普通住宅	二居室（86.5~88m²） 三居室（100~120m²）
琅琊台家园	约10000元/m²	普通住宅	二居室（89m²） 三居室（90~96m²）
禹洲朗廷湾·悦府	约19000元/m²	普通住宅	三居室（119m²）
碧海方舟	约12500元/m²	普通住宅	三居室（113~165m²） 四居室（163m²）
公元景樾公馆	约9600元/m²	普通住宅	三居室（97~119m²） 四居室（144m²）
长青山庄	约25000元/m²	普通住宅、别墅	三居室（110m²） 五居室（259m²）
龙湖·春江彼岸	约12000元/m²	普通住宅、公寓	三居室（89~119m²） 四居室（130~143m²）

黄岛区

楼盘名称	价格	物业类型	主力户型
国际健康生态谷	约10000元/m²	普通住宅、别墅	三居室（97~129m²） 四居室（200m²）
碧水明珠	约15500元/m²	普通住宅	一居室（67.58m²） 二居室（84.87~91.95m²） 三居室（96.84~136.54m²）
黑卓碧桂园·美筑	约12900元/m²	普通住宅	三居室（90~115m²） 四居室（140m²）
康大开元府	约20500元/m²	普通住宅	三居室（110~135m²） 四居室（142~161m²）
中海外·京华海悦	约18000元/m²	普通住宅	二居室（78~90.6m²） 三居室（119~124m²）
天泰·山海印象	约14000元/m²	普通住宅	三居室（118~120m²）
鲁班国汇城·儒苑	约13500元/m²	普通住宅	二居室（89m²） 三居室（105~140m²）
世茂锦域	9200元/m²起	普通住宅、商铺、商业	三居室（110~119m²） 四居室（134~144m²）
建邦垅锦墅	约21000元/m²	别墅	四居室（168~198m²）
千业新城	约15000元/m²	普通住宅	三居室（138m²）
龙湖·西府原著	8500元/m²起	普通住宅、别墅、商业	四居室（140m²）
海尔产城创融海公馆	约12000元/m²	公寓、别墅	三居室（132m²） 四居室（148m²）
保利开投·徕卡公园	约13000元/m²	普通住宅	三居室（105~118m²）
弗莱德建公元	约14000元/m²	普通住宅	二居室（99m²） 三居室（122.84~134.4m²） 四居室（152.1~172.17m²）
卓越天元	约27000元/m²	普通住宅、酒店式公寓	三居室（160~360m²）
仁洲观海	约17600元/m²	普通住宅、商铺	一居室（74.72m²） 二居室（85.41m²） 三居室（98.87m²）
万德麒麟公馆	约13000元/m²	普通住宅、商铺	三居室（103.6~127.3m²） 四居室（155.7m²）
万科翡翠长江	约21000元/m²	普通住宅、公寓、商铺	四居室（230m²）
万科城市之光	约13500元/m²	普通住宅、商铺	三居室（89~110m²）
天相国际	约13000元/m²	公寓、写字楼、商铺、综合体	三居室（50m²）
福瀛·天麓湖	约26000元/m²	普通住宅	三居室（139m²） 四居室（157~196m²）
海信珠山小镇	约13500元/m²	普通住宅、别墅	二居室（85m²） 三居室（104~178m²）
融信西发海月星湾	约19000元/m²	普通住宅、公寓	一居室（45m²） 三居室（118m²）
中德·绿色公元	约20000元/m²	普通住宅、别墅	别墅（200~208m²）
碧桂园瑞源·朗悦湾	约11000元/m²	普通住宅	三居室（89~119m²）
伟东云溪湾	尚未公布	公寓、别墅、商业	四居室（160m²）
青岛院子	尚未公布	别墅	尚未公布
龙湾壹号院	尚未公布	别墅	三居室（170.41~299.04m²）
恒信·创迪中心	约12000元/m²	公寓	一居室（39.62m²）
海信灵山国际	尚未公布	写字楼、商业	一居室（38~64m²）
中英创新产业园	尚未公布	公寓	一居室（72m²）
绿地·海月名都	尚未公布	普通住宅	尚未公布

城阳区

楼盘名称	价格	物业类型	主力户型
鑫江·合院	约17000元/m²	普通住宅、别墅	三居室（128~130m²） 四居室（135~150m²）
海尔产城创珺玺	240万元/套起	普通住宅、别墅、商铺、商业	三居室（132m²） 四居室（140~146m²） 五居室（166m²）
众安青岛新城市	约11500元/m²	普通住宅	三居室（89m²） 四居室（119m²）

城阳区			
楼盘名称	价格	物业类型	主力户型
青特悦海府	约16000元/m²	普通住宅	三居室(125m²) 四居室(155~195m²)
旭辉银盛泰正阳府	约16000元/m²	普通住宅、商铺	三居室(100~118m²)
青岛星河湾	23000~27000元/m²起	普通住宅、公寓、酒店式公寓	三居室(202m²) 四居室(275m²)
青特小镇	约14000元/m²	普通住宅	三居室(93~168m²)
佳兆业·悦峰	约12500元/m²	普通住宅	三居室(96~119m²) 四居室(142m²)
卓越·嘉悦	约8500元/m²	普通住宅、公寓、商业	三居室(89~110m²)
青岛恒大御澜国际	约8000元/m²	普通住宅、公寓、商铺	一居室(60~110m²)
鑫江桂花园·汀香	约17500元/m²	普通住宅、别墅	三居室(90~130m²)
华地仟佰墅	约22000元/m²	普通住宅、别墅	别墅(131~169m²)
鑫江水青花都丨观山	约16800元/m²	普通住宅	三居室(97~121m²) 四居室(129m²)
青特地铁花屿城	约14300元/m²	普通住宅、别墅	三居室(97~117m²)
碧桂园·翡翠城	约15200元/m²	普通住宅	三居室(117m²) 四居室(143m²)
招商·雍华府	约17500元/m²	普通住宅、公寓、别墅、商铺	别墅(185~199m²)
新城云樾晓院	约18000元/m²	普通住宅、别墅	三居室(107~129m²) 四居室(143m²)
新城红岛湾	约15300元/m²	普通住宅	三居室(137m²) 四居室(170m²)
保利·科创紫荆阁	约17000元/m²	普通住宅、别墅、商住	三居室(140~181.46m²)
蔚蓝创新天地	约15000元/m²	普通住宅	一居室(45m²)
中欧国际城	约13800元/m²	普通住宅、别墅	二居室(89m²) 三居室(115m²)
领秀珊瑚湾	约13000元/m²	普通住宅、别墅、商铺	三居室(119~125m²) 四居室(142m²)
千禧国际村二期	约10000元/m²	普通住宅、别墅、商铺	二居室(81~154.32m²) 三居室(96.76~201.33m²)
万科金域北岸	约12500元/m²	普通住宅	三居室(89~113m²)
绿地·国科健康科技小镇	约14000元/m²	普通住宅、商铺	三居室(95~139m²)
鲁昊棠琳湾	约14000元/m²	普通住宅	三居室(98~145m²) 五居室(146m²)
金秋泰和郡	约15500元/m²	普通住宅、别墅	三居室(97~108m²) 四居室(147m²)
腾讯双创小镇丨青岛	约14500元/m²	普通住宅、写字楼、酒店式公寓、商铺	三居室(138~140m²) 四居室(160m²)
海信·观澜	约17500元/m²	普通住宅	三居室(100~115m²)
龙湖·舜山府	约14000元/m²	普通住宅、别墅	三居室(125m²)
绿地观澜半岛	约13500元/m²	普通住宅	三居室(125~155.9m²)
阜丰悦澜湾	约12500元/m²	普通住宅	三居室(89~144m²)
卓越青岚郡	约10800元/m²	普通住宅	三居室(89~106m²) 四居室(132m²)
青铁·畅意城	约9500元/m²	普通住宅	三居室(99~107m²)
中国铁建·海语城	11500~12000元/m²	普通住宅、写字楼、商铺、商住	三居室(110m²)
昆仑樾	约18500元/m²	普通住宅	三居室(89~102m²) 四居室(118m²)
鑫江花漾里	约14500元/m²	普通住宅	二居室(80~85m²) 三居室(95~118m²)
和达智慧生态城	约15000元/m²	普通住宅、公寓、商业	三居室(88~144m²) 六居室(161m²)

城阳区			
楼盘名称	价格	物业类型	主力户型
越秀星汇城	约11000元/m²	普通住宅、商铺	三居室(97~119m²)
天一仁和宸璟都会	约11600元/m²	普通住宅	二居室(86m²) 三居室(98~120m²)
融创·红岛湾	600万元~690万元/套	普通住宅、别墅、商铺	二居室(45~55m²) 三居室(65~142m²)
海尔产城创白云山花园	约16000元/m²	普通住宅	三居室(102~128m²) 四居室(142m²)
融创·澜山壹號	约14300元/m²	普通住宅	三居室(110~122m²)
昆仑府	约21000元/m²	普通住宅、商业	三居室(104~141m²)
世茂璀璨天樾	500万元~700万元/套	普通住宅、别墅、商铺、商业	三居室(111~142m²) 别墅(210m²)
檀府·御园	约18000元/m²	别墅、写字楼、商铺、商住、综合体	三居室(128m²) 四居室(188m²)
保利红岛湾	约15000元/m²	普通住宅、别墅	三居室(120~135m²) 七居室(220m²)
融创红岛壹号院	470万元~600万元/套	普通住宅、别墅	三居室(110~180m²)
鑫汇水岸	约12500元/m²	普通住宅	二居室(89m²)
磊鑫河畔阳光	约12500元/m²	普通住宅	三居室(108m²)
鲁商蓝岸新城	约12300元/m²	普通住宅、别墅、商铺	三居室(105~125m²) 四居室(160m²)
鲁商泰晤士商街	约8000元/m²	普通住宅、商铺	三居室(97~122m²) 四居室(136m²)
仙山花园	约16500元/m²	普通住宅	三居室(95~117m²) 四居室(140m²)
和达正阳北岸	约10000元/m²	普通住宅、写字楼、商铺	三居室(89~100m²)
和达虹湾	约14000元/m²	普通住宅、工业	三居室(89~102m²)
高实合苑	约12800元/m²	普通住宅	二居室(87~88m²) 三居室(95~117m²)
和达·北岸悦璋	约11000元/m²	普通住宅	二居室(78m²) 三居室(90~126m²)
通汇当代阅MOMΛ	约10500元/m²	普通住宅、公寓	三居室(89~108m²)
中视·水郡兰庭	约13300元/m²	公寓、商业	二居室(65~100m²) 三居室(135~170m²) 四居室(175m²)
北岭·财富佳苑	约13000元/m²	普通住宅	三居室(125m²)
双利城央府	约16800元/m²	普通住宅	三居室(101~123m²) 四居室(141m²)
天一仁和·悦湖锦府	约11000元/m²	普通住宅	三居室(98m²)
海信红岛府	15500元/m²起	商住	二居室(84m²) 三居室(98~175m²)
世茂公园美地	约13000元/m²	普通住宅	四居室(142~156m²)
海信·正阳中心	约9000元/m²	公寓、写字楼、商住、商业	一居室(37~41m²)
海尔产城创国际广场	约13500元/m²	公寓、写字楼、商铺	一居室(32.24~42.22m²)
天峰首府	约12800元/m²	普通住宅	三居室(130m²)
天一仁和财富中心	约12000元/m²	普通住宅、商铺	一居室(36.97m²)
鑫江玫瑰园	约15000元/m²	普通住宅	三居室(125m²)
明德小镇	约9000元/m²	公寓、别墅、写字楼	一居室(39~54m²) 二居室(87m²) 三居室(98m²)
万科金域华府	约19000元/m²	普通住宅、商铺	二居室(92~94m²) 三居室(89~139m²) 别墅(101~216m²)
慷豆创享城	约12000元/m²	公寓	复式(61.2m²)
富力·尚悦居	约8500元/m²	写字楼	二居室(68m²) 三居室(44~92m²)
天一仁和珑樾海	约16000元/m²	普通住宅、别墅	三居室(89~115m²)

城阳区

楼盘名称	价格	物业类型	主力户型
紫荆公馆	约9000元/m²	写字楼	写字楼(33m²)
长水山庄	10800元/m²起	普通住宅、别墅、酒店式公寓、商铺	别墅(210~338m²)
卓越和悦	尚未公布	普通住宅、商铺	尚未公布
青岛动投基金谷	尚未公布	普通住宅、别墅	尚未公布
卓越·锦鸿台	尚未公布	普通住宅	尚未公布

即墨区

楼盘名称	价格	物业类型	主力户型
恒信·风华尚品	约11000元/m²	普通住宅	三居室(107~120m²) 四居室(139m²)
鲁商·中央公馆	约12000元/m²	普通住宅、别墅	三居室(127~139m²) 四居室(147m²)
恒大悦珑台	约10000元/m²	普通住宅、别墅	三居室(142m²) 别墅(330~403m²)
万科北宸之光	约12500元/m²	普通住宅	三居室(87~108m²)
海尔产城创中央花园	约12800元/m²	普通住宅	三居室(123~140m²) 四居室(170m²)
禹洲朗廷府	约14000元/m²	普通住宅	三居室(131~143m²) 四居室(171m²)
金茂智慧国际城	约11000元/m²	普通住宅、公寓、写字楼、商业	三居室(118~125m²) 四居室(135m²)
融创青岛湾·海墅	600万元~1600万元/套	别墅	四居室(232.51m²) 五居室(235.64~353.04m²)
国信·墨悦湾	约11500~12500元/m²	普通住宅	三居室(119~129m²)
三盛国际海岸	约12000元/m²	普通住宅	三居室(110m²) 四居室(135m²)
天泰桃花源	300万元/套起	普通住宅、写字楼	四居室(148m²)
萃英花园	约10600元/m²	普通住宅	二居室(82m²)
佳源都市	约15000元/m²	普通住宅、别墅、商铺	三居室(137m²)
麓山国际	约11200元/m²	别墅	三居室(120m²)
国信·蓝悦湾	约14000元/m²	普通住宅	三居室(105~128m²)
和达·熙园	约9800元/m²	普通住宅	三居室(95~115m²)
碧桂园·碧海科技园	约9000元/m²	写字楼、商铺	开间(66~241m²)
裕东新府	约12500元/m²	普通住宅	二居室(88~89.98m²) 三居室(118.67~141.85m²) 四居室(167.8m²)
即墨青特城	约9000元/m²	普通住宅、商住	三居室(87~120m²) 四居室(135m²)
荣盛·锦绣学府	约13000元/m²	普通住宅、公寓、写字楼、商业	三居室(99~107m²) 四居室(120m²)
鲁商·学府	约9500~12400元/m²		三居室(100~117m²) 四居室(128~140m²)
华侨城·欢乐莲泉	约8700元/m²	普通住宅、商铺、自住型商品房	三居室(89~115m²) 四居室(118m²)
龙湖·天奕	约20000元/m²	别墅	四居室(193m²)
海尔产城创蓝谷·海上东方	14600元/m²起	普通住宅、公寓	三居室(110~120m²) 四居室(140~163m²)
海尔产城创翡翠公园	约15700元/m²	普通住宅、商业	三居室(103~138m²) 四居室(142m²)
龙湖龙誉城	约9000元/m²	普通住宅	二居室(87m²) 三居室(89~109m²)
中南紫云集	约12800元/m²	普通住宅	三居室(98~130m²) 四居室(134~143m²)
墨上花开	约9500元/m²	普通住宅	三居室(89~115m²)
新兴·中心城	约11000元/m²	普通住宅、别墅	二居室(98m²) 三居室(125~139m²)
海信盟旺世家二期	约11000元/m²	普通住宅	二居室(89m²) 三居室(100~135m²)

即墨区

楼盘名称	价格	物业类型	主力户型
鲁商·健康城	约16500元/m²	普通住宅	三居室(120m²) 四居室(140~160m²)
华发四季	约13500元/m²	普通住宅	三居室(110~129m²)
创智中粮锦云	约9500元/m²	普通住宅	三居室(124m²) 四居室(177~181m²)
碧桂园蓝谷之光	约11500元/m²	普通住宅	二居室(75m²) 三居室(105~119m²) 四居室(148m²)
奥园·海泊澜湾	100万元~110万元/套	普通住宅、别墅	二居室(85~92m²) 三居室(121~136m²) 四居室(139m²)
鲁信和璧花园	约21900元/m²	普通住宅	二居室(123m²) 三居室(136m²)
中交中央公元	约12800元/m²	普通住宅、公寓、写字楼、商铺	二居室(99m²) 三居室(107~145m²)
德馨珑湖叁期珑悦府	约13500元/m²	普通住宅、别墅	三居室(137.66m²) 四居室(188.85m²)
龙湖学樘府	约10500元/m²	普通住宅	三居室(89m²)
龙湖蓝岸郦城	约8800元/m²	普通住宅	三居室(89~107m²)
世茂璀璨倾城	约12700元/m²	普通住宅、写字楼、商铺	三居室(101~119m²) 四居室(131m²)
旭辉银盛泰星河城	约10000元/m²	普通住宅、商铺	三居室(89~118m²)
和达·上城	约13000元/m²	普通住宅、公寓	三居室(100~119m²) 四居室(140m²)
溪山林语	约12000元/m²	别墅	别墅(149~162m²)
青铁泉悦城	约9000元/m²	普通住宅	三居室(89~105m²) 四居室(128m²)
满合广场	约8000元/m²	公寓、商业	一居室(36~61m²)
青岛蓝波湾	约12000元/m²	公寓	复式(38~65m²)
青岛印象·川	约13500元/m²	普通住宅	三居室(88~118m²)
金府花园	约7200元/m²	普通住宅	二居室(76.6~98.2m²) 三居室(118.8m²)
孚森·金谷花园	12000~14000元/m²	普通住宅	二居室(100m²) 三居室(146.5m²) 四居室(171.5m²)
实地·蔷薇熙岸	约12000元/m²	普通住宅、商铺	三居室(102~117m²) 四居室(127m²)
实地青岛海棠蓝谷	约14000元/m²	公寓、写字楼、商铺	一居室(39~51m²)
海信君和	约15300元/m²	普通住宅	三居室(120~141m²) 四居室(150m²)
中骏·丽景府	约10000元/m²	普通住宅	三居室(89~102m²)
保利香颂	约12000元/m²	普通住宅、别墅	三居室(140~170m²) 四居室(165m²)
金隅·金玉府	约12500元/m²	普通住宅	三居室(96~120m²) 四居室(140m²)
海尔产城创·东方学府	约15000元/m²	普通住宅	二居室(89m²) 三居室(114~128m²) 四居室(147m²)
天一仁和珑樾雲谷	约10500元/m²	普通住宅、别墅	二居室(83~97m²) 三居室(140m²)
省房万豪庄园	约13500元/m²	普通住宅、别墅	三居室(107~170m²) 四居室(145~221m²)
海信千亩园	约12700元/m²	别墅	二居室(145m²) 三居室(168~196m²)
海信文墨里	约13000元/m²	普通住宅	二居室(90m²) 三居室(100~120m²)
招商·公园1872	约15000元/m²	普通住宅	三居室(125~140m²) 四居室(160m²)
海尔产城创东方文华	约13000元/m²	公寓、商业	三居室(117~145m²)
天泰·天空之城	约11000元/m²	普通住宅	三居室(98~100m²)
港中旅蓝谷壹号·臻玺	约12000元/m²	普通住宅、政策房	三居室(100~120m²)
岭海香澜郡瑜院	约15500元/m²	普通住宅、别墅	二居室(95m²)

即墨区			
楼盘名称	价格	物业类型	主力户型
怡华悦峰	约10700元/m²	普通住宅、商铺	二居室(88.79m²) 三居室(140.76m²)
原乡小镇	约13000元/m²	别墅	别墅(230~310m²)
蓝城·玉蘭公馆	约20000元/m²	普通住宅	三居室(125m²)
中海樘院	约13500元/m²	普通住宅、别墅	三居室(126~136m²) 别墅(142~152m²)
青铁·香溪地	约10500元/m²	普通住宅、写字楼、商铺	三居室(95~115m²) 四居室(131~143m²)
中梁·拾光漫城	约14000元/m²	普通住宅	三居室(102~125m²) 四居室(154m²)
金日·君基新天地	约10500元/m²	普通住宅	三居室(100~123m²)

胶州市			
楼盘名称	价格	物业类型	主力户型
旭辉银盛泰锦悦都	约8000元/m²	普通住宅	三居室(105~140m²)
花样年碧云湾	约11500元/m²	普通住宅、商铺	三居室(126~172m²)
中洲半岛城邦	约9000元/m²	普通住宅、别墅	三居室(104~120m²)
协信天骄云麓	约8250元/m²	普通住宅	三居室(85~103m²) 四居室(117m²)
荣盛锦绣外滩	约9800元/m²	普通住宅	三居室(96~123m²) 四居室(142m²)
新城玺樾	约6500元/m²	普通住宅、商铺	二居室(57m²) 四居室(130~185m²)
奥林春天	约10500元/m²	普通住宅	三居室(103~126m²) 四居室(132m²)
旭辉银盛泰·博观御品	约9000元/m²	普通住宅	三居室(105~125m²)
奥园首府壹号	约11500元/m²	普通住宅	三居室(95~106m²) 四居室(122m²)
保利·和府	约9300元/m²	普通住宅	三居室(105m²)
联谊枫林小镇	约11000元/m²	普通住宅、别墅	三居室(130.05m²)
亿阳金都馨城	9000~10500元/m²	普通住宅	二居室(87.5m²) 三居室(121m²)
青岛达观天下	约10000元/m²	普通住宅、公寓、写字楼	三居室(68.9m²)
越秀铂悦府	约10500元/m²	普通住宅、别墅	三居室(103~141m²)
樾郡	约9500元/m²	普通住宅	三居室(127m²) 四居室(142m²)
保利叁仟栋	约8000元/m²	普通住宅	三居室(116~140m²)
樾府	约11500元/m²	普通住宅、商铺	三居室(114~174m²)
花样年·碧云天	约11000元/m²	普通住宅	三居室(105~138m²) 四居室(144m²)
胶州华润城	约8600元/m²	普通住宅	三居室(101~128m²) 四居室(142m²)
金科恒联·集美常青	约9500元/m²	普通住宅	二居室(83m²) 三居室(115~124m²)
御苑怡景	约6600元/m²	普通住宅	三居室(108~120m²)
胶州湾空港新城	约6200元/m²	普通住宅	二居室(85.4~87.3m²) 三居室(98.6~120.7m²)
我家阳光上城二期	约8000元/m²	普通住宅	三居室(108~135m²)
少海名仕府邸	约12500元/m²	普通住宅	二居室(101.5~102m²) 三居室(123.04~151m²)
皇骐怡云水岸	约15800元/m²	普通住宅	二居室(88.5m²) 三居室(126.9~156.7m²) 四居室(164.5~180.5m²)
三木·空港小镇·璟云	约8200元/m²	普通住宅	一居室(45~58m²) 二居室(87~89m²) 三居室(101~123m²)
龙湖·昱城	约10000元/m²	普通住宅、公寓、写字楼、商铺	二居室(89m²) 三居室(114~129m²) 四居室(143m²)
碧桂园湖悦天境	约11000元/m²	公寓、别墅	三居室(115m²) 四居室(160m²)

胶州市			
楼盘名称	价格	物业类型	主力户型
兴源巴黎城	约10500元/m²	普通住宅、酒店式公寓、商铺	二居室(112.4m²) 三居室(118.17~134.65m²)
万豪·白鹭岛	200万元~300万元/套	别墅	别墅(400~800m²)
海尔产城创御品华府熙园	约10000元/m²	普通住宅	二居室(88m²) 三居室(94m²)
湖尚一品	约9900元/m²	普通住宅、别墅、商铺	三居室(156m²) 四居室(159m²)
中骏汇景城	约10500元/m²	普通住宅	二居室(79m²) 三居室(89~108m²)
青岛恒大文化旅游城	约10500元/m²	普通住宅	二居室(81m²) 三居室(99~108m²) 四居室(129~131m²)
荣盛花语海岸	约10000元/m²	普通住宅	三居室(107~113m²)
万科公园大道	14000~22000元/m²	普通住宅	三居室(115~129m²)
融创·时代中心	约10500元/m²	普通住宅	三居室(87~118m²) 四居室(145m²)
恒源·上城御府二期	尚未公布	普通住宅、商业	二居室(88.69~89.14m²) 三居室(104.62~118.6m²)
龙湖·上合壹号	约9500元/m²	普通住宅	二居室(76m²) 三居室(89~143m²)
贵和嘉悦府	约8300元/m²	普通住宅	二居室(87m²) 三居室(114.5~128.3m²)
协信航空科技城	约11000元/m²	普通住宅	一居室(47m²)
中仁澜山悦府	约10000元/m²	普通住宅	三居室(97~129m²) 四居室(143m²)
青岛桃李春风	约24800元/m²	别墅	二居室(90m²)
保利和光尘樾	约6800元/m²	普通住宅、商铺、商业	三居室(89~119m²)
霖源华府	约11000元/m²	普通住宅	二居室(90m²) 三居室(100~132m²)
鑫坤·临水宜家	约11000元/m²	普通住宅	三居室(109.92~136.91m²) 四居室(136.91m²) 五居室(162.87~226.99m²)
金墨华府	约7500元/m²	普通住宅	二居室(100m²) 三居室(135m²)
清华凤凰园	约14000元/m²	普通住宅	三居室(102~122m²)
昱苑金岸丽景三期	约8300元/m²	普通住宅	三居室(105~128m²)
海达如意金岸	约10000元/m²	普通住宅	三居室(95~128m²) 四居室(139m²)
盈创板桥华府	约9700元/m²	普通住宅	四居室(142m²)
天聚华府	约7200元/m²	普通住宅	二居室(93.4m²) 三居室(118.5~129.3m²)
天一仁和宸環仟山	约6300元/m²	普通住宅	三居室(115m²)
名城府邸	6666元/m²起	普通住宅	二居室(88m²) 三居室(106~114m²)
天泰欢乐时光	约7500元/m²	普通住宅	二居室(89m²) 三居室(105~118m²)
万恒四季花城	约10000元/m²	普通住宅	三居室(112~136m²) 四居室(163m²)
台湾馨园	约10700元/m²	普通住宅	三居室(104~127m²) 四居室(143m²)
鸿锦凤凰新城	约11000元/m²	普通住宅	二居室(88.6m²) 三居室(109.8~133.9m²)
双珑领寓	约11000元/m²	普通住宅	三居室(109~126.3m²) 四居室(129.3m²)
香溪贤庭	约5300元/m²	普通住宅	二居室(75~92m²) 三居室(111.5m²)
观澜文苑	约9600元/m²	普通住宅	二居室(89m²) 三居室(110~230m²)
上城御府	约8200元/m²	普通住宅	三居室(118~136m²) 四居室(152m²)
联谊·景尚蓝湾	约8800元/m²	普通住宅	二居室(88.3m²) 三居室(98.3~127.4m²)

胶州市

楼盘名称	价格	物业类型	主力户型
胶州湾·尚合苑	约 7000 元/m²	普通住宅	二居室（92m²） 三居室（100~116.3m²）
天一仁和悦海大观	约 10800 元/m²	普通住宅	三居室（97~120m²） 四居室（139~142m²）
澳恒·枫悦名邦	约 8300 元/m²	普通住宅	二居室（88.7m²） 三居室（108~119.5m²） 四居室（128.4m²）
华庭丽景	约 8600 元/m²	普通住宅、商业	三居室(131.88~143.47m²) 四居室(166.51m²)
碧桂园盛汇·澜庭	约 11000 元/m²	普通住宅	三居室(110~143m²) 四居室(187m²)
融创时代公馆	约 9500 元/m²	普通住宅、商业	二居室(89m²) 三居室(110~137m²)
中海林溪世家	约 9000 元/m²	普通住宅	三居室(110~142m²)
龙湖·天钜	约 14000 元/m²	别墅	三居室（138m²） 四居室（188m²）
云岭四季	约 8400 元/m²	普通住宅	三居室(102~119m²)
保利云禧	约 11000 元/m²	普通住宅、商住	三居室(112~130m²) 四居室(140m²)
天泰·幸福里	约 9500 元/m²	普通住宅	三居室（89~119m²）
鲁骐·金岸世家	约 7600 元/m²	普通住宅	三居室(110m²)
新城·书香嘉苑	约 4300 元/m²	普通住宅	二居室(77.4~86.17m²) 三居室(110.29m²)
城投南信天骄观澜	约 8600 元/m²	普通住宅、别墅	二居室(86m²) 三居室(92~104m²)
远洋御城	约 11000 元/m²	普通住宅、商铺	三居室(89~126m²) 四居室(130m²)
三木·家天下·文澜府	约 10000 元/m²	普通住宅	三居室(105~107m²) 四居室(124m²)
阳光·壹号	尚未公布	普通住宅、商业	尚未公布
华发紫金峰景	尚未公布	普通住宅、商业	尚未公布
旭辉银盛泰辉盛岚庭	尚未公布	普通住宅	尚未公布
芙蓉御璟观澜	尚未公布	商住	尚未公布

平度市

楼盘名称	价格	物业类型	主力户型
中央美地·天奕	约 8700 元/m²	普通住宅	三居室 (117m²) 四居室 (141~157m²) 五居室 (233m²)
太泉美域	约 7600 元/m²	普通住宅	二居室(88.78~91m²) 三居室(99.45~138.84m²)
永新华府	约 7300 元/m²	普通住宅	三居室(98~125m²) 四居室(144m²)
平都壹号院	约 7800 元/m²	普通住宅	三居室(110m²)
城投·翰林学府	约 9500 元/m²	普通住宅	三居室(90~127m²)
和达·铭著	约 8000 元/m²	普通住宅	三居室(109~138m²)
悦隽大都会	约 9000 元/m²	普通住宅	三居室(119~134m²) 四居室(143~167m²)
万汇碧桂园珑樾	约 8500 元/m²	普通住宅	三居室(105~119m²) 四居室(135m²)
海信·凤台世家	约 9300 元/m²	普通住宅	二居室(88m²) 三居室(98~138m²)
金科世茂集美云锦	约 7000 元/m²	普通住宅	三居室(96~117m²)
海尔产城创首府	约 7100 元/m²	公寓、商铺	三居室(125m²)

莱西市

楼盘名称	价格	物业类型	主力户型
紫悦府	约 7000 元/m²	普通住宅	二居室(77~99m²) 三居室(101~128m²) 四居室(148m²)
中梁首府	约 6500 元/m²	普通住宅、商业	三居室(89~119m²)
奥润和府·康府	约 6000 元/m²	普通住宅	三居室(112m²) 四居室(133m²)
天泰公园壹号	约 7600 元/m²	普通住宅	三居室(107~122m²)
华商·金岸	约 7800 元/m²	普通住宅、别墅、商铺	三居室(124.13~159.43m²) 四居室(170.73m²)
品烁华年	约 7000 元/m²	普通住宅	二居室(89m²)
奥润熙湖华府	约 5800 元/m²	普通住宅、别墅	五居室(190m²)
碧桂园东城时代	约 7600 元/m²	普通住宅、商铺	三居室(101~105m²) 四居室(142~199m²)
安兴壹號府	约 7400 元/m²	普通住宅	二居室（95.44m²） 三居室（105.13~124.10m²）

典型项目

宸悦府

`青岛` `旭盛海` `小珠山下` `品质住宅` `低密社区`

项目地址：
青岛市黄岛区平安街道上庄社区南门对面

开发商：
山东旭辉银盛泰集团和开投集团

产品特征：
小高层

参考价格：
约 11500 元/平方米

主力户型：
约 108~128 平方米三居

物业公司：
银盛泰物业

5 公里生活配套：
青岛开发区致远中学，山东科技大学，宸悦府公交站，青岛地铁 M2、M12、M21 号线（规划中），中泽购物广场，香江路商圈

专家点评

龙江·山东中经联联盟秘书长

宸悦府位于黄岛区小珠山下，依托优质自然风光，因地制宜打造装修小高层，内部规划 CIFI-6 社交园林，为业主提供全龄段健康社交空间。128 平方米户型，以其南向方正格局、元宝户型、无连廊设计等户型优势，深受购房者的好评。

扫码观看楼盘详情

项目测评

【战略意义】
2020 年，旭辉银盛泰集团与开投集团强强联手，匠心打造宸悦府项目，这是在青岛首个落地的宸悦系产品。项目以"精致生活美学家"为品牌使命，于小珠山下打造公园式社交园林，满足不同家庭结构生活所需，在西海岸炙手可热。

【区域地段】
项目择址国家 AAAA 级景区小珠山下，前湾港路、昆仑山路、江山路等区域动脉贯穿八方，多条地铁路网覆盖其中，使得辛安核心板块迈入地铁"生活圈"，无缝对接青岛。

【交通出行】
项目周边青岛地铁 M2、M12、M21 号线（规划中）可通达全城，楼下便是东九路公交车站"宸悦府站"，第二条海底隧道也已于 2020 年 10 月正式开工，高配路网通达四方。

【购物娱乐】
项目周边 5 公里范围内坐拥中泽购物广场、华尔兹广场，9 公里范围内直达香江路商圈和积米崖商圈，满足不同年龄段的"吃、喝、玩、乐、购"需求。项目还规划约 1300 平方米社区商业街区，满足居民日常生活所需。

【市场口碑】
2020 年 6 月首次开盘，连续 7 个月成交破亿元，套数、面积、金额稳居辛安板块 TOP1，成为超 700 户家庭的信赖之选。2020 年 12 月项目荣获全国"2020 年十大品质作品"奖项。

【楼栋规划】
项目总占地面积约 7.4 万平方米，总建筑面积约 20 万平方米，打造 16 层装修小高层产品，最大楼间距约 68 米，整体环境低密舒适；项目北侧沿街设置的风情商业街，预计 2021 年完成规划包装并亮相，购物休闲，出门即享。

【园林景观】
项目规划约 35% 的绿地率和约 2.0 的容积率，为社区园林规划提供了充足空间。内部打造 CIFI-6 社交园林，设置"一环两轴多组团"景观布局，约 700 米环形健康慢跑道；中部打造几何花园，设计健身、娱乐、会客、阅读 4 个缤纷盒子，构建全龄段社交空间。

【主力户型】
128 平方米南向三居，整体格局十分方正。独立门厅满足日常收纳需求，采用板块少有的无连廊设计保证日常私密性需求；约 4 米宽厅放大了生活空间，双南连通阳台打造宽幕视野，独特的元宝户型具有居家百变功能，提升生活品质。

【精工品质】
项目掌握五大精工体系，严选全屋装修品牌，全面保证装修质量；应用多重智能安防系统、高端智慧照明系统、人性化装饰设计、科学动线厨房系统及健康卫浴系统，打造品质人居。

【物业服务】
山东永升银盛泰物业管理有限公司肩负"同心共筑美好生活"的使命，通过五大社区生态，营造有温度的社区，为业主提供六大服务环节、30 项触点体验、88 个标准动作，覆盖客户全生命周期，让客户体验全心全意的物业服务。

国信·蓝悦湾

青岛　国信集团　生态宜居　地铁旁　公园里

项目地址：
青岛市即墨区硅谷大道516号

开发商：
青岛海天蓝谷建设有限公司

产品特征：
高层

参考价格：
均价14000元/平方米

主力户型：
约105~128平方米三居

物业公司：
上实物业

5公里生活配套：
青岛地铁11号线蓝色硅谷站、青岛蓝谷人才公园、大任河公园、银座新天地、山东大学青岛校区、齐鲁医院蓝谷分院

专家点评

冯显泉·中国社科院特邀房地产专家——

项目位于即墨蓝色硅谷核心区，南邻山东大学青岛校区，东临鳌山湾，北依大任河和温泉河交汇入海口，南眺崂山风景区，对望鹤山风景区，融合了青岛独特的海洋元素，是一个浑然天成的宜居社区。

扫码观看楼盘详情

项目测评

【战略意义】
2019年，青岛国信集团在蓝色硅谷区开发集"居住、办公、休闲"于一体的综合型社区，是国信深耕蓝色硅谷产业发展多年后的国匠力作，也是蓝谷海洋科技特色城市风貌的一张重要名片。

【区域地段】
国信·蓝悦湾择址青岛蓝色硅谷核心区，距青岛地铁11号线蓝色硅谷站仅约600米。伴随青岛建设全球海洋中心城市的推进，蓝色硅谷作为蓝色产业与海洋科研中心，海洋科技新城地位日益凸显。

【楼栋规划】
项目总占地面积约6.6万平方米，地上总建筑面积约20万平方米，总共规划23个楼座，分二期开发，包含住宅、酒店、商业、办公等多种业态，是一个集居住、办公、休闲于一体的综合型社区。

【主力户型】
主力户型为建筑面积约105平方米的三居装修房，全明方正户型，科学合理布局。三室向阳而居，大面宽，餐厅客厅阳台，一线动态相连；L型厨房，人体工学设计，流畅操作动线；合理动静分区，独立休憩待客空间，互不干扰。

【园林景观】
景观营造"家在公园里，回家即度假"场景，打破传统住宅公共与私密空间的界限，规划流动的公园度假式邻里交流空间。园区内打造约500平方米的灵韵水景、约1500平方米的全龄段运动空间、约524米的健康乐跑环道，全龄享受健康。

【设计风格】
项目采用现代滨海风格，契合约800平方米亲海湾居，公建化外立面设计，线条简练大气，细部品质严谨把控。选取适合青岛气候的材质，更具特色与品质，整体格调端庄稳重，同时也保证了建筑的安全性和耐久性。

【教育资源】
距项目8公里范围内，有山大附属幼儿园、小学，青岛19中、青岛国基外语学校等众多学校环伺，幼小初高完备，教育资源充沛。山东大学青岛校区、北航青岛科教新城（建设中），2个985名校环绕，书香氛围浓厚。

【医疗配套】
距项目4公里范围内在建蓝色硅谷片区高规格医院——山东大学齐鲁医院蓝谷分院，建筑面积10万平方米，一期规划床位600个，重点建设脑、心血管、生殖医学、肿瘤和康复五大高端医学中心与医教研一体化的综合医疗服务基地。

【品牌描述】
国信集团隶属于国资委，是青岛市政府直属单位，先后承担了胶州湾隧道国家海洋实验室、海天中心等地标性建筑，获荣誉千余项，其中包含中国土木工程詹天佑奖、中国建筑工程鲁班奖。

【购物娱乐】
国信·蓝悦湾1公里内有银座新天地繁华商业、家家悦超市；周边2所五星级酒店（青岛南山美爵度假酒店和港中旅海泉湾度假酒店），两大国际高尔夫球场，一个国际会展中心，生活娱乐休闲配套应有尽有。

国信·墨悦湾

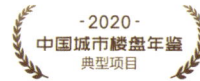

| 青岛 | 国信集团 | 低密洋房 | 滨河社区 | 公园为邻 |

项目地址：
青岛市即墨区即墨老城文峰路12号

开发商：
青岛裕桥置业有限公司

产品特征：
洋房、小高层

参考价格：
洋房均价12500元/平方米、小高层均价11500元/平方米

主力户型：
约119~129平方米三居

物业公司：
上实物业

5公里生活配套：
墨水河公园、20000平方米植物园、即墨一中、即墨实验学校、开发区二小、长江学校、即墨古城、即墨宝龙、即墨人民医院、紧邻204国道

专家点评 龙江·山东中经联盟秘书长

项目位于即墨的中央居住区，周边居住氛围浓厚。项目北侧有墨水河环绕，同时政府打造了风景秀丽的沿河公园及20000平方米植物园。项目重点打造低密社区，产品多为6层洋房，是墨城高端改善置业优选。

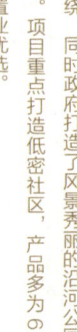

项目测评

【战略意义】

国信·墨悦湾项目由青岛国信集团一级子公司国信建投投资、青岛裕桥置业有限公司开发，是国信地产中高端改善产品的开山之作，重点打造区域内低密洋房，提升即墨品质人居，受到改善置业者的青睐。

【区域地段】

国信·墨悦湾项目属于即墨的中央居住区，在主城区和创智新区的交会处；既享受主城区的便捷配套，又可以搭乘新区发展的规划红利，地理位置优越，发展前景广阔。

【楼栋规划】

项目总占地面积约为26万平方米，地上总建筑面积约为30万平方米，共规划66个楼座，总户数2604户，容积率仅为1.19，是即墨主城区的低密度洋房社区。目前开发的是项目二期墨悦湾，由31栋5~6层电梯洋房、8栋小高层组成。

【主力户型】

国信·墨悦湾主力户型为建筑面积129平方米的三居洋房，三南向方正格局，全明通透；大面宽阔景客厅与南向双阳台贯通，南向主卧带飘窗并配备独立卫浴，私密性较好。

【自建配套】

小区配备了全龄化的活动场所：850米+650米的双环形塑胶跑道、1600平方米的开放性草坪、6个儿童专属活动区，照顾到12岁以下各个年龄段的儿童活动需求。内部还配有老年活动中心，真正做到"全龄化社区"。

【物业服务】

青岛国信上实城市物业发展有限公司于2015年8月14日成立，服务项目遍布岛城七区三市。新冠肺炎疫情最严重的时刻，该公司组建了"红色物业"防疫突击队，实行24小时值班值守，对所服务社区进行严密防护。

【交通出行】

项目南侧紧邻主干道文峰路，东临204国道，通达青岛市区；沿烟青路在建的青岛地铁7号线，其文化路站站点距项目大约3公里，预计2022年建成通开。项目西侧开通16路公交车，途经站点通达即墨全城。

【教育资源】

项目周边有百年名校即墨一中，即墨私立学校长江学校，涵盖小学部、初中部和高中部。项目社区内部配建了智慧熊双语幼儿园、公立小学开发区第二小学，为众多家庭提供近在咫尺的优质教育资源。

【品牌描述】

国信集团隶属于国资委，是青岛市政府直属单位，先后承担了胶州湾隧道国家海洋实验室、海天中心等地标性建筑，获荣誉千余项，其中包含中国土木工程詹天佑奖、中国建筑工程鲁班奖。

【购物娱乐】

项目西侧3公里即可到达即墨宝龙商圈，这里汇集了宝龙、佳乐家、利群等大型商场。项目西侧1.4公里是青岛市旅游名片——即墨古城，往北是蓝鳌路与鹤山路之间的即墨副食品批发市场，为居民的日常生活提供便利。

鲁商·蓝岸丽舍

| 青岛 | 鲁商发展 | 国际湾区 | 主城院墅 | 山湖环伺 |

项目地址：
青岛市崂山区松岭路88号（青岛二中北邻）

开发商：
鲁商健康产业发展股份有限公司

产品特征：
洋房、别墅

参考价格：
洋房均价45500元/平方米、别墅2000万元/套起

主力户型：
约163平方米四居、约303平方米五居

物业公司：
龙湖物业

5公里生活配套：
地铁M11号线青岛科大站、青岛二中、青岛大学、崂山丽达、青岛国际高尔夫球场、青岛大剧院、国际啤酒城

专家点评

冯显泉·中国社科院特邀房地产专家

项目位于崂山区，是主城为数不多的拥揽山湖林谷丰盛自然资源的项目。午山、将军山、西山、烟台山主峰四山环抱，约36000平方米天然湖泊和约200万平方米原生密林围绕，约1000米长生态河流，生态宜居特征明显。

扫码观看楼盘详情

项目测评

【战略意义】
作为山东省属国有控股主板上市公司，鲁商发展以实现人民的健康生活理想为己任，深耕大健康产业，累计开发地产项目40余个，布局全国。鲁商·蓝岸丽舍是其深耕青岛的又一匠心巨著，将为青岛高端人居的发展重新立标杆。

【区域地段】
项目择址"上合峰会"国家战略要地，青岛崂山区前海一线，紧邻金家岭金融区，规划建设为国际性金融财富中心，已聚集200余家金融机构、20多家世界500强企业；借城区发展腾飞之势，打造青岛的精英生活场地。

【楼栋规划】
项目总占地面积约800亩（约53.33万平方米），总规划建筑面积约100万平方米。其中包含36栋联排，3+1层独立空间；7栋洋房，楼高6层，配置专属独立电梯厅；3栋公寓，每栋17层，每层仅15户，享受高品质生活。

【主力户型】
项目主力户型为建筑面积163平方米的四居墅境洋房，南向双卧室、多重开阔阳台，餐厅、客厅、厨房一体式设计，客厅与阳台一脉相连，大气舒适；主卧套房设计，观景阳台、独立卫浴一应俱全，私密生活得到很好保证。

【园林景观】
约0.8的低容积率、约35%的绿化率打造，近1000种花木、6重垂直绿植景观体系的营造，让建筑与自然融为一体。精心规划的平湖秋月等五大文化景观园林、儿童游乐园、高端休闲会所等，满足全龄段居者的休闲、娱乐、生活需求。

【物业服务】
秉承鲁商发展"仁居"的品牌主张，项目专门引进龙湖物业，推出"满意+惊喜+幽默+乐趣"的创新服务体系，建立起独具特色的物业服务模式和业务能力，营造和谐、文明、高雅的居住文化氛围。

【交通出行】
辽阳东路、香港东路贯穿东西，青银高速接驳南北；地铁M11号线青岛科大站在侧，直达蓝色硅谷；M4号线（在建中）自市南直抵崂山；三纵三横立体交通，畅达流亭国际机场、青岛火车北站等交通枢纽，畅享青岛便捷生活圈。

【教育资源】
新加坡童心幼儿园、新世纪小学、崂山区第三实验小学、青岛二中、青大、青科大、海大等学校环伺，其中青岛二中为山东省重点学校，历年文理科高分考生数量、北大清华等名校录取率居全省较高水平。

【医疗配套】
项目距省属综合性三级甲等医院、省直保健定点医院——青医附院约4.9公里，现有高级专业技术人员1200余名，高难度器官移植完成数量及水平全省排名靠前；建立沃森肿瘤诊疗中心，接诊患者数全国领先。

【购物娱乐】
项目约7公里范围内有丽达、金狮、金鼎、宜家等多个商圈；崂山风景区、石老人观光园、青岛博物馆、青岛大剧院、青岛国际高尔夫球场等充足文化休闲配套资源，全方位满足高阶家庭所需。

绿城·汀岚

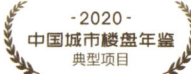

青岛 | 绿城中国 | 现代风格 | 迭新作品 | 湖景住宅

项目地址：
青岛市李沧区延川路与金水路交会处

开发商：
青岛绿城华川置业有限公司

产品特征：
小高层

参考价格：
均价 24000 元 / 平方米

主力户型：
140~190 平方米四居

物业公司：
绿城服务

5 公里生活配套：
绿城天地、绿城好街、绿城喜来登酒店、湖景公园、万达广场、青岛市第八人民医院（东院区）（规划中）

专家点评

冯显泉·中国社科院特邀房地产专家

绿城进驻青岛已有 15 年时间，绿城理想之城也成为青岛"品质生活"的代言。尤为值得一提的是，社区物业全部为绿城服务自持，而 3 元 / 平方米 / 月的物业费，俘获了不少购房者的心。

项目测评

【战略意义】

绿城深耕青岛 15 年，对这座城市有独到的见解，产品品质也历经多年打磨。绿城以"人文理想"为基调，重在服务的升级和对生活的营造。项目位于理想之城大城核心，以迭新的现代建筑，获得市场良好的口碑。

【市场口碑】

项目迭新现代建筑风格，为市场带来良好的口碑。高级灰铝板线条构筑出轻盈通透的外立面，挑檐元素结合灰蓝色中空玻璃，整体格调干净纯粹。2020 年 12 月对外推售，共推出 354 套房源，去化率高达 90%。

【区域地段】

绿城·汀岚项目位于李沧东李板块，周边交通发达，青岛地铁 2 号东延长线在此设有佛耳崖、长涧等 5 个站点。世园会对基建的带动，为东李带来了 240 公顷（1 公顷 =10000 平方米）的城市"绿肺"，使"生态宜居"成为东李的新名片。

【楼栋规划】

绿城·汀岚项目总占地面积超 30000 平方米，总建筑面积约 96000 平方米，规划总户数 442 户，包含 7 栋小高层，层数 12~17 层。整体楼栋设计由南向北依次递进，采用一梯一户设计方式，标准层层高约 3.1 米，首层层高约 3.5 米。

【主力户型】

绿城·汀岚主力户型为建筑面积约 140 平方米四居和建筑面积约 190 平方米四居，整体布局方正通透。其中南向双卧室呈双耳形分布于客厅两侧，采光观景一步到位，餐厅、厨房、客厅一体式设计，水平动线合理，动静分区明显，会客休息互不干扰。

【教育资源】

绿城·汀岚项目 9 公里范围内教育资源丰沛，永安路幼儿园、徐水路小学、建设中的实验中学李沧分校等优质学校纷纷进驻，一站式教育资源分布合理，为孩子提供良好的教育保证，也很好地解决了家长的后顾之忧。

【医疗配套】

规划中的青岛市第八人民医院（东院区）距离绿城·汀岚约 3 公里，该医院占地面积约 67000 平方米，总投资 14.53 亿元，设置床位 800 张。建成后，将有效缓解李沧区东部居民及周边区域群众就医困难问题，为业主的健康保驾护航。

【拿地详情】

2006 年，绿城中国在青岛市李沧东部拿地开发，项目规划总建筑面积约 280 万平方米，建成后将容纳 50000 人居住。如今，规划初期的各种配套设施多数已投入使用，楼盘销售已完成 95%。

【品牌描述】

绿城中国 1995 年成立于杭州，连续 16 年荣获中国房地产百强企业综合实力 TOP10，连续 17 年荣获中国房地产公司品牌价值 TOP10，连续 9 年荣获中国房地产顾客满意度领先品牌称号。

【购物娱乐】

绿城·汀岚项目位于理想之城核心，项目周边 3 公里范围内，绿城天地、丽达广场、万达广场等休闲娱乐场所应有尽有。另外，项目周边还配建了约 17 万平方米欧陆风情商业街、7900 平方米运动中心、6800 平方米文化馆。

城市地产篇

青岛星河湾

青岛 | 星河湾 | 奥帆城市 | 一线滨海 | 瞰海大宅

2020 中国城市楼盘年鉴 典型项目

青岛

项目地址：
青岛市城阳区滨海路779号

开发商：
青岛星河湾房地产开发有限公司

产品特征：
高层

参考价格：
二期27000元/平方米、三期23000元/平方米

主力户型：
约202平方米三居、约275平方米四居

物业公司：
青岛星河湾物业

5公里生活配套：
星河湾酒店，青岛北站，自持近10万平方米商业配套，北大医疗

专家点评

龙江·山东中经联盟秘书长

青岛星河湾择址胶州湾，占据一线滨海资源，360°立体交通网，3.8公里沿海木栈道，百米楼间距，3米起层高，硬性条件非常好；除了外部环境外，其在户型设计方面也颇为用心，短进深、大面宽，为高净值人群打造优质生活居所。

扫码观看楼盘详情

项目测评

【战略意义】

2015年，星河湾集团布局青岛，首个临海星河湾项目正式启动，这也是星河湾第一个沿滨海资源打造的项目。作为我国第13座星河湾，项目秉承"小桥、流水、人家"的造园艺术，致力于开启与生态、与城市协调发展的新篇章。

【区域地段】

青岛星河湾选址国家战略双重部署区域——胶州湾。这里是政府重点扶持区域；三城联动中的北岸新城核心位置，蕴含国家两大战略扶持，同时占据青岛一线滨海资源。

【楼栋规划】

项目占地面积约1200亩（1亩≈666.67平方米），总建筑面积约200万平方米，分五、六期开发，均为装修瞰海大平层，楼层数21~26层。一期现已基本售罄，二期由13栋高层大平层组成，共推出1025户；三期总建筑面积约25.7万平方米，商业化功能齐备。

【主力户型】

项目主推建筑面积约132~913平方米的瞰海平层，3.6~3.9米层高，优化视野与通风采光；下沉式景观休闲厅、南向飘窗与一步阳台，更多功能空间；客厅、餐厅、厨房三位一体，全屋玄关设计，增加整体空间感，呈现品质生活。

【园林景观】

星河湾在造园林方面造诣深厚。青岛星河湾全面打造立体平均式景观，多重乔木、灌木、地被植物、草坪等运用，呈现丰富立体感，将喷泉、瀑布、护城河结合贯穿社区水系，精工细节打造立体园林。

【自建配套】

星河湾自建3.8公里沿海木栈道，另外还有星河湾酒店、五星级标准城市会客厅，配有1400平方米千人宴会厅、澳网赛事级标准室内网球场、3350平方米梦幻泳湖与儿童泳池及星河湾自有商业配套，满足居者生活需求。

【物业服务】

星河湾物业公司成立于2001年5月，拥有国家物业服务企业一级资质，提供智能门禁、视频监控、24小时酒店式物业管理等服务，全方位保居者安心。同时，星河湾物业开拓创新，打造了新一代物管新模式——科技+匠心双驱动物业服务。

【交通出行】

项目占据青岛市域地理中心位置，约5公里范围内分布青岛新机场、火车北站、红岛站、邮轮母港，M1、M3、M8地铁环绕，构筑海陆空立体路网。随着交通路网的逐渐完善，星河湾未来能享受更多商业区与商务区发展的利好。

【品牌描述】

星河湾集团始创于1994年，一直秉承"舍得、用心、创新"的核心价值观，专注为我国高净值人群打造优质生活居所。经过20多年的发展，星河湾已形成以房地产开发为核心，辐射酒店管理、物业服务等多元发展的商业版图。

【设计风格】

星河湾毫米级精工标准，楼体底部采用进口天然砂岩，防湿防霉、吸热透气；中段为进口涂料外墙，增强遮盖与吸附力；顶部为标志性八角亭，柱体与单元门以澳洲淡水砂岩贴面与砂岩荷花浮雕进行精雕细琢，打造独有建筑风格。

融创·影都学府

青岛　融创地产　东方影都　配套完善　低密住宅

项目地址：
青岛市西海岸新区滨海大道1777号

开发商：
东方影都融创投资有限公司

产品特征：
洋房、小高层

参考价格：
洋房均价17500元/平方米、小高层均价15500元/平方米

主力户型：
约112~132平方米三居

物业公司：
融创物业

5公里生活配套：
融创茂、滨海大道、M13线辛屯站、M6线(在建)朝阳山CBD站、地铁6号线(在建)华山一路站、珠江路小学灵山湾校区

专家点评

龙江·山东中经联盟秘书长——

融创·影都学府项目位于青岛西海岸新区，地理优势优越，周边环境优美，配套齐全。项目三面环山，傍海而居，仅约1.3的容积率，构建自然品质住宅区，打造低密度宜居社区，为青岛品质人居贡献力量。

扫码观看楼盘详情

项目测评

【战略意义】

融创青岛，4载17盘，以超千亿元投资战略布局，不断更新人居标准。2020年11月，继塑造城市岛居样板星光岛之后，融创·影都学府首次亮相，约500亿元影都齐备配套资源加持，打造西海岸低密度宜居社区。

【区域地段】

项目择址西海岸灵山湾，在青岛东方影都——投资500亿元影视综合项目之上，以影视产业园为依托，赋能西海岸城市发展。于影都高端生活圈，享融创茂、国际学校、知名医院、酒吧街、大剧院、酒店群、游艇会等便捷生活设施。

【楼栋规划】

项目占地约18.9万平方米，约1.3的容积率，规划总户数1766户，包含7栋小高层、22栋洋房、24栋叠院。小区整体北高南低，依自然地势而建。其中洋房楼高10层，一梯两户；高层楼高18层，一梯两户。

【主力户型】

主力户型为建筑面积约112平方米三居舒适小高层，以及建筑面积约132平方米三居宽厅洋房，整体布局方正，尺寸开阔。小高层创意收纳空间，南向开间约6.7米大开敞阳台，餐厨一体。洋房开间约6~7.5米的客厅连接宽景开敞阳台，提高居住舒适度。

【园林景观】

项目依山傍海，以低密度园林景观的手法，在三面环山的自然围合之中，打造园区舒适、特色台地景观，规划三条景观轴、三大堂归家礼制、主题组团、全龄段娱乐活动区等，为居者营造更高品质的美学园林。

【自建配套】

项目自建完备配套，打造舒适宜居社区，规划儿童乐园、悦读书吧、运动课堂三大互动空间，为全龄段业主提供娱乐休闲互动区域。另外，社区还规划了内部商业配套设施，满足业主的基本生活需求。

【物业服务】

融创物业自成立以来，以服务客户为核心，构成"住宅、商企、案场、社区"四大全业态服务产品。新冠肺炎疫情发生后，融创服务迅速建立集团联防、社区防疫、生活保障"三防体系"，用标准化动作为百万名业主守护安心家园。

【交通出行】

项目紧邻双地铁M13线辛屯站和M6线(建设中)朝阳山CBD站和华山一路站，未来与M1线换乘，可直达青岛市区。朝阳山隧道、滨海大道等多条干道通达，连接青盐铁路、济青高铁和鲁南高速铁路（规划中）、合青高速铁路等，交通便捷。

【教育资源】

项目9公里范围内分布了珠江路小学灵山湾校区，规划一所初中和两所幼儿园，可以满足幼小初一贯式教育需求。另外，项目邻星光岛15年一贯制双语学校——赫德国际双语学校，优质教育资源聚集。

【品牌描述】

融创地产以"美好城市共建者"的定位，通过产业引擎的打造、美好社区的营造，以及社会公益的积极践行三大途径，全面参与我国美好城市的共建，多次跻身中国房地产公司品牌价值TOP10。

鲁商·学府

| 青岛 | 鲁商 | 创智新区 | 生态宜居 | 低密洋房 |

项目地址：
青岛市即墨创智新区长广路以东、潍蓝路以北、龙青高速以西

产品特征：
住宅

项目规划：
占地面积：14.5 万平方米；容积率：1.2；总户数：1270 户

主力户型：
约 100~117 平方米三居、约 128~140 平方米四居

参考价格：
9500~12400 元 / 平方米

入选理由 —— 闫丽敏·乐居青岛主编

鲁商·学府项目位于创智新区核心区位，坐享六横六纵便捷路网，周边配套齐全，盟旺山公园、龙泉湖公园双公园环绕，优质教育资源环伺，会展中心、医疗中心、体育中心等市政配套加持，尽享便捷生活圈。

核心优势：

鲁商·学府是由国企鲁商在即墨打造的第 5 个项目。项目以三进八景式归家礼序还原自然纯粹，1.2 容积率享低密度生活，属于即墨创智新区不可多得的宜人居所。本身自带约 3000 平方米园区绿地空间，纵横双景观轴，八大组团特色景观，约 1500 米环形跑道，满足业主多方面生活需求。建筑面积约 100~140 平方米 6 层起低密度纯洋房，南北通透，一梯一户设计。匠心打造约 13.5 米南向大面宽，四室朝南设计，为城市生活中的宜居空间提供品质保障。

扫码观看楼盘详情

保利天珺

| 青岛 | 保利 | 新都心 | 天字系 | 双地铁 |

项目地址：
青岛市北区长沙路 18 号

产品特征：
住宅

项目规划：
占地面积：42274.4 平方米；容积率：3.3；总户数：535 户

主力户型：
约 100~143 平方米三居

参考价格：
约 33000 元 / 平方米

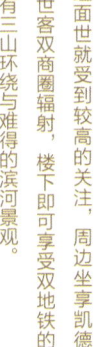

入选理由 —— 闫丽敏·乐居青岛主编

作为新都心的重点项目，以及"保利天字系"高端品质的加持，保利天珺一经面世就受到较高的关注，周边坐享凯德MALL、合肥路佳世客商圈辐射，楼下即可享受双地铁的便捷交通，周边更有三山环绕与难得的滨河景观。

核心优势：

保利天珺项目位于市北区长沙路与台柳路交会处，是继保利天汇后于新都心板块打造的"天字系"升级力作。项目属于新都心真正双地铁上住区，下楼即达地铁 M3 线长沙路站 +M7（规划中）；出门即享 POLY HILL 自身商业、凯德 MALL、合肥路佳世客繁华商圈；拥享新都心约 7300 平方米市政滨河绿道，周边三山环绕。项目构筑涵盖住宅、LOFT 公寓、精品商业、商务办公等多元业态板块的综合体，其中建筑面积约 100~143 平方米天赋住区为青岛保利首个 WELL 集和社区示范项目；搭配国际化精装系统，可满足高品质生活要求。最宽约 10.6 米的天幕面宽，三南向空间，可为业主提供 IMax 般观景体验；最宽约 7.2 米的宽境南阳台，搭配云上北向入户阳台，让业主漫享自在光合宽境。

扫码观看楼盘详情

烟台

市场总结

一、新房成交表现

1. 整体情况

新房年度成交量：据腾策数据显示，2020年烟台新建商品房成交38675套，同比下跌23%，成交金额503亿元，同比下跌11%。

2020年烟台楼市先后经历了新冠肺炎疫情影响期、恢复期、平稳期，1~2月受新冠肺炎疫情影响成交低迷，3月复工复产，市场成交量持续回升，随后市场开始平稳运行。

新房价格情况：在2020这一年，烟台房价整体保持平稳，商品房成交均价11584元/平方米，同比上涨6%，涨幅有所放缓。

2020年1月商品房成交均价12030元/平方米，为2020年全年最高点。2月受新冠肺炎疫情影响，成交量仅105套，因个别低价盘的集中网签，均价也是2020年全年最低：10136元/平方米。3月，售楼处陆续开放，市场出现了回暖，价格有所提振。但自3月开始，房价涨幅非常平缓，均价一直维持在11000~12000元/平方米平稳运行。

从2020年全年看，烟台商品房涨幅为6个点，这是自2016年以来，涨幅最低的一年。2017年烟台房价涨幅最高，达到了24%，其次为2018年，涨幅18%，主要是在棚改潮的带动下，大量资金与需求进入楼市，迎来爆发期。而2020年，三年棚改已结束，需求急剧下跌，"售楼处没客户"成为2020年普遍现象，市场终究逐步回归平稳。但烟台部分家庭迎来换房期，同时，受新冠肺炎疫情影响，大家对居住需求重新定位，改善需求将会持续上涨。好房子，在烟台将越来越被需要。

2. 年度走势

从月度供应看，2020年9月为最高点，其次为6月，均属于传统销售旺季，开发商加大放量，纷纷入市。与往年不同的是，2020年月度成交量高峰落在了12月，开发商在年终的低价促销下强势收割了一波，成交达到了4503套，其次为7月、6月，但三季度作为"金9银10"的黄金节点，烟台楼市表现并不佳。

2020年，烟台共计29个重点项目首开入市，同比下降34%，上半年新项目入市较少；进入下半年，新项目集中入市，主要集中在芝罘区、莱山区，合计占比约44.8%，其中莱山区首开套数最多，且首开去化率最高。

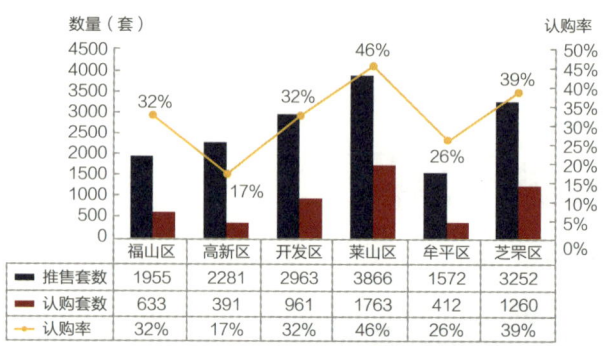

2020年分区重点开盘和加推情况统计

莱山区受部分项目带动，推盘量、认购量、认购率均居六区之首位。

3. 历史地位

2016~2020年烟台商品住宅市场供求量价走势

2020年,烟台整体成交量达到低点,为自2016年以来的最低,2017年、2018年为成交量高位爆发期,主要受棚改潮的带动,需求全面释放。

二、政策梳理

2020年年初,受新冠肺炎疫情影响,烟台房地产企业受到的冲击比较大,商品房销售大幅下滑,资金回流慢,企业背负的债务成本加大,开发企业特别是中小企业持续健康发展陷入困境。为此,2020年3月13日,烟台市住建局牵头起草了《关于应对新冠肺炎疫情保障城市建设平稳运行的意见》,提出了8条扶持政策,涉及预售、土地、信贷,支持房地产企业积极应对疫情的影响,保障城市建设平稳运行。

2020年10月28日,在胶东经济圈住房公积金一体化发展联席会议上,青岛、烟台、威海、潍坊、日照五市的住房公积金管理中心共同签署了《胶东经济圈住房公积金一体化发展合作协议》,这五市的缴存职工在缴存城市外的其他四市购房申请异地贷款时,将不再受是否具有当地户籍的限制,实现互认互通。公积金一体化的推进,让胶东五市更为融合,有助于异地买房。

面对近3年山东流出81.5万人口的严峻情形,2020年12月31日,山东"放大招"了,提出全面放开城镇落户限制,实行经常居住地登记户口制度,居民凡在城镇居住或就业的,本人及其近亲属均可自主选择落户,取消其他前置条件和附加限制。山东全面实现落户自由,打破城乡结构,意义重大。

烟台GDP位居山东省第三位,海景资源丰富,宜居宜家,此次放开城乡落户,有助于烟台吸引人才和人口流动,影响深远。而未来,保经济、保人口,将是烟台发展的两架并驾齐驱的马车,缺一不可。

三、土地供应

1. 出让基本情况

2020年土地市场量升价涨,成交楼板价创新高。

烟台商住办类土地成交80宗,同比增加23宗。芝罘区成交28宗,为六区最多,其次为莱山区成交19宗、牟平区成交14宗、开发区成交9宗、福山区成交7宗、高新区成交3宗。

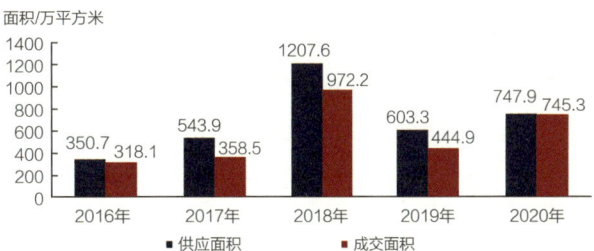

2016—2020年烟台商住办土地市场供求走势

成交总建筑面积745.3万平方米,同比上涨67%;全年卖地总金额253亿元,同比上涨82%;成交楼板价3401元/平方米,同比上涨9%;平均溢价率6.2%,同比下跌41%,市场信心有所减弱。

2. 开发商拿地情况

纵观2020年,在政府大规划内多宗土地集中出让,旧改棚改仍为土地成交主力,带产业进入也是房企重要拿地方式。品牌房企持续发力,万科、龙湖、碧桂园等房企拿地,持续深耕。

在企业拿地排行榜前10中,外地房企达7家,仅3家本土房企。万科、康佳、鲁商&金茂为房企拿地排行榜前三,前10名的上榜门槛为25.3万平方米。

2020年烟台房企拿地建面TOP10

排名	企业名称	总建面(万平方米)	土地宗数	总价(亿元)	楼板价(元/平方米)	溢价率(%)
1	万科	75.1	5	22.0	2928	0%
2	康佳	54.4	5	6.4	1171	0%
3	鲁商&金茂	43.5	1	16.8	3870	0%
4	万光	35.7	2	10.3	2895	0%
5	三盛	34.2	2	11.3	3311	0%
6	恒垫	28.7	1	5.6	3897	0%
7	恒大	26.6	3	8.5	3198	0%
8	招商&华润	26.5	1	15.8	5961	0%

（续）

排名	企业名称	总建面（万平方米）	土地宗数	总价（亿元）	楼板价（元/平方米）	溢价率（%）
9	绿城中国	26.0	2	21.0	8052	51.31%
10	永弘	25.3	1	4.2	1651	0%

2020年烟台土地市场还有一个特点是合作拿地越来越突出，强企联合，本土一线联合，实现共赢。此外，2020年烟台商住地成交楼面价TOP10榜也频频刷新，其中，3宗地块为新入榜项目，分别为绿城中国竹林路以南地块（10605元/平方米）、蓝光中南文经学院南地块（7740元/平方米）、绿城中国汽车西站地块（7427元/平方米），其中绿城中国来势汹汹，占位两席。

3. 未来预估

经过基准地块调整，2021年烟台土地价格或将持续上升；品牌房企积极拿地，但受限于公开市场拿地不易，未来房企拿地方式更加多元化。

根据2020年的成交土地分布，2021年芝罘区、莱山区新盘依旧最多，尤其分布在幸福新城、海上世界、只楚园区、南部新城、伴山板块等，市场竞争将比较激烈。

四、热点板块

2020年，莱山区以8767套的成交量领跑全市，其次为芝罘区成交8565套、牟平区成交7282套、开发区成交6249套、福山区成交4768套、高新区成交3044套。莱山区、芝罘区凭借其生活、教育、医疗等成熟完善的配套，依旧为烟台人置业的首选区域。

项目成交金额TOP10

排名	项目名称	区域	成交金额（亿元）
1	万科翡翠长安	莱山区	16.3
2	滨湖万丽	莱山区	16.1
3	旭辉银盛泰·辉盛岚湾	开发区	14.9
4	华润中心	莱山区	14.1
5	招商马尔贝拉	开发区	12.7

（续）

排名	项目名称	区域	成交金额（亿元）
6	碧桂园凤凰山庄	莱山区	12.0
7	融创蓝天壹号	莱山区	11.7
8	万科翠湖山晓	芝罘区	10.5
9	佰和荣筑	开发区	9.8
10	中瑞城	芝罘区	9.6

项目成交套数TOP10

排名	项目名称	区域	成交套数
1	旭辉银盛泰·辉盛岚湾	开发区	1162
2	碧桂园凤凰山庄	莱山区	1109
3	北欧公园	福山区	1001
4	滨湖万丽	莱山区	918
5	华润中心	莱山区	915
6	招商马尔贝拉	开发区	884
7	龙湖葡醍海湾	牟平区	748
8	万科翡翠长安	莱山区	711
9	中瑞城	芝罘区	702
10	中海锦城	福山区	674

在2020年烟台商品房成交榜单中，万科翡翠长安以16.3亿元的成交金额排名全市第一，滨湖万丽、辉盛岚湾紧随其后；在商品住宅榜单中，滨湖万丽凭借16.01亿元的销售金额，成为全市的销售冠军；辉盛岚湾以1159套夺成交套数榜冠军，碧桂园凤凰山庄、北欧公园排行第二、三。

五、用户心理

2020年，市场已经由卖方转为买方，新盘供应呈"井喷"，多个板块同质化楼盘集中入市，竞争白热化，开发商高举促销大旗，举行五花八门的让利活动，让购房者应接不暇，在"买涨不买跌"的惯性影响下，多数购房者觉得开发商底线仍未到，观望情绪浓厚。

根据腾策数据，截止到2020年12月31日，烟台商品住宅存量为55848套、664万平方米，去化周期20个月，压力较大。牟平区、芝罘区、高新区、福山区去化周期都在20个月以上，莱山区尽管新盘较多，但底数不高,消化能力强大,去化周期为全市最低的 15 个月。

六、2021 年展望

展望 2021 年烟台市场,上半年预计出现量涨价稳的市场行情,价格方面,因迫于竞争承压,上行仍存在较大压力。下半年预计库存压力加大,去化周期拉长,促销依旧避免不了。区域之间,冷热不均现象仍会持续。

土地供应节奏预计会放缓,重点规划的九大片区存在较大的供应预期,只楚、黄务及莱山南部旧改,或成中心城区供地主力。

2021 年,芝罘区预计迎来供应成交高峰,海上世界、幸福新城将成为一大亮点,房企将不断进驻,新盘层层涌现。

数据来源:腾策顾问

在售楼盘一览

芝罘区			
楼盘名称	价格	物业类型	主力户型
蓝光未来城	约14000元/m²	普通住宅	三居室(108~138m²)
三盛汝悦铭著	约14000元/m²	普通住宅	三居室(95~140m²)
招商·雍景湾	15000~21000元/m²	普通住宅	三居室(105m²) 四居室(140m²)
中瑞城	12600~15100元/m²	普通住宅、商业	三居室(98~119m²)
建城丽都	9400~12000元/m²	普通住宅、写字楼、商铺	二居室(79~104m²) 三居室(109~124m²) 四居室(146m²)
华润置地港城华府	约9800元/m²	普通住宅、公寓	三居室(101~117m²) 四居室(133m²)
金象泰·翰林苑	约14800元/m²	普通住宅	三居室(95~130m²) 四居室(143m²)
金地浅山艺境·璱湖	11700~22500元/m²	普通住宅	三居室(106~130m²) 四居室(139~183m²)
阳光100喜马拉雅中心	17500~28500元/m²	普通住宅、公寓	一居室(43~60m²) 二居室(99m²) 三居室(101~115m²)
绿城留香园	13000~16000元/m²	普通住宅	三居室(99~130m²) 四居室(142~167m²) 五居室(182m²)
金科博翠山	约15000元/m²	普通住宅	四居室(140~180m²)
万科中南府	约15000元/m²	普通住宅	三居室(98~124m²)
万科御龙山悦莊	23000~26000元/m²	普通住宅	三居室(140m²) 四居室(165m²)
万科·翠湖山晓丨留莊	约14000元/m²	普通住宅	三居室(98~127m²) 四居室(139~148m²) 五居室(152m²)
瑞东瑞学府	10500~12500元/m²	普通住宅	二居室(58.23m²) 三居室(101.65~135.89m²)
大商烟台城市乐园	约17000元/m²	普通住宅、综合体	二居室(81.88~100.97m²) 三居室(102.05~131.32m²)
新力·珑湾	约10500元/m²	普通住宅、商铺	三居室(99~148m²)
新城明昱锦园	约10000元/m²	普通住宅	二居室(91m²) 三居室(130~138m²) 四居室(143m²)
中梁樾山府	约11500元/m²	普通住宅、自持物业	三居室(101~128m²) 四居室(138m²)
馨逸之福	约10500元/m²	普通住宅	二居室(92m²) 三居室(121m²)
世茂揽樾	12000~13500元/m²	普通住宅	三居室(104~125m²) 四居室(143m²)
碧桂园凤凰壹号院·凤凰中心	约26000元/m²	普通住宅、商业	三居室(160m²)
香槟小镇	12000~14000元/m²	普通住宅	二居室(76.63~84.02m²) 三居室(90.41~124.45m²)
青山翠谷	约10000元/m²	普通住宅	二居室(85~89m²) 三居室(103~125m²) 四居室(124~135m²)
山水龙城	11800~15000元/m²	普通住宅	三居室(96~136m²) 四居室(137m²)
新城璞樾园著	14000~18000元/m²	别墅	别墅(135~218m²)
凤璟苑	约12000元/m²	普通住宅	二居室(90.5m²) 三居室(126~127m²)
山语城	约14000元/m²	普通住宅	三居室(118~135m²)
城发泰颐新城	9500~11500元/m²	普通住宅	二居室(70~89m²) 三居室(85~120m²) 四居室(135m²)
德蚨家园	12000~13000元/m²	普通住宅	二居室(85~87m²) 三居室(98m²)

芝罘区			
楼盘名称	价格	物业类型	主力户型
金象泰吉祥家园	12500~14500元/m²	普通住宅	二居室(82~85m²) 三居室(121.12~126.34m²)
中正公馆	13000~24000元/m²	普通住宅	二居室(96~114m²) 三居室(146~156m²) 四居室(266m²)
中瑞城	12600元/m²起	普通住宅	二居室(85m²) 三居室(98~125m²)
逸城水岸	8900元/m²起	普通住宅	二居室(88.73m²) 三居室(96~118m²)
招商雍景湾	15000元/m²起	普通住宅	三居室(105~120m²) 四居室(125~140m²)

莱山区			
楼盘名称	价格	物业类型	主力户型
万科翡翠长安	约16000元/m²	普通住宅	三居室(118~130m²) 四居室(150~180m²)
大栖地	11200元/m²起	普通住宅	三居室(98~143m²)
华润中心·万象府	约14000元/m²	普通住宅、商业	三居室(120~135m²)
恒大御山华府	10900元/m²起	普通住宅	三居室(105~130m²)
滨湖万丽	10900元/m²起	普通住宅	三居室(115~165m²) 跃层(300~500m²)
融创蓝天壹號	约15500元/m²	普通住宅	三居室(107~138m²) 四居室(155m²)
泰和府	约12000~13500元/m²	普通住宅、商业	三居室(98~150m²)
万光中华城	约14500元/m²	普通住宅、公寓、商铺	一居室(50m²) 三居室(116~200m²) 四居室(165~193.84m²)
新华万科·翡翠观海	约14000元/m²	普通住宅	三居室(99~130m²)
鲁商金茂·观海印象	约12000元/m²	普通住宅	三居室(100~125m²) 四居室(140m²)
国泰海韵华府	约13500元/m²	普通住宅、商铺	三居室(119~137m²) 四居室(142~171m²)
金象泰梧桐墅	约27000元/m²	普通住宅	三居室(141~164m²) 四居室(165~207m²)
万科翡翠大道	约14500元/m²	普通住宅、商铺、商业	三居室(95~125m²) 四居室(178m²)
融创壹品	约13000元/m²	普通住宅、商住	三居室(170~242m²)
中海长安云锦	13500~21000元/m²	普通住宅、商业	三居室(103m²) 四居室(143m²)
飞龙金滩花园	12800元/m²起	普通住宅、商铺、商业	二居室(92~99m²) 三居室(113~128m²) 四居室(176~200m²)
碧桂园凤凰铭著	约13000元/m²	普通住宅	三居室(87~138m²) 四居室(140~184m²)
融创·融公馆	约10000元/m²	普通住宅	二居室(78m²) 三居室(96m²)
蓝光中南林樾	约15000元/m²	普通住宅	三居室(134~142m²) 四居室(152~172m²)
正大创享汇	约11000元/m²	公寓、写字楼	一居室(50m²)
长安1号中央广场	约11000元/m²	公寓、商铺	一居室(39~50m²)
铂悦戴斯公馆	约9000元/m²	公寓	一居室(42~51m²)
源山郡	约580万元/套	普通住宅	六、七居室(310m²)
弘邦宝第	约28000元/m²	普通住宅、别墅	四居室(170~193m²) 别墅(300~1200m²)

开发区			
楼盘名称	价格	物业类型	主力户型
绿城·蘭园	尚未公布	普通住宅	三居室(189m²) 四居室(143~189m²)
辉盛岚海	约11000元/m²	普通住宅、写字楼、商业	三居室(100~140m²)

开发区			
楼盘名称	价格	物业类型	主力户型
龙湖·春江悦茗	约12300元/m²	普通住宅	三居室(98~125m²) 四居室(143m²)
西上海崑玉岭第	12000~14000元/m²	普通住宅	三居室(97~118m²) 四居室(128m²)
香橙珑樾	约15800元/m²	普通住宅	三居室(142~147m²) 四居室(150~185m²)
招商马尔贝拉	约10500元/m²	普通住宅、别墅	三居室(119~163m²)
万科墨翠府	11500~14500元/m²	普通住宅	三居室(99~142m²)
乐橙	14688元/m²起	普通住宅	三居室(96~131m²)
瑞玺公馆	14700~16200元/m²	普通住宅	三居室(100~145m²) 四居室(189m²)
国奥天地	约14000元/m²	普通住宅	三居室(98~130m²)
盈科品园	约16500元/m²	普通住宅、共有产权房	三居室(135~151m²)
天马相城	约23000元/m²	普通住宅	四居室(218~237m²) 六居室(505m²)
佰和荣筑	约19000元/m²	普通住宅	四居室(170~235m²) 五居室(270m²)
恒达祥合院	约15000元/m²	普通住宅、商住、商业	三居室(118~145m²)
金桥澎湖湾	约10700元/m²	普通住宅、商住	三居室(92~114m²)
海信岱岳府	约15000元/m²	普通住宅	三居室(117m²)

高新区			
楼盘名称	价格	物业类型	主力户型
锦江山	约12700~14000元/m²	普通住宅	三居室(88~140m²)
力高阳光海岸	10500元/m²	普通住宅、商铺	三居室(98~141m²)
博源·滨江ONE	约10200元/m²	普通住宅	三居室(96~122m²)
旭辉银盛泰·辉盛岚湾	约10500元/m²	普通住宅	三居室(95~128m²)
蓝光雍锦半岛	尚未公布	普通住宅、商住	尚未公布
保利堂悦	11000~14000元/m²	普通住宅	三居室(96~139m²)
兴盛铭仕城	约11500元/m²	普通住宅、商铺	二居室(88~90m²) 三居室(98~119m²) 四居室(135m²)
绿地德迈·珑璟台	约9500元/m²	普通住宅、商业	二居室(78m²) 三居室(90~101m²) 四居室(123m²)
保利爱尚海	10888元/m²起	普通住宅、商铺	二~四居室(88~148m²)
天越湾	16000元/m²起	普通住宅、别墅	二居室(180.99m²) 别墅(570m²) 别墅(246~948m²)
天泰学府壹号	约9500元/m²	普通住宅	二居室(82~112m²) 三居室(89~125m²)
祥隆蔷薇公馆	约10000元/m²	普通住宅	三居室(90~139m²)

福山区			
楼盘名称	价格	物业类型	主力户型
万城华府	约9700元/m²	普通住宅、公寓、写字楼、商业	二居室(80m²) 三居室(92~120m²)
中梁拾光里	10500~11000元/m²	普通住宅	三居室(95~126m²) 四居室(138m²)
华发观山水	7888元/m²起	普通住宅	二居室(75m²) 三居室(93~113m²)
华星中瑞北欧公园	约8500元/m²	普通住宅、综合体	二居室(84~85m²) 三居室(95~143m²)
天一仁和宸璟锦里	约9500元/m²	普通住宅	三居室(89~103m²) 四居室(125m²)
中海万锦公馆	约9000元/m²	普通住宅	二居室(85~88m²) 三居室(99~107m²) 四居室(122m²)

福山区			
楼盘名称	价格	物业类型	主力户型
花半里	约8900元/m²	普通住宅	二居室(75m²) 三居室(90~105m²)
龙湖悠山郡	约8500元/m²	普通住宅	三居室(94~125m²)
万科城市之光	约10500元/m²	普通住宅	一居室(31~45m²) 三居室(128~131m²)
珑泉望园	约7500元/m²	普通住宅	二居室(80m²) 三居室(93m²)
奇泉梨花村	约9100元/m²	普通住宅	二居室(74m²) 三居室(86~102m²)
东润名人公馆	约6200元/m²	普通住宅、公寓、商业	一居室(41~57m²) 二居室(51~65m²) 三居室(89~98m²)
佳园·阅山府	约7300元/m²	普通住宅	三居室(95.72~118.99m²)
新帝公馆	约9280元/m²	普通住宅	三居室(101~124m²)
乡村记忆	约8300元/m²	普通住宅、综合体	三居室(74~114m²)
梦马都	约8600元/m²	普通住宅、商住	二居室(77m²) 三居室(85~128m²)
永弘桃源里	约9500元/m²	普通住宅、别墅	三居(123~210m²)
美航康悦城	约10000元/m²	普通住宅、别墅	三居室(88~140m²)
通用一城山河	约7200元/m²	普通住宅	二居室(77m²) 三居室(89~95m²)
西竹源	约9500元/m²	普通住宅	二居室(79m²) 三居室(88~129m²)
佳安花园	约9200元/m²	普通住宅	三居室(89m²)
百年万悦府	约11000元/m²	普通住宅	三居室(103~138m²) 四居室(146m²)
宏锦万花城	约9700元/m²	普通住宅	三居室(87m²)
香逸中央	约10000元/m²	普通住宅	二居室(75~86m²) 三居室(96~144m²) 四居室(136~163m²)
天恒龙泽府	10600~12000元/m²	普通住宅、商业	三居室(115~125m²)
中传百乐里	6000元/m²起	综合体、商业	一居室(47~55m²) 二居室(77m²)
富丽花千树	约6500元/m²	普通住宅、商住	三居室(85~130m²)
碧桂园凤凰云璟	9200~11800元/m²	普通住宅	三居室(87~125m²)
力高清悦华府	7400~7500元/m²	普通住宅	二居室(79m²) 三居室(96~109m²)

牟平区			
楼盘名称	价格	物业类型	主力户型
恒大御澜庭	约7700元/m²	普通住宅、商铺	二居室(77~92m²) 三居室(107~133m²) 四居室(151m²)
龙湖葡醍海湾	约6000元/m²	普通住宅、公寓、商铺	一居室(35~63m²)
恒大御景半岛	约8000元/m²	普通住宅、写字楼、商铺	二居室(84~85m²) 三居室(106~133m²) 四居室(148~149m²)
恒大御海天下	约6000元/m²	普通住宅、商铺	二居室(87.15m²) 三居室(90~134.31m²) 四居室(150.92m²)
悦岛蓝湾	约6800元/m²	普通住宅、商铺	三居室(98~124m²) 四居室(135m²)
中冶沁海云墅	约7900元/m²	普通住宅、公寓、别墅	三居室(90~128m²) 四居室(135~170m²) 别墅(149~204m²)
绿城·桂语江南	约7500元/m²	普通住宅	三居室(95~135m²)
龙湖星海彼岸	8700~15000元/m²	普通住宅、别墅	二居室(83m²) 三居室(96~115m²) 四居室(144m²)
金科集美嘉景	约7500元/m²	普通住宅	三居室(107~117m²)
中昂·祥云府	约6500元/m²	普通住宅	三居室(98~120m²)

牟平区			
楼盘名称	价格	物业类型	主力户型
安德利鱼鸟河花园	约6700元/m²	普通住宅	二居室(90~91m²) 三居室(101~143m²)
金铭棠墅	约8500元/m²	普通住宅、别墅、商业	三居室(122~168m²)
万城澜郡	约6300元/m²	普通住宅、商铺、商业	一居室(69.4~69.6m²) 二居室(93.41~101.16m²)
侯至府	约5300元/m²	普通住宅	二居室(85~88m²) 三居室(99~123m²)
天和新城	约8100元/m²	普通住宅、商业	三居室(106~163m²) 四居室(182m²)
石药健康城	约5800元/m²	公寓	一居室(37.61~56m²)
招商依云水岸	约7000元/m²	普通住宅、公寓、商铺	一居室(62~100m²) 三居室(136m²)
天境昆嵛中国院子	约12000元/m²	普通住宅、别墅、商业	二居室(87.2m²) 别墅(252~258m²)
富邦返海小镇二期	约7500元/m²	普通住宅	二居室(87m²) 三居室(108~133m²)
光明海上海	约7000元/m²	普通住宅	二居室(89m²) 三居室(90~123m²) 四居室(153m²)
丰金紫金山庄	约10000元/m²	普通住宅、商铺	三居室(125~163m²) 四居室(188m²)
龙燕东尚悦府	约5500元/m²	普通住宅	三居室(106~125m²)

牟平区			
楼盘名称	价格	物业类型	主力户型
安德利广场花园	约6700元/m²	普通住宅	二居室(83~111m²) 三居室(123~126m²)
春霖悦园	约6500元/m²	普通住宅	三居室(112~116m²)
蓝城烟台桃李春风	230万元~ 560万元/套	普通住宅	三居室(152m²) 四居室(186~268m²) 五居室(230~295m²)
华丽林溪湾	约7500元/m²	普通住宅	二居室(85m²) 三居室(96~128m²)
吉安悦城	约6500元/m²	普通住宅	二居室(85m²) 三居室(95~125m²)
翡翠康城	约7500元/m²	普通住宅	三居室(114~148m²)
天翔茗苑	约9000元/m²	普通住宅	二居室(83~102m²) 三居室(113~115m²) 四居室(172m²)
海尔智慧家·东海城	约8553元/m²	普通住宅、公寓	二居室(77~89.75m²) 三居室(89~119m²) 四居室(146~153.85m²)
一格里小区	约7400元/m²	普通住宅	三居室(95~123m²) 四居室(143m²)
东泰仕林首府	约7600元/m²	普通住宅	三居室(127m²) 四居室(144m²)

典型项目

锦江山

| 烟台 | 北方置业 | 实力国企 | 政心公园 | 叠院洋房 |

项目地址：
烟台市高新区蓝海路西（莱山一中南）

开发商：
烟台北方置业有限公司

产品特征：
洋房、小高层

参考价格：
洋房均价 14000 元/平方米、小高层 12700 元/平方米起

主力户型：
约 88 平方米三居、约 140 平方米三居

物业公司：
联民物业

5 公里生活配套：
莱山永旺、振华量贩、烟台山医院

专家点评

王光·烟台市房地产业协会常务副会长

锦江山凭借匠心打造的洋房产品，多次登上周度热销榜（来源：腾策数据）。项目占据整个烟台东部心脏地带，为区域内少有的低密度、低公摊、高得房率社区，舒适度较高，将为烟台人们带来全新的居住体验。

扫码观看楼盘详情

项目测评

【区域地段】

锦江山位于蓝海路西（莱山一中南）。项目临近高新区两条贯穿东西的主干道——科技大道与航天路（在建），项目北邻莱山一中，距烟台高新区管委会仅 700 余米，是莱山、高新两区行政中轴交会的城心居住区。

【楼栋规划】

小区占地面积约 47131 平方米，规划总户数 734 户，包含 4 栋 6 层电梯洋房和 12 栋 11 层小高层。整个小区绿化率为 35%，容积率 1.89。大楼间距增加了每个居室的采光度和私密性。

【主力户型】

锦江山主力户型为建筑面积 140 平方米的三居花园洋房，整体布局颇为方正。南北通透，通风好。一楼除约 8 平方米的南向庭院外加送大底复，顶楼送阁楼和露台。公摊小，增加得房率的同时，提高居室的舒适度。

【自建配套】

项目自建老年人颐养中心，供老年人锻炼身体，有益身心，缓解孤独。社区内设有地下停车场，人车分流，保障小区内居民安全。一层四季庭院，可侍弄花草，享有自家绿园；或者种绿色蔬菜，自给自足。

【物业服务】

烟台市联民物业管理有限公司属于国企，有一级管理资质，可为业主创造一个优美、干净整洁、安全舒适的生活环境。24 小时全程优质服务，2.16 元/平方米/月的物业费，堪称质优价廉，被广大业主认可。

【教育资源】

项目方圆几里，学府环绕，高新区实验幼儿园、实验小学、实验初中、莱山一中、烟台二中高中部等学校林立。拥享一站式全龄段教育资源，为孩子创造更好的条件。学校与家的距离较近，节省了父母接送孩子上下学的时间。

【医疗配套】

烟台山医院是一所集医疗、教学、科研、预防、急救、康复为一体的三级甲等综合性医院，距离项目 700 米，驱车时间仅需 3 分钟。近百位知名专家坐诊，每年都有数十万的家庭慕名而来。

【品牌描述】

锦江山是由深耕烟台本土的实力国企——北方置业倾力巨献。自成立以来，北方置业集团以"服务为本、突出特色、专业发展、面向市场、开拓创新"为经营理念，提升专业化服务能力。

【设计风格】

项目设计风格为美式花园洋房，建筑外形完美反映出内部空间关系，建筑材质方面，以深色为背景，以浅色点缀，整体效果浑厚、大气，更接近滨海城市的风格，同时也保证了建筑的安全性和耐久性。

【楼盘特色】

小区为高新区仅有的一个低密度 6 层花园洋房社区，拥有片区少有的大楼距，媲美纯别墅住宅区的低居住密度通透设计，阔绰空间，一楼送小院，顶层送平台，实用率高。

力高阳光海岸

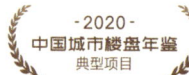

| 烟台 | 力高置业 | 滨海路上 | 海景住宅 | 成熟住区 |

项目地址：
烟台市高新区滨海东路2016号

开发商：
烟台力高置业有限公司

产品特征：
高层

参考价格：
高层 10500 元／平方米

主力户型：
约 98~141 平方米三居

物业公司：
中泰物业

5公里生活配套：
家家悦超市、体育公园、烟台博览中心、地质博物馆

专家点评

王光·烟台市房地产业协会常务副会长——

力高阳光海岸依高新区滨海而建，30公里海岸线向东西延伸，万亩松林、黄金海滩、碧波湖水，环境优美。目前已规划建设至五期，深化迭代的优质户型，口碑良好，并且性价比高。

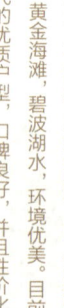

扫码观看楼盘详情

项目测评

【市场口碑】
项目于2014年入市，深耕港城8载，目前已开发至五期，社区整体已成熟呈现，获得近5000业主选择，并在2020年完成4期1000余户的顺利交付。项目以滨海路山海湖林资源，获烟台海景住宅标签，成为滨海生活大盘。

【区域地段】
力高阳光海岸择址滨海路中段，左右逢源三区核心配套。烟台高新区作为国家级高新技术开发区，近年来发展迅速，吸引航空航天513所、绿叶制药等众多高新技术单位入驻，发展前景可观。

【主力户型】
力高阳光海岸主力户型为建筑面积约98~141平方米三居瞰海湖居新品，整体布局颇为方正。其中南向多为双卧加客厅设计，一体式客、餐厅；南向外延宽景阳台与次卧打通相连，在增加得房率的同时，提高居室的舒适度。

【园林景观】
40%的绿化率，为小区园林规划提供了充足的空间。项目引入力高集团新研发的"新东方健康建筑体系"，营造八大生活场景，设置"一亩阳光绿地、景观步道、庭前花园、儿童乐园、长者交友空间"等功能区域，升级健康人居体验。

【自建配套】
项目自建配套包括英伦BLOCK商业街区及小学、幼儿园等。经过8年开发，商业街区已吸引家家悦及众多品牌精品店入驻并成熟运营。2020年配套学校地块已开工，规划16个班的幼儿园、32个班的小学，为业主提供优质生活服务。

【交通出行】
项目周边交通便利，滨海路和科技大道横贯东西，10公里抵达市政府及莱山核心商圈，5公里触达体育公园、博览中心等城市优质配套资源，17路、61路等公交设站周边，出行便利。

【教育资源】
小区周边教育资源丰沛，烟台二中、北大附属国际学校、高新区实验中学等名校环伺，更有农业大学、烟台职业学院两所高校环绕，学术氛围浓厚。

【品牌描述】
力高集团创建于1992年，2014年1月正式在我国香港上市，并纳入摩根士丹利资本国际指数成分股。经过近30年发展，集团布局20余城，并成功开拓国际市场。

【设计风格】
基地内建筑整体风貌为Art Deco风格，北侧两栋滨海住宅风格为现代风格。视觉上以仿自然材质的原色调为主，米黄色、深咖色、白色、灰色，构筑现代欧式调性，与项目景观形成多层次线条关系，达到浑然一体的景观效果。

【大盘开发】
力高阳光海岸共分七期开放，目前一~四期均已成功交付，整体项目成熟、自有社区配套完善。未来将开发五~七期，大盘建成后将成为滨海路一线滨海大盘的典范。

泰和府

| 烟台 | 泰和府 | 江南园林 | 四湖双园 | 国风大盘 |

项目地址：
烟台市莱山区绿斯达路2号附近

开发商：
烟台泰禾府置业有限公司

产品特征：
洋房、小高层

参考价格：
洋房约13500元/平方米、小高层约12000元/平方米

主力户型：
小高层约98~125平方米三居、洋房约107~150平方米三、四居

物业公司：
润百丽物业

5公里生活配套：
烟大附小、莱山第二实验幼儿园、文登整骨医院烟台医院、烟台南站、地铁1号线绿斯达路站（规划中）、1栋星级酒店（规划中）、4万平方米风情商业街（规划中）

专家点评

栾泽奖，腾策顾问烟威区域总经理——随着烟台高铁扩建、地铁规划，高铁新城开启了『高铁+地铁』双铁时代，带来了新的发展机遇。泰和府作为高铁新城一号盘，采用江南园林景观设计，四湖双公园布局，打造莱山高性价比生态大盘，且具有很高的升值潜力。

扫码观看楼盘详情

项目测评

【市场口碑】
泰和府是65万平方米国风大盘，山海路上的低密度洋房社区，2019年7月入市，9月首开取得较好成绩。在两年的时间内，泰和府成为莱山区高品质楼盘之一，国风大盘、高铁新城1号盘、江南园林成为项目的代名词。

【区域地段】
泰和府择址烟台莱山高铁新城，西临山海南路，北临绿斯达路，横跨芝罘莱山，通达六区。项目距离高铁南站仅800米，社区门口是地铁1号线绿斯达路站。在高铁新城即将步入快速发展时代，泰和府作为高铁新城首个受益楼盘，发展潜力巨大。

【楼栋规划】
泰和府规划总用地面积约37.21公顷（1公顷=10000平方米），分A、B、C、D四个地块开发，其中可建设用地面积约23公顷，规划总建筑面积约65万平方米，总规划42栋住宅楼，由6~11层洋房及18层小高层组成。

【主力户型】
泰和府小高层主力户型为98~125平方米，三居设计，全部一梯一户、无连廊设计，保证纯南北通透，且餐、客厅一体，增加室内空间感；洋房主力户型为107~150平方米，三居、四居设计，是市场上主流的改善户型。

【园林景观】
泰和府以江南造园手法打造了13万平方米社区园林景观，规划四湖双公园及泰悦湖、日月湖、瘦西湖、星湖等水系景观，其中，用亭台楼阁、小桥流水、奇石等江南元素点缀，尽享意境之美。

【自建配套】
项目自建7万平方米的综合体，包含1栋星级酒店、1栋写字楼、4万平方米风情商业街。大型超市、生活功能店、和合文化主题"国学馆、图书馆、休闲技艺、四点半学堂、业主会客厅"等全系社区配套，可完全满足业主的日常需求。

【交通出行】
紧邻烟台高铁南站，可通达省内省外，地铁1号线绿斯达路站位于社区门口，周边45路、81路、K1路、K2路、86路等7条公交线路，通达烟台六区，向南1000米为绕城高速，距离烟台蓬莱机场约40分钟车程，由此可去往全国各地。

【医疗配套】
项目北侧为三甲级医院——文登整骨医院烟台医院，西北侧为凤凰山医院，向东2公里为烟台毓璜顶医院莱山分院，向东5公里为烟台山医院东院，丰富的医疗资源为业主提供了强大的健康后盾。

【设计风格】
项目建筑为新中式风格，既有现代风格的简约线条，又有中式建筑的风骨神韵，明亮的建筑配色，浸润着山水画的气息。特别是一楼带院产品，更是将我国建筑的院落精髓融入其中，呈现出东方美学意境。

【楼盘特色】
泰和府独享西南侧12万平方米森林公园，内含2万平方米湖滨公园、童立方·儿童乐园、广场、湖心栈桥等，让居住者深切体会到生活的情趣和意境之美。

旭辉银盛泰·辉盛岚湾

烟台 | 旭辉银盛泰 | 品牌房企 | 精装三房 | 四面环校

项目地址：
烟台市高新区海澜路8号（中国农业大学东）

开发商：
烟台旭博房地产有限公司

产品特征：
高层

参考价格：
均价10500元/平方米

主力户型：
约95、118、128平方米三居

物业公司：
永升银盛泰物业

5公里生活配套：
烟台二中、实验小学、实验中学、振华超市、高新区医院、万亩黑松林

专家点评

王光·烟台市房地产业协会常务副会长

辉盛岚湾凭借优质的产品、配套及较高的性价比，备受认可。项目为山东旭辉银盛泰集团烟台第二子，有幼小初高一站式教育规划，并带有4.3万平方米商业区，刚好填补了区域的商业空白，日后可为高新区人们带来繁华生活。

扫码观看楼盘详情

项目测评

【战略意义】
山东旭辉银盛泰2018年进驻烟台，择址开发区，打造辉盛岚湾项目。2020年站在城市发展向东的战略布局上，旭辉银盛泰烟台的第二子亮相高新区，它再次将人居代表著作敬献烟台。

【区域地段】
项目择址烟台高新区核心板块。烟台高新区于2010年经国务院批准成为新区，近年来发展迅猛，逐步完成配套设施、交通路网、政务服务等公共设施的建设，同时蓝色智谷、中国航天513所、中集海洋工程研究院等一批现代化产业园区纷纷落户高新区。

【楼栋规划】
项目一期占地82500平方米，总建筑面积234102平方米，地上建筑面积172320平方米，地下61782平方米，容积率2.66，一期可售共9栋住宅，2梯4户，共计928户。建筑风格采用现代简约（大都会）建筑风格，硬朗大气。

【园林景观】
采用旭辉银盛泰CIFI-6系全龄段景观人居，构建六大景观模块：婴幼儿启蒙、快乐成长区、能量释放场、健康起航、景观会客厅、长者空间，以及亲子主题缤纷盒子。诸多人性化、便民化设施，使园区更具功能性。

【物业服务】
社区物业由山东永升银盛泰物业服务公司进行管理。秉承"以客户为中心"的核心价值观，为客户提供专业而优质的服务。通过终身客户大使、六大服务环节、30项触点体验、52个标准动作，该公司矢志成为城市优秀服务品牌。

【教育资源】
项目5公里内聚集了高新区实验小学、省级重点高中烟台二中、中国农业大学等多所高校。项目南侧更是规划了幼小初高一站式教育，3~18岁年龄段的教育配套。

【交通出行】
项目西侧为公交车站，563、566、567、17路四条公交线畅达芝罘区火车站、莱山区高铁南站及牟平区中医院，途经滨海路、烟台大学、佳世客等站点。规划的地铁3号线将在项目附近设立中国农业大学站点和烟台职业学院站点。

【主力户型】
项目主力户型为约95、118、128平方米三居；入户玄关、LDK（客厅、餐厅、厨房）一体化、分离式卫生间等，满足更多的居家空间需求；宽敞厨房、餐厅带来更合理的物品收纳，北向独立储藏平台，可变家政空间等提高了居住的舒适度。

【自建配套】
项目自建约4.3万平方米外向型集中社区商业、酒店、商业等全维业态规划，涵盖了餐饮、生活配套、精品商超、精品菜场、创意工坊、休闲娱乐等业态，满足业主一站式生活需求，步行即可解决生活所需。

【购物娱乐】
项目距高新区振华超市约4.6公里，距莱山佳世客、新世界百货约9公里，距芝罘区大悦城、万达广场、振华商厦约20公里。项目北侧距离海岸线不到2公里，真正做到"近海不临海"。

华润中心·万象府

| 烟台 | 华润 | 莱山中心 | 观海路上 | 交通便利 |

项目地址：
烟台市莱山区观海路与迎春大街交会处南150米（清泉路77号）

开发商：
华润置地（烟台）有限公司

产品特征：
高层

参考价格：
高层约14000元/平方米

主力户型：
约120、135平方米三居

物业公司：
华润物业

5公里生活配套：
佳世客烟大商圈、万象汇（建设中）、体育公园、海水浴场、凤凰山公园、烟台山医院莱山分院、烟台大学、烟大附小附中

专家点评 栾泽奖、腾策顾问烟威区域总经理

烟台华润中心是集万象汇、甲级写字楼、国际五星级酒店、公寓及住宅为一体的96万平方米超大规模综合体，坐拥莱山繁华商业配套、丰富教育资源，以及海景资源，居住舒适度较高。

扫码观看楼盘详情

项目测评

【战略意义】
持续深耕我国北方，是华润置地矢志不移的布局战略。2013年，华润置地落子烟台，打造莱山一座超级综合体，首期住宅及公寓产品受到追捧，在当地广受好评；2020年三期住宅万象府面市，商业万象汇同步开工，烟台再添大型商超。

【市场口碑】
2020年5月，华润中心·万象府迎来首开，劲销4.9亿元，在日后每一期新品加推中，都取得了喜人佳绩；据腾策数据显示，项目夺得了2020年烟台市上半年销售金额销量冠军。"央企护航""繁华核心"等标签成为购房者对楼盘的较多评价。

【区域地段】
华润中心占位莱山中央生活区，辐射莱山金融、市政、休闲等城市功能区；周边坐拥繁华商业配套、教育医疗资源丰富且距烟台市政府直线距离仅1100米，拥有密集的城市公共配套资源，生活幸福指数较高。

【楼栋规划】
华润中心打造约96万平方米超大规模综合体，集万象汇、甲级写字楼、国际五星级酒店、高档公寓及精奢住宅为一体，住宅部分包含13栋高层、超高层产品，一梯两户，以三居室为主。

【主力户型】
华润中心·万象府主力户型为约120平方米三居、135平方米三居、180平方米三居产品，布局方正，南北通透。其中，南向外延宽景阳台，增加室内空间感，南向双卧室，与阳光为伴，餐厅、厨房、客厅一体式设计，提升了居室的舒适度。

【物业服务】
华润中心·万象府充分为业主的安心生活考虑，配备了以一贯良好口碑、优质服务著称的华润物业。华润物业经过30多年不断发展，始终坚持"优质服务，改变生活"的使命，24小时的全方位贴心服务，使业主尽享高品质无忧生活。

【交通出行】
华润中心位于观海路与迎春大街交会处，距离高速公路直线距离4公里，可快速接驳高速公路网；且项目周边500米内公共交通遍布，有5、7、10、17路等15条公交路线经过项目，此外距楼盘2公里内还将规划两条地铁线，完全满足业主的生活出行所需。

【医疗配套】
项目直线5公里内，有多家医疗机构，如烟台山医院莱山分院、毓璜顶医院莱山分院、烟台光华医院等医院。其中，烟台山医院莱山分院是一所三甲综合医院，拥有雄厚的医疗水平，为业主健康保驾护航。

【品牌描述】
华润集团是国资委直接监督和领导的央企之一。2019年华润集团荣列世界500强第78位；华润集团涵盖五大业务领域，下设七大战略业务单元，19家一级利润中心。2018年年末总资产15570亿元。

【购物娱乐】
华润中心·万象府地处烟大、佳世客两大城市商圈交会处；在3公里内，有保利MALL、新世界百货、上市里等六大商业体；临近迎春大街商圈、银座商城、影院、KTV等休闲娱乐场所一应俱全，可满足各类群体的购物需求。

招商·雍景湾

| 烟台 | 招商蛇口 | 海上世界 | 芝罘核心 | 旗舰配套 |

项目地址：
烟台市芝罘区芝罘屯路与青年路交会处西北地块

开发商：
烟台孚旺置业有限公司

产品特征：
高层、洋房

参考价格：
高层均价约15000元/平方米、洋房均价约21000元/平方米

主力户型：
约105平方米三居、约140平方米四居

物业公司：
烟台招商财金物业

5公里生活配套：
大悦城、大润发、振华商厦、万达广场

专家点评

栾泽奖·腾策顾问烟威区域总经理

招商·雍景湾是招商在烟台打造的首个成就系高端产品，项目地处芝罘区核心地带，周边生活设施配套齐全，商圈众多，交通、医疗、教育等配套优势明显，精确满足城市中产阶层对高品质居住的需求。

扫码观看楼盘详情

项目测评

【战略意义】
招商·雍景湾是招商走进烟台打造的首个成就系高端产品，坐拥交通中心、商业中心、金融中心、文化中心等资源，将城市精神和地段文化融会贯通，是由专业团队联合打造的高端宅邸。

【区域地段】
芝罘区作为烟台的主城区，承载着历史文化与未来发展，一直是烟台市城市发展的重心。招商·雍景湾择址芝罘核心，国内第三座海上世界旁，距海上世界仅约800米，享海上世界旗舰配套。

【楼栋规划】
招商·雍景湾小区占地面积约6.2万平方米，10万平方米精品住宅、1万平方米繁华商业、4万平方米时尚公寓、5万平方米高端商务办公楼。由4栋洋房、7栋高层、2栋公寓和1栋办公楼组成，住宅及公寓均为精装交付。

【园林景观】
整个社区景观形成"一环、两轴、五园及星空之海"的景观结构，结合日照分析，合理布置功能节点，每个活动区满足不同人群的居住需求，设计了不同年龄段的不同健身活动场地，也充分体现了园林景观设计的人本思想理念。

【物业服务】
招商物业是我国领先的房地产价值链全程综合服务商，拥有国家一级物业资质，以高标准物管服务——与物业联动的室内紧急报警开关、24小时连接物业安全监控室的智能可视对讲系统等——为居住者提供安全、省心的生活环境。

【交通出行】
招商·雍景湾毗邻火车站、汽车站、烟台港客运码头，周边交通线路发达。紧邻城市主干道北马路，往东延伸至滨海路，可快速到达莱山区；往西通往幸福南路，可快速到达福山区、开发区。

【医疗配套】
项目周边医疗资源健全，离烟台市大型综合性医疗保健中心、三级甲等综合医院毓璜顶医院约2.2公里，距离烟台山医院约2.8公里；医疗配套环伺，为家人健康保驾护航。

【品牌描述】
招商蛇口是百年央企招商局集团旗下城市综合开发运营板块的旗舰企业，也是集团的核心资产整合平台及重要的业务协同平台。

【购物娱乐】
项目毗邻烟台海上世界（总投资1500亿元），周边3公里内包含振华商厦、万达广场、大悦城等4个醇熟商圈，集特色餐饮、休闲娱乐、品牌购物等多业态于一体。

【设计风格】
招商·雍景湾项目的住宅采用新古典风格，延续古典建筑中三段式的设计手法，彰显建筑沉稳庄重的古典韵味。商业在主体色调与住宅完全统一的基础上，通过运用石材、铝板及玻璃幕墙，提升整个社区的现代都市氛围。

中瑞城

| 烟台 | 中瑞鼎峰集团 | 瑞典精工 | 科技宜居 | 健康住宅 |

项目地址：
烟台市芝罘区珠玑路与珍珠路交会处西侧

产品特征：
住宅

项目规划：
占地面积：550333 平方米；容积率：2.4；总户数：1863 户

主力户型：
高层约 98 平方米三居、洋房约 119 平方米三居

参考价格：
洋房均价约 15100 元 / 平方米、高层均价约 12600 元 / 平方米

入选理由

2020 年度烟台区域新房销售套数第一名

根据腾策顾问 2020 年统计数据显示，中瑞城项目的年销售套数为 702 套，拿下烟台芝罘区 2020 年度新房销售套数的第一名。

核心优势：
中瑞城鼎峰落地烟台幸福新城，将世界闻名的瑞典哈马碧模式引入我国。中瑞城打造 88 万平方米瑞典式生态住宅区，引进了双向新风系统、净水系统、恩华特真空垃圾处理系统等技术。项目自建涵盖瑞典中心、科创中心、北欧生活主题商业等多种业态，是烟台首个一站式 24 小时大型生活体；更配套了国际冰球馆，打造具有生态和人文气息的现代社区公园和健身社交场所。

金象泰·翰林苑

| 烟台 | 烟建 & 金象泰 | 芝罘城央 | 山景低密 | 书香传家 |

项目地址：
烟台市芝罘区青年南路 888 号

产品特征：
小高层

项目规划：
占地面积：74445.4 平方米；容积率：2.0；总户数：1176 户

主力户型：
约 95~130 平方米三居、约 143 平方米四居

参考价格：
均价约 14800 元 / 平方米

入选理由 —— 李晓娜·乐居烟台主编

金象泰·翰林苑由本土实力企业金象泰置业匠心开发，项目地处三区核心地带，向西直达福山，向东直通莱山，周边生活设施配套齐全，公共资源配套完善，各类商业产业项目丰富。商圈众多，交通、医疗、教育配套优势明显。

核心优势：
金象泰·翰林苑作为烟建集团＆金象泰置业旗下高端改善作品，项目皆为 18 层板式高层，一梯两户全封闭式高端社区，实现真正人车分流。户型方正，南北通透，全明空间；独创开间 7 米双跨大阳台，客卧面南，餐厨分离，动静分区，同时户户具有飘窗及阳台。集合知名装修品牌，成品精装交付。社区内打造烟台市区首家"童梦同享"主题乐园，0~12 岁儿童社区成长体系。搭载 BLOCK 街区生活和教育业态，社区食堂、四点半学堂等业主专属优享。项目配有名师名校省级规范化小学鲁峰小学、烟台三中重点中学，双学区教育齐全。项目公共交通配套完善，有青年南路和机场路多条路任意出行，临近新都汇商圈、万达商圈、大悦城商圈，吃喝玩乐一应俱全。

威海

市场总结

一、城市综述

受 2020 年新冠肺炎疫情影响，威海楼市年初惨遭打击，威海房地产行业受到了比以往更为严峻的挑战。纵观初期市场，从成交难、销售量接近冰点，到楼市调控趋严、利润下滑，行业高速增长的步伐慢了不少。年初虽受疫情明显冲击，但受益于压制需求的积极释放、供应放量及信贷环境改善等积极因素的推动，威海 2020 年整体房地产市场成交量小幅下降，价格稳中有升。

新房成交表现：旅居市场断崖式下降，刚需站 C 位（核心位置）。

2020 年年初，全国房地产市场的各项指标严重下滑，楼市零成交、土地零供应不时出现，政策逆周期调节力度加大，"一城一策"为市场纾困托底。得益于经济强劲韧性，威海本地房地产开发投资增速从 3 月开始逐月回升。

威海作为全国知名宜居城市，很多开发项目为旅游地产项目，购房者都是来自全国各地的有养老度假需求的人，但是此次新冠肺炎疫情对旅游行业的打击可谓是断崖式的，旅居地产开发商更是面临资金瓶颈、资源瓶颈、营销瓶颈、客户瓶颈、渠道瓶颈等层层瓶颈。旅居市场

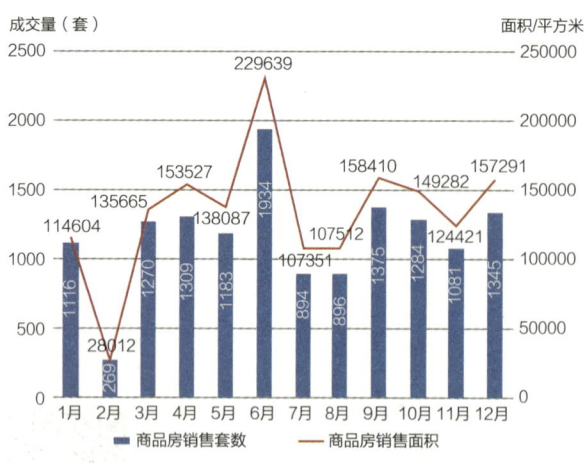

2020 年 1~12 月威海住宅成交套数与面积

的不景气，导致 2020 年威海楼市的主要购买力以本地刚需为主。

2020 年威海商品房供应 267.85 万平方米，同比下降 28.51%；成交 183.03 万平方米，同比下降 36.91%；成交均价 11638 元/平方米，同比上升 8.95%。据观察数据显示，威海市 2020 年一季度住宅成交量最萎靡，6 月、9 月、12 月成交量环比呈反弹趋势。

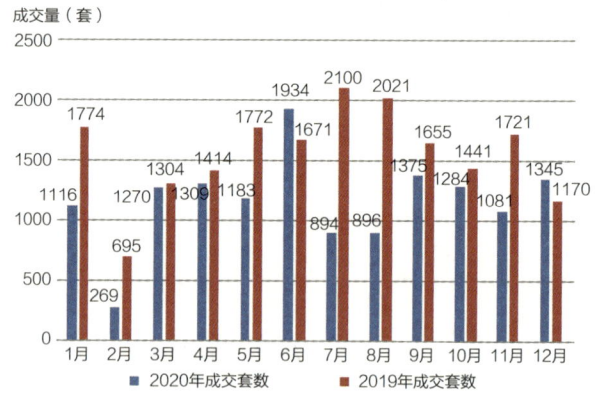

2019、2020 年威海预售商品房销售套数同比分析

二、政策梳理

多次调整公积金政策，针对新冠肺炎疫情出台阶段性支持政策。

1. 威海、烟台、青岛、潍坊、日照五市住房公积金互认互贷

贯彻落实《山东省人民政府关于加快胶东经济圈一体化发展的指导意见》和《胶东经济圈住房公积金一体化发展合作协议》要求，深入推进胶东五市间住房公积金互认互贷。

自 2020 年 11 月 9 日起，职工在青岛、烟台、潍坊、日照四市缴存住房公积金，在威海市购房申请异地贷款或作为配偶参与申贷的，取消户籍限制，其他条件仍按

原规定执行。

五市间取消区域内购房贷款职工的户籍地限制，实现真正意义上的互认互贷，为五市间人口跨地区流动、就业及购房提供了更多的政策优惠和资金支持。

2. 威海调整住房公积金政策

据了解，威海市住房公积金管理委员会为贯彻落实住建部《住房公积金归集业务标准》《住房公积金个人住房贷款业务规范》和《住房公积金提取业务标准》，深化"放管服"改革，进一步满足群众购房贷款等需求，促进全市房地产市场平稳健康发展，发出通知，决定调整部分住房公积金使用政策。

根据通知，威海市从 2020 年 1 月 1 日起将提高公积金住房贷款的额度。夫妻双方均符合贷款条件的贷款额度由最高 50 万元提高到 60 万元。

通知加大了对"双一流"大学毕业生的信贷支持力度，将其申请住房公积金贷款的条件由连续正常缴存 12 个月放宽到 6 个月，并且贷款额度不与公积金账户余额挂钩。

通知同时允许申请人可提取公积金用于加装电梯，申请人只需提供经业主共同确认的出资协议及一年内的出资证明，即可提取本人及配偶的住房公积金，但提取额不能超过出资的费用。

通知同时恢复执行异地贷款政策。凡户籍属于威海市辖区范围的职工，在外地就业并缴存公积金，在威海市购买住房即可以申请公积金贷款。

通知提出，恢复执行商业贷款转公积金贷款政策。缴存职工已办理商业住房贷款不超过 3 年，且所购房符合现行公积金贷款条件的，可在提前一次性还清商业贷款后的一个月内申请公积金贷款，贷款额不超过一次性还清商业贷款的金额。

通知取消了二次申请公积金贷款的年限限制，申请人首次公积金贷款结清后再次申请公积金贷款，将不受间隔 3 年的时间限制。

此外，市公积金管理中心还将开展公积金余额抵扣公积金贷款业务。公积金贷款职工可以通过网上服务厅和手机 App 申请夫妻双方公积金余额抵扣部分贷款本金。

3. 威海市应对新冠肺炎疫情住房公积金阶段性支持政策

2020 年 3 月 16 日，从威海市住房公积金管理中心获悉，经市委经济运行应急保障指挥部同意，《威海市应对新冠肺炎疫情住房公积金阶段性支持政策》制定并发布施行。

2020 年 6 月 30 日前，住房公积金缴存企业因受新冠肺炎疫情影响，无法按时足额缴存住房公积金的，经企业职工代表大会或者工会讨论通过后，可向威海市住房公积金管理中心申请缓缴，缓缴期限至 2020 年 6 月。缓缴期间，缴存时间连续计算，不影响职工正常提取和申请住房公积金贷款；职工需办理账户转移或者销户提取的，企业应当先为其办理补缴。

企业申请缓缴时，应当同时提交补缴方案，并在 2020 年 9 月 30 日前补齐欠缴的住房公积金，补缴金额按照缓缴前的缴存基数和缴存比例计算确定。

对因感染新冠肺炎住院治疗或隔离的人员、因疫情防控需要隔离观察的人员、参加疫情防控工作的人员及受疫情影响暂时失去收入来源的人员，可灵活调整其住房公积金贷款还款安排，合理延后还款期限。疫情防控期间未能正常还款的，可不作逾期处理，不作为逾期记录报送征信部门。

在疫情防控期间，对购建房提取、提前结清贷款提取、既有住宅增设电梯提取等有受理时限要求的提取业务，延长受理时限至疫情结束后的 3 个月。对受疫情影响支付房租压力较大的租房职工，可在本年度内分两次提取住房公积金用于支付房租，提取额度不超过本年度的最高限额。

对受新冠肺炎疫情影响的企业，经职工代表大会或者工会讨论通过后，可按规定申请降低住房公积金的缴存比例，单位和个人缴存比例最低不低于 5%。待疫情结束后,企业可根据自身生产经营情况,自主选择恢复到原比例。

三、土地供应

单地块最高成交楼面价9262元/平方米,刷新威海地王。

2020年,全国300座城市土地出让金总额为59827亿元,同比增加16%。一线城市土地供需两旺,揽金总额同比上涨逾四成,北、上、广深收金同比均上涨;二线城市供求同比小幅上涨,楼面均价基本持平。出让金榜单收金水平同比上行,前十城市年度收金均突破千亿元,上海年度收金总额2952亿元,位列榜首。三、四线城市共有20城入榜。

2020年威海市共成交土地51宗,成交面积2472000平方米,同比2019年下降26.23%,成交金额共计101.1亿元,同比2019年下降8.73%,单地块最高成交楼面价9262元/平方米,刷新历史最高楼面价。

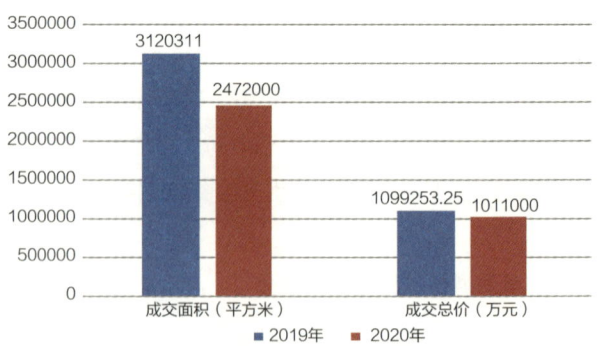

2019—2020年土地成交详情同比分析

2020年威海市区(不含文登、荣成、乳山)共计出让土地51宗,其中临港区成交21宗地块,占比41%,同比增长9%;环翠区成交13宗,占比25%,同比下降2%;经区成交11宗地块,占比22%,同比下降5%;高区成交6宗,占比12%,同比下降8%。

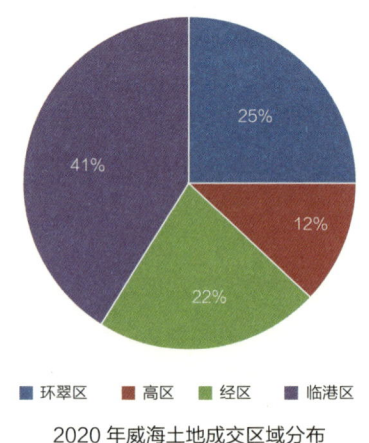

2020年威海土地成交区域分布

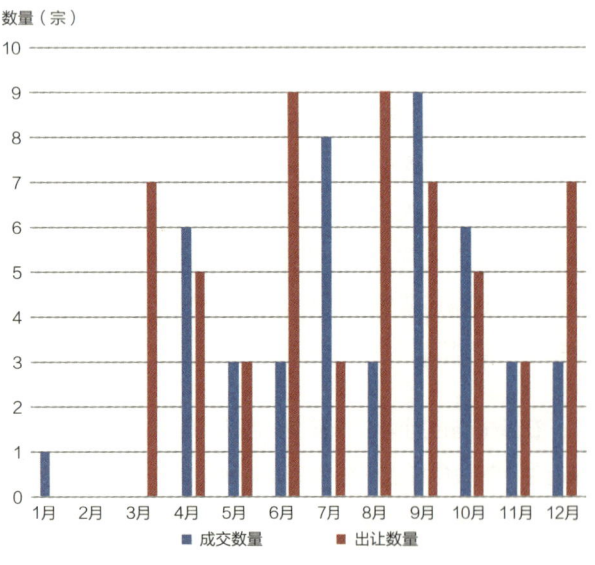

2020年威海市土地出让与成交(不含工业用地)

受新冠肺炎疫情影响,威海土地市场在2020年1~3月陷入"停摆",供应端于3月复苏,于4~12月进入正轨;成交端前期房企保持观望,4月恢复投资信心,开始大举拿地。

预计2021年,受三道红线影响,房企高杠杆拿地将受到影响,部分房企会放缓拿地速度,在这种背景下,土地出让速度有可能下滑。土拍作为楼市的风向标,每一场土拍都是市场传递出来的楼市信号,威海几大核心板块依然是房企的必争之地,各个区域的价值都在城市化的进程中日益凸显,而未来楼市的格局也将产生大的变化,更值得期待。

土地的成交数据,不仅可以反映出当前房地产市场的发展,还可以反映出一座城市的发展建设状况。目前威海正在经历着日新月异的变化,各项城市配套如火如荼地建设中,而这些变化将进一步提升威海的综合实力,助力其成为更加宜居宜游的城市。

四、热点板块

经区成交量最大,恒大独占鳌首。

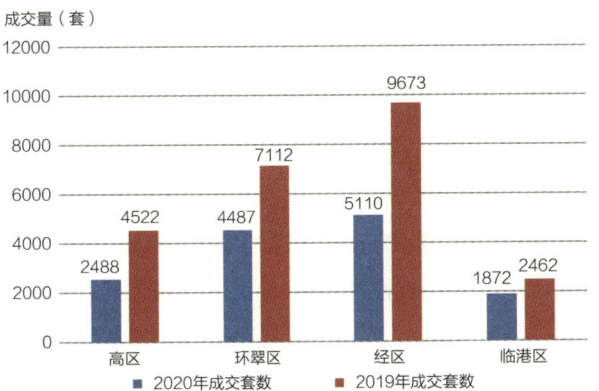

2019、2020 年威海各区域销售(套数)同比分析

据数据统计显示,2020 年威海市高区、环翠区、经区、临港区成交套数同比下降,其中高区、环翠区及经区销售套数下跌最为明显。

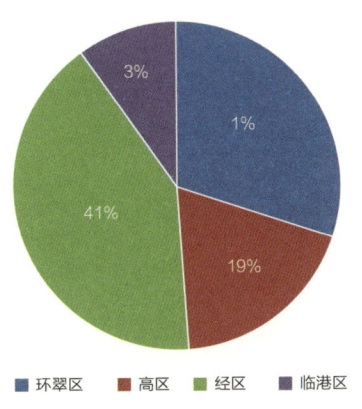

2019 年威海新房区域成交(套数)占比

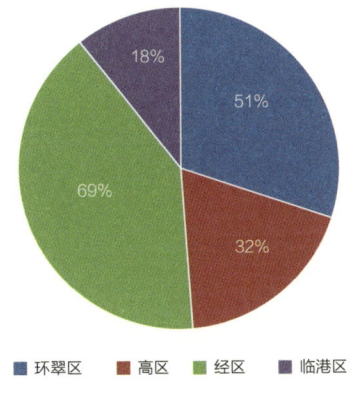

2020 年威海新房区域成交(套数)占比

2020 年威海市商品房企业成交金额 TOP10 排名

排名	企业名称	金额(亿元)	成交套数
TOP1	恒大地产	20.07	2134
TOP2	万达地产	14.04	859
TOP3	威高地产	13.51	783
TOP4	华发地产	11.24	609
TOP5	龙湖集团	10.31	793
TOP6	万科地产	10.22	706
TOP7	保利置业	9.69	784
TOP8	金茂控股	9.03	727
TOP9	盛德实业	7.50	528
TOP10	华润置地	6.78	321

2020 年威海市商品房企业成交面积 TOP10 排名

排名	企业名称	面积(万平方米)	成交套数
TOP1	恒大地产	16.91	2134
TOP2	威高地产	10.58	783
TOP3	万达地产	9.05	859
TOP4	保利置业	8.73	784
TOP5	龙湖集团	8.55	793
TOP6	华发地产	7.93	609
TOP7	万科地产	7.68	706
TOP8	金茂控股	7.45	727
TOP9	盛德实业	6.73	528
TOP10	中南控股	5.23	769

2020 年威海市商品房项目成交金额 TOP10 排名

排名	项目名称	金额(亿元)	成交套数
TOP1	恒大海上帝景	16.39	1832
TOP2	威海万达广场	14.04	859
TOP3	华发九龙湾	11.24	609
TOP4	万科威高翡翠公园	10.22	706
TOP5	凤集金茂悦	9.03	727
TOP6	华润威海湾九里	6.78	321
TOP7	威高七彩城春风里	6.03	345
TOP8	财信保利名著	5.45	426
TOP9	一品南山	4.85	396
TOP10	威高七彩城云山郡	4.69	223

2020年威海市商品房项目成交面积TOP10排名

排名	项目名称	面积（万平方米）	成交套数
TOP1	恒大海上帝景	13.41	1832
TOP2	威海万达广场	9.05	859
TOP3	华发九龙湾	7.93	609
TOP4	万科威高翡翠公园	7.68	706
TOP5	凤集金茂悦	7.45	727
TOP6	财信保利名著	5.00	426
TOP7	威高七彩城春风里	4.71	345
TOP8	一品南山	4.30	396
TOP9	龙湖春江彼岸	4.18	408
TOP10	富力城	3.93	358

从商品房企业成交金额来看，恒大共成交20.07亿元，稳居榜首；万达则凭借威海万达广场单项目14.04亿元位居第二；威海本地实力房企威高地产，凭借多个实力项目以13.51亿元的成交金额位居第三。

从单项目成交金额来看，恒大海上帝景依旧以16.39亿元的销售业绩位于榜首；炙手可热的商业综合体项目威海万达广场，以14.04亿元位列第二；华发九龙湾则因一线海景稀缺位置以11.24亿元位居第三。

五、2021年展望

刚需带动二手市场。

2021年，威海新房价格大概率将保持稳定的小幅上涨趋势，下跌可能性基本不大。但由于城市人口、收入水平、多数买房人持观望态度等多种因素，2021年的新房成交量可能会继续下跌，一部分刚需可能会被挤压至二手房市场，带动二手房成交量上涨。

数据来源：威海住房和城乡建设局、威海房地产交易网、腾策顾问

在售楼盘一览

环翠区

楼盘名称	价格	物业类型	主力户型
华瀚大湖公馆	约19000元/m^2	公寓、别墅	四居室(194~207m^2) 五居室(217~248m^2)
威海恒大海上帝景	约15000元/m^2	普通住宅、公寓	二居室(94m^2) 三居室(130~135m^2) 四居室(159m^2)
华瀚御龙湾	40万元/套起	酒店式公寓	一居室(47~65m^2) 二居室(83~87m^2) 三居室(109~113m^2)
望府公馆	11000元/m^2起	普通住宅	三居室(129m^2) 四居室(156m^2)
海信观澜	尚未公布	别墅	三居室(100~140m^2)
恒宝·天玺	尚未公布	普通住宅	四居室(200~210m^2)
威海万达广场	尚未公布	普通住宅、公寓、商业	三居室(95~140m^2) 四居室(166m^2)
城投·春和里	尚未公布	普通住宅	三居室(122~147m^2) 四居室(158~169m^2) 五居室(218m^2)
威海恒大御龙天峰	尚未公布	普通住宅、公寓、别墅、写字楼、商铺、商住	三居室(85~137m^2)
富力星光天地	尚未公布	普通住宅	三居室(99~121m^2) 四居室(142m^2)
保利·翰林苑	约6900~7500元/m^2	普通住宅	三居室(78~125m^2)

经区

楼盘名称	价格	物业类型	主力户型
华发九龙湾	约12500元/m^2	普通住宅、公寓、别墅、写字楼、商铺	二居室(85m^2) 三居室(99~145m^2) 四居室(158~197m^2)
恒大悦澜庭	约6500元/m^2	普通住宅、公寓、商铺	三居室(97~225m^2)
财信保利名著	约11000元/m^2	普通住宅	三居室(89~145m^2)
海上公园2号公馆	尚未公布	别墅	七居室(405m^2)
城投·听海林居	尚未公布	普通住宅、商铺	四居室(127~208m^2)
凤集·金茂悦	尚未公布	普通住宅	三居室(93~124m^2) 四居室(136m^2)
佳源·海棠府	尚未公布	普通住宅	三居室(109~129m^2) 四居室(140~196m^2)

高区

楼盘名称	价格	物业类型	主力户型
正弘山语	约14500元/m^2	普通住宅	三居室(131~170m^2) 四居室(149~164m^2) 五居室(180~187m^2)
龙湖·春江天境	尚未公布	普通住宅	三居室(98~125m^2) 四居室(143m^2)
金地威高·观海澜湾	尚未公布	普通住宅	三居室(129~139m^2) 四居室(156~178m^2)

临港区

楼盘名称	价格	物业类型	主力户型
大尚·逸龙湾	约7800元/m^2	普通住宅、公寓、写字楼、商铺、商住	二居室(83.64~85.22m^2) 三居室(95~144m^2)
恒融世家	197万元~650万元/套	别墅	六居室(354~410m^2) 七居室(410~412m^2) 八居室(406~646m^2)
富力城	约8500元/m^2	普通住宅、别墅、商铺	三居室(97~120m^2) 四居室(131~140m^2)
中南漫悦湾	约8500元/m^2	普通住宅	三居室(85~115m^2) 四居室(125m^2) 五居室(140m^2)
恒融时代	尚未公布	普通住宅	三居室(101~112m^2) 四居室(133m^2)

荣成市

楼盘名称	价格	物业类型	主力户型
自在香滨	约8680元/m^2	普通住宅	二居室(80~136.97m^2) 三居室(110~142.93m^2) 四居室(149~171m^2)
华发樱花湖	约9800元/m^2	普通住宅、公寓、别墅	三、四居室(103~168m^2)
中梁·御景苑	尚未公布	普通住宅	尚未公布
威海恒大御海半岛	约8000元/m^2	普通住宅	一居室(55.23m^2) 三居室(91.31~116.36m^2) 四居室(147.9m^2)
好当家国际商贸城	约22000元/m^2	公寓、商铺	二居室(66~107m^2) 一居室(55m^2)

文登区

楼盘名称	价格	物业类型	主力户型
恒大翡翠华庭	约6000元/m^2	普通住宅	三居室(103.63~140.54m^2) 四居室(146.03~151.91m^2)
碧桂园·珺悦府	约8000元/m^2	普通住宅	四居室(140~180m^2) 五居室(260~278m^2)
中邦蓝城·桃源里	尚未公布	商住	三居室(95~115m^2)
蓝光雍锦湾	尚未公布	普通住宅、商铺	三居室(106~122m^2) 四居室(142m^2)
财富一号	5500元/m^2	普通住宅、公寓、写字楼、商铺、商住	二、三居室(81~144m^2)
圣美·天福尚城	约5500元/m^2	普通住宅	二居室(95m^2) 三居室(112~130m^2)

乳山市

楼盘名称	价格	物业类型	主力户型
蓝城·威海桃花源	尚未公布	普通住宅、别墅	二居室(76~82m^2) 三居室(136m^2) 四居室(152m^2)

典型项目

华瀚大湖公馆

威海　华瀚　意式别墅　交通便利　度假胜地

项目地址：
威海市环翠区中央影视城南500米路东

开发商：
华瀚威海置业有限责任公司

产品特征：
别墅

参考价格：
别墅均价19000元/平方米

主力户型：
194~207平方米四居、217~248平方米五居

物业公司：
森茂物业

5公里生活配套：
中央电视台影视基地、北站商务圈、里口山风景区、威高海洋公园

专家点评　丛丽萍·乐居威海总经理

华瀚大湖公馆项目的整体规划及品质调性在业界非常不错，户型设计和室内空间格局合理，给居住者一个亲切、温馨的"世外桃源"，是非常值得期待的地方。

项目测评

【战略意义】
威海市政府规划41平方千米战略城——双岛湾科技城（规划建设中），全力打造威海下一个城市核心区，将包括水世界主题馆、展览馆、游艇俱乐部、会议中心、生态科技产业园区、五星级度假酒店等，将全面提升威海城市西大门新城形象。

【区域地段】
华瀚集团甄选未来高端国际居住区，紧邻双岛湾科技城、威海影视文化城、威海国际海水浴场及里口山风景区，以京城高端豪宅工艺和造园手法，以20多万平方米国际高端湾墅区，锁定西海岸未来价值高地。

【园林景观】
华瀚大湖公馆倾情打造意式园林，全冠移植各种珍稀名贵树种，社区内采用五重景观绿化体系，六大主题生活花园，七条风情步道街区，提供不同情境的交流空间。三季有花，四季常绿，移步换景，步步怡情。

【自建配套】
社区内部拥有近4万平方米的原生水域内湖，组成"两湾六园八景"实景园林。内部配套7条风情步道街（橄榄街、艳阳街、美丽街、暗香街、香花街、悦心街、水晶街）、五大主题生活花园、千米湖岸线。

【物业服务】
社区采用墅居管家服务体系，高端的物业服务，智慧化+人性化，为业主提供优质、周到服务。以安全管理为助力，建立治安联防队；推进标准化建设，实现标准化、智慧化、可视化的专业管控。

【交通出行】
项目位于环翠区中央影视城南500米路西，与双岛湾科技城一步之遥，紧邻世昌大道。烟威高速连通烟威地区，在威海北站可快速抵达青岛、济南、北京、上海，出行便捷。

【教育资源】
华瀚大湖公馆毗邻师资力量雄厚、教育设施完善的大光华国际学校、普陀路小学、锦华路小学，享全方位的教育资源，先进的教育理念。

【品牌描述】
华瀚集团，根植首都，布局全国，形成北京、长春、威海"全国品牌联动"的战略宏图，秉承"为城市创造价值"的品牌宗旨，以实力成就不凡，用品质铸就未来。以多年实操经验和强大品牌力量，为区域带来变革，提升区域整体价值。

【设计风格】
项目着眼于建筑细节的精心打造，以户户朝南的规划、低坡度四方坡顶，带有威仪感的拱形窗、对称立面、局部石材典雅立面等元素共同演绎经典意大利风情；高挑空，大尺度宽厅，有270°观景阳台、360°生活庭院。

【楼盘特色】
以"两湾六园八景"体量，将湖海大境园林围合成实景"园中院"，私家庭院是园林的一部分，整体园林亦然是自家院墅的配套，造就威海独特的三面围合双拼别墅庭院。亲子、家居、聚会场景都在一院之内，全时全天全年畅享欢愉时光。

望府公馆

| 威海 | 明海集团 | 繁华城心 | 宜居城市 | 看海观山 |

项目地址：
威海市环翠区望海街望岛名郡89号

开发商：
威海仙姑顶旅游开发有限公司

产品特征：
普通住宅

参考价格：
住宅11000元/平方米起

主力户型：
约129平方米三居、约156平方米四居

物业公司：
明海物业

5公里生活配套：
AAAA级景区仙姑顶、望岛幼儿园、望岛小学、望海园中学、万达广场、威海绿轴

专家点评

王德强·威海房地产业协会副会长——

望府公馆，继承了人们对居住空间设计的高标准要求，也承载着"背靠仙姑顶、面观望岛河"、"阳坡原脉、山水围合、上风上水"等六重美好底蕴，回报威海市民的支持和厚爱。

项目测评

【战略意义】

2009年明海集团落子威海望岛片区，作为威海本土一线房企，历经11年，开创威海繁华新城心，其所开发的望府公馆传承前作望府大院的院墅品质，以院墅标准打造望府公馆大平层产品，在当地广受好评。

【市场口碑】

望府公馆在威海开创性地以院墅标准造平层，以超前的开发理念革新威海人居标准，赢得了市场销量与百姓口碑的双赢。"墅质标准""高品质纯住宅区""枕山观海"等成为购房者对楼盘较多的评价。

【区域地段】

望府公馆择址威海新城心望岛片区，衔接威海老城区环翠区与经济技术开发区的城市枢纽门户。得益于威海市"东拓、南延、西展"的城市发展格局，片区内的威海绿轴、万达广场等一批优质配套已拔地而起，区域价值不断增强。

【楼栋规划】

小区占地面积约124000平方米，规划总户数1197户，包含9栋高层，整体楼栋设计由南向北依次递进。其中，高层楼高27~34层，一梯一户、一梯两户。近百米的楼间距保障了每个居室的采光度和私密性。

【主力户型】

望府公馆主力户型建筑面积约129平方米三居、约156平方米四居，整体布局方正，动静分区。其中约129平方米三居、约156平方米四居均为双南向卧室设计。主卧均为自带衣帽间与卫生间的套房设计，兼具私密性与舒适度。

【园林景观】

约50%绿化率和1.58容积率，景观空间丰富、多元。力邀日本园林大师小林正彦打造，以中式如意造型打造万平方米中轴景观区，荟萃中式如意、日式枯山水、欧美园林技法，打造三重台地、六大景观区、五大主题空间，满足业主休闲所需。

【自建配套】

项目自建近1400平方米商业配套，招商业态以社区生活服务类为主，满足业主高品质精致生活所需。同时，项目配建近5000平方米幼儿园，为公办普惠制幼儿园，以省级示范园标准打造，可接纳1~6岁适龄儿童。

【物业服务】

社区物业为明海集团自持，由明海集团旗下、望府大院院墅服务团队——明海物业提供全程服务，为业主提供"亲情式服务体系、舒心服务体系、'128'快反服务体系、智能物管安保体系"四大服务体系。

【教育资源】

小区半径约500米范围内，优质教育资源丰富：望岛幼儿园为省级示范幼儿园，望岛小学拥有近百年历史，望海园中学为环翠区重点建设的精品校园，全威海仅有两所。

【品牌描述】

明海集团始终秉承"和合共生·建筑未来"的企业理念。成立11年，先后开发望岛名郡、望府大院、望府公馆等精品楼盘及明海美术馆、本然雅集、明海太极会、明海音乐会、明海基金会等品质生活文化符号，以品质赢得社会广泛赞誉。

财富 1 号

威海　全华地产　城市地标　成熟配套　交通便捷

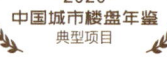

项目地址：
威海市文登区米山路与昆嵛路交会处（昆嵛路48号）

产品特征：
住宅

项目规划：
占地面积97543.03平方米；容积率8.19；总户数1102户（其中住宅348户，公寓754户）

主力户型：
约81~144平方米二居、三居

参考价格：
约5500元/平方米

入选理由　慈珈艺·乐居威海主编

作为文登老城区中心位置的综合项目，财富一号产品类型丰富，有48~144平方米多功能住宅。地段繁华热闹，周边商业配套成熟，交通医疗教育等配套优势明显。背靠抱龙河，西邻抱龙河公园，自然环境优越。

核心优势：
财富1号位于文登区行政及商业中心区域，项目北面紧邻抱龙河，南靠米山路，西邻昆嵛路，门口有10路公交车通过，交通便捷，出行方便。周边有利群、百大、大润发及自身商业，商业配套成熟，购物方便。周边有实验幼儿园、二实小、文登二中等名校环绕，可给孩子提供优质教育资源。医疗配套完善，威海中心、文登整骨医院紧邻项目，为业主健康保驾护航。项目总建筑面积9万平方米，是目前文登最高地标性建筑之一。开发商资金实力雄厚，拥有多个大盘运营经验，已打造多个精品项目。

扫码观看楼盘详情

潍坊

在售楼盘一览

奎文区

楼盘名称	价格	物业类型	主力户型
宝通陆号二期	约9900元/m²	普通住宅	三居室(92~139.25m²) 四居室(140~196.96m²)
瑞龍湾	约8500元/m²	普通住宅	三居室(128m²)
恒信御园	约8500元/m²	普通住宅	三居室(108~138m²) 四居室(140~145m²)
恒信金色阳光	约7700元/m²	普通住宅、商铺	三居室(101~130m²) 四居室(131m²)
和扬翠湖美墅	约295万元/套	别墅	四居室(150~230m²)
城投君悦府	约11000元/m²	普通住宅	三居室(130.53~151.64m²) 四居室(173.25~180.17m²)
德润天宸	约9500元/m²	普通住宅、自住型商品房	三居室(119~132m²) 四居室(147~171m²)
金庆纳帕溪谷	约11500元/m²	普通住宅	三居室(147.84~150.14m²)
邦泰郡王府	约10000元/m²	别墅	三居室(202m²) 四居室(209.74~329m²)
虞园	约300万元/套	别墅	四居室(228~558m²) 五居室(772m²)
恒信阳光假日	约7700元/m²	普通住宅	三居室(99~136m²) 四居室(140~165m²) 五居室(220~296m²)
德润天合	约9500元/m²	普通住宅	四居室(149~182m²)
华安紫宸公馆	约8500元/m²	普通住宅、商铺	三居室(101.18~149.23m²) 四居室(146.23~172.04m²)
阳光100喜马拉雅	约9500元/m²	普通住宅	二居室(60~91.22m²) 三居室(106~127.9m²) 四居室(156.77~173m²)
德润铂悦	约7600元/m²	普通住宅	三居室(119~135m²)
中梁颐和雅筑	约9500元/m²	普通住宅	三居室(125~180m²)
金鼎世家	约8200元/m²	普通住宅、写字楼、商铺	三居室(101~138m²) 四居室(144~168m²)
盛世香榭里	约8500元/m²	普通住宅	三居室(135.16m²)
城投奥文公馆	约10800元/m²	普通住宅	五居室(256m²)
大有公馆	约12000元/m²	普通住宅、酒店式公寓	三居室(98m²) 四居室(166.5~254m²)
恒易宝莲金融中心	约7500元/m²	写字楼、商铺	三居室(139m²) 四居室(148~178m²)
金鼎华府	约6500元/m²	普通住宅、公寓、商住	二居室(79.28~122.51m²) 三居室(142m²)
金鸾御景城	约12000元/m²	普通住宅	二居室(103.96m²) 三居室(124.42~172m²)
东方太阳城	约8000元/m²	普通住宅、商铺	二居室(72~90m²) 三居室(95~138.84m²)
金庆公馆	尚未公布	普通住宅	三居室(140.4~154.28m²) 四居室(190.52m²)
恒易紫园	约9000元/m²	普通住宅	三居室(140.40~154.28m²) 四居室(190.52m²)
紫金园天骄御园	约7000元/m²	普通住宅	三居室(98.5~141.6m²) 四居室(157.8m²)

潍城区

楼盘名称	价格	物业类型	主力户型
中核和兴府	尚未公布	普通住宅	三居室(99~132m²) 四居室(136~155m²)
华安翡翠名郡	约6800元/m²	普通住宅、写字楼	三居室(95.94~137.94m²) 四居室(139.3~141.13m²)
金庆桂花园	约8700元/m²	普通住宅	三居室(136.75~141.58m²) 四居室(154.23~170.96m²)
普兰方城	约5650元/m²	普通住宅	四居室(158.97m²)
巴黎一號	约345万元/套	别墅	三、四居室(101~154m²)
金庆御花园	约7800元/m²	普通住宅	六居室(245~348m²) 七居室(384m²)

潍城区

楼盘名称	价格	物业类型	主力户型
恒信巴塞小镇	约10000元/m²	普通住宅	三居室(89.22~135.18m²) 四居室(172.68m²)
金科集美天宸	约5850元/m²	普通住宅	三居室(95~115m²)
龙润紫宸华府	约9000元/m²	普通住宅	三居室(95~115m²)
恒信玫瑰公馆	约6900元/m²	普通住宅	三居室(95.04~147m²)
美国小镇	约5900元/m²	普通住宅	三居室(115m²)
金科礼悦东方	约7000元/m²	普通住宅	三居室(112~125m²)
泽信云筑	约7300元/m²	普通住宅、商铺	三居室(105~127m²) 四居室(139m²)
青岛印象春	约6500元/m²	普通住宅	三居室(116~129m²) 四居室(130~141m²)
万特公馆	约5888元/m²	普通住宅	三居室(131m²) 四居室(137.71~169m²)
恒信御峰	约6500元/m²	普通住宅	三居室(124~143m²)
绿地新里城	约7500元/m²	普通住宅、写字楼、商铺	三居室(105~128m²) 四居室(140~163m²)
泽信天著	约7600元/m²	普通住宅	二居室(93m²) 三居室(126~128m²)
圣基锦绣和城	约6580元/m²	普通住宅	三居室(118~147m²)
保利·梧桐语	约7300元/m²	普通住宅	三居室(116.32~143.77m²)
东方枫景苑	约8000元/m²	普通住宅	三居室(118~131m²)
金科华府	约5700元/m²	普通住宅	三居室(91~139m²)
圣菲漫步	约6388元/m²	普通住宅、别墅	三居室(91~139m²) 四居室(150m²)
奥文国际城	约7000元/m²	普通住宅、酒店式公寓	三居室(99~141m²) 四居室(143~164.85m²)
华安庭岸风景	约7500元/m²	普通住宅、公寓	三居室(110.58~137.23m²)
万科城	约8400元/m²	普通住宅	三居室(102~129m²) 四居室(140~165m²)
碧桂园翡翠郡	尚未公布	普通住宅	三居室(125~160m²)
唐宁郡	约6300元/m²	普通住宅	二居室(78.57~105m²) 三居室(95~142m²)
郡王府东郡	尚未公布	普通住宅、商铺	三居室(93.4~133.1m²) 四居室(171.4m²)
城建润园	约5500元/m²	普通住宅	三居室(91~142m²)

坊子区

楼盘名称	价格	物业类型	主力户型
恒信书香门第	约7500元/m²	普通住宅	三居室(82~143.4m²) 四居室(146~248.95m²)
亚特尔潍坊院子	约16000元/m²	别墅	二居室(101m²) 三居室(120~127m²) 四居室(156m²)
华安泰晤士小镇	约7500元/m²	普通住宅	二居室(84.49~86.73m²) 三居室(103~135m²) 四居室(139~164.82m²)
邦泰天璞	约7300元/m²	普通住宅、别墅	四居室(176~298m²)
华安观澜府	约8000元/m²	普通住宅、别墅	三居室(108.95~134.96m²) 四居室(115.87~174.62m²)
潍坊碧桂园天玺	约8500元/m²	普通住宅	三居室(118m²) 四居室(143m²)
碧桂园凤翔府	约9000元/m²	普通住宅、别墅	三居室(118~180m²)
鲁商首府	约7400元/m²	普通住宅	三居室(118~128m²) 四居室(138~236m²)
中梁龙玺台	约6500元/m²	普通住宅	三居室(102~120m²) 四居室(130m²)

坊子区

楼盘名称	价格	物业类型	主力户型
恒信理想小镇	约 9500 元 /m²	普通住宅、别墅	三居室 (113~135m²) 四居室 (139~286.3m²) 五居室 (232~295m²)
鲁鸿泰华蘭亭序	约 9000 元 /m²	普通住宅	三居室 (130m²) 四居室 (130.5~184.39m²)
中海凤凰里	约 7500 元 /m²	普通住宅	三居室 (122m²) 四居室 (138~169m²)
恒信澳博莱花园	约 7300 元 /m²	普通住宅	二居室 (85m²) 三居室 (98~260m²)
恒信阳光城	尚未公布	普通住宅	三居室 (101~129m²) 四居室 (136m²)
蓝城春风和院	尚未公布	普通住宅、别墅	三居室 (200~270m²) 五居室 (350m²)
潍州公馆	尚未公布	普通住宅、别墅	三居室 (112~119m²) 四居室 (133~143m²)
潍坊商谷	约 8200 元 /m²	普通住宅、写字楼、商铺	三居室 (105m²) 四居室 (125~264m²) 五居室 (186m²)

寒亭区

楼盘名称	价格	物业类型	主力户型
雅柏文一号公馆	约 8500 元 /m²	普通住宅	三居室 (105.71~133.65m²) 四居室 (137.72~138.8m²)
中梁新嘉拾光悦	约 6800 元 /m²	普通住宅	三居室 (111~129m²) 四居室 (149m²)
恒信涊河公馆	约 8000 元 /m²	普通住宅、商铺	三居室 (124.5~126.3m²) 四居室 (139~143.2m²)
霞飞 6 号	约 7800 元 /m²	普通住宅	三居室 (95~135m²) 四居室 (146m²)
诚泰金润世家	约 7500 元 /m²	普通住宅、公寓	二居室 (85.5m²) 三居室 (95.8~137.9m²) 四居室 (150.49~176.65m²)
恒信学府	约 7200 元 /m²	普通住宅	三居室 (101~130m²) 四居室 (140~169m²) 五居室 (231m²)
蓝城锦绣桃李春风	约 350 万元 / 套	普通住宅	三居室 (121~126m²) 四居室 (145~185m²)
融创融公馆	约 6800 元 /m²	普通住宅	二居室 (95m²) 三居室 (122~134m²) 四居室 (145m²)
恒信温莎公馆	约 6300 元 /m²	普通住宅	三居室 (100m²) 四居室 (137.6~252m²) 五居室 (235m²)
中房·爱悦城	约 8200~16000 元 /m²	普通住宅、别墅	四居室 (138m²) 七居室 (225m²)
欣泰世纪城	约 7350 元 /m²	普通住宅	三居室 (104.56~139.25m²) 四居室 (147.76~155.98m²) 五居室 (182.09m²)
恒大滨河左岸	约 5316 元 /m²	普通住宅、公寓、商业	三居室 (108~124m²)
保利海棠	约 7200 元 /m²	普通住宅、写字楼	三居室 (143~167m²) 四居室 (190m²)
中房花漫里	约 8700 元 /m²	普通住宅	三居室 (118~138m²) 四居室 (140~174m²) 五居室 (190m²)
新力帝泊湾	约 6500 元 /m²	普通住宅	三居室 (108~116m²)

高新技术开发区

楼盘名称	价格	物业类型	主力户型
旭辉银盛泰·博观熙岸	约 12000 元 /m²	普通住宅	二居室 (89~94m²) 三居室 (115~118m²)
中南熙悦	约 9800 元 /m²	普通住宅、商铺	三居室 (123~180m²)
中南保利樾府	约 10000 元 /m²	普通住宅	三居室 (134~168m²)
旭辉银盛泰·博观天成	约 9980 元 /m²	普通住宅、写字楼、商住	三居室 (125m²) 四居室 (142~190m²)
泰和东郡（四期）	约 8200 元 /m²	普通住宅	三居室 (102~135m²) 四居室 (146~156m²)
碧桂园桃李东方	约 6800 元 /m²	普通住宅	三居室 (117m²) 四居室 (144m²) 五居室 (255m²)
高创桃源	约 8500 元 /m²	普通住宅	三居室 (121.73~176.91m²)
梧桐小院	约 12000 元 /m²	普通住宅	三居室 (128m²) 四居室 (198m²)
中阳国际社区	尚未公布	普通住宅	三居室 (116~150m²) 四居室 (198~275m²)
城发润园	约 8100 元 /m²	普通住宅、商铺	三居室 (136~136.78m²) 四居室 (142~174m²)
华安凤凰嘉苑	约 11000 元 /m²	普通住宅	三居室 (91.71~140.48m²) 四居室 (142~174m²)
恒信东方之珠	约 5500 元 /m²	普通住宅	三居室 (107~126m²) 四居室 (142m²)
金帝惠贤府	约 7600 元 /m²	普通住宅	三居室 (132.49~252m²)
恒信宝通御园	约 8400 元 /m²	普通住宅、商铺	三居室 (104~126m²) 四居室 (140m²)
辰隆天玺城	约 9800 元 /m²	普通住宅、公寓、写字楼、商铺	二居室 (90.26m²) 三居室 (106.31~131.57m²) 四居室 (138.8~149.19m²)
华安东方名郡	约 8500 元 /m²	普通住宅	三、四~五居室 (118~217.62m²)
高创桃李苑	约 9100 元 /m²	普通住宅、商铺	尚未公布
恒信风华上品	约 8500 元 /m²	普通住宅	三居室 (138~141m²)
世茂云图	约 8000 元 /m²	普通住宅	尚未公布
恒信天悦	约 8000 元 /m²	普通住宅	三居室 (119.36~136.6m²) 四居室 (142.97m²)
上城淀府	约 9400 元 /m²	普通住宅	三居室 (108.44~152m²)
大有世家	约 8800 元 /m²	普通住宅	三居室 (113~184m²) 四居室 (145~200m²)
学府生活城	约 9500 元 /m²	普通住宅、写字楼、商铺	三居室 (136~170m²) 四居室 (231m²)
中颐和园	约 9000 元 /m²	普通住宅	三居室 (118~145m²) 四居室 (191~200m²)
碧桂园凤凰台	约 10900 元 /m²	普通住宅	一居室 (66m²) 三居室 (113m²) 四居室 (140~180m²)
紫御宫馆	约 8400 元 /m²	普通住宅	三居室 (123~127m²) 四居室 (164~202m²) 五居室 (230m²)
兰溪学府	约 8100 元 /m²	普通住宅	三居室 (119.15~163.87m²)
景泰园	约 8500 元 /m²	普通住宅	三居室 (96~128m²) 四居室 (185m²)
凤栖壹号院	约 8600 元 /m²	普通住宅、别墅	三居室 (139~140m²)
图蘭朵	约 8000 元 /m²	普通住宅	三居室 (95~123m²)
歌尔绿城桃园里	约 10000 元 /m²	普通住宅	三居室 (102~116m²)
枫丹壹号院	约 12000 元 /m²	普通住宅	四居室 (166~185m²) 五居室 (234m²)
中阳东明学府	约 8800 元 /m²	普通住宅	三居室 (118.9m²) 四居室 (145.5~166.42m²)
高新城市广场	约 8650 元 /m²	普通住宅	三居室 (120m²) 四居室 (134~206m²)
柒星国际	约 12000 元 /m²	普通住宅、写字楼、商铺	四居室 (176~298m²) 商铺 (204~294m²)
中海大观天下	约 8300 元 /m²	普通住宅	三居室 (92~131m²) 四居室 (178m²)
桃源金茂悦	约 8000 元 /m²	普通住宅	三居室 (105~125m²)
东金 1 号蓝郡	约 12000 元 /m²	普通住宅	二居室 (94~97m²) 三居室 (119~151m²) 四居室 (159~189m²)
城投东方公馆	约 10000 元 /m²	普通住宅、酒店式公寓	三居室 (113.96~137.59m²) 四居室 (154.52~159.2m²)
永安卧龙壹号	约 12000 元 /m²	普通住宅	三居室 (140.59~163.72m²) 四居室 (122.1~255.68m²)
歌尔绿城	约 10000 元 /m²	普通住宅、别墅	四居室 (140m²) 五居室 (188m²) 别墅 (220~260m²)

经济开发区			
楼盘名称	价格	物业类型	主力户型
文华书院	约 9200 元 /m²	普通住宅	尚未公布
中南珑悦	约 7000 元 /m²	普通住宅	三居室 (127m²) 四居室 (140m²)
和润尚公馆	约 8000 元 /m²	普通住宅	四居室 (228m²) 五居室 (228~326m²)
大川兰溪境界	约 288 万元 / 套	别墅	三居室 (110~363m²) 四居室 (346~462m²) 五居室（465m²）
一象澜湾	约 6300 元 /m²	普通住宅	三居室 (128.11~153.34m²) 四居室 (141.81~242.16m²)
博裕壹号	约 6000 元 /m²	普通住宅	三居室 (95~125m²)
蓝城清风明月（明月苑）	约 7000 元 /m²	普通住宅	三居室 (107~158m²)
北辰白鹭湾	约 7400 元 /m²	普通住宅	三居室 (101.5~136m²) 四居室 (156~195m²) 五居室（212.5~269.9m²）
帝华城	约 4088 元 /m²	普通住宅	二居室 (83.07~89.92m²) 四居室 (97.94~129.22m²)
翔凯文华未来之光	约 6800 元 /m²	普通住宅	三居室 (109.34m²) 四居室 (153~171.98m²)
绿地城	约 7000 元 /m²	普通住宅	三居室 (105~128m²) 四居室 (142m²)
蓝城清风明月（清风苑）	约 6000 元 /m²	普通住宅	二居室 (132~135m²) 三居室 (148m²)

滨海经济开发区			
楼盘名称	价格	物业类型	主力户型
弘润温泉小镇	约 4800 元 /m²	普通住宅	三居室 (121~138m²) 四居室 (146~149m²)
香醍湾	约 4000 元 /m²	普通住宅、公寓、商住	二居室 (92.41~130.02m²) 三居室 (107.75~130.02m²)
滨海欣泰商业街	约 13000 元 /m²	商铺	商铺 (389.64~581.87m²)
紫金园阳光海岸	约 4700 元 /m²	普通住宅	二居室 (79.14~82.23m²) 三居室 (96.46~142.34m²) 四居室 (112.37~161.26m²)

峡山经济开发区			
楼盘名称	价格	物业类型	主力户型
华安温泉小镇	尚未公布	别墅	三居室 (126~166m²) 四居室 (195m²)
峡山凤栖第	约 5600 元 /m²	普通住宅、别墅	三居室 (120~170m²) 四居室 (210m²)

青州市			
楼盘名称	价格	物业类型	主力户型
金科集美嘉悦	约 6400 元 /m²	普通住宅	三居室 (128~134m²)

昌乐县			
楼盘名称	价格	物业类型	主力户型
盛唐御园	约 5300 元 /m²	别墅	五居室 (382.88m²) 六居室 (384.07~397.01m²)

典型项目

中房·爱悦城

`潍坊` `中房` `低密康养` `千亩大盘` `智慧新城`

鸟瞰图

项目地址：
潍坊市寒亭区友谊路与泰祥街交会处西南角

开发商：
山东中滨文旅发展有限公司

产品特征：
高层、别墅

参考价格：
高层均价8200元/平方米、别墅16000元/平方米起

主力户型：
约138平方米四居、约225平方米七居

物业公司：
中房绿地泉物业

5公里生活配套：
高铁北站、2公里内公立学校、富亭街综合学校、1000平方米高端独栋业主会所、21万平方米中房酒店MALL

专家点评

隋钢·潍坊房地产业协会营销策划专业委员会主任

中房·爱悦城体量宏大，配套齐全、产品丰富，满足居民多样性的不同需求。鸿府组团户型方正，三居、四居空间利用率高，大面宽短进深，产品设计理念先进。泓墅组团创新研发的叠墅产品是真正意义上的一户一电梯。

扫码观看楼盘详情

项目测评

【区域地段】
择址肩负"打造市区乃至全市高质量发展新引擎"重任的寒亭区，毗邻城市主干道潍县中路，坐拥国家农综区、中央商务区、高铁新片区三大绝佳发展平台，区位优势得天独厚，价值跃升。

【楼栋规划】
中房·爱悦城项目总占地约1144亩（1亩≈666.67平方米），总建筑面积160万平方米，总投资近百亿元，是集高端商务办公、大型商业、集群式酒店MALL、休闲娱乐、文化旅游、艺术中心、康养智慧人居于一体的大型康养文旅小镇。

【主力户型】
中房·爱悦城叠拼主力户型约225平方米七居，下叠赠送地下双层、多庭院，独立入户院门，上下动静分离，多处茶室、会客厅设置，配有SPA、娱乐、品茗、酒窖、健身、康养房等设计，综合得房率极高。

【园林景观】
社区自带约70000平方米现代园林，融汇"院落情怀""山水理念""归家礼序"等理念。外部中房艺术公园、中房体育公园、张洒河生态公园三大公园环绕。

【自建配套】
项目二期、三期、四期分别规划高端独栋俱乐部"悦享CIUB""中房艺术中心"板块，同时配建"中房艺术公园""爱乐汇"板块，并规划配建康养住宅、智慧人居。项目西北角规划配建AAAAA超甲级写字楼标准潍坊建筑。

【物业服务】
中房绿地泉物业在2019年名列"中国物业服务百强企业"第49位，并荣获2019年"中国物业服务专业化运营领先品牌企业""山东本土物业服务百强企业满意度领先"奖项。（来源：中国指数研究院）

【交通出行】
多条道路贯通高新，紧邻城市交通大动脉潍县中路，毗邻新规划城市轨道交通1号线站点，距离高铁北站直线距离3公里。高铁北站北连京津冀，南接长三角，东临青烟威、西接济南，呈"米"字形半岛交通枢纽，快捷便利。

【教育资源】
2公里内有新阳光小学、杨家埠小学、实验中学、新一中、育英学校（建设中）、富亭街综合学校（建设中）和社区自建9个班的幼儿园。与名校为邻，处处书香。

【购物娱乐】
大型商超综合体吾悦广场（在建）在侧，配建约1000平方米高端独栋业主会所，紧邻21万平方米，集会务中心、餐饮配套、休闲度假等功能于一体的中房酒店MALL。四期"爱乐汇"板块，以文创、体验和规模性打造潍坊地区游乐样板。

【设计风格】
项目整体建筑风格为新亚洲风格。西方建筑风格邂逅温柔端庄的东方文明，融合亚洲美学元素，以亚洲多元化的文化演绎为根基，取长补短精粹升华，创造体现东方韵味、文化特色的活动空间，打造现代园庭意境之美。

东营

在售楼盘一览

东城

楼盘名称	价格	物业类型	主力户型
众成·金湖新城	9000~11000元/m²	别墅	别墅（235~240m²）
东营悦隽时代	7200~7800元/m²	普通住宅	三居室（126m²）四居室（143~168m²）
汇富·尚悦居	7400~8700元/m²	普通住宅	三居室（125m²）四居室（140m²）
金辰·西湖学都	约8500元/m²	普通住宅	三居室（118~144m²）
和枫雅居	约8000元/m²	普通住宅	三居室（125~130m²）四居室（140m²）
富力铂悦府	9000~9500元/m²	普通住宅	四居室（180m²）
鑫都·颐和府	约9600元/m²	普通住宅	三居室（130m²）四居室（180m²）
清风朗悦	约10500元/m²	普通住宅	三居室（139m²）四居室（158~228m²）
方圆碧桂园·云顶	约9300元/m²	普通住宅	三居室（135m²）四居室（205m²）五居室（280m²）
万达兰园	约8700元/m²	普通住宅	四居室（150~195m²）
海通·桂园	约9500元/m²	普通住宅	四居室（146~190m²）
清风熙悦	9000~10000元/m²	普通住宅	三居室（139~162m²）
众成·凯悦华庭	170万元~260万元/套	别墅	别墅（190~235m²）
海通·蔚蓝郡	约8700元/m²	普通住宅	三居室（123~133m²）
海通·碧仙湖畔	约9800元/m²	普通住宅	四居室（140~188m²）
凌上·龙庭御府	约10000元/m²	别墅	别墅（200~360m²）
金基·御景豪庭	约9700元/m²	普通住宅	四居室（143~190m²）
胜宏荣域·悦湖湾	8300~9500元/m²	普通住宅	三居室（127~140m²）四居室（150~240m²）
东营恒大黄河生态城	住宅约6200元/m²商铺4000~5000元/m²	普通住宅、商铺	三居室（122~137m²）
众成·星街二期	公寓暂无价格商铺约15000元/m²写字楼约6500元/m²	公寓、写字楼、商铺	公寓（40~90m²）写字楼（60~140m²）沿街商铺（70~1400m²）
众成·和园	约8300元/m²	普通住宅	三居室（98~126m²）四居室（143~181m²）
众成璟园	7000~7500元/m²	普通住宅	三居室（125m²）四居室（144~160m²）
恒瑞·高尚领域	11000~13000元/m²	别墅	别墅（210~260m²）
东亚清风小镇·帝景园	约6800元/m²	普通住宅	三居室（120m²）四居室（145m²）
白金翰宫3期墅境学府	约7300元/m²	普通住宅	四居室（172m²）
悦辰国际	约6500元/m²	普通住宅	三居室（125m²）四居室（145m²）
奥体学都	约7380元/m²	普通住宅	三居室（120m²）四居室（140~200m²）
沃德中心	公寓7600元/m²起写字楼11000元/m²起	公寓、写字楼	公寓（40~60m²）写字楼（90~1950m²）
海通·御墅蓝湾·洋房	8000~8500元/m²	普通住宅	三居室（117~126m²）四居室（146m²）
海通·御墅蓝湾	约11500元/m²	别墅	别墅（186~224m²）
海通·学府壹号	尚未公布	普通住宅	二、四居室（85~140m²）
东府大院	尚未公布	别墅	别墅（220m²）

西城

楼盘名称	价格	物业类型	主力户型
鲁强·百合新城	约8800元/m²	普通住宅、商铺	二居室（100m²）三居室（130m²）
君正·西府大院	洋房6700元/m²叠墅约9000元/m²	洋房，别墅	三居室（117~130m²）别墅（190m²）
海通知味谷	17000~18000元/m²	商铺	商铺（160~220m²）
众成名园	约7700元/m²	普通住宅	三居室（104m²）四居室（138m²）
湖畔悦府	约7800元/m²	普通住宅	四居室（140~160m²）
众成熙悦华庭	精装约9700元/m²简装约8800元/m²	普通住宅	三居室（134~145m²）四居室（180m²）
花半里芳华	7500~8000元/m²	普通住宅	三居室（117~129m²）四居室（145m²）
滨江壹号江与城	7500~8000元/m²	普通住宅	三居室（115~140m²）四居室（168m²）
理想之城郁金香岸	约9000元/m²	普通住宅	四居室（170~190m²）
城市华府	约6500元/m²	普通住宅	三居室（135m²）四居室（143m²）
恒瑞·富家雅居	7000~9000元/m²	普通住宅、别墅	三、四居室（130~209m²）别墅（180~240m²）
邦德小镇	14000~19000元/m²	商铺	商铺（133~478m²）
金御华府	约12000元/m²	普通住宅	三居室（141~145m²）四居室（160~189m²）
华纳乐府	约7000元/m²	普通住宅、别墅	三居室（147m²）四居室（159m²）
海通·紫薇花园	简装约6500元/m²	普通住宅	三居室（116~125m²）四居室（142m²）
中科创新广场	约8000元/m²	公寓、商铺	商铺（30~50m²）公寓（40~60m²）
碧桂园鑫都·天樾	精装约9700元/m²毛坯约9200元/m²	普通住宅	四居室（195m²）五居室（284m²）
新邦·金向郡	约10000元/m²	普通住宅	三居室（130~138m²）四居室（144m²）

垦利区

楼盘名称	价格	物业类型	主力户型
海通·在水一方	一、二楼约200万元/套三、四楼约180万元/套	别墅	四居室（300m²）
鑫都·黄金时代	约4800元/m²	普通住宅	三居室（130m²）四居室（145~190m²）五居室（280m²）
城投·锦绣城	约5600元/m²	普通住宅	三居室（99~129m²）
众成阜盛园	4000~5000元/m²	普通住宅	三居室（107~128m²）
碧桂园·时代之光	毛坯4300元/m²起精装5600元/m²起	普通住宅	三居室（135m²）
众成·新悦华府	无电梯3650元/m²起有电梯4000元/m²起	普通住宅、商铺	二居室（85~104m²）三居室（106~133m²）四居室（144m²）
金恒丰湖御园	约5900元/m²	普通住宅	四居室（180m²）
平安·丰湖湾	约5600元/m²	普通住宅	三居室（130m²）四居室（180m²）
福华·四季观邸	4300~4400元/m²	普通住宅	三居室（108~132m²）
水岸华庭	约4300元/m²	普通住宅	二居室（92m²）三居室（115~132m²）
新汇·东海岸	175万元~443万元/套	普通住宅、别墅	别墅（300~500m²）
董兴花园玥府	约3680元/m²	普通住宅、别墅	三居室（115~135m²）

垦利区			
楼盘名称	价格	物业类型	主力户型
德润·幸福里	4000元~4200元/m²	普通住宅	三居室（128m²）
海通·西苑丽景	约4500元/m²	普通住宅	二居室（90m²） 三居室（103~119m²）
鑫都·禧悦	约4300元/m²	普通住宅、商铺	三居室（110~127m²） 四居室（140m²）

广饶县			
楼盘名称	价格	物业类型	主力户型
众凯学府	约7800元/m²	普通住宅	三居室(85~130m²)
广饶中南·雅苑	约6300元/m²	普通住宅	三居室（140m²） 四居室（160m²）
碧桂园·凤鸣春秋	高层约7200元/m² 洋房约8200元/m²	普通住宅	三居室（130~140m²）
海通·乐安郡	约6400元/m²	普通住宅、商铺	三居室（125~148m²） 四居室（145~158m²）
梧桐·印象二期	约8000元/m²	普通住宅、商铺	二居室（100~110m²） 三居室（130~138m²） 四居室（160~195m²）

河口区			
楼盘名称	价格	物业类型	主力户型
众富·和悦府	约4900元/m²	普通住宅	三居室（100~139m²） 四居室（141~153m²）
众富·御园	约5700元/m²	普通住宅、别墅	四居室（240m²）
中央丽景	住宅约5000元/m² 商铺约12000元/m²	普通住宅、商铺	四居室（136~151m²）
凯泽·翡翠澜庭	7000~8000元/m²	普通住宅	三居室（135~145m²） 四居室（155~170m²）

利津县			
楼盘名称	价格	物业类型	主力户型
碧水·书香华庭	约7000元/m²	普通住宅	三居室（131m²） 四居室（160~180m²）
碧桂园·天誉	7500~8000元/m²	普通住宅	四居室（145m²）

典型项目

鑫都·颐和府

| 东营 | 鑫都置业 | 植物园畔 | 生态宜居 | 智慧府邸 |

项目地址：
东营市沂河路与东一路交会处（沂河路637号）

开发商：
山东鑫都置业有限公司

产品特征：
小高层、高层

参考价格：
均价9600元／平方米

主力户型：
约130平方米三居、约180平方米四居

物业公司：
碧桂园智慧物业

5公里生活配套：
植物园、广利河森林湿地公园、东城银座商圈、英才小学、育才学校、公立幼儿园（规划中）

专家点评　陈艳珍·乐居东营主编

鑫都·颐和府雄踞植物园板块，位居东西城核心。百米楼间距，户型方正，大面宽阔景阳台，居住感口碑良好。论地段，论环境，论配套，论品质，都是东营人理想的智慧高端，宜居生态大宅之典范。

扫码观看楼盘评情

项目测评

【战略意义】
鑫都集团始于1989年，是一家以房地产开发为主，涵盖金融、能源、投资、石油化工等多元化的企业集团。先后开发的知名度较高的项目有鑫都·西湖湾、鑫都·香山悦、鑫都·颐和府、花半里、万芳园、帝景东方、鑫都财富中心等。

【市场口碑】
2019年4月，项目首期预售110套房源，仅一个月蓄客超2000人，开盘当天去化率达90%。在日后持续销售中，"智慧高端社区""宜居生态环境""好户型"等标签成为购房者对楼盘较多的评价。

【区域地段】
鑫都·颐和府位居东西城核心，择址东营植物园畔，南邻广利河森林湿地公园，北瞰碧仙湖公园，坐拥南一路与东一路交通核心；幼儿园、小学、中学环伺，周边东城银座商圈、万达商圈构筑便捷繁华生活场。

【楼栋规划】
小区占地面积约9.6万平方米，规划总户数945户，包含10栋高层和20栋小高层，整体楼栋设计由南向北依次递进。其中小高层楼高10、11层，一梯两户；高层楼高17、18层，两梯两户、两梯三户。近百米楼间距，增加每个居室的采光度和私密性。

【主力户型】
鑫都·颐和府主力户型为建筑面积130平方米的舒适三居、180平方米的奢阔四居，整体布局方正。南向大面宽阔景阳台，纵观四时风景，餐厅、厨房、客厅一体式设计，生活起居自在穿行；豪华主卧，贯通衣帽间，独立卫浴，一室尽藏生活情趣。

【园林景观】
近30%的绿地率和1.5的容积率，为小区园林规划提供了充足的空间。社区内银杏树、樱花、海棠、红枫等高低灌木形成错落景观带。更有夜光跑道、樱花漫步道、风雨连廊、景观会客厅、全龄段活动场地，供居民健身休憩。

【物业服务】
社区物业为碧桂园智慧物业，在2020年克而瑞发布的TOP100的物业管理服务公司排行榜中，取得第1名的佳绩，深受广大业主认可。2元／平方米／月的物业费堪称质优价廉。

【交通出行】
项目紧邻主干道，交通便捷。沿南一路快速路方便快捷畅达新区和西城；向东5公里内到达市政府。项目西南侧约3公里处是荣乌高速出入口，去济南、青岛非常方便。周边多路公交车，四通八达的公交线路连接城市每个角落。

【医疗配套】
项目东侧有黄河三角洲地区知名的三甲医院——东营市人民医院，是集医疗、教学、科研、急救、预防、保健、养老为一体的现代化三级甲等综合医院。此外还有专门针对儿童成立的东营市立儿童医院，保障孩子健康成长之路。

【教育资源】
项目东南侧规划建设了幼儿园，南一路路北和惠州路路东都规划建设了学校。项目南侧不足1公里是北京鹏搏艺林双语幼儿园，北侧毗东营区阳光幼儿园举步可达，东约3公里为育才中学；距离项目约2公里是英才小学。

525	/	2020年华中区城市发展概述		
530	/	**郑州**	**578** / **洛阳**
530	/	市场总结	578 / 市场总结
534	/	在售楼盘一览	582 / 在售楼盘一览
542	/	典型项目	584 / 典型项目
548	/	**长沙**	**587** / **安阳**
548	/	市场总结	587 / 在售楼盘一览
552	/	在售楼盘一览	589 / 典型项目
559	/	典型项目	
561	/	**南昌**	**590** / **永州**
561	/	市场总结	590 / 在售楼盘一览
569	/	在售楼盘一览	593 / 典型项目
573	/	典型项目	

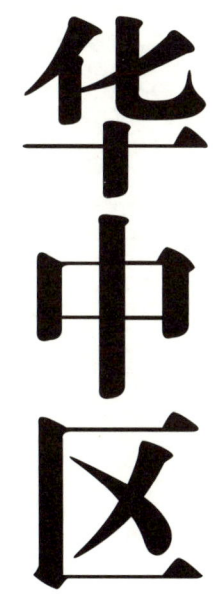

华中区

2020年华中区城市发展概述

一、前言

华中地区，在国家行政地区范畴内，是指河南、湖北、湖南三省，安徽、江西属于华东地区，山西属于华北地区。而在国家经济范畴内，中部地区包括山西、河南、湖北、湖南、安徽、江西6个省份。

但为了更加贴近区域联系，本书将华中地区划定为湖北、湖南、江西、河南四省，故下文中提到的华中地区，特指这四省。

二、区域简介

截至2019年，湖北、湖南、江西、河南四省面积合计73.16万平方千米，总人口约2.85亿人，2019年GDP约16.46万亿元，以占全国国土总面积的7.62%，创造了全国总GDP的16%。

华中四省城市概况

省份	面积（万平方千米）	人口（万人）	2019年GDP(亿元)
湖北	18.59	5927	45828.31
湖南	21.18	6918.38	39752.12
江西	16.69	4666.1	24757.5
河南	16.7	10952	54259.2
合计	73.16	28463.48	164597.13

从人均GDP来看，2019年四省的人均GDP约为57827.48元，低于全国的平均水平71062.03，但后发优势明显，近几年，四省的GDP增速均超过全国平均水平，且位于前列，其中江西增速8.0%、湖南增速7.6%、湖北增速7.5%、河南增速7.0%。

华中地区是以武汉为中心，以中原城市圈、环长株潭城市群、环鄱阳湖城市群为主体形成的特大城市群，在全国区域发展格局中具有举足轻重的战略地位，承东启西、连南接北，是中原地区及长江经济带的重要组成部分，也是实施促进中部地区崛起战略、全方位深化改革开放和推进新型城镇化的重点区域，在我国区域发展格局中占有重要地位。

另外，华中地区历史文化深厚，矿产资源丰富，工业基础雄厚，是全国经济较发达的地区，是我国工农业的"心脏"和交通中心。

三、国家战略

2006年4月，中共中央、国务院《关于促进中部地区崛起的若干意见》出台。此后，湖北武汉城市圈、湖南长株潭城市群获批全国"两型社会"建设综合配套改革试验区；江西《鄱阳湖生态经济区规划》获国务院批复。

2009年9月，国务院通过《促进中部地区崛起规划》，明确提出：加快形成沿长江、陇海、京广和京九"两横两纵"经济带，积极培育充满活力的城市群。之后相继出台《促进中部地区崛起规划实施意见》和《关于促进中部地区城市群发展的指导意见》。

2012年8月，《国务院关于大力实施促进中部地区崛起战略的若干意见》明确提出，"鼓励和支持武汉城市圈、长株潭城市群和环鄱阳湖城市群开展战略合作，促进长江中游城市群一体化发展"。

2014年9月，国务院印发《关于依托黄金水道推动长江经济带发展的指导意见》，提出"把长江中游城市群建设成为引领中部地区崛起的核心增长极"。

2015年4月，国务院发布《国务院关于长江中游城市群发展规划的批复》，范围涵盖湖北、湖南、江西三省，标志着长江中游城市群"中三角"格局正式得到国家批复，而此前一直参与长江中游城市群规划的安徽省因被划入长江三角洲城市群的范围之中，正式退出长江中游城市群格局。

2015年4月13日，国家发展和改革委员会（简称"发改委"）发布《国家发展改革委关于印发长江中游城市群发展规划的通知》并印发《长江中游城市群发展规划》，要求将长江中游城市群建设成为长江经济带的重要支撑和具有一定国际影响的城市群，并将长江中游城市群定位为我国经济新增长极、中西部新型城镇化先行区、内陆开放合作示范区、"两型"社会建设引领区。

2016年3月25日，中共中央政治局审议通过《长江经济带发展规划纲要》，明确要求以长江黄金水道为依托，发挥武汉的核心作用；以长江中游城市群为主体，发挥辐射带动作用，打造长江经济带增长极；发挥武汉等超大城市的引领作用，发挥南昌、长沙等大城市对地区发展的核心带动作用；打造武汉、长沙、南昌等内陆开放型经济高地。

2016年12月29日，国家发展和改革委员会印发《中原城市群发展规划》，目标是壮大先进制造业集群、培育战略性新兴产业集群、加快发展现代服务业、发展壮大现代农业集群。

2018年11月，中央全面深化改革委员会第四次会议审议通过《中共中央国务院关于建立更加有效的区域协调发展新机制的意见》，有力指引了中部地区的发展。

2019年9月19日，习近平总书记在河南主持召开黄河流域生态保护和高质量发展座谈会。

2020年8月31日，中共中央政治局会议审议了《黄河流域生态保护和高质量发展规划纲要》，提出要采取有效举措推动黄河流域高质量发展，加快新旧动能转换，建设特色优势现代产业体系，优化城市发展格局，推进乡村振兴。

四、区域方针

【湖北】

2014年2月，《武汉城市圈区域发展规划（2013—2020年）》获发改委批复。按照规划，武汉城市圈将建设成为全国两型社会建设示范区、全国自主创新先行区、全国重要的先进制造业和高技术产业基地、全国重要的综合交通运输枢纽、中部地区现代服务业中心和促进中部地区崛起的重要增长极。

2017年9月27日，湖北省人民政府办公厅印发湖北省促进中部地区崛起"十三五"规划实施方案的通知。

【湖南】

2008年12月22日国务院批准通过了《长株潭城市群区域规划（2008—2020年）》和《湖南省长株潭城市群两型社会建设综合配套改革总体方案》。长株潭城市群一体化是中部六省城市中全国城市群建设的先行者，在行政区划与经济区域不协调之下，通过项目推动经济一体化，长株潭为其他城市群做了榜样，致力打造成为中部崛起的"引擎"之一。

2017年12月28日，湖南省人民政府关于印发《湖南省实施开放崛起战略发展规划（2017—2021）》的通知。

【江西】

《环鄱阳湖生态城市群规划（2015—2030）》是国务院批复的《长江中游城市群发展规划》的江西省实施规划，环鄱阳湖城市群将打造成为联动"一带一路"的内陆开放高地、长江经济带绿色产业聚集区、国家绿色城镇化先行示范区、具有国际影响力的山水文化旅游区。《大南昌都市圈发展规划（2019—2025年）》出台，以南昌市为核心，构建大中小城市和小城镇特色鲜明、优势互补、网络化发展新格局，推进城乡资源、要素双向流动和优化配置。

2017年9月6日，江西省人民政府办公厅关于印发江西省贯彻落实促进中部地区崛起"十三五"规划实施方案的通知。

【河南】

2012年11月，国务院正式批复《中原经济区规划》（2012—2020年），描绘了一个以郑汴洛（郑州、开封、洛阳）都市区为核心、中原城市群为支撑、涵盖河南全省延及周边地区的重要经济区域。

2016年，继粮食生产核心区、中原经济区、郑州航空港经济综合实验区、郑洛新国家自主创新示范区之后，河南拥有了第5个"国字号"战略规划——河南自贸区。郑州作为中原城市群的核心，河南自贸区将起到带动紧密圈自贸区、辐射中原城市群的重要作用，打造中部内陆开放高地。

2020年3月1日，河南印发《2020年河南省黄河流域生态保护和高质量发展工作要点》文件，提出要抓实抓细抓落地，把握沿黄地区生态特点和资源禀赋，从过去的立足"要"向立足"干"转变、向先行先试转变，引领沿黄生态文明建设，在全流域率先树立河南标杆。

五、交通基建

【湖北】

2020年湖北开工建设高速公路和长江公路大桥12个项目370公里，续建13个项目522公里，新开工11个项目520公里；建设一级公路455公里、二级公路800公里；新改建农村公路1.5万公里；改造公路危桥1200座；新增港口吞吐能力2000万吨，新增千吨级航道里程100公里以上。2021年，湖北省力争新开工4274个亿元以上重大项目，加快推进4881个亿元以上续建项目建设，"更加注重发挥投资在稳增长、补短板、调结构中的关键作用。"在交流物流领域，按照"增密、互通、提质"的要求，湖北省将进一步完善铁路、公路、水运、航空网络，全力加快"4+2"重大铁路、武汉长江中游航运中心、湖北国际物流核心枢纽等重大项目建设，加快发展多式联运，完善集疏运体系，优化运输结构、降低物流成本，增强口岸功能、贸易功能、服务功能，提升对外开放水平，推动打造国内大循环的重要节点和国内国际双循环的战略链接。

【湖南】

"十三五"以来，湖南铁路新增通车里程991公里，总里程达5582公里，其中高铁1986公里，居全国第3，通达12个市州。公路方面，新增高速公路1151公里，总里程达6802公里，居全国第7，年内即将实现"县县通高速"；新改建国省干线超过4000公里，农村公路突破20万公里。水运方面，内河航道总里程近1.2万公里，居全国第3，千吨级及以上航道达1139公里，千吨级以上泊位112个。民航新增2个支线机场和2个通用机场，形成了"一枢纽一干六支"高效民航交通。长沙轨道交通运营里程突破100公里。

湖南"十四五"的基础设施建设规模更为宏远，已将38个重大交通项目列入建设议题，计划总投资4503亿元。铁路尤其是高铁在湖南"十四五"交通建设中将担当重要引领角色，38个项目中前9个均为铁路项目，投资金额达到2287亿元，约占计划总投资的一半。把实施交通重大项目、构建综合交通枢纽体系作为当地高质量发展的基础性工作，计划通过"五纵五横"高铁交通网，"七纵七横"高速公路网的建设，力争"十四五"期间实现全部市州通高铁。

【江西】

2020年，江西重点实施2957个省大中型项目，总投资2.59万亿元左右，年度投资7700亿元左右。普通国省道完成新改建600公里，大中修2000公里，"畅安舒美"示范路1100公里，危桥改造150座。2021年1月，江西发布交通规划，提出要着重打造世纪水运工程、八大千亿工程、万亿交通产业，包括浙赣粤运河、南昌"米字型"高铁、大南昌都市圈轨道交通、昌北国际机场智慧空港、赣州—南昌国际陆港、九江区域航运中心、高速公路主骨架扩容、普通国省道提升、农村公路提质等重大工程项目,加快形成以沪昆、京港澳"双轴"为支撑的"六纵六横"综合运输大通道,着力构建"陆上、水上、空中"三大国际运输战略通道。到2035年,江西省要建成"江西123出行交通圈",即大南昌都市圈、赣州都市区及其他城镇群1小时通勤,南昌至省内其他设区市、设区市至辖内县城1小时通达,南昌至周边省会城市、省内其他各设区市之间2小时通达,南昌至全国主要城市3小时覆盖。

【河南】

2020年,河南大力推进新型基础设施、新型城镇化和交通、水利、能源等领域8280个重大项目建设。郑万、郑阜、商合杭高铁河南段开通运营,南阳、平顶山、周口三市进入高铁时代。总里程超1000公里、总投资超1000亿元的15个高速公路"双千工程"项目全部开工,新建成通车高速公路367公里。加快引江济淮、小浪底南北岸灌区等十大水利工程建设,完成出山店水库建设。新建5G(第五代移动通信技术)基站3.5万个,太焦高铁、青电入豫、尧山至栾川高速等项目建成投用,中原大数据中心等项目加快推进,西霞院水利枢纽输水及灌区工程、观音寺调蓄工程等"四水同治"项目开工建设,2020年全年固定资产投资增长4.3%,省重点项目完成投资超过1万亿元。

六、未来展望

从房地产市场来看,在华中区域2020全年楼市平稳、土地市场稳中有涨、房企积极性较高的形势下,2021年华中房地产市场仍将保持现有的力度,按照"房住不炒"的要求,落实城市主体责任制,完善一城一策、政策协同、调控联动、监测预警、舆情引导、市场监管等机制,继续发挥房地产市场会商协调机制作用,促进华中区域房地产市场的平稳健康发展。

从区域规划来看,继湖北自贸区之后,2020年9月,湖南自贸区获批成立,根据总体方案,湖南自贸区将打造世界级先进制造业集群、中非经贸深度合作先行区、联通长江经济带和粤港澳大湾区的国际投资贸易走廊,形成"一产业、一园区、一走廊"三大特色战略定位。湖南自贸区的建设,将连同湖北自贸区一起,吸引全国乃至全球科技、人才、数据、资本等生产要素向华中区域集聚,助推华中区域以高水平开放助推"双循环"和高质量发展,在改革开放发展中扬帆起航开新局。

河南依据国务院批复的《中原城市群发展规划》,建设现代化郑州大都市区,推进郑州大都市区国际化发展。把支持郑州建设国家中心城市作为提升城市群竞争力的首要突破口,强化郑州对外开放的门户功能,提升综合交通枢纽和现代物流中心功能,集聚高端产业,完善综合服务,推动与周边毗邻城市融合发展,形成带动周边、辐射全国、联通国际的核心区域。

参考资料

1. 湖北省统计局:《湖北省2019年国民经济和社会发展统计公报》
2. 湖南省统计局:《湖南省2019年国民经济和社会发展统计公报》
3. 江西省统计局:《江西省2019年国民经济和社会发展统计公报》
4. 中华人民共和国中央人民政府门户网站:《国务院关于长江中游城市群发展规划的批复》
5. 人民网:中共中央、国务院发出《关于促进中部地区崛起的若干意见》
6. 荆楚网:《长江中游城市群发展历程》
7. 发改委:国家发展改革委地区经济司负责人解读《长江中游城市群发展规划》、《国家发展改革委关于印发促进中部地区崛起"十三五"规划的通知》
8. 中华人民共和国中央人民政府门户网站:《中共中央 国务院关于建立更加有效的区域协调发展新机制的意见》
9. 湖北省人民政府门户网站:《武汉城市圈发展规划获批复》
10. 湖南省人民政府门户网站:《长株潭城市群区域规划(2008—2020)》
11. 江西省人民政府门户网站:关于《环鄱阳湖生态城市群规划(2015—2030)》和《南昌大都市区规划(2015—2030)》的公示
12. 湖北省交通运输厅:《全省交通运输工作会在汉召开》
13. 财联社:《拟投4503亿建交通,高铁投资占半!湖南"十四五"基建再发力》

14. 江西省政务信息公开：《江西将建设"畅安舒美"示范路1100公里》
15. 湖北省人民政府门户网站：《省人民政府办公厅关于印发促进建筑业和房地产市场平稳健康发展措施的通知》
16. 湖南省人民政府门户网站：《湖南住房和城乡建设厅关于切实做好新冠肺炎疫情防控期间企业开复工工作的通知》
17. 江西省人民政府门户网站：《关于公布全省征地区片综合地价的通知》
18. 央广网：《自贸区再"上新"阵容扩围至21个 京皖湘浙迎来政策利好》
19. 发改委：《国家发展改革委关于印发中原城市群发展规划的通知》
20. 中国青年报：《审议〈黄河流域生态保护和高质量发展规划纲要〉和〈关于十九届中央第五轮巡视情况的综合报告〉》
21. 21世纪经济报道：《中原城市群晋升"国字号"战略 郑州大都市区为龙头》
22. 金融时报：《聚焦〈政府工作报告〉中的区域经济》
23. 央广网：《2021年河南省政府工作报告》
24. 新浪财经：《驻马店撤回降房贷首付等17条稳楼市措施：按原政策执行》

郑州

市场总结

一、新房成交表现

1. 整体情况

新房年度成交量：据不完全统计，截至 2020 年 12 月 31 日，2020 年全年郑州郑东新区、惠济区、管城区、中原区、二七区、金水区六大主城区共发出 525 张预售许可证，共 132210 套房源获预售许可证，包括住宅共获证 97146 套，办公、写字楼、公寓等商业获证 34800 套，非住宅获证 264 套。其中碧桂园名门时代城全年拿证套数最多，住宅和商业拿证高达 4398 套，另外融创中永中原大观、汇泉景悦城、康桥玖玺园、瀚海思念城等成为本年度拿证主力。

2020 年郑州共计销售新房 239361 套。从近几年郑州新房销量走势来看，2018 年后，郑州新房销量逐年递减，市场购买力有所降低。其中 2019 年较 2018 年同比降低约 17%，2020 年较 2019 年同比降低约 16%。

根据郑州房管局公开数据，2020 年 12 月，郑州全市商品房销售 38104 套（间）。2020 年 11 月，郑州全市商品房销售 22969 套（间），销售面积 250.17 万平方米，销售均价 11737 元/平方米。其中商品住宅销售 19076 套，销售面积 221.48 万平方米，销售均价 11834 元/平方米；非住宅销售 3893 套（间），销售面积 28.69 万平方米，销售均价 10988 元/平方米。

新房价格情况：根据郑州房管局数据，其中郑州新房商品住宅房价已经呈现 5 个月连跌。11 月郑州主城区新房均价 14504 元/平方米，相较上个月下跌 0.7%。

根据中国房价行情网数据，2020 年 12 月，郑州新房价格为 16052 元/平方米，同比上涨 5.91%。近一个月，郑州房价为 15749 元/平方米，环比下跌 1.89%。2020 年全年郑州房价基本持平，略有起伏。

2. 年度走势

2020 年整年的房价曲线呈现平稳光滑，在二季度出现微涨，在三季度到达年度峰值，在四季度又呈现缓慢小幅度下跌。在三季度，远郊项目呈现跳水降价。2020 年 1 月、3 月及 5 月的上车门槛都相对较低。5 月后郑州市场价格便稳定回升，整体成交价格要高于去年同期。根据克而瑞数据，2020 年 11 月郑州主城区成交均价为 15257 元/平方米，与去年 11 月相比，郑州商品住宅成交均价上涨 1566 元/平方米。

在供求上，11 月郑州商品住宅供应 135.51 万平方米，环比上涨 87%。成交量 88.58 万平方米，环比降低 5%。整体市场依然供大于求。二季度也出现供应成交双上涨的态势，三月份供应量达到峰值，三季度后有所下降，但是表现不明显。受成交量影响，郑州的库存也略微有所上升，从 973.40 万平方米上升至 1020.32 万平方米。去化周期相对比较稳定，维持在 11.5 个月，市场面稳定向好。

2020 年郑州新房销售情况

3. 历史地位

2020 年郑州的成交数据总体仍在意料之内：在新冠肺炎疫情影响和相对较为严格的限购限贷政策下，郑州市场回归理性，部分投资泡沫被挤出。尽管从 3 月开始，郑州楼市有一个迅速的恢复，但整体成交量仍然和 2019 年有一定差距。

2018年郑州新房销量达到顶峰，成交量达到344026套，突破34万套。2020年郑州新房市场最终取得239361套的成绩，为近5年销量最低的一年。

2016~2020年成交走势对比

二、二手房成交表现

1. 整体情况

郑州的二手房市场是一个供大于求的市场，而供大于求的情况还有可能长期存在。受交易税费较高、交易周期较长及客户偏好购买新房等因素影响，郑州的二手房市场的流动性相对较差。

特别是疫情之后，郑州二手房市场的流动性更是"冰封"，主要表现在挂牌量增加、交易周期变长、二手房价格回落等三个方面。根据中国房价行情网数据，截至2020年12月，郑州二手房均价15837元/平方米。根据国家统计局的数据，截至2020年11月，郑州二手房价格已经实现17个月连跌。2020年，郑州全年二手房交易量67635套。

2. 年度走势

2020年，郑州二手房的价格呈现全年下跌的走势。成交量同比去年减少6914套，同比减少约9%。2020年，郑州全年二手房交易量67635套，2月仅销售34套，其他月份变化不明显。从近几年的成交走势看，1~2月为郑州二手房交易低谷，3~8月为郑州二手房交易高峰，在10月经历短暂回落后会在11月迎来最后一波小高潮，12月成交量再度回落。

3. 历史地位

近5年来，郑州二手房市场一直处于低迷状态，2016年接近10万套之后，成交量一直保持在六七万套。有媒体统计，郑州二手房成交周期达166天，位居全国第二位。这也反映了郑州市场的真实购买力状况，郑州二手房供求失衡严重，二手房库存量大，这种情况还要继续持续。

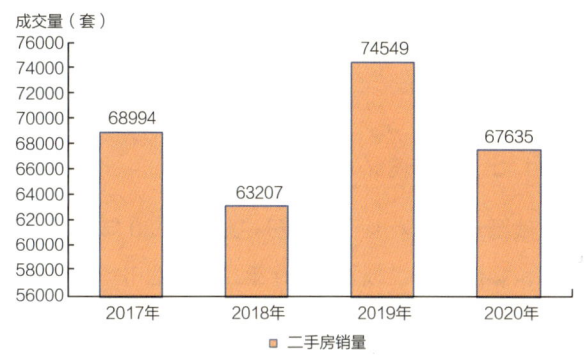

2017~2020年二手房成交情况

三、政策梳理

2020年1月27日郑州市住房保障和房地产管理局发布《关于全市房地产行业配合做好新型冠状病毒疫情防控工作的通知》，宣布"自即日起，各开发企业一律不得对外开放商品房售楼部（案场）"，并共同做好防疫工作。2月6日郑州市发布第10号通告，房地产业2月24日复工网上销售。2月25日郑州通知有序开放售楼部。河南省住房资金管理中心发布《关于应对新冠肺炎疫情实施住房公积金阶段性支持政策的通知》，对受疫情影响的企业和职工实施住房公积金阶段性支持政策，在6月30日前可缓交。

此外，郑州金水区、二七区、管城区、惠济区、中原区、新郑新区、薛店、龙湖镇及郑东新区发布契税补贴，为购房者减压，降低购房成本。

自2020年1月1日起，郑州住房公积金贷款额度提至80万元；5月25日郑州市房管局对房地产经纪机构开放存量房交易合同网签权限；5月29日郑州市房管局发布房地产消费警示；7月3日郑州市房管局发布房屋租赁消费警示；7月13日郑州严查捂盘惜售、无证销售、限制使用公积金等行为；12月17日郑州出台公租房新政；12月21日郑州发布全面启用商品房买卖合同电子签约的通知，严打"首付分期"。

整体政策层面呈现平稳趋紧的态势，并没有重大的放松调控的政策出炉，政策主要围绕在房地产秩序、租赁市场、公积金及应对疫情等方面。在未来，预计随着各城市放开落户的推进，郑州大概率会跟进。

四、土地供应

1. 出让基本情况

截至2020年12月23日，郑州2020年土拍全面收官，零溢价已经成为2020年郑州土地市场的常态。大量零溢价土地的成交也从一定程度上释放出郑州房价平稳的信号。但其中也有热门地块十分抢手、多家房企争抢的情况。

2020年，郑州主城区共计成功出让土地141宗，合计约8139.2亩。在分区域出让分析中，郑东新区出让宗数位居第一，经开区紧随其后，高新区占据第三位。

2. 开发商拿地情况

在拿地金额上，保利全年共计投资719626万元，成为郑州市场"最豪"地主，碧桂园在土地市场共计投入542554万元，恒大拿地共计花费358246万元，本土房企美盛在土地市场贡献了357398万元，融创花费317442万元，成为全年拿地金额第五名。

在拿地面积上，依然是保利占据第一位，共计摘得土地658.01亩，碧桂园共摘581.551亩，第三名是恒大，拿地543.888亩，前三名均为一线入郑房企。

在拿地宗数上，碧桂园以11宗地占据第一位，保利以9宗地位列第二，恒大以7宗地居第三位，康桥和万科分别摘得5宗地块，正商、亚星、美盛、锦艺都拿了4宗地，融创仅摘得3宗地。

其中，保利的地块均为溢价摘得，包括2020年开年首拍"福塔三兄弟"中的两宗，郑政经开出【2020】028号（网）楼面价9977元/平方米，郑政经开出【2020】025号（网）楼面价9798元/平方米。华润竞得郑政经开出【2020】026号（网）宗地，楼面价9783元/平方米。这是2020年楼面价的前三名。

在溢价率方面，万科当仁不让占据了前两名，分别是郑政出【2020】42号（网）、郑政出【2020】44号（网），都是以100%的溢价竞得。碧桂园以71%的溢价率竞得了郑政出【2020】23号（网）宗地。

总体来说，2020年郑州土拍市场相较往年较为平淡，溢价地块较少，土地出让不均，且有下降的趋势。其中，商业用地和产业用地占据的份额较大。在半年到一年左右的时间，出让地块会陆续入市，主要围绕在三环至四环之间，其中包括相当多的城改地块、后续用地，对未来的市场会有一定的冲击，但是冲击不大。

五、热点板块

2021年郑州也有比较令人期待的项目和区域。郑州年末土拍的热点是南部区域，包括二七区南部及管南区域，这也是2020年房价比较坚挺的区域。在2020年年末，万科、碧桂园、保利、鑫苑、正商等掀起了抢地大战。而且，随着郑州南站的建设，以及地铁线路的推进，南部片区将会被激活。其中万科、保利、鑫苑的新项目都值得期待。2021年值得期待的新盘有高新区的"保利和光屿湖"、金水区的"未来天奕"、经开区的"保利天珺"、荥阳市的"万科新田湖与城"、金水区的"建业湖畔洋房"、郑东新区的"绿城湖畔云庐"等。

六、用户心理

2020年郑州购房群体的整体购房期望下降，相比2019年，落差比较大。郑州南三环附近某偏改善项目的置业顾问对其中原因做了一些分析，她认为，受到疫情的影响，相当多的购房群体的购买力下降，原本准备"上车"的刚需群体选择等待，原本准备置换房产的改善需求群体也开始观望，或者降低选择目标。除此之外，由于2020年房价一直没有起色，甚至部分区域"阴跌"（郑州近郊部分区域呈现断崖式下跌，跌幅高达30%），有媒体统计郑州属于全国房价跌幅最大的城市之一，受到"买涨不买跌"的心理因素的干扰，很多购房者选择观望。

在二手房方面，情况更为胶着。有这样一个例子，郑州中原区一套60平方米的小两居室，挂出一年之久无人问津。房主表示，等得起，坚持不降价。由于郑州二手房挂牌量较大，且一、二手房的倒挂现象严重，买方选择余地大，买卖双方陷入僵持。这种情况在郑州不少见，但房主挺不住，被动降价的现象也开始不断出现。

七、2021年展望

1. 政策层面

根据中央经济工作会议的总体部署，"房住不炒"依然是未来房地产政策的主基调。但是，在地方层面，因城施策会继续执行，其中，在租赁市场的正规化、土地市场的规范化及落户政策放开方面，郑州会有所动作。

2. 价格方面

2020年，郑州新房房价呈现"阴跌"状况。部分区域，诸如环郑郊县、近郊部分项目，都出现断崖式下跌，跌幅高达30%。但是主城区及热门区域热门楼盘，房价依然坚挺，导致郑州房价总体走势为基本持平，略有起伏。2021年，如果市场回暖，随着购买力的回升，需求的复苏，房价预计会有一定的"报复性反弹"。

3. 成交方面

2020年的成交处于历史低点，这与疫情影响有很大的关联。在成交方面，一旦政策有利好，购买力回升，成交量也会有所上涨。

4. 金融端

房贷走低是大势所趋，对于购房者来说是利好，也会刺激购房者的购买欲。对于房企来说，受"三道红线"影响，房企的现金流被扼住，房企在营销层面的动作，比如以价换量、降低楼房门槛和超值配赠等对购房者都是利好。

在2021年，新入市项目不会有太多，市场的供应量会有一定程度的减少。而且，部分省会城市及强二线城市如苏州、青岛、长沙等已经出台了放宽落户的相关政策，郑州如果想持续稳固国家中心城市的地位，加码落户政策也是势在必行。在这个层面上，需求肯定会增加。

需求增加，但供应减少，2021年的市场会有一定程度的复苏。

也有开发商工作人员表示，市场是否会好转，关键在于2021年的第一季度，"金三银四"如果好，那么2021年的市场基调就会好，"金三银四"的情况如果还跟2020年一样，那么2021年的市场基调是否延续2020年也未可知。

但普通购房者却持激烈的对立观点。一部分购房者认为，2021年房价会持续回落，可能幅度没有那么大，但是，会慢慢回落到合理的大家能够接受的范围内，因为群众的口袋里也没有多余的钱去支撑楼市，购买力严重不足。

也有一部分购房者认为，房价不会落，因为2020年受疫情的影响比较重，在社会秩序回归正常之后，房地产业也会复苏，只要经济发展、社会进步，房价就不会落，不会追不上通胀的速度。

数据来源：郑州市住房保障和房地产管理局、克而瑞河南区域、360房产网、中国房价行情网等。

在售楼盘一览

二七区			
楼盘名称	价格	物业类型	主力户型
奥马广场	约 7000 元 /m²	公寓	一居室 (42.41m²) 二居室 (47.16~73.42m²)
昌建君悦府	约 13300 元 /m²	普通住宅	三居室 (120m²) 四居室 (137~143m²)
二七鑫苑名城	约 13000 元 /m²	普通住宅	一居室 (23~44m²) 三居室 (88.86~115.73m²) 四居室 (140.64m²)
佳源名门橙邦	约 15000 元 /m²	普通住宅、综合体	三居室 (83.89~124.15m²) 四居室 (136.13~147.24m²)
金地正华漾时代	约 11500 元 /m²	普通住宅	三居室 (95~115m²)
绿城柳岸晓风	约 16500 元 /m²	普通住宅	三居室 (113~115m²) 四居室 (169~182m²)
绿地滨湖国际城	约 8500 元 /m²	普通住宅、公寓	二居室 (88m²) 三居室 (89~118m²) 四居室 (139m²)
绿都盛润云立方	约 9000 元 /m²	公寓	复式 (35~37m²)
融侨悦公馆	约 7300 元 /m²	公寓、商铺	一居室 (26~39m²) 复式 (54~59m²)
融侨悦澜庭	约 12000 元 /m²	普通住宅、公寓	二居室 (67~79m²) 三居室 (82~112m²) 四居室 (125~136m²)
升龙城壹公馆	约 14000 元 /m²	普通住宅、公寓	二居室 (55~81m²) 三居室 (88~140m²) 四居室 (155~177m²)
盛润运河城	约 13500 元 /m²	普通住宅、公寓	三居室 (88.13~143m²)
钛合佳苑	约 16500 元 /m²	普通住宅	二居室 (85.95m²) 三居室 (118.86m²) 四居室 (134.49m²)
泰宏建业国际城	约 13500 元 /m²	普通住宅、公寓	二居室 (57.44~84.89m²) 三居室 (88.37~143m²) 四居室 (222.97m²)
万科大都会	11800~13000 元 /m²	普通住宅	二居室 (78~81m²) 三居室 (87~139m²) 四居室 (160m²)
鑫苑德润珺园	约 13200 元 /m²	普通住宅	二居室 (78m²) 三居室 (88~93m²) 四居室 (101~159m²)
鑫苑二七鑫中心	约 8000 元 /m²	普通住宅、公寓、写字楼、商铺	一居室 (51~66.80m²) 二居室 (75.03~81.87m²) 三居室 (88.60~130.3m²)
鑫苑府	约 14000 元 /m²	普通住宅	三居室 (97~149m²)
旭辉有园	约 13500 元 /m²	普通住宅	三居室 (89~119m²) 四居室 (134m²)
亚新美好书苑	约 12000 元 /m²	普通住宅	三居室 (99~129m²)
亚新嵩山路新公馆	约 8600 元 /m²	公寓	一居室 (28m²) 复式 (37m²)
亚星观邸	约 17000 元 /m²	普通住宅、别墅	三居室 (210~236.35m²) 四居室 (251.54~297.34m²) 复式 (340.59~368.7m²)
亚星金运外滩	12000~13000 元 /m²	普通住宅	二居室 (80~114m²) 四居室 (141.84~188.82m²)
亚星锦绣山河	约 9000 元 /m²	普通住宅、公寓	一居室 (32.33~78.12m²) 二居室 (89.87m²) 三居室 (112.88~135m²)
亚星牛顿公馆二期	约 10500 元 /m²	公寓	一居室 (35.74~55.23m²)
亚星万嘉百汇	约 28000 元 /m²	商业	一居室 (42.14m²)
亚星云水居	约 13500 元 /m²	普通住宅	二居室 (91~104.01m²) 三居室 (125.02~178.37m²)
阳光怡景花园	约 15000 元 /m²	普通住宅	二居室 (76.1~89.7m²) 三居室 (130.36m²)

二七区			
楼盘名称	价格	物业类型	主力户型
招商公园 1872	约 14500 元 /m²	普通住宅	三居室 (143m²)
正商航海铭筑	约 9500 元 /m²	公寓、商业	一居室 (43m²)
正商寓见铭筑	约 9500 元 /m²	公寓、商业	一居室 (35.30~48.96m²)
郑州华侨城	约 12800 元 /m²	普通住宅	三居室 (95m²) 四居室 (143m²)
郑州绿地城	约 13000 元 /m²	普通住宅、公寓、写字楼、酒店式公寓	二居室 (77~83m²) 三居室 (89~139m²) 四居室 (140m²)

高新区			
楼盘名称	价格	物业类型	主力户型
保利文化广场	约 16500 元 /m²	普通住宅、公寓	二居室 (79m²) 三居室 (95~122m²) 四居室 (135~159.7m²)
大正水晶森林	约 13000 元 /m²	普通住宅	三居室 (89~125m²) 四居室 (135m²)
东原阅城	约 14000 元 /m²	普通住宅	二居室 (81m²) 三居室 (89~123m²) 四居室 (142m²)
华瑞紫银华庭	约 13500 元 /m²	普通住宅、公寓	一居室 (35m²) 三居室 (93.1~123.88m²)
金辉优步花园	约 14500 元 /m²	普通住宅	三居室 (89~115m²) 四居室 (128m²)
金科城	约 10000 元 /m²	普通住宅	二居室 (75.08~83.52m²) 三居室 (95.67~127.91m²) 四居室 (139.36~145.29m²)
康桥九溪天悦	约 12800 元 /m²	普通住宅	三居室 (88~110m²) 四居室 (127~142m²)
朗悦 V 公馆	8500~11500 元 /m²	公寓	一居室 (28~58.9m²) 二居室 (74m²)
朗悦公园道 1 號	约 15000 元 /m²	普通住宅、公寓	二居室 (36~89m²) 三居室 (155m²) 四居室 (116~157m²)
朗悦公园府	约 15500 元 /m²	普通住宅	二居室 (67~76m²) 三居室 (88~117m²) 四居室 (184m²)
龙湖景粼玖序	约 15500 元 /m²	普通住宅	三居室 (112m²) 四居室 (125~155m²)
龙湖天境	约 10500 元 /m²	普通住宅、公寓	三居室 (99~116m²) 四居室 (143m²)
美的翰悦府	约 12300 元 /m²	普通住宅	二居室 (78m²) 三居室 (89~110m²) 四居室 (130~140m²)
谦祥世茂钱隆城	约 13700 元 /m²	普通住宅、公寓	二居室 (67.57~84m²) 三居室 (87~128m²) 四居室 (140~142m²)
荣邦城	约 13500 元 /m²	普通住宅	二居室 (81.85~85.55m²) 三居室 (92.85~177.35m²) 四居室 (196.77m²)
荣盛祝福花语水岸	约 12000 元 /m²	普通住宅	二居室 (72m²) 三居室 (89~124m²) 四居室 (133m²)
融信朗悦时光之城	约 11300 元 /m²	普通住宅	三居室 (89~127m²) 四居室 (130~143m²)
睿达广场幸福里	约 14300 元 /m²	普通住宅、公寓	二居室 (56.25~75.37m²) 三居室 (88.62~108.72m²) 四居室 (119.8m²)
万科城湖心岛	约 13300 元 /m²	普通住宅	二居室 (78m²) 三居室 (95~125m²) 四居室 (131~143m²)
永威金桥西棠	约 16500 元 /m²	普通住宅	三居室 (95~129m²) 四居室 (142~179m²)
玉兰先禾	约 13500 元 /m²	普通住宅	二居室 (76.42m²) 三居室 (90.26~125.66m²)

高新区

楼盘名称	价格	物业类型	主力户型
正弘青云筑	约 15500 元 /m²	普通住宅	三居室 (97~132m²) 四居室 (160~183m²)
正商湖西学府	约 11500 元 /m²	普通住宅	三居室 (93.98~117.92m²)
郑州恒大城	约 14350 元 /m²	普通住宅	二居室 (84.44m²) 三居室 (101.98~132.57m²)
中海万锦熙岸	约 12600 元 /m²	普通住宅	三居室 (88~128m²) 四居室 (143m²)

管城区

楼盘名称	价格	物业类型	主力户型
奥兰和园	约 17000 元 /m²	普通住宅	三居室 (101~126m²) 四居室 (129~143m²)
碧桂园名门时代城	约 12400 元 /m²	普通住宅	三居室 (89~113m²)
东方鼎盛花样城	尚未公布	普通住宅	二居室 (76.71m²) 三居室 (89.1~131.55m²) 四居室 (143.97m²)
富田城九鼎公馆	15500~16000 元 /m²	普通住宅、公寓、写字楼、商铺	三居室 (88~125m²) 四居室 (142m²)
富田城九鼎华府	约 13000 元 /m²	普通住宅	三居室 (98~125m²)
康桥未来公元	约 11900 元 /m²	普通住宅	二居室 (75m²) 三居室 (89~115m²) 四居室 (127~142m²)
康桥香蔓郡	约 7500 元 /m²	普通住宅	三居室 (89~125m²) 四居室 (135m²)
龙湖雅宝天钜	17900~32000 元 /m²	普通住宅	三居室 (98~141m²) 四居室 (154m²)
绿地花语城	约 13500 元 /m²	普通住宅	二居室 (78m²) 三居室 (96~126m²) 四居室 (144m²)
绿都澜湾	住宅约 16000 元 /m² 公寓 8100~9300 元 /m²	普通住宅、公寓	二居室 (70~83m²) 三居室 (89m²) 四居室 (125~142m²)
绿都紫荆华庭脉栋	9000~13300 元 /m²	公寓	一居室 (29~43m²)
融创城	约 14000 元 /m²	普通住宅	三居室 (95~130m²) 四居室 (142~143m²)
盛澳金尊府	约 18500 元 /m²	普通住宅	三居室 (119~130.21m²) 四居室 (139.5~202m²)
世茂云尚城	约 15000 元 /m²	普通住宅	三居室 (93m²) 四居室 (140~148m²)
世茂云尚天地	公寓约 11000 元 /m² 商业约 40000 元 /m²	公寓、商业	一居室 (30m²)
鑫苑国际新城	住宅约 16000 元 /m² 公寓 8000~10500 元 /m²	普通住宅、公寓	一居室 (30~51m²) 二居室 (73~75m²) 三居室 (90~126m²)
阳光城	13500~15000 元 /m²	普通住宅、写字楼	二居室 (85~89m²) 三居室 (128m²) 四居室 (143.77~144m²)
正商美誉铭筑	约 9000 元 /m²	公寓、商业	二居室 (44~86m²)
正商生态城	高层约 11000 元 /m² 洋房约 13000 元 /m²	普通住宅	三居室 (94~120m²) 四居室 (143m²)
郑州永威城	约 15000 元 /m²	普通住宅、商铺	三居室 (85~144m²) 四居室 (181m²)

惠济区

楼盘名称	价格	物业类型	主力户型
德兴北尚	约 7500 元 /m²	公寓	一居室 (39m²) 二居室 (47m²) 三居室 (59m²)
丰乐奥体公馆	约 16300 元 /m²	普通住宅	二居室 (77.46m²) 三居室 (89~112m²) 四居室 (127.28m²)
国控碧桂园天澜	约 12500 元 /m²	普通住宅	三居室 (120m²) 四居室 (130~140m²)

惠济区

楼盘名称	价格	物业类型	主力户型
和昌珑悦	公寓约 11800 元 /m² LOFT 约 13000 元 /m²	公寓	一居室 (27~37m²) 二居室 (41m²)
和昌水岸花城	约 12000 元 /m²	普通住宅	三居室 (89~110m²) 四居室 (128m²)
恒德花样年华	尚未公布	公寓	一居室 (24m²) 二居室 (37m²)
锦艺四季城	约 14500 元 /m²	普通住宅、别墅	二居室 (76.84m²) 三居室 (86~130m²) 四居室 (143m²)
绿地璀璨天城	约 14500 元 /m²	普通住宅	二居室 (66~82m²) 三居室 (87~118m²) 四居室 (140~145m²)
绿都青云叙	约 14200 元 /m²	普通住宅	三居室 (95~110m²) 四居室 (125m²)
美景麟起城	约 14500 元 /m²	普通住宅	二居室 (68~76m²) 三居室 (89~122m²) 四居室 (125~126m²)
谦祥福晟兴隆城	约 14300 元 /m²	普通住宅、商铺	二居室 (72m²) 三居室 (88~128m²)
融创城开中原宸院	约 13500 元 /m²	普通住宅	三居室 (89~126m²)
融创瀚海大河宸院	约 13000 元 /m²	普通住宅	三居室 (92~172m²)
台隆合园	约 15000 元 /m²	普通住宅	二居室 (84~89m²) 三居室 (139m²) 四居室 (140m²)
万科民安江山府	约 20000 元 /m²	普通住宅	三居室 (109~115m²) 四居室 (142~177m²)
忆江南度假区	约 8500 元 /m²	普通住宅	二居室 (87~88m²) 三居室 (120m²)
迎宾路 3 号	约 28000 元 /m²	别墅	三居室 (96~131m²) 四居室 (140m²) 五居以上 (450m²)
裕华会园	约 12500 元 /m²	普通住宅	三居室 (88~122m²) 四居室 (140m²)
裕华晴园	约 18000 元 /m²	普通住宅	三居室 (89~138m²) 四居室 (143m²)
正商河峪洲	约 9500 元 /m²	普通住宅	二居室 (102~111m²) 三居室 (121m²) 四居室 (125m²)
正商家河家	约 13000 元 /m²	普通住宅	三居室 (92~132.01m²) 四居室 (140m²)
正商林溪铭筑	约 8900 元 /m²	普通住宅、公寓	二居室 (84~89m²) 三居室 (139m²) 四居室 (140m²)
正商林语溪岸	约 8900 元 /m²	公寓	一居室 (33~55m²)
中海湖滨世家	约 14200 元 /m²	普通住宅	三居室 (89~125m²) 四居室 (140~144m²)

金水区

楼盘名称	价格	物业类型	主力户型
奥园誉湖湾	约 18000 元 /m²	普通住宅	三居室 (99~118m²) 四居室 (128~143m²)
保利海德公园	约 18500 元 /m²	普通住宅	三居室 (95~120m²) 四居室 (144~182m²)
碧桂园天麓	约 19500 元 /m²	普通住宅、商业、公寓	一居室 (38m²) 三居室 (91.66~102.73m²) 四居室 (131~134m²)
常绿东风宸苑	约 19880 元 /m²	普通住宅、商业	二居室 (78.46m²) 三居室 (108.48~117.14m²)
东方宇亿万林府	约 18500 元 /m²	普通住宅	二居室 (90m²) 三居室 (109~173m²)
福晟九州府	约 18000 元 /m²	普通住宅	三居室 (98~125m²) 四居室 (136~144m²)
瀚宇天悦城	约 18500 元 /m²	普通住宅、公寓	三居室 (95~125.81m²) 四居室 (140.35~142.96m²)
和昌优地	约 18000 元 /m²	普通住宅	三居室 (89~129m²) 四居室 (142~143m²)

金水区			
楼盘名称	价格	物业类型	主力户型
鸿园	约24000元/m²	别墅	二居室(139m²) 三居室(160~205m²)
金林双玺	约19000元/m²	普通住宅	三居室(127~133m²) 四居室(147m²)
金誉府	约21000元/m²	普通住宅	一居室(56.26m²) 二居室(86.74~95m²) 三居室(98~132m²)
康桥铂舍	约11000元/m²	公寓	一居室(36~65m²)
康桥东麓园	住宅约20000元/m² 洋房26000元/m²	普通住宅	三居室(129~136m²) 四居室(142m²)
康桥香麓湾	21000~25000元/m²	普通住宅	四居室(142~182m²)
绿地云都会	约9700元/m²	公寓、商铺	一居室(33~52m²)
美盛北龙台	约23000元/m²	普通住宅	三居室(130~143m²)
美盛教育港湾	约18500元/m²	普通住宅、商业、公寓	二居室(75m²) 三居室(89~140m²)
名门翠园	约16500元/m²	普通住宅	三居室(106.81~130.62m²) 四居室(154.12~176.8m²)
名门天境	约12500元/m²	公寓	一居室(38~106m²) 三居室(126m²)
明天香槟花园	约15500元/m²	普通住宅	二居室(79.34~89.03m²) 三居室(110.89~122m²)
清华城	约17500元/m²	普通住宅、公寓	公寓(45~96m²)
清韵颐景苑	约18600元/m²	普通住宅	一居室(56.56m²) 三居室(79.11~119.17m²) 四居室(137.69~231.61m²)
泉舜上城	约18500元/m²	普通住宅	二居室(68.52~78.76m²) 三居室(90.33~129.28m²)
融创金林金水府	住宅约19000元/m² 公寓约13500元/m²	普通住宅、商业、公寓	三居室(113~150m²) 四居室(152~218m²)
融创蘭园	住宅约21000元/m² 洋房约28000元/m²	普通住宅	二居室(85m²) 三居室(110~144m²) 四居室(150m²)
融创中原大观	约18000元/m²	普通住宅、公寓、商铺	二居室(85m²) 三居室(107~133m²) 四居室(142~150m²)
泰山誉景	约16500元/m²	普通住宅、公寓	二居室(79m²) 三居室(84~119m²)
腾威城	约16000元/m²	普通住宅、写字楼、商业	二居室(86.14~93.50m²) 三居室(116.56~138.48m²) 四居室(154.51~154.70m²)
万科美景世玠	约34000元/m²	普通住宅	三居室(127~128m²) 四居室(140~200m²) 五居室(249~276m²)
万科世曦	约18000元/m²	普通住宅	三居室(89~117m²) 四居室(142m²)
鑫苑金水观城	约20500元/m²	普通住宅	三居室(115~138m²) 四居室(148~188m²)
银基C5	LOFT约13500元/m² SOHO约11500元/m²	公寓	公寓(43~110m²)
远洋荣寓	约11500元/m²	公寓	跃层(40.28~43.39m²)
郑东龙湖一号	约35000元/m²	普通住宅	三四居室(130~255m²) 五居室(278~318m²)
郑州雅颂居	约30000元/m²	普通住宅	三居室(154m²) 四居室(226m²)
中州府	约17000元/m²	普通住宅	二居室(101.01m²) 三居室(116~134m²) 四居室(144m²)

经开区			
楼盘名称	价格	物业类型	主力户型
保利金茂时光悦	10800~11000元/m²	普通住宅	二居室(70m²) 三居室(89~110m²) 四居室(128m²)
保利天汇	约20000元/m²	普通住宅	三居室(98~141m²)
碧桂园翡翠湾	约10000元/m²	普通住宅、别墅	三居室(136m²) 五居室(269~273m²) 别墅(390m²)
碧桂园峯景	9500~10800元/m²	普通住宅	三居室(98~126m²) 四居室(143m²)
滨河春晓	16700~17700元/m²	普通住宅	三居室(89~115m²) 四居室(128m²)
东熙汇	约12000元/m²	公寓	二居室(34.98~44.3m²) 三居室(47.8m²)
华发峰景湾	16000~17000元/m²	普通住宅	三居室(89~112m²)
华润置地凯旋门	约18000元/m²	普通住宅	三居室(89~123m²) 四居室(143m²)
金地滨河风华	约17000元/m²	普通住宅	三居室(97.57~198m²)
金地名悦	约10000元/m²	普通住宅	三居室(89~140m²)
金辉滨河云著	约16000元/m²	普通住宅、别墅	三居室(96~169m²)
金沙湖高尔夫观邸	约13500元/m²	别墅	二居室(77.2~97m²) 三居室(120~159m²)
九龙新城	约11000元/m²	普通住宅、别墅	二居室(90m²) 三居室(132.39m²) 四居室(142.67m²)
电建泷悦华庭	16500~17100元/m²	普通住宅、商业	三居室(95~129m²) 四居室(143m²)
路劲正荣悦东园	尚未公布	普通住宅	二居室(78m²) 三居室(88~105m²)
绿城明月滨河	约18500元/m²	普通住宅	三居室(103~128m²) 四居室(142m²)
绿都东澜岸	约10000元/m²	普通住宅	三居室(89~125m²) 四居室(140m²)
美景芳华	13500~16500元/m²	公寓	复式(45~50m²)
美麟国际公馆	约7000元/m²	公寓	一居室(47~59m²) 二居室(78m²)
青风公园	16300~20000元/m²	普通住宅	三居室(98~118m²) 四居室(129~159m²)
融侨雅筑	16500~23000元/m²	普通住宅	三居室(88~113m²) 四居室(133~141m²)
拓丰祥和居	约16000元/m²	普通住宅	二居室(89.18~90.68m²) 三居室(120.6~144.57m²) 四居室(186.46m²)
万科溪望	约9500元/m²	普通住宅	三居室(95~123m²) 四居室(143m²)
信保春风十里	约15500元/m²	普通住宅	三居室(90~113m²) 四居室(130m²)
星联樾棠	约10500元/m²	普通住宅	二居室(75m²) 三居室(89~98m²) 四居室(125m²)
亚新海棠公馆	23000~27000元/m²	普通住宅	三居室(140m²) 四居室(160~200m²)
正商滨河铭筑	约11500元/m²	公寓、商铺	一居室(37~39m²)
正商汇航佳苑	约13700元/m²	普通住宅	三居室(91~130m²)
正商汇航铭筑	约10000元/m²	公寓、商铺、商业	二居室(42m²)
中海如园	15300~16300元/m²	综合体	三居室(87~124m²) 四居室(127~141m²)
中建澜溪苑	约10500元/m²	普通住宅	三居室(79~107m²) 四居室(118m²)

郑东新区			
楼盘名称	价格	物业类型	主力户型
宝能莲湖一品	约18000元/m²	普通住宅	二居室(95m²) 三居室(129m²) 四居室(161~232m²)

楼盘名称	价格	物业类型	主力户型
宝能郑州中心	约 14000 元 /m²	公寓	一居室 (40~46m²) 三居室 (105~135m²) 四居室 (180~255m²)
保利珑熙	约 46000 元 /m²	普通住宅	四居室 (195~235m²) 五居室 (255m²)
北龙湖金茂府	约 65000 元 /m²	普通住宅、别墅	四居室 (185~250m²)
碧桂园生态城	约 11500 元 /m²	普通住宅、别墅	三居室 (120m²) 四居室 (142m²)
碧桂园天琴湾	24000~32000 元 /m²	普通住宅	三居室 (168m²) 四居室 (146~200m²) 五居室 (235m²)
碧桂园象府	洋房约 20000 元 /m² 大平层约 16500 元 /m²	普通住宅	三居室 (175m²) 四居室 (194m²) 五居室 (283m²)
碧桂园豫府	洋房约 42000 元 /m² 叠拼约 1100 万元 / 套	普通住宅	四居室 (195~250m²)
鼎天東尚	18500~19000 元 /m²	普通住宅	二居室 (83~88.7m²) 三居室 (90.03~140m²) 四居室 (192m²)
东润城	约 12500 元 /m²	普通住宅	三居室 (95~129m²) 四居室 (139m²) 五居室 (190m²)
东望云朗	约 12600 元 /m²	公寓	一居室 (31m²) 二居室 (40~50m²)
冠景君悦湖	约 32000 元 /m²	普通住宅	四居室 (162.25m²) 五居室 (205m²)
广电天韵	约 25700 元 /m²	普通住宅	三居室 (123~139m²) 四居室 (179m²) 五居室 (230m²)
国控东宸	约 22000 元 /m²	写字楼、公寓	一居室 (28~42m²) 三居室 (60~77m²)
汉德如意府	约 13000 元 /m²	普通住宅	二居室 (94~131m²) 三居室 (113~217m²)
瀚海观象	约 25500 元 /m²	普通住宅	四居室 (168~189m²) 五居室 (240~340m²)
河南卢森堡中心	约 25000 元 /m²	写字楼	写字楼 (40~220m²)
宏光揽境	23500~25000 元 /m²	普通住宅	二居室 (86~87m²) 三居室 (110~113m²) 四居室 (153m²)
华润置地新时代广场	11500~13000 元 /m²	写字楼、商业、公寓	一居室 (29~56m²)
汇泉博澳东悦城	约 12000 元 /m²	普通住宅、商业	二居室 (78m²) 三居室 (89~117m²)
吉地澜花语	约 13000 元 /m²	普通住宅	二居室 (80~111m²) 三居室 (123~138m²) 四居室 (142m²)
佳田美林上苑	约 42000 元 /m²	普通住宅	四居室 (160~245m²)
建业 LA VIE 半英里	约 23000 元 /m²	普通住宅	一居室 (38~50m²) 二居室 (78~80m²)
建业电影小镇之橙园	10500~12000 元 /m²	普通住宅	二居室 (100m²) 三居室 (126~168m²) 四居室 (179~220m²)
建业天筑	约 45000 元 /m²	普通住宅、商铺	三居室 (162m²) 四居室 (234m²) 五居室 (285~603m²)
建业新筑	住宅约 14000 元 /m² 叠墅 18000~30000 元 /m²	普通住宅、别墅	三居室 (140~163m²) 别墅 (190~247m²)
金领九如意	约 47000 元 /m²	普通住宅	四居室 (196~365m²) 五居室 (399~490m²)
金茂保利如意府	约 42000 元 /m²	普通住宅	四居室 (143~185m²)
锦雍水之郡	约 17000 元 /m²	普通住宅	二居室 (72.48~90m²) 三居室 (109.1~140.37m²)
康桥诸子庐	约 58000 元 /m²	普通住宅	三居室 (170~274m²)
蓝宝湖畔晓风	约 19000 元 /m²	普通住宅	三居室 (92~135m²) 四居室 (136~207.68m²)
蓝宝桃源里	约 16500 元 /m²	普通住宅、公寓	二居室 (77~82m²) 三居室 (89~119m²)
蓝城诚园	尚未公布	普通住宅	三居室 (130m²)
蓝城玫瑰园	约 17000 元 /m²	普通住宅、别墅	三居室 (124m²) 四居室 (133.66~253m²)
绿城湖畔雲庐	尚未公布	普通住宅	三居室 (149m²) 四居室 (165~249m²)
美盛象湖 100	约 9000 元 /m²	公寓	一居室 (27~33m²)
名门樾府	约 55000 元 /m²	普通住宅	三居室 (185m²) 四居室 (315m²)
茉莉公馆	约 39700 元 /m²	普通住宅	三居室 (133.54m²) 四居室 (164m²) 五居室 (187m²)
清华附中启迪郑东科技城	约 30000 元 /m²	公寓	二居室 (67~77m²) 三居室 (117~136m²)
融创中原壹号院	尚未公布	普通住宅	四居室 (191~248m²) 五居室 (315m²)
天伦城	高层 16000 元 /m² 洋房 18500 元 /m²	普通住宅	三居室 (97~127m²) 四居室 (140m²)
万众顺和禧	尚未公布	普通住宅	四居室 (213~287m²) 五居室 (295m²) 七居室 (455m²)
象湖里	约 8700 元 /m²	普通住宅、公寓	一居室 (44~59m²)
新田印象中心	约 11000 元 /m²	写字楼、商业、公寓	一居室 (28~56m²) 二居室 (38~83m²) 三居室 (115m²)
信友天樾	约 9000 元 /m²	普通住宅	三居室 (98.86~123.32m²) 四居室 (134.33m²)
星城国际西苑	约 6800 元 /m²	普通住宅	二居室 (86m²) 三居室 (113~122m²)
星联枫桥湾	约 23000 元 /m²	普通住宅	三居室 (141m²) 四居室 (169~197m²)
星联岚溪府	14000~14800 元 /m²	普通住宅	三居室 (98~138m²) 四居室 (160~169m²)
星联湾璟和	住宅约 15000 元 /m² 别墅约 28000 元 /m²	普通住宅、别墅	四居室 (183.69m²) 五居室 (211.78m²) 别墅 (300m²)
星联中心云顶公馆	约 15000 元 /m²	公寓	一居室 (36~51m²) 二居室 (51.76m²)
雅居乐御宾府	约 49500 元 /m²	普通住宅、别墅	三居室 (183m²) 四居室 (255m²)
银榕居	约 24000 元 /m²	普通住宅	三居室 (98~128m²) 四居室 (143m²)
英协生生银河居	约 23000 元 /m²	普通住宅	二居室 (96.9m²) 三居室 (113~141m²) 四居室 (144.68m²)
永威森林花语	约 14500 元 /m²	普通住宅、别墅	三居室 (99~165m²) 四居室 (156.49~249m²)
永威上和琚	约 46000 元 /m²	普通住宅	三居室 (189.10m²) 四居室 (205.56~285.65m²) 五居室 (315.16~610.01m²)
永威上和院	57000~58000 元 /m²	别墅	四居室 (234m²) 五居室 (262m²)
正弘臻筑	约 50000 元 /m²	普通住宅	四居室 (170~210m²)
正商丰华上境	约 32000 元 /m²	普通住宅	三居室 (146m²) 四居室 (173m²)
正商珑水上境	约 40000 元 /m²	普通住宅	四居室 (145~180m²)
正商善水上境	约 32000 元 /m²	普通住宅	三居室 (189m²) 四居室 (200m²) 五居室 (209m²)
正商书香铭筑	约 14000 元 /m²	公寓	一居室 (71m²)
正商祯瑞上境	42000~45000 元 /m²	普通住宅	四居室 (175~190m²) 五居室 (240m²)
郑东华府 TIVOLI	约 28000 元 /m²	普通住宅	三居室 (135.62m²) 四居室 (242.04m²) 七居室 (414.56m²)

郑东新区			
楼盘名称	价格	物业类型	主力户型
郑州金融岛	25000~46000 元/m²	公寓、商办	公寓 (97~500m²)
中晟新天地	约 12000 元/m²	写字楼	写字楼 (86m²)
紫藤公馆	约 25000 元/m²	普通住宅	三居室 (141m²) 四居室 (165~186m²) 五居室 (218m²)

中原区			
楼盘名称	价格	物业类型	主力户型
保利心语	公寓 9300~10500 元/m²	普通住宅、公寓	一居室 (26~40m²)
碧桂园名门凤凰城	14500~17000	普通住宅	三居室 (89~115m²)
风和朗庭	公寓 8000~9000 元/m²	普通住宅、公寓	一居室 (28~56m²)
和润林湖美景	14500~15800	普通住宅	二居室 (78.06~79.32m²) 三居室 (88~128.83m²) 四居室 (140.69m²)
恒大云玺	20200~21400 元/m²	普通住宅	三居室 (110.97~134.99m²) 四居室 (146.28~252.63m²)
华瑞紫韵城	约 14500 元/m²	普通住宅、公寓、写字楼、商铺	二居室 (77.74m²) 三居室 (88~137m²) 四居室 (168m²)
汇泉景悦城	住宅约 13700 元/m² 公寓约 10000	普通住宅、公寓	二居室 (65m²) 三居室 (78~88m²) 四居室 (112m²)
汇泉西悦城	住宅约 12300 元/m² 公寓 8800~9700	普通住宅、公寓	一居室 (26~44m²) 二居室 (68~72m²) 三居室 (89~126m²)
金地西湖春晓	11600~12000 元/m²	普通住宅	三居室 (94~122m²)
金科中原	13000~14500 元/m²	普通住宅	三居室 (96~117m²) 四居室 (143m²)
金水世纪城	约 14000 元/m²	普通住宅	二居室 (75.17~78.83m²) 三居室 (86.52~124.98m²) 四居室 (138.28~141.79m²)
锦艺国际轻纺城	约 7300 元/m²	公寓	一居室 (39.8m²)
康桥玖玺园	约 17000 元/m²	普通住宅	三居室 (112~127m²) 四居室 (140m²)
昆仑望岳	约 19500 元/m²	普通住宅	三居室（124~141m²）
融侨悦城	11500~13000 元/m²	普通住宅	三居室 (89~122m²) 四居室 (138m²)
融信奥体世纪	约 15000 元/m²	普通住宅	三居室 (89~117m²) 四居室 (128~144m²)
升龙御玺	15500 元/m²	普通住宅	二居室 (58~98m²) 三居室 (131m²)
盛世卧龙城	约 14000 元/m²	普通住宅	二居室 (86m²) 三居室 (129~142m²)
世茂振兴璀璨熙湖	小高层约 16000 元/m² 洋房约 20000 元/m²	普通住宅	三居室 (97.60~142.83m²)
万科山河道	约 19800 元/m²	普通住宅	三居室 (122~127m²) 四居室 (143m²)
阳光城丽景公馆	12000~13800 元/m²	普通住宅、商铺	二居室 (72~80m²) 三居室 (89~126m²)
永威西郡	14000~15000 元/m²	普通住宅	一居室 (36.11~56.43m²) 三居室 (89~118m²) 四居室 (135~143m²)
裕华城	12400~13500 元/m²	普通住宅	二居室 (78m²) 三居室 (89~118m²) 四居室 (131m²)
元正康郡	洋房约 9700 元/m² 别墅 500~600 万元/套	普通住宅、别墅	五居室（150~350m²）
郑州恒大林溪郡	高层约 15000 元/m² 洋房约 20000 元/m²	普通住宅	二居室 (86.34m²) 三居室 (96.19~119.02m²) 四居室 (136.81m²)

中原区			
楼盘名称	价格	物业类型	主力户型
碧桂园西湖	12500~15500 元/m²	普通住宅	三、四居室 (89~142m²)
中晟 Park 公寓	8500~9000 元/m²	公寓	一居室 (32~61m²)
中晟柒号院	约 15500 元/m²	普通住宅	三居室 (141~157m²) 四居室 (192m²)
中晟上宾城	尚未公布	普通住宅	三居室 (100~120m²)
中原华侨城	高层约 11000 元/m² 洋房约 16000 元/m²	普通住宅	三居室 (89~136m²)

航空港区			
楼盘名称	价格	物业类型	主力户型
安纳西庄园	约 10000 元/m²	普通住宅	二居室 (82.29m²) 三居室 (93.89~100.08m²)
国园柒号院	19000 元/m²	普通住宅	三居室 (115~126m²) 四居室 (137m²)
瀚海航城	约 8300 元/m²	普通住宅	二居室 (70m²) 三居室 (90~140m²) 四居室 (165m²)
航美国际智慧城	约 7500 元/m²	普通住宅、商业	二居室 (78~80m²) 三居室 (88~120m²)
浩创梧桐华府	约 10000 元/m²	普通住宅、别墅、商铺、商业	二居室 (58~89m²) 三居室 (149m²)
和昌盛世城邦	约 8000 元/m²	普通住宅、商业	三居室 (95~120m²) 四居室 (140m²) 五居室 (180m²)
建业云境	约 9200 元/m²	普通住宅	三居室 (95~115m²) 四居室 (140m²)
锦荣广场	8500~10500 元/m²	公寓、写字楼	一居室 (36.9~43.7m²) 二居室 (43.7m²)
康桥林语镇	约 8400 元/m²	普通住宅	三居室 (89~128m²) 四居室 (140~168m²)
融创空港宸院	约 9500 元/m²	普通住宅	三居室 (104~130m²) 四居室 (144~145m²)
润丰聚尚	约 7400 元/m²	普通住宅	一居室（45.26m²） 二居室 (75~82m²) 三居室 (88~130m²)
山顶御景园	约 9000 元/m²	普通住宅	三居室 (107~151m²) 四居室 (152m²) 五居室 (146~156m²)
世航四合院	约 16000 元/m²	公寓、别墅	一居室 (38~68m²) 四居室 (227~241m²)
世茂云境	约 8300 元/m²	普通住宅	三居室 (92~123.71m²) 四居室 (128m²)
万科美景魅力之城	约 10200 元/m²	普通住宅、商铺	二居室 (74m²) 三居室 (82~120m²)
兴港和昌云著	住宅约 9500 元/m² 叠拼约 20000 元/m²	普通住宅	三居室 (86~127m²) 四居室 (140~175m²)
兴港永威和园	约 9699 元/m²	普通住宅	二居室 (81m²) 三居室 (88~122m²) 四居室 (140m²)
兴港正商宇航铭筑	约 8000 元/m²	公寓、商业	二居室 (41.63~94.92m²) 三居室 (67.43~94.92m²)
旭辉空港时代	约 5800 元/m²	普通住宅	二居室 (88~108m²) 三居室 (114m²)
永威南樾	约 9980 元/m²	普通住宅	二居室 (78.06m²) 三居室 (130.89~140m²) 四居室 (152.24m²)
永威望湖郡	约 10500 元/m²	普通住宅	三居室 (87~121m²) 四居室 (142m²)
御品蔚来云城	约 9450 元/m²	普通住宅	一居室 (49~66m²) 三居室 (86~135m²) 四居室 (185~339m²)
豫发白鹭源春晓	约 10000 元/m²	普通住宅	二居室 (79.7~80.58m²) 三居室 (93.51~116m²)
豫发九棠府	约 10200 元/m²	普通住宅	三居室 (120m²) 四居室 (134~164m²)

航空港区

楼盘名称	价格	物业类型	主力户型
远洋中能荣府	约 11300 元 /m²	普通住宅	三居室 (88~122m²) 四居室 (143m²)
云瓴国际	约 9600 元 /m²	写字楼、公寓	二居室 (54.21m²) 三居室 (114.68m²) 四居室 (134.07m²)
招商公园与湖	约 9200 元 /m²	普通住宅	三居室 (122m²) 四居室 (133~143m²)
正弘中央公园	约 9500 元 /m²	普通住宅	一居室 (65.78m²) 三居室 (86~128m²) 四居室 (143m²)
正商雅庭华府	约 9500 元 /m²	普通住宅	三居室 (94.25~136.66m²)
郑州恒大未来之光	约 8000 元 /m²	普通住宅	二居室 (83.71~91.21m²) 三居室 (91.44~129.13m²)
中建滨水苑	约 11000 元 /m²	普通住宅、商业	三居室 (94.58~122.11m²) 四居室 (137.84~142.67m²)
中建林溪上郡	约 9700 元 /m²	普通住宅、别墅	三居室 (92.55~156.21m²) 四居室 (200.95m²)
中能新誉	约 22500 元 /m²	别墅	四居室 (115m²) 五居室 (201.64m²)

平原新区

楼盘名称	价格	物业类型	主力户型
碧桂园凤凰湾	约 7000 元 /m²	普通住宅	三居室 (99~117m²) 四居室 (141~330m²)
凤湖梧桐湾	约 7500 元 /m²	普通住宅	三居室 (100~123m²)
恒大金碧天下半城湖	6000~13000 元 /m²	普通住宅	二居室 (84~89m²) 三居室 (107.42~153.13m²) 四居室 (227.95m²)
恒大御景湾	约 7500 元 /m²	普通住宅、商铺	三居室 (111.37~143.75m²)
恒升 1 号庄园	11000~13000 元 /m²	别墅	五居室 (340~415m²)
华润置地平原府	5400~6500 元 /m²	普通住宅	三居室 (97~126m²) 四居室 (142~144m²)
建业比华利庄园	约 6500 元 /m²	普通住宅	三居室 (90~129m²) 四居室 (145m²)
蓝城凤起潮鸣	约 6000 元 /m²	普通住宅	三居室 (120m²) 四居室 (140~160m²) 五居室 (195m²)
蓝城桃源春晓	7300~15000 元 /m²	别墅	四居室 (150~170m²)
蓝光凤湖长岛国际社区	约 7800 元 /m²	普通住宅	三居室 (96.69~125.02m²) 四居室 (130m²)
蓝光雍锦王府	7200~7700 元 /m²	普通住宅	三居室 (113~142m²) 四居室 (158m²)
绿城凤湖玫瑰园	高层约 7000 元 /m² 别墅约 700 万 / 套	普通住宅、别墅	三居室 (95~154m²) 别墅 (430~530m²)
绿地泰晤士新城	别墅约 9300 元 /m²	普通住宅、别墅	别墅 (73~316m²)
泰禾中州院子	约 9000 元 /m²	别墅	三居室（141~159m²） 四居室（196~350m²）
西西里传说	约 7500 元 /m²	普通住宅、别墅	三居室 (134~150m²) 四居室 (162~213m²)
正弘悦云棠	100 万元 / 套起	普通住宅	四居室 (157~167m²) 五居室 (196m²)
正弘悦云庄	8500~10000 元 /m²	普通住宅	三居室 (90m²) 四居室 (139~227m²)
中昂朗悦	6300~6900 元 /m²	普通住宅	三居室 (98~127m²)
中原融创文旅城	6200~12000 元 /m²	普通住宅、别墅	三、四居室 (89~172m²)

上街区

楼盘名称	价格	物业类型	主力户型
河南中原科创产业园	约 5980 元 /m²	写字楼	写字楼 (940~2000m²)
花样年好时光	约 5500 元 /m²	普通住宅	三居室 (106~116m²) 四居室 (121m²)

上街区

楼盘名称	价格	物业类型	主力户型
理想名城	约 7600 元 /m²	普通住宅、商铺	一居室 (34.63m²) 二居室 (85.36m²) 三居室 (114.64~126.04m²)
上街碧桂园	6900~9000 元 /m²	普通住宅	三居室 (125m²) 四居室 (140m²)
申颐鸿盛新城	4500~6500 元 /m²	普通住宅	二居室 (75.2~110.02m²) 三居室 (140.04m²)
泰禾大城小院	约 16000 元 /m²	普通住宅	三居室 (160m²) 四居室 (187.3~197.86m²) 五居室 (233.2m²)
万科民安 方顶驿文化旅游度假区	约 250 万元 / 套	普通住宅、别墅	别墅 (143~277m²)
五云山小镇	约 8600 元 /m²	普通住宅	一居室 (50.31m²) 二居室 (83.96~92.11m²) 三居室 (124.74m²)
亚星福邸	约 6500 元 /m²	普通住宅	二居室 (87.56m²) 三居室 (109.54~129.47m²) 四居室 (134.55~138.54m²)
亚星江南小镇	约 7000 元 /m²	普通住宅、别墅	三居室 (104m²) 四居室 (140~232m²)
亚星上湖嘉园	7500~9000 元 /m²	普通住宅	二居室 (87.55m²) 三居室 (116.01~178.72m²) 四居室 (199.04m²)
正商云湖上院	约 5500 元 /m²	普通住宅	三居室 (97m²) 复式 (139m²)
郑西建业联盟新城	5800~8500 元 /m²	普通住宅	三居室 (88~128.65m²) 四居室 (140~179m²)
中梁首府壹号	约 5300 元 /m²	普通住宅	三居室 (99.6~124.6m²) 四居室 (138.2m²)

新郑市

楼盘名称	价格	物业类型	主力户型
碧桂园双湖城	尚未公布	普通住宅、公寓、写字楼、商铺	三居室 (115m²) 四居室 (138m²)
城南正荣府	约 7500 元 /m²	普通住宅、别墅、商铺	三居室 (89~110m²) 四居室 (127m²) 别墅 (140m²)
大发融悦四季	约 6500 元 /m²	普通住宅、商铺	二居室 (89m²) 三居室 (106~135m²) 四居室 (140m²)
法兰原著半岛	约 9100 元 /m²	普通住宅	三居室 (89~143m²) 四居室 (230m²)
富田兴和湾	约 10000 元 /m²	普通住宅	二居室 (80~89.77m²) 三居室 (103.08~130m²) 四居室 (136~143m²)
国泰紫荆园	约 8600 元 /m²	普通住宅	二居室 (83.64m²) 三居室 (89.51~120.19m²)
翰林华府	约 9700 元 /m²	普通住宅	三居室 (87.71m²) 四居室 (134.78~159.83m²)
翰林荣府	约 9200 元 /m²	普通住宅	二居室 (91.87~125m²) 三居室 (127~133m²) 四居室 (135m²)
浩创梧桐春晓二期	约 6800 元 /m²	普通住宅	三居室 (87~121m²) 四居室 (123~132m²)
浩创梧桐花语	约 6600 元 /m²	普通住宅	三居室 (89~113m²) 四居室 (125m²)
浩创梧桐茗筑	约 6200 元 /m²	普通住宅	三居室 (82~109m²)
浩创梧桐溪水湾	约 8200 元 /m²	普通住宅	三居室 (90m²) 四居室 (124m²)
恒基水榭华城	约 10500 元 /m²	普通住宅、别墅	三居室 (88~100m²)
红星天悦	普通住宅约 8000 元 /m² 花园洋房约 9300 元 /m²	普通住宅	二居室 (78m²) 三居室 (88~114m²) 四居室 (128m²)

新郑市

楼盘名称	价格	物业类型	主力户型
华南城中园	约9300元/m²	普通住宅	三居室(87.62~132m²) 四居室(137~143m²) 五居室(158m²)
佳兆业悦峰	约7800元/m²	普通住宅	三居室(99~148m²) 四居室(220m²)
建业蓝海郑风	约8500元/m²	普通住宅、别墅	三居室(89~107m²) 四居室(120~141m²)
建业天汇城	约8000元/m²	普通住宅	三居室(95~120m²)
金科御府	约7400元/m²	普通住宅	三居室(105~136m²) 四居室(151~175m²)
九珑台	约9000元/m²	普通住宅	二居室(71.52~72.52m²) 三居室(83~114m²)
康桥九溪郡	普通住宅约8500元/m² 公寓约6500元/m²	普通住宅	二居室(69~77m²) 三居室(87~132m²) 四居室(145m²)
康桥那云溪	7900~9300元/m²	普通住宅	三居室(89~126m²) 四居室(130~147m²)
坤达江山筑	普通住宅约8300元/m² 花园洋房约9500元/m²	普通住宅	三居室(88~122m²) 四居室(143m²)
蓝光雍锦香颂	约7500元/m²	普通住宅	三居室(88~113m²) 四居室(120~126m²)
龙湖锦艺城	约10500元/m²	普通住宅、公寓、别墅	二居室(45~113m²) 三居室(85m²) 四居室(131~196m²)
龙湖天宸原著	住宅约10500元/m² 别墅250万~350万元/套	普通住宅	三居室(100~120m²) 四居室(140m²)
美盛中华城	约7200元/m²	普通住宅	二居室(78m²) 三居室(89~110m²) 四居室(125~144m²)
融创东方宸院	约7700元/m²	普通住宅	三居室(102.85~137.23m²) 四居室(159.4m²)
融侨美域	约8300元/m²	普通住宅	三居室(89~110m²) 四居室(137m²)
泰美嘉爱尚里	约8600元/m²	普通住宅	三居室(88~115m²)
泰颐府	约9000元/m²	普通住宅	二居室(98m²) 三居室(110m²) 四居室(122~125m²)
万科星图	约8700元/m²	普通住宅	三居室(89~120m²)
西亚斯宫馆	约7350元/m²	普通住宅	三居室(91.32~135.4m²) 四居室(146.6m²) 五居室(199.01m²)
新郑奥园和悦府	约5700元/m²	普通住宅	三居室(97~123m²) 四居室(134~142m²)
新郑碧桂园	约11000元/m²	普通住宅	四居室(142~202m²) 五居室(240~268m²)
新郑恒大悦龙湾	约6227元/m²	普通住宅	三居室(111.16~138.55m²) 四居室(155.58m²)
星联望溪府	约7800元/m²	普通住宅、公寓	三居室(88~115m²)
雅居乐天域	普通住宅约9100元/m² 花园洋房约15000元/m²	普通住宅	三居室(105~115m²) 四居室(125~165m²)
永丰乐城	约8400元/m²	普通住宅、商铺	三居室(97.21m²) 四居室(135.25~148m²)
远洋风景	约8600元/m²	普通住宅	三居室(88~124m²) 四居室(136m²)
越秀臻悦府	尚未公布	普通住宅	三居室(95~124m²) 四居室(128m²)
正弘新城	约7000元/m²	普通住宅	三居室(98~136m²) 四居室(143~219m²)
正荣御首府	约9200元/m²	普通住宅	三居室(89m²) 四居室(125m²)
正商公主湖	6000~7800元/m²	普通住宅	三居室(105~143m²) 五居室(177~180m²)

新郑市

楼盘名称	价格	物业类型	主力户型
正商红河谷	约22000元/m²	别墅	三居室(105~148m²) 四居室(173m²) 五居室(240~380m²)
正商红溪谷	约7600元/m²	别墅	五居(260~325m²)
正商玖号院	约8500元/m²	普通住宅	二居室(84~89m²) 三居室(129~141m²)
正商兰庭华府	约8800元/m²	普通住宅	三居室(98~133m²)
正商馨港家	约6800元/m²	普通住宅	三居室(106~120m²)
正商智慧城	9000~11000元/m²	普通住宅、商业	三居室(88~182m²) 四居室(190m²) 五居以上(243~279m²)
郑州正商左岸	住宅7990元/m² 洋房9300元/m²	普通住宅、洋房	三居室(96m²) 四居室(140m²)
郑州孔雀城	约7100元/m²	普通住宅	二居室(78~100m²) 三居室(134m²)
郑州孔雀城公园海	7600~8500元/m²	普通住宅	三居室(89~98m²) 四居室(115m²)
郑州孔雀城星河府	约8100元/m²	普通住宅	三居室(89~125m²)
郑州阳光丽城丽景湾	约9000元/m²	普通住宅	二居室(76~78m²) 三、四居室(89~133m²)
中浩鸿鹄郡	8800~10000元/m²	普通住宅	三居室(94.6~148.67m²) 四居室(151.52m²)
中骏华信璟悦	普通住宅约7500元/m² 花园洋房约9000元/m²	普通住宅	三居室(93~107m²) 四居室(122~154m²)
紫荆半岛东郡	约9000元/m²	普通住宅	三居室(89~132m²) 四居室(147.62m²)

荥阳市

楼盘名称	价格	物业类型	主力户型
艾美中心	约6400元/m²	公寓	复式(45.22~69.73m²)
碧桂园龙城	8000~19500元/m²	普通住宅、别墅	三居室(95~136m²) 四居室(142~157m²) 五居室(274m²)
碧桂园龙城天悦	约8500元/m²	普通住宅	三居室(96~140m²) 五居室(273m²)
碧桂园思念翡翠城	约8500元/m²	普通住宅	三居室(95~138m²) 四居室(142~184m²) 五居室(262m²)
碧桂园万山湖壹号	约8800元/m²	普通住宅	三居室(118m²) 四居室(140~228m²)
大溪地	约8500元/m²	普通住宅、别墅	三居室(88.51m²) 四居室(142m²) 别墅(345.84~700.68m²)
东润玺城	约9600元/m²	普通住宅	二居室(77~107.04m²) 三居室(131m²) 四居室(146m²)
东原阅境	约7500元/m²	普通住宅、商铺	三居室(107.13~129.32m²) 四居室(123.38~149.37m²)
光明索河湾	约6800元/m²	普通住宅	三居室(92.4~141.62m²) 四居室(202.12m²) 复式(225.26~226m²)
国控云庭	约6200元/m²	普通住宅	三居室(83m²) 四居室(89~128m²)
瀚宇天悦湾	6300~8900元/m²	普通住宅、别墅、写字楼	三居室(107~131m²) 四居室(151.69~166.6m²) 五居室(214.97~242.3m²)
合筑玖合湾	约7500元/m²	普通住宅	三居室(88~110m²)
鸿祥钰珑府	约7800元/m²	普通住宅	二居室(93m²) 三居室(111.98~144m²) 四居室(160m²)
建海当代公园阅MOMΛ	约7000元/m²	普通住宅	三居室(89~115m²)
建海绿荫半岛	约8500元/m²	普通住宅、商铺	三居室(103.82~130m²) 四居室(135.74~157.59m²) 五居室(235.69)

荥阳市			
楼盘名称	价格	物业类型	主力户型
建业昌建公园里	约7500元/m²	普通住宅	三居室(93~115m²) 四居室(143m²)
金地格林格林	约7800元/m²	普通住宅	三居室(95~115m²)
金地格林小城	约7850元/m²	普通住宅	二居室(78.75m²) 三居室(85.96~136.32m²) 四居室(143.24~152.95m²)
金科集美公馆	约7000元/m²	普通住宅	三居室(89~115m²)
居易西郡原著	8400~12000元/m²	普通住宅、别墅	三居室(89.81~127.58m²) 四居室(139.03~153.69m²)
领地天屿	约6650元/m²	普通住宅	三居室(88~105m²)
绿城明月江南	约8700元/m²	普通住宅	三居室(95~125m²) 四居室(140~165m²)
绿都元正望晴川	约7500元/m²	普通住宅	三居室(86~110m²)
融创御栖玖里	约14200元/m²	普通住宅、别墅	三居室(143~166m²)
融信嘉湾城	约8300元/m²	普通住宅、别墅	三居室(90~123m²) 四居室(124~140m²)
世茂福晟南山府	约10500元/m²	普通住宅	三居室(126m²) 四居室(141~215m²)
新城郡望府	约8500元/m²	普通住宅	三居室(95~125m²) 四居室(140m²)
永威山悦	约11000元/m²	普通住宅、别墅	三居室(159~164m²) 四居室(214~280m²)
永威溪樾	约9600元/m²	普通住宅	三居室(88~115m²) 四居室(135~144m²)
禹洲嘉誉风华	约7300元/m²	普通住宅	三居室(89~125m²)
裕华行园	约5800元/m²	普通住宅	二居室(81~82.47m²) 三居室(89~121.16m²)
远洋沁园	约7000元/m²	普通住宅	三居室(82~138m²)
正商博雅华庭	约6100元/m²	普通住宅	二居室(73~80m²) 三居室(89~120m²)
郑西理想城	约7500元/m²	普通住宅	二居室(60.35~88m²) 三居室(107~128m²)
郑西鑫苑名家	约7700元/m²	普通住宅、公寓	二居室(83~87m²) 三居室(87.71~135.14m²) 四居室(145.63~149.85m²)
郑州碧桂园	约8200元/m²	普通住宅、别墅	三居室(88~130m²) 四居室(140~186.45m²) 复式(213.9~500m²)
郑州恒大山水城	约8500元/m²	普通住宅、别墅	三居室(118.8~152.1m²)
郑州恒大养生谷	约7500元/m²	普通住宅	二居室(80m²) 三居室(106~154m²) 四居室(225m²)
紫域澜庭	7400~8000元/m²	普通住宅	二居室(81~90m²) 三居室(91~130m²) 四居室(139m²)

中牟县			
楼盘名称	价格	物业类型	主力户型
宝地中央湿地	约8000元/m²	普通住宅、商业	三居室(100.27~131.29m²) 四居室(144.76m²) 五居室(192.05m²)
碧桂园中央公园	约11500元/m²	普通住宅	三居室(102~120m²) 四居室(143m²) 五居室(198m²)
电建地产中牟洺悦苑	约8400元/m²	普通住宅	三居室(109~129m²) 四居室(143m²)
东青云锦熙悦	约8900元/m²	普通住宅	三居室(90~122m²)
东原满庭芳	约10500元/m²	普通住宅	三居室(89~110m²) 四居室(125m²)
弘阳府	约7000元/m²	普通住宅	三居室(90~120m²)
建业G5	约7400元/m²	公寓、综合体、商业	一居室(35.73~49.37m²) 二居室(71.46m²) 三居室(107.19m²)
金科博翠书院小镇	约9500元/m²	普通住宅	三居室(89~143.56m²) 四居室(144.43~188.49m²)
金科天籁城	约11000元/m²	普通住宅	三居室(105m²) 四居室(141~210m²)
康桥兰溪	约9000元/m²	普通住宅	三居室(89~118m²) 四居室(127~166m²)
康桥香溪郡	9000~14000元/m²	普通住宅	三居室(90m²) 四居室(144~166m²)
康桥香溪里	约9500元/m²	普通住宅	三居室(89~117m²) 四居室(140~165m²)
康桥悦溪园	约10500元/m²	普通住宅	三居室(89~125m²) 四居室(145~173m²)
路劲国际城	约9600元/m²	普通住宅、别墅	二居室(78.54m²) 三居室(89.26m²) 四居室(143~158.62m²)
路劲九郡	约8800元/m²	普通住宅、商业	三居室(84~132.79m²) 四居室(135~175m²) 五居室(189.90m²)
绿都九州雅叙	约9500元/m²	普通住宅	三居室(98~118m²) 复式(129~162m²)
名门紫园	11500~13500元/m²	普通住宅	三居室(92.34~138.11m²) 四居室(140~170.58m²) 五居室(173.52~249.43m²)
普罗理想国	约13500元/m²	普通住宅、别墅	三居室(129~163m²) 复式(200~354m²)
融创华夏观澜壹号	约9500元/m²	别墅	三居室(105~195m²)
融信城市之窗	约8800元/m²	写字楼	一居室(22m²) 复式(33~46m²)
润城东方绿博福苑	约8200元/m²	普通住宅	三居室(88.07~120.13m²) 四居室(130m²)
万科荣成兰乔圣菲	约7800元/m²	普通住宅	三居室(124~128m²) 四居室(150~170m²) 复式(290~505m²)
万科荣成云图	约8300元/m²	普通住宅	三居室(97~117m²) 五居室(194~200m²)
鑫苑悦府	约8100元/m²	普通住宅	三居室(89~147m²) 四居室(159m²)
星公馆	约8200元/m²	公寓	三居室(72.96m²) 复式(42.29~60.3m²)
亚新美好天境	约10700元/m²	普通住宅	三居室(85~130m²)
永威上和郡	约15500元/m²	普通住宅、别墅	三居室(129.02~133.45m²) 四居室(144.37~178.03m²) 五居室(180.77~212.07m²)
远洋万和四季	约10500元/m²	普通住宅	三居室(130m²) 四居室(144m²)
正中国际	约7300元/m²	公寓	一居室(29.1m²) 二居室(76.95m²)

典型项目

锦艺四季城

郑州 | 锦艺 | 品牌地产 | 交通便利 | 千亩大盘

项目地址：
郑州市惠济区京广快速路与天河路交接处北500米

开发商：
河南锦轩置业有限公司

产品特征：
普通住宅、叠墅

参考价格：
住宅均价14500元/平方米、叠墅350万元/套起

主力户型：
约143平方米四居

物业公司：
郑州锦艺物业

5公里生活配套：
地铁2号线与3号线（规划）、锦艺实验小学、外国语中学、惠济区第九初级中学、贾鲁河滨河公园、市民健身中心、景观大道、锦艺商业

专家点评

赵进京：河南省房地产业商会常务副会长兼秘书长——

锦艺四季城地处郑州北城核心，紧邻惠济区政府，占位北城门户，地段优势明显。项目周边城市资源丰富，40万平方米商业规划配套强劲，是集休闲、居住、教育于一体的城市优质大盘。

扫码观看楼盘详情

项目测评

【品牌描述】
锦艺集团是一家多元化控股企业集团，战略布局全国一线热点城市，成功培育地产、商业、新材料、纺织、金融、互联网六大产业板块，是涵盖地产物业开发、大型购物中心运营及互联网平台运营的智慧城市生活运营商。

【区域地段】
锦艺四季城择址北城核心，位于京广快速路与天河路交接处，临近地铁2号线与3号线（规划）、坐拥"三纵三横"立体交通路网，紧邻惠济区政府，占位北城门户，交通高速便捷，畅达全城。

【楼栋规划】
锦艺四季城在售香晴苑小区占地约35666.67平方米，规划总户数472户，包含9栋叠墅和4栋高层，整体楼栋设计由南向北依次递进。其中叠墅楼高4层，一梯两户。高层楼高18~29层，两梯四户。

【主力户型】
锦艺四季城户型建面约143平方米下叠墅院四室两厅三卫，南北通透，附带庭院与约6米高双层地下室空间，双卧朝南，客厅搭配观景阳台，空间宽阔，可改造为会客厅或休闲娱乐区，为居住营造更多可能性。

【园林景观】
近35%的绿化率搭配1.99容积率，锦艺携手捷奥共同打造康养法式园林景观，低密度住宅排布搭配高密度绿化空间，两大景观主轴，约500平方米活动场地，约600米健康跑道，五重造景技巧，季相丰富，呼应"四季城"大盘的主题。

【物业服务】
锦艺物业有一级物业管理企业资质，为郑州物业与房地产协会会员单位，管理建筑面积逾120万平方米，全天候安防巡逻，24小时在线服务。全面建立以客户为导向的高品质服务，上万名业主的信赖之选。

【自建配套】
项目自建40万平方米商业，集商务、休闲、居住、教育于一体，一站式生活场所，满足居住人群的精致生活需求。自建2公里景观大道，环境优美，方便业主的散步和晨跑。

【教育资源】
项目周边规划建设有9所幼儿园，4所小学，1所中学，锦艺实验小学（已招生）、新苑路小学（在建）、外国语中学（在建）、惠济区第九初级中学（在建）等教育资源丰富，可享受一站式教育服务。

【购物娱乐】
项目自带40万平方米锦艺集中式商业，满足居住人群的精致生活需求。项目五公里内有惠济万达、裕华广场、体育公园等，休闲娱乐场所应有尽有。

【市场口碑】
2020年10月底，项目Q地块公寓开盘当天推销234套，来访400余组，当天去化179套，去化率77%。综合该项目往期的销售情况，均取得不俗的销售佳绩。

康桥诸子庐

郑州 | 康桥 | 北龙湖 | 健康建筑 | 改善住宅

项目地址：
郑州市郑东新区如意西路与朝阳路交叉口北100米路西

开发商：
郑州康筑房地产开发有限公司

产品特征：
洋房

参考价格：
洋房约58000元/平方米

主力户型：
约170平方米四居、约215平方米四居、约274平方米四居

物业公司：
康桥物业

5公里生活配套：
金融岛、熙地港购物中心、宝龙城市广场、丹尼斯七天地；地铁4号线、8号线（在建中）；郑大一附院、河南省儿童医院、美尔康复医院

专家点评

刘社·河南财经政法大学城市发展研究中心主任、教授——

康桥诸子庐位于郑州理想置业区北龙湖，享区域优势配套资源。产品布局为纯洋房设计，主力户型皆为170平方米以上的大平层，奠定了社区高端纯粹的改善住宅特质。

扫码观看楼盘详情

项目测评

【品牌描述】

康桥集团，2003年成立，经过近二十年发展，业务涉及房地产开发、产业文旅、大服务体系，截至2020年，康桥集团业务聚焦河南、江浙、珠三角、湘鄂赣等城市/地区。累计服务项目277个，累计开发量3000余万平方米，服务业主57万余户。

【区域地段】

项目择址郑州北龙湖，区域中原金融中心金融岛、创新创业园·中原科技城、南岸高端宜居住宅区三大功能板块协同共振，商业、教育、医疗、交通等配套资源高度集中，生活便利。

【楼栋规划】

小区总建筑面积11.8万平方米，容积率1.49，规划16栋洋房和1栋近3000平方米的美学生活馆，规划总户数284户。社区规划里，宽阔楼间距使楼栋之间具备充足的自然空间。

【主力户型】

主力户型为建筑面积约215平方米的四居户型，格局方正，布局合理，具备良好的居住感，空间舒适性较强；南向大阳台，采光通风俱佳；主卧独立卫生间及衣帽间；干湿分离卫生间设计，提高使用效率，用细节打造品质生活。

【园林景观】

35%绿化率和1.5的容积率，最宽28米楼间距为小区提供足够的景观空间。社区有味象、醒石、喷墨、品梵、问月、囊幽的园林六观，三轴景观打造的"林下空间"，打造功能性与观赏性兼具的居住环境。

【物业服务】

社区物业为康桥自持，康桥悦生活，国家一级资质企业，2020年被上海易居房地产研究院中国房地产测评中心授予"2020物业服务企业综合实力500强"，"2020物业服务企业品牌价值100强"等多项荣誉。

【自建配套】

康桥诸子庐构建了一栋近3000平方米的美学生活馆，地上3层+地下1层，包含宴会厅、私人影院、健身房、SPA包房、书吧、红酒品鉴室、瑜伽室、儿童娱乐中心等，中原名仕社交殿堂，真正为社区业主提供优质的生活配套服务。

【交通出行】

北龙湖区域规划了五层立体化交通网，包含地面交通，地铁、轻轨、水上交通和穿湖隧道等。地面交通由"四横四纵"的路网组成，出行方便。项目东边地铁4号线已经通车，距离项目约1公里。

【教育资源】

区域内规划有中学13所、小学23所、幼儿园60所，聚集全国优质教育资源，如上海师大附中、清华附中等，学校招生细则以教育部门划片为准，东侧是龙子湖高校园区，10余所高校已建成投入使用，书香氛围浓厚，可择优选择。

【购物娱乐】

北龙湖商业配套十分完善，规划有龙湖新天地、龙湖南里、龙湖北里、如意运河沿岸高端商业，具体以政府建设落地为准，且项目5公里内有金融岛、熙地港购物中心、宝龙城市广场、丹尼斯七天地等，休闲购物场所应有尽有。

招商公园 1872

郑州　招商　低密洋房　主城改善　品牌房企

项目地址：
郑州市凤湖智能新区西四环萍湖路交会处南约 1000 米

开发商：
郑州天地康颂置业有限公司

产品特征：
洋房

参考价格：
洋房均价约 14500 元／平方米

主力户型：
约 143 平方米三居

物业公司：
招商物业

5 公里生活配套：
地铁 14 号线、郑州植物园、郑州树木园、尖岗水库

专家点评

姜鹏飞·河南省房地产业协会秘书长｜

招商公园 1872 紧邻尖岗水库，环境宜居。项目由央企打造，以文化、生态、低密宜居为居住属性，整体建筑风格为新亚洲，容积率 1.4，主力户型 143 平方米大横厅大面宽设计，居住舒适度高。

项目测评

【战略意义】

郑州招商公园 1872 项目为招商蛇口在中国的第 9 座 1872 项目，属于生态低密的高端产品系，除了住宅、商业用地外，还规划有学校、博物馆等配套资源，并计划引入招商蛇口旗下多种产业，为区域成熟发展提供动力。

【品牌描述】

招商局旗下的招商蛇口，创立于 1979 年，跨 40 余城，300 余项目，凭借"前港-中区-后城"的发展模式，协同园区、社区、游轮三大业务，致力于成为"中国领先的城市及园区综合开发和运营服务商"。

【区域地段】

郑州招商公园 1872 位于郑州凤湖智能新区，为郑州 32 个核心区之一，郑州"西美"的重要组成部分，承载二七区西南部产业园板块，区域众多企业进驻，未来潜力可期。

【楼栋规划】

项目现有规划 10 个地块，45 万平方米，规划总户数 3685 户，主要为洋房产品。主力在售 2 号院，规划有 8 栋洋房，仅有约 240 户，其中 1#、2# 楼为 7 层电梯洋房，3#~8# 楼为 6 层，均为约 143 平方米的大户型。

【主力户型】

郑州招商公园 1872 主力户型为建面约 143 平方米的三居洋房，层高 3.1 米，户型方正，大开间，主要功能空间全朝南，采光通风效果好。主卧套房设计，有单独的卫生间和衣帽间，私密性好。

【园林景观】

项目园林设计理念以山水自然为基调，采用五重立体造景的园林种植手法，将基础的草坪绿地种植，花卉的种植，矮小的灌木、小乔木及高大的乔木等种植，由低到高分层次打造，形成视觉上的空间感和丰富感。

【教育资源】

区域规划有 12 所幼儿园，10 所中小学，以及高中等优质资源，教育配套资源丰富，目前区域教育基础设施正在逐步落地建设。2020 年 4 月招商公园 1872 正式签约陇西小学，现小学建筑已封顶。

【自建配套】

招商公园 1872 项目自建 20000 平方米商业，未来将引进丹尼斯及药房、母婴机构等，满足后疫情时代的购物需求；同时社区内部还配建 1 所小学，2 所幼儿园，教育优质，出行安全，方便业主子女上学。

【交通出行】

楼盘附近交通线路发达，有四环快速路、陇海快速路、三环高架、西三环、陇海高架等主干道，地铁 6 号线距离项目 3 期地块约 1000 米，目前已开工建设，14 号线（在建）娄河站距离项目一期约 800 米。

【设计风格】

项目采用现代中式风格，沿袭了公园 1872 项目的中式典雅，同时融入了现代简约的风格。建筑主体以米白色真石漆和质感涂料、弹性涂料为主，以灰色涂料为辅，深浅颜色搭配，使立面细节丰富，轻盈灵动。

郑州正商左岸

郑州 | 正商集团 | 品牌房企 | 郑南新核 | 品质人居

项目地址：
郑州市大学南路与062乡道交叉口西北150米

开发商：
河南正商新雅置业有限公司

产品特征：
普通住宅、洋房

参考价格：
普通住宅均价7990元/平方米、洋房均价9300元/平方米

主力户型：
约96平方米三居、约140平方米四居

物业公司：
正商物业

5公里生活配套：
鑫苑都汇广场、百荣世贸城、皇帝千古情景区、郑州樱桃沟景区

专家点评

刘文良·《郑州日报》地产部主编

正商左岸位于大学南路，其项目周边规划，以一岸两河三大商业中心、7座公园、15所学校、地铁7号线（规划中），匠造郑州南部新城宜居生活区。户户南向三开间的升级户型，更是刷新购买人群对品质生活的认知。

项目测评

【品牌描述】
正商集团1995年创立于郑州，主营业务包括房地产开发、实业两大板块，是集房地产开发、物业管理、工程建设、酒店管理、医院管理、精细化工、环保、投资和信托基金管理于一体的跨国/地区企业集团。

【区域地段】
项目位于政府规划南部新城区的核心位置，北接主城区约10公里，东接航空港区约30公里，是郑州市中心与航空港区的黄金分割点，同时享有主城和航空港区的城市配套资源。

【楼栋规划】
项目分批次开发，首期地块占地约98141平方米，规划总户数2467户，规划25栋楼，其中，洋房楼高7、8、9层，一梯两户；高层楼高27层，两梯四户、两梯六户。一贯的高规格交付标准，匠心打造品质生活空间。

【主力户型】
郑州正商左岸主力户型为建面约96平方米的三居。整体布局方正、南北通透；三开间朝南，大面宽；餐客连厅，连接南向阳台，空间宽敞明亮；南向主卧带飘窗、阳光次卧；卫生间干湿分离，既美观又干净卫生。

【园林景观】
近35%绿化率，打造特有水系、风雨连廊、阳光草坪、儿童成长区、健康夜光跑道等，给业主带去更加舒适的生活体验；社区有景观石、灌木、小乔木、中乔木、大乔木多种绿植，使得景观跟随季节变换出不同的风采。

【物业服务】
河南正商物业管理有限公司为物业服务一级资质企业，正商物业当前累计接管面积1600余万平方米，服务项目60余个，已为20余万家庭带去品质、贴心的服务体验，打造安全舒适的居住环境。

【交通出行】
毗邻城市主干道大学南路，地铁7号线（规划中），未来可便捷换乘地铁2号线、5号线。周边紫荆山南路、南四环……"五纵四横"多维交通围合下，畅联一城万象生活。

【医疗配套】
项目周边有河南省第二人民医院（约7公里），并且大学路直通郑州大学附属医院（约15公里），驾车也非常方便，首开地块规划有一座医院，自配社区门诊，同时规划有健康跑道、动感运动场地，为业主的健康保驾护航。

【购物娱乐】
项目周边有百荣世贸城、二七商圈、鑫苑都汇广场（约4公里），距二七万达商圈约9公里。同时项目社区内配备了社区便利店，满足业主的日常生活所需。周边完善的商业配套，也可享受便利的生活。

【设计风格】
整个园区采用简约大气的新亚洲建筑风格，将传统建筑的精髓与现代建筑元素、现代设计融合，既改变了传统建筑的功能使用，又增强了建筑个性。外立面为米黄色仿石涂料加深咖色弹性涂料，整洁而美观。

碧桂园西湖

郑州 | 碧桂园 | 品牌地产 | 生态大盘 | 交通便利

项目地址：
郑州市中原区化工路与白杨路交叉口南50米

产品特征：
普通住宅

项目规划：
占地面积：20万平方米；容积率：2.99~3.99；
总户数：2325户

主力户型：
约89~142平方米三居、四居

参考价格：
12500~15500元/平方米

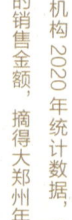

入选理由

2020年度郑州新房销售金额第一名

根据克而瑞机构2020年统计数据，碧桂园西湖以38.23亿元的销售金额，摘得大郑州年度商品住宅销售冠军。

核心优势：

碧桂园西湖位于农业路与西三环交会处的主城区内，雕塑公园西南侧，是碧桂园中原榜样级大盘作品，万亩大盘。目前在售89~142平方米临湖新品，产品类型丰富，临近4800亩西流湖，且西流湖公园、雕塑公园及项目自建公园碧湖园三公园环伺，生态景观资源丰富，并拥有多维立体化的交通体系，西三环、北三环、农业路高架、金水西路（在建），快速通达全城。地块周边规划有多所幼儿园、2所小学、2所中学、1所高中，郑州中学第二附属小学已招生，业主孩子已入学。已引入河南大学附属郑州西湖实验中学，预计2022年秋季建成，教育资源优越。

康桥香麓湾

郑州 | 康桥 | 品牌地产 | 一线河景 | 玻璃墅作

项目地址：
郑州市金水区东三环与鸿宝路交会处向东

产品特征：
普通住宅

项目规划：
占地面积：88590.39平方米；容积率：1.99；
总户数：1010户

主力户型：
约142、162、182平方米四居

参考价格：
21000~25000元/平方米

专家点评

王宁·"王宁说房"创始人、资深地产媒体人

康桥香麓湾坐落于郑州北龙湖东，东三环临河湾域，紧邻贾鲁河，一线河景，生态环境优越。项目作为康桥TOP系新品，SCDA第67号作品，主打垂直环幕玻璃墅，户型142平方米起，是高颜值、高品质的改善豪宅。

核心优势：

康桥香麓湾，是康桥集团18载更迭时代之作，康桥TOP系十年之大成，第三代湾系产品立序中原，国际顶尖设计团队SCDA第67号作品，位于北龙湖金融岛东北上方新领域。坐落郑州生态廊道贾鲁河上流湾域，根植东方文明之厚土，溯源现代建筑之理念，践行极简主义之美学，具有创新建筑与景观浑然一体的人居场景设计。以一线临湾区位、室内无廊柱流动设计、270°无墙环幕玻璃格局、国际级玻璃幕墙风格，以及近10000平方米中央架空层泛会所花园规制、六大主题景观空间营建，将室内空间与自然环境有机结合，打造建面约142~182平方米环幕平墅，建面约225~255平方米玻璃叠墅，开创独一无二的当代艺术人居体验。

电建泷悦华庭

郑州 | 电建 | 品牌地产 | 交通便利 | 品质人居

项目地址：
郑州市经开区经开第十七大街与经南十五路交会处

产品特征：
住宅、商业

项目规划：
分两期开发，一期总占地面积：59928.72 平方米，规划总户数 1128 户，共规划 11 栋高层

主力户型：
约 95~129 平方米三居、约 143 平方米四居

参考价格：
16500~17100 元 / 平方米

入选理由

电建泷悦华庭位于郑州区域的价值高地滨河国际新城，自带高端属性。出自电建高端产品系"泷悦系"，品质得到了保证。小区定位偏改善，准地铁房，精装交付，园林造景，人性化设计空间感强，居住舒适度较高。

宗隆 · 乐居河南主编

核心优势：

　　电建泷悦华庭项目是电建地产 TOP 系作品在中原的代表著作，傲踞滨河国际新区核心版图之上，乘势郑州未来发展利好，拥揽双地铁、名校旁优势资源，悦享繁华商业便捷与实力医资配套，营造醇熟生活氛围，坐享周边一河两湖三园绿意生态。项目融合东方传统人居哲思结合当代品质居住需求，集合央企雄厚实力，严格执行国匠精研标准，营造东方园林意境，打造全季全龄社区，满足不同家庭的健康、逸趣的需求。精研空间设计 95~143 平方米东方华宅，经过数百道精工雕琢，引进五大国际精装品牌，打造六大收纳空间，为郑州人提供品质为先的人居选择。

长沙

市场总结

一、新房成交表现

1. 整体情况

新房年度成交量：2020年长沙内六区新建商品住宅供应1631万平方米，同比增长8.91%；成交1472万平方米，同比增长11.07%。供销比1.11，市场供需关系健康。成交均价10556元/平方米，同比上涨7.04%。

2020年，长沙六区一县商品房月均开盘去化率为58%，在荣枯线徘徊，基本与2019年一致，但2020年越来越多的项目只能平推入市，"日光盘"越来越少，去化两极分化的现象愈加严重。在高推量下，市场容量难以支撑项目开盘，更多的是通过渠道、促销手段在平销期来转化客户。

从成交结构来看，内五区中商品住宅主力面积段成交集中在130~144平方米，价格段成交集中在100万~140万元，高于250万元的占比上升明显；从侧面反映出产品总价不断上移，客户承压能力增强，限价限购下，改善型产品需求不断增加。

新房价格情况：2020年长沙房价稳中有升。回顾2020年长沙全年房价走势情况，仅2月由于停工停产，市面上极少有项目开售，造成房价下跌的现象。9月，房价走势有明显下跌趋势。以恒大为首的各大开发商在"金九"开始打出优惠折扣组合拳，房价有所回落。10月开始，房价上浮幅度明显。因为需赶在年末完成销售任务，众多开发商大量推货上市，一大批纯新盘在年底开售。其中多为2020年拿地或2019年年底拿地的限价地块，由于限价地的住宅毛坯限价水平的刷新，带动了房价上涨的趋势。

2. 年度走势

2020年年初受疫情影响，售楼部关闭，销售停摆。如全国楼市表现一样，2月长沙楼市有少量供应和成交，因此2月的房价水平也是全年最低。直至3月，各行各业陆续复工复产，楼市供应和成交量陆续恢复。但市场信心不足，供销情况表现一般。5月、6月供销迎来上半年的小高峰，7月、8月市场又有所回落。"金九银十"，在房企一系列促销优惠营销政策下，楼市成交进入年终冲刺阶段。12月，成为2020年全年供应量、销售量最高的一个月。

3. 历史地位

在近五年里，2016年成为长沙新建商品住宅成交量最高的一年，随后2017年在楼市调控收紧的情况下，新房成交量严重下滑。之后三年里长沙楼市成交量稳步上涨，2020年成为近四年长沙楼市新建商品住宅成交量最高的一年。

近五年长沙内六区新房成交量情况

二、二手房成交表现

1. 整体情况

长沙二手房市场自限购限售以来，热度都不高，基本上长期处于有价无市的状态。多数二手房中介已经从二手房买卖业务转向新房买卖业务。目前长沙市场上较热的二手房多为带有优质学区的房源，如钰龙天下、八方小区等，成交均价约25000元/平方米。另外，在限售情况下，长沙楼市当下可供售的较新的二手房房源也较少,且价格不低。因此更多的购房者倾向于新房市场。

2. 年度走势

由于长沙没有官方披露的二手房成交数据,从长沙某二手房成交网站上来看这一年里长沙二手房市场的走势变化,基本与新房一致。4月、5月是二手房放量全年最多的月份,7月是二手房市场需求最多的月份,同时二手房房价在7月有了小幅回落。一整年,二手房的走势都比较平稳,整体表现冷清。

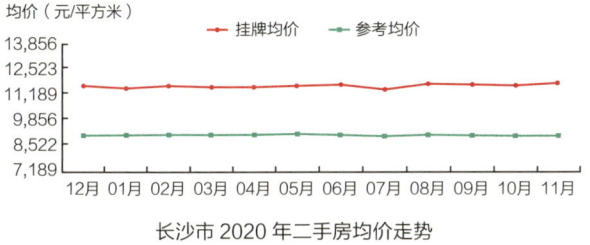

长沙市 2020 年二手房均价走势

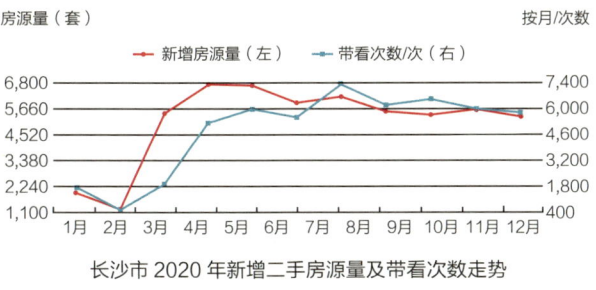

长沙市 2020 年新增二手房源量及带看次数走势

三、政策梳理

2020年,长沙楼市政策继续维持严控,没有放松的迹象,同时2020年也没有相关的楼市调控政策升级,仅对现有的楼市政策进行了部分的"打补丁"。如下:

1)2020年9月15日,《长沙市新建商品房交房交证实施方案》正式印发,方案于2021年1月1日起施行,有效期为5年。新建商品房"交房交证"实施范围规定,芙蓉区、天心区、岳麓区、开福区、雨花区行政区划内尚未申请预售许可的新建商品住宅项目必须实施,其余的商品住宅项目可申请实施。其他区县(市)可参照实施。

影响:根据长沙现有的限售政策,新房拿到不动产权证4年后方可上市交易,而以前的不动产权证约在新房交房2年后方可拿到手。交房即交证政策的实施将缩短新房上市交易1~2年的时间。

2)2020年11月25日,长沙市政府正式批复,房产证上标注有"70/90"字样的"一房两证"的房子,在买卖交易的时候,直接认定为一套房。早在2020年7月,长沙市自然资源和规划局、长沙市住房和城乡建设局(简称住建局)先后在市长信箱中回复,如因"一房两证"无购房资格,现在可以在满足其他购房政策下购入第二套房,解决"70/90"户型业主买房资格的问题。

影响:以前长沙"70/90"户型的业主拥有"一房两证"。在长沙楼市限购之下,"一房两证"的市民因为已经拥有两个房产证,相当于已拥有两套住宅,因而不能在长沙再购买住宅。但目前,长沙"一房两证"历史遗留问题得到实质性解决,会释放少量的二套房购房资格。

3)严格来说,2020年长沙土地政策还进行了加码,出台了"竞自持"的新玩法。2020年10月16日,长沙自然资源和规划局联合市住建局印发《长沙市商住经营性用地出让限地价/溢价竞自持租赁住房实施细则(试行)》(简称"实施细则"),从2020年10月26日起施行,有效期为2年。"实施细则"的出台主要为了明确商住经营性用地限地价/溢价竞自持租赁住房的出让方式和管理要求,其中明确:对于需建设租赁住房的商住经营性用地,须采取"限地价/溢价+竞自持面积+摇号"方式组织网上挂牌出让。

影响:目前该政策仍没见正式实施,具体竞拍形式还未知。未来或将有利于长沙商住市场的稳定发展,倒逼房企提升产品运营和服务力,但会加大开发商的开发成本,压缩利润空间,给小品牌企业、操盘能力弱的企业带来进一步的挑战和考验,房企拿地可能将更加谨慎。

四、土地供应

1. 出让基本情况

2020年长沙内六区土地供应建面1615万平方米,

成交 1399 万平方米，同比均有小幅下滑，其中 3 宗含商占比大地块流拍；土地出让金达 595 亿元，创近十年新高；经营性用地起始楼面价破 4000 元/平方米水准线，平均楼面价 4251 元/平方米，同比上涨 20.7%。

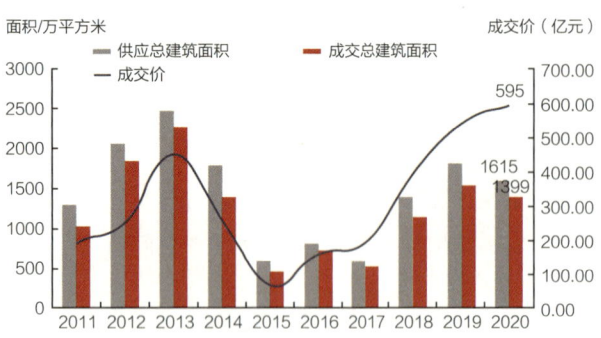

长沙市内六区经营性用地建筑面积供销量走势（2011—2020）

2020 年的长沙土地市场上，最具有话题性的就是"宗地住宅毛坯限价水平的刷新"。纵观全年各区域的限价地限定的住宅毛坯限价水平，在 2020 年都有了刷新。当前，内六区宗地住宅毛坯限价水平均已过万元。其中住宅限价最高的地块为开福区的 [2020] 长沙 052 号地块和 [2020] 长沙市 079 号地块，住宅限价均为 14800 元/平方米，这也是目前长沙宗地住宅限价最高水平。

另外，2020 年长沙土拍市场上房企争抢频现，但在双限严控下依然保持溢价率低位运行；最热门地块为 2020 年 10 月 27 日挂牌截止的 [2020] 长沙市 084 号双限地，该地块吸引了 41 家房企竞价，在 11 月 3 日现场摇号中被成都其准建材从 41 家房企中摇得，中签率仅 2.4%。

"面粉"价格与"面包"价格同步上涨，房地价差扩大，在稳定客户对未来房价预期的同时，把控房企利润空间。限价地两年内上市近九成，单盘上市速度不断刷新；精

长沙市内六区限价地房地价差走势（2017—2020）

装项目占比逐年下降，顶格毛坯价项目占比减少，但整体限价兑现率超 95%，房企小幅让利以实现去化。

2. 开发商拿地情况

从拿地面积来看，长沙县星城发展集团 2020 年在长沙六区一县斩获了 12 宗地块，总面积 67.4 万平方米，占据 2020 房企长沙拿地面积 TOP1，但这 12 宗地单宗金额都较小；拿地面积 TOP2 则是一举摘下长沙县 10 宗地块的三一集团，总成交面积 66.7 万平方米，以微弱的差距仅次于长沙县星城发展集团；大汉城建 2020 年揽获 4 宗地块，以总面积 37 万平方米排房企拿地面积 TOP3。

2020 年长沙六区一县房企拿地面积 TOP5

房企名称	拿地面积/万平方米
长沙县星城发展集团	67.4
三一集团	66.7
大汉城建	37
华远	30.7
澳海	30.4

从拿地金额来看，上半年斩获 2 宗地块、总金额达 49.2 亿元的中海，依旧为全年房企拿地金额 TOP1；其次是绿地，拿下了 1 宗梅溪湖中轴地块，单宗金额高达 38.01 亿元；龙湖总金额 38 亿元，位列房企拿地金额 TOP3。

2020 年长沙六区一县房企拿地金额 TOP5

房企名称	拿地金额（亿元）
中海	49.2
绿地	38.01
龙湖	38
旭辉	36.7
保利	35.2

3. 未来预估

限价地依然会成为土地市场上的主旋律。宗地的住宅毛坯限价水平的"天花板"或还将继续刷新。2020 年，长沙土地市场出台新政，在土拍中加入了竞自持的新玩

法，虽然目前还未正式落地实施，但是可以肯定的是，土地的出让条件增多，未来对于开发商的拿地要求将越来越严。另外，土地价格的上涨在 2020 年已经非常明显，2021 年或将延续此种状态，最终导致地价、房价、房地价差三者同步稳定上涨。

五、热点板块

根据湖南中原研究中心数据显示，2020 年长沙高铁会展新城、梅溪湖一期、麓谷谷山三大板块的成交量最高，超过了 100 万平方米。其次为含浦洋湖垸、雷锋板块，成交量约为 80 万~100 万平方米，位列第二梯队。

六、用户心理

疫情加深了市场上购房者的观望情绪，市场上成交两极分化现象依然严重。部分红盘在上半年销售去化率较高，到了下半年后有部分新盘开始出现去化率下跌的情况。受到限购的影响，市场房票稀缺，但是推货量却一直居于高位，导致市场成交乏力现象显现。另外，疫情让购房者对于房屋品质有了更高的要求，购房者不再一味倾向于价格低或者倒挂严重的楼盘，部分品质改善楼盘即使单价高于周边片区也出现了热销的现象。尤为明显的是，2020 年长沙市场上大平层、豪宅等产品成交几度走热。

在二手房方面，据中介反映，不少二手房卖家有所焦虑，急于将手上房源售出。2020 年 4 月、5 月，长沙市场上二手房的新增房源明显有所增多，但是成交量却不是很理想。部分卖家降价出售，依然无法售出。2020 年全年的长沙二手房市场依然表现冷清。

那么，长沙市民又是如何看待 2021 年的楼市走向的呢？

某业内员工认为，稳健发展依然是 2021 年长沙楼市的主旋律，部分楼市过热的城市还将面临政策的收紧。对于长沙而言，将依然维持房价洼地的表面现象，虽然整体均价依然在万字内，但部分热门地段的优质楼盘的成交价格将在 13000~15000 元/平方米的水平。

开发商的工作人员表示，购房者的观望情绪比较浓厚，在房票稀缺的市场下，开发商的销售依然会受到一定的阻力。因为金融政策的收紧，在"三道红线"压力下，2021 年很多房企的运营会更难。市场对开发商提出越来越高的要求，未来开发商更加谨慎，将会偏向于优质地块、优质项目的打造。同时随着"面粉"价格的上升，"面包"价格自然也将上升。2021 年长沙的房价将呈小幅上升的趋势。

其他长沙市民表示，房价还会继续上涨，市场买涨不买跌，开发商的房子越来越难卖，部分节点上依然会有很多的营销优惠政策推出，购房者应抓住合适节点"上车"。

七、2021 年展望

在地价上扬明显的背景下，长沙宗地住宅毛坯限价水平也有了明显的上涨。2021 年随着一大批限价纯新盘的上市，预计长沙楼市成交价格整体平稳中带小幅上涨趋势，大涨大落不会有。但与此同时购房者对项目品质要求也变得更高，改善型品质住宅将成市场大热。三湘一品、润和滨江湾、新银州城等一些大平层、豪宅类的纯新盘的入市值得期待。

相对区域来说，高铁会展新城、大王山洋湖板块或将成为 2021 年值得期待的区域。随着湖南自贸区的落定，国际会展中心的建成使用，高铁会展中心即将站上新的价值高地。2020 年，高铁会展新城板块的住宅去化情况表现亮眼，板块内多个楼盘开盘热销。

大王山洋湖板块成为近两年长沙房价涨幅最大的板块，随着地铁 3 号线、宜家、湖南妇女儿童医院、湘江欢乐城等一些配套落实，板块价值兑现。但最主要的原因在于板块内教育资源的加持，自梅溪湖后，洋湖成为当前长沙第二个名校聚集地。2021 年这两大板块的表现也将值得期待。

数据来源：湖南中原研究中心

在售楼盘一览

芙蓉区			
楼盘名称	价格	物业类型	主力户型
中交广场	约 11000 元 /m²	公寓	一居室 (39~60m²)
保利中环广场	约 14000 元 /m²	普通住宅、公寓	三居室 (109m²) 四居室 (124~144m²)
南益名士豪庭	约 11200 元 /m²	普通住宅、公寓	三居室 (94~109m²) 四居室 (126~141m²)
长沙恒大君悦府	约 8400 元 /m²	公寓	一居室 (34~88m²)
敬天广场	21000 元 /m² 起	公寓	一居室 (35~80m²)
壹廷中央府院	约 18000 元 /m²	普通住宅	四居室 (142~189m²)
金茂建发观悦	约 13500 元 /m²	普通住宅	三居室 (115m²) 四居室 (142~170m²)
时代印记	13000 元 /m² 起	普通住宅	三居室 (115~117m²) 四居室 (130~168m²)
旺德府万象时代	约 16700 元 /m²	公寓	一居室 (35~41m²) 二居室 (43~54m²)
五一钻界	约 15000 元 /m²	普通住宅、公寓	一居室 (38~70m²)
尚东·金河湾	约 10000 元 /m²	普通住宅、公寓	二居室 (47m²) 三居室 (96~105m²) 四居室 (121~172m²)
长沙佳兆业滨江四季	约 12100 元 /m²	普通住宅、公寓	三居室 (107m²) 四居室 (127~156m²)
恒大江湾	11800 元 /m² 起	普通住宅、公寓	三居室 (99~112m²)
长沙富力芙蓉新天地	12000 元 /m² 起	普通住宅、公寓	一居室 (39~45m²) 三居室 (113~118m²) 四居室 (142m²)
湖南文化广场	约 27000 元 /m²	公寓	二居室 (32~53m²) 三居室 (85m²) 四居室 (126m²)
辉煌国际城	尚未公布	普通住宅、公寓	二居室 (88m²) 三居室 (132~138m²) 四居室 (152~172m²)
新力菩悦·星都汇	约 9200 元 /m²	普通住宅、公寓	二居室 (33m²) 三居室 (66~106m²) 四居室 (124~139m²)

开福区			
楼盘名称	价格	物业类型	主力户型
城发·北城首府	尚未公布	普通住宅	尚未公布
珍寓	尚未公布	公寓	尚未公布
广泽上苑	约 8366 元 /m²	普通住宅	三居室 (116~131m²)
当代府 MOMΛ	尚未公布	普通住宅	尚未公布
深业·堤亚纳湾	约 8700 元 /m²	普通住宅	三居室 (109~113m²) 四居室 (143~161m²)
中欣楚天御府	约 12300 元 /m²	普通住宅	三居室 (118m²) 四居室 (143~168m²)
万境潇湘	12000 元 /m² 起	普通住宅	三居室 (109m²) 四居室 (139m²) 五居室 (231~237m²)
金地兰亭樾	11600 元 /m² 起	普通住宅、公寓	三居室 (107~136m²)
保利堂悦	约 10100 元 /m²	普通住宅、公寓	三居室 (119~141m²)
绿地 V 岛	14000~15000 元 /m²	普通住宅、公寓	三居室 (115~140m²) 四居室 (150~200m²) 五居室 (250m²)
卓越青竹湖跃城	约 8400 元 /m²	普通住宅、公寓	三居室 (101~127m²) 四居室 (147m²)
恒大清澜苑	约 8500 元 /m²	普通住宅、公寓	一居室 (36~80m²)
恒大揽湖苑	6700~6800 元 /m²	普通住宅	三居室 (101~145m²)
北辰三角洲	尚未公布	普通住宅、公寓	一居室 (44~65m²)

开福区			
楼盘名称	价格	物业类型	主力户型
新力紫园	约 11000 元 /m²	普通住宅、公寓	一居室 (57~77m²)
地铁中建君和城	8000 元 /m² 起	普通住宅、公寓	三居室 (101~122m²)
华润置地中心	约 16000 元 /m²	公寓	一居室 (38~56m²)
湘江东苑	约 10000 元 /m²	普通住宅	二居室 (84~91m²) 三居室 (101~129m²) 四居室 (138~141m²)
东原 麓·印长江	约 13500 元 /m²	普通住宅	三居室 (105~110m²) 四居室 (125~190m²)
天健城	9999 元 /m² 起	普通住宅、公寓	一居室 (47~49m²)
创远湘江壹号	2200 万~6000 万元 /套	别墅	七居室 (491.9m²)
威尔士春天	约 8800 元 /m²	普通住宅、公寓	二居室 (86.90m²) 三居室 (101~155m²) 四居室 (163~175m²)
青竹湖曦园天骄	约 8480 元 /m²	普通住宅、公寓	三居室 (96~114m²) 四居室 (141~168m²)
理想智慧大厦	约 10300 元 /m²	普通住宅	一居室 (51m²) 二居室 (72~74m²) 三居室 (103~104m²)
青年才郡	8888 元 /m² 起	公寓	一居室 (35~56m²)
金辉优步湖畔	尚未公布	普通住宅、公寓	尚未公布
长房雅景湾	12200 元 /m² 起	普通住宅	四居室 (120~143m²)
鸿邦国际城	约 8000 元 /m²	普通住宅	三居室 (98m²)
藏珑湖上公馆	约 15000 元 /m²	公寓	一居室 (32~69m²)
润和国际广场	约 13800 元 /m²	普通住宅、公寓	一居室 (36~66m²)
恒基旭辉湖山赋	8200~8523 元 /m²	普通住宅、别墅	三居室 (98~143m²)
华远华时代（长沙）	约 23000 元 /m²	普通住宅	一居室 (40~90m²)
阳光城檀悦	约 22000 元 /m²	普通住宅	一居室 (37~76m²)
珠江好世界	13000 元 /m² 起	普通住宅、公寓	一居室 (30~57m²)
里约荟	约 11500 元 /m²	公寓	一居室 (43~83m²)
君悦新天地	尚未公布	普通住宅、公寓	一居室 (40m²)
富兴时代御城	约 19700 元 /m²	普通住宅、公寓	一居室 (39~58m²) 三居室 (90~134m²) 四居室 (161~218m²)
福晟·钱隆世家	约 7900 元 /m²	普通住宅、公寓	一居室 (39~69m²)
珠江四方印	约 13500 元 /m²	普通住宅、公寓	三居室 (109~112m²) 四居室 (128~142m²)
公园九号	约 15000 元 /m²	公寓	三居室 (78.90~118.15m²)
财富名园	约 11600 元 /m²	普通住宅	四居室 (157m²)
龙湖春江天玺	12500~15000 元 /m²	普通住宅	三居室 (113~113m²) 四居室 (143m²) 五居室 (168m²)
绿城青竹园	尚未公布	别墅	五居室 (630m²)
恒泰湘壹府	尚未公布	普通住宅	四居室 (120~140m²)

天心区			
楼盘名称	价格	物业类型	主力户型
天城国际广场	尚未公布	普通住宅	三居室 (93~95m²) 四居室 (128~130m²) 五居室 (171m²)

天心区			
楼盘名称	价格	物业类型	主力户型
钱隆大第	尚未公布	普通住宅、公寓	尚未公布
长沙美的梧桐庄园	约 11500 元 /m²	普通住宅	三居室 (113~130m²) 四居室 (130.13~177.12m²) 五居室 (201~205m²)
东能华府	约 22000 元 /m²	普通住宅、别墅	五居室 (246~378m²)
中建江山壹号	500 万元 / 套起	普通住宅、公寓	四居室 (191m²)
大唐印象	12600~23000 元 /m²	普通住宅	三居室 (117~141m²) 四居室 (142~146m²) 五居室（260~570m²)
新力铂园	约 13500 元 /m²	普通住宅、公寓	一居室 (45m²) 三居室 (120m²) 四居室 (159m²)
北辰中央公园	约 12500 元 /m²	普通住宅、公寓	四居室 (131m²) 五居室 (190m²)
印湘江	约 14500 元 /m²	普通住宅	四居室 (171~207m²) 六居室 (377m²)
中建钰和城	约 13000 元 /m²	普通住宅、公寓	三居室 (115~120m²) 四居室 (128~143m²)
长沙平安财富中心	约 28000 元 /m²	公寓	一居室 (79m²)
鑫远揽悦	约 9200 元 /m²	公寓	一居室 (34~79m²)
弘阳昕悦府	12500~13700 元 /m²	普通住宅、公寓	三居室 (111~134m²) 四居室 (156m²)
力高凤凰新天	约 14000 元 /m²	公寓	一居室 (29~40m²)
博林云栖	约 13000 元 /m²	普通住宅	二居室 (79.4m²) 三居室 (131.8~141.36m²) 五居室 (203.54m²)
万润时光里	约 13500 元 /m²	公寓	一居室 (33~84m²)
龙湖春江悦茗	11000 元 /m² 起	普通住宅、公寓	一居室 (37~71m²)
天鸿中央大院	13000 元 /m² 起	普通住宅、公寓	一居室 (33~46m²) 三居室 (92~143m²)
水墨林溪苑	尚未公布	普通住宅	尚未公布
佛奥康桥水岸	约 6300 元 /m²	普通住宅、公寓	二居室 (62~83m²) 三居室 (94~126m²)
凯富南方鑫城	约 6300 元 /m²	普通住宅	三居室 (82~111m²)
万科紫台公寓	约 12000 元 /m²	公寓	一居室 (38~57m²)
文景领秀	约 9500 元 /m²	普通住宅、公寓	一居室 (32~62m²)
泰禹雅鲤	约 26000 元 /m²	公寓	一居室 (56~81m²)
凯姆麒麟台	约 12000 元 /m²	公寓	一居室 (44~51m²)
新长海尚都国际	约 12000 元 /m²	公寓	一居室 (34~46m²)
果遇微宅	约 11300 元 /m²	公寓	一居室 (35~50m²)
福天藏郡广场	11000 元 /m² 起	公寓	一居室 (29~46m²)
福晟克拉国际	约 8500 元 /m²	普通住宅、公寓	一居室 (41~67m²)
阿舍·南 2 号	7500 元 /m² 起	公寓	一居室 (30~80m²)
阳光城檀府	约 18500 元 /m²	普通住宅、公寓	一居室 (33~48m²)
福晟钱隆公馆	约 6300 元 /m²	普通住宅、公寓	四居室 (120~142m²)
中云公寓	13000 元 /m² 起	公寓	一居室 (32~76m²)
恒泰芙蓉悦府	约 6400 元 /m²	普通住宅、公寓	三居室 (113~131m²)
鑫远御文台·玖寓	约 12500 元 /m²	公寓	一居室 (36~51m²)
卓越江岸	12500~16000 元 /m²	公寓	一居室 (33~36m²)
白沙里	约 20000 元 /m²	公寓	一居室 (38~121m²)
麦芒国际	约 9500 元 /m²	普通住宅、公寓	一居室 (40~85m²)
和泓融成府	约 8500 元 /m²	普通住宅、公寓	一居室 (29~91m²) 三居室 (121.97~123.93m²)

天心区			
楼盘名称	价格	物业类型	主力户型
锦天金岸雅苑	约 11500 元 /m²	普通住宅、公寓	二居室 (72~80m²)
荣盛花语书苑	约 11000 元 /m²	普通住宅、公寓	一居室 (44~81m²)
中悦领秀城	6000 元 /m² 起	普通住宅、公寓	一居室 (40~90m²)
怡海星城	约 6500 元 /m²	普通住宅、公寓	一居室 (36.06~50.18m²)
招商华发天汇	约 15000 元 /m²	普通住宅	三居室 (114m²) 四居室 (141m²)
新长海·D1 站	约 9500 元 /m²	公寓	一居室 (22~28m²)
旭辉华宇南宸府	约 14500 元 /m²	普通住宅、公寓	一居室 (34~38m²) 三居室 (116~140m²)
金谷豪庭	7100 元 /m² 起	普通住宅	三居室 (89~122m²)
蓝湾国际广场	约 16000 元 /m²	普通住宅	一居室 (58m²) 三居室 (115m²)
卢浮原著	尚未公布	普通住宅	尚未公布
鑫远翡丽郡	尚未公布	普通住宅、公寓	尚未公布
福天藏郡院子	尚未公布	普通住宅	尚未公布
中煤和悦府	约 11000 元 /m²	普通住宅、公寓	二居室 (57~58m²) 三居室 (96~123m²) 四居室 (163m²)
弘阳时光里	约 12500 元 /m²	普通住宅、公寓	一居室 (37~89m²)
橘郡礼顿山	约 10900 元 /m²	普通住宅、别墅	四居室 (180~250m²)

望城区			
楼盘名称	价格	物业类型	主力户型
长沙星河湾	尚未公布	普通住宅	三居室（152.94m²) 五居室（241.55~262.48m²）六居室（400.59m²)
中梁玺悦台	6300~6800 元 /m²	普通住宅、公寓	三居室（104.65~119.63m²）四居室（126.73~137.84m²）
澳海云天赋	约 6800 元 /m²	普通住宅	二居室（36m²）三居室（60~115m²）四居室（126~147m²）
澳海澜庭·谷山府	约 7700 元 /m²	公寓	一居室（24.47~64.75m²)
润和湘江天地	9700~9800 元 /m²	普通住宅、公寓	四居室（132~228m²)
正荣财富中心	尚未公布	普通住宅、公寓	二居室（42.84~71.05m²）
润和谷山郡	约 9700 元 /m²	普通住宅	一居室（36~75m²）四居室（158~220m²)
澳海望洲府	约 6700 元 /m²	普通住宅、别墅	四居室 (128~149m²)
阳光城·联利·悦澜府	约 9500 元 /m²	普通住宅	三居室（103m²）四居室（125m²)
大汉汉府	6800 元 /m² 起	普通住宅	三居室（111.81~121m²) 四居室（139m²）五居室（168m²)
碧桂园御园	约 9000 元 /m²	普通住宅	四居室（190m²）五居室（220m²)
光明碧桂园·培文府	约 8500 元 /m²	普通住宅、别墅	三居室（115m²）四居室（143m²)
万润滨江天著	约 9800 元 /m²	普通住宅	三居室（122~136m²) 四居室（140~161m²)
华润桃源里	6600 元 /m² 起	普通住宅、别墅	三居室（165.62~184.85m²)
大汉汉园	约 6300 元 /m²	普通住宅、别墅	四居室（147~159m²）五居室（162m²)
芝林商务中心	约 7000 元 /m²	公寓	一居室（37~38m²)
信城湘江揽月	11000 元 /m² 起	公寓	一居室（32.85~77.84m²)
长郡旁牛津街	约 9200 元 /m²	公寓	一居室（48m²)

望城区			
楼盘名称	价格	物业类型	主力户型
大汉西城壹号	约6818元/m²	公寓	一居室（46.31~75.7m²）
金富湘江悦城	约9800元/m²	普通住宅	三居室（109.17m²） 四居室（128.9~144.71m²） 五居室（162.61m²）
金辉优步学府	约7600元/m²	普通住宅	三居室（99m²） 四居室（118~127m²）
东原启城	约7000元/m²	普通住宅	三居室（87~108m²） 四居室（118~130m²）
合能湘江公馆	约6600元/m²	普通住宅	三居室（86~94m²） 四居室（118m²）
港湘铂玥	约7100元/m²	普通住宅、公寓	三居室（95m²） 四居室（121m²）
顺舟旺城	约7980元/m²	普通住宅	三居室（113m²） 四居室（133~139m²）
春晖花园	9200~9600元/m²	普通住宅	四居室（126m²） 五居室（142m²）
湾田望江府	约6599元/m²	普通住宅	三居室（97~144m²） 四居室（148~175m²）
太阳城	约11000元/m²	公寓	二居室（33~62m²）
富兴悦府	约6230元/m²	普通住宅、公寓	一居室（41.64~51.82m²） 二居室（87.41m²） 三居室（101.23~115.87m²）
凯尔花缇紫郡	约6100元/m²	普通住宅	四居室（119m²） 五居室（143m²）
长沙亿达智造小镇	约6900元/m²	普通住宅	三居室（97~123m²） 四居室（135~143m²）
长沙融创城	约6200元/m²	普通住宅	三居室（95~115m²） 四居室（130m²）
时代年华	约9500元/m²	普通住宅、公寓	二居室（34m²） 三居室（57m²）
联诚雅郡	7800元/m²起	公寓	一居室（40~63m²）
三润城	约7700元/m²	普通住宅、公寓	一居室（47~58m²）
新华联梦想城	30000元/m²起	普通住宅	五居室（133.93m²）
学府星城	约6000元/m²	普通住宅	二居室（89~115m²）
明发国际城	约9000元/m²	普通住宅、公寓	三居室（94.74~113.07m²） 四居室（117.59~130m²） 五居室（133.13~141.06m²）
润和紫郡	7500~7600元/m²	普通住宅、公寓、别墅	三居室（109.3~118m²） 四居室（136.1m²） 五居室（150~173m²）
时代倾城·遇见	尚未公布	普通住宅	三居室（117m²）
湾田国际	约6500元/m²	普通住宅、公寓	二居室（43.34~80m²）
富基世纪公园	约6400元/m²	普通住宅	三居室（86.09~116.82m²） 四居室（130.68m²）
珠江东方明珠	约8500元/m²	普通住宅、别墅	三居室（112~122m²） 四居室（142~148m²）
万科滨河道	约12000元/m²	普通住宅	三居室（102~114m²） 四居室（126~143m²）
鑫湘雅韵	约6280元/m²	普通住宅	三居室（106~129m²） 四居室（145~146m²）
长沙恒大时代广场	尚未公布	公寓	一居室（23~42m²） 二居室（45~81m²）
开利星空城市公馆	约6666元/m²	公寓	二居室（45~104m²）
高星·西铁新城	约5218元/m²	公寓	一居室（35~80m²）
南璟滨江书苑	约6300元/m²	普通住宅	三居室（108~128m²）
帝辰金缇水郡	约6580元/m²	普通住宅	三居室（125~138m²）
鸿海公园里	约6000元/m²	普通住宅	三居室（93.85~106.38m²） 四居室（123.66m²）
长房星珑湾	约6150元/m²	普通住宅	三居室（83~120m²） 四居室（123~143m²）
奥莱城	约6280元/m²	普通住宅、公寓	三居室（126.61m²） 四居室（147.84m²）
嘉宇北部湾	6500元/m²起	普通住宅、公寓	三居室（121~131m²） 四居室（139~146m²）

望城区			
楼盘名称	价格	物业类型	主力户型
金富星悦汇	约6800元/m²	普通住宅、公寓	一居室（46~73m²） 三居室（94~129m²） 四居室（133m²）
新华联铜官窑古镇	7500元/m²起	普通住宅	三居室（80~170m²） 五居室（280m²）
美的翰城	约6700元/m²	普通住宅、公寓	三居室（96~115m²） 四居室（129m²）
美来美城市广场	7400元/m²起	普通住宅、公寓	一居室（41~52m²）
才子城	约6900元/m²	普通住宅、公寓	二居室（32~72m²） 三居室（80~120m²）
房聚云台府	7980元/m²起	别墅、公寓	一居室（43~50m²） 四居室（164~234m²）
崇文名邸	约7800元/m²	普通住宅	三居室（110~130m²）
盈峰翠邸悦墅	约10243元/m²	别墅	四居室（270m²）
金地三千府	约3000万元/套	普通住宅	五居室（334~495m²）
澳海文澜府	7000~8200元/m²	普通住宅	三居室（106~123m²） 四居室（137~170m²）
嘉新时代广场	约6800元/m²	普通住宅、公寓	三居室（108~140m²）
润和滨江广场·星空寓	尚未公布	公寓	一居室（43~60m²）
澳海谷山府	约7396元/m²	普通住宅	三居室（118~119m²）
朗诗麓岛	约16000元/m²	普通住宅	五居室（294~344m²）

雨花区			
楼盘名称	价格	物业类型	主力户型
长房·星城天地	尚未公布	普通住宅、公寓、商铺	商铺（20~100m²）
天集容德佳兆业·城市广场	约12000元/m²	普通住宅	四居室（106.19~165.24m²）
长沙宝能公馆	尚未公布	普通住宅	四居室（142~214m²）
龙骧汇金时代	尚未公布	公寓	一居室（30~50m²）
华杰壹中心	尚未公布	公寓	一居室（27~43m²）
时代MOMΛ云park	尚未公布	公寓	尚未公布
弘阳·万侯府	约11800元/m²	普通住宅	三居室（125m²） 四居室（140m²）
中海珑悦府	10500~10700元/m²	普通住宅、公寓	一居室（36~48m²） 三居室（115m²） 四居室（132~135m²）
明昇壹城	约12000元/m²	普通住宅	一居室（38m²）
长房东旭国际	约9700元/m²	普通住宅	一居室（40.84~47.18m²）
华润翡翠府	13000元/m²起	公寓	一居室（39m²）
保利城	约8100元/m²	普通住宅、别墅	四居室（133.8m²）
国欣向荣府	约12000元/m²	普通住宅、公寓	三居室（118~120m²） 四居室（129~140.45m²）
金科集美天辰	约9600元/m²	普通住宅	三居室（96~120m²） 四居室（131m²）
佳兆业湘府熙园	约9800元/m²	普通住宅	三居室（111m²） 四居室（142m²）
中天星耀城	约12000元/m²	普通住宅、公寓	三居室（99m²） 四居室（136m²） 五居室（173~192m²）
红星天铂	11400元/m²起	普通住宅、公寓	三居室（98~105m²） 四居室（120~135m²）
长房明宸府	约9900元/m²	普通住宅	三居室（100~123m²） 四居室（133~142m²）
金地铂悦	9200元/m²起	普通住宅、公寓	一居室（38~55m²）

雨花区			
楼盘名称	价格	物业类型	主力户型
中建嘉和城凤凰台	约9800元/m²	普通住宅	三居室（115~121m²） 四居室（125~143m²）
中建璟和城	约10100元/m²	普通住宅	三居室（101~120m²） 四居室（125~143m²）
保利大都汇	约12500元/m²	普通住宅	五居室（148m²）
中建嘉和城	约9500元/m²	普通住宅、公寓	一居室（47m²） 二居室（81.76m²）
阳光城尚东湾	约9500元/m²	普通住宅	三居室（100.52~132m²） 四居室（158.95m²）
万科天空之境	约9600元/m²	普通住宅	二居室（76~80m²） 三居室（109~120m²） 四居室（129~155m²）
德奥悦东方	约11000元/m²	普通住宅	三居室（110m²） 四居室（130~170m²）
旭辉·雨花郡	约14500元/m²	普通住宅	三居室（115m²） 四居室（143~170m²）
龙湖日盛奕境	10200元/m²起	普通住宅	三居室（107~123m²） 四居室（139m²）
卓越伊景苑	10500~12000元/m²	普通住宅	三居室（105~108m²） 四居室（130m²）
中国铁建金色蓝庭	约11000元/m²	公寓	二居室（92.22~106.1m²） 三居室（130.93~140.6m²） 五居室（151.91m²）
佳兆业云顶都汇	11000~12000元/m²	公寓	一居室（36~52m²）
世茂璀璨天城	12500~14500元/m²	普通住宅、公寓	一居室（46~68m²）
奥园誉景华府	约9500元/m²	普通住宅	三居室（108~118m²）
长沙恒大誉府	约12000元/m²	普通住宅、公寓	三居室（92.11~119.31m²）
长沙城际空间站	11500元/m²起	普通住宅、公寓	一居室（35~64m²）
红星国际公寓	12000~12800元/m²	公寓	一居室（42~75m²）
五江天街·天寓	约10500元/m²	公寓	一居室（24~61m²）
五矿·万境蓝山丨青橙	约9500元/m²	普通住宅、别墅	一居室（42~52m²）
天晟海拔东方	约9600元/m²	普通住宅	二居室（80.35~90.63m²）
美的置业广场	9999元/m²起	普通住宅、公寓	三居室（117.87m²） 四居室（139.92~141.87m²）
恒大金融广场	尚未公布	公寓	二居室（36.73~82.81m²）
长房岭秀时代	约9000元/m²	普通住宅	三居室（113.41~115.15m²） 四居室（138.73~140.06m²）
中富航银座	约13500元/m²	普通住宅、公寓	二居室（35~57m²）
湘林·熙水豪庭	约12400元/m²	普通住宅	三居室（117~129m²） 四居室（141.99~226.47m²）
中天星耀中心	约13000元/m²	普通住宅、公寓	三居室（99m²） 四居室（136~175m²） 五居室（192m²）
伊景园滨河苑	约8800元/m²	普通住宅	三居室（110.09~110.49m²）
高峰璟麟府	约12600元/m²	普通住宅、公寓	四居室（177.79~183.33m²）
东塘SOHO	16165元/m²起	普通住宅、公寓	一居室（58.04~67.41m²） 二居室（86.13~96.62m²）
保利茉莉公馆	约14000元/m²	普通住宅、公寓	三居室（116m²） 四居室（128~137m²）
碧桂园印象	约14000元/m²	公寓	二居室（61.9m²）
兴旺小爱同学	约10500元/m²	公寓	二居室（40.6~95.98m²）
京武中心	16000元/m²	公寓	一居室（60~112m²）
环亚高铁芯城	9700元/m²起	普通住宅、公寓	一居室（40~70m²）

雨花区			
楼盘名称	价格	物业类型	主力户型
碧桂园城市之光	11000元/m²起	公寓	一居室（29.4~77m²）
正荣悦玺	约9600元/m²	普通住宅、公寓	四居室（150.3~176.18m²）
正荣华悦广场	15000元/m²起	公寓	一居室（40~60m²）
美林美寓	约12000元/m²	公寓	一居室（34.34~77.87m²）
绿地新都会	约10500元/m²	普通住宅、公寓	一居室（38~42m²）
博长山水香颐	11000元/m²起	普通住宅、公寓	一居室（43~95m²）
中南红领邦	尚未公布	普通住宅、公寓	尚未公布
裕天国际商汇中心	12000元/m²起	公寓	二居室（31.21~93.44m²）
运达中央广场	39800元/m²起	普通住宅	五居室（428~450m²）
星城1号	13000~20000元/m²	公寓	一居室（26.07~61.35m²） 二居室（90.81m²）
湖南德思勤城市广场	约15200元/m²	普通住宅、公寓	二居室（46.9~89.95m²）
平吉上苑	约9300元/m²	普通住宅	二居室（82~85m²） 三居室（102~121.87m²） 四居室（133.09m²）
恒生碧水龙庭	约9500元/m²	普通住宅	二居室（79m²） 三居室（96~121m²） 四居室（161m²）
美洲故事	约12000元/m²	别墅、公寓	一居室（49.04~57.17m²）
新世界柏樾	尚未公布	普通住宅、公寓	尚未公布
臻园	约12300元/m²	普通住宅、公寓	三居室（109~110m²） 四居室（130~142m²） 五居室（176m²）
才子嘉都	尚未公布	普通住宅、公寓	尚未公布
卓越伊景寓	10000元/m²起	公寓	一居室（32~36m²）
旭辉·国悦府	尚未公布	普通住宅	尚未公布
长房地铁银座公寓	尚未公布	普通住宅、公寓	三居室（85~134m²） 四居室（148m²）
新城明昱东方	尚未公布	普通住宅、公寓	三居室（103~113m²） 四居室（121m²）
新都会公馆	约10500元/m²	普通住宅	一居室（38~42m²）

岳麓区			
楼盘名称	价格	物业类型	主力户型
长房云公馆	约9600元/m²	普通住宅	三居室（108~114m²） 四居室（124m²）
卓伯根·1900	约20000元/m²	公寓	一居室（33m²） 二居室（72m²）
新城观山印	尚未公布	普通住宅	三居室（126~143m²）
爱家当代境MOMΛ	约12800元/m²	普通住宅	三居室（109m²） 四居室（127m²）
中海麓山境	尚未公布	普通住宅、公寓	三居室（102m²） 四居室（118~142m²） 五居室（174m²）
弘坤君寓	尚未公布	普通住宅、公寓	一居室（36~52m²）
欣利·梅溪左岸	尚未公布	普通住宅	三居室（113~123.5m²） 四居室（136~146m²）
新银洲	尚未公布	普通住宅、别墅	尚未公布
华润凯旋门	尚未公布	普通住宅	三居室（106m²） 四居室（138m²） 五居室（174m²）
万象公园	尚未公布	普通住宅、公寓	三居室（127.02m²） 四居室（143.53~323.7m²）
达美·涧溪山	约15000元/m²	公寓	一居室（22~75m²）
金地商置湘江壹汇	尚未公布	普通住宅	一居室（36~94m²）
三湘一品	尚未公布	公寓	尚未公布

岳麓区

楼盘名称	价格	物业类型	主力户型
阳光城·溪山悦	住宅 11600 元/m² 别墅 20000 元/m²	普通住宅、别墅	三居室（约 110m²）四居室（126~141m²）
清控尖山湖	11500~12000 元/m²	普通住宅、公寓	三居室（93~109m²）四居室（124~141m²）
富力十号	13000 元/m² 起	普通住宅、公寓	一居室（50~72m²）
湘熙水郡	约 10500 元/m²	普通住宅、公寓	一居室（38~47m²）
深业鹭栖府	13500~14500 元/m²	普通住宅	三居室（115m²）四居室（130~143m²）
珠江颐德公馆	18000~19000 元/m²	普通住宅、别墅	四居室（170~202m²）
金茂湾	12000 元/m² 起	普通住宅、公寓	一居室（45~79m²）
北辰时光里	约 15000 元/m²	普通住宅	一居室（40~62m²）
时代梅溪领峰	约 15900 元/m²	普通住宅	三居室（136m²）四居室（176m²）
梅溪悦章	约 13500 元/m²	普通住宅、公寓	三居室（118~136m²）四居室（140~176m²）
碧桂园荟隽棠	9388~10588 元/m²	普通住宅	四居室（125~201m²）
保利恒伟·时光印象	约 11000 元/m²	普通住宅、公寓	四居室（118~138m²）
梅溪华府	约 13500 元/m²	普通住宅、公寓	四居室（231m²）
金地中交麓谷香颂	10500~10800 元/m²	普通住宅	一居室（42~52m²）
中梁云麓传奇	约 11800 元/m²	普通住宅	三居室（119m²）四居室（143m²）
祥源森林之光	16000 元/m² 起	普通住宅	三居室（114~119m²）四居室（143m²）
金茂建发泊悦	12700~13000 元/m²	普通住宅、公寓	三居室（115m²）四居室（143m²）
美的麓府	约 12000 元/m²	普通住宅	三居室（102m²）四居室（120~130m²）
保利海德公园	约 15000 元/m²	普通住宅、公寓	一居室（28~60m²）
越秀·湘江星汇城	约 9980 元/m²	普通住宅、公寓	二居室（113m²）三居室（143m²）
万科白鹭郡铂寓	约 13000 元/m²	公寓	一居室（35m²）
天麓轻奢国际	8800 元/m² 起	公寓	一居室（34~42m²）
正荣梅溪紫阙台	约 15000 元/m²	普通住宅	二、三居室（33~75m²）四居室（224~402m²）
梦想新天地	约 13500 元/m²	普通住宅、公寓	三居室（119.66~132.49m²）
金基芳华	约 11500 元/m²	普通住宅	三居室（50~94m²）四居室（118~143m²）
南山一方中心	尚未公布	普通住宅、公寓	一居室（37~46m²）
汉唐世家	8400 元/m² 起	普通住宅	三居室（97~114m²）五居室（125~134m²）
阳光城翡丽云邸	10600~12000 元/m²	普通住宅、公寓	三居室（105m²）四居室（122~136m²）
梦想麓隐天境	10600~12000 元/m²	普通住宅	三居室（125~142m²）四居室（185m²）
恒大滨江左岸	约 8500 元/m²	普通住宅	三居室（80~133m²）
长房·云尚公馆	约 11000 元/m²	普通住宅、公寓	三居室（102~116m²）四居室（127~140m²）
中国铁建湘语梅溪	约 15000 元/m²	普通住宅	三居室（109~115m²）四居室（137~143m²）
招商华发依云曦城	约 12600 元/m²	普通住宅	三居室（100m²）四居室（123~149m²）
城发恒伟星雅韵	约 14500 元/m²	普通住宅、公寓	三居室（116m²）四居室（125~165m²）
越秀亲爱里	约 13500 元/m²	普通住宅	三居室（107m²）四居室（132~139m²）

岳麓区

楼盘名称	价格	物业类型	主力户型
正荣滨江紫阙台	约 13000 元/m²	普通住宅、公寓	四居室（146~151m²）
越秀悦湖台	约 14000 元/m²	普通住宅、公寓	二居室（22~54m²）
金侨风华府	约 8890 元/m²	普通住宅	四居室（119m²）
中海阅麓山	约 15000 元/m²	普通住宅	三居室（98~112m²）四居室（128~142m²）五居室（171m²）
长沙恒大半山悦府	约 10500 元/m²	普通住宅	三居室（95~115m²）四居室（131~141m²）
长房时代小镇	约 10500 元/m²	普通住宅、公寓	一居室（40m²）二居室（60m²）三居室（120m²）
金恒银杉里	约 10200 元/m²	普通住宅	三居室（36~94m²）四居室（143m²）
达美公馆	尚未公布	公寓	二居室（39~72m²）五居室（367~450m²）
华申·阳光城·未来悦	12800 元/m² 起	普通住宅、公寓	一居室（49~70m²）
长房云西府	约 10900 元/m²	普通住宅、公寓	三居室（120m²）四居室（140m²）
龙湘湘江星座	9000 元/m² 起	普通住宅、公寓	一居室（26~38m²）
梅溪湖玺悦	约 13500 元/m²	普通住宅	三居室（129m²）四居室（148m²）
中一鲲出	20000 元/m² 起	公寓	二居室（38.58~40.2m²）三居室（54.8m²）
华润琨瑜府	约 13500 元/m²	普通住宅	一居室（37~47m²）
南山梅溪一方	11000 元/m² 起	普通住宅	一居室（37~42m²）二居室（37~46m²）
福晟翡翠湾	19000 元/m² 起	普通住宅	三居室（37~78m²）
长沙恒大文化旅游城	高层 9500 元/m² 洋房 11500 元/m²	普通住宅、别墅	三居室（114~133m²）四居室（137~141m²）
蓝光雍锦半岛	约 25000 元/m²	普通住宅	五居室（165~185m²）
建工象山国际	尚未公布	普通住宅	尚未公布
金辉优步花园	10000 元/m² 起	普通住宅	四居室（133m²）五居室（166m²）
永实蔷薇国际	约 8900 元/m²	普通住宅、公寓	四居室（98~140m²）五居室（227~285m²）
建发央著	250 万~410 万元/套	普通住宅	三居室（120m²）五居室（166m²）
南山十里天池	尚未公布	普通住宅、别墅	尚未公布
达美·溪湖湾	约 32000 元/m²	普通住宅、公寓	五居室（301.5~741m²）
保利天禧	约 12000 元/m²	普通住宅、公寓	一居室（30~40m²）
中建·梅溪湖中心｜宝铂公馆	约 12500 元/m²	公寓	二居室（45~65m²）
潇湘奥林匹克花园	8100 元/m² 起	普通住宅	三居室（79m²）
世茂铂曼	12800 元/m² 起	普通住宅、公寓	三居室（70~120m²）
江山帝景	约 13400 元/m²	普通住宅、公寓、别墅	一居室（39~43m²）三居室（104~126m²）四居室（150~293m²）
振业城	9800~11000 元/m²	普通住宅、别墅	一居室（40~48m²）
西湖御苑	约 11000 元/m²	普通住宅、五居室	五居室（246~284m²）
绿地麓湖郡	洋房 17000 元/m² 别墅 21000~26000 元/m²	普通住宅	四居室（168~176m²）五居室（147~216m²）
梦想枫林湾	13000 元/m² 起	普通住宅、公寓	三居室（103~118m²）
铁建京师璟台	9900 元/m² 起	普通住宅	一居室（31.7~42.6m²）二居室（71.7m²）
奥园城市天骄	尚未公布	公寓	一居室（20~60m²）

岳麓区			
楼盘名称	价格	物业类型	主力户型
映客龙湖·璟翠中心	约12900元/m²	普通住宅、公寓	一居室(41m²)
万科金色梦想	约12000元/m²	普通住宅、公寓	一居室(30~53m²) 二居室(63~72m²)
湖湘中心樾山公馆	16800元/m²起	公寓	二居室(44~73m²)
梅溪半岛	约19000元/m²	公寓	一居室(49~69m²)
中国铁建洋湖壹品	约14500元/m²	公寓	一居室(34~65m²) 五居室(260~610m²)
通号岭绣苑	7800元/m²起	普通住宅	四居室(162m²) 五居室(136m²)
致地龙熙台	约28000元/m²	普通住宅、别墅	五居室(306.2~351.28m²) 六居室(357.83m²)
启迪协信中心	约14800元/m²	公寓	二居室(69m²)
恩瑞御西湖	约11500元/m²	普通住宅、公寓	二居室(79~115m²)
惠天然梅岭国际	尚未公布	普通住宅	一居室(36~54m²)
星语林汀湘十里	620万~3966万元/套	别墅	六居室(520m²) 八居室(789.52m²)
绿地麓云国际	14200~15200元/m²	普通住宅	三居室(129m²) 五居室(185~244m²)
复地滨江金融中心	约15911元/m²	普通住宅、公寓	三居室(120~125m²) 四居室(143~150m²)
卓越洋湖晴翠	约16760元/m²	普通住宅	三居室(113m²) 四居室(127~165m²)
绿地湘中心	约16800元/m²	公寓	一居室(44~73m²)
长沙龙湖新壹城	约11800元/m²	普通住宅、公寓	一居室(39~52m²)
晟通牡丹舸	尚未公布	普通住宅	四居室(231~248m²) 五居室(324m²)
建发电建·江山悦	14700元/m²起	普通住宅	三居室(108m²) 四居室(128~266m²)
碧桂园智慧城市	约9000元/m²	普通住宅、别墅	三居室(109.58~117.47m²) 四居室(139.83m²)
润和滨江湾	尚未公布	公寓	一居室(39m²) 三居室(117m²)
中海阅溪府	14206元/m²起	普通住宅、公寓	三居室(112m²) 四居室(142~200m²)
旭辉都会山	尚未公布	普通住宅、公寓	一居室(27~61m²)
卓越中寰	约15500元/m²	普通住宅、公寓、别墅	二居室(39~62m²)
中海熙湾	尚未公布	普通住宅、别墅	尚未公布
龙湖铂金中心	尚未公布	公寓	一居室(27m²)
嘉湘华庭	尚未公布	普通住宅	五居室(247m²)
金鹰玖珑山	尚未公布	普通住宅	尚未公布
湘港	尚未公布	公寓	尚未公布
滨江府1913	约15000元/m²	普通住宅、公寓	四居室(118~143m²)

长沙县			
楼盘名称	价格	物业类型	主力户型
长沙院子揽山院	约6500元/m²	普通住宅	三居室(105m²) 四居室(125~143m²)
新城·朗隽大都会	约7900元/m²	普通住宅、公寓	三居室(104~112m²) 四居室(123m²)
广荣福第	尚未公布	普通住宅	三居室(90~135m²) 四居室(144~150m²) 五居室(162m²)
中梁正荣府	尚未公布	尚未公布	尚未公布
新城·恒伟·汇隽风华	尚未公布	普通住宅	三居室(103m²) 四居室(126m²)
佳源东方璟园	尚未公布	普通住宅	四居室(114~132m²) 五居室(143m²)
中交建发松雅院	11200元/m²起	普通住宅、别墅	四~五居室(125~149m²)

长沙县			
楼盘名称	价格	物业类型	主力户型
东方美地	8200元/m²起	普通住宅	一居室(30m²) 二居室(91.32~101.90m²)
金科美寓	约8000元/m²	公寓	一居室(44.74m²)
碧桂园翘楚棠·棠果公寓	约9000元/m²	普通住宅、公寓	二居室(33~39m²)
金科景朝集美星宸	8361元/m²起	普通住宅、公寓	三居室(83~89m²) 四居室(110~118m²)
湘域芯城	尚未公布	普通住宅、公寓	三居室(130~132m²) 四居室(140~144m²)
运达锦绣广场	约13500元/m²	普通住宅、公寓	三居室(112m²) 四居室(152m²)
中梁星都荟	约7600元/m²	普通住宅	三居室(97~105m²) 四居室(120~142m²)
宁华星湖湾	20000元/m²起	别墅	四居室(121.25~122.15m²)
荣盛城	约9400元/m²	普通住宅	四居室(140m²)
梨江鑫苑	约6600元/m²	普通住宅	三居室(109.68~125.28m²) 四居室(132.95m²)
金驰东方樾	约6500元/m²	普通住宅	三居室(101m²) 四居室(140m²)
金地艺境	6700元/m²起	普通住宅、别墅	三居室(96~122m²) 四居室(154m²)
雅居乐新地	6500~7000元/m²	普通住宅、公寓	三居室(94~108m²) 四居室(130m²)
长沙百联购物公园·空港8号	约7980元/m²	公寓	一居室(40~60m²)
日盛湖湘花苑	约7850元/m²	普通住宅、公寓	三居室(108~113.43m²) 四居室(128.59~164.24m²)
福天星中心	8388元/m²起	普通住宅	三居室(90~135m²)
华远·海蓝郡(长沙)	约7800元/m²	普通住宅、公寓	二居室(34~43m²)
世景国际广场	9700元/m²起	公寓	一居室(44~59m²)
长沙院子	12000元/m²起	普通住宅	三居室(105~143m²) 四居室(178m²) 五居室(212~295m²)
和泓桃李春风	约8700元/m²	普通住宅、别墅	三居室(71~127m²)
永宏万家里	约8800元/m²	普通住宅	一居室(37~66m²)
合能枫丹新里	13000元/m²起	普通住宅	五居室(165.94~294.24m²)
中建悦和城	约8300元/m²	公寓	一居室(48.74m²)
长龙湾	约6600元/m²	普通住宅	三居室(109.98~118.36m²) 四居室(141.08m²)
和园	约9600元/m²	公寓	二居室(45~81m²)
合能枫丹星悦	约10500元/m²	普通住宅	三居室(89m²) 四居室(123m²)
弘坤·东昇	约7000元/m²	普通住宅	二居室(120m²) 四居室(143m²)
旭辉汇樾城	约9200元/m²	普通住宅、公寓	三居室(110m²) 四居室(126~143m²)
金辉优步星樾	约9600元/m²	普通住宅	三居室(89~108m²) 四居室(128m²)
金晟年华	约7300元/m²	普通住宅、公寓	一居室(46~59m²)
恒泰风格城市	约8417元/m²	普通住宅、公寓	一居室(38.16~63.33m²)
湘域国际广场	约6380元/m²	普通住宅、公寓	四居室(125~168m²)
新城悦隽公园	7300~9500元/m²	公寓	一居室(30~43m²) 二居室(35~42m²)
盛地东方芯府	约6600元/m²	普通住宅	四居室(125.13m²) 五居室(133.67m²) 六居室(157.6m²)

长沙县			
楼盘名称	价格	物业类型	主力户型
佳俊万家府	约 9300 元 /m²	普通住宅、公寓	三居室 (106~115.29m²) 四居室 (122.29~138.14m²)
碧桂园漓湘悦	约 8800 元 /m²	公寓	一居室 (32~67m²)
云栖国际	约 6180 元 /m²	普通住宅	三居室 (83~102m²) 四居室 (122~135m²) 五居室 (144m²)
新城悦隽	8800 元 /m² 起	普通住宅、公寓	一居室 (39~49m²) 三居室 (104~168m²)
旭辉美的东樾城	28000 元 /m² 起	普通住宅	三居室 (98m²) 四居室 (128~143m²)
星城春晓	8000 元 /m² 起	普通住宅	二居室 (83.61m²) 三居室 (99.81~120.43m²) 四居室 (135.68m²)
融创会展上东区	9000~9800 元 /m²	普通住宅、公寓	三居室 (112m²) 四居室 (142~151m²) 五居室 (194~196m²)
华远碧桂园海蓝城	9200 元 /m² 起	普通住宅	三居室 (97.46~106.01m²) 四居室 (126.39~142.89m²)
碧桂园星荟	约 7500 元 /m²	公寓	一居室 (27~48m²)
敏捷珑玥府	7500 元 /m² 起	普通住宅、公寓	一居室 (31m²) 三居室 (96~129m²)

长沙县			
楼盘名称	价格	物业类型	主力户型
保利东郡	6680 元 /m² 起	普通住宅	三居室 (103~105m²) 四居室 (123~144m²)
豪都新天地	7300 元 /m² 起	普通住宅	一居室 (37~78m²)
楚天世纪城西苑	约 6500 元 /m²	普通住宅	四居室 (136~138m²)
新长海广场	约 8000 元 /m²	普通住宅、公寓	五居室 (133~141m²)
橄榄城牛津欢乐广场	约 7600 元 /m²	普通住宅、别墅	一居室 (45m²)
海伦春天	约 11000 元 /m²	普通住宅	一居室 (33~44m²)
昆仑和府	约 24800 元 /m²	普通住宅	五居室 (588~719m²)
保利香槟国际	约 6700 元 /m²	普通住宅、公寓	一居室 (28~50m²)
星雅美辰	尚未公布	普通住宅	二居室 (76.33m²) 三居室 (98.56m²)
紫华郡	尚未公布	普通住宅	二居室 (90.86m²) 三居室 (98~109m²) 四居室 (118~130m²)
长房星昇公馆	10300 元 /m² 起	普通住宅、别墅	三居室 (120m²) 四居室 (143~184m²) 五居室 (235m²)

典型项目

阳光城·溪山悦

长沙 | 阳光城 | 湖居大盘 | 五维景观 | 自建学校

项目地址： 长沙市岳麓区梅溪湖步步高西（谷苑路与雷高路交会处）

开发商： 长沙市湘坤房地产开发有限公司

产品特征： 普通住宅、别墅

参考价格： 住宅均价 11600 元 / 平方米、别墅均价 20000 元 / 平方米

主力户型： 约 110 平方米三居、约 126～141 平方米四居

物业公司： 阳光城物业

5 公里生活配套： 步步高梅溪新天地、雷锋公园、地铁 6 号线（建设中）、地铁 2 号线延长线（规划中）、长宁快线雷锋镇站城规（规划中）、长浏快线城轨（规划中）

专家点评 乐凯·乐居长沙主编

阳光城·溪山悦位于梅溪湖国际新城二期、麓谷高新区、高铁西片区三大板块交会处，坐享片区发展红利。项目以百万平方米体量规划并配建约 5 万平方米商业、3 所幼儿园和一所有 36 个班的小学及高端商务场所，为置业群体提升品质生活空间。

项目测评

【品牌描述】
阳光城集团是世界 500 强阳光控股核心成员，26 载砥砺，布局 100 座城市、筑就约 300 个精品项目，荣登"2020 中国房地产开发企业 20 强"第 13 位、"2020 中国房地产开发企业成长速度 10 强"第 1 位。

【销售数据】
自 2020 年 7 月 30 日首开以来，阳光城·溪山悦前后 8 次加推，累计推售约 1750 套高层房源，货值超过 22 亿元。湖南中原数据显示，项目荣登 2020 年 11 月岳麓区销售面积 TOP1，2020 年下半年麓谷梅溪二期销售 TOP1。

【区域地段】
阳光城·溪山悦择址河西高新区，辖区内企业近 26700 家，其中上市企业 47 家，占全市 65%；又承接了梅溪湖二期成熟的城市资源及省图书馆、科技馆、体育馆、医疗健康产业园等公共配套，且往西 5 公里即是长沙第二大高铁枢纽——高铁西站，未来将有望汇集 11 条轨道交通路线，连通地铁和机场快线。

【楼栋规划】
总占地规模约 500 亩，建筑面积约 110 万平方米，主要由 33 栋高层住宅、42 栋叠墅、1 栋经济型酒店、底层商业及集中商业街区组成；高层楼高 32～34 层，梯户比为两梯三户和三梯四户；叠墅楼高 4 层，独门独户，地上、地下双大堂设计。

【园林景观】
小区整体容积率为 2.58，绿化率近 35%。规划有 8000 平方米的内湖和 4 万平方米的中央园林。共计约 26 万平方米园林景观，集主题公园、商业中心、精英教育、健康运动、邻里共享空间于一体，形成全功能、全季节、全生命周期的复合空间。

【自建配套】
小区自建约 8000 平方米内湖，高端湖幕会客厅、全龄段的儿童欢乐主场、约 2 公里乐活跑道及篮球场、羽毛球场等健身设施，规划有 3 个幼儿园和 1 所有 36 个班的小学及约 5 万平方米的社区商业。

【物业服务】
社区物业为阳光城自持物业。阳光城物业坚持"用心服务、共享阳光"的品牌宗旨，践行"有温度的物业服务运营商"的品牌使命。截止到 2019 年 2 月，在管面积约 1380 万平方米，签约面积约 3700 万平方米。

【交通出行】
阳光城·溪山悦地处雷高路和谷苑路交会处，近城市主干道岳麓大道和枫林三路，享受"三横三纵"路网+双地铁配套。距离地铁 2 号线西延线二期的雷锋西站（规划中）约 1.2 公里，距离地铁 6 号线和馨园站（建设中）约 1.6 公里。

【购物娱乐】
自建约 5 万平方米社区商业（已于 2020 年 10 月举办战略商家签约仪式，未来拟引进购物、教培、美食、休闲等多业态产业），西侧为政府规划的 70 亩纯商业用地（规划中）；东侧 5 万平方米为万科地铁商业（建设中）；直线 2 公里距离是约 70 万平方米的步步高梅溪新天地。

【教育资源】
阳光城·溪山悦将自建 3 所幼儿园（规划中），一路之隔便是高新二小。与此同时，湖南师范大学、阳光城、高新区管委会三方签约后，共同打造的湖南师范大学附属高新外国语学校（拟命名）已成功奠基，预计 2022 年开学，周边还有雅礼麓谷中学（已开学）、长郡麓谷中学（建设中）等学校环绕。

中海阅麓山

| 长沙 | 中海 | 洋湖新城 | 高端配套 | 低密社区 |

项目地址：
长沙市岳麓区连塘路与周家湾路交会处东南角（雅礼洋湖中学对面）

产品特征：
普通住宅

项目规划：
占地面积：192613 平方米；容积率：2.4；总户数：3508 户

主力户型：
98～112 平方米三居、128～142 平方米四居、约 171 平方米五居

参考价格：
约 15000 元/平方米

入选理由： 2020 年度长沙楼盘新房销售金额第一名

根据湖南中原 2020 年统计数据显示，中海阅麓山年度成交总金额为 46.21 亿元，拿下 2020 年度长沙楼盘新房销售金额的第一名。

核心优势：
中海阅麓山位于发展势头正旺的洋湖国际新城板块，地铁、学校、商业等大型综合配套以高值、飞速的态势逐一呈现。项目总建面约 46 万平方米，容积率 2.4，打造为低密度纯板式居所。其楼间距最大可达 67 米，户户布局合理、南北通透、得房率约 85%。精工部分，延用中海地产几近严苛的七重质量标准，多个细节尽显产品品质。自 2019 年项目上市至今一直呈现火热态势，凭其高价值高流速的市场行情，成绩常年领先板块内其他高层（除大平层）项目，并以 46.21 亿元的总成交金额，一举拿下 2020 年的年度销售金额的冠军。

绿地麓湖郡

| 长沙 | 绿地 | 梅溪湖 | 健康产业 | 低密社区 |

项目地址：
长沙市岳麓区梅溪湖泉水路，象鼻窝森林公园北侧

产品特征：
洋房、叠墅

项目规划：
占地面积：287600 平方米；容积率：1.1；总户数：1299 户

主力户型：
168～176 平方米四居、147~216 平方米五居

参考价格：
洋房 17000 元/平方米、别墅 21000~26000 元/平方米

入选理由： 乐凯·乐居长沙主编

绿地麓湖郡位于梅溪湖一二期城市资源交会地段，属于成熟繁华区域的低密居所。项目以北欧生活样本为蓝图，将实景园林融入康养体系，实现建筑与自然相辉映，呈现了山居生活的实践构想。

核心优势：
绿地麓湖郡位于梅溪湖国际新城二期医疗健康产业园的门户位置。南边邻象鼻窝森林公园、北部临河滨湿地公园，近山临水，与国际生态健康城修养的定位相呼应。项目总占地 28.76 万平方米，总建面 43.22 万平方米，含 0.11 万平方米商业。容积率 1.1，整体分为住宅区和康养中心两大板块，住区共计 95 栋建筑、1299 户，全由 4 层叠墅和 5~8 层洋房组成。其中，叠墅户型建面 168～176 平方米，洋房户型建面 147~216 平方米，均为非刚需房源。项目自 2020 年 3 月首开后，业绩常年领跑长沙别墅的排行榜，全年销售额近 30 亿元，并以全年网签销售额 13.96 亿元的傲人成绩，荣登 2020 年度别墅销售排行榜的首位，销售额超第二名两倍以上。（数据来源：克而瑞）

南昌
市场总结

一、新房成交表现

1. 整体情况

据乐居江西统计，2020年南昌市（不含南昌县、新建区，下同）新房网签37887套，同比下跌28.78%，网签面积约450.48万平方米，同比下跌28.54%。

纵观近十年南昌新房的成交数据，2020年南昌新房成交排名倒数第二，仅高于2011年。2020年年初受疫情影响，新房市场几乎陷入"沉寂"，楼市一度停摆，对市场造成了较大影响。

在楼市恢复期中，南昌楼市没有如其他城市一般出现强劲的反弹势头。例如楼市的强销期"金九银十"，新房成交仅7120套，而曾经号称"最惨金九银十"的2019年同期，仍然达到9286套，2020年与2019年同比少了2100多套，下跌幅度达到23.32%。

这样的表现，让所有南昌的房企承受了较大的业绩压力。于是，在2020年年末，不少楼盘都拿出了不小的折扣，以期刺激销量。2020年12月，南昌新房成交量达到了年度的最高点，但这个最高点，也仅只有4663套，与往年最高点的五六千套相比，尚有一定差距。

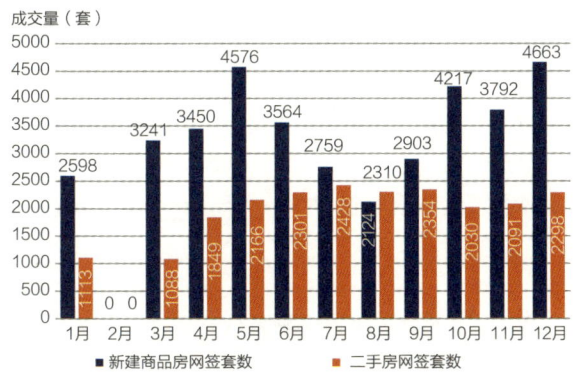

2020年1~12月南昌商品房网签量

其他县区表现情况，2020年新建区住宅供应141.48万平方米，备案115.16万平方米，同比下降28.97%，成交均价为11552元/平方米。

2020年1~11月，南昌县住宅备案147.48万平方米，疫情过后，对比主城区南昌县恢复较好，备案量超过2019年全年；备案均价11050元/平方米，同比下跌6.02%。

2. 每4个购房者中1人买九龙湖

2020年，南昌人仍然偏爱非限购区。从区域成交来看，2020年九龙湖的成交量占南昌市总成交量的25.31%，这意味着，2020年南昌每4个购房者中，就有1人买九龙湖，这与2019年情况类似。

经开区、青云谱区、湾里、高新区排在第二档次，这些区域的成交占比均在13%~14%，相差不大。其余区域成交量不足10%，尤其是东湖区、红谷滩中心区，明显受制于新房供应量。同时，西湖区的成交得益于华侨城万科世纪水岸的热销，一盘扛起了整个区域。

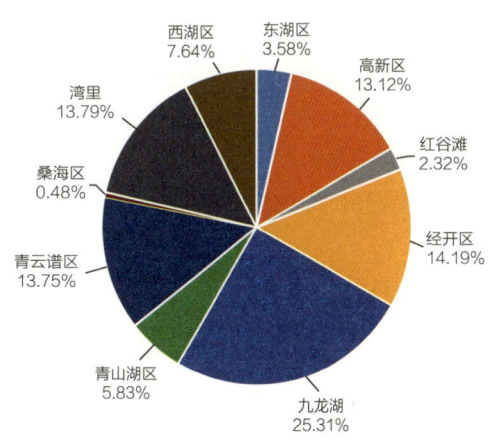

2020年南昌各区域成交面积占比

3. 南昌供销整体平衡

虽然2020年南昌楼市成交表现一般，但保持平稳，数据显示，2020年南昌市新建商品住宅供应407.91万平方米，而备案面积为 450.48 万平方米，整体供销比为 0.9，供求整体平衡。

而各个区域的表现差距非常大。从 2020 年南昌住宅各区供求走势图来看，九龙湖无论是供应面积，还是备案面积，均位列第一。

整体而言，2020 年南昌供需较为平稳，其中东湖区、红谷滩、九龙湖处于严重的"供不应求"，供销比低于 0.8；经开区、青云谱区、湾里、西湖区四个区域供求相对平衡，供销比在 0.9~1.1 之间。而高新区、桑海区、青山湖区则处于"供过于求"的状态，供销比超 1.3，桑海区更是达到了 3.18。

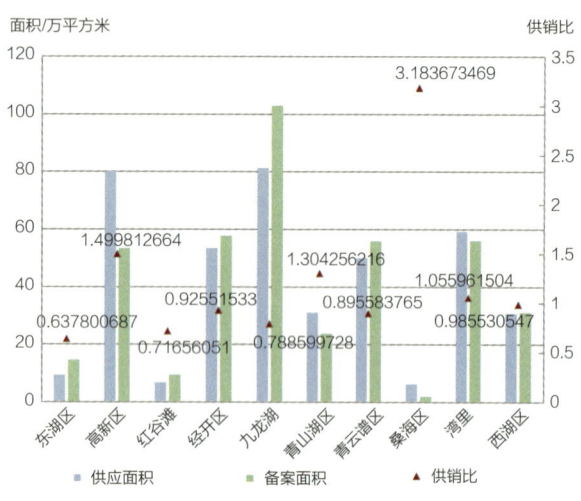

2020 年南昌住宅市场各区代销比

可见，目前南昌人的购房一方面是考虑限购问题，另一方面将越来越趋向于选择成熟区域。

4. 南昌房价收入比：10.55

据江西易居研究中心数据显示，2020 年南昌新建商品房备案均价为 13967 元/平方米，较 2019 年下跌 3.8%；其中东湖区均价 20326 元/平方米、红谷滩 17031 元/平方米、西湖区 19036 元/平方米。

住宅方面，备案均价 14357 元/平方米，价格趋于稳定，其中东湖区均价 20457 元/平方米，红谷滩 19923 元/平方米、西湖区 18696 元/平方米，三区为住宅价格高地。

另据南昌市 2019 年国民经济和社会发展统计公报，2019 年南昌城镇居民可支配收入 44136 元，照此计算，南昌房价收入比为：（南昌房价均价 13967 元/平方米 × 100 平方米）/（44136 元 × 3）≈ 10.55。

二、二手房成交表现

2020 年，南昌市（不含南昌县、新建区）二手房网签 22028 套，同比下跌 19.33%，网签面积约 215.49 万平方米，同比下跌 17.23%。相较 2019 年，南昌新房、二手房成交量双双下跌。

据中国房价行情网数据显示，2020 年 12 月，南昌二手房房价 12987 元/平方米，同比上涨 5.16%。

2020 年 12 月南昌 8 个区市县二手房房价中，同比 2019 年 12 月，红谷滩、青山湖区、东湖区、南昌县、进贤县 5 个区县呈上涨趋势，西湖区、青云谱区、新建区 3 个区县呈下降趋势。

其中，二手房房价涨幅最大的是进贤县，涨幅 8.92%；垫底的是新建区，受到湾里并入新建区的影响，跌幅 5.91%。

三、政策梳理

整体而言，2020 年的南昌楼市，政策保持稳健，虽然楼市行情一般，坊间也不断传出"放松限购、限价"的消息，但在官方层面，始终坚持"房住不炒"的政策。

楼市方面比较重要的政策主要集中在公积金、"三限房"等方面。

2020 年 2 月，南昌公积金放开二次贷款，只要是在 2020 年 2 月 26 日（含当日）以后购买的住房，符合贷款条件，便可以申请贷款。申请"二次贷款"，无论是首付还是利率均需上浮 10%，即首付比例为 40%，利率为 3.575%。

2020 年 3 月 30 日，南昌市房管局发布《关于进一步完善市区"三限房"项目销售规定的通知》。南昌市进一步规范申购登记行为、完善摇号选房规则。对累计 2 次选房后放弃房源的，一年内不允许其再次申购。对累计 5 次可以选房但放弃选房的，一年内不允许其再次申购。这是对 2019 年 8 月出台的"三限房"摇号政策的完善和补充，进一步打击炒房投机行为。

虽然南昌没有明确的出台支持楼市的政策，但南昌通过降低落户门槛，进一步扩大人才补贴，吸引了更多的人来到南昌、落地南昌，从而打造"大南昌"，对楼市有一定的促进作用。

2020 年 4 月 14 日，南昌市发布全面放开城镇落户限制，实行零门槛准入政策，全面取消在城镇地域落户的参保年限、居住年限、学历要求等迁入条件限制，实行以群众申请为主、不附加其他条件、同户人员可以随迁的"零门槛"准入政策。允许在南昌市租赁房屋人员申请落户在派出所社区集体户。放宽落户地址限制，允许在部分非住宅（公寓、商住楼）和单位自建员工宿舍地址上落户。全面将户口迁入南昌市城镇地域审批权限下放至派出所，实行准迁业务"一门办、即时办"。

而为了响应《关于全面放开我市城镇落户限制的实施意见》，南昌市教育局在原第三类生源后，新增了第四类生源，即小学毕业生及其父母户口在学区范围内，且户主为其父或者其母，家庭实际居住地[房屋产权所有人为其父或母或小学毕业生本人、房屋权证性质为非住宅（寓、商住楼），且该小学毕业生及其父母在城区无其他权证性质为住宅的房产，落户在该常住地址]在学区范围内。原第四、第五、第六类生源顺延为第五、第六、第七类。这也对南昌非住宅的去化，有一定的促进作用。

2020 年 11 月 3 日，南昌住房公积金管理中心在个贷率稳步控制在 85% 以下的前提下，恢复办理商业性住房贷款转住房公积金贷款业务。据了解，2016 年 5 月 16 日（含）后发放的商业性住房贷款可申请转住房公积金贷款，除需满足借款申请条件外，同时应符合以下条件：该房屋已取得不动产权证书（房屋所有权证）；该房屋如办理过购房性质的公积金提取业务，需间隔 6 个月后才能申请商转公，且可贷额度减去已提取金额；申请转换的商业贷款为纯商业性住房贷款。

四、土地供应

1. 出让基本情况

与二级市场相反，2020 年南昌土拍市场的表现可圈可点。2020 年，南昌市（含赣江新区，不含安义县、进贤县，下同）共成交 123 宗经营性用地，出让总面积约 12784 亩，同比上涨 124.49%；土地出让金总额约 641.78 亿元，同比上涨 76.79%，创下近 8 年新高。

近 8 年南昌市土地出让金额（不含进贤县、安义县）

根据江西土拍网数据显示，2020 年安义县经营性建设用地成交 54.89 万平方米，成交金额 23.62 亿元，进贤县经营性建设用地成交 74.61 万平方米，成交金额 23.84 万亿元。

照此计算，2020 年南昌全市经营性建设用地总成交金额约 689 亿元（不含工业用地）。另据南昌财政局数据，2020 年全市财政总收入完成 1008.8 亿元。

2. 土地月度成交走势

2020 年一季度受疫情影响，土地市场"寒意"阵阵；2020 年二季度随着楼市"小阳春"的到来，土地市场随之"复苏"，成交量和成交金额激增；2020 年三季度较为戏剧化，2020 年 7 月土地市场跌至谷底，成交金额、成交量创下全年新低,而2020年8月成交金额创下全年新高;2020年四季度,土地市场呈现"井喷",特别是2020年11月,土地成交量创下全年新高。

2020年的土地供应计划相较2019年有所上涨,完成进度远远高于2019年同期,南昌土地供应逐步放开。

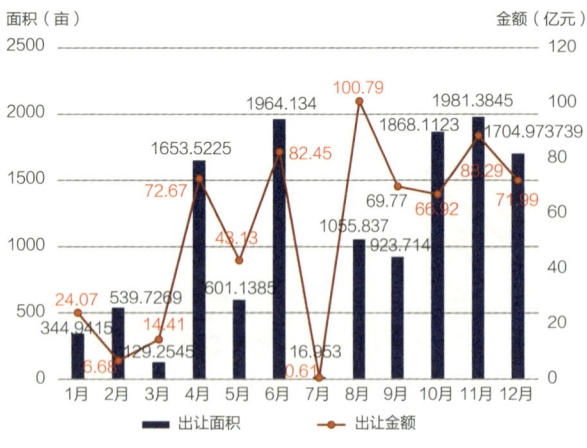

2020年1~12月南昌土地成交数据

3. 南昌市本级土地成交6265亩,完成率为90.8%

2020年,南昌市本级(不含赣江新区、新建区、南昌县、安义县、进贤县)商服+商品住宅用地供应计划共6900亩。截至2020年12月底,南昌市本级土地成交6265.0076亩,已完成年度计划的90.8%,其中,高新区及经开区已超额完成2020年全年目标,西湖区及红谷滩完成率也都在95%以上。

南昌市本级普通商品房用地供应计划表(住宅+商服)
(单位:亩)

区域	2020年	2020年1~12月	完成率
东湖区	118	67.678	57.35%
西湖区	276	270.905	98.15%
青云谱	745	563.946	75.70%
青山湖	538	194.858	36.22%
湾里区	596	318.46	53.43%
高新区	990	1181.7045	119.36%
红谷滩	2340	2240.903	95.77%
经开区	940	1161.992	123.62%
临空区	357	264.5611	74.11%
市本级合计	6900	6265.0076	90.80%
南昌县	2009.4	1521.7305	75.73%
新建区	4560.9	3968.867	87.02%

(整理:乐居网南昌)

4. 各区土地出让面积:新建区、红谷滩新区、南昌县位列前三

据乐居江西统计,2020年新建区、红谷滩、南昌县为南昌土地出让大户,其中新建区的表现较为"出挑",稳居土地出让面积第一名的宝座。三个区域成交量达67宗,出让面积达7732亩,占总出让面积的60%。相对而言,老城区供地节奏较缓,2020年全年仅成交16宗地,出让面积仅1097亩。

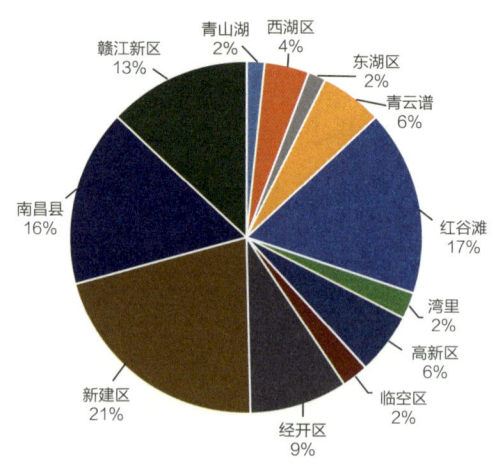

2020年南昌各区土地出让面积

2020年南昌各区土地出让金额中,新建区以142.12亿元的成绩,稳居南昌土地出让金额首位;红谷滩紧随其后,出让金额为137.26亿元;第三名则被南昌县夺得。

2020年1~12月南昌市各区域土地成交数据

地区	土地出让(宗)	土地出让面积(亩)	土地出让金额(亿元)	区域最高楼面价(元/㎡)
青山湖	2	194.858	17.70	6851
西湖区	5	270.905	25.01	6333
东湖区	2	67.678	10.04	8167
青云谱	7	563.946	56.58	6780
红谷滩	21	2240.903	137.26	11618
湾里	3	318.46	13.82	4242

(续)

地区	土地出让（宗）	土地出让面积（亩）	土地出让金额（亿元）	区域最高楼面价（元/m²）
高新区	7	1181.7045	71.77	8966
临空区	3	264.5611	9.25	4791
经开区	11	1240.052	66.58	6559
新建区	26	3968.867	142.12	7110
南昌县	20	1521.7305	75.28	6375
赣江新区	16	950.0272703	16.35	2505
总计	123	12783.69237	641.76	

5. 开发商拿地情况

2020年的南昌土地市场还迎来了多家"大鳄"，如宝龙、彰泰、平安、中粮、祥生、嘉福等，品牌房企的加入，为南昌楼市注入了不少新鲜血液。

而最大赢家莫过于保利。保利继续深耕南昌，共拿下8宗地块，分别位于红谷滩、青云谱区、南昌县、新建区及高新区。绿地以面积112.63万平方米，列拿地面积榜首位。

品牌房企招拍挂新增土储排名TOP20

序号	房企	占地面积（万平方米）
1	绿地	112.63
2	保利	59.85
3	旭辉	53.44
4	联晟	48.92
5	嘉福	33.80
6	新力	33.49
7	宝龙	24.35
8	平安	22.44
9	联发	20.25
10	万科	16.77
11	融创	14.56
12	彰泰	14.48
13	东投	14.21
14	中粮	13.64
15	水投	13.19
16	中铁建	12.75
17	首地	12.06
18	赣电	11.76

(续)

序号	房企	占地面积（万平方米）
19	华润	10.73
20	正荣	10.53

6. 2020年南昌土地市场之"最"

（1）楼面价最高地块：11618元/平方米

2020年5月13日，南昌新丰房地产开发有限公司以0.27亿元竞得红谷滩新区中央商务区红谷中大道以东、圣淘沙花园以南地块，楼面价约11618元/平方米，不过该宗地为服务设施用地。若以住宅用地来算，楼面价最高约为9205元/平方米，由华润竞得，该宗地位于红谷滩新区九龙湖片区规划路以南、龙虎山大道以西，限价11700元/平方米。

（2）总价最贵地块：27.83亿元

2020年11月2日，宝龙以27.83亿元竞得高新区学苑路以西、学院三路南北两侧DAFJ2020044地块，毛坯限价11435元/平方米，溢价率17.59%，成交楼面价约4609元/平方米。

（3）溢价率最高地块：101.55%

2020年5月15日，东投、金开以6.68亿元竞得南昌经济技术开发区规划学校以东、瑞香路以南、海棠南路以西、西昌路以北JQ303-E08T地块，限价8886元/平方米，溢价率101.55%。成交楼面价约5305元/平方米。

（4）限价与楼面价最小差值：2495元/平方米

2020年6月3日，华润以21.74亿元竞得红谷滩新区九龙湖片区规划路以南、龙虎山大道以西地块，成交楼面价约9205元/平方米，限价11700元/平方米。

（5）最大面积地块：623.486亩

2020年4月10日，旭辉以20.2亿元竞得南昌经济技术开发区荷华路（富樱路）以东、双港大道以北、海棠北路以南、筠霁路以西DAGJ2020004地块，限价 8950 元/平方米，溢价率 47.27%，成交楼面价约 4050 元/平方米，地块面积达 623.489 亩。

（6）拿地数量最多房企：保利

据乐居江西统计，2020 年保利在南昌共拿下 8 宗地块，面积总计约 897.72 亩，成交总价约 56.83 亿元。

五、热点楼盘

面对同样的市场环境，楼盘的销售分化加剧。据南昌房地产信息网显示，南昌市区 2020 年年度销售排行榜前十名分别是华侨城万科世纪水岸、南昌融创文旅城、联发万科海上明月、融创红城投赣江府、新旅明樾府、恒大林溪府、和光瑞府（保利和光）、南昌恒大时代之光、南昌旭辉中心、中海锦城（根据成交金额排序）。

2020 南昌新建商品住宅成交榜

排名	金额排行		面积排行		套数排行	
	项目名	成交金额（亿元）	项目名	销售面积（万平方米）	项目名	销售套数（套）
1	华侨城万科世纪水岸	33.83	华侨城万科世纪水岸	17.42	华侨城万科世纪水岸	1455
2	南昌融创文旅城	26.85	南昌融创文旅城	14.99	恒大林溪府	1194
3	联发万科海上明月	20.24	恒大林溪府	14.58	联发万科海上明月	1191
4	融创红城投赣江府	16.75	联发万科海上明月	13.02	南昌融创文旅城	1139
5	新旅明樾府	14.8	和光瑞府	10.56	和光瑞府	912
6	恒大林溪府	14.06	恒茂未来都会	9.94	新旅明樾府	865
7	和光瑞府	12.53	新旅明樾府	9.58	恒茂未来都会	862
8	南昌恒大时代之光	12.1	融创红城投赣江府	9.38	南昌旭辉中心	779
9	南昌旭辉中心	9.98	南昌旭辉中心	8.28	中海锦城	778
10	中海锦城	9.96	中海锦城	7.92	融创红城投赣江府	734

数据来源：南昌房信网，整理：乐居网南昌（不含南昌县、新建区）

以上是 2020 年南昌新建商品住宅成交榜。这些楼盘都是目前市场上关注度较高的楼盘。以下是 2020 年南昌楼市的 3 个热点楼盘，分别为华侨城万科世纪水岸、华润万象城悦府、恒大林溪府。

华侨城万科世纪水岸从首开以来，其热度一直不减。它占据象湖西岸的优良环境，加上较大的供应量，让其火了两年。2020 年华侨城万科经历了一些波折，但最终还是得到了妥善解决。而在一些配套落定之后，似乎又对华侨城万科的销售，有所促进。

从榜单上看，住宅成交金额、销售面积、销售套数，华侨城万科均占据榜首位置。2020 年华侨城万科世纪水岸销售总金额为 33.83 亿元，销售面积为 17.42 万平方米，销售套数 1455 套，照此计算，华侨城万科 2020 年度的成交均价为 19420.21 元/平方米，套均总价为 232.51 万元。

华润万象城悦府，首开成为南昌首个且唯一的"万人摇"之后，华润万象城沉寂了一年。这一年当中，很多楼盘都在摇号，但全部没能超越华润万象城首开创造的最低中签率。直到 2020 年 11 月，华润万象城再度拿到预售证，南昌购房者的热情似乎被全部点燃，纷纷涌入万象城的报名系统，不到 24 小时，报名人数超 4000 人。最终，该批房源 127 套，吸引了 16391 人报名，中签率仅 0.77%，打破自身创造的最低中签率。从目前华润万象城的 5 轮摇号报名情况来看，中签率全部低于 3%。

目前华润万象城共推出 1399 套房，报名摇号的人数累计达到 70361 人，综合下来，中签率仅 1.99%。

华润万象城摇号报名情况一览

报名时间	楼栋	套数（套）	报名人数（人）	中签率
2019 年 8 月 15 日—8 月 25 日	10#、11#、13#、15#、17# 楼	632	29916	2.11%
2019 年 11 月 7 日—11 月 17 日	1# 楼	128	6053	2.11%
2019 年 11 月 18 日—11 月 28 日	2# 楼	128	4632	2.76%

（续）

报名时间	楼栋	套数（套）	报名人数（人）	中签率
2020年11月10日—11月20日	5#楼	127	16391	0.77%
2020年12月10日—12月20日	3#、9#、12#楼	384	13369	2.87%

（整理：乐居网南昌）

南昌恒大林溪府，作为一个身处湾里近郊的大盘，2020年成交均价9643元/平方米，套均价格117.76万元，销售金额却达到了14.06亿元，与九龙湖、高新多个盘相差不大。要知道，九龙湖、高新区这些盘均价都超过15000元/平方米。

恒大林溪府是南昌2020年楼市"以价换量"的典型。从2020年年初开始，恒大林溪府便跟随恒大的全国性策略，全面促销，线上+线下全面出击，其价格也有所回落，现在又打起了首付19.8万元起的宣传语。与华侨城万科、华润万象城"一盘独大"最大不同的是恒大林溪府周边竞争非常激烈。恒茂、万科、上海建工、赣电等多个楼盘扎堆，且实力不容小觑。

六、用户心理

2020年，南昌购房者的观望情绪非常浓，这也是导致南昌新房销售量不佳的主要原因。而在2020年，南昌购房者出现了以下两个特征：

1. 对价格更加敏感

随着南昌楼市进入买方市场，购房者的议价能力在增强。不少开发商只能通过"以价换量"达到销售业绩。

目前南昌市场上唯一的"万人摇"项目，是华润万象城。事实上，房价倒挂，才是华润万象城有如此热度的直接原因，包括前两年的联泰"神盘"，均是如此。目前，华润万象城所处的红角洲片区二手房房价均在21000元/平方米以上，而其房价倒挂起码3000元/平方米以上，若按照面积124平方米计算，总价起码相差37.2万元。显然，对于不少购房者而言，这样的价差，

吸引力巨大，即使华润万象城限售、交房也要等三年后。

另外南昌近郊的一些楼盘，打出"6字头""7字头"的装修特价房，也吸引了一部分有投资、刚需的购房者的眼球。这样的价格被戏称为"县城房价买省会"。

2. 对品质更加追求

事实上，目前南昌市场上的购房群体，以置换为目的的购房需求越来越多，尤其是受到疫情的影响，南昌购房者对于房屋的品质、面积、学区等越来越注重。改善型需求已经成为市场的主流。

因此，南昌不限购区域楼盘，更受热捧。当然，名校学区房的高溢价情况仍将持续。

另外对于置换群体而言，如何将自己手上的房子卖掉，成为2020年的难题。有购房者直言，他在老城区的房子，在市场已经挂了一年多，但咨询者寥寥。中介试图让他降价8~10万元售卖，他不甘心，只能继续挂在中介上，甚至吐槽说："想一气之下涨5万元！"。

对于未来楼市走向，市场观望情绪非常浓，无论是购房者还是业内从业人员，对于南昌楼市，信心不足。

七、2021年展望

如果南昌没有特别大的利好消息，那么2021年，南昌楼市将延续2020年的整体状态：平稳、分化。

房价的平稳，给了南昌刚需购房者"上车"时机，也让改善型购房者有了时间更从容地挑选。在理性的买房市场中，楼盘的品质将直接决定成交量，尤其是在竞争激烈的片区中，这也给进入南昌的开发商提出了更高的要求。

同时，南昌楼市的分化程度也将加深，以前主要体现在区域之间，如今，同片区的不同楼盘之间，分化也将加大。九龙湖等优质名校学区房的成交量、供应量将保持高位，改善型、品质型项目或成为未来的热点。而非核心区域，成交量和成交价格的涨幅空间不大。

另外，2020年南昌楼市成为"维权年"，几乎所有的品牌房企无一幸免，南昌购房者逐渐对品牌不再"迷信"，品牌溢价逐渐失效。

2021年，值得期待的区域主要还是集中在新建区、九龙湖、南昌县，这三个板块也是2020年土地出让量最大的区域。另外，南昌东站在2021年或将启动大开发，而南昌东站片区涉及青山湖区、青云谱区、南昌县三个区域。2020年在广州路沿线出让了一批土地，金科、金茂、招商蛇口等品牌房企已经进驻，若释放更多利好，将成为南昌楼市的下一个亮点。

面对2020年南昌楼市的乏力，不少业内人士也在呼吁放松相关的政策，部分区域由于区划调整的原因比较"幸运"，但在"房住不炒"的基调下，政策大改的可能性几乎没有。另外，南昌市自然资源局已经释放出正研究出台"限房价、限地价"政策的消息，这对开发商未来在南昌的策略将产生不小的影响。

数据来源：南昌房管局、江西易居研究中心、南昌市统计局、中国房价行情网

在售楼盘一览

东湖区

楼盘名称	价格	物业类型	主力户型
南昌中骏世界城	约18000元/m²	普通住宅、公寓、综合体	三居室(109~110m²) 四居室(138~152m²)
江旅都市方舟	约16000元/m²	公寓、商铺、商业	一居室(35~60m²)
南昌苏宁檀悦	约28000元/m²	普通住宅	三居室(110~144m²) 四居室(146~243m²)
中金中心阅璟台	约18500元/m²	普通住宅、公寓	一居室(51~53m²) 二居室(76m²) 三居室(116~134m²)
奥园铂翠中央	约19000元/m²	普通住宅、商业	三居室(108~125m²) 四居室(143m²)
江湾豪庭	约18300元/m²	普通住宅	二居室(70~92m²) 三居室(89m²) 四居室(133m²)
碧桂园城央书院	约17000元/m²	普通住宅、公寓	一居室(48m²) 二居室(71m²) 三居室(89m²)
中海寰宇天下	约21500元/m²	普通住宅	三居室(98~125m²) 四居室(148m²)
城泰时代江湾	尚未公布	普通住宅、公寓、商业	尚未公布

西湖区

楼盘名称	价格	物业类型	主力户型
华侨城万科世纪水岸	19000元/m²起	普通住宅、别墅	三居室(89~105m²)
名城紫金轩	约17000元/m²	普通住宅	三居室(128m²) 四居室(143m²)
南旅嘉福里	约17600元/m²	普通住宅、公寓、商铺	三居室(108m²) 四居室(142m²)
阳光城大发西江悦	约15900元/m²	普通住宅	三居室(104~130m²)
硕丰西湖里	18000~23000元/m²	普通住宅、别墅	三居室(113.11~129.94m²) 四居室(134.36~150.67m²) 五居室(170.06m²)
正荣西湖紫阙台	约20000元/m²	普通住宅	四居室(187m²)
南水玖悦府	约18000元/m²	普通住宅	四居室(119~134m²)
新力洲悦	约36500元/m²	普通住宅	五居室(310~410m²) 六居室(610m²)
绿地象南中心	约16800元/m²	普通住宅、公寓、商铺	四居室(235m²)
国贸天峯	约14500元/m²	普通住宅	四居室(130~140m²) 五居室(147~155m²)
绿地朝阳中心	约9000元/m²	普通住宅、公寓、写字楼、商铺	一居室(48~60m²) 四居室(177m²)
南昌中骏尚城	约10000元/m²	写字楼	一居室(34m²)

红谷滩区

楼盘名称	价格	物业类型	主力户型
华润昆仑御	约14300元/m²	普通住宅	三居室(97~109m²) 四居室(125m²)
南昌华南城西站悦城	尚未公布	普通住宅	二居室(68m²) 三居室(80m²)
金科集美九龙湖	约15500元/m²	普通住宅、商铺	三居室(95~110m²) 四居室(123m²)
力高凤凰新天	约14000元/m²	公寓、写字楼、商铺	二居室(30~52m²)
新力东园	约9450元/m²	公寓、商铺	一居室(36m²)
金地金茂九峯府	14900~16300元/m²	普通住宅、商铺	三居室(89~108m²) 四居室(128~145m²)
联发万科西岸春风	约14500元/m²	普通住宅	三居室(89~110m²) 四居室(145m²)

红谷滩区

楼盘名称	价格	物业类型	主力户型
九龙湖金茂悦	约16500元/m²	普通住宅、商铺	三居室(109~125m²) 四居室(135m²)
绿地新里城	约13500元/m²	普通住宅	三居室(89~112m²) 四居室(122m²)
新力禧园	240~300万元/套	普通住宅、别墅、商铺	四居室(149m²)
中奥滨江one	约11000元/m²	普通住宅、公寓、商铺	一居室(38m²) 三居室(93~114m²)
西站华府	约12000元/m²	普通住宅、写字楼、商业	四居室(146~157m²)
碧桂园中江·温泉城	约16000元/m²	普通住宅、公寓	三居室(95~117m²) 四居室(138m²)
新旅明樾台	约12000元/m²	普通住宅、公寓、商铺	三居室(100m²) 四居室(126~148m²)
南昌融创文旅城	约16500元/m²	普通住宅、别墅、酒店式公寓、商铺	三居室(95~125m²) 四居室(140m²)
绿地卢塞恩小镇	约10000元/m²	普通住宅、公寓、写字楼、商铺	一居室(39~67m²)
融创红城投赣江府	约18000元/m²	普通住宅	三居室(121m²) 四居室(136m²)
旭辉新力·江语院	约15500元/m²	普通住宅、商业	三居室(102m²) 四居室(116m²)
万科时一区	约14600元/m²	公寓、写字楼	一居室(35~55m²)
保利中心	约13500元/m²	写字楼、商铺	写字楼(130~210m²)
首地蓝天熙郡	约22000元/m²	普通住宅、公寓、商铺	三居室(100.26~118.21m²)
恒天时尚中心	约9500元/m²	公寓、写字楼、商铺	一居室(40m²)
金色广场	约11000元/m²	公寓、写字楼	一居室(45m²) 三居室(130m²)
方大中心	约13000元/m²	公寓、商业	二居室(45~127m²)
恒锦玖珑时代广场	约11500元/m²	公寓、酒店式公寓、商铺	一居室(42m²) 二居室(44~52.97m²)
和昌·莱蒙都会	约15000元/m²	写字楼、综合体、商业	一居室(42m²)
华润万象城悦府	约18000元/m²	普通住宅、商铺、综合体	三居室(124m²) 四居室(143m²)
富力华庭	约15500元/m²	普通住宅、公寓、别墅	一居室(48m²) 三居室(140m²) 四居室(171~174m²)
九颂山河·春江悦	约14500元/m²	普通住宅	三居室(100~114m²) 四居室(136m²)
新旅明樾府	约16000元/m²	普通住宅	三居室(89~110m²) 四居室(128~149m²)
融创玖玺台	约20338元/m²	别墅	三居室(146m²) 四居室(169~196m²)
众邦MOHO国际	12000~13500元/m²	公寓	一居室(39~45m²)
巨汇名住	约12500元/m²	公寓、写字楼	一居室(38m²)
新力铂园	21000~24000元/m²	普通住宅、别墅	别墅(182~201m²)
红谷瑞仕城际广场	约14850元/m²	普通住宅、公寓、商铺	一居室(65m²) 三居室(91~111m²)
联泰滨江中心	约12500元/m²	公寓	一居室(49~55m²)
中天·江湾天地	尚未公布	公寓、写字楼	一居室(100~130m²) 二居室(155~210m²)
南昌祥生府	约14000元/m²	普通住宅	三居室(98~113m²) 四居室(145m²)
世纪中央城|后浪街区	尚未公布	公寓、商铺	一居室(43~53m²)

青山湖区

楼盘名称	价格	物业类型	主力户型
新力弘阳府	约 18000 元/m²	普通住宅、商铺	三居室 (101~128m²) 四居室 (131m²)
国贸凤凰原	约 13500 元/m²	普通住宅	四居室 (108~128m²)
龙湖春江郦城	约 15500 元/m²	普通住宅	三居室 (108m²)
南昌中大煌盛	约 14000 元/m²	普通住宅	三居室 (92~102m²)
阳光城蓝光文澜府	约 11500 元/m²	普通住宅	三居室 (89~115m²) 四居室 (127m²)
青山湖万象汇	约 9500 元/m²	普通住宅、综合体	三居室 (106m²) 四居室 (129~139m²)
龙居东郡	约 15500 元/m²	普通住宅、商铺	三居室 (111~116m²) 四居室 (145m²)
百盛·和园	约 13000 元/m²	普通住宅	三居室 (95.6~108.7m²) 四居室 (119.6m²)
联发时代天骄Ⅰ8号公馆	约 9200 元/m²	公寓	一居室 (42~51m²)
绿滋肴庙街	约 11000 元/m²	商铺、商业	一居室 (42m²) 二居室 (48m²) 三居室 (72m²)
世茂金科云璟樾城	约 12000 元/m²	普通住宅	三居室 (81~118m²)
力高国资雍江府	约 16000 元/m²	普通住宅	三居室 (95~116m²) 四居室 (130~146m²)
华林青山湖	尚未公布	普通住宅	二居室 (70m²) 三居室 (90~109m²) 四居室 (116~132m²)

青云谱区

楼盘名称	价格	物业类型	主力户型
保利锦悦	约 12000 元/m²	普通住宅、商铺	三居室 (101~105m²) 四居室 (122~136m²)
保利和光	约 13000 元/m²	普通住宅	四居室 (125~135m²)
新力尊园	约 12000 元/m²	普通住宅、公寓	三居室 (105~125m²)
江铃新力臻园	约 15000 元/m²	普通住宅、公寓	三居室 (91~121m²) 四居室 (145~162m²)
新力睿园	约 10000 元/m²	普通住宅	三居室 (105~125m²) 四居室 (133.48m²)
美的新力公园天下	约 13500 元/m²	普通住宅	三居室 (89~115m²)
中大汇	约 13500 元/m²	普通住宅、写字楼、酒店式公寓	三居室 (105~126m²)
青云公馆	约 14000 元/m²	普通住宅	三居室 (103~133m²)
绿都新力青云府	约 8500 元/m²	普通住宅、公寓	四居室 (127m²)
保利中航城云锦	约 13700 元/m²	普通住宅	三居室 (90~107m²)
保利美的云筑	约 12500 元/m²	普通住宅	三居室 (95.71m²)
融创雪个庭	约 16000 元/m²	普通住宅	四居室 (125~138m²) 五居室 (150m²)
保利熙悦	14500~15000 元/m²	普通住宅	三居室 (108m²) 四居室 (118~128m²)
谱洋府	约 15500 元/m²	普通住宅	三居室 (97~114m²) 四居室 (127.82m²)
星悦汇	约 12500 元/m²	公寓、商业	一居室 (39~50m²)
南水·新力新园	13500~15000 元/m²	普通住宅	三居室 (105.65~106.75m²) 四居室 (129.94m²)
中大弘阳	约 14000 元/m²	普通住宅、公寓、写字楼、商铺	三居室 (102~105m²) 四居室 (132~142m²)
绿都东澜府	尚未公布	普通住宅	尚未公布
海伦堡弘阳时光玖悦	约 12400 元/m²	普通住宅	三居室 (89~108m²)
正荣悦云府	尚未公布	普通住宅	尚未公布

高新区

楼盘名称	价格	物业类型	主力户型
新力时代广场	约 16700 元/m²	普通住宅、写字楼、商铺	三居室 (108~118m²) 四居室 (135m²)
新力水投锦瑶府	约 12000 元/m²	普通住宅	三居室 (97~110m²) 四居室 (128m²)
力高悦景璽	约 11000 元/m²	普通住宅	三居室 (89~105m²) 四居室 (120m²)
弘阳中梁时光天樾	约 11500 元/m²	普通住宅	三居室 (86~118m²)
正荣棠悦	约 15500 元/m²	普通住宅	三居室 (96m²) 四居室 (118~158m²)
联发万科·海上明月	约 16000 元/m²	普通住宅	三居室 (88~114m²) 四居室 (144~168m²)
鸿海高新中心·溪园	约 20000 元/m²	普通住宅、公寓	二居室 (23m²) 三居室 (89~121m²) 四居室 (127m²)
南昌恒大御澜府	7288 元/m² 起	公寓、商业	一居室 (38m²)
青花東岸	约 9500 元/m²	公寓、写字楼、商铺	一居室 (29m²) 二居室 (35m²) 三居室 (72m²)
华邦观湖别院	约 13000 元/m²	普通住宅、别墅、商铺	三居室 (96m²) 四居室 (126~137m²)
万科海上之光	约 10000 元/m²	公寓、写字楼	写字楼 (45~110m²)
赣江紫悦荟	约 9300 元/m²	公寓、写字楼、商铺	一居室 (36~45m²)
力高雍湖国际	约 8500 元/m²	普通住宅、公寓	三居室 (118m²) 四居室 (123m²) 五居室 (149m²)
华勤湖畔花园	12000~12500 元/m²	普通住宅	二居室 (84.86m²) 三居室 (89.14~109.70m²) 四居室 (122.31~123.02m²)
中国铁建书香瑶庭	尚未公布	普通住宅	尚未公布
赣电东方城	尚未公布	普通住宅、公寓、商铺	三居室 (88~118m²) 四居室 (135~152m²)
东汇后海	约 9000 元/m²	公寓、商业	二居室 (30~35m²) 三居室 (54m²)

经开区

楼盘名称	价格	物业类型	主力户型
绿梦隆和	尚未公布	普通住宅	尚未公布
金科集美阳光	约 11800 元/m²	普通住宅、商铺	三居室 (91~108m²) 四居室 (120m²)
新力澜湾	约 11000 元/m²	普通住宅	三居室 (89.25~108.94m²)
南昌旭辉中心	约 11700 元/m²	普通住宅、公寓、写字楼、商业	三居室 (95~109m²) 四居室 (142~160m²)
中海锦城	12500~13500 元/m²	普通住宅、商铺	三居室 (92~105m²)
经开正荣府	约 8000 元/m²	普通住宅	三居室 (90m²) 四居室 (115m²)
中国铁建青秀城	约 11000 元/m²	普通住宅、商铺	三居室 (94~117m²)
万科玖里	约 15000 元/m²	普通住宅、公寓、商铺	三居室 (99~128m²)
太平洋广场	约 11000 元/m²	普通住宅、公寓、商业	三居室 (92~102m²)
金科集美天宸	约 11500 元/m²	普通住宅	三居室 (89~108m²) 四居室 (125m²)
金科博翠天下	140万~340万元/套	普通住宅	四居室 (126~142m²) 五居室 (195m²)
南昌恒大时代之光	约 8888 元/m²	普通住宅	三居室 (127~142m²) 四居室 (161m²)
世纪乐活公元城二期	约 11000 元/m²	普通住宅	三居室 (100~104m²)
城泰枫华天成	约 10000 元/m²	普通住宅	三居室 (87~106m²)
东投国贸海棠之恋	约 12500 元/m²	普通住宅、商业	三居室 (98m²) 四居室 (120~147m²)
公园壹号	尚未公布	普通住宅	三居室 (89m²)

经开区			
楼盘名称	价格	物业类型	主力户型
新城悦隽时代	约11500元/m²	普通住宅	三居室(85~94m²) 四居室(114m²)
优乐汇	尚未公布	酒店式公寓、综合体	一居室(40~70m²)

新建区			
楼盘名称	价格	物业类型	主力户型
新力城	约12500元/m²	普通住宅、公寓	三居室(90~121m²) 四居室(125~142m²)
保利蓝海嘉居三期瑞园	约11000元/m²	普通住宅、商铺	三居室(100~110m²) 四居室(125m²)
金地金茂正荣悦风华	13000~17000元/m²	普通住宅、别墅	三居室(96~128m²) 四居室(143m²)
泰禾南昌院子	160万元/套起	普通住宅、别墅	别墅(114~133m²)
正荣中奥悦玺台	约11500元/m²	普通住宅	三居室(89~106m²)
南昌恒大悦龙台	13358~15800元/m²	普通住宅	三居室(96.98~130.16m²) 四居室(137.5~173.94m²)
新力大境天城	约11800元/m²	普通住宅	三居室(98~110m²) 四居室(126m²)
东投华章欣悦府	约11800元/m²	普通住宅、商铺	三居室(89~103m²) 四居室(119m²)
金龙湾小镇	约10900元/m²	普通住宅	三居室(89~105m²)
海伦广场	约11000元/m²	普通住宅、公寓、写字楼	三居室(93~111m²) 四居室(140m²)
市政绿城桂语江南	约12000元/m²	普通住宅	三居室(89~125m²) 四居室(132~143m²)
金地中奥九颂·都会之光	约11700元/m²	普通住宅、商铺	三居室(89~109m²)
鸿海城	约10800元/m²	普通住宅、写字楼	三居室(88~103m²)
绿地中央公园	约11000元/m²	普通住宅、写字楼	一居室(45m²)
龙湖春江悦茗	约12000元/m²	普通住宅	三居室(93~114m²) 四居室(125m²)
云南城投集团汀兰湖	约8000元/m²	普通住宅、别墅	三居室(88m²)
中海湖心半岛	约12500元/m²	普通住宅	三居室(92~105m²) 四居室(119m²)
新建城	约11000元/m²	普通住宅	三居室(97~124m²)
绿创中心	6500~7700元/m²	公寓、别墅	二居室(26m²)
江铃时代城	约11000元/m²	普通住宅	三居室(89~115m²)
众森红谷一品御府	约17500元/m²	普通住宅、酒店式公寓、商铺	三居室(125m²) 四居室(134~143m²)
南昌春天里	约10500元/m²	普通住宅	三居室(89~120m²)
慧谷智立方	尚未公布	普通住宅、公寓	三居室(89~117m²)
红星桃花源筑	7300~8300元/m²	普通住宅、别墅	四居室(155m²)
红星中奥九龙都会	约8500元/m²	普通住宅、公寓、写字楼、商铺	三居室(88m²) 四居室(117m²)
海玥珑府	约14900元/m²	普通住宅	三居室(125m²) 四居室(143m²)
金科世茂绿都观澜府	11300~12000元/m²	普通住宅	三居室(89~118m²) 四居室(133m²)
九龙都会·红星广场	约6200元/m²	公寓、商铺、综合体	一居室(29m²) 二居室(39m²)
华润紫云府	8200~8800元/m²	商铺	三居室(91~93m²) 四居室(117m²)
哈佛园	12800~13600元/m²	普通住宅、商铺、商业	二居室(79~88m²) 三居室(89~100m²)
保利紫云	约11400元/m²	普通住宅	三居室(89~110m²) 四居室(125m²)
绿城湖畔雲庐	尚未公布	别墅	四居室(200m²)
锦天天悦华府	尚未公布	普通住宅	三居室(89~99m²)

新建区			
楼盘名称	价格	物业类型	主力户型
众安中至未来里	尚未公布	普通住宅、公寓	三居室(107~127m²) 四居室(143m²) 五居室(182m²)

南昌县			
楼盘名称	价格	物业类型	主力户型
景域铂悦	尚未公布	普通住宅	三居室(110~125m²) 四居室(128~142m²)
新城高速昱江来	尚未公布	普通住宅	尚未公布
华良枫和府	尚未公布	普通住宅	三居室(88~110m²) 四居室(125m²)
力高君誉滨江	约12500元/m²	普通住宅	三居室(89~105m²) 四居室(114m²)
南昌恒大珑庭·珺庭	10500元/m²起	普通住宅	三居室(105.88~141.43m²)
九颂山河时代城	约11500元/m²	普通住宅	三居室(89~110m²) 四居室(116~130m²)
鸿海水岸之城	约10200元/m²	普通住宅	三居室(88~100m²)
绿地悦滨江	约11900元/m²	普通住宅	三居室(100~121m²)
鸿海万科天空之城	约13000元/m²	普通住宅、商铺	三居室(89~122m²) 四居室(135m²)
红星中奥广场	约13200元/m²	普通住宅、公寓、商业	一居室(35~38m²) 三居室(93~110m²) 四居室(125m²)
力高君誉城	约14500元/m²	普通住宅、商铺	三居室(93~113m²) 四居室(133m²)
金茂宸南里	约9400元/m²	普通住宅	三居室(89~107m²) 四居室(125m²)
联发美的云玺台	约12500元/m²	普通住宅	三居室(86~105m²) 四居室(118m²)
海伦堡中奥玖悦府	约12800元/m²	普通住宅	三居室(89~108m²)
洪大新力合悦滨江	14300~15000元/m²	普通住宅、酒店式公寓	三居室(102~128m²)
联发时代天悦	11500~12000元/m²	普通住宅、商铺	三居室(86~106m²)
正荣金茂美的·云境	约11000元/m²	普通住宅	三居室(89~105m²)
锦尚天域	约13300元/m²	普通住宅、公寓、商业	二居室(35.93m²) 三居室(89~106m²) 四居室(115m²)
美的花湾城	约11000元/m²	普通住宅	三居室(87~130m²) 四居室(138m²)
绿梦首府	约8800元/m²	普通住宅	三居室(89~108m²) 四居室(116m²)
幸福誉品	约12500元/m²	普通住宅	三居室(95~112m²) 四居室(138m²)
滨江上品	约11000元/m²	普通住宅	三居室(89~103m²)
煌盛熙岸公园	约11700元/m²	普通住宅、酒店式公寓、商铺	三居室(90~118m²)
新旅明樾湾	9999元/m²起	普通住宅	三居室(89~118m²)
金域华府	12000~13000元/m²	普通住宅、写字楼、商铺	三居室(85~101m²)
聚仁滨江悦城	约11000元/m²	普通住宅	三居室(99~110m²) 四居室(115m²)
江旅玉湖国际	约6800元/m²	公寓、商业	三居室(82~102m²)
美高东郊紫园	约8500元/m²	普通住宅	二居室(96m²) 三居室(108~131m²)
润永通东投悦港城	约10500元/m²	普通住宅、商业	三居室(94~114m²)
世茂泰禾江南院子	230万~450万元/套	普通住宅、别墅	三居室(99~115m²) 四居室(130m²)
新力上园	约13500元/m²	普通住宅	三居室(89~118m²)
凯宇海德公园	12000~14000元/m²	普通住宅、公寓、商业	三居室(95m²) 四居室(122~170m²)
新力星塘湾	约4500元/m²	普通住宅、公寓、别墅	三居室(106~122m²) 四居室(144~149m²)
昌南新天地	约7500元/m²	酒店式公寓、商铺	一居室(48m²)

南昌县

楼盘名称	价格	物业类型	主力户型
南昌嘉福新天地	约 11500 元 /m²	普通住宅、商业	三居室（89~109m²）
正荣悦澜湾	约 12500 元 /m²	普通住宅	三居室（89~113m²）
正和溪岸	约 9000 元 /m²	普通住宅、公寓	三居室（84~120m²）
富力金禧悦城	约 14000 元 /m²	普通住宅	三居室（100~123m²）四居室（135m²）
力高澜湖御景	约 7800 元 /m²	普通住宅、公寓、商铺	三居室（113~145m²）四居室（157m²）五居室（275m²）
富力银禧悦城	12800~13500 元 /m²	普通住宅	三居室（123m²）四居室（135m²）
上峰景城	约 10600 元 /m²	普通住宅、商铺	二居室（60~78m²）三居室（86~91.80m²）
江铃瓦良格	约 10200 元 /m²	普通住宅	三居室（82~118m²）四居室（129~143m²）
煌盛中央公园	约 12000 元 /m²	普通住宅、公寓、写字楼、商铺	三居室（82m²）四居室（89m²）
江铃新力铂萃中央	尚未公布	普通住宅	尚未公布
煌盛熙岸大境	约 12000 元 /m²	普通住宅	三居室（87~107m²）
煌盛熙岸大观	约 12500 元 /m²	普通住宅	三居室（87~106m²）

湾里区

楼盘名称	价格	物业类型	主力户型
南昌恒大林溪府	9500~11000 元 /m²	普通住宅、商业	三居室（108~144m²）
弘阳时光里	约 7500 元 /m²	普通住宅、商铺	三居室（95~121m²）四居室（127~137m²）
保利半山温泉谷	约 13500 元 /m²	普通住宅、别墅	四居室（82.91m²）别墅（143~169m²）
恒茂未来都会	7500~9500 元 /m²	普通住宅	三居室（89~128m²）四居室（142m²）
赣电贵府	约 9500 元 /m²	普通住宅、商铺	三居室（89~116m²）
万科星光世纪	约 9800 元 /m²	普通住宅、别墅、商业	三居室（89~114m²）四居室（161~167m²）
红星九湾天铂	约 9500 元 /m²	普通住宅、综合体	三居室（113~116m²）四居室（128m²）
远洋天著	135 万元 / 套起	普通住宅、别墅	四居室（114~160m²）五居室（201m²）
海玥名邸	约 9750 元 /m²	普通住宅	三居室（120~129m²）
碧桂园正荣湾棠	约 9500 元 /m²	普通住宅	三居室（89~108m²）
新旅明樾堂	约 12000 元 /m²	普通住宅	四居室（134m²）
保利幸福里	约 7500 元 /m²	公寓	三居室（94~116m²）
阳光城丽景湾	约 15000 元 /m²	普通住宅、别墅、商铺	三居室（87~108m²）

湾里区

楼盘名称	价格	物业类型	主力户型
佳源公园一号	尚未公布	普通住宅、公寓	尚未公布
嘉圆悦山居	约 11000 元 /m²	普通住宅	三居室（115m²）四居室（143~173m²）五居室（181m²）
华宸十里风荷	尚未公布	别墅	尚未公布

赣江新区

楼盘名称	价格	物业类型	主力户型
阳光城临空投翡丽湖光	尚未公布	普通住宅	尚未公布
绿地儒乐星镇	约 13000 元 /m²	普通住宅、公寓	三居室（100~120m²）
新加坡国际健康城	5500~6500 元 /m²	普通住宅	三居室（98.95~119m²）四居室（126~131m²）
永修中梁首府	尚未公布	普通住宅	四居室（166~213m²）
万创科技城	尚未公布	普通住宅	三居室（89~115m²）四居室（128m²）
赣江绿地中央广场	尚未公布	公寓、写字楼、商业	尚未公布

安义县

楼盘名称	价格	物业类型	主力户型
安义建工·公园壹号	尚未公布	普通住宅	三居室（100~120m²）四居室（130m²）
绿地安南小镇	约 5850 元 /m²	普通住宅、别墅	二居室（78m²）三居室（100~140m²）
安义中奥天玺	约 8100 元 /m²	普通住宅、商业	三居室（96m²）四居室（110~125m²）
安义碧桂园·云著	尚未公布	普通住宅	三居室（100~116m²）四居室（130m²）
安义中梁首府	约 8300 元 /m²	普通住宅	三居室（98~113m²）四居室（125m²）

进贤县

楼盘名称	价格	物业类型	主力户型
南昌进贤吾悦广场	尚未公布	普通住宅、商业	尚未公布
新力长湖映月	尚未公布	普通住宅	三居室（98~109m²）四居室（130m²）
九颂康瑞·和园	约 8150 元 /m²	普通住宅	三居室（97~109m²）四居室（126m²）

桑海区

楼盘名称	价格	物业类型	主力户型
军隆御景城	约 6400 元 /m²	普通住宅	二居室（75m²）三居室（120m²）

联发时代天悦

典型项目

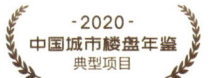

南昌 | 联发地产 | 象湖滨江 | 低密社区 | 户型方正

项目地址：
南昌市象湖新城汇仁大道与东祥路交会处西侧

开发商：
南昌联盈置业开发有限公司

产品特征：
小高层

参考价格：
均价 11500~12000 元/平方米

主力户型：
约 86 平方米三居、约 106 平方米三居

物业公司：
联发物业

5 公里生活配套：
南大一附医院象湖分院、新洪城大市场、地铁 4 号线（在建）、爱琴海购物中心（在建）、抚河故道公园（在建）

专家点评

李锋·江西省房地产业协会秘书长

联发时代天悦，位于象湖滨江汇仁大道与东祥路交会处，属于象湖滨江主干道沿线，位置还不错。项目定位为刚需盘，但容积率仅有 1.8，居住舒适度比较高，作为婚房或者首次置业的人群可以重点关注。

扫码观看楼盘详情

项目测评

【区域地段】

联发时代天悦位于南昌象湖滨江板块，一江两岸重点发展区域，与红谷滩九龙湖一江之隔，地理优势明显。项目位于主干道汇仁大道与东祥路交会处，周边配套资源丰富，3 公里内交通、医疗、商业、教育、生态等配套资源完善。

【物业服务】

联发时代天悦物业为联发物业，属于国家一级资质。联发物业采用 3Q+ 生活价值管理系统，形成了智慧生活、健康生活、人文生活与关照体系 4 大主题、16 个情境、共 106 个细节的体系建构，目前已在全国 10 多个项目落地实践。

【楼栋规划】

项目占地约 50666 平方米，规划有 918 户，包含 1 栋 17 层（2#）及 10 栋 18 层小高层电梯洋房，以及 430 平方米的沿街商铺。仅 1.8 的容积率，得房率高达约 81%，最宽楼间距约 73 米，基本做到 1:1 的楼间距比，居住舒适度高。

【交通出行】

项目北侧两公里正建设南昌地铁 4 号线东新站（预计 2021 年年底通车）；西北侧 2 公里左右正建设九龙湖过江大桥（在建），通车后，象湖滨江与九龙湖将无缝对接。项目东侧约 2 公里正建设南昌桃新大道快速路，未来建成后，将通达朝阳新城、西湖老城腹地。

【主力户型】

项目主力户型为建面约 86 平方米南北通透三居室，整体布局方正。三开间朝南，舒适开阔，餐厨客一体式设计，约 6.2 平方米的南向外延宽景阳台，主卧、北面儿童房附带大飘窗，在增加得房率的同时，提高居室的舒适度。

【教育资源】

小区周边教育资源丰富，包括莲塘三小、洪安学校、莲塘一中东新校区。洪安学校在南昌县教学质量口碑上比较靠前，目前已投入使用。距项目北面 3 公里的莲塘一中东新校区也是江西省级重点中学。另项目自带 2800 平方米幼儿园，将开设 9 个班级。

【园林景观】

近 35% 的绿化率和 1.8 的容积率，为小区园林规划提供了充足的空间。社区内树木种植采用全冠移植技术，种植不同树种，配以特色花草，立体地形营造，打造多层次多变化、起伏自然、流畅的园林景观。

【医疗配套】

项目北侧约 3 公里内，有综合型三级甲等医院——南大一附医院象湖分院。医院占地面积 490 亩，建筑面积 67 万平方米，设计床位 3200 张，截至 2021 年年初，医院大多门诊已经投入运营，可满足业主就医需求。

【自建配套】

项目自建约 490 米的小区光影夜跑跑道，业主的专属运动场地。另自带约 430 平方米沿街商铺，满足小区内日常采购。更有 3Q+ 智慧智能化配套，含门禁系统、云报警、访客管理、社区智能安防等，满足业主需求。

【品牌描述】

联发集团是全国性质的专业房地产公司。在易居房地产研究院发布的"2020 中国房地产 500 强测评成果"中，联发以第 56 位的排名入榜"2020 中国房地产开发企业 100 强"；进入南昌近 10 年，开发了联发君领朝阳、联发君悦华庭等数十个项目，业主满意度较高。

南旅嘉福里

`南昌` `嘉福` `绳金塔旁` `临地铁口` `交通便利`

项目地址：
南昌市西湖区金塔东街41号（绳金塔历史文化公园旁）

开发商：
江西绳金塔综合开发有限公司

产品特征：
高层

参考价格：
均价17600元/平方米

主力户型：
约108平方米三居、约142平方米四居

物业公司：
嘉福物业

5公里生活配套：
绳金塔历史文化街区、王府井、百盛、天虹、万寿宫、苏宁广场、财富广场、万达广场、嘉莱特星级酒店、绳金塔公园、抚河公园

专家点评
曾飞燕·乐居南昌主编

南旅嘉福里位于南昌老城区绳金塔旁，地铁3号、4号线沿线，周边配套成熟。项目为纯改善楼盘，带装修，适合钟情于老城区的购房人群。

项目测评

【品牌描述】
项目由南昌旅游集团、嘉福地产集团、台湾金泉集团联手成立的江西绳金塔综合开发有限公司开发。南昌旅游集团是市属国有独资企业，嘉福集团是区域领先的房地产开发综合性企业，台湾金泉集团是我国台湾重点规模企业，品牌品质值得信赖。

【区域地段】
项目位于南昌城市内环，西湖老城核心，周边教育资源、商业配套、公共交通和医疗资源都较为优质。项目紧邻抚河景观带、绳金塔景区等优秀的自然资源和文化景观。

【楼栋规划】
项目住宅板块占地面积约2.8万平方米，包含5栋16层小高层装修住宅，1栋装修SOHO及1.5万平方米的文旅特色商业街。共计325户住宅、约700个车位。整个项目以中式建筑风格铸造，配备南北水系园林景观。

【主力户型】
南旅嘉福里主力户型为建面约108平方米三居。户型方正、实用率高、独立玄关、餐客一体、动静分离、互不打扰，南向景观阳台面宽达约6米，进深约1.8米，并延伸至次卧；采光充足，主卧带飘窗和独立衣帽间，舒适度高。

【园林景观】
项目采用中式建筑风格，配备南北水系园林景观。园林整体以自然山水、多重绿植形成层层掩映的景观带，林下空间打造童梦空间、环形跑道、艺术雕塑、休憩平台等多功能休闲场地，满足全龄段休闲娱乐健康需求。

【设计风格】
南旅嘉福里，整体建筑风格与绳金塔相互延续，凸显街区整体历史感。将传统赣派建筑与大量玻璃幕墙结合，营造广阔的公共空间；将历史文化、情景商业、旅游观光、美食休闲等业态融合，打造一座现代化商业综合体。

【自建配套】
项目本身即为绳金塔历史文化街区的组成部分。22万平方米商业街区，也是集历史风貌、情景商业、时尚购物、娱乐休闲、民俗文化、公益博览、高端餐饮、宅院酒店、藏品华宅和精品公寓于一体的历史文化街区。

【交通出行】
项目南连王府井商圈，西临抚河、东至铁路南昌站，位于城市路网核心，汇聚城市重要交通资源；衔接三大主干道、多路公交和地铁3号、4号线（4号线在建中），与快速路等构建多维立体交通网络，快速通达全城。

【医疗配套】
项目3公里范围内有南昌市第三医院、南昌大学第二附属医院、南昌大学第一附属医院，均为南昌市三级甲等医院。

【购物娱乐】
南旅嘉福里位于南昌老城核心，区域内王府井、中山路百盛、天虹等商业综合体荟萃，并且项目自身配备22万平方米商业街区，商业配套十分强大。

中天·江湾天地

南昌 | 中天 | 红谷滩区 | 江景公寓 | 商业办公

项目地址：
南昌市红谷滩赣江北大道1008号

开发商：
南昌新中美投资有限公司

产品特征：
公寓、写字楼

参考价格：
尚未公布

主力户型：
100~130平方米一居、155~210平方米两居

物业公司：
世邦魏理仕物业

5公里生活配套：
江西省图书馆、江西省科技馆、江西省博物馆、商联COCO Park、铜锣湾广场、牛行火车站、建军雕塑广场、南昌舰公园、地铁1号线、江西省人民医院滨江分院、江西师大附中

专家点评

陶满德·房地产估价与经纪专家、江西师范大学教授

中天·江湾天地作为南昌少有的大户型江景商业大平层，给南昌带来了新的产品体验，同时引进南昌第一家凯悦酒店，为南昌的商业地产带来了新的血液。

项目测评

【战略意义】
中天·江湾天地地处红谷滩凤凰洲一线江景区域，项目通过商业层级的提升、先锋艺术的植入、优质美食的吸纳、私人高定的提供等各个方面，打造国际化滨江艺术都会生活，可以说是对区域乃至对整个南昌进行了一次生活方式的进化及升级。

【市场口碑】
中天·江湾天地通过前期的宣传推广，以走出南昌看南昌的方式，并凭借上海外滩3号产品发布会等一系列品牌类活动，对外塑造了"高品质"的口碑，得到了市场的认可。

【区域地段】
项目位于南昌市红谷滩区凤凰洲板块，赣江北大道以西、锦江路以南。周边教育资源、商业配套、公共交通和医疗资源都较为优质，项目3公里范围内有江西师大附中、铜锣湾广场、地铁1号线、江西省人民医院及江西省科技馆、图书馆、博物馆等众多强势配套。

【楼栋规划】
项目整体占地面积约36000平方米，总建筑面积约265000平方米，计容面积约200000平方米，容积率约5.5，总计4栋高层，分别为22层、34层、42层及47层，视野较好。

【主力户型】
项目预计首推3号楼，总计22层，层高约4.2米，户型主要集中在100~290平方米。在户型设计上，把通透的空间设计、尺度感、空间多变、展柜式衣帽间、落地景观浴室、开放式餐厨社交区等作为核心特色，营建南昌少有的服务式大平层。

【园林景观】
项目园林打造五重立体景观带，囊括千余平方米的集中绿地草坪，40余种观赏性植物。此外，小区还将建设8000平方米的城市浸入式公园，"时光密码"花园条形休憩区，"微风剧场"露天舞台区，"交互空间"多功能活动区及约6000平方米艺术雕塑广场。

【自建配套】
项目自建六大配套，包含约10000平方米米江·艺术馆、引入的南昌首家凯悦酒店、江湾里摩登商业、天际会所江湾汇、私家直升机停机坪、约8000平方米沉浸式公园城市艺术公园。

【交通出行】
项目临近赣江北大道及丰和北大道两大主干道，自驾前往红谷滩CBD及老城区都很便捷。同时，项目距离南昌地铁1号线长江路站约800米，周边公交路网也比较发达，包含50路、51路、252路、260路、506路等众多公交线。

【教育资源】
中天·江湾天地周边教育相对充沛，3公里范围内涵盖红谷滩凤凰中心幼儿园、新世纪幼儿园、上海实验幼儿园、广电凤凰印象幼儿园；中小学有江西省重点中学师大附中、凤凰城上海外国语学校、南昌26中、碟子湖学校、南昌市昌北小学等。

【医疗配套】
项目周边医疗资源较为充足，3公里范围内有江西省人民医院滨江分院、江西省儿童医院红谷新院、南昌大学附属口腔医院红谷滩新院、南昌市120急救中心、凤凰洲社区卫生服务中心。

华侨城万科世纪水岸

南昌 | 万科 | 醇熟配套 | 一线湖景 | 文旅大盘

项目地址：
南昌市西湖区真君路云锦路交会处（鸟屿浮云塔）

产品特征：
高层、洋房、别墅、合院

项目规划：
占地面积约100万平方米；容积率约1.57；总户数：约8000户

主力户型：
约89平方米三居、约105平方米三居

参考价格：
高层、洋房19000~23000元/平方米，
别墅、合院30000~50000元/平方米

入选理由： 2020南昌年度单盘住宅销售金额、面积、套数三冠王 | 根据南昌房地产销售龙虎榜2020年统计数据显示，华侨城万科世纪水岸的年销售金额为33.83亿元，单盘销售住宅销售套数为1455套，单盘销售住宅销售面积为17.42万平方米，位列南昌2020年度住宅销售金额、面积、套数第一名。

扫码观看楼盘详情

核心优势：

华侨城万科世纪水岸是华侨城集团和万科集团强强联手打造的南昌市大型滨水生态文化旅游综合体。项目公共配套完善，是江西省规模最大的文旅项目之一，占地约9300亩（含象湖景区）。华侨城与万科强强联合的大IP加持，自带15年全龄段教育，坐拥象湖湿地公园风景区、朝阳新城CLD生活中心，加之华侨城大型文旅配套，吃喝玩乐一应俱全。

保利和光

南昌 | 保利 | 央企品牌 | 交通便利 | 生态公园

项目地址：
南昌市城南大道与墅溪路交会处向西300米墅西路355号

产品特征：
普通住宅

项目规划：
占地面积198361.5平方米；容积率2.5~2.91；总户数：23380户

主力户型：
约125平方米四居、约135平方米四居

参考价格：
13000元/平方米

入选理由： 2020南昌年度新房销售额TOP3 | 据江西易居研究中心2020年南昌市房地产市场年报显示，保利和光的年销售额近30亿元，拿下南昌2020年度新房销售额的TOP3。

扫码观看楼盘详情

核心优势：

保利和光位于南昌市六大新城之一的洪都新城，是市政府重点打造的航空文化城。作为洪都新城的门户，项目享三大繁华商圈、临水雅居、一环旁近地铁、六大公园、低密社区空间、光美学空间设计；有着五大复合型交通体系和精品的轻奢公园居住区，是市中心的难得好房。项目为2020年全市新房销售额的前三名，青云谱区销售冠军。

南昌恒大林溪府

| 南昌 | 恒大 | 生态宜居 | 交通便利 | 学府环绕 |

项目地址：
南昌市新建区天宁路东 100 米南昌二十八中湾里校区对面

产品特征：
洋房、高层、商业

项目规划：
占地面积：26.8 万平方米；容积率：2.0；总户数：4166 户

主力户型：
高层约 118~122 平方米三居、洋房约 108~144 平方米三居

参考价格：
高层 9500 元 / 平方米、洋房 11000 元 / 平方米

推荐理由 曾飞燕·乐居江西主编

恒大林溪府地处南昌的后花园湾里板块，自然环境优越，2.0 的容积率，产品涵盖高层、洋房，高低搭配，采光不受影响。项目打造了 10 万平方米的景观水系园林，内部环境很不错，此外自带 8800 平方米影城及商业，满足休闲需求。

核心优势：
约 78 万平方米生态宜居大盘，毗邻湾里。前湖快速路、绕城高速等交通路网，无缝对接新老城区。项目自带约 10 万平方米七重造景园林、中央生态湖景。距离市重点 28 中湾里校区仅一路之隔，自带社区约 3200 平方米幼儿园。打造约 8800 平方米恒大影城、万国风情街等繁华商圈。吃喝玩乐一应俱全。项目自带名品装修，省时省力。

新力时代广场

| 南昌 | 新力 | 地铁沿线 | 双公园旁 | 大型商业 |

项目地址：
南昌市高新区艾溪湖北路艾溪湖湿地公园北门正对面

产品特征：
普通住宅

项目规划：
占地面积：180170 平方米；容积率：3.5；总户数：2160 户

主力户型：
108~118 平方米三居、135 平方米四居

参考价格：
16700 元 / 平方米

入选理由 曾飞燕·乐居江西主编

新力时代广场地处产城结合的高新区艾溪湖畔，项目主打地铁＋商业＋公园三大元素，一经推出热销全城，外加新力优质的园林及物业服务，深受南昌购房者的青睐。

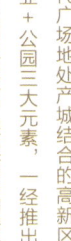

核心优势：
新力时代广场位居南昌高新核心地段，坐拥一江两湖三公园的自然景观资源，同时自持约 80 万平方米的城市综合体，跻身南昌大型商业综合体之列；目前已签约茑屋书店、亚洲最大单体海洋水族缸、南昌首家赛事级室内真冰场等也将汇聚于此，打造我国华东地区生活艺术主题购物中心。

洛阳

市场总结

一、新房成交表现

1. 整体情况

新房年度成交量：截至2020年11月30日，2020年洛阳市区商品房成交273.16万平方米，同比微涨0.4%，成交总套数22728套，降2.6%。

新房价格情况：2020年1~11月，洛阳房价小幅波动，整体上涨。根据克而瑞统计数据：1月，洛阳新房同比上涨3%，环比降7%，2月环比涨15%，3月环比降8%，4月环比降1%，5月环比涨4%，6月环比涨1%，7月环比持平，8月环比降5%，9月环比涨7%，10月环比降1%，11月环比降4%。洛阳目前商品住宅成交均价为9474元/平方米，同比上涨10.6%，房价一年上涨幅度约900元/平方米。

2020年年初，突如其来的疫情打乱了楼市市场。售楼处关门，买卖双方都宅在家里，导致楼市十分冷清。虽有部分房企开启线上售楼模式，但最终疫情对楼市的影响也表现在成交上，2月和4月表现最差，总成交面积仅分别为9.46万平方米和8.51万平方米。

2020年年初，市场的预期普遍为2020年是楼市抄底的好时期，疫情过后，楼市一定会反弹。事实也证明确实如此：随着3月、4月复工复产，楼市开始进入自我修复阶段，成交量开始上涨，5月成交量为全年最高的36.43万平方米。

2. 年度走势

根据年度领取销售许可证（销许）情况，2020年，洛阳市区公示涉宅（预）销售许可证176个，涉及楼盘60个，共计房源52537套，建筑面积5435049.12平方米。其中由于春节和疫情等因素影响，2020年拿证月份分布情况起伏较大，一季度仅发证11张。2月，洛阳市区无销许公示。除2月外，1月、3月拿证最少，1月拿证楼盘仅5个，房源1546套；3月拿证楼盘6个，房源2249套。

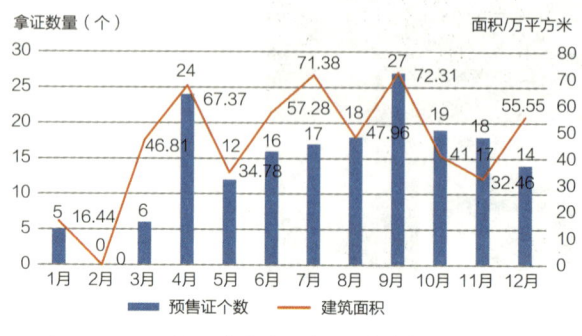

2020洛阳市区拿证月份分布

4月洛阳市区拿证激增，共计20个楼盘领取24张销许，出量房源6643套，建筑面积673745.9平方米。

9月，洛阳楼盘市场再次迎来高峰。拿证楼盘达20个，销许27张，7718套房源入市，建筑面积723146.01平方米，是"金九"的一个重要体现。

受疫情影响，2月出货量和成交量都出现了年度最低点，随着疫情影响减弱，楼市开始慢慢复苏。

3. 历史地位

截至2020年11月30日，2020年洛阳市区商品

洛阳近十年商品住宅成交情况

住宅成交 22728 套，成交建筑面积 273.16 万平方米。

近十年（2011~2020 年）里，2016 年洛阳住宅成交量最高，共计成交 33940 套，建筑面积 395.28 万平方米，2018 年洛阳住宅成交量最低，共计成交住宅 19074 套，建筑面积 230.09 万平方米。

二、政策梳理

作为三线城市，洛阳截至 2020 年年底尚未出台限购政策，已出台的相关政策均集中在购房贷款业务、简化买房拿证流程上。如打通洛阳与平顶山、三门峡、济源公积金互认，提高洛阳职工公积金贷款额度等，在大方向上利好楼市。

2020 年 7 月 20 日，洛阳市公积金管理中心发布了关于印发《洛阳市住房公积金个人贷款管理办法》的通知，进一步明确公积金贷款办法。将洛阳单职工缴存家庭贷款额度提升至最高 45 万元，双职工缴存家庭贷款额度提高至最高 55 万元，经洛阳市认定的高层次人才最高 100 万元。

2020 年 8 月 12 日起，河南省住建厅下放洛阳的建筑业和监理企业资质审批省级权限，正式开始受理相关业务。

2020 年 8 月 28 日，洛阳市青年人才认定工作开始网上申报，符合条件的博士研究生、硕士研究生及"双一流"建设高校和建设学科的全日制本科毕业生均可申请认定。青年人才可享受住房补贴，博士生还可申请生活补贴，购房补贴最高 10 万元。

2020 年 10 月 31 日，洛阳市伊滨区绿都洛阳府小区交房，业主们现场领到了房产证。标志着洛阳新建商品房进入"交房即交证"时代。"交房即交证"是指新建商品房等项目组织交房时，在完成相关工作的前提下，不动产登记机构派驻工作人员在交房现场即可为购房人颁发《不动产登记证书》，实现购房者办证"少跑腿"。

2020 年 12 月 23 日，"洛阳都市圈"区域住房公积金一体化发展 2020 年度主任联席会议上透露，未来，洛阳与平顶山、三门峡、济源可实现住房公积金"区域一网通办理"。根据规划，由洛阳市主导建设的"洛阳都市圈"区域住房公积金一体化平台，计划分三期建设完成，一期建设任务已完成。该平台上线后，可实现区域内住房公积金联合查询、联合办理、联合管理。

三、土地供应

1. 出让基本情况

2020 年，洛阳城区总供地 73 宗，总面积 6279.354 亩，与 2019 年基本持平，土地拍卖揽金约 210 亿元。其中商住用地供地 43 宗、总面积 2182.806 亩，成交 32 宗，总成交面积 2182.806 亩，成交率 74.28%。洛龙区宅地供应 1243.512 亩，位于各区之首，龙门园区无宅地供应。

从 2020 年全年成交来看，上半年土地成交情况要好于下半年，供地 25 宗仅 3 宗未出让。下半年供地速度明显加快，但挂牌的 48 宗土地中有 14 宗土地流拍、延期或终止挂牌。未成交地块基本共同点是：或为纯安置房用地，或是产权复杂、拿地要求"苛刻"，以至于最终无人问津。

2. 开发商拿地情况

2020 年洛阳市区房企拿地 TOP10

房企	面积（亩）	总价（亿元）	数量
华耀城	576.709	40.701	3
建业	375.852	38.22	4
碧桂园	216.372	17.981	3
保利	163.414	11.8	2
中梁	139.313	8.572	1
旭辉	137.829	8.412	2
卓阳耀滨科技	136.08	1.172	1
绿都	100.058	11.033	1
正弘	99.019	5.753	1
银润	79.718	3.787	1

注：数据源于洛阳市公共资源交易平台公开数据。

2020 洛阳土拍市场中，品牌房企成为拿地主力军，年度拿地前十名企业鲜有本土企业身影。拿地最积极的分别为建业（4 宗、375.852 亩）、华耀城（3 宗、576.709 亩）和碧桂园（3 宗、216.372 亩）。

洛阳主城区土地日渐稀少，偶有出让也多为小宗地块，因此不少品牌房企开始将目光投向洛阳周边县市。2020 年，碧桂园、绿地、建业、正商、正弘等房企在县区均有拿地动作，带动了一波县区房地产市场。

3. 未来预估

2021 年重点关注楼盘以热门房企、热门地块为主，主要有以下 6 块：

（1）洛龙区瀍洲东路与龙和南路东北角地块，成交楼面价最高达 8483 元 / 平方米，是洛阳目前的"地王"。2020 年 6 月 5 日，地块引来 8 家房企参战，经过近 2 小时、153 轮竞价，最终被洛阳本土企业洛阳市美好家园置业有限公司以总价 32133 万元拿下，合 1075 万元 / 亩，溢价率 68%。

（2）高新区天中东路与华夏路东北角，面积约为 46.952 亩。5 个竞买人历时 4.5 小时、177 轮厮杀，最终洛阳建腾文化传播有限公司（建业地产）成功拿下该地块，成交总价 27243 万元，成交单价约 580 万元 / 亩，溢价率 43.6%。

（3）洛龙区关林市场西地块，自挂牌起就因位置核心、最大地块、最高挂牌价等多重原因引发热议，备受期待。最终华耀城以 33.35 亿元底价成交，拿下这近 390 亩优质土地，规划建设洛龙地标性商业综合体"洛阳中心"。

（4）西工区王城大桥北端两侧地块，出让面积 116 亩，最终建业地产以约 15 亿元拿下该地。将打造洛阳新地标，项目规划建设 6 栋标志性高层建筑，包括 1 座 200 米高的地标塔楼和 2 座 150 米高的辅助塔楼。

（5）伊滨区吉庆路地块，出让面积 139 亩，位于伊滨中轴线内，位置优越，经过 142 轮激烈争夺，北中梁地产以 85723 万元成功拿下。出让公告中明确该地块必须建设、整体自营不少于 9 万平方米商业，建成后也将是伊滨区首座大型商业综合体。

（6）老城区邙岭大道与二乔路北双地块同日开拍引来激烈争夺，经历数小时厮杀最终皆被保利收入囊中。2 个地块总面积 163.414 亩，成交总价 11.8 亿元。其中 68# 地块历经 4 个多小时、133 轮竞价，最终保利以 64086 万元拿下该地，约合 731 万元 / 亩，溢价 36%，楼面价 3780 元 / 平方米。

综上，从区域来看，洛阳楼市可谓全面开花，各区域基本都有热门项目待入市，且不乏城市地标性项目。伊滨区、洛龙区、涧西区、洛北片区等是洛阳楼市的热门板块。

四、热点板块

据克而瑞数据显示，截至 2020 年 12 月 31 日，洛阳市区年度项目销售排行榜前十名分别是恒大绿洲、华耀城佳兆业水岸新都、保利大都会、和昌中央城邦、碧桂园玖锦台、正商城、绿都中梁河风雅叙、锦艺云锦天章、香榭丽畔山兰溪（根据成交建筑面积排序）。

其中，排行榜前三名分别是恒大绿洲、华耀城佳兆业水岸新都和保利大都会。其中恒大绿洲成交建筑面积 18.82 万平方米；华耀城佳兆业水岸新都成交建筑面积 17.76 万平方米；保利大都会成交建筑面积 15.21 万平方米。

从区域划分来看，洛龙区成交较好楼盘有碧桂园玖锦台、绿都中梁河风雅叙、开元壹号；伊滨区成交较好楼盘有华耀城佳兆业水岸新都、锦艺云锦天章、华耀城佳兆业凤鸣水岸；西工区成交较好楼盘有保利大都会、和昌中央城邦；涧西区成交较好楼盘有正商城；老城、瀍河成交较好楼盘有恒大绿洲、香榭丽畔山兰溪、建业定鼎府等。

整体来看，以上楼盘既有老盘加推，也有 2020 年新入市项目，刚需盘占比较大。

五、2021 年展望

2020 年，在周边地市"降声"一片的大环境中，洛阳楼市依旧坚挺，全年房价保持平稳，小幅上涨。土拍市场出现"新地王"，再度刷新楼面价。但政府与开发商也开始战略合作模式，部分优质地块开启"内定"模式，底价成交频现，对抑制房价过快上涨也会起到一定作用。

根据 2020 年地价的走势来看，预计 2021 年，房地产投资会趋于谨慎，市场趋于平稳，洛阳房价或将续写 2020 年小幅慢涨的状态。同时，洛阳楼市的分化程度也将进一步加深，主要体现在区域之间，受政策影响，伊滨、洛北两个片区或将持续受到追捧，主城核心区域项目较少，房价会持续坚挺，刚需项目依旧会是成交主力。

2021 年，伊滨区入市货量较大，且包含大量团购房、刚需大盘，购房者选择变多，极有可能会拉低区域成交均价。最值得期待的区域主要还是集中在洛龙区、伊滨区、主城区、洛北片区几大板块。

数据来源：克而瑞河南区域、洛阳市住房保障和房产服务中心官方网站、洛阳市住房公积金管理中心官方网站、洛阳市公共资源交易平台官方网站、《洛阳晚报》

在售楼盘一览

涧西区

楼盘名称	价格	物业类型	主力户型
洛阳正商城	8000 元/m²	普通住宅	二居室(86.52m²) 三居室(105m²) 四居室(148~156m²)
美伦樛颂	10800 元/m²	普通住宅	三居室(120~125m²)
绿都中梁青云赋	9800~12500 元/m²	普通住宅	三居室(89.24~119m²) 四居室(135.49m²)
中弘中央广场	10300 元/m²	公寓、写字楼	一居室(69m²)
万众e家	8500 元/m²	普通住宅	三居室(88.47~136.56m²)
美的浩德云熙府	11500 元/m²	普通住宅	三居室(107~135m²)

西工区

楼盘名称	价格	物业类型	主力户型
和昌中央城邦	8900 元/m²	普通住宅	二居室(73m²) 三居室(89~115m²) 四居室(139m²)
旭辉时代天际	10600 元/m²	普通住宅	三居室(98~128m²)
保利大都会	11000 元/m²	普通住宅	一居室(60m²) 三居室(95~118m²)
洛浦七悦府	11700 元/m²	普通住宅	一居室(30~35m²) 三居室(103~147m²) 四居室(187m²)
恒泰中心	13500 元/m²	普通住宅	二居室(87.1m²) 三居室(111.04~173.04m²) 四居室(136.09~194.7m²)
融创凯瑞国宝宸院	8000 元/m²	普通住宅	三居室(106m²)
凯瑞国宝红瞰	8800 元/m²	普通住宅、别墅	二居室(87m²) 三居室(89~140m²) 四居室(159~202m²)
云星钱隆誉景	10100 元/m²	普通住宅	三居室(92.74~109.1m²)
汉德九洲城	8600 元/m²	公寓	一居室(55m²)
港乾大厦	9400 元/m²	写字楼	写字楼(50~1470m²)
中京悦府	12000 元/m²	普通住宅	二居室(108.63m²) 三居室(141.39~147.45m²)
金沙广场	12500 元/m²	普通住宅、公寓	一居室(43m²) 两居室(122m²)

高新区

楼盘名称	价格	物业类型	主力户型
古都尚郡	9500 元/m²	普通住宅	二居室(86~90m²) 三居室(122~135m²)
名门半山溪谷	11000 元/m²	普通住宅、别墅	四居室(166.8~200m²) 别墅(220~566.04m²)
天元中部自贸港	8500 元/m²	写字楼	写字楼(97.91m²~162.16m²)
建业峰渡印江山	12500 元/m²	普通住宅	三居室(119~133m²) 四居室(143m²)
中南广场	8600 元/m²	普通住宅	二居室(83.97~90.3m²) 三居室(97.04~124.43m²) 四居室(146.88m²)

老城区

楼盘名称	价格	物业类型	主力户型
保利林语溪	12000 元/m²	普通住宅、别墅	三居室(125m²) 四居室(136m²)
香榭里兰溪	9500 元/m²	普通住宅、商铺	二居室(79m²) 三居室(87~126m²) 四居室(135m²)
建业定鼎府	9500 元/m²	普通住宅	三居室(100~129m²) 四居室(140m²)
建业中州府	11000 元/m²	普通住宅、商铺	三居室(95~111m²)

瀍河区

楼盘名称	价格	物业类型	主力户型
君河湾	9700 元/m²	普通住宅、别墅、酒店式公寓、商业	一居室(41.79m²) 二居室(91.06m²)
洛阳恒大绿洲	7200~10100 元/m²	普通住宅	三居室(103~147m²)
建业滨河珑府	11000 元/m²	普通住宅	三居室(116.83~128.42m²)
建业贰号城邦	10500 元/m²	普通住宅、商铺	二居室(78m²) 三居室(100~135m²) 四居室(152m²)
科弘国风龙樾	9500 元/m²	普通住宅	三居室(97~125.25m²) 四居室(139.17m²)

洛龙区

楼盘名称	价格	物业类型	主力户型
金科绿都天宸	12300 元/m²	普通住宅	三居室(96~129m²) 四居室(142m²)
碧桂园玖锦台	14600 元/m²	普通住宅	二居室(115m²) 三居室(137~165m²) 五居室(215m²)
绿都中梁·河风雅叙	12000 元/m²	普通住宅	三居室(135~162m²)
蓝光钰泷府	11900 元/m²	普通住宅	三居室(96~115m²) 四居室(128~142m²)
开元壹号	12000 元/m²	普通住宅、公寓	一居室(55.18m²) 三居室(96.22~125.82m²)
正大国际广场	14500 元/m²	普通住宅、公寓、写字楼	写字楼(102.32~204.89m²)
蓝城蘭园	12000 元/m²	普通住宅	四居室(139.98~144.64m²)
香龙湾	651万~990万元/套	别墅	别墅(260~363m²)
河落古城	17000 元/m²	商铺	复式(525.63m²)
银隆青春里	10000 元/m²	公寓	商办户型(55m²)

伊滨区

楼盘名称	价格	物业类型	主力户型
旭辉中央公园	9500~12000 元/m² 起	普通住宅	三居室(103m²) 四居室(142~143m²)
锦艺云锦天章	9000 元/m²	普通住宅	三居室(89~126m²) 四居室(142m²)
华耀城	7000 元/m²	公寓、综合体、商业	写字楼(40~130m²)
云星钱隆誉园	9000 元/m²	普通住宅	三居室(108.88m²~125.1m²) 四居室(137.15m²)
建业龙城东望	9400 元/m²	普通住宅	三居室(105~120m²) 四居室(135m²)
华耀城佳兆业凤鸣水岸	8100 元/m²	普通住宅	二居室(84.91m²) 三居室(89~117.25m²) 四居室(128m²)
华耀城佳兆业水岸新都	8200 元/m²	普通住宅	三居室(98.45~127.82m²) 四居室(129.15~139.75m²)
隆安东方明珠	8500 元/m²	普通住宅	三居室(128~141m²) 四居室(214~490m²)
安泰山水华庭	8700 元/m²	普通住宅	三居室(121.52~130.99m²)
正弘悦府	8400~9500 元/m² 起	普通住宅	三居室(98~121m²)

栾川县

楼盘名称	价格	物业类型	主力户型
建业鸾州府	5700 元/m²	普通住宅、公寓	一居室(25~50m²) 三居室(95~129m²) 四居室(137~143m²)

栾川县

楼盘名称	价格	物业类型	主力户型
城筑伊河源	5700 元/m²	普通住宅	一居室 (36.34m²~57.69m²) 二居室 (65.47m²)

洛宁县

楼盘名称	价格	物业类型	主力户型
建业永宁上院	5000 元/m²	普通住宅	三居室 (115~125m²) 四居室 (135m²)
美景永宁府	5450~5900 元/m²	普通住宅、别墅	四居室 (143~165m²) 五居室 (269~271m²)
龙泰悦龙门	5300 元/m²	普通住宅	三居室 (117~125m²)
建业滨河赋	5500 元/m²	普通住宅	三居室 (106~107m²)

孟津县

楼盘名称	价格	物业类型	主力户型
建业大城小院	7000 元/m²	普通住宅	三居室 (133~135m²) 四居室 (173m²)
文乐山水上境	6500~8000 元/m²	普通住宅	三居室 (114.07m²~125.71m²) 五居室 (139.42m²~160m²)
绿城春风江南	8600 元/m²	普通住宅、别墅	三居室 (123m²) 四居室 (142m²)
融创凯瑞河洛宸院	6800~7500 元/m²	普通住宅	三居室 (115~133m²) 四居室 (142~200m²)
新丝路万象天地	5200 元/m²	普通住宅	二居室 (77.1m²) 三居室 (146.93m²)
港龙雍河尚院	7300 元/m²	普通住宅	二居室 (102m²) 三居室 (104~120m²) 四居室 (130m²)
洛阳恒大云湖上郡	7500 元/m²	普通住宅	三居室 (106.02~133.26m²) 四居室 (141.56m²)
碧桂园山河赋	7200~8200 元/m²	普通住宅	三居室 (122m²) 四居室 (139~215m²) 五居室 (260~265m²)
东方今典·东方府观澜	7800 元/m²	普通住宅	三居室 (128~140m²)

新安县

楼盘名称	价格	物业类型	主力户型
建业江山赋	6000 元/m²	普通住宅	三居室 (120~143m²) 四居室 (173m²)
建业熙和府	7500 元/m²	普通住宅	三居室 (125m²) 四居室 (143m²)

偃师市

楼盘名称	价格	物业类型	主力户型
久鼎花园	5000 元/m²	普通住宅、商铺	三居室 (114.17~128.04m²) 四居室 (137.26m²)
云星钱隆世家	5900 元/m²	普通住宅	三居室 (118.16~132.54m²) 四居室 (140.33~141.91m²)

伊川县

楼盘名称	价格	物业类型	主力户型
建业洛邑府	7100 元/m²	普通住宅	三居室 (115~135m²) 四居室 (165m²)
建业龙府	6350 元/m²	普通住宅	三居室 (115~140m²)
卢舍	9500 元/m²	酒店式公寓	公寓 (54~118.57m²)
申泰悦龙门	6600 元/m²	普通住宅	三居室 (127m²) 四居室 (142m²)
龙瑞祥和苑	6400 元/m²	普通住宅	三居室 (107.69m²)
七彩龙都	14000 元/m²	普通住宅、别墅	三居室 (120.5~136.4m²) 四居室 (165.5m²) 别墅 (355.77~448.73m²)
湖语墅	8000 元/m²	别墅	三居室 (140.01m²) 别墅 (390~636m²)
正商伊河宽境	7200 元/m²	普通住宅	三居室 (143m²) 四居室 (164m²)

宜阳县

楼盘名称	价格	物业类型	主力户型
宜阳银润中央广场	6400~7200 元/m²	普通住宅	三居室 (121.41~139.37m²) 四居室 (143~144m²)
洛阳绿地城	5800 元/m²	普通住宅、商铺	三居室 (98~122m²)
银润碧桂园酩悦滨江	6300 元/m²	普通住宅、商铺	二居室 (100m²) 三居室 (142~143m²)
博泰美庐湾	4480 元/m²	普通住宅	三居室 (118.15~145.35m²) 四居室 (144.46~182.69m²)
绿城桃花源	9600 元/m²	普通住宅、别墅	三居室 (131m²) 四居室 (150m²) 别墅 (195~216m²)
左岸府	4599 元/m²	普通住宅	二居室 (89m²) 三居室 (115~128m²)
中弘泊金湾	5500 元/m²	普通住宅	三居室 (121.63~139m²) 四居室 (158m²)
宜阳君河湾	5600~6800 元/m²	普通住宅	二居室 (89m²) 三居室 (117~131m²) 四居室 (141~160m²)
建业世悦府	5850 元/m²	普通住宅	三居室 (115~125m²) 四居室 (135m²)
建业江山汇	6000~6800 元/m²	普通住宅	三居室 (125m²) 四居室 (135m²)
湖滨美院	8300 元/m²	普通住宅	三居室 (130.82m²) 四居室 (150.76~221.6m²) 别墅 (245.8m²)
瑞江花醍香域	9500 元/m²	普通住宅	三居室 (97~127m²) 四居室 (140~156m²)
文兴水尚	6500 元/m²	普通住宅、公寓	二居室 (95.74~104.88m²) 三居室 (129.67~154.54m²) 四居室 (155.22~192.67m²)
悦景雅居	7200 元/m²	普通住宅	四居室 (186m²)
中浩德山水文苑	5800 元/m²	普通住宅	三居室 (117~128m²) 四居室 (141m²)
中骏雍景湾	5800~6200 元/m²	普通住宅	三居室 (109~117m²) 四居室 (135m²)
广耀江山名邸	5200 元/m²	普通住宅	三居室 (108~133m²)

典型项目
东方今典·东方府观澜

洛阳 | 东方今典 | 品牌地产 | 交通便利 | 低密洋房

项目地址：
洛阳市小浪底大道与瀍河大道交会处

开发商：
洛阳东方今典置业有限公司

产品特征：
洋房

参考价格：
均价 7800 元 / 平方米

主力户型：
约 128 平方米三居、约 140 平方米三居

物业公司：
东方今典物业

5 公里生活配套：
王城大道快速路、洛吉快速路、连霍高速、瀍源公园、南岭公园、龙泉湿地公园、北大附中（孟一高）、孟津双语实验学校

专家点评

王军伟 · 《河南日报》地产部主任

继洛河岸边千亩水岸大盘后，东方今典再次洞悉城市发展方向，拓荒洛北片区。项目主打改善型住宅，容积率不足1.8，绿化率高达51.4%，紧邻瀍源公园，生态环境良好。随着王城大道快速路全线贯通，该片区区位优势愈加凸显。

扫码观看楼盘详情

项目测评

【战略意义】
东方今典自2006年进入豫西区域以来，先后在洛河畔匠造诸多项目。东方今典作为首个落地洛阳洛北区域的房企，近年来东方府、尚雅苑、东方府观澜等项目纷纷落地，参与见证了洛北片区乃至豫西区域的发展，为拉动片区发展贡献了力量。

【品牌描述】
东方今典房地产集团，先后获得"中原地产最具社会责任企业""2019中国房地产综合开发和中部房地产公司品牌价值双TOP10""2020河南省房地产公司TOP10"等荣誉称号，致力成为我国美好家庭品质生活的领航者。

【区域地段】
项目地处洛北核心地段，洛北板块是洛阳未来经济增长具备发展潜力和活力的地带。在洛阳都市圈规划中，该片区已被定位为核心区域，加之目前周边各类城建全面落地实施，王城大道快速路全面贯通，路网丰富、配套成熟，区域发展潜力很大。

【楼栋规划】
小区占地面积约12万平方米，规划总户数为906户，纯洋房社区，包含22栋洋房及社区自建幼儿园、城市书屋等。其中洋房楼高7、8、12层，一梯两户，宽阔楼间距及宅间景观让生活更加惬意。

【主力户型】
东方今典·东方府观澜主力户型为建面约140平方米三居，格局方正通透，南北三阳台，观景、生活两不误；宽阔套间主卧，大飘窗设计，提高居住的舒适度。

【园林景观】
绿地率高达46.5%，综合容积率约1.71，建筑密度仅22.39%。园林引进百余种名贵绿植，组成小区宅间通道和九大景观，充分利用了地势的高低落差，组成五重立体景观。

【物业服务】
东方今典物业，具有国家一级物管资质，是中国物业管理协会会员单位、河南省物业管理协会理事单位、郑州市房地产与物业管理协会副会长单位，服务物业总建筑面积500万平方米，总计服务30余万名业主。

【交通出行】
东方观澜地理位置优越，交通路网发达，毗邻小浪底大道、瀍源大道、王城大道快速路、洛吉快速路等交通干道，距离洛阳主城区10公里，距离G30连霍高速2公里，距离洛阳北郊机场5公里，出行方式多样、便捷。

【教育资源】
项目周边教育资源丰富。距孟津县直中学2.7公里，新区实验小学2.3公里，距北大附中（孟一高）2.7公里、孟津县第四实验小学2.3公里。另有项目自建幼儿园，出门即达。

【购物娱乐】
距离建业凯旋广场、新都汇购物中心、万达广场、王府井等成熟繁华商圈均在10公里范围内，全方位满足人们衣、食、住、行等各方面的生活需求，给居者带来全新的"一站式"生活体验。

建业江山汇

洛阳 | 建业 | 品牌地产 | 洛河头排 | 科技华宅

项目地址：
洛阳市滨河北路与创业大道交叉口向西500米

开发商：
洛阳合乐置业有限公司宜阳分公司

产品特征：
高层、洋房

参考价格：
高层均价6000元/平方米、洋房6800元/平方米

主力户型：
约125平方米三居、约135平方米四居

物业公司：
建业物业

5公里生活配套：
爱琴海购物公园、人形跨河大桥、铂骊酒店、大张盛德美

专家点评

李飞·《大河报》房地产事业部总监

建业"筑系"高端住宅"江山汇"在洛阳的一次回归。项目主打低密、临河、科技华宅三大卖点，容积率仅1.79。地处洛阳竞争最激烈的宜阳片区，2020年凭借其品牌、品质和产品力在区域内脱颖而出。

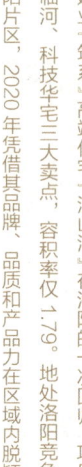

扫码观看楼盘详情

项目测评

【战略意义】
2016年，建业首进宜阳，首部作品建业森林半岛凭借强大的品牌背书、优越的品质，吸引洛阳人民的目光。建业江山汇项目承袭建业TOP系"筑系"的高端精髓，借势洛河一线河景，打造高端低密人居产品。

【市场口碑】
2020年8月首开告捷，一路热销。"双十一"期间，日均到访客户超1000人，市场关注度持续上涨。截止到2020年12月31日，已成交700套，成为宜阳县的热销和典型项目。

【区域地段】
宜阳作为"一中心六组团"中距洛阳主城区最近的一个组团，依山傍水，成为洛阳人宜居的后花园，以及洛阳的卫星城市。当地自然资源、矿产资源丰富，2019年地区生产总值306.2亿元，增长率超8%，固定资产投资同比增长12.6%，发展潜力较大。

【楼栋规划】
项目总占地约9万平方米，总建筑面积21.5万平方米，规划21幢建筑，包含10幢18层的小高层和9幢9层洋房，其中小高层为两梯三户和两梯四户，洋房为一梯两户，近百米的楼间距提升了每个居室的采光度和私密性。

【主力户型】
建业江山汇主力户型为125平方米三居小高层，整体布局方正通透，空间利用率高。U字形厨房全明环境，备餐畅达自如。餐厨厅分而不离，功能清晰，起居动线合理。南向采光效果好；5米宽大客厅，会客娱乐皆可。

【园林景观】
容积率1.79，绿化面积近6.6万平方米，为小区园林规划提供了充足的空间。社区还打造了首个800平方米下沉式景观广场，业主可从地下车库直达下沉广场，进入社区中央景观，形成地上与地下的交互式体验。配上高4.1米、宽16米的阳光飞瀑及雾森系统，营造仙境般的体验。

【自建配套】
自建小哈佛幼儿园、引入约800平方米下沉庭院，约1000平方米儿童乐园、15个景观花园、阅读角等不同休闲功能，配套电子脉冲围栏、社区Wi-Fi、智能行车系统等18个黑科技设备。

【物业服务】
社区物业为建业自持，在2020年克而瑞发布的TOP100物业管理服务公司排行榜中，取得第12名的佳绩。24小时管家式服务被广大建业业主所认可，在洛阳市场拥有良好口碑。

【交通出行】
楼盘周边交通线路发达，目前已运行的宜阳1路、601等城际公交直通洛阳火车站、关林商贸中心等重要区域。规划中的洛宜轻轨，可连接洛阳地铁3号线延长线和洛阳龙门高铁站。项目距离郑卢高速约4公里，沿同力大桥和迎宾大桥驾车10分钟直达。

【教育资源】
小区周边教育资源丰沛，配套建业小哈佛幼儿园，5公里范围内有洛阳市第二外国语学校、宜阳第二高级中学、宜阳双语实验学校。洛阳市第二外国语学校属洛阳知名学校，以高规格、高质量受到洛阳学龄孩子家长的追捧。

绿都中梁·河风雅叙

| 洛阳 | 绿都&中梁 | 河景资源 | 交通便利 | 配套齐全 |

项目地址：
洛阳市洛龙区凌波桥滨河南路西约500米

产品特征：
普通住宅

项目规划：
占地面积约120391平方米；容积率约3.5；绿化率约35%

主力户型：
约135~162平方米四居

参考价格：
约12000元/平方米

入选理由　刘文良·《郑州日报》地产部主编

绿都雅系高端住宅产品，择址洛河湿地公园之畔，尽享区域与自然资源的双重红利，入市以来一直备受关注，根据中国指数研究院数据显示，2020年以16.8亿元销售额荣膺洛阳楼盘销售榜TOP5。项目规划为低密小高层建筑，绿化率约35%，主打四室改善型住宅。

核心优势：
项目为绿都"雅系"高端住宅产品，以"九雅"理念，择址洛河之畔，规划约10000平方米中心景观园境、约1000平方米亲子主题乐园、约1000平方米老年颐养天地、约1000平方米架空层泛会所、约600米夜光跑道、动感天地及约135~162平方米四居臻藏岸邸，构筑高端人群的理想生活居所。项目近邻洛阳龙门高铁站，出行便利；近泉舜商圈、南昌路商圈等大型商圈，河南科技大学第一附属医院、河南第二儿童医院（建设中）等优质医疗资源环绕。项目东侧毗邻中小学（规划中），另有多所学校环伺，教育资源丰富。

建业峰渡印江山

| 洛阳 | 建业 | 品牌房产 | 交通便利 | 三区交会 |

项目地址：
洛阳市高新区河洛路与春城路交叉口向南100米

产品特征：
普通住宅

项目规划：
占地面积约37043平方米；容积率：3.2；规划总户数：1401户

主力户型：
约119平方米三居、约133平方米三居、约143平方米四居

参考价格：
约12500元/平方米

入选理由　张姗姗·乐居洛阳主编

作为建业第五代产品洛阳首秀，建业峰渡印江山无论是"一轴"景观的山水诗意，还是"一环"配套的烟火气息，都能感受到"人与人、人与场景、场景与场景"的链接与融合。项目设计充斥着征服市场的"野心"。

核心优势：
建业峰渡印江山位于洛阳高新区河洛路与春城路交会处，依周山，傍洛水，坐拥高新区、涧西区、洛龙区交会轴心。毗邻洛阳市实验小学（凌波校区）、河科大附属高中等学校；大型自贸综合体自贸金湾（规划中）；中国人民解放军联勤保障部队第九八九医院、511医院、新区三院等医疗配套。社区采用国家一级管理资质的建业物业。项目属建业第五代产品系新作，承袭建业府系价值基因，特邀景观大师虞金龙设计，联动周山景观通廊，打造120米中轴景观，以"景观聚能环，一环六场景"打造建业基因的睦邻社区。

安阳
在售楼盘一览

文峰区

楼盘名称	价格	物业类型	主力户型
佳田梧桐上苑	约6600元/m²	普通住宅	三居室(119.05~129.73m²)
御峰名府	尚未公布	普通住宅	三居室(111~138m²) 四居室(147m²)
安阳吾悦广场	尚未公布	公寓、综合体、商业	三居室(110~140m²)
迎宾天悦	尚未公布	普通住宅	三居室(120~138m²) 四居室(152m²)
碧桂园·云顶	约8800元/m²	普通住宅	三居室(127m²)
海悦光明城	约6500元/m²	自住型商品房	三居室(100~141m²)
建源绣江南	约5500元/m²	自住型商品房	三居室(100~125m²) 四居室(140m²)
润安九府	约8500元/m²	普通住宅	三居室(125~140m²) 四居室(243m²)
元泰·迎宾园	约8700元/m²	普通住宅	三居室(142~171m²)
嘉洲纯墅枫景	约9550元/m²	普通住宅	三居室(121.06m²) 四居室(138.61~230m²)
合泰御园	约6900元/m²	普通住宅	三居室(110~133m²)
中建·柒號院和园	约8700元/m²	普通住宅、商业	四居室(126~197.5m²) 五居室(213m²)
安创·海棠湖畔	约9200元/m²	普通住宅	三居室(132~148m²) 四居室(152m²)
建业世和府北园	约8500元/m²	普通住宅、别墅	三居室(155~175m²) 四居室(210m²) 五居室(275m²)
易商谷互联网科技城	约5000元/m²	公寓、别墅、厂房	一居室(50m²) 三居室(110m²)
迦南美地	280万元/套起	普通住宅、别墅	五居室(188~200m²)
开祥御龙城	约5800元/m²	普通住宅	三居室(88.35~142.34m²)
鹏睿国际广场·总裁公馆	约12800元/m²	普通住宅、公寓、写字楼、商铺、综合体	三居室(209~262m²) 四居室(262m²)
嘉洲·纯墅美景	约8100元/m²	普通住宅	三居室(125.37~139.95m²)
汇富星港湾·二期	约7450元/m²	普通住宅、自住型商品房	三居室(117~135m²) 四居室(159m²)
华富星河里	约8000元/m²	写字楼、商铺、综合体	写字楼(70~100m²) 商铺(550~898m²) 公寓(43~75m²)
诚品原著	约7400元/m²	普通住宅	三居室(107~127m²) 四居室(136m²)
昌建·青凤墅院	约7600元/m²	普通住宅、别墅	三居室(130m²) 四居室(139~179m²) 六居室(247m²)
汇富·星港湾	约7300元/m²	普通住宅、商铺	三居室(115~135m²) 四居室(162m²)
迎宾小公馆	6800~7800元/m²	公寓	一居室(52.95~61.49m²) 二居室(86.15m²)
天悦华府	约7300元/m²	普通住宅	三居室(128.91m²) 四居室(141.14~188.72m²)
CBD安廣铭著	约9000元/m²	普通住宅、商业	二居室(94~118m²) 三居室(142m²)
光明嘉苑	约7800元/m²	普通住宅、商铺	三居室(103.14~134.38m²) 四居室(206m²)
国旅安阳城	约7600元/m²	商铺	商铺(35~60m²)
班芙春天B区	约9500元/m²	普通住宅、公寓、商业	二居室(96~132m²) 三居室(159.69m²) 四居室(162m²)

文峰区

楼盘名称	价格	物业类型	主力户型
美巢蓝钻	约7300元/m²	普通住宅、商铺	三居室(100.91~155.36m²) 四居室(184.91m²)
东方明珠	约7800元/m²	普通住宅	二居室(117.67m²) 三居室(119.01m²) 四居室(190.06m²)
建业君邻大院	约9500元/m²	普通住宅	三居室(120m²) 四居室(158~190m²)
水岸名苑	尚未公布	普通住宅	二居室(96.02m²) 三居室(117~143.96m²)
义乌城三期	尚未公布	普通住宅、公寓、写字楼、商铺、综合体	(尚未公布)
远博·御湖宸院	约8890元/m²	普通住宅	三居室(137m²) 四居室(143~170m²)
嘉宝广场	约8600元/m²	公寓、写字楼、商铺、综合体	公寓(45~93m²)

示范区

楼盘名称	价格	物业类型	主力户型
建业凤凰城北岸	约6800元/m²	普通住宅	二居室(84.18m²) 四居室(164m²)
安阳恒大翡翠华庭	尚未公布	普通住宅	三居室(105~122m²) 四居室(136m²)
蓝城·凤起宸鸣	约7500元/m²	普通住宅	二居室(109m²)
建业多伦天筑	约6700元/m²	普通住宅	三居室(99~127m²) 四居室(138m²)
安阳昌建金科澜境	约6200元/m²	普通住宅	三居室(105~125m²) 四居室(135m²)
紫薇公馆	约5900元/m²	普通住宅、商铺	三居室(107~132m²) 四居室(143m²)
利源迎宾壹号	约7200元/m²	普通住宅	三居室(116m²) 四居室(146~173m²)
亚龙湾·东湖	约7100元/m²	普通住宅	三居室(121.47m²) 四居室(156.05~185.35m²) 别墅(274.8m²)
碧桂园·玺悦	约7600元/m²	普通住宅	三居室(128m²) 四居室(142m²)
荣盛华府	约6300元/m²	普通住宅	二居室(83.9m²) 三居室(108.28~141.02m²)
鼎胜·银河湾	约6800元/m²	普通住宅	二居室(89.56m²) 三居室(109.59~137.28m²) 四居室(185.11m²)
国泰嘉园	约6800元/m²	普通住宅	三居室(107~130m²) 四居室(161m²)
建业壹号城邦	约7100元/m²	普通住宅	三居室(98.68~128.95m²) 四居室(148.24m²)
金秋·九里庭院三期耘璟	约6300元/m²	普通住宅、别墅	三居室(119.33~122.9m²)
中信凤凰城	约11000元/m²	别墅	四居室(216.14m²) 五居室(398.45~417.05m²)
绿城·桂语江南	尚未公布	普通住宅	三居室(128.53~129.94m²) 四居室(142~143m²)
安阳国际金融中心	尚未公布	公寓、别墅、写字楼	一居室(86m²) 二居室(98~107m²) 四居室(222~237m²)
建业星筑	尚未公布	公寓、酒店式公寓、商铺	三居室(54.73m²)
海悦国际大厦	尚未公布	公寓、写字楼、酒店式公寓	一居室(61.43~154.65m²) 二居室(207.43m²)

\	龙安区		
楼盘名称	价格	物业类型	主力户型
锦瑞·一品	约 5800 元 /m²	普通住宅	二居室 (78.46m²) 三居室 (128.18~135.68m²) 四居室 (128.18~139.3m²)
金秋·华府	约 6000 元 /m²	普通住宅	二居室 (62.6m²) 三居室 (119.6~133.6m²) 四居室 (141.6m²)
建业花园里	约 6700 元 /m²	普通住宅	三居室 (110~133m²) 四居室 (143m²)
金和湾	约 5850 元 /m²	普通住宅、商业	三居室 (106.78~135.41m²)
万和城	约 6300 元 /m²	普通住宅	二居室 (92m²) 三居室 (111~139.42m²)
嘉洲雅舍	约 5600 元 /m²	普通住宅	三居室 (111.02~134m²) 四居室 (162.8m²)
万和城三期	尚未公布	普通住宅、商业	三居室（110~131m²）
昼锦·锦泰苑	约 6050 元 /m²	普通住宅、商业	三居室 (119~138m²) 四居室 (146m²)
众森·樾龙府	约 6300 元 /m²	普通住宅	三居室 (110~141m²) 四居室 (150m²)
阳光森林	约 5700 元 /m²	普通住宅、商铺	三居室 (120.9~123.16m²)
凯龙·沄枫	约 5900 元 /m²	普通住宅	三居室 (102~150m²)
盛世嘉园	约 5950 元 /m²	普通住宅、商铺	二居室 (102m²) 三居室 (113.97~140.45m²)
尚书府	约 5850 元 /m²	普通住宅	三居室 (111~135m²)
紫薇壹號·西韵	约 5600 元 /m²	普通住宅	三居室 (85.4~129.33m²)
嘉洲华庭三期	约 5500 元 /m²	普通住宅、商铺	三居室 (98.25~149.36m²)
万达广场·天和	尚未公布	普通住宅	三居室 (108m²)
元泰·京华园 2 期	约 6350 元 /m²	普通住宅、商铺	三居室 (92~122.08m²) 四居室 (143m²)
中农联·安阳国际农商城	约 12500 元 /m²	商铺、商业	商铺（8~12m²）

\	开发区		
楼盘名称	价格	物业类型	主力户型
文兰印象	尚未公布	普通住宅	三居室 (109~119m²) 四居室 (138m²)

\	开发区		
楼盘名称	价格	物业类型	主力户型
紫御华府	约 6900 元 /m²	普通住宅、商铺、综合体	三居室 (115.13~136.58m²) 四居室 (148.62m²)
空港新城	约 6500 元 /m²	普通住宅、综合体	二居室 (89.67m²) 三居室 (106.61~126.6m²) 复式 (260m²)
华强城	约 7300 元 /m²	普通住宅	二居室 (82m²) 三居室 (94~143m²) 四居室 (181m²)
银杏广场	尚未公布	普通住宅、公寓、综合体、商业	尚未公布

\	北关区		
楼盘名称	价格	物业类型	主力户型
建业城三期云著	约 6900 元 /m²	普通住宅	三居室 (100~125m²) 四居室 (140m²)
利源·永明壹号	约 6550 元 /m²	普通住宅	三居室 (110m²) 四居室 (142~143m²)
润安枫林台	约 7900 元 /m²	普通住宅	三居室 (110~135m²) 四居室 (148m²)
欧蓓莎环球港二期	约 9600 元 /m²	综合体	商铺（20~2000m²）
嘉洲·花悦	约 4600 元 /m²	普通住宅	三居室 (120~138m²) 四居室 (155m²)
水木清华龙熙地	约 6900 元 /m²	普通住宅、公寓	三居室 (121.18m²)
上城公馆·北郡	尚未公布	普通住宅	三居室 (80.33~136m²) 四居室 (151m²) 五居室 (270.45m²)
华强·东湖城	尚未公布	普通住宅、自住型商品房	三居室（116~134.75m²）

\	安东新区		
楼盘名称	价格	物业类型	主力户型
建业·通和府	约 6700 元 /m²	普通住宅	三居室 (105~137m²) 四居室 (144m²)

\	殷都区		
楼盘名称	价格	物业类型	主力户型
财富港湾	约 6000 元 /m²	普通住宅、公寓、写字楼、商铺、综合体	二居室 (96.21m²) 三居室 (122.41~145.52m²)

典型项目
易商谷互联网科技城

| 安阳 | 兴安股份 | 豫北硅谷 | 区域核心 | 交通便捷 |

项目地址：
安阳市 S22 南林高速安阳开发区收费站出口东行 1000 米

开发商：
河南兴安投资置业股份有限公司 & 易商谷

产品特征：
公寓、综合体

参考价格：
公寓均价 5000 元/平方米起、综合体 60 万元/套起

主力户型：
约 50 平方米公寓一居、约 110 平方米公寓三居

物业公司：
兴安物业

5 公里生活配套：
宝莲寺高端商务区、安阳文化体育中心、万达商业广场、华联超市、国旅奥特莱斯、安阳一中、市委党校、宝莲湖、洪河湿地公园、华强方特、高新区大学城

专家点评
马永平 · 河南省房地产业商会副会长、安阳市房地产业商会会长

易商谷酒店式公寓，以品牌+科技+运营，打造投资型租住酒店式公寓。线上通过数字化、智能化提升运营效率，线下通过共享管家、共同收益降低运营成本，以高性价比、高投资回报作为主要优势，提升产品核心竞争力。

扫码观看楼盘详情

项目测评

【战略意义】
易商谷是全链式互联网生态科技城，由兴安股份集团倾力打造，是河南省创业孵化示范基地、省级电子商务示范基地、省级众创空间、省级科技企业孵化器，也是一个融合生态责任、推动科技创新、保持人居活力的产业新城。

【品牌描述】
兴安股份，是集能源开发建设投资、城市建设投资、高新技术及科技投资、房地产开发与经营、物业管理于一体的综合性企业集团，控股企业涉及城镇燃气、分布式能源、互联网产业园、房地产开发与经营、电子商务等。

【市场口碑】
兴安地产，是河南省房地产开发综合实力五十强企业，河南省房地产开发优秀企业，所开发产品涵盖别墅、多层、高层、写字楼、产业园、大型社区六大系列，为业主生活的每一处细节提供保障。

【区域地段】
时代的远见者往往能够考量未来选择。在安阳东扩南进背景下，随着安汤新城的初现规模，远见者将目光投向了宝莲寺高端商务区这片热土。安阳文体中心、安阳一中，是投资者明确的方向标，区位优势无可替代。

【园区规划】
易商谷位处宝莲寺高端商务区北大门，园区占地约 200 亩，总建筑面积约 25 万平方米。园区内孵化器大厦、易商网城、易商云仓、研产中心、创新公寓、互联网（电商）特色小镇等已建成并投入使用，其中公寓建筑面积近 3 万平方米。

【自建配套】
园区内设有多媒体室、众创空间、会客区、会议室、便利店、咖啡厅、洗衣房、快餐店、健身房等。业主可享受兴安集团贴心定制的生活服务配套、酒店式的管理，尽享宁静的同时也能体验近在咫尺的城市繁华。

【交通出行】
园区周边交通线路发达，立体式便捷交通网络。紧邻城市主干道平原路、中华路、彰德路、光明路。周边多条公交线路。距南林高速入口 1.5 公里，距 G4 京港澳高速入口 5 公里，距安阳东站直线距离 10 公里。

【教育资源】
园区位于安阳高新区大学城，周边教育资源丰富，包括安阳一中（新校）、市委党校、安阳师范学院、安阳工学院、安阳职业技术学院、安阳学院、河南护理职业学院等众多本、专科院校。

【物业服务】
易商谷互联网科技城，40% 以上物业由开发商自持，并自建专业的招商运营团队，统一园区物业、统一业态调控、统一营销推广、统一运营管理。园区初现规模，业态日趋成熟，吸引四海商贾云集，打造日益强大的消费人流。

【独有特色】
易商谷建面 50~110 平方米全能投资型小户型，创业创新创富，全面体验"办公+居住+投资"的价值保障。项目五证齐全，实景现房。

永州

在售楼盘一览

冷水滩区

楼盘名称	价格	物业类型	主力户型
通鸿·潇湘府	约 6500 元/m²	普通住宅	二居室 (96.37~104.37m²) 三居室 (113.54~126.22m²)
中梁·拾光悦江府	5500~6500 元/m²	普通住宅、商铺	三居室（110~117m²） 四居室 (129~142m²)
愿景香港道	约 5600 元/m²	商业	商铺（31~200m²）
鸿腾御景	5700 元/m² 起	普通住宅	三居室 (123~127.8m²) 四居室 (140.86m²)
城市绿岛	约 6500 元/m²	普通住宅、商铺、商住	三居室 (135~138m²)
海湘华府	约 5700 元/m²	普通住宅	三居室 (95.33~110.03m²) 四居室 (123.29m²)
海湘学府	约 5700 元/m²	普通住宅、商铺	二居室 (106.03m²) 三居室 (108.74~129.85m²)
嘉信悦城	4800 元/m² 起	普通住宅	三居室（104~140m²）
碧桂园·天玺湾	6600 元/m² 起	普通住宅、公寓、商铺、商业	三居室（114~142m²） 四居室 (148~159m²) 五居室 (177m²)
春江·帝景湾	约 5400 元/m²	普通住宅、商铺、商住	三居室 (95~107m²) 四居室 (126m²)
春江·四季花城	约 5800 元/m²	普通住宅、商住	五居室 (145m²)
红太阳·江岸花城	约 6400 元/m²	普通住宅、商铺	二居室 (98.44m²) 三居室 (131.04~136.69m²) 四居室 (142.9m²)
宏一·加州小镇	约 6500 元/m²	普通住宅、洋房、别墅	三居室 (98~115m²) 四居室 (135~180m²) 五居室 (256.8m²)
宏一城市广场	约 5200 元/m²	公寓	三居室 (119~128m²) 四居室 (137m²)
华天首府	约 6100 元/m²	综合体	三居室 (100~107m²) 四居室 (118~149m²)
江湾半岛	约 7500 元/m²	普通住宅、公寓	三居室 (147.5m²)
金盘世界城	9000~10000 元/m²	普通住宅、写字楼、酒店式公寓、商铺、综合体	平墅（268~270m²）
金色旺角（金·旺角）	约 5500 元/m²	普通住宅、商铺、商住	三居室 (126.84~134.65m²)
丽水琴湾	5200 元/m² 起	普通住宅、写字楼、商铺	三居室 (107.61~126.5m²) 四居室 (142.53m²)
林馨苑	4888 元/m² 起	普通住宅、公寓、写字楼、酒店式公寓、商铺	三居室 (123.98~126.28m²) 四居室 (158.88m²)
荣盛·滨江御府	约 6200 元/m²	普通住宅	三居室 (107~118m²) 四居室 (138m²)
十里江湾	约 6500 元/m²	普通住宅、别墅	三居室 (117~121m²) 四居室 (146~151m²) 五居室 (167~212m²)
溯禾·荷园悦府	5388 元/m² 起	普通住宅	四居室 (117.12~127.56m²) 五居室 (137.13~142.62m²)
万商红·御景中央	约 6000 元/m²	普通住宅、商铺	三居室 (92~125m²) 四居室 (144m²)
雅士林·湘府	约 5800 元/m²	普通住宅、商铺、商业	三居室 (115~123m²) 四居室 (130~142m²)
倚山瑞府	约 4980 元/m²	普通住宅	三居室 (107.89~125.57m²) 四居室 (142.09m²)
永城·滨江尚品	约 7500 元/m²	普通住宅	四居室（165~175m²）

冷水滩区

楼盘名称	价格	物业类型	主力户型
永城·财富中心	约 6000 元/m²	普通住宅	三居室 (115~140m²) 四居室 (156m²)
永城·福江苑	约 5360 元/m²	普通住宅	三居室（120~135m²）
永州碧桂园·新都荟	约 6500 元/m²	普通住宅、商铺	三居室（115m²） 四居室 (147m²)
永州大市场	约 6100 元/m²	普通住宅、商铺、综合体	三居室（118~129m²）
永州书香名邸	约 6000 元/m²	普通住宅、商铺、综合体	三居室 (98~115m²) 四居室 (131~138m²)
愿景国际广场	约 7800 元/m²	普通住宅、公寓、商铺、商业	三居室（117~132m²） 四居室 (152m²)
岳麓名城	5567 元/m² 起	普通住宅	三居室 (101m²) 四居室 (122~147m²)
岳麓青城·万达广场	约 7800 元/m²	普通住宅、公寓	公寓（40~70m²）
中大·星河湾	约 5900 元/m²	普通住宅	三居室 (104.36m²) 四居室 (109.08~140.97m²)
中建·滨江新城	5600~6288 元/m²	普通住宅	三居室 (110m²) 四居室 (124.91~140m²)
中添·领秀	5988 元/m² 起	普通住宅、商铺	三居室（114~120m²） 四居室 (130~140m²)
中添领域	6500 元/m² 起	普通住宅	二居室 (96.98m²) 三居室 (122~147m²)
中央新城	约 6700 元/m²	普通住宅、商铺、综合体	二居室 (82.99~135.87m²) 三居室 (143.88m²)
紫霞御苑	约 5500 元/m²	普通住宅、商铺	三居室 (125.87~129.96m²)
上海城	6700~7700 元/m²	普通住宅、公寓	二居室 (86.74m²) 三居室（88.97~127m²） 四居室（128~152m²）
名门望府	约 6700 元/m²	普通住宅	三居室 (98.7~114.6m²) 四居室 (145.36m²)
东江银都	5800 元/m² 起	普通住宅	三居室（117~181m²）
江山御景	约 7000 元/m²	普通住宅	三居室 (120.6~137.37m²) 四居室 (152.43m²)

零陵区

楼盘名称	价格	物业类型	主力户型
零陵古城	约 12000 元/m²	普通住宅、别墅、商铺	四居室 (185~217m²) 五居室 (199m²)
日升·壹方中心	约 5800 元/m²	普通住宅	三居室 (114~138m²) 四居室 (158m²)
苏通国际新城	4500 元/m² 起	普通住宅、商铺	二居室 (89~98m²) 三居室（117~131m²） 四居室 (144~155.88m²)
碧桂园·正央公园	约 6100 元/m²	普通住宅、公寓、商铺、商业	二居室 (63m²) 三居室（91~108m²） 四居室 (135~176m²)
金科·桃李郡	约 6150 元/m²	普通住宅	三居室 (93~106m²) 四居室 (131m²)
零陵·滨江壹号	约 5700 元/m²	普通住宅、公寓	二居室 (98.63m²) 三居室 (118.09m²) 四居室 (148.88m²)
零陵·珊瑚海	约 5500 元/m²	普通住宅	三居室 (96~116.35m²) 四居室 (146.18m²)
水映香山	4900 元/m² 起	普通住宅	三居室 (99.12~130.88m²) 四居室 (142.23m²)
顺祥金街	约 7900 元/m²	公寓、商铺、商业	二、三居室（51.26~80.36m²）
香零公馆	约 5299 元/m²	普通住宅、酒店式公寓、综合体	二居室 (83.84~98.21m²) 三居室 (139m²) 四居室 (151.58m²)

零陵区

楼盘名称	价格	物业类型	主力户型
永州中央华府	约5000元/m²	普通住宅	三居室(127.94~149.77m²) 四居室(150.29~153.58m²)
云星城	约6100元/m²	普通住宅	三居室(100~118m²) 四居室(128~135m²)
恒祥·御香山	约5800元/m²	普通住宅	三居室(116.42~133.43m²)
零陵湘永名邸	约4978元/m²	普通住宅、公寓	三居室(97.12m²) 四居室(121.05~135.28m²)

祁阳县

楼盘名称	价格	物业类型	主力户型
祁阳顺祥郡	7500元/m²	普通住宅、商铺	二居室(85m²) 四居室(113~122m²)
城投·滨江新城	约6500元/m²	普通住宅	三居室(105.46~127.08m²) 四居室(146.13m²)
城投·王府坪壹号	约6130元/m²	普通住宅	三居室(115m²) 四居室(165m²)
海湘·九樾府	约6700元/m²	普通住宅	三居室(104.42~134.28m²)
翰林御景	约5600元/m²	普通住宅、公寓、商铺	三居室(139~144m²) 四居室(157m²)
宏一·祁山公馆	6800元/m²起	普通住宅、商铺	四居室(162m²) 五居室(177m²)
郡祁名邸	约5900元/m²	商铺、普通住宅	二居室(96.5m²) 三居室(120~130m²) 四居室(139~146m²)
明德学府	约7380元/m²	普通住宅	三居室(128.33m²) 四居室(150~159m²)
祁阳碧桂园	5488元/m²起	普通住宅	三居室(107~121m²) 四居室(135~140m²)
祁阳金沙湾	约6600元/m²	普通住宅、商住	三居室(122~132m²) 四居室(142~168m²) 五居室(185m²)
湘江壹号	6000~7300元/m²	综合体	三居室(135~142m²) 四居室(164~173m²)
孝德·荣尊府	约7300元/m²	普通住宅、商铺	三居室(135~142m²) 四居室(185m²)
云开一品	约6600元/m²	普通住宅	三居室(134.82~136.64m²) 四居室(154.27m²)

道县

楼盘名称	价格	物业类型	主力户型
东方丽都	约4888元/m²	普通住宅、公寓、酒店式公寓、商铺	三居室(109~126m²)
安廷·城市旺角	约5280元/m²	普通住宅	三居室(126.4~131.02m²) 四居室(136.78~141.12m²)
城南学府	约5200元/m²	普通住宅	三居室(115~137m²)
道州碧桂园豪园	约6000元/m²	普通住宅、商铺	五居室(136~253m²)
道州宏一·珊瑚海	约5500元/m²	普通住宅、自住型商品房、商业	三居室(113~124m²) 四居室(136m²)
道州逸品潇湘	约6400元/m²	普通住宅	四居室(143.8~179m²)
道州云溪府	4888元/m²起	普通住宅	二居室(117m²) 三居室(128~130m²)
海湘城	约5280元/m²	普通住宅、公寓、商铺	二居室(105.63~129.5m²) 三居室(112.72~137.64m²)
江南逸品	约5700元/m²	普通住宅、别墅、商铺	三居室(125.95m²) 四居室(166m²)
书香兰庭	约4900元/m²	普通住宅	三居室(117.5~129.56m²)
万家天府	3999~4900元/m²	普通住宅	二居室(101.1m²) 三居室(124.14~141.29m²) 四居室(162.65m²)

道县

楼盘名称	价格	物业类型	主力户型
逸品紫台	约5300元/m²	普通住宅	四居室(121.87~139.72m²)
展鹏·道州陶瓷建材城	约5500元/m²	普通住宅	二居室(60~150m²)
中龙名城	约5000元/m²	普通住宅	三居室(125~130m²) 四居室(145m²)
中农批冷链·湘南冷鲜城	5000~7800元/m²	商铺	商铺(90~120m²)
中央名邸·汇金时代	约5600元/m²	普通住宅	三居室(98.51~133.7m²) 四居室(138.57m²)

东安县

楼盘名称	价格	物业类型	主力户型
东安徐福·桃花源	3088元/m²起	普通住宅、商铺	二居室(108~110m²) 三居室(122~129m²) 四居室(142~180m²)
帝景华庭	2998元/m²起	普通住宅、商铺	二居室(104.98m²) 三居室(108~146.38m²)
东安·清华园	约3700元/m²	普通住宅	三居室(110.97~128.89m²)
东安学府城	3800元/m²起	商铺	三居室(112~133m²)
崇德学府	约3900元/m²	普通住宅	三居室(122.01m²) 四居室(123.74m²)
亿联国际商贸城	3000元/m²起	普通住宅、商业	写字楼(40~1000m²)
凤凰谷·东安壹号院	6200元/m²起	别墅、酒店式公寓	别墅(278~399m²)
舜德名府	4200元/m²起	普通住宅	三居室(111.34~125.05m²)
恒惠·春天里	约4300元/m²	普通住宅	三居室(119.86~121.3m²) 四居室(134.96~147.22m²)
梦成·东安府	3288元/m²起	普通住宅	二居室(120m²) 三居室(127~140m²)
书香府邸	约3780元/m²	普通住宅、商业	二居室(117.8m²) 三居室(129.48~154.58m²)
舜德·桃李郡	4500元/m²起	普通住宅	二居室(98~114m²) 三居室(115~124m²)
舜皇城	约4500元/m²	普通住宅、公寓、酒店式公寓、商铺、商住	二居室(112.35m²) 三居室(134.06~143.79m²)
望江府	约4000元/m²	普通住宅、商铺	二居室(85.96~122.36m²) 三居室(127.89~134.77m²) 四居室(151.2m²)
潇湘第一城	约4500元/m²	普通住宅、酒店式公寓、商铺	三居室(130.4~142.1m²) 四居室(139.8~142m²)
园丁花苑	约4000元/m²	普通住宅、商铺、商住、综合体	三居室(97.44m²) 四居室(130.67~166.81m²)

江华县

楼盘名称	价格	物业类型	主力户型
江华宏一·珊瑚海	约5200元/m²	普通住宅	三居室(99~118m²) 四居室(129~147m²)
一方·滨江悦	约6534元/m²	普通住宅	四居室(119.69~136m²)
居然之家·九恒家博园	5000~13000元/m²	商住、商铺	写字楼(40~200m²)
九鼎·滨江华府	约4500元/m²	普通住宅	二居室(106.75~116.88m²) 三居室(144.51m²) 四居室(148.62~152.7m²)
双龙云溪府	4600~5300元/m²	普通住宅、商铺、商业	三居室(96.37m²) 四居室(122m²) 五居室(132m²)
瑶都碧桂园	4800~5500元/m²	普通住宅、商铺	四居室(135m²) 五居室(190~264m²)

江华县

楼盘名称	价格	物业类型	主力户型
瑶族古镇	15000~30000 元/m²	商铺、自住型商品房	三居室 (125.05m²) 四居室 (147.34~191.48m²) 五居室 (235.65m²)

江永县

楼盘名称	价格	物业类型	主力户型
潇湘徐福桃花源	约4100元/m²	普通住宅	二居室 (108m²) 三居室 (124m²) 四居室 (144m²)

蓝山县

楼盘名称	价格	物业类型	主力户型
金盘·蓝山城	约5300元/m²	自住型商品房	三居室 (107.3m²) 四居室 (126.5~129.74m²)
逸品蓝山	约4300元/m²	普通住宅	三居室 (119~159m²)
城投·新天地	约5000元/m²	普通住宅	三居室 (129.96~160.42m²) 五居室 (228.57m²)
蓝山壹号	约6000元/m²	普通住宅	三居室 (119.51~126.36m²) 四居室 (142.09m²)

宁远县

楼盘名称	价格	物业类型	主力户型
莲花·壹号公馆	约5900元/m²	普通住宅、商铺	三居室 (97.92~125.68m²) 四居室 (130.09~143.05m²) 五居室 (170.05~194m²)
大宁府	约6000元/m²	普通住宅	三居室 (121.26m²) 四居室 (147~165.43m²)
立群·翡翠城	约5800元/m²	普通住宅、商铺、公寓	三居室 (87.49~132m²) 四居室 (143m²)
中梁立群·首府壹号	约5400元/m²	普通住宅	三居室 (98~118m²) 四居室 (128m²)
壹品江山	约5800元/m²	住宅、商铺	三居室 (119~120m²) 四居室 (166m²)
海汇·悦府	约5000元/m²	住宅、商铺	三居室 (125.8m²) 四居室 (137.48m²)
城投·锦绣名城	约4300元/m²	住宅、商铺	三居室 (125~133m²) 四居室 (143m²)
舜恒·假日半岛	约7000元/m²	公寓	五居室 (234~259m²) 八居室 (348.58m²)
宁远·合一府	约5800元/m²	普通住宅、商铺、自住型商品房	三居室 (115.95~127.88m²) 四居室 (135.14~176.28m²)

双牌县

楼盘名称	价格	物业类型	主力户型
顺祥江山郡	约4000元/m²	别墅、商铺	三居室 (105.75m²) 四居室 (130.86~197.55m²) 五居室 (245.64m²)
日月星·河湾	约4200元/m²	普通住宅、商住	三居室 (121.31~131.02m²) 四居室 (148.72m²)

新田县

楼盘名称	价格	物业类型	主力户型
新田徐福·桃花源	3888元/m²起	普通住宅、商铺	二居室 (108m²) 三居室 (124m²) 四居室 (129~142m²)
新田徐福天誉	约5000元/m²	普通住宅、商铺	二居室 (108m²) 三居室 (130m²) 四居室 (144m²)
芙蓉华府	约4300元/m²	普通住宅	三居室 (120.79m²) 四居室 (132.42m²)
福海家园	约4300元/m²	普通住宅	三居室 (138.69~147.84m²)
和润学府	约4200元/m²	商住	三居室 (105~130m²) 四居室 (135m²)
华诚·诺金央宸	约5000元/m²	普通住宅、写字楼、商业	三居室 (128.79~166.44m²) 五居室 (192.66m²)
华农小镇	10000~28000元/m²	商铺	商铺 (20~320m²)
开元·怡华城	约4900元/m²	普通住宅、商业	三居室 (131.89m²) 四居室 (143.11m²)
明珠府都	约4700元/m²	综合体	三居室 (119m²) 四居室 (147~152m²)
青云御洲	约3860元/m²	普通住宅、商业	三居室 (118~140.8m²)
润驰·国际	约5000元/m²	商住	三居室 (137~139m²) 四居室 (147~151m²)
润兴家博城（首府）	约4500元/m²	写字楼、酒店式公寓、商铺	四居室 (154m²)

典型项目

东方丽都

永州 | 华盈置业 | 名校环伺 | 交通便利 | 成熟配套

项目地址：
永州市道县东洲北路与工业大道交会处

开发商：
道县华盈置业有限公司

产品特征：
普通住宅、独立商铺

参考价格：
住宅均价4888元/平方米、商铺11000元/平方米

主力户型：
约109平方米三居、约126平方米三居

物业公司：
道县龙腾物业

5公里生活配套：
菜市场、道县六小、谷源小学、明达中学、绍基学校、道县一中、黄岗冠一、超市、批发市场、绍基公园、和一酒店、汽车北站、中国银行、新政务中心

专家点评 文开森·永州市房地产行业发展联合会秘书长——

项目外观时尚，户型设计合理，得房率高，满足了客户对宽敞居家空间的需求。小区采用全封闭式管理，设有楼宇对讲系统、家装安防门禁系统，设置人车分流，最大限度确保业主的人身财产安全，是城市居民的理想社区。

扫码观看楼盘评情

项目测评

【战略意义】
2012年道县华盈置业开发的东方丽都小区，开启了在道州北城区域的第一次正式"试水"。作为该城市首批进驻东洲北路的外来开发企业之一，其所开发的东方丽都项目为第一家真正意义上人车分流的典型作品，在当地广受好评。

【市场口碑】
项目一直主打舒适实用住宅产品，设计人车分流、以人为本的理念，改善道州居住品质。严控工程质量，不断提升产品品质，力求做出行业内有口皆碑的好产品，"好户型""品质社区"等标签成为购房者对楼盘最多的评价。

【区域地段】
东方丽都位于东洲北路与工业大道交会处，距汽车北站仅500米，交通便利。3公里区域内有8余所学校，同时有公园、星级酒店、批发市场、超市等生活配套，项目周边百余家科技企业，工作解决方案近在咫尺。

【楼栋规划】
小区占地面积约46670平方米，规划总户数1420户，包含两栋楼梯房、两栋小高层及10栋高层，整体楼栋设计由南向北依次递进。足够的楼间距保证每个居室的采光度和私密性。

【主力户型】
建面约109平方米轻奢三室，布局方正，明厨、明卫，配备外延宽景阳台与飘窗，居家实用而舒适；建面约126平方米纯正板式轻奢3+1户型，半拓展空中花园，拓展面积近20平方米，丰富了居住空间。

【园林景观】
近35%的绿化率，为小区园林规划提供了充足的空间。小区内银杏、桂花等高低灌木形成错落景观带。更有八大景观园林及长约1500米跑道，供居民健身休憩。

【自建配套】
项目有配套商业30000平方米，囊括银行、超市、药店、网吧、咖啡屋、饭店、足浴、美发等，满足当下居住人群的精致生活需求。更有2000平方米的幼儿园配建，教育师资为师大附属小学，可普适1~6岁适龄儿童，教育优质，出行安全。

【交通出行】
楼盘周边交通线路发达，2020年年底G207国道改道东洲大道正式通行。小区出行便利，北往永州、南至贺州、西到桂林、东达郴州，立体交通路网，便捷贯通全国。

【教育资源】
小区周边教育资源充沛，内部配套师大附属幼儿园，3公里范围内有道县六小、谷源小学、明达中学、绍基学校、道县一中、东洲学校、黄岗冠一、工贸学校等，助力孩子未来，让业主在家门口即可见证孩子的每一步成长。

【设计风格】
项目采用现代建筑风格，楼体底部采用石材干挂凸显庄重与美感，中间段使用仿花岗岩外墙漆，整体楼座造型时尚有格调，更具特色与品质，同时也保证了建筑的安全性和耐久性。

祁阳顺祥郡

永州 | 顺祥集团 | 祁阳城心 | 五朝园林 | 绿色建筑

项目地址：
永州市祁阳县金盆西路与复兴路交会处（县政府陶铸广场旁）

开发商：
祁阳万亿商业管理有限公司

产品特征：
普通住宅、商铺

参考价格：
住宅均价7500元/平方米、商铺均价15000元/平方米

主力户型：
约85平方米二居，约113~122平方米四居

物业公司：
顺祥物业

5公里生活配套：
祁阳县政府、县公安局、陶铸广场、明德小学、陶铸中学、陶铸图书馆、祁阳高铁站、祁阳新中医医院、顺祥郡金街

专家点评 唐富平·乐居永州主编

祁阳顺祥郡位于祁阳县政府陶铸广场旁，项目住宅借鉴第四代建筑理念，糅合了唐宋元明清五代园林与新中式建筑精髓，打造符合高端阶层视觉品味的新中式国风大宅。

扫码观看楼盘详情

项目测评

【战略意义】

2019年，顺祥集团以3.76亿元破湖南祁阳拿地纪录的手笔，拿下祁阳金盆路与复兴路交会处东北角，这是县政府所在寸金寸土之地。项目一入市便成为焦点，首次开盘取得5亿元佳绩。2020年更再进一步，成交量、成交额、成交面积在祁阳楼市名列前茅。

【区域地段】

祁阳县撤县设市获省委常委会审议通过，已呈报国务院和民政部审批，城市区域中心加速形成。本案择址县政府旁，属政商中心，近邻湖南最大的城市广场"陶铸广场"，地段价值不可复制。

【市场口碑】

2019年11月项目首开，缔造了开盘48小时近万人排队抢房的空前盛况，成为祁阳的流量红盘。项目始终坚持用品质、服务和产品打动客户，用真诚获得信赖。

【交通出行】

雄踞城央中轴线，复兴路、金盆西路与祁阳大道、浯溪中路四大干道纵横，距高铁站约5公里，距祁阳汽车总站也不过3公里，无论商务还是出游，分秒尽在掌握。

【周边配套】

地处金盆西路与复兴路交会处，县政府、县政协、县人大等政务机关环伺，龙脉古井举步即达；近邻明德小学、陶铸中学等教育配套，让孩子从小享受精英教育。项目周边还有城市重要生态资源陶铸公园、浯溪碑林等，更有祁阳中医医院、仁和医院等医疗配套。

【自建配套】

源于新加坡的新型社区服务概念，祁阳顺祥郡自建1.5万平方米5.0智慧型邻里商业综合体，集特色主流街区、产权公寓、高端住宅、主题酒店、亲子乐园、餐饮娱乐等于一体，致力于打造一个场景化、体验式、微旅游的商业中心。

【楼栋规划】

小区占地面积约62亩，规划户数1187户，包含住宅、公寓等物业，整体楼栋设计由南向北依次递进。阔绰大尺度楼间距，能保证每一个居室有足够的私密性和采光度。

【园林景观】

项目是品牌战略升级的全新著作，借鉴第四代建筑理念而进行的产品迭代研发。项目在选址、建筑、品质等方面都有严苛的标准，糅合了唐宋元明清五代园林与新中式建筑精髓，打造符合高端阶层视觉品味的新中式国风大宅。

【主力户型】

祁阳顺祥郡主力户型为建面约85平方米二居、建面113~122平方米四居。户型布局合理，餐客一体式设计，外接轩敞观景阳台，南北通透。三面朝南，赠送空间大，空间拓展性强。

【物业服务】

顺祥物业历10年沉淀，以"中航物业"担当顾问，为业主量身定制高端服务；细腻挖掘、快速满足业主需求，提供24小时全天候贴心服务体系。硬实力与软实力的双重保障，专心、细心呵护顺祥郡的每一位业主。

597 /	2020年西北区城市发展概述		
599 /	**西安**	**640** /	**兰州**
599 /	市场总结	640 /	市场总结
603 /	在售楼盘一览	643 /	在售楼盘一览
607 /	典型项目	645 /	典型项目
613 /	**太原**	**646** /	**银川**
613 /	市场总结	646 /	市场总结
618 /	在售楼盘一览	649 /	在售楼盘一览
622 /	典型项目	652 /	典型项目
630 /	**呼和浩特**	**653** /	**包头**
630 /	市场总结	653 /	市场总结
634 /	在售楼盘一览	657 /	在售楼盘一览
636 /	典型项目		

西北区

2020年西北区城市发展概述

一、区域简介

西北区位于我国的西北方位,是我国最深居内陆、气候最为干旱的地理区域,区域范围包括陕西省、宁夏回族自治区、甘肃省、青海省和新疆维吾尔自治区等。西北区的面积广阔,占全国的1/3左右。考虑到乐居实际布局情况,本书将山西省和内蒙古自治区也纳入西北区的范畴,这与国家的行政区划有所不同。

2020年,陕西省的GDP(国内生产总值)约为26181.86亿元,同比增长2.2%;山西省的GDP约为17651.93亿元;内蒙古的GDP约为17360亿元;甘肃省全省的GDP约为9016.7亿元,比上年增长3.9%;2020年,宁夏回族自治区的GDP总量约为3920.55亿元,青海省的GDP约为3005.92亿元,新疆维吾尔自治区的GDP约为13798亿元。对比来看,西北区中陕西、山西、内蒙古的经济实力远大于其他省区。

西北区长期以来是内向型经济,要消除不平衡不充分发展的矛盾,就必须抓住"一带一路"倡议的历史机遇,加强向西开放,构建国内国际双循环格局,为西北发展增加一个开放动力,才能追赶超越。

二、国家政策

2020年5月,中共中央国务院发布《关于新时代推进西部大开发形成新格局的指导意见》,加强西北地区与西南地区合作互动,促进成渝、关中平原城市群协同发展,打造引领西部地区开放开发的核心引擎。推动北部湾、兰州-西宁、呼包鄂榆、宁夏沿黄、黔中、滇中、天山北坡等城市群互动发展。支持南疆地区开放发展。支持陕甘宁、川陕、左右江等革命老区和川渝、川滇黔、渝黔等跨省(自治区、直辖市)毗邻地区建立健全协同开放发展机制。加快推进重点区域一体化进程。

三、区域方针

2020年6月,为深入贯彻落实《陕西省人民政府、山西省人民政府、甘肃省人民政府关于推动关中平原城市群发展规划实施联席会议制度》,陕西省发改委会同山西、甘肃两省发改委,联合印发《2020年关中平原城市群跨省合作重点推进事项》。

此次三省跨省合作重点推进事项包括:共同推动黄河流域生态保护和高质量发展、共同推动"一带一路"建设、共同推动交通基础设施互联互通、共同推动重大水利工程建设、共同推进重点领域水污染治理和水生态修复、推进汾渭平原大气污染联防联控、深化科技领域合作、深入推进教育协同发展、推动医疗卫生资源紧密合作、健全文化旅游发展交流合作机制、加强公共服务政策一体化、加强产业发展协同合作等。

四、交通基建

2021年,将加快完善交通基础设施网络。为进一步规范中西部地区铁路项目中央预算内投资管理,发挥中央资金使用效益,推动中西部地区铁路建设,国家发改委印发《中西部地区铁路项目中央预算内投资管理暂行办法(修订版)》,所有使用中央预算内投资的新建、改扩建铁路项目都适用本办法。国家将推动重点城市群、都市圈城际铁路、市域(郊)铁路和高等级公路规划建设,加强枢纽机场和中西部支线机场建设。

在交通基建方面,将推动一批高速公路、一般国道待贯穿路段和拥挤路段扩容改造项目建设。川藏铁路、西部陆海新通道等交通基础设施建设还将加速。2021年,内蒙古自治区力争完成公路水路交通运输固定资产投资400亿元以上,公路建设规模1.3万公里,其中农村牧区公路7000公里。

在铁路建设方面，加快补齐中西部地区铁路基础设施短板，加强高铁货运能力建设，全面推动城际铁路、市域（郊）铁路进展。要以中西部地区为重点，持续推进高速铁路"八纵八横"主通道，完善干线路网布局，抓好在建项目建设，督促项目资金及时足额到位，加快形成实物工作量。

"包银高速铁路"从内蒙古自治区出发直到宁夏银川市，线路的全长达到519公里，并且设计的时速在250千米/时，是我国"八纵八横"的主要高速网线之一，将西北、东北、华北等主要地区连接在一起，计划在2023年建成通车。

郑太高铁于2020年12月12日全线贯通，郑州至太原高铁是首条纵贯太行山的高铁，线路北起山西省太原市，途经山西省晋中市、长治市、晋城市，河南省焦作市，南至河南省郑州市，线路全长432公里。

一条条中西部高铁开通运营，让西部不再是遥远的代名词，也疏通了西部交通运输瓶颈；特别是使西部地区原生态旅游资源得到很好的开发利用。

银西高铁是国家铁路"十三五"规划实施的重点工程，是我国中长期铁路网规划中"八纵八横"高铁网包（银）海通道的重要组成部分，银川至西安高速铁路2020年12月26日已经开通运营。银西高铁开通运营后，将会极大地释放既有铁路线的运力，缓解这一地区运力紧张的局面，从而使这一地区丰富的矿产资源得到更好的开发利用。

在机场布局方面，"十四五"时期拟重点加快实施西安、兰州、西宁等枢纽机场的改扩建工程。

五、未来展望

在国家东西双向开放的战略机遇背景下，在重点建设国家级新区、自由贸易试验区、内陆开放型经济试验区、跨境经济合作区、沿边重点开发开放试验区、综合保税区等的大背景下，发挥好西北地区与"一带一路"沿线国家/地区发展对外贸易中的区位优势、交通枢纽地位和贸易通道优势，推进"一带一路"建设，发展外向型经济。

促进西北地区形成面向中亚、南亚、西亚地区的内陆开放高地，充分发挥好新疆、甘肃、陕西在丝绸之路经济带中的重要通道功能，深化青海、宁夏在推动建设绿色丝绸之路、与阿拉伯国家合作中的重要作用，提升西北地区整体参与国际陆海贸易（南向）新通道建设中的战略支撑功能。

西部地区新动能培育的重要路径是城市群建设，而城市群建设应以都市圈为基础。都市圈处于城市群内部，西部地区的都市圈建设将有效地提升其城市群的发育水平。未来，交通圈、经济圈、都市圈的打造，将有效推动西北区融合发展。

参考资料

1. 人民政协网：《中国西北发展报告（2020）发布》
2. 西部蓝皮书：《中国西部发展报告（2019）》
3. 中共中央国务院：《关于新时代推进西部大开发 形成新格局的指导意见》
4. 西安日报：《国家鼓励西安加快建设国际门户枢纽城市》
5. 郑州市人民政府：《郑州市储备土地综合开发实施细则》
6. 呼和浩特住房和城乡建设局：《禁止房地产开发企业收取代办服务费》
7. 黄河新闻网：《2020年山西交通运输大事记》

西安

市场总结

一、新房成交表现

新房年度成交量：据统计，2020年，西安城六区、长安区、临潼区、西咸新区沣东新城共计83511套商品住宅进行意向登记，意向登记家庭数28万组，供需比近1:3.35，供需矛盾较为突出。

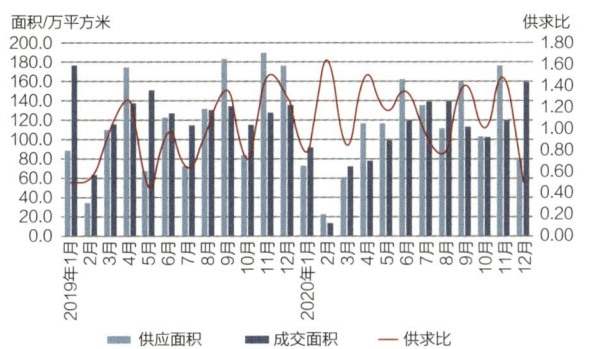

2019年1月—2020年12月主城区商品房供求走势

2020年，西安主城区商品房供应量为1320.69万平方米，成交量为1252.13万平方米。9月供应159.8万平方米，11月供应176.73万平方米，为全年供应量最高的两个月。成交方面，7、8、11、12四个月成交均超120万平方米。其中，主城区商品住宅供应990.28万平方米，商品住宅成交1061.05万平方米。

就供应和成交来看，基本推出即售完。回顾近四年的数据可以看出，2017年，西安普通住宅成交超15万套，2018年成交约13万套，2019年成交超11万套，而2020年全年供应仅8万余套，整体供应量减少。

新房价格情况：2020年，西安共计28批次249盘（未排重）84050套房源备案。从2017年西安执行房价公示以来，主城区实行严格的一房一价公示。虽然2019~2020年房价存在一定的波动，但是整体呈现向上的趋势，这和老盘逐渐售罄、改善盘增多拉高均价有关。

二、二手房成交表现

正因为新房供不应求，2020年西安二手房成交活跃度提升，西安二手房挂牌量同比增长超过7成。

据有关数据显示，截至2020年1月15日，西安二手住宅挂牌量为86199套，和2019年12月15日相比挂牌量增加了近1.4万套。最明显的是成交数据，截至2020年1月15日，西安共有约57400余套二手住宅成交信息，不论是在活跃度、找房度，还是成交量方面，西安二手房都有了大幅增长。

| 默认排序 | 最新发布 | 房屋总价 | 房屋单价 | 房屋面积 |

共找到 86199 套西安二手房

二手房数

在新房供应紧缺、改善房源增多的背景下，首次置业选择二手房，以及置换房的购房者增多，这也是二手房在2020年年初受短暂的疫情影响后，在下半年出现回暖的原因。

三、政策梳理

2020年11月30日晚，西安市住建局等联合出台调控政策，新政明确，购买第二套住房面积在144平方米以上的，商业贷款首付最高调至70%；高层盖到7层以上才能拿预售证；加强预售资金监管、严格按照工程建设进度核拨。这是继2019年6月20日西安楼市限购政策发布之后，时隔近一年半西安楼市调控再次加码。

对购房者影响最大的是首付提高，新政对刚需首套没有影响，主要针对的是二套购房者。针对首套房的面积大小，采取了不同的信贷首付比例。若是首套贷款未结清，二套房首付比例至少为60%；部分大面积改善购房者面临70%首付比例。也就是说，对改善型购房者来说，从原来二套首付40%到如今的50%、60%、70%，分别上调10%、20%、30%，首付门槛明显提高。

加强预售管理

开发商申请商品房预售许可，7层以上的，须达到地上规划总层数的1/3，且不得少于7层

二套房贷首付提高

商业贷款

贷款情况	名下已有一套住房	再次购房面积144平方米及以下	再次购房面积144平方米以上
居民家庭住房商业贷款未结清		首付比例不低于60%	
无贷款或贷款已结清	90平方米及以下	40%	50%
	90-144平方米	50%	60%
	144平方米以上	60%	70%

公积金贷款

公积金贷款申请次数	再次购房面积144平方米及以下	再次购房面积144平方米以上
第一次	35%-40%	不低于40%
结清首次住房公积金贷款后再次申请公积金贷款	50%	55%

调控政策

另外，短期影响市场上房源供应的是加强预售管理，对取得预售许可证有了严格的限制。在西安楼市整体供不应求的背景下，将造成短期供应量不足。在2020年11月、12月，市场推货量减少，但是从长期来看，预售门槛提高，提高了开发商的资金成本，降低了商品房烂尾的风险，对购房者是利好。

四、土地供应

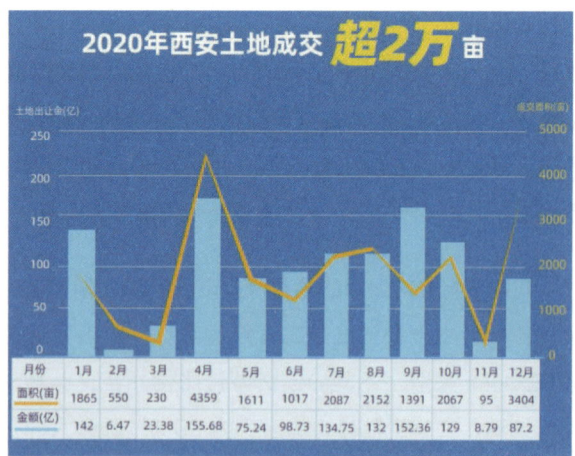

2020年西安土地成交量

2020年，西安土地成交面积20828亩，土地出让金1145.6亿元，西咸新区、港务区系土地成交大户，高新区成为西安市土拍楼面地价破万地块集中的区域。

2020年楼面地价上万地块达到19宗，西安最贵地块楼面价为15415元/平方米，从数据可以看出，进入楼面价TOP10的门槛楼面价超12600元/平方米。

表　土拍楼面地价一览

地块编号	地块位置	面积（亩）	土地用途	成交价格（万元）	楼面地价（元/平方米）	受让方
GX3-35-20	天谷二路以南、云水三路以东、云水二路以西、天谷三路以北	74	住宅用地	172782	15415	高科房产
GX3-18-25	高新区纬二十六路以北、西太路以西、纬二十四路以南	87.608	住宅用地	247356	15125	碧桂园
GX3-18-27	高新区韦斗路以南、规划九路以西、规划十五路以北	90.611	住宅用地	249341	14737	中天控股
HX19-4-1	高新区秦岭东五路以南、草堂九路以东	72.507	居住用地	92215	14692	紫薇地产
QJ1-9-48	曲江新区翠华路以东、陕西地震局以南	12.181	住宅兼容商服用地	17530	14063	兰科实业
HT01-31-10	航天基地航腾路以南，航新路以东，航飞路以北，规划路以西	41.538	居住用地	48000	13860	招商
GX3-35-19	天谷二路以南、云水四路以东、云水三路以西、天谷三路以北	53.629	住宅用地	114613	13469	隆基泰和
GX3-18-21	经二十二路以东、规划十六路以南、纬三十二路以北、规划六路以西	64.858	住宅居住	157369	13000	阳光城
GX3-18-20	高新区经二十二路以东、经二十路以西、纬三十二路以北	53.793	居住用地	128564	12803	紫薇
GX3-19-5	高新区中央创新区西太路以东、纬二十六路以南	177.77	居住用地	419462	12640	新希望
GX3-20-2	高新区规划十二路以西、纬二十六路以北、西太路以东、纬二十四路以南	63.414	住宅用地	149270	12605	招商
GX3-20-3	高新区规划十二路以东、纬二十六路以北、纬二十四路以南	119.454	住宅用地	279037	12514	重庆华宇

（续）

地块编号	地块位置	面积（亩）	土地用途	成交价格（万元）	楼面地价（元/平方米）	受让方
GB4-3-227	西安浐灞生态区启源一路以南、广运潭大道以西	58.324	住宅兼容商服用地	97239	12504	招商
HT01-30-15	西安市航天基地航天南路以南、规划三路以东、少陵路以北	59.217	居住	118401	11994	蓝光
HT01-31-9	航天基地航新路以东、航腾路以南、望月路以西、航飞路以北	69.577	居住	82025	11789	融创
QJ10-8-469	西安曲江大明宫遗址区，凤城三路以南、西安鸿华房地产公司以北	27.666	居住用地	47000	10942	重庆华宇
GX3-35-15	高新区云水一路与天谷二路十字西南角	87.34	居住用地	148702	10729	中国铁建
XXFX-ZX03-27-8	沣西新城规划路以东，西咸快速干道辅道以南，沣柳路以西，龙台观路（永平路）以北	138	住宅兼容商业	195743	10127	港中旅
GX3-42-20	高新区纬三十四路以北、经二十二路以西、纬三十二路以南、经二十六路以东	87.988	住宅用地	164941	10042	碧桂园

月度楼面地价呈现波动，和当月成交地块的区域有关，如2020年11月主城区拍出了多宗高价地，但是2020年12月土地成交主要集中在西咸新区，整体楼面地价偏低。

土地月度楼板价走势

分区域来看，主城区土地成交集中在港务区、经开区、高新三期等城市新区。西咸新区五大组团里，沣东、沣西地价相对偏高。在2020年，成交面积排名前面的是秦汉新城、空港新城、泾河新城，土地供应量大。另外，临潼、高陵、周至、阎良等边缘区域成交面积增加，诸如碧桂园等也进入阎良等区域拿地。

对照2020年的土地成交数据，预计2021年，新盘将集中在港务区、高新三期等土地成交多的区域。

五、热点板块

从官方登记平台的数据来看，浐灞生态区供货量近2万套，国际港务区供货量1万多套，未央区供货量8000余套，三大区域成为供货前三甲。

2020年，浐灞生态区的御锦城、高科·绿水东城、世园林语、万科·澜岸、金辉·东方铭著等都是市场关注度较高的楼盘。另外，在2021年全运会的带动下，港务区的呼声很高，被誉为刚需购房者进入主城区的最后机会，绿城、华润等几乎屡开屡摇，港务区也云集了多家品牌房企，包括还没入市的金地、融创、中梁等。未央区也为2020年的西安楼市贡献了极高的人气。

从具体楼盘来看，紫薇东进当之无愧成为人气王，也是自2018年西安开启摇号政策以来，第一个万人摇楼盘。第二名的大华锦绣前城，地铁沿线，均价12000元/平方米，刚需之选，6次登记累计登记29844组家庭。第三名万科城市之光二期，是曲江二期剩余为数不多的在2020年有新推的楼盘，受关注程度可想而知。依次入选年度人气楼盘的还有大华曲江公园世家、西安恒大文化旅游城、瑞和大唐府邸、万科悦府、中海曲江大城、天地源大都会、绿城西安全运村。

六、用户心理

和往年不同的是，2020年年末，因为楼市新政，西安房源供应紧缺。2017、2018、2019年年底，大批量房源入市，以至于多个楼盘登记人数少于房源套数，购房者不用摇号即可平销。而这"常规现象"在2020年被打破。

从2020年全年来看，摇号盘积蓄了大量人气，不论是对于第一个万人摇楼盘紫薇东进，还是屡开屡摇的大华锦绣前城、大华公园世家，市场普遍存在"摇到就是赚到"的论调。对于这种新房价格和周边二手房价格严重倒挂的楼盘，很多人是抱着一种"捡钱"的心理。客观来说，这些楼盘除了价格优势，在其他方面优势并不明显。

2020年西安的1130新政出台（《关于进一步加强房地产市场调控的通知》）后，二套房首付提高，改善型购房者面临首付提高的情况，"和家人犹豫买新房还是二手房，二手房最近几个月涨了不少，但是等新房不知道还要等多久。"准备购置婚房的小陈表示，自己在新房和二手房之间纠结，但是周围朋友建议买新房，目前政策对刚需购房者利好，要抓住机会。

不过，对于了解市场的购房者来说，他们发现，西安即将上市的新盘多数都是改善盘，刚需可选余地很小，即便三四月迎来供应潮，刚需购房者的选择余地也不大。在新房紧缺的背景下，二手房出售迎来了好时机。多位业主表示，自己所在的小区都有一定程度的涨价，尤其是曲江、高新，涨幅惊人。"都不敢卖了，卖了害怕买不到合适的。"一位准备置换的业主在面临房产涨价时喜忧参半，欢喜的是自己的房产升值，忧虑的是无法置换到合适的房产。

七、2021年展望

对于2021年的西安房地产走势，市场上有不同的声音，有人认为会保持平稳；也有人认为在1130新政的背景下，加大供应后市场会冷却；也有人认为土地成本攀升，房价会微幅上涨。

"涨起来太害怕了，我在长三角小城市，房价快4万元/平方米了，未来可能会回西安，楼面地价节节攀升，虽然西安的房价没有涨得那么快，但预计还会有一定幅度的上涨。"预计返乡置业的小雅说道，在她看来，能用有限的资金"上车"是当务之急。

在西安居住三年的陈燕则认为，2021年的西安市场会逐渐偏冷，1130新政将一类购房者的首付比例提高，这类购房者很多可能搁置买房计划，等市场供应充足后，抢房现状就会改变。

易居（中国）克而瑞西安公司总经理严延认为，西安调控升级发挥差别化信贷调节作用，目的是从金融角度出发，避免房价上涨过快，通过提高首付比例进一步降低房屋的投资属性，贯彻中央"房住不炒"的政策。从国家层面来看，稳房价是基调，因此西安楼市在未来出现大涨的可能性不高。

据乐居不完全统计，2021年西安市场上约有60余个新盘将推出，将为西安房地产市场增加大批量房源供应，购房者将有更大的选择空间。

数据来源：克而瑞陕西、西安房管局、西安住建、全国公共资源交易平台

在售楼盘一览

浐灞区			
楼盘名称	价格	物业类型	主力户型
浐水朝阳	约17587元/m²	普通住宅	三居室(123~140m²)
悦尚锦云	约14069元/m²	普通住宅	三居室(98~114m²) 四居室(135~142m²)
御锦城	约11779元/m²	普通住宅	二~四居室(75~144m²)
枫林九溪	约14036元/m²	普通住宅	三居室(97~120m²) 四居室(119~180m²) 别墅(417m²)
碧桂园阅江府	约20143元/m²	普通住宅	三居室(121m²) 四居室(148~180m²)
天朗·东方印	约20000元/m²	综合体	一居室(52m²) 二居室(71~86m²)
金科博翠天宸	约12200元/m²	普通住宅	三居室(110~120m²) 四居室(143m²)
白鹿汀洲	约14500元/m²	普通住宅	三居室(130~166m²) 四居室(150~170m²)
龙湖新壹城	约13500元/m²	公寓、写字楼、商铺	一居室(35~65m²)
颐合府	约12330元/m²	普通住宅	三居室(124~131m²) 四居室(197m²)
绿地国港新里城	约12967元/m²	普通住宅	二居室(89m²) 三居室(98~120m²) 四居室(133m²)
汇悦城	约10220元/m²	普通住宅	三居室(108~130m²)
绿城西安全运村	约13392元/m²	普通住宅、别墅	三居室(99~135m²) 四居室(126~143m²)
高科麓湾国际社区	约12320元/m²	普通住宅	三居室(106~117m²) 四居室(135~156m²)
远洋合能枫丹江屿	约12887元/m²	普通住宅	三居室(125m²) 四居室(140~143m²)
公园上城	约15000元/m²	普通住宅	三居室(100~134m²) 四居室(122~210m²)
华润置地未来城市	约12970元/m²	普通住宅	三居室(103~132m²)
合能枫丹唐悦	约12845元/m²	普通住宅	三居室(99~126m²)
碧桂园香湖湾1号	约21951元/m²	普通住宅、别墅	四居室(148m²) 别墅(168~189m²)
保利熙岸林语	约14664元/m²	普通住宅	三居室(118~127m²)
万科·雁鸣湖	约16702元/m²	普通住宅	三居室(92~131m²) 四居室(141m²)
招商城市主场	约13500元/m²	普通住宅	三居室(90~100m²) 四居室(110m²)
荣德·荣泽公馆	约24120元/m²	普通住宅	别墅(191~245m²)
德美·万有引俪	约13222元/m²	普通住宅	三居室(98~127m²)
世园·林语	约12435元/m²	普通住宅	三居室(118m²) 四居室(138~165m²) 跃层(190~215m²)
领航悦宸	约14030元/m²	普通住宅	二居室(82m²) 三居室(107~128m²) 四居室(143m²)
里城柳岸十里	约15980元/m²	普通住宅	四居室(135~147m²)
中建锦绣天地	约15178元/m²	普通住宅	三居室(123~137m²) 四居室(150m²)
桃源漫步	约23940元/m²	普通住宅	二居室(180m²) 三居室(195m²) 跃层(130~206m²)
1668新时代广场	约9000元/m²	公寓	一居室(49m²)
自然界·河山	约31910元/m²	普通住宅	三居室(165m²)
电建地产·西安泛悦城	约13030元/m²	普通住宅、写字楼	三居室(109~129m²)

浐灞区			
楼盘名称	价格	物业类型	主力户型
龙湖春江天序	约17289元/m²	普通住宅	四居室(142~168m²)
龙湖春江天玺	约15730元/m²	普通住宅、商铺	四居室(143m²)
远洋御山水	约14300元/m²	普通住宅	三居室(84~122m²) 四居室(126m²)
世园大观	约13000元/m²	公寓	一居室(55m²)
南湖7号	约13383元/m²	普通住宅	三居室(107~171m²) 四居室(133m²) 跃层(133m²)
旭辉荣华公园大道	约12000元/m²	公寓	一居室(37~61m²) 二居室(80m²)
白鹿溪谷	约12000元/m²	普通住宅	三居室(176~240m²) 四居室(226m²) 五居室(237m²)
源邸壹号	约33088元/m²	普通住宅、别墅	三居室(256m²) 四居室(365m²)
中铁·卓越中心	约11000元/m²	公寓、写字楼、商铺	一居室(32~46m²)
陆港·金海岸(二期)	约10873元/m²	普通住宅	三居室(125~177m²) 四居室(208m²)

城北区			
楼盘名称	价格	物业类型	主力户型
正荣紫阙台	约18617元/m²	普通住宅	三居室(143~161m²) 四居室(178m²)
中国铁建西派中心	约18000元/m²	写字楼	写字楼(126~830m²)
融创观唐宸院	约23000元/m²	普通住宅	三居室(114~131m²) 四居室(142~167m²)
中南君启	约19037元/m²	普通住宅	三居室(122~166m²) 四居室(142m²)
未央金茂府	约23661元/m²	普通住宅	四居室(142~210m²)
碧桂园凤凰城	约22000元/m²	普通住宅	三居室(95~125m²) 四居室(136~140m²)
保亿公元印	约14970元/m²	普通住宅	四居室(163m²)
万科悦府	约15239元/m²	普通住宅	三居室(93~116m²) 四居室(140m²)
世茂璀璨倾城	约15884元/m²	普通住宅、商铺	三居室(105~120m²) 四居室(136~144m²)
紫薇东进	约10215元/m²	普通住宅	二居室(81~83m²) 三居室(106~108m²)
朗诗湖屿栖	约16616元/m²	普通住宅	三居室(124~180m²)
静安广场	约19000元/m²	公寓、写字楼	一居室(35~62m²)
正荣天寓	约14000元/m²	公寓	一居室(30m²)
科为瑞府	约21938元/m²	普通住宅	三居室(138m²) 四居室(158m²)
荣民时代广场	约15500元/m²	普通住宅、公寓、写字楼	二居室(89m²) 三居室(104~126m²)
正荣府	约13839元/m²	普通住宅	三居室(98m²) 四居室(117~134m²)
瑞和大唐府邸	约10830元/m²	普通住宅	二居室(78m²) 三居室(97~125m²)
旭景清园	约12700元/m²	普通住宅、写字楼	二居室(87m²) 三居室(99~109m²) 四居室(131m²)

城东区			
楼盘名称	价格	物业类型	主力户型
金辉江山铭著	约21530元/m²	普通住宅	三居室(108~116m²) 四居室(126~136m²)
清凉云晖	约11830元/m²	普通住宅、公寓	三居室(110~120m²)

城东区			
楼盘名称	价格	物业类型	主力户型
奥园誉府	约 13118 元/m²	普通住宅	三居室 (103~132m²) 四居室 (137m²)
当代境 MOMΛ	约 15000 元/m²	普通住宅	三居室 (105~141m²)
龙腾华府	约 15810 元/m²	普通住宅	三居室 (124~126m²) 四居室 (146m²)
华清学府城	约 12500 元/m²	普通住宅	三居室 (91~96m²)
东御兰汀	约 11710 元/m²	普通住宅、公寓	三居室 (107~119m²)
林河春天	约 12000 元/m²	普通住宅	一居室 (51~67m²) 二居室 (85~93m²) 三居室 (106~117m²)
绿水东城	约 11310 元/m²	普通住宅	二居室 (71~90m²) 三居室 (88~142m²)

城南区			
楼盘名称	价格	物业类型	主力户型
天地源·万熙天地	约 16111 元/m²	普通住宅、公寓、写字楼	三居室 (104~134m²) 四居室 (153m²)
中南春风南岸	约 17228 元/m²	普通住宅	三居室 (106~127m²)
恒志云都	约 19600 元/m²	普通住宅	三居室 (128~139m²) 四居室 (140~166m²)
合景汇峰	约 13100 元/m²	公寓、商业	一居室 (35~66m²)
清凉山樾	约 19839 元/m²	普通住宅	三居室 (108~133m²) 四居室 (146~238m²)
奥园和悦府	约 18500 元/m²	普通住宅	三居室 (120~130m²) 四居室 (143~188m²)
荣安芙蓉印月	约 18700 元/m²	普通住宅、公寓	四居室 (137~139m²)
南飞鸿广场	约 19000 元/m²	公寓、写字楼、商铺	二居室 (47m²)

城西区			
楼盘名称	价格	物业类型	主力户型
凯跃花园	约 16500 元/m²	普通住宅	三居室 (113~130m²)
富力开远城	约 20000 元/m²	普通住宅	四居室 (168~179m²)
当代宏府 MOMΛ	约 13620 元/m²	普通住宅、酒店式公寓	二居室 (66~70m²) 三居室 (96m²)
当代嘉宝公园悦 MOMΛ	约 11473 元/m²	普通住宅	三居室 (117m²)
老城根·蓝光雍锦世家	约 17800 元/m²	普通住宅	三居室 (121m²) 四居室 (143m²)
中南青樾	约 11500 元/m²	普通住宅、公寓	三居室 (100~125m²) 四居室 (143m²)

高新区			
楼盘名称	价格	物业类型	主力户型
卓越坊	约 19899 元/m²	普通住宅	三居室 (98~128m²) 四居室 (138~141m²)
龙湖天钜	约 22000 元/m²	别墅	跃层 (170m²)
天竹元谷	约 16000 元/m²	普通住宅、公寓	一居室 (39~59m²) 二居室 (82~98m²) 三居室 (148m²)
保利天悦	约 26000 元/m²	普通住宅、别墅、商铺	四居室 (136m²)
南飞鸿十年城	约 15000 元/m²	普通住宅	三居室 (85~95m²) 四居室 (125m²)
招商臻观府	约 24661 元/m²	普通住宅	三居室 (142m²) 四居室 (164~186m²)
金地中央公园	约 19950 元/m²	普通住宅	三居室 (170m²) 四居室 (189m²)
天地源龙湖春江天境	约 19459 元/m²	普通住宅	四居室 (143~195m²)
紫薇西棠	约 15500 元/m²	普通住宅	二居室 (85m²) 三居室 (117~135m²) 四居室 (160m²)
群贤道九號	约 20869 元/m²	普通住宅	四居室 (219m²)
新城首府	约 18088 元/m²	普通住宅	四居室 (144m²)
中海熙峰里	约 19319 元/m²	普通住宅	三居室 (115~125m²) 四居室 (148~170m²)

高新区			
楼盘名称	价格	物业类型	主力户型
紫薇·华发 CID 中央首府	约 18844 元/m²	普通住宅	三居室 (98~142m²) 四居室 (142m²)
南飞鸿·蓝庭序	约 16169 元/m²	普通住宅	三居室 (100~137m²)
紫薇生态城	约 24520 元/m²	普通住宅	三居室 (132m²) 四居室 (185~211m²) 复式 (232~235m²)
金地未来域	约 10500 元/m²	公寓	一居室 (40m²)
九树	约 33500 元/m²	公寓	一居室 (39~69m²) 二居室 (72~132m²)
绿城高新诚园	约 24000 元/m²	普通住宅、综合体	三居室 (215m²) 四居室 (172m²)
万达天鼎	约 17520 元/m²	公寓	三居室 (110~145m²) 四居室 (160m²)
卓越里	约 10000 元/m²	公寓	一居室 (34~57m²)
荣民捌号	约 32000 元/m²	公寓	三居室 (168~197m²) 四居室 (210~243m²)
海亮时代 ONE	约 11500 元/m²	公寓	一居室 (40~55m²)
大茂城	约 18000 元/m²	公寓	一居室 (42~47m²)
融创珺庭府	约 25000 元/m²	普通住宅	四居室 (189m²)
美墅	约 28000 元/m²	公寓	一居室 (38~76m²)
华煜美居	约 16000 元/m²	公寓、写字楼	写字楼 (105m²)
环球西安中心	约 55000 元/m²	公寓、写字楼、商铺	二居室 (116m²) 三居室 (187~247m²) 四居室 (425m²)
天琴湾	约 15230 元/m²	普通住宅	二居室 (106~124m²)
万科金域国际	约 17500 元/m²	写字楼	一居室 (35m²) 二居室 (70m²) 三居室 (185m²)
朗臣公寓	约 30000 元/m²	酒店式公寓	一居室 (57~90m²) 二居室 (103m²)
梧桐公寓	约 27000 元/m²	公寓、写字楼、酒店式公寓	一居室 (40~82m²)

航天新区			
楼盘名称	价格	物业类型	主力户型
大华锦绣前城	约 12912 元/m²	普通住宅	三居室 (95~129m²)
凤栖云筑	约 18738 元/m²	普通住宅、公寓	三居室 (95~115m²) 四居室 (134~141m²)
融创揽月府	24985 元/m²	普通住宅、别墅	四居室 (144~176m²) 别墅 (280~400m²)
英郡年华国际社区	约 12049 元/m²	普通住宅	三居室 (95~117m²) 四居室 (132m²)
星河 9 号	约 15500 元/m²	公寓	一居室 (34m²) 二居室 (67m²)
科为城墅	约 23511 元/m²	别墅	别墅 (166~238m²)
金旅南璟台	约 16500 元/m²	普通住宅、别墅	二居室 (107m²) 三居室 (150m²) 四居室 (180m²)
陕建翠园锦绣	约 10794 元/m²	普通住宅、商铺	二居室 (140m²)

经开区			
楼盘名称	价格	物业类型	主力户型
白桦林溪	约 13023 元/m²	普通住宅	三居室 (97~129m²)
龙湖景粼天序	约 17944 元/m²	普通住宅	三居室 (143m²) 四居室 (164m²)
绿城桂语蘭庭	约 11706 元/m²	普通住宅	三居室 (120~128m²) 四居室 (140~208m²)
中建财智广场	约 11000 元/m²	公寓、写字楼	二居室 (56m²) 三居室 (95~112m²)
碧桂园文景府	约 17142 元/m²	普通住宅	三居室 (125m²) 四居室 (140m²)
合悦华府	约 12900 元/m²	普通住宅、商铺	三居室 (114m²) 四居室 (143m²)
隆源国际城	约 13540 元/m²	普通住宅	三居室 (91~108m²)

曲江区			
楼盘名称	价格	物业类型	主力户型
碧桂园云顶	约 28500 元/m²	普通住宅	四居室 (190~248m²)
中海曲江大城	约 19793 元/m²	普通住宅	三居室 (127m²) 四居室 (141~143m²)
大华曲江公园世家	约 17422 元/m²	普通住宅、别墅	四居室 (143~146m²)
金地世家风华	约 20029 元/m²	普通住宅	四居室 (175m²) 五居室 (215~251m²)
阳光城翡丽曲江	约 13883 元/m²	普通住宅	二居室 (87m²) 三居室 (114m²) 四居室 (145~176m²)
天地源大都会	约 13961 元/m²	普通住宅、商铺	三居室 (114~135m²)
曲江时光里	约 13000 元/m²	公寓、商业	一居室 (35~60m²)
雁栖玫瑰园	约 32473 元/m²	普通住宅	三居室 (230m²) 四居室 (270~310m²)
融创曲江印	约 40000 元/m²	普通住宅	二居室 (260m²) 三居室 (337m²) 四居室 (420~507m²)
万科城市之光二期	约 15649 元/m²	普通住宅	三居室 (91~108m²)
旺座城海德堡 PARK	约 17860 元/m²	普通住宅、写字楼	四居室 (190~221m²)
曲江国风世家	约 11445 元/m²	普通住宅	二居室 (77~113m²) 三居室 (122m²) 四居室 (137m²)
曲江云月	约 17000 元/m²	公寓	一居室 (34~40m²)
曲江奥园城市天地	约 17500 元/m²	公寓	一居室 (47m²)

西咸区			
楼盘名称	价格	物业类型	主力户型
星河湾	约 20000 元/m²	普通住宅	三居室 (184m²) 四居室 (226~288m²) 六居室 (415m²)
西安恒大文化旅游城	约 10500 元/m²	普通住宅、公寓	二、三居室 (84~113m²)
紫薇铂樾府	约 14500 元/m²	普通住宅	三居室 (99~135m²) 四居室 (143m²)
中国铁建西派时代	约 18000 元/m²	普通住宅	三居室 (168m²) 四居室 (188m²)
金辉崇文府	约 11000 元/m²	普通住宅	四居室 (143m²) 跃层 (156~173m²)
金辉城	约 7800~9500 元/m²	普通住宅、别墅	二居室 (82m²) 三居室 (112m²)
紫薇·万科大都会	约 15500 元/m²	普通住宅	二居室 (90m²) 三居室 (110~129m²)
旭辉江山阅	约 14000 元/m²	普通住宅	三居室 (102~120m²) 四居室 (128~142m²)
西安国际美术城·斑斓小镇	约 10500 元/m²	公寓、商铺	二居室 (45~60m²)
阳光城·文澜府	约 10000 元/m²	普通住宅	三居室 (104~124m²) 四居室 (149m²)
金地格林云上	约 12800 元/m²	普通住宅	三居室 (118m²) 四居室 (130m²)
保利时光印象	约 12800~15600 元/m²	普通住宅	三居室 (110~128m²) 四居室 (142m²)
绿地西安世界中心	约 12500 元/m²	普通住宅	二居室 (90m²) 三居室 (100~157m²)
西咸城投·新华阙	约 10000 元/m²	普通住宅	三居室 (96~114m²)
力高·宝格丽天悦华府	约 9000 元/m²	别墅	三居室 (121~129m²) 四居室 (140m²)
绿地智创金融城	约 11000 元/m²	普通住宅	三居室 (101~121m²)
金地乐华翰林艺境	约 12000 元/m²	普通住宅	二居室 (84m²) 三居室 (98~112m²) 四居室 (125m²)
中梁国宾府	约 10000 元/m²	普通住宅	三居室 (95~151m²) 四居室 (171m²)
中梁壹号院	约 10800 元/m²	普通住宅	三居室 (90~108m²) 四居室 (132~192m²)
绿城春江花月	约 15600 元/m²	普通住宅	三居室 (116~145m²) 四居室 (147~155m²)

西咸区			
楼盘名称	价格	物业类型	主力户型
滨江翡翠城	约 9300 元/m²	普通住宅	三居室 (110~132m²)
阳光城壹号·蔷薇溪谷	约 16800 元/m²	普通住宅、别墅	三居室 (110~125m²) 四居室 (143m²)
橙世万象	约 7500 元/m²	公寓	一居室 (38~55m²)
万科金域缇香	约 13000 元/m²	普通住宅	三居室 (89~109m²) 四居室 (140m²)
中旅·海泉湾公馆	约 16800 元/m²	普通住宅	三居室 (107~135m²) 四居室 (143m²)
星皓·锦樾	约 20000 元/m²	普通住宅	三居室 (123m²) 别墅 (174~205m²)
玺园	约 9500 元/m²	普通住宅	三居室 (100~119m²)
西安孔雀城	约 6014 元/m²	普通住宅	三居室 (95~107m²) 四居室 (118m²)
紫薇大都会	约 14800 元/m²	普通住宅	三居室 (130m²)
福星惠誉·美术城云玺	约 13000 元/m²	普通住宅、别墅	跃层 (139~159m²) 四居室 (171m²)
黄冈学府城	约 12000 元/m²	普通住宅	二居室 (82~83m²) 三居室 (106~122m²) 四居室 (146m²)
富力·西安环贸港	约 8000 元/m²	公寓、写字楼、酒店式公寓	一居室 (43~81m²) 三居室 (112~115m²)
启迪佳莲未来科技城	约 9800 元/m²	普通住宅、公寓	二居室 (52~70m²) 三居室 (97~143m²)
沣景国际	约 10000 元/m²	普通住宅	二居室 (82m²) 三居室 (102~119m²)
西安国际美术城	约 17000 元/m²	别墅	别墅 (225~318m²)
春城十八里	约 18000 元/m²	普通住宅	跃层 (140~183m²)
金悦城	约 7900 元/m²	普通住宅	二居室 (95~122m²) 三居室 (124m²)
梧桐年华	约 10000 元/m²	普通住宅、公寓	一居室 (34~41m²)
德杰国际城	约 13000 元/m²	普通住宅、别墅、酒店式公寓	四居室 (165m²)
绿地国宝 21 城	约 10000 元/m²	普通住宅	三居室 (88~135m²)
科为城	约 15500 元/m²	普通住宅、综合体	三居室 (108~128m²)
雅居乐北城雅郡	约 10000 元/m²	普通住宅	三居室 (95~114m²)
华福国际	约 8700 元/m²	公寓、写字楼、综合体	一居室 (40~67m²)
力高荣华·君樾	约 16500 元/m²	别墅	三居室 (133m²) 四居室 (156~189m²)
朗诗渭城府	9500 元/m²	住宅	三居室 (98~119m²)

长安区			
楼盘名称	价格	物业类型	主力户型
雅居乐湖居笔记	约 11690 元/m²	普通住宅	三居室 (94~127m²) 四居室 (137m²)
西安碧桂园云顶	约 24000 元/m²	普通住宅	三居室 (143m²) 四居室 (190m²)
中海长安府	约 18600 元/m²	普通住宅	三居室 (95~128m²) 四居室 (138~192m²)
海亮德文郡	约 10250 元/m²	普通住宅	一居室 (47m²)
鹏润悦秀城	约 18000 元/m²	公寓、商铺	复式 (110~270m²)
恒大养生谷	约 14000 元/m²	普通住宅、公寓	一居室 (50~64m²)
万景荔知湾	尚未公布	普通住宅	三居室 (99~124m²) 四居室 (136~142m²)
悦美国际	13350 元/m²	普通住宅	二居室 (77~84m²) 三居室 (90~124m²)
金辉长安云筑	约 16780 元/m²	普通住宅	三居室 (95~119m²) 四居室 (137~142m²)
富华博派时代	约 17000 元/m²	公寓	一居室 (108~113m²)
长安万科广场	尚未公布	公寓	一居室 (44~79m²)

沣东新城			
楼盘名称	价格	物业类型	主力户型
东望隽园	约15727元/m²	普通住宅	二居室(75m²) 三居室(98~112m²)
电建地产·西安洺悦府	约18800元/m²	普通住宅	三居室(106m²) 四居室(140~142m²)
蓝光公园华府	约12644元/m²	普通住宅	三居室(95~123m²) 四居室(133~144m²)
保利和光尘樾	约21000元/m²	普通住宅	五居室(170~220m²)
中南上悦城	约15413元/m²	普通住宅	四居室(133~142m²)
奥园·璞樾湾	约20000元/m²	普通住宅	三居室(133m²) 四居室(178~213m²)
华宇东原阅境	约15430元/m²	普通住宅、商铺	四居室(143m²)
君合天玺	约9999元/m²	普通住宅	四居室(140m²)
绿地西安铂瑞公馆	约11000元/m²	普通住宅、公寓	一居室(54m²)
西安海逸长洲	27000元/m²起	普通住宅	四居室(161~189m²)
天地源·兰樾坊	约18000元/m²	普通住宅	三居室(137m²) 四居室(153m²)
中南菩悦东望府	约17800元/m²	普通住宅	三居室(95~115m²) 四居室(126m²)
沣华熙城	约21000元/m²	普通住宅	三居室(130~142m²) 四居室(196~247m²) 跃层(212~225m²)
林凯溢金湾	约15622元/m²	普通住宅	二居室(90m²) 三居室(113m²)
沣水云岭	约19200元/m²	普通住宅	四居室(190m²)
碧桂园国湖	约19988元/m²	普通住宅	三居室(126m²) 四居室(140~180m²) 五居室(260m²)
中南·漫悦湾	约15500元/m²	普通住宅	三居室(108~120m²)
湖光山色	约20000元/m²	普通住宅	四居室(141~162m²) 跃层(143~203m²) 别墅(483~487m²)
泰盈奥林匹克花园	约15000元/m²	普通住宅、别墅	二居室(74~88m²) 三居室(128m²) 四居室(131~215m²)
中天宸悦	约18500元/m²	普通住宅	三居室(116m²)
绿地国际青年科创园	约10500元/m²	公寓、酒店式公寓	三居室(49~78m²)
长盛青春汇	约13201元/m²	普通住宅	二居室(90~91m²) 三居室(117~120m²)
华润置地万象域	约8800元/m²	公寓、写字楼、商铺	一居室(39~86m²)
沣水云间	约26652元/m²	普通住宅	三居室(187~318m²) 四居室(211m²) 跃层(207~255m²)

沣东新城			
楼盘名称	价格	物业类型	主力户型
沣东i未来	约10000元/m²	公寓、写字楼	一居室(51~67m²)
莱安万莱逸宸	约17000元/m²	普通住宅	三居室(110~135m²)
中梁鎏金雲玺	约18500元/m²	普通住宅	三居室(99~118m²) 四居室(143m²)
陕建沣渭壹号院	约19000元/m²	普通住宅	三居室(140~150m²) 四居室(170~190m²)

泾渭产业区			
楼盘名称	价格	物业类型	主力户型
当代上品湾MOMΛ	约10500元/m²	普通住宅	三居室(112~128m²)
奥园誉峯	约9000元/m²	普通住宅	三居室(108~145m²)
万和郡	约7500元/m²	普通住宅	四居室(136m²)
九瓛台	约8500元/m²	普通住宅	二居室(76~85m²) 三居室(110~120m²)
合创桂悦府	约7500元/m²	普通住宅、商铺	三居室(104~130m²)
城市蓝湾	约6800元/m²	普通住宅	二居室(87~90m²) 三居室(121m²)
泾渭国际中心	约7500元/m²	公寓、写字楼、商铺	一居室(45~60m²) 二居室(99~103m²)
北方融城	约7500元/m²	普通住宅	三居室(126~130m²)
馨悦茗园	约8000元/m²	普通住宅	三居室(126~130m²)
乾基九境城	约7300元/m²	普通住宅	二居室(73~84m²) 三居室(118m²)
嘉园蓝湖九郡	约8000元/m²	普通住宅	三居室(109~130m²)
水岸明珠	约7300元/m²	普通住宅	一居室(61m²) 三居室(115~125m²) 四居室(143m²)

临潼区			
楼盘名称	价格	物业类型	主力户型
高新骊山下的院子	约12776元/m²	普通住宅、公寓	三居室(131m²) 四居室(148m²)
蓝光长岛国际社区	约9000元/m²	普通住宅	三居室(99~139m²) 五居室(141m²)
融创桃源府	约14150元/m²	普通住宅	三居室(128~130m²) 四居室(144~191m²)
中海阅骊山贤庭	约11800元/m²	普通住宅	四居室(144m²)
德杰德裕天下	约8500元/m²	普通住宅	三居室(100~123m²) 四居室(132~133m²)
盛唐融城	约8300元/m²	普通住宅	二居室(89m²) 三居室(97~123m²)
雁泊台	约9500元/m²	普通住宅	三居室(130~135m²) 四居室(142m²)
天朗·悦玺台	约10050元/m²	普通住宅	三居室(108~142m²)

典型项目

保利时光印象

西安 | 保利 | 央企品牌 | 低密社区 | 居住舒适

项目地址：
西安市西咸新区秦汉新城兰池大道东段

开发商：
陕西荣嘉利置业有限公司

产品特征：
洋房、普通住宅

参考价格：
洋房 15600 元/平方米、小高层 12800 元/平方米

主力户型：
约 142 平方米四居、128 平方米三居、110 平方米三居

物业公司：
保利物业

5 公里生活配套：
渭河景观带、弋阳小镇、汉景帝阳陵博物馆

专家点评

沈玮：沈视楼市主理人 地产S姐

保利时光印象社区内部规划较好，居住舒适度高，容积率仅为2.0，绿化率高达35%。95-110平方米的三室适合刚改类客户，142平方米的洋房住区则适合对社区品质有一定要求的偏改善置业群体。

扫码观看楼盘详情

项目测评

【战略意义】
2020 年保利时光印象进驻西咸新区秦汉新城，作为该品牌首次在陕西区域建立的标准化产品，时光印象以"低密""优质户型"等标签在业主乃至业内受到一致好评，同时成为区域内为数不多的改善楼盘之一。

【区域地段】
保利时光印象择址西咸新区秦汉新城。西咸新区是经国务院批准设立的首个以创新城市发展方式为主题的新区，而秦汉新城南跨渭河与西安相望，随着西安主城区的北拓以及咸阳城区东扩，两座古都将在这里对接融合。

【楼栋规划】
保利时光印象占地面积约 84 亩，容积率仅为 2.0，低容积率保证了业主的居住舒适度。规划总户数 903 户，包含 12 栋洋房和 8 栋小高层住宅，整体楼栋设计由南低北高依次递进。洋房楼高 8~10 层，一梯两户。小高层住宅楼高 17~18 层，两梯四户。

【园林景观】
仅 2.0 的容积率，高达 35% 的绿化率，为园林景观的打造提供了有利的条件。社区内利用水景、道路、休息区、乔木、灌木、草坪等打造了"一环三轴多花园"的空间布局，让社区内部的景观更丰富、更有层次。

【物业服务】
保利物业致力于为客户提供高品质物业服务。保利时光印象社区物业费为小高层住宅 1.5 元/平方米/月，洋房 2.4 元/平方米/月，除了正常的安全和卫生管理、绿化和公共区域维护，保利物业还为业主提供免费维修家具家电和家中下水管道等服务。

【市场口碑】
保利时光印象 2020 年 10 月首开至 12 月，3 个月时间实现小高层住宅快速清盘，"好户型""品质社区"等标签成为购房者对楼盘最多的评价。项目的洋房则以"低密""舒适度高"等标签被改善型客户喜爱。

【交通出行】
项目南侧紧邻秦汉新区主轴兰池大道。兰池大道为双向 8 车道设计，被誉为"西安最美道路"；中央绿化带宽阔美观，串联起中央商务高端居住区，也是连接西安、咸阳的主要干道。项目距离机场高速约 10 公里，距离正阳大桥口约 3.5 公里。

【主力户型】
保利时光印象主力户型是 142 平方米的洋房，四室两厅三卫南北通透，全明户型。主次卧室和客厅三开间朝南，大开间、短进深，空气流通性强。各空间均有独立收纳空间，南向观景飘窗增大空间尺度感。

【自建配套】
保利时光印象规划了约 1836 平方米的社区商业和车位配比高达 1:1.5 的地下停车场，建成后可满足业主日常生活和停车需求。另外，项目内部规划有老年人照料中心，可帮忙照看老人，或为社区年长者提供餐饮、取送快递、购物等服务。

【购物娱乐】
保利时光印象位于西咸新区空港新城，项目西侧约五公里处的西咸国际购物城，是以奥特莱斯国际化购物中心为核心，配套餐饮娱乐、休闲观光于一体的大型商业综合体。区域内旅游资源丰富，周秦汉遗迹遍布，其中汉朝皇帝刘邦长陵、刘彻茂陵、刘启阳陵等尤负盛名。

金地中央公园

西安 | **金地** | 品牌房企 | 高端改善 | 生态宜居

项目地址：
西安市雁塔区沈家桥一路和西沣三路交会处西南角

开发商：
陕西金地家宜置业有限公司

产品特征：
普通住宅

参考价格：
19950元/平方米

主力户型：
约170平方米三居、约189平方米四居

物业公司：
金地物业

5公里生活配套：
西安城市生态公园、清凉山森林公园、西安交大一附院长安区医院等

专家点评

李玮·西安报业传媒集团市域综合事业部主任助理——城南与高新的土地很稀缺，在西沣路板块，除了二手房外，目前在售的楼盘几乎没有。金地中央公园算是给此板块锦上添花，外加金地的品牌影响力，以及产品优势，一出场就是焦点。

项目测评

【战略意义】
金地集团2006年进军西安，先后开发了金地曲江尚林苑、金地芙蓉世家、金地湖城大境、金地中心风华等多个住宅，以及金地广场、凯悦酒店等商业。此番推出的金地中央公园，毗邻西安城市生态公园，产品以大平层为主，拔高了区域居住舒适度。

【市场口碑】
据开发企业案场统计，金地中央公园首次推售1166套房源，开通线上登记第一小时破千人，2020年11月1日摇号开盘，实现首开去化26亿元，打破西安单盘开盘销售纪录。"好户型""品质社区"等标签成为购房者对楼盘最多的评价。

【区域地段】
项目所在区域为高新区、雁塔区、长安区三区交互，城市级产业、人口、配套资源于一体。不管是生活配套，还是交通出行均可享其下公共资源。以高新区为引领，距高新管委会直线距离约两公里。拥有全维交通路网，三横四纵通达全城。

【交通出行】
项目三横四纵全维交通路网，横向西部大道、西沣三路、南三环，纵向西沣路、沈家桥一路、子午大道、长安路等主干道，近邻地铁7号线西部大道站（规划）、地铁6号线。不管是前往高新还是主城区都较为便利。

【楼栋规划】
金地中央公园占地面积60849平方米，规划总建筑面积300389平方米，共计建设10栋高层住宅，以大平层产品为主。小区规划总户数1350户，整体楼栋设计由南向北依次递进。舒适配比2梯2户、2梯3户，全户型均为精装。近百米的楼间距提高每个居室的采光度和私密性。

【主力户型】
金地中央公园主力户型为建面170平方米四居精装平层，整体布局颇为方正。大面宽客厅，生活空间自由，餐厨客一体式设计。约7.9米宽景阳台，增加得房率的同时，提高居室的舒适度。是追求高端品质生活的改善型购房者的优选户型。

【园林景观】
金地中央公园以空间结构与功能体验为出发点，以"玩"的名义制定社区每一个区域的功能。结合全龄段、全周期生活体验，定制360度PLUS玩呗景观活动系统，打造自然学校、活力星球、氧气森林、大孩子乐园等五大系统。

【自建配套】
金地中央公园自建配套100000平方米金地广场，未来招商涵盖超市、美食、影院等娱乐活动场所。业主不仅可以拥有出门即商业中心的一站式购物体验，还能为楼盘的升值加分。

【物业服务】
社区物业服务由金地物业提供，是国家建设部首批认定的物业管理一级资质企业，中国物业管理协会常务理事单位，1993年成立于深圳，是金地集团旗下提供物业管理服务、资产和客户资源运营的平台。

【购物娱乐】
金地中央公园南侧规划约300000平方米宜家荟聚，是西部首个也是全国第六家宜家荟聚。北侧规划约100000平方米金地广场，较之曲江金地广场规模更大，品牌更多。另外，业主还可去往锦业路的益田假日里、丈八东路的立丰城市生活广场等，旗下拥有众多娱乐场所，可满足日常所需。

城市地产篇

西安碧桂园云顶

`西安` `碧桂园` `云系作品` `品牌房企` `平层大宅`

-2020-
中国城市楼盘年鉴
典型项目

项目地址：
西安市长安区神舟四路与航天大道交叉口东北角

开发商：
西安碧盈置业有限公司

产品特征：
普通住宅

参考价格：
均价 24000 元 / 平方米

主力户型：
约 143 平方米三居、约 190 平方米四居

物业公司：
碧桂园物业

5 公里生活配套：
大雁塔商圈、南湖商圈、西安航天总医院、西安市人民医院、曲江一小、曲江二小、曲江一中、曲江二中、曲江文化运动公园、电竞主题公园

专家点评

陈嘉雯 · 乐居广深主编

作为碧桂园西安云系首个作品，项目汇聚 29 年品牌人居经验沉淀，邀请了日清设计、博意设计、朗道设计三大机构量身定做，在整体楼栋设计、外立面、园林方面都值得鉴赏。

扫码观看楼盘详情

项目测评

【区域地段】
西安碧桂园云顶择址芙蓉西路，大曲江 CCBD 板块重要枢纽位置，邻近地铁 4 号线。依托大曲江西安国际化大都市的展示平台、首个国家级文化产业示范区、世界级文化遗产聚集区占位，CCBD 和 QCIC 双翼并举，四大商圈无界繁华，学校、公园、医疗等资源丰盛。

【楼栋规划】
碧桂园云顶目前开发 A/B 区，总占地 197.9 亩，总建面约 67.9 万平方米，总户数约为 2290 户，另 A/B 区中间设置一所 5400 平方米幼儿园及一块教育用地。C/D 区为待开发地块，共占地 264 亩。

【主力户型】
碧桂园云顶 A/B 区主力户型为 143 平方米三居与 190 平方米四居。190 平方米户型为四室两厅一厨三卫设计，一梯一户大平层，四开间朝南，餐客一体，接近 65 平方米的多功能公共活动空间，约 12 平方米大观景厨房，主卧更是套房设置。

【园林景观】
碧桂园云顶规划设计充分尊重原始地形，整体呈现双轴多核心结构。东西向景观轴以"黄金城道"串联艺术画廊、花艺中心、童趣乐园等美好生活场景，南北向则营造娱乐休闲、艺术展览等多业态复合商业轴。

【自建配套】
碧桂园云顶自建 2400 平方米地下会所，包含恒温泳池、健身房、瑜伽室、红酒雪茄吧、休闲区、阅读区等多个功能区，可满足业主的高品质日常休闲需求，打造便捷的生活方式。

【交通出行】
碧桂园云顶周边交通线路发达，距地铁 4 号线金乎沱站直线距离约 600 米，到南三环仅两公里。另外，项目周边有多条主干道，主要包括雁塔南路、芙蓉西路、曲江大道、新开门路、雁翔路等，横向的则有航天大道。

【教育资源】
碧桂园云顶一期自带一所幼儿园，另外政府还规划一所公办中学。5 公里范围内有曲江南湖小学、曲江一小、曲江二小、曲江三小、曲江四小、曲江一中、曲江二中、曲江国际中学等多所学校，更有康桥和德闳两所国际学校，具体学区划分以招生计划为准。

【医疗配套】
碧桂园云顶周边的医疗配套非常完善，两公里范围内有西安航天总医院与西安市人民医院。另外，还有距项目直线距离 6.6 公里的西北妇女儿童医院，为健康生活提供保障。

【品牌描述】
碧桂园云顶项目由世界 500 强、中国地产三强——碧桂园集团开发建设。碧桂园成立于 1992 年，总部位于广东顺德，2007 年在香港联交所主板上市。29 年来，碧桂园已为超过 1200 个城镇带来现代化的城市面貌。

【购物娱乐】
碧桂园云顶 5 公里范围内有大雁塔商圈、南湖商圈、雁翔路商圈，商业配套丰富。3 公里范围内还有金辉运动公园、秦二世陵遗址公园、曲江文化运动公园、电竞主题公园、明秦王世子公园、曲江池遗址公园、杜陵国家遗址公园等 7 大公园环绕。

西安恒大文化旅游城

西安　恒大　千亩大盘　文化旅游　非限购区

项目地址：
西安市西咸新区秦汉新城泾渭大道与沣泾大道交会处向西

开发商：
西安恒昌旅游开发有限公司

产品特征：
普通住宅

参考价格：
10500元/平方米

主力户型：
84~113平方米两居、三居

物业公司：
金碧物业

5公里生活配套：
泾河景观带

专家点评

沈玮·沈视楼市主理人地产S姐

西安恒大文化旅游城建成后将是集游乐、文化、休闲、商业、旅居于一体的文化旅游胜地，位于西咸新区不限购区域，未来区域发展被业内看好，83~113平方米的户型，10500元/平方米的价格适合刚需、刚改和投资等置业群体。

扫码观看楼盘详情

项目测评

【战略意义】
占地8000余亩的西安恒大文化旅游城是恒大布局大西北的重点项目，楼盘本身规划的游乐场所、会议区、展览区、酒店区、动漫区、商业区等一系列游乐和生活配套，建成后必将成为西安乃至西北区域最大的文化旅游胜地之一。

【区域地段】
西安恒大文化旅游城位于中心城市西安，择址大西安北部新中心、生态宜居新地标秦汉新城，该区域是西安咸阳国际机场、西安北客站和咸阳火车站三大交通门户必经之地，近年来依托丰富的历史文化资源和西咸新区的战略支持，区域潜力逐渐凸显。

【楼栋规划】
该楼盘占地8000余亩，目前在售的B05地块占地150亩，包含17栋精装修高层住宅，层高全部为24层，两梯四户，共2631户。适宜的层高保证了业主的居住舒适度，近70米的楼间距保证了每户的采光和通风，中型社区保证了后期浓厚的社区居住氛围。

【园林景观】
在园林景观上，项目融合生态大城建筑理念，利用高大的乔木、精致的灌木、流淌的湖水、儿童游乐场、中老年人健身区等打造集休闲娱乐、运动服务、观光览胜于一体的绿色生态园林。此外，还有别出心裁的水系和水景为社区景观增色。

【物业服务】
社区物业为恒大自持，该物业为一级资质，公司拥有分支机构逾100家，在管物业项目逾230个，总建筑面积逾8000万平方米，管理物业类型涵盖多层住宅、高层住宅、独立式别墅及商业物业等。因此，项目后期的各项物业服务，业主尽可放心。

【市场口碑】
项目秉承了恒大"实施精品战略、打造高品质和高性价比的产品"的产品理念，从首开到现在，一直保持热销态势。再加上大规模的配套，得到了购房者的赞誉与好评；以环境为依托，口碑为传递，成为西安新的打卡地。

【交通出行】
楼盘周边交通路网发达，道路建设良好，无堵车现象。项目距离西安咸阳机场仅约7公里，从项目出发去机场仅需10分钟；距离西黄高速入口14公里；距离西安北客站约25公里，从项目出发去北客站仅需20分钟。

【主力户型】
西安恒大文化旅游城主力户型为96平方米三居，整体布局南北通透，动静分区、宽景主卧，阳光客厅外接生活阳台，整个户型没有过道，实际使用面积多；L形厨房与餐厅、客厅浑然一体，用餐方便，活动空间在无形中也变大。

【自建配套】
社区内除了规划的超市、幼儿园、会所、健身房，恒大文旅本身还建有专门的休闲娱乐中心：恒大童世界、婚礼庄园、运动中心、文化娱乐集群、主题博物馆群、缤纷商业广场、万国美食街、国际会议中心、国际会展中心、欧式城堡酒店、动漫网游文创产业园等。

【购物娱乐】
除了恒大文旅游城自身商业配套，区域内还有奥特莱斯、星河湾酒店、张裕瑞那城堡、西部芳香园、乐华城等多了旅游购物娱乐休闲场所。其中奥特莱斯地上总建筑面积90000平方米，总经营面积65000平方米，全龄人群可在这里皆可欢享。

御锦城

`西安` `盛恒` `千亩大盘` `地铁沿线` `配套齐全`

项目地址：
西安市灞桥区浐河与长乐东路交会处

开发商：
盛恒（西安）房地产开发有限公司

产品特征：
普通住宅

参考价格：
11779 元 / 平方米

主力户型：
75~144 平方米两居至四居

物业公司：
嘉曦物业

5 公里生活配套：
凯德广场、桃花潭湿地公园、陕师大御锦城小学、纺织城小学御锦城分校

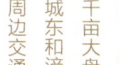
2020 中国城市楼盘年鉴 典型项目

专家点评

郭华：《老郭看房》栏目发起人——

千亩大盘御锦城位于浐河东岸，价格适中，以中小户型为主，是置业城东和浐灞的刚需购房者必看的楼盘之一。该楼盘内部生活配套齐全，周边交通便利，生态环境较好，适合首次置业的青年人或二次换房的刚改置业群体。

扫码观看楼盘详情

项目测评

【战略意义】

2006 年，御锦城落子西安浐灞生态区，作为该城市较早进驻的外来开发企业之一，御锦城开发的产品从洋房别墅到高层住宅，价格适中，户型良好，受到当地购房者的广泛好评。

【区域地段】

御锦城择址浐河东路，东三环内。借助区域内的生态优势与西安市发展布局的双重助力，近年来区域内综合承载力不断提升，金融商贸、旅游休闲、会议会展、文化教育等现代高端服务业已经进驻，为区域的发展添砖加瓦。

【楼栋规划】

御锦城占地 2000 余亩，建筑面积 300 万平方米，项目分 20 期开发。目前在售 15 期为悦珑湾，共 15 栋住宅 2987 户，包含 11 栋高层和 4 栋小高层，其中高层为 30~33 层，两梯三户 / 两梯四户；小高层 11 层，两梯三户。高低配的楼栋分布保证了每户的采光和通风。

【园林景观】

近 40% 的绿化率为小区园林规划提供了有利的条件。十五期悦珑湾园林内部用银杏、石楠等高低乔木和灌木，组成了"一环、两轴、一坊、五园"布局主题景观；更有儿童滑梯攀、爬架等儿童全龄段情景乐园，中老年人的健身设施以及休息椅，供业主健身休憩。

【物业服务】

御锦城悦珑湾物业为嘉曦物业，目前服务御锦城 2-R3 地块、泰华世纪新城二期、御锦城九珑湾、先河世纪城、泰华·世纪新城等 9 个社区，被广大的业主所认可和称赞。1.5 元 / 平方米 / 月的物业费堪称质优价廉。

【市场口碑】

御锦城悦珑湾最近一次开盘推出 574 套房源，登记家庭超过 5000 个；去化 474 套，去化率 82.6%。此外，项目 2018、2019 连续两年获得乐居颁发的年度品牌房企 & 楼盘官方微信影响力 TOP30，这是对御锦城最大的肯定和认可。

【交通出行】

项目周边交通线路发达，紧邻西安城市主干道东三环和长乐东路，距离半坡立交仅 1 公里，距离官厅立交仅 2 公里；紧邻地铁 1 号线浐河站，距离地铁 3 号线桃花潭站 3 公里，周边有 105 路、125 路、浐灞 6 号线等 15 条公交路线。

【主力户型】

御锦城悦珑湾主力户型为建筑面积 106 平方米三居，整体布局较为方正，全朝南户型，采光通风良好；无过道，朝南三个卧室全赠送飘窗，客厅阳台为半赠送，提高了得房率，增加了功能区；干湿分离的卫生间设计，使用时互不干扰更便利。

【自建配套】

项目自建配套包含 3 所幼儿园、两所小学、1 所中学，1 所大型医院、12000 平方米大型主题会所、25 万平方米综合商业，其中商业综合体凯德广场聚集餐饮、影视、购物、早教、娱乐等一系列的业态，成为西安城东商业消费中心、社交中心和新生活方式中心。

【购物娱乐】

御锦城位于浐灞生态区，区域内有西安世博园、桃花潭湿地公园、灞桥生态湿地公园等景点供家人周末游玩。项目周边华阳城、永辉超市、中泰广场等休闲娱乐购物场所应有尽有。

富力开远城

西安 | 富力 | 品牌地产 | 二环沿线 | 城市地标

项目地址：
西安市莲湖区丰镐西路与团结南路十字

产品特征：
普通住宅

项目规划：
占地面积：3000000 平方米；总户数：10288 户

主力户型：
168~179 平方米四居

参考价格：
20000 元 / 平方米

入选理由 | 高明东 · 乐居西安主编

作为二环沿线主城区的城市综合体项目，富力开远城南邻高新区，东靠主城区，北连大兴新区，西接沣东与西咸新区，处于四大热点板块的链接中枢位置。地理位置优越，产品规划丰富，是不可多得的主城区置业必看项目。

核心优势：

富力开远城属于土门商圈，位于土门购物中心对面，地铁 5 号线沿线。紧邻西高新（昆明路）、近西二环。整个项目规划涵盖住宅，商业、酒店、写字楼、购物中心等丰富业态，占地 3000000 平方米。项目主力户型为建筑面积约 168～179 平方米大平层，以 179 平方米为例，有一步到位四房设计，约 3.1 米层高，三开间朝南的布局，形成约 11.3 米的大采光面，居住舒适度高。周边有十几条公交线路，可直接通往城南、高新、曲江、城北、城东等区域。项目周边的地铁分布有 1 号线开远门站、3 号线丈八北路站、规划中的地铁 8 号线（土门站、新桃园站）、地铁 5 号线（汉城南路站），其中地铁 5 号线是距离富力开远城（距离首开 DK6 地块最近）近的地铁站点。

太原
市场总结

一、新房成交表现

1. 整体情况

新房年度成交量：据相关统计数据，2020年太原商品房市场成交面积为752.78万平方米，同比下降4.5%。成交单价为11723元/平方米，同比下降7.7%。

新房月度供求情况：2020年的成交，从月度表现来看，年初因受疫情影响，供求量均受到了一定的影响；随着疫情防控常态化，从5月开始，市场开始回暖，供求量开始上涨；首置首改项目集中供应，10月商品房供求量达到全年最高；进入4季度，大量刚需项目集中入市，拉低市场整体均价水平，市场均价保持在11000~11500元/平方米之间。同时，临近年底各大房企纷纷推出特价房、各种优惠折扣，刺激客户购买，促进成交。

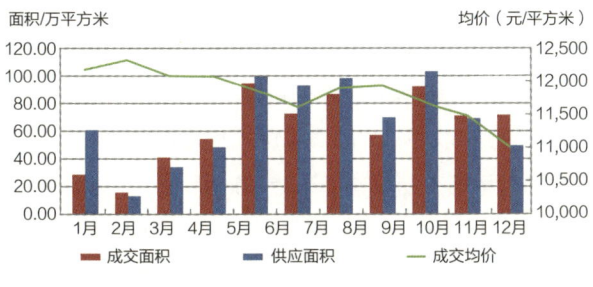

太原市2020年1—12月商品房市场分月度供求量价走势图

2. 区域情况

从整体成交情况来看，区域量价分化明显。南城成交量占据绝对优势，转型综改区、南中环板块、晋阳湖板块大热。项目成交金额排行榜前三甲分别是恒大金碧天下、保利东郡和太原宝能城，三项目成交总金额达87.05亿元，且均位于小店区，区域市场热度明显。可见，虽然市场整体下行，但部分新入市项目销售情况仍然可观。

2020年房企成交金额排行榜TOP10

排名	企业名称	成交金额（亿元）	成交面积（万平方米）
1	中国恒大	119.47	100.68
2	保利发展	76.72	53.34
3	万科地产	62.02	44.79
4	碧桂园	47.39	45.98
5	富力集团	47.00	41.43
6	融创中国	41.90	28.74
7	红星地产	34.73	35.07
8	当代置业	32.28	28.61
9	中国中铁	28.16	24.51
10	华润置地	25.87	18.40

数据来源：朗润智业。

2020年太原市六城区住宅市场项目成交金额排行榜

排名	项目名称	成交金额（亿元）	成交面积（万平方米）	成交套数
1	恒大金碧天下	35.32	30.03	2,470
2	保利东郡	26.26	15.36	1,647
3	太原宝能城	25.47	23.23	2,569
4	恒大滨河府	23.72	18.77	1,368
5	绿地新里城	20.60	14.79	1,275
6	星河湾	20.15	10.19	822
7	富力天禧城	19.41	19.01	3,383
8	当代城MOMA	18.68	17.49	1,442
9	碧桂园玖玺臺	18.47	13.72	1,210
10	中铁诺德城	17.13	15.45	1,854

数据来源：朗润智业。

从单个项目来看，2020年富力天禧城成交套数达到3383套，成为太原成交套数最高的楼盘，太原宝能城以2569套位列第二，恒大金碧天下成交套数为2470套，位列第三。值得一提的是，前三甲中宝能城和恒大金碧天下均位于小店区，单项目成交带动区域量价齐升。

2020年太原市六城区住宅市场项目成交套数排行榜

排名	项目名称	成交套数	成交面积（万㎡）	成交金额（亿元）
1	富力天禧城	3,383	19.01	19.41
2	太原宝能城	2,569	23.23	25.47
3	恒大金碧天下	2,470	30.03	35.32
4	富力城	2,323	4.74	7.07
5	恒大御景湾	2,102	17.10	16.47
6	中海国际社区	1,921	12.05	13.66
7	中铁诺德城	1,854	15.45	17.13
8	保利东郡	1,647	15.36	26.26
9	红星天润	1,628	17.26	16.81
10	太原红星天铂	1,521	7.20	6.25

数据来源：朗润智业。

此外，2020年太原共21个纯新盘入市，不少项目开盘成绩亮眼。太原宝能城首次开盘，劲销13.8亿元；保利和光尘樾首次开盘，热销9.7亿元；紫雲府首次开盘，半小时逆市热销12.6亿元……随着线上线下相结合的营销模式成为楼市新常态，万科如园、紫雲府、保利和光尘樾、融创中心、太原宝能城等项目纷纷选择线上开盘，越来越多的购房者开始体验线上开盘的便捷和安全。

以太原前三季度经济运行数据来看，太原市居民人均可支配收入25682元，家庭可支配收入为128410元，成交主力户型总价在120~140万元之间，新房均价约11688元/平方米，普通人的房价收入比大约在9.35。

3. 历史地位

从近五年商品房市场供求量价走势图来看，2017年太原商品房成交量最高，为1022.02万平方米；2018年受限购政策影响，市场增速放缓，商品房供应和成交量双双下降，但成交均价达到近5年最高点，为12913

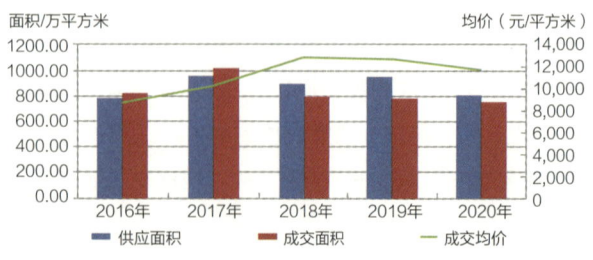

太原市近5年商品房市场供求量价走势图

元/平方米。2019年，随着政策持续，客户观望情绪浓厚，市场呈现供求量下跌、价格横盘态势。

二、二手房成交表现

2020年以来，太原二手房市场持续低迷，从年初以来，二手房价格一路低开低走，3月份随着疫情形势回转，二手房和新房市场价格都有回暖，仅3月小幅回升后，从4月至8月，二手房价格一路下跌，随后在8月和11月有小幅上升。总体来看，二手房价格仍呈下降态势。

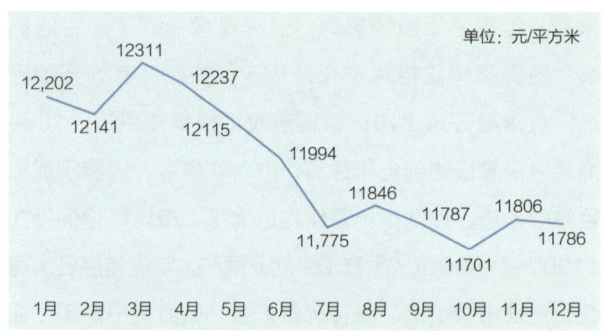

2020年太原二手房价格走势图

近几年太原二手房价格走势几乎和新房走势趋同，2018年全年二手房成交量一直稳定在2000套/月左右，2019年二手房市场处于降低趋势，成交量居历史低位，进入2020年以来，太原二手房成交量持续走低。2020年太原二手房交易量并不理想，1月至7月，太原市二手住宅成交面积为68.5万平方米，较去年同一时期下降27.8%。

三、政策梳理

2020年的太原楼市，公积金唱响政策主旋律。政府先后推出了公积金贷款、缴存、担保等方面的相关政策，还有房屋租赁、人才购房、不动产登记、预售资金等方面的新政出炉。

随着公积金新政的密集出炉，太原部分开发商紧跟政策，提供公积金担保，进一步促成购房成交，提升成交量，一定程度上稳定了太原市场的供应与成交。

2020 年太原房地产政策

时间	关键词	政策内容
3月12日	市场	太原市房产管理局等七部门联合发布《关于有效应对疫情保障城乡建设有序推进促进房地产市场平稳健康发展的通知》，共15条措施，涉及加大新建商品房政策扶持，推行多渠道售房服务，减免公共租赁住房和国有资产类经营用房租金，顺延开竣工和交付时间，加大工程建设资金投入，加大住房公积金政策支持，降低城镇土地使用税税额标准等
4月22日	公积金贷款	太原公积金贷款更新二套房认定标准：家庭名下有一套房产记录、有一套房贷记录、购买同一套住房有两次房贷记录（组合贷或有相关政策依据的）、有一套房产记录和购买同一套住房的房贷记录的，申请贷款时按二套房政策执行
5月19日	房屋租赁	山西省住建厅印发了《山西省租赁住房改建导则（试行）》，从技术标准和管理使用上对租赁住房改建活动予以规范，保障租赁住房安全，增加租赁房源供给，改善群众租住环境
7月23日	公积金缴存	太原调整住房公积金缴存基数和比例，支持措施：符合条件的缴存单位可以在2020年12月31日前申请阶段性缓缴或者降低住房公积金缴存比例；期限不超过1年；单位和个人比例分别不得低于3%；期满后的次月起单位应当恢复正常缴存，并于6个月内补足缓缴期间应当缴存的住房公积金
8月中旬	房屋租赁	山西九部门联合制定了《关于加强房地产中介和住房租赁交易管理的实施意见》，提出12条措施加强房地产中介和住房租赁交易管理
8月28日	不动产登记	山西出台《山西省易地扶贫搬迁安置住房办理不动产登记指导意见》，全力实现易地扶贫安置住房"应登尽登"
9月中旬	房屋租赁	山西补助8亿元支持太原开展住房租赁市场发展试点
9月底	人才购房	符合太原市放宽人才户口迁入政策通知的，在太原购房可以享受本市城镇居民户籍家庭同等购房待遇，改革事项暂试行至2020年12月31日
10月中旬	公积金担保	太原公积金关于借款人办理担保方式变更出台政策：一、借款人在贷款期间内，当保证人无法履行保证责任或因抵（质）押物减值、灭失等原因，需变更原抵押借款合同约定的担保时，借款人可向原发放住房公积金个人贷款的承贷部门提出变更申请 二、借款人申请变更担保方式，提供或追加新的抵押物，新的抵押物应按要求进行评估，贷款余额与新的抵押物价值之比不得大于70%，且新的抵押物剩余使用年限应长于剩余贷款期限 三、本通知自2020年11月1日起执行，有效期为五年

（续）

时间	关键词	政策内容
11月17日	预售资金	太原市发布新建商品房预售资金监管实施细则：商品房预售资金重点监管额度为监管项目总预售款的40% 预售人支付工程建设等费用，可申请使用重点监管资金 商品房预售资金监管期限，自房地产开发企业取得《商品房预售许可证》开始，至完成不动产首次登记后终止。其中，全装修商品住房需按合同约定完成装修工程后方可终止 使用重点监管资金应以项目工程进度和资金使用计划为依据 对超高层或者大体量建筑，以及因房地产市场下行、疫情影响等原因造成监管项目销售困难、确需申请使用重点监管资金的，可增加2~3个控制节点，但重点监管资金使用比例不得突破上述规定 清徐县、阳曲县、娄烦县、古交市商品房预售资金监管结合实际参照本细则执行。综改示范区商品房预售资金监管按照本细则有关规定实施 细则自2020年12月30日起施行，有效期2年
11月底	公积金	太原：住房公积金领域失信行为将被惩戒
12月30日	公积金	太原住房公积金管理中心发布了关于开通互联网渠道下载打印《异地款职工住房公积金缴存使用证明》的通知 在异地购房需办理住房公积金贷款的缴存职工可以通过住房公积金手机APP，自助下载保存打印《异地贷款职工住房公积金缴存使用证明》

此外，太原市放宽人才落户条件，中专（含技校）及具有中级及以上专业技术职务的人员和技师在太原购房可以享受本市城镇居民户籍家庭同等购房待遇（暂时试行至 2020 年 12 月 31 日），这意味着太原落户政策的再一次放宽，有助于人口流入。对于房地产市场来讲，长期看人口，中期看土地，短期看金融。太原作为山西省会，随着转型升级的不断加强，未来房地产市场还会继续保持稳定。

四、土地供应

2020 年，太原土地市场依然处于相对高温中。据乐居统计，太原 2020 年出让地块 206 宗（2019 年 173 宗），出让面积 11707.68 亩（2019 年 8570.65 亩），新增地块数量及土地面积明显上升。成交方面，2020 年太原土地成交总金额达到 434.37 亿元，较去年下降 6.74%；

成交面积 8724.23 亩，较去年下降 3.04%。

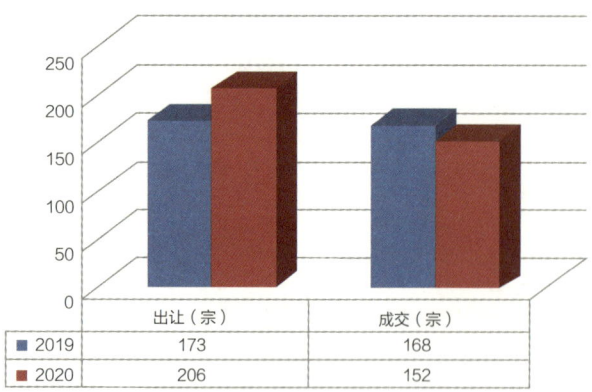

2019—2020 年太原六区土地出让/成交宗数

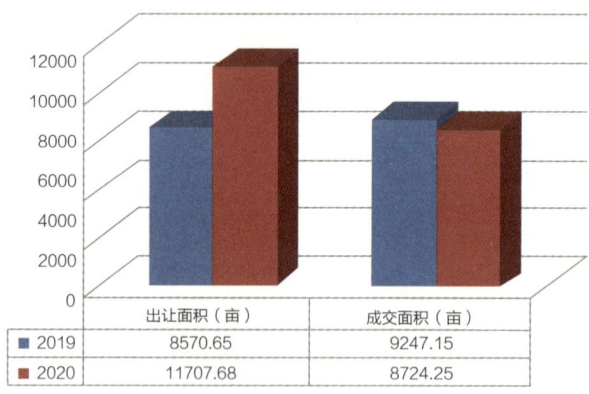

2019—2020 年太原六区土地出让/成交面积

2020 年太原六城区土地成交情况

区域	宗地数	成交面积（平方米）	成交金额（万元）
小店区	41	2337554.35	1819128
万柏林区	32	936924.85	1184760
杏花岭区	26	608096.77	429067.19
迎泽区	22	638566.81	481016.36
尖草坪区	17	403798.37	146760
晋源区	14	891210.8	282951.8

备注：共计成交 152 宗（统计截至 12 月 31 日）

2020 年太原六城区土地出让情况

区域	宗地数	出让面积（平方米）	出让起始价（万元）
小店区	57	3181161.52	2024230
万柏林区	42	1179885.44	1194920
杏花岭区	31	845174.89	463510
迎泽区	30	800665.77	542580
尖草坪区	21	683866.87	292380
晋源区	18	1101809.98	326820

备注：共计出让 109 宗（统计截止 12 月 31 日）

从区域分布来看，2020 年各城区新增地块情况（图右蓝），小店区 (57 宗) 位列榜首、万柏林区 (42 宗) 位列前两位，杏花岭区 (31 宗) 排名第三。六城区土地成交方面（图左红），小店区以成交宗数 41 宗、成交金额超 181 亿元成为太原土地成交量最大的区域；其次为万柏林区，地块成交宗数 32 宗、成交金额 93.6925 亿元。随着品牌房企的强势入驻，太原南部新城及河西区域发展势头迅猛。

2020 年太原市六城区开发商拿地面积排行榜

企业名称	占地面积（万平方米）	成交总价（亿元）
宝能城发	111.70	73.28
中海地产	62.97	58.72
中国恒大	37.23	34.95
保利发展	34.08	45.87
招商蛇口	32.36	18.07
万科地产	26.07	25.93
融信集团	21.36	9.97
富力集团	19.84	25.58
太原市龙城南部置业有限公司	19.60	13.63
华润置地、首开股份	12.78	16.73

从房企摘地面积来看，宝能城发集团以总面积 1117014.1 平方米（约 1675.5 亩）成为 2020 年全年摘地面积最多的房企。中海和恒大分别位居榜单第二、第三名，摘地前三甲房企涉及项目有：太原宝能城、中海国际社区、中海寰宇时代、中海丽华北项目、恒大滨河府、恒大森林海、恒大檀溪郡等。

五、热点板块

购房者对于小店综改区的宝能城、恒大金碧天下、中海寰宇时代、招商蛇口（项目名待定）等项目以及已经通车的地铁2号线沿线周边的楼盘关注度比较高，认为热点区域的房价在政策及交通利好加持下有升温趋势，前景被看好。

随着太原都市圈外扩和各项城市发展利好政策的出台，城市发展前景向好，人口导入持续增加，住房需求也会稳步增长。整体来讲，太原楼市保持平稳，局部热点板块还是值得期待的，如价格热点板块三给片区、城市政策红利热点板块综改区、太榆同城化前沿地带龙城大街东延板块等这些热点板块可开发区域较多，土地储备相对充足，各项配套也在持续增加，这些为其发展提供了契机。

六、用户心理

在特殊的2020年，购房者的心理产生了哪些变化？市场环境又出现了哪些新趋势？

2020年，太原楼市购房者心态表现可以概括为：纯自住客户"果断下手"，改善型客户"持币观望"，投资型客户"逐步退市"。

物业的服务品质、小区的居住环境成为购房者的首选需求，特别是改善型购房者对于房屋的功能性、附加值要求增加。一位一线新房销售人员向我们反映："今年由于总体市场原因，开发商压力大，为了回笼资金，不得不以价换量。买房人的心态都是买涨不买跌，房价一降，除了少数刚需人群外大多数购房者都会观望。"

某项目营销主管认为，2020年是一个比较特殊的年份，前半年各大房企复工速度缓慢，楼市渐冷。预计2021年太原楼市两极分化会更为严重，一端倾向品质类住宅房价会居高不下，像金茂府、保利东郡等；而另一端竞争力相对弱一点的项目价格则会一降再降，搞促销、追求销售速度的项目也会相应增加。

而某项目置业顾问则表示，2021年新项目开发会以毛坯和小面积户型为主，开发商会把精装部分的成本刨除，降低成本改为毛坯后相对应降低销售价格，即所谓"降标简配"。

七、2021年展望

2020年太原商品住宅供求量同比下降，成交均价达到近两年低点，总价门槛降低。"疫情大考"尚未完全结束，加之"三道红线"政策，短期内房企压力还是比较大的。预计2021年各家房企仍然会抢种抢收，以价换量，去库存、降负债。低总价、中低端产品会成为市场主流，高品质项目依然叫好又叫座。

数据来源：朗润智业

在售楼盘一览

尖草坪区

楼盘名称	价格	物业类型	主力户型
富力天禧城	9500 元/m²	普通住宅	三居室 (90m²) 五居室 (203m²)
富力天禧公馆	10300 元/m² 起	普通住宅、公寓、商铺	二居室 (94m²) 三居室 (113~136m²)
怡和·天润园	9000 元/m²	普通住宅、别墅	二居室 (79.51~107.32m²) 三居室 (122.89~140.6m²) 别墅 (119.83~356.96m²)
融创外滩壹號	12500~13000 元/m²	普通住宅	三居室 (121~145m²) 四居室 (165~207m²)
万科太原小镇	13000 元/m² 起	普通住宅、别墅、商铺	别墅 (314~426m²)
恒大御景湾	8700 元/m² 起	普通住宅	二居室 (90.88~92.75m²) 三居室 (113m²) 四居室 (139~151.24m²)
融创外滩公馆·二期	12500 元/m²	普通住宅	二居室 (81~88m²) 三居室 (116~146m²)
辰兴优山美郡	9500 元/m²	普通住宅	三居室 (118~135m²)
天朗美域	5980 元/m² 起	普通住宅	三居室 (94~125m²)
龙康华庭·青年城	8000 元/m²	普通住宅、公寓	一居室 (57.88m²) 二居室 (55.7~119.44m²) 三居室 (122.08~139.35m²)
中国铁建·青秀嘉苑	7800 元/m² 起	普通住宅	三居室 (95~125m²)
太原碧桂园凤凰城	8500 元/m²	普通住宅、商铺	二居室 (89m²) 三居室 (112~133m²) 四居室 (145m²)
华康悦府	尚未公布	普通住宅	二居室 (93.09~94.88m²) 三居室 (102.59~123.97m²)
林溪森园	9100 元/m²	普通住宅	二居室 (84.66m²) 三居室 (118.45~136.14m²)
山投·滨江城尚城	8500 元/m²	普通住宅	二居室 (86.31m²) 三居室 (106.6~131.19m²)
朝阳华府	尚未公布	普通住宅、商业	三居室 (118.13~147.67m²) 四居室 (169.92~185.26m²)
太原恒大森林海	7688 元/m² 起	普通住宅、商铺	二居室 (91.61m²) 三居室 (99.15~132.02m²) 四居室 (147.8m²)
保利滨河上院	7300 元/m²	普通住宅、商铺	二居室 (78m²) 三居室 (95~140m²)
旭辉江山	9500 元/m²	普通住宅	三居室 (98~139m²)
三千渡	尚未公布	普通住宅	跃层 (50m²)

晋源区

楼盘名称	价格	物业类型	主力户型
富力新湾邸	尚未公布	综合体	尚未公布
万科·公园大道	8600 元/m² 起	商业	写字楼 (43~120m²)
荔园国际金融中心	尚未公布	公寓	一居室 (101m²) 二居室 (170m²)
太原富力珺悦府	尚未公布	普通住宅、商铺	尚未公布
全景晋阳湖	尚未公布	普通住宅	一居室 (46.62m²) 二居室 (51.54~59.65m²) 三居室 (109.39~136.55m²)
阳光城·花满墅	11000 元/m² 起	别墅、商铺	四居室 (160m²) 五居室 (300m²)
当代城 MOMΛ	12000 元/m²	普通住宅	三居室 (129m²) 四居室 (163m²)

晋源区

楼盘名称	价格	物业类型	主力户型
MOMΛ 当代广场	8500 元/m²	公寓、写字楼、商铺	一居室 (38.41~84.22m²)
富力山	15000 元/m² 起	别墅、普通住宅	三居室 (167~181m²) 四居室 (185~187m²)
泰瑞城	12500 元/m²	普通住宅	三居室 (101.05~121.83m²) 四居室 (145.47m²)
恒大青运城	11200 元/m²	普通住宅	三居室 (141.5m²) 四居室 (152.56~177.73m²)
太原万科·翡翠公园	16000 元/m²	普通住宅、别墅	四居室 (162~397m²) 别墅 (397m²)
保利西湖林语	13000 元/m²	普通住宅	二居室 (92~100m²) 三居室 (109~146m²) 四居室 (182m²)
富力湾	13000 元/m²	普通住宅	四居室 (160~212m²)
官山园著	14000 元/m² 起	普通住宅、别墅	别墅 (155~260m²)
保利·悦公馆	13500 元/m²	普通住宅	二居室 (85m²) 三居室 (100~145m²)
太原·绿地城	12000 元/m²	普通住宅	二居室 (89m²) 三居室 (115~183m²) 四居室 (148~210m²)
阳光·汾河湾 D 区	13500 元/m²	普通住宅	三居室 (116~155m²) 四居室 (220m²)
万科中央公园	18000 元/m²	普通住宅、商业	三居室 (249m²) 四居室 (330m²)
沿湖城	9188 元/m² 起	普通住宅	二居室 (93m²) 三居室 (117~141m²)
金地·格林格林	9500 元/m² 起	普通住宅	二居室 (76m²) 三居室 (96m²)
山投·青运城	11900 元/m²	普通住宅	二居室 (94.79m²) 三居室 (151.85~157.92m²) 四居室 (190.06~191.84m²)
兰亭熙园	7000 元/m² 起	普通住宅	二居室 (85.49m²) 三居室 (102.79~122.51m²) 四居室 (137.01m²)
兰亭荟	8000 元/m²	写字楼、普通住宅	一居室 (53.33m²) 三居室 (116.79m²)
泰禾金尊府	12500 元/m²	普通住宅、公寓	三居室 (63~76m²) 四居室 (200~220m²)
太行悦泉苑	10500 元/m²	普通住宅	二居室 (84.22~89.18m²) 三居室 (104~133.64m²) 四居室 (147.31m²)
怡佳天一城	17000 元/m²	普通住宅	三居室 (128.7~173m²) 四居室 (189~228m²) 五居室 (232.5~252m²)
兰亭御湖城西区	10000 元/m²	普通住宅、公寓、写字楼、商铺	二居室 (83m²) 三居室 (98~107m²) 四居室 (129m²)
广电新景	13500 元/m²	普通住宅	二居室 (111.37~111.61m²) 三居室 (132.34~154m²) 四居室 (195~212m²)
保利·西湖林语 I68 號	14000 元/m² 起	普通住宅	三居室 (109~145m²) 四居室 (150~200m²) 五居室 (235m²)
天鼎华府	10500 元/m²	普通住宅、公寓	三居室 (48~130.25m²) 五居室 (172.13m²)
晋阳湖壹号二期	尚未公布	普通住宅	三居室 (159m²~209m²)
太原万科蓝湾传奇	12900 元/m² 起	普通住宅、公寓	二居室 (88m²) 三居室 (125~145m²) 四居室 (169m²)

晋源区

楼盘名称	价格	物业类型	主力户型
万科翡翠晋阳湖	14000 元/m²	普通住宅、商业	三居室 (112~143m²) 四居室 (173~225m²)
当代 MOMΛ 沿湖城	9188 元/m² 起	商铺、商住	二居室 (88~90m²) 三居室 (105~149m²)

万柏林区

楼盘名称	价格	物业类型	主力户型
国投赞城 5.0	8848 元/m² 起	普通住宅、商业	二居室 (86m²) 三居室 (104~125m²) 四居室 (140m²)
融恩·星光荟	7500 元/m²	公寓	一居室 (44.75~66.03m²) 复式 (51.96m²)
新城长风悦府	尚未公布	普通住宅	一居室 (52m²) 二居室 (82~84m²) 三居室 (99m²)
中国铁建·西府国际	9700 元/m²	普通住宅	一居室 (86m²) 三居室 (108~124m²) 四居室 (148m²)
十二院城	12000~14000 元/m²	普通住宅、别墅、商业	二居室 (90m²) 三居室 (123~140m²) 四居室 (199m²)
远大·凤玺湾	15000 元/m²	普通住宅	三居室 (121m²) 四居室 (170~190m²)
红星天润	8500 元/m² 起	普通住宅	二居室 (89m²) 三居室 (108~138m²) 四居室 (152~172m²)
太原恒大滨河府	13000 元/m²	普通住宅	三居室 (113m²) 四居室 (147~185m²)
阳光城·并州府	10500 元/m²	普通住宅、商铺	二居室 (92m²) 三居室 (108~121m²) 四居室 (150m²)
保利海德公园·海德府	14500 元/m²	普通住宅	三居室 (138m²) 四居室 (158m²) 五居室 (186m²)
中国铁建·融创学府壹号院	19000 元/m² 起	普通住宅、酒店式公寓、商铺	三居室 (158~162m²) 四居室 (182~257m²)
万科春和景明	7800 元/m²	普通住宅、商业	二居室 (89m²) 三居室 (117~147m²)
欢乐颂	12500 元/m²	普通住宅、写字楼、商业	跃层 (46.67~141.5m²)
太原恒大御湖庄园	8258 元/m² 起	普通住宅	三居室 (110.96~134.45m²) 四居室 (147.6~155.11m²)
新城吾悦首府	14000 元/m²	普通住宅	三居室 (120~143m²) 四居室 (165~235m²)
太化紫景天城	10500 元/m²	普通住宅	二居室 (91.49~96.07m²) 三居室 (123.62~178.86m²)
海尔产城创国际广场	14500 元/m²	普通住宅	三居室 (114~147m²) 四居室 (172m²)
玉泉山居	120 万元/套	别墅、普通住宅	三居室 (112~171.8m²) 四居室 (186.5m²) 五居室 (142.9m²)
小米国际	10500 元/m²	普通住宅	一居室 (50.28m²) 三居室 (75.64m²)
海唐广场	7600 元/m² 起	普通住宅、公寓、商业	一居室 (26~44m²) 三居室 (63~118m²)
融创太原府	15000 元/m²	普通住宅	三居室 (125~168m²) 四居室 (223m²)
富地·凯旋门	9999 元/m² 起	普通住宅	一居室 (42.08m²) 二居室 (75.11m²) 三居室 (88.71m²)
翔建·御景华府	9500 元/m² 起	普通住宅	二居室 (91.41~94.59m²) 三居室 (127.17~170.07m²) 四居室 (192.79m²)
金榜逸家	17000 元/m²	普通住宅、商铺	二居室 (88.91~97.85m²) 三居 (115.32~144.45m²)
华润大厦	9600 元/m²	公寓、写字楼、商铺	一居室 (61.86~112.65m²)

万柏林区

楼盘名称	价格	物业类型	主力户型
中铁诺德逸宸云著	12500 元/m²	普通住宅	二居室 (83m²) 三居室 (108~155m²)
公元九里	12200 元/m²	普通住宅、写字楼	二居室 (85m²) 三居室 (99~118m²) 四居室 (139m²)
蓝光雍锦王府	尚未公布	别墅	别墅 (160~176m²)
佳境珑原	9500 元/m²	普通住宅	二居室 (66.4~103.67m²) 三居室 (103.61~146.65m²)
华润悦府	15000 元/m² 起	公寓、商铺	四居室 (250.6m²)
华峪东区三期C区	11500 元/m²	普通住宅、酒店式公寓、商铺	二居室 (70~107m²) 三居室 (108.57~148m²) 四居室 (174.15~186m²)
兴业西部新区	9800 元/m²	普通住宅	二居室 (93m²) 三居室 (104~123.28m²) 四居室 (153.79~173.42m²)
美地·新领寓	5999 元/m² 起	公寓	一居室 (40~76m²)
海尔产城创学府	12500 元/m²	普通住宅	三居室 (145m²) 四居室 (171~213m²)
润景园著	16000 元/m²	普通住宅	三居室 (138.89~170.12m²) 五居室 (407~408.72m²)
中海国际社区	9188 元/m² 起	普通住宅、商业	二居室 (89m²) 三居室 (99~122m²)
太原华侨城天鹅堡	13000 元/m² 起	普通住宅	三居室 (105m²) 四居室 (145m²)
龙湖天钜	11700 元/m²	普通住宅	二居室 (84m²) 三居室 (108~112m²) 四居室 (128m²)
和平里	11600 元/m² 起	普通住宅	二居室 (82.01~97.48m²) 三居室 (110.65~160.56m²)
万达·西岸 CLASS	9500 元/m² 起	普通住宅、公寓、商业	二居室 (85m²) 三居室 (105~135m²)
远洋万和四季	11499 元/m²	普通住宅	二居室 (86m²) 三居室 (105~126m²) 四居室 (142m²)
富力悦禧城	12500~13000 元/m²	普通住宅	三居室 (111~126m²)
太原恒大滨河天际	尚未公布	公寓	二居室 (102.6m²) 三居室 (125.8~158.6m²) 四居室 (168.8m²)
红星大都汇	尚未公布	公寓	尚未公布
中国铁建·花语堂	19000 元/m² 起	普通住宅	四居室 (175~300m²)
万科云台	尚未公布	普通住宅	二居室 (85m²) 三居室 (105~115m²)
恒大檀溪郡	尚未公布	普通住宅	三居室 (129~133m²) 四居室 (148m²)
棕榈西园	8300 元/m² 起	普通住宅	二居室 (89m²) 三居室 (94~124m²) 四居室 (144~146m²)
富地欢乐颂	尚未公布	普通住宅、商住	一居室 (36.86m²) 二居室 (76.48m²) 三居室 (85.18m²)

小店区

楼盘名称	价格	物业类型	主力户型
中海寰宇时代	10800 元/m² 起	普通住宅	二居室 (85m²) 三居室 (101~126m²) 四居室 (142m²)
紫金熙悦	尚未公布	普通住宅	二居室 (78~93m²) 三居室 (112~119m²)
保利·云上	尚未公布	普通住宅	二居室 (88m²) 三居室 (100~125m²)
绿地新里城	12600 元/m² 起	普通住宅	二居室 (96m²) 三居室 (120~139m²) 四居室 (159m²)
实地·太原海棠华著	尚未公布	普通住宅	尚未公布
荣盛·龙城印象	尚未公布	普通住宅	三居室 (117m²) 四居室 (129~143m²)

小店区			
楼盘名称	价格	物业类型	主力户型
时代 MALL	尚未公布	公寓、商业	一居室（32.17m²） 二居室（37.25~72.29m²）
富力壹品	13987 元/m²	普通住宅、公寓、商业	三居室（107m²） 四居室（143m²）
当代著 MOMΛ	14000 元/m²	普通住宅	三居室（128~152m²） 四居室（180m²）
太原恒大天宸	17200 元/m²	普通住宅	三居室（125.51~182.18m²） 四居室（153.41~282.95m²）
太原恒大金碧天下	11980 元/m²	普通住宅	二居室（90m²） 三居室（116m²）
保利东郡	13500~17000 元/m²	普通住宅、公寓	二居室（97m²） 三居室（120~133m²）
融创中心	15600 元/m²	普通住宅、商业	二居室（85m²） 三居室（115~146m²） 四居室（150~223m²）
富力金禧城	12300 元/m²	普通住宅、写字楼、商铺、综合体	三居室（118~136m²） 四居室（150m²）
合生并州帝景	13500 元/m²	普通住宅、商铺、综合体	三居室（94~133m²） 四居室（165m²）
保利茉莉公馆	13000 元/m² 起	普通住宅	三居室（109~122m²） 四居室（163~190m²） 五居室（230m²）
太原恒大悦府	17500 元/m²	普通住宅	三居室（125.1~210.5m²） 四居室（178.5m²）
绿城·太原广场	18000 元/m²	公寓、商住、商业	一居室（48~52m²） 二居室（81~106m²） 三居室（126~166m²）
富力尚悦居	13500 元/m²	普通住宅、写字楼	二居室（95m²） 三居室（120~144m²） 四居室（178~196m²）
鸿赫·时代天际	12500 元/m²	普通住宅、写字楼、别墅	三居室（128.92~148.86m²） 跃层（247.5~385.33m²） 别墅（164.08~385m²）
棠悦	11500 元/m²	普通住宅	三居室（102.8~123.35m²） 四居室（141.53~173.61m²）
建投·祥澐府	13050 元/m² 起	普通住宅	三居室（123.07~169.14m²） 四居室（194.15m²） 六居室（301.09m²）
晨煜·唐槐园	8400 元/m²	普通住宅、公寓	二居室（94.97m²） 三居室（127.74~138.35m²）
竞杰常青藤	16800 元/m²	普通住宅	二居室（92~97.16m²） 三居室（135.66~142.22m²）
阳光揽胜	13500 元/m²	普通住宅、商铺	二居室（79.81~143.2m²） 三居室（94.49~160.16m²） 四居室（196.11~229.71m²）
华鼎泰富公馆	11500 元/m²	公寓	一居室（47.65~66.84m²） 二居室（66.3m²）
首开·国风琅樾	14300 元/m²	普通住宅	一居室（43.26m²） 二居室（91~100.10m²） 三居室（123.73~198m²）
太原星河湾	21000 元/m²	普通住宅	五居室（287m²） 六居室（423m²）
中梁百悦荟	13500 元/m²	公寓、商业	一居室（40~67m²）
晓园	14700 元/m²	普通住宅	三居室（93.45~134.58m²） 五居室（141.92~214.35m²）
山钢铭著	15000 元/m²	普通住宅、商铺	二居室（85~87m²） 三居室（95~137m²）
锦绣名邸	12500 元/m²	普通住宅	二居室（95~103m²） 三居室（112~114.22m²）
文湃苑	尚未公布	普通住宅	二居室（90.52m²） 三居室（129.87~141.94m²）

小店区			
楼盘名称	价格	物业类型	主力户型
宁达盛世	11800 元/m²	普通住宅、写字楼、商铺	二居室（97.84m²） 三居室（140.73~168.71m²）
坤泽 10 里城	10500 元/m²	普通住宅、公寓、写字楼、酒店式公寓、商铺	二居室（91.09~104m²） 三居室（115.43m²）
太原宝能城	10700~20300 元/m²	普通住宅、商业	二居室（99m²） 三居室（115m²）
保利和光尘樾	9880 元/m² 起	普通住宅、公寓、别墅、商铺	二居室（85m²） 三居室（98~137m²） 四居室（142~155m²）
碧桂园月亮湾	7600 元/m²	公寓	一居室（42~49m²） 二居室（83~92m²）
腾冲顺颐府	尚未公布	普通住宅、别墅、酒店式公寓、商业	二居室（78.21~126.45m²） 三居室（157.91~215.36m²）
阳光领域	9200 元/m² 起	普通住宅、商铺	三居室（106.05~131.03m²） 四居室（146.64m²）
山煤·上德院	12800 元/m²	普通住宅	三居室（129.81~181.14m²）
实地·太原紫藤公馆	11890 元/m² 起	商业	一居室（38.54~50.4m²） 二居室（45.9~85.5m²） 三居室（96.7m²）
中正·亲贤们	17000 元/m²	普通住宅	一居室（50.39m²） 三居室（132.13~239.29m²） 四居室（163.21~282.87m²）
中正锦城	12800 元/m²	普通住宅	三居室（122.66~142m²） 四居室（145.24m²）
万景嘉苑	13000 元/m²	普通住宅、公寓、写字楼、商铺、综合体	二居室（71.62~92.33m²） 三居室（115.78~125.55m²） 四居室（139.47m²）
云特区	8000 元/m²	公寓、写字楼、商业	一居室（40~61.35m²） 二居室（70~122m²）
香檀一号	18000 元/m²	普通住宅	五居室（260~410m²）
海唐罗马花园	13500 元/m²	普通住宅、别墅	三居室（120~144m²） 四居室（154m²）
诺德清华里 SOHO	10000 元/m²	公寓、商铺	二居室（65.77~104.17m²） 三居室（134.72m²）
晋建迎曦园	12500 元/m²	普通住宅	三居室（120m²）
聚瑞星城	11000 元/m²	公寓、商业	一居室（36m²） 二居室（66m²） 三居室（108m²）
太原星河湾 5 号园	18500 元/m²	普通住宅	四居室（178~338m²）
首开·华润·紫雲府	16000 元/m²	普通住宅	三居室（123m²） 四居室（148m²）
万科新都荟	13000~13500 元/m²	普通住宅、公寓、商业	一居室（65m²） 三居室（99~106m²） 四居室（144m²）
地铁万科星空	14500 元/m²	普通住宅	三居室（103~113m²） 四居室（142m²）
阳光洲际中心	9000 元/m²	公寓	三居室（103~113m²） 四居室（142m²）
龙城金茂府	21500 元/m²	普通住宅	三居室（175~195m²） 四居室（249~305m²）
碧桂园玖玺臺	15000 元/m²	普通住宅、商业	三居室（144m²） 三居室（102~133m²） 四居室（148~190m²）
绿地山鼎庄园	20000 元/m²	别墅	四居室（150~308m²） 五居室（380m²）
文予·凤凰城	尚未公布	普通住宅	二居室（98.12~99.76m²） 三居室（131.25m²） 四居室（145.82m²）
金地·都会名悦	尚未公布	普通住宅	二居室（79.86m²） 三居室（88.38~133.61m²）
君睿府	12000 元/m²	普通住宅	二居室（82.84m²） 三居室（125.14~131.22m²）

小店区

楼盘名称	价格	物业类型	主力户型
中赢·文渊府	尚未公布	普通住宅、商业	二居室 (85~94m²) 三居室 (99~126.63m²)
龙城壹号	尚未公布	普通住宅	二居室 (118.93m²) 三居室 (157.68m²) 四居室 (200.80~240.48m²)
禧悦城	尚未公布	普通住宅	二居室 (89m²) 三居室 (99~108m²) 四居室 (139m²)
万科悦都荟	尚未公布	普通住宅、公寓、商业	三居室 (105~127m²)

杏花岭区

楼盘名称	价格	物业类型	主力户型
碧桂园·城市花园·星幕	8018 元/m² 起	普通住宅、商铺	二居室 (92m²) 三居室 (110~132m²)
富力城八号园	9000 元/m² 起	普通住宅	三居室 (120~143m²)
荔园悦享星醍	12500 元/m²	普通住宅、商铺	二居室 (72~83m²) 三居室 (123m²) 四居室 (135~153m²)
富力华庭	14500 元/m²	普通住宅、别墅、商铺	四居室 (141m²) 五居室 (178m²)
中车国际广场	12500 元/m²	普通住宅、商业	三居室 (134~147m²) 四居室 (169~190m²)
融信·时光之城	8300 元/m²	普通住宅	二居室 (86m²) 三居室 (103~136m²)
红星·紫御半山	8300 元/m² 起	普通住宅、商铺	二居室 (96m²) 三居室 (102.08~127.89m²) 四居室 (137.18~146m²)
太原富力城	16000 元/m²	商铺	商铺 (41~54m²)
千渡·东山晴	8000 元/m²	普通住宅	二居室 (69.10~89.62m²) 三居室 (86.07~139.63m²)
富力城	16000 元/m²	公寓	一居室 (50~54m²)
金林雅苑	9200 元/m²	综合体	一居室 (53.4m²) 二居室 (73.99~84.91m²) 三居室 (99.91~133.74m²)
阳光尚都	尚未公布	普通住宅、商铺	二居室 (82~87m²) 三居室 (108~138m²)
万达龙樾府	18000~23000 元/m²	普通住宅	三居室 (170m²) 四居室 (200m²) 五居室 (270m²)
太原红星天悦	11500 元/m²	普通住宅、商业	二居室 (86m²) 三居室 (100~127m²) 四居室 (145m²)
金地商置·花园道	7800 元/m²	普通住宅	二居室 (85m²) 三居室 (99~121m²)
泛华盛世阳光	尚未公布	普通住宅	二居室 (89m²) 三居室 (125m²)
金地商置·紫宸院	尚未公布	普通住宅	二居室 (85m²) 四居室 (121m²)

迎泽区

楼盘名称	价格	物业类型	主力户型
万科时代之光	尚未公布	普通住宅	二居室 (85m²) 三居室 (103~116m²)
万科城市之光·东望	13600 元/m²	普通住宅	二居室 (85m²) 三居室 (105~115m²) 四居室 (148m²)

迎泽区

楼盘名称	价格	物业类型	主力户型
晋阳·五隆府	9500 元/m²	普通住宅、商铺	二居室 (94.33~100.2m²) 三居室 (130.03~142.49m²)
保利金地·迎泽上品	10300 元/m²	普通住宅、商铺	二居室 (87~89m²) 三居室 (107~140m²)
太原国奥城	8300 元/m² 起	商铺	二居室 (92.72m²) 三居室 (131.67~136.88m²)
太原恒大山水城	10400 元/m²	普通住宅	三居室 (106.47~136.91m²) 四居室 (155.49m²)
太原红星天铂	7500 元/m² 起	普通住宅、商业	三居室 (124~137m²) 四居室 (141~160m²)
中国中铁·诺德城	11000 元/m²	普通住宅、商业	二居室 (88~90m²) 三居室 (109~134m²)
昆仑御·Ⅲ期	14500 元/m² 起	写字楼、商业	写字楼 (165~205m²)
恒大林语郡	10800 元/m²	普通住宅、商铺	二居室 (88.92~92.37m²) 三居室 (118.33~136.28m²) 四居室 (152.03m²)
红星紫御华府	9600 元/m² 起	普通住宅、公寓	二居室 (89m²) 三居室 (107~114m²)
中正九号	7888 元/m² 起	普通住宅	二居室 (86.99m²) 三居室 (108.26~119.89m²) 四居室 (155m²)
太原碧桂园云顶	11000 元/m²	普通住宅、商业	二居室 (95m²) 三居室 (114~150m²)
东山雅苑	7980 元/m² 起	普通住宅	三居室 (102~146m²)
美利山	8500 元/m²	普通住宅	二居室 (78.41~79.2m²) 三居室 (100.8~102.66m²)
雅居乐江山赋	11000 元/m²	普通住宅	二居室 (85~94m²) 三居室 (100~123m²) 四居室 (140~167m²)
得一剑桥城	9000 元/m²	普通住宅	四居室 (164m²) 五居室 (181m²)
东鼎·迎泽里	11800 元/m²	普通住宅	二居室 (87m²) 三居室 (105~128m²) 四居室 (150m²)
碧桂园桃源里	9300 元/m²	普通住宅	三居室 (112~129m²) 四居室 (148m²)
颐和天成	9000 元/m²	普通住宅、别墅、商铺	四居室 (157.67m²) 五居室 (245.33m²)
元福绿都	9700 元/m²	普通住宅	三居室 (101.7~167.05m²) 四居室 (179.04~237.7m²)
远洋尚郡	11500 元/m²	普通住宅	三居室 (99~138m²)
东岸悦府	14000 元/m²	公寓、商住	二居室 (174m²) 三居室 (128~199m²)
太原国海广场	尚未公布	公寓、写字楼、酒店式公寓、商铺、商业	两居室 (78m²~87m²) 三居室 (96~109m²)
东港家园	尚未公布	普通住宅、公寓、商铺	二居室 (97.53~110.35m²) 三居室 (114.46~128.67m²)
金科·博翠天宸	7800~8400 元/m²	普通住宅	三居室 (90m²) 四居室 (143m²)

典型项目

保利东郡

太原 | 保利发展 | 高阶圈层 | 市核心区 | 名校环伺

项目地址：
太原市小店区南中环与坞城南路交会处西北角

开发商：
太原保利房地产开发有限公司

产品特征：
普通住宅、公寓

参考价格：
普通住宅均价17000元/平方米、公寓13500元/平方米

主力户型：
约97平方米两居，约120、133平方米三居

物业公司：
保利物业

5公里生活配套：
太原南站、太原武宿机场、地铁2号线、南中环街、太榆路、九一小学、学府公园、山西白求恩医院、太原煤炭中心医院、北美N1购物中心、太原印象城购物中心

专家点评
张淑丽·乐居太原主编

保利东郡位于南中环核心地段，是时下城市南移的新中心，周边汇聚了诸多优质名校和高等学府，商业繁华。户型空间涵盖面积范围较广，改善型客户可入手。项目均价较高，对于经济能力有限的购房者来说，置业门槛较高。

扫码观看楼盘详情

项目测评

【市场口碑】
项目首期预售1100套商品房，2019年2月开盘当日，所推房源去化率高达80%，并在日后多期开盘中均达到高去化率。"龙城佼者""品质高端""价格坚挺"等标签成为购房者对楼盘的真实评价。

【区域地段】
保利东郡位于南中环坞城南路西北角，处于城市南移的新中心。作为政府大力发展的高新技术片区，南中环迎合太原市"南移西进"的城市发展走向，在省政府、高新区、百年学府所聚合的黄金三角内，区域内商务、政务、文化等产业集聚度高。

【主力户型】
保利东郡主力户型为97平方米舒阔两居，133平方米宽阔三居；97平方米户型南北通透，餐客一体，玄关视野直达窗外，给人以开阔空间之感；133平方米户型配备独立家政间、餐厅、客厅连接南向阳台，阳光充足，视野宽敞。

【园林景观】
4.2的容积率和25%的绿化率保证小区具有充足的园林景观，园林同时具备中韵西技、集东方美学、国际化工艺、全龄化共享于一体，是小区业主休闲的良好去处。

【物业服务】
保利物业历经25年发展，具有国家物业管理一级资质，是国家物业管理金钥匙国际联盟成员。保利物业实行24小时小区监控，受理业主投诉、需求及拜访，为业主提供交通秩序维护、消防及咨询等服务。

【交通出行】
项目周边交通线路发达，距地铁2号线国金中心站1.5公里。2号线全程23.38公里，共设23座车站，北起尖草坪站，横穿杏花岭、迎泽区，南至小店西桥站。临近南中环、太榆路等太原中心线路。项目周围共设五座公交站，涉及18条线路。

【教育资源】
项目周边名校环伺，已签约九一小学，购房即可拥有入学资格。项目5公里范围内有省公路幼儿园、八一小学、山大附小、志达中学、山西大学、山西财经大学环绕，教育机构林立，学府氛围浓厚。

【医疗配套】
项目临近山西白求恩医院、山西煤炭中心医院、武警总医院，其中距离山西白求恩医院直线距离2.6公里，该医院是由山西省委省政府投资建设的现代化综合性医院，其规模之大、功能之全、标准之高，在全省医院中均名列前茅，全院共设55个临床医技科室。

【品牌描述】
保利房地产（集团）股份有限公司是中国保利集团控股的大型国有房地产企业，是中国保利集团房地产业务的运作平台，国家一级房地产开发资质企业。2020年保利销售额位居全市Top2，突破60亿元大关。（数据来源：亿翰智库）

【购物娱乐】
保利东郡立足于北美N1商圈、南站商圈、长风商圈，商业氛围浓厚。项目直线五公里范围内包含北美N1、太原印象城、万象城、北美新天地等时尚购物中心，包罗万象，应有尽有。

当代城 MOMΛ

`太原` `当代置业` `科技人居` `地铁沿线` `百强物业`

项目地址：
太原市晋源区南中环与和平南路交会处西北角

开发商：
山西当代万兴置业 & 山西当代沁鑫置业

产品特征：
普通住宅

参考价格：
住宅均价 12000 元 / 平方米

主力户型：
约 129 平方米三居、约 163 平方米四居

物业公司：
第一服务

5 公里生活配套：
长风商务区、南中环、万象城、晋阳湖公园、太师一附小、地铁 3 号线、山大附中晋源校区（规划中）

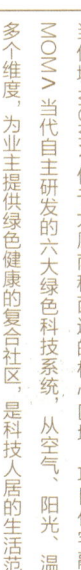

专家点评 张淑丽·乐居太原主编

当代城 MOMΛ 位于太原南移西进的核心区域，项目住宅融合了 MOMΛ 当代自主研发的六大绿色科技系统，从空气、阳光、温度等多个维度，为业主提供绿色健康的复合社区，是科技人居的生活范本。

扫码观看楼盘详情

项目测评

【战略意义】
当代置业作为持续领跑绿色地产领域的开发商，入晋 14 载，致力于打造绿色科技住宅。当代城 MOMΛ 项目作为当代置业深耕山西的代表作品，即承接区域生态宜居新区的理念，尊重城市发展理念的同时，与城市共同发展。

【区域地段】
紧邻通达人流、物流立体全互通的重要交通枢纽西中环、南中环快速路，业主出行交通十分便捷。东邻长风商务区，南邻晋阳湖公园，可满足业主休闲娱乐、运动健身等各种需求，随着太原南移西进的发展，区域价值显著。

【楼栋规划】
当代城 MOMΛ 项目占地 280 亩，建筑面积 96 万平方米，分 6 期开发。1 期 10 栋，2 期 3 栋，3 期 7 栋，前三期总户数约 3800 户。

【主力户型】
当代城 MOMΛ 主力户型为建筑面积约 129 平方米三居、建筑面积约 163 平方米四居。户型整体布局颇为方正，餐客一体式设计，外接轩敞观景阳台，南北通透。三面朝南，整体采光良好，居住舒适。

【园林景观】
当代城 MOMΛ 项目打造健康跑道、休憩廊架、阳光草坪、儿童游乐区、户外会客厅、老年休息区、健康活动场、主题花园、宠物乐园等九大园林景观，分年龄段、分功能性构建适合不同需求及人群的休闲娱乐场所。

【自建配套】
当代城 MOMΛ 项目自建约 10 万平方米配套商业街——摩玛金街，满足当代城 MOMΛ 业主们的衣食住行需求。自建优质幼儿园，可普适 1~6 岁适龄儿童，优质教育资源，帮助孩子健康成长。

【物业服务】
当代城 MOMΛ 项目物业为第一服务，国家一级资质物业，金钥匙管家专业服务，在太原曾服务过万国城 MOMΛ、如梦晋阳剧场等。提供五重安防体系，智能门禁、视频监控、全时物业管家链接等服务全方位保证业主安全入住。

【教育资源】
签约太师一附小，自建优质幼儿园教育配套。毗邻山大附中晋源校区（规划中），该校位于南中环与西中环交会处东南角，规划 60 班制中学，山大附中作为享誉全国的一流优质中学，2020 级高考文、理状元皆出自该校。

【购物娱乐】
当代城 MOMΛ 项目位于城市 CBD 长风商务区之畔，区域内长风国贸第六馆、华润万象城等商业综合体荟萃，并且社区配备建面约 10 万平方米商业配套，醇熟商业配套完善。

【智慧人居】
科技人文住宅，包含天棚辐射系统、恐龙壹号新风滤清系统、外围护结构保温系统、智能安防系统、高性能门窗系统、同层排水系统等六大科技系统，享受智慧人居新体验。

富力悦禧城

太原　富力　智慧社区　全龄生活　湖居美宅

项目地址：
太原市西中环与光华街交会处往南560米

开发商：
太原启富房地产开发有限公司

产品特征：
普通住宅

参考价格：
均价12500~13000元/平方米

主力户型：
约111平方米三居、约126平方米三居

物业公司：
富力物业

5公里生活配套：
万象城、大悦城、吾悦广场、远大购物广场、长风商务区、迎泽下元商圈、南内环中轴居住区、地铁三号线

专家点评　张淑丽·乐居太原主编

富力悦禧城是目前太原市面上少有的引入智慧社区概念的项目，邻近西中环快速路，交通方便，周边商业、医疗、教育配套齐全，主推126平方米户型格局方正、干湿分离、动线分布合理，居住舒适度较高。

扫码观看楼盘详情

项目测评

【品牌描述】
富力集团被行业协会授予"中国房地产开发企业综合实力10强""中国房地产开发企业10强"等荣誉称号。在太原拥有近十七万业主群体，平均每30个人就有一个是富力业主，累计销售总套数达到48000套，累计销售金额突破500亿元。

【战略意义】
在城市南移西进的战略布局下，作为首批进入太原的品牌房企，富力率先进入万柏林区。凭借对城市发展的前瞻性，于城市西向扩容之地，开发了拥有双湖的60万平方米的智慧社区——富力悦禧城。

【区域地段】
富力悦禧城位于太原城市西向扩容版块，南内环中轴位置。南内环作为一直以来的城市中轴宜居地带，与政治线迎泽大街和商业核心长风大街相邻，占据城市核心的重要位置。

【主力户型】
建面约111平方米三居户型客厅开间3.6米，比市场上同类产品多10厘米。建面约126平方米升级大三居舒适度加倍，南向三面宽采光，采光宽度逾10米，约4米的阔景客厅，更加舒适宽敞。

【自建配套】
项目内规划7000平方米养老服务中心，社区内自建约6600平方米幼儿园、活力商业街等多元化配套，成就满足所有生活的全配套大盘，丰富灵活的空间为业主重新塑造城市全新生活方式。

【交通出行】
项目周边交通线路发达，紧邻西中环快速路，位于长风街迎泽大街两大城市交通主干道中间，并且正在规划中的地铁3号线横向直线距离约1公里左右。

【教育资源】
项目周边5公里范围内有太原市六十二中、太原市六十三中，4公里范围内有万柏林区实验小学、和平南路小学、现代双语小学等，从幼儿园、小学、中学直到重点高中均有涵盖。

【医疗配套】
项目周边5公里范围内有太原市妇幼保健院新院、山西中医学院附属医院、万柏林中心医院等。其中太原市妇幼保健院新院是太原市委、市政府"百院兴医"重点民生工程，设置床位1000张，2020年全面开放门诊、保健科室及住院病房，实现长风院区整体化运行。

【园林景观】
逾十万平方米南北双园生态，将6000平方米双湖作为中心进行全区域景观覆盖，园区内规划1600平方米玫瑰园、1600平方米儿童乐园，为业主规划了丰富的生活场景功能，并以建筑艺术的形式承载，构建一个功能与艺术结合的度假式园林生活系统。

【智慧人居】
项目引入富力集团F-HOME智慧社区概念，采用全新三星装标，增设智能控制面板和智能场景模式，支持室内呼梯、云端监控、一键离家等智慧控制，实现全智能化的居家体验。

首开·华润·紫雲府

| 太原 | 首开地产 & 华润置地 | 五维交通 | 学府公园 | 优质教育 |

项目地址：
太原市小店区学府街中段学府公园对面

开发商：
太原首润房地产开发有限公司

产品特征：
普通住宅

参考价格：
均价 16000 元/平方米

主力户型：
约 123 平方米三居、约 148 平方米四居

物业公司：
首开万科物业

5 公里生活配套：
省府街小学、三十八中、山大附中、学府公园、晋阳街公园、汾河公园、长风文化岛、长风亲贤、万象四大商圈、山西武警总队医院、中铁三局医院、煤炭医院、太航医院

专家点评 张淑丽·乐居太原主编

紫雲府由华润置地和首开地产联合开发，项目位于学府街板块，区域内有省政府、学府公园、山西大学等诸多教育和生态资源，地理位置上具有一定的不可复制性，户型涵盖两居到四居，置业选择较为多样。

扫码观看楼盘详情

项目测评

【战略意义】
紫雲府由央企华润置地和大型国企首开地产联合打造，该项目是华润和首开在山西首次合作开发的项目。项目立足太原新中心，以南移西进规划核心，形成以山西省政府、财政厅等行政机构为主导的政经决策中枢。

【区域地段】
紫雲府位于学府街版块，处于学府街中段、学府公园对面、省政府旁，学府街位于小店区北部，聚集了包括九一小学、山大附中、山西大学等重点学府，该板块具备政商、学区、交通和生态等多重优势。

【主力户型】
紫雲府主力户型建筑面积约 89 平方米宽阔两居，整体格局方正，动线流畅，功能分区依需求划分。建筑面积约 123 平方米郎阔三居，百变空间，双厅一体。建筑面积约 148 平方米奢阔四居为全明设计，采光面广，室内日照充足。

【园林景观】
小区绿化率为 30%，容积率为 4.2。园林构筑立体景观，为三进制式庭院。全年龄的景观设计，可满足不同年龄段活动需求。大面积绿植、景观小品、保证园林拥有充分的绿氧环境。

【物业服务】
首开万科物业，服务项目涵盖住宅、办公及商业等业态。通过管家服务、指挥中心系统、安全管理系统、环境服务、设备监控系统、公共维护措施、秩序维护措施等一系列服务范畴，为客户带来优质的生活体验。

【交通出行】
项目处于学府街交通中枢之上，项目 1 公里范围内分布多条城市主脉路网。从项目去往太原火车南站、太原武宿机场等主要交通枢纽，全程距离均在 10 公里以内，驾车约 15 分钟即可到达。

【教育配套】
项目周边 3 公里范围内教育配套齐全，包括天音幼儿园等 15 所幼儿机构，以及省府街小学、九一小学等 12 所知名小学，三十八中等 7 所初中，山大附中、省实验中学等 4 所高中，山西大学、山西财经大学等 5 所大学。

【医疗配套】
距离项目 1 公里范围内有山西武警总队医院，该院是一所集医疗、教学、康复、预防和保健为一体的大型综合医院。医院设备先进、整体技术实力雄厚、优势学科明显，特别是在肝病诊疗等方面已形成专业技术特色优势。

【品牌描述】
华润置地是"世界 500 强"企业华润集团旗下负责城市建设与运营的战略业务单元，是内地领先的城市综合投资开发运营商。首开作为改革开放初期便存在的国企，参与开发建设的国家体育馆入选北京当代十大建筑。

【购物娱乐】
项目周边 3 公里有长风亲贤、学府、晋阳、万象四大商圈，规模体量巨大，多数为近 5 年内开业，众多一线及潮流品牌，多元休闲娱乐模式丰富人们的生活。万象城建筑面积约 34 万平方米，同为华润置地开发运营，是华北最大的万象城。

太原宝能城

`太原` `宝能城发` `产城融合` `交通便利` `产业大盘`

项目地址： 太原市小店区汾东南路与化章西街交会处西南角

开发商： 太原市宝钜置业有限公司

产品特征： 普通住宅、商业

参考价格： 住宅均价 10700 元/平方米、商业均价 20300 元/平方米

主力户型： 约 99 平方米三居、约 115 平方米三居

物业公司： 吉祥物业

5 公里生活配套： 地铁 2 号线化章街站、宝能环球汇、国际会议会展中心、儿童游乐园、海洋馆、中央绿轴公园

专家点评

张淑丽·乐居太原主编

太原宝能城位于汾东创新城核心区域，为政府重点打造板块，集聚了交通、教育、医疗以及商业等优质配套。宝能城在打造宜居品质住宅的同时，精研产城融合的功能与内涵，引入大量实力企业，推动区域价值提升。

项目测评

【战略意义】

2019 年，宝能受山西省政府之邀入晋，携 1800 亩太原宝能城落子汾东创新城核心区域。以"城市综合运营商"为定位，打造太原市汾东商住大盘。项目坚持"以产促城、以城兴产、产城融合"的发展战略，得到当地市场的高度认可。

【市场口碑】

项目于 2020 年 6 月份开盘，自开盘以来月均销售约 220 余套。在 2020 年十一黄金周单周成交约 150 余套，成交金额超 2 亿元。截止到 2020 年年底，一期已经基本清盘，获得太原市众多购房群体的广泛关注。

【区域地段】

太原宝能城位于汾东创新城核心区域，是太原城市南移西进的重点发展区域。汾东创新城作为政府重点打造板块，被认为是继长风 CBD 之后又一处城市经济综合体，全城瞩目。

【楼栋规划】

项目占地面积约 325 万平方米，规划有五大区域，分别为金融服务区、科创研发区、总部办公区、会议展览区及风情商业区五大功能区域。其中项目二期整体规划 12 栋楼，楼层分别为 32 层、26 层，两梯四户。

【主力户型】

太原宝能城目前二期主力户型为 99 平方米和 115 平方米三居，层高超 3 米，大面宽设计，自带飘窗；功能分区明显，动静分区，娱乐休憩各得其所。次卧紧靠公共卫生间，家中老人、小孩生活更加方便舒适。

【自建配套】

自建"幼儿园+小学+初中"12 年全龄教育配套，为整个区域提供了专业优质的教学环境及强大的师资力量。未来还将建设约 8 万平方米宝能环球汇高端综合体商业旗舰、10 万平方米国际会议金融会展中心以及超 1100 亩中央公园。

【物业服务】

吉祥服务集团有限公司成立于 1993 年，是具有国家一级资质的大型综合物业服务企业，服务品质值得信赖。结合太原宝能城项目以"全生命周期"的服务理念，为业主打造便捷品质生活。

【交通出行】

项目紧邻汾东南路，接驳滨河东路、滨河西路、通达西街。此外，随着汾东创新城陆续改造，通达桥、晋阳桥现已修建完成。项目东侧 1 公里处地铁 2 号线目前已正式开通，业主出行可极速畅达全城。

【医疗配套】

太原市中心医院汾东院区与太原宝能城仅一街之隔，现已正式对外接诊运营。同时，项目按照 1000 米服务半径，规划老年养护院与社区卫生服务中心各两所，为周边居民提供医疗保健康复、健康教育等全年龄健康服务。

【品牌描述】

宝能集团全面推进"制造宝能、科技宝能、民生宝能"三大战略，业务遍布全国 30 多个省市自治区、300 多个城市。作为宝能集团综合开发业务的核心平台，宝能城发以"城市综合运营商"为定位，打造太原市汾东商住大城项目。

太原星河湾

`太原` `星河湾` `品牌地产` `高端住宅` `龙城新区`

项目地址：
太原市小店区星河西路 8 号

开发商：
太原星河湾房地产开发有限公司

产品特征：
普通住宅

参考价格：
均价 21000 元 / 平方米

主力户型：
约 287 平方米五居、约 423 平方米六居

物业公司：
星河湾物业

5 公里生活配套：
星河湾体育休闲公园、太原汾河湿地公园、晋阳湖公园、龙城公园、加洋幼儿园、加洋双语小学、山西省实验中学、山西白求恩医院、中国银行、超市、电影院

专家点评 张淑丽·乐居太原主编

太原星河湾位于龙城新区板块，是时下城市南移的新中心，周边汇聚了诸多优质名校和高等学府。项目西侧紧邻汾河，出门便是快速路，区位优势明显。从 1 号园到 6 号园，星河湾用品质获得社会精英主流的广泛认可。

扫码观看楼盘详情

项目测评

【战略意义】
太原星河湾作为 2010 年星河湾集团布局全国城市的第 4 个项目，以大尺度、高标准的园林建设得到市场的广泛认可。作为太原城市高端住宅的领军者，星河湾也秉持着打造中国住宅品质教科书宗旨，吸引了山西高净值人群的广泛关注。

【区域地段】
项目处于太榆同城化中心，位于龙城大街板块，该区域是山西省政府规划的城市新 CBD 区域。项目紧邻龙城大街与滨河东路的城市级快速干道，距离武宿机场、火车南站均在 12 公里以内。

【楼栋规划】
小区规划建设为高层住宅、托幼、小学、酒店商业等多种业态，地上总建筑面积 173.58 万平方米，总容积率为 2.56，居住户数约 7000 余户。2010 年至 2020 年底，星河湾 1~5 号园以及托幼、小学、酒店均已陆续交付使用，目前 6 号园在售。

【主力户型】
星河湾 423 平方米六居户型为经典十字中轴布局，拥有面宽约 20.45 米南向客厅。整个户型为三面采光，卧室为全套房设计，主卧配双衣帽间，八角落地窗，270 度瞰景，视野宽广。

【园林景观】
6 号园园林师法苏州，打造"小桥流水人家"的江南意境，风格更加侧重观赏性、自然的参与性以及交互性。小区园林设计宗旨主要体现在三个方面：大面积水景运用、多层次植物品类搭配以及星河湾经典堆坡造景手法。

【交通出行】
项目北侧是龙城大街，龙城大街作为太原东西向的一条主干道，又叫"机场大道"。项目距离武宿机场约 12 公里，向东经龙城大街行驶 20 分钟即可抵达。项目西侧的滨河东路和东侧的城市主干道平阳路贯穿城市南北，是通往太原各地区的必经之路。

【教育资源】
项目北侧有初中、高中一体制的省市重点高中——山西省实验中学，该校是直属省教育厅管理的省级重点中学、省示范高中。南侧有加洋幼儿园、加洋小学，全龄教育满足业主孩子在不同阶段的教育需求。

【医疗配套】
项目东北侧 1 公里处是山西白求恩医院，该院由山西省委省政府投资建设，是规模大、功能全、标准高的现代化综合性医疗卫生机构，具有医疗、教学、科研、防保、急救、康复六位一体的功能和区域医疗中心。

【品牌描述】
星河湾集团荣获"2020 中国城市更新品质标杆企业"和"2020 中国房地产企业品质地产品牌"的殊荣。太原星河湾 3、4 号园均获得全面房地产建筑工程最高奖项之一的广厦奖。2020 年，太原星河湾更是荣膺"太原最具影响力楼盘"。

【销售数据】
2010 年，太原星河湾首次开盘销售 49.6 亿元，这一业绩创下了当时太原楼市的单盘单日销售纪录，也因此收获了良好的口碑与知名度。自 2018 年起，连续 3 年单盘销售 20 亿元，持续引领太原豪宅市场。

太原恒大金碧天下

| 太原 | 恒大地产 | 省综改区 | 邻近地铁 | 签约名校 |

项目地址：
太原市小店区晋善街与坞城南路交叉口西南角

产品特征：
普通住宅

项目规划：
占地面积：216.5 万平方米；容积率：3.04；总户数：14148 户

主力户型：
约 90 平方米两居、约 116 平方米三居

参考价格：
均价 11980 元 / 平方米

入选理由

根据朗润智业 2020 年统计数据显示，恒大金碧天下年度成交金额 35.32 亿元，拿下 2020 年度太原楼盘新房销售金额第一名。

2020 年度太原楼盘新房销售金额第一名

扫码观看楼盘详情

核心优势：

太原恒大金碧天下坐落于山西省综改区，紧邻汾东商务区。作为恒大在山西的开发的首个"天下系"千亩大盘，已签约建设山西省实验中学及附小（公立 / 规划中）；项目自身规划 6 所幼儿园和两所小学、两所初中，拥有约 76 万平方米园林绿化及会所、运动中心、儿童中心、恒大影城、商业街、婚礼庄园、医疗、养老等全系硬核配套。项目主推建筑面积约 90~120 平方米户型，户型选择多样。

富力天禧城

| 太原 | 富力 | 一线汾河 | 滨河西路 | 醇熟大盘 |

项目地址：
太原市滨河西路与三给街交会处西北角

产品特征：
普通住宅

项目规划：
占地面积：约 433333 平方米；容积率：4.2；
总户数：约 9000 户

主力户型：
约 90 平方米三居、约 203 平方米五居

参考价格：
住宅均价 9500 元 / 平方米

入选理由

根据朗润智业 2020 年统计数据显示，富力天禧城年度成交套数 3383 套，拿下 2020 年度太原楼盘新房成交套数第一名。

2020 年度太原楼盘新房成交套数第一名

扫码观看楼盘详情

核心优势：

富力天禧城地处三给核心规划地带，落址汾河西畔，业主在家即可享受汾河一线美景。紧邻城市快速路滨河西路，北中环街与地铁 3 号线（规划中），出行便捷，并且政府规划日渐成熟，周边分布的省人民医院已奠基动工、太原市外国语学校已开学。项目自建约 75 万平方米大型商业综合体，3 所幼儿园，1 所小学——太原市尖草坪区第三实验小学现已开学。主推建筑面积约 91～205 平方米两到五居户型，满足多种购房人群的住房需求。

太原华侨城天鹅堡

太原 | 华侨城 | 精工匠筑 | 央企品质 | 精装美宅

项目地址：
太原市西中环与大井峪路交叉口西南角

产品特征：
普通住宅

项目规划：
占地面积：约 10.6 万平方米；容积率：3.5；总户数：2809 户

主力户型：
约 105 平方米三居、约 145 平方米四居

参考价格：
住宅均价 13000 元 / 平方米

入选理由 张淑丽·乐居太原主编

华侨城天鹅堡背靠西山万亩生态园，以"优质生活理想家"为品牌定位，坚持"低碳绿色、生态环保"的理念，并引入新加坡与深圳华侨城先进的城市规划模式，打造输送欢乐、艺术、创意的全龄生活住区。

扫码观看楼盘详情

核心优势：

太原华侨城天鹅堡项目是华侨城集团布局山西的首个项目，位于西中环与大井峪路交叉口西南角，是太原市新规划的井峪新城板块，打造全新的生态住区。区域内部规划有多所幼儿园、两所小学、三所中学，是太原市少有的拥有众多学校规划的片区。项目主推建面约 105~145 平方米户型，约三米层高、三室朝南、全系双卫主卧套间、南北通透、动静分区合理。

呼和浩特

市场总结

一、新房成交表现

1. 整体情况

新房年度成交量：2020年1—11月呼和浩特新建商品房成交套数共计52150套，与2019年1—11月的48633套相比，上涨7.23%。新建商品住宅成交43469套，上涨16.76%。

房价方面，据中指院数据统计，2020年1—11月百城新房价格累计上涨3.19%，其中一线城市上涨3.77%，二线城市上涨3.32%，三四线城市上涨2.26%。11月内蒙古呼和浩特新建商品住宅销售价格环比上涨0.4%，同比增长0.59%。这是呼和浩特从3月份开始，连续8个月实现持续小幅增长，在近五年中，呼和浩特新房价格上涨58%，涨幅过半。

2020年2月份，呼和浩特商品房网签量创历年新低，仅246套，环比下降92.06%。在疫情好转之后，3—9月商品房成交量呈阶梯式上涨，10月出现一次回落，但并未影响到11月成交，反之在短暂的"银十遇冷"之后，11月商品房成交量高达8992套，环比上涨39.39%。

2020年初呼和浩特楼市较冷，5月始开发商售楼处陆续开放，客户需求集中爆发，许多项目选择在疫情较为稳定的5月加推开盘。而年末随着返乡置业季"期末考试"的日子越来越近，呼和浩特楼市一大批新房源扎堆入市。多家开发商选择在年末12月开盘加推，为年末业绩做最后的冲刺。

新房价格情况：呼和浩特从3月份开始，连续8个月实现持续小幅增长。从房价上看，2020年房价整体变化不大，随着市场变化趋于稳定，因土地市场价格上扬而导致新楼盘房价小幅上升。

2020年年初新冠肺炎疫情暴发，住房市场供求受到波动。关于呼和浩特楼市市场2020年走势众说纷纭，"楼市翻车""成交量下降""房价下跌"等悲观预测不断涌现。但实际数据并非如此，与2019年商品住宅成交相比，2020年商品住宅成交量非但没有断崖式下跌，反而摆脱了疫情"后遗症"，蓄力待发，成交量接连迎来喜报，强势回暖。

2020年，呼和浩特城镇居民人均可支配收入约49736元，与上年同期基本持平，增速比上半年回升3.5个百分点。但人均可支配收入与城市12000元/平方米平均房价差距较大，呼和浩特人均住房面积46.77平方米，房价收入比为约11.28，按照城镇居民人均可支配收入来计算，相当于一套住房要花费一个城镇居民约11年的收入。

2. 年度走势

截至2020年12月31日，呼和浩特2020年共有67个项目获预售许可证共286张，获批房源套数51946套，同比上涨35.53%，获批总面积5788277.8平方米，同比上涨29%。其中，8月共获得30张预售许可证，获批面积达891861.19平方米，获批套数达8249套，无论是在获批面积上还是获批套数都领先其他各月份。

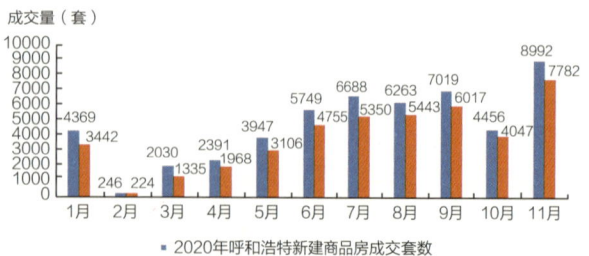

2020年新建商品住宅与商品房成交对比图

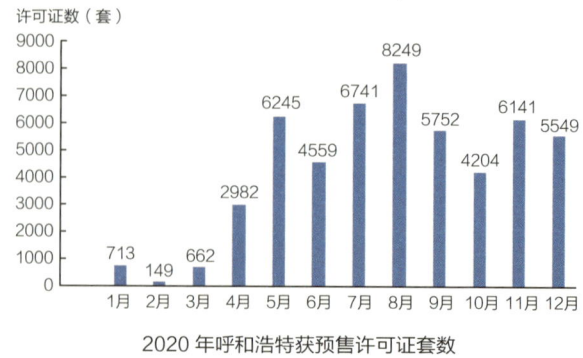

2020年呼和浩特获预售许可证套数

与 2019 年 37818 套房源获得预售许可证房源套数相比，2020 年获得预售许可证，拿证数量高达套 51946，高出 2019 年 14128 套，上涨 37.36%。8 月集中拿证套数集中爆发 8249 套房源获得预售许可证，高出 2019 年 5323 余套。其中 8 月大批房源入市，与 2019 年不同，拿证爆发月足足提前了三个月，从侧面说明，开发商为"金九银十"楼市铆足了劲，提前备好货源，为黄金九月抢抓蓄客时机。8 月之后各项目拿证套数回落，整体趋于平缓，均在 4000 套以上。

从图中可以看出，从第二季度开始，随疫情好转，各项目拿证热情重新被点燃，获批房源套数暴涨，环比上涨 804.46%，同比上涨 230.6%。紧接着第三季度获批房源迎来高潮，拿证套数突破两万。第四季度拿证套数回落，与 2019 年几乎持平。

二季度与三季度获批房源"疯狂"上涨，这与年初受疫情暴发影响有直接关联，全民宅家抗疫，开盘项目寥寥无几。上一年年末在经历返乡置业潮后，一季度获批房源本就少，大多房企选择集中在二、三季度取得预售。

3. 历史地位

从全年交易数据可看出，2020 年呼和浩特新建商品房网签量将创近 5 年成交新高。2020 年 1—11 月新建商品房成交量达 52150 套，与 2018 年 1—12 月商品房成交量相比高出 2689 套，住宅成交量高出 6551 套。同 2019 年 1—12 月商品房成交量相比差 3950 套，而住宅成交量仅差 75 套。

在过去 5 年内，最低年份为 2015 年呼和浩特新建商品房，成交仅 25806 套。

二、二手房成交表现

1. 整体情况

2020 年 1—11 月，呼和浩特二手房成交面积共 232.04 万平方米，较去年同期下降 0.88%；成交套数 26172 套，较去年同期下降 2.79%。其中，二手住宅成交面积 220.5 万平方米，较去年同期下降 0.03%；成交套数 24922 套，较去年同期下降 2.42%。

2020 年，呼和浩特二手房在经历了 1—9 月连续九个月的上涨后，10 月、11 月迎来下跌。

2. 年度走势

2020 年二手房的价格变化与新房价格相比增速略缓。二手房的定价受主观因素影响较大：不着急出手的业主，往往会等价格合适才会成交。

根据相关数据可以看出，2020 年呼和浩特新城区出售的二手房数量占呼和浩特总出售数量比列较少，只有 13.6%，出售数量较少；而赛罕区占 23.9% 和金川开发区 23.7%，出售数量较多；赛罕区和新城区平均房价比较高，在 12000 元 / 平方米以上。2020 年呼和浩特房价的总体趋势是比较平稳的，上下浮动的差价在 400 元左右，最高是在八月份为 11852 元 / 平方米，最低是在一月份为 11502 元 / 平方米。

一手楼盘的价格比二手房价格更透明一些。部分二手房房源价格与同区域内新房相差不大，消费者经过一番权衡，很可能会弃旧买新，因此在年底开发商放量较多的情况下，二手房交易量有所下降。

三、政策梳理

2020 年 2 月，呼和浩特下发《内蒙古自治区住房资金管理中心发布关于配合做好疫情防控的通知》，内蒙古自治区住房资金管理中心就新冠肺炎疫情防控期间部分公积金业务进行调整发布通知。其中，中心将新冠肺炎纳入大病提取住房公积金范围。同时还对疫情防控一线工作者给予政策支持。内蒙古自治区切实帮助市民减轻资金短缺等实际困难，渡过难关，为打赢疫情防控阻击战做出积极贡献。

2020 年 7 月，呼和浩特下发《关于禁止房地产开发企业收取代办服务费等有关事宜的通知》，进一步整治房地产市场乱象，现就禁止房地产开发企业及其委托的房地产中介机构收取代办服务费。首府向房地产企业代办服务费乱象"开刀",极大地整顿规范了呼和浩特中介市场。

2020年8月,住建局公布《进一步加强和规范商品房买卖合同网签事宜通知》,为规范房地产市场,促进房地产市场健康平稳发展,呼和浩特市住房和城乡建设局发出《进一步加强和规范商品房买卖合同网签事宜通知》,来维护商品房买卖双方合法权益。随着疫情的影响逐渐减小,复工复产进一步推进,面对政策以及市场环境的变化,房企债务方面压力稍大,这些举措无疑可以加快新建商品房网签速度,尽量加快库存去化,加快回款让企业资金流动,减缓房产市场压力,促进房地产市场平稳健康发展。

四、土地供应

1. 出让基本情况

2020年呼和浩特土地成交详情表

土地成交块数	土地成交面积(㎡)	土地成交总价(万元)
21	744950.243	562480.582
12	522029.109	570881.2003
1	19006.243	29483.7632
4	171191.199	106245.2934

2020年,呼和浩特土地成交40宗,包括30宗住宅兼商业用地、2宗纯住宅用地、1宗科研用地、1宗学校用地、2宗工业用地、1宗旅馆用地、3宗加油加气站用地,流拍16宗。房企圈地近128亿,地面价约为7735.47元/平方米,与2019年(7099.77元/平方米)相比,每平方米上涨超600元。相较于2019年的增长幅度300元/平方米,2020年涨幅仍在上升。

2020开年第一次土拍,保全庄区域一地难求,吸引多家一线房企报名竞拍,金地集团以15.1亿元成功竞得2020008地块,土地楼面价达到了6700元/平方米,其溢价率高达71%,打破中海铂悦府创下的6200元/平方米的纪录,成为呼和浩特新地王。赛罕区保全庄板块位于银河北街以南,兴安南路以东区域。该片区为呼和浩特较早进入城市改造的片区之一,前期已通过道路建设、城中村改造等进行拆迁。2020年被列入本年度内城中村征拆改造计划。

2. 开发商拿地情况

金地集团2020年拿下三宗地块,拿地总面积最高,共计234192.756平方米,当之无愧的2020年呼和浩特土拍市场最大赢家。2020年,中海和万锦均拿地两块,万锦以拿地总面积121511.252平方米位居第二。紧随其后的是中海,共计拿地面积103850.872平方米。

2020年开发商拿地排行前五房企

开发商	拿地宗数	拿地面积
金地集团	3	234192.756
万锦地产	2	121511.252
中海集团	2	103850.872
碧桂园集团	2	97440.375
泽信地产	2	91659.175

3. 未来预估

展望2021年的土地市场,2021年各项目大致会呈现两派,一派会加大优惠及实现快速销盘,另一派会绞尽脑汁提升房子价值,由于各家理念及状况不同,对于我们购房者有了更多的选择方向。

2021年的土拍重点或将会围绕赛罕区人民医院附近、金盛快速路、三环路等城市新规划及改造板块展开,城市的人群生活及商业群落也会由城市的总体规划而发生悄然的变化。作为我们共同关注的楼市,也希望大家在合适的市场契机,购得符合自己需求的爱巢,给自己的人生交上满意的答卷。

五、热点板块

近年来,在城市"东联、北控"整体发展布局下,新城区犹如一匹猛虎。呼和浩特科技城落地新城区、科尔沁快速路、北二环快速路、呼和浩特东站、地铁2号线等轨道交通建设运营,形成了立体交通网,此外教育建设更是突出，满小分校、北垣小学分校、九年一贯制新城区实验中学落地新城区。

毫沁营板块借助突出的区位优势优享政策红利，吸引数十家房企入驻，恒大地产、碧桂园、万达集团、泽信地产、华润置地、金地集团、富力地产、中海地产、伊泰置地等多家品牌房企布局20个项目有余，开盘捷报频频传出，成为众多青城人首选之地。2020年与2019年均是新城区土拍成交面积最多，紧随其后的是赛罕区，区位优势加上政策利好为该区域积攒了大量人气，新城区成为土拍热地毋庸置疑，目前毫沁营已形成群集效应。

从2020年拿地的已开盘或已公布案名的项目中，我们可以看到，不少房企都拿出了旗下的高端产品系，如泽信·云筑、万达·未来one、金地青峯里、融创玉兰·星宸。同时，亿利、金地、华润、中海等品牌房企在2020年上半年成功拿地后，动作迅速，产品发布会、营销中心开放、景观示范区开放等一系列举动不仅让企业扩大了影响力，更是让项目在呼和浩特市场上赢得了良好的口碑。这些均是"老呼市人"熟悉的品牌房企，2021年置业者们可着重关注。

六、用户心理

在特殊的2020年，购房者的心理产生了哪些变化？市场环境又出现了哪些新趋势？

乐居通过采访和实地调查发现，2020年对于首次置业的买家来说，观望情绪有所减少，成交需求在疫情过后集中爆发。据乐居采访的部分新房购房者表示：看了很多2020年开放的楼盘，基本是开的越晚价格越高。疫情过后房价并没有下降，原本打算再观望，结果房价每月都有所上调，基本是加推一次一个价，"早买早省心"成为2020年购房者的主流心态。

无房观望的受访者中，部分认为房价大幅上涨的可能性不大，总体趋势是小幅上涨。也有个别人认为，受疫情影响，房价可能出现下跌。

七、2021年展望

从市场角度看，预计2021年呼和浩特整体成交将延续2020年波动趋稳的态势，成交起伏平缓，呼和浩特楼市2021年一季度成交表现有望高于2020年的成交表现，整体成交量较2020年趋于上涨，二季度或将迎来"小阳春"，呈现爆发趋势，三四季度小幅度波动，但整体趋稳。

从房价上看，2021年预计房价整体变化不大，房价随着市场、政策变化略有起伏，但预计个别楼盘小幅度上升。网签成交数据爆发预计在二季度的"小阳春"和三季度"金九银十"。

从项目上看，2021年随2020年土拍锤音落地，各个房企开始了紧锣密鼓的项目规划与建设，值得期待金地集团第六子金地21峯、万达未来ONE、泽信云筑、中海河山郡第五子河山雅颂等项目入市，为首府楼市注入新活力。

数据来源：呼和浩特市住房和城乡建设局、呼和浩特市公共资源交易监督管理局。

在售楼盘一览

赛罕区

楼盘名称	价格	物业类型	主力户型
呼和浩特恒大御府	11000 元/m²	公寓、商铺	二居室 (47~128m²)
融创瀚海壹号	14700 元/m² 起	普通住宅、公寓、商业	三居室 (135m²)
永泰城御景二期	12600 元/m²	普通住宅	三居室 (108~135m²)
融创鹏辉·玉兰天宸	14500 元/m²	普通住宅	三居室 (126m²) 四居室 (156m²)
绿城·润园	14500 元/m²	普通住宅	三居室 (133~265m²) 四居室 (431m²)
秋实学院里	16000~18000 元/m²	普通住宅、自住型商品房	二居室 (77~82m²)
万锦领秀二期	11000 元/m²	普通住宅	三居室 (124~184m²)
金宇星城	13000~31000 元/m²	普通住宅、商业	二居室 (104.48m²) 三居室 (129.63~162.35m²)
陶然巷	13000 元/m²	普通住宅、商铺	二居室 (96~111.6m²) 三居室 (139m²)
恒大学府公馆	11000 元/m²	普通住宅、公寓	一居室 (51~61m²) 二居室 (85m²)
银都福邸	11000 元/m²	普通住宅、商铺	三居室 (134m²) 二居室 (86~134m²)
创联绿城·玖悦府	16000 元/m²	普通住宅	三居室 (135~230m²)
凯旋教育广场（丰州大厦店）	10000~11000 元/m²	公寓、商业	一居室 (88.139m²)
巨华开心果	13500 元/m²	普通住宅、公寓、写字楼、商铺、综合体	三居室 (109.41~184.67m²)
金隅丽港城	18000 元/m²	普通住宅、商铺	三居室 (82~139m²)
博尔顿广场	12000 元/m²	普通住宅、商铺、商住、综合体	一居室 (46.86~80.56m²)
金地·江山风华	12400 元/m²	普通住宅、商铺	三居室 (120m²) 四居室 (140m²)
呼和浩特恒大珺庭	14450 元/m²	普通住宅	三居室 (108~123m²)
呼和浩特亿利生态城	10500 元/m² 起	普通住宅	三居室 (133.61~165.09m²)
恒大未来城	12800 元/m²	普通住宅、公寓	三居室 (123~142m²)
万锦云玺	12500 元/m²	普通住宅	三居室 (133~157m²)
中实·玺樾府	17000 元/m²	普通住宅、商铺	三居室 (132~155m²)
融创鹏辉玉兰星宸	13800 元/m²	普通住宅	三居室 (125m²)
金地青峯里	尚未公布	普通住宅、商铺	二居室 (89~125m²)
秋实·知行广场	11000 元/m²	公寓、写字楼、商铺、商业	一居室 (49~65m²)

新城区

楼盘名称	价格	物业类型	主力户型
恒大御景湾	13300 元/m²	普通住宅	三居室 (129m²)
呼和浩特恒大城	13000 元/m²	公寓	三居室 (104.73~120.92m²)
中海河山大观	15000 元/m²	普通住宅	三居室 (98~143m²)
富力尚悦居	12000 元/m²	普通住宅	三居室 (110~145m²)
金地名峰	12000 元/m²	普通住宅	三居室 (89~125m²)
松江左右城	10652 元/m² 起	普通住宅、商业	三居室 (111~150m²)
鼎盛华广场四期	13500 元/m² 起	普通住宅	三居室 (115.92~148m²)
巨华·紫光园	19000 元/m²	普通住宅、公寓、写字楼、商铺	二居室 (90~133m²)
呼和浩特恒大悦府	12700 元/m²	普通住宅	二居室 (104~163m²)

新城区

楼盘名称	价格	物业类型	主力户型
金悦中心	13000 元/m²	普通住宅、公寓、商铺	二居室 (88m²) 三居室 (110~129m²)
华润置地幸福里	9000 元/m² 起	普通住宅	二居室 (90~92m²) 三居室 (128m²)
兴泰东河湾	10500 元/m²	普通住宅	三居室 (110~150m²)
水岸十里	16000 元/m²	普通住宅	四居室 (181.77~218.75m²)
舜和慢城三期	11000 元/m²	普通住宅、写字楼、商铺	三居室 (116~134m²)
亲亲尚城	13500~21000 元/m²	普通住宅、公寓、商住	三居室 (135.94~136.65m²)
东河院子	尚未公布	普通住宅、别墅	三居室 (103~127m²)
北国风光天建城	11800 元/m²	普通住宅、公寓、综合体	二居室 (97.5~120m²) 三居室 (155.29m²)
科宇世纪苑	9500 元/m²	普通住宅	三居室 (110.74~140.41m²)
奈伦国际C座公寓	13000 元/m²	公寓、商住	二居室 (50~165m²)
海东慢城	18000 元/m²	普通住宅、公寓、商业	三居室 (101.13~129.27m²)
盛世国际	8900 元/m² 起	普通住宅、公寓、酒店式公寓、商铺	三居室 (107~108m²)
富恒东MALL中心	13000 元/m²	公寓	一居室 (47.48~61.37m²)
名都和景	12000~13000 元/m²	普通住宅、公寓、别墅、酒店式公寓、商铺	一居室 (46.70~86.73m²)
元泰汗府	12500 元/m²	普通住宅	三居室 (120.05~192.98m²)
水岸小镇	8800 元/m²	综合体	二居室 (360m²)
华润置地紫云府	11600 元/m² 起	普通住宅、商铺	二居室 (85~114m²) 三居室 (140m²)
华润置地幸福里·润府	10436 元/m² 起	普通住宅	三居室 (87~129m²)
中海河山大观	13500~14000 元/m² 起	普通住宅	四居室 (143~177m²)
伊泰华府晴翠	12500 元/m²	普通住宅	三居室 (108~136m²) 四居室 (151m²)
绿地城西区	13000 元/m²	普通住宅、公寓、别墅	二居室 (93~168m²)
内房投东望	尚未公布	普通住宅、公寓、商住、综合体	三居室 (96~164m²)
碧桂园·星作	尚未公布	普通住宅、公寓、商铺	二居室 (85~142m²)

回民区

楼盘名称	价格	物业类型	主力户型
祥生城	9800 元/m²	普通住宅、公寓、商铺	二居室 (84~143m²)
恒大翡翠华庭	12000 元/m²	普通住宅、公寓、酒店式公寓	一居室 (43~79m²) 二居室 (83.34~111.88m²) 三居室 (152.64m²)
城发绿园	9700 元/m²	普通住宅、公寓、商铺	二居室 (91.63~98.38m²) 三居室 (115.58~133.34m²) 四居室 (136.81~152.23m²)
祥生·东方樾	21000 元/m²	普通住宅、自住型商品房	二居室 (90m²) 三居室 (118~142m²)
中铁诺德龙湾	10500 元/m²	普通住宅	三居室 (120~143.86m²)
金海国际五金机电城	10000 元/m²	公寓、写字楼、商铺	一居室 (60.77m²) 二居室 (125m²)

回民区

楼盘名称	价格	物业类型	主力户型
万博华景	9800 元/m²	普通住宅	二居室 (91.7m²)
慧谷臻园	11000 元/m²	普通住宅、自住型商品房	二居室 (89m²) 三居室 (126~140m²) 四居室 (160m²)
金海壹中心	7000 元/m²	公寓、写字楼	一居室 (61.77m²) 二居室 (128.19m²)
时光城	8500 元/m²	普通住宅	二居室 (85.14~114.20m²) 三居室 (116.67~145.70m²)
呼和浩特富力华庭	9888 元/m²	普通住宅、商业	三居室 (143~173m²) 四居室 (199m²)
大境	9500 元/m²	普通住宅	一居室 (56.97m²) 二居室 (56.97~114.38m²) 三居室 (135m²)
慧谷上品	10000 元/m²	普通住宅	三居室 (119~126m²)
城中九著	9500 元/m²	普通住宅	三居室 (96.64~120.82m²) 四居室 (137.15m²)

玉泉区

楼盘名称	价格	物业类型	主力户型
紫云锦都	9500 元/m² 起	普通住宅	二居室 (58.7~92m²)
富力天禧城	9200 元/m²	普通住宅、商铺	二居室 (85m²) 三居室 (116m²)
金地名京	10500 元/m²	普通住宅、商铺	三居室 (117~125m²) 四居室 (140m²)
亿利澜庭	8775 元/m² 起	普通住宅、公寓	四居室 (78~100m²)
远鹏香林郡	9100 元/m² 起	公寓、自住型商品房、商业	二居室 (89.51~132.09m²)
金宇新天地	13000 元/m²	普通住宅、公寓、写字楼、商铺、综合体	其他 (58.57~63.6m²)
桃花岛	22000~23000 元/m²	普通住宅、商铺	二居室 (95.84m²) 三居室 (118~156.98m²)
鼎盛国际	尚未公布	普通住宅、公寓	二居室 (67~98.56m²) 三居室 (103~148.2m²)
内蒙古华美汽配城	12000 元/m²	商铺	二居室 (103~132m²)
富贵国际	10000 元/m²	普通住宅、公寓、写字楼、酒店式公寓、商住	二居室 (120m²) 三居室 (134~146m²)
巨华·融华汇	9800 元/m²	公寓、商业	二居室 (41.72~165.14m²)
汇博园	6800~8800 元/m²	普通住宅、公寓	二居室 (50.6~120m²) 三居室 (139.5m²)
天福·九熙府	9800 元/m²	普通住宅、公寓、商业	二居室 (70~93m²) 三居室 (125m²)
中梁中朵·拾光里	7888 元/m²	普通住宅	二居室 (85m²) 三居室 (119m²)
万锦·水云天	10800 元/m²	普通住宅	二居室 (82.63m²) 三居室 (100.32~133.51m²)

如意区

楼盘名称	价格	物业类型	主力户型
伊泰华府云玺B区	17517 元/m²	普通住宅	四居室（173~266m²)
泽信青城	尚未公布	普通住宅、写字楼、商铺	三居室 (118~164m²) 二居室 (96~164m²)
伊泰华府云玺	37000 元/m²	普通住宅	三居室 (123~159m²) 四居室 (163~223m²)
金隅环球中心	18000 元/m²	公寓、写字楼、商铺	二居室 (65~83m²) 复式 (56~100m²)
伊泰华府世家	25000 元/m²	普通住宅	四居室 (325~545m²) 复式 (416m²)
新华联雅园	16000 元/m² 起	普通住宅、商铺	二居室 (92.3~156.7m²)
万铭总部基地	13000~16500 元/m²	公寓、写字楼、商铺	三居室 (208.71~307.38m²)

如意区

楼盘名称	价格	物业类型	主力户型
华茂名居	13000 元/m²	普通住宅、公寓、写字楼、商铺	二居室 (93.06~118.82m²)
金泰中心	7888 元/m² 起	写字楼、商铺	四居室 (226~287m²)
麦迪逊花园	16000~21000 元/m²	普通住宅、公寓、别墅	三居室 (249.81~638m²)
东岸国际	25000 元/m²	普通住宅	二居室 (220m²)
中朵中心	17000 元/m²	公寓、写字楼、综合体	一居室 (50.36m²)
观山悦	18000 元/m²	普通住宅	三居室 (180~249.38m²)
御苑	520~1800 万元/套	别墅	别墅 (73~165m²)
中南·璞樾府	13000 元/m²	普通住宅	三居室 (120~150m²)

金川区

楼盘名称	价格	物业类型	主力户型
万枫·美利山	6200~6500 元/m²	普通住宅	三居室 (107~109m²)
东方国际城	7000 元/m²	普通住宅、公寓、商住、综合体	二居室 (90.04~93.54m²) 三居室 (93.54~146.64m²)
金刚小区	6800 元/m²	普通住宅、商住、商业	三居室 (121.12m²)
金华学府	6300 元/m²	普通住宅、商铺	二居室 (68.43~125.97m²) 三居室 (135.69m²)
溪峰尚居二期	5200 元/m²	普通住宅	三居室 (84.45~121.83m²)
巨能澳东	5800 元/m²	普通住宅	二居室 (89m²) 三居室 (131m²)

金桥区

楼盘名称	价格	物业类型	主力户型
云洲熙府	8600 元/m²	普通住宅、商铺	二居室 (81~86.03m²) 三居室 (115.26~115.83m²)
城发·金牛座	9200 元/m²	公寓、写字楼、酒店式公寓、商铺	一居室 (48~76.31m²) 二居室 (90~91.65m²)
玖都公馆	12000 元/m²	公寓	二居室 (39.8m²) 三居室 (60~68m²)
富城大厦	9500 元/m²	普通住宅、商铺	二居室 (87.05~113.61m²)
香榭花堤	9500 元/m²	普通住宅、别墅	二居室 (92m²) 三居室 (106~144.59m²)

和林格尔新区

楼盘名称	价格	物业类型	主力户型
恒大金融小镇	9000 元/m² 起	普通住宅、写字楼、商业	三居室 (102.23~131.92m²)
呼和浩特恒大文化旅游城	7588 元/m²	普通住宅	二居室 (89m²) 三居室 (125m²)
卓越新城	2900~3700 元/m²	普通住宅	二居室 (97.67m²) 三居室 (110~130m²)
御景花园	3800 元/m²	普通住宅	二居室 (76.19~99m²) 三居室 (118.28~126.4m²)
呼和浩特恒大养生谷	7900 元/m²	普通住宅、公寓、商业	三居室 (105m²)
塞尚云科	6100 元/m²	普通住宅、别墅	二居室 (102.2m²) 三居室 (140.6m²)

典型项目

富力天禧城

`呼和浩特` `富力地产` `生态宜居` `两河一湖` `智慧社区`

项目地址：
呼和浩特市玉泉区云中路与银河南街交会处西行东行800米

开发商：
呼和浩特富润房地产开发有限公司

产品特征：
普通住宅、商业

参考价格：
9200元/平方米

主力户型：
约85平方米两居、约116平方米三居

物业公司：
北京恒富物业

5公里生活配套：
小黑河、南湖湿地公园、大召、美通批发市场、凯德商圈、恒大绿洲商业体、第一医院

专家点评 蒋忠贵·蒙马财经总编辑

富力天禧城临近呼和浩特市最大的南湖湿地公园，紧邻环城水系小黑河，享有丰富的自然生态资源。小区自身的高绿化率和人工湖规划，是城市少有的宜居鲜氧住区。「好产品」「居住舒适」等标签成为购房者对楼盘最多的评价。

扫码观看楼盘详情

项目测评

【战略意义】
2017年富力地产进驻呼和浩特，到目前四盘联动，布局首府四个区。富力地产遵循城市发展脉络，富力天禧城择址城南玉泉，标志着富力地产正式进军城南，以全新姿态打造85~121平方米F——HOME健康智慧社区，在当地广受好评。

【园林景观】
以生态自然、全龄社区、艺术品质三大全景生活体系为核心设计理念，匠筑五维花园、生态景观会客厅等多维景观规划；自建1800平方米中央湖景、老年康养中心、儿童活动中心。

【市场口碑】
2020年9月项目首开，开盘当日所推房源去化85%。在日后的多期开售中，去化率均高达95%以上。"好产品""居住舒适"等标签成为购房者对楼盘最多的评价，被称为"一座城市中的公园，公园中的舒适住宅"。

【物业服务】
富力自持物业北京恒富物业服务有限公司，全国物业服务排名第8名，被广大富力天禧城业主认可。物业费2.3元/平方米/月，堪称物美价廉，而物业工作人员尽职尽责的态度也备受好评。

【区域地段】
富力天禧城择址玉泉区，南湖湿地公园北侧，紧邻小黑河，自然资源丰富，同时靠近南二环，交通畅达。毗邻南二环快速路、机场快速路、三环快速路，距玉泉区政府仅4公里，美通批发市场、凯德嘉茂购物中心、中山路商圈近在咫尺。

【教育资源】
自建3150平方米9班幼儿园拥爱塔东分校，距中央民族大学附属中学仅1.8千米；12年公立教育体系，全龄教育矩阵。周边更有玉泉区实验幼儿园、内师大二附中、内蒙古大学南校区等教育资源。

【楼栋规划】
小区占地面积约5.6万平方米，规划总户数1107户，包含6栋高层，层数24、26层，一梯两户。车位1178个，4栋商业，1栋幼儿园，容积率仅2.2，小区绿地率约35%，近百米的楼间距提高每个居室的采光度和私密性。

【品牌描述】
富力集团成立于1994年，总部位于广州。经过20余年高速发展，已成为以房地产开发为主营业务，同时在酒店发展、商业运营、文体旅游、互联网产贸、医养健康、设计建造及创新服务平台等领域多元发展的综合性集团。

【主力户型】
富力天禧城主力户型为建筑面积85平方米舒适两居。国标户型，格局方正，独立玄关，南北通透，动静分离，舒适宜居。主卧飘窗设计视野开阔、次卧空间开敞，连厅设计空间布局利用高。

【购物娱乐】
距玉泉区政府仅4公里，地处嘉茂商圈，汇集了嘉贸购物中心、华联超市等商业设施，可满足不同居住地的中等收入消费者的需求，凯德也是唯一一家进驻内蒙古的外资地产商。项目周边享有美通批发市场、中山路商场，繁华生活，触手可得。

城市地产篇

万枫·美利山

| 呼和浩特 | 万枫 | 生态宜居 | 两河一湖 | 智慧社区 |

项目地址：
呼和浩特市金川开发区西三环与金海路交会处路南300米

开发商：
内蒙古万枫房地产开发有限公司

产品特征：
高层、小高层住宅

参考价格：
高层6500元/平方米、小高层均价6200元/平方米

主力户型：
约107~109平方米三居

物业公司：
呼和浩特市福万佳物业服务有限公司

5公里生活配套：
伊利健康产业园区、苏虎街小学新校区、呼市二中分校、呼市三中分校、雅阁购物中心、呼和浩特市第一医院金川分院

专家点评 张文清·内蒙古商会会长——

万枫·美利山项目作为呼和浩特市西部金川城市居住群的开山之作，有重要的历史意义和区域发展的促进作用，为呼和浩特市西部建设奠定了坚实的基础。同时，万枫美利山项目的优秀品质，也为区域生活品质的提高做了良好的榜样。

扫码观看楼盘详情

项目测评

【战略意义】
万枫·美利山作为西部城区建设的重点工程，为西部城区城市群分发展奠定了基础，为区域的快速发展吹响了号角。同时，起先进的居住理念和规划理念，为周边区域品质做了积极的榜样，也为呼市城西居住群构建了标准。

【市场口碑】
2020年10月，项目首期预售648套商品房，仅三个月去化512套，销售额高达3.12亿元，"好户型""品质社区"等标签成为购房者对楼盘最多的评价。

【楼栋规划】
小区占地面积约8.6万平方米，规划总户数1556户，包含7栋小高层和5栋高层，整体楼栋设计由南向北依次递进。其中小高层楼高18层，高层楼高25层。

【主力户型】
约107、109平方米全明三居，远超同类户型的升级体验，一些设计处理非常超前；南北通透、全明设计、干湿分离、L形厨房。客厅面宽约4.1米，整体格局近乎方正，动静分区，布局合理，保证空间利用大幅提升。

【园林景观】
万枫·美利山拥有呼和浩特市西城区首屈一指的园林绿化，项目绿化率超35%。以当地的自然条件为依托，考察周围的建筑和环境特征后才进行构图设计，同时将整体意识、景点布置、水系植被融入现代人居。

【自建配套】
万枫·美利山准备引进一所国际双语幼儿园，可以满足整个社区及周边居民的幼儿教育问题。幼儿园未来将规划现代化的专业活动室、音体教室、图书资料室、保健室、教研室等。

【物业服务】
推出以管家为核心的全新项目管理模式，服务标准化、专业专注、温暖温馨。从传统物业对"物"的管理向"人"的服务转变，最终为业主实现对家的打理。运用管家模式打造高效、快速地对客渠道，借力微信平台用户基数，实现"点对点，一对一"精准承接。

【交通出行】
项目属于金海高架和西三环高架的交会点，距三环高架桥上下口仅300米，距金海高架桥上下口仅800米，出门即可上高架。项目周边还有多条公交线路，包括K5路、8路、51路、64路、79路、89路、303路等。

【教育资源】
近邻农大附小（800米）、苏虎分校、二中分校、三中分校、金川实验学校、内蒙古农业大学附属中学（800米）、内蒙古工业大学等多所学校。农大附小是目前内蒙古唯一一个进入全国小学300强的学校。

【独有特色】
万枫·美利山将打造智慧社区，以服务社区业主为中心，依托互联网和物联网应用等先进科技技术，实现业主居家生活、物业服务、社区服务系统等智能化管理。

中南·璞樾府

| 呼和浩特 | 中南 | 生态宜居 | 两河一湖 | 智慧社区 |

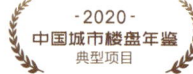

项目地址：
呼和浩特市如意和大街与科尔沁快速路交会处向南100米路东

开发商：
内蒙古林江置业有限公司

产品特征：
高层住宅

参考价格：
均价13000元/平方米

主力户型：
120~150平方米三居

物业公司：
绿城物业

5公里生活配套：
赛罕区民族小学、民族中学、敕勒川绿地小学、敕勒川实验中学、草原丝绸之路文化主题公园、医科大二附院

专家点评 蒋忠贵·蒙马财经总编辑

中南璞樾府是中南菩悦首进呼和浩特市开发的第一个项目，建筑风格采用斯特恩大都会风格，规划设计采用东方围合多重式院落空间和西方古典对称式轴线布局相结合的规划理念，全部为电梯独立入户全明户型，打造优质居住空间。

项目测评

【战略意义】
中南·璞樾府作为中南首进内蒙古的重要作品，按照国内一线城市品牌标准打造、设计园林景观。高品质、低密度的TED社区，以及双阳卧、大宽厅、落地窗的户型，均在当地广受好评。

【区域地段】
中南·璞樾府项目位于赛罕区如意开发区。如意开发区是国家级经济技术开发区，经过多年发展形成了行政、商务、金融、文化教育、交通枢纽、生态绿化等六大中心聚集地。94家行政单位落户于此，是呼和浩特市政务的核心区域。

【楼栋规划】
项目总占地面积为4.3万平方米，建筑面积约为20万平方米，整体规划9栋高层，沿西侧规划三栋围合公寓，底部打开形成开放式街区，东侧沿河布置景观公寓；5栋住宅南北布局，形成约1.3万平方米的大尺度中央景观。其中5号楼为总高12层的小高层住宅，6号楼至9号楼为总高18层的高层住宅。

【主力户型】
中南·璞樾府主力户型为120平方米、135平方米、150平方米三居。135平方米三室两厅两卫，全部设计为电梯独立入户、全明户型，拥有双阳卧、大宽厅、落地窗，采光佳，户型舒适度强。

【园林景观】
项目按照国内一线城市品牌标准打造、设计园林景观。通过周边多层灌木的围合，打造自然认知板块，同时为业主提供社区内健身活动多功能复合场地，设置羽毛球场、乒乓球场，具有老人健身、休闲观景等功能。

【自建配套】
在8号楼南侧设计有水岸客厅，将成为未来业主活动的户外场所空间。在9号楼南侧设计"童话·幻彩乐园"，通过功能与美感并存的塑胶铺装，并结合安全且趣味的儿童器械，来打造儿童游乐场。

【物业服务】
绿城物业成立于1998年10月，曾多次获得"中国物业服务百强满意度领先企业"第一名、"中国物业服务综合实力百强企业"第二名、"中国物业服务百强企业服务规模TOP10"第二名等殊荣，得到业内高度认可。

【交通出行】
项目周边交通路网四通八达，呈现三横三纵立体交通布局。"三横"是呼和浩特市迎宾大道新华大街，贯穿呼和浩特市东西的海拉尔大街（金海快速路），以及南侧的鄂尔多斯大街；"三纵"指东二环，万通路以及西侧紧邻的科尔沁快速路，可畅达全城。

【品牌描述】
中南集团位列中国房地产企业16强，中国建筑企业500强第8名。中南菩悦是由菩悦资产携手中南建设共创的创新地产平台，总部位于上海，以"善筑"为开发理念，以"善筑石木者木石筑善"为行为准则，潜心打造好产品，在上海、西安、宁波、温州、长沙等城市都有开发项目。

【设计风格】
项目整体采用斯特恩大都会风格，整体规划设计风格采用东方围合多重式院落空间和西方古典对称式轴线布局相结合的规划理念，融合时尚艺术，缔造舒适人居体验，打造全时段、全人群、全功能性的优质居住空间。

金地·江山风华

| 呼和浩特 | 金地 | 区域中心 | 地铁沿线 | 百万平方 |

项目地址：
呼和浩特市赛罕区呼伦贝尔南路与帅家营路交会处南行 300 米

产品特征：
普通住宅、商业

项目规划：
占地面积：292627 平方米；容积率：2.6；总户数：6578 户

主力户型：
约 120 平方米三居、约 140 平方米四居

参考价格：
12400 元 / 平方米

入选理由 刘方·乐居呼和浩特主编

呼和浩特百万量级大盘，项目紧邻地铁 2 号线帅家营站、距离不到百米。住宅全装产品，其中数十项细节都针对人体工学设计，新风系统能够 24 小时焕新空气，内部设有内蒙古首个全龄段「玩呗」景观系统社区。

核心优势：
项目位于赛罕区呼伦贝尔南路与帅家营交会处，北侧是小黑河，南边是和林格尔新区，是老城与新城交会的板块，也是呼和浩特与未来连接的潜力板块。项目北侧就是政府斥资 20 亿元打造的小黑河景观带，另外，锡林公园、金地斥资打造的体育公园，都能方便业主未来散步、健身等需求。值得一提的是，金地·江山风华引入的 12 年阶梯制教育体系，涵盖区域内排名前三的小学和重点中学。项目旁政府规划的赛罕区人民医院已经动工。另外，项目自有的商业街区，形成多元业态一站式生活圈。

永泰城御景二期

| 呼和浩特 | 永泰 | 交通便利 | 学府大宅 | 醇熟商圈 |

项目地址：
呼和浩特市赛罕区南二环与兴安南路交会处西南角

产品特征：
普通住宅

项目规划：
占地面积：34000 平方米；容积率：2.49；总户数：741 户；
包含 4 栋高层，高层楼高 31~34 层，一梯两户

主力户型：
约 108 平方米三居、约 135 平方米三居

参考价格：
12600 元 / 平方米

入选理由 刘方·乐居呼和浩特主编

作为呼和浩特市赛罕区的住宅项目，永泰城自建大商业配套，生活元素更丰富。永泰城御景二期糅合生活特色建造文化与现代时尚元素，产品类型丰富，地段繁华热闹，周边商圈众多，交通、医疗、教育等配套优势明显。

核心优势：
永泰城御景二期乃永泰房地产集团住宅板块全新力作，规划为低密度舒适型产品；户型方正，约 142 平方米户型拥约 6.8 米奢阔宽厅、约 108 平方米户型拥约 6.6 米朗阔宽厅、约 135 平方米户型拥约 5.5 米百变宽厅。项目周边学校在侧，是真正的学府大宅；公共交通配套完善，位于呼和浩特市赛罕区南二环与兴安南路交会处西南角，据守主动脉南二环快速道，紧邻兴安南路、南邻双台什大街 / 包头大街主干道，西邻后巧报路，快捷抵达火车站及白塔机场；周边分布公交路线 88 路、78 路、66 路等。临近武警医院、伊生泰妇产医院、呼和浩特市蒙中医院，从旁守护全家健康；社区成熟底商、凯元广场、金游城、七巧国全龄商圈环绕，吃喝玩乐一应俱全。

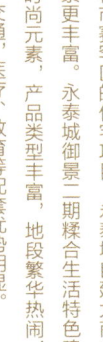

兰州

市场总结

一、新房成交表现

1. 整体情况

2020年，兰州新房价格略有下行的趋势，1月房价最高，为10960元/平方米；8月房价最低，为10128元/平方米。9月成为后半年的转折点，或是受"金九银十"黄金销售月的影响，为后半年房价的高点，均价10521元/平方米。

2. 年度走势

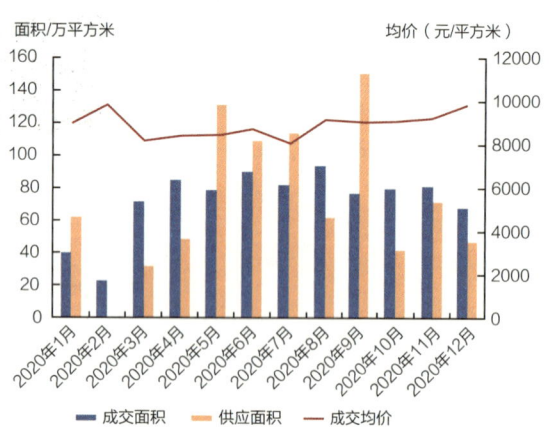

2020年度兰州房地产市场住宅成交均价及成交面积走势图

2020年因新冠肺炎疫情影响，一季度兰州房地产市场成交量严重滑坡；随着疫情逐渐得到控制，在2020年4—5月，兰州房地产市场如原有市场预期相同，出现了一个短周期的市场窗口期，市场成交量快速提升，究其原因主要有几个方面：

（1）一季度市场需求因疫情原因被抑制，疫情得到控制后，市场需求被快速释放。

（2）三级市场疫情期间基本停滞，无法交易，导致大量三级市场客户涌入新房市场。

（3）多家房企启动促销手段（变相降价等手段），大量吸引客户成交。

2020年6—8月，随着疫情得到控制，兰州楼市逐步恢复平稳，价格逐步回升，但因上半年各家房企的去化情况并不乐观，导致市场供应增加，竞争逐步加剧。直至9月，随中海、富力、华润等项目的入市开盘，兰州市场再次呈现繁荣景象，量价齐升。

截至2020年12月30日，兰州房地产住宅市场总成交套数约7.28万套，成交面积约835万平方米，总成交金额约为720亿元，与2019年相比，兰州楼市仍处在上升期。

二、二手房成交表现

1. 整体情况

2020年，兰州二手住宅销售价格从环比涨幅来看，保持了稳中有涨的趋势。由于2020年疫情影响，使得兰州二手房价格1—4月呈现V字形走势，但随着疫情得到有效控制，最终趋于平稳，并且有所增长。

2. 年度走势

二手房1—8月房价除3月略降外，其他月份均在上涨，8月房价达到全年峰值，为12561元/平方米。9—12月一直有所波动，但幅度不是很大。1月房价为最年最低，每平方米11732元，12月房价最高，为13114元/平方米。

三、政策梳理

2020年4月15日，兰州市政府办公室下发《关于进一步深化城镇住房制度改革完善住房供应体系的实施意见》。该意见明确指出，兰州市将以实现全市人民住有所居为目标，加快构建多主体供给、多渠道保障、租购并举的住房制度，逐步解决好住房发展不平衡、不充分问题。因域施策、精准调控，根据市场运行情况，调整商业地产贷款的首付款比例，由现行的 70% 调整为 50%。全面加强商品房买卖合同、存量房买卖合同、房屋租赁合同和房屋抵押合同网签备案工作。分析认为，此次调整对商业地产去库存和刺激此类物业交易给予更强有力的支持，将进一步加强商品房预售资金和存量房交易资金监管。

2020 年 8 月 10 日，兰州新区实行了"零门槛"的落户。进一步放宽落户条件后，持有兰州新区公安局签发的有效居住证，流动、暂住人口可随时落户，有随迁人员的，提供户口簿、结婚证、出生证明等关系证明材料即可落户。在新区各院校就读的学生，学校出具注明就读学生姓名、性别、民族、身份证号码、班级、专业等信息的落户介绍信，持本人身份证明随时可落学校集体户。

2020 年 9 月 7 日起，兰州住房公积金管理中心针对现行公积金最高贷款额度不能完全满足部分职工购房贷款需求的实际情况，在充分调研与试点的基础上，在全市推出"住房公积金 + 商业银行"组合贷款业务。该项业务的推出，将有效解决我市广大缴存职工购房贷款资金不足的问题，真正让公积金更加惠民、利民。

四、土地供应

1. 出让基本情况

2020 年兰州市成功出让土地达 781.05 公顷。其中，城关区成功出让土地 313.41 公顷，安宁区出让 18.64 公顷，七里河区出让 64.84 公顷，西固区出让 21.2 公顷，红古区出让 7.99 公顷，兰州新区出让 155.70 公顷，皋兰县出让 60.56 公顷，榆中县出让 76.14 公顷，永登县出让 59.57 公顷。

与往年不同的是，城关区成为成功出让土地最多的区域，占据兰州 2020 年全年土地成功出让量的 40%，其中城关区青石片区占绝大部分。兰州新区位列第二，大约是城关区土地出让量的一半，两者相差较远。除第一季度外，兰州各季度的土地出让数较为平衡。

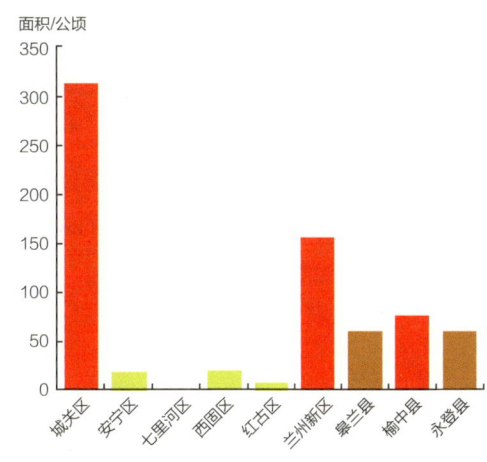

2020 年兰州市成功出让土地

2. 开发商拿地情况

50 家代表房企在兰州累计拿地规划建筑面积高达 944 万平方米。

2020 年兰州开发商拿地详情表

月份	开发商	地块面积（单位/亩）	地块所属区域	成交金额约（单位/亿元）
1	绿城	107	高新区定连园区	1.44
4	中海	19.661	七里河	1.8
	甘肃中恒	126.5	皋兰县	0.26
6	新城控股	122	安宁区	10.059
	恒大	/	青白石	64.606
9	万科	718	皋兰县	2.79
11	绿地	157.5	西固区	4.787

2020 年 1 月，绿城以 1.44 亿元拿下兰州高新区定连园区宗地，至此绿城正式落地兰州；4 月，中海 1.8 亿元摘得七里河 G1902 号地块总计 19.661 亩，用于建设中海铂悦公馆项目；紧接着富力地产首进兰州，耗资 15 亿元拿下安宁中央商务区 157.7 亩地，打造富力·兰州 CBD；新城控股集团以 10.059 亿元拿下兰州安宁中央商务区三宗土地约 122 亩，建设安宁吾悦广场；6 月，甘肃中恒地产拿下皋兰 3 宗土地，约合 126.5 亩。恒大集团青白石拿地建设恒大文旅城项目。11 月，绿地集团西安置业有限公司拿下西固区广家坪三宗地，合计

157.5亩。

3. 未来预估

2021年兰州房地产市场的关注度更多地集中在新晋片区，譬如城关区的九州、青白石文旅城、七里河区的彭家坪华润，保利、紧邻安宁的生态文创城各楼盘等，这些区域因其交通、配套等各方面存在很大的进步空间，打算在此置业的人也会越来越多。

五、热点板块

2020年，兰州商品房热点板块主要集中在，城关区、安宁区、榆中区三个区域。从分布来看，2020年1—12月兰州商品住宅销售面积最大的区域为城关区，销售面积为220.82万平方米，12月安宁区和榆中区商品住宅销供比均超过1，市场活跃度较高。

六、用户心理

受疫情影响，2020年上半年，房产中介门店基本关闭，房市面临考验，住宅销售量也较少，随着疫情逐渐得到控制，房价及销量逐渐有所增长。

一家房产中介的置业顾问小王表示，疫情初期，市场低迷，尽管房价有所下降，但大多数人都处在观望状态，成交量并不理想。随着疫情好转，置业顾问们主动出击，挖掘潜力客户，房地产市场逐渐好转。据了解，因外地来兰州打工的年轻人对租房的需求也渐渐增大，购买或租赁80平方米左右房产的年轻人居多。

七、2021年展望

2021年，预计兰州房地产市场的成交量与2020年相比将保持稳定，不会有太大幅度增长。城关区、七里河区、安宁区、兰州新区、榆中县等地区成交量将会持续增长。受政府"房住不炒"调控政策影响，2021年兰州主城区商品房价格以及成交量相比于2020年总体会上涨，但涨幅较小。

随着兰西城市群及"精致兰州"建设的深入推进，榆中生态创新城建设全面铺开，5平方公里核心示范区基础骨架加速构建，"一心两翼多点"城市发展格局的不断深化，未来，兰州的城市发展空间将得到新的拓展，兰州的房地产市场将大有可为。

数据来源：克尔瑞、CREIS中指数据。

在售楼盘一览

安宁区

楼盘名称	价格	物业类型	主力户型
富力·兰州CBD	约15000元/m²	普通住宅、写字楼、公寓、商铺、综合体	二居室(82m²) 三居室(108~148m²)
天庆山河一品	约18500元/m²	普通住宅、公寓	复式(362m²) 五居室(257~362m²)
保利领秀山	约6800元/m²	普通住宅、公寓、别墅	二居室(83~169m²) 三居室(169~327m²)
荣光·崴廉国际	约13000元/m²	公寓	一居室(52~67m²)
安宁碧桂园	约13200元/m²	普通住宅、商铺	三居室(107~138m²) 四居室(143m²)
兰州万科城	约7900元/m²	普通住宅	三居室(93~140m²) 四居室(135~140m²)
碧桂园·公园上城	约7500元/m²	普通住宅	三居室(106~128m²) 四居室(129~140m²)
荣光崴廉公馆	约10000元/m²	普通住宅、商铺	三居室(168m²)
嘉盛宁和园	约13500元/m²	普通住宅	三居室(145~147m²)
万科璞悦澜岸	约14200元/m²	普通住宅、商铺、商住	三居室(143m²) 四居室(165m²)
文鑫时代星空	约12500元/m²	普通住宅	三居室(122~124m²)
德源府	约11900元/m²	普通住宅	二居室(110m²) 三居室(166m²)
嘉盛兰州文化中心	约15500元/m²	普通住宅、公寓、商铺	一居室(48~55m²) 二居室(75~130m²)
西港星汇国际	约12000元/m²	普通住宅、公寓、写字楼、商业	二居室(93.72m²) 三居室(106~155m²)
盛达公馆	约14000元/m²	普通住宅、商铺	二居室(98m²) 三居室(121~131m²)
华远三千院	约6500元/m²	普通住宅、别墅	三居室(102~128m²)
兰州安宁吾悦广场	约13000元/m²	普通住宅	三居室(126~146m²) 四居室(168m²)
天宝世纪	约12500元/m²	普通住宅、商住、商业	尚未公布
嘉盛嘉和园	尚未公布	普通住宅	二居室(88~97m²) 三居室(109~118m²)
傲润·天顺祥	约7800元/m²	普通住宅、商铺	二居室(87~94m²) 三居室(104~137m²)

城关区

楼盘名称	价格	物业类型	主力户型
兰州环球中心	约24000元/m²	普通住宅、写字楼、酒店式公寓、商铺	尚未公布
华润置地二十四城	约14500元/m²	普通住宅、商铺、综合体	三居室(105~140m²)
中海·寰宇天下	约15800元/m²	普通住宅	三居室(103~128m²) 四居室(142m²)
甘肃中集·一英里	约8700元/m²	普通住宅	一居室(58m²) 二居室(79m²) 三居室(96m²)
海德堡·青年特快	约23000元/m²	普通住宅、公寓、商住	一居室(38~58m²)
轨道·城市曙光	约14400元/m²	综合体	二居室(73~111m²) 三居室(127m²)
扶正太和上城二期	约11500元/m²	普通住宅、商铺、商住、商业	尚未公布
万科璞悦臻园	约15000元/m²	普通住宅	三居室(105~120m²) 四居室(143m²)
兰碧文璟城	约7866元/m²	普通住宅、别墅、写字楼、商铺、商业	三居室(96~116m²) 四居室(151m²)
兰州碧桂园	约7866元/m²	普通住宅	三居室(92~116m²) 四居室(151m²)
银河国际居住区三期	约9800元/m²	普通住宅	二居室(98~102m²) 三居室(103~141m²) 四居室(142~148m²)
天庆天诚丽舍文教楼	约12000元/m²	普通住宅	三居室(117.56m²)
恒大绿洲二号院	约9000元/m²	普通住宅	三居室(94~130m²)
金融府	约15000元/m²	普通住宅、商铺	三居室(116~233m²)
扶正太和上城	约11500元/m²	普通住宅、公寓、写字楼、商铺	二居室(86m²)
兰州恒大山水城	约7450元/m²	普通住宅、商铺	三居室(124~131m²)
易大天地	约17000元/m²	普通住宅、公寓、商铺、综合体	三居室(138.62m²)
元森北新时代	约13800元/m²	普通住宅	三居室(92~126m²)
鸿嘉国际广场	约22000元/m²	普通住宅、公寓	二居室(65~80m²)
金城御景园	约7800元/m²	普通住宅	三居室(114m²)
银河世茂璀璨天宸	约9800元/m²	普通住宅、商铺	三居室(122~140m²)
新西部·兰州印象	约9700元/m²	普通住宅	二居室(84~96.7m²)
兰州东湖广场	约23500元/m²	综合体	尚未公布
东城都会·梦享派	约12500元/m²	普通住宅、公寓、写字楼	三居室(98~140m²) 复式(42~177m²)
兰州"鸿运·金茂"城市综合体	约35000元/m²	写字楼、商业	尚未公布
兰州恒大文化旅游城	约7000~8000元/m²	普通住宅	二居室(90m²) 三居室(125m²) 四居室(140m²)
益通筑梦时代广场	约12500元/m²	公寓、商业	三居室(124~130m²) 四居室(153~158m²)

七里河区

楼盘名称	价格	物业类型	主力户型
中海铂悦公馆	约12000元/m²	普通住宅、公寓、商铺、商住、商业	一居室(30~55m²)
兰州鸿森银滩广场	约13300元/m²	普通住宅、公寓、写字楼、商住、综合体	一居室(50~70m²)
雅戈尔时代之星	约13300元/m²	普通住宅	尚未公布
华利·佳悦城	尚未公布	普通住宅	三居室(90m²) 五居室(133~243m²)
华润置地未来城市	约10500元/m²	普通住宅、商业	三居室(98~118m²)
华润置地·誉澜山	约11500元/m²	普通住宅	三居室(106m²) 四居室(132m²)
中车·共享城	约11000元/m²	普通住宅	三居室(107~134m²)
兰州万达城	约12588元/m²	普通住宅、写字楼、商铺、商业	二居室(85m²) 三居室(110~145m²)
世茂宏建·云煦园	约13200元/m²	普通住宅、商铺	三居室(104~133m²)
天庆国际新城四期	约11000元/m²	普通住宅	二居室(65~97m²) 三居室(98~147m²)
保利天宸湾	约11800元/m²	普通住宅、公寓、商业	三居室(125~228m²)
兰州恒大帝景	约13200元/m²	普通住宅	三居室(127~132m²)
国际旅游港中央首府	约11000元/m²	普通住宅、公寓、写字楼	一居室(56m²) 二居室(89~96m²)

七里河区			
楼盘名称	价格	物业类型	主力户型
兰州老街	约 35000 元/m²	商铺	尚未公布
甘肃建投地产百郦湾	约 20000 元/m²	普通住宅	二居室 (85m²) 三居室 (125m²)
兰石豪布斯卡	约 14000 元/m²	普通住宅、写字楼、酒店式公寓、商铺、综合体	二居室 (94~98m²) 三居室 (124~146m²)
保利大都汇	约 9500 元/m²	商住	三居室 (96~118m²) 四居室 (128m²)
长城嘉峪苑	约 14500 元/m²	普通住宅、商铺、商住、商业	三居室 (101~137m²)
中广宜景湾郡城	约 12000 元/m²	普通住宅、写字楼、商铺	二居室 (99~105m²) 三居室 (133~170m²)
中海铂悦府	约 13800 元/m²	普通住宅、商铺	三居室 (104~136m²)
兰天国际广场	约 19000 元/m²	写字楼	尚未公布
金外滩	约 12000 元/m²	普通住宅、写字楼、商铺	二居室 (94~99m²) 三居室 (143.99m²)
恒大翡翠华庭	约 10200 元/m²	普通住宅、商住	三居室 (128.98m²)
国际旅游港·时光里	约 8900 元/m²	普通住宅、商住	尚未公布
中海铂悦世家	尚未公布	普通住宅、综合体	复式 (43~65m²)

西固区			
楼盘名称	价格	物业类型	主力户型
保利·堂悦	约 10500 元/m²	普通住宅	二居室 (98m²) 三居室 (100~128m²)
兰州金城中心	约 10000 元/m²	普通住宅、综合体	二居室 (78~121m²) 三居室 (138m²)
兰高·金都城	约 9300 元/m²	普通住宅	三居室 (103~131m²) 二居室 (87~130m²)
万科·星光都会	约 12500 元/m²	普通住宅	三居室 (119m²)
华奥广场	约 9500 元/m²	公寓、写字楼、商住、综合体	一居室 (31~67m²)

榆中县			
楼盘名称	价格	物业类型	主力户型
蓝光雍锦阁	约 6700 元/m²	普通住宅、商业	三居室 (96~142m²)
天庆蓝色港湾二期	约 5680 元/m²	普通住宅	三居室 (105~127m²) 四居室 (143.78m²)

榆中县			
楼盘名称	价格	物业类型	主力户型
兰州大名城	约 6400 元/m²	普通住宅、别墅、商铺	二居室 (83m²) 三居室 (103~133m²)
恒大未来城	约 5288 元/m²	普通住宅	三居室 (100~126m²)
万科·时代之光	约 7400 元/m²	普通住宅	三居室 (99~112m²) 四居室 (131m²)
薇乐花园	约 9700 元/m²	别墅、普通住宅	二居室 (90.69m²)
润泽佳苑	约 6300 元/m²	普通住宅	三居室 (102~128m²)
树人莱雅居	约 5766 元/m²	普通住宅、商铺	尚未公布
兰州红星天铂	约 5700 元/m²	普通住宅	三居室 (98~115m²) 四居室 (125m²)
兰州融创城	约 7800 元/m²	普通住宅	三居室 (94~110m²) 四居室 (138m²)
嘉禾名都	约 6000 元/m²	普通住宅	二居室 (96~102m²) 四居室 (159.57m²)
永生紫御华府	约 4500 元/m²	普通住宅	尚未公布
合兴嘉园	约 5600 元/m²	普通住宅	二居室 (76~87m²)
新元绿洲	约 6400 元/m²	普通住宅、商铺	尚未公布
绿城·春风燕语	约 7800 元/m²	普通住宅、别墅	三居室 (95~120m²) 四居室 (121~290m²)
天立教育小镇	尚未公布	普通住宅	尚未公布

兰州新区			
楼盘名称	价格	物业类型	主力户型
碧桂园·新城之光	约 5300 元/m²	普通住宅、别墅	四居室 (125m²) 三居室 (101~125m²)
瑞辰·金蘭府	约 5400 元/m²	普通住宅	三居室 (97~134m²) 四居室 (142m²)
南水巴黎阳光	约 5800 元/m²	普通住宅、商业	三居室 (77~125m²) 四居室 (126~142m²)
合信·兰州蘭园	约 6500 元/m²	普通住宅	二居室 (70~103m²) 三居室 (130m²)
东航·金城映象	约 7450 元/m²	普通住宅、公寓、写字楼、商铺	一居室 (50.73m²) 三居室 (92~115m²)
兰州碧桂园城市花园	约 5900 元/m²	普通住宅、公寓、商铺	二居室 (93m²) 三居室 (115m²)
绿地兰州丝路世界中心	约 5800 元/m²	普通住宅	三居室 (95m²) 四居室 (130m²)

典型项目

中海·寰宇天下

兰州　中海　花园洋房　低密社区　交通便捷

项目地址：
兰州市城关区元通桥北约500米

产品特征：
普通住宅

项目规划：
占地面积：72714平方米；容积率：2.68；总户数：1478户

主力户型：
约103~128平方米三居、约142平方米四居

参考价格：
均价15800元/平方米

入选理由

中海·寰宇天下位于兰州城关核心区域，是中海在全国的第20座寰宇系高端住区。紧邻白塔山，元通桥，周边聚集着兰州优越的政务、公园、商务、交通、学校、科研、旅游等资源。

——曾艳·乐居兰州站主编

扫码观看楼盘详情

核心优势：

中海·寰宇天下择址元通桥北岸，直上元通大道、九州大道等五大主干道，畅达地铁1号线、高铁西站等城市交通枢纽。项目对望城关区西关商圈，近距众多优越购物娱乐休闲资源，倾心乐享大都会生活的繁华与便利。项目周边聚合兰州大学第二医院、甘肃省人民医院等7处优越医疗健康资源，五一山景区、白塔山公园、水车园等环绕四周。科学规划新中式园林住区，配备先进的智能科技、行业顶尖绿色建材及国家一级物业。约103~128平方米三居室、约142平方米四居室户型，为购房者置业提供更多选择。

银川

市场总结

一、新房成交表现

1. 整体情况

根据国家统计局公布的 70 城房价数据显示,2020 年银川新房价格无下跌情况出现。1 月银川新房环比上涨 1%,2 月零涨幅,3 月环比上涨 1.1%,4 月环比上涨 1%,5 月环比上涨 2.1%,6 月环比上涨 1.9%,7 月环比上涨 2%,8 月环比上涨 1.8%,9 月环比上涨 1%,10 月环比上涨 0.6%,11 月环比上涨 0.4%,12 月环比上涨 0.5%。银川目前新房均价为 7689 元/平方米,截至 2020 年 11 月,银川市区内住宅销售面积 604.48 万平方米,实现销售额 442.70 亿元。

2. 年度走势

2020 年年初,因突如其来的新冠肺炎疫情,银川房地产市场按下暂停键,售楼处关闭、看房买房受阻,市场成交严重下滑;一季度末随着疫情减缓,银川市场开始逐步升温,2 月房价零涨幅,3 月环比上涨 1.1%,涨幅拉升。

进入二季度,银川房地产市场全面复苏。4 月银川新房房价环比上涨 1%,5 月环比上涨 2.1%,领跑当月全国房价涨幅,6 月环比上涨 1.9%,再度领跑。随着疫情期间积压购房需求的释放,意向客户大量涌入,新房供应量增加,新开盘入市项目不断增多,市场成交一片向好。

三季度,银川房地产市场延续了二季度的繁荣,7、8 月房价环比涨幅仍位居全国房价涨幅前列,市场仍呈现量价齐升的态势。直至 9 月银川出台楼市调控政策,新房价格环比涨幅才有所回落。

四季度,银川楼市调控政策初显成效,新房房价涨幅趋稳,成交量减少,银川房地产市场开始逐步恢复平稳。

二、二手房成交表现

1. 整体情况

机构数据显示,2020 年银川二手房挂牌数量 5.78 万套,均价 6864 元/平方米,环比上涨 10.14%。

2. 年度走势

根据国家统计局公布的 2020 年 70 城房价信息显示,1—9 月银川二手房房价环比走势呈现倒 V 字形,一季度涨幅平缓,4—6 月房价涨幅不断攀升,在 6 月涨幅达到全年最高 1.4%,7 月开始房价涨幅有所减缓,逐步趋稳。

三、政策梳理

2020 年上半年,银川楼市依旧以监管和预防风险手段为主。

2020 年 2 月,银川住建局起草了《银川市新建商品房预售资金监管办法(草案)》,该草案指出,银川市对新建商品房预售资金中用于支付建筑安装、区内配套建设等费用实行重点监督。

2020 年 5 月,银川住建局制定了《2020 年整顿规范银川市房地产市场秩序工作方案》,整顿包括房地产开发企业、房地产经纪机构、房地产估价机构及物业服务企业的 31 条违法违规行为,同时针对逾期交房、"烂尾楼"问题、非法集资问题等市场现有的问题楼盘风险进行防控和化解。

2020 年下半年,银川加入调控大军,重磅调控与预防风险并重。

2020 年 9 月 8 日,银川市住建局召开银川市房地产市场调控会商会。实施商品房价格备案制度及新建商品房限价销售制度,各房地产开发项目在取得预售许可证之前，必须将拟销售房源的"一房一价"信息在银川市住建局备案，经核准通过后，方可销售。同时，需要将已备案的"一房一价"房源信息表在售楼部显著位置进行公示。

2020年9月29日，银川市人民政府发布《关于促进房地产市场平稳健康发展的通知》：一，加大土地供应量；二，严格落实房屋预售制度；三，建立房价和地价联动机制；四，完善差别化住房信贷措施；五，加大住房保障供应力度；六，实行商品住房限购限售政策；七，依法严厉打击投机炒房行为；八，建立健全常态化信息沟通协调发布机制。"银八条"落地银川正式进入"限售""限购""限贷"。

2020年10月16日，银川住建局发布《银川市新建商品房预售资金监管办法（试行）》，《办法》规定新建商品房预售资金监管应遵循专户专存、专款专用的原则。对于预售资金的缴存和管理，《办法》明确房地产开发企业应当在项目销售区域内显著位置公示监管账户，在商品房买卖合同中注明监管账户等信息，协助购房人将房价款直接存入项目监管账户，不得直接收取任何性质的房价款。于2020年12月1日起施行，有效期至2025年11月30日。

四、土地供应

1. 出让基本情况

2020年银川住宅类土地成功交易25宗，其中兴庆区1宗，金凤区9宗，西夏区3宗，贺兰县3宗，永宁县9宗。

银川成交总面积1228281.87平方米，其中兴庆区47817.33平方米，金凤区722810.02平方米，西夏区106040.52平方米，贺兰县79077平方米，永宁县272537平方米。

银川成交总金额713598.55万元，其中兴庆区2718万元，金凤区592188.6万元，西夏区50771万元，贺兰县7466万元，永宁县60454.95万元。

2020年银川各区域土地成交数据

序号	区域	成交宗数	成交面积（平方米）	成交金额（万元）
1	兴庆区	1	47817.33	2718
2	金凤区	9	722810.02	592188.6
3	西夏区	3	106040.52	50771
4	贺兰县	3	79077	7466
5	永宁县	9	272537	60454.95

2020年银川住宅类土地出让中，金凤区是出让土地面积最多的区域，占据银川2020年住宅土地出让总面积的58%。在银川，金凤区也是住宅类土地交易关注的热点区域。2020年银川住宅交易地块楼面价284-6794元/平方米，金凤区9宗地块中楼面价超过3000元/平方米的地块6宗，楼面价超过6000元/平方米的地块3宗，其中银地(G)[2020]-13号地块楼面价最高，为6794元/平方米，也是目前银川的地王。

2. 开发商拿地情况

2020年，银川住宅类土地市场拿地数量最多的房企是宁夏绿悦乐享（绿城），在永宁望远摘地5宗，耗资52865.7万元，拿地总面积225362平方米，拿地过程十分顺利，5宗地块均以底价成交。其次是宁夏勇冠，共拿地4宗，均以底价成交，拿地总面积47175平方米。但从拿地面积以及出资金额来看，2020年中海无疑是银川拿地大亨，共摘地3宗，耗资218681.4万元，拿地面积238427.17平方米。

2020年银川房企拿地TOP5

序号	开发商	拿地宗数	拿地面积（平方米）	交易金额（万元）
1	宁夏绿悦乐享（绿城）	5	225362	52865.7
2	宁夏勇冠	4	47175	7589.22
3	中海	3	238427.17	218681.4
4	宁夏中房	3	210957.58	216065.2
5	金地（集团）	1	134732.92	86630

3. 未来预估

2021年重点关注楼盘以2020年高楼面价地块为主，主要有以下4块：

（1）金凤城北阅海片区的银地(G)[2020]-13号地块，成交楼面价最高，达6794元/平方米，是银川目前的地王。该地块起始价67996.8万元，经过20轮竞价，最终中海以115496.8万元摘得，溢价率69.8%。周边新房价格1.2万元/平方米左右。

（2）银地(G)[2020]-22号，成交楼面价6568元/平方米，同样位于金凤城北阅海片区，该地块经过19轮抢拍，最终以63060万元成交，溢价率82.4%，竞得者宁夏中房。

（3）金凤城北银地(G)[2020]-18号地块，成交楼面价6040元/平方米，紧临银川地王银地(G)[2020]-13号。该地块经过19轮竞拍，溢价率78%，由宁夏中房摘得。

（4）银地(G)[2020]-15号，成交楼面价5010元/平方米，该地块经过19轮竞价，最终被中海以25953.6万元收入囊中，溢价率53%。

从以上地块成交楼面价来看，高楼面价地块集中分布在金凤城北区域，该区域因其地段、交通、配套等各项优势的突出，区域热度在不断提升，置业选择门槛也将提高不少。

五、热点板块

2020年，金凤区依然是银川市住宅市场的热门板块。数据显示，2020年银川在售项目约140盘，其中金凤区所占楼盘约53盘，占据市场总体的37.8%。

另外，据银川乐居不完全统计，2020年银川新增住宅项目约33个，其中金凤区新增13盘，8盘位居城南、5盘位居城北。金凤区汇聚了万科、世茂、旭辉、中海、天山等一大批品牌房企，产品项目以高端改善为主。

六、用户心理

2020年年初，各大售楼处、中介门店受疫情影响全部关闭，成交低迷，房地产市场面临前所未有的考验。一季度末随着疫情逐渐得以被控制，各行业复苏，房地产市场也开始逐渐升温。

通过采访和调查发现，2020年银川购房群体的心态变化较大。在银川一家售楼处的置业顾问表示，年初受疫情影响，让原本打算置业的购房者抱有观望态度，新房销售十分低迷。随着疫情逐渐被控制，房地产市场复苏，线上、线下看房者明显增多，年初积压需求释放，新房销量及价格也逐渐升高。

据银川一家房产中介介绍，2020年上半年，银川新房、二手房价格不断上涨，多数购房者出现焦虑状态，觉得房价还会上涨而匆匆买房，但在银川出台楼市调控政策之后，购房者心态趋于理性，甚至持观望态度者居多。

也有部分受访者认为，2021年银川房价不会出现大幅上涨的可能，但会随着调控的跟进，稳步上涨。

七、2021年展望

在"房住不炒"基调和银川楼市"限售""限购""限贷"调控背景下，2021年市场走势相较于2020年会更为平稳。2020年政策调控收紧，房地产开发销售把控更加严格，政策角度从严趋向明显，而维稳或将是2021年银川楼市关键词。

数据来源：国家统计局、银川市统计局、中国房价行情网。

在售楼盘一览

兴庆区			
楼盘名称	价格	物业类型	主力户型
九辰里	约6900元/m²	公寓、商业	一居室(73.39~93.13m²)
万科城市之光	8800~9500元/m²	普通住宅	三居室(94~124m²) 四居室(144~189m²)
融创·枫丹壹号	7800~8100元/m²	普通住宅、商铺	三居室(105~149m²) 四居室(160m²)
中房东方赋	约7800元/m²	普通住宅	三居室(112~143m²)
吾悦和府	7600~8400元/m²	普通住宅	三居室(96~125m²) 四居室(135m²)
金宇凤徕湾	7900~8700元/m²	普通住宅、商铺	三居室(118.42~146.78m²) 四居室(156.44~172m²)
碧桂园天誉	约7500元/m²	普通住宅、商铺	三居室(120m²) 四居室(150m²) 五居室(260m²)
吉泰璞樾台	8200~11000元/m²	普通住宅、商铺	三居室(108.5~128.4m²) 四居室(126.4~145.81m²)
中房玺云台	7200~9000元/m²	普通住宅	三居室(129.69~143m²) 四居室(179~201m²)
兴庆天山熙湖	7500~11000元/m²	普通住宅	三居室(156m²)
世茂璀璨凡高	9000~16000元/m²	普通住宅、别墅	四居室(168m²) 五居室(210m²) 别墅(235m²)
银川融创城	7600~7800元/m²	普通住宅、商铺	三居室(112~133m²) 四居室(138m²)
恒大城市小镇珺睿府	约7500元/m²	普通住宅、商铺	三居室(107~140m²)
澳海熙和府	7800~7900元/m²	普通住宅	三居室(87.82~100.34m²)
众一·福泽上豪苑	7800~8000元/m²	普通住宅	三居室(113.13~132.47m²) 四居室(171.19m²)
鹿先生广场	约6000元/m²	普通住宅、公寓、商铺	一居室(46~65.5m²)
银古尚座	约6300元/m²	普通住宅	三居室(129m²) 四居室(153m²)
璞悦湾	约5500元/m²	普通住宅、商铺	三居室(128m²)
翰悦府	7700~8800元/m²	普通住宅、商铺	三居室(111~129m²) 四居室(140m²)
荣恒星宅	约7000元/m²	普通住宅	三居室(105~123m²) 四居室(143m²)
锦都园	约5800元/m²	普通住宅	二居室(66~74m²) 三居室(121~142m²)
东湖金岸	7000~7300元/m²	普通住宅	三居室(95~115m²) 四居室(141m²)
领东新天地	约7820元/m²	写字楼、酒店式公寓、商铺	一居室(47m²)
江宁FIC智慧中心	6300~6800元/m²	公寓、酒店式公寓、商铺	一居室(52.94~85m²)
中冶·幸福宸	约7500元/m²	普通住宅	三居室(113~151m²) 四居室(169m²)
吉泰·紫樾台	约7700元/m²	普通住宅、商铺	三居室(110.78~118.8m²)
荣城高登时代广场	9000~9750元/m²	公寓、酒店式公寓	二居室(50~58m²)
北塔书院	7900~13500元/m²	普通住宅、公寓	二居室(91.03m²) 三居室(109.1~128.57m²) 四居室(145.99m²)
天山海世界·黄河明珠	约6200元/m²	普通住宅、公寓、别墅、商铺	三居室(123~138m²) 别墅(175~218m²)
京能凤凰尚筑二期	约12000元/m²	普通住宅	三居室(129~141m²) 四居室(152~159m²)
怡兰北塔美居	约6800元/m²	普通住宅、公寓	一居室(43.2m²) 二居室(53.9~64.6m²) 三居室(99.7m²)

兴庆区			
楼盘名称	价格	物业类型	主力户型
中房东方悦	6500~8500元/m²	普通住宅	三居室(126.2m²) 四居室(137.9~153.8m²)
碧桂园·幸福印记	约7100元/m²	普通住宅	四居室(140m²)
富地清华府	约8300元/m²	普通住宅、写字楼、商铺	二居室(91.7m²) 三居室(125~127m²)
云鼎雅苑	约8600元/m²	普通住宅	三居室(126m²) 四居室(190m²) 五居室(230m²)
兴庆华府	约5800元/m²	普通住宅、公寓、写字楼、商铺	二居室(97m²) 三居室(113m²)

金凤区			
楼盘名称	价格	物业类型	主力户型
天山国府壹號	9800~15000元/m²	普通住宅	三居室(130~173m²)
万科理想城	9000~9800元/m²	普通住宅	三居室(98~113m²)
世茂·悦海里	10000~11000元/m²	普通住宅、公寓、写字楼、商铺	三居室(115~130m²) 四居室(144m²)
天山·国宾壹號	6500~22000元/m²	普通住宅、别墅	别墅(108~158m²)
隆光·金萃芳庭	约7500元/m²	普通住宅、商铺	三居室(110~117.88m²) 四居室(135m²)
万科锦宸	12500~14500元/m²	普通住宅、别墅	四居室(145~175m²) 五居室(220m²)
澳海雍宁府	约8700元/m²	普通住宅	三居室(124~139m²) 四居室(164~184m²)
中房玺悦湾	约13500元/m²	普通住宅、别墅	三居室(128~158m²) 四居室(178m²)
万科翡翠公园	12000~13000元/m²	普通住宅、别墅、商铺	三居室(129m²) 四居室(143~165m²) 别墅(306m²)
御景湖城	约8800元/m²	普通住宅、商铺	三居室(111~130m²) 四居室(142m²)
嘉悦城	5000~5800元/m²	普通住宅、公寓、写字楼、商铺	三居室(113~134m²)
碧桂园·嘉誉里	约8500元/m²	普通住宅	三居室(115m²) 四居室(140m²) 五居室(215m²)
金域蓝湾·耀徕	约7300元/m²	普通住宅	三居室(105~120m²) 四居室(127~140m²) 五居室(169~173m²)
美林学府	6900~8000元/m²	普通住宅	三居室(118~138m²)
世茂·悦海里π公寓	约7300元/m²	公寓	一居室(45~50m²) 二居室(70m²)
旭辉·江南学府	约9200元/m²	普通住宅、商铺	三居室(116~133m²) 四居室(143m²)
华远·海蓝和光	9000~10000元/m²	普通住宅	三居室(119~129m²) 四居室(143m²)
民生语竹苑	约7500元/m²	普通住宅	四居室(129m²)
银川中梁印	10300~12700元/m²	普通住宅、商铺	四居室(141~165m²)
万科大都会	约11500元/m²	普通住宅	三居室(101~129m²) 四居室(143m²)
鲁银·泷玺	约8500元/m²	普通住宅、商铺	三居室(125~148m²) 四居室(165~180m²)
泰安世家	约8200元/m²	普通住宅	二居室(82.21m²) 三居室(90.36~136.56m²)
金地花园	约8500元/m²	普通住宅、写字楼、商铺	三居室(108~145m²) 四居室(178m²)
清水蘭山	7500~8000元/m²	普通住宅、公寓、写字楼、商铺	二居室(109.22m²) 三居室(121.96~126.68m²)

金凤区

楼盘名称	价格	物业类型	主力户型
云景苑	约8300元/m²	普通住宅	三居室(125.05~130.15m²)
丰泽美居	约8100元/m²	普通住宅	三居室(114.12~142.56m²) 四居室(148.99m²)
居安家园	约3700元/m²	普通住宅、自住型商品房	一居室(56m²) 二居室(68.37~90m²)
建发·枫林湾公寓	约7503元/m²	酒店式公寓、商铺	一居室(60.91~85.5m²)
悦海·天润府	约10500元/m²	普通住宅、商铺	四居室(150~260m²)
颐和香醒湾	约7000元/m²	普通住宅	三居室(109.02~144.5m²)
宝湖锦都	约8100元/m²	普通住宅	三居室(113.59~133.59m²)
中海悦府	约12500元/m²	普通住宅	三居室(127~129m²) 四居室(137~189m²)
华远旭辉·江南赋	约9800元/m²	普通住宅、别墅	三居室(131~173m²)
汇融·静园	10000~15000元/m²	普通住宅	三居室(125.25~137.77m²) 四居室(141.99~169.78m²) 五居室(195.91~205.89m²)
金凤天山熙湖	12000~13000元/m²	普通住宅、商铺	三居室(98~166m²)
领世湖城	约7700元/m²	普通住宅、公寓、写字楼	一居室(56~76m²)
建发·枫林湾	11019~12204元/m²	普通住宅、商铺	三居室(106~145m²) 四居室(171m²) 五居室(206m²)
宝湖天下	约9600元/m²	普通住宅、别墅	三居室(110~161m²) 四居室(248.87m²)
未来城四期	7800~8600元/m²	普通住宅	三居室(112.2~137.85m²)
宝湖印象	9000~10800元/m²	普通住宅、商铺	三居室(138m²) 四居室(156~175m²)
绿地凤凰城	7800~8600元/m²	普通住宅、商铺	二居室(88~103m²) 三居室(109~152m²)
花样年华南区	约7200元/m²	普通住宅	三居室(123.06~148.78m²)
悦海湾	约7000元/m²	普通住宅、公寓、写字楼	三居室(159.44m²) 四居室(192.57~290.65m²) 五居室(306.46m²)
吉泰润园	约7600元/m²	普通住宅	二居室(85~88m²) 三居室(106~117m²) 四居室(119~124m²)
雅仕兰邸	7500~8000元/m²	普通住宅、公寓、写字楼、商铺	一居室(35~70m²) 三居室(100.26~141.65m²) 四居室(144.5~167.37m²)
蓝天骏景	7300~8500元/m²	普通住宅	二居室(96.33~100m²) 三居室(119.23~132.76m²)
中梁合能·拾光印	尚未公布	普通住宅、商铺	尚未公布
建发·南泊湾	尚未公布	普通住宅	三居室(103.92~131.04m²) 四居室(148.06~182.08m²)
中海·半岛华府	尚未公布	普通住宅	三居室(113~123m²) 四居室(133~143m²)

西夏区

楼盘名称	价格	物业类型	主力户型
嘉屋文宸府	6500~7000元/m²	自住型商品房	三居室(95~125m²) 四居室(119m²)
舜天润泽府	约6000元/m²	普通住宅	三居室(118~127m²)
汇融风华	7300~7800元/m²	普通住宅、商铺	二居室(84.83~86.45m²) 三居室(100.50~135.53m²)
建发·兴洲花园	约7500元/m²	普通住宅、商铺	三居室(101.17~145m²)
国购名城	约5500元/m²	普通住宅、公寓、商铺	二居室(99.83m²) 三居室(131m²) 四居室(149m²)
舜天嘉园	约6400元/m²	普通住宅、商铺	三居室(105~116m²) 四居室(89~121.78m²)
中环西园	约6803元/m²	普通住宅	三居室(116.94~138.93m²) 四居室(153.99m²)
建发兴阅府	约6625元/m²	普通住宅	二居室(97m²) 三居室(120~137m²)
怀远西市	6500~6800元/m²	普通住宅、商铺	二居室(93~96m²) 三居室(126~142m²)
澳海·御山府	约6000元	别墅	五居室(233m²)
润发兰庭	约4800元/m²	普通住宅	二居室(92~104m²) 三居室(129m²)

贺兰县

楼盘名称	价格	物业类型	主力户型
正丰·海德家园	约8900元/m²	普通住宅	三居室(137m²) 四居室(169m²)
中房悦然居	6800~7500元/m²	普通住宅	三居室(111~152m²) 四居室(174~210m²)
金盛阅景	约6500元/m²	普通住宅	二居室(99.51m²)
翡翠中央	5100~5400元/m²	普通住宅	二居室(63.09~111.31m²) 三居室(156.27m²) 四居室(213.62~236.76m²)
万科翡翠湖望	约12000元/m²	普通住宅	三居室(125m²) 四居室(144~165m²)
绿城·桃李春风	约14000元/m²	普通住宅、别墅	三居室(135~155m²) 四居室(180~204m²) 五居室(219~239m²)
公园和府	约6800元/m²	普通住宅	三居室(109~121m²) 四居室(129~139m²)
美林睿府	约7400元/m²	普通住宅	三居室(125~138m²)
公园华府	10500~14000元/m²	普通住宅	四居室(146.8m²) 五居室(197m²)
虹桥御景	约7300元/m²	普通住宅、商铺	三居室(107.99~144.38m²) 四居室(158.73~182.09m²) 五居室(222.52m²)
中城·奥莱小镇	4500~10000元/m²	普通住宅、公寓、别墅	二居室(88~97m²) 三居室(107~128m²) 四居室(152m²)
月湖名邸	约3600元/m²	普通住宅、商铺	二居室(90~103m²) 三居室(107.4~123m²)
紫藤名著	7800~8600元/m²	普通住宅	三居室(105m²) 四居室(123~141m²)
公园悦府	6100~6300元/m²	普通住宅	三居室(114.66~130.08m²) 四居室(144.2m²)
苏州公馆	140万~180万元/套	别墅、普通住宅	三居室(123.92m²) 三居室(156.14m²)
凤凰华府	9500~11000元/m²	普通住宅、商铺	三居室(129.03~141.83m²) 四居室(148.03~273.26m²)
派胜沁园	7000~9600元/m²	普通住宅、商铺	三居室(119~133m²)
美茵湖城	约3100元/m²	普通住宅	二居室(94.21m²) 三居室(100.67~143.68m²)
光耀·贺兰府	约5500元/m²	普通住宅	三居室(110m²) 四居室(120~143m²)
海亮滨河壹号	8700~15000元/m²	普通住宅	三居室(115~129m²) 四居室(140~160m²) 五居室(175m²)

贺兰县			
楼盘名称	价格	物业类型	主力户型
天鹅湖小镇东区	5500~6000元/m²	普通住宅	三居室 (135m²) 四居室 (158m²)
君临天下	约7200元/m²	普通住宅、商铺	三居室 (126.2~165.76m²) 四居室 (180~225.41m²)
民生·兴庆府2號院	11000~16000元/m²	普通住宅	五居 (170~320m²)
贺兰碧桂园	约4700元/m²	普通住宅	三居室 (125m²) 四居室 (140m²)
银大蔚未来	约3850元/m²	普通住宅	二居室 (85~98m²) 三居室 (110~119m²)
万科翡翠湖望观璟	尚未公布	普通住宅	四居室 (149~192m²)
御珑湾	尚未公布	普通住宅	尚未公布

永宁县			
楼盘名称	价格	物业类型	主力户型
荆门江山阅	6000~6400元/m²	普通住宅	三居室 (97~134m²) 四居室 (143m²)
芙蓉古城	7000~13000元/m²	别墅	别墅 (153.39~259.99m²)
三沙源景舍	3900~5200元/m²	普通住宅、别墅	三居室 (113~288.40m²)

永宁县			
楼盘名称	价格	物业类型	主力户型
世纪天骄	5200~5400元/m²	普通住宅	二居室 (94.92~99.84m²) 三居室 (112.5~123.76m²)
银子湖水都	约3500元/m²	普通住宅、商铺	二居室 (74~80m²) 三居室 (84~123m²)
中房永悦府	约3990元/m²	普通住宅、商铺	三居室 (107~139m²)
蓝邦海悦府	4900~5300元/m²	普通住宅、公寓、商铺	三居室 (109.35~120.15m²) 四居室 (141.30m²)
庆丰御锦湾	4800~5300元/m²	普通住宅	二居室 (88~96m²) 三居室 (111m²) 四居室 (191m²)
民生城	约6000元/m²	普通住宅	三居室 (96.13~132.06m²)
中拓世纪城	尚未公布	普通住宅、别墅、商铺	四居室 (189m²)
龙辰九悦湾	5600~6500元/m²	普通住宅、别墅、商铺	三居室 (110~131m²) 四居室 (133~143.3m²)
银川院子	6500~16000元/m²	普通住宅、合院	三居室 (115~289m²) 四居室 (323m²)

典型项目

正丰·海德家园

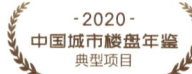

银川 正丰 低密社区 城北好房 生态宜居

项目地址：
贺兰县习岗镇复兴街与大连路交叉口西北 200 米

产品特征：
普通住宅

项目规划：
占地面积：120000 平方米；容积率：1.45；总户数：1322 户

主力户型：
137~169 平方米三居、四居

参考价格：
8900 元/平方米

入选理由   李磊·乐居银川主编

正丰海德家园项目位于银川城市重点发展区域，开发企业以多年的本土开发经验，打造银川城北舒适改善型社区。规划设计以人为本，产品细节颇具匠心，是银川城北2020年现象级热销楼盘之一。

扫码观看楼盘详情

核心优势：

正丰·海德家园是由银川本土房企正丰倾力打造的低密型高端改善项目，也是银川城北发展的重要区域之一，总占地面积120000 平方米，总建筑面积 220000 平方米，开发产品以小高层、洋房为主，主推户型 137~169 平方米三居、四居。项目以高端改善为主，开发产品公摊占比仅 15%，是银川改善型住宅得房率较高的楼盘。项目周边紧临大连东路和凤凰北街，交通便捷畅通；身处阅海湾 CBD 商务区，大阅城、蓝泰广场等商圈环伺；附近又有阅海二幼、德胜小学、阅海二小、北师大银川校区等适龄教育资源齐聚。醇熟配套，生活舒适宜居，正丰·海德家园是银川城北为数不多的高端花园洋房社区。

包头
市场总结

一、新房成交表现

1. 整体情况

新房年度成交量：统计数据显示，2020 年，包头市各项目共成交住宅 18518 套，成交建筑面积 231.38 万平方米，成交总金额 192.99 亿元。相比 2019 年成交套数 32557 套，下降 43.1%；相比 2019 年成交面积 401.17 万平方米，下降 42.3%。相比 2019 年成交金额 282.86 亿元，下降 31.8%。

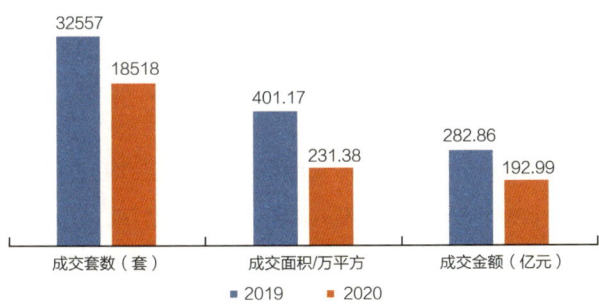

2019、2020 年包头新房成交相关数据对比

新房价格情况：2020 年 1—11 月，包头房价略有起伏。根据国家统计局的数据，1 月包头新房涨幅为零，2 月环比下降 0.1%，3 月环比上涨 0.1%，4 月环比下降 0.2%，5 月环比上涨 0.8%，6 月环比下降 0.1%，7 月环比上涨 0.5%，8 月环比上涨 0.8%，9 月环比上涨 0.5%，10 月环比上涨 0.1%，11 月环比下降 0.1%。

2020 年年初，受新冠肺炎疫情影响，房地产市场遭受巨大冲击，售楼处关门，交易停滞。乐居曾预计，疫情过后楼市定会反弹，而事实也证明如此：随着 3 月份复工复产，楼市在经历短暂停摆后迅速回暖，成交量开始上涨。4 月，疫情逐渐得到控制，再加之央行大力度降准降息，房地产市场迅速复苏，包头新房价格稳中略涨。11—12 月，新房价格回落到 2020 年年初水平。除政府调控因素外，很大一部分是由"双 11、双 12"开发商大力活动促销所导致的。

2. 年度走势

根据 2020 年度预售证获取情况看，1—10 月，包头市各项目共拿到预售证 100 张，获得预售房源 30911 套，涉及楼盘数 55 个，建筑面积 3024046 平方米。

受疫情影响，2020 年 2 月的包头楼市较为沉寂，只拿到预售证 1 张。到了 3 月，少量房源获批预售证。随后的 4—6 月，楼市逐渐回暖，获批预售证项目数量呈递增趋势。

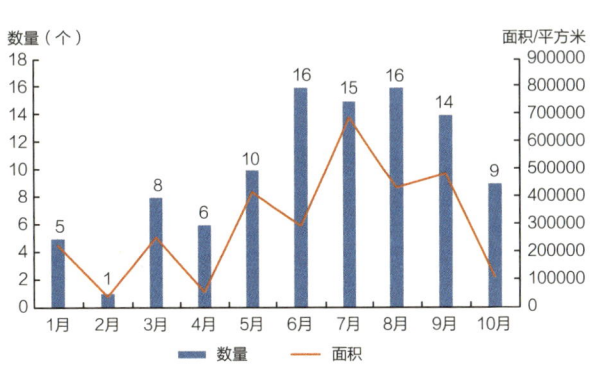

2020 年包头楼盘各月获预售证数量

2020 年 6 月，包头房地产市场迎来第一个爆点，共计 14 个楼盘领取 16 张预售证，出售房源 2895 套，建筑面积为 297116.85 平方米。

2020 年 7 月，包头楼市迎来第二个爆点，虽仅发布 15 张预售证，出售房源却高达 6702 套，建筑面积高达 692523 平方米，为 2020 年度之最。

2020 年 8 月，包头楼市持续火热，共计 12 个楼盘领取 16 张预售证，出售房源 4755 套，建筑面积为 436377.31 平方米。

2020 年 1—11 月，包头房价有涨有跌，但都波动不大。2月因疫情影响，项目出货量和成交量都达到年度最低点。随着疫情逐渐得到控制，6月，包头楼盘成交量出现新高。第二、三季度集中放量，购房者需求缺口逐渐得到满足，最后一季度的市场成交成绩略显逊色。

3. 历史地位

2015—2020年住宅成交套数及面积

统计数据显示，2020年，包头市各项目共成交住宅18518套，成交建筑面积为231.38万平方米，成交总金额为192.99亿元。汇总过去5年数据来看，住宅成交量最高为2019年，共计成交住宅32557套，成交面积为4011700平方米。住宅成交量最低为2020年，共计成交住宅18518套，同时，成交面积也为近5年最低，共计成交2313900平方米。

二、二手房成交表现

1. 整体情况

2020年，包头二手房市场整体处于冷冻状态。随着近几年各大品牌房企不断入驻包头，新房存量的冲击对二手房市场造成了间接影响，又由于年初疫情暴发，给了购房者更多时间在新房与二手房之间做选择。加之2020年，政府对新都市区的配套力度进一步加强，市场观望情绪愈发浓烈。

2. 年度走势

2020年，包头二手房均价8178元/平方米，相较2019年的7679元/平方米，上涨6.5%。1—4月份，包头二手房价格一路上涨，截至4月均价8343元/平方米。4月后价格慢慢回落。

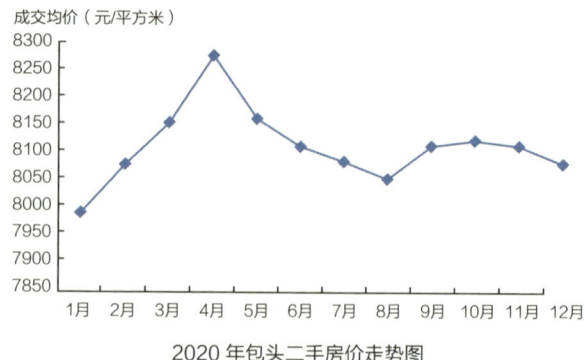

2020年包头二手房价走势图

三、政策梳理

2020年1月28日，包头政府发布全市地产行业疫情防控通知，封闭全市售楼处，暂停一切案场销售活动。地产销售停摆，市场需求积压，房企资金压力骤增。

2020年3月13日，包头进一步落实疫情期间住房公积金政策调整通知，受疫情影响，企业暂缓缴存住房公积金，困难企业可申请按不低于5%的缴存比例缴存住房公积金。疫情结束后恢复原缴存比例。

2020年7月10日，包头市住建部发布《关于调整2020住房公积金年度缴费比例及缴存基数》通知，宣布住房公积金缴存基数及月缴存额迎来调整，单位和职工的住房公积金缴存比例不得低于5%，并且不得高于12%，单位和职工住房公积金缴存比例应一致。个人缴存者缴存比例为24%。

2020年9月18日，包头市住房和城乡建设局土地利用总体规划出炉，平稳有序供应住房用地。依据总体规划，结合包头市土地市场情况，2020年全年，包头共供应住房用地2500~3000亩。2020年新建商品住房2.9~3.3万套、住房面积330~380万平方米；截至2020年年末，包头全市城镇人均住房面积达到41平方米以上。

2020年12月1日，包头地产集中展示交易期间，购房者贷款额度夫妻双提20%，取消首次贷款提高贷款额度限制，降低二次贷首付比例，取消贷款间隔时间限制。该政策的推行"暖市"效果极强，能够很好地刺激群众购房需求，包头市2020年低迷的市场行情有望"破冰"。

四、土地供应

1. 出让基本情况

2020年，包头市土地市场共成交32宗住宅用地。成交面积约为148.61万平方米，较2019年上涨12.77%；成交金额约为69.88亿元，较2019年上涨65.86%。

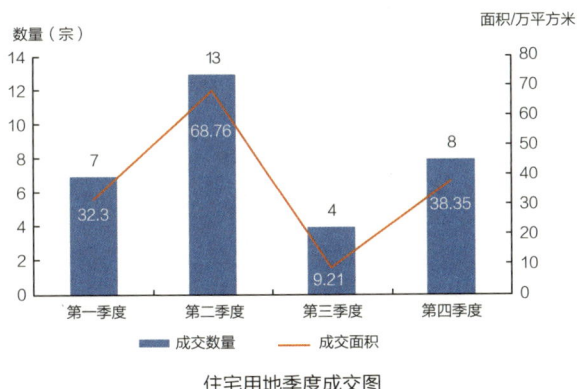

住宅用地季度成交图

住宅用地方面，包头第一季度共成交7宗宅地，成交面积32.3万平方米，成交金额19.75亿元，其中2月、3月无成交。第二季度共成交13宗，疫情过后，政府加快土地供给，成交面积68.76万平方米，成交金额24.07亿元，第三季度成交4宗，成交面积9.21万平方米，成交金额1.61亿元，第四季度成交面积为38.35万平方米，成交金额24.46亿元。

受疫情影响，包头2020年土地市场供求关系与往年不同。第一季度跌入谷底，2—3月商住用地无成交，第二季度供销逐渐回暖，第三季度出现停滞。截至2020年底，包头全年土地成交量与2019年持平，土地价格迎来历史新高点。2020年全年，土地成交宗地最多的是第二季度，成交地块多集中于昆北以及新都市区。

2. 开发商拿地情况

成交面积TOP5

土地用途	成交金额（亿元）	成交面积（万㎡）	房企名称
城镇住宅用地	19.72	31.96	万科集团
城镇住宅用地	16.9	25.67	中冶置业
城镇住宅用地	9.65	22.59	恒大集团
城镇住宅用地	4.67	14.82	绿地集团
城镇住宅用地	0.78	10.59	如大兴房地产

万科成为2020年度包头土拍市场上的最大赢家，无论是拿地面积还是成交金额，均排名第一。万科共拿下新都市区六宗宅地。总拿地面积为31.96万平方米，约占所有成交宅地的30%，拿地总金额达19.72亿元。

第二名为中冶置业集团，共拿下新都市区三宗宅地，拿地总面积25.67万平方米，拿地总金额16.904亿元，约占所有成交宅地的24%。

第三名恒大地产，总拿地面积22.59万平方米，拿地金额9.65亿元。2020年，恒大入驻滨河、青北区域以及石拐区，多样化住宅产品点亮包头鹿城。

3. 未来预估

包头新都市区是近年来人们热议的重点区域。2020年2月28日，包头市新都市区教育规划情况公示。新都市区核心区规划面积19.6平方千米，预计建设幼儿园、学校共34所，其中包括高校2所、中学5所、小学8所、幼儿园19所。包头市政府计划用10年左右的时间，把新都市区打造成区域性优质教育高地，旨在增强其人口集聚、人才引进、招商引资等方面的吸引力。

五、热点板块

据相关资料显示，包头2020年在售楼盘中，销量排名前三的是远洲大都汇、锦尚国际锦天下、万科公园五号，热点板块均集中在新都市区。2020年，五大区销量相较2019年降幅明显，但土地价格与成交价格均有所提升。

2020年包头各楼盘销量排名TOP10

排名	项目名称	成交套数	成交金额（万元）	成交均价（元/m²）	区域
1	远洲大都汇	1143	119336	8300	新都市区
2	锦尚国际 锦天下	862	100179	9102	青山区
3	万科公园五号	816	94390	9856	新都市区
4	万科中央公园	814	85082	11640	新都市区
5	万科翡翠都会	590	78812	9995	新都市区
6	碧桂园凤凰天城	796	73980	8049	青山区
7	黄河龙城	948	66466	6200	滨河新区
8	中海山河郡	592	65592	8635	新都市区
9	正翔国际	366	61415	10548	青山区
10	万科城	497	60115	9753	新都市区

六、用户心理

2020年3—5月，无论新房还是二手房，购房者都爆发出短暂需求，各类客户均可以抄底价格购得心仪房源，2020年上半年，包头新开盘的项目数据表现可圈可点。2020年下半年，刚需客户减少，改善需求型客户和投资型观望较多，开发商下半年开盘项目大多数据欠佳。持销区所卖开盘价格很多还要低于计划开盘价格。

二手房方面，整个包头2020年二手房市场下行，例如一机集团第二中学学区房在2019年上半年时售价为51万元，等到2020年7月售出时，最终成交价格仅为45万元。除学区房因地段较好等原因流通较快，其余类型的二手房存量房交易时间均较长，且较2018、2019年价格平均降低5%~10%。

七、2021年展望

众所周知，房地产作为我国国民经济的重要支柱，房地产的投资属性不会短期内立刻剥离，但随着我国对房地产调控的成熟，房子最终会回归居住属性。2021年，国家对房地产管控将会越来越严格，坚持房住不炒依然是主基调，同时国家将完善长租房政策，以及对租金水平的调控。

2021年，包头政府也会因地制宜，多策并举。从近期包头政府大力招商引资等大动作来看，2021年包头经济水平与人口流入有望达到一个新高点，经济增长，人口流入也可以侧面反映楼市成交的增长。综合来看，2021年，包头楼市还将稳中有涨。

目前包头最值得关注的区域是新都市区，新都市区属于新区，也是包头政府所在区域。各大知名房企纷纷入驻，区内新建设的配套设施都是旧区无法比拟的。并且2020年12月28日，包头市新都市区教育规划情况发布，包头政府将在新都市区规划34所学校，随着未来该区域配套设施逐步完善，发展潜力巨大，无论是刚需还是投资都将成为购房者首选。

数据来源：国家统计局、包头市住房和城乡建设局、博睿数据、包头市公共资源交易中心。

在售楼盘一览

昆都仑区

楼盘名称	价格	物业类型	主力户型
中冶世家	约 8300 元 /m²	普通住宅	二居室 (86.4m²) 三居室 (132.4m²) 四居室 (141.56~145.53m²)
鑫海花园·御苑	约 7400 元 /m²	普通住宅、商铺	二居室 (100.90m²) 三居室 (119.68~139.78m²)
世茂云锦	约 7800 元 /m²	普通住宅、商业	三居室 (107~125m²)
森林春天文旅综合体	约 12000 元 /m²	公寓、商铺	一居室 (39.17~65.77m²) 二居室 (70.23m²)
华悦府	约 12800 元 /m²	普通住宅、公寓、商铺	三居室 (125.90~141.78m²)
华发新天地	约 7500 元 /m²	公寓、商业	一居室 (49m²) 二居室 (66m²)
恒大天悦	约 5999 元 /m²	公寓	一居室 (46~88m²) 四居室 (285m²)
和悦大厦	约 9500 元 /m²	公寓、商住	一居室 (59~102.25m²)
馥室成双	约 9000 元 /m²	普通住宅	二居室 (70m²) 三居室 (90m²)
富力華庭	约 8500 元 /m²	商住	二居室 (100.3~104.7m²) 三居室 (116.6~140.9m²)
滨江国际	约 7100 元 /m²	普通住宅、商铺	二居室 (87.38~98.77m²) 三居室 (115.39~123.84m²)
包头昆区吾悦华府	约 7500 元 /m²	商住	三居室 (108~129m²) 四居室 (142m²)
包头昆区吾悦广场（商铺）	约 22000 元 /m²	商业	尚未公布

青山区

楼盘名称	价格	物业类型	主力户型
中环悦府	约 8600 元 /m²	普通住宅	二居室 (86m²) 三居室 (117~125m²)
中城·国际城	约 8350 元 /m²	普通住宅、别墅、商铺、综合体	四居室 (314.34~322m²)
正翔国际	约 10500 元 /m²	酒店式公寓、综合体	三居室 (145~176m²)
万科中央公园	约 9000 元 /m²	普通住宅	二居室 (92m²) 三居室 (150m²) 四居室 (202m²)
万科公园五号	约 9200 元 /m²	普通住宅	三居室 (130m²) 四居室 (160m²)
万郡大都城	约 7300 元 /m²	普通住宅	三居室 (128~143m²) 四居室 (167~196m²)
松石·御景江山	约 6800 元 /m²	普通住宅、商业	二居室 (98m²) 三居室 (128~145m²) 四居室 (160~180m²)
青福新城	约 6500 元 /m²	普通住宅、商铺、综合体、自住型商品房	二居室 (104.29m²) 三居室 (126~134.90m²)
恒通·城尚城	约 7500 元 /m²	公寓、综合体	一居室 (47.1~73.66m²)
富力熙悦居	约 6800 元 /m²	普通住宅	二居室 (91m²) 三居室 (117~138m²)
富华公馆	约 13000 元 /m²	普通住宅	三居室 (144.99m²)
翡麗湾	约 7700 元 /m²	普通住宅	其他 (161m²)
方兴·山屿湖	约 6300 元 /m²	普通住宅	二居室 (95.81m²) 三居室 (122.77~126.65m²)
叠峰翠谷	约 9000 元 /m²	普通住宅	三居室 (126.79~159.09m²)
碧桂园·凤凰天域	约 9000 元 /m²	普通住宅	三居室 (107~150m²)
包头恒大学府	约 7800 元 /m²	普通住宅	二居室 (84m²) 三居室 (110~142m²)

青山区

楼盘名称	价格	物业类型	主力户型
奥体公园三號	约 9800 元 /m²	普通住宅、别墅	二居室 (104~114m²) 三居室 (142~161m²)

九原区

楼盘名称	价格	物业类型	主力户型
中慧新城	约 5700 元 /m²	普通住宅、政策房	三居室 (125.78m²)
中海·河山郡	约 8000 元 /m²	普通住宅	三居室 (105~171m²)
远洲·大都汇	7800~9000 元 /m²	普通住宅	三居室（118m²） 四居室（143m²）
中海·铂悦公馆	约 9000 元 /m²	普通住宅、别墅	三居室 (100~142m²) 别墅 (180m²)
新都·奥林学府	尚未公布	普通住宅、公寓、商住	尚未公布
万科城	约 9000 元 /m²	普通住宅	三居室 (107~137m²)
桐荷嘉苑	约 6800 元 /m²	普通住宅、商住	二居室 (117m²)
融茂第一街	约 15000 元 /m²	商铺	尚未公布
融茂第一城	约 6900 元 /m²	普通住宅	二居室 (80.5~99m²) 三居室 (112~123m²)
鹿原佳园	约 5000 元 /m²	普通住宅、商铺	尚未公布
恒大帝景	约 9200 元 /m²	普通住宅	四居室 (160.56~206.59m²)
富力城 五星名座	尚未公布	公寓	尚未公布
富力城	约 9500 元 /m²	普通住宅、公寓、写字楼、商铺	二居室 (91m²) 三居室 (113~126.68m²)
都市庭苑	约 7600 元 /m²	普通住宅	尚未公布
包头恒大未来城	约 8500 元 /m²	普通住宅	三居室 (127m²)
邦成·宫园墅	约 13500 元 /m²	普通住宅、别墅	三居室 (145~185m²)

高新区

楼盘名称	价格	物业类型	主力户型
中梁·首府壹号院	约 7600 元 /m²	普通住宅	三居室 (113.56~133.59m²) 四居室 (141.45~151.64m²)
三江尊园	约 18000 元 /m²	普通住宅、别墅	二居室 (85~114m²) 三居室 (140m²)
瑞盛国际汽配城	约 7000 元 /m²	公寓、商铺	一居室 (60m²)
日月天地广场	约 11000 元 /m²	商铺、商业	二居室 (89.02m²) 三居室 (145.74~159.37m²)
诺德国际花园	约 8500 元 /m²	别墅、写字楼	四居室 (290.89~325.43m²)
鹿城上院	约 12000 元 /m²	普通住宅、商铺	二居室 (165m²) 五居室 (504m²) 复式 (716m²)
君悦府	约 8200 元 /m²	普通住宅	二居室 (89.44m²) 三居室 (117.37~142.32m²)
方兴府	约 8600 元 /m²	普通住宅	三居室 (143~182m²)
滨江学府	约 4300 元 /m²	普通住宅	二居室 (96.39m²) 三居室 (125.75m²)
滨海名都二期	约 8200 元 /m²	普通住宅、商铺	二居室 (91.77~108.46m²) 三居室 (119.57~134.81m²)

东河区			
楼盘名称	价格	物业类型	主力户型
紫玉公馆	约6600元/m²	普通住宅	尚未公布
住建风景	约6500元/m²	普通住宅	二居室 (90.46m²) 三居室 (104.67~126.27m²)
维多利摩尔城	约7000元/m²	普通住宅、公寓、商铺	二居室 (103.85m²) 三居室 (132.60~136.56m²) 四居室 (142.67m²)
顺鑫望潮苑·别墅	约9000元/m²	别墅	五居室 (324.88m²)
顺鑫美域	约5200元/m²	普通住宅	尚未公布
欧艺锦绣苑	约6300元/m²	普通住宅	尚未公布
名仕花园	约6800元/m²	普通住宅	三居室 (117.45~156.08m²)
锦绣南海城·爱丽舍花园	约4700元/m²	普通住宅、别墅	三居室 (116m²)
恒大翡翠华庭二期	约7800元/m²	普通住宅	二居室 (65.39~114.69m²) 三居室 (134.81m²) 四居室 (139.11m²)
富力院士廷	约8300元/m²	普通住宅	三居室 (124.47~157.59m²)
方兴麓城壹号	约6100元/m²	普通住宅	二居室 (101~107m²) 三居室 (129~131m²) 四居室 (148m²)
东环·万象中心	约6700元/m²	公寓、写字楼、商住	二居室 (100m²) 三居室 (112m²)
东方壹号院	约6400元/m²	普通住宅	二居室 (96.24m²) 三居室 (118.87~139.38m²)
东方天城	约5900元/m²	普通住宅	二居室 (91.36~101.14m²) 三居室 (113.55~135.92m²)

东河区			
楼盘名称	价格	物业类型	主力户型
保利·体育庄园	约9500元/m²	别墅	三居室 (313m²) 四居室 (288~371m²) 五居室 (455m²)
包头东河吾悦和府	约6700元/m²	普通住宅	三居室 (113~127m²) 四居室 (144m²)
包头东河悦广场（商铺）	约17000元/m²	商业、自持物业	三居室 (127m²)

滨河新区			
楼盘名称	价格	物业类型	主力户型
正翔滨河	约6100元/m²	普通住宅	二居室 (119.16m²) 三居室 (136.64~157.87m²) 四居室 (193.96m²)
伊泰·华府荟	约6300元/m²	普通住宅	三居室 (115~129m²) 四居室 (142~146m²)
润恒城	约10000元/m²	公寓、商铺	尚未公布
澜湖·璞园	约6800元/m²	商住、商业	二居室 (96.79m²) 四居室 (147.89m²)
方兴·衛仕府	约6200元/m²	普通住宅	三居室 (117~151m²)
滨河商街	约6000元/m²	商业	尚未公布
包头富力尚悦居	6500~8050元/m²	普通住宅	二、三居室（90~140m²）

石拐区			
楼盘名称	价格	物业类型	主力户型
中朵·上东郡	约4600元/m²	普通住宅	三居室 (118m²)
富力山	约9800元/m²	普通住宅、公寓、别墅、商业	三居室 (155~180m²) 四居室 (200m²)
包头恒大麓山庄园	约5800元/m²	普通住宅、别墅	三居室 (105~123m²) 五居室 (556m²)

661 / 2020年西南区城市发展概述			
663 / 成都		**728** / 南宁	
663 / 市场总结		728 / 市场总结	
670 / 在售楼盘一览		731 / 在售楼盘一览	
679 / 典型项目		735 / 典型项目	
690 / 重庆		**736** / 贵阳	
690 / 市场总结		736 / 市场总结	
695 / 在售楼盘一览		741 / 在售楼盘一览	
706 / 典型项目		746 / 典型项目	
717 / 昆明		**748** / 宜宾	
717 / 市场总结		748 / 在售楼盘一览	
722 / 在售楼盘一览		750 / 典型项目	
726 / 典型项目			

西南区

2020年西南区城市发展概述

一、区域简介

随着城市交通、产业体系、市场经济的日益完善，都市圈概念逐渐衍生并日渐成熟。发展都市圈对于城市功能互补、要素流动有序、产业分工协调、交通往来顺畅、公共服务均衡等具有重要作用。西南区域的成渝经济圈是国内位列长三角、大湾区、京津冀经济圈之后，排名第四的国家战略级经济圈。以贵阳为核心的黔中城市群、以昆明为核心的滇中城市群、覆盖广西的北部湾城市群，是西南区域中区域型城市群。

成渝地区双城经济圈总面积近20万平方公里，常住人口近1亿人，地区生产总值超6万亿元。是西部地区人口数量最多、人才聚集最密、产业基础最好、创新能力最强、开放程度最高、发展潜力最大的优势区域。

推动成渝地区双城经济圈建设，辐射四川、重庆、云南、贵州、广西，有利于在西南区域形成高质量发展的重要增长极，打造内陆开放战略高地，对于推动高质量发展具有重要意义。纵观国内，成渝地区双城经济圈与京津冀、长三角、大湾区等城市群在战略定位，空间互动，区域协调上形成事实性并列和经济产业功能区协同发展，推动国家战略部署的落实。

二、国家战略

2020年1月3日，习近平总书记主持召开中央财经委员会第六次会议，作出了推动成渝地区双城经济圈建设的战略部署。

2020年10月16日，习近平总书记又主持召开中共中央政治局会议，审议《成渝地区双城经济圈建设规划纲要》，强调推动成渝地区双城经济圈建设，有利于形成优势互补、高质量发展的区域经济布局，有利于拓展市场空间、优化和稳定产业链供应链，是构建以国内大循环为主体、国内国际双循环相互促进的新发展格局的一项重大举措；要求把成渝地区建设成为具有全国影响力的重要经济中心、科技创新中心、改革开放新高地、高品质生活宜居地，打造带动全国高质量发展的重要增长极和新的动力源。党的十九届五中全会，将"推进成渝地区双城经济圈建设"写入"十四五"规划建议中，作为"优化国土空间布局、推进区域协调发展和新型城镇化"的一项重要举措。

三、区域方针

2020年3月，成渝两地公积金互认互贷，已初步建立跨区域转移接续和互认互贷机制，职工在成渝地区间转移住房公积金，两地居民可更加便捷跨区域使用住房公积金贷款，方便两地间人才流动，建立了川渝两地推进住房公积金一体化发展的合作基础。

2020年7月10日，四川省委书记、省人大常委会主任彭清华发表关于《中共四川省委关于深入贯彻习近平总书记重要讲话精神加快推动成渝地区双城经济圈建设的决定》的说明。说明中提到，推进产业协作是成渝地区双城经济圈建设的重中之重。推动成渝地区双城经济圈建设，不只是做大成都、重庆两个中心城市，还要通过双核带动，促进区域中心城市竞相发展，带动成渝地区双城经济圈中部崛起、南翼跨越、北翼振兴，实现整个区域"水涨船高"。

2020年7月22日，川渝两省市政府办公厅签订了《协同推进成渝地区双城经济圈"放管服"改革合作协议》。截至2020年12月31日，第一批95项事项已全部实现"川渝通办"。

四、交通基建

2020年12月21日，成渝两地正式实现公交、轨道"一码"通乘。成都市民使用天府通APP，在重庆主城9区可扫码通刷重庆轨道交通及公交；重庆市民使用重庆市民通APP，可扫码通刷成都公交、地铁、有轨电车及BRT。

2020年12月29日，重庆市人民政府关于印发推动成渝地区双城经济圈建设加强交通基础设施建设行动方案（2020—2022年）的通知。

通知显示，成渝地区建设四网融合、互联互通的轨道网络。推动干线铁路、城际铁路、都市圈市域（郊）铁路和城市轨道交通"四网"融合发展，完善多层次轨道交通网络体系，形成分工合理、衔接顺畅的多向出渝大通道，打造轨道上的双城经济圈，满足多层次、多样化、个性化的交通需求。

另外，成渝地区建设层次分明、覆盖广泛的道路网络。畅通对外高速公路通道，优化城际快速路网，推动毗邻地区互联互通，加快完善普通公路和城市道路网络，打通"断头路"和"瓶颈路"，强化城市快速路、主干路与高速公路、普通干线公路一体化衔接，有力服务区域协调发展。

2020年12月25日，成渝高铁首开复兴号动车组，成渝间实现高铁公交化运营1小时直达，沿线旅客出行更加方便快捷，将为成渝地区双城经济圈建设提供有力的交通运输保障。

五、未来展望

从"成渝经济区"到"成渝经济群"，再到"成渝双城经济圈"，可以看出城市中心化、区域化发展的格局，而单极化的经济发展模式已大大减少。因此，从"十四五"开始，未来城市和区域之间的良性互动与相互之间融合发展将成为大的趋势。

已建成的成渝高铁车程将缩短至1小时。此外，成渝之间还要规划一条全长280公里的成渝中线高铁。另一方面，随着成渝地区在"十四五"期间融入国内国际双循环，服务贸易的发展将与其制造业的传统优势进行有效匹配。

参考资料

1. 中共中央：《成渝地区双城经济圈建设规划纲要》
2. 四川省委书记、省人大常委会主任彭清华：关于《中共四川省委关于深入贯彻习近平总书记重要讲话精神加快推动成渝地区双城经济圈建设的决定》的说明
3. 川渝两省市政府办公厅：《协同推进成渝地区双城经济圈"放管服"改革合作协议》
4. 重庆市人民政府：《推动成渝地区双城经济圈建设加强交通基础设施建设行动方案（2020—2022年）的通知》
5. 《人民日报》：《习近平主持召开中央财经委员会第六次会议强调 抓好黄河流域生态保护和高质量发展 大力推动成渝地区双城经济圈建设》
6. 中国新闻网：《成渝两地公交轨道实现"一码通"通乘》
7. 四川省住房和城乡建设厅：《川渝两地已初步建立了跨区域转移接续和互认互贷机制》
8. 央视网：《全程只需要1小时！成渝高铁首开复兴号 最高时速350公里》

成都

市场总结

一、新房表现

1. 整体情况

2020年，成都商品住宅供应共2578万平方米，环比增长2.5%；成交2182万平方米，环比回落1.2%，2020年全年供求比1.18。

供应方面，在疫情与摇号新政的影响下，成都2020年全年供应有所波动。高效的疫情防控下，成都市场得以部分恢复。第四季度因受10月拿证系统升级影响，多项目拿证提前，故供应陡升；虽然四季度对新房预售进行管控，但在快速恢复的楼市中，2020年全年，成都累计供应量赶超2019年。

成交方面，在疫情和政策严控之下，2020年全年，成都新房成交量未出现大幅下降情况，好于预期。成都战略地位深入提高城市热度、持续引入高端人才提升购买力、高价项目走量佳及地市火热抬升客户预期、热盘频出带动置业热情等多重因素叠加，成为成都交易市场的重要推动力。

整体来讲，2020全年成都供销量均接近2019年水平，市场韧性较强。2020年年底，政策不断出台，秉持房住不炒，有效维护真实购房需求，预计2021年，政策基调依旧严谨，保障楼市健全运行，商品住宅供销水平或将持续企稳。

2. 住宅存量

据克而瑞监测数据显示，截至2020年12月末，成都市场商品住宅可售存量面积2691万平方米，去化周期为15.40个月。

去化周期随着年度供应起伏而波动，自2020年下半年供应整体大幅增加，去化速度相对稳定，导致去化周期有所延长；从各圈层来看，成都二圈层城区存量居高，其中龙泉驿区、温江区年度供大于求趋势明显，存量上涨至去化周期延长；一圈层集中供地的成华区，年内大量推货，存量与周期均上涨明显；三圈层青白江、新津区存量递增，但年度销量上涨，但去化周期明显减少。考虑到2020年全年商品住宅去化稳定，年末集中加推房源，成都短期内库存去化周期仍有上扬的预期。

2020年成都各区域存量、去化周期环比变动

圈层	城区	2020年三大圈层部分区域存量、去化周期			
		存量（万㎡）	去化周期（月）	存量环比（万㎡）	去化周期环比（月）
一圈层 TO3	成华区	169	18.5	+72	+9.6
	武侯区	90	15.1	+16	-19.7
	金牛区	114	13.2	+5	-8.2
二圈层 TO3	龙泉驿区	178	20.9	+50	+10.9
	郫都区	157	20.1	-5	+2.8
	温江区	168	19.4	+36	+3.9
三圈层 TO3	都江堰市	40	20.1	-117	+9.8
	新津区	75	19.9	-2	+4.1
	青白江区	98	19.1	+4	+6.1

3. 区域成交表现

2020年全年，成都一、二、三圈层供应占比分别为21%、41%、38%，其中二圈层供应连续2年缩减，共减少10个百分点，而一圈层连续2年共增加7个百分点；三圈层基本维稳。

成交方面，一、二、三圈层成交占比分别为21%、43%、36%，同样呈现出一圈层持续回涨、二圈层份额持续减少，三圈层微降的特征。

随着近两年一圈层供地增加，凭借供应量加大及区位优势，成交份额再一步扩大；二圈层天府新区成交量孤高，郫都、温江等区域市场平平，2019年凭借东部新区走热的龙泉驿区也在高价项目入市后遇冷，二圈层整体供销份额被挤占；三圈层都江堰、大邑等旅游城市在疫情下楼市有所受挫，成交量均下滑3成，作为紧靠城南加上轨道交通优势的新津区供销同涨40%。

4. 2020年度房价走势分析

2021年1月15日，国家统计局在其官网公布了《2020年12月份70个大中城市商品住宅销售价格变动情况》。从表格数据可以看到，成都12月新建商品价格指数环比下降了0.3%，在这之前，成都房价已经连续31个月环比上涨，下降的原因是2020年12月，十几个低楼面地价、高剪刀差的楼盘入市，拉低了整体均价；同比2019年12月末，上涨了6.3%，即成都房价2020年全年涨了6.3%。

2020年各圈层住宅成交均价

圈层	区域	年度成交均价元/m²	圈层	区域	年度成交均价元/m²
一圈层均价 21616元/m²	青羊区	26074	三圈层均价 8434元/m²	新津区	12218
	高新区	23210		都江堰市	11212
	武侯区	23170		邛崃市	10781
	锦江区	23001		崇州市	9606
	金牛区	21272		青白江区	9018
	成华区	20023		蒲江县	8066
二圈层均价 15633元/m²	天府新区	19146		彭州市	7934
	双流区	17106		大邑县	7782
	龙泉驿区	15238		金堂县	7717
	郫都区	13413	成都均价 14299元/m²		
	新都区	12620			
	温江区	11385			

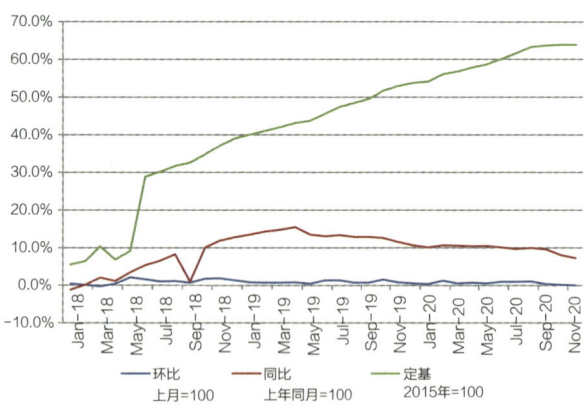

2018年1月—2020年12月成都新房房价变动情况

据克而瑞四川数据，2020年成都商品住宅成交均价14299元/平方米；一圈层成交均价21616元/平方米，二圈层成交均价15633元/平方米，三圈层成交均价8434元/平方米。

自2019年下半年高地价项目接连入市，各圈层成交价格皆上新台阶，其中一圈层货源稀缺加上区位条件优势，年度成交均价突破20000元/平方米；二圈层各区域价格差异明显，其中天府新区价格居首，比肩"5+1区"，带动二圈层整体均价达到15600元/平方米；受限价政策影响，成都2020年内价格变化整体平缓，年末摇号新政触发性价比热盘集中入市，致年末价格有下探趋势。

二、二手房成交表现

1. 成交量腰斩

从全年数据来看，2020年成都成交二手房约475万平方米，套数将近4.9万套，相比于2019年11.5万套成交量已近腰斩，甚至还不到2020年新房17.8万套成交量的1/3。

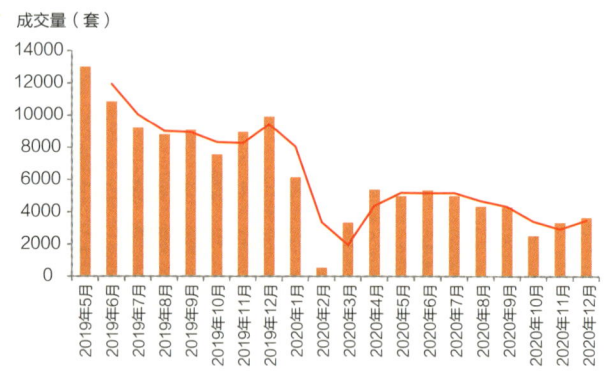

2019年5月—2020年12月成都二手房成交套数统计

2. 二手房价格相对坚挺，各城区涨跌不一

与骤降的成交量不同，二手房的价格却意外相对坚挺，我们从两组数据可以对比分析。

从国家统计局公布的全国70城房价来看，2020年12月，成都二手房价格指数环比下降了0.3%，同比增长了8.2%；以2015年房价为参照的话，已经涨了

27.6%，而 2019 年 12 月份只涨了 18%。换句话说，2020 年，成都二手房价整体涨幅为 9.6% 左右。

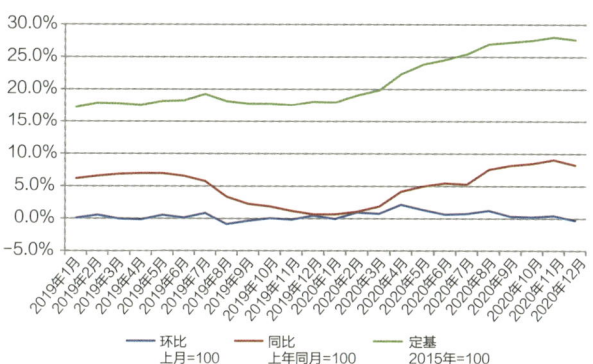

2019 年 1 月—2020 年 11 月成都二手住宅销售价格指数变动情况

从链家网提供的数据来看，2020 年 1 月，成都二手房的成交参考均价为 12878 元 / 平方米，到 11 月末，涨到了 12898 元 / 平方米，环比涨幅约为 0.78%。挂牌均价则从 15454 元 / 平方米涨到了 16056 元 / 平方米，涨幅为 3.9%。也就是成都挂牌均价的涨幅其实是高于成交参考均价的，卖家对二手房市场尤为看好。这也不难理解，新房市场上单价、户型面积和总价都有所抬升，二手房房价尚有看涨空间。2020 年年底，新房市场一波低价地楼盘集中放量后，2021 年新房单价会更高、整体面积会更大、总价也更高，二手房更有待价而沽的势头。

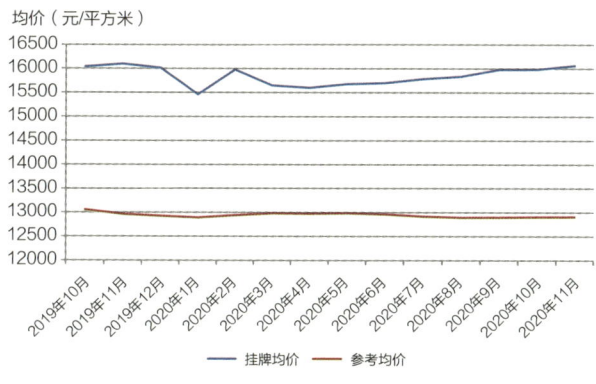

2019 年 10 月—2020 年 11 月成都二手住宅挂牌均价和参考均价走势

具体到各个区市县的二手市场来看，房价越高的区域，其二手房越保值增值，如高新南区、锦江区和成都天府新区等。2019 年 11 月至 2020 年 11 月这一段时间内，以链家网提供的成交参考价格为依据，"5+2" 区域（锦江区、金牛区、青羊区、成华区、武侯区和高新南区、成都天府新区）中，只有金牛区的二手房略有下跌（跌幅约为 1.2%），其他区域都出现了不同程度的涨幅，涨幅最高的是成都天府新区（约 12.75%），其次是青羊区（约 8.1%）。如果看挂牌均价，锦江区和青羊区都有所回落，其他各区全部上涨。挂牌均价可以看出卖家的心态，锦江和青羊的二手房以学区为特色，随着其他各区优质教育资源的发展，锦江和青羊二手房的优势有所减弱，挂牌均价回落也是情理之中。

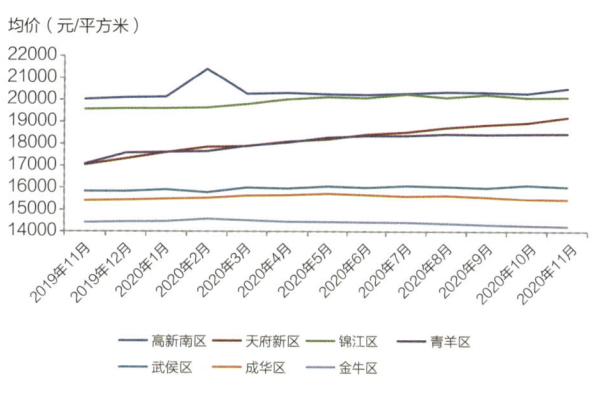

2019 年 11 月—2020 年 11 月成都"5+2"区域二手房参考均价走势

三、政策梳理

1. 整体特征："先松后紧"

在"房住不炒""一城一策""稳房价稳地价稳预期""三道红线"等政策指导下，成都楼市呈现出"先松后紧"的特征，也是在落实中央的"一城一策"方针。

"松"是为了房地产和经济的复苏，主要体现在 2、3 月份，包括一系列针对房企的税费减免、延期缴纳土地出让金、适度降低各种门槛等，针对购房者则有"疫情期间，社保中断，也具备购房资格，最长不超过 6 个月"等。

"紧"则是多次出现万人摇号的现象，一个个事件把成都楼市推到了全国的风口浪尖，政策被迫收紧，包括"双限地""914 新政"、摇号向无房家庭和棚改家庭倾斜等。

总的来说，2020年，成都楼市还在平稳有序发展，"一城一策"松紧有度，没有大起大落。

2. 成都的"一城一策"

2020年成都房地产市场的"一城一策"主要表现在以下两方面：

（1）2020年9月12日，下发《成都市人民政府办公厅关于保持我市房地产市场平稳健康发展的通知》，为实现稳地价、稳房价、稳预期目标，《通知》从加强土地市场调控、落实金融审慎管理、支持合理自住需求、完善住房调控政策、加强市场监管监测、强化舆论宣传引导五个方面出台了详细的政策要求，其中"个人住房转让增值税征免年限由2年调整到5年"和"提高公证摇号中棚改、无房居民家庭优先的比例"影响最为直接，立竿见影。

（2）2020年11月24日，下发《关于完善商品住房公证摇号排序选房有关规定的补充通知》，精准覆盖刚需无房客群，通过四类顺位排序的方式进行人数筛选后再进行摇号，摇号人数最多是房源数的三倍。

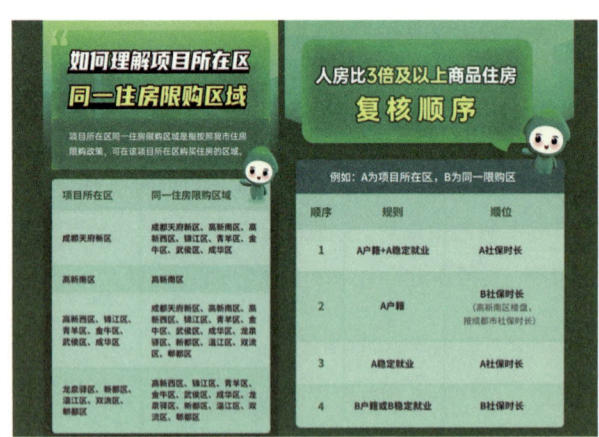

如何理解项目所在区同一住房限购区域

四、土地市场

1. 整体供销

2020年，成都土地供应面积共16234.29亩，下降12%；成交面积16127.46亩，下降9%；土地出让金约1472亿元，增长8.35%。继2018年、2019年土地供需高位后而周期性回落，2020年全年土地市场供求规模双降，但对比多年来看，供求量仍旧较高。

2020年全年，成都成交土地累计可建住宅面积1578.92万平方米，占可建总面积67%，供地销售比为0.72；累计可建商业面积786.82万平方米，占总建面积33%，供货销售比为1.45。

2019年10月—2020年11月成都各月土地成交情况

2020年成都范围内成交了约323宗土地，这其中有50宗土地楼面地价上万元，有15宗土地的成交楼面地价在1.5万元/平方米以上，最高楼面地价突破2万元/平方米，即渝太地产以20700元/平方米竞得的高新南区42亩住宅用地。5月以前拍卖的土地，成都都未设定最高限价，5月以后拍卖的土地，基本上都设置了最高限价，触发最高限价以后竞配建无偿移交的统筹住房面积，全年设置了最高限价的土地有74宗。值得注意的是，2020年成都首次拍出"双限地"。有八宗设定了商品住房清水最高销售均价的土地也顺利拍出。

从各区市县来看，2020年土地出让最多的是天府新区，面积2580亩，土地出让金额总计227亿元，也是唯一一个超过两千亩的城区；天府新区的土地成交以重大产业用地为主，占比约63%。上千亩的城区还有邛崃、龙泉、双流、青白江高新南区和新津。土地出让多的地方，也是成都楼市过去和未来的热点区域。

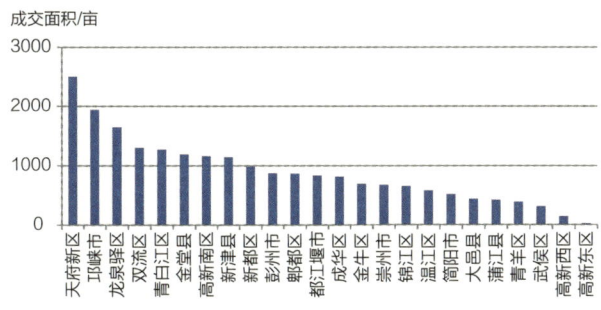

2020年成都各区市县土地成交面积对比

2. 房企拿地布局

2020年，成都房企拿地面积排名前五的分别是成都轨道交通集团、招商蛇口（有成都轨道交通集团的股份）、华侨城、龙湖、兴城人居，拿地面积分别为1297亩、788亩、611亩、426亩、417亩。

成都楼市已成为百强房企的战场，TOP20的房企已全部进驻，TOP50的房企只有5家没进驻（比2019年减少了一家），但也都注册了成都分公司。值得注意的是，品牌房企特别钟情主城区和天府新区的土地，2020年成交的50宗"万元地"中，有41宗都在主城区和天府新区。

2020年成都拿地TOP10房企

品牌房企	拿地面积亩	地块数	计容建面平方米	土地价款万元	楼面地价元/m²
成都轨道交通集团	1297	13	2029643	1402256	6512
招商蛇口成都轨道交通集团	788	7	1786300	540684	3015
华侨城	611	4	902831	292764	2979
龙湖	426	6	722748	437516	6532
兴城人居	417	6	590885	551701	7868
中旅集团	387	4	506847	298020	5057
保利	329	3	386731	257448	8223
德商	291	4	400006	361415	11251
五矿地产	255	3	339540	38198	1125
城投置地	223	3	200110	219141	10090

3. 新进房企

土拍依旧是新面孔房企切入成都市场的重要方式，德信、中国南山、北京天恒、港龙中国等房企通过土拍首度布局成都。

2020年5—6月，德信在成都连落两子，竞得兴隆湖约43亩和麓湖板块约62亩地块。成交楼面价分别为17299元/平方米、15937元/平方米。

2020年5月21日，北京天恒集团以17100元/平方米的楼面地价竞得新川科技园约69亩纯住宅用地，溢价率高达31.54%。

2020年9月，港龙中国以楼面价11620元/平方米竞得双流一宗面积约76亩的纯住宅用地，值得注意的是，港龙中国拿地之后引入了美的置业联合开发该地块。

中国南山进入成都则是通过产业拿地。2020年1月，中国南山拿下武侯区一宗面积约111.6亩的土地，该地块有大量的公建配套义务，项目业态以商务办公、演艺娱乐、零售商业、餐饮业为主导，投资额度不低于16亿元（不含将近18亿元的土地出让款）。

还有一些房企虽谈不上新面孔，但也有多年没有拿地，2020年开始重新"补仓"的房企，如隆基泰和、三盛、荣盛、建发、大陆集团、合能、海伦堡、炎华置信等。

其中，建发仅靠以46.82亿元拿下的锦江区130亩地块，就空降2020年房企成都拿地金额第二的位置。

补仓最积极的是隆基泰和，2020年一共在成都拿下了三宗土地，这也是隆基泰和首次在公开市场拿地，其上一次在成都拿地要追溯到2016年收购龙泉铂悦山项目。

2020年常规房企成都拿地金额榜单

房企	拿地宗数	拿地面积（亩）	拿地金额（亿元）
招商蛇口	7	787.93	54.07
厦门建发	4	130.89	46.82
龙湖地产	5	363.72	39.41
德商投资	4	290.90	36.15
隆基泰和	3	208.59	30.93
港中旅	4	386.89	29.8
华侨城	4	588.38	29.14
荣盛发展	1	156.76	23.5
德信地产	2	104.71	22.83
花样年	4	237.77	22.49

五、热点板块分析

目前,成都楼市处在非常严厉的调控期间,其政策收紧程度全国少见,明显热点板块缺失,反倒是低价地、低价房供不应求,很多购房者是冲着巨大的剪刀差去的。

2020 年板块住宅套数成交 TOP10

序号	板块	成交套数(套)	主力去化项目(套)
1	锦江生态带	7770	恒大天府半岛(1568)
2	秦皇寺	6146	中海天府里(1670)
3	武侯新城	3971	当代璞誉(910)
4	新都新城	3846	富豪国际新都荟(901)
5	大丰	3804	保利天汇(707)
6	金马板块	3769	中铁城(1995)
7	华府	3608	中海云麓世家(1116)
8	麓湖	3479	麓湖生态城(1528)
9	蜀都新城	3276	成都鑫苑城(1528)
10	大面	3113	凯德卓锦万黛(967)

从政策层面来看,成都目前执行的是"东进、南拓、西控、北改、中优"十字发展方针。

"东进"区域目前正在大力建设之中,即便最热门的"东安新城"也是基础设施在大力建设,围绕大运会进行城市面貌更新,2021 年 8 月大运会举办之时,也将是东安新城的高光时刻。其余各个区域都是常规发展。

"南拓"主要是指天府新区,天府新区也是成都 2020 年的销冠,经过十来年的建设,新区各项配套也逐步起来了,未来看涨。2020 年 4 月,成都东部新区获得四川省的批复,加之成渝双城经济圈上升为国家战略,东部新区一大批重大产业项目相继落地,2021 年肯定会有更好的发展。

"中优"的范围大致在四环内,这个区域是成都各项配套发展相对完善的地方,很多购房者想买,但基本都是高地价的楼盘,房价也高,买得起的人并不多;低价地楼盘想买的人多,摇号未必能够中签。

"西控",控的是土地开发强度和产业类型,保护基本农田,产业发展以低碳环保为主。"北改"以旧城改造、城市更新为主,淘汰工业厂房,以建设宜居公园城市为目标。"西控"和"北改"区域不属于成都楼市热点,发展较为平稳。

分析成都楼市的热点,绕不开一个重要的因素——轨道交通(地铁),目前成都已开通轨道交通 558 公里,排名全国第三;到 2023 年,成都地铁运营里程要达到 692 公里,排名更加靠前。地铁 800 米、步行 10 分钟以内都算资格的地铁盘,这也是影响购房决策的关键因素。依地铁站点而建的 TOD 项目也会是近几年成都楼市的一大热门。

六、用户心理

2020 年成都楼市一部分购房者的心态可以用"焦虑"来概括,以下分几种人群来说明:

没买到房子(无房家庭)的人是焦虑的。眼看着地价拉动房价上涨,越等购房成本越高;眼看着低价地楼盘、高剪刀差楼盘一个个推出,面对极低的中签率,自己也无能为力。

想要换改善、资金又不是那么充足的人也是焦虑的。卖房或者不卖房,都是普通客户,要等棚改户和无房户选完以后才轮得到自己选房,高剪刀差楼盘仅是"生命中的过客"。

想买小户型的人也是焦虑的。新房市场上小户型极少,2020 年成交新房的套均建筑面积已经接近 122 平方米了,一房难求;由于"限售"等原因,二手房市场上次新房少,而且疫情影响也很明显,加之"增值税满 5 年才能减免"的新政增加了购房税费成本。

当然，成都楼市也有一批幸运儿，就是预算充足的购房者，他们有很多优质的产品、优质的楼盘可以选择。

七、2021年展望

在"房住不炒"基调下，在稳房价、稳地价、稳预期，一城一策、化解系统系金融风险、"三条红线"等中央宏观政策的指引下，成都政策层面应该不会有大的变动，局部调整也是存在可能的。像在2020年9月12日出台的15条房地产调控新政，增值税减免、公证摇号选房顺序就有所调整。政策层面应该不大可能再收紧。

成都作为新一线排名榜首的城市，在产业功能区的引导下，在国家战略的加持下，经济发展有着澎湃动能，人口吸附能力强，预计各方面都会做到"稳增长"，楼市也不例外。

从城市层面来讲，2021年成渝双城经济圈必定会全面铺开，在"十四五"的开局之年，成都还要举办大运会，天府国际机场投入运行，东部新区可能会有更多的机会，天府新区持续热门，中心城区配套更加完善成熟。

2018—2020年成都保持了2万多亩的土地出让规模，2021年供应计划比2020年增加了8%，在充足的土地供应基础上，有一揽子调控政策的保驾护航，成都楼市可以平稳健康发展。

从地价来预测2021年房价，可能会有一定程度的上涨，价格上涨也会导致销量有一定程度的下降。但是房价涨幅必定会在可控的范围内，因为国家宏观政策会一直保持高压的态势。

数据来源：克而瑞四川区域、国家统计局、成都住建网签平台、链家网、成都公共资源交易中心、锐理数据。

在售楼盘一览

青羊区

楼盘名称	价格	物业类型	主力户型
金雁锦绣金沙	尚未公布	普通住宅	尚未公布
兴城建·玉润金沙	尚未公布	普通住宅	尚未公布
蓝光西环里	约12776元/m²	商业	一居室(45~60m²) 二居室(70~83m²) 三居室(107~130m²)
龙湖西府琅悦	约420万元/套	普通住宅	三居室(160~168m²)
富力T~ONE	15000~25000元/m²、总价370~670万元/套	公寓	四居室(235~275m²)
五矿西棠	26000~31300元/m²	普通住宅	四居室(143m²) 五居室(178m²)
中国铁建西派浣花	32000~38500元/m²	普通住宅、公寓、别墅	四居室(198~245m²)
蓝光雍锦园	尚未公布	普通住宅、别墅	别墅(285~380m²)
中国铁建·西派金沙	约400万元/套	普通住宅	三居室(152m²) 四居室(256m²)
青云阙	约34138元/m²	普通住宅	四居室(188m²)
新力曦悦	26982~33454元/m²	普通住宅	四居室(149~167m²)
华府金沙名城	26370~30162元/m²	普通住宅	二居室(103~106m²) 三居室(121~135m²)
远洋朗基香汇	23967~26366元/m²	普通住宅	四居室(138m²)
绿城·金沙凤起朝鸣	约34999元/m²	普通住宅、别墅	三居室(165m²) 四居室(195~300m²) 别墅(228~385m²)
成都托尼洛·兰博基尼中心	48000~55000元/m²	商业	一居室(80~135m²)
金沙城·西府澜院	25000~33500元/m²	别墅、普通住宅	三居室(95~151m²)
金沙宸宇公馆	25481元/m²起	普通住宅	二居室(85m²) 三居室(115~130m²) 四居室(142m²)
远鸿~锦悦金沙	14600元/m²起	公寓、商业	一居室(37~46m²)
金地·自在湾	约25000元/m²	公寓、商铺	一居室(40.49m²)
首创禧瑞光华	620万元/套起	普通住宅、别墅	别墅(233~247m²)
城投置地梧桐博雅	17556元/m²起	普通住宅、商业	二、三居室(60~141m²)
城投绿城·凤起蘭庭	约34198元/m²	普通住宅	四居室(135~230m²)
金地39峯	29564元/m²起	普通住宅	三居室(123m²) 四居室(153m²)
光华壹号花园	12750~27540元/m²	普通住宅	三居室(100~110m²) 四居室(146~170m²)
成都城投置地文园	尚未公布	普通住宅、商业	尚未公布

武侯区

楼盘名称	价格	物业类型	主力户型
天府汇中心	27393~34999元/m²	综合体	三居室(92~154m²) 四居室(166~178m²)
金房云庐	尚未公布	普通住宅	尚未公布
尊邸	17040元/m²起	普通住宅	二居室(92~132m²)
红牌楼112亩项目	尚未公布	普通住宅	尚未公布
西樾锦宸	505万元/套起	普通住宅	四居室(140~240m²)
保利大国璟	17000元/m²起	普通住宅	四居室(165~189m²)
龙湖·天宸原著|九墅	22000元/m²起	普通住宅、别墅	别墅(153~303m²)
当代·璞誉	19999元/m²	普通住宅、公寓	二、三、四居室(133~238m²)
中粮·武侯瑞府	25592~35034元/m²	别墅	别墅(140~259m²)

武侯区

楼盘名称	价格	物业类型	主力户型
阳光城檀悦	28519~35324元/m²	普通住宅	三居室(170m²) 四居室(191~203m²) 五居室(290m²)
双凤桥TOD凤舞七里	21663~25765元/m²	普通住宅	三居室(112~137m²) 四居室(151~159m²)
观雲	约38000元/m²	公寓	公寓(80~150m²)
中国铁建西派城商铺	20000~60000元/m²	商铺	商铺(40~120m²)
中南华宇·君启	23000元/m²起	普通住宅	四居室(137~153m²)
龙湖·星图	30万元/套起	商业	一居室(22~52m²)
龙湖·紫都城	约14000元/m²	写字楼	写字楼(42m²)
桐梓林7号	22000~25000元/m²	普通住宅	一居室(68m²) 二居室(82~103m²)
正成·新天地	约14000元/m²	公寓、写字楼	公寓(41m²)
武侯金茂府	30000~34972元/m²	普通住宅	三居室(248m²)
和雅嘉御	24000~26000元/m²	公寓	一居室(37~82m²)
香悦府	16700~18500元/m²	普通住宅	二居室(113m²) 三居室(119~121m²) 四居室(127~156m²)
天玑财富中心	约20000元/m²	写字楼	写字楼(41.12m²)
金隅珑熙汇	12500~13500元/m²	公寓	公寓(49~83m²)
美泉悦府	12916~24163元/m²	普通住宅、别墅	三居室(110~127m²) 四居室(131~158m²)
中环晓院	约24000元/m²	普通住宅	四居室(116m²)
双楠悦天地	20979~26551元/m²	普通住宅、公寓、商铺、综合体	三居室(112~138m²) 四居室(149~171m²)
柏荟城荟澜阁	19500元/m²起	普通住宅	二居室(78m²) 三居室(119m²) 四居室(143~152m²)
保利西堂里院	约27760元/m²	普通住宅	四居室(184~207m²)
富国上邦	20964元/m²起	普通住宅	三居室(122m²) 四居室(146~154m²)

金牛区

楼盘名称	价格	物业类型	主力户型
保利天汇	12500~20841元/m²	普通住宅、别墅、商铺、商业	三居室(107~136m²) 别墅(222~250m²)
龙湖上城	18000元/m²起	公寓	公寓(46~88m²)
保利天和	15668~18926元/m²	普通住宅	三居室、四居室(120~185m²)
电建地产洛悦府	约10000元/m²	普通住宅、商业	一居室(47~66m²)
保利·时代	300万元/套起	普通住宅、公寓	三居室(119m²) 四居室(128.79~189m²)
德商新希望国宾锦麟天玺	490万元/套起	普通住宅	四居室(200m²)
旭辉江山和鸣	20500元/m²起	普通住宅	三居室(125~126m²) 四居室(143~169m²)
电建地产洛悦玺	23000~24000元/m²	普通住宅	四居室(129~154m²)
云上观邸	22704~25386元/m²	普通住宅、商业	三居室(114.42m²) 四居室(147.78~157.08m²)
花千集·F1	约10580元/m²	公寓、商铺	一居室(54~85m²)
龙湖·揽境	600万元/套起	别墅	别墅(172~221m²)
中铁御花府	22586元/m²起	普通住宅	三居室(120.43~145.03m²) 四居室(164.36~181.03m²)

金牛区

楼盘名称	价格	物业类型	主力户型
中南樾府	11136~15886 元/m²	普通住宅、别墅、商业	四居室(138~148m²)
城投置地梧桐集	14819元/m²起	普通住宅、别墅、政策房	二居室(60~63m²) 三居室(107~137m²) 四居室(160m²)
嘉寓天幕	16500~19000元/m²	酒店式公寓	一居室(36.5~69.5m²) 二居室(91m²)
成都长虹天樾	15747~17070元/m²	普通住宅、公寓	三、四居室(128~146m²)
中南海棠集	12006~15045元/m²	普通住宅	四居室(155~176m²)
保利国宾首府	24778~27758元/m²	普通住宅、别墅	别墅(171.75m²)
北京城建·熙悦中心	7500~11000元/m²	商住	一居室(60~97m²)
时代天境	398万元/套起	普通住宅	三居室(126m²) 四居室(129~142m²)
华侨城云岸	12200元/m²起	公寓	公寓(80~150m²)
卓越云际	22000~27000元/m²	普通住宅	三居室(114~119m²) 四居室(142m²)
N8天幕	约28000元/m²	公寓	一居室(99~124m²) 二居室(117m²)
佳乐云锦	20000~23000元/m²	普通住宅	三居室(110~116m²) 四居室(130m²)
成都融信公馆	约27500元/m²	普通住宅	三居室(113m²) 四居室(142m²)
港泰通航大厦锦观	32000~35000元/m²	写字楼、酒店式公寓、商铺	公寓(50~120m²)
北星城	12372~13271元/m²	普通住宅、别墅、商铺	三居室(110~134m²)
保利时代荟	尚未公布	公寓	公寓(37~51m²)
金地融信·御琴峯	25000元/m²起	普通住宅	三居室(108~123m²)

锦江区

楼盘名称	价格	物业类型	主力户型
华熙LIVE·528	17737~17901元/m²	普通住宅、公寓、商住	三居室(97~112m²) 四居室(128m²)
阿玛尼艺术公寓	50000~80000元/m²	商业	一居室(61~71m²) 二居室(77~84m²) 三居室(160m²)
新希望·D10天府	28000~39000元/m²	普通住宅	三居室(200~220m²) 四居室(240~270m²)
德商锦江天玺	尚未公布	普通住宅、别墅	四居室(170~229m²)
华润置地·东原集团·时光绘	约13000元/m²	公寓	一居室(38~50m²)
中化润达丰滨江樾城	15800元/m²起	普通住宅、别墅、商铺、商业	一居室(34m²) 三居室(118m²) 四居室(179m²)
D10天府D-ONE	260万元/套起	公寓、商业	一居室(76m²) 二居室(115~199m²)
R29	9090元/m²起	商铺、商业	一居室(50~98m²)
人居R17	8300元/m²起	公寓、商铺、商业	一居室(32~55m²)
自在轩	尚未公布	普通住宅、商铺、商业	二居室(70m²) 三居室(90~105m²)
润达丰广场	约21000元/m²	写字楼、商业	一居室(30~33.41m²)
滨江樾府	100万~650万元/套	别墅、商业	别墅(330m²)
恒大望江华府	约17000元/m²	普通住宅、公寓、别墅	三居室(77~119m²)
伊泰天骄	22000~36000元/m²	普通住宅	三居室(260~370m²)
58神奇空间	尚未公布	公寓、写字楼	写字楼(29~49m²)
奇艺之城	约30000元/m²	普通住宅、写字楼	一居室(40~56.6m²) 二居室(76.5~77.5m²) 三居室(94~104.5m²)
佳兆业天悦	约23000元/m²	公寓、写字楼、商铺	一居室(44~70m²) 三居室(88.7m²)

锦江区

楼盘名称	价格	物业类型	主力户型
绿地中心468星曜公寓	约14500元/m²	公寓、商铺	一居室(60m²)
茂业豪园	约27722元/m²	普通住宅、公寓、商业	三居室(107~114m²)
天廊T66	22000~30000元/m²	公寓	一居室(84~114m²)
金林中心	尚未公布	综合体	一居室(65~131m²)
绿地中心468云图大厦(写字楼)	约11500元/m²	写字楼	写字楼(85~1500m²)
禹洲晏山河	约33500元/m²	普通住宅	四居室(155.25~199.48m²)
建发央玺	尚未公布	普通住宅	三居室(143m²) 四居室(156~197m²)
蓝润泷门	尚未公布	普通住宅、商业	三居室(172~233m²)
中化滨江锦府	尚未公布	普通住宅、商铺、商业	两居室(53~96m²)
成都ICC天峻	尚未公布	普通住宅、公寓、综合体	一居室(51m²) 二居室(102~126m²)
西部国际金融中心	尚未公布	普通住宅、公寓、写字楼、商铺	二居室(83~92m²)
新希望锦官阁	尚未公布	普通住宅、别墅	三居室(118m²) 四居室(155~158m²)
金融街融御	尚未公布	普通住宅、公寓、商业	一居室(62m²) 二居室(92~145m²)

成华区

楼盘名称	价格	物业类型	主力户型
新鸿之心	尚未公布	公寓、写字楼、商铺	尚未公布
城投置地·成华龙潭人才项目	尚未公布	普通住宅	尚未公布
云门望古	28095~33945元/m²	普通住宅	三居室(121~124m²) 四居室(153m²)
俊屹中心俊峰	尚未公布	综合体	三居室(38~56m²)
隆基泰和紫樾风华	尚未公布	普通住宅、别墅	三居室(108~128m²)
中粮珑悦锦云	19000元/m²起	普通住宅	四居室(148~162m²) 五居室(173m²)
龙湖梵城	95万元/套起	普通住宅、商业	一居室(68m²) 跃层(83m²)
城投置地·梧桐栖	16330~20420元/m²起	普通住宅、商铺	三居室(98~116m²) 四居室(136m²)
龙湖·金地商置·璟宸世家	16600元/m²起	普通住宅、公寓、别墅	四居室(199~204m²) 别墅(320m²)
碧桂园·锦樾府	22300元/m²起	普通住宅	三居室(103m²) 四居室(129m²)
铁投紫瑞府	14932~16243元/m²	普通住宅、别墅、商业	三居室(110m²) 四居室(154~190m²)
朗诗上林熙华府	16479~17739元/m²	普通住宅、商铺、商业	三居室(135m²) 四居室(137~160m²)
朗基城S公馆	约12800元/m²	写字楼	一、二居室(36~67m²) 三居室(81~93m²) 五居室(182m²)
源滩国际社区	约12000元/m²	公寓、写字楼、综合体	一居室(37m²)
龙光世纪中心	10000~35000元/m²	商铺	商铺(30~153.8m²)
首创天禧68	18730~22549元/m²	普通住宅	二居室(77.04m²) 三居室(86.83~98m²) 四居室(116.87~127m²)
太阳公元	26499~28914元/m²	普通住宅	三居室(119~143m²)
奥园云璟	约23104元/m²	普通住宅	三、四居室(122~138m²) 五居室(154m²) 六居室(225~245m²)
万科天荟	约12000元/m²	公寓	一居室(35m²)

成华区			
楼盘名称	价格	物业类型	主力户型
万科锦园	约20000元/m²	普通住宅	三居室(105m²) 四居室(125m²)
成华万科大厦	约15000元/m²	写字楼	尚未公布
中梁雲玺臺	约27000元/m²	普通住宅	三居室(129~135m²) 四居室(143m²)
同森翠叠森林	约22582元/m²	普通住宅	三居室(118m²) 四居室(128~144m²)
朗诗乐府	280万元/套起	普通住宅	三居室(110m²) 四居室(137~149m²)
朗诗上林熙华府(SOHO)	约10000元/m²	公寓	一居室(39~59m²)
梵锦108	20600元/m²起	普通住宅、公寓、商铺	四居室(125~142m²)
青秀阅山	700万元/套起	普通住宅、别墅、商铺、商业	三居室(130m²) 四居室(160m²)
中车共享城	19445元/m²起	普通住宅	三居室(138m²) 四居室(167m²)
世茂·茂立方More³	9500元/m²起	商业	一居室(38~57m²)
首钢蓉城里·锦邻	42万元/套起	商铺、商业	商铺(30.69~169.05m²)
华宇旭辉锦绣广场	8500~11000元/m²	普通住宅、公寓、商铺	一居室(45~70.96m²)
华润置地二十四城九期	15260~18400元/m²	普通住宅、商业	三居室(124m²) 四居室(145m²)
金融街融府	20125~25232元/m²	普通住宅	三居室(107~118m²) 四居室(126m²)
奥园国际中心	12000元/m²起	写字楼	尚未公布
新华创客居	尚未公布	公寓、商铺	尚未公布
霍彪·中环广场	尚未公布	公寓、商业	公寓(25.5~29.5m²)
公元汇	15300~25000元/m²	综合体	一居室(44.05m²)
同森锦逸名邸	约25000元/m²	普通住宅	二居室(80m²) 三居室(92~111m²) 四居室(130m²)
大陆潮里	15188~22188元/m²	普通住宅、写字楼、商铺	二居室(59.46~89.47m²)
奥山·成都澎湃城	约18500元/m²	普通住宅	三居室(97~118m²) 四居室(130m²)
朗诗萃樾	约14500元/m²	公寓、写字楼	尚未公布
碧桂园·中环荟	约13024元/m²	公寓	一居室(43.56m²) 二居室(54.44m²)
泊里中心·曜里	约18000元/m²	商业	一居室(47~82m²)
恒大锦城	约20000元/m²	普通住宅	三居室(111m²)
深业四季华庭	20792~24642元/m²	普通住宅	三居室(105~113m²) 四居室(124~130m²)
鲁能城	约20000元/m²	普通住宅、公寓、商铺	三居室(95~107m²) 四居室(128m²)
SM锦悦	尚未公布	普通住宅	二居室(70.99~91.25m²) 三居室(117.68~124.85m²)
雪松雅居乐IN天府	尚未公布	普通住宅、写字楼	三居室(100~120m²) 四居室(140m²)
首钢璟辰里	尚未公布	普通住宅	三居室(119m²) 四居室(139~162m²)
保利珑堂里院	约17725元/m²	住宅	三居室(106m²) 四居室(128~180m²)
中环TOD十里风和	尚未公布	普通住宅、写字楼、商业	三居室(91~119m²) 四居室(133~135m²)
德商迎晖天玺	900万~1100万元/套	普通住宅	四居室(285m²)
隆鑫印象东方	尚未公布	普通住宅	四居室(111~127m²)
成华奥园广场	尚未公布	普通住宅、公寓	二居室(69.24m²) 三居室(75.95~100.05m²) 四居室(119.75m²)
华侨城九熙	18070元/m²起	普通住宅	四居室(304m²)
源滩麒麟荟	尚未公布	普通住宅	三居室(78.69~113.51m²) 四居室(130.54m²)

成华区			
楼盘名称	价格	物业类型	主力户型
东站·中环广场	尚未公布	公寓	尚未公布
1988公馆	尚未公布	公寓	尚未公布
青秀未遮山	18000元/m²、600万元/套	普通住宅、别墅	四居室(160m²) 合院(310m²)
招商时代公园	26543元/m²起	普通住宅、写字楼	三居室(122m²) 四居室(137m²)
中迪中心	尚未公布	公寓、写字楼、商业	尚未公布
奥园新希望锦官芳华	尚未公布	普通住宅	三居室(99~108m²) 四居室(126m²)

高新区			
楼盘名称	价格	物业类型	主力户型
成都金融广场	尚未公布	普通住宅、公寓、写字楼、综合体	尚未公布
德商御璟天骄	20000~28100元/m²	普通住宅	四居室(147~167m²) 五居室(257m²) 六居室(287m²)
Louvre卢浮宫馆	尚未公布	酒店式公寓	一居室(75~150m²)
渝太润达丰悦蓉東方	尚未公布	普通住宅、别墅	尚未公布
高投新悦府	约23150元/m²	普通住宅	一、二居室(61~80m²) 三居室(108~143m²) 四、五居室(167m²~198m²)
高投ICON和郡	17611~24460元/m²	普通住宅、公寓、写字楼、综合体	一居室(54~70m²) 二居室(75~85m²) 三居室(118m²)
保利和光逸境	尚未公布	普通住宅、公寓、别墅	尚未公布
保利星荟	约16000元/m²	公寓	一居室(37~48m²)
中国铁建西派澜岸	26619~38300元/m²	普通住宅、别墅、商铺	别墅(245~304m²)
新景·璟歆府	约20500元/m²	普通住宅、商业	三、四居室(114~138m²)
中粮天府宸悦	17000~18500元/m²	公寓、商铺、商住	一居室(40~60m²) 二居室(70m²)
中德英伦世邦F区	约16777元/m²	普通住宅	二、三居室(90~97m²) 四居室(133~136m²)
万科新川荟	14000元/m²起	写字楼、商住	一居室(31m²)
陆肖TOD麓鸣九天	清水24585~26761元/m² 精装25597~28077元/m²	普通住宅	四居室(170~238m²)
保利国际广场	约30000元/m²	公寓	公寓(52~300m²)
保利锦外小户	约13000元/m²	公寓	一居室(40~52m²)
高投·熙悦府	24000~26000元/m²	普通住宅	一、二居室(60~80m²) 三、四居室(100~184m²)
金隅金成府	303万~470万元/套	普通住宅	三居室(123m²)
博雅城市广场	20000~42000元/m²	商铺	商铺(56~268m²)
天创·蓉耀	360万~620万元/套	商业	写字楼(108~273m²)
M5行政公寓	39000~45000元/m²	公寓	一居室(78~94m²) 二居室(129m²)
宸光和悦	310万~530万/套	普通住宅、商铺、商业	别墅(145m²)
长治南阳御龙府	上批次12000元/m²起	普通住宅	三居室(99~117m²)
招商大魔方	21000元/m²起	公寓	公寓(116~149m²)
中建天府公馆Hope汇寓	41万元/套起	公寓	公寓(23~52m²)
嘉祥平行公寓	尚未公布	公寓	公寓(45m²)
德商御璟阁	约19000元/m²	酒店式公寓	一居室(49~61m²) 二居室(97m²)

高新区			
楼盘名称	价格	物业类型	主力户型
世豪翡丽	230万~500万元/套	公寓	一居室(98~173m²)
南三Link	尚未公布	商铺	商铺(50~150m²)
花漾锦江	约30000元/m²	公寓	一居室(125.73m²) 三居室(211.18~262.99m²) 四居室(271.31~278.5m²)
凯德世纪名邸东庭	约23906元/m²	普通住宅	三居室(106m²) 四居室(126~193m²)
中建锦澜壹号	30211~33770元/m²	普通住宅	四居室(155~168m²)
中洲锦城湖岸2期	尚未公布	普通住宅、商业、别墅	别墅(202、256m²)
万科公园5号	约24000元/m²	普通住宅	四居室(189~215m²) 五居室(260m²)
中德时代公馆	尚未公布	公寓	二居室(56m²) 四居室(165m²)
中建天府公馆	尚未公布	普通住宅、写字楼、商铺	三居室(133m²) 四居室(152~175m²)
复地金融岛2期	24267元/m²起	普通住宅、酒店式公寓	三居室(178~309m²)
神仙树6号院	尚未公布	公寓	公寓(43~80m²)
仁美熙和府	尚未公布	普通住宅	三居室(138~229m²)
锦城悦庭	尚未公布	普通住宅、商业	尚未公布
臻林	尚未公布	普通住宅、商铺	尚未公布
禹洲山河肇荟	尚未公布	普通住宅	尚未公布

天府新区			
楼盘名称	价格	物业类型	主力户型
卓越晴翠	25464~33778元/m²	普通住宅、别墅	四居室(165m²) 别墅(183~300m²)
中信城开麓山上院	尚未公布	普通住宅	三居室(95~108m²) 四居室(125~139m²)
环天·时代中心	尚未公布	普通住宅	二居室(65~68m²) 三居室(71~80m²) 四居室(95m²)
德信弘阳湖畔云璟	尚未公布	普通住宅	四居室(169~189m²)
奥园·麓语ONE	600万~850万元/套	普通住宅、别墅	三、四居室(200~280m²)
中海天府里	20500~27000元/m²	普通住宅、商业	三居室(108~110m²) 四居室(130~180m²)
天府恒大文化旅游城	约8500元/m²	普通住宅、商铺	二居室(77m²) 三居室(113~124m²)
万科公园传奇	商业别墅25000元/m²	普通住宅、公寓、别墅	三居室(132~165m²) 四居室(156~216m²) 公寓(30m²)
保利天空之城｜泊院	26619~30987元/m²	普通住宅	四居室(172~180m²)
德商花样年碧云天骄	约24000元/m²	普通住宅	三居室(113~119m²) 四居室(134m²)
融信澜天	9800元/m²起	普通住宅	三居室(95~123m²)
保利和光屿湖	约24777元/m²	普通住宅	三居室(176.29~265.87m²)
领地凯旋府	约9300元/m²	普通住宅、别墅	三居室(103~127m²) 四居室(130~150m²) 五居室(179m²)
麓湖生态城	约28000元/m²	普通住宅、别墅	三居室(135~145m²) 四居室(170~305m²) 五居室(350m²)
麓府	16383~17549元/m²	普通住宅、别墅	别墅(480~1000m²)
远大中央公园	14096~15699元/m²	普通住宅	三居室(109.33~122.98m²) 四居室(136.14~168.27m²) 五居室(208.14m²)

天府新区			
楼盘名称	价格	物业类型	主力户型
龙光·天瀛	24803~27203元/m²	普通住宅	三居室(109~119m²) 四居室(130~143m²) 别墅(170m²)
融创九天一城	约12000元/m²	普通住宅	三居室(85~113m²) 四居室(122m²)
领地·天府国际康城	约12000元/m²	普通住宅、商业	三居室(77~85m²) 四居室(99m²)
天府公园未来城	约16380元/m²	普通住宅、综合体	四居室(140~182m²) 跃层(138m²)
中海观园	尚未公布	普通住宅、别墅、商铺	四居室(143~170m²) 别墅(188~198m²)
天府万科城	10500元/m²起	普通住宅、别墅	三居室(102~103m²) 四居室(123m²) 别墅(144~173m²)
天府万科云城	15000元/m²起	商业	写字楼(29m²)
麓湖熙华天玺	400万元/套起	普通住宅	四居室(150~200m²)
川港合作示范园	约12500元/m²	普通住宅、写字楼、商业	三居室(76m²) 四居室(110m²)
天府云城C区	约12500元/m²	普通住宅	三居室(87.15~88.33m²) 四居室(91.41~93.71m²)
袍商朗诗天府绿郡	尚未公布	普通住宅	三居室(72~83m²) 四居室(95m²)
佳兆业麓山壹号	25500元/m²起	普通住宅	四居室(143~169m²)
天府理想城	10800元/m²	普通住宅	二居室(63m²) 三居室(73~89m²)
龙湖·天境	470万元/套起	普通住宅、商业、别墅	三居室(106m²) 四居室(127m²) 别墅(173~329m²)
中粮天府智慧城	12000~13000元/m²	普通住宅、公寓、写字楼、商业	三居室(81~110m²) 四居室(124m²)
翰林天府	10000~11000元/m²	普通住宅	二居室(70.61m²) 三居室(81.85~110.08m²) 四居室(116.44m²)
滨江睿城	10000~12500元/m²	普通住宅	二居室(66m²) 三居室(81~83m²) 四居室(96m²)
DH锦南玺	约13800元/m²	写字楼	写字楼(48~138m²)
天府中心城	约8500元/m²	普通住宅	一居室(40m²)
首钢蓉璟台	18370~19925元/m²	普通住宅	二居室(90m²) 三居室(120m²) 四居室(140~165m²)
天府云城AB区	尚未公布	普通住宅、写字楼、商铺	三居室(73~86m²) 四居室(93~103m²)
四川煤田天府龙城	6500元/m²起	普通住宅、商业	三居室(113.13m²) 四居室(129m²)
建发·第五大道(三期)	8500~9000元/m²	公寓、写字楼	一居室(31~48m²)
天府金融港	约11500元/m²	普通住宅	三居室(111.3~118m²) 四居室(121~130.91m²) 五居室(159m²)
成都万达1号	15052~18952元/m²	普通住宅、别墅、写字楼、商业	一居室(35~60m²) 三居室(116~168m²)
鹿溪樾府	22277~26637元/m²	普通住宅	三居室(114~140m²) 四居室(143~172m²)
麓府公馆	约16000元/m²	商业	三居室(127~166m²) 四居室(251m²)
美的金辉郡	约8800元/m²	普通住宅、别墅	二居室(70m²) 三居室(87~96m²)
龙光·天府玖龙郡	约11000元/m²	普通住宅、商业	三居室(86.59m²) 四居室(94.67~115.91m²)
广汇都荟	16000元/m²起	公寓	一居室(36~45m²)
麓湖生态城创酷集盒	约15000元/m²	公寓	一居室(60~180m²)
中铁双龙艺术小镇	尚未公布	普通住宅	一居室(64m²) 二居室(82m²) 三居室(115m²)

天府新区

楼盘名称	价格	物业类型	主力户型
蔚蓝卡地亚中心CEO公馆	300万元/套起	公寓	一居室(144m²) 二居室(188m²)
蓝润·天府MIC	约14600元/m²	普通住宅、商业	一居室(27~40m²)
中铁诺德壹号YoHo街	约22500元/m²	商铺	商铺(200~5000m²)
铁投天府桃源	约10500元/m²	普通住宅	三居室(94.17~119.75m²) 四居室(132.79~143.94m²)
麓府·藏月	16383~17549元/m²	别墅	别墅(360~600m²)
双发天禧中心	尚未公布	写字楼	写字楼(38~80m²)
广汇·雪莲天府	14000~22000元/m²	商业	一、二居室(46~140m²)
万科天府锦绣	约32200元/m²	普通住宅	四居室(172~249m²)
恒大天府半岛	尚未公布	普通住宅、商铺	三居室(111~123m²)
首开龙湖云著	21276~25876元/m²	普通住宅	四居室(160~195m²)
海伦天麓	尚未公布	普通住宅、别墅	三居室(92~121m²)
川发天府上城	11871~17849元/m²	普通住宅	三居室(107~115m²) 四居室(127~140m²)
中海麓湖公馆	450万~750万元/套	普通住宅、别墅	三居室(115m²) 四居室(142~165m²) 别墅(178~208m²)
中铁悦鹿府	尚未公布	普通住宅	三居室(118~122m²) 四居室(130~165m²)
万科天府公园城	14695~27581元/m²	普通住宅、别墅	三居室(108m²) 四居室(126m²) 别墅(235m²)
圆中润达丰滨江郦城	约9300元/m²	普通住宅、商铺	三居室(78~99m²) 四居室(116m²)
合能铂悦华庭	15027~16147元/m²	普通住宅	三居室(120m²) 四居室(136~254m²)
麓雲	尚未公布	普通住宅	三居室(92~110m²) 四居室(117~161m²)
新鸿基悦城	尚未公布	普通住宅	三居室(150m²)
海伦堡玖悦府	尚未公布	普通住宅	三居室(95~105m²) 四居室(125~135m²)
保利天寰广场	尚未公布	商业	写字楼(42~58m²)
德信麓湖云庄	尚未公布	普通住宅	四居室(180~280m²)

高新西区

楼盘名称	价格	物业类型	主力户型
龙湖·时代新宸	7500元/m²起	公寓、商住	一居室(42m²)
金辉悦府·优跃	8600~8900元/m²	公寓、商铺	一居室(48.5~63m²)

龙泉驿区

楼盘名称	价格	物业类型	主力户型
邦泰宽语	220万~369万元/套	普通住宅	三居室(95m²) 四居室(116~135m²)
佳兆业珑樾壹号	尚未公布	别墅	尚未公布
开元观澜东著	尚未公布	普通住宅	
电建地产·洛悦御府	约22000元/m²	普通住宅	三居室(114m²) 四居室(130~154m²)
卓越樾山府	15000元/m²起	普通住宅	四居室(123~143m²)
北大资源紫境东来	377万元/套起	普通住宅、别墅	别墅(144~367m²)
首开龙湖景瓢玖序	22500元/m²起	普通住宅	四居室(132~223m²)
中海御湖世家	21600~36000元/m²	普通住宅、别墅、商铺	一居室(40m²) 别墅(156m²)
金科中梁美院	14215~22134元/m²	普通住宅、商业	三居室(91~108m²) 四居室(146~200m²)
新希望·锦麟府	20000元/m²、700万~1000万元/套	普通住宅、别墅	三居室(116m²) 四居室(136m²) 独院(266m²)

龙泉驿区

楼盘名称	价格	物业类型	主力户型
卧龙谷玖号	18337~33645元/m²	普通住宅、别墅、商铺	四居室(172.12m²) 别墅(159.63~289.77m²)
华润置地时代风景	220万元/套起	普通住宅	三居室(110~118m²) 四居室(131~140m²)
金科博翠山	16285~22900元/m²	普通住宅、自持物业	三居室(102m²) 四居室(122~236.5m²)
华润置地·时代之城	17000元/m²起	普通住宅、商铺	三居室(116m²) 四居室(143m²)
华润置地·未来之城	18000~23000元/m²	普通住宅	三居室(116m²) 四居室(143~186m²)
龙湖中骏光明·璟悦天著	168万元/套起	普通住宅、别墅	三居室(117m²) 四居室(136m²) 别墅(185~217m²)
隆基泰和紫樾书香	18800元/m²起	普通住宅	三居室(110m²) 四居室(128m²)
蓝光未来	200万~400万/套	普通住宅	三居室(118m²) 四居室(133~148m²)
中海御公馆	14000~15000元/m²	公寓	一居室(40m²)
百悦国际社区|相寓	约8600元/m²	公寓、商铺	一居室(38~44m²)
城投锦澜悦山	13305元/m²起	普通住宅、商业	三居室(102~126m²) 四居室(133~143m²)
泰美蓝山	约11000元/m²	普通住宅	二居室(75.83~80.61m²) 三居室(90.33~106.33m²)
龙樾	9832~11655元/m²	普通住宅	三居室(82~85m²)
龙润丰锦	13000元/m²起	普通住宅	三居室(128m²) 四居室(145m²)
领地溪山蘭台	217万元/套起	普通住宅、别墅	三居室(143m²)
山楂树	9500~9600元/m²	商住、商业	尚未公布
幸福东方白桦林	约6100元/m²	公寓、商住	一居室(62m²) 三居室(103.53~134.23m²)
慧生时代广场	10760~13148元/m²	普通住宅、公寓	二居室(77.68m²) 三居室(85.86~88m²)
华侨城碧桂园莫奈的湖	约15000元/m²	普通住宅、别墅	别墅(142~153m²)
东山格墅	418万元/套起	普通住宅、别墅	别墅(366~396m²)
香城城公园1号	约10000元/m²	公寓、综合体	二居室(40~92m²) 三居室(101~112m²)
梵悦里	9588~14988元/m²	普通住宅	三居室(121.56m²) 四居室(158.94~385.05m²)
锦丰首席	约8200元/m²	普通住宅	尚未公布
卧龙谷壹号	24997~24999元/m²	普通住宅、别墅	别墅(147.56~219.47m²)
银诚东方国际	约7500元/m²	普通住宅、综合体	二居室(69.32~74.94m²) 三居室(90.04~108.42m²) 四居室(114.29~115.15m²)
融创春风十里	尚未公布	普通住宅	二居室(77.61~108.09m²) 三居室(109.23~125.59m²)
恒大御龙天峰	尚未公布	普通住宅	三居室(106.13~125.60m²) 四居室(142.13m²)
华侨城锦悦中心	尚未公布	商业	尚未公布
天悦龙栖台	9500~11000元/m²	普通住宅	三居室(82.24~126m²) 四居室(132~142m²)
帝一广场	12200~12600元/m²	普通住宅、公寓、写字楼、商铺	三居室(94~115m²)
金山御景蓝湾	尚未公布	普通住宅	三居室(97.32~111.90m²)
中泰御山公馆	尚未公布	综合体	尚未公布
左岸名都	尚未公布	普通住宅	三居室(90~109m²) 四居室(126m²)
昊园江南壹品	尚未公布	普通住宅	三居室(77~85.84m²)

城市地产篇

龙泉驿区			
楼盘名称	价格	物业类型	主力户型
东悦里	尚未公布	商业	尚未公布
锦绣东辰	尚未公布	普通住宅	尚未公布

双流区			
楼盘名称	价格	物业类型	主力户型
金科集美学府	14500 元 /m² 起	普通住宅	四居室 (135m²)
锦和汽车商业中心	尚未公布	商铺、商业、自持物业	尚未公布
交投·星月湖畔	尚未公布	普通住宅	尚未公布
中国铁建地产·西派国樾	约 24000 元 /m²、合院 1000 万元 / 套	普通住宅、别墅	四居室 (199~230m²)
蓝光长岛国际社区	15347~27992 元 /m²	普通住宅、商铺、别墅	三居室 (115m²) 四居室 (128m²) 别墅 (369~916m²)
中海云麓世家	17500 元 /m² 起	普通住宅、别墅、酒店式公寓	三居室 (114m²) 四居室 (125~141m²)
旭辉金科棠府	约 16000 元 /m²	普通住宅	三居室 (108~128m²) 四居室 (138~143m²)
光明·蓉府	约 20500 元 /m²	普通住宅、商业	三居室 (128.37m²) 四居室 (143.87m²)
高登瑞华天地	18012~20602 元 /m²	普通住宅、公寓、综合体、商业	一居室 (41.27~50.47m²) 三居室 (77~104m²) 四居室 (118m²)
蓝光空港 T~max	约 11000 元 /m²	商业	一居室 (43m²) 二居室 (77~86m²) 三居室 (124~149m²)
城投绿城·诚园	二期约 20000 元 /m²	普通住宅	三居室 (110~125m²) 四居室 (166m²)
黄龙溪谷天空屿	8500 元 /m² 起	普通住宅	二居室（76.39m²）三居室 (91.47~103.62m²) 四居室 (124.09~144.69m²)
华新·花予墅	200 万元 / 套起	别墅、普通住宅	四居室 (142~179m²)
棠湖华府公园	9300 元 /m² 起	普通住宅、写字楼、商业	尚未公布
北辰天麓御府	18000~24000 元 /m²	普通住宅	四居室 (154~178m²) 五居室 (191m²)
景茂誉景国际	约 8500 元 /m²	写字楼、商铺	一居室 (65.39~120.1m²)
成都新力东园	约 17500 元 /m²	普通住宅、别墅	三居室 (125m²) 四居室 (143m²) 别墅 (167m²)
天湖湾	21300 元 /m² 起	普通住宅	四居室 (139~149m²)
招商·愉樾	约 18000 元 /m²	普通住宅	二居室 (70.23m²) 三居室 (82.25~93.01m²)
城投置地楠悦	约 17500 元 /m²	普通住宅	三居室 (96~114m²) 四居室 (136m²)
中旅·名门府	16035~18239 元 /m²	普通住宅	三居室 (100~117m²) 四居室 (128~136m²)
牧马山蔚蓝卡地亚	约 19500 元 /m²	别墅	别墅 (607m²)
天府菁萃里	约 13282 元 /m²	普通住宅、商业	尚未公布
城投置地梧桐馨园	17000~18000 元 /m²	普通住宅	二居室 (62m²) 三居室 (104~138m²) 四居室 (146m²)
北辰鹿鸣院	约 15800 元 /m²	普通住宅、商业	三居室 (99~111m²) 四居室 (126m²)
新力郦园	150 万元 / 套起	普通住宅	三居室 (117m²) 四居室 (140~163m²)
明信晓筑（商业）	26 万元 / 套起	公寓、商住、商业	一居室 (24.16~48.63m²)
经典玲珑庭	13092~13992 元 /m²	普通住宅	三居室 (94~115m²)
合园	249 万元 / 套起	普通住宅、别墅	三居室 (127m²) 四居室 (149~257m²)
协信天奉合府	9529~16485 元 /m²	普通住宅、别墅	四居室 (172.45m²) 五居室 (194.21m²) 别墅 (200m²)

双流区			
楼盘名称	价格	物业类型	主力户型
奥园·半岛 ONE	500 万元 / 套起	普通住宅、别墅	四居室 (173~279m²) 别墅 (260m²)
洲际华府广场	约 10000 元 /m²	商住	尚未公布
橡树华庭	11888 元 /m² 起	普通住宅	三居室 (87~115m²)
明城购物中心	13000~14000 元 /m²	普通住宅、综合体	一居室 (38m²) 二居室 (82~89m²) 三居室 (101~109m²)
空港星汇	8800 元 /m² 起	公寓、酒店式公寓	尚未公布
空港陆号	约 11765 元 /m²	普通住宅	二居室 (75~78m²) 三居室 (83~113m²)
麓湖熙华天玺	约 27500 元 /m²	普通住宅	四居室 (185m²)
三里花城	7259 元 /m² 起	普通住宅、商业	二居室 (73~81m²) 三居室 (100~112m²) 四居室 (143~217m²)
合力达卓越南城	约 13800 元 /m²	普通住宅	二居室 (68.82m²) 三居室 (78.5m²) 四居室 (90.15m²)
中铁骑士府邸	14114~16554 元 /m²	普通住宅	二居室 (72m²) 四居室 (90m²)
蜀镇	13300~16150 元 /m²	普通住宅	二居室 (72m²) 三居室 (95m²)
花田别苑	12000~17500 元 /m²	普通住宅、商业、别墅	别墅 (130~286m²)
西双楠漫里	12269~14028 元 /m²	普通住宅、商业	三居室 (87.5~89.5m²) 四居室 (115m²)
碧桂园·海德 ONE99	尚未公布	商业	尚未公布
河畔府邸	15300~16500 元 /m²	普通住宅、商业	三居室 (118m²) 四居室 (140~158m²)
优品时代三期	约 9100 元 /m²	公寓	尚未公布
金太阳江安湖 1 号	尚未公布	公寓	尚未公布
北京城建龙樾荟	6500~11264 元 /m²	公寓	LOFT(50m²)
华润悦璟	约 11000 元 /m²	公寓	一居室 (34~70m²)
协信星鹭原	约 14130 元 /m²	普通住宅、别墅	别墅 (156.04~270.87m²)
贵通御苑心悦城	约 8900 元 /m²	普通住宅、别墅、写字楼、商铺	二居室 (43~88m²) 三居室 (122m²)
怡心湖岸	20000~24000 元 /m²	普通住宅	三居室 (105m²) 四居室 (136m²)
川网国际花园	尚未公布	普通住宅	二居室 (84m²) 三居室 (95~130m²) 四居室 (142m²)
三盛翡俪山	7956~9981 元 /m²	普通住宅、别墅	三居室 (117.63m²) 四居室 (128.55~159.41m²) 别墅 (225~260m²)
正源荟艺境	17476~24977 元 /m²	普通住宅、别墅	三居室 (110~125m²) 别墅 (135m²)
二江寺站 TOD	尚未公布	普通住宅、商业	尚未公布
天府领地城	尚未公布	普通住宅	三居室 (89~99m²) 四居室 (123m²)
新悦荟	约 8300 元 /m²	写字楼	写字楼（38~53m²)
城南美地	尚未公布	公寓、商业	一居室 (57~95m²)
凤凰台	尚未公布	普通住宅	尚未公布

郫都区			
楼盘名称	价格	物业类型	主力户型
西郡府邸	尚未公布	普通住宅	三居室 (94~114m²) 四居室 (126~135m²)
龙腾御锦城	尚未公布	普通住宅、商业	三居室 (87~108m²)
保利西汇智慧云城	尚未公布	普通住宅	三居室 (108m²) 四居室 (121~128m²)

郫都区			
楼盘名称	价格	物业类型	主力户型
蓝光长岛城	10500 元 /m² 起	普通住宅	三居室 (95~120m²) 四居室 (127~168m²)
首开龙湖·紫云赋	158 万元 / 套起	普通住宅	三居室 (112~118m²) 四居室 (136~150m²)
西宸春天	约 12980 元 /m²	普通住宅、别墅、商业	三居室 (97m²) 四居室 (117~128m²)
东原花样年印未来	19259~21780 元 /m²	普通住宅	三居室 (105m²) 四居室 (125m²)
瑞和上院	7600~8300 元 /m²	普通住宅	三居室 (83.06~119.84m²) 四居室 (123.56m²)
金科集美天宸	12300 元 /m² 起	普通住宅	四居室 (137m²)
金隅金玉府	14500~15500 元 /m²	普通住宅	三居室 (137m²) 四居室 (157m²)
中建锦绣天地	115 万元 / 套起	普通住宅	三居室 (99~126m²) 四居室 (118~138m²)
花样年东原香门第世家	128 万~380 万元 / 套	普通住宅、别墅	三居室 (106m²) 四居室 (128m²) 别墅 (176m²)
龙湖花样年·春屿溪岸	16500 元 /m² 起	普通住宅、别墅	三、四居室 (116~154m²) 跃层 (170~219m²) 别墅 (179~295m²)
正黄翡翠堂	13900 元 /m² 起	普通住宅、自持物业	三居室 (110m²) 四居室 (122~135m²)
龙年国际中心	约 13000 元 /m²	商铺、商住	复式 (140~180m²)
人居柏云庭	11000~16000 元 /m²	普通住宅	三居室 (141m²) 四居室 (150~199m²)
保利熙园	12541~13528 元 /m²	普通住宅	三居室 (106~117m²) 四居室 (127~142m²)
领地金科蘭台府	16000 元 /m² 起	普通住宅	三居室 (135m²) 四居室 (143~170m²)
西郡英华	约 13500 元 /m²	商铺、商业	一居室 (30~60m²)
绿地国际花都	约 6500 元 /m²	公寓、写字楼	一居室 (42m²)
光谷云著	12360 元 /m² 起	普通住宅	三居室 (101~103m²) 四居室 (121m²)
富元君庭	7370~8288 元 /m²	普通住宅	三居室 (97m²) 四居室 (128~132m²)
星悦时光	约 15000 元 /m²	酒店式公寓	一居室 (30~38m²) 三居室 (40~55m²)
桂溪欧苑	约 11367 元 /m²	别墅	别墅 (296~366m²)
时代风华	约 15100 元 /m²	普通住宅、别墅	三居室 (113~115m²) 别墅 (144~152m²)
圣沅红星城市广场	9600~11300 元 /m²	普通住宅、公寓、商铺	公寓 (33~49m²)
大溪地	10000~12600 元 /m²	别墅	别墅 (260~290m²)
铂景台	约 15500 元 /m²	普通住宅	三居室 (104~118m²) 四居室 (129m²)
天琅	约 11000 元 /m²	公寓、写字楼、商业	一居室 (35m²)
龙城红光里 1 号公馆	7700~8100 元 /m²	公寓、写字楼、综合体	写字楼 (33~37m²)
乐视界广场	9500~12000 元 /m²	普通住宅、公寓	三居室 (95m²) 四居室 (124~132m²)
崇宁华府	5200~6300 元 /m²	普通住宅	二居室 (78.4~87.78m²) 三居室 (100.39~108.66m²)
蜀郡清上居	7680~11912 元 /m²	普通住宅	三居室 (100~112m²) 四居室 (126~138m²)
滨江彼岸	500 万~828 万元 / 套	普通住宅、别墅、商业	四居室 (179m²) 别墅 (288~322m²)
鑫苑御景台	尚未公布	普通住宅、公寓、别墅、商铺	三居室 (99~120m²) 四居室 (129~142m²)
蓝城花语缤纷	尚未公布	商业	尚未公布
梓潼宫 TOD 梓潼四季	尚未公布	普通住宅	三居室 (102.93~133.22m²) 四居室 (154.34m²)

郫都区			
楼盘名称	价格	物业类型	主力户型
北京建工花汀集	尚未公布	普通住宅、别墅	二居室 (85m²) 三居室 (110~130m²) 四居室 (160m²)
中铁奥维尔	尚未公布	普通住宅	三居室 (78~88m²)
成都后花园蝶院	尚未公布	普通住宅	三居室 (85~88m²)
蜀绣康城	尚未公布	别墅、商住、商业	别墅 (116~247m²)
西溪里别院	6900 元 /m² 起	普通住宅	三居室 (88~109m²) 四居室 (126m²)
菁蓉滨湖湾	尚未公布	普通住宅、别墅、写字楼、商业	三居室 (120.91~133.94m²) 四居室 (142.26~172.84m²)
绿城川菜小镇	尚未公布	普通住宅、商业	三居室 (90~180m²) (135m²)

新都区			
楼盘名称	价格	物业类型	主力户型
大发璞悦珑山	尚未公布	别墅	别墅 (171~185m²)
兆信北悦府	尚未公布	普通住宅	三居室 (104.6m²) 四居室 (111.2m²)
华业公园名著	尚未公布	普通住宅	三居室 (89.14~104.3m²) 四居室 (115.46m²)
恒基旭辉·江与山	尚未公布	普通住宅、别墅	尚未公布
成都桂湖正荣府	12500~13800 元 /m²	普通住宅	四居室 (116~140m²)
融侨悦蓉城	公寓 8500~9000 元 /m² 商业别墅 220 万 / 套起	普通住宅、公寓、别墅、商铺	一居室 (31~40m²) 二居室 (46m²) 别墅 (90~135m²)
龙湖·天钜	13900 元 /m² 起	普通住宅、公寓	三居室 (111m²) 四居室 (133~148m²)
多弗成都奥特莱斯	约 7500 元 /m²	公寓、商铺、商住、综合体、商业	一居室 (56.22~63.18m²) 二居室 (58.01m²) 三居室 (69.96m²)
领地悦府	10583~16579 元 /m²	普通住宅	三居室 (92.37~118.83m²) 四居室 (139.55m²)
金领广揽上居	9338~10898 元 /m²	普通住宅	三居室 (97~102m²) 四居室 (114~121m²)
朗诗未来著	12931~14531 元 /m²	普通住宅	三居室 (95~107m²) 四居室 (128m²)
建泰御嘉花苑	9738~10318 元 /m²	普通住宅	二居室 (81.59m²) 三居室 (110.09~115.98m²)
爱ej雍锦府	约 14575 元 /m²	普通住宅、商铺	三居室 (113m²) 四居室 (138~205m²)
万科润园	约 16500 元 /m²	普通住宅	三居室 (105m²) 四居室 (125m²)
华润置地·琨瑜府	约 16000 元 /m²	普通住宅	三居室 (111m²) 四居室 (143m²)
龙湖·听蓝时光	8399 元 /m² 起	写字楼	写字楼 (33m²)
源上湾映江南	18 万元 / 套起	公寓、商业	一居室 (29~51m²)
九境堂	12338~14458 元 /m²	普通住宅	三居室 (112~123m²) 四居室 (139m²)
hyperlane 超线公园	15000 元 /m² 起	商铺、商业	商铺 (50~80m²)
朗诗观山樾	约 10500 元 /m²	普通住宅	二居室 (84m²) 三居室 (96~131m²)
旭辉广场	约 16500 元 /m²	普通住宅	三居室 (109~123m²) 四居室 (142m²)
领地悦中心	9000~9500 元 /m²	公寓、商业	一居室 (41m²)
和瑞锦府	7409~8251 元 /m²	普通住宅	二居室 (77.72m²) 三居室 (86.69~97.55m²)
恒大滨河左岸	约 12000 元 /m²	普通住宅	三居室 (93.29~114.57m²) 四居室 (131.65m²)
珑山樾	6688~7783 元 /m²	普通住宅	三居室 (99~119m²)
汇景新城	10000~12000 元 /m²	普通住宅	三居室 (101.84~113.81m²) 四居室 (127.44m²)

新都区			
楼盘名称	价格	物业类型	主力户型
桂湖名城	约 11500 元 /m²	普通住宅、综合体	三居室 (92m²)
川冠学仕公馆	约 9785 元 /m²	普通住宅、商业	二居室 (83.1~87.37m²) 三居室 (91.28~102m²)
锦绣园	7600~8200 元 /m²	普通住宅	二居室 (98.26m²) 三居室 (116~127m²)
成都万朵城	约 7850 元 /m²	写字楼	写字楼 (33~113m²)
招商雍景府	12500 元 /m² 起	普通住宅	三居室 (100~115m²) 四居室 (125m²)
人居璟云庭	14000 元 /m² 起	普通住宅	四居室 (170~205m²)
佳欣时代天汇	约 8500 元 /m²	公寓、商铺、商业	一居室 (46m²) 二居室 (67m²)
润帛城	7200~8200 元 /m²	公寓	一居室 (26~36m²) 二居室 (59m²)
润茂酒店用品文博园	11000~30000 元 /m²	商铺	商铺 (160~260m²)
香城云庭	约 7800 元 /m²	普通住宅	二居室 (72.36m²) 三居室 (86~99.61m²)
金辉新城半岛云著	约 15000 元 /m²	普通住宅	三居室 (99~113m²) 四居室 (128~149m²)
香满庭	约 15000 元 /m²	普通住宅	三居室 (117m²) 四居室 (128~150m²)
奥园玖俪湾	约 15000 元 /m²	普通住宅	三居室 (95~110m²) 四居室 (125~127m²)
奥园棠玥府	约 13400 元 /m²	普通住宅	二居室 (71m²) 三居室 (89~109m²)
蓝湾公馆	109 万元 / 套起	普通住宅	三居室 (87~121m²)
缤纷翡翠湾 2 期	10356~11160 元 /m²	普通住宅	二居室 (82m²) 三居室 (97~104m²) 四居室 (126m²)
汇尚城	约 6800 元 /m²	商铺、商住	三居室 (92m²)
春天里	约 5500 元 /m²	普通住宅	二居室 (64.94~76.98m²) 三居室 (89.31~104.03m²)
保利大都汇	30 万元 / 套起	公寓	一居室 (37~66m²) 跃层 (66~70m²)
科达中心	尚未公布	普通住宅	三居室 (84~99m²)
朗诗曜龙湾	尚未公布	普通住宅	二居室 (67m²) 三居室 (86~95m²)
和成峰景道 5 号	9000~10000 元 /m²	普通住宅	二居室 (60~70m²) 三居室 (85~100m²) 四居室 (116m²)
鹓云上府	16800 元 /m² 起	普通住宅、商业、别墅	四居室 (134~182m²) 别墅 (179~226m²)
润扬观澜鹭岛 III	10705~12114 元 /m²	普通住宅	三居室 (97~117m²) 四居室 (122~143m²)
中洲中央公园	尚未公布	别墅	别墅 (180~196m²)
人居长岛荟城	约 11210 元 /m²	普通住宅	二居室 (68~101m²) 三居室 (138m²)
保利爱尚里	6800 元 /m² 起	商铺、商业	商铺 (40m²)

温江区			
楼盘名称	价格	物业类型	主力户型
东原湖光樾墅	约 11139 元 /m²	别墅	别墅 (227~362m²)
碧桂园十里源墅	21000~23000 元 /m²	别墅、普通住宅	四居室 (180m²)
佳兆业珑玺	18380~23519 元 /m²	普通住宅	三居室 (142~169m²)
中南上熙府·熙悦	15940~18612 元 /m²	普通住宅	四居室 (133~147m²)
金科博翠湾	18000 元 /m² 起	普通住宅	三居室 (107.77m²) 四居室 (133.01~154.33m²)
德商天骄城学府	16000~17500 元 /m²	普通住宅	三居室 (121~122m²) 四居室 (141m²)
金科集美星宸	94 万元 / 套起	普通住宅	三居室 (92.59~99.41m²) 四居室 (113.76m²)

温江区			
楼盘名称	价格	物业类型	主力户型
金泉怡景	约 18000 元 /m²	普通住宅	三居室 (130m²) 四居室 (156~178.31m²)
人居万新峰荟	9795~11952 元 /m²	普通住宅	二居室 (68~69m²) 三居室 (102~135m²) 四居室 (136~151m²)
吾家花苑	10178~10465 元 /m²	普通住宅、酒店式公寓、商业	三居室 (87.55m²)
鹭湖宫 17 区	8650 元 /m² 起	普通住宅	三居室 (105~121m²) 四居室 (142~161m²)
锦西学府	6200~6800 元 /m²	商住	一居室 (51m²)
雅居乐锦尚雅宸	205 万 / 套起	普通住宅	三居室 (111m²) 四居室 (138~140m²)
建大·万和嘉苑	7099 元 /m²	普通住宅	四居室 (174.18~192.58m²) 五居室 (228.24m²)
合谊万璟台	约 13000 元 /m²	普通住宅	三居室 (111~122m²) 四居室 (135~141m²) 五、六居室 (206~244m²)
花沐里 Q³	9000~9500 元 /m²	公寓	复式室 (42m²) 一居室 (68m²)
恒大名城悦界	约 8033 元 /m²	普通住宅、公寓、商铺	一居室 (50m²)
光华瑞廷	约 7200 元 /m²	普通住宅	三居室 (86~108m²)
书香华府	约 11240 元 /m²	普通住宅	三居室 (98~114m²) 四居室 (130~131m²)
金强悦府	9636~10547 元 /m²	普通住宅	三居室 (125.84~133.53m²) 四居室 (148.69m²)
中南云樾	20000~25000 元 /m²	普通住宅	四居室 (165~185m²)
新尚尚院	13541~19401 元 /m²	普通住宅、公寓、综合体、商业	四居室 (137~147m²) 五居室 (173m²)
德商天骄城光华	200 万元 / 套起	自持物业	三居室 (121~122m²) 四居室 (141m²)
隆基泰和紫樾锦西府	17000 元 /m² 起	普通住宅	三居室 (110~135m²)
明信凤栖台	130 万元 / 套起	普通住宅、别墅	四居室 (130.18~143.06m²) 别墅 (152.44~166.37m²)
恒大未来城	尚未公布	普通住宅、商铺	三居室 (90~128m²) 四居室 (137m²)
恒大御景	约 8780 元 /m²	普通住宅、别墅、商铺	二居室 (80m²) 三居室 (92~116m²)
凤溪院子	20549~22709 元 /m²	普通住宅、别墅	三居室 (116~118m²) 四居室 (129~148m²)
蓉海悦府	尚未公布	普通住宅、商业	三居室 (102~210m²)
英才佳园	约 7620 元 /m²	普通住宅	三居室 (120.06~138.40m²)
锦塘悦享园	90 万~110 万元 / 套	商业	尚未公布

青白江区			
楼盘名称	价格	物业类型	主力户型
美的澜桥郡	尚未公布	普通住宅	尚未公布
万科公园大道	约 8000 元 /m²	普通住宅	三居室 (86~98m²)
花样年江山	约 9800 元 /m²	普通住宅	三居室 (96~109m²) 四居室 (120m²)
佳兆业悦府	7600~11000 元 /m²	普通住宅、商铺	三居室 (94m²) 四居室 (124~139m²)
建工梧桐屿	11007~12690 元 /m²	普通住宅	三居室 (101~117m²) 四居室 (130m²)
协信天骄城	约 7500 元 /m²	普通住宅	二居室 (74m²) 三居室 (88~105m²)
美的新城公园天下	8591~9121 元 /m²	普通住宅、商业	三居室 (89.5~114m²) 四居室 (103.6~125.7m²)

青白江区

楼盘名称	价格	物业类型	主力户型
瑞云府	8000 元/m² 起	普通住宅	三居室（107~118m²） 四居室（130~186m²）
华侨城郷港樾府	8655~12467 元/m²	普通住宅	三居室（109.86m²） 四居室（135.67m²）
人居大同峰荟	7788 元/m² 起	普通住宅	二居室（67.9m²） 三居室（103~137m²） 四居室（156m²）
瀚城绿洲	7470~8400 元/m²	普通住宅	二居室（76.42~85.38m²） 三居室（102.97~104.21m²） 四居室（104.78~106.76m²）
越秀亲爱里	10000~12000 元/m²	普通住宅、共有产权房	尚未公布
成都青白江万达广场	11132 元/m² 起	普通住宅、公寓、写字楼、综合体、商业	三居室（88~110m²） 四居室（118m²）
天和悦城	约 7500 元/m²	普通住宅	二居室（58m²） 四居室（134m²）
凤凰盛景	5600~7600 元/m²	普通住宅、商铺	三居室（78.52~109.14m²） 四居室（110.46~122.16m²）
嘉和世纪城	7800~8600 元/m²	普通住宅	二居室（83.69~89.43m²） 三居室（103.64~109.91m²）
城投置地锦绣江城	9210~10129 元/m²	普通住宅	二居室（123.84~135.82m²）
人居翠怡峰荟	8944 元/m² 起	普通住宅、商业	三居室（126~134m²） 四居室（144~155m²）
正坤悦澜庭	7300~7600 元/m²	普通住宅、商业	三居室（84.09~94.11m²） 四居室（96.08~116.33m²）
金色阳光名邸	7472~8009 元/m²	普通住宅	三居室（92~102m²） 四居室（114~125m²）

青白江区

楼盘名称	价格	物业类型	主力户型
城投·美庐	约 6943 元/m²	普通住宅、商铺	三居室（116.57m²）
凤凰 1 号栖云湖	约 8000 元/m²	普通住宅	四居室（116.81~128.96m²）
嘉合凤凰岛二期	约 9440 元/m²	普通住宅、写字楼、商铺	三居室（139m²） 跃层（219m²）
星徽城	9400 元/m² 起	普通住宅	三居室（102.2~117.71m²） 四居室（133.72~143.19m²）
天和绣水岸	6700~7800 元/m²	普通住宅	二居室（55~68m²） 三居室（96~111m²） 四居室（129~136m²）
蜀青丽晶府	5858~6400 元/m²	普通住宅	二居室（74~82m²） 三居室（88~107.15m²）
天和睿城	7600~8600 元/m²	普通住宅	三居室（92m²） 四居室（123~141m²）
海布斯卡二期	7990~8940 元/m²	普通住宅	三居室（111~123m²） 四居室（169m²）
新城悦隽盛世	约 8361 元/m²	普通住宅	三居室（95~135m²）
蝴蝶洲	7800~9500 元/m²	普通住宅	二居室（65.74m²） 三居室（96.67~98.51m²）
誉府仕家	7000~9980 元/m²	普通住宅、别墅、商铺、商住	三居室（98m²）
成都公园世家	7814~13258 元/m²	普通住宅	二居室（93m²） 三居室（121m²）
金科博翠天宸	9300~9400 元/m²	普通住宅	四居室（109.4~146.04m²） 五居室（117.41m²）
成都恒大云锦华庭	尚未公布	普通住宅、商业	尚未公布
人居玺云府	尚未公布	普通住宅	尚未公布

典型项目

成都融创文旅城

`成都` `融创` `旅游地产` `生态宜居` `主题乐园`

项目地址：
成都市都江堰市外江大桥与青城山大道交会处东南角

开发商：
成都融创文旅城投资有限公司

产品特征：
高层

参考价格：
高层均价 9000 元／平方米

主力户型：
约 80 平方米两居、约 110 平方米三居

物业公司：
融创物业

5 公里生活配套：
融创水雪世界、融创乐园、豪华度假酒店群、国际会议中心、融创 MALL、滨湖酒吧街；金苹果幼儿园、龙江路小学；四川省人民医院都江堰分院、都江堰人民医院（华西分院）

专家点评

科联名誉主席｜杨继瑞·四川大学房地产策划与研究中心主任、成都市社科联名誉主席

成都融创文旅城作为一个高质量文化旅游复合产业综合体，在成渝地区双城经济圈建设背景下具有文化标杆意义。2020 年 9 月以来，已经成为西南区域的网红打卡地。

扫码观看楼盘详情

项目测评

【战略意义】
成都融创文旅城作为综合旅游度假目的地，拥有融创乐园、融创雪世界、融创水世界、锦秀剧场、高端酒店群、融创茂、国际会议中心、滨湖酒吧街等业态，助力"巴蜀文化旅游走廊"逐步成型。

【市场口碑】
成都融创文旅城在竞争激烈的成渝文旅市场中脱颖而出，先后斩获多项大奖，如"成渝十大文旅新地标""2020 年度西南文旅新地标项目"等。

【区域地段】
项目位于两心两区城市布局及规划的黄金旅游环线的中间位置，往北直线距离约 4.7 公里是都江堰景区，往南直线距离约 7.9 公里是青城山前山，建成运营后将串联两大旅游核心区，形成多元化旅游目的地。

【主力户型】
高层 80~110 平方米主力户型南北通透、全明采光；整个布局格局方正、动静合理，互不干扰。每款户型均设有阳台，将景观引入室内。同时，每个户型的厨房都采用了 L 型布局，让主人在操作时更加方便。

【自持配套】
整体总占地约 5000 亩，总投资约 550 亿元，自持融创乐园、融创雪世界、融创水世界、锦秀剧场、高端酒店群、国际会议中心、融创茂、滨湖酒吧街八大业态，除锦绣剧场外均已开业，年均接待 2800 万人次。

【交通出行】
项目拥有"三高五快五轨一机场三枢纽"的立体化交通体系，通达全城。另外，还有一条快速交通动脉已开工——羊西线改造工程，全线长约 7.63 公里，将全线取消红绿灯；全面完工后，羊西线接驳成灌高速，直达成都融创文旅城。

【教育资源】
金苹果幼儿园（项目内，已建成）、龙江路小学（项目内，已开学）等优质资源环绕，家门口的一站式教育保障。都江堰万达小学由成都市龙江路小学集团领办，作为引进名校，秉承龙江路小学厚重的办学积淀，口碑、质量、环境值得信赖。

【医疗配套】
项目距离都江堰三级甲等医院都江堰市中医医院 2.2 公里、距离四川省地矿局四〇五医院 3.9 公里、距离都江堰市人民医院路程约 4.9 公里。

【购物娱乐】
项目自持八大业态，其中融创茂作为西南文旅形象门户、川西文旅体验市场娱乐购物中心，涵盖钟书阁、万达影城、环游嘉年华等多种创新型业态；另外，还有滨湖酒吧街，临湖而建，堪称都江堰的不夜之城。

【销售数据】
2020 年共计销售房源 5995 套，成交面积高达 44 万平方米左右，荣登大成都销售套数榜第一名，2015—2020 年更是连续五年蝉联区域年度成交面积榜销售冠军。

（数据来源：克而瑞）

城投置地·梧桐栖

成都 | 成都城投 | 低密住宅 | 人才公寓 | 总价可控

项目地址：
成都市成华区致兴三路 509 号

开发商：
成都城投皓诚置地有限公司

产品特征：
高层、洋房

参考价格：
高层 16330 元/平方米起，洋房 20420 元/平方米起

主力户型：
约 98 平方米、116 平方米三居，约 136 平方米四居

物业公司：
中海物业

5 公里生活配套：
地铁 3 号线、7 号线，动物园，3700 亩的北湖公园，成都大熊猫繁育研究基地，人人乐，华润熙悦广场，青龙广场，成都军区总医院，416 医院

专家点评

科联名誉主席
杨继瑞·四川大学房地产策划与研究中心主任、成都市社科联名誉主席

成都三环内百亩住宅大盘，容积率仅 2.0，绿化率高达 55%，主推 65-138 平方米高层、小高层和 136 平方米洋房产品，不仅拥有目前成都楼市存量较少的中小户型，其过半房源的总价更是在 200 万元以内。

扫码观看楼盘详情

项目测评

【战略意义】
为响应成都市人才战略发展，成都城投置地集团开启了在成都市的人才公寓项目序章。作为该城市首批人才公寓项目开发企业之一，其开发的梧桐栖为"梧桐"系首个典型作品，在当地广受好评。

【市场口碑】
2020 年 7 月，项目预售 1967 套商品房，从 8 月 29 日首开到 12 月 31 日，成交约 21 亿元。"宽楼间距""品质社区""高绿化率"等标签成为购房者对楼盘最多的评价。

【区域地段】
城投置地·梧桐栖位于成都市成华区 3 环内，周边教育配套丰富，交通配套齐全，四大公园环伺，商业、医疗资源较为完善，4 幼 4 小学 3 中学 2 大学优质教育资源环绕。片区内已有城投置地、奥园、弘阳、龙湖、碧桂园、深业集团等众多品牌开发商入驻。

【楼栋规划】
小区占地面积约 24 万平方米，规划总户数 1967 户，包含 11 栋洋房和 20 栋高层，整体楼栋设计点式布局，高低错落，通风采光俱佳。其中洋房楼高 7 层，一梯两户。高层楼高 14~25 层，两梯三户。

【主力户型】
建面 98、116 平方米三居阔景高层，整体布局方正，所有户型均朝中庭，采光通风俱佳，楼间距宽阔。建面 136 平方米四居阔景洋房，整体布局方正，纯板式结构，一梯两户，前后景观好，采光通风俱佳，楼间距开阔。

【园林景观】
约 55% 的绿化率和 2.0 的容积率，定制约 10 万方互动式生态园林景观，5 园 8 景配制。低密生态林是项目核心亮点之一，一期的中庭有两个足球场大小，还打造了景观度假泳池，500 平方米的阳光互动草坪，500 米的环形健康跑道。

【自建配套】
项目自建约 30000 平方米商业街，满足业主精致生活需求，小区架空层还打造了聚才智、悦邻里、享童趣、艺悠然和动生活五大主题的泛会所。

【物业服务】
引入中国领先物业品牌-中海物业进行全程服务，用中海物业先进的优你家平台给社区住户提供生活便捷、安全、高效、绿色、共享的居住环境。

【交通出行】
紧邻成都市三环路、荆竹东路、中环路和二环路，蓉都大道、城北高速及蜀龙路在侧。紧邻地铁 3 号线，以及能与所有地铁无缝衔接的地铁 7 号线，不需换乘即可便捷到达成都市区东、西、南、北各个区域。

【教育资源】
临近十二幼、爱尚幼儿园、第二十七幼儿园、艾米利亚国际幼儿园、成都市海滨小学、电子科大附属小学、成华区教科院附小、青龙小学、成都市实验中学、石室中学青龙校区、石室中学北湖校区、电子科技大学和成都理工大学等。

川港合作示范园

成都 | 维港置业 | 千亿投资 | 生态大盘 | 万亩大盘

项目地址：
成都市天府新区南天府大道西侧旁（川港大道）

开发商：
眉山维港置业有限公司

产品特征：
高层

参考价格：
均价 12500 元/平方米

主力户型：
约 76 平方米三居、约 110 平方米四居

物业公司：
嘉悦物业

5 公里生活配套：
新华全球购（在建中）、川港环湖商业街（在建中）、红砖商业街区（规划中）、川港国际医养岛（规划中）、嘉祥外国语学校、成都实验外国语学校

专家点评

何理平 · 成都市房地产开发企业协会会长——

川港合作示范园位于视高板块，西侧为柴桑河湿地公园，南侧为南天府公园，丰富的自然景观资源为区域的发展创造了较好的环境条件。主力面积段 76～110 平方米的中小户型，搭配大楼间距、低密容积率，是视高板块的热点产品之一。

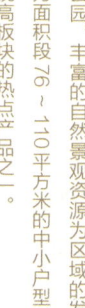

项目测评

【战略意义】

川港合作示范园总投资近 1000 亿元，引进新华集团旗下科技、贸易、体育、环保、教育、金融等八大产业，是天府新区规模大、投资额高、产业全的省级重点项目，促进中国香港产业在川落地。

【区域地段】

川港合作示范园所在的南天府是成都城市南拓的产业支点和天府新区高端制造业承载地，为成都科学城提供技术转化和创新孵化，同时也是天府新区又一湖居板块，紧靠南天府公园和柴桑河湿地公园，生态环境较好。

【楼栋规划】

一号岛总部示范岛占地 480 亩，住宅 24 栋，采用点式布局、蝶形建筑形态。考虑到日照分布情况，楼间距大，保证住宅的日照均衡、视野较好。所有住宅产品的每个房间都有窗，且每扇窗都通风采光，同时避免门对门、窗对窗的尴尬。

【园林景观】

项目住宅拥有近 30.5% 的绿化率和 2.92 的容积率，为小区园林规划提供了较为充足的空间。园林配置酒店式归家、蓝花楹大道、560 平方米的露天泳池、水上会客厅、2000 平方米的儿童游乐场、环形跑道，生活氛围浓厚。

【物业服务】

社区物业为嘉悦物业，是恒邦双林集团旗下全资子公司，服务业主约 1.6 万户，公司员工数量 500 余人。社区配备专属楼栋管家，提供一站式管家服务，推行共建共享，建立社区共享空间管理及读物等基础+增值物业服务。

【市场口碑】

川港合作示范园荣获 2020 年英国 FX 国际室内设计大奖赛"WA Awards 建成类建筑项目十佳作品"。"公园湖居""品质社区""一线湖景房"等标签成为购房者对楼盘最多的评价。

【交通出行】

川港合作示范园周边有五横五纵路网：一绕、二绕、环天府新区快速通道、环天府大道和物流大道；天府大道、剑南大道、益州大道、红星路南延线、成自泸高速。项目距离成都双流机场约 32 公里，距离成都天府国际机场约 25 公里。

【主力户型】

川港合作示范园主力为建面约 76~110 平方米的全明中小户型，其中建面约 86 平方米的三居，户型方正，干湿分离，动静分区，景观生活双阳台，观景收纳两不误。主卧套房设计，提高居住舒适度。

【自建配套】

川港合作示范园自建环湖商街太港里，后期将引进新华全球购及奢品汇，还会引进与永辉超市同级别的超市。为更好满足全龄段人群购物及生活需要，后期也会引进电影院、购物中心、亲子中心等。

【公园生态】

川港合作示范园项目所处板块拥有约 14000 亩的南天府公园、约 3700 亩的柴桑河生态湿地公园、约 6500 亩的视高湖、约 2000 亩的帽顶山公园、城市公园、寨子山公园等，形成了"两湖五公园"的公园城市生态体系。

富力 T-ONE

`成都` `富力` `城市中心` `高端公寓` `大平层`

项目地址：
成都市青羊区顺城大街 269 号

开发商：
成都富力熊猫城项目开发有限公司

产品特征：
公寓

参考价格：
15000~25000 元 / 平方米、总价 370 万 ~670 万元 / 套

主力户型：
235 平方米四居、275 平方米四居

物业公司：
富力物业

5 公里生活配套：
天府广场，省大剧院，科技馆，美术馆，成都博物馆，太古里，IFS，地铁 1、2、4 号线，四川大学华西医院，骡马市 TOD，339 电视塔

专家点评

陈光·西南交通大学公共政策研究中心主任

富力 T-ONE 位于天府广场旁，城市正中心位置，坐享城市中心发展红利，不仅适合居住，更兼具投资优势，是一个投资、自用皆可的项目。项目具备稀缺特质，城市中心地段的产品会随着时间的推移更加稀缺。

扫码观看楼盘详情

项目测评

【战略意义】
2007 年，富力落子成都、深耕四川，斥巨资在成都中心打造商业产品——富力中心。项目总占地 70 亩，总建面 60 万平方米，集写字楼、超五星酒店、商场、商住公寓等为一体，是目前天府广场片区规模较大、量级较高的城市综合体项目。

【区域地段】
富力 T-ONE 位于成都市中心皇城片区，距城市地标天府广场及四馆一院直线距离仅约 900 米，与明蜀王府遗址一街之隔，纳藏成都 3200 年文化底蕴，是目前天府广场片区少有在售的高端商住公寓。

【主力户型】
项目总高 47 层，两梯两户，仅 84 套，户型为 235 平方米和 275 平方米大平层，均为四房两厅三卫双主卧产品。后者采用全采光设计，270 度东南西三面观景；235 平方米户型为双厨房设计，方正紧凑，布局合理。

【自建配套】
项目配有 25 万平方米的富力天汇购物广场，集餐饮、娱乐、休闲于一体，自建约 12000 平方米大型空中花园，内含多种珍贵花木。另有 1300 平方米私人会所，内设恒温泳池、健身房、舞蹈室、空中灌篮公园等，供业主私享。

【物业服务】
社区物业为富力自持，富力物业拥有国家一级管理资质。在小区内设门禁，配备 24 小时楼栋管家，为业主提供优质贴心的服务。物业费 2.8 元 /（平方米·月），堪称质优价廉。

【交通出行】
项目距离 1、4 号线骡马市地铁站直线距离仅约 600 米，距 1、2 号线交汇的天府广场站直线距离仅约 900 米，距人民公园、宽窄巷子仅约 1.3 公里。根据在建的骡马市 TOD 规划，待 10、18 号线建成，便可直达两大国际机场和四大火车站，便利迅捷。

【医疗配套】
项目周边汇集各大三级甲等医院，且皆为本部，为业主及其家人的健康保驾护航。距三甲医院——成都第三人民医院直线距离仅约 500 米，距四川大学华西医院仅约 2.5 公里。

【品牌描述】
富力集团成立于 1994 年。在克而瑞发布的 2020 中国房地产开发企业品牌价值 50 强榜单中，富力排名第九位。富力集团 2005 年赴香港上市，被纳入恒生中国企业指数。26 年来，在全球 140 余个城市，累计开发超 450 个精品项目，成为涵盖酒店、建筑、物业等多种产业的综合企业。

【购物娱乐】
项目自带 25 万方的富力天汇购物广场，集餐饮、娱乐、休闲于一体。周边汇集 14 家大型商场，距春熙路、太古里、IFS 商圈直线距离仅约 1.9 公里，满足业主的高端生活需求。

【楼盘特色】
富力 T-ONE 是 70 年产权公寓，同时水电气三通，是水电民用的类住宅产品。地理位置便捷，更有骡马市 TOD 规划加持，集商务、办公、生态、人文为一体，构建名副其实 CAZ- 中央生活区。

麓湖熙华天玺

成都 | 德商&朗诗 | 绿色建筑 | 科技住宅 | 城南豪宅

项目地址：
成都市双流区天府新区蜀州路东侧

开发商：
成都德商荣达置业有限公司

产品特征：
洋房

参考价格：
洋房均价27500元/平方米

主力户型：
约185平方米四居

物业公司：
德商物业

5公里生活配套：
地铁1号线麓湖站、麓湖国际水镇、天府大悦城、四川省第二医院、万达天府国际医院、天府华西医院、红石公园、天府大剧院、国际会展中心、言几又国际文创中心

专家点评

何理平·成都市房地产开发企业协会会长

环顾成都楼市，真正能将完整科技系统引入的项目屈指可数，德商和朗诗两大品牌联袂打造的麓湖熙华天玺在豪宅市场上是一种创新。豪宅不再只是面积大、地段好，更有绿色理念和科技智慧，这是全新的居住趋势。

扫码观看楼盘详情

项目测评

【战略意义】

中国新派豪宅专家——德商置业，携手绿色地产领跑者——朗诗地产，引入曾荣获德国DGNB和绿色建筑双认证的朗诗智慧3.0绿建系统，赋新高端居住体验。麓湖熙华天玺的登场，让成都豪宅市场又多了一个评判标准——无科技，不塔尖。

【区域地段】

项目择址天府新区麓湖高端生态住区，麓湖板块与天府中央商务区，生态资源与商务配套双重价值叠加，构成天府新区核心区域"天府C区"。麓湖板块，位于天府新区门户位置，具备纯生态居住功能，是成都高端居住区域的代表之一。

【楼栋规划】

项目占地面积约93亩，总建筑面积约12.42万平方米，总规划户数672户，容积率仅2.0。在稀缺的土地资源上全低密布局，并且以户户朝公园的设计，直接将公园景观引入室内。城市公园与项目融为一体，打造城南高端低密住宅区的生活范本。

【园林景观】

约35%的绿化率、2.0的容积率，18年景观设计深耕经验，广亩景观执笔，历时3个月的匠心打磨，甄选蓝花楹、乌桕、黄连木香樟、红梅、樱花、紫薇等上百种景观植被，匠造约42000平方米现代度假风艺术园林。

【物业服务】

物业公司为德商物业，在成都已服务多个高端住宅，以精准的客群定位、定制化的产品配置、专业的服务团队为10余万客户提供有品位、具有精神文化层次的服务，还联合国际一流机构为业主提供纯粹圈层服务，如引入会员条件严苛的圈层俱乐部，打造圈层文化。

【市场口碑】

首期产品一推出便迅速售罄，5个月劲销26个亿，成为区域内口碑与票房俱佳的典型楼盘。在天府新区，麓湖熙华天玺是第一个科技豪宅项目，市场的良好反应可以印证绿色科技将会是高端产品的迭代方向。

【交通出行】

项目周边路网发达，地铁1号线麓湖站（距项目直线距离约200米）、地铁18号线福州路站、地铁6号线庙儿堰站、TOD昌公堰站、公交T1路、507路、T211路、T32路、T39路……多元交通体系，全域快速畅达。

【主力户型】

建面约184～186平方米四房三卫，大开间，大幅延展视野与采光面，南北采光通厅设计，分而不离，生活动线流畅，空间开阔布局合理；大尺度景观阳台+独立生活阳台设计，科学功能分区。

【自建配套】

商业上，规划打造约8600平方米IP艺术创意开放式街区——蜗牛漫街，大都紧邻麓湖水镇，这里将成为时尚街区、互动交友场所、多元消费方式集合地，形成以精致、艺术、舒适为主题的社区生活圈。

【购物娱乐】

约15万平方米天府大悦城预计2022年投运，规格将超越武侯大悦城，成为城市商业新地标；麓湖国际水镇是集美食、购物、休闲、娱乐为一体的城市级休闲度假商业生态圈，更有一带一路大厦、言几又国际文创中心、国际保税商业中心等多元配套。

青秀未遮山

成都 | 成铁地产 | 415亩大盘 | 双线地铁 | 名校环绕

项目地址：
成都市成华区新八里庄路61号

开发商：
成都成铁华晟置业有限公司（成铁地产&中国铁建）

产品特征：
别墅、高层

参考价格：
别墅600万元/套起，高层均价18000元/平方米

主力户型：
约160平方米四居、约310平方米合院

物业公司：
中铁建物业

5公里生活配套：
地铁3号线（驷马桥站）、7号线（府青路站、八里庄站）；
成都市第二十六幼儿园、青秀园、成华实验小学、石室初中；
建设路商圈、春熙商圈、万象城商圈等

专家点评

科联名誉主席——杨继瑞·四川大学房地产策划与研究中心主任、成都市社科联名誉主席

青秀未遮山位于新八里庄板块，坐享"中优"发展新红利。项目总占地415亩，主城区稀缺大盘，主要打造合院、叠拼、高层产品，从亮相到开盘热销，每一个动作都备受市场关注，是成都近几年网红楼盘的后起之秀。

项目测评

【战略意义】
青秀未遮山是成铁地产与中国铁建合作开发的415亩大盘，坐落于贯穿城市南北的红星路源点——八里庄。占地415亩，定位高端改善大盘，以宜商宜居的业态改变区域面貌、提升板块居住品质，在当地广受好评。

【区域地段】
青秀未遮山地处成华区新八里庄片区，内接建设路、外连龙潭寺、左邻昭觉寺、右毗万年场，并依托成都中优战略，布局两轴四区发展战略，逐渐发展成集"文化、创意、商务、休闲"为一体的公园城市生活区。

【项目规划】
项目总占地面积415亩，总建筑面积约76万平方米，整个小区容积率为2.90，绿地率为30%，是2017年后成都主城内存量不多的大规模的楼盘。

【园林景观】
整个项目围绕"一心、两轴、三组团"规划设计，二三期采取高低配、大围合式布局呈现完整中庭景观。高层区一楼用全架空设计，结合儿童活动空间、业主健身区等多重功能规划，打造主题泛会所。

【设计风格】
一期全高层产品配置，二三期采取高低配，大围合式布局呈现完整中庭景观；二期以高品质材质打造现代风格外立面，法式铁艺栏杆及石材装饰；三期合院融合东方文化意境和现代材料工艺。

【精装价值】
装修均采用国际知名品牌，工艺上则有全石材拼花、定制木作墙裙、全环保壁纸等；公区采用智能入户系统；并打造出11米星空穹顶入户殿堂，酒店式大堂设计，双入户体系。

【交通出行】
项目地处中环旁、红星路原点，三横两纵路网交通，双地铁环伺，交通便捷。成都环线地铁7号线已于2017年12月6日开通，同期改造后的中环路也全线贯穿通车。2018年9月29日，贯穿八里庄与青龙场的致力路下穿隧道通车，2019年5月8日，建设北路北延线蜀龙路五期建设项目正式通车。

【主力产品】
项目分三期开发，住宅规划总户数约3322户。一期以水岸度假都市打造建面78~150平方米全精装高层住宅；二期以法式浪漫风情为主题推出建面约130、160平方米高层住宅和210~240平方米风情叠墅；三期打造建面约130、160平方米纯居平层和建面310~340平方米的城市合院。

【自建配套】
项目依托415亩大盘规模，引入荷兰风情，将中、西方文化融合，在整个项目最中心位置打造4300平方米荷兰风车公园；打造双景观轴线——1000米蓝花楹大道和500米樱花大道；配建成都市第二十六幼儿园青秀园、成华小学八里校区双名校。

【购物娱乐】
项目东邻二仙桥公园及完美世界产业园区，北近海滨公园，西北侧有驷马桥、昭觉寺、成都动物园全龄可享。紧邻建设路、驷马桥和春熙路三大商圈，而5公里内，还有IFS、太古里、万象城等休闲娱乐场所。

新希望·锦麟府

成都　新希望　成都院子　三圣花乡　黄金东轴

项目地址：
成都市龙泉驿区车城西四路南与经开区南一路交叉口南 150 米

开发商：
成都恒基隆置业有限公司

产品特征：
高层、别墅

参考价格：
高层约 2 万元 / 平方米、别墅 700 万~1000 万元 / 套

主力户型：
约 116 平方米三居、约 136 平方米四居、约 266 平方米独院

物业公司：
新希望服务

5 公里生活配套：
三圣乡生态绿肺、地铁 2 号线、世茂 MALL、伊藤亚洲旗舰店、卓锦曼购、华熙 528live、龙华小学、航天中学

专家点评

陈光·西南交通大学公共政策研究中心主任

新希望·锦麟府亮相至今三年，从最初的规划到一一兑现，园林景观、配套兑现、服务体系的品质均有口皆碑。在东进桥头堡三圣乡板块，项目拿出 4/5 的土地打造园林绿地，业主能自由使用社区内共享空间，居住体验感强。

项目测评

【品牌描述】
新希望地产于 1998 年成立，是新希望集团八大产业板块的重要组成部分，现已深耕全国 15 个新一线、强二线重点城市。新希望地产目前已形成住宅、商业综合体、写字楼、酒店、长租公寓、文旅小镇、专业市场、总部工业园的全类产品线。

【战略意义】
成都新希望·锦麟府是"锦麟"系开元之作，择址于成都"东进"桥头堡——三圣乡板块，以新中式风格打造出创新的 T 字形人文合院。"锦麟"系是新希望地产于 2018 年品牌发布推出的"天、麟、官、悦"四大高端产品系之一。

【市场口碑】
锦麟府 2018 年年底首次开售，推出 216 套装修产品，在价格高于市场同期竞品的情况下，仍一路热销。2020 年千万级合院别墅首开 30 天劲销 31 套，年度总销售金额近 34 亿元，广受市场认可。

【区域地段】
锦麟府位于三圣乡板块，坐拥成龙大道、驿都大道、四环路等立体交通网络，雄踞东进黄金主轴，形成左拥金融城、右抱攀成钢，坐庄南轴、东轴交汇圈的黄金十字 C 位，享有中优、东进、南拓三重红利。

【购物娱乐】
锦麟府紧临三圣乡旅游休闲胜地，是成都艺术殿堂群集地，项目周围环球中心、世茂 MALL、伊藤亚洲旗舰店、华熙 528live、新城吾悦广场、卓锦曼购等大型商业体密集分布。

【自建配套】
项目北侧和东侧分别打造了 25000 平方米的锦麟公园和 9000 平方米的乐活公园（包含有 2 个篮球场、2 个羽毛球场、2 个灯光篮球场、1 个极限运动练习场），自身配备社区综合体、4800 平方米幼儿园，可普适 1~6 岁适龄儿童。

【楼栋规划】
锦麟府占地 211 亩（含配建），项目南北分区，建筑由南至北递进式布局，北区为 34 层高层和 18 层洋房，南区为 10 层洋房和合院。使得合院拥有低密私享空间，高层有独立的活动空间，进一步保证了居住采光与通风效果。

【园林景观】
锦麟府内部约 35000 平方米园林空间，结合"梅兰竹菊、琴棋书画"的八雅元素，打造九方雅苑。引入桂花树荫、青阶竹林，打造 300 余米中轴礼序，约 36 米高阔府门，共筑锦麟府的"三重院子"生活。

【物业服务】
社区物业为新希望服务自持。除了标准化、专业化的物业服务，新希望物业还依托新希望集团复合多元的产业优势，提供酒店餐饮、生鲜配送、营养咨询、金融服务等多项增值服务，受到广大新希望业主的认可。

【主力户型】
南区为建面约 266 平方米的宽庭独院。所在地块容积率仅 1.01，独门独户、采用了双庭三花园设计，私密性较高；独特的 T 型布局，双首层设计，使得户型具备大面宽采光面、南北通透。负一楼全自然采光通风，通透感较强。

招商时代公园

成都 | 招商 | 396米 | 公园城市 | 创新规划

项目地址：
成都市双流区宁波路西段533号

开发商：
招商蛇口＆成都轨交集团＆成都天投

产品特征：
写字楼、住宅

参考价格：
均价26543元/平方米

主力户型：
约122平方米三居、约137平方米四居

物业公司：
招商局物业

5公里生活配套：
4轨4站TOD交通枢纽、天府七小、天府七中、天府公园、西部博览城、华西天府医院

专家点评

陈光 · 西南交通大学公共政策研究中心主任——

招商时代公园位于天府新区总部商务区。未来聚集效益明显，加上自身的产业和人口导入，以及丰富的商业、交通、教育配套，可实现价值双倍赋能。目前推出的住宅产品也是区域内稀缺的适中户型，总价可控，性价比较高。

扫码观看楼盘评情

项目测评

【战略意义】

2020年招商蛇口正式落子天府总部商务区，引入产城融合及园区开发运营模式。规划投资300亿元，以蛇口模式升级版打造787亩大盘。凭借在深圳40余年的产城开发经验，以总部基地为载体，打造TOD、公共建筑、复合型商业、高端住区等新模块。

【市场口碑】

项目亮相的两个月时间里，共计接待6396组客户来访，大盘形象深入人心。2020年10月首次开盘，推出276套住宅，签约金额达到约9.5亿元，开盘即清盘，成功转化了2000余组客户登记，实现首开房源/蓄客比1:6.4。

【区域地段】

招商时代公园位于天府新区总部商务区西区，其用地前身为省政府行政预留用地。19号线红莲村南站（在建）、地铁6号线秦皇寺站，以及地铁26号线天府商务区西站（远期规划）在项目负一层无缝接轨。

【楼栋规划】

整个项目地面总建筑面积为178万平方米，地下建筑面积约130万平方米，建成后将包含约81万平方米住宅、高度约396米的超甲级写字楼、约19万平方米公寓、约4万平方米酒店、约20万平方米甲级写字楼集群、约12万平方米购物中心，以及总长约2公里的人字绿廊公园。

【主力户型】

公寓户型建面约30~40平方米，高层住宅建面约122~166平方米。住宅户型动静分区，干湿分离，空间感较强，厨房采用大U型设计，动线流畅。

【园林景观】

招商时代公园绿化率为35%，容积率为3.1，为小区园林规划提供了充足空间。在南面小区出入口设计了杉水艺廊，以水景布局打造入户门面。静谧水景的会客长廊，紧邻北面的谷岸悦动，打造出开放式的有氧健体中心。稻野童趣是主题式儿童乐园，位于首批次开盘楼栋位置。

【物业服务】

项目选用招商局自身物业"招商局物业"，具备国家一级管理资质，业务遍布全国70多个城市和地区，管理项目1000余个，服务项目面积超1.5亿平方米。提供55项客服服务、包括105项维修服务标准，77项环境服务标准、42项安全服务标准的高标准服务。

【教育资源】

招商时代公园覆盖全龄段优质教育资源，隶属天府新区C学区，划片有成都直管区倾力打造的天府新区元音小学、成都天府新区第七小学校等。

【独有特色】

项目遵循"POD+TOD+VOD"三大规划，以城绿共融、轨道先行、活力先导为原则，打造以总部经济区为主导、多元业态支撑、人城境业融合的新城。率先提出"五维智慧体系"引领未来生活的概念。

【设计风格】

项目由海天华建筑设计院设计，利用现代塔楼语言与"屏风"理念相结合，外墙采用真石漆和铝板等材质，共同打造硬朗、挺拔的建筑外立面，同时也保证了建筑安全性和耐久性。

中国铁建·西派金沙

`成都` `中国铁建` `西贵金沙` `配套成熟` `百亩大盘`

项目地址：
成都市青羊区西三环与百仁东路交汇处成都实验小学（尚雅校区）旁

开发商：
成都乐欣置业有限公司

产品特征：
小高层

参考价格：
约 400 万元/套起

主力户型：
约 152 平方米三居、约 256 平方米四居

物业公司：
中铁建物业

5 公里生活配套：
1700 亩百仁湿地公园、成都六幼、成都实验小学（尚雅校区）、泡桐树中学、金沙城商业、青羊万达、优品道广场

专家点评

科联名誉主席 杨继瑞·四川大学房地产策划与研究中心主任、成都市社科联名誉主席：西派金沙，以"共生社区"园林设计理念，将居住体验提升到一个新的高度。作为 2020 年"豪改"置业的必看盘，成熟的区位和教育资源使得该项目一开盘便备受关注。

扫码观看楼盘详情

项目测评

【战略意义】
2020 年中国铁建以 10 年的西派系产品打造经验，呈现西派新 10 年的开篇之作西派金沙。而西派金沙提出了"新西派"的概念，产品更年轻化，整体风格更现代。凭借更加严苛的打造标准，颇受高端改善型客户青睐。

【市场口碑】
2020 年 10 月 1 日西派金沙售楼部开放，国庆 7 天售楼部来访量超 3000 组。11 月一期一批次开盘推出 448 套产品，开盘当天热销 13 亿去化率近 7 成。西派"十年力作""大师园林""品质精装"等标签，成为购房者对楼盘最多的评价。

【区域地段】
西派金沙坐落于金沙板块，靠近西三环与羊犀立交桥，周边教育资源、商业配套、公共交通和医疗资源都较为优质，项目 1 公里范围内拥有黄忠公园、苏坡公园、金沙滨河公园等优秀的自然资源和城市绿化。

【楼栋规划】
项目占地 137 亩，规划总户数为 2262 户，一期总户数为 858 户，包含 7 栋小高层，整体楼栋呈围合式布局，保留了中庭景观面积，园林景观更生动。

【主力户型】
西派金沙 152 平方米三居产品打破传统空间格局的限制，将住房"全龄化"，三厅设计，可将客厅分割为独立的房间；256 平方米四居产品，270 度观景阳台，360 度采光，11 米开间，视野开阔。既保证尺度感又兼具实用性。

【园林景观】
西派金沙联合国际景观设计大师塔瓦猜·科博凯奇和李迅，构建"都市山谷"共生社区。利用天然坡地高差地形，将曲线、圆弧等元素运用到项目景观打造上，如圆弧形阳台转角，呈现原生态景观。楼栋布局上采用围合布局与大中庭，架空层配套主题会所。

【物业服务】
西派金沙的物业为中国铁建直属的物业公司，中铁建（北京）物业管理有限公司成都分公司，拥有国家一级资质。社区采用 6(+3) 重安防系统和大社区巡逻系统，15 分钟迅速响应，其金钥匙服务和皇金管家服务，业主满意度一直较高。

【教育资源】
西派金沙周边教育资源相对丰沛，距离成都市第六幼儿园百仁园区步行约 600 米，距离成都市实验小学尚雅校区步行约 700 米，距离成都市青羊区泡桐树中学步行约 1 公里。可满足 0~15 岁适龄子女一站式的教育需求。

【品牌描述】
中国铁建地产是由国务院国资委管理的特大型央企，隶属于世界 500 强企业中国铁建。目前在成都已有 7 座西派系楼盘，均落址于城市配套完善的成熟地段。

【设计风格】
西派金沙项目采用现代轻奢风格，精装遵循"2498"系统，每轮施工结束都会进行反复的测试和评估，精保洁后交付业主。市场统计得出，"西派系"的交房满意度非常高。

中国铁建地产·西派国樾

成都　中国铁建　艺术湖居　国际城南　精装西派

项目地址：
成都市双流区华府大道三段与万顺路二段交会处西北角

开发商：
成都中铁华府置业有限公司

产品特征：
高层、合院

参考价格：
高层约24000元/平方米、合院1000万元/套起

主力户型：
约199平方米四居、约230平方米四居

物业公司：
中铁建物业

5公里生活配套：
商业6街、中海环宇坊、红星美凯龙、伊藤洋华堂生活馆（意向入驻）、山姆会员店、世豪广场

专家点评

杨继瑞：四川大学房地产策划与研究中心主任、成都市社科联名誉主席

项目位于怡心湖高端居住区，西派系top级超越力作，西南塔尖豪宅序列。中国铁建地产·西派国樾以"艺术湖居的中国样本"为标签，其产品设计受到业内有识之士的首肯，更是市场高端需求的发力点，扛鼎当今城市时代艺术人居全新高度。

项目测评

【品牌描述】
中国铁建前身为中国人民解放军铁道兵，成立于1948年。截至2021年，已有70多年发展历史。目前是国务院国资委直属功勋企业和国资委授权从事房地产开发的16家央企之一，连续11年进入世界500强企业。

【战略意义】
2012年，西派系进驻成都，是目前成都楼市中为数不多的、每隔一两年就要做一次系统性迭代的高端产品系，持续保持对城市塔尖人群的吸附力。"西派系"产品户型、建筑立面、园林景观、精装标准、智能配置等方面以"自我超越"的形式得到不断提升。

【市场口碑】
作为中国铁建地产·西派系TOP级作品，以巅峰序列产品刷新城市高端人居标准，持续跨界艺术活动、打造时代艺术盛宴。自2018年10月首开以来，创下94亿元销售佳绩，成为高净值人群竞相追捧的豪宅范本。

【拿地详情】
2016年12月29日，中铁建联合平安以53亿元拿下双流华府板块近300亩的三宗连襟地块，楼面价约8950元/平方米。

【区域地段】
中国铁建地产·西派国樾地处怡心湖板块，毗邻天府新区，在未来规划及建设中坐享区域湖景、配套等红利资源。此外，依托国际城南的发展，中铁建、中海、绿城、金地、光明、万科等品牌房企相继入驻怡心湖，形成怡心湖豪宅生态格局。

【主力产品】
中国铁建地产·西派国樾主推建面230平方米精装大平层，引领未来智慧住宅，从空间布局、美学、智慧科技全面创新，为高端人居带来更聪明、更智慧的居住生态。

【设计风格】
项目建筑外立面采用超现代主义风格，主要设计材料为咖啡色金属板、高级石材及黄铜金漆，运用大面积LOW-E玻璃阳台搭配超大落地窗，展现建筑立面的韵律与灵动。

【楼栋规划】
项目占地约300亩，最大200米楼间距，270度IMAX全景视野，整体打造约12万平方米景观园林，约9000平方米全生态水域，西侧配套约120余亩的城市主题公园，筑划时代岛居。

【园林景观】
项目园林整体取境印度洋上的明珠——全球知名度假岛屿塞舌尔，以"岛、水、桥"三大景观元素，融入现代生活场景，为项目构建出"两湖一环六岛九园"的水系园林景观，整体打造约12万平方米的景观园林，约9000平方米的全生态水域。

【自建配套】
中国铁建地产商业品牌6街商业街，联动自身商业，以健康会所、社区影院、儿童中心三大主力店为运营标杆，打造涵盖社区精品零售、餐饮美食、儿童教育、休闲娱乐的体验式生活购物街区。

广汇·雪莲天府

| 成都 | 广汇 | 天府新区 | 美术馆 | 文化地标 |

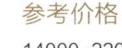

项目地址：
成都市天府新区秦皇寺天府大道杭州路旁

产品特征：
商办

项目规划：
包含 7 万平方米广汇美术馆、1 栋总部大楼、1 栋超甲级写字楼及五星级酒店、5.3 万平方米商业区、3 栋商办楼

主力户型：
46~140 平方米一居、两居

参考价格：
14000~22000 元 / 平方米

入选理由

何理平，成都市房地产开发企业协会会长

广汇·雪莲天府是一个具有艺术气质的产业项目，其中广汇美术馆将会是一个地标级文化建筑，预计2021年开馆。通过美术馆带来的艺术力融入地产项目，实现艺术生活化的真实体验。

核心优势：

广汇·雪莲天府位于天府国家新区核心总部，是总部商务区的泛艺术集群典型项目。项目作为286666.67 平方米大盘——广汇城的压轴部分，占地约5万平方米，总建筑面积约44.36万平方米，涵盖大规模的城市公共美术馆——广汇美术馆、500强广汇集团的第二总部大楼——广汇国际中央广场、金装艺术公馆——ART HOME 、INK HOME和CEO HOME、甲级写字楼——GAC、五星级酒店及艺术生态体验街区等业态。项目整体定位为天府CBP核心区产业总部样本及天府核心区艺术体验场景范式，打造城市文化新地标。

重庆

市场总结

一、新房成交表现

1. 整体情况

据克而瑞重庆机构数据显示,2020 年,重庆主城区商品房供应面积为 2239.18 万平方米,同比下降 19.5%;2020 年,重庆主城区商品房成交面积为 2188.75 万平方米,同比下降 15.7%。全年商品房共成交 24.46 万套。

从单月成交量走势看,2020 年 2 月受疫情影响,成交量跌入谷底;3 月复工复产后,楼市逐渐复苏,5 月份开始回归正常水平。不过,传统的"金九银十"在 2020 年失色严重,年末最后两个月翘尾行情表现得也并不突出,造成全年成交量低于 2019 年。

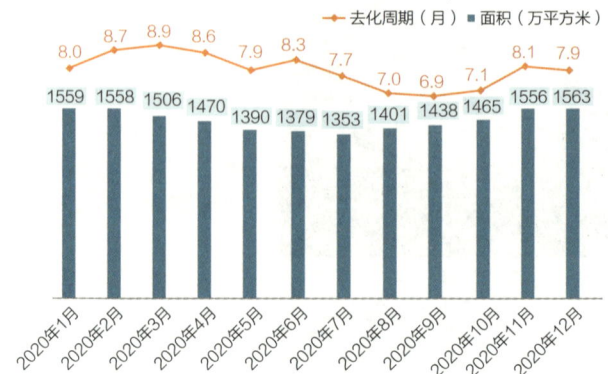

2020 年重庆主城区商品房库存量和去化周期走势图

2. 年度走势

2020 年重庆商品房成交建面均价为 12644 元/平方米,同比上涨 6%,增速呈现上扬态势。其中,12 月商品房成交均价达到 13300 元/平方米,创历史新高。

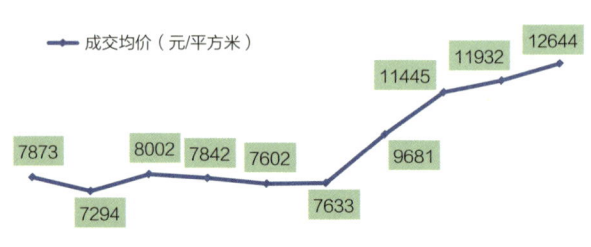

2011—2020 年重庆主城区商品房成交均价走势图

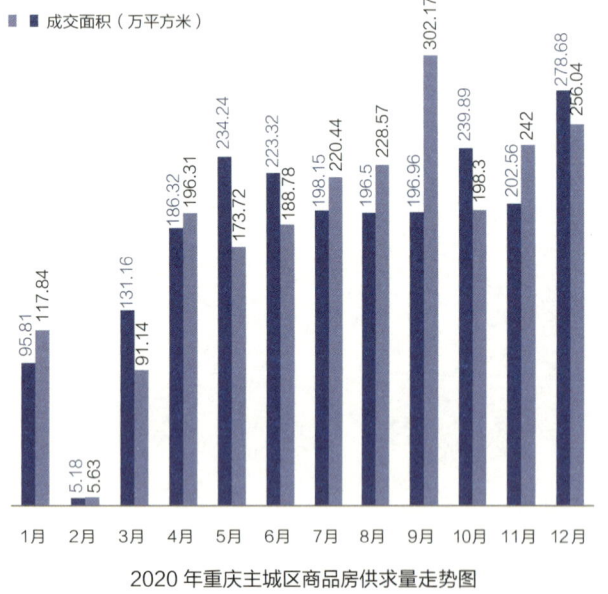

2020 年重庆主城区商品房供求量走势图

在库存量上,2020 年重庆商品房库存量基本保持在 1500 万平方米左右,去化周期维持在 7.0~8.9 个月之间。截至 2020 年 12 月月底,商品房库存量为 1563 万平方米,去化周期 7.9 个月,仍然处于高位。

房价上涨主要缘于三个方面:第一,随着土地容积率逐年走低,大平层、洋房等改善型楼盘的占比不断加大,再加上品牌房企集中度加强,及高端产品线的布局,住房品质拉动房价上扬;

第二,重庆高价位楼盘所集中的"三北区"(渝北区、江北区、北碚区),商品房成交量占比大。数据显示,2020 年三北区域商品房成交量占总量的 43%。

第三,涉宅用地楼面价的上涨。数据显示,2016 年以前涉宅用地楼面价不超过 3000 元 / 平方米，2018 年则达到 5173 元 / 平方米，2020 年楼面价已经超过"6 字头"，万元地数量累计达到 42 宗。

此外，重庆房产税起征点的变化也可反映重庆房价的上涨。2021 年，重庆市主城个人新购高档住房房产税起征点为 22106 元 / 平方米，同比增长 12.9%。

2011—2021 年重庆市主城个人新购高档住房房产税起征点

3. 历史地位

从近十年重庆主城区商品房成交走势图看，2020 年商品房成交量、供应量基本回归到 2014—2015 年的水平。其中，值得注意的是，重庆商品房供应量连续三年高于成交量。

2011—2020 年重庆主城区商品房供求走势图

另外，值得注意的是，2020 年重庆主城新增涉宅用地可建筑体量达到 1887 万平方米，处于近三年的最高水平。综合分析，供大于求、库存量大，将是未来两三年重庆市场的常态化局面，房价大涨可能性不大，将维持现在小幅缓涨的态势。

二、政策梳理

1. 2020 年 3 月 27 日，在成渝地区双城经济圈住房公积金一体化发展座谈会上，川渝双方分别介绍了两地住房公积金管理运行及信息化建设情况。目前，两地间已初步建立了跨区域转移接续和互认互贷机制，职工在成渝地区间转移住房公积金的，由"两地跑"变为"一地办"，办理时间由 1 个月压缩为 2~3 个工作日，办理要件简化为 1 张表，真正实现了"账随人走、钱随账走"。

2. 2020 年 5 月 27 日，重庆市教委、市住房和城乡建设委、市市场监督管理局联合印发了《关于贯彻落实入学资格不得与商品房销售挂钩规定的通知》，明确规定各义务教育学校严禁与房产开发企业签订接受商品房买受人入读中小学的合同或合约协议，房地产企业严禁以书面或口头承诺方式与商品房买受人签订或约定中小学入读协议。

3. 2020 年 9 月 3 日，重庆市住房和城乡建设委员会印发关于《重庆市城市更新工作方案》的通知。通知主要包括老旧小区改造提升、老旧工业片区转型升级、传统商圈提档升级、公共服务设施与公共空间优化升级、存量住房改造提升、存量房屋盘活利用等，符合城市更新适用情形的五个方面的内容。

4. 重庆 2021 年房产税起征点上调至 22106 元 / 平方米，首次突破 2 万元，但从过去 10 年来看，税房成交占比小，对市场影响有限。

三、土地供应

1. 出让基本情况

截至 2020 年 12 月 31 日，重庆主城区土地市场供应 126 宗，供应面积 1975.47 万平方米，同比 2019 年上涨 37%。从供应类型来看，居住用地供应 83 宗，商住综合用地供应43宗。

从成交量来看，重庆主城区土地市场成交121宗，成交面积1887.01万平方米，与2019年相比上涨53%。其中，挂牌46宗，拍卖75宗，流拍5宗。

2020年上半年，重庆主城区土地迎来高峰期。1—6月份共成交70宗，占2020年全年的58%。下半年成交51宗，占2020年全年的42%。其中，成交峰值出现在5月，单月成交21宗。上半年融资环境宽松，加上部分房企货值不足，房企拿地积极性高。

从成交金额来看，2020年重庆主城区卖地金额超1143亿元，比2019年上涨36%。且2020年的土地成交总额创下近十年来最高。

2010—2020年重庆主城区土地成交走势图

2020年，重庆主城区新增15宗"万元地"。其中，香港置地揽获的观音桥小苑地块，成交楼面价全年最高，达到14142元/平方米，刷新重庆最高成交楼面价，成为新"地王"。

2. 开发商拿地情况

2020年疫情并未影响房企拿地热情。两江置业、恒大、金科、东原、万科等房企长期现身土拍现场，对于心仪地块频频出手。其中，两江置业和恒大各拿下8宗地块，恒大布局空港、双碑、龙兴、界石、西彭等板块。

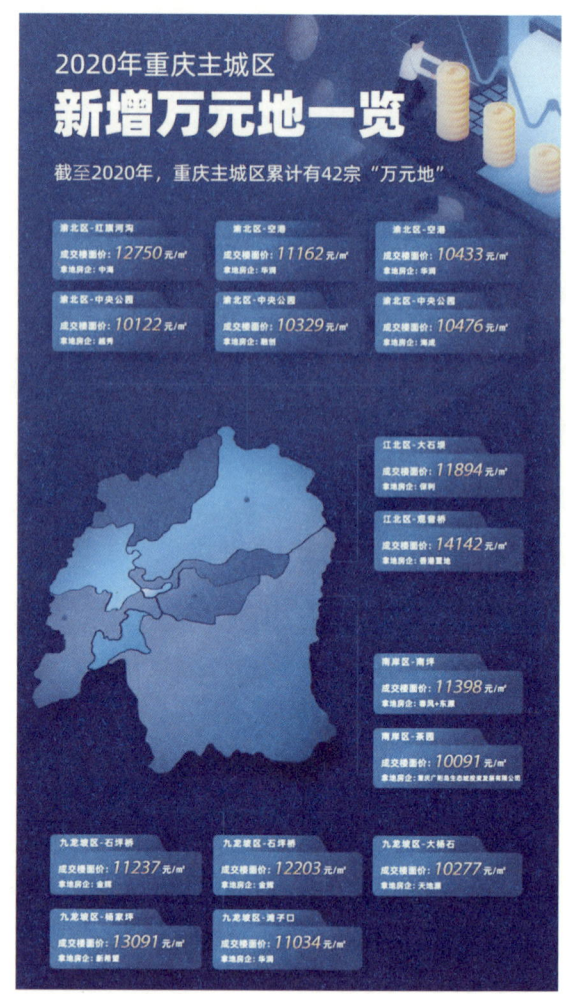

2020年重庆主城区主要房企拿地情况一览

房企	宗数	地块位置
两江置业	8	龙兴、水土、鱼嘴
恒大	8	空港、双碑、龙兴、界石、西彭
金科	7	水土、西永、蔡家、磁器口、九龙半岛
重庆广阳岛	6	茶园
东原	5	南坪、鱼嘴、磁器口、李家沱、西永
万科	5	中央公园、界石、沙坪坝、水土
华宇	4	茄子溪、水土、九龙半岛、沙坪坝
华润	3	空港、滩子口
中交	3	水土、华岩新城
融创	3	龙兴、中央公园、西永
万华	2	悦来
金辉	2	石坪桥
财信	2	西彭、寸滩
龙湖	2	界石、蔡家

（续）

房企	宗数	地块位置
保利	2	大石坝、悦来
旭辉	2	界石、沙坪坝
香港置地	1	观音桥
招商蛇口	1	水土

本地房企拿地凶猛，外来房企也来势汹汹。2020年，南山集团、浩创、长城实业、花样年、越秀、三一集团、建发通过招拍挂首次入渝。其中，来自山东的南山集团，斥资11.54亿元揽获大学城352亩地，首进重庆。来自郑州的浩创集团，5.36亿元拿下高职城地块。

3. 未来预估

未来重庆主城供地方向：外拓加速，供地向北、向西、向南倾斜，核心区适当放量。近五年，随着核心区土地资源越发稀缺，加之城市各项资源分布趋于均衡化，道路、轨道交通日益完善，城市供地外拓加速，土地成交高热板块多分布在1.5环至2环，整体形成"北上、南拓、西进"的格局。

随着城市拿地成本的逐年增高，蔡家、西永、中央公园、李家沱等城市热门板块，借助板块规划利好，商品房价格将继续保持高位。

四、热点板块

2020年，重庆主城各区卖地前三甲，由渝北区、北碚区、巴南区占领，其中，渝北区全年成交35宗地块，全年第一。

具体来看，2020年重庆主城区各板块积极供地，鱼嘴板块全年成交219.4万平方米排名第一，成交7宗地。另外，茶园2020年主要在5月份集中供地，全年成交169.8万平方米，成交7宗地，位列第二。值得一提的是，水土、龙兴、空港板块2020年成交地块超8宗，但累计成交地块面积较少，未位列前三。

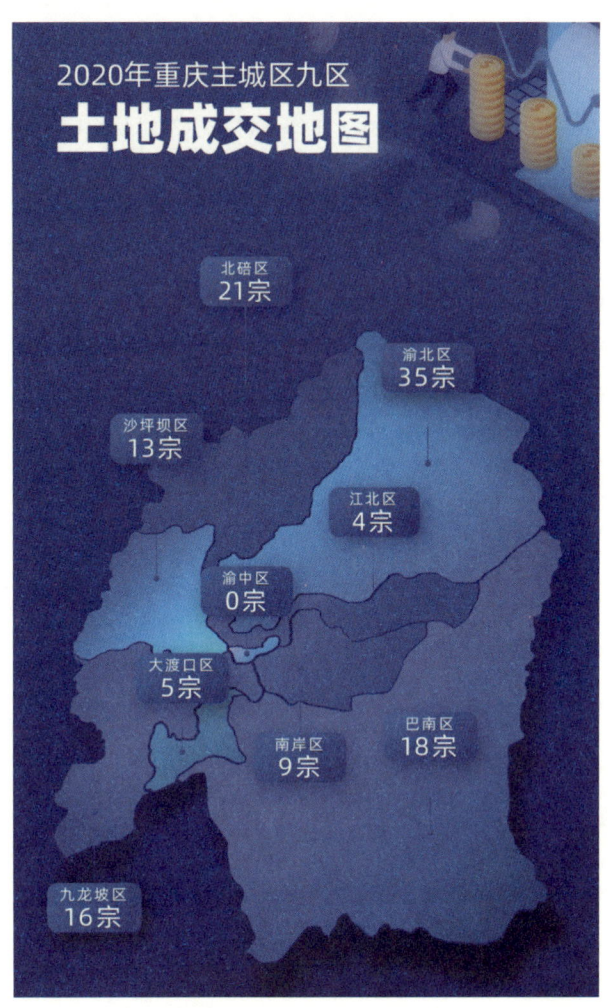

2020年重庆主城区热门板块成交TOP10

排名	板块	成交面积（万平方米）	宗数	成交金额（亿元）
1	鱼嘴	219.4	7	81.2
2	茶园	169.8	7	150.6
3	界石	150.8	6	63.6
4	水土	144.2	9	88.3
5	龙兴	140.3	8	67.5
6	西永	121.0	7	69.2
7	蔡家	99.0	7	68.6
8	空港	87.4	8	64.6
9	悦来	86.9	4	62.1
10	华岩新城	69.6	5	39.4

五、用户心理

2020年对于重庆购房人而言，尤其是下半年，是出手的心理波动期。疫情倒逼房企快速出货、以价换量，下半年重庆楼市暗自降价的楼盘不在少数。随着疫情得到控制，市场逐步复苏，下半年购房人心理明显松动。在一些城市热门楼盘中，下半年甚至出现排队买房、找关系定房源，甚至一房难求的局面。

2020年，对于购房人而言，板块的选择发生了明显的变化，从过去一味追求"向北"，到最近一两年，科学城迎来了自己的高光时刻，成渝经济圈建设也在加速中，高新区、科学城成为很多购房人掘金的优质区域。2020年，西永成交量破200万平方米远超其他板块稳坐TOP1，多项目成交火爆，这一热销局面还将持续到2021年。

六、2021年展望

2021年，是"十四五"规划的开局之年，重庆将认真贯彻落实十九届五中全会、中央经济工作会和全国住房城乡建设工作会议精神，继续坚持"房子是用来住的，不是用来炒的"定位不动摇，全面落实租购并举、因城施策、稳地价、稳房价、稳预期的房地产市场长效管理调控机制，有效促进住房消费健康发展，积极推动房地产市场平稳健康发展。

在重庆主城扩容之下，未来重庆中心城区将加快聚集国际交往、科技创新、先进制造、现代服务等高端功能。推进"两江四岸"核心区整体提升，进行区域一体规划，打造国际化山水都市风貌展示区。另外，主城新区，如同城化发展先行区长寿、江津、璧山、南川将承担主城产业转移分工，承担重大功能布局，吸引人口聚集，成为中心城区有机组成部分。

随着成渝双城经济圈建设的深入，西部科学城迎来了新的发展机遇期。未来将以"一城多园"模式推动成渝地区合作，加快形成平台共建、资源共享、项目共促、政策互通、成果共享的区域协调创新体系，全面开启了重庆向西的发展战略。

近两年，重庆市面上洋房、别墅改善型房源越来越多。现如今，重庆主城供地已经进入低容积率时代，高容积率已成为过去式。近十年，重庆主城区成交地块1.5以下的容积率占比逐年增高，未来重庆楼市呈现产品多以改善为主。

2021年重庆主城区供地方面，预计北区、西区均有大量土地放出，南区供应量偏低，延续2020年主流方向，城市呈现向"北拓""西进"双轴线重点发展。

从板块拟供量来看，西区的井口双碑、磁器口、土主、二郎等均有大量土地拟供，北区热点板块中央公园、空港西区、空港新城土地放量将较大，南区则集中于弹子石、鹿角板块。目前，国家级新区、自贸区等利好发力，西永-大学城、龙盛片区、水土等板块开发将进一步提速。杨家坪、沙坪坝中心、石桥铺有少量土地供出，但体量偏小，可积极关注，伺机获取。

数据来源：克而瑞重庆机构

在售楼盘一览

渝中区			
楼盘名称	价格	物业类型	主力户型
万科锦绣滨江	27000 元/m²	普通住宅	四居室 (191~237m²) 五居室 (294~326m²)
合景泰富天鉴	尚未公布	普通住宅	三居室 (115~120m²) 四居室 (164~178m²) 五居室 (236m²)
恒大云邸	尚未公布	普通住宅	尚未公布
天空雲镜	约 21000 元/m²	普通住宅	四居室 (150~190m²)
重庆来福士住宅	约 42000 元/m²	普通住宅	一居室 (92m²) 二居室 (98~200m²) 四居室 (283~333m²)
国浩 18T	约 35000 元/m²	普通住宅	一居室 (101m²) 三居室 (145~287m²) 四居室 (331m²)
万科鹅岭峯	30000~50000 元/m²	普通住宅	三居室 (197.02m²) 四居室 (263.53~313.18m²) 五居室 (343.93m²)
和泓渝中界	约 16500 元/m²	普通住宅、公寓、商铺、商住	尚未公布
龙湖大时代	168 万~245 万元/套	普通住宅	尚未公布
重庆中心	18000~46000 元/m²	普通住宅	三居室 (195m²) 四居室 (390m²)
万科翡翠都会	430 万~510 万元/套	普通住宅、商铺	三居室 (111~159m²)
恒大解放碑中心	17100~30000 元/m²	公寓、商铺	一居室 (67~128m²) 二居室 (214m²)
日月光解放碑 1 号 R3	约 190 万元/套	普通住宅	二居室 (78.94~84.45m²) 三居室 (88.63~112.52m²) 四居室 (125.94m²)
英利中心 1 号	14000~18000 元/m²	写字楼	尚未公布
通和睿庭	尚未公布	普通住宅	尚未公布
重庆来福士办公楼	约 31000 元/m²	写字楼	尚未公布
重庆 ONE 行政公寓	约 25000 元/m²	公寓	一居室 (120~129m²) 二居室 (144m²)
光大控股朝天门中心	约 25000 元/m²	公寓	一居室 (52.23~80m²) 二居室 (106.45m²)
紫东国际	尚未公布	普通住宅	一居室 (41.50~49.67m²) 二居室 (88.49m²)
重庆总部城	约 13500 元/m²	写字楼	二居室 (65~73m²) 三居室 (104~115m²) 写字楼 (69m²)
英利国际金融中心	约 25000 元/m²	写字楼	尚未公布
万科重庆天地	尚未公布	普通住宅	三居室 (100m²) 四居室 (130~139m²)

大渡口区			
楼盘名称	价格	物业类型	主力户型
佳兆业滨江四季	约 16000 元/m²	商住	四居室 (143.22m²)
中南上悦城	尚未公布	普通住宅	二居室 (72~75m²) 三居室 (85~99m²) 四居室 (115m²)
金地格林春岸	约 12500 元/m²	普通住宅	三居室 (92.4~94.91m²)
联发君领西城	约 130 万元/套	普通住宅	三居室 (129m²) 四居室 (133~140m²)
荣盛城	11500~12000 元/m²	普通住宅、别墅	三居室 (72~100m²) 四居室 (103~111m²)
恒大麓山湖	约 7300 元/m²	普通住宅、别墅、酒店式公寓	别墅 (239m²)
中国铁建西派宸樾	15246~19299 元/m²	普通住宅	四居室 (124~199m²)

大渡口区			
楼盘名称	价格	物业类型	主力户型
金地自在城	约 9600 元/m²	普通住宅	三居室 (93.37~112.12m²) 四居室 (126.25~205.57m²)
金科中建集美阳光	约 13000 元/m²	普通住宅、商业	二居室 (86.16~98.86m²) 三居室 (114.21m²)
领琇长江	约 12000 元/m²	公寓、商铺	三居室 (94m²) 四居室 (99m²)
中航昕晖璟辰	约 12500 元/m²	普通住宅	三居室 (78~99.23m²) 四居室 (106~145.92m²)
正荣朗基悦江湾	约 86 万元/套	普通住宅	尚未公布
琅樾江山	约 67 万元/套	普通住宅	一居室 (72.60m²) 二居室 (111.88m²) 三居室 (112.88~136.10m²)
中冶熙城商街	23 万~25 万元/套	公寓、写字楼、商铺	四居室 (136~167m²)
天泰钢城印象	约 10300 元/m²	普通住宅	三居室 (88.96~114.64m²) 四居室 (126.50~127.26m²)
天安江畔珑园二期	尚未公布	普通住宅	四居室 (123.11m²) 五居室 (147.33m²)
绿地听江左岸	约 11800 元/m²	普通住宅	三居室 (96.77m²) 四居室 (121.10~128.2m²)
康田栖樾	11000~14500 元/m²	普通住宅	一居室 (74.78m²) 二居室 (83.91~85.81m²) 三居室 (109.98~263.41m²)
泽न御峰	约 10800 元/m²	普通住宅	三居室 (76~96m²)
卓越西麓九里	约 11000 元/m²	普通住宅	三居室 (90~104m²) 四居室 (130~144m²)
中洲半岛城邦	约 10500 元/m²	普通住宅、公寓、商铺	二居室 (90m²) 三居室 (116~120m²) 复式室 (132m²)
华宇锦绣玺岸	尚未公布	普通住宅	三居室 (92~99m²)

九龙坡区			
楼盘名称	价格	物业类型	主力户型
金辉玖珑云璟	尚未公布	普通住宅	三居室 (99m²) 四居室 (123m²) 五居室 (129m²)
财信九悦府	尚未公布	普通住宅	三居室 (75.81~89.91m²) 四居室 (99.94m²)
财信新界	30 万~45 万元/套	普通住宅、公寓	一居室 (35~45m²) 二居室 (64.35~67.64m²)
悦府	约 260 万元/套	普通住宅	四居室 (156m²)
印江州	约 23000 元/m²	普通住宅	三居室 (98~141m²) 四居室 (189m²)
重庆洺悦国际	约 19000 元/m²	普通住宅、商业	三居室 (98m²) 四居室 (117m²)
恒大林溪郡	8300~8500 元/m²	普通住宅、别墅、商住	二居室 (70~185m²)
鲁能九龙花园	约 14263 元/m²	普通住宅、商铺	三居室 (73~76m²)
景瑞江山御府	约 8500 元/m²	普通住宅	三居室 (81m²)
九龙奥园城市天地	约 12500 元/m²	商业	三居室 (85~98m²)
中交西园雅集	尚未公布	普通住宅	三居室 (91~99m²)
融信海月渝州	约 19300 元/m²	普通住宅、商铺	三居室 (98m²) 四居室 (118m²)
建工半山郡	11680~12960 元/m²	普通住宅	三居室 (85~112m²)
弘阳拾光里	尚未公布	商铺、商住	尚未公布
财信铂雲府	约 15500 元/m²	普通住宅、写字楼、商业	二居室 (85~89m²) 三居室 (99m²)
万科彩云湖	约 17500 元/m²	普通住宅	三居室 (98m²) 四居室 (129m²)

九龙坡区

楼盘名称	价格	物业类型	主力户型
融创精彩汇	约60万元/套	商铺	尚未公布
中建龙玺台	13465~14677元/m²	普通住宅、商铺	三居室(126.13~163.34m²) 四居室(144.43~167.75m²)
中建御湖壹号	12000~16000元/m²	普通住宅、别墅、商铺	三居室(99~100m²) 别墅(268~315m²)
中海九龙天颂	16800~17500元/m²	普通住宅	四居室(127~166m²)
首创西江阅	约5800元/m²	普通住宅	三居室(112m²) 四居室(128m²)
联发西城首府	175万~200万元/套	普通住宅、别墅	三居室(85~101m²) 四居室(128m²)
保利爱尚里	35万~41万元/套	公寓	一居室(40.18~46.03m²)
金融街九龙金悦府	约13500元/m²	普通住宅	三居室(90.79m²) 四居室(99.51m²)
仁和西里	85万~104万元/套	普通住宅	尚未公布
海纳九龙	约15800元/m²	普通住宅	尚未公布
荣安九龙壹号	约16000元/m²	普通住宅	尚未公布
春风里	约10200元/m²	普通住宅	四居室(122~125m²)
云鼎栖山1号院	5800~6500元/m²	普通住宅	三居室(95.63~146.24m²)
金鹏金石广场	约28000元/m²	公寓	尚未公布
春风十里	7700~8100元/m²	普通住宅、商铺	二居室(98.16m²) 三居室(116.82m²)
雅居乐九龙雅郡	约12000元/m²	普通住宅	尚未公布
二十四城万象润街	约14000元/m²	商铺	尚未公布
成都城投锦樾峰境	约14050元/m²	普通住宅	三居室(99m²) 四居室(116~131m²)
蝴蝶里	约7900元/m²	普通住宅、公寓、商业	二居室(76.1~82.85m²) 三居室(94.16~109.36m²) 四居室(152.91m²)
升伟铂寓	约19000元/m²	普通住宅、写字楼、商铺	一居室(34~60m²)
象屿公园悦府	尚未公布	普通住宅	二居室(94.71~101.31m²) 三居室(92.96~106.09m²)
中国铁建望山国际	约12000元/m²	普通住宅、商铺	二居室(60m²) 三居室(69~76m²)
中迪广场	尚未公布	公寓、写字楼、商铺	尚未公布
西海岸凯悦	约5500元/m²	普通住宅	二居室(64.8m²) 三居室(76.31m²) 四居室(127~179m²)
九州国际汽摩城	约8800元/m²	酒店式公寓、商铺、综合体	尚未公布
海兰云天湖山壹号	约160万元/套	别墅	四居室(136~166m²) 六居室(238~283m²)
重庆恒大时代新城	尚未公布	商业	二居室(72m²) 三居室(83~104m²) 四居室(114m²)
阅璟山	约14500元/m²	普通住宅	三居室(86~98m²)
上邦国际社区	约10000元/m²	别墅	别墅(194~619.51m²)
高新ONE陕建西南总部	尚未公布	写字楼	尚未公布
万腾御景城	尚未公布	普通住宅	三居室(100.93m²) 四居室(113.88~115.35m²)
中金泓府	尚未公布	普通住宅	二居室(82m²) 三居室(86~99m²) 四居室(119~128m²)
融堃彩云里	约70万元/套	商业	尚未公布
重庆中交城	尚未公布	普通住宅	尚未公布
半山悦景	尚未公布	普通住宅	尚未公布
金辉彩湖云璟	尚未公布	普通住宅	三居室(81~95m²)

沙坪坝区

楼盘名称	价格	物业类型	主力户型
西阅星辰	约13400元/m²	普通住宅	二居室(98.87m²)
信达斓郡	尚未公布	普通住宅	尚未公布
富州平顶山	约17000元/m²	普通住宅	二居室(86m²) 四居室(112m²)
首创禧悦学府	约100万元/套	普通住宅、公寓、商铺	三居室(80.25~91.16m²)
富力院士廷	99万元/套	普通住宅、公寓、商铺	二居室(81m²) 三居室(88~114m²)
重庆融创文旅城	142万~225万元/套	住宅	四居室(108~125m²)
美的金科郡	约15500元/m²	普通住宅	四居室(125m²)
富力城	约10900元/m²	商铺	商铺(35~400m²)
翰粼天辰	约14000元/m²	普通住宅	三居室(83~91m²) 四居室(95~99m²) 跃层(116~123m²)
嘉阅滨江	12500~14000元/m²	普通住宅	三居室(90~101m²) 四居室(124m²)
首创天阅嘉陵	200万~300万元/套	普通住宅、商铺	三居室(132.93~188.09m²)
恒大未来城	约6566元/m²	普通住宅、公寓、酒店式公寓	一居室(46~62m²) 二居室(64~85m²) 三居室(117m²)
华宇城	175万~234万元/套	普通住宅、公寓、商铺	二居室(80m²) 三居室(92~112m²) 四居室(137~144m²)
电建泷悦华府	约13000元/m²	普通住宅、别墅	三居室(99m²) 四居室(118m²) 别墅(135~147m²)
金科天宸	约7500元/m²	公寓	一居室(20m²)
融创曲水风和	约230万元/套	别墅	四居室(125.64~162.00m²) 别墅(160.73~253.63m²)
万云府	约15000元/m²	普通住宅	四居室(103~133m²) 五居室(145m²)
美的云来	118万~128万元/套	普通住宅	三居室(96m²) 四居室(100m²)
俊峰·山万里	21000元/m²	别墅	五居室(126m²)
金科美的新天宸	115万~196万元/套	普通住宅、商铺	尚未公布
东原大发印未来	110万~120万元/套	普通住宅	三居室(80~88m²) 四居室(97~99m²)
洺悦芳华	约137万元/套	普通住宅	三居室(99m²) 四居室(118m²)
朗基水印三生	约14000元/m²	普通住宅、别墅	四居室(114~125m²)
龙湖光年	21000~25000元/m²	公寓、写字楼、商铺、综合体	尚未公布
西辰艺境	约13900元/m²	普通住宅	三居室(90m²) 四居室(99~120m²)
学樘府	131万~230万元/套	普通住宅	尚未公布
润西山	约12000元/m²	普通住宅、商铺	三居室(96.50~128.96m²) 四居室(141.24m²)
金沙玖悦	约18500元/m²	普通住宅、商铺	二居室(74.8m²) 三居室(97.2m²)
山城小院	98万~120万元/套	普通住宅、别墅	二居室(102.55m²) 三居室(133m²) 四居室(142.19m²)
桂语九里	约11300元/m²	普通住宅	三居室(99~130m²) 四居室(146~160m²)
中建瑾和城	133万~204万元/套	普通住宅、别墅、商铺	三居室(120m²) 四居室(135m²)
西著七里	8500~9500元/m²	普通住宅、公寓、商业	一居室(33.48~33.72m²)
阳光城翡丽公园	约8300元/m²	普通住宅、公寓	三居室(96.83~99.12m²) 四居室(117.32~123.29m²)
西永9号	约13000元/m²	普通住宅、别墅	二居室(59.30~102m²) 三居室(122m²)
俊峰香格里拉	210万~340万元/套	普通住宅	跃层(94~164m²)

沙坪坝区

楼盘名称	价格	物业类型	主力户型
鸥鹏书院	约 400 万元 / 套	别墅	三居室 (270m²)
华科蔚来云著	约 10800 元 /m²	公寓	尚未公布
青秀阅山	170 万 ~230 万元 / 套	普通住宅	三居室 (117~120m²) 四居室 (140~142m²)
华远海蓝和光	约 85 万元 / 套	普通住宅、共有产权房	二居室 (79.37~80.11m²) 三居室 (99.43~107.41m²) 四居室 (124.5m²)
万科招商理想城	约 103 万元 / 套	普通住宅、写字楼、商铺	二居室 (81m²) 三居室 (100m²) 四居室 (129m²)
弘阳天宸一品	约 20000 元 /m²	普通住宅	四居室 (143.66~143.79m²)
融汇温泉城	约 11800 元 /m²	普通住宅、公寓、商铺、商业	二居室 (82m²) 三居室 (99m²) 四居室 (126m²)
远洋山水赋	约 13800 元 /m²	普通住宅	尚未公布
国盛天鹅墅	约 180 万元 / 套	别墅、商铺	二居室 (101.98m²) 三居室 (147.65m²)
首创嘉陵十里	约 25000 元 /m²	商铺	尚未公布
金融街融府	约 15300 元 /m²	普通住宅	尚未公布
书香溪墅	220 万 ~320 万元 / 套	别墅、商铺	二居室 (66.24~115.66m²)
恒大优活城（公寓）	8152~8401 元 /m²	别墅、商铺	一居室 (94m²)
奇峰云邸	12000~13000 元 /m²	别墅	三居室 (101.91m²) 二居室 (90.77m²)
磁器口后街	尚未公布	商业	尚未公布
重庆融创桃花源	1200 万元 / 套	别墅	约 540 平方米 四居室（540m²）
龙湖开元	约 160 万元 / 套	普通住宅	四居室 (126~144m²)
蓝光公园华府	约 14500 元 /m²	综合体	三居室 (84~111m²)
凤鸣水岸	尚未公布	普通住宅	尚未公布
渝富滨江首岸	尚未公布	普通住宅、公寓、商铺	一居室 (61.16m²) 二居室 (68.02m²) 三居室 (88.90~94.95m²)
金辉金科天宸云著	约 13500 元 /m²	普通住宅	三居室 (99~118m²) 四居室 (137~139m²)
渝开发格莱美城	尚未公布	普通住宅	二居室 (71.17~76.34m²) 三居室 (93.65m²)
融创雲鼎城	尚未公布	普通住宅	三居室 (76.51~85.08m²) 四居室 (120.49m²)
佳兆业晓岸云	尚未公布	普通住宅、商业	二居室 (73~79m²) 三居室 (91m²) 四居室 (99m²)
金科博翠宸章	尚未公布	普通住宅	三居室 (86~123m²) 四居室 (137m²)
金科东原青溪林	尚未公布	普通住宅	尚未公布

南岸区

楼盘名称	价格	物业类型	主力户型
新天泽首誉	108 万 ~149 万元 / 套	普通住宅、公寓、商业	三居室 (98m²) 四居室 (126m²)
国瑞江南御府	约 15000 元 /m²	普通住宅	三居室 (131m²) 四居室 (133m²)
山晓	约 10800 元 /m²	别墅	尚未公布
北大资源紫境府	270 万 ~330 万元 / 套	别墅	三居室 (146m²) 四居室 (158m²) 五居室 (212m²)
保利堂悦	约 150 万元 / 套	普通住宅	三居室 (96~121m²) 四居室 (111~136.81m²) 跃层 (68.98~81.54m²)
十里长江	约 170 万 ~290 万元 / 套	普通住宅	三居室 (113~130m²) 四居室 (162m²)
中交漫山	194 万 ~350 万元 / 套	普通住宅、公寓、商铺、别墅	三居室 (90~147m²) 别墅 (143~194m²)
华发四季半岛	约 18000 元 /m²	普通住宅、商业	二居室 (77m²) 三居室 (86~99m²) 四居室 (117~141m²)

南岸区

楼盘名称	价格	物业类型	主力户型
融创玖御南滨	约 220 万元 / 套	普通住宅	三居室 (94.90~100.46m²) 四居室 (127m²)
首创禧瑞山河	198 万 ~260 万元 / 套	普通住宅、别墅	三居室 (132m²) 四居室 (142~143.11m²)
金隅新都会	约 13000 元 /m²	普通住宅	四居室 (128~143m²)
保亿湖山鹿鸣	149 万 ~243 万元 / 套	普通住宅、别墅	三居室 (90.63~105.95m²) 四居室 (105.91~124.03m²) 别墅 (121.34~125.6m²)
金隅南山郡御澜院	300 万 ~380 万元 / 套	别墅、酒店式公寓	别墅 (186~218m²)
金科南山	92 万 ~139 万元 / 套	普通住宅、别墅	三居室 (111m²) 四居室 (106m²) 五居室 (135m²)
中国铁建万赣九歌	尚未公布	普通住宅、别墅	三居室 (101~102m²) 四居室 (130~156m²)
金科联发東悦府	110 万 ~128 万元 / 套	普通住宅	三居室 (94~100m²) 四居室 (121.04~123.81m²)
融侨首玺	约 130 万元 / 套	普通住宅、公寓、商业	二居室 (64~83m²)
康田澜山樾	200 万 ~347 万元 / 套	普通住宅、别墅	二居室 (85.81m²) 三居室 (115.8~126.53m²) 别墅 (174~190m²)
金辉长江铭著	约 600 万元 / 套	普通住宅、别墅	别墅 (425m²)
中梁百悦汇	14000~16000 元 /m²	公寓、商铺	尚未公布
翡翠御园	520 万 ~680 万元 / 套	别墅	别墅 (210~858m²)
庆隆南山国际社区	约 310 万元 / 套	普通住宅、公寓、别墅	尚未公布
山与城	305 万 ~1200 万 / 套	别墅	三居室 (98m²) 四居室 (265m²) 别墅 (412m²)
长嘉汇	35000~45000 元 /m²	普通住宅	五居室 (216~460m²)
时光雲	约 18000 元 /m²	公寓	一居室 (43.51~58.64m²)
招商云邸	约 207 万元 / 套	普通住宅	尚未公布
融侨星域	约 100 万元 / 套	普通住宅	一居室 (54~61m²) 二居室 (62m²)
两岸风华	200 万 ~260 万元 / 套	普通住宅	四居室 (139m²)
东旭御江湾	约 190 万元 / 套	普通住宅、公寓、商业	尚未公布
九阙府	240 万 ~330 万元 / 套	普通住宅、别墅	二居室 (145m²) 四居室 (179~182m²)
荣盛华府	约 250 万元 / 套	普通住宅、别墅、商铺	四居室 (144m²) 别墅 (146m²)
升伟一里南滨	约 19000 元 /m²	普通住宅、公寓、商铺	尚未公布
鸿笙苑宝贝的墅	约 210 万元 / 套	普通住宅、公寓、别墅、商铺	一居室 (57.54~65.7m²) 二居室 (68.27~85.91m²) 别墅 (111.79~139.24m²)
光华安纳溪湖	约 13800 元 /m²	普通住宅、别墅	三居室 (74.49m²) 四居室 (117m²) 五居室 (141.69m²)
中海峰墅	700 万 ~2000 万元 / 套	别墅	尚未公布
和黄地产御峰	约 18000 元 /m²	普通住宅、别墅、商业	三居室 (150m²)
金隅时代都汇	10000~26000 元 /m²	写字楼、商铺	一居室 (94.33~117.60m²)
中梁海成南山云璟	约 16500 元 /m²	普通住宅、商业	三居室 (88~114m²)
枫丹江屿	约 14500 元 /m²	普通住宅	二居室 (92.21~104.72m²) 三居室 (104.95~115.76m²)

南岸区			
楼盘名称	价格	物业类型	主力户型
奥园越时代	8000~18000元/m²	商铺、商业	一居室(30.76m²)
协信星麓原	尚未公布	普通住宅、别墅、商铺、综合体	二居室(80m²) 三居室(95~141m²) 四居室(108~133m²)
仁安南山院子	尚未公布	别墅	四居室(136~286m²)
中国铁建南山和院	尚未公布	别墅	尚未公布
保亿御江临风	尚未公布	普通住宅	四居室(176~221m²)
金隅南山郡昱澜山	尚未公布	别墅	尚未公布
君临南山崇德府	约190万元/套	普通住宅、别墅	四居室(86~162m²) 一居室(34m²)

北碚区			
楼盘名称	价格	物业类型	主力户型
奥山府	10080~12500元/m²	普通住宅	二居室(81~89m²) 三居室(99m²)
金科金辉博翠山	尚未公布	别墅	别墅(278~432m²)
璟月台	约11600元/m²	普通住宅、别墅	三居室(99m²) 四居室(118m²)
融创合景珑锦学府	约11300元/m²	普通住宅	三居室(99.92m²) 四居室(120.06~127.34m²)
保利平湖溪院	约350万元/套	别墅	尚未公布
映湖十里	约11000元/m²	普通住宅	三居室(90.46~125.70m²)
阳光城ення悦江山	约10851元/m²	普通住宅、别墅	三居室(97m²) 四居室(119m²) 别墅(144m²)
金科博翠山麓	约124万元/套	普通住宅、别墅	三居室(84m²) 四居室(99m²) 别墅(124~132m²)
金科集美嘉悦	约20000元/m²	普通住宅、商铺	三居室(123~132m²)
融创溪山春晓	约13500元/m²	普通住宅	三居室(96~98.98m²) 四居室(126.49m²)
朗诗乐府	190万~249万元/套	普通住宅、别墅	三居室(95m²) 四居室(126~155m²) 别墅(128~140m²)
中交金科辰光	约13000元/m²	普通住宅	三居室(88~100m²) 四居室(99~114m²)
雅居乐星瀚雅府	162万~270万元/套	普通住宅	三居室(139~141m²)
渝高星洲	约10000元/m²	普通住宅	三居室(110.71~129m²) 四居室(139.84~172.56m²)
中南玖宸	约29万元/套	普通住宅	二居室(41~52m²) 四居室(126~135m²)
云山长麓	约11000元/m²	普通住宅、商铺	三居室(100m²) 四居室(137.18~162.1m²)
首钢鎏云大道	约89万元/套	普通住宅	三居室(92.08~105.9m²) 四居室(125.13~125.44m²)
碧桂园长桥江山	约350万元/套	别墅	四居室(227~377m²)
保亿御景玖园	约16000元/m²	普通住宅、别墅	四居室(133.96m²) 别墅(124.41~249.23m²)
合能枫丹宸悦	尚未公布	普通住宅、别墅、商业	三居室(144m²) 四居室(249.23m²)
龙湖三千庭	120万~188万元/套	普通住宅	三居室(120m²) 四居室(140~141m²)
玖著天宸	约108万元/套	普通住宅	三居室(79~115m²)
重庆龙湖紫云赋	13000~16100元/m²	普通住宅	尚未公布
雅居乐九里原香	约51万元/套	普通住宅	二居室(66~75m²) 三居室(80m²) 别墅(135~155m²)
重庆悦溪正荣府	约11000元/m²	普通住宅	三居室(99~118m²)
中粮祥云赋	约12000元/m²	普通住宅	尚未公布
中骏弘阳樾景台	约75万元/套	普通住宅	三居室(87~99m²) 四居室(115m²)

北碚区			
楼盘名称	价格	物业类型	主力户型
中粮合景江州锦云	约11000元/m²	普通住宅	三居室(99.47~108.52m²) 四居室(118.65m²)
新天泽樾麓台	105万~120万元/套	普通住宅	三居室(98~98.38m²) 四居室(126.24~127m²)
金融街两江融府	约12000元/m²	普通住宅、别墅	三居室(102.24~141.29m²) 四居室(151.13m²)
万科四季花城	79万~107万元/套	普通住宅	二居室(70m²) 三居室(85~101m²)
重庆映月台	约12000元/m²	普通住宅	四居室(118~137m²)
琨瑜府	约11000元/m²	普通住宅、别墅	三居室(127m²) 四居室(140m²)
恒大翡翠湾	约140元/m²	普通住宅、别墅、商业	三居室(126~179m²)
融创紫泉枫丹	950万~1200万元/套	别墅	三居室(200.42m²) 四居室(248.79~278.76m²) 别墅(1200.00m²)
中国铁建山语城	约14500元/m²	别墅	四居室(147.21~168.18m²)
金科华宇春和锦明	约98万元/套	别墅	三居室(87~89m²) 四居室(121~126m²)
金科博翠未来	约18000元/m²	普通住宅	三居室(89.07m²) 四居室(91.14~142.8m²)
万科四季都会	103万~140万元/套	普通住宅	三居室(83~99m²)
天地源水墨江山	约10000元/m²	普通住宅、商业	三居室(94~116m²) 四居室(123~132m²)
中德时光岭	约12000元/m²	普通住宅	三居室(98.19~131.03m²)
禹洲雍锦府	约9600元/m²	普通住宅、商铺、共有产权房	三居室(96.85m²) 四居室(115.63~116.95m²)
重庆奥园天悦湾	约11000元/m²	普通住宅	二居室(92.7~93.24m²) 三居室(95.98m²) 四居室(137.78~147.47m²)
光亮天润城	约12000元/m²	普通住宅、商住	三居室(129.2m²) 跃层(88.48~98.30m²)
保利茵梦湖	约225万元/套	别墅	别墅(148~253m²)
招商公园上城	约10600元/m²	普通住宅、别墅	三居室(89.04~89.35m²)
金科千里嘉陵	尚未公布	别墅	别墅(136~320m²)
东原嘉阅湾	约9500元/m²	普通住宅	三居室(99m²)
奥园鉴云山	尚未公布	别墅	四居室(208~311m²) 五居室(580m²)
中央大街	约4980元/m²	普通住宅、写字楼、商铺	尚未公布
龙湖两江郦湾	尚未公布	普通住宅	尚未公布
恒泰云山御府	尚未公布	普通住宅	尚未公布

巴南区			
楼盘名称	价格	物业类型	主力户型
金科美辰	尚未公布	普通住宅	三居室(95.04m²) 四居室(98.72m²)
泊云府	约12000元/m²	普通住宅、公寓、商铺、商业	二居室(76m²) 三居室(87~134.62m²)
中建清能悦和城	尚未公布	普通住宅、商铺	尚未公布
长乐雅颂	尚未公布	别墅	尚未公布
中建南宸玖樾	约12300元/m²	普通住宅、别墅	三居室(110m²) 四居室(121m²)
合谊理想城	约10700元/m²	普通住宅、别墅、商业	四居室(124~148m²)
中粮金科浣溪锦云	89万~121万元/套	普通住宅	三居室(91~99m²) 四居室(116m²)
原山小院	尚未公布	别墅	三居室(139~140m²)

楼盘名称	价格	物业类型	主力户型
合能枫丹玖悦	尚未公布	普通住宅	一居室 (60m²) 二居室 (85m²) 三居室 (133m²)
云山晓	78万~116万元/套	普通住宅、公寓、商业	三居室 (93~126m²)
恒大新城	尚未公布	普通住宅、商铺	三居室 (90~128m²)
一曲晴江	98万~175万元/套	普通住宅	二居室 (83.92m²) 三居室 (98.89m²) 四居室 (117.92m²)
电建洺悦城	8600~11000元/m²	普通住宅、公寓、商铺	三居室 (102~137.26m²) 四居室 (164.21m²)
千江凌云	85万~108万元/套	普通住宅、别墅、商铺	二居室 (80~93m²) 三居室 (99m²) 四居室 (125~128m²)
碧桂园保利云禧	140万~170万元/套	商铺	三居室 (104m²) 四居室 (188m²)
融信澜湾	约11000元/m²	普通住宅	三居室 (98.54~105.55m²) 四居室 (124.45~134m²)
旭辉江山青林半	63万~140万元/套	普通住宅	二居室 (70~86.7m²) 三居室 (86~142m²)
协信星澜汇	76万~117万元/套	普通住宅、商铺	四居室 (118~147m²)
悦麓山	约13500元/m²	普通住宅	三居室 (123~143m²)
协信敬澜山	约8469元/m²	普通住宅、别墅、商铺	三居室 (109~134m²) 四居室 (144m²)
领地观云府	约12800元/m²	普通住宅	三居室 (93m²) 四居室 (117~131m²)
蓝城圣灯山郡	约13000元/m²	普通住宅	二居室 (84~95m²) 三居室 (104m²)
恒大锦城	7868~10716元/m²	普通住宅	二居室 (78~85m²) 三居室 (91~124m²)
中国铁建南国天骄	尚未公布	普通住宅	三居室 (75~120m²) 四居室 (134m²)
曦圆丽景	约11000元/m²	普通住宅	二居室 (73m²) 三居室 (89~120m²) 四居室 (126m²)
招商雍江岸	9120~11425元/m²	普通住宅	四居室 (117~118m²)
融汇半岛拾光公馆	9300~11200元/m²	普通住宅	二居室 (84~97m²) 三居室 (98m²) 四居室 (128m²)
观山御璟	约13000元/m²	普通住宅	四居室 (131.57~138.81m²)
璟樾云山	112万~150万元/套	普通住宅	三居室 (89~100m²) 四居室 (128~140m²)
保利大国璟	约10300元/m²	普通住宅、商业、别墅	三居室 (99m²) 四居室 (122~124m²) 别墅 (148~159m²)
玺樾九里	约10500元/m²	普通住宅	三居室 (83~100.8m²) 四居室 (140.42m²)
融汇半岛天澜	13100~14300元/m²	普通住宅	三居室 (100~110m²)
华熙LIVE023	约8879元/m²	普通住宅	三居室 (128.91~148.66m²) 四居室 (162.24m²)
中建滨江星城	78万~180万元/套	别墅、商业	三居室 (90~99m²)
龙湖春江天镜	86万~190万元/套	普通住宅	二居室 (89m²) 三居室 (100m²) 四居室 (110~118m²)
华远海蓝城	10000~11000元/m²	普通住宅、商铺	三居室 (87~99m²) 四居室 (112~147m²)
新城金樾府	约8600元/m²	普通住宅、商铺	三居室 (133m²) 四居室 (142.08m²)
澜山望	11000~12500元/m²	普通住宅	二居室 (81~85m²) 三居室 (95m²) 四居室 (130~194m²)
中建瑜和城	约8500元/m²	普通住宅、公寓、别墅、写字楼	别墅 (144.6~158.4m²)
金辉碧桂园雅居乐麓铭府	200万~260万元/套	普通住宅、别墅	二居室 (89m²) 三居室 (116m²) 四居室 (140m²)
美的荣安公园天下	约13700元/m²	普通住宅、商铺	二居室 (83.52m²) 三居室 (89.76~129.2m²) 四居室 (131.6m²)
华南城巴南华府	约7500元/m²	普通住宅、商铺	一居室 (67.61~70.10m²) 二居室 (79.81~99.02m²) 三居室 (127.47m²)
中交锦悦	约10298元/m²	普通住宅、别墅	三居室 (99m²) 别墅 (145m²)
珠江城	95万~150万元/套	公寓、商铺、综合体	二居室 (73m²) 三居室 (84m²) 四居室 (122m²)
重庆华南城	约22000元/m²	商铺	尚未公布
阳光100阿尔勒	199万~255万元/套	别墅	二居室 (78.86~123m²) 三居室 (137.31m²)
丽都锦城	约14900元/m²	普通住宅	二居室 (77.8~99.60m²)
旭辉上城	约8900元/m²	普通住宅	尚未公布
森镜	79万~190万元/套	普通住宅	尚未公布
桥达巴南茂宸广场	10000~11700元/m²	公寓、商铺	二居室 (69.2~86.94m²) 三居室 (98.58m²)
花溪御府	约9300元/m²	普通住宅	三居室 (102~111m²) 四居室 (120m²)
澜亭苑	108万~128万元/套	别墅	四居室 (231.82m²) 五居室 (237.44~274.73m²)
汤先生的山宿	约12000元/m²	普通住宅、公寓	一居室 (64~84m²)
中梁和苑	约10800元/m²	普通住宅	三居室 (92.02~99.23m²) 四居室 (118.25m²)
溪山玥	约88万元/套	普通住宅	尚未公布
融创金弈时代	尚未公布	普通住宅、公寓、商业	一居室 (75m²) 二居室 (85~99m²)
江城铭著	10500~12400元/m²	普通住宅	四居室 (125~164m²)
大发熙悦書山境	约8700元/m²	普通住宅	三居室 (96~117m²) 四居室 (125~143m²)
阳光城新希望翡丽锦悦	8500~8800元/m²	普通住宅	三居室 (98.21~118.50m²) 四居室 (132m²)
中国铁建西派时代	13000~15000元/m²	普通住宅、商铺	四居室 (136~168m²)
碧桂园天麓	约220万元/套	别墅	别墅 (165~184m²)
协信天骄星城	尚未公布	普通住宅、商业	二居室 (86.28~101.17m²)
荣安明月江南	约8800元/m²	普通住宅	三居室 (114.26~121.65m²)
和泓文华府	约10500元/m²	普通住宅	三居室 (100.73~121m²)
联发龙洲湾1号	约13000元/m²	普通住宅、别墅、商铺	四居室 (109.72m²) 五居室 (124.36m²)
清能小南海花园	约74万元/套	普通住宅	三居室 (128~160m²) 跃层 (166m²)
荣盛锦绣南山	158万~179万元/套	普通住宅、别墅	四居室 (119m²)
荣盛滨江华府	约9600元/m²	普通住宅、别墅	尚未公布
远洋公园原香	约474万元/套	别墅	四居室 (420m²)
东海定南山	约340万元/套	别墅	尚未公布
联发玺悦	108万~180万元/套	别墅	尚未公布
巴滨一号璀璨滨江	10100~12600元/m²	公寓、商铺	一居室 (62~81m²) 二居室 (98~128m²)
龙湖嘉天下	84万~170万元/套	普通住宅	别墅 (161~173m²)
融堃北麓云山	尚未公布	普通住宅、公寓、商铺	二居室 (67m²) 三居室 (77~87m²)

巴南区			
楼盘名称	价格	物业类型	主力户型
东邦小悦湾	约120万元/套	普通住宅、别墅、商铺、商业	三居室(86~108m²)
浩创半山溪谷	尚未公布	公寓	三居室(83~99m²)
御华兰亭	约60万元/套	普通住宅	三居室(89~122m²)
朗基八俊里	尚未公布	普通住宅、别墅、商铺	二居室(72~95m²) 三居室(104m²) 别墅(142~150m²)
协信天骄溪悦	9600~11500元/m²	普通住宅	三居室(104~104.28m²) 四居室(120~126.57m²)

江北区			
楼盘名称	价格	物业类型	主力户型
江北嘴国际金融中心	尚未公布	普通住宅、写字楼、商业	尚未公布
财信阅时代	尚未公布	普通住宅	二居室(45~60m²)
新城琅翠	约11500元/m²	普通住宅	二居室(73m²) 三居室(89~99m²)
重庆时代中心	约18000元/m²	普通住宅	一居室(51~67m²) 跃层(51m²)
金辉融恒江山云著	约18400元/m²	普通住宅	三居室(86~99m²)
格力两江总部公园	约9300元/m²	公寓	三居室(77.13~94.74m²) 跃层(43.37~86.23m²)
电建洺悦府	约18000元/m²	普通住宅、商铺	三居室(103m²) 四居室(129~169m²)
中国铁建西派城	约22000元/m²	普通住宅、商铺	三居室(125m²) 四居室(169~258m²)
鲁能星城外滩	约14900元/m²	综合体	三居室(104~132m²) 四居室(160m²)
欧街92	约143万元/套	普通住宅	一居室(61m²) 二居室(83m²) 三居室(105m²)
中冶铜锣台	380万~900万元/套	别墅	别墅(196~425m²)
恒大御龙天峰	约23500元/m²	普通住宅、公寓、商铺	二居室(117.46m²) 三居室(145.7~168.59m²)
保利阅江台	价格待定	普通住宅、公寓	三居室(98~99m²) 四居室(118~129m²)
龙湖北滨910	141万~254万元/套	普通住宅、商铺	尚未公布
天澜道11号	约22626元/m²	普通住宅	三居室(149m²) 四居室(305m²)
江北嘴公园里	约19800元/m²	普通住宅	三居室(116~119m²) 四居室(147~219m²)
招商城市主场	160万~180万元/套	普通住宅	二居室(77m²) 三居室(84~99m²)
象屿观悦府	约17500元/m²	普通住宅、酒店式公寓	三居室(96.24~118.22m²)
江北嘴壹号院西苑	22630~32000元/m²	普通住宅	一居室(40~66m²)
华融现代城	约11000元/m²	普通住宅、写字楼、商业	一居室(72.35m²) 二居室(86.11m²)
江北嘴重庆金中心	约22000元/m²	写字楼	尚未公布
金融街融景中心	约11000元/m²	写字楼、商铺	尚未公布
金融街融景城	317万~400万元/套	普通住宅	二居室(104.53~128.6m²) 三居室(128.43~173.82m²)
云逸(原万科天空之城)	180万~280万元/套	普通住宅	三居室(100m²) 四居室(130m²)
卓越皇后道	约24000元/m²	普通住宅	四居室(143m²) 五居室(179m²)
唐宁ONE	约19000元/m²	普通住宅	三居室(160~171m²)
启迪协信重庆科技城	140万~240万元/套	普通住宅	三居室(118~149m²) 四居室(175m²)
财信北岸铂寓	16000~21000元/m²	公寓	尚未公布
重庆中海天钻	16000~19000元/m²	普通住宅、公寓	四居室(194~239m²)
新华协信中心	约18500元/m²	公寓	尚未公布

江北区			
楼盘名称	价格	物业类型	主力户型
华美翡丽山	约124万元/套	普通住宅	三居室(90~98m²) 四居室(122m²) 五居室(146m²)
财信赖特与山	约500万元/套	别墅	四居室(268.96m²) 六居室(368.16m²)
观音桥龙湖新壹街	约20000元/m²	写字楼、商铺、综合体	一居室(40~61m²)
两岸首座	尚未公布	普通住宅	尚未公布
力帆中心	约26000元/m²	写字楼、政策房	尚未公布
新鸥鹏教育城	尚未公布	普通住宅、商住	二居室(85.76m²) 四居室(233.3m²)
东原江山印品	85万~120万元/套	普通住宅	尚未公布
中粮天悦壹号	尚未公布	普通住宅	一居室(58m²) 二居室(84~92m²) 三居室(126~139m²)
世茂城市之门	约130万元/套	公寓	一居室(61.01~93.48m²)
北麓官邸	尚未公布	别墅	尚未公布
绿地海外滩	约8500元/m²	商铺	尚未公布

渝北区			
楼盘名称	价格	物业类型	主力户型
麓悦江城	尚未公布	普通住宅	尚未公布
蓝光·国博山	尚未公布	普通住宅、别墅	三居室(138m²) 四居室(143m²)
弘阳昕悦棠	约142万元/套	普通住宅	三居室(85~99m²)
保利天珺	250万~500万元/套	普通住宅、别墅	四居室(157~174m²)
林山郡	20000~22000元/m²	普通住宅	三居室(99m²) 四居室(137~143m²)
中慧两江星云	尚未公布	商铺、商业	尚未公布
龙湖天际	尚未公布	公寓、写字楼、商住	尚未公布
旭辉金科空港	约14000元/m²	普通住宅	二居室(77m²) 三居室(87~99m²)
中伦金海岸	约16000元/m²	普通住宅、商业	四居室(157.02~166.33m²)
中国摩春藤里	约10500元/m²	普通住宅	二居室(94~111m²) 三居室(117m²) 四居室(127m²)
江山雲出	清水洋房130~150万元/套 精装大平层200万~230万元/套	普通住宅	三居室(93~120.21m²) 四居室(126~141.14m²)
绿城晓风印月	20000元/m²	普通住宅	四居室(120~142m²) 五居室(190m²)
御璟湖山	约140万元/套	普通住宅、别墅	二居室(82m²) 三居室(92~102m²) 五居室(169~170m²)
望江府	约196万元/套	普通住宅、别墅	三居室(156m²) 四居室(221m²)
华侨城天澜美墅	2162~2350元/m²	别墅	别墅(470m²)
中国摩	约10500元/m²	普通住宅、公寓、商铺	二居室(94~111m²) 三居室(117~130m²)
凯德九章	约24000元/m²	普通住宅	四居室(154~183m²)
重庆融创壹号院	320万~550万元/套	普通住宅、商住	三居室(139m²) 四居室(235m²)
金科美的原上	约195万元/套	普通住宅、别墅	三居室(98m²) 四居室(124.80~141.25m²)
合景誉峰	约17000元/m²	普通住宅	三居室(102~122m²) 四居室(123~152m²)
世茂璀璨天城	120万~132万元/套	普通住宅	二居室(71m²) 三居室(83~94m²) 四居室(126~144m²)
北辰悦来壹号	约11900元/m²	普通住宅、别墅	三居室(100~121m²) 四居室(117~162m²) 别墅(222m²)
中央雲璟	约139万元/套	普通住宅	三居室(97m²) 四居室(131~144m²)

渝北区			
楼盘名称	价格	物业类型	主力户型
樾千山	约183万元/套	普通住宅	三居室 (148m²) 四居室 (168m²)
恒大云湖上郡	约12200元/m²	普通住宅、别墅、商铺	一居室 (59m²) 二居室 (70~79m²) 三居室 (87~129m²)
卓越蔚蓝城	100万~120万元/套	普通住宅	三居室 (83~99m²)
保利和光尘樾	约13500元/m²	普通住宅	三居室 (97.96~98.98m²) 四居室 (126.07~127.77m²)
万科未来星光	159万~192万元/套	普通住宅	尚未公布
阳光城未来悦	约24000元/m²	普通住宅	三居室 (89~112m²)
嘉景湾	约19000元/m²	普通住宅、别墅	四居室 (131~147m²) 五居室 (183m²) 别墅 (265.62~358.59m²)
香港置地壹江郡	约17500元/m²	普通住宅	四居室 (154~179m²) 五居室 (201~223m²)
香港置地壹号半岛	尚未公布	普通住宅	五居室 (190~350m²)
华侨城嘉陵江天	300万~600万元/套	普通住宅	四居室 (198~278m²)
公园九里	约17000元/m²	普通住宅、别墅、商铺	三居室 (135~180m²) 四居室 (266m²)
金辉中央铭著	约310万元/套	普通住宅、别墅	一居室 (35~61m²) 四居室 (133m²) 别墅 (246~302m²)
金科九曲河	约800万元/套	别墅	别墅 (310~470m²)
龙湖舜山府	约1000万元/套	普通住宅	三居室 (161m²) 四居室 (265~427m²)
中交中央公园	约17500元/m²	普通住宅、商铺、商住	三居室 (83.49~107.12m²) 四居室 (126.87m²)
鲁能泰山7号	17000~18000元/m²	普通住宅、商铺	四居室 (152~227.99m²)
复地君屿墅	约289万元/套	普通住宅、公寓、别墅、商铺	三居室 (116~117m²) 四居室 (134~137m²) 五居室 (184m²)
商社又壹城	约20000元/m²	公寓	一居室 (32~48.1m²) 二居室 (33~53.2m²) 三居室 (63~74.9m²)
绿城春溪雲庐	180万~320万元/套	普通住宅、别墅	三居室 (98.85~99.17m²) 四居室 (123.15~143.58m²)
美的中骏云璟	约99万元/套	公寓、商业	三居室 (93~99.7m²) 四居室 (130~138m²)
御璟悦来	14572元/m²、300万元/套	普通住宅	三居室 (99m²) 四居室 (120m²)
蘭园	约29000元/m²	普通住宅	三居室 (142m²) 四居室 (166~268m²)
金科禹洲府	约13500元/m²	普通住宅	三居室 (98.31~99m²) 四居室 (123.04~140.91m²)
金科御临河	约210万元/套	普通住宅、别墅、商铺	四居室 (150~320m²)
蓝光未来城	约90万元/套	普通住宅、商业	三居室 (82~99.58m²) 四居室 (114.41m²)
华侨城云麓台	尚未公布	普通住宅	尚未公布
瀚学融府	约10500元/m²	普通住宅、别墅	二居室 (73~89m²) 三居室 (97~144m²)
万科金开悦府	15500元/m²	普通住宅	三居室 (100m²) 四居室 (133m²)
礼悦江山	16000~18500元/m²	普通住宅	三居室 (118m²) 四居室 (134m²)
雅居乐富春山居	约16000元/m²	普通住宅、别墅	三居室 (97~119m²) 四居室 (144~158m²)
华侨城云溪别院	约16000元/m²	普通住宅	二居室 (89m²) 三居室 (117~120m²) 四居室 (118~146m²)

渝北区			
楼盘名称	价格	物业类型	主力户型
公园大道	约480万元/套	普通住宅、别墅、商铺、商业	四居室 (165.48~320m²) 五居室 (182.84~339m²) 别墅 (339~372m²)
海伦堡玖悦府	约13500元/m²	别墅、商业	三居室 (99m²)
喜福里	10074~11149元/m²	普通住宅	二居室 (69~80m²) 三居室 (99~101m²)
香港置地衿湖翠林	19000~21000元/m²	住宅	三居室 (99m²) 四居室 (160m²)
复地公园和光	约15510元/m²	普通住宅	三居室 (112m²) 四居室 (135m²)
万科城市花园	120万~220万元/套	普通住宅	尚未公布
蓝光公园悦湖	99万~127万元/套	普通住宅、商铺	三居室 (88.62~115.08m²) 四居室 (129.43~149.72m²)
金融街嘉粼融府	尚未公布	别墅	三居室 (169m²) 四居室 (184~195m²) 别墅 (529m²)
龙湖公园时光	18400~21400元/m²	普通住宅	三居室 (83~86m²)
重庆龙湖云瑶玉陛	200万~300万元/套	普通住宅	四居室 (128~144m²)
重庆吾悦广场	尚未公布	公寓、商铺	尚未公布
香港置地云山岳	13500~16000元/m²	普通住宅	三居室 (100~117m²)
蓝光芙蓉公馆	约120万元/套	普通住宅	三居室 (99m²) 四居室 (129m²)
龙湖尘林间	277万~500万元/套	普通住宅	四居室 (140~194m²)
龙湖星图	约45万元/套	普通住宅、商铺	尚未公布
恒大轨道时代	约14600元/m²	普通住宅、商业	二居室 (85.84m²) 三居室 (109.94~124.70m²) 跃层 (171.15~190.73m²)
阳光城哈罗小镇	170万~220万元/套	普通住宅、别墅、商业	二居室 (78m²) 三居室 (90~118m²) 四居室 (142~198m²)
万科翡翠公园	尚未公布	普通住宅	四居室 (212m²)
御临府	约13500元/m²	普通住宅、别墅	三居室 (89.72~121.24m²) 四居室 (142.67m²) 跃层 (147.99~154.11m²)
万科森林公园	150万~210万元/套	普通住宅、别墅	四居室 (128m²) 三居室 (96m²)
恒大城市之光	约7200元/m²	公寓	一居室 (40m²) 二居室 (55~55.77m²) 三居室 (67m²)
华侨城岚溪云墅	340万~425万元/套	别墅	别墅 (205~213m²)
两江曲院风荷	980万~920万元/套	普通住宅、别墅	二居室 (70.51m²) 三居室 (89.01~121.48m²) 四居室 (133.88~139.20m²)
中粮中央公园祥云	15000~16000元/m²	普通住宅	三居室 (89~135m²) 四居室 (155m²)
龙湖长滩原麓	9900~15500元/m²	普通住宅、别墅	四居室 (108~137m²) 五居室 (142m²) 别墅 (161~473m²)
龙兴国际生态新城	145万~155万元/套	别墅	三居室 (115m²) 四居室 (133~222m²) 别墅 (257.07m²)
北京城建龙樾生态城	121万~275万元/套	普通住宅、别墅	二居室 (108m²) 三居室 (93.92~138.12m²) 四居室 (118~161m²)
两江中迪广场	约20000元/m²	公寓、商铺、综合体	尚未公布
万科金域蓝湾	约145万元/套	普通住宅	三居室 (119m²) 四居室 (142m²)
华侨城华悦中心	30000~60000元/m²	公寓、酒店式公寓、商铺	尚未公布
碧桂园中俊天玺	555万~680万元/套	普通住宅、别墅	五居室 (189m²) 别墅 (255~259m²)

渝北区

楼盘名称	价格	物业类型	主力户型
重庆棕榈泉国际中心	约 15500 元 /m²	公寓、写字楼、酒店式公寓、综合体	尚未公布
东原湖山樾	1900万~3000万元/套	普通住宅、别墅、商业	别墅 (120~720m²)
桃源居国际花园	约 12070 元 /m²	普通住宅、别墅	二居室 (73~90m²) 三居室 (110~127.45m²)
香港置地约克郡	约 2400 万元 /套	普通住宅、别墅	三居室 (110~350m²) 四居室 (120~504m²)
光明拾光里 MOMΛ	99万~180万元/套	普通住宅	三居室 (98.76m²) 四居室 (114.51m²)
万瑞天际云墅	15000~19000 元 /m²	普通住宅	三居室 (258.18m²) 四居室 (340.74m²)
北辰香麓	尚未公布	普通住宅	尚未公布
香澜山	约 12070 元 /m²	普通住宅、商铺	一居室 (96.12m²) 二居室 (105.77m²) 三居室 (123.06m²)
荣盛鹿山府	约 18000 元 /m²	普通住宅	三居室 (89~97m²) 四居室 (119m²)
宏帆建工嘉寓	约 17000 元 /m²	公寓	一居室 (33~40m²)
蓝城两江田园牧歌	165万~550万元/套	别墅	二居室 (80~90m²) 三居室 (120m²) 四居室 (140m²)
蓝光悦江府		普通住宅、别墅	二居室 (83m²) 三居室 (98~107m²)
中粮重庆大悦城铂悦	约 12000 元 /m²	公寓、写字楼、共有产权房	尚未公布
康田宸樾	约 13200 元 /m²	普通住宅、共有产权房	三居室 (95m²) 四居室 (135m²)
七星企业公园	尚未公布	商住	一居室 (48.80~56.60m²) 二居室 (64~75m²)
首地江山赋浅山台	约 12500 元 /m²	普通住宅、商铺	三居室 (107~134m²) 四居室 (142m²)
融信海月平湖	约 159 万元 /套	普通住宅	三居室 (90~140m²) 四居室 (99m²)
华侨城溪山集	140万~190万元/套	普通住宅	三居室 (89~90m²) 四居室 (106~120m²)
中渝御府	约 2700 万元 /套	别墅	别墅 (674.86~1690.30m²)
爱普新鸿府	约 15800 元 /m²	普通住宅、写字楼、商铺	二居室 (72.95m²) 三居室 (81.89~130m²)
首钢铂鹭风华	约 13500 元 /m²	普通住宅	三居室 (98~99m²) 四居室 (117m²)
桃源居 TONE	尚未公布	别墅	一居室 (31~99.12m²) 二居室 (105.77~247m²)
飞洋创拓两港中心	约 12500 元 /m²	普通住宅、公寓、写字楼、商铺	一居室 (46~73m²) 二居室 (54m²) 三居室 (73m²)
国悦山	约 32000 元 /m²	普通住宅	尚未公布
雅居乐滨爵府	约 180 万元 /套	普通住宅	四居室 (119~140m²) 五居室 (129~198m²)
棕榈泉壹号	约 29000 元 /m²	商住	三居室 (309m²) 四居室 (346m²) 五居室 (510m²)
桥达天蓬樾府	14500~16000 元 /m²	普通住宅、别墅	尚未公布
桥达茂宸广场	约 14500 元 /m²	普通住宅、公寓、商铺	二居室 (65~87m²)
碧桂园金科未来城市	尚未公布	普通住宅、别墅	三居室 (95m²) 四居室 (100~115m²)
国瑞御府	约 13000 元 /m²	别墅	尚未公布
金科两江健康科技城	约 7880 元 /m²	写字楼、商铺	尚未公布
重庆太平洋广场	约 50000 元 /m²	商铺	尚未公布
恒大御都会	12000~17000 元 /m²	公寓	一居室 (78m²) 三居室 (88.93m²)
棕榈泉悦江国际	约 20000 元 /m²	普通住宅	四居室 (211~285m²)
恒大中渝广场	约 45000 元 /m²	商业	尚未公布
融创玫瑰园	约 1899 万元 /套	普通住宅	尚未公布
和黄地产玥湖园	800万~1000万元/套	普通住宅	三居室 (137m²) 别墅 (429~448m²)

渝北区

楼盘名称	价格	物业类型	主力户型
香林豪郡	14000~16500 元 /m²	普通住宅	二居室 (88.17~105.33m²) 三居室 (145.55m²) 四居室 (154.06m²)
中渝国际都会	尚未公布	写字楼、商铺	尚未公布
恒大御景半岛	约 1350 万元 /套	别墅	六居室 (158m²)
融创隐溪晓院	尚未公布	普通住宅	三居室 (83m²) 四居室 (93m²)
华侨城云溪都会	约 15500 元 /m²	普通住宅	二居室 (76m²) 三居室 (99~118m²) 四居室 (136m²)
华侨城云麓台二期	240万~320万元/套	普通住宅	四居室 (152~181m²)
恒大中渝广场三期天玺	约 23752 元 /m²	普通住宅	二居室 (88.37~88.77m²) 三居室 (106.46~129.61m²) 四居室 (142.36m²)
华侨城嘉陵江天嘉禧	约 400 万元 /套	普通住宅	四居室 (257~278m²)
信达国际	约 15500 元 /m²	写字楼、商铺	尚未公布
重庆财富金融中心 FFC	约 15500 元 /m²	写字楼	尚未公布
渝开发星河 one	约 169 万元 /套	别墅	三居室 (136m²) 五居室 (129m²) 别墅 (190~226m²)
招商·雍璟城	12000~13000 元 /m²	普通住宅	三居室 (100m²) 四居室 (132m²)
新城春山拾鸣	尚未公布	普通住宅	三居室 (98~105m²)
海成云境	尚未公布	普通住宅	尚未公布
东原映阅	尚未公布	普通住宅	三居室 (89~99m²) 四居室 (133m²)
爱情天宸万璟	尚未公布	普通住宅、公寓	三居室 (86~99m²)
旭辉星干线	约 33 万元 /套	公寓	尚未公布
合能渝玥府	尚未公布	普通住宅	三居室 (91~100m²) 四居室 (142~163m²)
重庆鲁能城峰荟	尚未公布	普通住宅、公寓	一居室 (41.86~107m²) 二居室 (245m²) 八居室 (322m²)
荣安柳岸潮鸣	约 20000 元 /m²	普通住宅、别墅	四居室 (137~195m²)
龙湖景粼潮序	尚未公布	普通住宅	尚未公布
泰德晟景台	尚未公布	普通住宅	尚未公布
万科璞园	尚未公布	普通住宅	四居室 (140m²) 五居室 (156m²)
兆邦嘉璟	尚未公布	普通住宅	二居室 (72~89m²) 三居室 (102m²)

璧山区

楼盘名称	价格	物业类型	主力户型
枫香桂园	尚未公布	普通住宅	尚未公布
恒大御澜庭	约 6966 元 /m²	普通住宅	三居室 (89~122m²)
中铁任之健康城	约 73 万元 /套	普通住宅、别墅	一居室 (69.90~73.04m²) 二居室 (105.89~107.69m²)
美的万麓府	66万~125万元/套	普通住宅	三居室 (85m²) 四居室 (99m²)
富力白鹭湾	约 8500 万元 /套	普通住宅、别墅、商铺	三居室 (103m²) 四居室 (120~143m²)
金科天壹府	约 64 万元 /套	普通住宅	三居室 (98.32~99m²) 四居室 (122.99~129m²)
朗诗未来时光	7100~8500 元 /m²	普通住宅	三居室 (89m²)
黛山悦府	约 9000 元 /m²	普通住宅	二居室 (88~91m²) 三居室 (95~100m²) 四居室 (117m²)
葛洲坝御湖蘭园	约 7384 元 /m²	普通住宅、商铺	三居室 (86.19~98.86m²) 四居室 (118.77~128.63m²)
璧山金茂悦	约 7400 元 /m²	普通住宅、商业	尚未公布
融创云湖十里	约 11000 元 /m²	普通住宅	尚未公布

璧山区

楼盘名称	价格	物业类型	主力户型
千山新屿	约89万元/套	普通住宅、别墅	四居室 (125~139m²) 别墅 (186m²)
凯辰玥明台	尚未公布	普通住宅、别墅	二居室 (83m²) 三居室 (112m²) 四居室 (133m²)
东亚白云湖	7200~7800元/m²	普通住宅、别墅	尚未公布
绿城上岛	6000~6300元/m²	普通住宅、别墅	三居室 (92.27~125.24m²)
曲江新鸥鹏锦飘府	6800~7400元/m²	普通住宅、商业	四居室 (130.58~131.27m²)
半山半园	约4500元/m²	普通住宅	二居室 (82.47~87.39m²) 三居室 (112.58~127.84m²) 四居室 (147m²)
碧桂园翡翠城2期峰璟	尚未公布	普通住宅	三居室 (89~99m²)
佳兆业樾伴山	约6550元/m²	普通住宅、商业	三居室 (100m²) 四居室 (129~142m²)
中骏璟颂	约8200元/m²	普通住宅	三居室 (101~116m²) 四居室 (118~133m²)
黛山道8号	7600~9000元/m²	普通住宅、商铺	三居室 (95~99m²) 四居室 (116~133m²)
弘阳昕悦府	约7388元/m²	普通住宅	三居室 (98~141m²) 四居室 (130m²) 跃层 (141m²)
恒泰悦府	7000~7500元/m²	普通住宅、商铺	二居室 (103.87m²) 三居室 (124.97~139.4m²)
中建湖山印象	约8300元/m²	普通住宅、别墅	三居室 (110.9~120.92m²) 四居室 (132.54~139.96m²)
重庆绿岛中心	尚未公布	普通住宅、写字楼、商铺	尚未公布
鱼先生的城	46万~63万元/套	普通住宅	三居室 (75.68~88.76m²) 四居室 (91.79~92.23m²)
重庆融创城	50万~70万元/套	普通住宅	二居室 (67.16~89.82m²)
上邦山居岁月二期	尚未公布	别墅	四居室 (183.5~238.94m²) 三居室 (256.65m²)
友锦锦绣新城	尚未公布	普通住宅、商铺	二居室 (82m²) 三居室 (107~120m²)
京汉云湖间	尚未公布	别墅	尚未公布
重庆当代城MOMA	尚未公布	普通住宅、商铺	二居室 (67m²) 三居室 (87m²)
卉林玥	尚未公布	普通住宅	三居室 (116.27m²) 四居室 (126.26m²)

大足区

楼盘名称	价格	物业类型	主力户型
重庆桃李春风	180万~600万元/套	普通住宅	二居室 (90m²)
大足金科集美江山	约4900元/m²	普通住宅	三居室 (99.86~100.95m²) 四居室 (119.44m²)
大足吾悦广场	尚未公布	普通住宅	尚未公布
财信云璟台	85万~145万元/套	别墅	别墅 (130~136m²)
棠宁府	约5000元/m²	普通住宅、商铺	三居室 (89.33~105.41m²) 四居室 (117.14~137.85m²)
大足金科集美天宸	约4900元/m²	普通住宅	三居室 (98.08~99m²) 四居室 (103~108m²)
财信龙水湖生态城	约85万元/套	普通住宅	三居室 (85.48~109.84m²) 四居室 (117.93~118m²) 五居室 (129.96~138.93m²)
泽京香溪樾	约5300元/m²	普通住宅	一居室 (74.85m²) 二居室 (95.53m²) 三居室 (120.05m²)

城口县

楼盘名称	价格	物业类型	主力户型
碧桂园观澜府	约5000元/m²	商铺	三居室 (98~115m²) 四居室 (118~165m²)

垫江县

楼盘名称	价格	物业类型	主力户型
中梁长安天樾	约5100元/m²	普通住宅、别墅	三居室 (90~99.74m²) 四居室 (115.7m²)
垫江红星天铂	约5300元/m²	普通住宅、商铺	三居室 (88.87~111.19m²) 四居室 (129.82~142.92m²) 五居室 (162.30m²)
垫江金科集美牡丹湖	约5300元/m²	普通住宅、商铺	二居室 (85~90m²) 三居室 (97~99m²) 四居室 (116m²)
财信洺玥府	6000~10000元/m²	普通住宅、别墅	尚未公布
丰都金科黄金海岸	尚未公布	普通住宅、商铺	二居室 (85m²)
丰都碧桂园	4900~5300元/m²	普通住宅、商铺	三居室 (96~121m²) 四居室 (118~127m²)
丰都金科集美东方	尚未公布	普通住宅	尚未公布

奉节县

楼盘名称	价格	物业类型	主力户型
金科海成集美江畔	尚未公布	普通住宅、商铺	三居室 (113.82~117.21m²) 四居室 (125.61m²)

涪陵区

楼盘名称	价格	物业类型	主力户型
昆翔江山礼	尚未公布	普通住宅	尚未公布
涪陵金科博翠府	尚未公布	别墅、商铺	二居室 (89~99m²) 三居室 (230m²)
昕晖滨江壹号院	约7100元/m²	普通住宅	三居室 (89~99m²) 四居室 (106m²)
奥园翡翠天辰	约8500元/m²	普通住宅、商业	三居室 (88.24~97.86m²)
金科长江星辰	8300~9200元/m²	普通住宅	三居室 (98.39~99.54m²)
涪陵金科集美郡	约5400元/m²	普通住宅	三居室 (97~104m²) 四居室 (119m²)
涪陵金科大都会	尚未公布	普通住宅、商铺	二居室 (89m²) 三居室 (103~117m²)
涪陵碧桂园首府	尚未公布	普通住宅	尚未公布
碧桂园天玺湾	12000~15000元/m²	普通住宅、商铺	尚未公布
蓝光雍锦湾	约7500元/m²	普通住宅	三居室 (93m²)
绿地涪陵城际空间站	5500~6800元/m²	普通住宅、商铺	四居室 (119~127m²)

合川区

楼盘名称	价格	物业类型	主力户型
合川金科集美江山	尚未公布	普通住宅	三居室 (84.76~98.55m²) 四居室 (112.36~138.66m²)
金科中泰上境	约4888元/m²	普通住宅、别墅	三居室 (98~113m²) 四居室 (128~143m²)
中昂合府	尚未公布	普通住宅	三居室 (93.92~118.85m²) 四居室 (138.63m²)
合川碧桂园智慧家	尚未公布	普通住宅	尚未公布
鹏润悦秀御江府	约5588元/m²	普通住宅	三居室 (126.75~129m²) 四居室 (134~143m²)
北新御龙湾	5800~7700元/m²	普通住宅	一居室 (57.28~58.80m²) 二居室 (69.41~107m²) 三居室 (117m²)

江津区

楼盘名称	价格	物业类型	主力户型
佳兆业簮山熙园	约5100元/m²	普通住宅、商业	三居室 (96~106m²) 四居室 (124m²)
重庆富力尚悦居	约42万元/套	普通住宅	二居室 (81.91m²) 三居室 (92.06~120m²) 四居室 (141m²)

江津区

楼盘名称	价格	物业类型	主力户型
蓝光鹭湖长岛	6000~7000 元/m²	普通住宅、商铺	三居室 (99m²) 四居室 (116m²)
江津金科集美东方	约 6800 元/m²	普通住宅、商业	三居室 (69.37~99.32m²) 四居室 (98.9~119.31m²) 五居室 (132.99m²)
中南紫云集	约 5700 元/m²	普通住宅	三居室 (87~99m²)
昕晖麓台熙著	6000~7300 元/m²	普通住宅	三居室 (82~99.69m²) 四居室 (110.78~118.89m²)
芸峰珞璜时代广场	约 5800 元/m²	普通住宅	二居室 (80.22~103.35m²)
昕晖麓台山舍	7500~12000 元/m²	普通住宅	三居室 (98m²) 四居室 (118~138m²)
金科滨江中心	约 8500 元/m²	普通住宅、商业	四居室 (133.80m²)
新城和昱麟云	约 6700 元/m²	普通住宅	三居室 (85~127m²) 四居室 (142m²)
恒大国际文化城	5888~6474 元/m²	普通住宅、别墅	三居室 (89.35~94.33m²)
恒大金碧天下	约 6888 元/m²	普通住宅、别墅、商铺	二居室 (80~84m²) 三居室 (90~123m²)
中昂新天地	约 6000 元/m²	普通住宅、商铺	二居室 (98.50~99.21m²) 三居室 (129.19m²)
荣华锦鹤江城	4400~4500 元/m²	普通住宅	二居室 (115m²) 三居室 (138m²)
财信中梁首府	尚未公布	普通住宅、商铺	四居室 (115.23~147m²)
财信中梁华府	4900~6300 元/m²	普通住宅	二居室 (99m²) 三居室 (106m²) 四居室 (116~127m²)
金科集美城	4700~5300 元/m²	普通住宅、商业	二居室 (79.66m²) 三居室 (89.42~99.59m²) 四居室 (113.13~123.12m²)
阳光城中央大道	尚未公布	普通住宅、商铺	尚未公布
双福新鸥鹏拉菲公馆	尚未公布	普通住宅	尚未公布
碧桂园翡翠蓝山	约 4777 元/m²	普通住宅、商铺	四居室 (127~142m²) 五居室 (195m²)
华远春风度	约 6800 元/m²	别墅	五居室 (153m²) 别墅 (440m²)
双福时代广场	约 6900 元/m²	普通住宅	三居室 (86.13~108.16m²)
融创镜山月	34 万~163 万元/套	普通住宅	一居室 (48~49m²) 二居室 (53~97m²) 三居室 (115m²)
芸峰时代峰汇	6800~8300 元/m²	普通住宅	三居室 (91.13m²) 四居室 (99.7~137.88m²)
重庆江津万达广场	尚未公布	普通住宅、商铺	三居室 (89.72~130.23m²) 四居室 (99.56~158.63m²)
重庆恒大健康城	尚未公布	普通住宅	三居室 (91m²)
实地蔷薇熙岸	4900~5400 元/m²	普通住宅	三居室 (84~97m²)
迪鑫阳光天宸	尚未公布	普通住宅	三居室 (118~126m²) 四居室 (139m²)
中建云山小镇	尚未公布	普通住宅、别墅	一居室 (43~46m²) 二居室 (65~78m²)
江津吾悦广场	尚未公布	普通住宅、商业	尚未公布

开县

楼盘名称	价格	物业类型	主力户型
金科海成雍景台	尚未公布	普通住宅	三居室 (98.53~99.56m²) 四居室 (123.19~129.11m²)
四季丰泰	尚未公布	普通住宅	三居室 (98m²) 四居室 (115m²)
滨湖壹号院	约 10000 元/m²	普通住宅	三居室 (90.19~99.67m²) 四居室 (108.01~121.11m²)
融创开州文旅国际新城	7100~10000 元/m²	普通住宅	尚未公布

梁平区

楼盘名称	价格	物业类型	主力户型
金科海成集美东方	约 6000 元/m²	普通住宅	二居室 (73m²) 三居室 (87m²) 四居室 (99~116m²)
梁平天誉	5300~7800 元/m²	普通住宅、商铺	三居室 (96.36~108.33m²) 四居室 (119.79~130.02m²)
昕晖梧桐郡	6000~6700 元/m²	普通住宅	三居室 (107.39m²) 四居室 (116.32m²)
湖山云著	约 6200 元/m²	普通住宅	三居室 (88~116m²) 四居室 (129m²)

南川区

楼盘名称	价格	物业类型	主力户型
南川金科世界城	约 5600 元/m²	普通住宅	三居室 (84.26~111.03m²) 四居室 (119.22~121.25m²) 五居室 (138.68m²)
蓝光雍锦澜庭	约 4283 元/m²	普通住宅	二居室 (88.27~98.07m²) 三居室 (95.78~128.87m²)
良瑜国际养生谷	约 8300 元/m²	普通住宅	一居室 (40~43m²) 二居室 (59~77m²) 四居室 (130m²)
师大桐栖学府	6500~7100 元/m²	普通住宅	二居室 (80.94m²) 三居室 (81.81~107.32m²) 四居室 (122.13~134.43m²)

南川区

楼盘名称	价格	物业类型	主力户型
南川恒大滨河左岸	约 6700 元/m²	普通住宅	三居室 (73~126.40m²) 四居室 (133.67~138.38m²)
南川碧桂园翡翠世家	尚未公布	普通住宅	尚未公布
中海黎香湖	45 万~140 万元/套	普通住宅、别墅	二居室 (62.37~85.65m²) 三居室 (97.4~138.48m²) 四居室 (143.50m²)
南川海怡天二期	约 7000 元/m²	普通住宅、商铺	三居室 (108.23m²) 四居室 (128.88~140.51m²)
新鸥鹏兰亭书香	尚未公布	普通住宅	三居室 (93.88~98.98m²) 四居室 (118.08~124.28m²)

彭水县

楼盘名称	价格	物业类型	主力户型
彭水新岭域	尚未公布	普通住宅、商业	三居室 (103.90m²) 四居室 (120.59~142.23m²) 五居室 (183.99~210.53m²)
世茂雅庭	约 6500 元/m²	普通住宅	四居室 (126~137m²) 五居室 (160m²)
新鸥鹏开元府	尚未公布	普通住宅	二居室 (75.71~75.86m²) 三居室 (106.96~128.5m²)

荣昌区

楼盘名称	价格	物业类型	主力户型
荣昌金科棠悦府	约 7500 元/m²	普通住宅	三居室 (91.55~99.81m²) 四居室 (121.24m²)
俊豪观棠府	6100~9300 元/m²	普通住宅、别墅	尚未公布
金科礼悦东方	6000~11000 元/m²	普通住宅、别墅	三居室 (91.97~141m²) 四居室 (117~152m²)
荣昌金科美丽郡	尚未公布	普通住宅	一居室 (73.57~77.61m²) 二居室 (98.4m²)
俊豪嵘盛里	尚未公布	普通住宅	四居室 (143m²)

石柱县

楼盘名称	价格	物业类型	主力户型
华宇林语岚山	约 8500 元/m²	普通住宅	一居室 (28.97~53.73m²) 二居室 (62.65m²)
石柱碧桂园天麓府	尚未公布	普通住宅	二居室 (110m²) 三居室 (125~136m²) 四居室 (186m²)

铜梁区

楼盘名称	价格	物业类型	主力户型
昕晖璟樾	约 7500 元 /m²	普通住宅	三居室 (99.66m²) 四居室 (112.65~126.96m²)
金科博翠云邸	约 7500 元 /m²	普通住宅、别墅	三居室 (95.35~96.21m²) 四居室 (121m²)
铜梁金科集美东方	6000~9000 元 /m²	普通住宅、商业	三居室 (84.66~99.7m²) 四居室 (128.54m²)
昕晖璟尚	约 6200 元 /m²	普通住宅、别墅	三居室 (93~99m²) 四居室 (114~130m²)
铜梁恒大城	尚未公布	普通住宅、商业	尚未公布

万州区

楼盘名称	价格	物业类型	主力户型
万州恒大御景半岛	约 8000 元 /m²	普通住宅、公寓、别墅、商业	三居室 (91~108m²)
万州金科观天下	约 5000 元 /m²	普通住宅、商住	三居室 (74.13~92.03m²)
金科海成博翠江岸	尚未公布	普通住宅	尚未公布
绿地万州城际空间站	约 7300 元 /m²	普通住宅	三居室 (86~113m²) 四居室 (128m²)
海成南滨上院	约 7300 元 /m²	普通住宅、公寓、酒店式公寓、商铺、商业	二居室 (96.25m²) 三居室 (104.62~121.45m²)
奥园誉峯	约 5500 元 /m²	普通住宅、商铺	二居室 (87.36m²) 三居室 (97.36~118.04m²)
恒森亲水台	约 7000 元 /m²	普通住宅、别墅、写字楼、商铺	三居室 (126.85~167.63m²)
海成天生天城	5300~6100 元 /m²	普通住宅	二居室 (94.50~99.11m²) 三居室 (98.38~125.13m²)
海成星光上院	约 5600 元 /m²	商业	三居室 (96~113m²) 四居室 (118m²)
海成天生别院	4500~5000 元 /m²	普通住宅	三居室 (94.30~118.52m²)
世茂云著滨江	尚未公布	普通住宅	尚未公布

巫山

楼盘名称	价格	物业类型	主力户型
巫山金科城	尚未公布	普通住宅	三居室 (86.91~107.39m²)

武隆区

楼盘名称	价格	物业类型	主力户型
仙山丽景	尚未公布	普通住宅、公寓	二居室 (49.72~59.55m²)
金杯半山云上溪谷	尚未公布	普通住宅	一居室 (60.61~61.81m²) 二居室 (81.11~82.45m²)
武隆碧桂园江山赋	尚未公布	普通住宅、商业	尚未公布
东原千山原	约 9500 元 /m²	普通住宅	一居室 (50m²) 二居室 (52~67m²)
仙女山懒坝禅境艺术小镇	约 12000 元 /m²	别墅	二居室 (64~110.5m²) 三居室 (114~130.5m²) 四居室 (170m²)
伴山四季	尚未公布	普通住宅	尚未公布
力高山水华府	尚未公布	普通住宅	三居室 (96~117m²) 四居室 (130~141m²)
仙女峯	尚未公布	普通住宅、公寓	一居室 (44m²) 二居室 (64~72m²) 四居室 (74m²)
仙女山归原小镇	尚未公布	商业	一居室 (47~65m²) 二居室 (66~91m²)

永川区

楼盘名称	价格	物业类型	主力户型
昕晖 10 光年	6500~11000 元 /m²	普通住宅	三居室 (95~98m²) 四居室 (110~142m²)
金科昆翔礼悦东方	约 7800 元 /m²	普通住宅	四居室 (121~123m²)
永川碧桂园翡翠郡	约 6200 元 /m²	普通住宅	三居室 (97~101m²) 四居室 (115~131m²)

永川区

楼盘名称	价格	物业类型	主力户型
永川万科城	约 6900 元 /m²	普通住宅	三居室 (84~102m²) 四居室 (132m²)
昕晖香缇时光颂	约 6500 元 /m²	普通住宅	三居室 (73~120m²) 四居室 (122m²)
金科贝蒙湖山壹号	约 7800 元 /m²	普通住宅	尚未公布
蓝光雍锦府	6700~7200 元 /m²	普通住宅	三居室 (101~115m²) 四居室 (117~129m²)
中骏珑景台	约 5800 元 /m²	普通住宅、商铺	三居室 (90~100m²) 四居室 (119~128m²)
置铖荣华府	约 6300 元 /m²	普通住宅、商铺	三居室 (90.43~105.83m²)
置铖御府	约 6800 元 /m²	普通住宅、商业	尚未公布
融汇拾光里	38 万 ~53 万元 / 套	普通住宅	三居室 (85~99m²)
中交世通大厦	尚未公布	写字楼、商业	尚未公布
永川恒大悦府	55 万 ~164 万元 / 套	普通住宅、别墅	三居室 (88.83~147m²) 四居室 (138~151m²)
实地蔷薇国际	约 5500 元 /m²	普通住宅、别墅、商铺	三居室 (86~116.09m²) 四居室 (126.81m²)
协信长乐坊	尚未公布	商业	尚未公布
金科集美天宸	尚未公布	普通住宅	三居室 (86.96~99.77m²) 四居室 (124.27m²)
万为金麟府	尚未公布	普通住宅、商业	三居室 (96.24~110.77m²)
华科印象台北	约 5900 元 /m²	普通住宅、商业	尚未公布
金科星宸海	尚未公布	普通住宅、商业	尚未公布
天空之城万璟	5700~7100 元 /m²	普通住宅、别墅	四居室 (115m²)
宏帆天骄府	尚未公布	普通住宅	尚未公布
永川俊豪中央大街三期	尚未公布	商业	尚未公布
俊豪文昌里	尚未公布	普通住宅	尚未公布

云阳县

楼盘名称	价格	物业类型	主力户型
云阳碧桂园印江府	6900~9600 元 /m²	普通住宅	四居室 (140m²) 五居室 (215m²)
云阳金科集美江悦	尚未公布	普通住宅	三居室 (97.86~98.41m²) 四居室 (127.15m²)
云阳碧桂园天麓湾	尚未公布	公寓、商业	尚未公布
昕晖伊顿庄园观澜	约 7400 元 /m²	普通住宅、商铺	三居室 (91.65~104.92m²) 四居室 (113.64m²)
昕晖澎溪壹号	尚未公布	普通住宅	三居室 (93~131m²) 四居室 (108~124m²)

长寿区

楼盘名称	价格	物业类型	主力户型
实地重庆常春藤	约 7300 元 /m²	普通住宅	三居室 (87.08~99.34m²) 四居室 (115.30m²)
金科集美文苑	尚未公布	普通住宅	二居室 (99m²) 四居室 (120m²)
长寿金科世界城	尚未公布	普通住宅	三居室 (84~100m²)
凤城华府	5200~6600 元 /m²	普通住宅、商业	尚未公布
恒大湖山半岛	3710~5700 元 /m²	普通住宅	一居室 (44~57m²) 二居室 (76~81m²) 三居室 (88~141m²)
泽京璟樾府	约 6600 元 /m²	普通住宅	三居室 (98.87~99.53m²) 四居室 (128.2~134.05m²)

忠县

楼盘名称	价格	物业类型	主力户型
忠县金科集美江山	约 5100 元 /m²	普通住宅	三居室 (100~108m²) 四居室 (124m²)
忠县恒大悦珑湾	约 3568 元 /m²	别墅	尚未公布
忠州碧桂园	4800~5000 元 /m²	普通住宅、商业	二居室 (91~110m²) 三居室 (125m²) 四居室 (140~202.23m²)

典型项目

重庆·融创桃花源

`重庆` `融创中国` `中式大宅` `江南园林` `西南首座`

项目地址：
重庆市沙坪坝区文广大道18号附9号

开发商：
重庆万达城投资有限公司

产品特征：
别墅

参考价格：
别墅约1200万元/套

主力户型：
约540平方米四居

物业公司：
重庆融创物业

5公里生活配套：
重庆融创茂、重庆融创渝乐小镇、重庆融创星级酒店群、重庆医科大学附属大学城医院、重庆大学城人民小学、树人博文小学、轨道1号线

专家点评

邱旭·人民网重庆频道、重庆发布运营总裁

重庆·融创桃花源是融创继苏州、上海之后打造的又一座城市级桃花源，也是西南地区首个纯正江南中式园林，整个项目容积率约0.45，仅有81套中式大宅。

扫码观看楼盘详情

项目测评

【战略意义】
重庆融创桃花源是融创第三个面世的TOP级桃花源作品，也是在中国西南地区落地的首座桃花源。重庆融创桃花源在过去的基础上进行了多项升级与创新，在当地广受好评。

【市场口碑】
2013年苏州桃花源一经面世就备受关注，标价10亿元堪称"中国最贵豪宅"。2017年上海桃花源亮相，被誉为"全球文明，世界瑰宝"。

【区域地段】
重庆融创桃花源位于沙坪坝区西永，有着丰富的教育资源，占据得天独厚的地利优势。随着重庆（西部）科学城的落地，以及成渝双城经济圈的快速发展，西永也将成为两重政策利好加持下的发展"桥头堡"。

【主力户型】
重庆融创桃花源创新多院落户型，不同于其他大宅别墅，将"一宅一院"升级为"一房一院"，使每个房间都带有自己的院子。同时，增加了外廊露台的灰空间，并减少了外廊空间立柱，通过大面积玻璃增加通透性与现代感。

【园林景观】
重庆融创桃花源采用多进院落园林体系，打造约2100平方米的中心园林，定制春、夏、秋、冬4大次级组团园林。其中，心园林为目前桃花源系作品中面积最大的，只为营造高品质的归家生活质感。

【物业服务】
融创物业是一家面向全国发展的中、高端物业管理公司，享有国家一级资质，经营范围覆盖全国127个城市。制定了7×24小时专属管家服务、安保24小时巡更、定时夜查、24小时值班等标准化服务体系。

【交通出行】
项目周边交通线路发达，石门大桥、高家花园大桥、双碑大桥、大学城隧道、双碑隧道、井口隧道、西永隧道已正式通车；土主隧道、科学城隧道、礼嘉大桥（在建中）、大竹林大桥（规划中）建成后，将可便捷通达主城江北、渝北、九龙坡等区域。

【自建配套】
重庆融创桃花源所在的重庆融创文旅城，自建有丰富的文旅配套，包括融创星级酒店群、融创万达文华酒店、融创万达嘉华酒店、融创万达锦华酒店及会议中心；山地室外主题乐园重庆融创渝乐小镇，以及文娱商综合体重庆融创茂。目前，上述文旅业态陆续开业。

【设计风格】
为给业主提供品质舒适的居家生活，重庆融创桃花源以中式古典园林为蓝本，大量运用"香山帮"古法技艺，瓦作、木作、土作、漆作等传统营造工艺，力图将每一处细节都做到有据可依、有典可循。

【品牌描述】
融创中国成立于2003年，经过多年发展，已具备城市开发与产业整合运营的综合能力。2020年，融创将企业定位从"中国家庭美好生活整合服务商"升级为"美好城市共建者"，依托六大板块协同效应，打造产业引擎、营造美好社区。

嘉阅滨江

重庆　东原地产　一线江景　便捷交通　童梦童享

项目地址：
重庆市沙坪坝区 G212（平安大道）

开发商：
重庆励东融合房地产 & 重庆东博智合房地产

产品特征：
高层、洋房

参考价格：
高层均价 12500 元/平方米，洋房均价 14000 元/平方米

主力户型：
约 90、101 平方米三居，约 124 平方米四居

物业公司：
东原物业

5 公里生活配套：
大竹林大桥（规划中）、轨道 1 号线、轨道 13 号线和 15 号线（规划中）、沙滨路（在建中）、沙区人民医院（在建中）、浅丘公园（规划中）、永辉超市、远祖桥小学、64 中学

专家点评

王芳·重庆市房地产开发协会副会长兼秘书长——

嘉阅滨江作为阅系江湾 1 号作品，位处沙滨湾区西接大竹林大桥（规划中），北邻蔡家半岛，隔江对望大竹林，承三岛环一湾之势，带给重庆人民滨江高端人居范本。

扫码观看楼盘详情

项目测评

【市场口碑】

项目首次开盘推出高层房源 368 套，3 个月蓄客 6500 组，开盘当月所推房源去化率超过 90%。后续加推去化率也高达 90%，嘉阅滨江荣获 2020 沙滨湾区签约套数、签约面积区域排名第一（数据来源：铭腾机构）。

【区域地段】

项目择址重庆第四代滨江路沙滨路，坐拥两江四岸稀缺资源，背靠歌乐山，面临嘉陵江。位于重庆向西发展桥头堡核心区域，区域内拥有教育资源，集中医疗资源，大竹林大桥（规划中）无缝衔接北区，共享北区资源。

【楼栋规划】

小区占地面积 8.8 万平方米，规划总户数 2034 户，包含 7 栋高层、5 栋洋楼和 15 栋洋房，其中高层 27~30 层，两梯六户，洋楼 18 层，两梯四户，洋房 8 层，一梯两户。高层部分房源拥有瞰江景观，洋楼组团约 100 米楼间距，拥大中庭视野。

【主力户型】

嘉阅滨江主力户型之一为建面 101 平方米三房洋楼，四面宽采光，户型布局方正，横厅规划，约 6.5 米宽境阳台，次卧与主卧分开布局，私密性更高，动静分区合理，主卧套房设计，大尺度收纳空间。

【园林景观】

围绕价值、功能、动线、空间、艺术分园分景打造，江天高层组团打造"一轴两园四厅"景观格局；林境组团打造"一环二景三水四园"中庭园林；森幕洋房组团打造城、厅、径、堂、宅的景观归家礼序。

【物业服务】

东原物业为打造高标准的社区服务，设置 4 项管理体系，8 大模块，设定 57 个基础业务体系、54 个关键触点。做到立体化社区管理，为不同产品线项目适配上东御管家、原臻管家、原馨管家、原品管家的差异化的服务线，实现精准的服务。

【交通出行】

项目位于一环以内，距三峡广场直线距离约 8.8 公里，距轨道 1 号线双碑站直线距离约 3.5 公里，距礼嘉天街直线距离约 6 公里，项目周边将规划轨道 13、15 号线，距离井口公交站约 100 米。

【医疗配套】

项目拥有西南医院、新桥医院等著名三甲医疗资源，项目周边的三甲医院沙坪坝人民医院已经完成主体结构封顶，预计 2021 年投入使用，医院总投资 22 亿元，总建筑面积 22.8 万平方米，规划床位 1200 个。

【设计风格】

以现代典雅风格打造，轴线对称布局，凸显仪式感，三段式立面，简洁大气，光幕建筑立面，凸显时尚，宽屏大屋檐；为进一步扩大庭院生活空间，采用步入式酒店大堂，架空庭院设计。

【销售数据】

嘉阅滨江自 2019 年 8 月首开，已累计认购房源超过 1400 套，2020 年多次加推，均取得不俗的销售佳绩，8—10 月新组团连续三次加推均全部售罄。

俊峰·山万里

`重庆` `俊峰置业` `现房别墅` `全景五房` `沙磁商圈`

项目地址：
重庆市沙坪坝区石井坡街道 217 号

开发商：
重庆俊峰置业有限公司

产品特征：
叠拼

参考价格：
叠拼均价 21000 元 / 平方米

主力户型：
约 126 平方米五居

物业公司：
重庆丰驰物业

5 公里生活配套：
TOD 社区型商业中心、麦德龙超市、磁器口慢商业、轨道 1 号线、10 余路公交

专家点评

周平 | 重庆市房地产业协会会长

俊峰·山万里坐落于重庆沙磁中央生活区，毗邻一号线磁器口站、石井坡站，近享三峡广场、沙磁商圈，是重庆内环核心区不可多得的资源型纯别墅项目。是集交通、商圈、人文等优质资源于一体的高档住宅项目。

扫码观看楼盘评情

项目测评

【战略意义】
俊峰·山万里是俊峰地产继成功开发"龙凤云洲""香格里拉"之后的别墅升级之作。作为沙区居住的品质标杆，凭借良好的产品和超高性价比，荣获了众多好评与赞誉，在当地备受热捧。

【区域地段】
俊峰·山万里位于磁器口商圈，背靠万亩歌乐山后花园，前临亲水嘉陵滨江。位居重庆两大文化中心之一的磁器口，坐拥 4 倍扩容蝶变新沙磁文化旅游带，近享醇熟商业配套。

【主力户型】
俊峰·山万里为全景五房叠拼，约 10.1 米奢阔横厅，次卧与主卧分开布局，私密性更高，动静分区合理，主卧套房设计，大尺度收纳空间。

【园林景观】
近 30% 的绿化率和 1.08 的容积率，为项目园林规划提供了充足空间。拥有七进规制山水园林——旱地喷泉动感单车、新亚洲风格大社区景观门、9 米挑空入户门厅、巴渝风情景观等不同空间场景。

【自建配套】
项目自建配套约 2000 平方米高端森林会所，配备击剑馆、游泳馆、棋艺馆、瑜伽馆、绘本馆、健身馆和影视馆七大亲子场馆，满足业主家人和朋友的交友会客需求。

【物业服务】
俊峰·山万里引入国际权威物业[第一太平戴维斯]顾问服务。戴维斯在中国地产提供高端物业服务超 26 载，凭借丰富的物业管理经验，制定了标准化的服务体系，开设业主专项、专人服务的绿色通道，配备楼宇管家，负责楼层运维。

【交通出行】
俊峰·山万里享有"七横两纵双轨一环线"的立体交通路网，通过石门大桥、嘉华大桥、双碑大桥、212 国道、城市内环快速等，可迅速到达快各大商圈；步行 100 米可抵达轨道 1 号线石井坡站。

【品牌描述】
重庆俊峰发展至今荣获多个奖项。在 2008 年荣获"知名品牌企业"的荣誉(数据来源：重庆市企业家协会)；2009 年被评为"重庆市房地产开发企业 50 强"(数据来源：重庆市建设委员会)；2020 年获得"年度最佳楼盘"的称号(数据来源：乐居重庆)。

【购物娱乐】
俊峰·山万里项目自带 5 万平方米文旅特色商业街、紧邻 10 万平方米的邻里中心商业、麦德龙进口超市等；距磁器口 100 万平方米休闲慢商业，直线距离约 200 米；距三峡广场购物型商圈，直线距离约 3 公里，约 30 分钟通达，生活配套一应俱全。

【设计风格】
为给业主提供品质舒适的居家生活，俊峰·山万里采用赖特式山水建筑风格，外观以简约典雅的浅灰色和咖啡色有机搭配，甄琢干挂石材和高端真石漆等建材组合。

蓝光·国博山

重庆 | 蓝光地产 | 国博中心 | 未来美学 | 江湾大境

项目地址：
重庆市渝北区悦来街道欣悦路 260 号

开发商：
重庆华景域房地产开发有限公司

产品特征：
高层、小高层

参考价格：
尚未公布

主力户型：
约 143 平方米四居、约 138 平方米三居

物业公司：
华商物业

5 公里生活配套：
国博中心、嘉陵江湾、滨江公园、中央公园、园博园、两江国际商务中心（修建中）、国博商业（规划中）、高义口 TOD 商业（规划中）、轨道 6/10 号线及 13 号线（规划中）

专家点评

周平 | 重庆市房地产业协会会长

"未来系"作为蓝光发展重要的产品系之一，以其独特的建筑理念、共享社区的产品主张，实现了市场的畅销与认可。蓝光在重庆结合当地特色打造的蓝光·国博山项目，未来又会给重庆人居带怎样的惊喜，值得期待。

扫码观看楼盘详情

项目测评

【战略意义】
2007 年，蓝光首次进驻重庆，十余年来与重庆共生长。这一次，蓝光择址未来城市——悦来，以蓝光发展高端产品系——未来系为设计理念基石，勇于创新大胆突破，用前卫的设计理念、不拘一格的独特匠心打造出重庆蓝光壹号作品－蓝光国博山。

【区域地段】
项目择址悦来板块国博中心旁。悦来作为重庆北向发展的桥头堡，北接水土，南临礼嘉，东邻中央公园，西靠蔡家，是重庆发展的"上北新中心"。同时，悦来拥有中国西部第一的会展中心，也为城市迭新发展提供了强劲的动力。

【楼栋规划】
项目占地 169 亩，分大平层和别墅 2 个组团，由 16 栋大平层和 6 栋叠拼别墅组成，共计 1178 户。大平层组团分为 T3 和 T2 两种产品，T3 楼层数为 24/30/31，T2 产品为 8~11 层。项目临近嘉陵江，沿山坡地布局，保证每栋楼景观视野。

【主力户型】
项目首批预计推出 T3 大平层，3 梯 3 户，为建面约 143 平方米四房和 138 平方米三房户型，主力户型为 143 平方米四房户型。餐客厅贯通式横厅设计，带来更大的采光和视野面，四居室设计让生活空间游刃有余，奢配套房式主卧，私密性更强。

【园林景观】
项目因地制宜，营造多层渗透的社区共享空间，通过"双轴五境九园"+高端主题范会所，构筑高品质、轻奢侈的社区氛围。同时，结合企业 IP"暖蓝"，打造约 1200 平方米的儿童星际乐园，为住户营造优质的休闲和活动体验。

【交通出行】
项目周边拥有三横三纵三桥三轨的交通路网。滨江大道、会展大道、金山大道以及同茂大道、国博大道、金兴大道、嘉悦大桥等，可以快速通达中央公园礼嘉蔡家等区域。轨道 6 号线、10 号线、13 号线(规划中)，通达重庆主城各区，项目距悦来轻轨站约 900 米，步行 10 分钟即可到达。

【品牌描述】
蓝光发展成立于 1990 年，深耕地产 30 余载，布局全国 70 余城，开发项目超 400 个。2020 年，连续 13 年上榜中国房地产综合实力百强，名列第 21 位(数据来源：中国指数研究院)。同时，蓝光·未来系荣膺克而瑞发布的 2020 年品质美宅产品系 TOP10（数据来源：克而瑞）。

【购物娱乐】
项目周边商业区包括约 180 万平方米国博商圈、约 200 万平方米礼嘉商圈，以及约 360 万平方米的两江商务中心，几大商圈聚集，区域的商业繁华正在加速兑现。

【设计风格】
设计师通过现代几何建筑美学符号，以简洁的线条与折型切面勾勒建筑立面，分玻璃光幕 + 铝板玫瑰金，色系高级的同时兼具耐水、抗老化强的特性；运用现代主义艺术的手法设计光幕建筑立面，利用光线和重庆地形地貌的优势，保持居所的通透。

【一线江景】
项目紧邻悦来嘉陵江湾，占据重庆两江四岸水景资源。项目因地制宜，利用地块内部高差，合理进行楼栋排布配置，错落布局，保证每一栋建筑的江景景观视野。

蓝光鹭湖长岛

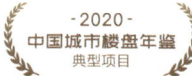

`重庆`　`蓝光地产`　`生态乐园`　`教育一体`　`交通便利`

项目地址：
重庆市江津区九江大道旁

开发商：
重庆柏炜锦瑞房地产

产品特征：
高层、洋房

参考价格：
高层6000元/平方米、洋房均价7000元/平方米

主力户型：
约99平方米三居、约116平方米四居

物业公司：
嘉宝物业

5公里生活配套：
地铁5号线沿线（双福北站）、水果侠乐园、西师附小、吾悦广场、双福广场、团结湖乐园

专家点评

周平·重庆市房地产业协会会长

鹭湖长岛是蓝光发展继昆明滇池、天津小站后的第三个文旅项目，由5万平方米项目用地及5万平方米湖滨公园组成。主推建面99平方米三居温馨高层，是市面上鲜有的品质刚需住宅。

扫码观看楼盘详情

项目测评

【战略意义】

2020年蓝光鹭湖长岛落子江津双福区，开启在重庆西区域的第一次正式"试水"。蓝光是中国房地产30强开发企业之一，其所开发的长岛系是蓝光最具代表性的作品，在当地广受好评，也备受喜爱。

【市场口碑】

2020年7月，项目首期开盘1112套商品房，一个月内蓄客超3000人。开盘当日，所推1020套房源6小时内即告罄。在日后的多期开售中，去化率也均高达90%以上。"好户型""品质小区"等标签成为购房者对楼盘最多的评价。

【楼栋规划】

约1500亩全龄段湖岛生活乐园，包含12栋洋房和6栋高层，其中洋房楼高8层，一梯两户。高层楼高25层、26层、31层，3梯8户。近百米的楼间距提高每个居室的采光度和私密性。

【主力户型】

鹭湖长岛主力户型为建面99平方米三居温馨高层，整体布局颇为方正。采用餐厨客一体式设计，使得大厅通透大气，卫浴做到干湿分离，进一步提高居室的舒适度，为家人营造私属空间。

【园林景观】

30%的绿化率和2.0的容积率，为小区园林规划提供了充足的空间。项目内水杉、银杏等高低灌木形成错落景观带，更有八大景观园林以及长约1000米橡胶跑道，供居民健身休憩。此外，近800亩天然湖滨公园，使小区四季分明。

【物业服务】

社区物业为嘉宝物业。蓝光嘉宝服务成立于2000年，于2019年10月在港交所成功上市，是中国西部地区首家登陆港股的物业企业。为进一步提升居住安全，蓝光嘉宝物业采用了电子巡更系统、数字视频安放监控、可视对讲等功能。

【交通出行】

项目周边交通线路发达，规划中的轻轨17号线、5号线将延长至项目，距离轻轨车站100米，距离江津北站3.6公里，可通过5条高速（绕城、成渝、三环、江习、九永）快速通达全城。

【品牌描述】

蓝光投资控股集团有限公司成立于1990年。2015年4月16日，四川蓝光发展股份有限公司在上海证券交易所完成重组上市。30余年间，已布局全国多个城市，以独特的优势成为品质住宅中的典型作品。

【购物娱乐】

鹭湖长岛项目将建设160亩的水果侠游乐园及2万平方米的风情商业街区。项目周边五公里内有永辉超市、皮革城、双福金街等购物休闲娱乐场所。

【楼盘特色】

鹭湖长岛是蓝光发展布局西南区域的首个文旅项目，由769亩项目用地和800亩湖滨公园组成。项目还设置了儿童乐园、垂钓平台、慢跑道、阳光草坪、彩虹跑道、露营基地等网红打卡点。

十里长江

`重庆` `中海地产` `两江四岸` `一线江景` `品质低密`

项目地址：
重庆市南岸区南滨路158号

开发商：
中海地产＆九龙仓

产品特征：
高层、大平层

参考价格：
高层170万元/套起、大平层290万元/套起

主力户型：
113~130平方米三居、约162平方米四居

物业公司：
中海物业

5公里生活配套：
自贸总部经济区、长嘉汇购物公园、弹子石老街、滨江商业、轻轨环线、轻轨11号线（规划）、中央公园、滨江公园、翡翠谷公园、中轴公园、武警总队医院

专家点评

周平·重庆市房地产业协会会长

项目将"山水之都"的理解代入设计理念，在台地高差之上，将山与江以建筑的形式相结合，是对城市界面的再创作。规划建筑形态选择极具特色的双翼类板式和纯板式造型，使得景观资源、江景资源视野更为开阔，居住更舒适。

项目测评

【战略意义】
中海在重庆深耕多年，开发过的楼盘基本都选址主城区核心地段，尤其是滨江一带，在产品打造方面主推高端改善住宅风格，错落有致的高低搭配和创新的"76度夹角双翼类板式"结构建筑设计让人眼前一亮。

【楼栋规划】
小区规划总户数2973户，包含7栋洋房、2栋小高层、7栋大平层、14栋高层。其中，洋房楼高7/10/12/13层，一梯两户；大平层高12/17层，两梯两户/三户；高层楼高19/26/33层，两梯六户。纯板式洋房、大平层均可享受一线看江资源。

【园林景观】
近30%的绿化率和2.21的容积率，为小区园林规划提供了充足的空间。水岸度假花园景观风格。运用内外场景的联结让社交成为常态，设置童梦乐园、康养健身、口袋花园、无界水岸、环氧健身区域等。

【交通出行】
十里长江位于南滨路朝天门大桥两侧，拥有"五桥四路三隧双轨"的立体交通网络，通过朝天门大桥、东水门大桥、大佛寺大桥、盘龙立交、内环快速干道等，可快速通达主城各个区域。

【设计风格】
项目采用Art-deco（装饰艺术）美学风格，整体设计由香港梁黄顾LWK设计团队操刀。外立面运用真石漆与水晶灰玻璃的组合，构筑特色双翼类板式和纯板式造型，以度假式园林景观、多元社群经营理念打造低密栖居地。

【区域地段】
项目择址重庆第四代滨江路沙滨路，坐拥两江四岸富足资源，背靠歌乐山，面临嘉陵江。位于重庆向西发展桥头堡核心区域，区域内拥有教育资源、集中医疗资源，大竹林大桥（规划中）无缝衔接北区，共享北区资源。

【主力户型】
高层主力户型为113~130平方米的滨江三房，整体布局颇为方正。十里长江通过约7米长的景观阳台、大窗墙比和转角窗等设计，让居住者享有270度环幕观江视野，进一步提升居住舒适度。

【物业服务】
社区物业为中海物业，中海物业为全国一级资质物业管理企业，制定了一系列标准化的服务体系，可使用人脸识别、可视对讲、手机APP等多种开门方式，也可用"天使之眼"了解儿童、老人的生活状况。

【医疗配套】
十里长江毗邻重庆武警总队医院、重庆市第五人民医院两所大型综合性三级甲等医院。重庆市第五人民医院预计2023年年底投入使用，总投资约21.98亿元，总用地面积约22万平方米，设置床位1200张。

【销售数据】
十里长江2020年月均销售额达2.8亿元，月均到访量超1500组；2020年1—8月，项目成交金额19.28亿元，位居重庆成交金额排行榜第四名（资料来源：铭腾机构），目前项目洋房已售罄，大平层基本清盘，高层去化率达88%。

御璟·悦来

| 重庆 | 华宇 & 旭辉 & 华侨城 | 悦来核心 | 低密社区 | 品质洋楼 |

项目地址：
重庆市悦来生态城高义口地铁站 2 号口旁

开发商：
重庆华辉盛锦房地产开发有限公司

产品特征：
小高层、别墅

参考价格：
小高层均价约 14572 元 / 平方米、别墅均价约 300 万元 / 套

主力户型：
约 99 平方米三居、约 120 平方米四居

物业公司：
华宇第一太平戴维斯

5 公里生活配套：
近千亩湿地公园、6 号线高义口站、约 40 万方 TOD 商圈（规划中）、重庆国际会展中心、悦来美术馆、欢乐谷、礼嘉天街（已开放）

专家点评

邱旭·人民网重庆频道、重庆发布运营总裁——项目在 2019—2020 年蝉联重庆悦来区域三冠王，获得业主、同行及市场一致认可（数据来源：铭腾机构）。以小户豪宅的设计方法打造精致产品，独具一格的全景落地玻璃窗外立面，人性化的创新五开间设计，成就了过硬品质。

扫码观看楼盘详情

项目测评

【战略意义】

御璟悦来，由华宇、华侨城、旭辉三雄联袂打造，作为华宇"御璟系"高端系列产品，项目落子悦来生态城，打造了约 45 万平方米国际生态住区。除了三大品牌房企效应之外，项目作为华宇 TOP 系项目，也是华宇首个优＋落地项目，是产品能级跃升、品牌口碑跃升的典型代表项目。

【市场口碑】

项目首开以来持续热销，占领悦来版块超 25% 的市场份额。2019—2020 年，项目以签约面积、套数、金额三冠王的成绩，蝉联悦来洋楼 TOP1，收获 1688 位业主的一致认可，并荣获"2020 年重庆主城十大人居产品"等荣誉，以实力造就口碑。（数据来源：铭腾机构、克而瑞）

【区域地段】

悦来，重庆向北发展的核心区域，坐镇北区几何中心，是全国第八个生态城之一，由国际大师卡尔索普操刀设计，是中国海绵城市试点、重庆 TOD 漫行城市、重庆集中供能住区，致力于打造重庆主城生态宜居样本。

【楼栋规划】

总建筑面积约 45 万平方米，容积率为 2.5，绿化率为 35%，宽阔楼距采光、私密性俱佳，打造悦来低密生态住区典范，规划有洋楼、跃层、叠拼、合院等，其中合院仅 12 席，叠拼百余席。

【购物娱乐】

项目毗邻约 40 万平方米集中式商业商务中心（规划中），有购物、主题商业、商务办公、商务休闲、游憩观光五大主题，构建 800 米步行生活圈。同时，百万方国博商圈、礼嘉滨水商圈、中央公园商圈环伺，商业配套齐全。

【主力户型】

项目以建面约 99 平方米户型，打造独有产品标签。玻璃立面、晶莹通透，美观大气；五开间创新设计、超 15 米面宽、270 度转角玻璃落地窗，使得户型具有更大的景观面。

【园林景观】

项目用约 5 米高的小区入口，采用低调极简的黑白云纹大理石砖和专金立体字等设计。同时，在每个单元门入口种植红叶李和桂花树。社区内树阵夹道，植被种类多达约 80 种，银杏、红枫、红叶李、桂树等，构建了不同层次、不同季节的社区景观。

【自建配套】

作为华宇"星宇乐园"首个落地项目，本项目星宇乐园以智趣·未来为主题，基于全龄陪伴体系，以宇宙为 IP，规划有星球 IP 滑梯、星球弹跳床组合、星球轨迹秋千等社区游玩设施，还贴心设置了家庭守护区。与此同时，项目在架空层增设老年活动、运动健身、阅读会客、儿童娱乐等空间，为儿童和老人提供了专属活动场地。

【物业服务】

项目物业为拥有国家物业管理一级资质的华宇第一太平戴维斯，致力为业主提供高标准物业服务。项目打造了"优管家服务体系"，其中，包括社区安全服务、公区设施焕新服务等。

【交通出行】

四纵四横一轨，立体交通网路，便利出行。步行 800 米至 6 号线高义口站，2 站达欢乐谷、3 站达中央公园、4 站达礼嘉商圈、8 站达江北机场，生活、办公、休闲，一线畅达。

招商·雍璟城

| 重庆 | 招商蛇口 | 空港版块 | 轻轨项目 | 区域门户 |

2020 中国城市楼盘年鉴 典型项目

重庆 · 城市地产篇

项目地址：
重庆市渝北区华晖路与空港大道交叉口东北200米

开发商：
重庆招商依港房地产开发有限公司

产品特征：
洋房、小高层

参考价格：
洋房均价13000元/平方米、小高层均价12000元/平方米

主力户型：
约132平方米四居、约100平方米三居

物业公司：
招商物业

5公里生活配套：
轨道3号线莲花站、70万方商业综合体、新世纪百货、2300亩湿地公园、巴蜀常春藤（国际）学校、空港实验中学、空港小学、独立幼儿园、临港中西结合医院等

专家点评　高维峰·中国新闻社重庆分社社长助理

招商雍璟城是【成就】系产品中的高端配置【雍】系列，结合区域的核心位置及交通优势，配合生态湿地公园，将自然生态与都市生活相互融合，打造出则繁华、入则宁静的理想生活社区。

扫码观看楼盘详情

项目测评

【战略意义】
招商蛇口深耕重庆，精研重庆人居，践行在花园中建城市的理念落子空港，打造区域首个"成就系"2.0低容积率生态住区，结合"成就系"产品三大产品主张以及园林，提升了空港地区的人居标准。

【市场口碑】
2020年全年项目老客户推荐成交占比30%，还在本年度10月仅用20天完成18#楼单栋清售计划。（数据来源：明源数据）。"红盘""热盘""空港品质社区"等标签成为购房者对楼盘的最多评价。

【区域地段】
项目位处重庆空港临空经济区的核心位置，区域集"内陆开放空中门户""低碳人文国际临空都市区""临空高端制造业集聚区""临空国际贸易中心""创新驱动引领区"五大功能为一体，扼守城市迭新发展的重要赛道。

【楼栋规划】
项目总占地274亩，总规划户数3100余户，总体分3期4个地块打造，包含小高层、洋房。其中，洋房为7层设计，一梯两户大横厅布局。小高层为18层设计，两梯六户。拥有开阔的视野及观景效果。

【主力户型】
招商雍璟城主力小高层户型为建面100平方米轻奢三居，整体布局方正，干湿动静分区人性化，大尺度阳台景观面正朝湿地公园，通阳台设计与次卧共连，提高了居住舒适度同时，也提高了得房率。

【购物娱乐】
距离项目500米内，拥有港莲广场、新世纪超市、永辉超市、乡村基、沈家洪城老火锅、莱得快、徐鼎盛、宝岛眼镜、重庆金店、光辉世纪影城等生活购物、餐饮娱乐一站式商业配套服务。

【自建配套】
雍璟城与政府联合修建有一所公立幼儿园，业主的子女可优先就读享受教育配套服务。项目拥有5000平方米社区商业，商业体与住宅区分离，既便利了业主日常生活购物所需，又避免了商业活动的干扰，保障了业主宁静的小区生活。

【交通出行】
项目不仅紧邻城市公共交通动脉轨道3号线、轨道14号线，还与中轴干线空港大道相邻，距离两路商圈10公里，10分钟即可驱车到达两路商圈，距离观音桥商圈34公里，30分钟即可驱车到达观音桥商圈。

【教育资源】
小区规划有幼儿园一座，同时近邻空港小学、空港实验中学、常青藤国际学校。其中，空港实验中学及常青藤国际学校师资力量雄厚，为片区适龄孩童提供较好的教育条件，业主可根据自身需要择优选择教育资源。

【品牌描述】
招商蛇口从成立至今，总资产达3326亿元，在建面积超1300万平方米，土地储备超3000万平方米，员工总数超23000人，全国布局超50城，筑造城市精品项目超350个。其中，在各个城市中的标杆项目，也多达100余个。

中国铁建西派宸樾

`重庆` `中国铁建` `内环核心` `公园围绕` `央企大盘`

项目地址：
重庆市大渡口区钢花路 1155 号

开发商：
中铁房地产集团重庆有限公司

产品特征：
高层、大平层

参考价格：
高层均价 15246 元/平方米、大平层均价 19299 元/平方米

主力户型：
约 124 平方米、143 平方米四居、约 199 平方米四居

物业公司：
中铁建物业

5 公里生活配套：
万达广场、九宫庙商圈、华润万象汇、义渡古镇

专家点评

周平·重庆市房地产业协会会长

"西派系"，作为中国铁建最高端的产品系，以高品质的精装配置、高端生活方式的主张，实现了市场的畅销与认可。西派宸樾是中国铁建布局重庆两江四岸的第三座西派系作品，旨在打造区域内高端的品质住宅。

项目测评

【战略意义】
2019 年，中国铁建以 28.6 亿元总价竞得大渡口重钢滨江地块，这是中国铁建布局重庆两江四岸的第三座西派系作品，对于大渡口区域来说，中国铁建志在打造区域高端品质住宅，改善大渡口人居标准。

【市场口碑】
199 平方米典型产品，在 2020 年成交量取得大渡口区第一（来源：銘腾数据），刷新了区域内 400 万级产品容量；项目整体成交均价 16600 元/平方米，高出区域成交单价近 5000 元/平方米，项目品质得到客户高度认可。

【区域地段】
项目选址大渡口长江艺术湾区，直面一线长江，是大渡口区着力打造的高端低密滨江住宅区，区域内配套完善，享四横三纵双轨一环交通，近万达广场、华润万象汇、九宫庙商圈，医疗、名校资源汇集。

【楼栋规划】
项目占地面积约 263 亩，总体量逾 42 万平方米，综合容积率为 1.75，总规划户数 1892 户，是重庆主城区内环里少有的大规模改善大盘，目前在售 2# 地块，11 栋大平层、1 栋精品公寓，住宅产品建筑面积 124~199 平方米。

【主力户型】
西派宸樾主力户型为建筑面积 199 平方米四房两厅三卫的观江大平层，2 厅 2 户板式结构，南北通透，拥有约 270 度双景观阳台、可看江景和中庭景观，以及建面 124/143 平方米高层，项目整体产品采用西派系 1890 精装体系。

【园林景观】
景观园林为新加坡度假风格，打造"双中庭、一公园"的景观格局，小区主入口运用酒店式设计风格，借用地形高差形成 8 米的叠瀑。中庭 1000 平方米生态水景，营造高品质的归家生活质感。

【物业服务】
中铁建物业管理有限公司是一家面向全国发展的中、高端物业管理公司，制定了标准化的服务体系，可通过人体感应开启情景模式，也可通过手机进行个性化远程遥控，配备了近 2000 平方米的架空层泛会所，涵盖儿童娱乐、健身、观影等功能。

【教育资源】
周边 5 公里范围内教育资源丰富，包括大渡口小学、重庆市大渡口实验一小、大渡口区钢花小学、重庆 37 中、重庆市民族中学、重庆市 95 中佳兆业中学、大渡口区互助小学校、庹家坳小学、启智小学、车家坪小学、御景天水小学等。

【品牌描述】
中国铁建地产是国资委授权具有房地产开发资质的 16 家央企之一，足迹遍布 31 城、世界 120 多个国家，打造 133 余座城市地标，西派系为中国铁建地产高端产品系，在全球已开发 20 部作品。

【设计风格】
项目建筑由 emo 团队设计，景观设计由贝尔高林完成，整体建筑风格以现代为主，外立面为浅黄色中性色，大范围采用玻璃幕墙结合一体化铝合金型材，打造现代感十足外立面，给业主提供品质舒适的居家生活。

重庆融创文旅城

| 重庆 | 融创 | 文旅范本 | 百亿大盘 | 千亩规模 |

项目地址：
重庆市沙坪坝区西永西桂路 88 号

产品特征：
住宅

项目规划：
占地面积：D05 地块约 62448.8 平方米；
容积率：4.04；总户数：约 585 户

主力户型：
项目 D05 地块，套内约 108 平方米四居、约 125 平方米四居

参考价格：
总价约 142 万~225 万元/套

入选理由： 2020 年重庆市年度商品房销售金额第一名，克而瑞机构 2020 年统计数据显示，重庆融创文旅城年度销售金额为 111.29 亿元，拿下重庆 2020 年度商品房销售金额的第一名。

核心优势：

2020 年 9 月，重庆融创文旅城文旅业态——融创渝乐小镇、融创雪世界、融创水世界、融创海世界、融创茂、星级酒店群、融创国际会议中心等业态全面呈现，成为重庆乃至全国文旅融合发展的新范本。丰富文旅业态组合，不仅可满足游客全季、全时、全龄欢乐体验需求，更成为项目住宅业主的生活配套。项目周边交通建设也渐入佳境，周边已建成通车轨道 1 号线、石门大桥、高家花园大桥、双碑大桥、大学城隧道、双碑隧道，正在修建土主隧道、科学城隧道、礼嘉大桥，规划修建大竹林大桥及轨道 7 号线、17 号线，未来全部建成，将可便捷通达主城江北渝北九龙坡等区域。

万科锦绣滨江

| 重庆 | 万科 | 渝中核心 | 一线滨江 | 大师手笔 |

项目地址：
重庆市渝中区化龙桥正街 209 号

产品特征：
住宅

项目规划：
占地面积：29600 平方米；容积率：5.92；总户数：625 户

主力户型：
约 294~326 平方米五居、约 191~237 平方米四居

参考价格：
约 27000 元/平方米

入选理由： 周平·重庆市房地产业协会会长

万科锦绣滨江，作为重庆万科千万级塔尖豪宅作品，整体设计承袭了万科全球豪宅的国际审美理念。位于渝中母城——重庆天地，360 万方高端人居社群，集江、山、湖、园资源大成，毗邻 458 米全球新地标——陆海国际中心。

核心优势：

万科锦绣滨江，位于重庆渝中母城——重庆天地，毗邻 458 米陆海国际中心、新天地商业建筑群。项目作为重庆万科千万级塔尖豪宅作品，整体设计承袭了万科全球豪宅的国际审美理念，规划 7 栋滨江大平层豪宅，采用全公建化玻璃立面设计，并携手空间派大师李玮珉、万科"臻"系豪宅精装团队、新加坡顶级景观事务所 CICADA（Cicada Private limited）倾情匠造。

香港置地·衿湖翠林

重庆　香港置地　公园头排　交通便利　临湖滨水

项目地址：
重庆市渝北区中央公园头排镜湖旁

产品特征：
住宅

项目规划：
占地面积：64511平方米；容积率：2.1；总户数：972户

主力户型：
约99平方米三居、约160平方米四居

参考价格：
19000~21000元/平方米

入选理由 ｜王芊·乐居重庆主编｜

作为中央公园收官之作及香港置地臻装迭代产品，衿湖翠林拥有直面公园的自然优势，产品类型丰富，地处城市核心位置，毗邻约600万方繁华商业区，交通、医疗、教育等配套优势明显。

核心优势：

衿湖翠林为香港置地臻装迭代之作，承袭香港置地百年修为。项目总建筑面积约189846平方米，业态涵盖精装小高层、精装大平层、洋房、商业。占据中央公园头排瞰湖地块，距约600万平方米的两江国际商务中心约1.5公里，区域内涵盖七横七纵七轨道立体交通路网。

昆明

市场总结

一、新房成交表现

1. 整体情况

新房年度成交量：昆明克而瑞的数据显示，2020年昆明商品房成交1376万平方米，较2019年下滑13.54%。从商品住宅来看，2020年昆明商品住宅成交942万平方米，同比下滑12.92%。

新房价格情况：2020年，昆明房价环比最大涨幅达1.2%。根据国家统计局的数据：1月昆明新房零涨幅，2月环比下跌0.2%，3月零涨幅，4月环比上涨1.0%，5月环比上涨0.6%，6月环比上涨1.2%，7月环比上涨0.3%，8月环比上涨0.9%，9月环比上涨0.2%，10月环比上涨0.8%，11月环比上涨0.2%，12月环比上涨0.3%。据克而瑞数据，昆明目前商品住宅均价为14989元/平方米，同比上涨7%，房价一年上涨幅度约980元/平方米。

昆明市统计局数据显示，2020年上半年，昆明市城镇居民人均可支配收入为22735元。由此，按照房价收入比＝单套总房款/家庭可支配收入（人均可支配收入乘以4~5），我们计算的是单套总房款与家庭可支配收入之比，昆明的数据为13.12~15.39。

2. 年度走势

从月度走势来看，经历了2020年第一季度疫情冲击，自当年4月开始，市场快速回暖，商品住宅供应成交大幅增长，9月进入购房节点，房企放量供应，达到全年供应峰值，后以去库存为主，供应下降。

2020年昆明主城商品住宅存量整体走势相对稳定，疫情过后市场供货节奏加快，存量持续增长，成交延后恢复，自7月起去化周期逐步缩短，截至12月去化周期7.84个月，处于健康去库存水平。

3. 历史地位

2020年，昆明商品房供应1790万平方米，成交量1376万平方米，成交均价12540元/平方米。其中，商品住宅供应1112万平方米，成交量942万平方米，成交均价14989元/平方米。

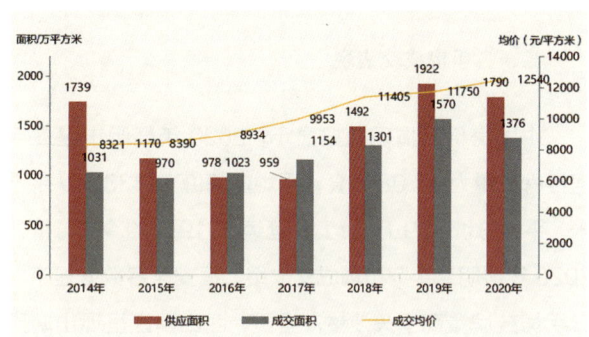

2014—2020年昆明主城商品房市场供求价走势

根据对过去6年（2014—2019年）的新房成交统计，2019年昆明商品房成交量最高，共计成交1570万平方米，2015年昆明商品房成交量最低，共计成交970万平方米。

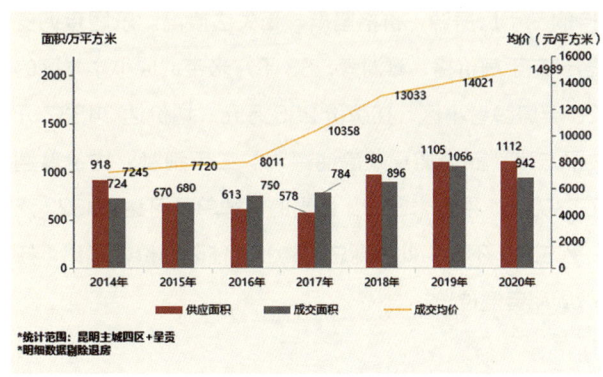

2014—2020年昆明主城商品住宅市场供求价走势

在住宅成交方面，2019年昆明住宅成交量最高，共计成交1066万平方米，2015年住宅成交量最低，共计成交680万平方米。

对比近五年数据发现，在全国政策基调趋紧、昆明大环境相对宽松利好的市场背景下，加上高铁时代带来城市红利，2016—2019 年，昆明房地产市场持续上扬，供销价增幅明显，住宅均价从 2016 年的 8011 元/平方米，跃至 2020 年的 14989 元/平方米，涨幅达 87%。2020 年，市场规模略减的情况下房价仍然实现稳中有涨，这与均价"超 2 万元/平方米"阵营扩大有较大关系，据不完全统计，2020 年昆明单价超过 2 万元的项目有 22 个，主要集中于草海、会展、巫家坝、双塔以及中心片区，高地价共存的产品态势拉升了整体房价水平。

二、二手房成交表现

中国房价行情网数据显示，2020 年昆明市区二手房挂牌数量为 17.08 万套，平均挂牌价 14436 元/平方米，平均总价 179 万元/套。延续 2019 年的冷清行情，2020 年昆明二手房市场成交放缓。据安居客数据显示，二手房挂牌量高于关注量，呈贡、西山两区呈现出明显的供大于求的情况。

近年来，由于新房市场整体规模的增长，购房者的选择增多，而二手房交易过程烦琐、税费高、成交周期久等一定程度上也造成了二手房市场遇冷。

不过，有名校、商业、地铁或是景观等优质资源加持的二手房房源，价格坚挺、受关注度高。乐居查询安居客二手房价格，翠湖旁，83 平方米带武成小学学区的 23 年房龄老小区，挂牌价 285 万元，均价达 34337 元/平方米；而坐拥稀缺滇池景观的二手别墅，均价普遍在 3 万元/平方米左右，最贵的挂牌单价可达 43322 元/平方米。不过，此类高总价物业往往因为价格高昂，挂牌周期普遍拉长。

三、政策梳理

总体来看，2020 年昆明房地产市场仍然强调"稳中求进"，在"房住不炒"的主基调下，主要依据"防烂尾""去库存"等相关政策进行完善和落地。对楼市影响较大的政策主要有以下几个。

1.《昆明市城市更新改造行动计划》提出"3 年全面启动、5 项任务分解、4 种类别推进、5 年完成改造"，在 3 年时间内要完成 223 个城中村的拆迁工作。主城势必会有大量土地供应，给昆明房地产发展提供了更为广阔的空间。

2. 2020 年 11 月 16 日，昆明市自然资源规划局印发了《关于进一步规范建筑工程项目审查的实施意见》，其中对昆明办公建筑进行了两点重要调整：一是未来除已纳入土地出让合同的规划条件明确规定可配建公寓的情形外，昆明将不再审批公寓项目；二是严格控制办公项目层高。开放式或半开放式办公建筑面积占所在标准层面积 50% 以上时，层高不得 > 4.5 米；其他类型办公建筑层高不得 > 4.0 米。

3. 2020 年 11 月中下旬，安宁和昆明，相继出台了地区对应的商品房预售款监管办法。办法明确以"政府指导、银行监管、专户专款"的方式，完善了对账户设立、到账时间、监管方式、拨款节点等几个方面的具体规定。

4. 2020 年 12 月 17 日，昆明市人民政府发布了《关于支持商业和办公用房改为租赁住房发展住房租赁市场的通知》，鼓励支持昆明二环以外（包括昆明周边郊县）在建或已建成的商业和办公用房改建为租赁住房，这一政策从印发之日起开始施行。

5. 此外，在城市户籍改革方面，云南全面放开城镇户口迁移，取消昆明主城区落户限制。2020 年 4 月 23 日，云南省委、省政府出台的《关于建立健全城乡融合发展体制机制政策措施的实施意见》提出，要加快滇中城市群发展，支持昆明加快建设区域性国际中心城市，促进各级城镇协调发展；并明确，要全面放开全省城镇地区户口迁移政策，取消昆明市主城区落户限制，探索建立以经常居住地登记户口的政策措施。

四、土地供应

1. 出让基本情况

据乐居不完全统计，2020 年，昆明（含主城五区和三个国家级开发区）共供应227宗土地，成交208宗，成交面积累计712.97万平方米，成交金额达608.78亿元。相比2019年成交17465.09亩、883.63亿元，成交面积同比下降38.77%，成交金额同比减少31.1%。数据显示，自2018年以来，昆明卖地收入连续3年破500亿元。

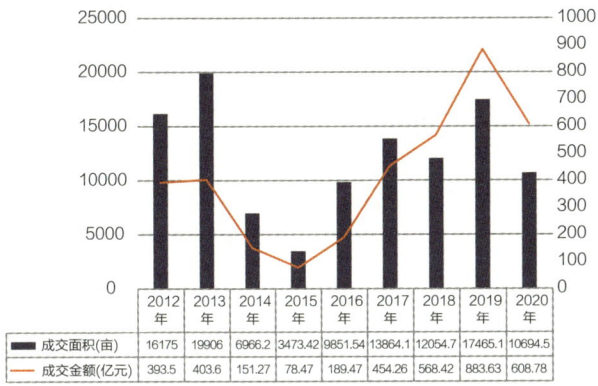

近9年昆明主城土地成交情况一览

在2020年成交的10694.51亩土地中，官渡区卖地面积超3000亩，达3346.61亩，占2020年全年成交面积的31.29%，其次是呈贡区成交1946.04亩地，盘龙区成交1622.13亩地，西山区成交1396.05亩地，五华区成交1141.59亩地。

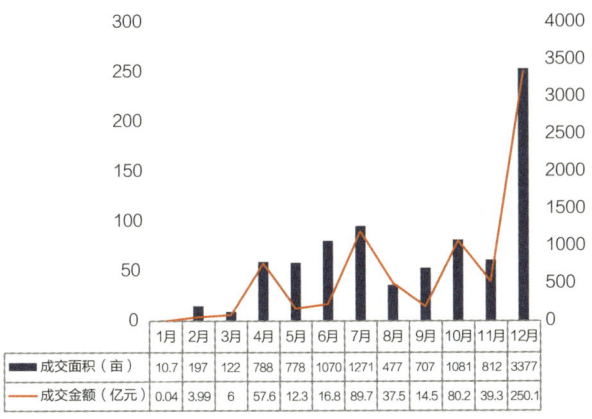

2020年1—12月昆明主城土地成交数据一览

虽然整体土地供应量与往年同期存在差距，但昆明土地市场仍然表现为地价走高，成交地价及溢价均有提升，其中区位优越、地块各方面素质良好的宅地竞争异常激烈。

据不完全统计，2020年，昆明共有35宗约1691.2亩土地溢价成交，占全年成交面积的15.81%，较2019年的15.11%有所提高。

2. 开发商拿地情况

尽管市场规模有所缩减，但房企拿地热情不减。在2020年昆明土地拍卖中，绿地、中海、卓越、中梁、绿城、新城、德商、金科、恒大、龙湖、中交、金地、中南、保利、华宇、龙光、旭辉、海伦堡、新希望、佳兆业、碧桂园等房企频现，更有华宇、长麟投资、龙光等新面孔亮相。

2020年昆明主城品牌房企拿地面积与金额排行榜TOP10

房企名称	拿地金额（亿元）	房企名称	拿地面积（亩）
融创	60.53	绿地	666.71
华发	53.12	金地	630.61
万科	41.98	卓越	559.79
俊发	40.96	俊发	461.2
龙湖	40.23	万科	430.38
旭辉	37.66	融创	351.17
中建	34.76	华发	317.12
卓越	27.99	保利	312.96
大华	25.54	旭辉	303.64
金地	25.47	海诚	270.95

2020年昆明主城成交宅地楼面价TOP10

编号	位置	面积（亩）	容积率	拿地企业	楼面价（元/㎡）
KCD2019-26-1	度假区海埂片区	5.02	>1且≤1.04	昆明交投	17013
KCXS2019-14	双塔片区	43.54	>1且≤3.2	龙湖	13853
KCXS2018-5-A1	盘龙区白龙寺村	79.19	>1且≤3.5	中海	11913
KCXS2017-8-1	双塔片区	6.55	>1且≤3.2	雅居乐&绿地	11720
KCPL2019-3-A4	盘龙区龙泉街道	133.99	>1且≤2.83	旭辉	9056
KCPL2012-31-A1	盘龙区龙泉街道	245.98	>1且≤2.5	中建	8478
KCGD2018-8-A2	官渡区金马街道	0.18	>1且≤3.7	德商	7482

（续）

编号	位置	面积（亩）	容积率	拿地企业	楼面价（元/m²）
KCGD2018-9-A2	官渡区金马街道	2.17	>1且≤4.3	德商	7347
KCWH2019-12-A2	五华区龙翔街道	34.05	>1且≤4.5	融创	7260
J2015-001-A1-8	西山区前卫街道	47.51	>1且≤3.6	子元	7237

3. 未来预估

2021年重点关注楼盘以2020年房企争抢激烈地块与地段较好地块为主，主要有以下项目：

（1）高新区东区马金铺片区1宗约99.73亩宅地吸引了12家房企争抢。历时3小时13分钟，恒大地产6.89亿元竞得，溢价97.27%。对于位处呈贡远郊的马金铺来说，这场土拍算得上是其高光时刻。

（2）龙光集团首进昆明，3.82亿元揽入巫家坝片区17.11亩商住用地，楼面价约7435元/平方米，土地单价约2230.52万元/亩。

（3）盘龙区金刀营村城中村改造项目土地分批成交，同德、赛伦、美的联合以12.71亿元摘得一期129.63亩土地；同德、赛伦、万科联合11.5亿元揽入二期148.5亩土地。

（4）盘龙区云山社区白龙寺村79.19亩拍卖住宅用地吸引了14家房企争抢，经过110轮竞价，中海用22.01亿元斩获，楼面价约11913元/平方米，溢价率107.43%。

（5）呈贡斗南片区中部559.79亩土地吸引12家房企竞价，最终被卓越27.99亿元摘牌，溢价率171.7%，成为2020年昆明溢价率最高的土地，卓越正式落子昆明。

（6）华侨城云南文投集团3.4亿元揽入嵩明县杨桥街道罗锅山兰茂大道旁3宗约243.06亩住宅用地，为华侨城滇中乐活城首期用地。据悉，该项目整体占地2000多亩，嵩明再添一个千亩大盘。

（7）金茂落子昆明一环边，9.93亿元摘得螺蛳湾棚改项目二期88.08亩商住用地，将开发金茂旗下最高端的"府系"产品。

五、热点板块

据克而瑞数据显示，2020年，昆明商品住宅销售排行榜分为高层、洋房、别墅。从高层排名看，俊发彩云城辰湾以总成交套数4160套，拿下第一，万科城以3201套成交量紧随其后排名第二，官渡区、西山区成为成交主要地区；从洋房排名看，阳光城滇池半山以879套成交总套数名列榜首，绿地滇池国际健康城、碧桂园东园以微弱差距排在第二、第三位；从别墅排名看，金地云海一号别墅成交套数最高，共计284套，恒大云玺大宅、阳光城滇池半山随后排名第二、第三。

就板块来看，昆明商品住宅成交以中心区外扩发展，重点区域成交量价较高。2020年，板块供应成交上涨幅度最大的均为官渡经开板块，主要受富康城·紫悦台项目大量供应备案影响。均价上涨幅度最大的为西山次中心板块和五华区次中心板块，上涨幅度接近30%。西山次中心板块受隆盛府项目大量备案高均价影响。五华区次中心板块则受到碧桂园龙腾世家项目大量备案高均价影响。

六、用户心理

前有"等待8年仍未交房搬进烂尾楼"的热搜，后有"豪掷1400万元购买公寓却因开发商调价自觉亏本要求退房"的新闻，2020年的昆明房地产市场所表现出来的分化，在买房心态上也表现得尤为明显。

一是经历了疫情，很多人急于拥有一套属于自己的住房，入市情绪高涨，特别是随着二季度市场回暖，2020年5月份开始，昆明房价站上1.5万元/平方米高位，加上地铁四号线开通等城市重大交通条件改善，很多刚需在"房价要涨"的恐慌中慌忙上车。另外，对好学区的渴望和追逐，永远是楼市热点，只要是牵手了名校，就没有卖不出去的房，在教育资源分布不平衡的昆明，大部分购房者仍然会为好学区冲动买单。

二是投资、改善观望情绪持续升温。从市场成交结构来看，昆明住宅市场显露出刚需需求为主导向改善型过渡的迹象，而高总价物业占比较 2019 年上涨 4 个百分点。随着房价每年的上涨，二套房利率也在不断攀升，昆明换房成本急剧攀升。高的够不上、低的看不上成为很多改善群体的痛点，买房难，换房更难。对于投资客来说，由于市场波动带来的不确定性，以及疫情后对于资产配置有了更多考虑，出手趋于谨慎。

七、2021 年展望

2020 年，昆明市从优化预售审批流程、缓解购房者压力到推进商业、商务办公用房去库存等多方面为地产开发企业纾困解难、稳定购房者信心、促进楼市平稳健康发展。

2021 年，昆明楼市的政策环境大概率不会发生改变，稳健、平稳、健康仍将是宏观政策的核心关注点。

宏观经济层面，疫情后，云南省政府发布了五万亿元的新基建项目计划，涵盖交通、公共服务、生态环境、行业区域投资等四大领域。昆明占据五分之一的项目数量，随着基建设施的进一步完善，将为昆明带来更大、更多的城市发展红利，奠定楼市稳健、平稳、健康发展的硬件和经济基础。

并且，2021 年，COP15 将在昆明召开，国际性盛会带来的市场关注度不可小觑。昆明曾因 1999 年世博会进入城市发展的快车道。依托得天独厚的生态环境和气候优势，高规格盛会的聚光灯下，昆明"世界春城花都"的城市魅力将更加凸显，房地产市场将有新的历史性机遇。

具体到楼市本身，结合 2020 年的土地供应和项目关注度、成交量情况，空港、呈贡、高新区将保持热度。此外，滇池沿线、城市外拓重要区域的泛亚、高新、马街、东市都面临开发空间的不断缩小，房企将继续在呈贡、空港、安宁、晋宁等主城周边的广袤区域寻求新机会，优质地块将延续溢价成交的趋势。

而随着主城内优质地块日趋稀缺，单价 2 万元 / 平方米以上的项目数量势必增加，一环或者其他核心位置，或将出现单价 3 万元 / 平方米以上的项目。而这些高端优质项目，势必拉高区域成交均价，造成房价假性上涨。

数据来源：国家统计局、昆明克而瑞、昆明市统计局、中国房价行情网、安居客、乐居。

在售楼盘一览

五华区			
楼盘名称	价格	物业类型	主力户型
美的·云璟	16000~16500元/m²	住宅	三居室（105m²）四居室（118~119m²）
融创春城書院	尚未公布	住宅	尚未公布
招商雍和府	14000元/m²	住宅	三居室（98~120m²）四居室（138m²）
旅泰荷樾	18000~25000元/m²	高层住宅、别墅	二居室（82.98~83.92m²）三居室（96~146m²）
保利·春湖国际生态城	7000~7500元/m²	洋房、公寓、合院	二居室（60~90m²）三居室（120m²）四居室（140m²）
上悦天地	15500~16000元/m²	高层住宅、公寓	三居室（87~105m²）四居室（125~126m²）
万科城	五期14500元/m²	高层住宅	二居室（77m²）三居室（89~115m²）四居室（128~135m²）
融创恒尊君庭云邸	14500~16000元/m²	洋房	四居室（144m²）
德润·香山府	16500~17000元/m²	洋房	三居室（102~134m²）四居室（141m²）
碧桂园·春城映象	14000元/m²	高层住宅	二居室（78~100m²）三居室（110~130m²）四居室（138m²）
和悦铭著	9000元/m²起	LOFT公寓	公寓（36~70m²）
俊发·龙泉俊园	14500元/m²起	高层、大平层	三居室（90~116m²）四居室（124~144m²）
碧桂园龙腾世家	17500~20000元/m²	高层	三居室（89~125m²）四居室（138m²）
江东境界	17000~19000元/m²	高层住宅	二居室（70~91m²）三居室（118~141m²）四居室（153~163m²）
新希望·白麓城	8000~8800元/m²	LOFT公寓	公寓（42m²、47m²）
碧桂园·北城映象大观	16500~17500元/m²	高层住宅	三居室（114~115m²）四居室（138m²）
海伦堡中央广场	12000~17000元/m²	LOFT公寓	公寓（42~52m²）
融创春风十里海豚湾	8000~9000元/m²	LOFT公寓	公寓（39~54m²）
金泰国际三期名门	毛坯15000~16000元/m² 精装16000~17000元/m²	高层住宅	三居室（116m²）六居室（231m²）
龙翔铭城	尚未公布	尚未公布	尚未公布
萬彩城	11000~15000元/m²	LOFT公寓	公寓（33~59m²）
保利星座	8500元/m²	公寓	公寓（37~57m²）
昆明卓越龙润云际	尚未公布	普通住宅	尚未公布
德润金街	15000~45000元/m²	商铺	商铺（30~1000m²）

官渡区			
楼盘名称	价格	物业类型	主力户型
世茂璀璨世家	16000元/m²	住宅	二居室（95m²）三居室（111~128m²）
昆明润府	22000元/m²	大平层	四居室（143~175m²）
招商依云国际社区	尚未公布	合院	三居室（87~125m²）四居室（143m²）五居室（260m²）
首创·誉华洲	8000元/m²	小高层住宅	二居室（77m²）三居室（97m²）四居室（110m²）
万科·公园城市	17500元/m²	住宅	三居室（89~119m²）四居室（144m²）
龙湖·天璞	17500元/m²	住宅	三居室（114~120m²）
保利城	14500~15500元/m²	带装修住宅	三居室（90~129m²）四居室（142m²）

官渡区			
楼盘名称	价格	物业类型	主力户型
中海寰宇中心	约18000元/m²	双钥匙LOFT公寓	公寓（40~83m²）
子君山·麓城	尚未公布	尚未公布	尚未公布
首创·未来之城	18000~20000元/m²	高层	三居室（93~133m²）四居室（179m²）
绿地东南亚中心·428公馆	23000~27000元/m²	高层	三居室（140~170m²）
招商公园大道	20000元/m²	高层	一居室（63m²）二居室（86m²）三居室（98~143m²）
昆明空港国门商旅区	尚未公布	尚未公布	尚未公布
保利·天际	20000元/m²	高层	三居室（113m²）四居室（137~147m²）
俊发俊云峰	20000元/m²	高层	三居室（89~115m²）四居室（128m²）
邦盛广场	10500元/m²	LOFT公寓	公寓（43~49m²）
东原启城	9000元/m²	住宅	三居室（82~95m²）四居室（115m²）
蓝光德商天域	12000元/m²	住宅	三居室（86~115m²）四居室（127m²）
俊发·彩云城	8300~15000元/m²	住宅、公寓	三居室（89~110m²）四居室（102~138m²）
中骏天誉	16800~17500元/m²	住宅	三居室（89~125m²）四居室（126~143m²）
世茂璀璨倾城	16000元/m²	住宅	三居室（95~128m²）
璀璨臻樾	20000元/m²	住宅	三居室（110~172m²）
北科建·春城大观	17000元/m²	高层	二居室（67m²）三居室（91~118m²）
万科500里	23000元/m²	高层	三居室（90~139m²）四居室（135~189m²）
锦艺·滇池之光	11000元/m²	高层、商铺	一居室（55~68m²）二居室（78~84m²）三居室（95~113m²）
中海寰宇天下	18000元/m²	高层	三居室（105~130m²）四居室（143m²）
艺城·PGC紫金中心	10000元/m²	公寓	公寓（47~57m²）
润麒中心R公寓	18000元/m²	LOFT公寓	公寓（38~61m²）
巫家坝·金茂广场	13000元/m²	LOFT公寓	公寓（50~143m²）
万科·大都会	18500元/m²	住宅	三居室（90~115m²）四居室（135m²）
昆明恒大城	14200~16300元/m²	住宅	三、四居室（84~128m²）
绿地东南亚中心·巫家坝壹号	21000~23500元/m²	住宅	三居室（118m²）四居室（136m²）
中国铁建·西派国樾	26000元/m²	大平层	二居室（118~130m²）四居室（157~247m²）
保利堂悦	9500元/m²	公寓	公寓（25~53m²）
山海湾8号	23000~40000元/m²	大平层	二居室（72~117m²）三居室（89~192m²）四居室（171~269m²）
中交金地·中央公园	11000元/m²	LOFT公寓	公寓（44m²）
中南·云境	12000元/m²	LOFT公寓	公寓（49~127m²）
东原璞阅	30万元/套起	商铺	商铺（23~57m²）
万科翡翠滨江	19000元/m²	带装修住宅	三居室（98~120m²）

官渡区			
楼盘名称	价格	物业类型	主力户型
中南碧桂园樾府	13000~14500元/m²	带装修住宅	三居室（106~126m²）四居室（162m²）
北大资源·颐和1898	14000元/m²	住宅	三居室（110~142m²）

官渡区			
楼盘名称	价格	物业类型	主力户型
俊发·观云海	150 万元/套起	带装修住宅	二居室（72m²） 三居室（87~99m²） 四居室（102~138m²）
万科·翡翠	19000~20000元/m²	带装修住宅	三居室（104m²） 四居室（142~167m²）
山海湾1号	23000 元/m²	别墅	别墅（795m²）
昆明恒大玖珑湾	15000 元/m²	带装修住宅	三居室（100~124m²） 四居室（135~140m²）
俊发·生态半岛	280万~500万元/套	洋房	二居室（112.74~164m²）
筑友·双河湾	17000 元/m²	小高层住宅	三居（98~106m²） 四居（127~143m²）
长水航城	8000~9500 元/m²	洋房	三居室（92m²） 四居室（122~143m²）
昆明恒大云玺	32000 元/m²	别墅	别墅（223~614m²）
东信中心城	6500 元/m²	公寓	公寓（37~97m²）
保利城ME TOO公寓	尚未公布	公寓	公寓（36~75m²）
海伦国际	13500 元/m²	LOFT公寓	LOFT公寓（38~66m²）

盘龙区			
楼盘名称	价格	物业类型	主力户型
璟泰公馆	9000~11000 元/m²	公寓、别墅、商业	公寓（55~94m²）
中建金科·向山的岛	尚未公布	住宅、别墅、商业	三居室（80~112m²） 别墅（200m²）
北京路壹号	尚未公布	公寓	公寓（34~43m²）
世博生态城·蓝湖邻里	尚未公布	住宅、别墅	三居室（116~142m²） 别墅（297m²）
拢悦	30000~40000元/m²	公寓	公寓（66~363m²）
俊发·阳光俊园	15000 元/m²	公寓	公寓（38~40m²）
俊发·春之眼	尚未公布	写字楼	写字楼（300~1800m²）
虹桥国际	尚未公布	公寓、商铺	公寓（43m²）
永和府	住宅17000~21000元/m² 公寓14000~16000元/m²	住宅、写字楼、商铺	公寓（65m²） 四居室（171~215m²）
佳湖熹祥苑	17500 元/m²	普通住宅、洋房	四居室（145~219m²）
中南十二集	17000~19000元/m²	普通住宅	三居室（107~121m²） 四居室（131~143m²）
雅居乐新希望锦麟峯荟	15500~16500元/m²	普通住宅、商铺	三居室（93~113m²） 四居室（129~140m²）
中交碧桂园映象美庐	16000~17000元/m²	普通住宅、洋房	三居室（96~123.12m²） 四居室（141~152m²）
碧桂园·龙川府	17000 元/m²	普通住宅、洋房	四居室（138m²~155m²）
大华·公园天下	14500 元/m²	普通住宅、商业	三居室（83~125m²） 四居室（145~146m²）
中海云著	13500 元/m²	普通住宅、公寓、商铺	三居室（125m²） 四居室（129~135m²）
首创·禧悦春城	13000 元/m²	普通住宅、商业	二居室（95m²） 三居室（99~119m²） 四居室（144m²）
俊发城逸璟峰	20000 元/m²	普通住宅、商业	三居室（123m²） 四居室（143m²）
远洋青云府	12500 元/m²	普通住宅、商业	三居室（102~119m²） 四居室（122~138m²）
昆明城投·新东集	公寓8500元/m² 商铺15000元/m²	公寓、商铺	公寓（42~84m²） 商铺（50~200m²）
中海·云麓九里	洋房17000~21000元/m² 叠拼440~600万元/套	普通住宅、洋房、别墅	别墅（139m²、140m²）
碧桂园御龙半山御园	14800 元/m²	普通住宅	二居室（82m²） 三居室（92~118m²） 四居室（142m²）

盘龙区			
楼盘名称	价格	物业类型	主力户型
碧桂园云南映象·云彩	15000 元/m²	普通住宅、公寓	三居室（119~122m²） 四居室（144~171m²）
美的·顺城府	700万~760万元/套	别墅	三居室（127m²） 四居室（148m²） 别墅（202~234m²）
中建·龙熙壹号	14000 元/m²	普通住宅、商铺	三居室（81.9~119.9m²） 四居室（137.8m²）
俊发逸天峰	公寓16000~18000元/m² 大平层35000元/m²	普通住宅、商铺、商业	公寓（87~131m²） 大平层（430m²）
瑞鼎城天玺	16000~23000元/m²	普通住宅、公寓、写字楼	公寓（56.61m²） 三居室（103.61~116.2m²）
融城昆明湖	14300 元/m²	普通住宅、别墅、写字楼、商铺、商住	三居室（107.48~152.81m²） 四居室（171m²）
俊发城	15500 元/m²	普通住宅、公寓、商铺	二居室（84m²） 三居室（97~123m²） 四居室（136~143m²）
俊发·盛唐城	11400 元/m² 起	普通住宅	四居室（126.42m²） 五居室（291.20~372.73m²）

呈贡区			
楼盘名称	价格	物业类型	主力户型
蓝光·昆明的海	尚未公布	公寓、商住	一室（30~76m²）
绿地·海之城	尚未公布	别墅、低密度住宅	三居室（110m²） 四居室（144m²）
红星天悦	11000 元/m²	普通住宅、商铺	商铺（25~75m²）
果林广场	尚未公布	普通住宅、公寓、商铺	公寓（68m²）
鹏欣漫城都荟	尚未公布	普通住宅、公寓、酒店式公寓、商业	三居室（97~112m²） 四居室（128m²）
中交·锦澜府	14000 元/m²	普通住宅、商铺	三居室（97m²） 四居室（143~168m²）
公园壹号	尚未公布	普通住宅	三居室（100~121m²） 四居室（143m²）
华侨城·花都时区	7000 元/m²	公寓、商住、商业	公寓（26~73m²）
雨花玖悦	12000 元/m²	普通住宅	三居室（101~118.35m²） 四居室（135~140m²）
昆明北大资源紫境府	480万/套起	别墅、低密度住宅	别墅（235~245m²）
锦艺·昆明之光	13200 元/m²	普通住宅、公寓、写字楼、商业	一室（40~43m²） 三居室（91~129m²）
建投国际·滇SHOW	10000 元/m²	公寓	公寓（29m²）
蓝光天娇城·天樾	9000 元/m²	公寓、商铺、商业	一居室（43~59m²） 二居室（105m²）
融创微风十里	45万~220万元/套	普通住宅	三居室（89~118m²） 四居室（143m²）
中国铁建·山语桃源	14500 元/m²	板楼、联排	三居室（116~273m²） 四居室（143~303m²）
金茂国际新城	13000 元/m²	普通住宅、别墅	二居室（73.34m²） 三居室（88.34~111.1m²）
光明璟宸	尚未公布	普通住宅、商铺	二居室（73~74.1m²） 三居室（88.17~105m²）
俊发·蓝湖俊园	9900 元/m²	普通住宅	三居室（60~90m²）
昆明桃花源·清风明月	6000 元/m²	公寓	一居室（36m²） 二居室（73m²）
招商翰林大观	11000 元/m²	普通住宅、公寓、写字楼、商业	二居室（78.55m²） 三居室（101.06~110m²）
保利阳光城翡丽公园	8800 元/m²	普通住宅、商铺	三居室（79~102m²） 跃层（113~131m²）
远洋新干线	7200~8500 元/m²	公寓、商铺	跃层（38.6~45.6m²）

呈贡区			
楼盘名称	价格	物业类型	主力户型
绿地·滇池国际健康城	14000元/m²	普通住宅、公寓、别墅、商铺	三居室（90~112m²）四居室（138m²）
融创孔雀镇	7700元/m²	商住	一居室（32.68~42.38m²）
绿地东海岸	10500元/m²	普通住宅、商铺	二居室（48.3~77m²）三居室（106m²）四居室（135~142m²）
涌鑫哈佛中心	8500元/m²	公寓、酒店式公寓、商铺	一居室（28.86~50.69m²）
七彩云南第壹城	7500元/m²	公寓	公寓（40~70m²）

西山区			
楼盘名称	价格	物业类型	主力户型
复地雲極	尚未公布	普通住宅、商铺	四居室（143.0m²）
锦粼天序	尚未公布	普通住宅	四居室（137~179m²）
玖悦府	16500元/m²	普通住宅	三居室（111m²）四居室（125m²）
宝能·滇池九玺	25000元/m²	普通住宅、别墅、商业	尚未公布
云和中心	21500元/m²	普通住宅	三居室（111~124m²）四居室（140~199m²）
阳光城·滇池半山	20000元/m²	别墅、低密度住宅	三居室（125~142m²）四居室（180m²）
隆盛府	23500元/m²	普通住宅	三居室（105~130m²）四居室（150m²）
雅居乐滇池一英里	16000元/m²	普通住宅、公寓	三居室（89~108m²）四居室（132m²）
华夏澜台府	20000元/m²	别墅、低密度住宅	四居室（188m²）五居室（218m²）
金地商置·昆悦	16000元/m²	普通住宅、公寓、商业	二居室（77m²）三居室（91~114m²）
金地云海一号	300万~2000万元/套	普通住宅、别墅	别墅（140~168m²）
佳兆业城市广场	16000元/m²	普通住宅、公寓、综合体	一居室（40m²）二居室（58m²）三居室（111m²）
中国中铁·诺德山海春风	24000~25000元/m²	普通住宅、别墅	三居室（125m²）
华夏四季	23000元/m²	普通住宅	四居室（143~205m²）
昆明融创文旅城	22000元/m²	住宅、别墅	三居室（89~143m²）四居室（440~569m²）
新希望·观澜汇	14500元/m²	普通住宅、商铺	四居室（146m²）
昆明恒大云报华府	20000元/m²	普通住宅、公寓	一居室（53~71m²）二居室（88.02~98.92m²）
恒泰理想城	18556元/m²	普通住宅、公寓、商住	一居室（50.89m²）三居室（99.99~123m²）
北大资源博泰城	15000元/m²	普通住宅、写字楼	二居室（72.58~111.83m²）
南悦城·鲸彩广场	11000元/m²	公寓、写字楼、酒店式公寓、商铺	二居室（55.36m²）
九夏云水克拉公寓	15000元/m²	公寓	一居室（37~48m²）
润城	12000元/m²	公寓、写字楼、商铺	一居室（40.64m²）二居室（45m²）

晋宁区			
楼盘名称	价格	物业类型	主力户型
蓝光雍锦香颂	尚未公布	尚未公布	尚未公布
滇池府	洋房13000元/m² 合院22000元/m²	洋房、合院	三居室（105~125m²）合院（143m²）
绿地观云山	尚未公布	洋房、合院、别墅	合院（121~145m²）别墅（93~115m²）
春城365	尚未公布	别墅	别墅（356~502m²）
实地·昆明常春藤	尚未公布	高层	三居室（90~110m²）四居室（125~140m²）
清凤·滇池美岸	10800元/m²	高层	二居室（88m²）三居室（117m²）

晋宁区			
楼盘名称	价格	物业类型	主力户型
保利·和光屿湖	尚未公布	高层	二居室（77~85m²）四居室（125~130m²）
海伦堡晋云府	7300元/m²	高层	三居室（94~117m²）四居室（135m²）
滇池南湾未来城	42万元/套起	住宅、公寓	二居室（60~77m²）三居室（92~105m²）五居室（214m²）
招商依湾郡	6500元/m²	高层	三居室（89~143m²）四居室（166m²）
蓝光新城碧桂园·古滇水云城	140万~260万元/套	洋房	三居室（120~133m²）
晋宁吾悦广场	5398元/m²起	高层	二居室（74m²）三居室（92~114m²）四居室（130~140m²）
古滇未来城	高层11000元/m² 叠墅15000元/m²起	高层、别墅	别墅（177~203m²）
招商依山郡	6900元/m²起	高层	三居室（118~128m²）四居室（141~172m²）
华侨城·公园悦府	7000~9000元/m²	洋房	三居室（95~133m²）四居室（143m²）
七彩云南古滇名城	高层9500元/m²	别墅、洋房、小高层	别墅（150~700m²）二居室（88~91m²）三居室（128~140m²）

经开区			
楼盘名称	价格	物业类型	主力户型
阳光城·文澜东方	尚未公布	普通住宅	三居室（88~118m²）
旭辉·新希望·公元锦悦	尚未公布	普通住宅、商业	三居室（88~98m²）四居室（115~119m²）
金科美辰	尚未公布	普通住宅、公寓	三居室（88~129m²）
鸿基云玺台	11000~17000元/m²	别墅	别墅（220~420m²）
经投·湖山望	尚未公布	普通住宅	洋房（122~174m²）
新城和樾	尚未公布	普通住宅	三居室（107m²）四居室（129m²）
富康城·紫悦台	7900元/m²	普通住宅	三居室（95.66~126.97m²）
御龙春晓	8200元/m²起	普通住宅	三居室（108.5m²）
碧桂园东园	10300~11000元/m²	普通住宅	三居室（115~117m²）四居室（140~141m²）
新城琅樾	9000~10000元/m²	普通住宅	三居室（110~143m²）

安宁市			
楼盘名称	价格	物业类型	主力户型
安宁俊发城	尚未公布	普通住宅	三居室（102~122m²）
翰文九万里	尚未公布	普通住宅、公寓	二居室（68~74m²）三居室（89~126m²）四居室（128~153m²）
安宁万达·中央公园	7500~20000元/m²	普通住宅、商铺	三居室（129m²）四居室（143m²）商铺（26~178m²）
浩创·悦山湖	约16500元/m²	别墅、住宅	四居室（98~110m²）五居室（160m²）
金地自在城	约8200元/m²	普通住宅、别墅	别墅（88~233m²）
昆明天誉城	7000元/m²	普通住宅、商业	三居室（69m²）四居室（89~99m²）
锦康富春御园	6200元/m²起	高层住宅	三居室（110m²）四居室（133~155m²）
融创·雁来湖小镇	210万~240万元/套	合院	合院（117m²）二居室（75m²）三居室（127m²）
海伦堡大城小院	6500~7000元/m²	洋房	三居室（94~119m²）四居室（146m²）
阳光城·文澜公馆	8500元/m²	洋房	三居室（91~126m²）四居室（135~144m²）
鱼先生的社区	7000~8400元/m²	小高层	三居室（59~96m²）

安宁市			
楼盘名称	价格	物业类型	主力户型
昆明安宁吾悦广场	7300 元/m²	高层住宅	三居室（89~112m²） 四居室（126~141m²） 商铺（20~116m²）
创佳半山御府	高层：7000元/m²； 别墅：280~310万元/套	高层、别墅	别墅（255~327m²） 四居室（136m²）
新城雅樾	7500 元/m²	高层	四居室（128~143m²）
花样年·好未来	高层5800~6200元/m² 洋房7800元/m²	高层、洋房	三居室（86~128m²） 四居室（129m²）
蓝光云报芙蓉园	7000~7500 元/m²	高层	二居室（84m²） 三居室（99~109m²） 四居室（129m²）
昆明恒大昆海湖	24000 元/m²	别墅	三居室（113~124m²）
俊发玉龙湾	180 万元/套	合院	合院（113~143m²）
临湖小区	250万~320万元/套	别墅	别墅（253m²）
玉龙湾康谷	69万元/套起	洋房	一居室（56m²） 二居室（83~90m²）
龙旺瑞城	5200~6500 元/m²	洋房、商铺	二居室（86m²） 三居室（100~130m²）
昆明恒大金碧天下	5882 元/m²	高层	三居室（124m²） 四居室（133m²）
昆明西麓·温泉山谷	6500~7500 元/m²	别墅	别墅（143m²）

嵩明县			
楼盘名称	价格	物业类型	主力户型
蓝光雍锦府	6300 元/m²	高层	二居室（72m²） 三居室（85~105m²） 四居室（115~118m²）

嵩明县			
楼盘名称	价格	物业类型	主力户型
得胜温泉度假公园	高层 7400 元/m²	高层、合院	一居室（39~69m²） 二居室（74m²） 三居室（77m²）
学府·康城	7500~8000 元/m²	高层	一居室（53m²） 二居室（100m²） 三居室（106m²）
中建·龙熙国际	6000~7000 元/m²	小高层	二居室（67~68m²） 三居室（80~88m²） 四居室（107m²）
昆明恒大文化旅游城	6500 元/m²	高层	二居室（75m²） 三居室（96m²）
中梁东景轩	6300 元/m²	小高层	三居室（138m²）
嵩山溪谷	115万~130万元/套	合院、别墅	别墅（131m²）
中骏云谷小镇	7800~8100 元/m²	高层	二居室（76m²） 三居室（99~115m²） 四居室（129m²）
昆明恒大阳光半岛	6288 元/m²	高层、公寓	公寓（55~83m²） 三居室（90~177m²） 四居室（133m²）
浩创半山云府	6300 元/m²	小高层	三居室（81.66~125m²） 别墅（130~194m²）
嵩明碧桂园	7800 元/m²	高层	三居室（117m²） 四居室（148m²） 五居室（227m²）
俊发空港城	6500 元/m²	高层	二居室（73~76m²） 三居室（100~127m²）
昆明恒大国际健康城	7800 元/m²	高层	公寓（66m²） 别墅（212~301m²）

典型项目

安宁万达·中央公园

昆明 | 万达 | 宜居城市 | 交通便捷 | 生活便利

项目地址：
昆明市安宁市珍泉路与安海路交叉口

开发商：
安宁万达地产开发有限公司 & 万达投资集团

产品特征：
高层、商铺

参考价格：
高层均价 7500 元/平方米、商铺均价 20000 元/平方米

主力户型：
约 129 平方米三居、约 143 平方米四居、约 26～178 平方米商铺

物业公司：
万达物业

5 公里生活配套：
安宁线圆山站、万达广场、东湖公园、园山公园、滨河公园、安宁市人民医院、昆钢医院、东湖小学、安宁一小、安宁一中、安宁一幼、光明小学

专家点评

高旆·乐居云南主编

无论是滇池卫城还是西山万达广场，万达总能在板块尚未发展之时入驻，随着板块红利和配套的不断兑现，万达走过的片区都会迎来价值快速兑现期，相信安宁万达中央公园亦是如此，将提升整个安宁的人居品质。

扫码观看楼盘评情

项目测评

【战略意义】
万达 2000 年入滇至今为云南打造众多经典作品。从 2000 年昆明第一个千亩生态大盘——滇池卫城起，到 2012 年的昆明第一高塔——万达昆明双塔，再到如今的万达·中央公园，都彰显了万达的匠心与非凡"造城"能力。

【市场口碑】
作为第一家进驻昆明市场的全国性品牌房企，万达第一次将品质居住和城市现代化样板带给了昆明；2020 年 11 月 14 日，安宁万达·中央公园迎来首次开盘，成交一路飘红，销售额达 5.8 亿元，再次见证了万达的影响力和号召力。

【区域地段】
安宁万达·中央公园位于安宁主城区，项目北侧毗邻珍泉路、东至安海公路、西靠圆山东路、南临沙河景观带；快速接驳昆安高速及石安快速道路，还有地铁安宁线通达。距昆明市中心直线距离约 29 公里、昆明火车站直线距离约 30 公里，交通便捷。

【楼栋规划】
项目总占地约 377 亩，总建筑面积约 101 万平方米，规划 3 个住宅地块和一个商业地块。住宅以舒适三房、品质四房为主力产品。商业地块为万达广场，规划大型购物中心、万达国际影城、儿童娱乐、时尚街区及高档住宅等。

【主力户型】
安宁万达·中央公园打造建面约 115~236 平方米的多种户型。其中建面约 143 平方米的四居室，南北通透，布局动线合理，全明户型，空间开阔无死角；约 6.3 米景观阳台使客厅餐厅大面宽采光，中西双厨，套房主卧设计，配备步入式衣帽间。

【园林景观】
项目景观整体采用前庭后院、层层递进的设计理念，呈现为四轴三庭六院的景观效果。三横一纵的四轴线，作为社区主题景观线；纵轴串联三个中心庭院，横轴串联六个宅间庭院，打造不同主题活动空间。

【品牌描述】
万达集团创立于 1988 年，旗下涵盖商管集团、文化集团、地产集团、投资集团四大集团，业务范围涵盖不动产、影视、体育、儿童产业、科技等领域。在《财富》杂志发布的 2017 年 "世界 500 强" 排行榜中，万达集团排名第 380 位。

【物业服务】
社区物业为万达物业，万达物业以"万新服务、达观生活"为服务理念，打造万达特色的一流物业服务品牌。引入五重智慧安防体系，智慧门岗、智慧周界、智慧巡逻、高空抛物监测、特殊人群看护，面面俱到保障园区安全。

【设计风格】
万达·中央公园整个项目外观为沉稳、内敛的简约大都会建筑风格，外立面为全石材干挂，凸显庄重与美感。楼间距最宽可达 60 米，中间配备景观花园，还有双入户大堂、私家泳池等，将打造一个高质量、高品质的生活空间。

【销售数据】
安宁万达·中央公园在 2020 年 11 月推出首期，截至 2020 年年底认购房源数 984 套，销售额达 10.83 亿元。自开盘以来，仅两个月时间，就有近千户家庭选择安宁万达·中央公园。

昆明恒大城

`昆明` `恒大` `滇池会展` `恒大品牌` `复式产品`

项目地址：
昆明市官渡区珥季路西 150 米

产品特征：
住宅

项目规划：
占地 24.6 万平方米，建筑面积 108 万平方米，分 3 期开发。1 期 16 栋，2 期 24 栋，3 期 4 栋，前两期总户数约 6573 户

主力户型：
复式约 94~128 平方米三至四居、平层约 84~85 平方米三居

参考价格：
复式均价 16300 元 / 平方米、平层 14200 元 / 平方米

入选理由——邓晓盈·昆明理工大学副教授、房地产产业链研究中心主任

在当下昆明南拓的大趋势下，恒大在滇池国际会展中心旁打造恒大滇池国际湾区。恒大城项目主打瞰滇复式住宅，所占据的会展片区以及产品的独特性都具有很强竞争力，且从恒大城开盘业绩来看，恒大的市场号召力依然很强。

核心优势：

昆明恒大城项目地处昆明滇池畔会展片区，与昆明恒大云玺、昆明恒大玖珑湾等共同构成了恒大滇池国际湾区，占据滇池国际会展中心腹地，坐享未来发展红利。借助地铁 2 号线（在建）/ 地铁 5 号线（在建）/ 地铁 8 号线（规划）及珥季路、昌宏路等重要交通主干道的建设及落成，会展区周边经济、配套等将会加速发展。主力户型为建筑面积约 94 平方米的复式产品，最高达 128% 可拓空间。大三房设计，满足家庭舒居生活空间；户型方正、功能区布局合理，上下两层动静分区明显；大尺度双阳台设计，空间通透。

南宁

市场总结

一、楼市概况

2020年，南宁商品住宅供应1091万平方米，同比降幅13%；成交955万平方米，同比降幅17%；供求比1.14，市场仍较为健康，供需较稳定。从单月的走势来看，受疫情影响，在2、3月穿过成交量的低谷，在防疫常态化和积极复工复产后，楼市大数据呈现V型反弹，5、6、12月到达成交高峰。

2020年下半年，市场热度下降明显，面对市场销售压力，房企"价格战"四起，多盘以价换量，但"金九银十"相比前一年成色不足。

在房价方面，2020年南宁市商品住宅成交均价12550元/平方米，上升到近5年新高位，主要受20000元/平方米项目集中入市影响，以及部分区域的高价盘带动；同比增幅9%，相较于前几年，仍是较稳定的增速。

2020年1—12月南宁商品住宅成交情况

月份	成交均价（元/㎡）	成交量（万㎡）
1月	12130	73
2月	11739	11
3月	11398	64
4月	11949	82
5月	12118	108
6月	13162	99
7月	12751	85
8月	13046	86
9月	12749	78
10月	12713	85
11月	12913	76
12月	13235	109

二、政策梳理

1. 2020年6月1日，南宁全面放开落户政策，取消参保、居住年限、就业年限等落户条件限制。这是南宁有史以来最低落户门槛政策：不一定非得买房，租房或投靠有房亲戚就可以落户；具有国家承认的大、中专及以上学历毕业生，或职业院校、技工院校毕业生，或具有专业技术职称证书、国家职业资格证书的人员可落户。与其他城市严管落户相比，南宁完全放开落户，取消参保、居住年限、就业年限等落户条件限制。不过，从实施到现在，该政策对南宁房地产市场的影响力并没有表现出来。

2. 南宁二套房可使用公积金贷款。2月月初，南宁出台政策，购买第二套房能使用公积金贷款，首付≥40%，利率为同期公积金贷款利率的1.1倍，最高贷款金额为50万元，月供不低于家庭收入的35%。但该政策的影响有限，原因如下：一、很多楼盘不允许使用公积金购房；二、贷款额度不够，2020年南宁商品住宅均价12550元/平方米，假设90平方米，贷款60万元，超过最高额度。

3. 2020年2月28日，南宁新版商品房买卖合同正式启用，不管是毛坯房还是精装房，都实行"一合同"制，精装房的精装款纳入总房款中，毛坯及精装利率一致，首付比例按总房款20%执行。

4. 南宁市商业房产调整为普通商品住房工作方案通过会议审议，"商转住"政策即将落地。允许"商转住"的项目为市区2020年1月1日前签订土地出让合同的商业办公项目，但不包含五象新区、武鸣区以及东盟经开区。

三、土地市场

2020年南宁六城区（武鸣区除外）经营性土地共出让74幅地块，成交面积达434.61万平方米（6519.078

亩），比 2019 年成交面积 6860.4064 亩同比下降 4.98%；成交金额达 5204553.96 万元（约 520 亿元），比 2019 年成交金额 4627578.238 万元同比上涨 12.47%（不包括工业用地）。

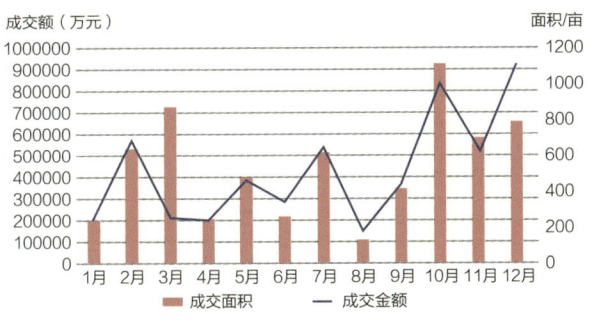

2020 年南宁 1—12 月份土地成交一览表

从区域土地成交情况看，良庆区毫无疑问是土地成交大户，成交面积为 2900.284 亩，共成交 27 幅地块；其中，南宁万有国际旅游度假区落定那马，占据 1000 多亩土地面积。成交第二名为江南区，成交面积达 1247.107 亩，共成交 10 幅地块；大部分土地为旧改用地，如凤凰纸厂（龙光玖誉城二期）、南南铝地块（阳光城江南檀悦）、南化厂地块（华润置地江南中心）等。成交第三名为邕宁区，成交面积达 793.925 亩，龙岗以稀缺的江景地块吸引房企争先进驻，其中彰泰、北投、荣和均在 2020 年布局龙岗片区。

2020 年南宁各区域土地成交一览表

区域	成交面积（亩）	成交金额（万元）
青秀区	729.709	615203.046
兴宁区	595.200	384946.603
江南区	1247.107	1134320.176
良庆区	2900.284	2054329.186
邕宁区	793.925	824662.981
西乡塘区	252.853	191091.968

从房企拿地情况看，2020 年拿地排行前 5 的房企分别为：万有（南宁）文化旅游、龙光、旭辉、大唐、华润。其中，万有（南宁）文化旅游总成交面积为 1012.923 亩，龙光地产总成交面积为 490.473 亩，旭辉集团总成交面积为 393.197 亩。

2020 年房企拿地面积 TOP5

排名	房企	成交面积（亩）	成交金额（万元）
1	万有（南宁）文化旅游	1012.923	145168.244
2	龙光地产	490.473	539046.943
3	旭辉集团	393.197	348104.488
4	大唐地产	388.513	450106.169
5	华润置地	377.559	352197.462

从楼面价情况看，2020 年楼面价前三均在青秀区，分布在三岸板块、东葛路板块以及柳沙板块，分别被中国铁建、建发、龙湖瓜分。其中，楼面价最高地块为中国铁建摘下的三岸板块 26 亩地，成交总价 5.15 亿元，成交单价 1520 万元 / 亩，竞增减挂钩节余指标 550 亩，溢价率达 147.5%，实际楼面价达 15052 元 / 平方米。

2020 年南宁实际楼面地价 TOP10

排名	编号	区域	楼面价（元/m²）	竞得房企	案名
1	GC2020-057	青秀区	15052	中国铁建	中国铁建·西派御江
2	GC2020-042	青秀区	14027	建发	建发央著
3	GC2020-114	青秀区	13227	龙湖	/
4	GC2019-139	良庆区	12810	龙光	龙光天宸
5	GC2020-056	青秀区	12702	中国铁建	中国铁建·西派御江
6	GC2019-138	良庆区	12523	龙光	龙光天宸
7	GC2020-121	良庆区	8795	保利置业	/
8	GC2020-115	良庆区	8655	建发	/
9	GC2020-065	良庆区	8600	蓝光	大唐雍锦世家
10	GC2020-018	邕宁区	8217	蓝光	蓝光芙蓉山悦

从 2020 年的土地成交情况看，未来南宁的重点还是在五象新区，尤其在五象湖一带，学铁商齐全，加上项目定位高端，房价预计在 20000 元 / 平方米以上。

四、房企进驻

2020 年南宁新房企共有 4 家，分别为万有（南宁）文化旅游、敏捷集团、重庆华宇、广西德联易居。

其中，万有（南宁）那马项目将开发为南宁万有国际旅游度假区，GC2020-108 地块为敏捷集团拿地、重庆华宇参与开发，GC2020-119 由金科和广西德联易居置业联合拿地。

2020 年首次进驻房企

时间	编号	房企	布局板块
3月25日	GC2020-016	万有（南宁）文化旅游	那马
11月13日	GC2020-108	敏捷集团＆重庆华宇	五象新区
12月9日	GC2020-119	金科＆广西德联易居置业	龙岗

五、未来展望

2021 年，南宁房地产市场整体规模或小幅上涨，但难回巅峰时期；不过由于高价盘陆续入市，南宁房价难降，平稳概率大；房企洗牌加剧，部分或退出南宁市场。

2021 年，南宁成交量小幅上涨，房价平稳；五象仍是热门区域，热门板块将从五象湖移至五象南板块。

数据来源：南宁市住房和城乡建设局、南宁市自然资源局、克而瑞广西片区、乐居统计。

在售楼盘一览

良庆区

楼盘名称	价格	物业类型	主力户型
威宁青运村	尚未公布	普通住宅	尚未公布
大唐雍锦世家	尚未公布	普通住宅、别墅	三居室 (95m²) 四居室 (113m²) 别墅 (140~337m²)
金科城	尚未公布	普通住宅	三居室 (79~96m²) 四居室 (110~140m²)
云创谷	13000~15000 元/m²	写字楼	写字楼 (51m²)
南宁彰泰府	19000~22000 元/m²	普通住宅、商铺	三居室 (95~109m²) 四居室 (143m²) 复式 (192m²)
南宁建发五象印月	约 20000 元/m²	普通住宅	尚未公布
建发央玺	约 22000 元/m²	普通住宅、别墅	三居室 (97~106m²) 四居室 (129~143m²) 五居室 (171m²)
龙光天宸	约 14000 元/m²	普通住宅、别墅	三居室 (99m²) 四居室 (118~128m²)
中南十洲	7999 元/m² 起	普通住宅	三居室 (76m²) 四居室 (96~112m²) 五居室 (125m²)
旭辉江山樾	尚未公布	普通住宅	二居室 (75~93m²) 四居室 (125m²)
阳光城大唐世家	约 10500 元/m²	普通住宅	二居室 (70m²) 三居室 (90m²) 四居室 (108m²)
荣和五象院子	约 13000 元/m²	普通住宅、别墅	三居室 (70~80m²) 四居室 (98m²) 别墅 (143m²)
阳光城大唐·檀境	约 15000 元/m²	普通住宅	三居室 (83~98m²) 四居室 (117~128m²)
路桥壮美山湖	约 12000 元/m²	普通住宅	三居室 (99m²) 四居室 (117~137m²) 五居室 (141m²)
锦麟玖玺	20000~30000 元/m²	普通住宅	三居室 (110m²) 四居室 (129~222m²) 五居室 (166m²)
盛邦滨江府	约 19000 元/m²	普通住宅	四居室 (125~130m²) 五居室 (143~224m²)
祖龙 ACMALL	约 13000 元/m²	普通住宅、商铺	二居室 (56~73m²) 三居室 (88~98m²)
金悦澜湾	10800~12000 元/m²	普通住宅、商铺	二居室 (77.03m²) 三居室 (91.86~111.73m²) 四居室 (138.46m²)
朗玥湖山	约 16500 元/m²	普通住宅	尚未公布
汉军冠江台	约 11000 元/m²	普通住宅、商铺	三居室 (100.35~124.28m²) 四居室 (125.03~150m²) 五居室 (152m²)
万科金域国际	约 12000 元/m²	普通住宅	尚未公布
盛邦双悦湾	尚未公布	普通住宅	尚未公布
客天下幸福荟	尚未公布	普通住宅	尚未公布

五象新区

楼盘名称	价格	物业类型	主力户型
龙光天瀛	约 21000 元/m²	普通住宅	二居室 (70m²) 三居室 (108m²) 四居室 (141~167m²)
印象愉景湾	约 10500 元/m²	普通住宅、商铺	三居室 (85m²) 四居室 (110~123m²)
龙光玖誉湖庆湖	10600 元/m² 起	普通住宅、商铺	三居室 (89~95m²) 四居室 (105~118m²)
荣和五象学府	约 13000 元/m²	普通住宅	三居室 (80~84m²) 四居室 (98~125m²)
荣和半山华府	约 10500 元/m²	普通住宅、商铺	四居室 (86~112m²)
金科博翠山	约 16000 元/m²	普通住宅、商住	二居室 (70m²) 三居室 (85~100m²) 四居室 (119~186m²)
南宁彰泰滨江学府	约 19000 元/m²	普通住宅、商铺	四居室 (96~117m²)
合景泰富叠翠峰	约 12000 元/m²	普通住宅	三居室 (88~95m²)
南宁恒大悦龙台	11500 元/m² 起	普通住宅、商铺	二居室 (83m²) 三居室 (95~125m²) 四居室 (129~139m²)
万科星都荟	约 12000 元/m²	普通住宅、公寓、写字楼	三居室 (92m²) 四居室 (113~121m²)
意洲嘉园盛景	约 13500 元/m²	普通住宅	三居室 (113m²) 四居室 (132m²) 五居室 (207m²)
广源华府	约 15000 元/m²	普通住宅	三居室 (112m²) 四居室 (139m²) 复式 (198m²)
光明城市·隐栖苑	约 12000 元/m²	普通住宅	三居室 (98~106m²) 四居室 (119~146m²)
南宁宝能城	约 19000 元/m²	普通住宅、商铺	三居室 (92m²) 四居室 (146m²)
中海哈罗学府	约 12000 元/m²	普通住宅	三居室 (97m²) 四居室 (122~171m²)
云星钱隆首府	约 18000 元/m²	公寓	二居室 (38~58m²) 三居室 (85~135.63m²) 四居室 (140.6m²)
五象澜庭府	约 12500 元/m²	普通住宅	二居室 (75m²) 三居室 (95m²) 四居室 (110~125m²)
建工城	约 9800 元/m²	普通住宅、商铺	三居室 (91~119m²) 四居室 (109~142m²)
中国锦园	约 16000 元/m²	普通住宅、公寓	跃层 (173~283m²)
启迪亮 2 期科技公寓	约 11000 元/m²	普通住宅、公寓	二居室 (89~92m²) 四居室 (118~140m²) 五居室 (175m²)
盛科城	约 18000 元/m²	普通住宅、商铺	四居室 (97.98~129.61m²)
盛邦珑悦	约 11500 元/m²	普通住宅	三居室 (107m²) 四居室 (119~126m²)
南宁万达茂	约 580 万元/套	别墅	四居室 (142m²) 五居室 (144m²) 别墅 (243~343m²)
南宁彰泰郡	约 12500 元/m²	普通住宅、商铺	四居室 (95m²)
龙光玖珑臺	约 8700 元/m²	普通住宅、公寓、商铺	复式 (28~60m²)
天誉城	约 13000 元/m²	普通住宅、公寓、商铺	三居室 (89m²) 四居室 (92~120m²) 五居室 (140m²)

青秀区

楼盘名称	价格	物业类型	主力户型
建发央著	尚未公布	普通住宅	尚未公布
美的悦江府	尚未公布	普通住宅	尚未公布
龙光天曜	约 12500 元/m²	商业	三居室 (97m²) 四居室 (118~143m²)
龙光玖珑华府	14000 元/m² 起	普通住宅、公寓、商业	三居室 (87~103m²) 四居室 (118~144m²)
荣和公园大道	约 23000 元/m²	普通住宅、写字楼	四居室 (131.62~143m²)
南宁彰泰凤岭江湾	约 15000 元/m²	普通住宅	三居室 (90m²) 四居室 (102~125m²)
南宁彰泰红	约 15000 元/m²	普通住宅	四居室 (113~135m²) 五居室 (147m²)

青秀区			
楼盘名称	价格	物业类型	主力户型
翡翠时光	约 15000 元 /m²	普通住宅	三居室（114m²） 四居室(132.47~179.08m²)
轨道御珑壹号城	约 14000 元 /m²	普通住宅	三居室(112m²) 四居室(140~158m²)
南宁阳光城江山璟原	约 23000 元 /m²	普通住宅	三居室(128m²) 四居室(144m²) 复式(190~208m²)
保利君悦湾	25000~30000 元 /m²	普通住宅	四居室(146~188m²) 五居室(246m²) 六居室(337m²)
银河龙湖江与城	约 12000 元 /m²	普通住宅、商业	三居室(95m²) 四居室(115~125m²)
中国铁建凤岭国际城	约 13000 元 /m²	普通住宅、公寓、限竞房	三居室(99m²) 四居室(118~123m²)
大唐臻观	约 23000 元 /m²	普通住宅	四居室(172m²)
荣和悦澜山	约 15000 元 /m²	普通住宅	三居室(93m²)
荣和云顶	约 15000 元 /m²	普通住宅、商铺	四居室(204m²)
保利冠江墅	尚未公布	普通住宅	四居室(171~175m²) 五居室(216m²)
龙湖盛天·双珑原著	约 23000 元 /m²	普通住宅、商业	四居室(163~188m²)
唐樾青山	约 14000 元 /m²	普通住宅	三居室(89~112.68m²) 四居室(99~203.95m²)
保利领秀前城	约 15000 元 /m²	住宅	二居室(80m²) 四居室(107m²) 五居室(128m²)
万科城	约 15000 元 /m²	普通住宅、公寓、商铺	三居室(97m²) 四居室(108~195m²) 五居室(223m²)
霖峰壹號	约 15000 元 /m²	普通住宅、商铺、商业	四居室(141~171m²)
华发国宾学府	约 17000 元 /m²	普通住宅	二居室(90.65m²) 三居室(134.36~144.19m²) 四居室(201.47m²)
美泉 1612	约 23000 元 /m²	普通住宅、公寓、商铺	三居室(92~108m²) 四居室(114~229m²) 五居室(230.99m²)
天池山中脊	约 8800 元 /m²	普通住宅、别墅、商铺	二居室(80.05~88.63m²) 三居室(114.39~117.97m²)
财富广场·名门天境	尚未公布	普通住宅	三居室(87.99m²) 四居室(131.11m²)
荣和澜山府	约 9800 元 /m²	普通住宅、别墅	三居室(108m²) 四居室(143m²) 六居室(167m²)
中海半山壹号	13000~20000 元 /m²	别墅	尚未公布
碧丽山庄	尚未公布	别墅	别墅(392~595m²)
祥江墅	435 万~720 万元 / 套	别墅	别墅(226.65~265.24m²)
广源凤岭壹号院	约 23000 元 /m²	普通住宅、公寓	公寓(30m²)
云星城	约 30000 元 /m²	公寓	公寓(31~43m²)
荣顾书香门第	约 15000 元 /m²	普通住宅、公寓	尚未公布
荣和公园大道华府	16000 元 /m² 起	普通住宅	四居室(105~125m²)
凤翔台	约 16000 元 /m²	普通住宅、公寓、商铺	三居室(97m²) 四居室(123m²) 五居室(137m²)
凤岭菁英 SOHO	约 15000 元 /m²	公寓	跃层(48~55m²)
桃源湖居	约 17000 元 /m²	普通住宅	一居室(54.14m²)
东方尊府	约 15000 元 /m²	普通住宅	三居室(118m²) 五居室(143m²)
吉祥凤景湾	15000 元 /m² 起	普通住宅	二居室(81.46m²) 三居室(97.36m²) 复式(38.29~92.74m²)
江山墅	480 万元 / 套起	别墅	尚未公布
长岛 800 里香江	约 9500 元 /m²	普通住宅、商铺	二居室(91m²) 三居室(132m²) 四居室(134~136m²)

青秀区			
楼盘名称	价格	物业类型	主力户型
龍胤花园	658 元 /m² 起	别墅	别墅(471.14m²)
三祺和顺园	约 17000 元 /m²	普通住宅、公寓	一居室(56.51m²) 四居室(133.36~256.6m²)

江南区			
楼盘名称	价格	物业类型	主力户型
南宁锦樾府	约 9800 元 /m²	普通住宅	三居室(69~89m²) 四居室(111m²)
奥园瀚德誉江南	尚未公布	普通住宅	三居室(75~105m²)
融创金弈时代	尚未公布	公寓	二居室(35m²)
中建嵩和府	约 9000 元 /m²	普通住宅、商铺	四居室(95~120m²)
龙光江南院子	约 9500 元 /m²	普通住宅、别墅、商业	三居室(89~96m²) 四居室(106~116m²) 别墅(105m²)
龙光玖誉城	约 11000 元 /m²	普通住宅	二居室(89m²) 三居室(112m²)
奥园瀚德棠悦府	12800~13500 元 /m²	普通住宅、公寓、商铺	一居室(30m²) 三居室(71~99m²)
轨道御水元筑	约 12000 元 /m²	普通住宅	三居室(100~119m²)
天健和府	约 12000 元 /m²	普通住宅、公寓	三居室(88m²) 四居室(106~118m²) 五居室(142m²)
彰泰新旺角	约 12000 元 /m²	普通住宅、公寓、商铺	一居室(40m²) 二居室(62~67m²) 三居室(103m²)
悦桂绿地新世界	约 5500 元 /m²	普通住宅、公寓、别墅	三居室(75m²) 三居室(95m²) 四居室(115~132m²)
华润置地·西园悦府	15000 元 /m² 起	普通住宅	三居室(114~149m²) 四居室(176m²) 五居室(220m²)
荣和公园里	约 10500 元 /m²	普通住宅	一居室(55m²) 二居室(76m²) 三居室(96~128m²)
万丰岭上建安	10888 元 /m² 起	普通住宅	三居室(89m²) 四居室(110m²)
金成江南壹品	10200 元 /m² 起	普通住宅	三居室(73~89m²) 四居室(106~117m²)
空港·云锦府	约 5700 元 /m²	普通住宅、别墅	三居室(78~93m²) 四居室(111~113m²)
凯旋 1 号上水湾	约 13500 元 /m²	普通住宅	四居室(149~166m²) 五居室(203m²)
中南春风南岸	约 9800 元 /m²	普通住宅	三居室(78~108m²) 四居室(110m²)
悦桂融创云图之城	约 5300 元 /m²	普通住宅、商铺	三居室(89~110m²) 四居室(116~128m²)
盛天新希望锦悦江南	约 10000 元 /m²	普通住宅	三居室(95~96m²) 四居室(111m²)
精通瑞城	约 5500 元 /m²	普通住宅、商铺	三居室(102.12~112.32m²) 四居室(131.28m²)
绿地新里璞悦公馆	约 9800 元 /m²	普通住宅	四居室(116m²)
金源花语郡	约 9500 元 /m²	普通住宅	三居室(85m²) 四居室(110m²)
南宁云星钱隆江景	约 10500 元 /m²	普通住宅、酒店式公寓	三居室(89~94m²)
锦上城	约 11000 元 /m²	普通住宅、公寓	二居室(67m²) 三居室(73~88m²) 四居室(100~107m²)
轨道御水悦居	约 12000 元 /m²	普通住宅	二居室(83~97m²) 三居室(100m²)
轨道御水雅居	约 12000 元 /m²	普通住宅	二居室(72~86m²) 三居室(90m²)
山湖海上城	约 6200 元 /m²	普通住宅	三居室(104~105m²) 四居室(124~130m²)
阿尔卑斯	约 10000 元 /m²	普通住宅	三居室(93m²) 四居室(109~115m²) 五居室(141m²)

江南区

楼盘名称	价格	物业类型	主力户型
振业启航城	约6800元/m²	普通住宅	三居室(96m²) 四居室(107~116m²) 五居室(132~141m²)
南宁云星·钱隆御园	约6800元/m²	普通住宅	三居室(97m²)
盛天领秀府	约6900元/m²	普通住宅、别墅	三居室(92m²) 四居室(109~128m²) 五居室(142m²)
凯旋1号	约30000元/m²	普通住宅	四居室(314m²)
华润置地江南中心	约11000元/m²	普通住宅、公寓、商铺	三居室(75~89m²) 四居室(110m²)
广汇名都	约9200元/m²	普通住宅	三居室(96m²) 四居室(124~125m²)
阳光城江南檀悦	尚未公布	普通住宅	尚未公布

西乡塘区

楼盘名称	价格	物业类型	主力户型
大唐世茂锦绣世家	尚未公布	普通住宅	尚未公布
盛世金悦	约9800元/m²	普通住宅、商铺	三居室(79~95m²)
天健城·天境	约10800元/m²	普通住宅、商铺	三居室(88~93m²)
龙湖春江天越	9300元/m²起	写字楼、商铺	三居室(88m²) 四居室(109m²)
明昱公园	尚未公布	普通住宅、商铺	三居室(88~89m²) 五居室(121m²)
建发鼎华·北大珑廷	约12000元/m²	普通住宅、公寓	二居室(76m²) 三居室(88m²) 四居室(110~139m²)
融创融公馆	约12000元/m²	普通住宅	一居室(33.86~56.09m²) 二居室(60.58m²) 三居室(72.9~115.42m²)
洋浦星	约12500元/m²	普通住宅、公寓、商铺	三居室(90~99m²) 四居室(118~135m²)
安吉大唐世家	约12000元/m²	普通住宅、公寓、商铺	尚未公布
奥园瀚林誉江府	约12000元/m²	普通住宅	一居室(34m²) 二居室(65.9m²) 三居室(100m²)
中国铁建安吉山语城	11000~18000元/m²	普通住宅	三居室(99.13~165m²) 四居室(178m²) 复式(149m²)
当代锦园MOMΛ	约10500元/m²	普通住宅	三居室(87m²) 四居室(112~124m²)
人和公园溪府南苑	约10500元/m²	普通住宅、商铺	四居室(120m²)
云星创客园	约270万元/套	普通住宅、公寓、别墅、商铺	三居室(95.95~108.91m²) 复式(53~70m²)
万丰新新江湖	约10000元/m²	普通住宅	三居室(106m²) 四居室(115m²)
正恒国际华府	尚未公布	普通住宅、商业	三居室(99m²) 四居室(128m²)
阳光城·檀悦	约13500元/m²	普通住宅、商铺	三居室(96m²) 四居室(108~125m²)
招商·樾园	约8500元/m²	普通住宅、公寓、商铺	二居室(41m²)
中梁柏仕公馆	约9000元/m²	公寓、商铺	一居室(39m²)
宋都江韵朝阳	约12000元/m²	普通住宅	一居室(43.02m²) 三居室(96.94~123.49m²)

邕宁区

楼盘名称	价格	物业类型	主力户型
银河·江湾明珠	尚未公布	普通住宅	尚未公布
深石汉华·柏翠湾	尚未公布	普通住宅	尚未公布
盛世春江	尚未公布	普通住宅	三居室(78~85m²) 四居室(107m²)
金科·博翠天宸	约12500元/m²	普通住宅	三居室(95m²) 四居室(128m²)
龙光玖珑湾	约12500元/m²	普通住宅	二居室(70m²) 三居室(89~98m²) 四居室(111~135m²)

邕宁区

楼盘名称	价格	物业类型	主力户型
彰泰江景湾	约14000元/m²	自住型商品房	三居室(93m²) 四居室(104~121m²)
蓝光雍锦澜湾	12000元/m²起	普通住宅、商铺	四居室(131~142m²)
中梁国宾熙岸	约9500元/m²	普通住宅、商铺	三居室(99m²) 四居室(115m²)
龙光玖悦府	尚未公布	普通住宅	二居室(73m²) 三居室(89m²) 四居室(110~120m²)
滨江锦湾	尚未公布	普通住宅	尚未公布
世茂金科·博翠江山	约11800元/m²	普通住宅	三居室(96m²) 四居室(115~141m²)
大唐盛世	约10500元/m²	普通住宅、商铺	三居室(80.09~89.99m²) 四居室(144m²) 五居室(139.08~166m²)
大唐盛世旭辉府	约11000元/m²	普通住宅	三居室(79m²) 四居室(98~117m²)
蓝光芙蓉山悦	约13800元/m²	普通住宅、别墅	四居室(137m²)
东鼎雅和府	约12000元/m²	普通住宅	三居室(98m²) 四居室(117~127m²)
盛湖悦景	约11600元/m²	普通住宅	三居室(96m²) 四居室(108~125m²)
天隆江湾学府	尚未公布	普通住宅、商铺	尚未公布

兴宁区

楼盘名称	价格	物业类型	主力户型
时代·朝阳	尚未公布	普通住宅、商铺	二居室(88m²) 三居室(118~123m²) 四居室(133~138m²)
国悦·九曲湾	8300元/m²起	普通住宅、别墅	三居室(75~89m²) 四居室(107m²)
龙光玖誉府	6500元/m²起	公寓	二居室(43m²) 三居室(63m²)
嘉和城住宅	13000~14000元/m²	普通住宅	四居室(175m²)
山渐青	约9500元/m²	普通住宅、公寓、别墅	别墅(200m²)
碧桂园时代城	约8500元/m²	普通住宅	三居室(101m²) 四居室(120m²)
南宁绿地城	约9500元/m²	普通住宅	四居室(126~144m²)
大唐印象	约11000元/m²	普通住宅、商铺	四居室(138m²) 五居室(166m²)
彰泰欢乐颂	尚未公布	普通住宅、公寓	三居室(88m²) 四居室(103~126m²) 五居室(130m²)
九樾府	约9500元/m²	普通住宅	三居室(83~98m²) 四居室(128m²)
兴进珺府	约10500元/m²	普通住宅	三居室(75~86m²) 四居室(108~115m²)
联发臻境	约13500元/m²	别墅	四居室(126m²) 别墅(143m²)
云玺台	约10300元/m²	普通住宅	三居室(84~97m²) 四居室(120m²)
万科第五园	约13000元/m²	普通住宅	四居室(143m²) 五居室(180m²)
嘉和城·芳华里	约13000元/m²	普通住宅、商业	一居室(76m²) 二居室(96~126m²) 四居室(217m²)
中鼎公园首府	约9500元/m²	别墅、商业	二居室(89m²) 三居室(111~119m²)
中海央墅	约450万元/套	别墅	四居室(250.67~340.22m²) 五居室(350.13m²)
华夏院子·璞院	约10500元/m²	普通住宅、别墅	四居室(113~125m²) 别墅(266.95~449.35m²)
奥园园著	约8800元/m²	普通住宅	四居室(113.39~122.73m²)

兴宁区			
楼盘名称	价格	物业类型	主力户型
北投荷院	尚未公布	普通住宅、别墅	尚未公布

武宁区			
楼盘名称	价格	物业类型	主力户型
武鸣彰泰悦湖居	尚未公布	普通住宅	三居室 (95~108m²) 四居室 (117~140m²)
云星钱隆大第	尚未公布	普通住宅	二居室 (75m²) 三居室 (89m²) 四居室 (115m²)
天美香山尊府	尚未公布	普通住宅、公寓、别墅	四居室 (112~116m²) 五居室 (127~142m²) 六居室 (159m²)
武鸣彰泰滨江学府	约7800元/m²	普通住宅	四居室 (117m²)
绿地东盟国际城	5800~13000元/m²	普通住宅、别墅	尚未公布
南宁招商十里云裳	5400~17000元/m²	普通住宅、别墅	别墅 (114.11~137.95m²)
诗蓝春晓	约5300元/m²	普通住宅、别墅、商住	三居室 (89m²) 四居室 (103~109m²) 五居室 (121m²)

武宁区			
楼盘名称	价格	物业类型	主力户型
雪松灵水小镇	约5800元/m²	普通住宅、公寓、别墅、商铺	别墅 (117~168m²) 三居室 (96~115m²) 四居室 (136m²)
阳光100阿尔勒	约6000元/m²	普通住宅	三居室 (113.1~147.71m²)
海蓝金钟府	约6200元/m²	普通住宅	尚未公布
荣浩观唐府	约5007元/m²	普通住宅	三居室 (77m²) 四居室 (96m²)
诗蓝明月	约6300元/m²	普通住宅	三居室 (89m²) 四居室 (104~115m²) 五居室 (124m²)
山湖海悦府	约4888元/m²	普通住宅、自住型商品房	三居室 (103~104m²) 四居室 (125m²)
云星钱隆江景	约7000元/m²	普通住宅、别墅	三居室 (105~110m²) 四居室 (125m²) 五居室 (138m²)
万丰新新传奇	约5900元/m²	普通住宅	三居室 (109~131m²) 四居室 (132~137m²)
江宇梦想小镇	约5800元/m²	普通住宅、别墅	三居室 (96~161m²) 四居室 (205m²) 六居室 (280~570m²)

典型项目

保利领秀前城

`南宁` `保利` `千亩大盘` `品牌地产` `凤岭南`

项目地址：
南宁市青秀区凤岭南路16号

产品特征：
住宅

项目规划：
占地面积：666666.66平方米；容积率：3.5

主力户型：
80平方米两居、107平方米四居、128平方米五居

参考价格：
均价15000元/平方米

入选理由： 2020南宁年度新房销售金额第一名——根据克而瑞《2020年南宁房地产商品房项目销售TOP20》数据统计，保利领秀前城以销售金额73.91亿元位居南宁第一名，成交面积也高达43.80万平方米。

核心优势：

凤岭南板块的千亩大盘，项目自身自成一城：一城多校，双民主路小学、多所幼儿园、一所中学，实现全龄一站式教育。一城繁华，21万平方米繁华商业涵盖保利MALL、保利广场、时光里、若比邻四大商业体系；一城多选，项目产品涵盖高端住宅、一线江景大平层、中国风骨院墅等全系产品。

扫码观看楼盘详情

贵阳

市场总结

城市综述：2020年的贵阳楼市，在历经1—2月份的疫情低迷期后，随着3月贵州疫情缓和，开发商放量市场回暖，迎来量价齐升的"小阳春"，下半年市场持续发力，放价放量，最终六城区商品房全年成交779万平方米，同比上涨11.87%。土地市场全年成交与挂牌总量双双破千万平方米，揽金621亿元，三线同比涨幅最高达29.12%，市场再迎新突破。政策方面，整体市场坚持以"稳"为主，因城施策，小范围出台政策严控市场营销行为，监管规范首付资金渠道与流动，进一步调整规范市场向好发展。

一、新房成交表现：六城区全年成交779万平方米，同比上涨11.87%；住宅均价10527元／平方米，近五年来首跌

1. 整体情况

根据克而瑞贵阳研究中心数据，2020年贵阳市｛数据仅包括主城六区[云岩区、南明区、观山湖区、花溪区(含经开区)、乌当区、白云区]｝商品房共供应894万平方米，同比2019年下降3.28%；成交779万平方米，同比2019年上涨11.87%；成交均价为10779元／平方米，同比2019年降低7.51%；市场存量约为1265万平方米，去化周期约为20个月。

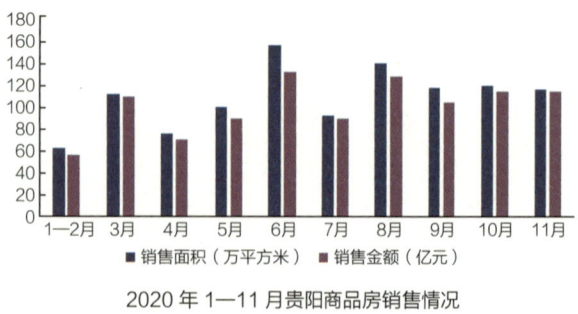

2020年1—11月贵阳商品房销售情况

其中，商品住宅市场供应量约为750.90万平方米，成交量约为652.14万平方米，成交均价约为10527元／平方米，市场存量约为665万平方米，去化周期12个月。

企业方面，从流量金额来看，2020年贵阳房企成交排在首位的是恒大集团，共计146.5亿元，其次为中天城投集团120亿元，随后为万科87.8亿元，融创68.1亿元；权益金额上，排在首位的仍然是恒大集团146.5亿元，第二位中天城投集团118亿元，第三位为中铁贵州置业集团63.9亿元，随后为融创集团59.3亿元，万科55.8亿元，榜单梯队分化明显，强者恒强的格局愈加稳固。

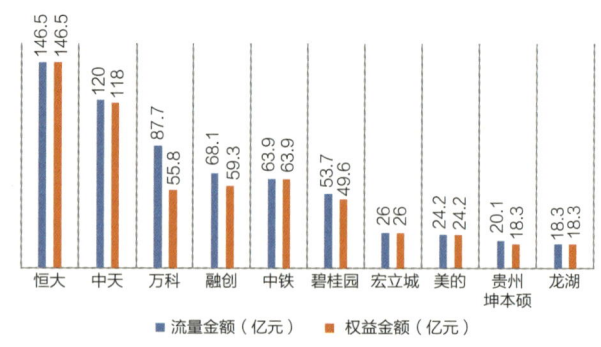

2020年贵阳市房企流量金额排行榜

在具体项目上，2020年贵阳市场成交金额最高的项目为中天吾乡55.37亿元，其次为贵州金融城32.14亿元，排在第三位的则是贵阳融创城31.34亿元。在销售面积方面，拔得头筹的仍然是中天吾乡50.71万平方米，

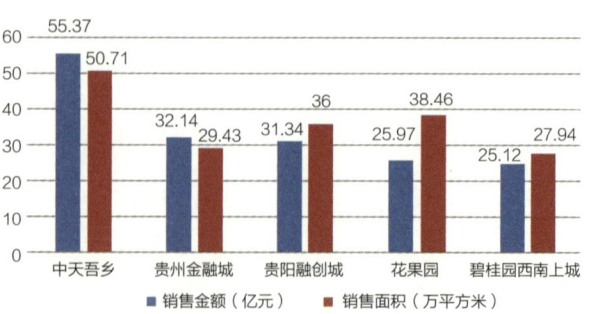

2020年贵阳市场项目销售金额排行榜

其次为花果园 38.46 万平方米，随后为贵阳融创城 36.00 万平方米。综合来看，可以看出上榜项目多为品牌房企开发项目，项目体量大，配备齐全。

2. 历史地位

纵观贵阳近几年的市场供销情况与价格趋势，可以看出，自 2016 年以来，贵阳市场的商品住宅成交面积一直呈现逐渐增长的态势，在 2017 年时触达近几年来的峰值，而这个阶段也是贵阳房价增速加快的时期。2019 年贵阳房价抵达近几年的峰值时，市场下行，消费者观望态度浓厚，成交面积也随之下跌。不过经由疫情后市场反弹与开发商"抄底"放价的刺激，2020 年全年贵阳楼市呈"先抑后扬"的发展态势，最终成交成绩仍超过 2019 年。

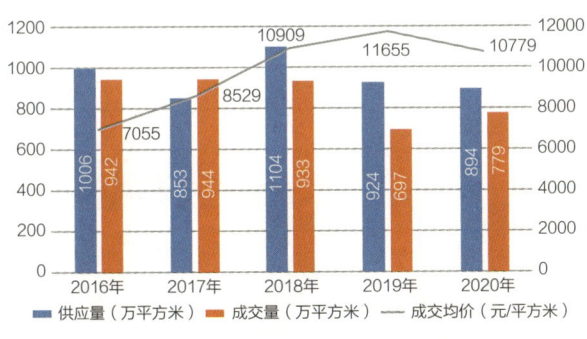

2016—2020 年贵阳市场商品房成交情况

二、二手房成交表现：均价 12 个月连降，跌至 8774 元/平方米，市场持续低迷下行，各区域价差凸显

整体情况：据网签系统数据显示，截至三季度，贵阳市二手房成交面积 84.32 万平方米，比二季度增长 31.8%，其中二手商品住宅成交面积 80.43 万平方米，比二季度增长 33.3%。截至 2020 年 12 月，贵阳市在售二手房约为 32905 套，整个市场客少房多，供大于求。

价格变动：贵阳市二手房市场自 2019 年下半年开始进入低迷期，不仅成交量持续下滑，均价也跌破近年新低。安居客数据显示，2020 年贵阳市二手房均价约为 8907.25 元/平方米，相较于 2019 年的 9391.66 元/平方米，同比下降 5.1%。

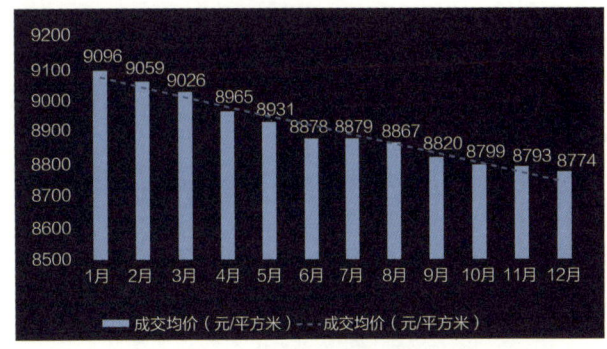

2020 年 1—12 月贵阳二手商品房均价变化

通过国家统计局公布的数据也能看出，贵阳二手房住房价格指数一直呈现持续下降态势。同比来看，2020 年 1 月指数下降 2.8%，到 7 月下降 5%，降幅逐步扩大；环比来看，各月基本呈现下降，降幅在 0.1%~0.4%。

热点区域：2020 年，贵阳二手房市场成交价格最高的区域为观山湖区 10402 元/平方米，其次为云岩区 9398 元/平方米，随后为南明区 8913 元/平方米。可以看出，贵阳市二手房价格高位主要分布于两城区与观山湖区，均为配套齐全、交通便捷或者带学区的项目，整个二手房市场逐渐呈现出"中心城区、行政中心、会展金融板块价值凸显"的态势。

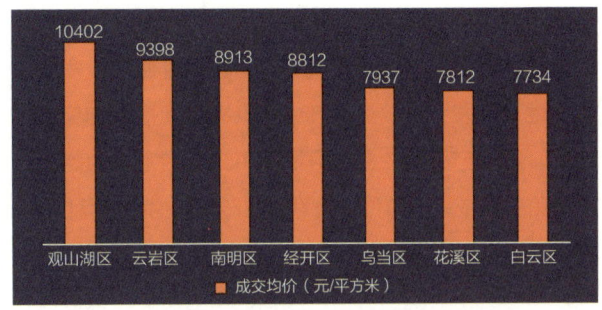

2020 年贵阳七区二手房成交均价排行

历史变化：因受疫情与市场进入"慢市场"等大环境影响，2020 年贵阳市场二手房仍然延续 2019 年的颓势，全年呈现持续下跌的态势。2020 年上半年二手房住宅价格小幅下滑，下半年二手房价格持续向下波动，其中花溪区二手房价格较 2019 年底价格明显下降 7%，而观山湖区和两城区价格居高位，区域价差凸显。

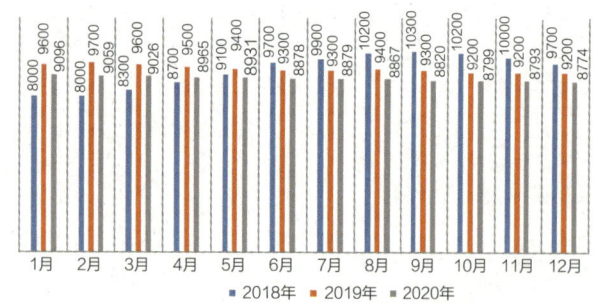

2018—2020年贵阳二手房市场均价变动情况

三、政策梳理：因城施策，小范围调整，严控市场营销行为，监管规范首付资金渠道与流动

2020年贵阳市场仍然以"稳"为主，房住不炒、因城施策依旧是主基调，在限售政策上，仍然沿用2017年6月发布的调控政策，"在贵阳买新建商品住房，3年内不得转让，购买时间以签订《商品房买卖合同》时间为准"。

因市场出现变相降价刺激成交，政府出手整治，相继颁布系列文件，进一步规范房地产市场，规范预售资金监管的政策。

整治"0首付""首付分期"：2020年3月26日，贵阳市发布《关于进一步加强商品房购房首付、网签、过度营销等销售行为监管的通知》，该《通知》命令禁止房地产开发企业、房地产中介机构违规提供购房首付融资。房地产开发企业、房地产中介机构不得为购房人垫付首付款或采取首付分期等其他形式变相垫付首付款；不得通过任何平台和机构为购房人提供首付融资，不得以任何形式诱导购房人通过其他机构融资支付首付款，不得组织"众筹"购房。

严控"首付贷"：2020年6月2日，贵阳市发布《关于进一步规范商品房销售和购房融资行为的通知》，该《通知》严禁将个人综合消费贷款等资金挪用于购房，加大对首付资金来源的审核力度，严控"首付贷"。规定不得通过任何平台和机构为购房人提供首付融资，不得以任何形式诱导购房人通过其他机构融资支付首付款，不得组织"众筹"购房。

规范预售资金监管：要求房企、监管银行和银联贵州分公司编制协议签约及预售资金监管专用POS机开通相关工作流程，应涉及协议签约各环节，工作内容应包含：商品房预售资金监管专用账户开立、专用POS机挂接预售资金监管专户、专用POS机具安装布放和使用、协议盖章用印及其他。

四、土地供求：拍挂总量双双破千万平方米，揽金621亿元，土地市场再迎新突破

1. 出让基本情况

2020年，贵阳市（含贵安新区及三县一市）挂牌商住类土地1105.11万平方米，同比2019年上涨29.38%，成交土地301宗，成交面积共1001.17万平方米，同比2029年上涨10.98%，成交金额达到621亿元，同比2019年上涨26.11%。

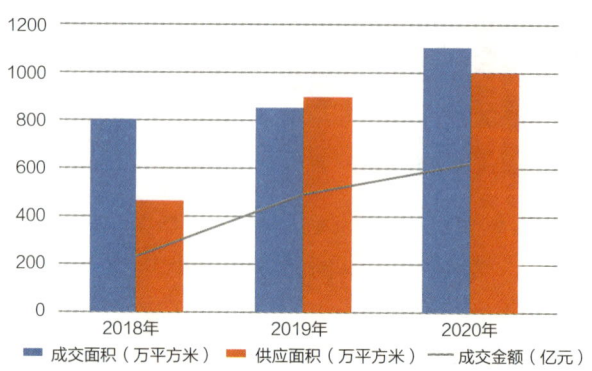

2018—2020年贵阳商住用地拍挂情况

从区域来看，在供应上，2020年修文县以207.67万平方米的供应量排在首位，清镇市以130.24万平方米位列区域供地第二，排在第三四位的分别为乌当区和贵安新区；在成交上，修文县仍然以约153.62万平方米占据榜首，清镇市、乌当区、贵安新区紧随其后；成交额上，乌当区以98亿元成交总价排在首位，随后为南明区约80亿元，经开区约67亿元。

值得一提的是，云岩区作为土地供应最少的区域，土地成交总额却达到约60亿元，其中不乏人民大道沿线及三马片区棚改低效用地出让的作用，而2020年贵阳

市卖出的单价最贵的一宗地，就是被新城控股以40.43亿元总价竞得，位于云岩区核心区域的GD［20］017号地块，成交价格达到7621元/平方米，刷新2020年的土地单价成交历史。

平方米，随后为中交79.32万平方米，中国铁建60.57万平方米，新城51.28万平方米；在拿地总额上，新城以68.61亿元位列榜首，其次为恒大61.67亿元，融创45.27亿元。其中，恒大、新城、中国铁建、融创等品牌企业拿地多在云岩区、南明区等主城低效开发用地，不惜花"重金"积极往核心区域布局补仓。

纵观2020年的贵阳土地市场，可以发现恒大、中铁建、绿地、龙湖、中南、雅居乐等品牌房企大多通过产城结合进行储地补仓，而融创、金科、旭辉、华润、新城等深耕型企业加入低效用地开发队列，市场有的放矢，通过产城联动、低效用地机制等保证市场有序发展。

2020年贵阳市土拍成交金额TOP10地块

排名	宗地编号	地块位置	出让面积（m²）	成交楼面价	成交价（万元）	竞得单位名称
1	GD(20)017	云岩区	97205	7621元/m²	404314.9392	新城控股集团企业管理有限公司
2	GD(20)030	南明区	81767.45	7145元/m²	251262.499	成都润盈置业有限公司
3	GD(20)001	南明区	84359.5	5081元/m²	175205.7	贵阳融创扬扬房地产开发有限公司
4	G(20)041	观山湖区	120890.6	3322元/m²	148984.4747	贵阳龙湖度势文化产业发展有限公司
5	GD(20)019	云岩区	105460	4043元/m²	135423.6407	贵阳中铁筑和房地产开发有限公司
6	G(20)023	观山湖区	131670.1	2262元/m²	134026.99	贵阳远大卓越置业有限公司
7	GD(20)009	乌当区	188486.44	3206元/m²	133196.3	重庆市金科星聚置业有限公司
8	G(20)030	白云区	164996.26	2643元/m²	129787.3219	恒大地产集团有限公司
9	G(20)051	乌当区	160022	3229元/m²	129177.7595	贵阳城投中天置业发展有限责任公司
10	SL(19)018	双龙区	107575	4574元/m²	123012.0125	中铁房地产集团（贵州）有限公司 贵州广电建设开发置业有限公司
合计			1192432.35		1764391.638	

从整体数据上可以看出，2020年1—2月因受疫情影响，贵阳土地市场供应与成交均"触底"，疫情缓和后3月开始大批量放地；下半年开始，土地放量与成交齐升，最终完成新突破。纵观2020年全年，可以看出市场低效用地放量逐渐增多，大批量的土地供销主要集中在近远郊区域，双核心区待开发土地资源趋于饱和状态，土地放量较少，出让的主要土地类型为棚改低效用地，城市土地开发外拓趋势明显。

2. 开发商拿地情况

从房企来看，疫情缓和后贵阳市场企业拿地积极性相对较高，主城区竞争火热，多宗地突破7000元/平方米大关。2020年拿地体量最大的企业为恒大83.30万

2020年贵阳房企拿地面积排行榜
（只统计商住用地）

排名	房企名称（以集团归口）	拿地面积（m²）	拿地金额（亿元）	宗数	拿地区域
1	中国恒大	833082.06	61.67	10	经开、乌当、白云
2	中交地产	793288.32	22.95	22	贵安新区
3	中国铁建房地产	605706.98	36.15	7	双龙区、修文县
4	新城控股	512845	68.61	7	经开区、清镇
5	中天城投集团	503567	38.82	6	乌当、花溪
6	金科集团	464664.27	40.91	6	乌当、花溪
7	阳光城	260392.07	3.43	4	修文县
8	旭辉控股	224031.15	23.91	8	乌当、白云
9	红星地产	200581	24.1	5	观山湖
10	融创中国	187488.2	45.27	5	南明、乌当

五、热点板块：双核心区域持续主导，多组团逐渐发力，贵安、清镇或将影响城市格局

从数据来看，云岩区供销相对稳定，供应为93万平方米，供应主体为三马片区，恒大御龙天峰、龙湖揽境等多个新盘入市，成交量为90万平方米；南明区则因为花果园的高存量，将供应量拉到104万平方米，直接将区域去化周期延伸至24个月，未来去化压力相对较大。

观山湖区是2020年唯一一个仍保持量价高位的区域，商品住宅供应量约为170万平方米，成交量约为

193万平方米，成交均价约为11804元/平方米，单区去化周期仅为6个月。区域内新房与二手房均价波动不大，众多大牌热盘聚集，深得很多投资者和改善置业者的青睐。

其他区域表现亮眼的有乌当区、白云区以及经开区，这三个区域均在大盘热销、低价等的影响下市场份额大幅上升。其中，乌当区因中天吾乡开盘热销，而带动区域热度；白云区凭借"最低价"优势及多个品牌开发商项目持续入市，供销总量仅次于观山湖区；经开区则得益于贵阳融创城、美的璟悦风华等大体量项目的开盘与入市，提升区域数据。

除此之外，值得关注的还有贵安新区。贵安新区在2020年的政府工作报告中，被赋予了省级管理权限，报告明确了省委、省政府加大财税支持、加强用地支持等8条政策措施促进贵阳市、贵安新区融合发展。贵安新区未来将被打造成为观山湖区、两城区（南明、云岩）之外的第三核心区，2020年也迎来了中交、绿城等众多品牌房企相继落地。

受观山湖区和贵安新区价值溢价和政策利好影响，清镇市近年来深得品牌房企信赖，蓝光、东原、佳兆业等将都将进入贵阳的第一个项目落地清镇，深耕贵阳的碧桂园、中铁置业、新城控股等也积极在清镇布局项目，未来清镇市撤市建区工作推进，S2号线、太金大道开通后，区域价值将会进一步增强。

区域总结：根据城市总体规划发展，贵阳市近年形成了"双核多组团"发展结构，其中"双核"为老城区（云岩和南明）和观山湖区，"多组团"则为白云、乌当、花溪、经开区等城市功能组团，双核心区在市场中持续占据主导地位，继续引领市场风向。

六、用户心理：市场价格底线持续松动，引发刚需"抢房潮"，改善用户观望态度浓厚，都在等抄底

受疫情和市场来到下行期影响，2020年1—3月开发商放量少，静观市场变化，购房者多持观望态度。4月市场环境缓和，多个项目持续放价放量，利用"低首付"吸引购房者，此前很多预算不足的刚需用户纷纷上车，引发"低价区"抢房潮。这些购房者大多认为，能通过比2019年低近三分之一的价格在贵阳落户安家，机会难得。

而将目光锁定在双核心的改善用户则表现出了与刚需用户截然不同的心态，他们认为，现在是贵阳市场的下行期，未来还会继续调整，并不急于出手，现在更多处于多看多了解阶段。

而二手房方面，与改善用户类似，2020年因为市场持续下行，市场内房源供大于求，价格持续走低，很多购房者都在保持观望，希望能在更低价位入手，而房东被市场所困，急于出手的只能通过持续降价来达成成交，市场有市无价。

七、2021年展望

受市场下行期与开发商"降价换量"带来的影响，2021年贵阳楼市预计将迎来一段调整期，除了市场本身的调节、相关部门的良性调控外，房企也会通过新产品的研发与推出，将2020年被损坏的市场逐渐修补起来。其中，在新产品入市方面最值得关注的还是双核心区，尤其是南明区的高端改善项目中铁·铁建城及观山湖区的中海·映山湖叠墅产品等，或将会为2021年的市场注入新活力。在房企方面，值得期待的有中交、绿城、雅居乐、佳兆业、建发、红星等2020年刚拿地的企业，这些企业多数为产城结合拿地，它们如何将产业与项目结合打造出不同以往的产品，或许我们在2021年就能得到答案。

数据来源：贵阳市统计局、克而瑞贵阳研究中心、安居客二手房、极速智讯数据中心。

在售楼盘一览

观山湖区			
楼盘名字	价格	物业类型	主力户型
万科麓山	约12500元/m²	普通住宅、公寓、商业	三居室(95~108m²) 四居室(118~130m²)
融创九樾府	约12500元/m²	公寓、商业	三居室(120m²) 四居室(145m²) 五居室(170m²)
金茂·观山湖	约10800元/m²	普通住宅、公寓、别墅	三居室(97~110m²) 四居室(127m²)
碧桂园·西南上城	约10000元/m²	普通住宅、公寓、商铺	二居室(69m²) 三居室(89~120m²) 四居室(129~144m²)
融创·玖境臺	约12500元/m²	公寓、商铺	三居室(124m²) 四居室(143~160m²) 五居室(255m²)
贵阳龙湖天曜	尚未公布	商铺、自住型商品房	三居室(100m²) 四居室(120m²)
万科翡翠公园	约12500元/m²	商铺、自住型商品房	三居室(103~115m²) 四居室(129m²)
碧桂园·云顶壹品	约10500元/m²	普通住宅、商铺	三居室(117m²) 四居室(140m²) 五居室(225m²)
宇虹·万花城	约11000元/m²	普通住宅、商铺	三居室(95.05~123.06m²) 四居室(139.68~211m²)
富力·麦古中心	约30000元/m²	商铺	尚未公布
保利·大国璟	约13300元/m²	自住型商品房	二居室(80m²) 三居室(100~102m²) 四居室(118~174m²)
江华·城市旅游综合体	约13000元/m²	建筑综合体	尚未公布
富力新天地	约10500元/m²	公寓、商铺、综合体	复式(44~48m²)
贵阳富力中心	约11000元/m²	公寓、写字楼、商铺	写字楼(2100m²)
融创·云麓长林	约10500元/m²	公寓、商住	三居室(105m²) 四居室(125~165m²)
恒大中央广场	约11500元/m²	普通住宅、公寓、商铺	二居室(81m²) 三居室(97~117m²)
中铁阅山湖	约11500元/m²	普通住宅、别墅	三居室(127.98m²) 四居室(153.58m²)
广大城	约7500元/m²	普通住宅	二居室(83.17~86.01m²) 三居室(107.48~126.43m²) 四居室(138.78~154.7m²)
恒大金阳新世界	约11800元/m²	普通住宅	二居室(80m²) 三居室(95~129m²) 四居室(141m²)
融创·玖境国际	约10500元/m²	公寓	一居室(35~47m²)
美的置业广场	约9500元/m²	公寓、商铺、综合体、商业	一居室(42~59m²)
华润悦府	约12600元/m²	普通住宅、公寓、商铺	三居室(110~117m²) 四居室(163~166m²)
万科翰林	约10500元/m²	自住型商品房	三居室(95~106m²) 四居室(118m²)
万科理想城	约10500元/m²	公寓、别墅、商业	三居室(90~108m²) 四居室(128m²) 复式(68m²)
贵阳恒大滨河左岸	约7500元/m²	普通住宅、公寓、商铺	一居室(41.38~87.38m²) 三居室(81.31~131.30m²) 四居室(136.50~144.13m²)
麒龙商务港	约9600元/m²	普通住宅、写字楼、商铺、商住、综合体	二居室(80.69m²) 三居室(101.31m²)
天一国际广场	约12000元/m²	普通住宅、写字楼	三居室(142.15~160.88m²) 四居室(177.41~215.94m²)

观山湖区			
楼盘名字	价格	物业类型	主力户型
贵州金融城	约13000元/m²	公寓、别墅、写字楼、综合体	写字楼(1411.92~1936m²)
恒大中央公园	约12800元/m²	普通住宅、别墅、写字楼、商铺	三居室(120.08~162.01m²) 四居室(182.31m²)
中铁逸都国际	约11800元/m²	普通住宅	三居室(112.33~118.9m²) 四居室(142~144m²)
通号·云璟台	约8500元/m²	公寓、写字楼、商铺、商住、综合体	复式(38.26~53.53m²)
北大资源梦想城~1898国际公寓	约12000元/m²	公寓	一居室(44~47m²)
银海元隆·熙府	高层11800元/m²、洋房15000元/m²	高层、洋房	二居室(87m²) 三居室(120m²)
阳光城·启航中心	约9200元/m²	公寓、写字楼	一居室(30~65m²) 二居室(43.71m²)
鑫新国际	约13000元/m²	写字楼、综合体	尚未公布
中和宝霖广场	约13000元/m²	普通住宅、公寓、写字楼、商铺	尚未公布
联合广场	约10000元/m²	写字楼、酒店式公寓、商铺	尚未公布
滨湖俊园	尚未公布	普通住宅、公寓、写字楼、商住	二居室(80~89m²) 三居室(110m²)
金利大厦	约10000元/m²	写字楼、商铺	尚未公布
北大资源梦想城	尚未公布	普通住宅、别墅、写字楼、商铺	一居室(54m²)
云城尚品	尚未公布	普通住宅、公寓	二居室(68~75m²) 三居室(101~109m²)
观府壹号	约15000元/m²	普通住宅、别墅	二居室(74~84m²) 三居室(87~148.4m²)
远大美域	约12000元/m²	普通住宅、别墅、商铺	三居室(116~138m²)
佳兆业·樾伴山	约6300元/m²	普通住宅、自住型商品房	三居室(98~108m²) 四居室(118m²)
中铁阅山湖 云著	约18300元/m²	住宅、商业	三居室(133m²) 四居室(160m²)
中海·映山湖	住宅13000元/m²起、别墅46000元/m²起	住宅、别墅	三居室(115m²) 四居室(140m²) 别墅(170m²)
万科·翡翠天骄	约13500元/m²	普通住宅、公寓	三居室(112m²) 四居室(130m²)
天一·观山阅	约8000元/m²	写字楼、商业	尚未公布
贵阳地铁·湖山郡	尚未公布	普通住宅、公寓、酒店式公寓	四居室(136m²)
高新区高科国际	约9000元/m²	写字楼	尚未公布
万科新都荟	9000~11500元/m²	普通住宅、商业	三居室(89~117m²) 四居室(126~143m²)

南明区			
楼盘名字	价格	物业类型	主力户型
中南·林樾	约10500元/m²	自住型商品房	三居室(88~114m²) 四居室(119~151m²)
青秀·楠庭	约9800元/m²	普通住宅、商铺	三居室(95~109m²)
宝能国际会展城	约8900元/m²	普通住宅、公寓、酒店式公寓、商铺	二居室(88~114m²) 三居室(124~136m²)
龙缘·聚乐汇	约7000元/m²	公寓、商铺、商住、写字楼	写字楼(557.19m²)

南明区

楼盘名字	价格	物业类型	主力户型
金地·云麓一号	约 11000 元 /m²	自住型商品房	二居室 (76~80m²) 三居室 (85~106m²) 四居室 (123m²)
融创·九璟湾	约 11500 元 /m²	自住型商品房	四居室 (135~165m²) 五居室 (185m²)
贵阳爱琴海购物公园	尚未公布	商铺	尚未公布
青秀 2046	约 10200 元 /m²	普通住宅、公寓、商铺	三居室 (95~115m²) 四居室 (130m²)
WINDOW 世创	尚未公布	公寓、商铺、商住、综合体	尚未公布
翡翠山谷	约 15000 元 /m²	别墅、自住型商品房	五居室 (217.92m²)
贵阳恒大南明御府	约 12500 元 /m²	普通住宅、公寓、商铺、商住	三居室 (121.25m²) 四居室 (138m²)
保利凤凰湾	约 9800 元 /m²	公寓	一居室 (67.9~84.9m²) 二居室 (91.33m²) 三居室 (93.54~123.91m²)
恒丰碧桂园·贵阳中心	约 26500 元 /m²	公寓、自住型商品房	一居室 (45m²) 二居室 (98m²) 三居室 (116~140m²)
万科·翡翠滨江	约 11500 元 /m²	普通住宅、公寓、商铺	三居室 (108m²) 四居室 (135m²)
碧桂园·星作	约 14500 元 /m²	普通住宅、商铺、综合体	一居室 (50m²) 二居室 (85m²) 三居室 (87m²)
中铁建·国际城·桃花源	约 12000 元 /m²	普通住宅	一居室 (65.05m²) 二居室 (76~88m²) 三居室 (103.85~138.24m²)
中南·春风南岸	约 8900 元 /m²	商铺、自住型商品房	二居室 (75m²) 三居室 (95~100m²) 四居室 (125~154.78m²)
铂悦府	约 32000 元 /m²	普通住宅、公寓	三居室 (148.93m²) 四居室 (197.36~199.78m²)
恒立南岳大院	约 16500 元 /m²	普通住宅、写字楼	二居室 (63m²) 三居室 (108~135m²) 四居室 (151m²)
泰祥国际	约 20000 元 /m²	商铺	商铺 (15~25m²)
中铁摩都娱购公园	约 20000 元 /m²	商铺、综合体	尚未公布
深高速·茵特拉根小镇	约 6800 元 /m²	普通住宅	二居室 (91.75m²) 三居室 (118.53m²) 四居室 (128.03~235.51m²)
花果园	约 10000 元 /m²	普通住宅、公寓	二居室 (43.66m²) 三居室 (89.10~117.60m²)
恒大城市之光	约 9500 元 /m²	普通住宅	三居室 (124m²)
中铁国际生态城·白晶谷	约 15000 元 /m²	别墅	三居室 (110m²) 四居室 (113m²) 五居室 (142~146m²)
太阳谷国际康养生活社区	约 7800 元 /m²	公寓、别墅	别墅 (146.18~177m²)
花果园亚太中心	约 10000 元 /m²	写字楼	尚未公布
贵州广电 & 中国铁建花语墅	尚未公布	普通住宅	三居室 (67~125m²) 四居室 (192m²)
中国铁建·铁建城	约 20000 元 /m²	住宅、商业、写字楼	三居室 (190m²) 四居室 (240m²)
首开紫郡	约 12000 元 /m²	普通住宅、别墅、商住	二居室 (73.33m²) 三居室 (88.77~125.95m²) 四居室 (132~172m²)
多彩贵州城	约 11000 元 /m²	普通住宅、别墅、商铺、综合体、自住型商品房	三居室 (111.28~114.41m²) 四居室 (132.57~200.57m²)
学府黔城	约 10000 元 /m²	公寓、商铺、自住型商品房	尚未公布
融创·国宾道	尚未公布	商业	三居室 (110~125m²) 四居室 (143m²)
首钢·贵州之光	约 12500 元 /m²	普通住宅、公寓、写字楼、商铺	三居室 (112.68~150.73m²)

云岩区

楼盘名字	价格	物业类型	主力户型
贵府	约 23600 元 /m²	商住	二居室 (83.60m²) 三居室 (113.76~129.71m²) 五居室 (172.25m²)
恒大御龙天峰	约 10000 元 /m²	公寓、商铺、自住型商品房	三居室 (102.3~107.67m²)
贵阳龙湖揽境	108 万元 / 套起	自住型商品房	三居室 (100m²) 四居室 (120m²)
万科·翡翠国际	约 21800 元 /m²	公寓	一居室 (43.09m²)
贵阳益田假日世界	尚未公布	写字楼、综合体、商业	尚未公布
贵阳富力华庭	约 10500 元 /m²	普通住宅	三居室 (97~126m²)
贵阳恒大帝景	约 8800 元 /m²	普通住宅、公寓、商铺	二居室 (81.02m²) 三居室 (115.06~127.42m²) 四居室 (225.65m²)
中天未来方舟	约 10000 元 /m²	普通住宅、公寓、别墅、写字楼、酒店式公寓	二居室 (90m²) 三居室 (127m²) 四居室 (215.16m²)
贵阳远洋风景	约 10500 元 /m²	自住型商品房	三居室 (97~110m²) 四居室 (133m²)
贵阳中梁·壹号院	约 9600 元 /m²	商铺、自住型商品房	三居室 (98m²) 四居室 (116~130m²)
贵旅大厦	约 21000 元 /m²	写字楼	尚未公布
贵园御景	约 8380 元 /m²	普通住宅、酒店式公寓	二居室 (93.77m²) 三居室 (96.19~107.11m²)
中建华府	约 12500 元 /m²	普通住宅、公寓、写字楼、商铺	三居室 (107.54~120.53m²) 四居室 (145.39m²)
福兴·峰景	约 19000 元 /m²	自住型商品房	一居室 (54~66.65m²) 二居室 (70.46~88.28m²)
百花新苑	约 8933 元 /m²	商铺、商住、自住型商品房	二居室 (72.37~97.27m²) 三居室 (102.73~138.91m²)
碧桂园·星荟	约 10500 元 /m²	普通住宅、自住型商品房	三居室 (105m²) 四居室 (125~140m²)
大十字·贵阳壹号	约 25000 元 /m²	写字楼、商铺、商业	商铺 (50~60m²)
熙山郡	约 9300 元 /m²	普通住宅	三居室 (100.07~126m²)
中央国际	约 8750 元 /m²	综合体	三居室 (85.67~105.23m²) 四居室 (115.55~116.19m²)
金龙星岛国际	约 12000 元 /m²	普通住宅、公寓、综合体	四居室 (189m²)
大上海商贸城	约 9300 元 /m²	商住	尚未公布
鸿基君临天下	约 13500 元 /m²	普通住宅、综合体	二居室 (96.87m²)
新城玺樾台	约 11000 元 /m²	普通住宅、商住	三居室 (106~107m²) 四居室 (128~141m²)
万科城 V 立方	尚未公布	公寓、商铺	一居室 (36~58m²) 三居室 (87~115m²)
百里·云山	尚未公布	商铺、自住型商品房	三居室 (52.28~93.71m²)

新花溪区

楼盘名字	价格	物业类型	主力户型
贵阳融创城	约 7800 元 /m²	普通住宅、商铺、商住	三居室 (126~168m²)
龙湖·湖山原著	约 8999 元 /m²	自住型商品房	尚未公布
贵阳恒大观山学府	尚未公布	普通住宅、公寓、商铺	三居室 (105.19m²)
当代 MOMΛ 未来城	约 5400 元 /m²	别墅、商住	二居室 (77~82m²) 三居室 (97~119m²) 四居室 (129~143m²)
万科·大都会花样	约 11500 元 /m²	普通住宅	二居室 (72.42m²) 三居室 (79.88~119.93m²) 四居室 (126.34~129.69m²)

新花溪区

楼盘名字	价格	物业类型	主力户型
美的·璟悦风华	尚未公布	普通住宅、商住、综合体、自住型商品房、商业	三居室（98~124m²）
瑞达佳苑·理想家	尚未公布	公寓、商铺、商住、自住型商品房	尚未公布
碧桂园·大学印象	尚未公布	普通住宅、商铺	尚未公布
金科博瀚天元	尚未公布	普通住宅、别墅	尚未公布
贵阳恒大溪上桃源	尚未公布	商住	三居室（70~120m²）
金科·中泰天境	约9600元/m²	写字楼	三居室（91~113m²）四居室（120~123m²）
碧桂园·印象花溪	约10500元/m²	普通住宅	二居室（65~69m²）三居室（90~106m²）四居室（125~142m²）
金科·集美阳光	约9500元/m²	公寓、商铺、自住型商品房	一居室（41m²）四居室（127~130m²）
美的·国宾府	约7999元/m²	普通住宅、公寓、酒店式公寓、商铺	三居室（80~130m²）
花溪碧桂园	约14500元/m²	普通住宅、别墅、商铺	别墅（515m²）
贵阳恒大半山御景	尚未公布	别墅	尚未公布
亨特碧桂园·云涧溪山	12800~24000元/m²	综合体	尚未公布
万豪滨江公馆	约9800元/m²	公寓、商铺	复式（60m²）
万科花溪大都会	约11000元/m²	公寓、商住、商业	三居室（95~119m²）四居室（125m²）
美的·花溪院子	约10200元/m²	普通住宅	别墅（160~260m²）
龙湖·景粼天著	约8000元/m²	普通住宅、别墅	四居室（113~125m²）
贵阳恒大文化旅游城	约7400元/m²	普通住宅、别墅、商铺	三居室（89.86~142m²）
蓝光·雍锦府	约8100元/m²	自住型商品房	三居室（108m²）四居室（118~133m²）
贵高速·花溪26°	8000~9000元/m²	普通住宅、别墅	三居室（97m²）四居室（127~159m²）五居室（242m²）
贵阳经开吾悦广场	尚未公布	普通住宅	尚未公布
印象商贸港	尚未公布	公寓、商铺、综合体、商业	复式（43~72m²）
悠活公园	尚未公布	公寓、商铺	尚未公布
珺睿府	尚未公布	普通住宅	尚未公布
万科·观湖	尚未公布	普通住宅、商铺	四居室（133m²）

双龙新区

楼盘名字	价格	物业类型	主力户型
碧桂园·凤凰城	约6800元/m²	公寓、别墅、商业	三居室（115~118m²）四居室（140m²）
金科龙里东方	约13500元/m²	普通住宅、别墅	四居室（163~182m²）复式（128~188m²）
阳光城·望乡	约4999元/m²	普通住宅、别墅、商业	二居室（140m²）三居室（185m²）
新城·龙樾府	尚未公布	自住型商品房	别墅（99~165m²）
麒龙滨江境	约4750元/m²	商住	尚未公布
融创九宸府	约12000元/m²	别墅	三居室（105~120m²）
碧桂园中铁·天麓1号	约17000元/m²	别墅、商铺、综合体	三居室（123m²）四居室（151m²）五居室（192m²）
中铁国际生态城	约14500元/m²	普通住宅	尚未公布

双龙新区

楼盘名字	价格	物业类型	主力户型
融创·春山宸望	尚未公布	别墅、住宅	四居室（99m²）别墅（200m²）

双龙新区

楼盘名字	价格	物业类型	主力户型
德杰·岭秀山	尚未公布	普通住宅、别墅、商业	别墅（231~327m²）
中铁悦龙东郡	约5600元/m²	普通住宅	三居室（97~115m²）四居室（138~139m²）
和泓蓝城·桃花源	尚未公布	别墅	尚未公布
贵阳恒大茶郡	约5500元/m²	别墅	四居室（181m²）
碧桂园·龙城府	尚未公布	别墅	尚未公布
阳明花鸟文化旅游城	尚未公布	别墅、商铺	尚未公布
贵龙云著	尚未公布	商住	尚未公布
龙曜东方	约4700元/m²	商铺、商住、综合体	尚未公布
渔龙半湾	约9000元/m²	商铺、自住型商品房	尚未公布
万豪双阅府	尚未公布	别墅、商铺	尚未公布
中铁我山	尚未公布	别墅、自住型商品房	尚未公布
中铁国际生态城 三千旅居	尚未公布	公寓	尚未公布
中南菩悦·春山居	尚未公布	别墅、商铺、自住型商品房	尚未公布
中铁悦龙南山	约6200元/m²	普通住宅	三居室（117.3~122m²）
双龙悦城	尚未公布	商铺、自住型商品房	尚未公布
贵龙和悦府	约5300元/m²	商铺、自住型商品房	三居室（108m²）四居室（120~135m²）
中铁洛飞城	尚未公布	公寓	尚未公布

乌当区

楼盘名字	价格	物业类型	主力户型
乐湾国际城·府鸣溪上	约8900元/m²	自住型商品房	三居室（119m²）四居室（136m²）
旭辉金科·未来壹号	尚未公布	普通住宅、商铺	尚未公布
保利春天大道	约7500元/m²	普通住宅	三居室（129.15m²）四居室（130.07~137.46m²）
中天·吾乡	尚未公布	普通住宅、别墅	尚未公布
恒大都会广场	约9200元/m²	商铺、综合体	二居室（79.59~129.7m²）三居室（96.9~151.75m²）四居室（190.88m²）
保利香槟花园	约9300元/m²	普通住宅	二居室（82.03m²）三居室（82.25~132.39m²）
保利公园	约8100元/m²	普通住宅、别墅	三居室（105~123m²）四居室（144m²）
颐华府	约9000元/m²	商铺、自住型商品房	二居室（86m²）三居室（116~118m²）四居室（130~133m²）
乐湾国际城	9500~11000元/m²	别墅	二居室（87.34m²）三居室（109.06m²）

贵安新区

楼盘名字	价格	物业类型	主力户型
中国铁建·花语墅	约8600元/m²	自住型商品房	四居室（128~140m²）
贵安-水清木华	尚未公布	自住型商品房	尚未公布
力天·优胜美地	约8500元/m²	公寓、商铺	二居室（75.79~95.41m²）三居室（90.19~117.19m²）
融创·云湖十里	约8000元/m²	普通住宅	尚未公布
碧桂园·贵安1号	约6600元/m²	公寓、商铺、综合体	三居室（115m²）四居室（140~180m²）五居室（260m²）
贵安观天下	约4688元/m²	商铺、商住、综合体、自住型商品房	二居室（80m²）三居室（100.39~108m²）复式（155m²）
中国铁建贵安山语城	6800~7800元/m²	公寓、别墅	三居室（110m²）复式（167m²）
群升大智汇	约6800元/m²	普通住宅、公寓、别墅、写字楼、商铺	二居室（76m²）三居室（93~114m²）四居室（123~133m²）

贵安新区

楼盘名字	价格	物业类型	主力户型
泰豪e时代	约7880元/m²	公寓、写字楼、商铺、商业	尚未公布
中交·春风景里	尚未公布	自住型商品房	三居室(97~110m²) 四居室(127m²)
中交绿城·桃源小镇	尚未公布	自住型商品房	尚未公布
泰豪智慧城市广场	尚未公布	公寓、写字楼、酒店式公寓、商铺、商住、综合体、商业、自持物业	尚未公布
宝捷·黔中一号	尚未公布	商住	尚未公布
贵澳时代广场	14000~19000元/m²	普通住宅、商铺	尚未公布
蓝光&贵安置投·长岛国际	尚未公布	自住型商品房	尚未公布

清镇市

楼盘名字	价格	物业类型	主力户型
铜雀台	尚未公布	普通住宅	尚未公布
贵阳清镇吾悦广场	尚未公布	普通住宅、商铺、综合体	三居室(99~122m²) 四居室(130~140m²)
利亚奥林花园	尚未公布	综合体	尚未公布
上观	尚未公布	自住型商品房	尚未公布
学府里	尚未公布	商住	三居室(117~130m²) 四居室(141m²)
金科城	尚未公布	商住	尚未公布
四季贵州·椿棠府	约7100元/m²	普通住宅	三居室(113~118m²) 四居室(119.69~151.09m²) 五居室(180~182.44m²)
东原·朗阅	约6300元/m²	自住型商品房、商业	二居室(66m²) 三居室(87~106m²) 四居室(130m²)
致尚·西宸府	约7000元/m²	普通住宅、别墅、商住	尚未公布
中铁云湾	尚未公布	别墅、商铺、自住型商品房	尚未公布
清鸥·教育天地	约6700元/m²	普通住宅、商铺	三居室(100~121m²) 四居室(131~133m²)
凤凰栖	尚未公布	商铺、自住型商品房	三居室(101.67~122.4m²) 四居室(120.75~142.08m²)
蓝光·雍锦湾	约6400元/m²	商铺、自住型商品房	三居室(99~128m²) 四居室(118~138m²)
碧桂园·百花里	约7600元/m²	公寓、商铺、自住型商品房	尚未公布
中环国际	6300~6600元/m²	普通住宅、商铺、综合体	四居室(137m²)
红枫城市广场	约10000元/m²	商住	尚未公布
时光贵州	约23000元/m²	商铺	尚未公布
麓湖宫	约8000元/m²	普通住宅、商铺	四居室(137.93~202m²)

清镇市

楼盘名字	价格	物业类型	主力户型
蓝洋港湾	尚未公布	商住	尚未公布
碧桂园·茶马古镇	约7300元/m²	普通住宅	四居室(123~142m²) 五居室(198m²)
当代拾光里MOMΛ	尚未公布	普通住宅、商业	尚未公布

其他区域

楼盘名字	价格	物业类型	主力户型
金科·东方天悦	尚未公布	自住型商品房	尚未公布
水东御府	尚未公布	自住型商品房、商业	尚未公布
飞洋·简单爱	尚未公布	普通住宅	尚未公布
修文碧桂园	尚未公布	商铺、自住型商品房	三居室(120m²) 四居室(140m²) 五居室(220m²)

其他区域

楼盘名字	价格	物业类型	主力户型
开阳新天地	约4500元/m²	商铺、商住	三居室(92.74~119.11m²) 四居室(127.70m²)
兴园广场	约3850元/m²	公寓、写字楼、商铺、商住、综合体、自住型商品房、限竞房	尚未公布
兴义当代MOMΛ上品湾	约4100元/m²	商铺、自住型商品房	三居室(95.05~128.07m²) 四居室(119.66~141.99m²)
湾田·盘州盛世	尚未公布	普通住宅、商铺	三居室(88.10~109.22m²) 四居室(118.37m²)
凯里富力东南府	约7000元/m²	公寓、别墅、写字楼、商铺、自住型商品房	五居室(583.14~733.96m²)
荣光未来城	尚未公布	自住型商品房	三居室(95~140m²)
飞洋华府	约6000元/m²	自住型商品房	二居室(89.34m²) 三居室(108.67~129.01m²) 四居室(135.27~172.66m²)
飞洋华府·龙岸	约5400元/m²	自住型商品房	二居室(116.5m²) 三居室(127.95~145.65m²) 四居室(156.81m²)
北大资源·紫境东来	尚未公布	普通住宅、别墅	别墅(112~160m²)
麒龙·香林美域	约4500元/m²	普通住宅、别墅、商铺	尚未公布
碧桂园天誉·大明府	尚未公布	自住型商品房	尚未公布
息烽碧桂园	尚未公布	自住型商品房	尚未公布
碧桂园·玖珑台	尚未公布	商铺、自住型商品房	尚未公布
普定碧桂园	约4380元/m²		
碧桂园·玖珑湾	尚未公布	商铺、自住型商品房	尚未公布
惠水碧桂园	尚未公布	商铺、自住型商品房	尚未公布
六枝碧桂园	尚未公布	自住型商品房	尚未公布
建工学府公馆	尚未公布	商铺、商住	三居室(108.36m²) 四居室(134.42m²)
澳维公园福湾	尚未公布	别墅、商铺	三居室(125.84m²) 四居室(134.06~178.47m²)
澳维中央公园	尚未公布	商铺	三居室(109~133.02m²) 四居室(139~188m²)
仁和铭府	尚未公布	自住型商品房	三居室(147.43m²) 四居室(167.53m²)
都匀奥特莱斯	约13000元/m²	普通住宅、商铺	尚未公布
创美世纪城	尚未公布	公寓、商铺、自住型商品房	三居室(107.72~118.97m²)
广纳题西林壁	尚未公布	别墅、自住型商品房	二居室(77m²) 三居室(92~131m²) 别墅(167m²)
大观·观府	约4200元/m²	自住型商品房	尚未公布
大观伟城·度假公园	约5600元/m²	自住型商品房	尚未公布
仁山公园	尚未公布	别墅、商铺	二居室(97.03m²) 三居室(104.81~126.75m²) 四居室(136.85~138.21m²)
阳光城·翡丽公馆	约5080元/m²	普通住宅	二居室(89.98~90.62m²) 三居室(105.97~124.47m²)
阳光城·丽景湾	约5800元/m²	自住型商品房	三居室(106~118m²) 四居室(133m²)
富康·四季花城	尚未公布	别墅、商铺、自住型商品房	尚未公布
富康国际生态城	尚未公布	别墅、商铺	尚未公布

其他区域			
楼盘名字	价格	物业类型	主力户型
富康汇和府	尚未公布	普通住宅、商铺	尚未公布
山湖海·上城	尚未公布	普通住宅、商铺	尚未公布
庭辉·新城首府	尚未公布	自住型商品房	三居室 (121.98~129.61m²) 四居室 (152.22m²)
麒龙·城市广场	尚未公布	商住	尚未公布
麒龙涟江生态城	尚未公布	商住	尚未公布
贵州桃李春风	约17000元/m²	别墅	三居室 (130m²) 四居室 (145m²) 五居室 (175m²)
凯里恒大城	尚未公布	自住型商品房	尚未公布
麒龙畔山华庭	尚未公布	自住型商品房	尚未公布

其他区域			
楼盘名字	价格	物业类型	主力户型
金科集美东方	尚未公布	商铺、自住型商品房	尚未公布
明兴翰林学府	尚未公布	普通住宅	尚未公布
九城·半山奥体城	约5100元/m²	普通住宅	三居室 (63~92m²) 四居室 (108m²)
丰业·香缇湾	尚未公布	普通住宅	三居室 (116.82~122.99m²) 四居室 (136.56~136.92m²)
西派·澜岸	尚未公布	普通住宅、商业	尚未公布
毕节中泰峰境	尚未公布	普通住宅	尚未公布

典型项目

银海元隆·熙府

贵阳 | 银海元隆 | 交通便利 | 成熟商圈 | 核心地段

项目地址：
贵阳市观山湖区云潭南路与兴筑西路交汇处西北侧

开发商：
贵州银海元隆置业（集团）有限公司

产品特征：
高层、洋房

参考价格：
高层 11800 元/平方米、洋房 15000 元/平方米

主力户型：
约 120 平方米三居、约 87 平方米两居

物业公司：
贵州瀚洋物业

5 公里生活配套：
地铁 2 号线、金阳客车站、万达广场、奥体中心、华润万象汇、玖福城国贸、世纪金源购物中心、西南商贸城、贵州地质博物馆、喀斯特公园、十二滩公园

专家点评 石艺·乐居贵阳主编

银海元隆·熙府项目位于观山湖区的奥体板块，项目的整个规划，从路网设计、建筑布局到园林打造，均由国际大师历经两年多设计专研，力求实景呈现高品质小区。

扫码观看楼盘详情

项目测评

【战略意义】

银海元隆集团历经 20 年发展，领航贵州本土企业，累计荣获全国、省、市颁发的各类荣誉 30 多项。从 2001 年银海大厦到 2013 年银海元隆广场，历经数年沉淀，银海元隆·熙府在 2018 年以全新姿态入驻观山湖区，缔造舒居生活典范。

【区域地段】

项目位于观山湖区，在贵阳市万奥商圈内，观山西路、兴筑西路与云潭路形成双十字交汇，周边购物场所、地铁交通、奥体娱乐近在咫尺。

【楼栋规划】

建面约 46.6 万平方米的大型城市综合体，产品涵盖高层、洋房、公寓、商业及写字楼。分四期开发，规划 11 栋洋房、7 栋高层、1 栋大平层、3 栋公寓和 1 栋写字楼。

【园林景观】

融合中华山水人居理念，打造约 8 万平方米生态、韵律、人文、品质的"流水云筑"，营造一轴、一环、双中庭的生态湖居生活体验。在园林设计上，精心挑选知名灌木、四季花卉，还有绿地草坪，打造五重立体景观园林。

【自建配套】

地处两条市级主干道云潭南路与兴筑路交汇处，紧邻贵阳奥体中心和万达广场，建成后将成为一个大型城市综合体。项目商住分离，商业生活配套、办公配套、酒店配套、幼儿教育配套等一应俱全。

【物业服务】

瀚洋物业成立于 2000 年，是贵州省物管协会副会长级单位，2014 年成为贵州省物业管理"综合实力十强企业"。旗下的银海元隆广场荣获 2016 年度物业服务管理省级示范项目；银海嘉怡花园荣获贵州省住宅物业管理服务规范试点项目。

【交通出行】

临近地铁 2 号线（试运行）、轨道交通 S2 号线（建设中），项目以西直线距离约 800 米位置设有轻轨站点兴筑西路站，地处两条市级主干道云潭南路与兴筑西路交汇处西北侧。

【医疗配套】

周边有三甲医院金阳医院，以及两所妇幼保健站，在建的贵州省人民医院也会在不久的将来投入使用，进一步升级区内的医疗资源。

【品牌描述】

银海元隆集团自 1998 年成立以来，以匠心致初心，秉承着"精于心，匠于行"的人居理念，坚持匠心精筑，不断研磨人居匠作，与城市发展共生长，回归人们美好生活诉求，成为贵州本土知名地产企业，累计荣获全国、省、市颁发的各类荣誉 30 余项。银海元隆·熙府项目荣获"贵州十大匠心楼盘"殊誉。

【购物娱乐】

项目位于拥有大量客流的奥体板块，衔接成熟商圈，贵阳第一家万达广场就在项目直线距离 200 米处。两公里范围内玖福城国贸、世纪金源购物中心、宜家家居、印象城等均已开业，毗邻喀斯特公园和十二滩公园。

【设计风格】

项目整体规划方面，从路网设计、建筑布局到园林打造，都经过两年多设计和专研，力求高品质小区的实景呈现。以现代风格主打建筑本身，秉承中国古法礼序，打造一轴、一环、双中庭的中式风格中轴对称式格局，造就一处"人文园林"的宜居环境。

中海·映山湖

`贵阳` `中海` `央企品牌` `城央地段` `珍稀山湖`

项目地址：
贵阳市观山湖区林城东路金融城东 500 米

开发商：
贵阳中海房地产有限公司

产品特征：
住宅、别墅

参考价格：
住宅 13000 元 / 平方米起、别墅 46000 元 / 平方米起

主力户型：
约 115 平方米三居、约 140 平方米四居、约 170 平方米别墅

物业公司：
中海物业

5 公里生活配套：
映山湖市政公园、长坡岭国家森林公园、电竞小镇、CCpark 商业综合体（盒马鲜生）、云上方舟商业综合体、观山湖大健康医疗综合体、贵州省博物馆、地铁 1 号线、贵阳北站

专家点评 石艺·乐居贵阳主编

项目占据观山湖区核心地段，坐拥金融城板块为数不多的生态湖畔，背靠长坡岭国家级森林公园，稀缺的地段与生态资源融合，突破市场天花板在贵阳也是一种必然。

扫码观看楼盘详情

项目测评

【品牌描述】
中海地产，1979 年成立于香港，隶属国资委特大央企中国建筑集团，连续 17 年蝉联品牌价值 NO.1（数据来源：中国指数研究所）。布局国内外 70 余城市，专注建造全球大型工程、中国一线豪宅，以"工科中海"之名享誉全球。

【战略意义】
2019 年，中海地产拿下贵阳观山湖区金融城央"滨湖花城"地块，正式落子首个项目中海·映山湖。中海 40 余载营造经验，洞察贵阳的改善置业、进阶置业需求，在优越地段、珍稀山湖之上，提升贵阳城央豪宅标准。

【区域地段】
择址观山湖区金融城央，板块内 40 余栋 5A 甲级写字楼，约 260 家金融机构入驻，被誉为贵阳的"江北嘴"。林城东路横贯项目正前方，串联省市级单位、各类金融机构总部，被誉为贵阳的"长安街"。

【楼栋规划】
项目占地面积约 18 万平方米，谨循自然地形地貌，规划 30 栋环湖别墅；南北低密排布，创新叠拼设计，退台坡地景观。12 栋低密洋房，楼高为 9 层，一梯两户。20 栋纯板平层，楼高 26 层，一梯两户，部分一线观湖，其余南北排布，采光通风俱佳。

【设计风格】
得益于中海优秀的建筑工艺工法，纯板平层采用全公建化外立面，大面积的玻璃外窗与简约线条提升视觉享受。环湖别墅外立面对标中海经典项目香港·牛津道 1 号，精心挑选石材搭配约 70% 宽幅玻璃幕墙。

【主力户型】
纯板平层主力户型为建面约 140 平方米四居，格局方正，阔景横厅，朝南四开间，不止提升舒适度，更使景观面扩大。环湖别墅主力户型建面约 170 平方米，独门独院，各层之间动静分区，配有地下室和约 120 平方米空中花园。

【园林景观】
引山水景观入园，匠造全龄段自然艺术园林。项目规划一环两轴三庭院，八大景观主题，配有 9 米挑高入户大堂，以及供儿童玩乐的乐园、充满艺术气息的廊亭。

【物业服务】
社区物业为中海物业，是中国一级资质物业，连续 11 年荣获中国物业服务百强企业 TOP10。中海物业服务 100 多家世界 500 强客户及多个国内一线豪宅，原中国物业管理协会会长谢家瑾女士曾赞誉："中海物业的发展方向，就是中国物业的发展方向！"

【教育资源】
临近北师大附中、贵阳一中。项目内自建优质学校，占地约 2.2 万平方米，以 WELL 健康标准建造北欧风格校区。开设公立幼儿园、小学、初中，业主子女优享全龄教育。

【购物娱乐】
临近贵阳威尼斯风情商业街 CCpark，近邻云上方舟商业综合体，包括钟书阁、海底捞等品牌（均已开业）及王府井商业（在建中），项目自带约 10 万平方米商业。

宜宾

在售楼盘一览

叙州区

楼盘名称	价格	物业类型	主力户型
绿地·上海黄浦名门	8500~11000元/m²	普通住宅	三居室(163m²) 四居室(181m²)
绿地·枫林公馆	约9300元/m²	普通住宅	二居室(78m²) 四居室(114m²)
绿地·静安公馆	约9300元/m²	普通住宅	二居室(78m²) 三居室(87m²) 四居室(114m²)
绿地·多伦公馆	约9300元/m²	普通住宅	三居室(105.14m²) 四居室(118.07m²)
绿地·城际空间站	约9100元/m²	普通住宅、商业	三居室(100~101.21m²) 四居室(114~132.42m²)
中铁·卓越城	约9470元/m²	普通住宅	三居室(110~132m²) 四居室(171~236m²)
华侨城三江口CBD	约13000元/m²	普通住宅、公寓	四居室(150~185m²)
丽雅·龍璟台	约11000元/m²	普通住宅	三居室(105~128m²) 四居室(118m²) 五居室(175m²)
鲁能·雲璟	尚未公布	普通住宅	三居室(89~112m²) 四居室(121m²)
山水原著·峯璟	约9100元/m²	普通住宅	三居室(106m²) 四居室(135m²) 五居室(147m²)
山水原著·壹公馆	约7300元/m²	商住	一居室(39~53m²) 二居室(58m²) 三居室(60m²)
正黄·翡翠堂	约9000元/m²	普通住宅	三居室(99~107m²) 四居室(110~119m²)
方圆·中汇城	约6200元/m²	普通住宅、商铺	二居室(67m²) 三居室(98~121m²) 四居室(106~135m²)
远达·未来城	约7100元/m²	普通住宅	二居室(64.18~64.84m²) 三居室(89.1~97.58m²)
碧桂园·时代之光	约9550元/m²	普通住宅、商铺、商住	三居室(100.70~114.92m²)
远达梦想N+	约6300元/m²	普通住宅	三居室(66~70m²)
高铁·城际公馆	约9000元/m²	普通住宅、公寓、商住	一居室(44m²)
叙乐·名庭	约6800元/m²	普通住宅	三居室(87.78m²) 四居室(112.59m²)
鸿山·金域华庭	约8300元/m²	普通住宅	二居室(74.6m²) 三居室(82~92.57m²) 四居室(105m²)
阳光城·珑山悦	约12500元/m²	普通住宅、别墅	三居室(113m²) 三居室(125m²)
丽雅·龍汐台	约12700元/m²	普通住宅	四居室(139m²) 五居室(238~262m²)
鼎仁悦湖居	约7000元/m²	普通住宅	二居室(45m²)
远达·双子星	约8200元/m²	公寓	一居室(40m²) 二居室(47m²) 三居室(58m²)
欢乐颂·豪庭	约7000元/m²	普通住宅、商铺	三居室(87.3~110.2m²) 四居室(114.4~176.7m²)
南岸畔山·大雁岭晓院	约15000元/m²	别墅	尚未公布
华富·御景庄园	约8000元/m²	普通住宅、别墅	四居室(145.94~181.65m²) 五居室(186.67~241.76m²)
金沙明珠	约6500元/m²	普通住宅	三居室(102m²) 四居室(117.34~147m²)
北新公馆	尚未公布	普通住宅	三居室(79.83~94.85m²) 三居室(123.19m²)
邦泰·天誉	约10100元/m²	普通住宅	四居室(139m²) 五居室(165~172m²)

叙州区

楼盘名称	价格	物业类型	主力户型
天工·凯滨郦景	约6700元/m²	普通住宅	三居室(110.59m²) 四居室(125.31m²)
远达·鹭湖宫	约7200元/m²	普通住宅	三居室(80.81~97.55m²) 四居室(109.93~122.91m²)
城中央·南城	约7200元/m²	普通住宅	三居室(88~105m²) 四居室(116~132m²)
叙州·世纪城	约7000元/m²	普通住宅、商铺	三居室(89~103m²) 四居室(105~135m²)

临港区

楼盘名称	价格	物业类型	主力户型
丽雅·江宸	约9800元/m²	普通住宅、自住型商品房	三居室(119m²) 四居室(132~186m²)
领地·观江府	约9500元/m²	普通住宅	三居室(89.6~101.5m²) 四居室(127.6~139.5m²)
华润·公园九里	约9100元/m²	普通住宅	三居室(95.24~121.64m²) 四居室(128.2~152.9m²)
铁投·三江国际	约8368元/m²	普通住宅	三居室(89.69m²) 四居室(190m²)
中梁·壹号院	约8200元/m²	普通住宅	三居室(82~92m²) 四居室(110~127m²)
佳乐·悠南山	约8400元/m²	普通住宅、别墅	三居室(89m²) 四居室(109m²)
碧桂园·江山赋	约9000元/m²	普通住宅	三居室(81~108m²) 四居室(126m²)
天立·观山悦	约5500元/m²	商住、商业	三居室(100~111.08m²)
白沙翡翠城	约8500元/m²	普通住宅	三居室(89~103m²) 四居室(120.65~122.59m²)
装备城·丽晶港	约5200元/m²	公寓	二居室(73.14m²) 三居室(100.54~109.44m²)
恒旭·铜雀台	约9100元/m²	商住、自住型商品房	三居室(107.47~203.79m²) 四居室(174.75m²) 五居室(196.20~257.72m²)
港腾·龙栖湾	约7500元/m²	普通住宅	二居室(50.5~77.7m²) 三居室(92.09m²) 四居室(115.91m²)
紫金城·紫金广场	约9500元/m²	公寓	一居室(36.08~55.05m²)
科教·公园π	约8000元/m²	商住	一居室(36.77~48.08m²) 三居室(87.64m²) 四居室(110~131.06m²)
邦泰·白沙鹭岛	约8600元/m²	普通住宅	三居室(83~111m²)
邦泰·大学路1号	约8400元/m²	普通住宅	三居室(87~89m²)
邦泰·白沙鹭岛(西区)	约9000元/m²	普通住宅	三居室(83~89m²) 四居室(115m²)

翠屏区

楼盘名称	价格	物业类型	主力户型
恒大·御景半岛	约8000元/m²	普通住宅	三居室(95~109m²) 四居室(133m²)
世茂金座·云锦	约8800元/m²	普通住宅	三居室(97m²) 三居室(108m²)
阳光·碧水长滩	约9000元/m²	普通住宅、自住型商品房	三居室(72.40~96.94m²)
阳光·中央公园	约8500元/m²	普通住宅	二居室(81m²) 三居室(100m²)
华彩城	约20000元/m²	商铺、自住型商品房	二居室(62.56~66.35m²) 三居室(83.52~119.55m²)
HAI未来广场	约28000元/m²	普通住宅、公寓、别墅、商铺、商业	二居室(63.69m²) 三居室(69m²) 三居室(78m²)

宜宾

翠屏区

楼盘名称	价格	物业类型	主力户型
远达·都市峰景	约7600元/m²	普通住宅	二居室(64m²) 三居室(77~92m²) 四居室(99m²)
半岛大院三期	约8700元/m²	普通住宅、自住型商品房	四居室(109.94~115.53m²)
华泓·凤凰别院	约8500元/m²	商铺、自住型商品房、商业	二居室(75~77m²) 三居室(87~103m²)
远达·第一城	约7800元/m²	普通住宅、商铺	二居室(65m²) 四居室(97m²) 五居室(101~109m²)

南溪区

楼盘名称	价格	物业类型	主力户型
丽雅·桃源谷	约10000元/m²	别墅	三居室(220m²) 四居室(270m²) 五居室(310~410m²)
金科·集美天宸	约6900元/m²	普通住宅	三居室(87.68~105.25m²) 四居室(115.39~139.92m²)
恒大名都	约6400元/m²	普通住宅	二居室(78.77m²) 三居室(95.4~115.99m²) 四居室(130.85m²)
泰然·长江大院	约8400元/m²	普通住宅	三居室(117m²) 四居室(128~154m²)
金叶·公园里	约5600元/m²	普通住宅	二居室(68.72m²) 三居室(84.64~100.52m²) 五居室(122.65m²)
远达·翡翠墅	约7800元/m²	普通住宅、综合体	三居室(111~123m²) 四居室(132m²)

江安县

楼盘名称	价格	物业类型	主力户型
丽雅·九里长江	约7800元/m²	普通住宅	三居室(93m²) 四居室(109~113m²)
东湖半岛	约6400元/m²	普通住宅	尚未公布
南雅公馆	约6000元/m²	普通住宅	三居室(87~97m²)
泰然·滆江大院	约6000元/m²	普通住宅	五居室(93.54~122.77m²)
恒旭·江悦台	约5689元/m²	普通住宅、别墅、综合体	三居室(101.05~114.61m²) 四居室(127.15.05~132.27m²) 五居室(135.47m²)
家园1938·滨江御景	约5600元/m²	普通住宅	二居室(104.74~111.41m²) 三居室(136.15~146.30m²)
阳光·御龙台	约9000元/m²	普通住宅	三居室(90m²) 四居室(103m²)
嘉记·南雅世家	尚未公布	普通住宅	尚未公布
中明·城南1号	约6800元/m²	普通住宅	三居室(98m²) 四居室(121m²)

长宁县

楼盘名称	价格	物业类型	主力户型
阳光·中央公园城	约5700元/m²	自住型商品房	三居室(99.54~123.4m²) 四居室(139.9m²)
蜀南·城市中心	约5300元/m²	普通住宅	二居室(99.63~115.36m²) 三居室(129.58m²)
丽雅上游城	约5400元/m²	普通住宅	一居室(91.75~98.69m²) 二居室(101.28~121.58m²) 三居室(133.38m²)
恒润安宁府	约5300元/m²	普通住宅	二居室(87.12m²) 三居室(107.85~124.88m²) 四居室(129.01~164.3m²)
鑫盛悦景星城	约5100元/m²	商住	尚未公布
瑞鑫翡翠城	约4650元/m²	普通住宅	三居室(97.97~115.71m²) 四居室(128.16m²)
恒润雅居	约6900元/m²	普通住宅	三居室(124.55~141.5m²) 四居室(163.25m²)

屏山县

楼盘名称	价格	物业类型	主力户型
远达·中央领御	约5498元/m²	普通住宅	三居室(113~172m²)
远达·中央公园	约5500元/m²	普通住宅	三居室(94m²) 四居室(110~119m²)
凤凰谷·别院	约4800元/m²	普通住宅	三居室(89~106m²) 四居室(123m²) 五居室(135m²)
江畔华府	约5300元/m²	普通住宅	三居室(98.63m²) 四居室(114.62~114.93m²)

高县

楼盘名称	价格	物业类型	主力户型
长江源国际茶贸城	尚未公布	商住、综合体	尚未公布
鑫洋·蓝广河畔	尚未公布	普通住宅	三居室(117.68m²) 四居室(136.81m²)
鑫洋·中央公馆	约5300元/m²	普通住宅	三居室(109.24m²)

珙县

楼盘名称	价格	物业类型	主力户型
鑫洋·金域湾	约4950元/m²	普通住宅	三居室(89.57m²) 四居室(113.51~132.78m²)
鑫洋金域湾	约4900元/m²	普通住宅	三居室(89.57~118.09m²) 四居室(113.51~132.78m²)
珙县碧桂园	约5500元/m²	普通住宅	二居室(92~98m²) 三居室(103m²) 四居室(127~142m²)

筠连县

楼盘名称	价格	物业类型	主力户型
中环·天来豪庭	约5500元/m²	普通住宅	尚未公布

兴文县

楼盘名称	价格	物业类型	主力户型
东方府	约4600元/m²	普通住宅	三居室(72.34~84.72m²)
远达·焚城首席	约5700元/m²	普通住宅	三居室(97.7~119.48m²) 五居室(139.61m²)
香格里亚	尚未公布	别墅	尚未公布

典型项目
绿地·上海黄浦名门

`宜宾` `绿地` `千亩大盘` `高铁新城` `城市地标`

项目地址：
宜宾市南部新区宜宾西站南八路中段

开发商：
绿地集团宜宾置业有限公司

产品特征：
普通住宅、洋房

参考价格：
住宅 8500 元/平方米、洋房 11000 元/平方米

主力户型：
163 平方米三居、181 平方米四居

物业公司：
新里程物业和合创嘉锦物业

5 公里生活配套：
总部办公中心、智慧旅游集散中心、跨境贸易商业中心、中央商务中心、跨贸中心、邻里中心、G-SUPER 绿地优选、主题园林、全龄运动场地、星级会所、垃圾回收点

专家点评 | 朱龙辉·乐居宜宾总经理

项目能多样性地满足居民的不同需求。和市面上其他产品形成差异化竞争，也和一线城市的都市化生活形成无差别衔接。建筑与园林结合，两梯两户直接入户设计，整体融入海派风格，容纳更多想象。

扫码观看楼盘详情

项目测评

【区域地段】
绿地·上海黄浦名门傲居南部新区，宜宾双高铁站交汇处；千亩大盘，打造绿地宜宾"城际空间站"。2019 年成贵高铁宜宾全线通车，建设中的渝昆高铁也在此设站，形成川南重要的交通、旅游、商务、贸易集散中心，是未来宜宾的中央政务区。

【交通出行】
连接 1 号线，靠近天旋路站、宜宾西站。未来成贵、渝昆、蓉昆、川南城际交汇形成枢纽。项目紧邻天璇路与南六路，五纵五横城市主干道环绕，金沙江大道、外江路与中坝大桥三面围合，双向八车道，快速连接全城、通达各区县。

【楼栋规划】
以高铁西站为社区大门，站前绿轴为庭院，打造绿色生态的活力新区。建筑向心排布，朝向中央大庭院，提升中央景观价值。东南角利用高差设置精品农贸市场，打造规整高端沿街界面的同时，减少对住区内部的干扰和影响。

【教育资源】
项目规划自建约 2.8 万平方米优质小学，近邻宜宾东辰国际学校、宜宾市二中、市六中、叙府实验小学、崇文实验小学、宜宾市商职中、宜宾市卫校、基础教育中心。

【主力户型】
绿地·上海黄浦名门主力户型为 163 平方米四居，6 米瞰景阳台，双操作台面厨房带花园阳台。181 平方米三居，约 7.4 米宽奢景阳台，阔尺厨房，厨餐厅衔接，套房主卧，宽幕飘窗，独立衣帽间；私家电梯入户，独享奢阔。

【医疗配套】
项目毗邻宜宾市二医院中医院（三级甲等）、宜宾市中医医院，靠近市一医院 b 区、市二医院 b 区。据规划，宜宾目前最大单体医院宜宾第一人民医院西区院区、长江国际医疗中心和市妇幼保健院均将在南部新区建立分院。

【园林景观】
打造 1 公里的站前绿色生活轴——宜宾高铁新城中轴公园。三大主题公园占地约 66000 平方米，是生态包围、功能复合的未来绿色生活圈，囊括坡地景观、长景观中轴；另有风雨连廊、阳光大草坪、慢跑环道，提供可休憩可休闲的绿色场域。

【品牌描述】
1992 年发展至今，绿地控股集团有限公司已形成了"以房地产、基建为主业，金融、消费、健康、科创等产业协同发展"的综合经营格局，旗下企业及项目遍及全球 50 多国。连续多年跻身《财富》世界企业 500 强，2020 年位列 176 名。

【自建配套】
作为一座全能的综合体大城，落地创造多元化的活动空间与内容。随着智慧旅游集散中心、跨境贸易总部基地及展销中心、总部商务中心、城市商业中心等特色业态的引入，形成以四大中心功能为一体的大城格局。

【设计风格】
项目以具有浓厚地域特色的传统文化为根基，融入西方文化，把亚洲元素植入现代建筑语系。错点围合式布局，南北通透，采光俱佳，宽楼间距。在整体建筑的观感与功能上注重层次感的过渡，重视对外私密感和对内开放性。

753 / 2020 年福建省城市发展概述

755 / **福州**

755 / 市场总结

759 / 在售楼盘一览

765 / 典型项目

769 / **厦门**

769 / 市场总结

773 / 在售楼盘一览

福建

2020年福建省城市发展概述

一、区域简介

福建省简称"闽",地处中国东南沿海,省会是福州市。全省辖福州、厦门、漳州、泉州、三明、莆田、南平、龙岩和宁德9个设区市和平潭综合实验区,下设12个县级市、29个市辖区和44个县(含金门县),全省陆地面积12.4万平方公里,海域面积13.6万平方公里,2019年末常住人口3973万人。2019年,全省生产总值42395亿元,居全国第8位,增长7.6%。

福建省陆地海岸线3752公里、全国第二,可建万吨级泊位深水自然岸线501公里、全国领先,水产品人均占有量全国第二,水力资源蕴藏量居华东地区首位。森林覆盖率66.8%,连续40多年居全国第一。对外交流历史悠久,经济外向度高,是我国对外通商最早的省份之一,早在宋元时期泉州就是世界知名的商港,为海上丝绸之路的起点,福州是郑和下西洋的驻泊地和开洋地。拥有经济特区、自由贸易试验区、综合实验区、21世纪海上丝绸之路核心区等多区叠加优势。

二、国家战略

2009年5月14日,《国务院关于支持福建省加快建设海峡西岸经济区的若干意见》公布;2011年国务院批准《海峡西岸经济区发展规划》;2014年12月31日,国务院正式批复设立中国(福建)自由贸易试验区。中国(福建)自由贸易试验区从此成为中国大陆境内继上海自贸试验区之后的第二批自贸试验区。

按照规划,福建省要加快建设海峡西岸经济区,发展成为科学发展之区、改革开放之区、文明祥和之区、生态优美之区。对福建而言,通过设立自贸试验区,推进体制机制创新,营造更加国际化、市场化、法治化的营商环境,对增强发展软实力,实现政府管理经济方式转变,推动长远发展具有重大意义。

三、区域方针

2019年7月,福建省出台《关于建立更加有效的区域协调发展新机制的实施方案》。福建省将立足发挥各地比较优势,深化市场化改革、扩大高水平开放,加快推进闽东北、闽西南两大协同发展区建设,加快形成统筹有力、竞争有序、绿色协调、共享共赢的区域协调发展新机制,推进区域协调发展向更高水平和更高质量迈进,加快建设机制活、产业优、百姓富、生态美的新福建。

《实施方案》明确,在增强要素跨区域自由流动方面,完善全省城乡统一的户口登记管理制度,打破阻碍劳动力在城乡、区域间流动的不合理壁垒;开展农村土地征收、集体经营性建设用地、宅基地制度改革试点,依法盘活集体经营性建设用地、空闲农房和宅基地。

《实施方案》紧盯最基本的民生需求,健全基本公共服务均等化机制。增强基本公共服务保障能力。推进基本公共服务领域省与市县财政事权与支出责任划分改革,完善省对市县的转移支付制度,加大对贫困地区、薄弱环节、重点人群基本公共服务投入倾斜支持。

四、交通基建

2020年,福建省交通建设投资首次破千亿元,达1048亿元,同比增长13.9%,实现逆势增长。"十四五"期间,福建省将实施"一二三四五"行动,即建设高速公路超1000公里;实现集装箱年吞吐量突破2000万标箱;新改建普通国省干线3000公里;打造4个千亿级交通产业集群;完成公路水路投资5000亿元。

2020年,福建省建成高速公路468公里、普通国省干线364公里、农村公路1886公里,新增"单改双"1280公里。公路、水路货运量分别增长4.4%和

6.5%,均居东部第三位。减免车辆通行费95.3亿元,降本力度为历年最大。取消高速公路省界收费站并实现平稳运行,12项指标稳居全国第一。开行"丝路海运"快捷航线,船舶平均进出港时间压缩10%、通关效率提升20%。交通运输现代服务业全年完成投资320亿元,同比增长72%,生成169个项目,新培育11家月营收超5000万元的网络货运企业。

到2025年,福建省将基本形成"四纵九横"高速公路骨架网,高速公路陆域乡镇通达率达85%,普通国省道二级及以上公路里程达8800公里、比例达80%,具备条件的行政村通双车道,建成4个亿吨港口,沿海港口货物年吞吐量6.8亿吨,加快形成各设区市间2小时通达,都市圈1小时通勤,设区市至所辖县、县(市)区至所辖乡镇1小时基本覆盖的福建"二一一"交通圈。

五、未来展望

2020年12月21日,中共福建省第十届委员会第十一次全体会议,通过了《中共福建省委关于制定福建省国民经济和社会发展第十四个五年规划和二〇三五年远景目标的建议》(以下简称《建设》)。

《建议》明确提出了"十四五"发展的总体要求、主要目标、重点任务、重大举措,集中回答了福建在新发展阶段如何贯彻新发展理念、怎样积极服务并深度融入新发展格局等一系列重大问题。"十四五"期间,福建省将增进民生福祉,改善人民生活品质。同时也将坚定不移实施生态省战略,深化国家生态文明试验区建设,努力建设美丽中国示范省份。

"十四五"期间福建省将推动科技自立自强、建设创新型省份。福建省制造业增加值占地区生产总值比重将保持在三分之一左右,着力打造一批百亿企业,形成20个以上千亿产业集群,力争电子信息制造、机械装备、石油化工、纺织鞋服等4个产业超万亿元,食品、冶金、建材等3个产业超5000亿元。同时,做大做强电子信息和数字、先进装备制造、石油化工、现代纺织服装等主导产业,并将精心谋划制造业发展举措,推动动力、效率、质量变革。

"十四五"期间,福建自贸试验区建设将从扩大开放合作、加大改革探索、增强发展动能、提升政府治理等四个方面进一步深化改革创新。"十四五"期间,福建将深入实施数字经济创新发展工作,打造"(福州)数字应用第一城"和"数字应用第一省",培育一批年主营收入超百亿元企业,实施"上云用数赋智"行动。

"十四五"期间,福建将构架参与通道,支持台企参与福建省产业发展重点领域;构筑创新平台,加快建设海峡两岸集成电路产业合作试验区、两岸石化产业合作基地和闽台精密机械制造产业园区,新设一批闽台科技合作基地;构建一流环境,持续推进福建省"66条""融合发展42条""助力台企发展28条"等惠台政策落深落细。

参考资料

1. 福建省人民政府网站:《走进福建》
2. 中华人民共和国中央人民政府网站:《国务院关于支持福建省加快建设海峡西岸经济区的若干意见》
3. 中国(福建)自由贸易试验区网站:《中国(福建)自由贸易试验区扬帆起航》
4. 福建日报:《中共福建省委关于制定福建省国民经济和社会发展第十四个五年规划和二〇三五年远景目标的建议》《福建在新起点上科学发展跨越发展纪实》《"十四五"怎么干?福建出台规划〈建议〉描绘建设蓝图》《"十四五"期间福建新建高速公路将超1000公里》

福州
市场总结

一、新房成交表现

1. 整体情况

2020年是福州楼市最为惊心动魄的一年。年初，新冠肺炎疫情强行给行业按下"暂停键"，此后，楼市经历了"冰封、重启、修复、回暖"的过程，多数开发商也在历经挣扎、自救之后，再获"新生"。

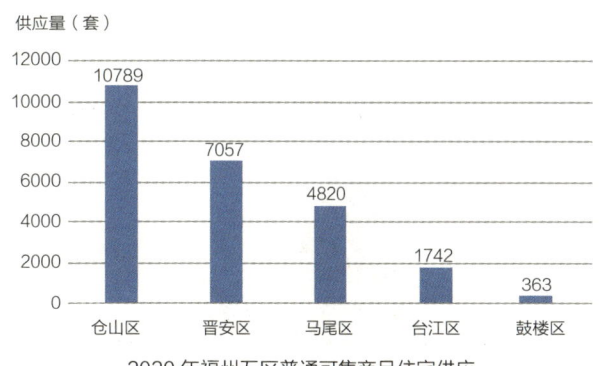

2020年福州五区普通可售商品住宅供应

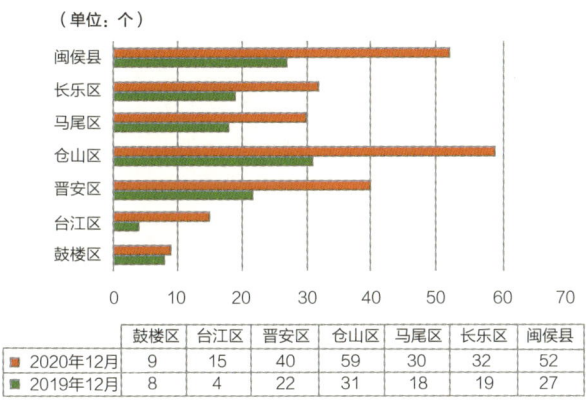

2019年和2020年福州各区在售楼盘数量对比

据统计，截至2020年12月31日，福州（六区+闽侯）共有237个项目在售，与2019年12月31日相比，福州各区在售楼盘数量都有一定程度的增加，同比上涨83.72%。特别是仓山区，由于众多纯新盘相继开盘，共增加了28个在售楼盘。闽侯县也不甘示弱，增加了25个在售楼盘。2020年全年福州新增可售商品住宅24771套，成交21707套。

新房年度成交量：根据市不动产登记和交易中心统计数据，2020年前三季度，福州市五城区新建商品房（含安商房）销售35203套、270.76万平方米，其中住宅22447套、212.35万平方米。而2019年，福州市五城区新建商品房销售49909套、371.12万平方米，其中住宅27467套、278.05万平方米。

据乐居数据统计，2020年，福州五大区入市可售商品住宅分别为：仓山区10789套、晋安区7057套、马尾区4820套、台江区1742套、鼓楼区363套。同往年相比，仓山区、晋安区依然坚挺，尤其是仓山区，无论总量还是增量都冠绝五区；而2019年拿证凶猛的马尾区，2020年疲态尽显，同比下降21.07%；寸土寸金的鼓楼区、台江区则进一步下降，基本呈现"无房可买"的状态。

新房价格情况：新房售价方面，福州中心城区依旧领衔全城，最高单价超4万元/平方米。其中，鼓楼、台江中心区在售住宅价格约为3.1万~4.3万元/平方米，东二环板块均价为2.8万~3.8万元/平方米，五四北（含桂湖）均价为1万~2.9万元/平方米，金山-淮安均价为2.3万~3.2万元/平方米，奥体义序均价为2.5万~3.5万元/平方米，老仓山均价为2.5万~3.3万元/平方米，城南均价为1.7万~3.3万元/平方米，马尾快安均价为1.35万~2.3万元/平方米，琅岐（含亭江）均价为0.98万~1.4万元/平方米。

总体来看，2020年，在房住不炒的主基调下，新冠肺炎疫情期间购房者多持观望状态，同2019年相比，中心区、奥体、东二环、琅岐、闽侯上街等多数区域房价总体保持稳定。而老仓山、城南、首占营前、滨海新城、鹤上、竹岐、甘蔗等区域受地铁规划和政策规划的影响，区域热度上升，价格出现同比上涨趋势。五四北、马尾快安、南屿、南通等区域则因新房供应增多，去化压力大，价格出现小幅下降。

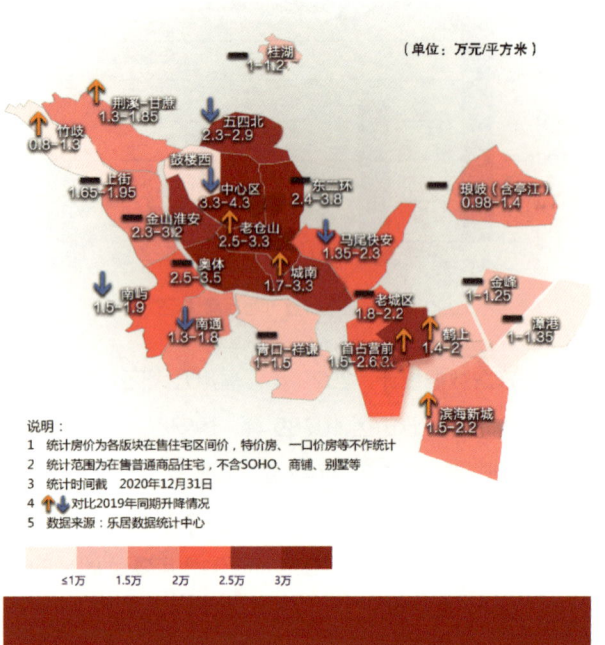

2020年福州各区域房价地图（时间截至2020.12.31）

2. 年度走势

据统计，2020年福州五区共拿证399次，业态涵盖普通住宅、别墅、SOHO、商铺、车位等，总许可面积约813万平方米，同比增长69.4%；新入市住宅（含安商房）68307套，同比增长78.6%；新增可售商品住宅24771套，同比增长7.3%。

新房供应的增加并没有带来开盘量的增长。2020年福州五区共有59个楼盘开盘，全年累计开盘86次，同比下降16.5%；整体推售约1.3万套房源，环比下降23.73%。

从全年大数据来看，2020年福州楼市整体新房供应大幅上涨，但其中包含大量安商房，可售商品住宅同2019年相比保持较高的稳定性。开盘方面则有明显减少，这主要是由于福州楼市目前供应量大，销售以去库存为主，当然也有2020年初新冠肺炎疫情影响的原因，开盘量呈现下滑趋势。

时间（月）	成交面积（㎡）	成交面积同比（%）	成交套数（套）	成交套数同比（100%）
2020年12月	222566	43.44	2172	34.49
2020年11月	217574	90.34	2043	76.88
2020年10月	190931	4.7	1927	4.33
2020年9月	218368	-10.94	2181	-12.79
2020年8月	156567	-11.77	1575	-13.75
2020年7月	198170	-11.04	2012	-10.97
2020年6月	136718	-28.96	1355	-28.19
2020年5月	196061	2.23	1966	0.96
2020年4月	136261	-3.42	1315	-11.09
2020年3月	148948	-26.79	1321	-35.56
2020年2月	122752	-8.11	1139	-10.81
2020年1月	111526	-51.75	1086	-53.75

2020年福州五区每月成交情况

反映到市场成交上，2020年福州五区成交套数共计20092套，从1月的1086套，到12月的2172套，大体呈逐月上涨趋势。这也体现了年初受疫情影响之后，楼市在逐步恢复。

二、二手房成交表现

1. 整体情况

2020年是个"魔幻"的一年，在福州存量房市场上也是如此，根据中房研究数据显示，2020年，福州二手房成交33028套，较2019年的37185套，同比减少11.2%。

2. 年度走势

整体来看，2020年，福州二手房呈现出异于往年的"深V"走势。受年初新冠肺炎疫情的严重影响，2月成交量突降冰点，全市534套的成交量直接重创市场，即便在3月迅速走出阴霾，但依旧无法再现往年3~4月的楼市"小阳春"行情。

进入2020年下半年，福州存量房成交走势进入单月涨跌的"拉锯战"，整体市场呈现"不温不火"的行情，以至于年尾往往处于存量房交易"旺季"的11月及12月，成交量不及往年，即便12月交易量再度回温，但仍然逊于往年成绩。

总体来看，虽然2020年第四季度福州存量房市场的最终结局有所遗憾，但11月以来，福州连续发布的利好消息，尤其是福州出台《关于进一步降低落户条件壮大人口规模的若干措施》，对整个福州楼市包括二手房领域，都提振了强劲信心。

三、政策梳理

2020年，福州陆续出台了影响楼市的相关政策，主要有三：其一，1月出台的《关于全力做好房地产行业新型冠状病毒感染肺炎疫情防控工作的紧急通知》；其二，7月出台的《福州市商品房预售资金监管办法（试行）》；其三，12月出台的《关于进一步降低落户条件壮大人口规模的若干措施》。

面对突如其来的新冠肺炎疫情，《关于全力做好房地产行业新型冠状病毒感染肺炎疫情防控工作的紧急通知》的出台，对地产人来说无疑又是一场大考。面对线下售楼处关门、客户受疫情影响购买意愿减退的压力，房企也开始了一场线上营销变革。

2020年7月，福州出台《商品房预售资金监管办法（试行）》，该政策的出台，更多的是为了促进房地产市场健康发展，加强商品房预售资金监督管理，防范房地产开发资金风险，维护购房人合法权益。

福州户籍限制

户籍	名下房产数量	可购买套数
福州五城区户籍家庭	无房	限购2套
	有1套住房	限购1套
	有2套（含）以上住房	禁止购买
非福州五城区户籍家庭（含长乐区以及七县）	无房	限购1套（须2年内连续缴纳1年个税或社保）
	有1套以上住房	禁止购买

备注：非本市五城区户籍居民家庭不得通过补缴个人所得税或社会保险取得本市五城区购房资格

2020年12月，福州出台《关于进一步降低落户条件壮大人口规模的若干措施》，从2021年1月1日起全面放开落户条件，实现落户"零门槛"，全面放开近亲属投靠条件，实现投靠"零门槛"。这意味着，从2021年1月1日开始，福州的户籍门槛将不复存在。这无论对于户籍制度，还是抢人大战，乃至楼市政策，都将产生深远影响。

当前在福州，五城区户籍家庭可最多购买2套商品住房，而无房的非福州五城区户籍家庭必须2年内连续缴纳1年个税或社保，才能购买1套商品住房，并且不能通过补缴个税或社保来获取购房资格，条件较为严苛。一旦零门槛落户开始实施，所有人都会获得购房资格，限购就土崩瓦解。

业内人士表示，该政策对于楼市来说，也是一个积极信号，利于城市版图扩张、利于存量市场，对住宅、写字楼也都是利好，有助于房地产市场持续发展，可以算得上是为这个寒冷的岁末年初带来一股暖风。

四、土地供应

1. 出让基本情况

2020年，福州宅地成交总额达到1150.016亿元，环比涨0.698亿元。其中，福州主城四区宅地总成交额达到694.44亿元，但环比下跌5.8%。这从侧面体现出，2020年福州虽然推出宅地数量减少，但推出的高价值宅地却增多，这使得福州宅地成交总额连续两年破千亿元。

根据统计数据，2020年福州总计成功出让133幅宅地，同比跌16.4%，四区虽然每个月都有土地拍卖，但宅地仅成交41幅，同比跌19.6%；其他包括高新区、马尾、平潭、连江、罗源、闽清等区域，宅地出让数量都不如往年。而闽侯、长乐、福清、永泰四个区域的宅地出让数量环比略涨。

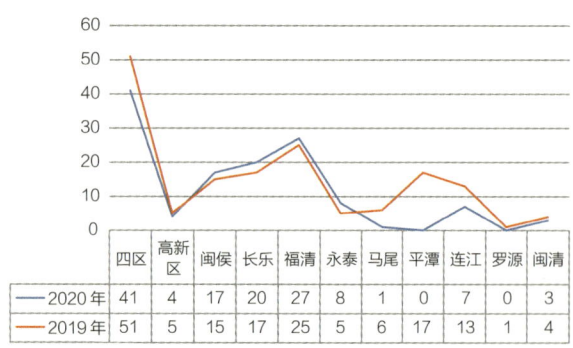

2019—2020年大福州各区域土拍宅地数量对比

从体量来看，2020，年福州宅地成交总体量为9494.9亩，同比2019年跌9.8%，未能成功过万亩。分区域来看，四区宅地成交总体量3288.29亩，同比跌15.1%；马尾宅地成交总体量环比跌幅最大，达到94.2%；此外，平潭、连江、罗源、闽清等区域也都同比微跌。

2. 开发商拿地情况

数据显示，2020年，福州拿地最多的五家开发商分别为：龙湖7幅、保利8幅、国贸5幅、大东海6幅，世茂4幅。其中面积最大出让用地为金茂在滨海新城拍的443.44亩地，其次是恒大和世茂在帝封江分别竞得的287.85亩以及292.8亩用地。

3. 未来预估

接连两年的土地放量，让不少业内人士担忧，如此多的地块突然涌向市场，毫无疑问将对整个房地产市场形成较大的冲击，楼盘的供应量激增，如果供过于求，房价有可能会持续走低。

五、热点板块

纵观整个福州楼市，从单一中心的"鼓台时代"到东二环、金山奥体等多中心百花齐放的局面，再到如今鲜明的南向发展轨迹，福州楼市的发展始终与城市同频共振。

从板块细分来看，目前仓山城南的活跃度最高，全年以4944套可售商品住宅的供应量位居榜首，是2020年福州楼市当之无愧的黑马板块；中心区、五四北仍然是热门板块，均贡献住宅超3000套；老仓山、金山、东区、快安、琅岐（含亭江）中规中矩，供应量在"两千档"；"昔日网红"奥体，以及偏远的马尾老城、桂湖板块，2020年全年新增房源均不足千套。

六、用户心理

总体来说，当前福州楼市库存量大，且项目同质化，购房者可选择的机会较多。同时，2020年受新冠肺炎疫情影响，选择置业的购房者也愈发谨慎，消费趋向于保守。

七、2021年展望

在风雨飘摇的2020年，我们看到了房地产行业的艰难，也看到了房地产行业的韧性。福州进一步深化户籍制度改革，促进人口和劳动力资源有序流入，壮大人口规模，为提振福州的楼市，为2021年楼市开篇注入强心剂。相信未来的房地产开发必然会越来越理性，房价趋向稳健。

数据来源：福州市不动产登记和交易中心、中房研究、易居克而瑞。

在售楼盘一览

鼓楼区

楼盘名称	价格	物业类型	主力户型
保利首开天悦二期	尚未公布	普通住宅	尚未公布
鼓楼金茂府	38700元/m²	普通住宅、别墅	三居室(140m²) 四居室(165~180m²)
福州华润万象城	32300元/m²	公寓、写字楼、商铺、综合体	一居室(61m²) 二居室(84m²) 三居室(115m²)
正祥福沁满庭	35000元/m²	普通住宅	二居室(64m²) 三居室(95m²)
正祥贵里香园	55000元/m²	普通住宅	二居室(45m²) 三居室(87m²)
榕发乌山郡	34000元/m²	普通住宅	三居室(90~120m²)
福州源	39350元/m²	普通住宅、商业	四居室(145~181m²)
白马映书台	40000~55000元/m²	普通住宅、商业	一居室(50m²) 四居室(136m²)
瀚城国际	39500元/m²	普通住宅	一居室(42.45~59.83m²) 二居室(72.66~80.69m²)

台江区

楼盘名称	价格	物业类型	主力户型
世茂大东海同晖府	33000~38000元/m²	普通住宅、公寓、商铺、商住	四居室(141m²)
阳光城檀境	35000元/m²	普通住宅	三居室(89~110m²) 四居室(130~143m²)
世茂金融街茂悦中心	25500元/m²	商住	一居室(37m²)
融信海月江潮	33000元/m²	普通住宅、公寓、别墅、商铺、商住	三居室(137m²)
香開長龍	350万~1200万元/套	普通住宅	三居室(117m²) 四居室(145~165m²)
南山纵横瀛洲府	33459元/m²	普通住宅	二居室(66m²) 三居室(86m²) 四居室(115~128m²)
万科金域国际	32000~37000元/m²	普通住宅、商业	两居室(72m²) 三居室(89m²) 四居室(149m²)
富力中心	23000元/m²	公寓、写字楼、商铺	写字楼(127~146m²)
福州恒大天璟	32600元/m²	普通住宅、商铺	二居室(81~97m²) 三居室(110~123m²)
郑和国际金融湾	29000元/m²	公寓、商住	一居室(92~101m²) 二居室(147m²) 三居室(185m²)
台江商都汇	23888元/m²	写字楼、建筑综合体	一居室(45~78m²) 二居室(111m²)
尊邸园	25000~27000元/m²	普通住宅、商住	三居室(148m²) 五居室(166m²)
富闽时代广场	31000元/m²	普通住宅、商铺、建筑综合体、商业	三居室(95~97m²) 四居室(115~123m²)

晋安区

楼盘名称	价格	物业类型	主力户型
蓝光星珀	26000元/m²	普通住宅、商住、商业	一居室(29m²) 三居室(76~90m²)
蓝光玖榕台	30000元/m²	普通住宅、商铺、自住型商品房	三居室(75~90m²) 四居室(120m²)
中庚香山新时代	27500元/m²	普通住宅	二居室(75m²) 三居室(108m²) 四居室(125m²)
绿城柳岸晓风	26500元/m²	普通住宅、商铺	三居室(98m²) 四居室(107~140m²) 五居室(149m²)
世茂云潮	31000元/m²	普通住宅	三居室(77m²)

晋安区

楼盘名称	价格	物业类型	主力户型
世茂東望里	33000元/m²	商铺	三居室(105m²) 四居室(139m²)
融信澜天	27500元/m²	普通住宅	二居室(69m²) 三居室(89m²) 复式(114m²)
蓝光里	29000元/m²	普通住宅	三居室(76~89m²)
首开中庚香开连天·双禧	25000元/m²	商住	二居室(36m²) 三居室(45m²)
世茂云上鼓岭	280万元/套	商业	四居室(110~150m²)
福州温泉城	12000元/m²	普通住宅、别墅、酒店式公寓、商住	一居室(35~49m²) 二居室(75m²) 三居室(90~122m²)
阳光城榕心未来	24000元/m²	商业	一居室(19~50m²) 复式(20~57m²)
泰禾鼓山院子	29000元/m²	普通住宅、别墅	三居室(130m²) 五居室(151m²)
东二环泰禾广场	38000~40000元/m²	综合体	二居室(40m²)
阳光城保利源溪里山	103万元/套起	别墅	三居室(108~123m²)
旭辉公元大观	35000元/m²	普通住宅、商铺、商住、商业	三居室(87m²)
建发央著	28000元/m²	别墅	别墅(129~139m²)
天空之城	158万元/套起	普通住宅	二居室(65m²) 三居室(76~106m²) 四居室(117m²)
首开融侨首融府	37000元/m²	普通住宅	三居室(128m²) 四居室(156m²)
泰禾金府大院	30600~38900元/m²	普通住宅	二居室(135m²)
三盛国际公园香缇时光	23600元/m²	普通住宅、别墅	三居室(122m²) 四居室(130~148m²) 五居室(168~201m²)
保利和光尘樾	31500元/m²	普通住宅	四居室(125m²)
三盛国际公园拾光里	28000元/m²	普通住宅	复式(80~94m²)
中海锦园	31700元/m²	普通住宅、公寓、酒店式公寓、商铺	一居室(28~30m²)
建发悦府	32500元/m²	普通住宅	三居室(105m²)
公园左岸	37500元/m²	普通住宅、别墅	三居室(89~105m²) 四居室(125~145m²)
龙湖云峰原著	25000元/m²	普通住宅、别墅	三居室(90m²) 四居室(122~127m²)
福州熙悦府	19800元/m²起	普通住宅	二居室(60m²) 三居室(75m²) 四居室(89~110m²)
融汇融信九里芳华	170万~350万元/套	商住	别墅(84~157m²)
碧桂园正荣悦玲珑	10286元/m²	普通住宅	三居室(80m²)
世茂国风晋安	130万元/套起	别墅	四居室(89m²)
融信有墅	110万~300万元/套	普通住宅、别墅	别墅(145m²)
旭辉榕宸天著	21988元/m²	普通住宅	三居室(89m²)
龙湖盛天天钜	32000元/m²	普通住宅、商业	一居室(37~46m²)
正荣悦榕府	31372元/m²	普通住宅	三居室(75m²)
龙登山居岁月	18000元/m²	普通住宅	四居室(135~160m²)
万科金域时代	31000元/m²	普通住宅	二居室(72m²) 三居室(95m²) 四居室(114~149m²)
榕发观湖郡	29000~35000元/m²	普通住宅	二居室(73m²) 三居室(89~99m²) 四居室(109~128m²)

晋安区

楼盘名称	价格	物业类型	主力户型
宏发御格府	32000 元/m²	普通住宅、商铺	二居室（67m²） 三居室（89~100m²） 四居室（113m²）
保利天玺	23043 元/m²	普通住宅	二居室（60m²） 四居室（106m²）
城投鹤鸾郡	24000~28000 元/m²	普通住宅	三居室（98~105m²） 四居室（126m²）
金科嘉迪广场	25000 元/m²	公寓、酒店式公寓、商铺	四居室（73m²）
首开融侨尚东区	32000 元/m²	普通住宅、别墅、商铺、商住	三居室（115m²） 四居室（118~132m²）
鲁能公馆二期	25500 元/m²	普通住宅	三居室（111~127m²）
建发央玺	尚未公布	普通住宅	四居室（128m²） 五居室（155m²）

仓山区

楼盘名称	价格	物业类型	主力户型
大东海中央府	16888 元/m² 起	普通住宅、公寓、商铺、商住	三居室（90~111m²） 四居室（130m²）
旭辉江山云出	28000 元/m²	普通住宅	三居室（89~108m²） 四居室（120~138m²）
世茂福晟钱隆府	28510 元/m²	普通住宅、商铺	三居室（89m²） 四居室（105~120m²）
世茂国风长安	690万~1005万元/套	普通住宅、别墅	别墅（160~168m²）
融侨悦公馆	28000 元/m²	普通住宅	二居室（52m²） 三居室（63m²） 四居室（89m²）
阳光城大都会	68万元/套起	普通住宅、公寓、酒店式公寓、商铺、建筑综合体	二居室（44m²） 三居室（57m²）
国贸凤凰原	26000 元/m²	普通住宅	三居室（88~93m²） 四居室（110m²）
中庚东金	26666 元/m²	普通住宅	三居室（77~113m²）
奥体金茂悦	28000 元/m²	普通住宅	三居室（88~97m²） 四居室（118~148m²）
融创福州府	26000 元/m²	普通住宅	三居室（89~108m²） 四居室（124m²）
泰禾福州院子	900万~4000万元/套	别墅	五居室（153~170m²） 七居室（213~219m²） 别墅（1029m²）
金辉观澜云著	23600~29200 元/m²	普通住宅、商住	一居室（47m²）
水晶格著	25888 元/m²	普通住宅	二居室（69m²） 三居室（89m²） 四居室（115m²）
世茂云境	24000 元/m²	普通住宅	三居室（75~89m²）
禹洲融信CONE玺湾	26500 元/m²	普通住宅	三居室（89m²） 四居室（111~125m²）
世茂福晟云樾东升	33000 元/m²	普通住宅、别墅	三居室（125m²） 四居室（145m²）
万科仓前九里	800万~2600万元/套	商业	一居室（25m²）
万科云城	45万元/套起	商业	一居室（35~38m²）
建发榕墅湾	23999 元/m²	普通住宅、别墅、商铺、商业	四居室（113~145m²）
万科翡翠里溪望	35000 元/m²	普通住宅	四居室（95~105m²）
万科翡翠里风栖	31000~35000 元/m²	别墅、政策房	复式（117~125m²） 别墅（130~145m²）
泰禾福州湾	22000~24000 元/m²	普通住宅、公寓、酒店式公寓、商铺、建筑综合体	三居室（106m²） 四居室（111~148m²） 复式（50m²）
世茂福晟中央美墅	31000 元/m²	普通住宅、别墅	别墅（153~178m²）

仓山区

楼盘名称	价格	物业类型	主力户型
世茂福晟拓福广场	20000 元/m²	写字楼、商住	二居室（41~49m²）
三盛铂宫	149万元/套起	公寓、写字楼、酒店式公寓	三居室（53m²） 四居室（61~97m²）
融侨悦江南	28000 元/m²	普通住宅	四居室（112~148m²） 六居室（197m²）
融侨阳光城方圆	750万元/套	普通住宅、别墅、商铺、商住	别墅（155~165m²）
滨海橙里	20990 元/m²	普通住宅	三居室（91~97m²） 四居室（112~126m²）
金辉淮安国际住区	26000~30000 元/m²	普通住宅	三居室（102m²） 四居室（115~149m²）
首开国仕府	23500~27000 元/m²	普通住宅	三居室（95~110m²） 四居室（117~145m²）
龙湖兰园天序	29700 元/m²	普通住宅	三居室（78~87m²） 四居室（112m²）
旭辉江南赋	26000 元/m²	普通住宅、商铺	三居室（95~110m²） 四居室（120m²）
融侨则徐道壹号	32500 元/m²	普通住宅、商住、商业	三居室（88m²） 四居室（110~143m²）
滨江正荣府	30000 元/m²	普通住宅、别墅	三、四居室（87~105m²） 别墅（115m²）
滨海首府	尚未公布	普通住宅	三居室（95m²） 四居室（115~132m²）
金辉江山铭著	26000 元/m²	普通住宅	四居室（146~173m²）
世茂帝封江	28000 元/m²	普通住宅、别墅	四居室（130~235m²）
湖滨府	23130 元/m²	普通住宅	三居室（78~88m²）
正荣巨成金山洋房	30000 元/m²	普通住宅	四居室（115m²）
凯佳江南里	27000 元/m²	普通住宅	二居室（79m²） 四居室（128m²）
融侨阳光城方圆里	538万~1500万元/套	别墅	四居室（165m²） 五居室（199m²） 别墅（249m²）
万科阳光城翡翠之光	26400~33000 元/m²	普通住宅	三居室（70~86m²） 四居室（104~106m²）
中海锦江城	21000 元/m²	普通住宅	三居室（89m²） 四居室（115~117m²）
万科碧桂园麓园	27000 元/m²	普通住宅	三居室（69m²）
禹洲满江墅	650万元/套起	别墅	三居室（185m²） 四居室（194m²） 六居室（292m²）
金辉淮安半岛大观	33000 元/m²	别墅	别墅（182m²）
大名城紫金九号	32000 元/m²	普通住宅、商业	三居室（98m²） 四居室（110~158m²）
建总领筑	29000 元/m²	普通住宅	二居室（75m²） 三居室（86~106m²） 四居室（126m²）
榕城江上图	26000 元/m²	普通住宅、写字楼、商业	写字楼（105~180m²）
世茂福晟钱隆尚品	33000~35000 元/m²	普通住宅	三居室（81~86m²） 五居室（118m²） 复式（101m²）
中发印象外滩	24800 元/m²	普通住宅、酒店式公寓、商铺	二居室（68m²） 三居室（88~109m²） 四居室（118~220m²）
闽江世纪城	24895 元/m²	普通住宅、写字楼、酒店式公寓、商铺、综合体	三居室（105~130m²）
新榕金城湾	24334 元/m²	普通住宅	四居室（160m²）
仓山正祥广场	27000 元/m²	公寓	一居室（17~48m²）
三江花语	21000 元/m²	别墅	三居室（97m²） 四居室（117~130m²）
融丰锦秀山庄	17000~39000 元/m²	别墅	别墅（206~380m²）

仓山区			
楼盘名称	价格	物业类型	主力户型
中联御景湾	25000~26000 元/m²	普通住宅、商铺	三居室(103~123m²) 四居室(124m²)
金辉溪溪里	32000元/m²	普通住宅、别墅	别墅(125~153m²)
海西未来区	17000元/m²	普通住宅、别墅、商住	一室(99m²)
禹洲金辉里	27888元/m²起	普通住宅	复式(110~120m²)
世茂福晟钱隆双玺	22000元/m²	普通住宅	三居室(73~103m²)

马尾区			
楼盘名称	价格	物业类型	主力户型
中庚香海湾(香海世界三期)	260万元/套起	普通住宅、商铺	三居室(105~120m²) 四居室(125m²)
阳光城翡丽公园	17500元/m²	普通住宅	四居室(104~122m²)
万科紫台	13500元/m²	普通住宅、别墅	三居室(79~89m²) 四居室(118m²)
碧桂园正荣阳光城悦江湾	8666元/m²起	普通住宅	三居室(89m²) 四居室(105~112m²)
名城紫金轩	23000元/m²	普通住宅	二居室(67m²) 三居室(113~127m²)
世茂远洋东江湾悦境	尚未公布	普通住宅	二居室(62m²) 三居室(79~89m²)
世茂远洋东江湾	15700元/m²	普通住宅、商铺、商业	三居室(78m²) 四居室(89m²)
三木公园里	17000元/m²	普通住宅	三居室(85~95m²) 四居室(105m²)
东城壹品	9800元/m²	综合体	二居室(76m²) 三居室(87~126m²) 四居室(141m²)
远洋山水	17000元/m²	普通住宅	三居室(87m²) 四居室(127~128m²)
三盛雅居乐·璞悦长滩	9500元/m²	普通住宅、别墅	二居室(68m²) 三居室(81m²) 四居室(103m²)
三盛国际湾区	15000元/m²	普通住宅、别墅	四居室(90~135m²)
信通游艇湾	400万元/套起	公寓	二居室(33m²) 四居室(49~59m²)
望海潮	16300元/m²	普通住宅	三居室(109m²)
雅居乐山海郡	16500元/m²	普通住宅、商业	别墅(111~122m²)
琅岐山语城	10000元/m²	普通住宅、别墅	三居室(87m²) 四居室(127~128m²)
三木海立方	17800~21800元/m²	商住	一室(34~54m²)
名城珑域	18888~21000元/m²	普通住宅	三居室(83~97m²) 四居室(96~127m²)
招商雍景湾	16985元/m²起	普通住宅、公寓、商铺	三居室(89m²) 复式(110m²)
三木水岸君山	17000元/m²	别墅、政策房	别墅(334.51m²)
东煌江滨公馆	15888元/m²	商住	四居室(204~214m²) 六居室(216m²) 七居室(245m²)
观海国际海寓	47万/套起	公寓、商住、综合体	一室(50m²) 三居室(107m²)
滨江one57	27000元/m²	普通住宅、写字楼	二居室(81.67m²) 三居室(112.3.8~148.26m²)
三木诺丁山	900万~1800万元/套	别墅	别墅(398.9~431.36m²)
名城东江滨	24000元/m²	普通住宅	三居室(94~128m²) 四居室(161m²)
滨海中心	尚未公布	商住	二居室(37~42m²) 四居室(72m²)
名城银河湾	16888~22800元/m²	普通住宅	二居室(52~66m²) 三居室(87~117m²) 四居室(157m²)
滨海浅水湾	20000~25000元/m²	公寓、别墅	一室(19~22m²) 二居室(37m²)

马尾区			
楼盘名称	价格	物业类型	主力户型
招商江悦府	18000~20000元/m²	普通住宅	二居室(85m²)
三木时光墅	16000元/m²	普通住宅	三居室(82m²) 四居室(89m²)

长乐区			
楼盘名称	价格	物业类型	主力户型
融创长乐壹号	18000元/m²	普通住宅	三居室(99~128m²) 四居室(142m²)
阳光城花满墅	7999元/m²	普通住宅、别墅、商住	二居室(33~43m²) 三居室(105m²) 四居室(131m²)
长乐世茂璀璨悦城	18600元/m²	普通住宅	三居室(119m²) 四居室(139m²)
长乐阳光城丽景湾	11000元/m²	普通住宅	三居室(89~109m²) 四居室(133m²)
长乐澜山	17000元/m²	普通住宅、公寓	三居室(89m²) 四居室(127m²)
三盛璞悦滨江	22000~26000元/m²	普通住宅	三居室(89m²) 四居室(131m²)
正荣悦珑湾	15000元/m²	普通住宅	二居室(57~58m²) 三居室(83~130m²) 四居室(99~141m²)
恒荣唐宁壹号	12500元/m²	普通住宅、商铺	三居室(105~142m²)
东湖悦海湾	22000元/m²	普通住宅、公寓、商住	二居室(80~100m²) 三居室(114~141m²)
长乐世茂璀璨滨江	19000元/m²	普通住宅	三居室(118m²) 四居室(137m²)
龙湖紫宸府	18000~22000元/m²	普通住宅	三居室(110~140m²)
恒荣广场	17000元/m²	普通住宅	三居室(89~105m²) 四居室(125m²)
榕发翰林壹号	17900元/m²	普通住宅	二居室(89m²) 三居室(100~120m²) 四居室(115~140m²)
中发首府	22000元/m²	普通住宅、商业	写字楼(104~142m²)
大东海新天地	10388~13000元/m²	商住、商业	三居室(85~112m²) 四居室(138m²)
蓝光阳光城璟月	16900元/m²	普通住宅	三居室(108m²) 四居室(128~135m²)
中茵天俊珑璟台	19000元/m²	普通住宅	二居室(33m²) 三居室(89m²) 四居室(105~117m²)
三盛璞悦府	22500元/m²	普通住宅	三居室(123m²) 四居室(141m²)
中茵天俊玖珑台	22000元/m²	普通住宅	三居室(115~120m²) 四居室(135~155m²)
滨海香舍	9966元/m²	普通住宅	三居室(106~136m²)
鼎弘东湖湾	10000元/m²	普通住宅、商铺	二居室(68.82m²) 三居室(103m²) 四居室(128.13m²)
中创卢峰壹品	尚未公布	普通住宅	三居室(99~108m²) 四居室(117~118m²)
滨海金茂智慧科学城	尚未公布	普通住宅、写字楼、商铺	二居室(67m²) 三居室(78~89m²) 四居室(109~139m²)
壹号学府	20133元/m²	普通住宅	三居室(68m²) 四居室(105m²)
铂景湾	15000元/m²	商住、商业	四居室(68.67~78.28m²)
天俊尊品	尚未公布	普通住宅、商铺	三居室(69m²) 四居室(142m²)
滨海新城蝶寓	15000元/m²	公寓、商住、商业	一室(40m²) 二居室(58~65m²)
中发海悦天澜	13000元/m²	普通住宅	二居室(76m²) 四居室(125m²)
武夷书香名邸	19000元/m²	普通住宅	二居室(76~90m²) 三居室(104~119m²) 四居室(133~136m²)

长乐区

楼盘名称	价格	物业类型	主力户型
新天地国际华府	18300 元/m²	普通住宅	三居室(85~112m²) 四居室(128~138m²)
长乐名城紫金轩	17000~21000 元/m²	普通住宅	二居室(59m²) 三居室(88~132m²) 四居室(145m²)
东方学仕府	尚未公布	普通住宅	三居室(89m²) 四居室(125~135m²)
中创三江壹品	尚未公布	普通住宅	三居室(89~106m²) 四居室(118m²)
龙桂华府	尚未公布	普通住宅	三居室(107m²) 四居室(119~139m²)
新投汇贤雅居	尚未公布	普通住宅	三居室(90~105m²) 四居室(125m²)
三盛悦龙门	尚未公布	普通住宅	四居室(129m²) 五居室(143m²)
大东海世茂天玺	尚未公布	普通住宅	二、三、四居室(130~400m²)
世茂福晟鹤尚美墅	尚未公布	普通住宅、别墅	四居室(130~140m²) 别墅(300m²)

闽侯县

楼盘名称	价格	物业类型	主力户型
保利海丝居艺小镇·和光屿湖	尚未公布	普通住宅	三居室(78m²) 四居室(125m²) 别墅(168m²)
凤翔揽邑	13500 元/m²	普通住宅	二居室(74m²) 三居室(87~93m²)
坤鸿理想城	尚未公布	普通住宅	尚未公布
国贸上江原墅	尚未公布	普通住宅、别墅	二居室(63m²) 三居室(75~88m²)
坤鸿美域	尚未公布	自住型商品房	三居室(85m²)
群升广场	15500 元/m²	商铺、商住	复式(45~90m²)
富力悦山湖	8000 元/m²	普通住宅、商业	一居室(54m²) 二居室(81m²) 三居室(89~108m²)
三盛·璞悦湾	14500~16500 元/m²	普通住宅	三居室(75~86m²) 四居室(105~118m²)
新榕金江首府	10000~12000 元/m²	普通住宅	二居室(85m²) 三居室(96~109m²)
中海凤凰熙岸	16000 元/m²	普通住宅、商铺	三居室(89m²) 四居室(117m²)
世茂福晟钱隆樽品	16000 元/m²	普通住宅	三居室(79.88~90.85m²) 四居室(120.68m²)
世茂福晟滨江时代	13000 元/m²	普通住宅	二居室(68m²) 三居室(78~90m²)
融侨誉江	18845 元/m²	普通住宅	三居室(89~98m²) 四居室(118m²)
世茂禹洲璀璨江山	17885 元/m²	公寓	一居室(31m²)
世茂福晟青城壹品	12800 元/m²	普通住宅	二居室(68m²) 三居室(79~89m²) 四居室(116m²)
中铁城	16000 元/m²	综合体	三居室(84~98m²) 四居室(119~130m²)
国development九溪原	18320 元/m²	普通住宅	三居室(83~107m²)
龙湖春江彼岸	11000 元/m²	普通住宅	三居室(76~89m²)
正祥贵里	18000 元/m²	别墅	别墅(127~135m²)
凤翔凡悦公馆	12500 元/m²	自住型商品房	复式(40~60m²)
紫光浦上商业小镇	12800 元/m² 起	公寓、商铺、商住、商业	复式(37.11~78.92m²)
中海观澜府	18500 元/m²	普通住宅、商业	三居室(95m²) 四居室(125~143m²)
闽越水镇	9188 元/m²	公寓、别墅	三居室(60m²) 四居室(88~90m²) 复式(110m²)
禹洲朗廷湾	约 290 万元/套	别墅	别墅(131~141m²)

闽侯县

楼盘名称	价格	物业类型	主力户型
祥禾公社	17500 元/m²	商铺、商住、综合体	一居室(25~47m²)
龙恒凤凰城	13164 元/m²	普通住宅、商铺	三居室(88~110m²) 四居室(136m²)
万科又一城	18000 元/m²	普通住宅、商铺、商住	二居室(77m²) 三居室(99~123m²)
阳光城翡丽云邸	11500 元/m²	普通住宅	二居室(60m²) 三居室(75~89m²) 四居室(110m²)
金辉优步悦山	16000 元/m²	普通住宅	二居室(71m²) 三居室(89m²) 四居室(103m²)
天俊华府	8000 元/m²	普通住宅、商铺	三居室(88m²) 四居室(104~136m²)
大唐书香世家	16500 元/m²	普通住宅、商铺	三居室(75~88m²) 四居室(105m²)
春江天玺	15700 元/m²	普通住宅	三居室(73~89m²) 四居室(107~115m²)
信通悦江公馆	15000 元/m²	公寓	二居室(21~33m²) 三居室(36m²) 四居室(43~58m²)
碧桂园铂玥府	17000 元/m²	普通住宅	二居室(79m²) 别墅(128m²)
福州恒大山水城	400 万~600 万元/套	普通住宅、别墅	别墅(548m²)
阳光城融侨榕心锦江	18500 元/m²	普通住宅	三居室(68m²) 四居室(110m²)
三迪雅颂枫丹	尚未公布	商铺、商住、自住型商品房	三居室(79~89m²) 四居室(109m²)
中铁城江督府	15000~16000 元/m²	普通住宅	三居室(85~107m²) 四居室(146~147m²)
中梁百悦城	15000 元/m²	普通住宅	三居室(77~89m²) 四居室(98~109m²)
南通永嘉天地	16000 元/m²	商住、综合体	复式(51~79m²)
紫光科技园海峡广场	8600 元/m² 起	写字楼、建筑综合体	写字楼(500~1000m²)
福州恒大悦珑湾	7999 元/m²	普通住宅	二居室(78m²) 三居室(97~123m²) 四居室(131m²)
保利堂悦	14000~15000 元/m²	普通住宅	三居室(87~105m²) 四居室(125m²)
高尔夫庄园	480 万元/套起	普通住宅、别墅	别墅(180~310m²)
恒荣九洲悦城	128 万元/套起	普通住宅	三居室(89m²) 四居室(120m²)
阳光城 MODO	12500 元/m²	酒店式公寓	二居室(34~45m²) 三居室(56m²)
龙湖盛天春江天越	13000 元/m²	普通住宅、商铺	三居室(76~89m²) 四居室(110m²)
半岛一品	尚未公布	商住	二居室(76m²) 四居室(126m²)
龙恒财富广场	29 万元/套起	商住	复式(55m²)
华韵公园壹号	12000 元/m²	商住	复式(55m²)
世茂福晟钱隆御品	17000 元/m²	普通住宅	二居室(86.02m²) 三居室(102.96m²) 四居室(93~116.76m²)
新榕金淘公寓	11821 元/m²	普通住宅、公寓	一居室(45.1~52.8m²) 二居室(67.8m²)
大唐星悦世家	19140 元/m²	普通住宅	二居室(65m²) 三居室(75~88m²)
融创未来海	39 万元/套起	普通住宅、公寓、商铺、商业、自持物业	复式(29~40m²)
阳光城翡丽湾	17900 元/m²	普通住宅、别墅	别墅(175~256m²)
东南微公馆	尚未公布	公寓	一居室(35~52m²)
世茂福晟印江南	16800 元/m²	普通住宅	三居室(69~89m²) 四居室(111m²)

福清市			
楼盘名称	价格	物业类型	主力户型
融侨园著	13500~20000元/m²	普通住宅	三居室(127m²) 别墅(165m²)
君安融著	尚未公布	普通住宅	三居室(117m²) 四居室(138m²)
凯景上泾府	尚未公布	普通住宅、别墅	四居室(123~124m²)
中央铭著	尚未公布	普通住宅、别墅、自住型商品房	三居室(110m²) 四居室(143m²)
中庚香澜	11500元/m²	普通住宅	三居室(99~118m²) 四居室(128~144m²) 五居室(168m²)
中庚香匯新时代	11000元/m²	普通住宅	四居室(138m²) 五居室(151m²)
福清璀璨滨江	13000元/m²	普通住宅、商铺	三居室(100~115m²) 四居室(125~143m²)
璀璨美景	尚未公布	商住	三居室(110m²) 四居室(123~143m²)
融创福清壹号	17000元/m²	普通住宅、商业	写字楼(128~175m²)
玉融正荣府	11500元/m²	普通住宅、别墅	三居室(102m²) 四居室(125m²)
龙江玖锦	尚未公布	普通住宅、别墅	尚未公布
福清世茂璀璨天城	13500元/m²起	普通住宅	三居室(100m²) 四居室(120m²) 复式(98m²)
福清金辉碧桂园铂玥府	9900元/m²	普通住宅、自住型商品房	四居室(122m²)
福清名城紫金轩	14000元/m²	普通住宅	三居室(117~140m²) 四居室(141~170m²)
优步书苑	8888~14500元/m²	普通住宅	三居室(90m²) 四居室(115~133m²)
福清金辉优步大道	11500元/m²	普通住宅	三居室(105m²) 四居室(130m²) 复式(115m²)
福清金辉观澜云著	13000元/m²	普通住宅	一居室(45m²) 四居室(130m²)
福清金辉江山云著	14000元/m²	普通住宅	三居室(110m²) 四居室(140m²)
福清世茂云城	12000元/m²	普通住宅、商业	四居室(102m²)
凯景公馆	9800元/m²	普通住宅	三居室(98.62~107.9m²) 四居室(117.87~129m²) 复式(106.62~123.48m²)
碧桂园华榕世纪城	9000~10000元/m²	普通住宅	三居室(96m²) 四居室(123~136m²)
中联名城	13500元/m²	普通住宅	三居室(111~127m²)
永鸿国际城	尚未公布	普通住宅	三居室(90m²) 四居室(143m²)
汇成天悦	尚未公布	普通住宅	三居室(92m²) 四居室(137m²)
优步东方	尚未公布	普通住宅	三居室(105m²) 四居室(115~130m²)
征云公馆	尚未公布	普通住宅、别墅、自住型商品房	四居室(141~147m²)
福清华润中央公园	13000元/m²	普通住宅	三居室(106m²) 四居室(125~148m²)
凯景幸福里	8999元/m²	普通住宅	四居室(139m²) 复式(115m²)
福州恒大御景半岛	10000元/m²	普通住宅	三居室(80m²) 四居室(143m²)
凯景学仕府	8700元/m²	普通住宅	三居室(90m²) 四居室(123m²) 复式(110m²)
福清恒大御府	13000元/m²	普通住宅	一居室(53m²) 二居室(110m²) 四居室(162m²)

福清市			
楼盘名称	价格	物业类型	主力户型
福清保利金香槟	11500元/m²	普通住宅	三居室(100~110m²) 四居室(122~158m²)
凯景江山府	11500元/m²	普通住宅	三居室(96m²) 复式(101~127m²)
融侨锦江玖里	13800元/m²	普通住宅	三居室(100~113m²) 四居室(124~157m²)
福清恒大城	11800元/m²	普通住宅	三居室(99~160m²)
凯景公园里	6888元/m²	普通住宅、商住、商业	三居室(101~104m²) 四居室(123m²)
福清融侨·观邸	13500元/m²	普通住宅	四居室(135~166m²) 复式(136m²)
东方云著	8800元/m²	普通住宅	三居室(103m²) 四居室(128~143m²)

永泰县			
楼盘名称	价格	物业类型	主力户型
融侨蓝城桃花源	尚未公布	普通住宅、别墅	二居室(79m²) 三居室(110~145m²) 别墅(180~280m²)
永泰宝龙世家	尚未公布	普通住宅	三居室(88~116m²)
福州青云小镇	46万~180万元/套	普通住宅、别墅、商住	二居室(53m²) 别墅(108m²)
世茂永泰温泉小镇	7500元/m²	普通住宅、别墅、商住、综合体	三居室(79~105m²) 别墅(120m²)
世茂云樽	9400元/m²	普通住宅、别墅、商铺	三居室(79~105m²) 别墅(120m²)
江山大名城	6700元/m²	普通住宅、别墅、商铺、共有产权房	一居室(38m²) 二居室(65~99m²) 三居室(116m²)
碧桂园麓府	10000元/m²	普通住宅	三居室(93m²) 四居室(120m²)
万科城大樟溪岸	10000元/m²	公寓、别墅、酒店式公寓、商住	别墅(81~125m²)
阳光城三木文澜府	8600元/m²起	普通住宅	三居室(89~105m²) 四居室(120m²)
三迪江山水岸	150万~170万元/套	别墅	三居室(118m²)
建发山外山	尚未公布	别墅	二居室(63~69m²) 三居室(120~138m²) 四居室(170m²)
颐和工社	6500元/m²	公寓、别墅、酒店式公寓	一居室(35~65m²) 二居室(75m²) 别墅(197~213m²)

连江县			
楼盘名称	价格	物业类型	主力户型
双溪源筑	尚未公布	别墅	别墅(127~200m²)
新华府	尚未公布	别墅	四居室(155m²) 五居室(245m²)
连江世茂福晟钱隆大第	12000元/m²	普通住宅、别墅	三居室(89m²) 四居室(108~125m²)
世茂印山海	11000元/m²	普通住宅	二居室(75m²) 三居室(95m²) 别墅(139m²)
中庚香悦府	14000元/m²	普通住宅、商铺	三居室(86~114m²) 四居室(128~133m²) 别墅(147m²)
碧桂园贵安府	9840~12000元/m²	普通住宅、别墅	三居室(89m²) 别墅(115~135m²)
世茂云珑	12500元/m²	普通住宅	三居室(89~101m²) 四居室(124m²)
中庚江湾九玺(香江世界三期)	14000元/m²	普通住宅、商铺、综合体	三居室(89~107m²) 四居室(116m²) 五居室(127m²)
建发融侨山海大观	11000元/m²	普通住宅、公寓、别墅、商铺	三居室(89~100m²) 四居室(118~128m²) 别墅(140~169m²)

连江县			
楼盘名称	价格	物业类型	主力户型
溪山温泉度假村	8000~11200 元/m²	别墅、酒店式公寓、商铺	二居室 (54.5m²) 四居室 (82.5m²) 别墅 (99~138m²)
贵安新天地	9500 元/m²	普通住宅、公寓、别墅、写字楼、商住、综合体	二居室 (66~70m²) 三居室 (82~110m²) 四居室 (125m²)
中庚香山小镇	7300 元/m²	普通住宅、别墅	三居室 (89~108m²) 四居室 (121~142m²)
融旷格林学府	8888 元/m²	普通住宅	三居室 (88m²) 四居室 (98~108m²)
建发玺院	8000 元/m²	普通住宅	二居室 (60m²) 三居室 (85~100m²) 四居室 (117m²)
正恒先生的山	9200~15000 元/m²	普通住宅、别墅、商铺、商住	二居室 (65m²) 三居室 (81~83m²)
罗源湾滨海新城	6000 元/m²	普通住宅、别墅、写字楼、酒店式公寓、商铺、综合体	一居室 (49m²) 二居室 (66~90m²) 三居室 (113m²)
正祥特区文苑	6000 元/m²	普通住宅、公寓	三居室 (110m²)
正祥福佑里仁	7800 元/m²	酒店式公寓	二居室 (39~47m²) 三居室 (54~56m²) 四居室 (73m²)

连江县			
楼盘名称	价格	物业类型	主力户型
正祥日照香园	14500 元/m²	普通住宅	二居室 (67~89m²) 四居室 (117~125m²)
连江建发书香里	13000 元/m²	普通住宅	二居室 (71m²) 三居室 (83~105m²) 四居室 (117m²)
学府风情	8000 元/m²	普通住宅	一居室（52~58m²） 二居室（68m²） 三居室 (84~88m²)
海伦堡观山府	6100 元/m²	普通住宅	三居室 (109~121m²)
天福渔夫岛	尚未公布	普通住宅、公寓、别墅	一居室 (44~46m²) 二居室 (59~74m²) 三居室 (84~110m²)
连江皇庭丹郡	16800 元/m²	普通住宅、商铺	复式 (105m²) 跃层 (120m²)

罗源县			
楼盘名称	价格	物业类型	主力户型
中庚香山小镇	7300 元/m²	普通住宅、别墅	三居室 (89~108m²) 四居室 (121~142m²)
罗源湾滨海新城	6000 元/m²	普通住宅、别墅、写字楼	一居室 (49m²) 二居室 (66~90m²) 三居室 (88~113m²)
正祥特区文苑	6000 元/m²	普通住宅、公寓	三居室 (37~110m²)
海伦堡观山府	6100 元/m²	普通住宅	三居室 (109~121m²)
世茂云瀚	7500 元/m²	普通住宅	三居室 (79~108m²)

典型项目

保利和光尘樾

福州 | 保利 | 东区红盘 | 公园环绕 | 改善人居

项目地址：
福州市晋安鹤林路以西，横屿路以北，横屿组团H11地块

开发商：
福州中和投资发展有限公司

产品特征：
普通住宅

参考价格：
住宅均价31500元/平方米

主力户型：
约125平方米四居

物业公司：
保利物业

5公里生活配套：
东二环泰禾广场、牛岗山公园、鹤林生态公园、地铁4号线（在建）

专家点评

方明·易居企业集团 克而瑞福州区域公司总经理

保利和光尘樾坐落于东二环中心区域，毗邻2000亩城市公园集群：牛岗山公园、鹤林公园、晋安湖公园（在建中），被称为福州版"纽约中央公园"。项目从新品亮相到开盘热销，每一个动作都备受市场关注。

扫码观看楼盘详情

项目测评

【战略意义】
自2010年保利香槟国际落子福州东二环，由此开始了保利在海西扩张的道路。经过10年的深耕，目前保利在福州、莆田两座城市开发项目多达35个，以先进的人居匠心理念积极推进海西城市的发展进程。

【市场口碑】
2020年9月30日，项目首期推售130套商品房，开盘当日去化率超75%。而在11月13日第二次开盘中，劲销超80%以上。"好户型""公园盘""改善人居"等标签成为购房者对楼盘最多的评价。

【区域地段】
保利和光尘樾择址东二环板块，是福州"东扩"发展首站，也是城市繁华中心所在。区域借助政策利好，吸引超20家知名房企入驻开发，三大商业体加持，多条地铁线经过，以及三大生态公园持续落地，助力区域发展。

【楼栋规划】
小区占地面积约55987平方米，规划总户数1527户，包含8栋可售高层，每栋楼层高10~17层。作为高品质改善住宅的标配，社区楼栋坐落合理，景观面大，纯板楼楼进深小，南北通透，户型方正，电梯入户，私密性强，居住舒适性不言而喻。

【主力户型】
项目主力户型为建面约125平方米的四居室，户型方正，私享入户电梯厅，四开间朝南，餐客一体，空间零浪费。大面宽、短进深，南向大阳台，室内采光佳，明亮通风。套房式阔绰主卧，得房率高，给每个家庭生活预留更多想象空间。

【园林景观】
近30%的绿化率和2.2的容积率，为小区园林规划提供充足的空间。项目与2000亩绿意比邻而居，还规划7座花园。其中，3号楼更是直面牛岗山公园，观景视野较好。社区在公园和花园间无缝衔接的生活，成为每日的寻常风景。

【物业服务】
社区物业为保利物业管理有限公司，在2020年克而瑞发布的百强物业管理服务公司排行榜中，取得第3名的佳绩，被广大保利业主所认可。而社区提供的安保、园林景观维护、日常清洁、家电设备检修等服务，都赢得了市场好口碑。

【交通出行】
楼盘周边交通线路发达，地铁4号线（在建）预计2022年通车。一期起于半洲站，途经金山片区、鼓台、晋安、仓山、义序等组团，全长约28.4公里。同时，项目距福州站3.8公里，距金融街4.8公里，距东街口5.1公里，距市政府5.7公里。

【医疗配套】
项目周边3~5公里范围内有省二医院东二环分院、鼓楼中医医院、福建省儿童医院等医疗机构，驱车前往仅需10~20分钟。其中福建省儿童医院已于2020年12月25日开诊启用，未来针对各种儿童病症的接诊能力将更强、医疗设备更先进。

【购物娱乐】
保利和光尘樾立足东二环成熟生活圈内，毗邻超150万平方米的东二环泰禾广场，项目周边5公里内，涵盖永辉、大润发、沃尔玛、宜家综合体等休闲、娱乐、购物场所，满足业主享受一站式购物的需求。

首开融侨首融府

| 福州 | 首开＆融侨 | 光明港畔 | 公园环绕 | 改善人居 |

项目地址：
福州市晋安长乐南路59号（光明港公园北侧）

开发商：
福州融城房地产开发有限公司

产品特征：
普通住宅

参考价格：
住宅均价37000元/平方米

主力户型：
约128平方米三居、约156平方米四居

物业公司：
融侨物业

5公里生活配套：
千亩光明港公园、金融街万达广场、东二环泰禾广场、世欧广场

专家点评

方明·易居企业集团 克而瑞福州区域公司总经理

首开融侨首融府坐落于福州二环内，享市中心便利交通。项目毗邻千亩光明港公园，周边成熟商圈如东二环泰禾广场、世欧广场、金融街万达广场、元洪城广场环绕，是一个地段优越、配套醇熟的优质项目。

扫码观看楼盘详情

项目测评

【战略意义】
首开融侨首融府是继首开融侨尚东区之后，首开、融侨强强联袂打造的第二个项目。从东二环到光明港，首开先后与保利、融侨等实力开发商联合拿地、联合开发；"首开+"模式，为福州留下了众多经典居住项目。

【市场口碑】
2018年7月18日，首开融侨首融府首期推售236套商品房，开盘当日去化超九成。在后续的多次加推中，项目去化率均高达85%以上，2019年5月还斩获了福州住宅单月销售金额榜冠军（数据来源：克而瑞福州）。

【区域地段】
项目坐落于东二环连潘板块，享市中心便利交通。项目毗邻千亩光明港公园，周边成熟商圈如东二环泰禾广场、世欧广场、金融街万达广场、元洪城广场环绕，同时临近晋安医院、福州市第一医院等，配套醇熟。

【楼栋规划】
首开融侨首融府小区占地面积约63亩，规划有9栋19～23层的住宅，西侧12号楼为商业别墅。社区楼栋坐落合理，景观面大，为纯板楼设计，采光通风俱佳。梯户配比多以一梯两户为主，私密性强，居住舒适性较高。

【主力户型】
首开融侨首融府156平方米四室两厅两卫户型，两室朝南，三面采光，整体明亮通透不潮湿。双阳台设计，观景、生活两不误。主卧配备衣帽间、独立洗手间，私密性强，并且洗手间干湿分离，可保持居家清爽的舒适感。

【物业服务】
社区物业为融侨物业。日常生活中，社区提供的安保、园林景观维护、日常清洁等服务都赢得了业主好评。融侨物业还凭借在抗疫期间的勇于坚守与责任担当，被中国物业管理协会评选为"2020中国物业服务防疫满意度企业50强"。

【交通出行】
首开融侨首融府位于福州二环内，项目北依国货东路，东临连江中路，西接长乐南路，整体接二环连三环，交通出行十分便捷。公共交通方面，项目周围有福州老年大学站、光明桥站、连潘站等主要公交车站点。

【教育资源】
首开融侨首融府周边教育资源丰富，距离项目1公里左右有福州市象园小学、福州十八中象园分校、福州日升中学等学校。其中，福州十八中象园分校教学设备先进齐全，同时配备了福州第十八中学一流的师资力量。

【医疗配套】
首开融侨首融府周边2~5公里左右范围有晋安区医院、福州市第一医院、福州协和医院及福建省妇幼保健院等。其中，福州市第一医院距离项目约2.8公里，驱车约10分钟可达，该院是福州市属三级甲等综合医院，具有百年历史。

【购物娱乐】
项目北面1公里内有永辉超市、生鲜市场，周边3公里内有大润发、沃尔玛等商超，2~5公里范围有世欧广场、金融街万达、东二环泰禾广场、中亭街/元洪城东百四大商圈，可满足业主日常生活购物需求。

建发榕墅湾

福州 | 建发 | 新中式 | 鼓楼湾畔 | 低密奢宅

项目地址：
福州市仓山区建新镇上下店路与金山路交会处西北150米

产品特征：
住宅、别墅、商业

项目规划：
占地面积：64890平方米，容积率1.82，总户数647户

主力户型：
约113~145平方米四居

参考价格：
约23999元/平方米

入选理由：2020年度福州（五区）项目商品房销售榜十强——根据克而瑞机构2020年统计数据显示，建发榕墅湾年成交金额为19.38亿元，拿下福州（五区）2020年度项目商品房销售金额十强。

核心优势：
建发榕墅湾东临一线闽江，离江仅约60米，背靠原生态千亩山体公园，享鼓楼湾区"一岛、双江、三公园"的稀缺资源。周边福道、金牛山公园、闽江公园、沙滩公园、山地公园等多园环绕；附近洪山桥、洪塘大桥、淮安大桥、金山大桥、三环快速路环绕，地铁4号线（在建）、地铁5号线（在建）等多种公共交通随时等候；福建农林大学、理工学校、工业学校等高校云集，农大附属左海学校、仓山实小淮安分校，以及闽江师专附属实验幼儿园等优教在侧；周边分布万达广场、爱琴海购物公园、华润万象城、宝龙商圈、东街口商圈等，吃喝玩乐购全面满足；甲级医院省立医院、南京军区总院、空军医院为健康保驾护航。

阳光城檀境

福州 | 阳光城 | 滨水住区 | 智慧家 | 潮流街铺

项目地址：
福州市台江区排尾路与长乐南路交界处

产品特征：
住宅、商业

项目规划：
占地面积：118667平方米；容积率：3.20；总户数：3669户

主力户型：
约89~143平方米三居、四居；14~300平方米商业

参考价格：
住宅约35000元/平方米，商业约40000元/平方米

入选理由：2020年度福州（五区）项目商品房销售榜三强——根据克而瑞机构2020年统计数据显示，阳光城檀境年成交金额为25.24亿元，拿下福州（五区）2020年度项目商品房销售金额的季军。2020年度福州（五区）商业销售面积、金额冠军。

核心优势：
阳光城檀境是阳光城福州赋新壹号作品，择址二环内光明港畔，拥享纯熟宜居腹地。以约10.6万平方米体量立于主城，打造建筑面积约89~143平方米瞰景高层。中亭街、世欧广场、金融街CBD三大商圈环绕，繁华触手可及；规划上，汲取Super-Flat扁平立面设计，延续"三坊七巷"建筑格局；景观通过打造约5000平方米中央公园，连接20000平方米光明港公园，让生活融入自然；更引入绿色智慧家体系，焕新福州舒居时代。项目于2019年荣膺中国十大住宅作品，2020年荣膺WAN Awards（世界建筑新闻网大奖）Architecture-Leisure 休闲空间类、Sliver Winner 银奖及 Architecture-Commercial-International Sales 国际商业建筑项目 Shortlist 伦敦设计奖等殊荣。

世茂帝封江

福州 | 世茂 | 体量大盘 | 一线沿江 | 高端商圈

项目地址：
福州市仓山区环岛路旁世茂帝封江

产品特征：
洋房、叠拼

项目规划：
占地面积 379595 平方米，容积率 1.37，一期规划总户数 1366 户

主力户型：
130~235 平方米四居

参考价格：
住宅约 28000 元 / 平方米

入选理由 —— 方明 · 易居企业集团克而瑞福州区域公司总经理

作为福州市区少有的南向一线看江大盘，世茂帝封江不仅坐拥板块内约 3 公里一线江岸视野，畅享"三轨两站"地铁站节点，产品业态丰富，有纯商品房住区，另配有 18 万平方米的宽厚坊商业水街，为福州带来前沿的商业配套。

核心优势：

世茂帝封江对望五虎山、龙祥岛，直面一线乌龙江，三公园环伺，板块内还规划在建帝封江幼儿园、小学、中学。同时，项目配有 18 万平方米国际滨水商业街，世茂商业自持 8 万平方米，开启一站式、高品质生活新模式。板块内在建滨海快线、4 号线、5 号线 3 条地铁和 2 个地铁站，与现有 2 条快速路、2 条主干道组成"三横三纵"交通路网，其中帝封江站为 3 地铁换乘站，交通路网便利。世茂帝封江拥有交通、商业、生态资源（教育）、高品质住宅四大引擎联合推动，作为本轮城市人居生活升级的引领者和承接地，推动福州迎来功能和生活方式的迭代。

滨江正荣府

福州 | 正荣 | 品质社区 | 文脉荣光 | 精工作品

项目地址：
福州市仓山区魁浦大桥与福泉高速连接线

产品特征：
住宅、别墅

项目规划：
占地面积 110191 平方米，容积率 1.80，总户数 1969 户

主力户型：
约 87~105 平方米三居、四居，约 115 平方米叠拼

参考价格：
住宅约 30000 元 / 平方米

入选理由 —— 张元海 · 乐居福州主编

滨江正荣府位于三江口樟岚板块，与清华附中福州学校仅一路之隔，板块内众多优质配套设施不断落地，区域价值日益凸显。项目承接城市发展红利，周边商圈众多，交通、医疗、教育等配套优势明显。

核心优势：

滨江正荣府傲踞福州"东扩南进"桥头堡，地铁 4 号线（在建）、6 号线（在建）交会于此，串联二环、三环，快速通达全城；海峡会展、艺术文化中心，福建美术馆等多元共建配套落地加持，开启全新滨江 3.0 生活。毗邻东部办公区，近享海峡国际会展中心、福建省美术馆（在建）、海峡文化艺术中心、福建省科技新馆（在建）等城市级公建配套；与清华附中福州学校仅一路之隔，享家门口优质教育资源。

厦门

市场总结

一、新房成交表现

1. 整体情况

新房成交量：2020年，厦门一手住宅成交量价齐涨，新房市场回暖明显。据克而瑞数据显示，2020年厦门市一手住宅成交21095套，同比上涨65%，成交面积233.68万平方米，同比上涨63.5%，成交均价40451元/平方米，同比上涨5.1%。

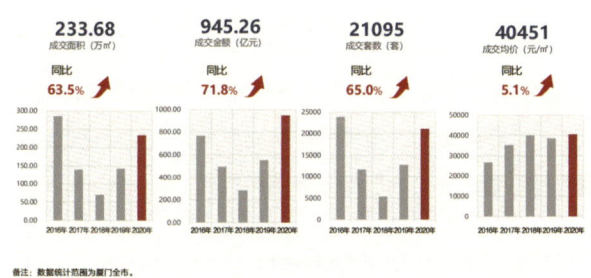

厦门2016—2020年商品住宅年度走势

2020年，厦门新房住宅销售金额为945.26亿元，直逼千亿元。比市场巅峰期的2016年总销售额高出170多亿元。

新房价格情况：价格方面，从近年价格走势来看，2018年厦门商品住宅成交均价同比上涨13%，2019年同比下滑4%，2020年成交均价虽然突破4万元，达40451元/平方米，创近十年来新高，但同比涨幅控制在5%以内。

2016—2020年厦门商品住宅成交走势

除了"宜居城市""旅游城市""文明城市"外，厦门还有一个撕不开的标签，那就是"高房价"。以房价收入比来进行计算，厦门岛外新房成交总价主流区间在300万~350万元/套。成交主力户型为100平方米左右的小三居；岛内新房基本都在千万元级别，以大户型为主。

在此，以一套总价300万元的房子为例，据《厦门市2019年国民经济和社会发展统计公报》，2019年，厦门全体居民人均可支配收入为55870元，比上年增长9.7%。按4位家庭成员收入计算，3000000÷（55870x4）=13.42，房价收入比较高。想要在厦门安家落户，可能需要一代人甚至两三代人的努力。

2. 年度走势

从2020年全年走势来看，开年受新冠肺炎疫情的影响，厦门新房成交量跌至谷底。随后小阳春"虽迟但到"。二季度市场逐步复苏，三季度迎头赶上，四季度加速冲刺，在几个岛内新盘及岛外学区热盘的助力下，楼市成交迎来翘尾，最终实现逆势上扬。

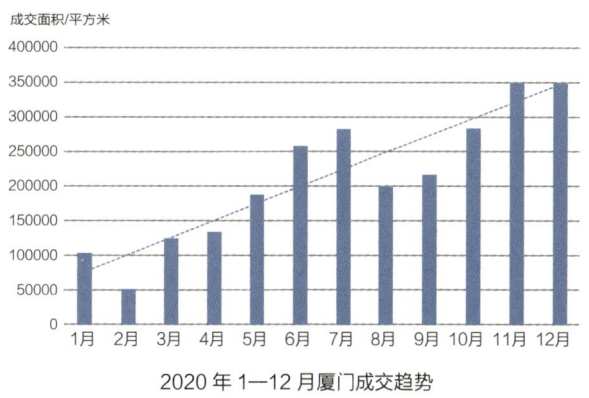

2020年1—12月厦门成交趋势

其中，成交榜前四均为岛内新盘，成交金额占比超过1/3，以建发养云、中骏天盈等为代表的岛内热盘贡献较大。建发养云更是以全年96.69亿元的销售金额登上

2020 年度厦门房企销售榜冠军。

厦门 2020 年商品住宅项目成本金额排行

排名	项目名称	成交金额（亿元）	成交面积（万/m²）	成交均价（元/m²）
1	建发养云	96.69	14.67	65921
2	中骏天盈	56.60	8.33	67933
3	中骏天禧	46.51	6.78	68613
4	建发玺樾	39.50	6.16	64069
5	新沿线天境云著	38.68	9.38	41225
6	中海杏林鹭湾	37.64	8.41	44769
7	顶峰鹭江1号	25.58	3.84	66572
8	国贸天成	24.63	6.69	36808
9	建发和玺	23.78	5.95	39981
10	建发央著	22.27	5.17	43099

厦门 2020 年商品住宅项目成本面积排行

排名	项目名称	成交面积（万/m²）	成交金额（亿元）	成交均价（元/m²）
1	建发养云	14.67	96.69	65921
2	新沿线天境云著	9.38	38.68	41225
3	中海杏林鹭湾	8.41	37.64	44769
4	中俊天盈	8.33	56.60	67933
5	特房樾琴湾	7.76	21.79	28086
6	保利天汇	6.81	17.34	25459
7	中骏天禧	6.78	46.51	68613
8	国贸天成	6.69	24.63	36808
9	建发玺樾	6.16	39.50	64069
10	建发养云	5.97	20.50	34318

自 2018 年年底岛内恢复供地以来，岛内新房竞争加剧。户型也从大户型为主，到中小户型百花齐放。而岛外楼市的分化则持续加剧。卖得好的项目持续红红火火，卖得不好的则一直惨惨戚戚。更有部分项目价格每平方米直降数千元，以价换量。

总体上，100 平方米以下户型仍是厦门市场主力，其中 70 平方米以下产品占比提升明显；单价段、总价段天花板维稳，为 3.5 万元/平方米、350 万元/套。2020 年改善型需求进阶，90~100 平方米户型成交占比降了 5 个百分点，180~300 平方米大户型成交占比上升。

从岛外热销项目来看，从 2020 年年初开盘的中海杏林鹭湾、建发央著，到年底开盘的建发文澜和著、建发书香府邸、国贸学原等，学区无疑是热销的最主要因素。根据克而瑞数据统计显示，有学区加持的项目去化比其他项目去化高出 23.3%，学区房无疑成为最大的去化优势。

二、二手房成交表现

厦门二手房市场在 2020 年的成绩也可圈可点。自 2015 年首次出现二手房交易量超过一手房交易量的情况以来，六年间厦门二手住房年均交易量为一手住房的 1.6 倍，标志着住房交易已步入存量房时代。

据厦门网上房地产数据统计，2020 全年厦门二手住宅共成交 36628 套，同比 2019 年微跌 3.4%。

从 2020 年全年表现来看，自 3 月企业逐渐复工后，厦门二手住宅月度成交套数一路攀升，市场热度不减，至 7 月达到高位。与往年一样，随着学区置换黄金期的结束，8~10 月成交热度进入下滑期。

2020 年 12 月，厦门二手住宅以 4457 套的成交套数，创全年月度成交套数峰值。相关数据显示，2020 年 12 月厦门二手房均价为每平方米 49803 元，同比上涨 6.69%。近日，更是吸引央视报道并登上微博热搜，热度居高不下。

其中，优质名校加持的二手学区房成为关注焦点，部分板块的市场成交价呈现结构性上涨。例如，划入实小玉屏校区的玉滨城二期，年涨幅 5 万元/平方米，最新报价 13.3 万元/平方米叫板新华城！此外，莲花片区、松柏片区、槟榔等热门学区，2020 年房价涨幅为 3000~7000 元/平方米。

三、政策梳理

2020年，各城"抢人大战"进一步升级，厦门市政府也多次微调落户政策，积极吸引各类人才"留厦"发展。

2020年2月28日，厦门出台落户新政，针对本科及以上学历、获得中级及以上职称（含可对应的专业技术职业资格），或高级工及以上职业资格的非本市户籍人才，如在厦无住房并且在厦稳定就业1年以上，凭与本市企事业单位签订3年以上劳动合同，可在海沧区、集美区、同安区、翔安区范围内购买1套自住商品住房。

同时坚持房住不炒定位，新购买的商品住房，取得产权证满2年方可上市交易。

厦门最新人才政策（2.28）		
对象（满足其一即可）	本科及以上学历	可在海沧区、集美区、同安区、翔安区范围内购买1套自住商品住房
	获得中级及以上职称（含可对应的专业技术职业资格）	
	高级工及以上职业资格	
必要条件	在厦无住房并且在厦稳定就业1年以上	
	与本市企事业单位签订3年以上劳动合同	
备注：新购买的商品住房，取得产权证满2年方可上市交易		

2020年6月28日，福建省公安厅、福建省发改委联合下发13条措施出台。厦门市缩短参加城镇社保年限，取消连续居住年限要求。厦门市区分岛内、岛外制定梯次化落户政策对参加城镇社保年限要求不超过3年，放宽放开共同居住生活的配偶、未成年子女随迁落户。

业内认为，虽然2020年厦门落户政策数次调整，释放出积极的信号，但力度还是比较有限。像福州一样"零门槛"放开落户政策的行为，还是比较难以实现。

四、土地市场

22幅宅地，计价建筑面积超240万平方米，吸金589.8亿元，平均成交楼面价27451元/平方米。这是厦门2020年土地市场交出的成绩单。

从计价建筑面积来看，2020年厦门土拍共计成交超240万平方米，为自2010年来峰值。从成交金额来看，2020年厦门全年地块成交总额598.8亿元，是近五年来土拍成交最高总金额。

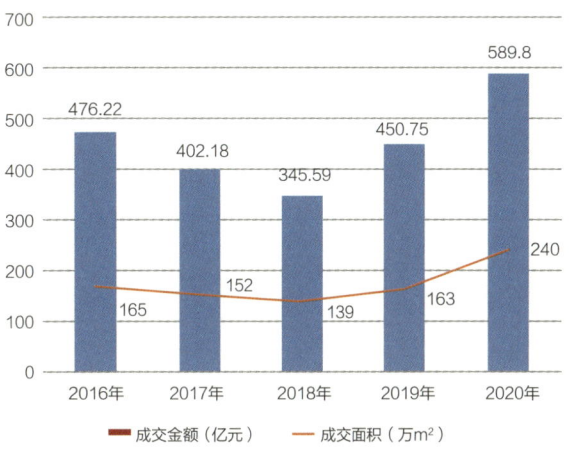

2016—2020年厦门土拍成交情况

住房套数	房贷已结清（普通住宅）				有2套房贷未结清
	无房贷记录	有1套房贷记录	有2套及以上房贷记录	有1套房贷未结清	
本市无住房	30%	40%	50%	60%	暂停发放住房贷款
本市有一套住房	40%	50%	60%	70%	
本市有两套及以上住房	暂停发放住房贷款				
通过赠与方式转让，转让人需满3年后才能再次购买；2017年3月25日之后购买一手和二手房产，需取得产权证后满2年方可上市交易；2017年3月25日前购买的房产可上市交易：一手以备案时间为准和二手以收件时间为准					
2017年3月25日（含）之后办理的没有产权证委托书，房管局不授予受理； 2017年3月25日（含）之后办理的转委托公证，房管局不授予受理； 2017年3月25日前办理的转委托公证，房管局仍可受理； 有产权证所办理的委托公证所有权暂时不变					
2019年12月24日起，部分地块出让时明确商品住宅最高销售均价； 目前岛内地倨最高限价7.08万元/m²，海沧H2020P01地块限价4.6万元/m²					

2020年厦门购房政策

2020年厦门土拍中，本地房企成拿地主力军。据乐居统计，22幅地块中，有10幅地块被厦门本土国企斩获，其中建发夺得6幅地块，是拿地主力军。

随着2020年在翔安的落子，建发也在厦门完成六区"封疆"，全面布局。而中骏则是民企的典型代表，近年来通过四部"天字系"顶级产品，持续深耕厦门岛内，站位独特。国贸、保利则在岛外实现多点开花布局。

五、热点板块

从区域来看，2020年岛外四区的成交量和成交面积并未拉开明显差距。集美区以530004平方米的总住宅成交面积位列六区之首，而同安区以5625套的住宅总成交套数拔得头筹。

其中，年度商品住宅销售金额榜前三均由岛内项目包揽，分别为建发养云、中骏天盈、中骏天禧。而集美区的新沿线·天境云著和中海杏林鹭湾则凭借核心资源优势，分别夺得岛外销售金额及面积冠亚军。

在"岛内大提升，岛外大发展"的战略下，2020年岛外四区的建设发展也是火力全开。地铁、跨海隧道等交通建设进一步拉伸城市骨架。名校、商场、产业的导入，以及落户政策的放宽，也为岛外四区的发展不断注入新的能量，吸引更多买房人扎根岛外。

六、2021年展望

经过2018年"崩盘论"的洗礼，经过2020年年初疫情的冲击。厦门凭借良好的城市基本面，在2020年稳健收官。

2020年，厦门也出台相关房价控制政策，《厦门市住房发展规划（2021—2025年）》提出，要保持住房价格总体平稳，未来五年，厦门新增商品住宅年度价格涨幅不能超过5%。在保证充足的供应基础上，保持楼市的良性循环。这就相当于为厦门未来的新房市场定音、定调。

新的一年，值得关注的是，厦门岛内或将有更多重量级的土地供应。如湖滨南、将军祠以及钟宅、下忠地块等。此外，也将有更多新的楼盘推向市场。其中，岛内的中骏·天荟、旭辉五缘湾新项目，以及位于岛外海沧CBD的建发·缦云、集美的大悦城综合体等，都值得市场期待。同时，楼市或将进一步分化。拥有好学区、好地段、好产品、好景观的项目将持续上涨，资质一般的项目则同样面临去化压力。

展望2021年，厦门楼市或将在量价上实现微涨，整体持续向好。

数据来源：克而瑞厦门机构、厦门网上房地产、国家统计局厦门调查队。

在售楼盘一览

思明区

楼盘名称	价格	物业类型	主力户型
中骏·天禧	约70800元/m^2	普通住宅	四、五居室(160~275m^2)
帝景苑	尚未公布	普通住宅	大平层(400~600m^2)
顶峰鹭江1号	约69000元/m^2	普通住宅	三居室(173m^2) 四居室(213m^2) 五居室(240m^2)
云顶至尊	51500元/m^2起	普通住宅	四居室(279m^2) 五居室(315m^2)
华尔顿1275	约68000元/m^2	普通住宅	五居室(224m^2)

湖里区

楼盘名称	价格	物业类型	主力户型
联发嘉和府	约68000元/m^2	普通住宅	三居室(136m^2) 四居室(168~195m^2)
建发五缘映月	约70800元/m^2	普通住宅	三居室(116m^2) 四居室(138~191m^2)
中骏天盈	约70000元/m^2	普通住宅	四居室(186~260m^2)
建发·养云	约67000元/m^2	普通住宅	四居室(199m^2) 五居室(255m^2)
万科湖心岛	约65000元/m^2	普通住宅、别墅	四居室(205~322m^2)
厦门海上世界	约21335元/m^2	写字楼、商铺、综合体、商业	写字楼(308~403m^2)

海沧区

楼盘名称	价格	物业类型	主力户型
建发和玺	37800元/m^2	普通住宅	三居室(89m^2) 四居室(106~126m^2)
建发住宅海玥和鸣	约33000元/m^2	普通住宅	三居室(77~85m^2) 四居室(100m^2)
马銮湾1号	约37000元/m^2	普通住宅	三居室(86~115m^2) 四居室(117~128m^2)
海投第一湾	31000元/m^2起	普通住宅、别墅	三居室(98m^2) 三居室(125m^2)
厦门中央公园	约36000元/m^2	普通住宅	三居室(89m^2) 四居室(112~122m^2)
海投自贸城	24000元/m^2	普通住宅	二居室(66~74m^2) 三居室(86~99m^2)
海投尚书房	约25700元/m^2	普通住宅	二居室(73~77m^2) 三居室(90~110m^2)
招商1872	28000元/m^2起	普通住宅	二居室(81m^2) 三居室(94~116m^2) 四居室(154m^2)
厦门华玺	约37000元/m^2	普通住宅、别墅	四居室(118~197m^2) 别墅(210~220m^2)
建发文澜和著	32000元/m^2起	普通住宅	三居室(81~98m^2) 四居室(103~115m^2)
融创云潮府	31000元/m^2起	普通住宅	三居室(75~89m^2) 四居室(107m^2)
龙湖春江天玺	约33000元/m^2	普通住宅	三居室(76~77m^2) 四居室(93m^2)
住宅水晶尚庭	尚未公布	普通住宅	三居室(89~120m^2)
海投白鹭湾	32888元/m^2	普通住宅	二居室(78~102m^2) 复式室(83~127m^2)

集美区

楼盘名称	价格	物业类型	主力户型
富力院士廷	245万元/套起	普通住宅	四居室(89~111m^2)
中海杏林鹭湾	45500元/m^2	普通住宅	三居室(101~105m^2) 四居室(130m^2)
阳光城文澜府	247万元/套起	普通住宅	三居室(89m^2) 四居室(107m^2)
水晶湖郡	约42000元/m^2	普通住宅、别墅	四居室(270m^2)
IOI棕榈半岛	约45000元/m^2	普通住宅、综合体	别墅(159~239m^2)

集美区

楼盘名称	价格	物业类型	主力户型
联发时代天境	298万元/套起	普通住宅	三居室(88~103m^2) 四居室(142m^2)
中梁正荣府	约35000元/m^2	普通住宅	三居室(78m^2) 四居室(94~108m^2)
天境云著视界	约45000元/m^2	普通住宅	四居室(141~240m^2)
中交国贸鹭原	约38500元/m^2	普通住宅、商业	三居室(95~110m^2) 四居室(130m^2)
住宅水晶地铁公元	约36000元/m^2	普通住宅	二居室(88~101m^2) 三居室(140~151m^2)
禹洲璟阅城(学府1号)	26666元/m^2起	普通住宅、商业	二居室(70m^2) 三居室(88m^2) 四居室(110m^2)
嘉和豪庭	约34000元/m^2	普通住宅	三居室(118~135m^2)
融侨观澜	28000元/m^2起	普通住宅、商业	二居室(52m^2) 三居室(89m^2) 四居室(112m^2)
龙湖首开景粼原著	322万元/套起	普通住宅、别墅	别墅(107~138m^2)
中央公园城	约34000元/m^2	普通住宅	三居室(110~124m^2)
凤凰花城	约27300元/m^2	普通住宅、商铺	二居室(89m^2) 三居室(116m^2)
夏商新纪元	26800元/m^2起	普通住宅、商铺	三居室(89m^2)

翔安区

楼盘名称	价格	物业类型	主力户型
首开万科璞悦山	360万元/套起	普通住宅、别墅	别墅(89~180m^2)
万科金域缇香	220万元/套起	普通住宅	三居室(69m^2) 四居室(90m^2)
IOI棕榈国际住区	303万元/套起	普通住宅、别墅	别墅(116~143m^2)
融侨铂樾府	319万元/套起	普通住宅、别墅	三居室(90m^2) 别墅(102~172m^2)
雅居乐御宾府	约31000元/m^2	普通住宅、别墅	三居室(78~92m^2) 别墅(140~153m^2)
中南青樾	约35000元/m^2	普通住宅	三居室(77m^2)
金地峯上	33000元/m^2起	普通住宅	三居室(79~90m^2) 四居室(102m^2)
中南九锦台	约35000元/m^2	普通住宅	三居室(93m^2) 别墅(145m^2)
国贸天成一二期	约38500元/m^2	普通住宅	三居室(94m^2) 四居室(128~156m^2)
前海湾	约33000元/m^2	普通住宅	三居室(88~102m^2) 四居室(116~129m^2) 别墅(151~155m^2)
国贸学原	270万~650万元/套	普通住宅	一居室(45m^2) 二居室(60m^2) 三居室(98~107m^2)
世茂璀璨天宸	30000元/m^2起	普通住宅	三居室(68~71m^2)
特房芙蓉书院	约30000元/m^2	普通住宅	二居室(73~89m^2) 三居室(96~116m^2) 四居室(130m^2)
特房莱昂公馆	175万元/套起	普通住宅、商业	二居室(76m^2) 三居室(86~101m^2) 四居室(120m^2)
水晶合院	约32000元/m^2	普通住宅、别墅	三居室(94m^2)
首创禧瑞风华	约35000元/m^2	普通住宅	二居室(68m^2) 三居室(77m^2) 四居室(94m^2)
世茂国风长安	298万元/套起	普通住宅、别墅	三居室(85~88m^2) 别墅(115~118m^2)
世茂御海墅	约32000元/m^2	普通住宅、别墅	三居室(86~96m^2) 四居室(116m^2)

翔安区

楼盘名称	价格	物业类型	主力户型
首开龙湖璟宸府	330 万元 / 套起	普通住宅	四居室 (93m²)
旭辉天樾公馆	约 25000 元 /m²	普通住宅	三居室 (89~103m²)
保利和光城悦	约 37500 元 /m²	普通住宅	二居室 (68m²) 三居室 (73~89m²) 四居室 (105~110m²)
国贸远洋天和	约 38000 元 /m²	普通住宅、别墅	三居室 (93m²) 别墅 (144~162m²)
首开领翔上郡	约 24000 元 /m²	普通住宅、别墅	三居室 (112m²) 别墅 (185~200m²)
古龙尚逸园	约 31000 元 /m²	普通住宅	二居室 (85~86m²) 三居室 (93~120m²)
金茂悦粼湾	尚未公布	普通住宅	二居室 (71m²) 三居室 (89m²)
建发书香府邸	约 38000 元 /m²	普通住宅	三居室 (78~96m²) 四居室 (106m²)

同安区

楼盘名称	价格	物业类型	主力户型
融信厦门世纪	约 32000 元 /m²	普通住宅、别墅	三居室 (94m²) 别墅 (135~153m²)
保利叁仟栋壹海里	约 38000 元 /m²	普通住宅、别墅、商铺	复式 (88~128m²)
保利和光屿海	约 30000 元 /m²	普通住宅、别墅	复式 (89m²) 别墅 (103~133m²)
融创大同府	25000 元 /m² 起	普通住宅、别墅	三居室 (105~108m²) 复式 (126~138m²)
山语听溪	约 17000 元 /m²	普通住宅、公寓、别墅	一居室 (55m²) 二居室 (73~109m²) 别墅 (220~346m²)
中海世茂府	26000 元 /m² 起	普通住宅	二居室 (85m²) 三居室 (92m²) 别墅 (108~126m²)
中海九号公馆	约 28000 元 /m²	普通住宅	三居室 (87~114m²) 别墅 (123m²)
大唐水云间	150 万元 / 套起	普通住宅	三居室 (86~95m²) 四居室 (110m²)
泰禾世茂汀溪院子	约 23900 元 /m²	普通住宅、别墅	三居室 (96m²) 别墅 (134~244m²)
特房樾琴湾	27000 元 /m² 起	普通住宅	三居室 (76~110m²) 三居室 (130m²)
国贸璟原	约 27000 元 /m²	普通住宅	三居室 (80~94m²) 四居室 (114m²)
椿山庄	299 万元 / 套起	别墅	别墅 (83~270m²)
保利天汇	约 25000 元 /m²	普通住宅	二居室 (56m²) 三居室 (76~95m²) 四居室 (123m²)
水晶芸溪祥府	约 23000 元 /m²	普通住宅	三居室 (83~89m²) 四居室 (115m²)
中铁诺德逸都	约 25000 元 /m²	普通住宅、别墅	二居室 (67~70m²) 三居室 (82~91m²) 四居室 (109m²)
厦门紫云府	约 26000 元 /m²	普通住宅	三居室 (89m²)
招商雍和府	约 23000 元 /m²	普通住宅	跃层 (88~122m²)
融信铂悦湾	约 34000 元 /m²	普通住宅	复式 (89m²) 别墅 (107~140m²)
金都海尚国际	约 35000 元 /m²	普通住宅	三居室 (195m²) 四居室 (187~232m²) 五居室 (271m²)
金帝中洲滨海城	约 28000 元 /m²	普通住宅	二居室 (96m²) 三居室 (110~116m²) 四居室 (150~166m²)
万科世茂溪望	158 万元 / 套起	普通住宅	三居室 (72m²) 四居室 (81m²) 复式 (105~125m²)
保利时光印象	140 万元 / 套起	普通住宅	二居室 (60m²) 三居室 (75m²)
保利阅云台	尚未公布	普通住宅	三居室 (89m²) 四居室 (83~135m²)

777	/	2020年海南省城市发展概述
780	**/**	**海口**
780	/	市场总结
782	/	在售楼盘一览
787	/	典型项目
788	**/**	**三亚**
788	/	市场总结
792	/	在售楼盘一览
794	/	典型项目

海南

2020年海南省城市发展概述

一、区域简介

海南省简称"琼",是我国最南端的省级行政区,省会海口市是中国的经济特区、自由贸易试验区。海南省辖4个地级市,5个县级市、4个县、6个自治县。截至2020年6月,全省地区生产总值为2383.01亿元,农业实现增加值578.75亿元,同比增长1.7%,电信业务量增长31.4%,金融机构人民币贷款余额同比增长8.5%,租赁和商业服务业营业收入同比增长21.6%。海南是我国最大的经济特区,也是唯一一个省级经济特区,具有实施全面深化改革和试验最高水平开放政策的独特优势。

二、国家战略

2018年4月13日,习总书记在庆祝海南建省办经济特区30周年大会上郑重宣布,党中央决定支持海南全岛建设自由贸易试验区,支持海南逐步探索、稳步推进中国特色自由贸易港建设,分步骤、分阶段建立自由贸易港政策和制度体系。

海南要努力成为中国新时代全面深化改革开放的新标杆,以供给侧结构性改革为主线,建设自由贸易试验区和中国特色自由贸易港,着力打造成为中国全面深化改革开放试验区、国家生态文明试验区、国际旅游消费中心、国家重大战略服务保障区。根据规划,海南将加快推进城乡融合发展、人才、财税金融、收入分配、国有企业等方面的改革;设立国际能源、航运、大宗商品、产权、股权、碳排放权等交易场所;积极发展新一代信息技术产业和数字经济,推动互联网、物联网、大数据、卫星导航、人工智能同实体经济深度融合。

三、区域方针

2020年6月1日,中共中央、国务院印发《海南自由贸易港建设总体方案》(以下简称《方案》)。《方案》包括总体要求、制度设计、分步骤分阶段安排和组织实施四大部分。

《方案》提出,到2025年,初步建立以贸易自由便利和投资自由便利为重点的自由贸易港政策制度体系。到2035年,自由贸易港制度体系和运作模式更加成熟,以自由、公平、法治、高水平过程监管为特征的贸易投资规则基本构建,实现贸易自由便利、投资自由便利、跨境资金流动自由便利、人员进出自由便利、运输来往自由便利和数据安全有序流动。到21世纪中叶,全面建成具有较强国际影响力的高水平自由贸易港。

海南自由贸易港建设的制度设计主要内容概括为"6+1+4"。

"6"——贸易自由便利、投资自由便利、跨境资金流动自由便利、人员进出自由便利、运输来往自由便利、数据安全有序流动。

"1"——构建现代产业体系。大力发展旅游业、现代服务业和高新技术产业,增强经济创新力和竞争力。

"4"——加强税收、社会治理、法治、风险防控四个方面的制度建设。

其中,《方案》围绕上述几个方面的自由便利做出一系列制度安排:对货物贸易,实行以"零关税"为基本特征的自由化便利化制度安排,对服务贸易,实行以"既准入又准营"为基本特征的自由化便利化政策举措等。

四、交通基建

2020年9月29日,国家发改委公布了《海南现代综合交通运输体系规划》,明确提出到2025年,高速环岛、海口和三亚之间1.5小时快速通达,"丰"字形+

环线高速公路网络基本形成;"四方五港"分工格局更加完善;民用运输机场达到5个。

铁路方面:规划建设洋浦至儋州铁路。规划研究海口至三亚中线铁路。研究以海口市、三亚市为核心的多层次轨道交通网络规划方案。开展跨琼州海峡铁路建设方案研究。

公路方面:2020年12月29日,儋白高速正式建成通车。2020年12月31日,五指山至保亭至海棠湾高速公路海棠湾至保亭段主线建成通车,海南环岛旅游公路正式开建,实现了从概念规划到落地实施。海南环岛旅游公路贯穿海口、文昌等沿海12个市县和洋浦经济开发区。

港口方面:建设海口港、洋浦港集装箱码头工程,以及海口港综合客运枢纽、滚装码头工程等。完善港口集疏运体系,构建便捷、高效的邮轮母港配套交通网络。

机场方面:建设海口美兰机场扩建工程。加快推进三亚新机场前期工作。开展儋州机场、东方/五指山机场前期工作。

五、楼市概况

成交面积方面,2020年1~11月,海南全省房屋共成交631.77万平方米,其中海口成交398.69万平方米、三亚成交60.38万平方米、儋州成交30.04万平方米位列前三;受限购政策影响,琼中、保亭、五指山成交不足1万平方米。与2019年同期相比,除海口、文昌、保亭、儋州、陵水5市县外,其余市县房屋成交面积均有不同程度的下滑,其中大三亚片区和西部地区下滑幅度较大。

成交金额方面,2020年1~11月,海南全省房屋销售金额共成交1032.45亿元,较2019年同比下降8.5%,海口成交633.54亿元、三亚成交157.71亿元、陵水成交51.96亿元占据前三名。其中海口、陵水、儋州、保亭、文昌呈现正增长趋势。陵水位于大三亚圈,房价约20000~30000元/平方米,供货量充足,2020年1~11月销售金额增长86.9%。

政策出台

2020年3月7日,海南成为全国首个楼市逆势加码调控的省份,强调不将住房作为短期刺激经济增长的手段,本地居民家庭≥2套限购,预售制向现房销售过渡,创新提出安居型住房供应。

实行现房销售政策,2020年3月8日起获取的海南土地全部实行现房销售,新出让用地预计最早2022年可供货入市,中短期商品住宅新增货量断档明显,存量用地中住宅稀缺度上升。从根本上杜绝因预售带来的系列问题,海南成为全国首个全面实行贯彻落实现房销售的省份,对开发商开发、资金能力提出更高要求。

海南自由贸易港建设进程中多产共融,房地产调控基调不变。2020年下半年,安居型商品住房政策不断细化,海南2020年共开工建设安居型商品住房9756套,重点解决本地居民基本需求、人才住房需求。通过对高级人才个税优惠、购房同本地居民家庭同等待遇、优先购买安居型商品房、住房补贴等多种方式加大人才引进力度,助力海南自贸港建设。

2020年,海南"房住不炒"主基调不变,稳市场,稳预期,整体政策依旧平稳;商品住宅调控政策基本见顶,后期政策以维稳为主,且紧中有松,比如限价逐步放宽、人才购房不断加码等,给予未来市场不断修复的机会。

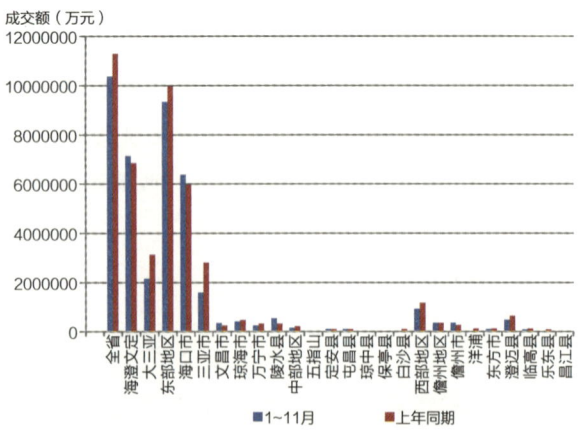

2020年1~11月海南分市县房屋销售金额

土地市场

尽管受到年初新冠肺炎疫情的影响，但2020年海南土地市场与近几年相比，不论是在成交面积还是成交金额上，都呈现上涨趋势。据乐居监控数据显示，2020年，海南土地共成交1066.76万平方米，同比上涨41.66%；成交金额约363.15亿元，同比上涨12.7%。

据统计数据显示，海南2020年成交的地块中主要以工业用地以及零售商务金融用地为主，而城镇住宅用地合计41宗，面积合计约133.43万平方米，成交金额约130.61亿元。

房企进驻

从实际签约销售数据看，2020年，海南过百亿元销售额企业共3家，与2019年持平，但榜首的销售规模缩减明显；在第二阵营企业中，保利、富力表现亮眼，销售规模稳步增长，主要得益于布局核心城市，以及赶上自贸港阶段利好，商办物业的兑现。

拿地方面，受三道红线、现房销售等政策影响，抑制了大量民企的拓地热情，中海、华润、招商等国企表现抢眼。从2022年开始，企业竞争新格局将在二级市场实现。

六、未来展望

随着海南自贸港进程的逐步推进，政策带来的红利预期逐渐映射在房地产行业，楼市热度升温，房价下跌空间小。但在政府坚持"房住不炒"的大背景下，调控主基调不变，外紧内松将是大趋势。因此2021年房地产市场的政策面将是2020年的延续，整体波动不大。

参考资料

1. 海南省统计局：《2020全省市县房屋销售数据与金额》。
2. 海南中原战略中心：《2020海南楼市年报》。
3. 海南日报：《国家发改委公布〈海南现代综合交通运输体系规划〉》《2020年海南十大新闻》《6+1+4！海南自由贸易建设制度设计将这样做！》《关乎海南自贸港发展的这场新闻发布会，干货来了！》。
4. 央广网：《海南各界人士热议自由贸易港建设 点赞精准发展定位》。
5. 中新网海南频道：《海南省统计局解读2020年上半年全省GDP数据》。

海口

市场总结

一、新房成交表现

房价持稳,2月成交套数2020年全年最低

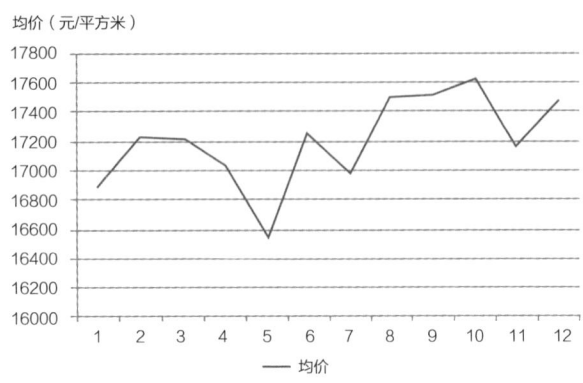

海口 2020 年新房住宅成交均价

据海南中原数据中心统计,2020年海口新房住宅成交面积290万平方米,成交套数为25308套,受疫情影响,2月份成交面积仅为9万平方米,成交套数2020年全年最低仅为506套,海口新房成交均价17199元/平方米,房价基本整体保持平稳,个别月份出现涨跌相间的情况。

南省近五年内,2017年商品房成交量最高,达到2292.61万平方米。自2018年实行全岛限购,政策严控下,商品房市场呈现量跌价涨趋势,成交量连续3年收缩,2018年全省房屋销售面积为1432.25万平方米,2019年成交量更是遭遇"腰斩",成交829.34万平方米,同比下滑42.1%;2020年1~11月全省房屋销售面积为631.77万平方米,预计2020年全年成交面积仍将持续下滑。

二、二手房成交表现

二手房价格涨跌相间,好学校周边一、二手房出现倒挂现象

2020年,海口二手房价格呈现上下浮动、整体微涨态势。价格在16000元/平方米~16600元/平方米区间上下浮动。

在华侨学校、滨海九小等较好学校周边的小区,价格一般都在20000元/平方米以上,出现一、二手房价格倒挂的现象。

二手房中,海口仍然是建面144平方米以上的住宅最受欢迎,购房者置换需求旺盛。而三亚因为较高的价格,则是建面90平方米以下的二手房最受欢迎。资金充足者,往往会选择购置新房,而想要在三亚度假养老的人们则因为资金原因,大多数会选择小户型的二手房。

从二手房购房者角度来说,主要为刚需或者刚改,只要手头资金到位,大多都会选择入市,他们的心态可以概括为"希望房价还能降一点,但自己会觉得这个希望不大"。加之海南本地限2套政策颁布后,大家对于手中的房票更加谨慎。而从卖家角度来看,议价空间会出现,但并不多,除非是急着卖房置换或者资金周转需要,着急出手。

三、土地供应:商业及工业用地占据半壁江山,部分房企跨界拿地

2020年海南土地供给端改革,产业园区实行标准地出让体系,硬性规定"3+X"指标,推动产业项目落地,郊区实施点状供地,限制商品住宅、私家庄园、私人别墅、变相发展房地产的项目。土地供求难窥住宅踪影,源头调整结构布局,定向产业商服用地主流,住宅用地形成安居商品房用地、商品住宅用地相补充的土地结构。品牌房企加速抢滩入驻海南,值得关注的是,海南出现部分企业跨界拿地开发的现象,比如中海油、大唐集团等。

全岛主要供求多集中在南北两极,住宅用地仅海口、

琼海、万宁、昌江、东方、儋州有成交。

据海南中原数据中心统计，2020年海南土地成交251宗土地，土地共成交1066.76万平方米。市场供应总建面比2019年同比涨幅高达37%，楼板价4114元/平方米，较2019年有明显的涨幅，达到91%，2020土地成交金额549亿元。与近几年相比，2020年的海南不论是在成交面积还是成交额、楼板价上都呈现上涨趋势。

2020年海南全省出让土地一改往年住宅市场商服用地最多、工业用地次之的特点。虽然住宅用地在安居型商品住房用地供应增多的带动下供应最多，但实际商品住宅供应紧缩，占比最少；成交方面，商业用地与商办用地成交有较大提升，助力经济转型升级。住宅用地供应住建稀缺，成为房企争抢的主战场，即便是限房价、竞地价的安居型商品房用地，也迎来房企的争相抢夺。

保障民生，产业区域聚集效应显现，海口重点园区成为实力企业争夺焦点，行业巨头抢滩海南，传统开发企业拿地难。

海南经营性用地拿地建面排在前十名的企业多为全国性品牌房企，拿地集中于城市商服用地，中石化拿地建面超过135万平方米，招商拿地超过52万平方米，中海油拿地超31万平方米。

四、热点板块

海口刚需支撑，单盘成交表现最好，东部、西部旅居市场受限于全域限购，整体受限明显，仅通过单盘突围。

具体项目方面，大三亚的陵水雅居乐清水湾继续领跑。海口恒大美丽沙因双学区优势，高频次积极推货，引领海口销售市场，加之儋州海花岛，全岛实际认购业绩中，恒大拔得头筹；海口市场中，恩祥新城北大华府、碧桂园中央半岛亦有不俗的成绩。

就海口区域成交来看，跟随供应大趋势，区域内多个热盘推出引爆市场，美兰区为成交活跃度最高区域，其次为龙华区、秀英区、琼山区。龙华区最早开发，也是海口核心的老城区，现已基本饱和，但区域热度居高不下。

五、用户心理：自贸港时代，75%的人看涨海南楼市

经乐居随机走访调查，采访者中75%的人认为海南房价还会继续涨，稀缺的资源及持续增长的需求催生出紧俏的产品，现在越来越多的人把改善或者度假旅居当成另外一种"刚需"，也更加看好海南发展自贸港带来的利好预期。

15%的人则认为，安居型商品住房成为新的住宅主力，性价比更高，居者有其屋，本地刚需及引进的人才购买需求势必得到分流，那住宅的价格会受影响，那房价有下调的空间。10%的人持观望态度。

六、2021年展望：安居房成住宅主力，商办市场撑起半边天

海南岛内供应持续走低，海口商业用地、工业用地供应占据半壁江山，未来住宅产品稀缺成定势，安居型商品住房用地为住宅供应主力；库存低位，源头断供，现房销售，未来市场库存会持续走低；岛内刚需、刚改客户出手，客户池数量减少，岛外客户虽受限购影响，人才落户放宽吸引，成为客户补给。

海口江东新区住宅项目开始面市，价格和销售速度将检验自贸港先行试验区的成色，同时检验岛内、岛外客户对区域的价值分歧。

商办市场库存过剩，压力巨大，未来将呈现量平价稳的横盘态势。商办类项目从海口、三亚扩展到儋州、琼海等二级城市，商办类产品市场逐渐开始全岛开花。

数据来源：国家统计局、海南省统计局、海南中原战略研究中心。

在售楼盘一览

海口市			
楼盘名称	价格	物业类型	主力户型
仁恒滨江园	尚未公布	普通住宅、别墅	三居室 (105~132m²) 四居室 (201m²)
海南富力首府	约25000元/m²	普通住宅、写字楼、商业	一居室 (50m²)
保利六千树	约14000元/m²	普通住宅、别墅	三居室 (109~125m²) 四居室 (142m²)
碧桂园剑桥郡	约18500元/m²	普通住宅、商铺	三居室 (101~129m²) 四居室 (171m²)
海口华润中心	约17550元/m²	普通住宅、公寓、写字楼	二居室 (105m²) 三居室 (140~143m²) 四居室 (185m²)
海口恒大美丽沙	约17465元/m²	普通住宅、别墅、商业	五居室 (501m²)
绿城·桃李春风	约36000元/m²	别墅	尚未公布
恩祥新城北大华府	约16800元/m²	普通住宅	二居室 (94m²) 三居室 (117~128m²)
金隅阳光郡	约16500元/m²	普通住宅	二居室 (89m²) 三居室 (113~120m²) 四居室 (140m²)
雅居乐金沙湾	约16000元/m²	普通住宅、别墅、商业	三居室 (102~271m²)
海口宝龙城	约14300元/m²	普通住宅	三居室 (102~127m²)
首开美墅湾	约15000元/m²	普通住宅	二居室 (90.29m²) 三居室 (102~119m²)
碧桂园公园上城	约16900元/m²	普通住宅	三居室 (105~116m²) 四居室 (146~177m²)
保利中央海岸	约23000元/m²	公寓、写字楼、商铺	三居室 (160m²)
粤泰·福嘉花园	约14800元/m²	普通住宅	一居室 (38.73~43.78m²) 二居室 (68.98~84.13m²) 三居室 (126.96m²)
华盛御品	尚未公布	普通住宅	尚未公布
博泰海畔澜廷	约16500元/m²	普通住宅	二居室 (73.27~85.39m²) 三居室 (117.86m²)
南海幸福汇	约16500元/m²	普通住宅、商铺	一居室 (63~75m²) 二居室 (95m²) 三居室 (118m²)
世茂秀英里	约17300元/m²	普通住宅、商铺	三居室 (105~107m²) 四居室 (139m²)
恒大悦龙府	尚未公布	普通住宅、别墅、商业	三居室 (83.54~116.88m²) 四居室 (129.22~140.41m²)
绿地城江东首府	约16500元/m²	普通住宅、公寓	三居室 (103~139m²)
鲁能海蓝公馆	约22000元/m²	普通住宅、别墅、商住	一居室 (58m²)
长弘御府	约17300元/m²	普通住宅、酒店式公寓、商铺	三居室 (132~156m²) 四居室 (189m²)
碧桂园中央半岛	约17300元/m²	普通住宅、公寓、别墅	三居室 (124m²) 四居室 (153~193m²)
大华锦绣海岸	约17300元/m²	普通住宅、公寓、别墅	二居室 (115~121m²) 三居室 (133m²)
南光中心	约16000元/m²	写字楼、商业	一居室 (57~69m²)
蓝宝·凤鸣蘭曦	约17400元/m²	普通住宅	三居室 (110m²) 四居室 (130m²) 五居室 (161m²)
绿地新海岸	约14000元/m²	公寓、商住、商业	一居室 (42m²)
南国威尼斯城	约17300元/m²	普通住宅、别墅、商住	一居室 (63.74~64.21m²) 二居室 (73.83~80.63m²)
鸿洲江山	约31500元/m²	别墅、商铺	别墅 (229~314m²)
北辰府	约18890元/m²	普通住宅、商住	复式 (51m²) 三居室 (130m²) 四居室 (143m²)

海口市			
楼盘名称	价格	物业类型	主力户型
金城新天地	约17100元/m²	普通住宅	二居室 (82m²) 三居室 (127m²) 四居室 (145m²)
城投海一方	约15700元/m²	普通住宅	三居室 (119.44m²) 四居室 (143.62m²)
开维生态城	约26000元/m²	普通住宅、公寓、别墅	二居室 (101~105m²) 三居室 (111m²)
融创海口壹號	约38000元/m²	商业、商铺、写字楼	商业 (25~400m²)
融创观澜湖公园壹号	约17250元/m²	普通住宅	二居室 (62.02~63.01m²) 三居室 (81.18~131.92m²) 四居室 (143.45m²)
观澜湖观园	约21000元/m²	普通住宅	二居室 (60.59m²) 三居室 (76.82m²)
龙湖光年	19999元/m²起	写字楼、商业	写字楼 (48m²)
紫竹园	约16500元/m²	普通住宅	二居室 (82m²) 三居室 (130m²) 四居室 (168m²)
港岛花园	约17350元/m²	普通住宅	二居室 (80.66m²) 三居室 (122.23~123.56m²) 四居室 (135.5m²)
城投·椰风水韵	约17000元/m²	普通住宅	二居室 (86.41m²) 三居室 (105.86m²) 四居室 (212.89m²)
榕庄	约12000元/m²	普通住宅、商铺	二居室 (74.56~78.40m²) 三居室 (93.43m²)
观澜湖九里	约17300元/m²	普通住宅、别墅	三居室 (69m²) 四居室 (95m²)
观澜湖观悦	约18000元/m²	普通住宅、别墅、商业	二居室 (66.91m²) 三居室 (75.66~90m²)
东站国际商业广场	约16900元/m²	住宅、公寓	一居室 (42m²)
中基美域	约11500元/m²	普通住宅、公寓、别墅	一居室 (57.22m²)
华府蓝湾2期	约17630元/m²	普通住宅、商铺	二居室 (89m²) 三居室 (129m²) 四居室 (148m²)
梦享·龙腾湾	约17300元/m²	普通住宅、写字楼、商铺	一居室 (88m²)
海南盛达景都	约30000元/m²	住宅、公寓、商住	三居室 (153m²)
新月南海嘉园	约16908元/m²	普通住宅	一居室 (68.23~70.32m²) 二居室 (82.84m²) 三居室 (96.28~113.25m²)
海口恒大外滩	尚未公布	普通住宅、酒店式公寓、商铺	一居室 (35m²) 三居室 (108.8~125.27m²)
碧桂园滨江海岸	15000元/m²起	普通住宅、写字楼、商铺	写字楼 (58~183m²)
华盛·御秀	SOHO 约15000元/m² LOFT 约23000元/m²	商业、写字楼	写字楼 (39.15~145.11m²)
海垦金湖壹号	约17400元/m²	普通住宅	二居室 (105m²) 三居室 (118m²) 四居室 (146m²)
海南国际创意港二期	约30000元/m²	公寓、写字楼、商铺	一居室 (52.47m²)
海口珈宝广场	约22500元/m²	公寓、写字楼、商铺	写字楼 (40~336m²)
亨通·海秀花园	约17300元/m²	普通住宅	三居室 (122m²)
魁星月明山庄	约21000元/m²	别墅	三居室 (137.92m²)
长弘御墅	约20000元/m²	别墅、酒店式公寓、商铺	四居室 (313m²) 五居室 (569m²)
滨海新天地	约17300元/m²	普通住宅、商铺	二居室 (92m²) 三居室 (102~143m²) 四居室 (147m²)

海口市

楼盘名称	价格	物业类型	主力户型
鲁能钓鱼台美高梅商业街	21000元/m² 起	商铺	二居室 (78.73~98.03m²)
望海国际广场	约14500元/m²	公寓、别墅	一居室 (49.76~87.83m²) 二居室 (104.68m²)
海域阳光	约25000元/m²	普通住宅、商铺	四居室 (137~160m²) 五居室 (263m²)
海垦公园后街	约17966元/m²	商业、写字楼	写字楼 (95~1122m²)
观澜湖·君悦公馆	约17000元/m²	普通住宅	二居室 (103~105m²)
昌茂·春天里	约17300元/m²	普通住宅	三居室 (116~128m²) 四居室 (152m²)
观澜湖·澜墅	500万元/套起	别墅	三居室 (102.68m²) 六居室 (192.72m²)
海湾花园	约17300元/m²	普通住宅、公寓、商业	一居室 (48.76m²)
观澜湖·上东区Ⅱ区	约20000元/m²	普通住宅	二居室 (102.36~141m²)
文博公馆	约17486元/m²	普通住宅	三居室 (102.78~127.61m²) 四居室 (143.26m²)
互联网金融大厦B座	尚未公布	写字楼	写字楼 (400.18~546.18m²)
海口和谐家园	约17300元/m²	普通住宅	二居室 (97~106m²) 三居室 (147m²)
庆豪·万景峯	约17300元/m²	普通住宅	三居室 (103m²) 四居室 (113m²)
融创精彩天地	约40000元/m²	商铺	一居室 (64.17m²)
合泰汇景	约17300元/m²	普通住宅	二居室 (91.86m²) 三居室 (126.65m²)
诚方创世纪广场	约17700元/m²	综合体、商业	一居室 (32~52m²)
自贸时代广场	约30000元/m²	写字楼、酒店式公寓、商铺	写字楼 (1989.25m²)
美林江畔	约14666元/m²	普通住宅、别墅、商铺	二居室 (78.07~82.69m²) 三居室 (124.94m²)
正茂豪庭	约17000元/m²	普通住宅、商铺	二居室 (86.28m²) 三居室 (118.31~131.10m²)
海垦广场	约21000元/m²	普通住宅、公寓、写字楼	写字楼 (166~333m²)
置地东方广场	约40000元/m²	酒店式公寓、商住	四居室 (174m²)
天地香格里庄园	约35000元/m²	别墅	一居室 (67m²) 四居室 (151.85m²)
华侨城·曦海岸	约17640元/m²	普通住宅、商业	三居室 (102m²) 四居室 (125m²)
金也海南自在城	约15500元/m²	普通住宅	二居室 (94~121m²) 三居室 (134m²)
世茂璀璨滨江	约15200元/m²	普通住宅、商业	三居室 (141m²)
广粤锦泰首座	约25000元/m²	写字楼	写字楼 (57~77m²)
融创桃源大观	尚未公布	普通住宅	三居室 (100~122m²) 四居室 (139.78m²)
海航豪庭南苑	约17297元/m²	普通住宅、公寓、写字楼	三居室 (171.67m²) 四居室 (195.3~327.48m²)
碧桂园半岛南湾	约26000元/m²	普通住宅	四居室 (127~218m²)
海口观澜湖观邸二期	约30000元/m²	普通住宅	三居室 (106m²)
海口玉湾	约22000元/m²	普通住宅、别墅	五居室 (235.11m²)
绿地文化城	约15500元/m²	普通住宅、公寓	二居室 (90m²) 三居室 (137m²)
中盟椰海国际	约17300元/m²	普通住宅	二居室 (104m²) 三居室 (112m²)
远东海岸	约17000元/m²	普通住宅	二居室 (165m²) 四居室 (212m²) 五居室 (227m²)
佳元七彩澜湾	约16000元/m²	普通住宅、商铺	一居室 (64m²) 二居室 (71m²) 三居室 (111m²)
宝源花园三期	约17000元/m²	普通住宅	二居室 (79.54~85.73m²) 三居室 (101.96~121.71m²) 四居室 (145.75~199.83m²)
佳丰京艺湾	约16800元/m²	商住	一居室 (64.9m²) 二居室 (87.19~90.29m²)
美苑隆兴花园	约18000元/m²	普通住宅	二居室 (94m²) 三居室 (135m²)
观澜湖中央公园区	约21000元/m²	普通住宅	三居室 (151~154m²)
耀江西岸公馆	约26000元/m²	普通住宅、公寓、别墅	二居室 (80.98~89.10m²) 三居室 (107.8~135.64m²) 四居室 (625.27m²)
罗牛山·璞域·玖悦府	尚未公布	普通住宅	四居室 (184m²)
海马·金盘花园Ⅱ期	尚未公布	普通住宅、商铺、商业	一居室 (57.35m²) 二居室 (76.76m²) 三居室 (134.53m²)
海口华彩华寓	尚未公布	酒店式公寓	一居室 (68.01~69.47m²)
海南新天地	约25000元/m²	商住	二居室 (88m²) 三居室 (118~145m²)
千江悦	尚未公布	普通住宅	六居室 (150.05m²)
雅居乐·江东紫航一号	尚未公布	公寓	三居室 (104~114m²)
阳光金典	尚未公布	普通住宅、商铺	三居室 (110~127m²) 四居室 (176m²) 五居室 (270m²)
枫丹白露C区	尚未公布	普通住宅、公寓	一居室 (51m²)
盛达·江岸豪庭	约17300元/m²	普通住宅、商铺	二居室 (79.42~96.79m²) 三居室 (109.42m²)
汇元江海汇	尚未公布	普通住宅	二居室 (95m²) 三居室 (164~171m²)
金地华府	尚未公布	普通住宅、公寓	二居室 (45.59~82.7m²) 三居室 (105.88~117.46m²)
江东·国际能源中心	尚未公布	写字楼	写字楼 (600~840m²)
城投长信·上东城	尚未公布	普通住宅	二居室 (90m²) 三居室 (104~120m²) 四居室 (136~151m²)
招商雍华府	约17900元/m²	普通住宅	三居室 (116m²) 四居室 (143m²)
星华海岸城	约17549元/m²	普通住宅	二居室 (82~86m²) 三居室 (108~110m²)
晨晖·玺樾	约17518元/m²	酒店式公寓、商铺、商住	三居室 (130m²) 四居室 (136m²)
海鑫城	约16600元/m²	普通住宅	二居室 (94.32m²)
锦地翰城一橙寓	约14500元/m²	普通住宅	二居室 (73.79~93.42m²) 三居室 (114.90~133.01m²)
海口远大购物广场	150万元/套	公寓、酒店式公寓、商铺	一居室 (47m²) 二居室 (87~102m²)
罗牛山·玖悦台	尚未公布	普通住宅、写字楼、商铺	二居室 (116m²) 三居室 (142m²) 四居室 (362m²)
中信台达国际	约32000元/m²	普通住宅、别墅、酒店式公寓	一居室 (64m²) 二居室 (89~112m²)
融创无忌海	约13000元/m²	普通住宅	一居室 (66.28~69.29m²) 二居室 (94.74m²) 三居室 (120m²)
滨江世纪佳城北区	约17400元/m²	普通住宅、商铺	三居室 (110m²)
海口绿园仙民物流新城	约15000元/m²	商铺、商住	一居室 (81.82~113.64m²)
金岛国际2期	约17299元/m²	普通住宅	二居室 (102~117m²) 三居室 (121~143m²)
怡和湖城大境	尚未公布	普通住宅	二居室 (85~86m²) 三居室 (120~121m²)
碧桂园滨海国际	约19800元/m²	公寓、别墅	二居室 (85m²) 三居室 (123m²)
亚特兰蒂斯	约18000元/m²	普通住宅	二居室 (129m²) 三居室 (163m²)
安华领秀城	尚未公布	普通住宅、写字楼、商住	二居室 (64.57m²) 三居室 (68.22~79.19m²) 四居室 (84.06m²)

海口市

楼盘名称	价格	物业类型	主力户型
喜盈门建材家具生活广场	尚未公布	普通住宅、写字楼、商铺	一居室（63.24m²）二居室（79.17m²）
海口湾1号	约42000元/m²	别墅、酒店式公寓	一居室（60~70m²）三居室（135~137m²）
沁源汇养生度假公园	尚未公布	别墅	三居室（61.56~82.73m²）
海秀天成	15600元/m²起	普通住宅、公寓	二居室（95.37m²）三居室（120.4m²）
城西星汇	尚未公布	普通住宅、写字楼、商住	一居室（82.87~102.93m²）三居室（104.81~117.36m²）

文昌市

楼盘名称	价格	物业类型	主力户型
富力月亮湾	10000元/m²起	普通住宅、别墅	一居室（71m²）
世茂怒放海	约19000元/m²	普通住宅、别墅	三居室（113m²）四居室（138m²）
高龙湾1号	200万元/套起	别墅	二居室（68~147m²）四居室（222m²）
融创高隆湾	约12778元/m²	普通住宅	二居室（104.04m²）
雅居乐星光城	约11000元/m²	普通住宅	一居室（61m²）二居室（77~80m²）
耀龄文化广场	约15000元/m²	公寓、商铺	复式（100m²）
八一益园	约15000元/m²	住宅、酒店式公寓、商铺	二居室（87.34~88.16m²）
荣昱月亮湾	13800~15500元/m²	普通住宅	一居室（62m²）二居室（72~94m²）三居室（97m²）
淇水湾·熙墅	约27000元/m²	别墅	二居室（110~111m²）三居室（150m²）
鼎胜月亮湾	约12000元/m²	普通住宅、别墅	别墅（128.92m²）
帝景湾	12800元/m²起	公寓、商住	三居室（102.41m²）四居室（131.46~182.62m²）
鲁能山海天	12000元/m²起	普通住宅、别墅	二居室（111m²）三居室（150m²）
航天现代城	约12000元/m²	商铺、商住	二居室（48m²）三居室（66m²）
合景·月亮湾	约14000元/m²	普通住宅	三居室（102~108m²）
海拓澜湾	约18000元/m²	公寓	一居室（66.03~71.05m²）二居室（98.55~119m²）
澜港一号	12000~32000元/m²	普通住宅	二居室（71.59~90.85m²）
波溪丽亚湾	约15500元/m²	酒店式公寓	一居室（57.18~58.78m²）
清澜半岛	约22000元/m²	普通住宅、别墅、酒店式公寓	一居室（45~52m²）
南洋美丽汇	尚未公布	商铺	一居室（33~150m²）
鑫源锦程	尚未公布	普通住宅	一居室（56m²）二居室（75m²~81.96m²）三居室（107m²）
铂园公馆	9000元/m²起	商住	一居室（45m²）
文昌椰林商业广场	尚未公布	商业、写字楼	写字楼（41m²）

琼海市

楼盘名称	价格	物业类型	主力户型
融创金成博鳌金湾	约20000元/m²	普通住宅	三居室（110.65~126.48m²）
世茂幸福里	约14000元/m²	普通住宅、商铺	一居室（46.81~64.59m²）二居室（85.24m²）
官塘首府	约12000元/m²	普通住宅	三居室（100m²）
名门·海宝湾	约17000元/m²	普通住宅、商铺	二居室（80.65~179.77m²）
官塘学府	尚未公布	普通住宅	三居室（105m²）
官塘学院小镇·东西岛组团	尚未公布	别墅	四居室（177~211m²）

琼海市

楼盘名称	价格	物业类型	主力户型
海城时代广场	约13000元/m²	普通住宅、商铺	三居室（139.93m²）
博鳌阳光海岸	16500~20500元/m²	普通住宅、公寓、别墅	一居室（76.81m²）
海南佰悦湾	约24500元/m²	公寓、酒店式公寓、商铺	一居室（75.29m²）三居室（134.93m²）
海伦世家	约14000元/m²	普通住宅	二居室（101.95m²）
鹏欣白金湾	约24000元/m²	别墅、写字楼	写字楼（38~46.15m²）
博鳌亚洲湾	约21000元/m²	普通住宅、公寓、别墅	三居室（103.71~110.09m²）四居室（122.24m²）
华策·嘉园	约13000元/m²	普通住宅	三居室（103~108m²）
博鳌美丽熙海岸	约25000元/m²	公寓、别墅	一居室（61.66~62.36m²）
昌茂·万泉星光	尚未公布	公寓、商住	一居室（51m²）二居室（70m²）
保利时代	尚未公布	公寓、商业	二居室（33~54m²）

万宁市

楼盘名称	价格	物业类型	主力户型
华润石梅湾	约25000元/m²	普通住宅、别墅	别墅（130~170m²）二居室（102~122m²）三居室（138m²）
华亚世茂·万宁花园	约16300元/m²	普通住宅	三居室（103~132m²）复式（140m²）
恒大双海湾	13500元/m²起	普通住宅	三居室（118m²）
石梅半岛	约32000元/m²	别墅、酒店式公寓	二居室（72.27~93.91m²）三居室（134.87m²）
石梅山庄	约21000元/m²	住宅、别墅、商业	二居室（71~88m²）
中南芭提雅	约25000元/m²	别墅、商铺	一居室（33~59m²）二居室（60~73m²）
海南臻园	210万~350万元/套	普通住宅	三居室（103m²）跃层（126~137m²）
东澳溪地	约13500元/m²	普通住宅	三居室（101~107m²）
中海神州半岛	约22000元/m²	公寓、别墅	一居室（89.85~113m²）二居室（146m²）四居室（335m²）
木棉山庄	约15000元/m²	普通住宅	一居室（50.86m²）二居室（69.61~82.25m²）
万宁红星美凯龙·万星汇	约16700元/m²	公寓、商住、商业	二居室（47m²）三居室（59~67m²）
香江温泉人家	11000~16000元/m²	住宅、公寓、商住	二居室（94.22~104m²）三居室（122m²）
太阳谷温泉城	约14000元/m²	公寓	二居室（122.59m²）
国安七星海岸	约23000元/m²	普通住宅、公寓、别墅	三居室（107m²）
石梅春墅	58万元/套起	公寓、别墅	一居室（51m²）二居室（128m²）
鑫侨温泉度假酒店公寓	尚未公布	公寓	一居室（43.68~66.9m²）
华凯南燕湾	680万元/套起	别墅	二居室（149.5m²）
宝安兴隆椰林湾	约16000元/m²	普通住宅	二居室（63m²）三居室（88m²）
金泰南燕湾	26000~60000元/m²	公寓、别墅	二居室（85~124.06m²）三居室（165~206.62m²）
首创禧悦湾	约18500元/m²	普通住宅	三居室（103.99~104.39m²）
融创日月湾	尚未公布	普通住宅、公寓	二居室（64m²）三居室（91~93m²）
雅居乐山钦湾	尚未公布	普通住宅	三居室（146m²）四居室（182m²）

儋州市

楼盘名称	价格	物业类型	主力户型
中南西海岸	约16000元/m²	普通住宅	三居室（102.04m²）四居室（118.76m²）
中国海南海花岛	18000元/m²起	普通住宅、公寓、商业	一居室（47~57m²）二居室（72m²）三居室（102~126m²）

儋州市			
楼盘名称	价格	物业类型	主力户型
中商海花东岸	约 15600 元 /m²	普通住宅	二居室 (65.26~78.69m²) 三居室 (88.45m²)
儋州万国文旅城	约 9000 元 /m²	普通住宅、酒店式公寓、商铺	三居室 (98.18~115.76m²) 四居室 (128.78m²)
恒大金碧天下	约 15500 元 /m²	普通住宅、公寓、别墅、商住	一居室 (61.79~61.82m²) 三居室 (70~80m²) 四居室 (145m²)
中视金海湾二期	约 16000 元 /m²	普通住宅	一居室 (61.83~70.89m²) 二居室 (71.11~86.67m²)
建业·君邻大院	住宅约 25000 元 /m² 别墅约 30000 元 /m²	普通住宅、别墅	三居室 (108~109m²) 别墅 (249.57~362.73m²)
居然广场	7288 元 /m² 起	商住	一居室 (35.88~59.68m²) 二居室 (77.83m²)
汇元·幸福森林	约 10000 元 /m²	普通住宅、别墅	三居室 (112~126m²) 四居室 (330m²)
鸿信南茶御景	约 9500 元 /m²	普通住宅、商铺	二居室 (74.8m²) 三居室 (117.9m²) 四居室 (135.1m²)
合隆华府	约 7288 元 /m²	普通住宅	二居室 (73~83m²)
丰华和家园	约 9500 元 /m²	普通住宅	四居室 (125~128.80m²)
海南凤凰谷	约 9500 元 /m²	普通住宅、公寓	二居室（82.26m²） 三居室 (162.72~226.83m²) 四居室 (263.30m²)
博亚兹澜铂湾	约 18000 元 /m²	公寓	二居室 (60.85~65.61m²)
儋州夏日国际商业广场	约 20000 元 /m²	商铺	商铺 (105.84~458.64m²)
海南水岸名都	约 12000 元 /m²	普通住宅	二居室 (73~87m²) 三居室 (124m²)
融创森海西岸汇	8000~10000 元 /m²	商铺、商住、商业	一居室 (76~113m²)
碧桂园雪茄风情小镇	尚未公布	别墅、写字楼	写字楼 (45~88m²)
合隆中央公园	约 9300 元 /m²	普通住宅	三居室 (102~121m²)
海拓香洲	尚未公布	普通住宅	二居室 (67.36~78.19m²) 三居室 (89.64~105.57m²) 四居室 (126.1~144.19m²)
宝控首府	尚未公布	普通住宅、商铺	一居室 (49.43~58.61m²) 二居室 (76.39~84.19m²) 三居室 (95.80~126.66m²)
宝安·山水龙城	约 13500 元 /m²	普通住宅、公寓、别墅	二居室 (69m²) 三居室 (89m²)
中南智慧城	尚未公布	公寓、写字楼、商铺	一居室 (45m²)
富力阅山湖	9800 元 /m² 起	普通住宅、商铺	二居室 (104m²) 三居室 (129m²) 四居室 (138m²)

昌江县			
楼盘名称	价格	物业类型	主力户型
恒大棋子湾	19500 元 /m² 起	别墅、酒店式公寓	四居室 (317~336m²)
希望棋子湾	约 26000 元 /m²	别墅、酒店式公寓	一居室（49.04~49.15m²） 二居室（73.32m²）

澄迈县			
楼盘名称	价格	物业类型	主力户型
富力红树湾	12500~14500 元 /m²	普通住宅、别墅	二居室 (65.12~69.99m²) 三居室 (105.98~116.90m²)
融创玖园	约 10500 元 /m²	普通住宅	三居室 (103.92~105.09m²)
融创美伦熙语	约 13500 元 /m²	普通住宅、写字楼、商铺	二居室 (73.28~73.06m²) 三居室 (104.46m²)
鲁能海蓝福源东二区西区	住宅约 15000 元 /m²	普通住宅	一居室 (74~95m²) 二居室 (96.31~130m²)
海南恒大御景湾	尚未公布	普通住宅、商住	三居室 (90.39~108.89m²)

澄迈县			
楼盘名称	价格	物业类型	主力户型
意大利风情小镇	约 14500 元 /m²	普通住宅、别墅、商铺	三居室 (103.30~118.10m²)
椰海温泉嘉苑二期	约 15500 元 /m²	普通住宅	一居室 (65.29~67.39m²) 二居室 (77.80~91.31m²)
华西芙蓉海	约 10500 元 /m²	普通住宅	二居室 (64.93~79.59m²) 三居室 (86.66~118.27m²)
椰岛小城	约 11700 元 /m²	普通住宅、商铺	一居室 (60.16m²)
景园悦海湾	约 13000 元 /m²	普通住宅、商住	一居室 (45~63.85m²) 二居室 (80.94~83.21m²) 三居室 (120.43m²)
海湾雨林	约 14000 元 /m²	公寓、别墅、酒店式公寓	一居室 (58.51~67.37m²) 二居室 (69.81~86.54m²)
福隆丽水湾	约 15000 元 /m²	公寓、商铺	三居室 (100.87~122.08m²)
蓝山湖	约 11000 元 /m²	普通住宅	一居室 (53.02~54.18m²) 二居室 (76.52~77.78m²)
天赐·上湾	13000~15500 元 /m²	普通住宅、别墅	一居室 (51.59m²) 二居室 (78.14m²) 四居室 (95.65m²)
景园美麓城	约 13000 元 /m²	普通住宅、商铺	一居室 (64.06m²) 二居室 (75.64~87.51m²) 三居室 (96.19~108.06m²)
鲁能海蓝福源西一区	370 万元 / 套起	别墅	一居室 (104.76m²)
美伦水岸花园	约 12800 元 /m²	普通住宅	一居室 (57.04~57.99m²) 二居室 (82.89~87.10m²) 三居室 (115.17m²)
卓越盈滨悦府	约 12500 元 /m²	普通住宅、公寓	二居室 (102.76~126.15m²)
建业法国维希小镇	约 13700 元 /m²	普通住宅	一居室 (69.95m²)
金融豪苑	尚未公布	普通住宅	一居室 (66m²) 二居室 (77~83m²)） 三居室 (119~121m²)
福山咖啡联邦小镇	约 10000 元 /m²	普通住宅、酒店式公寓	一居室 (45.33~68.83m²) 二居室 (53.83~89.30m²)
白鹭公元	约 9600 元 /m²	普通住宅	三居室 (104.04~109.19m²)
福里	约 13000 元 /m²	公寓	一居室 (39.36~51.68m²) 二居室 (60.89~65.85m²)
水韵金江	尚未公布	普通住宅、酒店式公寓、商铺	二居室 (89.7m²) 三居室 (115.99~127.78m²)
海南恒大悦珑湾	12000 元 / 平方米	普通住宅	三居室 (98~121m²)

定安县			
楼盘名称	价格	物业类型	主力户型
恒大御湖庄园	8688 元 /m² 起	普通住宅、公寓、商铺	三居室 (105.65~127m²)
碧桂园十里繁花	9000~9500 元 /m²	普通住宅	三居室 (101~108m²) 四居室 (129m²)
中国中铁诺德丽湖半岛	160 万元 / 套	别墅	别墅 (101.45~189.87m²)
民生·凤凰城	约 12000 元 /m²	普通住宅、酒店式公寓	一居室 (59.87~67.55m²) 二居室 (99.74~102.13m²)
江畔锦城	约 8500 元 /m²	普通住宅、自住型商品房	一居室 (68.88m²) 二居室 (94.52m²) 三居室 (95.07m²)
首创森林湖	约 10000 元 /m²	普通住宅、别墅、商铺	二居室 (62.16~103.77m²)
天合养生公馆	约 9300 元 /m²	普通住宅、公寓、商铺	一居室 (61.43~81.01m²) 三居室 (100.12m²)

陵水县			
楼盘名称	价格	物业类型	主力户型
融创钻石海岸	约 60000 元 /m²	公寓、别墅	一居室 (74.0~106m²)
恒大海上帝景	约 19000 元 /m²	普通住宅、别墅	三居室 (115~178m²)
香水湾 1 号	2600 万元 / 套起	别墅	四居室 (361~412m²)

临高县			
楼盘名称	价格	物业类型	主力户型
双杰蓝海国际	约10500元/m²	普通住宅、酒店式公寓	一居室(50.6~51.9m²) 二居室(61.9~85.7m²)
吉利大厦	约12500元/m²	公寓	一居室(36m²) 二居室(51m²) 三居室(65m²)
长岛蓝湾	约11800元/m²	普通住宅、酒店式公寓	一居室(44.83~71.76m²) 二居室(97.6~97.69m²)
国厦御澜湾	尚未公布	普通住宅	三居室(102~111m²)
海南富力悦海湾	10000~12000元/m²	普通住宅、别墅、商铺	三居室(86~110m²)
衍宏海港小镇	约8800元/m²	普通住宅	二居室(62.13~71.85m²) 三居室(83.78~101.22m²)
恒大御海天下	11000~11500元/m²	普通住宅、别墅	一居室(59~60m²) 二居室(79~90m²)
衍宏春天	约12000元/m²	公寓、写字楼	二居室(41~52m²)
阳光城	8614元/m²起	普通住宅、商铺、商业	一居室(50.56m²) 二居室(60~75.18m²)
碧桂园澜江华府	约9500元/m²	普通住宅、公寓、商铺	二居室(78.8m²) 三居室(113~113.6m²)
碧桂园金沙滩	尚未公布	别墅、酒店式公寓、商铺	一居室(45~50m²) 三居室(104m²)
恒泰琉金岁月	约10000元/m²	公寓、别墅、商铺	一居室(52m²) 二居室(72m²)

临高县			
楼盘名称	价格	物业类型	主力户型
汇泽蓝海湾	约14500元/m²	普通住宅、公寓、别墅	二居室(66.58~87.22m²) 三居室(108.99m²)
汇元·文澜世家	约11000元/m²	普通住宅、商铺	二居室(79~83m²) 三居室(102~104m²)
清凤黄金海岸	尚未公布	普通住宅、别墅	三居室(103.39~103.57m²) 四居室(120.51~146.75m²)
毗海澜湾	约11000元/m²	公寓、商铺	一居室(65.53~66.02m²) 二居室(75.66~90.29m²) 三居室(121.11m²)
凭海临江花园	约11800元/m²	普通住宅、公寓	二居室(74~79m²) 三居室(90m²)

屯昌县			
楼盘名称	价格	物业类型	主力户型
中国城投颐康山水	尚未公布	别墅	二居室(73.70~112.32m²) 三居室(113.97m²)

东方市			
楼盘名称	价格	物业类型	主力户型
东方万悦城	约14000元/m²	商铺、商住	一居室(41~78m²)
东方(合鑫)国际中心	尚未公布	公寓、写字楼	写字楼(40.36m²)

典型项目

海南富力悦海湾

`临高` `富力` `长寿之乡` `品牌房企` `度假大盘`

项目地址：
海口市西临高角风景区市政大道

产品特征：
住宅

项目规划：
占地面积 586666.66 平方米（首期），容积率 1.6，绿化率 40%

主力户型：
约 86~110 平方米三居

参考价格：
10000~12000 元 / 平方米

推荐理由 — 王静·乐居海口主编

富力海南西线明星项目，坐落于西线唯一入海口，海南独特江海溪三重景观。离县城近，周边旅游资源丰富，生活便利，兼具度假、生活和置业价值。产品设计贴合家庭度假，加上富力特色社群文化，量身打造第二居所。

扫码观看楼盘详情

核心优势：
　　海南富力悦海湾坐享海口西长寿福地，临澜湾、文澜江、兰堂溪三重资源汇聚，高铁机场快速畅达。四时度假配套，打造醇熟生活，拥有妈祖庙公园、滨海浴场、渔人码头、彩虹跑道、创意农产园等全系配套。项目大力开展社群建设，将旅游、体育、文化创意等多产业与地产开发融合发展。

海南恒大悦珑湾

`澄迈` `老城` `长寿之乡` `中式建筑` `低密社区`

项目地址：
澄迈县老城经济开发区北一环路南侧

产品特征：
住宅

项目规划：
占地面积约 12.1 万平方米，容积率 2.5，总户数 2308 户

主力户型：
98~121 平方米三居

参考价格：
12000 元 / 平方米

入选理由 — 王静·乐居海口主编

海南恒大悦珑湾位于长寿之乡、富硒福地澄迈县老城经济开发区。项目传承了中式园林建筑精髓，又融合了现代人的建筑审美和居住理念，打造了符合当代设计理念的新中式园林。

扫码观看楼盘详情

核心优势：
　　项目位于世界长寿之乡——澄迈县老城经济开发区，森林覆盖率达 54% 以上，富硒土壤遍布全县。另外老城还坐拥海口醇熟生活圈，享受海口省级配套，无论自住、旅游、置业还是养生，这里都将是非常好的选择。恒大悦珑湾作为 2020 年恒大在海南澄迈老城继恒大御景湾后又一新中式醇熟大盘，尽享国家 4A 级盈滨半岛优质生态资源，又处于老城经济开发区核心板块，东侧有自贸港政策扶持下的十大重点园区之一生态软件园，目前已打造成"文化、服务、健康"为一体的微型城市，近 300 家企业入驻，提升了整个地区的稳定性和经济收益。项目未来凭借周边大区域发展，将会不断提升自身价值。

三亚

市场总结

一、新房成交表现

1. 整体情况

新房年度成交量：2020年1~11月，海南全省房屋销售面积为631.77万平方米，同比下跌13.6%。新冠肺炎疫情影响所致，2020年2月海南所有楼盘停止销售，房价有所下跌，直到4月逐渐恢复销售，6月自贸岛新政公布以来，海南房价持续小幅上涨。

海南2020年1~11月全省房屋销售额为1032.45亿元，同比下跌8.5%；全省房屋销售均价约16342元/平方米。1~5月，受疫情和本地居民限购升级政策影响，海南房屋成交持续下降；6~11月，受自贸岛新政公布、金九银十等因素的影响，海南房屋成交持续小幅上涨。

2020年三亚商品住宅销售价格变动情况

月份	新房		二手房	
	环比	同比	环比	同比
1月	↑1.3%	↑6.7%	持平	↓0.3%
2月	持平	↑6.6%	持平	↓1.1%
3月	↓0.5%	↑5.8%	↓0.5%	↓2.5%
4月	↑0.7%	↑5.6%	↓0.1%	↓3.4%
5月	↓0.4%	↑4.6%	↓0.8%	↓4.4%
6月	↑0.3%	↑4.1%	↑0.2%	↓3.5%
7月	↑0.9%	↑4.6%	↑0.3%	↓2.9%
8月	↑1%	↑5%	↓0.5%	↓2.7%
9月	↑0.8%	↑5.5%	↓0.5%	↓1.7%
10月	↑0.7%	↑5.9%	↑0.1%	↓1.1%
11月	↑0.4%	↑5.9%	↑0.2%	↓1.6%

三亚新房价格情况：2020年1~11月，除了3月和5月有小幅下跌，其余月份均呈上涨趋势。根据国家统计局的数据：1月，三亚新房环比上涨1.3%，2月持平，3月环比下跌0.5%，4月环比上涨0.7%，5月环比下跌0.4%，6月环比上涨0.3%，7月环比上涨0.9%，8月环比上涨1%，9月环比上涨0.8%，10月环比上涨0.7%，11月环比上涨0.4%。

2. 年度走势

乐居根据三亚市住房和城乡建设局公示信息整理，三亚2020年新房发放预售证91张；共计放量1561885.83平方米，同比下降8%；新增入市房源共计13519套，同比下降19%；2020年全年预售情况呈两端峰值中间低缓的趋势。

时间	预售房源（套）	预售面积（m²）
2020年	13519	1561885.83
2019年	16784	1694372.21
同比	-19%	-8%

从时间来看，1月，三亚新房预售迎来一个爆点。拿证楼盘数达15个，3159套房源入市，建筑面积329130.12平方米；受疫情影响，2月预售挂"0"，随着疫情平稳，楼市开始慢慢复苏；12月预售为全年之最，3875套房源入市，建筑面积465531.26平方米。

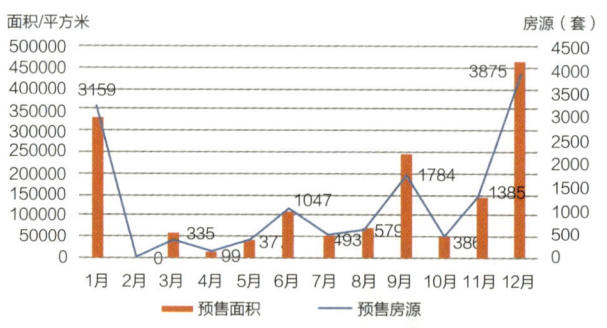

2020年三亚1~12月商品房预售情况

从区域来看，2020年三亚市的吉阳区依然是市场供应的第一名，新获商品房预售许可证共30张，新增入市房源共5950套，新增预售面积共757519.51平方米；天涯区新获商品房预售许可证共26张，新增入市房源共4444套，新增预售面积共422802.22平方米；海棠区新获商品房预售许可证共25张，新增入市房源共1699套，新增预售面积共217429.74平方米；崖州区新获商品房预售许可证共10张，新增入市房源共1462套，新增预售面积共164134.36平方米。

2020年三亚商品房各区域预售情况

区域	预售证（个）	预售房源（套）	预售面积（m²）
海棠区	25	1699	217429.74
吉阳区	30	5950	757519.51
天涯区	26	4444	422802.22
崖州区	10	1426	164134.36
合计	91	13519	1561885.83

2020年三亚商品房项目预售房源前十名

项目	预售房源（套）	预售面积（m²）
同心家园九期	916	83261.5
三亚景园城	776	72414.99
崖州新城	708	81207.52
公园88号	700	88372.76
中交绿城·高福小镇	535	58884.88
三亚国际传媒中心	523	60479.91
三亚大悦中心	506	93086.27
国瑞红塘湾	452	45495.75
碧桂园海上大都会	372	31658.92
悦菩提	344	22930.96

显然，吉阳区和天涯区一带作为三亚市主城区地带，依然是三亚新房市场的主战场。

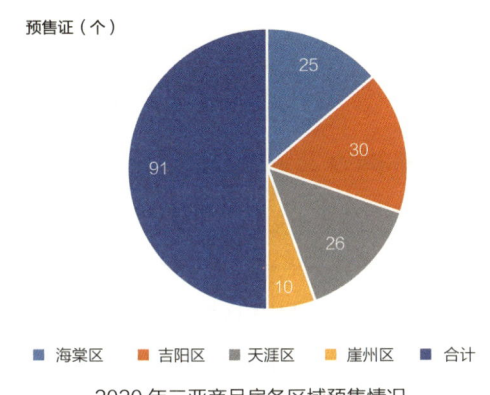

2020年三亚商品房各区域预售情况

2020年三亚商品房各区域预售情况

从项目来看，2020年三亚获预售的项目中，预售房源最多的是同心家园九期项目，共计916套房源；预售面积最大的是三亚大悦中心项目，共计93086.27平方米。

预售房源排在第二的是三亚景园城，为776套；崖州新城位居第三，预售房源为708套。公园88号和中交绿城·高福小镇分别以700套、535套的预售房源排名第四、第五。

二、政策梳理

2020年8月28日，三亚市人民政府发布关于整治农村乱占耕地建房问题的通告，规定不准占用永久基本农田建房、不准强占多占耕地建房、不准买卖和流转耕地违法建房、不准在承包耕地上违法建房、不准巧立名目违法占用耕地建房、不准违反"一户一宅"规定占用耕地建房、不准非法出售占用耕地建房、不准违法审批占用耕地建房。立即停止一切违法占用耕地建房行为，严格执行建设用地依法审批制度。

三、土地供应

1. 成交基本情况

据乐居监控数据显示，2020年海南土地成交面积1066.76万平方米，成交金额约363.15亿元。2020年全年成交面积同比上涨41.66%，成交金额同比上涨12.7%。与前几年相比，2020年不论是在成交面积还是成交额上都呈现上涨趋势。

其中，三亚市2020年土地共成交138.68万平方米，成交金额达146.9亿元，占海南省2020年土地成交金额40.45%，其中，成交的城镇住宅用地约36.47万平方米。由于海南自贸港建设步伐加快，三亚2020年成交地块主要以金融商务用地为主，且成交地块主要集中在三亚市区与崖州湾地区。

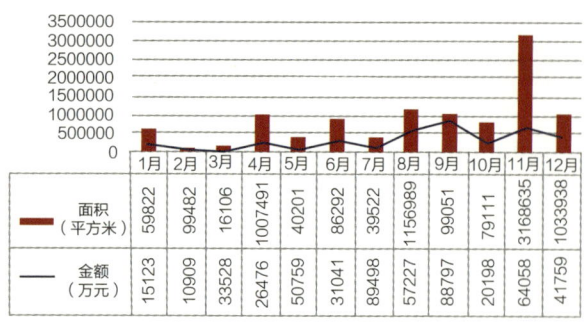

2020年1~12月海南土地成交数据

据统计数据显示,海南2020年成交的地块中,主要以工业用地以及零售商务金融用地为主,而城镇住宅用地合计41宗,面积合计约133.43万平方米,成交金额约130.61亿元。

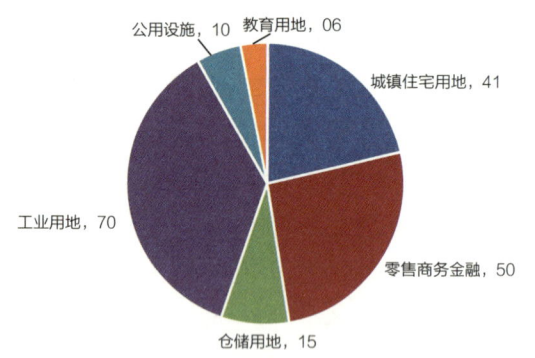

2020年1~12月海南土地成交类型(宗)

已有的公布数据显示,海南全岛成交宗数主要以东线城市居多,其中海口市2020年全年成交数共69宗,其次为文昌市合计48宗,三亚位居第三成交数为45宗。全年零成交的市县有陵水、白沙、琼中三个市县。

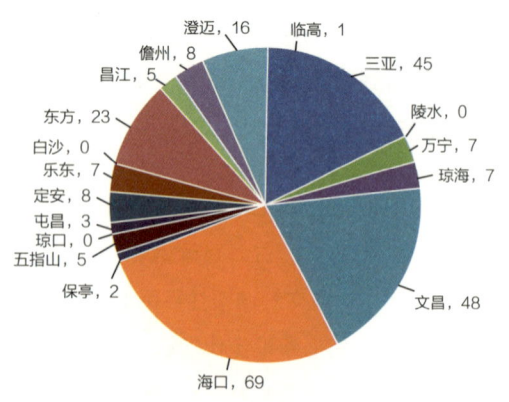

海南土地成交数量(宗)

在挂牌方面,海南2020年全年挂牌面积约16170320.67平方米,同比上涨51%。10月挂牌面积达到2020年全年最高值。

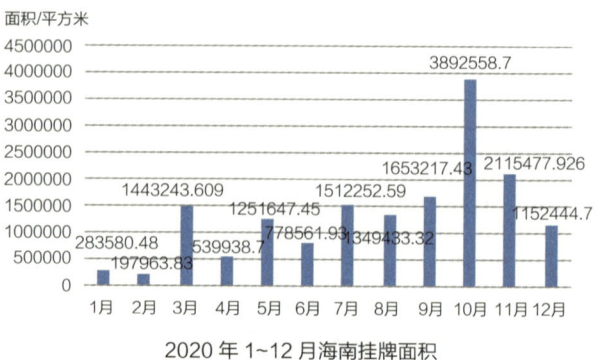

2020年1~12月海南挂牌面积

2. 开发商拿地情况

2020年内,海南土拍市场,华润、中海等央企成为常客。2020年8月,华润以8.2亿元拿下了海口坡博坡巷棚改片区36.5亩住宅用地;中海以10.5亿元拍走坡博坡巷棚改片区44亩住宅用地,两幅地块楼板价都超过1.1万元/平方米;华润拍下的海口滨江新城棚改地,楼板价也在8000元/平方米以上。

3. 未来预估

2020年三亚可销售的商品住宅其实占比不高。但现房销售与全域限购、安居房政策的推出,无形中给商品住宅的去化设置了较高门槛。对于习惯高周转的房企而言,在三道红线的背景下,三亚市场对于房企压力倍增,压力来源不止现房销售,大力发展安居型商品住房的政策,倒逼房企打造高端产品也成为关键。

四、热点板块

作为著名的热带滨海度假旅游城市,三亚自身的独特性与唯一性,让其成为许多购房者置业的首选之地。吉阳区和天涯区作为三亚的主城区域,一直以来就是开发商和购房者关注的焦点。无论是生活配套还是娱乐休闲,主城区都要比郊区完善、成熟。在这里生活便利、交通便捷,各种菜市场、超市、医院、学校、大型商场等星罗棋布。

此外，素有"国家海岸"之称的海棠区，其发展势头亦不容小觑。海棠湾不仅拥有此肩世界著名滨海旅游度假区的旅游资源，同时作为三亚市天然的优质滨海海域，它被赋予重望，发展潜力十足。除了得天独厚的度假环境外，其基础设施不断完善，更有多家五星级酒店、亚洲最大单体免税店、海昌梦幻不夜城、亚特兰蒂斯水族馆及水上乐园等高端配套加特，使得这片区域备受开发商的青睐，同时也是众多购房者关注的另一焦点。

五、2021 年展望

在"房住不炒"的基调下，三亚市严格落实房地产市场调控政策，维护政策的持续性、稳定性和严肃性，有效遏制房地产市场各类违法违规行为发生，进一步规范三亚市房地产市场秩序，"稳"也将是 2021 年三亚房地产市场的目标。

同时，根据拿证数据来看，2020 年三亚市吉阳区和天涯区拿证数最多，由此可见，2021 年主城区依然是三亚新房市场的主战场。

数据来源：全国公共资源交易平台（海南省）、海南省自然资源交易厅、海南日报、三亚日报、海南住房和城乡建设局、三亚住房和城乡建设局。

在售楼盘一览

吉阳区

楼盘名称	价格	物业类型	主力户型
三亚恒大御府	16000~31000 元/m²	普通住宅	一居室(46~58m²)
三亚·恒大美丽之冠	43000 元/m²	酒店式公寓	一居室(尚未公布)
中粮·三亚大悦中心	28000~43000 元/m²	写字楼、商铺、商业	二居室(84m²) 三居室(107m²) 四居室(132m²)
保利悦府	28500 元/m²	普通住宅、商铺	三居室(101~127m²)
悦菩提	32000 元/m²	普通住宅	二居室(62m²) 三居室(81.25m²)
三亚国际传媒中心	23000~28000 元/m²	公寓、写字楼、商铺	写字楼(120m²)
天悦湖畔	30000 元/m²	普通住宅	一居室(59~64m²) 二居室(87m²)
三亚新华联·奥林匹克花园	28000 元/m² 起	普通住宅、酒店式公寓	二居室(102~108m²) 三居室(226m²)
依山云锦	32000 元/m²	普通住宅	一居室(39m²)
万科湖畔度假公园	28000 元/m²	普通住宅	三居室(101~104m²)
公园88号	35000 元/m²	公寓	二居室(78~94m²) 三居室(107m²)
君和君泰·和园	28500~31000 元/m²	普通住宅、政策房	二居室(75m²) 三居室(89~156.34m²)
铂悦亚龙湾	1000万元/套起	别墅	三居室(120m²)
亚龙湾壹号	165万元/套起	公寓、别墅	二居室(85m²)
三亚太阳湾	尚未公布	别墅	别墅(604.85~878.93m²)
三亚·星域	29500 元/m²	普通住宅、商铺	二居室(51.17~65.82m²)
时分·亚龙湾	28900 元/m²	公寓	一居室(39~45m²) 三居室(77m²)
沁园春城	29000 元/m²	普通住宅	二居室(79.3~80.41m²) 三居室(85.43m²)
三亚一山湖	28000 元/m²	普通住宅、酒店式公寓	二居室(74.16~77.68m²)
三亚清平乐西郡	27500 元/m²	普通住宅、政策房	三居室(81~82.01m²) 四居室(101m²)
津蘭山水御墅	38000~42000 元/m²	普通住宅、别墅、商铺	跃层(91.43~104.09m²)
泽华·上东海岸	38000 元/m²	普通住宅、商铺	二居室(69~73m²) 三居室(103m²)
万科森林度假公园	18000~27000 元/m²	普通住宅、公寓、别墅	一居室(55m²) 二居室(63~81m²)
华皓亚龙府	23000~25000 元/m²	普通住宅、别墅	一居室(55m²) 二居室(71~90m²)
双大山湖湾	28800 元/m²	普通住宅	尚未公布
复地·鹿岛	940万元/套起	普通住宅	三居室(166m²) 五居室(293m²)
三亚水三千	50000 元/m²	普通住宅、商铺	尚未公布
凤凰华庭	28000 元/m²	普通住宅	二居室(66.27~75.99m²) 三居室(115.62m²)
三亚棕榈滩	30800 元/m² 起	普通住宅、公寓	二居室(89m²) 三居室(135m²)
三亚蘭园	36000 元/m²	普通住宅、商铺	三居室(107~119m²) 四居室(142~170m²)
鹭湾汇	33800 元/m²	普通住宅	二居室(63.18m²) 三居室(89.59m²) 四居室(109.48m²)
紫云阁	29000 元/m²	普通住宅	一居室(37.89m²) 二居室(87m²)
三亚·东岸蓝湾	26000 元/m²	普通住宅、商铺	三居室(104~124m²) 四居室(144m²)

吉阳区

楼盘名称	价格	物业类型	主力户型
海垦·桃花源	31000 元/m²	普通住宅、商铺	三居室(106.07~114.53m²) 四居室(141.97m²)
绿地·悦澜湾	尚未公布	公寓、商铺	尚未公布
融创·三亚新闻中心	尚未公布	综合体	五居室(154m²)
百业昌盛锦苑	尚未公布	普通住宅、公寓、商住	二居室(84.66~93.95m²) 三居室(101.13m²)
万科森林度假公园·瑧山谷	850万元/套起	普通住宅	四居室(140m²)
中国铁建·海语东岸	尚未公布	公寓	二居室(75~91m²) 三居室(93~120m²)
三亚亚沙村	尚未公布	普通住宅	三居室(108m²)

天涯区

楼盘名称	价格	物业类型	主力户型
爱上山·梦想小镇	36000 元/m²	商铺、商住、商业	二居室(77.62m²) 三居室(78.88m²)
国瑞红塘湾	32000 元/m²	普通住宅、别墅	三居室(75.99~103m²) 四居室(149.44m²) 六居室(188.34m²)
中交绿城·高福小镇	26000 元/m²	普通住宅、公寓、别墅	一居室(46~65m²) 二居室(101m²)
碧桂园海上大都会	28000 元/m²	普通住宅	三居室(106m²) 四居室(126~208m²)
三亚景园城	36000 元/m²	商铺	二居室(66.81~95.63m²) 三居室(129.12m²)
公园湖畔	27000 元/m²	公寓	一居室(44.18~45.99m²) 三居室(89.08m²)
鲁能三亚湾	34000 元/m²	普通住宅、公寓、别墅、酒店式公寓、商铺	一居室(65.18~80.71m²) 二居室(91.64~94.98m²)
怡康雅园	尚未公布	普通住宅	一居室(50.64m²)
洛克港湾	50000 元/m²	普通住宅、公寓	一居室(67m²) 二居室(175m²)
三亚湾红树林模块公寓	40000 元/m²	酒店式公寓	一居室(63m²) 三居室(114~148m²)
碧桂园三亚郡	30000~38000 元/m²	普通住宅、商住	二居室(81~82m²) 三居室(104m²)
天成中央海岸	300万元/套起	酒店式公寓	一居室(80m²) 二居室(120m²) 三居室(240m²)
翠屏凤凰海岸	45000 元/m²	普通住宅	三居室(100.27~100.99m²)
万科海上大都会左岸	50000 元/m²	普通住宅、商铺	三居室(117~122m²) 四居室(160m²)
北京城建海云府	690万~1000万元/套	公寓、别墅	三居室(100~109m²) 四居室(137m²)
珠江·俪豪	45000 元/m²	普通住宅、公寓	一居室(61~63m²) 三居室(142m²)
爱上山Ⅱ·艺术小镇	450万元/套起	商铺、商业	二居室(47.42m²) 四居室(90.57~108.32m²)
凤凰水城·海外滩	尚未公布	普通住宅	三居室(101m²) 四居室(165m²)
北京城建海云湾	尚未公布	普通住宅	三居室(116m²)

海棠区

楼盘名称	价格	物业类型	主力户型
融创一池半海	34000 元/m²	普通住宅、别墅	四居室(118.59~125.58m²)
实地三亚海棠华著	2000万~3500万元/套	普通住宅、别墅	三居室(281m²) 四居室(400m²) 五居室(476m²)
恒大养生谷	45000~48000 元/m²	普通住宅、公寓、商铺	二居室(54.49~74.18m²)

海棠区

楼盘名称	价格	物业类型	主力户型
国广·海棠	34500 元 /m²	商住、商业	二居室 (120~124m²)
龙棠大观	32000 元 /m²	普通住宅	二居室 (99.87m²) 三居室 (126.93m²)
仁恒·海棠湾	4100 万 ~4600 万元 / 套	别墅	六居室 (154.48m²) 七居室 (274.5m²)
和泓海棠府	33000 元 /m²	普通住宅	三居室 (101m²) 四居室 (120m²)
华悦海棠	34000 元 /m²	普通住宅、公寓	三居室 (97.5m²)
海棠盛世	35000 元 /m²	普通住宅、别墅	三居室 (101m²) 四居室 (132~145m²)
海棠湾银海	2980 万 / 套起	别墅	尚未公布
三亚天骄·海棠湾	35000 元 /m²	公寓、别墅	三居室 (83.5~123.5m²) 五居室 (162m²)
葛洲坝·海棠福湾	1980 万 / 套起	公寓、酒店式公寓	别墅 (127.75m²)
东和福湾	40000~80000 元 /m²	普通住宅	一居室 (78.15m²) 二居室 (90.51~108.24m²) 三居室 (130.9m²)
保利·海棠湾	50000 元 /m²	别墅、酒店式公寓	二居室 (68.39~77.03m²)
保利财富中心	350 万 / 套起	公寓、别墅	三居室 (148m²) 别墅 (186m²)
海棠湾8号温泉公馆	31800 元 /m²	普通住宅、别墅	二居室 (83~92m²) 三居室 (137m²)
艺海棠	580 万 / 套起	普通住宅	三居室 (97~170m²)
保利C+国际博览中心	55000 元 /m²	写字楼、共有产权房	一居室 (57m²) 二居室 (57~144m²)
双大海棠香居	36000 元 /m²	普通住宅	三居室 (123~149m²) 六居室 (190m²)
绿城·海棠潮鸣	50000 元 /m²	普通住宅、别墅、商铺	二居室 (75.97~98.63m²) 三居室 (110.54~135.15m²) 五居室 (179.9m²)
中交·海棠麓湖	560 万 ~1800 万元 / 套	普通住宅、别墅	二居室 (82.38~89m²) 三居室 (119m²) 四居室 (141m²)
君御	4500 万元 / 套起	别墅	四居室 (218m²) 五居室 (710m²) 六居室 (728m²)
碧桂园·齐瓦颂	35000 元 /m²	公寓	二居室 (68m²) 三居室 (87~105m²)
海棠花开	38000 元 /m²	普通住宅	二居室 (86~87.16m²) 三居室 (92.66m²)
国寿嘉园·逸境	1500 万 / 套起	酒店式公寓	二居室 (96m²) 三居室 (120m²) 别墅 (126m²)
陶然湾·黄金泉	1137 万 / 套起	公寓、别墅	二居室 (140.79m²) 三居室 (138.93m²)
长基听棠	29600 元 /m²	公寓、别墅	二居室 (94.13~100.18m²)
融创海棠湾	700 万 ~4000 万 / 套	别墅	三居室 (65.72~95.36m²)
佳兆业海棠伴山	29000 元 /m²	普通住宅、别墅	三居室 (102m²)
开创·白玉海棠	27000 元 /m²	普通住宅	三居室 (107.77m²)
三正海棠南洋小镇	3100 万 / 套起	公寓	尚未公布

崖州区

楼盘名称	价格	物业类型	主力户型
三亚·璞海	33000 元 /m²	公寓、酒店式公寓	二居室 (66m²) 三居室 (133m²)
崖州湾·海垦顺达花园	20000 元 /m²	普通住宅、商业	三居室 (103~111m²)
保利崖州湾	尚未公布	普通住宅	三居室 (100~129m²)
保利浅海	19500 元 /m²	普通住宅、商铺	三居室 (103~123m²)

崖州区

楼盘名称	价格	物业类型	主力户型
航天云海台	22000 元 /m²	普通住宅	二居室 (56.7m²)
三亚金茂湾	尚未公布	普通住宅	三居室 (100~123m²) 四居室 (143m²)

陵水县

楼盘名称	价格	物业类型	主力户型
富力湾	19000~22000 元 /m²	普通住宅、公寓、别墅	二居室 (109~113m²)
合景·汀澜海岸	27000~32000 元 /m²	公寓、别墅	别墅 (133.31~366.59m²) 二居室 (70m²)
绿城蓝湾小镇	30000 元 /m²	公寓、别墅	三居室 (105~129m²)
雅居乐清水湾	290 万 ~650 万 / 套	普通住宅、公寓、酒店式公寓、商铺	三居室 (105~139m²) 四居室 (165~186m²)
清水湾智汇城	22500 元 /m²	公寓、别墅	二居室 (145m²) 三居室 (165m²)
人文珍珠名邸·众创空间	25000 元 /m²	商业	复式 (50m²)
兆南椰林壹号	尚未公布	普通住宅	三居室 (108~116m²)

海口市

楼盘名称	价格	物业类型	主力户型
海口粤海商贸物流城	尚未公布	商铺	尚未公布

保亭县

楼盘名称	价格	物业类型	主力户型
雨沐香庭	1260 万 / 套起	别墅	别墅 (126.54~170.45m²)
双大野奢世界	19000 元 /m²	普通住宅、别墅	二居室 (63~75m²) 三居室 (125m²)

乐东县

楼盘名称	价格	物业类型	主力户型
龙栖海岸	200 万 ~300 万 / 套	普通住宅、别墅	四居室 (103~104.4m²)
龙栖湾·新半岛	35000 元 /m²	酒店式公寓、商业	别墅 (92.45m²) 跃层 (82m²)
麓鸣海	15000 元 /m²	普通住宅	二居室 (104.19m²) 三居室 (125.09m²)

万宁市

楼盘名称	价格	物业类型	主力户型
保利半岛1号	24000 元 /m²	公寓、别墅	一居室 (42m²) 二居室 (67m²) 三居室 (136~163m²)
雅居乐山钦湾	尚未公布	普通住宅	三居室 (146~185m²) 四居室 (182m²)

东方市

楼盘名称	价格	物业类型	主力户型
碧桂园海逸半岛	11000~12000 元 /m²	普通住宅	三居室（100m²）
云鼎·凤凰城	尚未公布	普通住宅、公寓、商业	二居室（86m²）

五指山市

楼盘名称	价格	物业类型	主力户型
六艺王宫	458 万 / 套起	别墅	二居室 (65~109m²)
清能·丽景湾	16500~17000 元 /m²	普通住宅、酒店式公寓、商铺	二居室 (61~90.77m²)

文昌市

楼盘名称	价格	物业类型	主力户型
鑫源锦程	尚未公布	普通住宅	二居室（81m²）
中国铁建书香小镇	18500 元 /m²	普通住宅	二居室 (77~87m²)
方圆·雅颂府	尚未公布	普通住宅、商铺	尚未公布

典型项目

雅居乐清水湾

陵水　雅居乐　养生度假　品牌地产　文旅海居

项目地址：
海南省陵水县黎族自治县清水湾大道雅居乐清水湾旅游度假区

产品特征：
住宅、公寓、商铺

项目规划：
占地面积 10000000 平方米，总户数超 40000 户

主力户型：
约 105~139 平方米三居，165~186 平方米四居

参考价格：
三居总价 290 万~535 万元/套，四居总价 420 万~650 万元/套

入选理由 ｜刘树国·三亚市房地产协会秘书长｜

雅居乐清水湾位于北纬 18°南海之滨，背靠群岭、面朝南海，是雅居乐集团总投资 500 亿元，在 12 公里纯美海岸打造的综合型滨海文旅项目。项目配套齐全，产品设计类型丰富，满足多样化的居住需求和不同客群、圈层的生活品位。

扫码观看楼盘详情

核心优势：

雅居乐清水湾 12 年匠心耕耘，将一片原始海湾打造成为国际海岛醇熟生活之湾。项目坚持"产城人"融合发展模式，以旅游产业为基础，打通多产业链条，成为集旅游、文创、体育、会展、游艇、教育、酒店、婚庆、商业、农旅等多元产业为一体的优质湾区。12 年来，雅居乐清水湾秉持初心，守护 12 公里纯美海岸、"会唱歌的沙滩"等独特的滨海风光；先后建设了清水湾游艇会、两个国际标准高尔夫球场等滨海度假配套；创设滨海人文艺术精神领地，缔造国际沙滩马拉松赛、赶海节、海南草莓音乐节等品牌活动，让更多人能体验到健康乐活的"第二人生"。

其他

797 / **黄冈**	810 / **开封**
797 / 典型项目	810 / 典型项目

798 / 河源
798 / 典型项目

811 / 新乡
811 / 典型项目

800 / 韶关
800 / 在售楼盘一览
802 / 典型项目

812 / 赣州
812 / 典型项目

803 / 嘉兴
803 / 典型项目

814 / 咸阳
814 / 典型项目

805 / 宿迁
805 / 典型项目

815 / 宝鸡
815 / 典型项目

806 / 芜湖
806 / 典型项目

816 / 晋中
816 / 典型项目

807 / 廊坊
807 / 典型项目

817 / 玉溪
817 / 典型项目

808 / 邯郸
808 / 典型项目

818 / 柳州
818 / 典型项目

809 / 吉林
809 / 典型项目

黄冈
典型项目

武汉恒大国际旅游城

黄冈　恒大　百强房企　文旅康养　全能大城

项目地址：
黄冈市红安经济开发区园阳大道特一号

产品特征：
住宅

项目规划：
建筑规模超 1600 万平方米；容积率：2.2；当期户数：3711 户

主力户型：
约 50~180 平方米一居、两居、三居、四居

参考价格：
4188 元／平方米起

入选理由： 张涛·武汉市房地产开发协会副秘书长——

武汉恒大国际旅游城是武汉北桥头堡项目，也是华中区域文旅康养人居典型，堪称"内陆版海花岛"，逾亿投资涵盖吃喝玩乐娱乐购物休闲养生，华中文旅地标正在形成。

核心优势：
武汉恒大国际旅游城，是世界 500 强企业——恒大集团旗下恒大旅游立足华中的重磅力作。项目汇聚全球知名设计团队，以前瞻性视野恢宏钜制 24000 余亩的文旅康养大盘，即将开启武汉人居 3.0 时代。未来将为武汉呈现占地面积约 34 万平方米恒大水世界、约 21 万平方米恒大养生谷、约 25 万平方米儿童世界、约 24 万平方米旅游世界、约 26 万平方米温泉城、约 23 万平方米文博园、约 27 万平方米美食天地、约 29 万平方米农科园等丰富业态，是集游乐、文化、休闲、商业、旅居、疗养于一体的航母级文旅康养胜地。

武汉恒大世纪梦幻城

黄冈　恒大　文旅大盘　全能配套　全龄优教

项目地址：
黄冈市红安经济开发区园阳大道特一号

产品特征：
高层、洋房、合院

项目规划：
占地面积：约 1342 万平方米；容积率：2.5；
总户数：首一期 4971 户

主力户型：
约 50~130 平方米两居、三居、四居

参考价格：
4180 元／平方米起

入选理由： 张涛·武汉市房地产开发协会副秘书长——

武汉恒大世纪梦幻城择址武汉北红安经济开发区，逾千亿投资打造八大文旅配套，是宜居宜乐宜游的康养之地，项目还自带 10 公里滨水生态长廊，引入三大名校优教，国家一级资质金碧物业加持，武汉北优质生活区正在形成中。

核心优势：
华中典型文旅大盘——武汉恒大世纪梦幻城，世界 500 强恒大集团鼎力之作，超两万亩规模，超千亿元投资，位于武汉 30 分钟生活圈，坐拥水世界、温泉城、儿童世界、旅游世界、美食天地、文博园、养生谷和农科园八大核心配套，打造武汉北文旅康养胜地。首开核心地块全系产品，建面约 50~130 平方米乐园高层、100~130 平方米情景洋房、116~136 平方米带花园合院，洋房、合院有着高达 260% 的得房率。

河源
典型项目

春沐源小镇

`河源` `春沐源` `山谷自然` `度假小镇` `新墅种`

项目地址：
河源市源城区春沐源小镇

开发商：
河源春沐源旅游文化有限公司

产品特征：
叠墅、平墅

参考价格：
均价 12000 元 / 平方米

主力户型：
叠墅 109~115 平方米三居、平墅 100 平方米三居

5 公里生活配套：
第一食堂、深夜食堂、火锅店、烘焙坊、便利店、西餐厅、咖啡馆、酒吧、皮划艇、龙骨乐园、体育公园

专家点评　董极·世联行集团首席顾问

春沐源小镇位于河源市，是以大湾区休闲度假、山谷溪流和优越的生态资源为基础打造的美学小镇。项目以别墅产品为主，产品设计功能分区合理，每个房间均有大面积阳台，实现室内外的自然景观享受，投资自住两相宜。

扫码观看楼盘详情

项目测评

【战略意义】
春沐源小镇地处"万绿之都"河源，地表水与大气环境质量常年保持国家Ⅰ类标准。拥有 8.5 平方公里千溪悠谷自然生态地貌，森林覆盖率 97%。春沐源小镇总投资 200 亿元，是大湾区都市人寻求回归生活、回归自然的理想目的地。

【市场口碑】
春沐源小镇样板示范区开放以来，以优质的生态环境以及恐龙儿童营地、主题酒店、休闲街区、社交厨房、深夜食堂等生活休闲度假配套，吸引了大量大湾区游客慕名到访，成为小镇首批业主"体验官"，并被多家媒体报道。

【楼栋规划】
小镇占地约 253 万平方米，一期共计 1293 户，容积率 1.0。呈现低密高端度假休闲产品，揽湖别墅由 15 个组团和一所幼儿园组成。首开产品是专为深度度假打造的周末新墅种，分叠墅与平墅两种产品类型。

【主力户型】
小镇主力产品为叠墅。下叠建面约 109~115 平方米三室两厅两卫，双向庭院悠享一方自然天地，约 5.6 米挑高客厅，配置通高书柜；自由切换的多变空间为理想生活留白，将丰盛生活与静谧卧室动静分层，互不干扰。

【自建配套】
小镇规划了七大功能分区，以"酒店、艺文、餐饮、儿童、运动、休闲、教育、便民"8 大业态落位，构建全系运营的系统配套逻辑；与城市同频且更为优质的配套可为不同时段、不同年龄的个人及家庭提供个性化定制。

【物业服务】
物业服务贴心、有温度，主打"春沐源式"特色服务。小镇设立"心灵谷手"团队，向社区业主及宾客提倡一种健康的生活方式；定期组织丰富活动，为业主及其家人量身定制技能学习。

【交通出行】
长深、武深、济广、广河、河惠莞高速途经小镇，从大湾区任一主要城市出发几乎都能快速抵达。2021 年年底河源东站建成通车后，赣深、杭广、河广潘粤高铁令小镇进一步融入大湾区 1 小时轨道圈。

【品牌描述】
春沐源集团斥巨资打造山谷美学，用科技创新、服务创新、模式创新为都市人打造美好生活品质生活的跨界造物——春沐源小镇。项目追求美好品质生活，汲取全球知名文旅项目的经验特色，打造多元化自然主义社区。

【设计风格】
建筑整体现代简洁，局部结合地形错落有致，层次分明；外立面以卡其色、米白色为主，局部深灰，呈现现代艺术感。上海新天地总建筑设计师 Benjamin Wood 担纲设计顾问，国际重磅建筑设计团队汇张思等参与项目设计规划。

【独有特色】
春沐源小镇首期呈现的叠墅与平墅，由 15 个 1.0 低密容积率组团与一所幼儿园组成。建筑整体现代简洁，高地跌宕。更有别传统地产轻资产运营模式，通过商业、物业全自持，为业主呈现优质服务品质与生活美学。

河源·龙光城

`河源` `龙光` `生活大盘` `8所学校` `河源东站`

项目地址：
河源市河源大道与创业大道交汇处

产品特征：
住宅

项目规划：
占地面积：81万平方米；容积率：2；总户数：14310户

主力户型：
89平方米三居、93~96平方米三居、113~143平方米四居

参考价格：
洋房7100元/平方米

入选理由 温巧平·乐居深圳主编

河源·龙光城，地处河源中华恐龙遗迹公园南向，约260万平方米生活大盘，拥有6万平方米商业，距离高铁东站直线距离4公里。项目规划了8所优质学校，为业主小孩提供全站式教育。户型方正通透，生活动线合理。

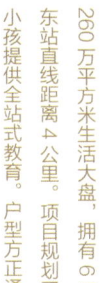

核心优势：
项目为龙光集团落子河源的又一城市力作，以龙光高端"城系"打造260万平方米生活运营大盘，集别墅、高层洋房、街区商业、市政配套于一体。龙光城自2019年8月入市以来，开盘劲销2.5亿元，"一生之城""品质社区""精品大盘"等标签成为购房者对该楼盘的评价。龙光城择址河源城南核心高地，占据河源"四核一芯"地段，规划了8所优质学校，为业主小孩提供全站式的优质教育。河源·龙光城是龙光集团在河源市继龙光·玖龙府后打造的第二个项目，将秉承龙光专注品质生活的理念，并以其大体量、完善配套、优质品质为河源再造一座260万平方米生活大盘。

韶关

在售楼盘一览

武江区

楼盘名称	价格	物业类型	主力户型
韶关·星汇商业广场	公寓约8300元/m² 商铺约15000元/m²	写字楼、酒店式公寓、商业	一居室（54m²）
韶关富力城	约6500元/m²	普通住宅	三居室（105~115m²）四居室（140~165m²）
中骏世界城	尚未公布	综合体、商业、普通住宅	三居室（105~115m²）
碧桂园太阳城天钻	约7295元/m²	普通住宅、别墅	二居室（110~130m²）三居室（140m²）
碧桂园新城之光	约6856元/m²	普通住宅	三居室（107~141m²）
奥园文化旅游城明玥盛境	约6900元/m²	普通住宅、商住	二居室（110~136m²）
南枫碧水花城	约10000元/m²	别墅	别墅（252~534m²）
云星钱隆誉园	约6300元/m²	普通住宅	三居室（97~127m²）四居室（125~127m²）
云星钱隆华府	约6400元/m²	普通住宅	二居室（80m²）三居室（90~121m²）
保利大都会	住宅约7200元/m² 商铺约14000元/m²	普通住宅	三居室（112m²）四居室（128~140m²）
奥园文化旅游城明玥江山	约10000元/m²	普通住宅、别墅	住宅（110~135m²）别墅（106~130m²）
中骏雅景湾	约6600元/m²	普通住宅	二居室（99m²）三居室（104~164m²）
御和苑	约7500元/m²	普通住宅	二居室（78.82m²）三居室（106~128.17m²）
沙湖御景	约7500元/m²	普通住宅	四居室（162.57m²）
沙湖天上虹	约8800元/m²	普通住宅	三居室（135~146.5m²）四居室（188.6m²）六居室（295m²）
金科集美江山	约7000元/m²	普通住宅	三居室（101~115m²）四居室（128~143m²）
保利时光印象花园	约6500元/m²	普通住宅	二居室（89~101m²）三居室（117~123m²）
外滩华府	约6900元/m²	普通住宅	四居室（144m²）
世茂雅宸	约5688元/m²	普通住宅	三居室（142m²）
韶关恒大城	精装约6900元/m²	普通住宅	三居室（95~123m²）四居室（145m²）
沙湖绿洲	毛坯约7300元/m² 精装约8500元/m²	普通住宅	三居室（128~136.64m²）四居室（154~157m²）
欧浦御龙湾	约7100元/m²	普通住宅	二居室（79.44~80.61m²）三居室（104.32~125.39m²）四居室（139.21m²）
明日星城	约5800元/m²	普通住宅	三居室（89~119m²）四居室（135m²）

浈江区

楼盘名称	价格	物业类型	主力户型
韶关碧桂园凤凰城江山樾	约6230元/m²	普通住宅、别墅	三居室（107~127m²）四居室（133~143m²）别墅（295m²）
保利东湾花园	约7100元/m²	普通住宅	二居室（102m²）三居室（126~143.83m²）
盛世华庭	约6300元/m²	普通住宅	二居室（77.93m²）三居室（87.2~139.68m²）
云峰诗意	约6500元/m²	普通住宅	二居室（76.5m²）三、四居室（87.56~146m²）
金色江湾	住宅约6800元/m²（精装修）商铺约10000元/m²（毛坯）	普通住宅、商铺	三居室（113~125m²）四居室（216m²）
华南农产品交易中心	约20000元/m²	商铺	商铺（25~68m²）
星河天骄	约5300元/m²	普通住宅	二居室（78~80m²）三居室（139m²）
保利紫山公寓	约5700元/m²	商住、公寓	商住户型（32~42m²）

曲江区

楼盘名称	价格	物业类型	主力户型
碧桂园曲江府	约6000元/m²	普通住宅、商住	三居室（108m²）四居室（129~143m²）
中恒品悦湾	约4900元/m²	普通住宅	三居室（129~152m²）
曲江丽景嘉园	约4800元/m²	普通住宅	三居室（110.09~141m²）四居室（145.55~148m²）
东城雅苑	约7000元/m²	普通住宅	三居室（82.71~113m²）四居室（125.8~127.39m²）
新时代广场	约5500元/m²	普通住宅	三居室（104.04~130.2m²）四居室（147.42m²）
正德玥珑山	约6050元/m²	普通住宅	三居室（120.41~122.55m²）四居室（147.42m²）
德城状元府邸	约6200元/m²	普通住宅	三居室（117.59m²）四居室（132.33m²）五居室（143.93~189m²）
江畔花园	约5200元/m²	普通住宅	二居室（95~86m²）三居室（135~151m²）四居室（162m²）
滨江华府	尚未公布	普通住宅	四居室（103.5~130m²）

乐昌市

楼盘名称	价格	物业类型	主力户型
乐昌碧桂园	约5500元/m²	普通住宅、别墅	二居室（90~105m²）三居室（135m²）四居室（143~197m²）
乐昌富力尚悦居	约4000元/m²	普通住宅	三居室（95~117m²）四居室（128~140m²）
华亨花园	尚未公布	普通住宅	四居室（116.55~127.3m²）
乐昌永乐城	约5200元/m²	普通住宅	三居室（109.24~128.44m²）四居室（142~150.22m²）
乐昌正升华府	约6600元/m²	普通住宅	三居室（131~135.55m²）四居室（140.89~159m²）五居室（186.87~240m²）
乐昌利华雅居	约6300元/m²	普通住宅	三居室（109.41~126.04m²）四居室（133~139.54m²）
乐昌德金乐尚都新城	约3300元/m²	普通住宅	三居室（114.39~120.7m²）
岭南富春山居	约4000元/m²	普通住宅	三居室（107.36~117.26m²）
坪石新城	约4500元/m²	普通住宅、别墅、商住	二居室（85~135m²）

南雄市

楼盘名称	价格	物业类型	主力户型
南雄碧桂园凤凰天境	约6300元/m²	普通住宅	三居室（110~142m²）
南雄紫宸府	约6400元/m²	普通住宅	三居室（106~119m²）四居室（148~149m²）
南雄大福国际名城	约4900元/m²	普通住宅	三居室（106~115.4m²）四居室（121~139.77m²）
南雄市源河汇景	约4800元/m²	普通住宅	三居室（120m²）四居室（132m²）

南雄市			
楼盘名称	价格	物业类型	主力户型
凌江府	尚未公布	普通住宅	三居室（126.95~128.19m²）四居室（141m²）
翰林轩	尚未公布	普通住宅	三居室（118.85m²）四居室（125.46~137.58m²）
天悦湾花园	约4700元/m²	普通住宅	二居室（91m²）三居室（119m²）四居室（137m²）

仁化县			
楼盘名称	价格	物业类型	主力户型
仁化碧桂园	毛坯约5200元/m² 精装约6200元/m²	普通住宅	三居室（105~136m²）四居室（143m²）五居室（225m²）
汇盛豪苑	约4900元/m²	普通住宅	三居室（128m²）四居室（148m²）
丹霞山1号	约11000元/m²	别墅	别墅（210~343m²）
宝能丹霞山庄	约11000元/m²	别墅	别墅（78.5~138m²）
丹霞新城	约4900元/m²	普通住宅	三居室（119.39~139.95m²）四居室（142.08~143m²）五居室（157.12m²）

始兴县			
楼盘名称	价格	物业类型	主力户型
始兴碧桂园	约5800元/m²	普通住宅	三居室（106m²）四居室（130~143m²）五居室（190m²）
始兴碧桂园天樾湾	约7200元/m²	普通住宅	三居室（106~136m²）
碧桂园丹凤府	尚未公布	普通住宅	两居室（105m²）三、四居室（125~165m²）
始兴县河鸿景小区	约5300元/m²	普通住宅	三居室（123m²）四居室（135~159m²）
始兴时代星辰	约5500元/m²	普通住宅	三居室（123m²）四居室（135~159m²）

乳源瑶族自治县			
楼盘名称	价格	物业类型	主力户型
乳源碧桂园江山	约6100元/m²	普通住宅	一居室（41~68m²）

翁源县			
楼盘名称	价格	物业类型	主力户型
翁源碧桂园江兰樾	约6700元/m²	普通住宅	三居室（108m²）四居室（129~180m²）
江山壹品	约5100元/m²	普通住宅	三居室（127m²）四居室（136~161m²）
翁源碧桂园兰庭府	约5600元/m²	普通住宅	三居室（108~129m²）四居室（453m²）
中梁国宾壹号	约5600元/m²	普通住宅	三居室（95m²）四居室（122~142m²）

典型项目

韶关·星汇商业广场

韶关　鸿浩地产　核心商圈　拎包入住　高铁站旁

2020 中国城市楼盘年鉴 典型项目

项目地址：
韶关市武江区韶关大道南33号（韶关高铁站西南侧）

开发商：
韶关市鸿浩房地产项目开发有限公司

产品特征：
写字楼、酒店式公寓、商业

参考价格：
酒店式公寓均价8300元/平方米

主力户型：
54平方米一居

物业公司：
鸿浩星汇物业

5公里生活配套：
韶关高铁站、韶关客运站、星汇新零售公园、聚福超市、旭峰超市、韶关市武江区芙蓉第一小学、韶关市武江区沐溪小学、中国建设银行

专家点评

张恩赫·中国商旅地产研究院秘书长

星汇商业广场处于韶关高铁站旁，集聚韶关商旅资源，同步世界商业发展前沿，占尽新区人文环境资源、引领韶关市三大商圈。享高铁站、客运站双站的百万人流。其在售酒店式公寓，因其小投资高回报低风险受市场一致好评。

扫码观看楼盘详情

项目测评

【市场口碑】
2018年2月，项目首期预售商铺，开盘当日，所推房源一个小时即告罄，去化率100%（网签数据）。"交通便利""投资回报高""升值潜力巨大"等标签成为购房者对楼盘的最多评价。

【区域地段】
星汇商业广场择址韶关芙蓉新城高铁站旁，依托粤北综合交通枢纽的优势，打造粤北地区中心城市核心区，本项目位于芙蓉新城中央商务区，项目周边涵盖写字楼、金融街、世界500强企业等，随着2020年政府49个部门的搬迁，升值潜力大。

【楼栋规划】
星汇商业广场建面58695平方米，其中商业街铺共5栋，建筑面积17243平方米，酒店1栋，建面31827平方米，共25层，以前瞻创新的城市街区式建筑形式，独一无二的视野打造，占位枢纽商业中心。

【主力户型】
星汇商业广场主力户型为54平方米的公寓，由维也纳国际酒店运营，月租金1600~2000元/套，5.0级装修标准，配品牌家私、家电及豪华内饰；4.2米宽景观落地窗，俯瞰城市繁华。

【自建配套】
自建配套5.8万平方米，进驻品牌有维也纳国际酒店、自然树国际幼儿园、群星矩阵（韶关）直播基地、群星直播商学院、广东省消费扶贫创业创新基地（韶关）、华为服务号城市运营商、易成集团、美宜佳超市等知名品牌及餐饮配套。

【交通出行】
项目享韶关高铁、公交、长途汽车、出租车多维立体交通，未来韶关站前广场将形成地下交通体系，将高铁站、客运站、星汇连为一体，形成韶关客运格局核心的大型综合交通枢纽站。距G4高速口1公里，距丹霞机场驾车距离26公里。

【购物娱乐】
星汇商业广场毗邻韶关高铁站，高铁1小时融入广州、深圳、香港等国际都市生活圈，项目自身近2万平方米的商业街区，满足日常购物休闲所需。8公里可达沃尔玛商圈，12公里可达风度名城、百年东街。

【设计风格】
星汇商业广场是由知名建筑设计公司根据前沿商业体验设计，一线临街，出站即达。为韶关个性化情景体验式餐饮、休闲、购物、娱乐、运动、酒店一站式街区。打破传统零售模式，融合线上与线下，结合现代物流，打造全新的购物体验。

【销售数据】
星汇商业广场从2018年2月开始对外推售，共推出5栋商业街铺合计283套，认购商铺260套，商铺去化率高达92%（案场统计数据）。2020年9月公寓开盘，更以9成的推售去化率，红遍市场。不论是商铺还是公寓都以不菲的业绩交上了满意的答卷。

【独有特色】
项目与韶关高铁站、客运站、公交站相联通，商业潜力可媲美北上广深高铁站商铺；星汇公寓是韶关芙蓉新城可售产权精装公寓，国际品牌酒店运营管理，总价30万元起，租金1600~2000元/套/月。

嘉兴
典型项目

上海之窗智慧科学城

| 嘉善 | 金茂 | 大城规划 | 综合体 | 水镇景观 |

项目地址：
嘉兴市嘉善县沪瑞线与新枫路交会处东北侧

开发商：
中国金茂

产品特征：
普通住宅、商业、写字楼

参考价格：
住宅均价18000元/平方米起

主力户型：
约79平方米二居、约89平方米三居

物业公司：
金茂物业

5公里生活配套：
枫泾古镇、规划文化艺术中心、水街商业、休闲商业、星级酒店及城市展厅、惠立学校

专家点评

上海之窗智慧科学城，作为加速浙沪融合发展的引擎项目，占位浙江接轨上海的第一站，17万平方公里的大体量规划，加上临近枫泾古镇，使得其宜居、宜学、宜业、宜游，嘉善所在的示范区是价值高地。

扫码观看楼盘详情

项目测评

【战略意义】
上海之窗智慧科学城由中国金茂与嘉善政府携手打造，策应长三角一体化发展的国家战略，落址于长三角生态绿色一体化示范区——嘉善经济技术开发区。并将在嘉善"双示范"建设的进程中，助推城市新生。

【市场口碑】
据案场统计，2020年9月，项目首期预售274套商品房，认筹人数达到了650组，线上开盘22秒售罄。而在日后的两次加推中，去化率也均高达95%以上。"一房难求""升值保障"等标签成为购房者对楼盘最多的评价。

【区域地段】
项目位于浙沪交界处，与上海枫泾古镇为邻，占位浙江接轨上海地段，是上海产业及人口外溢置业的优质选择。同时与上海、杭州、苏州、宁波等城市相距均不到百公里，成为长三角城市群的重要的交通枢纽。

【园林景观】
项目目前在打造先行区，将以"生态示范城市"为目标，由国内前沿景观设计公司奥雅担任地块景观布局，因地制宜，结合枫泾古镇的水乡地脉，通过"蓝绿双脉"景观系统，建设一个充满江南韵味的绿色生态城区。

【交通出行】
项目紧邻G60高速，距离枫泾出口约2公里，G320国道横穿上海之窗智慧科学城全域，互通浙沪两地，距离上海金山高铁北站约9公里，沪嘉城际轻轨枫南站点（在建中），并延伸接轨上海地铁9号线。预计2022年实现通车。

【教育资源】
教育已引入惠灵顿公学（嘉善惠立学校），是英国的名校之一。作为英国惠灵顿公学继天津、上海、杭州之后的在中国的第四所学校，预计投资达8亿元，将建成一所九年制学校及一所高中双语民办学校。

【拿地详情】
2020年2月首推住宅类地块，出让面积31163平方米，容积率2.2，被雅居乐以4.9亿元竞得，打造为光和城，共计684套住宅产品。当年9月入市，4个月销售期内去化超95%。

【品牌描述】
中国金茂是中化集团公司旗下房地产和酒店板块的平台企业。10余年间，已布局全国二十七城、四十六府，并且多次跻身中国前一百房企（中国房地产业协会、上海易居房地产研究院中国房地产测评中心发布）。

【销售数据】
首推光和城商住项目，据案场统计，2020年9月首批线上开盘推出274套，开盘当日售罄；10月第二次开盘243套，当天去化82%，并于11月第三次加推最后房源。截至2020年12月，不到4个月，项目652套住宅产品，完成去化超95%。

【购物娱乐】
上海之窗智慧科学城整个商业核心区未来规划有3万平方米商业综合体、2.35万平方米公寓、2.78万平方米商务商业综合体、1.44万平方米上海之窗文化艺术中心、7600平方米休闲商业、1.8万平方米水街商业和1.92万平方米酒店。

雅居乐·悦景庄·春风渡

`乌镇` `雅居乐` `品牌地产` `旅居项目` `智慧小镇`

项目地址：
嘉兴桐乡市乌镇子夜路1508号

开发商：
桐乡市安悦置业有限公司

产品特征：
小高层、洋房

参考价格：
高层均价17500元/平方米

主力户型：
约73平方米二居、约89平方米二居

物业公司：
雅居乐物业

5公里生活配套：
花间堂民宿、餐饮、雅达青年广场商业街、子夜路商业街、隆源路商业街，雅达国际康复医院、乌镇人民医院

专家点评

雅居乐·悦景庄·春风渡位于乌镇，靠近东栅、西栅风景区，商业及医疗配套设施完备。该盘主推小面积户型，交房后可拎包入住，业主可享房屋托管服务。结合约110万元起的总价来看，是一个价格不高且宜居的旅居项目。

扫码观看楼盘详情

项目测评

【区域地段】

雅居乐·悦景庄·春风渡位于乌镇创新区，周边有雅达青年广场商业街、乌镇人民医院等配套，生活便利。目前，互联网国际会展中心年均引千万客流参加世界互联网大会、乌镇戏剧节。未来，附近还有百度、华为等企业。

【楼栋规划】

小区占地面积约3.1万平方米，总建筑面积约9.6万平方米，容积率约2.28。社区由7栋小高层、3栋花园洋房构成，可容纳总共821户入住。社区整体采用了中低边高的布局，建筑密度约12%。

【主力户型】

项目首推约73~89平方米的高层户型，其主要优势体现在阳台进深较深，面宽较大，能够带来更好的通风、采光效果；卫生间采用了干湿分离的设计，使用便利性更佳；洗手台、阳台设计了较多储物空间，增加了收纳空间。

【园林景观】

项目采用新中式园林风格，森活庭院、老年康体、生态园、儿童乐园、森居书院分别能够满足不同年龄段居住者的社区娱乐需求。布景方面，三街、三巷、七境均设计、布局有适合不同季节的花卉，以保证每季均有景可看。

【物业服务】

社区选用雅居乐自有物业，拥有26年物管经验的"雅生活物业"。服务方面，该物业提供24小时不间断服务，并从响应率、处理及时率入手，提高服务品质。此外，其还提供房屋托管的相关服务，为业主带来便利。

【交通出行】

项目距离东北侧中塔庙站步行距离约600米，乘坐苏州7615路可直达乌镇汽车站、东栅风景区，换乘可到达桐乡高铁站，增强前往杭州、上海的通达性。另外，自驾方面项目南近申嘉湖高速，沿西侧姚太线可进入桐乡市区。

【医疗配套】

项目主要依靠作为互联网医院试点的雅达国际康复医院配套。该医院位于项目5公里范围内，可为居住者带来看病无须出户的便利。另外，项目周边还有乌镇人民医院、桐乡瑞金医院两家医疗机构，就医便利。

【品牌描述】

雅居乐是以地产业为主的综合性企业集团，拥有多元化的业务。2020年3月19日，中国房地产业协会、上海易居房地产研究院中国房地产测评中心联合发布"2020年中国文旅地产10强"榜单，雅居乐集团位列第5位。

【购物娱乐】

项目比邻雅达青年广场商业街，周边拥有餐饮、电影院、农贸市场、健身会等一体化的商业配套设施，能够满足居住者多元化的生活需求。同时，项目还靠近东栅景区、西栅景区、乌村等地，能够享受景区商业的便利。

【楼盘特色】

该项目为装修交付，可拎包入住。装修方面，该项目通过配置杜拉维特、汉斯格雅、德格等品牌的卫浴、厨具设施，配以冰箱、洗衣机等家电及餐桌椅、沙发、衣柜、床头柜等家具，并提供房屋托管服务，为居住者带来便利。

宿迁 典型项目

碧桂园黄金时代

`宿迁` `碧桂园` `品牌房企` `品质社区` `百强物业`

项目地址：
宿迁市宿城区发展大道与深圳路交叉路口东北侧

开发商：
宿迁碧信房地产开发有限公司

产品特征：
普通住宅

参考价格：
均价10000元/平方米

主力户型：
约110平方米三居、约130平方米四居

物业公司：
碧桂园物业

5公里生活配套：
义乌商贸城、宿迁青华中学、钟吾医院、九鼎公园、古黄河风光带、西民便河公园

专家点评 陈嘉雯·乐居广深主编

碧桂园黄金时代，可以说拥有着『黄金』交通路网和『黄金』生活配套。日常所需的学校、医院、社区商超等配套都在1公里范围内，十分便利，也为业主节省了不少时间成本。

扫码观看楼盘详情

项目测评

【区域地段】
碧桂园黄金时代地处主城区，拥有便捷通达的交通网，西侧就是贯穿整个宿迁的发展大道，东侧100米为宿迁市实验小学黄河分校，南面深圳路衔接老城区、宿豫区，北靠义乌商贸城。

【楼栋规划】
碧桂园黄金时代占地125.83亩，总建筑面积约280000平方米，共计规划1754户，由10栋高层洋房、5栋低密洋房、1栋综合楼组成，两边高层，中间为底层，所有楼栋错落有致。

【主力户型】
主力户型有建面约110平方米三居、建面约130平方米四居。所有户型均为一梯两户，属于板式结构；户型方正实用，南北对流，全天采光无遮挡，这样的户型在市场上更受欢迎。

【园林景观】
社区园林采用的是多重园林堆坡造景，充分发挥坡地优势，因地制宜。通过"三横两纵"让整个社区园林景观更有层次感。三横是根据楼栋分布形成的三条景观带，作为辅助景观贯穿整个社区。两纵是由南到北的两条景观轴，同样贯穿整个项目。

【自建配套】
社区内拥有长者休闲区、健身区、儿童乐园区、健康跑道、太极广场、羽毛球场、乒乓球台，充分满足业主休闲、娱乐、运动等多方面需求。另外，在运动场地周边、儿童乐园区都有直饮水系统设置，满足业主休闲运动时的饮水需求。

【交通出行】
碧桂园黄金时代直线距离100米范围内有香格里拉、实验小学黄河分校两大公交车站，302路、307路等多线公交环绕。同时，南接G2513淮徐高速以及S49新扬高速，直达高铁站。

【教育资源】
碧桂园黄金时代周边教育资源丰富，直线距离100米范围内有宿迁市实验小学（黄河分校），直线距离1公里有青华中学（具体入学条件及政策以政府部门及学校的施教范围为准）。

【品牌描述】
碧桂园集团是中国地产三甲房企。2020年，在《福布斯》全球上市公司500强中排名111位，在《财富》世界500强中位列第147位。截至2020年底，碧桂园已为超过1200个城镇带来现代化的城市面貌，有超过450万户业主选择在碧桂园安居乐业。

【购物娱乐】
约1.7公里范围内有义乌国际商贸城、利群时代广场。5公里范围内有楚街、金鹰、宝龙广场、水韵城。2公里范围内有虞姬公园、九鼎公园、西民便河休闲公园，距离古黄河风光带约700米，生态环境优越。

【设计风格】
整个项目设计均采用新亚洲风格，将亚洲元素融入现代的建筑中。整体立面底部采用深色强调基座的稳重，并配以横向线条给人大气的观感，窗户下面空调位置则用铝合金栅板遮挡，层次分明，使小区建筑群体和视觉景观丰富而庄重。

805

芜湖 典型项目

美好首玺

`芜湖` `美好` `城南中心` `双园围合` `乐活社区`

项目地址：
芜湖市弋江区中山南路与文津西路交会处

开发商：
芜湖美创置业有限公司

产品特征：
高层、小高层

参考价格：
均价 12700 元 / 平方米

主力户型：
约 117 平方米两居，约 95、133 平方米三居

物业公司：
美好幸福物业服务有限公司芜湖分公司

生活配套：
城市轻轨 1 号线（建设中）、芦花荡湿地公园、芜湖文化公园、滨江公园、银泰城、德胜广场、中央城财富街、新时代商业街。

专家点评　郭军·乐居安徽区域总编辑

美好首玺项目位于芜湖城南大学城板块，多所高校环拥，是芜湖人文氛围浓厚的片区。周边有长江过江隧道（在建中），芜湖轻轨 1 号线（规划中），交通出行便利。

扫码观看楼盘评情

项目测评

【战略意义】
美好置业集团股份有限公司成立于 1989 年，经过多年持续发展，已成为一家涉足房地产开发、装配式建筑等多个业务领域的上市公司。此次美好置业再度落子芜湖市区，以独特匠心打造城南大学城板块的典型作品——美好首玺。

【区域地段】
美好首玺位于城南大学城板块，更是芜湖醇熟生活板块，周边交通、商业、生态等系列配套齐全，项目所在的板块周围拥有安徽师范大学、皖南医学院等 7 所高等院校，人文氛围浓厚。区域的地理位置优越性不言而喻。

【交通出行】
项目周边有长江路、中山路、大工山路、峨山路等"四纵二横"路网全面覆盖，便捷城市快速通行；紧邻轻轨 1 号线（建设中），立体通行脉络；商合杭高铁开通在即，未来出行方式多元化，畅享便利生活。

【园林景观】
美好首玺社区景观设计整体以现代新学院派风格为主，空间收放自然，建筑空间与自然氛围相辅相成。社区内多级景观节点设计，简约明晰的现代化园林布局与现代简约的建筑风格融会贯通。

【楼栋规划】
项目总占地约 10.86 万平方米，总建面约 30.7 万平方米（住宅约 22.7 万平方米，商业约 2765 平方米，地下建筑面积约 6.8 万平方米）。项目分为南、北两个地块，规划有 21 栋住宅、高规格幼儿园、住宅共计 1921 户，内涵盖高层住宅、小高层住宅、沿街商铺等业态。

【主力户型】
在户型设计上，美好首玺也用心精妙。从三室两卫的 95 平方米实用格局，到方正通透的 117 平方米舒适户型，再到突破性四开间朝南的 130 平方米阔境三居，户型多样化且设计科学合理，更多预留空间满足家庭成长需求。

【物业服务】
美好幸福物业，国家一级资质物业企业。作为专业的物业服务机构，提供置业服务、基础物业服务、生活配套服务、社区文化服务等"四位一体"服务工作，提升美好生活享受，在市场赢得了较好的口碑。

【教育资源】
周边有多所学校环绕，文昌西路小学距离项目直线距离 100 米（在建）。同时，社区还自建约 6500 平方米幼儿园。周边 5 所高校环拥，临近高精尖产业中心，是芜湖的人文氛围浓厚的片区。

【医疗配套】
美好首玺医疗配套包括和平医院、芜湖市四院等。此外，澛港社区也有较为成熟的社区卫生所等，使得业主就医更加便捷。

【自建配套】
项目规划了幼儿园（24# 楼）、养老用房、居委会用房、物业管理、社区卫生服务站和室外健身场地。同时，项目在小区中部道路两侧还规划了两排商业用房，满足日常生活所需。

廊坊
典型项目

孔雀城柏悦府

`固安` `华夏` `配套完善` `交通便利` `品牌房企`

项目地址：
廊坊市固安县锦绣大道与迎宾大道交叉口东南角

产品特征：
住宅

项目规划：
占地面积：156700 平方米；容积率：2.5；总户数：3769 户

主力户型：
80~142 平方米两居至四居

参考价格：
均价 17000~18000 元 / 平方米

入选理由

2020 年固安新房第四季度销售金额第一名。根据克而瑞机构 2020 年统计数据，柏悦府第四季度热销 500 套，远超区域内其他楼盘。项目以高端品质和江南园林的加持，实现"高端＋高价＋高速"的惊人业绩。

核心优势：

项目地处北京大兴国际机场临空经济区，周边拥有四所北京名校资源，构建国际化全龄教育体系。30 万平方米超级商圈，三大城市商业中心汇聚；六高六轨三车站的交通路网体系，满足多轨道通勤京津雄的需求。环伺四大生态公园天然氧吧，宁静繁华随心切换。项目与国际建筑大师联袂操刀，集新中式都会主义建筑之精华与江南古典园林之精髓，打造新一代宜居住区典范。

邯郸
典型项目

碧桂园雍华府

邯郸 | 碧桂园 | 环内大盘 | 品质社区 | 中式风格

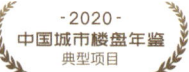
2020 中国城市楼盘年鉴 典型项目

项目地址：
邯郸市复兴区建设大街复兴区政府北行 400 米处

开发商：
邯郸水湄苑房地产开发有限公司

产品特征：
普通住宅

参考价格：
均价 10000 元 / 平方米

主力户型：
约 100 平方米三居、约 120 平方米三居

物业公司：
碧桂园物业

5 公里生活配套：
千鹤美食林、复兴商贸城、新世纪广场、稽山新天地、国风购物中心、中煤职工医院、河北工程大学附属医院、赵苑公园、邯郸园博园

专家点评 陈嘉雯·乐居广深主编

碧桂园雍华府，项目整体采用围合式布局，错落式排布，形成有效的社区边界，并尽可能保留了社区景观完整性，为业主提供活动空间；楼宇之间互不遮挡，保证每户更多通风和采光，这样的设计，在疫情之后备受追捧。

扫码观看楼盘详情

项目测评

【战略意义】
2016 年，碧桂园进入邯郸，顺应邯郸"西部优化战略"，2020 年西扩版图首进复兴。碧桂园雍华府为碧桂园在邯郸第 4 代府系作品，也是 2020 年碧桂园在邯郸唯一环内项目，备受瞩目。

【区域地段】
碧桂园雍华府位于复兴区政府沿建设大街北行 400 米处，是复兴区重点打造的城市居住区。随着邯郸市"西部优化"战略出台，复兴区成为重点发展区域，政策扶持、产业聚集、配套完善、生态蝶变，多项利好齐聚西区。

【楼栋规划】
碧桂园雍华府分东西两个社区开发。项目总占地约 154.76 亩，建筑面积约 33.8654 万平方米，由 25 栋 7~18 层的洋房和住宅组成；围合式布局，错落式排布，形成有效的社区边界，并尽可能保留了社区景观完整性，为业主提供活动空间。

【主力户型】
碧桂园雍华府主力户型为建筑面积约 100 平方米和 120 平方米的三居，整体布局颇为方正，大通台横贯两屋增加采光面，造就南北通透，提高居住的舒适度。

【园林景观】
35% 的绿化率和 2.4 的容积率，为小区园林规划提供了充足的空间，项目园林风格采用新中式手法，将"尊贵、文化、空间"融入园区设计三大主题之中。社区园林里还打造了全适龄健康环氧跑道、社区半篮球场、专属儿童活动区，以及户外厅堂、林荫广场、休闲漫步道、户外休憩区等。

【自建配套】
项目南侧为配建幼儿园和小学，满足社区内适龄儿童上学所需。更有独立商业、菜市场、室内文娱空间配置，与外部商业组合，为业主提供便捷的生活方式。

【交通出行】
所在区域形成了三横、三纵、一环线的立体交通网。"三横"指由北向南分别果园路、联纺路、人民路；"三纵"指由西向东分别是前进大街、建设大街、铁西北大街；"一环线"指邯郸外环，项目距离北环仅 100 米距离。立体交通网路方便业主日常出行。

【教育资源】
碧桂园雍华府 2 公里范围内有邯郸市委机关幼儿园、复兴区建设北小学、邯郸市赵苑中学、箭岭路学校、锦玉中学等。自身教育配套方面，小区内有自建 12 班制幼儿园、自建 24 班制小学。

【购物娱乐】
5 公里范围内有千鹤美食林、复兴商贸城、新世纪广场、稽山新天地、国风购物中心等商业配套。不仅如此，项目自建商业和社区中心，满足业主日常所需，同时建设大街两侧商铺林立，各种业态齐全，方便生活。

【设计风格】
项目采用新中式建筑风格，立面使用传统的三段式元素：顶部大挑檐，简洁庄重，突显邯郸的文化底蕴。利用浅色与深色的色彩组合，营造出新时代的古典感，并将汉文化魅力符号提取精华与材料融合，打造为富有中式传统韵味的建筑形式。

吉林

典型项目
万科松花湖度假区·四季小镇

吉林 | 万科 | 雾凇滑雪 | 四季小镇 | 旅居项目

项目地址：
吉林市青山大街888号

开发商：
吉林松花湖置业有限公司

产品特征：
洋房、别墅

参考价格：
洋房均价约8500元/平方米、别墅均价约16000元/平方米

主力户型：
约59平方米一居、约98平方米两居

5公里生活配套：
万科松花湖四季小镇、北美风情商业街

专家点评

孙志国·吉林省房地产业协会秘书长

万科松花湖国际度假区·四季小镇不仅是传统意义上的居住区域，还兼具旅游属性。春踏青、夏避暑、秋赏叶、冬滑雪，四季皆景。项目产品范围33至120平方米，满足不同人群的购房需求。

扫码观看楼盘详情

项目测评

【战略意义】
松花湖度假区是吉林省旅游重点项目，是吉林市旅游战略核心项目，是万科首座山地度假生活区，是中国四季度假目的地。

【区域地段】
万科松花湖度假区位于吉林省吉林市，距离吉林市主城区仅15公里，距长春龙嘉国际机场约86公里，打造覆盖全国的四小时冰雪度假圈。

【楼栋规划】
项目总规划约82万平方米，目前已获取约50万平方米，开发约27万平方米，分为建面约33~54平方米瞰山小高、建面约33~120平方米山景洋房、建面约98~101平方米山地别墅三种类型的产品。

【主力户型】
四季小镇主力户型为建面59平方米的一居室公寓户型。格局方正、设计巧妙，阳台观景效果佳，整体无浪费面积。此户型靠近E3雪道，可畅行无阻滑向主索，提升滑雪的便利性，该户型还位于现有商业街与规划中商街的中轴线上。

【园林景观】
四季小镇项目整体绿化率40%，容积率仅0.9，是低密度高生态的度假社区。景观设计利用原有地形的风景带串联整个地块，保留原生树种，营造更贴近自然原生山体景观。

【自建配套】
享有西武王子大酒店、青山客栈、北美风情商业街、森之舞台、吉林one餐厅、V—FUN儿童村、松花湖滑雪场、娱雪乐园、独立滑雪教学区等生活配套，同时更有滑翔伞、热气球、帆板桨板、山地自行车、彩虹滑道等户外运动配套。

【物业服务】
万科物业秉承"全心全意为您"的服务宗旨，为业主提供24小时服务、30分钟响应、丰富的社区文化、社区安全服务、园区秩序维护等服务，并定制睿管家服务，营造美好社区。

【购物娱乐】
项目有北美风情商业街等购物休闲场所，配备独立滑雪教学区等配套，可以同时进行滑翔伞、热气球、帆板桨板、山地自行车、彩虹滑道等户外运动。

【品牌描述】
万科企业股份有限公司成立于1984年，1988年进入房地产行业，经过三十余年的发展，已成为国内领先的房地产公司，2016年公司首次跻身《财富》"世界500强"榜单，位列第356位。2017~2019年连续3年荣登世界500强名单。

【四季可玩】
万科松花湖度假区·四季小镇是万科品牌打造的首座山地度假作品，四季小镇依托吉林大青山，背靠松花湖，具有比较优越的土地资源与山体资源，同时拥有国内造雪面积最大的滑雪场；丰富多彩的生活乐趣，春夏秋冬四季皆可游玩。

开封
典型项目

华盟臻熙府

`开封`　`华盟`　`三河环绕`　`公园毗邻`　`品质户型`

项目地址：
开封市龙亭区西环路北段与东京大道交会处

开发商：
开封华盟置地有限公司

产品特征：
普通住宅、洋房

参考价格：
普通住宅均价6500元/平方米、洋房均价7500元/平方米

主力户型：
约112平方米三居、约129平方米四居

物业公司：
华盟物业

5公里生活配套：
开封星光天地购物中心、大商新玛特、开封核心景区、河南大学第一附属医院、河南大学淮河医院、开封金明实验小学

专家点评

王宁·『王宁说房』创始人、资深地产媒体人

臻熙府近邻老城区，位于三河交会处，形成玉带揽腰的格局；紧邻开封古城墙，与清明上河园仅一墙之隔，步行可达龙亭。周边有现代化商业综合体星光天地，老城区的成熟和新城区的基建组合在一起成为项目的加分项。

扫码观看楼盘详情

项目测评

【区域地段】
开封臻熙府位于开封城心区域，三河交会处；黄汴河、利汴河、涧水河三河环绕，紧邻清明上河园、龙亭等四大公园。南邻金耀路、北邻东京大道等便捷交通，享城市公园、教育、商业、医疗等配套，拥揽全方位成熟配套。

【市场口碑】
2007年开封华盟置地有限公司成立。华盟天河湾占地41万平方米，分七期开发，目前开发至第五期，拥有业主3000户。2020年五期臻熙府入市，以创新产品回馈客户，用先进的规划理念和品质户型，打造诚心品质好房。

【楼栋规划】
项目占地91333.33平方米，建筑面积21万平方米，总户数1631户，共计23栋楼。包含11栋高层，12栋洋房，高层建筑面积112~129平方米，洋房130平方米。其中高层为18、20层，洋房为8、9、11层。

【教育资源】
小区周边中小学教育资源醇熟，包含金明实验小学、梁苑小学、第十四中学等，为孩子提供15年一贯制教育体系。另有开封大学、河南大学、开封文化艺术职业学院、河南警察学院、黄河水利学院等高校环绕。

【主力户型】
项目主力户型为约129平方米四居洋房。户型南北通透，电梯双开门，赠送约5平方米电梯间；厨房餐厅紧密相连，交通动线分布合理，主卧配备独立衣帽间，通透格局，空间舒适。

【设计风格】
项目采用新中式建筑风格，选取适合北方寒冷干燥天气的石材。楼体底部采用石材干挂凸显庄重与美感，中间段使用仿花岗岩外墙漆，整体楼座造型挺拔庄严，更具特色与品质，同时保证了建筑的安全性和耐久性。

【园林景观】
绿化率35%、容积率2.34，筑造高绿化覆盖森林社区，七进五盛园林景观，珍贵树种，全冠移植，包含中央水系景观、全龄化运动社区、共享书吧、阳光大草坪、轻食厨房。为业主打造更为舒适的居住生活空间。

【交通出行】
项目周边道路畅通，西环城路、金耀路、东京大道等城市主干道在侧，小区门口8、47、21、路公交线路，直达开封各个区域。约6.5公里到达开封北站，约4公里可达连霍高速入口，便捷交通畅达全城。

【物业服务】
开封华盟物业多年来以贴心、用心、细心的服务理念，形成标准化服务体系。服务前台的35°笑容，45°鞠躬，95°坚持，从提油扛米到家电维修，从雨中护送到抢险救急，为业主提供360°生活管家式服务。

【医疗配套】
项目周边拥有多所优质医院，距离开封市第二中医医院约2公里，距淮河医院约3公里，距河南大学第一附属医院约2.3公里。完善的医疗体系，全方位护航家人健康，为臻熙府业主的幸福生活提供坚实基础。

新乡
典型项目

中原融创文旅城

`新乡` `融创` `八大业态` `百亿配套` `欢乐名片`

项目地址：
新乡市郑新大道与平原大道交会处东 500 米

产品特征：
高层、洋房、叠墅、商业

项目规划：
项目汇聚雪世界、冰乐园、水世界、水岸秀场、湖岛酒店群、滨湖商业小镇、水上运动、体育公园八大主题业态

主力户型：
建面约 89~172 平方米三、四居

参考价格：
6200~12000 元 / 平方米

入选理由 —— 李大康·河南省物业管理协会会长

中原融创文旅城雄踞中原城市群，郑新一体化战略核心，与郑东 CBD 一桥之隔，坐拥万亩黄河、千亩凤湖，荟萃八大主题业态，斥资百亿元打造航母级配套，构筑生态宜居大盘，产品种类丰富，不限购。

扫码观看楼盘详情

核心优势：

中原融创文旅城择址平原示范区，郑东桥头堡位置，在黄河跨河发展、郑新区域一体化的新格局下，平原示范区作为郑州跨越黄河向北发展的第一站，对望郑东新区、北龙湖，战略位置和发展机遇弥足珍贵。项目产品种类丰富、不限购，同时毗邻万亩黄河国家湿地公园，生态宜居；汇聚雪世界、冰乐园、水世界、水岸秀场、湖岛酒店群、滨湖商业小镇、水上运动、体育公园八大主题业态，以冰雪为主题的全季候、全天候室内乐园，填补中原高端冰雪文旅产业的空白。项目围绕八大美好生活体系，营造共享书吧、枫叶学堂、融汇 Club、萌娃游乐园、社区健康中心等互动空间，为业主构建一座全生命周期的国际生活大盘。

赣州嘉福樾府

赣州 典型项目

`赣州` `嘉福地产` `三区交会` `学府云集` `经开核心`

2020 中国城市楼盘年鉴 典型项目

项目地址：
赣州市经开区客家大道与黄金大道交会处

开发商：
赣州市章贡区嘉福发展房地产开发有限公司

产品特征：
高层、洋房

参考价格：
高层均价10600元/平方米、洋房均价11400元/平方米

主力户型：
约99平方米三居、约125平方米四居

物业公司：
嘉福物业

5公里生活配套：
嘉福万达广场、恒大综合体、金坪综合体、中恒农贸市场、杨梅综合体

专家点评 曾飞燕·乐居南昌主编——

嘉福樾府是嘉福集团继嘉福尚江府后，落户赣州经开区又一力作，周边教育资源丰富，蟠龙小学、蟠龙中学、赣州市经开区第一中学，为业主提供优质教育。

扫码观看楼盘详情

项目测评

【品牌描述】
嘉福集团是一家区域深耕型综合性集团公司，集房地产开发、运营和管理、物业服务为一体。2010年首次进入赣州，深耕江西、布局全国，足迹遍布江西、福建、山东、江苏、湖南、湖北、广东等省份，已发展成为区域内领先的房地产综合性开发企业。

【拿地详情】
2019年6月27日，位于赣州经开区黄金大道东侧、龙岗路北侧西城区M-01-03地块拍出，嘉福地产以8.1亿元竞得该宗地。宗地面积约148亩，成交楼面价约4088元/平方米，溢价率约80%。

【区域地段】
嘉福樾府择址赣州生态宜居的经开区核心区域蟠龙镇。作为城市发展的新中心，经开区在区域联动、行政效能等方面均走在市场前列，主要阵地蟠龙区享受经开区成熟配套，嘉福樾府正处于蟠龙的核心位置，配套共享。

【楼栋规划】
项目总占地面积9.9万平方米，总建筑面积27万平方米，总户数1516户，车位数1961，车位超过1:1.2，车位充足。由16栋15~25层高层，4栋11层小高层，9栋花园洋房组成，自带约3000平方米幼儿园。

【主力户型】
嘉福樾府主力户型有建面125平方米洋房，坐北朝南，通透对流，纯板房设计，采光佳。户型舒适度强，卧室近大开间采光面，5~6平方米宽阔阳台，可变性强。南次卧连阳台空间灵活多变，满足业主多种需求。

【园林景观】
嘉福樾府在景观的打造上吸取了苏州园林的元素，设置了八重主题空间，以塑造一步一景。小区设有花园式滑板公园、公共直饮水、健康跑道、宠物乐园、阳光草坪、主题花园及大型全龄段休闲空间。整体呈现北高南低布局。

【设计风格】
嘉福樾府楼体建筑的选材也比较讲究，高层外立面采用源自法国的Art-DECO经典建筑立面，以暖调浅黄为主基调，凸显产品的端庄高雅。入户大堂采用4.2~6米挑高，入户会客厅按星级酒店标准打造。

【物业服务】
江西嘉福物业总部位于赣州，是一家深耕型多元化的物业管理企业，版图辐射江西、福建、湖南等省份。截至2020年年底，在管物业服务项目30余个。嘉福物业在赣州率先推行"专属管家"服务模式，以"五心"服务标准，为业主排忧解难，广受好评。

【教育资源】
项目周边有8所院校，7所公办、1所私立。其中，文清实验国际学校距离项目仅500米，是赣南片区第一所实行幼儿园至高中15年一贯制的现代化国际双语学校，口碑颇佳。

【医疗配套】
项目周边有赣州医学院第一附属医院，是赣州目前唯一配备直升机救援的医院，也是赣州医护人员学历资质达标率较高的医院之一。嘉福樾府业主可享受每年一次的免费VIP体检，业主就医享受绿色通道。

嘉福中心

赣州　嘉福集团　商务办公　城市封面　超高建筑

项目地址：
赣州市章江新区橙香大道与筠门岭路交会处

开发商：
赣州市章贡区嘉福发展房地产开发有限公司

产品特征：
写字楼

参考价格：
均价 13000~16000 元 / 平方米

主力户型：
30~60 平方米写字楼

物业公司：
嘉福物业

5 公里生活配套：
中央生态公园、万象城、博物馆、王府井、赣州市人民医院

专家点评

陶满德·房地产估价与经纪专家、江西师范大学教授——

嘉福中心是嘉福地产集团立足赣州布局全国的全新作品，坐落在章江新区世纪之门核心位置，主楼高达 220 米，为赣州滨江城市天际线增添了一道亮丽的风景。

扫码观看楼盘详情

项目测评

【战略意义】

嘉福中心位于赣州核心章江之侧，是嘉福集团于世纪之门重点打造的摩天商务写字楼，拥有写字楼、商业街区等丰富业态。作为赣州市中心城区纯粹商务写字楼项目，220 米云端办公体验非同一般，为赣州新添一标志性建筑。

【区域地段】

嘉福中心位于章江新区、蓉江新区双区交界区，紧邻城市主干道东江源大道、橙香大道，交通便利，同时揽一线章江江景资源。周边市政公园、繁华商圈、休闲娱乐等配套齐全。

【楼栋规划】

嘉福中心总占地面积 30827.3 平方米，包括一栋 220 米商务写字楼、主题商业等物业形态。写字楼共 45 层，建筑面积约 86743.81 平方米，标准办公楼层面积约 1945~2050 平方米；商业建筑面积约 24712.6 平方米。

【物业服务】

江西嘉福物业总部位于赣州，是一家深耕型多元化的物业管理企业，版图辐射江西、福建、湖南等省份。截至 2020 年年底，在管物业服务项目 30 余个。嘉福物业在赣州率先推行"专属管家"服务模式，以"五心"服务标准，为业主排忧解难，口碑较好。

【交通出行】

嘉福中心南邻滨江大道、橙香大道，西邻筠门岭路，东靠城市主干道东江源大道及城市快速路，可快速通达赣州西站及周边城区。此外，项目周边公交线路众多，25 路、121 路、135 路均可抵达项目。

【拿地详情】

2018 年 4 月 13 日，赣州章江新区 E23、F25-3 地块开拍，出让起始总价为 92880.65 万元，起始楼面价约 3782 元 / 平方米，最终由赣州嘉福投资有限公司竞买成交，成交总价 92880.65 万元，楼面价约 3782 元 / 平方米。

【品牌描述】

嘉福集团是一家区域深耕型综合性集团公司，集房地产开发、运营和管理、物业服务为一体。2010 年首次进入赣州，深耕江西、布局全国，足迹已遍布江西、福建、山东、江苏、湖南、湖北、广东等省份，已发展成为区域内领先的房地产综合性开发企业。

【购物娱乐】

项目地处赣州核心商圈，周边商业配套丰富，包含华润万象城、王府井购物中心、中创国际城商业等。此外，项目自带商务休闲配套"嘉福里"，能充分满足业主的休闲娱乐需求。

【销售数据】

2019 年 9 月 5 日嘉福中心首开 1 号写字楼，主推建面约 30 ~ 60 平方米办公空间，共 2296 套，均价 13000~16000 元 / 平方米。据统计，项目首开 2 小时，销售额就已达到 4 亿元。

【设计风格】

嘉福中心以时尚、艺术、设计为三大核心元素，是集办公楼、购物中心、艺术中心等多业态于一体的商务大楼。写字楼外立面采用超白 low-e 玻璃打造全玻璃幕墙，10.9 米挑高大堂，搭配 19 台品牌电梯，为业主提供高质量的硬件设施服务。

咸阳
典型项目

朗诗渭城府

咸阳　朗诗　品牌房企　科技住宅　交通便利

项目地址：
咸阳市文林路与新兴北路交会处向南300米

开发商：
咸阳朗天佳城置业有限公司

产品特征：
高层

参考价格：
9500元/平方米

主力户型：
约98平方米三居、约119平方米三居

物业公司：
朗诗物业

5公里生活配套：
世纪金花、王府井赛特奥莱、万达广场、开元商城

专家点评

李玮·西安报业传媒集团市域综合事业部主任助理——朗诗渭城府位于咸阳主城区，全装修均价9500元/平方米，有98平方米的三室两厅一卫、119平方米的三室两厅两卫户型。社区内部规划合理，带有新风系统，符合年轻人的居住习惯，是一个全生命周期的高性价比楼盘。

扫码观看楼盘详情

项目测评

【战略意义】
朗诗渭城府是朗诗地产进入咸阳首个楼盘，是朗诗地产布局全国的重要一步。其所开发的全装修科技住宅，在一定程度上改善了咸阳市民的居住环境和居住理念。

【区域地段】
朗诗渭城府位于咸阳市文林路与新兴北路交会处向南300米，项目占据西咸都市圈的核心发展区域，处在西咸新区与咸阳主城的交会板块、秦汉新城桥头堡位置。区域内高校较多，医疗资源丰富，商业配套十分齐全。

【楼栋规划】
朗诗渭城府总占地面积约57.46万平方米，规划户数2028户，项目规划9栋33层的全装修高层住宅，全部为两梯四户设计。整个社区楼栋采用退台式依次递进建设，在合理的楼间距内，保证了每栋楼的私密性、采光和通风。

【园林景观】
社区内部30%的绿化率与市政绿地公园，为小区园林规划提供了充足的空间。设计7大情景功能园林，营造四季分明的开放式全龄互动"公园式园林社区"，并根据不同年龄段的需求和特点分别打造且合理布置。

【物业服务】
社区物业为朗诗物业，一级物业服务标准，中国物业管理协会会员单位。截止到2020年6月，朗诗物业管理面积达2200余万平方米，业主数量达50余万，物业管理费暂定1.5元/月/平方米，包含楼宇清扫、绿化维护、治安管理等。

【市场口碑】
朗诗地产已累计开发132个绿色科技项目，其中包含朗诗渭城府。该项目自2020年12月12日3号楼首开以来，受到咸阳以及周边刚需客户的一致好评，"优质户型""高性价比楼盘""科技住宅"成为购房者对该楼盘最多的评价。

【交通出行】
项目周边的公交站点是文林路十字，途经的公交线路有1141路、20路、68路、10路、11路、28路等，可到达咸阳的各个区域，周边还有3条高速（福银高速、机场高速、西咸北环线）；不管是去西安（咸阳）国际机场还是咸阳秦都高铁站，都非常便捷。

【主力户型】
朗诗渭城府主力户型为98平方米三室两厅两卫，布局方正，9.6米的面宽采用三面朝南设计，让整体户型通透明亮。南向双卧室与餐厨客一体式设计，使生活动线流畅便捷；双卫生间设计，干湿分离，各项功能区合理布局互不打扰。

【自建配套】
项目自建1.2万平方米商业配套，含餐饮、购物、娱乐、休闲等活动场所，满足社区居住人群的日常生活需求。该楼盘还规划有一所幼儿园，让家长接送孩子更方便。同时，小区采用人车分流设计，保证了业主的安全。

【购物娱乐】
朗诗渭城府位于咸阳主城区，又紧邻西咸新区。除了咸阳湖风景区、渭滨公园和吃喝玩乐购物于一体的西咸奥特莱斯大型商业综合体外，项目周边五公里内还有世纪金花、王府井赛特奥莱、万达广场、开元商城等休闲娱乐场所。

中南·無山居

宝鸡 典型项目

宝鸡 | 中南 | 品牌房企 | 文旅养生 | 叠拼住宅

项目地址：
宝鸡市太白山国际旅游度假区迎宾大道与太白大道交会处

开发商：
眉县中南锦华房地产开发有限公司

产品特征：
别墅

参考价格：
160万~200万元/套

主力户型：
100平方米上叠，113~127平方米下叠

物业公司：
中南物业

5公里生活配套：
太白山国家森林公园

专家点评

沈玮·沈视楼市主理人 地产 S 姐

择址太白山国际旅游度假区的中南无山居，以太白山国家森林公园为依托，开发文旅养生产品，自然是稀缺的，容积率仅1.24叠拼别墅以露台、庭院设计结合温泉入户，为所有居者打造当代理想新山居体验。

扫码观看楼盘评情

项目测评

【战略意义】

中南·無山居是中南置地旗下首席山居度假项目。作为首个进驻太白山片区的全国性品牌开发商，中南置地所开发的无山居项目成为太白山地区的文旅度假典型项目，改变了区域内置业者的购房理念和消费习惯。

【区域地段】

中南·無山居择址宝鸡市眉山县太白山国家森林公园景区，区域内依托山景观、自然资源及人文历史景观，通过整合资源、缔造品牌、推动繁荣，将太白山国际旅游度假区打造成为西线旅游的重要集散地及目的地。

【楼栋规划】

中南·無山居占地面积195336平方米，规划总户数272户，包含92栋叠拼别墅，具体叠拼分为上叠、中叠和下叠，其中上叠带有露台，下叠带庭院，大楼间距和低密的社区环境，保证了每家每户的居住舒适度和私密性。

【园林景观】

30%的绿化率和1.24的容积率，为小区园林规划提供了有利的条件。项目利用下沉空间的层次，组织空间结构，置入功能空间为居住者提供丰富的生活体验。社区内的大乔木、小灌木、阳光草坪和无边泳池形成错落有致的景观带，供业主赏玩和休憩。

【物业服务】

社区自持的中南物业是中南建设集团全资子公司，成立于2001年6月，注册资金1000万元，现布局九省、25个大中城市，管理面积逾1400万平方米，目前物业管理类型有中央商务区、海景别墅、高档住宅、5A智能化写字楼、购物广场、公众物业等多种业态。

【市场口碑】

中南置地是中国房企16强、商业地产TOP5，国家一级房地产开发资质。中南无山居自进驻宝鸡之后，充分发掘区域价值，提高区域能级，吸引多家全国型开发商前来参观学习，在业内和全国消费群体中广受好评。

【交通出行】

中南·無山居周边交通线路发达，無山艺术馆紧邻西法城际铁路，预计2021年年底正式运营。从西安出发，经连霍高速一路向西116公里，便可到达项目处；从宝鸡出发，经西宝高速、107省道约88公里，便可到达中南無山居。

【主力户型】

项目主力户型为建面100~138平方米私汤山居叠拼别墅，享受庭院、露台、温泉三入户的山居生活。客厅、榻榻米、淋浴间与院子浑然一体，无界互联，让家人之间更亲密无间。餐厨客一体化设计，让各功能空间高效互动，舒适度达到自然状态。

【自建配套】

项目自建失重礼堂、无边泳池、山居酒店、一酌酒吧、健身房、伴山云味餐厅、無集书馆、艺术中心、奥兹理想国儿童游乐场等度假生活配套，为居住者打造现代、潮流、自然、艺术相融的理想山居体验的同时，也能享受便利的生活配套。

【购物娱乐】

中南·無山居地处国家AAAAA级旅游景区——太白山国家森林公园，区域内不仅自然风光丰富，周边的旅游娱乐也数不胜数：太白山漂流、水上世界、凤凰温泉、逸景营地等全龄人群皆可欢享，关中农家生活体验区内的美食让足够让你流连忘返。

晋中
典型项目

金科·博翠天宸

`晋中` `金科` `交通便利` `精品住宅` `生态大盘`

项目地址：
晋中市榆次区开发区龙田路与广安街交会处往北50米

产品特征：
高层、洋房

项目规划：
占地面积：一期约11.35万平方米；容积率：2.5；
总户数：一期约2536户

主力户型：
约90平方米三居、约143平方米四居

参考价格：
高层7800元/平方米起、洋房8400元/平方米起

| 入选理由 | 张淑丽·乐居太原主编 |

金科·博翠天宸落址于山西转型综改示范区晋中开发区，政务、商业、文化配套环伺。项目开发以洋房、小高层为主，公摊率仅为14%，更多的自由空间，满足每个家庭的各种生活场景需求。

核心优势：
  金科·博翠天宸是博翠系产品落户山西的项目，位于山西省晋中市榆次区，地处太榆中轴核心。随着"太榆同城化"的不断推进，正越来越多享受太榆一体化优势资源。项目周边有奥莱、万达等商业中心，满足业主的休闲娱乐所需；紧邻山西大学城，从幼儿园到大学，全龄式的教育配套一步到位。毗邻晋商公园，繁华相伴；同时项目结合晋商文化精粹，以现代东方的美学、高档轻奢的档次体验和品位，打造萃选东方的人文华宅。

玉溪
典型项目

金科·博翠拾光

`玉溪` `金科` `东风水库` `金科品牌` `大平层`

项目地址：
玉溪市红塔区红龙路与大坝路交叉口东北侧

产品特征：
住宅

项目规划：
占地面积：约 4.93 万平方米；建筑面积：约 12.88 万平方米，共 17 栋，总户数：约 556 户

主力户型：
138~208 平方米三、四居

参考价格：
均价 13500 元/平方米

入选理由

独立媒体人——何永锋·云南空港雅仕维地产事业部总经理：

近年来，玉溪城市迅速发展，随着昆玉一体化的推进，将为城市注入更多的活力。金科·博翠拾光把握城市发展的脉搏，打造 138~208 平方米改善型大平层住宅，其产品在玉溪的独特性、高端性，再加上金科深耕玉溪的品牌影响力，具有很强的竞争力。

核心优势：

金科·博翠拾光项目地处玉溪传统富人区核心板块、城市生态文化区中心，坐拥龙马山、灵昭山、东风水库、双湖瀑布公园、聂耳音乐文化广场等绿色生态自然资源，一条东风路贯通南北，既能享受老城区发达便利的各项生活配套，也能享受城市发展的政策红利。主力户型为建筑面积约 172 平方米大平层产品，奢阔大三房设计，满足全家舒居所需；东南朝向，户型方正，阳光清风自然入户；约 13 米面宽大尺度瞰景阳台，视野通透，风光霁月，让生活与自然和谐相融。

柳州
典型项目

碧桂园·星悦湾

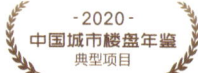

| 柳州 | 碧桂园 | 一线江景 | 低密社区 | 星系作品 |

项目地址：
柳州市鱼峰区和畅路35号

开发商：
柳州市星碧房地产开发有限公司

产品特征：
普通住宅

参考价格：
均价10200元/平方米

主力户型：
约86平方米三居、约116平方米四居

物业公司：
碧桂园物业

5公里生活配套：
滨江湿地公园、奥特莱斯商业街、影城、大型商业MALL、中西医结合医院

专家点评

陈嘉雯·乐居广深主编

屹立柳江河畔，私藏一方江水，环抱一公里黄金江岸线，毗邻滨江湿地公园，项目采用楼栋点列式布局，为业主巧妙地保证了江景资源的利用，实现多户瞰江。

扫码观看楼盘详情

项目测评

【战略意义】
碧桂园·星悦湾是碧桂园广西星系作品，也是入柳第15盘。星系产品主张"从产品细节体现人性关怀"，为在繁华都市拼搏的年轻人提供高性价比、灵活多变、多元交互的生活方式，全方位满足居住、收纳、社交三大维度的生活需求，在柳州广受好评。

【市场口碑】
2020年6月25日首开燃动龙城。2020年7月25日再开再捷，热销全城。碧桂园·星悦湾间隔一个月，两次开盘，两次告捷。而在日后的多期开售中，去化率也均高达90%以上，并荣获柳州市7月单周成交面积TOP1荣誉。

【楼栋规划】
碧桂园·星悦湾总占地面积约131.73亩，规划1506户，由20栋小高层、高层洋房组成，整体容积率却仅约2.0。楼栋点列式布局，南北通透，户户南北朝向，保证江景资源利用，实现多户瞰江，270度天幕江景体验。

【主力户型】
碧桂园·星悦湾主力户型为带装修建面积约86平方米、116平方米江景三至四居。户型方正，空间感十足，使用率最高达93%。南北通透，餐客一体空间，双阳台设计；一面瞰江，一面赏园，生活惬意十足。

【园林景观】
碧桂园·星悦湾结合归家动线规划与多功能社区空间的串联，布置6大功能主题园林，湾区生活体验中心、艺术园林、星梦乐园、活力运动家、社区活动中心等，打造高品质休闲社区。

【物业服务】
碧桂园服务凭借卓越的企业综合实力、优异的资本市场表现和高度的社会责任感，稳居"2020中国上市物业企业TOP1"及"2020中国物业企业投资价值十强"。

【交通出行】
碧桂园·星悦湾所在的板块构建出一轨五桥三主轴交通路网，分别是轻轨3号线（规划中）、阳和大桥、白云大桥、静兰大桥、洛维大桥（规划）、五岔立交桥、三纵三横路网，出行畅通无阻。

【教育资源】
碧桂园·星悦湾择学府为邻，1公里范围内恒大幼儿园、阳和第二幼儿园、阳和小学（在建中）阳和中学（在建中）环绕。

【品牌描述】
碧桂园，世界500强，中国地产三强。29年历经创新和实地考察，匠心打造美好家园。福布斯全球上市公司2000强，全球超2000个高品质项目，幸福超450万户业主。

【购物娱乐】
碧桂园·星悦湾周边配套有4万平方米商业综合体（在建中）、嘉凯影城、滨江风情商业街（规划中）、综合市场（规划）、古亭山商业区（规划中），多元商业业态汇聚，满足日常生活、购物需求。

产品力篇

2020年中国房企产品力排行榜TOP100

当前，随着房地产行业整体规模增速放缓，利润增长出现拐点、盈利能力下行，产品对于房企的重要性不断提升。特别是在"房住不炒"政策调控常态化下，市场消费回归理性。2020年以来，企业融资端进一步收紧、资金面受压，行业竞争加剧，也对房企的产品力提出了更高的考验。

2018年12月，易居克而瑞研究中心联合筑想科技首次发布了"2018年中国房地产企业产品力TOP50"排行榜，并编撰了《2018中国房地产企业产品力白皮书》，业内反响热烈。2019年，产品力排行榜的房企阵容由50强扩充升级到100强，并新增"2019中国十大作品（居住类）"。

在往年研究的基础上，结合指标体系的优化和测评数据的更新，2020年"中国房地产企业产品力TOP100"排行榜于2020年11月27日发布，"中国十大产品系"和"中国十大作品"也同步发布。

第一部分 榜单发布

一、中国房地产企业产品力TOP100

2020年中国房地产企业产品力TOP100

排名	企业简称	排名	企业简称
1	绿城中国	51	远洋集团
2	融创中国	52	俊发地产
3	金茂地产	53	永威置业
4	龙湖集团	54	建业地产
5	中海地产	55	中骏集团
6	金地集团	56	卓越集团
7	万科地产	57	葛洲坝
8	华润置地	58	正商集团
9	旭辉集团	59	大悦城集团
10	世茂集团	60	方圆地产
11	滨江集团	61	中建东孚
12	保利发展	62	电建地产
13	仁恒置地	63	瑞安房地产
14	招商蛇口	64	弘阳地产
15	星河湾	65	敏捷集团
16	绿地控股	66	路劲集团
17	泰禾集团	67	奥园集团
18	阳光城	68	合景泰富
19	金科集团	69	上坤地产
20	东原地产	70	中国铁建
21	雅居乐	71	大唐地产
22	中南置地	72	绿都地产
23	中国恒大	73	首开股份
24	富力地产	74	禹洲集团
25	中梁控股	75	保利置业
26	碧桂园	76	珠江投资
27	美的置业	77	大华集团
28	蓝光发展	78	华宇集团
29	新城控股	79	德信地产
30	正荣集团	80	金融街
31	融信集团	81	花样年
32	华发股份	82	九龙仓
33	融侨集团	83	新鸿基
34	华侨城	84	香港置地
35	康桥地产	85	国贸地产
36	龙光集团	86	中交房地产
37	时代中国	87	德商置业
38	建发房产	88	中建信和
39	越秀地产	89	力高集团
40	华夏幸福	90	实地集团
41	首创置业	91	联发集团
42	祥生控股	92	海伦堡
43	金辉集团	93	复地集团
44	朗诗绿色地产	94	大发地产
45	新力地产	95	星河地产
46	佳兆业	96	红星地产
47	当代置业	97	雅戈尔
48	荣盛发展	98	景瑞地产
49	三盛集团	99	彰泰集团
50	新希望地产	100	云星集团

榜单说明

1. 参评企业的项目统计范围为房企2020年集团及产品系在售住宅项目。
2. 指标统计数据来源为房企公开资料、CRIC数据、调研数据以及公开媒体信息。

二、中国住宅十大产品系

2020 年十大顶级豪宅产品系

企业简称	顶级豪宅产品系
保利发展	天字系
东原地产	印长江系
金地集团	峯汇系
金科集团	琼华系
金茂地产	府系
康桥地产	湾系
绿城中国	桃花源系
绿都地产	雅集系
融创中国	壹号院系
正荣集团	紫阙台系

榜单说明
1. 参评企业产品系属性为住宅产品系。
2. 参评企业产品系在售项目个数 ≥ 3。
3. 参评产品系项目的统计范围为 2020 年该产品系的在售项目。
4. 排名不分先后，以房企简称的首字母前后顺序排列。

2020 年十大轻奢精品产品系

企业简称	轻奢精品产品系
华润置地	府系
华宇集团	锦绣系
龙湖集团	天字系
绿城中国	诚园系
三盛集团	汝悦系
上坤地产	云系
祥生控股	云境系
新希望地产	锦麟系
旭辉集团	铂悦系
雅居乐	雅府系

榜单说明
1. 参评企业产品系属性为住宅产品系。
2. 参评企业产品系在售项目个数 ≥ 3。
3. 参评产品系项目的统计范围为 2020 年该产品系的在售项目。
4. 排名不分先后，以房企简称的首字母前后顺序排列。

2020 年十大品质美宅产品系

企业简称	品质美宅产品系
方圆地产	十里方圆系
金科集团	集美系
俊发地产	园系
蓝光发展	未来系
美的置业	云筑系
荣盛发展	锦绣系
世茂集团	云系
中国恒大	御景系

（续）

企业简称	品质美宅产品系
中交房地产	华系
中南置地	集系

榜单说明
1. 参评企业产品系属性为住宅产品系。
2. 参评企业产品系在售项目个数 ≥ 3。
3. 参评产品系项目的统计范围为 2020 年该产品系的在售项目。
4. 排名不分先后，以房企简称的首字母前后顺序排列。

三、中国十大作品

2020 年中国十大高端作品

企业简称	城市	项目名称
保利发展	广州	保利天珺
德商置业	成都	德商锦江天玺
东原地产	杭州	东原德信九章赋
金茂地产	南京	河西金茂府
康桥地产	郑州	康桥香麓湾
绿城中国	杭州	春月锦庐
绿地控股	上海	绿地海珀外滩
融创中国	重庆	长乐雅颂
万科地产	成都	万科天府锦绣
阳光城	佛山	阳光城佛山半岛

榜单说明
1. 参评作品为居住类项目。
2. 参评作品为 2020 年新开盘且在售项目。
3. 排名不分先后，以房企简称的首字母前后顺序排列。

2020 年中国十大品质作品

企业简称	城市	项目名称
当代置业	石家庄	当代府 MOMΛ
方圆地产	惠州	罗浮山十里方圆
金地集团	上海	玫玺
金茂地产	张家港	金茂智慧科学城
绿城中国	杭州	春风金沙
绿地控股	扬州	绿地健康城
祥生控股	杭州	祥生湛景星合映
旭辉银盛泰	青岛	宸悦府
阳光城	长沙	阳光城溪山悦
卓越集团	成都	卓越融信云门望古

榜单说明
1. 参评作品为居住类项目。
2. 参评作品为 2020 年新开盘且在售项目。
3. 排名不分先后，以房企简称的首字母前后顺序排列。

第二部分 榜单解读

2020年度三大测评成果从"作品"到"产品系"，再到"产品力"，形成完整测评体系。其中，"中国房地产企业产品力TOP100"主要以企业在产品维度的整体表现为核心，从四大一级指标、共16个二级指标综合衡量房企在产品研发、建造、整合、质量、口碑等方面的产品竞争力。"中国十大产品系"则通过评价单个产品系的"市场跨度""开发规模""产品定位""溢价能力"及"获奖与认证"五大方面，凸显房企在标准化生产方面取得的成绩。而"中国十大作品"更突出展现单项目在精准匹配客群需求、提升居住体验、建筑和社区景观设计等方面的成果，为行业树立更加清晰的产品创新"风向标"。

一、企业产品力 TOP100 排行榜

绿城中国占据榜首

"中国房地产企业产品力TOP100"共分为四个一级指标，从"产品接受度""产品系成熟度""产品美誉度""获奖与认证"四个维度对企业产品力进行评价。

在"2020年中国房地产企业产品力TOP100"榜单中，绿城凭借出众的产品品质、较高的产品定位和市场接受度，同时获得了业内的一致认可以及专业领域的多项荣誉，最终获得榜首。融创、金茂分列企业产品力榜单的第二和第三位。另外，华润、旭辉、世茂等房企的产品力排名均较2019年有所提升，进入十强房企的行列，而龙湖、中海、金地和万科也继续保持十强行列。

1. 产品接受度综合表现了产品在市场上的适销性

从产品的市场结果角度来看，企业生产适销产品的能力在一定程度上可以反映房企产品力的强弱。在克而瑞的企业产品力测评体系中，"销售业绩规模""产品定位""项目溢价能力"和"项目去化速度"综合反映了企业整体的"产品接受度"。

其中，作为衡量产品在市场上接受度的重要指标之一，"销售业绩规模"反映了房企产品从建造到销售的综合能力，产品市场接受度高、适配性强、扩张布局快的房企，其销售规模一般较高。

此外，2020年销售百强房企成交产品的档次有所提升，近七成百强房企产品定位高于2019年。2020年，超六成百强房企均价比值在1.0以上，均价比值在1.0~1.2、1.2以上区间的房企数量也均高于2019年。其中，星河湾、瑞安房地产、葛洲坝等房企产品定位较高，项目整体销售的均价比值较2019年有一定提升。

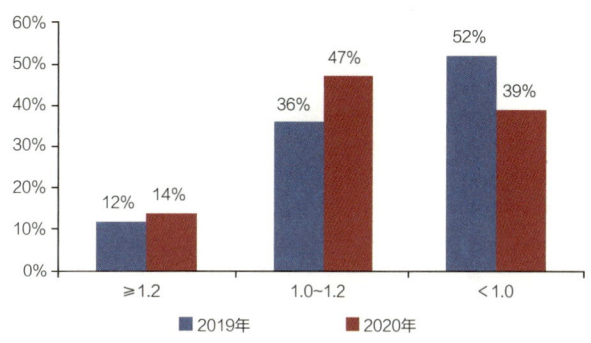

注：产品定位指房企产品的均价比值（项目销售均价/所在城市销售均价）的平均值。

销售百强房企 2019 年、2020 年产品定位结构表现

数据来源：CRIC

同时，克而瑞发现百强房企中，产品定位高且溢价能力也高的房企，在市场中仍有一定地位和优势，其中不乏绿城、华侨城、仁恒等规模房企。这表明"档次高""卖得贵"也能做规模，关键还是看产品品质能否得到市场认可。2020年绿城和仁恒在销售百强房企的排名均有不同程度的上升。

2. 房企开始重视产品系建设，但总体仍待完善

2020年，有六家房企在年内的产品发布会上进行了产品系的发布升级，而2019年仅有两家。这表明了房企对产品体系化建设的重视，如雅居乐、祥生等房企都在2020年完善了产品系。总体来看，2020年旭辉、金茂、康桥、三盛等房企"产品系成熟度"较高。

但同时，从"产品系成熟度"的指标来看，目前规

模房企整体的产品整合及体系化建设仍有待完善。一方面，2020年产品力百强房企中有近八成房企，纳入产品系的项目占整体在售项目的比例在40%以下，"产品系比例"较低。另一方面，虽然目前房企基本都搭建了自身的产品系，但内部"定位一致性"较低的产品系占比近四成。

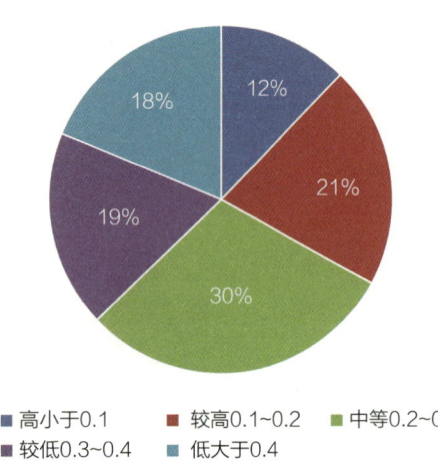

注：定位一致性指产品系归属项目均价比值的标准差（越小越一致）。

房企产品系内部定位一致性

数据来源：CRIC

3. 媒体新闻评分、行业专家评审反映房企产品品质与价值

除了产品的市场适销能力、产品系建设整合能力的各项客观数据指标外，在克而瑞企业产品力百强房企的测评过程中，"产品美誉度"作为由媒体新闻评分、行业专家评审组成的一项主客观结合的核心指标，也从另一个角度反映了房企的产品力差距。

一方面，为了引导房企重视产品质量和品质，克而瑞搭建了完整的信息评价体系，包含六大维度共百余个关键标签，全年搜集出600余万条相关文章、新闻，并进行量化评分。克而瑞希望企业在打造适销产品、提高周转和项目盈利能力的同时，更注重产品的质量与安全。

另一方面，克而瑞邀请业内权威专家，以专家问卷打分的形式，从行业内部对房企的产品能力进行专业性的评价。其中，专家对绿城、金茂、仁恒、朗诗、永威、葛洲坝等房企的评价较高。作为测评体系中唯一的主观指标，"业内认可度"可以在一定程度上反映企业的产品特色以及品牌价值，也得以对整体指标体系的系统性进行补充。

4. 权威机构奖项与认证综合反映企业产品力的优势及专业程度

此外，在企业产品力测评体系的"获奖与认证"指标中，克而瑞通过权威机构的公开信息和房企调研，梳理了企业2020年在工程、设计、绿色、物业、行业各维度中的获奖与认证情况。

在权威机构专业评测结果的基础上，克而瑞确定符合参选标准的有效奖项体系，并根据奖项含金量划分档次，综合、客观地表现企业的产品力优势及专业程度。旨在鼓励房企更多地关注自身的工程建筑品质、设计创新、绿色建筑、产品服务等各项内在实力的提升，强化产品力价值观，与企业发展起到相辅相成的作用。

2020年，旭辉、东原、绿城、金地、雅居乐、正荣、美的置业等房企，无论从获得奖项的数量和质量上都更胜一筹。

二、房企加大对中低端产品系的关注

对该类客群更加细分

在"中国十大产品系"测评工作中，克而瑞综合市场上产品系的整体特征，在通过总价比值、均价比值对不同档次类型的产品系进行综合划分后，将各房企的产品系分为"顶级豪宅"、"轻奢精品"与"品质美宅"三大类。

从克而瑞收集的房企产品系来看，2020年顶级豪宅、轻奢精品档次的产品系占比同比分别降低2.2%和13%，品质美宅档次产品系占比较2019年上升15.2%。

一方面，房企高端型的产品系中，在产品系定位确定之后，因城市偏核心区域的地价较高且竞争激烈，后续项目的拿地往往会降低档次而向城市外围"跑偏"；另一方面，品质美宅产品系的比例明显上升，表明房企对中低端产品系的重视度增加，对刚需、刚改客群又进行了细分。

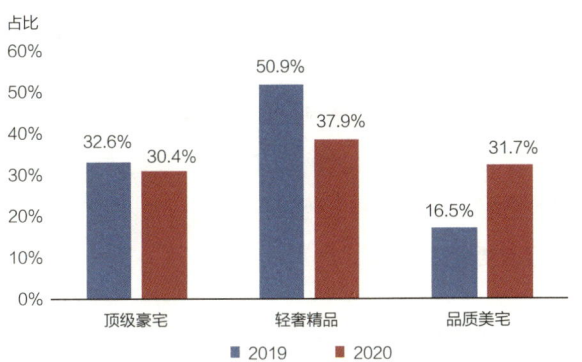

2020年和2019年三个档次的产品系数量占比情况

数据来源：CRIC

克而瑞通过对产品系的"市场跨度""开发规模""产品定位""溢价能力"及"获奖与认证"五个维度的评价，凸显房企在产品系标准化生产方面取得的成绩。

在顶级豪宅产品系中，融创的壹号院系连续三年入榜，产品系的口碑、规模与品质获得了行业的一致认同。融创的壹号院系是融创顶级产品系，以"高端客户需求为导向的产品创新升级"发展理念成形和演进，聚焦的客群为城市塔尖高净值人群。壹号院系目前已在北京、上海、杭州、武汉、合肥、苏州、绍兴等城市布局。

正荣的紫阙系是2020年新入榜的产品系。紫阙台系作为正荣的高端产品系，是针对一些区位优势明显的高质量、资源型地块而推出的产品线，客户定位主要为二次改善需求，目前，紫阙台系已遍布全国多个城市，包括天津、南京、长沙、西安、武汉等。

在轻奢精品产品系中，雅居乐的雅府系已连续两年入围。2020年，雅居乐发布了其全新的产品体系。雅府系聚焦城市新中产客户，项目在布局上以一二线城市的市区及强三线城市中心为主，在区位选择上以城市次中心、新城核心区、区域级中心等为主，主要聚焦城市的主流热点居住板块。目前，雅府系已经在广州、重庆、天津、厦门等城市落地。

三盛的汝悦系是三盛集团着重打造的一条产品系，也是三盛在探索现代典雅风格产品上的一次重要实践。其核心布局地段主要以城市即将升级发展区域为主，目前已布局全国福州、杭州、南京等共八座城市，将成为三盛未来冲击双千亿战略的核心产品系。

在品质美宅产品系中，金科的集美系在金科的三大产品系中的客户定位为首置首改，产品定位为东方都市美宅，产品系的品质与标准化程度极高。集美系在城市布局上以二线城市为主，包括重庆、大连、沈阳、合肥等，还包括一些三四线城市，如贵港、郴州、岳阳等。

十里方圆系是方圆20多年来精研产品之作，十里方圆系主要深耕布局于大湾区，其中包括广州、江门、惠州等。每个项目都将东方的理论价值和建筑与所在城市文脉相结合，助力城市配套升级。此外，惠州罗浮山十里方圆还在十大品质作品的评选中获奖。

三、十大作品树立风向标

展现多维度综合实力

2020年"中国十大作品"参评项目范围为2020年新开盘且在售的居住类项目。2020年度的榜单共吸引到全国200多家知名房地产企业、2081个项目参与其中，共覆盖全国80多个城市。

尽管十大作品榜单最终获奖项目仅20个，但不管是进入专家评审阶段的60个入围项目，还是所有的参评项目，都很好地展现了在精准匹配客群需求、提升居住体验、建筑和社区景观设计等方面的成果，为行业树立了更加清晰的产品创新"风向标"。

强化社交性强、空间可变的多功能厅打造

当下，消费者购房需求已由单一、低层次的居住需

求向追求生活品质、满足精神层次转变，对居家社交的需求不断提升。

随着家庭核心区、多功能空间概念不断深化，越来越多的住宅产品开始将更多的空间留给公共活动区，打造使用场景更丰富、空间灵活多变的多功能厅，方便家人间交流互动。在2020年参评项目中，涉及横厅户型的项目已超过六成，远高于2019年水平。

注重人性化收纳系统设计

房价居高不下，每一平方米空间都要合理利用。购房主力年轻化，爱囤、爱买的特点明显，合理的收纳系统备受购房者青睐。

越来越多的房企开始强化居家人性化收纳设计，增强居家舒适性和便捷性。如一些项目会在过道、转角和楼梯间等预留或者设置好收纳空间。再如厨房地柜和吊柜采用人性化的拉篮设计，更有效地将物品分类，方便日常物品的储存和放置。

科技日渐成熟、客群年轻化等加速房企智能化发展

随着5G、人工智能、云计算、人脸识别和语音识别等智能技术群落的迅速成长，从万物互联到万物智能，从连接到赋能，带动了"智能+"时代的到来，智能应用场景不断延伸。

此外，2020年由于新冠肺炎疫情暴发，房企聚焦发布智慧社区和智能家居解决方案，智能发热高效筛查系统、无接触通行、智能消杀、智能新风系统、智能语音控制面板、声控开关、云就医等备受消费者青睐。

随着90后和95后年轻客群逐步成为购房主力，对智能科技的接受度和认可度显著提升，智能家居如智能门锁、智能空调、智能灯控、智能窗帘、智能新风、可视对讲、一键报警、自动呼梯等已是常态单品。一些项目中出现的无感测睡眠、魔镜、无线充电床头柜、环境光监测儿童桌椅、久坐提醒沙发等"黑科技"家居单品，也为生活带来了更多便捷与乐趣。

从地上到地下"武装"升级，增加归家仪式感

归家动线设计不仅直接影响人员和车辆出入，更是一条牵引着居者情感和归家体验的动线，成为不少购房者衡量和评价一个项目的重要指标。越来越多的房企开始从地上到地下优化升级归家动线，增强客户归家体验，提升产品溢价和品质。

如不少项目地上会在归家路径节点设计高辨识度的社区入口、强仪式感的景观轴线、酒店式入户大堂等，用归家动线串起各种丰富的景观节点，营造体验与互动相结合的社区氛围，并采用人脸识别、智能车辆识别等技术打造便捷归家体验。

地下归家方面，不少项目设置景观车库出入口、地下阳光大堂、自然采光天井、休息区、艺术小品和各式景观，应用智能感光引导、指引入库等，在亮度、空气、安全、便捷等多方面提升业主归家体验和仪式感。

社区空间功能更细分，内容更丰富

社区作为城市居民主要的生活场所，承载着人们对物质和精神的双重需求，只有当二者同时得到满足，人们才能真正获得"诗意的栖居"。

空间方面，利用架空层、下沉空间、屋顶花园、社区中心等打造多场景、多功能性，满足全龄人群的第三生活空间，如中央会客厅、娱乐空间、活动场所、会所等，有些则以廊架或风雨连廊作为内外空间的过渡与引导，联通架空层与室外活动空间。有些项目通过打造产品IP、主题乐园来增加趣味性、互动性，从而强化识别度与记忆点。

配套方面，社区各个场景越来越多地使用智能化配置，除了常见的智能通行和智慧安防，一些项目的智能跑道、无人通勤车、自动贩卖机、物流机器人等成为亮点。比如，运动跑道可以串联起不同种类的运动场地，满足业主多种活动需求，同时场地结合丰富的植物种植，运动加油站、洗手池、休息坐凳、置物柜等人性化设施，不仅提供舒适、便捷的运动氛围，也展现社区活力，引领健康生活方式。

社区景观设计融入地域文化，注重可持续发展

不少项目将地域文化特色应用于社区景观设计中，打造独特的项目形象和情怀，唤醒居者对城市记忆、历史文化的认同感，提升居者的归属感。倾向于打造自然生态式场景，利用错落有致、色彩丰富的四季植被与人工构（建）筑物形成富于情感的能量场。

生态方面，在地块自然资源条件满足的情况下，一些项目还会应用海绵型社区绿地景观系统，打造雨水花园，通过循环系统、透水材料及植物策略等方案，美化住宅环境，改善社区气候的微生态环境体系，打造宜居的可持续发展社区。

未来，房地产行业的不确定性将会延续，但是竞争回归产品仍是最确定的主旋律。随着行业发展的成熟和住房金融属性的逐渐弱化，购房观念和需求的升级成为推动产品创新的长期驱动力。基于对美好人居更深刻的认知，通过产品创新满足更高级、更多元化的客户需求，持续增加产品附加值，才能实现真正的产品溢价。通过产品创新构筑产品力将成为企业的长远发展之道。

读懂房企产品系

绿城中国：与时光共舞

2020年，《创造城市的美丽：绿城产品谱系（1995—2020）》正式出版，这本书凝聚了1080位营造者，以及206位设计者的认知和努力，在宋卫平看来，"它是绿城在创造城市美丽的过程中留下的记录和印记"。

翻开这本400多页的巨著，绿城25年的发展史立刻跃然纸上，它是中国房地产发展史上浓墨重彩的一笔，也是一部见证城市变迁和行业发展的产品生长史。诞生于1995年的绿城，始终坚持产品主义，以"创造城市的美丽"为己任，在思变中凝结、沉淀出对"产品"二字的深度信仰。

在产品主义和品质战略的引领下，绿城立足于世界建筑史和城市发展史，汲取东西方优秀建筑文化，整合世界先进营造技术，始终将理想主义者的人文情怀融于产品，现已在近200个城市（含海外）打造了800余个经典作品，连接180万名业主。

同时，绿城不断探索城市和社区的关系、社区和房子的关系、房子和居住者的关系，从不同角度切入，潜心钻研，只为更好地回应人们期待的美好生活需求。

经过25年的孕育，绿城产品历经四个阶段发展，逐渐形成了多维度、立体化、规模化、可持续的产品谱系，包含八大产品系列、22个产品品类、22种建筑风格，并不断书写地产产品谱系的新篇章，为中国的城市建设和世界建筑的发展提供了丰富的新样本。

绿城产品进化史

把绿城过去25年的产品路径演变划分为四个阶段的话，分别是：

第一阶段：人本主义，人文基因（1995—1998年）

绿城文化中有一句话，产品即人品，人文情怀是创始人宋卫平的追求。这一阶段的立身产品是桂花系，以杭州市花命名，典型产品是丹桂公寓，其特点有三，一是将当时普遍流行的6~7层的平顶商品房设计成4~5层坡屋顶，建筑形态更美；二是首先提出"舒适性房产"营造理念，并延续至今；三是在规划和设计上打破"兵营式"布局，错落有致。这一产品得到杭州第一代商品房业主的广泛认可，让绿城奠定品牌地位。

第二阶段：品质立身，品牌立市（1999—2006年）

从1998年开始，中国房地产迎来高速发展期，这一段时间绿城升级了别墅产品，代表作是九溪玫瑰园和中式别墅桃花源系列，苏州园林营造进入别墅庭院空间，后于2005年推出桃花源南区，完成别墅从"造房、造园"到"造生活"的转变。这一产品研发落地，助力绿城完成了IPO，资本运作开始拉开大幕。

第三阶段：精品战略，全面升级（2007—2013年）

从2006年开始，中国房地产进入频繁调控时代。这一阶段，绿城全面实施精品战略，为高端客户造房子。产品全面升级为：法式平层、法式合院、二代高层和第三代别墅，同时向生活服务商转型，加大服务含量占比高的项目投资强度，如养老地产、研发园、商业步行街、城市综合体等。北京御园为法式平层代表作，杭州西溪诚园、杭州蘭园则是第二代高层代表作，之后在全国各地开花。同期，绿城启动轻资产、代建、保障房等服务产品的升级和创新，开始多元化发展。

成都绿城·金沙凤起朝鸣效果图

第四阶段：理想转型，引领生活（2014年至今）

这一阶段，融创、龙湖等企业向豪宅领域进发，与绿城争夺塔尖客户。但同时，绿城早年孵化的创新产品开始进入市场，比如高层产品品类YOUNG系列，还有一系列理想小镇开枝散叶。在大本营杭州，凤起潮鸣、西溪雲庐豪宅代表问世，现代风格、运动主题和TOD系列产品线进入市场。同期，宋卫平退出管理层，绿城从1000亿元阵营迈入2000亿元俱乐部，强调周转速度和运营使其产品结构变为2-6-2（20%是高端项目，60%是标准化的项目，剩余的20%是保障房类的项目），正式形成八大产品谱系。

绿城的八大产品系列

绿城在产品方面提出"四化"战略，即标准化、产业化、科技化、环保化，以超过行业标准的高起点，引领社会、经济、科技、生活的追求与变化。

标准化是绿城产品"四化"里面非常重要的基础，包含制度标准、管理标准和营造标准。在房企规模化过程中，企业没办法靠一个人或者是一个团队来形成优秀的产品水准，需要大力地推行产品的标准化。

产业化是要做有价值的"加法"，目前国家、政府、行业都在积极推进。绿城也一直在探索产业化，并将综合作业提效、装配式、钢结构体系等产业化技术，有效地实践于产品营造中，包含综合作业提效、钢结构体系以及装配式技术的运用。

科技化是使科技赋能住宅。2019年6月，绿城发布了自己的智慧园区软件体系1.0，把生活服务延伸到园区的数字孪生空间，将业主与园区、物业和生活服务联系起来，业主可以从手机App上操作，看到与生活的园区和智能家居相关的内容，让房子变得可控；而物业和园区服务人员使用时，可通过智慧园区的运营平台（简称IOC）进行日常工作，实现数字化、精细化园区管理。未来，绿城将进一步深化智能创新，建立安全、便捷、宜居、宜业的智慧园区体系，用心打造绿城5G"心"服务。

环保化是绿城一直以来都注重的方向。2019年，绿城中国建研中心成立了实验室，并顺利通过国家CMA认证，具备了水质、空气、装修装饰材料三大领域检测资格。此外，绿城的环保化还体现在室内装修方面，例如大幅减少天然材料，而用工业替代产品，在美学观感方面跟天然材料相差不大，但环保性能得到大幅提高。

成都绿城·金沙凤起朝鸣社区实景图

一方面，绿城形成独具一格的"四化"战略；另一方面，它也在不断平衡产品结构，孵化新产品线，练就穿越调控周期的核心竞争力，形成八大产品系列和22个产品品类（下文括号内为产品品类）：

（1）居住物业，低层（别墅、排屋和合院）、多层住宅（平层、叠墅）、高层（第一代高层、第二代高层和YOUNG系列)。

(2)商用物业,商业建筑(客厅型、街坊型、邻里型和区域型)、酒店建筑(城市酒店和度假酒店)、办公建筑(办公楼和酒店式公寓)。

(3)公用物业,教育建筑(幼儿园、中小学校和专业学校)、文化建筑(博物馆)和医疗建筑(医院和护理院)。

(4)城市综合体,包含上述部分产品系列,主要布局在北京、上海、杭州和温州等地。

(5)保障物业,包括保障房和公共建筑,其中多数为代建项目。

(6)理想小镇,主要划分为康养、文旅、教育、产业和生活五大类,主要布局在海南及一二线城市周边的三四线城市。

(7)运动系列,全运村和亚运村,参与了历届全运村建设,微利开发,进而在其城市深耕布局。

(8)TOD系列,杭州杨柳郡为代表性项目,攻克多项技术难题,街区商业运营得到突破,借此打开市场,承接多个全国各地的TOD项目。

22种建筑风格则包括(按时间轴发展依次排列):桂花式、美式、英式、意式、地中海式、法式、中式、绿园式、新古典式、丽园式、诚园式、百合式、玻璃幕墙式、杨柳郡式、柳岸式、潮鸣式、桂语式、雲庐式、民国风式、新亚洲式、新中式和现代式。

未来,绿城的产品谱系还将从两个方向持续深入探索。在生活服务体系方面,围绕连接城市资源、提升社区服务、植入先进科学技术,持续聚焦绿城产品价值感、体验感的升级;在产品颜值方面,延续绿城产品一以贯之的精致、完美的核心理念,围绕建筑自身形式之美,在建筑与自然的交融、风格与文脉的继承与共生等方面,进一步打造绿城产品的颜值特征。

值得一提的是,如果按照兰德咨询董事长宋延庆的研究划分,绿城的八大产品系列,可以视为绿城的八大产品线,并非我们常见的产品系划分体系。目前,房地产行业内关于产品系体系梳理和概念的使用,没有一个统一的规范,各房企之间也不统一。

TOD系列 杭州地铁绿城杨柳郡效果图

绿城产品创新及优劣势分析

在2019年业绩会上,在产品品质方面,绿城中国董事会主席、行政总裁张亚东曾表示,2019年绿城特别注重产品创新,在内部对产品有"二八法则",80%是成形产品,20%做创新产品。

诚然,对于拥有"产品主义"精神、极具社会责任感的绿城来说,唯有持续创新,才能始终"取法极致",确保产品品质,持续保持产品力领先。

但绿城产品的创新并非从零开始、天马行空,而是提炼成熟谱系中最具价值和生命力的部分,并进行传承、创新。换而言之,如何促成人、建筑、城市、自然之间的连接、共生,为绿城产品的创新发展指明了方向。

前卫、大胆的创意,离不开绿城"以人为本"的基因与精髓。例如,立面创新,使建筑更融入城市;结构创新,使人与建筑更为和谐;空间创新,使其与自然交融。

此外,2019年,绿城先后成立了产品规划设计委员会和质量委员会,建立和扩大了产品的标准体系,下一步将成立成本招采委员会,在成本优化上下功夫。

对产品研发的投入，体现在另一个板块"绿城+"生活服务平台上。"绿城+"在绿城内部定位为内部增值板块，指的是资产上游与下游的产业，上游以绿城住宅科技集团为主，下游以提升服务内涵的绿城理想生活集团为主，以这两个集团为主构成"绿城+"板块。绿城这两年正计划大力加强住宅科技集团建设力度，支持产品创新和产品标准化，侧重于通过研发和创新来进行产品的升级换代。

总而言之，25年来，绿城通过一次次产品的创新迭代，见证城市的变迁，引领行业的方向。如今，面对存量市场时代的到来和消费者理念的转变，回归"产品"成为行业共识。绿城中国将始终坚持品质发展之路，用不断进化的认知和持续创新的产品，一路引领中国城市和建筑前进的方向，让企业在日趋理性的市场大势中仍能保持强有力的市场号召力与产品竞争力。

中国金茂：双曲线支点

2009年，广渠路15号地块面世，北京各大开发商纷纷围猎，但它最终却被彼时尚未崭露头角的方兴地产（中国金茂的前身）用40.6亿元竞得。两年后，该项目以"金茂府"的面貌跃入人们的视线，一战成名。

很多人都将这个项目当作是中国金茂发展的重要"起点"。经过了十余年的发展，2019年，中国金茂已实现合同销售金额1608.06亿元，在"金茂府＋城市运营"发展"双曲线"的支撑下，稳步发展。

眼下，唯规模论已不受追捧，产品力逐渐成为房企的核心竞争力之一。中国金茂在精品路线中，将绿色战略一以贯之，坚持科技创新，不断改善产品系，为置业者带来了更便捷、舒适的人居体验。

清晰的品牌策略

中国金茂向来以"释放城市未来生命力"为己任，始终坚持高端定位和精品路线，在以品质领先为核心的"双轮两翼"战略基础上，聚焦"两驱动、两升级"的城市运营模式，致力于成为中国领先的城市运营商。

基于对城市潜能的远见，中国金茂整合国际领先的优质资源，引进合理互生的城市规划理念，实现区域功能和城市活力的全面提升。目前，公司已稳健布局40余座核心城市，并成功打造了以"金茂"品牌为核心的高端系列产品。

除此之外，从2011年开始，中国金茂就坚持以绿色战略为主战略之一。该公司秉承"快跑、敢想、敏行"的发展理念，坚持"精工优质、绿色健康、智慧科技"的高端品质地产定位，基于"臻于至善"的工匠精神，再次升级绿色战略，打造"臻绿"生活模式。

"臻绿"战略坚持以人为本、天人合一的原则，深化生态友好、和谐共生的理念，致力于创造社会、企业、客户价值统一。中国金茂绿色战略将从"生态城市""生命建筑""零碳运营"三个方面持续升级。

2019年4月4日，在绿建大会分论坛现场，中国金茂更为系统地以"智能城市""智能能源"和"零碳城市焕新"为主题，进一步与参会者展开交流分享，分别从城市、小区、住宅三方面诠释金茂的零碳城市运营理念，为未来的城市运营绘制了智慧低碳的全景图。

截至2019年，中国金茂已累计获得各类绿色建筑标识170个，占总开发项目90%以上。目前，已满足绿色标识设计要求的项目总建筑面积共计1120.25万平方米，预计每年碳减排总量超过30万吨。

简洁的产品系

中国金茂的定位高端，以品质和口碑赢得市场，其产品线主要分为"悦""府""墅"三个系列。

"府"系 北京金茂府效果图

"悦"系产品主要为中坚阶层提供完善的生活配套，缔造全家庭健康宜居生活样本；"府"系产品基于城市中心、融合精湛工艺，树立中国高端生活品质新典范；"墅"系产品则打造超低密度大空间高端社区，尽享墅级品质人居。

在这三条产品线中，金茂府是公司最核心的主打产品，金茂悦、金茂墅也在逐渐铺开。

有研究机构分析，由于产品线简洁不复杂，中国金茂得以更好地开展标准化工作。产品系的标准化使得公司可以在投资之前做足功课，从而在地块选择上，可以根据是否符合公司既有产品调性，快速、清晰地做出投资决策。

此外，标准化的产品系更有利于中国金茂设定自己的投资刻度，对于成本把控、销售和盈利的测算会更加精准。产品线标准化程度高，意味着更强的可复制和可推广性，与公司的跨越式增长相辅相成。

但是中国金茂的产品标准化并不是机械的复制，其采取的是类似于"二八原则"的策略，80%来自已建立的产品序列和固有产品特质，20%根据具体的城市和区域进行因地制宜的创新。

该公司的销售均价相比同业，处于明显领先的地位。2019年，中国金茂的销售均价为2.3万元/平方米，已连续多年位于行业前列。

中国金茂的产品虽然单价高，但并不是定位为顶级豪宅，其在同一城市可以打造几座金茂府，以上海为例，共有大宁金茂府、西郊金茂府、虹口金茂府三座金茂府。据悉，该公司计划在5年内布局40个城市，建筑超过100座金茂府。

"科技"赋能，产品迭代升级

中国金茂的创新，体现在它对产品进行的迭代升级，不断为业主带来更好的人居体验。

金茂府1.0就应用了先进的科技精工系统，涉及十二大科技体系，其中主要包括建筑科技系统、建筑新能源系统、建筑智能化系统等。站在健康住宅新高度，从"温度、湿度、空气、阳光、噪声、水"六大基本生命元素出发，呵护业主健康。

"府"系 新城虹口金茂府效果图

2018年，中国金茂发布了金茂府2.0，在绿色健康和智慧科技两方面，对原有金茂府1.0十二大科技再次进行智能化升级，提供全新的高端个性定制化人居体验。

利用传感器、大数据分析和主动学习，金茂府2.0科技系统为业主提供因人而异的智慧服务体验。它能够根据不同季节、不同居室、不同时刻、不同住户实现定制化、自动化调节。

该系统为业主设定了离家模式、度假模式、主卧睡眠模式、晨起模式、观影模式、就餐模式、求助模式、儿童远程照料模式八大基础生活场景，而所有生活场景产生的数据都可以通过AI系统"Maomao"进行存储记忆、数据分析，实现自主学习。

在智慧能源方面，金茂府2.0综合利用地源热泵、空气源热泵、江水源热泵、污水源热泵等可再生的能源科技，同时致力于使用碲化镉薄膜发电技术和光伏光热建筑一体化，研发"会发电的房子"，从而打造低碳、环保的生活方式。

从1.0到2.0，金茂府实现了从"会呼吸的房子"向"会思考的房子"的升级。

雅居乐：旅居 IP 进化史

旅游地产是雅居乐地产的重要标识。自 2008 年以海南清水湾为起点，首次提出"第二人生"的旅居理念，雅居乐这些年不断将这一产品理念带往全国各地。这是一种"以人为本"，使人挣脱于现实生活，获得精神层面的满足和愉悦的产品理念，是一种人与自然共融的境界。

2017 年 5 月，雅居乐进一步发布了全新的品牌标识及品牌理念，新的三片绿色花瓣标识，不仅蕴含平衡、自然及再生，更代表了雅居乐、合作伙伴及住户之间，三位一体的密切关系。新标识透过"人"字，充分反映"以人为本""一生乐活"的产品定位和理念。

这种变化体现在产品理念上，则是从原先侧重对建筑的理解和追求，进一步深化到挖掘对人的核心关注，突显"以人为本"的品牌定位及精神追求。从南方的中山起步，雅居乐对人的需求关注似乎从未停止，"人本"理念成为其产品力内核的重要部分。

雅居乐产品演进史

作为旅游地产的开创者，雅居乐的成立可追溯至 1992 年，在它开发的第一个项目——中山雅居乐花园中，就蕴含了旅游地产的重要基因。从一开始，中山雅居乐花园便突破了传统地产的思维，从旅居的需求出发，最终打造成了港澳人士的度假天堂。随后，旅游地产的开发和打造，贯穿了雅居乐地产 20 多年的发展。

1997 年，雅居乐在中山开发雍景园，开始迈入高端住宅市场。这个项目随后被建设部评为小康示范小区，成为中国第一代高尚住宅的典范。1999 年，雅居乐开发凯茵豪园，全面实践绿色住宅理念。

雅居乐正式提出和进军旅游地产是在 2008 年。这是一个无论对雅居乐本身还是整个行业，提到旅游地产时都不得不提的项目——海南雅居乐清水湾。

海南雅居乐清水湾社区实景

2006 年，刚上市不久的雅居乐便与海南地方政府开始洽谈清水湾一级开发的合作。在当时外界普遍不看好的情况下，2007 年，雅居乐一举拿下清水湾土地；2008 年，1.5 万亩的度假地文旅大盘雅居乐清水湾开启了。

清水湾是海南省"十一五"工程项目。在这个项目中，雅居乐充分洞察现代人对自然与休闲的内心渴求，将项目打造成一个没有工作压力，只有蓝天碧海的愉悦，椰风海韵的惬意的第二人生"度假国度"。这是国内旅游地产的一个里程碑。

从 2012 年开始，海南楼市调控愈发严厉，雅居乐随后将海南的旅游地产开发经验复制到了云南。其自 2013 年进入云南，凭借云南优越的自然环境与丰富的民俗文化，先后在腾冲、瑞丽、西双版纳、大理打造出旅游地产标杆。雅居乐云南原乡和雅居乐西双林语是这一时期最具代表性的项目。

雅居乐产品系的两种划分

如果单从项目名称上看，雅居乐地产这些年开发的项目，产品体系并不明晰，主要可梳理为三大产品系：

花园系、湾系和郡系。花园系是雅居乐的中高端产品，开发速度较快，追求周转率，是其初期打造的主要产品。湾系、郡系则是雅居乐在花园系基础上逐渐探索出来的高层豪宅产品线，项目开发速度较慢，追求高溢价。

1992年成立之初打造的中山雅居乐花园是雅居乐花园系的代表项目之一，而在2006年之前，雅居乐花园系产品线还主要集中在广东地区，项目包括2000年开发的凯茵新城以及2006年开发的从化雅居乐滨江花园。

2006年后，雅居乐花园系的产品线基本成型，便在广东大本营的基础上，开始向省外辐射。南京雅居乐花园、西安雅居乐花园、成都雅居乐花园、重庆雅居乐国际花园先后建成落地，花园系产品在全国开花，成为雅居乐进军全国市场的一大利器。

而在花园系产品线外，湾系、郡系成为雅居乐的高层豪宅产品线，这也是雅居乐为区别于其他企业的差异化经营开发的产品。这当中的代表有雅居乐万象郡、雅居乐山海郡、雅居乐星河湾、雅居乐剑桥郡、雅居乐富春山居等。

其中，广州雅居乐富春山居还是雅居乐地产20周年里程碑式的豪宅巨作，是其全国顶尖物业布局举足轻重的旗舰项目，一度引领了广州乃至南方的豪宅方向。

项目以"顺其自然"的规划理念，按君王"五明扇"布局规划建设，由雅居乐集团主席陈卓林先生亲自操刀，邀请了多位设计界的泰斗重金打造，是涵盖高端住宅、华南首席商务会馆、国际公寓、公立小学的国际生态住区。

此外，基于客户、土地区位研究的基础逻辑，雅居乐还研发出"雅宸系""雅府系""雅郡系""雅苑系"四大城市住宅产品系，以及"山海系"旅游地产板块产品系。不过，这种属性标准的划分，多从企业内部对产品定位以及管理出发，外界从项目名称、设计、外立面等较难分清。

雅宸系 成都雅居乐锦尚雅宸效果图

根据这一属性，"雅宸系"为顶级产品系，定位为尊贵奢享精英名门私邸，主打城市顶级豪宅以及城区豪宅；"雅府系"定位为品质风范中产人文雅居，主打城市商务、城市改善、城市刚需；"雅郡系"定位为精巧体面三代温馨之家，主打城区刚需、近郊刚需、近城改善；"雅苑系"定位为时尚现代新生活力社区，主打郊区刚需、郊区享受；"山海系"定位为轻奢度假，主打郊区度假。

雅居乐的产品理念及现状

雅居乐一直以来坚持绿色建筑、人文建筑、未来建筑的"世界建筑规野"。在绿色建筑方面，追求建筑与自然的和谐，构建健康环保的人居空间；在人文建筑方面，追求以人为本的建筑概念，建筑以人为依归，体现人文终极关怀；在未来建筑方面，追求建筑与科技相融，面向未来的建筑风格、建筑艺术，唯美与现实的完美结合。

在这个基础上，雅居乐打造的产品不断提升对人的关注。产品理念也进一步从侧重对建筑的理解和追求，转移到对人的核心关注上。进一步提升人文的理念，关注人与自然、人与自我精神世界的和谐相处。

以海南清水湾为起点，雅居乐地产首次提出"第二人生"的旅居理念，并将这一理念复制到了云南。2015年，雅居乐地产进一步提出"旅游地产4.0概念"，以"全时、多元、智能、定制"为"第二人生"构建行业标准。

并在2016年整合了我国海南、云南,以马来西亚三大区域多个项目,发布"第二人生"旅居品牌。

2019年,雅居乐地产"第二人生"理念再次升级,提出"乐活天地"文旅产业IP,"乐彩、乐动、乐养"三大系列产品线正式亮相。

应该说,雅居乐对产品的打造已发生了根本的改变,产品从对建筑的简单追求,转移到对人的核心关注。为此,雅居乐在地产外,围绕人的需求,进一步发展出物业、环保、教育、雅城、房管、资本投资、商业管理等业务板块。据了解,为融入"一生乐活"的品牌理念,雅居乐目前已在自身的产品系中将产品进行升级,全面构筑起了"安心、童心、贴心、舒心、知心"的"五心产品大厦"。

雅居乐的产品创新及优劣势分析

雅居乐20多年的发展历程,形成了"高品质、多元化、可复制"的产品战略。高品质是坚持走中高端改善类产品路线,为中高端精英人群服务;多元化是产品类别向多元发展,产品涵盖别墅、高层、多层,产品属性包括住宅、商场、酒店等;可复制是积累多年开发经验,建立成熟的产品系列,为企业快速扩张建立基础。

三大产品战略的形成,使得雅居乐这些年来获得了快速的发展和扩张。另一方面,雅居乐是国内旅游地产开创者,较早涉足旅游地产领域,通过多年的发展已形成自己的一套"方法论"。在眼下及未来人居需求更注重人与自然的融合,注重人精神层面的愉悦的市场环境下,雅居乐打造的产品具备较强的竞争力。

然而,雅居乐对"产品线"的概念并不十分明确。其主要是输出高端理念,并不对建筑单体及细部做过多的统一。理念层面产品线较为清晰,项目层面及建筑层面的产品线比较模糊。

花园系 武汉雅居乐花园效果图

多年来,雅居乐仅在花园系、高层洋房个别系列形成了一些产品标准。包括规划风格,花园系列规划一般比较紧凑,高层洋房系列则在紧凑和疏朗之间,根据项目定位而定;建筑风格普遍以现代简欧风格为主,部分别墅采用现代式;园林景观主要为现代园林。

雅居乐对产品线、产品系列的研发创新并不太系统。因此,外界在对雅居乐的产品线进行梳理时,更多只能从产品的理念上着手,对其同一个系列的项目归类上较为模糊。这使得外界对其产品系缺乏系统的认知,在一定程度上削弱了项目的影响力和传播力,而其一贯的产品理念却能深入人心。

旭辉控股：林中的"王道"

2019年，旭辉成功进入2000亿元阵营。2020年，旭辉控股董事局主席林中宣布要实现2300亿元的合约销售目标，同比增长15%。

新冠肺炎疫情之下，如何实现2300亿元的销售目标？除了投资、营销、管理发力外，林中还特别强调：要贴近客户，洞察客户的需求，加快产品升级换代。

"企业在市场上一定存在竞争，产品就是我们竞争的王道。产品既是作品，又是热销的商品，所以要全力以赴去做好产品。"对内，林中曾这样要求。

据了解，旭辉是为数不多的拥有独立产品研发部门的房地产企业，每年投入数千万元的资金用于前瞻性、创新性的产品研发，以保证在产品方面拥有3~5年的领先性。

近年来，旭辉在产品力方面狠下功夫，已接连受到业内权威机构认可，多个项目先后获得德国红点设计大奖、法国双面神"GPDP AWARD"等国际设计大奖。成功为自身筑起一条新的护城河。

五大核心产品理念

2018年，旭辉推出第五代居住产品CIFI-5，从时间、空间、城市、时代四个维度，实现了对住宅产品的更新与重塑。

2019，旭辉第六代居住产品CIFI-6在前者的基础上进行了深化和挖掘，形成了"品质精细、前沿时尚、智慧科技、全龄关怀、体验感知"五大核心产品IP，成为深深植入旭辉产品的标志性符号，也塑造出了旭辉产品的品牌形象。

在CIFI-6的发布会上，林中对外表示：产品是旭辉的生命，而产品的生命力大于企业。其常在内部对设计师们说："算账是投资部的工作，设计部要做的就是把产品设计好，你们只管构筑美好，其他客观因素都不是你们考虑的事。"

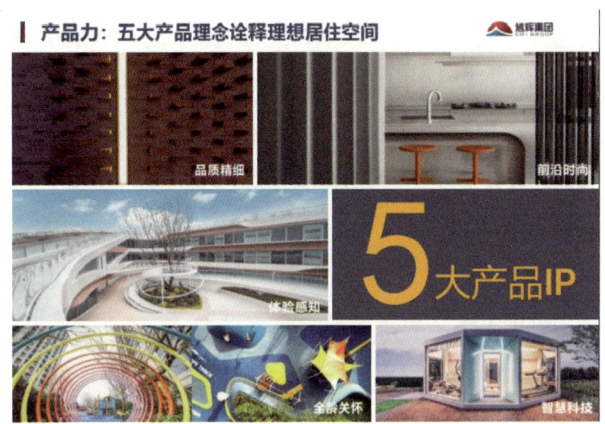

品质精细

为更好地满足客户需求，旭辉产品中心成立了客户研究部，将客户的价值取向转化为产品类的语言，前瞻性地更新迭代产品体系，高效助力产品研发。

从图纸到交付、从建筑到景观、从全龄模块到室内精装，旭辉不断完善产品设计标准化管理，通过全流程的品控体系护航产品精细品质，还原产品内涵。

前沿时尚

在产品设计上，旭辉不断更迭设计美学，在注重客户感知、社交和体验的同时，以时尚现代的建筑品位、具有艺术美学的精装风格、满足想象的生活空间，塑造引领前沿时尚的产品风潮。

通过对新型设计语言的探索，旭辉把"美"从两点一线的重复模式中解放出来，赋予建筑时尚"颜值"，用艺术化的建筑表达，激发生活的无尽趣味。

智慧科技

通过对生活的研究和客户的调研，旭辉形成自己的旭"慧"生活系统，包含了"慧出行、慧居家、慧安心、慧健康、慧养老、慧服务"六大模块系统。在旭辉的产品中，选择应用系统配置，为每个小区带来量身定做的智慧科技系统。

旭辉携手阿里巴巴，研发超前的智能化生活平台，打造超过 100 个智慧场景，包含人脸识别、自动呼梯的"无感通行"让回家更省心，保护老人、小孩的跌倒报警系统让生活更安心，集成智能物联让家居更智能……科技智能家居平台为每一位业主提供便捷的生活，让社区"聪明贴心"。

全龄关怀

除了对于建筑的思考，对于"人"的关怀一直也是旭辉打造产品的重要出发点。在空间设计上，旭辉强调人文关怀，以"婴儿认知模型、少儿对抗模型、青年运动模型"等九大分龄模块，打造人性化、情景化的生活空间，让家庭中的每位成员都能如沐春风。如今，旭辉的全龄关怀模块已在全国超过 150 个项目上陆续落地。

对于童年和梦想，旭辉携手中央美院田宇老师共同打造萌趣可爱的旭小熊 IP 形象，借助衍生设计不断延展这一 IP 的可能性，从绘本、折页到项目墙面、雕塑，全方位打造孩子们心中的"童话世界"。

体验感知

在社区氛围的营造上，旭辉通过不断探索，突破性地打造"所见即所得"的示范区 2.0，让未来的生活提前被业主充分感知；同时以功能体验空间的打造，丰富业主归家之路的体验感；更创新研发"缤纷魔盒"，激发社区的无限活力。

"对于设计者来说，思考不能仅基于'今天'，要着眼于未来，今天做的设计可能是两年以后入住的房子，所以设计一定要适度超前，同时也能够符合当下的需求。"这是旭辉集团副总裁、产品中心总经理范逸汀对设计的要求。

在设计上创新引领，在品质上精益求精，形成了旭辉"诠释新时代理想人居"的产品理念，主张房子是居住的容器，更是生活方式的舞台，强调五大核心产品理念，强调创新和专业营造。

六大产品线

最近十年，旭辉的产品路径演变分为两个阶段。第一个阶段，以刚需产品出现在市场，关注城市中坚力量，挖掘城市主流人群需求，设置了"乐享、优享、尊享、奢享"四大住宅系列产品。

第二个阶段，2018 年，在 CIFI-5 产品标准下，旭辉针对不同区域定位不同产品，逐步形成了铂悦、江山、府、赋、域、公元六个产品系。

铂悦：甄选稀缺优质的土地资源，让国际时尚的建筑美学邂逅创造性的艺术景观。通过全维度艺术会所、艺术化地库系统、生活艺术户型系统等营造居者品位生活。铂悦系发展至今，全国已有 15 座署名铂悦的作品，代表作品为南京铂悦·源墅、苏州铂悦·犀湖。

江山：将不可复制的江、山、湖、园等自然资源与时尚现代的建筑风格相融合，搭配庭院式光影内庭，尊崇"文艺舒适、休闲雅居"。用心营造优美的社区环境、人文配套系统及舒居户型，满足居者对美好生活的追求。

府：保持经典华贵的建筑格调，使用精工材料打造六重景观布局，定制化全龄健康空间，让每一位居者享受城市府园的精致生活。

赋：营造私密的生活空间，让自然与生活惬意交融，让居者在郁郁葱葱的环境中安享生活的美好。

城：为在环都市圈首次置业的安家型客户提供一站式生活解决方案。通过活力商业街、全龄社区配套，带给居者轻松、畅快、缤纷的生活体验。

公元：以充满都会时尚的建筑，搭配品质生活情景内院，强调"预见城市价值，迭代居住体验"。标配全龄社区配套，用多功能阳光大草坪、舒适户型给居者健康、活力、恬逸的生活体验。

六大产品系虽然售价和档次有差异，但旭辉认为所有人基本的诉求、行为和情感的满足方式都是差不多的。只要"选择题"做得好，刚需盘、改善盘也可以达到五大核心产品理念的基本需求，只是在细节、材料、审美上略有变化。

整体来说，旭辉九大系统中的六大系统（婴幼儿启蒙区、快乐成长区、CPower、健康起航、景观会客厅、长者空间），各个产品系都是必配的三大系统（宠物乐园、植物科普系统、综合专运动场地）则是相对高端项目的选配。

旭辉认为，设计要从情感出发，家庭成员之间最主要的是要有互动，有彼此之间的关怀。保留了这些模块，不管哪个档次的项目，都是有温度的。

就外立面来说，旭辉的六条产品线的外立面所用的材料和风格完全不同，但是都遵循一些基本原则，比如提倡线条极简、材料历久弥新。

就智能家居来说，旭辉有六个"慧"，分别是慧出行、慧居家、慧安心、慧健康、慧养老、慧服务。其通过调研发现，刚需客户会更在乎简单的安防、便捷，所以针对刚需产品的客户，就满足其核心关注因素；针对中端产品客户，则满足"核心 + 次要因素"；而高端产品，则把所有因素都配齐了。

此外，具体到单一项目，旭辉还会因地制宜进行调整，以满足当地客户的需求。

林中认为，产品是传递旭辉使命和愿景的媒介。除了五大核心产品理念，其对产品的要求还有三好、四高。所谓"三好"，即好看、好用、好住。所谓"四高"，是指高颜值、高科技、高体验、高感知。

他对旭辉的定位是：成为城市综合运营商和美好生活服务商，构筑"房地产 +"生态圈，以及科技旭辉、数字旭辉。而好产品是实现这一切的基础。

中南置地：陈锦石的第一生产力

"产品是中南置地的第一生产力。"中南置地掌门人陈锦石曾在《中南企业宪章》中写道。

中南置地成立之初并不是开发房地产，而是搞建筑的，包括安装、装潢、配套机械等业务。1988年2月，年轻的陈锦石带着陆建忠、宋建石等28人的队伍，从海门常乐出发赶赴山东东营，踏上了创业之路。

到1998年，房地产行业逐步兴起，看准了时代风口的陈锦石才决意进入房地产行业。当时有一种说法，中南置地遭遇了外部合作单位大量资金不到账的情况，于是才促使陈锦石踏进了房地产行业。

建筑起家的经验，为中南置地在产品力的打造上提供了不少助力。这层特有的"建筑+地产"双重身份，让中南置地在很好地洞察市场需求的同时，对产品打造的各个环节都有良好的把控。

简而言之，中南置地知道要打造什么，更知道怎么打造。作为一家有建筑和施工背景的房地产企业，其近年来在产品和技术上不断进行革新和升级。

2017年8月，中南置地发布了国内首个健康住宅标准——中南健康住宅标准，明确规范评定健康住宅的6个体系、39个二级指标、138项标准条文子项。

这项标准通过对住宅社区的光环境、空气质量、生物多样性设计、社区环境设计等11个因素进行综合考量，为健康住宅提供了科学、可量化的测评体系，可以说是中南置地发展的集大成之作。

健康住宅标准的发布，是其阶段性成就之一。自2014年开始提出"5U+"的产品核心理念，"健康"已逐渐成为中南置地打造住宅产品的标签。其产品核心竞争力也在对"健康住宅"的打造中逐渐得以体现。

杭州中南棠玥湾效果图

产品进化的关键一步

2014年，中南置地开始提出"5U+"的产品核心理念，随后经过两年的探索和研发，于2016年正式进行战略升级，推出了全新的"5U+"品牌价值体系，从卖"传统产品"升级为卖"健康生活方式"。

"5U健康+"是中南置地面向更广阔未来的一次革命性创新之举，是其在自身产品差异化的道路上走出的重要一步。期间的实践运用中，中南置地对内成立产品趋势研究部，进行客户研究体系和前瞻性专题研究；对外与高校科研机构如东南大学、清华等进新课题合作和研究接洽。

这一体系融入了中南置地对未来居住的深入思考，将企业战略提升到了新的高度，也成为企业在多变市场环境中竞争力的体现。

也几乎在同一时间，中南置地也在布局上从三四线城市转为一二线城市，向中高端产品市场进击。具体而言，经过2015年的滨海会议，中南提出"三化改革""三轮驱动"等举措，房地产向一二线城市集中，产品向中高端精品升级。

在2016年的战略发布会后，中南置地搬迁上海，布局从三四线城市转向一二线城市。也是在当年，中南置地确立了"美好就现在"的品牌理念，确定将"健康"作为该理念的核心内涵。

中南健康住宅标准的发布，是中南置地长期深入研究客户健康需求，发力健康住宅成果的一次集中体现。"健康"正式成为中南置地住宅发展的基础标准，其在2018年基本实现了健康住宅标准的全覆盖；"健康住宅"也进一步成为中南置地产品新的核心竞争力。

此后，中南置地在健康住宅的基础上不断延伸，关注点也从健康的身体、健康的心理，到健康的邻里关系、和谐的社会层面不断深入探讨，致力于打造健康的社区。

2018年，中南置地将健康产品升级为健康TED社区，倡导身、心、灵全维度的"健康生活方式"；2019年11月，中南Z-LAB研发基地首度对外亮相，作为集"产品标准化展示基地""客户体验、行业交流平台""新技术实验室"为一体的研发基地，承载着中南置地在健康产品上持续发力，为客户带来更美好生活的产品理想。

作为中南置地全国61个健康TED社区落地的标准化呈现，中南Z-LAB研发基地展现了中南置地在产品理念、研发、革新，以及对健康生活方式的构建与迭代。

悦、集、府三大产品系

在产品系方面，随着全国化布局，中南置地的研发设计中心基于不同地区的市场及环境差异初步确定了樾府、海棠集、熙悦、漫悦湾和佳期漫多条产品线。这五条产品线分别针对一二线城市和刚需，以及三四线城市改善和刚需客群。

2019年，随着中南置地健康住宅标准在产品上的全覆盖，其住宅产品线根据客户全生命周期的产品需求，进一步优化为悦、集、府三大产品系，"健康"成为中南置地的产品标签。

中南置地的集系产品线拥有最广的年龄客户群，极易创造最丰富社交的机会，是能最大限度体现社区温度、打破邻里间的隔阂与边界的产品。因此，也是中南置地在打造产品过程中，极有机会形成社交自由（Social Democracy）的健康社区。

在集系产品的景观研发中，中南置地从"爱"出发，重新梳理景观功能配置，形成了"爱社交""爱陪伴""爱健康"三条主线引领下的TED健康社区景观体系。这套景观体系通过对主题活动和社交空间、儿童萌宠乐园，以及各种适合运动场所的打造得以实现。

此外，中南置地在2018年就与日本三菱地所Residence株式会社达成全面战略合作，在其集系精装体系的设计过程中，根据中国消费者的人居习惯，将日式的精致、匠心和人性化细节的生活理念引入产品的打造之中。

此基础上，2019年6月中南置地发布集系精装体系标准，在合理控制成本的条件下打造最优的产品方案，将健康理念渗入生活的每一个细节中，打造了收纳系统、安防系统和健康系统三大IP价值点。

中南置地全新的集系精装标准，匹配城市新中产家庭，在合理成本控制的基础上打造最优产品方案，把健康的居家环境运用在室内，为城市新中产家庭量身打造更具温暖、关怀的健康生活场所。

值得一提的是，在这些住宅产品线打造的过程中，中南置地针对不同住宅项目分别打造了Artdeco风格、新亚洲风格、现代典雅风格、新古典风格、现代法式风格、

府系 宁波中南樾府效果图

褐石（学院）风格六种住宅外立面，对建筑的外立面形式及材料选择进行了规范。

除了住宅以外，中南置地在产品的打造中已经形成商业、酒店、写字楼、小镇五大业态产品线体系。从建筑、室内、景观、产品适配、示范区售楼处等方面梳理出专业标准化模块，贯通五大业态，构建网状化的大产品体系。

产品创新和优劣势分析

"建筑＋地产"双重身份是中南置地在产品打造过程中的优势之一。因为深入建筑的各个环节，公司对作业指导、材料选择、设备招采、施工管理等施工过程的得失都更有感知。

悦系 常德中南珑悦效果图

从近两年中南置地在产品创新方面取得的成绩来看，也更偏向于建筑领域的革新和升级。特别是2017年中南健康住宅标准的发布，为其住宅产品的打造提供了科学、可量化的测评体系；2019年，中南置地还特别针对旗下的集系产品精装体系制定了标准。

这些产品标准的制定，一方面提供了统一标准，为产品打造过程提供可量化的体系，保证产品品质；另一方面，也为产品的规模化打造提升了效率，有利于产品的扩张，提升企业产品力。

中南置地对于自身产品系在前期缺乏梳理，相对于那些一直以来形成较为系统的产品和产品系的企业，相对较弱。特别是直到2019年，公司才进一步优化为悦、集、府三大产品系，外界也才对其各个产品线有一定的认识。

另外，从中南置地对其各产品线的宣传方面来看，公司内部的宣传口径仍不够统一，有时候标准各异，也让外界对其认知比较模糊。即使是同在其官微上获知的信息，产品线的划分也稍有差异。

但由于企业对于建筑有良好的把控，以及公司领导层对产品品质有执着追求，中南置业打造的产品在地方有着一定的口碑和影响力。随着公司搬迁至上海，以及规模化和全国化布局的加速，其影响力会进一步提升。

随着其多项产品标准的确立和发布，中南置地构建了标准、作业指导、材料选择、设备招采、施工管理、可持续研究、监理、验收、服务等全产业链闭环，加之最大限度地精准把控，为其产品力在未来实现质的跨越埋下了伏笔。

美的置业：5M 社区的前世今生

告别高规模增长，房地产行业精耕细作的时代已然来临，房地产开发商对产品的打造也迎来了从注重"量"到注重"质"的转变。房企们纷纷溯源和梳理以往所打造的产品，试图找出与之关系最为密切的产品基因，打造属于自身的产品体系。

在众多的房地产开发商中，美的置业是这一过程中对产品体系打造较为成功的企业。自2015年确立"智慧地产"战略、推出"5M智慧健康社区"产品价值体系以来，美的置业在2018年获评首个"国家智慧居住区标准创制基地"，在2020年还落地了首个"AI智慧社区"。

背靠美的集团，凭借较好的制造业根基和科技基因，美的置业通过在智能化、工业化、数字化等高品质建造和服务的投入和研发，在智慧地产领域所取得的成绩越来越多地被外界报道和体现。"智慧"也越来越成为外界形容美的置业时用得最多的关键词之一。

与此同时，随着技术层面科技、智慧、健康的不断创新和发展，美的置业近两年来也在不断升级和迭代自身的产品线以及产品体系，以适应市场对产品的新需求。

四大产品系升级

美的置业成立于2004年，相对于大部分创立于20世纪90年代初，甚至更早的房地产企业，其成立时间相对要晚一些。但在房地产行业近年来规模大跃进的背景下，美的置业也获得了较大的发展。

2016年，美的置业销售规模突破200亿元，此后，公司在2017年、2018年突破500亿元以及790亿元。随着规模的扩张，美的置业于2018年10月11日在港交所主板上市，正式登陆资本市场。随后的2019年，公司销售规模正式突破1000亿元。

经过多年的发展，美的置业形成了以房地产开发为核心主业的"一主两翼"业务格局，主业涉及精品住宅开发、商业物业开发及运营、产城运营与物业管理服务等领域；两翼上则主要布局智能产业化与建筑工业化，已搭建从研发设计、生产施工到管理运维的全价值链闭环。

君兰系 武汉美的·君兰半岛效果图

美的置业目前已在珠三角、长三角、长江中游、华北和西南五大核心经济区的61个城市，布局297个精品项目（数据截至2020年6月30日），已进驻上海、广州、武汉、天津、郑州、重庆、成都等中心城市。

在规模取得较大发展的同时，以"智慧生活，美的人生"为品牌理念，美的置业开始致力于产品体系的梳理和打造。2018年，美的置业在原有产品线基础上升级了四大产品线，分别为君兰系、云筑系、国宾系、未来系，以健康、科技、精工、共享的智慧产品观，诠释独创的智慧健康社区。

这四类产品是美的置业根据不同的土地属性和不同的客群进行划分的。其中，君兰系主要针对城央产品，是最高端的一个系列；云筑系主要针对低密度产品；国宾系偏向于高低组合的业态，以新中式风格为主；未来系客户更年轻。后两个产品系，由于主要针对刚需、刚改型客户，所以在市场上应用最广。

在建筑设计风格上，为契合智能科技产品以及近年来随着民族文化自信增强、文化回归带来的中式风格的崛起，美的置业的产品主要以现代风格和新中式风格为主。

2019年11月，美的置业再次全面升级产品战略和产品体系，以"5M智慧健康社区"为基础，在此前已有产品线的基础上，发布了"璟睿、君兰、云筑、未来"四大主力产品系，助推产品力创新迭代。在最新的产品系中，"璟睿"成为美的置业的高端产品线，以往的"国宾系"被踢出产品系以外，这也体现出美的置业的产品在向着更高的方向创新和迭代。

对于产品的迭代周期，美的置业方面人士曾表示，美的置业每半年会对产品线进行升级和更新。因为只有不停地创新和迭代，才能保持产品的优势。而据了解，在最新发布的四大产品线中，璟睿系和君兰系均主打高端定位；云筑系服务的客户群主要是城市的中产阶级；未来系则主打年轻化，适合刚毕业几年还未成家或刚成家的客户群。

2019年上半年，作为美的置业进入苏州的首个项目，苏州美的云筑的展示中心美未生活馆正式对外开放。这是美的置业四大产品系中云筑系的代表性项目，也是其梳理发布自身产品体系后，为数不多对外宣传较广的项目，一时成为行业的关注点。

据了解，该项目主要从设计理念、建筑风格、建筑选材、功能划分等各个方面，致力于打造自在无限、返璞归真的人生居所。项目在建筑结构上积极采用新材料、新结构，主张新的建筑美学；外立面通过规整形态、水平线条，增加了形态的整体感，并且通过增加外立面玻璃的比例，提升立面的品质感；其建筑表现手法，也更讲求建筑形体和内部功能的配合及建筑形象的逻辑性。

云筑系 苏州美的云筑效果图

"智慧地产"迭代史

在美的置业官网的介绍中，其品牌愿景为"智慧生活引领者"，品牌定位为"智慧地产制造商"，品牌口号是"智慧生活，美的人生"。"智慧"已成为该公司打造产品的最主要关键词之一。

凭借美的控股母公司在智能家居和电器方面研发、制造的实力和优势，智能化成为美的置业近年来产品发展的主要方向，也成为美的置业产品打造差异化的优势所在。而实际上，智慧和健康已成为美的置业两个最重要的产品理念。

美的置业的"智慧"主要包含智慧家居、智慧社区、智能服务和智能平台四个维度，除家居以外，还体现在整个产品建造过程和管理过程，体现了全周期和全过程化；"健康"则包含了材料健康、环境健康、身体健康、心灵健康等，除了设施外，还有跟健康相关的各式服务和产品。

据了解，早在2014年，美的置业便启动了智慧家居战略；2015年，美的置业积极与阿里云、海康威视、大华、欧瑞博等科技、智能公司巨头开展战略合作，并确立"智慧地产"战略，在行业率先推出了"5M智慧健康社区"产品价值体系，其智慧的外延也进一步从家居延展至社区。

随后，美的置业对智慧地产的打造仍在不断前行，并先后成立天元设计有限公司和美家智能科技公司。2018年，美的置业获评成为中国首个"智慧住区标准创制应用基地"；2019年，美的置业成立智慧生活研究院。

2019年7月，美的置业首个自主研发的智慧家居控制系统——智慧家居3.0上线；同月，举办"智慧，赋能未来"智慧生态发布会，联合阿里云、海康威视等行业头部企业共建智慧生态；11月，全面升级产品战略和产品体系，以"5M智慧健康社区"为基础，以"璟睿、君兰、云筑、未来"四大主力产品系为落地载体。

除此以外，进入2020年，美的置业联合阿里云于佛山市美的领贤公馆落地首个"AI智慧社区"，这是美的置业旗下智慧生活研究院联合阿里云重磅打造美的首个AI社区。项目在美的置业原有智慧社区的基础上升级打造，采用社区智能眼、智能视频巡更等多项科技，延伸了AI技术的场景化应用，如社区安防、以图搜人、实时追踪社区可疑人员及锁定突发事件等。据了解，美的置业从2020年起所有新拿地项目都将具备AI社区功能。

经过多年的发展，目前，在美的置业"一主两翼"的业务格局中，住宅开发与服务将紧扣AIoT（人工智能物联网）科技时代用户对智慧、健康人居需求的趋势，独创的"5M智慧健康社区"产品战略体系，从"美的智慧M-Smart、美的健康M-Health、美的品质M-Quality、美的服务M-Service、美的生活M-Life"五大维度，为客户精细智造美好生活体验。

而两翼布局的智能产业化与建筑工业化，也已搭建从研发设计、生产施工，到管理运维的全价值链闭环，包括成立智慧生活研究院和整体装配生产基地，确立了一体化产品和服务优势，并荣膺首个"国家智慧居住区标准创制基地"，不断向第三方提供智慧和绿色装配式整体解决方案。

据了解，美的置业智慧健康社区体系包括179项智慧家居场景，涵盖智能控制、营养、空气、水健康、安防等多个方面，并通过云朵App集成或者语音精灵操作，实现一键控制。此外，该公司目前形成了智慧控制管家、智慧营养管家、智慧水健康管家、智慧空气管家和智慧安防管家五大智慧管理系统。

世茂集团：造系 3.0

黄浦江畔世茂滨江花园所开创的中国住宅"滨江模式"、龙胤系项目的"院园特色"、国风系项目的"文化孤品"……世茂集团的住宅产品，总能在建筑设计、景观体验、人文意境、空间舒适等方面，给人留下深刻的印象，让居住者获得高品质的生活体验。

经过多年的探索与沉淀，从客户不同置业阶段的需求出发，世茂已形成全生命周期产品系：刚需（雅系、云系）、改善（璀璨系）、高端（国风系、天誉系）、顶豪（龙胤系），凭借各自差异化的 IP 特色，以满足不同层次的人居体验。

眼下，世茂"为城市赋能"的"大飞机"战略，正在加速腾飞。经多年积累，其多元业务也已步入专业化、产业链化、资本化阶段。2019 年，世茂商娱、物业、酒店三大专业公司营收合计 65 亿元，目标完成率达 105%。

自身多元业务的协同优势不断提升，"为城市赋能"的理念与实践持续深化。未来，它将通过卓越的产业协同力、全产业链条上的优质资源力，在产品及服务方面持续升级焕新，不断为城市、城市群提升生活品位，打造独特影响力。

产品系迭代史

世茂集团的产品系发展经历了一个不断打磨的历程。

2010 年年底，世茂增设了产品研发设计中心，目标是设计并打造未来三至五年内具有一流竞争力的核心产品。隔年，它就开始动手改良产品线，在年内安排营销部门介入产品研发，并按营销需求设计和控制开发流程。

此后两年间，世茂力推"服务价值年"，提升软性服务质量；并进一步搭建全业务集成型管理管控平台，进行开发流程的标准化管理。

2016 年，世茂全面启动产品系升级战略。为了顺应全国战略布局不断纵深发展的需要、适应新发展阶段对规模增长的诉求，世茂一面建立起全项目周期工程管理体系，另一面梳理产品架构，着手进行全新的产品设计。

经过一年的准备，世茂于 2017 年从用户不同生命阶段的居住需求出发，在"规模与利润并重"的发展路线上，开始逐渐发布全生命周期产品系的相关作品，正式拉开了产品系 3.0 的大幕。

在练好运营、成本、研发的基本功之后，产品系 3.0 阶段，是房地产进入下半场，回归产品和服务原点后，开始聚焦客户、用户的真实需求的阶段。换言之，在这个阶段中，世茂关注更多的是面向客户 C 端的产品溢价、品牌溢价和产品的差异化。

从上海世茂滨江花园开启"滨江模式"，到亿级庄园别墅佘山庄园构筑高端人居，世茂对于高端生活品位的营造一直领先。

上海世茂滨江花园社区实景

于是，在云系、璀璨系、国风系之后，2018 年、2019 年，沿袭集团的品质基因，世茂龙胤系顶豪类住宅作品也相继推出，这标志着世茂正式覆盖全生命周期，产品力也跃上了一个新的台阶。

全生命周期产品系各有所长

纵观世茂集团全生命周期住宅产品线,其各自有着不同的定位。其中,云系为刚需产品、璀璨系为改善产品、国风系为高端中式低密度产品、天誉系为高端住宅及公寓产品、龙胤系为顶豪产品,明确而清晰。

世茂以打造臻品项目为宗旨,借助自身超30年的高端人居开发经验,在覆盖客户全生命周期的过程中,赋予了产品系不同的蕴意。

"云系"寓意梦想和未来,满足对美好生活的憧憬。2015年,作为第一个云系项目,上海世茂云图面世,并迅速打开国内市场。此后云系在武汉、合肥以及众多三四线城市落地的过程中,市场定位从改善转变为刚需。

"璀璨系"寓意成功与荣耀,绽放生活的璀璨时刻。2017年9月,璀璨系的首发项目世茂·璀璨天城推出,涉及108个精工细节、六大礼制园林体系和四大匠心体系,既注重居住的舒适感,又着重塑造配套的社交功能,是典型的首改型项目。

"国风系"寓意传承与再造,表达文化底蕴与盛世情怀。该产品系的推广语称"每一个国风,都是一座城市的'文化孤品'",它注重依据地域文化和地形地势进行个性化开发,所以每个国风系项目从产品类型到建筑风格都迥然不同。

"天誉系"寓意欣赏与赞美,传递奢华品质和审美艺术。天誉系的市场定位是"具有奢华品质和艺术审美的城市综合体",融艺术文化于生活场景,打造符合高净值人群高级审美的未来趋势型高端住宅作品。

"龙胤系"寓意稀缺和臻藏,彰显臻稀资源和鼎级生活方式。该产品系以造园为特色。比如,世茂北京西山龙胤项目以"院承紫禁"为营造标准,独创"双围合+双首层"格局,独创西山龙胤"一境三园";而世茂铜雀台·龙胤也以苏州园林为蓝本,打造江南水乡景观和古风十足的建筑街巷,体现匠心。

全职能、全维度的产品体系,是世茂实现规模与利润齐发展的重要抓手。它依托刚需、改善等产品系夯实基础,凭借高端、顶豪产品系强化品牌、拉升溢价。

据了解,世茂的云系和璀璨系产品的收入占比近80%,为企业发展提供了充足的现金流;而龙胤系和天誉系作为世茂旗下顶豪和高端的别墅及公寓产品,整体去化率达85%,拉升了世茂的销售均价及利润水平。

璀璨系 长沙世茂璀璨天城效果图

迈入产品3.0时代

世茂集团在打造产品过程中用心程度较高。

据了解,在设计建造之初,世茂出于对土地、品牌和客户匹配度的综合考量,曾不计成本地推倒了原宗地上已建好的十几栋别墅,最后历经几十次的反复打磨才最终定版,只因世茂希望做出来的产品能够配得上稀缺的土地资源。

如今,世茂产品3.0体系的一个比较明显的特点是,能将"集团标准化"与"城市属地化"进行结合,让项目有更好的落地性。换言之,在产品的打造上,它已经在标准化与个性化两个方面找到了融合点。

比如,2017年,世茂在完成璀璨产品白皮书,以及八套标准施工图图集后,八大地区公司以城市为维度,根据各个城市不同建筑规范和个性市场的差异性,分批增补属地化施工图集，建构城市标准化体系，实现了集团标准与城市个性化的融合。

这样的操作也赋予了其产品系很强的灵活性。

从经营维度看，世茂全生命周期的产品线体系，使它能够覆盖更多不同层次的目标用户，在实现更大市场份额的同时，也进一步增强了品牌效应。

而为了提升人居体验，世茂还将科技因素接入社区之中。

2019年12月，世茂举行AI智慧社区发布会。会上，世茂宣布将与阿里集团正式签署共建泛地产行业战略合作协议，携手打造未来智慧社区，同时引进云知声的语音识别智慧系统。这是在科技发展的大趋势下，世茂人居理念的再度升级。

世茂从1.0产品时代，严苛选址，占据先天资源，精雕细琢产品；到2.0服务时代，产品力进阶服务力；再到3.0科技探索时代，将高新科技融入人居，推动智能科技探索人居。一步一个阶梯，世茂的产品力不断得到发展。

产品是一家房企在消费者市场中立足的根本。目前，世茂通过全生命周期产品系，在为行业建立"全周期、高品质、生命力、温度感、创造力"产品观的同时，也成为其在行业中立足并跻身领跑阵营的关键。

融信：蔓延的"生命力"

杭州，是一座属于理想者的生活品质之城。这座城市的精致与讲究，一度让外来房企们战战兢兢、如履薄冰。

对能扎根于此的外来房企而言，最自豪的莫过于自身的产品力。在这样的地产江湖中，融信却能精妙踩准市场节奏，凭借自身过硬的建房品质以及运营能力，稳居在杭房企第一阵营，将同期入杭的房企们远远地甩在了身后。

在杭州市场的良好表现，从融信业绩全貌可窥一隅。而其在杭州打造的经典项目，也成为其四大产品系中两大产品系的原型。

四大产品系

在当下"房住不炒"的行业大环境中，房企回归产品品质本身已成行业共识。

以"美好生活服务商"为愿景的融信，将"产品力就是生命力，产品力就是核心竞争力"作为设计研发信条。坚持中高端精品战略，在产品开发上保持着高品质、高附加值、高舒适度的自我要求。其产品在持续获得行业权威和客户认可的同时，也成就了自身稳定的规模增长。

基于多年来对城市研究和人居品质的理解，2019年融信集团对自己的产品体系进行了一个归纳梳理，发布了"1+3"高品质产品系，其中"1"指1个商办产品系——中心系，"3"指3个明星住宅产品系——世纪系、海月系、澜天系。

世纪系：择址城市高价值、高潜力核心板块，联合顶级设计团队，从建筑美学、艺术社区和品质格调三大维度，营造富有时尚感的先锋艺术居住社区。

世纪系 融信厦门世纪效果图

代表项目：杭州世纪、杭州厘望NEO1、杭州创世纪、上海世纪江湾。

海月系：于历史、人文价值高地，精研所在地的人文建筑美学，以文化自信、文化回归之精神，全面焕新城市肌理，革新传统人居方式。

代表项目：福州海月江潮、温州海月清风、苏州海月平江、重庆海月平湖。

澜天系：总在城市精华处，汲取山、河、湖、海等自然资源，以精工品质、花园社区为支撑，创造阳光、活力、缤纷的新兴生活方式。

代表项目：杭州良渚澜天、杭州空港澜天、福州融信澜天。

中心系：选择城市中心位置，以写字楼、五星级酒店及商业综合体建造区域的地标建筑，凝聚地段、人群及产业等价值，带动板块发展。

代表项目：上海虹桥世界中心、厦门融信中心。

值得一提的是，世纪系、澜天系均以融信浙江经典项目为原型，提升总结而出。而海月系则以福州的城市更新项目海月江潮为蓝本，从中提炼出"海月四观二十章"，形成自己独特的东方人居理念。这其中，世纪系产品成熟度最高、海月系产品力体现最集中。

世纪系迭代史

"世纪系作为融信明星产品线，从一开始就确立了聚焦城市核心、择址未来价值的地段标准。"对于世纪系，融信曾这样表示。

诞生于杭州的世纪系，共经历了三次迭代升级。是融信新时代新战略的全新高端产品系，其主打时尚、艺术、先锋，在建筑上做了很多具有前瞻性的实践，如杭州世纪的流线外立面、下沉艺术庭院，比如ARC的游艇风外立面，都已经形成了融信特有的风格，并且受到客户与行业的良好反馈与肯定。

1.0 时期：探索时代

2014年的蓝孔雀、学院府、杭州公馆三盘是融信世纪系的前身，此阶段以蓝孔雀为代表，极简的天幕外立面，开启城市核心区的现代风格住宅探索，得到了杭州市民的广泛认可，成为杭州公认最难买到的房子之一。而这种天幕外立面，最早可以追溯到2010年的福州融信白宫项目。

2.0 时期：外立面时代

征服了以挑剔著称的杭州人后，世纪系没有止步，进行了新的迭代。世纪系 2.0 的萧山公馆汲取了杭州城市精神风貌，以佛斯特的纽约西为原型，探索出新型的外立面尝试。此阶段代表项目还包含融信保利创世纪、融信ARC。

3.0 时期：社区时代

融信世纪系 3.0 将现代主义演绎到了极致，杭州世纪作为目前世纪系的集大成者，在建筑上更多思考艺术和时空的融合。艺术社区概念正式推出。

海月系生命力

从各个产品系的发展历史来看，海月系在融信的产品系中最为年轻，但却是融信产品力最为集中体现的产品系。2019年，融信海月系成熟孵化，开始在全国复制，极具生命力。

海月系 福州融信海月江潮效果图

这个产品系的诞生，要从福州苍霞地块说起。2014年，融信在福州拿下了整个上下杭历史街区旧改项目，那也是福州唯一可以与三巷七坊媲美的地方。因地处闽江畔，交通便利，近代闽商在此云集，苍霞地块里留有大量具有浓厚闽商文化特色、建造精良的私宅、商铺、会馆等。隐藏价值丰厚的文化底蕴的背后，是极具考验的古建筑修复工作，如何保留文化、融合文化成为融信必须克服的难题。

耗时4年，秉承修旧如旧的历练，融信做到最大限度地保留街区传统风貌建筑的"真迹"。融信在苍霞修缮了24栋古建筑，复原了17条旧时街巷，在这一过程中，马头墙、柴栏厝、雕花梁等传统元素也被修复。

最终，从经典名篇《春江花月夜》"春江潮水连海平，海上明月共潮生"中得到灵感，该项目被命名为海月江潮。在对历史的尊重上，融信在苍霞地块打造了集旅游、商业、办公、居住等功能为一体的综合空间，使得海月江潮成为成功融合传统文化和现代生活的地产产品标杆。

也是从海月江潮开始，保留当地传统建筑符号的宗旨成为海月系的一大人文标签，也是融信产品力的深度体现。

自2019年以来，融信海月系已经在福州、青岛、苏州、重庆、温州布局，至2020年年中已有6座海月系项目在全国落位。在当下行业环境下，短短一年间便快速向全国蔓延，这在一定程度上印证了海月系过硬的产品力。

直击生活痛点，超越期待

对于融信的产品力，融信集团设计研发中心总经理李继开认为，体现在两方面：一方面对应其经济属性，如何让城市、企业、客户都能获得满意的结果；另一方面，就是以终为始，如何为客户创造超越期待的美好生活，这也是融信的产品愿景。

在融信看来，产品的本质是为客户服务，从客户视角出发，为客户提供更多超越预期的产品和服务。因此，融信的项目往往在进入二手房市场后，也会比周边的项目更受认可。

而客户期待是怎样的？2020年3月，融信曾启动了一场囊括11357组家庭的调研，力求全面分析生活居住痛点及家庭需求变化，以不断升级产品的居住价值。基于调研的结果，融信多部门联合打造融信生活研究院，掀起了新一轮的产品力升级，并于2020年年中推出了全新的"CARE+ 全心健康家"产品体系。

李继开介绍，"CARE"意味着对用户的关怀与善待，"+"则是服务与内容的延伸与创新，在该产品体系中，融信通过对产品及服务的进一步精研，提升了"健康"在人居中的权重，以更全面地满足用户对生活品质的追求。

"CARE+全心健康家"产品体系由"Comfort""Ai""Retain""Energy"四大产品系统以及"亲密私密+"暖心家设计标准构成。

其中，"Comfort" 绿色健康系统从用户最关注的空气质量和声光环境等出发，致力于以多种环境优化系统的应用，全面优化室内外居住环境；"Ai" 零触安全系统从智能科技上做文章，以科技含量高的设施设备避免了交叉感染的可能性。"Retain" 通过智能设备、消毒设备的应用进行深入家庭"毛细血管"的深度透析。"Energy" 活力运动系统升级了社区运动系统，从活力跑道、阳光草坪、共享花园，到儿童嬉水场地、多功能架空层等遍布社区的全龄活动空间，满足每个家庭的运动欲。"亲密私密+"暖心家设计标准以更符合时代、更契合东方家庭生活的设计观念，指导室内空间规划，既营造让家人更亲密，又可享各自私密空间的现代理想居所。

以系统化的人居开发思路，专注人居产品的跨越升级，融信致力于将"CARE+ 全心健康家"产品体系打造为既具当下人居症结之针对性，又有长远兼容能力的人居迭代解决方案。作为一个全新的，着眼时代现状与人居趋势的产品体系，"CARE+ 全心健康家"在本质上是融信精研时代生活的成果，也是应用于融信各产品系的健康人居标准。

澜天系 杭州融信·澜天效果图

如今，国内房地产行业已经进入新的发展时代，产品的品质成为房企最为核心的竞争力。自2018年跨入千亿元阵营后，融信就提出主动降速、实现有质量的增长。在产品打造方面，融信表示："我们始终怀揣敬畏市场、尊重客户、如履薄冰般的态度打造产品，满足客户需求是融信孜孜不倦的追求。"因为产品是企业赖以生存的基本，产品力就是生命力，产品力就是核心竞争力。

上坤：朱静的执念

在竞争激励的房地产行业，洗牌一直都在。始于2010年的上坤，属于年轻派中向好发展的代表。其第一个五年"打磨产品、立足并深耕上海"，第二个五年"布局全国七大区域、挺进百强"，第三个五年，也是第二个十年的伊始，叩响了资本市场的大门。

从名不见经传到跻身房企百强，一步一步稳扎稳打，上坤靠的是什么？创立之初，创始人朱静认为：中国市场并不缺房子，而是缺好房子。而好产品是可以洞察人性的。所以她将上坤的企业使命定为：为宜居而来！

对于产品，她的执念很深。即使每天日程很满，但她还是坚持抽出时间，亲自甄选材料——从玻璃外立面、艺术摆件到儿童区铺地的松木块，经常和设计团队讨论到深夜，以保证能让客户有更好的居住体验。

这样的基因和文化也充分贯彻到包含营销、成本、工程、物业等各个部门的大产品线，统一标准，通力协作，最终保证产品质量。从上坤十年间累积作品集中，便能发现一部好房子的发展史。

可以说，是产品让上坤有了今日的成就！

产品主张：成长社区

"房地产行业不应只关注于'房子'，而应该更多思考客户的需求，从有房子住，到有大房子、好房子住，再到有好服务的好房子住，真正的好房子应该是从人对生存和安全的基本需求出发去设计的。"这是朱静对好房子的理解。

为满足客户对寓居空间、生活场景的多元需求，上坤从成长、美学、智慧、生态、人文的维度，提出了成长社区的产品主张，让人与自然、人与建筑、人与人相互守望。

在成长社区的产品主张下，上坤从功能、类别、年龄层、社交需求等多个维度综合考量，满足不同年龄段客户对居住空间、生活场景的多元化需求，让上坤的"好房子"无限接近受众内心理想的模样。

生态儿童场地

儿童的天性即对泥巴、土地、自然有着向往和喜爱，但当下的多数儿童活动场地都是以大面积的塑胶组成，在烈日下往往散发出刺鼻的气味。上坤成长社区希望以原始、安全的自然材料，如木头、松树皮、砂砾、泥土，为孩子创造绿色无害的自然场域。

佛山上坤翰林湖壹号效果图

原木爬架、松树皮铺地、原木圆桩、绳索蹦床、沙坑等自然材料替换掉工业合成材料，结合自然的风、阳光、植物提供的浓荫，将孩子从过分依赖空调的室内环境，吸引到舒适健康的自然环境中，在"复得返自然"的场景中，重拾自然感知的快乐。

为了满足成长期孩子的需求，在保证安全的同时，游乐设施具有适度的挑战性和难度是有必要的。上坤成长社区精细研究儿童的身高和游乐设施的尺度，在确保安全的情况下，提供一些只有儿童才能够进入的"迷你空间",让儿童适度脱离家长的保护,培养儿童的独立性和探索精神。

生态社区水景

在很多社区,交付时的精致大水景随着入住年限增长慢慢变成无用的摆设。不易打理、养护成本高昂、破损严重等问题,也让社区内的水景形同虚设,积满尘土。不可循环的积水,更是在夏天为蚊虫提供了绝佳的繁衍地。

上坤成长社区强调遵循自然界雨水的规律,通过在社区内设置大大小小的微型植物园、雨水花园、旱溪、下凹绿地等元素,让水景参与到自然界的雨水循环中,低维护的巧妙设计也保持园林的自然野趣。

可参与的、可步入的晴雨花园,为人们提供了更多的参与性,也让孩子们能够观察到自然界的雨水消长。

生态社区绿肺

单纯为了满足社区绿化率的种植,往往会造成绿化与活动场地脱节,在炎热的季节,活动场地如同火炉,人无法长期处于室外。

传统园林的割裂式设计以景观为隔断,不适当的坡度导致宠物与小孩的自由活动受阻,而这也带来社区交互功能的缺失,使在其中活动的居民感到疏离。

上坤成长社区倡导让绿化与场地相互成就,让高大植物作为庇护,抵挡紫外线伤害。以低矮观花观果乔木为屏障,营造半开放式交互空间。让树与场地互相成就,将活动草坪、休息躺椅、轻运动等复合型功能场地合理规划于空间内,打造人在其中穿梭互动却又具备私密性的交互空间。

在社区中,以多样化的种植形式,同时构建社区级(社区内共享空间)、组团级(楼栋间共享空间)、邻里级(单元入口空间),三层绿化网络形成"社区绿肺",充分改善社区小气候,让业主从步入社区的一刻开始,即进入一个绿意盎然、体感舒适的宜居空间。

四大产品系

坚持做"宜居产品"的初心,历经多年的打磨,上坤在 2020 年 5 月发布全新产品系,将住宅物业产品分成四个标准化的产品系列:四季系、樾山/半岛系、云系和 THE S 系。这不完全是高低客户群的区分,每个系列都有自己的市场定位,以满足客户的多元化需求。

四季系 合肥上坤海棠四季效果图

具体而言,四季系面向 90 前后、首置或首改、追求时尚美观和幸福感的青年客户或年轻家庭,樾山/半岛系面向对生态环境有要求的高端改善型客户,云系面向高知、重视教育和营造生活圈层的改善型客户,THE S 系则面向终极住宅追求者,符合终极改善选择。

四季系

以特定的四季景观为基底,打造重视人与自然亲密关系及年轻有活力的品质社区。

该产品系的目标客户定位为首次购房者或首次改善置业家庭。上坤在产品的成长性上做了更多思考，基于年轻客群的家庭成长需要，上坤四季系产品打造成长户型，让房子能够满足随家庭结构变化带来的需求——孩子的出生成长、长辈的幸福晚年……

樾山/半岛系

以天然河湖、山林等资源为依托，融合多样艺术主题景观，打造生态低密度的高端社区。

樾山/半岛系讲求返璞归真的生活理念。在上坤樾山/半岛系产品中，艺术景观和谐地融入社区环境，与山水风光相得益彰，低密度别墅、山水合院等稀缺产品坐落其间，营造居于城、隐于世的怡然生活。

其打造的樾山美墅，是该产品系的代表作之一。樾山美墅充分利用了地理位置的稀缺条件，因为紧挨着水系，三面环绕，东侧和北侧是斥巨资开挖的人工河，与南侧天然河道贯通，形成三面活水环绕的岛屿形态。正因为其优异的品质，该项目连续四年做到了上海市别墅销冠。

云系

追求绿色环保，以优质、便捷的城市配套和智慧服务，打造城市新中产的品质生态社区。

上坤云系产品围绕"超越这个时代的舒适尺度"的设计理念，融合现代美学、精工、科技、智慧等元素，打造城市品质生态社区，创造有质感的生活。

一棵长在咖啡店里的树，一座属于社区的图书馆，一个着眼于未来的社区美育中心……上坤云系产品在居所之外开辟邻里间的"第二客厅"，综合考量老中青幼四大人群的真实需求，打造全龄全天候主题社交空间，在满足生活功能的基础之上，赋予未来更多的想象力和可能性。

云系 苏州上坤云栖时光社区实景

此外，上坤云系产品还将科技融入生活，智能门禁、小K管家等智能化应用借助云端互联，让家的细节随时掌控，提供现代、智能的品质居住体验。

THE S 系

面向高端改善型置业者，旨在给客户顶尖硬件配套，提供甄稀资源和顶级服务，打造终极改善居所。

上坤首个创新高级定制THE S系产品博译上坤云峯将落地武汉，该项目以"双子艺筑"聚集一群品位相投的城市精英，190平方米起纯大户设计保障生活的圈层纯粹。结合东方隐逸生活意境，于社区内规划林间客厅、架空庭院、星空会所等休闲之所，从栖息与社交层面，考虑不同年龄阶段的需求，实现公共社区的净土理想。

四季系的自然活力、樾山/半岛系的山水林间、云系的质感科技、THE S系的卓越匠心，上坤的四大产品系始终着眼于时代的背景与客户真正需求所在，为"宜居"二字写下更为丰富的注解，重新定义"好房子"。

2020年，上坤已在尝试进入资本市场，同时也将继续坚持做产品的初心，以支撑品牌往更高处发展。

朱静说："如果说之前的上坤是一个懵懂少年，那么从2020年开始，期待上坤成长为一个百炼青年，心有猛虎、细嗅蔷薇、须臾一生、乘兴而上。"

地方专家评委会名单

城市	姓名	职务
澳门	梅东	澳门商报总编辑、澳门文化传媒联合会副会长
包头	杨海珍	包头电视台产业经营中心副总经理
包头	周旭	包头日报社出版中心主任
北京	陈哲	经济观察报副总编辑
北京	陈志	北京房地产业协会秘书长
北京	齐琳	北京商报总编辑助理
北京	袁一泓	21世纪经济报道编委
北京	张剑	中国网地产出品人
北京	黄伟	北京师范大学空间规划与不动产研究中心教授、执行主任
成都	杨继瑞	四川大学房地产策划与研究中心主任、成都市社科联名誉主席
成都	陈光	西南交通大学公共政策研究中心主任
成都	何理平	成都市房地产开发企业协会会长
重庆	周平	重庆市房地产业协会会长
重庆	邱旭	人民网重庆频道、重庆发布运营总裁
重庆	高维峰	中国新闻社重庆分社社长助理
重庆	王芳	重庆市房地产开发协会副会长、秘书长
长春	孙志军	吉林省房地产业协会秘书长
长春	徐强	长春日报社高级记者、教授、资深媒体人
长沙	宋泷	湖南省住房和城乡建设厅行业党委委员、湖南省房地产业协会常务副会长、秘书长
长沙	赵春林	中国房地产报主任记者
长沙	龙小平	金鹰955电台总监
长沙	王义高	湖南省经济地理研究所副所长、教授
大连	杜辉	中共辽宁省委省政府、中共大连市委市政府咨询委员会委员、博士生导师
大连	柳毓	大连新闻传媒集团《大连晚报 大楼市》主编
大连	王勇	大连新峰房地产顾问有限公司总经理
大连	徐梦鸿	大连市绿色建筑行业协会常务副会长
福建	叶醒	福州市房地产业协会会长
福建	赖志军	厦门市房地产业协会会长
福建	王崎	厦门房地产中介行业协会副会长、厦门均和房地产评估公司董事长
福建	陈亮	福州市规划勘测设计研究总院副院长、总规划师陈亮
福建	刘福泉	福建省著名房地产专家
福建	叶传杰	福建中房研究中心主任、《地产30年》作者
广州	王韶	广东省房地产行业协会会长
广州	陆毅	广州市房地产行业协会执行会长
广州	黄博华	南方日报房地产部、南方+房产频道总经理
广州	彭澎	广东省体制改革研究会执行会长
广州	韩渊武	信息时报社广告中心副总经理、房地产教育部总监
广州	盛宇宏	汉森伯盛国际设计集团董事长、总建筑师
广州	庾来顺	广东省旧城旧镇旧厂房旧村庄改造协会秘书长
广州	李华	广州市城市更新土地整备保障中心副主任
广州	贡立华	广州科也管理顾问有限公司董事长（专业房地产策划）
贵阳	袁红	贵阳市房地产业协会会长
贵阳	龙红利	贵州省房地产业协会副秘书长
贵阳	向涛	贵阳资深房地产研究员
贵阳	黄灿	候鸟房评创始人，贵阳资深房地产评论员
哈尔滨	苏连文	黑龙江省房地产业协会会长
哈尔滨	桑洪	哈尔滨工商联房地产商会会长
哈尔滨	刘大成	哈尔滨市房地产职业经理人协会会长
海口	裴涛	海南省软装行业协会会长
海口	王路	海口市房地产业协会秘书长
海口	万强	海南省房地产招标采购协会三亚分会会长
杭州	刘晨光	易居克而瑞企业战略部总经理、浙江区域总经理
合肥	汪远	安徽省房地产研究会秘书长
合肥	周开拓	克而瑞安徽区域总经理
合肥	郭红兵	安徽省清源房地产研究院院长
合肥	白杨	易居企业集团安徽公司顾问事业部总经理、顾问研究中心负责人
合肥	郭军	乐居安徽区域总编辑
江门	叶泽权	江门市房地产行业协会会长
济南	孙莉	山东省建设发展研究住房研究所副所长
济南	井坤	山东省房地产业协会秘书长
济南	李景体	济南时报总经理
济南	程道平	山东师范大学城市与房地产研究中心主任、教授
昆明	邓晓盈	昆明理工大学副教授、房地产产业链研究中心主任
昆明	梁彩霞	锐理数据昆明公司总经理
昆明	何永锋	云南空港雅仕维地产事业部总经理、独立媒体人
昆明	曹嘉文	云南省房地产业协会副会长兼秘书长
昆明	沈剑梅	水石设计云南公司总经理、昆明市房地产专家委员会专家
南昌	李锋	江西省房地产业协会秘书长
南昌	陶满德	国家住建部房地产估价与经纪专家、江西师范大学教授
南京	张辉	南京房地产业协会副会长兼秘书长
南京	吴翔华	南京市房地产学会会长，南京工业大学天诚不动产研究所所长、研究员
南京	孟祥远	南京林业大学城市与房地产研究中心主任，南京市房地产学会副会长
南京	马乐乐	南京市房地产学会理事，《地产锐评》主笔
南京	冯浩	南京报业传媒集团融媒体中心城建交通部副主任
宁波	缪百年	全经联宁波地产创新俱乐部会长
宁波	陈展华	中国住博会创始人
宁波	郑江	产融投资人兼地产评论人
宁波	曹云	甬商协会会长
宁波	叶巍俊	巍然视点创始人
秦皇岛	孙显英	秦皇岛市社科联常委、秦皇岛鲁商联合会秘书长

城市	姓名	职务
秦皇岛	王子成	河北省房协理事、原秦皇岛市物业管理办公室主任
秦皇岛	孙建慧	秦皇岛五兴房地产有限公司总工、河北省被动式建筑专家
青岛	陶瑞平	原青岛市城乡规划协会理事长
青岛	冯显泉	乐居财经特邀评论员、中国社科院特邀房地产专家
青岛	龙江	山东中经联盟秘书长
青岛	高评	全国房地产企业家与经理人联合会（简称：全经联）副秘书长
青岛	张则涛	青岛市克而瑞咨询中心首席分析师
三亚	刘树国	三亚市房协秘书长
深圳	董极	世联行集团首席顾问
深圳	陈骏良	东莞房地产业协会秘书长
沈阳	田天	辽宁省房地产行业协会副会长兼秘书长
沈阳	于岳雅	新峰地产东北总经理助理、房谱沈阳副总经理
石家庄	李水源	石家庄市房地产业协会党支部书记
石家庄	纪珊珊	石家庄市房地产业协会秘书长
石家庄	宋维山	河北省广告研究院执行院长，河北师范大学新闻传播学院广告系、品牌研究中心，硕士研究生导师、系主任、副教授
石家庄	江南	石家庄经济广播 FM100.9 总监，石家庄新闻广播 FM88.2 副总监
石家庄	陈霞	《燕赵晚报》房产家居部主编
石家庄	何蕊	河北广播电视台《有房有家》工作室运营总监 主持人
苏州	申绍杰	苏州大学建筑学院副院长
苏州	杨建国	苏州市房地产行业协会副会长
苏州	周云	苏州科技大学房地产研究所所长
太原	于世玮	山西省房地产业协会会长
太原	田铁秋	山西省房地产商会秘书长
太原	凌日平	太原师范学院管理学院副主任，经济学博士
太原	董晓强	太原理工大学教授博导、博士后、土木工程学院副院长
唐山	乔晨	河北报业集团万众传媒有限公司唐山经营部总经理
唐山	田立国	唐山广播电视台新闻综合频道
唐山	靳庆军	燕赵都市报冀东版房产事业部总监
唐山	许敬臣	中央广播电视总台中国交通广播唐山中心主任、河北联恒文化传媒有限公司总经理
无锡	沈洵	无锡房地产业协会副会长兼秘书长
无锡	杭卫	无锡房地产业协会副会长、经济学博士、管理哲学博士
武汉	赵守谅	华中科技大学建筑与城市规划学院副教授
武汉	张涛	武汉市房地产开发协会副秘书长
西安	李玮	西安报业传媒集团市域综合事业部主任助理
西安	沈玮	沈视楼市主理人
西安	郭华	《老郭看房》栏目发起人
烟台	王光	烟台房地产协会副会长
烟台	栾泽奖	腾策顾问烟威区域总经理
郑州	李晓峰	河南财经政法大学教授、房地产经济研究所所长
郑州	刘社	河南财经政法大学教授、城市发展研究中心主任
郑州	姜鹏飞	河南省房地产业协会秘书长
郑州	赵进京	河南省房地产业商会常务副会长兼秘书长
郑州	李大康	河南省物业管理协会会长
郑州	王军伟	河南日报地产部主任
郑州	李飞	大河报房地产事业部总监
郑州	刘文良	郑州日报地产部主编
郑州	王宁	《王宁说房》创始人、资深地产媒体人
珠海	唐铁军	珠海市房地产职业经理人俱乐部主席
珠海	李炳亮	珠海左岸控股董事长、知名媒体评论员
中山	丁保权	南方日报经营公司中山分公司总经理
中山	刘永逸	中山市房地产协会秘书长
珠海	杨东方	珠海市房地产经纪人协会会长

《2020年中国城市楼盘年鉴》编委会

名誉主席	刘志峰
主　　任	冯　俊　周　忻
副主任	陈宜明　苗乐如　贺寅宇
编　　委 （排名不分先后）	水　皮　方　欢　邓庆旭　付　晶　冯长春　刘　然　刘洪玉 何　力　何　刚　张永岳　陈海保　俞志强　高　翔　潘宇凌 薛　峰
特约编辑 （排名不分先后）	丁松山　马国强　王　芊　王　伟　王　娜　王　晓　王　静 王　慧　王　颢　王小瑛　王合群　王兴元　王丽娅　王欣怡 王俊宏　尤晓珂　石艺卢　史　雪　付　强　丛丽萍　乐　凯 兰玉婷　司斐斐　邢　凯　邢　娜　邢宝君　吉洪波　吕　茜 朱龙辉　朱晓鹏　朱婧怡　任雯婷　任鹏菲　华　俊　全　昆 刘　方　刘　旭　刘　宏　闫丽敏　许军娜　孙天华　孙长江 花　筠　严　政　苏雪菁　李　丽　李　磊　李晓娜　杨　婕 吴晓燕　何海源　余　翔　张　凤　张　平　张　娜　张元海 张云峰　张凯莉　张姗姗　张春捷　张晓天　张恩赫　张海钢 张淑丽　陈　君　陈　娟　陈　滢　陈天赐　陈文静　陈洁晶 陈艳珍　陈培代　陈嘉雯　武　超　林　宁　林　妍　周　亮 周天凤　郑利香　宗隆隆　房　伟　赵　一　赵　毅　郝利政 胡　彤　南杜芳　侯　亮　姜安娜　宫启城　祝　捷　祝会祥 聂鸿鲲　夏　璐　徐　子　徐　丹　徐　冉　徐际涵　殷丽欣 高　旖　高明东　郭　军　郭　楠　郭云柯　唐　亮　唐富平 黄金梅　黄洁莹　崔　璇　银　涛　康　晶　梁　凌　董　娜 蒋　琳　蒋　瑜　蒋文勇　曾　艳　曾　悦　曾飞燕　温巧平 谢曼姬　虞　婕　慈珈艺　臧　璇　潘卫星　潘扬扬